权威性·科学性·准确性·实用性

河北经济年鉴

HEBEI ECONOMIC YEARBOOK

2016

(总第32卷)

河北省人民政府　主办

中国统计出版社
China Statistics Press

图书在版编目（CIP）数据

河北经济年鉴. 2016 : 汉英对照 / 河北省人民政府编. —北京 : 中国统计出版社, 2016.10
ISBN 978-7-5037-7897-1

Ⅰ. ①河… Ⅱ. ①河… Ⅲ. ①地方经济—河北—2016—年鉴—汉、英 Ⅳ. ①F127.22-54

中国版本图书馆 CIP 数据核字(2016)第 192270 号

河北经济年鉴—2016

作　　者/ 河北省人民政府办公厅　河北省统计局　河北省社会科学院
责任编辑/ 佘竞雄　谢英欣　潘保海
封面设计/ 郝　巍　张小霞
出版发行/ 中国统计出版社
地　　址/ 北京市丰台区西三环南路甲 6 号　邮政编码　100073
电　　话/ 邮购（010）63376909　书店（010）68783171
网　　址/ http://www.zgtjcbs.com
印　　刷/ 中国标准出版社秦皇岛印刷厂
经　　销/ 新华书店
开　　本/ 889mm×1194mm　1/16
字　　数/ 1960 千字
印　　张/ 49
版　　别/ 2016 年 11 月第 1 版
版　　次/ 2016 年 11 月第 1 次印刷
定　　价/ 380 [illegible].00元

本书附同版本 CD-ROM 一张，光盘内容以书面文字为准。
如有印装差错，由本社发行部调换。

编　辑　说　明

《河北经济年鉴—2016》是本书出版以来的第32卷，主要记载了2015年河北省经济社会发展的业绩与历程。

2015年，河北省面对严峻的经济形势和繁重的改革任务，在党中央、国务院和省委、省政府的正确领导下，全省人民坚持解放思想、抢抓机遇、奋发作为、协同发展，扎实开展“三严三实”专题教育和解放思想大讨论，树正气、讲团结、聚合力、促转型，转变思想观念、创新发展举措、狠抓工作落实，以良好的精神状态统筹做好改革发展稳定各项工作，持续优化产业结构，强力治理大气污染，精准推进协同发展，全面深化改革开放，坚持不懈改善民生，全省经济社会发展呈现稳中有进、稳中有新、稳中有好的态势。但发展中仍存在不少困难和挑战，主要是一些长期积累的深层次矛盾和问题尚未根本解决，一些新的困难和挑战又在不断出现。本卷对此都尽量予以全面、系统、忠实地记载。

2015年，是我们实施“十二五”规划的收官之年。根据党的十八届五中全会和省委八届十二次全会精神，省政府编制了《河北省国民经济和社会发展第十三个五年规划纲要（草案）》。2016年初，省十二启人大四次会议审查批准了这个规划纲要。规划纲要突出了中央要求，结合了河北实际，凝聚了全省人民的智慧，科学描述了未来五年河北省发展的宏伟蓝图，提出了主要目标、重点任务和重大举措，是指导全省经济社会发展的纲领性文件。《河北经济年鉴—2016》全文特载了这个规划纲要，以飨读者。

本《年鉴》作为中国统计出版社出版的省级年鉴系列丛书之一，在总体结构和指标体系上，继续与国家和各省市保持规范、统一。统计资料篇的数字大部分来自年度统计报表，部分来自抽样调查。由于多种原因，其他篇的个别数字，可能与统计资料篇不相吻合，使用时应以后者为依据。读者在使用本《年鉴》统计资料时，如有不明之处，请参阅统计资料篇的使用说明和“主要统计指标解释”。

如有错误与不当之处，恳请读者批评指正。

《河北经济年鉴》编辑部

2016年10月

《河北经济年鉴—2016》编委会、编辑人员名单

主　任　袁桐利　河北省人民政府常务副省长

副主任　吴晓华　河北省人民政府常务副秘书长

　　　　杨景祥　河北省统计局局长

　　　　郭金平　河北省社会科学院院长

委　员　张茂叶　河北省人民政府办公厅副巡视员

　　　　孟祥云　河北省统计局副巡视员

　　　　彭建强　河北省社会科学院副院长

　　　　魏建平　国家统计局河北调查总队副总队长

　　　　陈永久　河北省发展和改革委员会主任

　　　　郭玉明　河北省科学技术厅副厅长

　　　　李杰刚　河北省财政厅副厅长

　　　　景庆雨　河北省人力资源和社会保障厅副厅长

　　　　曹汝涛　河北省住房和城乡建设厅党组书记

　　　　龚晓峰　河北省工业和信息化厅厅长

　　　　高一雷　河北省农业厅（省农工办）副主任

　　　　李　石　河北省商务厅厅长

　　　　王　昌　河北省人民政府国有资产监督管理委员会主任

　　　　王满平　河北省国家税务局局长

　　　　贾红星　河北省地方税务局局长

　　　　陈国鹰　河北省环境保护厅厅长

　　　　杨志芳　河北省工商行政管理局副局长

　　　　陈建华　中国人民银行石家庄中心支行行长

　　　　李莅春　中国银行业监督管理委员会河北监管局局长

　　　　常思勇　国家开发银行河北省分行行长

　　　　李瑞民　中国农业发展银行河北省分行行长

　　　　史立军　中国工商银行河北省分行行长

　　　　杨　光　中国农业银行河北省分行行长

　　　　杨红光　中国银行股份有限公司河北省分行行长

　　　　程远国　中国建设银行股份有限公司河北省分行行长

　　　　郑家渡　交通银行股份有限公司河北省分行行长

　　　　王广志　华夏银行石家庄分行行长

　　　　王文进　河北省农村信用社联合社理事长

　　　　魏丙申　中国人民财产保险股份有限公司河北省分公司总经理

　　　　王吉山　中国人寿保险股份有限公司河北省分公司总经理

　　　　吉建英　河北广电网络集团股份有限公司总经理

地区生产总值（亿元）

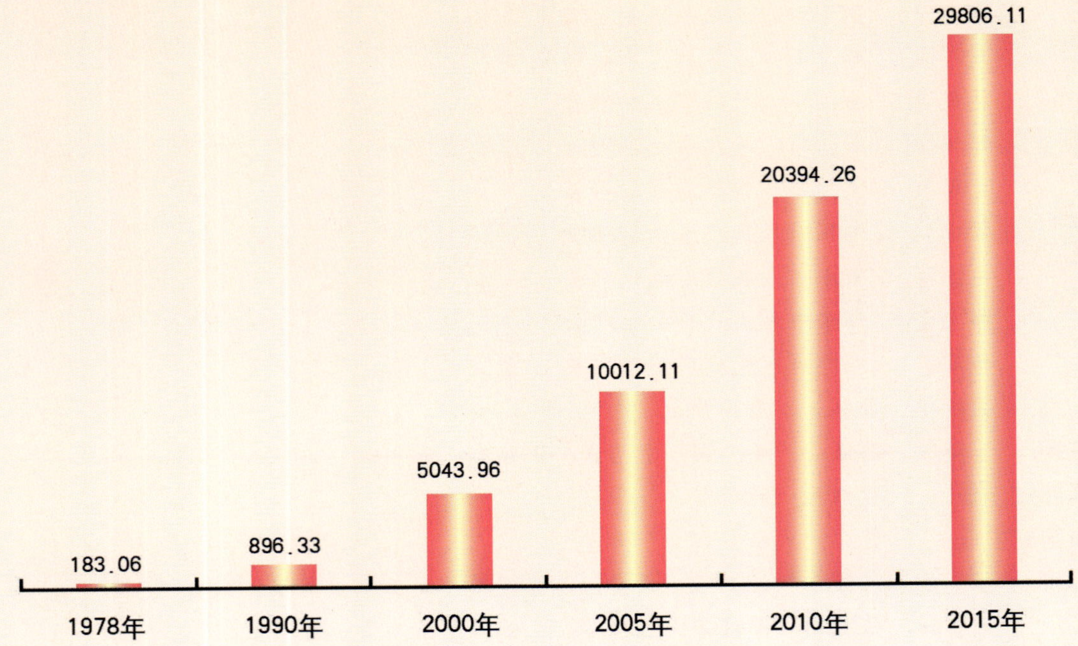

产业结构（%）

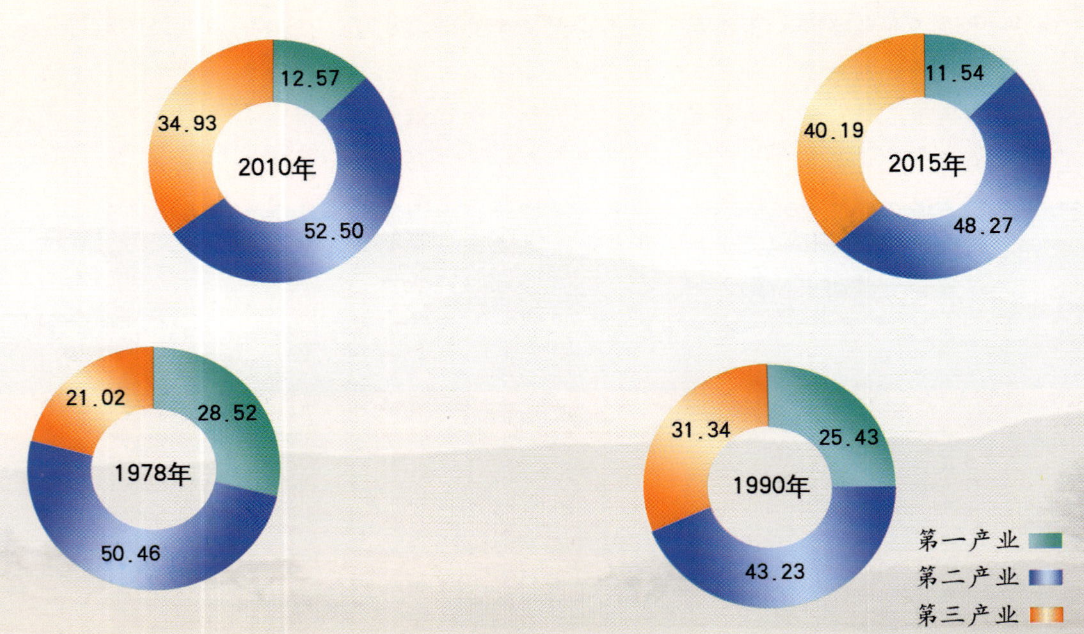

实际利用外资额（亿美元）

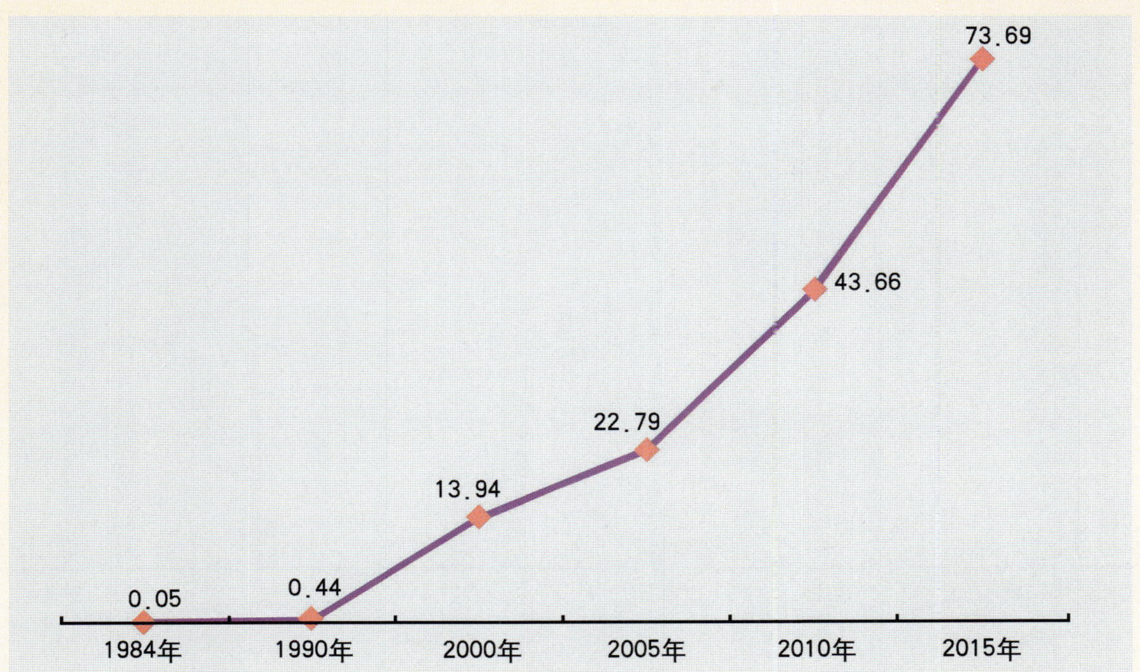

每万人口在校学生数（人）

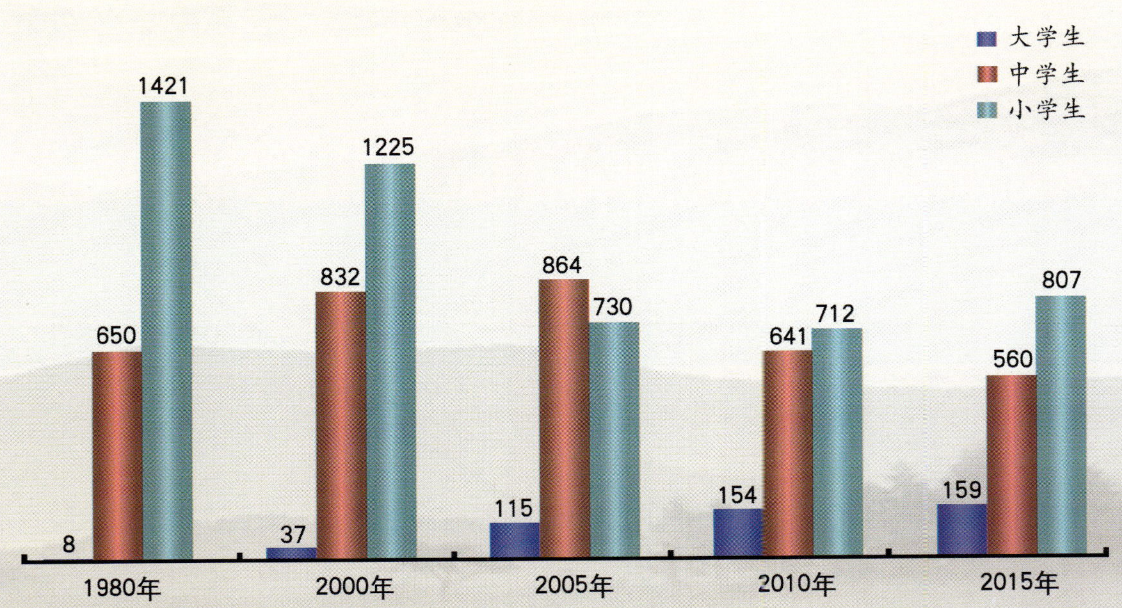

全社会固定资产投资总额（亿元）

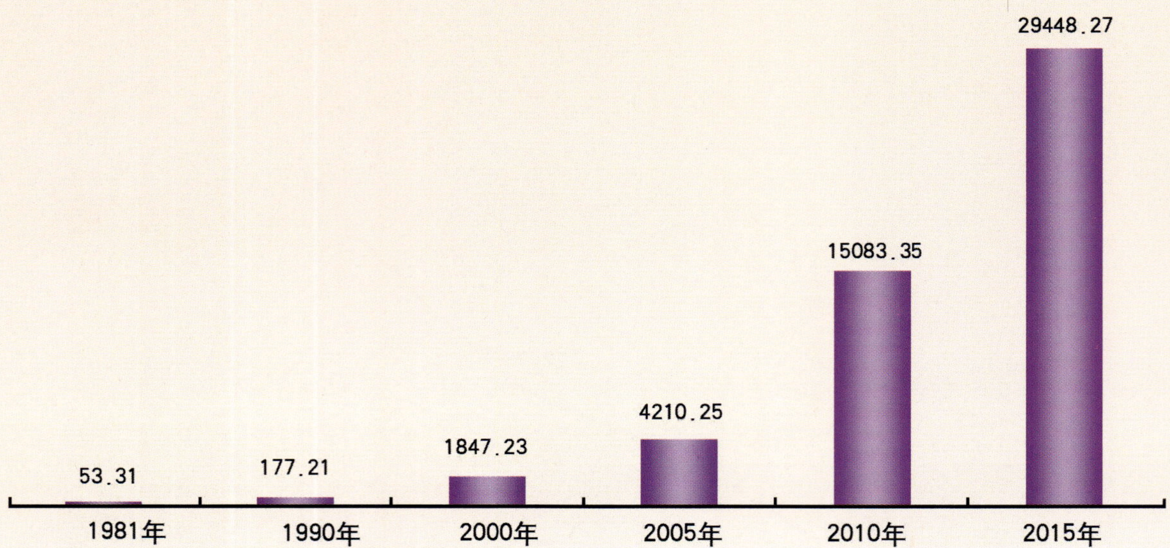

财政总收入和财政支出（亿元）

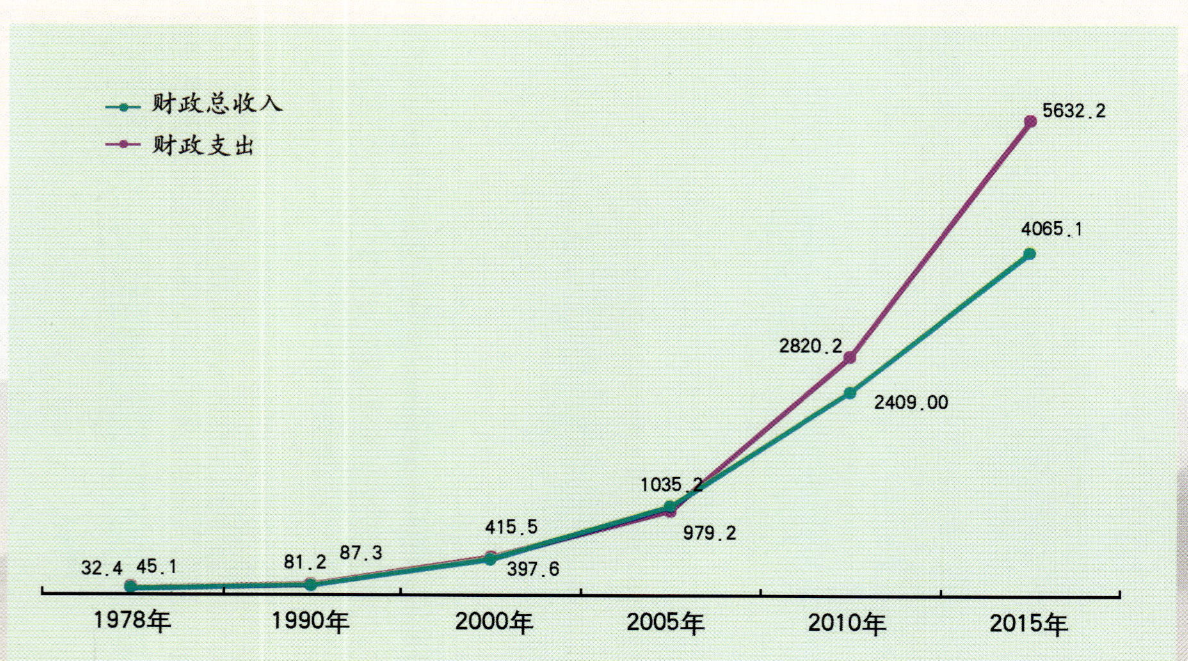

社会消费品零售总额（亿元）

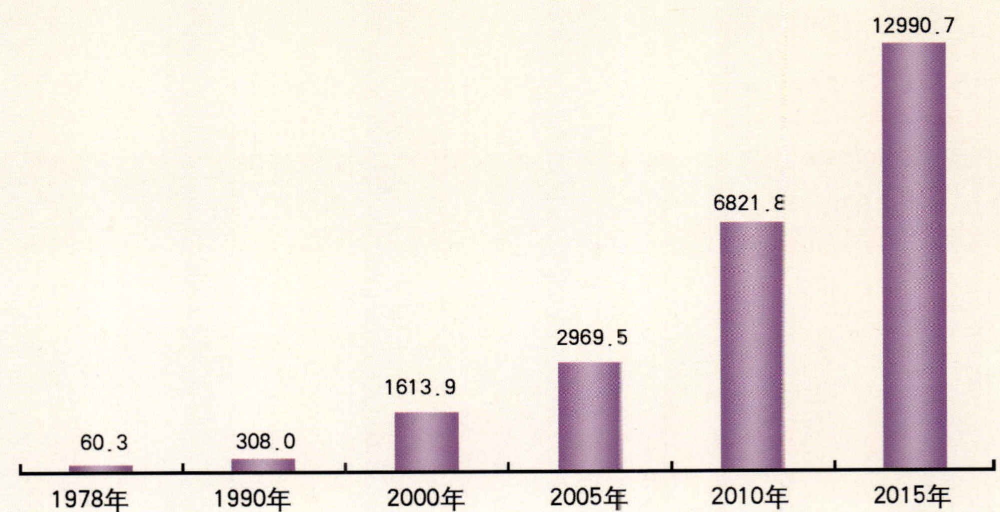

居民人均可支配收入（元）

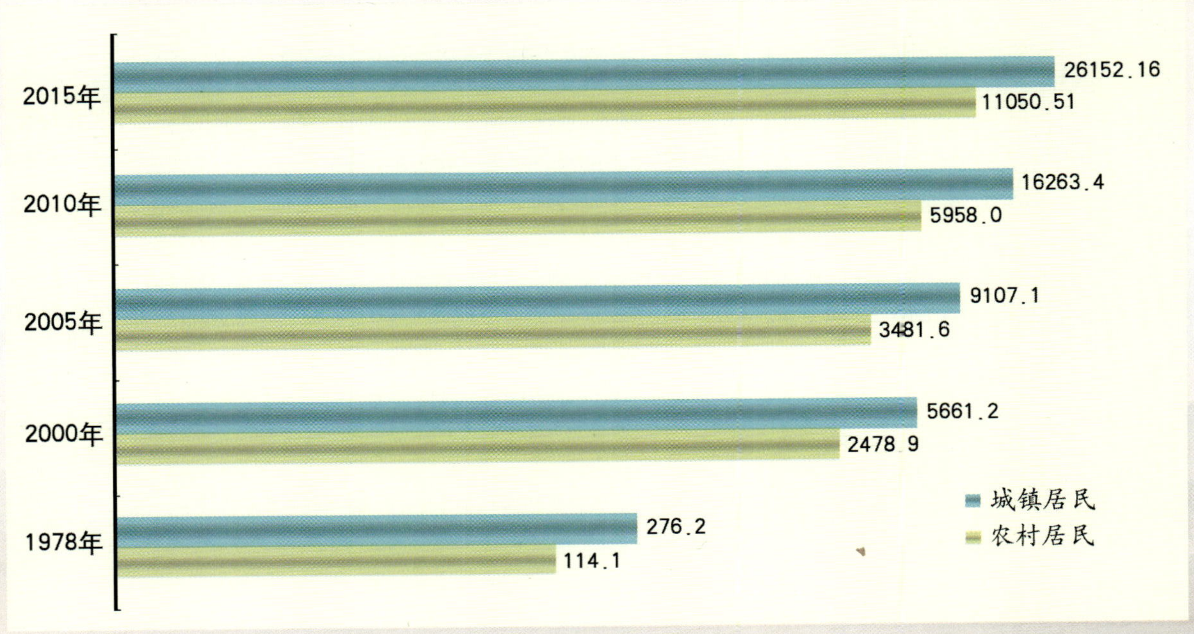

2015：稳增长、促改革、调结构、抓协同、治污染、惠民生

省委八届十二次全会召开　绘就“十三五”发展蓝图　2015年11月9日至11日，中国共产党河北省第八届委员会第十二次全体会议在石家庄召开，全会审议通过《中共河北省委关于制定河北省国民经济和社会发展第十三个五年规划的建议》，绘就了河北省“十三五”发展的宏伟蓝图。全会确定了“十三五”时期全省经济社会发展的指导思想和主要目标。 图为中国共产党河北省第八届委员会第十二次全体会议会场。（郭昭　摄）

2015：稳增长、促改革、调结构、抓协同、治污染、惠民生

结构调整取得重大进展　制造业超越钢铁晋级状元　曾连续15年在河北省国民经济中稳坐头把交椅的钢铁产业，在2015年首次退居次席。数据显示：截至2015年5月底，河北省装备制造产业工业增加值、利润、利税等主要经济指标已全面超过钢铁，成为河北省国民经济的“新科状元”。　图为2015年12月1日，邢台市河北奥捷新能源汽车科技有限公司的工人正在安装电动汽车底盘。（赵永辉 摄）

2015：稳增长、促改革、调结构、抓协同、治污染、惠民生

河北粮食产量连年增长　总产量达到670亿斤以上　2015年，河北省以深化改革为动力，认真落实强农惠农政策，科学谋划决策，强化农业基础建设，确保主要农产品有效供给和农业生产安全，克服了严重干旱、粮价下跌等不利因素，全年粮食总产672.76亿斤，连续三年跨上670亿斤台阶。图为2015年金秋时节，大型机械在保定市徐水区站里村农田抢收玉米。该村高标准基本农田建设已配套完善，2015年玉米亩产可达800公斤，迎来又一个丰收年。（贾恒 摄）

2015：稳增长、促改革、调结构、抓协同、治污染、惠民生

推进京津冀协同发展　交通一体化良好开局　2014年2月26日，习近平总书记主持召开座谈会，专题听取京津冀协同发展工作汇报，强调实现京津冀协同发展，是一个重大国家战略，要坚持优势互补、互利共赢、扎实推进，加快走出一条科学持续的协同发展路子来。

两年来，京津冀紧紧围绕《京津冀协同发展规划纲要》努力工作，将交通一体化、生态环保、产业转移三大领域作为“突破口”，下好“先手棋”，取得可喜成绩。2015年12月30日，张承高速公路建成通车，冀晋北部和内蒙古中部地区到冀东沿海及东北三省必经北京的历史宣告结束，首都交通压力得到缓解。同期，打通京昆高速、111国道等10条连接京津的“断头路”“瓶颈路”，津保城际铁路通车，京津冀多条高铁实现“无缝连接”，石家庄、保定、天津、唐山和秦皇岛被串点成链。图为张承高速老虎沟大桥。（陈鹏飞　摄）

2015：稳增长、促改革、调结构、抓协同、治污染、惠民生

北京现代沧州工厂项目开工 阿里180亿张北布“云” 2015年4月3日，年产30万辆整车的北京现代沧州工厂在沧州正式开工建设。这是京津冀协同发展战略提出以来，河北省引进落地的最高质量、最大体量、最上档次的产业协同项目，将为沧州乃至河北汽车产业带来新的发展引擎。北京现代沧州工厂及配套项目总投资约120亿元，预计2016年底建成，首期投产一款经济型轿车和一款SUV改款车型。沧州工厂整车年生产能力将达到30万辆，发动机年生产能力将达到20万台，预计年销售收入360亿元，税收45亿元。 上图为北京现代沧州工厂奠基仪式。（河北日报资料）

2015年3月25日，总投资180亿元的阿里张北云数据中心项目在张北县庙滩产业园开工。未来3—5年，阿里巴巴集团将在此建立一个占地约93个标准足球场面积的“云”基地。

张北云计算产业基地的崛起，有助于改变京津冀区域能源消费格局，从而实现河北对京津地区从“输煤”到“输电”再到“输信息”的革命性转变。 下图为正在建设中的张北云计算产业基地。（河北日报资料）

2015：稳增长、促改革、调结构、抓协同、治污染、惠民生

区域生态环境信息共享　大气污染联防联控取得成效　近两年来，京津冀加强联防联控，不断完善大气污染防治、水环境治理等领域的合作机制，共同保护碧水蓝天，生态共建的底色日益亮丽。2015年京津冀区域13个城市平均达标天数比例同比提高9.6个百分点。PM2.5、PM10、二氧化硫和二氧化氮浓度同比明显下降。2015年9月，大阅兵前夕，北京、河北均创下PM2.5监测以来历史最好记录，连日蓝天白云让人们尽享风清气爽。图为2015年秋天张北县“草原天路”（陈鹏飞 摄）

2015：稳增长、促改革、调结构、抓协同、治污染、惠民生

太行山上新愚公 "时代楷模"李保国 李保国生前是河北农业大学教授、博士生导师。他把太行山生态治理和群众脱贫奔小康作为自己毕生的追求，坚持三十年扎进太行山，用科技力量帮助百姓脱贫致富，创建了一套完整的山区生态开发模式，探索出了经济社会与生态效益同步提升的扶贫新路，赢得山区人民的爱戴。图为2015年12月9日上午，李保国在邢台县前南峪村马峪沟苹果示范基地现场指导果农剪枝技术。（贾恒 摄）

目 录

特 载

河北省国民经济和社会发展第十三个五年规划纲要…………（3）
中共河北省委 河北省人民政府关于坚决打赢脱贫攻坚战的决定…………（44）
河北省大气污染防治条例…………（50）
政府工作报告…………（58）
关于河北省2015年预算执行情况和2016年预算草案的报告…………（68）

综 合 篇

综述…………（77）
全省生产总值的生产与使用…………（78）
资金流量…………（79）
农村经济…………（80）
城市经济…………（81）
民营经济…………（82）
固定资产投资…………（84）
国有资产监管…………（86）
重点项目建设…………（87）
对外经济贸易…………（88）
财政…………（89）
金融…………（91）
劳动工资…………（92）
安全生产…………（93）
物价…………（95）
消费品市场…………（96）
居民消费价格…………（97）
工业生产者价格…………（98）
农产品生产价格…………（99）
全省居民生活…………（100）
城镇居民生活…………（102）
农村居民生活…………（103）
人口…………（104）
能源与节能降耗…………（106）
扶贫开发…………（106）

产 业 篇

农 业

概况…………（111）
粮食生产…………（111）
种植业…………（111）
种业发展…………（112）
农业节水…………（113）
农业科技推广…………（113）
农产品市场…………（114）
农产品质量安全…………（115）
现代农业园区…………（115）
农村新能源…………（115）
农业资源环境保护…………（115）
金融支农…………（116）
农业产业化…………（116）
农业对外开放…………（116）
农业法治…………（117）
农机化…………（117）

农垦经济

概况…………（118）
第一产业…………（119）
第二产业…………（119）

第三产业……………………………………(120)
固定资产投资…………………………………(120)
农垦科研、教育、卫生………………………(120)
垦区人口、职工、收入与社会保障……………(120)
农垦绿色、有机食品、无公害农产品…………(120)
垦区非国有经济………………………………(121)
垦区社会事业…………………………………(121)

林　业

造林绿化………………………………………(121)
林果产业………………………………………(121)
林业改革………………………………………(121)
法治建设………………………………………(122)
资源保护………………………………………(122)
木兰围场生态综合发展………………………(122)
现代农业产业化洽谈会………………………(122)
京津冀名优果品擂台赛………………………(122)

畜牧业

概况……………………………………………(122)
推进奶业振兴…………………………………(122)
转变畜牧业生产方式…………………………(123)
畜禽良种繁育体系建设………………………(123)
草原保护与建设………………………………(123)
畜禽养殖粪污治理……………………………(123)
统计监测预警及信息服务……………………(123)
畜牧科研与技术推广…………………………(124)
京津冀畜牧产业协同发展……………………(124)
畜产品质量安全监管…………………………(124)
动物疫病免疫…………………………………(124)
动物疫病监测…………………………………(124)
动物卫生监督…………………………………(124)
畜禽屠宰监管…………………………………(125)
应对突发事件…………………………………(125)
医政药政………………………………………(125)
饲料产业发展…………………………………(125)

渔　业

概况……………………………………………(125)
渔业经济结构优化……………………………(126)
渔业资源养护…………………………………(126)
水产品质量……………………………………(126)
渔业安全生产…………………………………(126)
渔业科技创新…………………………………(126)
渔业管理………………………………………(126)

饲料生产

概况……………………………………………(126)
主要工作………………………………………(127)

盐　业

概况……………………………………………(128)
统筹安排原盐生产……………………………(128)
保障食盐稳定供应……………………………(128)
推进食盐质量结构升级………………………(128)
强化盐政管理…………………………………(128)
服务制盐企业…………………………………(129)

工　业

综述……………………………………………(129)

电子信息产业

概况……………………………………………(131)
科学谋划产业发展……………………………(131)
大数据、云计算产业…………………………(131)
软件服务业……………………………………(131)
物联网示范应用………………………………(131)
光伏产业………………………………………(131)
通信和导航产业………………………………(131)
平板显示产业…………………………………(132)
半导体照明产业………………………………(132)
行业电子产业…………………………………(132)
项目建设………………………………………(132)

电力生产与供应

概况……………………………………………(132)
全年电力运行主要特点………………………(132)

城乡建设与建筑业

城市建设………………………………………(133)
村镇建设………………………………………(134)
建筑业…………………………………………(134)
秦皇岛市城乡建设……………………………(134)

商贸流通

消费市场运行…………………………………(136)
肉菜补贴惠民…………………………………(136)
优化消费政策环境……………………………(136)
组织消费促进活动……………………………(136)
商务执法监管…………………………………(136)
农村供销综述…………………………………(137)
创新组织体系…………………………………(137)
创新服务体系…………………………………(137)
创新经营体系…………………………………(137)
创新金融体系…………………………………(138)
创新管理体制…………………………………(138)

粮食流通

概况……………………………………………(138)
粮食收储………………………………………(139)
“粮安工程”建设……………………………(139)
提升粮食应急保障能力………………………(139)
粮食流通领域改革……………………………(139)
粮食行政执法…………………………………(140)
机关党建和党风廉政建设……………………(140)

烟草专卖

概述……………………………………………(140)
服务地方经济社会发展………………………(140)
卷烟打假打私…………………………………(140)

卷烟营销市场化…………………………………（141）
扶贫增收…………………………………………（141）
廉政建设和反腐败工作…………………………（141）

交通运输业

投资建设…………………………………………（141）
运力情况…………………………………………（142）
运输生产…………………………………………（142）
民航运输（河北机场集团）……………………（143）
京津冀民航协同发展……………………………（143）
安全服务…………………………………………（143）
航线航班网络……………………………………（143）
服务地方经济社会………………………………（143）
企业管理…………………………………………（144）
党建和党风廉政建设……………………………（144）

邮政业

概况………………………………………………（144）
转型发展…………………………………………（144）
企业改革…………………………………………（144）
服务能力…………………………………………（144）
精细化管理………………………………………（145）
党风廉政建设……………………………………（145）
干部职工队伍建设………………………………（145）

通信业

综述………………………………………………（145）
河北移动公司……………………………………（147）
河北联通…………………………………………（148）
河北电信…………………………………………（149）

旅游业

综述………………………………………………（150）
旅游重大决策……………………………………（150）
旅游行业规模……………………………………（150）
入境旅游接待与收入……………………………（150）
国内旅游接待与收入……………………………（150）
假日旅游…………………………………………（150）
旅游市场营销……………………………………（150）
旅游行业监督管理………………………………（151）
旅游项目与基础设施建设………………………（152）
旅游改革创新……………………………………（152）
旅游区域合作……………………………………（153）
旅游扶贫…………………………………………（153）
精神文明建设与教育培训………………………（153）

金融业

中国人民银行石家庄中心支行…………………（154）
河北银监局………………………………………（156）
国家开发银行河北省分行………………………（157）
农发行河北省分行………………………………（158）
工行河北省分行…………………………………（159）
农行河北省分行…………………………………（161）
中国银行河北省分行……………………………（162）
建行河北省分行…………………………………（165）
交通银行河北省分行……………………………（166）
民生银行石家庄分行……………………………（167）
华夏银行石家庄分行……………………………（168）
光大银行石家庄分行……………………………（169）
河北省农村信用社联合社………………………（171）
河北银行…………………………………………（172）
衡水银行…………………………………………（173）

保险业

概况………………………………………………（174）
人保财险河北省分公司…………………………（175）
中国人寿河北省分公司…………………………（177）
太平洋产险河北分公司…………………………（178）

房地产业

概况………………………………………………（180）

税　务

国税概况…………………………………………（180）
国税收入特点……………………………………（180）
税收法治…………………………………………（180）
纳税服务…………………………………………（180）
税种管理…………………………………………（181）
税收征管…………………………………………（181）
干部队伍建设……………………………………（181）
党风廉政建设……………………………………（181）
地税收入…………………………………………（181）
地税收入分析……………………………………（181）
税收法治…………………………………………（181）
税收政策落实……………………………………（181）
纳税服务…………………………………………（181）
税收征管…………………………………………（182）
税种管理…………………………………………（182）
税源监控…………………………………………（182）
大企业税收管理…………………………………（182）
国际税收管理……………………………………（182）
税务稽查…………………………………………（182）
电子税务管理……………………………………（182）
财务管理…………………………………………（182）
政府采购…………………………………………（182）
税收科研…………………………………………（182）

科学技术

概况………………………………………………（182）
京津冀协同创新…………………………………（183）
创新主体培育……………………………………（183）
科技园区建设……………………………………（183）
创新平台建设……………………………………（183）
科技体制改革……………………………………（183）
大众创业万众创新………………………………（183）

气　象

气候基本状况……………………………………（183）

年景评述与气象灾害……（184）
气候对有关行业的影响……（184）
气象防灾减灾和公共气象服务……（185）
气象基础业务……（186）
深化气象改革……（186）
气象法治建设……（186）

防震减灾

地震活动……（186）
重点项目……（187）
监测预报与台站建设……（187）
震害防御……（187）
应急救援……（187）
防震减灾科技合作……（187）
防震减灾宣传教育……（188）

社会科学

省社科院工作……（188）
省社科联工作……（189）

水利管理

概述……（192）
水利规划计划……（192）
水政……（193）
水资源管理……（193）
水资源保护……（193）
地下水超采综合治理……（193）
水利改革……（194）
工程建设管理……（194）
南水北调配套工程……（195）
引黄入冀补淀工程……（195）
防汛抗旱……（195）
农村水利……（195）
水土保持……（196）
移民管理……（196）
农村水电……（196）
科技外事……（196）

环境保护

概述……（197）
大气污染治理……（197）
水污染治理……（197）
环境影响评价……（198）
清洁生产及固废、土壤的污染防治……（199）
主要污染物减排……（200）
生态保护与建设……（200）
监测与应急预警……（201）
环境执法与督查……（202）
环境政策创新……（202）
环境基础能力建设……（203）

国土资源监管

概况……（204）
服务京津冀协同发展……（204）
资源保障……（204）
耕地保护……（205）
矿政管理……（205）
海域管理……（206）
节约集约利用……（206）
生态环境建设……（206）
执法监察……（206）
保障权益……（206）
国土资源领域改革……（207）
党风廉政建设……（207）

地理信息工作

概况……（207）
数字城市建设……（208）
“天地图·河北”建设……（208）
地理国情普查监测……（208）
启用和推广 2000 国家大地坐标系……（208）
夏秋秸秆焚烧监测……（208）
推进厅局业务协作……（209）
河北省基础测绘“十三五”规划……（209）

工商行政管理

概况……（209）
市场主体增量行动……（209）
市场秩序优化……（210）
规范直销……（210）
12315 护民生专项行动……（210）

质量技术监督

质量和名牌战略……（211）
标准化工作……（211）
计量工作……（211）
认证认可工作……（212）
检验检测工作……（212）
特种设备安全工作……（212）
产品质量监督工作……（212）
工业生产许可制度改革……（213）
深化安检机构制度改革……（213）

食品药品监管

概况……（213）
食品药品监管体制改革……（213）
食品药品监管法治建设……（213）
日常监管和专项整治……（214）
安全监管能力建设……（214）
食品药品安全社会共治……（214）
食品药品安全宣传……（214）
食品医药产业发展……（215）

审　计

概况……（215）
稳增长审计……（215）
财政审计……（215）
经济责任审计……（215）

民生资金审计…………………………………………（215）
投资审计……………………………………………（215）
资源环境审计………………………………………（215）
金融审计……………………………………………（215）
企业审计……………………………………………（215）
外资审计……………………………………………（215）
法制化建设…………………………………………（216）
审计信息化建设……………………………………（216）
内部审计……………………………………………（216）

统 计

概况…………………………………………………（216）
统计数据质量管理…………………………………（216）
服务党政领导科学决策……………………………（216）
重点领域改革创新…………………………………（217）
大型普查和常规调查………………………………（217）
统计法治建设………………………………………（217）
统计生产方式变革…………………………………（217）
部门统计协同联动…………………………………（217）

教 育

教育经费投入和增长………………………………（217）
促进教育公平………………………………………（217）
推进教育扶贫………………………………………（218）
京津冀教育协同发展………………………………（218）
教育对口援助………………………………………（218）
国际交流与合作……………………………………（218）
基础教育……………………………………………（218）
职业教育与成人教育………………………………（219）
高等教育……………………………………………（219）

卫生和计划生育

概述…………………………………………………（220）
京津冀卫生计生协同发展…………………………（220）
深化医改……………………………………………（220）
生育政策调整和计划生育服务管理改革…………（220）
公共卫生和疾病防控能力…………………………（220）
医疗服务质量和安全管理…………………………（221）
科研创新和人才教育………………………………（221）
中医药振兴发展……………………………………（221）
卫生计生法治建设…………………………………（221）
妇幼保健能力………………………………………（221）
发展中面临的问题…………………………………（221）

文化产业

搭建展示推介平台…………………………………（221）
文化产业长远发展…………………………………（222）
为文化企业发展争取政策支持……………………（223）
提供智力支撑………………………………………（223）

新闻出版·版权

新闻出版……………………………………………（224）
版权…………………………………………………（224）
事业和产业…………………………………………（224）
管理…………………………………………………（224）

广播影视

概况…………………………………………………（225）
新闻宣传……………………………………………（225）
事业和产业…………………………………………（225）
管理…………………………………………………（225）

文物工作

基础文物工作………………………………………（226）
文物保护项目………………………………………（226）
长城保护工作………………………………………（226）
文物安全和执法……………………………………（227）
文物保护宣传………………………………………（227）

档案工作

概述…………………………………………………（227）
优化档案工作政策环境……………………………（227）
基础设施建设………………………………………（227）
档案信息化建设……………………………………（227）
档案文化建设………………………………………（228）
档案资源建设………………………………………（228）
其他工作取得新进展………………………………（228）

体 育

群众体育……………………………………………（228）
竞技体育……………………………………………（229）
京张联合申办奥运会………………………………（229）
京津冀体育协同发展………………………………（230）
体育产业……………………………………………（230）
2015 年度河北省十大体育新闻 ………………（231）
2015 年度河北省十佳运动员 …………………（231）

人力资源和社会保障

就业…………………………………………………（231）
社会保障……………………………………………（231）
人才队伍建设………………………………………（232）
人事制度改革………………………………………（232）
工资制度改革………………………………………（232）
劳动关系……………………………………………（232）
公共服务平台和信息化建设………………………（232）
京津冀人社工作协同发展…………………………（232）

民 政

农村基层民主建设…………………………………（233）
社会救助……………………………………………（233）
救灾工作……………………………………………（234）
双拥优抚安置………………………………………（235）
社会福利事业………………………………………（237）
社会行政管理………………………………………（238）
城市社区建设………………………………………（239）
老龄工作……………………………………………（239）
革命烈士……………………………………………（240）

残疾人工作

残疾人康复服务……………………………………（241）

残疾人就业创业……………………………（241）
残疾人教育……………………………（242）
残疾人扶贫工作……………………………（242）
残疾人社会保障……………………………（242）
残疾人托养服务……………………………（242）
残疾人文化体育……………………………（242）
残疾人权益维护……………………………（242）
残疾人组织……………………………（242）
无障碍建设……………………………（242）
综合服务设施建设……………………………（242）

区域经济篇

石家庄市……………………………（245）
承德市……………………………（247）
张家口市……………………………（248）
秦皇岛市……………………………（250）
唐山市……………………………（252）
廊坊市……………………………（255）
保定市……………………………（257）
沧州市……………………………（259）
衡水市……………………………（260）
邢台市……………………………（262）
邯郸市……………………………（264）
辛集市……………………………（267）
定州市……………………………（268）

县（市、区）域经济专辑

晋州市……………………………（270）
平山县……………………………（270）
承德市双滦区……………………………（271）
承德县……………………………（272）
滦平县……………………………（274）
丰宁满族自治县……………………………（275）
围场满族蒙古族自治县……………………………（276）
张家口市桥西区……………………………（277）
万全县……………………………（278）
崇礼县……………………………（279）
张北县……………………………（280）
沽源县……………………………（281）
尚义县……………………………（282）
塞北管理区……………………………（283）
察北管理区……………………………（284）
唐山市路北区……………………………（285）
唐山市丰南区……………………………（286）
唐山市曹妃甸区……………………………（287）
迁安市……………………………（290）
滦县……………………………（291）
乐亭县……………………………（292）
唐山市汉沽管理区……………………………（293）
廊坊市广阳区……………………………（294）
霸州市……………………………（296）
三河市……………………………（297）
固安县……………………………（298）
安国市……………………………（299）
高碑店市……………………………（300）
涞水县……………………………（301）
阜平县……………………………（302）
高阳县……………………………（304）
安新县……………………………（305）
雄县……………………………（306）
泊头市……………………………（307）
任丘市……………………………（308）
东光县……………………………（309）
肃宁县……………………………（311）
衡水市桃城区……………………………（312）
枣强县……………………………（313）
武邑县……………………………（314）
饶阳县……………………………（315）
任县……………………………（316）
宁晋县……………………………（317）
巨鹿县……………………………（318）
邯郸市邯山区……………………………（319）
邯郸市复兴区……………………………（320）
武安市……………………………（321）
成安县……………………………（322）
肥乡县……………………………（323）
魏县……………………………（324）
曲周县……………………………（325）

河北省国家级开发区、省级开发区、创新型产业示范园区等选登

秦皇岛经济技术开发区……………………………（327）
保定国家高新技术产业开发区……………………………（328）
唐山高新技术产业开发区……………………………（328）
唐山海港经济开发区……………………………（331）
承德高新技术产业开发区……………………………（331）
邯郸经济技术开发区……………………………（333）
沧州高新技术产业开发区……………………………（334）
张家口经济开发区……………………………（335）
南堡经济开发区……………………………（336）
涞源经济开发区……………………………（336）
芦台经济开发区……………………………（337）
唐山南湖生态城……………………………（338）
白沟新城……………………………（339）
唐山清东陵保护区……………………………（340）

改革开放篇

经济体制改革
简政放权改革……（345）
投融资体制改革……（345）
价格改革……（345）
商事制度改革……（345）
企业改革……（345）
财政体制改革……（345）
金融体制改革……（345）
科技体制改革……（345）
开放体制改革……（346）
社会事业领域改革……（346）
其他领域改革……（346）
农业农村改革……（346）
对外开放
概况……（346）
对外贸易特点……（347）
对外投资……（347）
对外承包工程和劳务合作……（348）
对外经济技术援助……（348）
外商投资管理体制改革……（348）
海 关
概述……（348）
深入开展“三严三实”教育……（348）
支持河北经济发展……（348）
业务运行质效提升……（348）
准军事化纪律部队建设……（349）
出入境检验检疫
综述……（349）
改革管理模式……（349）
维护国门安全……（349）
服务地方经济……（349）
事业能力提升……（350）
干部队伍建设……（350）
外事 侨务
概况……（350）
省领导外事活动……（351）
举办重要会议……（352）
国外使团来访……（353）
“因公护照工作管理奖”……（355）
区域经济合作
区域合作……（355）
重大合作项目……（356）
省际、省校合作与交流……（356）
大型经贸洽谈活动……（356）
创新工作方式……（356）
物流业
概况……（357）
存在问题……（358）
证券期货业
河北辖区资本市场……（358）
证券期货监管……（359）

统计资料篇

统计资料使用说明
统计资料使用说明……（363）
综合
行政区划基本情况（2015 年底）……（364）
自然状况和资源……（364）
各市、县（市、区）名称（2015 年）……（365）
国民经济和社会发展总量与速度指标……（366）
国民经济和社会发展结构指标……（372）
按三次产业和行业分法人单位数……（374）
法人单位数……（376）
企业法人单位数……（377）
城市经济和社会发展主要指标……（378）
民营经济主要指标……（378）
人均主要工农业产品产量……（379）
环境保护情况……（380）
国民经济核算
地区生产总值……（381）
地区生产总值构成……（382）
地区生产总值指数（上年=100）……（383）
地区生产总值指数（1978 年=100）……（384）
支出法地区生产总值……（385）
三次产业贡献率……（386）
三次产业对生产总值增长的拉动……（387）
三大需求对全省生产总值增长的贡献率……（388）
居民消费水平……（389）
资金流量表（收入分配）（2014 年）……（390）
人口 就业及工资
人口基本情况……（392）
总人口及人口自然变动……（393）
六次人口普查基本情况……（394）
按年龄和性别分人口数（2015 年）……（395）
育龄妇女分年龄、孩次的生育状况（2014 年 11 月 1 日至 2015 年 10 月 31 日）……（396）
分行业全社会就业人员（2015 年底）……（397）

按三次产业分的就业人员及构成（年底数）……（398）
城镇非私营单位职工人数（年底数）……（399）
分登记注册类型和行业城镇非私营单位就业人数（2015年底）……（400）
分登记注册类型和行业城镇非私营单位在岗职工人数（2015年底）……（401）
分登记注册类型和行业城镇非私营单位女性就业人数（2015年底）……（402）
城镇非私营单位就业人员工资总额（2015年）……（403）
城镇非私营单位职工工资总额和指数……（404）
城镇非私营单位职工平均工资及指数……（405）
分行业城镇私营单位就业人员平均工资……（406）
分细行业城镇非私营单位就业人员平均工资（2015年）……（407）
年末城镇登记失业人员及登记失业率……（410）

固定资产投资

全社会固定资产投资……（411）
按经济类型分全社会固定资产投资（2015年）……（412）
分行业全社会固定资产投资（2015年）……（413）
固定资产投资主要指标……（414）
国有单位固定资产投资……（416）
分行业固定资产投资……（417）
建设项目分行业固定资产投资（2015年）……（420）
建设项目固定资产投资……（426）
建设项目新增主要产品生产能力（2015年）……（427）
分行业建设项目施工、投产个数和新增固定资产（2015年）……（428）
农村个人固定资产投资和建房……（434）
总投资50亿元以上建设项目主要经济指标（2015年）……（435）

能　源

一次能源生产总量和构成……（438）
能源消费总量及构成……（439）
综合能源平衡表……（440）
能源加工转换效率……（440）
规模以上工业企业分行业能源消耗情况……（441）
分行业规模以上工业企业水消费（取水总量）……（442）
主要耗能工业企业单位产品能源消耗情况……（443）

财政　金融　保险

财政收支总额及增长速度……（446）
分项目地方财政收支……（447）
金融机构年末存贷款……（448）
住户存款年末余额……（449）
保险业务经济技术指标……（449）

物　价

各种价格指数（上年=100）……（450）
各种价格定基指数……（451）
居民消费价格分类指数（2015年，上年=100）……（452）
商品零售价格分类指数（2015年，上年=100）……（453）
居民消费和商品零售价格指数（2015年）……（453）
农业生产资料价格分类指数（上年=100）……（454）
工业品出厂价格分类指数（上年=100）……（454）
主要原材料、燃料、动力购进价格指数（上年=100）……（455）
固定资产投资价格指数（上年=100）……（455）
农产品生产价格指数（上年=100）……（456）

人民生活

居民人均可支配收入及指数……（457）
居民生活基本情况……（458）
居民人均消费支出及恩格尔系数……（460）
城镇居民家庭基本情况……（461）
城镇居民按人均可支配收入分组的户数构成……（462）
按收入五等份划分的城镇居民家庭基本情况（2015年）……（462）
城镇居民人均收支情况……（463）
城镇居民人均主要食品消费量……（464）
城镇居民平均每百户年末主要耐用消费品拥有量……（465）
农村居民家庭基本情况……（466）
农村居民按人均可支配收入分组的户数占调查户比重……（467）
农村居民人均收支情况……（468）
农村居民人均主要食品消费量……（469）
农村居民平均每百户年末主要耐用消费品拥有量……（470）

农村经济

农村基层组织和农业基本情况……（471）
耕地面积……（472）
农、林、牧、渔业总产值及构成……（473）
农、林、牧、渔业总产值指数（上年=100）……（474）
农、林、牧、渔业分项产值……（475）
农、林、牧、渔业增加值……（476）
农、林、牧、渔业商品率……（476）
主要农作物总播种面积……（477）
粮食、棉花、油料单位面积产量……（478）
主要农作物分品种播种面积和产量……（479）

主要农产品产量……………………………… (480)
平均每人主要农产品产量
（按平均人口计算）……………………… (481)
主要农业机械和农产品加工机械拥有量
（年底数）……………………………… (481)
农村居民家庭平均每户年末拥有生产性
固定资产原值…………………………… (482)
农村居民家庭平均每百户年末拥有生产性
固定资产数量…………………………… (482)
农业机械化、能源、化肥、水利………… (483)
林业及干鲜果生产………………………… (483)
畜禽产品年末存栏数量…………………… (484)
畜禽产品当年出栏数量及产量…………… (484)
水产品产量………………………………… (485)
受灾情况…………………………………… (485)
农垦系统国营农牧场基本情况…………… (486)

工 业

规模以上工业企业主要指标……………… (487)
规模以上工业企业主要经济指标（2015 年） ………
(488)
规模以上工业企业增加值………………… (489)
按行业分规模以上工业企业主要指标
（2015 年） ……………………………… (490)
按行业分国有及国有控股工业企业主要
指标（2015 年） ……………………… (494)
按行业分私营工业企业主要指标
（2015 年） ……………………………… (498)
按行业分大中型工业企业主要指标
（2015 年） ……………………………… (502)
按行业分规模以上工业企业主要经济
效益指标（2015 年） ………………… (506)
按行业分国有及国有控股工业企业主要
经济效益指标（2015 年） …………… (507)
按行业分私营工业企业主要经济效益指标
（2015 年） ……………………………… (508)
按行业分大中型工业企业主要经济效益指标
（2015 年） ……………………………… (509)
主要工业产品产量………………………… (510)

建筑业

建筑业主要经济指标……………………… (512)
按承包类型分的建筑业企业主要指标…… (513)
按登记类型分建筑业企业主要经济指标
（2015 年） ……………………………… (514)
建筑业企业技术装备情况………………… (516)

房地产

房地产开发企业主要指标………………… (517)
房地产开发企业基本情况（2015 年） ……… (518)
房地产开发企业建设总规模、完成投资及新增
固定资产（2015 年） ………………… (520)
房地产开发企业的土地开发、购置及资金来源
（2015 年） ……………………………… (522)
房地产开发建设房屋建筑面积、造价和商品
房屋销售情况（2015 年） …………… (524)
按用途和销售方式分的商品房屋销售面积及
平均销售价格（2015 年） …………… (526)

运输和邮电

运输线路长度……………………………… (528)
交通运输工具拥有量……………………… (528)
民用汽车拥有量…………………………… (529)
民用车辆拥有量（2015 年） …………… (530)
民用航空发展基本情况…………………… (530)
客运量……………………………………… (531)
旅客周转量………………………………… (531)
货运量……………………………………… (532)
货物周转量………………………………… (532)
沿海港口基本情况（2015 年） ………… (533)
沿海主要港口货物吞吐量（2015 年） ……… (533)
邮电业务基本情况（年底数） …………… (534)
邮电业务量………………………………… (535)

国内贸易

限额以上批发业企业基本情况（2015 年）
……………………………………………… (536)
限额以上零售业企业基本情况（2015 年）
……………………………………………… (538)
限额以上批发企业商品购进、销售和
库存额（2015 年） …………………… (540)
限额以上零售业企业商品购进、销售和
库存额（2015 年） …………………… (542)
限额以上批发零售贸易业商品分类销售额
（2015 年） ……………………………… (544)
亿元以上商品交易市场摊位分类情况
（2015 年） ……………………………… (545)
限额以上批发业企业主要财务指标
（2015 年） ……………………………… (546)
限额以上零售业企业主要财务指标
（2015 年） ……………………………… (548)
限额以上住宿业企业主要指标（2015 年） … (550)
限额以上餐饮业企业主要指标（2015 年） … (552)
限额以上住宿业企业主要财务指标
（2015 年） ……………………………… (554)
限额以上餐饮业企业主要财务指标
（2015 年） ……………………………… (556)
商品销售总额前 10 名的批发企业（2015 年，
按国民经济行业中类分别排序）………… (558)
商品销售总额前 10 名的零售企业（2015 年，
按国民经济行业中类分别排序）………… (560)
营业额前 50 名的住宿企业（2015 年） ……… (562)
营业额前 50 名的餐饮企业（2015 年） ……… (563)

亿元以上商品市场成交额排序（2015年） ……………………………… (564)

对外经济和旅游

海关进出口贸易总额……………………………… (569)
石家庄海关按贸易方式分进出口商品总额…… (569)
石家庄海关按国别（地区）分的进出口商品总额…………………………… (570)
利用外资概况…………………………………… (575)
外商直接投资情况……………………………… (576)
外商直接投资情况（2015年） ………………… (578)
对外承包工程…………………………………… (582)
对外投资与劳务合作…………………………… (582)
旅游事业发展情况……………………………… (583)
按国别（地区）分外国入境游客……………… (584)

教　育

各级各类学校数………………………………… (585)
各级各类学校专任教师数……………………… (586)
各级各类学校毕业生数………………………… (586)
各级各类学校招生数…………………………… (587)
各级各类学校在校学生数……………………… (587)
高等教育学校（机构）数（2015年） ………… (588)
高等学校（机构）学生数（2015年） ………… (588)
分学科研究生情况（2015年） ………………… (589)
本、专科分学科学生数（2015年） …………… (590)
普通中学学校数（2015年） …………………… (591)
普通中学学生数（2015年） …………………… (591)
中等职业学校（机构）学生分科类情况（2015年） ……………………………… (592)
技工学校情况…………………………………… (593)
普通小学情况…………………………………… (593)
每万人口在校学生数和中小学升学情况……… (594)

科技和专利

科技活动基本情况……………………………… (595)
科学研究与开发机构基本情况………………… (596)
高等学校科技活动情况………………………… (597)
规模以上工业企业科技活动基本情况………… (598)
按行业分规上工业企业研究与试验发展（R&D）活动情况（2015年） ………… (599)
大中型工业企业科技活动基本情况…………… (600)
国有地方企事业单位各部门专业技术人员…… (601)
省内三种专利申请受理量及授权量…………… (602)

文化　体育及卫生

文化艺术事业机构发展情况…………………… (603)
文化、文物事业机构、人员数（2015年） ……………………………… (604)
艺术表演团体演出情况（2015年） …………… (605)
群众艺术馆、文化馆（站）业务活动及经费收支（2015年） ………………………… (605)
公共图书馆基本情况（2015年） ……………… (606)
广播电视基本情况……………………………… (606)
图书、报纸、杂志出版种类和数量（2015年） ……………………………… (607)
体育系统从业人员情况（2015年） …………… (608)
等级运动员、裁判员分项发展人数（2015年） ……………………………… (608)
卫生事业发展情况……………………………… (609)
卫生机构基本情况……………………………… (610)
前十位疾病死亡原因和构成（2015年） …… (611)
新型农村合作医疗情况………………………… (611)
各类医疗卫生机构医疗服务及床位利用情况（2015年） ………………………… (612)

公共管理及其他

社会福利事业、企业单位和工作人员数……… (614)
收养性社会福利单位基本情况（2015年） … (614)
公证文书分类…………………………………… (615)
享受救济、补助人员情况……………………… (616)
婚姻服务情况…………………………………… (616)
社会保险基本情况……………………………… (617)

城市概况

各城市地区生产总值（2015年） ……………… (618)
各城市就业人员（2015年底） ………………… (618)
各城市固定资产投资及内贸、外经主要指标（2015年） ……………………………… (619)
各城市财政、金融主要指标（2015年） …… (619)
各城市规模以上工业企业主要经济指标（2015年） ……………………………… (620)
各城市文化、卫生及社会保障情况（2015年） ……………………………… (620)
各城市教育事业及专业技术人员主要指标（2015年） ……………………………… (621)
各城市市政公用事业（2015年） ……………… (622)

各市概况

各市国民经济主要指标（2015年） …………… (623)
各市按主要行业分法人单位数（2015年） ……………………………… (624)
各市按三次产业和机构类型分法人单位数（2015年） ……………………………… (625)
各市按控股情况分企业法人单位数（2015年） ……………………………… (626)
各市按登记注册类型分企业法人单位数（2015年） ……………………………… (626)
各市民营经济主要指标（2015年） …………… (627)
各市地区生产总值及指数（2015年） ……… (628)
各市地区生产总值……………………………… (629)
各市支出法计算的地区生产总值（2015年） ……………………………… (629)
各市人口数及人口自然变动（2015年） ……………………………………………… (630)

各市人口的城乡构成（2015 年底） …………（630）
各市分性别、户口登记状况的人口（2015 年） ………………………………（631）
各市按性别和婚姻状况分的人口（2015 年） ………………………………（632）
各市按性别和受教育程度分的人口（2015 年） ………………………………（633）
各市按性别分的 15 岁及 15 岁以上文盲人口（2015 年） ……………………………（634）
各市按家庭户规模分的户数（2015 年） ……（635）
各市户数、人口数、性别比和户规模（2015 年） ………………………………（636）
各市人口年龄构成和抚养比（2015 年） ……（636）
各市城镇非私营单位就业人数（2015 年底） ……………………………（637）
各市城镇非私营单位就业人员工资总额（2015 年） ………………………………（637）
各市城镇非私营单位在岗职工工资总额及平均工资（2015 年） ………………………（638）
各市城镇私营单位就业人员平均工资…………（638）
各市城镇登记失业人员及失业率………………（639）
各市全社会固定资产投资（2015 年） ………（639）
各市按构成和建设性质分的建设项目投资（2015 年） ………………………………（640）
各市建设项目施工、投产个数和新增固定资产（2015 年） …………………………（640）
各市建设项目施工、竣工房屋建筑面积（2015 年） ………………………………（641）
各市能源工业投资（2015 年） ………………（641）
各市建设项目资金来源（2015 年） …………（642）
各市亿元及以上固定资产投资项目投资情况（2015 年） ………………………………（642）
各市分行业建设项目投资（2015 年） ………（643）
各市单位 GDP 能耗（2015 年） ……………（644）
各市规模以上工业企业能源消耗情况…………（645）
各市规模以上工业企业水消费（取水总量） ………………………………………………（645）
各市地方财政收入及支出（2015 年） ………（646）
各市区居民消费价格分类指数（2015 年，上年＝100） ……………………（646）
各市区商品零售价格分类指数（2015 年，上年＝100） ……………………（647）
各市居民生活基本情况（2015 年） …………（648）
各市农、林、牧、渔业总产值（2015 年） ………………………………………………（648）
各市农、林、牧、渔业总产值指数（2015 年，上年＝100） ……………………（649）
各市农、林、牧、渔业中间消耗（2015 年） ………………………………（649）
各市农、林、牧、渔业增加值（2015 年） ………………………………………………（650）
各市主要农作物总播种面积（2015 年） ……（650）
各市农、林、牧、渔业中间消耗、增加值占总产值的比重（2015 年） ………………（651）
各市主要农产品产量（2015 年） ……………（652）
各市主要农业机械和农产品加工机械拥有量（2015 年底） ……………………………（653）
各市农业机械化、能源、化肥、水利（2015 年） ………………………………（653）
各市畜禽产品年末存栏数量（2015 年） ………………………………………………（654）
各市畜禽产品当年出栏数量及产量（2015 年） ………………………………（654）
各市规模以上工业企业个数和主营业务收入（2015 年） ………………………………（655）
各市规模以上工业企业主要指标（2015 年） ………………………………………………（656）
各市国有及国有控股工业企业主要指标（2015 年） ………………………………（657）
各市私营工业企业主要指标（2015 年） ……（658）
各市水产品产量（2015 年） …………………（659）
各市建筑业生产情况（2015 年） ……………（659）
各市建筑业主要财务指标（2015 年） ………（660）
各市房地产开发企业个数、建设总规模、完成投资及新增固定资产（2015 年） ………（660）
各市房地产开发完成投资情况（2015 年） …（661）
各市房地产开发企业的土地开发及购置………（661）
各市房地产开发企业的资金来源（2015 年） ………………………………………………（662）
各市房地产开发建设房屋建筑面积和造价（2015 年） ………………………………（662）
各市商品房屋销售情况（2015 年） …………（663）
各市按用途分的商品房屋销售面积（2015 年） ………………………………（663）
各市按用途分的商品房屋平均销售价格（2015 年） ………………………………（664）
各市按销售方式分的商品房销售面积及平均销售价格（2015 年） ……………………（664）
各市房地产开发经营情况（2015 年） ………（665）
各市社会消费品零售总额及亿元以上商品交易市场基本情况（2015 年） ……………………（665）
各市限额以上批发和零售业基本情况（2015 年） ………………………………（666）
各市限额以上住宿业和餐饮业基本情况（2015 年） ………………………………（666）
各市外商投资企业情况（2015 年） …………（667）
各市各级各类学校数（2015 年） ……………（667）
各市各级各类学校专任教师数（2015 年） …（668）

各市各级各类学校在校学生数（2015 年）…（668）
各市科技主要指标……………………………（669）
各市广播电视节目综合人口覆盖情况及文化主要指标（2015 年）………………（669）
各市卫生事业基本情况（2015 年）…………（670）
各市新型农村合作医疗情况…………………（670）
各市城乡居民基本养老保险情况（2015 年）……………………………………………（671）
各市城镇职工基本养老保险情况（2015 年）……………………………………………（671）
各市失业保险情况（2015 年）………………（672）
各市城镇基本医疗保险参保人数（2015 年）……………………………………………（672）
各市城镇基本医疗保险基金收支情况（2015 年）……………………………………（673）
各市工伤保险情况（2015 年）………………（673）

各县（市、区）主要指标

各县（市、区）国民经济主要指标（2015 年）……………………………………（674）

京津冀主要指标

京津冀基本情况（2015 年）……………………（724）
京津冀人口情况……………………………（725）
京津冀地区生产总值…………………………（726）
京津冀三次产业从业人员情况………………（728）
京津冀固定资产投资情况……………………（729）
京津冀能源消费总量…………………………（730）
京津冀居民收入支出和居住水平……………（732）
京津冀地方财政收支情况……………………（734）
京津冀主要农产品产量………………………（735）
京津冀规模以上工业主要产品产量…………（736）
京津冀客、货运量情况………………………（738）
京津冀国内贸易主要指标……………………（739）
京津冀进出口、利用外资和入境旅游情况……（740）
京津冀教育和科技活动情况…………………（741）
京津冀主要污染物排放情况…………………（742）

主要统计指标解释

主要统计指标解释……………………………（743）

CONTENTS

Featured Articles

The 13th Five-year Plan for Economic and Social Development of Hebei Province ······ (3)
CPC Hebei Provincial Committee and Hebei Provincial Government's Decision on Striving for the Complete Victory of Anti-Poverty Battle ······ (44)
Act of Air Pollution Control for Hebei Province ······ (50)
Government Work Report ······ (58)
Reports on Final Accounts in 2014 and Draft Financial Budget in 2015 Hebei Province ······ (68)

General Survey

General Survey ······ (77)
Production and Usage of GDP ······ (78)
Check of Funds Flow ······ (79)
Rural Economy ······ (80)
Urban Economy ······ (81)
Private Economy ······ (82)
Investment in Fixed Assets ······ (84)
Supervision for State-owned Assets ······ (86)
Pivot Construction ······ (87)
Economy to the Outside World ······ (88)
Public Finance ······ (89)
Banking ······ (91)
Labor Forces and Wages ······ (92)
Safety & Production ······ (93)
Price ······ (95)
Markets of Consumer Goods ······ (96)
Price of Consumable ······ (97)
Prices of Industrial Products ······ (98)
Prices of Agricultural Products ······ (99)
Residents Livelihood ······ (100)
Urban Residents Livelihood ······ (102)
Rural Residents Livelihood ······ (103)
Population ······ (104)
Energy and Energy Saving ······ (106)
Poverty Alleviation and Development ······ (106)

Industries

Agriculture ······ (111)
Land Reclamation Economy ······ (118)
Forestry ······ (121)
Animal Husbandry ······ (122)
Fishery ······ (125)

Feed Production …… (126)
Salt …… (128)
Industry …… (129)
Electronic Information Industry …… (131)
Electric Power Production and Supply …… (132)
Urban and Rural Construction and Construction …… (133)
Trade and Business Circulation …… (136)
Grain Circulation …… (138)
Tobacco Monopoly …… (140)
Transportation …… (141)
Postal Service …… (144)
Telecommunication Service …… (145)
Tourism …… (150)
Banking …… (154)
Insurance …… (174)
Real Estate …… (180)
Tax …… (180)
Science and Technology …… (182)
Weather …… (183)
Earthquake Prevention and Disaster Reduction …… (186)
Social Sciences …… (188)
Water Conservancy …… (192)
Environmental Protection …… (197)
Territorial Resources Scrutiny and Management …… (204)
Geographic Information …… (207)
Industrial and Commercial Administrative Management …… (209)
Quality and Technology Supervising …… (211)
Food and Drug Administration …… (213)
Audit …… (215)
Statistics …… (216)
Education …… (217)
Public Health and Family Planning Commission …… (220)
Culture Industry …… (221)
Press and Publication, Copyright …… (224)
Broadcasting and Television …… (225)
Cultural Relics …… (226)
Archives …… (227)
Sports …… (228)
Human Resources and Social Security …… (231)
Social Wealth and Administrative Management …… (233)
Cause of Disabled People …… (241)

Regional Economy

Shijiazhuang City …… (245)
Chengde City …… (247)
Zhangjiakou City …… (248)
Qinhuangdao City …… (250)
Tangshan City …… (252)
Langfang City …… (255)
Baoding City …… (257)
Cangzhou City …… (259)
Hengshui City …… (260)

Xingtai City …… (262)
Handan City …… (264)
Xinji City …… (267)
Dingzhou City …… (268)
Special Edition for County Economy …… (270)
Partial List of State-level Development Zones, Provincial-level Development Zcnes, Provincial-level Industrial Zones, Provincial-level Industrial Cluster Zones in Hebei Province …… (327)

Reform and Opening to the Outside World

Economic System Reform …… (345)
Open to the Outside World …… (346)
Customs …… (348)
Customs Inspection and Quarantine Control …… (349)
Foreign Affairs, Overseas Chinese Affairs …… (350)
Regional Economic Cooperation …… (355)
Logistics Industry …… (357)
Securities and Futures Market …… (358)

Statistics Data

Using Guide of Statistical Indicators
Using Guide of Statistical Indicators …… (363)
General Survey
Basic Statistics of Administrative Divisions (End of 2015) …… (364)
Natural Condition and Resources …… (364)
Name of Administrative Area (2015) …… (365)
Principal Aggregate Indicators on National Economic and Social Development and Growth Rates …… (366)
Structural Indicators on National Economic and Social Development …… (372)
Number of Institutional Units by Three Strata of Industry and Sector …… (374)
Number of Corporate Units …… (376)
Number of Business Entity …… (377)
Main Indicators of National Economic and Social Development of Cities …… (378)
Indicators of Private Economies …… (378)
Per Capita Output of Major Industrial and Major Agricultural …… (379)
Environmental Protection …… (380)
National Accounts
Gross Domestic Product …… (381)
Composition of Gross Domestic Product …… (382)
Indices of Gross Domestic Product (Preceding Year =100) …… (383)
Indices of Gross Domestic Product (1978=100) …… (384)
Gross Domestic Product by Expenditure Approach …… (385)
Share of the Contributions of the Three Strata of Industry to the Increase of the GDP …… (386)
Contribution of the Three Strata of Industry to GDP Growth …… (387)
Contribution Share of the Three Components of GDP to the Growth of GDP …… (388)
Household Consumption …… (389)
Funds Flow of Funds Table (2014) …… (390)
Population, Employment and Wage
Basic Statistics of Population …… (392)
Total Population and Natural Changes of Population …… (393)
Basic Statistics on Population Census in 1953, 1964, 1982, 1990, 2000 and 2010 …… (394)
Population by Age and Sex (2015) …… (395)
Age-specific Fertility Rate of Childbearing Women by Age of Mother and Birth Order (2014. 11. 1—2015. 10. 31) …… (396)

Number of Employed Persons by Sector (End of 2015) ········· (397)
Number of Employed Persons by Type of Industry and Composition (End of Year) ········· (398)
Number of Staff and Workers in Urban Non Private Units (End of Year) ········· (399)
Number of Staff and Workers in Urban Non Private Units by Registration Status and Sector (End of 2015) ········· (400)
Number of Staff and Workers on-post in Urban Non Private Units by Registration Status and Sector (End of 2015) ········· (401)
Number of Female Employed Persons in Urban Non Private Units Status by Registration and Sector (End of 2015) ········· (402)
Total Wages Bill of Urban Units Employed Persons in Urban Non Private Units (2015) ········· (403)
Total Wages of Staff and Workers and Related Indices in Urban Non Private Units ········· (404)
Average Wage of Staff and Workers and Related Indices in Urban Non Private Units ········· (405)
Average Wage of Employed Persons in Urban Private Units by Sector ········· (406)
Average Wage of Staff and Workers in Urban Non Private Units by Sector in Detail (2015) ········· (407)
Registered Unemployed Persons and Unemployment Rate in Urban Area at End of Year ········· (410)

Investment and Fixed Assets

Total Investment in Fixed Assets ········· (411)
Total Investment in Fixed Assets by Ownership (2015) ········· (412)
Total Investment in Fixed Assets by Sector (2015) ········· (413)
Major Indicators of Investment in Fixed Assets ········· (414)
Investment in Fixed Assets of State-owned Units ········· (416)
Investment in Fixed Assets by Sector ········· (417)
Investment in Capital Construction Projects by Sector (2015) ········· (420)
Investment in Capital Construction Projects ········· (426)
Newly Increased Production Capacity through Capital Construction Projects (2015) ········· (427)
Number of Capital Construction Projects under Construction and Put into Use and Newly Increased Fixed Assets by Sector (2015) ········· (428)
Individual Investment in Fixed Assets and Building Construction in Rural Areas ········· (434)
Major Economic Indicators of Investment Over 5 Billion under Construction (2015) ········· (435)

Energy

Primary Energy Production and Composition ········· (438)
Primary Energy Consumption and its Composition ········· (439)
Overall Energy Balance Sheet ········· (440)
Efficiency of Energy Transformation ········· (440)
Consumption of Main Energy Sources in above Designated Size Industrial Enterprises by Industrial Sector ········· (441)
Computation of Water in above Designated Size Industrial Enterprises by Sector ········· (442)
Energy Consumption Per Unit of Product in Main Enterprises that Consume much Energy ········· (443)

Public Finance, Banking, Insurance

Government Revenue and Expenditure and Growth Rates ········· (446)
Local Revenue and Expenditures by Item ········· (447)
Deposits and Loans Balances of Financial Institutions at Year-end ········· (448)
Savings Deposit of Households at Year-end ········· (449)
Economic and Technical Indicators of Insurance Business ········· (449)

Price

General Price Indices (Preceding Year=100) ········· (450)
Fixed-base Price Indices ········· (451)
Consumer Price Indices by Category (2015, Preceding Year=100) ········· (452)
Retail Price Indices by Category of Commodities (2015, Preceding Year=100) ········· (453)
Consumer Price Indices and Retail Price Indices of Commodities (2015) ········· (453)
Price Indices of Agricultural Means of Production by Category (Preceding Year=100) ········· (454)
Ex-factory Price Indices of Industrial Products (Preceding Year=100) ········· (454)
Purchasing Price Indices of Major Raw Material, Fuel and Motive (Preceding Year=100) ········· (455)
Price Indices of Investment in Fixed Assets (Preceding Year=100) ········· (455)

Production Price Indices of Farm Produces (Preceding Year=100) ………… (456)

People's Livelihood

Per Capita Disposable Income and Indices of the Population ………… (457)
Basic Statistics on People's living Conditios ………… (458)
Per Capita Consumption Expenditures and Engle Coefficient of the Population ………… (460)
Basic Indicators of Urban Households ………… (461)
Percentage of Households Grouped by Per Capita Disposable Income of Urban Households ………… (462)
Basic Indicators of Urban Households by Income Quintile (2015) ………… (462)
Per Capita Income and Consumption Expenditure of Urban Households ………… (463)
Per Capita Consumption of Major Foods of Urban Households ………… (464)
Main Durable Goods Owned Per 100 Urban Households at Year-end ………… (465)
Basic Indicators of Rural Households ………… (466)
Percentage of Households Grouped by Per Capita Disposable Income of Rural Households ………… (467)
Per Capita Income and Consumption Expenditure of Rural Households ………… (468)
Per Capita Consumption of Major Foods of Rural Households ………… (469)
Main Durable Goods Owned Per 100 Rural Households at Year-end ………… (470)

Rural Economy

Basic Conditions of Rural Grassroots Units and Agriculture ………… (471)
Area of Cultivated Land ………… (472)
Gross Output Value and Composition of Farming, Forestry, Animal Husbandry and Fishery ………… (473)
Indices of Farming, Forestry, Animal Husbandry and Fishery (Preceding Year=100) ………… (474)
Gross Output Value of Farming, Forestry, Animal Husbandry and Fishery by Branch ………… (475)
Value-added of Farming, Forestry, Animal Husbandry and Fishery ………… (476)
Commodity Rate of Farming, Forestry, Animal Husbandry and Fishery ………… (476)
Total Sown Areas of Major Farm Crops ………… (477)
Output of Grain, Cotton and Oil-bearing Per Hectare ………… (478)
Yield and Sown Area of Major Farm Crops by Assortment ………… (479)
Yield of Major Farm Crops ………… (480)
Per Capita of Major Agricultural Products (Calculated by Average Population) ………… (481)
Ownership of Agricultural Machinery and Machinery for Procession Farm Products (End of Year) ………… (481)
Original Value of Productive Fixed Assets Per Rural Households (End of Year) ………… (482)
Number of Productive Fixed Assets Per 100 Rural Households (End of Year) ………… (482)
Mechanization, Energy Resources, Chemical Fertilizer and Water Conservancy of Agriculture ………… (483)
Forestry, Yield of Dry Fruit and Fruit ………… (483)
Number of Livestock at Year-end ………… (484)
Number of Livestock in the Year and Output of Livestock Products ………… (484)
Output of Aquatic Products ………… (485)
Natural Disaster ………… (485)
Basic Statistics on State Farms and Pasturelands of Land Reclamation Departments ………… (486)

Industrial

Main Indicators of Industrial Enterprises above Designated Size ………… (487)
Main Indicators of Industrial Enterprises above Designated Size (2015) ………… (488)
Value-added of Industry Enterprises above Designated Size ………… (489)
Main Indicators of Industrial Enterprises above Designated Size by Industrial Sector (2015) ………… (490)
Main Indicators of State-owned and State-holding Industrial Enterprises by Incustrial Sector (2015) ………… (494)
Main Indicators of Private Enterprises by Industrial Sector (2015) ………… (498)
Major Indicators of Large and Medium-sized Industrial Enterprises by Sector (2015) ………… (502)
Main Indicators on Economic Benefit of Industrial Enterprises above Designated Size by Industrial Sector (2015) ………… (506)
Main Indicators on Economic Benefit of State-owned and State-holding Industrial Enterprises by Industrial Sector (2015) ………… (507)
Main Indicators on Economic Benefit of Private Industrial Enterprises by Industrial Sector (2015) ………… (508)

Main Indicators on Economic Benefit of Large and Medium-sized Industrial Enterprises by Industrial Sector (2015) ······ (509)
Output of Major Industrial Products ······ (510)
Construction
Major Economic Indicators on Construction Enterprises ······ (512)
Main Economic Indicators on Construction Enterprise by General Contractors ······ (513)
Main Economic Indicators on Construction Enterprises by Registration Status (2015) ······ (514)
Number and Power of Machinery and Equipment Owned by Construction Enterprises ······ (516)
Real Estate
Main Indicators of Real Estate Development ······ (517)
Basic Condition of Enterprises for Real Estate Development (2015) ······ (518)
Total Size of Construction, Actually Completed Investment and Newly Increased Fixed Assets for Real Estate Development (2015) ······ (520)
Land Development, Purchase and Source of Funds of Enterprises for Real Estate Development (2015) ······ (522)
Floor Space of Building and Their Cost, Selling of Commercial Houses in Real Estate Development (2015) ······ (524)
Floor Space of Buildings Actually Sold and Average Selling Price by Use and Sale Method (2015) ······ (526)
Transportation, Post and Telecommunications Services
Length of Transportation Routes ······ (528)
Number of Transportation Tools ······ (528)
Possession of Civil Vehicles ······ (529)
Possession of Civil Motor Vehicles (2015) ······ (530)
Basic Indication of Civil Aviation ······ (530)
Passenger Traffic ······ (531)
Passenger-Kilometers ······ (531)
Freight Traffic ······ (532)
Ton-Kilometers ······ (532)
Basic Indicators of Coastal Ports (2015) ······ (533)
Volume of Freight Handled in Major Coastal Ports by Type of Freight (2015) ······ (533)
Basic Conditions of Postal and Telecommunication Services (End of Year) ······ (534)
Post and Telecommunications Services ······ (535)
Domestic
Basic Conditions of Enterprises above Designated Size in Wholesale Trade by Types of Registration and Sector (2015) ······ (536)
Basic Conditions of Enterprises above Designated Size in Retail Trade by Types of Registration and Sector (2015) ······ (538)
Total Purchases, Sales and Stock of Enterprises above Designated Size of Wholesale Trade by Status of Registration and Sector (2015) ······ (540)
Total Purchases, Sales and Stock of Enterprises above Designated Size of Retail Trade by Status of Registration and Sector (2015) ······ (542)
Total Sales of Enterprises above Designated Size in Wholesale and Retail Sale Trade by Category (2015) ······ (544)
Classification of Commodity Transaction Markets of Turnover above 100 Million Yuan (2015) ······ (545)
Main Financial Indicators of Enterprises above Designated Size in Wholesale Trade (2015) ······ (546)
Main Financial Indicators of Enterprises above Designated Size in Retail Sales Trade (2015) ······ (548)
Main Indicators of Enterprises above Designated Size of Hotels (2015) ······ (550)
Main Indicators of Enterprises above Designated Size of Catering Services (2015) ······ (552)
Main Financial Indicators of Enterprises above Designated Size of Hotels (2015) ······ (554)
Main Financial Indicators of Enterprises above Designated Size of Catering Services (2015) ······ (556)
The Top 10 Wholesale Enterprises of Total Sale Value (2015) ······ (558)
The Top 10 Retail Enterprises of Total Sale Value (2015) ······ (560)
The Top 50 Hotels of Business Revenue (2015) ······ (562)
The Top 50 Catering Enterprises of Business Revenue (2015) ······ (563)
Transaction Value of Commodity Markets Over 100 Million Yuan (2015) ······ (564)

Foreign Trade and Economic Cooperation, Tourism

Total Value of Imports and Exports by Customs ······ (569)
Total Value of Imports and Exports through Shijiazhuang Customs by Trade System ······ (569)
Import and Export Value through Shijiazhuang Customs by Country and Region ······ (570)
Utilization of Foreign Capital ······ (575)
Statistics on Foreign Direct Investment ······ (576)
Statistics on Foreign Direct Investment (2015) ······ (578)
Contracted Projects with Foreign Countries and Territories ······ (582)
Outward Foreign Direct Investment and Labor Services ······ (582)
Development of International Tourism ······ (583)
Number of Oversea Visitor Arrivals by Country/Region ······ (584)

Education

Number of Schools by Level and Type of School ······ (585)
Number of Full-time Teachers by Level and Type of School ······ (586)
Number of Graduates by Level and Type of School ······ (586)
Number of New Students Enrollment by Level and Type of School ······ (587)
Number of Students Enrollment by Level and Type of School ······ (587)
Number of School or Institution of Higher Education (2015) ······ (588)
Number of Students in Regular Institutions of Higher Education (2015) ······ (589)
Number of Postgraduate Students by Field of Study (2015) ······ (589)
Number of Students in Undergraduate and Junior Colleges by Field of Study (2015) ······ (590)
Number of Regular Secondary Schools (2015) ······ (591)
Number of Junior Secondary Students (2015) ······ (591)
Students in Secondary Vocational Schools by Field of Study (2015) ······ (592)
Statistics on Skilled Workers Schools ······ (593)
Statistics on Primary Schools ······ (593)
Number of Students Per 10000 Population and Enrollment Rate of Secondary and Primary Schools ······ (594)

Science and Technology, Patent

Basic Statistics on Scientific and Technological Activities ······ (595)
Basic Statistics on Scientific Research and Development Institutions ······ (596)
Basic Statistics on Higher Education for Scientific and Technological Activities ······ (597)
Basic Statistics on Science and Technology Activities of Industrial Enterprises above Designated Size ······ (598)
Basic Statistics on R&D Activities of Industrial Enterprises above Designated Size by Industrial Sector (2015) ······ (599)
Basic Statistics on Science and Technology Activities of Large and Medium-sized Industrial Enterprises ······ (600)
Number of Scientific and Technical Personnel in Local State-owned Enterprises and Institutions ······ (601)
Three Kinds of Patent Applications Examined and Granted ······ (602)

Culture, Sports and Public Health

Basic Statistics of Institution in Culture and Arts ······ (603)
Number of Institution and Personnel in Culture and Cultural Relics (2015) ······ (604)
Basic Statistics on Performance of Art Troupes (2015) ······ (605)
Basic Statistics on Activities and Expenditures of Mass Art Centers and Cultural Centers (2015) ······ (605)
Basic Statistics on Public Libraries (2015) ······ (606)
Basic Statistics on Broadcasting and Television Stations ······ (606)
Number of Books, Newspaper and Magazines Published (2015) ······ (607)
Number of Engaged Persons of Physical Education System (2015) ······ (608)
Number of Athletes and Referees in Grades by Type of Sports (2015) ······ (608)
Basic Statistics of Health Institutions ······ (609)
Basic Statistics of Health Institutions ······ (610)
The Top 10 Death-causing Diseases and Composition (2015) ······ (611)
Conditions of New Cooperative Medical System ······ (611)
Number of Visits and Inpatients in Medical Institutions and Utilization of Beds (2015) ······ (612)

Public Management and Others

Number of Social Welfare Institutions and Enterprises and Persons Engaged ······ (614)
Basic Statistics on Social Welfare Institutions (2015) ······ (614)
Notary Documents by Type ······ (615)
Persons Relief Funds or Receiving Subsidies ······ (616)
Statistics on Marriages and Divorces ······ (616)
Basic Statistics of Social Insurance ······ (617)

General Survey of Cities

Gross Domestic Product (2015) ······ (618)
Employed Persons (End of 2015) ······ (618)
Major Indicators of Investment in Fixed Assets and Domestic Trade, Foreign Economy Trade (2015) ······ (619)
Major Indicators of Public Finance and Banking (2015) ······ (619)
Major Indicators on Economic Benefit of Industrial Enterprises above Designated Size (2015) ······ (620)
Conditions of Culture, Public Health, Social Security (2015) ······ (620)
Conditions of Education and Scientific and Technical Personnel (2015) ······ (621)
Basic Statistics on Urban Public Utilities (2015) ······ (622)

General Survey of Cities under Province's Jurisdiction

Major Indicators of National Economy (2015) ······ (623)
Number of Legal Entities by Sector (2015) ······ (624)
Number of Legal Entities by Three Strata of Industry and Type of Institutions (2015) ······ (625)
Numbers of Corporate Enterprises by the Status of Holdings (2015) ······ (626)
Number of Business Entities by Status of Registration (2015) ······ (626)
Major Indicators of Private Economies (2015) ······ (627)
Gross Domestic Product and Its Indices (2015) ······ (628)
Gross Domestic Product ······ (629)
Gross Domestic Product by Expenditure Approach (2015) ······ (630)
Total Population and Natural Changes of Population (2015) ······ (630)
Population by Urban and Rural Residence and Region (End of 2015) ······ (631)
Population by Sex, Household Registration Status and Region (2015) ······ (631)
Population by Sex, Marital Status and Region (2015) ······ (632)
Population by Sex, Educational Attainment and Region (2015) ······ (633)
Illiterate Population Aged 15 and Over by Sex and Region (2015) ······ (634)
Family Households by Size and Region (2015) ······ (635)
Household, Population, Sex Ratio and Household Size by Region (2015) ······ (636)
Age Composition and Dependency Ratio of Population by Region (2015) ······ (636)
Number of Staff and Workers in Urban Non Private Units (End of 2015) ······ (637)
Total Wages Bill of Urban Units Employed Persons in Urban Non Private Units (2015) ······ (637)
Total Wages Bill and Average Wage of Staff and Workers on-post in Urban Non Private Units (2015) ······ (638)
Average Wage of Employed Persons in Urban Private Enterprises ······ (638)
Number of Unemployed and Unemployment Rate in Urban Area ······ (639)
Total Investment in Fixed Assets (2015) ······ (639)
Investment in Capital Construction Projects by Use of Funds and Type of Construction (2015) ······ (640)
Number of Capital Construction Projects under Construction and Put into Use and Newly Increased Fixed Assets (2015) ······ (640)
Floor Space of Buildings under Construction and Completed in Capital Construction Projects (2015) ······ (641)
Investment in Energy Industry (2015) ······ (641)
Source of Funds of Investment in Capital Construction Projects (2015) ······ (642)
Investment of Projects above 100 Million yuan (2015) ······ (642)
Investment in Capital Construction Projects by Sector (2015) ······ (643)
Energy Consumption by GDP (2015) ······ (644)
Consumption of Main Energy Sources in above Designated Size Industrial Enterprises ······ (645)
Consumption of Water in above Designated Size Industrial Enterprises ······ (645)

Local Revenue and Expenditures (2015) …… (646)
Consumer Price Indices by Category and by Cities (2015, Preceding Year=100) …… (646)
Retail Price Indices by Category of Commodities by Cities (2015, Preceding Year=100) …… (647)
Basic Statistics on People's Living Conditions (2015) …… (648)
Gross Output Value of Farming, Forestry, Animal Husbandry and Fishery (2015) …… (648)
Indices of Gross Output Value of Farming, Forestry, Animal Husbandry and Fishery (2015, Preceding Year=100) …… (649)
Intermediate Exertion of Farming, Forestry, Animal Husbandry and Fishery (2015) …… (649)
Value-added of Farming, Forestry, Animal Husbandry and Fishery (2015) …… (650)
Total Sown Areas of Major Farm Crops (2015) …… (650)
Intermediate Consumption and Value-added of Farming, Forestry, Animal Husbandry and Fishery as Percentage of Gross Output Value (2015) …… (651)
Yield of Major Farm Crops (2015) …… (652)
Ownership of Agricultural Machinery and Machinery for Processing Farm Products (End of 2015) …… (653)
Mechanization, Energy Resources, Chemical Fertilizer and Water Conservancy of Agriculture (2015) …… (653)
Number of Livestock Year-end (2015) …… (654)
Number of Livestock in the Year and Output of Livestock Products (2015) …… (654)
Number and Gross Industrial Value of Industrial Enterprises above Designated Size (2015) …… (655)
Main Indicators of Industrial Enterprises above Designated Size (2015) …… (656)
Main Indicators of State-owned and State-holding Industrial Enterprises (2015) …… (657)
Main Indicators of Private Enterprises (2015) …… (658)
Output of Aquatic Products (2015) …… (659)
Productive Indicators on Construction Enterprises (2015) …… (659)
Major Financial Indicators on Construction Enterprises (2015) …… (660)
Number of Enterprise, Total Size of Construction, Actually Completed Investment and Newly Increased Fixed Assets for Real Estate Development (2015) …… (660)
Completed Investment of Real Estate Development (2015) …… (661)
Land Development and Purchase of Enterprises for Real Estate Development …… (661)
Source of Funds of Enterprises for Real Estate Development (2015) …… (662)
Floor Space of Building and Their Cost in Real Estate Development (2015) …… (662)
Selling of Commercial Houses (2015) …… (663)
Floor Space of Buildings Actually Sold by Use (2015) …… (663)
Average Selling Price of Commercial Houses by Use (2015) …… (664)
Floor Space of Buildings Actually Sold and Average Selling Price of Commercial Houses by Sale Method (2015) …… (664)
Real Estate Development and Management (2015) …… (665)
Total Retail Sales of Consumer Goods and Commodity Markets on Sales Value Over 100 Million Yuan (2015) …… (665)
Basic Indicators of Enterprises above Designated Size in Wholesale and Retail Sale Trade (2015) …… (666)
Basic Indicators of Hotels and Catering Services above Designated Size (2015) …… (666)
Basic Condition of Foreign Funded Enterprises (2015) …… (667)
Number of Schools by Level and Type of School (2015) …… (667)
Number of Full-time Teachers by Level and Type of School (2015) …… (668)
Number of Students Enrollment by Level and Type of School (2015) …… (668)
Major Indicators of Science and Technology …… (669)
Population Coverage of Radio and TV Programs, and Radio and Culture (2015) …… (669)
Basic Statistics of Health Institutions (2015) …… (670)
Conditions of New Cooperative Medical System by Region …… (670)
Statistics on Basic Pension Insurance for Urban and Rural Residents (2015) …… (671)
Statistics on Urban Employee Basic Pension Insurance (2015) …… (671)
Statistics of Unemployment Insurance (2015) …… (672)
Persons Covered of Urban Basic Medical Care Insurance (2015) …… (672)
Revenue and Expenses of Urban Basic Medical Care Insurance (2015) …… (673)

Statistics of Work Injury Insurance (2015) …… (673)
Major Indicators of County (City or District)
Major Indicators of National Economy by County (City or District) (2015) …… (674)
Major Indicators of Jing-Jin-Ji Region
Basic Conditions of Jing-Jin-Ji Region (2015) …… (724)
Population of Jing-Jin-Ji Region …… (725)
Gross Domestic Product of Jing-Jin-Ji Region …… (726)
Employed Persons by Type of Industry in Jing-Jin-Ji Region …… (728)
Total Investment in Fixed Assets of Jing-Jin-Ji Region …… (729)
Primary Energy Consumption of Jing-Jin-Ji Region …… (730)
Income and Consumption Expenditure, Living Level of Households in Jing-Jin-Ji Region …… (732)
Local Revenue and Expenditures of Jing-Jin-Ji Region …… (734)
Ouptut of Major Agricultural Products in Jing-Jin-Ji Region …… (735)
Output of Major Industrial Products above Designated Size in Jing-Jin-Ji Region …… (736)
Passenger and Freight Traffic of Jing-Jin-Ji Region …… (738)
Major Indicators of Domestic in Jing-Jin-Ji Region …… (739)
Import and Export, Utilization of Foreign Capital, International Tourism in Jing-Jin-Ji Region …… (740)
Statistics on Education, Scientific and Technological Activities of Jing-Jin-Ji Region …… (741)
Emmission of Major Pollutant in Jing-Jin-Ji Region …… (742)
Explanatory Notes on Main Statistical Indicators
Explanatory Notes on Main Statistical Indicators …… (743)

特载
FEATURED ARTICLES
河北经济年鉴
2016
总第32卷

河北省国民经济和社会发展第十三个五年规划纲要

（2016年1月13日河北省第十二届人民代表大会第四次会议批准）

目 录

前 言
第一篇 抢抓发展机遇，确保实现全面建成小康社会宏伟目标
第一章 新的历史起点
一、“十二五”时期经济社会发展取得重大成就
二、“十三五”时期面临的机遇和挑战
第二章 新的发展蓝图
一、指导思想
二、指导原则
三、发展目标
四、完善发展理念
五、培育发展新动力
第二篇 坚持创新发展，加快经济发展动力转换
第三章 全面增强创新能力
一、培育发展创新主体
二、积极推动重点领域技术创新
三、大力培养和聚集创新创业人才
四、建设创新改革试验区
第四章 打造协同创新共同体
一、强化协同创新支撑
二、完善区域创新体系
三、用足用好京津创新资源
第五章 推进大众创业万众创新
一、壮大创新创业平台
二、完善创新创业服务
三、健全创新创业体制机制
第三篇 坚持转型发展，建设产业转型升级试验区
第六章 着力推动工业转型升级
一、改造提升传统产业
二、培育壮大战略性新兴产业
三、推进制造业智能化服务化
四、优化产业布局
五、加强质量标准品牌建设
第七章 突出发展现代服务业
一、打造全国现代商贸物流重要基地
二、推动重点领域快速发展
第八章 做优做强现代农业
一、优化农业区域布局
二、调整优化农业结构
三、创新农业经营方式
四、大力发展生态农业
五、强化农业科技创新
第九章 全力推进“互联网+”行动计划
一、推进“互联网+”创业创新
二、推进“互联网+”产业
三、推进“互联网+”民生服务
第四篇 坚持协调发展，加快构筑平衡发展格局
第十章 精准推进京津冀协同发展任务落实
一、积极承接北京非首都功能疏解
二、推动重点领域率先突破
第十一章 推进全省区域协调发展
一、着力打造环京津核心功能区
二、着力打造沿海率先发展区
三、着力打造冀中南功能拓展区
四、着力打造冀西北生态涵养区
第十二章 加快新型城镇化进程
一、加快农业转移人口市民化
二、优化城镇化布局和形态
三、提高城市可持续发展能力
第十三章 推动县域经济发展增比进位突破
一、实施分类指导
二、促进县域经济转型升级
第十四章 建设富有河北特色的美丽乡村
一、统筹协调推进三类村建设

二、建设“四美乡村”
三、强化政策支持
第十五章　创新城乡统筹发展体制机制
一、构建城乡统一要素市场
二、推进城乡一体化发展
三、做好城乡统筹试点示范
第五篇　坚持绿色发展，建设京津冀生态环境支撑区
第十六章　强力推进大气污染防治
一、实施大气污染攻坚行动
二、大力推进能源清洁化
三、推进节能减排
四、积极应对气候变化
第十七章　加强生态修复与建设
一、着力提高水环境质量
二、持续推进绿色河北攻坚行动
三、加大土壤治理与山体修复力度
第十八章　推动资源节约循环利用
一、节水和水资源循环利用
二、节约集约利用土地
三、大力发展循环经济
四、推进生态建设产业化
第十九章　加强生态文明制度建设
一、落实主体功能区制度
二、深化生态文明体制改革
第六篇　坚持开放发展，加快形成改革新局面开放新体制
第二十章　以全面深化改革增强发展动力和活力
一、深化行政体制改革
二、深化国有企业改革
三、大力发展民营经济
四、大力推进金融创新
五、深化财税体制和投融资体制改革
六、深化价格机制改革
七、深化农村改革
八、创新协同发展体制机制
第二十一章　以全面扩大开放提升发展层次和水平
一、构筑开放新平台
二、培育外贸竞争新优势
三、开创利用外资新局面
四、探索“走出去”新路径
五、构建区域合作新格局
第七篇　坚持共享发展，加快提升民生保障水平
第二十二章　实施精准扶贫精准脱贫工程
一、实施精准扶贫精准脱贫“八大专项”行动
二、构建打赢脱贫攻坚战的政策支撑体系
三、改革创新扶贫工作机制
第二十三章　增加公共产品和服务供给
一、实施城乡居民收入提升工程
二、实施创业就业扶持工程
三、实施社保扩面提标工程
四、实施教育提质惠民工程
五、实施健康河北工程
六、实施食品药品安全放心工程
七、实施公共安全工程
第二十四章　推动文化大发展大繁荣
一、培育和践行社会主义核心价值观
二、健全面向大众的公共文化服务体系
三、推动文化产业成为国民经济支柱产业
第二十五章　做好冬奥会筹办工作
一、抓好场馆及基础设施规划建设
二、建设科技冬奥
三、推动冬季运动普及和体育产业发展
四、提升城市功能改变城乡面貌
第八篇　加强基础设施建设，提高支撑保障能力
第二十六章　建设完善的现代化综合交通体系
一、重点发展轨道交通
二、加快公路网建设
三、优化港口功能
四、加快发展航空运输
五、强化综合交通枢纽功能
第二十七章　优化能源供应保障体系
一、提高生产供应能力
二、优化能源供应结构
三、完善能源基础设施
第二十八章　加强水利基础设施建设
一、优化水资源配置
二、加强农田水利建设
第二十九章　加快信息基础设施建设
一、全面推进“宽带河北”建设
二、强化信息安全建设
第九篇　加强社会治理，建设法治河北
第三十章　全面推进法治河北建设
一、加强和改进地方立法
二、推进法治政府建设
三、促进司法机关公正司法
四、营造良好法治环境
五、发展社会主义民主政治
第三十一章　加强和创新社会治理
一、健全社会治理体制
二、加强社会组织建设
三、加快城乡社区建设
四、加强社会信用体系建设
五、深化社会治安防控体系建设
六、促进军民融合发展
第十篇　健全规划保障机制，推进规划有效实施
第三十二章　加强规划实施和管理
一、加强规划分类指导和协调衔接
二、加强政策统筹协调
三、健全规划实施与评估调整机制
四、奋发作为推动规划实施

前 言

“十三五”时期，是我省深入贯彻习近平总书记系列重要讲话精神，建设经济强省、美丽河北的关键阶段，是全面建成小康社会的决胜阶段，是全面深化改革的攻坚期，也是深入推进京津冀协同发展的加速期。科学编制并有效实施河北省国民经济和社会发展第十三个五年规划，对建设经济更加繁荣、社会更加和谐、生态更加优美、政治更加清明、人民更加幸福的河北，实现全面建成小康社会奋斗目标具有重大战略意义。

本规划纲要依据《中共河北省委关于制定国民经济和社会发展第十三个五年规划的建议》和《京津冀国民经济和社会发展第十三个五年规划纲要》编制，主要阐明全省经济社会发展战略意图，明确政府工作重点，引导市场主体行为，是未来五年我省经济社会发展的宏伟蓝图，是全省人民共同的行动纲领。规划期为2016—2020年。

第一篇　抢抓发展机遇，确保实现全面建成小康社会宏伟目标

第一章　新的历史起点

“十二五”以来的五年，是我省发展历程中不平凡的五年。面对外部发展环境异常复杂、各种困难矛盾层层叠加的严峻考验，全省人民在党中央、国务院和中共河北省委的正确领导下，坚持以邓小平理论、“三个代表”重要思想、科学发展观为指导，深入贯彻习近平总书记系列重要讲话和对河北的指示精神，主动适应经济发展新常态，以提高经济增长的质量和效益为中心，统筹推进稳增长、促改革、调结构、抓协同、治污染、惠民生各项工作，凝心聚力、攻坚克难、锐意进取，全省经济社会保持持续健康发展，开创了全省各项事业发展的新局面，为“十三五”发展打下了坚实基础。

一、“十二五”时期经济社会发展取得重大成就

——综合经济实力明显增强。面对经济下行压力，坚持把稳增长摆在更加重要的位置，积极作为，精准发力，加强政策引导，发挥投资关键作用，实施重大产业项目“攻坚年”行动、帮扶解困和扶助小微企业专项行动，支持实体经济发展，力促经济企稳回升、稳中向好。全省生产总值由2010年的2万亿元增至2015年的3万亿元，年均增长8.5%；地方一般预算收入完成2648.5亿元，比2010年接近翻一番。

——结构调整取得重大进展。坚持创新驱动，保持定力调结构，深入开展工业转型升级攻坚行动，滚动实施“十百千”工程和千项技改项目，大力推进高新技术产业三年倍增、科技型中小企业成长行动计划，实施物流、金融等8个重点行业三年推进计划，加快推进农业现代化，产业转型升级步伐明显加快。三次产业结构由2010年的12.6：52.5：34.9调整优化为2015年的11.5：48.3：40.2。粮食产量连年增长，总产量达到670亿斤以上，畜牧、蔬菜、果品三大优势主导产业产值占农业总产值比重达到71%。服务业对经济增长的贡献率超过50%。装备制造业、高新技术产业增加值占规模以上工业增加值比重分别由2010年的17.2%和9.8%提高到2015年的23.7%和16%，装备制造业超过钢铁业成为工业发展的主力军。

——协同发展实现良好开局。协同发展重大国家战略全面实施，第一次实现了河北全域纳入国家战略。研究出台了推进京津冀协同发展意见、贯彻落实协同发展规划纲要实施意见和我省发展规划，借势合力抓协同，交通、生态环保、产业三个重点领域实现率先突破，签署了冀京“6+1”、冀津“4+1”合作协议，北京携手张家口成功获得2022年冬奥会举办权，北京现代第四工厂等一批重点企业、重大项目成功落户我省，办成了一批多年想办而没有办成的大事要事。

——区域城乡发展成效明显。河北沿海地区发展上升为国家战略，冀中南地区确定为国家重点开发区域，曹妃甸、渤海新区、正定新区、冀南新区等一批新的经济增长极加速形成。新型城镇化进程加快，唐山、石家庄、保定、秦皇岛四市行政区划实现调整，“大县城”战略深入实施，美丽乡村建设成效显著，常住人口城镇化率突破50%，实现了由乡村型社会为主体向城市型社会为主体的历史性转变。

——改革开放迈出坚实步伐。坚持问题导向，深处着力促改革，重点领域改革步伐加快，大力推动政府职能转变，省级行政审批事项削减67.6%，非行政许可审批事项全部取消，财税金融体制改革加快推进，投资、价格等领域改革持续深化，民营经济发展活力大大增强，市场主体呈现“井喷式”增长，由2010年的174万户增加到2015年的327.7万户。对外开放水平进一步提升，深入实施“三百工程”，曹妃甸、石家庄综合保税区获国家批准，累计实际利用外资323.4亿美元，“走出去”实现突破，对外投资成倍增长。

——基础设施水平全面跃升。交通基础设施建设跨越发展，铁路营业里程、高速公路通车里程和港口通过能力均跃居全国第二位，现代综合立体交通体系初步形成，铁路总里程达7166公里、高速公路达6333公里、8个设区市进入高铁时代，民航、港口吞吐量大幅增长，实现行政村村村通油（水泥）路。能源支撑能力稳步提升，电力装机容量达到5778万千瓦、增加1563万千瓦，沧州海兴核电前期工作取得重大进展。南水北调中线总干渠及配套工程建成通水，全省互联网普及率达到51%。

——生态环境质量持续改善。坚持标本兼治，持续加力治污染，坚定不移化解过剩产能，深入推进“6643”工程，通过消化、转移、整合、淘汰“四个一批”，累计压减炼钢4106万吨、水泥6231万吨、煤炭2700万吨、平板玻璃3717万重量箱。下大力量“压能、减煤、控车、降尘、治企、增绿”，组织实施燃煤机组超低排放改造、实心粘土砖瓦窑治理、“拔烟囱”三大专项行动，大气污染防治“三年有好转、五年大改善”的承诺取得阶段性成效，2015年PM2.5平均浓度比2013年下降28.7%。实

施山水林田湖生态修复工程，全面修复生态环境。开展地下水超采综合治理试点，形成农业地下水压采能力15.2亿立方米。节能减排力度持续加大，主要节能减排目标超额完成。

——人民生活水平较快提高。以习近平总书记在阜平关于做好扶贫开发工作的重要讲话精神为指导，按照精准扶贫、精准脱贫的思路，加大扶贫力度，扶贫开发工作取得明显成效，累计有500万贫困人口实现稳定脱贫。从群众最关心的就业、就学、就医、住房和食品药品安全等问题着手，加大保障和改善民生力度，城镇累计新增就业361.2万人，城镇居民人均可支配收入、农村居民人均纯收入由2010年的16263元、5958元提高到2015年的26558元、10952元，城镇企业退休人员基本养老金连续11年上调，累计开工建设保障性安居工程129.6万套，解决2660万农村人口饮水不安全问题。

——社会事业全面发展。科技创新能力不断增强，全省研究与试验经费支出年均增长17%，13项重大成果获国家科技奖励。义务教育均衡发展，教育事业主要目标全面实现。医药卫生体制改革成效明显，居民人均预期寿命比2010年提高1岁。文化惠民工程深入推进，各项民政事业取得新成绩。法治河北、平安河北建设扎实推进，社会治理格局不断完善，食品药品安全治理力度加大，安全生产形势总体良好，首都“护城河”作用发挥较好，社会文明程度进一步提高，社会大局和谐稳定。国防动员和双拥共建深入开展，军政军民团结更加巩固。民族宗教、新闻出版广电、体育、外事侨务、人民防空、史志档案、气象地震、防灾减灾、地理信息、援藏援疆、妇女儿童、老龄、残疾人等工作都取得了新成绩。

经过全省人民的共同努力，我省“十二五”规划确定的主要目标基本实现，综合实力又上了一个新台阶。五年来的成绩来之不易，积累的经验弥足珍贵，给我们以深刻启示：必须坚决落实中央政策要求，不折不扣贯彻习近平总书记系列重要讲话精神和对河北的重要指示，确保党中央、国务院重大决策部署落地生根；必须转变发展理念，认识、适应、引领经济发展新常态，树立正确的政绩观，强化质量效益意识，坚定不移走绿色发展之路；必须抓住用好机遇，牢牢把握发展大势，切实把京津冀协同发展融入经济社会发展各领域各环节，在对接京津、服务京津中加快补齐河北发展短板，真正使机遇优势转化为发展优势；必须坚持创新引领，大力实施创新驱动发展战略，以创新引领结构调整，以创新促进转型升级，以创新抢占发展制高点，努力实现由要素驱动向创新驱动转变；必须激发内生动力，坚持问题导向，全面深化改革开放，坚决破除制约发展的体制机制障碍，以改革破解难题，靠开放增创优势，不断为发展注入新的生机活力；必须增进人民福祉，优先增加民生投入，提高公共服务能力，着力解决人民群众最关心最现实的利益问题，使发展成果更多更公平惠及全省人民；必须改进工作作风，始终牢记“两个务必”，巩固拓展党的群众路线教育实践活动成果，认真践行“三严三实”，坚定不移反腐败，驰而不息纠“四风”，持之以恒抓落实，全面推进依法行政，为改革发展稳定提供坚强保障。

专栏1 “十二五”规划主要指标实现情况

指标		2010年	规划目标		实现情况	
			2015年	年均增长	2015年	年均增长
生产总值(2010年价，亿元)		20394	30100(不变价)	8.5%左右	30603(不变价)	8.5%
人均生产总值(2010年价，元)		28668	40780(不变价)	7.8%	41332(不变价)	7.6%
全部财政收入(亿元)		2409	4060	11%	4047.7	10.9%
地方一般预算收入(亿元)		1332	2250	11%	2648.5	14.7%
服务业增加值比重(%)		34.9	38左右	[3.1个百分点]	40.2	[5.3个百分点]
城镇化率(%)		44.5	51.5	[7个百分点]	51.33	[6.83个百分点]
九年义务教育巩固率(%)		93.9	94	[0.1个百分点]	95.9	[2个百分点]
高中阶段教育毛入学率(%)		87	90	[3个百分点]	90.5	[3.5个百分点]
研究与试验发展经费支出占全省生产总值比重(%)		0.76	1.6	[0.84个百分点]	1.14	[0.38个百分点]
每万人口发明专利拥有量(件)		0.4	0.77	14%	1.65	33%
耕地保有量(万公顷)		655	642	−0.3%	—	—
单位工业增加值用水量降低(%)				[27]		[36.8]
农业灌溉用水有效利用系数		0.65	0.67	[0.02]	0.67	[0.02]
非化石能源占一次能源消费比重(%)		2.6	≥5.0	[≥2.4个百分点]	5	[2.4个百分点]
单位生产总值能源消耗降低(%)				[17]		[25]
单位生产总值二氧化碳排放降低(%)		—	—	[18]		[23.23]
主要污染物排放减少(%)	化学需氧量			[9.8]		[15.05]
	二氧化硫			[12.7]		[22.91]
	氨氮			[12.7]		[16.23]
	氮氧化物			[13.9]		[21.14]
森林增长	森林覆盖率(%)	26	31	[5个百分点]	31	[5个百分点]
	森林蓄积量(亿立方米)	1.2	1.4	3.1%	1.44	3.7%
城镇登记失业率(%)		3.86	≤4.5	≤4.5	3.6	<4.5
城镇新增就业人数(万人)		67	[335]	平均每年67	[361.2]	平均每年72.2
城镇参加基本养老保险人数(万人)		988.4	1280	5.5%	1320.5	6.0%
城乡三项基本医疗保险参保率(%)		91.8	95	[3.2个百分点]	95以上	—
城镇保障性安居工程建设(万套)		16.3	—	[127.6]	—	[129.6]
全省总人口(万人)		7193.60	<7460	<7.13‰	7424.9	6.35‰
城镇居民人均可支配收入(元)		16263.4	24344	8.5%	26558	10.3%
农村居民人均纯收入(元)		5958	8285	8.5%	10952	12.9%

注：带[ ]内为5年累计数；居民人均收入按原口径计算。

二、“十三五”时期面临的机遇和挑战

“十三五”时期，从国际看，和平与发展仍是当今时代主题。世界经济在曲折中复苏，新一轮科技革命和产业变革蓄势待发，新产业、新业态、新模式不断涌现，孕育着新的发展空间和机会。同时，国际和区域经贸规则主导权争夺加剧，发达国家加快实施再工业化和“制造业回归”步伐，新兴经济体开始依靠资源、劳动力等优势吸纳低端制造业，低成本竞争和先进技术竞争将日趋激烈。

从国内看，我国仍处于可以大有作为的重要战略机遇期。经济发展进入新常态，呈现速度变化、结构优化、动力转换三大特点，增长速度从高速转向中高速，发展方式从规模速度型转向质量效率型，经济结构调整从增量扩能为主转向调整存量、做优增量并举，发展动力从主要依靠资源和低成本劳动力等要素投入转向创新驱动。虽然面临着诸多矛盾叠加、风险隐患增多的严峻挑战，但经济稳定发展的基本面没有变，具有巨大的韧性、潜力和回旋余地，发展前景仍然广阔。

从省内看，“十三五”时期是我省重大战略机遇叠加期，特别是习近平总书记亲自谋划和推动的京津冀协同发展，第一次把河北全域纳入国家战略，为我们提供了难得的历史机遇。中央关于京津冀协同发展的战略部署，使京津冀城市群成为带动全国发展的主要空间载体，吸引了全国乃至世界的目光，为我省加快转型、加快发展注入了前所未有的动力和活力，为我省扩大对外开放、聚集国内外先进要素搭建了更高更大的平台，为我省闯过改革深水区、解决深层次矛盾问题提供了强有力的政策支持，必将在缩小我省与京津发展落差、优化经济结构、改善生态环境、改变城乡面貌、提升人民生活水平等方面，带来全方位历史性的变化，使我们有信心有条件扭转东部区位、中部水平的发展状态，实现跨越赶超。国务院批复实施《环渤海地区合作发展纲要》，为我省在更大区域参与生产力布局调整和产业链重构，加快沿海地区率先发展提供了重要机遇。北京携手张家口成功获得冬奥会举办权，为促进我省区域协调发展，培育壮大冰雪产业等新兴产业，提高河北知名度、美誉度、开放度提供了重要机遇。国家实施“一带一路”战略，为我省打通开放新通道，打造国际产能合作新样板，实现新一轮高水平对外开放提供了重要机遇。国家实施创新驱动发展战略，特别是实施“中国制造2025”“互联网+”行动计划，为我省加快传统产业改造升级，促进新产业新业态加速成长提供了重要机遇。国家“去产能、去库存、去杠杆、降成本、补短板”的系列政策措施，为河北供给侧结构性调整提供了有利条件。中央推进全面从严治党，严明政治纪律和政治规矩，大力倡导“三严三实”，为我省优化政治生态提供了重要机遇。

与此同时，要清醒认识到，未来五年征程中，我省经济社会发展还面临着许多矛盾和挑战，主要表现在：一是发展的质量效益不高，新旧动能转换不快，产能过剩等结构性矛盾突出，科技创新能力不强，全社会研发投入不足，财政收支矛盾加剧，部分市县地方债务存在风险，经济下行压力仍然较大，转型升级尤为迫切。二是资源环境约束日益凸显，大气、水污染问题突出，污染治理和生态修复还需付出极大努力。三是改革开放相对滞后，市场在资源配置中的决定性作用尚未充分发挥，对外开放总体水平不高，城市经济、沿海经济、县域经济仍是明显短板，制约经济社会发展的体制机制障碍亟待破解。四是保障和改善民生任务艰巨，城乡居民收入水平不高，310万农村人口尚未脱贫，基本公共服务供给不充分，就业社保、教育医疗等事关群众切身利益的问题解决得还不够好。五是政府职能转变还存在越位、错位、缺位的问题，法治政府建设仍需进一步加强，一些地方和部门服务意识不强、行政效能不高、工作落实不到位，部分工作人员素质能力与经济发展新常态的要求还不相适应，消极腐败现象依然存在，惯性思维、路径依赖、传统办法的束缚严重。我们必须用新的发展理念、改革创新的办法、务实管用的举措，有效加以解决。

综合分析，“十三五”时期，是河北发展历史上重大机遇最为集中的时期、是河北各种优势和潜力最能得到有效释放的时期、是河北破解难题补齐短板最为紧要和关键的时期、是河北推进结构性调整又好又快发展最为宝贵和有利的时期。机遇承载使命，挑战考验担当。只要我们发挥优势，抢抓机遇，积极作为，迎难而上，就一定能够开创经济强省、美丽河北建设的新局面，就一定能够夺取全面建成小康社会的决定性胜利。

第二章 新的发展蓝图

一、指导思想

全面贯彻党的十八大和十八届三中、四中、五中全会精神，以邓小平理论、“三个代表”重要思想、科学发展观为指导，深入贯彻习近平总书记系列重要讲话精神，按照“五位一体”总体布局和“四个全面”战略布局，牢固树立和贯彻落实创新、协调、绿色、开放、共享的发展理念，加快形成引领经济发展新常态的体制机制和发展方式，按照省委八届十二次全会的部署，高举发展、团结、奋斗的旗帜，坚守发展、生态和民生三条底线，把握协同发展、转型升级、又好又快的工作主基调，坚持稳中求进，坚持全面深化改革开放，坚持以提高发展质量和效益为中心，着力在结构性改革上取得突破，重点推进新型工业化、信息化、城镇化和农业现代化，坚决打赢脱贫攻坚战，确保如期全面建成小康社会，加快建设经济强省、美丽河北，为谱写中华民族伟大复兴中国梦的河北篇章奠定更加坚实的基础。

二、指导原则

——必须坚持协同发展。把京津冀协同发展贯穿到各个领域各项工作，立足功能定位，统筹谋划布局，落实重点任务，在主动服务京津、接轨京津中促进河北加快发展。

——必须加快转型升级。坚持科学发展，着力推进供给侧结构性改革，深入实施创新驱动发展战略，坚定不移

地推进经济结构战略性调整，加快转变发展方式，变中求新、变中求进、变中突破，推动经济保持中高速，产业迈向中高端。

——必须坚持又好又快。科学把握转方式、守底线、补短板、防风险的平衡点，找准稳增长、调结构、治污染、惠民生的结合点，打好发展翻身仗，努力走出一条质量更高、效益更好、结构更优、更可持续的发展新路。

——必须深化改革开放。着力破除制约发展的思想障碍和制度藩篱，以更大的决心和勇气突破重点领域改革，以改革创新激发市场活力，面向京津、面向全国、面向世界，全方位扩大对外开放。

——必须强化法治保障。扎实推进法治河北建设，推动科学立法、严格执法、公正司法、全民守法，提高运用法治思维和法治方式深化改革、推动发展、维护稳定的能力，加快建设法治经济和法治社会，营造公平公正的法治环境。

——必须切实改善民生。尊重人民主体地位，把人民对美好生活的向往作为奋斗目标，坚持发展为了人民，发展依靠人民，发展成果由人民共享，不断提高人民生活水平，保障人民各项权益，促进人的全面发展。

——必须加强党的领导。落实全面从严治党责任，加强和改善党对经济社会发展的领导，推进治理体系和治理能力现代化，激发干部群众积极性、主动性、创造性，形成“树正气、讲团结、聚合力、促转型”的浓厚氛围。

三、发展目标

在提高发展平衡性、包容性、可持续性的基础上，经济保持中高速，增长速度高于全国平均水平；发展迈入中高端，质量效益提升幅度高于周边地区；环境治理大见效，空气质量改善程度明显高于以往；生产总值比2010年翻一番以上，城乡居民人均可支配收入比2010年翻一番以上；到2020年如期全面建成小康社会。

——综合实力跨上新台阶。经济持续健康发展，全省生产总值年均增长7%左右，到2020年突破4万亿元，一般公共预算收入年均增长8%以上，到2020年力争达到4000亿元，基础设施支撑能力显著增强。

——协同发展取得新进展。承接非首都功能疏解取得重大成效，区域一体化交通网络基本形成，生态环境质量得到有效改善，产业联动发展实现重要突破，公共服务共建共享取得积极成效，与京津发展差距缩小，建设全国现代商贸物流重要基地、产业转型升级试验区、新型城镇化与城乡统筹示范区、京津冀生态环境支撑区取得重大进展。

——转型升级实现新突破。创新能力显著提升，全社会研发经费支出明显提高，产业迈向中高端水平，钢铁、水泥、玻璃等行业过剩产能化解任务全面完成，新增长点形成规模，消费对经济增长贡献明显加大，农业现代化取得明显进展，服务业主导作用明显增强，战略性新兴产业占规模以上工业增加值比重达到20%以上。

——新型城镇化迈出新步伐。城镇化进程进一步加快，城镇体系更趋合理，城镇功能和服务能力显著提升，城乡发展一体化水平显著提高，具备条件的农村全部建成美丽乡村，全省常住人口城镇化率达到60%左右，户籍人口城镇化率达到45%左右。

——改革开放开创新局面。重点领域和关键环节改革取得决定性成果，改革红利充分释放，参与国际经济合作竞争的能力和水平进一步提升，基本构建起开放型经济体系。

——人民生活得到新改善。居民收入增长高于经济增长，就业持续增加，社会保障体系更加健全，公共服务水平稳步提高，现行标准下农村贫困人口实现脱贫，贫困县全部摘帽，解决区域性整体贫困，人民群众生活质量、健康水平、居住环境明显提升。

——社会文明达到新水平。中国梦和社会主义核心价值观更加深入人心，公民思想道德素质、科学文化素质、法治素质明显提高，人民民主更加健全，社会事业全面发展，公共文化服务体系基本建成，社会治理体系更加完善，社会更加和谐稳定。

——生态文明建设取得新成效。污染治理和生态修复实现重大突破，空气质量明显好转，生产方式和生活方式绿色、低碳水平上升，污染严重的城市力争退出全国空气质量后10位，森林覆盖率提高到35%，天蓝、地绿、水清、村美的美丽河北基本展现。

四、完善发展理念

创新是引领发展的第一动力，必须把创新摆在全省发展大局的核心位置，深入实施科教兴冀和人才强省战略，系统推进以科技创新为引领的全面创新，让创新成为推动经济社会发展的源头活水。转型是河北经济建设的主攻方向，必须打破传统发展路径依赖，强化质量效益导向，全面提升发展层次和水平。协调是持续健康发展的内在要求，必须牢牢把握中国特色社会主义事业总体布局，正确处理发展中的重大关系，不断增强发展的整体性。绿色是永续发展的必要条件和人民对美好生活追求的重要体现，必须注重人与自然和谐，坚定走生产发展、生活富裕、生态良好的文明发展道路，守住发展和生态底线。开放是河北繁荣发展的必由之路，必须内外联动，坚持内外需并重、进出口并重、引资和引技引智并重、引进来和走出去并重，发展更高层次的开放型经济。共享是中国特色社会主义的本质要求，必须围绕实现社会公平正义，作出更有效的制度安排，使全省人民共享改革发展的成果。破解发展难题、厚植发展优势，必须牢固树立并切实贯彻创新、转型、协调、绿色、开放、共享的发展理念，这是关系发展全局的一场深刻变革，我们要坚持把新的发展理念贯彻到经济社会发展各领域各环节，以发展理念创新引领发展方式转变，以发展方式转变促进质量效益提升，把全省发展提高到一个新水平。

五、培育发展新动力

主动认识适应引领经济发展新常态，注重从供给侧和需求侧协同发力推动结构性改革，释放新需求，创造新供给，形成消费与投资良性互动、内需与外需协调发力、需求升级与产业升级协调共进的经济增长新动能。

着力推进供给侧结构性改革，优化劳动力、资本、土地、技术、管理等要素配置，扩大有效供给，提高供给结构适应性和灵活性，提高全要素生产率，提高供给体系质量和效率。坚持稳中求进、把握好力度和节奏，抓住关键点，着力落实“去产能、去库存、去杠杆、降成本、补短板”五大任务。通过精准施策，主动减量，把分类处置“僵尸企业”作为化解过剩产能的“牛鼻子”，通过兼并重组、债务重组、破产清算等方式，实现市场出清，消化房地产库存。优化存量，加大技改投入，降低企业生产经营成本，增强传统优势产业竞争力，适应新需求、满足新需求。引导增量，深入实施创新驱动发展战略，加快发展战略性新兴产业和现代服务业，推动产业迈向中高端。调整布局，按照功能定位，优化重大生产力布局，构建“东重、中轻、西绿”的产业发展格局。释放活力，深化简政放权放管结合优化服务改革，营造宽松的营商环境，激发创新创业活力，推动新产业、新技术、新模式、新业态蓬勃发展，加快发展动力转换，实现由低水平供需平衡向高水平供需平衡跃升。

调整需求结构，促进供给与需求有效对接，形成对经济发展稳定而持久的拉动力。发挥好投资对稳增长、调结构的关键作用，着力优化投资结构，增加有效投资，提高投资效率，把方向和重点聚焦到战略性新兴产业、现代服务业、新型城镇化、生态环保和农村等我省发展的短板上来；着力激活投资主体，以优化环境吸引外资和省外资金，以PPP等方式创新投资模式，使更多的社会资本投向“不出现重复建设、不增加过剩产能、不产生挤出效应”的领域；着力夯实投资载体，每年滚动实施一批重大项目，形成建成投产一批、开工建设一批、前期推进一批、谋划储备一批的良性循环。增强消费拉动经济的基础作用，在增强居民消费能力的基础上，实施重大消费工程，完善消费政策，优化消费环境，着力发挥新消费引领作用，扩大文化旅游、健康养老、电子信息、节能环保等领域产品供给，培育服务、信息、绿色、时尚、品质、农村等消费新热点与新模式，推动消费升级，稳定住房、汽车等大宗商品消费；着力吸引域外消费，打造京津冀休闲度假基地、养生养老基地、生态体验基地，吸引省外特别是京津中高收入群体来我省消费。发挥出口对增长的促进作用，大力发展外向型经济，实施优进优出战略，加快培育以技术、标准、品牌、质量、服务为核心的对外经济新优势，落实和完善鼓励出口的政策措施，千方百计扩大出口；大力引进来，积极“走出去”，加强国际产能合作，推动一批互惠互利、标志性的重大项目尽快落地，通过外需拉动我省经济增长。

专栏2　河北省“十三五”期间经济社会发展主要指标

指　　标		2015年	2020年	年均增速(累计)	指标属性
经济发展(6项)					
(1)全省生产总值(GDP)(亿元)		29806	41800	7%左右	预期性
其中:规模以上工业增加值(亿元)		11245	15000	6%左右	
(2)人均生产总值(元)		40255	53500	6%左右	预期性
(3)一般公共预算收入(亿元)		2648.5	4000	8%以上	预期性
(4)全员劳动生产率(万元/人)		7.07	10	7.2%	预期性
(5)城镇化率	常住人口城镇化率(%)	51.33	60左右	[8.67]	预期性
	户籍人口城镇化率(%)	36.34	45左右	[8.66]	
(6)服务业增加值比重(%)		40.2	45	[4.8]	预期性
创新驱动(4项)					
(7)研究与试验发慌经费投入强度(%)		1.14	2.5	[1.36]	预期性
(8)每万人口发明专利拥有量(件)		1.65	3.0	[1.35]	预期性
(9)科技进步贡献率(%)		46	55	[9]	预期性
(10)互联网普及率	固定宽带家庭普及率(%)	55.8	70	[14.2]	预期性
	移动宽带用户普及率(%)	50.2	85	[34.8]	
民生福祉(8项)					
(11)居民人均可支配收入(万元)		1.8	2.7	9%	预期性
其中:城镇居民(万元)		2.6	4	9%	
农村居民(万元)		1.1	1.7	9%	
(12)劳动年龄人口平均受教育年限(年)		10.2	10.8	[0.6]	约束性
(13)城镇新增就业人数(万人)		—	—	[375]	预期性
(14)农村贫困人口脱贫(万人)		—	—	[310]	约束性
(15)城镇职工基本养老保险参保人数(万人)		1320.5	1600	3.9%	约束性
(16)城乡居民基本养老保险参保人数(万人)		3440	3490	0.3%	预期性
(17)城镇棚户区住房改造(万套)		—	—	[75]	约束性
(18)人均预期寿命(岁)		75.97	76.97	[1]	预期性
资源环境(11项)					
(19)耕地保有量(万亩)		—	＞9078	—	约束性
(20)新增建设用地规模(万亩)		—	—	[＜250]	约束性
(21)万元GDP用水量(立方米)		63	47	[−25%]	约束性
(22)地下水压采能力(亿立方米)		16.2	51	[34.8]	约束性
(23)单位GDP能源消耗降低(%)		—	—	达到国家要求	约束性
(24)非化石能源占一次能源消费比重(%)		5	10	[5]	约束性
(25)单位GDP二氧化碳排放降低(%)		—	—	达到国家要求	约束性
(26)森林发展	森林覆盖率(%)	31	35	[4]	约束性
	森林蓄积量(亿立方米)	1.44	1.71	3.5%	
(27)空气质量	地级城市空气质量优良天数比率(%)	52	71	[19]	约束性
	地级城市细颗粒物($PM_{2.5}$)浓度下降(%)	—	—	达到国家要求	
(28)地表水质量	达到或好于Ⅲ类水体比例(%)	—	—	达到国家要求	约束性
	劣Ⅴ类水体比例(%)				
(29)主要污染物排放总量减少(%)	化学需氧量	—	—	达到国家要求	约束性
	氨氮	—	—		
	二氧化硫	—	—		
	氮氧化物	—	—		

注：①GDP、人均GDP、全员劳动生产率增速按可比价计算；绝对数按2015年不变价计算。②［　］内为5年累计数。

第二篇 坚持创新发展，加快经济发展动力转换

大力实施创新驱动发展战略，以京津冀协同创新引领协同发展，抓好政策激励、金融支持、人才支撑、知识产权保护四个关键，着力推进以科技创新为核心的全面创新，激活创新主体，夯实创新载体，聚集创新资源，优化创新生态，让创新活力竞相迸发，让创新价值充分体现，让创新成为发展的主动力，形成大众创业、万众创新的生动局面，努力建设创新型河北。

第三章 全面增强创新能力

发挥科技创新在全面创新中的引领作用，聚焦重点领域、重点区域，做多做强创新主体，夯实人才支撑，增强科技进步对经济增长的贡献度。

一、培育发展创新主体

强化企业创新主体地位和主导作用，落实企业研发费用加计扣除和固定资产加速折旧政策，引导各种创新资源向企业聚集，加快培育创新型企业、技术创新示范企业和高新技术企业。

打造一批行业旗舰式创新型领军企业。以百家领军企业为重点，发挥其在优势产业中的创新引领作用，支持其加大研发投入，建立院士工作站和博士后科研工作站，面向全国乃至全球布局创新、延揽人才，重视原始创新，强化集成创新和引进消化吸收再创新，增强自主创新能力。支持钢铁、装备、建材、医药、化工、食品等行业龙头企业通过资产重组、资源整合和引进战略投资者等途径实现强强联合，聚合创新资源，提升创新水平，发展成为具有国际竞争力的创新型领军企业。

培育壮大科技型中小企业。发挥科技型中小企业创新生力军作用，积极发展众创空间和科技企业孵化器，完善中小企业创新服务体系，提升中小企业创业辅导基地服务功能，实施苗圃、雏鹰、科技小巨人和新三板上市四大工程，搭建小升规、规改股、股上市的成长阶梯，强化差异化服务，推动科技型中小企业裂变式增长。支持大学生和科技人员创办一批中小型科技服务企业。到2020年，科技型中小企业达到8万家，高新技术企业达到3500家，打造形成环京津、沿渤海、聚省会等一批科技型中小企业发展密集区。

加强高等院校和科研院所工程研究机构建设，积极争取国家大型基础设施落地，大幅提升产业技术创新能力。推进新型产业（技术）研究院、产业技术创新联盟等协同创新组织建设，提升省属科研院所创新服务能力，支持社会力量创办科技研发服务机构。加强军民融合创新，探索军民共建共管创新基地，推动军民创新要素双向流动、渗透兼容，形成军民融合深度发展格局。

推进开放创新，扩大科技创新国际合作，共同建设科技合作平台和研发机构，培育一批具有世界先进水平的国际联合研发中心，推动主导产业技术需求与海外科技资源对接，促成更多全球先进技术到河北转化并实现产业化。

二、积极推动重点领域技术创新

聚焦全省产业转型升级的重大需求，抓住经济竞争力提升的核心关键，围绕产业链部署创新链，围绕创新链配置资源链，整合创新资源，加大创新投入，多点起步、重点推进、全面铺开，探索“科技创新—产品或服务—新企业、新业态—新产业—转型升级”创新驱动模式，实施一批重大科技专项，着力在高新技术孵化和产业化、传统产业转型升级、战略性新兴产业壮大、县域特色经济提升、现代服务业发展、破解资源环境矛盾等方面实现新突破。

围绕战略性新兴产业培育，以技术的群体性突破支撑引领新兴产业集群发展，发展新一代信息网络技术，增强经济社会发展的信息化基础。围绕传统产业改造升级，发展智能绿色制造技术，推动制造业向中高端迈进。围绕能源清洁利用，发展安全清洁高效的现代能源技术，推动能源供给与消费革命。围绕农业现代化，发展生态绿色高效安全的现代农业技术，建设环首都现代农业科技示范带，促进农业提质增效。围绕县域经济提升，支持特色产业共性关键技术协同研发，推动优势产业集群创新。围绕现代服务业发展，推广互联网、大数据等先进技术，创新服务业态。围绕破解资源环境矛盾，加强工业废弃物、建筑垃圾、餐厨垃圾等资源综合利用和大气、水、土壤污染治理等关键技术研发攻关，提高污染治理水平。围绕城镇化、人口健康、公共服务及可持续发展的瓶颈制约，探索系统性技术解决方案，促进民生改善。

三、大力培养和聚集创新创业人才

实施重点人才工程，完善重点人才项目支撑体系，围绕我省发展的战略需求，创新人才培养方法和模式。深入实施“巨人计划”、“科技英才‘双百双千’推进工程”、“燕赵学者计划”和“三三三人才工程”等高层次人才培养计划，培养造就一批创新创业团队。实施青年拔尖人才开发计划、杰出青年科学基金计划，培育一批科技领军人才后备力量，加快建立服务创新驱动发展的科技智库。实施“百人计划”等省高端人才引进计划，重点引进产业升级和学科发展急需的海外高层次人才和工作团队，放宽在冀工作的外国专家取得永久居留证的条件。完善吸引国内外高层次人才和急需紧缺人才到我省工作的激励机制，对带技术、带成果、带项目在我省实施科技成果转化的国内外高层次领军人才及其创新创业团队，符合条件的优先纳入我省重点人才工程，给予项目资金支持。发挥企业引才引智主体作用，企业引进高层次人才的购房补贴、安家费和科研启动经费，允许在缴纳企业所得税前扣除。建立职业经理人制度，加强管理人才培养，造就一支高素质的企业家队伍。培养高技能人才，造就一批知识型、技术型、创新型的高素质职工，全面提高劳动者素质，加快人口红利向人力资本红利的转变。推进人才管理体制改革，建立与经济社会发展相适应的人才需求预测和调整机制，推行紧缺专门人才动态目录制度，完善人才分类评价机制，破

除人才流动的体制机制障碍，完善创新人才薪酬、岗位管理制度和社保关系转移接续政策，健全创新人才信息发布制度，鼓励党政机关、企事业单位和社会各方面之间人才合理流动，激发各类人才创新创业活力。

四、建设创新改革试验区

以建设石保廊国家全面创新改革试验区、京南科技成果转化试验区、环京津现代农业科技示范带和农业科技园区等载体为重点，创新体制机制，吸引京津科技成果在河北落地生根，着力打造引领河北创新发展的战略高地。推进新兴产业聚集发展，壮大石家庄生物医药、保定新能源与智能电网、廊坊信息产业等国家级产业基地规模，加快石家庄、廊坊高技术服务业基地和石家庄、保定国家高新区科技服务业试点建设；在有条件的优势企业、科研院所、重点园区打造一批网络化协同制造服务平台，在石保廊地区率先形成数字化研发设计、智能化制造、大规模个性化定制和服务型制造等有机结合的产业生态体系；加快人才吸引、金融创新、技术交易等方面的平台建设，不断提升石保廊对创新资源要素的吸引和集合能力。以毗邻北京14个县（市、区）为核心区，依托农业科技园区，建设首都农业高新技术成果转移转化首选地，形成一批农业高科技产业聚集区。积极争取国家重大改革举措和政策先行先试，在科技管理、知识产权保护与应用、科技成果转化承接、创新能力提升等方面的改革取得重大突破，加快形成有利于创新的体制机制，打造科技支撑产业结构调整和转型升级标志性平台。

专栏3 创新创业重点工程

1. 重大科技创新专项。实施大数据应用、生物医药和健康服务、高端装备制造、高性能新材料、新能源与节能环保、现代农业创新六大专项。

2. 产业技术创新联盟组建工程。以英利为依托的新能源应急产业创新联盟、以沙河玻璃研究院为依托的玻璃产业创新联盟、以承德固废研究院为依托的尾矿资源综合利用创新联盟、以保定汽车制造基地为依托的汽车产业创新联盟、以曹妃甸精品钢铁基地为依托的钢铁产业创新联盟、以邢台晶龙为依托的单晶硅产业创新联盟、以石家庄和安国中药为依托的医药产业创新联盟、以保定标正和河北汉智为依托的数控机床产业创新联盟、以中电科五十四所为依托的卫星导航产业创新联盟、以中电科十三所为依托的电子信息产业创新联盟等10个重点产业创新联盟。

3. 人才培养与引进工程。新建100家院士工作站、11家高层次人才创新创业园、50所高技能人才培训基地、50个技能大师工作室，培养50万名急需紧缺高技能人才，引进100名国外高端专家人才，引进1000名科技型创新英才，实施外专引智共建蓝天计划，推进新型城镇化引智计划，京津冀协同发展、农业、民生引智计划，引进和培养200名左右创新创业领军人才，打造200个左右创新创业团队。

第四章 打造协同创新共同体

立足京津冀三地创新功能定位，以推动科技创新为核心，强化协同创新支撑，完善区域创新体系，吸引京津创新资源，积极推动科技园区、创新基地、技术市场、转化基金、创新联盟共建共享，为建设创新型河北提供有力支撑。

一、强化协同创新支撑

协作共建科技创新园区，吸引和利用京津高端创新资源，鼓励各地加强与京津知名产业园区、企业总部、科研院所校的合作，采取一区多园、总部—孵化基地、整体托管、创新链合作等模式，合作共建产业园区和科技成果孵化基地。

联合打造区域创新联盟，围绕全省产业发展需求，鼓励我省优势企业联合京津企业、行业协会、高等院校、科研院所等，共同组建若干产业技术创新战略联盟。推动建立京津冀知识产权保护合作联盟，共建区域知识产权保护协作网、专利信息平台和知识产权专家库，交叉许可和共享知识产权。

协同突破关键共性技术，围绕产业升级、污染防治、节能减排、水资源等领域，与京津开展关键共性技术协同攻关和应用研究，共同承担国家重大科研项目，共建科技研发中心，形成一批具有国际国内领先水平的标志性成果。

二、完善区域创新体系

培育技术创新主体，依托我省高新技术产业开发区，积极引进京津科技企业和研发机构，设立成果转化企业和分支机构；加强与京津企业总部和研发机构合作，组建集研发与产业化为一体、企业化运作的科技创新平台。

完善科技成果转化服务体系，按照“共建共享、互联互通”的原则，推进京津冀技术市场一体化建设，加快构建“线上线下结合、标准统一、服务规范”的技术交易市场网络，加快京津冀技术转移协同创新联盟、京津冀技术交易河北中心、石家庄科技大市场、承德河北大数据交易中心和唐山科技中心等建设，做强一批专业化、社会化、市场化的技术转移机构，培育壮大技术经纪人队伍，为科技成果转化提供集成服务。

三、用足用好京津创新资源

推进创新平台合作，围绕我省科技创新与产业发展需求，采取企业主导、院校协作、多元投资等模式，与京津联合建立一批高水平重点实验室、工程技术研究中心、企业技术中心、科技企业孵化器和检验检测机构。加强与北京交通大学合作，打造“轨道交通综合试验基地”和“北京交通大学轨道交通海滨综合研发实验基地”。

引进用好京津人才智力，加强区域专业技术人才制度衔接，搭建专业技术人才信息共享平台，健全跨区域人才流动机制，实施科技英才“双百双千”推进工程，开展京津冀创业导师河北行动计划，支持京津高校在我省建立高技能人才实训基地，吸引京津高端人才和团队到河北创新创业。

促进科技资源共享，建立京津冀科技创新资源共享网络，推动京津重点实验室、大型科研仪器设备、重大科技基础设施、重大科学工程等向我省开放，推动三地科技文献、科技成果和专利信息、科技专家等基础性信息资源联网共享。

第五章　推进大众创业万众创新

坚持改革推动，放宽政策、放开市场、放活主体，建设创客新城、创新园区、众创空间，完善创新创业服务体系和政策支撑体系，激发大众创业、万众创新的热情与活力，以创业带动就业、创新促进发展。

一、壮大创新创业平台

高标准规划建设创客新城。综合考虑区位、交通、产业、资源环境承载力等基础条件，选择一个具备条件的区域，高起点、高标准规划集技术转移交易、成果孵化转化、产城融合、生态宜居的新城。强化人才、产业、投融资等政策支持，集中打造一批高水平的创新创业载体，积极吸纳和集聚京津及全国创新创业人才，推动科技成果转移转化，着力构建创业—孵化—加速发展—上市的全创业链条，带动河北科技创新能力和产业素质整体提升，打造北京非首都功能疏解重要承载地和京津冀重要的创新创业高地。

积极发展创新驱动型园区。实施高新区提档升级工程，发挥国家级园区创新主力军作用，聚集高端创新要素，强化"大孵化"功能，加快科技成果转化，提高产业技术创新能力。支持冀南新区等符合条件的省级高新技术园区升格为国家级高新技术开发区。推动省市级园区创新发展，完善研发、中试、检验检测、标准化、信息服务等公共服务平台，发挥"集群创新"效应，引导科技型中小企业向园区聚集，实现"扎堆"发展，打造一批创新型产业集群。鼓励各级各类园区建设科技孵化器、标准化厂房等，为个人和团队创新创业、中小微企业发展搭建基础平台。到2020年，省级以上高新区达35家，省级以上农业科技园区达100家，争取每个省级以上园区至少建设一个2万平方米以上孵化器或10万平方米以上的标准化厂房。

大力发展众创空间。加快石家庄、唐山、保定、廊坊等创新型城市建设，培育建设一批创新型县（区、市），有效利用各级各类经济开发区、高新区、科技园和高校、科研院所的有利条件，盘活利用政策工具、仪器设备、闲置厂房、公共文化设施等资源，着力发挥政策集成效应，降低创业成本和门槛，为创业者提供良好的工作空间、网络空间、社交空间和资源共享空间。鼓励支持京津众创空间在我省设立分支机构。鼓励行业领军企业、特色产业龙头企业，围绕自身创新需求和产业链上下游配套，创建各类特色鲜明、需求指向明确的众创空间和创新创业社区。到2020年省级以上众创空间达到300家以上。

二、完善创新创业服务

提高创新创业公共服务水平。培育优势科技服务机构，打造高端检验检测服务平台，形成一批科技服务产业集群，发展新型科技服务业态。建立省内科技成果信息公开系统，完善河北省中小企业公共技术服务平台，加强科技信息资源整合，应用互联网、大数据、云计算等先进技术，为创新创业主体提供高效便捷的科技信息服务。依托互联网组织开展各类公益讲坛、创业论坛、创业培训等活动，丰富创业服务形式和内容。建立健全创业辅导制度，组建京津冀创业导师团，培育一批专业创业导师，开展创业导师河北行、创业大讲堂、创业嘉年华、创业训练营等活动。组织开展"发现河北双创之星"等各类创新创业大赛，大力培育创新精神和创客文化，着力营造大众创业、万众创新的文化氛围。

鼓励发展创新创业社会化服务。深化与大型互联网企业和基础电信企业的合作，鼓励其发挥产业整合和技术优势，向小微企业和创业团队开放平台入口、计算、存贮和数据资源，提供经营管理和市场营销等方面服务。加强对各类天使投资、创业投资的资金引导，鼓励国有资本参与创业投资基金、产业投资基金等市场化基金运作，为创新创业提供风险投资。

完善知识产权保护和市场价格评估体系。推动知识产权强企建设，创新知识产权金融服务与产品，建设优质高效的知识产权服务体系。到2020年，全省每万人口发明专利拥有量年均增长13%以上，达到3件。

三、健全创新创业体制机制

创新行政审批和市场监管机制，全面清理调整与创新创业相关的行政审批事项，并将保留事项向社会公布；提高工商登记便利化水平，推行电子营业执照；建立市场监管信息平台和社会信用信息共享平台，实行"双随机"抽查、"互联网＋"监管等模式；清理规范涉企收费和不合规收费，降低创新创业成本。

加大财政科技投入，激励引导企业加大研发投入，大幅提高研发经费占生产总值比重。创新财政投入方式，技术创新等非公共科技活动专项资金，通过风险补偿、后补助、创投引导等方式，支持技术创新活动。扩大高校和科研院所自主权，赋予创新领军人才更大人财物支配权、技术路线决策权。实行以增加知识价值为导向的分配政策，提高科研人员成果转化收益分享比例。

推动科技与金融深度融合，大力发展科技成果转化基金、新兴产业创业投资引导基金和天使基金，加快培育科技金融服务中心，建立政府＋银行＋保险合作机制；帮助创业企业利用中小企业增信集合债等债券创新品种融资，支持科技型中小企业上市融资。健全支持新兴创业服务平台普惠性政策，强化创业扶持，促进创业便利化，汇聚经济发展新动能。

完善技术创新市场导向机制，探索"市场出题、政府立题、企业担题、协同破题"的技术创新组织模式，积极推广众包、众筹、众服、众创以及用户参与设计、云设计等新型研发组织模式。建立我省创新券制度，支持中小微企业和创业团队创业创新。加快构建京津冀"科技服务云"，并推动建立京津冀区域统筹使用的创新券制度。

第三篇 坚持转型发展，建设产业转型升级试验区

围绕推进京津冀协同发展，建设全国产业转型升级试验区和现代商贸物流重要基地，以实施“中国制造 2025”和“互联网＋”行动计划为引领，以供给侧结构性改革为重点，以京津冀产业布局调整和产业链重构为契机，抓好“去产能、去库存、去杠杆、降成本、补短板”各项工作，深入实施工业强省战略，推动产业向中高端迈进，加快形成先进制造业和现代服务业共同主导、传统产业与新兴产业双轮驱动的发展格局。

第六章 着力推动工业转型升级

坚持走新型工业化道路，以加快新一代信息技术与制造业深度融合为主线，以智能制造为主攻方向，不断提升制造业数字化、网络化、智能化、服务化、绿色化水平，推动工业在中高速增长中向中高端迈进，打造全国新型工业化重要基地、华北现代制造业基地、绿色发展先行区，实现由河北制造向河北智造、河北创造的跨越，打造制造强省。

一、改造提升传统产业

明确转型升级路径。强化倒逼机制淘汰一批，落实重点区域重点行业特别排放限值，根据产业政策，提高能耗、污染物排放标准，实行差别电价水价、要素激励等政策，综合运用市场、经济、法治、行政手段，倒逼不达标产能退出市场，加快淘汰一批落后产能、技术工艺和生产设备，积极化解过剩产能，钢铁、水泥、玻璃产能分别控制在 2 亿吨、2 亿吨、2 亿重量箱左右。加大技改力度提升一批，启动新一轮技术改造，以智能制造为主攻方向，制定“互联网＋制造业”、“互联网＋产业集群”路线图，实施千项新产品开发、千项名牌产品培育“双千工程”，建设一批国家级新型工业化产业示范基地，引领河北产业向中高端迈进。推动企业重组整合一批，支持企业间开展战略合作和兼并重组，加快组织架构变革和流程再造，推进钢铁等重点行业企业整合重组，壮大拥有自主品牌和核心竞争力的优势企业集团；推动传统产业横向融合发展，通过资源、资本、技术等要素跨界跨区域集约化配置，积极发展众包设计、云制造等新型制造模式和产业组织方式，促进个性化定制、柔性化生产和社会化物流，培育催生新产业、新业态。向沿海、园区和海外转移一批，完善税收和经济总量分享、环境容量分担等“飞地”政策，推动钢铁、石化、高端装备制造等重化工业向曹妃甸区、渤海新区转移；完善园区配套服务功能，强化园区规划环评，强力推进企业进区入园；加大“退二进三”力度，把不适合在城市建成区发展的钢铁、化工、电力、医药等企业迁出城区；积极开展国际产能合作，推动优势产能走出去。鼓励关停企业二次创业，转型发展战略性新兴产业、现代服务业和现代农业。

明确产业发展重点。装备制造业以高端化、智能化、链式化、服务化为主攻方向，重点发展交通运输装备、能源装备、工程及专用装备、基础零部件四大产业链，实现由零部件加工配套为主向成套整机带动、设备制造商向制造服务商、规模扩张向创新发展转型，装备制造业增加值占规模以上工业增加值比重达到 25%，成为全省第一主导产业。钢铁行业以装备大型化、生产智能化、产品高端化、服务信息化为主攻方向，有序化解过剩产能，推动企业联合重组和搬迁改造，优化区域布局和行业结构，加速技术和产品升级，推进节能减排和绿色发展，显著增强河北钢铁国际竞争力。石油和化学工业以基地化、精细化、绿色化、循环化为主攻方向，做大炼油规模并向精细高端延伸产业链条，提升煤化、盐化、化工新材料、高端精细化学品的发展水平，精细化率达到 60%左右，成为河北经济发展的战略支撑。食品行业以突出特色、集约集聚、精深加工、品牌塑造、质量安全为主攻方向，重点发展粮油加工、方便食品、肉制品、乳制品、酒类及饮料五大产业，食品工业增加值占规模以上工业增加值的比重达到 10%以上。建材行业以布局优化、产品新型、绿色低碳为主攻方向，重点发展水泥基制品、玻璃深加工、新型建材等产业，新型建材在全省新（改、扩）建建筑工程平均使用率达到 80%。纺织服装行业以高端化、品牌化、特色化为主攻方向，做优做强高性能纤维及复合材料、高端纺织品、自主品牌服装三大产业链，终端产品产值比重达到 45%以上。

专栏 4 传统优势产业改造搬迁升级重大工程

1. 装备制造。长城汽车新 50 万辆整车及零部件、北京现代沧州工厂、吉利集团沃尔沃整车及发动机、中航长征中重卡生产基地、沧州经济开发区汽车配件产业园、邯郸宗申集团大型高端农机产品、邯郸中韩凯特拖拉机产业园、北汽集团（华北）微车产业基地、北汽福田重卡汽车生产基地和承德汽车发动机生产基地、中国长安汽车集团股份公司长安汽车零部件、张煤机公司煤机装备产业园二期、中国（衡水）交通装备制造基地、衡水瑞丰发动机产业园、哈电（秦皇岛）扩建项目、中铁山桥产业园二期项目、中信戴卡汽车铝车身板项目、际华公司产业园项目、河北红星新能源汽车生产基地。

2. 冶金。河钢集团石钢环保搬迁产品升级改造、首钢京唐钢铁二期工程、唐山渤海钢铁有限公司联合重组暨城市钢厂搬迁改造、承德钒钛资源综合利用产业基地、武安围城钢铁退城进园、中铝集团沧州氧化铝生产基地。

3. 化工。中石化曹妃甸千万吨级炼油、中石油华北石化千万吨级炼油、任丘玖瑞化工有限公司 PX、北控水务集团曹妃甸海水淡化进京制输水、河北浅海集团 1500 万吨炼油 200 万吨 PX 炼化一体化、阳煤集团乙二醇—芳烃—聚酯、开滦集团开滦海港新材料基地、中海油中捷石化炼油质量升级改造、渤海新区康乃尔 80 万吨 MDI、石家庄双联化工搬迁改造、张家口盛华循环经济氯碱及氟化工基地二期、河北海伟石化新材料、冀衡 6 万吨对硝基氯苯、邢台旭阳园区循环化改造、东华能源页岩气新材料产业园。

4. 轻工食品。中国品牌家具创新基地、衡水工业新区服装产业园、衡水工业新区现代食品产业园、隆尧东方食品城、鹿泉绿岛火炬开发区、邯郸广平绿色食品园区、承德栗源食品工业园、平乡自行车园区、芦台自行车和小五金制品、肃宁裘皮服装生产加工基地、新乐食品工业园。

5、建材。承德中石建材绿色能源建材建筑一体化、河北正一建材尾矿烧结砌块。

二、培育壮大战略性新兴产业

瞄准市场消费需求和技术发展前沿，明确发展方向，布局重点领域，实施分类指导，大力发展先进装备制造、以大数据为重点的电子信息、生物医药、新能源、新材料、节能环保、新能源汽车等新兴产业，加快打造一批先导产业。培育领军企业，每年滚动推进百项重点项目建设，集中资源扶持技术水平高、带动力强的企业发展壮大，每个市重点引进培育2—3家领军企业，打造行业发展局部强势。推动新技术、新产业、新业态蓬勃发展，重点推进科技创新，形成一批重大创新成果，着力推进科技成果产业化，构建产品群产业群，通过延伸产业链条、拓展规模优势、提升新兴产业集聚发展水平，使新兴产业尽快成为我省经济发展的顶梁柱。

先进装备制造重点推进互联网与制造业的融合，促进设计、研发、制造、服务一体化，打造高铁动车组、数控机床、工业机器人、海洋工程装备和航空装备等产业集群。电子信息以延伸链条、强化基础、应用驱动为主攻方向，重点打造大数据、云计算、集成电路、卫星导航及位置服务等产业集群。节能环保产业重点推进节能环保技术装备系列化、规模化发展，打造环境监测装备、烟气治理装备、污水处理设备、大宗固废利用等产业集群。新能源重点提升产品技术水平和市场竞争力，打造光伏、风电、核电、地热、储能电池、智能电网等产业集群。生物医药加快原料药绿色化、制剂化、高端化和中药标准化，支持骨干企业联合重组，打造生物制药、现代中药、高端医疗器械等产业集群。新材料重点推进产业链高端化发展，打造液晶显示、钒钛制品、碳纤维、高品质特种钢、石墨烯等产业集群。新能源汽车重点发展纯电动汽车、插电式混合动力汽车，做强整车，做精专用车，做专零部件，构建从整车到动力电池、电机、电控、轮毂及总成、充电设施等配套件的优势产业链条。到2020年战略性新兴产业增加值力争比2015年翻一番以上，占规模以上工业比重达到20%以上。

专栏5　战略性新兴产业重大项目

1. 先进装备制造。唐山轨道客车高速动车组、香河智能机器人产业孵化基地、泰华伟业科技公司服务机器人产业化、中航工业华北通用航空产业基地、中国航天空气动力技术研究院无人机产业基地、保定中国航空向阳装备生产基地、威县通用航空产业园、唐山高新区智能机器人产业基地、沧州国际机器人研发生产项目、中车石家庄城轨车辆项目。

2. 电子信息。阿里巴巴北方云基地、中电科电子科学研究院涞水电子科技、润泽科技国际信息云聚核港、承德绿色大数据中心、张北大数据中心、中电科54所北斗卫星导航产业集群、中关村正定集成电路产业园、中关村海淀园北戴河生态软件园、人保北方信息中心、富连网电商产业园、固安卫星导航园、白石山中美科技国际创新园、承德中关村互联网文化创意基地、中电承德生态软件园、秦皇岛数据产业基地、中国联通华北（廊坊）基地、中兴电子沧州产业园、保定·中关村创新中心、沙河市清华—心神科技谷信息产业园。

3. 生物产业。安国中药都、北京·沧州渤海新区生物医药产业园、中国现代生物发酵基地、中德医药集群、步长制药集团中药饮片、神威药业医养健康城、衡水工业新区生物医药园、河北（石家庄）高端医药产业园、石药集团新药制剂产业化和抗肿瘤高科技产业园、邯郸晨光生物天然提取物产业基地及国家工程研究中心、秦皇岛开发区生物医药产业园、固安肽谷生物基地。

4. 新能源。风帆股份储能蓄能、光为绿色新能源150MW分布式发电示范、英利新能源产业园、河北建投新能源沽源风电制氢综合示范、国家电网风光储二期、武安新能源产业园、邢台太阳能光伏国家新型工业化产业示范基地、明阳集团清洁能源产业基地。

5. 新材料。中核核燃料产业园一期、康得复合材料有限责任公司碳纤维复合材料、张家口新材料科技城、华夏幸福新型复合材料产业园、唐山石墨烯产业园、邯郸中船七一八所极大规模集成电路特种电子气体材料产业基地、航天乐凯新材料产业园、冀枣新材料基地、保定立中3D打印新材料产业园。

6. 节能环保。奥润顺达建筑节能技术国际门窗城、定州河北瀛源再生资源综合利用、华夏幸福固安环保产业园、唐山北京环境卫生工程有限公司环保产业园、邯钢装配式钢结构绿色建筑产业化工程、汉富城开石家庄节能环保产业园、魏县桑德循环经济产业园、晨阳水漆产业园、秦皇岛经济技术开发区节能环保产业园。

7. 新能源汽车。长城新能源汽车、保定长安汽车、邯郸新能源汽车产业基地、武安银隆动力电池、石家庄中博汽车、上汽唐山客车、承德比亚迪、御捷车业、宇能充电、红星汽车、张家口星美新能源电动汽车、中国动力邢台新能源汽车产业园。

三、推进制造业智能化服务化

推动云计算、物联网、智能机器人等技术在生产过程中的应用，着力发展智能装备及智能化生产线，不断推进智能产品研发和产业化，构建开放共享协作的智能制造产业生态。打造机器人整机及本体、控制器、伺服电机、减速器等关键零部件制造和集成应用专业基地。开展智能化升级示范工程，全面推进企业全产业链智能化改造。支持基础条件好的企业采用流程制造、离散制造、柔性生产、小批量大规模个性化定制智能制造技术或模式进行改造。建设智能工厂、数字车间。深化信息技术在资源配置、生产经营、节能减排、创新发展、产业协同等方面的综合集成应用。建立和完善两化融合支撑体系，推广企业两化融合管理体系。

围绕提升产品功能和附加值，推进制造业与服务业融合，在装备、电子和消费品等行业，推进个性化设计、在线监测等，在汽车、钢铁、化工、消费品等行业，推进供应链管理、融资租赁和电子商务等，在能源、通信、交通等装备制造企业，推进总集成总承包以及全生命周期运营服务。积极发展众包设计、云制造等新型制造模式和产业组织方式，促进个性化定制、柔性化生产和社会化物流，培育催生新产业、新业态。

专栏6　制造业十大重点工程

技改专项工程、制造业强基工程、制造业创新中心（工业技术研究基地）建设工程、产业链协同创新工程、智能制造工程、“互联网+”协同制造工程、绿色制造工程、制造与服务协同发展工程、质量品牌建设“双千”工程、优势产能国际合作工程。

四、优化产业布局

发挥比较优势，着力打造五条优势产业带。建设京津廊高新技术产业带，重点发展电子信息、高端装备、航空航天、生物医药等。建设沿海临港产业带，重点发展精品钢铁、成套重型装备、海洋工程装备、高端石化等。建设京广线先进制造产业带，重点发展汽车、生物医药、高端装备、电子信息、新能源、新材料等；建设京九线特色轻纺和高新技术产业带，重点发展绿色食品、纺织服装、智能制造等。建设张承绿色生态产业带，重点发展新能源、高端装备制造、特色农业及食品加工、以互联网大数据和文化旅游为主的现代服务业等。

做大做强一批园区，促进产业集聚发展。筛选一批产业基础雄厚、基础设施完善、配套服务健全、功能定位明确的省级以上开发区、高新区，按照集约集聚、创新发展、绿色发展、循环发展模式，突出发展战略性新兴产业和高端制造业，加快做大规模、提高效益、集群发展，提升核心竞争力，增强对周边的辐射带动作用。在区域特色产业比较发达地区择优支持一批特色品牌园区建设，突出特色产业，实现错位发展，提升产业支撑能力，创建区域品牌，不断向专业化、高端化、品牌化、国际化方向发展。实施“百千万亿”行动计划，推动大多数县（市、区）生产总值超过百亿元，一批产业园区主营业务收入超过千亿元，力争形成万亿元园区（新区）。加快开发区体制改革和政策创新，探索建设、招商、运营、管理和园区服务的市场化模式，健全土地集约利用评价和奖惩制度，完善环保和生态标准，推动开发区集约发展、绿色发展、创新发展。

健全政策支撑体系，完善培育机制，激励和扶持规模以下企业做大做强，加速成长为规模以上企业，全面提升河北工业经济整体实力，到2020年力争全省规模以上工业企业达到2万家、增加值达到1.5万亿元。

五、加强质量标准品牌建设

加快质量强省建设，实施质量提升工程，深入推广卓越绩效、六西格玛、精准生产等先进质量管理模式和方法，强化质量考核，完善质量激励机制，加强质量安全监管，推动企业提高经营管理水平，加快提升核心竞争力，到2020年全省制造业质量竞争力指数达到82.5。

加强质量基础建设。完善标准化工作机制，健全标准研究、制定、推广体系，建立一批技术标准创新基地，培育标准化良好行为企业，各类大中型企业基本建立企业标准体系，企业有标生产率保持在95%以上，全省大宗和优势、特色农产品标准化生产达到90%以上，100项重点新产品达到国际先进水平。夯实计量基础，健全社会公用计量标准。

加强品牌培育。实施千项名牌培育工程，以装备制造业和战略性新兴产业为重点，进一步发展壮大一批国内具有较高影响力和市场占有率的自主品牌，积极培育永年标准件、清河羊绒、安平丝网、高碑店节能门窗、桃城工程橡胶等区域品牌，努力打造20个品牌园区，省级工业类名牌产品动态保持在1000项以上，形成50个具有较高影响力和市场占有率的制造业龙头品牌。

第七章　突出发展现代服务业

拓展现代服务业新领域，优先发展现代商贸物流、金融服务、信息服务、科技服务、商务服务等生产性服务业，大力发展文化、旅游、健康养老等生活性服务业，积极发展高端服务业，实施重点行业行动计划，催生现代服务业发展新业态，鼓励跨界竞争、跨界融合，以大流通链、大数据链为重点，延伸产业链条，推动生产性服务业向专业化和价值链高端延伸，生活性服务业向便利化、精细化和高品质转变，构建服务业发展新模式，把服务业打造成为经济增长“稳定器”和结构调整“加速器”。到2020年服务业增加值占生产总值比重达到45%左右，规模以上服务业企业达到6000家左右、比2015年翻一番。

一、打造全国现代商贸物流重要基地

现代物流业。着力构建“一环、两通道、多枢纽”物流发展主框架，形成联通全球、面向全国、服务京津、带动周边、发展自己的现代物流服务网络，不断提升绿色化、标准化、信息化、集约化发展水平。突出服务京津，承接非首都功能疏解，建设环首都物流产业带。落实“一带一路”战略，紧密联结中国—中亚经济走廊和山东半岛、长三角等物流功能区，提升港口、机场和铁路物流集疏能力，完善东西向（石黄、京唐秦两个物流带）和南北向（沿海、京广、京九三个物流带）两大物流通道。激活区域物流需求和供给，提升城市物流聚散能力，石家庄、唐山、邯郸、秦皇岛建设国家级物流枢纽，其他7个设区市及重要节点城市建设区域性物流枢纽。加强物流产业聚集区和商贸中心建设，依托北京新机场临空经济区，在廊坊建立国家一级快递枢纽节点，在石家庄、保定等区域性中心城市建立国家二级快递物流园区，建设石家庄国际快件监管中心。围绕重点产业园区和大型企业集团，加快培育一批与我省现代产业体系相配套的第三方物流企业。大力发展智慧物流，提升物流业发展水平。

做强内贸流通业。健全流通网络，推进流通节点城市建设，加快连锁经营、物流配送、线上线下融合和绿色低碳流通发展，不断提高流通标准化、信息化、集约化水平。培育壮大流通主体，鼓励北人集团、唐山百货等企业通过连锁、兼并、联合、重组、上市等方式做大做强，支持境内外知名商家在冀投资兴业。改造提升大型商品批发市场，有序承接北京批发市场转移。

商务服务业。加快并规范集交易、电子认证、在线支付、物流、信用评估等服务为一体的第三方电子商务综合服务平台发展，建成钢铁、煤炭、农产品等10个大宗商品电子商务交易平台。抓好石家庄电子商务与物流快递协同发展国家试点工作。支持建设100个县域特色产业电商平台，提升白沟箱包、清河羊绒、辛集皮革、大营裘皮等电商园区运营水平，抓好国家级、省级示范园区建设，培

育壮大龙头企业。积极发展跨境电子商务。加快推进农村电子商务市场发展，着力培育一批农村电商专业村。壮大商务会展业，整合壮大"5·18国际经贸洽谈会"、吴桥国际杂技艺术节等一批知名展会，提升展览展会业的国际化、专业化和市场化水平，培育网上进出口商品博览会和专业展，打造全国领先、功能齐全和服务水平一流的会展中心。进一步发展广告会展、法律咨询、会计审计、工程咨询、信用评估、租赁等商务服务业，建设一批商务中心，到2020年，培育2—4个在国内外具有一定影响力的展览城市和5—10个品牌展会。引导国内外大企业集团在非首都功能疏解集中承接区和"微中心"设立总部、地区总部或营销中心、研发中心、物流中心、采购中心等职能性总部机构，加快壮大本土总部企业，到2020年，形成3—5个特色突出的总部聚集区。

二、推动重点领域快速发展

金融业。做大做强市场主体，积极引进国内外金融机构来我省设立总部、分支机构或出资设立法人机构，支持现有金融机构增设网点、延伸服务，加快民营银行、金融租赁公司、消费金融公司等发展。鼓励发展创业投资基金、产业投资基金等各类股权投资基金，积极发展互联网金融、普惠金融、创业金融。大力发展产业链融资、商业圈融资和企业群融资。加快发展金融信息平台、电子商务平台、手机银行网络平台。推进京津冀金融一体化进程，在京津周围谋划建设金融聚集区、金融服务区。发展壮大财达证券有限责任公司，加快区域性股权交易市场建设，发展多层次资本市场，提高直接融资比重，稳步推进企业债券、公司债券、中期票据和短期融资券发展，推动期货交易所在河北设立焦炭焦煤、钢铁、有色金属等期货交割库。到2020年，金融业增加值占GDP比重达到5.5%左右。

信息服务业。做大做强软件服务业，到2020年，通过软件企业认定并年审有效的企业达到600家以上。深化信息技术在各领域广泛应用，推动互联网接入服务、互联网内容服务、网络应用服务等增值业务发展，培育发展移动网游、移动商务、移动支付和位置服务等新型移动互联网信息服务。积极发展新兴信息服务业，加快发展可视电话、手机视频、数字家庭、移动办公、移动商务等网络通信增值服务。

科技服务业。加快研究开发、技术转移、创新创业、科技金融、知识产权和检验检测认证等六大服务领域发展。建设环首都科技服务业发展密集区、培育科技服务业产业集群、建设科技服务业创新发展试点区域，实现重点区域率先突破。培育优势科技服务机构，打造高端检验检测服务平台，形成一批科技服务产业集群，发展新型科技服务业态。到2020年，形成覆盖科技创新全产业链条的科技服务体系，科技服务水平大幅提升，市场竞争能力明显增强，科技服务业总收入达到3000亿元。

旅游业。推动建立"一圈两带多点"京津冀大旅游格局，高标准建设环京津、燕山—太行山、滨海旅游产业带，做精做大做强休闲旅游核心产品和重要景区，发展一批特色旅游休闲城镇，重点打造红色游、皇家游、滨海游、草原游、冰雪游、乡村游等旅游品牌和精品线路，重点推动精品景区型、特色城镇型、特色产业型等不同种类旅游产业聚集区建设，打造一批休闲旅游度假区和乡村旅游片区，培育崇礼、西柏坡、前南峪、武安太行、衡水湖等15个国内外知名旅游产业聚集区。加快旅游产业转型升级，推动旅游产品由观光为主向观光、休闲、度假并重转变，创建平山、易县、涉县等10个全域旅游示范县。加强旅游基础设施建设，健全完善厕所、标识标牌、自驾车营地、综合信息平台等旅游公共服务体系。深化各行业之间的融合，发展休闲、度假、养生、研学、购物等多种旅游业态，形成以"旅游+"为先导的新型产业体系。加快实施"互联网+"旅游，全面推进旅游信息化，开发面向未来的旅游综合服务平台。改革旅游业领导体制。到2020年，全面建成京津冀休闲度假基地、养生养老基地、生态体验基地和城市居民的山水家园，打造国内一流、国际知名的休闲旅游目的地，形成"大旅游、大产业、大发展"的局面，旅游总收入突破1万亿元，实现由旅游大省向旅游强省的跨越。

健康养老服务业。加快发展以医疗服务机构为主体的医疗产业，以药品、医疗器械以及其他医疗耗材产销为主体的医药产业，以保健食品、健康产品产销为主体的保健品产业，以个性化健康检测评估、咨询服务、调理康复和保障促进等为主体的健康管理服务产业。重点支持生物医药、先进医疗器械、温泉养生、远程医疗、健康咨询、可穿戴医疗保健设备等领域率先突破，构建面向全省人民的"互联网+"医疗服务体系，试点推行家庭电子医生。统筹规划布局养老机构，完善养老机构奖补机制，探索建立老人户籍所在地政府向其实际居住地养老机构发放床位运营补贴、给付救助资金机制，加快推进环京津医养结合养老示范基地建设，打造北京异地养老首选地和京津冀养老服务产业聚集地。加快发展家政服务、社区服务、养老服务，让人们生得优、活得长、病得晚、走得安。

文化产业。扶持传统文化产业做大做强，大力发展新兴业态，加快新媒体融合发展，实施文化品牌战略，推动创意设计服务发展，促进文化产业繁荣发展。

专栏7　现代服务业重大工程

1. 商贸物流。京津冀（固安）国际商贸城一期、石家庄乐城国际商贸城一期及二期、黄骅港综合保税区、唐山传化智能公路港、新武安保税物流中心、京东集团北方（廊坊）大数据中心项目、沧州临港黄骅港万国国际石材城商贸城一期、中国高碑店首都食品产业承接创新示范区、华北鑫科现代物流中心、亿博基业河北物流有限公司冀中南国际物流港、林安智慧商贸物流城、正定机场国际航空物流港、正定新区核心商务区、北京金融街投资集团投资建设金融街·固安总部产业港、国投泰盛大宗商品交易中心、新发地中国高碑店进出口食品产业园、中国城乡控股有限公司华耀城、浙江传化智能公路港（石家庄、邯郸）、迁安地方铁路综合物流基地、邯郸国际陆港、保定白沟现代智能化仓储物流园区、保定快递物流中心、承德农产品冷链物流产业园、承德国际商贸物流园、衡水国家级现代商贸物流中心、秦皇岛临港物流园区、秦皇岛能源交易中心、中运秦皇岛临港国际农产品物流基地、邢台好望角保税物流中心、世界商谷—燕郊国际贸易城项目。

2. 旅游。重大旅游项目，平山县西柏坡现代红色旅游发展示范区、正定古城保护项目、邢台市前南峪抗大红色旅游景区、承德鼎盛文化公司鼎盛王朝文化产业园、避暑山庄禅修文化度假区、木兰围场养生度假文化产业投资有限公司承德御道口养生休闲度假区、金山岭片区文化旅游开发、平泉辽河源旅游综合开发、热河皇家温泉旅游度假区、崇礼奥运滑雪场度假区、草原天路旅游综合开发项目、赤城新雪国旅游度假区项目、奥林匹克冰雪文化谷、唐山湾国际旅游岛投资有限公司唐山湾国际旅游岛旅游开发、唐山市丰南区唐津运河生态旅游度假景区、唐山市滦县滦州古城文化旅游总体开发建设、好莱坞（中国）投资集团迁安好莱坞中国梦想城、邢台市紫金山等综合旅游开发、邢台大陆泽湿地公园、临城岐山湖国家旅游度假区、涞源县大白石山旅游综合开发项目、曲阳雕塑文化和产业园区提升、冀州市湖滨新区和主题游乐园建设项目、金雁通用航空股份有限公司白洋淀通用航空休闲产业园、恒大集团南大港国际文化旅游城、邢台大峡谷旅游区、邯郸涉县娲皇宫景区建设项目、永年县广府古城保护整治和旅游开发项目、邯郸市魏晋文化创意产业区、邯郸中华成语文化博览园、临漳邺城遗址公园、磁县溢泉湖综合开发项目、中信国安运河第一城生态文化项目。

15个旅游产业园区，崇礼旅游产业园区、金山岭旅游产业园区、野三坡旅游产业园区、清西陵旅游产业园区、驼梁—五岳寨旅游产业园区、西柏坡旅游产业园区、太行大峡谷旅游产业园区、武安太行旅游产业园区、清东陵旅游产业园区、白洋淀旅游产业园区、衡水湖旅游产业园区、广府古城旅游产业园区、山海关旅游产业园区、唐山湾国际旅游岛旅游产业园区、吴桥杂技文化旅游产业园。

10个全域旅游示范县（区），平山县、涞水县、易县、涞源县、安新县、蔚县、崇礼县、北戴河区、涉县、围场满族蒙古族自治县。

3. 养老服务业。每个设区市和环首都各县（市）至少建设1个省级养老示范基地。

第八章　做优做强现代农业

加快转变农业发展方式，大力发展高效、优质、生态、品牌、安全农业，推动农业发展转到数量质量效益并重、主要依靠科技创新和体制机制创新、提高劳动者素质和可持续发展上来，加快推进农业现代化。

一、优化农业区域布局

集中力量建设环京津、沿渤海、沿燕山—太行山优质农产品产业带，加快建设京津冀菜肉蛋奶果生产供应基地、绿色食品生产加工物流基地，构筑“一圈四区一带”现代农业新格局。环京津都市农业圈，建成京津“菜篮子”产品重要供给区、农业先进生产要素聚集区和农业多功能开发先行区；山前平原高产农业区，建成粮食、蔬菜、畜禽等重要农产品生产、加工、物流基地；黑龙港节水农业区，建成国家节水农业综合示范区和绿色农产品供应基地；燕山、太行山生态农业区，建成绿色生态、特色鲜明的沟域经济产业带；坝上高原特色农牧区，建成高原特色有机农产品供给基地和高原特色休闲旅游度假区；沿海水产经济带，建成京津冀特色水产品供应基地和特色水产出口创汇基地。

实施山区综合开发工程，坚持生态优先，实施资源生态化开发、产业生态化发展；培育壮大特色农业、林果业、畜牧养殖业和农产品加工业，积极发展休闲旅游业，构建山区特色产业体系；引导贫困村、贫困户利用土地资源、劳动力资源，参与山区综合开发，实现脱贫致富。到2020年，全省建成100个具有规模效应的省级示范沟或示范区，成为京津冀的生态涵养区、旅游休闲区、绿色产业区。

二、调整优化农业结构

构建现代新型农业产业体系。加强4000万亩粮食生产核心区建设，“以水定产”，适度调整黑龙港等地区高耗水粮食种植；稳夏增秋，优化粮食作物结构，提高粮食生产能力和综合效益，全省粮食综合生产能力稳定在670亿斤以上，小麦总产稳定在270亿斤以上。调整优化畜牧业结构，巩固发展生猪、奶牛、禽蛋等传统优势产业，不断提高草食畜牧业比重，按照粮经饲三元模式，在农区实行“以养定种”；山坝地区建立草畜平衡制度，实现“以草定牧”，增草增畜。促进蔬菜产业提档升级，实现稳量增效，加快建设25个蔬菜大县和集中产区，形成区域性标志和品牌。大力发展果品产业，加快建设太行山、燕山、冀东、冀中南优势果品带，培育七大优势果品基地。到2020年三大主导产业产值占农林牧渔业总产值的比重达到75%。积极发展特色水产、中药材、食用菌、苗木园艺等特色优势产业。

三、创新农业经营方式

积极培育新型经营主体，发展多种形式的适度规模经营。加快培育农业服务组织，开展政府购买农业公益性服务，推行合作式、托管式、订单式等服务形式。大力发展农产品加工业，推进农业产业化经营，推行政府、龙头企业、金融组织、科研机构、合作组织、农户“六位一体”产业化经营模式，重点扶持一批行业产业联盟型经营组织，提升农业产业化经营水平，到2020年，农业产业化经营率达到68%，农产品产地初加工率力争达到50%，农产品加工业与农林牧渔业产值比提高到2.5：1。推进一二三产业融合发展，以现代农业园区建设为平台，聚集资金、项目、科技和人才等要素，把适度规模经营与延伸农业产业链有机结合，引导农民通过合作、联合等方式发展规模种养业、农产品加工业和农村服务业。努力开发农业多种功能，挖掘农业的生态价值、休闲价值和文化价值，发展休闲农业。实施农产品品牌战略，开展农业品牌塑造培育、推介营销和社会宣传，着力打造一批有影响力、有文化内涵的农业品牌，提升增值空间。

全面推行农业标准化生产，实现生产设施、过程和产品标准化。加强农产品产地环境监测和农业面源污染监测，强化产地安全管理。加强农产品质量安全监管，探索建立有效的监管机制和模式，到2020年实现质量安全县全覆盖。

四、大力发展生态农业

科学合理利用耕地资源，促进种地养地结合，探索实行耕地轮作休耕试点。大力发展节水农业，落实最严格的水资源管理制度，推进农业水价改革，结合结构节水和农艺、生物、设施、管理等综合节水措施，实现灌溉用水总量零增长，发展节水灌溉面积1500万亩，到2020年，农田灌溉水有效利用系数达到0.675。

治理农业面源污染。全面推进测土配方施肥，实现主要农作物测土配方施肥全覆盖，建立科学施肥管理和技术体系，实现化肥施用总量零增长。加强农药使用管理，推广应用高效低毒低残留和生物农药，实现农药施用总量零增长。建立多元化、产业化利用秸秆的收储运体系，基本实现秸秆全量利用。建设畜禽养殖粪污处理设施，实现畜禽粪便资源化利用。推广使用标准地膜，建立完善废弃地膜回收再利用体系，加快治理地膜“白色污染”。

五、强化农业科技创新

进一步完善农业科技创新体系，推进京津冀农业科技协同创新，建设环首都现代农业科技示范带，实施渤海粮仓工程和粮食丰产科技工程，加强农业标准化建设，提升农业科技创新能力。加强基层农技推广队伍建设，创新农技推广服务模式，提升农技推广服务效能。构建新型种业创新体系，提升种业创新能力。大力推进农业信息化，建设农业综合信息服务平台，发展农村电子商务，积极支持全省大型农产品批发市场信息化建设，推进“互联网+”在农业生产领域应用。大力培育新型职业农民，实施新型职业农民培育工程、现代农场主和农村实用人才培养计划，建设一支高素质的新型职业农民队伍。

专栏8　现代农业重大工程

1. 高标准农田建设工程。田间工程及农技服务体系、耕地质量保护与提升、盐碱地和中低产田改造、保护性耕作。

2. “菜篮子”工程。现代蔬菜产业园、优质特色果品基地、园艺作物标准园、畜禽标准化规模养殖、秸秆养畜、肉牛基础母牛扩群增量、高产优质苜蓿示范、标准化水产健康养殖。

3. 现代种业提升工程。种业技术创新、农作物种子质量检测中心、农作物新品种综合试验站、农作物良种繁育基地、农作物品种改良（分）中心与育种创新基地建设、畜禽良种、水产良种繁育。

4. 农业资源与生态环境保护工程。沼气工程、秸秆综合利用、农村清洁工程、农业面源污染治理工程、农产品产地重金属污染治理工程、病虫害绿色防控工程、有机肥生产试点、草原生态保护工程、渔业资源保护和转产转业。

5. 农业科技支撑工程。基层农技推广服务体系改革与建设补助、农业科技成果转化与推广、新型职业培育、农业信息化、农业物联网示范。

6. 农业公共服务能力条件建设工程。农产品质量安全检测体系建设、植保工程、动物防疫体系工程、渔政渔港、农机监理、农业执法。

7. 农产品加工物流提升工程。重点支持十大类优势农产品加工、中央厨房供应体系，瑞谷丰现代农业等冷链物流配送中心。

8. 现代农业园区建设工程。建设石家庄整市和12个整县国家现代农业示范区、建设100个左右的省级现代农业园区。

9. “粮安工程”。实施粮食收储供应安全保障工程，加强粮食仓储物流设施建设，完善粮食应急供应体系，保障粮食质量安全，强化粮情预警，促进粮食节约减损。

第九章　全力推进“互联网+”行动计划

顺应世界“互联网+”发展趋势，加快推进“互联网+”行动计划，促进互联网创新成果与经济社会各领域深度融合，打造新常态下我省经济提质增效升级的新引擎。

一、推进“互联网+”创业创新

以推进协同创新为核心，以创客空间等互联网创新平台为重点，建设互联网创新园区，整合各类创新资源，推进与互联网龙头企业的深度合作，打造互联网经济创新示范区。完善创业服务支撑，健全协同创新平台，加快建设众创河北，实施新兴产业“双创”行动计划，支持建立一批国家级、省级新兴产业“双创”示范基地。到2018年，培育扶持新型互联网研发机构10家以上、重大互联网创新示范项目5个以上。

二、推进“互联网+”产业

推动互联网与制造业、现代农业融合，推进数字化研发设计，在有条件的优势产业推广建设智能工厂（数字化车间）；提升农业生产、经营、管理和服务水平，着力推进农业生产智能化、农业经营网络化、信息服务便捷化。在产业的研发设计、柔性制造、销售渠道、战略创新、组织变革等各个环节，形成一批基于互联网场景、专业化协作，为消费者提供“总体解决方案”的产业生态圈，构建植入“互联网+”基因的现代产业体系。

三、推进“互联网+”民生服务

以公共服务供给模式创新为突破口，加强全省电子政务基础平台建设，以现代金融、医疗健康、教育网络、便捷交通、智慧能源、智慧气象、生态环保、文化旅游等为重点，推进基本公共服务数字化、在线化、均等化，将碎片化、分散化的资源、要素通过虚拟网络进行体系化组织与整合，促进政府运行网络化、智能化、高效率。实施智慧政务计划，推进全程电子化登记和电子营业执照应用，到2020年，社会服务事项网上办理率达90%以上。

专栏9　“互联网+”重大工程

众创空间建设工程。加强政策引导和支持，充分发挥互联网开放融合优势，建设一批创新与创业相结合、线上与线下相结合、孵化与投资相结合的创新工厂、创客空间、社会实验室等众创空间。2017年建成省级众创空间60个，2020年省级众创空间达到100个，培育扶持一批新型互联网研发机构。各市、县根据自身科技资源情况和产业特点，发展一批众创空间，培育一批“双创”人才和团队。

工业云公共服务平台工程。成立省级工业云产业联盟，推进工业企业研发工具、设备资源、增材制造、信息服务的开放共享，提供多层次的云应用服务。鼓励各地建设中小企业云服务平台，为基地园区和中小微型企业提供服务。到2020年实现万家企业“登云”。

智能工厂（数字化车间）建设示范工程。在钢铁、石化、建材、医药、食品、纺织等流程制造领域，开展能源智能管理、安全生产智能化试点示范。在装备制造、电子信息等离散制造领域，开展网络协同设计、协同制造试点示范。2017年建成800个智能工厂（数字化车间），2020年建成1500个智能工厂（数字化车间）。

农业物联网示范工程。在24个环京津蔬菜生产大县推广具有环境感知、实时监测、自动控制等功能的网络化环境监测系统，在粮食主产区构建天地一体的物联网测控体系。针对智能节水灌溉、精准施肥、饲料精准投放等精准化作业，每年支持一批种养殖大户、现代农业园区、农业生产龙头企业开展农业物联网应用示范。2017年在粮食、果品、蔬菜、畜牧、水产等方面建立20个以上农业物联网应用试点，2020年培育形成100个具有较大规模的农业物联网应用典型。

网上政务服务工程。组织实施省、市、县三级网上行政服务中心，省级电子营业执照系统，河北经济户籍数据管理中心，河北地理信息时空云平台，河北省公共视频监控系统等项目建设。到2017年，电子政务网络实现城乡全覆盖，社会服务事项网上办理率达70%以上。到2020年，互联网在社会服务领域全面普及，社会服务事项网上办理率达90%以上。

第四篇 坚持协调发展，加快构筑平衡发展格局

围绕增强发展协调性、均衡性，大力实施京津冀协同发展战略，加快建设新型城镇化与城乡统筹示范区，进一步优化区域布局，推进城乡发展一体化，形成良性互动、协调共进、融合发展的新局面。

第十章 精准推进京津冀协同发展任务落实

立足京津冀区域整体功能定位和河北省“三区一基地”定位，精准确定功能分区，精准承接北京非首都功能疏解和产业转移，精准打造发展平台和载体，以交通、生态环保、产业三个重点领域率先突破为着力点，聚焦承接疏解、补齐短板，推动京津冀协同发展战略在我省全面落实。

一、积极承接北京非首都功能疏解

坚持政府引导与市场主导相结合，集中承接与分散承接相结合，根据需要疏解的非首都功能特点和我省发展条件，明确承接重点、次序、方式和区域，实施分类指导，搭建承接载体，创新承接方式，优化承接环境，确保非首都功能转得来、稳得住、能发展。

明确承接对象及重点。重点承接各类产业转移，特别是对严禁进入北京的京外中央企业总部、科技创新成果转化型企业、制造业零部件配套加工企业，引导其向省级以上经济开发区、高新技术产业园区、交通沿线重点产业园区和沿海重化工业基地转移。积极承接教育、医疗、健康养老和培训机构等社会公共服务功能疏解，特别是对严禁在北京审批或升格的高等教育单位、综合性医疗机构，重点向教育医疗资源相对集中、基础雄厚、生态环境良好的地区布局。有序承接区域性物流基地、专业市场等部分第三产业，特别是对严禁在北京设立的信息中心、后台呼叫中心、数据中心等金融后台机构，重点由商贸物流业发展势头较好、具有比较优势的地区承接，并通过发展电子商务、连锁经营、品牌营销等方式，促进产业转型升级。主动承接行政性、事业性服务机构及社会组织和企业总部疏解，特别是对严格控制成立或迁入北京的事业性服务单位、社会团体以及行政性、事业性服务机构，重点由位于首都“半小时通勤圈”内的生态环境优、商务成本低、生活品质高的重点城镇承接。

加快推进“微中心”建设。按照“突出重点、统筹兼顾”的原则，综合考虑区位、交通、土地、水资源和能源保障、环境承载、人口及经济社会发展状况等，依托中小城市，沿京广、京九、京沪、京哈、京沈、京张等铁路和高速公路通道，布局建设一批定位明确、特色鲜明、职住合一、规模适度、专业化发展的“微中心”，发挥比较优势，科学合理有序地承接北京非首都功能疏解，以及聚集发展要求较高的产业或生产环节转移。

二、推动重点领域率先突破

围绕京津冀协同发展的主要目标任务，着力推动交通一体化、生态环境保护和产业升级转移等重点领域率先突破，为协同发展起到支撑、示范和带动作用。

推进交通一体化发展。坚持协同发展交通先行，着眼京津冀城市群整体空间布局，适应疏解北京非首都功能和产业升级转移需要，加快重大交通一体化项目建设，构建“四纵四横一环”网络化格局。优先完善北京与沿海、北京与周边、设区市与京津之间的路网布局。加快建设“轨道上的京津冀”，重点推进京唐、京张、京沈、京衡等铁路建设，形成便捷的快速客运通道；推进北京新机场“五纵两横”配套交通项目建设，完善临空经济区交通网络以及与北京之间的快速轨道交通；推进北京城市轨道交通延伸项目，积极谋划亦庄至廊坊、房山至涿州、大兴至固安、通州至燕郊轻轨项目建设，加快北京与周边轨道通勤交通发展。加快“对接路”建设，全部打通我省境内与京津交界的“断头路”、拓宽“瓶颈路”，推进京津冀交通环线通道建设，完善设区市通达京津的多通道高速公路网络。构建统一开放的运输市场，提升一体化运输服务管理水平。到2020年，区域一体化现代综合交通网络基本形成。

加强生态环境共建共享。按照“统筹谋划、严格标准、重点突破、联防联控”的原则，划定和严守生态保护红线，建立区域环境监测预警、信息共享和协调联动机制，对区域内排污企业实行一体化台账式管理，推进跨区环境联合监察、跨界交叉执法、环评会商、区域污染联防联控。与京津联合开展污染防治技术攻关，持续推进科学治霾、精准治污。探索开展跨区域排污权交易，建立水权交易平台，深入推进碳排放权交易。加快区域生态屏障建设，实施山水林田湖生态修复工程，构建京津保生态过渡带、坝上高原生态防护区、燕山—太行山水源涵养区、低平原生态修复区和沿海生态防护区“一带四区”的生态安全格局。携手京津建立区域生态环境保护基金和横向生态补偿机制，重点支持生态建设和环境保护领域的重大工程。到2020年实现区域生态环境质量明显好转。

推进产业对接协作。积极推进京津冀区域产业布局调整和产业链重构，把承接京津产业转移与加快自身转型升级有机结合起来，借力京津在更高层次上参与区域产业分

工协作，实现与京津的错位发展，打造产业发展新优势。

打造跨区域优势产业链。围绕汽车、新能源装备、智能终端、大数据、现代农业、生物医药等产业链条长、协同发展基础较好的重点领域，着力增强配套生产能力，提升加工制造水平，加快科技成果转化，拓展研发营销服务，与京津共同构建从研发设计到孵化转化、从总部经济到生产基地、从整机组装到零部件制造等多种形式的产业链条，逐步形成协作共赢的产业发展模式。

搭建产业合作平台。积极探索与京津共建共管共享园区新模式，重点推进北京新机场临空经济区、曹妃甸协同发展示范区、冀南新区产城融合发展示范区、亦庄永清高新技术产业开发区、渤海新区北京生物医药产业园、冀津涉县天铁循环经济产业示范区、芦台汉沽协同发展示范区、中关村海淀园秦皇岛分园等合作园区建设，进一步完善园区基础设施和配套公共服务，利用京津品牌优势开展联合招商，争取央企和国内行业领军企业率先入驻，吸引相关产业和协作企业聚集发展，打造新的产业发展增长点。到2020年，与京津优势互补、分工协作、创新驱动、协同发展的产业格局基本形成。

第十一章　推进全省区域协调发展

按照“一核、双城、三轴、四区、多节点”京津冀空间发展格局及其功能指向，实施主体功能区战略，依据主体功能区定位，重点打造四个战略功能区，构建要素有序自由流动、主体功能约束有效、基本公共服务均等、资源环境可承载的区域协调发展格局。

一、着力打造环京津核心功能区

保定平原地区和廊坊市，依托独特的区位优势，着力提升非首都功能疏解和京津产业转移承接能力，规划建设白洋淀科技城、北京新机场临空经济区和京南科技成果转化试验区等功能承接平台，加快建设科技研发和成果转化基地，大力发展战略性新兴产业、现代服务业、都市现代农业和先进制造业，打造全省创新发展先行区，加快形成与京津功能互补、协调联动、产业层次高、创新能力强、引领协同发展的核心区域，成为河北发展的新增长极，推动京津保地区率先联动发展。

保定市，重点发展汽车及零部件、新能源、航空航天及新材料、节能环保和智能制造等先进制造业，积极发展现代农业，提升现代服务业水平，努力建设先进制造业和战略性新兴产业基地、京津冀协同创新试验区、新型城镇化和城乡统筹示范区、绿色低碳宜居生态文明新区。廊坊市，以生态、智能、休闲、商务为发展方向，重点发展电子信息、新材料及节能环保、先进制造、生物医药、会议会展、现代物流等产业，努力将廊坊建设成京津产业转移提升的承载地、全国科技创新成果孵化转化基地、战略性新兴产业和现代服务业聚集区。

二、着力打造沿海率先发展区

唐山、沧州、秦皇岛，抓住国家实施“一带一路”战略的重大机遇，推进《河北沿海地区发展规划》《京津冀协同发展规划纲要》《环渤海地区合作发展纲要》实施中的有机融合，发挥发展空间广阔、开放条件优越、发展势头强劲的优势，深入推进开放开发，优化港口功能布局，完善集疏运体系，强化要素聚集、项目聚集、产业聚集，大力发展临港产业，壮大战略性新兴产业，推动港产城互动，实现沿海经济新突破，形成与生态保护相协调的滨海型产业聚集带、城镇发展区和河北开放型经济的引领区，打造支撑全省发展的战略增长极。着力承接新型重化工业的转移升级，大力发展先进制造业、战略性新兴产业、生产性服务业及海洋经济；建设和提升临港产业园区，高标准推进滨海新城新区建设，把曹妃甸建设成为世界一流石化产业基地，把渤海新区建设成为国际先进的合成材料、生物医药和装备制造业基地，把北戴河新区建设成为生命健康产业创新示范区，构建沿海经济带与腹地经济区优势互补、良性互动、连接顺畅、协调发展的新格局。

唐山市，推进率先转型发展，大力发展循环经济，重点发展精品钢铁、高端装备、石油化工、现代物流等现代产业，建成东北亚地区经济合作窗口城市、环渤海地区的新型工业化基地、首都经济圈的重要支点。沧州市，重点发展石油化工和精细化工、汽车制造、清洁能源、生物医药、现代物流等产业，打造京津冀城市群重要的产业支撑基地、国家重要化工和能源保障基地、冀中南地区及纵深腹地重要出海口。秦皇岛市，突出滨海、生态、旅游、科技特色，加快港口转型升级，重点发展高端装备、电子信息、休闲旅游、健康养生等产业，努力建设国际滨海休闲度假之都、国际健康城和科技创新之城，打造绿色发展“国际名片”。

三、着力打造冀中南功能拓展区

石家庄、邯郸、邢台平原地区和衡水市，充分发挥产业基础良好、自然资源丰富、增长潜力较大的优势，重点承担科技成果产业化、高新技术产业发展和农副产品供给功能，努力成为全省转型升级的重要引擎、城乡统筹的重要示范区。加快对接引进京津战略性新兴产业、现代服务业，推进冶金、建材、纺织服装等传统产业改造升级和布局优化，重点发展生物医药、高端装备、电子信息、节能环保等先进制造业和现代商贸物流、现代农业，促进产业结构向中高端迈进。加大正定新区、冀南新区、邢东新区和滨湖新区等重点平台建设，加快交通沿线主要城镇发展，提高综合承载和辐射带动能力，加强环境治理与生态建设，促进城乡一体化发展。

石家庄市，强化科技创新和文化引领，促进高端要素集聚，突出综合交通枢纽地位，重点发展生物医药、新一代信息、高端装备、节能环保、商贸物流等产业，搬迁和改造传统产业，建成全省经济中心、国家重要的综合交通枢纽和物流中心。邯郸市，全面推进化解过剩产能和污染防治，重点发展先进装备制造、精品钢铁、新能源及新能源汽车、新材料、现代物流等产业，建设全国重要的先进制造业基地和区域性商贸物流中心。邢台市，加快产业转型升级和生态环境治理，重点发展先进装备制造、新能源及新能源汽车、节能环保、现代农业、现代服务业等产业，努力建成国家新能源产业基地、产业转型升级示范区和冀中南物流枢纽城市。衡水市，加快借力借势跨越赶超步伐，重点发展装备制造、食品加工、节能环保、纺织服装、现代农业等产业，努力建成京津冀中南部交通物流枢纽、安全食品和优质农产品生产加工配送基地、生态屏障保障基地、技术成果转化基地、教育医疗休闲养生功能疏散基地。

四、着力打造冀西北生态涵养区

张家口、承德及燕山、太行山山区，充分发挥生态系统较为完整、环境质量相对较好、水资源比较丰富的优势，重点提升生态保障、水源涵养、旅游休闲、绿色产品供给等功能。以承办冬奥会为契机，加快生态低碳城镇建设，大力发展清洁能源、新材料、装备制造、农副产品加工、文化旅游、休闲观光、健康养生等产业，构建绿色生态产业体系。加强生态建设和环境保护，建设坝上高原生态防护区和燕山、太行山生态涵养区，打造京津冀生态屏障，建成全国生态文明先行示范区。

张家口市，牢牢抓住与北京联合承办冬奥会的历史机遇，重点发展大生态、大旅游、大健康和新能源、高端制造等产业，努力建成国家可再生能源示范区、国际休闲运动旅游区和国际奥运新城。承德市，重点发展文化旅游、健康养老、清洁能源、钒钛新材料、绿色大数据、节能环保、现代物流等产业，努力建成国家绿色发展先行区、国家绿色数据中心和国际旅游城市。

专栏 10　建设 22 个重大平台

非首都功能集中承载地、京南科技成果转化试验区、张家口可再生能源示范区、北京新机场临空经济区、曹妃甸石化基地、沧州渤海新区工业基地、北京（曹妃甸）现代产业发展试验区、曹妃甸中日韩循环经济示范基地、与天津市合作共建冀津（芦台·汉沽）协同发展示范区、与天津市合作共建冀津（涉县·天铁）循环经济产业示范区、涿州国家农业高新技术产业示范区、保定白洋淀科技城、北京亦庄·永清高新技术产业开发区、正定新区、冀南新区、衡水工业新区、承德双滦经济开发区新型工业化产业示范基地、邢东新区、秦皇岛大北戴河区、黄骅港综合保税区、石家庄综合保税区、秦皇岛国家煤炭交易中心。

第十二章　加快新型城镇化进程

围绕打造京津冀世界级城市群、建设全国新型城镇化与城乡统筹示范区，实施“一融双新”工程，有序推进农业转移人口市民化，优化城镇布局形态，提高城镇规划建设管理水平，构建定位清晰、特色鲜明、功能完善、生态宜居的现代城镇体系。

一、加快农业转移人口市民化

健全农业转移人口落户制度。在自愿、分类、有序的前提下实施差别化落户政策，制定农业转移人口落户标准，合理确定石家庄、唐山、保定、邯郸等区域性中心城市及环首都地区城镇落户条件，全面放开中小城市和建制镇落户限制。健全人口信息管理制度，深化居住证制度改革，探索社区公共地址等方法解决新进城人员临时落户问题。到 2020 年力争户籍人口城镇化率达到全国平均水平。

保障农业转移人口享有城镇基本公共服务。以流入地政府管理为主，将农民工随迁子女学前教育、义务教育、高中阶段教育纳入城镇教育发展规划，并将义务教育纳入财政保障范畴。探索建立全民社会保险登记制度，推行社会保障一卡通。打破城乡就业壁垒，实施城乡均等化就业战略。把符合条件的进城落户农民纳入城镇住房保障体系，将稳定就业的农民工纳入公积金保障范围。

建立健全农业转移人口市民化推进机制。加快建立健全由政府、企业、个人共同参与的农业转移人口市民化成本分担机制，明确成本承担主体和支出责任。抓好石家庄等新型城镇化综合试点和廊坊等中小城市改革综合试点。加快建立财政转移支付、财政建设资金对城市基础设施补贴数额、城镇建设用地增加规模与农业转移人口落户数量“三挂钩”机制。保障进城落户农民工的土地承包经营权、宅基地使用权和集体收益分配权权益不变，促进农民工融入城镇，努力实现农业转移人口户籍的市民化、公共服务的市民化、就业的市民化、生活的市民化。建立健全常住人口和户籍人口城镇化水平动态监测机制。

二、优化城镇化布局和形态

在建设京津冀世界级城市群大框架下，加快行政区划调整，拉大城市框架，优化城市功能，优化城市群层级结构和城镇空间布局，推动大中小城市和小城镇协调发展，实现与京津功能互补、多城联动。

做大做强区域中心城市。积极壮大石家庄、唐山、保定、邯郸城市规模，完善功能，组团发展，打造河北经济增长极。强化石家庄对京津冀城市群南部地区的核心引领和辐射带动作用，实施大省会战略，提升省会的载体功能和品位，全力推进正定新区发展，加快构建“一河两岸三组团”发展格局，努力建成功能齐备的省会城市和京津冀城市群“第三极”。提升唐山对京津冀城市群东北部地区的辐射带动功能，打造凤凰新城、南湖生态城、唐山湾生态城等亮点片区，构建“两核一轴多组团”城市空间布局，建成京津唐区域中心城市。保定以主城区行政区划调整和承接非首都功能疏解为契机，着力壮大城市规模，扩大城市框架，努力建成京津保区域中心城市。加快邯郸行政区划调整和东区建设，提升城市能级，打造京津冀南部门户和省际合作交流桥头堡，努力建成京津冀联动中原的区域中心城市。

强化节点城市支撑作用。进一步提高节点城市综合承载能力和服务能力，有序推动产业和人口聚集。发挥秦皇岛滨海资源优势建设沿海强市、美丽港城；推动沧州发展成为滨海型产业聚集区和环渤海地区重要港口城市；支持廊坊创新发展、高端发展，促进廊坊与京津对接融合，推进北三县一体化，建设“京津走廊”上的生态宜居城市；推进张家口市向绿色、低碳、智能化转型，建成国际知名奥运城市；完善承德生态功能特色，建设国际旅游城市和联接冀辽蒙、面向京津的重要节点城市；增强邢台、衡水规模实力，抓好邢台市“一城五星”核心区域建设，打造衡水市生态宜居的滨湖园林城市。进一步提升定州、辛集发展水平，打造京津冀城市群特色功能节点城市。

提升县城建设质量和水平。立足“县多县小”的省情，走“小县大县城”的路子，拉开县城发展框架，推动县城扩容提质，提高县城聚集产业、吸纳人口、统筹城乡的综合承载能力，培育新生中小城市。实施县城建设攻坚行动，加强市政基础设施和公共服务设施建设，推进产城教融合，突出特色、提升品位，打造具有历史记忆、地域特征、山清水秀、宜居宜业的美丽县城。推动具备行政区划调整条件的县撤县设市，县级政府驻地镇撤镇设街道办事处，实行城市管理体制。深化与京津对接融合，把固安、永清、涿州、高碑店、滦平、怀来等一批县城建设成“生态环境更优、商务成本更低、生活质量更高”的都市卫星城。

有重点地培育特色小城镇。加强镇的基础教育、医疗卫生、社会保障、商贸流通服务和支农服务等功能，发挥特色资源和区位优势，重点培育100个工业型、旅游型、商贸型、交通型、历史文化型等专业特色镇，提升聚集人口和产业的能力。对镇以内有产业园区的扩权强镇试点镇，实行镇区合一管理体制。支持具备行政区划调整条件的乡撤乡设镇。

打造城镇发展轴（带）。按照全省主体功能区规划，依托重要交通干线，以轴串点、以点带面，重点培育京唐秦、京石邯、京衡、石衡沧、沿海等重点城镇发展轴（带），构筑全省城市群发展框架。在西部、北部生态功能区，构建生态保障与绿色产业带，实施城镇据点式开发，促进集聚发展。

建立有利于培育京津冀城市群第三极和构筑沿海隆起带的体制机制。支持石家庄市和秦皇岛市、唐山市、沧州市统筹推进重点领域和关键环节体制机制改革，显著增强综合经济实力。推动设立国家级新区正定新区，开展城镇化综合改革政策先行先试。

三、提高城市可持续发展能力

坚持以人为核心，尊重城市发展规律，统筹空间、规模、产业三大结构，提高城市工作全局性；统筹规划、建设、管理三大环节，提高城市工作系统性；统筹改革、科技、文化三大动力，提高城市发展持续性；统筹生产、生活、生态三大布局，提高城市发展宜居性；统筹政府、社会、市民三大主体，提高各方面推动城市发展积极性，建设和谐宜居、富有活力、各具特色的现代化城市。

着力推动城市经济发展壮大。优化提升城市经济结构，将城市建设成为创新活动最活跃、先进要素最密集的区域。强化大中小城市和小城镇产业协作、协同，逐步形成横向错位发展、纵向分工协作的发展格局。发挥大城市高端要素聚集优势，加快发展高端服务业和高新技术产业，构建以服务经济为主的产业结构；发挥中小城市连接城乡的地缘优势，主动承接中心城市辐射，加快发展生产性服务业、先进制造业和特色产业。打造城市经济增长点，加快发展高新技术产业，大力发展楼宇经济，把中心城区建成金融、文化、商务、科技、信息等高端服务聚集区，提高经济容积率。实施老城区升级改造，加快“退二进三”步伐，扩大城市经济发展空间。统筹新城区生产、办公、生活、商业等功能区建设，推进功能混合和产城融合，推动产业园区由单一生产功能向城市综合功能转型，成为城市经济发展的重要支撑。

优化城市内部空间结构。统筹城市主城区改造和新城新区建设。改造提升中心城区功能，加快棚户区改造进程，调整商业、办公、居住等功能布局，增加生态绿化和休闲游憩空间。合理布局城市新区，严格控制建设用地规模，优先安排市政基础设施和公共服务设施，推进功能适度混合和职住基本平衡，鼓励建设复合功能区和城市综合体，减少通勤量和交通污染。遏制中心城市“摊大饼”式扩张，构建中心城市主城区与周边县（市）同城化、组团式发展格局，强化组团城市之间区域性绿地和中心城市环城绿带建设，保留通风廊道，构建集约紧凑、疏密有致、环境优美的城市空间结构。

提升城市建设水平。围绕提升城市功能，突出补齐短板，统筹地上地下基础设施建设，着力解决“逢雨必涝”、“马路拉链”、“交通拥堵”等“城市病”。完善城市道路系统，加密支路网络，实施公共交通优先战略，全面推广公交一卡通，提高公交运行效率和出行分担率。提升改造现有城市供排水设施，推进污水处理、污泥处置、雨水分流、雨水回收、再生水利用及配套管网设施建设，加快海绵城市试点和推广。开展生活垃圾分类收集、存量垃圾治理、现有垃圾处理设施升级改造、餐厨废弃物无害化处理工作。加强天然气管网建设，加快城市集中供热老旧管网改造，到2020年县以上城镇居民生活燃气普及率达到90%、全部实现集中供热或清洁能源供热。加强城市地下空间资源开发利用的规划管理，统筹各类地下设施、管线布局，加大地下管线投资，推进地下综合管廊建设。健全和完善城镇公共设施配置标准，根据城镇功能和人口数量，统筹布局建设中小学、幼儿园、医院、养老、文化、体育、便民市场等公共服务设施。加快建设绿色城市，实施绿色建筑行动计划，推广绿色建材，新建住宅全部执行75%节能标准。大力推广使用新能源汽车，加强充电基础设施建设，建成京津冀城际快充网络，主要城市间实现互联互通。倡导低碳绿色出行，按照绿道标准建设改造步行和自行车道。大力推进城市生态修复，完善城市园林绿地系统，进一步提升城市园林绿化水平，城市建成区和县城绿地率分别达到39%、37%。

提升城市规划水平。把以人为本、尊重自然、传承文化、绿色低碳、精明增长理念融入城市规划建设全过程，规范规划程序，强化规划管控，增强规划的科学性和权威性，切实做到“一张蓝图干到底”。

加强城市设计，提倡城市修补，贯彻“适用、经济、绿色、美观”的建筑方针，突出城市地域、历史和文化特色，强化燕赵文化传承创新，把城市打造成为历史底蕴厚重、时代特色鲜明的人文魅力空间。

提升城市管理水平。坚持“为了人而管好城市”，完善城市治理体系，提高城市治理能力，推动城市管理部门联动和功能整合，形成精简高效的城市管理工作机制。全面开展智慧城市建设，加快公共信息平台和基础数据库建设，实施智慧政务、智慧交通、智慧医疗、智慧社区、智慧防灾、智慧人防等示范工程，加速城市管理精细化、公共服务便捷化、生活环境宜居化。抓好石家庄、秦皇岛、承德、廊坊、邯郸等13个国家级和30个省级智慧城市试点建设，支持试点城市制定鼓励市场化投融资、信息系统服务外包、信息资源社会化开发利用等政策，吸引各类市场主体共同参与智慧城市建设。全面提升市民素质，争创全国文明城市。

专栏11 城市基础设施建设重大工程

每个设区市建成20公里以上且具有国际先进水平的地下综合管廊并投入运营，石家庄市轨道交通1号线与3号线一期工程，唐山市新水源地供水工程、迁安市海绵城市建设工程，西柏坡电厂废热利用入市工程。

第十三章 推动县域经济发展增比进位突破

围绕建设经济强县、建成全面小康，强化改革驱动、创新驱动，促进工业向园区集中、人口向县城集中、土地经营权向农业园区和新型农业生产经营主体集中，做大做强县域特色产业，不断增强县域经济的实力、活力和竞争力。

一、实施分类指导

经济强县，重点在产业转型、做大县城、统筹城乡等方面取得突破，做大做强支柱产业和产业集群，成为引领全省县域经济发展的排头兵。支持其他发展较快、实力较强的县挖掘发展潜力，加快培育特色优势产业，壮大龙头企业，增强综合实力，努力成为经济强县。贫困县，推进生态产业化、农业产业化、旅游产业化，增强造血机能，确保脱贫出列。传统农业大县，在完善利益补偿机制、培育壮大优势农业产业体系基础上，推动农产品系列开发和精深加工，提高综合效益。紧邻中心城市的县（市），围绕中心城市发展需要，按照功能分区确定产业发展重点，尽快与中心城市融为一体。环京津各县（市）要抢抓京津先进要素外溢的机遇，实现跨越式发展。

建立有利于县域经济增比进位的体制机制。开展扩权强县、扩权强镇改革，增强统筹协调、自主决策、公共服务和依法行政能力，深入推进威县、大厂等综合配套和专项改革试点示范，鼓励基层大胆创造，形成可复制推广的改革经验。按照不同的发展基础、基本条件和功能定位，依据经济规模、投资规模、产业发展、科技进步、县城建设、美丽乡村建设、劳动就业、财政税收、居民收入、生态环境、党的建设、群众满意度等，综合考核县域发展情况，实行县域发展排名通报制度，并与县（市）党政主要领导干部任用直接挂钩，激励县域经济社会快速发展。

二、促进县域经济转型升级

按照传统产业绿色化、新兴产业高端化的思路，大力推进新型工业化、农业产业化，培育壮大县域特色产业集群，形成一批产业集群龙头企业和区域品牌，增强县域产业集群的综合竞争优势，每个县集中支持1个主业突出、特色鲜明、市场竞争力强的产业集群，打造一批年营业收入超十亿、超百亿的产业集群。坚持产城互动发展，统筹谋划产业项目、园区建设与城镇发展，实行工业园区、农业园区一体推进，推动县域产业项目入园，支持每个县在县城周边和特色产业比较集中的镇重点建设1个省级以上产业园区。在全省选择100个产业特色鲜明、发展潜力较大的工业园区重点扶持，建设省级新型工业化产业示范基地。

第十四章 建设富有河北特色的美丽乡村

把美丽乡村建设作为农业农村现代化的综合抓手，与现代农业发展、扶贫攻坚、乡村旅游业发展、山区综合开发统筹推进，以实施“四美五改·美丽乡村”行动为载体，全面改善农村生产生活条件，全力打造农民幸福生活的美好家园。

一、统筹协调推进三类村建设

坚持因地制宜、分类指导，科学编制县域村镇体系规划，对村庄发展定级定位，按照保留村、中心村、撤并村实施分类指导和建设。

对保留村，一村一策、就地改造。按照“修旧为主、建新为辅，保留乡村风情、改造提升品位”的要求，每年就地改造4000个左右村庄，保留现有的道路、村庄肌理，延续现有文脉，塑造“一县一特”、“一乡一品”的民居建筑风格。对中心村，增减挂钩、联村并建。每年启动建设200个左右中心村，力争5年吸纳带动5000个左右的村庄，实现农民生产方式和生活方式的根本转变。对撤并村，整合资源、有序整治。对不具备生产生活条件、影响自然生态保护和生态功能增强的村，实行生态移民；对空心率超过50%、剩余户少于100户的空心村，实施搬迁整治，开发有市场价值的空心村，用于养老或休闲度假；对纳入城市规划的村，结合新型城镇化进行改造建设，一部分改成城市社区，一部分建成城中的美丽乡村。

二、建设“四美乡村”

坚持整村推进、连片开发，全面推进农村改房、改水、改厕、改路、改厨“五改”，实施十二个专项行动，到2020年基本实现美丽乡村建设全覆盖，具备条件的农村全部建成“环境美、产业美、精神美、生态美”的美丽乡村。坚持建管并重，建立长效管护机制，持续推进晋档升级，大力“经营”美丽，确保长久美丽。

环境美。有序引导农村住宅和居民点建设，精心设计建设体现地域特色、注重美观实用、满足农民多样化需求的新民居。扎实办好“三清一拆”、“三水共治”、厕所改造、道路硬化、村庄绿化等实事，切实改善农村人居环境。加强乡村旅游服务网络、农村邮政设施、快递服务设施和宽带网络建设，增加农村商品零售、餐饮及其他生活服务网点，形成方便快捷的“居民服务生活圈”。

产业美。结合产业基础和资源禀赋，大力推进特色富民产业发展，打造产业特色鲜明的美丽乡村。依托资源优势、产业基础，集中打造一批旅游专业村、特色种养专业村、特色工贸和家庭手工业专业村、电商专业村等产业支撑明显的经济强村。

精神美。坚持科学统筹，整合基层宣传文化、党员教育、科学普及、体育健身等设施，建设农村基层综合性文化服务中心，做到综合利用、共建共享。结合农村乡风文明评议，开展文明村创建活动，引导农民追求科学、健康、文明、低碳的生产生活和行为方式，形成具有燕赵文化特色的农村文明新风尚。完善乡村治理新机制，重点建立办事服务站和群众工作站两个平台，让群众好办事，好说事。

生态美。将生态文明理念融入美丽乡村建设全过程，把保护好农村自然生态放在关键位置，使青山常在、绿水长流、空气常新。以广大农村为载体开展山水林田湖生态修复，突出抓好村庄绿化、垃圾和污水处理、改厕、清洁能源开发利用、农业面源污染治理等乡村生态治理任务，凸显乡村气息和原生态的生态美。

三、强化政策支持

拓宽筹资渠道，逐年增加财政支持资金，建立省、市、县三级美丽乡村投融资平台，利用政策性银行长期低息贷款融资。用好民居改造政策，统筹使用易地扶贫搬迁、保障性住房、危房改造和节能建筑改造政策，加大民居改造力度，确保全面完成农村危房改造。健全完善股份合作制，推行“六位一体”经营模式，支持村村组建法人合作社和股份合作体，实现资源变股权、资金变股金、农民变股民、自然人变法人。加大“四新”（新材料、新技术、新装备、新样式）推广力度，对按照村庄规划、民居样式、实施“四新”改造的户，列入联村并建或整村新建中心村示范点给予奖补。强化驻村帮扶，每年从省、市、县选派机关干部组成工作指导组和工作组，进村入户开展工作。实施激励政策，省级重点片区的确定，采用竞争申报制，对获得省级美丽乡村荣誉称号的村予以奖补。

专栏12　美丽乡村建设12个专项行动

民居改造、安全饮水、污水治理、街道硬化、无害化卫生厕所改造、清洁能源利用、“三清一拆”和垃圾治理、村庄绿化、特色富民产业、农村电子商务网点建设、乡村文化建设、基层组织建设。

第十五章　创新城乡统筹发展体制机制

健全城乡发展一体化体制机制，完善农村基础设施投入长效机制，推动公共服务向农村延伸，推进农业农村现代化，逐步实现城乡居民基本权益平等化、城乡公共服务均等化、城乡居民收入均衡化、城乡要素配置合理化、城乡产业发展融合化。

一、构建城乡统一要素市场

建立城乡统一的建设用地市场。推进农村集体建设用地使用权市场化改革，在符合规划和用途管制前提下，允许农村集体经营性建设用地出让、租赁、入股，实行与国有土地同等入市、同权同价。加快建立县级农村产权交易市场，推动农村产权流转交易公开、公正、规范运行。完善城乡建设用地增减挂钩政策，探索节余指标省域内有偿调剂使用。

加快建立城乡统一的人力资源市场。完善人力资源市场管理法规，加快发展人力资源服务业，实施城乡统筹的就业政策，打破城乡就业壁垒，形成城乡劳动者平等就业、同工同酬的制度，引导和鼓励人力资源服务向农村延伸。发展农业科技成果托管中心和交易市场，建立健全有利于农业科技人员下乡、农业科技成果转化、先进农业技术推广的激励和利益分享机制。以大型企业为依托，培育扶持一批农村劳动力骨干培训基地，对符合条件的人员实行职业技能培训和技能鉴定补贴制度，打造劳务品牌。

创新面向“三农”的金融服务。支持银行业金融机构到农村增设网点，支持设立小额贷款公司和村镇银行。加快发展农业保险及服务体系，扩大涉农保险范围和覆盖面，探索开发特色农业保险，鼓励社会资本投向农村建设，引导产业链条向农村延伸，推动城乡要素互动融合。

二、推进城乡一体化发展

实施全域规划。加强城镇规划与周边乡村规划在产业布局、基础设施网络、公共服务设施、生态空间布局等方面的衔接协调。科学编制县（市）城乡总体规划、村镇体系规划，合理安排城镇建设、农田保护、产业聚集、村落分布、生态涵养等空间布局。推动县（市）“多规合一”，统筹协调经济社会发展总体规划、城乡总体规划、土地利用总体规划、生态环境保护规划等，适时启动空间规划编制，实现一个县（市）一本规划、一张蓝图。

推进城乡基础设施一体化。加快基础设施向农村延伸，强化城乡基础设施连接，实施道路畅通工程、同城化交通工程，推进城乡客运网络一体化和城乡水务一体化，加快推进农村饮水安全巩固提升工程和农村电网改造，推动水电路气讯邮等基础设施城乡联网、共建共享。加快推进村镇生活污水处理设施建设，因地制宜地采取村收村处理、村收镇处理及“户分类、村收集、镇转运、县处理”的城乡垃圾一体化处理模式。到2020年90%以上的村实现垃圾有效处理。

推动城乡基本公共服务均等化。推进乡镇、村（社区）便民和社会服务中心建设，提高农村义务教育质量和均衡发展水平，推动县、乡公共文化体育设施和服务标准化建设，完善以县级医院为龙头、乡镇卫生院为枢纽、村卫生室为网底的农村三级医疗卫生服务网络，推进人力资源社会保障基层公共服务体系建设，实现公共服务标准化建设全覆盖，并向行政村（社区）延伸，加快形成政府主导、覆盖城乡、可持续的基本公共服务体系。

三、做好城乡统筹试点示范

每个设区市选择1—2县（市）开展试点，推动经济实力强、社会基础好的地区率先实现城乡一体化。加强试点工作的组织协调，科学编制试点方案，加大财政金融支持力度，强化分类指导和督导考核，为全省城乡一体化发展探寻规律、积累经验。

第五篇　坚持绿色发展，建设京津冀生态环境支撑区

坚持绿色富省、绿色惠民，围绕打造京津冀生态环境支撑区，牢固树立绿水青山就是金山银山的理念，深入实施山水林田湖生态保护和修复工程，坚定不移地走绿色低碳循环发展之路，着力解决环境污染突出问题，促进产业结构绿色化转型，推进产业生态化、生态产业化，健全国土空间用途管制制度，完善生态文明制度体系，促进人与自然和谐共生，努力实现河北永续发展。

第十六章　强力推进大气污染防治

坚定不移地落实国家大气污染防治行动计划和我省实施方案，坚持全面推进与重点突破相结合、总量削减与浓度控制相结合、综合治污与联防联控相结合，铁腕治理大气污染，确保空气质量明显好转。

一、实施大气污染攻坚行动

坚持标本兼治，强化大气环境质量改善导向，采取综合防治和全面控制措施，推进科学治霾、精准治污。大力推进“6643工程”，深化钢铁、水泥、电力、玻璃、石化等重点行业大气污染治理，加快脱硫、脱硝和除尘改造。进一步强化煤炭消费总量控制，在实现2017年比2012年减少煤炭消费量4000万吨的基础上，2020年煤炭消费量比2017年进一步下降。推进面源、移动源综合管理，实施道路车辆污染综合整治、露天矿山污染整治、焦化行业污染防治三大专项行动。严格排放标准，采取“双零控制”，对现有企业环保不达标“零容忍”，坚决采取强制措施，对新上项目环保不达标“零出生”，从源头上严格控制新增污染。

强化燃煤锅炉淘汰和升级改造。设区市和省直管县（市）城市建成区禁止新建燃煤锅炉，其他地区不得新建10蒸吨/时及以下的燃煤锅炉。积极开展清洁能源改造和集中供热替代，加快设区市城市建成区35蒸吨/时及以下燃煤锅炉淘汰进程。积极推广大型煤粉高效锅炉、“微煤雾化”锅炉及其他高效节能环保锅炉，提高燃煤锅炉能源利用效率。

二、大力推进能源清洁化

加快煤炭清洁高效利用。提高省内原煤洗选率，取缔外来煤洗选，严控劣质煤流入，加快发展热电联产、集中供热和余热利用，推进煤改气、煤改电和型煤替代。优化能源使用方式，建立洁净煤生产—流通—供应网络，推进综合化、洁净化、低碳化使用。加快实施洁净型煤、生物质成型燃料、地热等清洁能源替代，推广新型高效燃烧炉具，实施农村清洁能源开发利用工程。散烧清洁煤使用率达到90%以上。

推进清洁能源的开发使用。推进“气化河北城市”工程建设，积极普及使用天然气，到2020年，天然气消费比重达到11%、比2015年提高7.2个百分点；因地制宜，推进风能、太阳能、地热能、生物质能、核能和海洋能等新型能源规模化发展和综合利用，优先安排可再生能源、清洁能源和高效电源上网。加速能源结构调整，压减煤炭消费，加大非化石能源利用强度，非化石能源占一次能源消费比重达到10%、提高5个百分点。

三、推进节能减排

建立节能减排长效机制，推行能耗总量和强度、污染物排放总量和浓度双重控制，严格实施项目能评和环评制度，探索开展用能权交易，推广合同能源管理，提高能耗、污染物排放标准，倒逼企业不断提高节能减排水平；推广节能减排新技术、新产品、新设备、新工艺，实施低品位余热利用、能量系统优化等工程，加强能耗计量监测，以技术创新推动节能突破。完善鼓励和支持政策，推动污染企业搬迁改造、出城入园。

推进重点领域节能减排。实施工业能效提升计划，继续实施燃煤锅炉节能环保综合提升工程，燃煤工业锅炉运行效率明显提高；实施煤电升级改造行动计划，推行精细化管理，燃煤发电全部达到“近零排放”；深入开展绿色建筑行动，到2020年全省绿色建筑占新建建筑的比重达到50%以上；完善综合交通运输体系，实施新能源汽车推广计划，推进交通运输节能减排。

四、积极应对气候变化

强化碳排放控制，建立健全单位生产总值二氧化碳排放降低目标责任考核制度和统计体系，定期编制省级温室气体排放清单，实行碳排放强度和增量双控，逐步实现碳排放总量控制。加快推进低碳城镇化，积极推进石家庄、保定、秦皇岛等低碳城市试点，加快张家口市低碳城市建设步伐，在碳排放总量控制，以及低碳工业、建筑、交通、能源等领域开拓创新。建设低碳产业园区、低碳社区、低碳公共机构，探索和构建具有地方特色的低碳发展模式。完善低碳发展区域格局和产业政策，推动形成以低碳排放为特征的产业体系。加快碳排放权交易市场建设，制定碳排放权交易和管理办法。进一步提高农业、林业、水资源等重点领域和沿海生态脆弱地区适应气候变化能力。

专栏13　污染防控重点工程

1. 污染防治重点工程。城市主城区重污染企业搬迁改造工程，电力、钢铁、水泥、玻璃等重点行业脱硫脱硝除尘设施建设与升级改造工程，面源污染、移动源污染综合治理工程。水库及地表水饮用水源地、地下水水源地隔离和综合整治、环境风险防控、生态修复四大工程。

2. 能源清洁化重点工程。燃煤锅炉淘汰工程，燃煤锅炉节能改造提升工程，分散小型燃煤锅炉、茶浴炉等散烧治理工程，煤炭清洁利用工程。天然气管网建设工程，廊坊、邯郸东郊等大型热电联产项目建设工程，沧州海兴核电项目，华北油田大型天然气地下储气库建设，渤海西岸油气接卸站及调峰储备基地建设，定州四方格林兰公司生物天然气规模化示范项目。

3. 节能减排重点工程。燃煤电厂超低排放升级改造工程，燃煤发电机组节能减排升级改造工程，机动车氮氧化物排放总量减排工程，车船路港千家企业低碳交通运输专项行动，工业、建筑、交通和公共机构领域重点节能工程。

第十七章　加强生态修复与建设

坚持保护优先，自然恢复为主，实施山水林田湖生态保护和修复工程，全面提升森林、河湖、湿地、草原、海洋等自然生态系统稳定性和生态服务功能。

一、着力提高水环境质量

全面推进地下水超采综合治理工程，扩大治理范围，通过“节、引、蓄、调、管”等综合措施，到2020年累计压采地下水51亿立方米，基本实现地下水采补平衡，使华北平原地下水位下降趋势得到明显遏制。加快实施永定河、滦河、大清河、滹沱河、滏阳河、北运河、潮白河等重点河流水生态保护与修复，以河湖水系连通、重要枢纽工程建设和水质改善为重点，实施河流生态水网建设工程。加强湖泊湿地保护，加快白洋淀、衡水湖及永年洼、文安洼、东张务、察汗淖尔、七里海等湿地综合整治与生态修复。加强潘家口、岗南、黄壁庄等水源地保护，提升燕山、太行山水源涵养功能。支持发展生态型增（养）殖渔业，维护水体环境生态平衡，提高湖泊、水库等水源的自净能力。实施水污染防治行动计划，加强重污染河流治理，推行取水量、水污染物排放量“双总量”控制，重点推进劣Ⅴ类河流及入海河流的综合整治，确保劣Ⅴ类水质河流基本恢复使用功能，消除城市建成区黑臭水体，地表水国控、省控劣Ⅴ类水质断面减少15%以上。

加快北戴河及相邻地区近岸海域综合治理，开展蓝色海湾行动，严格海洋生态红线管理，强化污染源治理，整体推进海岸带的生态修复。到2020年，海洋生态红线区入海河口污染物排放达标率达到80%以上，海水水质达标率不低于80%，陆源污染物入海总量减少10%—15%。

二、持续推进绿色河北攻坚行动

抓好重点造林工程。按照分区治理、分类实施的原则，着力抓好京津风沙源治理、太行山绿化、三北防护林、沿海防护林、退耕还林、京津生态水源保护林、森林抚育等国家重点生态建设工程，加强平原农田防护林网建设和天然林保护、坝上草原生态功能修复，全面推进宜林荒山荒地绿化和沙化土地治理。以张家口、承德为重点，加大工程建设支持力度，提高标准，提升质量，集中力量抓好示范县和示范工程，带动整体绿化水平提升。积极实施退耕还林，扩大生态空间。

突出重点区域绿化。实施好京津保生态过渡带和绿美廊道建设，示范带动区域林业生态建设健康发展。建设环首都国家公园。把太行山作为全省造林绿化主战场，确保森林覆盖率提高8个百分点，推广山区综合开发模式，加强生态经济沟建设，提高太行山绿化水平，增强水源涵养能力，促进山区经济发展。以国家重点造林工程为依托，尽快改善生态敏感区、生活聚集区、京津冀城市结合部等重点区域的生态环境。全力抓好京津保生态带、城镇绿化、村屯绿化、廊道绿化等高标准绿化建设和维护工作，成片建设森林，缓解都市生态压力。建设郊野公园，提高绿色休闲水平。

广泛开展义务植树和社会造林。推进义务植树基地化、制度化、经常化。加快宜林荒山、荒地、荒滩经营权流转步伐，鼓励各类社会主体和广大农民承包造林，充分调动社会力量，建立投资主体多元化、经营形式多样化的国土绿化新格局。大力实施人工造林、封山育林，抓好低质低效林改造和森林抚育经营。到2020年全省新造林2100万亩，森林面积增加到9782万亩，森林覆盖率达到35%，森林蓄积量达到1.71亿立方米。

专栏14　绿色攻坚重大工程

1. 大型生态林场工程。抓好御道口、千松坝、塞北“三个塞罕坝”大型生态林场建设，到2020年完成造林绿化40万亩。

2. 骨干生态防护林带工程。打造冀蒙边界、张承接坝地区沿边、沿坝防风固沙林带，环京津生态林带，沿海花海绿廊防护林带4条骨干防护林带。到2020年完成造林绿化400万亩。

3. 高标准农牧防护林网工程。在坝上高原地区建设以防风固沙为主的农牧防护林网，在冀中平原建设农田防护林网，到2020年完成造林绿化120万亩。

4. 绿美廊道绿化工程。在高速公路、铁路、国道、省道和主要河流沿线实施造林绿化。到2020年完成廊道绿化9300公里，120万亩。

5. 城市绿化工程。以省会等大中城市为重点，加快全省城市绿化步伐，建设森林城市、园林城市、生态城市，重点抓好城市道路、小区绿化、立体绿化、公园绿地和城郊防护林带、风景林带建设，构建总量适宜、分布合理、景观优美、环境良好的城市生态系统。到2020年完成城市绿化125万亩。

6. 村庄绿化工程。结合美丽乡村建设，积极营造绿色景观街道、生态经济型庭院、休闲公园绿地、环村林带，对村域内的沟渠、坑塘、河堤沿岸等采取近自然的水岸绿化模式实施绿化。到2020年完成村庄绿化100万亩。

三、加大土壤治理与山体修复力度

开展“净土”行动，落实土壤污染防治行动计划，以大中城市污染场地、污灌区、重污染工矿企业、集中污染治理设施周边、重污染行业聚集地、受污染农用地、废弃物堆存场地等为重点，综合考虑土壤类型、土地利用类型、土壤污染类型和程度等因素，科学施治、有序推进土壤污染治理与修复；使用土壤钝化剂、调节剂、降解剂钝化或分解土壤中污染物，采取深翻、客土等措施，降低土壤中污染物浓度，修复农业污染土壤。到2020年全省土壤环境状况稳中向好。

实施山体修复工程。开展全省露天矿山污染整治专项行动，对环保不达标、安全生产措施不合格和矿山地质环境治理恢复、水土保持不到位的矿山停产整治，升级改造一批或关闭一批；对处于环境敏感区、安全敏感区、生态敏感区的一批露天矿山有序关停，对政策关闭的矿山进行绿化。加快推进绿色矿山建设，推广矿产资源节约和综合利用先进适用技术，提高矿产资源开采回采率、选矿回收率和综合利用率；开展对乱采滥挖、采厚弃薄、采易弃难等行为的综合治理。以水源涵养区为重点，强化水土流失治理，优化配置工程、植物和耕作措施，严格水土保持监管，科学防治山洪、泥石流等自然灾害，构建水土流失综合防护体系。到2020年，治理水土流失面积10000平方公里，大中型矿山基本达到绿色矿山标准。

专栏15 生态保护重点工程

1. 草原保护和建设项目。京津风沙源治理工程草原项目，农牧交错带已垦草原治理工程，牧区防灾减灾工程。

2. 河流、湖泊、海域生态修复治理重点工程。滦河、南运河、滹沱河等重点河流治理工程，石家庄市“一河两环”环城水网等重要城市生态水网建设工程，列入《全国重要饮用水水源地名录》水源地，其他地表水源地，其他地下水水源地，白洋淀、衡水湖环境综合治理与生态修复，北戴河近岸海域环境综合治理。

3. 环境综合整治工程。渤海湾环境污染治理工程，城市黑臭水体整治工程。城镇污水处理设施及配套管网、再生水利用、污泥处置设施建设工程，垃圾中转站、压缩站和无害化处理设施建设工程，农产品产地土壤重金属污染治理修复工程，农村生活垃圾、生活污水处理和水源地保护及畜禽养殖污染防治试点工程、滏阳河流域综合整治工程。

4. 水质达到或好于三类的重点河流生态保护工程。潮河（古北口断面）、黎河（黎河桥断面）、沙河（沙河桥断面）、滹沱河（下槐镇断面）、柳河（大杖子（二）断面）、瀑河（大桑园断面）、清水河（墙子路断面、老鸦庄断面）、漳河（岳城水库出口断面）、白河（后城断面）、桑干河（温泉屯断面）、洋河（左卫桥断面）、滦河（大杖子（一）断面、大黑汀水库断面）。

第十八章 推动资源节约循环利用

按照绿色化理念优化发展模式，加强资源节约集约利用，推进重点产业、工业园区、大型企业循环化改造，全面推行清洁生产，提高全社会资源产出率，实现产业和生态双赢。

一、节水和水资源循环利用

按照“节水优先、空间均衡、系统治理、两手发力”的治水思路，实行最严格的水资源管理制度，强化用水总量控制、用水效率控制和水功能区限制纳污“三条红线”，促进水资源可持续利用，在全国率先建成全面节水型社会。发展节水农业，农田灌溉水有效利用系数提高到0.675。严格产业准入，禁止发展高耗水产业，加快淘汰压减高耗水产业产能，万元GDP用水量比2015年降低25%。大力倡导生活节水，推广节水器具，推进中水回收和雨水收集，持续增加再生水利用量。合理确定河湖湿地生态用水规模，加强水量调度，建立健全农业水权交易制度和双向生态补偿机制。用足用好引江引黄等客水资源，促进再生水、微咸水等非常规水资源利用。大力推进海水淡化和清洁利用。

二、节约集约利用土地

统筹优化土地开发利用格局和结构，严格划定城市开发边界、永久基本农田和生态保护红线。坚持和完善最严格的耕地保护制度，加强耕地和基本农田保护。积极开展农村土地整理，加强工矿废弃地复垦利用，规范城乡建设用地增减挂钩，全面落实耕地占补平衡、占优补优政策措施。盘活低效存量土地，加大闲置土地处理力度，提高土地投资强度和单位面积产出水平。

三、大力发展循环经济

实施循环发展引领计划，按照减量化、再利用、资源化的原则，突出钢铁、电力、建材、化工、煤炭等五大行业，聚焦低品位余热、粉煤灰、煤矸石、建筑垃圾、尾矿、农林废弃物、生活垃圾（餐厨废弃物）、电子废弃物、废弃橡胶、废旧纺织品等10种废弃资源，实施生活垃圾资源化利用等八大工程，建设河间、黄骅、定州等再制造产业基地，推广循环经济典型模式，推进企业循环式生产、园区循环式改造、产业循环式组合，加强企业清洁生产改造，努力提高企业清洁生产水平，加快唐山、承德国家循环经济示范区建设，构建覆盖全社会的资源循环利用体系。到2020年，主要资源产出率比2015年提高15%，废弃资源综合利用业增加值比2015年翻一番，力争实现80%国家园区和50%省级园区循环化改造的目标。

四、推进生态建设产业化

运用产业化办法抓生态建设，推进大气污染治理、造林绿化、矿山生态修复、尾矿资源综合利用等生态建设产业化，推行环境污染第三方治理，发展环保服务业，依托生态优势发展林下经济、健康养生、休闲旅游等产业，着力培育一批生态旅游观光基地、绿色食品种植基地、林下产品采集基地和特色养殖基地，实现百姓富、生态美的有机统一。

专栏16 循环经济八大工程

生活垃圾（含餐厨废弃物）资源化利用工程、“城市矿产”基地建设工程、再制造产业培育工程、大宗固废综合利用工程、低品位余热回收暖民工程、焦炉煤气高值化利用工程、农林废弃物能源化利用工程、水资源高效循环利用工程。

第十九章 加强生态文明制度建设

推进生态文明体制改革，健全产业、土地、环境等配套政策，引导、规范和约束自然资源开发、利用和保护行为，构建产权清晰、多元参与、激励约束并重、系统完整的生态文明制度体系。

一、落实主体功能区制度

发挥主体功能区作为国土空间开发保护基础制度的作用，落实主体功能区规划，强化规划和战略环评，完善政策，推动各地区依据主体功能定位发展。以主体功能区规划为基础统筹各类空间性规划，推进“多规合一”。推动优化开发区域产业结构向高端高效发展，推动重点开发区域提高产业和人口聚集度，对重点生态功能区实施产业准入负面清单。加大对农产品主产区和重点生态功能区的转移支付力度，强化激励性补偿，建立横向和流域生态补偿机制。强化对禁止开发区域的保护。

以市县级行政区为单元，建立由空间规划、用途管制、领导干部自然资源资产离任审计、差异化绩效考核等构成的空间治理体系。

二、深化生态文明体制改革

严格资源环境生态保护，设定资源消耗上限、环境质量底线、生态保护红线，探索建立资源环境承载能力监测预警制度，保障自然资本保值增值。

实行能源和水资源消耗、建设用地等总量和强度“双控制”，完善用能权、水权、排污权、碳排放权初始分配和交易办法，健全能耗、水耗、地耗、污染物排放、环境质量等方面的地方标准，实施能效和排污强度“领跑者”制度，促进资源集约高效利用。改革环境治理基础制度，完善污染物排放许可证制度，实行省以下环保机构监测监察执法垂直管理制度，健全环境信息公开制度，推进“智慧环保”和实时在线环境监控系统建设，构建和完善全省域、全要素、全覆盖的生态环境立体监测网络，严格环保执法，依法严厉打击环境资源领域违法犯罪。

健全生态保护补偿机制，探索建立地区间横向生态保护机制，引导生态受益与保护地区、流域上下游之间实施多元化补偿。探索建立自然资源产权制度，对水流、森林、矿产、土地等自然资源进行统一确权登记，完善价格、财税、金融等经济政策，激励引导各类主体积极投身生态文明建设。严格生态文明责任追究，建立和落实党政同责、一岗双责、失职追责的领导干部任期生态文明建设责任制，实行生态环境损害责任终身追究制度。

第六篇　坚持开放发展，加快形成改革新局面开放新体制

坚持把改革作为解决河北所有问题的“关键一招”，努力在破除制约发展的体制机制上求突破，坚持把扩大开放作为推动发展和转型的强大引擎，着力构建全方位开放新格局，以全面深化改革开放推动跨越赶超。

第二十章　以全面深化改革增强发展动力和活力

围绕我省“十三五”时期经济社会发展，以经济体制改革为重点，着力推进供给侧结构性改革，积极承担国家改革试点任务，支持有条件的地区先行先试，加快释放深化改革新红利，加快形成引领经济发展新常态的体制机制和发展方式，推动实现更高质量、更有效率、更加公平、更可持续的发展。

一、深化行政体制改革

积极转变政府职能，协同推进简政放权、放管结合、优化服务。大力实施减权放权，除涉及国家安全、生态安全和公众健康等重大公共利益事项外，其他审批事项能取消的坚决取消；深化行政审批规范化、标准化建设，规范行政审批行为，提高审批效率；强化市场监管，创新监管机制和监管方式，提高监管效能。积极稳妥地实施大部门制，理顺部门职责关系，建设人民满意的服务型政府。加快事业单位分类改革，完善绩效工资制度。全面推行权力清单、监管清单、负面清单、责任清单制度，划定政府与市场、企业、社会的权责边界，打造阳光政府。优化政府职能和业务流程，建设电子政务网上综合服务平台，办好网上政务服务中心，提高服务效率，提升服务水平。深化商事制度改革，全面推行“三证合一、一照一码”，积极推进“多证合一”，进一步改进市场主体注册条件，完善网上申请注册登记功能，为市场主体提供优质高效的服务，使我省万人市场主体数量尽快达到并超过全国平均水平。

二、深化国有企业改革

推进国有企业实行分类改革、分类发展、分类监管、分类定责、分类考核。完善现代企业制度，加快推动集团层面股份制改革，健全法人治理结构，建立国有企业领导人员分类分层管理制度，完善企业薪酬分配制度，深化企业内部用人制度改革，形成优胜劣汰市场化经营管理机制。完善国有资产管理体制，以管资本为主推进国有资产监管机构职能转变，改革国有资本授权经营体制，推进经营性国有资产集中统一监管，优化国有资本布局和结构，加大重组整合，加快劣势企业和低效无效资产退出。探索公有制多种有效实现形式，加快推进国有企业上市，支持非国有资本参与国有企业改革，探索实行混合所有制企业员工持股，建立激励约束长效机制。加强内外部监督，坚决防止国有资产流失。

三、大力发展民营经济

加快完善落实支持民营经济、激活民营投资的政策措施，依法平等保护民营经济主体产权和合法权益，保证民营经济主体依法平等使用土地、信贷资金等生产要素，实行统一的市场准入和监管，保证民营经济主体公平参与市场竞争。鼓励民间资本参与基础设施、市政公用事业、金融服务等领域建设。积极支持和引导民营企业调整产业结构，开展民营企业建立现代企业制度试点示范，加快改革、改组和改造，加强企业管理，提升企业档次，推进企业联合重组，打造一批市场前景广阔、规模效益明显、行业领先的优势企业和企业集团。到2020年，民营经济增加值占全省生产总值达到75%左右。

四、大力推进金融创新

培育金融主体。加快推进京津冀金融政策一体化，探索组建京津冀发展银行，建设京津冀金融后台服务基地，积极引进各类金融机构入驻河北。着力培育壮大地方金融体系，改革地方国有金融资本授权经营体制，探索组建河

北金融控股集团、河北金融资产管理公司，做大做强城市商业银行，深化农村信用社改革，鼓励社会资本发起设立民营银行、小额贷款公司、民间资本管理公司。深化与互联网巨头战略合作，打造一批行业地位居前、特色鲜明、竞争力强的 P2P 网络借贷平台、众筹、第三方支付、电商金融、大数据金融等标杆性企业，建设大数据交易所。支持有条件的金融机构建设创新型互联网平台，开展网络银行、网络证券、网络保险、网络基金销售和网络消费金融等业务。

推动金融业态创新。鼓励发展天使基金、创业投资、产业投资等各类型股权投资基金，加快发展融资租赁。规范发展互联网金融，全面提升互联网金融服务能力和普惠水平，鼓励互联网与银行、证券、保险、基金的融合创新，为大众提供丰富、安全、便捷的金融产品和服务。支持金融机构和互联网企业依法合规开展网络借贷、网络证券、网络保险、互联网基金销售等业务。积极引导风险投资基金、私募股权投资基金和产业投资基金投资于互联网金融企业。发展壮大燕赵财产保险公司，鼓励保险公司创新保险营销模式，开展互联网保险等新兴业态。建立巨灾保险制度，推进环境污染、食品安全、医疗等领域责任保险发展，积极发展小微企业贷款保证保险。

完善中小企业融资担保体系。健全中小企业融资担保体系，形成由政府出资的融资担保中心、企业之间的互助性担保机构、商业性担保公司和专项担保基金四个层次组成的中小企业融资担保机构体系，促进担保资金来源多元化。优化担保机构内控机制，形成科学的担保业务流程、合理的组织架构和完善的管理制度。

健全地方金融监管体制机制。建立存款保险、投资者保护和保险保障制度，提高金融风险识别、预警和控制能力，守住不发生系统性区域性金融风险的底线。利用互联网技术，改进和完善金融监管，提高金融服务安全性，有效防范互联网金融风险及其外溢效应。

五、深化财税体制和投融资体制改革

深化财税体制改革。建立现代财政制度，合理划分省与市县政府间事权和支出责任，进一步理顺省以下政府间财政收入划分；完善转移支付制度，清理、整合、规范专项转移支付，建立以一般性转移支付为主、专项转移支付为辅的省以下转移支付体系；完善政府预算体系，推进全口径预算管理改革，建立全面规范、公开透明的现代预算制度；实行绩效预算管理，建立全过程绩效预算管理新机制；改进预算控制方式，建立跨年度预算平衡机制，实行中期财政规划管理；强化地方债务管控，建立举债融资机制，控制和化解地方政府债务风险；推进国库集中收付改革，规范国库资金管理，逐步建立权责发生制的政府综合财务报告制度。全面落实中央税制改革部署，完成营改增，改革增值税，推进消费税、资源税及房地产税分类改革，建立环境保护税制度及综合与分类相结合的个人所得税制度。深化国税、地税征管体制改革。

大力推进投融资体制改革。进一步精简投资审批事项，严格落实企业投资决策自主权。创新投资管理方式，建立投资项目在线审批监管平台和协同监管机制。创新政府资金扶持产业发展模式，设立产业引导股权投资基金，着力发挥财政资金的引导和放大作用。以轨道交通、地下综合管廊等城市基础设施及公共服务领域为重点，积极推行政府和社会资本合作模式。

建立有利于化解过剩产能的体制机制。探索建立省级产能指标市场交易平台，完善银企对接机制，鼓励商业银行加大金融信贷支持，争取国家政策资金支持，落实兼并重组的相关税费优惠和“三补一降”援企稳岗政策。改进产业发展调控方式，由主要依靠行政手段向综合运用市场、法律等手段转变。

六、深化价格机制改革

加快完善主要由市场决定价格机制，建立健全政府定价制度，减少政府对价格形成的干预，加强市场价格监管和反垄断执法。全面放开竞争性领域商品和服务价格，推进农产品、能源、医疗服务、公用事业等重点领域价格改革，充分发展价格杠杆作用，促进节能环保和结构调整，推进经济转型升级。到 2017 年，竞争性领域和环节价格基本放开，政府定价范围主要限定在重要公用事业、公益性服务、网络型自然垄断环节。到 2020 年，市场决定价格机制基本完善，科学、规范、透明的价格监管制度和反垄断执法体系基本建立，价格调控机制基本健全。

七、深化农村改革

深化农村集体产权制度改革。深化农村土地制度改革，坚守土地公有性质不改变、耕地红线不突破、农民利益不受损“三条底线”，落实集体所有权，稳定农户承包权，放活土地经营权，开展农村土地征收制度改革试点，深化农村土地承包经营制度改革，健全耕地保护和补偿制度。基本完成农村土地承包经营权确权、登记和颁证，深入推进农村集体经济股份合作制改造，将资产折股量化到本集体经济组织成员，建立省级农村产权交易中心，加快建设县级农村产权交易平台，统筹农村各类产权交易。到 2020 年，实现全省农村产权交易平台全覆盖。稳步推进农业水价综合改革。深化集体林权制度改革，吸引社会资本投资林业建设。

加快构建新型农业经营体系。规范引导土地流转，鼓励承包农户依法采取转包、出租、互换、转让、入股、托管等形式，发展多种形式适度规模经营，积极发展家庭农场。加强农民合作社规范化建设，构建农户、合作社、企业之间互利共赢的合作模式，让农民更多分享产业链增值收益，到 2020 年省市县三级示范社数量达到 6000 家。积极发展农村股份合作经济，探索按劳分配和按股分配相结合的多种有效实现形式，培养职业农民队伍，扶持有技能和经营能力的农民工返乡创办家庭农场、领办农民合作社，创立农产品加工、营销企业和农业社会化服务组织。全面深化供销合作社综合改革，构建以现代农业生产、农村现代流通、农村合作金融、新型农民培训、农村产权交易和农机专业化为重点的为农服务体系。推进国有林场改革，明确生态公益功能定位。推进国有农场改革发展，形成具有影响力和竞争力的企业集团。

健全农业支持保护制度。建立农业农村投入稳定增长机制，把农业农村作为财政支出的优先保障领域，切实提高涉农资金投入绩效，引导带动金融和社会资本投向农业农村。落实国家农产品市场调控制度和农产品收储政策，加强粮食现代仓储物流设施建设，创新农产品流通方式。完善农业补贴制度，开展“农业支持保护补贴”改革试点，调整部分存量资金和新增补贴资金向各类适度规模经营的新型农业经营主体倾斜。加快农村金融制度创新，健全金融机构农村存款主要用于农业农村的制度。探索建立“政府＋保险＋银行”合作机制和县乡村三级金融服务新模式，加快形成多层次、多元化的金融服务格局。积极稳妥开展农村承包土地的经营权、农民住房财产权、林权抵押贷款机制改革创新，拓宽“三农”直接融资渠道。

八、创新协同发展体制机制

推进与京津改革同步，加快破除制约协同发展和要素流动的体制机制障碍，建立优势互补、互利共赢的区域一体化发展制度体系。

推进要素市场一体化。推进金融市场一体化改革，加强与京津各类资本市场的分工协作，开展金融及金融服务机构的业务合作与资源共享，推进异地存储、支付清算、保险理赔、信用担保、融资租赁等业务同城化。推进信息市场一体化改革，加快建设区域一体化网络基础设施，与京津统筹规划部署新一代宽带无线移动通信网，实质性推进三网融合，整合区域信息资源，打破信息壁垒，强化互联互通。推进人力资源市场一体化改革，加快与京津建立劳务对接、就业协作机制，推动建立人力资源合理配置信息交流渠道，加快建立高层次人才信息库，制定实施京津冀人才帮扶计划，共享高端人才资源。

推进公共服务一体化。推进京津冀高等教育考试招生制度改革，扩大部属高校在冀招生规模，开展同城化试点，推动逐步实现联考联招。支持京津医疗机构通过合作办医、设立分院、整体搬迁等形式向河北布局，完善医疗保险转移接续和异地就医服务政策措施，加快建立完善分级诊疗和远程医疗体系，深化与京津公共卫生联防联控。积极促进社会保险服务一体化，实现与京津社会保险关系转移接续。与京津共同探索公共文化服务投入、建设、运行、管理的新路径、新机制，构建辐射毗邻地区的公共文化服务体系。

深入开展试点示范。在曹妃甸协同发展示范区等共建园区，开展统一规划、统一建设、统一招商、统一管理试点，建立责任分担、利益共享机制。在张承地区开展碳排放权交易、生态资源资产化、生态共建投融资机制试点，在环京津周边地区先行开展高等教育、社会保障、医疗卫生等方面的同城化试点。开展跨地区购买养老服务试点，与京津联合开展跨区域基础设施项目政府与社会资本合作（PPP）试点。

第二十一章　以全面扩大开放提升发展层次和水平

坚持以开放促改革、促发展、促转型，牢固树立全方位开放、区域协同开放的理念，积极融入“一带一路”战略，大力“引进来”，积极“走出去”，构建开放型经济新体制，加快培育国际合作和竞争新优势，为经济发展注入新动力、增添新活力、拓展新空间。

一、构筑开放新平台

培育开放特殊功能区。借鉴推广上海自贸区试点经验，积极对接天津自贸区，复制推广国内自贸试验区在投资管理、贸易便利化、服务业开放以及事中事后监管等方面的创新制度经验。建设好石家庄空港、曹妃甸综合保税区，设立黄骅港等综合保税区。支持有条件的县（市、区）设立保税物流中心、保税仓库或出口监管仓库等保税监管场所。充分运用海关特殊监管区域和场所的制度平台优势，创新贸易模式，发展大宗商品期货保税交割业务。抓住北京建设新机场、京张联合举办冬奥会的机遇，加快建设廊保空港新区和奥运经济板块，打造环首都地区开放新载体。提速唐山港、秦皇岛港蒙古国出海口和黄骅港陆海联合国际物流中心建设，谋划开通石新欧、冀蒙俄国际货运班列，加密集装箱航线，积极开辟国际远洋航线，打造“一带一路”国际综合物流通道。加快石家庄、邢台、邯郸、保定、张家口等市“无水港”建设。

建设一批国别（地区）产业园。采取差异化招商策略，实施差别化扶持政策，精心谋划一批在空间布局、产业特色及生活配套设施等方面符合外商投资意向和偏好的国别特色产业园区。力争每个设区市至少建设一个国别（地区）产业园区，沿海和环京津地区要率先实现突破。强化示范引导，集中力量打造若干规模大、质量好、产业层次高的国别（地区）产业园区，重点推进中日韩（曹妃甸）循环经济示范基地、高碑店中德节能门窗产业园、沧州中欧产业园、中日（冀州）复合材料产业国别园等建成产业高端化、环境国际化、管理现代化的开放合作示范区。

二、培育外贸竞争新优势

大力推动外贸结构调整。优化出口贸易结构，加大对机电、高新技术等高附加值产品出口扶持力度，培育以技术、品牌、质量、服务为核心的出口竞争新优势，支持农业、林业、轻工、纺织等劳动密集型出口行业创新发展，加快形成特色鲜明和竞争力强的出口产业集群。扩大出口贸易区域范围，深耕欧美和日韩及港台等传统市场，继续拓展俄罗斯、印度及中东、非洲、拉美等新兴市场，不断加强与东盟及智利、秘鲁、新西兰、瑞士等自贸区市场的贸易合作。积极扩大进口，扩大河北省产业发展需要的铁矿石、精品钢、煤炭、农产品等重要能源资源和原材料进口，增加先进技术、重要设备和关键零部件进口，特别是新技术、新材料和节能环保等有利于转型升级的产品进口。大力发展服务贸易，加快发展基于“大物移云”等新

技术的服务产业，推动软件和信息技术服务出口企业做大做强，加快发展科技服务和技术出口；加大旅游、物流等服务业对外开放；培育和扩大文化、金融等新兴服务贸易，提高服务贸易在对外贸易中的比重。积极发展服务外包，力争离岸服务外包年均增长20%以上。

加强外贸基地建设。实施外贸基地出口倍增行动计划，高水平建设一批外向度高、特色鲜明的国家级、省级外贸基地和服务外包示范区，引导产业集群参与国际市场竞争。支持外贸基地建设研发设计等公共服务平台，对外贸基地和基地企业，优先赋予配额资质、使用政策资金、安排展会展位。

大力培育出口品牌。实施出口品牌培育计划，重点支持具有自主知识产权、自主品牌企业及成套设备出口企业。建立出口品牌评价、推广和保护体系，鼓励企业开展境外商标注册、出口认证和宣传推广，提高“河北制造”的国际知名度和市场竞争力。

支持发展新型贸易方式。鼓励企业借助第三方或自建平台，开展跨境贸易电子商务。完善电子口岸功能，建成信息流、物流和资金流“三流合一”的跨境电子商务公共服务平台。增强白沟箱包、辛集皮革等特色交易市场的外贸功能，培育一批具有示范效应的内外贸结合专业市场。引进和培育一批外贸综合服务企业，为外贸企业提供物流、通关、信保、融资、收汇等综合服务。在具有较强辐射效应的俄罗斯、南非及中东等重点市场，打造若干海外展销平台，重点支持机电、新能源、卫生陶瓷等行业的优势企业在海外设立自主营销和服务网络。

营造良好贸易环境。加强电子口岸和国际贸易单一窗口建设，深入推进京津冀区域通关、检验检疫一体化，改革口岸监管服务模式，推进关检“三个一”合作，实现口岸管理相关部门“三互”，提高通关效率，促进贸易便利化。认真落实国家和我省已出台政策措施，优化口岸合作，优化出口退税管理机制，扩大出口信保覆盖面，加强对有出口订单企业融资支持。强化贸易摩擦和产业损害预警监测，完善贸易摩擦应对联动机制，增强涉案企业应对意识和能力。

三、开创利用外资新局面

创新招商引资方式。以品牌化、国际化、市场化为方向，整合提升各类经贸活动，办好中国—中东欧地方领导人会议、中国—拉美企业家高峰会、唐山世界园艺博览会，创新中国·廊坊国际经济贸易洽谈会等重大经贸活动举办方式，重点培育支持1至2个国家级、国际性经贸展会，有条件的设区市可因地制宜重点谋划培育1至2个地方特色专业性展会。实施境外招商“窗口前移”，在重点招商国别地区开展委托招商和驻点招商，以国际友好城市为纽带，在政府高层互访、部门对口洽谈、企业深度对接、民间友好交流4个层面形成长效机制。

实施精准招商。开展产业链招商，围绕结构调整谋划一批产业龙头项目和协力配套项目，锁定目标区域、目标产业和目标企业，提高招商引资的精准度和命中率。加强与香港和台湾在电子信息、物流、金融保险、旅游、基础设施等领域的合作，加强与日本和韩国在汽车、造船、石化、工程机械、食品工业等领域的合作，加强与欧洲和美国在数控机床、精密仪器、生物工程、新材料、新能源等领域的合作，不断提升合作深度和广度。

拓宽利用外资领域。创新利用外资管理体制，实行准入前国民待遇加负面清单管理模式。扩大制造业开放，进一步放开对一般制造业的股比限制，更加注重引进先进技术、先进管理经验和理念。进一步开放金融领域，大力引进外资金融机构，吸引有实力的境外金融企业来我省设立分支机构。大力开放现代物流业，鼓励外商投资物流设施、物流网络、信息配套服务等，吸引更多的国际知名物流企业落户。促进教育、文化、旅游、健康养老等领域对外开放。实施引智五大计划，促进引资与引智相结合。鼓励外资以参股并购等方式参与我省企业兼并重组，鼓励优势企业境外上市融资，探索发行境外债券等融资途径。拓宽间接利用外资渠道，进一步优化外债结构，采用政策导向型、结果导向型等新型贷款工具，获取世界银行、亚洲开发银行低成本长期贷款。

四、探索“走出去”新路径

打造国际产能合作新样板。抓住国家将河北作为国际产能和装备制造合作示范省契机，以优势产能国际合作为重点，鼓励优势企业在全球范围内配置资源，在境外建立长期稳定战略资源供应基地和生产制造基地。积极参与“一带一路”沿线国家石油化工、建筑建材、能源电力、交通路桥、水利电力、勘察设计等工程建设，带动设备、原材料出口和对外劳务输出。加强分类指导，推动与中东欧、拉美国家合作取得更大突破，鼓励钢铁、水泥、玻璃等企业通过产能合作拓展周边国家和非洲、北美、欧洲市场，支持有实力的企业在西欧及美国、日本、韩国等发达国家开展以获取技术、人才等高端要素为目的的并购投资，引导企业加大对澳洲、非洲、拉美、中亚及俄罗斯、蒙古等地区能源资源开发力度。创新合作模式，鼓励优势企业积极参与境外产业集聚区、经贸合作区、经济特区等合作园区建设，培育一批河北跨国公司。推进一批重大境外生产基地项目、资源开发基地项目和境外工业园项目，力促早落地、早投产。“十三五”时期，对外投资年均增长15%，境外建设钢铁产能1000万吨、水泥产能1000万吨、玻璃产能1000万重量箱。

完善服务监管机制。加快建立扶持企业“走出去”产业引导股权投资基金，完善信息服务、融资支持、风险防范、项目对接等公共平台，为企业“走出去”创造条件、提供便利。健全境外投资事前事中事后综合监管体系，落实企业境外投资自主权。规范对外承包工程项目竞争秩序，加强对外劳务合作的规范管理。

五、构建区域合作新格局

贯彻落实《环渤海地区合作发展纲要》，建立、完善省际间双边合作机制，协商合作发展框架和重大事项，在基础设施互联互通、能源资源合作开发利用、产业、港口、物流等领域进行深度合作。发挥我省港口资源优势，打造内陆腹地地区出海口；加强与陕西、内蒙古、宁夏、新疆等“一带一路”沿线省区的合作，加快推进蒙晋冀（乌大张）长城三角合作区建设，利用沿边省区对外开放平台，推动我省优势产能和产业向国外转移。广泛参与中原经济区分工协作。加强与长三角、珠三角等发达地区的交流与合作，引资与引智并重，推动我省制造业、现代服务业、战略性新兴产业发展与提升。加大与央企、重点骨干民企的合作，吸引国内优质要素向我省聚集。按照中央部署，继续在资金、干部人才等方面对口支援新疆巴州、新疆兵团第二师、西藏阿里地区和重庆三峡库区丰都县，同时大力开展产业合作。

专栏 17 对外开放重点工程

1. 开放平台。中日韩（曹妃甸）循环经济示范基地、高碑店经济技术开发区中德节能门窗产业园、沧州中欧产业园（中捷农场）、中美（白石山）科技创新园、中瑞（张家口）中小企业国际合作园、沧州经济开发区中韩汽车产业园区、邯郸经济开发区欧美工业园、中日（冀州）复合材料产业国别园、北戴河国际健康城国别园、邢台开发区中欧工业园。

2. 培育外贸综合实力行动计划。实施开拓市场境外百展行动计划、外贸基地出口倍增行动计划、商业模式创新行动计划、外贸竞争新优势提升行动计划、外贸主体万人培训行动计划、贸易环境优化行动计划。

3. 国际产能合作项目。河钢南非500万吨钢铁、冀东非洲和东盟500万吨水泥、沙玻和耀华哈萨克斯坦及肯尼亚600万重量箱玻璃等生产基地项目，文丰智利铁矿和镍矿等资源开发基地项目，秦皇岛经开区加拿大泰瑞斯工业园，邢台德龙泰国钢铁工业园等境外工业园项目。

第七篇　坚持共享发展，加快提升民生保障水平

按照人人参与、人人尽力、人人享有的要求，坚守底线、突出重点、完善制度、引导预期，注重机会公平，保障基本民生，完善保障和改善民生制度安排，着力解决人民群众最关心最直接最现实的利益问题，切实加大民生投入，深入实施民生工程，借力和引进京津公共服务资源，全面推进社会事业发展，让人民群众共享改革发展成果。

第二十二章　实施精准扶贫精准脱贫工程

全面落实精准扶贫、精准脱贫的基本方略，按照“三年集中攻坚，两年巩固提升”的总体思路，以燕山—太行山和黑龙港流域集中连片特困地区、环首都扶贫攻坚示范区为主战场，以增加贫困群众收入为核心，以培育发展富民产业为主攻方向，聚焦“六个精准”，实施“五个一批”，举全省之力坚决打赢脱贫攻坚战。到2020年，稳定实现农村贫困人口不愁吃、不愁穿，义务教育、基本医疗和住房安全有保障；实现贫困地区农民人均可支配收入增长幅度高于全省平均水平，基本公共服务主要领域指标接近全省平均水平；确保现行标准下310万农村贫困人口实现脱贫、贫困村全部出列、贫困县全部摘帽。

一、实施精准扶贫精准脱贫“八大专项”行动

实施产业和就业脱贫行动，推进现代农业、旅游、家庭手工业、光伏扶贫和山区综合开发，对有劳动能力的160万贫困人口，做到特色产业项目和就业创业服务全覆盖，实现户户有增收项目，人人有脱贫门路。实施易地搬迁和危房改造脱贫行动，对居住在生存条件恶劣、生态环境脆弱、自然灾害频发地区等“一方水土养不起一方人”的贫困人口，加快实施易地扶贫搬迁工程，确保搬迁对象搬得出、稳得住、能致富，做到搬迁一户、脱贫一户。实施生态保护脱贫行动，在重点生态功能区或自然保护区，结合生态环境保护和治理，探索生态脱贫新路子。实施教育脱贫行动，把教育作为阻断贫困代际传递的治本之策，让贫困家庭都能接受公平有质量的教育。实施社保政策兜底脱贫行动，对150万丧失劳动能力的贫困人口，全部纳入农村低保，通过社会保障实现脱贫。实施医疗保险和医疗救助脱贫行动，积极推进健康扶贫，保障贫困人口享有基本医疗卫生服务，实施基本医疗保险、大病保险、医疗救助三重医疗保障。实施基础设施脱贫行动，抓好以工代赈工程，大力推进水、电、路、环境治理等基础设施建设，破除贫困地区发展瓶颈制约。建成燕山东西、太行山南北、黑龙港流域1500公里高速公路通道、1500公里国省干线通道、1500公里县域公路通道，建设改造贫困地区农村公路15000公里。实施“互联网＋”扶贫行动，大力实施宽带乡村工程，全面推进电商扶贫工程，以“互联网＋”推动新的扶贫变革。大力支持革命老区和民族地区扶贫攻坚。

二、构建打赢脱贫攻坚战的政策支撑体系

加大财政扶贫投入力度，发挥政府投入在扶贫开发中的主体和主导作用，省级财政优先安排扶贫资金并保持逐年增长，各类转移支付资金进一步向贫困地区和贫困人口倾斜，确保政府扶贫投入力度与脱贫攻坚任务相适应。加大金融扶贫力度，鼓励和引导各类金融机构加大对扶贫开发的金融支持，下大力扩大贫困户贷款覆盖率。积极推进县乡村三级金融服务网络建设，支持贫困地区培育发展农民资金互助组织，开展农民合作社信用合作试点。建立和完善省市县三级扶贫开发投融资主体，运用农业扶贫开发创业投资引导基金设立扶贫开发股权投资基金。加大扶贫开发用地支持力度，支持贫困地区调整完善土地利用总体规划，拓展开发空间，对后备耕地资源丰富的贫困地区优先安排耕地开垦项目。加大资产收益脱贫机制建设力度，财政专项扶贫资金和其他涉农资金投入设施农业、养殖业、光伏产业、水电、乡村旅游等项目形成的资产，具备条件的可折股量化给贫困村和贫困户，优先保障丧失劳动能力的贫困户。允许财政扶持资金投入扶贫龙头企业、农民合作社等经营主体，并将财政资金投入形成的资产，以股权形式全部量化给扶贫对象。贫困地区水电、矿产等资源开发赋予土地被占用的村集体股权，让贫困人口分享资源开发收益。

三、改革创新扶贫工作机制

实行“省负总责、市抓协调、县抓落实”的脱贫工作机制，落实党政一把手负总责的扶贫开发工作责任制。完善对口帮扶机制，加强与定点帮扶我省的中央、国家机关和有关单位务实对接，推动京津两市的县（区）对口帮扶我省贫困县，建立健全工作机制，提高帮扶成效。完善驻村帮扶机制，贫困村每村选派驻村工作队和第一书记。完善社会参与机制，组织省市县乡各级干部帮扶贫困户，实现“一帮一”全覆盖。完善统筹推进机制，把扶贫攻坚与美丽乡村建设、山区综合开发、现代农业发展、乡村旅游发展“五位一体”统筹推进。改革创新贫困地区考核评价办法，对9个有扶贫任务的设区市，提高脱贫成效的考核权重，对贫困县实行单独考核。

第二十三章　增加公共产品和服务供给

坚持以人为本、民生优先，完善公平公正、共享发展的民生制度安排，持续加力民生投入，加快推进基本公共服务均等化，增强人民群众幸福感。

一、实施城乡居民收入提升工程

坚持居民收入增长和经济增长同步、劳动报酬提高和劳动生产率提高同步，规范初次分配，加大再分配调节力度，规范收入分配秩序，扩大中等收入者比重，明显增加低收入劳动者收入，确保居民收入实现翻番目标。

深化工资制度改革，建立工资决定及正常增长机制，完善最低工资和工资支付保障制度，积极推行企业工资集体协商制度，加强企业工资指导线管理，提高技术工人工资待遇；完善适应机关事业单位特点的工资制度政策，规范津贴补贴管理，调控地区间收入差距，深化事业单位绩效工资改革。健全资本、知识、技术、管理等由要素市场决定的报酬机制，拓宽居民投资途径，多渠道增加居民财产性收入。建立农民增收长效机制，健全农产品价格保护制度和农业补贴制度，依法保障农民土地权益，千方百计增加农民收入。

二、实施创业就业扶持工程

坚持就业优先战略，实施更加积极的就业创业政策，完善创业扶持政策，鼓励以创业带就业，创造更多就业岗位，着力解决结构性就业矛盾。

多渠道开发创业就业岗位。研究制定灵活就业、新就业形态的支持政策，积极发展互联网创业就业模式，推进电子商务领域创业就业。积极推进大众创业，落实定向减税和普遍性降费政策，鼓励高校毕业生和外出务工人员返乡创业；建设创业支撑平台，建立创业担保贷款基金持续补充机制；加强创业教育培训，健全高校创业就业教育体系。推行终身职业技能培训制度，实施新生代农民工职业技能提升计划，开展贫困家庭子女、未升学初高中毕业生、农民工、失业人员和转岗职工、退役军人免费接受职业培训行动。推行工学结合、校企合作的技术工人培养模式，推行企业新型学徒制。提高技术工人待遇，完善职称评定制度，建设职业技能公共实训基地，提升公共职业培训能力。

统筹重点群体就业。落实高校毕业生就业促进和创业引领计划，带动青年就业创业；推进农村劳动力转移就业，加大退役军人就业扶持，促进残疾人就业；落实岗位补贴和社会保险补贴等援企稳岗政策，开展定向帮扶和援助，做好结构调整、过剩产能化解中失业职工转岗再就业工作；规范公益性岗位开发管理，形成帮扶困难群体就业的长效机制，确保零就业家庭、低保家庭等困难家庭至少有1人就业。

强化就业创业服务。加强公共就业创业服务体系和平台建设，提高就业服务信息化水平，推进政府向社会购买就业创业服务，健全城乡平等就业制度，完善职业培训、就业服务、劳动维权“三位一体”工作机制。健全失业保险制度，建立健全失业监测预警制度，强化失业调控，实施失业保险支持企业稳岗政策，完善失业保险促进就业政策体系，更好发挥失业保险预防失业、促进就业功能。依法保障职工基本权益，发挥政府、工会和企业作用，健全劳动关系协调机制和矛盾调处机制，构建和谐劳动关系。五年累计城镇新增就业375万人。

三、实施社保扩面提标工程

实施全民参保计划，健全以社会保险、社会救助、社会福利为基础覆盖城乡居民的社会保障体系，完善社会保障参保扩面激励机制，基本实现法定人员全覆盖，提高统筹层次，稳步提高社会保障待遇水平和保障能力。

健全养老保险制度。坚持社会统筹和个人账户相结合，完善养老保险个人账户制度，健全多缴多得激励机制。完善城乡居民养老保险制度，健全待遇确定和正常调整机制，完善社会保险关系转移接续政策。落实城镇职工基础养老金全国统筹和渐进式延迟退休年龄政策。逐步提高国有资本收益上缴公共财政比例，划转部分国有资本充实社保基金。完善机关事业单位养老保险制度，加快发展企业年金、职业年金和商业养老保险，探索推进个人税收递延型商业养老保险。提高农民工养老保险参保率。

完善基本医疗保险制度。整合城乡居民医保政策和管理体制，全面实施城乡居民大病保险制度。改革医保支付方式，改进个人账户管理办法，开展基本医疗保险门诊统筹。鼓励发展补充医疗保险和商业健康保险，作为基本医疗保险制度的补充。将生育保险和基本医疗保险合并实施，推进京津冀异地就医医疗费用直接结算，实现跨省异地安置退休人员住院医疗费用直接结算。构建工伤预防、补偿和康复“三位一体”制度体系，建立工伤保险待遇正常调整机制。

健全住房保障和供应体系。创新住房保障方式，逐步从实物保障为主转向实物保障和货币补贴并重，探索建立保障对象和政府共有产权制度。主要通过购买、长期租赁社会房源和在商品房项目中配建等方式，多渠道筹集保障性住房，有效缓解城镇中低收入家庭、新就业职工、外来务工人员住房困难问题。推进保障性住房政策向乡镇延伸，将符合条件的乡镇教师、医护人员、乡镇政府及事业单位工作人员纳入住房保障范围。完善住房公积金制度，改进提取、使用、监管机制。加大城镇棚户区改造力度，推行政府购买棚改服务模式和棚改货币化安置，将城中村、城郊村、易地扶贫搬迁至城镇的村庄改造纳入城镇棚户区改造范围，到2020年基本完成国有工矿棚户区、国有林场棚户区、国有农场危房改造。

加强困难群体救助。大力发展社会救助、社会福利和慈善事业，认真落实低保、优抚、病残等政策。完善城乡居民最低生活保障制度，实现农村低保线和扶贫线“两线合一”，城乡低保标准年均增长10%以上。落实农村五保供养制度，到2020年五保供养服务机构集中供养能力达到70%。完善城乡医疗救助，构建重特大疾病医疗应急救助体系，建立医疗救助与慈善援助衔接机制和平台，医疗救助重点对象年人均筹资增长率达到18.5%。建立临时救助制度，经常性社会捐助站点和慈善超市数量达到1700个。建立困境儿童分类保障制度。加强流浪乞讨人员救助和未成年人社会保护。建立困难残疾人生活补贴制度和重度残疾人护理补贴制度，落实医疗、康复、就学、住房等专项救助措施，健全康复服务网络，扶持发展福利企业，培育服务残疾人的社会组织，全面推进城市“无障碍”化建设。深化殡葬改革，加强殡葬设施建设，落实惠民殡葬政策，建立生态殡葬奖补制度，探索实施火化奖补机制。

提升社会保障服务能力。以“智慧社保”为着力点，加强公共服务设施和信息化建设。扩充社会保障卡功能，实现医保省内结算“一卡通”。完善社会保障预算管理制度，健全社保基金监督管理体系，加强基金收支、管理和投资运营监督，强化保险稽核和风险管理，维护基金收支平衡和安全平稳运行。

四、实施教育提质惠民工程

全面贯彻党的教育方针，坚持立德树人，加强社会主义核心价值观教育，培养德智体美全面发展的社会主义建设者和接班人，优先发展教育事业，深化教育综合改革，把增强学生社会责任感、创新精神、实践能力作为重点任务贯穿国民教育全过程，推动各级各类教育协调发展，提高教育教学质量和办学水平，基本实现教育现代化。

全面普及提升学前教育。坚持公益性和普惠性，发展公办幼儿园，积极扶持普惠性民办幼儿园，鼓励社会力量捐资助园。加大学前教育投入，依法落实幼儿教师地位和待遇。加快发展农村学前教育，鼓励利用富余校舍、教师兴办幼儿园（班）和捐资助园。到2020年学前三年毛入园率达到75%以上。

促进义务教育均衡发展。加快城乡义务教育公办学校标准化建设，统筹城乡义务教育资源均衡配置，增加市区、县城中小学数量，初中向重点镇集中，加快新建居民小区及旧城改造配套学校建设。实施义务教育均衡发展示范县建设，实现县域义务教育基本均衡发展。探索建立城乡教育一体化管理模式，推动城乡学校共建共进，实行城市、县镇教师到农村学校定期任教制度。完善特殊教育体系，全面提高残疾儿童义务教育普及水平。九年义务教育巩固率达到96%。

加快高中和中等职业教育发展。加强示范性普通高中建设，推动农村高中教育向县城集中，促进普通高中特色化、多样化发展，推进普通高中课程改革，提升普通高中教育整体水平。普及高中阶段教育，高中阶段毛入学率达到92%。加快发展现代职业教育，推进产教融合、校企合作，推动职业教育向县城、产业园区集中，推广“产业园区＋标准厂房＋职业教育”发展模式，建设现代化职业教育中心，推动职业教育集团式发展，重点打造120所具有典型示范作用的中等职业学校。支持民办高中和职业学校建设发展。逐步分类推进中等职业教育免除学杂费，率先对建档立卡的家庭经济困难学生实施普通高中免除学杂费，实现家庭经济困难学生资助全覆盖。

推进高等教育内涵式发展。加强一流大学和一流学科建设，实施高等学校教学质量与教学改革工程，加快河北工程大学等高等院校迁建，继续推进二级学院综合改革试点和专业综合改革试点，鼓励开展创业教育和创业实践，深入实施高等学校创新能力提升计划和哲学社会科学繁荣计划，全面提高高校教学水平、创新能力和社会服务能力，高等教育毛入学率达到42%。鼓励具备条件的普通高校向应用型转变。深化研究生教育改革，加大高校建设力度，使博士、硕士、学士学位授权单位结构比例逐步达到全国平均水平，支持京津高等院校、职业院校通过建立分校、分院和合作共建等方式，在办学增量或整体存量向河北布局，支持省属高校省部共建。

落实并深化考试招生制度改革和教育教学制度改革。支持和规范民办教育发展。推进教育信息化，发展远程教育。推进教育对外交流与合作。积极发展继续教育，完善终身教育体系。完善教师培养培训体系，加强师德师风建设。

五、实施健康河北工程

全面实施健康河北工程，大力开展全民健康促进和健康扶贫行动，深化医药卫生体制改革，实行医疗、医保、医药“三医”联动，推进医药分开，实行分级诊疗，建立覆盖城乡的基本医疗卫生制度和现代医院管理制度，积极发展“大健康新医疗”产业，逐年提高医保筹资标准，切实提高人民群众健康水平和生命质量。

全面推进公立医院综合改革，坚持公益属性，破除逐利机制，完善公立医院长效补偿机制，建立符合医疗行业特点的人事薪酬制度。优化医疗卫生服务机构布局，建立上下联动、衔接互补的医疗卫生服务体系，促进医疗资源向基层、农村流动，推进全科医生、急需领域医疗卫生服务能力提高、居民电子健康档案等工作。鼓励社会力量兴办健康服务业，推进非营利性民营医院和公立医院同等待遇。加强医疗质量监管，完善纠纷调解机制，构建和谐医患关系，严厉打击故意扰乱医疗单位秩序、社会危害严重的行为。到2020年每千人口医疗机构床位数达到6张、执业（助理）医师数达到2.5人、注册护士数达到3.14人。

完善基本药物制度，健全药品供应保障机制，理顺药品价格，增加艾滋病防治等特殊药物免费供给。提高药品质量，确保用药安全。加强传染病、慢性病、地方病和职业病等重大疾病综合防治，通过多种方式降低大病、慢性病医疗费用。改善重点人群健康状况，以妇幼、慢性病、老龄人群和流动人口为重点，开展健康素养促进，提高健康水平。

健全城乡公共卫生服务体系，逐年提高基本公共卫生服务筹资标准，提升基本公共卫生服务均等化水平，完善县乡村三级医疗保健预防网，普及社区卫生服务机构；加强疾病预防控制、传染病救治、精神卫生防治服务、卫生计生综合监督体系建设和突发事件卫生应急能力建设；完善对口帮扶机制，健全医务人员医德考核考评制度；加强大健康数据库建设和应用，发展远程医疗、移动医疗和药品电子追溯服务。大力强化公立中医院基础设施建设，加快发展现代中药产业和中医药健康服务，建立健全有利于中医药特色优势发挥的体制机制，努力建成中医药强省。

坚持计划生育基本国策，完善人口发展战略。全面落实一对夫妇可生育两个孩子政策，提高生殖健康、妇幼保健、托幼等公共服务水平，实施优生促进工程，努力提升出生人口素质，婴儿死亡率下降到6‰左右，孕产妇死亡率下降到15/10万左右。深化计划生育服务管理改革，开展一孩、二孩生育登记服务，综合治理出生人口性别比偏高问题。帮扶存在特殊困难的计划生育家庭，提升流动人口计划生育基本公共服务水平。坚持男女平等基本国策，保障妇女和未成年人权益。加大留守流动流浪儿童群体救助和保护。加强各级妇女儿童活动中心（场所）建设和利用。重视家庭教育，90%以上城乡社区建立一所为儿童及其家庭提供游戏、娱乐、教育、卫生、社会心理支持和转介等一体化服务的儿童之家。

积极开展应对人口老龄化行动，弘扬敬老、养老、助老社会风尚，建设以居家为基础、社区为依托、机构为补充的多层次养老服务体系，推动医疗卫生和养老服务相结合，探索建立长效护理保险制度。全面放开养老服务市场，通过购买服务、股权合作等方式，支持各类市场主体增加养老服务和产品供给。到2020年每千名老年人口拥有养老床位数达到38张以上，居家养老服务中心覆盖所有城市社区和90%以上乡镇。

发展体育事业和体育产业，加强大型体育场馆、公共体育设施和体育健身设施建设，到2020年人均体育场地面积由2015年的1.4平方米提高到1.8平方米。广泛开展群众体育活动，健全全民健身组织网络，提高全民身体素质。加强竞技体育人才队伍建设，转变竞技体育发展方式，深化足球事业改革发展，提高竞技体育综合实力。

专栏18 民生重大工程

1. 实施山区教育扶贫工程。依托优化山区教育布局、大力提升办学水平、加强教师队伍建设、加快发展中等职业教育、提高学生资助水平等五大抓手，经过3年左右的时间，使山区义务教育学校全部达到省定标准化学校要求，山区教育质量大幅提升，山区学生综合素质显著增强，增强贫困地区发展后劲。

2. 实施职业教育建设工程。重点打造120所具有典型示范作用的中等职业学校。大力发展现代农业职业教育，以培养新型职业农民为重点，推进农民继续教育工程，创建300所省级示范性乡镇成人学校，构建以农业职业院校为主体，覆盖全省、服务完善的现代职业农民教育网络。继续加大对职业教育的投入力度，支持职业教育深化产教融合，大力推动应用型高校建设发展。

3. 实施高水平大学和重点学科建设工程。坚持以一流学科带动高水平大学建设，加强优质学科资源和学科团队建设，大力开展人才培养与科技创新，集中力量建设一批重点培育学科，打造一批具有国内领先水平的学科群，高水平大学建设取得明显成效。

4. 县级医院能力建设工程。支持县级医院业务用房和远程医疗建设，同时以提升专科诊治能力为重点，按照填平补齐的原则支持部分县级医院配备医疗设备，重点配备CT、核磁共振、数字化X光机、急救车和巡回医疗车等。

5. 基层医疗卫生服务体系建设和基层服务“三个一”工程。支持乡镇卫生院（计生服务站）、社区卫生服务机构基础设施建设、设备配置和远程医疗建设，支持乡镇卫生院周转宿舍建设和配置急救、计划生育服务车，支持村卫生室业务用房建设和设备配置。实现每个家庭拥有1名合格的家庭医生、每个居民拥有1份动态管理的电子健康档案和1张服务功能完善的健康卡。

6. 人口健康信息化建设工程。实施“e健康”工程（互联网+健康医疗），以全民健康保障信息化工程和“金人工程”为基础，统筹建设省、地市、县级人口健康信息平台。

7. 医疗卫生科技创新能力提升建设工程。支持三级医院科研创新能力建设，支持公共卫生机构科研能力建设。

8. 创业就业服务工程。增加就业创业平台投入，建设13个省级公共职业技能实训中心，提升我省劳动者技能水平和就业能力。发展人力资源服务业，建设1—2个国家级人力资源服务产业园区，2—3家省级人力资源服务产业园区，5—6家省级人力资源市场。加快发展家庭服务业，建成中国华北家庭服务业人力资源市场和网上超市，建设75家省级家政服务员培训输出基地。

9. 人社信息化工程。推进金保工程二期，建成河北省人社一体化应用信息平台，建设全省统一的多险合一信息系统和省集中的就业、人事人才、劳动关系信息系统。建设人社大数据平台，构建面向公众的一体化公共信息化体系。加强人社云建设，建立同城双活加异地灾备的省级数据中心。建立联通城乡的人社业务专网。社会保障卡服务网点覆盖全部市县，实现社会保障“一卡通”。

10. 养老服务体系建设工程。各市县建立以收养失能老年人为主要对象的养老护理机构。

六、实施食品药品安全放心工程

推动监管关口前移，强化食用农产品安全源头治理和食品生产、加工、储运、流通全过程监管，全面提升食品安全保障水平。

持续加强食品药品监管，加快建设“智能食药监”信息化系统平台，建成覆盖全省、全品种的“四品一械”监管基础信息数据库，加快食品药品电子监管追溯制度、质量标识制度和食品药品诚信制度建设。健全食品药品检验检测技术支撑体系。充实食品药品安全监管队伍力量，加强省、市、县、乡四级监管机构和队伍建设，提升基层监管能力和水平。完善和严格落实食品药品安全社会群众监督举报制度，营造食品药品安全社会共治格局。

严格落实责任追究制。完善食品药品安全责任体系和应急体系，提高应急处置和快速反应能力。开展食品安全城市创建工作。加强行政执法和刑事司法衔接，严厉打击食品药品违法犯罪行为。

七、实施公共安全工程

大力加强应急管理体系建设，完善应急管理体制，紧紧抓住风险防控、监测预警、应急响应、恢复重建等环节，全面加强应急平台、应急队伍、物资保障、应急产业等基础能力建设，有效提升应急处理能力，确保灾后12小时内受灾人员基本生活得到救助，到2020年年均因自然灾害造成直接经济损失占全省生产总值比重小于1.1%。

严格安全生产管理。全面落实安全生产责任制，强化政府监管职能，严格安全生产目标控制、考核、督办和责任追究，实行党政同责、一岗双责、失职追责。完善安全生产监管体系，加强安全生产监管监察能力、事故隐患排查治理体系、安全预防控制体系、企业安全生产诚信体系和“互联网+”安全监管信息化平台建设。加强安全生产应急救援体系建设，健全安全生产应急平台及重大危险源普查监控体系，加快应急救援队伍建设。实施危险化学品和化工企业生产、仓储安全环保搬迁工程。严格安全生产许可，改革安全评审制度，完善安全技术标准体系，强化技术支撑，实施全民安全意识提升工程。加大安全监管执法力度，深化安全生产和作业场所职业病危害专项治理，及时排查治理安全隐患，遏制重特大事故发生。强化交通安全管理。到2020年，安全生产状况实现根本性好转，亿元生产总值生产安全事故死亡率下降30%、工矿商贸就业人员十万人生产安全事故死亡率下降19%、煤矿百万吨死亡率下降32%。

加强火灾防控。全面落实消防安全责任制，创新消防安全管理，加强公共消防设施建设和维护管理，加强灭火应急救援体系建设，加强全民消防安全教育，提升全社会火灾防范意识，最大限度减少火灾危害。

防治地质灾害。建立健全地质灾害调查评价体系、监测预警体系、综合防治体系、应急体系，重点推进地质灾害专业监测、群测群防“高标准十有县”、应急管理机构和应急技术指导机构建设，着力提升全省地质灾害应急管理、应急调查、应急监测、应急处置能力。

防震减灾。进一步加强监测、速报、预测预警建设，不断完善地震应急救援体系，提高社会公众防灾避险技能，健全防震减灾科技创新体系，全面提升防震减灾综合能力。

加强气象灾害防御。健全气象灾害防御体系，强化气象大数据公众服务能力，加强农业、交通、海洋、旅游、能源等专业气象服务，提升空中云水资源开发利用和生态修复、环境治理气象支撑能力。加快现代化气象监测、预报、预警业务系统建设，稳步提高气象预报准确率和精细化水平；继续开展“一流台站”建设，提高基层台站对气象现代化的基础支撑作用。

专栏19 公共安全重大工程

1. 防灾减灾

地震。河北省地震烈度速报与预警工程、防震减灾信息化服务平台建设、地球观象台建设、地震现场应急储备装备建设、地震重点科研基地（野外实验室）建设、城乡抗震设防能力提升工程、京津冀地震安全工程。

气象。气象灾害监测预警工程、精细化气象预报服务工程、云水资源开发利用工程、生态环境建设气象保障工程、绿色产业发展气象保障工程、气象“一流台站”建设工程、冬奥会与冰雪经济气象保障工程。

2. 安全生产

安全生产监管监察能力建设工程、安全生产事故隐患排查治理体系建设工程、煤矿水害微震预测预报技术工程、企业安全诚信体系建设工程、“互联网+”安全监管体系建设工程、职业危害检测与鉴定流动实验室建设、省级职业病危害工程防治技术中心建设、压减钢铁过剩产能和部分企业搬迁提升改造安全保障工程，危险化学品和化工企业生产、仓储安全环保搬迁工程，省级应急装备及危险化学品监测鉴定中心、危化品行业应急能力建设项目、企业安全生产标准化建设工程。

第二十四章 推动文化大发展大繁荣

坚持社会主义先进文化前进方向，坚持以人民为中心的工作导向，坚持把社会效益放在首位，加快推进文化体制机制创新，全面繁荣文化事业，大力发展文化产业，保障人民基本文化权益，实现由文化资源大省向文化强省转变。

一、培育和践行社会主义核心价值观

加强先进思想文化引领，用习近平总书记系列重要讲话精神武装头脑、指导实践，深化中国特色社会主义和中国梦宣传教育，培育和践行社会主义核心价值观，增强国家意识、法治意识、社会责任意识，巩固马克思主义在意识形态领域的指导地位，巩固全省人民团结奋斗的共同思想基础。

深入推进社会主义精神文明建设，积极创建文明城市、文明村镇、文明单位，努力实现全省1—2个设区市和2—3个县级城市跨入全国文明城市行列。拓展“善行河北”主题道德实践和“中国梦·赶考行”宣传教育活动，组织“美丽河北”创建宣传活动，开展道德模范等各级各类先进典型选树和节俭养德全民节约行动，推动诚信建设法制化。建设社会主义核心价值观涵育基地和时代楷模馆，改造提升西柏坡纪念馆及其旧址群，促进爱国主义宣传教育落地生根。深化农村精神文明建设，建立健全红白理事会等群众自治组织，开展“十星级文明农户”评选等活动。推进志愿服务常态化和公益广告宣传制度化、规范化。加强和改进中小学校德育教学，开展文明校园创建和“美德少年”评选活动。实施“河北优秀文化网上传播工程”和“网德建设工程”，建设网络社会信用体系，弘扬网上正能量。倡导和开展全民阅读，提升全民文化素质。

二、健全面向大众的公共文化服务体系

坚持政府主导、社会参与、共建共享、改革创新，推动基本公共文化服务标准化、均等化，基本建成覆盖城乡、便捷高效、保基本、促公平的现代公共文化服务体系，保障人民群众基本文化权益。健全公共文化投入机制，加快建设河北大剧院、河北省美术馆、河北省群众艺术馆、河北省科技馆、河北省非遗博物馆等重大项目，积极推进农村广播电视户户通、乡镇（街道）综合文化站、村（社区）综合性文化服务中心、文化信息资源共享、农村数字电影放映、地面数字电视广播覆盖、数字图书馆（文化馆、博物馆）及农家书屋建设、全民阅读、书香河北等惠民工程，加强基层广播电视播出机构服务能力建设。推进秦皇岛市、廊坊市、沧州市国家公共文化服务体系示范区建设。创建公共文化服务标准县，组织开展"深入生活、扎根人民"、"结对子、送文化"、"文艺志愿者服务"、文化科技卫生"三下乡"等活动。深入挖掘河北历史文化精髓，打造河北特色文化符号，加强文物、历史文化名城名镇名村、古树名木等文化资源挖掘保护，搞好非物质文化遗产保护和传承，实施泥河湾东方人类探源工程，与京津联合开展长城、大运河、明清皇家建筑等跨界重大文化遗产保护利用。实施"五个一工程"、爱国主义影视创作、重点作品扶持奖励等精品工程，推出一批无愧于民族、无愧于时代的文艺精品。建成省、市档案馆新馆，开工建设列入国家中西部建馆规划的90个新馆；建成省电子档案容灾备份中心，初步完成全省档案数据中心和信息网络建设，加强国家重点档案保护与开发。

三、推动文化产业成为国民经济支柱产业

扶持奖励优秀文化产品创作生产，实施现代传媒建设和提升工程、新闻出版和广播影视精品工程、文艺人才培养工程，繁荣发展文学艺术、新闻出版、广播影视、舞台艺术和网络文艺。实施哲学社会科学创新工程，加强中国特色新型智库建设。推动文化产业转型升级，扶持文化科技型企业和创意产业发展，培育新型文化业态，扩大引领文化消费。主动对接承接京津文化产业转移，鼓励和引导民间资本投资文化产业，创新发展出版、印装、演出、娱乐和工艺美术等传统文化产业，加快发展文化会展、动漫网游、数字文化、主题公园等新兴产业，建设石家庄、保定、秦皇岛、唐山、邯郸、承德等国家级展演和动漫基地。推动文化与科技、旅游、城建、工业、农业等相关行业的融合，培育发展一批文化产业强县、集聚区和龙头企业，建设一批特色文化乡村、休闲农业创意园，打造一批历史文化产业园区和创意文化产业园区，建成1个国家级文化产业示范园区，新建2个国家级文化产业示范基地，建成一批省级文化产业示范园区（基地）。推动国有文化企业建立现代企业制度，鼓励重点骨干文化企业以资本为纽带进行跨地区、跨行业、跨所有制兼并重组，打造一批国有及国有控股大型骨干文化企业集团。推动文化体制改革，完善国有文化资产管理体制，深化文化事业单位和新闻媒体内部改革，健全互联网管理体制和工作机制，促进传统媒体和新兴媒体深度融合。建立健全确保国有文化企业把社会效益放在首位、实现社会效益和经济效益相统一的体制机制。打造"河北文化周"等对外文化交流品牌，积极搭建文化贸易服务平台，推进文化"走出去"。到2020年，全省文化产业增加值占生产总值的比重超过5%。

专栏20 文化事业与文化产业重大工程

1. 公共文化服务体系建设重点工程。直播卫星广播电视公共服务、数字电影放映服务、全民阅读活动、农家书屋建设、广播电视无线发射台站基础设施建设，河北省公共文化服务示范县创建，乡村（街道）综合文化站建设，村（社区）综合文化服务中心、文体广场、文化信息资源共享、数字图书馆建设等惠民工程。

2. 文化产业发展重点工程。重点文化产业项目推进，特色与新兴文化产业发展、文化产业强县和龙头文化企业打造、文化与相关产业融合发展、影视品牌培育、新兴媒体培育、传播体系升级、媒体融合发展、文化市场开发、产业园区（基地）提升。

第二十五章 做好冬奥会筹办工作

按照"绿色办奥、共享办奥、开放办奥、廉洁办奥"要求，坚持"以运动员为中心、可持续发展、节俭办赛"理念，围绕"精彩、非凡、卓越"目标，全力做好筹办工作，放大奥运效应，发展奥运经济，助力河北发展。

一、抓好场馆及基础设施规划建设

围绕满足赛事需要，做好张家口赛区新建改建5个竞赛场馆、3个非竞赛场馆和残奥会设施的规划建设。统筹推进赛区配套服务设施建设，重点实施用水保障、低碳电力供应、天然气普及和集中供热、通信和气象、邮政快递基础设施升级、垃圾和污水无害化处理、医疗卫生服务和食宿保障等工程，构建完备的冬奥会配套基础设施支撑体系。完善综合交通网络建设，形成高效、安全、可靠、环保的冬奥交通保障体系。改革创新投融资方式，积极探索PPP、上市、基金、融资租赁等多种筹融资模式，充分利用社会力量、社会资源办冬奥。

二、建设科技冬奥

围绕冬奥会"零排供能、绿色出行、5G共享、智慧观赛"目标，促进重大科技成果在冬奥会实现转化。推动新能源、智能装备和"互联网+"在冬奥会的广泛应用，构建智慧能源、智慧交通、智慧安防等综合管理体系。对崇礼等重点区域实行最严格的环保限值，努力实现"近零排放"，打造崇礼"低碳奥运专区"，确保赛时空气质量达到世界卫生组织标准。张家口市政交通及赛区100%采用新能源汽车。加强与冰雪运动强省、强国的交流合作，多渠道培养和引进一批专业人才，为冬奥会提供优质服务和可靠的人才保障。

三、推动冬季运动普及和体育产业发展

实施冬季项目重点突破战略，优先发展适合河北特点

的自由式滑雪、单板滑雪和冰壶等项目，组建冰雪项目专业运动队。积极承办国内外重大冰雪赛事，培育河北冰雪运动品牌，打造冰雪运动大省。实施冰雪旅游惠民工程，广泛开展群众性冬季体育活动，推动实现“3亿人参与冰雪运动”的目标。

着力打造滑雪运动及产业发展基地，建设京张体育文化旅游带，以冬奥比赛场馆为核心，打造一批冬奥精品滑雪旅游景区，把崇礼县建成国际知名滑雪胜地。设计开发具有燕赵文化特色、体现奥运理念的旅游线路和旅游商品，扩大河北旅游品牌的影响力。力争培育一批源自河北的世界品牌，谋划在张家口建设一批国别（地区）产业园、冰雪产业园。

四、提升城市功能改变城乡面貌

提升赛区景观，重点推进公路、铁路、县城及冬奥会赛场周边区域民居改造、设施配套、环境整治、造林绿化等工程，建设独具特色的美丽乡村。提升城市品位和管理水平，着力打造优美、文明、整洁、有序的城市软硬环境。推进筹办冬奥会与扶贫开发紧密结合，实施精准扶贫、精准脱贫，引导农民发展现代农业、旅游服务业等富民产业，拓宽就业渠道，增加农民收入。

专栏21　冬奥会重大工程

1. 场馆建设工程。建设云顶滑雪公园场地A、云顶滑雪公园场地B、冬季两项中心、北欧中心越野滑雪场、北欧中心跳台滑雪场、张家口奥运村、张家口山地媒体中心、颁奖广场等张家口赛区建筑群。

2. 综合交通网络建设工程。建设张家口机场、崇礼县通用机场、京张高铁及崇礼支线、延崇公路、京北公路、雪场道路互通及干线公路网等重大交通项目。

3. 环保、水利基础设施建设工程。建设崇礼县雪场蓄水工程，崇礼县河道整治、山洪沟治理及水土保持，乌拉哈达水库等工程。实施崇礼县低碳赛区建设、水环境治理工程、核心赛区矿山企业搬迁及生态环境恢复工程、张家口市大气环境及水环境治理等工程。

4. 赛区配套服务设施建设工程。实施用水保障、低碳电力供应、天然气普及和集中供热、通信和气象基础设施升级、垃圾和污水无害化处理、医疗卫生服务和食宿保障等工程。

5. 冬奥迎宾廊道绿化工程。围绕张家口崇礼举办冬奥会，加强沿线高标准绿化，提升奥运廊道两侧绿化美化水平、保持水土、涵养水源、提供生态休闲场所，完成绿化面积11万亩。

第八篇　加强基础设施建设，提高支撑保障能力

以改善交通、能源、水利、信息等基础设施薄弱环节为重点，提高网络化、智能化水平，推动运行一体化和相互融合，打造适度超前、功能配套、管理科学、安全高效的现代化基础设施体系。

第二十六章　建设完善的现代化综合交通体系

围绕提升京津冀交通一体化水平，统筹各种交通方式协调发展，构建快速便捷、高效安全、大容量、智能化、低成本的现代化综合交通体系，打造“南北贯通、东出西联”的大交通格局，形成中心城市与新城卫星城半小时交通圈、京津冀核心区域1小时交通圈、相邻城市间1.5小时交通圈，实现县县通高速、市市通高铁、市市有机场。

一、重点发展轨道交通

完善快速客运铁路网络，大力发展城际铁路，强化干线铁路与城际铁路、城市轨道交通的高效衔接，同步推进港口后方铁路集疏运体系及产业聚集区、物流基地配套铁路专用线建设，形成高效密集的轨道交通网。建成石济、京沈客专及京张、张呼、张大、邢和、唐曹、水曹铁路和京唐、固保城际及北京新机场城际铁路联络线、崇礼支线，规划建设京衡铁路、京石城际和石家庄轨道交通1、3号线二期及邯郸城市轨道交通、北京市轨道交通平谷线河北段等项目。铁路网营业里程力争突破8500公里，其中高速铁路接近2000公里。

二、加快公路网建设

进一步优化高速公路网布局，加快太行山、燕山高速通道建设，推进普通国省干线公路升级改造、山区贫困地区通道建设、农村公路路网建设“三大公路工程集中攻坚”，着力提升公路通达广度和深度，形成便捷通畅的公路交通网。全部打通与京津之间的“断头路”和“瓶颈路”，建成太行山、津石、首都地区环线、京沪（河北段）、京秦（河北段）、迁曹等高速公路，规划建设克承、张尚、邯港（衡水—沧州段）、曲港（肃宁—黄骅港段）、任德（沧州段）等高速公路。公路总里程达到25万公里，其中，高速公路力争突破9000公里，普通干线2.1万公里，农村公路达到22万公里。

三、优化港口功能

加快秦皇岛港西港搬迁改造，推进唐山港和黄骅港原油、矿石、LNG、集装箱、液体化工及通用泊位建设，有序建设丰南港区，完善集疏运体系，有效整合省内港口资源，形成优势突出、功能完备、协同互补的综合性港口群。深化津冀港口协同合作，与天津共建北方航运核心区，打造“一带一路”北方东部起点。建成秦皇岛港20万吨级航道、京唐港区25万吨级航道、黄骅港20万吨级航道升级改造工程，唐山港及黄骅港液体化工、集装箱、原油码头，实现三大港口服务能力和水平全面提升，吞吐能力显著提升。

四、加快发展航空运输

完善运输机场布局，提升保障能力，推动京津冀机场一体化运营，构建区域干支结合的航线网络，形成便捷、安全、广覆盖的民航运输体系。建成北京新机场、承德机场、邢台军民合用机场、衡水机场，规划建设沧州机场，完善石家庄机场区域枢纽和航空货运中心功能，推进北戴河机场正式对外开放。加快通用机场及通航基础设施建设，推进张北、三河、冀州、中捷、任丘、魏县、围场、丰宁等一批通用机场建设，打造全国通用机场大省。力争

民用运输机场达到8个、通用机场增至30个以上，年旅客吞吐能力达到2400万人次，年货邮吞吐能力达到27万吨。

五、强化综合交通枢纽功能

完善石家庄、唐山、秦皇岛、保定全国性交通枢纽功能和其他7个设区市区域性交通枢纽功能，综合客运枢纽由1个增至12个，加快发展以沿海港口、铁路枢纽、北京新机场、正定机场等为节点的多式联运，促进各种方式、城市公共交通之间的衔接，提升转换效率。推动实现京津冀交通"一卡通"、客运联程联运"一票制"和货运多式联运"一单制"。

专栏22　交通重点项目

1. 轨道交通重点项目

干线铁路。加快建设石济、京沈客专及张呼、张大、京张铁路及崇礼支线，规划建设北京—衡水客专、蓟县—兴隆铁路等，规划研究聊城—邯郸—长治客专和张家口—保定—黄骅港、秦皇岛—承德、保定—霸州铁路等。

城际铁路。规划建设京唐、京石、廊涿、固保城际铁路及北京城际铁路联络线等，规划研究衡沧黄、保沧、怀涿、承津、石邢邯城际铁路等。

城市轨道交通。开工建设石家庄2号线一期，规划建设石家庄市1、3号线二期和北京中心城区—河北燕郊—平谷轨道交通线。规划建设（研究）邯郸市区一冀南新区、秦皇岛市区一北戴河、唐山市区一丰润等轨道交通线。

2. 公路重点项目

国家高速公路网。加快建设荣乌高速G18（徐水一涞源）、京沪高速（沧州—冀鲁界）、京新高速G7（胶泥湾一冀晋界）、首都地区环线廊坊北三县段、京秦高速G1N、津石高速G0211。

省级高速公路网。重点建设太行山高速、唐廊高速、曲港高速、迁曹高速、邯港高速，北京新机场北线高速、围场至御道口高速、张北至尚义高速、衡德高速故城支线北延对接北京新机场南出口高速。

普通国道。升级改造G104、G105、G107、G112、G230、G233、G234、G335等普通干线公路。

3. 港口重点项目

公用基础设施。规划建设秦皇岛港20万吨级航道工程，唐山港京唐港区25万吨级航道工程，唐山港丰南港区航道、防波堤工程，黄骅港20万吨级航道升级改造、煤炭港区航道整治延伸潜堤工程。

码头泊位。秦皇岛港，建设西港搬迁改造工程和山海关码头工程，谋划建设邮轮码头。唐山港，推进京唐港区集装箱泊位工程，曹妃甸港区液体化工、集装箱、千万吨级炼油项目配套码头、通用散杂货工程，丰南港区通用散杂货码头工程。黄骅港，加快原油、液体化工、集装箱、汽车滚装、矿石、LNG码头等工程建设。

4. 民航机场重点项目

建成北京新机场、承德机场、邢台军民合用机场、衡水机场，实施唐山、张家口、邯郸机场改扩建。开展沧州机场前期工作。

第二十七章　优化能源供应保障体系

贯彻能源革命战略思想，落实节约、清洁、安全战略方针，筑牢能源安全底线、严格生态环保红线、突出节约提效主线"三线"思维，加快推进清洁能源替代，构建安全可持续的能源供应保障体系，打造京津冀区域清洁能源供应保障基地。

一、提高生产供应能力

推进煤炭安全技术改造工程，建设生态友好、安全高效、管理标准的现代化矿井，加快推进资源枯竭矿井的退出，淘汰煤炭落后产能，煤矿生产企业控制在20家以内，省内煤炭产量压缩到5000万吨左右。合理布局建设大型高效燃煤机组，加快发展以背压式机组和燃气机组为主的热电联产，全面完成煤电节能升级和超低排放改造，强化区域内电源支撑，到2020年电力装机容量9800万千瓦、发电量3485亿千瓦时。深入开展常规及非常规油气资源勘探，原油、天然气产量稳定在590万吨和9亿立方米以上。整合地方炼油企业搬迁至曹妃甸等沿海石化基地发展，建设大型炼化一体化项目，加快油品质量升级，原油加工能力达到7300万吨以上。积极参与国内外资源富集地区能源开发，扩大LNG、原油进口规模。

二、优化能源供应结构

大力推进天然气、电能替代煤炭、非化石能源替代化石能源两大替代工程。深化与中石油、中石化、中海油及资源富集地区的战略合作，不断扩大天然气输入规模，继续实施煤层气、煤制气引进工程，有序发展煤气化。强化环保约束与市场激励，科学推进电能替代，推进陆上及海上风电基地建设，集中式与分布式并重加快发展光伏发电，有序开发利用地热资源，积极发展生物质燃料，全面提高可再生能源供应能力。加快建设沧州海兴核电和核燃料产业园，谋划推进承德长河、唐山冀东等内陆核电，开展核小堆供热示范工程。

三、完善能源基础设施

实行统一整体规划，构建布局合理、支撑力强、高效智能的能源输配体系。谋划推进输电通道、油气输送管道、LNG接卸设施等重大项目，提高能源资源输入能力。实施京津冀电力和油气管网互联互通工程，建设标准、政策一体化的新能源消纳体系，增强区域能源配送、消纳能力。优化发展燃煤火电，加快发展以背压式机组和燃气机组为主的热电联产项目，加快骨干电网和配电网建设改造，实施天然气"县县通"工程，完善洁净煤及型煤生产配送体系，提升能源配置能力和配送水平。加快建设丰宁、易县、抚宁等抽水蓄能电站，适度发展天然气调峰电站，建设不同规模、等级的天然气储气调峰设施，强化原油、成品油储备设施，增强能源调峰、应急能力。以分布式能源、地源热泵、多能互补、智能电网、新能源汽车等为重点，大力推广新型供能用能系统。加快互联网、大数据、云计算等技术推广应用，推进能源供需设施智能化、集成化和互联互通，逐步夯实能源互联网物理、技术基础，加快推进钢铁、建材等主要耗煤行业的清洁生产，减少污染。

专栏23 能源重点项目
1. 电力。建设曹妃甸、蔚县等支撑电源，推进涿州、保定西北郊、沧州运东、遵化、邢台、唐山北郊、承德上板城、三河电厂三期、秦皇岛开发区等热电联产项目。建设特高压、500千伏和220千伏电网工程、城镇配电网建设改造和农网改造升级工程、骨干支撑电源、大型燃气—蒸汽联合循环热电联产项目。 2. 新能源。建设沧州海兴核电，加快推进承德长河、冀东核电前期工作。建设张家口、承德等地千万千瓦级风电基地和千万千瓦级光伏发电基地，唐山、沧州百万千瓦海上风电基地，建设奥运迎宾光伏廊道。建设张家口风光耦合制氢示范工程，核能小堆示范项目、地热能开发利用工程。建设丰宁、易县、抚宁抽水蓄能电站。 3. 天然气。建设陕京四线、港清三线、中俄东线，研究推动山西至河北煤层气管线建设，建设中石化鄂安沧管线、中海油蒙西煤制气管线、武安新峰煤制气项目、唐山和沧州等LNG接收站，完善天然气应急调峰储备体系。 4. 油品。建设曹妃甸大型炼化一体化项目和曹妃甸原油、成品油储备基地，建设武清—通州、石家庄—保定、沧州—南疆—唐山、锦州—郑州等成品油管线和天津港—华北石化原油管线。 5. 煤炭。建设峰峰磁西、邢台北掌等煤矿项目，探索推进平原深部煤田和煤层气勘探开发。建设大型全密闭配煤中心及洁净型煤生产配送体系、开滦集团曹妃甸国家煤炭储备中心。

第二十八章 加强水利基础设施建设

加强以优化水资源配置、农田水利设施等为重点的基础设施建设，改善农业生产条件，提高主要农产品的生产能力和保障水平，补齐基础设施建设短板。

一、优化水资源配置

完善以南水北调中线、引黄入冀补淀工程和现有河、库为骨干的供水网络，推进河湖水系连通工程建设，构建功能配套、多源互补、丰枯调剂的现代水网体系。加快南水北调中线配套工程建设，重点完成水厂及管网工程。推进南水北调东线二期工程前期工作。加快引黄入冀补淀工程建设进度，争取2017年具备通水条件。完善位山引黄入冀工程体系，实施李家岸、小开河等引黄工程。加快建设承德双峰寺水库，力争2016年完工。加快推进张家口乌拉哈达、邯郸茅岭底、张家口石湖、承德老亮子和四道河等大中型水利枢纽和水库项目前期工作。完成病险水库、水闸除险加固，重点推进重要支流、蓄滞洪区、山洪灾害防治、沿海防护堤等防洪工程建设，全面提升防洪减灾能力。

二、加强农田水利建设

继续推进大中型灌区续建配套和节水改造，大力发展高效节水灌溉工程，推动用水计量、信息化管理配套建设，井灌区重点发展高标准管道输水灌溉、喷灌、微灌工程和集成节水模式；渠灌区重点实施渠道防渗、管灌等工程；在有条件的地区开展“五小”水利工程建设，配合管道输水、滴灌工程；在有咸水区域，重点推广管灌、咸淡混浇等，实现由单纯工程节水向综合节水转变，粗放节水向精细节水转变，工程管理向农民自主管理转变，实现农业生产与水资源协调发展。实施整治田块、改良土壤、建设灌排设施等工程，推进高标准农田建设，到2020年累计建成集中连片、旱涝保收的高标准农田4678万亩。

专栏24 重大水利工程
南水北调东线二期工程、引黄工程、重点水源工程、骨干防洪工程、农村水利工程。

第二十九章 加快信息基础设施建设

一、全面推进“宽带河北”建设

实施“宽带中国”战略，加快高速宽带网络和应用基础设施建设，提高网络智能化水平，建成泛在、高速、融合、安全的网络基础设施，推进电信网、广播电视网、互联网三网融合，推动网络提速降费。建设全省城乡光纤网络，实现城市光纤到楼入户，农村光纤到村。推动第四代移动通信网络（4G）全覆盖，开展下一代移动通信网络建设；推动无线局域网（WiFi）全覆盖，城市建成区免费使用WiFi。基本建成全省地面数字电视广播覆盖网，推进下一代广播电视网和京津冀广电云项目建设。科学配置频谱资源，加强无线电台站管理，维护安全有序的电波秩序。加快现有基础网络向下一代互联网演进，支持建设一批互联网数据中心、大型云计算中心，建设张家口、承德全国信息交换枢纽。到2020年，固定宽带家庭普及率达到70%、移动宽带用户普及率达到85%，省会及有条件的城市、农村宽带用户平均接入能力分别达到1000Mbps和12Mbps。

二、强化信息安全建设

完善安全保障体制，深入推进信息安全等级保护制度，建立和完善网络与信息安全监测预警和通报处置工作体系，建设政府网站运行监测平台，提高对网络攻击、病毒入侵、网络失窃的防范和应急处置能力。提升网络安全保障能力，加快推进电视会议、无线指挥调度、通信安全涉密和战备等应急系统建设，完善金融、电力、铁路、交通、人防、监狱、地震、气象等专用信息网应急系统。加强网络对抗力量和执法能力建设。加强管、控、侦、防、攻一体的网络空间力量建设。

第九篇 加强社会治理，建设法治河北

全面落实依法治国基本方略，全面推进法治河北建设，加强和创新社会治理，更好统筹社会力量，平衡社会利益，调节社会关系，规范社会行为，维护社会和谐稳定。

第三十章 全面推进法治河北建设

一、加强和改进地方立法

坚持党对立法工作的领导，发挥人大及其常委会在立法工作中的主导作用，完善政府规章制定程序，推动立法精细化，提高地方立法质量。建立立法听证，加强立法监管，坚持立改废释并举，加快京津冀协同发展、创新驱动、诚信建设、公共安全、全面深化改革、生态环境保护等重点领域立法。坚持立法与改革决策相衔接，确保改革于法有据。

二、推进法治政府建设

加快法治政府建设进程，推进机构、职能、权限、程序、责任法治化。健全依法决策机制，落实政府法律顾问制度，建立重大决策终身责任追究制度及责任倒查机制。深化行政执法体制改革，推行综合执法和相对集中执法权，健全行政执法和刑事司法衔接机制。全面落实行政执法责任制，建立健全行政裁量权基准制度，加强行政执法监督，推进严格规范公正文明执法。全面推进政务公开，健全权力运行制约监督体系，加强和改进行政应诉工作，强化对行政权力的制约和监督。

三、促进司法机关公正司法

严格落实领导干部干预司法活动、插手具体案件处理的记录、通报和责任追究制度，确保法院、检察院依法独立公正行使职权。深入推进司法体制改革，完善司法人员分类管理制度，健全司法人员职业保障制度，完善司法责任制，推动省以下地方法院、检察院人财物统一管理。推进司法规范化建设，严格规范刑罚裁量权，全面贯彻证据裁判规则，最大限度避免“同案不同判”现象，防止刑讯逼供、暴力取证等问题。深入推行司法公开，最大限度地实现依法应当公开的司法信息、流程、文书、场所，多角度、多渠道向社会公开。完善人民陪审员和人民监督员制度，加强对司法工作的监督。建立办案质量终身负责制和错案责任倒查问责制，深入推进执行体制改革，实行审执分离。

四、营造良好法治环境

深入开展法治宣传教育，弘扬社会主义法治精神，强化全社会特别是公职人员尊法学法守法用法观念。坚持领导干部带头学法、模范守法，实行国家机关“谁执法谁普法”的普法责任制，推进青少年学生法治教育，深入开展“法治八建”活动，完善律师、公证、司法鉴定、法律援助等法律服务体系，健全依法维权和化解纠纷机制。创新法治人才培养机制，推进法治专门队伍正规化、专业化、职业化，为全面推进法治河北建设提供强有力组织和人才保障。

五、发展社会主义民主政治

坚持和完善人民代表大会制度、中国共产党领导的多党合作和政治协商制度、民族区域自治制度以及基层群众自治制度，不断推进社会主义政治制度自我完善和发展。健全民主制度，丰富民主渠道，依法实行民主选举、民主决策、民主管理、民主监督，保障人民的知情权、参与权、表达权、监督权，到2020年基层民主参选率达到85%。

深入开展民族团结进步创建活动，认真落实民族经济社会发展扶持政策，确保全省51个民族乡建成农村公路1250公里，促进全面建成小康社会。全面贯彻落实党的宗教工作方针，加强爱国宗教团体和宗教界代表人士队伍建设，提高宗教工作法治化水平，积极引导宗教与社会主义社会相适应。

第三十一章　加强和创新社会治理

一、健全社会治理体制

遵循社会治理规律，改进社会治理方式，坚持依法治理、系统治理、综合治理、源头治理相协调，完善党委领导、政府主导、社会协同、公众参与、法治保障的社会治理体制，推进网格化管理、社会化服务，推进社会治理精细化，构建全民共建共享的社会治理格局。健全重大决策社会稳定风险评估机制，建立畅通有序的诉求表达、心理干预、矛盾调处、权益保障机制，引导群众依法行使权利、表达诉求、解决纠纷。改革行政复议体制，健全行政复议机构，完善行政复议案件审理机制，纠正违法或不当行政行为。完善人民调解、行政调解、司法调解联动工作体系，建立矛盾纠纷综合调处化解机制。完善信访工作制度，推行网上受理，及时解决群众合理诉求，把涉法涉诉信访纳入法治化轨道解决，建立健全涉法涉诉信访依法终结制度。

二、加强社会组织建设

坚持培育发展与监督管理并重，改革创新社会组织登记管理制度，完善社会组织培育扶持政策，鼓励社会组织承担扶贫济困、社区建设、公益慈善、志愿服务、养老、就业等领域的公共服务事项。加快实施政社分开，推进社会组织明确权责，依法自治。充分发挥社会组织在社会治理中提供服务、反映诉求、规范行为的作用。实行社会组织分类评估制度，完善社会组织失信惩戒机制，引导社会组织完善内部治理结构，加强自律，提高透明度和公信力。加大社会组织专业人才培育和引进力度，促进社会组织人才队伍职业化、专业化和年轻化。到2020年，每万人社会组织数达到6.5个以上，专业人才占总人口比例达到1‰。

三、加快城乡社区建设

增强社区服务功能，拓展社区服务领域，逐步完善社区的便民利民、劳动就业、救助保障、医疗保健、社区安全、民众教育、普法维权、文化娱乐、体育健身、环境保护等十大服务功能，最大限度地满足民众的生活需求。

完善城市社区组织，健全以社区党组织为核心、社区自治组织为主导、社区居民为主体、社区社会组织和驻区单位共同参与的社区治理体制机制，努力把社区建设成为社会治理和服务的新平台。加强社区服务基础设施建设，到2020年综合覆盖率达到95%以上。

保障村民委员会换届选举依法有序进行，保障农民群众的选举权。健全村务公开机制，保障农民群众的知情权。推进村级事务民主决策，保障农民群众的决策权。加强对农村集体财务的审计监督，推行民主评议村干部工作机制，保障农民群众的监督权。加强农村社区综合服务设施建设，到2020年覆盖率达到50%。

四、加强社会信用体系建设

紧紧围绕政务诚信、商务诚信、社会诚信和司法公信等重点领域信用建设，建立覆盖所有市场主体、横向联通、纵向贯通的全省统一公共信用信息数据库和共享公示平台，健全和完善守信激励和失信惩戒联合奖惩机制，推动实施信用分类监管，培育发展信用服务市场，促进信用产品广泛应用，加强法规制度建设，为社会信用体系建设提供制度保障。积极推进京津冀信用体系合作共建。

五、深化社会治安防控体系建设

深入开展平安河北创建活动，形成党委领导、政府主导、综治协调、各部门齐抓共管、社会力量积极参与的社会治安防控体系建设工作格局。坚持打防管控相结合，健全社会治安防控运行机制，编织社会治安防控网。加快社会治安防控体系法治化、社会化、信息化进程，扩大视频监控联网应用，提升基层综合服务管理能力。加强网络安全保障和管理能力建设，维护网络安全。强化反恐防暴，加强邮寄物流安全管理。深化首都“护城河”和暑期北戴河“两河战略”，提升奥运、暑期等大型活动安保整体防控能力，健全与首都综合执法联动机制。大力推进智慧网格建设，到2020年，省市县乡村（社区）五级综治信息化平台实现全联通、全覆盖。

全面深化公安改革，大力推进基础信息化、警务实战化、执法规范化、队伍正规化“四项建设”，进一步增强公安机关维护国家安全和稳定的能力水平。落实国家安全工作责任制，全力做好各领域国家安全工作。

六、促进军民融合发展

开展全民国防教育，抓好国防动员工作，依法保护国防设施。完善国防动员体系，推进人民武装、经济装备、人民防空和交通战备等动员能力建设，加强武装警察、民兵预备役队伍建设，提高战时应战、急时应急、平时服务保障能力。支持军转民、民参军企业发展，推进重大基础设施贯彻国防要求，加快部队后勤社会化保障改革步伐。深入开展“双拥”活动，做好优抚安置工作，攻固发展军政军民团结良好局面。

专栏25 社会治理重大工程

全省智慧网格（综合云平台）建设工程，全省立体化社会治安防控体系建设工程，全省社会治安综合治理、维护社会稳定信息系统建设工程，保险业参与平安建设工程，河北省政法信息平台（三期）项目、涉密网络建设工程。

第十篇 健全规划保障机制，推进规划有效实施

实现未来五年的发展目标，必须进一步改革创新，完善规划实施机制，充分发挥市场配置资源的决定性作用和更好发挥政府作用，动员和引导全社会力量，共同形成规划实施的强大合力。

第三十二章 加强规划实施和管理

一、加强规划分类指导和协调衔接

加强规划编制、实施和管理的制度建设，提高规划的科学性、指导性和操作性。完善规划体系，以国民经济和社会发展总体规划为统领，以各类专项规划、区域规划为支撑，形成各规划定位清晰、功能互补、统筹衔接的规划体系。完善衔接协调机制，专项规划和区域规划要符合本级和上级总体规划，下级规划要服从上级规划，确保在总体要求上方向一致，在空间配置上相互协调，在时序安排上科学有序。明确规划实施责任，各级政府要正确履行职责，营造良好的规划实施环境，调控引导社会资源，合理配置公共资源，把规划与有关建设计划、各类行动计划以及年度计划紧密结合起来，保障规划明确的目标、任务顺利实施。

二、加强政策统筹协调

围绕规划提出的目标和任务，按照宏观政策要稳、产业政策要准、微观政策要活、改革政策要实、社会政策要托底的总体思路，加强经济社会发展政策的统筹协调，注重政策目标与政策工具、短期政策与长期政策的衔接配合。优化财政支出结构和政府投资结构，重点投向民生和社会事业、新农村建设、现代农业、科技创新、生态环保、资源节约等领域，更多投向集中连片特殊贫困地区、革命老区、少数民族聚居区。严格落实国家产业指导目录，严格执行行业技术标准、投资强度、综合能耗、耗水、用地、污染物排放等产业准入门槛政策。引导城乡用地结构调整和布局优化，建设用地指标优先保障重大项目用地需求。严格实行取水许可和水资源论证制度，通过治水、管水、取水、蓄水、节水等手段，科学配置水资源。

三、健全规划实施与评估调整机制

实行规划目标责任制，及时分解落实规划确定的发展目标、任务和政策，明确部门分工，落实部门责任，并将其列入综合考评和政绩考核目标。省各部门要按照职责分工，将规划纲要确定的相关任务纳入本部门年度工作计划，明确责任人和进度要求，并及时将进展情况向省政府报告。本规划提出的约束性指标，省政府分解落实到省各有关部门和地区，定期检查，强化落实。建立重大项目责任制，对规划纲要中确定的重大项目和重大工程进行分解落实，明确进度、明确要求、明确责任，相关部门和地方各负其责，确保重大项目和重大工程的实施。完善动态实施机制，通过年度计划分解落实规划主要目标和重要任务，深入分析经济运行、社会发展中存在的问题和风险，及时提出防范对策和举措。省政府将适时组织规划实施中期评估，评估报告提交省人大常委会审议；确需对本规划进行调整时，由省政府提出调整方案，按程序报请省人大

常委会批准执行。

四、奋发作为推动规划实施

完成“十三五”规划提出的目标任务，各级政府责任重大，任务艰巨，必须进一步解放思想、与时俱进，主动适应新常态，积极引领新常态，围绕“八破八立”，切实破除制约发展的思想障碍和体制机制障碍，把创新发展、转型发展、协调发展、绿色发展、开放发展、共享发展理念转化为各级各部门的发展思路和工作举措，推进路径创新、政策创新、措施创新、服务创新，对标先进，创先争优。

必须突出问题导向，下大力做好转方式、守底线、补短板、防风险工作，着力提高发展质量和效益、着力推进工业转型升级、着力加强供给侧结构性改革、着力培育发展新动能、着力加大污染治理力度、着力保障和改善民生，走出经济社会生态效益同步提升的新路，不断开拓发展新境界。

必须突出重点、强力攻坚，抓住主要矛盾和矛盾的主要方面，集中力量，精准发力，努力推动城市经济发展、产业结构调整、基础设施建设、全面改革开放、创新驱动发展、县域经济发展、生态文明建设、民生工作和扶贫开发实现新突破，打好河北经济发展翻身仗。

必须用改革的办法大力度改善全省的营商环境，把体制机制改革作为优化营商环境的核心，坚持把培育市场主体作为全社会的自觉行动，把引进高端人才作为促进发展的重要抓手，把司法支持作为营商环境建设的根本保障，以转变政府职能为重点，以政策落实为着力点，统筹推进政府职能转变，提高办事效率，提升服务水平，努力营造公平高效、充满活力的营商环境。

必须始终牢记“两个务必”，认真践行“三严三实”要求，不断改进工作作风，敢于担当、攻坚克难，以抓铁有痕、踏石留印的精神推动工作落实。必须深入推进党风廉政建设和反腐败斗争，严守政治纪律和政治规矩，坚持标本兼治，构建不敢腐、不能腐、不想腐的有效机制，努力实现干部清正、政府清廉、政治清明，为“十三五”发展营造良好环境。

“十三五”规划是全面建成小康社会的重要规划，实施和完成这个规划，将使我省经济社会发展水平和质量迈上一个新台阶。全省广大党员干部和全省人民，要在中共河北省委的坚强领导下，紧密团结在以习近平同志为总书记的党中央周围，高举中国特色社会主义伟大旗帜，解放思想、抢抓机遇、奋发作为、协同发展，加快建设经济强省、美丽河北，为实现“十三五”规划目标任务、全面建成小康社会而努力奋斗！

中共河北省委　河北省人民政府关于坚决打赢脱贫攻坚战的决定

（2015年12月26日）

为认真贯彻习近平总书记关于脱贫攻坚的重要战略思想，全面落实党的十八届五中全会、中央扶贫开发工作会议和省委八届十二次全会精神，根据《中共中央国务院关于打赢脱贫攻坚战的决定》（中发〔2015〕34号），结合我省实际，现就打赢脱贫攻坚战作如下决定。

一、增强打赢脱贫攻坚战的使命感紧迫感

改革开放以来，我省实施大规模扶贫开发，使1963万农村贫困人口摆脱贫困，贫困发生率由35%下降到8.8%，在改善民生、逐步实现共同富裕进程中取得历史性成就。特别是党的十八大以来，我们认真贯彻习近平总书记关于扶贫开发工作重要指示精神，坚持中国特色扶贫开发道路，大力实施精准扶贫、精准脱贫，每年有100万农村贫困人口实现稳定脱贫。但我省扶贫任务依然艰巨，到2014年底农村贫困人口还有486万，燕山、太行山区贫困人口贫困程度较深，脱贫难度更大。到2020年实现农村贫困人口全部脱贫，时间紧迫、任务繁重，扶贫开发工作已进入啃硬骨头、攻坚拔寨的冲刺期。

党的十八届五中全会发出了脱贫攻坚的动员令，中央扶贫开发工作会议制定了“十三五”时期脱贫攻坚的路线图、时间表和任务书。按照中央部署，坚决打赢这场攻坚战，是补齐全面建成小康社会短板的必然要求，是促进全省人民共享改革发展成果的重大举措，是经济发展新常态下促进经济增长的重要途径，是推进京津冀协同发展的迫切需要，是建设经济强省、美丽河北的重大任务。各级党委、政府要自觉肩负起这一重大政治责任，切实增强使命感和紧迫感，夙兴夜寐、激情工作，倒排工期、挂图作战，以更大的决心，以超常规的举措，以决战决胜的信心，坚决打赢脱贫攻坚战，决不让一个贫困群众在全面小康路上掉队。

二、打赢脱贫攻坚战的总体要求

（一）指导思想。

全面落实党的十八大和十八届二中、三中、四中、五中全会精神，以邓小平理论、“三个代表”重要思想、科学发展观为指导，深入学习贯彻习近平总书记系列重要讲话精神，围绕“四个全面”战略布局，充分发挥政治优势和制度优势，坚持创新、协调、绿色、开放、共享的发展理念，全面落实精准扶贫、精准脱贫的基本方略，紧扣扶持谁、谁来扶、怎么扶、如何退这几个关键环节，突出倒计时、路线图、军令状、指挥棒这几个核心问题，坚持扶贫开发与经济社会发展相互促进，坚持扶贫开发与生态保护并重，以燕山——太行山集中连片特困地区、黑龙港流域集中连片特困地区、环首都扶贫攻坚示范区为主战场，以增加贫困群众收入为核心，以培育发展富民产业为主攻方向，以改革开放为动力，统筹现代农业发展、山区综合开发、美丽乡村建设和乡村旅游，走出一条经济效益、社会效益、生态效益同步提升的扶贫新路，举全省之力坚决打赢脱贫攻坚战。

（二）总体目标。

按照“三年集中攻坚、两年巩固提升”的总体思路，分步推进实施。2016—2018年，通过集中力量攻坚，全省90%的贫困县摘帽，90%的贫困村出列，90%的贫困人口实现脱贫；2019—2020年，通过集中扫尾、巩固提升、长效机制建设，解决剩余特困地区和贫困人口的脱贫问题，全面完成脱贫攻坚任务。

到2020年，稳定实现农村贫困人口不愁吃、不愁穿，义务教育、基本医疗和住房安全有保障。实现贫困地区农民人均可支配收入增长幅度高于全省平均水平，基本公共服务主要领域指标接近全省平均水平。确保我省现行标准下农村贫困人口实现脱贫、贫困村全部出列、贫困县全部摘帽。

（三）基本原则。

——坚持党的领导。充分发挥各级党委领导核心作用，严格执行脱贫攻坚一把手负责制，实行省市县乡村五级书记一起抓。

——坚持政府主导。强化政府责任，引领市场、社会协同发力，构建专项扶贫、行业扶贫、社会扶贫互为补充的大扶贫格局。

——坚持群众主体。引导贫困群众自力更生，处理好国家、社会帮扶和自身努力的关系，增强自我发展能力。

——坚持精准扶贫。落实扶持对象精准、项目安排精准、资金使用精准、措施到户精准、因村派人精准、脱贫成效精准的要求，做到扶真贫、真扶贫、真脱贫。

——坚持绿色发展。把生态保护放在优先位置，探索生态脱贫新路子，让贫困人口从生态建设与修复中获得更多实惠。

——坚持市场运作。运用市场思维和市场机制，引进开发主体，引导和推动各类资源要素向贫困地区流动。

——坚持创新驱动。优化和完善扶贫开发路径、扶贫资源使用方式、扶贫开发模式、扶贫考评体系，提高扶贫开发质量和效益。

——坚持统筹推进。把脱贫攻坚与美丽乡村建设、山区综合开发、现代农业发展、乡村旅游发展“五位一体”统筹推进，增强工作协同性，放大整体效益。

三、实施精准扶贫精准脱贫八大专项行动

（一）实施产业和就业脱贫行动。把发展脱贫富民产业作为解决贫困问题的根本途径，建立脱贫产业体系，完善扶持政策，对有劳动能力的340万贫困人口，做到特色产业项目和就业创业服务全覆盖，实现户户有增收项目、人人有脱贫门路。推进现代农业扶贫，突出抓好设施蔬菜、林果、畜牧、食用菌、中药材五大脱贫主导产业，推进“一村一品”产业发展，扶持建设一批贫困人口参与度高的集中连片现代农业示范基地和农业园区。大力发展农产品加工、仓储、物流业，加快一二三产业融合发展，让贫困户更多分享农业全产业链和价值链增值收益。推进旅游扶贫，支持贫困地区创建10个全域旅游目的地和100个3A级以上景区，推进景区与周边贫困村一体规划、一体建设、一体管理，使贫困村、贫困户成为旅游专业村、专业户。推进家庭手工业扶贫，按照企业带动、农户参与、政策扶持、电商营销的思路，培育500个家庭手工业专业村，增加贫困群众非农收入。推进光伏扶贫，集中式、分布式光伏发电项目安排优先向贫困地区倾斜，力争每年用于扶贫项目的规模比重达到50%以上。推进山区综合开发，着力打造特色农业产业带、绿色能源产业带、旅游休闲产业带、美丽乡村示范带、生态环境支撑带，形成100条具有规模效应的扶贫示范沟。引导国有企业、民营企业设立贫困地区产业投资基金，吸引企业到贫困地区从事资源开发、产业园区建设和新型城镇化发展等。大力发展股份合作制经济，密切龙头企业与贫困户的利益联结，保障贫困户在产业发展中获取稳定收益。加大整县推进产业扶贫的工作力度，全省每年选树10个产业脱贫先进县，总结经验、示范带动。

着力提高贫困人口创业就业能力，确保贫困家庭劳动力至少掌握一门致富技能，实现依靠技能脱贫。支持贫困地区建设县乡基层劳动就业和社会保障服务平台，引导和支持用人企业在贫困地区建立劳务培训基地，开展订单定向培训，建立和完善输出地与输入地劳务对接机制。大力支持家政服务、物流配送、养老服务等产业发展，拓展贫困地区劳动力外出就业空间。加大对贫困地区农民工返乡创业政策扶持力度，每个贫困县至少建立1个返乡创业园，对入驻项目提供创业担保贷款、创业指导等服务，符合条件的，按规定给予房租、物业和水电等补贴。对在城镇工作生活一年以上的农村贫困人口，输入地政府要承担相应的帮扶责任，并优先提供基本公共服务，促进有能力在城镇稳定就业和生活的农村贫困人口有序实现市民化。

（二）实施易地搬迁和危房改造脱贫行动。抓住国家加大易地扶贫搬迁力度的有利时机，用足用好国家政策，加大推进力度。按照群众自愿、积极稳妥的原则，对居住在生存条件恶劣、生态环境脆弱、自然灾害频发地区及库区的42万农村贫困人口，加快实施易地扶贫搬迁工程，完善搬迁后续扶持政策，确保搬迁对象搬得出、稳得住、能致富，做到搬迁一户、脱贫一户。科学编制实施规划，把搬迁任务落实到年度、落实到项目、落实到地点、落实到人头，有计划有组织推进。坚持相对集中安置，结合推进新型城镇化，积极引导贫困户向县城、小城镇和园区、景区周边有序转移，集中建设若干上万人的移民安置片区。高度重视解决搬迁户长远生计，实行搬迁安置社区与产业园区“两区同建”，同步抓好工业园区、农业园区、乡村旅游区等建设，同步建设完善配套设施，解决好就近就业、医疗、社保、子女就学等问题。鼓励和支持各地购买公益性岗位用于搬迁户后续扶持，在分配省级财政扶贫资金时作为重要因素予以考虑。

加强对易地扶贫搬迁的政策支持，拓宽资金来源渠道。积极争取国家专项建设基金、国家开发银行和农业发展银行易地扶贫搬迁长期贷款，用好地方债。由国家开发银行、农业发展银行发行的长期贷款，除中央财政贴息90%外，其余10%由省财政贴息。建立易地扶贫搬迁项目投融资主体，依据政府购买服务协议进行融资和项目运作。积极整合交通、建设、农田水利、土地整治、地质灾害防治、林业生态等支农资金和社会资金，支持安置区配套公共设施建设和迁出区生态修复。城乡建设用地增减挂钩政策，优先支持易地扶贫搬迁。探索利用农民进城落户后自愿有偿退出的农村空置房屋和土地安置易地搬迁农户。推动城镇保障性住房政策向贫困地区农村延伸，把搬迁至城镇的贫困人口纳入住房保障范围，采取合作共建、共有产权、先租后售等方式解决其住房困难。把迁并至城镇的村庄和建制镇的棚户区改造纳入棚改范围，为农村贫困人口向城镇转移提供政策支持。

加快推进贫困地区农村危房改造，探索采用贷款贴息、建设集体公租房等多种方式，切实保障贫困户基本住房安全。省级农村危房改造指标70%以上用于贫困县，实现贫困地区符合条件的危房应改尽改，到2020年全部完成现有危房改造。统筹国家和省补助资金，确保贫困地区补助标准高于全省平均标准。将农房抗震改造纳入农村危房改造政策支持范围。

（三）实施生态保护脱贫行动。在重点生态功能区或自然保护区，结合生态环境保护和治理，探索生态脱贫新路子。天然林保护、太行山绿化、“三北”防护林建设、湿地保护与恢复、坡耕地综合整治、退牧还草、水生态治理、农业面源污染治理等重大生态工程，在国家和省政策范围内，在项目安排上进一步向贫困地区倾斜，投资比例不低于年度国家和省投资的40%，提高贫困人口参与度和受益水平。创新生态资金使用方式，利用生态补偿和生态保护工程资金使当地有劳动能力的部分贫困人口转为护林员等生态保护人员。大力发展林下经济，推广林农间作、林药间作、林菌套种、林下养殖等多种模式，带动林果业和观光服务业发展，让贫困人口从经济效益、生态效益、景观效益中获取多重收益。鼓励林场与农村集体荒山所有人、承包荒山的个体户等合作开展造林绿化，组织开发碳汇造林项目，探索创新碳汇扶贫新模式。依托贫困地区森林生态资源，大力发展以森林游憩、度假、疗养、保健、养老等为主要内容的森林康养产业，建设30个森林康养机构。加大燕山——太行山片区及张家口、承德生态环境支撑区转移支付力度。积极争取国家贫困地区生态综合补偿试点，健全公益林补偿标准动态调整机制，完善草原生态保护补助奖励政策。加大贫困地区新一轮退耕还林还草力度。携手京津建立区域生态环境效益共享、建设保护成本共担机制，生态补偿资金重点向贫困地区倾斜。提高京津保生态过渡带农民征地补偿金，优先安置有劳动能力的贫困人口就业。

（四）实施教育脱贫行动。把教育作为阻断贫困代际传递的治本之策，让贫困家庭都能接受公平有质量的教育。自2016年秋季学期开始，在省内公办普通高中、中职学校、普通高校（不含独立学院）就读的建档立卡贫困家庭学生，免学费、免住宿费、免教科书费，享受国家助学金等政策。继续补助农村贫困家庭义务教育阶段寄宿生生活费，免除贫困地区中等职业学校全日制正式学籍在校生学费。全面落实国家助学贷款政策，实现对贫困家庭高校学生全覆盖。大力发展职业教育，加强有专业特色并适应市场需求的中等职业学校建设，指导贫困地区中职学校非涉农专业增设农业技术课程，培养复合型实用技术人才。利用农广校和职教中心等中等职业学校培训新型职业农民，每期15天，全部免除学员的学费、食宿费并实行交通补贴，所需经费从农业、扶贫、职业教育经费中列支。继续实施国家农村贫困地区定向招生专项计划和省属重点高校招收农村学生专项计划，积极争取部委所属高校和东部省份高校增加我省贫困地区招生计划。合理布局贫困地区农村中小学校，推动初中向重点乡（镇）集中，高中和职业教育向县城或产业园区集中。重点支持山区贫困县新建、改建、扩建义务教育阶段寄宿制学校，全部达到省定标准化学校要求。组织省内优质教育资源与贫困地区薄弱学校开展“一对一”结对帮扶。健全学前教育资助制度。稳步推进贫困地区农村义务教育阶段学生营养改善计划。

加大对贫困地区教师队伍建设的支持力度，特岗计划、国培计划向贫困地区基层倾斜，全面落实国家连片特困地区乡村教师每人每年3000元生活补助政策，建立乡村教师荣誉制度。制定符合基层实际的教师招聘引进办法，建立省级统筹乡村教师补充机制。

（五）实施社保政策兜底脱贫行动。坚持脱贫攻坚不留死角，对146万完全或部分丧失劳动能力的贫困人口，全部纳入农村低保范围，通过社会保障实现脱贫。进一步加强农村低保家庭经济状况核查工作，将所有符合条件的贫困家庭成员全部纳入低保范围，做到应保尽保。加快建立动态管理机制，实现保障对象有进有出。加大农村低保省级统筹力度，尽快实现农村最低生活保障制度与扶贫开发政策有效衔接，农村低保标准自2016年1月起提高到扶贫标准，实现“两线合一”，并根据物价上涨水平每年进行调整。新增支出除中央财政转移支付外，不足部分由省市县财政分级负担，以省为主，鼓励有条件的地方提高农村低保标准。加快完善城乡居民基本养老保险制度，适时提高基础养老金标准，引导农村贫困人口参保续保，逐步提高保障水平。提高农村特困人员供养水平，探索社会力量参与农村养老机构建设管理的途径和方式。落实临时救助制度。健全留守儿童、留守妇女、留守老人和残疾人关爱服务体系。

（六）实施医疗保险和医疗救助脱贫行动。着眼消除因病致贫、因病返贫现象，积极推进健康扶贫，保障贫困人口享有基本医疗卫生服务，实施基本医疗保险、大病保险、医疗救助三重医疗保障。对贫困人口参加新型农村合作医疗个人缴费部分由财政给予补贴。大病保险等对农村贫困人口实行政策倾斜，起付线在现有基础上降低50%，适当提高报销比例和最高保障限额，自2016年起，最高保障限额提高到30万元，以后逐年增加，所需资金从城乡居民基本医疗保险基金增量资金和以前年度结余中列支。将贫困人口全部纳入重特大疾病救助范围，对因患慢性病需长期服药或患重特大疾病需长期门诊治疗，导致自付费用较高的医疗救助对象，给予门诊救助；救助对象在定点医疗机构发生的政策范围内住院费用中，经新型农村合作医疗和大病保险支付后的个人负担费用，在年度救助限额内按不低于70%的比例给予救助。对贫困人口大病实行分类救治和先诊疗后付费的结算机制。门诊统筹率先覆盖所有贫困地区，降低贫困人口大病费用实际支出。

全面提升贫困地区医疗服务能力和水平。为贫困地区县乡医疗卫生机构订单定向免费培养医学类本专科学生，支持贫困地区实施全科医生和专科医生特设岗位计划。组织全省三级医院（含军队和武警部队医院）与贫困县县级医院开展“一对一”帮扶。

整合城镇居民基本医疗保险和新型农村合作医疗两项制度，建立统一的城乡居民基本医疗保险制度。按照统一制度、整合政策、均衡水平、完善机制、提升服务的总体思路，统一覆盖范围、统一筹资政策、统一保障待遇、统一医保目录、统一定点管理、统一基金管理，积极构建保障更加公平、管理服务更加规范、医疗资源利用更加有效的城乡居民基本医疗保险制度。推动实现医疗、医保、医药“三医联动”，推动基本医疗保险、大病保险、医疗救助、商业健康保险、社会慈善等衔接配合，努力构建多层次的医疗保障体系。

（七）实施基础设施脱贫行动。坚持把基础设施作为扶贫开发的先决条件，大力推进水、电、路、环境治理等基础设施建设，破除贫困地区发展瓶颈制约。加强贫困地区道路交通建设，加快太行山高速及国省干线公路建设，建成燕山东西、太行山区南北、黑龙港流域1500公里高速公路通道，1500公里国省干线通道，1500公里县域公路通道，建设改造贫困地区农村公路1.5万公里，推动一定人口规模的自然村通公路。进一步提高贫困地区公路建设补助标准，通村公路补助标准提高50%。加快完善贫困地区城乡客运网络，提高乡（镇）公交化运营率。加强贫困地区水利建设，谋划建设乌拉哈达水库枢纽工程和石湖等一批中小型水库，推进贫困地区灌区续建配套与节水改造，小型农田水利、“五小水利”工程等向贫困村倾斜。支持贫困地区抗旱应急水源、山洪灾害防治，开展山区小流域综合治理，扶持贫困地区农村水电开发。实施农村饮水安全巩固提升工程，确保贫困县农村群众全部吃上干净水。加强贫困地区农村电网建设，2018年前全部完成贫困村升级改造，制定贫困村通动力电规划，提升贫困地区电力普遍服务水平。

把美丽乡村建设作为提升贫困地区基础设施水平的综合性抓手，加强贫困地区人居环境整治。按照环境美、产业美、精神美、生态美的要求，自2016年起，在3年内补助每个贫困村50万元（已开展基层建设年驻村帮扶和建成美丽乡村的除外），支持贫困村生活垃圾处理、污水治理、村庄绿化美化和改房、改厕、改厨等方面建设。每年将不少于1000个贫困村纳入美丽乡村建设实施范围。增加贫困地区以工代赈投入，支持农村山、水、林、田、路等建设。财政支持的微小型建设项目，涉及贫困村的，允许按照一事一议方式直接委托村级组织自建自管。

（八）*实施“互联网＋”扶贫行动*。把握信息化步伐加快的大趋势，加强信息基础设施建设，尽快缩小贫困地区与其他地区的“数字鸿沟”，以“互联网＋”推动新的扶贫变革。大力实施宽带乡村工程，推进光纤、宽带向贫困地区延伸，确保到2017年80%的贫困地区行政村通光纤，实现4G基站网络全覆盖。全面推进电子商务扶贫工程，加快贫困地区物流配送体系建设，支持邮政、供销合作等系统在贫困乡村建立服务网点，支持电子商务企业拓展农村业务，加强贫困地区农产品网上销售平台建设，到2016年贫困县全部建成实体特色馆，基本实现贫困村电子商务服务站全覆盖。对贫困村开设服务站省财政给予每村6000元补助，对贫困家庭开设网店给予网络资费补助、小额信贷等支持，符合条件的网店经营业主同等享受创业就业优惠政策。加强贫困地区电子商务人才培训，鼓励引导大中专毕业生、个体工商户、农村致富带头人、“两后生”等开设网店，培育贫困地区新型市场主体。探索“互联网＋金融扶贫”“互联网＋旅游扶贫”等模式，加快推动众创、众包、众扶、众筹等扶贫新模式新业态发展。

大力支持革命老区和民族地区脱贫攻坚。加快实施重点贫困革命老区振兴发展规划，扩大革命老区财政转移支付规模，各类扶持政策进一步向贫困革命老区倾斜，实现民生政策全面覆盖，社会事业全面提升，人民福祉全面增进。突出解决基础设施、城镇化、工业化、综合开发和教育滞后等问题，优先布局一批交通、水利、能源等重大工程项目，优先安排实施新一轮退耕还林还草等重点生态工程，优先支持开展新型城镇化综合试点和产城融合示范区建设，优先促进教育文化卫生等社会事业发展。主动对接中央企业定点帮扶贫困革命老区“百县万村”活动，争取项目、资金、技术、人才等支持。加强发达地区与贫困革命老区干部人才交流和对口帮扶，广泛动员社会力量参与贫困革命老区开发建设，形成捐资捐赠助老区、志愿服务爱老区、结对帮扶进老区、村企共建帮老区、技能培训兴老区、资源开发富老区、产业培育强老区、市场开拓活老区的新局面。加快推进少数民族县重大基础设施项目和民生工程建设。制定和落实支持民族地区脱贫攻坚的特殊政策。

四、健全打赢脱贫攻坚战政策支撑体系

（一）*加大财政扶贫投入力度*。发挥政府投入在扶贫开发中的主体和主导作用，积极开辟扶贫开发新的资金渠道，确保政府扶贫投入力度与脱贫攻坚任务相适应。省级财政优先安排扶贫资金并保持逐年增长，2016年比2015年翻一番。继续加大对贫困地区转移支付力度，一般性转移支付资金、各类涉及民生的专项转移支付资金和预算内投资进一步向贫困地区和贫困人口倾斜。农业综合开发、农村综合改革转移支付等涉农资金明确一定比例用于贫困村。省市两级安排的各项惠民政策、项目和资金，最大限度地向贫困地区、贫困人口倾斜。自2016年起，各级财政通过扩大支出规模，增加对贫困地区水、电、路、气、网等基础设施建设和基本公共服务的投入。对国家和省在贫困地区安排的公益性建设项目，取消县级配套资金，并加大省级财政投资比重。建立健全脱贫攻坚多规划衔接、多部门协调长效机制，按照权责一致的原则，对农业、林业、水利、国土资源、交通运输、电力、教育、扶贫、医疗、农业开发等方面的涉农资金，除国家和省有政策要求外，统一切块到贫困县，由贫困县自主确定脱贫项目，实行资金捆绑集中使用。省财政厅、省审计厅、省扶贫办抓紧出台整合涉农资金支持脱贫攻坚的实施意见。

发挥好财政资金撬动作用，注重运用市场化办法，创新财政支农方式，实现财政资金效应成倍放大。积极推广政府与社会资本合作、政府购买服务、政银保等模式，完善财政促进金融支农奖补政策。支持贫困村大力发展村集体经济，扶持村级集体经济发展试点资金优先向符合条件的贫困村安排。

（二）*加大金融扶贫力度*。围绕解决贫困地区金融服务成本高、风险大，融资难、融资贵等问题，采取综合措施，鼓励和引导各类金融机构加大对扶贫开发的金融支持，下大力扩大贫困户贷款覆盖率。支农再贷款向扶贫开发倾斜，落实扶贫再贷款，实行比支农再贷款更优惠的利率，重点支持贫困地区特色产业发展和贫困人口就业创业。中国农业银行、邮政储蓄银行等金融机构要向贫困乡村延伸服务网络，创新金融产品，增加贫困地区信贷投放，农村信用社对贫困户的信贷投放比例不低于60%。开展农村基层党组织与基层金融机构“双基联动”合作贷款试点。对有稳定还款来源的扶贫项目，允许采用过桥贷款方式，撬动信贷资金投入。建立和完善贫困地区扶贫贷款财政贴息、风险补偿和融资担保机制，支持农村信用

社、邮政储蓄银行等金融机构为有生产经营能力的建档立卡贫困户提供5万元以下、3年期以内免担保、免抵押的扶贫小额信贷，由财政按基础利率贴息。积极推进县乡村三级金融服务网络建设，县级设立金融服务中心，乡级设立金融服务部，村级设立金融服务站。优先支持贫困地区设立村镇银行、小额贷款公司等机构，支持贫困地区培育发展农民资金互助组织，开展农民合作社信用合作试点。稳步推进林权抵押贷款。积极发展扶贫小额贷款保证保险，对贫困户保证保险保费予以补助。扩大农业保险覆盖面，支持贫困地区开展特色农产品价格保险。

抓紧建立省市及重点县金融扶贫体系和平台建设，运用农业扶贫开发创业投资引导基金设立扶贫开发股权投资基金。贫困县建立扶贫开发投资平台，统一承接中国农业发展银行、国家开发银行中长期低息贷款，专门用于支持扶贫项目建设。每个贫困县通过财政资金引导、社会资本和金融资本参股等方式，设立资本金不少于1亿元的融资担保公司，重点开展扶贫担保业务。建立驻冀金融机构“一对一”支持贫困县工作机制。

（三）*加大扶贫开发用地支持力度。*支持贫困地区调整完善土地利用总体规划，将具备开发条件、未纳入规划的宜耕未利用地资源纳入整治范围，拓展开发空间。积极开展国家工矿废弃地复垦利用、城镇低效用地再开发和低丘缓坡荒滩等未利用地开发利用试点。除年度正常安排的土地指标外，省每年从新增用地指标中拿出1万亩专项用于支持贫困县重点项目建设，优先保障扶贫开发用地需要。土地整治工程和项目安排、高标准基本农田建设计划和补助资金分配下达，向贫困地区倾斜。对燕山——太行山集中连片特困地区和国家扶贫开发工作重点县所需增减挂钩指标、工矿废弃地复垦利用计划予以保障，结余指标可在省域范围内挂钩使用。对耕地后备资源丰富的贫困地区优先安排耕地开垦项目，允许补充耕地指标在全省范围内有偿转让，贫困县安排不低于收益的20%用于扶贫开发，非贫困县安排不低于收益的15%用于扶贫开发。

（四）*加大资产收益脱贫机制建设力度。*在确保不改变用途的情况下，财政专项扶贫资金和其他涉农资金投入设施农业、养殖、光伏、水电、乡村旅游等项目形成的资产，具备条件的可折股量化给贫困村和贫困户，优先安排丧失劳动能力的贫困户。允许财政扶持资金投入扶贫龙头企业、农民合作社等经营主体，并将财政资金投入形成的资产，以股权形式全部量化给扶贫对象。资产可由村集体、合作社或其他经营主体统一经营。强化监督管理，明确资产运营方对财政资金形成资产的保值增值责任，建立健全收益分配机制，确保资产收益及时回馈持股贫困户。在不改变农村集体土地所有权和农民宅基地使用权的前提下，允许农村居民与城镇居民合作建房、租赁合作经营房产，共享收益。探索建立生态旅游资源有偿使用和收益分享制度，实行生态和资源股权适当分配到贫困户，使其获取稳定收益。贫困地区水电、矿产等资源开发赋予土地被占用的村集体股权，让贫困人口分享资源开发收益。

大力发展股份合作制经济。继续推行政府＋龙头企业＋金融机构＋科研机构＋合作社＋农户“六位一体”模式，支持贫困村组建法人合作社和股份合作体，将项目和资金到户转为资本和权益到户，实现资源变资本、资金变股金、农民变股东、自然人农业变法人农业。

五、强化打赢脱贫攻坚战的工作保障

（一）*强化领导责任。*实行“省负总责、市抓协调、县抓落实”的脱贫工作机制，落实党政一把手负总责的扶贫开发工作责任制。各市党委、政府要把贫困县如期摘帽、贫困人口如期全面脱贫作为一项重大战略任务，贫困县党委、政府承担脱贫攻坚的主体责任，把主要精力集中到贫困县摘帽上来，党政主要负责同志是第一责任人。省市县乡村五级书记要把脱贫攻坚扛在肩上、抓在手上。省对有扶贫攻坚任务的9个市、市对贫困县层层签订脱贫攻坚责任书。有扶贫攻坚任务的9个市、62个贫困县党政主要负责同志每年向省委、省政府报告扶贫开发工作进展情况。省直各部门要按照职责落实扶贫开发责任，实现部门专项规划与脱贫攻坚规划有效衔接，充分运用行业资源做好扶贫开发工作。加强省市县扶贫开发领导小组建设，有扶贫任务的9个市、国家及省扶贫开发工作重点县扶贫开发领导小组组长分别由市委书记、市长和县委书记、县长担任，实行“双组长”制。强化各级扶贫开发领导小组统筹协调、检查考核等职能，确保脱贫攻坚各项工作扎实推进。

改进县级干部选任机制，选好配强贫困县党政主要负责同志，脱贫攻坚期内贫困县县级领导班子保持稳定。要把脱贫攻坚实绩作为选拔任用干部的重要依据，在脱贫攻坚第一线考察识别干部，激励各级干部到脱贫攻坚主战场上大显身手。把贫困地区作为锻炼培养干部的重要基地，对表现优秀、符合条件的可以就地提级。

（二）*强化社会扶贫。*落实京津冀协同发展规划纲要，加快启动京津两市的县（区）对口帮扶我省贫困县，建立工作机制，编制专项规划，提高帮扶成效。完善对口帮扶机制，加强与定点帮扶我省的中央、国家机关和有关单位务实对接，健全联络协调机制。切实加强机关、企事业单位定点扶贫工作，加大省内定点帮扶力度，坚持发挥单位、行业优势与立足贫困地区实际相结合，主要领导直接抓，多方筹措资源，选派优秀干部，进一步提高定点扶贫的精准度和有效性。完善社会参与机制，组织省市县乡各级干部帮扶贫困户，实现“一帮一”全覆盖。开展“千企帮千村”精准扶贫行动，吸纳农村贫困人口就业的企业，按规定享受税收优惠、职业培训补贴等就业支持政策。鼓励有条件的企业设立扶贫公益基金、开展扶贫公益信托。积极引导社会组织扶贫，广泛动员公民个人扶贫，深入实施扶贫志愿者行动计划和社会工作专业人才服务贫困地区计划，动员驻冀部队、武警部队参与扶贫。发挥好扶贫日社会动员作用。建立社会扶贫网络信息平台，动员社会公众以结对帮扶、定向捐助等形式参与精准扶贫。

（三）*强化考核督查。*抓紧出台贫困县扶贫绩效考核办法，大幅度提高减贫成效考核权重。对9个有扶贫任务的市，根据脱贫任务轻重，设置不同权重，把扶贫工作考核权重提高到10%。对贫困县实行单独考核，其中45个国定县、片区县减贫成效考核权重占到70%以上，17个省定县减贫成效考核权重占到50%以上，引导贫困县党委、政府把主要精力聚焦到脱贫攻坚上来。健全完善贫困户、贫困村、贫困县退出机制，对摘帽的贫困县，在攻坚期内实行“摘帽不摘政策”，对已脱贫的农户，在一定时期内让其继续享受扶贫相关政策，避免出现边脱贫、边返贫现象。加强对扶贫工作绩效的社会监督，开展贫困地区群众扶贫满意度调查，建立对扶贫政策落实情况和扶贫成效的第三方评估机制。树立“早摘帽有好处、晚摘帽有约束”的导向，对工作成效突出、提前摘帽的贫困县给予奖励。鼓励环首都扶贫攻坚示范区县率先摘帽，发挥示范引领作用。抓紧制定对省直部门行业扶贫、定点扶贫、驻村帮扶等工作的考核办法。省市县党委、政府要把脱贫攻坚纳入督查重点，每半年开展一次综合督查。对未完成年度减贫任务的贫困县，省扶贫开发领导小组对其党政主要负责同志进行约谈和责任追究。严格落实贫困县约束机制，严禁铺张浪费，厉行勤俭节约，严控“三公”经费，坚决刹住“穷县富衙”“戴帽炫富”之风。加强财政监督检查和审计、稽查等工作，对扶贫领域虚报冒领、截留私分、贪污挪用、挥霍浪费等违法违规问题，坚决从严惩处。推进扶贫开发法治建设，抓紧制定《河北省扶贫开发条例》。

（四）强化大数据支撑。依托国家扶贫开发建档立卡系统，建设精准扶贫大数据库。按照“五看、五不录、六优先”的要求，定期对建档立卡贫困村、贫困户进行全面核查，精准识别，有进有出，动态管理，一年一调整，及时更新数据信息。唐山、廊坊市及全省各市辖区、管理区、高新区、经济开发区立足本地实际，自行确定农村贫困人口识别标准、贫困规模。建立精准扶贫大数据管理平台，利用大数据和移动互联网技术，实现省市县乡村五级纵向互通，扶贫与有关部门横向互联，以信息精准、数据精准推动精准扶贫、精准脱贫。加强农村贫困监测调查与数据统计分析，为领导决策、完善政策提供科学依据。

（五）强化扶贫工作力量。完善驻村帮扶机制，7366个建档立卡贫困村每村选派驻村工作队和第一书记，工作队长和第一书记重点从优秀年轻干部、后备干部中选派。第一书记可兼任工作队长，对驻村工作队和第一书记严格管理、严格考核。第一书记任期不少于两年，不脱贫不脱钩，早脱贫早脱钩。严格落实帮扶单位责任，强化组织协调和工作保障。省市县财政按照分级承担、分级负责的原则，安排必要的工作经费。建立与脱贫攻坚工作要求相适应的扶贫开发机构和队伍。扶贫任务重的市和62个贫困县要有负责扶贫工作的机构，配强班子，配足编制，完善职能，充实力量。扶贫任务重的乡（镇）要有专门人员负责。大力抓好乡镇党委书记、村党支部书记和农村致富带头人“三支队伍”建设，精准选好配强乡村两级党组织书记。深化“一定三有”机制，提高农村基层干部待遇，农村党组织书记基础职务补贴按照不低于2014年当地农村居民人均纯收入2倍标准发放。对表现优秀、成效突出的乡村干部、第一书记和驻村工作队实行年度专项奖励。依托省市县三级党校，加大贫困地区县乡村三级干部和扶贫干部培训力度，全面提升扶贫干部队伍能力水平。

河北省大气污染防治条例

（2016年1月13日河北省第十二届人民代表大会第四次会议通过）

目 录

第一章 总 则
第二章 大气污染防治的规划和标准
第三章 大气污染防治措施
第一节 燃煤和其他能源污染防治
第二节 工业污染防治
第三节 扬尘污染防治
第四节 机动车船和非道路移动机械污染防治
第五节 其他污染防治
第四章 重污染天气应对
第五章 重点区域联合防治
第六章 监督检查
第七章 法律责任
第八章 附 则

第一章 总 则

第一条 为保护和改善环境，防治大气污染，保障公众健康，推进生态文明建设，促进经济社会可持续发展，根据《中华人民共和国大气污染防治法》等有关法律法规的规定，结合本省实际，制定本条例。

第二条 本条例适用于本省行政区域内的大气污染防治。

第三条 防治大气污染，应当以改善大气环境质量为目标，遵循源头治理、规划先行，突出重点、防治结合，政府主导、公众参与的原则。

第四条 各级人民政府对本行政区域内的大气环境质量负责。

县级以上人民政府应当将大气污染防治工作纳入国民经济和社会发展规划，合理规划城镇布局和工业发展布局，优化产业结构和能源结构，加强生态建设，改善大气环境质量。

第五条 县级以上人民政府环境保护主管部门对本行政区域内的大气污染防治实施统一监督管理。

县级以上人民政府其他有关部门在各自职责范围内对大气污染防治实施监督管理：

（一）县级以上人民政府发展和改革、工业和信息化部门负责煤炭消费总量控制，优化产业和能源结构以及布局调整，组织推动工业企业技术改造和升级、落后产能淘汰计划实施，加大清洁能源利用，发展循环经济，制定和完善大气环境保护等相关政策；

（二）县级以上人民政府公安、交通运输、商务等部门对机动车以及非道路移动机械、油气回收治理等实施监督管理；

（三）县级以上人民政府住房和城乡建设、国土资源、交通运输、城市管理、工业和信息化等部门对建筑扬尘、矿山扬尘、道路扬尘、企业料堆场等实施监督管理；

（四）县级以上人民政府城市管理、公安、工商、食品监督、农业等部门对餐饮服务、露天烧烤、原煤散烧、秸秆禁烧等实施监督管理；

（五）县级以上人民政府农业、林业、畜牧等部门对农业生产、畜禽养殖造成的大气污染等实施监督管理；

（六）县级以上人民政府交通运输、渔业部门、海事机构对船舶大气污染物排放实施监督管理。

乡（镇）人民政府和街道办事处在县（市、区）人民政府的指导下，根据本地区的实际，组织开展大气污染防治工作。

第六条 企业事业单位和其他生产经营者应当遵守法律法规的规定，健全环境保护管理制度，落实岗位责任制，如实向社会公开环境信息，自觉接受环境保护主管部门和其他负有大气环境保护监督管理职责的部门监督管理。加强清洁生产管理，采取有效措施，防止和减少大气污染，对所造成的损害依法承担责任。

公民应当增强大气环境保护意识，采取低碳、节俭、绿色的生活方式，自觉履行大气环境保护责任。

第七条 本省实行大气环境质量目标责任制和考核评价制度。省人民政府制定考核奖惩办法，对各设区的市、县（市、区）大气环境质量改善目标、大气污染防治重点任务完成情况实施考核。考核结果应当向社会公开。

第八条 县级以上人民政府应当加大对大气污染防治的财政投入，加强大气污染防治资金的监督管理，提高资金使用效益。

各级人民政府对开展技术改造、能源替代的企业事业单位和其他生产经营者应当给予扶持和帮助。

鼓励和支持社会资本参与大气污染防治，引导金融机构增加对大气污染防治项目的信贷支持。

第九条 省、设区的市人民政府应当鼓励和支持大气污染防治科学技术研究，开展对大气污染来源及其变化趋势的分析，编制大气污染物源排放清单，推广和应用先进的防治技术，发挥科学技术在大气污染防治中的支撑作用。

县级以上人民政府有关部门应当引导、服务企业事业单位和其他生产经营者，增强大气环境保护意识，采取有效措施，防止和减少大气污染。

第十条 各级人民政府对在防治大气污染、保护和改善大气环境方面成绩显著的单位和个人给予奖励。

机关、社会团体、学校、新闻媒体、基层群众性自治组织等，应当加强大气环境保护宣传和教育，普及大气污染防治法律法规和科学知识，提高公众的大气环境保护意识，推动公众参与大气环境保护。

第二章 大气污染防治的规划和标准

第十一条 未达到国家大气环境质量标准的设区的市人民政府应当按照国家和本省大气污染防治目标要求和区域大气环境质量状况，制定大气环境质量限期达标规划和大气污染防治年度实施计划，并采取严格的大气污染控制措施，按期达到规定的大气环境质量标准。

达到国家大气环境质量标准的设区的市人民政府应当按照国家和本省要求，制定大气环境质量持续改善措施。

大气环境质量达标规划和大气污染防治年度实施计划以及实施效果应当向社会公开，并适时进行评估、修订。

第十二条 省人民政府可以对国家大气环境质量标准和污染物排放标准中未作规定的，制定本省地方标准；对国家大气污染物排放标准中已作规定的，可以制定严于国家标准的地方标准，并报国务院环境保护主管部门备案。

省人民政府根据大气环境质量标准、主体功能区划和经济技术条件，合理确定本省重点产业发展布局、结构和规模，制定并完善大气环境功能区划。

第十三条 省人民政府应当组织有关部门或者委托专业机构，对大气环境状况进行调查、评价，建立大气环境承载能力监测预警机制。

第十四条 县级以上人民政府应当统筹考虑区域环境资源承载能力，合理确定重点产业和能源结构，制定和推行有利于大气污染防治的经济政策，促进污染企业进行技术改造与产业升级。

县级以上人民政府应当优化产业布局，逐步将钢铁、水泥、平板玻璃、化学合成制药、有色金属冶炼、化工等重污染企业搬出城市建成区和生态红线控制区。在完成落实技术改造措施和达到排放污染防治标准要求后，迁入工业园区。

第十五条 本省实行重点大气污染物排放总量控制制度，逐步削减重点大气污染物排放总量。

省人民政府结合经济社会发展水平、环境质量状况、产业结构，将重点大气污染物排放总量控制指标，分解落实到设区的市、县（市）人民政府。设区的市、县（市）人民政府按照公开、公平、公正的原则，将重点大气污染物排放总量控制指标分解落实到排污单位。排污单位不得超过总量控制指标排放大气污染物。

第十六条 本省在严格控制重点大气污染物排放总量、实行排放总量削减计划的前提下，按照有利于总量减少的原则，逐步推行重点大气污染物排污权和碳排放权交易。

第十七条 本省实行大气污染物排污许可管理制度。向大气排放工业废气或者有毒有害大气污染物的企业事业单位、集中供热设施的燃煤热源生产运营单位，以及其他依法实行排污许可管理的单位，应当依法取得排污许可证。禁止无排污许可证或者不按照排污许可证的规定排放大气污染物。

向大气排放污染物的排污单位，应当按照国家和本省规定，设置大气污染物排放口及其标志。除因发生或者可能发生安全生产事故或者突发环境事件需要通过应急排放通道排放大气污染物外，禁止通过其他排放通道排放大气污染物。

第十八条 向大气排放污染物的重点排污单位，应当按照国家和本省有关规定安装使用大气污染物排放自动监测设备，并与环境保护主管部门的监控设备联网，保证监测设备正常运行并依法公开排放信息。

重点排污单位不得破坏、损毁或者擅自拆除、闲置大气污染物排放自动监测设备，不得篡改、伪造监测数据。

第十九条 鼓励和支持社会资本投入大气环境治理领域，推行大气污染第三方治理，提高治理专业化水平和治理效果。

排污单位承担大气污染治理的主体责任，可以委托具有相应资质的第三方，代其运营大气污染防治设施或者实施大气污染治理。接受委托的第三方，应当遵守环境保护法律法规和相关技术标准以及排污企业委托要求，承担约定的污染治理责任。

第二十条 对超过国家或者本省重点大气污染物排放总量控制指标、未完成国家或者本省确定的大气环境质量目标的地区，省人民政府环境保护主管部门应当暂停审批新增重点大气污染物排放总量的建设项目环境影响评价文件。

第二十一条 县级以上人民政府应当科学编制并严格实施城市规划，建立有利于大气污染物扩散的城市和区域空间格局，设置和预留区域生态过渡带和生态保护区。

县级以上人民政府应当按照主体功能区划合理规划工业园区的布局。新建产生大气污染物的工业项目，应当严格环境准入，按照有利于减少大气污染物排放、资源循环利用和集中治理的原则，集中安排在工业园区建设。

第三章　大气污染防治措施

第一节　燃煤和其他能源污染防治

第二十二条　省人民政府发展和改革部门应当会同有关部门，根据经济社会发展需求以及区域环境资源承载能力等条件，制定区域煤炭消费总量控制规划和削减目标，逐步降低煤炭在一次能源消费中的比重，重点削减工业用煤和民用煤使用量，实现煤炭消费负增长。

设区的市和县（市、区）人民政府应当根据区域煤炭消费总量控制规划和削减目标，制定本级的区域煤炭消费总量控制计划并组织实施。

第二十三条　设区的市人民政府应当根据大气环境质量改善要求，将不低于城市建成区面积百分之八十的范围划定为高污染燃料禁燃区。县（市、区）人民政府可以根据实际情况划定高污染燃料禁燃区范围。

禁燃区内不得新建燃烧煤炭、重油、渣油等高污染燃料的设施；现有燃烧高污染燃料的设施，应当限期改用清洁能源；未改用清洁能源替代的高污染燃料设施，应当配套建设先进工艺的脱硫、脱硝、除尘装置或者采取其他措施，控制二氧化硫、氮氧化物和烟尘等排放；仍未达到大气污染物排放标准的，应当停止使用。

禁燃区内禁止原煤散烧。

第二十四条　各级人民政府应当加强煤炭质量管理，禁止生产、进口、运输、销售和使用不符合标准的煤炭，鼓励燃用优质煤炭。

煤炭使用单位应当采用先进洁净煤技术，提高煤炭利用效率，降低大气污染物排放。

第二十五条　县级以上人民政府应当限期淘汰不符合国家规定规模的燃煤锅炉，加快改造燃煤锅炉和燃煤工业窑炉，推广使用清洁燃料。

禁止燃煤锅炉、燃煤工业窑炉、单位使用或者经营性的炉灶等设施排放明显可见黑烟。

第二十六条　县级以上人民政府应当统筹规划城市建设，发展热电联产和集中供热。

新建项目禁止配套建设自备燃煤电站。除热电联产外，禁止审批新建燃煤发电项目，现有多台燃煤机组装机容量合计达到国家规定要求的，可以按照煤炭等量替代的原则建设为大容量燃煤机组。

具备稳定热源的集中供热区域和联片采暖区域内的热力用户，应当使用集中供应的热源，不得建设分散的燃煤供热设施，原有分散的中小型燃煤供热设施应当限期拆除。

推广集中供热计量收费，提高供热效率，降低能源消耗。

第二十七条　各级人民政府应当采取以下措施，加强农村燃煤污染治理：

（一）推广使用民用清洁燃烧炉具，加快淘汰低效直燃式高污染炉具，严禁生产、销售、使用不符合环保要求的炉具；

（二）加强洁净型煤、优质煤炭的推广使用，实现农村地区洁净型煤配送网点建设全覆盖，严禁使用高硫分和劣质煤炭；

（三）推广太阳能、电能、燃气、沼气、地热等使用，加强农作物秸秆能源化，推进农村清洁能源的替代和开发利用。

第二节　工业污染防治

第二十八条　省人民政府工业和信息化部门会同省发展和改革、环境保护、质量监督等部门，按照国家淘汰落后生产工艺设备和产品指导目录，提出本省淘汰落后生产工艺、设备和产品目录，报省人民政府批准后实施。

企业事业单位和其他生产经营者应当在规定期限内，淘汰列入前款名录的生产工艺、设备和产品。

第二十九条　根据国家产业政策，严格控制新建、改建、扩建钢铁、水泥、平板玻璃、化学合成制药、有色金属冶炼、化工等工业项目。

现有大气重污染工业项目应当按照国家和本省有关规定开展清洁生产审核。

第三十条　对产能严重过剩行业、大气重污染企业，实行阶梯排污收费、差别信贷、差别水价、惩罚性电价。

第三十一条　在生产经营过程中产生有毒有害大气污染物的，排污单位应当安装收集净化装置或者采取其他措施，达到国家和本省规定的排放标准。

禁止直接排放有毒有害大气污染物。

第三十二条　用于工业生产的锅炉应当达到国家和本省规定的锅炉大气污染物排放标准，并标明燃料要求和大气污染物排放控制指标。

第三十三条　产生含挥发性有机物废气的生产和服务活动，应当在密闭空间或者设备中进行，并按照规定安装、使用污染防治设施；无法密闭的，应当采取措施减少废气排放。

禁止在人口集中地区从事露天喷漆、喷涂、喷砂、制作玻璃钢以及其他散发有毒有害气体的作业。

第三十四条　工业生产、垃圾填埋或者其他活动产生的可燃性气体应当回收利用，不具备回收利用条件的，应当采取污染防治措施。

可燃性气体回收利用装置不能正常作业的，应当及时修复或者更新。在回收利用装置不能正常作业期间确需排放可燃性气体的，应当将排放的可燃性气体充分燃烧或者采取其他控制措施，并向所在地人民政府环境保护主管部门报告，按照要求限期修复或者更新。

第三十五条　工业涂装企业应当使用低挥发性有机物含量的涂料，并建立台账，记录生产原料、辅料的使用量、废弃量、去向以及挥发性有机物含量。台账保存期限不得少于三年。

石油、化工、制药、印刷等产生挥发性有机物的工业企业，在生产过程中应当采取收集、处理等措施，确保达标排放。

第三十六条　石油、化工以及其他生产和使用有机溶剂的单位，应当建立泄漏检测与修复制度，对管道、设备进行日常维护、维修，及时收集处理泄露物料。

新建储油库、储气库、加油加气站以及新登记油罐车、气罐车，应当按照国家标准配套安装油气回收系统并正常使用；已建储油库、储气库、加油加气站以及在用油罐车、气罐车，应当按照国家规定的标准和期限完成油气回收综合治理。

第三节　扬尘污染防治

第三十七条　从事各类工程建设等施工活动以及物料运输、堆放和其他产生扬尘污染物的建设单位和施工单位，应当向所在地人民政府负责监督管理扬尘污染防治的主管部门备案，并采取措施防止产生扬尘污染。

第三十八条　建设单位应当将施工扬尘污染防治费用纳入工程预算，并在施工合同中明确施工单位扬尘污染防治责任，施工单位应当制定具体施工扬尘污染防治方案并负责实施。

建设单位和施工单位应当遵守下列规定：

（一）开工前，在施工现场周边设置围挡并进行维护；暂未开工的建设用地，对裸露地面进行覆盖；超过三个月未开工的，应当采取临时绿化等防尘措施；

（二）在施工现场出入口公示施工现场负责人、环保监督员、扬尘污染控制措施、举报电话等信息；

（三）在施工现场出口处设置车辆冲洗设施并配套设置排水、泥浆沉淀设施，施工车辆不得带泥上路行驶，施工现场道路以及出口周边的道路不得存留建筑垃圾和泥土；

（四）施工现场出入口、主要道路、加工区等采取硬化处理措施；

（五）在施工工地内堆放水泥、灰土、砂石等易产生扬尘污染的物料，以及工地堆存的建筑垃圾、工程渣土、建筑土方应当采取遮盖、密闭或者其他抑尘措施；

（六）装卸和运输渣土、砂石、建筑垃圾等易产生扬尘污染物料的，应当采取完全密闭措施；

（七）出现重污染天气状况时，施工单位应当停止土石方作业、拆除工程以及其他可能产生扬尘污染的施工建设行为。

第三十九条　矿产资源开采、加工企业应当采用减尘工艺、技术和设备，采取洒水喷淋、运输道路硬化等抑尘措施，落实矿山生态恢复有关规定。

第四十条　企业料堆场应当按照有关规定进行封闭，不能封闭的应当安装防尘设施或者采取其他抑尘措施。装卸易产生扬尘的物料时，应当采取密闭或者喷淋等抑尘措施。

垃圾填埋场、建筑垃圾以及渣土消纳场，应当按照相关标准和要求采取抑尘措施。

第四十一条　城镇道路应当使用低尘机械化湿式清扫作业方式，进行降尘或者冲洗；采用人工方式清扫的，应当符合作业规范，减少扬尘。

运输渣土、砂石、建筑垃圾等易产生扬尘污染物料的车辆应当密闭，物料不得沿途散落或者飞扬，并按照规定路线行驶。

第四十二条　各级人民政府应当积极推动对裸露农田和农村荒地的治理，防治扬尘污染。

县级以上人民政府住房和城乡建设、城市管理、水利等部门按照职责分别对市政河道以及河道沿线、公共用地的裸露地面以及其他城镇裸露地面，进行绿化或者透水铺装，减轻扬尘污染。

第四节　机动车船和非道路移动机械污染防治

第四十三条　在用机动车船和非道路移动机械污染物排放，执行国家和本省规定的阶段性机动车船和非道路移动机械污染物排放标准。

第四十四条　新购置机动车应当符合本省污染物排放标准，或者经国家认可的检测机构检测确认达到本省新购置机动车污染物排放标准，方可在本省办理注册登记或者转入手续。

第四十五条　在用机动车应当按照国家和本省有关规定定期进行机动车污染物排放检验，经检验合格方可上道路行驶。未经检验合格的，公安机关交通管理部门不得核发安全技术检验合格标志。

县级以上人民政府环境保护主管部门可以在机动车集中停放地、维修地对在用机动车的大气污染物排放状况进行监督抽测，机动车集中停放地、维修地管理部门应当予以配合。

县级以上人民政府环境保护主管部门对在道路上行驶的机动车的污染物排放状况，在不影响正常通行的情况下可以通过遥感监测等手段进行监督抽测，公安机关交通管理部门应当予以配合。

第四十六条　机动车和非道路移动机械所有者或者使用者，被告知排放大气污染物超过标准的，应当及时进行维修，经检验合格后方可使用。

第四十七条　设区的市人民政府应当优化城市功能和布局，实施公共交通优先发展规划，合理控制燃油机动车保有量，推广新能源机动车，建设相应的充电站（桩）、加气站等基础设施，新建居民住宅小区停车位应当建设相应的充电设施；鼓励和支持公共交通、出租车、环境卫生、邮政、快递等行业用车和公务用车率先使用新能源机动车。

县级以上人民政府应当加强城市步行和自行车交通系统建设，引导公众绿色、低碳出行。

县级以上人民政府有关部门应当制定高排放在用机动车、非道路移动机械治理方案并组织实施。鼓励高排放机动车和非道路移动机械提前报废。

第四十八条　本省严格执行在用机动车检验方法和排放限值，配套供应合格的车用燃油，推动区域机动车排放污染监管协同。

禁止生产、进口、销售、使用不符合国家标准和京津冀区域使用要求的车用燃料。

第四十九条　船舶向大气排放污染物，应当符合有关排放标准，遵守排放控制区要求。

船舶靠港后应当优先使用岸电。新建码头应当规划、设计和建设岸基供电设施；已建成的码头应当逐步实施岸基供电设施改造。

第五节　其他污染防治

第五十条　禁止露天焚烧秸秆、落叶、枯草等产生烟尘污染的物质，以及电子废弃物、油毡、橡胶、塑料、皮革、沥青、垃圾等产生有毒有害、恶臭或者强烈异味气体的物质。

第五十一条　向大气排放汞、铅、铬、镉、类金属砷等污染物的企业事业单位和其他生产经营者，应当依照国家和本省相关标准要求，采取有效措施，减少污染物排放。

第五十二条　向大气排放二噁英等持久性有机污染物或者从事废弃物焚烧活动的企业事业单位和其他生产经营者，应当采取减少大气污染物排放的技术和工艺，安装废气收集净化装置，确保大气污染物排放达到标准要求。

第五十三条　任何单位和个人不得在所在地人民政府划定的禁止区域内露天烧烤食品。

禁止在下列场所新建、改建、扩建排放油烟的饮食服务项目：

（一）居民住宅楼等非商用建筑；

（二）未设立配套规划专用烟道的商住综合楼；

（三）商住综合楼内与居住层相邻的楼层。

排放油烟的餐饮服务和经营场所，应当按照要求安装并正常使用油烟净化设施，确保油烟达标排放。

第五十四条　县级以上人民政府园林绿化部门应当采用高效、低毒、低残留农药防治园林病虫害，并合理安排施药时间。

县级以上人民政府农业主管部门应当指导农业生产经营者科学合理施用农药、化肥等，降低大气污染物排放量。

从事畜禽养殖、屠宰生产经营活动的单位和个人，应当采取有效措施，防止周边环境受到污染。学校、医院、居民区等人口集中区域，禁止设置畜禽养殖场、屠宰场。

第五十五条　设区的市人民政府根据实际需要规定烟花爆竹禁售、禁放或者限售、限放的区域和时间，逐步扩大烟花爆竹的禁止燃放区域，严格限制燃放时间、品种，减少烟花爆竹燃放污染。

各级人民政府应当引导公民采取文明低碳方式举办婚庆、庆典和祭祀活动，减少燃放烟花爆竹和祭祀烧纸产生的污染。

第四章　重污染天气应对

第五十六条　县级以上人民政府应当建立重污染天气监测预警和应急处置机制，编制重污染天气应急预案，向上一级人民政府环境保护主管部门备案，并向社会公布。

大气污染物排放重点企业应当根据重污染天气应急预案编制重污染天气应急响应操作方案。

第五十七条　省、设区的市人民政府环境保护主管部门应当会同气象等有关部门建立重污染天气预警和会商机制，提高大气环境质量预报和监测水平。可能发生重污染天气的，应当及时向所在地人民政府报告。

设区的市人民政府统一发布预警信息，其他任何单位和个人不得擅自向社会发布。

第五十八条　县级以上人民政府应当依据重污染天气的预警级别，按照规定程序，及时启动应急预案，通过媒体向社会发布重污染天气预警信息，实施下列应急响应措施：

（一）责令有关企业停产或者限产、限排；

（二）规定限制部分机动车行驶的区域和时段；

（三）禁止燃放烟花爆竹；

（四）停止或者限制建设工地易产生扬尘的施工作业；

（五）禁止露天烧烤；

（六）国家和本省规定的其他应急响应措施。

企业事业单位和其他生产经营者、公民应当配合政府及其有关部门采取的重污染天气应急响应措施。

第五十九条　预警信息发布后，设区的市人民政府及其有关部门应当通过电视、广播、网络、短信等告知公众采取健康防护措施。根据重污染天气应急响应级别，可以减免公众乘坐公共交通工具费用，有关单位应当停止举办露天群体性活动；幼儿园和中小学校应当减少或者停止户外活动，必要时可以停课。

第六十条　县级以上人民政府应当编制突发大气污染事件应急预案，在突发可能影响公众健康和环境安全大气污染事件时，采取应急措施。

企业事业单位应当按照国家有关规定制定大气污染突发环境事件应急预案，报所在地人民政府环境保护主管部门和有关部门备案。在发生或者可能发生大气污染突发环境事件时，企业事业单位应当立即采取措施控制污染扩大，及时向可能受到危害的单位和居民通报，并向所在地人民政府环境保护主管部门和有关部门报告。

所在地人民政府环境保护主管部门应当及时对突发环境事件产生的大气污染物进行监测，并向社会公布监测信息。

第五章　重点区域联合防治

第六十一条　省人民政府应当与北京市、天津市以及其他相邻省、自治区人民政府建立大气污染防治协调机制，定期协商大气污染防治重大事项，按照统一规划、统一标准、统一监测、统一防治措施的要求，开展大气污染联合防治，落实大气污染防治目标责任。

省人民政府有关部门在实施产业转移的承接与合作时，应当严格执行国家和本省有关产业结构调整规定和准入标准，统筹考虑与北京市、天津市以及其他相邻省、自治区大气污染防治的协调。

有关设区的市人民政府对北京市、天津市大气污染防治项目专项资金应当专款专用，不得截留、挪用。

第六十二条　省人民政府环境保护主管部门应当与北

京市、天津市以及其他相邻省、自治区人民政府环境保护主管部门建立大气污染预警联动应急响应机制，统一重污染天气预警分级标准，加强区域预警联动和监测信息共享，开展联合执法、环评会商，促进大气污染防治联防联控，通报可能造成跨界大气影响的重大污染事故，协调跨界大气污染纠纷。

第六十三条　省人民政府有关部门应当加强与北京市、天津市以及其他相邻省、自治区人民政府有关部门的大气污染防治科研合作，组织开展区域大气污染成因、溯源和防治政策、标准、措施等重大问题的联合科研，提高区域大气污染防治水平。

第六十四条　省人民政府环境保护主管部门会同有关设区的市人民政府，制定重点区域大气污染防治规划，明确协同控制目标，提出重点防治任务和措施，促进区域大气环境质量改善。

第六章　监督检查

第六十五条　县级以上人民政府每年在向本级人民代表大会或者其常务委员会报告环境质量状况和环境保护目标完成情况时，应当报告大气环境质量限期达标规划执行情况，依法接受监督，并向社会公开。

县级以上人民代表大会常务委员会应当采取执法检查、质询、询问、代表视察等方式，加强大气污染防治监督。

第六十六条　县级以上人民政府及其环境保护主管部门应当监督检查下级人民政府及其有关部门履行大气污染防治职责情况，并进行综合考核，考核结果及时向社会公开。

第六十七条　省人民政府环境保护主管部门会同有关部门，对超过重点大气污染物排放总量控制指标或者未完成大气环境质量改善目标的地区，约谈当地人民政府的主要负责人。约谈情况应当向社会公开。

第六十八条　实行生态环境损害责任终身追究制，对在落实大气环境保护监督管理责任过程中不履职、不当履职、违法履职，导致产生严重后果和恶劣影响的责任单位和责任人依法依规进行责任追究。

第六十九条　县级以上人民政府环境保护主管部门和其他有关部门有权对管辖范围内的排污单位进行现场检查。被检查单位应当如实反映情况。

县级以上人民政府环境保护主管部门和其他有关部门对违反法律法规规定排放大气污染物，造成或者可能造成严重大气污染，或者有关证据可能灭失或者被隐匿的，可以对企业事业单位和其他生产经营者的有关设施、设备、物品依法采取查封、扣押等行政强制措施。

第七十条　县级以上人民政府环境保护主管部门和其他有关部门应当加强执法队伍建设，开展业务能力培训。政府部门之间应当加强联合执法和重点大气污染环境违法案件的督察工作，提高执法水平。

县级以上人民政府环境保护主管部门和其他有关部门应当加强大气污染防治信息化建设，逐步完善环境监测、污染源监控、监督管理信息系统，实现大气污染防治监督和管理的信息共享。

第七十一条　县级以上人民政府环境保护主管部门应当发布本行政区域环境大气质量实时监测数据，依法公开重点污染源大气污染物排放监测结果、突发大气污染环境事件等信息。

大气污染物重点排污单位应当依法向社会如实公开自动监测数据等有关环境信息，接受公众监督。

第七十二条　县级以上人民政府环境保护主管部门和其他有关部门应当对环境监测、环境评估和从事环境监测设备以及防治设施维护、运营的单位加强监督管理。

环境监测、环境评估以及从事环境监测设备和防治设施维护、运营的单位依法独立开展工作，不受任何单位和个人干涉。

环境监测、环境评估以及从事环境监测设备和防治设施维护、运营的单位对相应的监测结果、评估结论、设施运营状况负责，并承担法律责任。

第七十三条　县级以上人民政府应当建立大气污染防治不良记录制度，将违反大气污染防治法律法规，并拒不改正的企业事业单位和其他生产经营者列入不良记录名单，向社会公布。

当事人对被列入不良记录名单有异议的，有权依法提起行政复议或者行政诉讼。

当事人履行相关义务或者改正违法行为的，经县级以上人民政府确认，应当将其从不良记录名单中删除。

第七十四条　县级以上人民政府环境保护主管部门或者其他负有大气环境保护监督管理职责的部门应当公布举报电话、电子邮箱等，方便公民、法人和其他组织举报。

接到举报的部门应当及时处理。举报线索经查证属实的，有关部门应当按照规定对举报人给予奖励。

县级以上人民政府环境保护主管部门或者其他负有大气环境保护监督管理职责的部门应当对举报人的相关信息予以保密，维护举报人的合法权益。

第七十五条　对破坏大气环境，损害社会公共利益的行为，法律规定的机关和社会组织，可以依照法律法规的有关规定提起公益诉讼。

第七十六条　县级以上人民政府环境保护等部门应当加强与人民法院、人民检察院、公安机关的配合，健全大气污染案件行政执法和刑事司法衔接机制，完善联席会议、信息共享、案情通报、案件移送制度。

第七章　法律责任

第七十七条　各级人民政府、县级以上人民政府环境保护主管部门和其他负有大气环境保护监督管理职责的部门有下列行为之一的，由其上级主管部门或者监察机关责令改正，对直接负责的主管人员和其他直接责任人员依法给予处分；构成犯罪的，依法追究刑事责任：

（一）违反法律法规、主体功能区定位、生态环境保护规划等盲目决策，致使大气环境遭受破坏的；

（二）在职责范围内对严重大气污染事件处置不力导

致严重后果的；

（三）违反规定核发排污许可证的；

（四）应当依法公开大气环境信息而未公开的；

（五）篡改、伪造或者指使篡改、伪造监测数据的；

（六）对环境违法行为进行包庇的；

（七）截留、挪用大气污染防治专项资金的；

（八）对举报不及时查处或者泄露举报人相关信息的；

（九）应当移送公安机关立案侦查的大气污染案件不移送的；

（十）其他滥用职权、玩忽职守、徇私舞弊的。

县级以上人民政府主要负责人任期内，区域大气环境质量持续恶化的，应当追究行政责任；造成生态环境严重破坏的，应当引咎辞职或者由其主管部门责令辞职。

第七十八条 违反本条例规定，有下列行为之一的，由县级以上人民政府环境保护主管部门责令停止排污或者限制生产、停产整治，并处十万元以上三十万元以下罚款；情节较重的，并处三十万元以上一百万元以下罚款；情节严重的，报经有批准权的人民政府批准，责令停业、关闭。受到罚款处罚，被责令改正，拒不改正的，可以自责令改正之日的次日起，按照原处罚数额按日连续处罚：

（一）未依法取得排污许可证排放大气污染物的；

（二）超过大气污染物排放标准或者超过重点大气污染物排放总量控制指标排放大气污染物的；

（三）通过偷排、偷放等逃避监管的方式排放大气污染物的。

第七十九条 违反本条例规定，有下列行为之一的，由县级以上人民政府环境保护主管部门责令限期改正，处二万元以上五万元以下罚款；情节较重的，处五万元以上十万元以下罚款；情节严重的，处十万元以上二十万元以下罚款；拒不改正的，责令停产整治：

（一）破坏、损毁或者擅自拆除、闲置大气污染物排放自动监测设备的；

（二）未按照规定安装大气污染物排放自动监测、监控等设备或者未按照规定与环境保护主管部门的监控设备联网，并保证监测设备正常运行的；

（三）重点排污单位自动监测数据不公开或者篡改、伪造数据的；

（四）未按照规定设置大气污染物排放口的。

第八十条 违反本条例规定，有下列行为之一的，由县级以上人民政府质量监督、工商等部门按照职责责令改正，没收原材料、产品和违法所得，并处货值金额一倍以上三倍以下的罚款：

（一）销售未达到质量标准煤炭的；

（二）生产、销售挥发性有机物含量不符合质量标准或者要求的原材料和产品的；

（三）生产、销售不符合质量标准和要求的机动车和非道路移动机械用燃料的；

（四）在禁燃区内销售高污染燃料的。

第八十一条 违反本条例规定，单位燃用不符合质量标准的煤炭的，由县级以上人民政府环境保护主管部门责令改正，处货值金额一倍以上三倍以下的罚款。

第八十二条 违反本条例规定，生产、销售不符合环保要求民用燃烧炉具的，由县级以上人民政府质量监督、工商等部门根据各自职责责令改正，处货值金额一倍以上三倍以下的罚款。

第八十三条 违反本条例规定，有下列行为之一的，由县级以上人民政府环境保护主管部门责令改正，处二万元以上五万元以下罚款；情节较重的，处五万元以上十万元以下罚款；情节严重的，处十万元以上二十万元以下罚款；拒不改正的，责令停产整治或者报经有批准权的人民政府批准，责令停业、关闭：

（一）产生含挥发性有机物废气的生产和服务活动，未在密闭空间或者设备中进行，未按照规定安装、使用污染防治设施，或者未采取减少废气排放措施的；

（二）在人口集中地区从事露天喷漆、喷涂、喷砂、制作玻璃钢以及其他散发有毒有害气体作业的；

（三）工业生产、垃圾填埋或者其他活动中产生的可燃性气体未回收利用，不具备回收利用条件未进行防治污染处理，或者可燃性气体回收利用装置不能正常作业，未及时修复或者更新的；

（四）工业涂装企业未使用低挥发性有机物含量涂料或者未建立、保存台账的；

（五）石油、化工以及其他生产和使用有机溶剂的企业，未采取措施对管道、设备进行日常维护、维修，减少物料泄漏或者对泄漏的物料未及时收集处理的；

（六）储油库、储气库、加油加气站和油罐车、气罐车等，未按照国家有关规定安装并正常使用油气回收装置的。

第八十四条 违反本条例规定，企业事业单位和其他生产经营者有下列行为之一的，由县级以上人民政府住房和城乡建设、交通运输、国土资源、工业和信息化、城市管理、水利、环境保护等部门根据各自职责责令改正，处一万元以上三万元以下罚款；情节较重的，处三万元以上十万元以下罚款；拒不改正的，责令其停工整治。受到罚款处罚，被责令改正，拒不改正的，可以自责令改正之日的次日起，按照原处罚数额按日连续处罚：

（一）各类工程建设、矿产资源开采和加工等未采取有效措施防治扬尘污染的；

（二）企业料堆场未采取有效措施防治扬尘污染的。

第八十五条 违反本条例规定，运输渣土、砂石、建筑垃圾等易产生扬尘污染物料车辆，未采取密闭或者其他措施防止物料遗撒的，由县级以上地方人民政府确定的监督管理部门责令改正，处二千元以上五千元以下罚款；情节严重的，处五千元以上二万元以下罚款；拒不改正的，不得上道路行驶。

第八十六条 违反本条例规定，机动车驾驶人驾驶排放检验不合格的机动车上道路行驶的，由公安机关交通管理部门依法予以处罚。

第八十七条 违反本条例规定，露天焚烧秸秆、落叶、枯草等产生烟尘污染的物质，在禁止燃放区域或者重污染天气应急响应时燃放烟花爆竹，或者在人口集中地区对树木、花草喷洒剧毒、高毒农药的，由县级以上人民政府确定的监督管理部门责令改正，并可以处五百元以上二千元以下罚款。

第八十八条 违反本条例规定，在当地人民政府划定的禁止区域内露天烧烤食品的，由设区的市、县（市、区）人民政府确定的主管部门责令改正，没收烧烤工具和违法所得，并处五百元以上一千五百元以下罚款；情节较重的，并处一千五百元以上五千元以下罚款；情节严重的，处五千元以上二万元以下罚款。

第八十九条 违反本条例规定，在人口集中地区和其他依法需要特殊保护的区域内，露天焚烧沥青、油毡、橡胶、塑料、皮革、垃圾以及其他产生有毒有害烟尘和恶臭气体的物质的，由县级人民政府确定的监督管理部门责令改正，对单位处一万元以上三万元以下罚款；情节严重的，处三万元以上十万元以下罚款。对个人处五百元以上二千元以下罚款。

第九十条 违反本条例规定，在居民住宅楼等非商用建筑、未设立配套规划专用烟道的商住综合楼、商住综合楼内与居住层相邻的楼层内新建、改建、扩建排放油烟的饮食服务项目的，由设区的市、县（市、区）人民政府确定的主管部门责令改正；拒不改正的，予以关闭，并处一万元以上三万元以下罚款，情节严重的，处三万元以上十万元以下罚款。

第九十一条 违反本条例规定，因排放大气污染物造成损害的，应当依照《中华人民共和国侵权责任法》的有关规定承担侵权责任。构成犯罪的，依法追究刑事责任。

第八章 附 则

第九十二条 省人民政府根据需要制定本条例实施细则。

第九十三条 本条例自2016年3月1日起施行。1996年11月3日河北省第八届人民代表大会常务委员会第二十三次会议通过的《河北省大气污染防治条例》同时废止。

政府工作报告

——2016年1月8日在河北省第十二届人民代表大会第四次会议上

河北省人民政府省长　张庆伟

各位代表：

从今年开始，我们已进入第十三个五年规划时期。根据党的十八届五中全会和省委八届十二次全会精神，省政府编制了《河北省国民经济和社会发展第十三个五年规划纲要（草案）》。现在，我代表省人民政府向大会作工作报告，请各位代表连同《纲要（草案）》一并审议，并请省政协委员和列席会议的同志提出意见。

一、“十二五”时期经济社会发展回顾

“十二五”时期是我省积极应对严峻复杂形势、经济持续健康发展的五年，是产业结构深度调整、发展方式加快转变的五年，是社会事业全面进步、人民生活不断改善的五年。特别是党的十八大以来，在党中央、国务院和中共河北省委坚强领导下，全省上下深入学习贯彻习近平总书记系列重要讲话精神和对河北的重要指示，围绕“四个全面”战略布局，坚持稳中求进工作总基调，主动适应经济发展新常态，顽强拼搏、砥砺奋进，胜利完成“十二五”规划主要目标任务，在全面建成小康社会进程中迈出坚实步伐。

综合经济实力明显增强。我们保持定力、对冲压力，积极有为落实中央重大决策部署，把握平衡点，狠抓增长点，着力提高经济发展质量效益，综合实力再上新台阶。初步核算，全省生产总值由2010年的2万亿元增加到2015年的3万亿元、年均增长8.5%，人均生产总值由2.9万元增加到4万元、年均增长7.6%，全部财政收入由2409亿元增加到4047.7亿元、年均增长10.9%，一般公共预算收入由1332亿元增加到2648.5亿元、年均增长14.7%，一般公共预算支出由2820亿元增加到5675.3亿元、年均增长15%。规模以上工业增加值达到1.1万亿元、年均增长9.7%，固定资产投资2.88万亿元、年均增长19.6%，社会消费品零售总额1.29万亿元、年均增长13.6%。经济发展调速不减势、量增质更优的局面正在形成。

结构调整取得重大进展。我们牵“牛鼻子”、打攻坚战，加大化解过剩产能和结构调整力度，传统产业改造提升步伐加快，战略性新兴产业和现代服务业规模壮大。大力实施“6643”工程，化解过剩产能实现重大突破，累计压减炼铁产能3391万吨、炼钢4106万吨、水泥6231万吨、煤炭2700万吨、平板玻璃3717万重量箱。钢铁、水泥等六大高耗能行业增加值占规模以上工业比重较2010年下降10个百分点，全省单位GDP能耗累计下降23%以上。三次产业结构由2010年的12.6：52.5：34.9调整优化为12.0：48.1：39.9。服务业对经济增长的贡献率高于工业，高新技术产业增幅高于传统产业，装备制造业增幅高于钢铁行业。三年新增规模以上工业企业5000家，科技型中小企业达到2.5万家。旅游业总收入年均增长30%以上。现代农业发展加快，2015年粮食总产达到672.8亿斤、比2010年增加77.6亿斤，畜牧、蔬菜、果品三大优势产业占农业总产值比重达到70%，农业产业化经营率提高6.9个百分点。农业发展的好形势，既有力地促进了农民增收，又为全省稳增长调结构提供了重要保障。

协同发展实现良好开局。我们抢抓机遇、奋发作为，大力实施京津冀协同发展重大国家战略，办成了一批多年想办而没有办成的大事要事，河北正成为国内外关注、投资者青睐的热土。加快实施《京津冀协同发展规划纲要》，协同发展规划体系初步形成。交通、生态环保、产业三个重点领域率先突破，打通京昆高速、111国道等10条连接京津的“断头路”、“瓶颈路”，津保城际铁路建成通车，北京新机场、京张高铁开工建设，京津冀城际铁路投资公司组建运营，交通“一卡通”启动实施，356条公交线路与京津实现互联互通。区域生态环境信息共享、大气污染联防联控取得成效。曹妃甸协同发展示范区、北京新机场临空经济区等共建园区扎实推进，北京现代第四工厂等一批重大项目落户河北。积极打造协同创新共同体，北京中关村科技园与我省多地共建的一批创新平台加快建设。教育、医疗、旅游、养老等公共服务领域合作不断深化，全省250多家二级以上医疗机构与京津开展合作，京津冀手机漫游费全面取消，海关实现通关一体化。认真落实与北京、天津签署的合作协议，北京携手张家口成功获得

2022年冬奥会举办权。协同发展为河北带来的全方位、历史性变化正日益显现。

改革开放加速破冰前行。我们革故鼎新、啃硬骨头，着力破除体制机制障碍，不断增创发展新优势。政府职能加快转变，坚持简政放权、放管结合、优化服务，推进依法行政，建立学法制度，法治政府建设迈出重要步伐。全部取消非行政许可审批事项，省级审批事项由2012年的1495项精简到485项，“四个清单”“三级平台”制度全面建立，省市县乡政府机构改革基本完成，定州、辛集市纳入省直管，衡水市、威县省级综合配套改革试点启动，政府机关标准化建设有序推进。商事制度改革实现突破，实施“三证合一”“一照一码”，政策支持体系不断完善，大众创业百花齐放、万流奔涌，全省市场主体达到327.7万户、比2010年增加153.7万户，万人拥有市场主体由改革前的310户增加到443户。财税金融改革不断深化，绩效预算管理改革全面推开，“营改增”深入实施，河北银行、石家庄股权交易所投入运营，燕赵财险获批开业，新增挂牌上市企业440家、直接融资4435.6亿元，财税金融改革政策有力支持了经济社会发展。国有企业改革扎实推进，战略性重组和改制上市加快，省属国有企业公司化率达到90%以上。农村改革取得积极进展，土地确权登记颁证全面展开，集体林权主体改革基本完成。科技体制改革力度加大，技术创新市场导向、成果处置收益分配和资源共享等机制不断完善。供销社综合改革等40多项国家级试点任务成效明显。全省机关事业单位工资改革全面落实，省级机关公车制度改革顺利完成。教育、文化、卫生等社会领域改革迈出新步伐。对外开放的广度深度不断拓展，主动融入“一带一路”战略，深化与欧美日韩、东南亚、港澳台的务实合作，外贸出口总值达到1577.7亿美元、年均增长7.8%，实际利用外资320亿美元、年均增长10%。百家央企、百家院所校、百家民企进河北活动成果丰硕，引进战略合作项目1035个。企业“走出去”和国际产能合作跨越发展，累计完成对外直接投资70.5亿美元，是“十一五”的4.7倍，河钢塞尔维亚220万吨钢铁、冀东120万吨水泥等一批境外优势产能合作项目顺利实施。省级以上经济技术开发区、高新技术产业开发区达到242家，成为我省转型升级、提质增效的重要平台。

生态环境质量持续改善。我们壮士断腕、重拳出击，以前所未有的决心和力度推进生态环境治理，努力让人民群众享有更多蓝天白云、绿水青山。坚决向大气污染宣战，各级财政投入大气污染防治专项资金240亿元，大力实施压能、减煤、控车、降尘、治企、增绿等重点工程，深入推进钢铁、水泥、电力、玻璃四大行业污染治理，开展燃煤发电机组超低排放升级改造，淘汰黄标车和老旧车147万辆，拆除燃煤锅炉2.1万台，取缔实心粘土砖瓦窑2800多座，关停整治露天矿山505个，提前一年完成“十二五”减排目标，2015年PM2.5平均浓度比2013年下降28.7%，为京津冀区域空气质量改善、营造“APEC蓝”和“阅兵蓝”作出了重要贡献。加强山水林田湖生态修复，治理水土流失面积1.1万平方公里，加大14条重污染河流综合整治力度，北戴河及相邻地区近岸海域环境综合治理三年任务基本完成，地下水超采治理国家试点扩至5市63个县，通过“节、引、蓄、调、管”综合治理，形成农业地下水压采能力15.2亿立方米。扎实推进绿色河北攻坚工程，累计植树造林2300万亩，森林覆盖率达到31%。严格落实新《环境保护法》，组织开展我省历史上规模最大、查处最严的“利剑斩污”专项执法行动，依法严厉打击环境违法犯罪，查处环境污染刑事案件2111起、抓获犯罪嫌疑人3340人，有效震慑了环境违法行为。

基础设施水平全面跃升。我们着眼长远、强基固本，着力突破基础设施瓶颈制约，发展的支撑保障能力不断增强。现代综合立体交通网络初步形成，全省铁路营运里程、高速公路通车里程和港口通过能力均跃居全国第二位。铁路总里程达到7166公里、比2010年增加1905公里，京广客专、张唐等铁路建成投运，8个设区市实现通高铁。太行山高速公路开工建设，京港澳高速改扩建、京昆石太北线、张承高速等竣工通车，高速公路总里程达到6333公里、比2010年增加2026公里。港口、民航吞吐量大幅增长，黄骅港综合港区二期工程20万吨级航道、邯黄铁路建成投用，全省港口吞吐能力突破10亿吨、比2010年翻一番。张家口、秦皇岛机场通航运营，石家庄机场改扩建和邯郸机场二期扩建工程竣工，2015年机场旅客吞吐量比2010年翻一番。能源支撑能力稳步提升，风电、光电等清洁能源快速发展，丰宁抽水蓄能电站开工建设，电力装机容量达到5778万千瓦、比2010年增加1563万千瓦。全省互联网普及率达到51%，固定互联网、移动互联网用户达到1229万户和4487万户，比“十一五”末分别增长84.3%和82.1%。重大水利设施不断完善，南水北调中线干线工程建成通水，引黄入冀补淀工程、双峰寺水库开工建设，593座病险水库完成加固改造，功能配套、多源互补、丰枯调剂的现代水网体系加快构建。

统筹城乡发展步伐加快。我们以城带乡、协调并进，大力推动基础设施、公共服务向农村延伸，城乡发展一体化体制机制不断完善。新型城镇化进程加快，顺利完成唐山、石家庄、保定、秦皇岛四市行政区划调整，减少2个县级单位，城市发展空间实现了跨越式拓展。五年累计投入城建资金8088亿元，开工建设石家庄地铁工程，新建改造一批道路交通、供热供气、垃圾污水处理及文化馆、图书馆、体育馆等市政基础设施和公共服务设施，城市综合承载能力和管理水平进一步提高。县域特色产业加快发展，综合经济实力不断壮大。以提质扩容为重点，加强县城建设，完善配套设施，狠抓园林绿化，县城容貌和服务功能加快提升。建设美丽乡村近1万个，农村人居环境不断改善。全省常住人口城镇化率突破50%，城市带动农村、城乡一体发展格局初步形成。

人民生活水平较快提高。我们牢记宗旨、以民为本，始终把群众冷暖放在心上，公共资源向基层延伸、向农村覆盖、向弱势群体倾斜，努力让人民群众过上幸福美好的日子。五年来全省财政民生投入达到1.77万亿元，比“十一五”提高147.4%。城镇、农村居民人均可支配收入分别达到2.6万元和1.1万元，比2010年增长63.6%和83.8%，城镇累计新增就业361.2万人。社会保障体系不断完善，城镇、农村低保标准分别比2010年提高65%和96%，新农合和城镇居民医保财政补助标准分别增长1.7倍和2.2倍，城乡居民大病保险实现全覆盖，城镇企业退休人员基本养老金连续11年上调，机关事业单位养老保险制度改革启动实施，城乡居民基本养老保险制度全面建立，农村互助幸福院、城市社区居家养老服务中心覆盖率分别达到65%和75%。开工建设保障性住房129.6万套，城镇低收入住房困难家庭实现了应保尽保。脱贫攻坚成效明显，500万农村贫困人口稳定脱贫，解决了2660万农村人口饮水安全问题。社会事业全面进步。各级各类教育长足发展，促进教育公平取得新进展，全民受教育程度稳步提高。公共文化服务体系不断完善，推出了一批群众喜闻乐见的精品力作，文化产业发展势头良好。医药卫生体制改革成效明显，覆盖城乡的公共卫生和医疗服务体系基本建立。全民健身运动广泛开展，石家庄永昌、华夏幸福两支足球队跻身中超。法治河北、平安河北建设扎实推进，社会治理格局不断完善，食品药品安全监管力度加大，安全生产形势总体平稳，社会大局和谐稳定。国防动员和双拥共建深入开展，军政军民团结更加巩固。民族宗教、新闻出版广电、外事侨务、人民防空、史志档案、气象地震、防灾减灾、地理信息、援藏援疆、妇女儿童、老龄、残疾人等工作都取得了新成绩。

刚刚过去的2015年，我们坚持解放思想、抢抓机遇、奋发作为、协同发展，扎实开展“三严三实”专题教育和解放思想大讨论，树正气、讲团结、聚合力、促转型，转变思想观念、创新发展举措、狠抓工作落实，以良好的精神状态统筹做好改革发展稳定各项工作，持续优化产业结构，强力治理大气污染，精准推进协同发展，全面深化改革开放，坚持不懈改善民生，全省经济社会发展呈现稳中有进、稳中有新、稳中有好的态势。尽管压产能治污染影响生产总值增速约0.9个百分点，全省经济运行仍保持在合理区间，预计比上年增长6.8%，一般公共预算收入增长8.3%，固定资产投资增长10%以上，规模以上工业增加值增长4.5%，社会消费品零售总额增长9%，实际利用外资增长5%，城乡居民人均可支配收入均增长8.5%，住户存款余额达2.9万亿元，城镇新增就业73.5万人、登记失业率控制在4.5%以内，居民消费价格指数上涨1%以内。2015年主要目标任务的完成，标志着“十二五”规划圆满收官。我们自觉接受人大、政协监督，及时对人大代表建议、政协提案进行分解，明确责任部门和完成时限，办结率均达到100%。

各位代表！当前，河北正处在爬坡过坎、转型升级的关键时期，一些长期积累的深层次矛盾和问题尚未根本解决，一些新的困难和挑战又在不断出现。**一是**发展的质量效益不高，新旧动能转换不快，产能过剩等结构性矛盾突出，科技创新能力不强，全社会研发投入不足，财政收支矛盾加剧，部分市县地方债务存在风险，经济下行压力仍然较大，转型升级尤为迫切。**二是**资源环境约束日益凸显，大气、水污染问题突出，污染治理和生态修复还需付出极大努力。**三是**改革开放相对滞后，市场在资源配置中的决定性作用尚未充分发挥，对外开放水平总体不高，城市经济、沿海经济、县域经济仍是明显短板，制约发展的体制机制障碍亟待破解。**四是**保障和改善民生任务艰巨，城乡居民收入水平不高，310万农村人口尚未脱贫，基本公共服务供给不充分，就业社保、教育医疗等还有待进一步提升。**五是**政府职能还存在越位、错位、缺位问题，法治政府建设仍需加强，一些地方和部门服务意识不强、行政效能不高、工作落实不到位，部分工作人员素质能力与经济发展新常态的要求不相适应，消极腐败现象依然存在。对这些问题，我们一定用新的发展理念、改革创新的办法、务实管用的举措有效加以解决。

各位代表！回顾五年来的改革发展历程，在速度变化、结构优化、动力转换的新常态下，我们经受住了国际金融危机的严重冲击，努力克服国内经济“三期叠加”的影响，有效应对压产能、治污染等多重挑战，遇到的困难前所未有，取得的成就来之不易，积累的经验弥足珍贵。我们深切体会到，推进经济社会又好又快发展，**必须**坚决落实中央大政方针，不折不扣贯彻习近平总书记系列重要讲话精神和对河北的重要指示，确保党中央、国务院重大决策部署落地生根；**必须**转变发展理念，认识、适应、引领经济发展新常态，树立正确的政绩观，强化质量效益意识，坚定不移走绿色发展之路；**必须**抓住用好机遇，牢牢把握发展大势，切实把京津冀协同发展融入经济社会发展各领域各环节，在对接京津、服务京津中加快补齐河北发展短板，真正使机遇优势转化为发展优势；**必须**坚持创新引领，大力实施创新驱动发展战略，以创新引领结构调整，以创新促进转型升级，以创新抢占发展制高点，努力实现由要素驱动向创新驱动转变；**必须**激发内生动力，坚持问题导向，全面深化改革开放，坚决破除制约发展的体制机制障碍，以改革破解难题，靠开放增创优势，不断为发展注入新的生机活力；**必须**增进人民福祉，优先增加民生投入，提高公共服务能力，着力解决人民群众最关心最现实的利益问题，使发展成果更多更公平惠及全省人民；**必须**改进工作作风，始终牢记“两个务必”，巩固拓展党的群众路线教育实践活动成果，认真践行“三严三实”，坚定不移反腐败，驰而不息纠“四风”，持之以恒抓落实，全面推进依法行政，为改革发展稳定提供坚强保障。

各位代表！“十二五”时期我省经济社会发展取得的成就，是党中央、国务院总揽全局、正确领导的结果，是全省广大干部群众团结奋斗、共同努力的结果。在此，我代表省人民政府，向全省人民，向人大代表、政协委员，向各民主党派、工商联、无党派人士和人民团体，向驻冀人民解放军、武警官兵和政法干警，向中直机关驻冀各单位，向关心河北发展的香港特别行政区和澳门特别行政区同胞、台湾同胞、海外侨胞、国内外朋友，致以崇高的敬意和衷心的感谢！

二、“十三五”时期的主要目标和任务

河北在全国发展大局中作用十分重要。“十三五”是我省发展历史上重大机遇最为集中的时期，是各种优势潜力最能有效释放的时期，是破解难题补齐短板最为紧要的时期，是推进结构调整又好又快发展最为宝贵的时期。机遇承载使命，挑战考验担当。

习近平总书记对河北发展极为关心、寄予厚望，为我们推进各项事业指明了前进方向，注入了强大动力。全省人民对幸福生活的美好向往，坚定了我们加快发展的信心，增强了战胜困难的勇气。面对复杂多变的严峻形势，面对不进则退的竞争挑战，我们能否承担好国家赋予河北的重大历史任务，能否在新一轮竞争中实现跨越赶超，内因至为关键，理念尤其重要。只有锐意开拓进取、激发内生动力，才能战胜挑战、克难前行；只有不断解放思想、更新发展理念，才能开辟发展新路径、提升发展新境界。压力前所未有，责任无比重大。我们必须时不我待、争分夺秒，殚思极虑、激情工作，以无愧于时代的使命感、无悔于机遇的紧迫感、无畏于挑战的责任感，奋力开创经济强省、美丽河北建设的新局面。

“十三五”时期我省经济社会发展的指导思想是：**全面贯彻党的十八大和十八届三中、四中、五中全会精神，以邓小平理论、“三个代表”重要思想、科学发展观为指导，深入贯彻习近平总书记系列重要讲话精神，按照“五位一体”总体布局和“四个全面”战略布局，牢固树立和贯彻落实创新、协调、绿色、开放、共享的发展理念，加快形成引领经济发展新常态的体制机制和发展方式，按照省委八届十二次全会的部署，高举发展、团结、奋斗的旗帜，坚守发展、生态和民生三条底线，把握协同发展、转型升级、又好又快的工作主基调，坚持稳中求进，坚持全面深化改革开放，坚持以提高发展质量和效益为中心，着力在结构性改革上取得突破，重点推进新型工业化、信息化、城镇化和农业现代化，坚决打赢脱贫攻坚战，确保如期全面建成小康社会，加快建设经济强省、美丽河北，为谱写中华民族伟大复兴中国梦的河北篇章奠定更加坚实的基础。**

统筹考虑贯彻五大发展理念和我省经济社会发展需要，“十三五”时期主要目标设定为28项，其中约束性指标14.5项、预期性指标13.5项。总体目标就是“三个高于、两个翻番、一个全面建成”，即：经济保持中高速、增长速度高于全国平均水平，生产总值突破4万亿元、年均增长7%左右；发展迈入中高端、质量效益提升幅度高于周边地区，一般公共预算收入达到4000亿元、年均增长8%以上；环境治理大见效、空气质量改善程度明显高于以往，PM2.5浓度较2013年下降40%，污染严重的城市力争退出全国空气质量后10位；生产总值比2010年翻一番以上，城乡居民人均可支配收入比2010年翻一番以上；到2020年如期全面建成小康社会。经过五年的努力，一个经济更加繁荣、社会更加和谐、生态更加优美、人民更加幸福的河北必将呈现在燕赵大地！

实现我省“十三五”发展目标，必须认识适应引领经济发展新常态，以习近平总书记提出的“十个更加注重”为基本遵循，统一思想、深化认识，克服困难、闯过关口，锐意改革、大胆创新。瞄准全面建成小康社会目标，牢牢抓住发展第一要务不放松；大力推进结构性改革，着力解决制约发展的深层次问题；深入实施创新驱动发展战略，加快新动能成长和传统动能提升。特别是把推进供给侧结构性改革作为适应和引领经济发展新常态的重大创新，提高供给体系质量和效率，提高全要素生产率，努力实现更高质量、更有效率、更加公平、更可持续的发展。未来五年，重点抓好以下六大任务：

*（一）坚定不移推进创新发展，在转换经济发展动能上取得新进展。*创新是实现我省又好又快发展的第一动力。必须发挥科技创新在全面创新中的引领作用，更加注重提高发展质量和效益。要以创新塑造发展优势。大力实施创新驱动发展战略，加大全社会研发投入，尽快补上研发投入占GDP比重偏低的短板。围绕我省传统产业改造和新兴产业发展，实施一批重大科技项目，突破一批共性关键技术。完善科技创新研发服务平台，加快产业技术创新联盟和技术交易市场建设，争取一批国家重点实验室、工程技术研究中心和重大科技基础设施布局我省。实施知识产权“三优”培育工程，健全知识产权评估体系。强化企业创新主体地位，培育壮大高新技术企业，推动科技型中小企业裂变式增长。加强政策激励、金融支持和人才保障，健全以增加科技人员收入为核心的科技成果转化激励机制，建立从实验研究、中试到生产的全过程科技创新融资模式，引进培养一批领军人才、企业家人才、高技能人才和创新团队。把大众创业、万众创新融入各领域各环节，营造统一透明、规范有序的创新创业环境，完善服务和政策支持体系，鼓励发展众创、众包、众扶、众筹新模式，使燕赵大地创新创业竞相迸发、充满活力。要以创新扩大有效需求。高度重视消费在稳增长转方式中的重要作用，通过深化改革破除阻碍消费的体制机制障碍，实施重大消费工程，完善消费政策，优化消费环境，扩大新产品和服务供给，以供给创新释放消费潜力，以消费结构升级带动产业转型升级。着力优化投资结构，增加有效投资，提高投资效率，创新融资方式，吸引更多社会资本参与项目、产业、基础设施建设。实施优进优出战略，培育以技术、标准、品牌、质量、服务为核心的对外经济新优势。要以创新拓展发展领域。构建新一代信息基础设施，完善交通、水利、电力等基础设施网络，充分发挥海陆空枢纽辐射带动作用。推动军民深度融合发展，促进军民创新要素双向流动。进一步开辟区域发展、产业发展、网络经济、海洋经济新空间，加速培育新的经济增长点。

*（二）坚定不移推进转型发展，在加快产业结构调整上迈出新步伐。*转型是实现我省又好又快发展的关键所在。必须着眼建设全国产业转型升级试验区，全面实施《中国制造2025》和“互联网+”行动计划，坚持供给侧和需求侧两端发力，更加注重供给侧结构性改革，推动产业向中高端迈进。提升传统产业发展水平。加快淘汰落后

技术工艺、生产设备，坚决化解过剩产能，到“十三五”末，钢铁、水泥、平板玻璃产能分别控制在2亿吨、2亿吨、2亿重量箱左右。实施增品种、提品质、创品牌工程，推进新一轮技术改造和“两化”深度融合，推动钢铁产业高端化、装备制造产业智能化、化工产业精细化、建材产业绿色化，加快河北制造向河北创造转变。培育壮大战略性新兴产业。积极实施大数据战略，重点发展先进装备制造、新一代信息技术、生物医药、新能源和新材料、节能环保、新能源汽车等新兴产业，培育一批新兴产业集群，打造行业发展局部强势。到2020年，战略性新兴产业占规模以上工业增加值比重达到20%以上。加快发展现代服务业。拓展新领域，催生新业态，推动生产性服务业向专业化和价值链高端延伸、生活性服务业向精细和高品质转变，推动制造业由生产型向生产服务型转变。加快商贸流通业提档升级，促进流通信息化、标准化、集约化，力争“十三五”末基本建成服务京津、辐射全国的现代商贸物流重要基地。改革旅游业领导体制，建立大旅游产业发展格局，把文化旅游产业打造成新的经济增长点和支柱产业。大力推进农业现代化。坚持把解决好“三农”问题作为重中之重，转变农业发展方式，发展高效、优质、生态、品牌、安全农业。加强现代农业园区建设，实施山区综合开发工程。积极拓展农业功能，推动粮经饲统筹、农林牧渔结合、种养加一体、一二三产业融合发展，延伸产业链、提升价值链。推广农业标准化生产，健全农业社会化服务、农业科技创新推广和农产品质量安全监管体系，提高农业质量效益和竞争力。

（三）坚定不移推进协调发展，在形成区域发展特色上开创新局面。协调是实现我省又好又快发展的内在要求。必须在协调推进中增创发展优势，在加强薄弱领域中增强发展后劲。推进京津冀协同发展。精准确定功能分区，精准承接北京非首都功能疏解，精准打造发展平台和载体，着力建设好“三区一基地”。加强产业园区等重点承接平台建设，高起点、高标准规划建设集中承载地和一批特色微中心。推动交通一体化、生态环境保护、产业升级转移三个领域率先突破，强化创新驱动、体制改革、试点示范三个关键支撑，初步形成协同发展互利共赢新格局。坚决落实习近平总书记“绿色办奥、共享办奥、开放办奥、廉洁办奥”的重要指示，全力以赴做好2022年冬奥会筹办工作，促进冬奥工作与协同发展深度融合，高水平、高质量完成好河北承担的任务，为举办一届精彩、非凡、卓越的奥运盛会贡献力量。推进区域协调发展。更加注重人口经济和资源环境空间均衡，按照主体功能区定位，支持保定和廊坊打造环京津核心功能区，支持唐山、沧州、秦皇岛建设沿海率先发展区，支持石家庄、邯郸、邢台、衡水壮大冀中南功能拓展区，支持张家口、承德做优冀西北生态涵养区，支持定州、辛集打造京津冀城市群特色功能节点城市，支持环首都县（市）建设特色卫星城，努力形成要素有序自由流动、主体功能约束有效、基本公共服务均等、资源环境可承载的区域协调发展新格局。做强城市经济，提升承载能力和聚集能力；发展沿海经济，构筑沿海经济隆起带；推动县域经济增比进位突破，争取更多的县进入全国百强县行列。加快省内三大港口优化布局、调整结构、完善功能，提升辐射带动作用。推进城乡一体发展。围绕打造京津冀世界级城市群、建设全国新型城镇化与城乡统筹示范区，更加注重以人为核心的新型城镇化，尊重城市发展规律，统筹空间、规模、产业三大结构，提高城市工作全局性；统筹规划、建设、管理三大环节，提高城市工作系统性；统筹改革、科技、文化三大动力，提高城市发展持续性；统筹生产、生活、生态三大布局，提高城市发展宜居性；统筹政府、社会、市民三大主体，提高各方推动城市发展的积极性。转变城市发展方式，完善城市治理体系，提高城市治理能力，加强地下和地上基础设施建设，优化发展城市交通，保护历史文化遗产，着力解决“城市病”，建设和谐宜居、富有活力、各具特色的现代化城市。把促进有能力在城镇稳定就业和生活的常住人口有序实现市民化作为首要任务，加快户籍制度改革和居住证制度双落地，到2020年全省常住人口城镇化率达到60%、户籍人口城镇化率达到45%。坚持产城教融合，加快县城建设扩容提质，推动县域发展“多规合一”，培育一批中小城市和特色小城镇。按照环境美、产业美、精神美、生态美的要求，建设富有河北特色的美丽乡村。健全城乡发展一体化体制机制，逐步实现城乡基本公共服务均等化、资源配置合理化、产业发展融合化。推进物质文明和精神文明协调发展。培育践行社会主义核心价值观，大力弘扬爱国主义精神，发扬传承中华优秀传统文化，完善公共文化服务体系、文化产业体系、文化市场体系，深入开展群众性精神文明创建活动，提高公民思想道德和科技文化素质，努力形成向上向善、诚信互助的社会新风尚。

（四）坚定不移推进绿色发展，在促进生态文明建设上达到新水平。绿色是实现我省又好又快发展的重要保障。必须牢固树立绿水青山就是金山银山的基本理念，更加注重促进形成绿色生产方式和消费方式，着力打造京津冀生态环境支撑区。实行最严格的环境保护制度，实施污染防控重点工程，全面开展多污染物综合防治，深入推进大气、水、土壤污染防治行动，加强联防联控和流域共治，确保劣五类水质河流基本恢复使用功能，消除城市建成区黑臭水体。强化山水林田湖生态保护与修复，推进全域生态系统修复建设，抓好重大生态工程，加快地下水超采综合治理，大规模开展国土绿化行动，“十三五”末森林覆盖率提高到35%。开展蓝色海湾行动，加强近岸海域环境保护。全面节约和高效循环利用资源，坚持最严格耕地保护和集约节约用地制度，实行能源和水资源消耗、建设用地等总量和强度双控制，大力发展循环经济，打造低碳排放示范区，推进产业生态化、生态产业化。加强生态文明制度建设，建立资源环境生态红线制度，科学设定并严格遵守资源消耗上限、环境质量底线和生态保护红线，完善生态保护补偿机制和环境信息公开制度，强化环保行政执法和刑事司法联动，建立健全自然资源资产审计和环保督察制度，实行生态环境损害责任终身追究。坚持绿色富省、绿色惠民，走生产发展、生活富裕、生态良好的文明发展道路，既是中央的要求，也是全省人民的期盼。我们一定坚定信心、奋力攻坚，努力让河北青山常在、绿水长流、蓝天永驻。

（五）坚定不移推进开放发展，在增强发展动力活力上实现新突破。改革开放是实现我省又好又快发展的必由之路。必须更加注重使市场在资源配置中起决定性作用，更加注重推进高水平双向开放。加快释放深化改革新红利。支持各地大胆改革，先行先试。推进行政管理体制改革，大力简政放权，强化事中事后监管，降低行政成本，提高政府效能。推进国有企业分类改革和监管，加快完善现代企业制度，支持央企、外企和民企参与国有企业改革和资产重组，以管资本为主改革国有资产监管，提高国有经济活力、竞争力和影响力。毫不动摇地鼓励支持和引导非公有制经济发展，到 2020 年民营经济增加值占生产总值的比重达到 75%左右。推进财税金融体制改革，按照事权与支出责任相适应的原则，完善转移支付制度，建立健全有利于转变经济发展方式的现代财政制度。创新地方金融机构管理体制机制，发展金融服务新产品新模式，增多做优金融主体，激活做大金融市场。推进农村土地制度改革，深化农村集体产权制度改革，构建新型农业经营体系，完善农业支持保护制度。统筹推进社会领域、资源价格等各项改革。加快构建开放型经济新体制。更加主动融入“一带一路”、环渤海地区合作发展大格局，不断拓展对外开放空间。推动自贸区政策惠及我省，推进经济技术开发区、高新技术产业开发区、海关特殊监管区改革发展，打造开放合作新平台。促进对外贸易优化升级，创新跨境电商等外贸方式，提高利用外资规模质量。加快我省优势产能和装备制造“走出去”，打造国际产能合作新样板，形成参与国际分工合作的河北方阵。

（六）坚定不移推进共享发展，在改善民生促进公平上得到新提升。共享是实现我省又好又快发展的根本目的。必须更加注重机会公平，更加注重对特定人群特殊困难的精准帮扶，保障基本民生，让人民群众在共建共享中有更多获得感。实施精准扶贫精准脱贫工程。坚持扶贫开发和经济社会互相促进、精准帮扶和集中连片特殊困难地区开发紧密结合、扶贫开发和生态保护并重、扶贫开发和社会保障有效衔接，扎实推进“六个精准”，实施“五个一批”行动计划，发展生产脱贫一批、易地搬迁脱贫一批、生态补偿脱贫一批、发展教育脱贫一批、社会保障兜底一批，签订责任书、立下军令状，坚定愚公移山志，咬定青山不放松，坚决打赢脱贫攻坚战。确保到 2020 年现行标准下农村贫困人口实现脱贫，贫困县全部摘帽，彻底解决区域性整体贫困，决不落下一个贫困地区、一个贫困群众。实施城乡居民收入提升工程。坚持居民收入增长和经济增长同步、劳动报酬提高和劳动生产率提高同步，多渠道增加城乡居民收入，着力提高中低收入群体收入水平。实施创业就业扶持工程。采取更加积极的就业政策，拓展更多就业岗位，建成覆盖城乡的公共就业服务体系和城乡平等的就业制度。实施社保扩面提标工程。建立统一的城乡居民基本医疗保险制度，完善城镇职工和城乡居民基本养老保险制度，推行全民参保计划，划转部分国有资本充实社保基金。健全住房保障和供应体系，发展社会救助、社会福利和慈善事业，提高城乡低保补助标准，确保困难群众基本生活。实施教育提质惠民工程。提高教育教学质量，推动具备条件的普通本科高校向应用型转变，均衡配置城乡教师资源，完善家庭经济困难学生资助体系，促进教育公平。实施健康河北工程。深化医药卫生体制改革，建立覆盖城乡的基本医疗卫生制度，加强重大疾病防控，全面落实城乡居民大病保险制度。大力支持中医药事业。促进人口均衡发展。推动医养结合，积极应对人口老龄化。发展体育事业和体育产业，提升人民健康素质。实施食品药品安全放心工程。建立全程可追溯制度，加快形成严密高效、社会共治的城乡食品药品安全治理体系，确保人民群众饮食用药安全。实施公共安全工程。严格落实安全生产责任和管理制度，强化企业主体责任，加大监管执法力度。加强和创新社会治理，健全公共安全体系，完善社会治安综合治理体制机制，有效预防和化解矛盾纠纷，切实维护社会和谐稳定大局。

各位代表！“十三五”宏伟蓝图已经绘就，决胜全面建成小康社会的号角已经吹响。只要我们树立必胜信念、继续埋头苦干，尊重人民群众、依靠人民群众，万众一心、励精图治，就一定能够实现全面建成小康社会的奋斗目标，就一定能够铸就河北发展新的辉煌！

三、2016 年主要工作

今年是全面建成小康社会决胜阶段的开局之年，是京津冀协同发展的关键之年，也是推进结构性改革的攻坚之年，做好今年的政府工作十分重要。我们要认真落实党的十八届五中全会、中央扶贫开发工作会议、中央城市工作会议、中央经济工作会议和省委八届十二次全会精神，全面贯彻创新、协调、绿色、开放、共享的发展理念，适应引领经济发展新常态，按照宏观政策要稳、产业政策要准、微观政策要活、改革政策要实、社会政策要托底的要求，在战略上坚持稳中求进、把握平衡点、打好持久战，在战术上坚持重点突破、抓住关键点、打好歼灭战，大力推进供给侧结构性改革，去产能、去库存、去杠杆、降成本、补短板，加快发展动能转换和质量效益提升，促进经济持续健康发展和社会和谐稳定。主要目标是：生产总值增长 7%左右，一般公共预算收入增长 7%，固定资产投资增长 10%以上，社会消费品零售总额增长 10%左右，出口总值增长 5%，规模以上工业增加值增长 5%以上。单位生产总值能耗下降 3.5%，化学需氧量、二氧化硫、氨氮、氮氧化物排放量分别削减 1.5%、2%、1%和 2%，PM2.5 浓度下降 6%以上。城镇、农村居民人均可支配收入分别增长 8%和 8%以上。居民消费价格涨幅控制在 3%左右。城镇新增就业 75 万人，登记失业率控制在 4.5%以内。常住人口城镇化率提高 1.9 个百分点。在实际工作中，我们将向着更高的目标努力，使经济社会发展得更好更快一些。

为实现今年目标任务，我们要统筹推进稳增长、促协同、调结构、治污染、抓改革、攻脱贫、惠民生、防风险等各项工作，确保“十三五”开好局、起好步。

（一）*着力稳增长，促进经济运行稳中向好*。加强供给与需求有效对接，扩大有效需求，构建多点发力、多元支撑的增长动力格局。发挥创新的核心作用。实施高新技术产业倍增和科技型中小企业成长计划，年内新增高新技术企业400家、科技型中小企业5000家。实施大数据应用、新能源与节能环保等6个重大科技专项，研发推出50个重大新产品，支持100项重大科技成果产业化，培育100家创新型领军企业。实施科技创新平台提升工程，新增47个省级以上重点实验室、工程技术研究中心和产业技术研究院，加快中国（河北）博士后成果转化基地建设。支持规模以上工业企业设立研发机构，增加研发投入，年内全省研发经费支出占GDP比重达到1.3%。高度重视保护知识产权。推动大众创业、万众创新，出台实施新兴产业“双创”三年行动计划，培育100家众创空间，每个市都建成一个创新创业园，扩大省创业投资引导基金和科技成果转化基金规模，全年新增创投基金20家以上。加强制度、管理、商业模式等方面的创新，促进企业管理标准化智能化，引导创新要素和传统要素形成新组合。加大投资于人的力度，推动发展从过度依赖自然资源向更多依靠人力资源转变。实施人力资源提升行动计划，加强公务员、企业家、专业技术人员、大学生和农民工创新创业能力培训，为创新发展提供人力资源保障和智力支撑。发挥消费的基础作用。开展改善消费品供给专项行动，增加高质量高水平有效供给。化解房地产库存，推进以满足新市民需求为出发点的住房制度改革，稳定房地产市场。启动新一轮汽车下乡政策，支持城市出租车、公交车等淘汰更新为新能源汽车，推广应用不少于3.5万个标准车。落实带薪休假制度，鼓励错峰休假，改善旅游设施，实施“畅游河北”行动，有效促进旅游消费。开展“大健康、新医疗”行动，壮大健康、医疗、养老消费。加快互联网宽带示范城市和高速宽带网络建设，实现农村电子商务全覆盖。完善农村消费基础设施，拓展农村消费市场。积极扩大消费信贷，开展消费金融公司试点。落实工商用电同价、税收减免等政策，增强商贸企业活力和竞争力。发挥投资的关键作用。抓好“三个一百”省级和2000项市级重点项目，力争全年完成投资6000亿元以上。加快首钢二期、太行山高速等重大项目建设进度，力促曹妃甸千万吨级炼油、海兴核电、北控海水淡化等项目开工建设，确保61项与央企合作项目启动实施。精准对接国家“7+4”重大工程包，用足用好国家专项建设基金，编制实施有效投资三年滚动计划，抓紧谋划建设一批新的基础设施和重大产业项目。推广政府和社会资本合作（PPP）模式，引进保险资金支持重大项目建设。发挥出口的促进作用。深入落实外贸稳增长10条措施，对100家出口龙头企业和2000家重点企业精准帮扶，清理规范进出口环节收费，增加出口直放企业数量，提高机电、高新技术、优质农产品等出口规模。发挥实体经济的支撑作用。实施“百千万”助力工程，培育主营业务收入超百亿元企业、超千亿元基地（园区）和超万亿元产业。开展降本增效专项行动，制定实施降低企业成本总体方案，降低制度性交易成本、人工成本、企业税费负担、社会保险费、企业财务成本、电力价格、物流成本。分业施策、精准帮扶，出台实施支持轻工、纺织、食品加工等行业发展的政策措施。加快医药行业发展，发挥骨干企业龙头作用，培育千亿元级生物医药产业集群。设立中小微企业发展基金，鼓励企业发行债券、短期融资券等形式拓展融资渠道，加大直接融资支持力度，引导金融更好地为实体经济“输氧造血”。帮助规模以下企业提档升级，年内新增规模以上工业企业1000家以上。大力优化营商环境，高度重视调动企业家、创新人才的积极性、主动性和创造性，激发企业家精神，依法保护企业家财产权和创新收益。落实我省社会信用体系建设规划，加强市场主体信用信息公开监督。鼓励民间资本进入更多领域，推动民营企业科技创新、调整结构，激发民营经济的活力和创造力。筹备承办好全国工商联十一届五次执委会和全国知名民企助推河北协同发展大会等系列活动，吸引更多民营企业来我省投资兴业。

（二）*着力促协同，确保政策措施落地见效*。全面贯彻《京津冀协同发展规划纲要》，编制实施省级、设区市协同发展总体规划和“三区一基地”等各类专项规划，确保完成国家下达的39项年度重点任务。推进重点领域率先突破。加快京沈客专、唐曹铁路、首都地区环线等项目建设，开工建设京唐、京霸、廊涿城际和白沟支线，加快推进京衡客专前期工作，打通扩容一批“断头路”、“瓶颈路”，抓好北京新机场及配套综合交通体系建设。推动建立京津冀生态补偿机制，实施京津保生态过渡带、北戴河地区环境整治等工程。积极承接京津产业转移，力促对接签约项目尽快落地，确保北京现代第四工厂、比亚迪新能源客车承德基地、张北云联数据中心等项目建成投产。精准承接非首都功能疏解。谋划建设集中承载地和微中心，加快推进北京新机场临空经济区、曹妃甸协同发展示范区、渤海新区、正定新区等省级重点平台建设，支持各地因地制宜打造不同层次、各具特色的协同发展基地和产业园区。积极承接京津医疗、教育、养老等社会公共服务功能疏解，大力推进京津冀异地住院费用直接结算。加快打造协同创新共同体。抓好石保廊全面创新改革试验区和京南科技成果转化试验区建设，与京津共建50家科技园区和一批产业技术创新联盟、科技成果孵化转化基地，开展京津冀社会保障、公共服务、要素市场一体化等改革试点示范。全力做好冬奥会筹办工作。科学编制各项规划，扎实推进场馆建设前期工作，力促京张高铁崇礼支线等尽早开工，加快赛区低碳电力供应、医疗卫生等配套服务设施建设。按照奥运标准全面推动张家口城乡面貌改善，建设国家级可再生能源示范区。推广冰雪运动、发展冰雪产业，打造京张体育文化旅游产业带。积极推进城乡统筹发展。把新型城镇化作为扩大内需的综合大平台，召开全省城市工作会议，加大推进力度，确保新型城镇化持续健康发展。提升规划水平，启动新一轮城市总体规划修编，推动“多规合一”。提升建设水平，加快城市棚户区改造和地下综合管廊建设。提升管理水平，抓好智慧城市、海绵城市、绿色城市试点建设，为人民群众提供精细的城市管理和良好的公共服务。出台支持省会建设发展的实施意见。加快发展县域经济，重点建设100个省级新型工业化示范基地，抓好年营业收入20亿元以上的273个产业集群，培育一批龙头企业和区域品牌。实施县城建设三年攻坚行动，加大绿化、美化、亮化、净化力度，年内所有县城实现集中供水、集中供热或清洁能源供热、污水垃圾达标处理。扩大农村基础设施、公共设施和现代农业投资，提升完善乡村公路，搞好农村电网改造，健全信息基础设施。扎实推进美丽乡村建设，开展道路硬化、改水改厕等12个专项行动，抓好100个片区、200个中心村、300个旅游村、4000个重点村建设。

（三）着力调结构，全面提升产业层次水平。更加注重“加减乘除”并举，积极培育新的增长点，推动产业提质增效升级。加大传统产业改造力度。围绕推动工业转型升级，开展制造业升级专项行动，启动新一轮重大技术改造升级工程，抓好千项新产品开发、千项名牌产品培育“双千”工程。大力推进钢结构在市政、交通、水利、通信和民用建筑等领域广泛应用，拓展钢铁行业发展空间。培育100家“两化”融合重点企业，加快唐山国丰、冀南钢铁重组搬迁等项目进度。把处置“僵尸企业”作为化解过剩产能的牛鼻子，通过兼并重组、债务重组乃至破产清算，实现市场出清。年内压减炼铁产能1000万吨、炼钢800万吨、水泥150万吨、平板玻璃600万重量箱。大力发展战略性新兴产业。实施七大新兴产业增比进位工程，滚动实施百项重点项目建设。抓好重点领域智能工厂、数字化车间建设试点。壮大保定汽车、石家庄通用航空、唐山动车城、秦皇岛汽车零部件等先进装备制造基地，推进沧州激光、邢台新能源汽车等产业园区建设，做强光伏、风电、智能电网三大新能源产业链，建设“京津冀大数据走廊”，培育壮大节能环保监测、治理装备产业。年内全省规模以上高新技术产业增加值增长10%以上。推动服务业优质高效发展。实施8个现代服务业重点行业发展三年行动计划，积极培育新兴服务业态。抓好张家口、廊坊、承德等云服务基地建设，实施工业、交通、环保、物流等领域物联网应用示范工程。支持钢铁、煤炭、农产品等大宗商品电子商务平台扩大交易规模，发展动漫游戏等新兴文化业态。加快白沟现代商贸物流示范区、邯郸华耀城等一批重大物流项目建设，鼓励省级物流产业聚集区探索运营新模式。提速旅游产业发展，组建省旅游发展委员会，开好首届全省旅游产业发展大会，打造重点精品旅游线路，加大5A级景区创建力度，建设10个全域旅游目的地县，培育一批乡村旅游重点片区，力争年内游客接待量达到4.25亿人次。促进农业增产增效。抓好4000万亩核心区和86个粮食生产大县建设，深入实施渤海粮仓科技示范工程，加强中低产田改造提升，全省粮食总产稳定在665亿斤左右。做强畜牧、蔬菜、果品三大优势主导产业，推进生态型畜禽养殖场建设，打造一批供京津蔬菜示范园和高标准果园，发展药材、食用菌等特色产业和沟域经济，加快山区综合开发。大力发展农产品精深加工业，抓好环首都现代农业科技示范带和89个省级现代农业园区建设，支持衡水养元饮品等700家产业化龙头企业壮大规模，实施亿元以上农业产业化项目100个，农业产业化经营率达到66.5%。

（四）着力治污染，推动生态环境持续好转。坚持科学防控、精准治污，找准发展与保护的平衡点和结合点，坚决打好环境治理攻坚战。深入推进大气污染防治。加快燃煤治理和清洁能源替代，继续实施煤电节能减排计划，开展千家企业能效提升行动，年内削减煤炭消费500万吨，天然气供应量达到100亿立方米。加强污染物协同控制，开展散煤、焦化行业、露天矿山、道路车辆污染整治四大专项行动，实施水泥窑协同处置垃圾废弃物示范工程，加快主城区重污染企业搬迁，抓好制药、石化、有机化工等行业挥发性有机物治理，深入推进扬尘专项整治，狠抓秸秆禁烧和综合利用。建立健全环境监测预警体系，完善重污染天气应急响应机制。加大水、土壤污染防治力度。全面落实水污染防治“国十条”和“省五十条”，组织开展白洋淀和衡水湖综合整治、重污染河流环境治理攻坚、集中式饮用水源地安全防护三个专项行动，深化近岸海域污染治理，保护自然岸线，推进28座城镇污水处理厂升级改造，全部取缔严重污染水环境项目。制定实施我省土壤污染防治行动计划，实行土壤分类管控，开展工业污染场地修复试点，推进农业规模化畜禽养殖场污染治理。坚持循环低碳发展，抓好生活垃圾资源化利用、城市矿产基地建设等示范工程，力争50%的国家级工业园区和30%的省级工业园区完成循环化改造。加强生态修复保护。深入落实《山水林田湖生态修复规划》，地下水超采综合治理试点扩大到9市84个县，新增农业压采地下水能力6.4亿立方米以上。完成南水北调配套工程建设，确保引黄入冀补淀工程全线开工。抓好水土保持重点工程，治理水土流失面积2000平方公里。继续实施绿色河北攻坚工程，打好太行山绿化和“矿山披绿”三年攻坚战，推进天然林保护、京津风沙源治理二期、“三北”防护林、乡村和廊道绿化及公益林等重点工程，年内造林绿化420万亩。严格环保监管执法。强化战略环评和规划环评，启动省以下环保机构执法垂直管理改革试点。严格落实生态环境督办问责制度，开展生态环境、自然资源责任审计。对排污企业实行在线监测，依法严厉打击环境违法行为，决不姑息、决不手软。

（五）着力抓改革，切实破除体制机制障碍。聚焦构建发展新体制，全面深化改革开放，扭住关键、精准发力，推动各项改革举措落地生根、见到实效。更大力度推进重点改革。深化“放管服”改革，进一步增强放权的协同性、提高监管的有效性、强化服务的便利性，再取消下放一批省级审批事项，推动市县行政审批制度改革落到实处，编制省市县行政许可通用目录和公共服务事项目录清单，扩大行政审批局改革试点，推行固定资产投资项目省级网上并联审批，加快行业协会商会与行政机关脱钩。完成市县公务用车制度改革。实行国有企业分类改革、分类监管，基本完成混合所有制企业员工持股、改建国有资本投资运营公司等5项改革试点任务，省属国有独资公司全部引入外部董事，开展新闻出版传媒企业特殊管理股制度改革试点。深化财税金融体制改革，出台实施省以下事权与支出责任指导意见，全面落实“营改增”，推进结构性减税和普遍性降费，开展水资源费改税试点，完善国税、地税征管体制。加快农村信用社综合改革，支持设立民营银行、小额贷款公司等新型金融机构，鼓励商业银行设立科技支行，发展股权基金、金融租赁、普惠金融等新业态和新服务，开展互联网股权众筹融资试点。加快河北银行、冀中国际物流等企业上市步伐，新增挂牌上市企业100家以上。推进不动产统一登记制度改革。有序开展电力、天然气等领域价格改革。深化农村综合改革，发展多种形式适度规模经营，培育壮大新型农业经营主体，抓好农村土地承包经营权确权登记颁证，健全县乡村土地流转服务平台，建立财政支持的农业信贷担保体系。深化供销社综合改革。推动环保、司法、公安、审计、文化、广电等领域改革。更大力度推进对外开放。加快跨境电子商务示范企业和外贸公共服务企业建设，提高贸易便利化水平。支持企业扩大先进技术设备、关键零部件及重要原材料进口。完善常态化招商机制，实施海内外精准化招商，引进一批先进制造业和现代服务业外资项目。出台实施加快开发区改革发展的意见，召开全省开发区工作会议，建立完善省级开发区动态管理机制，着力把开发区打造成我省转型升级、开放发展的主战场。培育壮大中捷中欧产业园、高碑店国际门窗城等国别产业园区。支持企业“走出去”，开展国际优势产能和先进装备合作，鼓励企业抱团出海，加大省部合作协议中13个重大国际产能合作项目推进力度，力促河钢南非钢铁、冀东非洲和东盟300万吨水泥等项目落地开工。办好唐山世界园艺博览会、中国—中东欧国家地方领导人会议、河北省第33届投资贸易洽谈会、中国—拉美企业家高峰会等重要国际性活动。

（六）*着力攻脱贫，加快补齐全面小康建设短板*。认真落实我省《关于坚决打赢脱贫攻坚战的决定》，实施精准扶贫精准脱贫八大专项行动，确保年内100万贫困人口稳定脱贫、一批贫困县摘帽出列。发展特色产业促脱贫。实施“一村一品”扶贫计划，培育设施蔬菜、优质林果、特色养殖和手工业等脱贫产业，开展电商、旅游、光伏、生态等新业态扶贫，支持每个贫困县打造一个现代农业园区，扶持发展500家扶贫龙头企业和农民合作社示范社。完善基础设施促脱贫。加强贫困地区交通、水利、电力、信息等基础设施建设，提高贫困地区公路建设补助标准，今年将1000个贫困村纳入美丽乡村建设实施范围。加快创业就业促脱贫。支持贫困地区农民工返乡创业，每个贫困县至少建立一个返乡创业园。引导用人企业开展订单定向培训，促进劳动力外出转移就业，确保贫困家庭劳动力至少掌握一门致富技能。实施教育医疗促脱贫。下大力改善贫困地区办学条件和教育质量，免除在省内公办普通高中、中职学校、普通高校就读的建档立卡贫困家庭学生的学费、住宿费和教科书费。实施基本医疗保险、大病保险、医疗救助三重医疗保障，将贫困人口全部纳入重特大疾病救助范围。强化扶持政策促脱贫。把完全或部分丧失劳动能力的贫困人口全部纳入农村低保，实行农村低保线与扶贫线“两线合一”，实施省级财政为主、市级财政配套、县级财政免担的办法，确保“一人一卡”发放到人。引导资金、土地、人才、技术等要素向贫困地区聚集，省级财政扶贫资金投入翻一番，专门安排1万亩建设用地指标支持贫困县重点项目建设。抓紧建立完善省、市及重点县扶贫开发投融资体系和平台，加大扶贫小额信贷力度，支持贫困地区设立村镇银行等机构，开展资金互助和信用合作。对革命老区和民族地区脱贫攻坚工作实施特殊扶持政策。完善搬迁后续扶持政策，改善搬迁群众生产生活条件，年内完成4.5万贫困人口搬迁任务。推进责任落实促脱贫。广泛动员全社会力量参与扶贫事业，积极争取中直和国家机关加大对口帮扶力度，启动京津对口帮扶我省贫困县工作，完善省内较发达地区对口帮扶贫困地区机制，提高定点扶贫的精准度和有效性。建立年度脱贫攻坚报告和督查问责机制，层层压实责任，级级传导压力，倒排时间、强力推进、务求实效。

（七）*着力惠民生，尽心办好为民利民实事*。按照保基本、兜底线的要求，统筹安排好民生保障，重点抓好“五保一增一创”。保就业稳定。抓好高校毕业生、农村转移劳动力、退伍军人就业，落实好援企稳岗、社保补贴、税费减免等扶持政策，加大再就业力度。保义务教育。深化考试招生制度改革，实施第二期学前教育三年行动计划，统一城乡义务教育经费保障机制，推进城乡义务教育公办学校标准化建设，改善薄弱学校和寄宿制学校办学条件，加快普及高中阶段教育，支持专业型职业教育集团，抓好10所本科高校向应用技术大学转型试点，加强大学生创新创业教育培训。保基本医疗。整合城乡居民基本医保制度，加快基本医保异地就医结算，深化县级和城市公立医院综合改革，实施基层卫生服务提升工程，提高农村医疗队伍水平，推进分级诊疗，完善基本药物制度，加强重大疾病防控和卫生应急救治工作。大力发展中医药产业，加快安国中药都建设。保基本养老。完善基本养老金合理调整机制，推进机关事业单位养老保险制度改革，继续提高城乡居民基础养老金、城乡低保、农村五保对象补助水平。加快城乡养老服务机构建设。实施全面两孩政策。保民生底线。统筹推进城乡社会救助体系建设，完善最低生活保障、特困人员供养等制度，提高困难残疾人生活补贴和重度残疾人护理补贴标准。年内保障性住房和棚户区改造住房开工18万套，改造农村危房12.5万户。启动农村饮水安全巩固提升工程。实施临时救助制度，使困难群众求助有门、受助及时、急难有救。增加城乡居民收入。推动企业职工工资合理增长，落实机关事业单位工资和津补贴改革政策，多渠道增加农民收入，大力治理拖欠农民工工资问题。创新公共服务提供方式。增加公共服务有效供给，广泛吸引社会资本参与，提高公共服务效率和质量。健全公共文体设施，推进河北奥体中心、河北大剧院等设施建设，启动基层综合性文化中心建设。培养基层文艺人才，推出具有河北特色的优秀艺术作品和品牌文化活动，加强长城、中山国遗址、名镇名村等历史文化遗产保护，广泛开展全民健身运动。

（八）着力防风险，保持社会大局和谐稳定。加强对各种风险源研判分析，提高动态监测和实时预警能力，有效化解各类风险隐患。强化财政金融风险防控。加强政府债务管控，完善地方金融监管体制，及时发现处置重大金融风险及突发事件，依法打击非法集资等金融违法行为，坚决守住不发生系统性和区域性金融风险的底线。强化安全生产风险防控。严格实行“党政同责、一岗双责、失职追责”，深入开展油气管网、尾矿库、危险化学品等重点高危行业和领域专项整治，加大煤矿关停力度，健全火灾防范和灭火救援体系，提升安全监管规范化和专业救援队伍水平，坚决遏制重特大安全事故发生。强化食药安全风险防控。加强食品药品生产销售全过程监管，推进“智能食药安全”信息化和检验检测能力建设，抓好食品安全城市和农产品质量安全县创建试点，依法打击制售假冒伪劣商品行为。强化公共安全风险防控。完善重大决策社会稳定风险评估机制，增强突发公共事件应急预警能力。积极应对新业态发展、社会流动性加剧、网络社会等带来的新风险。重点防范和化解环境污染、土地征收等相伴生的各种风险，妥善做好化解过剩产能涉及职工转岗安置和再就业工作，完善被征地农民养老保险政策。加强和创新社会治理，鼓励支持社会组织参与社会治理公共服务，推动政府治理和社会自我调节、居民自治良性互动。畅通民意诉求表达渠道，建立健全社会矛盾多元化解机制，扎实做好各类纠纷排查调处工作。依法严厉打击各类违法犯罪活动，营造安定和谐的社会环境。

加强国防教育和国防后备力量建设，积极支持国防现代化建设和军队深化改革，解决军人和随军家属安置等问题，巩固军政军民团结。充分发挥工会、共青团、妇联等人民团体桥梁纽带作用。继续做好新闻出版广电、民族宗教、外事侨务、气象地震、防灾减灾、邮政通信、史志档案、援藏援疆、妇女儿童、老龄、残疾人等工作。

（九）着力树理念，全面加强政府自身建设。新形势新任务对政府工作提出了新要求。我们将以新理念引领政府改革建设、总揽政府职能转变、贯穿政府各项工作。大力解放思想，做到敢创新、求突破。深入贯彻习近平总书记系列重要讲话精神和对河北的重要指示，全面向党中央看齐。把解放思想作为破解一切难题的“金钥匙”，牢固树立和贯彻落实五大发展理念，坚决破除制约发展的思想障碍，积极探索新常态下做好经济工作的方法和经验，加大供给侧结构性改革力度，创新发展路径，完善政策举措，着力在优化结构、增强动力、化解矛盾、补齐短板上取得突破性进展。加快转变职能，做到强管理、优服务。坚持把转变政府职能作为深化行政体制改革的核心，坚决取消一切束缚经济社会发展的行政权力，坚决砍掉各类无谓证明和繁琐手续，精简办事程序，缩短办理时限，变“群众奔波”为“信息跑腿”，变“群众来回跑”为“部门协同办”，坚决向不作为乱作为、“吃拿卡要”等行为“亮剑”，努力创造法治化、便利化的营商环境，最大限度方便群众、方便企业、方便基层。推进依法行政，做到重法治、严规范。自觉接受人大法律监督、政协民主监督和社会监督。坚持把遵守宪法和法律作为施政的根本原则，落实《法治政府建设实施纲要》，推进行政权责依法公开，强化行政权力监督制约，加快形成边界清晰、分工合理、权责一致、运转高效、依法保障的政府职能体系。持续改进作风，做到勇担当、有作为。严格执行中央“八项规定”，坚决纠正“四风”，认真践行“三严三实”，把夙兴夜寐、激情工作作为常态，健全工作责任制度、激励机制和督查问责机制，铆足劲头抓落实，消除“中梗阻”，打通“最后一公里”。加强廉政建设，做到自身净、守规矩。坚持把纪律和规矩挺在前面，严守《准则》和《条例》。大力反腐倡廉，落实“两个责任”，强化“一岗双责”。加大违纪违法案件查办力度，严肃查处发生在群众身边的腐败问题，做到有腐必惩、有贪必肃，努力实现干部清正、政府清廉、政治清明。

各位代表！宏伟蓝图令人鼓舞，美好愿景催人奋进。让我们更加紧密地团结在以习近平同志为总书记的党中央周围，在中共河北省委的坚强领导下，协调推进“四个全面”战略布局，高举发展、团结、奋斗的旗帜，解放思想、抢抓机遇、奋发作为、协同发展，为全面建成小康社会、实现“两个百年”奋斗目标、谱写中华民族伟大复兴中国梦的河北篇章而努力奋斗！

关于河北省 2015 年预算执行情况和 2016 年预算草案的报告

——2016 年 1 月 8 日在河北省第十二届人民代表大会第四次会议上

河北省财政厅厅长　高志立

各位代表：

受省人民政府委托，我向大会报告 2015 年预算执行情况和 2016 年预算草案，请予审议，并请省政协委员和其他列席人员提出意见。

一、2015 年预算执行情况

2015 年，面对严峻的经济形势和繁重的改革任务，在党中央、国务院和省委的正确领导下，全省各级各部门紧紧围绕稳增长、调结构、促改革、治污染、惠民生，主动适应经济发展新常态，积极应对经济下行压力加大、财政收支矛盾尖锐等突出问题，认真落实积极的财政政策，大力推进改革创新，全面加强收支管理，全省预算执行情况良好。

（一）全省财政收支情况

1. 一般公共预算。收入完成 2648.5 亿元，为预算的 100.7%，比上年增长（以下简称增长）8.3%，超过年初目标 0.8 个百分点。其中，税收收入 1934 亿元，增长 3.7%；非税收入 714.5 亿元，增长 23.1%（剔除 8 项基金转列因素可比增长 6.4%）。支出完成 5675.3 亿元，为调整预算的 95.8%，增长 22.4%。支出增长较快主要原因：一是按国家规定有 8 项政府性基金（97 亿元）转列一般公共预算；二是各级按国家盘活存量资金要求，将部分资金调入一般公共预算；三是支出进度明显加快，比上年提高 2.7 个百分点。

2. 政府性基金预算。收入完成 1377.1 亿元，为预算的 93.5%，下降 14.5%；支出完成 1396.3 亿元，为调整预算的 86.3%，下降 10.2%，主要是受房地产市场低迷影响，土地使用权出让收入和国有土地收益基金收入下降较多。

3. 国有资本经营预算。收入完成 17.8 亿元，为预算的 127.1%；支出完成 12.6 亿元，为预算的 85.8%（按照预算法要求，省级自 2015 年开始代编全省国有资本经营预算，因此无法与上年对比）。

4. 社会保险基金预算。收入完成 1593 亿元（含企业职工基本养老保险、失业保险、城镇职工基本医疗保险、工伤保险、生育保险、居民基本养老保险、居民基本医疗保险，全省金额不含省与市县间的上解下拨资金，下同），为预算的 104.1%；支出完成 1556.4 亿元，为调整预算的 98.7%。根据相关法规，社保基金相互独立，不能调剂使用，按照收支平衡原则，企业职工基本养老保险基金动用历年结余 88 亿元，其他社保基金年末新增结余 125 亿元。

（二）省级预算执行情况

1. 一般公共预算。省本级收入完成 484.8 亿元，为预算的 101%，增长 10.1%。其中，税收收入 352.5 亿元，下降 1%；非税收入 132.4 亿元，增长 57%（剔除基金转列因素可比增长 2.1%）。省十二届人大三次会议审议批准的省本级支出预算为 727.8 亿元。执行中，由于上年结转列入、使用地方政府债券、中央下达专项补助和省对下专项补助、政府性基金调入（按国家盘活存量政策）、补充预算稳定调节基金等原因，报省十二届人大常委会备案调整为 788.7 亿元。全年支出完成 754.6 亿元，为调整预算的 95.7%，增长 8.6%。

省本级一般公共预算收入，加上地方政府债券收入、中央税收返还和转移支付补助、市县上解收入、调入资金等 2896.7 亿元，收入总计 3381.5 亿元。省本级一般公共预算支出，加上地方政府债券对下转贷支出、上解中央支出、对下税收返还和转移支付、债券还本支出等 2591.4 亿元，支出总计 3346 亿元。收支相抵，省本级结转 35.5 亿元。

2. 政府性基金预算。收入完成 183.9 亿元，为预算的 103.5%，下降 13.9%。省十二届人大三次会议审议批准的省级政府性基金支出预算为 177.7 亿元。执行中，由于上年结转、中央新增及下达市县转移支付等原因，报省十二届人大常委会备案调整为 159.2 亿元。支出完成 143.7 亿元，为调整预算的 90.2%，增长 13.5%。

3. 国有资本经营预算。收入完成 4.03 亿元，为预算的 127%，下降 1.7%。支出完成 3.9 亿元，为预算的

80.2%，增长89.1%。

4.社会保险基金预算。收入完成381.7亿元，为预算的109%。省十二届人大三次会议审议批准的省级社会保险基金支出预算为386.3亿元，执行中，由于保险支出待遇标准提高、保障人数增加以及征缴费率降低等原因，报省十二届人大常委会备案调整为404.5亿元。支出完成356.9亿元，为调整预算的88.2%（由于中央补助增加，相应减少省级调剂金支出）。社保基金年末新增结余24.8亿元。

需要说明的是，上述预算收支完成情况为快报统计数，2015年财政决算编制完成后，部分数据还会有所变化，我们将按照规定及时向省人大常委会报告。

（三）2015年预算执行效果

一年来，全省各级各部门全面贯彻新的预算法，认真执行省人大及其常委会各项决议，深化财税改革，发挥调控作用，促进平稳增长，推动转型升级，保障改善民生，各项工作取得新的成效。

——政策效应较好发挥，有力助推经济平稳增长。一是积极争取政策资金支持。抢抓京津冀协同发展重大机遇，争取国家政策资金向我省倾斜，2015年中央下达我省转移支付资金2221.1亿元，比上年增长9.3%，超过全国平均增幅0.5个百分点，其中：均衡性转移支付358.9亿元，增长28.5%，增幅全国第一，同时争取国家改革试点21项、109.8亿元。争取新增债券235亿元、置换债券1185亿元，并在全国最早发行完毕，推动重点项目建设，年节约融资成本78亿元。与国际金融组织合作取得历史性突破，亚行3亿美元大气污染防治贷款获批，世行5亿美元、德国复兴银行1.5亿欧元大气污染防治贷款完成项目前期评估和谈判工作。二是大力拓展筹融资渠道。推广运用PPP模式，举办项目推介会和首届PPP论坛，完善政策体系，加快项目对接，张家口市桥西区集中供热等10个项目签约落地，承德市双峰寺水库等14个项目完成意向签约，13个项目入选全国示范项目（总投资额902亿元，投资额、项目数分居全国第2、3位）。加快推进股权投资基金运作，冀财基金与社会资本方合作设立15支子基金，撬动社会资本88亿元。制定财政助推金融创新支持经济发展15条措施，整合资金44.35亿元，运用贷款风险补偿、担保补偿、小额票据贴现、小额担保贷款、“政银保”等方式，撬动金融资本支持经济发展。三是全面盘活存量资金。认真核查底数，分类处置，全力督导，各级收回2012年及以前年度“沉淀”资金186.1亿元（占应收回的100%），统筹用于棚户区改造、基础设施建设等重点支出。四是着力优化财税环境。不折不扣执行支持高新技术企业发展等税收优惠政策，减轻企业税负27.6亿元。稳步推进“营改增”，减免税收90多亿元。严格落实中央普遍性降费政策，并自行研究出台15项对小微企业的减免政策，年内为小微企业减费1.5亿元。推进政府购买服务，将范围推广到所有适宜领域，全省实施项目约3000个，购买金额87亿元，比上年分别增长2.5倍和3.6倍。

——重点投入继续加大，有效促进产业转型升级。一是科技创新能力逐步增强。省以上科技投入13.3亿元，设立科技成果转化引导基金，打造京津冀协同创新平台，组织实施科技计划项目975项，全力支撑我省产业转型升级。出台财政支持科技型中小企业创新发展10项措施，省级筹集7亿元，通过财政后补助、购买服务、参股投资、注入资本金等方式，激发科技型中小企业创新活力。二是结构调整取得积极进展。省级投入优势产业资金15亿元，推进新能源、电子信息、生物医药等高新技术产业发展，产值同比增长12%，高于规上工业增速。省级投入转型升级资金12亿元，支持新一轮技术改造，推动淘汰产能工作开展，完成省重点技改项目806项，全省单位生产总值能耗同比下降6.5%。三是基础设施水平全面跃升。省级投入140.1亿元，推进公路、铁路、机场、港口等重点项目建设，全省铁路营运里程、高速公路通车里程、港口通过能力均跃居全国第二位。四是现代农业加快发展。落实省以上资金10.7亿元，支持我省部分粮食、蔬菜、果品大县优势主导产业及畜牧业加快发展；落实中央奖励资金17.9亿元，调动产粮、产油及生猪调出大县生产积极性，优势产业比重达到70%，产业化经营率达到65.5%；加强农业综合开发力度，投入省以上资金26.82亿元，建设高标准农田129.6万亩，实施产业化经营项目235个，新增粮食生产能力1.88亿公斤、蔬菜生产能力1.2亿公斤。

——惠民政策全面落实，民生保障水平不断提高。全省民生支出4597.7亿元，比上年增长25%，占全部支出的81%。一是社会保障标准稳步提高。企业退休人员养老金实现11连增（10%），城乡低保、五保供养人均补助提高7%，新农合和城镇居民医疗保险人均补助标准由320元提高到380元，基本公共卫生服务补助标准由35元提高到40元。整合省级低保、五保、孤儿和临时救助资金13亿元，推进社会综合救助试点19个。二是支农政策较好落实。整合省以上各类资金69.1亿元，推进9个重点片区美丽乡村建设，重点支持3006个村每村办好15件实事。落实省以上扶贫资金26.6亿元（省级10.8亿元），探索精准扶贫新模式，实施产业扶贫，撬动金融扶贫投入。落实农业支持保护补贴资金72.4亿元，并按照中央要求，调整20%农资综合补贴资金用于支持粮食适度规模经营。扩大农业保险保费补贴试点范围，提高保费标准，降低费率，全省补贴18亿元。三是社会事业加快发展。完善农村义务教育经费保障机制，落实省以上补助资金89.2亿元，保障1.5万所中小学运转经费，减轻680多万名农村学生家庭负担，免除95.8万名城市学生学杂费。整合省以上资金27.7亿元，改造农村薄弱学校1万多所。筹措省以上资金19.5亿元，支持职业教育发展，落实中等职业学校免学费政策。落实省以上资金45.86亿元，支持省属高校办出特色、争创一流。拨付省以上资金7.6亿元，推进文化惠民工程，落实公共场馆免费开放政策，办好农村文化信息共享工程等惠民实事。省级投入8亿元，助力张家口申办冬奥圆满成功。四是工资、养老等改革顺利实施。积极推进机关事业单位人员养老保险制度改革，加快落实乡镇工作补贴和县以下职务与职级并行制度，研究建立保障工资落实长效机制，顺利完成省直机关公车改革。

——生态治理精准发力，环境质量得到持续改善。一是地下水超采治理成效明显。全省投入82.6亿元，试点范围由上年的49个县（市、区）扩大到63个，推行农业综合水价和水利工程管护体制改革，加强水利工程建设，调整农业种植结构28.3万亩，推行农艺节水731万亩，积极探索可复制、可推广的综合治理模式，综合治理效果逐步显现。二是大气污染防治保障有力。争取中央资金37亿元，省级投入8亿元，推广应用新能源汽车12340辆，淘汰黄标车147万辆。与北京、天津建立起“2＋4”对口帮扶机制，京津两市支持我省8.6亿元。三是生态补偿机制不断完善。推进生态功能区建设，又有5个县（市、区）新纳入国家生态功能区补偿范围，总数达39个，加上30个禁止开发区域和引导性补助县，一半以上的县享受中央补助（24亿元）。四是农业生态治理扎实推进。筹措资金21.7亿元，用于退耕还林补助、生态效益补偿、草原生态保护奖补。争取中央资金21.93亿元，推进衡水湖、官厅水库和滦河流域水污染治理。争取中央资金5亿元，对南水北调集雨区农村生活垃圾和生活污水实施深度整治。

——财政改革步伐加快，管理机制进一步完善。出台《河北省深化财政改革实施方案》，以改革增发展动力、促职能转变、提服务效能。一是公开透明的预算管理制度初步建立。加快推进绩效预算管理改革，全过程绩效预算管理模式在全省推开，各级各部门花钱问效意识明显增强。规范编制一般公共预算、政府性基金预算、国有资本经营预算、社会保险基金预算，将所有政府收支全部纳入预算管理。改进预算控制方式，省级编制2016—2018年财政规划，并试编权责发生制政府综合财务报告。整合专项转移支付，将281项省级专项转移支付清理整合为118项。规范专项资金管理，修订99项专项资金管理办法。加大预决算公开力度，除涉密单位外，113个省级部门预决算和“三公”经费支出全部在省政府门户网站专栏公开；设区市级、县区级政府预决算公开率达到100%。二是预算执行管理全面强化。坚持依法征税管费，加大综合治税力度，加强重点税源、重点行业和重点税种监控，规范非税收入征缴，努力堵漏增收，促进财政与经济良性互动；推行网上办税服务，建设“互联网＋电子税务局”，完善“网上缴费”、“异地缴费”等便民举措，推进财政票据电子化管理，以服务方式转变提升征管水平。严格按照时限要求批复预算、下达转移支付资金，加强预算执行督导、通报，督促资金早支出早见效。三是风险防控能力有效提升。研究建立绩效监督新机制，对49项专项资金和财政政策进行绩效评价，涉及资金395.2亿元，同时抽取20个部门二级预算单位开展了综合绩效评价。牵头开展涉农资金专项整治行动，检查涉农资金2327.8亿元，督促有关地区和部门进行了整改。规范政府融资方式，健全债务动态管控体系，清理甄别政府存量债务，加强政府债务风险防控，保持债务风险在合理区间。健全财政内控机制，制定1项基本制度和10项专项风险防控管理办法，实现资金管理关键节点、重点流程的风险防范。

各位代表，2015年是“十二五”的最后一年。回顾过去的五年，面对国际金融危机、国内“三期叠加”的大形势和我省淘汰产能、结构调整、治理污染的巨大压力，遇到的困难前所未有，经受的考验前所未有，各级各部门顽强拼搏、奋力攻坚，全省经济持续健康发展，财政保持平稳运行。这五年，财政综合实力大幅提升，全部财政收入、一般公共预算收入、一般公共预算支出分别由2010年的2409亿元、1332亿元、2820亿元增加到2015年的4047.7亿元、2648.5亿元、5675亿元，年均分别增长10.9%、14.7%、15%。这五年，财政调控和杠杆作用有效发挥，中央各项财政政策全面落实，地方财政政策体系不断完善，财政筹融资渠道不断拓宽，财政支出方式有效创新，有力促进了全省经济平稳增长、转型升级。这五年，民生福祉得到持续改善，全省用于民生事项的支出五年累计17690亿元，民生支出占一般公共预算支出比重提高到80%以上，较“十一五”期末高出6个百分点；养老保险、城乡低保、优抚解困、社会安全、就业再就业等保障有力，教育、卫生、科技、文化等社会事业长足发展。这五年，财政改革向纵深推进，财政管理体制逐步完善，省级专项转移支付大幅压减，省对下一般性转移支付占比逐步提高，绩效预算管理、国库集中支付、债务管控、政府购买服务等改革走在全国前列，工资、养老保险制度以及公务用车等改革稳步实施。上述成绩的取得，是省委正确领导和科学决策的结果，是省人大、省政协及代表委员们监督指导的结果，是各级各部门不畏难、不避险，主动作为、攻坚克难的结果。

在总结成绩的同时，我们也清醒的看到，当前面临的困难和挑战依然较多。主要表现在：财政收入增长低位运行，财政支出刚性增长，收支矛盾日益尖锐；个别地方财政运转困难，省级统筹平衡压力越来越大；全面深化财政改革任重道远，特别是推进基层财政改革还面临不少困难；违犯财经纪律的现象仍时有发生，有的部门依法理财意识亟待加强。这些问题既是各界关注的热点，也是财政工作的难点，我们将高度重视，进一步深化财政改革，加强预算管理，扎实抓好工作，认真加以解决。

二、2016年预算草案

2016年是实施“十三五”规划的开局之年，是京津冀协同发展战略推进的关键之年，编制执行好2016年预算，做好各项财政工作，对推动经济强省、美丽河北建设意义重大。

（一）2016年预算安排指导思想和基本原则

当前，世界经济在深度调整中曲折复苏，新一轮科技革命和产业变革蓄势待发。我国发展仍处于可以大有作为的重要战略期，经济长期向好基本面没有改变。我省更是处于重大战略机遇叠加期，京津冀协同发展战略加快实施，宏观调控政策效应逐步显现，经济运行的积极因素不断累积，工业结构调整稳步推进，新兴产业加快发展，新的发展动力正在增强，这些将为财政增收奠定一定基础。但受国内外经济形势和我省产业结构调整、化解过剩产能、治理大气污染等多重因素影响，经济增速换挡、结构调整阵痛、动能转换困难相互交织，经济运行仍面临不少困难和挑战，财政减收增支因素比较集中。一方面，受经济增速放缓、企业效益下滑和政策性减收因素影响，预计2016年财政收入增长的难度进一步加大；另一方面，财政刚性支出持续增加，提高民生保障标准、落实改革性支出、加大发展投入等财政必保事项增多，再加上政府偿债压力逐年加大，收支矛盾将更加尖锐。

2014年以来，中央不断加大财税改革力度，对预算管理工作提出了一系列新要求；去年11月，国务院印发编制2016年预算的通知（国发〔2015〕65号），明确了2016年预算编制的总体要求、收支政策和财政改革重点。主要内容包括：加快推进财税体制改革，进一步实施减税降费等政策措施，收入预算要实事求是、积极稳妥；清理重点支出挂钩事项；大力清理、整合、规范专项转移支付，减少竞争性领域投入；加大财政资金统筹使用力度，盘活存量、用好增量；优化财政支出结构，支农投入新增部分重点用于扶贫开发；创新财政投入方式，加强财政、货币政策的协调配合，引导和带动社会资本投入；处理好发展经济和保障民生的关系，建立更加公平可持续的社会保障制度；积极推进中期财政规划管理，对涉及增加支出、提高标准的一些重大政策，要按照三年统筹考虑；加强地方债务管控，地方政府债务规模实行限额管理等。省委八届十二次全会要求，“十三五”时期要扎实推进财税体制改革，解决好制约发展的瓶颈问题；用足用好国家政策，在各个领域争取资金、项目支持，最大程度地发挥政策效应；积极搭建融资平台，通过PPP、特许经营等方式，引导和撬动更多社会资本参与建设；切实加大民生投入，优化支出结构，确保民生支出稳步增长。全省经济工作会议要求，以提高发展质量和效益为中心，着力加强供给侧结构性改革；通过减税降费等举措，减轻企业成本，释放供给端活力；强化政策支撑，全力保障基本民生。

根据中央、省委要求和财经运行形势，2016年预算编制的指导思想是：深入贯彻党的十八大、十八届三中、四中、五中全会和省委八届十二次全会、全省经济工作会议精神，牢固树立和贯彻落实创新、协同、绿色、开放、共享的发展理念，主动适应经济发展新常态，坚持协同发展、转型升级、又好又快的工作主基调，统筹把握稳增长、调结构、治污染、惠民生、防风险的平衡点，以提高质量和效益为中心，着力加强供给侧结构性改革，继续实施积极的财政政策并加力增效，加快推进财税体制改革，加大财政资金统筹使用力度，优化财政支出结构，创新财政投入方式，防范财政运行风险，为建设经济强省、美丽河北提供有力的财力支撑。

预算编制遵循的基本原则：一是突出重点，预算安排突出保运转、保民生、保稳定，发展所需资金更多通过争取上级支持、用活财政政策、运用市场手段等方式解决。二是注重均衡，兼顾级次、区域及投入结构均衡，规范财政体制，加大财政资金统筹力度，提升省级调控能力，盘活存量，用好增量，优化财政资源配置。三是改革创新，全面贯彻改革要求，创新资金分配方式，变财政直补为招标分配、竞争性分配，加大股权投资、PPP模式推行力度，发挥财政资金四两拨千斤作用。四是绩效导向，将绩效评价结果与预算安排挂钩，切实提高资金使用效益。五是统筹兼顾，量力而行、尽力而为，保证各部门事业发展必需的合理支出；坚持厉行节约，严格控制行政经费等一般性支出。

（二）2016年全省预算草案

1. 一般公共预算。全省一般公共预算收入安排2833.9亿元，比上年快报完成增长7%。这一目标是在经济发展预期7%左右的基础上，综合分析我省财经形势和税收贡献率、以及政策调整因素后提出的，既充分考虑了2016年经济下行压力较大，国务院要求进一步减税降费、减轻企业负担等因素影响，也考虑到保障省委省政府重大部署落实，满足各项民生刚性支出需要。全省当年一般公共预算收入，加上中央税收返还、中央提前下达转移支付、调入资金等2104.5亿元，收入总计4938.4亿元。

全省一般公共预算支出安排4867.1亿元，比上年年初预算增长11.9%。当年一般公共预算支出，加上解中央支出、债务还本支出等71.3亿元，支出总计4938.4亿元，收支安排是平衡的。

2. 政府性基金预算。收入预算安排1359.7亿元，增长0.7%；加上中央提前下达补助收入8.4亿元、上年结转61.7亿元，收入总计1429.8亿元。支出预算安排1349.2亿元，下降8.4%；加上上解中央9.2亿元、调入一般公共预算19.2亿元、年终结余结转52.2亿元，支出总计1429.8亿元。

3. 国有资本经营预算。收入安排6.9亿元，下降61.2%，主要是股息利息收入、产权转让收入下降较多；加上上年结转收入1.9亿元，收入总计8.8亿元。按照以收定支的原则，支出安排7.4亿元，加上调入一般公共预算1.4亿元，支出总计8.8亿元。

4. 社会保险基金预算。收入安排1709.3亿元，增长7.3%；加上动用上年结余173.8亿元，收入总计1883.1亿元。支出安排1757.7亿元，增长21.4%（增支主要用于养老保险提标），加上年终新增结余125.4亿元，支出总计1883.1亿元。

以上收支计划安排是预期性的，待各级预算经同级人大批准后，我们将及时汇总，报省人大常委会备案。

（三）2016年省级预算草案

1. 一般公共预算。收入预算安排495亿元，增长2.1%。其中：税收收入379亿元，增长7.5%；非税收入116亿元，下降12.4%（剔除上年一次性收入因素，与上年基本持平）。按照现行财政体制，省本级预算收入加上：①中央税收返还收入269.7亿元（与上年预算基本持平），②中央转移支付收入1696.7亿元（比上年预算增长17.3%，其中：一般性转移支付1248.8亿元，专项转移支付447.9亿元），③市县上解收入36.4亿元（与上年预算基本持平），④调入预算稳定调节基金45.4亿元，⑤调入国有资本经营预算收入0.86亿元，省级一般公共预算收入总计2544.1亿元。

支出预算安排857.4亿元，可比增长6%（剔除中央提前下达转移支付省级留用部分）。省本级预算支出加上：①上解中央支出51.3亿元（比上年下降1.9%），②对市县的税收返还170.6亿元（与上年预算基本持平），③对市县转移支付1464.8亿元（比上年增长10%，其中：一般性转移支付1084.6亿元，提前下达中央专项转移支付380.2亿元），省级一般公共预算支出总计2544.1亿元。

此外，2016年省级拟使用地方政府债券安排支出100亿元，用于落实中央和省委重点工作部署。为加快实施，省级已提前做好项目准备，待国务院下达我省具体债券额度，按规定向省人大常委会报送预算调整方案。

2. 政府性基金预算。收入预算安排186.6亿元，增长2.2%，主要包括：车辆通行费收入141.62亿元、新增建设用地土地有偿使用费收入21亿元、彩票公益金收入12.87亿元、彩票发行机构和销售机构的业务费用4.53亿元、国有土地使用权出让收入4亿元、农业土地开发资金收入1.5亿元、小型水库移民扶助基金收入0.94亿元等。省本级预算收入加上中央补助收入8.4亿元，省级政府性基金收入总计195亿元。

根据收支平衡原则，支出预算安排189亿元，加上补助市县支出6亿元，省级政府性基金支出总计195亿元。

3. 国有资本经营预算。按照有关规定，省国资委监管企业按税后利润的15%上缴收益，其他企业按税后利润的10%上缴收益，2016年国有资本经营预算调入一般公共预算比例达到19%。除调入一般公共预算外，国有资本经营预算支出范围限定用于解决国有企业历史遗留问题及相关改革成本支出、对国有企业的资本金注入及国有企业政策性补贴等方面。

收入预算安排4.57亿元，增长13.4%，全部是国有企业上缴利润收入；加上上年结转1.82亿元，收入总计6.39亿元。按照收支平衡原则，支出预算安排6.39亿元，增长23%。其中：调入一般公共预算0.86亿元，解决历史遗留问题及改革成本支出2.47亿元，注入国有企业资本金3.04亿元，其他支出0.02亿元。

4. 社会保险基金预算。收入预算安排409.55亿元，增长7.3%，主要包括：参保人员缴纳的保险费收入170.14亿元、中央和省级财政养老保险补贴收入217.25亿元、保险金存款利息等其他收入22.16亿元。

按照有关支出标准测算，支出预算安排515.53亿元，主要包括：企业职工基本养老保险基金支出499.84亿元，失业保险基金支出0.78亿元，城镇职工基本医疗保险基金支出8.54亿元，工伤保险基金支出5.72亿元，生育保险基金支出0.65亿元。按照收支平衡原则，需动用企业职工养老保险、生育保险基金历年结余111.7亿元，其他基金预计年末新增结余5.72亿元。

（四）重大支出政策及预算安排情况

2016年省级预算安排，紧紧围绕中央和省委决策部署，在保障人员和基本运转支出的基础上，突出支持转型升级、突出支持培育新的发展动能、突出支持京津冀协同发展、突出支持生态环境治理、突出支持保障改善民生，着力推动全省经济社会又好又快发展。

——着力促进转型升级。安排71.4亿元，可比增长18.6%。一是重点产业发展46.4亿元，支持优势产业加快发展，推动工业转型升级；支持中小企业发展，推进农业产业化；推动文化旅游、商贸流通等生活性服务加快发展；支持战略性新兴产业培育壮大，推动电子信息、生物医药等产业快速发展，促进新兴产业聚集化、规模化发展。二是国企改革15.7亿元，落实中央下划煤炭企业亏损补贴，推动国有企业改革发展。三是沿海地区发展8亿元，推进沿海发展战略实施。四是再担保机构资本金1.25亿元，支持建立省级融资性再担保机构。

——着力实施创新驱动。安排103.4亿元，可比增长15.3%。一是教育发展84.7亿元，支持学前教育、义务教育、高中教育以及民族教育发展，促进职业教育发展，推进高等院校建设，为创新驱动提供支撑。二是科技创新12.2亿元，设立协同创新成果转化基金、天使基金、贷款风险补偿基金，支持科技型中小企业发展。三是人才培养2亿元，支持人才创新创业，加强人才资源开发，加快人才队伍建设。四是支持金融创新1.9亿元，实施“政银保”风险补偿，推动互联网金融发展，奖励企业上市等。五是对外开放2.6亿元，支持技术引进，组织经贸洽谈，开展招商引资。

——着力推进城乡统筹。安排105.7亿元，可比增长24.2%。一是新型城镇化5.1亿元，通过设立城市建设投资基金，引导金融和社会资本投入，推进县城市政设施、智慧城市、海绵城市等建设。二是美丽乡村建设12.5亿元，统筹新民居建设、农村综改13.2亿元，合计25.7亿元，支持11个重点片区和4000个重点村建设。三是扶贫开发21.6亿元，比上年增长1倍，围绕“五个一批”，扶持生产和就业，加快移民搬迁，推进生态保护和教育脱贫。四是保障性安居工程24.2亿元，整合政策资金，推进公租房、廉租房建设和棚户区、农村危房改造。五是落实惠农政策29.2亿元，推进农业综合开发，改善生产生活条件，开展农村土地确权，推广农业生产技术。

——着力完善基础设施。安排98.3亿元，可比增长5.3%。一是交通建设62.8亿元，支持公路、铁路、轨道交通等重点交通项目建设。二是预内基建15亿元，推动实施预算内基本建设项目。三是冬奥会筹备10亿元，推进场馆规划、市政设施、环境治理、高速铁路等建设。四是重点工程7.5亿元，支持文化体育设施建设。五是推广运用PPP模式3亿元，用于设立PPP基金、示范项目前期费用补贴等。

——着力加强生态环保。安排53亿元，可比增长25%。一是大气污染防治8亿元，支持大气污染防治行动计划实施。二是地下水超采综合治理7.9亿元，整合相关资金3.6亿元，合计11.5亿元，与中央资金配套，调整农业种植结构，加快水利设施建设，创新用水管水机制，开展人工增雨（雪）。三是推动林业开发保护2.7亿元，实施太行山绿化工程，推进国有林场改革，加强天然林保护。四是节能减排4.7亿元，推进资源节约、循环经济、水污染防治等。五是环境治理26.2亿元，推进引黄入冀补淀、农业生态环境治理、矿产环境治理、海洋保护、地质勘查、水利设施建设等。

——*着力促进民生改善*。安排209.5亿元，可比增长10.9%。一是社会保障与就业71.7亿元，实施基础养老金、医疗保险提标扩面，落实“两线合一”、优抚安置、残疾人补助政策，支持养老服务体系建设，促进就业再就业，推动少数民族地区发展。二是医疗卫生事业61.5亿元，落实新农合提标、公共卫生服务补助提标，健全大病救助体系，加强卫生服务体系建设。三是文化事业7.1亿元，推进文化宣传，加强文物保护，健全文化设施，完善公共文化服务体系。四是公共安全35.2亿元，实施“护城河”工程，推动司法体制改革，加强安全生产。五是市场监管34亿元，强化食品药品监管，加强产品质量检测，健全工商、质监管理体制。

——*严格控制“三公”经费*。认真落实“三公”经费只减不增政策，切实加强资金审核管理，省级2016年“三公”经费预算拟安排2.76亿元，下降29.5%。其中：公车购置及运行维护费2.02亿元，下降33%；公务接待费0.37亿元，下降7.5%；因公出国（境）经费0.37亿元，增长9.1%，主要是运动员境外训练参赛、外事部门对外经贸活动增加。

三、认真做好2016年预算管理工作

2016年，我们将认真落实中央和省委、省人大各项决策部署和工作要求，围绕上述预算安排，坚持依法理财，深化财政改革，加强预算管理，努力完成全年预算任务。

（一）完善制度体系，全面推进依法理财。注重运用法律和制度规范理财行为、约束权力运行，进一步健全地方财政规章，加强改革配套制度建设，逐步建立与市场经济相适应的地方财政规章制度体系。认真贯彻预算法、税收征收管理法、会计法、政府采购法等法律法规，依法行使行政决策权和财政管理权，自觉接受人大和社会各界的监督。进一步规范理财行为，强化预算执行管理，按照法定时限下达资金，按规定用途拨付和使用财政资金。依法加强税费征管，健全管理机制，创新征缴方式，着力提高财政收入质量和征管服务水平。

（二）深化财政改革，优化政府资源配置。推进地方财政体制改革，合理划分省以下政府间事权和支出责任，进一步理顺省以下政府间收入划分，完善省以下转移支付制度，实现各级事权和财力的合理、均衡配置。全面落实中央税制改革部署，跟踪税制改革动向，科学制定我省地方税收改革预案，健全地方财政收入体系。完善全过程绩效预算管理机制，优化绩效预算管理信息系统，健全预算管理支撑平台，真正将绩效管理贯穿预算编制、执行、监督全过程。深化县乡财政改革，强化基层财政建设，提升基层财政履职能力，解决好工作落实和服务群众“最后一公里”问题。积极推动社会保障、医药卫生、科技教育、环境保护、农业发展等相关改革，发挥好基础和先导作用。

（三）用活政策资金，推动经济转型升级。密切关注国家政策方向，精准谋划承接平台和抓手，加强协调配合，凝聚工作合力，争取中央加大对我省的支持力度。树立“政府投入主要保民生、保运转、保稳定，发展和建设资金主要靠市场”的理念，更多依靠PPP、股权投资、担保融资、贴息撬动等方式拓宽筹资渠道，积极引导金融资本、社会资本投入，放大政府投入效果。认真落实积极的财政政策，加大财政资金统筹力度，进一步盘活财政存量资金，切实加快支出进度；创新财政资金分配和支出方式，通过招标分配、竞争性分配等，提升资金使用效果。

（四）注重风险防控，确保财政平稳运行。加强政府性债务管理，规范政府融资举债渠道，优化债务层级结构、区域结构和项目结构，做好地方政府债券发行工作，健全债务风险预警、应急处置及考核问责机制，在确保不发生区域性、系统性风险的同时，发挥好政府债务稳增长促发展作用。建立健全财政运行监控体系，搭建财政运行监控信息平台，对各级财政收入、支出进度、预算项目、债务管理、资金绩效进行全方位实时监控，定期开展多维度检测分析，及时识别、预警、处置风险，保障各级财政平稳健康运行。同时，加强维稳经费保障，确保我省“护城河”作用更好发挥。

（五）强化监督检查，切实维护财经纪律。加强财政资金监督检查、专项整治和绩效评价，通过单位自查、财政部门专项检查和审计机关审计，及时发现违规违纪问题。强化责任追究，对虚报、冒领、截留、挪用、滞留财政资金以及违规出台税收优惠政策等涉及违规违纪的行为，按照预算法等法律法规严肃处理。加大预算信息公开力度，进一步提高财政工作透明度。

各位代表，做好今年的财政工作，使命光荣，任务艰巨。我们将在省委的坚强领导下，高举发展、团结、奋斗的旗帜，严格落实省十二届人大四次会议的决议和要求，抢抓机遇、奋发作为，全面推进依法行政、依法理财，努力完成各项目标任务，为建设经济强省、美丽河北做出新的更大贡献！

综合篇
GENERAL SURVEY
河北经济年鉴
2016
总第32卷

综　　述

2015年，全省经济下行压力持续加大，特别是面临着化解过剩产能、大气污染防治双重任务，面对新常态下经济运行中出现的新情况新问题，省委、省政府牢牢把握平衡点，狠抓增长点，从供给和需求两端发力，既兼顾需求又兼顾供给，既稳增长又调结构，经济呈现总体平稳、稳中有进、稳中向好的运行态势。2015年，全省生产总值29806.1亿元，比上年增长6.8%，增速同比加快0.3个百分点。其中，第一产业增加值3439.4亿元，增长2.5%；第二产业增加值14388.0亿元，增长4.7%；第三产业增加值11978.7亿元，增长11.2%。

一、农业生产形势较好

粮食生产稳定，全年粮食播种面积639.2万公顷，比上年增长1.0%；粮食总产量3363.8万吨，增长0.1%。其中，夏粮产量1450.2万吨，增长0.4%；秋粮产量1913.6万吨，下降0.1%。蔬菜生产平稳发展，蔬菜播种面积124.2万公顷，比上年增长0.4%；蔬菜总产量达8240.2万吨，增长1.4%。林业生产平稳，造林绿化面积35.4万公顷，增长4.1%。果品生产增长较快，园林水果总产量1508.6万吨，增长6.2%。牧业生产有所回落，猪肉产量275.0万吨，下降2.2%；禽蛋产量373.6万吨，增长3.0%；牛奶产量473.1万吨，下降3.0%。畜牧、蔬菜、果品三大优势产业产值占农林牧渔业总产值的比重为71.0%，同比提高1.1个百分点。

二、工业生产平稳运行

2015年以来，全省规模以上工业增加值各月累计增速在4.1%—4.9%之间小幅波动，全年规模以上工业增加值11244.7亿元，增长4.4%。从经济类型观察，国有及国有控股企业增加值下降1.5%，集体企业下降8.4%，股份制企业增长4.9%，外商及港澳台投资企业增长3.4%。从行业观察，统计的40个行业大类中31个行业实现增长，23个行业增速超过全省平均水平。金属制品业、汽车制造业、化学原料和化学制品制造业、黑色金属冶炼和压延加工业增加值分别增长9.5%、9.2%、7.0%和4.8%，均快于规模以上工业增速。六大高耗能行业增加值比上年增长3.2%，增速比上年提高0.4个百分点。高新技术产业增加值增长11.6%。其中，新材料、高端装备制造、电子信息和新能源四个领域增加值分别增长10.9%、11.8%、13.8%和19.7%。

三、服务业发展较快

2015年，全省服务业增加值增长11.2%，比上年加快1.5个百分点，比生产总值快4.4个百分点。其中交通运输、仓储和邮政业增加值2479.9亿元，增长6.7%，增速比上年加快4.8个百分点。

四、固定资产投资增速平稳

2015年，全省固定资产投资完成28905.7亿元，增长10.6%。其中，建设项目投资完成24620.5亿元，增长11.5%；房地产开发投资完成4285.3亿元，增长5.6%。工业和城市基础设施投资较快增长。工业完成投资14669.0亿元，增长11.9%，比全省平均水平高1.3个百分点，占全省固定资产投资的50.7%，同比提高0.5个百分点；城市基础设施投资5769.8亿元，增长15.1%，比全省平均水平高4.5百分点。民间投资增速平稳增长，完成投资22769.4亿元，增长8.5%。

五、消费品市场平稳增长

2015年，全省社会消费品零售总额12990.7亿元，增长9.9%。其中，城镇零售额10125.4亿元，增长9.9%；乡村零售额2865.2亿元，增长9.8%。从限额以上批发和零售业主要商品大类看，生活必需品平稳增长。粮油、食品类增长10.9%，饮料类增长15.7%，烟酒类增长10.9%，服装鞋帽针纺织品类增长6.7%，化妆品类增长8.4%，日用品类增长7.0%，中西药品类增长18.3%，家具类增长26.6%，通讯器材类增长13.0%。

六、财政金融对实体经济的支持作用增强

财政支出力度加大。全省一般公共预算支出5632.2亿元，增长20.4%。其中教育支出增长19.8%；社会保障和就业支出增长30.4%；城乡社区事务支出增长29.6%；节能环保支出增长46.2%。金融贷款增速加快。全省年末金融机构各项存款余额48550.9亿元，增长11.4%，增速同比加快0.4个百分点；各项贷款余额32151.4亿元，增长16.5%，加快1.4个百分点。

七、居民收入稳步增长

2015年，全省城镇居民人均可支配收入26152元，增长8.3%。其中，工资性收入增长9.4%，经营净收入增长1.4%，财产净收入增长4.4%，转移净收入增长9.5%；农村居民人均可支配收入11051元，增长8.5%，增速快于城镇居民0.2个百分点。其中，工资性收入增长9.1%，经营净收入增长7.3%，财产净收入增长14.6%，转移净收入增长8.3%。

八、转型升级呈现亮点

2015年，全省转型升级步伐加快，呈现五个亮点：第一，服务业对经济增长的贡献率大幅提升。2015年，三次产业对经济增长贡献率分别为3.8%、37.2%和59.0%，服务业对经济增长的贡献率超过第二产业21.7个百分点，连续6个季度保持在50%以上，已成为拉动经济增长的主要力量。第二，装备制造业增长高于规模以上工业。装备制造业增加值2667.6亿元，增长7.0%，高于规模以上工业增速2.6个百分点。第三，新产业加快培育。深入实施创新驱动战略，高新技术产业发展步伐加快。全省高新技术产业投资3736.5亿元，增长17.9%，增速高于全省固定资产投资7.3个百分点，占全省工业投资的25.5%，同比提高1.3个百分点。随着投入持续加大，产出创历史新高。全省高新技术产业增加值1796.8亿元，增长11.6%，增速快于规模以上工业7.2个百分点；占规模以上工业增加值的16.0%，同比提高2.9个百分点，再创历史新高。第四，节能降耗好于预期。全省规模以上工业能耗2.03亿吨标准煤，同比下降1.87%，已连续两年下降。第五，“走出去”速度高于“引进来”。全省实际利用外资73.7亿美元，增长5.1%。全省对外投资30.6亿美元，增长80.8%，增速明显快于利用外资。

总的来看，2015年全省经济实现了稳中有进、稳中向好，成绩来之不易。2016年，是全面建成小康社会决胜阶段的开局之年，也是“十三五”规划的开局之年，应全面贯彻落实党的十八大、十八届三中、四中、五中全会精神，深入贯彻习近平总书记系列重要讲话精神和对河北工作的重要指示要求，主动适应经济发展新常态，坚持改革开放，深入贯彻协同发展、转型升级、又好又快工作主基调，以提高发展质量和效益为中心，着力加强结构性改革，统筹推进稳增长、促协同、调结构、治污染、抓改革、攻脱贫、惠民生、防风险等各项工作，确保“十三五”开好局、起好步。

（河北省统计局　姚立云）

全省生产总值的生产与使用

2015年，国际形势严峻复杂，经济下行压力加大。面对此种形势，省委、省政府带领全省各地各部门，认真贯彻落实习近平总书记系列重要讲话精神，坚持稳中求进，稳增长、调结构、促改革、治污染、惠民生、防风险，国民经济实现稳中有进、稳中有新、稳中有好，结构调整取得新进展。

一、全省生产总值的生产

（一）整体经济保持平稳增长。2015年，全省经济发展平稳、稳中有进，实现地区生产总值29806.1亿元，比上年增长6.8%，同比提高0.3个百分点。

1. 第一产业发展稳中趋缓，产业化水平持续提高。2015年，在省委、省政府正确领导下，全省各地以农业结构调整为主线，主动适应经济新常态，加快转变农业发展方式，全省农村经济运行平稳，农业产业化经营水平进一步提高。全年第一产业实现增加值3439.4亿元，增长2.6%，增速同比回落1.1个百分点，占GDP比重为11.5%，对经济增长的贡献率为3.8%。其中，农业实现增加值2337.5亿元，增长2.9%，增速同比回落0.1个百分点，占第一产业的比重为68.0%，同比提高0.3个百分点；林业实现增加值86.2亿元，增长4.1%，占第一产业的比重为2.5%，同比提高0.3个百分点；畜牧业实现增加值898.1亿元，增长1.6%，占第一产业的比重为26.1%，同比回落0.6个百分点；渔业实现增加值117.6亿元，增长2.5%，占第一产业的比重为3.4%，同比持平。农林牧渔业生产结构进一步调整和优化，畜牧、蔬菜、果品三大优势产业稳定发展壮大。三大产业共实现产值4242.8亿元，占全部农林牧渔业总产值比重达到71.0%，比上年提高1.1个百分点。产业化水平稳步提高，全省农业产业化经营率65.6%，比上年提高1.4个百分点。

2. 第二产业依然占比重最高。2015年，第二产业实现增加值14386.9亿元，增长4.7%，对经济增长的贡献率为37.2%，拉动经济增长2.5个百分点，占全省生产总值比重为48.3%，比第三产业比重高8.1个百分点。工业实现增加值12626.2亿元，比上年增长4.3%，占全省生产总值的比重达42.4%，对经济增长的贡献率为30.8%，国民经济增长的6.8个百分点中，工业拉动增长2.1个百分点。

2015年，全省建筑业加快发展，实现增加值1780.5亿元，增长8.3%，比上年同期提高3.0个百分点，占GDP比重为6.0%，同比提高0.2个百分点。对经济增长的贡献率为6.4%，同比提高2.1个百分点，拉动经济增长0.4个百分点。

3. 第三产业加快发展，结构调整稳步推进。2015年，第三产业发展加快，结构持续优化，第三产业占GDP比重不断提高，对全省经济的发展日趋重要。其中，交通和批零业占第三产业比重超四成，新兴服务行业快速发展，活力逐步提升。2015年，全省第三产业呈加快发展态势，实现增加值11979.8亿元，增长11.2%，同比提高1.5个百分点，占GDP比重为40.2%，同比提高2.9个百分点，对经济增长贡献率为59.0%，同比提高6.9个百分点，拉动全省生产总值增长4.0个百分点。

传统服务行业占比较高，营利性服务业和非营利性服务业加快发展。交通运输、批发零售等传统服务业仍占第三产业近四成，两行业增加值为4740.3亿元，分别增长4.6%和5.6%，占服务业比重为39.6%，对第三产业发展的贡献程度为19.8%。信息传输软件和信息技术服务业、租赁和商务服务业、居民服务修理和其他服务业、文化体育和娱乐业等营利性服务业共实现增加值1414.2亿元，增长18.7%，同比提高1.7个百分点，占第三产业比重为11.8%，同比提高0.8个百分点，对第三产业发展的贡献程度为18.7%，同比提高9.2个百分点。科学研究和技术服务业、水利环境和公共设施管理业、教育、卫生和社会工作、公共管理社会保障和社会组织等非营利性服务行业共实现增加值2467.3亿元，增长20.0%，同比提高3.0个百分点，占第三产业比重为20.6%，同比提高1.6个百分点，对第三产业发展的贡献程度为34.9%，同比提高2.9个百分点。

金融、房地产、信息传输计算机服务和软件业等现代新兴服务行业实现较快发展。信息传输计算机服务和软件业快速发展，实现增加值441.4亿元，比上年同期增长20.1%，同比提高10.0个百分点，比GDP增速高13.3个百分点，比第三产业增加值增速高8.9个百分点。金融业实现增加值1480.9亿元，增长12.1%，比第三产业增加值增速高0.9个百分点，占第三产业增加值比重为12.4%，比上年同期提高0.1个百分点。房地产业实现增加值1313.6亿元，增长10.5%，同比提高5.7个百分点，高于GDP增速3.7个百分点，占第三产业增加值比重为

11.0%，同比提高0.8个百分点。

（二）收入分配结构变化明显。从收入分配角度看，劳动者报酬、固定资产折旧占比提高。在全省生产总值中，劳动者报酬占一半以上，比重最大，全年总量为15398.6亿元，占51.7%，同比提高1.3个百分点；生产税净额3826.5亿元，占12.8%，比上年同期回落0.5个百分点；固定资产折旧4168.2亿元，占14.0%，同比提高0.7个百分点；营业盈余6412.9亿元，占21.5%，同比回落1.4个百分点。

（三）经济与社会发展协调度加大。

1. 经济发展质量持续提高。财政收入占地区生产总值比重是衡量经济发展质量指标之一，发展趋势逐年提高。2015年全部财政收入完成4065.1亿元，比上年增长8.0%，占地区生产总值比重达到13.6%，比上年提高0.8个百分点。经济平稳发展为财政收入的增长奠定了基础，整体财政实力的增强又为全省经济社会的发展提供保障。

2. 全省人均生产总值超4万元。2015年全省人均生产总值为40255元，比上年增加271元，按可比价格计算，比上年增长6.1%，按人民币对美元年平均汇价折算，约合6463美元。

3. 全社会劳动生产率稳步提高。2015年全社会劳动生产率达到70839元/人，比上年增加677元/人，按可比价格计算，比上年增长5.0%。其中，第一、二、三产业劳动生产率分别为24595元/人、104406元/人和80971元/人，分别比上年增加700元/人、267元/人和1902元/人，按可比价格计算，分别比上年增长4.7%、3.6%、5.4%。

（四）民营经济（非国有）对经济促进作用增强。民营经济总量扩大，比重提高。2015年，全省民营经济实现增加值20186.4亿元，比上年同期增长7.3%，比同期全省生产总值增速快0.5个百分点；占全省生产总值的比重为67.7%，同比提高0.1个百分点。

三次产业协同发展，部分行业增长较快。分产业看，第一产业民营经济增加值346.0亿元，增长1.6%；第二产业民营经济增加值11820.9亿元，增长6.2%，其中建筑业增长较快，实现民营经济增加值1401.9亿元，增长9.1%，同比加快0.9个百分点；第三产业民营经济增加值8019.5亿元，增长9.5%，同比加快0.1个百分点。其中住宿餐饮业和金融业增长较快，住宿餐饮业实现民营经济增加值385.4亿元，增长11.9%；金融业实现民营经济增加值699.0亿元，增长15.9%。

二、全省生产总值的使用

2015年以来，省委省政府调结构、转方式，扩大内需，着力增加消费需求，不断加大挖掘、培育消费需求新的经济增长点的力度，保持投资合理规模，呈现内需不断扩大、居民消费水平持续提高的良好局面。

（一）内需对经济贡献增强。

1. 消费需求贡献加大，居民消费发展较快。2015年，全省最终消费支出为13197.8亿元，增长8.0%，对经济增长贡献率为49.6%，比上年提高0.7个百分点，拉动经济增长3.4个百分点。其中，居民消费支出增长较快，为9499.11亿元，增长10.4%，同比提高0.3个百分点，比GDP增速高3.6个百分点，占全省生产总值的31.9%，同比提高1.5个百分点。农村居民消费2819.4亿元，增长11.1%，比GDP增速高4.3个百分点；城镇居民消费6679.7亿元，增长10.4%，同比提高0.7个百分点，占全省生产总值比重比上年同期提高1.0个百分点。政府消费支出为3698.7亿元，增长1.5%，增速同比提高0.2个百分点。

2. 投资需求稳定增长。2015年，全省资本形成总额（投资需求）为17352.1亿元，增长6.7%，占全省生产总值的比重为58.2%，同比回落0.8个百分点，对经济增长贡献率为54.3%。其中，全省固定资本形成总额为17298.8亿元，增长7.7%，占全省生产总值的比重为58%，同比持平，对经济增长贡献率为61.6%。

（二）居民消费水平不断提高。2015年，居民消费水平平稳较快发展。全省居民消费水平为12829元/人，比上年同期增加658元/人，比上年增长9.7%。其中，城镇居民消费水平为17924元/人，增长5.9%，同比回落0.3个百分点；农村居民消费水平为7666元/人，增长14.0%，同比提高0.8个百分点，比全省居民消费水平高4.3个百分点。

（河北省统计局　张永立）

资 金 流 量

2014年，全省国民初次分配总收入为28663.90亿元，比上年增加1001.98亿元，增长3.6%；可支配收入为30936.23亿元，增加1011.82亿元，增长3.4%；总储蓄为18397.26亿元，增加414.64亿元，增长2.3%，总储蓄率为59.5%。

一、资金流量运行基本情况

（一）非金融企业部门是初始流量贡献最大的部门。各机构部门创造的增加值作为资金的初始流量，是整个社会资金流动的起点和源泉。2014年，全省生产总值为29421.15亿元，比上年增长3.4%。从各机构部门增加值构成情况看，非金融企业部门为18243.13亿元，占初始流量总额的62.0%；金融机构部门为1347.58亿元，占4.6%；政府部门为1828.12亿元，占6.2%；住户部门为8002.32亿元，占27.2%。显然，在收入分配的初始流量当中，非金融企业部门比重最大，占据了约三分之二的份额，非金融企业部门成为初始流量中贡献最大的部门。

（二）初次分配总收入住户部门占据主导。在初始流量的基础上，通过劳动者报酬对劳动因素、财产收入对资本因素的分配，以及生产者因生产活动与政府发生的生产税和补贴的转移，形成了各机构部门的初次分配总收入。

2014年，全省国民初次分配总收入为28663.90亿元，比上年增加1001.98亿元，增长3.6%。其中，非金融企业部门的初次分配总收入为7421.50亿元，占国民初次分配总收入的25.9%；金融机构部门的初次分配总收入为1538.46亿元，比重为5.4%；政府部门的初次分配总收入为3699.46亿元，比重为12.9%；住户部门的初次分配总收入为16004.48亿元，比重为55.8%。可以看出，在初次收入分配环节，住户部门通过获得其他部门分配支付的劳动者报酬、财产收入等净额共8002.16亿元，其比重也由初始流量的27.2%上升至初次分配总收入的55.8%，占国民初次分配总收入二分之一强的份额，占据了主导地位。

（三）可支配总收入向政府部门倾斜。可支配收入分配环节是在初次分配的基础上，通过经常转移的支付和获得，而形成新的收入分配格局的过程，也称作国民收入再分配过程。这一过程的主要项目是经常转移，含收入税、社会保险缴款、社会保险福利、社会补助、其他经常转移等指标。

2014年，全省可支配收入为30936.23亿元，增加1011.82亿元，增长3.4%。其中，非金融企业部门的可支配总收入为7065.77亿元，占全省可支配总收入的22.8%；金融机构部门的可支配总收入为1060.56亿元，比重为3.4%；政府部门的可支配总收入为6151.98亿元，比重为19.9%；住户部门的可支配总收入为16657.93亿元，比重为53.9%。在收入再分配环节，政府部门获得其他机构部门和省外部门（中央补助收入）分配支付来的经常转移净额共2452.52亿元，其比重由初次分配总收入的12.9%上升至可支配总收入的19.9%，上升了7.0个百分点，是收入再分配环节比重上升幅度最大的一个部门。

（四）最终消费保持稳定增长。在可支配收入形成后，就进入了最终使用环节。最终消费包括居民消费和政府消费，政府消费主要是政府部门为全社会提供公共服务的消费支出；居民消费主要指居民个人消费支出。

2014年，全省最终消费12538.97亿元，比上年增加597.18亿元，增长5.0%，最终消费率42.6%。其中，居民消费8955.86亿元，占最终消费的比重为71.4%；政府消费3583.11亿元，比重为28.6%。

（五）总储蓄增速回落。在可支配总收入中扣除消费后剩余部分为总储蓄，储蓄主要用于投资，以增加社会财富和生产能力，构成建设资金的供给。2014年，全省总储蓄为18397.26亿元，增加414.64亿元，增长2.3%，比上年同期回落5.4个百分点，总储蓄率为59.5%。

二、各机构部门资金流量特点

（一）非金融企业部门资金净融入量增幅显著提高。2014年，全省非金融企业部门初次分配总收入7421.50亿元，比上年增加43.68亿元，增长0.6%；可支配总收入7065.77亿元，增加111.41亿元，增长1.6%；资金净融入量为5914.33亿元，增长13.7%。企业部门为了技术创新、扩大再生产，资金需求往往大于自身储蓄，是最大的资金不足部门，需要从其他部门筹集资金。

（二）住户部门是资金盈余最多的部门。2014年，全省住户部门初次分配总收入达到16004.48亿元，比上年增加418.03亿元，增长2.7%；可支配总收入达到16657.93亿元，增加558.36亿元，增长3.5%；居民消费8487.13亿元，增加468.73亿元，增长5.5%；扣除居民消费后总储蓄为7612.44亿元，增加89.63亿元，增长1.2%；在总储蓄中扣除资本形成总额后的净金融投资为5051.92亿元，成为资金盈余最多的部门。

（河北省统计局　于　洁）

农村经济

2015年，全省农林牧渔业生产稳定发展，粮棉油生产结构调整不断深入，蔬菜生产总体平稳，林业和果品生产进展顺利，畜牧生产继续调整，渔业生产全面增长。

一、农林牧渔业生产持续扩大，三大支柱产业比重提高到70%以上

（一）生产规模扩大。2015年，全省农林牧渔业总产值和增加值继续保持稳定增长，共计完成农林牧渔业总产值5978.9亿元，按可比价格计算比上年增长2.7%；实现农林牧渔业增加值3578.7亿元，按可比价格计算比上年增长2.7%。

（二）生产结构优化。全省农、林、牧、渔各业生产比重有所变化，畜牧、蔬菜、果品三大支柱产业比重进一步提高。2015年农业产值比重为57.6%，与上年持平；林业产值比重为2.0%，渔业产值比重为3.4%，均比上年提高0.2个百分点。农林牧渔服务业比重为5.2%，比上年提高0.4个百分点。畜牧业产值比重为31.8%，比上年下降0.8个百分点。全省畜牧、蔬菜、果品三大支柱产业进一步发展，在全省农林牧渔业生产中的地位更加突出。三大产业共实现产值4242.7亿元，占全部农林牧渔业产值的比重达到71.0%，比上年提高1.1个百分点。

二、农作物生产结构进一步调整

（一）粮食生产稳定。2015年，全省粮食生产以确保安全为目标，集中力量打造4000万亩粮食生产核心区，稳定面积、提高种植技术，加强田间管理，深入推进建设吨粮市、吨粮县，全力推进粮食生产稳定发展。加上2015年气候条件对粮食生产较为适宜，病虫害发生较轻，为粮食生产的稳定发展提供了保障。粮食总产量达到3363.8万吨，比上年增长0.1%。

（二）油料作物生产稳定增长，品种结构继续调整。2015年，全省油料产量达到151.5万吨，比上年增长0.9%。从油料生产品种分析，花生、油菜籽等传统大类油料作物产量均出现不同程度下降。芝麻产量保持稳定，胡麻籽、葵花籽等小品种油料作物由于受到消费者欢迎，在市场需求的带动下，产量出现较快增长，分别比上年增长16.1%和20.5%。

（三）棉花生产持续下降。2015 年，全省棉花生产继续呈现下降趋势，种植面积和产量分别比上年下降12.6%和 13.4%。

（四）甜菜、中草药材产量快速增长。2015 年，全省甜菜、中药材生产继续保持快速增长态势。甜菜种植面积达到 17.1 千公顷，比上年增长 12.4%；产量达到 89.2 万吨，增长 17.9%。中草药材播种面积达到 62.1 千公顷，增长 30.5%；产量达到 38.8 万吨，增长 36.3%。

（五）蔬菜生产面积稳定，单产和总产量保持增长。2015 年，全省蔬菜生产总体平稳，播种面积 1242.1 千公顷（1863.1 万亩），同比增长 0.4%；蔬菜总产量 8243.7 万吨，增长 1.5%。从大类种植品种看，除白菜产量下降，瓜菜类、葱蒜类产量基本持平外，其他蔬菜品种产量均呈现增长态势。其中叶菜类产量增长 2.3%，甘蓝类产量增长 1.4%，根茎类产量增长 2.3%，菜用豆类产量增长 4.1%，茄果类产量增长 1.1%，水生菜类产量增长 37.9%，食用菌产量增长 8.4%，其他蔬菜产量增长 10.2%。从种植结构看，蔬菜生产以白菜类、茄果类、瓜菜类、叶菜类和葱蒜类为主，五类蔬菜种植面积达到 908.4 千公顷(1362.5 万亩)，占全部蔬菜播种面积的 73.1%；产量达到 6094.3 万吨，占全部蔬菜产量的 73.9%。

三、造林绿化面积增加

2015 年，全省造林绿化保持稳定发展，造林结构进一步调整。全年完成造林绿化面积 342.6 千公顷，比上年增长 0.7%。其中，人工造林 284.1 千公顷，增长 3.5%。全年更新造林 5.2 千公顷，增长 30.8%。四旁（零星）植树 1.1 亿株，减少 5.6%。从造林用途结构变化看，经济林和特种用途林面积快速增长，用材林和防护林面积减少。其中，经济林面积增长 42.9%，特种用途林面积增长 2.1 倍；用材林面积减少 11.3%，防护林面积减少 7.2%。

四、果品生产出现较快增长

2015 年，全省果品生产情况好于常年，属于果品生产的“大年”。特别是随着近几年河北果品种植结构的调整，核桃、板栗等干果种植面积快速增长，并且已经进入丰产期，部分地区的大樱桃、安梨等特色果品生产也保持较快发展。这些因素都进一步促进了河北果品生产的较快发展。2015 年全省园林水果产量达到 1508.6 万吨，比上年增长 6.2%；食用坚果产量达到 54.4 万吨，比上年增长 15.9%。年末果园面积 1094.2 千公顷，比上年减少 2.2%。

五、畜牧生产仍处于调整期

（一）生猪生产整体形势偏紧。2015 年，全省生猪存出栏处于下行状态，全年累计出栏生猪 3551.1 万头，比上年下降 2.4%。猪肉产量 275.0 万吨，下降 2.2%。年末全省生猪存栏 1865.7 万头，同比下降 2.6%。

（二）肉牛生产形势较好。全年共计出栏牛 325.4 万头，比上年增长 1.5%。牛肉产量 53.2 万吨，增长 1.5%。年末存栏肉牛 166.9 万头，增长 7.8%。

（三）肉羊出栏增加，存栏不足。由于羊肉价格持续走低，养殖效益下降较快，导致肉羊出栏加快。2015 年全省共计出栏肉羊 2255.0 万只，比上年增长 3.0%。羊肉产量 31.7 万吨，增长 4.1%。出于减少经济损失，规避市场风险的考虑，养殖户在加速肉羊出栏的同时，减少补栏数量，使得羊存栏出现下降，年末全省羊存栏 1450.1 万只，同比下降 5.0%。

（四）肉鸡生产下降，禽蛋生产增长。受禽肉市场价格下行、养殖效益下降的影响，2015 年全省家禽养殖出现下降。全年共计出栏家禽 5.8 亿只，比上年下降 2.0%。禽肉产量 87.0 万吨，下降 1.4%。年末全省存栏肉鸡 8071.0 万只，同比减少 4.3%。2015 年禽蛋价格虽然出现波动，但总体价格仍处于较好水平，全年禽蛋产量保持增长，但第四季度蛋鸡存栏下降，导致全年存栏出现减少趋势。全省禽蛋总产量达到 373.6 万吨，同比增长 3.0%。年末蛋鸡存栏 2.6 亿只，同比减少 1.7%。

（五）牛奶生产维持下降态势。受养殖效益和养殖模式改革等因素的影响，2015 年全省奶牛补栏减少，存栏下降，生产处于调整阶段。全年牛奶产量 473.1 万吨，比上年下降 3.0%。年末全省存栏奶牛 182.2 万只，同比下降 8.0%。

六、渔业生产全面增长

2015 年，全省渔业生产实现稳定较快增长，全年水产品总产量达到 129.3 万吨，比上年增长 2.3%。从生产品种看，海水产品和淡水产品全面增长。其中海水产品产量达到 75.7 万吨，增长 3.5%；淡水产品产量达到 53.6 万吨，增长 0.7%。从生产方式看，捕捞和养殖产量双双提高。其中，海水捕捞产量 25.1 万吨，比上年增长 4.5%；淡水捕捞产量 10.3 万吨，增长 1.0%；海水养殖产量 50.6 万吨，增长 2.9%；淡水养殖产量 43.3 万吨，增长 0.6%。水产品增产的主要原因：一是得益于部分沿海地区延长禁渔期，对部分捕捞网具进行治理，使海水产品得到有效恢复，四季度海水捕捞产量提高较快。二是养殖水平不断提高，工厂化、规模化养殖比重不断提高，养殖单产实现较快增长。

七、设施农业生产比重不断提高

2015 年，全省设施农业占地面积达到 266.0 千公顷（399.1 万亩），比上年增长 11.6%。设施蔬菜是设施农业生产的主要类型，种植面积达到 403.7 千公顷，占全部设施农业种植面积的 84.6%，占全部蔬菜种植面积的 32.5%。设施瓜果生产位居设施农业第二位，种植面积为 54.5 千公顷，占全部设施农业种植面积的 11.4%，占全部瓜果种植面积的 47.5%。

（河北省统计局　刘海涛）

城市经济

2015 年，全省各地各部门认真贯彻落实省委、省政府的决策部署，深入推进新型城镇化建设，统筹城乡发展，城镇化发展取得积极成效，城市综合实力进一步提升，城市承载能力增强，社会各项事业全面推进。

一、城镇化进程加快推进

2015年，全省城镇化率为51.33%，比上年提高2.00个百分点。11个设区市中，有6个设区市城镇化率超过全省平均水平，比上年增加1个。沿海地区城镇化率高于全省平均水平，秦皇岛、唐山、沧州三市城镇化率达到53.64%，比上年提高2.19个百分点，增幅高于全省0.19个百分点。县级市和县城镇化率进一步提高，在20个县级市中，有19个城镇化率超过40%，其中，1个市超过60%，9个市在50%—60%之间，9个市在40%—50%之间，1个市在30%—40%之间。在108个县中，有53个县城镇化率超过40%，其中7个县超过50%。

二、城市综合实力稳步提升

城市经济平稳较快发展，支撑作用继续增强。2015年，11个设区城市完成生产总值11575亿元，占全省生产总值的38.8%，比上年提高2.7个百分点；公共财政预算收入完成1170.3亿元，占全省的44.2%，比上年提高2.3个百分点。以调结构、转方式为主线，加快城市经济转型升级，产业结构优化调整。三次产业增加值比例为4.9∶46.9∶48.2，第一产业比重提高1.2个百分点，第二产业比重下降1.1个百分点，第三产业比重下降0.1个百分点；设区城市非农产业比重为95.1%，比全省平均水平高6.6个百分点，第三产业比重比全省高8.0个百分点。

三、城市承载能力继续增强

2015年，11个设区城市市辖区总人口达到1961.3万人，比上年增加289.2万人。城市人口规模不断扩大，承载能力进一步增强。2015年，在31个城市中（包括11个设区市市辖区和20个县级市市辖区），市区人口超过300万人的城市是石家庄和唐山，200万—300万人的城市是保定；100万—200万人的有4个城市，分别是邯郸、秦皇岛、廊坊和张家口，50万—100万人的有4个城市，分别是邢台、承德、衡水和沧州；30万—50万人的有3个城市，分别是任丘、定州和三河；其余17个县级市均在30万人以下。

四、城市建设步伐积极推进

2015年，全省城市基础设施完成投资5769.8亿元，比上年增长15.1%，增速比上年加快1.9个百分点。市政基础设施和公共服务设施保障能力提高。交通状况明显改善，城市人均道路面积18.65平方米，比上年提高0.16平方米，10个设区城市达到15平方米以上。供热、供气、供水、排水能力提高。集中供热面积58750.6万平方米，比上年增加了6455.1万平方米；燃气普及率达到98.81%，比上年提高4.55个百分点；供水管道长度达16445.0公里，比上年增加927.3公里；排水管道长度16964.48公里，比上年增加1040.4公里。污染物排放治理和城市绿化工作取得积极成效。城市污水处理率为95.34%，比上年提高0.28个百分点；生活垃圾无害化处理率为96.01%，提高9.4个百分点。全省城市公园绿地面积24013.8公顷，比上年增加472.8公顷；公园面积达17339.16公顷，比上年增加966.4公顷。

五、居民生活水平平稳提高

2015年，城镇居民人均可支配收入26152元，比上年增长8.3%。城镇居民人均消费性支出17587元，增长8.5%。城镇居民家庭恩格尔系数为26.05%，比上年下降0.12个百分点。城镇居民人均拥有住房面积35.9平方米，增长1.2%。在城市建设中，积极引入多元消费模式和大型商业中心，为扩大消费创造便利条件。2015年，11个设区城市实现社会消费品零售额5425.0亿元，增长16.5%，占全省社会消费品零售总额比重为41.8%，比上年提高2.4个百分点。

六、社会各项事业全面发展

科技教育平稳发展。2015年，全省全社会研究与试验发展（R&D）经费内部支出352.1亿元，比上年增长12.1%，增速同比加快0.9个百分点；R&D经费内部支出占全省生产总值的比重为1.18%，比上年提高0.11个百分点。科研活动成果丰硕，全省专利申请受理量44060件，授权量30130件，分别比上年增长46.9%和50.0%。截至2015年底，有效发明专利12279件，增长35.4%。就业形势稳定，年末城镇登记失业率为3.60%，比上年末提高0.01个百分点。社会保障水平提高。全省年末城镇职工参加基本养老保险人数1320.5万人，比上年末增加58.5万人；参加城镇基本医疗保险人数1702.0万人，增加4.5万人；参加失业保险的人数511.0万人，增加2.3万人；参加工伤保险的人数809.7万人，增加31.0万人。参加生育保险的人数713.0万人，增加29.0万人。

（河北省统计局　姚立云）

民营经济

2015年，河北省各级主管部门深入贯彻党的十八届五中全会和省委八届十二次会议精神，紧紧围绕省委、省政府的战略决策部署，充分发挥综合协调职能，不断完善民营经济政策措施，优化民营经济发展环境，完善中小企业公共服务体系，激发民营企业创新活力，各项工作取得较好进展。全省民营经济努力克服压减淘汰落后产能、综合治理大气污染和经济下行压力加大等因素的影响，积极调整适应经济“新常态”规律，总体保持缓中趋稳、稳中向好的发展态势，总量占比超过全省经济的三分之二，固定资产投资呈两位数增长，主要经济指标均实现稳步增长，对全省经济社会发展起到了重要的支撑作用。

一、经济效益

2015年全省民营经济单位个数达275.6万个，同比增长3.5%；从业人员2132.4万人，同比增长2.4%；累计完成增加值20186.4亿元，同比增长7.3%，占全省GDP比重为67.7%，同比提高0.1个百分点；上交税金2409.4亿元，同比下降11.2%，占全省全部财政收入的59.5%，同比下降12.6个百分点；实现营业收入100597.2亿元，同比增长5.4%；完成固定资产投资

17498.9亿元，同比增长10.6%，占全省全社会固定资产投资的59.4%，与上年基本持平。

二、管理与服务

（一）优化发展环境

1. 制定民营经济发展政策。为贯彻落实《国务院关于扶持小型微型企业健康发展的意见》（国发〔2014〕52号），根据庆伟省长、杰辉副省长的指示，省厅起草了《河北省人民政府关于扶持小型微型企业健康发展的实施意见》。《实施意见》结合河北省实际，重点围绕资金、资本、信用、信息、场地、用工、税收、服务、减费等扶持小型微型企业发展的手段，提出河北省贯彻落实的具体措施。2014年12月26日，杰辉副省长主持召开专题会议进行了研究，修改完善后征求了省直有关部门意见。根据2015年3月20日庆伟省长主持召开小微企业减费会议议定事项有关意见，进一步修改完善。2015年4月7日经省政府第45次常务会议审议并原则通过，2015年4月24日印发。

2. 开展民营经济发展市县考核。按照省委省政府《关于大力推进民营经济加快发展的若干意见》中"省每年对设区市、县（市）民营经济发展情况进行考核评价和综合排名"的要求，省民营经济领导小组办公室组织了2014年度民营经济发展设区市、县（市）的考核综合排队并印发了通报。

3. 加大民营经济宣传。开展"金色阳光法律服务行动"6场次，通过政策解读、现场咨询和法律培训，累计服务小微企业近2万家，发放各类辅导资料3万余册。组织编写《中小企业民营经济政策法规汇编》、《河北省企业职工法律知识读本》，举办7期中小企业政策法规培训班。省厅与河北电视台、河北日报、河北电台、河北经济日报、长城网等5家省级主要媒体合作，开设"民营经济发展"专题专栏，开展全方位、多角度的立体宣传，为全省民营经济发展营造良好舆论氛围。河北日报开设"民营经济新飞跃"专栏和专版，刊发报道70余篇；河北经济日报开设"民营经济发展"专栏和专版，刊发报道140多篇；河北电台开设民营经济专题版块，播发报道近70篇；河北电视台加强民营经济宣传报道，播发报道120余篇；长城网开设民营经济专题，发布报道150多篇。

4. 开展企业帮扶活动。省政府动员各级各部门深入企业开展帮扶活动，帮助企业协调资金1718亿元，开拓市场831.3亿元，减免税款95.2亿元，新增建设用地指标2477.6亩，解决企业发展问题14841个。

5. 减轻企业负担。制定《小微企业降费工作方案》，出台《减免小微企业行政事业性收费和政府性基金项目清单》，减免15项行政事业性收费和政府性基金项目，为小微企业减负1.5亿元以上；简化小微企业享受所得税优惠备案程序，实行"点对点"服务，免费发放《小微企业优惠政策手册》40万册，减免小微企业税费36.4亿元。

（二）拓宽融资渠道

1. 健全融资担保体系。河北省人民政府出台《关于促进融资性担保行业规范发展的若干意见》，制定《关于加强融资性担保机构监管的意见》，加强融资担保机构监管，组建河北省首家再担保机构。全省融资性担保机构调整为488家，资本金648亿元，完成担保额1100亿元。

2. 开展政银企保对接合作。年初，省工业和信息化厅会同河北银监局、省工商联与20家金融机构签署了总额7612.8亿元的扶持小微企业贷款战略合作协议。经各方积极推动，全年落实贷款8226.7亿元；省市县组织银企保对接活动292次，推荐项目3860个，解决小微企业贷款938亿元。

3. 设立"河北省小额票据贴现管理分中心"。新设立19家分中心，共为1086家中小微企业办理300万元以下小额票据贴现业务26354笔，贴现金额199.4亿元。

4. 推动企业多渠道融资。多措并举，支持和鼓励民营企业在多层次资本市场融资。全省实现新增境内外多层次资本市场挂牌上市企业189家，总数达到540家，实现直接融资1301.8亿元；落实小微企业贷款支持政策，全省小微企业贷款余额8102亿元，占全部企业贷款余额的41%，同比增长20%。

（三）搭建公共服务平台

1. 抓好全省中小企业公共服务平台和平台网络建设。全省河北省中小企业公共技术服务平台达到192个；新增省级中小企业公共服务示范平台20个，总数达到127个。建设省中小企业公共服务平台网络，省枢纽平台与39个窗口平台已实现互联互通，聚集带动服务机构近千家，服务企业近3.2万家。

2. 开展服务企业活动。举办"订单式"服务54场、中小企业名家讲坛活动12场、"金色阳光法律服务"行动6场、中小企业政策法规培训班7期、"专家学者企业行"活动6场，共计服务企业1.7万家。

（四）开展法律服务

1. 开展"金色阳光法律服务"行动。会同省司法厅、省总工会、省工商联组织开展"金色阳光法律服务"行动，先后在三河、冀州、石家庄、宁晋、任县、玉田等市县举办了6场，参加企业近1000家，活动期间请法律专家为参会人员举办了企业用工风险防范，有效提高了中小企业管理者掌握、运用政策和依法维护自身权益的能力。

2. 组织中小企业政策法规培训班。会同省工商局，到景县、沧州、怀来、张家口、定州、涿州、深泽7个市（县）对中小企业开展政策法规巡回宣讲，广泛发放政策法规宣传资料，并召开部分企业家、各县（区）相关负责同志和省中小企业法律服务基地律师参加的座谈会，提高了企业对涉企法律法规的知晓度，进一步营造企业发展的良好环境。

3. 建立健全全省中小企业法律服务体系，加强社会机构为中小企业、民营经济提供法律咨询与服务工作，经各市（县）推荐和征求有关单位、专家意见，认定了16家律师事务所为第二批河北省中小企业法律服务基地。

（五）开展人才服务

1. 实施"重点人才培养工程"。依托清华、北大、上海交大等高校优势资源，分别组织142名中小企业经营管理领军人才和400名中小企业高层管理者参加专题培训和短期培训；开展首期民营企业家后备人才培养高级研修班，为60名民营企业家后备人才进行为期半年的培训；组织河北省产业集群区域品牌建设培训班，培训人员达120余人。

2. 实施"实用人才聚集工程"。举办"2015年河北省毕业生就业市场"、"2015年河北省秋季人才交流会暨河北省民营企业招才引智大会"、中小企业网上百日招聘高校毕业生活动、中小企业高校毕业生人才招聘会等活动，近3万名大学毕业生到中小微企业就业。

3. 实施"全员素质提升工程"。依托时代光华在线学习平台的优质教学资源，建立"河北中小企业远程学堂"；以省级培训基地和中小企业公共服务机构为依托，以普及工商管理知识、提高综合素质为目的，为200个用户开通8个门类、300门网络点播课程，培训达10万多人次。

（六）帮助企业开拓市场

1. 推动企业"走出去"。积极搭建对外开放服务平台，组团赴中东欧、非洲国家推动项目合作，引导有条件的民营企业参与海外投资、并购，不断开拓国际国内市场。2015年河北省备案对外投资民营企业120家，投资额16.15亿美元，占全省对外投资的68.6%，中铂铂业、英利、华路天宇等民营企业对外投资均超过7000万美元。

2. 促进企业"引进来"。举办"5·18"廊洽会、首届世界冀商大会、百家知名民企进河北等洽谈活动，组织企业参与中国国际中小企业博览会、中国电子信息博览会、中国软件博览会、中国国际工业博览会等展洽活动，共达成各类贸易成交协议和意向金额达23.56亿元，同比增长16.8%。

3. 开展区域合作。成功举办2015京津冀产业转移系列对接活动，签约重点项目150个，总投资4500多亿元；推动英利、新奥在西藏投资，推进河北省钢铁、纺织、食品、光伏企业在巴州、二师投资建设41个项目。

（七）推动结构调整。大力实施科技型中小企业成长计划，安排9500万元专项资金，支持科技型中小企业、科技小巨人企业和公共技术服务机构创新发展。启动"双创促转型河北在行动"系列主题活动，进一步弘扬创新文化，在全省营造大众创业万众创新的良好环境。开展全信息化精益管理试点，示范带动全省中小企业提高管理信息化水平。制定《关于发展众创空间推进大众创新创业的实施意见》，首批认定省级"众创空间"20家；全省科技型中小企业达到2.9万家，省级以上科技孵化器达到61家。新培育5个省级中小企业示范产业集群，总数达51个；新增36家省级产业集群龙头企业，总数达425家。开展创新型产业集群和智慧集群试点工作。新增特色产业名县、名镇16个，总数达到137个；积极实施商标战略，指导申请注册商标，全省注册商标25万件。

三、存在的主要问题

一是市场需求不足。2015年以来，随着经济下行压力增大，国内外市场订单萎缩，市场有效需求不足，库存量增加，导致河北省部分中小微企业生产经营压力进一步加大；二是融资难。由于大部分小微企业自身规模小、实力弱、资本积累少、信用度不高，融资渠道单一，银行基于自身风险的控制，怕贷、惜贷、慎贷；三是转型难。河北省小微企业面广、体小、量大，基本处于产业链的中下游，多数小微企业没有自身研发能力、核心技术和自主知识产权，无法形成大品牌、大龙头，自主转型压力加大；四是创新难。中小微企业经济实力、福利待遇等均无法与大企业相比，员工流动性大，高端人才和专业技工很难留住，缺技术、缺人才是制约小微企业发展的重要因素。

（河北省工业和信息化厅　马金雷）

固定资产投资

2015年，全省各级各部门在省委、省政府正确领导下，认真贯彻落实国家宏观调控政策，坚持稳中求进、改革创新，抓好项目建设，发挥投资对经济增长的拉动支撑作用，全省固定资产投资稳步增长，投资结构进一步优化，为经济稳增长、调结构发挥了重要作用。

一、主要特点

（一）投资保持平稳增长。2015年，全省固定资产投资完成28905.7亿元，比上年增长10.6%，同比回落4.9个百分点，比上半年和前三季度分别回落2.5和1.1个百分点，高于全国平均水平0.4个百分点。从全年看，增速高开低走，呈现逐步回落的态势。其中，建设项目投资完成24620.5亿元，增长11.5%；房地产开发投资完成4285.3亿元，增长5.6%。

（二）投资结构进一步优化。工业投资增速保持较快平稳增长。2015年，全省工业投资完成14669.0亿元，比上年增长11.9%，高出固定资产投资增速1.3个百分点，占全省固定资产投资的50.7%，同比提高0.5个百分点。全省七个主要工业行业中，医药工业和石化工业完成投资分别增长26.4%和12.6%，同比分别提高2.3和6.4个百分点。其余五个行业较上年同期均有回落，食品行业完成投资增长6.7%，同比回落12.1个百分点；装备制造业完成投资增长9.6%，同比回落15.1个百分点；建材行业完成投资增长5.8%，同比回落16.7个百分点；纺织服装行业完成投资10.6%，同比回落3.2个百分点。钢铁工业投资增长下降4.8%。工业投资增速呈平稳回落的增长态势。

工业技术改造投资增长有所回落。2015年，全省工业技术改造投资完成8982.3亿元，比上年增长7.0%，增速比上半年、前三季度分别回落12.8个和8个百分点。工业技改投资占工业投资的比重逐季回落，全年占比为61.2%，分别比上半年和前三季度回落0.1个和0.4个百分点。与上年同期相比，全省七个主要工业行业，增速呈现"三加快四回落"的态势。钢铁工业下降9.0%，降幅同比扩大3.4个百分点；食品工业增长7.1%，同比回落

2个百分点；装备制造业增长7.9%，同比回落15个百分点；建材工业增长1.2%，同比回落10.8个百分点。其余石化工业、纺织服装工业和医药工业分别增长12.2%、15.5%和35.8%，同比分别提高2.9、2.4和7.3个百分点。

高新技术产业投资继续保持较快增长。2015年，全省高新技术产业投资完成3736.5亿元，比上年增长17.9%，高于全省平均水平7.3个百分点。高新技术产业投资规模不断扩大，占工业投资的25.5%，同比提高1.3个百分点。其中，生物技术、电子信息、新能源分别完成投资627.8亿元、555.2亿元和612亿元，分别增长27.5%、39.5%和35.3%，拉动全省高新技术产业投资增长4.3、5和5个百分点。

民间投资平稳增长。2015年，全省民间投资完成22769.4亿元，比上年增长8.5%；占全省固定资产投资的78.8%，同比回落1.4个百分点。其中，私营企业完成投资11673.8亿元，增长9.5%，占全省民间投资的51.3%，同比提高0.5个百分点，拉动全省民间投资增长6个百分点。

城市基础设施投资保持平稳增长。2015年，全省城市基础设施投资完成5769.8亿元，比上年增长15.1%，分别比上半年和前三季度提高1.0和0.7个百分点。从全年看，城市基础设施投资增速逐月回落，1—10月为最低点13.9%，1—11月开始企稳回升。其中，城市市政公用事业、社会性基础设施、电力电信邮政通讯公路铁路机场等基础设施完成投资分别增长25.2%、15.8%和6.3%。从行业看，电力生产、市政设施管理、风景名胜区管理完成投资分别增长74.3%、22.3%和19.4%，分别拉动全省城市基础设施投资增长5.6、2.9和2.4个百分点。

（三）房地产开发完成投资增速缓中回落。2015年，全省房地产开发投资完成4285.3亿元，比上年增长5.6%，比上年降低12.2个百分点。比前三季度降低0.7个百分点，比上半年降低4.5个百分点，比一季度降低8.4个百分点。从各月房地产开发投资增长看，2—12月分别增长13.7%、14%、13.1%、14.7%、10.1%、8.3%、6.1%、6.3%、5.6%、5.5%和5.6%，呈现逐月回落的态势。从开发用途看，商品住宅完成投资3162.5亿元，增长5.1%；办公楼完成投资175.9亿元，增长14.3%；商业营业用房投资完成509.4亿元，增长1.5%；其他完成投资437.5亿元，增长11.2%。

二、存在的主要问题

（一）第三产业投资增速持续低迷。自2011年以来，全省第三产业投资持续回落，增长速度由2011年的20%，降至2014年的10.5%。2015年这种情况并未好转，一、二、三季度分别增长3.3%、5.8%和6.0%。2015年，全省第三产业完成投资12847.1亿元，比上年增长6.5%，增速比上年回落4个百分点，比全省平均水平低4.1个百分点，比全国平均水平低4.1个百分点；拉动全省固定资产投资增长3个百分点，比上年回落2.1个百分点。

第三产业投资增速持续低迷的主要原因是新兴业态基础薄、发育慢，现代服务业领域等投入力度不够，缺乏核心竞争力强的产业链。2015年，全省第三产业计划总投资同比下降0.4%，比全省平均水平减缓3.8个百分点。其中，亿元以上在建项目2051个，同比减少177个，占第三产业在建项目的30.4%，同比回落5.1个百分点；计划总投资同比下降2.8%，同比回落8.4个百分点，低于全省平均水平6.2个百分点；完成投资同比下降1.4%，低于全省平均水平12个百分点。在三产投资中，占比较大的房地产业（占41.2%）投资2015年以来持续低迷，全年仅增长3.2%，同比回落11.5个百分点；交通运输仓储邮政业（占15.8%）投资仅增长0.5%。受国家产业政策调控影响，在全省高耗能、高污染、产能过剩行业发展受到遏制，出现项目减少的情况下，第三产业没有形成及时有效的补充，这是造成全省项目减少的重要原因之一。

（二）亿元以上项目投资持续下降。2015年，全省亿元以上在建项目5961个，比上年减少436个，下降6.8%，比上半年降幅扩大1.7个百分点，与前三季度基本持平；完成投资16819.9亿元，比上年增长3.6%，分别比上半年和前三季度回落3.7和2.6个百分点。其中，亿元以上新开工项目2820个，减少358个，下降11.3%，；完成投资7299.7亿元，下降3%。

从行业大类看，黑色金属矿采选业、纺织业、黑色金属冶炼和压延加工业、电气机械和器材制造业、道路运输业、住宿业和房地产业7个行业亿元以上在建项目计划总投资和完成投资分别下降1.5%和10%，增速比全省亿元建设项目分别回落2.3个和13.6个百分点。

全省在建项目减少的主要原因是市场主体投资意愿不强。受经济下行压力加大及全省化解过剩产能、大气污染治理等多重因素叠加影响，钢铁、水泥、玻璃等产能过剩行业投资下降，一些生产形势较好的企业，也因市场前景不明，景气度低，而主动拉长投资周期。同时，工业品价格持续走低，自2012年初以来连续47个月负增长。而土地、资金、环保等成本不断攀升，导致企业盈利水平下降，投资成本提高，新上投资项目的源动力不足。

（三）资金供应总体趋紧。2015年，全省固定资产投资到位资金28565.9亿元，比上年增长10.7%，分别比上半年和前三季度回落2.2和1.7个百分点。资金到位率仅为98.8%，分别比上半年和前三季度回落1.9和0.6个百分点，表明全省投资资金供应总体较为紧张。其中，自筹资金23853.4亿元，同比增长12.3%，分别比上半年和前三季度回落1.5和1个百分点。表明企业自筹能力减弱、融资渠道狭窄，资金供应比较紧张。全省产业基金起步晚发展慢，发债、上市、股权融资等渠道没有得到充分利用，未能对资金供应予以有效补充。

三、对策建议

（一）抓好大项目建设，增强内需对经济增长的拉动支撑。新开工重大项目是培育经济发展增长点的重要支撑，是经济社会发展的基础、后劲和潜力所在。要认真贯彻落实全省经济工作会议提出的"抓大项目，发挥投资的关键作用"的部署要求，注重投资效益好、带动作用强、引领力度大的项目签约储备，确保贮备项目及早落地。加快大项目审批核准进度，合理完善实施项目的各种办结手续。着力抓好项目的开工，尽力扭转当前在建项目个数减少的局面，增强投资增长后劲。

（二）优化投资结构，进一步提升增长质量和效益。以化解产能过剩为契机，引导钢铁、煤炭、有色金属等传统资源型产业向精深加工和链式循环发展转变。发展战略性新兴产业，大力引进新能源、新材料、电子信息、医药食品、节能环保等产业发展高新技术企业。引导资本从产业的低端环节向中高端环节迈进，提高工业的科技含量和附加价值。深入实施创新驱动战略，加大政府和企业R&D经费投入。

（三）创造良好的融资平台。加强政府、银行、企业间的沟通协调，争取金融机构更多信贷支持，加强与金融机构的沟通与联系，争取进一步扩大信贷规模，保障已开工大项目的资金需求。采取信贷融资、财政投入、社会融资、招商引资等多管齐下的措施，进一步拓宽融资渠道，解决项目融资难问题。积极探索创新融资模式。充分发挥民间投资的活力，吸引民间资本投资建设，使民间投资在市场调节下选择更多更好更合适的投资领域参与竞争。

（河北省统计局　周　云）

国有资产监管

2015年是近年来经济形势最为严峻复杂的一年。全省国资系统在省委、省政府的正确领导下，坚持解放思想、抢抓机遇、奋发作为、协同发展，迎难而上、砥砺奋进，全省国企改革发展和国资监管取得明显成效。

一、国有经济运行保持稳中有进

引导企业积极应对市场挑战，多措并举稳增长，强化扭亏增盈；建立全员联系企业制度，帮助企业协调解决一批困难和问题，有力保障了国有经济平稳运行。2015年，河北省国有企业资产总额达到17484亿元、净资产4931亿元、实现营业收入9713亿元、利润84亿元，同比分别增长15.6%、10.2%、－0.9%、－23%。其中，省国资委监管企业资产总额达到9229亿元、净资产2724亿元、实现营业收入8380亿元、利润77亿元，同比分别增长5.5%、4.3%、－1.6%、4.9%。河北建投实现利润占省国资委监管企业全年利润的一半以上、继续保持较好水平，财达证券、河北港口实现利润再创历史新高，河钢集团、冀中能源在行业发展极为困难的形势下保持企业整体赢利。廊坊、保定、衡水市国有企业在稳增长压力加大的情况下实现利润正增长。

二、提质增效取得明显成效

将强化管理作为降本增效的重要手段，通过对标挖潜、管理创新等方式方法，不断提升精细化管理水平。2015年，全省国有企业管理费用同比下降3%，省国资委监管企业管理费用同比下降9%；河钢集团对标韩国浦项制铁，炼铁、炼钢工序成本分别降低19%和12%，全年挖潜增效98亿元；开滦集团商品煤综合成本同比下降22%。着力提高企业全员劳动生产率，组织开展了清理"三外"（外包、外雇、外委）行动，河钢、开滦和冀中3家企业全年减少支出25亿元。

三、国有企业改革不断深化

强化政策设计，《关于深化地方国有企业改革的实施意见》、《关于地方国有企业发展混合所有制经济的实施意见》、《关于改革和完善全省国有资产管理体制的实施意见》、《关于加强和改进企业国有资产监督防止国有资产流失的实施意见》、《关于河北省国有企业功能界定与分类的实施意见》等11个改革文件已出台实施。推进公司制股份制改革，河北省国资委系统三级以上企业公司化率超过80%，股权多元化率超过50%，混合所有制比率超过30%；邯郸市全面完成县属工业企业改革任务。开展国企负责人薪酬制度改革，企业负责人履职待遇、业务支出管理进一步规范。通过整合重组积极化解企业经营风险，河北建投对河北融投、冀中能源国际物流对河北物流先后进行了托管，河北省资产管理有限公司、河北省再担保有限公司已完成组建工作。

四、转型升级取得新进展

持续推动传统产业优化升级。围绕钢铁、煤炭、化工等传统产业转型升级，加大投资力度，建设了一批高技术含量、高附加值的重大项目，促进了产业结构、产品结构、装备水平的优化提升。河钢集团2015年品种钢比例达到41%，同比提高了11个百分点；高附加值产品销量突破500万吨，同比提升23%；吨钢综合售价同口径提高140元；盘活存量资产，非钢产业快速发展，吸纳主业分流人员12500人，主业整体装备达世界先进水平。开滦集团、河北港口、唐山三友等企业转型升级也都取得了长足进步，开滦煤化工达到全国先进水平，河北港口散杂货营运能力保持世界第一，唐山三友在全国化纤行业领先地位进一步巩固。积极发展战略性新兴产业和现代服务业。河北建投风电、天然气等清洁能源产业发展迅猛，风电装机容量稳居华北第一；华药集团初步形成了抗肿瘤、生物药等五大产业基地；财达证券成功实现全牌照运营，河钢集团交易中心、信投在线等电子商务平台投入运行；现代物流产业规模迅速扩张，物流金融、物流园区等新业态不断涌现，冀中能源国际物流跻身全国物流前三强。着力提升科技创新能力。河北省国有企业拥有国家级重点实验室和技术中心8个、省级技术中心和实验室38个；唐山三友的彩色纤维核心技术打破了国外垄断，华药集团的基因重组白蛋白技术取得重大突破，常山纺织的新型纤维产品研发投产，建工集团研发的板材安装机器人项目列入国家科技专项。

五、开放合作水平不断提高

抢抓京津冀协同发展重大战略机遇，河北建投京津冀城际铁路投资公司京唐城际开工建设，首都机场托管河北机场，河北旅投积极参与冬奥会崇礼赛区规划建设。进一步加强与央企的战略合作，河钢集团与中信集团组建唐信新能源公司，并与宝钢集团签署战略合作协议。积极参与“一带一路”建设和国际产能合作，河钢集团与塞尔维亚政府就斯梅代雷沃钢厂私有化项目签订了合作框架协议，积极推进南非500万吨钢铁基地项目；河北建投在津巴布韦投资的2×300MW煤电一体化项目正在备案。下力开拓国际市场，河钢集团全年钢材出口量再创历史最好水平。

六、国资监管针对性进一步增强

加大简政放权力度，省国资委确定取消和下放工作事项18项，企业年度投资计划由备案改为报告，企业主业投资项目由企业自主决策。大力推动监事会工作创新，全面加强监事会队伍建设和制度建设，出台了《派驻企业监事会监督检查工作实施办法》、《监管企业子公司监事会工作指导意见》，国务院国资委在全国国资系统推广了河北省经验做法；深入开展了年度集中检查和专项检查，着力发现、揭示、报告企业存在的问题和风险，建立了问题整改工作台账，有力促进了监督检查成果运用。强化审计监督，组织实施了一系列财务专项审计、资产损益审计、经济责任审计等。加快转变监管方式，河北省国资委完善了《监管企业负责人经营业绩考核暂行办法》、《监管企业负责人重大经营责任追究办法（试行）》等，考核的科学性进一步增强。各市国资委积极探索有效的监管方式，石家庄市国资委出台了国有企业财务预算等重大信息公开制度，保定市国资委对市本级经营性国有资产实现集中统一监管。

七、和谐国企建设赢得良好形象

国有企业认真履行社会责任，在节能减排、环境保护、安全生产、保障就业和扶贫攻坚等方面勇挑重担，省国资委系统36个美丽乡村驻村工作组完成265个项目、投入资金808万元，93个定点扶贫驻村工作组完成538个项目、投入资金1148万元，得到省委、省政府的充分肯定。深化工会、共青团、信访稳定和老干部等各项工作，在河北省国资系统开展了“最美河北国企人”评选活动，弘扬了正能量，形成了树正气、讲团结、聚合力、促转型的良好氛围。

（河北省国资委　赵建明　胡岳鹏）

重点项目建设

2015年，面对严峻复杂的经济形势，各级各部门认真贯彻落实省政府推进实施“重大产业项目攻坚年”的战略部署，坚持把重点项目建设作为扩投资、稳增长、调结构、惠民生的重要举措，紧紧围绕“315”工程项目，创新推进机制、破解要素制约，抢抓战略机遇、加大攻坚力度，圆满完成全年各项任务目标，有力支撑了全省经济社会平稳健康发展。

一、计划安排

2015年，按照分级推进、分级负责、分级保障的原则，着力实施“315”工程，即省级推进“三个一百”重点项目，全省实施投资10亿元以上产业项目1500个以上。其中，省重点项目340项：在建项目220项（计划开工项目120项、续建保投产项目100项），总投资10208.4亿元，年计划投资2626.8亿元；前期项目120项，总投资10400.3亿元，力争一批项目完成前期工作或实现开工建设。投资10亿元以上产业项目1562项：计划开工和续建项目1262项（续建项目781项、计划开工项目481项），总投资32455.4亿元，年计划投资6303.8亿元；前期谋划项目300项，力争100项完成前期工作并开工建设，200项前期工作取得实质性进展。

二、完成情况

2015年全省重点项目“315”工程中，340项省重点项目完成投资2864.6亿元，占年度计划的109.2%，开工120项，竣工98项，开、竣工率均达到100%。1562项10亿元以上产业项目完成投资6930亿元，占年度计划的109.9%，开工481项，开工率100%。从全省重点项目整体情况看，主要呈现以下特点：

（一）建设进度进一步提速。全省重大产业项目和省重点项目投资完成率均超过109%，开工率均达到100%。其中，比亚迪承德新能源汽车一期、荣赫精密激光装备等481个项目实现开工建设；中航通飞华北通用航空产业、唐山石墨烯产业化等314个项目竣工投产，形成了新的效益增长点；黄骅港综合保税区、沧州经济开发区汽车产业园等310个前期项目实现提前启动或取得实质性进展。

（二）项目规模进一步提升。220个省重点建设项目（含计划开工120个、续建保投产100个）平均规模46.4亿元，较上年（30.1亿元）提高54.2%。其中，北京现代第四工厂整车、中核集团核燃料产业园等投资超百亿元项目20个，较上年增加15个；润泽国际信息云聚核港、石家庄国际贸易城等投资50亿元以上项目42个，较上年增加31个。奥钛纳米新能源、唐山公路港物流等投资30亿元以上项目72个，较上年增加47个，当年完成投资1627亿元，占全部完成投资的56.8%，重大项目支撑作用进一步显现。

（三）项目结构进一步优化。省重点建设项目中，固安卫星导航产业港、张北云联数据中心等战略新兴产业、现代服务业项目145项，完成投资1707.2亿元，分别占65.9%、59.6%；慧玮微软游戏创新中心、易贝外延片及3D—LED芯片产业化等协同发展项目91项，完成投资889.4亿元，分别占41%、31%；正大肉鸡饲养屠宰及饲料加工、中航长征中重卡生产基地等央企、外资、名企（世界500强、全国500强及上市公司）投资合作项目94项，完成投资1780.8亿元，分别占25.1%、62.2%。

（四）谋划储备进一步强化。立足河北省区位、资源和产业优势，结合“十三五”规划编制和争取国家相关政策支持，高起点谋划了支撑当前和“十三五”经济社会发展的“重点建设1124工程”，即今明两年加快推进海兴核电、吉利集团沃尔沃整车及发动机等110项重大项目，“十三五”期间谋划实施长河核电、长安汽车零部件等120项重大项目，谋划推进张家口可再生能源示范区、北京新机场临空经济区等22个重大平台，直接拉动投资近4万亿，将为“十三五”全省经济社会发展提供有力支撑。

三、保障措施

（一）强化调度督导。按照“突出抓开工、持续抓在建、全力保投产”的思路，健全工作机制、加快工作节奏、提升工作效率，坚持月报告、季通报、半年调度、全年考核制度。2015年5月举行全省重点项目建设观摩调度会议，全省上下抓项目的精力更加集中，成效进一步显现。市、县两级均建立了领导分包、产业对接、观摩调度、督导考核等机制，党政主要领导亲力亲为、靠前指挥，相关部门密切合作、积极推进，千方百计帮助解决项目建设中的困难和问题，形成了党政同责、省市联动、齐抓共管的攻坚合力。

（二）强化对接跑办。利用全国“两会”及其他有利时机，提请省领导拜访对接国家有关部委和央企，争取到一批政策、项目和要素支持。中央印发的《京津冀协同发展规划纲要》，将河北省的重大诉求给予了较好体现；国务院批复同意设立张家口可再生能源示范区；国家发改委报经国务院同意印发了《对河北化解过剩产能政策支持的报告》，明确了加大资金支持、强化金融扶持、完善淘汰落后标准等支持政策；国家发改委、外交部、财政部联合批复了曹妃甸建设中日韩循环经济示范基地；国家发改委、科技部报经国务院批准，将河北省石、保、廊三市列入全国创新改革试验区；张大铁路、引黄入冀补淀工程可研获国家发改委批复，北京现代汽车第四工厂项目落户河北省沧州并开工建设；固安新型城镇化项目列为国家发改委首批PPP典型案例。

（三）强化要素协调。建立重点项目会商协调机制，共同谋划破解要素瓶颈制约。一是加大用地保障力度。积极争取重大交通、能源、水利、生态、产业项目列入国家计划或审批，享受国家土地指标补贴；省里每年为重点项目预留用地指标2万亩以上，2015年达到2.5万亩。二是积极协调建设资金。与国开行签署了《加强开发性金融合作备忘录》，进一步加大对河北省协同发展、铁路、水利、棚户区改造等领域重大项目支持力度。组织银企对接活动，达成合作意向393项，融资意向756亿元。三是建立重点项目环境容量指标协调机制，各地压减过剩产能腾挪出的能源消费总量、污染物排放总量等指标，优先保障重点建设项目。

（四）强化机制创新。一是完善重点项目遴选机制，健全包括产业层次、技术水平、发展前景、投资强度、环境影响等内容的遴选指标体系，建立专家评审和阳光公示制度，强化了群众监督，增加了项目遴选的透明度。二是探索产学研合作机制，2015年8月组织举办了全省重大项目产学研对接洽谈会，发布成果1100余项、签约200余项。三是规范竣工验收机制，制订出台《关于清理规范产业项目验收事项的实施意见》（冀政办字〔2015〕100号），下放权限、简化流程、压缩时限，为产业项目尽快投产达效提供制度保障。

（五）强化服务保障。实施绿色通道制度，对重点项目行政审批、公共服务和收费检查等进行全过程登记，提高审批效率，规范服务流程和收费。推行“三级平台”、“两个代办”制度，健全提升市、县（市、区）重点项目全程代办机制，探索尝试政府购买社会化服务，为项目提供行政审批全程代办服务。

（河北省重点建设领导小组办公室　张　奕）

对外经济贸易

2015年，在国外需求缩减，国内经济下行压力加大的背景下，河北省对外经贸呈现进出口低位运行、利用外资实现增长、外商直接投资行业结构进一步优化的新特点。

一、进出口贸易下滑

2015年，河北省进出口低位运行，出口、进口自2009年以来首次出现“双降”。累计完成进出口总值514.8亿美元，同比下降14.2%，其中，出口总值329.4亿美元，下降7.8%；进口总值185.4亿美元，下降23.6%。

（一）汽车零配件、家具及其零件等出口保持增长，机电产品、高新技术产品等出口下降。全省出口规模居前10位的出口商品依次是：钢材（98.7亿美元）、机电产品（87.9亿美元）、服装及衣着附件（38.2亿美元）、高新技术产品（23.6亿美元）、农产品（16.6亿美元）、纺织纱线、织物及制品（16.3亿美元）、汽车零配件（12.4亿美元）、医药品（8.8亿美元）、二极管及类似半导体器件（7.7亿美元）、家具及其零件（7.4亿美元），上述商品出口总值均在5亿美元以上，其中，汽车零配件、家具及其零件等商品出口保持增长。汽车零配件增长5.6%；家具及其零件增长2.2%。此外，陶瓷产品出口6.7亿美元，增长13.7%；箱包及类似容器出口2.4亿美元，增长6.5%。

高附加值和传统商品出口均呈现低迷。钢材出口98.7亿美元，从2014年的增长62.8%转为下降4.0%，占全省出口总值的比重为30.0%；机电产品出口87.9亿美元，从2014年的增长2.1%转为下降10.0%，占全省出口总值的比重为26.7%，同比下降0.6个百分点；高新技术产品出口23.6亿美元，下降14.3%，占全省出口总值的比重为7.2%，同比下降0.5个百分点；服装及衣着附件和纺织纱线、织物及制品出口均由2014年的增长转为下降，服装及衣着附件出口38.2亿美元，下降16.5%；纺织纱线、织物及制品出口16.3亿美元，下降14.8%。此外，农产品出口16.6亿美元，从2014年的增长11.0%转为下降7.6%。

（二）对香港、土耳其、沙特阿拉伯出口保持增长，对东盟、欧盟、美国等出口下降。2015年，全省出口规模居前10位的国家（地区）依次是：东盟（52.6亿美元）、欧盟（45.1亿美元）、美国（43.3亿美元）、俄罗斯联邦（23.3亿美元）、韩国（22.1亿美元）、日本（16.4亿美元）、印度（11.2亿美元）、香港（7.7亿美元）、土耳其（6.5亿美元）、台湾（6.4亿美元）。其中，对香港出口增长11.7%，对土耳其出口增长37.9%。此外，对沙特阿拉伯出口6.1亿美元，增长15.6%。

对东盟、欧盟、美国等出口下降。对东盟出口52.6亿美元，下降2.5%；对欧盟出口45.1亿美元，下降7.7%；对美国出口43.3亿美元，下降7.1%；对俄罗斯出口23.3亿美元，下降21.1%；对韩国出口22.1亿美元，下降9.7%；对日本出口16.4亿美元，下降10.2%；对印度出口11.2亿美元，下降6.0%；对台湾出口6.4亿美元，下降24.7%。

（三）对外承包工程货物出口较快增长，一般贸易、加工贸易出口下降。对外承包工程货物出口4.1亿美元，由2014年的下降转为增长18.1%。一般贸易出口289.5亿美元，由2014年的增长18.7%转为下降6.7%，占全省出口总值的比重为87.9%；加工贸易出口32.9美元，由2014年的增长2.6%转为下降22.0%，占全省出口总值的比重为10.0%，同比下降1.8个百分点。

（四）集体企业和个体出口较快增长，私营企业、外商投资企业、国有企业出口下降。集体企业出口4.3亿美元，增长8.4%；个体工商户出口3.0亿美元，增长13.3%。私营企业出口194.5亿美元，由2014年的增长24.2%转为下降6.6%，占全省出口总值的比重为59.0%；外商投资企业出口76.9亿美元，由2014年的增长5.6%转为下降14.0%，占全省出口总值的比重为23.3%，同比下降1.7个百分点；国有企业出口50.7亿美元，由2014年的增长2.5%转为下降5.1%，占全省出口总值的比重为15.4%。

（五）粮食、汽车零配件等进口增长，铁矿砂及其精矿、机电产品等进口下降。汽车零配件进口3.7亿美元，增长39.9%。金属加工机床进口2.0亿美元，增长6.6%；粮食进口16.3亿美元，增长2.8%。

铁矿砂及其精矿等大宗商品进口量增价跌。铁矿砂及其精矿进口总量增长22.5%，进口总值98.4亿美元，下降27.6%。机电产品进口27.5亿美元，下降10.5%；高新技术产品进口9.2亿美元，下降20.4%。此外，煤及褐煤进口5.2亿美元，下降57.6%；初级形状的塑料进口3.8亿美元，下降21.7%。

二、利用外资结构变化积极

2015年，全省实际利用外资73.7亿美元，同比增长5.1%，增速与2014年持平。其中，外商直接投资降幅收窄，完成61.8亿美元，下降3.1%；外商其他投资11.2亿美元，增长1.1倍；对外借款0.7亿美元，下降28.8%。全年新批合同外资额56.8亿美元，增长14.3%。从外资内部结构分析，仍呈现一些积极变化和亮点。

（一）第三产业外商直接投资较快增长。2015年，第三产业外商直接投资完成18.1亿美元，增长17.7%，占全省外商直接投资的比重由2014年的24.2%提升到29.3%，提高了5.1个百分点。其中，房地产业外商直接投资6.2亿美元，增长40%，增速比2014年加快36.5个百分点；交通运输、仓储和邮政业外商直接投资5.8亿美元，由2014年的下降13%转为增长2.1倍；文化、体育和娱乐业外商直接投资1.0亿美元，由2014年的下降58%转为增长14.4%。

与此同时，第一产业外商直接投资9518万美元，下降72.6%，占全省外商直接投资的比重由2014年的5.5%降至1.5%；第二产业外商直接投资42.7亿美元，下降4.8%，占全省外商直接投资的比重由2014年的70.4%降至69.1%。

（二）合同外资持续较快增长。合同外资从2014年开始保持两位数以上的较快增长，全年新批合同外资项目208个，比2014年增加10个，增长5.1%，增速同比提升3.6个百分点；新批合同外资额56.8亿美元，增长14.3%。一是第二产业、第三产业合同外资持续增长，第二产业新批合同外资35.4亿美元，增长27.8%，其中，制造业合同外资32.2亿美元，增长24.5%。第三产业新批合同外资20.4亿美元，增长9.5%。二是高新技术产业合同外资成倍增长，为21.1亿美元，增长2.8倍。三是大项目合同外资较快增长，合同外资额1000万美元以上的大项目新批合同外资53.9亿美元，增长19.8%。

（三）来自英属维尔京群岛、开曼群岛、欧盟、日本、韩国的投资较快增长。从外资来源地看，河北省外资来源地主要集中在香港、英属维尔京群岛、开曼群岛、欧盟、日本、东盟、韩国7个国家（地区），对河北投资均在1亿美元以上，累计对河北投资56.5亿美元，占全省外商直接投资总额的91.4%。其中，英属维尔京群岛、开曼群岛、欧盟、日本、韩国对河北投资呈现良好增势，英属维尔京群岛8.2亿美元，增长1.0倍；开曼群岛4.4亿美元，增长35%；欧盟3.3亿美元，增长44.2%；日本2.8亿美元，增长52.2%；韩国1.2亿美元，增长59.3%。

此外，香港、东盟对河北投资下降，来自香港的外商直接投资34.0亿美元，下降15.8%，占全省外商直接投资的比重由2014年的63.4%降至55.1%，下降8.3个百分点；来自东盟的外商直接投资2.5亿美元，下降39.7%。来自美国的外商直接投资0.7亿美元，下降67.1%。

（河北省统计局　张少芬）

财　　政

2015年，面对严峻复杂的经济形势和艰巨繁重的改革任务，全省各级财政部门认真贯彻落实中央和省委省政府重大决策部署，牢牢把握稳中求进工作主基调，主动适应经济发展新常态，紧紧围绕服务和保障经济强省、美丽河北建设，坚持“改革统揽、绩效导向、科学规范、善治有为”总体思路，解放思想，抢抓机遇，砥砺奋进，攻坚克难，圆满完成各项目标任务，推动全省财政工作取得新的进展，不少方面实现重大突破。

一、全年预算任务圆满完成

紧紧围绕收入既定任务目标，保持定力，加强组织，全年一般公共预算收入完成2648.5亿元，同比增长8.3%。其中，税收收入1934亿元，增长3.7%；非税收入714.5亿元，增长23.1%。廊坊、沧州、衡水三个市增幅分别达到21.1%、11.2%、11%，有23个县收入增幅超过20%。同时，坚持用硬措施、硬手段、硬杠杠，认真落实新《预算法》要求，加快支出进度，力促财政资金早使用、早见效。全省一般公共预算支出5675.3亿元，为调整预算的95.8%，增长22.4%。其中，市县支出4920.7亿元，增长24.8%，支出进度排前三名的是廊坊市（97.4%）、沧州市（97.3%）、秦皇岛市（97.2%），较好保障了各方面支出需求。

二、争取上级和外部支持交出亮丽成绩单

用好协同发展机遇，积极转变争取思路和方式，坚持政策、资金、试点一起争，变打感情牌、地域牌为工作牌、特色牌，在争取中央政策资金支持及世行、亚行贷款方面取得重大突破。全年中央下达河北省转移支付资金2229.8亿元、增长9.76%，高于全国平均增幅0.97个百分点，其中均衡性转移支付358.9亿元，增长28.5%，增幅全国第一；新增国家改革试点21项，资金109.8亿元；争取地方政府新增债券235亿元、增长58.8%，同时争取置换债券1185亿元，年节约政府融资成本约78亿元；地下水超采治理试点范围由4市49个县扩大到5市63个县，争取中央资金69亿元；争取中央大气污染防治专项资金37亿元，占全国规模的34.9%，同时京津两市对口帮扶河北省8.6亿元；争取中央将河北省安新县等5个县区新纳入国家重点生态功能区转移支付范围，将峰峰矿区纳入资源枯竭城市转移支付范围；此外，利用亚行3亿美元大气污染防治贷款获批，世行5亿美元和德国复兴信贷银行1.5亿欧元大气污染防治贷款完成项目评估和谈判工作。

三、财政支持稳增长、调结构成效显著

面对经济下行压力和财政收支压力不断加大的严峻形势，准确把握稳增长与调结构平衡点，认真落实积极财政政策，开拓思路，放宽视野，转变方式，放大效果，全力打好政策资金运用“组合拳”，支持经济稳定增长。全面落实积极财政政策，稳步推进“营改增”，减免税收90多亿元；不折不扣执行支持高新技术企业发展的税收优惠政策，减轻企业税负27.6亿元；严格落实中央普遍性降费政策，并自行研究出台15项对小微企业的减免政策。加大政策创新力度，制定财政助推金融创新支持经济发展15条、财政支持科技型中小企业创新发展10条等政策，推动政府采购合同融资；加大省内创新产品采购力度，采购量占政府采购总额比重超过60%。着力用活财政资金，消化2014年底前存量资金85%以上，各级收回2012年及以前年度沉淀资金186.1亿元；开展国库现金运作，引导商业银行新增定向信贷2044亿元。省级筹措资金22.4亿元用于传统产业升级和战略性新兴产业发展；投入13.3亿元组织实施科技计划项目；筹措资金69.6亿元用于生态环境治理，重点支出得到较好保障。积极拓宽筹融资渠道，大力推广PPP模式，张家口市桥西区集中供热等10个项目签约落地，承德市双峰寺水库工程等14个项目完成意向签约；13个项目成功入选财政部第二批示范项目，总投资额902亿元，投资额、项目数分居全国第二、三位；加快推进股权基金运作，冀财基金与社会资本方合作设立15支子基金，撬动社会资本88亿元。

四、一大批利民惠民实事有效落实

始终把改善民生作为财政保障重点，不折不扣落实民生政策，扎实办好利民实事。全年全省民生支出4597.7亿元，同比增长25%，占到全部支出的81%。社保标准稳步提高，企业退休人员养老金标准连续11年提高10%，城乡低保、五保供养人均补助提高7%，新农合和城镇居民医疗保险人均补助标准由320元提高到380元，基本公共卫生服务补助标准由35元提高到40元。社会事业加快推进，筹措省以上资金231.2多亿元，保障1.5万所中小学运转经费，减轻650多万名农村学生家庭负担，免除95.8万名城市学生学杂费，改造农村薄弱学校1万多所，支持职业教育和省属高校发展；拨付省以上资金7.6亿元，推进文化惠民工程；省级投入8亿元，助力京张携手申冬奥工作圆满成功；省级投入140.1亿元，推进公路、铁路、机场、港口等重点项目建设。支农政策较好落实，整合省以上资金69.1亿元，支持美丽乡村建设；落实省以上扶贫资金27亿元，探索精准扶贫新模式；落实农业补贴资金80.4亿元；加强农业综合开发力度，全年建设高标准农田129.6万亩。

五、财政改革取得突破性进展

按照中央深化财税改革的有关部署，认真研究制定《河北省深化财政改革实施方案》，将改革任务划分为4类10项。同时，强化责任担当，把握力度节奏，凝聚改革合力，全力推动各项改革不断深化。制定《河北省深化财政改革实施方案》，全年以省委省政府文件印发改革专件6个，起草《河北省预算管理规定》和《财政专项资金管理办法》，已提交省法制办，2016年择机出台。召开全省绩效预算管理改革推进会，提前一年将改革在全省全面推开。大力整合专项转移支付，将281项省级专项转移支付清理整合为118项。强力推进省市县三级国库电子化管理改革，国库集中支付效率有效提高。加大预决算公开，除涉密单位外，113个省级部门全部进行了公开；设区市级、县区级政府公开率全部达到100%，在全国检查中名列第一。

六、财政财务管理水平实现新的跃升

注重打基础、利长远，着力强化制度、机制、技术等支撑，推动财政财务管理科学化、规范化水平不断取得新提升。围绕防控市县运行风险，初步搭建起市县财政运行

监控体系框架。围绕规范专项资金管理，对99项具体专项资金管理办法进行了修改。围绕推进依法理财，积极落实简政放权，清理调整11项非行政许可事项，梳理65项权力清单并上网公布。围绕强化内部工作协调，研究建立15项内部协调机制和“1+10”内部控制体系。围绕强化信息技术支撑，建成了支撑省厅、11个市、130多个县（市、区）的行政绩效管理平台，新开发12个、升级完善7个业务管理系统。围绕管好用好财政资金，组织对49项专项资金和财政政策进行绩效评价，涉及资金395.2亿元；牵头开展涉农资金专项整治行动，检查涉农资金2300亿元。

（河北省财政厅　李志平）

金　　融

2015年，河北省金融业认真贯彻落实稳健的货币政策，适时适度做好预调微调，信贷结构不断优化，市场利率有效下行，金融改革继续推进，金融生态环境不断优化，为经济结构调整和转型升级营造了良好的货币金融环境。截至年末，银行业累计实现净利润670亿元，同比少盈利35亿元。全省银行业金融机构资产总额58715亿元，较上年增加5899亿元，增长11.2%。从业人员达到17.12万人，增加5300余人，法人机构240个，营业网点11446个。行业布局日臻完善，多类别、差异化、广覆盖的组织体系基本形成，网点分布更趋合理，金融服务的广度和深度显著提升。

一、存款增量、增速双升，个人存款和单位存款稳定增长，存款呈活期化趋势

截至年末，全省金融机构本外币各项存款余额48928亿元，较上年增加5164亿元，同比多增844亿元，增长11.4%。主要特点：一是单位存款和个人存款全年分别新增1889亿元、1710亿元，同比分别多增179亿元、660亿元，增速均为11.8%，与上年基本持平。这表明社会资金面仍较为宽松，投资和消费具有坚实的资金基础。二是存款活期化明显。活期存款和定期存款分别新增1820亿元、1982亿元，活期存款同比多增1410亿元。存款活期化从侧面反映了经济企稳向好的格局。三是住户存款增速加快。截至年末，住户存款余额22920亿元，较年初增加3069.4亿元，同比增长11.5%，占各项存款新增额的60.1%。

二、贷款全年均衡投放，信贷结构进一步优化

截至年末，全省本外币各项贷款余额32608亿元，同比多增4556亿元，增长16.2%。主要特点：一是从投放节奏看，贷款实现季度均衡投放。四个季度新增贷款分别为1294亿元、1076亿元、1167亿元、1034亿元，较好满足了经济社会发展的资金需求，契合全省经济平稳增长的大背景。二是从贷款期限看，中长期贷款持续平稳增长，短期贷款增量、增速下降。截至年末，中长期贷款余额17904亿元，较上年增加2796亿元，同比多增519亿元，增长18.4%。短期贷款余额12528亿元，较上年增加761亿元，同比少增106亿元，增长6.5%。中长期贷款主要投向扩内需、稳增长重点领域，有利于促进投资和消费需求回升。三是从行业投向看，重点领域信贷投放进一步加强。房地产（含住房按揭和开发贷款）、制造业、批发零售业、交通运输业为新增贷款最多的行业，分别新增1596亿元、610亿元、578亿元、562亿元，合计占全部新增贷款的84.7%，较上年增长19.0%，高于全部贷款增速2.7个百分点。四是小微企业贷款快速增长，涉农贷款增速有所回落。小微企业贷款同比增长20%，小微企业贷款占全部企业贷款的比重达到41%。涉农贷款余额13383亿元，较上年增加1626亿元，同比增长13.8%。五是个人购房贷款增速稳步攀升。截至年末，金融机构实际投入房地产业的贷款余额7117亿元，同比增长26.9%；全年新增1510亿元，增量占同期各项贷款增量的33.1%。六是票据融资、融资租赁等贷款大幅增长，新的融资模式进一步发展。截至年末，票据融资1919亿元，同比增长92.4%，同比多增36.7个百分点；融资租赁130亿元，同比增长33.4%；各项垫款71亿元，同比增长234.6%，较上年多增91.3个百分点。

三、银行业改革成效显著

一是国有商业银行改革进一步深化，整体经营实力显著提升。国有大型商业银行改革成果进一步提升，按照各自总行要求，完成分行层面理财业务事业部制和同业业务专营部门制改革。理财业务事业部制建立后，业务架构进一步完善，专业化水平不断提升。业务操作更为规范，风险防范有效加强。同业业务专营部门制改革也产生了积极影响，组织架构进一步完善，业务管理更加集约化和精细化，总分行各司其职，前、中、后台分离，市场营销与风险控制相互制约，有效规范了业务操作，加强了同业业务的风险管控。农业银行“三农”金融事业部管理体制全面落地，涉农服务水平大幅提升。截至年末，县域各项贷款达到1408.8亿元，较年初增加246.5亿元，基础金融服务不断深化。二是农村合作金融机构改革深入推进。1.省联社改革实现突破。衡水、石家庄、沧州区域审计中心挂牌运转，3家省联社办事处改制审计中心工作启动，农信系统行业管理体制进一步理顺。2.农村信用社股份制改革工作稳步推进。当年有6家农村信用社改制为农村商业银行，全省已开业农村商业银行25家；有14家农村信用社完成股份制改造，全省有47家信用社完成股份制改造。3.高风险机构风险处置成效显著。自2014年4月18日蠡县农村信用社改革正式启动以来，省政府会同人民银行及相关监管部门按照国务院的决策部署，全面完成了蠡县农村信用社风险化解和改革工作，确保了区域金融稳定和社会稳定。三是积极推进城商行改革。截至年末，全省城商行资产规模10413.38亿元，占全省银行业的17.7%，增量占全省增量的50.4%。张家口市商业银行成功更名为张家口银行，至此全省11家法人城商行已经全部更名；北京银行设立了石家庄分行和保定分行，目前已有北京银行、天津银行两家域外城商行在省内设立了分支机构；张家口银行、沧州银行、承德银行和保定银行等4家行共设立了6家省内分行，省内已经设立了39家城商行分行。四是证券机构数量增加，经营效益成倍增长。截至年末，全省共有法人证券公司1家；证券投资咨询公司1家；证券分公司17家，较上年增加9家；证券营业部219家，较上年增加15家。投资者账户数量继续增加。A股账户数728.6万户、日均开户数量超过3.03万户，同比分别增长48.3%和47.8%。证券市场交易活跃，实现证券交易额7.54万亿元，创历史新高，较上年增长186.6%。证券经营机构营业收入65.73亿元，较上年增长165.7%；累计实现净利润36.39亿元，较上年增长219.9%；年末托管市值3068.41亿元，增长47.9%。全省上市公司境内直接融资总额403.32亿元，同比增长2.04倍。五是保费收入较快增长，整体实力不断增强。全省共有法人保险公司1家，省级分公司61家，较上年增加1家；保险公司分支机构4501家，较上年增加321家。截至年末，全省保险业总资产2499.38亿元，较上年增加327.07亿元，同比增长15.1%。经历了连续四年增速持续回落后，增速开始回升。全省保险业累计承担风险总额32.68万亿元，较上年增加12.87万亿元，同比增长65%，继续保持高速增长。全省保险业累计赔付支出461.92亿元，较上年增加66.89亿元，同比增长16.9%。全年农业保险参保农户1304.5万户（次），提供风险保障金额639.6亿元，支付赔款17.2亿元，受益农户239.5万户（次）。大病保险已覆盖全省城乡居民5809万人，实现全省全覆盖，保费基金达到17.5亿元，实际赔付11.5亿元，受益21万人（次）。

（中国人民银行石家庄中心支行　李红英）

劳动工资

2015年，在省委、省政府的正确领导下，全省就业形势保持基本稳定，就业人员工资水平继续增长，社会保障水平进一步提高。

一、就业形势基本稳定，产业结构继续优化

1. 就业总量继续增长。2015年底，全省就业人员达4212.5万人，比上年增加9.8万人，增长0.2%，增速回落0.2个百分点。

2. 就业再就业工作目标任务超额完成。2015年，全省城镇新增就业73.5万人，下岗失业人员再就业25.8万人，就业困难对象再就业10.1万人，分别完成全年目标任务的105%、117%、126%，均超额完成全年目标任务。城镇登记失业人数为39.4万人，城镇登记失业率为3.6%，比上年回落0.01个百分点，低于4.5%的调控目标。年内全省有327户零就业家庭实现每户至少1人就业，零就业家庭数保持动态为零。

3. 就业人员产业结构继续优化。“十二五”期间，全省加大了化解过剩产能和结构调整力度，传统产业改造提升步伐加快，战略性新兴产业和现代服务业规模壮大。三次产业结构由2010年的12.6∶52.5∶34.9调整优化为12.0∶48.1∶39.9，服务业对经济增长的贡献率高于工业。产业结构调整取得重大进展，带动了就业结构的不断优化，第一、二产业就业人员所占比重继续下降，第三产业比重上升。2015年底，全省第一产业就业人员1387.8万人，比上年减少11.1万人，占全部就业人员的比重为33.0%，同比下降0.3个百分点；第二产业就业人员1437.4万人，比上年减少0.4万人，所占比重为34.1%，同比下降0.1个百分点；第三产业就业人员1387.3万人，比上年增加21.3万人，所占比重为32.9%，同比上升0.4个百分点。

二、城镇非私营单位就业人员工资水平不断提高

2015年，党和政府高度关注民生，通过改革养老保险制度、完善机关事业单位工资制度、提高最低工资标准等措施，全省城镇非私营单位就业人员年平均工资继续提高，突破5万元大关，为50921元，与2014年的45114元相比，增加了5807元，增长12.9%。其中，在岗职工（含劳务派遣人员）平均工资52409元，比上年增加6170元，增长13.3%。扣除物价因素，全省城镇非私营单位就业人员年平均工资实际增长11.6%。

1. 分企事业机关看，事业、机关单位平均工资增长快于企业单位。全省城镇非私营企业单位就业人员平均工资为50110元，比上年提高3054元，增长6.5%；事业单位就业人员平均工资为53540元，提高10793元，增长25.3%；机关单位就业人员平均工资为49652元，提高10440元，增长26.6%。事业、机关单位平均工资增速分别比企业单位快18.8个和20.1个百分点。

2. 分设区市看，廊坊市城镇非私营单位就业人员平均工资首次突破6万元大关，达到63455元，其余10个设区市中，有4个设区市就业人员年平均工资超过全省平均水平，秦皇岛市54946元、唐山市54407元、石家庄市（含辛集市）53466元、沧州市52654元。就业人员平均工资排在第6位到第11位的分别是保定市（含定州市）48422元、承德市47290元、张家口市46987元、衡水市46342元、邢台市45387元、邯郸市44930元。其中，石家庄市（不含辛集市）53830元，保定市（不含定州市）48402元。

2015年，定州市和辛集市城镇非私营单位就业人员平均工资分别为48834元和44681元。

3. 分国民经济行业门类看，除采矿业同比下降7.8%外，其他行业平均工资比上年均有不同程度的提高，行业间差距缩小。19个行业中，高于全省平均工资的行业有8个，低于全省平均水平的行业有11个。年平均工资最高的三个行业中，信息传输、软件和信息技术服务业93983元，是全省平均水平的1.85倍；电力、热力、燃气及水的生产和供应业75489元，是全省平均水平的1.48倍；

金融业 74795 元，是全省平均水平的 1.47 倍。年平均工资最低的三个行业中，农、林、牧、渔业 19685 元，是全省平均水平的 38.7%；住宿和餐饮业 32836 元，是全省平均水平的 64.5%；居民服务、修理和其他服务业 33368 元，是全省平均水平的 65.5%。最高与最低行业平均工资之比是 4.77：1，比 2014 年的 5.36：1 差距有所缩小。

4. 分登记注册类型看，国有单位年平均工资最高，为 52686 元，同比提高 9335 元，增长 21.5%；其次是其他所有制单位，为 49885 元，提高 2881 元，增长 6.1%；第三位是集体单位，为 40637 元，提高 4279 元，增长 11.8%。

三、城镇私营单位就业人员平均工资继续增长

2015 年，全省城镇私营单位就业人员年平均工资为 34084 元，与 2014 年的 31459 元相比，增加了 2625 元，增长 8.3%。扣除物价因素，实际增长 7.1%。

分设区市看，除张家口市外，各设区市及省直管县（市）城镇私营单位就业人员年平均工资均达到 3 万元以上。高于全省平均水平的有 3 个市，分别是廊坊市 38283 元、唐山市 38140 元、石家庄市（不含辛集市）35003 元，低于全省平均水平的 8 个市分别是秦皇岛市 33439 元、沧州市 33218 元、保定市（不含定州市）33027 元、承德市 32401 元、衡水市 32378 元、邢台市 31327 元、邯郸市 31052 元和张家口市 29120 元。

2015 年，定州市和辛集市城镇私营单位就业人员年平均工资分别为 30000 元和 33672 元。

四、社会保障水平进一步提高

1. 养老保险参保人数继续增长。2015 年底，全省参加企业基本养老保险社会统筹的人数为 1129.45 万人，比上年增加 55.15 人，增长 5.1%。机关事业单位基本养老保险参保人数为 191.03 万人，比上年增加 3.37 万人，增长 1.8%。参加城乡居民社会养老保险的人数为 3440.32 万人，其中符合领取养老金条件 60 周岁以上居民为 963.55 万人。

2. 医疗保险参保人数有所减少。全省参加城镇职工基本医疗保险人数为 957.04 万人，比上年增加 12.58 万人，增长 1.3%。全省参加城镇居民基本医疗保险人数为 744.96 万人，比上年减少 8.1 万人，下降 1.1%。

3. 失业保险参保人数继续增加。年末全省参加失业保险人数为 510.98 万人，比上年增加 2.25 万人。全年全省共为 14.12 万名失业人员提供了不同时限的失业保险待遇。年末领取失业保险金人数为 8.02 万人，比上年末增加 1.01 万人。

4. 工伤保险和生育保险参保人数较快增长。年末全省参加工伤保险人数为 809.72 万人，比上年增加 31.05 万人，增长 3.99%。其中高风险企业职工 125.97 万人，农民工 215.34 万人。全年享受工伤保险待遇人数为 9.64 万人，比上年减少 0.73 万人。全省参加生育保险人数为 712.96 万人，比上年增加 28.94 万人，增长 4.23%。全年有 18.45 万人次享受了生育保险待遇，比上年减少 4 万人次。

（河北省统计局　申伟洁）

安全生产

一、2015 年河北省安全生产综述

2015 年，全省事故总量和死亡人数同比双下降，较大事故总量减少，发生重大事故 1 起，多个行业（领域）和地区事故下降，但部分行业和地区事故多发。

一是安全生产总体情况平稳。2015 年，全省事故总起数和死亡人数同比双下降。共发生各类事故 8153 起，同比减少 829 起，下降 9.2%；死亡 2760 人，同比减少 61 人，下降 2.2%；受伤 3611 人，同比减少 346 人，下降 8.7%；造成经济损失 19206.3 万元，同比减少 6936.1 万元，下降 26.5%。发生较大事故 23 起、死亡 90 人，同比减少 5 起、17 人，分别下降 17.9% 和 15.9%；发生重大事故 1 起（该事故为宁晋县非法生产烟花爆竹爆炸事故），同比持平，死亡 22 人，同比增加 9 人，上升 69.2%。未发生特别重大事故。2015 年以来，全省事故起数和死亡人数同比连续 12 个月双下降。

二是多个行业（领域）事故下降。2015 年，全省各行业（领域）中，工矿商贸、道路交通、铁路路外和农业机械 4 个行业（领域）事故起数和死亡人数同比双下降，事故起数分别下降 16.3%、3.2%、31.6% 和 21.1%，死亡人数分别下降 11.5%、0.04%、23.4% 和 27.8%。工矿商贸各行业中，煤矿事故同比减少 6 起、4 人，分别下降 37.5% 和 26.7%；建筑事故同比减少 8 起、14 人，分别下降 25% 和 29.8%；工商贸其它行业事故同比减少 17 起、29 人，分别下降 19.1% 和 23.4%。

三是全省较大事故下降。2015 年，全省较大事故起数和死亡人数同比双下降。从各行业（领域）情况看，全省煤矿、金属与非金属矿、烟花爆竹、生产经营性消防火灾、铁路路外和农业机械 6 个行业（领域）均未发生较大事故；工矿商贸较大事故同比减少 5 起、9 人，分别下降 33.3% 和 19.6%，其中，建筑施工较大事故同比减少 3 起、8 人，分别下降 60% 和 50%。从各地情况看，秦皇岛、邢台、沧州、廊坊、定州和辛集 6 个市均未发生较大及以上事故；邯郸、保定和张家口 3 个市较大事故起数和死亡人数同比双下降，事故起数分别下降 75%、50% 和 50%，死亡人数分别下降 72.7%、62.5% 和 76.9%。

四是多数市安全生产状况稳定。2015 年，全省多数市安全生产状况稳定。其中，石家庄、唐山、秦皇岛、邯郸、保定、张家口、承德、沧州、廊坊、衡水、定州和辛集 12 个市事故起数同比下降，降幅为 1.8%～29.3%，其中承德降幅最大。石家庄、唐山、秦皇岛、邯郸、邢台、保定、张家口、沧州、廊坊和衡水 10 个市死亡人数同比下降，降幅为 0.3%～22.3%，其中邢台降幅最大。石家庄、唐山、秦皇岛、邯郸、保定、张家口、沧州、廊坊和衡水 9 个市事故起数和死亡人数同比双下降。

五是部分行业（领域）和地区事故上升。2015 年，全省部分行业（领域）事故上升。其中，危险化学品事故起数和死亡人数同比双上升，同比增加 1 起、3 人，分别上升 50%和 150%；金属与非金属矿事故起数同比上升 38.5%，烟花爆竹事故死亡人数同比分别上升 2100%。部分地区事故多发，邢台事故起数同比上升，升幅为 6.4%；承德和辛集 2 个市死亡人数同比上升，升幅为 9.8%和 200%。部分行业（领域）和地区较大事故上升，从各行业（领域）情况看，危险化学品较大事故 1 起、死亡 3 人，上年同期未发生危险化学品较大事故；工商贸其它行业较大事故 7 起，同比持平，死亡 26 人，同比增加 3 人，上升 13%。从各设区市情况看，唐山发生较大事故 6 起（分别为 5 起工矿商贸事故和 1 起道路交通事故），死亡 26 人，同比分别上升 50%、85.7%；承德发生较大事故 3 起（分别为 1 起工矿商贸事故和 2 起道路交通事故），死亡 14 人，同比分别上升 200%、366.7%；衡水发生较大事故 3 起（分别为 1 起工矿商贸事故和 2 起道路交通事故），死亡 11 人，同比分别上升 200%、175%。

二、2015 年重点工作完成情况

（一）坚持改革创新，不断完善责任体系、诚信体系和隐患排查治理体系。认真贯彻落实习近平总书记等中央领导同志关于安全生产工作的一系列重要指示批示精神，深入研究安全生产的新特点、新规律，以问题为导向，把监管体制机制的改革作为解决安全生产深层次矛盾的重要途径、实现安全生产形势根本好转的治本之策来抓，不断深化“三个体系”建设，取得了较好效果。在责任体系建设方面：大力推动《河北省安全生产“党政同责、一岗双责”暂行规定》的贯彻落实，为使这一规定落到实处，以县域安全监管规范化为载体，推进县乡村三级安全生产责任“五覆盖”，先后两次组织对各地贯彻落实《暂行规定》情况进行督查。全省 2340 个乡镇、13454 个行政村（有工矿企业的）实现了“五覆盖”，12652 家规模以上企业已实现“五落实五到位”。省“两办”印发了《河北省安全生产考核方案》，将安全生产目标管理考核纳入省委综合考核评价体系之中，明确对党委层面履行安全生产职责情况进行考核。在诚信体系建设方面：为发挥各安委会成员单位的职能优势，形成齐抓共管合力，省安委会印发了《河北省企业安全生产诚信管理实施方案》，省发改、公安、交通运输、水利、工商、粮食、科技、财政等部门都相继出台了具体实施意见。省安委办研发了全省通用的诚信体系建设信息平台，完成 9697 家企业诚信等级评定，并上网公布。17 个省安委会成员单位实施了联合激励惩戒措施，其中，对 16 家企业实施诚信 D 级管理措施。与省信用体系建设领导小组办公室、河北银监局、中国人民银行石家庄中心支行、省企业家协会等单位实现了诚信信息共享。先后为有关部门和企业评优评先、招投标、诚信评级等提供企业诚信信息查询 514 家次，向有关部门和单位提供了 2014 年安全生产违法违规企业名单。诚信体系建设大大调动了企业履行安全生产主体责任的积极性、主动性，实现了由要我安全向我要安全的转变，大大提高了监管效能。在隐患排查治理体系建设方面：开发了隐患排查治理信息系统，制定了煤矿等 36 个行业领域的《企业隐患排查标准》，印发了管理、考核办法和指导手册，开发了政府版和企业版全省隐患排查治理信息系统，在全省 29 个县（市、区）进行了试点，并于 11 月 26 日召开了全省隐患排查治理体系建设现场会，在全省安监系统进行推广。全省共注册企业 13533 家，利用信息系统开展自查自报企业 6190 家，其中配备自查自报手机终端 5472 个。此外，大力推进行政审批制度改革，取消了建设项目安全预评价报告备案及审查，简化了职业病危害“一般”的建设项目审查程序，探索实施了职业卫生和安全生产评价评审“二合一”，将职业卫生形式审查和合法性审查的项目办理时限由 20 天缩短为 10 天。

（二）突出专项整治，持续强化重点行业领域安全监管工作。2015 年，各级坚持标本兼治、治标为先，始终把专项整治作为遏制重特大事故的必要手段，持续推进、不断深化，突出抓好煤矿、非煤矿山、危险化学品行业重点县的攻坚克难工作，以此推动重点行业领域的专项整治工作。煤矿：开展了打击煤矿超能力生产专项行动，对前年公告关闭的 64 处煤矿进行了抽查验收，开展了煤矿隐患排查治理行动，组织对排查出的 9126 条隐患进行分析、梳理和整改；出台了《河北省煤矿防治水示范矿井考核内容及办法》，承办了全国煤矿防治水现场会。非煤矿山：在 9 个非煤矿山重点县逐县召开现场会，大力推动安全生产攻坚克难工作，非煤矿山安全监管信息化平台建设试点工作基本完成，矿业集团化工作稳步推进，关闭矿山 112 座。尾矿库：扎实开展“尾矿库生产作业规范年”活动，培树标杆尾矿库 26 家，关闭尾矿库 141 座、复垦绿化 266 座。危险化学品：深刻汲取天津港“8·12”事故教训，对危险化学品行业企业进行了拉网式排查，共治理隐患 1.2 万项。油气管网：2240 处隐患全部整改完毕，三年的任务一年完成。危险化学品运输：制定了《危险化学品道路运输安全专项治理工作方案》，召开全省危化品道路运输安全专项治理现场推进会，全省液体罐车加装紧急切断装置 1.5 万台，清理整顿危化品运输企业 74 家，清理挂靠车辆 4307 辆，减少危化品运输车辆 6000 辆，吊销经营许可证 11 家，推动所有危化运输车辆安装北斗导航定位系统并 100%入网运行。冶金建材：加强班组建设，印发了《全省冶金、有色、建材企业安全生产隐患自查标准》，以《冶金企业隐患排查图册》为主要内容，对全省 3500 多名班组长和 10 万多名一线员工进行了培训。职业卫生：开展了危害告知与警示标识、水泥制造与石材加工等方面的专项治理，全省水泥企业检测评价率达到 100%，4.28 万家企业进行了职业病危害因素申报。强化综合监管，省安监系统配合质监系统对全省 50 多万套特种设备进行了抽查，道路交通、建筑施工、消防、民爆器材等行业（领域）也都采取了强有力的工作措施，排查整治了一大批事故隐患。

（三）深化执法理念，着力构建依法治安新常态。始终把执法作为安全监管的灵魂来抓，省政府印发了《关于加强安全生产监管执法的意见》和《关于进一步加强安全生产综合监管工作的通知》，省安委办研究起草了《关于建立安全生产“打非治违”长效工作机制的意见》，依法治安的新机制逐步形成。指导全省安监系统转变执法理念、创新执法机制、改进执法方式、加大执法力度、提高执法效能。指导总队采取观摩式执法、解剖式执法、部门联合执法和省、市、县协同执法，有效提高了执法效率和质量。上年以来，全省各级安监部门将春节、全国“两会”、“安全生产月”、暑期和国庆等敏感时期作为执法重点时段，将煤矿、非煤矿山、冶金建材、涉爆粉尘、危险化学品及烟花爆竹等行业企业作为执法重点领域，将73个安全生产重点县、事故多发地区、环首都地区、秦唐廊地区、省会作为执法重点地区，将打非治违、隐患排查治理、事故调查、专项整治、中介机构服务、重大危险源管理、企业标准化建设、承诺制建设、诚信体系建设和企业主要负责人履职尽责等作为执法重点内容，将定期执法检查、专项执法检查、监管监察一体化执法、安全生产与职业健康等综合执法、重点时期执法检查制度化，将“四不两直”、突击暗访和省、市、县协同执法常态化，加强部门联合执法，进一步加大了安全生产执法力度。每次执法结束后，执法人员都要将执法情况通报当地党委、政府主要负责同志，并对本地存在的重大安全隐患及安全生产工作中存在的问题提出意见建议，有效地促进了落实属地监管责任。特别是天津“8·12”重大火灾爆炸事故后，河北省深入开展了安全生产大检查、“六打六治”打非治违及烟花爆竹“打非治违”活动，针对危险化学品存储、运输等重点环节部位进行了专项排查整治。各级共派出综合督导执法组2.7万个，检查企业40.2万家次，发现问题和隐患384万条（项），暂扣吊销证照215家，关闭取缔企业698家，行政处罚5700余万元。省局机关几乎是全员出动，参与大检查。同时，强化事中事后监管，寓服务于管理中。为了解决“中梗阻”和“最后一公里”问题，以及防止上下脱节，省局坚定不移地大力推进督导检查制度和联系基层制度，创新监管的新路径、新方法，注重源头管理、过程管理、日常管理，关口前移、重心下移，严格审查“三同时”，做好“放、管、服”各项工作，强化事中事后监管，达到全过程严格监管，不留死角和盲区，真正使安全生产的法制思想和法律要求在基层得到有效落实。

（四）坚持标本兼治，重在治本，不断强化安全生产基层基础工作。一是在深入推进乡镇安全监管规范化建设的基础上，出台了《河北省县域安全监管规范化建设推进方案》，以此为载体，推进“五级五覆盖”责任制落到实处。到2015年年底，全省各县、乡、村全面实现安全监管规范化运行。省安监局筹款300万元，为64个重点乡镇配备了执法装备，为73个重点县建成了安全生产视频会议系统。二是把在企业开展安全生产标准化建设做为治本之策，召开了全省企业安全生产标准化现场推进会，目前全省工矿商贸规模以上达标企业1.4万家，全省新增安全生产标准化达标企业3486家，达标数量和质量大大提升，企业安全生产工作水平有了很大提高。三是进一步加大安全生产培训力度，河北省安全培训“双六双十监督检查法”被国家安监总局转发全国学习借鉴。2015年，累计培训高危行业企事业单位主要负责人和安全管理人员10.42万人，特种作业人员19.02万人，培训班组长、岗位工和农民工近150万人，全员培训数量较上一年度明显增加。因农民工培训工作成绩突出，省局人事培训处2015年度被评为全省农民工工作先进单位。2015年12月，省局与省委组织部联合举办了全省领导干部安全生产专题培训班，各设区市主管领导，各县（市、区）政府主要领导和主管领导，省安委会成员等400多人参加了培训，这次培训是河北省有史以来规模最大、参会人员规格最高的一次专题培训，受到了广泛好评。四是不断加强应急救援工作。组织开展各类应急演练1.3万场，对全省116家高危行业企业进行了应急管理专项执法检查，下达执法文书74份，发现并整改隐患456项。河北省2015年危险化学品、冶金（焦化）行业安全生产应急救援技能比武活动规模大、效果好，受到国家安监总局高度肯定。五是各级各部门分季节编制了综合性、专业性《安全生产工作指南》，提高了工作的计划性、规范性、针对性和协调性。六是在重点行业领域继续采取政府购买服务等方式，聘请专家查隐患。启动了安全生产“十三五”规划编制工作，加大了安全生产宣传力度，广泛利用网络、微信平台宣传安全生产，大力组织志愿者活动，积极开展安全文化社区、企业建设。七是开展安全生产警示教育。从2015年6月“安全生产月”开始，省安委办派出50个宣讲团，分三个层面组织全省生产经营单位和负有安全生产监管责任的部门，面对面进行全员全岗位新《安法》宣贯培训和警示教育，全省共组织宣讲活动3.1万场，培训政府部门、企业负责人共计201.7万人。组织开展了“安康杯”竞赛和全民新安法知识竞赛。以“两报两网两台两微”为平台，开展多层次、立体化宣传教育活动，受众达6亿人次，全民安全意识进一步增强。

（河北省安监局　强少辉）

物　　价

2015年，在省委、省政府领导下，省物价局紧紧围绕稳增长、调结构、促改革、惠民生各项部署，充分发挥价格监管、价格调控和价格服务的职能作用，圆满完成了各项价格工作任务。

一、价格改革取得较大进展

一是完成了定价、听证、成本监审三个目录的修订工作。政府定价项目缩减60%，下放市县管理的比例达52%。二是全面推行居民生活阶梯价格制度。居民阶梯水价，全省31个设市城市已全部实施。居民阶梯气价，10个通气的设区市已全部出台方案或召开了听证会。进一步完善居民阶梯电价制度，全面实施了居民用电峰谷分时电价政策。三是加快推进能源价格市场化改革。跨省区购电价格由政府定价改为双方协商确定。理顺非居民用天然气价格，实现了存量气与增量气价格并轨。将非居民用天然气由最高门站价格管理改为基准门站价格管理。四是水价改革不断深入。圆满完成尚义、涿鹿县农业水价综合改革试点。制定了河北省南水北调配套工程水价，对工程运行初期实行过渡水价和超额累减水价政策。五是医药价格改革取得重大突破。除麻醉药品、一类精神药品仍暂由国家发改委管理外，其他药品全部取消政府定价。在唐山、邯郸市开展了市级公立医院医药价格改革试点。六是研究起草了《中共河北省委、河北省人民政府关于推进价格机制改革的实施意见》。12月1日省政府常务会议审议通过，并经省委全面深化改革领导小组审议通过。这项工作走在了全国前列，受到国家发改委和省政府领导肯定。

二、节能环保价格政策不断完善

进一步加大差别价格和惩罚性价格实施力度，将差别水价、差别电价实施范围由8个高耗能行业扩大到所有行业的淘汰类和限制类生产设备。研究制定了电动汽车用电价格及充换电服务费标准。在全国率先出台了提高排污费收费标准政策，实行差别化排污收费，建立减排激励机制。完善污染物排放权交易价格政策，制定了2015年污染物排放权交易基准价价格。提高了污水处理费标准。

三、清费降价减负成效显著

重点开展了“五清理、两降低”。“五清理”：一是清理涉及小微企业行政事业性收费。对小微企业免征2项、减半征收6项省级设立的行政事业性收费。会同省财政厅编制了涉企行政事业性收费标准清单。二是清理规范行政许可中介服务收费。会同省编办对省政府部门行政许可中介服务收费进行了全面清理规范。编制了《河北省政府部门行政许可中介服务收费目录清单》，并以省政府办公厅文件公布。三是清理规范涉企政府定价经营服务性收费。编制了涉企政府定价经营服务性收费目录清单。四是清理规范进出口环节收费。除国家制定的收费项目以外，河北省进出口环节未出台政府定价项目。五是清理规范涉及养老机构价格和收费。对非营利性养老机构建设免征有关行政事业性收费，对营利性养老机构建设减半征收有关行政事业性收费。对所有养老机构用电、用水、用气、用热按居民生活类价格执行。“两降低”：一是实施煤电价格联动机制，大幅度下调了燃煤发电机组上网电价和工商业用电价格，年减轻用户电费负担近70亿元。二是大幅度下调了非居民用天然气价格，年减轻用气行业企业负担近30亿元。

四、价格监管调控水平有效提升

一是价格执法检查成绩显著。组织开展了涉企、进出口环节、旅游景点、医药、教育等价格收费专项检查。强化价格举报受理，加强12358价格举报管理信息系统建设，进一步畅通了价格举报受理渠道，提升了处理价格举报案件的效率。2015年，全省共查处各类价格违法案件3064件，实施经济制裁5968.4万元，退还用户金额1421.03万元。二是改进收费管理。取消了收费许可证和收费年审制度，建立了收费情况报告、收费单位目录清单等多项制度。在召开听证会的基础上，研究制定了河北省高中学费最高限价收费标准。三是完善价格调控。坚持月度、季度价格形势分析制度，及时研判价格走势，适时提出调控建议。2015年，河北省价格总水平呈温和上涨态势。全省CPI上涨0.9%，工业生产者出厂价格指数同比下降10.9%，工业生产者购进价格指数同比下降9.7%，农业生产资料价格同比下降0.2%。认真执行生猪市场调控预案，认真落实小麦最低收购价格政策，认真做好低收入群体价格救助工作。

五、价格公共服务成效明显

一是成本调查和监审工作取得新成绩。高质量地完成了农产品成本调查任务。认真开展成本监审，全省共完成240项成本监审任务，核减不应计入定价成本费用45亿元。二是价格认定工作再上新台阶。坚持高标准、严要求，认真做好涉案、涉纪、涉税财物价格认定。特别是涉纪财物价格认定工作，多次得到省纪委表扬，展现了价格部门良好的社会形象。2015年，全省共受理各类价格认定业务4.1万件，标的金额119.76亿元。三是价格监测信息工作取得新进展。积极推进价格监测预警系统开发建设，完成了河北物价网的改版设计。

六、党风廉政建设进一步加强

认真学习党的十八届三中、四中、五中全会精神和习近平总书记系列重要讲话精神，扎实有效地开展了“三严三实”专题教育和解放思想大讨论。认真落实党风廉政建设责任制，加强廉政教育和风险防控。2015年，河北省的修订《定价目录》、实施阶梯价格制度、调整排污费、清理进出口环节收费、清理行政许可中介收费、修订《价格监督检查条例》、涉纪财物价格认定、研究起草《推进价格机制改革实施意见》等多项工作得到国家发改委的肯定和表扬。

（河北省物价局　于　哲）

消费品市场

2015年，在经济总体下行压力较大的形势下，河北省消费品市场发展面临诸多困难。面对多重压力和挑战，河北省各级各部门认真贯彻落实省委、省政府决策部署和各项促进消费政策，企业积极采取多种应对措施，全省消费品市场总体保持平稳运行。

一、消费市场运行特点及支撑因素

（一）市场总体运行平稳。2015年，河北省社会消费品零售总额实现12990.7亿元，同比增长9.9%。从全年走势看，河北省消费品市场保持了平稳增长的态势。

（二）城乡市场共同发展。2015年，城镇市场实现零售额10125.4亿元，同比增长9.9%，占全省社会消费品零售总额的比重为77.9%；乡村市场实现零售额2865.2亿元，同比增长9.8%，所占比重为22.1%，对全省消费品零售额增长起到了有力的支撑作用。

（三）批零住餐四大行业同步增长。批发、零售、住宿、餐饮业作为消费市场的支柱行业同步保持增长态势。2015年，全省批发业销售额19513.5亿元，同比增长10.3%，零售业销售额12427.5亿元，增长14.1%；住宿业营业额328.9亿元，增长14.9%，餐饮业营业额1685.2亿元，增长17.0%。

（四）近半数大类商品平稳增长。在限额以上（企业）单位统计的25个大类商品中，有12个大类的商品零售额同比增速在10%以上。其中，粮油食品类增长10.0%，饮料类增长15.7%，烟酒类增长10.9%，中西药品类增长18.3%，家具类增长26.6%，煤炭及制品类增长42.6%，建筑及装潢材料类增长22.9%，机电产品及设备类增长42.6%。大部分大类商品保持了平稳增长的态势。

支撑消费品市场平稳运行的主要因素有：

第一，企业促销力度加大。面对不断增大的市场压力，企业积极应对，采取各种措施，极力促销，扩大销售。

第二，住宿餐饮企业积极转型。面对住宿餐饮行业整体低迷的局面，企业在积极转型，主动改变经营方式，逐渐向大众化餐饮消费转型。

第三，城镇化、健康消费、信息消费、旅游消费将成为推动消费的新动力。随着促消费政策市场效应的逐步显现，一些新的消费形态，如健康消费、信息消费等将成为推动消费的新动力。

二、消费市场的主要问题及制约因素

2015年，消费市场存在的问题主要有以下几个方面：

（一）限额以上消费市场增速相对缓慢。2015年，限额以上（企业）单位消费品零售额完成3408.0亿元，同比增长5.6%，增速比上半年回落1.7个百分点。7—11月份累计增速分别为6.3%、5.6%、5.1%、4.7%和4.6%，自7月份开始至11月份，表现为一路小幅下滑态势。12月份增速虽有所回升，但从全年来看，限额以上消费市场增速还是相对缓慢。

（二）部分大宗商品销售增速下滑。2015年，石油及制品类零售额403.1亿元，同比下降5.1%，降幅比上半年扩大了0.5个百分点。石油及制品类出现负增长主要是受油价持续下跌因素影响。2015年，汽车类零售额实现1150.7亿元，同比增长3.9%，比一季度和上半年分别回落3.8和4.0个百分点；2015年，石油及制品类、汽车类等主要大宗商品销售增速呈现为下滑态势。

（三）住宿餐饮业持续低迷。高端消费及团体消费锐减，大型住宿餐饮企业经营困难。2015年，限额以上餐饮业完成营业额59.7亿元，同比下降0.9%。从全年看，增速下降趋势未有明显的实质性改变，企业经营面临的困难仍然较多。

制约消费品市场的主要因素有：

一是宏观经济对市场的支撑作用趋弱。2015年，河北省化解产能过剩、防治大气污染、治理环境的任务十分艰巨，保增长的压力大。由于消费市场对宏观经济的依赖度较高，宏观经济减速，对消费市场的支撑作用明显减弱，企业生产、居民消费均受到一定程度的影响，这在很大程度上影响到消费市场的发展。

二是居民消费能力不足。老百姓养老、医疗、住房、教育压力较大，居民重储蓄轻消费，不利于居民充分消费。市场消费缺乏消费热点，消费结构升级步伐较慢。

三是企业经营成本上升。首先是用工成本的增加，企业提高工资薪酬的压力越来越大。同时随着市场竞争日益激烈，对服务水平的要求更高，企业用在培训等方面的费用日益增加。另一方面原材料、店面租金、运费、日常管理费用逐步增加，成本投入大幅上升。

（河北省统计局　李庆贺）

居民消费价格

2015年，在经济下行压力加大、各类风险挑战增多的背景下，河北省委、省政府认真贯彻中央关于经济工作的决策部署，在经济结构不断优化，民生得到持续改善的同时，确保了河北价格总水平的稳定。全年居民消费价格总水平（CPI）上涨0.9%，涨幅比上年缩小0.8个百分点，是2010年以来6年间的最低值。分类别看，食品上涨0.8%，非食品上涨0.9%；消费品上涨0.8%，服务项目上涨1.0%。

一、CPI运行情况及特征

（一）涨幅温和，运行平稳。2015年，河北居民消费价格总水平同比上涨0.9%，涨幅比上年缩小0.8个百分点，是2010年以来6年间的最低值。

从月度同比指数看，呈前低后高走势，但总体平稳。上半年各月同比涨幅均在“1”以内，其中1月份受春节错月和成品油价格下降因素影响，同比仅涨0.2%，为全年最低点；下半年除10月份受节后需求减弱影响，鲜菜、鸡蛋、猪肉价格大幅走低，带动CPI同比涨幅下滑至0.6%，其余月份均在“1”以上。全年12个月份中，有9个月涨幅在1.1%以下，最高月度涨幅为1.7%。CPI涨幅温和、走势平稳。

从月度环比指数看，扣除春节错月因素外，其他各月环比波幅维持在－0.8%—1.1%之间，呈小幅震荡态势。涨幅高点分布在伏天、寒冬两个时间段，恰是鲜菜的供应淡季，而低点则在节后。食品价格的季节性波动对CPI波动起到了至关重要的影响。

（二）八大类商品价格“6涨2降”，结构特征变化明显。2015年构成CPI的八大类商品和服务价格“6涨2降”，其中，食品、烟酒、衣着、家庭设备用品及维修服务、医疗保健及个人用品、娱乐教育文化用品及服务同比分别上涨0.8%、1.7%、3.1%、1.0%、2.7%、1.1%；交通和通信、居住价格同比分别下降1.7%、0.1%。

从内部结构看，结构变化特征明显：一是食品价格涨幅显著回落，对CPI拉升作用明显降低。2015年河北食品类价格同比上涨0.8%，较2013年和2014年涨幅分别回落5.1和1.5个百分点，拉动CPI上升0.26个百分点，对CPI的贡献率为30%，低于上年同期的43.6%和前年同期的62.8%；二是工业品价格持续低迷。受PPI持续负增长影响，部分工业品价格涨势乏力，2015年全省工业品价格上涨0.9%，涨幅比上年缩小了0.2个百分点；三是服务项目价格持续攀升。随着用工成本的持续上涨，部分服务项目价格一直涨势不减，2015年，河北服务项目价格继续小幅上行，同比上涨1.0%，已连续5年上涨。其中上涨幅度较大的有：理烫发、公房房租、家庭服务、学前教育、清洗、车辆修理服务费、注射费，分别上涨14.2%、7.2%、6.7%、5.3%、5.2%、4.9%和4.6%。

（三）涨幅低于全国平均水平，排位较靠后。2015年河北CPI上涨0.9%，比全国平均水平低0.5个百分点。在31个省（直辖市、自治区）由高到低的排序中，位于第29位。同周边地区相比，低于北京（同比上涨1.8%，下同）、天津（1.7%）、辽宁（1.4%）、河南（1.3%）、山东（1.2%）、内蒙古（1.1%），高于山西（0.6%）。

分类别看：医疗保健和个人用品及衣着类分别比全国平均水平高0.7和0.4个百分点；交通和通信与全国水平持平；其他5大类商品（服务）均低于全国，其中食品与全国差距最大，比全国低1.5个百分点。

二、影响CPI走势因素分析

（一）宏观经济形势制约了价格上升。2015年世界经济增长动力仍然不足，通货紧缩风险加大，国际贸易从低速增长变为负增长，大宗商品价格持续低迷；我国经济继续处在“三期叠加”的关键阶段，内部需求疲弱。国际、国内经济形势从根本上抑制了物价上行。

（二）主要农产品供应充足确保了价格稳定。2015年，河北主要农产品价格出现整体稳定局面，农产品供应充足，是食品乃至CPI低位运行的重要原因。分商品看，对食品类价格走势影响较大的农产品中，除猪肉、鲜菜因基期价格偏低涨幅反弹外，粮食价格涨幅回落，蛋、奶、果、牛羊肉价格均下跌。

一是粮食价格涨幅回落。2015年河北因夏粮丰收实现全年粮食持续增产，9月底国家又取消了玉米临时收储政策，带动小麦价格跳水，加之全球范围内粮食供应宽松，国际粮价下降。2015年河北粮食价格同比上涨1.2%，涨幅比上年回落1.2个百分点，是2003年以来13年中涨幅最低的一年。“一粮带百价”，粮食价格稳定，是物价稳定的基础。

二是鲜蛋、鲜瓜果、液体乳及乳制品价格由升转降。鲜蛋价格全年同比平均下降12.5%，比上年回落近三成；鲜瓜果下降7.9%，比上年回落28.6个百分点；液体乳及乳制品下降3.5%，比上年回落15.3个百分点。三项合计拉动总指数约下降0.5个百分点。

三是牛羊肉价格持续下跌。连续5年上涨的牛、羊肉价格，受养殖规模不断扩大，产量逐年增长，市场饱和影响，从高位逐步回落，2015年同比分别下降1.4%和6.7%，比上年涨幅回落4.7和10.6个百分点，合计拉动总指数下降0.1个百分点。

四是猪肉、鲜菜因基期价格偏低涨幅反弹。猪肉价格在经历了新一轮“下跌周期”后，从2015年4月份开始出现恢复性上涨，连续上涨4个月后，价格趋于稳定，10月份开始再度转跌，全年平均猪肉价格上涨11.1%，拉动总指数上涨0.27个百分点；2015年河北没有出现影响鲜菜生产的极端恶劣天气，鲜菜价格总体平稳，但由于基期价格偏低，全年鲜菜价格同比依然上涨了9.2%，拉动总指数上涨0.32个百分点。

（三）“互联网＋”在零售和电子商务等领域的发展降低了商品价格。随着移动支付、现代物流的进一步发展，“互联网＋”在零售和电子商务等领域发展迅猛，人们衣、食、住、行各方面消费都更多地从“线下”转到“线上”，不仅小件日用品在网上买，大件电器乃至汽车也开始转向网络。由于网上商品和服务的成本相对比实体店低，竞争更具优势，对实体店带来一定的冲击，从而带动了整体商品价格的下降。

（国家统计局河北调查总队　郝兰霞）

工业生产者价格

2015年，全国产能过剩矛盾突出，结构转型升级阵痛剧烈，工业经济下行压力大。河北省是传统的重化工行业结构，受全国经济形势的影响，主要产品价格跌幅巨大，钢铁、煤炭等行业亏损加剧，企业经营形势十分严峻。据国家统计局河北调查总队对近3000家工业企业的调查显示：2015年，全省工业生产者出厂价格（简称PPI）同比下降10.9%，比全国工业生产者出厂价格同比下降5.2%低5.7个百分点，这是全省月同比指数连续48个月下降；工业生产者购进价格（IPI）同比下降9.7%，低于全国平均水平3.6个百分点。

一、出厂价格（PPI）呈持续下跌态势

从近年同比指数看，工业生产价格走势基本呈现先高后低的态势。受金融危机后四万亿投资驱动影响，工业生产价格呈明显上升态势，2010年和2011年PPI同比分别上涨9.0%和7.7%。随着投资到位和效能的消失，工业生产价格自2012年开始连续4年下跌。2015年PPI同比下跌10.9%，为工业生产者出厂价格同比指数的历史最低水平，与金融危机时期2009年的同比降幅持平。应该说明的是，2009年是在2008年大涨16.7%的基础上的高位回落，而2015年是自2012年来连续4年下跌，累计下跌22.4%。其中部分行业产品价格降幅巨大，如黑色金属矿采选业和黑色金属冶炼和压延加工业分别下降47.3%和43.1%，煤炭开采和洗选业、石油和天然气开采业和有色金属采矿业分别下降 36.7%、51.5%和 29.7%，相关行业生产企业正在去产能的大环境下进行淘汰性竞争。

从 2015 年各月同比看，1 月份 PPI 同比低位开局，至 12 月份波动下跌至 2015 年最低点，降幅扩至 12.2%。截至 12 月份，全省工业生产者出厂价格已连续 48 个月下降。

从 2015 年各月环比看，工业生产者出厂价格一直在下降通道内小幅波动运行。环比最大降幅出现在 1 月份，环比下降 2.2%。3 月环比收窄至 0.1%，之后各月环比小幅低位震荡，出厂价格环比持续下降预示经济企稳态势不足。

2015 年，全省调查的 39 个工业行业大类中，29 个行业大类出厂价格同比下降，占行业总数的 74%。河北省传统行业：黑色金属冶炼和压延加工业，黑色金属矿采选业，石油加工和炼焦业是拉低出厂价格总水平下降的主要行业。3 个行业出厂价格同比分别下降 21.2%、28.1%和 18.3%，共影响出厂价格总指数下降 8.5 个百分点。

二、购进价格跌势明显

2015 年，全省工业生产者购进价格（IPI）降幅进一步扩大。从近年同比指数看，2015 年工业品购进价格同比下跌 9.7%，降幅较上年加深 5.3 个百分点，较 2009 年还低 3.2 个百分点。产品原材料价格不断下探，使得 PPI 总指数回升的成本支撑因素减弱。

从 2015 年各月同比看，1—6 月份 IPI 小幅波动低位运行，6 月份同比下跌 9.2%，为年内降幅最小。7—11 月份 IPI 同比缓慢下行，降幅不断扩大。12 月份 IPI 略有回升，同比下跌 10.2%。

从 2015 年各月环比看，1—6 月份 IPI 降幅逐月收窄，7—12 月份降幅逐月扩大。

2015 年，全省九大类原材料购进价格同比均有不同程度的下降，其中：黑色金属材料类和燃料、动力类价格同比分别下降 16.5 和 12.7 个百分点，共影响购进价格总指数下降 7.09 个百分点，是推动 IPI 下行的主要推手。

三、生活资料好于生产资料

按生产资料、生活资料两大部类分，2015 年，全省生产资料出厂价格同比下降 12.6%。其中：采掘类下降 28.8%，原料类下降 12.2%，加工类下降 11.1%；生活资料出厂价格同比下降 0.8%。其中：一般日用品类下降 0.2%，食品类下降 1.2%，衣着类下降 2.3%，只有耐用消费品类上涨 1.3%。生产资料价格降幅大大高于生活资料的现象表明，工业生产领域承受了巨大的价格下降压力，流通和消费领域则相对平稳。

四、全省主要工业行业产品出厂价格运行特点

（一）钢铁、铁矿价格大幅下跌。2015 年，钢材市场持续低迷，宏观经济刺激对钢材需求拉动有限，供需矛盾不断加剧，终端消费疲弱使得钢材价格大幅下跌。2015 年，全省钢铁业同比下降 21.2%，仅此一项拉降总指数 6.6 个百分点，对 PPI 总指数下降的影响占到 61%。12 月份全省钢铁业同比再创新低，跌幅达到 25.6%。

2015 年，受库存压力和供需关系影响，全省铁矿采选业弱稳运行。全年价格同比下降 28.1%，拉降总指数 1.0 个百分点，是拉低工业品价格总水平的第二推手。

（二）原油走势影响石油相关产品价格下行。2015 年，美国经济复苏，以美元标价的国际市场大宗商品，特别是原油价格宽幅震荡下行。受此影响，全省 2015 年石油开采业同比下降 47.0%。石油加工、炼焦业同比价格也大幅下降 18.3%。其中，精炼石油产品制造业同比下降 23.2%，炼焦业同比下降 11.1%。

（三）煤炭开采和洗选业继续下探。受钢市低迷、钢企减产影响，煤炭需求同样萎缩，供需矛盾不断恶化，整个煤焦钢产业链处于前所未有的低谷期。2015 年，全省煤炭开采和洗选业同比下降 10.7%。其中，1 月份煤炭市场延续上年末下降态势，同比下降 11.2%，经过小幅波动后，下半年逐月走低，12 月份同比下降 13.5%，为 2014 年 5 月以来最大降幅。

（四）化工产品价格低位运行。2015 年，原油走势影响化工原材料价格持续下跌，同时产能过剩、供过于求的局面依然存在。受此影响，2015 年全省化学原料和化学制品制造业出厂价格同比下降 6.0%。其中基础化学原料制造业降幅最大，为 9.0%，专用化学产品制造业同比下降 8.3%，农药制造业同比下降 5.2%。

（国家统计局河北调查总队　刘康燕）

农产品生产价格

2015 年河北农产品生产者价格指数为 97.50，同比下降 2.50%。

一、农产品生产价格“前稳后跌”

2015 年农产品生产价格在经过上半年的平稳运行之后，三季度开始出现明显下跌，四季度跌幅继续扩大，全年河北主要农产品生产者价格累计低于上年。指数为 97.50，同比下降了 2.50%。

2005—2015 年 10 年间，河北农产品生产者价格指数总体呈现波动运行态势，除 2009 年和 2015 年价格指数低于 100 之外，其他年份均高于 100；2009 年低于 100 的主要原因是受全球金融危机和甲型流感等因素影响，而 2015 年则是受整体经济下滑和产能高企的影响，无论是粮食产量还是畜牧出栏量均高于上年，加之国际农产品价格倒挂，进口量的增加也对农产品生产者价格造成一定压力，导致农产品价格出现下降趋势，价格指数降到近十年来的最低点。

二、农、林、牧、渔业生产价格“三降一升”

分行业来看，农业、林业、畜牧业产品生产者价格降幅较大，回落明显，而渔业产品生产价格略有上涨。

（一）种植业产品生产者价格同比下降 2.74%。2015 年种植业产品中，玉米、马铃薯、棉花、水果和坚果产品价格下降明显，同比降幅分别为 4.78%、20.16%、

9.94%、14.09%和18.32%。与此相反，种植业产品中仅有蔬菜价格有所回升，同比上涨了7.53%。从本年内价格走势来看，这些同比下降的品种中，玉米、水果价格同比降幅呈现季度间逐渐拉大，而薯类价格降幅在逐季收缩，棉花下降幅度较为稳定，在10%左右波动。

（二）林业产品生产者价格同比下降5.47%。2015年河北林业产品主要出售品种为育种树苗类，其生产者价格指数为94.53，出售价格同比下降5.47%。主要出售期集中在二季度和四季度，出售范围集中在一些有林业资源的山区县。

（三）畜牧业产品生产者价格同比下降2.67%。2015年畜牧业产品生产者价格除第一季度之外，二、三、四季度均保持了同比下降态势，全年畜产品价格比2014年下降了2.67%，价格走势由升转降。分产品来看，除活牲畜价格由于猪价拉动比上年上涨了2.54%之外，牛、羊、活家禽以及畜禽产品价格指数均呈下降态势，降幅分别为7.0%、20.94%、5.76%和8.83%。

（四）渔业产品生产者价格同比上涨5.74%。2015年河北调查的渔业产品所出售类别只有淡水养殖产品，具体品种包括草鱼和鲤鱼。其中草鱼生产者价格比上年下降了7.42%，而鲤鱼生产者价格同比则上涨了10.09%。

三、主要品种生产者价格变动情况

（一）小麦运行平稳，玉米价格下降。小麦和玉米作为河北粮食的主要品种，在2015年中呈现出不同走势：其中小麦价格平稳运行，平均每公斤2.38元，与2014年持平；玉米价格明显下降，平均每公斤1.99元，同比下降了4.78%。从年内价格走势看，小麦价格前三季度持续小幅上涨，四季度有所回落，而玉米只有二季度小幅上涨，三季度开始跌落，第四季度降速加剧。

（二）马铃薯价格下降明显。2015年马铃薯价格下降明显，出售价格仅为每公斤0.99元，同比下降了20.16%。马铃薯价格自年初低开低走，全年一直处于低位运行状态。虽然二、三、四季度马铃薯出售价格仍延续了年初低位运行的走势，但累计同比下降幅度已由一季度的44.9%收缩至四季度的13.24%，全年累计降幅为20.16%。

（三）花生价格有所回升。2015年延续了2014年四季度的回升走势，全年累计出售价格为每公斤5.82元，同比上涨了9.81%，回升形势较好。从年内价格走势看，花生价格高开高走，二季度每公斤价格达到6.04元，三季度受生产旺季影响，价格回落到5.57元，但四季度再次上涨到5.87元，全年累计花生价格比2014年上涨了9.81%。

（四）棉花价格继续走低。2015年河北棉花价格延续了近年来的持续走低态势，出售价格下降到每公斤6.16元，同比下降了9.94%。从年内价格走势看，除二季度价格有所上涨之外，其余季度均呈下降态势，但降幅基本稳定保持在10%左右。

（五）蔬菜价格总体上涨。2015年蔬菜价格呈现同比上涨态势，蔬菜生产者价格指数为107.53，同比上涨了7.53%，和油料一样，是种植业产品中仅有的两种上涨类别。在蔬菜品种中全部呈现上涨态势，按上涨幅度从高到低排序依次为甘蓝类、根茎类、白菜类、瓜菜类、豆类、茄果类、葱蒜类和叶菜类蔬菜，涨幅分别为25.96%、9.42%、9.28%、8.64%、6.06%、5.91%、2.35%和1.64%。

（六）水果及坚果价格快速回落。2015年水果类生产者价格一改上年涨势，快速回落，全年水果类价格比上年下降了14.09%。其中下降幅度最大的是梨，同比下降了22.54%；其次是红枣，同比下降了17.23%；而苹果价格比上年上涨了13.40%；从年内价格走势看，一季度水果平均价格为5.32元，二季度为5.7元，三季度受水果大量上市的影响，价格跌落至每公斤2.78元，四季度虽有所上升，但价格仍在每公斤3.00元之内。坚果价格同比下降了18.32%，其中板栗下降了19.59%，核桃下降了16.34%。与上年上涨8.83%的态势，相差27.15个百分点。

据调查，2015年水果、坚果价格下降幅度较大的原因是：夏季光照时间长、积温高，春季雨水偏多，并且6、7月份干旱少雨适宜林果及坚果生长；二是上年基期价格奇高，导致同比下降幅度是2005年以来10年连续上涨后的首次回落。

（七）活猪价格持续上涨。河北活猪出售价格自2014年二季度跌至每公斤11.44元的谷底后，于第三季度开始逐步回升，到2015年河北活猪平均生产者价格已上涨到每公斤15.02元，同比上涨了11.73%，是畜产品中唯一呈现上涨的品种。

（八）活牛价格下降。2015年活牛生产者价格为23.37元/公斤，同比下降了7.00%；从年内价格走势看，活牛价格保持了上年四季度以来的波动下行走势，仅在二季度有小幅回调。

（九）活羊价格降幅明显。2015年活羊生产者价格为16.47元/公斤，同比下降了20.94%，是2011年以来活羊价格的最低点。

（十）禽、蛋价格同比降温。2015年活禽、禽蛋生产者价格同比分别下降了5.76%和9.81%。从年内价格走势看，禽、蛋价格于二季度开始止涨下跌，尤其下半年以后禽蛋价格降速逐季加快。主要是因为2014年下半年禽、蛋价格出现大幅上涨，尤其“火箭蛋”的价格飙升形势直至2015年第二季度才开始平息，上年基期价格偏高是2015年下半年禽蛋价格同比降幅较大的主要原因。

（国家统计局河北调查总队　马　力）

全省居民生活

2015年全省经济稳中有进、稳中有新、稳中有好，居民收入增长与经济增长保持同步，居民收入与生活消费实现同步稳定增长。居民收入增速实现“三高”，即发展速度均高于全省GDP，实际增速均高于全国，实际增速高于周边地区；生活消费水平提升、结构更加优化。据住户一体化抽样调查资料显示，2015年全省居民人均可支配收入为18118元，同比名义增长8.8%，扣除价格因素实际增长7.9%。全省居民人均生活消费支出为13031元，同比增长9.2%。

一、居民收入特征

（一）居民收入稳步增长，发展速度好于GDP。2015年全省居民人均可支配收入为18118元，同比名义增长8.8%，扣除价格因素实际增长7.9%。按常住地分，城镇居民人均可支配收入26152元，名义增长8.3%，扣除价格因素实际增长7.2%；农村居民人均可支配收入11051元，名义增长8.5%，扣除价格因素实际增长7.9%。居民收入均高于全省GDP6.8%的增速。

（二）各项收入全面增长，工资性收入对居民增收贡献最大。2015年全省居民各项收入呈全面增长态势。其中，居民人均工资性收入为10910元，同比增长9.8%；经营净收入人均2817元，同比增长5.1%；财产净收入人均1210元，同比增长6.3%；转移净收入人均3181元，同比增长9.9%。

收入增长最快的是工资性收入和转移净收入。2015年全省各地陆续出台多项增资政策，各地对工资和津贴都进行了不同程度的调整，工资性收入明显增长，对全省居民收入增长的贡献率达到66.4%，拉动可支配收入增长5.9个百分点。同时，从2014年12月31日起上调企业退休人员养老金发放标准，2015年河北居民养老金和退休金收入同比增长15.6%，对全省居民收入增长的贡献率达到29.3%，拉动可支配收入增长2.6个百分点。仅工资性收入、养老金和退休金对全省居民收入增速的贡献率达95.7%，拉动全省居民收入增长8.5个百分点。

（三）经济结构转型升级成果显现，第三产业增收明显。2015年，随着省委、省政府稳增长、促改革、调结构、惠民生，以及大众创业、万众创新等一系列措施的实施，结构调整、转型升级取得一定进展。全省居民第三产业人均经营净收入1393元，同比增长13.1%，拉动可支配收入增长1.0个百分点，比经营净收入快8.1个百分点。其中，城镇居民第三产业经营净收入增长11.5%，比城镇经营净收入快10.1百分点；农村居民第三产业经营净收入增长14.7%，比农村经营净收入快7.4个百分点。

（四）农村居民收入增速连续6年超过城镇居民收入，城乡差距逐步缩小。自2010年以来，城镇居民收入增速分别为10.5%、12.5%、12.3%、9.9%、8.6%和8.3%；农村居民收入增速分别为15.7%、19.5%、13.5%、12.6%、10.9%和8.5%。农村居民收入增速分别快于城镇5.2、7.0、1.2、2.7、2.3和0.2个百分点。2015年城乡居民人均可支配收入倍差为2.37∶1(以农村为1)，较2010年缩小了0.30，城乡居民收入差距逐年缩小。

（五）河北居民可支配收入实际增速超全国，与周边地区相比最高。2015年全省居民人均可支配收入扣除价格因素实际增长7.9%，比全国高0.5个百分点。按常住地分，城镇居民人均可支配收入实际增长7.2%，比全国高0.6个百分点；农村居民人均可支配收入实际增长7.9%，比全国高0.4个百分点。

2015年河北居民人均可支配收入实际增长速度比北京、天津、辽宁、山东、内蒙、山西和河南分别高0.9、1.2、1.7、0.4、0.6、0.6和0.2个百分点，居民收入含金量提高，实际增速最快。

（六）京津冀居民收入水平差距明显，倍差逐年缩小。2015年北京市居民人均可支配收入为48458元，比河北高30340元。其中，北京城镇居民人均可支配收入52859元，比河北高26707元；北京农村居民人均可支配收入20569元，比河北高9518元。2015年天津市居民可支配收入为31291元、比河北高13173元。其中，天津城镇居民人均可支配收入34101元，比河北高7949元；天津农村居民人均可支配收入18482元，比河北高7431元。

自2010年以来，京冀收入倍差（河北居民人均可支配收入为1）分别为2.80、2.75、2.70、2.69、2.67和2.67，津冀收入倍差（河北居民人均可支配收入为1）分别为1.85、1.80、1.76、1.74、1.73和1.73，与京津倍差呈逐年缩小趋势。

二、居民生活消费特征

（一）居民生活消费水平稳步提高，其增速快于收入。2015年全省居民人均生活消费支出为13031元，同比增长9.2%，比收入增速快0.4百分点。按常住地分，城镇居民人均生活消费支出为17587元，增长8.5%，比城镇居民可支配收入增速快0.2百分点；农村居民人均生活消费支出为9023元，增长9.4%，比农村居民可支配收入增速快0.9百分点。

（二）各类生活消费支出全面增长，教育文化娱乐增长最快。从全年各项支出的增速看，教育文化娱乐支出增长最快，人均为1339元，增长17.0%。其他各项依次为：医疗保健人均支出1192元，增长16.0%；居住人均支出2996元，增长9.8%；衣着人均支出1055元，增长8.6%；食品烟酒人均支出3516元，增长7.7%；生活用品及服务人均支出832元，增长7.6%；其他用品和服务人均支出294元，增长7.3%；交通和通信人均支出1808元，增长3.3%。

（三）食品烟酒支出比重最大，教育文化娱乐支出比重上升。从各项支出占生活消费支出的比重看，食品烟酒支出占比最高为27.0%，比上年同期下降0.4个百分点；居住、教育文化娱乐和医疗保健支出的占比分别为23.0%、10.3%和9.1%，比同期略涨0.1、0.7和0.5个百分点；衣着与其他用品和服务与上年持平，其他各项占比略降。可见，住房、教育、医疗成为当前居民消费的热点。

（四）农村居民生活消费支出增速快于城镇，城乡消费差距缩小。2015年农村居民生活消费支出增速比城镇居民快0.9个百分点。从各项生活消费支出看，农村居民交通通信、医疗保健支出增速高于城镇，分别高15.8、

1.7个百分点；食品烟酒、衣着、居住、生活用品及服务、教育文化娱乐、其他用品和服务支出增速慢于城镇，分别低1.5、0.9、1.7、5.1、2.8、7.7个百分点。2015年城乡居民消费比为1.95：1（农村生活消费为1），较上年同期缩小0.02，城乡消费差距缩小。

（五）发展享受型消费支出增长较快，服务类消费增长迅速。2015年居民生活消费支出中发展和享受性消费即生活用品服务、交通通信、教育文化娱乐和医疗保健消费共计5171元，增长10.1%，比生存型消费支出增速快了1.5个百分点。2015年居民饮食服务消费增长15.6%，家庭服务消费人均增长44.0%，文化娱乐服务支出增长37.7%，服务类消费增速迅猛。

（六）河北居民人均消费支出低于全国，增速高于全国。2015年全省居民人均生活消费支出13031元，比全国平均水平低2682元。其中，城镇居民人均生活消费支出17587元，比全国低3806元；农村居民人均生活消费支出9023元，比全国低200元。2015年全省居民人均生活消费支出同比增长9.2%，比全国高0.8个百分点。按常住地分，城镇居民人均生活消费支出增长8.5%，比全国高1.4个百分点；农村居民人均生活消费支出增长9.4%，比全国低0.6个百分点。

（国家统计局河北调查总队　张　坤）

城镇居民生活

2015年河北省经济坚持稳中求进的工作总基调，主动适应经济发展新常态，城镇居民可支配收入超额完成8%的增长任务，助力"十二五"规划圆满收官。据住户一体化抽样调查资料显示：2015年河北城镇居民人均可支配收入26152元，同比增长8.3%；人均消费性支出17587元，增长8.5%。城镇居民收入实现"三个高于、两个同步、一个完成"，即人均可支配收入增速高于全省GDP，高于全国，高于周边地区；收支同步增长，收入构成四大项同步增长；可支配收入圆满完成年初制定的增长目标任务。

一、居民收入特征

2015年，河北城镇居民人均可支配收入26152元，同比增加2011元，增长8.3%。从构成可支配收入的各项指标看，呈平稳增长态势。

（一）工资性收入稳步增长。2015年城镇居民人均工资性收入为16705元，同比增长9.4%，占可支配收入的比重由上年的63.3%上升至63.9%；对城镇居民可支配收入增长的贡献率达71.1%，拉动可支配收入增长5.9个百分点。

（二）转移净收入平稳增长。2015年城镇居民人均转移净收入为5296元，同比增长9.5%，占可支配收入的比重为20.2%，对城镇居民可支配收入增长的贡献率达22.8%，拉动可支配收入增长1.9个百分点。其中，离退休金收入增长14.1%。

（三）经营净收入增速减缓。2015年城镇居民人均经营净收入为1831元，同比增长1.4%。经营净收入增长速度是四项构成中增长速度最慢的，且增速回落幅度最大，从上年10.3%的增速回落了8.9个百分点。经营净收入占可支配收入中的比重由上年7.5%下降到2015年7.0%。

（四）财产净收入稳定增长。2015年城镇居民人均财产净收入为2320元，同比增长4.4%。2015年随着资本市场的动荡，利息和红利收入保持稳定，房地产市场全年不温不火，房租价格没有大幅增长，财产净收入总体保持稳定增长的态势。

二、居民收入增长特点

（一）城镇居民可支配收入增速放缓。2015年，河北城镇居民人均可支配收入26152元，同比增长8.3%，增速较上年下降0.3个百分点，增速为近10年来最低水平。

从各季度城镇居民人均可支配收入增长速度看，第一季度增长9.0%，比上年同期下降1.2个百分点；上半年增速下滑到8.5%，比上年同期回落1.0个百分点；前三季度增长8.7%，比上年同期下降0.3个分点；全年增长8.3%，比上年同期下降0.3个百分点。

2013至2015年增速分别回落2.4个百分点、1.3个百分点和0.3个百分点。2015年一季度至全年增速回落幅度也从1.2个百分点下降到0.3个百分点。全省经济转型成绩初显，城镇居民收入增速下滑势头趋于平稳。

（二）居民可支配收入增速高于全国及周边地区。2015年全国城镇居民人均可支配收入为31195元，同比增长8.2%，河北省城镇居民人均可支配收入为26152元，增长8.3%，增速比全国快0.1个百分点。收入比由2014年的1：1.195缩小到1：1.193（河北为1）。

与周边省份相比，2015年辽宁、山东、内蒙、山西和河南城镇居民可支配收入增速分别为7.0%、8.0%、7.9%、7.3%和8.0%，河北城镇居民可支配收入分别高于以上5省1.3、0.3、0.4、1.0和0.3个百分点。

（三）城镇居民收入增速连续2年"跑赢"GDP。2015年，河北城镇居民人均可支配收入为26152元，同比增长8.3%，扣除价格因素实际增长7.2%，高于GDP增速0.4个百分点。2014年全省城镇居民可支配收入增速为8.6%，扣除价格因素实际增长6.8%，高于2014年GDP增速0.3个百分点。全省城镇居民收入增速连续两年快于GDP增速，表明近两年城镇居民购买力有一定提升，对于提升居民生活水平，调整经济结构，转变经济发展方式均具有积极意义。

（四）政策性收入比例进一步增加。全省城镇居民收入构成中，工资性收入和转移净收入是城镇居民收入的主要来源。2015年工资性收入、转移净收入分别占可支配收入高达63.9%和20.2%，较上年分别上涨0.6和0.2个百分点，工资性收入与转移净收入合计占可支配收入的84.1%，高于全国平均水平5个百分点，可见，全省城镇居民收入的增长具有明显的政策性特征。

（五）城镇居民收入差距呈缩小之势。2015年高低收入户间差距缩小，全省城镇居民按可支配收入五等分组，城镇低收入户人均年收入为12126元，同比增长7.5%；城镇高收入户人均年收入为47598元，同比增长6.2%。低收入户收入增速快于高收入户1.3个百分点，收入比由上年的1∶3.974降至2015年的1∶3.925（低收入群体为1）。

三、居民消费特征

2015年，城镇居民人均消费性支出17587元，同比增加1383元，增长8.5%，呈现平稳增长态势，增速快于可支配收入0.2个百分点。

（一）八大类消费支出呈现“七升一降”态势。在城镇居民消费支出构成中，八大类消费支出呈现“七升一降”态势。其中教育文化娱乐消费支出为1871元，增长17.5%，增长最快；医疗保健支出为1501元，增长15.0%；居住消费支出为4112元，增长10.1%；其他用品和服务支出为413元，增长9.7%；生活用品服务支出为1179元，增长9.0%；衣着支出为1544元，增长8.4%；食品烟酒支出为4581元，增长8.0%。唯一呈下降趋势的是交通通信支出2386元，下降2.5%。

（二）消费增速快于收入。2015年全省城镇居民可支配收入增速为8.3%，消费支出增速为8.5%，消费增速快于收入0.2个百分点，这是近10年消费支出增速首次快于收入。消费支出的快速增长表明，一是近10年来城镇居民收入增长所带来的购买力开始释放；二是在全省经济转型时期，消费支出快速增长使得居民消费倾向逐渐增强；三是城镇居民消费意识的转变，以及人民生活水平的大幅改善。

（三）居民消费倾向增强。城镇居民消费支出比上年增加1383元，边际消费倾向为68.8（消费增加额与收入增加额之比），比上年提高4.4个百分点，也就是说全省城镇居民收入增加的一半以上用于消费。2014年以来，河北城镇居民边际消费倾向均保持在60以上。2015年全国的消费倾向为60.6，河北边际消费倾向高于全国平均水平。消费倾向的加强，表明全省城镇居民消费意识的进步，也代表社会整体保障体系的逐步完善，收入分配逐渐合理。这对于扩大国内需求，调整经济结构，转变经济发展方式均具有积极意义。

（四）网上购物渐成消费时尚。随着互联网的普及，网上购物快捷、方便，逐渐成为城镇居民消费购物的主要方式。2015年河北城镇居民人均上网费增长26.6%，城镇调查户总共进行网购行为4283次，平均每个调查户有1.9次网购行为。在全省城镇居民全部网购行为中，通过网络购买衣着类消费品次数最多，达到1751次，所占比重最大，为40.9%。

（五）服务性消费比重上涨。2015年随着全省经济结构的转型，产业结构的不断优化，居民消费意识正逐渐发生改变，促使服务类消费增长迅速。全年城镇居民服务性消费增长19.8%，使得服务性消费在消费支出中的比重也上涨了1.2个百分点。其中饮食服务消费增长16.1%，其中在外饮食消费人均增加108.4元，增涨幅度达到18.5%。家庭服务消费人均增长53.3%。文化娱乐服务支出增加172.5元，增长40.4%。

（六）消费热点发生变化。2013至2014年全省城镇居民消费热点为交通通信消费领跑消费支出各项的增长，两年增速均超20%，而2015年城镇居民教育文化娱乐支出成为增速最快的消费大类。2015年交通通信消费均呈下降趋势，主要原因是购买汽车的减少，全国范围内机动车市场的低迷有目共睹。据住户收支一体化调查资料显示，全年城镇居民购车数量减少26.3%，购车金额减少31.5%。伴随交通通信消费支出下降以及教育文化娱乐和医疗保健的快速增长，交通通信消费支出在消费支出中的比例从15.1%下降到13.6%，而教育文化娱乐和医疗保健在消费支出中的比例从9.8%、8.1%上涨到10.6%和8.5%。河北城镇居民消费热点有所变化。

（国家统计局河北调查总队　李　澍）

农村居民生活

2015年，面对新常态下经济运行中出现的新情况、新问题，河北省委、省政府把握平衡点，狠抓增长点，既稳增长又调结构，既力促农村经济健康发展，又着力改善民生，全年农村居民收入增长8.5%，扣除价格因素，农民收入实际增长7.9%，含金量提高。实际增速实现“三高于”，即高于GDP，高于城镇，高于全国。同时，农民生活水平得到提高，消费结构更加优化，服务类消费走进农家，生活质量大幅提升。

一、农村居民收入特征

2015年河北农村居民人均可支配收入为11051元，同比名义增长8.5%，扣除价格因素实际增长7.9%。

（一）收入全面增长，工资性收入对增收贡献最大。

1. 各项收入全面增长。2015年农村居民各项收入呈全面增长态势。其中，人均工资性收入为5812元，同比增长9.1%；人均经营净收入3685元，同比增长7.3%；人均财产净收入234元，同比增长14.6%；人均转移净收入1320元，同比增长8.3%。

2. 工资性收入是拉动收入增长的主要因素。2015年人均工资性收入增加485元，对收入增加额的贡献率为56.1%，拉动收入增长4.8个百分点，依然是农民增收的第一支撑因素；经营净收入位居第二位，对收入增加额的贡献率为28.9%，拉动收入增长2.4个百分点；转移净收入、财产净收入对收入增长的贡献率分别为11.6%和3.5%，分别拉动收入增长1.0个百分点和0.3个百分点。

（二）农村居民收入增速高于城镇、高于全国、高于GDP。

1. 农民收入增速连续6年高于城镇，城乡差距逐年缩小。自 2010 年以来，城镇居民收入增速分别为 10.5%、12.5%、12.3%、9.9%、8.6%和 8.3%；农村居民收入增速分别为 15.7%、19.5%、13.5%、12.6%、10.9%和 8.5%。农村居民收入增速分别快于城镇 5.2、7.0、1.2、2.7、2.3 和 0.2 个百分点。2015 年城乡居民人均可支配收入倍差为 2.37：1（以农村为 1），较 2010 年缩小了 0.30，城乡居民收入差距逐年缩小。

2. 农民收入实际增速超全国，收入含金量提高。2015 年河北农村居民人均可支配收入扣除价格因素实际增长 7.9%，比全国高 0.4 个百分点。比周边的山西、内蒙、辽宁、山东和河南分别高 1.4、1.1、1.7、0.1 和 0.3 个百分点，农民收入含金量提高，实际增速超过周边省份。

3. 农民收入连续 5 年高于 GDP，保持稳步增长。2015 年河北农村居民人均可支配收入同比增长 8.5%，扣除价格因素实际增长 7.9%，高于同期河北 GDP 增速。自 2011 年以来，河北农村居民收入实际增速连续 5 年跑赢了 GDP 增速，分别高 0.9、1.1、0.7、2.5 和 1.1 个百分点。农民收入增长实现与经济发展同步。

（三）河北农村居民收入位于全国中上游，与京津鲁差距拉大。

2015 年河北农村居民人均可支配收入为 11051 元，比全国低 371 元，居第 14 位，位次较上年下降 1 位。与周边省份相比，低于北京、天津、山东和辽宁，分别低 9518 元、7431 元、1880 元和 1006 元；高于河南、内蒙和山西，分别高 198 元、275 元和 1597 元。河北与北京、天津和山东收入水平差距继续拉大。

二、农村居民消费特征

（一）八类消费支出全面增长，医疗保健增长最快。农村居民八类消费支出呈全面增长态势，其中医疗保健支出增长 16.7%，位居第 1 位。教育文化娱乐支出增长 14.7%，交通通信支出增长 13.3%，居住支出增长 8.4%，衣着支出增长 7.5%，食品烟酒支出增长 6.5%，生活用品及服务支出增长 3.8%，其他用品和服务支出增长 2.0%。

（二）吃住行支出增加，是拉动消费增长的主因。农村居民食品烟酒、居住与交通通信支出 5891 元，占农村居民生活消费支出的 65.3%。其中，食品烟酒支出对消费支出增长的贡献率为 20.2%，拉动消费支出增长 1.9 个百分点；居住支出对消费支出增长的贡献率为 20.1%，拉动消费支出增长 1.9 个百分点；交通通信支出对消费支出增长的贡献率为 19.6%，拉动消费支出增长 1.8 个百分点；这三项支出成为拉动农村居民消费支出增长的三大主动力。

（三）消费水平稳步提高，增速快于收入。2015 年农村居民人均消费支出为 9023 元，增长 9.4%，比农村居民可支配收入增速快 0.9 百分点。自 2011 年起，连续 5 年消费增速高于收入增速，分别高出 3.0、0.4、1.7、0.9 和 0.9 个百分点。

（四）农村消费支出增速快于城镇，城乡消费差距缩小。2015 年农村居民消费支出增速比城镇居民快 0.9 个百分点。从各项消费支出看，农村居民交通通信、医疗保健支出增速高于城镇，分别高 15.8、1.7 个百分点；食品烟酒、衣着、居住、生活用品及服务、教育文化娱乐、其他用品和服务支出增速慢于城镇，分别低 1.5、0.9、1.7、5.1、2.8 和 7.7 个百分点。2015 年城乡居民消费比为 1.95：1（农村消费支出为 1），较上年缩小 0.02，城乡消费差距缩小。

（五）发展享受型消费较快增长，生活质量提高。2015 年农村居民消费支出中发展和享受性消费即生活用品服务、交通通信、教育文化娱乐和医疗保健消费共计 3617 元，增长 13.0%，比生存型消费支出增速快了 5.6 个百分点。2015 年农村居民饮食服务消费增长 11.7%，家庭服务消费人均增长 19.0%，文化娱乐服务支出增长 13.4%，服务类消费增速迅猛，饭店、美容院、健身房逐渐有了农民的身影，生活质量提高。

（六）人均消费支出低于全国，位于全国中上游水平。农村居民人均消费支出 9023 元，比全国低 200 元，居第 12 位，位次与上年持平。与周边省份相比，低于北京、天津、内蒙，分别低 6788 元、5717 元和 1615 元；高于辽宁、山东、河南和山西，分别高 150 元、275 元、1135 和 1602 元。

（国家统计局河北调查总队　张　坤）

人　口

2015 年，全省认真贯彻落实党中央、国务院的决策部署，坚持人口与发展综合决策，稳妥推进生育政策调整，稳定适度低生育水平，促进人口长期均衡发展，为全面建成小康社会，建设经济强省、美丽河北创造良好的人口发展环境。

一、常住人口总量保持稳定增长

2015 年末全省常住人口 7424.92 万人，较上年末增加 41.17 万人，“十二五”期间年均增长 6.35‰，年均增加 46.26 万人，“十二五”期间全省人口保持稳定低速增长。

从自然变动情况看，2015 年全省人口出生率、死亡率均略有下降，自然增长水平低于上年。一些家庭受传统观念影响选择避开“羊年”生育，而 2014 年 6 月开始实施的一方是独生子女的夫妇可生育两个孩子的政策并没有带来河北出生人口的明显增加，全年出生人口数量比上年不升反降。2015 年全省出生人口 84.04 万人，比上年减少 12.94 万人，出生率为 11.35‰，同比下降 1.83 个千分点。2015 年 11 月，十八届五中全会上提出在全国“全面实施一对夫妇可生育两个孩子”政策，其政策影响将在 2016 年后逐步显现。

2015 年全省死亡水平较为稳定，死亡人口 42.87 万人，比上年减少2.97万人，死亡率为5.79‰，同比下降0.44个千分点。

受出生、死亡水平下降影响，2015年全省人口自然增长率为5.56‰，同比下降1.39个千分点。

二、总人口性别比处于合理区间

全省总人口性别结构的特点是男性人口略多于女性，总体处于合理区间。2015年，全省男性人口为3757.23万人，占全部人口的50.60%；女性人口为3667.69万人，占全部人口的49.40%；总人口性别比为102.44（女性为100）。据2010年第六次全国人口普查数据显示，河北总人口性别比为102.84（女性为100），近年来一直处于102—105之间。

三、各市常住人口总量分布差异明显

从区域分布看，有两个设区市人口在千万以上，分别为保定市（不含定州市）1034.90万人、石家庄市（不含辛集市）1007.11万人；人口最少的设区市为秦皇岛市，常住人口307.32万人。其余各市分别为邯郸市943.30万人，唐山市780.12万人，沧州市744.30万人，邢台市729.44万人，廊坊市456.32万人，衡水市443.54万人，张家口市442.17万人，承德市353.01万人，定州市120.34万人，辛集市63.05万人。

四、人口抚养比逐渐上升

2015年，全省少年儿童比重、劳动年龄人口比重略有下降，老年人口比重提高。从三个主要年龄段看，0—14岁少年儿童人口为1309.01万人，占常住人口比重的17.63%，同比下降0.17个百分点。15—64岁劳动年龄人口为5359.31万人，占常住人口比重的72.18%，同比下降0.85个百分点。其中，16—59岁人口4829.17万人，占常住人口比重的65.04%，同比下降1.19个百分点。60岁及以上老年人口为1212.49万人，占常住人口比重的16.33%，同比上升1.22个百分点，其中65岁及以上老年人口为756.6万人，占常住人口比重的10.19%，同比上升了1.02个百分点。

2015年，全省总抚养比（非劳动年龄人口/劳动年龄人口×100%）为38.54，同比上升1.61个百分点；其中少年儿童抚养比为24.37，同比上升0.05个百分点；老年人口抚养比为12.56，同比上升1.56个百分点。老年人口抚养压力提高较少年儿童更加明显。

四、老龄问题需要引起关注

2015年，全省65岁及以上人口占常住人口的10.19%，比2010年第六次全国人口普查时提高了1.95个百分点，年均提高0.39个百分点，年均增加32.93万人。调查数据显示全省60岁及以上老年人口有以下特点。

1. 空巢老人家庭比重提高。2015年1%人口抽样调查数据显示，全省有65岁及以上老人的家庭占总家庭户的24.90%，其中空巢老人家庭（一个老人独居或一对老年夫妇独居的家庭）占有65岁及以上老年人家庭总户数的39.55%。与2010年第六次全国人口普查时相比，这两项指标分别提高了3.58个百分点和5.16个百分点。

2. 主要收入来源仍为家庭成员供养。60岁及以上老年人口中，主要生活来源由家庭其他成员供养的占41.35%；以劳动收入为主，自食其力的占28.36%；依靠离退休金、养老金养老的占21.24%；依靠最低生活保障金养老的占4.93%；由财产性收入养老的占0.40%，由其他收入养老的占3.73%。这说明河北老年人养老对家庭的依赖程度仍然很高，退休金、养老金水平比较低，不足以支持老年人负担自己，社会化养老仍需加强。

3. 身体健康的老年人占比重较高。60岁及以上老年人口中，身体健康的占40.57%，基本健康的占40.46%，合计超过8成，说明全省老年人健康状况较好。身体不健康但生活能自理的老年人占16.03%，生活不能自理的失能老人占2.94%，这部分老年人近两成，对养老机构和服务需求大，应大力发展养老服务业为他们提供各项服务。

4. 老年人参加社会保险情况较好。60岁及以上老年人口中，参加各类医疗保险的达99%，参加各类养老保险的达97%，基本社会保障在老年人中已经普及。

五、小家庭是主要家庭形式

家庭是社会的最基本单位，也是社会发展的重要推动力量。家庭的发展既促进每个家庭成员身心发展和自我实现，又对实现经济、社会和人口的长期均衡可持续发展起着重要的基础性作用。

统计资料显示，2015年全省家庭结构呈现小型化和简单化特点，小家庭是主要家庭形式。据调查数据测算，全省家庭户平均户规模为3.25人/户，比2010年减少0.09人/户。从家庭成员数量上看，一人户占9.95%，二人户占25.91%，三人户占25.02%，四人户占20.11%，五人及以上户占19.01%。"二人世界"和"三口之家"占50%以上，五人以上的大家庭不足两成。从家庭代际关系上看，一代户占32.37%，二代户占46.18%，三代户占20.56%，四代及以上户仅占0.89%。一代和两代户合计近80%，三代以上的大家庭成为少数。

六、婚姻状况稳定

婚姻状况是指人口在婚姻方面所处的状态，包括未婚、有配偶、离婚和丧偶等。婚姻状况受人口年龄结构、受教育程度、文化观念、医疗卫生水平等诸多因素的影响，同时也对家庭生活、经济社会发展产生影响。统计资料显示，2015年全省15岁及以上人口中，未婚的占15.90%，有配偶的占77.51%，离婚的占1.28%，丧偶的占5.31%。与2010年第六次全国人口普查时相比，未婚人口比重下降4.51个百分点，有配偶人口比重上升4.03个百分点，离婚人口比重和丧偶人口比重略有上升，分别上升0.33和0.15个百分点。

七、受教育水平有所提高

近年来，全省主动适应经济发展新常态，深化教育领域综合改革，提高教育质量，促进教育公平，全省人口受教育水平有所提高。

统计资料显示，全省6岁及以上人口中，未上学人口占4.19%；小学文化程度人口占25.78%，初中文化程度人口占43.92%，高中文化程度人口占15.91%，大专及以上文化程度占10.20%。与2010年第六次全国人口普查时相比，高中以上文化程度人口比重提高 2.21 个百分点，大专及以上文化程度人口比重提高 2.27 个百分点。按照调查数据测算，6 岁及以上平均受教育年限为 9.04 年，其中 15 岁及以上人口平均受教育年限为 9.36 年，均比 2010 年第六次全国人口普查时有所提高。

八、常住人口城镇化率首次突破 50%

“十二五”期间，省委省政府高度重视新型城镇化建设工作，全省常住人口城镇化率年均提高 1.37 个百分点，增速高于全国平均水平 0.08 个百分点。

2015 年全省常住人口城镇化率突破了 50%，达到 51.33%，比上年提高 2 个百分点。全省城镇人口首次超过乡村人口，达到 3811.21 万人，同比增加 168.81 万人；乡村人口 3613.71 万人，同比减少 127.64 万人。2015 年全省常住人口城镇化率增速高于全国 0.7 个百分点，在 31 个省（直辖市、自治区）排第 20 位，位次比上年前移一位。从分市数据看，有 6 个市高于全省平均水平，分别为石家庄市、唐山市、廊坊市、秦皇岛市、张家口市、邯郸市；其余各市均低于全省平均水平。

（河北省统计局　康　辉）

能源与节能降耗

2015 年是全面完成“十二五”节能减排规划的收官年，也是防治大气污染、加速转型升级的关键一年。全省各地各部门主动适应经济发展新常态，坚持节能、减排、降碳与稳增长、调结构相促进，与治污染、惠民生相结合，狠抓区域、行业、企业、项目四个重点，强化经济、技术、法律、行政手段，扎实开展大气污染防治行动，深入推进化解过剩产能工作，节能降耗成效明显，为建设经济强省、美丽河北做出了积极贡献。

一、能源生产低位平稳运行

2015 年，全省一次能源生产总量为 7096.14 万吨标准煤，比上年增长 4.3%。从结构看，原煤生产比重为 77.39%，比上年提高 2 个百分点；原油、天然气生产所占比重分别为 11.68%、1.95%，比上年分别下降 0.8 和 1.5 个百分点；一次电力的生产比重为 8.97%，比上年上升 0.3 个百分点。

从实物量看，受需求不足影响，煤品类生产持续低迷，其中原煤产量略增长 1.2%、洗煤产量下降 0.4%、焦炭下降 5.6%。作为煤品的替代，油品类保持较快增长，原油加工量增长 24.3%，汽油、柴油分别增长 34.3%和 26.2%。在火力发电量下降的同时，水力、风力和太阳能发电均保持增长。全省发电量为 2487.2 亿千瓦时，下降 2.5%。其中火力发电量 2268.2 亿千瓦时，下降 3.4%。风力发电量为 185.2 亿千万时，增长 5.9%。太阳能发电和水力发电量分别增长 128.2%和 8.2%。

二、能源消费品种结构不断优化

2015 年，全省全社会能源消费总量 2.94 亿吨标准煤（等价值），比上年增长 0.3%。煤炭、石油、天然气、一次电力所占比重分别为 86.55%、7.99%、3.30% 和 2.17%。能源消费品种结构逐步改善，与上年相比，煤炭所占比重降低 1.9 个百分点；石油、天然气、一次电力分别提高 1.0、0.8 和 0.1 个百分点。

三、节能降耗完成较好

2015 年，全省单位 GDP 能耗 0.96 吨标准煤/万元（2010 年不变价），同比下降 6.14%，降幅超过年度目标（下降 3%）3.14 个百分点。“十二五”累计下降 25.2%，超过国家下达河北省节能目标(下降 17%)8.2 个百分点。

各市（含定州、辛集市）均超过了年度目标。其中石家庄、唐山、保定和沧州降幅超过全省平均水平，分别下降 6.48%、6.94%、7.5%和 6.39%。

四、工业节能成效明显

（一）能耗低位运行。工业能耗持续下降。2015 年，全省规模以上工业能耗 2.03 亿吨标准煤，比上年下降 1.88%，自 2014 年以来连续两年下降。工业能耗各月累计降幅比较平稳，基本保持在 2%—3%之间，相比 2014 年（4%—5%之间），工业能耗降幅有所收窄。

（二）单位工业增加值能耗降幅有所收窄。2015 年以来，单位工业增加值能耗降幅保持在 6%—7%之间，与 2014 年（7%—9%之间）相比，降幅有所收窄。全省单位工业增加值能耗 1.64 吨标准煤/万元，同比下降 6.02%，降幅比 2014 年收窄 2.7 个百分点，仍然超过年度下降 4.2%的调控目标。

（三）六大高耗能行业能耗“三升三降”。2015 年，在统计的 39 个行业中，26 个行业能耗同比下降，下降面达到 67%。全省六大高耗能行业能耗 1.86 亿吨标准煤，同比下降 1.47%，对工业能耗下降的贡献率达到 71%。分行业看，六大高耗能行业“三升三降”，其中非金属矿物制品业下降 9.74%，电力、热力生产和供应业下降 6.68%，化学原料和化学制品制造业下降 4.44%。

节能降耗取得的成绩，主要得益于两方面因素：一是各项节能降耗措施集中发力。加大大气污染治理力度，以庆祝抗战胜利 70 周年阅兵为契机，积极推进京津冀大气污染联防联控。组织实施“6643”工程，加快淘汰落后产能，加快调整能源消费结构。二是能源需求下降，工业生产持续低速增长。全省工业生产低位运行，2015 年各月增加值累计增速低于 5%，带动能源消费持续下降。

（河北省统计局　左　熠）

扶 贫 开 发

2015 年，河北省共安排 1000 个贫困村实施了整村推进，投入资金 30 亿元，其中，财政扶贫资金 5 亿元，整合部门资金 10 亿元。1000 个贫困村完成了整村推进各项任务，100 万农村贫困人口稳定脱贫；完成劳动力转移培训1.5万人，实现转移就业1.2万人，完成易地搬迁1960户、5756人，建成安置小区17个。河北扶贫开发实施了一大批惠及民生的产业和基础设施项目，极大地提高了贫困地区公共服务水平，改善了群众的生产生活条件，为促进贫困地区经济社会事业更好更快更大发展发挥了重要作用。

一、扶贫资金投入

2015年，中央和省级财政专项扶贫资金26亿元（中央财政资金15.2亿元，省级安排财政扶贫资金10.8亿元）。9个设区市和65个重点县共安排资金7.3亿元。中央和省专项扶贫资金70%以上用于扶持发展产业项目，共扶持39万户贫困户发展种养产业项目；用于基础设施建设资金涉及3.6万贫困户；开展各类培训班487期，培训12.5万人；用于安排扶贫小额信贷贴息和农民专业合作社创新试点资金等。

二、扶贫资金管理

2015年，河北省印发了《关于整合涉农资金支持脱贫攻坚的实施意见》，建立财政扶贫资金竞争性分配机制。为确保扶贫资金使用精准，强化扶贫资金使用精准度，改革资金分配方法，对资金分配因素进行了调整，由四个因素增加到六个因素，主要增加了年度工作考核、资金报账进度两个因素，突出工作绩效和工作成果，将财政扶贫资金测算分配到贫困县。全面推行扶贫资金“三专一封闭”报帐管理制度：即县乡两级在县财政局设立专账、专门管理，做到专款专用，封闭运行，严格项目资金使用和报账程序。

三、基础设施建设

2015年，河北省共安排与产业增收项目配套的基础设施建设项目资金4.7亿元，占全部财政专项扶贫资金的14%。其中，中央资金用于到户基础设施建设资金1.68亿元，共涉及3.6万贫困户，修建了田间砖路16万平方米，建设水窖或蓄水池1400个，修水渠30千米等。

四、连片特困地区扶贫攻坚

2015年，河北省各级用于燕山—太行山连片特困地区的财政专项扶贫资金为13.9亿元，其中中央财政扶贫资金投入6.6亿元，省本级及各市县配套财政扶贫资金投入7.3亿元。以燕山—太行山特困片区为主战场，加大水、电、路、讯、房等基础设施建设，提升科、教、文、卫等公共服务水平，京昆高速北京至涞水段、张石高速蔚县支线、京津风沙源工程等一批跨县区的交通、水利、生态等重大项目建成投用。大力推进“燕山—太行山片区阜平试点”建设，山区综合开发、金融扶贫、职教扶贫、电商扶贫等取得积极成效。

五、整村推进

2015年，河北省把整村推进作为扶贫开发工作的重要抓手，明确了实施进程和资金使用范围，并对资源统筹、项目及资金管理、组织协调及检查验收等提出了明确要求。全年共安排1000个贫困村实施了整村推进，投入资金30亿元，其中，财政扶贫资金5亿元，整合部门资金10亿元。

六、易地扶贫搬迁

2015年，全省在有搬迁任务的7个设区市38个县（区）确定了42万人搬迁对象，其中建档立卡贫困人口19万人，同步搬迁非贫困人口23万人。制定了河北省“十三五”易地扶贫搬迁实施方案、“十三五”规划和2016年实施计划。经省政府批准由省建投集团组建“河北省易地扶贫搬迁开发投资公司”，作为省级易地扶贫搬迁投融资主体。省扶贫办和省国开行、省农发行向其注入项目资本金，负责按照与省政府签订的购买服务协议向相关金融机构融资和还款。

七、产业扶贫

2015年，河北省大力发展核桃、苹果等林果业和设施蔬菜、食用菌、特色种植、特色养殖业等增收产业，总结推广了赤城县股份合作开发、平山县葫芦峪农业园区、曲阳县山区综合开发、阳原县家庭手工业等模式。全省贫困县新增林果63万亩、设施瓜菜91.8万亩、食用菌大棚1.38万个，新增肉鸭存栏1500万只、肉鸡存栏1080万只、奶牛存栏4.9万头，直接扶持65.2万个贫困户发展了增收示范项目。全省形成了太行山区优质干鲜果品产业带、黑龙港地区“富民大菜篮”、燕山地区食用菌产业集群、坝上地区错季蔬菜基地等一批规模化的扶贫产业片区，为贫困群众稳定增收夯实了基础。大力发展旅游扶贫工程，在全省9个市的24个县确定了38个旅游扶贫试点村，每村安排财政扶贫资金50万元，支持贫困群众发展农家乐等旅游产业，帮助贫困群众参与旅游产业、增加收入。光伏扶贫工程，在平山、平泉、赤城、临城、曲阳、巨鹿等6个县开展光伏扶贫试点，建设规模达42.3万千瓦，覆盖1.26万贫困人口。

八、雨露计划

2015年，河北省继续实施“雨露计划”，共投入扶贫专项资金3462.15万元。对符合条件的贫困家庭子女参加中、高等职业教育的，给予贫困家庭助学补助，全省贫困家庭职业教育补助9984人，补助资金1146.86万元；鼓励和引导贫困农村劳动力转移就业和创业，全省开展贫困劳动力转移就业培训304期，培训1.56万人次；加强致富带头人培训，完成创业致富带头人培训140期，培训9617人次；围绕富民增收产业，投入资金1046.70万元，开展先进农业技术讲座，全省共举办858期，培训11.73万人次，加快了贫困群众脱贫致富步伐。

九、互助金试点

2015年，河北省互助资金试点工作积极探索建立互助资金与农民生产经营项目有效结合的长效机制，努力实现互助资金效益的最大化，促进试点工作健康有序发展。截至2015年底，全省共计有1030个贫困村开展互助资金试点工作，其中中央试点村189个，涉及20个重点县，省级试点村841个，涉及全省46个县（区）。全省互助资金总量达到1.88亿元（其中财政扶贫资金1.57亿元，农户交纳的入社资金0.24亿元，其他资金0.07亿元），试点村常住总户数为23.7万户（其中贫困户16.8万户），入社农户7.7万户（其中贫困户6.3万户，占81.8%），全省试点村农户入社率为32.5%，全省试点村累计发放借款5.05亿元（其中贫困户借款4.38亿元），累计借款10.76万户（其中贫困户9.41万户），当年累计发放借款0.84亿元（其中贫困户借款0.68亿元），当年累计借款1.5万人次（其中贫困户借款1.2万人次），资金用途主要用于种植、养殖业。

十、彩票公益金试点

2015年，国务院扶贫办安排中央专项彩票公益金支持河北革命老区小型公益设施建设项目资金1亿元，涉及10个革命老区县。目前，各县正在组织项目招投标工作。

十一、革命老区建设

2015年，河北省加大对革命老区县的投入力度，省政府印发了《关于支持贫困革命老区加快发展的意见》，对57个革命老区县投入省以上财政专项扶贫资金21亿元，比2014年增长75.2%，加快了革命老区脱贫致富的步伐。

十二、以工代赈

2015年，国家安排中央以工代赈资金2.61亿元，实施项目187个，覆盖全省"两片一区"的46个国定贫困县和燕太片区县，完成基本农田建设7万亩，小型农田水利项目新增和改善灌溉面积12.9万亩、新建改建县乡村道路515.8公里、片区综合治理1.67万亩，小流域治理13.7平方公里，累计使用当地农民工45万个，发放劳务报酬3595万元，有力改善了贫困地区的生产生活条件和生态环境，支持了农村面貌改造提升行动，促进了农民增收。

十三、完善社会保障制度

2015年，河北省为充分发挥教育在促进贫困地区经济社会发展的基础性、先导性作用，教育、财政、农业、人社、扶贫五部门联合印发了《关于推进教育脱贫行动的实施方案》。为推行低保线与扶贫线"两线合一"，民政、财政、扶贫三部门联合印发了《关于推进低保线与扶贫线"两线合一"的实施方案》。为提高农村贫困人口医疗保障和救助水平，卫计委、民政、财政、扶贫四部门联合印发了《关于印发提高农村贫困人口医疗保障和救助水平实施方案的通知》。三个实施方案的出台有力保障了贫困地区贫困人口在教育、生活、医疗保障的水平。

十四、建档立卡

2015年，在全省扶贫工作重点县建档立卡的基础上，通过对非贫困县贫困人口精准识别，摸清帮扶需求，明确帮扶责任，落实帮扶措施，建立贫困户信息档案，达到对全省贫困人口的全覆盖。按照国务院扶贫办关于建档立卡工作的总体安排部署，河北省深入扎实地开展了建档立卡"回头看"工作，对贫困识别标准进行了细化完善，制定了"五看、五不录、六优先"的识别方法，即：看住房、看大件、看劳力、看产业、看负担；有机动车的不录、有新建住房的不录、有城镇商品房的不录、有公职人员的不录、有较大实体产业的不录；有重病人的优先、有重度残疾的优先、有在校学生的优先、无壮劳力的优先、住危房的优先、重灾户优先。以科学方法纳入真贫户、标识一般农户。在程序上，严格落实农户申请、民主评议、公示公告和逐级审核等流程，做到全程公开，务求精准甄别。

十五、定点扶贫

2015年，河北省积极协助中央定点扶贫单位做好帮扶工作，32个中央、国家机关和有关单位共向40个国定重点县（区）派出挂职扶贫干部69名，其中局级干部4人、处级干部35人、科级干部30人（担任村第一书记17人）；赴定点县考察276人次，其中部级干部26人次、局级干部66人次、处级以下干部184人次；共投入帮扶款物3.66亿元，其中直接投入资金8170万元，物资折款2331元；帮助各定点县引进各类资金2.61亿元，帮助上项目79个，全年资助贫困学生2203人，举办各类培训班113期，培训各类人员1.39万人次，劳务输出1813人。省、市、县三级共有6382个单位参与定点扶贫，2.36万名干部开展驻村帮扶，投入各类资金16.14亿元，其中直接投入8.76亿元，引进资金7.38亿元，帮上项目3224个，资助贫困学生2.11万人，举办培训班1949期，培训各类人员9.83万人（次），输出劳务1.12万人。积极动员社会力量参与脱贫攻坚。以"扶贫日"活动为契机，谋划开展"爱心包裹"、"村企共建扶贫工程"等扶贫济困活动，全省累计有1.01万家民营企业与4.66万户建档立卡贫困户进行了帮扶，实施帮扶项目7154个，共捐款、捐物折合人民币7537.749万元，助残、助学、助困9.18万人次。

十六、军队和武警部队扶贫

2015年，河北省军区组织驻冀部队及武警积极参与贫困地区脱贫攻坚，累计投入近1000万元，共帮扶348个贫困村，帮助修路500多公里，建桥37座，打井139眼，安装水泵229台，援建农家书屋、文化活动中心381个，结对帮扶贫困学生3200余人，援建中小学校59所，援建卫生室27所，义务巡诊1.7万余人次。

十七、扶贫机构和队伍建设

2015年，河北省从优秀年轻干部、后备干部中为7366个建档立卡贫困村每村选派驻村工作队和第一书记，为扶贫任务重的市和62个贫困县配强班子，配足编制，完善职能，充实力量。大力抓好乡镇党委书记、村党支部书记和农村致富带头人"三支队伍建设"，精准选好配强乡村两级党组织书记。深化"一定三有"机制，提高农村基层干部待遇，农村党组织书记基础职务补贴按照不低于2014年当地农村居民人均纯收入2倍标准发放。对表现优秀、成绩突出的乡村干部、第一书记和驻村工作队实行年度专项奖励。依托省市县三级党校，加大贫困地区县乡村三级干部和扶贫干部培训力度，全面提升扶贫干部队伍能力水平。

（河北省扶贫开发办公室　康　明）

产业篇

INDUSTRIES

农　业

【概况】　2015年，河北省农业系统在省委、省政府正确领导下，认真贯彻落实习近平总书记系列重要讲话精神和省委、省政府关于农业农村工作部署，以深化改革为动力，认真落实强农惠农政策，科学谋划部署，强化农业基础建设，确保主要农产品有效供给和农业生产安全，主动适应经济发展新常态，紧紧抓住“稳粮增收调结构、提质增效转方式”工作主线，统筹推进，重点突破，全年粮食总产672.76亿斤，连续三年跨上670亿斤台阶。菜篮子产品全面增长，肉、蛋、奶和水产等主要农产品供给得到有力保障，农产品质量安全形势稳定，结构调整成效明显，农业产业化经营步伐加快，现代农业园区建设、农村土地承包经营权确权登记颁证、农垦改革、农业节水、农村燃煤污染治理等重点工作实现突破。全省农业农村经济保持了稳中有进的良好发展势头，成为经济社会发展的突出亮点，为全省经济社会发展提供了有力支撑。

【粮食生产】　2015年，全省农业系统坚持抓好粮食生产不放松，加强科技指导服务，深入推进高产创建，积极开展增产模式攻关，大力推广优良品种和集成配套技术，科学开展防灾减灾，克服了严重干旱、粮价下跌等不利因素的影响，粮食生产再获丰收。据国家统计局发布，2015年河北省粮食总产量672.76亿斤，同比增加0.726亿斤，增0.1%，连续三年稳定在670亿斤以上。全年粮食播种面积9588.8万亩，同比增加90.8万亩，增加0.96%；平均亩产350.8公斤，同比减少3公斤，减0.85%。其中，夏粮实现稳定增产，单产、总产均创历史最高水平。夏粮播种面积3526.06万亩，同比减少21.4万亩；总产量290.04亿斤，同比增加1.24亿斤；平均亩产411.3公斤，同比增加4.2公斤，亩产连续2年跨过400公斤大关。秋粮由于受厄尔尼诺事件的影响，遭遇了严重的“卡脖旱”，局部地区受灾较重，造成单产下降。秋粮播种面积6062.69万亩，同比增加112.22万亩；总产量为382.72亿斤，同比减少0.516亿斤；平均亩产315.63公斤，同比减少6.39公斤。一是落实惠农政策。2015年全省落实粮食直补和农资综合补贴55.87亿元、良种补贴11.61亿元。9月11日，河北省启动小麦最低收购价预案，收购托市小麦11.82亿斤，增加农民收入2400余万元，保障了种粮预期收益。小麦、玉米政策性保险承保面积分别占播种面积的70%和90%，基本做到了应保尽保，遭灾农民的生产成本得到有效补偿，有效降低了农业生产性风险。二是加大扶持力度。省委省政府高度重视粮食生产，5月份省政府印发了《关于落实粮食安全省长责任制的实施意见》，明确了各级政府和有关部门的粮食安全责任，赵克志、张庆伟、赵勇、沈小平等省领导深入农业一线调研指导粮食生产。在落实好中央扶持资金的基础上，安排5.95亿元资金，推动小麦既节水又稳产增产。安排3亿元专项资金，推广农机深松面积1400万亩，累计推广面积4500万亩，大大提高了耕地蓄水保墒和抗旱防涝能力。三是强化技术指导。组织专家和技术人员分区域、分作物制定技术方案，指导农民因时因地因苗落实关键技术。省级发布小麦节水品种27个、玉米主导品种40个，向农民推介深松耕、精量半精量播种、种肥同播、测土配方施肥、播后镇压、水肥一体化、病虫综合防治等先进适用技术30项。高标准打造620个粮食作物万亩高产示范片，将优良品种和高产高效栽培技术进行组装配套，集中展示，带动农民推广应用。全省695片粮棉油糖高产创建示范片总实施面积达到724.7万亩。其中，粮食创建面积648.1万亩，花生创建面积15.4万亩。小麦示范片平均亩产570.8公斤，比项目县平均高115.1公斤；玉米示范片平均亩产689.4公斤，比项目县平均高214.9公斤；花生示范片平均亩产312.4公斤，比项目县平均高49公斤。同时，组织科研教学推广部门协作联动，开展粮食绿色增产模式攻关，研究探索节水节肥节药、高产高效低耗新技术，推动粮食生产绿色发展。通过多点试验示范，初步筛选出小麦春浇一水千斤绿色简化栽培技术模式、小麦微喷灌水肥一体化高效集成技术模式、夏玉米全程机械化生产技术模式、旱薄盐碱区玉米简化种植技术模式、冀中山前平原区玉米高产高效技术模式、冀西北寒旱区玉米抗旱种植技术模式等集成技术模式。四是积极应对各种灾害。夏粮生产针对吸浆虫、麦蚜、赤霉病等病虫害发生重、威胁大的实际，加强预测预报，及时发布病虫发生信息，依托社会化服务组织，开展专业化统防统治。认真落实小麦“一喷三防”关键举措，采购发放农药和叶面肥6591吨，补助1.6亿元，指导农民开展麦田喷防作业3548万亩次。秋粮生产针对降水少、旱情重的实际，组织专家指导农民群众及时开展抗旱浇水、科学管理，水浇地玉米一般浇水2—3次，最大限度地减轻干旱对秋粮生产的影响。五是培育新型主体，促进粮食适度规模经营。各地深入宣传贯彻省委办公厅省政府办公厅印发的《关于引导农村土地经营权有序流转发展农业适度规模经营的实施意见》和省农业厅印发的《关于促进家庭农场发展的意见》，陆续出台扶持农民合作社、家庭农场等新型农业经营主体发展和鼓励土地流转的政策措施，帮助新型经营主体解决制约发展的资金、场地、仓储等瓶颈问题。积极引导农民发展土地入股、土地托管等多种形式的适度规模经营。

【种植业】　蔬菜产业，2015年以规模园区建设为抓手，以产销衔接为重点，严格质量监管，推动蔬菜产业稳步发展，生产规模基本稳定。受蔬菜价格连续两年偏低影响，全省蔬菜播种面积2035万亩，同比减少0.92%。11月份遭受25天的连阴雾霾和雪灾，蔬菜生产受到较大影响。两项因素叠加，全年蔬菜总产8852万吨，同比减少0.23%。但设施生产面积继续呈现增加趋势，全年达到1040万亩，同比增1.17%。蔬菜生产总体保持稳定。规模园区稳步发展。把发展规模园区作为转方式、调结构的重点，安排预算资金5000万元，支持建设100个现代蔬菜产业园建设。争取国家资金1900万元，开展标准化创建，并与建设“河北省供京津蔬菜示范园”相衔接，建成35个服务京津市场的蔬菜基地。在滦平县开工建设冬季设施蔬菜开发试点，安排补助资金1250万元，建设2500亩能够满足深冬生产的设施蔬菜基地。全省部级标准园总量达到160多个，省级现代产业园达到190个。市场开发不断深入。与北京市农产品物流协会、物美集团、华联超市、首农商业连锁和北京市农科院共同召开京冀蔬菜产销对接会。对广州、上海和哈尔滨市场进行专题调研，洽谈合作。与中国蔬菜协会共同主办第三届中国蔬菜产业大会。建立起年经销1万吨以上的经销商数据库，为应急销售和应急保障创造了条件。全省90家蔬菜专业合作社与北京市20多家超市建立稳定的产销合作关系，有8家合作社在北京建设社区直营店108个。全年产销顺畅，没有出现滞销和供应紧张情况。搞好防灾救灾工作。11月份发生全省性大范围的持续25天的阴雾（霾）雪天，设施蔬菜受灾134万亩，成灾83万亩，秧苗死亡3623万株。绝收面积7.3万亩，大棚骨架折断损毁1.85万亩。省政府紧急安排救灾资金5896万元，补助设施修复和购买种苗。省农业厅紧急下发指导意见，提出救灾措施和要求，并通过河北电台、河北日报和河北电视台等媒体，多次发布。各地迅速组织修复设施和改种抢种，蔬菜生产不断转好，对2016年元旦和春节的市场供应起到重要保障作用。

棉花产业，受棉价走低效益下降等多种不利因素影响，2015年河北省植棉面积大幅减少，总体情况是“三减”，即面积减，总产减，单产减。全省棉花播种538.5万亩，比上年减少77.46万亩，减12.6%，是2001年以来河北省棉花面积最低的一年；总产37.3万吨，比上年减少5.76万吨，减13.4%。从2014年起国家取消了棉花临时收储，在新疆实施目标价格补贴制度，目标价为19800元/吨，虽然对内地棉花也给予了2000元/吨的定额补贴，平均到每斤籽棉只有0.35元左右，力度较小，对调动棉农积极性作用有限。籽棉价格在3元/斤左右，最低时只有2.9元/斤，棉农植棉积极性受到严重挫伤，导致种植意愿下降，面积大幅缩减。2015年国家共安排河北省棉花高产创建示范片58片，重点安排在邯郸、邢台、衡水、沧州等主产棉区的24个县，涉及64个乡镇359个村93484个农户，面积592104亩，平均亩产101.16公斤，超额完成了100公斤的高产创建目标。2015年全省核实申报棉花良种补贴526万亩，比上年减少75万亩。组织科研、教学、生产、推广等有关方面专家论证筛选，确定了冀棉169等16个棉花品种为河北省2015年棉花良种补贴主导品种，并在河北农业信息网上及时向全社会公布。充分利用冬春农闲时节开展技术培训，全省共举办各类棉花培训1600场次，培训棉农84万人次，印发技术资料118万份。在有水浇条件的棉田，积极推广棉—瓜、棉—菜、棉—粮等间套高效种植模式，缓解粮棉、棉菜争地矛盾，努力提高棉田综合效益。重点抓了棉—麦两熟套种模式的推广，探索粮棉双丰收的新途径，实现棉花间套高效种植模式的新突破，曲周等县示范结果，小麦平均亩产量700—800斤，棉花也达到了600斤以上，实现了粮棉双丰收。2015年河北省继续承担了农业部棉花轻化栽培技术试点项目，试点安排在邱县、成安、威县、南宫、冀州。6月25—27日，农业部农村经济研究中心在保定市举办了2015年全国棉花生产形势分析暨棉花生产信息监测培训会议。会议对全国棉花生产信息监测先进单位和优秀信息员进行了表彰，河北省就棉花生产信息监测工作进行了典型发言，并被评为全国先进单位。

中药材生产，2015年全省中药材种植面积93.2万亩，比2012年增加33.5万亩，增长55.6%；建成万亩以上的中药材生产大县35个、5万亩以上的大县13个、10万亩以上的大县3个，万亩以上大县中药材面积占全省的89.9%。面积前十位的县分别是巨鹿、安国、隆化、宽城、内丘县、青龙县、蠡县、灵寿、围场和丰宁。配合安国中药都建设，在安国建设规范化基地2.2万亩，设立冀中平原试验站试验示范八大祁药，山药、菊花、紫菀和川芎等四个品种获有机产品认证。省农业厅、省工信厅、发改委等有关部门联合制定《河北省中药产业发展规划（2015—2020年）》和《关于促进河北省中医药产业加快发展的实施方案》，明确了当前和今后一个时期内河北省中药材产业发展的指导思想、发展目标、主要任务和保障措施。2015年省财政继续列支5000万元扶持中药材种植示范园创建，新增1000万元支持滦平中药材核心示范区建设。组织省财政厅、卫计委和中医药管理局等部门联合制定《全省中药材种植示范园创建和燕山（滦平）中药材经济核心示范区建设工作的实施意见》和《示范园创建验收办法》，以大宗道地药材为重点，采取“龙头企业＋合作组织＋农户”的发展模式和“验收后奖补”扶持方式，筛选确定100个中药材种植园参加全省创建活动，平均每园奖补50万元。已累计建成千亩以上的示范园396个，面积占全省的15.8%。启动建设燕山（滦平）中药材经济核心示范区，成为中药材产业发展的样板。市县发展中药材积极性高涨，编制产业发展规划，出台扶持政策，蔚县、赤城等11个县专门成立中药材办公室。根据地理条件、品种分布和种植传统等因素，在研讨和争取专家意见基础上，将中药材重点发展区域划分为“两带三区”：燕山产业带、太行山产业带、坝上高原产区、冀南平原产区和冀中平原产区，包括张家口、承德、保定和邢台等8市28个县（市）。研究确定全省中药材主推品种63个，其中大宗道地品种32个，稀缺、濒危和特色品种31个。

甜菜生产，2015年全省甜菜种植面积25.72万亩，同比增加2.77万亩，增长12.1%；产量89.18万吨，比上年增加13.56万吨；平均单产3400公斤/亩。甜菜收购价仍为每吨540元，其中张北县每吨收购价为570元。通过开展甜菜高产创建活动，推广先进配套栽培技术，提高了农民科学种田水平，促进了甜菜生产稳定发展。

【种业发展】 一是积极推动政策创设落实。认真贯彻落实国务院办公厅关于种业体制改革文件精神，省政府办公厅印发《关于深化种业体制改革提高创新能力的实施意见》。二是着力抓好种业科技创新。科学设置品种试验，在品种审定方面，引导种子企业和育种单位培育适宜农业生产需求和种植结构调整需要的新品种。设置了冀中南玉米机收组和青贮组，筛选适合生产上推广的玉米品种安排落实品种试验，2015年省级品种试验组别33个、参试品种689个、试验点次600个次。加强品种试验管理，在继续做好对夏玉米区试实收监控的基础上，尝试开展小麦联合测试及区域试验品种的实收，扩大夏玉米区域试验开放日活动范围，增加机收组的开放活动，举办“2015年河北省普通玉米品种试验技术培训班”，进一步提高承试单位试验质量和管理水平。推动品种更新换代，审定通过了新品种46个、引种品种15个，停止推广品种18个。三是深入推进种业协作交流。拓展区域协作范围，建立京津冀沪渝五省市站长联席会议机制，开展了非主要农作物品种登记（认定、鉴定）互认，部分主要农作物在部分区域实施京津冀一体化区域试验和品种审定，进行了京津冀主要粮菜作物品种区域化试验示范项目，推动了种业的区域协同发展。9月，第八届中国国际种业博览会暨第十三届全国种子信息交流与产品交易会在廊坊市召开，这是国家级种业展会首次在河北举办，以巡天农业、宽城种业、大地种业为代表的10多家省内种子企业集中展示了杂交谷子、杂交玉米、节水小麦等河北省种业科技创新成果及特色优势品种。四是不断加强种子生产管理。开展品种展示示范，安排小麦、玉米、棉花、大豆、花生、中药材等新品种展示地点16个，示范地点15个，展示示范新品种140多个；安排京津冀联合展示和“京津冀主要粮菜作物品种区域化试验示范项目”承担单位25个，展示示范小麦、玉米、大白菜新品种128个。大力推广节水小麦品种，推广区域扩大至石家庄和辛集，面积增至700万亩，经专家组推介筛选出40个适宜项目区种植的品种。五是大力推进种业工程项目建设。积极组织项目申报，组织省农科院旱作所、张家口农科院、河北巡天种业等单位，申报项目资金2218万元。推进重点项目的建设，积极推动省海南农作物种子繁育基地建设项目，编制的项目实施方案获得省发展改革委批复，批复投资1968万元；国家黄淮海区域农作物品种综合试验站（河北鹿泉）建设项目，已经进入项目实施的招投标阶段。加强在建项目的督查，全年完成验收项目6个。六是持续加强种子市场和质量监管。持续开展种子市场专项治理行动，年初印发《河北省打击侵犯品种权和制售假劣种子行为专项行动实施方案》，召开专项行动视频会议，对全省种子市场监管工作做出全面部署。着力解决区域性种子制假售假问题，对省际交界、问题突出的地区多次进行明查暗访，督促当地切实履行监管职责。同时，积极探索治理区域性种子制假售假的新机制，与京津种子管理部门联合开展种子市场和生产基地巡查行动，与河南省有关市建立了6项跨省市种子打假和监管协调配合机制，有力推动了打击区域性种子制假售假工作。强化种子质量监督抽查，开展了冬季、春季、秋季及节水小麦供种等专项种子质量监督抽查行动，抽查种子样品8007份，组建了河北省首届检验机构考评员专家库，石家庄等4家市级检测机构通过资质复评审和检测扩项。七是深入推进种业信息化。加强种业政务信息建设，完成河北种业信息网的改版建设工作，采用云服务器技术，获得独立域名，为建设种业信息服务的权威平台打好基础。做好种业基础信息统计工作，收集全省173家种子管理机构和279家种子企业上年度信息，上报率分别达到100%和96%，形成年度种业发展报告，为全面了解河北省种业动态，科学把握发展现状与趋势提供了重要参考。

【农业节水】 在完成2014年试点任务的基础上，2015年地下水超采综合治理试点工作在石家庄、衡水、沧州、邢台、邯郸5个设区市的63个县（市、区）开展，总实施面积1222万亩，总投资18.76亿元，总节水量7.8亿立方米。其中，持续补助项目442万亩，包括调整种植模式76万亩、小麦节水稳产配套技术300万亩、保护性耕作技术35万亩、水肥一体化技术31万亩；新增农业节水项目759.31万亩，包括新增调整种植模式28.31万亩、旱作种植模式20.95万亩，推广冬小麦节水品种配套技术700万亩、水肥一体化31万亩。为强力推进河北省地下水压采工作，省政府成立了以省长张庆伟任组长，常务副省长杨崇勇、副省长沈小平为副组长，省政府办公厅、财政厅、水利厅、农业厅、林业厅等部门主要负责同志为成员的河北省地下水超采综合治理工作领导小组，统一组织指挥协调全省地下水压采工作。为进一步实施好农业节水项目，省农业厅成立了以厅长魏百刚为组长，主管副厅长段玲玲为副组长，有关处室主要负责同志为成员的河北省农业厅地下水超采综合治理工作领导小组和以中国工程院院士刘旭、康绍忠为顾问的河北省地下水超采综合治理工作专家指导组。8月7日省政府办公厅印发《关于印发河北省地下水超采综合治理试点方案（2015年度）的通知》，明确了2015年度的试点范围与目标任务，对压采项目的组织实施、投资标准、节水目标等提出了明确要求。为实现农业节水目标，省农业厅多次组织省内外专家对农业节水项目进行研究论证，完善细化相关项目实施方案，8月21日省农业厅与省财政厅联合制定了《关于印发2015年度河北省地下水超采综合治理试点调整农业种植结构和农艺节水相关项目实施方案的通知》，以及冬小麦节水稳产配套技术等5个配套技术方案，明确了六个农业节水项目的实施程序、节水目标和完成时限。为规范农业项目的组织管理，与省林业厅、省财政厅联合印发了《关于印发〈河北省2015年度地下水超采综合治理试点调整农业种植结构和农艺节水相关项目管理办法〉的通知》。9月28日省政府在威县召开2015年度地下水压采工作推进会议，及时掌握农业项目的进度，确保按时间节点完成任务。10月份省农业厅派出五个督导组，分赴有关市、县对地下水压采农业项目的进展情况进行督导检查，确保任务落实。为确保700万亩冬小麦节水稳产配套技术项目的顺利实施，邀请专家对2015年度小麦节水品种进行论证推介，共推介40个小麦节水品种供项目区农民选择使用。

【农业科技推广】 农业科技推广工作取得新突破。一是构建农业创新新平台。积极推进现代产业技术体系创新团队建设，建立以产业链为纽带，以解决关键重大技术问题为重点，精心组织建设了11个现代农业产业技术体系创新团队，围绕主导和特色产业，制定年度任务，细化责任目标到岗，团队总体组织实施，配套建立了严格绩效管理激励约束机制，系统安排11个创新团队和首席年度考核，取得了一批技术创新和推广成果；积极组建了河北省农业科技创新联盟，建立以区域板块为平台、优势产业为重点的技术支持和技术服务体系，建立了冀北生态特色产业区、太行山综合经济区、冀东高效农业区、山前平原主粮区、黑龙岗结构调整区等省级创新联盟，组建专家技术团队，建立了匹配套的制度体系；积极探索科研院校开展重大农技推广服务试点。开展以主粮（玉米小麦）产业、北部生态特色产业为载体，以中国农大、中国农科院和河北农大为依托，探索在产业链上建设研发实验基地＋区域示范基地＋基层区域站＋农户（农业企业）的链条式重大农业推广服务机制试点，组建了一批优秀专家技术团队开展推广服务。二是强化技术推广服务。建立以推广补助项目为抓手，以提升推广服务为目标，进一步强化农业技术推广服务。2015年重点围绕基层体系建设、队伍知识更新、服务能力提升和科研院校密切合作等。完善集成农技推广体系改革建设，高碑店市、威县等新录取大专以上技术人员350人，充实农业推广队伍承德市围绕创新机制，提升推广活力，遴选128人集中到河北科技师范学院研修半年，较快提升对服务能力，同时建设了一批区域站点设施；基层农技人员知识更新在12所院校培训基地完成3500人培训，并安排区域站长班，邀请科教司、宁夏、联想网上农场讲课，受到学员普遍欢迎，同时联合省委组织部举办了村级支部书记农村推广带头人1万人培训，拓宽了培训内容，收到了很好社会效果；积极创新推广手段，建设了网络书屋和推广云平台，分别注册3.96万1.83万用户，使用量624万人次，居全国第一和省级规模最大的互联网＋农机推广平台，农业部到河北省调研基层农技推广和云平台工作，充分肯定河北省基层农技推广和推广云平台工作走在全国前列。三是培育新型职业农民。遴选确定了211个新型职业农民培育基地，在全省98个县开展了教育培训、认定管理和政策扶持“三位一体”，生产经营型、专业技能型、社会服务型“三类协同”推进的新型职业农民培育制度和规范化操作管理。培育新型职业农民2.6万人，生产经营型2万人，专业技能型6000人，认定扶持1万人。赵县新型职业农民李素敏被评为“全国十佳”农民、尚云婷等4名新型职业农民获“风鹏行动”项目奖励，平泉县新型职业农民金继民北团中央、农业部评为“全国青年致富带头人”，河北省获“全国农业职业大赛”组织奖，人民日报、光明日报、河北日报、河北电视台等媒体对河北省新型职业农民培育工作进行了专题重点报道。四是提升农业科教工作效能。围绕科技创新驱动和科技改革，组织专家编制了“十三五”科教发展规划。在全面总结、深入调研基础上，谋划确定了一批关系今后五年发展的重点课题，重大技术推广项目和重大政策措施。组织开展了农业技术推广奖励工作。评选出贡献奖100名、项目40个、合作奖10项。加强农业转基因安全管理。从抓源头、查市场入手，加强监督检查和科普宣传，加强监管长效机制建设，有效防止了转基因生物非法流入农业生产和流通环节，强化宣传提升公众对转基因生物的科学认知度，保证了河北省转基因生物研究与试验的健康发展。

【农产品市场】 农产品市场及监测预警，对全省现有的271家田头市场，191家农产品批发市场和全省现有的农产品经纪人数量进行了摸底调查；按照《农业部定点市场管理办法》，加强定点市场日常管理工作（河北省农业部定点市场数量41家，总数继续保持全国第二位），通过河北农业信息网发布信息近4万条；尚义县大青沟蔬菜交易市场和平原县榆树林子果蔬批发市场2家田头市场成为农业部田头市场试点建设单位。全年累计向农业部报送统计、物价、成本收益等各类报表600余张，分析报告50余篇，河北省11个蔬菜生产大县蔬菜价格信息6000余条。对蔬菜、畜产品等近50个品种的田头市场价格、批发市场价格和集贸市场价格进行监测，以周（旬）、月、季和年为周期进行分析、发布。通过12316短信平台向全省农业系统相关工作人员发送《农产品市场行情监测简报》17期。积极开展农业电商发展，组织起草了《河北省推进农业电子商务发展行动计划》。积极与阿里巴巴、京东、慧聪、冀联等电商企业对接，与阿里巴巴合作举办了“全省农业电子商务培训暨阿里巴巴年货节”活动，会上与阿里签订了《河北省互联网＋农业电子商务工作备忘录》。农业信息化工作，“12316三农热线综合服务平台”、“农产品质量安全视频会商平台”、“农产品市场监测预警平台”、“品牌农产品追溯管理和展示促销平台”建设进展顺利。继续利用现有12316三农热线进行综合服务。全年电话总接听量为2.5万多次，解答率90%，发送服务短信500多万条；开通了12316短信平台；每月向农业部报送12316服务典型案例，完成48条典型案例的报送工作。积极组织围场、丰南、玉田三个县编制信息进村入户项目建设方案，得到农业部批复同意。河北省华裕农业科技公司被认定为全国农业农村信息化示范基地物联网应用示范单位，围场县政府被认定为全国农业农村信息化示范基地综合示范单位，廊坊市农业局被认定为全国农业农村信息化示范基地管理创新示范单位。组织举办了京冀农业农村信息化工作对接交流活动，签署了《京冀农产品市场信息合作框架协议》。品牌营销推介工作，充分利用各类会展宣传推介河北省农产品品牌，为企业营造招投资平台。在第十三届中国国际农产品交易会上，河北省展团组织30多家农业企业56家采购商现场参展，获得大会组委会颁发的最佳组织奖，8个农产品金奖，4个区域公用品牌和4家“百社百品”合作社，达到了“展示成果、促进贸易”的预期目标。3月14日，由北京市昌平区政府主办的第三届北京农业嘉年华活动正式开幕，设立河北专题馆，同期举办了“京津冀现代农业协同发展座谈会”，北京市农委、天津市农委分别与河北农业厅签署了合作协议。承办完成了“5（18”中国·廊坊国际经济贸易洽谈会期间召开的农业产业洽谈会，组织了62家投资客商代表，70多家招商单位参加，发布项目金额1542亿元，现场签约340亿元。配合廊坊市政府承办第十九届中国（廊坊）农产品交易会的组织筹备、农民合作社成果展、省内农产品评优等工作，扩大了河北省优势农产品的知名度和影响力。中国廊坊农交会被农业部评为4星级农业展会。

【农产品质量安全】 按照农业部、省政府统一部署，深入推进“农产品质量安全执法年”活动，坚持一手抓专项整治，坚决打击使用、添加各种违禁物质的违法犯罪行为；一手抓基础建设，努力提升农业标准化生产水平和农产品质量安全监管能力，农产品质量安全抽检合格率始终保持着较高水平，没有发生区域性、系统性重大农产品质量安全事件。一是开展专项整治，以非法添加禁用物质为重点，围绕农产品质量安全的关键环节，组织开展了农药及农药使用、瘦肉精、生鲜乳、兽用抗菌药、畜禽屠宰、水产品违法添加、农资打假等7个整治行动，全省出动执法人员32.87万人次，检查农资、农产品生产经营企业16.77万个次，行政立案517起，责令整改828起；健全农产品质检体系，建设市级质检中心10个、县级质检站135个，基层检测能力进一步增强。突出抓好疫病防控，严格落实动物强制免疫、疫情监测、检疫监管和应急管理，完成免疫9.2亿头份，做到应免尽免、不留死角。探索病死动物无害化处理新机制，在5个县开展部级试点。建设病虫害区域测报站46个，完成专业化统防统治7000万亩次，草原鼠虫害防治681万亩。没有发生区域性重大动植物疫情，没有发生等级以上草原火灾。二是加强检测能力建设，截至2015年底，国家发改委和农业部共批复河北省建设省级农产品综合质检中心1个、市级农产品综合质检中心11个、县级农产品综合质检站项目146个，总投资5.77亿元，其中中央投资3.8亿元；建设农业部农产品质量安全风险监测实验室1个，实验站6个，全省农产品质量安全检验检测体系逐步健全完善，大大提高了河北省基层农产品检测能力，并初步发挥作用。三是稳步推进农业标准化生产，新认证无公害农产品253个、绿色食品61个、地理标志登记保护农产品3个，拥有在有效期内的无公害农产品1512个，绿色食品1084个，有机农产品企业94家，农产品地理标志26件，共建设部省级“一园两场”1896个。四是大力开展宣传培训，全省统一举办了“放心农资下乡进村现场咨询活动”、“农产品质量安全主题日宣传活动”；对“三品一标”获证单位内检员、检查员及各级农产品质量安全监管人员进行了广泛的培训。

【现代农业园区】 积极推动省委、省政府出台了《关于加快现代农业园区发展的意见》，提出到2017年全省建成命名100个左右省级现代农业园区，带动市县建成一批特色鲜明的现代农业园区。7月21日，省政府召开全省现代农业园区建设工作座谈会，统一思想认识，鼓励成立园区管委会，对园区进行统一规划、统一指导流转土地、统一基础设施建设、统一项目把关布局、统一为入园企业提供服务，推动园区提档升级。9月份，省政府评审认定了首批39家省级现代农业园区和十佳现代休闲农业园，激发了各地园区建设的积极性。11月17日，省政府召开全省现代农业园区建设暨农业产业化工作会议，对加快现代农业园区建设工作进行全面部署，推动各地加快现代农业园区建设步伐。

【农村新能源】 2015年，省农业厅以推进大气污染防治和美丽乡村建设为重点，主要开展了三项工作：一是农村能源清洁开发利用工程。落实中央和省级大气污染防治补助资金8亿元，推广高效清洁燃烧炉具201.6万台。其中，各地补贴推广高效清洁燃烧炉具68万台（其中农业部门推广55万台），带动市场推广133.6万多台；示范推广其他燃煤替代模式13万户。4月1日和16日，全国人大常委会副委员长沈跃跃、国务院副总理汪洋分别到保定市、石家庄市调研时，对炉具节能减排效果和推广工作均给予了充分肯定。10月10日，农业部在石家庄召开全国农作物秸秆综合利用暨农机深松整地作业现场会，对河北省工作给予高度评价。通过工程实施，全年实现农村燃煤清洁燃烧400万吨，消减（替代）散煤86.9万吨，为全省大气污染防治和美丽乡村建设做出了积极贡献。二是农村沼气建设。争取国家规模化生物天然气试点工程2处，规模化大型沼气工程6处，中央投资共计12784万元，新建沼气发酵池容8.2万立方米，是全国工程数量、投资额最多的省份之一。三是秸秆综合利用。坚持疏堵结合、以用促禁，通过农机补贴、示范带动、加强创新、项目推动、重点突破和开展巡回督导等多种措施，全面推进秸秆“五料化”利用，形成了肥料化、饲料化利用为主，基料化利用稳步推进，能源化利用较快发展的秸秆综合利用格局，综合利用率达到95%，比20上年提高8.2个百分点。

【农业资源环境保护】 在农业面源污染综合治理方面，制定了《河北省农业面源污染治理（2015—2018年）行动计划》和《化肥农药使用量零增长实施方案》，提出到2018年控制农业用水，灌溉用水总量下降11%，化肥、农药用量零增长，畜禽粪便、农膜、秸秆基本得到资源化利用，实现“一控两减三基本”的治理目标。对废旧地膜回收利用项目建设情况进行了督导，探索用可降解膜地膜替代普通地膜。组织实施了农业清洁生产示范建设，在成安、藁城、滦平建设了3个省级清洁生产示范园区，在威县君乐宝·乐源牧业启动了生态循环农业示范区建设项目，积极探索农牧结合、整体区域循环模式。积极开展了农产品产地土壤重金属污染防治工作。在开展休闲农业方面，印发了《关于加快发展休闲农业工作指导意见》，组织评定了7个省级休闲农业与乡村旅游示范县和15个省级休闲农业与乡村旅游示范点，3个国家级休闲农业与乡村旅游示范县和5国家级休闲农业与乡村旅游示范点。评定了58个省级休闲农业星级企业，其中五星级园区16个，四星级休闲农业园区39个，三星级休闲农业园区3个。组织申报并获得认定全国休闲农业与乡村旅游星级企业15家，其中五星级1家，四星级14家。评选认定了迁西喜峰口京东板栗大观园等十个河北省十佳现代休闲农业园。组织评定了21个河北最美休闲乡村和14个河北最美田园。围场县庙宫村等三个休闲乡村荣获全国最美休闲乡村称号。在野生植物和外来入侵生物防控工作方面。组织专家对全省6个市16个县进行了野外调查和标本鉴定，共发现重点野生植物资源物种45科77属87种，其中国家级保护植物16种，省级保护植物32种，记录有效GPS点位500余个，拍摄图片900余张，掌握了本地的野生资源状况，摸清了本地具有保护价值的野生物种。在河北省刺萼龙葵、黄顶菊、少花蒺藜草、刺果瓜等农业外来入侵植物发生区和缓冲区，共设立21个省级监控点。对入侵生物覆盖度、生物学生态学特性和扩散趋势，进行了监测和评估。

【金融支农】 积极争取农业各类项目资金，为全省农业稳步发展提供基础性支撑。全年共争取国家和省级项目资金121.69亿元，比上年增长20.54%，除农作物良种补贴、农机购置补贴等惠农政策外，还先后争取了草原生态保护补奖政策、农产品产地重金属污染防治、地下水超采综合治理等农业生态环境保护和可持续发展的重大项目，开展了粮改饲、农产品初加工补助、以及一二三产业融合等结构调整试点项目，为促进全省农业发展发挥了重要作用。配合省直有关部门制定了《河北省财政支持农业信贷担保体系建设实施方案》，将20%的农资综合补贴资金，连同中央财政支持粮食适度规模经营资金，支持建立农业信贷担保体系，积极推动省级农业信贷担保机构建设，力争用三年时间基本建成覆盖粮食主产区及主要农业大县的政策性农业信贷担保体系。国家农业政策性保险13个品种全部在河北省开办，在28个蔬菜大县开展地方特色产业品种设施农业保险。积极探索金融支持畜牧业发展，出台了《河北省财政促进金融支持畜牧业发展创新试点实施方案》，在8个市县开展试点，投入财政资金5000万元撬动社会资本5.85亿元，极大缓解畜牧业融资难的问题。

【农业产业化】 2015年，全省农业产业化经营总量达到6934亿元，农业产业化经营率达到65.6%，比上年增长1.4个百分点。规模以上农产品加工企业达到3190家，产值达8248亿元，农产品加工比值超过1.5∶1。全省龙头企业带动农户超过1100万户，户均来自农业产业化经营的收入突破了10000元，农户通过参与农业产业化经营增收360亿元以上。一是抓项目。围绕引进京津资本、工商资本和域外投资这三个重点做文章，利用5.18、9.26等农展平台，推介60多个园区、300多个招商项目。建立完善了全省农业产业化项目库，将投资1000万元以上的农业产业化项目实行入库管理。谋划建设了农业项目招商平台，对接政府各大招商网平台，开展网上招商。梳理确定了100个亿元以上农业产业化项目。全年实际完成投资1480亿元，比上年增长13.8%，竣工亿元以上项目136个。二是壮龙头。培育产业航母，按照“扶优、扶强、扶大”的原则，筛选确定了50家农业产业化行业领军企业和全省农业产业化30强企业，进行重点打造支持。支持这些企业与上下游中小企业组成产业集群，共同发展壮大，打造产业集群。开展帮扶活动，针对经济下行压力加大和农产品价格波动加剧的形式，组织专门力量开展入企帮扶活动，帮助协调解决企业在经营中存在的困难和问题。组织对外向型企业的专项帮扶工作，协调解决农产品出口中存在的问题。开展科企对接。组织了两期科企对接活动，共组织200多家农产品加工企业参加对接活动，提升技术水平。品牌建设进一步得到发展，新增省级品牌40余个，其中新增驰名商标3个，总数达到44个。2015年省级以上重点龙头企业获得销售收入超过3000亿元，同比增长12%，实现利润220亿元，同比增长10%。三是强加工。制定了《农产品加工业推进方案》，启动实施了农产品加工业提升行动。利用国家农产品产地初加工政策，帮助农户和合作社新建了1582个产地初加工设施，通过减损、提质，增效可达30%以上。大力开展主食加工提升行动，新申报认定了2家全国主食加工示范企业，申报认定了两家主食加工“老字号”品牌。试点农副产品综合利用工作，列为了首批农副产品综合利用试点省，有1个县、2个园区和8家企业申报为试点单位，开展农产品综合利用试点工作。新创建了4个国家级农业产业化示范基地，使河北省国家级农业产业化示范基地达到12个。年产值超100亿元的农产品加工聚集区已达到10个。四是谋服务。进一步深化了与金融机构的联系，向邮储、农发行、农业银行等推介了一批重点项目。会同省金融办举办了大型对接活动，征集有融资需求的项目和企业共计276个，向40余家金融机构进行了重点推介。联合省农发行共同出台了《关于创新融资信贷模式支持现代农业园区建设发展的意见》。制定了农业产业化股权引导基金管理办法和设立方案，引导社会资本投资农业。研究制定了农业产业化增信基金实施方案，探索通过增信方式帮助贷款融资。组织龙头企业参加了国家农业产业化重点龙头企业培训班，会同省委组织部组织了100家龙头企业家培训班，组织各市围绕金融、管理、政策等组织培训班次达10余次。组织龙头企业赴先后参加中国安徽农业产业化交易会、中国农产品交易会（河南）等大型展会、福建国家农交会等大型展会，帮助企业拓展销路，树立品牌。强化了统计调查体系，进一步完善信息系统建设，利用信息手段开展对重点企业、项目等的日常监测。组织力量对全省农产品加工业发展情况进行了摸底调研，形成了调研报告。围绕一二三产融合，深入开展了以股份联结为纽带发展农业产业化的调研活动。

【农业对外开放】 农业开放发展取得新成效。省农业厅组成中东欧团和美国加拿大代表团，开展对外交流合作，取得一批成果，提高了综合利用国内国际两种资源、两个市场的能力。中东欧团出访德国、保加利亚、罗马尼亚等5国，推动了蔬菜、玫瑰、肉鸡等一批农业合作项目；美国加拿大代表团出访美国、加拿大，签署2个省州间农业联络机制备忘录，推动了5个重点项目的合作进程。与南非姆普马兰加省、美国印第安纳州签署农业合作备忘录，建立了合作交流机制。9月份，在华盛顿参加“中美农业创新战略对话”活动，并作典型发言，进一步推动了河北省与艾奥瓦等州的农业合作。为了加强对农产品出口和农业对外开放的统筹指导，与商务厅、出入境检验检疫局共同制定《关于加快推进农产品出口生产基地建设的意见》。据统计，全省农产品出口16.6亿美元，下降7.6%。

【农业法治】 认真贯彻落实省政府和农业部依法行政工作总体部署，全省农业系统法治工作取得新进展。依法行政方面，进一步完善行政权力清单和运行流程图，并公示公开。制定修改完善权力运行流程图71份。积极落实减轻企业负担减免小微企业行政事业性收费项目工作。农业立法方面，以提高立法质量为核心，积极推进农业立法进程，《河北省草原条例》通过了省人大常委会一审，《关于促进农作物秸秆综合利用和禁止露天焚烧的决定》已由省人大常委会颁布实施。全面清理了涉及农业职能范围的13部地方性法规、11件省政府规章、16件省政府规范性文件、17件农业厅规范性文件，废止了不适合当前社会发展要求的4部地方性法规和3个规范性文件，规范了农业行政行为和行政执法行为。严格履行规范性文件的制定程序和备案制度，由省农业厅起草经省政府批准颁布了《河北省人民政府办公厅关于深化种业体制改革提高创新能力的实施意见》等8件规范性文件。对《河北省草种检验员认定管理办法》等4个规范性文件进行了合法性初审并报省政府法制办进行合法性审查。农业综合执法方面，研究制定了《关于推进农业综合执法体制机制创新的工作方案》，进一步明确了2015年农业综合执法工作思路和重点。推动执法规范化建设。推荐18个农业综合执法规范化建设“示范单位”。秦皇岛市、石家庄市畜牧水产局、滦南县3个农业综合执法机构被农业部确定为“农业综合执法示范窗口”，农业综合执法规范化建设达标单位达到69%。委托农业部管理干部学院，举办了全省农业行政执法骨干培训班。全省市县两级农业综合执法机构的执法骨干182人参加了培训。农业普法方面，组织人员参加了省政府行政诉讼法培训班。完成了省政府常务会《农业法》会前学法讲稿，组织了《行政诉讼法》、《种子法》厅党组会会前学法活动。组织了“12.4”普法宣传活动，顺利通过了全省“六五”普法验收。农业行政审批服务方面，为进一步深化行政审批制度改革，加强对行政审批中介服务机构管理，对省政府部门行政审批中介服务工作进行了清理规范。对涉及到省农业厅的3项非行政许可审批事项进行了清理。全年共受理许可项目922项，办结许可项目892项，接待信访169人次，608人。

（河北省农业厅 张宝立）

【农机化】 （一）发展情况。

1. 农业生产机械化程度和组织化程度进一步提高。2015年河北省农机装备总量大幅度增长，结构不断优化，全省农机总动力达到1.11亿千瓦，增长1.5%；大中型拖拉机保有量达到27.69万台，大中型拖拉机配套农机具达到45.82万部，玉米收获机达到5.44万台，小麦联合收获机达到8.22万台。全省农作物耕种收综合机械化水平达到74.7%，玉米机收水平75%，河北省小麦和玉米主要粮食作物基本实现机械化作业。农机合作社发展到2358个，服务农户数250余万户，已经承担了全省粮食生产耕种收关键环节社会化服务的30%以上的农机作业量。

2. 农机补贴顺利开展。2015年河北省以加快推进粮棉油等主要农作物生产全程机械化为重点，农机购置补贴资金覆盖全省所有农牧业县（市、区），共落实农机购置补贴资金12.37亿元，累计补贴各类农机具11.3万台（套），其中，拖拉机2.8万台，耕整地机械3.6万台，谷物收获机械3995台，播种机械1.1万台，玉米收获机8923台，畜牧水产机械9325台，设施农业设备1077台，受益农户达到91205户。

3. 重要农时季节农机化生产有序进行。充分发挥农业机械在春耕生产中的主力军作用，组织省、市、县的农机科技人员，搞好技术服务和开展农机春耕生产工作。春耕生产中，全省共投入农机具37.5万台，抗旱机具40.8万台，完成机械浇（灌）地面积5259.7万亩，机械耕整地面积3395.72万亩，机播面积2305.22万亩。

“三夏”作业中，各级农业、农机部门抓住晴好天气，科学组织调度，应急保障有力，机收市场有序，机具投入充足，收获进度快，9万多台联合收割机用时15天机收小麦3385.5万亩，机收率达到98.1%的高水平，机收小麦损失率低，秸秆还田率、玉米机播率均达到了90%。全省1000多个农机合作社，大力推行订单作业、承包作业、一条龙作业等服务模式，落实合同承包作业面积超过1千万亩。全省范围内开展“三夏”农机安全生产大检查，共出动监理人员780多人次、170多车次、组织活动152场，深入乡村一线送农机安全知识下乡，受益人数4.6万余人，“三夏”期间没有出现因农机具引发的火灾事故。

“三秋”是农机作业的关键季节，2015年河北省秋季作业的主要特点是：作业进度明显加快，玉米机收和青贮稳步推进，机具稳定性明显提高，机械化秸秆还田进度快、质量好，耕整地质量进一步提高。全省投入了19.7万台播种机，82.2万台拖拉机，5.37万台玉米联合收割机，玉米机械化收获3631.0万亩，机收率75%。小麦机播达到3575万亩基本实现机械化作业，大部分麦田在适播期内播完。

4. 深入推动农机深松全面开展。按照农业部和省政府有关农机深松工作安排部署，利用3亿元资金（省本级预算2.5亿元和中央农机购置补贴资金5000万元），在125个项目县抓好责任落实，层层分解任务目标，制定考核制度，在春、夏、秋三季开展深松作业1400万亩，任务量同比增加40%，其中春夏季深松作业266.29万亩，有效减轻了秋季深松作业压力，其余任务秋季完成。10月10日，全国秸秆综合利用和深松工作现场会在河北省召开，促进了全省深松工作的开展，11月16日全省按时完成深松1410.6万亩作业任务。

第五，推广保护性耕作节水压采项目。2015年河北省在5个市42个县共完成保护性耕作节水项目任务35万亩，形成了一批整村整乡连片推进的典型，完成了全省小麦保护性耕作节水项目任务。

（二）主要措施

1. 注重改革，扎实做好农机购置补贴政策实施工作。一是明确要求各实施县要在指定范围内至少选择一个粮食生产关键环节急需的机具品目实行敞开补贴，有条件的县可以对补贴范围内全部品目敞开补贴。二是简化操作程序，由原来的两次公示改为购机后一次公示，敞开补贴的机具品目实现手续一次性办理，积极开展“一站式”服务。三是与各市签定了《农机购置补贴实施工作责任书》，对相关企业和各市、县农机管理部门相关人员进行了培训。四是进一步明确职责，严格执行《关于处理好农机购置补贴相关问题的通知》，通过农机购置补贴软件系统设置，卡住关口，避免相关违规问题发生。五是积极开展农机报废更新试点工作，学习借鉴兄弟省份的工作经验，结合河北省实际，对农机报废更新实施的范围、对象、条件、标准及工作流程等作出了具体规定，省农业厅、财政厅、商业厅联合印发了《关于做好农机报废更新补贴试点工作的通知》，对整体工作提出了明确要求。

2. 协调联动，服务到位，保障有力。一是在农机化生产工作中，充分发挥农业机械的主力军作用，省农机局在组织领导方面，早谋划、早安排、早启动，抓住关键，突出重点，制定了工作方案，强化了工作措施和任务目标，做到一级抓一级，一级对一级负责。坚持农机农艺融合，加强与相关部门的紧密配合，通力协作，形成合力，及时协调解决农机化生产中的矛盾和问题。二是“三夏”、“三秋”期间实行值班责任制，尤其在“三夏”期间，省、市、县农机部门实行24小时值班制，148个市、县热线电话统一在河北省农业机械化信息网上向社会公开，第一时间处置突发事件。三是大力推进“全国农机化生产信息管理服务平台”应用力度，积极发展3G手机终端客户群，2015年比上年增加了5000多个用户，每日及时把免费天气情况、收获进度发布给全省3万个多个农机手以及合作社、农机维修网点和下级农机部门。四是启动“三夏”汛期气象服务方案，强化与省气象局、气象台的工作对接，省农机局向气象部门提供生产进度信息，气象部门提供中期、短期和3小时短时临近天气预报，通过信息平台第一时间向机手发出预警，应对天气突变。五是提高了“三夏”、“三秋”机收作业的组织化程度，全省1000多个农机合作社，大力推行订单作业、承包作业、一条龙作业等服务模式，落实合同承包作业面积超过1千万亩。以新购农机的驾驶操作人员为重点，复训、新训相结合，组织开展技术培训工作，确保农机驾驶操作人员以良好的技术素质投入作业。六是强化农机安全生产，在全省范围内开展农机安全生产大检查，共出动监理人员780多人次、170多车次、组织活动152场，深入乡村一线送农机安全知识下乡，受益人数4.6万余人，“三夏”、“三秋”期间没有出现因农机具引发的重大事故。七是推进农机规模化作业，农机深松推广了春夏秋三季作业，重点在有条件的市县推广深松施肥播种一体机，确保夏玉米一播“苗全、苗均、苗壮”。积极推进机械化秸秆综合利用，大力推广小麦秸秆机械化粉碎覆盖还田、秸秆打捆等技术，确保全省小麦秸秆机械直接还田率达到90%以上。

3. 高度重视，完成深松整地任务目标。一是将农机深松整地工作列入省重点督查项目，实行县长负责制，将深松作业补贴标准由过去的25元/亩提高到30元/亩，并从中为县级农机深松管理部门安排了深松质检费用补贴0.5元/亩。二是以粮食生产核心区为重点，大力推进夏玉米深松深厚层施肥免耕播种作业和麦田秋季深松整地作业，在张承等适宜地区广泛实施春播前深松整地作业，实现了作业时间、地域、作物品种全覆盖。三是严格执行作业进度日报制度，有针对性的加强工作措施，从10月1日起，各项目县每天下午4点前将作业进度报市，市汇总后报省，省统计后编发短信，分别报厅长和主管副厅长。四是省农业厅成立了11个农机深松项目专项督导组，截至10月底，省厅已对35个作业进度相对较慢的项目县进行了督导检查，有效加快了全省深松作业进度。五是从10月27日开始，每周对项目县农机深松整地作业进度进行全省通报，并抄送项目县人民政府，鼓励先进，鞭策落后，促进了全省深松作业的快速推进。

4. 多措并举推动保护性耕作节水项目。对项目县市区的小麦免耕播种机、深松机等保护性耕作机械实行敞开补贴，2015年全省新增小麦免耕播种机400多台。小麦保护性耕作节水技术项目优先安排在家庭农场、种粮大户、合作社等新型经营组织实施，机具作业效率大大提高、作业质量大幅度提升。项目农机农艺深度融合，保护性耕作和水肥一体化、深松等多项目捆绑实施，有力的保障并加快了项目的进展。全省300多个技术服务小分队，深入到田间地头搞好服务，分片包村（合作社）、包机具、包地块，搞好技术服务并监督项目实施。

（河北省农机局　郭　恒）

农垦经济

【概况】 河北省农垦系统的农（牧）场大部分是在五十年代国家为了巩固新生的人民政权，尽快恢复和发展经济，由转业官兵、知青以及地方抽调的干部群众，在人烟稀少的沿海滩涂、坝上高原、内陆洼淀开垦而逐步建立起来的，经过半个世纪几代人艰苦不懈的努力，河北垦区成为全国各垦区中较大的一个垦区，2015年全系统共有32个国营农（牧）场（23个农场，9个牧场）和1个省级农垦科学研究所，其中市属场14个，县属场18个。农（牧）场分布在全省除邯郸、衡水和秦皇岛外的8个市，最北部的沽源牧场与内蒙古自治区接壤，南至隆尧县境内，西临太行山脚下，东至渤海之滨，大部分处在环渤海、环京津经济圈内。全系统土地总面积393.15千公顷，其中耕地97.76千公顷，草场94.43千公顷，林地79.53千公顷，水面26.70千公顷，居民工矿企业占地43.39千公顷，其他面积51.34千公顷。2015年实现农垦生产总值455.65亿元，比上年增长6.44%。其中，第一产业增加值47.82亿元，增长11.78%；第二产业增加值235.09亿元，增长1.75%；第三产业增加值172.74亿元，增长

11.99%。2015年人均GDP净增加5260元，达到9.97万元，比上年增长5.57%。人均纯收入1.35万元，比上年增长4.77%。2015年各农场发挥自身优势，积极调整产业结构，特色主导产业对经济发展起到了龙头拉动作用。一、二、三产业增加值在农垦生产总值中的比重分别为10.49%、51.59%、37.91%，第一产业比重比上年下降了0.5个百分点，第二产业比重比上年下降2.4个百分点，第三产业比重比上年上升了1.9个百分点。

全垦区33个农牧场中，生产总值超过1亿元的有10个。这10个农牧场共有职工6.45万人，耕地81.27千公顷。2015年实现生产总值451.05亿元，占垦区生产总值的98.99%。其中农业增加值61.13亿元，工业增加值196.52亿元，利润总额22.6亿元，销售税金31.47亿元。生产总值列前三位的是中捷农场、柏各庄农场、南大港农场，生产总值分别为130.10亿元、101.87亿元、85亿元。

2015年末全垦区拥有大中型工业企业、龙头企业18家，全年完成总产值390.38亿元，销售产值363.9亿元。完成增加值83.74亿元。年末资产总额209.88亿元，固定资产原值132.97亿元，从业人员8590人，实现利税总额20.71亿元。

截至2015年底，全垦区共有“三资”企业25家。企业投资总额约4.65亿元人民币，其中外方投资总额3.09亿元，我方投资总额1.56亿元。

【第一产业】 2015年，垦区切实贯彻落实惠农强农政策，加快农业科技推广，加强现代农业建设，农业综合生产能力平稳增强。全年实现农林牧渔业总产值88.98亿元，比上年下降1.98%。其中：种植业产值29.85亿元，增长5.07%；林业产值0.89亿元，下降5.32%；牧业产值32.94亿元，增长3.68%；渔业产值25.29亿元，增长19.24%；服务业产值8.93亿元，增长3.60%。

全年农作物总播种面积为100.74千公顷，比上年减少0.38千公顷，下降0.38%。其中：粮食作物播种面积78.24千公顷，比上年增加5.73千公顷，增长7.90%，占农作物总播种面积的77.67%；棉花面积7.66千公顷，减少4.57千公顷，下降37.37%；油料面积1.26千公顷，减少0.34千公顷，减少21.25%；蔬菜、瓜类面积5.91千公顷，减少0.7千公顷，减少10.59%。其他作物7.38千公顷，减少0.56千公顷，下降7.05%。

垦区全年农作物总用种量1.54万吨，其中，杂交水稻5003吨，杂交玉米2619吨，棉花192吨。种子基地种子播种面积8457公顷，生产量合计1.32万吨；加工厂7个，加工生产能力15375吨；种子公司8个；年末从业人员372人，其中技术人员65人；种子质量检验室7个，种子检验人员20人。

2015年粮食总产量53.24万吨，比上年增加8.07万吨，增长17.87%。为国家提供商品粮42.21万吨，比上年增加1.76万吨，增长435%，商品率为79.29%，与上年基本持平。

畜牧业保持健康发展。2015年末大牲畜存栏20.28万头。奶牛数量达到18.47万头，增加1.92万头，比上年增长10.46%；牛奶总产量53.87万吨，增长1.90万吨，比上年增长3.66%。察北、沽源、大曹庄三个农场牛奶产量分别达到26.20万吨、13.31万吨和7.31万吨，占全垦区牛奶总产量的86.91%。

水产养殖业保持平稳发展。2015年末水产品养殖面积1.75万公顷，比上年下降2.06%。养殖面积中淡水9422公顷，海水8048公顷。全年水产品总产量1.37万吨，比上年增加1947吨，增长1.44%。其中：淡水产品产量10.31万吨，增长1.19%；海水产品产量3.38万吨，增长2.24%。对虾产量2.11万吨，比上年下降6.87%。

全年植树造林面积4.23千公顷，其中用材林0.02千公顷，经济林0.25千公顷，防护林3.94千公顷。年末林地面积79.53千公顷。

农业基础设施建设得到加强，农业生产机械化水平进一步提高。年末农业机械总动力119.43万千瓦，比上年增长8.13%。农用排灌动力机械1.35万台，15.15万千瓦，大中型农用拖拉机4749台，小型拖拉机2.32万台，播种机3291台，联合收获机806台，机动割晒机1090台，机动脱粒机6131台，农用运输车辆7649辆。水稻工厂化育秧设备79套，温室900万平方米，大棚559万平方米。实际机耕面积85.53千公顷，占年末耕地面积的比重达82.82%，当年机播面积87.05千公顷，占农作物总播种面积的比重达87.82%，机械收获面积65.85千公顷，占农作物总播种面积的69.85%。

现代农业示范引领作用有效发挥。以确保粮食等主要农产品供给为中心任务，在推动政策落实、强化科技应用，提升装备支撑上下功夫，农垦现代农业建设水平和示范带动能力进一步增强。一是示范区建设标准不断提高。重点实施粮食增产示范工程、经作增效示范工程、标准化养殖示范工程、循环农业示范工程、观光休闲农业示范等五大示范工程。组织创建10个种植示范区、10个养殖示范区，其中7个成为农业部示范区。二是强化示范带动能力建设。以种植业高产提升、畜牧业高产提升、现代农业示范区创建为抓手，积极开展新品种、新技术、新机具的集成推广应用和示范试验，促进农机农艺融合，良种良法配套，提升种养业整体水平。全年共实施种植业高产创建示范项目3个，面积2万亩。柏各庄农场万亩水稻示范片每亩单产达到715公斤；沽源牧场万亩马铃薯示范片每亩单产达到3083公斤，均高于高产目标。创建现代农业示范区10个，其中柏各庄农场、中捷农场、察北牧场列入全国农垦现代农业示范农场；柏各庄农场、沽源牧场列入全国现代农业示范园区。三是加强科技推广和体系建设。扎实推进农垦农产品质量安全追溯体系建设，组织申报了2016年追溯企业5家，并通过了农业部的审批。截至目前，河北垦区共有8家质量追溯企业。

【第二产业】 2015年第二产业实现增加值235.09亿元，比上年增长4.05%，增加值占农垦生产总值的51.59%，其中工业增加值208.28亿元，比上年增长9.34%；建筑业增加值26.47亿元，比上年下降34.72%。

工业保持平稳发展。2015 年工业企业总数为 1109 个，其中国有工业企业及规模以上的非国有工业企业 207 个，销售产值 732.12 亿元，下降 9.34%。乳制品产量 62.89 万吨，比上年增长 1.19%，液体乳产量 54.09 万吨，比上年下降 7.05%。

2015 年实现工业总产值 796.65 亿元，比上年下降 12.53%。国有工业总产值 214.59 亿元，下降 2.39%；轻工业总产值 524.13 亿元，增长 17.27%；规模以上工业企业总产值 746.10 亿元，下降 9.87%。主要工业产品总产值为：农副食品加工业 32.86 亿元，增长 11.16%；食品制造业 83.45 亿元（主要为乳制品制造业），增长 0.79%；纺织业 4.23 亿元，增长 21.20%；纺织服装、服饰业 3.05 亿元，下降 15.04%；家俱制造业 22.52 亿元，增长 20.23%；化学原料及化学制品制造业 20 亿元，增长 6.78%；造纸及纸制品业 8.27 亿元，增长 23.25%；黑色金属冶炼及压延加工业 56.39 元，下降 2.22%；金属制品业 18.57 亿元，增长 4.38%；交通运输设备制造业 79.43 亿元，增长 98.47%；石油加工及炼焦业 356.32 亿元，下降 18.42%。

建筑业稳步发展。建筑企业 116 个，年末从业人员 7128 人。全年实现增加值 26.47 亿元，下降 34.72%，年末固定资产原值 2.85 亿元，全年施工房屋建筑面积 158.02 万平方米，房屋竣工面积 98.21 万平方米。

垦区危房改造工作顺利开展。2015 年垦区危房改造 5087 户，涉及 4 个设区市，10 个农（牧）场。开工项目建设进展顺利，各项工作正常开展，截至目前开工 4787 户，开工率 100%。落实中央和省级配套资金 1.67 亿元，完成阶段性目标任务。

【第三产业】 交通运输业全年完成货运量 5.60 亿吨，客运 1018 万人次；年末单位个数 5795 个，从业人员 1.91 万人，运输工具 1.07 万台；营业总收入 22.47 亿元，比上年增长 3.36%。

批发零售业、餐饮业、服务业年末单位个数 1.27 万个，固定资产原值 30.13 亿元，比上年增长 2.76%，营业用房面积 51.29 万平方米，增长 2.58%；营业总收入 279.19 亿元，比上年增长 4.72%，其中批发零售业 206.02 亿元，比上年下降 0.12%；餐饮业 20.59 亿元，比上年增长 0.12%；服务业 52.59 亿元，比上年增长 32.24%；批发零售业、餐饮业、服务业营业网点数 1.53 万个，年末从业人员 4.77 万人。

全年出口商品总金额 16.45 亿元，比上年增长 6.75%。其中：农产品 229 万元，增长 281.67%；水产品 9275 万元，增长 15.02%；工业品 15.50 亿元，增长 6.15%。

【固定资产投资】 固定资产投资增速较快。固定资产投资对垦区经济持续增长起着较强推动作用。2015 年全垦区完成固定资产投资总额 480.67 亿元，比上年增加 5.15 亿元，增长 1.08%。国有固定资产投资 65 亿元，比上年基本持平；非国有固定资产投资 415.67 亿元，比上年下降 3.45%。

二、三产业投资额增加显著。第一产业投资 64.67 亿元，比上年增长 75.92%；第二产业投资 271.10 亿元，比上年下降 6.25%；第三产业投资 144.90 亿元，比上年下降 3.14%。一、二、三产业在固定资产投资中比重为 13.45：56.40：30.15。

固定资产投资中，国家预算内资金 3.05 亿元，国内贷款 59.42 亿元，自筹资金 404.42 亿元，其他资金 13.22 亿元。当年新增固定资产 234.66 亿元。

当年新增生产能力主要有：喷灌面积 2255 公顷，造林 1180 公顷，大中型拖拉机 83 台，联合收割机 14 台，输电线路 15 公里，变电设备 26 台，住房 6.3 万平方米；公路 72 公里，机制纸及纸板 580 吨/年。

【农垦科研、教育、卫生】 2015 年末全垦区拥有科研单位 8 个，其中省、地属科研单位 1 个，场属 7 个；从业人员 157 人，其中科技人员 108 人。科研经费 2160 万元，其中国家拨款 1595 万元，省地局自筹 481 万元，企业自筹 84 万元。

教育事业健康发展。2015 年末全垦区拥有学校 101 所，教职工 4313 人，其中教师 3923 人；在校学生 48008 人，当年毕业生 10659 人。其中：普通中等专业学校 3 所，成人中等专业学校 1 所，普通中学 18 所，职业中学 2 所，小学 77 所。

卫生服务体系建设得到加强。2015 年末全垦区共有分场以上医疗单位 124 个，病床 1812 张，其中医院 39 个；从业人员 1532 人，其中医生 792 人。

【垦区人口、职工、收入与社会保障】 2015 年末垦区总人口 45.92 万人，全年出生人口 5128 人，出生率为 11.2‰；死亡人口 3332 人，死亡率为 7‰；自然增长率为 3.9‰。

年末全垦区从业人员 28.11 万人。其中第一产业 10.99 万人，比上年减少 0.81%；第二产业 9.19 万人，减少 0.33%；第三产业 7.92 万人，增长 0.13%。

职工生活水平进一步提高。2015 年全垦区实现人均纯收入 1.35 万元，比上年增长 4.77%。垦区危房改造工作自 2011 年开展以来，职工居住条件得到改善，年末职工实有住房面积 1538 万平方米，比上年增长 6.78%，人均住房面积 33.65 平方米。

【农垦绿色、有机食品、无公害农产品】 截至 2015 年末，河北省垦区认证了 32 个绿色、有机食品、无公害农产品，带动 38062 个农户。其中：种植业 7 个，含水稻 4 个、小麦 1 个、蔬菜 2 个；已认证的绿色食品 A 级面积 2182 公顷，产量 1.99 万吨；已认证的有机食品面积 650 公顷，产量 5050 吨；已认证的无公害农产品面积 6650 公顷，产量 7.51 万吨。渔业 3 个，含淡水鱼 1 个、海水鱼 1 个、蟹 1 个；已认证的绿色食品 A 级面积 2500 公顷，产量 2625 吨；已认证的无公害农产品面积 1775 公顷，产量 1343 吨。畜牧业 18 个，其中生猪 5 个、肉牛养殖 1 个、奶牛养殖 10 个、羊养殖 1 个、蛋鸡 1 个、肉鸡 1 个；已认证有机食品数量 2 万头，产量 14.60 万吨；已认证的无公害农产品中，牛奶产量 123.12 万吨。加工业 4 个，均为乳制品。

【垦区非国有经济】 非国有经济在河北农垦经济总量中起着决定性的作用。2015 年，非国有经济全年实现农垦生产总值 362.44 亿元，比上年增长 42.78%，占全社会经济总量的 79.54%。其中第一产业增加值 20.57 亿元，增长 28.40%；第二产业增加值 175.87 亿元，增长 21.19%；第三产业增加值 166 亿元，增长 79.05%。各产业在非国有经济农垦生产总值中所占比重分别为：5.68%、48.52%、45.80%。第三产业增长显著。

年末非国有经营单位 2.19 万个。其中集体经济 108 个，个体企业 1.93 万个，私营企业 2410 个，港澳台及外商企业 25 个。从业人员 18.12 万人，其中第一产业 4.57 万人，第二产业 6.52 万人，第三产业 7.03 万人。从业人员报酬总额 41.60 亿元，人均收入 2.30 万元，增长 15.04%；全年共实现利税 87.74 亿元，减少 8.78%。

【垦区社会事业】 社会事业建设取得新进展，城镇建设步伐加快，发展环境明显改善。以服务农垦职工群众和改善人居环境为目标，农垦的教育、文化、卫生等各项社会事业都有进一步发展。一是扶贫开发建设取得新的进展。“十二五”期间国家投入扶贫开发资金 4380 万元。贫困农牧场基础设施和生产条件得到改善，职工群众生活水平明显提高。二是办社会职能改革工作进展顺利。为了切实减轻国有农场办社会负担，巩固国有农场税费改革成果，国务院农村综合改革工作小组 2012 年选取内蒙古、辽宁等 8 个省份在全省（区）范围开展国有农场办社会职能改革试点工作。经河北省积极争取，2013 河北省已纳入国有农场办社会职能改革试点省份，2014 年底《国有农场办社会职能改革试点方案》已经省政府批复并下达各市。2013—2015 年共落实国家奖补和省级配套资金 7.346 亿元。其中，中央 3 年来每年下达河北省奖励资金 1.082 亿元，合计 3.246 亿元；省本级预算分别安排 1 亿元、1.5 亿元、1.6 亿元，合计 4.1 亿元。这项政策资金的落实将大大减轻河北省国有农场办社会负担，进一步理顺政企、事企、社企关系，促进国有农场经济发展和社会稳定。三是社会保障体系进一步加强。部分经济发展较快，财政收入较多农场开始探索建立完善的民生保障立体网络。农场创建了“基金”体系网络，大程度上提高百姓幸福指数。设置了重点救助、一般救助、定向救助、量力而行、不重复救助等五大救助原则，同时规定了重大疾病救助、一般疾病救助、爱心助学救助、特困家庭重大灾难救助、定向救助标准等五大救助标准，确保所有老百姓都能看得起病、上得起学、抵得起灾。

（河北省农垦局　张轶红）

林　业

【造林绿化】 2015 年，全省林业系统按照“增林扩绿，林果并重，改善生态环境，推动经济发展”总体思路，紧密围绕京津冀林业协同发展，大力实施“绿色河北攻坚工程”，圆满完成了全年各项目标任务。围绕省委、省政府确定的“每年造林绿化 28 万公顷、森林覆盖率增加 1 个百分点”的目标，切实加大造林绿化力度。截至年末，完成造林 34.26 万公顷，占全年任务的 122%，是近年来同期完成任务最多、进展最快的一年。充分发挥 10 个人工造林大县和 10 个封山育林大县示范引领作用，高标准完成京津风沙源治理、三北防护林、太行山绿化、沿海防护林等国家级重点工程造林 12.97 万公顷。新一轮退耕还林工程全面启动。认真落实京冀、津冀战略合作框架协议，加快推进京津冀协同发展区域成片造林，完成京津保平原生态过渡带 6.67 万公顷、环北京成片造林 6.67 万公顷、廊道绿化 4700 公里，村庄绿化 1.97 万公顷，京津风沙源治理 3.97 万公顷，坝上退化林分更新改造作业 1.67 万公顷。完成了太行山绿化调研，开展了《太行山绿化三年见成效实施方案》编制工作。

【林果产业】 省政府办公厅出台了《关于加快木本油料产业发展的意见》，对全省木本油料产业发展工作进行了全面部署。以 10 个果品特色县和十大果品龙头企业为抓手，加快苹果、梨、核桃、红枣、板栗、葡萄、观光采摘等七大优势果品生产基地建设，新增高标准果品基地 13.53 万公顷。完成果树结构调整和树体改造 13.87 万公顷，分别占年度任务的 101%和 104%，建设高标准果品观光采摘园 119 个。启动了果品质量安全追溯系统建设，加大重点品种、重点区域、重点时段果品质量安全监测力度。开展了 13 个新建林下种植中药材示范基地建设，完成了林下经济专题调研。加大对省级花卉示范基地扶持力度，加快推进花卉产业园区建设，全省新增花卉种植面积 2467 公顷。扎实做好唐山世园会筹建工作，招商招展和展园建设进展顺利。林业产业总产值 1474.6 亿元。

【林业改革】 启动了赞皇县国家集体林业综合改革试验示范区建设。开展了集体林权制度主体改革“回头看”，扎实推进集体林权制度配套改革。全省累计建立林权流转服务机构 80 个，流转林地 36.07 万公顷，流转金额 10.8 亿元，落实林权抵押贷款 10.9 亿元。编写了《河北省森林保险理赔操作规程》，成立了森林保险理赔专家小组。全省森林参保面积 215.27 万公顷，是 2014 年参保面积的 1.5 倍，收取保费 8197 万元。全省森林参保面积已达 213.33 万公顷，总面积比上年同比增长 53%。其中公益林 142 万公顷，商品林 71.33 万公顷，收取保费 8197 万元。稳步推进国有林场改革。第一批改革试点任务总体完成，丰宁县国营林场总场和隆化县国有林场管理局均更名为国有林场管理处，由原来的正科级升格为副处级，21 个试点林场全部界定为公益林场，重新核定编制 1017 个，较改革前精简 13.4%，完善了民生保障体系，职工五险一金全部缴纳，实现了应保尽保，839 户危旧房改造任务全部完成，所有职工进城落户。积极推进林业行政审批制度改革，规范改进行政审批行为。衔接国家林业局下放行政许可 1 项，取消国家指定地方实施行政许可 2 项，取消省本级行政许可 1 项，全面取消了非行政许可事项。

【法治建设】 对涉及林业的地方性法规和政府规章进行了全面清理，对与全面深化改革要求不相适应的，提出了修改或废止意见。在完成权力清单基础上，编制了权力运行流程图。加强规范性文件管理，对44件规范性文件进行了清理，提出保留废止建议。开展了非法侵占林地清理排查和“金钺”“金剑”“金网”“金盾”等专项行动，全年共查处各类涉林案件4951起，行政处罚4764人次，抓获犯罪嫌疑人235人，集中侦办了一大批重特大案件，有力打击了涉林违法犯罪。深入开展“定便民之策、兴惠民之举、增警民之情”的“十个一”活动，加强林区治安防控管理，警民关系进一步密切，林区治安秩序持续向好。

【资源保护】 修订了省级预案和重点时段扑救方案，全面强化野外火源管理、隐患排查整治、火灾应急扑救等措施，全省共发生森林火灾74起，过火面积470公顷，受害森林面积86公顷，同比下降21%、60%和48%，没有发生重大以上火灾，没有发生重大人员伤亡，没有发生“进京火”。开展了林业有害生物普查外业调查。完成美国白蛾等病虫害防治作业1389万亩次，林业有害生物成灾率0.15‰，低于国家4‰的控制目标。省政府颁布了《河北省湿地保护规划（2015—2030年）》和首批12块省级重要湿地名录，批准建立省级湿地公园20处，总数达到50处。启动了全省森林资源规划设计调查。完成了“十三五”森林采伐限额编制工作。出台了《建设项目使用林地审核审批管理办法》，进一步规范了建设项目使用林地审核和审批管理。天然林资源保护工程顺利启动，天然商品林保护面积87.83万公顷。

【木兰围场生态综合发展】 6月河北省林业厅与承德市签订共同推动木兰围场生态综合发展合作框架协议。协议约定：一是建立合作机制。定期召开联席会议，研究阶段性共同推进工作内容，承德市发挥地方优势，在优化发展环境、改善交通条件等基础设施方面大力支持林场发展；省林业厅在林业生态建设、产业项目、资金和技术上积极支持承德经济发展。二是明确合作范围。将承德市管辖的小滦河流域“六乡三场”（御道口乡、老窝铺乡、西龙头乡、南山嘴乡、姜家店乡、山湾子乡和御道口牧场、红松洼牧场、卡伦后沟）和省林业厅直属的塞罕坝机械林场、木兰林管局及下属林场作为合作推进范围，统一规划，统筹管理。三是坚持生态优先。双方根据水源涵养功能区的要求，发挥自身优势，共同发展，加强协作。“六乡三场”重点发展林果业，加大力度扩大人工造林、封山育林规模，提高森林资源总量。塞罕坝机械林场、木兰林管局以提高森林质量、提高生态功能和经济带动功能为重点，搞好森林经营，促进可持续经营。四是发挥资源优势。在突出加强生态建设与保护的同时，致力于发挥围场坝上及接坝地区的资源禀赋和生态优势，打造新的经济增长极，实现生态效益、经济效益、社会效益有机统一。按区位生态定位和产业定位，充分考虑林业的生态价值，共享发展成果。五是强化人才交流。按照干部管理权限，支持围场县人民政府、“六乡三场”和塞罕坝机械林场、木兰林管局加强干部交流，双方共同推动干部任职、挂职锻炼工作。制定专业人才、技术骨干培训整体方案，实现优势资源共享。

【现代农业产业化洽谈会】 5月19日，廊坊“5.18”现代农业产业化洽谈会圆满结束。本次洽谈会，河北省林业厅共组织招商项目20个，其中，果品类6个、人造板类3个、种苗类2个、花卉类1个、野生动物驯养及深加工1个、森林旅游类2个、林下经济类2个、其他类3个。河北省林业厅邀请的省外嘉宾和客商20家及省内涉林企业20家80余人到会洽谈。

【京津冀名优果品擂台赛】 京津冀林业部门在9月26日至9月28日举办的十九届中国（廊坊）农产品交易会期间联合举办“京津冀名优果品擂台赛暨果王评选活动”，共评选出“果王”51个。这是河北省举办的第三届名优果品擂台赛暨果王评选活动，与往届相比本届首次邀请了京津地区参加，参赛产品总数量增加了100个，达到668个，参赛的龙头企业、合作社、家庭林（果）场数量达到286家，比赛类别增加了文玩核桃、仁用杏、花椒等特色产品。据统计，河北省林业展区共接待观众2万余人，其中京津林果种植大户、龙头企业负责人约300余人。

（河北省林业厅　袁　媛）

畜　牧　业

【概况】 2015年，河北省畜牧兽医系统认真贯彻落实省委、省政府和农业部安排部署，主动适应经济发展新常态，按照“促发展、强监管、保安全、护生态”的总体要求，大力调整畜牧业结构、积极转变畜牧业发展方式，加强疫病防控，狠抓产业监管，健全各项保障体系，现代畜牧业发展水平再上新台阶，主要畜产品产量与市场需求更加紧密，产业发展步伐更加稳健，畜牧业生产在平稳中调整，在调整中优化。全省肉、蛋、奶和饲料总产量分别达462、373.6、481和1330万吨，同比下降1.3%、增长3%、下降3%和增长2.3%，畜牧业产值达到1904.1亿元，占农林牧渔业的31.8%，同比下降1.7%。全年没有发生重大畜产品质量安全事件、区域性重大动物疫情、等级以上草原火灾和重大安全生产事故，顺利完成各项目标任务，重点工作有新突破。与“十一五”末相比，肉、蛋、奶和饲料总产量分别增长10.87%、10.17%、7.1%和22.5%，特别是畜牧业产值，增幅达到32.4%。猪、牛、羊、活家禽存栏分别达到1865.7万头、412.5万头、1450万只、3.78亿只，同比分别下降2.6%、增长2.5%、下降5%、下降2.3%，猪、牛、羊、活家禽出栏分别达到3551.1万头、325.4万头、2255万只、5.84亿只，同比分别下降2.4%、增长1.5%、增长3%和2%。

【推进奶业振兴】 将促进全省奶业健康平稳发展作为工作重点之一，努力构建奶业利益联结长效机制。积极与蒙牛、伊利等大型乳品企业沟通协调，加强合作，与34家在河北有收购生鲜乳业务的乳品企业全部签订了《完善奶业利益联结长效机制合作备忘录》，内容涵盖奶源基地标准化建设、生鲜乳和乳品生产有计划同步发展等12个重点环节，印发《关于完善利益联结长效机制促进奶业持续健康发展的通知》，确定工作思路目标、工作重点和保障措施。全年建设生产乳粉用奶牛场73个，补贴资金8795.4万元，带动社会投资8900多万元，改造奶牛规模养殖场（小区）133个，建成君乐宝察北、高碑店、行唐、鹿泉、威县5个自有奶源基地。落实国家奶牛良种补贴资金3057万元，补贴冻精156.77万支；安排生产乳粉用高产奶牛胚胎移植资金1414万元，补贴高产奶牛雌性胚胎7000多枚。生鲜乳收购站视频监管，覆盖比例达到65%以上。针对乳企限收拒收生鲜乳和奶农"卖奶难"问题，连续召开5次协调会议、向相关乳品企业发函和通报情况，落实补贴资金2334.6万元，及时向省政府、农业部报送有关情况和采取的应对措施，提出稳定生鲜乳生产建议，农业部给予充分肯定并在全国推广。印发《关于开展金融支持奶牛青贮工作的通知》，对奶牛养殖场（区）融资给予担保、贴息等融资支持，提供贷款5442.9万元。

【转变畜牧业生产方式】 大力推进标准化规模养殖，全省备案规模养殖场达到24842个，备案率63.54%；蛋鸡、生猪、肉鸡、肉牛、肉羊规模养殖比例分别达到66%、62%、70%、34.5%、67.5%，奶牛规模养殖连续5年保持100%；落实健康养殖、标准化规模养殖资金2亿多元。开展畜禽养殖标准化示范场"四级联创"活动，新创建部级示范场18家、省级示范场211家，全省部、省级示范场稳定在1000家。建成21个畜禽标准化规模养殖示范区，主导品种科学饲养管理水平明显提高。形成年产值超100亿元的畜牧链条经济1条、50亿元以上的4条，10亿元的16条，各市培育38条市级链条，实现产值分别达到615.2亿元和257.1亿元，同比分别增长2.5%和1.8%。龙头企业自身销售额近320亿元，增长3.3%；辐射带动的区域达到130个县（市、区），龙头企业自有养殖基地达到199个、带动养殖场7000个，辐射带动实现产值达到295.2亿元。印发《关于开展河北省2015年种养结合示范园区创建活动的通知》，创建种养结合示范园区100家，形成畜禽养殖标准化示范场与有一定作物种植规模相配套生产模式。印发《河北省促进金融支持畜牧业发展创新试点实施方案》，撬动资金58472.2万元，缓解产业融资难的问题。落实肉牛基础母牛扩群项目，共确定养殖大县10个，养殖大场18家，落实项目资金7100万元，增加了基础母牛数量，提高了全省肉牛标准化规模养殖水平。

【畜禽良种繁育体系建设】 新培育生猪国家核心育种场2家、国家肉鸡国家肉牛核心育种场1家、良种扩繁推广基地1家；完成了国家畜禽遗传资源委员会对深县猪的品种认定、太行鸡的现场鉴定和"大午金凤"蛋鸡配套系新品种前期审定工作，辛集正农深县猪和赞皇天然太行鸡纳入国家畜禽遗传资源保种项目。全省种牛站达到3个、原种猪场11个，市级精液配送中心11个，县级改良站167个，标准化基层改良站983个，基本实现猪、牛、羊人工授精网络全覆盖。奶牛DHI测定10.3万头、测定种公猪728头；举办第10届、第11届种猪拍卖会，启动肉牛生产性能测定。制定出台《家畜遗传材料生产经营许可证审核发放管理办法》，配合农业部完成《家畜遗传材料生产许可办法》修订工作，注销企业115家，过期企业23家。

【草原保护与建设】 印发《河北省2015年粮改饲试点、草牧业试验试点、生态保护补助奖励机制绩效评价奖励资金实施指导意见的通知（冀农财发〔2015〕48号）》，确定围场县、塞北管理区、行唐县3个县（区）为粮改饲试点县，落实中央财政资金1.45亿元，其中粮改饲试点县安排资金3000万元；在张北县、沽源县、康保县、尚义县、察北管理区、塞北管理区，承德市围场县、丰宁县、御道口牧场等9个半牧业县（管理区、牧场）实施草牧业试点工作。完成草地建设种草13.95万亩、圈舍建设25.85万平方米，完成任务60.6%、80%。连续16年未发生等级以上草原火灾，配合农业部举办草原防火演练，编制了《河北省草原防火"十三五"规划》。完成草原鼠、虫害防治460万亩，严重危害区域防治率达到100%，防效达到85%，爆发灾害得到及时控制。打造了张家口沽源县、黄骅市两个万亩苜蓿示范片区。

【畜禽养殖粪污治理】 强化畜禽粪污治理，明确专人负责北戴河地区近岸海域畜禽养殖污染治理的指导服务和现场督导，完成了188个规模养殖场清洁工程主体改造任务。积极开展国家粪污治理试点，完成2014年农业部、财政部畜禽粪污利用试点玉田县和安平县项目。与种养结合示范园区创建活动相结合，组织引导各地充分吸纳并综合利用养殖场产生的粪便、污水，实现生态循环。制定《2015年畜禽粪污资源化利用试点项目申报指南》，确定承德谷丰农业发展有限公司、廊坊康达畜禽养殖有限公司等5个试点项目，落实项目资金2000万元。编制《河北省畜禽规模养殖污染防治技术手册》，培训技术人员130余人。编写《河北省畜禽养殖污染监测及评估体系建设项目可行性研究报告》，核算确定生猪规模养殖粪便污水排泄指数分别为1.81千克/头·天、2.34升/头·天。印发《关于进一步加强畜禽养殖污染防治工作的通知》，利用标准化、畜禽标准化养殖、生猪调出大县项目资金，完成1506个养殖场粪污处理设施建设。

【统计监测预警及信息服务】 认真做好农业部确定的全省28个监测县畜产品和饲料价格与13个监测县的畜产品交易量周监测，为畜牧业生产提供科学依据；完成66个生猪等主要畜禽生产监测县430个监测村和1320个监测户、763个定点规模场、6个规模商品猪场、1600多个生鲜乳收购站月度监测，按时做好全省年度监测报表和省系统的畜禽生产月度报告、全省规模养殖场（区）备案统计季度监测及全省畜牧行业专业年报审核、汇总等相关工作。制定《河北省畜牧业统计监测工作省县考评管理办法》，有效促进各地统计监测工作开展。积极做好新增定点规模场监测统计、新增价格监测县与监测指标任务调查与推荐工作、2015年主要畜禽定点监测县"调村换户"等工作。全年撰写4篇《河北省畜牧业生产形势分析信息通报》，有效指导各地养殖场户搞好生产；利用“河北牧业”微信平台及时发布预警信息、政策法规等重大信息。完成全省15%定点监测县核查任务；对石家庄、邢台、承德、唐山、秦皇岛5个市10个主要畜禽定点监测县、畜产品与饲料价格定点监测县、畜产品交易量监测县及农业部定点生鲜乳收购站监测县进行了数据质量核查；加强人员培训，提高综合素质，举办培训班5期，全省全年培训统计人员208名。

【畜牧科研与技术推广】 认真做好项目立项和先进适用技术的推广工作，下达2015年畜牧兽医科技项目计划18项，组织制定《河北省畜牧技术推广工作实施方案》，重点推广先进实用技术30项，推介发布了6个畜牧业主导品种、15项主推技术，编制了技术指导手册。对河北科星药业有限公司申报的“转基因大肠杆菌载体活疫苗环境释放项目”进行了评审。组织申报2015年河北省农业技术推广奖（畜牧）贡献奖25人、项目奖14项、合作奖2项。印发《河北省畜牧兽医局关于印发省畜牧技术推广指导意见（2015—2017）》，根据各个地区及不同畜种养殖场户的技术需求，编写技术模块手册。将各项行业技术分解为实用、易懂的技术模块，实行各市认领与统一协调相结合的方式，对各模块自由选择、逐项嵌入，有效促进了各地先进适用技术的应用。

【京津冀畜牧产业协同发展】 作为京津冀协作畜牧兽医主持省份，充分发挥组织协调作用，多次组织召开由京津冀三地畜牧兽医事业合作畜牧组全体成员及部分大型畜禽养殖、畜产品加工、市场营销等企业负责人参加的京津冀畜牧产业发展研讨会议，认真落实“京津冀协同发展框架协议”，研究制定了具体合作事项及推进措施。联合印发了《京津冀动物卫生风险评估分级管理办法（试行）》，明确了动物防疫监管对象的风险因素，统一了风险划分等级和评估程序，实施了风险监管的工作思路，提升了京津冀动物疫病防控水平。

【畜产品质量安全监管】 全省136个县（不含区）全部建立了畜产品（农产品）安全监管股，493个乡镇成立了独立的监管机构，1473个乡镇由乡镇站负责畜产品质量安全监管工作。市级畜产品检测中心全部通过计量认证，有7个通过了畜产品质量安全检测机构考核，79个县开展了检测工作。石家庄、廊坊等6个市建立了综合执法支队，有80个县建立了综合执法大队。印发《关于进一步健全“瘦肉精”监管长效机制的通知》，完善了“瘦肉精”案件查办机制。转发《关于进一步加强畜禽屠宰检验检疫和畜禽产品进入市场或生产加工企业后监管工作的意见》，初步建立了生鲜肉市场准入与产地准出衔接机制。印发《关于规范畜产品质量安全抽检付款凭证的通知》。撰写了《“瘦肉精”监管工作检查和评估报告》，开展“瘦肉精”专项整治“百日会战”行动，共抽检生猪14.63万批次、肉牛2.61万批次、肉羊3.68万批次，检出不合格样品16批次，已全部进行了核查和溯源。印发《2015年河北省饲料兽药和畜产品质量安全监督抽检及监测计划》，组织生鲜乳和“瘦肉精”监测、节假日应急监测，组织开展了第四届检测技术人员大比武活动。对全省146起畜牧兽医类违法案件查处情况进行通报，完成6起案件线索的核查溯源工作，对深州市园林养猪厂销售的黑猪冒用无公害标识的问题进行了处理。新认定无公害产地82个，有32家企业获得了无公害畜产品认证证书，全省有效期内的无公害畜产品达到267个。举办无公害畜产品认证培训班，培训认证业务骨干220多人、养殖企业无公害内检员400余人，为推动工作开展奠定坚实基础。

【动物疫病免疫】 始终坚持把防控重大动物疫病摆到重要位置，高度重视，认真对待，狠抓重点部位、薄弱环节和关键措施，有力有序有效地开展防控工作。免疫程序逐步规范，抗体监测全面开展，免疫质量显著提高。召开全省春秋季重大动物疫病防控视频会议，印发《河北省2015年重大动物疫病防控实施方案》、《2015年河北省主要动物疫病免疫工作方案》、《河北省动物疫病监测和流行病学调查计划》和《2015年重大动物疫病防控工作督导检查方案》，逐级对基层站防疫人员和村级防疫员开展了防控技术培训，对全省春秋防工作进行了交叉检查验收，被抽查县应免畜禽免疫密度、免疫建档率、免疫持证率、牲畜耳标佩戴率都达到了国家规定标准，强制免疫各病种免疫抗体合格率都达到了80%以上。

【动物疫病监测】 着力建立健全省、市、县、乡、村五级疫情测报网络，扎实开展动物疫情预警预报工作，为及时有效防控动物疫情提供了科学依据。高致病性禽流感监测场点4540个，免疫抗体监测17.35万份，合格率94.47%；病原学监测（H5禽流感）6350份，全部阴性。口蹄疫监测场点5631个，免疫抗体监测17.98万份，合格率91.89%；病原学监测7962份，全部阴性。高致病性猪蓝耳病监测场点818个，免疫抗体监测1.92万份，合格率89.88%；病原学监测1667份，全部阴性。猪瘟监测场点3925个，免疫抗体监测11.66万份，合格率91.96%；病原学监测1717份，全部阴性。新城疫监测场点3616个，免疫抗体监测13.75万份，合格率95.09%；病原学监测1815份，全部阴性。分别于1月、6月份召开了省级动物疫情专家预警会议，形成预警报告。建立了京津冀动物疫情联合预警机制，制定《京津冀动物疫情联合预警组织章程》，召开首次京津冀动物疫情联合预警会议，形成了联合预警报告。对5个种猪场、4个种禽场开展了2次疫病净化监测，共监测高致病性禽流感免疫抗体759份，合格率100%；病原学监测759份，全部阴性。新城疫免疫抗体监测759份，合格率100%；病原学监测759份，全部阴性。禽白血病监测759份，AB亚群阳性率25.82%，J亚群阳性率3.69%。禽沙门氏菌病监测759份，病原学阳性率0.66%。高致病性猪蓝耳病免疫抗体监测812份，合格率97.54%；病原学监测共486份，全部阴性。猪瘟免疫抗体监测812份，合格率96.79%；病原学监测456份，全部阴性。积极组织开展兽医实验室考核验收工作，全省11个市级、153个县级兽医实验室通过了考核验收。

【动物卫生监督】 切实加强对畜禽饲养、屠宰加工、经营、运输和储藏环节的监督管理，对病死畜禽要严格进行无害化处理，确保畜产品安全。强化综合能力培训，对11个设区市主管局长、动监所长和主管所长，以及193县（市、区）的动监所长全面开展官方兽医培训；组织编印了《动物卫生监督知识题库》，定期对全省官方兽医进行抽查考试。积极开展动物检疫电子出证工作，全年共电子出具各类检疫证明700多万份。全省共建立检疫申报点近2717个，在定点屠宰场全部建立了官方兽医办公室，全省产地检疫动物6.71亿头（只）、屠宰检疫动物3.38亿头（只）。对不同的监管场所进行动物疫病风险评估，将监管对象评定为A级、B级、C级三个等级，完成评估对象3.14万个，占监管象总数的95.26%，其中风险等级A级的有5465个、B级1.08万个、C级1.51万个。对A级动物防疫监管对象每60日监督检查不少于1次；对B级动物防疫监管对象每45日监督检查不少于1次；对C级动物防疫监管对象每30日监督检查不少于1次。

【畜禽屠宰监管】 全省畜禽屠宰监管制度改革稳步推进，11个设区市畜禽屠宰机构职能、监管和执法人员全部划转到位，县级机构、人员划转工作有序进行。印发《河北省畜禽定点屠宰企业基本管理制度》，对畜禽定点屠宰企业制度建设、安全生产、企业管理等方面进行规范统一，督促定点屠宰企业严格按照技术规范要求，进行规范化、标准化生产。加强屠宰环节病害猪无害化处理监管工作，全省病害猪无害化处理共计918.25万头。认真开展畜禽定点屠宰监管，全省各级畜禽定点屠宰管理部门共开展执法1.23万次，出动执法车辆1.35万车次，出动执法人员4.84万人次，捣毁私屠滥宰窝点34个，查处违法案件191起，清理关闭不合格屠宰企业2家，罚款47.44成发元，有效规范了畜禽定点屠宰秩序，净化了屠宰环境，维护了公共卫生安全。

【应对突发事件】 3月18日晚，中央电视台《焦点访谈》以“关口开危险来”为题报道衡水市深州、故城县生猪检疫监管工作存在突出问题后，省畜牧兽医局立即召开会议，进行安排部署，迅速派出工作组连夜赴衡水市深州市、故城县对新闻报道的情况进行核查，了解相关情况。印发通知要求各地在动物产地检疫、屠宰检疫、证章标志管理、监督检查、公路动物卫生监督和定点屠宰监管等方面，开展一次全面彻底自查和检查，发现问题及时纠正并认真整改，违反法律法规的依法进行处理。成立应急处置领导小组，设综合协调组、疫情监测组、现场调查组三个工作组，实行24小时值班，负责整个事件应对处置工作。派出2个技术专家组，赴深州、故城采集样品，开展动物疫情检测。召开全省动物检疫监管专项整治工作视频会议，决定在全省开展为期一个月的动物检疫监管专项整治活动，重点整治动物卫生监督执法过程中的不依法履职、不作为甚至乱作为现象。

【医政药政】 全年全省共组织1659人参加2015年执业兽医资格考试，无泄密事件发生。组织开展了督导检查调研活动，共督导检查了26个动物诊疗单位，查处动物诊疗机构违法案件33件，取缔无证经营动物医院1家，动物诊所11家，对全省注册的882名执业兽医师和232名执业助理兽医师进行了监督检查。印发《2015年全省兽用抗菌药专项整治行动方案》，对违法生产、销售、违规使用兽用抗菌药物始终保持高压态势。印发《全省深化兽药产品标签和说明书规范行动方案》，规范了标签和说明书编写、印制等行为。组织查处假劣兽药，净化兽药市场，立案43件，结案43起，查处违法企业57个，其中生产企业23家，经营和使用单位34个，罚没款19.7万元。成功破获了河北东方牧业有限公司非法制售假疫苗案，涉案金额500余万元，挽回直接经济损失2.53亿元，7名主犯落网。印发《2015年度全省兽药质量及药物残留抽检工作计划》。对120家兽药生产企业核发了二维码密钥（用户名ID和初始密码）。印发《关于加强兽药生产企业安全管理工作的通知》和《全省兽药安全生产专项整治工作方案》，对全省药政管理者和所有兽药生产企业负责人进行消防知识培训，确保不发生重大安全事故。

【饲料产业发展】 按照“整合数量、增加产量、提高质量”原则，努力解决好严格行政许可审批与发展的关系，动态性保持企业总数，继续实施企业整合重组、强强联合战略，走集团化、规模化道路。扶优限劣，扶大限小，鼓励和支持大中型饲料和兽药企业上规模、上水平，饲料产业保持健康平稳发展。年产10万吨以上饲料生产企业达到28家，宠物饲料总产量达到15万吨，占全国总产量的50%以上，省级以上有效期内名牌产品数量达到25个，秸秆青贮预计达到2200万吨（鲜重），比上年增长了200万吨。印发《2015年实施饲料质量安全管理规范指导意见》，确定河北兴达等25家企业为省级示范企业并授牌。筛选河北方田、河北大成、唐山三福等三家企业作为第一批国家级示范创建企业，申请农业部验收。审核发放饲料和饲料添加剂生产许可证116个。集中严厉打击无证生产饲料和饲料添加剂行为，出动执法人员6944人次，检查未获证饲料加工厂（点）数量304个，取缔非法加工厂点17个，其中捣毁数量2个，查处案件37起，移交公安5起，处罚金额24.85万元。完成了蛋粉、蛋黄粉、蛋壳粉、蛋清粉等产品的标准起草说明、申报材料要求、生产许可条件、现场审核表的起草和审核校对工作。3月17—19日，2015河北省饲料工业发展峰会在石家庄成功举办。省农业厅副厅长、省畜牧兽医局局长张强，顾传学副局长以及农业部、中国饲料工业协会、省工经联、北京市饲料工业协会等领导出席峰会，省内外700余家企业代表人参加了峰会。

（河北省畜牧兽医局　赵学风）

渔　业

【概况】 2015年，河北省渔业坚持生态优先、以养为主、突出特色的方针，走“优质、高效、控量、增收”的发展道路，不断巩固发展“三大产业带”“八大基地”的特色产业格局，全省渔业保持了平稳、健康、快速发展的良好局面，“优质、高效、平安、生态”的特色渔业发展日趋鲜明。2015 年，河北省共完成水产品产量 129.3 万吨，比上年增长 2.3%，其中养殖水产品产量 94.0 万吨，增长.9%；捕捞水产品产量 35.3 万吨，增长 3.5%。

【渔业经济结构优化】 渔业经济规模不断扩大，2015 年全省渔业经济总产值预计可达到 240 亿元，增加值预计 140 亿元；水产品出口达到 4.56 亿美元，比 2010 年提高 204%；产业结构逐步得到优化，水产养殖业继续优化区域布局，调整养殖结构和方式，水产品标准化健康养殖全面推进，创建国家级养殖示范场 121 家、省级标准化养殖示范区 60 个，辐射带动面积超过 90 万亩；捕捞业结构更趋合理，近海捕捞生产保持稳定，外海远洋渔业得到新发展，新建远洋渔船 21 艘。推进水产加工龙头企业改造升级，促进出口型企业迅速打开国外市场，水产品加工和出口能力显著增强，完善了“企业+养殖户”的龙型经济连接机制，进一步延伸了产业链条，提升了转化增值能力。

【渔业资源养护】 进一步强化渔业资源养护工作，严格执行渔船“双控”、建造审批、捕捞许可、伏季休渔等制度，加强捕捞资源管理，近海捕捞强度得到有效控制。在持续开展渔业水域生态环境跟踪监测及评估的基础上，大力开展了渔业增殖放流，全省累计投入各类增殖放流资金 2504 万元，在河北省海域及内陆大中型湖泊、水库增殖放流中国对虾、三疣梭子蟹、鲢、鳙等各类海淡水苗种 39.8 亿尾（粒）。尤其是 6 月 6 日以“增殖水生生物资源、促进生态文明建设”为主题，在沧州市黄骅市和保定市阜平县分别举办的渔业资源增殖放流活动，营造了“关爱水生生物资源、保护水域生态环境”氛围，产生了良好的社会影响。建设国家级水产种质资源保护区 17 个、海洋牧场示范区 8 万亩、投放人工鱼礁 120 万空方，水生生物多样性逐步恢复，渔业水域生态环境不断改善，渔业资源得到有效养护和修复。

【水产品质量】 加强源头监管，重点加强对苗种场、养殖场生产过程的监管，对各单位持证生产、三项记录建立、投入品使用等情况进行督查。无公害“双认”工作稳步推进，新认定无公害水产品产地 69 个，面积 44.8 万亩，全省共认定无公害水产品产地 225 处，面积 124.4 万亩；新认证无公害水产品 100 个，认证产量 10.8 万吨；全省共认证无公害水产品 277 个，总产量 24.9 万吨。全年共完成水产品抽样 603 个，产地水产品质量安全监督抽查合格率达到 99.3%，未发生等级以上水产品质量安全事故。水生动物疫病防控工作继续强化，针对鲤春病毒血症、对虾白斑综合症等水产疫病组织抽检 600 个样品，占全年总任务的 108%；水产养殖病害测报工作涵盖 11 个市 32 个县区，监测范围包括 6 种养殖模式养殖的 21 个品种。海水贝类生产区域划型工作持续开展，分三个批次抽检 140 个海水贝类样品，共完成划型总面积 2.8 万公顷。

【渔业安全生产】 各级船检港监、渔政管理机构围绕渔业安全管理，严格开展渔船检验和渔港监督工作，不断强化海上作业秩序和涉外渔业管理，积极组织抢险救助工作，使得渔损海难事故发生率进一步降低，渔民生命财产得到了有效保障。渔业安全设施和装备建设加强，渔业海上突发事件应急救助辅助管理系统投入使用。全省各级渔政机构共计出动检查人员 1.09 万人次，检查车 1674 辆次，出动渔政检查船舶 791 艘次，登临检查渔船 111 艘次，渔业生产秩序总体平稳。据统计，2015 年以来共发生涉渔水上事故险情 29 起，死亡失踪 25 人，未发生重、特大渔业船舶生产安全事故；参与组织救助 30 起，救起渔民 125 人，挽回经济损失近 317 万元，未发生重大渔民生命财产安全损失事故，未出现涉外渔船严重违规和越界捕捞行为。

【渔业科技创新】 渔业科研条件建设得到加强，渔业科研能力明显提升，现代渔业技术创新体系不断健全，科技协作改革机制逐步建立，人才队伍建设不断加强，渔业科技支撑能力得到巩固和提高。在 3 个国家现代产业技术体系综合试验站的基础上，建设 2 个省级现代渔业产业技术体系专家创新团队。创建国家级水产良种场 2 家、全国现代渔业种业示范场 3 家、省级原良种场 11 家。在水产新品种引进推广、良种繁育、病害防治、生态健康养殖、工厂化循环水养殖、资源养护修复等方面取得了一批重点科技成果，完成审定渔业标准 8 项。各级水产技术推广机构共举办培训班约 680 期，培训生产技术管理人员和养殖户约 2.8 万人次，提高了先进适用技术的普及率。

【渔业管理】 加大项目跑办力度，争取到国家投入基建项目资金约 5100 万元，促进全省渔港、渔政执法装备、水产原良种场、水生动物疫病防治体系建设进一步加强；及时完成了 2014 年度燃油补贴资金发放的审核工作。进一步加强渔业执法体系建设，督促各市县加快落实渔业执法人员参公管理工作进程，严格推进执法行为规范化、执法文书制作标准化，水产苗种专项整治、水产养殖执法力度进一步加大。渔业互保体系进一步健全，工作再次实现突破，实际收取保费 4605 万元，承保渔船 2942 艘、渔民 3.68 万人，为全省渔业提供风险保障 84.9 亿元，并向入会渔民发放小额贷款 5228 万元，对提高渔业防灾抗灾能力、帮助渔民灾后恢复生产、促进渔区和谐稳定发挥了重要作用。

（河北省农业厅　崔效武）

饲料生产

【概况】 2015 年，河北省饲料工作紧紧围绕抓规范、抓安全、促生产的工作目标，广泛开展宣传培训，狠抓安全生产专项整治，强力推进生产企业规范化管理，完善长效监管机制，严厉打击无证生产行为，促进企业整合提高，饲料工作取得了新的进展。

（一）饲料行业实现平稳发展。完成饲料总产量 1338

万吨、总产值388亿元，分别比上年增长0.6%、0.5%。

（二）企业做大做强成效显著。年产10万吨以上饲料生产企业发展到28家，其中兴达饲料集团有限公司年产量100万吨以上，凯特、大午、康达、鲲鹏年产量达到50万吨以上。

（三）饲料行业“两个安全”得到有效保障。省级以上饲料监督抽检合格率98%以上，全年未发生安全生产事故，实现了饲料质量、饲料生产“两个安全”。

（四）宠物饲料和氯化胆碱两大特色产业健康发展。河北省宠物饲料总产量达到15万吨，占全国总产量的50%以上，宠物饲料由单纯的宠物干粮不断向干、湿粮为主，宠物零食、奶糕等多品种发展。南和县已成为全国最大的宠物饲料生产基地。氯化胆碱产业通过采取有力措施，淘汰落后产能，培育大型企业。狠抓安全环保管理等措施，年产量20万吨，出口8万吨左右，呈现出企业数量减少，产量增长的良好发展势头。

（五）饲料名牌产品数量创历史新高。省级以上有效期内名牌产品数量达到25个，为历年来最多的一年。

（六）秸秆饲料化利用取得新进展。全省秸秆青贮达到2200万吨（鲜重），比上年增长了200万吨。农业部首次组织实施青贮专用玉米推广应用示范项目，全国共创建10个示范点，其中河北省2个。

【主要工作】 （一）强力推进《饲料质量安全管理规范》实施。为推进《饲料质量安全管理规范》在河北省的实施，印发了《2015年实施饲料质量安全管理规范指导意见》，组织专家分两批对各市申报的饲料质量安全管理规范示范创建企业进行了现场验收，确定了河北兴达等25家企业为省级示范企业并授牌。同时，筛选了河北方田、河北大成、唐山三福三家企业作为第一批国家级示范创建企业，申请农业部验收。河北方田、河北大成两家企业通过了验收，通过率全国最高（平均通过率30%）。为加大《规范》实施力度，7月份印发了《河北省畜牧兽医局关于全面实施饲料质量安全管理规范的意见》，再次强调了《规范》实施的重要性和紧迫性，同时对《规范》实施的基本思路、重点工作、保障措施进行了安排部署。

（二）召开了饲料工业发展峰会。经过精心准备，3月17—19日，和饲料协会一起，在石家庄国源朗怡酒店召开了饲料工业发展峰会暨饲料法规培训班。饲料生产企业的经理、技术骨干以及各市饲料办主任、重点县饲料办主任、行业组织、科研院所、新闻媒体等方面代表1000余人参加了会议和培训。本次峰会嘉宾队伍规格高、阵容强，内容丰富、针对性强、效果好，取得了圆满成功。

（三）修改完善了《河北省饲料生产企业定点联系管理办法》。为适应饲料行业新形势，对《河北省饲料生产企业定点联系质量安全监督管理办法》进行了修订，在广泛征求各市各相关部门的意见、多次进行修订完善后，已下发实施，使长效监管机制更符合当前饲料新形势。

（四）稳妥做好行政许可工作。本着便民高效原则，进一步规范了行政许可申报流程，共审核发放饲料和饲料添加剂生产许可证116个，全部按照规定办理，未出现超期办理现象。为了便于对行政许可工作监督，所有发证企业均在中国饲料科技网（河北省饲料工业协会网站）等媒体进行了公示。

（五）狠抓饲料安全生产。饲料安全生产事关饲料行业健康稳定发展大局，为加强饲料行业安全生产管理，重点开展了四项工作：一是印发了《河北省畜牧兽医局关于加强饲料生产企业安全生产管理的通知》，明确了各级饲料管理部门安全监管责任、饲料生产企业安全生产主体责任以及安全生产监管内容。二是印制饲料安全生产手册，发放至市、县饲料管理部门及重点企业。三是开展了饲料生产企业安全生产应急演练活动，通过专家讲座、模拟演练、参观学习等方式，进一步提升各级管理部门安全生产意识及管理水平。四是制定《饲料安全生产专项整治工作方案》，于2015年8月26日—12月20日，开展饲料安全生产专项整治。

（六）集中严厉打击了无证生产饲料和饲料添加剂行为。为进一步规范饲料生产经营秩序，切实保障河北省饲料和饲料添加剂产品质量安全，严防饲料质量安全事件发生，2015年6月1日至2015年7月15日，在全省范围内集中严厉打击了无证生产饲料和饲料添加剂行为。利用1个半月时间，出动执法人员6944人次，检查未获证饲料加工厂（点）数量304个，取缔非法加工厂点17个，其中捣毁数量2个，查处案件37起，移交公安5起，处罚金额24.85万元，对无证生产等违规行为起到了较大震慑作用，为获证饲料生产企业创造了一个公平竞争的发展环境。

（七）召开了全省饲料行业形势分析会暨统计培训班。为深入了解河北省饲料行业整体形势，进一步提升饲料统计质量，经局领导同意，省局饲料处于9月15日召开了饲料行业形势分析会暨统计培训班。各设区市、直管县（市）饲料办主任及统计员、省局饲料处、饲料监察所、饲料工业协会相关人员共52人参加了会议（培训）。本次会议（培训）听取各设区市、直管县汇报了本辖区1—8月份饲料工业生产形势，对饲料统计报表制度进行了解读，安排部署了下一步饲料统计工作。通过会议，全面了解了河北省饲料行业整体形势，为科学决策和管理奠定了基础。

（八）制定蛋粉、蛋黄粉等生产企业许可条件。受全国饲料工作办公室委托，河北省组织专家，完成了蛋粉、蛋黄粉、蛋壳粉、蛋清粉等产品的标准起草说明、申报材料要求、生产许可条件、现场审核表的起草和审核校对工作。

（九）秸秆饲料化利用工作稳步推进。一是组织乳粉用奶牛场青贮玉米种植项目申报，经审核，同意83家奶牛养殖场种植青贮玉米给予财政资金补贴，确保项目顺利实施。二是认真实施农业部青贮玉米推广示范工作，组织2家项目单位进行材料申报，开展调研、组织协调、实时督导、严格项目管理，顺利完成2015年度全株玉米青贮制作及样品采集工作任务。三是通过召开现场会、参观全株青贮现场及TMR混合加工技术、总结交流经验、开展技术指导等项活动，推动了秸秆饲料化利用工作。四是下基层、送技术，加强督导和培训，及时在全省牛羊养殖重点市分片召开培训会。分别在4个大市举办了4期青贮玉米技术推广培训班，培训人员1091人，涉及70多个县、600多家养殖场户，养殖户一致反映，这次培训很有收获。五是紧紧抓好秸秆养畜示范项目管理工作。联合省农发办对2013年10家秸秆养畜示范县进行验收，全部顺利通过，项目的示范和带动效果显著。对12家实施2014年度国家级秸秆养畜示范项目进行中期检查，指出存在的问题，提出改进建议，目前，12个县基本完成项目建设任务。认真完成2015年5个国家级秸秆养畜示范县初步设计材料审查工作，河北省上报的5家材料全部一次性通过。农业部畜牧业司对涿州市秸秆养畜项目进行抽查。检查组对项目检查结果给予了好的评价，认为项目的内业和外业均顺利完成，建设内容严格按照国家批复认真执行，中央资金、配套资金和自筹资金及时足额到位。资金支出和账目符合国家规定。

（河北省农业厅　郭文娟）

盐　业

【概况】　2015年，在宏观经济下行、产业政策调整、盐业体制改革进程不确定等多重困难相互交织的特殊情况下，河北盐业牢牢把握"稳中求进"工作总基调，紧扣保障食盐有效供应和优化盐业发展环境主题，主动适应盐业发展新常态，不断加强行业管理，严格依法行政，创优服务质量，深化内部管控，践行"三严三实"，促进全省盐业产业结构有新的变化，发展质量有新的提升。全年共生产原盐344.73万吨，销售两碱工业盐206.47万吨，销售市场工业盐3.78万吨，产销均保持平稳。全年共销售食盐25.04万吨，同比减少8.91万吨，完成年度计划的77.2%。其中省内销售19万吨，同比减少6.27万吨，完成年度计划的77.6%；省外销售6.04万吨，同比减少2.64万吨，完成年度计划的75.9%。全年省内盐产区共查处各类盐业违法案件9起，没收违法盐斤20.25吨，罚款5.1万元，打造了更加规范有序的市场秩序。

【统筹安排原盐生产】　为搞好原盐生产，省、市盐务局加强生产调研指导，在盐区组织召开2场生产调度会，实地查看制盐企业生产情况，为企业提出合理化建议，协助制定生产方案和应对措施。积极维护制盐企业合法利益。在唐山市近岸海域（滦南段）环境功能区划调整中，与省环保厅等部门多次沟通协调，在滦南县管辖的4—4矿产能源区内为制盐企业提供30—50平方公里的纳潮海域，维护制盐企业的合法利益。各制盐企业不断优化产业结构、改进生产工艺，为全省原盐产量再上新台阶打好基础。沧州临港晶山盐业有限公司累计投入资金4950万元，大力改造高级制卤区、结晶区，实现结晶区操作全面机械化，盐田结晶单产、原盐质量均有明显提升，得到国内34家海盐企业专家的集体观摩和一致肯定。

【保障食盐稳定供应】　做好食盐销售安排的编制和落实。按照国家发展改革委调整食盐计划管理方式的要求，以食盐产销衔接结果代替食盐调拨分配计划，制定下发全省年度食盐销售安排。加强对食盐销售安排执行情况的分析，及时掌握企业产销存情况，适时合理平衡分配食盐销售额。强化产销对接力度。省内与省盐业专营集团公司加强沟通协调，解决推广外省深井盐导致省内精制盐调销量降低等问题，促进食盐销售正常开展。省外瞄准吉林、黑龙江、安徽等重点销区主动衔接，掌握市场需求，优化产品结构，维护河北产品的市场份额。规范饲料盐管理。会同省农业厅畜牧局制定实施饲料盐定点生产制度，在唐山、沧州盐区分别建立饲料盐示范性生产车间，督促各企业参照该标准进行规范化改造。同时，推出面向饲料盐生产企业的"全程代办服务"，采取企业自愿委托、省盐务局无偿代办的形式，帮助企业尽快办结审批手续，为企业节省大量时间和费用。

【推进食盐质量结构升级】　拓展多品种食盐市场空间。各食盐生产企业打破传统营销观念，积极实施布局调整和转型升级，开拓省内外多品种盐市场。永大食盐有限公司加强质量管理，提升产品品质，成为全国第3家通过ISO22000食品安全管理体系认证的食盐生产企业，并借助中盐国本盐业有限公司成熟的网络资源和销售渠道，取得销量整体持平、利润显著增长的优异成绩。唐山三友盐化有限公司赴广西、广东、福建和浙江4省区考察腌制盐市场情况，展示推介8款新产品，为开辟当地市场奠定基础。黄骅绿海康欣多品种盐有限公司加快新品研发和营销进程，该公司富钾海盐、天然海盐等11款产品相继打入山西、北京和天津等省市高端食盐市场。

推进多品种食盐项目建设。河北中盐龙祥盐化有限公司年产8万吨多品种食盐生产项目试车成功，唐山市银海食盐有限公司企业整体搬迁和验收投产顺利完成。

【强化盐政管理】　强化市场监管。创新监管方式，加强源头控制、部门合作和对盐加工企业的监管，对制盐企业进行全面排查，与产区盐加工企业签定责任状，全程监控企业的生产经营情况。开展盐政执法专项检查活动和联合执法行动，对盐产区贯彻落实国家工信部《关于做好食盐市场监管工作的通知》精神情况进行专项执法检查。

推进依法行政。完善行政权力清单，健全行政权力运行流程图和办事指南，清理非行政许可审批事项，将部分前置行政审批事项改为后置审批。建立网上行政审批平台，全年共办结行政许可申请487项。推进行政执法全过程记录制度建设。规范行政执法程序，做好执法活动证据保存，购置行政执法记录仪等摄录像、录音设备，为产区盐政执法全过程记录提供物质保证，保障行政相对人和行政执法人员的合法权益。

加强执法队伍建设。做好执法人员资格认证。完善盐政执法人员信息资料，对执法人员持证情况进行清理。规范盐政执法活动。在盐产区推广"双随机"抽查机制，引导盐政执法人员转变执法理念，提高执法能力，增强执法透明度。加强执法基础建设。围绕严格、规范、公正、文明执法目标，继续抓好规范执法队伍主体、规范盐政执法活动、规范行政处罚裁量、规范行政执法案卷“四个规范”工作。组织执法人员学习培训。组织盐政执法人员学习《行政诉讼法》等法律法规，加强执法队伍理想信念教育和警示教育，开展案卷质量考评，建设高素质执法队伍。

开展普法知识宣传。盐业市场秋季整治专项行动连续4年获得全省消费维权专项成果，受到省政府保护消费者合法权益办公室通报表彰。加强盐业法制宣传和科技扶贫，在滦平县涝洼乡三岔口村、丰宁满族自治县苏家店乡苏家店村和小庙子村开展科学补碘宣传，为村民免费发放碘盐37吨。会同省卫计委、省疾控中心等部门开展普法宣传活动，共发放盐业法律法规和防治碘缺乏病宣传资料3500多份，现场解答群众咨询800余人次，发放碘盐300余袋，广泛宣传和普及碘缺乏病防治知识，营造了“弘扬宪法精神，推进依法治盐”的良好氛围。

【服务制盐企业】 加强宏观指导。编制动态的工业盐平衡计划表，审核省外32家制盐企业进入河北市场的资质、供需合同、需求量和生产供应能力，受理审查外省工业盐备案合同268万吨，启用“工业盐合同备案证明单”，做好工业盐合同备案和运输管理。扶持企业发展。根据盐碱企业反馈意见和市场监管情况，自2月起将省外工业盐入境服务费标准降低为1元/吨，并于7月起彻底停止收费，减轻企业生产经营负担。搭建服务平台。加强对全省盐碱化工企业的运行监测和指导服务，定期发布盐碱市场供求变化信息，向衡水市新建10万吨级氯碱企业河北泰纳新材料科技有限公司宣讲工业盐管理政策，协调办理两碱工业盐直供手续，促进盐碱企业建立稳定有效的供需协作关系。

（河北省盐务局　马　骁）

工　业

【综述】 2015年，河北省各级各部门深入贯彻落实党中央、国务院重大决策部署，主动适应经济发展新常态，工业经济总体上保持了平稳增长态势，工业生产下行压力大，面临着市场需求疲软、利润下滑、盈利水平较低等问题，需引起重视。

（一）运行情况

2015年，全省规模以上工业完成增加值11244.7亿元，同比增长4.4%，2—12月份累计增速稳定在4.2%—4.9%之间，工业经济在下行压力加大，形势复杂多变的情况下，工业生产保持了平稳增长。从当月运行轨迹看，月度间增速呈浅V型变化，前8个月呈现稳中趋缓的态势，9、10、11月份出现了积极变化。2—8月份由4.9%降至2.9%，9月份增速回升到4.7%，比8月份回升1.8个百分点，10月份增长4.6%，11月份增长5.3%，12月份，全省规模以上工业完成增加值1025.6亿元，同比增长4.5%，比11月份回升0.8个百分点。从全国情况看，河北工业增速低于全国，但回升步伐快于全国，9月份全省生产增速已经出现回升迹象，全国在11月份才出现当月增速回升，1—11月份全国增速6.1%，与1—10月份持平，而全省1—11月份比1—10月份回升0.2个百分点。12月份，由于全国整体经济环境复杂多变，河北工业增速再次回落。

从行业看，2015年在全省统计的40个行业大类中，有16个行业增速比1—11月份回升，3个行业持平，21个行业增速回落。黑色金属冶炼和压延加工业增长4.8%，比1—11月份加快0.4个百分点，影响全省工业增速回升0.1个百分点；金属制品业增长9.5%，增速比1—11月份回落0.9个百分点，影响全省工业增速回落0.1个百分点。

从企业类型看，大型企业同比下降4.4%，降幅比1—11月份扩大0.5个百分点；中型企业同比增长6.6%，比1—11月份加快0.5个百分点；小型企业同比增长12.8%，比1—11月份加快0.1个百分点。

从出口看，全省完成出口交货值1632.4亿元，同比下降9.8%，降幅比1—11月份收窄0.3个百分点。其中，黑色金属冶炼和压延加工业完成430.4亿元，同比下降13.3%，降幅比1—11月份收窄1.6个百分点。

从主要产品产量增速看，铁矿石原矿同比下降8.2%，降幅比1—11月收窄0.5个百分点；生铁增长2.6%，比1—11月份回落0.1个百分点；粗钢增长1.3%，比1—11月份加快0.3个百分点；钢材增长5.5%，比1—11月份加快0.1个百分点；水泥下降14.6%，降幅比1—11月份收窄2个百分点；平板玻璃下降10.6%，降幅比1—11月份扩大0.2个百分点；汽车增长10.7%，增速比1—11月分加快1.2个百分点。

（二）工业经济运行亮点

第一，工业结构不断优化，增长动力转化加快。2015年装备制造业完成增加值2667.6亿元，同比增长7%，增速高于全省规上工业2.6个百分点，占规上工业比重为23.7%，比1—11月份提高0.2个百分点，比上年同期提高3.1个百分点。电子信息产业较快增长，计算机、通信和其他电子设备制造业完成增加值146.1亿元，同比增长13.2%，增速快于全省规上工业8.8个百分点。六大高耗能行业完成增加值4265.1亿元，同比增长3.2%，增速低于全省规上工业1.2个百分点，占规上工业增加值的比重为37.9%，比1—11月份降低0.2个百分点，比上年同期降低1.7个百分点。

第二，产品结构进一步优化，部分高附加值、高技术含量产品增长较快。冷轧薄板产量同比增长13.6%，冷轧窄钢带增长27.8%，镀层板增长16.5%，涂层板增长13%，光电子器件同比增长17.1%，蛋白饮料增长1.3倍，SUV汽车增长36.3%，新能源汽车增长46.7%，动车组增长9.6%。

（三）存在的问题和困难

第一，工业生产下行压力依然较大。一是工业品出厂价格降幅继续扩大。12月份河北省工业品出厂价格同比下降12.2%，降幅比11月份扩大0.1个百分点；1—12月份同比下降10.9%，降幅扩大0.1个百分点，自2012年初以来连续48个月负增长。全部工业用电量下行幅度扩大。12月份，全部工业用电量下降7.4%，降幅比11月份扩大6个百分点；1—12月份下降7.6%，降幅与1—11月份持平。二是产品销售不畅，出口下降。工业销售产值持续下降。2014年以来，全省规模以上工业销售产值持续回落，2015年工业销售产值比上年同期下降3.6%，全省规模以上工业完成出口交货值同比下降9.8%。三是停产减产企业依然较多。受市场需求不足、工业品价格下降、生产成本居高不下等因素影响，部分企业生产经营持续困难，停减产企业仍然较多。12月份全省停产、减产企业分别为1316家、5158家，停产企业比11月份增加146家，减产企业增加280家，停减产企业合计占规上工业企业的45%。

第二，企业利润连续两年持续下滑。2015年全省规模以上工业利润总额下降11%，降幅比2014年扩大4.3个百分点。分行业看，对全省利润下降影响较大的行业主要是：黑色金属矿采选业实现利润比上年下降41.1%，影响全省工业利润下降5.9个百分点；黑色金属冶炼及压延加工业实现利润比上年下降56.5%，影响全省利润下降4.9个百分点；石油和天然气开采业实现利润由上年盈利40.7亿元转为亏损41.2亿元，影响下降3.3个百分点，这三个行业合计影响全省工业利润总额下降14.2个百分点。其他对全省利润下降影响相对较大的行业还有：非金属矿物制品业利润比上年下降13.0%，金属制品业利润比上年下降7.0%，有色金属冶炼和压延加工业利润下降35.6%，石油加工、炼焦和核燃料加工业净亏损额增长50.3%，专用设备制造业利润下降5.0%，烟草制品业利润下降26.7%，这6个行业分别影响全省工业利润总额下降为0.4、0.4、0.4、0.3、0.2、0.2个百分点。

第三，企业盈利水平较低。从反映企业获利能力的成本费用利润率、收入利润率两个指标来看，全省水平呈逐年下滑趋势，2015年，全省规模以上工业成本费用利润率、收入利润率分别为4.86%、5.18%，分别比2010年下降0.7、0.81个百分点。从总资产贡献率及百元资产实现的主营业务收入两个指标来看，资产回报水平与相邻省份相比也较低。2015年河北总资产贡献率为10.44%，比天津、山东、河南分别低4.27、6.20、4.99个百分点，居全国第21位；百元资产实现的主营业务收入为107.26元，比天津、山东、河南分别低7.57元、40.20元、26.22元，居全国第14位。

（四）对策建议

第一，大力抓好工业“四个提升”，促进工业行业转型升级。一是推动钢铁工业结构调整和优化升级，提升行业竞争力。钢铁产业发展不能再依靠规模扩张，唯一的出路是产业收缩、结构调整、产品升级。运用综合手段化解过剩产能。运用环保标准、能耗排放限制、质量安全标准等手段，倒逼企业关闭和转型升级。开拓钢铁的国外市场。谋划把钢铁等产能走出国门，寻求剩余产能的“二次落地”。二是发展高端装备制造业，提升装备制造行业主导力。要重点引进数字化、智能化设计制造，绿色制造技术和重点行业关键共性技术与制造项目，引进对技术进步、产业升级有重大影响和带动作用的装备及关键零部件项目，建设先进制造业研发和生产基地。推动全省新能源装备、新能源汽车、航空装备、轨道交通装备、卫星制造装备及智能制造装备等战略性新兴产业加快发展。三是积极培育节能环保产业，提升清洁能源利用率。坚持以节能减排和市场需求为导向，对节能环保重点企业、重点基地加大政策扶持力度，促进以企业为主体的节能环保技术创新体系建设，提高龙头企业产品的技术含量和附加值。进一步健全节能环保产业法律法规，规范节能环保产业市场秩序，形成龙头带动、品牌引领、基地支撑的产业发展格局，加快节能环保产业跨越式发展。大力支持推动生物能源、风能、太阳能光热、太阳能光伏、生态保护等技术类别的环保企业的发展。四是加强自主创新能力，提升产品科技含量。产品结构升级关键是提升企业自主创新能力，加快建立全省以企业为主体、市场为导向、技术为中心的创新平台。

第二，大力强化“三个支撑”，保障工业经济发展动力。一是强化市场主体支撑，切实做好承接京津冀产业转移工作。围绕京津冀协同发展，积极参与区域生产布局调整和产业链重构，有序承接京津产业转移和科技成果转化，努力实现错位发展、融合发展和协调发展。拓展交流平台，把北京、天津作为招商引资的主平台，积极对接大公司、大企业。抓住机会发展高新技术产业、改造升级传统产业，提高产业素质和产业层次，利用京津企业的市场优势、管理优势，加快全省产业结构调整和升级。二是强化资金支撑，加大财政资金支持及政府扶持力度。不断加大政府扶持力度，设立工业转型财政专项基金、工业技改专项资金等。加大企业研发投入，省财政设立专项资金引导投向自主创新重大专项，发挥技改资金的撬动作用。不断完善金融支持政策。建立支持工业转型相关产业多渠道、多元化的投融资机制。鼓励金融机构创新金融产品品种，支持企业规模化发展。不断加大金融扶持力度。建立政府与金融机构沟通协调机制，开展银、企对接合作，以市场化手段使生产要素从“夕阳”产业向“希望”产业转移。三是强化人才支撑，加大创新型人才培育力度。加强基础研究能力提升和科技人才队伍建设，培养行业领军的创新团队。强化人才终身教育机制，推动企业、高校、科研院所之间的人才培养合作。持续完善创新型人才成长发展的激励制度，提供相关的环境、资金和政策支持。建立高层次人才科研资助制度，更多地资助领军型人才的重大研发项目、成果转化项目和发明专利项目，进而以研发投资带动创新人才培养。

第三，充分发挥小微企业在制造业中的优势和作用。

一是促进小微型企业紧密围绕大型企业开展深加工。小微企业一般以加工和装配为主，有着规模小，易转型，灵活性强的优势。应根据市场需求，与大型企业对接，在提高产品质量和科技含量方面下工夫，不求产品的量多、面广，但求产品的专业性、高效性。如此，将极大地提高全省产品的精度和深度，提高技术含量和产品附加值，促进产业结构向投入小、产出大、能耗低、轻污染的方面发展。二是发挥小微企业行业覆盖面广的优势，为大中型企业提供配套服务。全省大中型企业需要大量的生产设备和与产品配套的零配件，尤其是装备制造类行业。大力发展配套服务，不仅将大大加快小微企业的发展，也有利于大中型企业降低成本、提高效率，实现大中小微企业的协调发展。三是发挥小微企业增加就业的作用。未来制造业小微企业的发展重点在县域经济，而且大部分集中在乡镇。小微企业的发展，对于分流农村劳动力、安置农民工就业、实现劳动力资源优化配置，提升城镇化率等将发挥重要的积极作用。

（河北省统计局　侯生辉　王光　杜恒立）

电子信息产业

【概况】　2015年在全球经济持续疲软，电子消费市场需求不足大背景下，河北省电子信息产业总体保持低速平稳增长，产业结构不断优化，以大数据、云计算、物联网等为重点的新一代信息技术产业呈现快速发展态势，成为产业发展新动力。统计显示，全行业入统企业587家，从业人员约18.6万人，累计完成主营业务收入1247.1亿元，同比增长4%，其中：制造业完成996亿元，同比增长1.4%；软件和信息技术服务业完成251.1亿元，同比增长15.7%。实现利税126.5亿元，同比下降4.9%，其中：制造业实现利税85.4亿元，同比下降10.5%；软件和信息技术服务业实现利税41.2亿元，同比增长9.2%。完成出口创汇27.3亿美元，同比下降25.4%。完成固定资产投资35.5亿元，其中软件和信息技术服务业完成2.1亿元，同比增长11.5%。晶龙集团、东旭集团、风帆股份3家企业入围第29届全国电子信息百强。

【科学谋划产业发展】　总结回顾了“十二五”期间河北省电子信息产业发展情况，按照省委、省政府要求，围绕“中国制造2025”、“互联网＋”行动计划、促进大数据和云计算发展以及网络强国战略实施，出台了《河北省电子信息产业“十三五”发展规划》和《河北省信息服务业“十三五”发展规划》，明确了大力发展以大数据为重点的新一代信息技术产业发展思路，提出了增强技术创新能力、培育壮大市场主体、优化产业空间布局、促进产业融合发展、提高产业绿色发展能力、提高对外开放合作水平六大发展任务。

【大数据、云计算产业】　省政府先后印发了《关于促进云计算创新发展培育信息产业新业态的实施意见》、《张北云计算产业基地规划（2015—2020年）》，成立了以主管省领导为组长的河北省云计算产业发展领导小组，组建了河北省云计算产业专家咨询委员会。省政府与华为、浪潮、神州数码、阿里巴巴、腾讯等知名企业签署了战略合作协议。产业规划进一步明确了张家口、廊坊、承德、秦皇岛四大数据产业基地定位，张北依托充足的风电资源，建成京津冀地区乃至全国的绿色数据中心；廊坊积极承接驻京国家机关事业单位、金融保险机构等数据存储业务，建设“同城双活云服务中心”；承德着重旅游大数据创新发展，打造旅游大数据产业中心，推动大数据综合应用；秦皇岛开展云计算大数据应用软件研发，打造大健康产业数据中心，培育发展智慧医疗、健康、休闲等行业应用，发展远程医疗和基于大数据的健康管理服务业态。

【软件服务业】　河北省拥有计算机信息系统集成资质企业153家，其中：一级5家，二级11家，三级89家，四级48家；33家企业通过CMMI（软件能力成熟度模型）认证；5家通过ITSS通用部分符合性评估。2015年给予CMMI认证企业补助资金760万元。为促进各部门、各领域信息服务体系建设，出台了《河北省信息服务业发展三年行动计（2015—2017年）》，极大的释放了信息化应用的市场，促进了信息技术跨界融合发展、扩大了物联网技术示范应用范围。

【物联网示范应用】　为进一步落实《河北省人民政府关于进一步推进物联网发展的实施意见》及其政策措施，大力推进物联网产业发展，组织召开了河北省工业物联网示范应用推进会，促进物联网在工业领域普及应用，助力全省工业经济转型升级，组织实施了廊坊大华夏神农日光温室群物联网服务系统、河北先河实施基于物联网技术的大气污染联防联控系统、石家庄开发区天远科技有限公司面向工程机械和重卡发动机及整机远程监控与服务系统研发及产业化、秦皇岛康泰医学实施智能医疗等应用示范。推进物联网技术与产品的研发，河北省加强与国家标准化委员会、中国电子技术标准化研究院合作，共同实施了基于OID的二维码（i—OID）标准的研究、制定、应用和推广活动。大力发展传感器、电子标签（RFID）、数字通信等物联网基础产品，促进软件嵌入、数据采集、数据传输、智能控制、系统集成、网络应用与服务融合发展。

【光伏产业】　2015年光伏市场总体稳定，但成品价格持续走低，竞争日益激烈，利润空间被进一步压缩。同时新技术、新工艺不断应用加速了设备折旧，设备更新换代迫在眉睫，河北省有14家企业纳入工信部行业规范管理，光伏组件产能达到6GW，占全国产能的1/10。全年主营业务收入227.69亿元，占全省电子制造业的22.8%，同比下降11.3%；利润－19.27亿元，同比增亏19.9亿元，全行业出口7.64亿美元，同比下降42%，发展形势严峻，产业转型升级刻不容缓。

【通信和导航产业】　在宽带中国战略、4G快速渗透以及智能终端北斗应用和互联网＋的快速发展的促进下，河北省通信和导航行业整体增速平稳，在移动通信系统和终端、卫星通信系统、光电转换模块、晶体振荡器、视频编解码器等领域具有优势，全年主营业务收入147.26亿元，同比增长9.9%；实现利税22.16亿元，同比下降3.6%，出口创汇4.56亿美元，同比增长74.3%。重点推进卫星导航应用示范建设，开展了京津冀北斗卫星导航示范应用项目前期工作，编制完成了《京津冀北斗卫星导航区域应用示范项目建设总体方案》和各分项方案的编制工作。

【平板显示产业】 河北省液晶材料、基板玻璃、光学器件、显示模块有一定优势，整体发展态势良好，全年实现主营业务收入113.43亿元，同比增长8.3%；利税总额16.27亿元，同比增长16.8%；出口创汇3.18亿美元，同比增长52.4%。保定市、石家庄市、廊坊市主营业务收入分别是51.79亿元、37.46亿元、19.89亿元，占比达到行业的96%左右。

【半导体照明产业】 河北省具备外延材料、外延片、芯片制造和各种应用灯具生产较为完整的产业链，在高亮度发光二极管的外延片及芯片制造、大功率器件封装、LED显示屏、室外照明、特种照明等产品有一定自主研发能力。企业主要分布在石家庄，产值约占全省70%，但产业总体规模偏小，中低端产品居多，附加值低，产品质量有待提升，市场竞争力弱。2015年产业实现主营业务收入32.24亿元，同比增长28.8%；利税总额4.52亿元，同比增长81%；出口创汇3660万美元，同比增长63.4%。

【行业电子产业】 河北省行业基础电子产品门类众多，拥有三氟化氮电子特气、液晶材料、石英晶体谐振器等关键原辅材料、核心器件，虽规模较小，但各具特色、作用明显、竞争优势较为突出，智能仪器仪表发展势头良好。随着智能视听、智慧医疗、智能安防电子、智能仪器仪表、智能交通、汽车电子、智能家居产品、可穿戴设备等产品市场空间剧增，进一步推动行业继续保持平稳发展。全年主营业务收入313.72亿元，同比增长7.1%；利税总额32.73亿元，同比持平；出口创汇8.58亿美元，同比增长14.7%。

【项目建设】 2015年，52个电子信息项目列入省千项技改，总投资额74.78亿元，两个国家发展基金项目获得省级配套资金180万元。张北云联数据中心和数据港张北数据中心项目已开工建设，将于2016年交付使用，届时形成20万台服务器的能力；廊坊润泽国际信息港项目已建成两栋数据中心楼和配套楼，1万余台服务器已经开始商业运营；中国联通华北（廊坊）基地项目一期机房楼已完成了设备安装调测阶段；廊坊云存储数据中心产业园已具备5万台服务器能力；投资30亿元的京东方河北移动显示二期项目正式启动，建成年产值将超过40亿元；投资30亿元的安德森（河北）智能家居产业园项目，基础建设已开工；邯郸武安一期投资62亿元的新能源产业园项目进展良好，园内河北银隆新能源、北方奥钛纳米等企业项目陆续投产；投资54亿元的中船重工邯郸高技术产业基地项目预计2016年下半年整体完工。

（河北省工业和信息化厅　梁立志）

电力生产与供应

【概况】 2015年，全省电力安全稳定运行，保证了经济社会发展电力需求。受经济下行、压减产能和大气污染治理等多重因素影响，除春灌、迎峰度夏用电高峰期个别时段电力负荷增长较快外，整体电力需求增速趋缓，全年发、用电量同比均呈负增长，电力供需总体保持平衡。

（一）发购电量。全省发电量累计2301.3亿千瓦时，同比下降2.97%，较上年下降0.74个百分点。其中，南网1354亿千瓦时，同比下降1.28%，较上年同期增速提高0.61个百分点；北网947.3亿千瓦时，同比下降5.29%，较上年同期下降2.6个百分点。

全省累计输入电量874.4亿千瓦时，同比下降7.21%，其中南网累计输入电量396.5亿千瓦时，同比增长3.24%；北网累计输入电量477.9亿千瓦时，同比下降14.4%。全省全部输入电量占全社会用电量的27.5%。

（二）用电量。全社会用电量累计3175.6亿千瓦时，同比下降4.18%，较上年下降6.12个百分点。其中南网1750.5亿千瓦时，同比下降0.29%，较上年下降3.25个百分点，北网1425.1亿千瓦时，同比下降8.56%，较上年下降9.37个百分点。全行业用电量2803.9亿千瓦时，同比下降5.37%。其中，第一、二、三产业用电量分别为98.5、2332.5、372.9亿千瓦时，同比分别增长2.76%、－7.61%、8.84%，分别比上年下降21.69、7.45、2.53个百分点；城乡居民生活用电量371.7亿千瓦时，同比增长5.87%，较上年增速提高1.98个百分点。

工业用电量累计2300亿千瓦时，同比下降7.60%，较上年下降7.39个百分点；制造业1699亿千瓦时，同比下降6.78%，较上年下降9.12个百分点。其中，钢铁行业822.7亿千瓦时，同比下降13.74%，较上年下降9.04个百分点；装备制造业283.8亿千瓦时，同比下降4.34%，较上年下降10.04个百分点；石化行业289.1亿千瓦时，同比增长0.95%，较上年下降3.54个百分点；建材行业172.1亿千瓦时，同比下降14.22%，较上年下降17.24个百分点。

设区市用电量增长不均衡。南网六市累计用电量同比基本持平，北网五市用电量下降明显。廊坊、沧州市累计用电量小幅增长，承德、秦皇岛、唐山市同比下降较快。

【全年电力运行主要特点】 （一）电力需求不旺，发、用电持续负增长。受工业产品市场需求疲软、资金紧张及压减产能、大气污染防治等多重因素影响，高耗电行业生产增速下降，工业电力消耗对全社会用电增长拉动作用减弱，全省全社会用电量增速一直处于负增长态势，并与GDP、增加值指标增速差距拉大。2015年以来，全社会累计用电量下降一直在4%以上，工业累计用电量下降在

7%以上，均比上年同期有较大回落。分主要行业看，除食品行业用电量保持增长外，其他行业均呈下降态势，尤其以建材、钢铁行业用电量下降幅度最大，每月累计下降均在11%以上，部分月份在13%以上。

（二）产业结构调整效果初显，电力消费结构改善。工业先行指标用电量的持续负增长，表明全省工业生产增速放缓，下行态势仍在延续，同时也表明压减产能结构调整取得积极进展。从电力消费结构分析看，河北省“十二五”初期工业用电量占全社会用电量平均比重为77%，2015年平均比重为72%，减少了5个百分点；而第三产业用电量占全社会用电量平均比重却由“十二五”初期平均7.2%，到2015年平均比重11.7%，增加了4.5个百分点。比重的一增一减反应出产业结构的变化趋势：一方面工业用电需求对全省全社会用电增长拉动作用减弱，高耗电产业增速下降，高附加值、低能耗产业相对提速。在国家调整产业结构相关政策的影响和市场供求关系的引导下，河北省工业生产结构正在朝着低能源消耗、提质增效的方向调整；另一方面，第三产业发展加快，服务业对国民经济增长贡献加大，产业转型升级步伐加快。同时也表明，河北省通过多年来加强电力需求侧管理，组织实施工业领域电力需求侧管理项目，加快引导节电改造，工业企业用电效率和用能水平得到提高，工业电力消耗呈下降趋势。

（三）电力供需总体平衡，部分时段偏紧。一是电力迎峰度夏期间，受农灌、空调等季节性负荷影响，用电高峰期电力负荷连创新高，其中南网最大负荷达到3200万千瓦，北网达到2100万千瓦，均比上年同期有所增长，个别时段电力平衡呈时段性紧张。二是为保证9月初北京纪念活动空气质量，落实省政府、国家发改委有关工作部署，在实施压减50%发电负荷措施的情况下，电力供需平衡存在200万千瓦的缺口。为保障电力平衡，南网积极协调临时外购电力53天，最大临时外购电力210万千瓦。

（四）发电机组环保改造任务重，影响供给能力。2015年开始，按照省政府要求，到年底前全部燃煤机组必须完成环保升级改造任务。大量机组集中停机改造致使供给能力下降，个别时期高峰时段对电力供需平衡产生一定影响。

（河北省发改委　赵　宁）

城乡建设与建筑业

【城市建设】　（一）城乡规划体系更加完善。组织编制了《河北省空间布局规划》，进一步明确国家战略框架下河北空间发展战略。规划编制和管理创新力度加大，省批5市总体规划修编全面启动，县（市）域城乡总体规划基本完成，邢台、定州、威县“多规合一”试点正式启动，总体规划遥感动态监测实现设市城市全覆盖。

（二）城市承载功能进一步增强。2015年，全省城市市政基础设施投资完成2387亿元，同比增长25.2%，增幅较上年提高0.4个百分点。在财政部、住房和城乡建设部、水利部组织的2015年海绵城市建设试点城市评审工作中，迁安市被确定为我国首批海绵城市建设试点城市之一，并且也是此次评审中唯一一个县级市。2015年12月29日，河北省人民政府办公厅印发《关于推进海绵城市建设的实施意见》（冀政办发〔2015〕48号），推进河北省海绵城市建设。2015年11月11日，河北省人民政府办公厅印发《关于推进城市地下综合管廊建设的实施意见》（冀政办发〔2015〕35号），推进河北省城市地下综合管廊建设工作。全省城市地下综合管廊建成50余公里，正定新区地下综合管廊建设项目被财政部列入国家首批《政府和社会资本合作示范项目名单》。

积极推进南水北调受水区配套水厂及管网建设。《河北省城镇供水用水管理办法》经2015年11月12日河北省人民政府第66次常务会议通过，2015年11月23日河北省人民政府令〔2015〕第8号公布，将于2016年1月1日起施行。持续推进供热保障攻坚，大力发展热电联产集中供热，采用清洁能源和可再生能源供热，设区市集中供热普及率达到74%。大力推进污水处理设施建设，城市和县城污水处理率分别达到89%和79%。邯郸市列入国家第一批生活垃圾分类示范城市，承德市列入国家餐厨废弃物收集、运输、处置试点城市。

（三）园林绿化成效显著。2015年12月25日，河北省人民政府办公厅印发《关于同意沽源县等县（区）为省级园林县城（城区）的复函》（冀政办字〔2015〕169号），同意沽源县、蔚县、隆化县、望都县、顺平县、容城县、盐山县、故城县为河北省园林县城，承德市鹰手营子矿区为河北省园林城区。2016年1月18日，住房和城乡建设部印发《关于2015年国家生态园林城市、园林城市、县城和城镇的通报》（建城〔2016〕16号），命名沧州市为国家园林城市，高邑县、滦南县、永年县、鸡泽县、南和县、滦平县、宽城满族自治县、肃宁县、固安县等9个县城为国家园林县城，2015年成为历史上创建国家园林城市（县城）数量最多的一年。截至2015年底，河北省共有国家园林城市（县城）30个，省级园林城市（县城）82个。2015年全省新增城市绿地4040公顷，新建绿道绿廊281公里。

（四）风景名胜区管理。2015年1月1日起，《河北省风景名胜区条例》开始实施，成为河北省依法监督，依法管理省内各级风景名胜区，有效保护和合理利用风景名胜资源的重要法制保障。截至2015年底，全省共有2处国家自然遗产（磬锤峰、嶂石岩），10处国家级风景名胜区和39处省级风景名胜区，总面积约7800平方公里，占全省国土总面积的4.18%。

（五）城市管理。2015年9月7日，河北省城镇化工作领导小组办公室批转印发《河北省“洁净城市”实施方案》（冀城镇化办〔2015〕24号），全面开展“洁净城市”创建。全省建成数字化城管平台104个。

（六）住房保障。2015年，完成国家下达河北省目标任务开工20万套，基本建成17万套。全省保障性安居工程累计开工建设228.7万套（其中保障性住房125.9万套，棚户区改造住房102.3万套），城镇保障性安居工程覆盖率已达到20%，城镇低收入住房困难家庭实现应保尽保。中央下放煤矿棚户区、国有林业棚户区已经全部实施改造，圆满完成“十二五”预定目标。2015年争取国家各类补助资金56亿元，安排省级补助资金14亿元，有力支持了地方建设。2015年全省累计提取棚改专项贷款资金324.36亿元，位于全国前列（第7位）。

（七）建筑节能与建设科技。新建建筑节能。2015年，城镇新增建筑面积3860.28万平方米，其中，居住建筑面积2983.78万平方米，公共建筑面积876.50万平方米。城镇新增建筑均较好执行了居住65%、公建50%节能标准保定、唐山、廊坊、承德执行75%居住建筑节能标准。全省累计竣工被动式低能耗建筑6万平方米，在建和正在设计项目近40万平方米。2015年5月1日，河北省《被动式低能耗居住建筑节能设计标准》实施，系中国第一部此类建筑设计标准，也是继瑞典《被动房低能耗住宅规范》后世界范围的第二个被动式低能耗设计标准。

绿色建筑发展。2015年，全省执行绿色建筑标准项目236个、建筑面积1055.55万平方米。其中，政府投资公益性建筑105个、面积154.44万平方米；大型公共建筑34个、面积275.49万平方米；保障性住房18个、面积76.57万平方米；其他建筑项目79个、面积549.09万平方米。绿色建筑占比达25%以上。全省累计获得绿色建筑评价标识182个，建筑面积1890.82万平方米。其中，2015年44个，326.02万平方米。

2015年，全省完成既有居住建筑供热计量及节能改造885万平方米全省城镇新增可再生能源建筑应用面积1690.80万平方米，占城镇新建民用建筑的44.40%。加大绿色建材推广力度，新型建材应用率达到61.6%。

【村镇建设】 （一）村镇规划。完成冬奥沿线风貌景观总体规划、九大片区和3006个美丽乡村重点村规划设计任务，编制了美丽乡村建设规划设计导则和具有区域特色的民居设计方案。

（二）农村危房改造。全省共完成12.3万户农村危房改造任务。在民居建设中推广应用“新技术、新材料、新装备、新样式”应用，开展特色民居建设示范。

（三）农村生活垃圾治理。全面开展农村生活垃圾治理工作，全省实施农村生活垃圾治理的村庄占比达到54.6%。唐山市、邯郸市被选为全省整体推进农村生活垃圾治理典型。

（四）历史文化名镇名村和传统村落保护。成立了省历史文化名镇名村与传统村落保护专家委员会。2015年8月10日，住房城乡建设部等七部门联合印发《关于公布2015年列入中央财政支持范围的中国传统村落名单的通知》（建村〔2015〕120号），河北省共有14个中国传统村落榜上有名，分别是石家庄市井陉县南峪镇地都村，邯郸市武安市伯延镇伯延村、管陶乡朝阳沟村、冶陶镇安子岭村、冶陶镇固义村、冶陶镇冶陶村，邢台市沙河市白塔镇樊下曹村、刘石岗乡大坪村、刘石岗乡渐凹村，张家口市蔚县南留庄镇南留庄村、南留庄镇水东堡村、南留庄镇水西堡村、宋家庄镇上苏庄村、蔚县涌泉庄乡北方城村。此次全国共有491个中国传统村落列入2015年中央财政支持范围。列入中央财政支持范围的村落将按照有关要求积极稳妥推进各类项目的组织实施工作。

【建筑业】 据省统计局统计，2015年全省入统范围的资质等级内建筑业企业2485家，完成建筑业总产值5252.6亿元，同比降低6.6%；建筑业增加值1782亿元，同比增长4.6%，占河北省GDP的5.9%；期末从业人员1304万人，同比增长14.25%；完成建筑施工面积35616.5万平方米，同比下降4.3%；建筑业营业税202.9亿元，同比增长15.24%。

（一）深入开展工程质量专项治理两年行动。坚持市场和现场联动，全年组织开展2次综合巡查和4次暗访检查，通过下发整改通知书、实施行政处罚、约谈工程责任主体等形式，不断推动工程质量水平提升。全年共有4项工程获得鲁班奖，4项工程获国家优质工程奖，258项工程获省优质工程奖，218项工程评定为省结构优质工程，河北省工程质量总体处于受控状态，受到住建部肯定。启用全省建筑市场监管系统和建筑业企业信用综合评价平台，省内外9442家建筑业企业参加了建筑业企业综合信用评价。

（二）保障农民工工资支付。全省各设区市和定州、辛集均出台了农民工工资预储金实施细则，2015年4月，省住房和城乡建设厅将85家在2014年严重拖欠农民工工资的施工企业列入黑名单，对外地企业清出河北省建筑市场，河北本省企业停止投标资格。

（三）推进工程造价管理改革。《河北省建筑工程造价管理办法》自2015年1月1日起施行，成为河北省第一部工程造价管理的政府规章。《河北省建设工程工期定额》自2015年1月1日起实施，是河北省建设工程第一部工期定额。《城市轨道交通工程预算定额河北省消耗量定额和费用标准》自2015年2月1日起执行，填补了河北省城市轨道交通计价依据空白。

（河北省住建厅　郭晓丽）

【秦皇岛市城乡建设】 2015年，秦皇岛市城乡建设局紧紧围绕市委、市政府一系列工作部署，以改革、创新、提升为主线，以推进新型城镇化战略为核心，以京津冀协同发展为引领，突出工程建设、市场监管、城镇化推进、质量安全监督、建筑科技节能、三严三实教育等六个重点，大力弘扬“解放思想、创新提升、勇于担当、誓争一流”的建设精神，以新思路、新举措、新作风、新状态、新业绩、新形象“六新”行动为牵引，各项建设事业扎实推进。

（一）攻坚突破，城市基础设施建设取得重大进展。2015年以来，市局先后谋划实施了17项重点民生工程，概算投资31.18亿元。面对施工难度大、工程时间紧、征拆困难多、资金极为紧张等诸多不利因素，积极筹措资金，加强工作协调，开展项目攻坚，化解各种矛盾，项目建设实现了又快又好的目标。其中，通过在全省城市区内首次采用“沥青就地热再生”技术，在不断交、不封路的情况下，23天完成了对河北大街3.1公里路段的维修改造；通过连续攻坚，兴凯湖立交桥工程、宁海道互通立交桥工程、西外环结点改造工程在规定期限内竣工通车，打通了开发区、海港区与北戴河区的快速通道，优化了城市区路网结构；通过全力协调，与铁路部门密切合作，火车站广场全功能投入使用，北环路主路通车，特别是经过多方协调，将斜拉转体改为简支箱梁设计，节约建设资金约5亿元，韩石路跨铁桥梁架梁完成，为今后畅通城市区东西、南北通道奠定了基础。

（二）统筹推进，县城和村镇建设取得实效。统筹谋划，精准落子，指导县区谋划实施109个项目，完成投资31.6亿元。通过稳扎稳打，持续推动，县城建设取得明显成效。三个县及抚宁区新城区进一步拓展，重点主干道路网新建扩建基本完成，12个旧城改造项目稳步推进，特色街区和风貌建筑取得新的进展，城乡垃圾一体化处理工程在暑期前完成。抚宁县界岭口村被评为省级历史文化名村和中国传统村落，填补秦皇岛市空白。海港区蟠桃峪村、昌黎县西山场村被列为全国特色景观旅游名村。卢龙县鲍子沟村被列为全国美丽宜居村庄示范。祖山镇、留守营镇等8个建制镇被七部委列为全国重点镇。昌黎县靖安镇被省确定为行政体制改革试点镇。卢龙县石门镇被省确定为新型城镇化试点镇。省下达秦皇岛市农村危房改造任务7878户，建筑节能示范户1585户，到2015年底农村危房改造和节能示范任务全部完成。

（三）优化环境，建筑市场监管日益规范。一是把诚信体系建设作为市场监管重点，市局建筑市场信用信息平台建设在省内领先，已录入400多家企业基础信用信息，通过信息评价机制有效规范了企业的市场行为。二是持续打非治违，集中开展建设工程质量治理两年专项整治行动，开展重点检查429批次，对38个问题突出项目进行了处理，解决了一批基本建设程序履行、合同履约、工程款拖欠等方面的问题。三是简政放权，对“三类事项”、“三个清单”进行梳理和流程再造，建设行政审批和备案项目由21项削减合并为17项，一批行政许可和日常监管事项委托给各相关县区，服务相对人办事更加便捷顺畅。四是按照机构常设、工作常态、制度从严的要求，推行了农民工工资预储金制度，扩大实行建筑劳务实名制，成立了多部门联署办公的“双清欠”联合接访中心，2015年以来先后接待农民工2.6万余人次，清理拖欠工程款2.2亿元，没有发生严重极端欠薪讨薪事件。

（四）绿色发展，建筑科技节能工作取得新成效。一是被动式超低能耗建筑走在全国前列。秦皇岛市“在水一方C区”在2013年被国家发改委列为“煤炭、电力、建筑、建材行业低碳技术创新及产业化示范工程项目”，是由国家住建部和德国能源署合作建设的全国首个被动式超低能耗建筑示范项目，一期工程已通过验收投入使用，并获得了绿色建筑3星级设计评价标识，已成全国知名品牌。二是秦皇岛市绿色建筑产业扎实推进。市政府颁布实施了包括《秦皇岛市绿色建筑管理办法》在内的“1+1+8”体系文件，使秦皇岛市绿色建筑进入快速发展阶段，推进力度处于全省领先水平。2014年前，全市通过绿色建筑专项评审的项目共36项，截至目前，全市累计达到绿色建筑标准的项目共78项，总建筑面积505.58万平方米，全市绿色建筑项目数量、建筑总面积已处于全省“双第一”的领先位置。三是秦皇岛市住宅产业化已成功破题。作为河北省5个住宅产业现代化示范城市之一，目前秦皇岛市规模最大的住宅产业现代化企业——阿尔法工业园，已建成了2条预制混凝土构件（PC）生产线，年产预制混凝土构件12万立方米，并通过了“河北省住宅产业现代化基地”认证。在示范项目建设方面，秦皇岛市开发区天池路青年周转公寓项目，总建筑面积9.15万平方米，是本市第一个装配式住宅示范项目，预制装配率将达50%以上。此外，还积极推动农村装配式低层住宅建设，已选定抚宁区为农村装配式低层住宅试点，逐步提高农村住宅品质和建筑节能水平。四是以京津冀协同发展为引领，开展政策研究、技术攻关，有计划、分步骤对新建建筑推行75%节能标准。

（五）坚守底线，建设工程质量安全得到保证。安全生产管理方面，以创建标准化工地为核心，突出主体责任落实，严查事故隐患，大力整治施工扬尘，结合工程质量两年治理行动、大气扬尘专项治理等行动，先后对全市226个在建工地进行严查，处置隐患2491条，责令整改286份，停工整改122份，对26家企业给予严处，安全生产处于受控状态，全年实现“零事故、零伤亡”目标。工程质量监督方面，对建筑市场、住宅工程质量进行大检查，对建筑材料市场、勘察设计施工图审查机构和工程质量检测机构展开专项治理。在住建部、省住建厅组织的随机检查中，全市没有发现突出的工程质量问题，工程质量水平在省内保持前列。

（六）建筑业发展情况。2015年全市建筑业总产值完成197.46亿元，同比下降18%。新签工程承包合同额158.32亿元，同比下降33%。企业利润总额5.38亿元，同比下降39%。实缴税金10.52亿元，比上年减少0.04亿元。出省施工产值40.75亿元，同比下降30%。建筑业平均人数比上年减少13356人。全市资质以上企业共计537家，比2015年增加27家。其中：一级企业78家，比2015年增加2家；二级企业108家，比2014年增加6家；三级企业321家，比2014年增加14家；不分等级企业30家，比2014年增加5家。以上等级企业分别占资质总数的14.5%、20.1%、59.7%、5%。

（七）村镇建设情况。全年计划农村危房改造数7878户，完成改造数7878户，同比增长11%。其中，节能示范户为1585户，比2014年增加804户。节能示范补助为475.5万元，比2014年增长103%。危房改造省级以上补助资金共计1.02亿元，同比增长7%，市级补助资金为223.9万元，比2014年增加73.9万元。全年村镇基础设施重点续建项目10个，新建项目43个。项目需总投资30.4亿元，比2014年减少约1.64亿元。2015年计划投资约5.86亿元，比2014年减少5.49亿元。2015年实际完成投资2.38亿元，比2014年减少0.86亿元。

（八）建筑节能。截至2015年底，新建节能建筑3641.23万平方米，竣工建筑节能建筑605.66万平方米；各县区竣工面积66.13万平方米，其中按地域分竣工住宅竣工节能建筑516.65万平方米，按类别分竣工公共节能面积89.01万平方米；节能标准执行率100%；可再生能源应用（太阳能应用）建筑169.1万平方米。获得绿色建筑评价标识的项目41项，建筑面积435.24万平方米。既有居住建筑围护结构节能改造项目2015年计划30万平方米，已完成23.2万平方米，比2014年增加21.2万平方米。2014、2015连续两年无公共建筑、公共机构办公建筑节能改造任务。

（秦皇岛市城乡建设局　王　东）

商贸流通

【消费市场运行】　2015年，河北省消费市场总体运行平稳，增速回落。全年实现社会消费品零售总额12934.7亿元，比上年同期增长9.4%，增幅同比回落3.0个百分点，低于全国同期增幅1.3个百分点。

（一）推进内贸流通改革发展。制定出台了《河北省人民政府关于促进内贸流通健康发展的的实施意见》（冀政办发［2015］6号）、《河北省人民政府关于推进国内贸易流通现代化建设法治化营商环境的实施意见》（冀政办发［2015］50号）。

（二）构建现代商贸物流体系。一是积极配合国家和省发改委，认真做好《京津冀商贸物流发展专项规划》、《河北省建设全国现代商贸物流基地规划》的编制工作，努力将重大诉求纳入规划之中。二是完成了商贸物流城市共同配送试点，建设改造项目30个，获得中央财政支持近6700万元。三是实施物流标准化专项行动，石家庄、唐山两市列为国家试点城市，争取中央财政资金支持1亿元。

（三）打造中小商贸服务平台。石家庄市服务平台已投入运行，邢台市服务平台硬件设施基本完成，秦皇岛市服务平台正在抓紧推进。

（四）加强典当行业监管。2015年，新增典当行37家，分支机构12个。截至年底，全省典当总额303亿元，共有典当企业320家，分支机构123家，注册资本金78.02亿元。

（五）出台拍卖相关文件。制定出台了《关于规范拍卖企业许可事项及办理程序的通知》（冀商流通字〔2016〕1号）。截至年底，全省共有拍卖企业301家，其中具有省级公物拍卖资格企业66家，年拍卖成效额233.9亿元，同比增长12%。

（六）促进融资租赁业发展。制定出台了《河北省人民政府办公厅关于加快融资租赁业发展的实施意见》（冀政办发［2015］49号）。截至年底，河北省共有融资租赁企业15家，其中，外资10家，内资5家。

（七）妥善安排节日市场。“春节”、“十一”两个黄金周期间，指导流通企业加强货源组织，保证粮、油、肉、蛋、禽、菜、奶等主要生活必需品供应，积极谋划形式多样的惠民促消费活动，有效发挥节假日对消费的拉动作用，全省消费品市场价格平稳，购销两旺。

【肉菜补贴惠民】　2015年春节前（农历腊月十八到二十八），在全省范围组织开展肉菜惠民补贴销售活动。省市两级安排补贴资金2000余万元，在11个设区市主城区，定州、辛集和47个县城区设立肉菜补贴销售专区专柜500多个，以低于市场20%以上的价格补贴销售蔬菜，以低于市场1元和4元的价格补贴销售鲜猪肉和鲜牛羊肉。全省共补贴销售蔬菜830万公斤，猪肉408万公斤，牛羊肉335万公斤。47家承办企业主动让利1000多万元，蔬菜实际销售价格普遍低于市价30%以上，鲜猪肉、鲜牛羊肉销售价格普遍低于市场价格2—3元和5—6元。2015年9月23日至10月2日，在十一个设区市和定州、辛集市主城区，首次启动中秋、十一期间肉类惠民补贴销售，有效稳定了市场预期，保障了供应，稳定了物价，达到了群众得实惠、商家得效益、政府得民心的良好效果。

【优化消费政策环境】　在认真落实国务院决策部署，积极推进消费扩大和升级的基础上，配合流通处制定出台了《河北省人民政府办公厅关于促进内贸流通健康发展的实施意见》（冀政办发［2015］6号）在用电用水、税费减免、市场准入、资金扶持等方面对消费促进予以政策支持，为企业发展创造良好环境，为扩大消费提供政策动力。针对2015年以来经济下行压力大、社会消费品零售额增幅回落的实际情况，研究制定了《关于进一步促进和扩大消费的意见》，提出扩大消费的十项措施，经省政府主要领导批准，以省政府办公厅名义印发实施，对扩大消费起到了积极的促进作用。

【组织消费促进活动】　2014年11月中旬至2015年2月低，组织开展第五届“幸福河北欢乐购”消费促进活动，时间上横跨元旦和春节，空间上覆盖城市和农村，成为全省上下促动、城乡互动、行业联动的促消费平台，与“双节”旺销形成了消费叠加和聚集效应。精心组织开展了购物抽奖、年货大集、打折让利、线上秒杀、微信导购等一系列丰富多彩的促销活动。参与企业活动期间共实现销售额119亿元，充分激发了消费热情，挖掘了消费潜力，增强了消费对经济增长的拉动作用。2015年9月23日，全省启动第六届“幸福河北欢乐购”—金秋季促销活动，依托“中秋”、“十一”节假日，组织开展“乐购中秋得实惠”、“肉类直补惠民生”、“金秋美景游燕赵”、“美食盛宴享团圆”、“网络购物狂欢节”等五大板块消费促进活动，充分激发居民消费热情，深入挖掘消费市场潜力，努力扩大消费规模。

【商务执法监管】　继续推进商务综合执法试点，按要求对张家口市和赤城、馆陶等13个县的试点单位进行了项目验收。同时，积极做好12312举报投诉工作，1—9月份全省商务举报投诉服务中心12312共接收举报投诉咨询

2298件。其中举报投诉684件，咨询1614件。举报投诉案件中涉及成品油548件，直销管理26件，特许经营48件，其他62件。来电咨询事项主要涉及直销行业管理324件，成品油管理298件，外派劳务163件，特许经营524件，其他287件，接受的举报投诉都及时得到了转办处理和满意的答复。

（河北省商务厅　张丹雨）

【农村供销综述】　2015年，是河北省深化供销社综合改革关键的一年。一年来，在省委、省政府的坚强领导和全国总社有力指导下，省供销社认真贯彻落实中共中央、国务院《关于深化供销合作社综合改革的决定》（中发〔2015〕11号）精神，全力推进组织体系、服务体系、经营体系、金融体系和管理体制创新，深化供销社综合改革呈现出全面发力、多点突破、蹄疾步稳、纵深推进的良好态势，取得了阶段性成效。2015年，全系统购销总额、利税和总资产分别为3068.4亿元、13.3亿元和796亿元，同比增长26.4%、40.2%和18.8%。其中，省社本级购销总额、利税和总资产分别为476.5亿元、5.4亿元和173.6亿元，同比增长37.4%、79.3%和41.3%，净资产从改革前的17.1亿元增加到53.9亿元，增长了3.15倍。4月，汪洋副总理专程到河北省调研指导深化供销社综合改革工作，对河北省工作给予高度评价，指出：河北省供销社改革成绩巨大，亮点很多，值得充分肯定。王侠主任在9月份全国总社改革推进会议上点评试点省份工作时，对河北"五个创新"工作逐一给予充分肯定，指出：河北的改革突破点多，创新力度大，成效显著。

通过扎实推进综合改革，全省供销社系统经济实力和服务"三农"能力得到进一步提升，初步实现了由单一流通服务向全方位综合服务、由传统服务网络向现代服务手段、由僵化的旧体制向市场经济新体制的转变。培育了浅山区大规模整体性荒山荒坡开发的"葫芦峪模式"、平原地区农业规模化服务的"南高模式"、设施农业技术服务的"涿鹿物联网模式"、农村社区综合服务中心建设的"塔元庄模式"、基层社与农民合作社融合发展的"灵寿模式"等深化供销社综合改革的示范典型，创建了全国供销系统唯一一家大宗农产品电子商务交易平台、唯一一家农村产权交易平台、唯一一家金融租赁平台，组建了最大交易规模的涉农互联网金融平台、效益最好的特色农业互助保险平台，创办了省内规模最大的融资担保平台，率先在全国供销系统组建了农民合作社联合社体系，率先与组织部门联合实施了以党建促社建的"旗帜供销"工程，充分发挥党员和基层党组织在改革中的先锋模范作用。

【创新组织体系】　按照强化合作、农民参与、为农服务的要求，通过劳动、资本、土地等合作途径，吸纳更多的农民和各类新型农业经营主体入社，搭建村级为基础、乡镇为纽带、县级为龙头的农民合作社联合社服务体系，密切与农民利益联系，夯实供销社的组织基础。一是加快基层社改造。坚持分类施策、整体推进，对经济实力较强的基层社，积极发展生产合作、供销合作、消费合作、信用合作，办成具有一定影响力的综合性合作社。对经济实力较弱的基层社，采取政策引导、联合社帮扶、社有企业带动等方式，逐步恢复发展经营服务业务。对基层社空白地区，采取适当形式组建新的基层社。全省改造基层社1700多个，占乡镇总数的88%。衡水市冀州市于2015年8月成立了全省第一家全部由农民自己选举成立的新型基层供销社。二是加快农民合作社发展。借鉴灵寿县做法，在全省推广"村党支部+村委会+农民合作社（供销社）""三位一体"模式，发展农民合作社600多家，新增农民社员2.49万人。全省供销社领办、创办农民合作社1.66万家。三是加快组建农民合作社联合社。围绕发展主导产业和特色产业，以供销社为依托，加快组建产业型和综合型农民合作社联合社，新发展乡镇农民合作社联合社408家、县级联合社77家，总数达到1267家。经过一年的努力，组织体系建设取得明显进展，初步形成了覆盖全省、特色鲜明、带动力强的县乡村一体化合作社组织体系，为供销社服务能力的提升奠定了坚实基础。

【创新服务体系】　以服务规模化为重点，面向现代农业生产、新农村建设和农民生活，拓展服务领域，丰富服务内容，着力构建覆盖全程、综合配套、便捷高效的社会化服务体系。一是面向现代农业，提供全程规模化服务。在太行山浅山区，培育推广了"平山葫芦峪"模式，通过"大园区、小业主"的运作方式，大规模、整体性开发荒山荒坡10多万亩；在平原地区，培育推广了农业规模化服务"南高模式"，全省近1/3的基层社开展了"合作式、订单式、托管式"社会化服务，托管土地200多万亩；在设施农业方面，培育推广了"涿鹿物联网"技术服务模式，实现了农业精准化投入和标准化生产，促进了农业结构调整和发展方式转变，全系统建设现代农业示范园区151个。省社组建了省农飞农业科技有限公司，购置智能无人机，面向全省开展农业植保、统防统治作业。二是面向农民生活需求，构建城乡社区综合服务中心。建设集服务体系、网络体系和合作金融体系终端于一体，承载公益性项目的综合服务中心1150个，为农民提供系列化、一站式服务。邯郸市综合服务中心已覆盖98%的乡（镇）和行政村，这些服务组织在开展流通服务基础上，还为农民群众提供文化娱乐、幼儿教育、老年休闲、医疗保健等新型服务，受到普遍欢迎。三是面向新型职业农民，开展职业技能培训。充分发挥系统职业鉴定培训体系优势，利用视频等多种形式开展职业农民教育培训，全系统累计培训农民120.2万人次。经过一年的努力，供销社系统规模化服务体系初步形成，有力促进了农村各项事业发展。

【创新经营体系】　强化互联网思维，以"互联网+流通"为抓手，大力推动传统网络的改造与提升，推动传统产业和新兴产业的融合发展，延长产业链条，形成生产、加工、销售、服务一体化的完整产业链和价值链，打造以"网上供销社"为载体的新型供销社。一是抓好省级平台建设。在全省开展"互联网+供销社"行动，加快实体业务与电子商务融合发展，组建了农产品电商、云供销、"八方联采"综合性服务等省级电商平台。农产品电商平台上线以来，在全国设立客户服务中心2671家，吸引31个省区市的1.3万家客商参与交易，10大类200多种农产品上网展示，即期交易特色农产品19个，实现交易额836亿元。12月3日，“农交汇”电商平台现货交易模式（O2O模式）上线运营，“八方联采”综合性电商平台于12月16日上线运营。云供销网络平台已完成邢台、保定、沧州等地传统网络的改造。二是推进上下对接贯通。省级各电商平台采取市场化办法，加快与市县供销社对接，组建分支机构，加快推进电商平台向县乡村延伸。目前，全省已组建县级电商平台60多家，乡镇电商服务站1600多家，覆盖乡村4300个。石家庄的O2M生鲜网络购物、围场木兰缘全产业链式、阜平的97大集等电商平台，在带动当地农产品销售，解决农村电子交易最后“一公里”上发挥着重要作用。三是加快一二三产业融合发展。引导带动农民发展特色农业、品牌农业、生态农业和现代加工服务业，促进农业“接二连三”。省社投资上亿元的复合肥厂、宁晋制盐项目顺利投产，进一步延伸服务产业链，探索服务农业规模化经营新领域。曲周县供销社围绕当地主导产业，推进农产品果蔬速冻加工及冷链物流建设，开展有机标准化种植，发展高端有机农产品产业，带动了全县甜糯玉米、蔬菜、水果种植面积12万余亩，增加农民收入1.5亿元，直间接提供就业岗位1.6万人。积极推进公益性农产品市场、日用消费品流通体系和再生资源回收利用体系建设，全省新建改造农产品市场96个，其中，省社直接投资建设8个，已初步形成以京津冀为核心，北连东北、西通晋蒙、南接中原、东联胶东半岛的农产品市场网络集群。平山、安平、博野等县“百城购物·供销社超市”项目正式启动，河北承德农产品冷链物流产业园等一批重点项目加快实施。衡水鑫鑫废旧机动车回收拆解有限公司，年回收拆解报废汽车7000多台，占全市机动车报废量的70%以上；经过一年的努力，初步形成了以网上供销为引领、以传统网络为基础、线上线下相结合，连锁化、规模化、品牌化的农村现代流通新格局。

【创新金融体系】 坚持“合作金融，普惠三农”理念，按照融资有渠道、抵押有产权、担保有平台、生产有保障、价格有指数的思路，加快推动合作金融服务体系建设，破解农民生产经营中的融资难、融资贵问题。一是构建合作金融体系。省级组建金融类龙头企业，市县设立分支机构，乡村组建资金互助社、“合作金融超市”。目前，组建省级合作金融龙头企业8个，融资担保、合作保险等金融业态分支机构实现市、县全覆盖，成立社员资金互助社63个、村镇银行1个、小贷公司16个、基层合作金融超市8个。二是拓展合作金融业态。积极发展互联网金融、融资担保、合作保险、农产品期货、农村产权交易、金融租赁等金融服务等新业态，为农民群众融资解困，为575家中小微涉农企业提供贷款担保近40亿元；为农民提供标的风险保障700多亿元、赔付1.72亿元、保费收入3.4亿元；省级和市县的67家农村产权交易机构已经注册成立，年完成土地产权交易8万多亩，林权交易1万多亩，交易额6亿元；新合作金融公司7月初上线运营以来，已为各类企业融资1亿多元。同时，按照资源资产化、资产证券化、效益最大化思路，搭建省级投融资平台，整合系统资源，将所属企业资产通过发债基本转化为资本，发债融资40多亿元，为综合改革提供有力的资金支撑。三是有效防范金融风险。省社成立农村金融处，负责业务指导、运营监测、风险提示。县级社负责监督管理、调剂余缺、风险处置。基层社组织资格审查、信用评定、民主决策、资金管理。目前，合作金融体系运行安全，没有发生一起金融风险事故。经过一年的努力，初步形成了龙头带动、上下贯通、融合支撑、合作共赢的合作金融服务体系，为农业发展、农民致富、城乡繁荣注入了新鲜活力。

【创新管理体制】 一是积极探索新型组织体制。按照“顶层一体、功能兼容、两线协同、上下贯通”的改革思路，在县及县以上联合社探索构建供销社＋农民合作社联合社＋供销集团“三位一体”的新型组织架构，加快实体性合作经济组织建设。目前，省社已率先将理事会与集团董事会合二为一，对内设机构、职能及人员配置重新进行调整，50多名机关干部自愿报名到企业创建为农服务新平台，人力资源进一步向社有企业倾斜。二是积极探索新型资产运营机制。省社在做大做强流通、金融、农业、地产板块基础上，加快组建商贸流通、农业投资、合作金融控股等子集团。目前，省本级已经拥有香港上市公司1家、主板上市1家。正积极推进与唐山蓝猫集团合作，以股权投资方式建设国内农业领域龙头，争取年内上市。三是积极探索新型对外合作方式。抓住京津冀协同发展机遇，与北京金泰集团合作，大力推进冀菜净菜进京入津工程，共同建设河北省名优农产品展示展销中心和零售终端，推动河北高端农产品进京，目前，该工程已被北京市发改委列入“菜篮子”工程和“十三五”规划的重要内容，河北的100多个名优产品已成功打入北京市场。与北京新发地农产品市场合作，组建河北省农民合作社联合社新发地服务中心，组织省内600多家新型农业主体入驻新发地高碑店农副产品物流园交易，辐射带动农户20多万户。省社本级启动涉农项目30个，与各级供销社联合投资180多亿元，年可增创效益10亿元。

（河北省供销合作总社　夏铭玉　马丽君）

粮食流通

【概况】 河北省是全国13个粮食主产省之一。2015年，粮食播种面积639.3万公顷，比上年增加6.1万公顷，增长0.96%。主要生产小麦、玉米。正常年景粮食产需总量平衡有余，油脂油料缺口较大，主要靠省外购入和进口弥补。2015年全省粮食总产量3363.8万吨，比上年增加3.6万吨，其中小麦1435万吨，玉米1670.4万吨，稻谷54.5万吨，大豆22.6万吨。全省各类粮食企业累计收购粮食2569.3万吨，销售粮食3073.1万吨，其中国有粮食经营企业收购粮食700.8万吨，销售粮食785.5万吨。

2015年，河北省各级粮食部门进一步加强班子自身建设和反腐倡廉工作，认真落实党中央、国务院和省委、省政府的大政方针，科学践行关于保障粮食安全的重要战略部署，不断深化粮食流通领域改革，大力实施“粮安工程”建设，全面推进依法治粮，各项工作稳中有进、稳中有为，取得了明显成效，为促进全省经济持续健康发展和社会稳定发挥了应有作用。

【粮食收储】 全省各级粮食部门聚焦中心任务，紧盯重点工作，狠抓措施落实。一是认真落实国家粮食政策，积极组织和引导企业入市收购，全年各类粮食企业累计收购粮食2569.3万吨，比上年增长5%。达到了河北省历史之最。2015年9月初，河北省南部产区小麦价格走低，一度跌到最低收购价水平以下，对此河北省及时启动托市收购预案，会同中储粮北京分公司、省农发行确定收储库点70个，共收购托市小麦59万吨，有效稳定了市场价格，保护了种粮农民利益。二是加强地方储备粮管理。2015年国家新核定河北省270万吨规模，为尽快落实到位，省局把任务分解为省级储备136万吨，市县级储备134万吨，并敦促有关市县政府签订承诺书，经过三级共同努力，2015年10月底率先在全国提前2个月完成任务。继续开展省储企业管理水平提升活动，已有31家企业达标。三是认真组织国家政策性粮食轮换、交易，全年交易量32万吨，为搞活流通、满足消费、调控市场发挥了积极作用。四是深入推进产销合作，2015年粮食跨省流通量达到1645万吨，比上年增加105万吨，保持了主要粮食品种的供求平衡和粮食市场的基本稳定。

【“粮安工程”建设】 “粮安工程”建设，是粮食流通工作的核心工程。局领导班子紧紧牵住这个“牛鼻子”，精心谋划，持续发力，大力推进，取得明显成效。一是由省局研究起草，经省政府批准，省发展改革委、省粮食局、省财政厅联合发布实施了《河北省粮食收储供应安全保障工程建设规划（2015—2020年）》。二是加快推进仓房维修和新建仓项目建设，截至2015年底，全省“危仓老库”维修改造累计完成投资4.94亿元，开工库点248个（其中竣工84个），修建仓房容量346万吨；新建仓项目完成投资3.43亿元，开工项目27个。三是狠抓安全生产。认真履行“党政同责、一岗双责”职责，严格落实安全生产责任制和承诺制，制订了《河北省粮食企业安全生产诚信评价标准》、《粮食行业安全生产工作指南》。同时，加强关键环节、重点部位和特殊时段的安全生产检查，全系统没有发生安全生产责任事故，被省政府评为“2015年度安全生产优秀单位”。四是加强粮食质量监管，2015年又有两个质检机构通过国家局验收，全省纳入国家粮油质量安全检验监测体系的质检机构达到10个。组织开展了收获粮食质量安全监测、库存粮食质量检查、食品安全宣传周等活动，切实履行了粮食部门在食品安全方面的职责。五是推进节粮减损，为4万农户配置了标准化储粮装具，财政补贴1312万元，深受广大农户欢迎。

【提升粮食应急保障能力】 为深入贯彻国家军民融合发展战略，有效提升粮食应急保障能力，河北省五措并举，一是以军供网络为依托，不断扩大应急供应、军粮供应、成品粮储备、放心粮油、主食产业化“五位一体”的军民融合式发展模式，积极培育粮食应急工作基本力量。2015年“河北军粮”市场销售额达到4.4亿元，比上年增长22.6%；实现毛利4140万元，比上年增长15%。驻石武警、武警114师和部分部队机关、院校主副食集约化保障品种扩展到300多个。二是大力实施“粮安工程”危仓老库维修改造（军粮专项）项目，争取国家补助资金9007万元，规划维修54个项目。三是编制了粮食应急供应体系规划（2015—2020年）和粮食应急工作手册。四是巩固成品粮储备规模。截至2015年底，全省成品粮储备达到6.9万吨，其中省级2万吨，市县两级4.9万吨，粮食应急供应的物质基础得到保障。五是健全完善粮食应急网点。2015年末全省供应、加工、储运、配送等各类应急网点达到3004家，实现了城乡全覆盖。

【粮食流通领域改革】 省局领导班子着力推进粮食流通领域各项改革，以改革促进管理创新能力提升，以改革推动粮食事业又好又快发展。一是粮食市场进一步开放，市场主体结构优化。2015年底，全省具有粮食收购资格的经营者3692家，其中国有及国有控股企业640家，非国有企业3052家，规模结构日趋优化。常年从事收购的农村粮食经纪人达到5万多人。二是国有粮食企业经过二轮改革，“一县一企，一企多点”的格局基本形成。各地积极探索搞活企业的路子，不断创新经营机制，扩大联合与合作，2015年全系统实现利润9418万元。三是多形式帮助企业破解资金难题、减轻企业负担，2015年共筹集粮油收购资金86.78亿元，其中农发行贷款67.04亿元，商业贷款和企业自筹资金19.74亿元。2015年度被国家局评为会计报表工作优秀单位。四是积极推进粮食信息化建设，开展了粮食应急监测、省级储备粮管理、省级储备粮调控三大信息系统的开发。目前，粮食应急监测、省储粮调控信息系统即将试运行，省储粮信息化管理系统二期建设已完成前期准备。五是全面推行新的粮食统计制度，组织了新旧制度衔接轮训，共培训各级统计人员600余人，2015年度被国家局评为粮食流通统计工作优秀单位。六是京津冀协同发展实质开局。按照省委、省政府的统一部署，召开了三省市粮食局一把手座谈会，提出了《推进京津冀粮食流通协同发展设想》，建立起协调沟通、完善合作的机制，酝酿提出并签署了《三省市粮食交易中心关于建立粮油交易服务协同合作的协议书》和《三省市粮油信息中心关于建立粮油信息服务协同合作的协议书》。七是加强队伍建设，分二批组织局机关公务员和直属事业单位中层以上干部84人，在省委组织部干部选学培训基地河北师范大学，举办了干部选学专题培训班。4月和9月份分别在邢台和北戴河完成了两期粮食行业特有工种职业技能培训鉴定工作，共培训鉴定445人。组织举办了全省粮食行政执法人员培训班四期，共培训470多人。通过各类培训，有力地提高了人员队伍素质，为本省粮食流通工作改革发展提供了坚强保障。

【粮食行政执法】 认真贯彻落实中央依法治国方略，积极推进依法治粮，切实转变行政方式，推动粮食工作纳入法制化轨道。一是适应依法行政的新形势，省局研究起草并提请省政府出台了《关于落实粮食安全省长责任制的实施意见》和《关于印发河北省粮食安全责任制考核办法的通知》2个政府规范性文件，制定了省局行政许可、行政处罚和行政执法检查全过程记录办法等系列制度，编制并公布了《河北省粮食局行政权力清单》、行政审批后续监管清单、责任清单及权力运行图，粮食政策法规体系进一步健全。二是按照“先照后证”要求，修订了《河北省粮食收购资格审核管理办法》，改前置审批为后置审批。实行AB角零缺位和全程无障碍协办制度，省本级办理粮食收购资格实现了“按时办结率100%”和“服务对象满意率100%”。三是认真完成了国家粮食库存检查及政策性粮食竞价销售出库、省级储备粮轮换、夏粮收购、秋粮收购等专项检查活动，全年共查处涉粮案件94例，有效维护了全省粮食流通秩序。四是把行政执法监督列入全省粮食部门的一项常规工作，明确了层级监督主体责任，开展了粮食行政执法培训和案卷评查活动，执法队伍素质明显提升。2015年度被国家局评为监督检查工作优秀单位，在2015年2月底召开的全国粮食流通监督检查工作会议上，省局作了“强化制度建设、规范执法行为”的典型发言。

【机关党建和党风廉政建设】 局党组认真履行党要管党、从严治党职责，围绕加强党的思想、组织、作风、反腐倡廉和制度建设。一是加强党的建设，省局领导班子自身建设不断增强。强化理论武装，扎实开展“三严三实”专题教育，把学习贯彻习近平总书记系列重要讲话、十八届三中四中五中全会精神和省委决策部署作为重大政治任务来抓。严格落实党建责任，通过组织教育、引导服务、关心激励，积极发挥党建作用，保障了党中央、国务院和省委、省政府重大决策部署以及重点工作的实施和落实。二是落实民主集中制，严守党的政治纪律和政治规矩。局领导班子坚持把严守党的政治纪律、政治规矩作为思想和行动的基本准则，在思想上政治上行动上始终与党中央保持高度一致。进一步完善了局党组会、局务会和局长办公会等会议制度，对“三重一大”事项全部实行集体研究，民主决策。三是落实“两个责任”，党风廉政建设深入推进。局党组坚持把贯彻落实党风廉政建设责任制作为重要政治任务来抓，融入到粮食流通事业各项工作中，不断健全责任体系、细化任务分工、完善推进机制，确保了党风廉政建设主体责任落到实处。

（河北省粮食局　孟昭虎）

烟草专卖

【概述】 2015年，河北省烟草专卖局、中国烟草总公司河北省公司在省委省政府和国家烟草局的正确领导下，以党的十八大及三中四中全会、中央经济工作会等为指引，以“三严三实”专题教育为动力，以融入地方经济发展、贡献地方经济发展为己任，紧紧围绕建设经济强省、美丽河北的总体要求，坚持稳中求进总基调，主动适应经济发展新常态，更加注重科学发展、更加注重改革创新、更加注重转型升级，以运行调控、营销改革、专卖管理、内部监管、精益管理、队伍建设以及反腐倡廉为抓手，不断增强推进经济发展质量和效益上水平的决心信心，全力开创全省行业改革发展新局面。全年累计销售卷烟254.06万箱，销量增幅位列全国第12位，高于全国平均水平1.18个百分点；实现税利124.92亿元，同比提高21.4%，增幅位列全国第16位，高于全国商业企业平均水平1.91个百分点。

【服务地方经济社会发展】 始终牢牢把握和实践河北烟草“11158”发展思路，聚焦“经济发展质量和效益上水平”目标任务，积极打造更具实力、活力和竞争力的经济发展格局，持续提升行业税利贡献度，尽职尽责为地方经济社会发展服务。全年共上缴中央和地方财政各项税费84.67亿元，其中上缴中央财政65.39亿元，同比增长48.13%；上缴地方财政19.28亿元，同比增长20.8%。此外，还上缴中央专项税后利润32.05亿元，上缴国有资本收益9.57亿元。全年累计上缴中央和地方财政126.29亿元。始终把销售省产烟作为助推地方财政增收的重要途径，千方百计促进省产烟品牌知名度、美誉度和认可度提升。从河北中烟调入卷烟总计92.47万箱，占河北中烟自销量的85.54%，同比提高3.14个百分点；其中调入1—3类烟39.95万箱，占河北中烟1—3类烟自销量的90.48%。调入钻石67.58万箱，占河北中烟钻石自销量的81.25%，同比提高5.13个百分点；其中调入1—3类钻石34.54万箱，占河北中烟1—3类钻石自销量的89.32%。全年销售钻石66.42万箱，占全省商业总销量的26.15%，钻石销量在全省所有在销品牌中排名第1位；其中，销售钻石（荷花）5576箱，同比增长26.33%。

【卷烟打假打私】 在省委省政府的大力支持帮助下，依托主管省长任组长，公安、检察院、法院、烟草等14个部门为成员的联合打击制售假烟违法犯罪活动领导小组，不断深化“政府领导、部门联合、多方参与、密切协作”的打假打私体系，以“端窝点、断源头、打网络、抓主犯、追实刑”为重点，以侦办一批精品网络案件为目标，突出打击本地主犯，强化案件移送、协调调度和联合督办，积极构建快送、快侦、快捕、快诉、快判的工作格局。围绕建立“打击严厉、管理到位、疏导及时、服务周到”的市场监管体系，积极开展市场整治行动，维护市场经济秩序，消费者权益得到有效保护；加大简政放权力度，优化行政许可程序，着力提高办证便利性和无证经营问题，努力推动管理型专卖向服务型专卖转变。全年共查获涉烟案件1.37万起，涉案金额1.49亿元，侦破符合国家局标准的涉烟网络案件51起（排全国第5位），其中公安部部督案件9起（排全国第1位）；刑拘259人，逮捕

196人，判刑123人，判实刑77人。连续八次荣获公安部和国家烟草局联合颁发的“全国卷烟打假特殊贡献奖”；在国家局组织的烟草专卖执法案卷评查中总成绩名列第一。

【卷烟营销市场化】 作为全国烟草行业试点单位，以卷烟供给侧结构性改革和市场营销模式创新为主要内容，扎实开展卷烟营销市场化取向改革，搭建了全省统一的省级集中订货平台，创立了全省统一运行的营销新模式和省市两级监管机制，提高了卷烟工业企业、零售客户和消费者的满意度，促进了全省行业经济发展和税利增收。3月底，国家局在石家庄召开了2015年全国卷烟销售工作会议暨省级卷烟营销市场化取向改革推广现场会，专门推广河北省试点经验。张杰辉副省长到会致辞，国家局徐瑩副局长出席会议并讲话。对于全省行业的市场化取向改革工作，国家局凌成兴局长等各位领导都给予了充分肯定，凌成兴局长多次表扬河北省局（公司）通过改革实现了跨越式发展，并专门批示，要求全行业“认真学习借鉴河北省局（公司）的宝贵经验，坚韧不拔深化市场化取向改革，全面完成省级卷烟营销平台建设任务，千方百计提升营销创新水平”。

【扶贫增收】 在省委省政府的大力支持和协调下，考虑到河北省县级烟叶公司隶属地方的体制特殊性，河北省局（公司）积极争取政策支持，国家局在大幅压缩全国烟叶收购1000多万担的情况下，将河北省烟叶收购计划恢复到了8万担。2015年，六家县烟叶公司缴纳税费1933万元，烟农收入8587万元，同比增长17%；投入烟叶基础设施建设资金645万元，近年已累计投入1亿多元。不断深化“客户有困难、首先想烟草”的工作理念，并以提高零售户盈利水平为己任，扎实开展客户服务工作，协调多家银行为零售户提供贷记卡业务，首创的网上跨行结算模式被国家局在全行业推广。共为11.97万零售户办理了贷记卡，占零售户总数的50.83%，合计提供授信额度31.01亿元，在全行业名列前茅；零售户户均年销售收入26.47万元，户均毛利率12.15%。认真落实“回报社会、扶贫济困”的行业使命，积极开展“阳光·善行”贫困零售户帮扶活动，向社会捐赠778.55万元（单位捐赠700.12万元，职工捐赠78.43万元），其中，河北省局（公司）向两个扶贫村投入270万元，参加“三下乡”活动捐赠15万元，获得省委省政府“三下乡”活动先进单位称号。

【廉政建设和反腐败工作】 把学习贯彻习总书记系列重要讲话精神作为首要政治任务，扎实开展“三严三实”专题教育，严明政治纪律和政治规矩，坚决落实中央八项规定精神和省委省政府纪律要求。专门组织省委中心组学习会精神培训和学习贯彻省委八届十二次全会精神电视电话会议，扎实开展“解放思想、抢抓机遇、奋发作为、协同发展”大讨论，“树正气、讲团结、聚合力、促转型”的工作局面逐步形成。严格落实党风廉政建设责任制，持续深化全员全岗位廉政风险防控监督与再监督体系建设，强化责任追究，努力建设廉洁实干的政治生态。坚持以严格规范统领一切工作，全面落实办事公开民主管理要求，多年来一直是国家局严格规范的试点，相关工作一直处于行业领先水平。全年共实施采购项目385项，涉及金额3.06亿元，其中公开招标352项，涉及金额2.97亿元，项目和金额占比分别为91.43%和96.9%，名列全国行业前茅。认真贯彻落实好干部“五条标准”和“三严三实”要求，深入宣贯以“阳光、感恩、服务、执行、创新、效率”为核心内涵的企业文化和“做人忠实、做事扎实、交友诚实、学习勤实、身体结实、心里踏实”的行为准则，不断巩固全省行业风清气正、政通人和、干事创业的大好局面。

（河北省烟草专卖局　周　斌）

交通运输业

【投资建设】 2015年，全省交通运输系统贯彻党的十八大和十八届五中全会精神，全面落实省委八届十二次全会、全省经济工作会议、全国交通运输工作会议要求，紧紧围绕京津冀交通一体化率先突破、率先发展、率先现代化，为建设经济强省、美丽河北和全面建成小康社会提供强有力支撑。全年累计完成交通固定资产投资1000.2亿元，比2014年增加90.7亿元，增长10.0%。

公路建设率先突破。全省公路建设固定资产投资689.6亿元，比2014年增长1.7%，公路通车总里程达18.5万公里，增长3.4%。其中，高速公路完成投资353.1亿元，打通、拓宽京港澳、张承、京昆、京台等连接京津的断头路、瓶颈路，高速公路通车总里程达6333.5公里，比2014年增长7.6%，新增通高速县（市、区）9个，基本实现县县通高速，高速公路通车总里程居全国第2位；普通干线公路完成投资135.1亿元，比2014年增长25.3%，全省普通干线公路里程达1.8万公里，增加517公里，二级及以上比例达到87.0%，提高5个百分点；农村公路完成投资107.0亿元，提高20.3%，消除农村公路断头路446公里、危桥3.5万延米，县乡公路中型以上桥梁实现无危桥运行，全省农村公路里程为16.0万公里，增加4391公里；干线路网改造完成投资94.4亿元，增长84.1%。全省公路密度达98.3公里/百平方公里，提高2.9个百分点。

港航建设步伐加快。2015年，全省港口固定资产投资完成160.2亿元，全省码头长度达5.3万米，增长0.5%；泊位238个，增加8个。其中，万吨级泊位168个，增加8个；设计吞吐能力10.2亿吨，提高9.3%，港口新增设计通过能力5.2亿吨，居全国第一位，港口通过能力突破10亿吨，居全国第2位。集装箱通过能力达350万标箱，比2014年增长18.6%，创历史最好水平。分港口看，黄骅港建设全年完成投资64.5亿元，码头长度9268米，泊位47个；唐山港完成固定资产投资81.4

亿元，码头长度2.6万米，增长8.6%，泊位99个，增加8个，其中，曹妃甸港区码头长度为1.7万米，增长9.4%，泊位59个，增加5个；秦皇岛港完成投资14.3亿元，增长2.4倍，码头长度1.7万米，泊位92个。港口建设加快向综合现代型转变。

民航建设快速发展。2015年，全省民航机场固定资产投资完成70.9亿元，比2014年增长3.8倍。首都机场集团正式托管石家庄机场，石家庄机场迈入国内大型运输机场行列。全省建成民用机场5个，定期航班航线74条，比2014年增加13条；定期航班航线里程13.1万公里，增加1.7万公里，其中，石家庄定期航班航线57条，比2014年增加12条，定期航班航线里程为10.3万公里，增长17.1%。

城市公交速快发展。2015年，全省开通城市公交线路2360条，比2014年增加319条；运营线路总长度4.1万公里，增长22.4%。全省县城20公里范围内农村客运公交化运行率达到31.5%，完成农村客运公交化改造的乡镇达31%，覆盖1.3万个行政村，服务2000万农民群众，石家庄、保定被确定为国家"公交都市"创建示范城市。

智慧交通建设成效显著。石家庄、保定、廊坊、张家口、承德等市360条公交线路与京津实现一卡通。北京公交通达廊坊市所有的县（市、区）。高速公路ETC用户增加150万户，达到200万户，比2014年增长3倍。实现ETC车道全覆盖，ETC与全国联网。

【运力情况】 从道路运力看，2015年，全省民用车辆拥有量为1642.0万辆，比2014年增长7.9%。其中，汽车1137.1万辆，增长14.2%。分类型看，载客汽车923.3万辆，增长18.3%，小型载客汽车、轿车分别达873.9和649.3万辆，分别增长19.3%和19.4%，其中，私人轿车达621.4万辆，增长20.3%，私人轿车占全部轿车比重达95.7%，呈快速增长态势。载货汽车146.6万辆，比2014年增长2.2%，其中，重型、中型、轻型和微型车分别为50.4、4.7、90.9和0.6万辆，重型和轻型车分别增加1.1和2.9万辆，中型和微型车分别减少8554和125辆。其他汽车67.2万辆，比2014年下降5.7%。摩托车299.9万辆，比2014年下降7.1%。拖拉机163.7万辆，减少3804辆。挂车41.2万辆，增长5.7%。从营运车辆看，全省营运性车辆为202.8万辆，增加1.4万辆，其中，营运性汽车153.2万辆，减少8195辆，营运性载客汽车15.3万辆，增加1.2万辆；营运性载货汽车101.7万辆，增加2181辆。从进口车看，全省进口汽车拥有量为22.5万辆，增长18.1%，进口汽车占全部汽车比重为2.0%，进口轿车占全部轿车比重为1.2%。从城市公交运力看，公共汽车运营车数2.6万辆，增长23.4%。全省天然气燃料公共汽车1.1万辆，增长8.9%；出租汽车运营车辆7.2万辆，增长1.7%。从水上运力看，营业性民用运输货运机动船舶146艘，净载重量369.3万吨，提高1.8%。从地方铁路运力看，地方铁路机车191台，下降3.5%，其中，内燃机车174台，下降3.9%；电力机车17台；地方铁路货车1721辆，下降12.3%。

【运输生产】 2015年，全省交通运输业总体呈现低位平稳运行态势。公路、铁路、水路、民航和管道五大运输方式共完成货运量19.9亿吨，同口径可比下降8.0%，货物周转量12024.9亿吨公里，同口径可比下降5.9%；客运量为5.4亿人，同口径可比下降6.6%，旅客周转量1213.2亿人公里，同口径可比下降5.5%。

公路货运稳步增长。2015年，国内成品油价连续十二降，全年汽油价格每吨累计下调390元，柴油价格每吨累计下调435元，年底油价已降到近六年来的最低点，加之近年部分道路撤消收费站，公路运输成本下降，公路运价的灵活性，使公路运输竞争力不断增强，经济结构转型升级，网购的日益普及，适合道路运输的高精尖、生活消费品逐步增多，推动公路货运稳步增长。2015年，全省公路货运量为17.6亿吨，同口径可比增长12.0%；货物周转量6821.5亿吨公里，同口径可比增长10.2%。从运行态势看，货运量呈逐季提高态势，货物周转量较高位平稳波动运行。

铁路货运形势低迷。受宏观经济形势及铁路运费持续提价等因素影响，铁路货运低迷。2015年，全省铁路货物发送量为1.8亿吨，同口径可比下降13.5%；货物周转量3633.0亿吨公里，同口径可比下降13.2%。货物发送量、货物周转量全年均呈负增长，且降幅呈逐季扩大态势。

水路货运增速回升。全省水路运输完成货运量4542.0万吨，增长12.4%；货物周转量1551.9亿吨公里，增长4.7%。从运行态势看，水路货运量增速全年呈波动回升态势，由一季度下降2.1%逐季回升到全年的12.4%，全年货运量增速比前三季度、上半年和一季度分别提高5.4、9.5和14.5个百分点；货物周转量增速比前三季度、上半年和一季度分别提高1.2、24.5和35.2个百分点。

民航货运形势好转。全省民航机场货物发运量为2.6万吨，增长3.2%，增速比2014年提高7.4个百分点。从运行态势看，全年呈逐步好转之势，货物发运量由一季度下降12.8%的降幅缩小到上半年的下降2.2%，三季度转为增长2.9%，年底比一季度回升16.0个百分点。

管道运输持续下降。全年管道输送原油总量为1167.7万吨，比2014年下降13.9%，输送原油总周转量为18.6亿吨公里，下降18.1%。从运行态势看，输送原油总量全年呈逐步回落态势，降幅由一季度的下降0.7%逐季扩大到年底下降13.9%。

客运方式持续升级。随着人民生活水平不断提高，高铁、民航建设快速发展，加之私家车快速增长，高效舒适的出行方式成为人们首选。2015年，全省机场民航旅客吞吐量为684.9万人次，比2014年增长6.6%；旅客发送量为358.0万人次，增长5.9%。铁路发送旅客9705.5万人，增长1.4%；旅客周转量944.4亿人公里，下降4.2%；公路客运量和旅客周转量分别为4.4亿人和268.4亿人公里，同口径可比分别下降8.2%和10.0%。全省铁路客运量占全省客运量总计18.1%，比2014年提高2.4个百分点；民航占0.7%，提高0.1个百分点。公路占81.2%，下降2.6个百分点。全省铁路旅客周转量占全省旅客周转量总计的77.8%，提高0.6个百分点；公路占22.1%，下降0.7个百分点。

港口货物吞吐量下降。2015年，全省港口货物吞吐量为9.1亿吨，比2014年下降4.0%。从运行态势看，全年呈低位平稳运行态势，前三个季度增速分别为—5.5%、—2.3%和—3.6%。从主要货类看，全省港口货物吞吐量下降主要受煤炭及制品影响。经济结构转型、压缩落后产能、进口煤炭冲击，国内煤炭市场低迷，全省煤炭及制品港口吞吐量为5.0亿吨，比2014年下降10.2%。煤炭及制品吞吐量占全省货物吞吐量总计54.9%，下拉全省增速下降6.0个百分点；矿建材料吞吐量为1668.9万吨，下降22.7%；水泥、机械设备电器类货物吞吐量分别为421.3和25.9万吨，分别下降27.8%和28.5%。全省集装箱运输增势强劲，吞吐量达252.5万标箱，增长37.5%。金属矿石吞吐量为2.6亿吨，增长4.9%；钢铁吞吐量为6042.2万吨，增长7.9%；石油天然气及制品吞吐量为2667.4万吨，增长7.3%。

（河北省统计局　李　岩）

【民航运输（河北机场集团）】 河北机场管理集团有限公司（简称“河北机场集团”）是由河北省人民政府批准成立、河北省国资委履行出资人职责、委托首都机场集团管理的国有独资公司，是行业性投资机构和大型航空运输服务保障企业。河北机场集团注册资本10亿元，资产总额53.42亿元。公司以服务地方社会经济发展为己任，依托机场主业，大力引进航空公司运力，完善河北机场航线航班网络，提升航空运输综合服务保障能力，全面发展物流、商贸、旅游、酒店、餐饮、广告等相关产业，努力实现公司品质化发展，取得了良好的社会和经济效益。

河北机场管理集团有限公司现辖石家庄国际机场和秦皇岛机场，托管张家口机场。石家庄国际机场是首都机场的主要分流、备降机场，是河北航空公司、中联航河北分公司、春秋航空公司和中国邮政航空公司运营基地，是中国北方重要的国际航空货运中转基地，是河北省重要的空中交通门户和对外开放窗口。石家庄机场跑道全长3400米，飞行区等级4E级，可保障世界各类大型飞机起降，世界最大货运飞机安225、最大客机A380曾多次飞抵石家庄机场。石家庄机场候机楼总面积20.4万平方米，货运站总面积3.6万平方米，停机位69个，可满足年旅客吞吐量2000万人次，货邮吞吐量25万吨需要。

【京津冀民航协同发展】 2015年5月20日，民航局与省政府签署《关于加快推进京津冀民航协同发展的会谈纪要》、首都机场集团与省国资委签订《河北机场管理集团有限公司委托首都机场集团公司管理协议书》。河北机场集团正式纳入首都机场集团公司委托管理，京津冀机场实现一体化管理。河北机场集团抢抓京津冀协同发展机遇，对接京津冀民航协同发展，助力京津冀世界级机场群建设，完善河北“一干多支”的运输机场体系，努力将石家庄机场打造成为旅客吞吐量千万级枢纽机场、华北地区航空快件邮件集散中心和旅游集散地。

【安全服务】 2015年，河北机场集团共保障飞机起降6.21万架次、同比增长0.7%，其中石家庄机场5.67万架次、同比增长0.9%，秦皇岛机场2736架次、同比减少16.3%，张家口机场2678架次，同比增长18.8%，保障了河北机场飞行安全、航空地面安全和空防安全，实现了第12个安全年。认真贯彻落实党的十八届五中全会精神和省委、省政府、民航安全工作部署，组织召开了机场集团航空安全委员会会议，继续推进持续安全战略，深化安全管理体系建设，强化现场运行管理，安全生产继续保持了平稳态势。积极落实首都机场集团“3-3-3-6”安全理念，自我加压，较短时间内实现了管理制度、工作流程等有效对接。对集团公司安全服务调研、年度评价等发现的问题隐患，具备条件的，立行立改，不留死角。持续推进“平安民航”建设，确保了抗战胜利70周年等重要节点机场的绝对安全。落实持续安全，河北机场集团连续6年获得“安康杯”全国优胜企业荣誉称号，石家庄机场被认定为省内一级重要电力用户，张家口机场高质量通过了航空安保审计。

【航线航班网络】 2015年，石家庄机场全年运营航空公司27家，通航城市70个，全部运营航线92条，其中国内客运航线72条，国际地区客运航线17条，国内货运正班航线3条，周航班量突破1156架次，航空通达能力显著增强。积极引进国内外航空运力投放，新增河北航空公司4架、春秋航空公司1架驻场运力，引进西部航空、韩国济州航空、斯洛伐克货运航空公司。加密了石家庄至上海、杭州、南京、昆明、成都、西安、贵阳、海口、三亚、青岛、大连、呼和浩特、哈尔滨、沈阳等国内干线，加密了秦皇岛、张家口等省内支线，新开了海拉尔、满洲里、张家界、桂林、绵阳等旅游航线，新开了九寨沟、拉萨等高原航线。首开石家庄至泰国曼谷、韩国釜山、济州岛，日本静冈、大阪、名古屋等国际客运正班航线，加密石家庄至韩国仁川国际客运正班航线，开通了石家庄至韩国务安、柬埔寨暹粒、泰国芭提雅、美国塞班、越南岘港、芽庄等国际客运包机航班。

【服务地方经济社会】 2015年，河北机场集团完成旅客吞吐量634.88万人次、同比增长6.8%，其中石家庄机场598.54万人次、同比增长5.9%，秦皇岛机场15.56万人次、同比减少22.7%，张家口机场20.78万人次，同比增长44.1%；完成货邮吞吐量4.51万吨、同比减少2.6%，其中石家庄机场4.47万吨、同比减少1.9%，秦皇岛机场330.4吨、同比减少52.5%，张家口机场63.9吨，同比增长134.9%，按照国内民航机构分析，2015年河北机场集团完成634.88万人次吞吐量，为地区带来114.91亿元的经济效益。继续完善机场集疏运体系建设，新开鹿泉、容城机场旅客直通车，恢复了邯郸、白沟直通车。目前，石家庄机场共设立异地城市候机楼11座，开通旅客直通车班线14条，全年运送旅客18.5万人次。持续推进空铁联运项目，实现了网络平台一站式销售，加密高铁摆渡车至每半小时1班。全年共运送空铁联运旅客

25.5 万人次，同比增长 13.4%。

【企业管理】 河北机场集团学习和借鉴首都机场集团先进管理模式和发展经验，积极推进托管整合对接工作，加强战略、文化、制度深入融合对接，安全、运行、服务和管理水平全面提升，推动了河北机场持续健康发展。积极推进非航业务专业化经营、品牌化发展、精细化管理，与首都空港贵宾公司共同出资成立了河北空港贵宾公司，实现了专业化经营。进一步强化财务管理，对资金和账户进行统一管理，完成了 SAP 核算系统上线，通过 SAP 订单管理细化全面预算管理。修订完善 2015 年河北机场集团绩效考核实施方案，优化绩效考核指标体系，改进了绩效考核指标计分办法，完善了监督激励机制。加强能源消耗监控，全面做好节能减排工作，科学合理下达水电气能源消耗考核指标，针对石家庄国际机场改扩建工程投入使用后、石家庄机场水电气用量大幅度增加的实际，加大了对重点耗能区域和重点耗能设备用能的监测，确保了机场能源消耗处于受控状态。强化人力资源管理，严格执行集团公司人工成本管理办法，制定了《员工岗位培训大纲》，员工资质能力建设得到加强，完成了优秀派遣制员工转录工作，拓宽员工发展通道。

【党建和党风廉政建设】 巩固扩大党的群众路线教育实践活动成果，扎实开展“三严三实”专题教育。加强领导班子建设，提升班子整体合力，在两级班子中开展以政治素养好、经营业绩好、团结协作好、作风形象好为主要内容的“四好”领导班子创建。出台了《党委工作规则》、《党委中心组学习制度》、《经营管理人员履职待遇、业务支出管理办法》、《关于落实党员干部直接联系群众制度的意见》等制度 10 余项。加强干部队伍建设，通过集团公司名家讲堂、省委党校培训、组织联动机制培训和专项培训，不断提升干部队伍综合素质和履职能力。利用社会媒体、内刊网站、微信微博等载体，加强正面宣传引导，凝聚员工思想和共识，树立河北机场良好社会形象。承办了河北省首届民航安全检查员大赛、全国民航“安康杯”交流会，张彦杰同志获得全国“安康企业家”荣誉称号。青年志愿者、青年安全示范岗和青年文明号等“三青”活动持续开展，彰显了新一代机场青年饱满的精神状态，为机场发展贡献了“正能量”。将党建活动、运输生产与创建文明机场活动紧密结合，积极开展“做责任企业——温馨空港感动服务”主题创建活动，营造了创建文明单位的浓厚氛围，2015 年河北机场集团荣获第四届“全国文明单位”荣誉称号。

（河北机场管理集团有限公司　李晓璐）

邮　政　业

【概况】 2015 年是河北省邮政全面深化改革、加快转型发展的关键之年。河北省分公司认真贯彻落实集团公司各项工作部署，主动适应经济发展新常态，加快转型发展，确保运行安全，保持了持续健康发展的良好态势。河北省分公司完成收入同比增长 5.16%；完成集团公司预算进度 101.25%；完成了集团公司下达的利润预算目标。企业运行质量明显提升。员工平均收入较上年提高 7.39%，其中劳务用工提高了 12.14%。全员劳动生产率比上年提高了 9.18 个百分点。中邮保险河北分公司筹建工作有序推进，做好了批筹后的各项前期准备工作。

【转型发展】 一是业务结构不断优化。代理金融业务主体地位不断增强，实现收入同比增长 13.97%，收入占全省邮政总收入比重 63.29%，较上年提高了 4.89 个百分点，有力保障了全省收入目标的完成。包裹快递业务不断加快发展步伐，实现收入同比增长 5.01%。邮务类业务以提高发展质量为前提，从规模速度型向规模效益型转变，实现收入同比下降 10.08%。函件专业实现收入同比下降 33.83%；报刊专业实现收入同比下降 6.97%；集邮专业实现收入比下降 7.93%；电子商务专业实现收入同比增长 12.89%；分销专业实现收入同比下降 35.23%。

二是农村电商平台有序搭建。加大了对低效无效社会渠道网点的清理整顿力度，不断提升平台运营质量。积极开展农村电商试点工作，黄骅、迁安、冀州等县分公司启动迅速，得到了地方政府部门的大力支持。

三是市场开发和营销能力显著增强。充分整合专业资源，总部项目开发取得新进展。先后与省公安交通管理局、省供销合作总社签订了战略合作协议，与省国税局开展了试点合作。依托渠道拓宽市场，开展项目交叉营销和叠加销售，完成各类营销项目 2029 个，较上年增长 20.42%。

【企业改革】 一是组织架构更加健全。在省、市、县三级设立了包裹快递专业机构。成立省人力资源服务支撑中心，推动战略人力资源管理转型。加强会计核算中心建设，提升财务核算集中化、规范化水平。

二是薪酬制度得到优化。以企业效益和岗位职责为主要依据，确定企业工资和分配关系。在合理控制年度工资总额预算基础上，重点提升一线员工薪酬标准。按照个人价值和岗位价值两个因素，调整优化了薪酬结构。

三是网络运行效率有效提升。深入推进中心局流水化工艺流程改造和网运信息系统应用。实行散件化、流水化作业新流程。强化陆运网运行管控和动态调度。在部分一级干线汽车邮路上实施甩挂运输，提升了整体运营效能。

四是投递改革进程加速。持续加强投递能力建设，运用信息技术手段创新作业模式，投递效率明显提高，多项指标位于全国前列。

五是顺利推进“子改分”和 ERP 工作。按期完成了工商登记、银行账户的新设及变更。积极争取涉税事项的政策支持，有效规避了企业风险。实行 ERP 工作清单管理，确保整体工作效果。

【服务能力】 一是基础设施建设力度加大。新增投递车辆 326 辆、电动三轮车 633 辆、电动自行车 294 辆、PDA1551 台、智能包裹柜 100 台。按时完成了空白乡镇补建局所开业运营工作，累计接收补建局所872处，开业运营率100%。

二是金融网点服务能力不断增强。加大网点改造和设备投入力度，对105个网点进行了装修改造，购置金融网点3处、ATM及CRS607台、A类点验钞机2279台。

三是信息化建设加快推进。完成了集团公司统一部署的邮政信息网省中心网络改造、金融网点授权集中等7项工程建设。开发了ATM运行质量监控、渠道管控等多个应用软件系统，有力支撑了业务发展。

【精细化管理】 一是财务管理更加科学。制定了成本费用标杆体系，明确各项成本的开支标准和列支渠道。进一步完善绩效考评激励体系，加大了质量和效益类考核指标权重，引导各单位合理调整业务结构，提高企业经济效益。建立了以收定支的资金透支额度预算体系、以风险为导向的资金分析体系和以利润为导向的资金考核、有偿使用体系，引导企业经营管理者树立资金理念，关注资金状况。

二是人力资源配置持续优化。修订完善了岗位定员标准，满足重点业务发展所需人员的配置要求。加快调整用工结构，将择优招用计划主要用在金融、投递和关键性岗位。

三是基础管理进一步强化。积极开展提升邮政服务质量专项活动。加强资金、邮件、车辆和消防安全管理。完善内控机制，加强隐患排查，进一步提升了风险防控能力。机要通信连续18年保持质量全红。开展了全省房屋土地资产出租管理内部控制审计和用户欠费管理专项审计调查。

【党风廉政建设】 一是落实从严治党要求，履行党要管党责任。贯彻落实中央和集团公司重大部署，认真组织开展“三严三实”专题教育，分层次部署开展党组织书记述职评议，进一步提高了“书记抓党建”的第一责任人意识。

二是强化“两个责任”的落实。加强“两个责任”落实情况的监督检查，并就检查发现的问题对相关市分公司党委书记和纪委书记进行了约谈。注重源头防控，加强了对党员领导干部的党性、党风、党纪教育。认真做好信访核查工作，严肃处理和纠正违规违纪问题。

三是积极配合集团公司巡视工作，从严从实完成整改任务。深入抓好中央巡视组反馈意见整改工作，把整改工作情况及成效作为各级党委班子、各级纪委履职尽责的一项重要内容进行考核，按要求完成整改任务。

【干部职工队伍建设】 一是全面加强干部队伍建设。进一步完善选人用人程序，严格任职资格条件，加快中青年干部培养选拔，不断优化干部队伍的年龄、知识和专业结构。落实干部监督重点工作，组织实施选人用人工作“一报告两评议”和干部报告个人有关事项工作，提高了选人用人公信度。

二是着力提升人才队伍素质。面向基层骨干和一线员工，举办集中培训125期，培训员工6800余人次。组织开展了职称评审工作，规范了专业技术职务评聘管理。启动了百名人才培养计划。在第四届全国邮政特有职业技能大赛中，河北省分公司邮务和代理金融两支代表队都取得了团体优胜奖全国第二名的优异成绩。

三是深入推进和谐邮政建设。高标准、规范化地开展“农村支局职工小家”、“城市投递员之家”和“网运职工之家”建设，基层职工生产生活条件得到明显改善。广泛开展先进人物和典型事迹教育以及各类主题活动，注重挖掘、培树先进典型，发挥示范引领作用，赵红等3名同志荣获全国劳动模范荣誉称号。

（中国邮政集团公司河北省分公司　程　钰）

通　信　业

【综述】 2015年，河北省通信行业坚持发展、管理、服务、安全并重，坚持以服务经济社会为中心，以稳增长、调结构、惠民生为重点，紧紧围绕上级机关和局党组的决策部署，从推动宽带网络建设、促进网络提速降费、规范信息通信市场秩序、强化网络信息安全管理、提高电信服务水平等关键环节入手，开拓创新，狠抓落实，各项工作取得了新的明显成效。

（一）行业发展取得新成绩。一是行业经济运行稳中有进。全省电信业务总量完成863.7亿元，较上年增长18.6%，列全国第7位。电信主营业务收入完成452.4亿元，同比下降5.4%，列全国第9位。全省电话用户达到7345.4万户，电话普及率100.2%，其中固定电话用户978.2万户，列全国第8位；移动电话用户6367.2万户，列全国第7位。3G移动电话用户1910.5万户，列全国第6位；4G移动电话用户1798.7万户，列全国第7位。互联网宽带用户达到1226.5万户，列全国第5位。

二是网络支撑能力切实增强。全省信息通信业完成固定资产投资230.5亿元，同比增长32.1%。全省光缆线路长度达到103万公里。移动电话基站总数19.24万个，其中3G基站5.98万个，4G基站7.89万个。互联网宽带接入端口达到2663万个。互联网省际出口带宽达到6651G。

三是行业转型升级持续深化。全省非话音业务收入295亿元，较上年增长6.6%，占电信业务收入的比重达65.2%，其中：移动数据与互联网业务收入为114.3亿元，较上年提高30%，占电信业务收入的25.3%。移动互联网接入流量达12965.4万G，固定互联网宽带接入时长达26679亿分钟，较上年分别增长80.5%和13.8%。

四是宽带中国战略扎实推进。深入开展“宽带河北2015”专项行动，网络覆盖能力持续增强，用户上网速率稳步提升，4G网络建设与发展成果显著，宽带业务发展取得明显成效。15年12月10日，河北联通提前一年实现全省光纤网络覆盖，河北成为全国第四个“全光网络省”。全省全年新增FTTH覆盖家庭1145万户，新发展光纤宽带用户273.4万户，8M及以上接入速率用户总数达到855.2万户，占比为69.6%，实现547个行政村光纤化改造，行政村通宽带率达到99.6%。全年新建4G基站4.7万个，4G用户净增1258万户，完成市区、县城良好覆盖和高铁、高速公路连续覆盖。

（二）行业管理水平得到明显提升。一是规范电信市场经营行为，强化事中事后监管。扎实开展规范电信市场秩序专项行动和综合治理不良网络信息防范打击通讯信息诈骗专项整治行动，严肃查处电信市场违规经营行为。加强宽带接入市场管理，查处垄断经营行为，加强资费公示管理，提高电信资费透明度，努力营造和谐、有序的电信市场竞争环境。

二是完善立法，积极优化发展环境。针对当前河北省电信设施选址难、进场难、审批周期长等实际问题，积极争取地方政府、人大支持，制定出台了《河北省电信设施建设和保护条例》，于2015年12月1日正式实施。《条例》明晰了电信设施属于战略性公共基础设施的定位，有效解决了电信设施建设和保护中的突出问题，填补了河北省电信立法的空白。河北省通信管理联合省政府法制办，召开了规格高、规模大的《条例》宣传贯彻会议，有力地扩大了影响，营造了良好的法制氛围。

三是加强网络信息安全管理，提高通信保障水平。以网络信息安全责任考核为抓手，强化监督检查，落实安全责任，指导督促各电信企业进一步加强网络信息安全管理。开展电话用户实名登记全覆盖式检查，全年共组织检查、抽查23次，对存在问题的企业进行了通报批评，对9家企业进行了行政处罚，取得阶段性成效，在2015年8月工信部组织的全国中期抽查中，河北省电话用户真实身份登记工作位列第三位。严抓未备案网站接入，网站备案进一步规范，备案率为99.98%，备案信息主体准确率为94.95%。加快IDC/ISP信安系统建设，对企业侧备案系统、信息安全管理系统、接入资源管理系统对接联调，严把网络信息安全关。开展木马和僵尸网络以及互联网恶意程序处置工作，推动电信企业移动恶意程序监测处置能力建设，完善移动恶意程序常态化处置协作机制，净化省内网络安全环境。

四是加强应急通信队伍建设。积极开展演练，加强应急值守、预警监测和应急处置，出色完成抗战胜利70周年纪念活动网络与信息安全保障工作，多次圆满完成国际奥委会赴张家口崇礼县进行专项及综合考察期间的通信保障任务。

（三）提升服务惠民利民工作成效显著。一是网络提速降费工作快速推进。认真落实《国务院办公厅关于加快高速宽带网络建设推进提速降费的指导意见》和省政府《关于推进网络提速降费的实施意见》的各项要求，提速降费成效明显。全省4M以下用户接入速率免费提升至4M—8M，10M用户提速到20M，20M用户提速到50M，全面下调50M、100M宽带接入产品价格，宽带资费降低超过30%。同时，手机流量资费降低30%左右，部分达到50%。此外，各电信企业结合本企业特色，推出了相关融合产品以及手机流量当月不清零、流量共享或转赠等业务，使用户获得更多实惠。2015年8月1日河北省开始执行京津冀一体化资费，一体化资费打破了京津冀移动通信用户在通话费用方面的区域障碍，河北省至京、津地区的移动话音业务量有明显提升，促进了三地的沟通与交流，使京津冀移动电话用户受益，尤其是对于河北省移动电话用户，不但取消了至北京、天津的长途费和漫游费，全省11个地市之间的长途费和漫游费也已取消，河北省移动电话用户相对于京津，获得了更大实惠。一体化资费后，全省月平均业务收入减少了10174.2万元，资费降幅达45.8%。

二是农村地区通信基础设施能力大幅提升。通过全年努力，截至2015年底，行政村通宽带率达到99.6%，乡镇和发达村域实现4G覆盖。省内电信企业面向农村，立足农业，依托网络优势，助力扶贫攻坚，探索以“互联网+农业”为切入点的互联网扶贫模式，通过完善农村网络基础设施建设，打造农业资讯、信息类平台、发展智慧农业、开发农村电子商务平台、协助党政机关开展信息化建设、便利农民惠民生等举措全方位助力扶贫攻坚。

三是把为民服务放在更加突出位置。通过加强管理，不断完善工作机制，不断提升客户感知和满意度。以开展电信行业纠风工作为重要抓手，重点开展整治不明扣费、遏制校园电信市场恶性竞争、综合治理不良网络信息、专项治理电话“黑卡”等工作，电信领域侵害消费者权益问题明显减少。

（四）扩大信息消费助力经济发展发挥新作用。全省信息通信业充分利用京津冀协同发展战略机遇，支持创新型业务率先发展，积极培育和发展云计算、物联网、移动互联网、三网融合等信息服务新兴业态。传统通信服务加快向融合化、多媒体化、集成化信息服务转型，信息通信在城市管理、文化教育、卫生医疗、社会保障、社区服务等社会公共服务领域的应用日益广泛，教育平台、电子商务平台、电子政务平台、公共卫生平台、就业和社保信息平台、农业信息平台、社区综合信息服务平台等信息化平台建设成果明显，消费性信息服务得到大力发展。信息通信技术在经济社会各领域广泛应用和深度融合，信息化推进机制稳步加强，区域、行业、企业信息化发展水平快速提升，信息通信业在经济和社会发展中的引领支撑作用充分发挥。

（五）通信工程质量监督扎实开展。做好全年通信工程立项、竣工备案工作。受理各企业立项登记1.68万项，各公司质量监督申请1.29万项，各公司办理竣工验收备案402项。加强质量监督和安全生产检查。全年检查四家运营企业工程项目100余项，检查建设、施工、设计、监理等参建单位100余家。全年组织安全员资格培训班14期、评标专家培训班2期，培训总人数4000余人。

（六）通信行业职业技能鉴定和职称考评工作取得新进展。创新工作模式，拓宽服务领域，组织开展职业技能鉴定工作。对全省高职院校毕业生、电力系统通信岗位的员工，以及全省部分增值企业员工进行职业技能鉴定，鉴定人数786人。公平公正做好职称考评工作。在职称考评工作的考试和评审等各个环节，严格落实考评各项标准。组织133人参加通信专业高级职称资格评审；对职称申报材料要求进行修订和规范，对参评材料进行科学评价，通过审阅材料、量化积分、组织答辩、民主评议和投票表决，共有119人通过评审，14人被淘汰，淘汰率为10.5%，完全符合省职改办有关淘汰率的要求和申报人员的实际专业技术水平。做好全国通信专业初、中级职业水平考试考务工作。把控考试各个环节，层层落实安全责任，考试组织规范，共组织2044人参加考试，其中初级876人，申报中级1168人，考试合格率23.5%，与全国持平。

（七）“十二五”期间行业发展。“十二五”期间，河北省信息通信行业坚持围绕中心、服务大局，积极作为、主动作为，宽带河北、信息消费、互联网＋等战略稳步推进，全光网省提前实现，信息通信行业在全省国民经济和社会发展全局中的地位进一步提升。五年间，全省信息通信行业累计完成固定资产投资800.4亿元，电信业务总量累计3273.5亿元，电信业务收入累计2311.0亿元，电话用户总数7345.4万户，电话普及率达到100.2%。河北省直接用于农村通信帮扶、脱贫攻坚的建设投资6.27亿元，分别为3243个行政村和739个农村中小学开通宽带，投资4.79亿元，使3754个帮扶村及周边地区达到3G（或4G）无线信号覆盖。行业转型升级步伐加快，经济运行态势持续向好，为稳增长、调结构、惠民生、防风险做出了重大贡献，成为经济发展的“新引擎”和“倍增器”，社会进步的“催化器”和“助推器”。行业发展法治环境、政策环境和市场环境不断优化，行业地方立法工作取得新进展。

（河北省通信管理局　辛　娇）

【河北移动公司】　2015年，中国移动通信集团河北有限公司（以下简称“河北移动公司”）在河北省委、省政府和集团公司的正确领导下，主动顺应移动互联网时代的发展潮流，积极应对形势变化和严峻挑战，坚持巡视整改和经营发展“两手抓、两不误”，深入开展“三严三实”专题教育，努力巩固发展优势、保持行业主导地位，较好地完成了年初制定的各项目标任务。

（二）全面加强4G建设、运营和发展。在网络能力方面，全省开展4G建设大会战，加强统筹、加快节奏，高标准推进4G三期工程建设。全年新开通4G基站2.4万个，基站总量近4.5万个，实现了全省乡镇及以上区域，高铁、高速、高校、3A级以上景区的全覆盖。联合产业链上下游积极推进4G技术演进，完成面向VoLTE的十大领域网络改造，完成11个地市重要场景的高流量区域载波聚合部署，开启了4G＋试商用。统筹协调2G/3G/4G融合核心网，安全高效完成全省HLR替换和升级。深入开展4G网络质量专项优化，关键指标均优于集团4G精品网络标准。在业务发展方面，组织开展“4G达标工程”、“4G跃千万”等专项活动，4G发展水平快速提升。截至2015年底全省4G客户超过1100万户。建立全省统一的基础套餐资费体系，关停地市个性资费，新增十余种流量资费套餐，优化套餐外语音资费。终端销售实现3G向4G的完全切换，围绕重点机型，常态化开展明星机、低端机的阶段性营销活动，组织开展全省性的终端订货会，对于各类终端给予差异化的政策支持，省内4G终端销售份额达到60%。

（二）科学组织整体市场经营工作。在全力做好4G发展的同时，稳步推进市场经营各项重点工作，区域市场主导地位基本稳定。一是政企市场经营态势良好。依托4G和专线推进政企客户经营，加强信息化产品的研发推广，量质并重做好政企市场的保有拓展。聚焦重点产品加强中小企业拓展，将之培育为带动收入快速增长的潜能型市场。借助京津冀协同发展机遇，积极吸纳京津冀IDC溢出市场。二是家庭宽带加速发展。推出“中国移动光宽带”新品牌，丰富宽带发展模式，围绕宽带提速、网络体验、装维服务、客户服务、系统、产品更新等六个方面，持续提升整体运营能力。三是渠道转型取得成效。自营渠道实现市级单位的集中化管理。社会渠道酬金纳入全省集中管控，核心业务酬金占比超过70%。强化电子渠道线上营销，在线交易额突破90亿元。深入推进电话用户实名制，存量客户实名登记率达到94.2%，增量客户实名登记率达到100%。四是服务质量稳步提升。营业厅、热线服务质量达标率超过95%，一次问题解决率超过85%，百万用户申诉率达到集团公司要求。认真落实“提速降费”工作部署，持续打造4G精品网、做宽骨干传送网、扩容和优化CMNET网等，推出了京津冀一体化资费、流量套餐当月不清零等服务举措，力求将“提速降费”成果惠及广大客户。

（三）持续提升整体网络支撑能力。河北移动公司在高效推进4G网络建设的同时，不断夯实基础网络能力，与外部单位做好协同，努力提高网络资源协同效益。一是深入推进网络协同。盘活2G网络资源，优化高质差小区，保持了网络覆盖和语音质量的竞争优势。优化提升4G网络的业务承载能力，年底4G网络三网流量占比实现较大幅度提升。二是传输能力逐步提升。面向全业务优化资源配置和网络结构，综合业务区实现城区100%覆盖，甄选全省各地市发达乡镇，根据其经济水平、网络需求、业务情况等开展有效介入。开展宽带建设大会战，新增自建宽带覆盖家庭超过200万户。科学做好汇聚节点机房、通信管道等资源储备，市政道路管道覆盖率不断提高。三是互联网质量有效改善。稳步提高互联网内容供给能力和端到端网络质量，缓存系统流量、移动用户点击本网率稳步提升。四是系统支撑能力持续增强。完成IT支撑系统基础资源池整合，构建统一的云管理平台。开展大数据平台建设，推进热门行业如环保、旅游、航空等大数据应用。优化BOSS系统在线提醒流程，4G业务响应和承载能力快速提升。推进精准营销服务平台建设。完成集中性能管理支撑体系建设。五是外部协同有序推进。与铁塔公司顺利对接，按时完成存量铁塔及配套设施的资产清查、评估和交割，签署新建站省级服务协议，理清了分工界面，完善了流程规范。

（四）稳步提升企业科学管理水平。严格落实中央“八项规定”，加强会议费、招待费、办公用房、公务车辆的管理，坚决防止“四风”反弹。选优配强领导干部，同步加强领导人员监督管理。平稳推进用工调整，劳务派遣人员占比达到集团用工要求标准。积极开展挖潜增效，推进银企效益联动，组织全省债权债务清理和存货检查。推进采购物流集中管理，采购和物流集中度显著提升；公开采购金额占比标准达到集团公司管控要求。建立信息安全长效机制，开展打击“伪基站”专项行动，综合治理不良信息取得良好效果。认真落实上级单位相关要求，圆满完成抗战胜利70周年纪念活动网络信息安全保障工作，全面开展“综合治理不良网络信息防范打击通讯信息诈骗行动”、“打击网上淫秽色情信息”专项行动、反恐维稳、整治虚假备案等工作。强化内部审计监督，对公司内控有效性进行评价，揭示问题和风险，堵塞管理漏洞。完善法律服务支撑体系，提升依法治企能力。逐层落实安全生产责任制，保障企业安全运营，全年无重特大安全事故发生。全面完成科技创新目标，两个项目分别获得集团科技创新和业务创新评选的二、三等奖，3项成果被评为集团一类成果。

（五）努力打造和谐共赢的发展环境。紧紧围绕企业发展大局和中心任务，开展各类劳动竞赛、合理化建议活动，促进了各项业务的顺利开展。深入推进EAP实践，加强员工关爱。广泛开展模范职工之家、职工小家创建活动，为广大员工提供丰富多彩的活动平台，不断增强团队活力。逐步完善基层班组的组织机制、工作体系和管理制度，以“效益、和谐、学习、创新、安全”的班组文化为引导，全力打造基层各条线的卓越班组。推进“走听转”活动，倡导深入一线，加强调查研究，融入基层、服务员工，帮助解决实际困难。省公司工会和各基层工会建立了工会主席接待日制度。全面加强企业民主管理，畅通沟通渠道，维护员工合法权益。积极落实国家对军转干部、离退休各项政策待遇，完善困难员工、特殊群体帮扶机制，做好离退休、内退人员服务，保障企业和谐发展。聚焦4G业务，加强宣传推广，树立良好的企业形象。整合资源及品牌优势，以“红绿蓝”品牌活动为载体推进社会责任融入企业运营。紧密结合公司战略重点，聚焦农村教育、农村医疗、环境保护等内容，全年完成28个重点项目。践行社会责任，开展“驻村帮扶”，向张家口洗马林村、北辛庄村，廊坊冯兰庄村捐款60万元，助力新农村建设，彰显“负责任、有担当”的企业形象。

（中国移动河北公司　耿建训）

【河北联通】　2015年，河北联通下辖11个市分公司，149个县（市）分公司。

（一）推进生产经营各项工作、迈出转型升级新步伐。2015年，河北联通上下聚焦发展，积极应对行业增速回落、京津冀一体化、流量不清零等下行因素影响，全年实现利润总额同比增幅113.7%，增幅在中国联通集团北方十省市排名第三。

（二）核心业务实现新发展、重点市场取得新突破。2015年移动业务占比提升，固网业务发展平稳，联通电视规模集团领先。集团客户围绕产业互联网加速重点业务突破，在全集团率先签约保定市级、河北省级“互联网+”政务云项目。

（三）服务质量稳步提升。以客户感知引领服务质量的改善，聚集4G、宽带的客户感知以及触点体验和投诉解决，建立客户感知主动评测、窗口触点对标体验和大服务投诉解决机制。通过传统服务向互联网化、智能化服务升级和集中化、一体化的运营支撑体系创新，打造“互联网+”客户服务体系，实现客服中心传统人工话务和成本结构性调整。

（四）网络能力进一步增强。全年投资工程建设量创融合重组以来之最。固网方面建成集团第三个“全光网络省”。加快实施IPTV及CDN扩容工程，新增频道直播能力。廊坊基地项目一期工程A—1、A—2机房楼通过验收，并完成注资工作。新建3G/4G基站数量超过前3年总和。全面发力4G网络建设，实现市区、县城良好覆盖和高铁、高速公路连续覆盖。应用推广U900技术，实现农村区域3G广覆盖。推进电信基础设施共建共享，完成铁塔存量资产清查和交接工作。

（五）管理效益继续提升。深化资产运营，实现房产盘活。首批通过集团2016—2018年投资规划评审。认真开展“两金”清理，严格落实实名制及黑卡管理，审计、法律与风险管理等工作取得新的进展，为企业发展提供了可靠保障。

（六）体制创新向纵深推进。深入开展“三严三实”专题教育，全面查摆和解决不严不实问题。认真对照集团公司党组巡视组反馈的问题，逐项整改落实，并全力查办中央巡视组移交的信访案件，第一批完成调查处理。加大贯彻落实“八项规定”和反“四风”的监督力度，严控招待费、会议费支出。积极推进网络维护专业化管理，推进用工机制向纵深变革。全面启动规范用工管理，梳理核心岗位，着力解决混岗问题，面向核心岗位定向招录员工，推进非核心岗位经营性外包。高度重视网络与信息安全工作，建立两级信息安全管理体系和长效机制。整合土地、房屋、物业、车辆等资源，实现全省统一运营管理。

（七）构建幸福河北联通不断深化。全面实施基层环境改善计划，筹措资金2000余万元，完成县级分公司和大部分基层营业部“职工之家”“三室一厅”升级改造。试点实施“员工绩效辅导”计划、为员工购买重大疾病和意外伤害保险等8件实事受到员工欢迎，营造了宽松和谐的企业氛围。履行社会责任，先后完成了张家口申冬奥通信保障、“九三”阅兵、国家“两会”等重要通信保障任务，以及汛期洪涝灾害保障及灾后重建工作。

（河北联通综合部　贾若思）

【河北电信】 中国电信河北分公司（简称“河北电信”）是中国电信在河北省行政区域范围内设立的省级分公司，于2002年12月24日正式揭牌成立。截至2015年12月，下设11个市级分公司，147个县级分公司，35个区营销中心；现有合同制员工3800人，其中本科及以上学历员工占76%，员工平均年龄34岁。

2015年，中国电信河北公司在省委省政府的领导下，认真贯彻落实省管局和集团公司的安排部署，全面加强党的建设，转变工作作风，以服务河北社会经济发展为己任，以改革促发展，以创新促转型，完善企业管理、传承创业文化，快速提升城市信息化水平，全面提升服务地方经济能力，各项工作取得一定成效：

——收入、利税持续增长，全面拉动居民信息消费。在提速降费、京津冀一体化、流量不清零等众多因素的背景下，2015年，河北公司坚定不移地推动机制创新，围绕“规模发展、能力提升、风险防范”三条主线，凝神聚力，真抓实干，发展势头良好。全业务收入规模突破70亿元。为当地政府贡献利税超过4亿元，并以每年近10%的速度增长，有效拉动了全省用户的信息消费，并为服务和拉动地方经济做出了应有贡献。

——业务规模持续扩大，行业市场份额持续提升。移动用户规模持续扩大。移动用户规模突破1000万户，4G用户规模达558万户。宽带用户规模持续扩大。宽带用户规模达418万户；同时河北电信在2015年年底正式运营了天翼高清视频业务，拥有4K高清、直播、点播、回放等行业领先的优势，在双节期间用户体验良好，表现非凡，受到广大用户的青睐。

——4G、光纤覆盖齐发力，打造精品网络。截至2015年，河北电信加快骨干网和城域网的扩容升级，2015年ChinaNet省际带宽扩容至4180G，ChinaNet省内带宽扩容至5460G；随着数据网络出口带宽进一步提高，基本满足50M、100M宽带用户带宽及视频业务需求，有效提升了河北宽带用户高品质带宽体验感知，有效满足客户日益增长的带宽需求。

全省新增4G基站1.2万个，累计达到2万个，实现了4G网络的深度覆盖，覆盖水平达到全国领先行列，为4G业务快速规模发展打下坚实基础。同时，3G通信基站基本实现了城市、农村3G网络100%覆盖。

全省新增宽带覆盖350万户，覆盖规模达1800万户，基本实现了河北平原地区的全覆盖。

——加快服务互联网化转型，持续提升集约服务能力。2015年公司以多渠道服务引流，加强互联网客服渠道宣传推广，通过开展互联网客服服务量倍增活动及新媒体客服体验推广多项竞赛活动，欢GO客户端用户达到468万，易信客服好友量达168万，微信客服好友近140万，互联网渠道用户自助服务量达到2.2亿次，全面实现服务数量、服务项目双60的服务转型目标，互联网客服工具的快速渗透，进一步加快了服务向互联网转型的步伐。同时，明确了省市两级工单集约解决工作目标，省公司工单集约解决率达到66%，市公司达到99%，实现了全省划小单元零派单。

——创新机制管理，向管理要效益。深入贯彻十八届三中、四中全会精神，2015年，河北电信以改革促发展，进一步推动企业内部市场化改造，加快经营末端机制创新，深化改革各项工作走向深入。全面推进划小承包，横向划小进一步细分，促进了目标客户群的覆盖与深挖，纵向划小聚焦重点，实现了支撑、服务的有效延伸；通过优化省市两级组织架构，提升业务支撑能力，摸索建立倒三角服务与支撑体系。此外，农村支局2.0版本顺利推广、驻地网民资合作走向深入，企业深化改革进一步激发了一线员工的积极性和创造性，大批有勇气、有能力的员工积极投身到企业深化改革的浪潮中去，分享企业深化改革的红利。

——树立乙方合作意识，推进外部市场化。市场化就是要充分发挥市场在资源配置中的主导作用。河北电信积极发挥主观能动性，探索更加开放、更加市场化的业务合作模式，坚持终端“三化”，实行“三个支撑”、“三个转变”，以乙方思维，大力整合社会资源，调动社会渠道参与业务合作的积极性，通过“业务合作、严格考核、动态管控”，取得双赢的结果。目前，全省共发展各类社会代理商近万家，社会渠道创收占比超过60%。

——社会认知度、品牌影响力显著提升。公司成立13年来，随着公司业务规模的不断扩大，公司的产品和服务能力得到了社会各界及广大用户的广泛认可，取得了令人瞩目的成绩，先后荣获“最具影响力和最具成长性企业”、“全球通信行业用户满意企业”和“河北省服务质量优秀单位”、“最佳消费维权工作单位”、河北省服务品牌奖等荣誉20余项，并多次荣获“先进集体”、“先进党组织”等荣誉称号。

——践行企业社会责任。在追求企业价值增长的同时，河北公司认真履行企业社会责任。

(1) 公司通过社会化运营，全省5779个专营店面、5457个开放店面参与了电信产品的销售，直接带动移动终端产业链资金超过10亿元。同时，通过业务外包向社会提供了7871个直接就业岗位，通过各类合作企业间接创造了5万多个就业岗位。积极落实省委组织部主办的基层建设年活动，三年累计捐款达60余万元。

(2) 积极配合垃圾短信治理和“黑卡”治理。严格审批端口，更新关键字过滤，有效控制端口月均被举报率、点对点月均被举报率；严格执行实名制登记制度，强化“黑卡”源头防范，规范社会渠道管理，积极推进未实名老用户补登记。截至2015年底，公众用户实名占比已经达到了95%，取得较好成效。

(3) 全面落实农村面貌改造提升行动。在11个地市525个村庄投资近4800万元，新建基站470个，村庄通宽带比例100%。

——全面加强企业党建及文化建设。2015年，河北公司认真落实全面从严治党，加强党建工作，在党建工作和文化建设方面取得了显著的成效，两方面工作开展的制度化、规范化、实效性取得了深入的提升。

（中国电信河北分公司　蒋连罡）

旅　游　业

【综述】　2015年，河北省旅游业紧密围绕省委省政府重大决策部署，积极适应经济发展新常态，以改革创新为动力，以提质增效为核心，以转型升级为主线，强力推进景区品质提升、激发市场活力、扩大消费需求、完善公共服务等工作，在宏观经济下行压力加大、多项指标增速放缓的情况下，河北省旅游业逆势上扬，实现了平稳较快发展。2015年全省共接待海内外游客3.72亿人次，旅游总收入3433.97亿元，同比分别增长18.09%和34.06%，旅游业增加值占全省GDP的比重达到6.2%左右，为全省加快建设经济强省、美丽河北做出了积极贡献。

【旅游重大决策】　省委省政府紧紧抓住京津冀协同发展的重大历史机遇，把旅游业作为全省调结构、转方式的重要切入点和突破口，加快培育成为河北省新的经济增长点和重要支柱产业。一是召开了全省旅游业发展电视电话会议，张庆伟省长提出了明确要求，秦博勇副省长进行了全面部署，为全省旅游业发展指明了方向。二是出台了《河北省人民政府关于促进旅游业改革发展的实施意见》和《关于进一步促进旅游投资和消费的实施意见》两个指导性文件，提出了一系列支持旅游业改革发展的政策措施。三是加强完善了省旅游工作领导小组，省委副书记赵勇任组长，省委常委、宣传部部长田向利，省政府副省长秦博勇任副组长，形成了强有力的推进旅游业改革发展的领导组织体系。四是创新"旅发大会"平台机制，制定出台《河北省旅游业发展大会申办评审办法》，通过申办组织"旅发大会"，推动重点旅游市县率先发展、率先突破，促进承办地基础设施和旅游产品建设实现大提升，树立旅游业发展新样板，示范带动全省旅游业发展。

【旅游行业规模】　截至2015年底，河北省共有星级饭店464家，其中五星级23家，四星级139家，三星级224家，二星级76家，一星级2家。旅行社1450家，其中出境游组团社99家。A级景区327处，其中5A级景区6处，4A级景区121处，3A级景区76处，2A级景区123处，1A级景区1处。旅游直接和间接带动全省近400万人就业。

【入境旅游接待与收入】　2015年，河北省共接待入境游客138.18万人次，创汇6.21亿美元，比上年分别增长4.00%和16.33%。其中，承德市，接待入境游客31.19万人次、创汇1.24亿美元，分别比上年增长1.57%和29.82%；秦皇岛市，接待入境游客28.40万人次、创汇1.81亿美元，比上年分别下降4.88%和增长20.59%；石家庄市，接待入境游客18.59万人次、创汇9362.89万美元，分别比上年增长6.39%和35.48%；保定市，接待入境游客14.98万人次，创汇5300.47万美元，分别比上年增长5.34%和下降31.08%；廊坊市，接待入境游客13.69万人次，创汇5472.22万美元，分别比上年增长3.91%和102.79%。河北省的万人客源国和地区达到26个。其中接待韩国游客13.74万人次；接待香港地区游客11.80万人次；接待日本游客11.57万人次；接待台湾地区游客11.51万人次；接待俄罗斯游客8.10万人次；接待美国游客4.89万人次。

【国内旅游接待与收入】　2015年，河北省共接待国内游客3.71亿人次，创收3395.60亿元，分别比2014年增长18.15%和34.28%。其中，石家庄市，接待国内游客6763.44万人次，创收584.71亿元，分别比上年增长17.04%和35.30%；保定市，接待国内游客6776.86万人次，创收623.96亿元，分别比上年增长25.55%和49.60%；唐山市，接待国内游客3398.93万人次，创收307.53亿元，分别比上年增长13.19%和21.50%；秦皇岛市，接待国内游客3344.13万人次，创收351.17亿元，分别比上年增长18.50%和23.49%；邯郸市，接待国内游客3632.59万人次，创收336.74亿元，分别比上年增长10.96%和43.24%。

【假日旅游】　假日经济对社会消费的拉动作用愈发明显，2015年假日期间河北省共接待海内外游客6148.31万人次，占全年总接待量的16.5%，实现旅游收入364.38亿元，同比增长19.5%，实现了"安全、质量、秩序、效益"四统一的假日旅游工作目标，为有效扩大内需、满足人民群众多样化的旅游消费需求发挥了重要作用。

【旅游市场营销】　（一）主流媒体营销。以提升"诚义燕赵·胜境河北"旅游品牌形象为目标，持续加大在央视等核心主流媒体的宣传力度。在央视《朝闻天下》栏目宣传，实现了全省11个设区市全参与、全覆盖，广告时长比2014年增加了50%。同时，持续利用香港亚洲电视等媒体资源，加大港澳地区宣传力度。全年在中国旅游报刊发河北旅游稿件240余篇，在省内主要媒体发稿320余篇，播出专题节目105期。

（二）新媒体营销。发挥新媒体优势，不断放大联动效应，为广大游客提供更加便捷的服务。开发完成并成功运营河北旅游营销平台客户端。河北省旅游局的官方微博、微信影响力居全国旅游系统前列（官方微博居第二位）。完成河北旅游政务网全新改版，加大河北旅游电子商务旗舰馆宣传力度，进一步提升河北旅游的品牌形象。

（三）入境旅游重点客源市场营销。深化台湾市场，在台湾开展河北旅游巡回推广活动，通过举办河北旅游推介会、河北旅游风光展、组织开展旅游业界交流洽谈、大篷车巡回推广等活动，推介河北旅游。重振日本市场，随省政府代表团赴日本举办"美丽中国·胜景河北"—河北省旅游推介及企业对接洽谈会，通过设立永久性河北旅游推广中心、促成石家庄与日本大阪、静冈旅游包机等合作项目，进一步提升了河北旅游在日本的知名度与影响力。开辟中东欧市场，5.18廊坊国际经济贸易洽谈会期间，圆满完成来自拉脱维亚、立陶宛、爱沙尼亚的三个外宾团组接待任务，同时积极邀请捷克、立陶宛、波兰、斯洛伐克驻华使馆参加"河北省旅游产业对接会"，深入开展了广泛的交流互动。维谢格拉德集团四国（匈牙利、捷克、斯洛伐克、波兰）与河北签署旅游合作宣言，为河北与中东欧国家开展长期旅游合作翻开了崭新的篇章。

（四）长城联盟境外营销。发挥长城旅游联盟优势开展境外推广活动。针对大洋洲、欧洲、美洲等重点客源市场，组织联盟成员共同研发推出区域性长城旅游系列产品和线路，联合制作《中国长城旅游产品手册》、《美丽中国、古老长城》旅游宣传片和演示多媒体，完善长城旅游产品体系。组织联盟成员随国家旅游局赴美国、墨西哥、巴西开展长城旅游带联合推广活动，开展与墨西哥城互设旅游推广中心合作，推动开通墨西哥城至石家庄旅游包机。

（五）国内旅游市场营销。进一步完善河北旅游产品体系。对全省旅游资源进行重新整合、设计、包装，重点打造“壮美太行、锦绣长城、燕赵史迹、浪漫海滨、冬奥冰雪、坝上草原、多彩京畿”7大旅游产品和承秦唐、河北运河、石保张、石邢邯四条精品旅游线路，推动建设以省级品牌旅游线路为引领，以专项和个性化精品线路为支撑，以市县短途旅游线路相配套的三级旅游产品体系。深化省内营销联盟合作。支持省内“承秦唐”“北太行”“河北运河”旅游推广联盟做大做强，通过举办“承秦唐旅行商采购大会”、“京津冀辽蒙首届辽河源户外旅游大会”，赴京津、长三角、珠三角等地开展旅游推广活动，支持旅游企业间开展内引外联、捆绑促销，区域间旅游市场合作更加紧密、务实。

（六）部门合作推动营销。积极拓展航旅合作领域，与河北机场集团和河北航空公司建立航旅合作联盟，依托正定机场空铁联运交通优势，推动建立旅游、机场、航空、铁路紧密合作机制，整体包装推广河北旅游与空铁交通组合产品，大力提升市场竞争力。推动河北机场集团在正定国际机场设立旅游集散中心，开通机场至石家庄周边旅游直通车。通过支持和培育，开通石家庄到日本（东京、大阪、名古屋）3条航线，把石家庄至韩国（仁川、釜山）的旅游包机航线发展为国际定班航线。联合省通信管理部门，协调移动、联通、电信三家电讯运营商，开通旅游短信推送服务，为游客发送旅游安全提示类公益短信。联合工商部门开展了“携手共治·畅想消费”系列活动，联合商务部门举办了“幸福河北欢乐购”消费促进活动，通过一系列主题活动，不断增强河北旅游吸引力。

（七）热点活动主题营销。成功举办了“2015河北首届露营文化节”、“白洋淀新姿”等系列旅游活动。契合时事热点，结合纪念中国人民抗日战争暨世界反法西斯战争胜利70周年，举办了“铭记历史、同心圆梦”纪念抗日战争胜利70周年红色文化走廊之旅暨河北省“中国旅游日”系列活动、“讲述红色故事、记忆真情旅游”河北省红色旅游故事会大赛和“情系太行、薪火相传——八路军129师太行抗日寻访行”活动，提升了河北红色旅游影响力，擦亮了河北红色旅游品牌。

（八）河北旅游推广中心。在重要客源地建成运营7个河北旅游推广中心（北京、广州、台湾、日本、韩国、俄罗斯、捷克），全年在境内外重点客源市场组织宣传推广活动30余批次，全省旅游品牌形象日益彰显。

【旅游行业监督管理】 （一）旅游市场秩序整治行动。全省持续开展了“秩序”专项行动、“治黑”专项行动和“清网”专项行动，进一步优化了旅游服务环境。严密部署、认真谋划，通过召开全省旅游市场秩序专项整治工作动员会，统一安排部署，明确把零负团费、买团卖团、强迫购物、诱导消费、虚假广告、合同欺诈、超范围经营、挂靠承包、黑导黑车、导游领队私自接活等十大突出问题作为工作重点。落实属地责任，建立长效监管机制，全面整治旅游市场秩序。

（二）旅游执法。加强督导、专项治理，协同联动、效果明显。开展了各种形式的旅游市场督导检查和专项治理行动。加强省市两级联合执法和各部门综合执法，开展拉网式、高密度检查。全年共开展旅游市场明查暗访101次，出动检查人员1100人次，检查企业997家，检查导游人员921人次，查处违法违规旅游企业5家。

（三）旅游依法行政。推进简政放权，对旅行社经营业务许可审批下放至各设区市和定州、辛集市，实现导游资格考试、旅行社审批等行政事项全程信息化、透明化。推进政务公开，整合河北旅游政务网、资讯网、媒体资源网等24个业务应用系统，全年在河北旅游网、“中国河北”等发布各类公开信息近6000条。建立行政责任清单制度，将保留实施的53项行政权力（其中，行政许可3项、行政处罚39项、行政强制2项、行政确认6项、行政奖励1项、行政监督2项），向社会公开并接受社会监督，促进规范管理。深入贯彻《旅游法》，起草完成《河北省旅游条例》修订草案，并通过省人大常委会一审程序，推动形成较为完善的地方配套旅游法规体系。

（四）旅游投诉。在省、市、县、旅游企业旅游投诉一站式服务信息库的基础上，建立了全省旅游质监员网上动态管理系统，全省各级旅游质监、执法机构共接到旅游投诉288起，接听游客咨询电话2300多起，全省旅游投诉结案率100%，游客满意率95%以上，无重大投诉和责任事故发生，确保了旅游市场的良好秩序。

（五）旅游安全建设。强化旅游安全监管，在重点领域、关键环节、重要时段开展了多次旅游安全专项及综合督导检查，切实督促指导旅游单位做好隐患排查和整改。同时，加强旅游安全预警提示，果断处置突发事件。全年通过网站、电话、微信等渠道共发布各种出行安全提示信息40多条。

（六）旅游标准化。全面落实《国家旅游局质量发展纲要》和省政府《质量发展规划》，成立了“河北省旅游质量工作领导小组”，编制完成《河北省旅游质量发展规划》，成为全国首个省级旅游质量发展规划。实施等级评定，提升旅行社品牌创建意识。举办了“河北省旅行社等级评定试点评定授牌暨正式启动仪式活动”，通过交流开展A级旅行社创建活动取得的成绩和经验，进一步推动了全省A级旅行社评定工作深入开展。做好第三批全国旅游标准化试点单位中期评估工作。对秦皇岛市海燕国际旅行社有限公司和唐山丰南运河唐人街景区管理有限公司两家旅游企业进行了中期评估。

【旅游项目与基础设施建设】 （一）旅游发展规划。河北把特色旅游目的地和产业聚集区建设作为重要内容，整合集聚旅游资源，在“点”、“线”旅游开发模式的基础上，推动旅游业向规模化、集约化、板块化发展。一是以顶层设计统筹谋划全省旅游格局，推动构建“一圈、两带、多点”旅游业发展新格局，即打造环首都休闲度假旅游圈，形成燕山—太行山旅游带和滨海旅游带，构建特而美、小而精多点布局的新格局。二是结合各方面的智慧和全省旅游产业发展布局，抓紧编制《河北省旅游业“十三五”发展规划》、《河北省旅游产业聚集区发展规划》、《河北省燕山—太行山休闲旅游发展总体规划》、《河北省生态旅游发展规划》以及《河北省自驾车、房车露营地建设和管理标准》等，形成较为科学的规划体系。

（二）旅游重点区域建设。以改革创新推进重点区域率先发展，重点打造坝上森林草原旅游大区、环京津休闲旅游带、北太行生态旅游大区、冀中南平原乡村旅游大区、沿海休闲度假大区、环省会休闲旅游带等“六大旅游板块”，着力推进崇礼—赤城冰雪温泉、涞易涞、北戴河、唐山湾国际旅游岛、西柏坡、正定古城、太行峡谷群等重点旅游片区建设，加快打造成为国内外知名旅游目的地。

（三）精品景区打造。实施旅游精品带动战略，强化5A级龙头景区的带动作用，为做大做强旅游产业聚集区提供支撑。大力抓好景区创建工作，娲皇宫、清东陵通过国家验收成功创建为5A级景区，推荐清西陵、广府古城、金山岭长城、白石山等4家景区申报5A级景区创建，组织评定完成4家4A级景区。全面推进精品景区建设工作，圆满完成4A级以上景区三年整改提升工程，以此为基础在每个旅游产业聚集区确定1至2个龙头景区，集中打造，促进了全省旅游景区质量的整体提升。推荐衡水湖景区申报国家生态旅游示范区，培育推荐唐山市、秦皇岛市、申报“国家级研学旅游目的地”、培育推荐石家庄西柏坡纪念馆、保定清西陵景区申报“国家级研学旅游示范基地”，培育推荐北戴河区等8家单位申报中国国际特色旅游目的地。通过树立标杆，示范引领，全省上下重视旅游、支持旅游、发展旅游的氛围空前浓厚。

（四）旅游重点项目建设。以大项目投入引领旅游业大发展，全年全省完成旅游投资400亿元。全省旅游项目投资总规模超过6700亿元，其中亿元以上规模项目383个，单体旅游项目已逐步由散小的格局向规模化、集成化、资本化方向转变，项目投资额大幅增加。投资主体渠道广泛，体制多样，多元化特征明显。民企在旅游项目投资中已占据主导地位，占投资总额的58%；政府和国企投资占投资总额的35%，多业态、多元化发展格局加速形成。旅游项目结构进一步优化，在原有观光旅游的基础上，向综合型、度假型、体验型转变。生态旅游、文化旅游、商务旅游、乡村旅游等传统优势旅游发展强劲的同时，温泉旅游、冰雪旅游、海洋旅游、航空旅游、邮轮游艇旅游等新兴业态发展迅速，逐渐成为新的消费和投资热点，产业转型发展明显加快。

（五）旅游产业融合。石家庄现代农业观光园、遵化农业观光园、开滦国家矿山公园、冀中能源井矿集团段家楼等一批工农业旅游项目成为省级旅游示范点。承德鼎盛王朝文化产业园、崇礼滑雪、辛集国际皮革城、以岭健康城等一批文化娱乐、体育健身、特色购物、医疗养生项目不仅增强了旅游吸引力，同时也带动了旅游综合消费。

（六）旅游基础设施建设。在连续三年实施景区整改提升工程的基础上，深入开展景区“管理服务提升年”活动。大力开展“旅游厕所革命”，两年内重点推进全省新建、改扩建厕所1841座。2015年全省计划建设的885座旅游厕所（其中265座纳入国家旅游局考核），已全部竣工并投入使用。完善旅游配套设施，重点对游客服务中心、生态停车场、标识标牌等旅游基础设施建设予以奖补。2013—2015年，全省改、扩建景区游客中心30余万平方米，推动建成或在建旅游集散中心、咨询中心近50家。在上海举办了河北省自驾车房车营地专题招商对接会，在环首都地区已建成5个高标准自驾车、房车营地。持续推进景区环境卫生综合整治，针对白洋淀、山海关、空中草原、草原天路等景区存在的突出问题，举一反三，强化整改，在全省全面开展景区市场秩序专项整治、旅游环境卫生专项整治以及标准化整改提升行动，目前重点旅游景区环境得到全面优化，管理秩序、服务质量得到有效规范和提升。制定《河北省景区门票价格管理改革方案》，全面完成国家旅游局景区门票价格改革试点工作，河北省210家景区纳入首批“全国旅游价格信得过景区”名单。对全省4A级以上景区进行了最大承载量核定培训，全面完成5A级景区最大承载量核定工作。

【旅游改革创新】 （一）旅游行政管理体制改革。制定完成省旅游局改设省旅游发展委员会“三定”草案。提出了关于加强和完善省旅游工作领导小组的建议方案，已经省委、省政府研究通过，召开了省旅游工作领导小组第一次会议，形成了强有力的推进旅游业改革发展的领导组织体系。秦皇岛市旅发委组建完成，承德、保定两市旅发委已形成组建方案，正在加快推进。

（二）国家旅游改革试验试点。秦皇岛市完成首批国家旅游综合改革试点任务，正在通过国家旅游局验收；保定市成功申列国家旅游改革创新先行区，重点推动在景区管理体制和区域协调发展机制等领域先行先试，探索经验；阜平县编制完成了《阜平县国家旅游扶贫试验区总体规划》，以发展生态旅游、红色旅游、乡村旅游为重点，积极探索片区旅游产业扶贫新模式。

（三）旅游投融资方式改革。与海航旅游集团合作，发起设立规模为10亿元的河北旅游产业引导股权投资基金，目前已注册成立基金管理有限公司，完成了对50多个旅游企业和项目的考察，筛选确定了首批投资项目。巩固与金融机构的深度合作，继续加强与远东国际租赁有限公司以及省内各家银行的沟通联系，通过搭建平台、推荐项目、组织对接等方式，力促金融机构加大对河北省旅游项目的金融支持。据不完全统计，全年主要金融机构对河北省40余家旅游企业贷款支持超26亿元。

【旅游区域合作】 （一）旅游区域协调机制建立。联合京津两地旅游部门召开了京津冀旅游协同发展第四次工作会议，共同推进三地旅游协同发展。协调推进京东五市区县交界处道路指示标牌设立工作，省旅游发展专项资金以每县（市）50万元的标准，专项支持道路交通指示标牌建设。协调开通10多条京津至河北的跨区域、班线化旅游直通车，全年总计开行1000余个班次，包括北京至承德市区、秦皇岛北戴河、保定白洋淀、野三坡，石家庄至北京香山—颐和园、十三陵—八达岭等观光直通车，以及北京至香河家具城、白沟小商品基地等购物直通车。积极与京津旅游市场开展深度对接合作，有效整合三地特色旅游资源，发行了以《行走京津冀旅游路书》为代表的三地经典旅游线路宣传品，联合包装、推广跨区域旅游产品和精品线路。

（二）创新区域合作工作举措。构建京津冀旅游投融资平台，全面为京津冀旅游资源市场提供包括投融资服务、资源交易等相关综合服务，发布河北项目130余个。共同举办了京津冀旅游投融资项目推介会，京津冀三地共有200个旅游投融资项目正式亮相，总投资额约1200亿元。积极推进区域性旅游惠民产品建设，共同推出红色记忆游、阖家欢乐游、冰雪温泉游、青春活力游、民俗购物游等五大春节特色旅游线路；面向京津冀市场投放京津冀自驾车旅游护照10万册、京津冀旅游一卡通70万张、京津冀旅游通卡10万张。建立了“河北旅游北京营销中心”，在北京近千个社区举办了8次专题营销活动，累计向河北省输送游客近20万人。开通了西柏坡号、大好河山张家口号、正定号等多趟旅游专列，在冠名列车上宣传推广河北旅游形象，吸引和便捷更多京津游客来冀旅游。

（三）区域合作联合营销。以京津冀协同发展和北京、张家口成功申办2022年冬奥会为契机，举办“2015海外旅行商河北采购大会”。来自十余个国家和地区的120余名重点旅行商参会，实现了对接合作、深化了对外开放、扩大了河北旅游影响。联合开展名镇名村旅游主题推广活动，整合京津冀三地名镇名村旅游资源推出10条特色鲜明的名镇名黄金旅游线路，设计制作名镇名村旅游宣传片和《河北名镇名村旅游产品册》，举办“游名村赏名镇触摸乡愁——2015京津冀游客河北名镇名村首游式”，通过产品推介、线路展览、民俗展演等形式，面向京津冀重点旅行商、自驾车俱乐部、户外骑行俱乐部代表推介名镇名村旅游资源。举办2015中国（廊坊）自驾车旅行大会，通过自驾线路推介、自驾车露营时尚体验展、“自驾—吃在廊坊”美食节、中国自驾车旅游发展系列高端讲座、京津冀数码摄影大赛及摄影作品展、国际热气球节等系列活动，聚焦“互联网＋”与自驾游融合发展。活动吸引了100余家网络媒体参与报道，微信传播到达率突破1000万，获得了空前广泛的社会传播。通过北京国际旅游博览会、中国（天津）北方旅游交易会、河北旅游产业对接会、京津冀红色旅游展暨金秋旅游推介等活动，联动旅游配套要素，发挥“1＋1＋1＞3”的合力作用，整合京津冀地区丰富的旅游资源，提高京津冀旅游产品知名度，共塑三地旅游形象，携手打造京津冀大旅游圈。

【旅游扶贫】 （一）美丽乡村建设。筛选确定7大乡村旅游重点片区，出台多项有助于美丽乡村建设的实施意见，整合提升办、住建厅、扶贫办等多方面资金、政策，共同支持美丽乡村开发建设。省级旅游发展专项资金列支1550万元，优先支持河北全省农村面貌改造提升行动重点村、美丽乡村九大片区重点村、48个历史文化名镇名村的乡村旅游基础设施建设。在全省3项乡村旅游省级地方标准的基础上，编制完成《河北省美丽乡村旅游示范区技术标准、工作标准及考核标准》，会同省美丽乡村办引导美丽乡村向景区转化。

（二）旅游示范村建设。把乡村旅游作为扶贫攻坚、富民增收的重要产业来抓，取得显著成效。结合省级乡村旅游示范村建设，加大对贫困村乡村旅游资金支持。争取国家旅游专项资金600万元，重点扶持了46个贫困村的乡村旅游开发建设，扶持8个国家级重点旅游扶贫建档立卡村发展乡村旅游。按照“旅游开发成熟，有片区带动作用；区位优越，交通便利；旅游配套设施齐全，功能完善；民俗文化特色鲜明；旅游经营户占全村总户数的20%以上，年旅游接待人数1万次以上，大多数人直接或间接从事旅游业；当地党委政府支持，村委班子团结，发展旅游意愿强”的原则，筛选确定102个乡村旅游示范村，加快实施规划引导、片区开发、整村推进。推进乡村旅游示范点评定，提高农民就业收入。全省有630多个乡镇、1650多个村开展乡村旅游，创建国家级休闲农业与乡村旅游示范县、示范点49个，省级示范点87个，大批返乡农民工、大学毕业生成为“乡村旅游创客”，带动农民直接就业22.7万人，从业农民人均增收9010元。

（三）旅游扶贫资金。结合扶贫工程，推进旅游扶贫开发。把优先支持全省扶贫攻坚村作为筛选项目第一优先原则，支持扶贫攻坚村旅游项目资金占到年度全部项目补助资金的13%。会同省扶贫办，在对全省旅游扶贫情况进行摸底调查的基础上，筛选出30个建档立卡村重点支持开展旅游扶贫试点，联合制定《关于推动旅游扶贫工作开展的意见》，启动《河北省乡村旅游扶贫富民三年行动计划》编制工作。目前，全省有202个建档立卡贫困村已开发旅游，有280个建档立卡贫困村有旅游开发意向和开发基础，约占全省贫困村总数的6.5%左右。

（四）旅游规划扶贫。开展全省旅游规划扶贫公益行动，对燕山—太行山国家扶贫攻坚区和环京津贫困带地区32个贫困村进行“一对一”重点帮扶，对15个重点村支持资金150万元，重点用于村步游路、停车场等旅游基础设施建设支持补助。

（五）旅游人才扶贫。组织部分扶贫重点村参加国家旅游局举办全国乡村旅游扶贫重点村村官培训活动，培养了一批乡村旅游扶贫工作带头人，更好地发挥村官在乡村旅游扶贫工作一线的带动作用，使乡村旅游扶贫工作落到实处。

【精神文明建设与教育培训】 （一）文明旅游建设。深入推进全省文明旅游工作，通过开展“文明旅游宣传周”、“2015中国好游客、中国好导游”、“文明旅游·从我做起”万人签名公益活动，强化了广大游客的文明意识，提升广大游客尊德守规、文明旅游的自觉性。

（二）旅游人才队伍建设。强化行业培训，做好队伍建设。通过举办河北省旅游安全生产培训班、全省旅游饭店服务行业职业技能大赛等各种形式培训活动，对旅游企业管理人员和从业人员开展了大规模的行业培训。通过开展“寻找最美导游活动”，组织全省红色旅游故事会大赛，承办全国抗战主题红色旅游培训班等，以及创建“青年文明号”，参加“全国文明旅游先进单位选树”等各种形式的活动，推出了一批积极向上、乐于奉献、奋发有为的优秀导游和旅游从业人员。

（三）三严三实专题教育实践活动。按照中央和省委部署，持续深入开展党的群众路线教育实践活动，严格落实《教育实践活动整改方案》，广泛征求意见，深刻对照检查，持续深化“四风”整治，巩固拓展教育实践活动的成果。通过开展党组书记讲党课、开展“3.23”赶考日、警醒日主题党日活动，扎实开展“三严三实”专题教育。对照“三严三实”要求，组织开展了局领导班子民主生活会。通过组织全体党员理论学习报告会、举办“党章学习日”和“国家宪法日”等活动，积极推进“解放思想、抢抓机遇、奋发作为、协同发展”大讨论活动。

（四）旅游廉政建设。深入落实中央八项规定精神，围绕遏制“四风”，进一步强化刚性约束，制定实施《建立健全惩治和预防腐败体系工作方案》，建立权力清单和责任清单制度，切实把权力关进制度的“笼子”。加强机关党委纪检组织建设，召开党员大会选举新一届党委委员和纪委委员。加强廉政风险防控机制建设，全面落实党风廉政建设党委（党组）主体责任和驻局纪检组监督责任。《河北省旅游行业党风廉政建设形势研究》荣获国家旅游局课题研究二等奖。按照省委省政府统一部署，选派驻村工作组深入基层扎实开展扶贫和美丽乡村驻村帮建工作，同时积极组织机关干部多次赴安新、曲阳两县开展“春雨行动”和慰问捐赠活动，帮助谋划解决发展问题，着力打好村庄面貌改造提升攻坚战。

（河北省旅游发展委员会　孙　丽）

金　融　业

【中国人民银行石家庄中心支行】　2015年，在中国人民银行总行（以下简称总行）和天津分行的领导下，河北省人民银行系统干部职工认真贯彻党的十八大和十八届三中、四中、五中全会精神，以习近平总书记系列重要讲话和对河北的重要指示为指引，坚定信心，开拓奋进，积极有为，完成了全年主要工作目标，取得了新成绩。

（一）货币政策。信贷投放适度增长，融资结构不断优化。落实差别准备金动态调整政策，实施降准、降息等预调微调措施，加强信贷投向监测与核查，把握信贷投放的力度和节奏。截至年末，全省各项贷款余额32609亿元，同比增长16%，比年初增加4556亿元，同比多增1041亿元。直接融资规模不断扩大，成立河北省推进票据融资发行工作组，对发债工作进行组织协调、宣传培训和对接推进。制定河北省银行间市场债务融资发展三年规划，多次调度承销发行总体进度。全省企业通过银行间债券市场募集资金741亿元，同比增长30%。

加强货币政策宣传与沟通，引导和稳定社会预期。利用货币信贷政策执行委员会等工作机制，分析形势和问题，研究重点工作；加大政府信息公开力度，及时披露金融数据、区域金融运行情况；召开新闻通气会，并发挥《金融时报》《河北金融》阵地作用，宣传重点工作开展情况，回应各方关切，全年在各类报刊发表文章、信息报道150余篇；通过公开出版金融稳定报告、为地方政府建言献策、办理人大代表建议和政协委员提案、舆情引导等方式，加强对货币政策的宣传解读，传递央行对形势的分析判断。全年得到省级领导批示有关报告28篇。

支持薄弱环节力度增强、效果明显。先后就环首都扶贫攻坚、扶贫开发金融服务等工作出台意见，引导金融资源向贫困地区倾斜。与省扶贫办联合实施金融扶贫富民工程，确定产业贷、农户贷示范县，提高建档立卡贫困户贷款可获得性，实现精准扶贫。制作扶贫公益宣传片并在河北电视台播放。发挥支农、支小再贷款及再贴现工具作用，并开展相关检查，加强资金管理，提高使用效率。加快小额票据贴现分中心建设，着力化解中小微企业“融资难、融资贵”，全年共办理贴现199.4亿元，受益企业达到1.58万家。

助力京津冀协同发展有措施、有成效。建立河北省金融支持曹妃甸发展联席会议制度，举办金融协同共建曹妃甸示范区融资培训对接会，推动38家金融机构3年内意向授信4834亿元。加强京津冀金融协同发展研究，获得河北省社会科学基金项目立项和河北省社会科学发展研究重点课题立项，研究成果专著正式出版。配合总行研究制定《金融支持京津冀协同发展指导意见》，《关于金融支持京津冀协同发展工作情况的报告》得到省领导的批示肯定。承办总行“绿色金融与京津冀雾霾治理产业峰会”，促进经验交流。

（二）风险防范。利率市场化改革平稳有序。组织建立市场利率定价自律机制，发布《河北省市场利率定价自律公约》，利率市场秩序保持平稳。存款保险制度顺利落地，按期完成首期保费收缴工作，搜集投保机构基础数据，对投保机构风险评级“试打分”，为风险评级奠定了基础。

密切关注房地产、产能过剩行业及政府融资平台等领域的风险，金融风险监测评估不断加强。开展银行储户存款被非法转走案件专项排查，下发风险提示。妥善处置各类金融风险事件，深入调查分析河北融投担保公司经营风险，参与风险处置。做好衡水银行流动性风险防范和应对，完成流动性风险压力测试。对多起非法集资事件进行调查，加强风险防范。蠡县农村信用社改制顺利完成，蠡州北银农商银行营业状况良好。

深入推进"两综合、两管理、一保护"工作，制定印发银行业金融机构执行人民银行金融管理政策评价办法，形成覆盖省、市、县三级机构的评价体系。全省完成512家金融机构综合评价工作，对247家金融机构开展综合执法检查，受理150家新设金融机构申请，开业管理有序开展。金融消费者咨询投诉受理和处理机制进一步健全和顺畅，纠纷调解处置能力不断提高。2015年，全省人民银行系统共受理咨询6802件，处理投诉392件，办结率100%。

支付结算、国库、征信、外汇等专项检查有力开展，打击利用离岸公司和地下钱庄转移赃款专项行动扎实进行，执法程序不断规范，执法水平不断提高。河北省数据中心建成投产，各重大业务系统稳健运行，管理制度、应急预案不断健全，为全省金融安全稳定提供了保障。

（三）金融服务。数文化在全省金融系统得到推广和普及。金融数据质量不断提高，编制《京津冀区域经济金融主要指标对照表》，探索建立钢铁行业和曹妃甸区域统计制度，对数据价值的挖掘和利用手段不断丰富。完成第八届河北省金融学会换届工作，发挥学会桥梁纽带作用，资助课题研究，增强服务经济社会发展的能力。

完成第二代支付系统推广工作，ACS综合前置子系统顺利上线。进一步改善农村支付环境，以省政府文件印发指导意见。助农取款服务点开通跨行支付功能，拓宽资金往来通道。完成金融IC卡行业应用服务平台验收，加快推进金融IC卡在公交、出租车等消费类行业的拓展应用，便利公众生活。

继续推进反洗钱工作，建立地方法人机构大额可疑交易自定义报告综合试点。开发洗钱风险评估和金融机构年度考核管理系统，提高反洗钱工作效能。加大反洗钱调查力度，全省共调查案件35起，协查案件30起，向侦查机关报案33起，反洗钱打击金融犯罪作用有效发挥。

做好全省发行基金计划调拨，优化券别结构，保障现金需求。完成2015年版第五套人民币100元券发行调拨工作，省内银行机构在用机具全部升级完毕。稳妥实施普通纪念币发行方式改革，加大兑换信息公开力度，网上预约发行和现场发行秩序良好，较好地满足了公众需求。开展发行库岗位练兵，促进工作规范化、精细化。在确保安全的基础上，提高钞票处理工作效率，超额完成总行下达的销毁任务，努力提升流通中人民币整洁度。研发金融机构现金机具管理信息系统，得到总行货金局肯定。

进一步提升国库管理与服务效能，强化国库会计标准化管理，实现"库款零在途、业务零差错、资金零风险"的会计核算目标。推动河北省国库集中支付电子化管理改革和金税三期系统工程建设，大幅提升国库管理信息化程度。人民银行经理国库30周年宣传活动收效良好，"央行国库，为民服务"的宗旨更加深入人心。

出台《河北省信用体系建设规划（2014—2020）》，省级信用信息共享平台实现工商、质监、税务等11个部门信用信息联通共享，对环保违法、重大税收违法等失信行为采取联合惩戒措施。农村信用体系试验区增至13家，小微企业信用体系试验区建设持续推进。强化征信业务监管，完善金融机构季度例会制度，开展多层次的现场检查，切实保障信用信息安全。开展评级业务监测和分析，规范信用评级市场有序发展。推进应收账款融资服务平台应用，全省平台融资额达220亿元，对缓解中小企业融资难问题发挥了积极作用。

人民币跨境结算服务实体经济的作用进一步发挥，作为河北省对外结算第二大货币，人民币成为众多企业对外结算的首选，全年人民币跨境收支1030亿元。有11家企业通过跨境双向人民币资金池业务累计调回境外资金48亿元，降低了企业经营成本。

（四）内部管理。推进内审工作全面转型，完善主审人报告制度，加大当面报告的频次和力度，为领导决策、组织治理提供服务，得到总行肯定。完善财务收支制度，印发加强财务管理工作的意见，严肃财经纪律，强化预算管理，开展预算绩效评价试点。全面完成办公用房清理腾退，有序推进全省县支行办公用房维修改造。完善事后监督工作流程，实现现场检查全覆盖，防范资金风险和案件发生。

提升安全管理水平，以《安全保卫目标责任书》为抓手，落实"一把手"责任。开展"两个加强、两个遏制"专项检查，切实消除安全隐患。加强要害部门、关键岗位的保密管理，开展办公网、涉密计算机、涉密载体等环节的保密检查，确保全辖无失泄密事件。健全全省人民银行系统应急指挥体系，完善中心支行各项应急预案，充实突发事件应急处置案例库，提高突发事件应对处置能力和水平。

持续深化民主管理工作，组织召开中心支行机关第二届一次职工代表大会，切实维护干部职工知情权、参与权和监督权。印发民主管理工作实施意见和职工代表大会实施细则，积极推进系统职代会工作。打造女职工活动品牌，开展河北省人民银行系统"心丝带"女工心理援助活动，得到总行肯定，并在总行工会主任培训班上做了经验介绍。青年活动不断丰富，爱心志愿活动常态化开展。

后勤保障、集中采购和物业服务水平持续提升，唐山市中心支行成为全省第2个全国性节约型公共机构示范单位。河北钱币博物馆完成法人登记工作，加强文物征集与保护，入选"石家庄十大城市名片"，社会影响不断扩大。

（五）外汇管理。推进直接投资外汇登记下放银行办理和资本金意愿结汇改革，进一步提升跨境投资便利化程度。开展跨国公司外汇资金集中运营管理业务试点，企业集团外汇资金运作更加高效。落实保险外汇新政策，促进保险业健康发展。完善外汇监管举措，建立全省外汇指定银行季度例会制度，促进政策落实。强化对货物、服务、外资、外债等三要渠道的监管，防范跨境资金流动冲击风险。推动外汇管理转型，对重点行业、企业跟踪监测，不断完善监测分析工作机制。制定企业外汇主体监管办法，探索建立“全口径”“一体化”主体监管指标体系和工作机制。

外汇市场。全省银行间外汇市场交易量折美元13.91亿美元，同比增加7.30亿美元。其中：美元交易总量约为11.59亿美元，90%以上为买入美元；欧元交易1.52亿欧元，73%为卖出欧元；日元交易1.1亿日元，全部为卖出；港币交易5.44亿元，90%以上为买入。受美国经济走强，国内经济三期叠加现象显著等因素影响，人民币与美元以外的其他外币贬值预期均逐步加强。从交易币种来看，美元交易量大幅上涨，其余货币均以卖出为主。

（中国人民银行石家庄中心支行　李红英）

【河北银监局】　中国银行业监督管理委员会河北监管局（简称“河北银监局”，下同），是中国银行业监督管理委员会（简称“中国银监会”，下同）的省级派出机构，2003年10月16日设立，主要职责是在中国银监会的直接领导下，在河北省履行中国银监会赋予的相关职能。具体职责包括：根据中国银监会的授权，制定有关监管法规、制度方面的实施细则和规定；负责对有关银行业金融机构及其分支机构的设立、变更、终止和业务活动的监督管理；依法对金融违法、违规行为进行查处；审查和批准高级管理人员任职资格；统计有关数据和信息；负责辖内党的建设、纪检和干部管理工作。

河北银监局下设张家口、承德、秦皇岛、唐山、廊坊、保定、沧州、衡水、邢台、邯郸共10个银监分局及133个监管办事处，另代管中国银监会北戴河培训中心。银监分局主要职责是根据中国银监会和河北银监局授权，负责对有关银行业金融机构及其分支机构的设立、变更、终止和业务活动的监督管理；依法对金融违法、违规行为进行查处；审查和批准高级管理人员任职资格；负责未设监管办事处的县（市）的城市信用社和农村信用社及联社的监管工作，统计有关数据和信息；负责分局机关和系统党的建设、纪检和干部管理工作。监管办事处主要根据银监局或银监分局的授权，负责所在县（市）的银行业金融机构的监管工作，收集所在县（市）有关金融风险的信息并向上级机构报告。

截至2015年末，河北银监局系统人员总数1046人。其中：省局机关172人，辖内分局394人，监管办事处472人，北戴河培训中心8人。

2015年工作回顾：

（一）强化监管引领，银行业服务实体活力与效率显著提升。河北银监局坚持问题导向和结果导向，引导银行业盘存用增，优化资源配置，着力提升银行业服务实体经济的质量和效率，为全省经济稳增长提供了有力支撑。截至12月末，全省银行业资产总额58714.70亿元，其中各项贷款32657.90亿元，负债总额56771.33亿元，其中各项存款47686.83亿元。全省银行业机构存贷比66.65%，较年初提高2.55个百分点。不良贷款余额677.83亿元，不良贷款率2.08%。实现净利润669.75亿元。

第一，积极支持京津冀协同发展。主动把握历史机遇，围绕河北战略定位，推进金融发展与产业发展融合。一是出台《河北银行业支持京津冀协同发展指导意见》，提高银行业精准服务能力。二是建立银行业支持京津冀协同发展信贷统计制度，并推动三地形成监管合力，优化跨区域金融合作环境。三是积极发放贷款。支持三地在交通一体化、生态环境保护、产业升级转移等重点领域率先突破。2015年末，全省银行业机构对京津冀协同发展相关贷款6600.60亿元，较年初增长了35.96%。

第二，大力支持产业结构调整和转型升级。坚持调结构与稳增长并重，推动落实差别化信贷政策。发展绿色信贷，助力支持化解优势富余产能和大气污染防治。截至2015年末，全省银行业传统产业改造升级贷款比年初增长16.97%；节能减排贷款比年初增长30.76%；大气污染物减排贷款余额达到315.18亿元。制定下发《金融支持科技型企业发展的通知》，支持科技型中小微企业发展。加大对民生、消费、外贸等领域信贷投入。截至2015年末保障性安居工程贷款比年初增长90.78%。支持冀企“走出去”信贷余额247.91亿元，比年初增长35.65%。

第三，持续支持小微、“三农”等薄弱领域。通过加强协调、考核通报、实地督导，持续推进，小微企业贷款实现“三个不低于”目标。截至2015年末，全省小微企业贷款余额10490.45亿元，较年初增加1487.93亿元，比上年同期增长20.35%，高于各项贷款平均增速4.11个百分点。小微企业贷款户数785295户，较上年同期增加69341户。小微企业申贷获得率94.68%，高于上年同期0.48个百分点。加大微贷技术的推广应用，促进农产品抵押、农业设施抵押等符合农业产业特色的产品服务创新。截至2015年末，全省银行业金融机构涉农贷款13381.97亿元，比年初增加1628.05亿元；同比增长13.85%，高于同期各项贷款增速0.72个百分点。

第四，推动降低实体经济融资成本。治理银行不规范服务收费，清理不必要的资金“通道”和“过桥”环节，落实倒贷新政，切实减费让利。通过督查，对11家机构提出警告，对13家机构罚款75万元。20家外埠银行驻冀机构的收费项目由平均277项降为180项，降幅35.02%；11家法人城商行的收费项目由平均64项降为55项，降幅为14.06%。

（二）增强内生动力，银行业改革发展加快推进

第一，突出创新驱动，加快推进经营模式转型。银行业理财业务事业部、同业业务专营部门制改革顺利推进。积极推进新资本管理办法实施，进一步强化法人机构资本约束。加快推进民间资本进入银行业，12月末，城商行、农合机构、村镇银行民间资本占比分别达到56.92%、99.97%和73%。制定《河北省民营银行组建工作方案》，积极推进民营银行设立前期工作。

第二，支持城商行发展提速，促其多元化发展。2015年末，全省城商行资产规模10413.38亿元，在全省银行业占比为17.74%，增量占到全省增量的50.43%。4家城商行实现升级进位，河北银行被银监会纳入全国城商行“领头羊”行列。

第三，推动农村金融机构稳健发展。辖内3家市联社完成改制区域审计中心工作。全年农商行开业6家，批筹6家；股份制农村信用社开业14家，批筹10家。省内基本消除了高风险社。全年新批筹村镇银行5家，新开业6家，银监会备案核准20家，本省农商行发起组建村镇银行实现“零”突破。

第四，银行业组织体系更加完善。广发银行石家庄分行、冀银金融租赁公司开业，天津银行石家庄分行批准筹建，首家消费金融公司正在积极准备筹建。截至12月末，全省银行业新小微、社区等特色支行217家，521家邮储银行二类支行已全部完成改革。

（三）坚持问题导向，银行业风险防控能力持续增强

第一，分类化解客户信用风险。持续加强对融资平台、房地产、产能过剩等领域风险动态监测，按季分析、稳步推进风险缓释。2015年末，全省银行业不良贷款余额677.83亿元，比年初增加192.54亿元，不良贷款率2.08%，比年初上升0.35个百分点。

第二，全面防控操作风险。在全省银行业开展案件隐患专项整治活动，夯实案防基础。截至12月末，全省银行业确认案件5起，金额30.57亿元，形成案件风险信息5起。对新发案件严处重罚，提高震慑力。

第三，妥善防范和处置法人机构风险。蠡州北银农村商业银行开业，蠡县农村信用社20多年的历史遗留问题彻底解决，风险彻底化解。防范中小法人机构流动性风险，推动城商行、农信社建立互助机制。加大法人机构灾备中心建设和外包风险治理，提升应急灾备能力。

第四，有效抵御社会金融风险。加强“防火墙”建设，有效隔离各种形式的民间融资风险传递。推动信托公司规范产品信息披露。配合有关部门开展打击非法集资宣传月和专项整治活动，排查发现银行业机构问题线索184件。配合开展融资性担保业务监管，参与化解河北融投风险，维护了银行业资产安全和金融稳定。

（四）注重效能提升，依法监管水平不断提高

深化简政放权，推进依法监管。银监会《中资商业银行行政许可事项实施办法》等5个办法的修订实施后，在第一时间修订行政许可事项清单及流程，该下放的全部放到位，释放机构经营活力。加强监管制度建设，新建、修订行政处罚、行政复议、行政应诉等制度8项。开展法治教育宣传月活动，组织法治专题讲座，推进依法行政。

创新监管方法，提升监管能力。坚持“风险为本”，加强和改进现场检查，推广应用EAST系统，提高检查精准度。修订优秀现场检查项目评选办法，突出检查效果，增强示范和引领效应。夯实数据质量基础，发挥非现场监管“制导”作用。开展银行创新业务培训，提升查处和发现问题的能力。加强监管联动，通过监管分析例会、监审联席会议，提高风险管控的针对性、前瞻性和有效性。

加强协调联动，维护金融消费者合法权益。开展消费者权益保护工作考核评价，强化银行业机构主体责任。完善投诉公开机制，全面推广银行网点服务“两标准”。召开联席会、推进会，加强工作联动，落实消保要求。开展“促监管政策进基层行”、“金融知识进万家”等宣传活动，提升金融消费者自我保护能力。

（河北银监局　李　卓）

【国家开发银行河北省分行】　2015年，国家开发银行河北省分行积极贯彻省委省政府战略部署，充分发挥开发性金融作用，主动适应新常态，积极引领新常态，更好服务实体经济，助力河北省转型发展。截至2015年末，国家开发银行河北省分行管理资产余额3086.79亿元，较“十二五”初期增长99.6%，当年新增资金投放1008.77亿元，占“十二五”期间资金投放总量的27.3%。

（一）信贷投放实现稳定增长。国家开发银行河北省分行紧紧围绕支持和服务实体经济，积极向总行争取资金规模，年末经营指标实现“三个增长”、“四个首位”。其中，表内本外币贷款和专项基金余额合计2503.23亿元，较年初新增483.51亿元，同比增长23.94%；当年新增资金投放1008.77亿元，同比增长26.35%；发放中长期贷款和专项基金756.51亿元，同比增长72.86%；人民币贷款和专项基金增速25.49%、非个人中长期贷款和专项基金余额2331.67亿元、非个人中长期贷款和专项基金余额新增额524.4亿元、人民币中长期贷款和专项基金占比97.85%等四项指标均位居省内同业首位。

（二）突出重点服务国家战略。国家开发银行河北省分行一是以棚改为重要发力点加快推进新型城镇化建设，当年投放棚改贷款324.36亿元，贷款余额576.07亿元，全省余额占比95%以上，惠及65万群众。二是全力推动专项建设基金发放，在短短4个月时间内完成基金投放163.7亿元，占全省专项建设基金投放总量的75%，可撬动社会投资近500亿元；并已同步实现承德双峰寺水库、高碑店新发地农副产品物流园区等项目配套中长期贷款授信83亿元，有力支持了投资增速企稳回升，提振了稳增长的信心。三是精准发力助推脱贫攻坚，积极推动扶贫开发省级投融资主体搭建，以易地扶贫搬迁为切入点做好相关融资方案设计，成为河北省易地扶贫搬迁实施方案起草小组内唯一金融机构；向石家庄市提供《发挥开发性金融作用助推石家庄太行山区生态绿化扶贫攻坚工作方案》，构建市级主体“统贷”模式统筹推进生态绿化扶贫。

（三）多措并举支持转型升级。国家开发银行河北省分行一是支持节能环保产业发展，当年向南水北调配套工程、唐山乐亭菩提岛海上风电场等水利、新能源项目授信343.54亿元，较上年同期增长85.85%。二是促进过剩产能转移，支持河北钢铁集团、新奥集团、德龙钢铁、中信戴卡等企业赴海外并购、建厂等，打造河北省优势产能国际合作新格局。三是完善城市基础功能，加大对棚改配套基础设施，京津冀区域综合交通网络相关的铁路、公路、港口、机场、城市水务及城市地下综合管廊等的支持力度，助力河北省抓住京津冀协同发展机遇，提高发展承载力。

（四）产品创新形成示范效应。在河北省经济下行压

力不断加大，大气污染治理任务艰巨和地方政府原有融资平台、融资路径受限的双重压力之下，国家开发银行河北省分行积极开展业务模式创新，成功运作了开行系统内首批承诺的PPP试点项目——唐山世界园艺博览会基础设施及配套项目、财政部全国首批30个PPP示范项目之一——正定新区综合管廊及我国首个使用PPP模式的重大水利工程项目——承德市双峰寺水库工程等一批极具示范带动效应的重大项目，有效解决财政刚性支出压力加大的突出矛盾，促进河北省融资体系、信用体系进入良性循环。

（五）综合金融强化融资引领。国家开发银行河北省分行充分发挥“投贷债租证”综合业务优势，引导社会资金支持本省经济建设。一是不断巩固银团主力行地位，积极推动石家庄轨道交通2号线一期工程68亿元等重大项目银团筹组工作。二是通过债券、信托、承兑、保理等产品服务省高管局、石家庄市交通局、开滦集团、峰峰集团等重点客户，当年实现融资总量157亿元。三是积极服务地方债发行，作为主承销商参与河北省定向发行政府债券的承销工作，并积极促成开行总行投资河北省地方政府公开债券。四是债贷统筹为重大客户拓宽资金来源，为河北钢铁集团、开滦集团等重点客户承销债券75亿元，满足客户多元化融资需求。

（六）融智服务促进银政合作。国家开发银行河北省分行一是围绕河北省热点重点难点事项献计献策，向省委省政府报送《关于发挥开发性金融作用，助推河北省扶贫攻坚有关建议的报告》、《关于贯彻落实京津冀协同发展战略思想，加快推进“三区一基地”建设的有关建议》等融智报告6篇，提出保证政府战略实施的财务可平衡工作建议。二是深化开发性金融合作，在总行层面，积极促成开行总行领导与省领导高层座谈，实现开发性金融与河北省重点需求的高层对接；在分行层面，与省交通厅、各地市政府、曹妃甸区及河北钢铁集团等政府及客户单位签署开发性金融合作协议，提出服务战略的各项具体措施。三是做好规划融智服务，编制《京津冀协同发展系统性融资规划（河北部分）》，为实施协同发展战略做好资金供需和统筹平衡设计可行融资模式。

（七）管控风险维护金融稳定。面对2015年以来经济下行压力不断加大，信贷风险凸现等诸多不利情况，国家开发银行河北省分行在总行及省委省政府领导下，充分保持战略定力，稳妥处理发展结构、质量、速度之间的关系，努力构建以“调结构，重质量，精管理，守底线”为特色的风险管理体系，有效遏制资产质量下滑趋势，为维护河北省金融安全稳定作出了积极努力。一是积极开展地方政府债务置换，缓解地方政府债务到期压力，有效规避短期还款风险。二是稳步化解风险，特别是推动政府为符合经济转型升级要求的暂时性困难客户提供发展动力，以英利项目风险化解为契机，推动河北省政府在全省建立偿债资金池，用于地方金融风险化解。三是积极推动邢衡、张石高速保定段、承秦、承唐、承朝等高速公路资产上收工作，避免了河北省高速行业出现重大不良贷款风险事件。

（八）抓好党建提供坚强保证。国家开发银行河北省分行党委深入贯彻落实中央、省委党建工作要求，落实管党治党主体责任，把抓好党建作为最大的政绩，认真开展“三严三实”专题教育，全面推进依法治行从严治行，狠抓党风廉政建设，为自身健康可持续发展提供了坚强保障。在“抓好党建，办好银行，支持发展”的办行理念指导下，国家开发银行河北省分行各项工作获得多方肯定，获得“国家开发银行四好班子”、“河北省金融贡献奖”、“河北省五一劳动奖状”、“全国五四红旗团委”等多项荣誉。

（国家开发银行河北省分行　黄少华）

【农发行河北省分行】　2015年，中国农业发展银行河北省分行在总行党委和省委省政府的正确领导下，在人民银行、银监局、财政专员办、新闻媒体等有关部门的大力支持下，深入贯彻习近平总书记系列重要讲话精神，认真落实总行新一届党委“一二三四五六”总体发展战略，围绕“强行梦”目标，主动适应新常态、抢抓新机遇、破解新挑战，按照“四位一体”工作格局，解放思想、完善举措，优化环境、扎实苦干，在追寻“强行梦”的征程中迈出了新步伐，为今后发展奠定了基础，积蓄了能量。

——信贷业务稳步增长。积极落实国家稳增长、调结构、惠民生的政策，信贷资产实现了多元化发展。在经济下行压力较大、全省受宏观调控影响较深的严峻形势下，全年累放贷款375亿元，同比多放12亿元。年末，贷款余额867.5亿元，比年初增加30亿元，较好地发挥了支持全省新农村建设的骨干和支柱作用。

——存款、中间业务和国际业务不断拓展。各项存款余额315.5亿元，比年初增加114.7亿元；各项存款日均余额256亿元，比上年增加51.7亿元。实现中间业务收入4133万元，比上年增加519万元，增幅14.4%；累计办理国际结算5.03亿美元，比上年增加8563万美元，增幅21%。

——队伍建设成效明显。扎实推进“三严三实”专题教育，加强党性修养，坚定理想信念。加强干部队伍建设，提高员工业务水平。严格落实中央八项规定精神。继续深入开展践行“五字”行为活动和“三个一”读书活动，引导员工用传统文化立德修身，靠读书学习增才提智，以文化聚合力、添动力。

（一）业务发展稳健运行。认真贯彻落实总行新一届党委“五个全力服务”战略部署，着力优化发展环境，积极促成总行与省政府签订《落实〈京津冀协同发展规划纲要〉战略合作协议》，为今后发展搭建了广阔的平台。先后与省水利、交通、扶贫、住建等部门以及唐山、邯郸等7个地市签订了合作协议，为进一步深化合作奠定了基础；赴6个地市巡回宣介信贷政策，地方党政合作愿望大为增强。探索实施“233”信贷模式，省委省政府办公厅以正式文件印发至市、县党委政府推广。

一是全面支持国家粮食调控政策落实。力促小麦最低收购价预案启动并全力做好贷款发放与管理工作。2015年全年累计发放政策指导性粮食收购贷款151亿元，支持企业收购粮食133亿斤，同比分别多放4.7亿元，多收购7.7亿斤。其中，政策指导性小麦收购贷款64.6亿元，支持企业收购小麦52.6亿斤，同比分别少发放1.4亿元，少收购0.1亿斤。累计发放政策指导性玉米收购贷款86.4亿元，支持企业收购玉米80.4亿斤，同比分别多发放6.1亿元，多收购7.8亿斤，增幅分别为7.6%和10.7%。

二是大力支持农业农村基础设施建设。充分发挥农业政策性信贷资金“雪中送炭”、铺路架桥的作用。在全国率先投放水利专项过桥贷款，受到国务院、总行和水利部领导的充分肯定，全年累放中长期贷款126亿元，同比多放38亿元，全力服务京津冀协同发展作为国家重大战略，大力支持美丽乡村、涉农棚户区、农村路网、水利、扶贫开发等重点领域建设，为经济发展补短板、托住底、促协调、添动能。

三是积极支持实体经济做强做大。累放农业产业化龙头企业、农业科技等流动资金贷款37亿元，有效促进了实体经济发展。

四是大力拓展投资业务。积极争取发改委等部门支持，完成基金投资项目190个，金额76.9亿元。

（二）经营水平稳步提升。召开“解放思想、加快发展”专题研讨班，进一步打开解放思想的“总阀门”，增添加快发展的“源动力”。组织开展“首季开门红”、“进步创新奖”等业务竞赛活动，实施等级行管理，充分调动了各行积极性。大力组织存款，开展存款“春季行动”，推动代理拨付财政支农资金“主办行”向“主存行”转变。完善激励约束机制，制定印发了《中长期信贷业务发展与绩效工资挂钩考核办法》、《关于对在业务发展中分支行领导干部不作为行为实行问责的暂行办法》，建立了贷款从受理到发放的全流程倒逼提效机制，进一步鼓励先进、鞭策后进。

（三）基础管理全面加强。认真贯彻落实总行依法从严治行指导意见，严守风险底线。抽调业务骨干组建贷款调查、审查“三个中心”，切实提高办贷管贷质量和效率。狠抓信贷政策、制度、操作“三基本”落实，实施信贷检查辅导员管理，开展辅导检查上百次，信贷基础管理进一步加强。集中240名业务骨干成立省分行财会事后监督检查中心和市分行分中心，开展常态化监督检查，严控操作风险。对87个县级支行开展了突击对接综合检查，深度挖掘问题，堵塞管理漏洞。实施坐班主任委派制和定期交流制度，全辖152个营业机构坐班主任全部完成委派和交流。建立风险分析和合规工作例会制度，努力前移风险关口，形成风险防控合力，全年累计现金清收4952万元，为近三年清收数额最多的一年。深入排查员工参与非法集资、风险和案件潜在隐患，认真组织开展序时、专项审计以及“两加强、两遏制”专项检查，及时做好各类检查发现问题梳理整改工作，促进了依法合规经营。加大问责力度，对753人次处以违规积分2115分、对35人处以经济处罚，进一步规范了员工行为。加强应用系统和机房、网络、电子设备的运维管理，为各项工作开展提供了强有力的技术支持。加强安全保卫和安全生产，确保了安全运营。不断加强和改进办公后勤管理，办文办会办事效率和服务水平进一步提高。

（四）队伍活力持续增强。深入学习贯彻总行党委全面从严治党的指导意见。扎实推进“三严三实”专题教育，加强党性修养，坚定理想信念。严格落实“两个责任”，进一步明确措施和机制，着力构筑统一领导、分工负责、相互协调、齐抓共管的领导体制。严格落实中央八项规定精神，把有限的财务资源主要用在业务发展和改善基层行办公条件上，会议费、业务招待费、公务车运行费、业务宣传费同比分别减少22%、23%、17%、26%。加强干部队伍建设，组织全方位、多层次的岗位培训和技术练兵活动，累计举办培训班26期，培训员工1000余人次，开展信贷、财会、法规等业务知识竞赛，进一步提高了员工业务水平。继续深入开展践行“五字”行为活动和“三个一”读书活动，引导员工用传统文化立德修身，靠读书学习增才提智。深化企业文化建设，组织设计视觉文化体系并制作上墙，营造了浓厚的文化氛围。成功召开省分行一届一次职代会，员工主人翁意识进一步增强。被中国企业文化研究会评为“十二五”企业文化建设优秀单位。

（中国农业发展银行河北省分行　彭德斌）

【工行河北省分行】　2015年，工行河北省分行认真贯彻落实省委省政府、工总行各项决策部署和金融监管要求，积极应对新常态下严峻复杂经营形势，围绕“加快发展、安全运营、廉洁团结”三大主题，突出加大信贷投放，认真履行大行责任，全力为地方经济建设提供支持保障。

——融资总量历史最好水平。2015年末，该行人民币各项贷款（含信用卡贷款）余额4280亿元，保持国有四行首位，较年初增加462.5亿元，增幅12.12%，办理租赁、企业债、投行、理财投资等融资业务461亿元，全年各类融资新增超过966亿元。

——重点领域支持进一步加大。京津冀协同发展相关贷款余额1974.59亿元，较年初增加248.29亿元，增幅14.38%；个人贷款余额1606.02亿元，较年初增加285.84亿元，排工行系统第3位。小微贷款余额679.29亿元，较年初增加78.97亿元，完成“三个不低于”监管目标。

——全部存款实现稳定增长。人民币全部存款余额达到5381.07亿元，增加185.09亿元。其中储蓄存款余额3422.97亿元，增加200.83亿元。

——地方税收贡献稳步提升。全年缴纳地方各项税款18.72亿元，同比多缴纳2.3亿元。

——各类渠道布局持续优化。全年实施营业网点布局优化和内部分区改造330家，建设各类自助银行332家、智能化服务模式网点100家、助农服务点169家。

（一）突出支持立省强省重点项目。该行积极把握京津冀协同发展、环渤海地区合作发展、北京携手张家口获得冬奥会举办权等一系列重大战略机遇，突出加大立省强省重点项目金融支持。一是持续加大三个率先突破领域支持力度。把支持京津冀协同发展战略作为“一号工程”，对在建重点项目、非首都功能疏解项目、京津冀合作项目实行名单制管理，优先保证重点城市、项目建设融资需求。2015年向京津冀协同发展领域投放项目贷款105亿元；生态方面，大力发展绿色信贷，坚决落实环保一票否决制，设计河北省大气污染防治专项基金专属方案，全方位支持河北省节能减排和大气污染治理。二是做好城镇化建设领域金融服务。配合做好地方债务置换债券工作，全年累计承销地方债220.21亿元，份额居同业首位。对接支持河北省PPP试点项目，协助引入社会资金、项目参与方，并提供股权类和债权类融资支持，全方位支持服务基础设施、共用事业等城镇化建设领域融资需求。

（二）突出加大实体经济资金投放。针对企业发展实际，不仅仅是为企业提供融资支持，更多地是拓展渠道，为企业“输血”、“造血”，向其提供全方位金融服务。一是服务产业升级。以产业结构优化升级为导向，加强“三个一百”领军企业、“十百千”工程和千项技改项目的跟踪对接，积极支持现代服务、先进制造、节能环保等新兴产业发展，帮助和支持企业做大做强，转型升级重点领域贷款较年初增加131.59亿元。并运用票据、供应链等业务为企业提供融资支持，全年办理票据贴现711亿元，增幅43%，排工行系统第3位、同业首位。大力支持河北省企业“走出去”，拿出专项规模，对接支持优势富余产能输出、重大装备出口、大型工程承包等项目，已与13家企业的25个“走出去”项目达成了合作意向。强化本外币一体化服务，完成国际结算量181.17亿美元，国际贸易融资累放量5.43亿美元，跨境人民币业务量176.51亿元。二是服务小微企业。做实小微企业专营机构，在保定、廊坊、邢台等分行设立小微中心，实施供应链、产业集群、产业园区批量发展，积极推广保定白沟箱包、辛集皮革市场“网商微贷”业务，不断提高小微企业融资的便利性和可获得率。三是服务涉农领域。积极推动金融资源向县域流动，强化对县域农产品深加工企业、农业产业化龙头企业、农业科技推广企业的融资支持，涉农贷款余额860.75亿元、增加20.53亿元。四是创新支持渠道。强化“商投互动、投行引领”模式，积极服务河北省上市公司定向增发、国企混合所有制改革、过剩产能兼并收购，投行融资额93亿元，是上年的4倍。办理债券融资、金融租赁、理财投资367.8亿元，进一步拓宽实体经济资金获得渠道。积极落实“互联网+”行动计划，运用互联网金融新渠道扩大河北省企业产品销售和品牌影响，通过将河北省知名企业、特色产业、专业市场引入融e购电商平台上线销售，帮助企业经营由地方走向全国、由国内走向国外，为实体经济注入活力，为企业所在地创造税收，2015年融e购上线商户260家，交易额突破300亿元，排工行系统第2位。

（三）突出加强消费民生领域服务。积极跟进新常态下消费民生领域多元化、综合化、个性化金融需求趋势，进一步做好扩大内需、促进消费、城乡统筹及普通消费者金融服务。一是支持消费升级。以个人贷款、信用卡分期付款等产品切入，支持居民家庭住房、耐用消费品、教育、文化、旅游等消费信贷需求，个人贷款和信用卡客户分别达到71万户和218万户，促进扩大社会内需和消费潜力。二是扩充民生服务。积极为财政、社保、公积金等部门做好资金保值增值等综合金融服务，连续9年在10余家代理银行中获得省财政厅年度考评第一，投产跨省异地缴纳交通罚没款、银医一卡通、华校园一卡通等多个项目，进一步拓展了该行服务民生领域范围。三是提升服务体验。开展服务体验建设年活动，积极参加河北金融系统“岗位练兵、服务创优”劳动竞赛和“金融志愿服务在行动”两项活动，17家星级网点和6家千佳网点全部通过省银协评定验收，数量均居同业首位。落实发展普惠金融要求，推广定期存款分段计息的“节节高”存款产品和针对农村市场客户的“福农卡”，设立169家助农支付服务点，不断优化对农民工等特殊群体的金融服务。

（四）突出坚守质量案防两个底线。把信贷资产质量管控和内控案防管理作为重中之重，落实监管部门各项工作要求，努力确保各类风险可控，坚守两个底线，确保安全运营。一是加强信贷资产质量管控。坚持不良贷款清转处置和潜在风险贷款化解两手抓，集中专业力量加快清转处置和风险化解，有力遏制了贷款劣变的迅猛势头。加强信用风险滚动排查，集中开展企业涉足民间借贷、过度融资等八个方面风险排查并分类制定化解措施。实施信贷资产质量管理和信贷基础管理“两大工程”，扎实开展“反十假”专项治理，强化信贷人员和机构资质管理，努力提升信贷经营能力。二是强化内控案防管理。落实从严治行要求，系统深入做好“一加强两遏制”和“两加强两遏制”专项检查问题整改，开展案件风险隐患专项治理，严格管控员工参与非法集资、民间融资和经商办企业，违规放贷和贷款诈骗，私售理财产品和“飞单”等三类违规行为，消除风险隐患。深化反洗钱集中处理改革，加强可疑交易甄别分析报告和客户身份识别工作，向省内人行各级机构提交重点可疑交易报告份，积极为国家机关办案和洗钱分析提供有价值的线索。认真落实各项监管政策，主动加强与人行、银监局等监管部门和审计、物价等有关部门沟通协调，主动接受并认真落实监管部门年度监管座谈意见，确保依法合规经营。三是加强安全保卫管理。加强报警联网综合管理平台等安防设施建设，定期开展突发事件应急演练活动，加强外部欺诈风险信息系统应用，成功防范外部欺诈风险事件624起，避免经济损失近9200万元。中央电视台社会与法频道对工行河北省分行成功防范外部欺诈的典型案例进行了3期专题报道，安全银行形象得到提升。

（五）突出履行大型银行社会责任。落实从严治党要求，扎实推进“三严三实”专题教育，认真围绕“八破八立”组织省委解放思想大讨论，深入开展“管理效率提升年”活动，各级党组织和党员干部队伍作风进一步转变。落实全省农村面貌改造提升行动和省委组织部、省扶贫办有关要求，派驻工作组到张贫困山区开展帮扶工作。积极开展与地方互派交流挂职干部，全方位支持地方经济建设。组织开展大学生课外实习项目，寒暑假期间来自省内高等院校的3000余名大学生到工行河北省分行进行实习，积极为大学生开展社会实践提供平台。加强金融消费者权益保护，严格落实“七不准、四公开”要求和小微企业收费减免规定，认真执行总行价目表，减轻客户负担、降低融资成本，全年对小微企业累计减费让利近2亿元，着力解决小微企业“融资难、融资贵”问题。开展“金融消费者权益日”和“普及金融知识万里行”活动，组织各级机构到社区、企事业单位进行防范电信诈骗、非法集资等宣传，推动金融知识普及和社会公益活动经常化，积极践行国有大型银行社会责任。

（工行河北省分行　刘　杨）

【农行河北省分行】 2015年，农行河北省分行紧紧围绕省委省政府建设经济强省、美丽河北的战略要求，积极适应经济发展的新常态，主动对接全省经济发展战略，认真履行社会责任，全力支持河北省经济社会发展，被省政府授予金融贡献奖，荣获2015年度“全省社会扶贫先进集体”、河北省银行业“小微企业与三农金融服务先进单位”称号。截至2015年末，该行各项贷款2984.79亿元，较年初增加437.15亿元，同比多增164.46亿元，增量贷存比达到109.07%；各项存款6341.93亿元，较年初增加400.82亿元；实现中间业务收入37.73亿元，同比多收1.07亿元。

（一）丰富融资渠道，大力支持实体经济。全面落实省委省政府支持实体经济发展的工作要求，弘扬担当精神，全力满足企业融资需求。

一是扩大信贷规模。多次向总行汇报河北省经济形势、发展规划及投融资需求，取得总行支持，优先保障河北省信贷需求，自2015年起，未来三年计划向河北投放贷款超过1500亿元，2015年新增贷款不低于420亿元，其中对国家级、省级重点项目单独匹配信贷规模。

二是强化推进措施。专门召开服务实体经济发展推进会议，对加快贷款投放、全面支持实体经济工作进行安排部署。省、市分行成立贷款投放工作小组，由“一把手”亲自抓落实，专门负责贷款投放工作。进一步整合优化信贷业务流程，实行调查、审查平行作业，限时办结。对大客户、大项目提升调查发起层级，减少中间流转环节和业务运作时间。

三是拓宽融资渠道。适应多元化融资需求，为客户提供多层次融资支持。大力推进短期融资券、中期票据等业务发展，为河北建投集团发行中期票据2.5亿元，加入开滦集团、冀东水泥、峰峰集团超短期融资券主承销团，并作为河北钢铁、梅花生物短期融资券的主承销商和河北交投、开滦集团中期票据的联席主承销商。大力支持地方债发行，推荐总行投资公开地方债190亿元，占全省公开发行地方债总额的18.09%，位居同业首位。创新理财融资产品，独家支持迁安全国首支海绵城市建设引导基金12亿元，为河北钢铁、河北港口、开滦集团办理理财融资近40亿元。

（二）对接重点领域，积极做好融资服务。明确信贷支持的重点领域，加大贷款投放力度。

一是全力支持京津冀协同发展。截至2015年末，对协同发展建设项目授信2007.2亿元，贷款余额725.4亿元，全年新投放267.5亿元。对接京津冀协同发展规划纲要及河北省实施意见，制定出台《服务京津冀协同发展工作方案》，根据河北省“三区一基地”功能定位，明确重点支持领域，实行重点项目库运作机制，在政策资源上给予重点支持。成立服务京津冀协同发展工作领导小组，实行定期汇报和问题会商机制，与政府部门建立常态化的沟通协调机制。省、市、县三级行分别配备专门团队，畅通项目信息渠道。加大对交通基础设施项目建设的投放，支持一批“断头路”“瓶颈路”项目和区域城际铁路项目，其中对京张高铁和黄骅港、唐山港、秦皇岛港改扩建等工程项目投放贷款360.7亿元。对接产业转移升级、功能疏解，对白沟承接北京大红门市场转移项目发放贷款5.4亿元，对河北新发地高碑店农副产品物流园区项目发放贷款4.6亿元。重点支持国网承德丰宁抽水蓄能等生态治理项目，审批固定资产贷款30亿元，已投放1.5亿元，市场份额达到83%。

二是全力支持重点项目建设。截至2015年末，共支持国家级、省级重点项目232个，贷款余额744.4亿元。支持一批立省大项目和支柱产业，加大对电力、装备制造、基础设施建设、棚户区改造、新能源等支柱产行业，以及河北钢铁集团、河北建投、开滦集团、冀中能源和河北港口等重点企业的支持。助推产业转型升级，围绕全省转型升级“三个一百”工程，重点支持邯钢集团整体结构优化升级、衡水薄板冷轧镀锡工程和石家庄四药总部搬迁升级改造等重大技改和转型升级项目。配合奥运经济建设，加速运作崇张铁路、京张铁路、京张铁路崇礼支线、张承高速、尚义抽水蓄能电站、奥运光伏廊道、可再生能源示范区和云顶滑雪场等项目。支持企业“走出去”。对接国家“一带一路”战略，对全省“走出去”企业进行摸底，建立项目库，逐户制定服务方案。

三是全力做好“三农”金融服务。将服务“三农”作为“一号工程”，年初制定服务三农的“一号文件”，围绕现代农业、新型城镇化、县域旅游、美丽乡村等重点领域，出台支持县域经济发展7方面、28项积极措施。截至2015年末，县域各项贷款达到1408.8亿元，较年初增加246.5亿元，监管目标全部完成。积极支持现代农业，对国家级、省级农业产业化龙头企业服务覆盖率分别达到89%和71%；全年新增专业大户、家庭农场贷款3553户，贷款余额2.49亿元。围绕实施县城建设三年攻坚行动，突出5个国家级和15个省级新型城镇化综合试点，以及环京津、设区市周边区域、重点县（市）“卫星城”等重点区域，积极支持大型国有企业、有实力民营企业和地方城市建设公司等商业化运作的项目、新型社区建设和居民安居乐业，截至2015年末，全行城镇化贷款285.9

亿元，较年初增加50.8亿元。全面提升农村基础金融服务，重点布局县域重点区域、经济发达乡镇、经济大镇，加快发展离行式自助银行，累计发放惠农卡1241.6万张，“惠农通”服务点达到4.28万个；布放电子机具15.3万台，行政村覆盖率75.2%。

四是全力做好金融扶贫工作。认真贯彻落实习近平总书记在贵州考察扶贫工作提出的“四个切实”要求，以“六个精准”为目标，制定2016—2020年金融扶贫工作方案，明确产业扶贫、精准扶贫、渠道扶贫、定点扶贫、协同扶贫、模式扶贫的措施和路径。全年累计向62个贫困县投放贷款231.8亿元，截至2015年末，贷款余额317.1亿元，比年初增加74.8亿元，增幅30.9%。丰富服务模式，打造“金融＋政府增信机制”、“金融＋农业园区”、“金融＋特色产业”、“金融＋龙头企业”、“金融＋扶贫小额信贷组织＋政策性担保公司”等模式，扩大扶贫覆盖面，增强贫困地区“造血功能”，带动贫困农户就业增收。

五是全力助推小微企业发展。构建专业化的服务渠道，全面提升小微企业服务水平。截至2015年末，全行小微企业贷款较年初增加40.06亿元，申贷获得率达到94.33%。围绕“园区、集群、商圈（大市场）、产业链、特色资源”五大定位，推动批量金融服务模式，积极在邢台沙河、保定白沟、廊坊文安等地园区开展试点。加强与政府部门合作，创新推出政银通、政银保等产品，有效解决小微企业担保难题。对授信500万元以下的小微企业实行审查审批双岗合一，缩短审批链条。对小微企业减免承诺类、顾问类等四大类50余项费用，加大服务收费减免优惠力度，减轻小微企业负担。

（三）加快转型创新，全面满足公众需求。积极承担社会责任，依托信息科技和互联网支撑，创新渠道、业务和产品，大力推进普惠金融。

一是加快服务渠道转型。优化网点结构，加大重点县域和城镇网点布放力度。大力推进金融便利店和自助银行建设，推进物理渠道向轻型化、社区化、便利化转型，填补人工网点服务空白。全年共建设金融便利店66家、建成离行式自助银行331家。强化网点服务功能，推进网点标准化管理，深化优质服务导入，丰富网点大堂营销展示，配强网点服务人员，构建全方位服务体系。创新推进网络金融业务发展，加大电子渠道和互联网金融业务的推广和应用，强化线上线下业务的协同，增强全渠道营销服务能力。

二是大力发展消费金融。紧跟经济形势和消费金融需求，突出抓好客户和产品转型，以消费业务和财富管理为切入点，重点发展个人贷款业务，以及投资理财、基金、贵金属、个人外汇等新型业务。大力发展个人住房贷款业务，积极推广“随薪贷”“薪保贷”“房抵贷—消费”等个人消费类贷款业务，全方位满足居民购房消费需求。截至2015年末，个人贷款余额886亿元，较年初增加221.4亿元，同比多增87亿元，增量占全部贷款增量的49.1%。大力发展信用卡业务，重点推广悠然白金卡、漂亮妈妈卡、环球商旅卡、悠游世界卡、ETC信用卡、EMV单标卡等产品，持续开展“河北农行信用卡惠生活”等多项优惠活动，改进用卡环境。

三是积极参与公益事业。充分运用金融资源和渠道，热心参与公益事业，积极组织各类献爱心捐助、扶贫救助活动，用实际行动践行农业银行“大行德广”的企业精神，树立了良好的社会形象。组织开展“博爱一日捐”“慈善一日捐”等系列公益活动。响应政府号召，积极开展扶贫帮困献爱心活动，为社会困难群体提供救助。认真做好驻村帮扶工作，省分行选派3名同志组成驻村工作组进驻张家口崇礼县高家营镇西甸子村开展帮扶。积极参加“三下乡”活动，为基层送知识、送温暖、送资金、送文化、送产品，被省委宣传部评为“全省文化科技卫生三下乡活动先进集体”。全年共向张家口崇礼县、康保县，沧州南皮县、孟村回族自治县等4个县捐赠资金76万元，提升农村面貌，改善特困学校办学条件。

（农行河北省分行　刘新彦）

【中国银行河北省分行】　2015年，中国银行河北省分行科学应对经济下行的新常态，认真贯彻总行“担当社会责任、做最好的银行”的发展战略，主动融入河北转型升级、爬坡过坎的发展大局，坚持存款立行、授信兴行、科技强行的经营策略，攻坚克难，扎实工作，保证了大局稳健，风险可控，经营发展呈现稳中有升、稳中有进的良好态势。存款规模快速提升。一是突出行政事业存款的战略基础地位，狠抓财政、社保和公积金、京津冀拆迁资金、教育卫生、部队、烟草六大重点，行政事业存款首次突破千亿元大关。二是以项目为主线，以热点资金为重点，拓展养老金托管业务等新增长点，利用保函、融汇通等国际结算产品新增保证金存款27.6亿元，拓展金融机构客户带动公司表内理财新增179.54亿元，实现公司存款下半年触底提升，快速增长。三是狠抓开门红旺季攻坚，合理调整月度增存节奏，着力抓好代发薪和商贸客户群的增存工作，充分利用大额存量、优惠利率等利好产品和政策，有效撬动了行外个人客户资金，使储蓄存款全年保持高位运行，告别大起大落局面。年末，本外币核心存款余额4303亿元，四大行市场份额20.37%。增收渠道有效拓展。将收入作为经营之要，突出重点，广开渠道。一是积极应对利率市场化影响。持续释放高息存款，科学应用“四通”产品，外部负债的付息率下降17BP；合理调整贷款定价，新发生个贷平均利率6.2%，四大行排名第一。二是狠抓传统收入稳定增长。围绕创收抓结算产品，集中叙做福费廷业务65.4亿元，营销票据逆回购业务112亿元。继续推广代理保险、出国金融服务、短信通等产品，推进银行卡分期业务多元化，稳固收益能力。抓住股市变动发展基金业务，累计代销基金117亿元，同比增幅182.27%。三是努力寻找非息收入新增长点。大力推广非标理财产品，提前介入优质项目，有效破解平台限制，抓住了沧州港务、新奥集团、冬奥及城市基础设施发展等项目，带动非息收入快速增长。持续抓好债券承销发行业务，全年为河北交投、河钢集团、冀中能源等重点企业发债21支、237亿元，市场占有率35%，同业排名第一位。创新发展同业投资业务，全年叙做20笔、52亿元，有效带动非息收入提升。本外币资产、负债余额分别达到4678亿元和4617亿元，分别较年初增长5.1%和5.6%。2015年实现拨备前利润81.5亿元，净利润51.4亿元，净利润绝对额首次进入集团境内行前五位，利润贡献度同比提升1.2个百分点，成为集团内效益大行。费用支出总额44.09亿元，同比下降2.7%。

效益强行。紧跟国家战略调整的主旋律，融入河北改革发展的大格局，在商明政，顺势而为，探索加快发展的新增长点。围绕京津冀协同发展战略谋篇布局。将京津冀协同发展作为头等大事，举全行之力，以超常之策，努力抢占市场先机。一是抓项目。结合京津冀协同发展规划纲要，统筹梳理优先推进的关键行业，将立体交通项目作为重中之重，为高管局投放48亿元权益支持贷款，开创业务先河。全力承接产业转移和非首都功能疏解项目，积极服务城乡一体化、教育医疗卫生、商贸物流和房地产等重点行业，为项目提供从前期规划到开工投产的全流程金融服务方案。全年营销储备重点项目180个，开立各类账户193个，提供授信总量442亿元，累计投放140亿元。二是抓冬奥。在总行领导的亲自关注和推动下，与省政府及张家口政府达成合作意向，并签署奥运全面金融服务协议。成功争揽河北省、张家口市和崇礼县三级申冬奥基本账户，累计吸纳存款超过10亿元。三是抓政策。制定出台《支持京津冀协同发展的指导意见》，放开、用足现有审批政策，在“活、宽、快”上做文章。对于重点项目，开展平行作业，开辟绿色通道，提高项目审查效率，加大因业、因客、因项目授权力度，提高信贷资源配置总量和使用效率。四是抓联动。加强与总行的联动，争取资源、政策支持，开展高层营销；加强省、分、支行三级联动，围绕客户需求，推广债券承销、PPP、非标理财的等创新产品；加强与北京、天津分行的联动合作，主动建立联席沟通机制，积极推进三地干部交流挂职，加强政策动态和客户信息的共享，统筹协调，形成合力。紧跟“一带一路”战略推动国际产能合作。充分发挥国际化专业优势，推动国际产能合作，成为河北对外经贸的首选银行。年初，在河北省“两会”上做了支持企业“走出去”的专题发言，并以此为契机全力推动国际产能合作。一是支持重点企业“走出去”。主动加强与海外行联动，提供海外融资、贸易并购、法律咨询、国际结算等一揽子金融服务。河钢集团海外布局、新奥集团澳大利亚并购、长城汽车俄罗斯投资建厂等重大产能“走出去”项目。二是助力中小企业跨境撮合对接。先后承办“5.18中东欧中小企业合作与发展洽谈会”、“德国勃兰登堡投资合作对接会”和“波兰马佐夫舍省投资合作推介暨企业洽谈会”，组织河北企业赴海内外参加“中法”、“中国—东盟”、“中美”和“中意”等多场撮合活动，为近千家海内外中小企业搭建了跨境撮合的平台。通过跨境撮合，先后为近80家企业提供融资9.8亿元，促成33对企业签订合作协议，其中，3家中方企业将赴境外设立分厂，3家海外企业将到河北投资。组建的百人员工翻译队伍，不仅成为河北分行的一块“金字招牌”，也成为活跃在河北省对外经贸战线上的一道美丽风景，得到了省委、省政府领导的高度赞扬。三是保持国际结算市场领先地位。打通小币种汇款渠道，将交易货币拓展至18种；大力推广跨境汇款全额到账产品，全年叙做5083笔，是上年的14.6倍。国际贸易结算量180.5亿美元，市场份额35.6%；跨境人民币结算量317.55亿元，市场份额44.25%；个人外汇业务市场份额72.91%，三项指标均处于同业绝对领先地位，且稳居系统同组前列。全球现金管理平台新增上线148家，特别是跨境人民币集中运营业务上线5家，市场占有率62.5%，同业排名第一。融入“三农”战略探索符合省情新路径。创新和丰富发展战略，探索支持城镇化建设、美丽乡村建设、服务三农和小微企业发展的新路径。围绕“农业产业化、农村城镇化、农民现代化”，研究制定了《支持服务“三农”指导意见》和《“三农”业务发展信贷指引》，积极开拓蓝海市场。一是梳理出农业产业化国家级和省级重点项目609个，抓住了中粮集团、正大集团、雪川农业、旗帜乳业、今麦郎、五得利面粉等农业龙头企业。二是创新推出薯业通宝、板栗通达等10多款中小企业专属产品，开发出“林权通宝”等新型担保方式，为全省69个特色农业产业集群提供信贷支持。三是探索银政、银保合作服务模式，与人保财险签订战略合作协议，充分利用政府涉农扶持资金和支农政策，通过“奶牛养殖贷”、“蘑菇贷”等创新产品，为种养殖户提供信贷超过5亿元。四是在省人行、银监局的指导下，稳健发展助农服务业务，重点在优化提升上下功夫，在保证风险可控的基础上，调整助农服务点到2442家，累计发卡102万张，沉淀存款111亿元，既便利了百姓，得到了县乡村的普遍认可，又实现了良好的经济效益。这些做法得到了省委、省政府主要领导的高度重视和充分肯定，4月份，省委办公厅以正式文件形式批转至各市县委跟进落实；10月份，省委、省政府领导又对省分行支持实体经济发展给予批示肯定，省委办公厅在内部刊物中编发了中行经验做法，呈报副省级以上领导参阅，下发各省直部门、各市县党政主要负责同志学习。省委宣传部也下发通知，要求河北日报、河北电视台等主流媒体对中行经验进行集中报道。

客户管理。牢牢扭住影响经营管理的牛鼻子，抓客户，上存款，增收入，努力打造河北分行业务发展升级版。客户基础不断夯实。将客户作为发展之基，量质并举，新老并重。一是抓对公客户。坚持源头营销，狠抓结算量提升，持续开展有效账户拓展活动，全年新增单位结算账户1.68万户，其中有效账户1万户。不断深化银政、银军合作关系，带动行政事业客户新增844户。注重客户分层维护，与河钢集团、中信戴卡等重点企业和财政、社保等职能部门，保持紧密型合作关系。二是抓个人客户。突出抓好跨境、助农、E社区、代发薪、代缴费和商贸客户等六类重点客户群，个人客户全年新增100万户。着力推广居民健康卡营销运行模式，狠抓社保卡激活提质和银医合作、新农合联名卡拓展，借记卡发卡651万张，较上年同期翻了一番，系统排名第一位。持续开展客户产品标配营销活动，狠抓存量客户的产品交叉销售，客户产品持有率达到3.018个，客户忠诚度得到显著提升。三是抓战略客户。加强公私联动，配置专项费用，加快推动ETC业务发展，当年建成ETC一站式服务网点181家，拓展ETC用户2.6万户，较年初翻了一番，抢占了优质客户资源。

基础建设。以前瞻性视野推动基础性建设，引领现代化、网络化、智能化金融发展趋势，打牢持续发展根基。加快推进智能化网点改造。按照“现代、大气、艺术、实用、节俭”的原则，率先建成智能化网点302家，占网点总数的58.5%，改变了以往人海战术的发展模式，靠科技引领提高效率，降低成本，有效缓解了人力资源配置的突出矛盾。围绕“减人增效”，压降前台柜员已达400多名，全部充实到大堂经理、客户经理等营销岗位，网均大堂经理人数由改造前的1.34人提升到2.95人，实现了从操作岗位到营销岗位的转换，既提高了员工价值创造，又降低了操作风险。大幅提升了产品功能覆盖率和电子迁移率，电子设备已可满足客户基础服务需求；电子迁移率达76.59%，较年初提升7个百分点，增幅同组排名第一；柜台可迁未迁业务占比下降8个百分点，同组排名第一。科学调整渠道网点布局。结合京津冀协同发展规划和政府行政区划调整，升格开业定州分行，筹备升格辛集分行，并通过压降城区低效网点，在故城县、承德县等空白县域加快布局。坚持“宜大则大，宜小则小”，重新优化梳理营销服务模式，探索大、中、小型智能网点，已建成4家5人值守的小型智能网点，为加强大型网点提供人力资源保障，为低产低效网点打通减人通道。开展优质高效网点创建工作，5家网点评为五星级营业网点，3家单位被评为文明规范服务千佳示范单位。优化提升科技运营能力。发挥科技推动和引领作用，先后开发代缴费“6+N”渠道建设、财富客户营销通系统、数据质量标准化平台等53个项目，促进业务发展向精准化、线上化、数据化转型。自主研发的支付清算业务管理及服务系统，得到总行高度赞誉。优化运营服务流程，加强远程集中核准业务管理，加快银企对账电子化转型，推进业务印章集中化、自动化管控，实施现金、重凭、对公贷款等项目集中运营，推动国际汇入汇款系统自动化处理水平持续提升，通过科技手段大幅缓解了柜台业务压力。

内生动力。坚决破除体制机制障碍，合理优化业务调控模式，着力加强员工队伍建设，始终保持稳中向好的经营态势。提升管理精细度。坚持以效益为中心，建立部门间月度经营联席机制，按季进行绩效考核分析，有效提升预算管理和绩效管理的精确性。合理利用分行间规模撮合机制和省行票据资产池，实施内部资金交易逐笔精细核算，将贷存比和流动性控制在较好水平。实现财务系统集中上收，落实会计管理达标要求，狠抓数据信息质量，进一步提升了财务管理水平。提高资源使用效率。差异化核定基础费用，向基层和业务一线倾斜，向战略性业务倾斜。坚持勤俭办行，加强集中采购管理，节约率达15%，修订财务开支立项审批及差旅费办法，业务管理费用同比减少2.18个百分点，招待费同比下降33%。发挥人事费用激励保障作用，合理调整固定收入占比和季度配置额度，提升配置效率。新招聘大学生全部配置到县域机构，新增中级经理职数全部配置到网点，优化基层员工结构。圆满解决区政府征用中行部分土地事宜，累计收回补偿款及退款559万元。加强员工队伍建设。建立正确的选人用人导向，完善选人用人机制。创新形式加强员工教育培训，选拔和培养了百人专业翻译人才队伍。组织举办了省行机关第一届职工运动会和抗日战争暨世界反法西斯战争胜利70周年文艺晚会，激发了上下同心的凝聚力。深入开展技能练兵活动，技术能手率达到89%。

资产管控。面对河北产能压降、不良高发的巨大压力，行领导分片包干，逐行签订责任状，将常态管理与危机管理相结合，守住资产质量底线。有保有压优化资产结构。坚持全面风险管理，狠抓贷后管理落实，突出做好资产盘存，实现存量资产的全覆盖；严控总量，调整结构，压降钢铁行业授信余额113亿元（含表外）；强化预警，关注逾期，提前行动，有效遏制了贸易融资、中小企业、个贷和银行卡等条线不良上升势头。分类施策盘活不良资产。把活化现金流作为帮助企业改善经营的首选之策，化解中太建设集团海外工程违约造成的1.2亿元保函垫款危机；合理采取“以时间换空间，以空间换机遇”的策略，通过盘活重组、母公司承接、引进战略投资者等方式，按照后手优于前手的原则，化解唐山107笔个人商铺租赁按揭贷款；充分运用法律手段，清收逃废债务，全额收回保定天威薄膜光伏有限公司贷款本息2.87亿元，其中，本金2.42亿元，利息2436万元，罚息2037万元；全力抓好重点项目现金清收，成功收回秦皇岛交通局和市一中多年陈欠的1.2亿元不良资产。多措并举化解类信贷业务。把化解类信贷作为首要任务，逐笔谋划化解预案，逐笔落实清偿资金，逐笔研判潜在风险，明确时限、落实到人，通过“现金回收、信贷增信、理财承接”三项措施，分别化解91.08亿元、91.6亿元和17.4亿元，不仅没有引发不良风险，还借机调整优化了资产结构。

风险防案。面对河北非法集资、民间借贷的区域性风险特点，主动构建合规文化氛围和内控防案体系，在同业案件频发的“重灾区”独善其身。建设合规文化。建立内控新三道防线，推行内控案防“一把手”责任制，完善基层机构内控管理制度，落实基层网点风险管控措施（“127条”），健全员工合规行为评价体系，进一步完善内控机制。连续举办9期支行行长合规案例研讨班，实现全辖机构全覆盖；举办“合规文化我来讲”活动，并组织优秀代表赴全省开展13场专题演讲，对8000多名员工进行了合规教育，把合规文化根植于每名员工心目中，流淌在血液里，印证在脑海里。构建案防体系。构建层层制约的人防机制和实时监控的技防体系。将总行“G—MAP系统”与本行自行研发的“监控预警系统”相结合，建立以风险为导向的非现场排查体系，开展专项排查。坚持问题导向，针对银行卡套现、助农业务、不良高发领域进行专项稽核。对于发现的异常信息和问题隐患，用“速查令”的方式直达二级分行行长，限时处理回复，真正将管控落到了实处。突出抓早、抓小、抓苗头，严厉惩处各类违规违纪的典型人和事，全年对139名违规违纪人员进行了处罚，并及时向全辖通报，展现对违规“零容忍”的决心，起到了从严治行的震慑作用。做实安保维稳。持续深化“平安中行”建设，推动安防管理平台建设，实现全辖机构、金库和自助银行安防监控系统的联网运行，全辖无得逞“四类案件”、无火灾、无重大安全责任事故。认真做好重要时间节点的维护稳定工作，发挥好护城河作用，将矛盾化解在基层，全年未出现上访事件。筑牢风控藩篱。突出跨境汇款业务，编制《支付清算业务案例汇编》，扎实做好反洗钱人工甄别和业务处理，提升全流程反洗钱能力。将声誉风险纳入部门和二级分行绩效考核体系，开发“舆情监测系统”，与省内主流媒体建立常态化联络机制，有效应对和处置舆情事件39起，没有一起舆情发生扩大和蔓延。安装保密防护系统、移动存储介质管理系统和行政印章管理系统，定期检查整改问题隐患，确保全年未发生失泄密事件。

（中国银行河北省分行）

【建行河北省分行】 2015年，中国建设银行股份有限公司河北省分行（简称“建行河北省分行”）认真贯彻建总行、省委省政府工作部署和监管要求，积极践行“三严三实”，推动转型发展、深化改革创新、优化结构调整、夯实基础管理，各项业务实现了稳中有进、稳中有好。截至年末，一般性存款日均新增392.23亿元，系统第十一、同业第二。本外币各项贷款（含信用卡分期）新增488.10亿元，系统第六、同业第一。实现中间业务净收入43.5亿元，系统第十一、同业第二；实现拨备前利润123.6亿元，创历史新高。资产质量优于系统和同业平均水平。全年未发生案件和严重违规违纪事件。荣获“2015年度网民最满意金融单位”、“全国金融系统劳动竞赛示范单位”、“全国银行业金融机构小微企业金融服务优秀团队”等称号。转型发展综合考评居系统第三，在建总行“建网通天下，转型创未来”活动中七个领域优秀分行评选中荣获五个奖项、一个优秀案例。

（一）服务实体经济，主营业务提比进位。一是大资产业务快速发展。紧抓京津冀协同发展、“一带一路”战略推进、京张联合申奥成功、城镇化建设加快、县域经济发展迅速等新一轮发展机遇，加大实体经济信贷投放力度，积极发展资产管理业务，推动资产结构向信贷、投资、资产管理并重。围绕国家重大战略和地方产业布局，重点满足铁路、港口、光伏发电、设备制造等行业领域和“三大一高”项目的融资需求，做好对京津冀协同发展产业平台的支持保障，全力支持企业走出去，重点拓展“医食住行信”等民生行业，扶持科技型中小企业，加大对居民消费需求和个人生产经营的信贷支持力度。截至2015年末，该行大中型对公客户非贴贷款新增103.3亿元，其中基本建设贷款新增81.77亿元，占对公非贴贷款新增的109%。小企业授信客户比年初新增963户，系统第一；完成“三个不低于”监管目标。个人贷款余额1316.9亿元，比年初新增256.7亿元，新增居系统第六、同业第二，其中“快贷”累计客户新增和授信余额新增均居系统第一。二是大负债经营能力提升。树立“大负债”理念，从源头上抢抓客账户资源，加强跨条线资金综合统筹，着力提高资金体内循环和上下游承接能力，加速全量资金增长。截至2015年末，单位人民币结算账户和基本结算账户的总量、新增均居同业第一；对公存款时点、日均余额和新增四项指标（含保险）均居同业第一；个人存款时点新增居系统第五、同业第二；客户全量资金日均余额6735亿元，新增658亿元。三是中间业务加快转型。坚持规范发展，加快信用卡分期、理财产品、资金交易等新兴融智类、厚利型中间业务产品发展。全年实现中间业务净收入43.5亿元，同比增长7.3%，有10项产品收入、网均中间业务净收入和人均中间业务净收入位居同业第一。

（二）推动转型发展，综合竞争能力提升。加快推进转型发展，截至2015年末30项转型规划推进指标合计得分位居建行系统第三。一是印发分行转型发展规划实施方案，为转型发展提供了基本框架和制度遵循。二是转型重点业务加快推进。深入推进国际化转型，有序推进基层机构本外币一体化建设，利用境内与境外两个市场拓宽融资渠道。截至2015年末，国际业务条线中收及对公外汇存款市场份额均位居当地同业第一；具备对公、对私外汇功能的支行分别达116家和618家。成立同业业务部实行同业业务专营，获得全国首批司业业务全牌照受托经营资格，认真做好制度建设、业务培训、营销拓展等基础性工作，全年累计办理同业资产业务238亿元，实现综合收益3.7亿元。强力推进金融市场业务，业务领域已从传统的结售汇交易拓展至衍生交易、贵金属、大宗商品套期保值等新兴领域。全年实现金融市场业务收入1.89亿元，同比增长49%，其中大豆、燃料油、煤炭、棉花、豆粕和小麦等六个品种的大宗商品套期保值业务均为全国建行系统首笔。战略性业务取得突破性进展，ETC发卡103.5万张，位居当地同业第一，市场份额82.4%。养老金业务综合考核居系统第二。三是协同联动得到强化。探索开展公私联动批发化、条线联动一体化、网点经营综合化以及社区营销广泛化等四个方面的营销方式转型，加强行际、层级、渠道、境内外、本外币、母子公司间的协同，全面打通各类资金供求通道。循序渐进推行综合授信“全覆盖”。动态调整定价授权政策，制定差别化综合定价要求，提升综合定价意识和定价能力。四是渠道转型持续深化。将物理渠道管理职责集中到一个部门统一管理。优化渠道布局，推进低效网点搬迁。以轻银行为依托打造社区根据地，进一步提升自助渠道智慧元素，在强县富镇等金融资源丰富地区试点与第三方机构开展跨界合作，开办助农取款点，构建多元化服务渠道。全年建成开业轻银行164家，运行自助设备增加614台，新增有效助农服务点1426个。继续实施移动优先战略，完善线上线下渠道协同机制，提升电子渠道对柜面业务的分流作用。至年末，移动金融柜面替代率51.8%，比年初提升19.97个百分点。加快推龙卡云闪付广，在银联云闪付活动中的消费同业份额达到91%。多措并举做好网点综合化建设，提升了集约化经营水平和客户综合服务能力。

（三）深化改革创新，转型动力不断增强。一是产品创新成效显著。拟定产品创新奖励方案，强化创新激励，做好产品移植和被移植，促使创意及时有效转化落地，多渠道提供契合市场和客户需求的金融产品。二是体制机制优化完善。稳妥推进内设机构设置规范，优化省分行本部组织机构及部门职能，完善绩效考核、资源配置等政策，增强了发展的内生动力。三是大数据应用水平提升。建立大数据推进工作机制，加强数据平台建设，为经营管理提供了数据支撑。

（四）夯实管理基础，风控水平持续提升。一是资产质量管控进一步强化。在客户选择和准入上严把“入口”关。按照“有效管理，有序退出”原则，严格落实风险防控责任制，推动对公核心客户分级经营管理。建立化解重大信用风险项目的长效工作机制，制订行领导分片包干压控不良贷款工作方案，打通不良处置“出口”，确保了资产质量控制在合理区间。坚决调整信贷结构，严格控制“两高一剩”行业信贷总量，提高了风险抵御能力。二是内控合规管理持续加强。加强内控合规文化建设，扎实开展“一加强两遏制”专项自查，引导合规经营。构建内控监测服务平台，整合检查资源，做好日常关键风险指标数据监测，有效提升了操作风险防控水平。严控财务违规风险，提升了费用开支的合规性。加强内外部审计检查发现问题整改，利用审计整改成果进一步提高了风险防范水平。三是平安建行创建扎实推进。构建“纵向到底，横向到边”的案防责任体系，组织开展员工行为排查。切实防范和化解声誉风险。全面落实安全管理责任制，做好重要时点安全维稳工作。平安建行创建率达到98%。

（五）坚持从严从实，队伍建设得到强化。一是突出问题导向，扎实开展“三严三实”专题教育，省分行领导亲自带队到联系点进行专题调研，营造了风清气正的良好氛围。二是严格落实党风廉政建设党委主体责任和纪委监督责任，坚持民主集中制和“三重一大”决策机制。调整充实二级分行领导班子及省分行本部部门领导人员，加大教育培训力度，干部队伍建设持续加强。三是关心关爱员工，稳步推进干部交流、岗位职务序列优化管理，组织开展了省分行本部员工职务级别初始化及晋升及专业技术岗位职务公开竞聘工作，激发了员工活力。积极发挥群团组织作用，建立“网上荣誉室”、开展“争做最美建行人”主题宣传教育，组织成长之星职业风采大赛，发挥典型引路示范作用；加快职工之家“四小”建设组织特困员工及老党员、老干部走访活动，落实退休人员“两个待遇”，凝聚了转型发展的强大能量。

（建行河北省分行　赵亚旗）

【交通银行河北省分行】　2015年，面对着国内经济下行、河北产业结构调整深入推进、金融监管政策日益趋紧、各种风险问题集中暴露的严峻形势，交通银行股份有限公司河北省分行（简称“交通银行河北省分行”）全行上下认真贯彻落实中央和总行一系列重要精神，为保持业务平稳发展、风险可控付出了艰苦努力。截至2015年末，资产总额达1183.26亿元，较年初增加12.3亿元，增幅1.05%；人民币各项存款余额1070.05亿元，增加58.67亿元，增幅5.8%，对公存款余额728.05亿元，增加16.91亿元，增幅2.38%，储蓄存款余额342亿元，增加41.76亿元，增幅13.91%。人民币各项贷款余额750.34亿元，增加27亿元，增幅3.73%。实现中间业务收入7.07亿元，加1002万元，增幅1.44%。不良贷款占比0.9%，上升0.45个百分点，在河北金融同业中处于较好水平。实现经营利润19.81亿元，经济利润10.05亿元。

（一）有效支持地方经济发展。交通银行河北省分行围绕省委、省政府决策部署，积极安排贷款投放。与全省产业结构调整和经济转型密切相关、发展前景良好的行业贷款余额较年初增加46.8亿元，“产能过剩”行业贷款余额较年初减少11.6亿元。大力创新投融资方式，帮助企业解决资金难题，全年投行业务管理资产余额275.45亿元，较年初增加51.76亿元。成功办理省高管局55亿元私募型企业证券化业务。全年承销政府债券113.4亿元，省政府、省财政厅分别致函感谢。

（二）迎难而上推动公司业务，有序推进信贷结构调整。一是公司业务客户数量较上年有所增长：公司客户数较年初增长4959户，烟草系统日均存款新增7.57亿元，网上支付上线客户新增5.34万户。机构类存款时点余额165.53亿元，其中新增存款贡献度达39.29%。缴税通和政府金融二十项资格清零提升在总行考核中取得满分。养老理财产品销售3.43亿元，系统排名第六。同业代客理财产品实现了全辖全覆盖。国际收支、结售汇、跨境人民币市场占比较上年全面提升。二是循序渐进调整信贷结构：纳入总行考核的四个管控类行业贷款余额72.6亿元，较年较年初减少11.68亿元，占比9.61%，较年初下降1.48个百分点；非管控行业优质客户贷款余额406.6亿元，较年初增加55.6亿元，占比71.9%，较年初提升6.33个百分点。强化“盘活存量、减退加固”工作，全省指令性名单客户30户，较年初减退14.91亿元，加固32.71亿元，减退加固比例为42.5%。

（三）零售板块成效显著，持之以恒抓好服务。一是人民币储蓄存款平均余额增量、私人银行、中端客户、零售板块净中收、信用卡活户等指标提前完成总行下达任务，完成率分别分114%、183%、161%、117%、162%，实现了存款、客户、中收的全面快速增长。二是坚持提升服务水平，在2015年省直分行消保服务考核中，交通银行河北省分行排名第三。经过艰苦努力和细致工作，省分行营业部当选全国百佳网点。在河北省银监局首次开展的年度消保考核评级中，交通银行河北省分行获得94分、一级行的好成绩。在中银协“百佳”、“星级网点”评选和“千佳”复查中，交通银行河北省分行三类综合成绩在河北省名列第一。

（四）“531”工程成功上线，全力以赴防空业务风险。一是顺利完成新系统上线，在总行的正确领导和有关部门有力指导下，交通银行河北省分行党委带领相关部门、经营单位干部员工，辛勤付出、奋力拼搏，顺利完成了这一“登月工程”。全行共移植补录数据22.7万个，跟账演练业务23.2万笔，参与跟账演练人员1.67万人次，清理各类账户超过800万个，梳理维护岗位权限4408个，开发特色业务31个，测试通过率100%。二是继续紧抓风控工作，交通银行河北省分行以前所未有的工作力度，全面强化风险管理责任，强化风险排查和处置工作。紧抓贷后管理不放松，共对全辖集团客户、政府性债务等开展7次专项风险排查，对授信客户217户、授信余额301.67亿元进行实地风险排查。成立风险资产处置领导小组等3个办事机构，全年共清收处置存量不良资产2.16亿元、化解存量监察名单贷款4.76亿元，利用重组手段化解风险资产25户、金额14.7亿元。

（五）扎实抓好党的建设，高度重视员工关爱工作。一是扎实开展“三严三实”专题教育，按照规定动作完成了各项任务，收到了初步成效。制定党委书记、党支部书记落实党建工作责任清单，强化从严治党责任。举办党支部书记培训班，全年按计划发展党员18人。把党风廉政建设摆放在突出位置，党委会先后11次进行专题研究部署，探索实施员工轻微违规计分办法，强化案件防控工作，加大违规违纪问题处理力度，严格责任追究，全年共责任追究47人次。二是重视人才培养，体现员工关爱。当年新提任干部18人，竞争性上岗11人。202名本科生、硕士研究生学历的员工职等得到晋升，充实战略性人才12人，营运主管后备17人，副主管后备44人，对公客户经理后备21人。投入资金59.3万元，用于“送清凉”、送“温暖”、防雾霾等14项关爱活动；投入资金70多万元，用于改造本部26家支行食堂；为18名员工解决大病医疗费22万元。

（交通银行河北省分行　贺睿莹）

【民生银行石家庄分行】　中国民生银行石家庄分行成立于1998年12月23日。自建行之初，该行一直秉承着“服务大众情系民生”的服务宗旨，在“做民营企业的银行、小微企业的银行、高端客户的银行”战略指导下，积极、主动加大对河北地方经济建设的支持力度，走出了一条合规、稳健、创新的科学发展之路。2014年，民生银行石家庄分行积极打造“特色银行，效益银行”，强力推进“两小”金融建设打造特色品牌，以产业链金融为抓手持续推动公司业务发展，不断提高金融服务水平，科学管理水平不断提高，有力地支持了地方经济发展。截至2014年末，各项贷款575.63亿元，较年初增加81.09亿元；各项存款779.96亿元，较年初减少55.24亿元；资产总额1266.17亿元，较年初增加119.93亿元。

（一）支持省内重点领域发展。制定了《2014年公司业务发展规划》，将信贷投放向政府平台、省内央企、大型国企、关系国际民生的水、电、燃气、公共交通、医药、节能环保等行业倾斜。年度内，向河北水务集团、石家庄市交通运输局、石家庄市土地储备中心、邯郸市国土资源储备办公室、石家庄市国控、河北交通投资集团等投放资金近130亿元。审核通过的重大项目52个，其中获得总行批复的项目有18个，金额105亿元；已放款项目11个，金额52亿元。围绕区域特色、产业集群、核心客户产业链、交易平台、集团客户、产业园开展批量业务。累计调研极具区域特色的园区、集群20个，已批复批量授信项目7个，授信额度35亿元。成立“京津冀一体化业务开发领导小组”，统筹管理分行辖内一体化范畴内的各项工作，与总行沟通相关政策，与民生银行北京管理部、天津分行沟通对接，探讨新形势下的跨区域合作模式。截至2014年末，已批复“京津冀”协同项目25户，金额65亿元；进入审查阶段27户，金额62亿元；营销客户66户，金额256亿元。

（二）支持小微企业发展。一是打造专业化的团队和机构。民生银行按照专业化的原则组建了一支由客户经理、产品经理、评审经理、合规经理共同构成的近600人的专业营销团队，并在全辖设立了专门服务小微企业的专营机构，实现了民生银行小微金融服务的“专业管理、专业营销”。在分行组建了四支小微直销团队，对小微信贷售后流程进行优化，通过售后前置、客户回访、持续提升、贷后服务、客户信息管理5个二级流程和14个三级流程，建立与客户的队售后服务关系，为小微企业提供了更加贴近的金融服务。二是构建专业化的营销开发模式。针对商圈类客户集群，下移目标客户层级，在小微客户的基础上进一步分出了微型企业客户，针对融资需求50万元以下的客户群体，力推微贷业务。针对产业链客户集群，大力优化“总对总”合作模式，强化总行对重点项目的统筹管理推动和工厂化集中审批，提升了批量化开拓客群的效率，降低了业务成本。近三年来，在深入研究区域特色行业的基础上，实行“规划先行、批量开发”专业营销模式，积极开发产业集群和商圈。通过批量营销，累计审批通过400多个商圈或产业集群，批复授信额超800亿元，为衡水安平丝网、邯郸永年标准件、辛集皮革、太和电子城、北人集团等产业集群和商圈中小微企业提供了资金支持。三是制定专业化的作业流程。完成小微金融2.0的流程系统上线，将小微贷款规划系统、销售管理系统、风险审批系统、售后服务系统、资产管理系统等前、中、后台成功进行对接，大幅提高了小微金融的作业效率与管理水平。广泛应用移动销售工具，通过“小微宝”（移动销售IPAD）在客户现场即能完成数据采集、办理开卡、提交授信申请等业务，依托后台数据和评审模型的支持，最快2小时即可完成贷款发放。将工商、征信、结算等内外部9大数据来源进行整合，利用客户信息的垂直搜索引擎，为全面快速评估小微企业资信提供了强大支持，有效降低了单笔审批作业成本。成功推出“网乐贷”互联网微贷产品，实现7×24小时通过互联网随时随地办理贷款业务，3分钟放款，随借随还，为微型企业提供了极大便利。四是创新专业化的产品和多样的担保方式。推出了法人按揭、联保、商铺承租权质押、市场管理公司担保、互保、品牌经销商信用、超市供应商信用、小微无担保信用、法人授信等几十种面向小微企业的融资产品。将加强小微金融与小区金融的融合发展，实现小微业务、小区业务的客户互通，相互之间源源不断地贡献新客户。搭建小微、小区业务共享O2O平台，有机整合小区周边各类小微企业的产品和服务，打通“小区金融服务最后100米”，为小微企业提供贴身服务。设立小微企业互助合作基金，解决小微企业融资过程中的担保难题。截至2014年末，互助基金规模达到117.79亿，客户总数6900户。截至2014年末，小微贷款余额289.92亿元，较年初增长40.9亿元；小微贷款增速16.42%，高于全行各项贷款平均增速0.03个百分点；小微客户数突破10万户。

（三）县域金融服务。一是组织辖内县域支行分别与当地对接，积极探索与县域政府合作的最优模式，创新了“县域互助基金”的担保方式，实现县域企业抱团发展，有效解决了县域小微企业的融资难题。累计开展县域银企对接会50余次，先后与藁城、正定、新乐、晋州、赞皇、行唐、栾城7个县签订了战略合作协议。二是发起成立“中小微企业成长保障基金”、“河北泡塑行业小微企业互助基金”等40个“县域互助基金”，拓宽了县域企业融资渠道。三是组建小微商业合作社，根据河北省县域经济发展特点，按照区域、行业、产业链特征，把松散的小微企业客户整合成一个有组织的经济体，进一步整合社会资源、搭建沟通平台、创新融资渠道，帮助小微企业抱团发展、抵御风险。四是将单纯小微贷款逐步向小微金融转变，通过小微城市商业合作社、合作基金等打造客户开发、业务推进和客户关系管理的有效平台，实现银行与小微企业的共同发展。

（四）履行社会责任。一是积极配合监管部门开展了“金融知识进万家”活动和“普及金融万里行”金融知识宣传活动，宣传教育覆盖所辖营业网点100%，累计受众人群多达五万余人。二是推动网点整合，提高厅堂统一服务水平。开展“点滴成就卓越”活动，为人民群众提供了优质金融服务。三是分支机构覆盖面不断扩大。截至2014年末，民生银行石家庄分行设立了6家二级分行、36家同城支行、14家县域支行、5家小微专营支行，11家社区支行，服务能力进一步提升。四是柜面服务水平大幅提升，受到广大金融消费者的认可。在市工会组织的“2014年石家庄市业务操作技能竞赛”上，获得了团体第一名好成绩。2014年，民生银行石家庄分行管理效益逐步显现，支持经济发展力度不断增强，得到了社会各界的一致认可。民生银行石家庄分行被评为“河北省AAA级劳动关系和谐企业”“和谐社会建设诚信示范单位”称号，获得全国总工会“全国模范职工之家”荣誉称号，被评为“河北网友最信赖金融品牌”，营业部获得中华全国总工会“全国工人先锋号”称号。西二环北路支行被中国银行业协会授予“中国银行业文明规范服务五星级营业网点”和“2014年度中国银行业文明规范服务千佳示范单位”称号。

（民生银行石家庄分行　雷长征）

【华夏银行石家庄分行】　2015年，华夏银行石家庄分行主动适应经济金融发展新常态，紧盯四年发展规划目标，努力克服经济下行、息差收窄等多方面的经营压力，坚持稳中求进总基调，以“防风险、调结构、稳增长、提质效”为主线，着力加强党的建设，努力培养后备人才，改革创新，扎实工作，推动分行发展由速度效益型向质量效益型转变。

（一）突出信用风险管控，强化全面风险管理

1. 化解存量，严控新增，全力以赴管控信用风险。一是制定《华夏银行石家庄分行2015年风险管理策略》《华夏银行石家庄分行2015年信贷政策》，明确信贷支持的重点，推动信贷结构调整。二是统筹对公、中小和个人放款业务管理，做到风险尺度、偏好一致，业务办理有章可循、操作合规。三是加强授信前初审和贷后实地检查，找准风险点并提出防范措施与合理的授信及担保方案。四是建立存量授信客户明细台账，按月监测，加快退出低质低效客户。五是实行不良贷款清收分类管理，严格落实“五个一批”的清收方案；修订完善“六定”方案，综合运用多种手段，提高清收效果；实施项目管理，将额度大、处置难的项目列为“攻坚项目”，成立攻关小组，行领导亲自带队，逐日逐户推进问题贷款的清收处置进度等措施，加大力度做好问题资产处置清收工作。

2. 关注重点行业、重点产品风险，加大风险排查工作力度。一是严格执行核心客户准入标准，做到优中选优，防范产能过剩风险传导。二是全面摸排、真实掌握授信客户对外担保情况，高度重视征信查询显示的非正常类对外担保情况。三是加大对钢铁、水泥、平板玻璃、煤炭、钢贸、煤贸及房地产等重点行业和政府融资平台业务风险管控力度，严控“两高一剩”行业和低端制造业客户风险。四是坚持有扶有控、有保有压的原则，调整优化授信行业和客户结构。

3. 加大市场、流动性、声誉、信息科技、案件及操作风险等管控工作力度，加强全面风险管理。一是全面梳理市场风险管理框架及工作流程，开展市场风险管理工作自评，对市场风险实行限额管理。二是加强影像流系统上线、重要空白凭证管理、重点业务监测、账户及印鉴卡差错重犯治理、会计业务事后监督等关键环节的风险管控。三是开展案件风险排查，围绕存款“丢失”、“飞单”等10个方面开展案件隐患专项整治和强化突击检查。四是与当地主流媒体合作，组织舆情管理培训、舆情处置演练等活动，提升员工处理突发事件的能力。五是不断扩充资金渠道，重点做好季初、季末等关键时点的资金监控，严防流动性风险。

（二）深入推进结构调整，不断加快经营转型

1. 负债结构调整成效显著。一是开展储蓄存款专项营销竞赛，开展“挖潜力增业绩”个人客户营销活动，持续开展高收益理财产品营销等，促进储蓄存款增长。二是开展全员营销工作，在对机构考核中增加纯存款占比考核指标，在客户经理考核中，提高无贷户存款的折算系数，设定无贷户存款的最低要求等，调动组织纯存款工作积极性。

2. 积极推进客户结构优化调整。一是坚持“中小企业金融服务商”定位，大力发展中小企业客户，加强中型优质客户的开发维护，加大能够适用总行新产品的大型客户的储备。二是严格新增客户准入，加快优化客户结构，对于未经核准、备案不全、环保不达标、落后产能的项目严禁授信支持。三是扎实推进低质客户退出工作，对及时名单进行调整，顺利完成年度退出计划。

3. 大力优化调整成本收入结构。一是深入挖掘客户需求，开发使用新兴业务，促进中间业务收入的增长。二是对贷款施行最低限价，根据不同客户类型和期限制定贷款定价指导价格，对贷款资产提出价格约束，使定价策略更加科学。三是严格落实厉行勤俭节约、反对铺张浪费的要求，规范公务接待、用车、用房管理，加强商务谈判、集中采购，精简会议文件，提高精细化管理水平。

（三）大力推动创新发展，实现业务平稳增长。一是在贷款规模和风险资产持续约束的情况下，加大不消耗或低消耗风险资产新兴业务和创新产品的推广力度。同时，紧紧抓住京津冀协同发展的有利时机，加大重点项目储备，实现投放87亿元。二是开展存款专项营销竞赛，加强厅堂智能营销，加大理财、银证三方存管、ETC、POS收单、老年金融服务等业务的开发，发挥大额存单产品优势，探索开展四进营销项目制管理，促进储蓄存款增长。三是成立信用卡营销共建中心，不到一个季度时间，进件3.5万件，审核1.7万件，核准1.1万件，扩大了华夏信用卡业务市场占有率和覆盖面，拉动了个人客户群体快速增加。四是坚持牵头营销、联动营销，搭建代理行合作渠道，发挥二级分行驻地营销优势，推广低耗高效新产品运用，提升服务工作质量和效率，国际业务持续保持稳定发展。2015年，国际业务中收同比增长20.3%，累计实现国际结算量24.6亿美元，结算市场份额4.8%，同比提高0.5个百分点，贸易融资授信客户376户，同比增长38.5%，连续八年荣获执行外汇管理规定A类银行评价。五是推进小企业业务营销机制改革，优化调整考核方案，推动特色产品营销，加快小企业业务发展。截至2015年末，小企业年审制贷款同比增加5.6亿元，增长73.8%；平台金融上线运行平台客户同比增加27户，增长207.7%。

（四）精细化管理得到加强，基础工作进一步夯实。一是优化人力资源配置，加强预算刚性和过程监督，有效控制和降低经营成本。二是严格执行总行销售费用开支规定，严禁挤占和挪用销售奖金，严格管理和控制各类运营费用支出。三是扎实开展“两个加强、两个遏制”专项检查，强化问题整改及问责，巩固检查成果。四是强化重要业务、重点环节的管控措施，支付密码器推广、网银对账和芯片印鉴卡推广工作在全行排名第1、第3和第8。五是认真组织专业培训，提升风险防范意识，堵截会计业务风险29笔，金额333万元，堵截虚假证件开户20笔、伪变造银行承兑汇票6笔、电信诈骗3笔。六是持续优化中心机房、电子设备等基础设施，定期进行专业检查，完善应急机制，强化应急演练，严控重要操作，加强值班管理，确保业务连续性和稳定运行。七是制定《内控合规管理考核实施细则》，修订《员工行为差错积分管理实施细则》，开展合规主题教育及测试，举办演讲比赛、知识竞赛，签订合规承诺书，不断加强员工合规管理。八是高度重视内外部检查问题整改，严格问责处罚，防范差错重犯。

（五）“华夏服务”品牌建设深入推进，综合服务能力不断提升。一是机构建设任务顺利完成，为业务发展和服务提升提供有效支撑。年内共15家机构取得营业执照，机构网点数量达到43家，服务范围进一步延伸。二是大力推进电子银行建设，不断提升客户粘性和贡献度。2015年末，移动银行客户数17.4万户，对公网银客户数5781户。三是践行“大服务”理念，以制度建设、会议推动、投诉分析、形象提升、学习培训、主题活动、创先争优、检查监督及服务考核九方面措施为抓手，组织开展社区支行标准化服务导入、提升沟通与投诉处理能力和星级网点争创培训、“一日大堂经理”体验、“感谢您的关爱、助力我们成长”客户投诉座谈会、服务荣誉争创等活动，大力推动营业机构环境设施建设和厅堂服务规范化，“华夏服务”品牌的知名度、美誉度不断提升。2015年，4家网点通过河北省银行业协会星级网点初步验收，3家千百佳及五星级网点通过复查，并上报中国银行业协会审核，分行被总行评为2015年度服务工作优秀分行。

（六）企业文化建设及党建工作扎实开展，员工队伍建设不断加强。一是选举产生新一届工会委员会，设立工会办公室，建设高标准的职工之家，成立兴趣协会，举办全员健步走、摄影采风、乒乓球篮球羽毛球银企联谊赛、大龄未婚员工联谊会等丰富多彩的活动，开展“爱岗敬业，我为华夏做贡献”、“全员营销活动”、“岗位练兵服务创优”、“理财服务明星”评选等，增强企业的凝聚力和员工的归属感，不断深化企业文化建设。二是严格按程序发展新党员，开展党员培训培养，开展主题教育活动，指导基层党组织换届及选举等，党建工作进一步加强。截至目前，分行党支部53个，在岗党员574名，在岗党员占员工总数的比例为49.7%。三是扎实开展“三严三实”专题教育活动，认真查摆“不严不实”问题，科学谋划整改落实，进一步改进工作作风。四是认真贯彻落实中央“八项规定”，积极履行“一岗双责”，开展多种形式廉洁从业教育，全面开展员工异常行为排查工作，行领导与9级以上行员进行廉政谈话，对重点岗位和关键风险点人员的监控排查，加强违规违纪惩处问责，签订《承诺书》《案件防控目标责任书》，覆盖面达到100%。五是加大力度开展后备人才选拔和培养，制定后备人才队伍建设方案，启动后备人才队伍建设工作，有针对性地开展培养培训，为分行持续发展提供了人才支撑。

（华夏银行石家庄分行　崔梦琳）

【光大银行石家庄分行】 2015年，中国光大银行股份有限公司石家庄分行（以下简称：光大银行石家庄分行）围绕“稳中求进、以人为本、创新驱动、实现可持续发展”

的工作方针，各项业绩实现了稳健增长，经营管理水平进一步提升。截至年末，一般性存款时点余额506.42亿元，较年初增量82.94亿元，增幅19.6%，系统内余额排名较年初前进3位，河北当地市场占比上升了0.22个百分点。一般性存款日均余额达484.7亿元，完成总行年度计划102.3%，较年初增量83.25亿元，增幅20.7%。表内贷款时点余额461.4亿元，较年初增量111.36亿元，增幅31.8%。贷款日均余额411.42亿元，较年初增量93.97亿元，增幅29.6%。大资产业务余额达930.4亿元，较年初增长122.7亿元，系统内余额排名第4位。

（一）提升创收盈利能力，经营效益显著增加。全年实现营业收入23.1亿元，较上年增加4.2亿元，增长23.5%，预计实现风险调整后利润6.5亿元，超额完成总行预算。账面存贷利差4.27%，系统内排名第4位，较上年前进1位。得益于各项业务的均衡稳健发展和盈利水平的提升，2015年等级行评价为二类行，系统排名前八。2015年实现由三类行进入到二类行的战略目标，成为发展史上重要的里程碑。

（二）以调整破解困局，业务结构持续改善。一是改善负债结构。着力推动基础客户建设，加大结算客户、非授信客户培育力度，对公保证金存款占比由年初的73.1%下降为年末的52%，零售核心存款占比由46%提高到48%。二是改善授信、资产结构。在结合京津冀协同发展和冬奥会大力发展大资产业务的同时，努力压缩钢铁、煤炭等产能过剩行业授信占比，由年初的50%降至年末的35%；减少表外授信业务占比，票贷比较年初下降12%。调整贷款期限结构，在利率进入下行通道时主动减少短期授信占比，积极拉长资产持久期，三年期以上的中长期贷款占比较年初增加19%。三是改善收入结构。同业利润、投行中收、信用卡中收等项目，成为全行新增利润的主要来源。比如投行业务净收入为3.81亿元，较上年增加2.28亿元，占全行EVA的50%以上，占比较上年提升33个百分点；信用卡业务EVA占比也达到19.18%。

（三）经受国家审计署等多批次检查，基础管理完成全面体检。2015年，先后接受了国家审计署现场检查、总行北部审计中心常规审计、人行石家庄中心支行综合执法检查、河北银监局票据业务专项检查、河北银监局案防工作督导检查等多批次检查工作。各项检查的结果较为理想，综合管理水平进一步提升。

（四）开展党员教育活动，全面加强党建工作。一是将党的领导作为全行生存发展的“定海神针”，面对激烈的市场竞争，始终坚持党的领导，落实党委的主体责任和纪委的监督责任，提升党要管党、党要治党的能力，充分发挥党委在政治把关、组织领导、选人用人、规范权力、正风肃纪等方面的核心作用，以党建统领全局。二是深入开展“三严三实”专题教育和“明公私、强纪律”主题警示教育活动，认真召开党委民主生活会，持续加强“四风”问题整改和办公用房、超标差旅费等专题整改工作。三是坚持从严治行，着力把中央“八项规定”精神落到实处。把作风建设作为党风建设的头等大事来抓，加强分支行两级领导干部民主集中制作风建设，认真贯彻落实中央、集团和总行关于改进工作作风、密切联系群众的各项政策、规定和措施。四是认真落实党风廉政建设责任制。在全行范围内分层次、逐级签订了“党风廉政建设责任书”、“廉洁从业责任书”，明确各级领导干部肩负着“一岗双责”职能，既要对所在岗位应当承担的具体业务负责，又要对所在岗位应当承担的党风廉政建设责任制负责。五是积极组织开展特色党员活动。3月下旬至8月，在全行党支部、全体党员中开展“新光大·党员在行动——我是党员我带头”主题活动；邀请中央党校权威专家对各基层支部书记进行了为期3天的集中培训；7月份，组织全体党员观看“作风建设永远在路上教育片”；8月份，在全行范围内组织开展纪念抗战胜利70周年知识答题活动。六是抓好组织发展工作。对各支部组织发展工作进行指导，坚持总量控制、慎重发展、严格标准的原则，有计划地、有步骤的做好党员发展工作。

（五）注重软实力建设，内外部形象大幅提升。2015年河北银监局对该行的监管评级为2A级，是河北省股份制银行中唯一个2A级银行。同时，先后获得“中国光大银行先进基层党组织”、“零售业务先进集体”、“同业业务先进分行”、“全国金融五四青年奖章”、“河北金融五一劳动奖章”、“全国银行业学雷锋标兵”、“集团联动先进单位”、“河北省支持小微企业发展银行”、“石家庄市政府文明单位”、“人民银行石家庄中心支行金融统计特等奖”、“河北省A级纳税信用单位”等系统内外荣誉称号70余项，内外形象大幅提升。

（六）加强机构建设，扩大辐射范围。2015年该行网点建设工作成效显著，打破了三年未新建一家二级分行的历史，在2015年一年之内实现了三家二级分行的重要突破，沧州分行于2015年1月份开业，保定分行于2015年12月份取得银监局开业批复，并取得了张家口分行在总行拟设二级分行排序中名列第二位的领先优势。年内新开业二级分行1家、支行7家、社区支行2家。截至年末，共设有营业网点34家，其中石家庄17家、唐山5家、邯郸6家、廊坊5家、沧州1家。网点布局更趋合理，网点服务设置更加完善，整体服务形象得到有效提升。

（七）以人为本，多渠道、多方式加强队伍建设。一是积极开展人员招聘工作。通过校园招聘、猎头公司、社会招聘等方式，全方位发现和使用人才，做到人尽其才，才适其职。通过中层后备选拔、柜台经理、零售部经理竞聘等方式拓宽员工晋升渠道；对业务序列员工进行重新考核梳理，让236名员工得到业务序列晋升；积极鼓励干部员工参加专业人才选拔考试，共有11名员工通过总行二级专才考试，8名员工通过三级专才的考试工作；组织员工更积极参加总行案例大赛，两个案例成功获奖。二是扎实推进员工培训工作。2015年共举办集中培训140个场次，参训人员达11136人次，主要包括新员工培训、中层管理干部培训、各业务条线关于产品、营销技巧、业务能力等的专题培训、合规、案防、警示教育的专题培训。针对合规性方面，2015年开展了对新入职员工的职业操守及合规管理培训、对全行中层干部和重点岗位员工进行了操作风险制度文件，操作风险系统使用方面的培训，对支行柜员、运营部等员工进行了反洗钱业务培训。三是通过开展公益、文体活动提升员工主人翁意识和幸福感。该行积极履行社会责任，对保定易县马兰台村进行了春节慰问，送去了年货和慰问金，并为马兰台村修建太阳能路灯。通过不懈努力，该行的员工队伍建设水平不断增强，员工的幸福感大大提升，为更好地开展工作打下了坚实的基础。

（光大银行石家庄分行　张　强）

【河北省农村信用社联合社】　2015年，在省委、省政府的正确领导和有关部门的大力支持下，全省农信社、农商行、农合行（以下统称农信社）保持定力、对冲压力、砥砺奋进，在经济下行压力不断加大的情况下，经营状况保持总体平稳发展，得到省委、省政府的充分肯定和社会各界的广泛赞誉，从2012年起，连续三年荣获省政府“金融贡献奖”。

（一）坚持稳健经营，进一步推进业务经营取得新成效。一是业务发展指标稳中有进。截至2015年末（下同），全省农信社各项存款余额9700.74亿元，比年初净增1041.50亿元，增速高于全省银行机构平均增速0.56个百分点。各项贷款余额6083.37亿元，比年初增加806.60亿元。二是财务指标稳中有好。实现利润总额135.43亿元，全省所有县级行社连续5年实现盈余。全年纳税总额51.56亿元，金融业增加值达254.81亿元，实现了经济效益和社会效益均衡发展。三是电子银行指标稳中有新。布放“农信村村通”各类助农金融设备5.91万台，信通卡存量达4908.68万张，已发展特约商户8.24万户，自助设备布放存量达6351台，互联网渠道开户654.61万户。四是风险管控指标稳中有为。股本金达到408.87亿元，比年初增加41.10亿元；资本充足率达到9.2%，比年初提高0.70个百分点，风险识别能力和管控水平得到提升。

（二）精耕三农和县域市场，进一步提升普惠金融水平。一是优化信贷投向加大投放力度。重点支持农业生产基础设施、现代农业产业项目、新型城镇化建设和美丽乡村建设，加大对小微企业、京津冀协同发展、省重点项目的信贷投放，支持贫困地区优势特色产业和贫困户脱贫致富，启动实施“公益助农”活动，开展扶贫帮困“春雨行动”，深入衡水西娄家疃等45个村开展驻村帮扶。涉农贷款余额4939.52亿元，增速达11.7%，高于全部贷款增速0.23个百分点，发放扶贫贷款71.80亿元。小微企业贷款余额4597.74亿元，增速16.9%，高于各项贷款增速1.69个百分点；小微企业户数47.18万户，比上年同期增长2.15万户；申贷获得率98.6%，比上年增长0.6%，完成“三个不低于”目标。二是提高产品创新能力。开办智能通知存款、异地存款和资金归集业务。开发完善“消贷宝”“房贷宝”“创业宝”等“宝”系列信贷产品。创新开办他行理财、自有理财、“保管箱”等多种新型中间业务，试点开办“政府＋保险公司＋农信社”贷款责任保险，开通私人银行理财产品。恢复省联社银行间市场业务，开展司业存单银行间市场业务。三是让利实体经济。认真贯彻落实省委、省政府北戴河会议精神，做到不抽贷、不断贷。下放小微贷款审批权限，实行贷款限时办结制，建立了灵活科学、利农利小的利率定价机制。

（三）坚持股份制改革方向，进一步推进省市机构转换职能。一是市级机构改制工作实现重大突破，组建完成衡水、石家庄、沧州等三家审计中心，陆续启动其他八家市级机构组建审计中心。二是加快推进县级机构“双改”工作。2015年挂牌开业的农商银行有6家、获批筹建4家，新启动13家；挂牌开业的股份制联社有13家、获批开业6家、获批筹建2家，新启动19家。无论是挂牌开业数量还是新启动数量均创历年最多。截至2015年底，全省已开业的农商银行达到24家，已开业的股份制联社达到45家，标志着全省47.4%的县级机构成功进行了股改。三是强化省联社服务职能。推动“小银行＋大平台”发展战略，促进省联社聚焦“中、后台”业务，调整扩大市、县机构信贷、财务、人事等业务权限，推进公示权力清单和责任清单，发挥县级行社小法人的“四自”优势，为县级行社全力搭建服务支撑“大平台”。

（四）加强经营管理，进一步增强管理能力和经营活力。一是狠抓合规经营与管理。制定（修订）近50个规章制度和20多个规范性文件。优化信贷管理系统，上线运行个人征信系统，做好企业征信数据上报后续工作。有53家流程银行建设试点单位完成自评复评工作，多个试点单位取得阶段性成果。二是创新经营管理机制。完成绩效管理系统推广工作，县级行社均已应用绩效管理系统发放工资。健全薪酬管理制度，规范工资性费用支付标准。进一步创新小额贷款经营管理机制，在14家机构试点升级建设小贷中心。三是提高工作效能。推进“阳光信贷”，建设完成二代办公自动化系统，实现全系统机构、网点和员工全覆盖，对重点工作实行网上督办催办。

（五）严守风险底线，进一步加强案件风险防控工作。一是加大不良贷款清收力度。制定大额不良贷款专项问责方案，对数十名县级行社高管进行红黄牌问责，对大额不良贷款责任人员进行严肃处理。组织开发不良贷款责任认定、新增不良贷款管理、表外不良贷款管理等软件，加大不良贷款科技管理力度。二是认真防控重点领域风险。加快化解信托产品风险，累计收回信托产品本金173.69亿元、利息15.80亿元。开展‘两个加强、两个遏制”、重点领域合规风险等专项检查。完成安全保卫达标升级初评工作，成功堵截23起抢劫、诈骗案件。注重发挥稽核实时预警系统作用，实施稽核约见谈话制度，推行稽核公示制度，加大违规问题曝光力度。开展信息科技风险检查，升级改造生产网网络架构，引进银行卡风险欺诈系统，实时监控跨行交易信息。三是加快化解高风险社风险。引导22家农商银行结对帮扶风险机构和问题机构。有6家联社的结对帮扶成效明显，尤其是邢台农商银行帮扶的临西联社已正式启动组建农商银行。

（六）强化科技兴社战略，进一步提升科技支撑水平。一是加强科技基础管理。优化IT体系架构，获得中国认证中心信息安全管理体系27001认证证书。制定质量和测试管理体系文件，通过CMMI3级认证。推进第二代核心系统项目群建设，启动核心系统性能优化项目，使核心批量运行时间缩短至2.50小时左右。二是稳步推进信息化项目建设。建设完成影像数据平台、企业内容管理平台、电子验印系统、事后监督系统等基础平台，建设完成反洗钱业务管理系统、新版客户风险统计系统、存贷款标准化系统、支付统计分析系统。完成蠡州北银农商银行数据托管工作。实施企业服务总线（ESB）二期项目建设。三是大力发展电子银行业务和互联网金融业务。创新发行16种特色联名卡，试点建成88家“河北农信金融便民店”，积极推进互联网支付平台、电商平台、金融产品超市及大数据平台建设，丰富网上银行和手机银行业务功能，实现微信无卡支付。2015年全省农信社ATM机受理跨行取现交易量及受理跨行业务手续费收入等两项指标均居全省第一，并荣获河北银联“2015年度ATM跨行综合贡献奖”荣誉称号。

（河北省农村信用社联合社　高玉成）

【河北银行】　2015年，面对复杂严峻的经济金融环境，在省委、省政府的正确领导下，河北银行紧紧围绕全省关于金融更好支持和服务实体经济的一系列重要部署和要求，积极冲在服务实体经济第一线，在服务地方经济社会过程中，实现了业务经营、创新发展、内部管理和品牌形象的全面提升。

（一）总体经营情况。截至2015年末，河北银行资产总额2226.39亿元，同比增长22.2%。存款总额1632.45亿元，同比增长18.1%。贷款总额1000.17亿元，同比增长33%。全年实现净利润22.4亿元，较上年增加4.63亿元，增长26.1%。全年省内机构缴纳税费12.33亿元，较上年增加2.59亿元，增长26.6%。按一级资本排名，位居全球1000家大银行第456位，较上年提升36位。截至2015年末，已在河北省11个设区市和天津、青岛设立13家分行级机构，营业网点达215家。全行在岗员工4200余人，其中博士、硕士研究生592人，本科及以上学历占比达70%，拥有中高级职称人数占比超过20%。

（二）全力服务地方实体经济。2015年，河北银行积极落实地方党委、政府和各级监管部门关于金融更好支持实体经济的政策要求，通过拓宽客户渠道融资、加快产品服务创新，持续加大服务实体经济力度。全年新增信贷投放248亿元，新增投行融资额134.7亿元，承销企业债券169亿元，较好地完成了省政府下达的任务目标。围绕河北省重点项目建设和优化产业结构，集中信贷投向，为“三个一百”领军企业融资99.48亿元。围绕京津冀协同发展等战略实施，通过传统贷款及结构化融资、债券承销等投行业务为京津冀区域高速公路、首都第二国际机场临空经济区等重大项目、重点园区融资超过100亿元。

（三）加快推进普惠金融发展。2015年，河北银行持续加大对小微企业、“三农”和居民百姓的金融扶持力度，让金融服务惠及面更广。一是积极支持小微企业发展。主动落实监管部门小微信贷政策要求，较好地完成了“三个不低于”目标。截至2015年末，全行小微贷款余额423.49亿元，同比增长45.8%；小微企业贷款户数12869户，同比增加1419户；小微企业申贷获得率85.2%，同比提高1.11个百分点。在河北省设立6家科技支行和15家小微特色支行，进一步增强了科技金融、小微金融专业服务能力。二是大力扶持“三农”发展。通过传统贷款、“福农”信用卡等金融产品，积极支持现代农业、县域镇域特色产业和小微企业发展。到2015年末，全行涉农贷款余额333.17亿元，同比增长33.1%。机构布局持续向县域下沉，全年新设县域支行20家，并实现了环首都县域机构全覆盖，努力让更多城镇乡村居民享受到高效、便捷的金融服务。三是持续优化居民金融服务环境。采取丰富零售产品、优化网点服务、促进渠道协同等措施，不断增强客户体验。截至2015年末，全行个人消费贷款余额182.84亿元，同比增长72.9%。全年发行个人理财652期，为客户创造财富超过15亿元。电子银行综合替代率达到73.8%，较年初提高9.84个百分点。

（四）持续提升风险防控水平。2015年，河北银行继续坚持“稳健、审慎”的风险偏好，不断完善全面风险管理体系，加强主动风险管理，积极防范化解经营风险。在信用风险防控上，紧跟产业结构调整等政策方向，动态调整相关行业、企业授信政策；健全全行资产监测分析机制，实行分类管理、台账管理，加强贷后管理和重点区域、行业的专项风险排查；压缩担保公司担保贷款，拆解担保圈、担保链，化解互保风险；对风险较高的信贷资产部分采取退出、增信等措施，及时化解风险隐患。在流动性风险防控上，充分利用资产负债管理系统对流动性缺口、流动性指标实时监测；科学制定资产负债管理计划，对资产负债总量、结构和期限错配合理安排。在操作风险防控上，制定现金出纳、重要空白凭证管理、自动柜员机管理等制度；持续简化柜面业务手续、优化系统流程，提升了运营保障和风险防控能力。在信息科技风险防控上，为提高信息系统运行的安全性和连续性，启动了秦皇岛异地应用级灾备中心建设，目前核心、总分前置、加密平台等A类业务系统数据已复制到秦皇岛，异地灾备系统进入试运行阶段。同时还启动了“双活”数据中心建设，已完成网上银行系统WEB、APP及手机银行客户端版、信贷系统、理财系统双活部署。在案件风险防控上，持续加大对柜面业务、授信业务等风险易发环节的专项检查力度；对员工参与经商、非法集资等日常行为进行深入排查，并充分利用非现场审计管理系统，进一步增强了案件监督管理能力。

（五）不断增强业务创新能力。2015年，河北银行进一步加快改革创新、转型发展步伐，在产品服务创新、综合化经营等方面实现了新发展。一是加快投行业务创新。成功发行深交所首单并购重组私募债券，理财直融工具、撮合交易、产业基金业务稳步开展；非金融企业债券承销额达到169亿元，位居同批次城商行前列。二是加大零售业务创新力度。研发出个人结构性存款、个人大额存单、个人快享贷，推出开放式、净值型理财，开发合益分、合易还等信用卡产品，客户投融资渠道更加丰富。三是持续做强金融市场业务。获得黄金询价交易业务资格，为全国第12家获得此项业务资质的城商行；成功开展黄金拆借、即期买卖和远期买卖交易，并推出私募证券化产品和委托投资顾问业务。截至2015年末，金融短期资产运作日均规模581.01亿元，同比增长55.6%。实现票据转贴现交易量5025亿元，同比增长225%。“冀银合作平台”合作范围和模式继续扩展，成员行增至20家，累计投资额达33.88亿元。四是加快移动金融、互联网金融布局。实现省内首家直销银行“彩虹Bank”上线运行，到年末直销银行客户已超过10万户，累计交易额达3亿元。网上银行、手机银行便民缴费等服务功能进一步优化，客户体验不断增强。五是加快综合化经营。冀银金融租赁股份有限公司挂牌成立，为全国城商行发起设立的第9家金融租赁公司，标志着河北银行机构多元化布局迈出重要步伐。

（六）持续推进党建、人才队伍和品牌建设。一是党建工作取得实效。在各分行相继设立纪委，纪委组织架构更趋完善。深入开展了“三严三实”专题教育、解放思想大讨论，出台了一系列廉政建设重要制度，进一步增强了广大党员干部和员工廉洁从业、履职尽责的责任感，营造出干事创业的良好环境。二是人才队伍建设扎实推进。持续加大人才引进力度，人才队伍年龄、知识和专业结构更加优化；强化激励约束，建立分、支行动态分类管理机制，实现了分、支行分类结果与班子成员职级浮动、授权、资源配置的有效挂钩。三是品牌建设收获成绩。全年实现18项品牌商标成功注册，坚持线上宣传和线下活动相结合，品牌知名度和影响力得到了全面提升。2015年，河北银行相继获得“全国文明单位”、“全国银行业金融机构小微企业金融服务先进单位”等多项荣誉。

（河北银行　姜鸿博）

【衡水银行】　2015年，衡水银行坚持稳中求进、合规发展的指导思想，以保持和提升效益为目标，以改革转型为主线，全面推进依法治行，统筹稳增长、强管理、调结构和防风险，提升发展转型的针对性和有效性，努力推进速度、质量、效益协调发展。一年来，衡水银行积极应对经济下行带来的不利影响，强化队伍管理，严明工作纪律，整顿工作作风，积极争取和创造条件，实现了全行各项业务的平稳发展。截至12月31日，资产总额336.3亿元，各项存款余额301.01亿元，项贷款余额187.32亿元，实现净利润4.58亿元，缴纳各项税金3.64亿元；辖有分支机构52家，其中一级支行34家，二级支行18家，正式在岗员工1474人。

（一）开展案件专项检查。2015年，为防范违规经营和违法犯罪风险，衡水银行开展了两次大规模的专项检查，即“一加强、两遏制”专项检查和案件隐患专项整治，检查采取了业务线条与职能部门条块相结合、支行自查为主和部门检查为辅相结合、关键领域业务排查和重要岗位人员排查相结合的方式，排查面达到100%。

（二）加强员工队伍建设。2015年，衡水银行大力加强全行员工队伍建设。一是提升一线员工服务水平和质量。成立专门的服务督导办，每月对支行服务网点环境及员工日常服务行为进行监督检查，强化网点服务质量管理。二是组织开展全行业务大练兵活动。在行内自行组织举办了第三届业务技能比赛，全行共有201名员工参加了三个项目的角逐。对外，积极备战并组织人员参加河北省银行业“岗位练兵、服务创优”技能比赛和全省城商行系统的会计专业技能比赛及河北省银行业协会组织的乒乓球赛，均取得优异成绩。三是组织开展不同层次、不同专业的专项培训。

（三）大力支持实体经济发展。2015年，衡水银行努力克服经济下行带来的不利影响，积极拓展信贷业务，调整信贷投向，将信贷资金更多投向实体企业，尤其是小微型企业，并不断强化信贷管理，规范信贷行为，强化责任意识，促进了全行信贷工作稳健发展。截至年末，各项贷款余额187.32亿元，比年初增加31.04亿元，增幅为19.86%。一是支持重点项目建设。随着衡水市工业强市政策的逐步推进，衡水市第二批61个重点项目集中开工，为全力支持衡水市工业强市战略的实施，衡水银行加强对正在着手启动的新建项目给予信贷资金支持，主要支持了包括巴迈隆木业项目（衡水巴迈隆木业有限公司）、华尔特产业综合体项目（安平县华尔特五金丝网制品有限公司）等11个重点项目，投放信贷资金4亿元。二是加大对小微企业的支持力度。2015年初，衡水银行按照全年信贷指标制定了小微企业贷款计划，将小微企业贷款完成纳入到绩效考核指标内，并单列信贷计划，继续保持对小微企业业务的资源倾斜，新增贷款向小微企业和涉农倾斜，确保实现贷款均衡投放。三是持续提升服务“三农”的能力和水平。①利用衡水银行微贷中心的运作模式，先行进入农村金融市场，提供资金服务；②为保证支持“三农”工作力度，衡水银行在一些大型乡镇开始设立一级支行，增加了服务功能和效力。③建立“绿色信贷”通道，对属于绿色信贷的客户贷款，优先安排信贷力量进行贷前调查，进行信用评级、授信，精简、提速信贷审批程序，支持了农业产业化企业和专业合作社近40家，一些农业产业化龙头企业在衡水银行的支持下已经发展为本地区的农业示范性园区，众多种植和养殖专业合作社也在衡水银行的支持下不断壮大，带动了周边农村、农民的致富和就业。

（四）加大信息科技创新力度。2015年，衡水银行在提升综合管理能力方面，加强改革、创新的工作力度。一是开启了综合管理能力提升项目。二是启动了衡水银行网络学院。三是科技信息建设进展成效明显，FPT资金定价转移系统研发成功、新财务系统、VTM智能银行、国库存集中支付电子化管理系统均成功上线运行。

（五）开展“三严三实”解放思想大讨论活动。2015年，衡水银行深入开展了“三严三实”专题教育解放思想大讨论活动，坚持不懈抓党建，认真履行党风廉政建设主体责任，积极有效应对舆情风险，凝心聚力抓发展，通过党建促进带动经营发展。一是加强班子队伍建设。先后制订出台了《领导班子成员工作纪律》、《中层管理干部“七必须”和员工“八条禁令”》、《关于加强党委领导班子建设的意见》。二是履行党风廉政建设主体责任。2015年，衡水银行将党风廉政建设工作作为重中之重，筑牢拒腐防变的思想防线。强化组织领导，全面落实党风廉政建设责任制。成立了党风廉政建设责任制领导小组，签订《党风廉政建设责任书》，制订出台了《衡水银行落实党风廉政建设党委主体责任的实施意见》，并对2015全年党风廉政建设责任分解情况进行了公示；三是强化督促落实，严格考评机制。组织召开党风廉政建设推进会。每季度对落实责任制情况开展督察一次，发现问题及时纠正，并将督查结果作为年终考核考评的重要依据。四是加强管理监督力度，强化案件风险防范。组织召开“衡水银行党员领导干部‘守纪律、讲规矩’专题教育大会”，对全行党员干部进行了针对性的宣讲；组织全行党员、非党员中层管理干部及入党积极分子，共380多人分四批到全市反腐倡廉警示教育基地——深州监狱，开展警示教育活动。2015年衡水银行被评为衡水市银行业金牌服务单位和2015年衡水湖国际马拉松赛顶级合作伙伴。

（衡水银行　李景环）

保　险　业

【概况】 2015年，河北保险行业全面贯彻落实《京津冀协同发展规划纲要》（以下简称《协同发展纲要》）、《国务院关于加快发展现代保险服务业的若干意见》（以下简称《若干意见》）和省委、省政府、中国保监会各项决策部署，围绕稳增长、调结构、治污染、惠民生、防风险，紧密结合河北实际，创造性地开展工作，取得显著成效。

（一）河北保险市场快速增长，实现又好又快发展。2015年，河北保险行业总收入（保费和非保险合同收入合计）1783.4亿元，增长35.7%。其中，保费收入1163.1亿元，居全国第8位，增长24.8%。提供各类风险保障32.7万亿元，赔款和给付支出461.9亿元，增长16.9%。农业保险稳步发展，保费收入22.0亿元，居全国第6位，增长23.0%，小麦、玉米等大田作物承保覆盖面大幅增长。大病保险实现全省全覆盖，5809万城乡居民享受大病保险保障，保险基金达到17.4亿元。责任保险实现较快增长，保费收入8.1亿元，增长20.7%。缴纳税费和提供就业岗位快速增长，缴纳及代收代缴税费75亿元，比2014年增加8亿元，占全省地方一般公共财政预算收入的2.8%。为全省提供就业岗位36万个，较年初增加9.7万个。保险资金投资大幅增长，截至2015年底，投入河北余额达1001.1亿元，较年初增加522.5亿元。

（二）积极推动重点业务发展，服务全省经济社会成效明显。一是农业保险稳步发展。调整政策性农险条款，扩大保险责任，种植业保险基本达到作物物化成本。将易县等四县列入省政策性设施农业保险试点。研究建立原料奶价格保险试点。推进阜平县农业保险全覆盖，促进阜平金融扶贫示范县建设。2015年，农业保险为全省农户提供风险保障639.6亿元，支付赔款17.3亿元，受益农户239.5万户。小麦、玉米赔款分别在7月底前、12月底前基本支付完毕，较往年大幅提前。全年共承保小麦2400多万亩，玉米4200多万亩，基本实现应保尽保。

二是大病保险取得新进展。推动大病保险实现全省城乡居民全覆盖，受益居民5809万人。2015年共为29.9万人次城乡居民支付大病保险补偿金达11.5亿元，人均补偿5450元，参保城乡居民保障水平普遍提高15个百分点。同时按照发生费用越高、赔付比例越高的阶梯式赔付制度设计，重特大疾病患者赔付水平远超基本医保报销水平，赔付最高可达30万元，城乡居民保障水平明显提高，大病保险这一民生工程的功能作用凸显，有效解决了全省城乡居民家庭因病致贫、因病返贫问题。

三是保险资金投资大幅增长。河北省政府与中国保监会以及人保集团、国寿集团等保险公司签署战略合作备忘录或合作协议，就保险资金运用等重点工作达成共识。推动石家庄市政府与国寿投资控股公司签署合作协议，共同发起规模为100亿元的石家庄城市发展基金，投资石家庄市基础设施和公共服务等领域。联合省金融办、发改委等部门组织召开保险资金对接会，现场完成签约2项，总投资金额100亿元。协助省金融办建立全省利用保险资金重点项目库，及时汇总全省及各地市保险资金需求。保险资金投资河北大幅增长，截至2015年底，共有1001.1亿元保险资金通过银行存款、债券、股票、债权计划、信托计划等形式投入河北，较年初增加522.5亿元，为促进河北转型升级，支持实体经济发展做出积极贡献。

四是保险服务深入群众。2015年春节和国庆期间，河北保险行业开展了高速公路快速理赔活动，成立120个快速查勘小组，在全省31条高速公路和31个旅游景点开展快速理赔活动，对400多件报案快速赔款60多万元，提供增值服务达1.9万人次，受到广大群众欢迎。

（三）着力防范化解风险，保险消费者利益得到有效保护。一是不断规范保险市场秩序。开展“两个加强、两个遏制”专项检查，督导抽查保险公司数量占全省总数的57%。开展农业保险、大病保险、人身险业务合规专项检查，持续开展保险中介市场清理整顿。2015年，共实施现场检查282次，派出检查组282个，检查人员626人次。针对违法违规问题，对15家机构和12名个人作出行政处罚，罚款累计155.2万元，停止接受新业务4家次，吊销经营保险代理业务许可证2家次，警告12人次。

二是加强信访投诉举报处理。完善信访投诉处理机制，全力做好“9·3”大阅兵和重大节假日期间维稳工作。2015年，共处理各类咨询和投诉25316件次，其中有效信访件787件，均得到妥善处理和回复。信访投诉总量同比下降1.1%，有效信访件数下降22.8%。自5月份连续8个月进京上访为零。12378热线客户满意度99%以上。各消保工作站调解成功保险纠纷案件2736件，调解成功率98.2%。

三是全力防范化解保险风险。①严防满期给付和退保风险，2015年向全省77个机构（地区）发出满期给付与退保风险预警。严防退保资金参与非法集资风险。②严查非保险金融产品风险，明确禁止辖内保险机构、保险中介机构和从业人员违规参与销售非保险金融产品，持续关注保险产品和非保险产品捆绑销售风险。此外强化案件风险管理，全年共上报司法案件17起，完成6件案件追责工作。2015年，河北保险市场没有发生重大违法违规行为，没有发生重大群体性事件，没有发生重大行业风险。

（河北保监局　周正红）

【人保财险河北省分公司】　2015年，中国人民财产保险股份有限公司河北省分公司（以下简称：人保财险河北省分公司），紧紧围绕河北省委提出的建设经济强省、美丽河北宏伟目标，恪守“人民保险，服务人民”的神圣使命，以改革创新为动力，创新公共服务方式，积极参与河北地方经济建设，主动承担社会责任，努力为构建和谐河北提供优质的保险保障服务。2015年，人保财险河北省分公司业务规模位居全国系统第二，同比增长20.68%；为社会提供14.36万亿元风险保障；支付赔款155万笔，赔款金额90亿多元；缴纳和代收代缴各类税金21.79亿元，有效发挥了“经济助推器”和“社会稳定器”的职能，充分彰显了社会责任，有效发挥行业主渠道作用，为全省经济社会持续健康发展做出了积极贡献。

（一）全面保障省内经济发展，有力支持和谐河北建设。人保财险河北省分公司充分发挥人才、机构、网络和技术优势，对关系国计民生的钢铁、电力、石油化工、制药等行业和交通建设、港口建设、临港工业区建设、工程建设等重点项目，为其提供了全方位的保险保障服务，先后承保了一系列国家和省市重点建设项目，对关系国计民生的钢铁、电力、石油化工、制药等行业和交通建设、港口建设、临港工业区建设等重点项目提供了充足的保险保障。

（二）创新保险服务，全力支持社会管理。人保财险河北省分公司深入推进政府高度关注的责任保险，深入推进各级政府高度关注的重要领域、重点行业责任保险业务的发展，积极发展“一元民生保险”，加快推进信用保证保险，有效分担政府财政和事务负担。按照“新国十条”确定的发展重点，大力发展与百姓生活息息相关的车辆保险、财产保险、意外险和医疗保险，积极推动实施环境污染、食品安全、医疗责任、医疗意外、实习安全、校园安全等责任保险试点，持续探索涉及人民生命安全的产品责任保险、产品质量保证保险等业务。

（三）充分发挥保险的社会管理功能，引入治安保险机制为“平安河北”建设添砖加瓦。围绕“改善社会治安管理”这一中心目标，人保财险河北省分公司牢固树立政治意识、大局意识和责任意识，充分发挥保险社会管理功能，积极探索推广治安保险，有力推动了农村治安工作向政府主导与市场机制结合的转变，形成了“党委领导、政府负责、社会协同、公众参与”的社会管理新格局，满足了农村群众无力购买高额商业保险保障，但又迫切需要转移风险的保险需求，协助地方政府建立起了一套事前预防与事后补偿一体化、经费保障与机构运作市场化的农村社会治安防范体系，最大限度地“为政府分忧、为群众解难”。2015年，人保财险河北省分公司继续深入推进治安保险参与平安建设，不断开拓服务新领域，推动治安保险向城市地区延伸、向安全感低的社会领域延伸，当年治安保险为全省609.09万户居民提供了总额高达823.81亿元的保险保障，累计支付赔款1822.63万多元，充分发挥了治安保险在社会管理中的经济补偿作用。同时积极推进政策性农房保险试点工作，建立农村住房风险保障机制。2015年农房保险覆盖46个县（区、市）、382.83万农户农村居民，保障金额达到477.11亿元，累计支付赔款1346.08万元。在正常民政灾害临时救助的基础上，保险的补偿作用逐步显现，对农民群众发生灾害事故后及时恢复生产生活，起到了重要补偿作用，得到了农民群众的普遍欢迎和好评，同时有效减少了社会摩擦，切实降低了政府负担。

（四）积极参与社会改革创新，参加城乡居民大病保险投标工作。人保财险河北省分公司勇于承担社会责任，积极参与社会改革创新，参加城乡居民大病保险投标工作。2013年以来，先后中标新农合和城镇居民大病保险15个项目，覆盖全省9个地市，119个县区，为近3500万人提供大病保险保障，累计处理赔案13万多笔，受益人数9万多人，赔付金额5亿多元。人保财险河北省分公司承办大病保险业务以来，严格执行政府相关部门的要求和规定，结合实际，充分发挥本公司网络优势，通过市、县、乡、村网点，多维度、立体式的优质服务，使新农合大病保险惠民政策迅速落地，深入民心，让人民群众深切感受到党和政府的关怀。凭借优质而快速的理赔质量、贴心周到的保险服务赢得了群众的高度认同和政府的信任。同时推动了医保、医疗、医药联动改革，促进了政府主导与发挥市场机制作用相结合，提高了医疗保障管理水平和运行效率，有力缓解了因病致贫、因病返贫问题。在政府、监管部门的领导下切实减轻了人民群众的就医困难，取得了各地政府相关部门的高度认可和信赖，为许多面临“因病致贫”和“因病返贫”的人民群众送去了他们急需的帮助。

（五）围绕金融扶贫创新工作机制，开展阜平金融保险扶贫试点项目。2014年以来，人保财险河北省分公司全面落实习近平总书记“阜平讲话”，与阜平县政府合作，以政府为主导，以保险机制运用为核心，探索建立政府、保险公司和种养业经营户共担风险的保险保障机制，在阜平县实现了政策性和商业性农业保险全覆盖，有效防止农民和养殖户因灾返贫问题。该项目通过“四个创新”，即政策支持创新、产品设计创新、保险服务创新、保险模式创新，做到了百姓放心、政府认可。项目实质就是以政府为主导，以保险机制运用为核心，以“三农”保险基层服务体系为支撑，开发农业保险特色产品，创新保险服务方式，探索建立政府、保险公司和种养业经营户共担风险的保险保障机制，防止农民和农户因自然灾害、市场变化、意外伤害等返贫，走出一条保险助推金融扶贫的新路子，阜平保险创新项目也得到了社会各界的广泛关注和赞誉，2015年11月，阜平系列农险产品在“第十届中国保险创新大奖”评选中，荣获“最佳农村保险产品”

（六）积极探索与政府合作新模式，构筑和不断强化中小微企业和个人创业融资的信用担保平台。为解决中小微企业、个人融资难的问题，人保财险河北省分公司人保财险推出“政银保小额贷款保证保险”，支持小微企业和创业者获得发展资金、助力当地经济发展。人保政银保小额贷款保证险（简称“小贷险”）项目，经过试点运营阶段，2015年全面启动。省财政厅于2015年7月下发《河北省财政银行保险合作支持小微企业和农业企业实施办法》，并联合人保财险共同与工、农、中、建、交、农发行签定了《财政银行保险三方合作框架协议》，明确了以贷款保证险和财政资金支持为小微企业发放贷款的模式，补充了各地市目前以城商行为主要贷款方支持小微企业的现状。在省级各政府部门的大力推动下，全省逐步形成了较好的小贷业务发展环境，充分发挥保险经济杠杆作用，通过紧密结合政府、银行、保险三方，分工协作，共同为企业提供服务。人保财险张家口市分公司积极开展小额贷款保证保险助推全民创业项目，与张家口市政府合作开展金融服务全民创业保险＋信贷项目，全力支持小微企业和城乡创业者的发展，目前，该项目已覆盖了养老机构、教育机构、制造业、种植业、养殖业、食品加工业和科技型小微企业等多个行业，进一步完善了中小企业金融服务机制，促进了经济发展。8月4日，新华社记者专程赴张家口就政银保合作探索金融改革新路径进行了采访，河北电视台、河北电台等媒体也同时进行了采访报道。

（七）积极发展短期出口贸易信用险。2013年，人保财险河北省分公司作为首家商业保险企业，重新获得短期出口贸易信用险的经营权。人保财险河北省分公司短期出口贸易信用险主要承保出口企业的应收账款不能及时回收的风险，帮助出口企业提高应收账款安全保障、增加企业出口方式的选择面、提高出口企业的竞争力、为当地经济及出口企业发展提供极大支持。短期出口贸易信用险涉及钢铁、陶瓷、医药、食品、皮革等多个行业。

（八）大力发展农村保险，全力支持和保障农业农村经济建设。人保财险河北省分公司深入贯彻中央一号文件和国家“强农惠农”政策，主动承担社会责任，把大力发展农业保险，作为关注民生、服务“三农”的重大战略举措，通过提供综合性保险产品和多元化的农村保险服务，不断完善河北省农村保险服务保障机制，扩农业保险保障覆盖面，提升河北省对农业重大自然灾害的补偿能力和灾后恢复能力，为河北省农村经济发展提供了有力的保险保障。目前，人保财险河北省分公司开办的政策性农业保险产品已达14个，商业性农业保险产品达到16个，涉及政策性种植业保险、养殖业保险、森林保险以及商业性险种植业保险、养殖业保险等。2015年，人保财险河北省分公司深入贯彻中央惠农政策，积极履行社会责任，为全省三农提供了460亿元的风险保障。与此同时，加快产品创新，修订了11个中央财政补贴险种的条款，开发了种羊、养鸡保险等6个新的农险产品，积极推进产值、价格指数保险，满足广大农民更多的保险需求。

（九）大力加强三农保险基层服务体系建设。为更好地将农业保险服务深入到全省每一个乡、村，实现“落实惠农政策面对面，保险服务面对面”，人保财险河北省分公司着力提升三农保险服务水平，形成了县、乡（镇）、村全覆盖的三级农村保险服务网络，为广大农户就近咨询、参保和索赔提供极大方便，实现农村保险就地零距离服务。

（十）积极抗灾救灾，积极为政府分忧、群众解难。2015年，人保财险河北分公司凭借完善的灾害防范和救助体系，在自然灾害和安全事故面前，全力保障人民生命和财产安全，有效发挥了保险的防灾减灾、灾害救助、经济补偿和社会稳定职能，有力支持了灾后重建和生产恢复，最大限度地为政府分忧、为群众解难。2015年5月—6月，河北省邯郸、邢台、保定等地遭受雹灾、暴风雨袭击，造成已投保政策性种植险大面积受灾，一些地区小麦还出现火灾事故。灾情发生后，本公司紧急启动应急预案，成立各级领导小组，充分调动理赔资源和农业技术专家力量，深入田间地头，对灾情进行查勘，并开通绿色通道，优化理赔工作流程，减免理赔手续，保证理赔时效，确保第一时间将赔款送到农户手中，确保定损到户、理赔到户。切实保障受灾农户利益，把惠农政策落到实处，充分彰显了社会责任。2015年，人保财险河北省分公司大灾种植险赔付金额7亿多元。11月，河北省迎来首场大范围降雪，其中，承德、张家口部分地区积雪深度达10厘米以上。为确保此次降雪天气期间各类保险事故得到快速处理，人保财险河北省分公司充分发挥国有保险公司的企业担当，第一时间启动特殊天气理赔应急处理机制，理赔人员全员24小时待岗，全力充实保险理赔查勘定损一线，并开通“绿色理赔通道”，简化理赔手续，对因大雪天气导致的保险事故进行优先理赔，得到了各级政府和社会各界的高度评价。

（十一）立足社会大局提升服务品质。在提升服务方面，人保财险河北分公司始终秉承“人民保险，服务人民”的宗旨，以做人民满意的保险公司为愿景，勇担社会责任，更好地服务社会经济发展、服务广大消费者，为全省城乡百姓提供更加优质便利的保险保障服务。一是加强服务标准化建设。在现场服务方面，狠抓服务窗口服务质量，颁布服务标准化操作手册统一柜面服务标准，在承保、理赔等各类服务场所全面开展服务培训。在营业厅设立大堂经理，实现服务现场的细节化、常态化、系统化管理；开展服务技能大赛，激发服务员工的工作热情，强化职业荣誉感和岗位归属感。在电话服务方面，着力建设行

业领先的电话服务中心，创新内部管理模式，全力保证线路畅通，提升服务能力；在服务速度上，实现了VIP客户优先接入优先服务制度，并逐步推行新车牌照批改、便民挪车、天气提醒等服务。在网络服务方面，在公司官网开办开设专区，推出客户保单信息自主查询服务，不断拓展充实服务内容，拓展服务范围，方便客户通过95518客户服务电话、e—picc电子商务网站和营业网点柜台查询自己的保险信息，为客户提供人性化快捷服务。二是加强增值服务。致力于打造行业领先、品质一流的“人保之友”客户俱乐部服务品牌，积极开展增值服务主题月活动，每月对特定主题进行增值服务，不断完善增值服务项目。通过整合外部服务商家，针对客户推出了车主秘书、协办检车、酒后代驾、预约挂号、故障救援等特色回馈服务项目，举办自驾游、戏曲专场、购物专场等游购娱各类主题活动，丰富的服务项目和良好的服务体验受到广大俱乐部会员的一致好评。三是全面升级理赔服务。在保证理赔效率的基础上注重品质提升，对万元以下车险小额案件和5000元以下非车险小额案件实行快速理赔，理赔服务效率明显提升，在行业上和系统内均名列前茅；细化“多、快、好、省”服务宗旨，重视增值服务，向社会推出“损失金额万元以下1小时通知赔付”、“全国联网免费故障救援服务”、“VIP客户手机自主理赔服务”、电子理赔、极速理赔、简便理赔、速递理赔等理赔服务新举措，推出了车主秘书、机场贵宾、酒后代驾等增值服务。对在河北省分公司投保的9座以下非营业客车和家庭自用汽车，出现规定的情况需拖车、送油、充电、更换轮胎、轮胎充气时，均可通过拨打公司救援服务专线电话享受到免费故障救援服务；开通绿色服务通道，落实专门团队，进一步提升服务理念和服务技能，给予客户“暖心”、“舒心”、“放心”、“热心”和“真心”的优质服务体验，为优质客户和重要客户提供特色化、贴心式的理赔服务。

（十二）优质的服务，良好的信誉，使人保财险河北省分公司得到了社会各界的认可。人保财险河北省分公司连续10年在河北省委、省政府组织的“民主评议行风”中位居行业第一；连续7年被省政府授予“金融贡献奖”荣誉称号。连续3年荣获“河北网友最信赖的品牌”；2015年，人保财险河北省分公司95518客户服务中心被中华全国总工会授予“全国五一巾帼标兵岗”，被中国金融工会全国委员会授予“全国金融五一劳动奖状”。成为全国产险企业唯一获此殊荣的单位。

（中国人保财险河北省分公司　张忠义）

【中国人寿河北省分公司】 2015年，中国人寿河北省分公司紧紧围绕省委、省政府的决策部署，认真贯彻落实上级公司的既定方针，遵循“稳增长、优结构、强队伍、提效益、重管理、防风险”的经营思路，以“富员强司”为发展目标，切实加强各类风险防范，进一步夯实队伍基础和管理基础，圆满完成了总公司下达的预算目标和工作任务，各项工作都取得了新的成绩和进步。

（一）在超额完成预算的基础上，实现了业务结构的有效调整，为推进河北省保险业健康稳定发展作出了应有贡献。

1. 预算指标超额完成。全年实现总保费收入229.35亿元（未经审计，下同）。实现首年标保17.6亿元，预算达成率114.8%。新单保费（含短险、含大病保险）106.3亿元，预算达成率105.6%。首年期交37.5亿元，预算达成率117.2%。10年期及以上期交22.64亿元，预算达成率123.9%。短期险（不含大病保险）11.53亿元，预算达成率100.1%。

2. 业务结构持续优化。首年期交同比增长34.4%，10年期及以上期交同比增长28.8%，短期险同比增长9.9%，短期意外险同比增长10.4%。首年期交占新单保费的比重提高7.8个百分点，达到41.4%；10年期及以上占首年期交的比重达到60.4%；短期意外险占短期险的比重达到66.2%。

3. 继续保持了全国系统先进地位和区域寿险市场的主导地位。主要业务指标保持了全国系统的先进位次，总保费位居全国第4位。截至2015年底，总体市场份额30.96%，高于第二名22.44个百分点。

（二）积极探索服务经济强省、美丽河北建设的新途径，融入建设发挥更大作用

1. 积极发挥保险保障功能。2015年赔付给付支出总额为107.14亿元，较上年同比增长2.6%。其中赔付14.81亿元，同比增长21.2%。

2. 认真履行企业社会责任。一方面，积极吸纳社会人员就业。截至2015年底，中国人寿河北省分公司从业人员（含员工）超过9万人，排省内同业第一位。另一方面，积极纳税。公司2015年缴纳税款共计4.11亿元。其中，企业所得税2.86亿元，营业税金及附加1.05亿元，其他税费2061万元。代扣代缴各项税费共计2.34亿元，其中，代扣代缴营销员营业税金及附加2441万元，代扣代缴营销员个人所得税1.75亿元，代扣代缴公司员工个人所得税3508万元。

3. 积极推进年金类业务发展、完善养老保障体系。充分发挥公司机构网络、人才队伍、专业技术等方面的优势，大力提供企业年金管理服务。截至2015年底，中国人寿河北省分公司累计管理受托资金规模17.89亿元，累计管理投资资产规模17.72亿元，签约企业129家，为近20万企业职工提供企业年金服务。

4. 加大服务“三农”力度。2015年，中国人寿河北省分公司通过业务拓展、服务延伸，不断提高农民保险保障水平，让保险服务千家万户，帮助各级政府分忧解难，为促进社会稳定、建设新农村、构建和谐社会作出了积极贡献。

一是农村小额保险稳健推进，实现广覆盖多保障。2015年是河北开展农村小额保险试点工作的第七个年度。中国人寿河北省分公司在以往试点基础上，进一步细化工作、优化服务、加快发展，有效扩大覆盖，向“让每一个农民都拥有保险保障”的目标积极迈进。该险种保费低廉、保障适度，且主要保障意外风险，与新型农村合作医

疗互为补充，受到了广大农民的充分肯定和热烈欢迎。截至2015年底，承保农村小额保险客户1208.7万人，共向参保客户提供7182.88亿元保障，共向出险客户提供保险保障8756.9万元，有效缓解了农民群众因意外返贫的风险。

二是积极参与新农合大病保险服务项目，提高农民的保险保障水平。2015年，中国人寿河北省分公司累计承办石家庄、辛集、承德、衡水、张家口等地新农合大病保险项目。从业务规模来看，覆盖参合农民1181.53万人，涉及资金5亿元，提供风险保障4.16万亿元。截至2015年底，已与142家县级及以上医院、282家县级以下医院实现了系统对接，使参合农民在定点医院出院结算时即可实现“一站式”结报服务。全年累计支付报销3.72亿元，补偿人次10.6万人，为承保农民提供了优质快捷服务。

三是保险先进村创建工作深入展开，创建标准显著提高。2015年，中国人寿河北省分公司持续开展保险先进村的建设，并继续进行投入，增加保险先进村的数量，对保险先进村实行分级管理，实现数量和质量的双增长。提高保险先进村创建标准，对已经建成的保险先进村，注重服务、加大宣传、扩大影响、深挖产能，引导二级保险先进村向一级保险先进村发展，引导一级保险先进村向五有保险示范村发展，打造精品保险先进村，不断扩大保险先进村创建成果，促使村民保险保障水平得到不断提高。

四是农村营销网点实现大发展，为农民提供全面保险服务。农村营销服务部是中国人寿河北省分公司植根在“两乡”的最基层机构，是公司品牌的宣传阵地，是公司优质服务的承载平台。2015年，中国人寿河北省分公司致力加强农村网点建设，夯实农村业务发展基础，进一步强化农村网点星级建设，提高网点辐射周边、带动业务发展的能力。截至12月底，中国人寿河北省分公司共有农村营销服务部1122个，均在保险监管部门备案，乡镇覆盖率达60%，基本能够实现对市场的全覆盖。全省共有2.58万名农村营销员服务、工作在农村一线市场，为广大农民客户提供着完备的保险服务。全省星级网点总体达679个，其中五星级2个、四星级13个、三星级23个、二星级69个、一星级224个、准星级371个。

5.积极参与社会管理。2015年，中国人寿河北省分公司继续大力发展与国家基本医疗保险服务相衔接的补充医疗类保险业务。2015年，共承办邢台、张家口、衡水城镇居民大病和衡水职工大额保险，覆盖人群121.61万人，业务规模3517.5万元，赔付金额386.56万元。全年补充医疗类业务规模4.03亿元，共计给付3.37亿元。其中，承保石家庄、沧州、邢台、保定、邯郸5个市本级、60个县（区）的城镇职工补充医疗业务，承保人数达282.05万人；承保唐山唐海新农合补充医疗业务，承保人数13.9万人。

6.积极提升服务质量。一是提升保单服务质量。2015年，中国人寿河北省分公司办理保单借款40.13万件，借款金额75.36亿元，为全省超过16万名客户解决了燃眉之急；处理理赔案件27.65万件，平均结案时效1.7天，5日内结案率达到98.39%；推出了全国通赔通付服务，全年共受理外省保单索赔案件1536件，处理异地受理保单索赔案件165件，涉及24个省市，服务客户1197人次。2015年，中国人寿河北省分公司全面启动理赔智能服务系统的推广运用工作。截至年底，11家市分公司通过智能理赔系统处理案件10.49万件，智能理赔使用率达63.13%。智能理赔系统的推广、应用，进一步提高了理赔理算的自动化、正确性，提升了理赔服务感知及理赔作业品质，推进了河北省理赔电子化服务进程。二是提升客户服务能力。以精细化管理推动工作提质提效，以方便快捷、周到细致的服务优化客户感知，有效提高客户满意度。2015年，中国人寿河北省分公司95519电话中心客户满意度自助测评好评率达到99.93%，比2014年提升0.05个百分点。全年发送客户服务短信2986万余条，电子邮件519.9万封，使广大客户更加便捷地获得公司通知和电话服务。三是提升客户服务体验。2015年，中国人寿河北省分公司为近万名客户举办了国寿大讲堂，与签约商家组织特惠超值活动11场，组织特色客服活动86次，累计9万人次参加，举办了超过16.45万人次客户参与的主题活动。

7.促成中国人寿集团公司与省政府签署全面战略合作协议。2015年5月26日，中国人寿集团公司与省政府在石家庄签署了全面战略合作协议，国寿投资控股有限公司与石家庄市政府配套签署了合作备忘录，积极推动双方全面战略合作。截至2015年底，中国人寿河北省分公司上级公司在河北保险资金运用余额共计214.18亿元，涉及金融产品和债权投资，其中定期存款193.00亿元、企业债券16.18亿元、基础设施债权投资5亿元（中国人寿—建投能源债权投资计划，所在行政区为沙河市）。

（中国人寿河北省分公司　郭　亮）

【太平洋产险河北分公司】　2015年，中国太平洋财产保险股份有限公司河北分公司（以下简称“太平洋产险河北分公司”）在省委、省政府的领导下，认真贯彻落实“新国十条”和全省金融工作座谈会精神，按照公司“改革创新、激发潜能、强化执行”的总体工作要求，努力促进公司可持续价值增长，积极服务河北经济社会发展，各项工作取得了扎实成效。截至2015年末，该单位实现保费收入26.99亿元，同比增长2.44%；为全省提供保险保障额度1.69万亿元，同比增长17.15%，累计赔款金额14.51亿元，同比增长—3.79%；新增县级机构17家，县域机构覆盖率由2014年末的60.7%提升至73.3%；新增从业人员92人；上缴和代扣代缴税款3.56亿元，同比增加5.67%。

（一）持续提升服务水平，发挥社会稳定器作用。2015年，太平洋产险河北分公司持续深化理赔省级集中管理，推进车险和非车险理赔部门职能的分设，加快推进理赔干部队伍调整和专业化管理步伐，加强理赔人员队伍建设，完善工作流程和管理办法，关注关键环节和重点案件，理赔成本管控体系进一步健全，理赔队伍的战斗力、服务能力有效提升。截至2015年末，该单位已决件数

21.89万件，同比减少8.89%；已决赔款金额14.51亿元，同比减少4.31%；赔付率53.75%，同比降低3.79个百分点；结案率为90.88%，同比降低1.84个百分点，有效地保障了人们的正常生活和企业的生产经营，较好的发挥了经济助推器和社会稳定器的功能作用。

（二）不断扩大服务范围和领域，服务地方经济社会发展。2015年，太平洋产险河北分公司以"新国十条"等各项相关政策为指导，紧密围绕经济社会发展特点，密切关注京津冀协同发展需求，持续推进公司改革创新，提升服务经济社会发展水平，积极服务实体经济发展，服务范围和服务领域不断扩大，有效增强了服务河北经济社会发展的作用。

一是参与社会保障体系建设取得新成效。截至2015年11月底，该单位承保的邢台、沧州、邯郸部分县区的新农合团体意外住院医疗补充保险项目，覆盖人数108.55万人，已支付赔款2503.79万元；承保的邢台、衡水城镇职工团体高额补充医疗保险项目，覆盖人数6.79万人，已支付赔款262.31万元。

二是服务"三农"发展迈出新步伐。2015年，该单位农险经营资质获得保监会批复，并获得了河北市场准入资格，在此基础上，该单位积极推进县支机构、三农服务站等基层营销服务网络建设工作，截至2015年末，该单位农险业务保费收入925万元，保障金额1.71亿元，为下年更好地服务河北省"三农"发展奠定了基础。

三是传统业务领域保持稳定发展。2015年，该单位涉及公共安全的责任险保费收入8564.84万元，同比减少4.69%，提供风险保障2330.22亿元，赔款支出4334.88万元，同比减少20.42%；企财险保费收入9515.5万元，同比减少8.95%，为全省企业单位提供1886.37亿元风险保障，赔款支出3847.65万元，同比下降了17.08%；家财险保费收入460.26万元，同比增长24.43%，为广大城乡家庭提供了211.32亿元的风险保障，赔款支出46.57万元，同比减少36.65%；保证保险保费收入99.13万元，同比减少48.44%，保额3.64万元，赔款支出14.26万元，同比增长56.01%。

（三）积极开展业务创新，满足客户新的保障需求。2015年，太平洋产险河北分公司持续开展业务创新，围绕新的经济发展领域和新的社会治理任务，加大产品创新、服务创新力度，加强新技术运用，积极满足"新国十条"出台背景下和京津冀协同发展推进过程中的保险需求。

一是积极开发推广新保险产品。推出了诉讼财产保全责任保险，有效地为保全申请人提供风险保障、降低担保成本、加速立案、破解执行难等问题，通过积极贴合市场需求，不断更新优化产品、升级系统，得到各级法院认可，截至2015年末，保费收入58万元；在汽车消费领域责任险创新业务，推广了汽车延保责任险，针对合资品牌小客车有偿提供延长一定年限或行驶里程的保修契约服务，截至2015年末在全省8个地市开设了出单网点，累计签单数1388件，保费达158.55万元。

二是持续推出新的服务举措。针对连续三年未出险客户、女性客户、新车客户群体，推出车险优质客群专项服务方案，进一步改善公司理赔服务质量，提高客户服务满意度，提升车险优质客户黏度。持续开展春节、国庆期间的高速快赔客户服务活动，在高速口和省界交口设立便民理赔宣传服务站，主动承接全行业的总调度中心工作，为出险客户提供及时高效和便捷的理赔服务，有效缓解假日期间河北省高速公路的通行压力。

三是加强新技术运用。推出车险电子保单，实现了手机支付保费、保单生效至生成电子保单等商业车险承保流程的电子化，通过投保流程的"移动化"、"无纸化"，将为客户带来快捷便利、交互友好的全新投保、理赔等服务体验。上线使用理赔人员后台监控定位系统，通过精确定位查勘人员位置，实现智能排班，就近调度查勘员进行现场查勘，提升理赔时效。

（四）强化县级机构发展，促进农村保险市场发展。2015年，太平洋产险河北分公司进一步完善基层机构建设，延伸服务触角，在加强县域机构管理，提升县域机构覆盖率的同时，以综合销售能力的提升为目标，借助车险和非车险条线的专业化团队建设触角下探，通过将银保、交叉销售、个人营销渠道产能的提升作为业务发展的"三个基础"，将新农合业务的发展升级和农险业务的开办作为"两个突破"，县级机构业务发展呈现出新的活力，完善的销售和理赔服务网络，才能打下长远发展的稳固根基。截至2015年末，该单位县级机构保费收入16.86亿元，同比增长9.31%，高于该单位整体业务增速6.87个百分点，有效促进了农村保险市场发展，为服务城镇化建设和支持县域经济发展发挥了积极作用。

（五）打造高效运营平台，加强公司业务发展支撑。2015年，太平洋产险河北分公司以助力业务发展为目标，持续提升运营支撑能力，通过强化信息技术的数据应用和数据服务功能，上线使用费用跟单系统，推行审批系统电子化，加强微信公众服务平台的功能开发和推广应用，信息技术创新应用对营运的支持作用进一步加强；优化审批流程，规范行政秩序，加强跟踪督办，办公效率和执行力明显提升；持续推进"招才引智"工作，完善绩效考核管理体系，组织实施人力资源优化项目，落实干部任用公开竞聘，建立后备干部储备机制，人力资源得到进一步盘活和优化。

（六）提出并践行企业经营宗旨，提升公司持续发展能力。2015年，太平洋产险河北分公司在创新体制机制，激发内部潜能，坚持发展第一要务，抓好业务经营的基础上，为推动和实现公司的持续健康发展，永葆发展活力，立足当前，着眼长远，该单位在全司范围全面实施系统性、长期性的"421"工程，通过开展"争先文化"、"精英文化"、"绩效文化"、"和谐文化"四个相互关联和相互促进的企业文化建设，聚焦提升"能力"和端正"态度"两个着力点，紧紧围绕坚持发展一个主旨，打造过硬人才队伍，培养驱动公司可持续价值增长的持久作用力和核心竞争力，着力提升公司发展的整体实力。通过全体干部员工的共同努力和认真践行，全司无论是坚持发展的经营理念，还是对“能力”和“态度”的注重及四个文化的倡导，企业文化内涵的价值导向已深入人心，并体现在公司经营管理的方方面面，日益发挥积极作用。

（太平洋产险河北分公司　张景府）

房地产业

【概况】 2015年，全省房地产开发完成投资4285.3亿元，同比增长5.6%，其中商品住房完成投资3162.5亿元，同比增长5.1%；房地产新开工面积7219.8万平方米，同比下降12.4%，其中商品住宅新开工面积5543万平方米，同比下降12.9%；房地产施工面积30434.8万平方米，同比下降3.8%，其中商品住宅施工面积23674.4万平方米，同比下降3.2%；房地产竣工面积4039.3万平方米，与2014年持平，其中商品住宅竣工面积3226.9万平方米，同比增长1.0%；商品房销售面积5854.7万平方米，同比增长2.6%，其中商品住宅销售面积5161.7万平方米，同比增长2.9%；商品房平均销售价格5759元/平方米，同比增长12.2%，其中商品住宅平均销售价格5530元/平方米，同比增长10.9%；商品房待售面积2180万平方米，同比增加6.7%，其中商品住宅待售面积1681.5万平方米，同比增长4.6%。

2015年4月17日，河北省住房和城乡建设厅印发《关于进一步加强和改进服务提高住房公积金使用效率的通知》，进一步放宽住房公积金政策。2015年8月31日，河北省住房和城乡建设厅、河北省国土资源厅联合印发《关于促进河北省北京周边地区房地产市场平稳健康发展的通知》（冀建房〔2015〕16号），促进河北省北京周边地区房地产市场平稳健康发展。

2015年，河北省继续对全省房地产开发建设中违法行为进行专项整治。河北省房地产开发建设违法行为专项整治工作领导小组办公室对2011年以来开工建设的所有房地产项目进行彻底清查，共成立了6个包片督导组，分别负责包片市的整治督导工作，房地产市场秩序得到进一步规范。

开展了全省优秀物业服务住宅小区（大厦、工业区）创建工作，46个项目验收合格被命名为2015年度全省物业服务优秀住宅小区（大厦、工业区）。

（河北省住房和城乡建设厅　郭晓丽）

税　务

【国税概况】 2015年，河北国税系统深入贯彻党的十八大和十八届三中、四中、五中全会精神，以税收现代化为主线，以依法治税为灵魂，以绩效管理为抓手，以廉政建设为保障，内外并举强管理，点面互促优服务，善待严管带队伍，上下贯通抓落实，确保税收收入稳定增长，确保干部队伍稳定发展，圆满完成全年各项目标任务。总局、省委、省政府领导先后58次批示肯定河北国税工作，绩效考评在全国国税系统位居第四。

2015年，全省国税收入（总局口径）完成1802.39亿元，同比增收71.21亿元，增长4.1%；全省国税收入（政府口径）完成1646.66亿元，同比增收87.09亿元，增长5.6%。其中：国内增值税完成945.60亿元，同比减收28.95亿元，下降3.0%；国内消费税完成290.81亿元，同比增收93.92亿元，增长47.7%；企业所得税完成409.87亿元，同比增收10.72亿元，增长2.7%；车辆购置税完成156.11亿元，同比减收4.48亿元，下降2.8%。

【国税收入特点】 一是中央级收入增速高于地方级，省级收入增幅最低。中央级收入完成1328.70亿元，增长4.4%；省级收入完成176.66亿元，增长1.7%；市及以下各级收入完成297.04亿元，增长4.5%。二是各税种增减不均衡，消费税增速迅猛，增值税负增长。得益于成品油、卷烟政策性增收的拉动，国内消费税增速迅猛；受工业产品价格大幅下降、化解过剩产能及治理大气污染形成减产减收、结构性减税政策实施等因素影响，国内增值税负增长；企业所得税增速相对平稳；车辆购置税略有下降。三是税收产业结构呈现可喜变化，经济结构调整和产业转型升级成效显现。第三产业税收收入完成694.70亿元，增长7.0%，高于税收平均增速2.9个百分点，占税收收入的比重为38.5%，同比提升1.0个百分点。第二产业税收收入完成1106.40亿元，增长2.5%，低于税收平均增速1.6个百分点，占税收收入的比重为61.4%。四是各市税收增速分化严重，以资源及初加工为主体税源的市降幅较大。石家庄税收同比增长21.8%，增速全省第一；衡水、廊坊、保定、沧州、秦皇岛、唐山6市税收分别同比增长6.3%、5.7%、5.1%、2.3%、0.7%、0.1%；承德、张家口、邢台、邯郸4市税收分别同比下降24.9%、5.1%、3.4%、2.3%；辛集、定州2个直管市税收分别完成10.5亿元、15.6亿元，同比增长7.0%、9.7%。

【税收法治】 初步形成“公职律师梯次建设、法律顾问全面覆盖、法治基地示范引领、执法行为全程记录”的工作格局。率先设置公职律师75人，占全省公职律师总数的38%，在全国税务系统具有独创性。省、市、县区局212个单位实现“一局一名法律顾问”，办理复议诉讼案件12起，参与重大税案审理49件，审核经济合同标的2000多万元。确定20个法治税务示范基地，发挥带动引领作用。规范税收执法，对入户执法、调账取证等事项进行音像记录，防范执法风险。

【纳税服务】 持续推进“纳税服务春风行动”，推出减轻纳税人负担、减少税务人工作量的新措施。扩建12366呼叫中心，强化网上纳税人学堂应用，电子化评价纳税信用等级并推出A级纳税人优先办税等措施，制定下发《经济新常态下深化大企业个性化服务的指导意见》。坚持把提高办税服务标准作为重点，通过明察暗访、强化第三方入驻人员管理等措施加强办税服务厅建设，通过规范审批事项、提高“网上办税厅”覆盖面等措施促进便捷办税，通过网上申请和自助申领发票等措施创新服务手段。河北国税再次获得全国纳税人满意度调查第二名。

【税种管理】 加强货物劳务税管理，推行增值税发票系统升级版，抓好“营改增”政策效应分析和风险防控，将肠衣、棉纺纱加工等5个行业纳入农产品增值税进项税额核定扣除范围，推进消费税分税目改革，严查偷骗车购税案件。加强出口退税管理，认真落实退税规范、下放审批权限、实施分类管理，辅导企业完善内控机制，使一类企业由47户增至243户，办理退税201.9亿元，同比增长22.4%，有力支持外贸稳增长攻坚战。加强所得税管理，开发完善“加速折旧优惠申报及台账管理软件”，建立风险事项团队管理模式，开展企业所得税专项评估，增强所得税风险管理和后续管理水平。加强国际税收管理，对“走出去”企业全力服务，对股权转让等非居民税收进行专项核查，对反避税案件加大查办力度，圆满完成历时7年的反避税案件磋商谈判，成为外方接受中方调整方案的唯一案件。加强税收优惠政策管理，通过定向辅导、自动提醒、督导检查等措施，不折不扣落实小微企业、高新技术企业、固定资产加速折旧等优惠政策，办理减免退抵税571.5亿元，有效促进大众创业、万众创新。

【税收征管】 全力打好“金税三期”上线攻坚战，在抓好基础建设、数据迁移、系统衔接、压力测试的基础上，先期完成双轨运行，9月实现单轨上线，到年底办理涉税业务1500多万笔。有序推行税收征管规范，开发运行“手机学习应用平台”，全面修订现有业务流程，开发“操作指引系统”，实现征管规范表证单书的电子化管理，实现征管规范与其他规范的紧密衔接。共同推行国地税合作规范，建立常态化机制，出台联席会议、信息共享等工作办法，在总局32项合作事项基础上，增加重大税务案件审理等8项合作内容，全省72个县区政务大厅实行一窗通办，16个县区局实行国地税互派人员、一厅联办。

【干部队伍建设】 在班子建设上，开展副处级干部竞争性选拔，选准用好各级“一把手”，配齐配强市县局纪检组长，增设基层纪检监察机构，确定县（市、区）局班子后备干部766人。在人才培养上，加强全员岗位练兵，分步分级分类开展在职培训，完成首批高端人才培养并选拔60名干部开展第二批培养工作，选拔876人组建18个专业人才库。在精神文明创建上，132个单位和29名个人荣获各级各类荣誉称号，70名基层干部被评为“模范老税工”，涌现出“用生命诠释深爱”的张继东等一批先进典型。在税务文化建设上，开展税务精神大讨论，参加省直机关纪念抗战胜利70周年群众大合唱获得一等奖，组织“发扬革命传统重走长征之路”团队健走、书画摄影展等活动。同时，稳步实施第二步规范津补贴工作，推进公务员职务与职级并行制度，近70%的干部晋升到上一职级，确保政策落实、人心稳定。

【党风廉政建设】 抓好“三严三实”专题教育，突出落实党风廉政建设主体责任、监督责任，认真执行各项作风纪律规定，驰而不息纠正“四风”。加强执法监督，省局对6个单位、市局对34个单位开展执法督察，追究责任554人次。加强审计监督，以预算执行、经费使用为重点对67个单位开展审计。加强巡视监督，完善巡视机制，各市均设立巡视办公室，省局对4个单位、市局对43个单位开展巡视。加强执纪监督，抓住重要时间节点进行明察暗访和专项检查。加大问责惩处力度，查处违反“八项规定”案件10起，立案查办案件50件，对55人给予党纪政纪处理。

（河北省国家税务局　戴占阳）

【地税收入】 2015年河北省地税局累计组织各项收入2427.23亿元，同比增收97.22亿元，增长4.17%。其中，税收收入1680.52亿元，增收66.84亿元，增长4.14%；社保费收入641.02亿元，增收24.55亿元，增长3.98%；教育费附加等其他收入共计完成105.69亿元，增收5.82亿元，增长5.33%。

【地税收入分析】 一是13个税种“九增四降”。营业税、个人所得税、企业所得税、城市维护建设税、房产税、车船税、土地增值税、城镇土地使用税、耕地占用税9个税种增收，共计增收100.23亿元；资源税、契税、印花税、烟叶税4个税种减收，共计减收33.39亿元。二是五大支柱行业税收“三增两减”。房地产、建筑、金融、制造业和采矿业五大支柱行业共完成1312.65亿元，占税收总量78.11%。其中，制造业和采矿业2015年收入下滑幅度最大，房地产和建筑业合计完成840.35亿元，占总税收比重达50.01%，是税收增收主要因素。三是各地税收差距大，呈现“六增五降”局面。11个设区市税收增幅出现较大分化，增幅最高与最低相差41.31个百分点。

【税收法治】 印发《河北省地方税务局关于全面推进法治地税建设的实施意见》，在总局落实法治建设绩效分档考评中位列全国前10名。推动《河北省税收征管保障办法》立法工作，以政府令的形式正式颁布。与省国税局联合出台《河北省规范税务行政处罚裁量权实施办法》，对9类54项税收违法行为划分裁量阶次。与省政府法制办、省国税局联合开展“河北省法治税务示范基地”创建工作，20个县级局获得“河北省法治税务示范基地”称号。初步探索出具有地税工作特点的税收执法全过程记录模式，得到总局王军局长批示。

【税收政策落实】 落实支持传统产业改造升级、科技型中小企业发展、节能减排等税收优惠政策，全年累计减免税收70亿元。746户（次）企业享受固定资产加速折旧优惠3.4亿元，涉及固定资产原值1235.59亿元；全面落实小微企业税收优惠政策，24.75万户（次）小微企业免征营业税4.73亿元；2.1万户小型微利企业享受所得税优惠1.2亿元。支持京津冀协同发展，落实国家《产业转移对接企业税收收入分享办法》。

【纳税服务】 在国家税务总局组织的全国纳税人满意度

测评中，再次获得全国地税系统第三名。与省国税、省建行启动A级纳税人“纳税信用贷”，联合省银监局将该项目推广到B级纳税人以及全省所有金融机构。2015年向826户小微诚信纳税企业提供贷款8.2亿元。联合省国税出台《深化国地税合作意见》，明确5个方面、40项合作事项，其中21项合作事项已取得成效。制定《加强12366热线服务与管理十项制度（试行）》，全年服务总量23.9万件，办理转办事项2804件，人工接通率98.2%。

【税收征管】 积极推进税收征管现代化建设，选择基础较好的市、县局作为试点，单独配置业务流程，探索推行按事设岗、分岗办事的征管模式。积极推进“三证合一、一照一码”登记改革，从2015年10月1日到年底有7.54万户实施这项改革。分级组织学习培训《全国税收征管规范（1.1版）》，抽调业务骨干做好逐项梳理，做好差异比对，修改河北地税《征管规程》。出台《存量房交易税收征管规程》，加强和规范存量房税收管理。大力推广网络发票，全省累计开具发票3726万张，开票金额8063亿元。

【税种管理】 一是规范营业税管理，实现税收651亿元，同比增加60亿元，增长10%，得到省长肯定批示。二是联合省保监局、省保险协会和各财保公司等起草《车船税联网征收工作指导意见》和《车船税联网征收工作应急预案》。三是对财产行为税纳税申报表填报、注意事项及特色软件操作等内容培训，为全省金三顺利上线打下基础。四是推进个人所得12万元以上纳税人自行申报工作，全省共受理年所得12万元以上自行申报纳税申报人数11.72万人，同比增加1.87万人，增长19%。

【税源监控】 将1.3万户风险纳税人推送基层应对，完成风险管理全流程1.1万户。与省国税局联合开展流转税和企业所得税营业收入差异风险应对，深化增值税、消费税与城建税及附加风险分析，查补税款2亿元。依托全面推广“涉地税收一体化管理”模式，增加税收6.4亿元。

【大企业税收管理】 对163户重点企业开展全流程税收风险管理，通过企业自查和地税机关审核排查，发现涉税风险点280多项，涉及税款1.9亿元。组成4个审计小组，对河北某集团总部及秦皇岛、唐山、沧州的46户分支机构进行税务审计。

【国际税收管理】 制定《河北省地方税务局关于加强国际税务管理工作的指导意见》，明确国际税务管理总体思路、基本原则和主要目标。对158户非居民企业开展税源风险应对，实现税收收入1700余万元。制发《致河北省“走出去”企业的一封信》，编写《河北省“走出去”企业税收服务与风险应对指南》，做好“走出去”企业税收服务与管理。

【税务稽查】 做好稽查计划省局备案管理，优化稽查资源配置，加大省市两级直查力度。组织全省税收专项检查、区域税收专项整治和重点税源企业检查，严厉打击发票违法犯罪活动，落实税收“黑名单”制度，全年共检查纳税人2806户，查补入库52.17亿元。

【电子税务管理】 2015年，全系统先后完成环境搭建、数据迁移及上线测试等各阶段工作，金税三期工程成功上线运行。完成数据中心第二供电线路建设、全系统视频会议室改造及设备安装等基础性工作，部分设备搬迁至西山数据中心。制订全省地税“互联网+税务”实施方案，以省会为试点，打造税收征管、纳税服务、执法监控和行政管理四大平台。

【财务管理】 与财政厅协调金税三期专项资金，及时办理采购手续，保障金税三期工程顺利上线。细化调整资金补助基层，申请追加项目经费和人员经费。审核430余项资金使用计划，并督导各单位落实。完成系统23个维修改造项目的专家论证、项目立项和投资额下达等工作。通过制定方案、自查登记、跟踪督导、检查核实和整改落实五个阶段，开展系统资产清查。对系统车改基础数据进行核对统计，合理确定系统保留车辆1628部，一次性通过省财政厅审核。

【政府采购】 按程序办理政府采购事项44件，涉及资金1.4亿元；根据国家和河北省政府采购政策新要求，修订《全省地税系统政府采购管理办法》；对2015年之前的政府采购资料进行归档。

【税收科研】 完成“推动京津冀协同创新促进产业优化升级的相关税收政策研究”课题。在2014年课题研究基础上，对打造环首都经济增长新极，促进产业优化升级，积极应对环境等税收政策问题进行积极跟进研究，为有效发挥税收的经济杠杆作用方面提出可行性建议。完成《“一带一路”支点国试建“中国城”的初步探讨》的撰写，并在全国性研讨会上作了重点发言。

（河北省地税局　师燕飞）

科学技术

【概况】 2015年，河北省委、省政府将科技创新摆上更突出的位置，对科技创新的重视程度和推进力度空前未有。春节过后，全省召开的第一个会议就是全省科技创新暨科技奖励大会。赵克志书记、张庆伟省长先后两次赴科技部专题会商，先后三次到科技厅调研、参观、指导工作。省委、省政府将高新技术产业增加值占比及增长率、研发投入强度、科技型中小企业增长率、万人发明专利拥有量等四项指标列入市县党政领导班子和主要领导干部综合考核评价指标体系，创新发展考核的指挥棒和导向标作用更加凸显。抓创新就是抓发展，谋创新就是谋未来，正在成为全省上下的共识；真重视、真投入、真服务、真考核正在成为各级各部门的自觉行动，抓创新的举省体制正在加速形成。

在省委、省政府的正确领导下，省科技厅坚持在全局下定位、大局下行动，积极抢抓京津冀协同发展和创新驱动发展重大机遇，紧紧聚焦转方式调结构，深入实施全省科技创新路线图，大力推动以科技创新为核心的全面创新。科技创新成果取得新突破。面向产业升级，加强重大项目实施，444个项目获重大科技专项、863、科技支撑、自然基金等国家科技计划支持，争取专项资金2.8亿元，研发应用100多项重大产品和重大装备，56个重大技术成果进入产业化，推动高新技术产业加快发展，在产业转型升级中呈现新亮点。农业科技创新水平大幅提升，培育应用农业新品种30多个，集成研发推广农业新技术、新装备130多项，“渤海粮仓”科技示范工程增粮10.2亿斤。重大科技专项和工程实施成果显著，有力促进了产业发展迈向中高端。共有14项重大成果获国家科技奖励，282项获得省级科技奖励。其中，石药集团荣膺国家科技进步企业技术创新工程奖，实现河北省零的突破。张英泽等4名科技人员获得在国内外享有巨大声誉的何梁何利奖，获奖人数创历史新高。10项专利获中国专利奖，其中2项金奖，创造河北省新纪录。全省有效发明专利拥有量累计达12279件，比上年新增3213件，同比增长35%。

【京津冀协同创新】 落实国家《京津冀协同发展规划纲要》和全省重要部署，着眼共享，立足共建，在打造京津冀协同创新共同体上重点发力。战略性标志性平台建设迈出新步伐。石保廊全面创新改革试验区、京南科技成果转化试验区正式启动，环首都现代农业科技示范带获科技部批复建设，白洋淀科技城首批21个重点项目签约开工。试验区和示范带被纳入经国家京津冀协同发展领导小组审定、科技部与发改委出台的《京津冀创新驱动发展指导意见》和《京津冀协同发展科技创新专项规划》，列入了全省“十三五”《规划纲要》。京津冀创新资源共享实现互联互通。与中国技术交易所、北京国际技术转移中心、北大创客训练营合作设立了分中心和工作站，形成了连通京津、贯通各市，集技术交易、技术转移、创业培训、科技金融服务、科技资源共享于一体的“三中心两平台”创新创业综合服务体系。通过加强协同创新，加速了京津创新资源向河北聚集，入驻河北的中关村企业达到1029家。

【创新主体培育】 实施高新技术产业倍增、科技型中小企业成长计划，一手抓顶天立地大企业，一手抓铺天盖地中小企业。全省高新技术企业新增350家、为历年之最，总数达到1629家；科技型中小企业新增1.15万家、增长84.6%，呈“井喷式”增长，总数达到2.5万家，在新三板上市企业中科技型中小企业占比达到80%。全省企业创新主体迅速壮大，为化解过剩产能、培育经济发展新动能起到了重要支撑作用。

【科技园区建设】 科技园区基地上规模上水平。新增省级高新区4个，全省省级以上高新区达到29个，其中国家级5个、省级24个，在10个设区市和4个新区实现了高新区平台支撑，石家庄、保定、燕郊3个国家级高新区进入千亿级园区行列。新增国家级农业科技园区8个，省级以上农业科技园区107个，其中国家级14个。高新技术产业化创新基地达75个，国际科技合作基地57个。高新区、农业科技园区等科技园区的迅猛发展，为壮大高新技术产业和现代农业，培育经济增长新动源发挥了重要作用。

【创新平台建设】 依托骨干企业、高校院所，搭建不同能级、不同层级的科技创新平台，构成了全省产业转型升级和创新驱动发展的重要基础。中国电科集团54所卫星导航系统与装备、石家庄以岭药业公司络病研究与创新中药、邢台轧辊公司轧辊复合材料等获批为国家重点实验室，全省省级以上重点实验室达105家、其中国家级9家，省级以上工程技术研究中心231家、其中国家级5家。新建产业技术研究院10个、总数达到28个。新建院士工作站35个、总数达到173个。新建科技企业孵化器8个、总数达到61个，其中国家级18个。创新服务平台基本覆盖全省重点产业，企业创新能力持续增强。充分发挥产业技术创新联盟对整合创新链条、服务产业发展、提升区域创新能力的促进作用，全年新增省级联盟4个，保定市新建市级联盟19个，成为推动区域经济发展和行业技术进步的新亮点，为贯通产业链、打通创新链、提升价值链闯出一条新路。

【科技体制改革】 围绕深化科技体制改革、推进创新驱动发展，相继研究出台了河北创新28条、科技计划管理改革31条、发展众创空间15条、知识产权18条等十大科技新政。为整体推进国家和全省各项科技政策落实，聚焦制约创新驱动的关键堵点，对相关政策举措进行有机整合，以省“两办”名义制定出台了《河北省深化科技体制改革实施方案》，提出了八个方面119条具体改革举措，将科技体制改革的“设计图”细化为“时间表”和“任务书”，明确责任单位，加大落实推力，逐步形成可量化、可考核、可落地的政策执行体系。

【大众创业万众创新】 着眼厚植创新创业生态，激发创新创业活力，在全省上下启动了以“双创促转型河北在行动”为主题的双创活动，张庆伟省长亲自参加启动仪式，省政府办公厅印发活动实施方案，相继开展了双创政策大讲堂、创业导师河北行、创业经验一招鲜等系列活动，成为全省推动“双创”的靓丽名片。着力强化创新创业的载体、人才和金融支持。众创空间等新型创业载体发展迅速，全年新建众创空间100家。产业创新创业队伍快速壮大，支持引进45个成建制的产业创新创业团队，涌现出90名科技型中小企业创新英才，近千名科技特派员和大学生村官到基层开展创新创业服务。科技金融融合不断深入，科技支行实现零的突破，全省新建科技支行11家，科冀贷、科冀保等金融创新产品为科技型中小企业融资近300亿元；与科技部、招商局集团联合设立的10亿元科技成果转化基金正式挂牌运营，与科技部和京津以“1+3”模式联合设立的10亿元协同创新投资基金在河北省完成注册。

（河北省科技厅　冯建平　于学芝）

气　象

【气候基本状况】 2015年，河北省气候年景总体偏好，气温偏高，降水接近常年。

气温。全省平均气温12.6℃，较常年偏高0.8℃，比上年偏低0.3℃，属偏高年份。冬季，全省平均气温－1.2℃，较常年偏高1.5℃，为2008年以来最高；春季，全省平均气温14.0℃，较常年偏高1.0℃，比上年偏低1.2℃，属偏高年份；夏季，全省平均气温25.1℃，较常年偏高0.2℃，比上年偏低0.1℃，属正常年份；秋季，全省平均气温12.0℃，较常年偏低0.1℃，比上年偏低0.9℃，属正常年份。11月26日出现全省性强降温，多地最低气温突破历史极值。

降水。全省平均降水量506.0毫米，接近常年，比上年偏多近30%。冬季，全省平均降水量11.0毫米，接近常年。春季，全省平均降水量104.2毫米，较常年偏多40%以上，属显著偏多年份，为1999年以来最多。夏季，全省平均降水量252.8毫米，较常年偏少24.4%，属偏少年份。沙河、丰润、玉田、威县降水量突破历史极小值。7月，全省平均降水108.9毫米，较常年偏少24.5%，致使全省3/4的区域出现中度及以上程度气象干旱。秋季，全省平均降水量138.3毫米，较常年偏多60%以上，为2003年以来最多，属显著偏多年份。

日照。2015年，全省年平均日照时数2319.1小时，较常年偏少168.1小时，属偏少年份，为1971年以来第六少年份。各地年日照时数在1576.1～2869.5小时之间。与常年相比，80%以上的地区日照偏少。

【年景评述与气象灾害】 2015年河北省雾霾天气多于常年，重雾霾偏少。冬、秋季雾霾偏多，春、夏季偏少。阶段性气象干旱严重，夏旱影响较大。高温日数偏少，7月13日出现极端高温事件，21个县（市）达到或突破40℃。暴雨日数显著偏少，局地出现强降水，部分地区发生洪涝灾害。降雪日数接近常年，为近5年最多，11月降雪异常偏多。寒潮、风雹、沙尘过程偏少。连阴雨天气多于常年，秋季异常偏多，秋末阴雨寡照历史罕见。总体而言，全年气象灾害发生的频率和损失程度低于近10年平均水平，损失程度属于“中等偏轻”年份。

雾霾。全省平均雾霾日171.5天，较常年偏多15.9天；全省平均重雾霾日（能见度≤1000米）19.0天，较常年偏少2.6天。冬、秋季雾霾日较常年偏多，秋季偏多19.0%，其中，11月雾霾日偏多58.7%，为历史同期最多。春、夏季雾霾日偏少。重雾霾日各季均偏少，冬、春、夏季显著偏少。全年雾霾影响范围达120个县（市）以上的日数有36天，重雾霾影响范围达60个县（市）以上的日数有15天，比上年多3天。

干旱。全年气象干旱以阶段性为主，主要发生在春、夏季，夏旱影响最大，7～8月出现持续性、大范围气象干旱。全省因旱受灾人口899.05万人，农作物受灾面积925.64千公顷，绝收155.3千公顷，直接经济损失47.82亿元。

暴雨。全年出现暴雨109个站日，较常年偏少45.6%，为1971年以来第五少年份，略多于上一年。受暴雨洪涝影响，全省受灾人口144.81万人，作物受灾面积282.21千公顷，绝收31.08千公顷，倒塌房屋227间，直接经济损失6.95亿元。

极端降雪。全省降雪日数接近常年，平均降雪日数14.0天，为近5年最多。11月降雪异常偏多，平均降雪日数5.9天，为1968年以来同月最多，74个县（市）达到或突破历史同月极值，25个县（市）连续降雪日数突破历史同月极值，2个县（市）突破历史极值。受极端降雪影响，全省受灾人口1.84万人，作物受灾面积5.61千公顷，绝收0.22千公顷，直接经济损失0.085亿元。

寒潮降温。全年出现寒潮628个站日，较常年偏少19.8%；出现强寒潮101个站日，较常年偏少50%以上。影响范围超过30个县（市）的寒潮降温过程4次，分别为1月6日、3月9～11日、3月29～4月2日和11月6日。其中，3月29～4月2日寒潮降温过程致灾最重，邢台市果树被冻伤，受灾人口3.56万人，受害面积4.65千公顷，直接经济损失0.0479亿元。

阴雨寡照。全年出现连阴雨1085个站次，较常年偏多1.3倍，为历史最多。秋季出现连阴雨571个站次，较常年偏多3.5倍，其中9月偏多3倍，11月偏多近8倍。全省各地年连阴雨日数在12～58天之间。与常年相比，60多个县（市）连阴雨日数为历史最多。全省大部分地区最长连阴雨日数在5天以上，局部地区超过8天，18个县（市）最长连阴雨日数为历史前三位，5个县（市）为历史最长。

高温。全年平均高温日数7.8天，比常年偏少23.1%，比上年偏少40.6%，为近7年最少。7月13日，133个县（市）出现高温天气，单日发生范围为建站以来历史同期第二位，21个县（市）达到或超过40℃，永年日极端最高气温达42.5℃。

大风冰雹。全省平均大风日数4.4天，比常年偏少51.7%，为1981年以来第三少；平均冰雹日数0.5天，比常年偏少47.8%。全年共发生大风623个站日，冰雹73个站日，风雹总体偏少，但经济损失重。全年因风雹造成经济损失49.85亿元，占全年各类自然灾害经济损失的47%。

沙尘。全省平均沙尘日数1.2天，比常年偏少82.5%，为1971年以来第四少。沙尘影响范围超过10个县（市）的日数有4天，4月15～16日过程影响最大，超过20个县（市）。全年出现沙尘暴9个站日，比常年偏少84.2%，比上年多3.5倍，为近4年最多；扬沙140个站日，比常年少82.6%，比上年多70.7%；浮尘33个站日，比常年少89.6%，比上年多50.0%，为近5年最多。

【气候对有关行业的影响】 农业。2015年气象条件对作物生产影响利大于弊。年内，主要农业气象灾害有持续性阴雨寡照、低温和雨雪冻害、干旱、暴雨、风雹，给农业生产造成不同程度的损失，农作物受灾面积1808.19千公顷，绝收259.51千公顷，受灾人口1698.46万人次，死亡16人，直接经济损失106.51亿元。其中，风雹和干旱损失较重，分别占全年经济损失的47%和45%。

林业。全年共发生森林火灾74起。其中，一般火灾66起，较大火灾8起。过火面积470.65公顷，受害面积

86.15公顷。与上年同期相比，火灾数量减少20起，下降21.28%；过火面积减少703.31公顷，下降59.91%；受害面积减少78.66公顷，下降47.73%。没有发生重大及以上森林火灾。

畜牧业。2015年全省草原地区温度偏高，雨水条件较为充沛，草原植被总体长势属较好年份。天然草原草群平均高度25.3厘米，较上年同期高0.8厘米；平均盖度67%，较上年同期高1%；平均鲜草产量205公斤/亩，较上年同期增加8公斤/亩。草原生产力提高，饲草总储量有所增加，较上年提高约2.5%。

海洋。全省沿海共发生海洋灾害18起，其中风暴潮6起，海浪6起，赤潮6起。因冬季气候偏暖，水温偏高，全省沿海冰情较轻。秦皇岛沿海初冰日为2015年1月7日，终冰日2015年2月1日，冰期26天。唐山沿海初冰日2014年12月19日，终冰日2015年1月30日，冰期43天。沧州沿海初冰日2014年12月1日，终冰日2015年3月1日，冰期91天。

盐业。2015年盐区气象条件较平稳，异常和灾害性天气少，总体气象条件好于上年。全盐区年平均蒸发量1859毫米，降水量431.5毫米，与上年同比蒸发量增多105.5毫米，降水量增多38.9毫米，气象条件利于卤水浓度保持和提高，盐晶易于形成。全年盐区雾霾天气较上年减少38天左右。空气湿度小、风力大及人为调控等有利条件一定程度上促进了蒸发量的增长，促进了原盐生产。

交通。年内暴雨、雾霾、降雪等灾害性天气对全省交通行业造成诸多不利影响。7～8月出现的暴雨过程，造成G109、省道平涉线、天走线、京原支线等数条段普通干线公路水毁，共计损毁路基6公里，路面4000余平米，挡墙2000余立方米，桥涵6座，估算资金损失约800万元。11～12月出现多次雾霾天气，给人们出行带来不便。

空气质量。2015年全省平均大气环境承载力257.4t $\cdot km^{-2} \cdot a^{-1}$，较常年偏低22.2%，比上年略低，为1972年以来最低。全年空气质量平均达标天数明显增加，为192天比2014年增加40天；石家庄、邯郸、沧州三市达标天数增加较多，分别增加74天、48天和46天。全省平均重污染天数明显减少，为36天比2014年减少30天；邢台、石家庄和邯郸三市减少较多，分别减少72天、70天和65天。全年共出现10次持续性重污染天气过程，比上年偏少6次。

【气象防灾减灾和公共气象服务】 2015年，河北省气象防灾减灾成效明显。气象灾害防御组织与责任体系进一步拓展。新增33个县级气象灾害防御中心，落实编制117名，张家口、邢台等5市实现防御中心全覆盖。95个市、县将气象防灾减灾纳入城乡安全网格化管理，39个县（市、区）将气象灾害防御职责列入乡镇政府“三定”方案，10个设区市123个县级政府公布气象灾害防御重点单位名录。气象灾害风险管理业务不断强化。制定气象灾害普查技术规范及暴雨洪涝、大风灾害风险区划技术指南，建立123个县（市、区）气象灾害防御基础信息数据库，对135个县（市、区）的暴雨洪涝灾害风险进行普查。研发干旱、高温中暑、设施大棚风灾、雾闪等分灾种的风险等级预报系统。邯郸等市开展城区内涝灾害风险评估。气象灾害应急管理和重大活动保障有力有效。国家突发事件预警信息发布系统实现业务运行，省级与应急办、国土等8部门对接。气象灾害防御指挥系统和“河北决策气象”微信平台在全省推广。联合省委组织部对111名县级政府主管领导进行灾害防御专题培训。圆满完成冬奥会申办、“9·3”阅兵、北戴河暑期办公、衡水湖国际马拉松赛等重大活动保障任务。全省因气象灾害死亡人数降至新低，直接经济损失占GDP的比重降至0.35%。

公众服务覆盖面和满意度稳步提升。服务产品更加丰富。推出蓝天指数、春季踏青赏花、健康气象等25项与百姓生活密切相关的公众气象指数类服务产品。服务手段更加智能。运用“两微一端”发布实时预报，开展“气象进校园”“气象宝贝星评选”等互动服务。气象短信接入移动教育云平台，秦皇岛市将公众气象服务融入“互联网+城市服务”平台。服务覆盖面不断拓展。打造《天气旅游》等5档电视直播新节目，日播出电台节目40档。省级微信粉丝总人数近7万，官方微博粉丝突破240万。河北天气网日均点击量80万人次，较上年同期提高70%。打造气象灾害防御漫画和科普读本等科普精品，丰南科普公园、邯郸连片科普基地社会效益突出。在第十届全国气象影视服务业务竞赛中获团体二等奖。2015年公众气象服务满意度86.3分。

气象保障经济转型升级能力不断增强。农业气象服务不断深化。成立马铃薯、核桃、节水农业等3个省级农业气象分中心。全省2万多个新型农业经营主体纳入重点服务对象信息库。试点开展设施农业气象灾害影响预报。33个县（市、区）实施三农专项，新增标准化气象灾害防御乡镇13个。交通气象服务加快向集约化、专业化方向推进。初步建立基于影响的交通气象预报预警服务业务。开展京津冀区域为逐小时3公里格点监测实况和要素预报服务。研发行车气象指数、能见度等级等专项服务产品。完成河北交通气象云服务平台一期开发。能源、海洋、商贸物流、保险等气象服务不断拓展。风电、光伏等新能源气象服务实现省内全覆盖。新增导线舞动、覆冰、风区、冰雪等灾害性天气风险等级预报预警服务，预报准确率稳定在80%以上。完善海洋气象业务平台，提供沿岸海区流场、温度场等预报产品。秦皇岛智慧旅游气象服务系统上线运行，实现景区、星级宾馆旅游服务全覆盖。保定以白沟新城为试点开展商贸物流气象服务。政策性农业保险气象服务进一步深化。

生态环境气象保障作用凸显。环境气象业务发展取得突破。在省级气象部门率先开展减排调控气象评估业务。空气质量模式分辨率达4公里、时效达84小时。建立京津冀区域0.1°×0.1°分辨率污染源清单，研发源清单处理系统和源同化技术。AQI指数预报技巧评分全国第一。人工影响天气常态化作业能力显著提升。国家飞机增雨和科学试验石家庄基地开工建设。继续实施地下水超采综合治理人工增雨保障工程。省级人影综合业务指挥系统业务化运行。全年开展飞机作业65架次，地面作业1386点次，估算增水27.3亿吨，防雹面积600万亩。气候和气候变化适应服务不断深入。开展城市通风廊道影响、低温核供热堆选址、渤海海冰预测以及城市内涝、大气环境承载力和生态旅游景区气候资源评估等服务。

【气象基础业务】 预报预测精细化水平稳步提高。组建数值预报释用团队，建立格点预报业务流程。实现分类强对流客观预报，冰雹预警信号发布时间较上年平均提前28分钟。石家庄、唐山开展主城区小时雨强预报和分乡镇预警业务。中短期预报、分县气候预测质量稳定提高，汛期降水预测平均得分77.3分，全国排名第四。城镇预报准确率相对中央台均为正技巧。气象观测领域和范围不断拓展。强化垂直观测能力，新建风廓线雷达11部，微波辐射计9部。与中科院合作共建13部三维闪电定位仪。新建18套自动土壤水分观测设备。启动区域站升级改造和骨干站网遴选。气象灾害地面观测站平均间距达5.6公里。气象资料分析应用共享能力加快发展。与水利、环保、交通等部门共享6018个观测站点数据。全省统一、集约、共享的数据资源池实现业务运行。建成京津冀气象实况资料格点化自动处理系统，实现气温、降水、风、能见度的1×1公里格点数据实时显示。信息网络和装备保障能力有效提升。省市县三级网络、机房升级改造以及高性能计算机集群、云服务平台建设稳步推进。全省区域站社会化保障率达81%，较上年提升108%。

科技创新和人才支撑体系不断强化。新组建气象灾害风险评估与区划和环境气象等创新团队。年内各类科研计划支持项目经费1014.8万元，2个项目分获省科技进步二、三等奖。发表核心期刊及以上级别论文88篇，其中SCI、EI收录6篇，出版专著1部，完成计算机软件著作权登记4项。实施领军人才等5类人才建设工程，20人入选省“三三三”人才工程。完善创新团队、首席预报员、首席服务专家等管理办法，开展正研级高工岗位竞聘、县局职务与职级并行、基层优秀人才选调等工作。完成国家级、区域、省级等各类培训53期3万余人天。

【深化气象改革】 政府领导和支持气象现代化力度逐步加大。推动中国气象局和省政府召开联席会议，确定“十三五”双方共建河北气象现代化7大工程。《河北省气象事业发展“十三五”规划》首次列入省级专项规划，并通过专家论证。联合编制了《京津冀协同发展气象保障规划（2016—2020）》。推动省农村工作领导小组印发《关于创新气象为农服务机制保障河北省农业农村转型发展的意见》。张家口市召开气象现代化工作会议，各设区市政府均出台推进气象现代化建设文件。

服务体制改革试点稳步推进。继续培育协会（专家联盟）、合作社、涉农企业等组织，开展为农服务社会化试点。启动京津冀交通气象中心和省能源气象服务中心建设。继续推进科技服务定位调整和改制。启动宇翔集团公司组建。邢台等市推进企业投资气象设施建设。业务科技体制改革积极开展。调整省市县三级预警信号业务。明确县级综合气象业务功能定位及建设标准，启动省市县集约化综合气象业务平台建设。拟定“订单式”科研项目管理以及成果认定、分类评价、业务准入等管理办法。有序推进省气象与生态环境重点实验室协同创新基地、中试平台和仿真平台建设。管理体制改革主动适应。推进地方气象事业单位分类改革，省气象灾害防御中心和省人影办被列为公益一类事业单位。实施事业单位工资绩效管理。市、县事业单位全部完成法人登记。重组省局党组纪检组。狠抓作风建设，开展“工作落实年”活动，推进机关标准化建设。基本完成省局机关公务用车制度改革。推进后勤物业化管理。省、市局修订完善部门职责—工作活动目录，积极落实财政气象支出保障责任。财政投入稳定增长，全年中央财政投入3.67亿元，地方财政投入2.88亿元。批复22个基层台站总体建设规划，完成20个台站业务用房建设。

【气象法治建设】 法规和标准体系不断健全。完成《河北省气候资源保护和开发利用条例》立法调研，草案通过省人大农业和农村委员会审议。对《河北省防雷减灾管理办法》等5部规章、11个规范性文件进行清理。印发《河北省气象标准预研究管理办法》，启动标准预研究工作。开展标准执行清单梳理，3项行标提交标委会审查。制定气象灾害防御标准体系规划，明确87项气象灾害防御制修订标准。

气象行政管理职能不断加强。取消防雷产品备案等4项非行政许可事项，清理规范雷电灾害风险评估等4项中介技术服务事项。开通网上行政审批平台，重新制定全部行政许可事项的服务指南和审批细则，全省共办理许可事项4500余件。指导市县气象部门编制、公布权力清单和责任清单。省级防雷业务综合管理平台试运行，沧州建立气象社会管理信息系统，强化对气象服务市场主体行为的监督管理。开展气象灾害防御等专项执法检查和安全生产大检查，全年检查企事业单位2100多家，排查安全隐患600余处，立案查处13起。

（河北省气象局　毛翠辉）

防震减灾

【地震活动】 （一）2015年河北省及京津地区地震活动概况。据河北省数字遥测台网测定，2015年河北省及京津地区共发生地震3214次，ML1.0级以下地震2212次，ML1.0—1.9级地震817次，ML2.0—2.9级地震162次，ML3.0—3.9级地震21次，ML4.0—4.9级地震2次，没有5级以上地震。最大地震为2015年9月14日18点10分河北昌黎ML4.5级地震。相较于往年，2015年河北省及京津地区地震活动强度明显提高。

（二）2015年河北省及京津冀地区地震活动特征。第一，2015年地震为3214次，小震频度不仅明显高于2014

年，且高于近年历史平均水平强度。2015年发生两次ML4.0级及以上地震，分别为9月14日18点10分河北昌黎ML4.5级和11月28日02点10分河北丰南ML4.0级地震。9月14日昌黎ML4.5级地震发生后两周之内共发生余震107次，其中以9月14日18点23分ML3.9级地震最大。11月28日丰南ML4.0级地震后余震数量较少，仅在震后3小时内有余震发生，其后趋于平静，其中最大的余震为2点12分ML2.2级地震。2015年无ML5.0级以上地震发生。第二，2015年度小震群次数增多，共发生了2次小震群活动，分别为1月11日20点34分河北滦县ML3.3级震群及4月18日17点58分河北开平ML3.2级震群。河北滦县ML3.3级震群活动从1月11日至3月31日共发生可定位小震313次，其中ML0.0—0.9级地震227次，ML1.0—1.9级地震68次，ML2.0—2.9级地震16次，ML3.0—3.9级地震2次。河北开平ML3.2级震群活动从4月18日至5月5日共发生可定位小震59次，其中ML0.0—0.9级地震15次，ML1.0—1.9级地震29次，ML2.0—2.9级地震13次，ML3.0—3.9级地震2次。第三，河北小震活动仍主要集中在唐山、邢台、张家口三个地震活跃部位。第四，与2014年相比，京津唐张地区地震频度增加，成丛性比较明显，尤其是唐山老震区的震群活动增多。

（河北省地震局　王莉婵）

【重点项目】　2015年河北省地震局以京津冀协同发展为契机，会同北京市地震局、天津市地震局联合编制了《京津冀防震减灾协同发展专项规划》；河北省地震局初步编制完成《河北省防震减灾“十三五”规划》并顺利通过中国地震局论证。国家地震烈度速报与预警工程项目扎实推进，顺利完成河北分项任务可研、初设及实施方案；中国地震局2015年度地震预警示范区项目建设顺利，完成设备招标工作；河北省区域烈度速报台网系统建设项目7月份初步设计获批，已完成项目部分设备招标，正在按步骤组织实施；张家口测震山洞项目主体工程过半，正在建设之中。河北地震背景场探测项目、文安地震台优化改造、承德台兴隆子台优化改造项目顺利完成并通过中国地震局验收。2015年援疆工作圆满完成。一批防震减灾重点项目的实施，提高了河北省防震减灾综合防御能力。

【监测预报与台站建设】　一是进一步提升监测能力。台网布局逐步优化，运行日趋稳定，流动观测不断发展，观测质量稳中有进。前兆、测震、强震动台网和信息网络运行良好，台网整体运行率达到98%以上，在2015年度全国地震监测预报工作考评中获得第2名。行业专项“中国综合地球物理场观测—大华北地区项目”，按期完成了大华北地区重点监视区域68段次的相对重力观测及81个流动地磁测点观测工作。二是扎实开展震情跟踪。严格执行会商制度，按时召开年中、年度地震趋势会商会，认真编制年度震情跟踪工作方案；积极推进会商机制改革，《河北省震情会商制度改革实施方案》通过中国地震局审核并进入实施阶段。三是积极推进台站改革和建设。深化中心台试点改革，着力打造窗口化样板台站。牵头组织建设2015年度全国地震预警示范区，新建华北片区前兆维修维护中心，逐步完善监测台网运维保障体系。结合“一县一台”建设，资助启动邯郸宏观观测网试点，协调廊坊市地震局完善电磁波网络，新建永清电磁台并投入试运行。四是加强观测资料整合利用。重点推进GPS、电磁扰动等观测资料的分析处理与测震、强震和简易烈度台网“三网”融合实验，大力推动北斗站建设，完成张家口、隆尧、唐山、承德、沧县5个陆态网络基准站改造，并做好各基准站试运行维护工作。

【震害防御】　一是切实加强法制建设。省人大城建环资委对河北省南、北部各3个市开展“一法一条例”实施情况调查，有针对性地提出了当前防震减灾工作面临的主要问题和改进建议。二是认真做好安评工作。全年共评审地震安全性评价报告122个，出具河北省地震安全评定委员会评审意见106份，为15项省管重大项目出具地震安全性评价报告及抗震设防要求确定批复。修订制定完成《河北省地震安全性评价工作管理办法》、《河北省地震安全性评价现场工作规范》和《河北省地震安全性评价行业自律准则》，对于加强地震安评工作管理、提高安评工作质量有更强的推动作用。三是扎实抓好示范创建。唐山市被中国地震局命名为国家防震减灾示范城市，在唐山市召开了全省防震减灾示范城市创建表彰观摩暨防震减灾工作调度会，进一步动员全省各地开展防震减灾示范性创建工作，推动防震减灾融合式发展。四是继续推进安全农居工程。将“开展地震环境和建设场地条件勘察，加强农村住房抗震设计和技术应用”纳入《中共河北省委河北省人民政府关于加快转变农业发展方式推进农业现代化的实施意见》，实现在政府层面地推动农居地震安全的实施。

【应急救援】　一是高效应对有感地震和地震谣传。妥善处置了2015年4月19日廊坊文安3.0级地震、6月12日张家口张北3.0级地震、7月5日张家口涿鹿3.2级地震和9月14日秦皇岛昌黎4.2级地震等6次有感地震。有效应对了2月28日廊坊永清地震谣传和7月23日秦皇岛、唐山地震谣传，维护了社会稳定。二是切实加强地震应急演练。组织开展了河北省抗震救灾指挥部成员单位地震应急桌面演练，参加晋冀蒙交界跨省实装拉动地震应急演练和全国地震应急技术系统应急保障演练，完成国家救援队全员全装拉动演练保障。三是强化救援队伍建设。组织全省37名专业地震灾害紧急救援队伍指挥管理骨干，赴国家地震紧急救援训练基地（北京）参加高级培训。7月联合举办唐山市地震系统应急管理培训班，10月举办了河北省地震现场应急工作培训班，先后培训各级地震应急工作人员150余人。四是提高地震应急基础能力。修订完成《河北省抗震救灾指挥部应用手册》和《河北省地震应急预案应用手册》，人员、队伍、装备等基础保障信息更新率超过50%，完成了地震应急指挥基础数据的大幅度更新，共更新数据58943条，编制出版《河北省地震应急救援工作基础材料——断裂构造特征及说明》。

【防震减灾科技合作】　一是加强项目立项。积极组织申报国家和省级各类科研项目，2015年正在实施的有国家自然科学基金1项，中国地震局星火计划项目3项，河北省科技计划项目4项。二是深化科技合作和技术交流。与防灾科技学院合作开展的“河北省基于背景噪声监测地震波速变化系统”等项目稳步推进；与山西、内蒙古、中国地震局地球物理研究所、北京大学合作的“三省一所一校”合作项目，2015年深入开展了“晋冀蒙交界地区震情强化跟踪研究”专项研究项目，进一步探索在孕震模型指导的短临跟踪工作技术和完善的震后社会应对与减灾决策工作环节；与省地理信息局达成GPS及数据共享合作协议，目前数据共享光纤正在建设中。

【防震减灾宣传教育】 一是省地震局新门户网于2015年4月底正式上线运行。挂靠于省地震局门户网站的河北地震科普网从文字、图片、视频、动画、游戏等方面对科普网的内容进行了填充完善，累计添加各类宣传资料300余条，文字3万余字。二是官方微博、微信自开通以来，已成为河北省地震局宣传防震减灾事业、应对社会舆论、普及科普知识的重要渠道。2015年利用微博平台，开展了达人探秘地震局、网友体验地震岗、微博互动有奖转发、有奖答题等多项网友互动活动，取得了较高的社会关注度。全年共发布微博908条，日均2～3条，粉丝累计67万余人。三是充分利用“5·12”防灾减灾日、“7·28”唐山地震纪念日期间等特殊时段，开展了形式多样的宣传活动。据不完全统计，全年开展各项现场宣传活动十余场，累积发放宣传材料11000余份，宣传活动收到了比较好的社会反响。四是联合专业媒体开展防震减灾宣传。联合河北移动广电完成《宁可千日不震不可一日不防》等6部防震减灾公益广告播放工作，日覆盖人群达300万人次。联合河北电视台农民频道播放《尊重事实讲科学勿听勿信勿传谣》等2部防震减灾公益广告片，播出效果较为理想。2015年省地震局获河北省首届广播电视公益广告大赛二等奖。五是开展防震减灾进学校、社区、农村等宣传活动。先后赴承德县大窝铺村、桑园村等地开展防震减灾宣传进农村系列活动；赴石家庄市六中、师大附属小学等防震减灾进学校宣传活动；联合石家庄市委宣传部，赴石家庄市裕华区电业小区“燕赵大讲堂”之防震减灾进社区宣传活动，受到相关群众的普遍欢迎。

（河北省地震局　苏新忠）

社会科学

【省社科院工作】 河北省社会科学院（河北省邓小平理论、“三个代表”重要思想和科学发展观研究中心，中共河北省委讲师团，河北省社会科学界联合会）是省委省政府直属事业单位，是省级社会科学综合研究机构、理论宣讲机构和社团机构。2015年，全院共完成科研成果593项，为经济强省、美丽河北建设作出了新的贡献。

（一）坚持创新驱动，深化内部改革，以建设国内一流高端智库为目标，率先开展先行先试，智库建设取得了积极成效。中央和省委先后出台关于加强中国特色新型智库建设的意见之后，河北省社科院早启动、早实施，在省政府和省委宣传部支持下，在省内率先出台了智库建设先行试点方案，以社科院为依托、整合全省社科资源，以院内重点学科首席专家为带头人，组建了5个研究中心，即宏观经济决策与公共政策研究中心、创新驱动发展研究中心、京津冀协同发展研究中心、城乡发展研究中心、社会治理与党风廉政建设研究中心。这5个中心紧紧围绕省委省政府中心工作和全省工作大局，根据河北省当前经济社会发展的现实需要，针对全局性、战略性、前瞻性、综合性、长期性重大而紧迫的问题开展对策研究，为省委省政府科学决策提供智力支持。同时，还谋划了3个专业实验室和3大平台，包括省情研究重点实验室、宏观政策仿真重点实验室、舆情监测分析重点实验室以及社会科学数据信息网络平台、社会科学评价平台、社会科学（智库）成果转化平台。在提高《决策参考》质量的同时，重点打造了《智库成果专报》，使研究成果更具权威性、前沿性、实用性，并以“组合拳”的形式提供给省领导。目前，5个智库中心正式运转，3个专业实验室和3大平台建设正在积极推进。一批智库成果得到了省委省政府主要领导及多位省领导的批示肯定，其中，2015年《智库成果专报》第1—5期《“互联网＋”系列报告》，分别得到省委书记赵克志、省长张庆伟、省委副书记赵勇、常务副省长杨崇勇、省委秘书长范照兵、副省长张杰辉、时任宣传部长艾文礼批示肯定。赵克志书记批示：“请发言起草组阅研。也要听听社科院领导和专家的意见。”张庆伟省长批示：“发改委参阅。”杨崇勇常务副省长批示：“社科院这五篇研究与报告很好，请发改委永久同志阅”；第10期《解放思想及其大讨论的一些思想动向值得关注应对》得到省委书记赵克志、秘书长范照兵、宣传部长田向利、组织部长梁田庚的批示肯定；第16期《关于缩小非首都功能疏解核心承载地公共服务水平差距的思路与对策》得到省委书记赵克志、常务副省长杨崇勇批示肯定，赵克志书记批示：“此件很好，建议印送省委常委、副省长、省直有关部门负责同志、各社区市委书记、市长参阅”。第19期《河北省产业“以老育新”实现内涵转型的思考与建议》得到省委书记赵克志、省政协主席付志方、副省长张杰辉、省人大副主任王雪峰的批示肯定。省社科院还积极加强与国内外智库的交流合作，成功主办了首届“河北省智库建设国际学术研讨会”，与中国社科院农村发展研究所联合主办了“深化农村改革智库建设论坛暨第十一届全国社科农经协作网络大会”。从第18届全国社科院院长联席会上的交流情况来看，河北社科院出台智库建设实施方案在全国是比较靠前的，成果是积极有效的，引起了其他省市社科院的关注和好评，智库建设经验得到省内外业界的认可。

（二）充分发挥新型智库作用，不断加强应用对策和基础理论研究。2015年全院完成的593项科研成果中，有375项达到“重要科研成果”资助标准，94项编辑成果达到“重要编辑成果”资助标准。(1)应用课题研究质量显著提高，服务决策能力大大增强。2015年以来，省委省政府领导对省社科院直接交办或委托的重大调研任务和科研课题越来越多，要求参与重大决策和提供建议的频次越来越高，对决策咨询服务的广泛性、时效性要求越来越高，为适应新的任务要求，省社科院积极开展深化研究，畅通各类转化渠道，确保了成果转化的及时、高效，得到省领导和相关部门的肯定。省领导圈定和交办任务成果斐然。省社科院《关于请省领导圈定2015年重大研究课题的请示》上报后，得到张庆伟、付志方、范照兵、沈小平、张杰辉、姜德果等省委省政府领导圈定，付志方、范照兵、姜德果等省领导还专门提出了交办的研究课题。省社科院将省领导圈定的课题列入院内重大课题发布，或以委托的形式开展研究。目前，省社科院已经完成了张庆伟省长等省领导圈定和提出的“河北省创新发展战略实施与对策建议”“京津冀协同创新发展研究”等11项重大研究课题和2项委托课题，有7项成果得到赵克志书记、张庆伟省长等省领导的批示肯定。积极参与决策论证或决策服务，为“十三五”规划建议前期资料准备、中期起草、后期论证等做了大量工作，有多名专家进入河北省“十三五”规划起草专家组，全程或部分参与规划起草工作。受省政府委托，省社科院专家起草了《河北省推进石保廊全面创新改革实验方案》，得到杨崇勇常务副省长的肯定；省政府指定省社科院就“全国现代商贸物流重要基地”以及“产业转型试验区”进行研究并拿出方案，省社科及时将《全国现代商贸物流基地建设方案》完成并呈报省政府，还根据省政府要求，对河北省贯彻落实国家《生态文明体制改革总体方案》提出了可行性建议。截至2015年底，上报的《决策参考》24篇调研报告，获得省领导批示18篇；上报《智库成果专报》28篇调研报告，获得省领导批示20篇。通过这两项直报件途径共计38项研究成果直接进入决策，创历年新高，为本院发挥新智库作用提供了坚实基础，提升了省社科院的决策影响力。(2)基础研究和重大理论研究能力进一步提升，取得了丰硕成果。出版了《黄道周哲学思想研究》《日军镜头中的侵华战争——日军、随军记者未公开影像资料集》《黑水城元代汉文军政文书研究》《区域创新驱动路径选择研究》等一大批有影响的著作，进一步巩固和提高了省社科院部分学科在全国的话语权。《华北抗日根据地精兵简政期间基层政权建设述论》《〈党和国家领导制度的改革〉与推进国家治理现代化》《崇礼滑雪旅游资源深度开发研究》等一批论文在国家级核心期刊发表，引起较大社会反响。举办了“京津冀协同发展社会学理论研讨会”“河北宗教发展与文化强国战略学术研讨会”“第五届河北禅宗文化论坛”“第二届河北儒学论坛”等学术活动。

(三)进一步创新科研管理和推进开放办院，社科研究取得了新突破。(1)加强科研管理，打造科研品牌，创新开展学术活动。完成院内年度职称申报推荐和全省社科研究专业评审工作，认真开展专业技术岗位日常聘任工作。对2014年度389项重要科研成果和53项重要编辑成果进行了表彰。组织了省社科院第三届优秀科研成果评奖工作，23项成果分获一、二、三等奖和青年奖。做好学术著作出版资助工作，资助出版学术著作5部。做好院课题立项管理工作，立项重大课题5项，重大委托课题8项，重点课题28项，青年课题6项，特别确认课题19项，立项数量同比增多。积极组织申报国家和省级各类课题，《凝聚社会各阶层中国梦共识》等3项课题获国家社科基金项目立项；省社科基金项目立项18项；省科技厅项目立项7项；省社科发展课题立项13项，民生调研课题立项15项。继续打造蓝皮书品牌，出版了《河北经济社会发展报告(2015)》和《2014～2015年河北发展蓝皮书》(六卷本)；新增《2015年河北法治发展报告》，蓝皮书家族进一步壮大。《河北经济社会发展报告(2016)》《2015～2016年河北发展蓝皮书(总报告)》和《2015～2016年河北发展蓝皮书》(七卷本)正在编纂中。组织召开了上半年和年度“河北省经济形势分析会”。组织开设了8期院“学术报告厅”系列讲座，营造了学术交流氛围，提升了科研创新能力。(2)积极开展国际学术交流与合作，进一步提升了开放办院水平。2015年，省社科院共接待来访的日本、美国、新西兰等国家的专家学者6批20人次，组织学术交流和研讨会5次，其中由省社科院举办的第二届“中国·新西兰现代农业发展学术研讨会”会议综述上报后得到省委副书记赵勇的肯定批示；组织国外专家学者赴有关市、县、农村参观考察累计16天18人次。同时，全年安排出访团组2批12人次；资助7名中青年科研和管理骨干赴国外考察访问和参加学术交流活动。

(河北省社科院　汪　洋)

【省社科联工作】 2015年，河北省社科联深入贯彻落实党的十八大和十八届三中、四中、五中全会精神，以习近平总书记系列重要讲话精神和对河北的重要批示为指导，围绕“四个全面”的战略布局和经济强省、美丽河北建设的目标任务，组织开展各项工作，为服务党和政府科学决策，繁荣发展河北哲学社会科学事业做出了新贡献。

(一)坚持正确的政治方向，深入学习贯彻落实中央和省委的重大决策精神。社会科学群团组织是意识形态的重要阵地，为确保各项活动坚持正确的方向和导向，省社科联把社科群团的政治工作放到重要位置。深入开展学习党的十八届三中、四中全会以及习近平总书记系列讲话精神，进一步坚定全省社科界的道路自信、理论自信和制度自信。党的十八届五中全会和省委八届十二次全会召开以后，及时向各学会、设区市社科联、社科研究基地印发《关于学习宣传贯彻党的十八届五中全会和省委八届十二次全会精神的通知》，要求全省社会科学工作者深入学习领会全会精神，在思想上、行动上与党中央和省委保持高度一致。在省社科联要求下，全省各社会科学研究基地举办了学习党的十八届三中、四中、五中全会和省委八届十二次全全会以及习近平总书记系列讲话精神报告会，不断增强政治自觉。同时，组织开展创新、协调、绿色、开放、共享五大发展理念的宣传研究，围绕河北协同发展、转型升级、又好又快的工作主基调深入调研，发挥社会科学在服务“十三五”规划中的应有作用。

《中共中央关于加强和改进党的群团工作的意见》，明确了新时期党的群团工作大政方针，为学习贯彻党的这一重要文献，省社科联举办了第六期所属社团党组织负责人培训班，就新常态下发挥社团党组织作用集中学习，把《十八届四中全会〈决定〉学习辅导百问》《习近平总书记系列重要讲话读本》《党的组织工作操作方法与创新务实》等作为社团负责人的必学材料，要求全省社科社团组织要全面把握中央对群团工作的新要求，积极适应新形势新常态，牢牢把握政治性、先进性和群众性。同时，根据《中共中央关于加强和改进党的群团工作的意见》和省委有关要求，印发了《关于在所属社团中开展党建工作示范点创建活动的实施方案》《河北省社科联社团党建工作示范点考核评分细则（试行）》，全力推动社团党建工作示范点活动开展，着力推进社团党建工作实现新突破，努力形成党建工作特色品牌。

加强中国特色新型智库建设是中央和省委的重要战略部署。为认真贯彻落实习近平总书记关于中国特色新型智库建设的批示精神和中央《关于加强中国特色新型智库建设的意见》以及省委《关于加强河北新型智库建设的意见》，省社科联在试点的基础上，充分发挥学科门类齐全、综合性专业研究、科研人才密集的优势，在全省11个设区市全面开展了新型智库建设工程，制定了《关于在设区市社科联开展新型智库建设工程的方案》《设区市社科联新型智库建设工程2015年考核办法（试行）》等文件。分别在邢台和廊坊召开了全省设区市社科联新型智库建设工程推进会，加强工作督导。一年来，各设区市社科联按照工作目标要求，紧紧围绕本市党委和政府的重点任务和重大决策部署开展研究，为党政决策部门提出了许多有针对性、前瞻性、创新性和战略性的对策建议，共有147篇成果被市级以上领导批示或被有关部门机关采用。

为把全省社科工作者的思想和行动统一到习近平总书记系列重要讲话精神，落实到省委书记赵克志重要讲话精神上来，省社科联积极发挥全省社会科学骨干带头和引领作用，全力提升河北省社科界围绕“四个全面”战略布局，服务经济强省、美丽河北建设的能力，组织了三期由全省社科联专业委员会部分委员、社科研究基地专家学者、省社科联所属社团负责人、省社科院（省委讲师团）学术骨干、省市社科联机关业务骨干150余人参加的社会科学学术骨干培训班，

（二）抓住京津冀协同发展重大机遇，为建设经济强省、美丽河北提供智力支撑。社科联要成为服务党委政府科学决策、民主决策、依法决策的重要力量，就必须充分发挥“思想库、智囊团”的作用。为此，按照刘永瑞主席的要求，省社科联在政治建设与社会管理创新、经济发展与生态文明建设和文化建设三个专业委员会组织开展“2015年集中调研与献策”活动，并与省委提出的开展“解放思想、抢抓机遇、奋发作为、协同发展”的大讨论紧密结合起来，完成调研报告50余篇，提出各种对策建议200余条。省社科联从中选出13篇成果摘编成《优秀成果专报》报送省领导，供领导和有关部门参考，并得到省领导的肯定性批转。近30篇调研成果被省直有关部门或部分设区市决策采纳。调研成果文集《智库的建言》由河北人民出版社公开出版发行。

围绕省委提出的建设经济强省、美丽河北的目标任务，省社科联以问题为导向，组织重大理论和现实问题攻关研究。大型民生调研课题确定重点课题19项，一般课题246项，确定委托课题60项。在完成的课题中，有17项课题成果获省领导赵克志、张庆伟、赵勇、杨崇勇、艾文礼、马兰翠、宋太平、张杰辉、秦博勇、许宁、沈小平、刘永瑞、曹素华、段惠军、边发吉等批示，20项成果获省直厅局或市级领导批示，一大批成果在核心期刊发表或在各地、省直各部门得到应用转化。第八届河北省社会科学博士论坛以“解放思想、抢抓机遇、奋发作为、协同发展，为建设经济强省、美丽河北提供智力支撑”为主题，收到博士论文104篇，活动被《人民日报》《中国文化报》《河北日报》等媒体追踪关注，在择优出版《第八届河北省社会科学博士论坛论文集》的同时，遴选部分应用对策性研究成果，以《成果专报》形式送省领导和部门作决策参考。第十届社会科学学术年会深入贯彻党的十八届五中全会和省委八届十二次会议精神，以“创新驱动与河北十三五发展”为主题，征文200余篇，收录优秀论文55篇，积极为河北省“十三五”发展建言献策。河北日报（理论版）发表了年会专家观点摘编、保定多家媒体对年会进行了报道。

为深入学习习近平总书记关于京津冀协同发展的重要指示，谋划推动京津冀协同发展的对策，省社科联加强了与京津两地社会科学界的协同研究，与北京和天津两市社科联共同组织了第二届京津冀协同发展研讨会，三地专家着眼于发展全局和未来重大国家战略，就诸多三地协同发展的理论与实际问题作了深入研讨，研究成果分送三地有关部门。此外，省社科联专题组织召开的“京津冀协同发展与河北转型升级研讨会”，就京津冀协同发展与河北省产业转型升级、京津冀功能定位与河北发展、“十三五”发展态势与河北转型等建言献策；组织的“抓住京津冀协同发展战略机遇，推动河北文化繁荣振兴研讨会”，就整合京津冀文化发展要素，推动河北文化大发展大繁荣和“十三五”河北文化产业发展进行研讨。这些活动，为落实京津冀协同发展的国家重大战略，协调推进“四个全面”战略布局，实现“两个一百年”奋斗目标，发挥了社科联和社会科学工作者的参谋咨询作用。

省社科联加强了对各学会、各设区市社科联和社科研究基地的科研活动的引导，把研究重点转移到为建设经济强省、美丽河北的主攻方向上来。各学会、各设区市社科联、各研究基地年内组织的相关研讨和调研活动260余次（项）。其中河北省民族与宗教研究会举办的“河北省宗教发展与和谐社会建设”学术研讨会、河北省商业经济学会

“2015年年会暨京津冀市场一体化研讨会”，秦皇岛市社科联开展“法治秦皇岛建设”主题征文活动、城乡统筹及一体化发展研究基地召开解放思想大讨论座谈会等，都紧密结合学科特点、地方特色、研究优势，开展服务河北改革发展实践问题的应用研究和对策研究，体现了全省社科联系统智库功能的协同性和联动性。

（三）发挥社科联的职能作用，促进哲学社会科学大发展大繁荣。按照培养、选报、打造河北省高层次创新型社科队伍的目标，省社科联在总结历届工作经验的基础上，开展第十一届河北省社会科学优秀青年专家评选活动。整个活动过程坚持规范严谨、公平公正、质量第一的原则，严格按照工作程序和评选纪律，评出11名社科优秀青年专家，20名青年学者获评委会特别提名。评选结果得到省内外同行的认可，为具有创新能力和发展潜力的青年专家干事创业搭建了平台，树立了示范。

坚持以课题管理为杠杆，助推社会科学繁荣，2015年社会科学发展研究课题管理，坚持基础理论研究和应用研究并重。结项课题中涌现出一批优秀成果，起到了繁荣社科研究、人才培养、决策咨询、服务经济社会发展的作用。其中，《农村邪教的蔓延与治理研究》获俞正声批示，《河北省海洋战略性新兴产业培育途径与促进机制研究》获张庆伟批示，《河北省文化企业诚信机制发展创新研究》获艾文礼批示。《雁翼创作史考》《唐代驿传与唐诗发展之关系》《河北省困境儿童法律援助现状调研及对策研究》等12项以著作结项课题获得好评，有效推动了各学科和基础理论研究的发展。优秀鉴定等级课题48项。119篇论文发表在核心期刊论、专业期刊、综合性社科期刊和重点大学学报上，其中省级以上刊物690余篇，90项成果被相关部门或企业采用。年度河北省社会科学重要学术著作出版资助，共推出《论宗教对七世纪前中国与东南亚交往之影响》等资助书稿20部。

根据“11235”工作目标，管理社会科学研究基地。21个基地共出版著作50余部，发表论文和理论文章700余篇，其中核心期刊发表220余篇，40余项成果获省部级奖励；承担并完成各级各类科研立项课题430余项，其中国家级课题28项、省部级课题160余项。有近百项应用研究成果进入决策领域。研究基地学科和人员构成更加合理，涵盖10多个学科近40余个专业。各基地全年举办学术讲座、论坛、研讨会60余场，参加的国内外专家学者1500多人次；组织了30批次总计230名科研及管理人员赴境内外学习考察、讲学活动、与近20家国内外高校建立经常性学术机制。社科基地的良好发展为促进河北省哲学社会科学发展繁荣奠定了坚实的基础。

省社科联不断加强理论阵地建设，传统与新兴社科媒体的学术影响力和社会影响力持续提升。《河北社会科学年鉴（2015卷）》，全面记录了河北社会科学事业发展进程，为社会科学工作者从事学术研究提供资料和借鉴，为社会各界了解社会科学提供信息，成为促进全省学术交流，繁荣发展社会科学事业的权威性学术年刊。《河北社会科学发展研究报告（2011—2015）》，从组织系统、专家队伍、学科发展、学术活动、科研成果等角度全面概括了河北社会科学发展的年度现状。收录的五年的《报告》中获省领导8人次的肯定性批示。两篇在省领导重要讲话中引用，20余条对策建议或理论观点被吸纳到正式文件，多篇被中国社会科学报和中国社会科学网作了观点摘要。《社会科学论坛》全年刊登文章300篇，被《新华文摘》《光明日报》《人大复印报刊资料》等近20种报刊转载文章多篇。河北社会科学网全面改版后，丰富了栏目和内容，社会科学数据库建设按计划顺利推进，网站全年上传原创稿件220余篇，被中国社会科学网、凤凰网、人民网和外省社会科学网等大型主流网站转载190余篇，转载率达88%。

（四）实施《河北省社会科学普及规定》，依法开展社会科学普及工作。按照《河北省社会科学普及规定》要求，省社科联认真谋划全省年度社会科学普及工作，起草了《2015年河北省社会科学普及工作方案》，明确了工作重点和主要活动，以及各相关部门的责任，为扎实推进全年社会科学普及工作提供了参照。经省政府同意印发全省，发挥了协调管理全省社会科学普及活动的作用，依法履行了社科联作为全省社会科学普及重要力量和管理机构的职责。

河北省第十届社会科学普及周活动是《规定》实施后的第一个科普周，活动按照“四个全面”战略布局要求，紧紧围绕河北省改革发展的全局性、战略性和现实问题，聚焦人民群众关心的重点、难点、热点问题，省、市、县社科联三级联动，以“依法开展社会科学普及、推进法治河北建设”为主题开展活动，活动规模大、层次高，领导重视、社会各界关注；内容丰富，涉及面广；参与人数多，社会影响大，社会效益好，省领导赵勇、刘永瑞、艾文礼对活动作出肯定性批示。

为抓好《规定》的贯彻落实，省社科联不断完善健全社会科学普及工作机制，推动全省社会科学普及工作走向深入。积极推动依法科普，健全省、市、县联动，社会各界联合的社科普及工作机制。目前，沧州、廊坊、承德、保定已出台了本市社会科学科普及规定地方版，其他地市社科普及立法工作也在积极推进。根据以往的工作经验和河北省的实际情况，制定了《河北省社会科学普及读物出版资助办法》，《童谣传唱社会主义核心价值观》等10部书稿获得出版资助，有效地激励了广大社科工作者和科普爱好者的创作热情。制定了《河北省社会科学普及基地管理办法》，启动了河北省省级社会科学普及基地评审工作，经过集中评议和会议推荐，确定石家庄图书馆等25个基地为第一批河北省社会科学普及基地并予以资助。积极组织开展社科联普及“五进”活动，实现科普工作经常化，科普活动日常化，全省社会科学普及工作出现了蓬勃发展的新局面。

为延伸全省社会科学普及工作，省社科联在博野县建立“中国优秀传统文化传播教育基地”，在充分利用河北地域传统文化资源，推动地域经济发展和文化繁荣方面积极尝试。举办了首届河北省社科联所属学会成果展，集中展示各学会近年来在理论研究、学术活动、社会服务、社科普及等方面取得了很多成绩，活动共展出各种书籍、音像制品、期刊、图片等220余部（套、件），不仅开辟了向社会宣传普及社会科学功用的新途径，而且对各学会规范发展、成果存档、服务社会，提升能力产生了积极意义。支持各社会科学研究基地开展社会科学普及，乡土文化与艺术传承研创研究基地，赵文化与区域经济研究基地等在做好社会科学研究的同时，深入县市区和社区举办宣讲习近平总书记系列重要讲话精神，传播中国优秀传统文化的公益性讲座300多场次，受众3万余人，使社科普及工作不断向基层延伸。

（五）加强社科联自身建设，推动社团管理和服务实现新提升。按照《河北省社科联章程》的规定，省社科联召开了四届四次常委会，四届三次全委会，认真学习贯彻习近平总书记系列重要讲话精神和中央与省委的工作部署，研究全省社会科学界重点工作任务，调整社科联领导、学术委员会副主任等人选，为社科联全年工作明确了发展目标和方向，体现了社科联工作的制度化和规范化。社科联机关扎实开展“三严三实”专题教育实践活动，及时传达学习中央和省委的政策文件，组织了《习近平谈治国理政》《党章》《习近平关于党风廉政建设和反腐败斗争论述摘编》等书目的研读交流活动，营造了以实际行动学习和践行好“三严三实”要求，为全省社会科学发展高效服务的软环境。

探索符合社科群团组织工作规律的管理体制和运行机制，依法依章管理学会开展学术活动。在指导学会改选换届，审批新学会的成立，协助学会年检注册，组织学会秘书长学习培训等工作中，不断强化社团的政治意识、法治意识和责任意识。批复了河北省演讲与口才研究会、河北省终身教育研究会、河北省知青文化研究会、河北省城市学研究会4个社科类社团的申请；协助民政部门完成所属63个社会团体年检工作；坚持把社团党建工作纳入年检的重要内容，与业务年检同步进行，较好地推动社团党建工作落实。撰写完成了《关于加强河北省社科联所属社团党建工作的实践与思考》的情况报告，并报省委组织部，为全面推动河北省社会组织党建工作提供参考借鉴。

抓住中央和省委高度重视群团工作的机遇，大力推进社科联自身建设。召开了两次设区市社科联工作会议，建立了市级智库、信息管理、工作评优等工作机制，加强对设区市社科联的指导与支持。各设区市社科联主动作为，克服困难，不断取得工作突破。衡水所属11个县级社科联全部挂牌，邢台和邯郸分别有12个、9各县（市）级社科联建设成立，其他县级社科联建设也在加速推进。全省已有53个县（区、市）建立了社科联，约占全省县（区、市）的30%，三级社科联建设雏形初现，社科联组织网络得到进一步完善和健全。

省社科联与外省市区社科联的学习交流活动更加丰富，主办了2015年华北地区社科联协作会，参加了全国社科联联席会议、全国社科联第十六次学会工作会议，全国第十七次社科普及工作经验交流会等重要会议。与贵州、福建、辽宁、重庆等省市社科联开展了对标学习，接待海南、湖南、青海、吉林等省社科联调研组。通过不同形式的学习交流，省社科联在工作中自觉对标先进，吸纳先进理念，查找自身差距，强化开放意识，拓展开放视野，促进了自身工作的进步。

（河北省社科联　孙　浩）

水利管理

【概述】　2015年，河北省各级水利部门认真贯彻落实习近平总书记新时期治水方针，围绕服务京津冀协同发展，建设经济强省、美丽河北，坚持抓改革求创新、抓项目惠民生、抓法治重规范、抓规划谋长远，综合施策，整体推进，水利各项工作取得显著成效，为全省粮食产量连续增长、经济社会持续健康发展提供了有力支撑。南水北调配套工程4条大型干渠全部建成，受水区7市境内管道工程完成95%以上，建成配套水厂86座。引黄入冀补淀工程10月26日正式开工建设，已完成征迁及工程投资8.23亿元。双峰寺水库工程累计完成投资27.43亿元，主体工程混凝土浇筑31.1万立方米。完成了109座小型病险水库的除险加固和94条（段）中小河流治理项目，治理山洪沟8条，实施抗旱应急水源工程51个；地下水超采综合治理2014年试点任务全部完成，形成农业压采能力7.83亿立方米；解决了565万农村人口饮水不安全问题，发展节水灌溉面积452万亩，农村水电站发电量达到3.7亿千瓦时；完成治理水土流失面积2333平方公里，关停南水北调受水区城区自备井843眼。乌拉哈达水库工程前期工作加快推进。水权水价、小型水利工程产权制度、水利投融资等改革迈出新步伐，水利立法、水利综合执法、移民管理等工作取得显著成效。

【水利规划计划】　编制完成《河北省保障水安全实施纲要》，2015年1月19日，通过省委常委会研究审议，2015年3月7日印发实施。编制完成《河北现代水网规划》，经省政府批准后，于2015年7月10日以省政府办公厅名义印发实施。积极开展河北省水利发展“十三五”规划编制工作，基本完成了规划初稿。配合组织开展了新建小型水库实施方案、迁安市国家海绵城市建设和南水北调东、中线工程补充规划，滦河、南运河、蓟运河、滹沱河等流域综合规划以及非常规水资源利用规划等一系列专业规划的编制。张家口市乌拉哈达水利枢纽工程水利部向国家发改委报送了项目建议书审查意见；296座一般小Ⅱ型和58座新增小型病险水库除险加固项目的初设批复全部完成；13座大型泵站除险加固项目的可研和初设报告批复全部完成；列入2011—2014年投资计划的82个江河支流治理项目可研和初设报告批复全部完成（调整项目除外）；列入国家172项重大水利工程的8个蓄滞洪区项目中，永定河泛区工程建设项目可研和初设分别经省发展改革委和水利厅批复，实现开工建设，其余7个项目可研报告全部编制完成，并经水利部水规总院或省水利厅审查；完成了江河支流年度实施项目的可研和初设批复工作，子牙新河整治工程、定州市唐河治理工程、涿鹿桑干河治理工程和蓟运河还乡河分洪道治理工程等4个项目可研已经省发展改革委批复。2015年全省累计下达水利项目投资253亿元，实际完成投资364亿元，其中中央投资110亿元，地方配套254亿元（含南水北调配套工程和地方投资）。省财政全部落实“十二五”以来省级配套资金缺口5.88亿元。认真贯彻彻落实金融支持水利建设的优惠政策，通过利用农发行过桥贷款和国家专项基金等金融政策解决南水北调配套工程、双峰寺水库等重点项目配套资金缺口69.4亿元。

【水政】 2015年12月3日，省人民政府第69次常务会议讨论通过《河北省南水北调配套工程供用水管理规定》，2016年2月1日起施行。《河北省水利工程供水价格管理办法》、《河北省村镇供水工程运行管理办法》制定列入了2016年的立法计划。先后出台了《河北省水利厅全面加强依法治水管水的工作方案》、《领导干部学习制度》、《法律顾问制度》等，进一步规范和提升依法治水管水能力。编制了《河北省水利厅行政权力清单》，梳理出10大类行政事项、167项行政职权，编制了《河北省水利厅责任清单》，及时在网站公示，制定了直观清晰的流程图。全面取消了非行政许可审批和监管事项，对行政许可事项该取消的取消，该下放的下放，截至2015年底，省水利厅保留行政许可事项15项。开展了河道采砂专项治理，在全省范围启动为期3个多月的河道采砂专项治理工作。针对河北水资源现状，深入开展了“水资源专项执法”、“入河排污口专项执法”以及“水土保持专项执法”，进一步加强了执法监督，维护了水事秩序稳定。认真处理群众来信来访和监管举报案件，督办了廊坊市固安县、沧州市黄骅市、任丘市等4起非法侵占河道、违法在河道内建设等案件。第二十三届“世界水日”、第二十八届“中国水周”期间，省水利厅组织举办了广场宣传、儿童绘画比赛等系列活动。按照“六五”普法要求，省水利厅认真安排了全省“六五”普法工作的总结验收，找准存在的问题，积极谋划安排“七五”普法工作。认真组织开展了学习宪法、学习习总书记系列重要讲话、以及新颁布的行政诉讼法等活动，开展了依法行政加快法治河北建设征文，尊法学法守法用法专项教育活动等。

【水资源管理】 全省平均降水量513毫米，较常年同期偏少2%，属平水年份，全省大部分河道天然年产水量与上年相比有所增加。大清河水系中易水、子牙河水系泜河为平水，其余各河为偏枯或枯水。2015年末，全省平原区浅层地下水平均埋深17.48米，与上年同期相比，地下水位下降0.37米，地下水蓄存量减少22.11亿立方米。深层地下水平均埋深：邢台中东部平原66.60米、衡水67.20米、沧州61.64米；与上年同期相比，邢台中东部平原地下水位下降0.66米，沧州、衡水地下水位分别上升3.52米、3.32米。全省地表水资源量约为43.81亿立方米，水资源总量约为113.05亿立方米。2015年末，河北省管大、中型水库蓄水23.24亿立方米，比年初减少2.23亿立方米。海委管辖的潘家口、大黑汀和岳城三座大型水库总蓄水量13.89亿立方米，比年初减少3.56亿立方米；白洋淀蓄水量2.26亿立方米，比年初减少0.16亿立方米；衡水湖蓄水量为0.63亿立方米，比年初减少0.31亿立方米。2015年度，河北省共引黄河水7.6亿立方米，为历年来最多的一年，入境净水量6.15亿立方米，其中，位山线路累计引黄河水3.11亿立方米，濮阳线路累计引黄河水0.44亿立方米，潘庄线路累计引黄河水2.6亿立方米。特别是2015年4月10—27日，河北省利用位山干渠聊城春季轮灌间歇期首次实施春季引黄，在为衡水地下水超采综合治理提供水源支撑的情况下，实现了冬四月引黄的突破。2015年，岗南、黄壁庄水库向石家庄市城市供水1.1414亿立方米，向下游6个灌区供水2.8033亿立方米；桃林口水库累计向秦皇岛市供城市用水0.935亿立方米，向下游的唐山市滦下灌区，秦皇岛市卢龙引青灌区、抚宁洋河灌区供水2.01亿立方米。全省用水总量控制在187.2亿立方米，万元工业增加值取水量减少到15.4立方米/万元，与2010年相比累计下降36.8%，农田灌溉水有效利用系数达到0.6701，与2010年相比提高了3%。2015年全省市级以上水行政主管部门审批水资源论证项目285项，基本实现建设项目水资源论证全覆盖。省级发放取水许可证22套。建设在线监测点5755处，在线监测覆盖率达到42.4%。制定《2015年度河北省实行最严格水资源管理制度考核实施方案》，由省对各市（含定州、辛集市）落实最严格水资源管理制度情况进行考核，考核结果由省政府予以通报。邯郸、承德、沧州、廊坊、保定、石家庄、邢台、定州8市被评为优秀等次，张家口市、衡水市、秦皇岛市、唐山市4市被评为良好等次；辛集市被评为合格等次。实行最严格水资源管理制度试点确定的67项任务，65项全部完成，2项基本完成，达到了试点建设预期目标，2015年12月9日通过水利部和河北省政府联合组织的试点验收。

【水资源保护】 完成了全国重要饮用水水源地安全保障达标建设情况评估。对河北省列入国家的7个水源地开展了安全保障达标建设评估，经水利部水资源管理中心和海委评估验收，全部达标，其中西大洋水库被评为优秀。公布了全省第二批饮用水水源地名录，将全省供水人口在10万—20万之间的饮用水水源地纳入全省重要饮用水水源地名录。列入国家考核的重要水功能区水质达标率由2014年的54%提高到57.5%。在国家水资源监控能力项目上，建设非农取水口监测点707个，全部完成建设任务。结合地下水超采综合治理试点工作，在南水北调受水区建设地下水监测站网，布设地下水监测站1690处，新建非农取用水监测点2290个。积极推进南水北调受水区自备井关停工作，在石家庄市启动了自备井关停行动仪式，年内关停自备井843眼。

【地下水超采综合治理】 2014年度地下水超采综合治理试点共实施水利工程项目115个，截至2015年5月底，试点区水利工程项目基本完工。治理灌溉面积366.96万亩，占批复治理面积的99%；通过位山、邯郸引黄和引卫工程发展地表水置换地下水灌溉面积150.4万亩；通过当地水挖潜，利用南水北调中线工程通水后城市返还农业的1.8亿立方米水量，恢复石津、漳滏河、沙河灌区面积86.94万亩，提升改造28.1万亩，试点区井灌面积比重由现状的80%降低到72%；整治渠系4329.11公里，占批复任务的96%，修建坑塘585座，占批复任务的95%，坑塘新增蓄水能力0.72亿立方米；安装农业灌溉计量设施4.2万套。6月2日—4日，财政部农业司凡科军副巡视员带领水国家考核组对沧州市、衡水市下水超采综合治理水利项目实施情况进行了考核；7月23日—7月25日，水利部财务司副巡视员高军带领国家考核组，对邢台市、邯郸市2014年度地下水超采综合治理工作进行考核。考核结果指出，2014年度地下水超采综合治理试点形成地下水压采能力7.83亿立方米，完成计划的73.6%。其中，农业用水压采能力7.83亿立方米，完成计划的103%。

按照国家地下水超采综合治理试点工作安排，在保持2014年度试点总体思路连续性的同时，河北省适度扩大试点范围，优化治理措施，持续提高治理成效。试点区由2014年度的4个设区市49个县（市、区）扩大到5个设区市63个县（市、区），总投资82.6亿元，其中国家投资69亿元。省水利厅牵头组织编制了《河北省地下水超采综合治理试点方案（2015年度）》。2015年5月30日，省人民政府在在北京市主持召开试点方案论证会，以中国工程院院士为组长的专家组论证通过了试点方案；2015年8月7日河北省政府办公厅正式印发实施。2015年试点以节水为核心，综合实施“节、引、蓄、调、管”等综合措施，试点水利工程计划实施河渠整治2693.2公里，渠道防渗1250.2公里，清淤整治坑塘227座，新建泵站264座、扬水点2460处，安装计量设施11338套，发展节水灌溉面积283.4万亩。9月28日，2015年度地下水超采综合治理试点暨引黄入冀补淀工程建设推进会议在邢台威县召开，省长张庆伟、副省长沈小平出席会议并讲话。11月18日—19日，财政部、水利部到河北省调研地下水超采综合治理工作。截至2015年底，试点区实际完成河渠整治2166.3公里，渠道防渗1042.86公里，坑塘118座，新建泵站197座、扬水点1280处，安装计量设施4695套，发展节水灌溉面积262.14万亩，分别占计划任务的80%、83%、52%、75%、52%、41%、92%。

8月7日，省人民政府办公厅印发《河北省地下水超采综合治理规划》。《规划》在分析经济社会发展概况、水资源开发利用现状、地下水超采状况及存在问题的基础上，对水资源进行平衡分析，明确了到2020年、2030年河北省开展地下水超采综合治理的目标任务和工作措施。

【水利改革】 2015年，河北省结合地下水超采综合治理，积极推进水权、水价、水利工程产权制度等改革工作，体制机制创新取得突破性进展。水权确权登记。试点区53个水权确权单位（含中捷、南大巷、滨湖新区、大曹庄）全部编制完成水权确权方案，建立了农业用水户水权管理、非农用水户许可管理制度，475万农业用水户拿到了水权证。农业水价改革。河北省确定的桃城区、安平县、东光县、献县、临西县、任县、成安县、邱县8个农业水价改革先行试点县全部编制完成了《农业水价综合改革实施方案》。在改革模式上大力推广衡水市桃城区“一提一补”、张北县“总量控制、水权交易”、成安县“定额管理、超额征收”、石津灌区地表水灌溉终端水价等节水模式。10月19日，省水利厅、财政厅、物价局联合印发了《农业水价改革及奖补办法》，为地下水超采综合治理试点区农业水价改革提供了模式选择和财政补贴政策支持。水利工程管理体制改革。年内在90个县完成了小型水利工程管理体制改革工作任务，按要求发放了“两证一书”，明晰了工程产权、落实了管护主体和责任。农田水利设施产权制度改革和创新运行管护机制试点。2015年1月，水利部、财政部、国家发改委确定河北省元氏县、兴隆县、沧县、成安县、临西县、枣强县为全国农田水利设施产权制度改革和创新运行管护机制试点县，各试点县完成了县域农田水利工程数量、运行、管理、经费来源、水费收取等现状调查摸底工作，并结合地下水超采综合治理、小型农田水利重点县和农田水利维修养护项目建设积极探索农田水利工程建管一体化、项目管理公开公示、项目补助方式、产权确权和移交、农民用水户协会等专业合作组织建设、政府购买服务、精准补贴等体制机制创新工作。水利投融资体制改革方面，充分利用国家过桥贷款政策，与省农发行签订战略合作协议，利用过桥贷款69.4亿元解决地方配套资金难题；与水利部综合事业局和京津水利部门合作开展合同节水。

【工程建设管理】 为进一步规范河北省水利建筑市场秩序，有效遏制围标串标、违法发包、转包、违法分包及挂靠等违法行为，结合本省实际，省水利厅研究制定了《关于进一步规范河北省水利工程招标投标和承包发包若干行为的指导意见》。同时，加大水利建筑市场监管力度，密集开展市场主体违法违规行为整顿，对14家水利施工企业，1家质量检测单位，1家招标代理机构和7个评标专家的不良行为在全省予以通报，首次利用河北省水利建设市场信用信息平台予以公布，并上报水利部，对以非法手段谋取利益的市场主体形成有效震慑。健全稽察检查制度，强化质量管理，配合水利部开展稽察8次，累计工作126天，稽察项目45个，组织安排了省内51个项目稽察工作。强化水库安全管理，针对河北省大型水库大坝安全责任人变动情况，及时调整了政府责任人、水行政主管部门责任人和管理单位责任人，进一步明确责任。强化水利风景区建设，2015年，全省国家级水利风景区数量新增2处，现在为18处；省级新增1处，现在为8处。配合水利部对全省水闸运行管理情况进行督查，对督查发现的问题，及时安排部署相关单位进行了整改，有力推动了全省工程管理的正规化、规范化。加强涉河事务管理，河北省全面完成全省汇水面积200平方公里以上、353条河道、总长2.27万公里的划界竖桩任务；按时完成了27个河道管理范围内建设项目防洪评价报告审批，对违法占用河道问题进行了专项检查，重点对石家庄高等专科学校在滹沱河灵寿县境内河道内违法建设等进行了查处；督促、指导各地做好潮白河华堂国际高尔夫球场等8座涉及“消除防洪隐患”高尔夫球场整改。加强水利工程质量管理，制定出台了《河北省水利工程质量管理办法》，印发了《河北省水利建设质量工作考核实施细则》，并结合全省水利改革发展考核，完成了对各设区市、省直管县质量考核工作。加强安全生产管理，对原有安全生产监督机构进行调整，建立了厅机关各处室、有关事业单位和厅直各单位一名分管安全生产的副处长（局长、主任）为联络员的安全生产联络员制度，增强安全生产工作的组织领导和管理力度。

【南水北调配套工程】 河北省南水北调配套工程分为水厂以上输水工程和水厂及配水管网工程两部分。截至2015年底，水厂以上输水工程管道铺设、渠道衬砌已完成约2000公里，其中廊涿、邢清、石津、保沧4条大型输水干渠已全部建成，7市输水管道工程基本建成。全省需新（改）建的120座配套水厂（含有关市政府提出缓建8座）已开工建设106座，其中已建成86座。2015年2月11日，省政府常务会议审议通过了配套工程供水价格政策，入水厂水价2.76元/立方米。5月26日，省政府专题研究南水北调配套工程过渡水价，印发了第70号省政府专题会议纪要，决定省财政追加注入水厂以上输水工程资本金、实行过渡水价和超额累减水价政策等。2015年12月省政府出台了《河北省南水北调配套工程供用水管理规定》，为规范供用水管理、提高江水用量提供了法规政策保障。为解决廊坊市“北三县”水资源供需矛盾，经省政府同意，廊坊市“北三县”供水工程作为南水北调延伸工程，正在开展前期工作。

【引黄入冀补淀工程】 引黄入冀补淀工程是国务院确定的全国172个重大节水供水水利工程项目之一。2015年7月31日，国家发展改革委正式批复引黄入冀补淀工程可行性研究报告。10月26日，正式开工建设。2015年，工程总到位投资13.74亿元，其中中央投资6亿元，截至2015年12月底，累计完成投资8.23亿元（征迁完成4.17亿元，工程完成2.57亿元，勘测设计费完成1.49亿元），占总到位资金59.96%，占总投资19.42%。年度投资目标9亿元，完成率91.4%。河南段工程实现开工建设，工程渠首段工程组织开展了招标工作，监理标、施工标分别于2015年12月16、18日上网公示。

【防汛抗旱】 2015年全省平均降水量513毫米，较常年同期偏少2%，属正常年份。降水空间分布呈中部多，南、北部少的态势，张家口、沧州、衡水3市比常年偏多5%以上，石家庄、承德、廊坊、保定4市降水量接近常年，唐山、秦皇岛、邢台、邯郸4市降水量比常年偏少20%左右。降水时程分布不均，汛期全省平均降水量仅364毫米，比常年偏少13%，其中7月上旬全省平均降水量仅5毫米，为历史同期降水最少。汛前（1～5月）降水量比常年偏多30%，汛后（10～12月）比常年偏多47%，汛后降水量列1956年以来多雨年份第7位，其中11月份全省平均降水量42毫米，比常年同期多3.3倍，列1956年以来多雨年份第1位。主要河道涨水过程少，洪峰流量小。2015年末全省大、中型水库共蓄水23.24亿立方米，比2014年同期少蓄水2.32亿立方米，比常年同期少蓄水3.96亿立方米。年内大、中型水库入库水量为26.62亿立方米。平原洼淀（白洋淀、衡水湖、大浪淀）年末共蓄水3.71亿立方米，比上年同期多蓄水0.03亿立方米。2015年唐山、秦皇岛、保定、张家口、承德5市、19个县（市、区）遭受洪涝灾害，受灾人口23.98万人，因灾死亡1人，农作物受灾面积27.35千公顷，因洪涝灾害造成的直接经济损失3.52亿元，其中水利设施直接经济损失2347.7万元。2015年河北省发生了较重夏伏旱，全年作物受旱面积2473.3千公顷，成灾面积630千公顷，粮食因旱减产139万吨，25.04万人、6.24万头大牲畜因旱发生临时性饮水困难，因旱直接经济损失达45.39亿元。各级各有关部门高度重视防汛抗旱工作，根据人员变动情况，河北省各级防汛抗旱指挥部及时调整了组成人员，河北省防汛抗旱指挥部新增武警水电第一总队河北和省南水北调办为成员单位。汛期共有16位省级领导、226人次市级领导、460多人次县级领导深入到一线检查指导工作。各市县防汛部门和工程管理单位从4月份开始，组织开展了防汛大检查，5月下旬，省防汛抗旱指挥部派出11个检查组进行了重点抽查，查出各类安全隐患1937处，主汛前全部整改完成。省防汛抗旱指挥部办公室重新修订了《河北省防汛抗旱应急预案》，明确了新增成员单位职责；印发了《河北省水情预警发布管理办法》，编制了《河北省防汛抗旱新闻发布应急预案》，对突发水旱灾害新闻发布工作进行了规范，对大中型水库、主要行洪河道、城市防洪、蓄滞洪区安全运用、风暴潮防御和抗旱应急水源调度共60多个预案方案进行了修订和完善。主汛前全省共组织开展各类培训演练170多期，培训业务骨干约2.4万人次。全省16支省级以上专业机动抢险队、800余人全部进行了临战前培训。为应对出现的旱情，全省给及水利部门省认真落实抗旱措施，抗旱高潮时，全省投入抗旱人数480万人，开动机电井66万眼，泵站1411处，机动抗旱设备30.7万台套，累计抗旱浇地9712千公顷次，临时解决因旱饮水困难人口24万人、大牲畜8万头。省防办争取国家抗旱经费5000万元，安排省级资金1000万元，重点建设抗旱应急工程，解决部分群众临时性饮水困难和抗旱浇地应急问题。统筹安排各类水源，河北省共引调水量16.3亿立方米，为农田灌溉提供保障。

【农村水利】 2015年，全省投入农田水利基本建设资金107亿元，农民投劳4811万个工日，新修防渗渠道4045公里，更新机井12281眼，维修旧井21051眼，新修、加固水池、水窖等集雨工程和坑塘、塘坝等小型水源工程7377处，新增节水灌溉面积452万亩。全省累计完成投资26.95亿元，解决了565.74万农村人口饮水安全问题，其中规划内476.13万，规划外89.61万。水质检测中心建设总投资1.22亿元，共建设153处工程。2014年度40个小农水重点县项目完成投资9.31亿元，占计划的96%，发展节水灌溉面积92.72万亩；2015年度21个小农水重点县项目完成投资5.03亿元，占计划的96%，发展节水灌溉面积40.38万亩。2015年度大型灌区项目完成投资41623万元，其中完成中央投资35791万元，投资完成率分别为80%和99%，恢复、改善灌溉面积64万亩；2013年度中型灌区节水配套项目完成投资5028.2万元，投资完成率为65%；2014年度中型灌区节水配套项目完成投资5548万元，投资完成率为58%。2014年度6个规模化节水与牧区水利项目完成投资8000万元，占计划的100%，共发展节水灌溉面积7.2万亩；2015年度5个规模化节水与牧区水利项目完成投资6744万元，占计划的92%，共发展节水灌溉面积8.4万亩。国家下达河北省农田水利设施维修养护资金1.87亿元，在142个县实施维修养护项目，截至12月底，135个县已经开工，累计完成投资1.51亿元，投资完成率80.5%，达到了国家要求年底前完成80%的目标要求。

【水土保持】 2015年，河北省共投入省级以上资金5.1亿元，其中争取国家水土保持建设工程资金投入2.6亿元，完成水土流失治理面积2333平方平方公里，圆满完成水利部要求的年度建设任务目标。做好2016年国家水土保持重点工程前期工作，计划储备项目106个，截至2015年底，完成实施方案编制90个、技术审查86个，批复36个。2015年，河北省继续把京冀共建密云水库上游张承两市5县生态清洁小流域，作为落实京津冀协同发展战略部署的一项重点工作。组织编制了《河北省密云水库上游生态清洁小流域建设规划（2015—2017年）》，经海委审查后，张承两市政府联合报北京市政府。草拟了清洁小流域建设管理办法。2015年10月22日，北京市水务局和省水利厅组织对5个县的试点实施方案进行了审查。经过省政府批示和协调沟通，河北省财政厅落实了项目建设资金，河北省发展改革委整合了项目资金。省水利厅联合省财政厅、物价局、人民银行石家庄支行制定出台了《河北省水土保持补偿费征收使用管理办法》。省水利厅全部取消水土保持非行政许可，将省级审批的风电项目、部分光伏项目等生产建设项目水土保持行政许可权限下放到设区市和省直管县。加快监测站点建设，完善监测网络，新建张北试验站、平泉辽河源监测点，升级改造易县崇陵观测场、平山县岗南水径流场等监测设备，自主研发了水土保持自动化监测设备，购买2架无人机用于水土流失监测。

【移民管理】 2015年，河北省共拨付水库移民资金17.41亿元（包括预拨2016年部分资金），比2014年增长54%，其中中央直补资金8.68亿元，结余资金5.74亿元，中央下达避险解困试点项目资金1.71亿元，省级资金1.28亿元。全年共实施项目1327个。资金投入进一步加大，2015年基础设施建设投入2.52亿元，劳动力技能培训262.61万元，生产开发项目3724.82万元。2015年全省移民人均纯收入达到6298万元。为确保后期扶持工作取得扎实成效，2015年4月开始，省移民迁建办公室分组对全省9个市35个县的后期扶持项目作进展情况进行了监督检查。7月份，按照水利部《关于开展水库移民后期扶持项目和资金管理专项检查工作的通知》要求，对全省8个移民重点市的14个县（市、区）进行了抽查，对检查出的问题由会计事务所出具评定报告，限期要求相关市县进行整改。全面梳理移民上访情况，2015年6月上旬，省联席办、水利厅会同唐、秦两市相关单位，对近年移民进京赴省上访的人员和诉求进行统计分析，逐市逐县逐乡镇列出人员清单和移民信访诉求清单，共涉及296名移民、38个重点信访案件、16类主要诉求。6月11日，省信访局、水利厅就梳理出的移民上访情况召开会商会，分析原因，研判形势，提出措施，省联席办将38个重点信访案件（重点户）纳入化解信访积案专项行动督导范围。7月31日，省联席办在唐山市召开潘家口、大黑汀、桃林口三库移民信访稳定工作调度会，唐、秦、承三市及17个县（市、区）有关领导和信访、水利（移民）部门负责同志参加了会议。2014年11月，国家三部委对第一批试点方案进行批复后，平山县立即着手开始项目建设。截至2015年底，东回舍镇南庄村主体工程已经完工；西柏坡镇讲里村结合当前正在开展的西柏坡片区美丽乡村建设工程，新村建设、道路、饮水等各项工程也已接近尾声；大吾乡夹峪村的地基土方已完成；苏家庄乡上东峪村的土方工程已完工；三汲乡河渠村已完成选址。2015年7月，水利部移民局审查通过了河北省第二批避险解困试点方案。

【农村水电】 2015年河北省共新增农村水电站3处，装机容量7800千瓦，减少水电站1处，装机容量1000千瓦。财政部、水利部批复河北省改造水电站24座，批复总投资1.02亿元。截至年底，24座电站改造全部完成，装机容量由改造前的5.66万千瓦增加到5.80万千瓦，新增装机容量1360千瓦。下达小水电省级补助资金1000万元用于老旧电站改造，共支持11个项目16个水电站进行了技术改造，改造装机容量6.7万千瓦。截至2015年底，全省水电站发电设备拥有量248处，装机39.55万千瓦。全年发电量共4.2亿千瓦时，发售电收入1.8亿元，上缴税金771万元，共完成投资5066万元。平山县、唐县、围场县、遵化市4个新农村电气化县建设基本完成。全省共有35座水电站开展安全生产达标评级工作，25座水电站被评为安全生产标准化二级单位，10座水电站被评为安全生产标准化三级单位。《河北省中小河流水能资源开发规划（河北省小水电发展规划）》正式印发，是河北省第一部水能资源开发利用综合规划。

【科技外事】 2015年，省水利厅组织完成了2015年度水利科技进步奖的评审工作，共有18项成果参加报奖，经过专家评审，3项成果获一等奖，6项二等奖，9项三等奖。推荐4项成果参与省科技进步奖和山区创业奖的评审，荣获2015年度省科技进步三等奖2项，山区创业奖三等奖1项。组织了2015年度河北省农业技术推广奖的申报评选工作，其中获得农业技术推广合作奖1项，项目二等奖1项，贡献奖7人。2015年12月28日，省水利厅组织专家赴邢台平乡县参加全省第二十届“三下乡”集中服务活动。结合平乡县实际情况，在节水压采工程、农业结构调整、人饮等方面给与项目和资金支持，支持资金4300余万。组织完成了2015年度水利青年科技带头人的申报、评选工作，共评选出水利青年科技带头人12人。2015年共派出两批次代表团分别出访荷兰、意大利、罗马尼亚和德国、法国、波兰。6月3日，德国勃兰登堡州州长沃伊德克先生率领州政府代表团访问省水利厅。12月29日召开了省水利学会第九次会员代表大会，完成了学会理事会、常务理事会等改选换届工作。

（河北省水利厅　梁　旭）

环境保护

【概述】 2015年河北省的环境保护工作取得显著成效，全省$PM_{2.5}$平均浓度比2014年下降18.9%，超额完成下降8%的年度目标任务。经环保部核定，全省化学需氧量、氨氮、二氧化硫和氮氧化物排放总量同比分别削减4.77%、5.29%、6.85%和10.68%，是年度任务目标的191%、212%、228%、267%，四项指标全部大幅超额完成，标志着“十二五”减排任务圆满收官。环境监管进一步加强，环境执法更趋严厉。全省建成了网格化监管体系，监管工作由“督企”向“督政”转变，环保工作“党政同责”、“一岗双责”得到落实。

【大气污染治理】 2015年，河北省环境保护厅出台了全国第一个《大气污染深入治理三年（2015—2017）行动方案》。围绕打好“控煤”歼灭战，开展燃煤发电机组超低排放升级改造、关停取缔实心粘土砖瓦窑、拔烟囱三大专项行动，省环境保护厅制发了《河北省2015年控煤歼灭战行动方案》、《河北省开展关停取缔实心粘土砖瓦窑专项行动实施方案》、《河北省制药行业大气污染防治实施方案》，将目标责任层层分解到各市、县和有关部门，强化督导调度。省大气污染防治工作领导小组组织召开了会议和专题会议，对三个专项行动的目标任务、措施进度和责任落实进行细化部署和调度，进一步完善考核机制，强力推进落实。全年完成燃煤机组超低排放改造252台，关停取缔实心粘土砖瓦窑2780座，拆除废弃烟囱351根，淘汰建成区燃煤锅炉3829台。建立了廊坊市、保定市与北京市，唐山市、沧州市与天津市“4+2”结对合作机制，廊坊、保定分别接受北京市帮扶资金2.3亿元，唐山、沧州市分别接受天津市2亿元，重点用于燃煤锅炉淘汰治理和清洁煤替代。

圆满完成“两会”、冬奥会考察及抗战胜利70周年纪念活动空气质量保障任务。重大活动期间，每日与北京、天津及周边地区开展联合视频会商，准确研判污染形势，共同做好重污染天气预报工作，发挥了京津冀区域应急联动工作成效。活动期间全省$PM_{2.5}$、PM_{10}平均浓度分别下降58.6%和53.8%，超额完成国家下达的减排任务目标。设区市$PM_{2.5}$平均浓度77$\mu g/m^3$，同比下降18.9%，降幅居京津冀及周边七省区市首位，比2013年下降28.7%，提前两年达到国家要求河北省2017年下降25%的目标。全省设区城市空气质量达标天数平均190天，同比增加38天，重污染天数同比减少30天，特别是在6月至9月期间，全省多地空气质量持续达到“一级优”，环境空气质量改善明显。省本级发布重污染天气区域橙色预警5次，各市发布红色预警11次，橙色预警33次，黄色预警59次，蓝色预警34次。报送空气质量日报150余期，《重污染天气预警专题报告》66期，空气质量分析月报12期，为大气污染防治提供了有力依据。加快推进了重点行业挥发性有机物（VOCs）污染治理工作，省环境保护厅印发了《关于加快推进重点行业挥发性有机物污染治理工作的通知》，进一步明确了重点行业挥发性有机物治理目标和标准。召开了全省重点行业挥发性有机物治理工作视频会议和技术对接会，督导调度了全省重点行业挥发性有机物（VOCs）治理工作，并邀请环保部规划院、省环科院、河北科技大学的专家对相关技术进行了讲解。同时，省大气办对全省重点行业VOCs治理工作进行了现场督导检查，调度推进各地VOCs污染治理进度，确保完成2015年治理任务，力争到2017年底前，全面完成重点行业VOCs污染治理工作的目标。

石家庄、秦皇岛、张家口、邯郸等市制定了空气质量考核奖惩办法。

【水污染治理】 2015年是重点流域水污染防治“十二五”规划的收官之年，省委、省政府印发了《河北省水污染防治工作方案》。创造性的谋划了“抓节水、控污水、洁河水、净湖水、治海水、保供水、调客水、压采水”八大“治水工程”；提出了“两线三区”治水战略，以库区山前线和海岸线，将全省治水区域划分为山前水源涵养区、平原河流整治区和近岸海域防控区，体现差异化治水策略，避免“一刀切”；统筹水环境、水资源和水生态统一整治，细化了工业污染源、城镇生产生活源、农村污染源、交通源“四源同治”的系统治水体系。在国家为河北省设定的74个河流考核断面和流域控制单元基础上，新增加了45个省内考核断面和控制单元，进一步厘清了流域内各地责任，为实施河流精细化管理提供了科学依据。对《水十条》中涉及的237条措施进一步分解细化为350多项具体措施，实现了任务清单化，做到凡任务必有主体、凡治理必有清单、凡举措必有时限，将目标任务落实到数量、落实到年度、落实到责任主体。强力推进了重污染河流治理，河北省环境保护领导小组印发了《关于切实做好重点流域水污染防治规划实施工作的通知》（冀环领办〔2015〕15号），要求各地切实采取有效措施，加大工作力度，确保重点流域水污染防治“十二五”规划各项工作落到实处，取得实效。对全省14条重污染河流整治工作实施了月调度、不定期督导，完成总投资34.1亿元，完成各类治理项目42项。2015年1—12月全省主要河流达到或好于Ⅲ类水质断面为49.64%，比上年同期上升了3.6个百分点；劣Ⅴ类水质断面为30.22%，比上年同期下降了2.15个百分点；氨氮平均浓度为3.50毫克/升，比上年同期下降了6.2%；化学需氧量平均浓度为29.95毫克/升，比上年同期下降了1.1%，地表水水质初步改善。编制实施了《滦河流域水污染防治综合整治实施方案》，在滦河上游闪电河、伊逊河、武烈河、兴洲河、柳河、老牛河、瀑河等8条重大支流以及潘大水库和淋河、黎河、沙河等于桥水库流域河流，实施了水资源节约利用与配置、水土环境污染治理、河湖生态保护与修复、综合管理与监控能力建设。

2015年，滦河流域水源保护、污染治理和生态修复列入了国家国土江河综合整治试点。国家给予河北省4.36亿元资金专项用于承德、张家口和唐山地区滦河流域水污染防治，有效保障了引滦入津水源水质。省环境保护厅组织编制实施了2015年官厅水库、衡水湖和白洋淀良好湖泊综合整治实施方案。库整体水质稳定的在Ⅳ类标准，局部达到了Ⅲ类标准；衡水湖水质稳定在Ⅲ类标准；白洋淀淀区水质也得到明显改善。按照国家规范划分了水源保护区，一级保护区面积64平方公里，二级保护区面积356平方公里。对南水北调干渠河北段两侧水源保护区内的污染源进行了全面排查，排查污染源216个，对其中的违规项目实施了取缔关停，手续齐全的实施了严格管理，确保稳定达标排放。

建立了南水北调中线工程河北省境内水质断面的水质月检测月通报制度。一年来的监测数据显示，南水北调中线工程河北省境内水质全部达到或优于饮用水水质标准Ⅱ类标准要求。

为强化饮用水安全保障，2015年，省环境治理工作领导小组向各设区市政府（含省直管县政府）印发了整改通知，对整改工作进行了全面部署，提出了年底前全面完成整治的要求，对全省116个饮用水源保护区的违规建设项目实施全面清理，省环境保护厅组织编制了300多个乡镇集中式饮用水水源保护区的划分方案。在石家庄岗南、黄壁庄、大浪淀、西大洋等水库启动水源地一级保护区隔离试点。

制定了北戴河《2015年度暑期环境保护工作机制》，明确了目标任务和职责分工，建立了暑期环保工作开展情况一周一报制度。先后对减河、饮马河、排洪河、新河、新开河等多条入海河流及北戴河沿岸村庄的水质、生活垃圾、污水处理等情况进行现场检查督导，对垃圾发电厂、养猪、养鸡和有机肥企业进行了现场检查，2015年，暑期北戴河各大海滨浴场全部达到了一类海水水质标准要求。

邢台市制定了水环境整治三年工作实施方案，实行“河长”治水，实施7大治水工程。承德市两年累计投资62亿元，实施项目256个，全面消除了劣Ⅴ类水体。全省地表水国省控监测断面（点位）好于三类（含三类）水质的比例为55.9%，超过年度目标5.9个百分点，劣五类水质断面（点位）比例降至24.6%。

【环境影响评价】 省政府印发了《关于改革创新环评审批制度的意见》。省环境保护厅组织召开了全省深化环评制度改革工作会议，统一改革思想、凝聚改革合力。采取以会代训、会训结合的方式对各市、县（区）环评管理人员共计200余人进行了环评制度改革培训。进行了大量的政策宣传和舆论引导。在中国政府网、国家发改委官网、河北电视台、河北日报、《河北环境保护》杂志等国内省内重要媒体刊登或转载了河北省环评审批制度改革的相关信息。

2015年，省环境保护厅制定了《试点县（区）建设项目环境影响评价文件备案管理办法（试行）》，由邢台市威县、石家庄市鹿泉区人民政府印发执行。为确保各项改革措施平稳落地、取得实效，组织相关专家深入11个设区市、20多家企业和10多家环评机构开展座谈调研，召开了全省环评改革座谈会，收集各项改革意见和建议130多条。起草了《关于深化环评审批制度改革推进情况的报告》，制定了《河北省环境保护厅审批环境影响评价文件的建设项目目录（2015年本）》，原省批建设项目环评审批权限90%以上下放至各设区市（含定州、辛集）和省直管县。对审批名录进行公示，已有数百个原省批项目实现了就近办理，属地管理。实行环评审批豁免试点以来，有上千个小微项目从中受益，减少了不必要的审批环节和投资成本，营造了良好的“双创”环境。通过精简流程和内容，强化规划环评与项目环评衔接，提高监测数据利用效率等措施，全省绝大多数建设项目享受到改革的实惠，特别是对省环保厅审批的永洋钢铁产业重组、退城搬迁、装备升级项目，首钢二期工程项目，冀南钢铁重组搬迁改造项目等关系河北省重要产业布局调整的重大项目推动效果极为明显。

2015年，省环境保护厅组织制定了《河北省环保系统环评机构脱钩工作方案》，组织召开了全省环保系统环评机构脱钩改制座谈会，明确了全省脱钩改制的要求和期限。组织开展了全省环评机构专项整治行动，抽取了26家环评机构进行现场核查，严查环评机构出租环评资质、环评文件编制低劣、相关数据弄虚作假、环评工程师“挂靠”等违规行为。放开了环评服务市场，京诚嘉宇、中冶南方等一批省外环评机构参与了河北省建设项目环评编制工作，通过引入竞争机制，营造公平环境，极大提高了河北省环评报告的编制水平和效能。

对全省环保违规建设项目进行了摸底，经过初选、审核、复查等多轮甄别，共确定河北省环保违规建设项目13784个。按照“完善一批、规范一批、淘汰一批”的原则，经多次征求各设区市和相关部门单位意见，省环境保护厅印发了《河北省环保违规建设项目清理整顿工作方案》，开展了化工、有色行业涉危险废物建设项目环评专项清理工作，共清查2011年以来，河北省建成投产化工、有色行业涉及危险废物的项目679个，其中石化、化工项目643个，有色金属36个，下发了《关于督促涉危涉化重点建设项目落实环评专项工作检查整改和监管要求的通知》。

2015年，省环境保护厅组织焦化企业及环评单位，赴山西省调研了焦化项目环评审批及环境管理经验，了解了山西省特别排放限值执行和污染防治技术运用情况。结合河北省实际，提出了河北省焦化行业建设项目管理建议。研究出台了《进一步规范焦化项目环境影响评价管理工作方案》，为推动焦化企业节能减排和转型升级，规范焦化企业环境影响评价管理确立了依据。

加强了矿山开发类建设项目的环境影响评价管理，组织相关单位专家赴矿山行业集中的唐山、张家口、邯郸等地开展了矿山专项调研。起草了《关于河钢集团矿业公司建设项目环保管理有关问题的报告》，以河北钢铁集团矿业公司所属矿山环评为试点，积极开展了矿山企业环境管理规范工作。起草了《关于加快推进石钢搬迁、国丰重组搬迁及武安城区周边钢铁企业重组搬迁规划环评和项目环评工作的通知》，指导建设单位开展了项目环评编制工作，拟定了《石钢搬迁等钢铁项目环评审批服务指南》。

编制了《园区规划环评情况调查表》，园区规划环评审查程序修订方案和环评服务机构管理体系、黑名单制度已基本成形。督促石家庄、唐山、邯郸市政府督导项目所在县（市、区）做好园区规划及规划环评有关工作。积极探索开展园区规划环评“负面清单”制度，在邯郸市峰峰矿区经济开发区总体规划等园区规划环评率先引入“负面清单”和“环境准入条件”等新要求。

立足河北实际，开展了县域经济发展战略规划环评试点工作，其中衡水景县、邯郸涉县、邯郸武安、唐山迁安四县已着手开展此项工作。探索开展了产业集群发展规划环评工作，对唐山市丰润区钢材加工产业发展规划进行了审查，指导当地钢材产业发展与环境资源协调共赢。组织上报了《张家口可再生能源应用综合创新规划》，并通过环保部审查，指导区域可再生能源产业健康、持续发展，对于改善当地环境具有积极作用。

2015年，河北省环境保护厅共审批建设项目环评1.16万个，涉及投资1.22万亿元。其中，省本级审批项目环评91个，涉及投资1473.4亿元。全省共验收项目3151个，涉及投资9528.18亿元，其中，省级验收项目50个，涉及投资384.79亿元。全省共审查规划环评34个，通过规划环评助力园区“筑巢引凤”，为进一步提升园区环境管理水平和整体竞争力、吸引更多更好的建设项目入驻河北，实现经济绿色发展提供了有力保障。

【清洁生产及固废、土壤的污染防治】 2015年，省环境保护厅强力推进了“四个行业”清洁生产污染防治工作，公布了2015年度实施强制性清洁生产审核的551家重点企业，继续深化开展了653家企业通过的清洁生产审核，287家企业通过污染防治对标验收。

规范了危险废物环境监督管理。组织各市集中对省内211家产废和经营单位开展了危险废物管理专项检查，对43家不达标和基本达标的企业整改情况进行了“回头看”。经整改，全省经营单位达标率达到94.5%，产废单位达标率达到93%，基本达到了国家“十二五”危险废物规范化管理合格率要求。完成了对邯郸惠天环保科技有限公司等5家危废处置单位危险废物跨省转移核查，对各地上报的16批次固体废物危险特性认定的申请出具了答复意见。以2014年实际产废量为基数，开展了全省危险废物监管重点源清单更新工作。完成了12家企业申请危废经营许可证、1家企业申请废铅酸电池收集试点资格现场技术评审，对6家企业申请换发危废经营许可证赴现场查验出具了意见。2015年，省环境保护厅颁发危险废物经营许可证65个。对废弃电器电子产品拆解企业运行情况进行了公告。修订了河北省电子废物监管和审核流程，组织对拆解企业拆解处理仿制品情况进行了核查。组织开展了邯郸危废跨界转移事件和北京污泥跨界转移事件的调查和监管。开展了进口废物管理情况调研，实现了所有进出口企业进口废物申请网上审批和大厅统一受理。对省内8市、1县（辛集市）的25家进口废物加工利用企业进行了专项检查，对唐山玉田县林涛塑料制品有限公司等4家申请进口废物的加工利用场地进行现场核查；协调督促秦皇岛输油气分公司54台下线贮存的多氯联苯电容器转移处置事宜，按时完成了2015年度全省持久性有机污染物统计上报工作。2015年累计完成116家进口可用作原料固体废物企业省内审核，并将审核情况报送环保部。

强化了工业企业污染场地再开发利用环境管理。严格按照《工业企业污染场地调查与修复管理技术指南》要求严把质量关。对51个工业企业污染场地再开发利用环境调查方案进行了专家评审。完成了《石家庄市井陉县大通化工有限公司污染场地土壤治理工程环境效果验收》，在国家相关规定的基础上初步创立了河北省土壤修复工程监理技术体系。

危险化学品环境管理登记工作作为全国首批试点顺利通过环保部验收。2015年，已完成39家重点环境管理危险化学品环境风险评估报告专家审查，并选取部分地市部署开展了环境激素类化学品试点调查。

违规项目环保认定和备案工作全面启动，印发了《河北省环境保护厅关于转发环境保护部在化解产能过剩矛盾过程中加强环保管理的通知》。对各市辖区内钢铁、水泥、电解铝、平板玻璃行业的在建项目和建成项目进行全面梳理排查。在“四个行业”整治和污染源调查基础上，分行业开展了环保违规企业环境现状调查，建立了企业环境管理台账，明确拟清理的违规项目，拟保留的违规项目及制定环保整改计划。邢台钢铁责任有限公司等7家钢铁企业、沙河市安全实业有限公司等5家平板玻璃企业，符合备案条件，省环境保护厅已对企业相关信息进行公示。

2015年，省环境保护厅发布实施了9项地方环保标准，其中，经省政府批准发布实施的污染物排放标准7项，分别是《钢铁工业大气污染物排放标准》（DB13/2169—2015代替DB13/1461—2011）、《燃煤锅炉氮氧化物排放标准》（DB13/2170—2015）等7项。经省质监局批准发布实施的地方标准2项。组织对1997年以来颁布实施的18项地方环境标准（包括洁净型煤和洁净配煤2项产品标准）进行了清理复审。完成了河北省地方环境标准清理复审报告。编制了《河北省鼓励的环保技术、产品目录（第二批）》，本批《目录》，重点征集了一批煤电大气污染超低排放控制技术、挥发性有机物治理技术、农村污水和垃圾综合治理技术、环境监测技术，以及重点行业污染控制急需的先进技术共71项。

【主要污染物减排】 2015年，全省完成污染减排项目6513个，其中水减排项目4529个、气减排项目2056个。56个减排责任书重点工程项目全部建成。钢铁水泥电力玻璃四大行业大气污染治理攻坚行动606个治理项目全面完成。

组织开展了全省机动车环保检验机构监督检查，共检查机动车环检机构265家，处罚环检机构28家，涉及金额40.5万元，下发了《关于全省机动车环保检验机构监督检查的通报》。开展了源头防治机动车污染试点工作，共抽查、抽检上汽朗逸、捷达、江淮等有关汽车品牌车辆20台。2015年，淘汰黄标车21万辆，900条机动车检测线完成升级改造，全省共发放机动车环保合格标志887万个，超过了环保部规定的机动车检测参检率80%以上的要求。积极开展了京津冀机动车污染联防联控，成立了京津晋鲁内蒙古五省区市环保部门组成的机动车排放控制工作协调小组。全面供应国五标准车用汽柴油。

实施了差别化排污费征收政策。在全国率先出台了燃煤电厂大气污染物超低排放限值标准，并同步出台了超低排放电价补贴政策，对完成改造的每度电补贴0.8分钱。

深入开展排污权交易，省政府办公厅印发了《关于进一步推进排污权有偿使用和交易试点工作的实施意见》。明确了河北省开展排污权有偿使用和交易的时间节点和部门任务，对有关重点工作作了原则性规定，组织起草印发《河北省排污权有偿使用和交易管理暂行办法》。明确了排污权交易的有关概念、管理权限、交易程序等内容，使河北省排污权交易工作基本形成较为完整的管理链条。会同省物价局、省财政厅制发了《关于河北省2016—2017年度主要污染物排放权交易基准价格的通知》（冀价经费〔2015〕309号），制定了四项主要污染物排污权交易基准价，并规定主要污染物排放权交易基准价为交易底价，市场成交价不得低于交易基准价。研究起草了《河北省排污权出让收入征收使用管理暂行办法》。开创性的将排污权使用年限统一规定为五年，并与国民经济与社会发展规划期一致，解决了各排污单位排污权年限不一致，管理难度大，不利于市场流通的问题。基本建立了河北省排污权有偿使用和交易制度框架体系。全面推进初始排污权核定分配工作，研究起草了《河北省排污权核定和分配技术方案》，从初始排污权的核定范围、核定原则、核定权限、核定程序等方面做了系统规定。创造性地提出了可出让排污权的核定规范，为培育和开拓排污权交易二级市场，规范市场主体的交易行为打好了基础。组织了技术培训会，对全省所有设区市、省直管县和县（市、区）的相关工作人员进行了全员培训，系统讲解了排污权核定有关事项以及需要注意的重点问题。对总装机容量30万千瓦以上的电力企业排污权制发了核定通知，明确了资料报送时限和具体要求。组织对各电力企业核算数据进行了集体审核，在审核时注意了核定排污权与排污许可证许可总量的充分衔接，畅通了将排污权纳入排污许可证管理的渠道。2015年，全省排污权交易共完成1290笔，出让化学需氧量6498.25吨、氨氮689.79吨、二氧化硫8056.42吨，氮氧化物1.19万吨，完成出让金收入1.48亿元。协助省发改委草拟并上报省政府出台了《关于推行环境污染第三方治理的实施意见》，研究草拟了《河北省环境污染第三方治理管理办法（暂行）》。

【生态保护与建设】 2015年，省环境保护厅启动了《河北省“十三五”生态环境保护规划》编制工作，完成了河北省生态保护红线划定初步方案。编制完成了《河北省环境功能区划》并上报环保部验收评审。会同省发改委印发了《关于落实环境保护部、国家发展改革委贯彻实施国家主体功能区环境政策若干意见的通知》，提出了进一步优化生态安全格局，实施分区管控，全力构建京津冀生态环境支撑区的有关要求。完成了《强化京津冀生态补偿机制研究》课题报告，会同省财政厅与天津市进行了引滦入津水环境生态补偿机制的协商磋商。出台了《加强自然保护区管理工作的通知》，对全省26个省级保护区进行了管理评估。开展了国家级保护区遥感监测核查，组织有关部门负责人及专家对河北省13个国家级保护区遥感监测到的人类活动情况进行了实地核查。建立完善了保护区管理数据库，初步建成了全省所有自然保护区数据资料库，并在省环保厅门户网站发布。组织开展了保护区边界核查工作。

成功举办了“5.22”生物多样性日宣传活动。联合河北师大生命科学学院、石家庄市环保局、河北环保联合会等单位，在石家庄市西清公园举办生物多样性保护宣传教育活动，编印了《河北生物多样性保护知识百问读本》2000册，制作挂图、展板、动植物标本等多种宣传材料，聘请生物学专家现场讲解生物多样性保护知识，增强民众认知和参与意识。组织开展了生物多样性保护优先区的划定，在石家庄、保定、承德、唐山、秦皇岛市开展了生物多样性保护优先区核定工作。进一步修订完善了《河北省生物多样性保护战略与行动计划（2015—2030年）》。完成了“基于物种和群落水平的白洋淀鸟类资源调查与评价”；“河北省重要生态系统功能区生态环境十年变化调查评估”；“国家级自然保护区生态环境十年变化调查评估”。

2015年，张家口市、赞皇县、迁西县、安新县被认定为国家生态保护与建设示范区。野三坡景区被国家旅游局和环保部评定为2014年国家级生态旅游示范区，河北省的衡水湖景区申报了2015年的国家级生态旅游示范区。

大力推进了正定、平山、崇礼和白洋淀等九大片区农村环境综合整治，在全省246个片区、3200多个村庄和5个县区全县域实施农村环境连片整治示范建设，建成村镇集中式污水处理设施120余套，分散式污水处理设施2万余套，新建垃圾转运（处理）站180余座，配备垃圾转运车3000余辆，建设垃圾池（箱、桶）6万余个，直接受益人口超过230万人。农村脏、乱、差的环境面貌得到了初步改观。2015年，以“美丽乡村”建设为契机，在白洋淀、北戴河、崇礼等9大片区529个村庄中，有169个村庄实施了污水治理项目，已建成设施的村庄50个。以实施“南水北调”沿线环境治理为带动，试点开展全县域、全覆盖、拉网式的农村环境整治试点工作。15个县区共申报2800个村庄生活垃圾治理、600个村庄生活污水治理，受益人口超过400万。建成国家级环境优美乡镇和生态乡镇50个、国家级生态村11个、省级环境优美城镇130个、省级美丽乡村100个。命名5家省级环保模范城市，宽城县通过省级环保模范城验收。

【监测与应急预警】 2015年，省政府办公厅印发了《河北省生态环境监测网络建设实施方案》，对做好全省“十三五”期间的环境监测工作进行了谋划。编制下发了《2015年河北省环境监测工作方案》和《2015年河北省环境监测质量管理工作计划》，指导全省各地开展环境监测工作。组织了北戴河近岸海域及暑期浴场监测工作和河北省南水北调中线水质监测工作。

印发了《关于组织开展国家土壤环境质量监测国控点位布设工作的通知》、《关于开展国家近岸海域环境质量监测点位调整工作的通知》，组织完成了全省土壤环境质量监测国控点位布设工作、近岸海域国控点位调整工作、全省农村环境质量试点监测必测村庄确定工作及“十三五”国家地表水监测断面及经纬度上报工作。

按照省政府的要求，适应新的体制机制、加大了对人为影响监测数据行为的惩戒力度，编制完成了《河北省县（市、区）环境空气质量排名及公布办法（试行）》的修订工作。组织召开了河北省部分设区市大气颗粒物来源解析工作调度会，进一步明确了任务，提出了要求。印发了《河北省环境空气自动监测数据弄虚作假行为认定办法》，召开了全省环境污染刑事案件监测数据认可工作研讨会，就案件办理的程序、内容、材料审查重点等内容进行了研讨和规范。全年共办理各类涉嫌环境污染刑事案件监测数据认可案例301件。省大气污染防治工作领导小组办公室印发了《关于加强县级站运维管理严查人为影响数据行为的通知》、《组织开展打击环境监测数据造假专项行动实施方案》和《关于进一步强化责任确保环境空气自动监测站正常运行的紧急通知》。在全省开展了空气站运行质量的检查，日常检查采取视频监控、数据分析、现场检查和质控站比对等多种方式，对全省空气站的运行维护及监控数据进行日常巡查，全年共巡检空气站点113次，并编制全省空气自动站质量检查情况报告32篇，将全省国控站、县级站的运行情况和数据质量情况及时上报。组织全省11个设区市空气站开展了交叉检查，针对省内部分污染较重的设区市（石家庄、唐山、保定、衡水、邢台和邯郸），开展了为期一个月的空气站交叉驻市巡检工作。通过检查，纠正了多起空气站运维不到位、数据异常等问题，保证了全省空气站正常运行，监测数据准确、可靠。

2015年，省环境保护厅狠抓环境应急管理与预警，建立了预警预报室、现场应急室、空气站自动监控室，明确职责，建章立制，建立健全了《环境应急和重污染天气预警值班制度》、《重污染天气预警工作制度》、《预报值班制度》、《环境空气自动站质量监控工作制度》等规章制度。建立健全全省重污染天气预报预警体系，编制了《河北省空气质量多模式集合预报预警系统建设方案》。全年重污染天气预警发布率达到80%以上。印发了《关于简化环境监测信息审核环节提高监测信息公开效率的通知》，对环境信息和监测数据的公开主体、审核环节、上报及公开时限、公开内容、方式进行了规范。2015年全省发布了143个县环境空气质量监测结果及排名情况12期、全省地表水水质月报12期。全省国控重点污染源监测信息公开及自动监控数据传输情况通报12期、全省30万千瓦以上火电厂自动监测数据有效性审核情况通报4期。举办了全省国家重点监控企业自行监测及信息公开业务培训，为247家新增国控重点企业培训监测技术人员539人。2015年，全省国控重点源自动监控数据有效传输率、企业自行监测信息发布率、企业监督性监测信息公布率分别为95.93%、97.91%、100%，全部符合国家要求。组织召开了全省空气质量预报预警系统建设调度培训会，编制了《河北省空气质量预报预警业务能力建设技术指南》和《河北省地市空气质量预报预警系统建设方案》，指导各市建立了和省级预报系统联网的信息化平台，加强了各市空气质量预报预警技术体系及业务能力建设。编制了《重污染天气操作方案编制指南》，明确了企业操作方案的编制原则、编制程序和减排基数，提出了切实可行的应急减排措施，并对钢铁、焦化、玻璃、水泥四大行业重污染天气应对工作特性进行了重点分析，全面提高了企业操作方案的科学性、可操作性和可核实性。为科学指导企业修编操作方案，筛选了钢铁、焦化、玻璃、水泥、石油炼化等重点行业各1—2家企业，开展企业操作方案修编试点工作，在阶梯式、轮流式应急减排措施的基础上，提出了间歇式和应急减排置换等方式，使应急减排措施操作性更强，更切合实际，极大提高了企业应急减排工作的积极性。全省已有243家重点企业完成了操作方案的修编，并在省环保厅备案。《编制指南》得到了环保部的认可，并在全国范围内转发。结合环境应急管理工作面临的新形式新要求，对河北省近年来突发环境事件应对工作的实践经验进行了总结分析，并征求省工信厅、公安厅、安监局等27个成员单位的意见，编制完成了《河北省突发环境事件应急预案》。12月25日由省政府发布实施。

建立健全了跨区域、流域纠纷排查工作机制，统一调度，积极协调，认真排查，及时沟通，妥善解决了滏阳新河流域污染、清凉江段水质污染、凤河西支下游水体污染和龙河水体污染等问题，有效减少了区域纠纷，防止了污染物扩散，保障了区域环境安全。认真落实《京津冀水污染突发环境事件联防联控机制》，强化京津冀三地的沟通协作，做到环境风险和污染隐患早发现、早预警、早整改、早消除。5月份，开展了“京津冀联合环境隐患排查”行动，对北京、张家口、承德等地的7家企业开展了联合排查；11月份，开展了京津冀水污染环境应急和环境执法联防联控会议，就有效预防与处置水污染突发事件，进行了深入交流和探讨，有效提升了京津冀三地环保部门联防联控水平。组织了突发环境事件应急演练，在邢台市旭阳化工园区开展了以水污染突发环境事件为背景的应急演练，共出动人员168人次，车辆17辆次，环境应急监测设备和个人防护装备若干套。通过演练，提高了各级环保部门和企业环境应急处置能力，为下一步应对突发环境事件积累了宝贵经验。

2015年完成各类常规性监测分析任务500多批次，涉及污染因子1175项，出具监测数据15万余个，编写各类监测报告1578份，其中污染源监测报告733份，环境质量监测报告599期，遥感监测报告54期，应急监测报告192期，较上年任务量增加20%。完成项目验收、质控比对、专项检查、油气回收、环境评估、生态补偿核算等各类专项任务66项，提供监测数据百万条，监测报告300余份。督导公开各类监测信息396期。首次完成了全省38个自然保护区全面遥感监测工作，编制了自然保护区人类活动影响遥感监测报告。以沽源县为试点的生态环境监测站开始运行，填补了河北省生态监测的空白。组织完成了2项国家级课题研究以及8项地方标准的起草编制工作。圆满完成跨区域援助天津应急监测任务。

【环境执法与督查】 2015年，全省共检查排污单位10.08万家次，查处环境违法问题3486件，关停取缔4134家，限期改正或限期治理1342家，查封扣押64家，强制执行81家，移送相关部门违法案件136件，约谈地方政府53家次，约谈排污单位375家次；建立完成了7.80万家污染源动态管理数据库；对57个国家和省级自然保护区、173个饮用水水源保护区一级保护区和369个工业园区进行了排查；完成了网格化环境监管体系建设，建立一级网格194个，二级网格2477个，三级网格5.01万个，并按要求进行了备案和公开。

开发建设了远程执法抽查系统。全省210家城镇污水处理厂安装了远程执法抽查系列装置，有效破解了环境执法"三难"问题。2015年，利用远程执法抽查系列装置，组织开展了11次"零点行动"，对210家城镇污水处理厂进行了两轮抽查，对37家超标的城镇污水处理厂进行了复查。其中90家次污水处理厂排放超标，"按日计罚"15家次，对5家企业及相关负责人实施了双罚。

推进了企业自律工作。全省有677家重点企业已完成企业自律体系建设，进行了公开承诺，在厂区门口设置电子显示屏，适时公开污染物排放种类、数量、浓度等情况，有效促进企业守法常态化。

印发了《河北省环境保护厅环境保护专项督查工作暂行办法（试行）》。联合相关市环保局和新闻媒体先后对定州市、辛集市、沧县、武安市、开平区、安新县和大曹庄管委会等县（市、区）政府进行了约谈。先后对沙河市玻璃行业、滹沱河、汪洋沟石家庄区域、子牙新河流域等16个区域进行专项督导，查处了一批区域性环境问题，并通过新闻媒体进行曝光，促进了区域性环境问题的解决。加大了对全省重点区域和重点行业的环境保护督查力度，将工作重点调整到督查党委、政府及负有环保管理职责的有关部门上，以督企为抓手，以督政为目的，探索可操作、有实效的督政模式，实现环保"督企"向"督政"的转变，从决策管理层面寻求环保问题的解决方案。对沧州市渤海新区开展了建设项目专项督查、对万全县、涿州市、永年县开展了环保督查，并对万全县开展环境保护后督查。通过督查切实强化了相关县、市党政主要领导干部环境保护主体责任，推动了环境保护"党政同责"、"一岗双责"的进一步落实。通过对督查问题的剖析及反馈，相关县（市、区）党委、政府均提起高度重视，提高了推进有关具体问题整改落实的主动性，多地由政府牵头积极制定整改方案狠抓落实，一批长期得不到解决的环保问题初步整改到位。环境保护督查为被督查地区环保工作健康有序开展奠定了良好的基础。2015年，不仅查处环境问题，更加紧盯问题整改落实，对列入后督察的120件重点环境问题持续开展中期督查和后督察，全部按时限要求完成并向社会公开，促进了问题整改落实到位。

组织开展全省环境保护大检查、"利剑斩污"专项行动，检查企业10万余家次，查处非法企业3486家，抓获犯罪嫌疑人1846人，全国力度最大。新《环境保护法》实施后，对36家复查超标企业进行立案查处，按日计罚立案23家，最大单笔罚款1299万元。唐山市立案处罚违法企业441家，处罚金额1728.5万元。因废气、废水治理不达标，保定市强令关停了上市公司天鹅化纤集团。廊坊市约谈了7个县区党政主要负责人，对33名党政干部给予党纪政纪处分。衡水市对36名责任人给予了行政责任追究。对省内211家产废和经营单位开展危险废物管理专项检查和"回头看"，全省经营单位达标率达到94.5%，产废单位达标率达到93%。

开展了放射源安全专项执法检查，全省入库闲置放射源98枚。全年共发放《辐射安全许可证》3件，变更《辐射安全许可证》14件，《辐射安全许可证》增项14件、延续16件。放射源、放射性同位素转让审批225件；放射性同位素跨省异地使用备案57件。

对唐山市、保定市、衡水市、邯郸市4个设区市和定州市、辛集市等10个县（市、区）进行了稽查，针对发现的问题及时下发了稽查意见书，提出整改要求。组织开展了焦化、钢铁行业排污费稽查工作，对16家焦化企业和10家钢铁企业进行了稽查，共追缴排污费6281.4万元。开展了为期1个月的秋季打击焚烧秸秆专项执法检查行动，严肃查处私烧乱烧等违法行为，全省共处罚款6.8万元，分别给予20人通报批评、5人记过、3人行政警告、5人党内警告处分。

【环境政策创新】 2015年，省委、省政府对环保工作重视程度之高、工作要求之严、推进力度之大前所未有。赵克志书记到河北之后高度重视生态文明建设和环境保护工作，逢会必讲环保，每到一个地市调研也都会谈到环境保护，在常委会、深改会等会议上，先后5次听取环保部门汇报，省委八届十二次全会提出要把绿色作为永续发展的重要基础，正确处理经济发展同生态环境保护的关系，牢牢守住发展和生态两条底线，扎实推进美丽河北建设，让河北大地青山常在、绿水长流、蓝天永驻。2015年，省委、省政府印发了《河北省生态文明体制改革实施方案》、出台了《设区市党政领导班子和领导干部及县（市、区）委书记环境目标考核评价方案》、《河北省生态环境保护部门责任规定》、《河北省生态环境保护责任追究暂行办法》，对34个部门环保责任进行划分，建立了责任体系及问责制度，是全国第一个以省委、省政府名义印发实施的省份。

颁布实施了《大气污染防治条例》、《固体废物污染环境防治条例》、《公众参与环境保护条例》、《达标排污许可证管理办法》。会同省公安厅、法院、检察院联合出台了《关于进一步加强打击环境犯罪联合执法工作的意见》。

组织了新《大气污染防治法》省市县三级视频培训，邀请环保部领导授课，取得良好效果。在西清公园组织了“六五环保日”大型环保宣传，开展环保法律咨询。起草印发了处级以上领导干部法治教育活动实施方案。组织并顺利通过了六五普法验收。编制了《河北省环境法律法规汇编（2015）》、《环境保护法执法检查手册》，购置并向设区市、省直管县发放了新《环保法》学习读本、《大气污染防治法》释义、《环保法四个配套制度解释》等普法教材。

制定了《河北省环保厅行政诉讼、行政复议办理暂行规定》，规范了厅机关行政诉讼、行政复议工作。全面启动了环责险强制试点工作，共有498家企业投保环境污染责任保险，缴纳保费1476.7万元，实现保险责任余额10.04亿元。开展了企业环境信用评价，制定了《河北省环境信用评价实施方案（试行）》，印发了《关于组织开展企业环境信用评价工作的通知》，明确了“三个阶段”、“六个步骤”分布实施。在省发改委组织下，联合省高院、省检察院、省公安厅等24个部门，梳理公布了第一批环境违法企业黑名单（9家），制定了对环境违法黑名单企业联合惩戒措施。深化绿色信贷，向人行石家庄中心支行提供环境行政许可、环境违法案件信息20000多个。

构建了京津冀三地地方环境标准、污染治理技术、环保治理装备电子信息平台信息共享。召开了“京津冀协同发展生态环保率先突破研讨会”，共谋合作事项，共同签署了《京津冀区域环境保护率先突破合作框架协议》，并统一进行新闻发布，标志着三地环保部门在贯彻落实《京津冀协同发展规划纲要》精神，共同打造京津冀生态修复环境改善示范区方面又迈出了实质性的一步。举办了“京津冀协同发展环保产业合作及环境治理对接会”，“中外先进环保技术发布暨项目对接会”。

开展了全省核安全文化宣贯推进专项行动。作客河北新闻网在线访谈，面向网民宣贯核文化。先后在河北科技大学等8所大学，携带辐射环境监测仪器和防护服以及各类演示道具，与热情高涨前来咨询的大学生们开展互动，帮助大学生们提高对核安全文化的认识，消除谈‘核’色变的恐惧心理，让公众知道，‘核电’是清洁能源，‘核’的安全利用会使天更蓝、水更清、地更绿、人更美!”。

积极利用微博等新兴媒体开展环境宣传。印发了《关于充分运用新媒体手段加强环境信息公开和环境宣传工作的通知》（冀环办发〔2015〕123号），积极探索环境信息公开和环境宣传工作新模式，进一步加强与公众、与社会的交流与沟通，及时、全面地公开环境信息，加强环境宣传。2015年政务微博（新浪）发布信息1500余条，省环保厅微信公众平台发布信息20条。改进和完善了舆情监测平台，在即时报告、信息传送等方面有了明显的提升。全年共下载音视频120余条，做到了重大舆情信息的第一时间报送，为迅速处置赢得了时间。规范和改进了《河北环境舆情》快报、专报和月报。

全年共举办新闻发布会、媒体通气会8次，发布新闻通稿13篇，组织媒体新闻采访活动13次，中央媒体发稿98篇（条），省内媒体发稿400余篇。2015年4月12日央视《全国新闻联播》头条以6分钟时长突出报道了河北省环保厅公开约谈环保工作不力的五个县市区领导人的情况，并配发了编者按。2015年10月31日，《人民日报》刊登了《釜底抽薪控燃煤——河北开展三大专项行动》，大力宣传了河北省在以集中打好“控煤”歼灭战作为大气污染防治的主攻方向，加快实施燃煤电厂超低排放升级改造、关停取缔实心黏土砖瓦窑、“拔烟囱”三大专项行动中所取得的积极成效。组织开展了两次大规模京津冀三地25家媒体联合采访报道活动，对宣传河北省的环保工作，提升公众的环境意识起到了良好的作用。2015年6月初新华社北京分社、天津分社、河北分社三地联合进行了京津冀在行动系列报道：《发展要高速，还是要高端？——看看地方治霾的三种心态》、《玻璃生产线已经不赚钱，为何还要开着炉子“烧钱”？——河北邢台环保现状蹲点记》、《基层环保“四笔账”，都是治霾“经济障”》、《基层环保“四笔账”，都是治霾“经济障”》等一系列文章被多家重要媒体采用，反响强烈。

2015年全省受理有效环境信访案件2.17万件，同比下降11.7%。

【环境基础能力建设】 2015年省环保厅增设厅级领导职数1名，增设了空气清洁协调推进处，公开招聘18名工作人员。固管中心、环监局、监测站、环科院、辐射站、信息中心、督查中心、应急中心等8家单位被划定为公益一类事业单位。沧州市环境监察支队升格为副处级单位，市编办明确在环保任务较重的乡镇设立“环境保护办公室”。邯郸市组建了编制10人的空气质量保障应急指挥中心。环保投入进一步加大，2015年，争取中央环保专项资金68.14亿元，较上年增长52%，有力地支撑了全省的环境治理工作。

加强了环境信息化基础能力和发展环境建设，完成了国家环境信息与统计能力建设项目整体竣工验收，全省环保工作主要业务的20多个应用系统通过专网实现了省、市、县的互联互通。建成了河北省智慧环保云平台，各个系统实施了虚拟化，通过防火墙强化了安全策略，实施了NAT转换，对重要业务系统，实现了双机热备。所有业务系统数据均实现了每天一次增量备份、每周一次完全备份。统一了省环保厅的业务专网身份认证系统，制作了具有身份识别能力的KEY300余个，实现数字证书制作、身份认证、访问控制和安全审计等安全服务。积极推进全省环保视频会议系统和电子公文传输系统的广泛利用，全年利用视频会议系统保障各类会议、培训、应急调度活动等50余次，最大限度地释放投资效益。完善了OA办公系统。完成了系统密钥登陆，实现安全、高效、便捷的工作目标。无纸化办公（涉密文件除外），极大地方便了服务对象，提高了环保审批等各个业务环节的办公效率。升级改造了省环保厅网上审批系统。已有21个行政许可审批事项、一个非行政许可审批事项纳入系统运转。开发了河北AQI在线APP系统。通过网站实时滚动播出监测数据，公众通过手机等客户端扫描二维码快捷下载，为公众实时了解空气质量状况提供了极大的方便。加强各级环保部门网站建设，及时发布河北省空气质量、水质信息、污染源环境监管信息、大气污染防治专项检查情况、环境违法案件查处情况、核与辐射安全等重点工作信息。开展网站绩效评估，不断创新和拓宽网站的服务传播能力，探索面向移动终端用户的服务，方便公众及时获取政府信息。强化污染源自动监控系统建设，根据环保部《污染源自动监控现场端建设规范化指南》，制定了适合河北省实际的监控站房、采样口、采样管路建设标准，推行现场端建设达标，发放达标建设标志的站房管理模式。积极协调自动监控系统建设纳入新建项目“三同时”审批内容，严格验收，确保比对、联网、数据合格有效。

推进了国控重点企业自动监控设施实行第三方运维管理。制定了第三方运营考核制度和考核细则，建立了进入和退出机制。加大了对企业确定采样点位、测量方法的指导和监督，加强自动监控数据在反映环境质量、排污费征收、环保执法和环保电价补贴、总量核算、排污许可证管理等方面的应用。

（河北省环保厅　段瑞兰）

国土资源监管

【概况】 截至2015年12月31日，河北省土地调查总面积28288.4万亩，与上年度保持一致。

农用地由19656.0万亩减至19626.4万亩，净减少29.6万亩；建设用地由3233.3万亩增至3281.1万亩，净增加47.8万亩；未利用地由5399.1万亩减至5380.9万亩，净减少18.2万亩。以上各地类分别占河北省土地总面积的69.4%、11.6%、19.0%。

按土地利用现状分类一级地类统计，耕地由9803.2万亩减至9788.2万亩，净减少15万亩；园地由1261.0万亩减至1255.8万亩，净减少5.2万亩；林地由6909.4万亩减至6903.2万亩，净减少6.2万亩；草地由4160.8万亩减至4152.5万亩，净减少8.3万亩；城镇村及独立工矿用地由2800.0万亩增至2837.2万亩，净增加37.2万亩；交通运输用地由634.1万亩增至641.4万亩，净增加7.2万亩；水域及水利设施用地由1283.0万亩减至1278.3万亩，净减少4.7万亩；其他土地由1436.8万亩减至1431.8万亩，净减少5.0万亩。

河北省矿产资源丰富，截至2015年底，河北省已发现矿产129种，按亚矿种计算为156种；具有查明资源储量的矿产101种，按亚矿种计算为128种；列入《河北省矿产资源储量表》的矿产70种，按亚矿种计算为88种。上表矿产地1452处。煤、铁、金、钼、水泥用灰岩等河北省优势（竞争力较强的）矿产保有资源储量情况如下：煤炭227.89亿吨，居全国第12位；铁矿93.06亿吨，居全国第3位；金矿（金属量）239.55吨，居全国第17位；钼矿（金属量）81.95万吨，居全国第10位；水泥用灰岩61.05亿吨，居全国第9位。2015年河北省生产铁矿石1.185亿吨，原煤产量完成6910.66万吨，金年产矿石量345.45万吨。全省已开发利用矿产地819处，现有各类矿山企业3419家，从业人数23.5万人，年开采矿石总量3.099亿吨，工业总产值达429.47亿元，形成了以冶金、煤炭、建材、石化为主的矿业经济体系。地质灾害主要有崩塌、滑坡、泥石流、地面塌陷、地裂缝、海水入侵等。

河北省海岸线长487公里，管辖海域面积7000多平方公里。有海岛13个，海岛面积36.30平方公里。河北省沿海地区处于环渤海经济圈的中心地带，海洋生物、港口、原盐、石油、旅游等海洋资源丰富，气候环境适宜，海洋灾害少，是发展海水养殖、盐和盐化工、港口运输、滨海旅游等产业的优良地带，适合进行各种形式的综合开发，具有发展海洋经济的巨大潜力。目前主要海洋产业有滨海旅游业、海洋交通运输业、海洋渔业、海洋化工业以及海洋盐业等。

【服务京津冀协同发展】 立足解决突出问题，强化用地保障，支撑京津冀协同发展和转型升级。一是拓展发展空间，实现“两减一增”。国家核减了全省耕地保有量目标376万亩、基本农田保护目标244万亩，增加建设用地总规模213万亩，其中新增建设用地规模净增加145万亩，不仅保障了河北省“十三五”期间发展用地空间需求，而且解决了大规模开展生态建设占用耕地问题。二是争取政策支持，解决重点问题。对河北省南水北调工程、北京新机场建设等方面需国务院批准的单独选址建设项目占用耕地，允许在项目单位缴纳耕地开垦费、全省完成耕地保有量任务的前提下直接向国家报批用地。三是强化服务保障，力促项目建设。省留用地指标90%以上用于协同发展重大基础设施、承接产业转移、调结构转方式重大项目和省管重点项目以及扶贫攻坚，并为北京亦庄永清园区等一批与京津共建园区和产业转移项目增加用地规模。同时，积极做好用地用海预审、地质灾害危险性评估、压覆矿产资源审批等前期工作，提前介入，主动服务，促进项目建设。

【资源保障】 把发挥土地资源的保障支撑作用作为重大任务，千方百计促进稳增长。在国家大幅压缩东部地区建设用地指标的情况下，争取到2015年用地指标27.27万亩，为历年最多。及时研究解决项目用地涉及的问题，解决了一大批建设项目占用耕地的占优补优问题；适度放开土地规划的调整修改工作，全年共批准调整市县规划 87 个；加强调度，督促各地加快组卷报批，提高审批效能，共批准建设用地 30.8 万亩，其中新增建设用地 24.9 万亩。批准增减挂钩建新地块征收 0.7 万亩，工矿废弃地复垦利用建新地块 0.3 万亩；加大存量挖潜力度，共盘活利用批而未供土地 14.1 万亩，处置闲置土地 16.8 万亩；在加强用地保障的同时，持续推进找矿突破战略行动，年内新增资源储量铁 8.29 亿吨，金 11.23 吨，银 296.34 吨，钼 7.07 万吨；安排使用围填海计划指标 0.75 万亩，批准曹妃甸区、渤海新区等地 32 个项目用海。

【耕地保护】 全面开展永久基本农田划定工作。全省市、县、乡各级规划按照基本农田保护任务不低于上级规划下达指标、总体质量等别高于前一轮规划的平均质量等别等要求，落实全省基本农田保护任务。依据最新的年度土地利用变更调查成果形成的土地利用现状图为底本，按照《基本农田划定技术规程》，形成基本农田划定基础成果。省政府成立永久基本农田划定工作领导小组，要求各地严格执行政策、标准、规范，做到应划尽划且优先将城市周边、交通沿线优质耕地划入永久基本农田，确保基本农田数量、质量的真实性、准确性、合规性。对原划定基本农田保护区内耕地现状进行甄别，严格把关，剔除近年发生变化、不符合划定要求的地块，确保基本农田地类真实、面积准确。各地城市（镇）周边和交通沿线永久基本农田初步划定任务全部完成调查摸底和实地核实、举证材料搜集整理、县级自验和市级初验工作。

高标准基本农田建设。“十二五”期间，国家下达全省高标准基本农田建设任务 2420 万亩，实际安排落实建设任务 2429 万亩。2015 年先后印发了《关于加快推进高标准基本农田建设的通知》、《关于太行山前示范建设项目实地核实发现问题开展整改的通知》、《河北省高标准基本农田建设专项资金管理办法》等文件，将高标准基本农田建设列入全省国土资源 5 项重点工作，组成督导组，按照分包到市、巡查到县、责任到人的要求，先实施 6 次集中督导，对工作进展缓慢的地区，组织了 2 次有针对性的督导。与年初相比，全省 2012 年度项目工程竣工率从 35% 提高到 85%，验收率从零提高到 28%。其中太行山前土地整治示范建设项目部署的 60 个项目，年初验收率为零，年底已完成验收 51 个，验收率达到 90.5%。2013 年度任务立项率从 64%提升到 100%，竣工率从零提高到 45%，验收率从零增加到 5.64%；2014 年度立项率从 1%提高到 77.33%。整个高标准基本农田建设工作实现了重大突破。

耕地占补平衡、占优补优。集中研究制定《关于推进全省耕地占补平衡工作的若干措施》和《土地成片开垦管理办法》。按照省委省政府要求，多部门共同拟定了《关于加强土地整治工作促进耕地占补平衡的指导意见》，这是实行占补平衡制度以来，河北省提出的最高规格、最系统的重要文件；以平山葫芦峪开发模式为蓝本，研究探索山区开展规模化土地整治的路径、方法。通过树立样板，推广经验，引导全省各地、特别是后备资源较为丰富的太行山区，走大规模、大投入山区开发之路；认真落实耕地保护行政首长负责制，省长与设区市市长签订《耕地保护目标责任书》，将责任目标纳入各级政府领导干部考核的重要内容，强化市县政府的主体责任。全年完成补充耕地 10.5 万亩，累计完成高标准基本农田建设 402 万亩。

【矿政管理】 加强矿产资源管理，全面启动了第三轮矿产资源总体规划编制工作，深化矿业权市场建设，改革矿业权审批方式，加强矿产勘查开采监督管理，提高了矿业权人依法办矿和履行法定义务的自觉性。

源头控制露天矿设置。认真落实省政府新增限制和淘汰类产业目录（2015 年版），在全省范围内禁止水泥用灰岩及辅料矿业权审批。对冀东水泥、武安水泥用灰岩探矿权申请做退卷处理。对铁路、高速公路、国道两侧 1000 米范围内、城市周边及自然保护区、风景名胜区、水源地保护区等环境敏感地带，禁止露天采矿，不再新设露天采矿权。对环境破坏和大气污染影响严重的矿种，如超贫磁铁矿、高硫煤，不再设立探矿权。

严控协议出让。转发国土资源部《关于严格控制和规范矿业权协议出让管理有关问题的通知》（国土资规〔2015〕3 号），明确了矿业权扩界基本条件、审批权限、设区市审查意见格式，协议出让矿业权，必须严格按照国土资源部规定办理。

严格矿业权审批。共办理探矿权审批手续 121 宗，其中探矿权设立 55 宗，保留 56 宗；接受市局配号申请并完成勘查许可证配号 157 个；完成探矿权转让信息公示 3 宗，受理项目公开 65 宗，探矿权出让信息公告 54 宗。共办理采矿权审批手续 401 宗，其中划定矿区范围 179 宗，采矿权设立 192 宗，转让 1 宗，变更、延续 12 宗，注销 5 宗，抵押备案登记（解除）12 宗；接受市局配号申请并完成采矿许可证配号 197 个；完成采矿权转让信息公示 24 宗，受理项目公开 192 宗，采矿权出让信息公告 6 宗。通过各地公共资源交易市场公开、公平、公正出让矿业权，全年委托矿业权交易市场公开出让矿业权 64 宗，其中探矿权 62 宗、采矿权 2 宗。按照《河北省公共资源交易中心机构编制方案》（冀机编〔2014〕16 号）要求，完成与河北省公共资源交易监督办公室、河北省公共资源交易中心矿业权交易职责移交，今后省厅矿业权招标、拍卖、挂牌的具体组织实施工作由省公共资源交易中心承担。

矿产资源领域专项整治。按照国土资源部要求，安排部署了矿产资源领域专项整治行动，制定工作方案，确定工作重点，明确专人负责，认真开展审计整改“回头看”。9 月 10 日至 12 日，国土资源部矿产资源领域专项整治行动和“六打六治”打非治违专项行动督导组进行了督导检查，对专项整治行动工作取得的成效给予充分肯定。

严格露天采矿权管理。起草《关于矿业权管理有关问题的建议》，经厅长办公会议审议通过，取消申请在先方式出让探矿权和暂停新设露天采矿权。同时下发了《河北省国土资源厅关于暂停新设露天采矿权审批的紧急通知》。通过矿业权管理做减量、控增量，减少露天矿山对大气环境污染，促进宏观调控和矿业权出让的公开、公正、透明。

【海域管理】 加强海域海岛使用管理，海域使用权招标拍卖挂牌出让全面推开，动态监视监测实现了全省管辖海域全覆盖，县级海域动态监管能力建设全面展开。完成年度海岛监视监测和使用情况调查，利用无人机航飞生成了全省海岛真正射影像和部分海岛三维实景模型。启动第一次全国海洋经济调查河北试点工作。坚持常规监视监测与应急跟踪监测相结合，利用卫星、浮标、船载等高技术监测手段，实时分析北戴河区域环境状况，圆满完成暑期海洋环境保护任务。

依法依规管海用海。优化用海产业结构升级，服务疏解北京非首都功能产业转移，抓好《河北省海洋功能区划》、《河北省海岸线保护与利用规划》、《河北省海域海岛海岸带整治修复保护规划》和曹妃甸等四个区域建设用海总体规划的实施，开展省辖海域危化品设施项目用海情况调查，坚持从项目用海的可行性、用海面积的合理性、与区划规划和国家产业政策的符合性、相关利益者关系处理以及对周边海洋环境的影响等方面严格把关，力争海域使用科学、合理。

服务重点项目重点区域用海。积极盯办首钢二期、海兴核电等重大用海项目，协调国家海洋局开展首钢二期、海兴核电项目海域使用论证，完成首钢二期、三友化工氨碱废液与氯碱电石、京唐港区25万吨级航道等29宗项目的用海预审。对水曹铁路等列入京津冀协同发展战略的重大建设项目、交通基础设施项目、民生项目，积极做好用海服务。省本级共为32个项目办理了用海手续，批准用海面积817.8645公顷。完成项目填海造地海域使用竣工验收33个，面积272.6316公顷。全省共征缴海域使用金9602.5658（不含国家27776.8483）万元。

海域使用权市场化建设。规范有序地开展经营性用海招拍挂出让工作，完善海域使用权招拍挂出让程序，做好出让方案审查。省本级进行了25宗招拍挂方案审核，完成招拍挂出让海域使用权10宗，出让面积69.5公顷，出让总收入1.51多亿元，通过市场化出让的海域面积占总出让面积的80%以上，新上项目平均投资强度达到每公顷4000万元以上。

【节约集约利用】 在土地管理方面，省政府出台了《关于推进开发区节约集约用地提高土地利用效率的意见》，省厅制定了《控制指标实施细则（试行）》，将节约集约用地贯穿到土地管理和项目规划建设的各个环节。特别是明确了开发区整体和新建工业项目用地的约束性指标，通过提高投资强度等控制指标、明确亩均税收指标，提升土地利用效益。对11个设区市、2个省直管县（市）2014年度土地节约利用情况进行了考核，11个国家级、123个省级开发区开展了土地集约利用评价，开展了31个城市建设用地节约集约利用评价，强化了考核评价的激励和导向作用。将土地集约利用评价结果纳入开发区综合考核体系，并作为扩区升级的条件，集约利用评价综合排名低于规定名次的，不得扩区升级。在矿产资源方面，完成考核指标体系研究，拟定了国土资源节约集约模范县创建活动矿产资源《指标标准体系》。鼓励和引导矿山企业利用先进适用技术，提高“三率”水平，3家矿山企业的先进适用技术被全国推广。在海洋方面，严格执行填海造地建设项目投资强度、容积率等控制标准，用海项目投资强度平均达到每公顷4000万元。积极引导用海项目向园区、向区域用海规划范围内聚集，年内90%以上的用海项目使用曹妃甸区和渤海新区已填成区域，促进了产业集聚、用海集约。

【生态环境建设】 一是全面完成关停取缔实心粘土砖瓦窑艰巨任务。关停取缔实心粘土砖瓦窑是河北省2015年“三大”控煤歼灭战之一，我们将这项工作作为一项重中之重的任务来抓，迅速组织开展专项行动，克服困难，强力推进，提前2个月完成了全省2780座实心粘土砖瓦窑关停取缔任务，对改善环境空气质量起到了重要作用。同时，腾出砖瓦窑占地约32万亩，为开展土地整治和增减挂钩打下了基础。二是持续开展矿山环境治理攻坚行动。筹集奖补资金1.5亿元，突出石家庄周边、京昆高速公路保定段、邯郸武安三大重点治理区域和白茬山治理难点，认真组织开展攻坚行动。年内完成矿山治理48个、面积7488亩，正在治理矿山298个、面积4.6万亩；停产整治环保不达标生产矿山251个，20个已完成整治通过达标验收。三是继续开展北戴河及相邻地区近岸海域环境综合整治。建立了立体化动态监视监测系统和入海河口水质跟踪监测系统，开展了北戴河西海滩浴场等5个重点岸滩、河口生态修复整治工程，进一步改善了北戴河及相邻地区近岸海域环境。在抓好以上专项行动的同时，加强海域海岛海岸带整治修复，完成3个项目，正在实施7个项目。在全省暂停新设露天采矿权，减少露天矿山对大气环境的污染。积极支持地热资源开发利用，补办地热采矿权212宗，促进地热能源替代燃煤取暖。

【执法监察】 严厉打击国土资源违法行为。认真开展卫片执法检查，全省共立案查处土地和矿产违法案件26199件，省政府对违法问题突出的20个市、县（市、区）进行了警示约谈，11个设区市约谈了47个县（市、区），省厅对12起、各设区市对26起典型案件进行了挂牌督办。为进一步推进违法用地查处整改工作，从9月下旬开始在全省集中开展专项行动，共拆除违法用地2.41万亩、补办用地手续2.14万亩、处理责任人565人，违法用地案件处罚完全落实率达到99.9%。先后开展了“碧海2015”、“海盾2015”、“护岛2015”、暑期秦皇岛海洋环境保护执法、无居民海岛专项行动等多项海洋执法行动，严厉打击了违法用海行为，全年查处海洋违法案件18起。

【保障权益】 坚持重法治、保权益，依法行政和服务社会能力有了新提升。及时出台《关于深入推进依法行政加快法治国土建设的实施意见》，坚守法治原则，增强法治意识，全面推进法治国土建设。实际工作中，对7部地方性法规进行清理，确保与上位法修改相衔接，与改革发展的要求相适应。全面清理2014年底前制定的规范性文件，宣布失效或废止20件。规范行政处罚行为，在门户网站全面公开五方面32小项行政执法公开内容。编制《依法行政底线清单》，建立领导干部任职前法律知识考试制度，强化全系统法治底线思维。认真做好行政复议、行政应诉工作，全年审结复议案件85件，综合纠错率为74%。重视和抓好维护权益、服务社会的工作。修订实施了新的征地区片价，全省平均区片价比上一轮提高52.35%。落实房地产调控用地政策，全省共供应住宅用地6.27万亩，落实保障性安居工程建设用地1.04万亩，做到了应保尽保。单列5000亩扶贫用地指标，有力地支持了贫困地区发展。对全省地质灾害隐患点进行拉网式核查和排查，查出的3912处隐患点全部纳入群测群防体系、落实各项防灾措施，并全面完成了66个重点县地质灾害详查工作。年内全省共发生地质灾害10起，未造成人员伤亡和重大财产损失。全面做好群众工作，着力解决信访问题，完成上级交办案件12件、复核信访案件196件、消除群体性事件隐患3起，全系统排查化解矛盾纠纷376件，息诉率达到85%。

【国土资源领域改革】 准确把握改革方向，突出改革重点，持续深化推进，国土资源领域改革迈出新步伐。一是定州市土地征收制度改革试点审慎稳妥推进，实现良好开局。牢牢把握“三条底线”，指导定州市及时编制上报试点《实施方案》并获国家批准。按照《实施方案》指导定州市积极探索，已初步形成《定州市土地征收办法（试行）》等8个文件，选定两个项目开始试验探索。二是不动产统一登记制度改革步伐加快。全面完成省市县三级职责机构整合任务，省级设立了不动产登记服务中心，13个市（含定州、辛集市）、135个县（市、区）登记职责全部整合到国土资源部门，全部设立了行政机构和事业经办机构，另有33个区纳入设区市主城区登记管理范围，提前1个月实现了国家确定的整合目标。石家庄市等地启用颁发了不动产权证书及登记证明。依托“河北国土云”初步构建全省不动产登记信息平台，基本实现部、省、市、县四级纵向网络互联互通。三是农村集体土地确权登记发证工作深入推进。将农房等集体建设用地上的建筑物、构筑物纳入确权登记发证工作范围，全省宅基地、集体建设用地使用权确权登记发证率分别达到78%、65%。四是行政审批制度改革不断深化。及时衔接国土资源部、国家海洋局取消的13项行政审批事项和不再作为审批受理条件的12项中介服务事项。厅16项非行政许可审批事项取消3项，调整为政府内部审批7项，调整为省政府部门行政权力6项。建立权力清单、责任清单和监管清单制度，编制权力运行流程图，65项行政权力向社会公布。

【党风廉政建设】 “严”字当头抓队伍、转作风，党风廉政建设取得新成效。把开展“三严三实”专题教育和解放思想大讨论作为重大政治任务，围绕“三严三实”、对照“八破八立”，边学边查边改，即知即改，着力解决思想、工作、作风等方面的问题，进一步调状态、转作风、抓落实，营造解放思想、创新突破的浓厚氛围，激发党员干部干事创业的工作激情。严格落实党风廉政建设“两个责任”，在全系统层层签订落实承诺；坚持把纪律挺在前面，特别是严守党的政治纪律和政治规矩；坚持从具体问题抓起，严格要求、严格管理，坚决反贪腐、反渎职、反懒政。在实际工作中，加强制度建设，健全完善了土地整治工程、矿产资源储量评审备案等制度，制发了《巡查工作暂行办法》、《廉政谈话、约谈、函询和诫勉谈话的实施办法（试行）》、《关于严格规范操办婚丧喜庆事宜的通知》、《不正确履行职责行为问责暂行规定》等文件。开展专项清理，在全系统全面清查清理参与与国土资源管理相关经营活动的情况，经商办企业的32个单位、亲属办企业的23人整改到位。强化系统内巡查，对4个设区市局和19个县局进行巡查，抽查了24个土地整治、地勘和地质环境恢复治理项目。加大监督执纪力度，全系统对119人进行了函询或诫勉谈话，做到了早预防、早提醒；系统内自查立案20件，给予34人纪律处分，党风廉政建设得到进一步加强。

（河北省国土资源厅　杨淑梅）

地理信息工作

【概况】 2015年，河北省地理信息工作再上新台阶，在2015年度全国省级测绘地理信息主管部门测绘地理信息工作绩效考核中名列全国第二。全省测绘地理信息行业单位测绘服务总值达28.44亿元，继续保持良好发展态势。

第一次全国地理国情普查工作进展顺利，按时按照要求向国务院普查办提交全部普查成果，成果合格率100%，一次性通过国务院普查办成果复核，完成地理国情普查基本统计和综合统计分析试点工作。市级数字城市地理空间框架建设全部完成并通过竣工验收，县级数字城市地理空间框架建设全面铺开，全省所有县（市、区）均完成数字城市地理空间框架建设项目立项工作。推进“天地图”市、县节点建设，与数字城市同步推进、同步验收，突出示范应用，为“智慧城市”建设提供基础支撑。

基础测绘“十二五”规划全面落实，建立了稳定的基础测绘地方财政投入机制，2015年全省各级财政共投入基础测绘经费6332万元。省、市、县基础测绘年度计划全面完成。完成省级1:1万数据整合处理工作、环京津地区约12万平方千米1:1万数字正射影像图制作，开展经济热点地区1:1万数字线划图的更新。完成全省农村面貌提升行动3023个重点村测图和北京张家口申办2022年冬季奥运会崇礼县测图工作。完成夏秋秸秆焚烧、禁种铲毒应急监测工作。

全年共办理涉密测绘成果提供使用审批260多项，开具证明函106项，提供基础测绘成果7.64万幅、航摄成果3.45万片。河北省测绘地理信息应用成果和地图网上展览馆建设并开通。河北省地理信息公共服务平台项目在省发改委立项并通过评审。启动省级空间地理信息数据库建设，依托电子政务内、外网，探索建立涉密版和政务版空间地理信息数据库，初步实现对省直各部门在线提供基础地理信息数据。

地理信息产业规模不断扩大，认真落实《河北省人民政府办公厅关于促进地理信息产业发展的实施意见》，进一步简化资质许可流程，建立适应地理信息新兴服务业态发展的市场准入制度。启动省级地理信息与卫星导航产业园区建设，制定《中国地理信息与卫星导航产业（河北）基地入驻企业优惠政策》并通过论证。全省地理信息企业达到1000多家，地理信息产业年增速超过25%。

全省各级地理信息机构建设进一步得到落实，逐步形成覆盖省、市、县、乡四级的地理信息行政管理队伍。推进地理信息依法行政，清理审查地理信息行政许可、非行政许可审批、行政处罚、行政监督等事项，编制权力清单并及时公开。推进"五位一体"执法检查，开展测绘地理信息项目备案、地图市场、质量监督、涉密测绘地理信息成果保密等专项检查，进一步规范测绘地理信息市场秩序。

经省编办批准，河北省地理信息局设立事业发展与科技处。举办第四期数字城市建设与智慧城市探索县市长专题研讨班和全省地理信息行政管理干部培训班，14个国家的全球地表覆盖制图与应用国际研讨班学员到河北省地理信息局考察交流。建设安装"中国遥感卫星虚拟地面站系统"，"河北省卫星通信与应急监测系统"经过专家评审。推进国土环境与灾害监测国家测绘地理信息局重点实验室建设。全局共有国务院特贴专家1人，国家测绘地理信息局青年学术和技术带头人3人，省有突出贡献中青年专家2人，省"三三三"人才工程第二层次3人。全年全省16项成果获得国家测绘地理信息科技奖励。

【数字城市建设】 河北省11个设区市数字城市全部建成并通过验收，除邯郸县（有县无城可不开展县级数字城市建设）外127个县（市）和14个区共计141个县（市、区）立项并启动县级数字城市建设，其中隆化县、栾城区、霸州市、磁县4个县（市、区）已经完成建设任务并通过竣工验收。

5月20日，经河北省委组织部批准，河北省地理信息局举办河北省第4期数字城市建设与智慧城市探索县（市）长专题研讨班，来自石家庄、张家口等9个设区市国土资源局分管负责同志，41个县（市、区）政府分管负责同志和国土资源局主要负责人90多人参加，为全面推进县（市）级数字城市建设打下基础。

开展全省数字城市基础建设工作督查。10月16日，河北省政府督查室印发《关于开展全省数字城市基础建设工作督促检查的通知》（冀政督〔2015〕第130号），对全省市县级数字城市基础建设工作进行专项督查。省政府督查室会同省国土资源厅、省地理信息局组成2个督查组，先后赴邢台、保定、衡水、沧州和定州市进行督促检查。

【"天地图·河北"建设】 推进"天地图"市、县节点建设，与数字城市同步推进、同步验收，完成全省的交通数据、张家口和沧州2市城区范围、霸州和隆化两县城区范围的矢量、影像及POI数据以及冀南测区1000多幅DOM数据更新融合工作。唐山、张家口、沧州3个市级节点接入国家主节点，霸州、隆化、栾城、磁县4个县级节点完成接入测试工作。开发《河北省不动产登记信息演示系统》，推进省级地理信息公共服务平台（天地图河北政务版）在政府内网的在线服务。全省11个设区市主要街道实景信息全部实现在线浏览。建成开通手机版和微信公众平台，社会关注度和使用率大幅提升。

【地理国情普查监测】 2015年落实普查经费1.14亿元，投入作业人员1212人，组织培训38批次。投入影像处理设备25台（套），自动遥感解译软件302套，外业手持采集设备372套，内业采集编辑设备572台（套），外业测量车辆238辆，按照时间节点完成普查成果预验收、标准时点核准数据生产、普查成果的最终验收、普查数据入库检查及预处理等工作。3月10日汇交影像控制点加密采集成果，3月16日至17日汇交整景正射影像1068景和1∶5万分幅正射影像数据成果535幅、元数据及相关文档资料，3月23日至29日预汇交全省30%连片区域普查数据矢量成果，4月6日至11日汇交全省1∶1万2米格网DEM精细化成果共8127幅，8月31日一次性向国普办汇交全省170个县级单位的普查成果资料。

制定《河北省标准时点核准实施方案》及技术设计书，加强过程质量控制，严格组织对普查成果的预验收和验收。3月和6月，国务院普查办督导组两次到河北省督导检查，6月26日至7月3日，国务院普查办对河北省普查成果质量开展复核检查，成果质量100%通过。10月9日《关于印发第一次全国地理国情普查成果质量复核意见的通知》对此结论进行了确认。

开展省级地理国情监测示范，完成"石家庄交通发展过程监测与趋势分析"、"石家庄地表形变监测"、"白洋淀重要湿地变化监测"3个监测项目。选取内丘县开展地表覆盖、重要地理国情要素等变化监测试验工作。继续开展京津冀协同发展重要地理国情信息监测，配合中国测绘科学研究院开展交通、地表形变、城镇空间格局、大气颗粒物污染源空间分布及自然生态5项监测工作，逐步形成常态化地理国情监测机制。

【启用和推广2000国家大地坐标系】 2月6日，河北省政府办公厅印发《关于启用和推广2000国家大地坐标系的通知》，推进2000国家大地坐标系启用和推广工作。一是全面加快推进坐标系启动与推广工作，县级以上政府地理信息行政主管部门负责制定本地启用和推广CGCS2000计划及运行机制，明确县级以上政府要加强对本行政区域CGCS2000的启用和推广工作的领导，省政府有关部门负责本部门启用CGCS2000工作，并负责完成本部门生产的地理信息成果和基于地理信息的应用系统向CGCS2000转换工作。二是切实保障启用和推广工作顺利进行，在全省范围内进行的各种测绘地理信息活动要统一到CGCS2000下，各级有关部门停止提供非CGCS2000成果。到2016年底前，完成全省范围转换工作。

【夏秋秸杆焚烧监测】 6月，河北省地理信息局使用3架动力三角翼飞行器设备，对邯郸、邢台、石家庄、保定、衡水、沧州等地区麦秸焚烧情况进行监测。10月，使用4架动力三角翼飞行器设备，环京津地区秸杆焚烧情况进行监测。监测结果及时报省政府、省大气办、省农工委和着火点所在市政府，为各级政府加强秸秆禁烧管理提供技术保障。着火点的数量、位置在河北日报上对社会进行公开，张杰辉副省长多次做出批示，对监测工作予以肯定，省内外10多家新闻媒体都进行深度报道。

【推进厅局业务协作】 5月26日，河北省国土资源厅印发《关于加强地理信息服务国土资源管理工作的意见》，从11个方面提出地理信息服务国土资源管理工作的内容、方法和途径。一是加强基础地理信息资源建设。二是统筹遥感影像获取利用。三是推进地理国情普查成果共享。四是围绕国土资源改革发展开展地理国情监测。五是共同推动现代化测绘基准建设。六是协同开展不动产登记管理工作。七是落实执法职责，强化地理信息市场监管。八是深化科技创新资源共享。九是推进地理信息与地质调查工作融合发展。十是加强规划编制衔接，确保国土资源规划与地理信息规划相互衔接、项目对接。十一是建立地理信息服务保障国土资源改革工作机制。

【河北省基础测绘“十三五”规划】 河北省地理信息局推动《河北省基础测绘“十三五”规划》编制工作，经河北省人民政府批准，《河北省基础测绘“十三五”规划》列入河北省“十三五”专项规划序列。完成《河北省基础测绘“十三五”规划》编制工作，通过以张祖勋院士为组长、国家测绘地理信息局李维森副局长为副组长的专家委员会的论证，按程序报省政府批准。2016年2月5日，经省政府批准，《河北省基础测绘“十三五”规划》由省国土资源厅印发实施。

（河北省地理信息局　王军国）

工商行政管理

【概况】 2015年，河北省工商行政管理系统各项工作取得了明显成效，被省委、省政府领导批示肯定和大会表扬12次，省以上媒体正面宣传216次。在全面落实注册资本登记制度改革的基础上，持续深入推进“先照后证”改革，通过强化宣传、优化服务、加强督导，推动了改革落地生根，促进了改革红利充分释放。国务院三批前置改后置审批事项全部落地实施，企业登记前置审批事项实现了目录化管理，由226项减少为34项，减幅达85%。商事制度改革以来，全省新增市场主体130.82万户，平均每天新增1892户，其中2015年新增市场主体73.87万户，同比增长18.82%；截至2015年12月底，全省市场主体总量达到327.7万户，同比增长21.31%，在全国排名由原来第10位上升为第8位，万人拥有市场主体由368户增加到443户。在全省开展了市场主体帮扶、市场秩序优化、企业信用监管和12315护民生“四个专项行动”。一年来，通过系统上下的共同努力，“四个专项行动”均圆满完成年初确定的目标任务，市场准入更加便利，服务发展更加有效。开展商标兴企行动，推进实施商标战略示范县（市、区）、示范企业创建工作，开展融资活企行动，全系统认真履行动产抵押物登记、股权出质、商标权质押登记等职能，积极搭建银企对接平台。积极服务京津冀协同发展，与京津工商和市场监管部门召开研讨会，签署《备忘录》，确定了合作内容。举办了京津冀首届国际广告节，签订了《京津冀广告产业发展战略合作协议》。京津冀三地消协联合，共同推动取消京津冀移动长途话费和漫游费等政策陆续实施。大力推进非公党建团建工作，召开了全省非公经济组织党建工作规范化建设现场观摩会。监管执法更加有力，全系统大力开展查处公用企业限制竞争、商标专用权保护、虚假违法广告治理、“红盾网剑”、流通领域商品质量监管、服务领域消费维权、清理无照经营等行动，开展直销市场专项整治，维护直销市场秩序。消费维权更加高效，全系统深入贯彻新《消法》，完善12315体系建设，加强消费维权执法联动，协调建立环京津消费维权区域合作机制，构建消费维权联盟，开展放心消费创建活动。在国家工商总局“放心消费创建”会议上，河北省工商局做了典型发言。建立“四位一体”维权体系，推进形成消费维权社会共治局面。加强流通领域商品质量监管安全警示制度建设，设立12315开放日，发布消费警示提示，为市场监管提供有力支撑。创新监管理念，加强事中、事后监管取得新进展。落实中央关于“三严三实”专题教育和省委解放思想大讨论的主题要求，紧密结合部门实际，高标准严要求，有力有序推进。组织集中学习18次、专题党课5次、大会交流4次、编发学习资料12本、多措并举征询意见183条、归纳整理整改问题36条，制订了《整改落实方案》。编印了《制度建设集》，形成了55项制度建设成果。省委专题教育联络小组、大讨论办和省直工委8次刊登河北省工商局的工作经验，在省委省直单位大讨论推进会上，省工商局做了典型发言。

【市场主体增量行动】 在全省工商系统开展了市场主体增量专项行动。截至12月底，全省新设市场主体73.87万户，市场主体总量达到327.7万户。

“三证合一”改革全面实施。10月1日上午，举行了颁发全省首张“三证合一、一照一码”营业执照宣传活动；各级工商、市场监管部门编制印发了2万余份“一照一码”改革问答宣传册和服务指南。截至12月底，全省核发“一照一码”营业执照11.2万张。

企业注册便利化。全面下放企业登记管辖权，实行属地登记。除省政府授权出资或控股的企业以及国家工商总局授权或核转登记的企业，其他企业登记权限全部下放到各设区市、县（市、区）工商局、市场监管部门；全面下放冠省、设区市企业名称受理审查权限，实行远程核准；简化审批程序，实行“一审一核”、“审核合一”、当场登记、限时办结等制度，切实提高登记效率。

外商投资企业注册登记。全省新设外商投资企业460户（其中，法人企业184户，分支机构275户，其他1户），新增注册资本49.66亿美元。全省实有外商投资企业6886户（其中，法人企业2683户，分支机构4199户，其他4户），同比减少0.28%；注册资本380.05亿美元，同比增长22.58%（以上数据，不含外国企业常驻代表机构）。按实有户数排名，在全国位列第15名。

2015年5月6日，国家工商总局决定授予河北省定州、辛集、迁安、宁晋、怀来、平泉、任丘、景县、魏县、永清等10个县级工商局外商投资企业登记管理权，这是河北省2007年以来，县级单位工商局首次获得国家局授权，截至目前，全省外商投资企业被授权登记和被委托登记单位数量达到35个。

7月13日下发了《关于移交部分外商投资企业登记档案的通知》，将省局登记的25户外商投资企业登记管理权下放到企业住所所在地的外商投资企业登记授权局。

市场主体监督管理。完成2013、2014年度年报公示任务。全省市场主体2013、2014年度年报率达到83.61%和83.77%。其中，企业2013、2014年度年报率分别达到90.69%和89.11%，在全国排名分别为第四名和第五名。

加强失信联合惩戒。全省共有6.87万户企业被列入经营异常名录。异常名录制度的惩戒作用已开始显现，已有3964户企业在办理贷款业务、参加政府招投标等方面受到限制，主动补报企业信息，申请移出了经营异常名录。

查处无照经营。在全省工商系统共检查经营主体34.5万户次，查处无照经营8000余户，罚没金额1600余万元，移送有关部门382件，补办营业执照3万余户，查处无证照经营互联网上网服务场所342户。

外商投资企业年报公示。截至2015年6月30日，2013年度全省应公示的外商投资企业为6077户，实际公示年度报告5915户，公示率达97.33%；2014年度全省应公示年度报告的外商投资企业6568户，实际公示年度报告6368户，公示率达96.95%，年报公示率在全国名列前茅。

【市场秩序优化】 建立法律顾问制度。设立了“法制机构+专家+律师”的法律顾问团；全年共收到行政复议案件25件，受理23件，不予受理2件，审结20件，其中维持1件，驳回5件，终止6件，责令履行7件，撤销1件。

不正当竞争案件查处。认真开展市场秩序优化专项行动。专项行动共查处案件17876件，罚没金额13268.41万元，移送5件，开展行政约谈4104次、行政指导4091次。

突出重点，认真做好查处仿冒、傍名牌、商业贿赂案件等工作。印发了《关于进一步加强与知名企业联合打击利用不正当竞争手段侵犯知识产权行为的意见》，进一步健全了工商机关与知名企业联手打假的工作机制。

打击传销活动。开展专项执法行动。召开全省打击传销工作会议，印发《行动方案》，全年共捣毁传销窝点736个，清查传销人员7905人，解救45人；开展“无传销城市”创建，县级以上城市“无传销城市”创建率达到80%。

【规范直销】 帮助河北省两家公司申请获批了直销经营许可证，实现了“零”的突破。支持外省直销企业到河北设立分支机构，目前已达30家。印发《关于规范直销企业、促进直销行业健康发展的意见》，开展直销市场检查和行政指导，促进直销企业健康发展。

广告市场监管。全省各级工商和市场监管部门共查办广告违法案件924起，全省广告条数违法率由15.04%下降到0.92%，全省严重违法广告发布量下降了96%。

开展商标兴企行动。组织开展系统“商标兴企”行动。全省累计注册商标达到25万件（省商标协会统计数据），全省新增中国驰名商标44件、地理标志证明商标7件，新认定河北省著名商标432件。国家工商总局认定驰名商标总数271件，河北省著名商标总数3579件，地理标志证明商标总数40件。

保护注册商标专用权。深入贯彻落实新《商标法》及其实施条例相关规定，依法查处滥用、冒用、伪造涉农产品地理标志证明商标的行为；以驰、著名商标和涉外商标为重点，严厉打击商标侵权违法行为。全省共查处侵犯注册商标专用权案件361件，案值234.21万元，罚没金额421.17万元。

【12315护民生专项行动】 全省共受理消费者咨询投诉举报132880件，办结率91.5%，调解成功率80.5%，为消费者挽回经济损失1865万元。共督查督办销售假冒伪劣和不合格商品案件6245件，有关服务领域违法案件4913件。

京津冀消费维权协同发展。构筑消费维权联盟。积极协调张家口怀来、赤城与北京延庆三地工商部门签署《消费维权联盟倡议书》，廊坊市局与北京、天津三地五区签订消费维权一体化合作协议，保定涞水、涿州与房山三地工商部门召开消费维权执法协作机制建设座谈会，共同探索三地执法协作机制建设。

合同格式条款专项整治。全省共检查格式合同12204份，约谈企业2263次，发放行政建议书593份、责令改正通知书544份，立案合同格式条款违法案件1177件，结案1072件，罚没款665.46万元。

红盾网剑执法。到年底，全省网络经营主体数据已达到93216户，比年初增加近8万户。红盾网剑执法行动中全省共检查网站33246个，实地检查网站经营者4533个，删除违法商品信息31338条，责令整改网站423个，关闭网站56个，查处违法案件460件，结案434件，罚没金额422.3万元，查办案件数量比上年增长273.8%。

红盾护农。全省共下达农资抽检5053批次，其中，化肥4503个，农药227个，农膜266个，农机具及其他45个，查处各类违法案件1275件，罚没450.63万元，为农民挽回经济损失981.3万元。

流通领域成品油市场专项行动。全省共投入检测经费约400万元，抽检成品油约5000个批次，合格率约占80%左右；共抽查加油站2800多个，不合格加油站约占10%。

旅游市场秩序专项整治。2015年5月以来，配合旅游、公安部门在全省开展了为期半年的旅游市场秩序专项整治行动。12月份3部门联合组成3个检查组，对各市、县（区）整治效果进行督导检查。行动期间查处欺客、宰客、假冒伪劣和强买强卖案件360起，违法广告等虚假宣传案件260起，罚没款1270.5万元。

（河北省工商局　赵紫鹏）

质量技术监督

【质量和名牌战略】 河北省积极推进质量兴省和名牌战略，省政府在国务院质量工作考核中2014年被评为B级单位，位列全国中上水平。经过积极动员和指导，河北省东旭集团有限公司、中铁山桥集团有限公司两家企业荣获第二届“中国质量奖提名奖”。2015年工业产品国家监督抽查合格率达92%，高于“十一五”末5.4个百分点，达到全国平均水平。培育有效期内河北省名牌产品1271项，工业类省名牌产品生产企业的主营业收入占全省规模以上工业的35.9%，比“十一五”末提高8.1个百分点。

开展2015年河北省政府质量奖创建工作。部署了河北省政府质量奖、质量效益型企业申报推荐工作，13家企业和11名个人获省政府质量奖，492项产品和117项服务品牌获得省名牌称号。加强对已获得“河北省政府质量奖”单位的动态管理，组织5个专家巡访组，完成了对获得2011、2012年“河北省政府质量奖”单位的巡访工作，有效促进了企业持续改进和质量提升。

【标准化工作】 代省政府起草下发了《河北省深化标准化工作改革实施方案》和《河北省政府办公厅关于加强节能标准化工作的意见》，此项工作走在了全国前列。在“改革方案”中明确了河北省标准化工作到2020年的工作目标。对建立省级专业标准化技术委员会，承担国家专业技术委员会工作，参与国际标准、国家标准和行业标准制修订，省地方标准制修订，标准化示范项目建设等方面提出了具体目标、工作措施以及有序推进各项改革的实施步骤。在“加强节能标准化工作的意见”中提出了实行节能标准倒逼机制，以能效“领跑者”指标倒逼产业转型升级。强调标准在节能产业发展方面的引领作用，以及推动企业降低单位产值能耗、淘汰落后产能、提高能源利用效率等方面的技术支撑作用。提出了到2020年，节能标准体系、管理机制和实施监督体系建设的具体目标，工作机制以及各部门任务分工。

开展河北省地方标准清理工作，共完成134项强制性地方标准的清理。对所有现行河北省强制性地方标准和2010年1月1日前批准发布的河北省推荐性地方标准进行清理，清理内容包括与国家标准、行业标准重复、交叉、矛盾的；技术落后、水平低的；结构、性质、层次定位不合理的以及超出职责范围制定的地方标准。

截至2015年底，已审批发布171项河北省地方标准。其中，农业类地方标准58项，如《谷子集雨高效生产技术规程》、《丘陵山区甘薯深沟大垄简化生产技术规程》等4项地方标准，改变干旱地区农业生产“靠天收”，作物产量低而不稳的局面。为使科技成果及时转化为生产力，组织了大专院校、科研机构的专业技术人员制修订了《酿酒葡萄水肥一体化技术规程》、《富硒小麦生产技术规程》、《淡水池塘鱼鳖套养技术规程》等30多项地方标准。

标准化试点成效显著。目前已建成国家级和省级服务业标准化试点项目分别为8个和212个，在建国家级试点12个、省级试点24个。以公共服务、商贸物流为重点，设立唐山唐联电子商务有限公司等24家单位为第七批省级服务业标准化试点建设单位。承德市鹰手营子矿区行政服务中心等21家第六批省级服务标准化试点通过评估验收。保定行政服务中心国家级服务标准化试点以97分的高分通过了国标委组织的验收评估。

开展节能标准化示范工程建设工作，向国家标准化管理委员会申请筹建泛能微网国家标准化示范项目。经过多方共同努力，2015年4月国家标准委批准了廊坊新朝阳泛能微网示范项目，也是国内唯一一家泛能微网国家标准化示范项目。在“2015中国·廊坊国际经济贸易洽谈会”之一的主题为“低碳、循环、智慧”的京津冀生态环境协同发展高端会议上，向省部领导及国家“千人计划”专家和环保领域知名学者、产业代表、新闻媒体代表与会嘉宾重点介绍了廊坊新朝阳泛能微网项目，并举行了示范项目的启幕仪式。

河北省参与国家、国家标准化活动取得成绩。据不完全统计，2015年河北省企业主持制定国际标准4项、参与制定国际标准2项、主持制定国家标准8项、参与制定国家标准26项、主持制定行业标准12项、参与制定行业标准60项。

【计量工作】 针对全省各级计量技术机构在实施计量检定、校准、检测等活动中可能出现的不规范行为，研究制定了《河北省法定计量检定机构计量检定、校准、检测行为规范》和《河北省地方计量技术规范管理办法》。为适应河北省经济发展、科技进步以及节能减排工作需要，批准发布了《空气质量自动监测系统校准规范》、《流速仪在线校准规范》等9项地方计量检定规程、规范，为相应计量器具特性评定提供了技术依据。为适应计量产品更新换代、新型计量器具不断应用的需求，批准新建社会公用计量标准145项。

部署开展全省计量标准清理整顿和计量检定证书质量专项整治活动。全省共抽查4047份检定证书（原始记录），对抽查中发现的问题，提出了认真整改验收、狠抓整顿提高、严格计量标准考核等工作要求，各地、各机构强化治理取得实效。全省各级计量技术机构依法检定计量标准器具、工作计量器具286.56万台（件），其中，强制检定227.23万台（件），在依法检定过程中，对量值存在的偏差的器具及时提供了相应的校准、调试和维修服务。

强力推进能源计量在线采集工作。深入企业进行《河北省用能和排污计量监督管理办法》宣贯12次，全省已有243家企业能源计量数据上传到平台，实现了年内新增200家的目标。

大力实施“计量惠民生，诚信促和谐”双十工程，全年新培育诚信计量自我承诺单位920家，免费为村级卫生医疗机构、城乡集贸市场及城乡居民检定的计量器具6.64万台（件），为1328个单位提供了免费计量服务，使百姓得到了实惠。

【认证认可工作】 主动适应经济发展新常态，以深化改革、鼓励创新为动力，积极探索实验室资质认定行政审批制度改革，全年审批资质认定实验室共计1071家，其中首次认证126家、复查换证304家、复查加扩项281家、扩项171家、不予许可58家。各类变更132家；暂停19家；注销12家；撤销2家。

组织开展了京津冀三地的食品实验室能力验证活动，全省共53家食品实验室参加了此次能力验证活动，此次活动是京、津、冀三局能力验证工作的首次合作和结果互认；联合北京、天津建工、煤炭专家对河北省部分地市的相关实验室进行现场检查。通过此次检查，三地实验室资质认定评审员深化交流合作，首次探索了异地认证监管新模式，为破解行政区划造成的监管盲区，构建京津冀三地认证认可工作的联动监管新模式奠定了基础。

【检验检测工作】 以省政府名义印发《关于促进检验检测产业发展的指导意见》，与编委办合理推动检验检测机构整合，推动全省检验检测机构做大做强。

会同天津市市场委认监处开展了纤维检验检测“神秘买家”工作，站在客户的角度对检验检测的最终“产品”实施监督。共对河北13家，天津6家机构进行了送样，收回检验报告19家。通过此次探索性地开展“纺织品神秘客户”活动，克服了能力验证可能出现检验检测机构相互核对检测数据等情况，真实地获取检验检测机构的技术水平和运作情况，客观评价检验检测机构出具数据的可靠性和有效性。

目前，全省共有检验检测机构1530家，通过分类活动共对1435检验检测机构进行现场检查，并建立了各机构等级档案。其中，A类检验检测机构133家，B类检验检测机构1017家，C类检验检测机构222家，D类检验检测机构63家。

【特种设备安全工作】 2015年，被省政府考核为安全生产目标管理先进单位，全省特种设备数量：截至到2015年底，全省特种设备在册总数503048台，其中锅炉32663台，压力容器165398台，电梯179424台，起重机械108670台，厂内机动车辆15966台，大型游乐设施845台，客运索道82条。总量比2014年底增加37687台，其中电梯增速最快，增加35970部。

特种设备事故：截至12月底，该省共发生特种设备事故两起，死亡2人，万台特种设备死亡率为0.04，低于省政府下达的控制指标0.38。具体事故分别为：6月23日下午，秦皇岛市昌黎县东远炉料加工有限公司，在进行旧设备切割过程中，发生一起氧气瓶爆炸事故，造成1人死亡、1人受伤。7月30日中午，唐山市迁西县河北津西钢铁集团股份有限公司炼钢二厂，在烟罩检修施工过程中，发生一起起重机减速器坠落事故，造成1人死亡。

2015年，3月9日，印发了《2015年河北省特种设备安全监察工作要点》，部署了以构建全省乡（镇）、街道、村居（社区）特种设备安全监管网络体系为中心的各项工作任务，提出建立“生产使用单位落实主体责任、属地政府统一领导、监管部门依法履职、检验机构技术支撑、行业协会自律管理、社会公众监督参与”多元共治工作格局的工作目标。

构建全省乡（镇）、街道、村居（社区）特种设备安全监管网络体系是2015年的中心任务，特种设备安全监管网络体系的建成，对全省特种设备安全监察工作意义深远。为此，从1月开始，省局特种设备处就开始认真谋划特种设备安全员的培训考核工作，组织相关专家编写并印刷了统一的培训教材和《基层特种设备安全员证》发放到各市局，并于1月下旬举办了一期基层特种设备安全员培训师资班，对全省各设区市及定州、辛集两个直管县的55名特种设备安全员师资进行了培训，为各市搞好乡镇政府、街道办事处、工业园区、村（居）委会基层特种设备安全员的培训工作打下了良好基础。目前，全省各市均已开展了特种设备安全员的选任、培训、考核和发证工作。全省共培训基层安全员6232人，发证5225人。

印发了《河北省电梯安全监管大会战工作方案》，部署在全省范围内开展了电梯安全监管大会战。着力推动“无物管、无维保、无维修资金”电梯以及老旧电梯更新改造等“老大难”问题的综合治理，推进电梯定期检验和风险评估，推动建立维修资金简便使用、老旧电梯更新改造、电梯安全责任保险等机制。共排查在用电梯13.21万部，建立问题档案电梯3551部，发现“无物管、无维保、无维修资金”的小区75个，涉及电梯644部。已整改完成2748部，封停208部，整改“三无”小区电梯65个、电梯506部。

印发了《河北省质监系统开展油气输送管道隐患整治攻坚战实施方案》，部署开展油气管道整治工作。全省油气输送管道的底数摸清，全省共计169条，约6681千米。其中，使用20年以上（含20年）的管道17条约884千米。已完成18条油气管道全面检验任务，对检验发现的问题，及时督促管道使用单位进行整改。

【产品质量监督工作】 印发了《河北省2015年重点产品质量提升综合行动方案》，确定以电线电缆、建筑防水卷材、童车、童装、水泥等17类河北传统工业产品作为重点，在全省范围内组织开展产品质量提升行动。

2015年全年安排抽查电线电缆、水泥、人造板等重点产品90种，抽查产品3247家企业生产的产品3561批次，平均合格率为93.2%，较上年提高4.4个百分点。国家质检总局组织对该省杀虫气雾剂、乳油、自行车等80多种产品进行了国家监督抽查，共抽查产品941批次，平均合格率为91.5%。

全力化解过剩产能。通过生产许可严格把关和强制退出，热轧钢筋和水泥等产能过剩行业获证企业逐渐减少，产业结构正向良性发生变化，目前钢筋获证企业以经减少至57家，水泥企业减少至260家。2015年以来共受理热轧钢筋企业办证申请8件，受理水泥企业办证申请17件，均为获证企业到期延续或名称变更，不涉及增加产能的情况。经河北省质监局上报，国家质检总局发证的水泥企业19家，均为换证、更名、产能置换等情况，不涉及增加新增产能。上报国家质检总局注销证书的水泥企业32家，化解产能700万吨，热轧钢筋企业2家，折合产能40万吨。

积极推进煤质检测。全省正在开展煤质检验的机构有70家，另有30家正在筹建中。截至2015年11月底，全省累计检验煤炭24470批次，累计检验煤炭4685万吨，重点用能单位合同备案累计3248批次，涉及煤炭约4649万吨。

【工业生产许可制度改革】 起草了《深化许可证制度改革的意见》，进一步优化许可审批流程。坚持实行“换证两免”制度，2015年以来免于实地核查直接换证的企业103家，自该项制度实施以来，免于实地核查换证的企业达280家，直接减少企业负担近百万元。在许可证审查中落实“双随机”精神，对全省注册的267名许可证审查员的学历、职称、专业等基础信息进行了确认，根据审查员学历、专业级工作经历划分审查类别，随机筛选参与实地核查的人选，最大限度实现了审查工作的科学和公正。起草《河北省工业企业产品质量分类监管实施办法》，工业企业产品质量分类监管和风险预警系统经过全面升级和改造重新上线运行。

加强获证企业的后续监管。在全省范围内组织开展了化肥生产企业专项检查，涉及全省化肥企业255家。检查发现停产企业21家，问题企业16家，无证企业4家。对存在问题的企业限期整改，4家无证生产企业均已立案查处。

【深化安检机构制度改革】 全年共受理安检机构申请155家，审批141家，因安检机构违法违规检测，依法注销2家。印发了《关于进一步加强机动车安全技术检验机构监督管理工作的意见》，组织有关专家对《河北省质量技术监督局机动车安检机构分类监管实施细则》中安检机构分类监管评分标准和评审程序进行了修订和完善。在指导各市加强日常巡查的同时，配合国家质检总局对5个市的部分安检机构进行了监督检查，对发现的问题进行归纳总结后向各市局进行了通报，并对下一步工作提出具体要求。

（河北省质量技术监督局　邢志菲）

食品药品监管

【概况】 2015年，河北省各级各有关部门深入贯彻落实党中央、国务院和河北省委、省政府的决策部署，进一步加强食品药品安全监管，深入开展食品药品安全专项整治，全省食品药品安全形势持续稳定向好，人民群众饮食用药安全得到有效保障。

截至2015年底，河北省有食品药品监督管理机构181个，包括河北省食品药品监督管理局和11个设区市、169个县（市、区）食品药品监督管理部门。全省食品生产经营主体50.7万余家，其中，食品生产加工单位7243家，食品流通企业40.9万家，餐饮服务单位9.1万家。全省保健食品生产企业47家，保健食品经营企业8640家。全省药品及医疗器械生产经营主体2万余家，其中，药品生产企业379家，医疗器械生产企业655家，药品批发企业666家，药品零售企业1.2万家，医疗器械经营企业6000余家。全省化妆品生产企业33家，化妆品经营企业1.2万家。

【食品药品监管体制改革】 2015年，河北省食品药品监管体制改革取得新进展。河北省食品药品监督管理局与省政府督查室、省机构编制委员会办公室组成联合督导组，对改革进展迟缓的市、县进行了专项检查督导。截至2015年底，全省11个设区市、169个县（市、区，不含衡水市桃城区，该区设立的为衡水市食品和市场监督管理局派出机构）食品药品监管体制改革全部到位。11个设区市中，石家庄、张家口、唐山、沧州、邯郸、邢台、廊坊7个市设食品药品监督管理局，保定、承德2个市设市场监督管理局，衡水、秦皇岛2个市设食品和市场监督管理局。169个县（市、区）中，19个县（市、区）设食品药品监督管理局，115个县（市、区）设市场监督管理局，27个县（市、区）设食品和市场监督管理局，8个县（市、区）设工商行政和食品药品监督管理局。

【食品药品监管法治建设】 2015年，河北省政府食品安全委员会办公室、河北省食品药品监督管理局积极推进食品药品监管法治建设。一是推进食品安全地方立法。提请省人大常委会将《河北省食品生产加工小作坊和食品摊贩管理条例》列入2015年立法计划。会同省政府法制办公室在充分调研、广泛征求意见的基础上，起草了《河北省食品生产加工小作坊和食品摊贩管理条例（草案）》，并提交2015年10月8日省政府第61次常务会会议讨论通过。2015年11月26日，省十二届人大常委会第十八次会议对《河北省食品生产加工小作坊和食品摊贩管理条例（草案）》进行了第一次审议。二是建立健全依法行政决策机制。制定了《河北省食品药品监督管理局重大行政决策管理制度》，建立实施了重大行政决策合法性审查机制，规定凡未经合法性审查或者审查不合法的决策事项，不得提交讨论。积极推行法律顾问制度，聘请省内5名律师为食品药品监管重大决策提供法律支持。三是严格行政执法和执法监督。认真落实行政执法人员持证上岗和资格管理制度，组织148名执法人员参加省政府法制办公室统一组织的公共法律知识考试，合格率84.5%。严格执行《河北省食品药品监督管理局行政许可审批委员会议事规则》、《河北省食品药品监督管理局行政处罚案件审理委员会议事规则》，就4起重大复杂案件召开案件审理委员会会议，加强对行政处罚案件合法性的评估审查。四是落实行政执法责任制，加强执法监督。在全省食品药品监督管理系统组织开展了行政执法专项检查，对发现的问题全部督促整改到位。

【日常监管和专项整治】　河北省政府食品安全委员会办公室、河北省食品药品监督管理局协调各有关部门全面加强食品药品安全监管，有力保障了全省食品药品安全。一是强化风险防控。定期召开省政府食安委成员单位食品安全风险防控会商会和药品安全风险防控厅际联席会，对风险监测、监督抽检、舆情监测、日常监管等数据信息进行分析研判，确定食品药品潜在风险点，及时部署安排风险隐患排查，第一时间消除潜在风险隐患，防范重特大安全事件的发生。二是强化信息发布。加强风险监测和监督抽检，每周发布食品安全监督抽检质量公告，并强化抽检结果运用，倒逼企业加强自律，增强风险防控意识，提升行业风险防控能力和水平。三是强化规范实施。扎实推进食品企业实施危害分析和关键控制点管理体系（HACCP），在婴幼儿配方乳粉企业、保健食品企业等实施 GMP 规范，在药品生产经营企业实施药品再注册和新版 GMP、GSP 认证，促进了企业集约化、规模化、标准化生产经营，提升了企业管理水平和质量保证能力，控制了区域和行业风险。截至 2015 年底，全省完成药品批准文号再注册 7151 个，占原有药品批准文号的 82%；通过新版 GMP 认证的药品生产企业共 279 家，占全部药品生产企业的 79%；通过新版 GSP 认证的药品批发企业、零售企业分别为 570 家和 17772 家，分别占全部批发和零售企业的 65%和 73%。四是强化专项整治。针对群众反映强烈的突出问题，组织开展了食品生产聚集区整治提升、农村和校园及其周边食品安全、高速公路服务区餐饮、“清死角、打窝点”以及豆制品、酒类、肉类、桶装饮用水、银杏叶制剂、体外诊断试剂等专项整治行动，始终保持对食品药品违法犯罪的高压围剿态势，并坚持每季度进行新闻发布，曝光典型案例，震慑违法犯罪。2015 年全省立案查处各类食品药品违法违规案件 16784 件，比上年增长 158%；行政处罚金额 4968.6 万元，比上年增长 153%；移送司法机关案件 100 件，捣毁制假售假窝点 28 个。五是深入推进示范创建。组织石家庄、唐山、张家口市继续开展国家食品安全城市创建试点工作，配合国务院食品安全委员会办公室、国家食品药品监督管理总局开展了创建试点工作中期评估，组织开展了省级创建试点工作年度评估。积极推进食品药品安全县创建工作，完成了首批部署 62 个县（市、区）的评价验收，55 个县（市、区）完成创建任务；部署第二批 69 个、第三批 56 个县（市、区）的开展了食品药品安全县创建工作。六是深入推进食品安全责任保险试点工作。截至 2015 年底，全省共有 979 家食品企业（单位）参加食品安全责任保险，保费金额 249.1 万元。七是深入推进餐饮服务单位“明厨亮灶”工作。截至 2015 年底，全省有 57016 家餐饮服务单位完成“明厨亮灶”，占全省持证餐饮服务单位的 80.9%。

【安全监管能力建设】　一是强化监管队伍能力素质培训。全省食品药品监督管理系统围绕监管执法、风险监测、专项整治等中心工作，重点加强了对监管人员的执法实践能力培训。省、市、县三级食品药品监督管理部门举办各类培训 15874 人次，平均培训时间 91.97 小时。其中河北省食品药品监督管理局举办能力素质培训班 31 期，培训 6808 人次，委托中国政法大学举办了“新时期食品药品安全监管工作实务专题培训班”，省、市、县三级食品药品监督管理部门 220 人参加培训。同时，全省食品药品监督管理系统深入贯彻落实“谁执法谁普法”责任制，基本实现企业普法全覆盖。二是加强食品药品检验检测体系建设。河北省食品药品监督管理局着力推进河北省食品药品医疗器械检验检测技术中心项目建设，到 2015 年底，已完成项目前期各项准备工作。推进提升基层检验检测能力，河北省食品药品监督管理局与河北省财政厅联合印发了《关于加强市县乡食品药品监管能力专业化建设的指导意见》，为基层加强检验检测能力建设提供了有力支持。河北省食品药品监督管理局利用国家给予每市的 1301 万元实验室改造项目资金和地方配套资金投入，对各设区市现有检验检测机构进行了改造提升；投入 4810 万元，在 154 个县（市）各建设了 1 个具备常规理化项目检验能力的检验检测室，配备了必要的仪器设备，一定程度上弥补了基层检验检测能力薄弱这一短板。三是扎实推进食品安全电子追溯平台建设。河北省食品药品监督管理局依托“食品药品基础数据库”，建立了全省统一的食品安全电子追溯平台，实现了婴幼儿配方乳粉及原料乳粉、预包装熟肉制品、保健食品、酒类商品等四类产品的电子追溯。

【食品药品安全社会共治】　河北省政府食品安全委员会办公室、河北省食品药品监督管理局积极搭建平台，广泛动员社会各界和公众参与食品药品安全监督治理。一是充分发挥 12331 投诉举报平台作用。全省接收群众关于食品药品安全的投诉举报信息 36070 件，比上年增长 180%，做到了事事有回复，件件有落实。二是着力推进食品药品市场主体信用平台建设。建立了涵盖食品、药品、保健食品、化妆品、医疗器械生产经营企业及从业人员信用档案，采集监督检查、行政处罚案件、投诉举报、不良行为记录、质量公告和社会评价等方面的信息 60 余万条，建成了全省食品药品市场主体信用信息数据库和信用信息数据共享平台，并实现了与河北省社会信用体系建设领导小组办公室“信用河北”平台的数据对接。三是加快推进“智慧食药监”信息化系统建设。截至 2015 年底，已建成食品药品行政许可基础数据库，并向社会公开全省食品药品行政许可基础信息 110 万多条。四是全力推广“药安食美”社会共治平台手机应用软件，方便群众随时在线举报食品药品违法违规行为。截至 2015 年底，“药安食美”社会共治平台手机应用软件安装用户突破 11 万人，访问量突破 160 万人次。

【食品药品安全宣传】　河北省政府食品安全委员会办公室、河北省食品药品监督管理局统筹推进食品药品安全科普公益宣传、典型宣传、社会宣传，着力营造有利于食品药品安全工作开展的良好舆论氛围。一是围绕监管中心工作开展宣传。结合年度监管重点工作，组织开展了食品药品安全县创建、食品生产聚集区整治提升、校园及周边食品安全专项整治、违法广告整治等主题宣传活动，对促进工作开展发挥了积极作用。二是加强与主流媒体合作，积极引导社会舆论。与河北日报、河北人民广播电台、河北电视台有关栏目和频道建立了合作关系，及时刊播全省食品药品安全信息、监管动态。河北日报编发宣传专刊15期，刊发新闻信息89条。河北人民广播电台《法治集结号》栏目播出稿件1300余篇，总时长800分钟。河北电视台各频道播出新闻报道150余条，总时长400分钟。河北食品药品科普网更新各类信息3600余条，访问量28万次，点击量78万次。河北移动、联通、电信三大运营商推送手机短消息40余条，覆盖全省手机用户5000万人(次)。三是加强新闻发布工作。河北省政府新闻办公室举办食品药品安全新闻发布会2次，分别介绍了新修订《食品安全法》和食品药品安全县创建工作。河北省政府食品安全委员会办公室、河北省食品药品监督管理局举办例行新闻发布会5次，定期发布食品药品抽检监测信息、投诉举报情况，通报典型案件。四是组织大型系列宣传活动。举办了2015年全省食品安全宣传周活动，省政府副省长姜德果出席主场宣传活动并讲话，有关单位作主题发言，会场外同时举办了新修订《食品安全法》知识展览。会同教育部门在石家庄、邯郸等地组织开展了食品安全校园行、食品安全大讲堂活动。会同河北日报报业集团举办了全国重点网络媒体“中国梦—河北乳企安全行”活动。食品安全宣传周期间，全省组织各类宣传教育培训活动2000余场次，制作宣传展板7000余块，悬挂标语、条幅1万余条，张贴主题海报30万张，发放科普图书2万余册，其他宣传品140余万份（件），直接参与现场咨询、投诉的群众50万人次。举办了“安全用药月”活动，省级层面重点开展了“安全用药平安出行”公益宣传、专题新闻发布会、安全用药大讲堂、优秀药师代表座谈会等系列活动。“安全用药月”期间，全省各级食品药品监管机构发放各类宣传品100余万份，组织广场、社区、村镇宣传活动300余场次。

【食品医药产业发展】 2015年，河北省规模以上食品工业企业完成主营业务收入3839.88亿元，比上年增长2.4%；实现利润总额240.67亿元，比上年增长12.9%；实现利税总额438.19亿元，比上年增长6.4%。全省规模以上医药工业企业完成主营业务收入935.22亿元，比上年增长1.4%；实现利润总额79.00亿元，比上年增长13.0%；实现利税总额113.82亿元，比上年增长12.1%。

（河北省食品药品监督管理局　杜会杰）

审　　计

【概况】 2015年，全省完成了2700多个审计项目，通过审计，上交财政、减少财政拨款或补贴、归还原渠道资金110多亿元。审计成果得到更广泛更有效的运用：2015年，通过审计，共向司法、纪检监察及有关部门移送处理事项275件，其中省本级移送162件，市级审计机关移送103件，县级审计机关移送10件。通过审计，提出并被党委政府及相关部门单位采纳的审计建议3600多条，促进被审计单位制定整改措施和建立健全规章制度310多项。2015年，省厅按照《加强纪检监察机关与审计机关协作配合的实施意见》要求，厅本级移送处理人员66人，移送处理涉及金额39亿元。

【稳增长审计】 把稳增长、促发展作为重中之重，持续开展政策落实跟踪审计，厅党组制定了“审计要促发展”工作方针，各项审计都密切关注了政策落实情况，向省政府按期报告审计结果，促进新开工和完工项目130多个，促进加快审批项目、加快实施进度项目280多个，推动了资金落实、项目实施、政策落地和追责问责，促进了政令畅通。

【财政审计】 2015年，完成省本级预算执行审计、省地税系统税收征管审计、审计署存量资金审计、邯郸市本级财政决算审计等4个项目。共审计财政类项目2600多个，延伸审计单位3000多个，《省本级预算执行审计结果报告》、《省本级预算执行审计工作报告》得到省人大常委充分肯定和好评。同时，为解决屡审屡犯问题，促进省人大制定出台了《河北省人民代表大会常务委员会关于加强对审计查出的突出问题整改监督的决定》。

【经济责任审计】 全省共审计领导干部640多名，通过审计，促进增收节支20多亿元。省厅审计了三个设区市，废止、修订市政府制定颁发的制度性文件9项；中止、纠正违法违规事项118个；界定领导人员负有直接责任事项19项，涉及问题金额710多亿元；审计结束后，组织部门对19名领导干部进行了约谈。

【民生资金审计】 加大了对“三农”、教育、医疗、社保、扶贫等资金和项目的审计力度，强化了民生审计。尤其对城镇保障性安居工程进行了跟踪审计，促进追回和归还资金等8亿多元，整改违规分配使用住房等840多套。

【投资审计】 一是高度关注重大建设项目的审计，重点揭示工程建设等领域的违法犯罪和违规违纪问题，从强化管理、提高效益、促进经济发展等方面提出合理有效的审计建议。二是为了摸清底数，全面真实客观地反映河北省重点建设项目运行情况和存在的问题，完成了对146家省管重点建设项目情况的审计调查，并提交了调查分析报告。

【资源环境审计】 加大了矿产资源开发利用、环境污染防治等专项审计，强化了资源环境审计，推动资源能源节约利用和环境保护。

【金融审计】 组织省市县三级审计人员对河北银行及所属13个分行进行了全面审计，促进了地方金融健康发展。

【企业审计】 全面审计、突出重点，紧紧围绕国家法律法规政策执行情况、重大经济决策、财务收支及经营管理，加大了企业审计力度。全省对40个国有大中型企业进行了审计，促进了企业发展。

【外资审计】 一是开展了国外贷援款项目公证审计。

2015年，审计署授权河北省利用外资审计项目7个，其中世界银行贷款项目2个，亚洲开发银行贷款项目3个、赠款项目2个。审计项目资金总额59477万元，审计抽查子项目单位88个，占当年子项目总数的100%。对外出具了5份无保留意见的中英文审计报告。

二是于11月2日出具了《河北省国外贷援款项目2015年度公证审计结果公告》（2015年第2号），向社会公告河北省7个国外贷援（赠）款项目2014年度财务收支及项目执行情况审计结果。

【法制化建设】 制定印发了《河北省审计机关案件线索移送管理办法》《执法主体不是审计机关的法律、法规，不能作为审计处罚的依据》《河北省审计厅关于审计决定书中涉及罚（没）款部分统一修改格式的通知》《河北省审计厅审计执法过错责任追究办法》《河北省审计厅审计项目审理办法（试行）》等规章制度。

三是加强政务公开。制定《河北省审计厅政务公开制度》《河北省审计厅执法公开制度》《河北省审计厅行政权力清单》《河北省审计厅行政强制流程图》等制度措施，深化政务信息公开，规范行政权力运行，促进审计工作提质提效。

【审计信息化建设】 2015年，完成了OA系统国产化升级改造项目，并在全省范围内部署了电子数据集中管理系统，目前已归集整理460家单位，2420套财务、业务数据；已定制开发部署财政、地税、金融数字化审计数据分析平台，并建立了全省地税、工商、财政本级、省组织机构代码管理信息定期报送机制。2015年9月，河北省政府颁布的《河北省信息系统审计规定》成为全国第一个规范信息系统审计的省级政府规章。

【内部审计】 一是出台《2015年内部审计工作指导意见》，加强和改进河北省内部审计工作；二是成功开展了2015年河北省“十佳内部审计案例”评选活动，并评选出四家上报中国内部审计协会，河北省推荐的开滦和港口的两个案例入选内审协会“百佳案例”；三是开展了内部审计质量检查，对内审工作进行监督指导；四是开发完成《河北省内部审计信息管理系统》，实现了省市县三级审计机关轻松管理内部机构、内审人员的功能。

（河北省审计厅　刘　颖）

统　　计

【概况】 2015年，河北省统计系统以习近平总书记系列重要讲话精神为指导，认真贯彻落实中央领导同志重要批示精神，扎实开展“三严三实”专题教育，积极适应经济发展新常态，勇于担当、奋发作为，高质量完成了各项工作任务。在国家统计局业务工作考核中，统计设计管理、综合统计、能源统计、人口和就业统计、统计科研、网络信息报送、地方年鉴编辑出版等7项工作被评为优秀等次；国民经济核算、工业统计、贸易外经统计、社会科技和文化产业统计、农村统计调查、住户调查、服务业统计、人事管理、财会、信息化建设等10项工作被评为良好等次。

【统计数据质量管理】 以贯彻落实中央领导同志关于基层统计问题的重要批示精神为契机，召开全省局长会议深入分析基层数据质量形势，印发《通知》作出安排部署，推动全系统将批示精神落到实处。各级统计部门坚持以强化数据质量责任为核心，修订完善数据质量责任制及责任追究办法。建立实施统计数据风险评估制度，有针对性做好数据风险防控工作。健全数据质量形势分析制度，每月分析数据质量形势，及时研究解决存在问题。构建省、市、县三级联合把关的审核评估网络，前移数据审核关口，加大基层数据审核力度，确保源头数据真实准确、生产过程统一规范。建立实施统计数据月度实地核查和督查制度，工业、投资、贸易、服务业等重点专业按月对数据审核中发现的突出问题进行实地核查或重点督查。外经专业建立半月报和预审制度。通过多方努力，统计数据较好地反映了河北经济社会发展实际。

【服务党政领导科学决策】 积极适应经济发展新常态和党政领导新要求，加大分析研究力度，提供了大批高质量的数据、信息和报告，得到了省领导充分肯定和高度评价。一是服务效率更高。加强调查研究，认真开展经济形势分析研究预判，每月快速分析、准确判断、及时撰写经济形势分析报告，第一时间向省委、省政府报送重要统计数据和统计分析，多次在重要时间节点按时完成省领导直接交办的任务，及时为起草“十二五”工作总结、编制“十三五”规划建议和工作规划、召开全省经济工作会议、撰写政府工作报告提供了大量基础数据和决策依据，对宏观决策产生了积极影响。二是服务程度更深。加强热点难点问题专题分析，特别是针对全面建成小康社会、加快民营经济发展、创新型省份建设、县域经济发展、加快转型升级、节能削煤等重点问题，加大分析研究深度，得到省领导充分肯定。高质量完成赵克志书记交办的工业转型升级、2016年工业经济预测、房地产开发与新型城镇化、农村投资与扶贫攻坚、增强开发区承载力、研发经费投入、2016年经济走势展望及对策建议等研究任务，克志书记给予高度评价并在全省经济工作会议等重要会议讲话中采用。三是服务领域更宽。加强全面建成小康社会统计监测，在相关部门支持配合下，研究提出全省“十三五”小康建设的目标体系、基本思路和工作举措，张庆伟省长给予肯定并纳入“十三五”规划。参与制定县域经济增比进位测评办法，研究提出把测评范围扩大到设区市和全部县（市、区），并增加县域经济发展在党政领导班子和领导干部考核体系中的权重，得到赵克志书记肯定。四是服务成效更好。省领导在研究重大经济问题时，多次要求统计部门提供数据、作出分析、提出建议。省局进度分析报告多次受到省委、省政府领导肯定，许多观点和建议被省委常委会采用。全年撰写统计报告（专报）165篇，省领导批示40篇次。其中，赵克志书记批示6篇，张庆伟省长批示9篇。赵克志书记在《1—10月份全省经济形势分析及对策建议》上批示：“全省经济运行分析及对策建议基本很好，可在此基础上提出2016年的形势分析和建议。”

【重点领域改革创新】 一是深入推进核算制度改革。健全完善GDP核算工作制度，制定新的数据质量审核方法和标准。扎实开展资产负债核算试点，得到国家局领导充分肯定。改进完善服务业增加值核算方法，推进文化产业增加值、海洋生产总值等派生性增加值核算，拓展了核算领域。二是探索开展战略性新兴产业统计。会同省发展改革委、工信厅等部门研究确定战略性新兴产业企业名单，初步建立战略性新兴产业统计制度，制定战略性新兴产业增加值及主要数据指标测算方案，对全省战略性新兴产业数据进行了年度试算和分析。三是扎实推进能源统计改革。调整完善能源流通和库存统计制度。对200家重点耗煤企业、50个重点县进行了跟踪监测。建立规模以下年耗煤3000吨以上耗煤大户重点调查制度。创建部门控煤统计报送制度，健全环境综合统计和气候变化基础统计制度，在全省开展资源消费试点调查。四是探索开展投资统计改革。制定投资统计改革试点方案，进一步规范工作流程和“非金融资产投资”数据采集办法，认真比对分析两种方法对投资规模、速度、结构等统计数据的影响，开展数据解读和审核评估工作。五是继续推进服务业统计改革。严格执行新的服务业统计调查体系，规模以上服务业调查频率由季报改为月报。狠抓新增单位入统，参与研究制定新增规模以上服务业单位目标。改革部门服务业数据采集方式，实现部门综合数据联网直报。建成并开通服务业统计信息共享平台，实现部门间统计数据和信息共享。六是深入推进分市县城乡住户调查一体化改革，电子记账试点取得阶段性成果。

【大型普查和常规调查】 一是第三次农业普查准备工作全面启动。省政府印发了《关于开展第三次全国农业普查的通知》，组建了农普领导机构，完成省级经费预算编制；圆满完成国家普查方案试点工作，得到国家统计局张为民副局长充分肯定。二是1%人口抽样调查取得重要阶段性成果。顺利完成机构组建、计划制定、经费落实、业务准备、宣传发动、入户登记、数据处理等工作，获取了人口数量、构成、地区分布以及居住状况等重要信息，工作质量和数据质量得到国家局的充分肯定。三是精心组织完成农业、工业、能源、投资、建筑业、贸易、外经、人口就业、社会科技、服务业等各项常规统计调查，获取了大量真实准确的统计调查数据。四是高质量开展党政领导班子和主要领导干部综合考核、消费者信心等19项民意调查，较好发挥了党委政府和社会公众沟通的桥梁作用，为党委领导科学决策提供了民意依据。

【统计法治建设】 强化法治监督。配合省人大财经委到沧州、邢台、邯郸、定州四市开展统计法贯彻执行情况调研，认真组织完成省政府向省人大常委会汇报统计法律法规贯彻实施情况的相关工作。强化组织领导。高规格召开全省统计法治工作会议，全面安排部署统计法治建设工作。强化普法宣传。在省政府常务会议上宣讲《统计法》，制定实施省统计局领导干部学法制度和学法计划，组织开展“12·4”法制宣传日、“六五”普法检查验收等活动。强化执法检查。积极配合国家统计局开展执法检查，加大案件直查力度，对3个县、124个单位进行执法检查，对20多个统计违法单位提出处理意见，对3家统计上严重失信企业予以公示。2015年全省共检查2.27万个单位，立案509个，警告365个，通报批评162个。

【统计生产方式变革】 一是加强基本单位名录库管理。加大新增“四上”单位现场核查和非联网直报单位抽查力度，组织开展“四上”调查单位核查，建立起可追溯责任的单位核查信息库。积极推动名录库管理节点向乡级延伸，全省已开通879个乡镇名录库管理节点。二是完善一套表平台功能。进一步优化平台软件功能，实现了手持电子设备和一套表平台的有机结合。新增农业产业化和部门服务业联网直报，开展部门服务业基层调查单位联网直报试点。建立河北省统计数据报送服务系统，减轻了基层统计人员工作负担，提高了联网直报工作质量和数据质量。三是加强信息安全系统建设。组织开展一套表平台安全等级保护测评和整改加固，加强对市、县、乡级网络信息安全的指导检查，完善了网络安全防护管理系统，提升了网络信息安全防护能力。

【部门统计协同联动】 各部门认真落实《河北省人民政府办公厅关于加强和完善部门统计工作的实施意见》，对统计工作更加重视，协作配合更加紧密，较好完成了承担的统计工作。省编制、民政、工商、税务、质监等部门积极推进名录库信息共享，大力支持将统计登记纳入“一照一码”登记制度改革。省科技厅加强对科技企业统计工作的督导协调。省妇儿工委积极协调相关部门按时报送资料。省财政厅、工信厅、交通厅、人行石家庄支行、工商局、国税局、地税局、邮政局等及时提供GDP核算所需的基础数据和部门资料。省商务厅、林业厅、旅游局、金融办、邮政局、通信管理局、地理信息局、气象局、地震局、档案局等26个部门实现全行业统计，省人社厅、住建厅、保监局等部门服务业统计规范化建设成效明显。

（河北省统计局　李爱民）

教　育

【教育经费投入和增长】 2015年，全省教育经费预计达到1145亿元。省本级教育专项经费比上年增加4.32亿元。安排公用经费56亿元，其中安排城市区义务教育保障经费4.4亿元。落实本科高校生均经费40.18亿元，落实高职高专院校生均经费3.59亿元，省属学校生均拨款水平达到6000元。争取国家教育专项资金144.49亿元(不含发改口安排的中央资金5.22亿元)。

【促进教育公平】 一是符合政策条件的进城务工人员随迁子女全部安排就读学校，在公办学校就读的比例达到89%。二是每个县都建有一所特殊教育学校，残疾儿童少年入学率稳定在90%以上，对辖区内未入学适龄残疾儿童少年实施“一人一案”，提出解决个别化受教育建议，让每一位残疾儿童少年都能接受合适的教育。三是关注贫困地区和民族地区教育，省政府印发贫困地区儿童发展规划、加快发展民族教育实施意见；实施“明德小学品牌建设工程”项目，提升贫困地区农村小学教育质量。四是关注农村留守儿童，健全动态监测机制，对留守儿童较多的农村地区学校实行经费、编制等倾斜政策，农村寄宿制学校优先满足农村留守儿童的寄宿学习需求，为农村留守儿童创设优良的教育环境。五是关注家庭经济困难学生，全省实现各类教育救助工作全覆盖；下达到各县的中央和省级各类资助资金 23.9 亿元，其中补助贫困寄宿生生活费 3.04 亿元，惠及 30 万贫困寄宿生。

【推进教育扶贫】 2015 年，启动实施山区教育扶贫工程，国贫县、省贫县和集中连片特困地区的 37 个山区县纳入实施范围。全年省级安排资金 1 亿元，37 个山区县新建、改扩建校舍 6.5 万平方米，附属设施 19 万平方米；下达专项资金 42.4 亿元，用于农村义务教育薄弱学校改造，全省校舍建设开工面积 305.4 万平方米，竣工 182.7 万平方米；安排普通高中改造计划资金 1.8 亿元，规划改扩建校舍 179 万平方米，省级安排 5000 万元，改善其他贫困地区普通高中办学条件。安排特殊教育资金 2900 万元，支持唐山市等 3 个市建设医教结合实训室、支持 55 个特教学校购置设备设施；推进美丽乡村建设行动，投入资金 43882.78 万元，改善重点村学校教学环境及硬件配备。继续实施边远乡村教师生活补助政策，下达专项资金 1.32 亿元，受益教师 4.42 万人。

【京津冀教育协同发展】 加强与教育部及北京、天津的沟通联系，积极推动京津冀各级各类教育交流合作，相继成立京津冀协同创新联盟、心血管精准医学联盟、创新联盟、京津冀信息服务协同创新共同体。鼓励本省高校加强与京津高校、科研院校的协同创新，在本省高校首批认定的光伏技术等 18 个协同创新中心中，吸纳京津两地的高校有 18 所、科研院所 26 个。建立京津冀职业教育协同发展交流平台，京津两地签订协同发展协议 133 项，建立教育教学、科研信息、教师交流等各种交流平台 831 个，创建“京津冀职教圈”微信交流平台。举办首届京津冀学前教育类高校毕业生专场招聘会，首届京津冀小学数学学科教学研讨会；签订《京津冀语言文字事业协同发展战略协议书》，搭建京津冀三省市语言文字事业协同发展框架。

【教育对口援助】 一是援疆工作。援建的轮台县河北双语小学（第三小学民汉合校）工程通过竣工验收并投入使用；选派 64 名领导干部、骨干教师分别在巴州教育局、各县市教科局、中小学校挂职支教；继续做好定向巴州招生工作，200 余名新疆巴州高中毕业生到河北高校接受本科高等教育；河北师范大学选派两批大学生赴巴州、农二师开展顶岗实习支教工作。二是援藏工作。委托河北师范大学培养阿里地区 25 名干部，获得成人本科学历回藏工作；选派 15 位教师赴拉萨、阿里中学支教。

【国际交流与合作】 一是加快汉语国际推广。本省在 12 个国家建立孔子学院 12 所，孔子课堂 20 个，拥有国家级汉语国际推广中小学基地 4 个、省级汉语国际推广基地 32 个，累计派出汉语教师志愿者 1700 余人。二是做好出国留学和培训工作。全年录取公派出国留学人员 87 人，其中国家公派全额资助项目录取 42 人。三是开展中外合作办学。开设有 2 个中外合作办学机构、2 个硕士层次中外合作办学项目，20 个本科以上层次和 28 个专科层次以及 2 个高中层次中外合作办学项目，继续选派 20 名中小学骨干校长及教师赴南洋理工大学攻读教育管理硕士；招收外国学生 5512 名来河北学习。

【基础教育】 （一）统一城乡义务教育公用经费标准。2015 年春季起，本省统一城乡义务教育阶段学校公用经费基准定额标准，小学年生均标准 685 元（含取暖费 85 元），初中生均 885 元。本年区分寄宿制学校和非寄宿制学校核定公用经费，在保障原公用经费基础上，分别提高寄宿制学校公用经费标准 100 元。对 22 个集中连片特困县实施营养改善计划，公用经费补助标准再提高 100 元，追加资金 1.6 亿元，着力解决学校运转困难。

（二）31 个县（市、区）达到国家义务教育发展基本均衡县评估认定标准。继续推进义务教育均衡发展工作。一是在城区不断细化、深化、实化河北省创建的推进均衡的“四种模式”，即“优质校兼并薄弱校”“优质校建分校”“优质校＋分校”“新建校”。二是在农村地区，以宽城满族自治县、丰宁满族自治县为代表创建的学区一体化办学模式改革，已在全省 80％以上的县完成学区改革。经过国家督导检查组审核，2015 年河北省申报的 31 个义务教育发展基本均衡县（市、区）均达到国家规定的义务教育发展基本均衡县评估认定标准。督导评估组对河北省推进义务教育均衡发展工作给予高度评价，对河北省明确发展目标、落实政府责任，创新工作机制、推广典型经验，夯实物质基础、均衡配置资源，加强队伍建设、优化师资配置，加强内涵建设、提升教育质量，完善服务体系、促进教育公平等主要做法和经验给予充分肯定。

到 2015 年底，本省通过国家义务教育发展基本均衡县督导检查的县达到 63 个。

（三）改善办学条件。一是有序推进义务教育标准化学校建设工作，涉及学校 2444 所，开工校舍面积 195 万平方米，竣工校舍建筑面积 84.5 万平方米、运动场面积 110.6 万平方米。二是提升教学装备条件配置水平。全省完成教学仪器设备购置学校 7342 所，购置生活设施 31.7 万台（件），采购图书 1125 万册，采购课桌凳 89.4 万套，计算机、教学仪器设备等 753 万台（件）；推进农村中小学的信息化建设，全省农村中小学装备现代远程教育设备，教学点实现数字教育资源全覆盖。三是重点突破贫困山区。聚焦山区教育薄弱环节和紧迫任务，多措并举、定向施策、精准发力，力争用 3 年左右的时间，使 37 个山区贫困县的义务教育学校，全部达到省定标准化学校要求。

（四）加强队伍建设，优化师资配置。一是创新编制管理，明确乡村中小学教职工编制按照城市标准统一核定，村小学、教学点编制按照生师比和班师比相结合的方式核定，以保证开齐开足国家规定课程。二是加大校长教师交流力度。通过三区教师支教制度推进教师交流。教师的统筹管理推进“县管校聘”的改革。三是加强教师培养，缓解农村地区教师紧缺问题。2015 年招聘“特岗计划”教师 4600 人。覆盖农村中小学 1500 所，受益学生达 40 万名；免费培养 200 名农村小学全科教师，培养学历为专科，学制 5 年，毕业后需要在乡镇（不含县级政府所在镇）及以下小学或教学点从事小学教育 6 年以上。四是加大校长、教师培训力度。全年安排 9500 万元用于农村骨干教师的“国培计划”，培训中小学教师 14 余万人；安排资金 2500 万元，开展中学骨干教师、中小学校长培训等，有效提升全省中小学校长、教师综合素质和专业化水平。五是提高乡村教师生活待遇。建立连片特困地区乡村教师生活补助制度，对 22 个集中连片特殊困难县实施乡村教师生活补助政策，平均补助标准为每人每月 300 元，最高补助标准达到每月 1600 元。

【职业教育与成人教育】 （一）扩大中职招生规模。召开“2015 年度河北省中职学校招生工作会议”，分析通报 2014 年度全省各地中职学校招生情况，对 2015 年中职招生工作提出五条具体要求。本年，全省中等职业学校招生 26.9 万人，招生职普比达到 40.7：59.3，保持中职招生基本规模。

（二）推进“3＋4”中职与本科贯通培养。2015 年，在保持“3＋4”中职与本科贯通培养招生规模不变的情况下，调剂增加 40 个休闲体育专业冰雪方向招生计划。7 月 21 日，在石家庄工程技术学校召开“3＋4”贯通培养工作现场汇报调度会议。11 月 22 日，召开中高职衔接试点院校专业带头人和专业课教师培训班。本年“3＋4”生源质量明显改善，500 分以上的学生人数为 89 人，占“3＋4”总计划的 18.5％，比上年提高 9 个百分点。

（三）实施新型职业农民培养工程和农民工职业技能培训。统筹落实 1380 万元，持续开展新型职业农民培养工作，有效推进新型职业农民培养工作的实施。2015 年，全省安排 30 所涉农中职学校对 6900 名新型职业农民进行技术技能培训。按照河北省农民工工作联席会议办公室目标要求，对在乡从业农民和企业在岗农民工进行职业技能培训，培训企业在岗农民工 3 万人。会同有关部门实施农村劳动力转移培训达 120 万人，对 300 万农民进行农村实用技术培训，为新农村建设做出积极贡献。

（四）提升师资水平，规范教学管理。一是强化师资培训。2015 年，中职学校报名参加国培计划教师 462 名，参培率达到 90％；报名参加教育部组织的青年教师企业实践教师为 92 人，参培率为 77.3％。本年，省级培训增设技能证书培训和校企合作培训两个项目，专业骨干教师培训，参培率达到 92％；专业课教师和实习指导教师技能证书培训参培率达到 87％。二是组织各类短期师资培训，其中，技能大赛指导教师培训安排五个赛项，培训教师 168 名，参培率为 84％；校企合作培训安排三个子项目，其中两个项目参培率均达到 90％以上，均取得较好效果。组织安排全省信息化教学培训及大赛 4 次，累计培训教师 1000 余名。三是落实专业教学标准，规范教学工作。通过工作调度会、教学校长及主任培训会等多种形式解读各类专业教学标准，并通过省职业教育与成人教育网站等，多种途径宣传教学标准。

（五）参加全国职业院校各项技能大赛获得佳绩。6 月，省教育厅组织 32 支代表队、118 名选手参加全国职业院校技能大赛中职组的比赛。获得一等奖 1 项，二等奖 6 项，三等奖 25 项。此外，在 2015 年全国职业院校学生技术技能创新成果交流赛中，河北省获得一等奖 3 项，二等奖 8 项，三等奖 10 项。参加教育部举办的全国职业院校信息化教学大赛，荣获一等奖 2 项、二等奖 3 项、三等奖 6 项。

（六）贯彻落实《河北省终身教育促进条例》。10 月 9 日，在石家庄职业技术学院举行“河北省暨石家庄市全民终身学习活动周”启动仪式，表彰 2015 年河北省“百姓学习之星”，举行“河北终身学习在线”省级平台升级版及市级平台开通仪式和石家庄市社区教育指导中心、社区教育学院揭牌等活动，推动全省社区教育和继续教育的深入开展。全省 11 个设区市近 400 所中职学校、10 万人参加首届活动周。

【高等教育】 （一）加强高校党建工作。一是加强高校干部队伍建设。全年 4 批次调整提拔高校干部 67 人。确定本科高校后备干部 248 人、中长期培养对象 77 人，高职高专院校后备干部 19 人。高校自主招聘副校长取得新进展，燕山大学从吉林大学自主招聘到 1 名长江学者特聘教授，并将其学术团队整体引入燕山大学。二是推动高校“两个责任”全面落实。省委领导赵勇、陈超英、梁田庚分别就高校党的建设、党风廉政建设、班子建设中存在的突出问题，提出针对性较强的指导意见，各高校及时召开党委会，就贯彻落实工作作出安排部署，把“党要管党从严治党”落到实处。三是注重制度建设。出台《中共河北省委教育工委关于推进直属高校从严治党进一步加强高校党建工作的意见》，对高校党的思想建设等方面提出 21 条举措，用制度规范党的建设。

（二）优化高等教育布局结构和招生结构。一是高等教育布局结构进一步优化。教育部批准河北联合大学更名为华北理工大学，石家庄经济学院更名为河北地质大学。河北工程技术高等专科学校、中国环境管理干部学院两所专科层次学校升格为普通本科学校，地方本科高校数量由 54 所增加到 55 所。二是加强和改进招生计划管理工作。完成普通本专科招生 36.02 万人，其中本科招生计划为 19.26 万人，实际录取考生 20.44 万人，完成国家下达的普通高等教育招生计划。争取教育部增加本科招生计划 4000 人，提高本科招生比例。2015 年，本省高考本科录取率首次突破 50％。

（三）促进内涵发展，提升办学水平。一是省部共建工作取得新进展。2015 年，河北农业大学、石家庄铁道大学实现与教育部共建，至此，省部共建高校达到 11 所。二是国家一流学科培育计划 13 个重点培育学科建设工作进展顺利。三是调整优化学科专业结构，上报教育部新增备案的本科专业 124 个、教育部审批本科专业 12 个，撤销专业12个。四是衡水学院、保定学院、河北金融学院和邯郸学院完成教育部合格评估及整改工作。五是确定首批10所本科院校向应用技术大学试点转型，安排省级专项资金5000万元用于支持本科高校转型发展，河北省应用技术大学联盟正式成立。六是高职高专新增备案专科专业423个，调整备案专科专业4个，撤销专科专业294个，暂停招生专科专业304个，上报教育部审批专科专业14个。邢台职业技术学院等6所高职院校被教育部确定为首批现代学徒制试点单位。七是成人高等教育新增14个函授站、教学点和11个现代远程教育校外学习中心，成人高等教育资源不断扩大。

（四）提高高校科技创新能力。一是制定《河北省协同创新中心建设管理办法》，建设期内已投入9.78亿元对协同创新中心支持。首批高校协同创新中心组建后新增院士2名、“万人计划”青年拔尖人才2名、千人计划4名、百人计划等人才43名；重要科研成果获国家级科技奖二等奖及以上5项、省部级奖励45项，河北省棉花协同创新中心主任马峙英获何梁何利奖，河北省数字教育协同创新中心研发的智慧城市与教育公平项目获2015巴塞罗那智慧城市博览会大奖，实现我国在此奖项上的历史性突破；获批新建国家和省部级科研平台38个；累计培养博士、硕士420名；转化成果产生经济效益约8亿元。二是推进河北省高校哲学社会科学繁荣计划。重点资助28项人文社会科学重大课题攻关项目。全省承担国家及省科研课题586项，其中，国家社科基金课题77项（含重大招标课题3项）。三是深化产学研合作。本年，全省高校承担各级各类科研创新项目9600余项，争取经费15.4亿元；全省高校与企业联合承担省级及以上项目近300项，服务企业项目2000余项，解决企业技术难题近3000个，面向企业转化技术合同400项，面向企业转化技术合同金额达0.9亿元，高校科技服务能力不断增强。

（五）学位与研究生教育快速发展。一是学位授权单位数量继续增加。河北中医学院顺利获得博士、硕士授予权。河北科技学院等3所院校增列为学士学位授权单位。河北省博士学位授予一级学科57个，硕士学位授予一级学科192个，学士学位授权单位55所。全省有24所院校，99个本科专业获得双学士学位授予权。二是加大资金投入。争取教育部专项资金38.7万元，用于支持5所研究生培养单位开展课程建设改革。立项资助“在读研究生创新能力培养资助项目”达220万元。52个产学结合实践能力培养基地被确定为首批省级专业学位研究生培养实践基地，省级投入2400万元专项资金。

（河北省教育厅　崔海江）

卫生和计划生育

【概述】　2015年，河北省各级卫生计生领导班子团结奋斗、砥砺前行，市县卫生计生机构改革基本完成，卫生计生工作转入新模式、实现新发展；全省卫生计生系统深入贯彻落实中央和省委、省政府“稳增长、调结构、促改革、惠民生、防风险”的决策部署，攻坚克难，积极进取，推动全省卫生计生工作取得新进展、新成效。

【京津冀卫生计生协同发展】　着力落实省部、京冀卫生以及卫生应急、疾病防控、采供血保障等合作框架协议，共同签署了京津冀卫生计生事业协同发展、综合监督以及京冀张、京冀唐区域卫生合作协议，以推进医师跨区域多点执业等为重点，不断深化交流合作。开展了河北转诊京津前10位病种分析、京津冀人口发展研究和三级医疗机构差异分析研究，配合国家编制京津冀医疗卫生协同发展规划。全省260多家二级以上医疗机构与京津建立密切合作关系，燕达集团与北京三家医院、省儿童医院与北京儿童医院等一批项目发挥良好示范作用，有效提升了河北省医疗机构的服务能力，河北赴京患者同比减少8个百分点。

【深化医改】　坚持需求、问题、政策三个导向，狠抓巩固提升和长效机制建设，初步形成人民群众得实惠、医务人员受鼓舞、投入保障可持续的良好局面。县级公立医院综合改革提前实现全覆盖，医保、政府、医院三方共担的“631”补一偿机制和法人治理结构试点深入推进，门急诊人次增加，药占比下降，次均费用增势趋缓。唐山、邯郸城市公立医院改革试点工作稳步推进。新农合参合率达到97.9%，政府补助标准提高到人均380元，农村居民大病保险实现全覆盖，疾病应急救助制度顺利实施，91个县（市、区）实现省级新农合定点出院即报。新一轮药品集中采购基本完成，率先与国家平台对接。着手建立分级诊疗制度，明确双向转诊流程、常见病转诊标准等规范，邯郸、唐山、廊坊市出台实施方案，积极展开试点。

【生育政策调整和计划生育服务管理改革】　全年出生人口85.96万，出生率11.4‰，自然增长率5.58‰，实现年度控制目标。单独两孩政策平稳落地，完成5.89万对单独夫妇再生育审批，调整再婚家庭生育政策，做好全面两孩政策实施准备工作。启动生育服务证制度改革，完善服务管理政策体系。推进流动人口基本公共卫生计生服务均等化和婚育证明电子化改革，免费孕前优生健康检查目标人群覆盖率84%，增补叶酸预防神经管缺陷、农村妇女“两癌”筛查等项目成效明显。推进全省产前筛查、产前诊断网络建设，出生缺陷防治能力不断增强。大力实施计生惠民七项工程，全面落实奖扶、特扶制度，“医养扶一体化”服务保障机制进一步完善。注重发挥和加强计生协群团作用，计生基层基础建设不断加强。

【公共卫生和疾病防控能力】　全省报告传染病发病率同比下降9%，艾滋病疫情保持低流行状态，免疫规划疫苗接种率保持90%以上，继续保持无脊灰状态。加强埃博拉出血热、中东呼吸综合征等突发传染病疫情监测，卫生应急能力不断强化。新创4个省级慢性病综合防控示范区，全民健康生活方式行动覆盖96%的县（市、区）。推行职业病鉴定部门联合调查机制，做到“职业体检不出县、职业病诊断不出市”。加强食品安全风险监测，食源性疾病监测实现县域全覆盖。启动新一轮城乡环境卫生整洁行动，农村饮用水监测乡镇覆盖率达88%，完成农村改厕68万座，卫生厕所普及率达到46%。出色完成“援非抗疫”、天津港爆炸医疗卫生救援、暑期医疗卫生保障等重大任务，受到国家卫生计生委和省委、省政府的表彰。

【医疗服务质量和安全管理】 推进医院评审评价，推动临床重点专科建设，开展诊疗合理性评价，落实医疗质量核心制度，血液核酸检测实现全覆盖，保障了医疗质量和安全。城乡医院对口支援全面深化和加强。大力实施改善医疗服务行动计划，积极预防和化解医疗纠纷，各设区市成立医疗纠纷人民调解委员会，77个县（市）建立人民调解机构。推动医疗风险分担机制建设，“三调解一保险”长效机制基本建立。推进“平安医院”建设，二级以上医疗机构设立警务室348家，依法处理涉医违法案件299起，医疗机构治安环境有所好转。

【科研创新和人才教育】 将提高重大疑难疾病诊治能力和推广适宜技术相结合，加大医学科技创新力度，支持重大医学科研课题137项，评选出河北医学科技奖793项，推荐获得省级科学技术进步奖30项，其中一等奖3项，居全省各行业之首。确定医学适用技术跟踪项目80项，遴选8项以远程教学方式开展基层培训。完善住院医师规范化培训制度，培训师资4批1300多人次，招收3000多人进入基地培训。组织260名基地师资参加全科医学师资培训，组织640名基层全科医生参加转岗培训，稳妥做好农村订单医学生免费培养项目和毕业生安置工作，增强了基层医疗卫生服务能力。

【中医药振兴发展】 加强顶层设计，出台中医药健康服务发展规划、中药产业发展规划、促进中医药产业加快发展实施方案。启动21所县级中医医院建设项目，圆满完成基层中医药服务能力提升工程和国医堂建设目标，河北省健全基层中医药服务网络的做法在全国推广。加快高层次和基层中医药人才培养，中医住院医师规范化培训与专业学位教育有机衔接，完成国家和省级优秀中医临床人才研修、老中医药专家学术经验继承项目结业考核。加快推进中药材种植规模化和种子种苗繁育基地建设，安国、巨鹿中药材资源监测和信息服务站建成投用。开展健康大讲堂活动千余场，受益群众近百万。成功召开第三届冀港澳台中华传统医药文化发展大会。

【卫生计生法治建设】 积极推进卫生计生依法行政，制定了9类、175项“行政权力清单”，建立了有18项部门主要职责、114项具体职责、37项公共服务事项、18个事中事后监督制度的“责任清单”，以及17项涉及市场经营主体的行政审批后续事项“监管清单”。建立了卫生计生行政执法全程记录制度，在17个执法机构试点运行。创新监管手段，全面启动公共场所空气质量在线监控，实现饮用水在线监控11个设区市全覆盖。升级省卫生计生监督信息平台，实现在线审批查询、监督信息录入、行政处罚网上办理。成功举办第二届监督技能大赛，并在全国决赛中取得优异成绩。

【妇幼保健能力】 河北省目前已建立3个省级产前诊断中心，10个市级产前诊断分中心，确定了114家县级产前筛查机构，初步形成了覆盖全省的产前筛查、产前诊断网络。2015年全省产前筛查率达到60.79%，比2014年提高9个百分点，比国家平均筛查率高出17.5个百分点，共筛查发现高危孕产妇2.48万名，确诊327名。2015年对新生儿“两病”筛查率达到97.97%，听力障碍筛查率达到91.7%。对河北省人民医院、石家庄市妇幼保健院等334所单位组织实施爱婴医院复核，新创建27所单位，通过国家卫生计生委复核361所。2015年年底，河北省共有6个市级妇幼保健与计划生育服务资源实现整合，占全省市级总数的55%；57个县级妇幼保健与计划生育服务机构实现整合，占全省县级总数的33%；374个乡级计划生育与乡镇卫生院整合，占全省乡级总数的18%。积极推动京津冀妇幼健康协同发展。

【发展中面临的问题】 尽管全省卫生计生事业呈现科学发展、平稳推进的良好态势，但卫生计生事业破“瓶颈”、补“短板”的任务还十分艰巨，发展仍然面临不可回避的新问题。（1）经济发展新常态与深化医改关键期碰头，巩固已有改革成果与拓展深化新领域改革并重，给医药卫生事业发展带来了新的挑战。（2）经济下行压力增大，财政收入增速下降，新型城镇化提速、人口老龄化进程加速和生态环境变化，疾病谱变化和居民健康消费需求的加快释放，加剧河北省卫生计生服务供需矛盾。（3）卫生计生领域的法律法规建设滞后；卫生综合应急能力在队伍装备、物资储备、经费投入、救援能力等方面都存在明显差距；传染病、慢性病的危害依然严重，精神卫生资源严重不足；食品安全风险监测能力有待进一步提高。（4）人口总量压力长期存在，人口结构性矛盾突出，老年人口抚养负担加重；年出生缺陷儿近万人，出生人口素质状况堪忧，给社会和家庭带来沉重负担；人口流动、人户分离等现象大量增加，流动人口服务管理任务艰巨；计生特困家庭救助标准低、门槛高，部分地方兑现奖励政策的财政负担较重，民生政策与计划生育优惠政策的衔接不够。

（河北省卫生和计划生育委员会　尹文晶　路庆章　李　玲　穆腾孟）

文化产业

【搭建展示推介平台】 （一）圆满完成了河北省参加第十一届深圳文博会的承办任务。根据省委、省政府领导批示精神，2015年5月14日至18日，省文化厅圆满完成了河北省参展第十一届深圳文博会的承办任务。河北此次参展，以“文化追梦希冀河北”为主题，集中宣传推介了河北省的特色文化资源，充分展示了经济发展新常态下河北省文化产业发展新活力和新成效。参展期间，河北省发布了141个文化产业招商引资项目，实现了51个文化产业项目签约，签约总额达992.61亿元，位列全国第1位，同时展区现场产品交易近40万元，签订订单和意向协议520多万元。此次参展突出四个特点：一是项目门类齐全，招商额大。141个招商引资项目涵盖文化休闲娱乐服务等10大门类，招商额达614亿元。二是与京津合作项目明显增多。在本届签约的51个项目中，与京津合作项目共16个，签约总金额达329.29亿元。三是融合性创意项目多。融合创新已成为河北省文化产业发展的重要推动力，既有传统与现代相融合的花丝镶嵌技艺等推陈出新的代表性项目，又有park118新传媒产业基地等文化与科技融合的代表性项目。四是现场交易十分可观。据对参展的20多家企业不完全统计，现场销售产品近40万元，签订订单和意向协议520多万元。河北省荣获“优秀展示奖”和“优秀组织奖”，河北出版传媒集团公司荣获“全国文化企业30强”，河北省企业的2项参展作品荣获“中国工艺美术文化创意金奖”。河北参加本届文博会取得了宣传推介与签约交易双丰收，开创了文化产业发展新纪元。

（二）圆满完成了河北省参加第十届北京文博会承办任务。根据省领导批示，2015年10月29日—11月1日，省文化厅会同省新闻出版广电局以“协同发展文化河北”为主题，圆满完成了河北省参加第十届中国北京国际文化创意产业博览会（简称“北京文博会”）承办任务。河北省展区位于国际展览中心1号馆A区，展区以“协同发展文化河北”为主题，通过展板、多媒体、实物、现场互动、灯箱等形式，对河北文化资源、区位优势、发展成果、文化产业政策、园区（基地）、重大项目等进行全方位集中宣传、展示、推介，省内21家文化企业参展，推介文化产业项目82个。河北代表团以鲜明的主题，丰富的内容，新颖的设计，强烈的反响，荣获组委会颁发的“最佳组织奖”和“最佳展示奖”。在京津冀协同发展大背景下，河北省参加本届北京文博会与往年相比具有许多可圈可点的亮点，实现了“三个首次”（首次推出了京津冀文化协同发展新标识、首次实现了京津冀文化联展、首次联合征集推介京津冀文化产业项目），成为关注的重点。河北展区布局分“文房瑰宝”、“燕赵工艺”、“希冀文艺精品”等板块，参展期间，厚重悠久的燕赵文化吸引了省内外多家主流媒体关注报道。参展期间，参展企业现场销售额达6万余元，签订正式合同和签意向合同共570万元，还达成一批合作意向。

（三）成功举办了第四届河北省特色文化产品博览交易会。2015年10月16日至18日，由省委宣传部支持，省文化厅承办，河北省商务厅等8个单位协办的第四届河北省特色文化产品博览交易会（以下简称“特博会”），在石家庄市西兆通—乐城·国际贸易城成功举办。本届特博会以“京津冀域协同发展聚精会神文化产业创造价值相得益彰”为主题，招展项目涵括河北省内剪纸、石雕、根雕、内画、宫灯、年画等数百种文化精品以及北京、天津、香港、台湾、贵州、江西、青海等独具地方特色的文化精品，招展面积31800平米，共搭建400余个标准展位，45个特装展位。本届特博会推出了京津冀文化协同发展标识（京津冀汉语拼音第一个字母“j”写意而成，寓意是：齐头并进、协同共同、相互融合。以红蓝绿三色分别代表北京、天津、河北，标志着三地在文化底蕴上同根、同源、同脉），体现了“文化铸魂、传播精神、产品立业、体现价值”的基本目标。开幕式当天，省委常委、宣传部长田向利，副省长姜德果视察了展会现场，并慰问了参展企业。

（四）支持首届“一带一路一城”国际文化艺术节先行开幕。“‘一带一路一城’国际文化艺术节”是为实施习近平主席提出建设“一带一路”和京津冀协同发展的国家战略，由中信国安集团等多个民间机构联合主办，京津冀三地文化部门联合支持的重大节庆活动。该活动旨在把作为艺术节载体的中信国安第一城，打造成为“一带一路”上的一个文化驿站、文化纽带、文化枢纽，成为外界了解中国、了解京津冀的窗口。中信国安第一城是北京资本、企业落户河北，辐射京津冀，促进三地共同发展的典型案例。2015年10月1日至5日举办的“‘一带一路一城’国际文化艺术节”，邀请了来自“一带一路”沿线多个国家的驻华使节和相关企业代表，这在无形中强化了京津冀区域与“一带一路”沿线国家之间的文化联系。通过此节，必将带动河北文化“走出去”，进一步提升河北的知名度和影响力。

【文化产业长远发展】 （一）开展了太行山文化产业带规划建设工作。为充分挖掘和发挥太行山区丰富的资源优势、促进太行山区加快发展，按照省委实施太行山综合开发的要求和部署，省文化厅会同省委宣传部、省财政厅合力推进太行山文化产业带建设。三方成立了领导小组及办公室，在调查研究、摸清发展底数的基础上，起草编制了《河北省太行山文化产业带建设发展规划》；并向省政府申请报批，大力实施项目带动战略，向太行山沿线市（县）印发了《关于做好太行山文化产业带规划建设有关工作的通知》（冀太文办〔2015〕1号），从项目申报主体、条件、项目种类、附件等方面提出了明确要求。通过部署，共征集太行山沿线文化产业项目88个。为确保评审公开、公平、公正，制定了申报评审工作方案，细化了5项反映项目全貌的量化指标。通过项目实施单位现场介绍、专家打分及综合考虑，评选出25个文化产业项目。省财政厅已印发了《关于下达2015年中央文化产业发展专项资金（太行山文化产业带）的通知》，下达资金共计5000万元。

（二）启动了文化产业发展“十三五”规划的编制工作。当前是河北省文化产业“十二五”规划完成和“十三五”规划编制的关键时期。根据《省政府当前和今后一个时期集中抓好的重点工作任务目标责任分解表》要求，省文化厅在大量调研的基础上，起草形成了“十三五”文化产业发展初稿。该稿在准确分析现状和形势的基础上，提出“十三五”文化产业增加值占GDP超过5%的奋斗目标。为实现此目标，将按照全面深化改革开放和打造河北经济升级版的总体要求，拟以环京津文化产业协同发展创新区（京张文化产业示范带、京北文化产业带、京东文化休闲产业带、京南文化产业带）为龙头，冀中南文化产业聚集区为龙身，以太行山文化产业带、沿海文化产业带为两翼，组成具有不同层次、功能各异、分工合作的区域空间结构，进而推动空间聚集，以构建河北省“十三五”文化产业发展总布局。并提出将通过区域协同、行业融合、科技兴业、龙头再造、品牌培育、市场优化等工程确保目标的实现。

（三）开展了文化产业系列调研。根据省委宣传部《2015年省直文化系统调研工作方案》，就如何进一步推进京津冀文化协同发展，突出河北优势，借力京津力量，搞好对接融合，推动河北文化繁荣发展，深入环京津市县开展了调研，省文化厅从现状与成效、面临的主要问题、对策和建议三方面，形成了《河北省文化厅关于京津冀文化协同发展的调研报告》，并报省委宣传部。该报告提出提升京津冀文化协同发展的质量和水平，关键在发展，重点在协同，必须通过以规划保障协同发展，以公共文化服务均等化引领协同发展，以重大项目撬动协同发展，以文化旅游带动协同发展，以统一市场拉动协同发展，以借智京津推进协同发展等对策建议。同时，为研究新情况，解决新问题，根据厅年度工作思路，开展了河北省特色文化产业调研和河北省小微文化企业调研，《河北省小微文化企业调研报告》已形成了初稿，河北省特色文化产业调研正在有条不紊进行中。

【为文化企业发展争取政策支持】 （一）开展了组织申报省和国家文化产业引导资金工作。根据省委宣传部省财政厅《关于公开申报2015年河北省文化产业发展引导资金的通知》要求，组织厅直单位开展了申报工作。省演艺集团有限公司、省艺术职业学院等单位共报来12个项目，申请支持金额共计5968万元。经初步审核，并经厅领导同意，已通过网上平台和纸质版形式，向委宣传部、省财政厅分别报送。同时根据《关于申报2015年文化产业发展专项资金的通知》（财办文资〔2015〕2号）要求，还与省财政厅开展了申报国家文化产业引导资金工作，共筛选了64个项目向财政部申报，其中23个项目获1657万元专项资金支持。

（二）启动了推动成立河北省中小型文化产业银行工作。为落实文化部、中国人民银行、财政部印发的《关于深入推进文化金融合作的意见》（文产发〔2014〕14号）精神，省文化厅拟整合资源，推动成立以支持文化产业发展为主要业务方向的中小型文化产业银行。在认真研究分析河北省文化产业发展现状、学习兄弟省份成功经验的基础上，省文化厅从业务范围、出资人、前景分析、组织结构等方面，向省政府报送了《河北省中小型文化产业银行建设方案（草案）》。根据省领导“建设文化强省，金融支撑作用十分重要”等批示要求，省文化厅按照日前国务院办公厅转发银监会《关于促进民营银行发展的指导意见》（国办发〔2015〕49号），在省金融办、省银监局的积极指导下，正务实推动此项工作。

（三）开展了征集河北省2015年弘扬社会主义核心价值观动漫扶持计划工作。根据《文化部文化产业司关于2015年弘扬社会主义核心价值观动漫扶持计划申报工作的通知》精神，省文化厅向全省进行了部署动员。经严密组织，共收到全省创意类项目5个，产品类项目6个。按照文化部分配名额，为优中选优，体现公开、公平、公正的原则，厅产业处会同相关处室进行联合评审，经厅领导同意，向文化部推荐原创动画片《年画中的传奇》等5个创意类项目，推荐《燕赵庄园之宠在乌托邦》等3个产品类项目，其中河北天湖影视传媒有限公司的动画片《年画中的传奇》入选创意类项目。下一步，文化部将对入选项目不仅给予资金支持，还对入选的创意类项目进行辅导提高，并予以重点宣传推广和项目对接。

（四）开展了河北省国家级文化产业示范基地（园区）巡检活动。近年来，河北省国家级基地（园区）文化企业通过不断创新文化生产方式、运作文化产业项目、培育知名文化品牌，充分发挥了示范、辐射和带动作用，对不断提高河北省文化产业的总体实力和竞争力产生了积极意义。按照文化部文化产业司《关于开展国家级文化产业示范基地（试验）园区考核与国家文化产业示范基地巡检工作的通知》要求，省文化厅对省内12家国家文化产业示范基地和1家国家级文化产业试验园区进行了巡检，形成了基地巡检报告和园区考核报告。

【提供智力支撑】 （一）开展“解放思想大讨论活动”。按照厅党组印发的《河北省文化厅“解放思想抢抓机遇奋发作为协同发展”大讨论督导工作方案的通知》要求，根据督导工作方案，厅文化产业处全体人员召开了座谈会，就“对标先进争先创优”的情况进行了讨论，大家一直认为河北省的文化产业发展应加强对小微文化企业的支持力度，举办相关小微文化企业的投融资活动。通过讨论，大家认为需要对标四川举办的小微文化企业投融资路演暨项目推介活动·四川站。四川此次推介活动，通过深圳证券交易所邀请了30多家投资机构，重点推介了13家文化企业项目进行路演，向投资机构有针对性的介绍企业项目的情况简介、发展前景、投资收益等内容，极大地引起投资机构的关注兴趣，同时在会上还发布了川、渝、滇、黔等地31个优秀文化企业项目供广大投资者查阅。

根据这一情况，厅文化产业处提出了整改措施。2016年，将联合文化部文化产业司、深圳证券交易所、北京市文化局、天津市文化广播影视局等部门举办京津冀三地小微文化企业投融资路演暨项目推介活动，针对初创型、成长型、战略型的文化企业，邀请不同阶段、不同类型的投资机构，力求取得实际效果。

（二）加强各级文化行政人员培训，提高其业务水平和工作能力。2015年6月28日至7月3日，在石家庄举办了由各设区市文广新局主管局长及产业科（处）长、省直管县文广新局局长参加的第一期培训班。培训班采取名家授课和现场参观交流为主，培训内容包括“十三五”文化产业发展规划问题探讨、文化与旅游融合发展、河北省文化产业现状与发展路径研讨、乡村文化保护与产业发展探讨、文艺美学视角下的文化产业发展设计、新常态下的“文化+”及现场参观等。为提高各级依法行政水平，李建华副厅长做了题为《国家文化产业相关政策解读》的专题讲座。王离湘书记以《经济新常态下文化产业创新发展的路径探索》为题，进行了专题授课，受到了参训学员的一致好评。

（三）加强文化产业示范基地人员培训，增强其创新意识和市场经营水平。2015年8月17日至8月21日还在石家庄举办了河北省级文化产业示范基地经营管理者参加的第二期培训班，培训内容涉及文化产品品牌营建和打造、文化产品策划营销、京津冀协同发展下的文化产业发展态势、文化企业现场参观、文化项目案例分析、交流研讨等。通过培训，学员们普遍认为，这样的培训对提升管理业务水平，开拓运营思路，谋划新思路、新举措，具有很大的帮助。

（河北省文化厅文化产业处　马运飞）

新闻出版·版权

【新闻出版】　截至2015年底，全省新闻报纸机构58家，新闻期刊机构12家，出版物印刷企业282家。2015年度，全省报纸出版量约15.14亿份，期刊出版量约4816万册，图书出版量约2.11亿册。

（一）出版领域舆论引导力逐步提升。成功举办了河北省纪念中国人民抗日战争暨世界反法西斯战争胜利70周年主题出版物发布及赠书活动，集中发布和推介赠送了30余本优秀主题出版物。在第22届北京国际图书博览会上，河北省主打“抗战牌”，集中展示了近年来出版的30余种抗战题材出版物，组织举办了20余场文化活动。

（二）主题出版工作有力推进。图书《知之深爱之切》隆重出版发行，成为河北省新闻出版界的一大盛事、喜事，赵克志书记出席出版发行座谈会并作重要讲话。全省各出版单位共同精心策划重点选题60种，4种选题入选全国纪念抗战胜利70周年重点选题目录，5种选题入选全国“百种经典抗战图书”目录，3种选题入选国家重点出版选题，3种图书入选向全国老年人推荐的优秀出版物，3种出版物入选向全国青少年推荐的出版物目录。

（三）宣传推介活动有序开展。一是组织百余家杂志社携2000余册期刊在全国期刊交易博览会上展出。在此次会展上，河北省展台搭建方案荣获了优秀组织奖和创意设计优秀奖两个奖项。二是参加了首届贵阳孔学堂·国学图书博览会，组织10余家出版社精心挑选了200多种、500多册国学类精品出版物参展，有效地展示了河北省近些年来在弘扬优秀传统文化方面所取得的成果。三是组织开展了第三届环渤海地区暨河北省第七届图书交易博览会，激发了读者到书博会现场参观、购书的热情，实现了阅读惠民的目的。四是积极组织省内出版单位向留守儿童捐赠近2000册适合儿童阅读的精品图书，关爱了留守儿童的精神世界。

【版权】　软件正版化工作成果显著。在全省开展了推进使用软件正版化工作，通过自查和抽查督导相结合的方式，督促软件使用单位着手从建立软件正版化责任人数据库、完善软件资产管理制度、制定软件正版化工作考核办法等方面改进提高，并顺利验收了部分政府机关及企事业单位软件正版化工作。国务院软件正版化督导组和国家版权局对河北省的软件正版化工作均给予了高度评价，并将河北省开展软件正版化的工作经验推广全国。

打击侵权盗版工作扎实开展。重点整治了全省视听网站、网上书店等销售传播侵权盗版制品的行为，及时发现并处理了一批违法违规的出版物销售企业。开展了“两法衔接”平台和案件信息公开栏目接入工作和案件信息报送工作。省打侵办对省新闻出版广电局的打击侵权盗版工作给予了充分肯定。

版权示范单位的创建工作步伐加快。起草了《河北省版权示范单位和示范园区（基地）认定办法》，为提升河北省版权创造、运用、保护和管理水平，规范版权示范单位和园区（基地）评定工作，提供了依据。目前，石家庄、廊坊等版权示范城市正在筹建，近20家版权产业单位和基地正积极申报中。

【事业和产业】　文化惠民工程持续深化。一是以全民阅读“七进”为抓手，组织开展了“书香中国万里行·河北站”暨第三届惠民阅读周活动、以“书香河北”建设为核心的书香系列评选活动、“4·23”世界读书日系列活动、第三届河北省青少年“阅·知·行”读书活动、农村青少年暑期读书实践活动、全民数字阅读专题活动、向边远贫困学校赠书活动，全民阅读的氛围进一步浓厚。二是持续推进“情暖故土书香农家”帮扶联系活动，以书屋为载体组织开展了多种形式的科技讲座和读书用书活动，对农家书屋出版物进行了补充更新，逐步规范了农家书屋的管理使用。

文艺精品出版工程积极实施。一是创新选题来源渠道，开展面向社会公开征集选题活动。通过多种形式、多种层次、多种媒体进行宣传发动和跟踪报道。二是制定《冀版优秀原创文艺作品评选办法》，积极推进征集作品的评选活动。三是初步建立了文艺精品出版工程选题（书稿）库、作者库和评审专家库，为持续推动精品生产打下良好基础。

改革发展迈出新步伐。一是积极推动河北报刊出版传媒集团的组建工作，着力建立现代企业制度，发挥报刊业繁荣发展。二是非时政类报刊改革有序推进，少年智力开发报、河北广播电视报的改革取得新突破。三是推进实施了石家庄鹿泉产业园区、廊坊国家印装产业园等重点产业项目。

【管理】　新闻报刊管理方面，在全省范围内开展了对中央新闻单位驻河北省机构及人员清理整顿工作和报刊发行秩序专项整治活动，通过查处虚假新闻、及时纠正有害信息、堵塞错误舆论传播渠道等方式，坚决制止了新闻报刊舆论中的违法违规行为，进一步规范了报刊发行秩序。出版管理方面，加强对书号实名申领工作的管理力度；审核关口前移，认真做好对每月补报选题的审核把关；依托专门机构开展出版物质量专项检查活动，对三个出版社不合格图书按照规定给予严肃处理。印刷发行管理方面，先后四次对八个市的印刷发行企业产品质量进行了督导检查，对检查中发现的问题进行了及时处理，达到了对违规违纪现象有效震慑的目的。版权管理方面，多次召开案件协调会议，对重大版权案件进行协调督办。全年全省办理侵权盗版案件立案9起，其中4起已由法院初审判出。

（河北省新闻出版广电局　田　旭）

广播影视

【概况】　截至2015年底，全省共有广播电台1座，电视台1座，广播电视台150座；中波发射台31座，发射机49部352千瓦；调频电视转播发射台410座，调频发射机290部241.23千瓦，电视发射机451部507.38瓦。全省共有数字微波实有站32座，微波传送线路长度1612.50公里；有线广播电视传输干线网总长18.09万公里，有线电视用户915.98万户，数字电视用户815.92万户。全省广播综合覆盖率达到99.35%，电视综合覆盖率达到99.27%。

全省全年共开播广播节目134套、电视节目178套。全年共播出广播节目65.28万小时，播出电视节目80.18万小时；共制作广播节目35.57万小时，制作电视节目18.08万小时。全年制作完成电视剧11部410集，动画电视1277小时52分，进口电视节目78小时。

截至2015年底，全省广播影视系统从业人员4.11万人，拥有固定资产91.14亿元，实现创收58.82亿元。

【新闻宣传】　主题宣传报道力度大、效果好。圆满完成了纪念抗战胜利70周年、冬奥会申办成功、党的十八届五中全会、省委八届十二次全会等重大宣传任务。组织开展了“培育和践行社会主义核心价值观”、“京津冀协同发展”、建设“经济强省、美丽河北”等一系列重大主题宣传，推出了《京津冀协同发展正当时》《凝聚共识谋发展》《协同发展正当时—基层蹲点采访日记》等一批大型系列报道和优秀专栏节目。河北电台组织开展了“走进魅力村镇”大型采访活动，深入全省100个名村名镇，播发报道101篇；河北电视台组织开展了大型行进式报道“拼在项目—绿色崛起新动力”，充分展现了河北省企业转型升级、实现绿色发展的生动实践；长城网开展大兵团作战，深入基层一线推出系列原创报道200余篇。

精品创作生产亮点多、影响大。一是《中华好诗词》《中华好民歌》《中华好家风》《992大家帮》《燕赵传奇》《百姓故事会》等品牌栏目影响力不断增强，传播了向上向善的正能量。《992大家帮》《中华好诗词》双双入选总局年度广播电视创新创优栏目，河北电台《小梦想大舞台》、河北电视台《非常帮助》分别荣获“2015年度两岸四地创新栏目四小龙”“2015年度两岸四地最具影响力栏目”称号。二是电影《诱狼》《一个勺子》分别在全国院线上映，取得了良好票房成绩；电视剧《太行山上》作为重大革命历史题材在央视一套黄金时段播出，以主流价值观和精良制作赢到广泛赞誉；纪录片《平山记忆》在央视和省台播出，荣获中国人民抗日战争全纪录主题活动系列片一等奖；动画片《地道战》《鸡毛信》被总局列为抗战题材重点作品在全国推广，在全国30多个频道播出。三是网络剧、微电影等网络原创视听节目发展迅速，微广播《治霾启示录》在第三届中国网络视听大会上获优秀音频作品一等奖，微电影《给力天使》获得全国剧情类优秀作品奖。

对外宣传取得新突破。联合秦皇岛市共同举办了2015海峡两岸暨香港十大华语电影盛典，河北电台举办了河北（第三届）汽车文化节，均取得了良好宣传效果。利用新技术搭建新的传播平台，新媒体移动客户端“即通”、“冀事儿”“长城24小时”的影响力不断增强，“即通”客户端用户已超过90万。河北电台、电视台在中央级主要新闻媒体发稿3194篇，大力唱响了“河北声音”。

【事业和产业】　技术改造全面推进。一是河北电台成功搭建全台微传播矩阵，形成了23个微信公众平台和200多个认证微博；二是河北电视台全媒体中心改造项目竣工投入使用，成为传统媒体和新媒体视频交互的枢纽；三是同中央人民广播电台应急广播中心积极合作，探索开展河北省应急广播试点工作；四是对全省承担覆盖任务的台站天馈系统与单频网组网模式进行了优化设计，制定完成了前端、微波备用信号源、监测监管、单频网管理等系统的技术方案；五是河北电台交通频率调频同步广播覆盖网的频率规划工作有力推进。

公共文化服务体系建设扎实推进。一是进一步加强对农村电影放映的组织领导和监督管理，推广延伸放映数据回传监管系统，有效降低了放映场次异常率，顺利完成了全省“一村一月一场”的放映任务。二是125万户广播电视“户户通”工程省级配套资金列入省财政预算，该工程已完成工程招标，制定了工程实施方案，并在全省全面实施。三是顺利完成了114个发射台站的无线数字化覆盖工程的设备招标手续，目前已进入有序安装调试阶段。

广播影视产业改革发展成效显著。一是非时政类报刊改革迈出新步伐，河北广播电视报的改革取得新突破；二是推进实施了局北二环产业园区、石家庄鹿泉产业园区、保定涿州影视生产基地、保定834产业园区等重点产业项目；三是IPTV业务发展迅猛，预计用户将突破200万；四是媒体融合发展步伐加快，河北网络电视台已成为河北最有影响力的新闻视频网站和新媒体平台之一。

【管理】　宣传管理方面，坚持执行宣传工作例会和重点选题月策划制度，组织召开编委会、宣传例会、调度策划会，有效推动广播电视宣传任务落地生根、见到实效；组织开展了“净化声频荧屏，规范播出秩序”专项整治行动，对7起违规节目播出、编播事故进行了限期整改，确保了各级播出机构舆论导向正确，节目内容健康，营造了良好的视听环境。行业管理方面，全面加强广告播放和节目内容监管，停播违规广告526个，停播违规养生类节目16个、停播违规电视频道5个；在全省范围开展了打击和取缔非法广播电台专项行动，共查处"黑广播"66个；组织开展暑期暨纪念抗战胜利70周年广播电视播出和传输秩序专项整治行动，组织暗访12余次，联合执法8余次，下发《核查整改通知书》4件，《违规整改通知书》23件，对因擅自增开"测试频道"电视频道，给予警告、罚款的处罚，确保了全省播出秩序规范。技术管理方面，多次部署整顿无线调频广播发射台播出秩序，严肃查处擅自变更呼号、开办频率/频道、扩大发射功率等违法违规问题；对全省11个设区市进行了明察暗访，共检查了8个省级播出单位、33个市级播出单位、66个县级播出单位的播出发射设备、天馈线、信号源系统、高低压配电柜和发电机等重要设备设施，查找并督导整改安全播出隐患8处，进一步规范了全省广播电视播出秩序。

（河北省新闻出版广电局　田　旭）

文物工作

【基础文物工作】　积极推进可移动文物普查工作。继续推进河北省可移动文物普查工作，截至2015年11月全省共完成可移动文物信息采集25.92万件（套），共11.31万件。加大文物科技保护，组织编制重点文物收藏单位金属文物、丝织和石质等文物保护修复方案，实施河北省文物保护中心可移动文物预防性保护项目，开展省文物研究所战国中山国铁足大铜鼎以及市县文物收藏单位馆藏文物保护项目。2016年完成全国第一次可移动文物普查工作，做好全省可移动文物信息采集登录的扫尾工作，全面开展及完成可移动文物数据审核工作，确保数据完整、真实、准确、安全；完成可移动文物收藏单位的名录、可移动文物名录、普查工作报告的编制上报工作；普查工作结束后，对全省四年来的普查工作的组织、前期调研、业务培训、单位排查、文物调查与认定、数据登录、成果整合等工作进行全面总结，并召开全省第一次全国可移动文物普查工作总结表彰大会。

组织编制文物事业发展"十三五"规划。成立了河北省文物事业发展"十三五"规划编制领导小组和起草组，深入开展调查研究，全面了解当前文物工作面临的形势、机遇与挑战，研究确定"十三五"期间文物工作的发展思路、目标任务和工作措施。多次组织起草人员开展讨论，并积极向基层文物单位、相关部门和有关人士征求意见建议，确保规划科学合理、符合实际、切实可行。

【文物保护项目】　抓好重点文物保护工程。推进正定古城保护，正定城墙南门夯土工程基本完工，隆兴寺天王殿、毗卢殿、正定文庙大成殿等维修工程已完工，正定城墙保护规划正在编制，隆兴寺方丈院维修工程完工并开辟为梁思成文物保护史迹陈列馆对外开放。清东陵孝陵主神道石桥、景陵圣德神功碑亭、裕陵和清西陵泰东陵、清西陵行宫、昌妃园寝、泰妃园寝、慕东陵等保护维修工程正在积极推进。承德避暑山庄各项保护维修工程进展顺利，承德普乐寺保护修缮工程荣获2014年度"全国十佳文物保护工程"。抓好响堂山石窟常乐寺塔、蔚县华严寺等修缮工程。完成河北省第六批省级文物保护单位前期准备工作。

开展传统村落和抗战文物保护。开展国保和省保单位集中成片传统村落的整体保护利用工作，启动河北省第一批实施单位整体保护利用工作，目前，顺平南腰山村腰山王氏庄园中园、北园保护工程、蔚县西古堡南瓮城公共建筑群保护工程已经开工，鸡鸣驿城内文物保护工程、西古堡董家会馆维修工程已通过升级技术验收。组织第二批实施单位开展文物维修项目立项申报和方案编制工作。同时，组建了河北省文物局传统村落整体保护利用专家组，根据实际需要，进行驻村指导。结合纪念中国人民抗日战争胜利70周年活动，积极做好抗战文物保护修缮和展陈提升工作，重点抓好晋察冀边区政府及军区司令部旧址等重要文物保护维修工程。

推进遗址保护展示和考古发掘工作。重点抓好阳原泥河湾、张北元中都、邯郸赵王城等遗址的保护工作。推进泥河湾东方人力探源工程，力争纳入国家重大科技项目支撑，正式启动建设泥河湾研究中心，组织开展马圈沟遗址、油房遗址和虎头梁等遗址考古发掘，举办了泥河湾公众考古活动。推进元中都遗址保护工程，基本完成元中都中心大殿保护工程、宫城小广场及马道、皇城南门的保护工程；环境整治工程、西南角台排水工程正在进行中。秦皇岛北戴河秦行宫遗址、内丘邢窑遗址保护设施工程开始实施。实施中山古城遗址王厝墓、桓公墓保护工程。开始实施中山靖王墓防渗工程。完成景县封氏墓群勘察，启动大名古城遗址勘察。开展行唐县故郡春秋墓、赵王城3号建筑基址、满城要庄遗址、崇礼大水沟新石器时代遗址考古发掘工作。完成水下文化遗产资源调查，新发现30余处文物遗存。

【长城保护工作】　深入贯彻落实中央、省领导关于长城保护工作的重要指示精神，省政府先后召开两次常务会研究长城保护工作，并组织召开了全省长城保护工作会议。编制完成明长城总体保护规划初稿，进入初审论证；山海关、金山岭、乌龙沟、紫荆关、大境门、九门口、万全右卫城等7处明长城重点地段长城保护规划的编制工作也在进行中。提请省人民政府将河北省已认定，但尚未公布为省级文物保护单位的389处长城，公布为河北省文物保护单位。完善制度法规建设，加快起草《河北省长城保护管理办法》，落实长城保护管理责任制。加强日常巡查，开展执法督查，会同省公安部门依法打击破坏长城的违法行为，会同省旅游部门规范长城旅游行为。加大投入力度，省政府设立了长城保护专项资金，用于日常维护、管理等工作。各项保护工程顺利开展，涞源乌龙沟长城（一期）、大境门城台及东侧部分长城修缮工程已通过省级技术验收，金山岭长城、抚宁板厂峪长城（一期）修缮工程已完工，山海关长城二期、迁西青山关长城、万全右卫城南北瓮城、紫荆关长城（三期）等保护维修工程正抓紧实施。长城保护区域合作不断加强，与北京市文物局、天津市文物局签订了《京津冀三地长城保护工作框架协议》。

【文物安全和执法】 强化文物安全和执法工作。狠抓文物消防安全，联合省公安消防总队制定了《河北省文物建筑消防安全标准化管理规则（试行）》，加强文物建筑消防安全管理工作，对全省286处高火灾风险等级国保单位和省保单位进行抽检，依法排查整治火灾隐患。对重大违法犯罪案件进行重点督查，督办了定州市临时文物库房被盗案、正定县广惠寺华塔被盗掘案、涞源县黄土岭长城关堡被破坏案等一批严重破坏文物、造成极坏社会影响的违法案件。对36项安全防护工程技术方案进行专家评审，做好项目储备，组织实施文物保护单位安防、消防、防雷项目，发挥好安全防范设施的作用。配合住建等部门开展清理整治历史建筑私人会所专项工作。加强文物安全和执法队伍建设，规范文物行政执法行为，提高安全管理及文物行政执法能力和水平。

【文物保护宣传】 承办“5.18国际博物馆日”全国主场城市系列活动。5月18日，由国家文物局、河北省政府主办，中国博物馆协会、省文化厅、省文物局、石家庄市政府承办，在河北博物院举办了“5.18国际博物馆日”全国主场城市活动，文化部前部长、国家文物局局长励小捷、省政府姜德果副省长等领导出席活动，来自全国各地文物行政部门和博物馆负责同志参加了活动。省文化厅与省教育厅签署了关于贯彻落实《博物馆条例》合作框架协议，组织举办了专家讲座、研讨会、文物捐赠等一系列活动。河北博物院《大汉绝唱—满城汉墓》荣获全国博物馆十大陈列展览精品。

赴台湾举办《河北省佛教文物展》等活动。5月23日，在台湾高雄佛光山举行“金身合璧佛光普照——河北幽居寺佛首捐赠仪式”，星云大师将流失海外近20年的灵寿幽居寺北齐高睿释迦牟尼佛佛头捐赠给河北省。为配合此次活动，将河北省76件相关文物精品同时运送到高雄佛光山，举办“河北省佛教文物展”。

搭建让文物活起来的平台。围绕“保平安，活起来”，加强文物合理利用的理论研究和分类指导，把文物本体保护与展示利用统筹考虑，使具备开放条件的文物保护单位尽可能向公众开放；提高馆藏文物利用率，策划具有河北特色的精品展览；充分运用现代信息网络技术，逐步建立文物信息资源共享平台，提升展示利用水平。

（河北省文物局 张 丽）

档案工作

【概述】 2015年，在省委省政府的正确领导下，全省档案系统奋勇争先、对标先进、争创一流，依法推进各项档案事业，在档案馆（室）建设、档案资源建设、档案信息化建设、档案文化建设等各方面都取得了巨大的成绩。其中，唐山市档案局（馆）、秦皇岛市档案局（馆）、隆化县档案局（馆）3家单位被授予“全国档案系统先进集体”荣誉称号，张家口市档案局（馆）长杨敏、固安县档案局（馆）长李志平（女）2位同志被授予“全国档案系统先进工作者”荣誉称号，河北省的获奖数量位列全国第一。

【优化档案工作政策环境】 2015年，习近平总书记在不同场合多次强调要加强抗战档案史料的搜集、整理和研究工作。7月和11月，中共中央政治局委员、中央办公厅主任栗战书同志分别出席国家档案局主要负责同志调整宣布会议和第一历史档案馆成立90周年纪念会议，并作重要讲话，充分体现了党中央对档案工作的重视和关心，把档案工作提升到了一个新的高度。

6月，省两办印发了《关于加强和改进新形势下全省档案工作的意见》（冀办发〔2015〕24号），对新形势下河北省档案事业发展提出了明确要求，为全省档案事业长远发展提供了强大政策支撑。省局谋划以省政府名义与国家档案局签署《关于共同推进河北档案强省建设战略合作协议》，争取国家对河北档案事业更多的政策支持，获得国家局主要领导原则同意。唐山、承德等市以市委、市政府两办名义印发了《关于加强和改进新形势下全市档案工作的实施意见》；石家庄、邯郸等市主要领导分别就档案工作做出重要批示，为做好档案工作，推进档案事业发展营造了良好的政治和政策环境。

【基础设施建设】 目前，省馆新馆项目建设进展顺利，建设方案已报省领导同意，项目资金经相关部门协调已列入省财政预算。院内保留办公楼装修改造工程顺利完工，省档案局馆部分处室已于年前搬入新址办公。各市档案新馆建设也取得重大突破，张家口新馆规划面积1.1万平方米，已完成主体建筑，正在进行装修招标等后续工作；唐山1.45万平方米新馆已经封顶，装修进入尾声，即将投入使用；保定1.5万平方米新馆已完成选址和初步规划；廊坊在新建的市民服务中心划拨1.1万平米作为新档案馆，主体框架已完工，已申报装修及配套设施资金2800万元；石家庄新馆规划3.38万平米列入了《石家庄市“十三五”规划纲要》，市委、省政府主要领导同志已经批示同意；邢台将3700平方米用房调整给市局，投入200万元完成库房装修和设备购置，已经搬迁完毕；承德市、衡水市新馆前期工作进展非常顺利。在县级档案馆建设方面，辛集市协调解决了档案馆库房和办公用房，面积较原来增加了一倍以上；2015年列入中西部地区县级国家综合档案馆建设规划的有6个县，共获得中央补助资金1009万元，其中，安平县新馆主体已基本完工，沽源县已开槽动工，其他县的准备工作基本就绪。

【档案信息化建设】 档案信息化对提升档案现代化管理水平有着重要牵引作用。省局在档案信息化上超前规划，通盘考虑，做好顶层设计，结合“两个试点”工作（全国党政机关电子公文系统安全可靠应用试点、全国档案系统第一批档案业务系统联网建设试点），完成了网络搭建准备工作，具备了接入联网的基础条件。在此基础上，规划设计了“全省档案业务联网系统”，借助省机要、保密联网系统平台，形成联接国家局、覆盖全省各市县档案局馆及省直单位档案室的档案系统业务网络。

全省各级综合档案馆数字化扫描工作继续加速推进，2015年全省各级综合档案馆数字化扫描达到3400多万画幅，省数字档案馆一期工程已列入省财政专项资金；唐山智慧档案馆建设获得市政府拨款2千多万，完成184.5万页的扫描工作，馆藏数字化率达到89.7%，排在全省前列；承德市县两级综合档案馆全部启动档案存量数字化工作，完成馆藏文书档案1262余万幅。数字档案室建设开始提速，河北省5个机关档案室列入全国第一批数字档案室试点，试点数量居全国第二。

【档案文化建设】 全省各级档案部门充分利用馆藏资源，紧紧把握重大活动、重要时间节点，大力推进档案文化建设。上年8月，省档案局成功举办了纪念抗日战争胜利70周年“铭记历史，圆梦中华”河北档案文献展，并在“河北档案网”设置了纪念抗战胜利70周年专栏，得到了社会各界的广泛关注和好评，近10万人、500多家单位组织参观展览，新华社、河北电视台等20多家媒体进行了新闻报道。省档案局馆与西柏坡纪念馆就出版《西柏坡档案》、充实文献史实、举办珍档展等事宜共商合作，签署协议。承德、秦皇岛、安平等市县也以举办档案文献展览、出版书籍等不同形式纪念抗战胜利70周年。

为满足社会公众对档案文化需求，各地加强档案编研文化产品开发。省局完成了《河北省档案馆馆藏民国名人墨迹典藏》档案筛选等前期准备工作；石家庄编辑出版了《历史记忆——馆藏珍贵档案集萃》；保定公开出版了明代谏臣《杨继盛遗书》；承德编辑的《档案资政参考》有多篇获市主要领导批示；衡水配合“三严三实”专题教育，编印了英模先进事迹教育材料。

【档案资源建设】 全省各级档案部门进一步加强和规范档案接收工作，促进了馆藏提质增量和结构优化。省档案局馆全程介入了申冬奥档案工作。张家口接收冬奥会申办阶段的文书、照片、图书、音频视频等档案资料2300多件；秦皇岛注重征集名人档案，共接收档案2.8万多卷、15万件；邯郸加大民国档案、荣誉档案、地域文化特色档案征集力度，全市接收档案3万多卷、13万件；石家庄档案征集工作列入了财政预算，实现档案征集工作常态化。

同时，持续推进机关企事业单位档案工作目标管理认定工作，全省通过目标管理认定4400多家，晋升5A、5★以上84家，其中省检察院首家通过6A认定，通过目标认定推动了单位档案工作的规范化。

【其他工作取得新进展】 档案法制建设日益增强。省档案局对现行有效的政府规章和规范性文件、行政审批事项进行了全面清理，公开发布公开权力清单及权力运行流程图。邯郸市与市人大对全市开展《档案法》联合执法，将《档案法》贯彻落实情况提交市人大常委会议审议；保定市对67家市直单位归档立卷开展了检查指导；衡水市对全市18家国有企业、56家单位开展执法检查，检查结果报市纪委监察局备案。

积极推进京津冀档案事业协同发展。省档案局积极谋划推动京津冀档案事业协同发展，三地联合印发了《京津冀协同发展建设项目档案工作的意见》，对项目档案指导监督、跨区域建设项目档案管理和验收等工作进行了规范；召开了京津冀档案事业协同发展研讨会议，围绕京津冀协同发展中档案资源共享、监督指导和“十三五”档案事业发展规划编制等主题共商发展。

加强农业农村档案工作。农村土地承包经营权确权登记颁证档案管理工作进展顺利，省档案局在邢台组织召开了农村土地承包经营权确权登记颁证档案管理及验收工作会议，推广了邢台市平乡县、开发区土地确权档案工作试点经验。石家庄、廊坊、唐山等市纷纷出台文件指导规范农村土地承包经营权确权登记颁证档案管理工作。衡水市桃城区在通过“全国社会主义新农村建设档案工作示范区”验收基础上，完成剩余村建档任务，全区建档率达100%。

档案对外利用服务日益便捷。省档案局研发了档案信息利用系统并投入应用，实现了档案利用工作流程的自动化以及革命历史档案电子全文阅览和4.4万件政府公开信息网上查阅利用。秦皇岛市推出“五心（赏心、舒心、放心、省心、称心）”服务、志愿者服务岗等系列便民措施；衡水市结合干部人事档案审核、土地确权、社保、退休、婚姻生育等工作开展利用服务，方便惠及了民众。

档案宣传、科研、培训等工作进一步加强。全省各级档案部门开展了形式多样的档案宣传活动，省档案局在河北档案网举办了“档案—与你相伴”主题宣传活动；秦皇岛市与电视台策划拍摄了30期《百姓档案》在市电视台定期播放；唐山市在《唐山晚报》开辟“唐山档案”专栏刊登珍品档案，已刊载50期、7.2万字。在档案科研方面，2015年全省立项26项，3项获全国档案科技优秀成果三等奖。在档案干部培训方面，全省各级共培训档案干部达到2.2万人。10月份在廊坊燕郊举办了全省档案局馆长培训班，国家档案局局长李明华亲自授课；廊坊市为10多家市直机关企事业单位开展档案业务专题讲座；沧州市举办常规业务培训和专题培训41期，3800多人次。

（河北省档案局　孙国俊）

体　育

【群众体育】 2015年全年争取并投入全民健身经费1.6亿元，较2014年增长8000万元，为河北省全民健身事业发展提供了坚实的资金保障。积极参与农村面貌改造提升行动，省本级投入1100万元，为帮扶重点村安装了健身器材。投资1050万元在河北省315个社区实施体育示范工程，统筹推进县级全民健身活动中心、乡镇体育健身、新民居体育健身等工程建设。新增京津冀体育健身休闲圈15个户外活动基地，河北省达到89个，有力带动和促进了体育旅游、体育休闲产业的繁荣发展。加强社会体育指导员队伍建设，全年培训5300多人，河北省总数超过7万人。积极引导各地打造品牌活动，组织开展了张家口崇礼滑雪、保定空竹、秦皇岛轮滑、邯郸太极等130多项群体活动。

《河北省全民健身实施计划（2011—2015年）》实施效果明显，河北河北省经常参加体育锻炼人数达2000多万人；城乡体育设施水平大幅提高，河北省超过70%的社区、63%的行政村配建了体育健身设施；群众体育健身活动空前活跃，保定空竹、秦皇岛轮滑、衡水马拉松、廊坊信鸽、京津冀体育舞蹈公开赛等品牌影响力不断提升；老年人体育工作2014年、2015年连续两年在全国名列前茅；全民健身组织网络日益健全，参与活动方式日趋多样，基本形成了覆盖城乡、层级明晰的组织构架。

【竞技体育】 2015年深入实施精兵战略计划，精心做好里约奥运会和天津全运会的备战工作。全年参加世界大赛或洲际比赛47项次，取得5金、9银、4铜；全国高水平赛事50项次，取得8金、15银、11铜。承办全国女子拳击锦标赛、全国山地车冠军赛总决赛、全国摔跤冠军赛等高水平赛事16项次，均取得了较好成效。大力推进职业足球发展，石家庄永昌足球队中超取得好成绩，河北华夏幸福足球队冲超成功，河北历史上第一次同时有两支足球队在中超征战。深入贯彻国务院关于中国足球改革发展的总体部署，加强调查研究，借鉴外地经验，起草了《河北省足球改革发展实施意见》，积极探索推进足球改革的实际举措。

“十二五”期间竞技体育举省体制不断完善，精兵战略计划深入实施，综合实力稳中有升，伦敦奥运会获得1银2铜，沈阳全运会获得6金、10银、28铜，南京青奥会取得3金，仁川亚运会取得12金、7银、3铜，第十四届省运会实现了精彩难忘、圆满成功的目标。

根据《竞技体育精兵战略计划》，河北省集中资源，握紧拳头，夯实打好金牌翻身仗坚实基础。

（一）优化调整项目布局和结构。着力培育奥运争光核心项目，努力打造具有国内外一流水平的奥运和全运精品小项。一是围绕筹办2022年冬奥会，成立河北省冬季运动管理中心，确定自由式滑雪空中技巧、U型场地、高山滑雪单双板、速度滑冰等为优先发展项目，目前队伍组建工作正在有序推进。二是坚持并完善训练、科研、管理、思想、保障、赛风赛纪和反兴奋剂“六位一体”竞技体育工作运行模式，坚持备战训练、后备人才培养“两手抓”，不断提升整体竞争实力；立足河北优势项目，大力推进游跳、射击、田径、摔拳跆中心瞄准国际最前沿；着力培育全运争光项目，完善训练组织，提高训练水平，打造全国一流水平的全运会夺金项目群，形成夺金集团优势。三是增强一般项目突破信心与决心，通过缩短战线，突出重点，完善组织，探索项目规律，以部分优势小项突破带动整体水平提升。

（二）拓展项目发展渠道。充分发挥举省体制优势，充分调动更多城市、企业、高校、协会等方面力量，借助他们资源丰富和市场反应快速、灵活多变的优势，承担项目布局、队伍组建和备战参赛等各项任务。一是推进省、校联合办队，由河北体育学院承担河北省橄榄球队、女子小年龄组等队五。二是推进省、企联合办队，鼓励有条件的企业和俱乐部承担全运会任务，九江线材集团承担河北省拳击项目的队伍，并在沈阳全运会、仁川亚运会、南京青奥会上均获得金牌。三是支持省、市联合办队，田径中长跑、全能项目、水上项目等小项，由石家庄、唐山等市承担。四是对三大球等部分集体项目重点放在青少年后备人才培养上，将主要精力放在推进项目职业化发展上，2016赛季中超联赛河北将有永昌和华夏幸福两支中超球队，男篮参加职业化联赛工作正在运作中，游泳队与企业共建运动队正在有效推进。

（三）加强运动队规范化管理。一是实行中心主任对全运会备战参赛负直接领导制度，各项目中心成立备战小组，明确中心主任是单位备战全运会工作的第一责任人。建立项目中心领导小组会议，检查报告，事件协调处理，项目中心主任行踪报告，项目中心领导跟队和责任追究等6项备战工作规定。二是健全训练制度，项目中心制定全运会周期项目发展规划和年度训练比赛计划，各运动队（组）教练制定月计划、周计划、课时计划和重点运动员个性化训练参赛计划。三是完善运动队8项基本管理制度，即：每周队点评制度、24小时值班制度、每周教练员技术总结分析会制度、干部跟队训练制度、领队及教练员驻队制度、教练员训练日记制度、运动员训练日记制度、干部跟队日记制度。

（四）健全后备人才培养体系。逐步加大业余训练投入，积极构建国家级、省级基地为龙头，业训扶持点、星级体校为基础，体育传统项目学校、社会办体育俱乐部为补充的业余训练体系。一是制定出台《河北省县（区）业余训练工作标准》、《河北省“苗子”运动员集训暂行管理办法》等一系列制度规定。2015年经费投入达到2400万元，2016年还将大幅增加。二是大力推动“体教结合”，体育、教育联合成立体教结合领导小组办公室，建立不定期沟通制度，设立专项资金用于竞赛、训练和培训，将青少年体育和后备人才培养融入学校教育。三是体育、教育部门共同组织中学生年度田径和篮球等比赛，重点抓好河北省体育传统项目学校、体育运动学校建设，发挥国家级、省级后备人才基地、扶持点作用，巩固业训基础，提高业训水平。四是加强运动员文化教育工作。体育等五个部门联合成立运动员文化教育和保障工作领导小组，连续4年召开5次教学工作会议，督导各市运动员文化教育工作开展。出台赛前文化课测试管理办法，2015年组织28场，测试2100多人。

【京张联合申办奥运会】 在北京冬奥申委的统一领导下，协助河北省申奥办和张家口市认真做好外事接待、申办陈述、宣传推介、场馆考察等各方面工作，国际冬季单项体育协会和国际奥委会评估团来华考察取得圆满效果，为成功获得举办权作出了积极贡献。申办成功后，河北省体育局与河北省发改委联合出台《河北省冬季运动发展规划(2015—2022年)》，提出了到2022年河北省冰雪运动发展的目标任务和推进举措；组建冰雪专业运动队，目前已从黑龙江引进了2名教练员、3名运动员，在本省选招了15名滑雪运动员，其中1名雪橇运动员已入选国家队，有望参加2018年的平昌冬奥会；赴黑龙江省体育局、哈尔滨体育学院商议联合培养冰雪运动人才事宜，河北体育学院与哈尔滨体育学院签署了联合办学协议；上年冬季，在河北省启动了以“纯洁冰雪迎冬奥，激情相约筑梦圆”为主题的第一届大众冰雪季系列活动，组织开展了滑雪大回转、速度滑冰马拉松、雪橇大战、冰球等40多项趣味活动，为筹办冬奥会营造了浓厚氛围。

【京津冀体育协同发展】 按照京津冀三地体育局共同签署的《京津冀体育协同发展议定书》，本着由易到难、积极稳妥的原则，先从已经形成共识、初步具备条件、能够争取办成的事情做起，精心谋划和做了一些事情。2015年3月，三地在崇礼高原训练基地召开了京津冀体育产业协同发展研讨会，商定在共同打造体育服务业重点项目、联合申报国家级区域示范项目、联合申办和承办高水平体育赛事活动等六个方面展开合作。此外，三地共同举办了京津冀户外活动系列挑战赛、京津冀体育舞蹈公开赛和青少年排球、篮球、游泳协作赛等，均取得了良好的社会反响。

【体育产业】 2015年河北省各级体育管理部门认真落实国务院关于加快发展体育产业促进体育消费的《若干意见》，研究出台了河北省政府《关于加快发展体育产业促进体育消费的实施意见》。

(一) 出台河北省人民政府《关于加快发展体育产业促进体育消费的实施意见》。《国务院关于加快发展体育产业促进体育消费的若干意见》颁布后，按照张庆伟省长的批示要求，河北省体育局收集相关信息，认真调查研究政策措施，积极配合河北省发改委研究出台了《河北省人民政府关于加快发展体育产业促进体育消费的实施意见》(冀政〔2015〕27号)，明确了河北省发展体育产业促进体育消费的发展目标、主要任务和政策措施，完善细化了社会投资、税费价格、规划与土地、人才培养和就业、无形资产开发保护和创新驱动等政策措施，对重点任务进行了分解，明确了责任部门、完成时限。

(二) 推动秦皇岛、承德两地建设成国家体育产业联系点。根据国家发展改革委、国家体育总局关于《做好体育产业联系点有关工作》的通知精神，河北省体育局紧紧抓住京津冀协同发展和举办冬奥会的有利契机，注重改革创新，创造发展条件，确立秦皇岛市、承德市两地做为国家级体育产业联系点，有效推动当地潜力产业和特色产业的发展，促进了体育消费。

(三) 召开京津冀体育产业协同发展研讨会。2015年3月14日，北京市、天津市、河北省三地体育部门在河北省体育局崇礼高原训练基地，召开了京津冀体育产业协同发展研讨会。研讨会上，三地代表分别介绍了贯彻落实国发〔2014〕46号文件的情况和下步工作安排；重点就如何借助申办冬奥会，进一步发挥三地资源优势加强体育产业战略合作交流了意见，并围绕《京津冀体育产业协同发展议定书》有关内容，对发展体育产业的优势、机遇及存在的主要问题进行了深入细致地讨论，对如何破解京津冀体育产业协同发展中存在的体制机制障碍提出了意见建议，在京津冀体育产业协同发展的目标、原则和内容上达成了共识。根据议定书合作内容，三地将在共同打造体育服务业重点项目、联合申报国家级区域体育产业重点示范项目、成立京津冀体育产业协会、联合申办和承办高水平体育赛事活动、促进体育用品制造业发展、建立京津冀体育产业工作联席会议制度等六个方面展开合作，共同推动京津冀体育产业互补发展、联动发展。会后，三地共同举办了京津冀户外活动系列挑战赛、2015年京津冀体育舞蹈公开赛、2015年京津冀龙舟冠军邀请赛等一系列赛事活动，取得了良好的社会效果。

(四) 省级体育产业基地建设。河北省体育局抓住京张联合筹办2022年冬奥会的有利时机，积极联合张家口市、崇礼县，规划建设好赛区场馆和相关基础设施，2015年将崇礼滑雪产业申报国家级示范基地(待批)，重点打造了崇礼滑雪、廊坊夏垫佳美产业园两个省级体育产业基地。

(五) 体育彩票完美收官。截至2015年底，河北全省销量88.84亿元，提取公益金在23.03亿元左右，销售网点10000余个，较上年年底增加1000余个，销量排名位居全国第六位，创年度销量和公益金历史新高，实现了十二五规划的完美收官。

1. 挖掘重点游戏产品潜力，强化各项保障措施。2015年河北省乐透型体育彩票销售57.58亿元，销量占比，同比增长10.92%(全国同期销量下降4.8%)，销量排名全国第六位。其中超级大乐透共销售8.91亿元，同比增长31.8%，全国排名九位，期均销量636万元；高频11选5游戏共销售44.11亿元，同比增长10%，全国排名三位，日均销量1349万元。即开型体育彩票销售8.18亿元，销量排名全国第四位，同比下降7.99%(全国同比下降11.83%)。竞猜型体育彩票销售14.4亿元(不含线上)，较2014年3.42亿元净增10.98亿元，销量排名全国第十三位。2015年前三季度河北省即开型体育彩票市场份额为63.83%，11个地市市场份额均超过50%，居市场领先地位。

2. 推进渠道建设，加强网点基础建设。2015年河北省渠道建设工作的开展一是增机布点，拓宽销售渠道；二是加强渠道建设和维护，提升网点服务质量和经营水平。2015年初河北省制定了增机布点的指标和进度，截至2015年底，河北省电彩终端10106台，增机1199台。电彩游戏和即开游戏都在不断加强行业渠道建设工作，实现体彩和多元化渠道的复合利用。目前河北省邮政网点数量为558个，贡献销量超一亿元。竞猜游戏也逐步加大竞增机布点的力度，降低竞彩店准入门槛，向全省放开竞彩终端数量限制，合理调配竞猜终端资源。网点基础建设方面，以重点游戏为抓手，加强渠道维护和网点建设。以精耕计划为契机，强化11选5网点的标准化管理，全面提升11选5网点的规范化经营。严抓超级大乐透网点宣传五个一工作，加强网点形象建设。推出电彩网点即开销售"5要素"，规范即开销售管理工作。继续推进竞猜网点的标准化建设，提升网点的管理水平和服务质量。开展星级网点评定工作，进一步规范河北省的网点管理，提升销售网点的整体形象。在销售网点安装网点信息发布系统和网点安防监控，实现网点信息输入和输出的自动化，提高宣传的及时性。

3. 建设全媒体宣传体系，拓展宣传新渠道。为保证体彩宣传的全面性和广泛性，河北省搭建了全媒体宣传体系，与广播媒体、电视媒体、新媒体、网络媒体和传统纸媒都展开了合作，围绕玩法营销和公益活动进行全方位宣传和推广，彩民和社会大众可通过多种渠道获得体彩资讯，有效扩大了彩民群体，提升体彩的公益形象。继续开展体彩爱心吧、快乐操场活动、圆梦计划、微光行动、社区趣味运动会等公益活动，打造体彩公益品牌。体彩爱心吧已在全省2000家投注站增设，将会有更多的人受益。此外，快乐操场及体彩爱心吧活动被省体育局推荐参选河北省优秀志愿服务项目。继续支持各类体育赛事和运动队，光大体育彩票公益形象。

（六）体育设施建设稳步推进。截至2015年底，河北奥体中心体育场工程建设重点内容基本完成，工程正式进入收尾阶段；体育场田径跑道已正式通过国际田联和中国田协双认证，成为国内首批同时具有"国际Ⅰ类赛道"和"国内一级赛道"认证的跑道，也是目前国内唯一获得国际田联和中国田协双认证的甲级大型体育场田径赛道。体育馆综合体工程实现混凝土和钢结构工程主体结构封顶，田径（篮排）馆工程桩基工程已经完工。崇礼训练基地已完成整体规划和项目建议书的编制，准备向河北省发改委申报项目立项。

（七）参加2015中国体育文化·体育旅游博览会。展会期间，全国政协副主席齐续春、国家体育总局局长刘鹏、山西省委书记王儒林、省长李小鹏等领导到河北展区参观视察，对河北省体育文化和体育旅游的发展成果给予肯定。本届两博会上，"崇礼冰雪运动线路"获选"2015中国体育旅游十佳精品线路"；崇礼长城岭滑雪场获选精品景区；围场塞罕坝—御道口—游泳馆—古崖口漂流、兴隆东燕山全国徒步大会获选精品线路；北戴河轮滑节、保定国际空竹艺术节等获选精品赛事；河北省体育局荣获组委会颁发的"优秀组织单位"奖。

【2015年度河北省十大体育新闻】 （一）寻找"燕赵出彩体育人"活动在河北省展开；（二）2015京津冀（国际）户外运动挑战赛首站开赛；（三）河北省人民政府出台加快发展体育产业促进体育消费实施意见；（四）北京携手张家口成功申办2022冬奥会；（五）游泳世锦赛跳水混双三米板河北王涵逆转夺冠；（六）2015衡水湖国际马拉松赛举行；（七）"两博会"河北体育亮点纷呈广受好评；（八）中超中甲河北球队展精彩；（九）河北省第一届大众冰雪季活动正式启动；（十）88.84亿元！2015年河北体育彩票销量再创新高。

【2015年度河北省十佳运动员】 （一）跳水运动员王涵；（二）拳击运动员尹军花；（三）田径运动员巩立姣；（四）柔道运动员李扬；（五）射击运动员张杰；（六）射击运动员杨浩然；（七）田径运动员苏欣悦；（八）游泳运动员周羿霖；（九）田径运动员曹硕；（十）武术运动员阚文聪。

（河北省体育总会　成锁柱）

人力资源和社会保障

【就业】 2015年，河北省城镇新增就业73.5万人，完成目标任务的105.0%。高校毕业生、就业困难人员和农村转移劳动力三大重点群体就业态势良好。高校毕业生就业率达到95.1%；城镇下岗失业人员再就业25.8万人，其中就业困难对象实现再就业10.1万人，分别完成年度目标的117.3%和126.2%；农村劳动力向非农产业转移55.00万人，完成年度目标任务的110.0%。零就业家庭始终保持动态为零。城镇登记失业率保持在3.6%的较低水平。出台《关于进一步做好新形势就业创业工作的实施意见》《关于进一步做好为农民工服务工作的实施意见》《关于支持农民工等人员返乡创业实施意见》等文件，扶持小微企业健康发展、推进"双创"、援企稳岗，激发就业创业活力。实施"高校毕业生就业促进计划"和"青年创业引领计划"，毕业生就业服务网络平台实现省市县全覆盖和一体化运行，对所有离校未就业毕业生实行实名动态管理和"一对一"帮扶，扶持2.3万青年实现创业。扎实开展"三支一扶"等基层项目，招募1000名大学生志愿者开展支农、支医、支教和扶贫活动，引导高校毕业生到基层就业。落实供给侧结构性改革要求，主动服务"6643"工程。印发《关于进一步做好援企稳岗工作的通知》和《关于做好失业保险支持企业稳定岗位工作的通知》，将政策范围扩大到所有符合条件的企业，为298户企业发放稳岗补贴5.9亿元，惠及职工29.6万人。

【社会保障】 2015年，河北省城镇职工基本养老保险、城镇基本医疗保险、失业保险、工伤保险、生育保险参保人数分别达到1320.5万人、1702.0万人、510.9万人、809.7人、712.9万人，比2015年初分别增加58.5万人、4.5万人、2.3万人、31.1万人、28.9万人。城乡居民社会养老保险顺利推进，参保率达到98.4%。机关事业单位养老保险制度改革启动实施，印发《关于机关事业单位工作人员养老保险制度改革的实施意见》，研究制定集中参保登记办法和经办规程，对改革相关问题进行了明确。城乡居民基本医保一体化改革扎实推进，印发《河北省扩大城乡居民基本医疗保险一体化改革试点工作方案》，总结推广邢台威县做法，在邢台全市、其他设区市每市选2—3个县开展改革试点。城镇居民大病保险全面推开，医疗、生育保险封闭运行的行业企业基本纳入地方统筹管理，城镇基本医疗保险参保率保持在95%以上。启动实施建筑业按项目参加工伤保险的“同舟计划”，工伤保险实现省级统筹。连续第11年调整提高企业退休人员基本养老金，月人均达到2232元；城乡居民养老保险基础养老金在国家标准基础上月人均增加5元，达到75元；城镇居民医疗保险补助标准提高到380元，职工和居民医疗保险政策范围内住院支付比例分别达到80%和70%；工伤保险伤残津贴月人均提高到2327元；失业保险金标准由580—860元调整为650—930元，月人均提高75元，月人均发放水平达到848元。

【人才队伍建设】 全国首家“中国（河北）博士后成果转化基地”在廊坊固安启动运行。新增博士后科研工作站16家、博士后创新实践基地30个，全省博士后平台总数达到240个。新建省级以上技能大师工作室14个、高技能人才实训基地16个；全省技工院校达到173所。首批“河北省政府特殊津贴专家”评选234人，第二批“突出贡献技师”评选100人，“三三三人才工程”选拔一层次人才10人、二层次人才100人，有17人入选河北省引进海外高层次人才“百人计划”、10人入选国家“百千万人才工程”。实施“名校英才入冀”工程，精选1600多个企事业岗位面向北大、清华等985院校定向招聘人才。继续实施“燕赵金蓝领培训计划”，新培养高技能人才10万人，职业技能鉴定51万人。启动中国（华北）家庭服务业人力资源市场建设，成功举办华北5省市家庭服务业从业人员招聘会。全省人力资源服务机构数量突破1000家，经营金额达140亿元。

【人事制度改革】 完善机关事业单位进人计划“总量控制、分级管理”制度和部门协调配合机制，实现了财政供养人员只减不增目标，规范了进人秩序。科学设置艰苦边远地区招录基层公务员条件，基层公务员“招得来、留不住”的问题得到有效缓解。建立公开遴选制度并首次组织河北省省直机关公开遴选公务员工作，为24个省直部门遴选公务员240名。印发《关于在县以下机关推行职务职级并行制度的意见》，全省8.2万名基层公务员晋升职级，占县以下机关公务员总数32.7%，拓展了基层公务员职业发展空间，提高了工资待遇，激发了干事创业积极性。实行军转干部“阳光安置”，全省统一笔试、统一档案考核，对每名军转干部量化打分、按成绩排队择岗，做到全面公开、全程监督，2015年安置931名军转干部，部队、用人单位、军转干部基本满意。开展军转教育培训“六化建设”，实施自主择业军转干部“路桥工程”，就业创业率保持在85%以上。全面启动随军家属就业安置工作。调整提高困难企业军转干部补助标准，月人均增发200元，企业军转干部整体稳定。

【工资制度改革】 坚持“托低、提中、稳高”的原则，统筹各群体利益关系，完善分配机制，加强指导调控，促进职工工资收入水平提高。着力提高机关事业单位工资收入水平。完成机关事业单位基本工资标准调整和离退休人员增加离退休费工作，在职人员人均月增资393元，离退休人员人均月增资362元。建立乡镇工作补贴制度，自2015年1月1日起为全省53.9万乡镇机关事业单位工作人员发放乡镇工作补贴，月人均增资350元。深化事业单位绩效工资改革。研究出台深化事业单位绩效工资改革意见，完善了相关政策。完善企业工资收入分配机制。印发《关于深化省属国有企业负责人薪酬制度改革的实施意见》，加强对企业负责人薪酬管理。发布《企业工资指导线》《部分工种指导价位》和夏季高温津贴标准，指导引导企业为职工增加工资。推动带薪年休假制度落实。印发《河北省职工带薪年休假实施细则》，维护职工休息休假权利。

【劳动关系】 实施集体合同攻坚计划专项行动。全面推行劳动合同制度，签订集体合同7.6万份，覆盖15.03万家企业、841万职工；签订工资专项集体合同7.4万份，覆盖15.2万家企业、801万职工，全省规模以上企业劳动合同签订率达到96%。着力做好治理欠薪“三金”“三机制”“一入罪”制度落实，开展重点欠薪案件及隐患摸底排查。劳动保障监察“两网化”管理实现省市县三级全覆盖，乡镇（街道）覆盖率达到50%以上。组织开展劳务派遣用工、农民工工资支付、清理整顿人力资源市场秩序、用人单位遵守劳动用工和社会保险法律法规情况等专项检查。主动检查用人单位4.5万户，处理举报投诉案件1.4万件，督促补签劳动合同10.8万份，为24.3万劳动者追发工资等待遇23.8亿元，督促用人单位为4.6万劳动者补缴社会保险费3684.9万元。通过法定途径分类处理信访诉求，全力做好节假日、全国“两会”和“纪念抗日战争胜利70周年纪念活动”期间等敏感节点维稳工作，有效化解信访事项。

【公共服务平台和信息化建设】 积极争取国家基层平台项目，2015年共有15个县（市、区）和60个乡镇（街道）列为国家基层就业和社会保障服务设施建设试点。采取“以奖代补”方式，安排资金5000万元，支持38个县（市、区）信息化建设、266个乡镇（街道）服务平台建设，通过达标验收乡镇平台达1000多个。组织认定100个省级充分就业社区。深入实施信息化建设攻坚行动，研发实施全省统一的机关事业单位养老保险信息系统、失业管理系统、持卡异地就医联网结算系统、劳动用工备案管理系统等，就业失业、城乡居民养老保险、工伤保险、社保基金监管、劳动监察“两网化”等10个信息系统实现省集中。加快社会保障卡发放应用，扩大农民“四个不出村”（参保、查询、缴费、待遇领取）覆盖面，全省社保卡持卡人数达到4406万人，超额完成“十二五”目标任务。

【京津冀人社工作协同发展】 加强社会保障政策衔接。建立京津冀职工养老保险工作协商机制，运用部级平台实现养老保险关系电子化转移，接收从北京转移到河北省养老保险关系1万余人，转移到北京4600余人。深入推进医疗保险合作。河北省环北京14县（区、市）医保定点机构纳入北京医保定点，方便北京参保人员来冀就医。与北京商定，将燕达医院作为北京市医保异地就医直接结算试点单位，率先实现京冀异地就医直接结算。与天津签署《推进津冀异地就医直接结算备忘录》，确定了到2016年底实现两地异地就医直接结算的目标。推动区域人力资源合作。举办了“京津冀招才引智大会”，实现人力资源服务业从业资格互认。京津两地在河北省认定家政服务员定点输送基地数量达到30家，向京津输送家政服务员6000多名。经积极汇报争取，京津冀劳动保障监察执法协作机制，列入人力资源社会保障部工作试点。

（河北省人力资源和社会保障厅　程　伟）

民　政

【农村基层民主建设】　（一）圆满完成第十届村委会换届选举。按照省委、省政府统一部署，2014年12月初至2015年6月底，组织开展全省第十届村委会换届选举。全省49393个行政村完成村委会换届4.89万个，占98.9%；3393万名选民参加选举，占82.5%；换届一次成功率达到84.3%。村委会人员结构呈现“三少三多”特点，即连选连任、一肩挑、交叉任职人数减少，企业家村官、大学生村官、妇女干部增多。总体上看，这次村委会换届，坚持“党管换届”原则，充分发扬改革创新精神和从严从实作风，操作上依法依规，秩序上平稳有序，实现了“选好人、风气正、机制优”的工作目标，是历次换届中重视程度最高、标准最严、运行最稳、效果最好的一次。2015年6月10日，省村“两委”换届领导小组在石家庄召开全省村“两委”换届工作总结表彰会，省民政厅被评为先进单位。

（二）建立健全村级治理新机制。依托第十届村委会换届选举，指导各地大力推广“四个覆盖”经验，普遍建立村民代表会议制度和村务监督委员会，构建起村党组织、村委会、村代会、村监会“四位一体”村级治理架构。全省47178个村建立了村代会，46812个村建立了村监会，分别占95.5%和94.8%；42098名村党组织书记兼任村代会主席，占85.2%；30415名村党组织成员担任村监会主任，占61.6%。全省农村普遍推行“四议两公开”工作法，普遍建立起“党组织领导、村代会（村民会议）决议、村委会执行、村监会监督”村治新机制。制定完善村级议事规则，健全村务公开和民主管理制度，完善村务公开目录，村务运行日益规范化、法制化，为全省农村发展提供了组织机制保障。

（三）大力推进农村社区建设试点。2015年4月，中央“两办”印发《关于深入推进农村社区建设试点工作的指导意见》。根据中央要求和省领导批示精神，在深入调研基础上，起草了河北省《关于推进农村社区建设试点工作的实施意见（代拟稿）》。并先后两次征求各设区市、省直管县民政局和省直相关部门意见，经省政府法制办审核同意，报省委、省政府审议。12月1日，以省“两办”名义印发了《关于推进农村社区建设试点工作的实施意见》。

（河北省民政厅　杜劲松）

【社会救助】　（一）努力提高社会救助工作整体水平。一是健全地方法规。根据国务院《社会救助暂行办法》，结合河北省实际，起草了《河北省社会救助实施办法》（征求意见稿）。会同省法制办深入基层调研，广泛征求各地各有关部门意见，进行了反复修改。2015年11月12日省政府常务会议研究通过，该《办法》以省政府令形式公布，自2016年1月1日起施行。二是开展专项治理活动。根据民政部等部委统一部署，2015年7月20日，制定了《河北省社会救助专项治理工作方案》，在全省组织开展为期3个半月的专项治理活动。通过对社会救助工作组织自查和督查，畅通了社会救助政策落实“最后一公里”。三是加强信息化建设。印发了《关于进一步规范社会救助业务信息数据管理的通知》，在石家庄市召开了全省社会救助信息管理系统开发需求评审座谈会。积极推广应用“全国最低生活保障信息系统”，全省系统数据与台账数据完成比达到了95.9%。

（二）持续加大低保工作推动力度。一是推进“阳光低保”和动态管理。指导各地进一步健全完善“阳光低保”制度，全省阳光低保覆盖面达到100%。推动各地加大低保核查力度，强化动态管理，全年新增低保对象16.6万人，清退不再符合低保条件的低保对象19.7万人，实现了“应保尽保”和“应退尽退”。二是落实“两线合一”。根据省委、省政府工作部署，印发了《关于发布全省农村低保标准调整预警信息的通知》，制定了《关于推行低保线与扶贫线“两线合一”工作的实施方案》，作为省委、省政府扶贫专件印发，召开了全省落实“两线合一”工作调度会。经过各级共同努力，全省农村平均低保标准由2587元/年提高到2900元/年，实现了低保线与扶贫线“两线合一”。三是加强财政资金保障。省级社会救助工作补助经费2016年预算安排800万元，比2015年增加200万元。自2016年起，各地低保所需资金全部由中央转移支付和省财政承担，有效调动了各地全面落实低保政策的积极性。

截至2015年底，全省共有城乡低保对象260.7万人，支出低保资金50.6亿元，保持了与全国平均保障水平同步增长。其中，城市低保对象55.1万人，平均保障标准达到441元/月，支出资金18.3亿元；农村低保对象205.6万人，平均保障标准达到2671元/年，支出资金32.3亿元。

（三）进一步完善医疗救助制度。一是完善医疗救助政策。根据国务院有关文件精神，结合河北省实际，以省政府办公厅名义印发了《关于进一步完善医疗救助制度全面开展重特大疾病医疗救助工作的实施意见》，为各级提高医疗救助工作水平提供了政策支持。二是加大农村医疗救助工作推动力度。根据中共中央、国务院《关于打赢脱贫攻坚战的决定》精神，制定了《关于提高农村贫困人口医疗保障和救助水平的实施方案》，作为省委、省政府扶贫专件印发，为各地切实解决农村因病致贫、因病返贫和扶贫对象医疗负担过重问题提供了保障措施。三是加大财政投入。省财政2016年医疗救助资金预算安排1.44亿元，比2015年增加1.22亿元。2015年度，各级筹措医疗救助资金6.5亿元，通过资助城乡困难群众参保参合、开展门诊救助和住院救助，在一定程度上减轻了困难群众医疗负担。

（四）全面开展临时救助工作。一是完善临时救助制度。印发了《河北省人民政府关于进一步完善临时救助制度的通知》，进一步规范了临时救助的对象范围、标准、方式、受理和审核审批程序，强化了保障措施。二是组织开展"救急难"综合试点。根据民政部有关工作部署，全省确定15个县（市、区）为省级试点单位，11个县（市、区）为全国试点单位。通过印发通知、督导检查，进一步明确了试点工作任务，指导各地积极探索"救急难"体制机制。三是建立健全工作机制。推动各地建立健全"一门受理、协同办理"工作机制，乡镇（街道办事处）依托政务大厅，普遍设立了社会救助申请窗口，建立了急难求助"首问负责制"和"转介"工作制度，明确部门职责及分办、转办流程和办理时限，保障了城乡困难群众"求助有门、受助及时"。2015年度，各级筹措资金1.7亿元，实施临时救助21.5万户（次）。

（五）提高特困人员供养能力。一是推动各地加强基础设施建设。通过支持公办养老机构项目建设补助资金，督导各地改进和完善消防设施，提高服务管理水平，改善集中供养条件。截至2015年底，全省农村特困人员集中供养能力达到了70%。二是启动公办养老机构社会化改革试点。根据民政部有关工作部署，印发了《关于申报农村特困人员服务供养机构社会化改革试点单位的通知》，全省确定了19个试点单位，其中"公建民营"试点15个，"合建合营"试点4个。各试点单位通过制定实施方案，进一步明确了试点任务和实施步骤，积极引入社会力量参与，探索解决床位空置率高、运营经费短缺等问题。三是及时下达农村特困人员供养补助资金。2015年度，省级下达公办养老体系建设补助资金4.6亿元。截至12月底，全省供养农村特困人员22.80万人，其中集中供养4.96万人，分散供养17.84万人，集中供养和分散供养平均标准分别达到5579元/年和3736元/年，比2015年分别提高了348元和188元。

（河北省民政厅　胡　玺）

【救灾工作】　（一）全年灾情。2015年，河北省部分地区遭受了较为严重的干旱、洪涝、风雹、低温冷冻、地震、生物灾害等自然灾害。据统计，全省因灾造成农作物累计受灾面积1808.19千公顷，绝收面积259.51千公顷；受灾人口1698.46万人次，其中因灾死亡16人，紧急转移安置1152人；倒塌房屋619间、损坏房屋14019间，部分交通、电力、通信及水利设施遭受不同程度破坏，因灾造成直接经济损失106.51亿元。综合分析，全省灾情与常年基本持平，属于中等偏轻灾害年份。与近10年灾害数据的平均值比较，受灾面积、绝收面积、受灾人口、因灾死亡（失踪）人口、倒塌房屋间数、直接经济损失分别下降7.9%、3.3%、18.41%、45.01%、92.03%、18.71%。

在各类自然灾害中，风雹和干旱灾害损失较为严重。全年因风雹灾害造成经济损失49.85亿元、干旱灾害造成经济损失47.82亿元、洪涝灾害造成经济损失6.95亿元、低温冷冻灾害造成经济损失1.16亿元。分别占全年经济损失的47%、45%、6%、1%。受灾较重的区域主要集中在沧州、张家口、承德、衡水、廊坊、秦皇岛、石家庄七市。

2015年，因自然灾害造成的死亡（失踪）人口主要集中在张家口、邯郸、石家庄、沧州、承德五市。张家口市因灾死亡6人，邯郸市死亡4人，石家庄市死亡3人，沧州市死亡2人，承德市死亡1人。出现因灾死亡的灾害种类中，风雹灾害死亡12人，火灾死亡4人。分别占全部因灾死亡（失踪）人口的75%和25%。在死亡原因中，因雷击死亡4人，因溺水死亡4人，因建筑物倒塌死亡3人，因火灾死亡4人，因滑坡泥石流掩埋死亡1人，分别占全部因灾死亡人口的25%、25%、19%、25%、6%。

（二）灾害特点分析。一是全省降水偏少，局部地区旱灾损失严重。全年两次大范围旱灾造成11个设区市70个县400余个乡镇不同程度受灾，累计受灾人口899.05万人次；农作物累计受灾面积925.64千公顷，其中绝收155.34千公顷；因灾造成直接经济损失47.82亿元；二是短时强对流天气较多，风雹灾害发生频次较高。2015年入汛后，河北省降水量虽较常年偏少，但局地性短时强降水、大风、冰雹等强对流性天气较多，造成部分地区遭受较为严重的风雹洪涝灾害。据统计，河北省汛期共遭受风雹灾害32次和3次洪涝灾害。因风雹、洪涝共造成11个设区市758.98万人次受灾，其中因灾死亡12人，转移安置1152人；农作物累计受灾面积832.67千公顷，其中绝收101.24千公顷；因灾造成直接经济损失56.81亿元；三是秦皇岛市昌黎县发生4.2级地震。9月14日18时10分，昌黎县发生4.2级地震，并于18时23分发生3.3级余震，震源中心位于昌黎县朱各庄镇（北纬39.7度，东经118.8度），地点位于昌黎、卢龙交界处附近。此次灾害造成昌黎县朱各庄镇和卢龙县石门镇215人受灾，严重损坏房屋47间，一般损坏房屋46间，造成直接经济损失5.89万元；四是河北省局部地区发生林火灾害。2015年，全省大范围遭遇持续高温、降水异常偏少等极端不利天气，森林火险等级居高不下。全省共发生森林火灾74起，过火面积470.65公顷，受害森林面积86.15公顷，同比分别下降21.28%、59.91%和74.73%，但没有发生重大以上火灾，没有发生重大人员伤亡；五是地质灾害较往年同期略有增加。2015年1—10月份，全省共发生地质灾害10起，造成直接经济损失102.2万元，未造成人员伤亡。按灾害类型分：崩塌3起，滑坡1起，地面塌陷3起，地裂缝3起；按规模和灾情统计，10起地质灾害均为小型。与上年同期相比，地质灾害发生数量增加42.8%，直接经济损失增加39.5%。

（三）救灾工作开展情况。一是加强规章创建和制度建设，完善政策法规体系。为落实《自然灾害救助条例》，制定了《河北省自然灾害救助办法》，向省政府法制办报送了2016年立法计划，争取配套文件早日发布实施。制定了《河北省救灾物资管理办法》，进一步规范了全省救灾物资的储备、采购、运输、下拨、管理、使用等程序。重新修订了《河北省民政厅救灾应急工作流程》，完善救灾预警、应急响应、灾情评估机制，建立灾情部门间通报、会商制度。指导各市县研究制定本级自然灾害生活救助标准。二是强化防灾减灾备灾各项基础性工作，全面提升自然灾害综合防范能力。加强对基层灾害信息员培训，提升灾害风险管理水平和应急处置能力。认真组织开展5.12全国“防灾减灾日”主题宣传活动，推进全省综合减灾能力建设。省减灾委按照国家减灾委通知要求和省领导批示精神，紧紧围绕“科学减灾依法应对”主题，在全省范围内组织开展了内容丰富、形式多样的防灾减灾科普宣传教育活动，扎实开展了灾害风险排查、隐患治理综合性工作，积极组织了防震、防洪、消防等方面防灾减灾救灾演练活动，普及了全民防灾减灾知识，提高了社会公众的自救互救技能。结合“5.12”防灾减灾日宣传活动，省民政厅对全省的救灾演练进行了总体部署，下拨专项经费200万元，鼓励各地开展抗震、防洪等救灾演练活动。省民政厅确定的16个重点救灾演练项目在5月12日前后全部启动，均取得良好效果。加强应急指挥系统和救灾装备建设，提高灾害应急管理水平。按照全省联网模式，对省级应急指挥系统进行升级，并对通信系统和网络实时音视频通信情况进行了实地模拟演练，以保证系统安全运转，同时做好部分市县信息装备更新的技术指导工作。完成民政部配发河北省多灾易灾县64辆救灾应急专用车发放工作，并联合省财政厅下发了《关于配发民政救灾应急专用车辆的通知》，对车辆使用、入编程序和车辆管理提出了规范性要求。加强救灾物资储备，提高应对自然灾害物资保障能力。本年度省财政安排救灾物资采购资金360万元。根据储备库物资存储情况和储备需求，招标采购棉大衣12865件，棉被19185床，毛巾被3458床，折叠床1839张，移动式月球灯2台等一批物资充实库存，全部验收入库；继续开展综合减灾示范社区创建工作，增强基层综合防灾减灾能力。全年创建省级示范社区70个，从中筛选推荐全国综合减灾示范社区63个。截至2015年底，共创建全国综合减灾示范社区300个，圆满完成了河北省“十二五”防灾减灾规划规定的目标任务。进一步推进农房保险工作，提高对因灾倒损住房恢复重建受灾群众的救助水平。争取省财政支持，拨付省级农房保险补贴1500万元，进一步扩大农房政策性保险试点范围。加强对农房保险工作的督导检查。全省开展农房保险试点的县达到48个，参保农户397.38万户，提供风险保障金额491.3亿元，全年处理出险赔案4063笔，向农户支付赔款1260.24万元。三是充分发挥省减灾委职能作用，强化部门协调联动机制。省减灾委办公室积极协调各涉灾部门加强信息沟通，整合资源，形成合力，共同做好防灾减灾救灾各项工作。为全面、客观掌握核实全年灾情，为冬春救助提供准确、详实的基础数据。四是加强灾情管理，增强快速反应能力，积极应对新灾。全面落实民政部《自然灾害统计制度》，确保灾情初报迅速，续保准确，核报全面。加强应急处置，及时查灾核灾，及时拨付资金、物资，对受灾群众实施及时救助，全力保障受灾群众基本生活需求。针对局部地区出现的风雹和干旱严重灾情，紧急启动四级救灾应急响应2次；针对2015年以来局部地区发生的风雹、洪涝、干旱等严重灾情，下拨省级自然灾害生活救助资金3600万元，支持部分重灾县受灾群众解决基本生活困难。五是多措并举，认真做好冬春期间受灾群众生活救助工作。下拨春荒救助资金6500万元，对春荒期间受灾困难群众55万人实施了救助。针对冬春期间部分受灾地区受灾群众缺衣少被问题，紧急向全省重灾区下拨棉大衣1.02万件、棉被1.02万床、棉褥910床、应急灯168部等一批救灾物资，确保受灾群众安全、温暖过冬。

（河北省民政厅　耿建信）

【双拥优抚安置】　（一）助力强军，服务国防，军民融合深度发展。“助力强军、服务国防，助力小康、服务人民”是河北省双拥工作的鲜明特点。2015年4月6日《解放军报》头版头条以《河北省军地开展“双助力双服务”活动，推进融合发展，实现军地共赢》为题，报道了河北省的做法。一是大力开展“双拥在基层”活动。全面铺开社区双拥工作站建设，共有603个社区建立了双拥工作站。二是坚持常态化拥军优属。较好地落实了为义务兵家庭悬挂光荣牌、为立功受奖士兵庆功报喜等“助力强军”十件实事。三是开展关爱基层官兵万里行活动。抓住春节、“八一”、新兵入伍等重要时间节点，持续开展关爱驻冀部队基层官兵万里行活动，先后为基层部队送去了慰问金（品）1200多万元，拥军优属宣传册3000多本，征求意见120多条。四是加强典型宣传。省民政厅、省委宣传部、省军区政治部在“中国梦·赶考行——最美河北人”发布厅成功发布了首批“燕赵最美拥军人物”，军地各界给予高度评价。五是圆满完成27名抗战老战士、烈属和参战民兵民工参加“9.3”大阅兵任务。指导全省认真开展了抗战老战士慰问工作，按要求如数将慰问金和纪念章发到5000多名老战士手中，圆满完成抗战胜利70周年纪念和阅兵保障任务。省民政厅被阅兵联合指挥部评为“纪念中国人民抗日战争暨世界反法西斯战争胜利70周年阅兵保障贡献突出”单位。

（二）规范管理，亲情服务，优抚服务保障水平显著提升。一是强力协调，倾力推进。实现了部、省、市、县优抚数据联网的首次对接，对全省优抚数据进行了核对更新，减员8.5万人，减员率为14%。二是认真落实优抚对象抚恤补助标准自然增长机制，抚恤补助标准平均提高15%。2015年全省发放抚恤补助资金18.4亿元，各地按照新标准及时将抚恤补助金发放到56万名优抚对象手中。从2015年10月1日起，河北省再次提高部分优抚对象抚恤和生活补助标准。这是改革开放以来，河北省第22次提高残疾军人抚恤金标准，第25次提高烈士遗属定期抚恤金标准，第16次提高在乡复员军人生活补助标准，是近年来提高幅度较大的一次。其中，残疾军人（含伤残人民警察、伤残国家机关工作人员、伤残民兵民工）残疾抚恤金标准，城镇"三属"（含烈属、因公牺牲军人遗属、病故军人遗属）定期抚恤金标准，在现行基础上分别提高15%。农村"三属"（含烈属、因公牺牲军人遗属、病故军人遗属）定期抚恤金标准，在现行基础上分别提高30%。在乡老复员军人定期定量补助每人每月提高200元。带病回乡退伍军人、参战参试人员的生活补助标准每人每月提高100元。农村和城镇无工作单位、18周岁以前没有享受过定期抚恤金待遇且年满60周岁的烈士子女和建国前错杀后被平反人员子女的定期生活补助标准，每人每月提高100元。60周岁以上（含60周岁）、未享受到国家定期抚恤补助的农村籍退役士兵的老年生活补助标准，每人每月提高5元。2015年全省为56万名优抚对象发放抚恤补助金18.4亿元，为6.5万义务兵家庭发放优待金8.6亿元，确保了优抚对象的合法权益，为国防和部队建设提供了有力支撑。三是为优抚对象发放门诊补助。各县（市、区）为符合条件的19万名在乡重点优抚对象全部发放了其年度抚恤补助金的10%作为门诊补贴。为全省优抚对象实施住院分类施保，使优抚对象在住院医疗时，在享受新型医疗保障制度优惠政策的基础上，再按照一定比例报销剩余医疗费用。截至2015年底，全省优抚医疗"一站式"结算服务站点达到964个，方便了重点优抚对象优惠就医。全省151所光荣院收养了4600多名孤老优抚对象，34所优抚医院每年收治5500多名患慢性病优抚对象。四是严格审核把关，圆满完成了近600名残疾等级评定、1782余卷宗辅助器械审批、800多名伤残人民警察证换发工作。五是开展抗战胜利70周年纪念活动，全面加强优抚事业单位能力建设。全省有8家光荣院、烈士陵园、优抚医院被民政部表彰为首批全国文明优抚事业单位，数量并列全国第一。举办了河北省第二届英烈讲解员大赛，选拔6名选手参加全国英烈讲解员网络电视大赛，有1名获一等奖、1名获三等奖、1名获优秀奖、3名获鼓励奖，省民政厅获优秀组织奖。六是全面加强烈士纪念设施提升改造工作。11处烈士纪念设施被国务院批准为第二批国家级抗战纪念设施，位居全国第二。95名个人被批准为全国著名抗日英烈和英雄群体，9处烈士纪念设施被命名为省级国防教育基地。

（三）退役士兵安置改革稳步推进。一是制定印发《河北省民政厅河北省军区司令部关于转发〈民政部总参谋部关于印发符合政府安排工作条件退役士兵服役表现量化评分办法（试行）的通知〉的通知》，统一全省符合政府安排工作条件退役士兵档案考核打分标准。二是制定印发《河北省民政厅河北省财政厅关于组织开展退役士兵省内易地教育培训的通知》，使河北省自主就业退役士兵可在全省承训机构中自主选择培训机构和专业，免费参加培训。三是联合省财政厅印发《关于印发〈河北省退役安置补助资金使用管理办法实施细则〉的通知》，加强退役士兵安置补助资金管理，提高资金使用绩效。四是制定印发《河北省人民政府关于2015年退役士兵接收安置工作的通知》，明确退役士兵安排工作、就业创业、教育培训等方面的安置政策，重点对中省直单位退役士兵安置办法和程序予以改革。五是指导各地结合本地实际，制定一系列配套政策措施，共同推进安置工作向制度化、规范化发展。2015年度，全省符合政府安排工作退役士兵共计3649人，已落实工作岗位3338人，安置岗位落实率91.48%。4月份，民政部在四川成都召开全国优抚安置工作会议，省民政厅就推进退役士兵"阳光安置"作了典型发言。

（四）退役士兵安置工作有序开展。一是指导全省安置部门完成32950人的退役士兵接收安置工作任务。省安置办集中接收审核转业士官档案2294份，涉及21个大军区级移交单位。二是扎实开展退役士兵技能培训。退役士兵政策知晓率达到100%，有培训意愿的15619人得到了免费培训，参训率100%。获取"双证"（职业资格证书和毕业证书）的退役士兵12651人，"双证"获取率81%。三是12月12日成功举办2015年度京津冀退役士兵招聘会。京津冀三地180多家用人单位免费参会，提供就业岗位4200多个，吸引8000多名退役士兵求职应聘，现场达成就业意向4800多人次。四是指导各军供站安全、高效、正点完成军供保障任务7.1万余人次。五是民政部共下达河北省1—4级残疾义务兵和5—6级患精神病、初级士官、军队院校残疾学员计划56人，已接收41人，未接收的主要原因，是伤残士兵本人与部队未能协商达成一致意见。六是民政部下达河北省复员干部接收计划31人，经省安置办审核档案，退档3人，接收档案28份，按时下达到安置地。同时，加强退伍安置资金监管。联合省财政厅聘请立信会计师事务所河北分所对石家庄、张家口、沧州、衡水、邢台、邯郸6个市退伍安置资金进行专项审计，确保资金专款专用、合法合规。

（六）切实加强军休工作。一是在全国率先实现军休干部疗养规范化、制度化。制定下发了《河北省军队离退休干部疗养办法（试行）》。把军休干部疗养经费列入财政预算。6月至10月中旬，先后组织三期疗养，全省5000多名军休干部及家属参加了疗养，受到了广大军休干部的好评和民政部的肯定。二是军休服务管理机构建设取得新成绩。为进一步推动河北省星级军休服务管理机构创建活动的深入开展，调动各地争先创优工作的积极性，推动河北省军休服务管理机构制度化、规范化水平的提高，7—10月，对河北省各地申报的74个星级军休服务管理机构进行了检查，命名三星级军休服务管理机构21个、二星级23个、一星级28个。三是军休干部的文娱活动丰富多彩。6月中旬组织了"和谐军休"棋牌赛，9月份举办了河北省军队离休退休干部纪念抗战胜利70周年"军休杯"

球类比赛，10月初举办了“中国梦军旅情河北省军休干部金秋书画摄影展”，10月下旬举办了“迎重阳、展军休风采”全省军休干部文艺汇演，2000多名军休干部直接参赛或参观。四是安置去向审定和接收安置工作进展顺利。全年审定军休干部和退休士官的安置去向365名、审定军队无军籍退休退职职工366名。接收军队退休干部和士官319名、军队无军籍职工278名。

（河北省民政厅　范静默　李淑伟　黄健生）

【社会福利事业】　（一）养老工作。一是印发了《关于下达2015年全省社会养老服务体系建设任务目标分解方案的通知》，及时明确任务，并组织对各地任务目标完成情况进行督导检查。目前，全省农村互助幸福院覆盖率达到65%，城市居家养老服务中心覆盖率达到75%，圆满完成省政府年初制定的任务目标。二是联合省财政厅印发了《关于对养老机构实行奖补的意见》和《关于养老机构责任保险补贴问题的通知》，对非营利性养老机构的建设补贴由每张床位1500元提高到4000元，运营补贴由每人每月50元提高到100元。对参加养老机构责任保险的社会办养老机构每保险年度给予每张床位补助80元（不足一年的按实际参保月数补助）。以招标形式确定承保机构，并签订了框架协议。目前，养老机构责任保险在河北省全面推进。三是结合河北省健康与养老服务业发展的实际，起草《河北省健康与养老服务业工作推进方案（2015—2017）》，明确了发展目标任务和保障措施，以河北省现代服务业发展领导小组名义印发。四是制定《2015年河北省农村面貌改造提升行动农村互助幸福院建设实施方案》，明确了建设任务、建设原则、保障措施等，为开展农村互助幸福院的建设和改造提供了政策保障。五是与国开行河北分行转发《民政部国家开发银行关于开发性金融支持社会养老服务体系建设的实施意见》，针对项目申报程序、项目评审及审批、项目合作机制等提出了具体框架协议，并对养老机构贷款事宜组织培训。积极申请利用亚行贷款1亿美元，用于建设河北省养老示范项目。六是出台了《河北省养老服务和社区服务信息惠民工程试点工作方案》。指导秦皇岛、廊坊两市开展养老服务业综合改革试点，两市均出台《关于加快发展养老服务业的实施意见》，分别提出了工作目标、主要任务和保障措施。指导省优抚医院起草智能养老物联网应用示范工程试点方案。七是加强养老服务业人才队伍建设。组织了四期养老护理员培训，255名养老护理员经考试鉴定，获得初级护理员资格证书。（河北省民政厅佟铭）

（二）儿童福利工作。一是下拨2015年和提前下拨2016年中央和省级孤儿基本生活保障资金2亿元，保障了全省1.5万名孤儿的基本生活。二是会同省财政厅印发《河北省困难群众基本生活保障及救助补助资金管理办法》，省级孤儿基本生活保障资金与最低生活保障、临时救助、农村五保供养资金合并统筹使用，提高资金使用效率。对孤儿超过18周岁仍在初（高）中、中（高）等职业技术学院、普通高等学校本（专）科就读的，按照散居孤儿保障标准给予生活补助。并会同省教育厅、省财政厅就落实成年孤儿上学期间生活费发放政策，出台了《关于做好孤儿成年后基本生活费发放工作的通知》，明确了孤儿成年后生活费申领发放程序。三是组织全省儿童福利信息系统二期培训。培训儿童福利工作人员200人，组织开展2015年度孤残儿童护理员培训，培训孤残儿童护理员61人，完成“明天计划”手术156人。四是转发《民政部办公厅关于在全国部分地区开展基层儿童福利服务体系建设试点工作的通知》，指导廊坊三河市按照民政部的部署，做好基层儿童福利指导中心、儿童福利服务工作站和儿童之家项目的开展，完善基层儿童福利服务体系建设，将儿童福利服务内容由补缺服务拓展为包括预防和救助的适度普惠性服务。

（三）救助管理工作。一是加强未成年人保护工作，推进未成年人社会保护试点建设，指导张家口市、承德市、邯郸市魏县扎实推进未成年人社会保护试点工作，全面提升未成年人保护能力。二是妥善救助流浪乞讨人员。下拨2015年度中央财政流浪乞讨救助补助资金5885万元，省级配套资金560万元，有力保障流浪乞讨救助的运转。指导各地坚决实行文明救助、人道救助、依法救助，严格落实救助站值班制度，确保流浪乞讨人员第一时间得到救助。三是落实京津冀协同发展要求，积极承接北京非首都服务功能，协调衡水市民政局及衡水市精神病医院协同安置在京流浪乞讨长期滞留人员托养事宜。四是做好“寒冬送温暖”专项救助和救助管理机构风险防控，下发《河北省民政厅关于落实省领导批示精神进一步做好救助管理等工作的通知》和《河北省民政厅关于对全省救助管理机构开展风险隐患专项排查整治行动的通知》，指导各地做好季节性救助管理工作。五是加强“三留守”人员关爱服务保障。制定出台了《河北省委办公厅、河北省人民政府办公厅关于进一步加强空巢老人和留守儿童关爱服务保障工作的通知》，使这项任务取得了重点突破，为进一步更好的推进奠定了坚实基础。

（四）慈善和残疾人福利事业。一是制定了《河北省人民政府关于全面建立困难残疾人生活补贴和重度残疾人护理补贴制度的实施意见》，确定为低保家庭中的困难残疾人发放生活补贴，每人每月不低于55元；为残疾等级一、二级肢体、智力、精神、视力及多重残疾人发放护理补贴每人每月不低于50元。政策的出台将进一步完善河北省残疾人社会保障体系。全年共下拨残疾人“两项补贴”资金7500万元，保障了全省75万名残疾群众基本生活。二是组织衡水市复员退伍军人精神病院、石家庄市民政局、唐山市民政局申报民政部2015年精神病人福利机构建设项目，争取中央资金8000万元。三是加强慈善工作。出台了《河北省人民政府关于促进慈善事业健康发展的实施意见》，推动河北省慈善事业健康发展，切实发挥慈善事业在保障和改善民生中的积极作用。结合民政部《关于加强和创新慈善超市建设的意见》和河北省实际，制定了《河北省民政厅关于加强和创新慈善超市建设的指导意见》，明确了河北省慈善超市建设的任务和保障措施。

组织开展中华慈善奖候选对象申报工作。成立了河北省推荐第九届“中华慈善奖”候选对象评选委员会，印发了《关于推荐“中华慈善奖”候选对象有关事项的通知》，组织各地筛选申报慈善奖候选对象申报材料39份，经与省文明办、省人社厅、省商务厅、省国资委、省社科院等6家单位进行联合评选，推荐了8个“中华慈善奖”候选对象。“寒门学子进校园”慈善助学项目（河北省唐山市慈善总会—最具影响力慈善项目）和新奥集团股份有限公司（最具爱心捐助企业）获得提名奖。

（河北省民政厅　佟铭　于菲　何文羽）

【社会行政管理】　（一）加强社会组织管理。一是社会组织注册登记工作依法健康有序开展。截至2015年底，河北省民政厅共登记注册社会组织1333家，其中，社会团体982家、基金会65家、民办非企业单位286家。登记合法率达100%，群众满意率达100%。二是社会组织登记制度改革稳步推进。《河北省民政厅关于开展对四类社会组织直接到民政部门登记的通知》下发后，降低了社会组织的登记门槛，减少了社会组织的审批程序，社会组织登记制度改革取得了突破性进展。省属社会组织直接登记72家，合法率达到了100%。其中社会团体62家，民办非企业单位5家，基金会5家。三是社会组织年度检查工作圆满完成。对应检单位严格依据法规，按照程序对送检材料进行审核，参检率达95%，年检合法率达100%。四是社会组织评估工作稳步推进。1月，下发了《河北省民政厅关于开展2015年度社会组织评估工作的通知》。全省共评估社会组织459家，全省社会组织累计评估率超过12%。其中，省属社会组织累计评估率为15.4%。五是政府购买社会组织服务工作积极推进。2015年，河北省有6家社会组织获得中央财政支持社会组织参与社会服务项目立项，共申请资金285万元；有59家社会组织申请到省级财政购买服务，申请资金750万元，为社会组织发展提供了广阔空间和有力支持。六是加强社会组织人才队伍建设。为进一步提高河北省社会组织管理能力，增强社会组织人才队伍建设，2015年共举办了3期培训班，培训600余人，增强了社会组织登记管理机关及从业人员的履职能力。七是社会组织执法工作依法进行。2015年，共对8家社会组织进行了执法检查，组织相关人员对案件进行调查取证，及时进行了协调和处理，基本上得到了妥善解决。通过年检，对两年未参加年度检查的13个社会组织进行了注销登记的处罚。八是积极组织社会组织参与“全国先进社会组织”评比表彰活动。经过省社会组织评估委员会评审，河北省推荐的5家社会组织，全部获得“全国先进社会组织”称号。九是京津冀协同发展有所突破。为进一步适应京津冀协同发展需要，我们加大了对相关社会组织申报工作的扶持力度。“河北省京津冀石材产业协会”已批准成立。“河北省京津冀机器人产业协会”已经核准名称，正在筹备阶段。由河北省畜牧兽医学会拟发起成立“河北省京津冀畜牧兽医产业促进会”正在申请核名阶段。十是行业协会商会与行政机关脱钩工作有序推进。联合省发改委起草并以省委省政府两办名义下发了《河北省行业协会商会与行政机关脱钩实施方案》，召开了全省性行业协会商会业务主管单位脱钩试点工作沟通会，起草上报了《河北省行业协会商会与行政机关脱钩试点方案》，待民政部审批。确定了38家脱钩试点单位，业务主管单位正在与试点单位进行沟通，逐一制定具体脱钩实施方案。十一是开展入企帮扶。按照省政府办公厅《关于印发河北省入企帮扶活动方案的通知》精神，制定了《河北省民政厅入企帮扶活动实施方案》，组织人员深入帮扶的7家企业，调研了解情况，实行一对一精准帮扶，及时、准确反映了帮扶企业有关情况，对企业反映的难点、重点问题进行了集中攻坚，为企业解难题出谋划策。

（二）加强行政区划工作。一是行政区划调整稳妥推进。完成了保定市、秦皇岛两个地级市的部分行政区划调整工作；完成了邯郸市将邯郸县黄粱梦镇划归邯郸市丛台区管辖和唐山市将丰润区岔河镇划归丰南区管辖的跨县区部分乡镇行政区划调整；完成了17个乡撤乡设镇和5个镇撤镇设街道办事处行政区划调整工作。二是全省行政区划调研和行政区划调整总体规划编制工作进展顺利。先后深入到石家庄、邯郸、秦皇岛、唐山、保定、张家口等地进行调研，完成了《河北省行政区划战略规划》编制框架和初稿的起草工作，完成了《河北省民政厅关于河北省新型城镇化重大问题研究调研报告》、《关于优化行政区划设置综合调研报告》、《河北省撤县设区和撤县设市行政区划调整整体规划》、《河北省撤镇设街道办事处行政区划调整规划》和《河北省撤乡设镇行政区划调整规划》的编制工作；与北京、天津联合召开了京津冀三省市行政区划专家研讨会，就京津冀协同发展城市功能定位、空间布局、成果转换、区划调整等问题进行了深入研讨。三是行政区划服务体系不断完善。完成了《中华人民共和国政区大典·河北卷》11个设区市、172个县（市、区）和2251个乡镇1000多万字的文稿审定和上报工作；与京、津两市联合编辑出版了《京津冀行政区划图》；编辑出版了《2015年河北省行政区划简册》和《2015年河北省行政区划简表》。通过不断完善区划服务体系，切实为经济社会又好又快发展提供优质服务。四是第二次全国地名普查工作扎实开展。制定了《河北省第二次全国地名普查成果转化规划（2015—2020年）》，完成了《河北省跨界自然地理实体地名》编纂工作。按照国务院地名普查办部署，认真做好河北省地名普查补查和资料更新整理工作，全省地名普查工作高质量、高水准推进，提前圆满完成了地名普查40%的目标任务。五是地名标志设置进一步规范。结合美丽乡村建设，制定了《农村地名标志设置实施方案》，对地名设标有关工作提出了具体要求和考核标准，全省农村地名标志设置进一步规范化、标准化。六是界线联检任务圆满完成。完成了省界津冀线1067.8公里省级界线联检任务和87条县界联检工作任务。七是平安边界创建再获佳绩。深入开展平安边界创建活动，与京、津两市民政局共同制定了《京津冀联合创建平安边界工作机制》，在2015年度国家民政部考核中获得满分100分的好成绩。

（三）殡葬改革健康开展。一是大力推进殡葬设施建设，打牢了殡葬改革基础。继续实施殡葬设施建设“双五十双一百”行动，2015年，省级投入9500万元，资助全省新建殡仪馆12座、改扩建殡仪馆21座、新建骨灰堂22座；继续实施农村面貌改造提升行动农村骨灰堂建设和公益性公墓生态化改造，省级投入195万元，资助地方建设骨灰堂15所，改造公益性公墓9处。二是落实惠民殡葬政策。全省不断扩大惠民政策覆盖范围和提高优惠标准，推行惠民政策已经成为推进殡葬改革的重要抓手。自2007年迁安市在全国率先免除辖区居民5项基本殡仪服务费后，全省又有石家庄、邯郸等多个地区20余个县（市、区）免除了辖区居民基本殡仪服务费，覆盖人口1200余万人，其他各地也出台了相关政策，免除了特殊困难群众的基本殡仪服务费，惠民殡葬政策已基本普及全省。三是不断提升殡仪服务水平，为群众提供满意服务。发布了河北省地方标准《殡葬服务代理机构服务规范》，对殡葬服务代理机构营业资质、服务要求、服务内容和监督投诉进行了明确规定，为规范社会殡仪服务机构，净化殡仪服务市场，促进社会殡仪服务机构向科学化、规范化、专业化方向发展奠定了坚实基础。继续在全省推行殡仪阳光服务，对殡葬服务单位所有服务项目进行公开公示，让群众明明白白消费，维护了群众的切身利益。拓展殡葬服务范围，提升服务水平。清明节群众祭扫安全、文明、有序。全省每年清明节期间参加祭扫活动的群众达3000余万人次，社会秩序良好，绿色安葬和祭扫方式逐渐被群众接受和采纳。

（四）婚姻收养登记依法依规。一是依法开展收养登记。全年共办理涉外收养28例，审核上报收养材料65份，全部符合规定。二是指导石家庄市福利院和意大利国际儿童家庭中心签订《特需儿童送养对口帮扶项目协议书》，为特许儿童送养开通绿色通道，也便于其他孩子被收养。三是做好婚姻登记工作。全省共办理国内结婚67.24万对，离婚15.19万对，涉外和涉港澳台、出国人员、华侨结婚581对，离婚63对，全部符合规定要求。印发了《河北省民政厅关于落实婚姻登记免费制度推进婚姻登记便民服务的通知》，落实婚姻登记免费制度。开展婚姻登记便民服务。在位置偏远、交通不便、群众要求强烈的乡镇设立流动婚姻登记站；在开通政府内网的乡镇，利用政府内网平台，开展婚姻登记延伸服务。

（河北省民政厅　田　然　高文元　李政召　马亚美　何文羽）

【城市社区建设】　（一）积极开展社区服务信息惠民工程试点。根据民政部、国家发改委等六部委《关于开展养老服务和社区服务信息惠民工程试点工作的通知》要求，与省发改委等部门指导各设区市、省直管县做好养老服务和社区服务信息惠民工程试点组织和申报工作，及时向民政部、国家发改委申报在石家庄、承德、廊坊、保定、邢台、秦皇岛等六个市设立社区服务信息惠民工程试点。2015年8月，民政部确定在河北省石家庄市、邢台市桥东区、保定市、承德市、廊坊市开展社区公共服务综合信息平台建设试点，在秦皇岛市海港区开展智慧社区建设试点。

（二）积极开展社区治理和服务创新。指导河北省全国社区治理和服务创新实验区进一步修改完善实验方案，年度实验任务如期完成。2015年7月21日，廊坊市广阳区被民政部确认为第三批“全国社区治理和服务创新实验区”。9月份，河北省第一批‘全国社区治理和服务创新实验区”承德市双桥区圆满完成各项实验任务，民政部结项验收确认为“合格”。

（三）进一步推进社区减负增效工作。2015年7月，民政部、中组部联合印发《关于进一步开展社区减负工作的通知》，从依法确定社区工作事项、规范社区考核评比活动、清理社区工作机构和牌子、精简社区会议和台账、严格社区印章管理使用、整合社区信息网络、增强社区服务能力等方面，对进一步开展社区减负工作提出了明确要求，对于推动基层社会治理创新、切实减轻基层负担、提升为民服务水平具有重要意义。为落实中央要求，9月21日，以河北省民政厅、河北省委组织部名义联合印发了《关于转发〈民政部中共中央组织部关于进一步开展社区减负工作的通知〉的通知》，对河北省社区减负工作提出具体要求。

（四）切实加强城乡社区协商。2015年7月，中央“两办”印发《关于加强城乡社区协商的意见》。这是中央层面关于加强城乡社区协商工作的第一个纲领性文件，也是进一步做好城乡社区协商工作的指南针。省领导高度重视该项工作，张庆伟省长、赵勇副书记、梁田庚部长、姜德果副省长分别作出重要批示。按照省委办公厅要求，2015年11月，以省民政厅、省委组织部名义联合印发《关于学习贯彻〈关于加强城乡社区协商的意见〉的通知》，推进城乡社区协商制度化、规范化和程序化，促进政府治理与居民自治良性互动。

（河北省民政厅　王立柱　贾志海）

【老龄工作】　截至2015年底，河北省60岁以上老年人口已达到1212万，占全省总人口的16.3%，比上年度增加96万人，1.2个百分点。老年人口呈现大幅增长，逐年加速态势。2015年，全省老龄系统紧紧围绕年度目标任务，着力推进老年优待政策落实，倾力打造老龄工作特色品牌，努力营造敬老、养老、助老氛围，大力夯实为老服务工作基础，全省老龄事业取得了新成绩。

（一）着力推动涉老政策落实，老年维权优待取得新突破。一是扎实做好“一法一条例”执法检查。二是全力督导老年人优待办法落实。2015年是省优待办法全面施行的第一年，经过全省各级老龄工作机构共同努力，优待办法中70岁以上老年人免费乘坐公共交通车辆、旅游场所对70岁以上老年人全免门票和60岁以上老年人半价优惠等优待政策都得到较好落实。全省169个县（市、区）全部建立高龄津贴制度，其中155个县（市、区）实现了全覆盖，总计惠及116.7万高龄老人。三是深入开展老年维权工作。积极协调各地各有关部门广泛开辟老年人维权“绿色通道”，大力推广法律援助上门服务，热情接待来访老人，解决涉老维权优待问题。联合省直六部门，扎实做好老年维权先进集体评选表彰工作，向全国评选表彰工作领导小组推荐表彰“全国老年法律维权工作先进集体”11个，评选表彰省级先进集体30个，有效调动了为老维权工作的主动性和积极性。

（二）倾力打造特色工作品牌，系列敬老活动开创新局面。一是积极推进第二届全国“敬老文明号”创建。将“敬老文明号”创建活动评比表彰项目列入省级行政职能权力清单，纳入地方法制化管理轨道，推动创建活动深入开展。二是精心组织“敬老月”系列活动。紧紧围绕“培育敬老家风，建设和睦家庭”主题，组织协调各地、各有关部门积极开展丰富多彩的尊老敬老和惠及老年群体的爱老助老活动。据不完全统计，“敬老月”期间，全省各级各部门领导参加走访慰问老年人活动达1200余人次，发放慰问金、慰问品合计价值金额500多万元；向1000余万手机用户发送敬老公益短信2000多万条，在全社会尤其是老年群体中引起强烈反响。三是成功举办第二届中国（河北）国际老年产业博览会。由省老龄办发起，省老年产业协会承办的以“关爱老人、创新服务、交流合作、共谋发展”为主题的老博会，全方位、多层次地展示了国内外老年产业发展的科研和实践成果。来自国内外的200余家商企参展，观展人数近10万人次，成交金额逾千万元，签订意向协议近2亿元。

（三）大力加强为老服务工作，老龄事业发展迈出新步伐。一是有序推进基层老年协会规范化建设。从加强基层老年协会规范化建设、提升协会“三个自我”（自我管理、自我教育、自我服务）能力素质入手，指导各地打造协会建设标杆，探索适应河北省城乡实际的基层老年协会建设模式。截至2015年底，全省城镇社区和农村行政村分别建立基层老年协会3668个和39812个，建会率分别达到95.2%和82%以上。100个示范性城乡社区老年协会受到省通报表彰。二是扎实推进“爱心护理工程”建设。坚持把“爱心护理工程”建设作为构建养老服务体系的重要内容，加大资金奖补力度，广泛开展宣传动员，有力推进项目健康发展。2015年，全省有13家社会办养老机构被列为全国“爱心护理工程”建设基地，2家被评为全国示范基地。截至目前，河北省累计保有全国爱心护理工程建设基地70家、示范基地6家，拥有床位1.6万张，收养失能老人6900多人。在第十次全国爱心护理工程工作会议上，国家老龄办领导评价河北省为“全国护理服务机构、设施发展最快和最多的省份”。三是深度推进“助老安康工程”建设。省民政厅和省老龄办联合制发了《关于进一步推进老年人意外伤害保险工作的指导意见》，督促各地抓好工作落实，参与“助老安康工程”的老年人数量不断增加，有1536名老人及时领取了意外伤害保险赔偿，参保老人得到了有效的健康保障。

（四）协力推行全面科学创新，老龄基础工作取得新进展。一是多法构建老龄工作平台。建立了河北老龄工作网站，实现常态化运行。这一门户网站，通过有效整合省内3个涉老专题网站、1份老年杂志、1份老年报刊、省电视台和广播电台2个老年专题栏目等资源，搭建起了集老龄政策法规宣传、老年权益维护、全省老龄工作动态等一体的比较权威的宣传阵地，形成了省一级老龄宣传工作新格局。同时，开发完成河北省老龄事业发展数据统计系统，使河北省老龄系统数据统计工作迈入信息化时代。二是培树宣扬涉老工作典型。积极开展“银龄行动”，充分调动广大老年人参与社会的积极性、主动性，鼓励他们“夕阳更红”，实现人生价值。燕山大学材料科学与工程学院退休教授王文魁、冀州市医院主任医师吴殿华被评为2015年“全国老有所为先进典型人物”，成为众多“老有所为”工作者的杰出代表。大力弘扬敬老养老助老社会风尚，深入挖掘孝亲敬老先进典型。先后推出以“敬老爱心餐”推进尊老敬老示范村建设的威县、将“敬老文明号”创建活动纳入县委、县政府治县方略的行唐县，关爱孤寡留守老人的威县孙家寨村党支部副书记付宏伟、衡水润露食品有限公司董事长张秀忠、承德县玉龙山庄幸福家园负责人丁玉龙、涞水县宏路敬老院院长艾宏路等一大批先进集体和个人，有效促进了中华敬老文化的传承和创新。三是高效完成老龄事业发展“十二五”规划执行情况检查评估。从检查评估结果看，河北省如期完成老龄事业发展“十二五”规划目标任务。其中，企业职工养老保险参保率及增长比例、社区居家养老服务中心数量、农村互助幸福院数量、养老床位数量等重要控制性指标全部达标。同时，还如期完成了第四次城乡老年人生活状况抽样调查、老龄政策调研等工作，为制定河北省老龄事业发展“十三五”规划提供了准确、详实的数据和理论支撑。

（河北省民政厅　王爱民）

【革命烈士】 2015年命名的革命烈士：

1. 王明耸，男，汉族，1986年8月13日出生，河北省辛集市新垒头镇新垒头村人，2005年10月参加城区巡防工作，系辛集市公安局巡防大队巡防队员。2009年7月30日1时30分许，王明耸同志驾驶巡逻摩托车，与当班大队长李辉同志、民警马铭同志在市区执行巡逻任务时，发现两名骑无牌照红色摩托车的犯罪嫌疑人盗窃电动车后正在逃离现场。王明耸同志与其他巡防队员在民警带领下，驱车追击至迎宾路奥森钢厂附近时，犯罪嫌疑人突然用摩托车别靠王明耸同志驾驶的巡逻摩托车，至其连人带车摔入路间绿化带，造成胸部、头颅多处骨折，内脏破裂、颅脑损伤，经抢救无效不幸遇难。

2. 张伯轩，男，汉族，中共党员，1976年出生，原籍卢龙县刘家营乡东风村，1994年12月参加工作，2010年3月任刘家营乡信访办主任。2014年4月3日，卢龙县刘家营乡鹿尾山村突发山林火灾，副乡长冯军良带领张伯轩、张晓坤、李帅等乡政府工作人员上山扑火。在扑救过程中，因风力加大，风向突变，张伯轩同志被突袭而来的山火瞬间吞噬，壮烈牺牲。

3. 宫玉栋，男，汉族，1953年3月出生，中共党员，河北巨鹿县张王疃乡大前屯村人，生前系巨鹿县环境保护局工作人员。2011年2月16日晚，宫玉栋在巨鹿县万盛广场对面的祥和快餐店就餐后准备离开时，看到一名浑身是血的男子从饭店跑出，喊着救命。后面一男子持刀追赶。宫玉栋伸开双手拦住持刀男人，搏斗中宫玉栋被刀刺中当场倒地，后经县医院抢救无效牺牲。

4. 李绍彬，男，汉族，1921年8月出生，河北威县人。1943年9月牺牲。李绍彬曾任威县常屯乡东柳疃村党支部书记。他坚持对敌斗争，宣传抗日思想，多次冒着生命危险向党传递情报，组织村民为八路军捐款捐物捐粮食。1943年9月，李绍彬被汉奸董三君出卖后被日军活埋后牺牲，年仅22岁。

5. 董荫椿，男，汉族，1901年出生，中共党员，河北威县赵村乡安仁村人。生前系国民党内部的我党地下工作者，1942年4月牺牲。董荫椿同志1928年加入中国共产党，同年秋，在国民革命军暂1军从事党的地下工作。1930年因蒋介石清理该军中共党员而改名董续严。1942年4月18日，时任国民革命军新编30师少将参谋长的董荫春在浙江龙洲边村对日作战中，遭敌机轰炸牺牲。

6. 薛永清，男，1967年6月出生，汉族，中共党员，一级警督，生前任河北省肃宁县公安局政委。2015年6月8日深夜，肃宁县付佐乡西石宝村发生特大枪击刑事案件。村民刘双瑞持双管猎枪先后打死同村村民2人，打伤3人。薛永清亲自带队赶往现场，在抓捕过程中，薛永清同志被犯罪嫌疑人枪击致伤，经抢救无效，壮烈牺牲。

7. 袁帅，男，1981年5月30日出生，汉族，大学文化，生前为肃宁县公安局刑警大队刑事科学技术室警犬训导员。2015年6月8日深夜，肃宁县付佐乡西石宝村发生特大枪击刑事案件。村民刘双瑞持双管猎枪先后打死同村村民2人，打伤3人。2015年6月9日凌晨袁帅接警后立即和同事带上警犬直奔枪击案现场，在搜捕中遭到犯罪嫌疑人突然袭击，不幸中枪倒地，被送往医院抢救无效，壮烈牺牲。

8. 韩清溪，男，1960年8月出生，汉族，石家庄市桥西区人，中共党员，生前系石家庄市民政局复员退伍军人安置办公室副主任科员。2012年7月18日12时许，韩清溪在办公室听到同事张利影的呼救声后，冲出办公室，发现一名手持匕首的歹徒正向张利影行凶。韩清溪一边呵斥歹徒，一边上前制止，与歹徒展开搏斗。在搏斗中，韩清溪被歹徒刺中多处要害部位，经抢救无效牺牲。

9. 吴文德，男，汉族，1963年10月25日出生，石家庄市藁城区南孟镇南孟村人。2011年5月1日下午3时左右，该同志开着自家铲车到南孟村西铁厂干活，途中听到有人在高喊救命，立即驾驶铲车赶到现场，发现一男子正在对一女子实施拦路抢劫，女子满身鲜血，便毫不犹豫地开车将歹徒铲倒在地，歹徒恼羞成怒，持刀朝吴文德要害部位连刺十余刀，两人激烈搏斗，吴文德倒在血泊中，在送往医院途中因失血过多献出了宝贵生命。

（河北省民政厅　李新秋）

（“民政”部分总通稿　于连军）

残疾人工作

【残疾人康复服务】 2015年，省残联围绕改善残疾人民生，着力落实两项补贴制度，认真谋划“善行河北·助力圆梦”活动，做强“善立方”助残品牌，为残疾人做好十件实事，健全残疾人社会保障体系、公共服务体系、权益维护体系，加快推进残疾人全面小康进程。在残疾儿童康复方面：38个县开展残疾儿童筛查，新诊断0—6岁残疾儿童702人；资助990名脑瘫儿童、4072名智力残疾儿童进行康复训练，资助114名贫困肢残儿童实施矫治手术；已建1个省级、47个市级及以下孤独症儿童康复训练机构，训练孤独症儿童605名，救助贫困孤独症儿童191名；举办儿童残疾预防宣传活动148次，发放宣传材料11.9万份；已建残疾儿童家长学校54所，本年度开展活动172次，培训低视力儿童家长1677名，培训聋儿家长3006名。

视力残疾康复：已建视力残疾康复机构22个，完成白内障复明手术16308例；为贫困白内障患者免费施行复明手术532例；为8656名低视力患者配用助视器；对6073名盲人进行定向行走训练。

听力语言康复：已建省级听力语言康复机构1个，基层听力语言康复机构80个，新收训聋儿2135名，在训聋儿2546名；培训专业听力语言康复技术人员140名。

肢体残疾康复：已建肢体残疾康复训练服务机构138个；培训肢体残疾康复人员246名；对1.11万名肢体残疾人实施康复训练；减免费用供应辅助器具4.13万件，其中装配假肢1176例、矫形器1903例，验配助视器1.06万件。

智力残疾康复：已建智力残疾康复训练机构102个；培训智力残疾康复人员182人；对8625名智力残疾人进行康复训练；168个市县开展精神病防治工作，对24.72万名重度精神病患者进行综合防治康复，监护率85.3%，显好率66.2%，社会参与率53.2%，肇事率0.0%，解除关锁81人；对6506名贫困精神病患者进行医疗救助。

社区康复服务：41个市辖区和3.01万个村（社区）开展社区康复，占村（社区）总数的59.8%；已建1.78万个社区康复站，配备4.10万名社区康复协调员；为194.5万名残疾人建立社区康复服务档案，覆盖率46.5%；累计41.9万残疾人接受社区康复服务，比上年度增加6.6%。

【残疾人就业创业】 城镇残疾人新就业1.11万人，其中，集中就业3985人，按比例安排就业3237人，公益性岗位就业253人，个体就业及其他形式灵活就业3382人，辅助性就业231人。截至2015年底，城镇残疾人就业19.29万人，农村残疾人在业84.09万名。

已建残疾人职业培训基地203个，其中残联兴办45

个，依托社会机构兴办 158 个，培训城镇残疾人 2.52 万人次。

已建盲人保健按摩机构 467 个，医疗按摩机构 58 个；2015 年培训盲人保健按摩人员 1221 名、盲人医疗按摩人员 584 名；27 人通过盲人医疗按摩人员中级职称评审，74 人通过盲人医疗按摩人员初级职称评审；扶持 236 名特困盲人按摩师就业，1371 名盲人按摩人员就业。

【残疾人教育】 实施残疾人事业专项彩票公益金助学项目，资助 780 名家庭困难的残疾儿童享受普惠性学前教育。已建特殊教育普通高中班（部）12 个，在校生 661 人；残疾人中等职业学校（班）4 个，在校生 249 人，毕业生 177 人，其中 43 人获得职业资格证书；普通高等院校录取残疾人 339 名。

【残疾人扶贫工作】 扶持贫困残疾人 20.54 万人，其中 13.33 万人实现脱贫；4.48 万名残疾人接受实用技术培训；已建残疾人扶贫基地 247 个，安置 5206 名残疾人就业，扶持带动 1.25 万户残疾人家庭，康复扶贫贴息贷款扶持 1873 名农村残疾人；完成农村贫困残疾人危房改造 7844 户；基层党组织助残扶贫项目帮扶农村贫困残疾人 1043 名，其中首次接受帮扶 589 名，“万村千乡市场工程”助残扶贫项目安置 180 名贫困残疾人就业，帮扶贫困残疾人创办 95 个村级农村店。

【残疾人社会保障】 新型农村和城镇居民社会养老保险统一合并实施，已有 124.06 万名城乡残疾居民参保，参保率 83.7%，60 岁以下参保残疾人中重度残疾人 17.75 万名，其中政府扶助 16.57 万名，代缴补贴比例 93.3%，16.09 万名非重度残疾人享受了全额或部分代缴优惠政策；有 38.31 万人领取养老金；有 16.41 万城镇残疾职工参加养老保险，17.22 万人参加医疗保险，将城镇 6.64 万名和农村 33.94 万名残疾人纳入最低生活保障范围；城镇集中供养残疾人 3072 名，农村五保供养残疾人 2.38 万名；有 25.68 万名符合条件的城乡残疾人享受生活补贴和护理补贴；有 4.68 万名城乡残疾人得到了其他救助救济。

【残疾人托养服务】 已建残疾人托养服务机构 218 个，其中寄宿制托养服务机构 90 个，日间照料机构 26 个，综合性托养服务机构 102 个，共为 8839 名残疾人提供托养服务；214 名残疾人在以上机构实现辅助性就业，74 名残疾人实现支持性就业；1.18 万名残疾人接受居家托养服务；872 名托养服务和管理人员接受专业培训，其中接受国家级培训 1 人。

【残疾人文化体育】 已开办省级残疾人专题广播节目 1 个，播出公益广告 1 个，市级残疾人专题广播节目 8 个，电视手语新闻栏目 10 个，播出公益广告 31 个；培育扶持残疾人文化艺术基地 36 个，组织 180 人排练 12 个节目参加了“第七届全国特教学校学生艺术汇演”，开展残疾人文化周活动 137 场次，举办残疾人文化艺术类比赛及展览 73 次，编辑出版励志书籍、画册各 1 本，各类残疾人艺术团体 13 个；省市县三级公共图书馆共设立盲文及盲人有声读物阅览室 63 个。

已建残疾人群众体育活动示范点省级 163 个、市级 187 个，培训残疾人体育健身指导员省级 250 人、市级 2319 人，组织省、市残疾人群众体育健身活动 4394 次，4.63 万人次参加；已建省级残疾人体育训练基地 8 个，组织省级残疾人体育比赛 8 次，参赛运动员达 345 人次；组织参加全国第九届残运会暨第六届特奥会，残运会共夺得 45 金 43 银 32 铜，7 超世界纪录，16 次破全国纪录，成绩位列全国第六。特奥会共收获 24 枚金牌、17 枚银牌和 17 枚铜牌；实施“残疾人康复体育进家庭工程”为 2200 户残疾人提供了居家健身服务；开展“残疾人健身周”等活动；制定印发《河北省残疾人体育冬季项目中长期（2015—2022）发展规划》，开发河北省残疾人轮椅冰壶冬季项目，承办全国羽毛球邀请赛，配合做好 2022 年冬奥会申办工作。

【残疾人权益维护】 制定或修改完善保障残疾人权益的规范性文件省级 2 件、市级 7 件、县级 16 件；县级以上人大进行《残疾人保障法》执法检查和专题调研 47 次，政协视察和专题调研 45 次；开展普法宣传 231 次，举办法律培训班 59 期。

已成立残疾人法律救助工作协调机构 147 个，已建残疾人法律救助工作站 146 个，办理案件 233 件，已建残疾人法律援助中心（工作站）183 个，办理案件 566 件。

各级残联协助人大代表、政协委员提出议案、建议、提案 65 件，办理议案、建议、提案 46 件。

【残疾人组织】 各设区市残联领导班子均配备了残疾人理事长或副理事长；169 个县级残联机关配备了残疾人干部，配备率 99.4%；已建乡镇（街道）残联 2285 个，选聘残疾人专职委员 2285 名；已建社区（村）残协 5.15 万个，选聘残疾人专职委员 5.15 万名。

省市县乡残联实有人员 5566 人，举办培训班 1507 期，培训干部 2.41 万人次。

省级以下残疾人专门协会 906 个，市级已建率 100.0%，县级已建率 99.5%；助残社会组织 16 个，其中已注册 13 个，以残联为业务主管单位 6 个。

【无障碍建设】 已出台省市县级无障碍建设与管理法规、规章和规范性文件 44 个；开展无障碍建设检查 92 次，无障碍培训 481 人次；为 2320 个贫困残疾人家庭实施了无障碍改造；为 1.47 万名残疾人发放了残疾人机动轮椅车燃油补贴。

【综合服务设施建设】 已竣工并投入使用各级残疾人综合服务设施 144 个，总建设规模 14.35 万平方米；已竣工并投入使用各级残疾人康复设施 8 个，总建设规模 3.98 万平方米；已竣工并投入使用各级残疾人托养服务设施 15 个，总建设规模 5.87 万平方米。

（河北省残疾人联合会　曹如宣）

区域经济篇

REGIONAL ECONOMY

河北经济年鉴

2016

总第32卷

石家庄市

2015年，石家庄认真落实中央、国务院关于稳增长、促改革、调结构、治污染、惠民生等一系列决策部署，深入贯彻五大发展理念，紧紧围绕转型升级和跨越赶超两大任务，主动适应经济发展新常态，积极融入京津冀协调发展，着力提升发展质量和效益，经济运行总体平稳，产业结构优化升级，民计民生持续改善，社会事业全面进步，为全面建成小康社会奠定了坚实基础。

一、综合

近年来，石家庄经济进入转型换挡的新常态，经济增长稳中有进，产业结构逐步优化。2015年全市生产总值完成5440.6亿元，按可比价格计算，比2014年增长7.5%。其中，第一产业增加值完成494.4亿元，增长2.3%；第二产业增加值完成2452.4亿元，增长5.8%；第三产业增加值完成2493.8亿元，增长10.5%。

经济总量由2010年的3401.0亿元增加到2015年5440.6亿元，较2010年增长1.6倍；年均增长9.4%，高于全国、全省年均增速1.5、0.9个百分点。三次产业结构由2010年的10.9：48.6：40.5调整为2015年9.1：45.1：45.8，三产比重首次超过二产，成为稳增长的重要力量。从增速看，2011至2015年一、二、三产年均增速分别为3.1%、9.6%、10.6%，三产年均增速高于二产1.0个百分点；从贡献率看，三产对经济增长的贡献率由2010年的43.3%提高到2015年的59.2%，提高了15.9个百分点，成为全市经济增长的新引擎。

2015年，全年民营经济实现增加值3670.8亿元，按可比价计算，比2014年增长7.9%，占生产总值的比重为67.5%。民营经济实缴税金444.2亿元，比2014年下降8.7%，占全部财政收入的比重为57.1%。民营出口总值实现64.5亿美元，比2014年下降5.2%。

全年主城区居民消费价格比上年上涨1.0%，其中食品类下降0.1%，烟酒类上涨0.6%，衣着类上涨5.7%，家庭设备用品及维修服务类上涨1.5%，医疗保健和个人用品类上涨2.5%，交通和通信类下降1.0%，娱乐教育文化用品及服务类上涨0.7%，居住类上涨0.3%。工业生产者出厂价格下降5.5%，购进价格下降6.3%。

年末城镇登记失业率为3.66%。

二、农业

全年粮食播种面积75.5万公顷，比上年减少0.2万公顷，比上年下降0.3%。粮食总产量504.8万吨，比上年增长0.4%。蔬菜播种面积16.4万公顷，比上年增长0.6%；总产量1330万吨，增长1.1%。其中设施蔬菜播种面积7.5万公顷，增长1.3%；产量603万吨，增长2.2%。

肉类总产量78.4万吨，比上年下降1.5%。蛋类产量109.4万吨，下降0.6%。奶类产量122.8万吨，下降1.0%。

畜牧业、蔬菜、果品三大优势产业产值达到690.9亿元，占农林牧渔业总产值的比重为77.2%，比上年提高0.8个百分点。

农业产业化经营率达到65.7%，比上年提高0.8个百分点。

农业机械总动力2040.5万千瓦，比上年增长0.9%。当年实际机耕面积57.2万公顷，当年机械播种面积71.1万公顷，机械收获面积65.6万公顷。农村用电量73.2亿千瓦小时，比上年下降5.0%。

三、工业和建筑业

全市规模以上工业企业2572个，完成增加值2117.3亿元，比上年增长6.0%。其中，国有及国有控股企业下降4.7%，集体企业下降30.9%，股份制企业增长7.9%，外商及港澳台企业下降0.6%。

分轻重工业看，轻工业完成增加值1061.0亿元，比上年增长5.1%；重工业完成增加值1056.3亿元，比上年增长7.0%。

分行业看，七大主导产业完成增加值1801.6亿元，比上年增长6.4%。其中，装备制造业增长5.3%；医药工业增长2.5%；食品工业增长4.9%；纺织服装业增长8.3%；石化工业增长12.8%；钢铁工业下降2.3%；建材工业增长7.9%。六大高耗能行业实现增加值674.3亿元，增长5.3%，低于规模以上工业增加值增速0.7个百分点。高新技术产业实现增加值329.6亿元，同比增长11.8%，高于规模以上工业增速5.8个百分点。其中，电子信息、高端装备制造和新材料三个领域增加值分别增长12.6%、15.0%和21.5%。

年末资质等级以上建筑企业288个，建筑业总产值完成1032.18亿元，比上年下降8.8%。其中，建筑工程产值771.5亿元，比上年下降10.6%。

四、固定资产投资

全年全社会固定资产投资完成5727.5亿元，比上年增长12.1%。其中，固定资产投资（不含农户）5689.9亿元，比上年增长12.1%。

在固定资产投资（不含农户）中，第一产业投资170.6亿元，比上年增长25.8%。第二产业投资2504.7亿元，增长18.3%；其中，工业技改投资1785.8亿元，增长16.2%，占固定资产投资（不含农户）的比重为31.4%。第三产业投资3014.6亿元，增长6.7%。基础设施投资1055.5亿元，增长22.1%，占固定资产投资（不含农户）的比重为18.6%。民间固定资产投资3489.2亿元，增长8.4%，占固定资产投资（不含农户）的比重为61.3%。高技术产业投资643.2亿元，增长20.7%，占固定资产投资（不含农户）的比重为11.3%。

全年建设项目4001个，完成投资4703.6亿元，比上年增长16.1%。其中，亿元以上项目771个，比上年下降14.8%；完成投资2712.7亿元，比上年增长3.4%。

房地产开发完成投资986.3亿元，比上年下降

3.8%。

五、国内贸易

全年社会消费品零售总额完成2693.0亿元，比上年增长9.8%。按经营地统计，城镇消费品零售额完成2275.8亿元，比上年增长9.6%；乡村消费品零售额完成417.2亿元，增长11.2%。

在限额以上批发和零售企业（单位）商品零售额中，粮油食品类比上年增长9.7%，饮料类增长14.0%，烟酒类增长4.9%，服装鞋帽针纺织品类下降1.7%，化妆品类增长5.0%，金银珠宝类下降5.4%，日用品类增长9.0%，家用电器及音像器材类下降3.5%，中西药品类增长12.5%，文化办公用品类下降15.4%，建筑及装潢材料类下降23.5%，石油及制品类增长6.1%，汽车类下降1.1%。

六、对外开放和旅游

据石家庄海关统计，全年进出口总值完成121.4亿美元，比上年下降15.4%。其中，进口总值完成48.1亿美元，下降26.5%；出口总值完成73.2亿美元，下降6.0%。

在出口中，私营企业出口47.6亿美元，比上年下降7.0%，占出口总值的比重为65.0%。外商投资企业出口2.9亿美元，比上年下降5.9%。国有企业出口8.8亿美元，下降11.3%。

全年实际利用外资完成11.4亿美元，比上年增长11.6%。其中，外商直接投资9.0亿美元，增长9.8%。年内新批准设立外商投资企业34个，新增合同总金额39.3亿美元，增长近1.3倍；合同外资额6.8亿美元，下降13.6%。

全年接待国际游客18.6万人次，比上年增长6.4%，旅游创汇收入9362.9万美元，比上年增长35.5%。接待国内游客6763.4万人次，比上年增长17.0%，旅游收入584.7亿元，比上年增长35.3%。全年旅游总收入590.5亿元，比上年增长35.3%。

七、财政、金融

全年全部财政收入完成778.5亿元，比上年增长14.4%。其中，一般公共预算收入375.1亿元，增长9.2%。

一般公共预算支出682.4亿元，同比增长20.4%。其中，一般公共服务支出58.7亿元，增长28.0%；公共安全支出37.7亿元，增长15.9%；教育支出133.1亿元，增长10.9%；科学技术支出8.9亿元，增长22.4%；社会保障和就业支出60.8亿元，增长25.6%；医疗卫生与计划生育支出66.1亿元，增长17.3%；节能环保支出47.9亿元，增长35.5%；城乡社区事务支出58.3亿元，下降9.4%。

年末全市金融机构（人民币）各项存款余额9800.1亿元，比年初增加589.4亿元。其中，住户存款余额4868.9亿元，比年初增加372.9亿元。金融机构（人民币）各项贷款余额6121.1亿元，比年初增加915.2亿元。

八、科学技术和教育

全年取得科技成果348项。其中，达到国际领先水平1项，达到国际先进水平40项。全年申请专利9186项，授权5786项。

全市普通中学439所，在校生47.8万人；中等职业学校138所，招生5.7万人，在校生14.3万人，毕业生5.2万人；小学1470所，在校生77.0万人。全市幼儿园1396所，在园人数30.2万人。

九、文化、卫生和体育

年末全市共有艺术表演团体21个，艺术表演场馆15个，文化馆24个，公共图书馆25个。全市有线广播电视用户113.16万户，其中数字电视用户108.88万户。广播节目综合人口覆盖率99.4%，电视节目综合人口覆盖率99.38%。

年末全市共有医疗卫生机构（含诊所）6656个，其中，医院173个，疾病预防控制中心（防疫站）24个，妇幼保健院（站、所）25个，社区卫生服务中心（站）198个，村卫生室3974个。卫生机构实有床位5.04万张，其中医院拥有床位3.94万张。全市拥有卫生技术人员6.51万人，其中执业医师2.96万人，注册护士2.53万人。

全年全市选手在省级以上比赛中共获金牌249枚，银牌192枚，铜牌147枚。

十、城市交通和环境保护

年末城市公共汽车营运线路达229条，比上年增加6条；营运线路长度3802公里，比上年增加41公里；营运车辆4403辆，比上年增加429辆；客运总量5.87亿人次，比上年减5347万人次。

全年市区二级以上优良天气达180天。

全年全市完成造林面积4.8万公顷，其中人工造林完成4.0万公顷。全市森林覆盖率为37.0%。

十一、人口、人民生活和社会保障

年末全市常住人口1070.16万人，比上年增加8.54万人。出生人口12.44万人，出生率为11.72‰；死亡人口6.20万人，死亡率为5.84‰；自然增长率为5.88‰，比上年下降1.26个千分点。

全年全市居民人均可支配收入20762元，比上年增长8.8%。其中，城镇居民人均可支配收入28168元，增长8.0%；农村居民人均可支配收入11442元，增长8.5%。全市居民人均消费支出13432元，比上年增长7.4%。其中，城镇居民人均消费支出18165元，增长8.2%；农村居民人均消费支出7476元，增长3.0%。

年末全市城镇职工参加基本养老保险人数为202.1万人，比上年增加10.5万人。其中，在职人员154.2万人，比上年增加8.1万人；离退休人员47.9万人，比上年增加2.4万人。全市城乡居民参加养老保险人数为365.9万人，比上年增加6.9万人。年末全市城镇参加医疗保险人数为289.9万人，比上年增加3.6万人。其中，城镇职工141.6万人，比上年增加2.2万人；城镇居民148.3万人，比上年增加1.4万人。年末全市参加失业保险人数为90.1万人，比上年增加1.2万人；工伤保险人数为141.8万人，增加8.2万人；生育保险人数为136.9万人，增加

4.7万人。新型农村合作医疗参合率97.81%。

年末全市享受居民最低生活保障共有18.21万人。其中，城镇居民2.76万人，农村居民15.45万人。

（石家庄市统计局 甄月华）

承德市

2015年，是承德经济发展15年以来困难最多、挑战最大的一年。长期形成的产业结构矛盾，在全国经济下行压力持续加大的情况下迅速显现，经济持续低位运行。面对复杂严峻的经济形势，市委、市政府沉着应对、果断决策，及时采取一系列有针对性的措施，有效遏制了经济下行态势，全年经济平稳增长，社会事业不断进步，民生保障持续增强，为全面建成小康社会、建设生态强市、魅力承德奠定了坚实基础。

一、三次产业

2015年，全市实现生产总值1358.7亿元，比上年增长5.5%。其中，第一产业增加值235.6亿元，增长2.8%；第二产业增加值636.4亿元，增长4.5%；第三产业增加值486.7亿元，增长8.1%。三次产业比重由上年的16.8∶50.1∶33.1调整为17.4∶46.8∶35.8。

受严重自然灾害影响，全年粮食总产量121.2万吨，比上年下降2.3%。其中，谷物105.3万吨，增长1.9%。在谷物中，玉米86.5万吨，增长3.3%。蔬菜播种面积113.9万亩，增长2.1%，总产量433.7万吨，增长5.5%。其中，食用菌59.8万吨，增长10.7%。园林水果产量124.0万吨，增长10.3%。食用坚果产量19.4万吨，增长25.4%。肉类总产量45.1万吨，比上年下降0.6%；禽蛋产量11.6万吨，增长2.8%；奶类总产量14.9万吨，下降3.0%。

全市实现全部工业增加值545.6亿元，比上年增长3.8%。其中，539家规模以上工业企业实现增加值468.1亿元，增长4.0%。从注册类型看，国有及国有控股企业120.2亿元，下降6.6%；股份制企业457.9亿元，增长4.2%。从门类看，采矿业增加值236.6亿元，增长6.0%，制造业增加值189.6亿元，增长2.5%，电力、热力、煤气及水生产和供应业增加值41.9亿元，下降3.3%。从企业规模看，85家大中型企业实现增加值347.8亿元，增长5.7%。从轻重工业看，轻工业增加值47.6亿元，增长2.5%，重工业增加值420.5亿元，增长4.2%。

在规模以上工业中，黑色金属矿采选业增加值222.7亿元，增长6.2%，黑色金属冶炼及压延业增加值87.7亿元，增长3.7%，两行业拉动规模以上工业增长3.8个百分点。食品制造业增加值13.3亿元，增长7.0%；农副食品加工业增加值10.8亿元，增长2.6%；酒和饮料制造业增加值19.5亿元，下降1.0%；电力生产和供应业增加值35.9亿元，下降4.1%；装备制造业增加值19.1亿元，下降5.4%；医药工业增加值3.8亿元，增长1.6%；高新技术产业增加值35.8亿元，增长4.3%。

全年实现建筑业增加值91.0亿元，增长10.2%。资质等级内总承包及专业承包建筑企业201家，有施工活动企业190家。

全市第三产业增加值增长8.1%，增速比一季度高2.1个百分点，分别比二、三季度低1个和0.1个百分点。其中，金融业增速保持各行业首位，增长13.4%，交通运输、仓储和邮政业增长3.5%，其他服务业增长10.2%。

二、三大需求

2015年，全市完成全社会固定资产投资1535.1亿元，比上年增长7.6%，其中，固定资产投资（不含农户）完成1512.0亿元，增长7.8%；农村个人投资23.1亿元，下降5.2%。在固定资产投资中，城乡建设项目投资1380.5亿元，增长9.2%，房地产开发投资131.5亿元，下降5.5%。第一产业投资186.6亿元，增长108.9%。第二产业投资543.9亿元，下降9.4%，其中，工业投资543.3亿元，下降9.5%，黑色金属矿采选业投资107.5亿元，下降19.1%，黑色金属冶炼及压延业投资8.9亿元，下降21.7%，医药制造业投资17.1亿元，下降22.7%，农副食品加工业投资33.0亿元，下降13.5%，汽车制造业投资12.5亿元，增长59.6%，电力热力生产及供应业投资117.9亿元，增长74.4%；工业技术改造投资360.6亿元，下降20.0%。第三产业投资781.5亿元，增长9.6%。其中，交通运输、仓储和邮政业投资243.6亿元，增长12.8%；水利、环境和公共设施管理业投资213.2亿元，增长37.6%。

从投资项目看，全市固定资产投资施工项目1390个，当年新开工项目1021个，增长18.7%，占施工项目的73.5%。亿元以上项目394个，比上年减少41个，完成投资940.8亿元，增长3.9%。

全市实现社会消费品零售总额490.8亿元，比上年增长9.4%。其中，城镇365.0亿元，增长8.9%；乡村125.8亿元，增长10.8%。227家限额以上批发零售住宿餐饮企业实现零售额增长3.1%。限额以上批发零售企业中，粮油、食品类零售额16.2亿元，增长19.8%；烟酒类零售额9.3亿元，增长7.0%；服装、鞋帽、针织品类零售额13.9亿元，增长3.9%；日用品类零售额4.0亿元，增长4.6%；金银珠宝类零售额1.5亿元，增长0.7%；家用电器和音响器材类零售额4.8亿元，下降2.8%；文化办公用品类零售额1.6亿元，下降10.3%；石油及制品类零售额20.4亿元，下降11.1%；汽车类零售额14.3亿元，增长4.5%。

海关统计，全市进出口总额39940.5万美元，比上年下降38.2%。其中，出口38280.1万美元，下降26.6%。五矿产品出口24696万美元，下降32.7%；农副产品出口5041万美元，下降16.3%；机电产品出口3792万美元，下降6.0%。

三、运行质量

2015年，全市实现全部财政收入163.5亿元，比上年下降16.8%。其中，公共财政预算收入97.3亿元，下降9.5%。税收收入69.7亿元，下降16.1%。公共财政预算支出292.5亿元，增长14.9%。其中，医疗卫生、住房保障、文化体育与传媒、社会保障和就业支出分别为26.6亿元、12.9亿元、4.8亿元、29.8亿元，分别增长20.3%、330.5%、14.2%、32.6%。

年末，全市全部金融机构人民币各项存款余额1932.9亿元，比年初增长10.1%。年末各项贷款余额1496.0亿元，比年初增长15.3%。其中，短期贷款169.6亿元，下降4.3%；中长期贷款299.1亿元，增长28.2%。

年末规模以上工业企业中亏损企业194家，比上年增长9.6%，全年累计亏损36.46亿元，增长112.6%。2015年各月末累计利润增速一直呈负增长，全年实现利润27.1亿元，下降63.1%；实现税金52.2亿元，下降34.7%。

四、社会事业

2015年，全市专利申请796件，专利授权494件，分别比上年增加322和194件。组织申报、实施国家、省科技计划项目43项，争取资金支持2058万元。

全年新认定高新技术企业7家，新认定科技小巨人企业5家、科技型中小企业237家、创新型企业3家，全市科技型中小企业已达到587家、科技小巨人企业达到22家、创新型企业达到5家。

2015年，全市普通高等学校4所，中等职业教育学校30所，普通中学122所，小学447所。普通中学教师12515人，小学教师16601人。普通中学学生16.5万人，小学学生27.2万人。学前三年毛入园率达到75.5%。省级城市示范性幼儿园达24所，60%的农村幼儿园达到省级二类园以上标准；在标准化小学、初中就读的学生比例分别达到80%、98%。小学、初中义务教育巩固率分别达100%、97%以上。省级中小学素质教育示范校达到23所；高中阶段毛入学率89.6%。11个县区全部通过了省普及高中阶段教育验收。省级示范性高中达14所，在省级示范性高中就读学生达到78%。

年末，全市有广播电台9座，广播节目11套，中、短波发射台和转播台5座，广播人口覆盖率94.14%；电视发射台和转播台15座，发射功率23.05千瓦，电视覆盖率96.47%；有线电视用户数达55.74万户，有线电视入户率42%。

全市拥有非物质文化遗产内容涵盖民间文学、传统手工技艺等10大类185个项目。其中，被列为国家级、省级非物质文化遗产为9项、42项。命名为国家级、省级、市级传承人分别为2人、23人、51人。

全年承办国家、省、市级赛事分别为1、2、4项，与体校共同组队参加省级田径等项目8项次。体育社团承办、举办了承德避暑山庄国际半程马拉松赛、第二届全国速度滑冰马拉松赛、MMA终极格斗比赛等15项活动。全市有体育场馆112个，体校及业余体校6个，体育俱乐部29个。全年开展群众体育活动80次，30万人次参加。在省级及以上比赛中获金、银、铜牌18枚、22枚、35枚。

年末全市卫生机构3732个，其中医院47个，基层医疗卫生机构3621个，专业公共卫生机构48个，共有床位18228张，卫生人员25211人，其中技术人员18072人。

五、民生保障

2015年全市居民人均可支配收入14617元，比上年增长9.5%。按常住地分，城镇居民人均可支配收入22885元，增长9.1%。农村居民人均可支配收入7923元，增长10.6%。

年末，城镇基本养老保险参保人数59.5万人，比上年末增加2.8万人；城镇基本医疗保险参保人数81.9万人，其中城镇职工基本医疗保险参保人数43.5万人。工伤保险参保人数41.7万人，增加2.2万人；生育保险参保人数30.6万人，增加0.1万人；失业保险参保人数22.2万人，比上年末减少1.2万人。

新型农村合作医疗参合人数254.3万人，参合率达到97.5%。

全年城镇居民最低生活保障人数6.4万人，农村居民最低生活保障人数23.8万人，比上年增长1.7%。养老机构45个，床位数9974张。

2015年，市区空气质量达标天数260天，达标天数占71.2%，重度以上污染天数8天，占2.2%。市区浓度年均值每立方米43微克。全市地表水国、省控断面达到Ⅲ类以上水质标准的比例为88%，较上年上升4个百分点。

（承德市统计局　杨　旸）

张家口市

2015年是“十二五”的收官之年，面对复杂多变的经济形势，张家口市委、市政府敏锐判断、积极应对，牢牢把握“稳中求进”总基调，主动适应经济发展新常态，坚定信心，迎难而上，扎实推进各项工作，国民经济实现了稳中有进、稳中向好的态势，各项社会事业取得新进步，为“十三五”经济社会发展奠定了坚实基础。

一、综合

2015年全市实现生产总值1363.54亿元，比上年增长5.8%。其中第一产业实现增加值243.67亿元，比上年增长3.3%；第二产业实现增加值545.58亿元，比上年增长4.6%；第三产业实现增加值574.29亿元，比上年增长8.1%。人均生产总值达30840元，比上年增长5.7%。三次产业增加值占全市地区生产总值的比重分别为17.9%、40.0%和42.1%。

二、农业

2015年，全市实现农林牧渔业总产值430.93亿元，比上年增长3.4%。其中，农业产值217.55亿元，比上年增长3.7%；林业产值14.52亿元，比上年增长7.2%；畜牧业产值185.46亿元，比上年增长2.7%；渔业产值2.16亿元，比上年增长8.7%；农业服务业产值11.24亿元，比上年增长3.7%。占农林牧渔业的比重分别为：农业50.5%，比上年提高1.6个百分点；林业3.4%，比上年提高0.4个百分点；畜牧业43.0%，比上年降低2.2个百分点；渔业0.5%，比上年提高0.1个百分点；农业服务业2.6%，比上年提高0.1个百分点。

2015年，畜牧业生产实现平稳较快增长。猪出栏272.74万头，比上年下降3.0%；羊出栏354.53万只，比上年增长6.5%；牛出栏33.62万头，比上年增长7.3%。肉类总产量38.97万吨，比上年增长1.6%，牛奶总产量125.98万吨，比上年下降3.0%。禽蛋总产量23.81万吨，比上年增长5.5%。

三、工业

2015年，全市564家规模以上工业企业，实现工业增加值404.7亿元，比上年增长4.2%，其中，国有控股企业下降0.3%，集体控股企业增长10.2%，私人控股企业增长8.4%，港澳台商控股企业下降14.9%；轻工业下降2.3%，重工业增长6.6%。分产业看，矿产品及精深加工产业累计完成工业增加值130.01亿元，比上年增长7.6%；食品加工产业累计完成工业增加值101.15亿元，比上年增长2.9%；装备制造产业累计完成工业增加值57.86亿元，比上年增长15.1%；新型能源产业累计完成工业增加值91.93亿元，比上年增长1.7%。

全市规模以上工业累计实现主营业务收入986.9亿元，比上年下降12.5%；累计实现利税115.35亿元，比上年下降16.3%，其中实现利润41.35亿元，比上年下降25.0%。

四、固定资产投资和房地产开发

2015年固定资产投资累计完成1574.22亿元，比上年增长10.9%。其中城乡建设项目完成投资1342.56亿元，比上年增长9.5%；房地产投资211.67亿元，比上年增长20.0%。分产业看，第一产业投资182.94亿元，增长28.0%；第二产业投资627.50亿元，增长11.0%；第三产业投资743.79亿元，增长7.2%。

2015年房地产开发投资211.67亿元，比上年增长20%。其中，商品住宅投资154.10亿元，比上年增长25.9%；办公楼投资7.8亿元，比上年增长628.5%；商业营业用房投资27.36亿元，比上年下降31.6%。商品房施工面积1903.0万平方米，比上年下降1.2%；商品房竣工面积233.4万平方米，比上年下降0.5%；商品房销售面积448.0万平方米，比上年下降7.4%；商品房销售额206.0亿元，比上年增长2.3%。

五、国内贸易

2015年实现社会消费品零售总额618.1亿元，比上年增长9.5%。其中，全市343家限额以上企业（单位）实现消费品零售额143.50亿元，比上年增长5.3%。分地区看，城镇零售额实现49.0亿元，比上年增长8.9%；乡村零售额实现139.1亿元，比上年增长11.6%。分行业看，批发业实现零售额113.98亿元，比上年增长19.0%；零售业实现零售额400.06亿元，比上年增长3.5%；住宿业实现零售额14.69亿元，比上年增长32.3%；餐饮业实现零售额85.78亿元，比上年增长27.2%。

六、对外经济

2015年全市实际利用外资3.33亿美元，比上年增长2.3%，其中外商直接投资3.17亿美元，比上年下降0.5%。2015年，新批外商投资项目8个，比上年下降33.3%。合同外资额达到3.28亿美元，比上年下降28.7%。当年新注册外商投资企业8个，注册资本3.29亿美元，比上年下降13.7%，投资总额37066万美元，比上年下降44.7%。

2015年实现进出口总额6.7亿美元，比上年增长28.4%。其中出口额实现4.3亿美元，比上年增长23.5%。

七、交通、邮电和旅游业

2015年，全市交通运输、仓储和邮政业实现增加值98.16亿元，比上年增长4.1%。年末全市境内公路总里程2.09万公里；公路客运量2780万人；客运周转量23.73亿人公里。全市邮电业务总量达34.18亿元。其中，邮政业务总量3.35亿元；电信业务总量30.83亿元。

2015年全市拥有旅游景点39个，其中4A级景点12个。星级宾馆48家，其中四星级宾馆17家；旅行社83家。2015年，共接待国内外游客3848万人次，旅游收入301.67亿元，比上年分别增长16.0%和27.0%。其中，接待国际游客10.72万人次，创汇2908.97万美元，比上年分别增长8.0%和6.8%。

八、财政、金融和保险业

2015年，全市完成全部财政收入230.68亿元，比上年增长0.04%。一般公共预算收入完成133.43亿元，比上年增长5.73%。一般公共财政预算支出390.26亿元，比上年增长17.9%，全市用于民生领域的一般公共预算支出达316.95亿元，比上年增长20.2%，占全市一般公共预算支出的81.2%，比上年提高了1.54个百分点。

2015年，全市银行业金融机构人民币存款余额2345.95亿元。其中，住户存款余额为1594.88亿元；非金融企业存款余额384.61亿元。人民币各项贷款余额1679.77亿元。

2015年全市共有各类保险公司33家，比上年增加1家，其中，财险公司18家，寿险公司15家。全市保费收入达到46.47亿元。其中：财产险保费收入17.93亿元；寿险保费收入28.54亿元。

九、科学技术和教育

2015年，全市8项科技成果获河北省科技进步奖，6项科技成果获省级山区创业奖；赵治海获得了河北省突出贡献奖、“何梁何利基金奖”。全市争取到了国家863计划、国家国际科技合作、省重大成果转化等国家、省科技计划30多项，资金近2000万元。

全市现有各级各类学校1277所，其中幼儿园510所（公办242所）、小学531所（教学点500个，不计入学校总数）、初中135所、普通高中33所、中等职业学校51所（公办19所、民办17所、成人中专15所）、特殊教育学校13所、地方高校4所，另有省驻张高校2所。全市现有各级各类学校在校生64.28万人，其中，在幼儿园8.93万人、小学29.66万人、初中13.42万人、普通高中6.68万人、中等职业学校学生3.91万人、特殊教育学校0.087万人、地方高校1.59万人（不含电大学生，其学生为非全日制学生）。

十、文化、卫生和体育

2015年，全市6个艺术表演团体演出305场，观众达34.05万人次；全市6个艺术表演团体（企业）演出1145场，观众达111.50万人次；3个艺术表演场馆艺术演映23场次，艺术演出观众达9600人次。全市16个公共图书馆，总藏量202.59万册件套（包括电子图书62.97万），图书藏量145.66万册件，文化站机构233个，文化站组织文艺活动3646次。

2015年末全市共有医疗卫生机构5739个，其中医院79个、疾病控制中心21个、妇幼保健院18个。医疗机构实有床位数2.12万张，其中医院、乡镇卫生院1.98万张。卫生技术人员1.82万人，其中执业医师（助理）7463人，注册护士6857人。

2015年，全市建设了农民体育健身工程212个、新民居工程45个、城市社区工程24个、城市多功能运动场2个、城市中心广场工程1个。成功承办了全国亿万青少年冬季阳光体育活动、华北五省市青少年冬季阳光体育大会、河北省首届冰雪季活动。举办了“大好河山·激情张家口”冰雪季启动仪式、第二届海淀·张家口冰雪挑战季活动、第二届张家口市冰上嘉年华活动、群众性业余滑冰大赛、张家口市首届冰上趣味运动会。

十一、人民生活和社会保障

2015年全市户籍总人口469.01万人，其中男性人口240.86万人，女性人口228.15万人。2015年年末常住人口442.17万人，比上年末增加0.08万人。

2015年全市居民人均可支配收入15781元，比上年增长11.7%；城镇居民人均可支配收入23841元，比上年增长10.1%；农村居民人均可支配收入8341元，比上年增长11.8%。

2015年，全市城镇职工养老保险、工伤保险、失业保险、城镇基本医疗保险、生育保险分别达到84.80万人、52.89万人、38.55万人、96.06万人、29.4万人，城乡居民社会养老保险参保202.91万人，参保率为96.96%。全市拥有收养性社会福利单位164个，拥有床位3.81万张，年末在院人数1.39万人。年末城市居民享受最低生活保障人数为9.6万人，农村居民享受最低生活保障人数为43.8万人。

（张家口市统计局　席亚男）

秦皇岛市

2015年，在复杂严峻的形势下，全市各级、各部门在市委、市政府的正确领导下，主动适应经济发展新常态，积极稳增长、调结构、治污染、惠民生，全市经济总体平稳，实现稳中有进、稳中向好，在全面建成小康社会进程中迈出新步伐。

一、综合

年末全市常住人口307.32万人，比上年末增加0.87万人。出生人口2.71万人，人口出生率为8.81‰；死亡人口1.81万人，人口死亡率为5.88‰；人口自然增长率为2.93‰，比上年下降2.05个千分点。

2015年，全市实现生产总值1250.44亿元，比上年增长5.5%。其中，第一产业增加值177.63亿元，增长2.8%；第二产业增加值445.09亿元，增长4.9%；第三产业增加值627.72亿元，增长6.6%。三次产业的比重为14.2∶35.6∶50.2。民营经济增加值实现813.01亿元，比上年增长6.0%；占全市生产总值的比重为65.0%。

全年居民消费价格比上年上涨1.1%。其中，城市上涨1.1%，农村上涨0.8%。工业生产者出厂价格下降8.6%；固定资产投资价格指数下降3.3%。年末城镇登记失业率为3.32%，比上年下降0.17个百分点。

全年财政收入完成205.73亿元，比上年下降0.3%，其中公共财政预算收入114.36亿元，增长0.6%，按可比口径增长6.5%。财政支出268.92亿元，增长5.4%，其中公共财政预算支出227.52亿元，增长7.7%。

二、农业

全市实现农林牧渔业总产值318.83亿元，比上年增长2.7%。农业产业化率达到68.04%，在省内各市中居首位，高出全省平均水平2.49个百分点。

粮食播种面积14.83万公顷，比上年增加813公顷，总产量84.44万吨，减少0.84万吨。蔬菜及食用菌播种面积4.86万公顷，比上年增长0.8%；总产量340.25万吨，增长1.8%。园林水果总产量92.72万吨，增长5.9%。肉类总产量35.42万吨，下降2.1%；禽蛋产量11.63万吨，增长0.3%；牛奶产量10.57万吨，下降3.0%。水产品总产量36.07万吨，增长1.7%。

三、工业和建筑业

规模以上工业增加值331.92亿元，比上年增长4.1%。其中，国有控股企业增加值下降2.3%；集体企业下降1.0%；股份制企业增长1.7%；外商及港澳台投资企业增长10.4%。高新技术产业增加值增长12.8%。其中，汽车零部件及配件制造业增长7.7%，金属船舶制造业增长38.3%，印制电路板制造业增长28.3%，社会公共安全设备及器材制造业增长18.0%。

建筑业增加值84.00亿元，比上年增长10.1%。资质等级以上建筑业企业房屋施工面积1089万平方米，增长1.5%；房屋竣工面积431万平方米，增长98%。

四、固定资产投资

全社会固定资产投资完成892.45亿元，比上年增长10.4%。其中，固定资产投资（不含农户）874.33亿元，增长10.4%；农户投资18.11亿元，增长6.4%。在固定资产投资（不含农户）中，第一产业投资69.25亿元，增长1.1倍；第二产业投资243.74亿元，增长4.2%；第三产业投资561.34亿元，增长7.1%。工业投资242.94亿元，下降2.8%，其中技改投资169.59亿元，下降5.8%。民间投资617.22亿元，增长6.7%。高新技术产业投资74.54亿元，增长79.9%。

城市基础设施投资246.86亿元，比上年增长43.4%。房地产开发投资257.23亿元，下降4.3%。其中，住宅投资191.50亿元，下降9.9%；办公楼投资2.72亿元，下降45.4%；商业营业用房投资30.91亿元，增长37.2%。

五、国内贸易

社会消费品零售总额实现633.8亿元，比上年增长9.3%。按经营单位所在地统计，城镇消费品零售额完成533.7亿元，增长9.1%；乡村消费品零售额完成100.1亿元，增长10.4%。在限额以上批发和零售企业（单位）商品零售额中，粮油、食品类增长9.1%，服装鞋帽针纺织品类增长27.0%，日用品类增长15.3%，中西药品类增长15.7%，饮料类下降7.5%，烟酒类下降1.8%，石油及制品类下降4.0%，汽车类下降10.6%。

六、对外经济

进出口总值完成46.04亿美元，比上年增长6.0%。其中，出口总值29.78亿美元，增长3.8%；进口总值16.26亿美元，增长10.3%。实际利用外资8.61亿美元，增长6.0%。其中外商直接投资5.26亿美元，下降13.2%。在外商直接投资中，制造业占71.4%；房地产业占9.5%。全市新批准外资合同项目11个，增长10.0%；新批合同外资额6.90亿美元，增长15.4%。

七、交通、邮电和旅游

全市公路货运量5276万吨，增长10.5%；公路客运量1924万人，下降7.0%。水上货运量1777万吨，增长24.9%；水上客运量4.53万人，增长23.4%。港口货物吞吐量25309万吨，下降7.6%；集装箱吞吐量50.09万箱，增长21.0%。铁路货运量完成920万吨，客运量969万人。年末实有公共汽车营运车1138辆；全年公共汽车客运总量12046万人次；年末实有出租车4474辆。年末全市机动车保有量56.47万辆，比上年末增长8.8%，其中汽车保有量51.90万辆，增长16.1%。

邮政业务收入4.74亿元，增长20.1%。其中快递业务收入1.99亿元，增长38.6%。电信业务收入23.84亿元，下降10.5%。年末固定电话用户57.35万户；移动电话用户343.55万户，其中4G用户移动电话达到91.19万户。固定互联网宽带接入用户63.78万户。

接待海外游客28.40万人次，比上年下降4.9%；旅游创汇收入1.81亿美元，增长20.7%；接待国内游客3344万人次，增长18.5%；旅游总收入362.37亿元，增长23.4%。

八、金融和保险业

年末全市金融机构人民币各项存款余额2390.82亿元，比年初增加137.91亿元，其中住户存款余额1558.88亿元，比年初增加111.77亿元。全部金融机构人民币各项贷款余额1500.41亿元，比年初增加78.64亿元。保险公司保费收入56.54亿元，比上年增长13.1%。支付各类赔款及给付27.54亿元，增长18.8%。

九、人民生活和社会保障

2015年秦皇岛市城镇居民人均可支配收入28158元，比上年增长8.1%；农村居民人均可支配收入10782元，增长8.2%。城镇居民家庭恩格尔系数为24.0%，比上年下降0.3个百分点；农村居民家庭恩格尔系数为28.1%，下降0.5个百分点。

年末全市城乡居民养老保险参保人数128.28万人，其中城镇参保职工77.83万人。城镇基本医疗保险参保人数97.11万人。其中城镇职工基本医疗保险人数61.49万人，城镇居民基本医疗保险人数35.62万人。失业保险参保人数32.81万人；工伤保险参保人数44.70万人；生育保险参保人数43.99万人。

十、教育、科学技术和文化

年末全市共有各类幼儿园317所，在园儿童7.75万人。小学416所，招生数3.34万人，在校生19.54万人。普通中学154所，招生数4.11万人，在校生12.62万人。特殊教育学校5所，招生数123人，在校生468人。中等职业学校44所，招生数1.28万人，在校生3.16万人。普通高等院校13所，招生数4.94万人，在校生达15.53万人。

全年组织实施科技计划项目612项，其中95个项目获得国家、省资金支持；成交技术合同402项，成交额1.3亿元。全市高新技术企业93家；经认定的科技型中小企业达到1030家。专利申请、授权量分别达到4371件和2980件。截至年末全市建成省级产业技术研究院3家，市级以上工程技术研究中心（重点实验室）85家。

年末全市共有艺术表演团体22个，公共图书馆6个，剧场、影剧院13个。群众艺术馆、文化馆8个，文化站104个，完善提升村、社区文化广场120个。年末广播节目综合人口覆盖率88.0%，有线电视入户率85.0%，电视节目综合人口覆盖率94.0%，有线电视总用户106.6万户。

十一、卫生、体育和社会服务

全市共有医疗卫生机构3715个（含村卫生室），其中医院638个，二级医院20个，三级医院5个，社区卫生服务中心（站）101个，乡镇卫生院75个，妇幼保健院（所、站）8个。年末卫生机构拥有床位1.70万张，拥有卫生技术人员1.91万人，其中执业医师（执业助理）8347人，注册护士7758人。全市共有182.57万人参加新农合，参合率达到95.89%。人均筹资标准提高至490元。重大疾病医疗救治病种由去年20个增加到22个。全市筹资总额达9.07亿元。

全年秦皇岛市运动员在省级以上各类比赛中获金牌47枚，银牌56枚，铜牌74枚。年末社区服务中心（站）覆盖率达到87.2%。全市7.48万人享受居民最低生活保障，其中，城镇居民2.45万人，农村居民5.03万人。

十二、资源、环境和安全生产

全年造林绿化面积1.29万公顷，增加2648公顷。其中：完成林业重点工程三北防护林工程4668公顷；沿海防护林工程4534公顷。全市森林覆盖率达到45%。

全市环境空气质量监测总天数365天，二级以上达标天数269天，比上年增加30天；达标率为73.7%，提高8.2个百分点。单位地区生产总值能耗0.763吨标准煤/万元，比上年下降5.05%。

全年各类生产安全事故造成6人死亡，比上年减少2人；直接经济损失52万元，下降38.1%。交通事故造成152人死亡，与上年持平；交通事故损失额108万元，增长13.7%。火灾事故造成4人死亡，增加2人；火灾事故损失额980万元，下降20.5%。

（秦皇岛市统计局　徐庆书）

唐　山　市

2015年，面对复杂多变的国内外环境和艰巨繁重的改革发展任务，唐山市主动适应经济发展新常态，坚持稳中求进总基调，着力推进稳增长与调结构等各项工作，经济在困境中开拓、在转型中发展，社会各项事业在改革中持续进步，胜利完成“十二五”规划主要目标，为“十三五”发展和全面建成小康社会奠定了坚实基础。

一、综合

全年地区生产总值6103.1亿元，比上年增长5.6%。其中，第一产业增加值569.1亿元，增长2.8%；第二产业增加值3364.5亿元，增长4.9%；第三产业增加值2169.5亿元，增长7.5%。按常住人口计算，人均地区生产总值78398元（按年平均汇率折合12587美元），增长4.9%。全员劳动生产率为136138元/人，提高6.2%。三次产业增加值结构调整为2015年的9.3∶55.2∶35.5。

居民消费价格比上年上涨1.0%，其中食品价格上涨1.0%。商品零售价格上涨0.8%。农业生产资料价格下降2.2%。工业生产者出厂价格下降16.7%，其中，生产资料价格下降17.5%，生活资料价格下降2.8%。

全年城镇新增就业9.4万人，城镇失业人员实现再就业3.3万人，农村劳动力向非农产业转移6.3万人。年末城镇登记失业率为4.15%。

全部财政收入574.6亿元，比上年增长1.4%。其中，一般公共预算收入335.0亿元，增长3.5%。一般公共预算支出592.3亿元，增长12.9%。其中，教育支出增长13.1%，社会保障和就业支出增长25.8%，节能环保支出增长29.2%。

二、农业

粮食播种面积49.4万公顷，总产量308.4万吨，比上年增长1.1%。其中，夏收粮食71.6万吨，秋收粮食236.8万吨。棉花播种面积2.1万公顷，产量2.4万吨，下降8.7%。油料播种面积7.7万公顷，产量30.2万吨。蔬菜播种面积18.9万公顷，产量1452.4万吨，增长1.4%，其中设施蔬菜产量526.4万吨，增长2.8%。干鲜果产量270.0万吨（含果用瓜），增长1.2%，其中板栗产量8.7万吨，增长7.8%。肉类总产量74.1万吨，下降2.1%。禽蛋产量37.2万吨，增长0.8%。牛奶产量176.9万吨，下降4.1%。水产品产量56.0万吨，增长1.6%。花卉种植面积950公顷，比上年增加84公顷。全年人工造林1.9万公顷，森林覆盖率35.6%，比上年提高1.0个百分点。

年末市级以上农业产业化龙头企业138家，比上年增加33家。农业产业化经营率67.9%。新型农业经营主体单位7521户，增加1017户。新型农业主体经营率28.5%，比上年提高0.4个百分点。

三、工业和建筑业

全部工业增加值3097.6亿元，比上年增长4.6%。其中，规模以上工业增加值2739.2亿元，增长4.3%。

在规模以上工业中，国有控股企业增加值下降4.4%，股份制企业增长5.8%，外商及港澳台商投资企业增长4.9%，私营企业增长8.3%。钢铁行业增加值增长4.9%，装备制造业增长11.7%，化工行业增长5.1%，能源行业下降8.0%，建材行业下降8.4%。高新技术产业增加值比上年增长16.0%。

规模以上工业实现利润245.4亿元，比上年下降51.2%。其中，装备制造业下降26.2%，化工行业下降42.6%，钢铁、能源和建材行业分别净亏损26.1亿元、35.6亿元和7.0亿元。

年末规模以上工业企业1595家，其中，年内新建投产企业27家。2013—2015年累计化解炼铁产能1087万吨、炼钢产能2357万吨。

全社会建筑业增加值268.1亿元，比上年增长8.1%。具有资质等级的总承包和专业承包建筑企业325家，全年实现利润16.11亿元，下降18.8%，其中私营企业下降18.1%。

四、固定资产投资

全社会固定资产投资4619.6亿元，比上年增长9.6%。其中，固定资产投资（不含农户）4543.9亿元，增长9.6%。

在固定资产投资中，第一产业投资245.2亿元，增长32.8%；第二产业投资2242.1亿元，增长15.1%；第三产业投资2056.5亿元，增长2.1%。工业投资2266.4亿元，增长15.5%。工业技术改造投资1476.5亿元，增长14.0%，占工业投资的65.1%。高新技术产业投资544.4

亿元，增长33.6%；装备制造业投资717.6亿元，增长29.2%。民间投资3439.0亿元，增长10.3%，其中私营企业投资增长3.9%。城市基础设施投资917.6亿元，增长11.2%。

固定资产投资施工项目2928个，其中本年新开工项目2160个。在施工项目中，总投资亿元以上项目981个，完成投资3086.1亿元，增长8.1%。

房地产开发投资568.7亿元，比上年下降6.7%。其中，商品住宅投资408.0亿元，下降12.9%；办公楼投资14.9亿元，下降25.7%；商业营业用房投资100.5亿元，增长42.2%。

五、国内贸易

社会消费品零售总额2147.9亿元，比上年增长9.7%。按经营地统计，城镇消费品零售额1763.7亿元，增长9.6%；乡村消费品零售额384.2亿元，增长10.4%。分行业统计，批发业零售额340.1亿元，增长8.8%；零售业零售额1649.0亿元，增长10.0%；住宿业零售额14.8亿元，增长9.4%；餐饮业零售额143.9亿元，增长9.8%。

年末限额以上批发和零售企业476家。在限额以上企业商品零售额中，粮油食品饮料烟酒类增长4.6%，服装鞋帽纺织品类下降1.8%，化妆品类增长5.5%，金银珠宝类商品下降1.0%，日用品类增长4.4%，家用电器和音像器材类增长1.6%，家具类增长64.4%，通讯器材类增长20.7%，汽车类增长4.2%。

六、对外开放

进出口总额139.1亿美元，比上年下降17.1%。其中，出口额85.2亿美元，下降2.9%；进口额53.9亿美元，下降32.5%。在出口额中，一般贸易77.4亿美元，比上年下降5.9%；加工贸易3.2亿美元，下降6.3%。钢材产品出口59.8亿美元，下降6.5%；机电产品出口9.2亿美元，增长15.4%；陶瓷产品出口5.6亿美元，增长15.8%；农产品出口0.9美元，下降3.9%。对亚洲出口增长0.2%，对北美洲出口下降7.1%，对欧洲出口与上年持平。在进口额中，铁矿砂进口43.0亿美元，下降27.9%；煤炭进口4.5亿美元，下降56.1%；机电产品进口3.0亿美元，下降40.0%。

实际利用外资12.4亿美元，比上年下降11.6%。其中，外商直接投资12.3亿美元，下降9.7%。在外商直接投资中，化学原料和化学制品制造业增长77.7%，汽车制造业增长44.4%，黑色金属冶炼和压延业、房地产开发业分别下降35.7%和30.9%。全年新批准外商投资合同23项，合同利用外资额3.9亿美元，下降39.8%。年末实有三资企业393家，其中已投产企业194家。

对外承包工程业务完成营业额5.7亿美元，比上年下降3.1%。境外投资中方实际投资额3.2亿美元，增长6.8%。

七、交通、邮电和旅游

年末公路通车里程1.8万公里。其中，高速公路610公里。唐曹公路、滨海公路东段（唐秦界至曹妃甸新城段）主体通车。农村公路通车里程1.6万公里，比上年增加400公里，全年改造农村公路548公里。公路货物运输量3.6亿吨，比上年增长8.6%；货物运输周转量1082.8亿吨公里，增长9.3%。公路旅客运输量2656万人次，下降22.0%；旅客运输周转量24.1亿人公里，增长26.2%。拥有客运班线718条，减少156条，班线客车1076辆，减少448辆，其中新增新型节能环保客车43辆。年末民用汽车保有量153.9万辆（包括三轮汽车和低速货车3.3万辆），比上年末增长13.0%，其中私人汽车保有量143.1万辆，增长14.3%。私人轿车保有量89.1万辆，增长18.4%。

唐山港货物吞吐量4.9亿吨，比上年下降1.6%。其中，集装箱吞吐量152.3万标箱，增长36.9%。

三女河机场旅客吞吐量25.1万人次，比上年增长19.2%。货（邮）吞吐量734吨，下降18.9%。已开通航线7条，新开通杭州—唐山—满洲里1条航线。

张唐铁路全线通车，唐山站至唐山北站客车线建成通车，新唐山北站投入使用，唐曹铁路全面开工建设。

邮电业务总收入62.6亿元，比上年下降9.0%。其中，邮政业务收入9.7亿元（含快递业务收入），增长1.6%；电信业务收入52.9亿元，下降10.6%。年末移动电话用户890.5万户，增加156.1万户；互联网宽带接入用户138.7万户，增加0.9万户。年末许可备案的快递企业及其分支机构337家，完成快递业务量（收件量）4055万件，增长33.9%，实现业务收入3.7亿元，下降11.6%。

接待国内外游客3408.4万人次，比上年增长13.2%，旅游总收入310.3亿元，增长20.9%。其中，接待国际游客9.5万人次，增长8.7%，旅游外汇收入4791.1万美元，下降16.4%；接待国内游客3398.9万人次，增长13.2%，国内旅游收入307.5亿元，增长21.5%。清东陵景区晋升为国家5A级景区。

八、金融

年末拥有各类金融机构131家。其中，银行业金融机构32家，与上年持平；证券机构16家，增加1家；期货机构8家，减少1家；保险机构54家，增加3家。年末小额贷款公司51家，减少4家。年末金融机构人民币各项存款余额7456.8亿元，比年初增加714.1亿元，其中，住户存款余额4466.2亿元，增加389.3亿元。金融机构人民币各项贷款余额4779.4亿元，比年初增加500.9亿元。

年末拥有上市挂牌公司57家，新增16家。全年直接融资314.3亿元，其中，各类债券融资286.0亿元，股票融资28.3亿元。

全年保险机构保费收入167.9亿元，比上年增长15.2%。其中，财产险保费收入57.8亿元，下降3.9%；人身险保费收入110.1亿元，增长28.6%。各类保险赔款给付支出72.3亿元，增长10.9%。其中，财产险赔款给付33.2亿元，增长2.8%；人身险赔款给付39.1亿元，增长18.9%。

九、城镇建设与管理

年末城市道路总长度1612.3公里，比上年增加0.7

公里，人均城市道路面积15.67平方米。唐古快速路、西电路、体育馆道等新建道路竣工通车。年末市区集中供热面积6642万平方米，新增553万平方米。年末天然气管线总里程2784公里，增加114公里，扩供用户1.5万户。城市日供水能力137.0万立方米。年末城市排水管道2402.1公里，城市污水日处理能力79.9万立方米，污水集中处理率达到95%。年末主城区公交运营车辆2253部，其中，新能源和清洁能源公交车426部；公交运营线路135条，新增1条。年末运营载客出租车7461辆，新增300辆，更新双燃料出租车582辆。年末城市公园绿地面积2981.2公顷，人均公园绿地面积15.1平方米，植物园正式建成开放；建成区绿化覆盖面积10250.8公顷，绿化覆盖率41.17%，建成区绿地率38.66%。城市建成区生活垃圾无害化处理率达到100%。

十、教育和科技

年末拥有普通高等学校7所，在校生11.1万人，其中研究生2498人；本年新招生3.4万人，比上年增长10.6%，其中研究生招生905人，增长8.3%。中等职业学校在校生6.8万人，下降12.3%。普通中学在校生33.3万人，与上年持平。小学在校生50.0万人，增长4.2%。幼儿园在园幼儿22.9万人，增长3.2%。义务教育完成率97.81%，高中阶段教育毛入学率93.6%，高考本科二批上线率55.32%。

年末拥有市级以上工程技术研究中心145家，比上年末增加21家，其中省级29家，增加7家。市级以上重点实验室37家，新建6家。省级院士工作站19家，增加5家，进站院士39名。大型科研仪器设备共享平台入网仪器设备2089台套。拥有各类科技产业化园区（基地）33个，新建设2个。其中，国家级园区（基地）7个，省级园区（基地）21个。年末高新技术企业180家，新增42家；科技型中小企业2568家，新增1020家；科技小巨人企业达到182家。拥有国家级科技企业孵化器1家、省级孵化器6家，省级众创空间2家。全年申请专利4557项，同比增长19.0%；授权专利3209项，同比增长21.7%。技术合同成交总额18.96亿元。全年组织开展重大、重点科技项目35项，其中省级项目10项。取得科学技术奖励156项，其中国家级奖励5项，省级38项。

十一、文化和体育

年末拥有艺术表演团体10个，影剧院32个，文化馆、群艺馆15个，博物馆、纪念馆18个，公共图书馆13个。有线广播电视用户142.9万户，数字电视用户135.1万户。有线广播电视入户率62%。公开出版报纸、期刊19种。不可移动文物点1321处，世界文化遗产2处，市级以上文物保护单位95处。新图书馆业务应用系统和数字图书馆平台投入使用。创办大型公益性文化演出品牌《唐山大舞台》和文化讲座品牌《文化大讲堂》。“中国非物质文化遗产·唐山皮影艺术展”在日本东京中国文化中心隆重举行。

年末拥有体育场地10891个，体育馆21座，标准游泳池（馆）21个，公共健身器材7270套，人均体育场地面积1.91平方米。全年开展各类群众健身活动1500余项次。市中心体育公园建成开放。拥有国家级体育休闲示范区1个、国家级乡镇体育示范工程2个，省级各类体育健身工程、户外活动基地、健身公园287个。拥有各类体育协会222个。全年承办举办国家级大型赛事8项、省级赛事5项。全年销售体育彩票15.76亿元，连续十年全省销量第一。

十二、卫生、社会保障和公共服务

年末拥有各类卫生机构2227个（不含村卫生室），其中医院172个，乡镇卫生院178个，社区卫生机构149个。卫生机构拥有床位4.1万张，比2010年增长24.1%，其中医院3.2万张，乡镇卫生院0.6万张。卫生技术人员4.6万人，其中执业（助理）医师2.0万人，注册护士1.9万人。农村卫生室6904个，乡村医生和卫生员1.67万人。全年门诊量3900万人次，门诊人均次费用170.9元，比上年增长5.6%。

年末参加城镇职工基本养老保险人数216.2万人，比上年末增加7.4万人。参加城乡居民养老保险人数337.5万人，增加1万人。参加城镇基本医疗保险人数221.4万人，减少1.8万人。参加失业保险人数81.1万人，增加0.6万人。参加工伤保险人数116.9万人，增加3.1万人。新型农村合作医疗参合率98.54%，筹资标准由每人每年400元提高到490元。全年发放城乡最低生活保障金5.0亿元，保障居民18.72万人。城市低保标准由每人每月470元提高到500元，农村低保标准由每人每年3150元提高到3550元。

年末拥有敬老院75家，减少床位4408张。民办养老机构92家，增加20家，拥有养老床位13909张，新增2362张。居家养老服务中心（站）5595个，村（居）委会覆盖率92%。

十三、人口和人民生活

年末常住人口780.1万人，比上年末增加3.3万人，其中城镇人口454.9万人，增加18.2万人。常住人口城镇化率58.31%，比上年提高2.10个百分点。年末户籍总人口755.0万人，比上年末增加1.8万人。其中，男性382.2万人，女性372.7万人。全年出生人口7.1万人，出生率为9.48‰；死亡人口4.8万人，死亡率为6.04‰；人口自然增长率3.44‰。全年登记结婚53458对，离婚20176对。

居民人均可支配收入23465元，比上年增长8.6%。其中，城镇居民人均可支配收入31272元，增长8.2%；农村居民人均可支配收入13935元，增长8.3%。

十四、节能和环境保护

全年能源消费总量7968.86万吨标准煤，比上年下降1.79%。规模以上工业煤炭消费量7795.53万吨，比上年减少261.25万吨。万元生产总值能耗1.2048吨标准煤，下降6.94%；万元工业增加值能耗下降4.87%。

全年环境空气质量二级及优于二级天数156天，比上年增加23天，重度污染以上天数40天，减少30天，细颗粒物（PM2.5）浓度年均值下降15.8%，可吸入颗粒物（PM10）浓度年均值下降13.5%。

（唐山市统计局　翟淑霞）

廊　坊　市

2015年是“十二五”的收官之年，全市人民主动适应、积极引领经济发展新常态，抢抓机遇、顽强拼搏、砥砺奋进，胜利完成“十二五”规划主要目标任务，为“十三五”经济社会发展，决胜全面建成小康社会奠定了坚实基础。

一、综合

全市生产总值实现2473.9亿元，比上年增长8.8%。其中，第一产业增加值206.2亿元，增长0.7%；第二产业增加值1102.4亿元，增长6.3%；第三产业增加值1165.3亿元，增长13.8%。全市三次产业结构为8.3：44.6：47.1，历史性实现“三、二、一”格局；与2011年相比，第一产业、第二产业分别下降2.5和9.7个百分点，相应的第三产业提高12.2个百分点。全部财政收入占GDP比重19.5%，同比提高0.8个百分点。“十二五”期间，全市生产总值突破两千亿元大关，年均增长9.5%。

居民消费价格比上年上涨0.4%，同比回落1.1个百分点；商品零售价格上涨0.1%，回落0.7个百分点；农业生产资料价格下降0.3%，回落1.8个百分点；工业生产者出厂价格下降6.3%，回落2.4个百分点。

下岗再就业人数0.76万人。年末城镇登记失业率1.87%。

二、农业

粮食播种面积463.0万亩，比上年增长0.8%；粮食总产量160.7万吨，下降5.4%。其中，夏粮产量42.7万吨，下降1.8%；秋粮产量118.0万吨，下降6.6%。

棉花播种面积29.5万亩，比上年下降28.6%；棉花总产量2.1万吨，下降29.7%。油料播种面积23.1万亩，增长3.9%；总产量3.9万吨，增长0.3%。

蔬菜播种面积161.0万亩，比上年下降3.6%；蔬菜总产量679.6万吨，下降3.7%。其中，设施蔬菜播种面积57.7万亩，下降10.8%；产量232.4万吨，下降8.7%。

肉类总产量31.3万吨，比上年下降4.0%。其中，猪肉产量16.9万吨，下降5.7%；牛肉产量6.1万吨，下降1.8%；羊肉产量3.1万吨，下降2.5%；牛奶总产量22.7万吨，下降3.0%。禽蛋产量15.5万吨，下降8.5%。

水产品产量3.5万吨，比上年下降1.2%。

农用机械总动力698.6万千瓦，比上年增长0.5%。机耕面积444.6万亩，增长0.1%；机播面积491.4万亩，下降2.4%；机收面积378.9万亩，增长2.5%。农村用电量92.6亿千瓦小时，增长2 1%。

三、工业和建筑业

全部工业增加值928.5亿元，比上年增长5.9%。其中，规模以上工业增加值增长6.1%。在规模以上工业中，分经济类型看，国有企业增加值增长8.5%，集体企业增长12.7%　股份制企业增长5.1%，外商及港澳台企业增长7.4%；分轻重工业看，轻工业增长7.7%，重工业增长5.5%。

规模以上工业行业中，黑色金属冶炼压延加工业、计算机通信及其他电子设备制造业、汽车制造业和家具制造业四大行业支撑作用较强，拉动全市规模以上工业增长4.1个百分点；五大高耗能行业实现增加值234.3亿元，增长3.3%，同比降低6.1个百分点；装备制造业增加值201.8亿元，增长5.9%；规模以上工业高新技术产业增加值170.2亿元，增长12.0%。其中，电子信息和高端装备制造两个领域增加值分别增长16.5%和13.8%，两大领域占规上工业高新技术产业增加值的比重均超40%。

规模以上工业企业实现利税257.2亿元，比上年下降4.5%。其中利润总额161.8亿元，下降5.5%。

建筑业实现增加值174.2亿元，比上年增长8.6%。资质等级以上建筑业企业房屋施工面积3630.9万平方米，下降0.5%；房屋竣工面积1048.9万平方米，下降4.3%。

四、固定资产投资

全社会固定资产投资完成2166.8亿元，比上年增长15.1%。其中，固定资产投资（不含农户）2133.8亿元，增长15.2%；农户投资33.0亿元，增长9.8%。“十二五”期间，全社会固定资产投资年均增长21.1%。

在固定资产投资（不含农户）中，第一产业投资27.7亿元，比上年增长41.2%；第二产业投资1059.2亿元，增长20.0%；第三产业投资1046.9亿元，增长10.2%。在第二产业投资中，工业投资1059.2亿元，增长20.2%，高于固定资产投资5.0个百分点。其中工业技改投资683.7亿元，增长19.3%，占工业投资的64.5%。

全市施工项目1194个，比上年增长9.1%，完成投资1462.9亿元，增长10.0%。其中，新开工建设项目858个，增长11.7%，完成投资859.8亿元，增长14.3%。

房地产开发投资670.9亿元，比上年增长28.5%。其中，商品住宅投资558.4亿元，增长27.8%；办公楼投资10.0亿元，增长51.2%；商业营业用房投资43.7亿元，增长14.4%。

五、国内贸易

社会消费品零售总额实现796.4亿元，比上年增长9.6%。其中，限额以上企业（单位）消费品零售额192.0亿元，增长4.3%。按经营地统计，城镇消费品零售额完成426.1亿元，乡村消费品零售额完成370.3亿元。“十二五”期间，社会消费品零售总额年均增长13.6%。

在限额以上批发和零售企业商品零售额中，占比前十的类别有汽车类增长3.3%，粮油食品类增长8.6%，家用电器和音像器材类增长6.4%，服装、鞋帽、针纺织品类增长2.7%，日用品类增长0.3%，中西药品类增长39.1%，书报杂志类增长20.4%，通讯器材类增长23.2%。石油制品类与金银珠宝类呈负增长，分别下降6.0%和8.0%。

六、对外经济

实际利用外资75593万美元，比上年增长5.4%，同比提高0.7个百分点。其中，外商直接投资66753万美元，增长1.4%。在外商直接投资中，投向一、二、三产业的外资分别为950万美元、34972万美元和30831万美元。房地产业、计算机通信和其他电子设备制造业、金融业投资居前，分别为20630万美元、15189万美元和8683万美元，三行业占外商直接投资比重为66.7%。"十二五"期间，全市实际利用外资年均增长9.0%。

从批准、注册情况看，年内新批项目28个，比上年增加10个；总投资（含增资）14.69亿美元，增长39.0%，其中合同外资额（含增资）7.04亿美元，增长45.1%。年内新注册项目25个，比上年增加5个；注册资本4.41亿美元，增长52.2%，其中外方注册资本4.40亿美元，增长1.1倍。年末实有三资企业501家。

据海关统计，全市进出口总值48.6亿美元，比上年下降8.2%。其中出口总值23.4亿美元，下降4.9%；进口总值25.1亿美元，下降11.1%。

七、交通、邮电和旅游

全市加快推进京津路网对接项目，努力拓展廊坊发展承载空间，重点打造"现代立体交通平台"。截至2015年底，廊坊市公路通车里程10521公里，路网密度164公里/百平方公里。高速公路方面，境内已通车高速公路8条段（G1N京秦、G1京哈、G2京沪、G3京台、G18荣乌、G45大广、S3廊沧、S24廊涿），总里程341公里；普通干线公路方面，境内共有25条，总里程736公里，其中国道5条，总里程194公里；省道20条，542公里。另外农村公路9443公里。

全市9个县（市、区）均已通达北京公交车。市区开通了首都机场客运专线。

全市邮电业务收入完成44.3亿元，比上年下降2.0%。其中，邮政业务收入3.1亿元，下降6.1%。年末固定电话用户72.3万户，移动电话用户506.3万户，互联网宽带接入用户数86.4万户，互联网宽带接入端口220.5万个。

全年共接待游客2026.6万人次，比上年增长22.4%，实现旅游收入201.9亿元，增长32.2%。其中，接待国际游客13.7万人次，增长3.9%，创汇5472.2万美元，增长1.0倍；接待国内游客2012.9万人次，增长22.6%，创收198.6亿元，增长31.4%。

八、财政和金融

全部财政收入完成481.3亿元，比上年增长18.3%。其中，一般公共预算收入完成303.4亿元，增长21.1%。一般公共预算支出481.9亿元，增长61.0%。

年末全部金融机构各项存款余额5011.1亿元，比年初增加1077.4亿元。其中住户存款余额2385.3亿元，比年初增加288.2亿元。各项贷款余额3420.9亿元，比年初增加801.8亿元。

九、教育和科学技术

各类中等职业教育学校招生1.0万人，在校生2.8万人；普通高中招生2.4万人，在校生7.1万人；高中阶段教育毛入学率为92.3%，比上年提高0.6个百分点；初中学校招生4.5万人，在校生13.9万人；普通小学招生8.3万人，在校生40.4万人；全市各类幼儿园在园幼儿15.1万人；特教学校在校生1006人；小学附设学前班在校生5.3万人。2015年高考报名考生1.8万人，其中本一、二、三段上线人数分别为1905人、3206人和5707人；体育、艺术本科提前批上线1326人。

经省科技厅认定的全市高新技术企业154家。登记科技成果98项，其中国际领先2项，国际先进9项，国内领先59项，国内先进28项。14项科技成果荣获省科学技术奖，其中突出贡献奖1项，技术发明奖2项，科学技术进步奖11项。全市科学技术进步奖60项。专利申请3777项，其中发明专利797项。专利授权2962项，其中发明专利299项。

十、文化、卫生和体育

全市共有公有制艺术表演团体9个，艺术表演场所（公有制）6个，群众艺术馆2个，文化馆9个，公共图书馆10个，博物馆4个。

年末全市共有乡以上医疗卫生机构1234个，其中医院133个，疾病预防控制中心11个，妇幼保健院（所、站）10个。年末医疗卫生机构（医院、卫生院）共有床位1.90万张，其中医院、卫生院拥有1.81万张。全市拥有卫生技术人员2.19万人，其中医生9434人。乡镇卫生院90个，乡镇卫生院卫生技术人员2569人。全年参加新型农村合作医疗302.1万人，参合率达到97.0%。

《全民健身实施计划（2011—2015年）》各项目标如期完成，农村和城市社区健身设施覆盖率分别达到70%和85%以上。截至2015年底，全市登记注册各类体育社会组织116个，街道乡镇级体育组织87个，全民健身点175个；拥有各级社会体育指导员4800人，体育人口159万人，占总人口的35.3%。元旦长跑、全民健身日、游园健步走、自行车耐力骑行、广场舞展示、市直机关体育运动会等大型群众性体育活动继续开展并日臻完善。竞技体育队伍建设全面加强，面向全国引进高水平教练员35人，向省级以上专业队伍输送优秀运动员39人。

十一、人口、人民生活和社会保障

年末全市总人口456.3万人，出生率为11.94‰，死亡率5.22‰，人口自然增长率为6.72‰。

城镇居民人均可支配收入为31925元，比上年增长8.5%；农村居民人均可支配收入为13159元，增长8.6%。城镇居民人均消费性支出22152元，增长11.5%；农村居民人均消费性支出10654元，增长

7.1%。

各类企业参加养老保险人数（含省直管县数据）67.4万人，其中在岗职工58.6万人，离退休人员8.8万人。机关事业单位基本养老保险参保人数19.0万人，其中在岗职工14.2万人，离退休人员4.8万人。企业和机关事业单位养老保险金社会发放率和足额发放率均为100%。城镇医疗保险参保人数99.4万人，新增3.1万人。职工失业保险参保人数27.8万人，新增1.3万人。城乡居民养老保险参保人数215.6万人，参保率达到99.2%。全市共有6.1万人享受居民最低生活保障，减少1.8万人。其中，城镇居民1.0万人，农村居民5.1万人。

十二、城市建设和环境保护

全市建成区绿化覆盖率为45.34%，绿地率41.96%，人均公共绿地面积13.7平方米。年末城市道路总长度504.0公里，道路总面积987.4万平方米。排水管道长度624.3公里。天然气管道总长度1269公里。供热管道总长度924公里，城市集中供热面积2148.0万平方米。现有水厂5座，日产水能力16.9万立方米，管线总长度311.4公里，5座水厂全年供水量为4048.1万立方米。市区公交线路34条，运营里程790公里，运营车辆556辆。

全年市区空气质量综合指数7.89，空气质量二级以上天数185天，城市空气质量达标率为50.7%，比上年提高8.8个百分点。

（廊坊市统计局　苏文侠）

保　定　市

2015年，在市委、市政府的正确领导下，冷静应对严峻复杂的国内外经济形势，积极引领经济发展新常态，奋力抢抓京津冀协同发展机遇，全力以赴稳增长、调结构、促改革、治污染、惠民生，全市经济保持了稳中有进、稳中有新的良好态势，转型升级步伐加快，民生事业持续进步，实现了“十二五”圆满收官，为“十三五”发展，实现全面建成小康社会奠定了坚实基础。

一、综合

经济总量突破三千亿元。全市生产总值实现3000.3亿元，比上年增长7.0%。其中，第一产业增加值353.5亿元，增长3.2%；第二产业增加值1500.7亿元，增长4.7%；第三产业增加值1146.1亿元，增长11.8%。三次产业结构为11.8∶50.0∶38.2。人均生产总值29067元，比上年增长6.4%。

民营经济平稳增长。全市民营经济增加值实现2039.0亿元，比上年增长7.1%，占全市生产总值的比重为68.0%；实缴税金253.6亿元，下降4.6%。

物价水平保持平稳。全市居民消费价格比上年上涨1.0%；工业生产者出厂价格下降4.0%。

就业形势基本稳定。全市城镇新增就业9.1万人。年末城镇登记失业率为4.03%。

二、农业

主要农产品稳定增长。全市粮食播种面积1231.4万亩，粮食总产量501.8万吨。其中，夏粮总产量224.3万吨；秋粮总产量277.5万吨。蔬菜播种面积190.2万亩，比上年增长1.5%，总产量750.8万吨，比上年增长3.2%。瓜果类播种面积34.2万亩，比上年增长3.6%，总产量113.6万吨，比上年增长0.5%。肉类总产量56.4万吨，比上年下降1.4%。其中，猪肉产量40.9万吨，下降2.2%；牛肉产量3.7万吨，增长1.6%；羊肉产量3.7万吨，增长5.8%。年末生猪存栏343.2万头，下降2.7%，生猪出栏537.8万头，下降2.4%。奶产量61.0万吨，下降3.0%；禽蛋产量37.6万吨，增长5.1%。

全市农业产业化经营率达到66.6%，比上年提高1.1个百分点。

三、工业和建筑业

工业生产总体平稳。全市全部工业增加值1248.5亿元，比上年增长4.0%。其中，规模以上工业增加值986.8亿元，增长4.4%。

转型升级成效明显。全市装备制造业增加值417.3亿元，比上年增长7.9%，占规模以上工业的比重为42.3%，比上年提高5.4个百分点。高新技术产业增加值398.6亿元，增长11.9%，占规模以上工业的比重为40.4%，比上年提高7.1个百分点。全市单位GDP能耗0.651吨标准煤/万元，比上年降低7.50%。全年单位工业增加值能耗0.629吨标准煤/万元，比上年降低9.06%。

主导产业势头良好。汽车、新能源、纺织、食品和建材等五大主导行业完成增加值567.5亿元，增长4.8%，占规模以上工业的比重为57.5%，比上年提高2.3个百分点。其中，汽车及零部件业增加值增长12.1%；食品业增加值增长5.0%；建材业增加值下降5.1%；新能源及输变电业增加值下降5.8%；纺织服装业增加值下降15.8%。

建筑业发展平稳。全市全社会建筑业增加值252.2亿元，比上年增长8.2%。全市资质等级以上建筑业企业257家，完成建筑业总产值1123.0亿元，比上年下降0.6%；房屋施工面积7451.0万平方米，增长1.2%；房屋竣工面积2888.7万平方米，下降3.1%。

四、固定资产投资

投资保持较快增长。全市全社会固定资产投资2499.1亿元，比上年增长11.0%。固定资产投资（不含农户）2424.7亿元，增长11.6%，其中，建设项目投资1980.1亿元，增长11.5%。高新技术产业投资380.7亿元，增长6.5%。城市基础设施投资454.8亿元，增长34.4%。总投资亿元以上施工项目856个，完成投资1605.5亿元，比上年增长4.7%。

三次产业投资协调发展。第一产业投资88.3亿元，下降3.4%。第二产业投资1019.6亿元，增长11.3%，其中工业投资1013.3亿元，增长10.6%；工业技改投资

536.4亿元，增长5.7%，占工业投资的比重为52.9%。第三产业投资1316.8亿元，增长13.1%。

房地产开发投资较快增长。全市房地产开发企业374家，完成投资444.6亿元，比上年增长12.4%，其中，住宅投资369.8亿元，增长9.3%。

保障房建设稳步推进。全市保障性住房完成投资7.6亿元，其中，公共租赁住房7.0亿元。保障性住房新开工面积55.5万平方米，其中，公共租赁住房45.1万平方米。保障性住房竣工面积25.8万平方米，其中，公共租赁住房24.3万平方米。

五、贸易外经

消费品市场持续活跃。全市社会消费品零售总额1509.3亿元，比上年增长10.0%，其中，限额以上单位消费品零售额405.4亿元，增长7.7%。分地域看，城镇消费品零售额1181.2亿元，增长10.0%；乡村消费品零售额328.1亿元，增长10.1%。在限额以上批发和零售企业（单位）商品零售额中，粮油食品类增长11.6%，服装鞋帽和针纺织品类增长11.2%，家用电器和音像器材类增长28.9%，汽车类增长5.6%。

对外贸易有所下降。全市进出口总值完成44.5亿美元，比上年下降16.0%。其中，进口总值13.2亿美元，下降2.8%；出口总值31.3亿美元，下降20.5%。实际利用外资4.16亿美元，比上年下降30.7%，其中，外商直接投资4.05亿美元，下降28.8%。在外商直接投资中，制造业占92.4%。全年新批外资合同13项，合同总投资12.54亿美元，其中，外资额4.38亿美元。

六、交通、邮电和旅游

交通事业稳步发展。全市交通运输、仓储和邮政业增加值117.8亿元，比上年增长3.9%。货物运输总量0.93亿吨；货物运输周转量312.2亿吨公里。旅客运输总量0.87亿人；旅客运输周转量37.6亿人公里。公路通车里程（包括乡村）2.2万公里，其中，高速公路962公里。全市营运车辆16.9万辆，其中，货车16.4万辆，客车0.4万辆。

邮电业务不断发展。全市邮电业务收入65.1亿元，其中，邮政业务收入6.7亿元；电信业务收入58.4亿元。年末拥有固定电话用户127.4万户。年末拥有移动电话用户871.9万，其中3G移动电话用户270.1万户。互联网接入用户达173.7万户。

旅游业繁荣发展。全市A级名胜风景区40个，其中，4A级以上景区15个。星级饭店51家。接待国内游客6634.4万人次，比上年增长14.7%，创收610.8亿元，增长49.2%；国际游客14.8万人次，增长4.2%，外汇收入0.5亿美元，增长66.7%。

七、财政、金融和保险业

财政收支状况良好。全市全部财政收入355.5亿元，比上年增长9.0%。一般公共预算收入196.9亿元，增长10.6%，其中，税收收入140.6亿元，增长12.0%。一般公共预算支出520.6亿元，增长22.4%。

金融存贷款稳步增加。年末全市金融机构本外币各项存款余额5113亿元，比年初增长9.9%。其中，住户存款余额3429亿元，增长9.6%。金融机构本外币各项贷款余额2432亿元，比年初增长14.6%。其中，住户贷款余额858亿元，增长16.3%。

保险业保持健康发展。年末全市保险公司49家，其中，财产险23家，人身险26家。保险业保费收入152.6亿元，其中，财产险53.4亿元，人身险99.2亿元。支付各类赔款及给付61.9亿元，其中，财产险26.6亿元，人身险35.3亿元。

八、教育、科技、文化、卫生和体育

教育事业稳步发展。全市中等职业教育学校76所，专任教师6105人，在校学生6.5万人。普通中学407所，专任教师3.5万人，在校学生48.8万人。小学1902所，专任教师4.1万人，在校学生85.1万人。幼儿园2281所，在园儿童35.0万人。初中毕业生升学率80.2%。

科技创新成绩斐然。全市院士工作站18家，其中，院士45人。全市研究所9所，其中，国家级1所，省级4所。重点实验室32家，其中，国家级2家，省级16家。企业工程技术中心130家，其中，国家级1家，省级26家。全市取得省级科技成果220项。本年申请专利5435项，授权专利4271项；年末技术合同成交额7.1亿元；有26个项目获科学技术奖励，其中，国家级3项，省级23项，包括省级科技进步奖20项，省级自然科学奖3项。

文化事业得到加强。全市公共图书馆23座，总藏书量215.2万册；博物馆16座；文化馆23座；乡镇（街道）文化站297个。全市公共文化设施5770个。全市有线电视入户率22.0%。电视节目综合人口覆盖率98.3%，广播节目综合人口覆盖率98.6%。

医疗卫生服务进一步完善。全市卫生机构10010个，其中，医院、卫生院538个。卫生机构技术人员4.9万人，其中，执业医师和执业助理医师2.2万人，注册护士1.7万人。卫生机构床位4.4万张，其中，医院、卫生院4.1万张。农村有医疗点的村数占总村数的96.4%。社区医疗卫生覆盖率100%。

体育事业健康发展。全市体育场馆43个。全市拥有国家二级裁判1562人，国家二级运动员1965人。全年共获省级以上奖牌428枚，其中，金牌166枚，银牌139枚，铜牌123枚。

九、人口、人民生活和社会保障

城镇化率提高。年末全市常住人口为1034.9万人，比上年增加5.4万人，其中，城镇人口为482.8万人，城镇化率为46.65%，比上年提高2.5个百分点。出生率为10.78‰，死亡率为5.37‰，自然增长率为5.41‰。

居民收入增长。全市城乡居民人均可支配收入16182元，比上年增长9.8%。其中，城镇居民人均可支配收入23663元，增长8.8%；农村居民人均可支配收入10558元，增长10.3%。

保障力度加大。全市参加基本养老保险人数为555.8万人，其中，参保城镇职工（含离退休人员）为111.8万

人，参保城乡居民为444.0万人。参加基本医疗保险人数为835.0万人，其中，参保城镇职工为111.0万人，参保城镇居民为92.1万人，参保新农合为631.9万人。参加失业保险的人数为45.8万人。参加工伤保险的人数为78.3万人，比上年增加22.9万人。参加生育保险的人数为66.2万人，比上年增加3.3万人。社会服务全年享受社会救济的人员有29.8万人，其中，城乡居民享受最低生活保障的分别有5.2万人和24.6万人。农村居民得到五保救济人数2.9万人。国家抚恤、补助优抚人数8.4万人。年末全市各种社会福利收养性单位99个，床位1.8万张，收养各类人员1.4万人。城市社区综合服务设施覆盖率98.4%。

（保定市统计局　张　蕾）

沧州市

2015年，面对错综复杂的经济发展形势，市委、市政府团结带领全市人民，深入贯彻党的十八大、十八届三中、四中、五中全会和习近平总书记系列重要讲话精神，科学推进“五城建设”，全面落实稳增长、促改革、上项目、调结构、治污染、惠民生各项工作任务，经济结构逐步优化，运行质量显著提高，居民收入稳定增长，社会事业取得全面进步。全市实现了“十二五”圆满收官，为“十三五”经济与社会发展、全面建成小康社会奠定了坚实基础。

一、总体情况

2015年，全市地区生产总值完成3240.6亿元，比上年增长7.7%。其中，第一产业增加值完成319.4亿元，增长1.9%；第二产业增加值完成1646.4亿元，增长6.8%；第三产业增加值完成1354.8亿元，增长10.0%。三次产业结构为9.6∶49.6∶40.8。

从整体经济构成看，投资对经济增长的贡献率61.4%，消费对经济增长的贡献率38.7%，净流出对经济增长贡献率-0.1%。消费对经济增长的拉动明显增强，经济发展进入良性循环。

全年居民消费价格指数累计上涨1.4%，其中城市上涨1.4%。从调查的八大类商品和服务看，呈“七升一降”格局，食品、烟酒及用品、衣着、家庭设备用品及维修服务、医疗保健和个人用品、娱乐教育文化用品及服务、居住类累计上涨2.3%、1.7%、1.2%、0.6%、0.4%、6.3%、0.3%，交通和通信下降2.7%。

二、农业

农林牧渔业总产值完成638.8亿元，比上年增长2.6%。其中农业完成产值324.1亿元，增长0.63%；林业完成产值7.1亿元，增长71.62%；牧业完成产值177.1亿元，增长0.42%；渔业完成产值32.8亿元，增长16.62%；农林牧渔服务业完成产值97.6亿元，增长7.38%。

全年粮食播种面积1350.28万亩，增加1.05%，总产量444.61万吨，下降1.0%，单产329.28公斤/亩，下降2.03%；棉花播种面积87.36万亩，下降40.97%，总产量6.6万吨，下降39.76%；油料播种面积42.9万亩，下降11.81%，总产量8.95万吨，同比下降12.87%；蔬菜总产量576.11万吨，增长3.1%；肉类产量49.1万吨，下降1.5%；禽蛋产量32.74万吨，下降3.7%；水产品产量13.97万吨，增长11.8%；牛奶产量7.78万吨，下降16.9%。

三、工业和建筑业

全市全部工业完成增加值1478.6亿元，比上年增长6.7%。规模以上工业企业实现增加值1257.3亿元，比上年增长6.9%。其中，轻工业完成增加值下降3.7%；重工业完成增加值增长8.1%。外商及港澳台投资企业完成增加值91.9亿元，增长1.3%；股份制企业完成增加值1082.42亿元，增长7.0%。

石油化工、管道装备及冶金、机械制造、纺织服装、食品加工等主导行业共完成工业增加值1072.1亿元，占全市规上工业的85.3%，增长7.2%。石油化工业完成增加值343.7亿元，增长5.9%；管道装备及冶金业完成292.7亿元，增长23.3%；机械制造业完成338.7亿元，增长26.9%；服装纺织类完成57.7亿元，增长4.6%；食品加工业完成39.4亿元，增长3.1%。石油化工、管道装备及冶金、机械制造、纺织服装、食品加工在规模以上工业增加值中所占比重分别为27.3%、23.3%、26.9%、4.6%和3.1%。

全市规模以上工业企业实现主营业务收入5466.8亿元，比上年下降2.6%。主营业务收入超十亿元企业57家，超百亿元企业5家。完成利税总额554.50亿元，比上年下降3.8%，其中实现利润总额303.66亿元，比上年下降6.1%。

全市建筑业完成增加值169.4亿元，比上年增长5.1%。资质等级以上建筑业企业209家，完成建筑业总产值433.1亿元，同比增长3.2%，房屋施工面积1928.2万平方米，下降6.6%，房屋竣工面积820.1万平方米，下降11.7%。

四、固定资产投资

固定资产投资完成3103.3亿元，比上年增长13.7%。其中，建设项目投资完成2865.2亿元，增长13.4%；房地产开发投资完成238.1亿元，增长17.9%。

在固定资产投资中，第一产业投资完成98.2亿元，同比增长17.4%；第二产业投资完成2194.6亿元，同比增长17%。其中，技改投资完成1367.9亿元，增长15.7%；第三产业投资完成810.4亿元，同比增长5.2%。

五、国内贸易

全市实现社会消费品零售总额1109.1亿元，比上年增长9.6%。城镇实现零售额812.1亿元，增长9.4%；乡村实现零售额297.1亿元，增长9.9%，乡村快于城镇0.5个百分点。全市限额以上批发零售企业粮油、食品、饮料、烟酒类商品零售额增长17.6%，其中，粮油食品类增长22%；服装、鞋帽、针纺织品类商品零售额增长8.6%；日用品类增长9.4%。金银珠宝类实现零售额12.2亿元，增长4.6%；中草药及中成药品类实现零售额3.4亿元，增长6.1%；书报杂志类实现零售额5.4亿元，增长27.6%；化妆品类实现零售额3.8亿元，增长17.6%。

六、对外经济

全市实际利用外资4.73亿美元，同比增长38.1%。新批"三资"企业合同总金额7.35亿美元，下降28.2%，新批"三资"企业合同外资额2.18亿美元，下降48.3%。

外贸进出口总值27.55亿美元，同比下降11.25%。其中，出口总值21.42亿美元，同比下降8.54%；进口总值6.13亿美元，同比下降19.56%。

七、财政、金融

全部财政收入完成446.7亿元，同比增长8.6%。其中，公共财政预算收入210.9亿元，同比增长11.2%。公共财政预算支出484.8亿元，同比增长25.7%。全市国税收入244.3亿元，同比增长2.28%；地税收入152亿元，同比增长3.69%。

年末，金融机构存款余额3823.79亿元，比年初增加387.5亿元。其中，住户存款2641.3亿元，比年初增加308.8亿元。金融机构贷款余额2132.44亿元，比年初增加289.36亿元。存贷比55.8%，比上年提高2.2个百分点。

八、社会事业

全市全年取得省级以上科技成果128项，其中105项达到国内领先水平，80项获市科技进步奖，9项科研成果获省科技进步奖；申报各项专利4026项，授权2239项；新增1家省级院士工作站，总数达到11家；新增省级工程技术研究中心3家，总数达到12家。

全市九年制义务教育阶段在校生86万人，毛入学率103.5%，巩固率达到92.2%。现有小学、初中学校1579所，中小学标准化率达到74%。现有普通高中学校47所，在校生9.8万人，高中阶段（含中等职业教育）毛入学率达到90.1%。市级示范性高中达到11所，省级示范性高中20所。全市职业院校已达37所，在校生达到6.5万人，已建成国家级重点5所，省级重点12所，列入国家示范校建设2所。

全市剧场、影剧院分布广泛，已遍及市区、各县（市）城区，拥有群众艺术馆1个，群众文化馆17个，乡镇文化站171个，全年组织文化活动4256次。公共图书馆15个，总藏书量139.38万册，其中，市级图书馆1个，藏书量66万册。电视台1座，广播电视台14座，广播电台1座，电视综合人口覆盖率100%，广播综合人口覆盖率100%。

全市拥有体育场馆27个，体校及业余体校4个，体育俱乐部102个。2015年二级运动员194人，社会体育指导员（二级）800人。全年开展群众体育活动107次，5.85万人积极参加。在省及以上级比赛中共获得金牌96枚、银牌105枚，铜牌97枚。

2015年末全市共有医疗卫生机构1388个（不含村卫生室），其中医院150个，妇幼保健院（所、站）20个，疾病预防控制中心20个，卫生监督局（所）19个，卫生院170个，社区卫生服务中心（站）98个。卫生技术人员37778人，医疗卫生机构床位33938张，其中医院32452张。

年末全市城镇参加基本养老保险人数89.24万人，比上年末增加3.76万人。其中参保职工65.25万人，参保离退休人员26.98万人。参加城镇基本医疗保险人数111.17万人，增加5.10万人。其中参加城镇职工基本医疗保险人数63.97万人，参加城镇居民基本医疗保险人数46.20万人。参加工伤保险的人数53.01万人，增加1.87万人，其中参加工伤保险农民工16.74万人，增加0.4万人。参加生育保险的人数40.49万人，增加3.1万人。

九、人口和居民生活

2015年，全市总户数232.1万户，年末总人口744.3万人，比上年增加5.99万人。其中，男性382.62万人，女性361.68万人。全年出生11.98万人，死亡3.59万人。出生率12.28‰，死亡率5.83‰，人口自然增长率为6.45‰。

2015年，城乡居民收入稳步增长。全体居民人均可支配收入完成17764元，同比增长10.3%。其中城镇居民人均可支配收入完成26350元，同比增长9.0%；农村人均可支配收入完成10389元，同比增长10.0%。

十、资源、环境和安全生产

2015年全年完成造林面积3.23万公顷。林业重点工程完成造林面积1.52万公顷，占全部造林面积的46.9%。全民义务植树1100万株。全市森林覆盖率为27.5%。

全年环境空气质量二级及优于二级天数203天，比上年增加59天；重污染天数24天，比上年减少23天。全年PM2.5平均浓度70微克/立方米，同比下降20.5%。

全年单位GDP能耗0.7763吨标准煤/万元，比上年降低6.39%，全年单位工业增加值能耗比上年降低10.94%。

全市安全生产形势总体稳定。各类生产经营性生产安全事故324起，死亡74人，受伤71人，同比分别下降4.1%、10.8%、10.1%；直接经济损失2280.49万元，同比上升59.4%。全市工矿商贸企业共发生生产安全事故9起，下降10%；生产经营性道路交通事故102起，同比分别减少9起；生产经营性火灾事故213起，同比减少4起。

（沧州市统计局　顾少华）

衡　水　市

2015年，在市委、市政府的正确领导下，全市上下深入学习贯彻习近平总书记系列重要讲话精神，认真落实中央和省委、省政府的决策部署，紧紧围绕“强势开局、跨越赶超，全面建成小康社会”总要求，坚定不移地走全面改革、绿色崛起、富民强市、普惠民生之路，全市经济稳中有进、稳中有新、稳中有好，社会事业取得全面进步。

一、综合

2015年，全市生产总值实现1220.0亿元，比上年增长7.6%。其中，第一产业实现增加值168.9亿元，增长2.3%；第二产业实现增加值563.1亿元，增长5.2%；第三产业实现增加值488.0亿元，增长12.7%。三次产业增加值占全市生产总值的比重分别为13.8%、46.2%和40.0%。

全年城市居民消费价格比上年上涨0.9%，其中医疗保健及个人用品和烟酒类价格上涨较快，分别上涨5.3%和3.8%，居住类下降1.7%。工业生产者出厂价格下降3.3%，其中生活资料价格上涨0.4%，生产资料价格下降3.9%。

年末全市城镇登记失业率为3.73%。

全年民营经济实现增加值854.3亿元，比上年增长7.7%；占全市生产总值的比重为70.0%。民营经济实缴税金108.7亿元，占全部财政收入的比重为66.6%。

二、农业

全年粮食播种面积863.7万亩，比上年下降2.6%；粮食总产量352.1万吨，下降3.3%。其中：夏粮171.9万吨，下降7.5%，秋粮180.2万吨，增长1.1%。

棉花播种面积148.0万亩，比上年下降16.0%；棉花总产量11.9万吨，下降11.8%。油料作物播种面积53.2万亩，比上年增长5.8%；油料总产量13.5万吨，增长6.9%。

蔬菜播种面积127.8万亩，比上年增长1.2%；蔬菜总产量430.7万吨，增长0.6%。其中设施蔬菜播种面积55.8万亩，增长1.8%，占全部蔬菜播种面积的43.7%；设施蔬菜产量171.9万吨，增长1.4%，占蔬菜总产量的39.9%。瓜果播种面积26.4万亩，增长0.8%；瓜果总产量106.5万吨，增长1.1%。园林水果总产量159.2万吨，增长3.3%。

肉类总产量38.4万吨，比上年下降2.0%；禽蛋产量30.0万吨，增长1.0%；牛奶产量11.5万吨，增长2.0%。

畜牧、蔬菜、果品三大优势产业产值占农林牧渔业总产值比重为65.0%，比上年提高3.1个百分点。农业产业化经营率达到66.8%，比上年提高3.2个百分点。

三、工业和建筑业

全年规模以上工业实现增加值460.0亿元，比上年增长5.0%。分轻重工业看，轻工业实现增加值149.5亿元，增长5.1%；重工业实现增加值310.5亿元，增长4.9%。

在规模以上工业中，前十大行业实现增加值367.1亿元，比上年增长6.7%。

规模以上工业主营业务收入1646.6亿元，比上年下降1.4%；实现利润104.5亿元，增长2.2%。

全市具有资质等级的总承包和专业承包建筑业企业148家，实现产值137.5亿元，比上年增长7.1%。

四、固定资产投资

全年全社会固定资产投资完成1129.5亿元，比上年增长14.4%。其中固定资产投资（不含农户）1085.5亿元，增长14.8%。

在固定资产投资中，第一产业投资49.4亿元，比上年增长110.2%；第二产业投资754.6亿元，增长7.2%；第三产业投资281.5亿元，增长29.1%。工业技术改造投资502.1亿元，增长8.9%，占工业投资的66.6%。民间投资994.2亿元，增长12.7%。

房地产开发投资158.9亿元，比上年增长20.9%。其中，商品住宅投资128.2亿元，增长25.2%；商业营业用房投资19.5亿元，下降16.7%。

全年施工项目675个，其中新开工项目466个。亿元以上项目328个，比上年增加3个。亿元项目完成投资783.1亿元，增长9.9%。

五、国内贸易

全年社会消费品零售总额609.0亿元，比上年增长10.1%。按销售单位所在地统计，城镇消费品零售额438.7亿元，增长11.2%；乡村消费品零售额170.3亿元，增长7.4%。

在限额以上批发和零售企业（单位）商品零售额中，家具类零售额比上年增长76.8%，建筑及装潢材料类增长49.9%，烟酒类增长35.2%，粮油、食品类比上年增长19.1%，化妆品类增长18.1%，服装鞋帽针纺织品类增长15.1%，汽车类增长10.4%。

六、对外经济

全年进出口总值26.6亿美元，比上年下降27.4%。其中：出口23.2亿美元，下降26.1%；进口3.5亿美元，下降35.3%。

从主导行业出口情况看：皮毛行业出口10.7亿美元，比上年下降32.9%；化工行业出口3.9亿美元，增长3.9%；丝网行业出口3.0亿美元，下降15.4%；机械制造行业出口1.8亿美元，下降14.2%；纺织品及服装行业出口1.4亿美元，下降57.6%。

全年实际利用外资16730万美元，比上年下降22.6%；其中外商直接投资16465万美元，下降23.4%。在外商直接投资中，来自亚洲9332万美元，来自欧洲6663万美元。

全年新批“三资”企业合同项目7个，新批“三资”企业合同总金额17417万美元。

七、交通和旅游

全年公路货物运输量4379万吨，货物运输周转量225.3亿吨公里；公路旅客运输量1376万人，旅客运输周转量12.2亿人公里。年末载客汽车923辆，载货汽车5.64万辆。

全市接待国内外游客1038.04万人次，实现旅游总收入66.62亿元，分别比上年增长23.9%和25.39%。其中接待国内游客1036.6万人次，实现收入66.34亿元，分别增长23.9%和25.4%；接待入境游客14255人次，创汇421.53万美元，分别增长3.6%和6.2%。其中，衡水湖接待游客150万人次，综合收入2.1亿元，分别增长7.1%和10.7%。

八、财政、金融和保险业

全年全部财政收入163.3亿元，比上年增长9.9%，其中公共财政预算收入88.5亿元，增长11.0%。公共财政预算支出268.9亿元，增长10.9%。民生支出保障有力，用于住房保障、文化体育传媒、社会保障和就业、城乡社区事务、教育、医疗卫生等支出分别增长77.7%、43.1%、30.2%、26.7%、19.9%、14.8%。

年末金融机构各项存款余额2435.80亿元，比年初增加321.45亿元，其中住户存款余额1713.50亿元，增加233.92亿元。各项贷款余额1284.15亿元，增加210.56亿元。金融机构人民币存量存贷比为52.7%，比上年提高1.8个百分点。

年末全市共有保险公司35家，比上年增加3家。其中财产险15家，增加2家；人寿险20家，增加1家。实现保费收入55.60亿元，比上年增长41.76%。其中财产险保费收入17.04亿元，增长23.63%；人寿险保费收入38.55亿元，增长51.59%。各项赔款和给付27.34亿元，其中，产险支付赔款7.1亿元，简单赔付率41.69%；寿险累计赔款支出9675万元，满期给付10.11亿元。

九、科学技术和教育

全年共批准省级科技成果21项，市级科技成果78项；获省级科技进步奖励2项。全年共认定、登记技术合同14份，技术合同成交额4754多万元。

全市拥有中等职业教育学校33所、普通中学176所、小学868所、幼儿园848所、特教学校9所，分别拥有专任教师2672人、19550人、18668人、5215人和182人，在校学生分别达到3.13万人、25.28万人、33.71万人、9.98万人和444人。在各类教育机构中，民办教育机构数量达到394所，拥有教职工11444人，其中专任教师8672人，在校学生16.52万名。

十、文化、体育和卫生

年末全市共有艺术表演团体3个，文化馆（群艺馆）12个，公共图书馆12个，博物馆（纪念馆、展览馆）6个。世界文化遗产点1处（华家口夯土险工），国家级文物保护单位9处，省级文物保护单位26处，市级文物保护单位17处，田野文物119处。

成功举办2015衡水湖国际马拉松赛暨全国马拉松锦标赛（第3站），共有国内20个省、市、自治区和20多个国家的15000余名运动员报名参赛，其中国内专业运动员报名达到140人。2015年中国马拉松年会上，衡水湖国际马拉松赛再次被评为金牌赛事。

年末全市医疗卫生机构6094个，其中医院115个，乡镇卫生院114个，社区卫生服务中心（站）32个，妇幼保健院（所、站）17个（含5个生殖保健中心），卫生监督所（中心）11个，疾病预防控制中心12个。卫生技术人员19725人，其中执业医师及执业助理医师9541人，注册护士5911人。医疗卫生机构实有床位17556张，其中医院13109张，乡镇卫生院3606张。

十一、人口、人民生活和社会保障

据公安部门人口统计数据显示，年末全市户籍人口452.3万人。全年出生人口4.7万人，死亡人口4.8万人。

年末全市常住人口443.54万人，其中城镇人口206.89万人，城镇化率为46.64%，比上年提高2.5个百分点。

全年全市居民人均可支配收入14585元，比上年增长11.2%。其中，城镇居民人均可支配收入21615元，增长10.2%；农村居民人均可支配收入9030元，增长11.4%。

年末城镇参加基本养老保险人数为51.5万人，比上年末增加2.1万人。其中参保在职职工37.2万人，参保离退休人员14.3万人。

参加城镇基本医疗保险人数为64.0万人。其中参加城镇职工基本医疗保险34.8万人，参加城镇居民基本医疗保险29.2万人。

参加失业保险的人数为18.4万人。参加工伤保险的人数28.6万人，其中参加工伤保险农民工9.7万人。参加生育保险的人数22.3万人。

十二、节能和环境保护

全年万元生产总值能耗比上年下降4.52%，万元生产总值电耗下降7.32%，规模以上工业万元增加值能耗下降12.9%。高耗能行业综合能源消费量254.4万吨标准煤，同比下降8.1%。

全年城市环境空气质量二级及好于二级天数为120天，比上年增加38天，其中一级天数为7天，增加5天，空气污染指数由9.85下降为9.08。全市拥有污水处理厂19个，设计日污水处理能力41.6万立方米。

（衡水市统计局　苗玉龙）

邢台市

2015年，邢台市委、市政府带领全市上下紧紧围绕“四个全面”战略布局，主动适应经济发展新常态，坚持稳中求进工作总基调，着力稳增长、调结构、促改革、治污染、防风险、惠民生，有效应对经济增长趋缓的不利局面，主要经济指标在合理区间运行，呈现“稳中有进、稳中有升、稳中有新”的态势，为“十三五”顺利开局夯实了基础。

一、经济增长缓中趋稳，物价涨幅低位稳定

2015年，全市生产总值实现1764.7亿元，比上年增长6.0%。其中，第一产业增加值275.6亿元，增长3.2%；第二产业增加值793.7亿元，增长4.3%；第三产业增加值695.5亿元，增长10.0%。全市人均生产总值24256元，比上年增长5.5%。三次产业结构比重由上年的16.6：47.4：36.0调整为15.6：45.0：39.4。三次产业对经济增长的贡献率依次为6.9%、39.0%和54.1%，分别拉动经济增长0.4、2.3和3.3个百分点。

全市居民消费价格总指数（CPI）比上年上涨1.0%。八大类商品及服务价格呈现“六涨二降”，食品类、医疗保健和个人用品类、烟酒及用品类上涨较多，同比分别上涨2.2%、1.7%和1.3%，交通和通信类、娱乐教育文化用品及服务类价格分别下降1.2%和0.4%。工业生产者出厂价格指数同比下降12.5%，其中：轻工业下降2.7%，重工业下降15.5%。生产资料下降14.4%，生活资料下降1.6%。

二、农业生产形势稳定，粮食产量再获丰收

农林牧渔业总产值491.4亿元，比上年增长2.9%，其中，农业产值308.9亿元，增长4.2%；林业产值6.2亿元，下降19.7%；牧业产值149.5亿元，增长1.1%；渔业产值1.4亿元，下降5.6%；农林牧渔服务业产值25.5亿元，增长5.0%。畜牧、蔬菜、果品三大支柱产业产值占农林牧渔业总产值的比重达57.0%，比上年提高2.9个百分点。农业产业化步伐加快。农业产业化经营率达到67.2%，比上年提高1.3个百分点。

粮食播种面积1095.2万亩，比上年增长2.1%；亩产411.9公斤，下降0.6%；总产量451.1万吨，增长1.4%。其中，夏粮产量223.8万吨，增长0.8%；秋粮产量227.3万吨，增长2.0%。棉花播种面积219.9万亩，比上年下降8.8%；棉花产量17.9万吨，下降8.2%；亩产81.3公斤，增长0.6%。油料播种面积80.5万亩，增长1.8%；油料产量17.9万吨，增长6.3%；亩产222.8公斤，增长4.5%。

蔬菜播种面积107.7万亩，比上年增长4.2%；总产量396.0万吨，增长5.0%。其中，设施蔬菜播种面积19.9万亩，增长4.7%；产量82.9万吨，增长9.2%。肉类总产量33.6万吨，比上年下降1.3%。其中，猪肉19.9万吨，下降2.2%；牛肉3.3万吨，增长2.6%；羊肉1.7万吨，增长2.7%；禽肉8.2万吨，下降1.4%。生猪年末存栏179.2万头，下降2.6%，出栏264.9万头，下降2.4%。牛奶产量28.8万吨，下降3.0%。禽蛋总产量54.4万吨，增长2.1%。

三、工业生产平稳回升，企业效益依然严峻

全部工业增加值完成711.6亿元，比上年增长4.1%。其中，规模以上工业增加值完成576.7亿元，增长4.2%。在规模以上工业中，分经济类型看，国有及国有控股企业下降0.9%；集体企业增长18.8%；股份制企业增长3.7%；外商及港澳台商投资企业增长3.0%。分轻重工业看，轻工业增长6.0%，重工业增长2.9%。钢铁深加工、煤化工、装备制造、食品医药、纺织服装、新型建材和新能源七大优势产业合计完成增加值398.4亿元，比上年增长6.4%；占全市规模以上工业增加值的比重为69.1%，比上年提高1.9个百分点。工业产品销售率为97.7%。出口交货值为106.1亿元，比上年下降10.5%。

规模以上工业企业实现利润总额112.0亿元，下降4.8%。全部规模以上工业企业中有154家企业亏损，比上年增加42家；亏损面为12.8%，比上年扩大3.0个百分点；亏损企业亏损额16.9亿元，增长38.9%。

四、投资需求稳定增长，房地产投资较快增长

全社会固定资产投资完成1886.6亿元，比上年增长10.4%。其中，固定资产投资（不含农户）完成1825.9亿元，增长10.9%。在固定资产投资中，第一产业投资87.8亿元，增长58.2%；第二产业投资1190.5亿元，增长6.2%；第三产业投资547.7亿元，增长16.4%。全市亿元以上施工项目530个，比上年减少21个，完成投资982.0亿元，下降4.3%。工业技术改造项目958个，比上年增加103个，占工业施工项目（1380个）的69.4%，完成投资729.9亿元，增长6.6%。城市基础设施投资200.9亿元，增长46.9%。

全市房地产开发投资182.0亿元，比上年增长19.9%。商品房销售面积259.0万平方米，下降7.0%；其中，住宅销售面积242.0万平方米，下降9.2%。商品房销售额103.5亿元，增长4.5%；其中，住宅销售额96.8亿元，增长1.6%。

五、消费市场繁荣稳定，对外经济较为低迷

全年社会消费品零售总额实现875.3亿元，比上年增长9.9%。其中，城镇零售额695.1亿元，增长11.5%；乡村零售额180.2亿元，增长4.2%。城镇零售额占全市社会消费品零售总额的比重达79.4%。限额以上企业（单位）消费品零售额212.0亿元，增长14.5%。在限额以上企业商品零售额中，中西药品类、饮料类和化妆品类增长较快，同比分别增长537.7%、72.1%和47.7%。汽车消费市场平稳增长，同比增长10.4%。年末全市亿元商品市场14个，实现市场成交额205.5亿元，比上年增长5.5%。亿元专业市场12个，实现成交额169.2亿元，增长6.7%，成交额占全部亿元市场成交额的82.3%。

全年进出口总值17.74亿美元，比上年下降14.5%。其中，进口总值4.48亿美元，下降13.0%；出口总值13.26亿美元，下降15.0%。贸易顺差8.78亿美元，比上年下降1.66亿美元。全年实际利用外资2.20亿美元，比上年下降54.8%。其中，外商直接投资1.45亿美元，下降68.8%。新批三资企业合同项目数17个，比上年增加3个；合同外资额14.1亿美元，比上年增长3.3倍。

六、交通、运输平稳增长，旅游、通信较快发展

全年公路货物周转量631.2亿吨公里，比上年增长9.7%；旅客周转量23.5亿人公里，比上年下降13.0%。全市公路通车里程18813公里，增长3.1%，其中，高速公路567公里。年末民用汽车保有量80.25万辆（包括三轮汽车和低速货车），比上年末增长13.2%；其中，私人汽车保有量72.88万辆，增长14.5%。民用轿车保有量61.64万辆，增长20.0%，其中，私人轿车58.67万辆，比上年增长20.6%；私人轿车保有量占民用轿车保有量的95.2%。

全年国内旅游接待人数1713.9万人次，比上年增长22.2%；创收金额139.9亿元，增长31.5%；人均花费816.3元/人次，比上年增加57.6元/人次；国际旅游接待人数23774人次，增长26.9%；创汇金额674.4万美元，增长8.8%。

全年完成邮电业务总量71.0亿元，比上年增长24.7%。其中，邮政业务量9.7亿元，增长47.1%；电信业务量61.3亿元，增长21.8%。年末局用电话交换机总容量达到755.9万门，比上年末增加23.0万门；全市固定及移动电话用户总数达602万户，比上年末增加30.4万户，增长5.3%。固定电话用户达到75.3万户，减少10.7万户。其中，城市电话用户26.5万户，减少26.3万户；乡村电话用户48.8万户，增加16.0万户。移动电话用户达到526.7万户，增加41.1万户。

七、财政收支稳定增长，金融、保险较快增长

全部财政收入完成176.5亿元，比上年增长1.2%。其中，公共财政预算收入首次突破百亿元，达到102.7亿元，增长7.3%。重点民生支出得到有效保障。全市公共财政预算支出为373.8亿元，增长31.2%。其中，教育支出76.2亿元，增长35.8%；医疗卫生与计划生育支出44.1亿元，增长19.1%；农林水事务支出62.4亿元，增长39.9%；交通运输支出27.7亿元，增长46.3%。

全市金融机构人民币各项存款余额2936.9亿元，比年初增加267.6亿元，增长10.0%。其中，住户存款余额2110.0亿元，比年初增加250.2亿元，增长13.5%。金融机构人民币各项贷款余额1759.2亿元，比年初增加211.1亿元，增长13.6%。全市金融机构存贷比为59.9%，比上年提高1.9个百分点。

全年保费收入73.85亿元，比上年增长34.5%。其中，财产险保费收入30.42亿元，增长31.5%；寿险保费收入43.43亿元，增长37.4%。各项赔款和给付支出27.37亿元，增长9.8%，其中，财产险赔付13.91亿元，增长33.6%；寿险赔付13.47亿元，下降7.2%。

八、科教事业稳步发展，文卫事业不断增强

全年共取得科技成果220项，比上年增加2项。专利申请受理量3122项，专利申请授权量2194项。发明申请480项，比上年增加210项，授权126项，比上年增加59项。

普通高等学校4所，招生人数1.49万人，在校学生数4.74万人；普通中学278所，在校生数35.22万人；小学1257所，在校生数62.03万人。学龄儿童入学率达99.9%，九年义务教育完成率达99.1%，幼儿园在园幼儿数25.39万人。

年末全市共有艺术表演团体36个，文化馆20个，公共图书馆20个，广播电视台18座。有线电视101.47万户，比上年增加9.09万户，有线电视入户率达到44.02%。其中，市辖区为15.59万户。广播、电视节目综合人口覆盖率分别达到99.41%和99.35%。

年末全市共有卫生机构8791个，其中，医院、卫生院316个；卫生技术人员3.15万人，其中，医生1.51万人，护师、护士9672人；床位3.06万张，其中，医院、卫生院2.95万张。拥有卫生防疫、防治机构20个，卫生技术人员416人，乡镇卫生院173个，床位6048张，卫生技术人员4553人，乡村医生和卫生员8675人。社区卫生服务中心（站）143个，床位467张，卫生技术人员1048人。

九、居民收入稳步提高，社会保障更加完善

城乡居民人均可支配收入达到14785元，同比增长10.3%。其中，城镇居民人均可支配收入和农村居民人均可支配收入分别达到21895元和9152元，同比分别增长9.4%和9.7%。农村居民收入增速快于城镇居民0.3个百分点。

年末参加城镇基本医疗保险人数164.89万人，比上年增加0.07万人；参加失业保险的人数达34.84万人，增加0.15万人；参加城镇基本养老保险人数为67.16万人，增加6.85万人。其中，在职职工参保达46.99万人，离退休人员参保达20.17万人。企业养老金社会化发放率达到100%。年末全市各类收养性社会福利单位床位达8790张，比上年增加929张；收养各类人员4242人。全市社区服务机构3875个，增加187个。其中城镇建立社区服务设施267个，增加12个。农村社区服务机构3608个，增加175个。全年筹集社会福利资金14.5亿元，增加1亿元；直接接收社会捐赠款12.6万元。

十、环境质量逐步改善，节能降耗成效明显

城市集中饮用水源地水质达标率为100%。朱庄水库水质达到《地表水环境质量标准》（GB3838—2002）中的Ⅱ类标准。滏阳河、滏阳新河两个出市河流断面COD浓度年均值分别比上年下降了22.95%、10.81%，滏东排河出市河流断面COD浓度年均值比上年上升了4.08%，主要河流断面水质出市口好于入市口。

全市单位GDP能耗比上年下降4.38%。规模以上工业企业综合能源消费量1166.84万吨标准煤（当量值），比上年下降1.76%；单位工业增加值能耗1.544吨标准煤/万元，下降5.98%；单位GDP电耗为1196.68千瓦时/万元，下降5.55%。

（邢台市统计局　侯子明）

邯　郸　市

2015年是“十二五”规划的收官之年，面对复杂严峻的形势和艰巨繁重的任务，邯郸全市上下紧紧围绕建设富强邯郸、美丽邯郸的战略目标，统筹做好稳增长、调结构、促改革、治污染、惠民生等各项工作，经济发展实现缓中趋稳、稳中有进，社会事业取得全面进步。

一、综合

（一）经济总量。全市生产总值3145.4亿元，比上年增长6.8%。其中：第一产业增加值402.8亿元，增长

2.4%；第二产业增加值1483.4亿元，增长4.8%；第三产业增加值1259.3亿元，增长11.2%。三次产业结构由2014年的13.1∶50.1∶36.8变化为12.8∶47.2∶40.0，第三产业比重比2014年提高3.2个百分点。

（二）财政收支。全市全部财政收入307.7亿元，比上年增长0.8%。其中：一般公共预算收入190.6亿元，增长4.1%。全市一般公共预算支出515.6亿元，增长25.3%。

（三）物价。全市居民消费价格总指数（CPI）比上年上涨1.9%。居民消费八大类商品（服务）呈“六升二降”态势。其中：食品类上涨2.2%、烟酒类上涨2.6%、衣着类上涨4.4%、家庭设备用品及维修服务类上涨1.1%、医疗保健和个人用品类上涨3.4%、娱乐教育文化用品及服务类上涨2.3%，交通和通迅类下降1.0%、居住类下降0.4%。

（四）人口与就业。全市年末常住人口达到943.30万人，比上年末增长0.6%。全市人口出生率为13.14‰，死亡率5.95‰，人口自然增长率为7.19‰。

2015年，全市城镇新增就业13.97万人，下岗失业人员再就业3.81万人，就业困难对象再就业9.7万人，其中困难人群再就业1.32万人；城镇登记失业率3.67%，在省控指标4.5%之内；农村劳动力向非农产业转移6.54万人次。

（五）民营经济。全市民营经济完成增加值2051.3亿元，比上年增长8.0%，占全市生产总值比重65.2%；实缴税金168.7亿元，占全部财政收入比重54.8%。民营经济的快速发展，为全市经济增长不断注入新的活力。

二、农业

粮食播种面积1160.1万亩，比上年增加6.4万亩，增长0.6%；粮食总产量542.5万吨，下降0.4%。其中，夏粮产量260.8万吨，下降0.9%；秋粮产量281.7万吨，下降0.01%。

棉花播种面积123.0万亩，比上年下降16.0%；总产量10.5万吨，下降13.4%。油料播种面积62.3万亩，下降1.9%；总产量15.3万吨，增长0.5%。

蔬菜播种面积210.5万亩，比上年增长1.2%；总产量857.2万吨，增长0.2%。其中设施蔬菜播种面积82.6万亩，下降1.4%；产量369.0万吨，下降0.4%。

肉类总产量70.5万吨，比上年下降1.9%。其中，猪肉产量40.3万吨，下降2.2%；牛肉产量4.6万吨，增长0.4%；羊肉产量5.3万吨，增长1.3%。年末生猪存栏342.2万头，下降2.6%；年末牛存栏39.5万头，下降0.4%；年末羊存栏340.7万头，下降5.5%；禽蛋产量111.6万吨，增长0.5%；牛奶产量23.4万吨，下降1.1%；干果产量4.1万吨，增长8.6%；水果产量88.5万吨，增长11.7%。

水产品产量3.5万吨，比上年增长1.9%。其中：养殖水产品产量2.3万吨，增长3.2%；捕捞水产品产量1.2万吨，下降0.4%。农业产业化经营率为66.2%，比上年提高0.9个百分点。

三、工业和建筑业

全部工业增加值1323.6亿元，比上年增长4.5%。其中：规模以上工业增加值1107.2亿元，增长4.7%。在规模以上工业中，国有企业增加值增长4.1%，集体企业增长10.4%，股份制企业增长6.8%，外商及港澳台投资企业下降8.4%。

规模以上工业中，轻工业实现增加值271.5亿元，比上年增长7.6%，增速高于重工业3.6个百分点，总量占规模以上工业比重24.5%。装备制造业增加值145.2亿元，增长12.2%，占比重13.1%，比上年提高2.2个百分点；高新技术产业增加值119.6亿元，增长17.4%，占比重10.8%，提高2.3个百分点；六大高耗能行业完成增加值713.6亿元，占比重64.4%，下降4.5个百分点。

全市规模以上工业实现利润148.3亿元，比上年下降10.8%。其中国有企业9.1亿元，增长16.2%；集体企业0.5亿元，下降32.4%，股份制企业121.5亿元，下降3.5%，外商及港澳台商投资企业18.5亿元，下降33.1%；私营企业72.4亿元，下降0.2%。

建筑业：全市建筑业实现总产值471.6亿元，比上年增长0.8%；实现增加值178.3亿元，增长5.3%。资质等级以上建筑业企业房屋施工面积3772.3万平方米，下降5.6%；房屋竣工面积1344.1万平方米，下降0.3%。

四、固定资产投资

全社会固定资产投资完成3526.6亿元，比上年增长11.1%。其中：固定资产投资（不含农户）3443.3亿元，增长11.4%；农户投资83.3亿元。

在固定资产投资中，第一产业投资213.8亿元，增长14.8%；第二产业投资1984.9亿元，增长9.8%，其中：工业投资完成1982.6亿元，增长9.4%；第三产业投资1244.6亿元，增长13.5%。工业技改投资1019.9亿元，占工业投资的51.4%，比上年降低4.9个百分点。民间投资2543.6亿元，增长14.0%。高新技术产业投资410.2亿元，增长0.4%。其中：高端技术装备制造业投资增长13.5%，环保产业投资增长2.5%，电子信息投资增长28.0%，生物技术投资增长14.1%。城市基础设施投资562.1亿元，增长28.2%。

全市房地产开发投资完成341.3亿元，比上年下降9.5%。房屋施工面积达2718.8万平方米，下降6.6%；其中：本年新开工面积696.6万平方米，下降16.7%；房屋竣工面积143.8万平方米，下降58.5%；商品房销售面积361.7万平方米，增长3.4%。

五、国内贸易

全市实现社会消费品零售总额1364.5亿元，比上年增长9.4%。其中：城镇市场实现零售额1046.9亿元，增长9.3%；乡村市场实现零售额317.6亿元，增长9.6%。在限额以上企业商品零售额中，粮油食品类零售额比上年增长2.2%，服装、鞋帽、针纺织品类增长8.4%，化妆品类下降0.7%，金银珠宝类下降5.7%，日用品类增长7.0%，家用电器和音像器材类增长3.2%，中西药品类增长4.8%，文化办公用品类增长21.2%，家具类下降1.6%，通讯器材类增长8.6%，石油及制品类下降8.4%，汽车类增长8.1%，建筑及装潢材料类增长8.3%。

六、对外经济

全市外贸进出口总值29.7亿美元，比上年下降17.3%。其中：出口17.5亿美元，增长5.5%；进口12.2亿美元，下降36.9%。

全市实际利用外资8.2亿美元，比上年下降11.4%。新批合同外资1000万美元以上项目27个，减少3个；审批的合同外资6.57亿美元，下降28.4%，占全市外商直接投资的82.9%。

七、交通、邮电和旅游

全市完成货物运输总量40921.4万吨，比上年增长10.0%。其中：铁路1820.6万吨，下降9.0%；公路38704.2万吨，增长9.8%；民航396.6吨，增长98.3%。全市完成旅客运输总量7803.8万人。其中：铁路656万人，增长2.8%；公路7122.9万人，下降10.9%；民航24.9万人，下降8.0%。

主城区共有公共汽车运营车辆1922辆；客运出租车运营车辆4261辆；全年公共交通共运送乘客1.86亿人次；出租汽车客运总量3285万人次。

年末全市民用汽车保有量达到107.12万辆，比上年末增长13.2%。其中：轿车56.52万辆，下降14.9%。在全市汽车总量中，私人汽车83.49万辆，增长1.0%。

全年完成邮电业务总收入49.8亿元，比上年下降2.9%。其中：邮政业务收入6.6亿元，增长12.5%；电信业务收入43.2亿元，下降5.1%。完成邮电业务总量90.4亿元，比上年增长17.3%。其中：邮政业务总量6.7亿元，增长17.2%；电信业务总量83.7亿元，增长17.5%。固定电话用户年末为67.4万户，比上年减少13.7万户；移动电话用户年末724.7万户，增加7.6万户；互联网用户为106万户。

全年接待海外游客5.1万人次。旅游收入1813万美元，比上年增长13.0%。国内旅游发展良好，全年接待国内旅游者3633万人次，增长11.1%；旅游收入336.7亿元人民币，增长43.3%。全市共有星级饭店28家，旅行社80家。

八、金融、证券和保险

2015年末全市金融机构各项存款余额4139.5亿元，比年初增加394.2亿元。金融机构各项贷款余额2803.8亿元，比年初增加438.9亿元。

证券市场各类股票交易额4288亿元，比上年增长4.2倍；新增股民2.6万人；期货代理交易额13567亿元，增长4.3倍。

全年保费收入105亿元，比上年增长25.4%。其中：财产险保费收入33.4亿元，增长21.4%；寿险保费收入71.2亿元，增长27.5%。全年各类保险理赔给付支出38.7亿元，增长23.7%。其中：寿险23.7亿元；财产保险15.9亿元。

九、城市建设与管理

继续优化中心城市空间结构，部分县区行政区划调整稳步实施。省、市重点项目分别完成投资252.5亿元和965亿元，超年计划31.7个和20.6个百分点。东区供排水、供气、供热等市政设施开工建设，东军师堡完成征迁，西军师堡回迁房建设加快，“三路一场”回迁房竣工入住，河北工程大学迁建启动。滏阳河酒吧街基本建成，串城街改造加紧施工，世纪大街、东柳大街南延竣工通车，“两高”沿线和北环路综合整治成效明显，绕城高速公路实现闭合通车。县城承载力明显增强，按照“3+X”思路，建成40个美丽乡村精品村，馆陶县寿东村被评为全国十大最美乡村。

十、社会事业

（一）教育。全市小学招生18.03万人，初中招生13.02万人，高中招生5.08万人。现有幼儿园2175所，在园幼儿35.75万人，专任教师1.68万人；小学1809所，在校学生97.08万人，专任教师4.63万人；普通中学385所，在校学生52.12万人，专任教师3.82万人；中等职业学校67所，在校学生8.12万人，专任教师5165人。小学适龄人口入学率达到100%，初中适龄人口入学率达到100%，初中毕业生升学率达到95%。

全市高考参考人数3.51万人，本科总上线人数达到2.41万人，上线率为68.7%。其中：一批上线率11.8%；二批上线率37.5%；三批上线率50.7%。

（二）科学技术。全市共取得各类科技成果171项，其中：达到国际领先水平以上成果2项，国际先进水平11项；国内领先水平111项，国内先进水平47项。获得2015年度省科学技术奖22项，其中一等奖1项、二等奖2项、三等奖19项；市科技进步奖76项，其中一等奖15项、二等奖23项、三等奖38项。新通过国家认定高新技术企业72家。全市专利申请量4803项，专利申请授权量3305项，发明授权量241项。

（三）文化。年末全市共有公共图书馆20个，总藏书172.6万册。有线电视用户达到77.31万户，有线电视入户率为28.8%。广播、电视综合覆盖率分别达到99.99%和98.85%。

（四）卫生。年末全市共有卫生机构8640个，其中医院184个、乡镇卫生院214个。医疗卫生机构共有床位4.4万张，其中医院、卫生院4.1万张。全市卫生技术人员达到4.07万人，其中执业（助理）医师1.77万人、注册护士1.47万人。新建改建3所县级医院和20所乡镇卫生院，城市社区卫生服务中心覆盖率达到100%。新农合参合率达到98.69%。

（五）体育。全年先后组织1100余名运动员参加了省级以上比赛；获得省级以上金牌50枚。体育设施方面，全市拥有体育场5个，室内游泳场10个，运动场30个。

十一、人民生活和社会保障

（一）人民生活。城乡居民收入稳定增加，生活质量进一步提高。城镇居民人均可支配收入24630元，比上年增长8.5%；农村居民人均可支配收入11247元，增长

8.7%。

(二) 社会保障。年末全市参加基本养老、失业、工伤保险的人数分别为564.2万人、68.5万人和83.8万人。城乡居民基本养老保险、大病保险实现全覆盖，城镇企业退休人员基本养老金连续11年上调，农村互助幸福院、城市社区居家养老服务中心覆盖率分别达82%和65%。

十二、资源、环境与节能减排

(一) 资源。全市继续严格土地管理，加大闲置土地的收回力度，土地供应在得到控制的前提下，满足了经济社会发展的需要。全年土地供应总量2237.6公顷，其中：公共管理与公共设施用地413.5公顷，占全年供地总量的18.5%；普通商品房用地227.0公顷，占全年供地总量的10.1%。

(二) 气象。全市年平均气温14.5℃，与常年值13.5℃相比偏高1℃，属温度偏高年份。邯郸市区年平均气温15.0℃，比常年值14.3℃偏高0.7℃。其中：极端最高气温为42.5℃，极端最低气温为零下13.5℃。

全市平均降水量409.8毫米，与多年平均值510.5毫米相比偏少19.7%，属降水偏少年份。2015年全市各地年降水量在322—521毫米之间，其中市区降水量为454毫米，与常年值501.9毫米偏少47.9毫米。

(三) 节能减排。全市坚持削煤、改企、降尘、控车、增绿多管齐下，综合整治大气污染，48台燃煤发电机组完成超低排放改造，486座实心粘土砖瓦窑和1426处非法加油站点全部关停取缔。拆除烟囱1222根，淘汰改造燃煤锅炉1365台。空气质量优良天数150天，同比增加62天；重度及以上污染天数33天，同比减少58天。全市单位生产总值能耗下降5.9%。

(邯郸市统计局　李振华)

辛　集　市

辛集市原为束鹿县，汉高祖六年置县，1986年撤县建市，已有2200多年历史。总面积951平方公里，人口63.7万，辖7乡8镇1个办事处。城区面积29.19平方公里，人口25.9万，城镇化率46.62%。2013年被省确定为首批2个直管县之一。

综合经济实力稳步提升。2015年，全市地区生产总值完成386.13亿元，比上年增长6.2%，比2010年增长50.62%；人均地区生产总值61320元。全部财政收入达到21.41亿元，其中公共财政预算收入12.19亿元，分别是2010年的2倍和2.3倍。固定资产投资212.96亿元，比2010年增长87.14%。社会消费品零售总额255.67亿元，比2010年增长85.52%。被评为中国最具区域带动力百强县(市)。

结构调整取得积极进展。三次产业结构由2010年的15.05∶60.91∶24.04调整到13.07∶58.83∶28.1。2015年规模以上工业增加值220.2亿元，比2010年增长75.75%。规模以上工业企业达到318家，比2010年增加59家。辛集皮毛产品质量检验中心通过国家级认定；新建28座企业污水处理厂和一批固废处理设施，被确定为全国外贸转型升级示范基地、全国唯一的皮衣裘皮品牌创建示范区。国际皮革城被评为4A级旅游景区、全国五星级专业市场、全国诚信示范市场。以电子信息、装备制造、节能环保为代表的新兴产业加速壮大，成为经济发展的新亮点。国家高新技术企业达到11家，科技型中小企业170家。新增中国驰名商标5件、省级名牌和著名商标80件。

第三产业发展日益繁荣。2015年第三产业增加值108.49亿元，比2010年增长61.21%。发展电子商务企业500家，皮革城电子商务中心年交易额5亿元，被确定为省电子商务示范基地。对外贸易平稳发展，全市进出口总值11.32亿美元，比2010年增长62.13%。皮都酒店、圣帝凯莱酒店、众美装饰建材城等一批重点商贸设施建成投用。

农业现代化步伐加快。粮食生产稳步增长，总产达到54.77万吨，被评为全国粮食生产先进县市。发展优质果品出口基地20万亩，被评为国家级出口鲜梨质量安全示范区、全省十大果品特色县市。34个无公害生产基地、标准化示范场和10个无公害产品通过省部级认定认证；被评为全国生猪调出大县。土地确权稳妥推进。新增土地流转面积10万亩，建设家庭农场134家、农民专业合作社1546家，其中2家被评为国家级示范社。农业基础条件明显改善，组建了河北大地农科院和院士工作站，实施节水稳产配套技术项目25万亩，铺设地下防渗管道199万米，补贴各类农机具3817台。实施农业产业化项目104个，产业化经营率达到77.8%。

城乡发展条件明显改善。编制完成《城乡总体规划(2013—2030)》，确定了新兴现代化区域中心城市的发展蓝图。交通路网日臻完善，教育路北延、跨307国道立交桥以及兴业街、宴西路等17条主干道路竣工通车。新建改造城乡道路246千米，全市公路通车总里程达到1186.9千米，路网密度每百平方千米122千米。石济高铁辛集段开工建设。通用机场跑办取得重大进展。新建改建润泽湖公园、金鹿公园和7条绿道绿廊，增加绿地162公顷，城区绿化覆盖率达到38.34%。集中建设了一批供热、供水、供电、通讯、地下管网等基础设施。数字化城管指挥中心正式运行，主要街路机械化清扫率达到65%，生活垃圾无害化处理率达到95%。美丽乡村和村庄规划有序推进，农村公共设施和生活环境明显改观。被评为中国新型城镇化质量百强县(市)。

生态环境质量持续好转。"十二五"时期是辛集市历史上环境治理投入最大、成效最显著的五年。累计实施重点节能减排工程60个，总投资10.8亿元。淘汰燃煤锅炉253台，淘汰黄标车9025辆，推广清洁能源供热面积119万平方米，全部取缔粘土砖瓦窑，压减煤炭使用量20万吨，圆满完成“十二五”节能减排目标。大气质量明显好转，2015 年 PM2.5 年均浓度比 2013 年下降 22.8%。新建第二城市污水厂、新城经济开发区污水处理厂。五年植树 457 万株，全市森林覆盖率达到 33%。

改革开放迈出扎实步伐。深入推进行政管理体制改革，行政审批事项减少 51.6%，非行政许可审批全部取消；全面实施三证合一、一照一码和“四个清单”、“三级平台”、“两个代办”制度。扎实开展全员创新、全民创业“双创”活动，市场主体达到 2.79 万个，比 2010 年增长 46%。创新创业平台稳步壮大，辛集经济开发区被列为全省承接京津功能疏解和产业转移的 40 个重点平台之一，新城经济开发区被列为省级循环经济示范园区。融资环境更加便利，新增 8 家外埠银行，全市银行业金融机构贷款余额 149.1 亿元，是 2010 年末的 2.7 倍。被评为中国中小城市最具投资潜力百强县（市）、创新创业百强县（市）。

各项社会事业全面进步。城镇居民人均可支配收入 26906 元，农村居民人均可支配收入 13364 元，年均增速达到 9.5%和 10.8%。市财政五年民生支出 61.79 亿元，占到财政收入的 73.3%。坚持教育优先发展，扎实推进素质教育，大力提升办学条件，筹资 2.76 亿元新建改建校舍 22 万平方米，被确定为国家义务教育发展基本均衡县（市）。投资 4.45 亿元，新建改造变电站 11 座，新上变压器 1399 台，所有变电站全部实现双电源供电，城乡用电紧张和供电薄弱状况得到根本好转。社会保障水平进一步提升。“五大保险”参保人数比 2010 年末增加 7 万人。新增城镇就业岗位 1.9 万个，城镇登记失业率控制在 3.21%以内。城镇和农村低保标准分别比 2010 年提高 70%和 161%。开工建设保障性住房 10435 套。新农保和城镇居民养老保险合并实施，财政补助标准比 2011 年提高 91%。养老服务业快速发展，全市公办敬老院、民办养老院达到 19 所，总床位 2031 张。扎实推进医药卫生体制改革，实现标准化卫生室全覆盖，被评为全国卫生应急综合示范市。文化事业日益繁荣，市乡村三级公共文化服务网络更加健全。社会治安综合治理深入推进，人民群众安全感、满意度明显提高。食品药品安全专项整治成效显著。“党政同责、一岗双责”安全生产责任体系全面建立，安全生产和消防安全形势持续稳定。

（辛集市统计局　王小平）

定　州　市

2015 年，定州全市上下在市委、市政府的正确领导下，深入贯彻落实国家宏观调控政策，适应新常态，全市经济保持平稳较快发展，社会事业取得全面进步，为推动跨越发展、建设新兴区域中心城市提供了有力保障。

一、综合

全市完成生产总值 300.22 亿元，比上年增长 8.5%。其中，第一产业完成增加值 79.92 亿元，比上年增长 3.2%；第二产业完成增加值 144.93 亿元，比上年增长 10.5%；第三产业完成增加值 75.37 亿元，比上年增长 9.4%。第一产业增加值占全市生产总值的比重为 26.6%，第二产业增加值比重为 48.3%，第三产业增加值比重为 25.1%。

全年城镇新增就业人员 6043 人，下岗失业人员实现再就业 2828 人，城镇登记失业率 3.89%。

全年居民消费价格总水平与上年同期持平，其中：服务项目价格上涨 2.6%，消费品价格下降 0.9%，农业生产资料价格上涨 0.3%。

全市民营经济完成增加值 188.0 亿元，比上年增长 9.0%；占全市生产总值的比重为 62.62%，比上年提高 1.5 个百分点。民营经济实缴税金 13.6 亿元，比上年下降 7.28%，占全部财政收入的比重为 43.9%，比上年下降 8.9 个百分点。民营经济从业人员 32.6 万人，比上年增长 5.58%；占全社会二、三产业从业人员的比重为 54.36%，比上年增加 1.95 个百分点。

二、农业

全年农林牧渔业实现总产值 135.35 亿元，比上年增长 3.4%。其中农业实现产值 84.15 亿元，比上年增长 2.9%；林业实现产值 5.81 亿元，比上年增长 18.1%；畜牧业实现产值 43.35 亿元，比上年增长 2.8%；渔业实现产值 186 万元，与上年持平；农林牧渔服务业实现产值 2.02 亿元，比上年增长 7.1%。

粮食播种面积 146.0 万亩，比上年下降 0.8%；油料播种面积 21.48 万亩，比上年下降 0.5%；蔬菜播种面积 55.14 万亩，比上年增长 1.1%。

粮食总产量 68.24 万吨，比上年下降 1.8%。其中：夏粮总产量 36.21 万吨，比上年下降 1.0%；秋粮总产量 32.03 万吨，比上年下降 2.6%。粮食单产 467.3 公斤/亩，比上年下降 1.0%。

肉类总产量达到 11.33 万吨，比上年增长 2.9%；其中猪肉产量 8.25 万吨，牛肉产量 1.09 万吨，羊肉产量 0.43 万吨，禽肉产量 1.51 万吨。奶类产量 22.46 万吨，比上年下降 1.3%；禽蛋产量 8.55 万吨，比上年增长 4.3%。

年末猪存栏 59.06 万头，比上年增长 0.6%；牛存栏 8.03 万头，比上年增长 9.0%；羊存栏 21.54 万只，比上年增长 1.2%。生猪出栏 111.00 万头，比上年增长 1.5%；牛出栏 6.98 万头，比上年增长 5.3%；羊出栏 31.70 万只，比上年增长 7.8%。

全年造林面积 2133 公顷，全部森林面积 1.71 万公顷，比上年下降 5.2%。全年四旁植树 120 万株，育苗面积 1.10 万公顷，苗木产量 8.25 亿株。

当年机耕面积 7.11 万公顷；有效灌溉面积 8.57 万公顷；农村用电量 2.6773 亿千瓦时，比上年增加 1.3%；农用化肥施用量（按实物量计算）24.82 万吨，比上年增长 0.7%；农药施用量 1364 吨。

三、工业和建筑业

全市规模以上工业企业 219 家，规模以上工业增加值

75.2亿元，比上年增长10.1%。

分企业规模看，大型企业完成增加值43.6亿元，比上年增长0.73%；中小微工业企业完成增加值31.6亿元，比上年增长26.64%。

分行业看，电力、热力生产和供应业完成增加值21.2亿元，比上年下降3.7%；汽车制造业完成增加值15.0亿元，比上年下降2.4%；石油加工、炼焦和核燃料加工业完成增加值9.5亿元，比上年增长26.49%；食品制造业完成增加值4.2亿元，比上年下降0.5%；金属制品业完成增加值7.8亿元，比上年增长26.01%。

全年建筑业增加值完成41.5亿元，比上年增长15%。全市具有资质的建筑业法人企业36个，完成建筑业总产值232.1亿元，比上年增长10.8%。资质内建筑业企业房屋施工面积1192.5万平方米，下降0.9%；竣工产值87.4亿元，上涨3.2%。

四、固定资产投资

全年全社会固定资产投资完成254.8亿元，比上年增长15.4%，其中，固定资产投资（不含农户）249.0亿元，比上年增长16.1%。

在固定资产投资（不含农户）中，第一产业投资0.4亿元，比上年下降95.7%；第二产业投资44.8亿元，比上年下降38.3%，其中，工业技改投资8.4亿元，比上年下降45.9%；第三产业投资203.8亿元，比上年增长53.8%。房地产开发投资94.2亿元，比上年增长55.3%。

五、国内贸易和对外经济

全年全社会消费品零售额完成143.4亿元，比上年增长9.7%，其中，限额以上企业实现零售额261.4亿元，比上年增长18.3%。按销售单位所在地分，城镇社会消费品零售总额完成108.5亿元，比上年增长10.2%；乡村社会消费品零售总额完成34.9亿元，比上年增长8.5%。

全年实现进出口总值3.0亿美元，比上年下降10.1%。

实际利用外资完成3000万美元，比上年增长426.3%。

六、交通、邮电业和旅游

全年交通运输、仓储和邮政业实现增加值13.6亿元，比上年增长5.6%。

邮电通信业平稳增长，固定电话年末用户10.6万户；移动电话109.6万户，比上年增长15.9%；互联网接入18.1万户，比上年增长21.4%。

全市共有文物保护区187个，星级饭店5个，星级饭店客房总数387间，接待旅客87.65万人次，旅游收入342.74万元。

七、财政、金融

全部财政收入完成31.1亿元，比上年增长11.5%，其中，国税局完成14.2亿元，比上年增长11.0%；地税局完成11.3亿元，比上年增长17.2%；财政局完成5.2亿元，比上年增长2.2%。一般公共预算收入16.0亿元，比上年增长10.3%。一般公共预算支出46.2亿元，比上年增长43.0%。

年末全市金融机构人民币各项存款余额402.1亿元，比上年增长13.9%，其中住户存款余额326.4亿元，比上年增长13.5%。金融机构各项贷款余额166.6亿元，比上年增长28.6%。

八、教育、科学、文化和卫生

全市普通中学40所，在校学生6.96万人，专任教师4207人；小学260所，在校生9.77万人，专任教师4465人；中等职业教育学校5所，在校学生1.03万人，专任教师463人。

全年专利授权数134件。

全市共有体育场馆3个，剧场、影剧院3个，公共图书馆图书总藏量120千册。

年末拥有医疗机构810个，其中医院35个，卫生院22个，村卫生所253个。医疗卫生机构床位数达到4866张，医疗卫生机构技术人员5051人，其中执业（助理）医师2480人。新生儿死亡率1.36‰。参加新型农村合作医疗的人数达到96.6万人。

九、人口、人民生活和社会保障

全市年末总人口达到124.4万人，比上年增加0.4万人。其中常住人口为120.34万人，城镇人口56.37万人，城镇化率达到46.84%。全年出生率为12.04‰，死亡率为6.14‰。

全市居民人均可支配收入16882元，比上年增长11.7%；城镇居民人均可支配收入23189元，比上年增长10%；农村居民人均可支配收入完成11959元，比上年增长11.7%。

年末全市城镇基本养老保险参保人数8.69万人，城镇基本医疗保险参保人数11.74万人，其中：城镇居民基本医疗保险参保人数5.73万人，城镇职工基本医疗保险参保人数6.01万人。参加失业保险人数3.15万人。参加新型农村社会养老保险人数54.00万人。

十、能源、环保和安全生产

2015年全社会能耗177.52（等价值）万吨标准煤，单位GDP能耗降低率为3.61%．规上工业企业单位工业增加值能耗降低率为10.85%。全年全社会用电量35.95亿千瓦时，比上年增长3.65%。其中，工业用电量25.33亿千瓦时，比上年增长2.88%。

年末全市城镇污水处理厂2个，城镇污水处理厂设计日处理能力7万吨，工业废水排放达标率100%，工业烟尘排放量达标率100%。全年四种主要污染物排放量，化学需氧量24018吨、氨氮排放量1706吨、二氧化硫8048.27吨、氮氧化物17261.6吨，分别比上年下降5.42%、6.21%、5.79%和31.43%。县城人均公园绿地面积9.51平方米，全年空气质量优良以上天数105天。

（定州市统计局　郑丛立）

县（市、区）域经济专辑

晋 州 市

晋州市隶属于河北省石家庄市，地处河北省中南部。晋州是大唐名相魏征的故里，中国鸭梨之乡，现辖9镇、1乡、2个省级工业园区，224个行政村，面积619平方公里，人口56.7万。2015年，按照中央、省市安排部署，主动适应发展新常态，统筹推进稳增长、调结构、促改革、治污染、惠民生，全市呈现出经济发展、社会进步、民生改善的良好局面。全市地区生产总值完成277亿元，增长7.7%；公共财政收入7.75亿元，增长10.2%；规模以上工业增加值147亿元，增长7.9%；固定资产投资270亿元，增长23.9%；社会消费品零售总额112亿元，增长9.3%；城镇居民人均可支配收入2.66万元，增长8.6%；农村居民人均可支配收入1.50万元，增长8.4%。

（一）建园区、引项目，发展的内在动力持续提升。实施园区提档升级工程，两个省级园区完成了第二城市污水处理厂等10余项基础设施建设，全面推行领导分包责任制、园区和乡镇“一把手”直接盯办制、部门定期会商制，入驻企业达到360余家。博伦特医药、清华诚志等“园中园”完成投资14.7亿元，加紧打造高新技术产业示范引领区。持续开展项目攻坚行动，亿元以上项目达到63项，实际完成投资80亿元，增长21%，其中在建10亿元以上工业项目7项；列入石家庄“三个一百”项目完成年度计划投资的165.4%，豪盛医药中间体等15个产业带动型、科技引领型项目竣工。

（二）调结构、促转型，产业支撑能力持续增强。深入实施工业突破战略，围绕推动传统产业转型升级，实施500万元以上技改项目103项，完成技改投资216亿元，纺织业引进了国内领先的织布、浆纱等设备，装饰建材业推行新型电能碳纤维烘干及粉尘回收技术，中国驰名商标达到5个，省级以上著名商标和名优产品达到68件，被命名为省级商标战略示范县市。大力开展科技创新引领工程，建设了一流的碳纤维加热线缆研发中心，发展国家级高新技术企业4家，科技型中小企业135家，具有国内领先科技水平的诚志新材料等7个高新项目竣工投产，以生物医药、新材料为主的新兴产业步入发展快车道。

（三）抓特色、扩规模，农业产业化水平持续提升。大力发展以肉、果、菜为主的特色农业，构建了“南果、北菜、规模养殖”的生产格局。“晋州鸭梨”作为全国首个专属政府拥有的驰名商标，入选中国果品区域公用品牌50强，被命名为国家级鲜梨出口示范市。全市无公害蔬菜种植面积达到1.52万亩，区泰记有机蔬菜远销北京、广州等地。双鸽生猪良种繁育基地成为石家庄唯一的“国家生猪核心育种场”，省、部畜产品无公害认定企业达到23家，被评为国家级出口食品农产品质量安全示范区。积极引进和发展农业产业化项目，汉荣包装王老吉饮品及伊利灌装生产线、长城果蔬加工等10余个重点项目完工，农业产业化国家级重点龙头企业达到2家，省、市级以上分别达到6家、17家，产业化水平走在了全省前列。

（四）强三产、提档次，商贸服务业更加繁荣活跃。围绕打造省会东部区域性商贸中心、物流中心和休闲旅游目的地，建成了万豪名家国际商贸城等一批重点商贸工程，城区新商圈加快形成。发展农村电子商务服务站102家，农村商贸流通网络覆盖率达到85%以上，被评为省级电子商务进农村示范县市。周家庄乡作为全国唯一实行乡级核算管理体制的乡镇，规划建设了总投资6.5亿元、占地1.5万亩的集娱乐休闲、生态旅游、果蔬物流于一体的农业特色观光园，年接待游客35万人次，获评国家3A级景区、全国乡村旅游模范村，入选国家旅游局首批乡村旅游“千千万万”品牌名单。

（五）增投入、上水平，现代城市魅力逐步彰显。围绕推进新型城镇化进程，谋划实施了35项重点工程。石黄高速出入口扩建和307国道东段等一批主干道改造完工，随着投资2亿元的绕城公路的实施，市域内主要路、桥将全部实现新建或大修。400公里电力线路竣工投用，地表水厂主体完工，集中供热、燃气普及率分别达到83.8%、98.6%。完成了朝阳路西延等8条道路绿、亮、美整体升级，建成3条高标准生态绿化景观带，综合性公园、街头游园达到20个，建成区绿化覆盖率42.19%，顺利通过省级园林城市复查验收，步入省县城建设30强。实施农村面貌改造提升行动，重点村饮水安全、道路硬化、村庄绿化等完工，村容村貌加速改观。

（六）惠民生、促和谐，各项社会事业全面进步。始终坚持以人为本，注重普惠民生，各类民生支出达到17亿元，同比增长19%，占公共财政预算支出的78.9%。新农保参保率、五保户集中供养率分别达到100%、70%，各类保险人数达到44.2万。新增城镇就业2810人，转移农村劳动力4884人，城镇登记失业率控制在1.77%以内。10所学校改扩建完工投用，9所主体完工，顺利通过全国义务教育基本均衡县督导检查验收。农民参合率、城镇居民参保率分别达到99%、99.8%。饮水安全工程等利民实事有效落实，人民群众享受到改革发展带来的实惠。社会治安综合治理、安全生产等工作扎实开展，有力维护了社会和谐稳定。

平 山 县

平山县地处河北省西部，太行山东麓，距省会石家庄市30公里，东与鹿泉市接壤，南与井陉县相连，西与山西省五台县、盂县为邻，北与灵寿县交界。全县辖23个乡镇、717个行政村，户籍总人口50.27万人，总面积2648平方公里，素有“八山一水一分田”之称，是全国著名的革命老区、国家扶贫开发工作重点县、河北省首批扩权县。

（一）整体经济平稳运行。2015年，平山县全年生产总值完成187.68亿元，比上年增长6.0%。固定资产投资213.84亿元，比上年增长18.7%。其中：计划投资额500万元以上的入统建设项目134个，完成投资187.92亿元，比上年增长20.7%；房地产开发完成投资25.92亿元，比上年增长5.6%；工业技改投资完成7.70亿元，比上年下降46.5%。全年全县社会消费品零售总额54.07亿元，比上年增长9.2%，其中：限额以上零售额2.15亿元，比上年增长8.7%，占全社会消费品零售额的比重为4.0%。全县农村居民年人均可支配收入6615元，增长12.4%，城镇居民年人均可支配收入2.42万元，增长8.2%。完成财政总收入20.09亿元，比上年增长15.0%。其中：公共财政预算收入完成9.36亿元，同比增长10.1%。全年外贸进出口完成额4.86亿美元，比上年增长11.4%。其中：出口创汇9721万美元，比上年增长26.0%；进口完成额3.88亿美元，比上年增长8.0%。

（二）产业结构不断优化全县农林牧渔业总产值完成36.67亿元，比上年增长4.7%。其中：农业产值19.87亿元、林业产值3.49亿元、牧业产值9.05亿元、渔业产值2.21亿元，农、林、牧、渔业产值占总产值的比重分别为54.2%、9.5%、24.7%、6.0%。农业产业化经营率46.5%。全县粮食、肉类、禽蛋、奶类总产量分别为1.97万吨、2.22万吨、1.50万吨、1.29万吨。

全县24家规模以上工业企业完成工业总产值380.9亿元，同比下降30.6%；完成工业增加值92.6亿元，同比增长4.0%；实现利税26.89亿元，同比下降0.8%。其中：利润19.44亿元，同比增长1.3%。敬业集团全年完成产值317.3亿元，同比下降33.3%；实现利税7.57亿元，同比下降19.1%；利润4.61亿元，同比下降16.1%。12月，主要工业品螺纹钢平均价格1511.44元/吨，环比下降3.7%，同比下降33.9%。电厂全年完成产值39.1亿元，同比下降14.1%；其中一电实现利税7.44亿元，同比增长6.3%，利润5.76亿元，同比增长4.2%；二电实现利税8.84亿元，同比增长10.1%，利润6.87亿元，同比增长10.7%。

旅游业以建设中国旅游强县为目标，以建设大景区、发展大旅游、构筑大产业、开拓大市场为重点，通过育龙头、创精品、强宣传、促营销，全县旅游业持续快速发展。年内共有A级旅游景点15处（其中：5A级景区1个，4A级景区11个），接待游客1100万人次，门票收入2.8亿元，比上年增长7.7%，旅游总收入达76亿元，比上年增长8.6%。

（三）基础设施不断完善。国省公路：投资5000多万元，完成省道正南线平山段、石闫线小觉至工上岭隧道段、国道207线长桑至王岸段、王岸至省界段66公里大中修工程。农村公路：争取建设项目里程391.9公里、危桥14座796.1延米，总投资2.4亿元。完成了西柏坡生态环保影视基地遗留工程、县城至南西焦、文化产业园道路等10条75公里新改建和大中修工程，完成了46个面貌提升村共40公里的主街道硬化和通村路建设工程。

（四）社会事业全面进步。教育：全县共有高中5所、初中21所（其中：民办3所）、小学58所、职业特殊教育学校1所。年末全县中小学校在校学生6.08万人。教职工总数4351人，其中专任教师4089人。全年高考本一上线283人，本二线上537人，本科线上1621人，本科上线率63%；中考600分以上16人，“地高”线上499人，上线率12.4%。医疗卫生服务：全县3家县级公立医院、23所乡镇卫生院全部配备和使用基本药物，实行药品零差率销售；488个村卫生室药品实行统一采购、统一配送、统一结算，减轻群众看病负担。共有各类卫生机构649个，其中：县级机构6个（民营医院3所），卫生院23所，村级卫生室488所，门诊、诊所等其他医疗机构132所，全县卫生机构实有床位1381张，拥有卫生技术人员2241人。其中：执业医师1259人。

（五）社会保障体系更加完善。社会养老保险：年内全县共有29.88万人参加了社会养老保险。全年领取养老保险金的人数达到8.40万人，发放养老保险金额5.03亿元。失业保险：全县共有9830人参加失业保险，领取失业金人数162人，发放失业保险金14万元。医疗保险：全县城镇职工医疗保险参保人数3.37万人，城镇居民医疗保险参保人数1.76万人，收取医保基金1.17亿元，支付8321万元。新型农村合作医疗：全县参加新型农村合作医疗的人数40.14万人，参合率96.02%，全年共筹集参合资金2.01亿元，全年参合农民就诊72.66万人次，发生医疗费用3.20亿元，补偿1.95亿元，年底统筹基金使用率99.13%。社会福利机构8所，收养人数280人，年内享受救济人数2.67万人，共发放救济金5096万元。全县享受低保人数1.90万人，其中：农村1.76万人，城镇1315人，共发放低保金额3879万元。

承德市双滦区

双滦区位于河北省东北部，承德市西郊。“十二五”期间，全区上下深入学习贯彻习近平总书记系列重要讲话精神，牢牢把握“稳中求进、好中求快”主基调，主动适应经济发展新常态，解放思想、团结奋进，取得了显著成绩。

——综合实力显著增强。全区生产总值97.6亿元，年均增长10.2%；全部财政收入由8.3亿元增加到10.2亿元，年均增长4.2%；一般公共预算收入由2.5亿元增加到3.2亿元，年均增长5.1%；社会消费品零售总额由8.3亿元增加到17.7亿元，年均增长16.4%；城镇居民人均可支配收入由1.49万元增加到2.66万元，年均增长12.2%；农村居民人均可支配收入由5055元增加到9516元，年均增长13.5%；全区金融机构存贷款余额分别达到115亿元和148亿元，存贷比128.7%。项目工作连续四年全市第一，五年累计完成固定资产投资591亿元，比“十一五”时期翻了一番。经济发展态势稳健有力，总量提升、质量优化的局面正在形成。

——结构调整成效明显。坚持“无中生有”“有中生新”，持续用力抓园区、调结构，上项目、增投资，新兴产业不断涌现，传统产业加速升级，三次产业结构由2010年的3.1∶80.3∶16.6调整优化为1.8∶74.1∶24.1，以新型工业、现代服务业为支撑的现代产业体系初步形成。文化旅游业品牌内涵双提升。扶持鼎盛王朝文化产业园做大做强，《康熙大典》实景演出成为全市旅游新名片。双滦区荣获全省文化产业十强县区、十大园区、十大项目“三个十”全部殊荣。2015年，旅游接待人次达到150万，是2010年的6.5倍；旅游综合收入达到7.8亿元，是2010年的20倍。新型工业改造提升步伐加快。承钢钢产量增加258万吨，达到850万吨；滦电装机容量提高640兆瓦，达到990兆瓦。北汽福田等20个装备制造、新能源利用项目建成投产。企业技改投资98亿元，国家级钒钛研究中心等7个研发平台建成投用，承钢院士工作站获批成立，410项科技成果获得国家发明专利。双滦区获批全市尾矿资源综合利用示范区。双滦经济开发区荣获全省经济发展先进开发区、5A级开发区等5项省级殊荣。商贸物流业实现规模扩张。红星美凯龙、香江家居等18个重点项目建成营业，君泰财富广场、昌升现代商贸城等90万平方米专业市场建成投用，宜家旺广场、御道步行街、下店子风情街等商业街区建成运营，电子商务实现良好开局。双滦区获评全国电子商务物流示范基地等6项国家级、省级殊荣，商贸物流园区获批筹建全国智慧物流产业知名品牌示范区。现代农业扎实稳步发展。农业种植结构不断优化，落实各类惠农补贴3250万元，扶持发展设施农业800亩，建成现代农业科技示范园14个。新发展经济林2万亩，打造果品专业村6个。新型农业主体日益壮大，发展农民经济合作组织259家，创建省级以上示范合作社3家，累计流转土地8900亩。乡村旅游发展迅猛，在全市率先成立乡村旅游发展协会，新发展乡村游经营户289户，创建星级示范户38户。双滦区获评全国休闲农业与乡村旅游示范区，区内多家经营户分别获评“中国乡村旅游金牌农家乐”，省五星级休闲农业示范点，“承德十大最具特色旅游乡村”“承德特色旅游乡村”。2015年，乡村旅游接待人次达到32.5万，综合收入1亿元，分别是2010年的3.6倍和9.6倍。农业生产方式正在由传统种粮种菜向现代休闲观光加快转变。

——城乡统筹步伐加快。双滦区抢抓机遇、奋发作为，办成了一批打基础、利长远的大事要事，城乡建设和生态建设均取得重大成绩，建成区面积达到27平方公里、扩大了42.1%，城市化率提高4个百分点、达到70%，城市带动农村、城乡一体化发展格局初步形成。累计完成基础设施投资21亿元，是“十一五”时期的2倍。18条市政道路建成投用，136公里农村公路完成改造，公交班线增加到21条，城乡公共交通实现全覆盖，高速公路直通京辽蒙、市政道路融通老市区、乡村公路联通行政村的道路交通格局已经形成。加强生态治理与修复，累计治理水土流失面积46平方公里，矿山披绿460亩，植树造林、封山育林9.5万亩，治理河道河堤37.4公里，滦河、伊逊河断面水质由四类提高到三类，双塔山滦河湿地公园获批国家级试点。

——改革开放全面深化。双滦区革故鼎新、深化协同，着力破除体制机制障碍，持续推进对内对外交流合作，经济社会发展活力不断增强。区政府机构改革顺利实施，电子政务工作完成全国试点任务。全部取消非行政许可审批事项，行政许可审批减少至254项，削减审批环节363个，政务公开、法律顾问等制度全面建立。对外开放深度拓展。选派干部驻京、驻港靶向招商，举办高端推介、研讨活动51次，签约战略合作项目80个。中国银行、中信银行、交通银行、兴业银行、河北银行、张家口银行驻区设立分支机构，金融服务网点达到30个。五年累计引进市外到位资金189.5亿元，是“十一五”时期的3倍。新增外贸出口企业7家，外贸进出口总额8.3亿美元。

——民生事业深入发展。双滦区始终把民生作为执政之本，坚持保基本、兜底线、促公平、提指数，努力让全区人民过上幸福美好的生活。五年来，全区财政民生投入达到23.5亿元，比“十一五”时期提高95.8%。城镇累计新增就业1.4万人。城乡居民社会养老保险省级试点任务顺利完成，参保率和参合率均达到98%。新改扩建各类学校28所，双滦区获评全省学前教育工作先进县区，职教中心获评省级重点中等职业学校。公立医院改革稳步推进，三级医疗网络覆盖城乡，双滦区获批省级卫生应急综合示范区。文化馆和图书馆建成投用，文化站、农家书屋覆盖村居，群众性文化活动广泛开展，城乡体育健身设施不断完善。社会治安实现网格管理。社区建设经验在全国推广，获评全国社区治理和服务创新试验区、全国和谐社区建设示范城区。信访稳定、安全生产、食品药品安全等专项工作扎实开展，社会大局保持和谐稳定。

承 德 县

承德县地处河北省东北部。全县辖23个乡镇（15个乡、8个镇）和1个街道办，378个行政村，总面积3648平方公里，人口42.6万，其中乡村人口32.7万；耕地总面积49.9万亩，人均1亩以上。县城规划区面积24.63平方公里，建成区面积9.5平方公里，县城人口7.97万。

2015年，全县地区生产总值完成116.6亿元，增长6.2%，其中，第一产业实现增加值26万元，增长4.5%；第二产业实现增加值54.6万元，增长7%；第三产业实现增加值36万元，增长5.6%。粮食总产量19.2万吨，增长0.2%。全部财政收入完成12.2亿元，其中，公共财政预算收入7.1亿元，公共财政预算支出21.65亿元，增长1.2%。社会消费品零售总额46亿元，增长

6.1%。城镇居民人均可支配收入2.13万元，增长9%；农村居民人均可支配收入8149元，增长10.3%。金融机构各项存款余额131.9亿元，比年初增加6亿元。

（一）产业转型迈出坚实步伐。秉持“调结构、升层级、促转型”的发展理念，持续提升工业经济发展质量和效益，着力实施技改升级，加快推进新兴产业发展，努力推动县域经济结构更趋合理。改造提升传统产业促转型，坚持从规范运营管理、多元发展壮大两方面施力，引导金岭、路和、京通、建龙等集团做足提钛、提磷、提铜文章，有效缓解了铁精粉价格持续下滑的不利影响，保持了正常经营运转。全年生产铁精粉201万吨，磷粉12万吨，钛粉20万吨，上缴税金1.8亿元。资源整合持续深化，黑山铁矿与周边矿山资源整合已进行环评，金联程、东联铁矿规范化运营管理积极推进，采矿权管理进一步规范，为优势资源向优势企业集中筑牢了基础。全力实施技术改造工程升层级，全年认定省级科技型中小企业24家，科技型中小企业达60家，有3家企业列入省“科技小巨人”发展计划项目库，有5家企业正在培育高新技术企业。大力植入新兴产业促转型，与清华大学合作投资6亿元的清华华唐服务外包产业园项目一期1000坐席实训平台投入运营，艺龙、美团、华夏保险等企业后台服务成功入驻。在全省率先建成“电子商务人才培训和创业孵化基地”，被国家服务外包人力资源研究院认定为“服务外包产业基地”，被省商务厅命名为“河北省呼叫中心服务外包基地”。北京供销合作总社投资60亿元的世欣蓝汛大数据产业园项目落户县城西区，一期423亩土地已摘牌，重点打造环京国家级“互联网+”数据平台。投资近10亿元的国家图书馆“国家战略文献储备库”项目已获国务院批复，目前已进入编制可研阶段，用地及城市规划调整到位，征占地工作同步展开。

（二）项目园区取得明显成效。严格落实“三定四包”“六个一”等项目工作机制，开展“项目攻坚年”活动。全年安排千万元以上重点项目151个，全年完成投资186亿元。承德民用机场、中昱军利扇翼飞行器2个省定“三个一百”项目顺利推进，10个市级重点项目开工率达到100%。64个县级领导分包重点项目开工35个，完成投资147.6亿元。抢抓京津冀协同发展重大契机，积极参加和举办各类招商活动，确定京津合作重大项目33个，总投资达到247.5亿元。全年共签约经济合作项目101项、技术项目61项，引进县外资金57.38亿元。园区承载能力不断增强，六沟高新技术产业开发区成功晋级为省级高新区，同国建集团采取“PPP”模式合作，计划投资12.6亿元，推进园区整体开发建设。起步区“三纵三横”路网、污水处理、供热、供水等基础项目正在进行招投标等各项前期工作。累计入驻企业12家，建成投产4家。承德县经济开发区累计入驻企业206家，其中规模以上工业企业64家，销售收入超亿元企业8家。重点推进实施的甲山建材物流园区项目，目前一期700亩土地征占拆迁工作已基本完成，正在进行园区规划设计及土地报批工作，已有6家企业意向入驻。

（三）城乡统筹发展步伐加快。国家级园林县城创建工作全面启动，实施“两增、两廊、一景、一园、一提升”7个重点园林绿化美化工程，全年新增绿地面积31公顷，城市绿地率达到36.27%，绿化覆盖率达到38.7%，人均公园绿地面积达到12.48平方米。县城40项目标体系年度任务达到预期指标，完成覆盖县城全部规划建设用地范围的控制性详细规划及报批备案工作，完成县城规划管理技术规定及管理办法草案编制，数字规划系统平台已经搭建。着力实施总投资13.75亿元的县城重点建设项目，同步推进9项规划编制、5条路网、3条地下管网、7个城市绿化亮化工程、9个民生项目和3件惠民实事，促进县城面貌改观。县城与市区公交路网对接实现一体化。小城镇功能不断完善。全面完成三家、鞍匠两个乡撤乡建镇工作。按照“连片推进、示范带动、全面提升”的思路，突出“以净为先、以绿为美、以富为要”的工作理念，将美丽乡村建设与产业发展、生态旅游、特色村寨建设紧密结合同步推进，围绕饮水安全、垃圾处理、厕所改造、道路硬化、村庄绿化等15件实事主线，建成了环市区、环县城两个农家游示范带，完成18个省级重点村和1个中心村建设，打造岗子乡、新杖子乡2个示范乡和片石村、大杨树林村等7个精品村，全市美丽乡村建设现场观摩会在承德县召开。新杖子乡苇子峪村列入国家旅游局首批乡村旅游“千千万万”品牌，被授予“全国乡村旅游模范村”称号，郑棚子、椁椤台被评为“全省美丽乡村”。

（四）生态环境质量有效改善。大力实施京津风沙源治理、巩固退耕还林成果等重点项目及荒山绿化、林果富民等生态工程，全年共完成工程造林4万亩，建设千亩精品工程10处，百亩以上精品工程25处，全县森林覆盖率达55.09%。全面推进大气污染防治攻坚，同步推进“减煤、治企、控车、抑尘、禁烧”五项重点工作，细颗粒物浓度（PM2.5）达到59微克/立方米。积极组织开展了“利剑斩污”“清水蓝天”等专项行动，共开展联合执法45次，查处违法行为126个，并依法进行取缔、整改和曝光，有效确保生态环境持续改善，县城空气质量二级及以上天数达到222天。

（五）民生保障能力全面加强。教育质量稳步提升，县一中二本以上上线850人，上线率69.4%，位居全市第一，顺利通过国家县域义务教育均衡发展评估验收。新增城镇就业4308人，城镇登记失业率控制在4.5%以内。新农合参合率达到97.5%。县级公立医院改革扎实推进，全县基本药物网采率达100%。严格落实各级领导干部接访、约访、下访等制度，集中开展领导干部“大接访、大下访、大办访”活动，全力解决群众反映的热点难点问题。集中开展食品药品、尾矿库、矿山、危险化学品、消防等重点行业领域的专项整治，全县安全生产形势稳定。

县委书记：王瑞林

县人大主任：张立军

县长：齐建文

县政协主席：冯桂琴（女）

滦　平　县

滦平县位于河北省东北部，承德市中西部，辖区总面积2993平方公里，辖1个街道办事处，8个镇，12个乡，总人口32.78万人。滦平县被列为环首都经济圈，是国家扶贫开发工作重点县和省环首都扶贫攻坚示范区。2015年，全县实现生产总值154亿元，同比增长6.9%；全部财政收入14.13亿元，同比下降40%；公共财政预算支出22.0亿元，同比下降4%；固定资产投资完成182.5亿元，增长15.3%；社会消费品零售总额完成28亿元，同比增长9.6%；农村居民人均纯收入7156元，增长11.2%，城镇居民人均可支配收入2.30万元，增长9.4%。

（一）开放滦平。大力开展“重点项目突破年”活动，抓重点、攻难点、创亮点。以北京滦平商会为代表的本土企业家踊跃返乡创业，全年有160余家企业、512人次来滦考察，举办了重点项目集中签约仪式，与碧桂园、恒大、韩国韩巴大学等31家企业单位签订合作协议，引进经济技术合作项目112个。全年累计实施各类投资千万元以上项目147个，亿元以上项目84个，固定资产投资完成182亿元，同比增长17%。16个项目被列为省市重点，29个项目被列入全市“两大攻坚”，为历年来争列最多；争取新增建设用地指标2319亩，土地利用总体规划调整完善规模1.05万亩，保障了项目用地需求；成功争列全国电子商务进农村综合示范县，26家电商企业落户滦平。

（二）转型滦平。用“五大功能区”领航，强基础、调结构、增总量，发展实力明显增强。一是工业经济提质增效。建龙、铁城等21个技改项目，滦泰等27个尾矿综合利用项目有序推进。大力实施磁源集团真溪矿泉水、宝蓝中矿业高新复合材料2个转型项目。张百湾新兴产业示范区奇滦中药饮片加工等6个项目开工建设；新引进落地中电投光伏、无人机试飞中心等项目7个，被省政府批准为省级高新技术产业开发区。全县新增规模以上工业企业11家，总数达到50家，总产值完成213亿元。二是现代农业巩固提升。推进兴春和、尚亚等现代农业园区扩规模、提品质，创建市级现代农业园区3个；高标准建设以金沟屯下营为核心的燕山中药材经济核心示范区，创建省级中药材种植示范园4个；认定省优质产品2个，省著名商标3个，实现了省级著名商标零的突破；成功争创省级现代农业园区、国家农业科技园区、国家农产品质量安全示范县；被评为农业部冬季应急设施蔬菜试点县、环首都都市现代农业示范区。全县农业产业化经营率达到66%。三是旅游产业发展提速。长城河谷、拾得大地幸福实践区等13个项目稳步推进；金山岭长城通过省5A级景区初评，完成白草洼国家森林公园景区改造提升。全年游客接待量和旅游综合收入分别达到70万人次、5.7亿元。

（三）务实滦平。大力实施“小县大县城”战略，在科学规划、配套设施、整体推进上狠下功夫，城乡面貌显著改观。一是县城建设亮点纷呈。开工建设磁源城、育才苑等9个精品住宅小区；育才路、鑫源路等市政道路相继打通，“十路二桥一网一气”市政工程稳步实施；规划展览馆、山戎文化公园等公建项目扎实推进；政务服务中心、新一中开工建设，完成物流园400亩土地收储，北部新城建设取得实质性进展；成功创建国家园林县城，城镇化率达到40%。二是新农村建设有序开展。围绕金山岭片区美丽乡村建设，投资2.5亿元完成改提项目364个，被确定为全省城乡一体化发展试点县；大力实施精准脱贫，开展建档立卡“回头看”，依靠产业带动实现1.64万贫困人口稳定脱贫。三是基础设施不断完善。全力做好征拆占工作，多措并举保障施工环境，张唐铁路、张承高速、滦赤线建成通车；张隆线、上虎线改造工程全部完成；开通县城3路公交、马营子至密云县际公交，群众出行更加便捷；红旗220千伏、小营110千伏变电站建成投运，滦东110千伏变电站开工建设。

（四）创新滦平。大刀阔斧地推进改革创新，以改革红利激发发展潜力。一是行政体制改革加快推进。完成市场监管、卫生计生机构整合；完善“两个清单”“三级平台”制度，全部清理取消非行政许可审批事项；落实“三证合一”“一照一码”等商事制度改革，新增市场主体2899户，增强了发展的后劲和活力。二是农村综合改革全面深化。全面完成农村土地确权登记，建立了全市首个农村产权交易平台，交易土地2000余亩，完成土地预流转5.7万亩；深化供销社综合改革，创造了“政银企户保”农村金融服务、合作担保新模式。三是创新创业支撑有力。中清华宁、承德星河生物科技公司入驻高创园；博亚公司“河北生猪健康养殖工程技术研究中心”通过省级验收，成为全市唯一的省级工程技术研究中心；成功举办“全国科普惠农兴村计划”项目评审会，被评为全国科普示范县。

（五）生态滦平。以打造环首都环境最好县区为目标，扎实开展环境治理，着力加强生态建设。空气质量持续向好。取缔改造燃煤锅炉159台，淘汰黄标车164辆，取缔实心粘土砖瓦窑21家；安装高效油烟净化装置204家，实施了62家重点工业企业清洁生产技术改造；全县二级及以上天数达237天，PM2.5年均浓度下降9.8%。水环境质量全部达标。大力推行“河长制”，完成长城河谷河道治理等7项千湖工程，饮用水水源地水质、地表水水质断面达标率均达到100%。减排任务超额完成。完成畜禽养殖减排项目42个，全县万元GDP能耗下降6.31%，削减二氧化硫5720.91吨、氮氧化物排放量38.53吨、化学需氧量2032.59吨、氨氮129.04吨。生态建设稳步推进。继续实施京津风沙源治理、京冀生态水源涵养林等重点生态造林绿化工程，绿化矿山面积1000余亩，治理潮河流域生态环境14平方公里，新增造林面积5.8万亩，全县森林覆盖率达到59.8%。

（六）和谐滦平。群众生活保障更加有力。就业再就业、社会保障等各项惠民政策全面落实，城乡居民人均可支配收入分别达到2.32万元、7150元，分别增长10%和11%。教育教学水平不断提高。成立了“滦平国际教育交流中心”，职教中心第一批韩国留学班11人全部被韩国东国大学录取，开创了全市高中毕业生成批量直接出国升学的先例；顺利通过省政府义务教育均衡发展和成人教育与职业教育发展验收；高考成绩再创新高。文体事业繁荣发展。大型纪录片《魅力中国话》滦平专辑顺利开机，全国普通话体验区建设稳步推进；成功举办首届白草洼徒步越野大赛等特色系列活动，进一步提升了滦平的知名度、美誉度。医疗卫生事业稳步前行。妇幼保健院投入使用，中医院改扩建正在主体装修，新建国医堂、国医馆50个；成立了滦平中医药流动培训学院和国医大师李士懋名中医传承工作室；各项医疗、计生惠民政策全面落实，新农合覆盖率达100%，参合率达98.62%，人口自然增长率为4.73‰。安全形势总体平稳。持续开展安全生产专项整治活动，实施了“药安食美”“明厨亮灶”工程，成功创建省级食品药品安全示范县；积极推进5个中心派出所建设；群众工作中心挂牌成立；圆满完成纪念抗战胜利70周年等重要时期安保工作。

丰宁满族自治县

一、丰宁满族自治县位于河北省北部，承德市西部。辖10镇16乡，总面积8765平方公里，耕地面积9.27万公顷；全县总人口40.9万人。2015年完成地区生产总值94.6亿元，同比增长6.3%；第一产业增加值23.9亿元，同比增长0.6%，第二产业增加值36.8亿元，同比增长4.1%，第三产业增加值33.9亿元，同比增长13.1%；单位生产总值能源消耗0.8521吨标准煤/万元，降低5.15%；民营经济增加值75.9亿元，同比增长0.8%；粮食总产量14.37万吨，同比增长4.8%；财政收入11.8亿元，同比增长4.3%；公共财政预算支出27.4亿元，增长14.3%；县城建成区空气质量好于国家Ⅱ级标准以上天数达178天；社会消费品零售总额39亿元，同比增长10.7%；固定资产投资164.6亿元，增长8.6%；农村居民人均可支配收入6152元，增长11.0%；城镇居民人均可支配收入1.84万元，增长9.0%；年末城乡居民储蓄存款余额131.7亿元，增长3.8%。

（一）以有机农业为主导，产业发展迈出新步伐。有机农业示范县创建全面启动。把发展有机农业，做为“加快建设京津冀水源涵养功能区，同步考虑解决周边地区的贫困问题”的突破口和主攻点，最大限度发挥县域资源优势，推进丰宁农业转型升级。国家有机产品认证示范县和国家农业科技园区创建正式获得批复，成功启动全国有机农业示范基地创建工作。县财政落实扶持资金5000万元，农业政策金融担保中心提供贷款担保额度6.5亿元，全部用于支持有机农业发展。首批实施的31个有机示范园区建设进展顺利，完成投资近4亿元，其中24家园区企业获得有机转换证书。初步形成了以奶、菜、黄旗小米和特色林果四大有机产品为主，覆盖生产、加工、运输、仓储、流通五大环节的完整有机链条。同时在更大意义上，也推动了张承地区有机农业示范区的创建。

旅游秩序整顿成效明显，马文化运动高点起步。开展草原景区十项专项整治，旅游环境明显改观。出台《旅游标准化资料汇编》，行业标准日趋规范。中视电视艺术中心投用，华宝度假区一期竣工，凤山关帝庙古建筑群抢救性保护工程完工，对喇嘛山服务区、白云古洞、九龙松景区进行了改造提升。成功举办“丰宁杯”国际马联一星级耐力赛和中国首届牛仔节【马术耐力赛是国际马术八大赛事项目之一，首次落户中国】，为争创全国马术运动建身基地和优良马匹繁育基地奠定了基础。全年接待游客171万人次，实现旅游综合收入9亿元。文化产业健康发展，出台了《文化产业发展扶持奖励政策》，首次设立“文化艺术政府奖”，县财政落实旅游文化产业扶持资金1000万元，鼓励文化产业发展。丰宁满族民歌等9个项目成功申报承德第五批非遗名录，争取非遗专项资金235万元。

骨干企业坚持生产，工业新上项目出现转机。积极应对经济下行压力的影响，全力保障企业正常生产经营。出台《企业帮扶年活动实施方案》，建立银企帮扶基金平台，帮助顺达、鑫源等企业“倒贷”3.9亿元，解决重点企业遗留问题80件。抽水蓄能电站一期完成投资8.5亿元，二期完成投资1.5亿元。风电新增装机60万千瓦，累计并网发电达到90万千瓦。按照“以一换二”、“以优换高”的思路引入江苏远景能源有限公司，总投资10亿元的智能风机制造及智慧能源管理项目开工建设。按照以商招商的思路，实施了总投资6亿元的京北中小企业总部基地项目，完成投资4.8亿元。鑫源矿业四选厂、燕山银业铅锌综合选厂、宏森木业板材加工项目平稳运行，晶环、丰煊、兴旺新型建材项目如期投产。全年实现规上工业增加值26.1亿元。

（二）以23个基础设施和社会公益项目为突破，城乡面貌实现较大改观。为尽快补齐丰宁基础设施建设短板，重点实施了23项基础设施和社会公益事业建设工程，总投资58.4亿元。目前，累计完成投资13.84亿元，10项工程全部竣工，13项工程将在2015年年底前竣工。其中：道路交通方面8项，建设里程178公里。张承高速县城连接线已完成全线的清表工作，南关连接线与张承高速同步竣工通车；省道半虎线改扩建桥梁、涵洞、隧道工程已完工，路基挖方已完成工程量的70%；省道半虎线“三改二”完成招标工作；国道111线“三改二”除达北梁隧道外，全部完工；抽水蓄能电站进场路竣工通车；大滩镇旅游路网竣工；南杨线升级改造正在评估测算中。公共服务方面5项，三站合一的客运服务中心完成主体工程；电力基础设施续建项目全部投运，新建项目全部开工；PPP模式的县城供水签署正式合同，第二水厂开工建设，成为全省县区级第一个成功的PPP合作项目；供热市场化运作正式签署合同；供气工程竞争性磋商文件已确定，进入实质磋商阶段。公益事业方面5项，县城第四幼儿园开工；全民健身馆已投运；北新区新一中高一新生已入驻；新医院主体工程竣工，附属工程正在开展招投标工作；第六小学正在进行三通一平。城市功能方面5项，胜利街工程完成拆迁和清表工作；金融街西延已完成18户拆迁；111线南大梁隧道至撒袋沟门两侧绿化亮化、天鸿街绿化工程完工。新丰路精品一条街工程基本完工。这些项目的建成投用，为县域经济发展提供了强有力的支撑。同时，52个重点村的农村面貌实现改造提升，围绕“15件实事”实施建设项目654个，完成投资2.34亿元，申报市级示范村10个，县级示范村15个，农村面貌大幅提升。

（三）扶贫攻坚、生态建设取得新成效。完成了“十三五”燕太片区扶贫、易地移民搬迁和整村推进规划和项目筛选汇总工作。以产业为带动，确定的31个产业园区覆盖18个乡镇、46个贫困村、2.8万贫困人口。充分发挥1830万元财政扶贫资金的引导作用，重点支持特色种植、养殖业发展，在25个乡镇、78个贫困村实施产业化项目135个。实施了乡村旅游富民工程，扶持农家院67个，其中，小北沟、元山子和高楼村被列为基础设施中央投资计划。扎实开展建档立卡“回头看”工作。全年2.67万人实现脱贫，贫困农民可支配收入达到3188元，增幅15%以上。坚持建设与保护并重，全年完成绿化造林20万亩，水土流失治理面积20平方公里。财政投入800万元加强基层防火体系建设。京冀跨区域碳汇交易成交额6.9万吨，实现交易资金254万元。全面开展燃煤大气污染治理专项行动，全年二级以上天数达到186天。出境断面水质检测达标率100%。完成了省市下达的年度节能减排任务。

（四）尽心竭力做民生，社会事业取得新进步。民生保障更加有力。县财政各类民生支出17.7亿元，增长10%。农村居民和城镇居民人均可支配收入分别达到6152元、1.84万元，分别增长11%和9%。建成丰宁首个大学生孵化创业园区，为自主创业户提供小额贴息贷款316万元。建立了贫困大学生救助工作电子系统，为113名学生发放救助资金33.9万元。培训农民工9600人次。竣工保障性住房1078套，实施农村危房改造5000户。完成既有居住建筑节能改造38.4万平方米。争取学校、卫生院项目资金9000多万元，涉及38所中小学和3所医院。新农合参合率达到97.23%，各级报销比率均提高5个点以上，全市领先。发放城乡低保、救灾救济资金8630万元，保证了受灾和低保群众的基本生活。大滩镇和五道营乡九道沟村被省民宗厅正式列为少数民族特色村寨。

改革深入推进。土地承包经营权确权登记68.7万亩。率先在全市实施一体化农业发展体制改革。实现城区保洁和园林管护市场化。完成中医院和凤山二院医改、食品安全机构改革及质监、工商管理体制下划工作。国营林场改革方案获得批复。完成五个部门的行政执法监管权委托下放工作。

平安丰宁建设扎实开展。以维护公共安全为着眼点，健全社会治安防控体系，坚持“严打”整治常态化。创新社会治安综合治理，扩大“天网覆盖”范围，监控系统入网率达85%。着力从源头上系统解决影响社会和谐稳定的突出问题，严格落实领导接访制度，深入排查信访隐患，圆满完成全国两会、抗战阅兵纪念活动、国庆等安保任务。严格落实非煤矿山、交通运输、食品药品、学校及防火、防汛、防疫等安全生产责任制，健全各种突发事件应急预案机制，全县安全生产形势持续稳定。

县委书记：傅海旺（满族）

县人大主任：韩贵德（满族）

县长：杨宪军（满族）

县政协主席：赵　林（蒙古族）

围场满族蒙古族自治县

围场满族蒙古族自治县位于河北省最北部。2015年，面对错综复杂的经济形势，全县上下认真贯彻落实中央、省市各项决策部署，全力稳增长、抓项目、促协同、强基础、惠民生、保安全，全县经济社会总体上稳中有进，提质增效升级，平安稳定和谐。

（一）全力以赴稳增长，经济保持平稳健康发展。坚持稳增长、扩总量、提质量，不断强化对经济形势的分析研判，加强对经济工作的调度，落实促进经济增长的有效举措，各项主要经济指标全面完成，全县地区生产总值增长7%，达到100亿元；规上工业增加值增长5.5%，实现16亿元；全部财政收入增长15.3%，突破8亿元，其中，公共财政预算收入增长24.2%，实现5.37亿元，增速居于全省前列；全社会固定资产投资增长12.3%，实现115亿元；城乡居民人均可支配收入分别增长9%和11%，分别达到19163元和6374元。

（二）坚定不移调结构，转型升级步伐不断加快。坚持生态发展理念，大力培育生态型产业。现代农业稳步发展，不断完善马铃薯、蔬菜、畜牧、林果、中药材五条龙型产业链条，加快农业示范区建设，木兰皇家现代农业示范区成功争列省级示范区。实施重点农业产业化项目18个，完成投资10.2亿元，农业产业化经营率达到57%。天原药业实现“新三板”上市，“国家有机产品示范创建县”顺利通过国家认监委评审，全县“三品”基地认证面积达到65万亩。新型工业支撑能力明显提升，积极推动风光水、生物质能综合开发和矿产资源整合利用，新增风电装机22.75万千瓦，总装机达到226万千瓦；新增规模以上工业企业7家，总数达到41家，实现产值37亿元。第三产业日趋活跃，以培育发展休闲旅游和现代物流为重点，启动旅游开发“百千万”工程，北方物流园区开工建设，农产品电子商务产业园建成投入使用，新增北纬四十二度等17家电商企业。全年接待游客200万人次，实现收入14亿元，实现社会消费品零售总额42亿元，增长9%。

（三）不遗余力促协同，发展活力显著增强。以协同发展为契机，积极引进、承接京津地区资本外溢及产业转移，16个重点产业协同项目开工建设，协议资金202.44亿元的庙宫抽水蓄能电站、文化旅游综合体等12个项目签约落地，木兰围场通用机场、围御高速、国道111线改造、围克铁路等重大交通一体化项目已列入国家和省计划盘子。全年，共引进市外资金28亿元，开工建设投资千万元以上重点项目112个，完成投资148.7亿元，列入省、市重点的16个项目全部达到时序进度。以协同发展为动力，不断深化改革创新，统筹推进行政体制、行政审批、金融服务、产权制度等方面改革，木兰围场生态涵养与现代服务业融合创新示范区、绿色GEP核算体系建设列入全市重要改革事项。以协同发展为平台，全力推进产业园区建设，河北围场经济开发区、木兰皇家现代农业示范区入驻企业达到75家，实现利税收3.6亿元。

（四）坚持不懈优环境，基础设施建设加快推进。县城以建设省级园林城市为目标，大力实施"产教城"融合发展战略，围绕提质扩容、完善功能、改善形象，实施重点城建项目92个，完成投资22.6亿元，承载能力进一步增强，全县常住人口城镇化率达到33.2%。农村以美丽乡村建设为重点，全力推进农村面貌综合改造提升，建成省级中心示范村1个、省级示范村15个，庙宫村被评为"中国最美休闲乡村"。基础设施以交通为先导，大力实施路网、水网、电网、互联网"四网重构战略"，棋塞线、国道111线改造和下韩线新建等项目竣工通车，农村电网升级改造持续推进。生态建设以国家重点生态功能区为依托，持续加强山水林田路综合治理，狠抓节能减排攻坚，推行全域封山禁牧，取缔所有实心粘土砖生产企业，空气质量优良天数达到287天，位居全市首位，森林覆盖率达到58.3%，被评为"中国生态魅力县"。

（五）千方百计惠民生，社会大局保持和谐稳定。对照"六个一批"要求，扎实推进精准扶贫，2.85万人实现稳定脱贫。深入开展建档立卡"回头看"工作，全县共核查159个村、核准贫困人口7.24万人，为全面完成脱贫攻坚任务奠定良好基础。围绕群众所需所盼，着力改善民计民生，统筹教育科技、卫生计生、文化体育等社会事业发展，一中新建工程主体竣工，薄弱学校改造等22个项目全部完工，中高考成绩名列全市前茅；乡镇卫生院基础设施改造等38个项目如期竣工，新农合参合率达到98.02%；人口符合政策生育率达到90.77%。积极推进社保扩面提标，城乡低保补差标准分别达到235元和151元；持续加强社会保障体系建设，各类保险扩面7376人，参保人次达到42万；深入实施安居工程，建成保障性住房449套，改造农村危房3000户。着力办好"十件惠民实事"，科教园区一期、伊逊河综合治理、交通路网提升等10件惠民工程全部达到进度要求，全年民生领域支出21.8亿元，占公共预算支出的72%。着眼建设和谐围场，深入开展"信访积案化解"专项行动，认真抓好社会治安、安全生产、食品药品安全、森林草原防火、防灾减灾等各项工作，社会大局总体保持和谐稳定。

张家口市桥西区

张家口市桥西全区内辖1个镇、7个街道办事处，20个行政村、38个社区。城区面积14平方公里，农村面积87平方公里。总面积101平方公里，总人口24.8万人。2014年，全区完成地区生产总值完成69.5亿元，增长6%；全部财政收入完成7.6亿元，增长10%，公共预算收入完成2.48亿元，增长13.4%；全社会固定资产投资完成68.8亿元，增长18%；城镇居民和农村居民人均可支配收入分别达到2.27万元、9149元，分别增长10%和12%；社会消费品零售总额达到64.1亿元，增长12%。

（一）产业结构优化提质。装备制造业实现新进展。全年规上工业企业增加值完成8.6亿元，增长9%，工业固定资产投资完成12.6亿元，增长62.4%。文化旅游业实现新提升。全年接待游客260万人次，旅游收入达到17亿元，分别增长30%和31%。商贸服务业实现新集聚。实施商贸项目9项，当年实现投资12.8亿元，新增商业面积27.3万平方米。总部经济实现新突破。河北银行桥西支行、国网新源张家口风光储示范电站有限公司总部落户桥西区，中信银行总部、民生银行桥西支行达成入驻意向。全年总部经济实现税收1.45亿元，增长217%。

（二）项目工作强势推进。全年谋划实施重点项目50项，其中亿元以上项目40项。包装储备项目53项。当年完成投资68.4亿元，增长9.4%。3个市级重点项目完成投资7亿元，完成年计划的259%。园区征收土地1200亩，编制完成了水、电、气施工设计方案。高端装备制造园基础设施工程开工建设，3条道路初具雏形。通泰运输集团、张家口联合顺华建材有限公司正式签订入园协议，斯必克冷却技术（张家口）有限公司签订入园框架协议，与美国艾利里根有限公司等8家企业达成入园意向。全年实际利用外资204万美元，完成年计划的102%。新成立了河北熙盛担保公司，民营经济主体发展到1.2万家，民营经济增加值完成49.6亿元，增长7.5%。

（三）城乡建设统筹发展。23个房地产项目开工建设，实现投资40亿元。实施了清水河北路拓宽改造和西沟河道景观整治工程；完成了西坝岗路、清水河路便道维修；修建了红旗桥连接线道路；投资500万元对赐儿山南街等20条小街巷进行了改造。完成了武城街等3个社区标准化建设和西沙河等6个社区办公用房主体工程建设。全区主次干道机械化清扫率、保洁率分别达到65%和95%；斥资1500万元，集中多部门力量，开展了平门大街市容市貌整治。实施了花豹崖水库防护加固和元宝山等7个村的安全饮水工程。投资2000多万元，完成了西沟公路2.6公里拓宽改造。投资200多万元，建成东窑子镇劳务市场。爱心豆宝宝、北方蔬菜公司被列为市级农业产业化重点龙头企业。红旗营农家餐饮园、大东沟苗圃等项目顺利实施，城郊特色农业得到加强，农民收入显著提升。

（四）生态治理深入实施。实施了8.5万平方米的热计量收费改造，重点推进了恒峰热力污染治理设施运行监测和电耗监测，主要污染物排放圆满完成年度目标，PM2.5下降12%，万元GDP能耗下降5.62%。全年淘汰生产落后企业3家，拆除燃煤锅炉73台；完成了孤石、永丰堡两个村的污水管网建设；对餐饮油烟、工地扬尘等开展专项治理，累计规范露天烧烤摊点110处，整治工地和渣土车辆70余次，全年大气环境质量二级以上天数达到323天，空气达标率为89%，优于全市平均水平。城区绿化、园林绿化、村庄绿化和生态涵养区、“增绿添彩”工程全部完成年度任务，种植树木11.9万株（丛），新增绿地14万平方米，森林覆盖率达到32%。

（五）民生改善取得实效。全年用于民生支出4.3亿元，占全部财政支出的80%。全年新增就业8700人，完成年度任务的119%；新农合参保人数达到1.8万人，参合率达99%；城乡低保、养老保险实现了应保尽保；开工建设924套保障性住房；投资6800余万元新建换热站6座，铺设管网3000米，接入供热面积118万平方米，覆盖率达到91%；进一步完善“爱之源”救助体系，全年发放捐助款物280余万元，救助困难群众3000多户、2.8万人（次）。“爱之源”被列入全市践行社会主义核心价值观典型，荣获“河北省十大优秀志愿服务组织标兵”荣誉称号。累计投资1.8亿元，大境门南区小学、城区南部小学新建以及二十中改扩建工程实现开工，苏家桥小学新建教学楼实现了当年开工、当年竣工；新改建标准化菜市场3个，新增惠民蔬菜直销点5个；建成农村互助幸福院、社区老年人日间照料站等养老服务机构6所；人口自然增长率控制在6‰以内；文化下乡工作顺利开展，累计在农村放映电影240场。

万　全　县

万全县位于河北省张家口市西南，辖4个镇、7个乡、1个街道办事处、172个行政村、15个居民委员会。总面积1161.5平方千米，耕地面积50.2万公顷。总人口22.8万人，人口自然增长率2.75‰。2015年，全县完成地区生产总值62.42亿元，按可比价格计算同比增长6.10%，其中，第一产业增加值完成11.28亿元，同比增长3.60%；第二产业增加值完成29.01亿元，同比增长7.00%；第三产业增加值完成22.13亿元，同比增长6.00%。单位生产总值能源消耗1.05吨标准煤，同比下降4.75%。民营经济增加值完成53.06亿元，同比增长7.14%。粮食总产量完成12.78万吨，同比增长0.99%。全部财政收入完成7.57亿元，同比增长15.85%，其中地方一般预算收入完成4.37亿元，同比增长13.43%；财政支出14.56亿元，同比增长23.77%。全社会固定资产投资完成86.44亿元，同比增长10.30%。社会消费品零售总额24.15亿元，同比增长9.60%。在岗职工年平均工资4.87万元，同比增长11.53%。农村居民人均可支配收入7220元，同比增长12.20%。城镇居民人均可支配收入2.29万元，同比增长10.20%。年末住户存款余额56.00亿元，同比增长16.15%。空气质量二级以上天数累计达到240天。

（一）项目建设势头强劲。以园区为平台，以服务为保障，共实施运作千万元以上项目119个，总投资574.5亿元；其中泽生科技等13个项目列入省市重点，总投资129.2亿元。市产业集聚区完成投资5580万元，实施了中粮大街、兴业路绿化和新辰路道路建设，加速推进了西山隧道工程。新签约引进容高锂电科技、龙辰博鳌物流产业园、汇能电力等8个项目。设立了京张万全产业基金，实现了长城乳业、时代橡胶两家企业在新三板挂牌，并成功获评“装备制造业国家新型工业化产业示范基地”。万全经济开发区新签约引进河北根力多年产30万吨生物型土壤修复肥料、可口可乐粗粮饮品等项目。恒翔中小企业创业辅导基地、河北伊人环保科技等续建项目取得积极进展。万全卫城文化产业园区，完成了卫城搬迁安置工程和237户居民房屋征收工作，南瓮城保护性修复工作有序开展，嘉禾书院、长城卫所博物馆等前期规划建设工作稳步实施。

（二）城市建设加速推进。投资4.8亿元，完成了万全中学及新区小学新建、城东河改造暨经三路建设工程。投资2300万元，完成了康复路南、爱民路农贸市场等排水管网新建改造和民主街、新华街等便道修补工程；实施了县城主要街道、广场等绿化提升工程，新增绿地面积15.4万平方米，人均公园绿地面积达到16.8平方米。积极探索城市管理市场化运作，委托桑德公司统筹实施了县城及周边17个村环境卫生专业化管理，县城环卫保洁范围扩大到260万平方米，机械化清扫率达到78%，有效提高了城市管理水平。

（三）三农工作稳步发展。积极推进基础设施建设，投资1.6亿元，完成了京津风沙源治理、杏花沟小流域治理、农业节水灌溉、城西河万全镇段堤防加固和饮水安全工程，解决了82个村7.7万人的安全饮水问题。全力推进产业扶贫，投资3587万元，新建、扩建养殖小区13处，新建各类蔬菜棚室909个，打造有机鲜食玉米示范基地1780亩，完成了1.25万人的脱贫任务。大力提升农业产业化水平，培育和发展起省级重点龙头企业3家、市级38家、县级53家，农民专业合作社276家，全县农业产业化经营总额达到40亿元，产业化经营率达到68%。投资7562万元，在20个村开展了美丽乡村建设，农村面貌得到明显改善。

（四）生态环境不断优化。投资1.1亿元，全力推进县城、县城周边、村庄、道路、荒山“五大绿化工程”，完成造林5.45万亩，森林覆盖率达到26%。特别是通过市场化机制引进4家绿化公司，将五赐线两侧各50米范围进行绿化，打造了继卧龙山森林公园后的又一精品工程。积极推进结构减排、工程减排、管理减排，通源热力实施了脱硫改造工程，两个污水处理厂实现了稳定运行。强势推进煤炭市场清理整治，扎实做好秸秆禁烧工作，切实加强建筑施工扬尘污染治理，圆满完成了国家重大活动期间空气质量保障任务，全县环境质量持续向好。

（五）民生保障更加有力。全年累计投入11亿元发展民生事业，占到一般预算支出的75%以上。投资2312万元，实施了郭磊庄初级中学、安家堡小学等15所学校的校舍维修改造和设备更新工程；投资555万元，完成了宣平堡乡等3所卫生院的改扩建工程，教育卫生事业实现均衡发展。投资5738万元，完成了县道万孔线改建、国道110线孔家庄至王玉庄维修、国道207线养护以及13个村13.9公里道路改造工程，交通事业显著改善。投资9000余万元，完成棚户区改造215户、农村危房改造1000户。全县城乡居民社会养老保险参保率达到95%，新农合参合率达到95.5%，城镇基本医疗保险参保人数达到26782人，28545名城乡困难群众享受到最低生活保障，社会保障体系进一步完善。

县委书记：赵满柱

县人大主任：王成宝

县长：杜　平

县政协主席：张振昌

崇　礼　县

张家口市崇礼县位于河北省西北部，地处内蒙古高原与华北平原过渡地带，全县总面积2334平方公里，海拔从814米延伸到2174米，辖2镇8乡211个行政村406个自然村，总人口12.6万人（宗教人口近8000人）。“十二五”时期，全县GDP由23.8亿元增加到34.3亿元、年均增长9.7%，全部财政收入由3.2亿元增加到6.1亿元、年均增长13.6%，一般公共预算收入由1.7亿元增加到4.4亿元、年均增长20.8%，固定资产投资由30.8亿元增加到73.3亿元、年均增长18.9%，社会消费品零售总额由5.3亿元增加到10亿元、年均增长13.6%。实际利用外资完成4亿美元，是“十一五”的近10倍。

（一）申办冬奥一举获得成功。申奥工作启动后，不等不靠，主动作为，高标准实施了赛事核心区3万亩造林绿化、云州水库调水雪场输水以及雪场路网优化亮化等重要工程；组织开展了“花落北京·花开崇礼”、“四个一”宣传入户等系列活动，营造了浓厚氛围；协助完成奥运水电气信基础设施、综合交通规划以及张家口市2022年冬奥会所需资金预算方案；配合完成调查问卷、视频质询、申办报告、国际单项体育组织场地认证、国际奥委会考察评估和洛桑、吉隆坡两次陈述。2015年7月31日成功赢得2022年冬奥会举办权，创造了“一次申办、一次成功”的历史奇迹。

（二）项目建设水平不断提高。“十二五”期间共实施重点项目264项，完成投资157.4亿元，是“十一五”的近2倍，其中16项省、市重点项目完成投资70.6亿元。项目投资结构不断优化，旅游综合服务项目完成投资106.6亿元，占完成投资总额的67.7%，较“十一五”提高46个百分点。云顶、万龙、多乐美地、长城岭雪场持续扩模升级，太舞滑雪小镇投入运营，全县建成雪道102条、112.6公里，索道魔毯38条、25.9公里，总运力达到3.92万人次/小时。

（三）产业结构调整换档提速。以生态旅游为龙头的第三产业迅速发展。2015年第三产业入库收入占全部财政收入比重达58.9%，较2010年提高33个百分点。三星级以上酒店达到15家，洲际、凯悦、喜达屋等国际一线酒店管理品牌相继落户，旅游业拉动非农就业近3万人。成功组织了一系列国内外顶级体育赛事、峰会论坛、节庆活动，崇礼旅游品牌的影响力逐年攀升，旅游综合收入年均增长29.8%，荣获“中国县域旅游之星十强”等称号，成功入选中国国际特色旅游目的地创建名单。工业转型步伐加快。矿业占规上工业增加值比重下降24个百分点。38家矿山关停工作全面启动。科技型中小企业达到20家。风电装机容量增长1.2倍。现代农业稳步发展。蔬菜标准化生产和黄羽肉鸡规模化养殖两条农业龙型产业持续壮大，市级以上农业龙头企业发展到23家，农业产业化经营率较2010年提高4.3个百分点。一三产业互动融合步伐加快，被评为河北省休闲农业与乡村旅游示范县。

（四）城乡统筹发展步伐加快。城乡总规通过审批，主城区建设用地由5.11平方公里扩大至11.68平方公里。“两区”投入使用率超过80%。建成了四大公园、三大广场以及冰雪博物馆、英龙影剧院等一批公共服务设施。实施了城区道路、集中供热、供排水管网改造、水源地扩建、污水处理厂升级、强弱电入地、双语广告牌匾整改以及主城区亮化提升等市政工程。数字城市平台和二维码服务系统建成运行。被评为省级园林县城，荣获中欧绿色和智慧城市技术推广奖。新型城镇化步伐加快，常住人口城镇化率达到39.7%，较2010年提高6.1个百分点。美丽乡村建设扎实推进。完成新民居建设、四清四化、农村面貌改造提升等工程，覆盖县域所有行政村。7.2万农村人口安全饮水问题得到解决。张承高速二期竣工通车，累计新建、改造各类公路483公里，占通车总里程的45.3%。

（五）生态环境质量持续优化。“十二五”期间累计实施各类林业生态建设工程63.9万亩，森林覆盖率达到52.38%，净增量连续4年排名全市第一，两次被评为河北省造林大县。清水河源湿地公园获批国家湿地公园。全面推行节水农业，高效节水灌溉面积发展到6万亩，被评为全市农业高效节水先进县。加强环境综合治理。实施了水土流失治理、河道治理、山洪沟治理、泥石流治理等工程。淘汰黄标车739辆，引进新能源电动汽车89辆。开展了露天烧烤治理、清洁燃煤推广、非法选金整治以及实心粘土砖瓦窑、燃煤小锅炉取缔等专项行动。化学需氧量、氨氮、二氧化硫、氮氧化合物削减率均完成上级下达目标任务。建成2座大气自动监测站，环境空气质量综合指数连年排名全省第一。连续两年被评为全省环境保护目标管理先进县，荣获第二届国土资源节约集约模范县称号。

（六）各项改革加速破冰前行。承接上级部门下放行政审批事项102项、取消14项、调整86项。“三证合一”、“一照一码”登记制度全面实施。“三级平台、三个代办”工作全面展开。新建政务服务中心、公共资源交易中心办公楼投入使用，公共资源交易中心成为全市仅保留的两个独立运行县级交易平台之一。政府机构改革、办公用房改革、公务用车改革顺利完成。深入推进财税体制改革，全面推行绩效预算，积极盘活财政存量资金，资金使用效益不断提高。深化医药卫生体制改革，县、乡（镇）、村三级全部实现药品零差率销售，基层医疗机构基本药物实现集中采购和一体化配送。扎实推进林权制度改革，与中国绿色碳汇基金会签署战略合作协议，成为全国首批“碳汇城市”。稳步推进农村改革，土地确权登记颁证全面展开。强化政府系统党风廉政建设，政府公信力和执行力进一步提高。自觉接受人大、政协的监督，人大代表建议、政协提案按时办结率、满意率均达100%。

（七）民本民生得到全面改善。社会事业全面进步。新建、改造校舍6.5万平米、操场2.3万平米。高标准通过省政府教育督导评估验收和省级三类城市语言文字工作验收。新建县医院、卫生监督所投入使用，实施了中医院、乡镇卫生院改扩建及105所村卫生室新建工程。与北京积水潭、北京大医同盟、河北医科大三院、河北北方学院第一附属医院等多家知名医疗机构建立战略合作关系。被评为全市卫生工作先进县。计生工作连续9年获得省市先进。居民集中供热收费标准全面下调。科技惠民、文物保护、全民健身等工作有序推进。社会保障体系逐步完善。城镇登记失业率控制在3.6%以内。城乡低保年保障标准分别比2010年增长91.8%和123%。新农合和城镇居民医保财政补贴标准分别比2010年增长2.4倍和2.5倍。城镇企业退休人员基本养老金连年上调。《崇礼县被征地农民参加基本养老保险的实施方案》通过审批。分配入住保障性住房832套，完成棚户区改造2272户、农村危房改造9100户。扶贫攻坚成效显著，6.33万人稳定脱贫，贫困发生率由2013年建档立卡时的31%下降至15.6%。安全生产形势总体平稳，荣获全国安全生产先进单位荣誉称号，食品药品安全县创建通过省政府评估验收。法制崇礼建设深入推进，被评为“六·五”普法全国先进县。平安创建扎实开展，社会大局和谐稳定。

张北县

张北县位于河北省张家口市北部，辖7个镇、11个乡、4个街道办事处、366个行政村、26个居民委员会。总面积4185平方公里，耕地面积151.5万亩，总人口37.2万人。2015年，全县完成地区生产总值91.4亿元，同比增长6.3%。全部财政收入完成10.02亿元，同比增长9.3%，其中地方一般预算收入7.13亿元，同比增长10.7%。全社会固定资产投资完成116.6亿元，同比增长15%；社会消费品零售总额实现26.1亿元，同比增长9.9%。城镇居民人均可支配收入21133元，同比增长10%。农民人均纯收入7613元，同比增长11%。空气质量二级以上天数累计达到296天。

（一）项目建设势头强劲。新签约项目29个，其中亿元以上项目25个，实际到位国内市外资金65.56亿元，同比增长6.19%。实施千万元以上项目113个，完成投资97.8亿元，列入省市重点项目12个，总投资位列全市第一。

（二）主导产业持续壮大。新能源产业持续保持全国领先，实施了华强兆阳光热智能电站等项目8个，新签约项目22个，风电、光伏装机规模分别达到233万千瓦和12万千瓦，位居全国县级前列。云计算项目列入京津冀云计算产业集聚区建设项目，中国教育云数据基地、分享通信集团、张北移动互联网产业基地等7个项目成功签约。有机食品加工业集聚发展势头强劲，实施佳诚亿通马铃薯淀粉生产、金维他有机燕麦生产等7个项目，市级以上重点农业龙头企业发展到38家，甜菜、燕麦、马铃薯、亚麻加工能力分别达到60万吨、12万吨、34万吨和5.7万吨。文化旅游服务业蓬勃发展，实施草原天路、中都原始草原度假村、元中都遗址国家考古公园等5个项目，开展旅游市场专项整治行动，景区基础设施、管理水平得到大幅提升；成功举办了第七届草原音乐节，入选“2015中国避暑休闲百佳县榜”。

（三）城乡建设统筹推进。县域乡村建设规划被列入全国村庄规划示范名单。实施了33个、120万平米商住小区建设工程，完成5座水冲式厕所新建、10条背街小巷改造等22项市政基础设施建设工程，新增集中供热面积44.5万平米，实施西水厂供水工程，南山公园通过四星级公园验收评审，城区新增绿化面积15.8万平方米，城区绿化覆盖率、绿地率、人均公园绿地面积分别达到40.61%、37.92%、14.07平米。城乡一体化进程加快，推进了张北镇、小二台镇两个全国重点镇建设，完成7个省级重点村的美丽乡村建设。

（四）农村经济稳步发展。新增高效节水面积3.89万亩，总面积达到22.6万亩。现代农业园区成功列入首批省级现代农业园区。推进中粮集团百万头生猪养殖、宏文牧业万头奶牛养殖等项目建设，全县奶牛、肉牛、生猪存栏分别达到4.3万头、2.3万头、19.6万口；新发展春秋大棚1202亩，建成食用菌大棚350个，设施农业种植面积达到1.61万亩。建立农村产权交易平台，开展了10个乡镇的土地确权登记颁证工作，全年新增土地流转面积1.8万亩，办理土地流转收益保证贷款1050.5万元。新登记注册家庭农场95家，合作社发展到474家。解决了79个村、2万人的安全饮水问题，2.22万人实现稳定脱贫。

（五）生态环境明显改善。推进了7个省级重点村、12个县级重点村的村庄绿化，完成造林12.9万亩。实施灯笼素河引水工程，治理水土流失面积10平方公里。湿地保护力度不断加大，3个省级湿地公园获批，黄盖淖湿地公园列入国家试点，全县森林覆盖率达到26.4%。开展环境专项综合整治，拆除燃煤锅炉34台，全年空气质量在全省排名第三。

（六）民生保障更加有力。民生投入19.66亿元，占财政支出的81.3%。完成了树儿湾小学、九卜树小学教学楼、张北二中宿舍楼新建，对14所乡镇学校暖气进行改造。普通高考一本上线377人、二本上线1319人、本科上线率达到89.15%，上线人数雄踞全市第一，二本上线人数首次位居全市十三县之首。职业教育对口升学率继续位居全市第一，就业稳定率达到95%。顺利通过国家义务教育基本均衡县验收。实施了中医院门诊、急诊医技综合楼续建项目，完成了卫生、计生机构改革，稳步推进综合医药卫生体制改革工作。长城考古和文物保护取得阶段性成果，成功创建“全省公共文化服务体系示范县”。发放城乡低保资金7568.04万元，惠及城乡困难群众4.31万人，城乡居民基本养老保险参保率达到97.7%；全县城镇新增就业3516人，下岗失业人员再就业413人，城镇登记失业率控制在3.8%以内；新建农村互助幸福院5所、各类保障性住房448套，改造棚户区850户。成功通过全省首批“食品安全县”验收，全县安全生产形势平稳，社会治安防控体系不断加强，群众诉求渠道更加畅通，一批信访问题得到有效解决，人民群众满意度大幅提升，社会和谐稳定。

沽 源 县

沽源县地处河北省北部，隶属于张家口市，辖4个镇、10个乡，233个行政村、5个居委会。总面积3654平方千米，耕地面积8.13万公顷。总人口22.6万人。2015年，全县实现生产总值43.8亿元，同比增长8%，增速位居全市第二，是2010年的2倍；规模以上工业增加值完成6.9亿元，同比增长11.5%，增速位居全市第一，是2010年的3.6倍；全部财政收入完成3.8亿元，同比增长11.1%，其中公共财政预算收入完成3.05亿元，同比增长17%，分别是2010年的3.2倍和3.7倍；固定资产投资完成63.4亿元，同比增长1.1%，是2010年的2.1倍；城镇居民人均可支配收入达到2.06万元，同比增长10.3%，是2010年的2倍；农民人均可支配收入达到7305元，同比增长12%，是2010年的2.5倍。与“十一五”末相比，各项主要经济指标均实现了翻番，特别是财政收入绝对量在全市排位前移了四位。

（一）坚持以项目建设为主线，发展后劲不断积蓄。全年沽源县共实施项目123个，其中7个省市重点项目完成投资22亿元。三源食品蔬菜深加工项目投入生产，金莲川牧业肉牛肉羊深加工项目进行了试生产。双益马铃薯、冀雨液态肥项目完成设备安装，具备了生产条件。三峡新能源5万千瓦、阳光电源2.5万千瓦、华电2万千瓦光伏发电项目全部并网。中电投5万千瓦光伏发电项目正在办理并网手续。总投资20.3亿元的风电制氢综合利用示范项目完成投资10.9亿元，并网5万千瓦，实现了当年开工、当年并网发电。全县风电、光伏发电并网总量达到127.5万千瓦。中广核、三峡新能源等5家企业跨入规模以上工业企业行列，规上企业总数发展到17家。通过积极争跑、反复洽谈，总投资30亿元的草原天际线和总投资1.2亿元的金莲山森林公园旅游项目成功签约，大唐国际热电联产项目签订了框架协议。青岛昌盛日电光伏农业、三峡新能源二期光伏发电等项目达成合作意向，招商引资工作取得明显成效。完成了经济开发区总体规划和控制性详细规划编制工作，实施了道路、绿化等基础设施工程，经济开发区承载能力和整体形象进一步提升。入园企业达到25家，实现产值4.64亿元，园区经济实力逐步壮大。

（二）坚持以“三农”工作为重心，基础支撑更加有力。沽源县农业园区规模不断扩大，实施了闪电河现代农业综合开发示范区二期、长梁现代农业示范园建设工程，万亩以上现代农业园区发展到8个。全县新增圈舍面积1.05万平米，规模化养殖场达到230家。农业科技得到有效推广，测土施肥、水肥一体、人工智能控制等新技术广泛应用，发展高效节水4.5万亩，全县机耕、机播、机收面积分别达到112万亩、105万亩和100万亩。市场化程度不断提升，自营出口企业发展到11家，蔬菜出口创汇278万美元，同比增长29.3%，位居全市前列。农副产品加工企业发展到47家，蔬菜、马铃薯加工能力达到35万吨。蔬菜总产值突破15亿元大关，创历史新高。扶贫攻坚取得阶段性成果，重点实施了张沽线设施架豆带、大其梁食用菌种植园扩模等扶贫产业项目，新增扶贫设施大棚3000余座。全县1.5万贫困人口实现稳定脱贫。利用中央彩票公益金项目，为革命老区修建联村公路34.6公里。开展了34个贫困村的建档立卡回头看工作，扶贫思路更加清晰，扶贫对象更加精准。投资5000多万元，以街道硬化、民居改造、环境整治、村庄绿化为重点，实施了17个重点村美丽乡村建设工程，农村生产生活条件进一步改善。

（三）坚持以创建园林县城为抓手，县城面貌明显改观。全县城乡总体规划、控制性详细规划和县城绿地系统规划正式实施，完成了中心城区城市设计和交通、公共服务、综合防灾等专项规划编制工作，全县城乡规划体系日臻完善。中环路、桥西路取直和建设街拓宽工程竣工通车，人民街北拓工程完成一次铺油，实施了35条小街巷硬化、亮化、排水工程，居民出行更加便利。第二集中供热厂投入使用，新增集中供气2925户。新开工居民小区45万平米，县城居民住房条件进一步改善。新建了滨湖公园等6个独具特色的公园和21处游园绿地，完成21条主次干道及小区庭院绿化工程，新增绿地面积1500多亩，建成区绿地率和绿化覆盖率大幅提升，圆满完成省级园林县城创建任务。加大了街道清扫、垃圾清理力度，数字化城市管理系统投入试运行，城市精细化管理水平不断提高。

（四）坚持以生态旅游业为龙头，第三产业快速发展。沽源县实施了滦河神韵观鸟亭建设工程，五花草甸景区服务水平进一步提高。梳妆楼元墓保护工程全部完工并对外开放。成功举办冬季阳光体育大会、全民文化艺术节等文化体育活动。全县17个农家院入选全国百家“中国乡村旅游金牌农家乐”。生态游、文化游、农家游等多样化旅游格局加速形成。全年接待游客139万人次，同比增长7%，旅游综合收入突破9亿元。总投资6.1亿元的昊成商业中心项目全部完工，新合作城市综合体酒店式公寓完成主体工程。商业地产、批发零售、餐饮住宿等服务业快速发展，总量和规模不断扩大。截至2015年末，全县各项存款余额59.83亿元，同比增长23.6%；各项贷款余额29.57亿元，同比增长30.8%。企业融资渠道进一步拓宽，正熙元农业开发有限公司在深圳前海股权交易中心挂牌。

（五）坚持以绿色发展为引领，生态成果持续巩固。全年完成退化林分更新改造工程6万亩、塞北林场工程1万亩、京津风沙源小流域治理工程5平方公里。实施了207国道、半虎线通道绿化工程101公里，对张沽线、宝平线、张石高速等道路绿化进行了补植补造，绿化村庄39个，全县森林覆盖率提高到30.23%。完成草地治理工程2.3万亩、盐碱地整治工程2816亩，实施了4个矿山环境恢复治理项目。通过采取结构减排、集中供热锅炉改造和新增配套污水管网等措施，超额完成化学需氧量、氨氮和二氧化硫污染物减排任务。持续加大燃煤锅炉、黄标车淘汰力度，严控建筑工地、配煤场所扬尘，关停取缔7家粘土砖瓦窑，圆满完成了奥运迎评、“9·3”阅兵空气质量保障任务，空气质量综合指数位居全省前列。

（六）坚持以基础设施为保障，发展瓶颈加速破解。张承高速全线贯通，二秦高速快速推进。闪电河旅游公路基本完工，宝平线至南环路连接线工程竣工通车。完成张承高速县城连接线路基工程和西辛营连接线3公里铺油工程，实施白四线丰源店段8公里改建工程，打通农村断头路26.7公里，全县路网格局进一步优化。完成沽源站2号主变临时增容工程，更换35千伏站主变5台、断路器3台。新建、改建10千伏线路205公里。改造“卡脖子”线路6条、重过载线路2条，全县供电保障能力显著提高。移动通讯、互联网、有线电视覆盖范围不断扩大，基础设施建设水平稳步提升。

（七）坚持以改善民生为目的，社会事业全面进步。全年用于民生领域的资金达10.95亿元，占全部公共财政预算支出的75%。第一中学、第二小学搬迁全部完成，县城教育资源布局进一步优化。投资1800万元，实施了21所义务教育学校、8所幼儿园的维修改造工程。投资1450万元，全面加强中小学教育装备建设，教育现代化水平大幅提高，顺利通过了省政府义务教育均衡发展评估验收。县级公立医院改革扎实推进，小厂中心卫生院和大二号卫生院改扩建工程全部完成，医疗卫生服务水平持续提升。新农合县级医院报销比例提高到85%，城镇居民医疗保险工作进展顺利。城乡低保保障和农村五保供养标准全面提高。打造了以丁庄湾革命老区为核心的“红色沃土”文化工程。完成了56个村的安全饮水工程，解决1.92万人的饮水安全问题。保障性住房竣工315套，开工建设公租房172套，实施农村危房改造2000多户。

县委书记：郭有和

县人大主任：王克成

县长：李建鹏

县政协主席：刘宝库

尚义县

尚义县位于河北省张家口市西北部，辖7乡7镇，172个行政村，6个居委会；总面积2632.47平方千米，耕地面积6.59万公顷；总人口19.16万人，人口自然增长率0.9‰。2015年，全县完成地区生产总值33.97亿元，同比增长6.1%，第一、二、三产业增加值分别完成11.00亿元、13.49亿元和9.48亿元，分别增长3.3%、6.5%和8.5%；单位生产总值能源消耗0.56吨标准煤，同比下降3.8%；民营经济增加值完成14.51亿元，同比增长6.3%。粮食总产量完成4.73万吨，同比增长3.1%。全部财政收入完成2.19亿元，同比增长12.7%，其中公共财政预算收入1.49亿元，同比增长11.7%；财政支出14.03亿元，同比增长20.7%。固定资产投资（不含农户）完成18.26亿元，同比增长15.4%。社会消费品零售总额11.16亿元，同比增长9.0%。农村居民人均可支配收入6656元，同比增长11.2%。城镇居民人均可支配收入1.90万元，同比增长9.5%。年末城乡居民存款余额28.79亿元，同比增长21.3%。城市空气质量等级二级。

（一）产业发展迈出新步伐。新型能源快速发展。全年实施龙源麒麟山、无锡航天、河北元辰、中核国缆等10个风光电项目，新增装机容量55万千瓦，总量达到225万千瓦，增量连续两年保持全省第一。首航、达华两个50兆瓦塔式光热发电项目进入省级项目计划盘子。抽水蓄能电站和太阳能示范基地两大战略支撑项目成功列入全市可再生能源示范区发展规划，前期工作正在积极有序推进。全年新能源产业实现产值19.1亿元，占规上工业总产值的70%；上缴税金7531万元，占全部财政收入的34.4%。现代农业提质增效。七甲、八道沟2.5万亩蔬菜产业示范园和小蒜沟乌拉生态农业园初具规模。鼎奕燕麦、浩丰蔬菜、白羽肉鸡等农业龙头企业逐步壮大，产业链条不断延伸。全县流转土地19.3万亩，新增高效节水10.5万亩、设施农业1.2万亩，市级以上龙头企业发展到20家、专业合作社350家，农业产业化率达到了62%。生态旅游高端起步。高标准编制了全县生态旅游总体规划。大青山森林公园、察汗淖尔湿地公园、鸳鸯湖露营基地、十三号农家院等一批旅游景点得到有效开发。成功举办了第十二届“中国·尚义”赛羊会暨首届羊肉美食节，创新办会模式，将赛羊会与发展羊产业、活跃商贸物流、繁荣城镇经济相结合，新增房车露营、赛车漂移、搓莜面大赛等项目，极大地提升了尚义的知名度和影响力；开展了以“尚义冰雪季、全民冬奥情”为主题的首届国际汽车冰雪漂移嘉年华活动，填补了冬季旅游空白，增加了旅游厚度。2015年接待各地游客24万人次，实现旅游收入5523万元，拉动GDP增速0.3个百分点。

（二）城乡面貌呈现新变化。编制完善了城乡总体规划和控制性详细规划，县域规划体系更加完善。大力实施

“双城”工程，综合体育健身竞技项目实现了当年开工、当年投运；修建、铺装园路、广场2.4万平方米，改建整修秀水公园主题景观47处；硬化县城小街小巷5条，新增绿化面积9万平方米，绿化覆盖率达到36.4%。新开工保障性安居工程124套，启动棚户区改造工程150套。组织开展了机动车乱停乱放、露天烧烤、城区卫生环境等整治活动，对县城集贸早市进行了整体迁移。以美丽乡村建设为载体，启动4个省级重点村建设，并基本完成改造提升任务。交通领域建设持续加快，京尚高速成功获批，白郭线7座桥梁加固、小韭线桥涵新建等工程全面竣工并通车，汽车站顺利搬迁，县城32辆电动公交车投入运营。

（三）发展环境得到新改善。争取林业项目资金1.53亿元，实施退化林分改造、巩固退耕还林成果等六大生态建设工程，完成造林绿化33万亩，全县森林覆盖率净增1.1个百分点，达到40%。完成“张尚线”通道景观绿化25公里，栽植各类树种15万株，打造景点工程4处。深入开展“利剑斩污”行动，严把高耗能、高污染企业准入关口，全县空气质量保持全省前十行列。认真落实舍饲禁牧、封山育林等措施，加强农村环境综合治理。政务环境进一步优化，顺利通过全市政务服务系统标准化验收。简政放权扎实推进，承接国家、省市下放项目111项，取消12项、暂停2项、改变管理方式15项，按时办结率达到100%。深入推进商事制度改革，全市首张“三证合一”营业执照在尚义县颁发。加强“三级平台”建设，推进“三个代办”制度，重点项目全程代办机制全面启动。

（四）扶贫开发取得新成效。以贫困问题比较突出的20个村4.2万扶贫对象为重点，加大精准扶贫力度，累计投入扶贫资金2718万元，整合社会帮扶资金491.2万元，通过资源、资本向贫困村、贫困户精准配置、集中使用，全年完成蔬菜、养殖、旱作农业、林果等产业扶贫项目132个，完成贫困村道路硬化、项目区配套建设等工程62个，项目完工率达85%，全县79个贫困村实现了“四通七有”，占全县贫困村的88%。开创了小蒜沟山区开发、十三号乡村旅游、黄脑包光伏扶贫、王二来农企联营等精准扶贫新模式，全年18个贫困村1.16万贫困人口实现整体脱贫。

（五）民生福祉有了新提升。把民生工作作为全县工作的出发点和落脚点，有效提升群众获得感。全年民生领域财政支出11.4亿元，占一般公共预算支出的81.1%。坚持教育优先发展，切实保障教育投入，全力实施高考倍增计划，本科上线人数同比增长50.7%；抢抓“改薄”机遇，全面推进学校标准化建设，全县校舍建设开工、竣工、资金支出率均居全市第一；顺利通过国家三类城市语言文字评估和省级义务教育均衡发展两项验收。公立医院改革扎实推进，药物零差价制度深入实施。就业形势保持稳定，城镇新增就业1899人、农村劳动力转移就业2007人。完成农村危房改造1000户，解决了1.7万农村人口饮水安全问题。城乡居民基本养老保险、医疗保险参保率分别达到98%和96%，认真落实城乡低保、“五保”供养等政策，发放各类保障金3909万元。食品安全城市和食品药品安全县加快创建，宗教、信访、安全生产等各项工作都取得了较好成绩，社会大局和谐稳定。

塞北管理区

张家口市塞北管理区地处河北省张家口市北部坝上地区，辖4个管理处、12个居民委员会、22个自然村。总面积267平方千米，耕地面积12.5万亩。总人口2.4万人。2015年，全区地区生产总值完成17亿元，增长3%。其中，第一产业增加值完成3.7亿元，同比增长8.1%；第二产业增加值完成11.5亿元，同比增长1.5%；第三产业增加值完成1.8亿元，同比增长6.4%。单位GDP能耗下降3.4%。全部财政收入完成1.33亿元，同比增长13.1%，规模以上工业增加值完成10.9亿元，增长1.26%；固定资产投资完成13.7亿元，增长13%。城乡人均可支配收入达到20427元、9347元，分别同比增长9.9%、11%。空气质量二级以上天数累计达到348天。

（一）围绕国家现代农业示范区建设，编规划、重引导，现代农业有了长足发展。一是示范区创建工作成效显著。相继获批国家现代农业示范区（全市唯一一家），省级乳业现代农业园区，市级乳业、薯业现代农业园区。初步完成了《塞北管理区国家现代农业示范区总体规划》及《塞北管理区乳业现代农业园区专项规划》的编制工作，确立了“整区创建、一区四园”（一区：国家现代农业示范区，四园：乳业园区、薯业园区、草业园区、肉业园区）的整体发展格局。二是现代农业全面发展。“乳业倍增”计划扎实推进，完成投资9.58亿元，实施了桑德牛粪资源综合利用、汇林包装二期等乳业及配套项目。4个万头奶牛养殖场完成投资1.6亿元，进牛1100头，全区奶牛存栏达到4.4万头，年鲜奶产量达到18万吨；弘基农业全年实现产值1.67亿元，生产微型薯1500万粒，带动全区种植马铃薯4.1万亩；秋实草业全年实现产值1.6亿元，带动周边县区种植饲草20万亩；张家口慧牧科技多胎肉羊产业化项目及中澳信恒高端肉牛繁育养殖加工项目扎实推进。三是科技支撑作用效果初现。建设了农牧信息化管理平台，实现了农牧资源信息由“手工查询”向“计算机智能管理”转变；实施了中低产田改造及高标准农田建设6270亩，创建高产示范区1万亩，土地收益提高了19.5%，为创建“国家现代农业示范区”夯实了基础。

（二）围绕省级经济开发区创建，搭平台、上项目，经济增长保持了持续动力。一是开发区申报工作稳步推进。完成了园区《总体规划》、《控制性详规》、《产业发展规划》的编制工作，将园区面积扩展到13.18平方公里，确定了“六大板块”的功能分区，以食品加工业为战略产业，以旅游业等为配套产业，以新能源等为机会产业递次推进的发展模式。省级经济开发区申报材料送审待批。二是项目建设成效显著。投资11.36亿元，实施省市重点项目10项。塞北现代牧业新增4条乳品生产线、蒙牛塞北乳业新增2条未来星儿童奶生产线正式投产；新水墨胡萝卜深加工、九州大地饲料综合扩能等一批积蓄发展后劲的项目开工建设；华电国际西山风电、晶科电力光伏发电项目稳步推进；绿旭康兽药加工项目顺利通过农业部GMP验收。三是招商引资扎实开展。与中投顾问合作成立了联合招商办公室，开展了委托招商、代理招商、定向招商等工作。不断加强招商推介工作，积极参加了5.18廊坊经洽会、乌大张洽谈会、厦门投洽会等经贸洽谈活动，促进慧牧科技、双增旅游等4个项目年内签约，协议引资53.7亿元。

（三）围绕打造绿色魅力草原新城，抓统筹、强管理、城镇建设迈出坚实步伐。一是规划体系基本形成。完成了《塞北管理区城乡总体规划》的修编、评审及市政府备案批准工作。《控制性详细规划》已进行了专家评审。实施了《区域镇村体系规划》、《给水工程规划》等8个专项规划的修编工作，形成了统筹城乡发展的规划体系。二是承载能力逐步增强。投资4320万元，实施了急救中心、计划生育服务站和疾控中心“三站合一”工程、绿源大街隔离带改造、垃圾卫生填埋厂续建、雨污水管网改造等8项重点城建项目。完成了主城区绿化、天然气管网铺设等工作，建成区绿化面积109.77公顷，绿化覆盖率达38%。幸福家园小区天然气主管网及二次管网的入户工程已全部完成，圣牧牧业、田园生态奶牛养殖场完全具备通气条件。三是路网体系日趋完善。投资300万元，完成了通顺路、长胜大街、平安大街3条市政道路的修建工程。东大门、沙梁子养殖园区进场道路已于2014年8月份竣工通车。“牧闪线”大修改造项目正式入库，计划2015年开工实施。乡道小林线升级为省道。

（四）围绕提升生态支撑能力，治污染、增绿色，环境质量得到持续改善。“增绿、控水”工作效果明显。投资80万元，实施了5000亩京津风沙源治理、退耕还林补植补造等项目，新增义务植树基地60余亩，人工种草1.3万亩，全区林草覆盖率达到64.8%。新增高效节水灌溉面积2500亩，高效节水示范基地总面积达到5.01万亩，农业灌溉用水得到有效利用。大气污染防治工作取得阶段性成果。全年优良天气达到348天，PM10浓度均值同比下降14微克/立方米，下降率23.73%，消减COD205吨，氨氮18吨。拆除4台燃煤锅炉共计17蒸吨，完成了弘基农业1台20蒸吨燃煤锅炉的脱硫除尘改造及在线监测工作。采取治企、抑尘等有效举措，整治施工扬尘场地4.55万平方米，治理企业储煤场3家，煤炭经营场所1家。新增集中供热面积2.26万平方米，集中供热普及率达到75%。

（五）围绕提升群众幸福指数，夯基础、兜底线，民生保障能力不断提升。全力织好民生安全网，扎实办好12件民生实事，全年投入民生资金2.25亿元，占当年财政支出的80%。一是社会保障体系逐步完善。城乡居民及企业职工养老保险参保率达到95%，全区城镇、新农合医保覆盖率达到100%。新建保障性住房148套，分配入住140户，群众的居住条件得到明显改善。全年慰问特困职工及群众245户，发放慰问金12.25万元。解决了全区三无人员的抚养问题及空巢老年人互助养老问题，民政事业服务中心入住“三无老人”5人，托养老人1人。二是就业形势总体稳定。援助就业困难人员1195人次，发放岗位及社保补贴32.43万元。失业保险参保职工2034人，发放失业保险金4.2万元，城镇登记失业率控制在2.3%以内。三是教育教学质量大幅提升。区学校中小学教育教学成绩实现历史性突破，小学语数外三科成绩全校平均85分以上，2名初中毕业生考入张家口一中，11名文体特长生考入宣化二中。四是医疗服务水平明显提高。张家口建国医院塞北分院正式挂牌，聘请资深中医开展了特色中医诊疗业务，50%的村卫生室增设了中医药特色服务。五是文化惠民活动有序推进。举办了激情广场健身舞大赛、大合唱比赛、家庭创意美食大赛等文体活动10余场，丰富了群众的文化生活。六是平安建设落地有声。申奥和抗战胜利70周年庆祝活动等重要安保任务顺利完成，打非治违专项行动深入开展，食品药品安全体系建设不断完善，全区安全生产形势持续稳定，法制、信访等工作都取得了较好的成绩。

察北管理区

察北管理区地处河北省张家口市北部坝上地区。2015年，区党工委、管委会认真贯彻党中央和省委、市委决策部署，带领全区上下紧扣“再接再厉，乘势而上，创新实干，再创辉煌”工作主题，顺势而为调结构，集中力量办大事，区域经济社会保持了更好更快的发展态势。

一是发展速度更加稳健。2015年底，预计全年完成生产总值25.68亿元，同比增长7.6%；全部财政收入1.88亿元，同比增长16%。其中公共财政预算收入1.13亿元，同比增长13.6%，首次超亿元大关；完成固定资产投资28.39亿元，同比增长10.2%；完成城镇居民可支配收入2.02万元、农村居民人均可支配收入8780元，同比分别增长13%和13.1%。经济总量和全部财政收入摆脱了连续多年倒数第一的局面，创造了连续18个月增速全市第一的奇迹。

二是发展基础更加坚实。大力发展现代农业。与农业部规划设计院合作编制了《察北管理区现代农业示范区总体规划》，被认定为“国家农业产业化示范基地”和“全国农垦农机标准化示范区”；中荷（张家口）现代农业产业园、中芬示范农场项目取得积极进展，促进了区内农业产业化与世界接轨；马铃薯国际研发中心和改良分中心项目已开工建设；2万平米苗圃温室、1.5万平米智能连栋温室主体完工，建成国家级农作物品种区域试验站；实施完成了3000亩生态水肥一体化项目；新建喷灌面积2000亩，新增滴灌面积6000亩，实施省级农垦高效节水工程2570亩，农业产业化经营率达到了69.5%。优先发展工业经济。全区全年第二产业增加值预计可实现18.3亿元，同比增长9%，占GDP的71%。完成规模以上工业总产值48.26亿元、增加值14.15亿元，分别增长5.2%和10%。新增规模以上工业企业2家，全区规上企业达到了15家。完成了经开区总规、详规和产业规划，投资8000万元实施了产业园区基础设施建设项目，实现了七通一平，并积极申报省经济开发区。积极发展第三产业。旗帜乳品顺利通过市旅游部门AAA级景区申报核检。实施了人工改良天然草场工程，修缮白塔苏式马厩，启动了白塔淖生态修复围栏工程，与北控集团达成协议合作开发白塔生态旅游项目。签约引进了总投资5000万元腾驰物流建设项目已开工建设，建成雪川4万吨马铃薯恒温库。

三是发展后劲更加有力。狠抓项目建设不放松。2015年，察北管理区实施重点项目16项，完成投资21.5亿元，开工率达300%，在全市项目拉练观摩中名列第八。旗帜乳品被列为全省项目拉练重点项目，继3月15日婴幼儿乳粉在钓鱼台国宾馆成功上市后，又研发生产了中老年乳粉；雪川农业与荷兰爱味客公司完成5万吨马铃薯薯条和1万吨全粉生产线项目建设，马铃薯国际研发中心和改良分中心项目也顺利开工；正大集团综合开发项目实现当年签约当年开工。狠抓招商引资不动摇。世界500强正大集团与旗帜乳品实现强强联合，为旗帜乳品发展总部经济奠定了基础；北京北控集团100MW水面光伏项目正式签约，进一步优化区内产业结构。天圣牧业高端肉牛屠宰加工、奥光科50MW农光一体化等项目的签约落地，进一步拓宽了项目领域，延伸了产业链条。狠抓瓶颈破解不松懈。全年建设项目用地预审238.5亩，完成220.79亩6宗建设用地供地工作，供地率在全市排名第7。积极申请张家口市2015年第五批次建设用地总面积182.8亩。有效缓解因用地指标紧缺而造成的项目签约难、落地难、启动难问题。紧盯国家产业政策和投资投向，积极争取项目资金，目前共争取到上级补助资金项目7个，到位资金931万元。

四是发展环境更加优化。提升生态文明水平。以创建国家森林城市为目标，高质量完成工程造林面积1.49万亩，通道绿化25.8公里，村庄绿化25个；实施旗帜大道景观绿化、桃园山庄林业科技园区三期道路景观绿化等六大造林工程，共计绿化面积2.93万亩；森林覆盖净增2.25个百分点，森林覆盖率达25.27%。统筹城乡一体发展。继续完善城区“三纵六横”框架道路修建工程；实施了从敬老院到液化气加气站砂石路维修工程，连通了宇一线和察北街，城区路网逐步完善。城区园林新增绿地面积9.04公顷，新安路灯292盏，新建街心游园一处。大力实施“清洁察北”突击月活动，使城乡人居环境面貌有了明显改善。优化服务发展环境。全区深入开展“三严三实”专题教育和解放思想大讨论活动，坚持领导在一线指挥，干部在一线创业，措施在一线落实，问题在一线解决，作风在一线转变，水平在一线检验的工作机制。建成区政务服务中心，服务水平不断提升，行政效能大幅提高，发展环境明显改善。

五是发展活力更加显现。财政保障不断加强。在确保全区公教人员工资、刚性调资兑现以及离退休人员的养老经费发放，保证机关事业单位正常运转及法定支出外，顺利完成了机关事业单位养老制度改革，确保了各项收入分配政策全面落实。年内全区一般预算支出达到7亿元，同比增长102%。群众福祉持续增多。2015年民生支出为4.3亿元，占一般预算支出的61%，同比增长43.3%。新建67套丽华家园二期配建公共租赁住房和105套旗帜乳品职工宿舍公共租赁住房，完成了32套垦区危房改造安置房分配；医院购置了16排CT、全自动生化分析仪、五分类细胞仪等基础设施设备，群众看病条件得到极大改善；全面启动实施了农村电网改造升级工程。社会大局保持稳定。全力推进安全生产“三级五覆盖”责任体系建设，严格落实“党政同责、一岗双责”。区内企业实现安全标准化，全年未发生一般及以上生产安全事故和职业卫生事故。信访稳定工作和“平安察北”建设积极有效，年内未发生赴省进京集体访和非正常访，也没有发生涉法涉诉信访案件，全区社会大局和谐稳定。

唐山市路北区

2015年，唐山市路北区紧抓京津冀协同发展重大机遇，以提高发展质量和效益为中心，以产业高端化、城市现代化、城乡一体化为重点，建园区、上项目、强招商，现代物流、电子商务、文化创意、生态观光农业等新兴业态快速发展，总部经济、楼宇经济日趋繁荣，新能源、新材料和高端装备制造等战略性新兴产业蓄势待发，开创了经济社会发展的崭新局面。

全年地区生产总值完成141.2亿元，同比增长7.2%；固定资产投资完成297.3亿元，同比增长18.5；市区两级公共财政预算收入完成41.9亿元，同比增长0.4%，其中税收收入完成39.4亿元，连续四年全市第一；规模以上工业增加值完成8.6亿元，同比增长7.8%；社会消费品零售总额完成216.5亿元，同比增长9.6；外贸进出口总额完成11.6亿美元，实际利用外资完成7459万美元；城镇居民人均可支配收入3.35万元、农村居民人均可支配收入1.61万元，分别增长8.8%和9.1%。

（一）项目建设取得新突破。“八园一中心”日渐成为助推路北发展的核心引擎，入园产业项目累计达90个，其中竣工运营20个，累计完成项目和基础设施投资153亿元。现代物流和新兴制造两个园区总占地超过22平方公里，是路北的潜力所在，目前朝阳西道已经竣工通车、“一横一纵”道路即将投入使用，累计落户项目超过20个，其中3个项目开工建设、8个项目完成土地出让，园区框架已经拉开。陶瓷文化创意产业园区被评为“省十大文化产业集聚区”，新建成的陶瓷公园成为市民休闲游玩的新热点。西部商贸物流园区聚焦发展的医药物流、冷链物流初具规模，东部新兴产业园区转身为唐钢集团产业升级的桥头堡，创新产业园区成为石墨烯材料技术研发、科技企业孵化的“双创”新高地，电子科技产业园区成为区域电商企业聚集发展的重要平台，现代休闲农业园区引领近郊休闲旅游新风尚。金融中心成为路北新名片，一期工程投入运营，二三期工程快速推进，9大类型金融业态的70家金融和相关机构签约入驻，31家开业运营，2000余人入驻办公。勒泰城一期即将完工，香格里拉大酒店正式开业。全年共28个项目开工建设，39个项目竣工运营，2个项目进入省重点项目库，市重点项目较上年增加3个。全市项目观摩获得中心区组第一名，2015年全市评选的“十大亮点工程”中，金融中心和陶瓷公园榜上有名。

（二）开放招商取得新成果。重新修订了《招商引资工作考核办法》，继续实行全员招商机制。主动走出去招商，区主要及分管领导带队赴上海、杭州、成都、郑州等10余个地市考察洽谈20余批次。选派43名优秀干部分赴京津、“长三角”、“珠三角”驻点招商，成功举办重点项目招商推介会，合同利用资金160亿元的66个项目集中签约。组织和协助项目单位举办专场招商推介会10余场，勒泰城、清科园、中环广场、凤城国贸等项目以商招商成效显著。通过全区上下的共同努力，全年共引进项目150余个，总投资超过300亿元，特别是在新材料、新能源、高端装备制造、节能环保等战略性新兴产业领域达成了一批合作，为路北区打造产品集群和产业集群奠定了坚实基础。此外，两年来引企增税工作扎实有效，京唐城际铁路公司等89家区外大型企业或分支机构成功落户。引进“千人计划”专家1名，由2位院士挂帅的石墨烯技术研发团队开始工作，创新发展才智支撑进一步增强。

（三）企业活力实现新提升。市场主体量质齐升，总量接近4.2万户，稳居全市第一，高新技术企业、科技型中小企业分别达到13家和130家。中小微企业金融服务中心投入使用，已为科技型、成长型中小企业放贷3.2亿元。石家庄股权交易所在路北区设立唐山分中心，企业享受“零距离”的上市培训服务。新增规模以上工业企业3家、规模以上服务业企业25家。金石超硬公司获得国家科技进步二等奖，任氏巨源公司研发的国内首个微波能真空热压烧结炉达到世界领先水平，明仁生物能公司晋升为市级农业产业化龙头企业，天地合新能源公司荣获第四届中国创新创业大赛河北赛区三等奖，2家企业获评“市科技创新优秀企业”，路北区荣获“唐山市科技创新优秀县（市）区”称号。

（四）民生保障再上新台阶。回迁房建设取得显著进展，3个项目实现回迁或完成分房，1080户过渡安置居民乔迁新居，累计回迁居民4700户，回迁比例达到31%。城乡居民养老保险覆盖率达到97%，“新农合”参合率升至99.2%，均为全市最高。城乡低保应保尽保，发放社会救助资金1695万元，较上年增长54%。支农惠农补贴政策全面落实，解决了1万农村人口饮水安全问题。改造提升了7个社区服务中心，打造了25个农村互助幸福院，光明老年公寓实现竣工，新增社会化养老床位340张，全区70—79周岁老人全部纳入助老健康御险财政购买范围，助老资金投入增长36%。投入2000万元，为50个旧小区完成准物业化改造。

（五）社会秩序呈现新局面。强力推进“迎世园会、创食安市”攻坚行动，食品生产加工小作坊、食品摊贩生产经营卫生环境大幅改善。全面加强安全生产隐患排查整改，加大公共场所消防安全设施改造和特种设备使用监管力度，强化社会治安综合治理，火灾事故、可防性案件分别减少23.6%和8%。高度重视社会矛盾预防、疏导和化解工作，信访隐患化解率达到96%，妥善解决了一批信访积案和建筑工程领域矛盾纠纷，有力维护了和谐稳定的社会局面。

唐山市丰南区

丰南区是河北省唐山市市辖区。2015年，全区上下坚持稳中求进工作总基调，积极应对和化解各种困难挑战，全力以赴稳增长、调结构、促改革、治污染、惠民生，顺利完成各项目标任务，为全面建成小康社会打下了坚实基础。地区生产总值613.5亿元，比上年增长6.2%；固定资产投资353.1亿元，增长14.1%；一般公共预算收入29.1亿元，增长12.6%；城乡居民人均可支配收入分别达到3.17万元和1.36万元，分别增长8.6%和8.5%，社会消费品零售总额173.5亿元，增长9.7%；实际利用外资和出口创汇分别达到1.85亿美元、7亿美元。

一是全力推进招商引资和项目建设。深入开展“招商引资引智突破年”活动，成功举办“第五届中国电子高峰论坛”等高规格经贸活动，开展小团组招商、定点招商700余批次，签约合作项目105个，计划总投资514.3亿元。实行区领导分包项目和联系企业等推进机制，争取用地指标1285.7亩，协调信贷融资159.6亿元，争取上级专项资金9.6亿元，为11家企业配置电力资源23.3万千伏安，有力保障了项目建设和企业发展需要。全年实施投资千万元以上项目181个，累计完成固定资产投资242.7亿元，在全市两次项目观摩综合测评中均居第二位。

二是加快推动产业结构调整。坚持“改造老的”和“发展新的”并重，实施瑞丰精密冷轧、惠达精品木门等工业技改项目128个，完成投资186亿元；实施东方雨虹防水材料、凯业智慧交通等新兴产业项目20个，完成投资34.2亿元。坚持以新业态、新模式引领服务业发展，实施双赢物流、中进汽贸城等重点项目37个，完成投资40.2亿元。坚持以规模化、特色化、科技化为主导，实施投资1000万元以上农业产业化重点项目27个，丰南区被评为全国休闲农业与乡村旅游示范县区。

三是着力推动创新发展。制定出台《鼓励大众创新创业的政策措施》、《产业投资引导基金管理暂行办法》、《加快推进企业挂牌上市工作的实施意见》等激励政策和措施，激发全社会创新创业热情。全年新登记市场主体4507家，其中规模以上企业25家、小微企业965家；培育高新技术企业4家、科技型中小企业100家；惠达卫浴在主板上市获得中国证监会受理批复确认函；以PPP模式成功引入总投资139亿元的葛洲坝集团基础设施和棚户区改造项目。

四是统筹推进城乡一体化发展。按照全域城镇化的理念，高标准编制了全区战略规划、镇村空间规划、黑沿子滨海新城和8个乡镇总体规划。投资21亿元实施市政设施、住宅小区等工程21项，全面启动新一轮城市搬迁改造，西城区棚户区改造一期征收工作圆满完成。安排专项资金4000万元用于美丽乡村建设。创新推进村务工作规范化，建成精品村4个、乡镇示范村30个和标准村171个。

五是倾力保障和改善民生。在财政收支矛盾突出的情况下，投入民生和社会事业资金27.7亿元，比上年增长32.5%，占一般公共预算支出的67.6%。全年安排失业和下岗人员就业1974人，深入开展清理拖欠农民工工资专项行动，全力维护职工利益。实施了区医院、民政事业服务中心、农村困难群众危房改造等一批民生工程，年初确定的10件实事按时办结。强力推进环保治理专项行动，重度污染以上天数比上年减少34天。

六是切实加强政府自身建设。认真践行“三严三实”，严格落实“八项规定”，持续整治“四风”，深入开展解放思想大讨论和政府系统“爱唐山、做贡献，爱丰南、讲奉献，爱岗位、比进位”主题实践活动，干部作风和精神面貌进一步转变。修订完善区政府工作规则和议事决策规则，建立政府法律顾问聘任制度，设立政务工作微信群，政府工作效率和执行力明显提升。自觉接受区人大的法律监督、工作监督和区政协的民主监督，全年承办人大代表建议和政协委员提案249件，全部按时办结。

唐山市曹妃甸区

曹妃甸区是河北省唐山市市辖区，全区陆域面积1612.71平方公里（包括海岸线向陆一侧土地面积、海岸线向海一侧填海造地面积和保留水域面积）。海域管理面积958.8平方公里。自然海岸线长44.57公里。规划港口码头岸线长度102.06公里。全区耕地面积47.1万亩，基本农田保护面积33.88万亩。总人口20.85万人。全区辖唐山湾生态城、曹妃甸工业区、南堡经济开发区及3个建制镇（唐海镇、滨海镇、柳赞镇）、10个农场（第一农场、第三农场、第四农场、第五农场、第六农场、第七农场、第八农场、第九农场、第十农场、第十一农场）、2个养殖场（十里海养殖场、八里滩养殖场）。区政府驻地唐海镇。2015年全年完成地区生产总值349.54亿元，比上年增长4.2%，其中，第一、二、三产业分别实现增加值23.08亿元、206.60亿元、119.86亿元，第一产业比上年增长4.1%，第二、三产业分别比上年增长4.2%、4.3%，三次产业结构比为6.6∶59.1∶34.3。规模以上工业增加值175.8亿元，比上年增长3.8%。公共财政预算收入完成65.63亿元，比上年增长10.2%，预算支出77.07亿元，比上年下降1.2%。固定资产投资770.52亿元，比上年下降11.4%。实际利用外资4429万美元，比上年下降77.8%。全区农作物实际种植面积38.22万亩，其中，水稻种植面积32.01万亩。粮食总产量20.01万吨，其中，水稻总产量18.72万吨。海、淡水养殖面积22.04万亩，水产品总产量12.72万吨。实现社会消费品零售总额62.74亿元，比上年增长9.1%。金融机构年末各项存款余额736.68亿元，比上年增长137.6%。城镇居民人均可支配收入达到3.04万元，比上年增长7.7%，农民人均可支配收入达到1.50万元，比上年增长8%。单位工业增加值能耗降低率1.34%。

（一）协同发展迸发新活力。协同发展示范区建设全力推进，认真落实《京津冀协同发展规划纲要》，组建了示范区管委会筹备组，京冀互派领导干部挂职工作，双方建立起紧密性、常态化的沟通机制。《北京（曹妃甸）现代产业发展试验区产业发展规划》正式发布，控制性详细规划加快编制。示范区建投公司挂牌运营，资本金达到50亿元；产业投资基金完成注册，首期到账10亿元。投资31.6亿元，全面启动“5.5+3.5+N”（“5.5”指依托中日生态工业园可用土地5.57平方公里，作为北京产业转移项目先行建设区，重点布局智能装备、通用航空等产业；“3.5”指依托唐山湾生态城建设，规划土地面积3.5平方公里，作为生态城建设先行区，重点布局生活配套产业，适度发展都市型产业和生产性服务业；“N”指布局在曹妃甸地区的重大项目，着重发展重化工业及先进制造业，实现产城融合、多点支撑的发展格局）。产城融合先行启动区基础设施建设，签约京津产业转移项目75个、总投资2453亿元，开工项目45个、总投资1376亿元。保利北斗卫星智慧曹妃甸石化港、北京（曹妃甸）国际职教城等一批项目成功落户，北京安贞医院、友谊医院、妇产医院与区医院、工人医院合作正式启动，北京景山学校曹妃甸分校全面开工，彰显了示范区建设的阶段性成果，为区域发展增添了强劲动力。

（二）项目招商实现新突破。全年实施重点产业项目116个、总投资1420.8亿元，完成投资138.7亿元；组织四次集中签约、五次集中开工，涉及项目88个、总投资达2764亿元。红河锌联钢铁烟尘清洁利用、三友集团有机硅二期等一批项目竣工投产，首钢二期、华润二期等一批重大支撑项目启动建设，河北鼎泓原油商业储备库、华创超级锂离子电池、天塑钢管等一批项目正式开工。全员招商成效显著，强化目标责任，改进考核办法，实行周通报、月调度、季述职制度，抽调百名干部进驻10个重点城市精准招商，各级领导带头奔赴一线对接洽谈，全年累计外出招商300余批次，举办大型推介活动30余场次，签约项目283个、协议总投资4565亿元，其中110个项目实现当年签约、当年开工。中日韩循环经济示范基地成功获批，规划编制初步完成，基础设施启动建设，搭建了中日韩交流合作的新平台。开放招商的全面活跃，产业项目的加速聚集，使曹妃甸区成功跻身全国中小城市“科学发展”和“投资潜力”百强区。

（三）港口建设迈出新步伐。港口功能不断拓展，累计建成运营码头泊位74个、在建25个，全部完工后通过能力可达6.5亿吨。先后开通曹妃甸港至大连港外贸内支线、曹妃甸港至包头海铁联运集装箱班列；11月16日“宏远”号40万吨巨轮成功进港，开启了曹妃甸港的“大船时代”；全年完成港口货物吞吐量2.65亿吨，集装箱吞吐量40.6万标箱。集疏运体系进一步完善，迁曹高速、唐曹铁路、水曹铁路加快建设，张唐铁路建成通车，曹妃甸腹地延伸到了西北地区和蒙古国，成为“一带一路”与协同发展战略的重要节点。港口贸易日趋活跃，曹妃甸国际大宗商品交易中心已上线运行、东方油气华北石油化工交易中心近期投运，全区限额以上贸易、物流企业达到51家。综合保税区年内新增各类贸易企业45家，美国纽约州商品中心正式揭牌，保税仓储、跨境电商等业务稳步推进，保税区功能优势加快释放。

（四）城乡面貌呈现新变化。城市建设全面提速，唐山湾生态城，华北理工大学新校区、配套商务服务区及大学生创业基地项目即将竣工；临港商务区，交通、医疗、文娱、商业等设施加快建设，产业配套服务能力显著提升；城区和南堡开发区，道路、供水等市政设施日益完善，宜居水平不断提高。城市经济繁荣发展，传统服务业加快改造提升，一批现代服务业项目相继入驻，曹妃甸华唐呼叫中心开始运行，京企曹妃甸CBD基本竣工，欢乐渔谷、慧钜文化创意产业园已具备接待能力。新型城镇化稳步推进，启动《城乡总体规划》、《镇村空间布局规划》修编工作，中山路和垦丰大街街道办事处正式成立；合力创建美丽家园，完成30个省级重点村提标和13个场镇、110个村“四清”整治，村队改厕1.38万座。城乡环境明显改善，造林绿化7000亩、恢复湿地2万亩，圆满完成市达污染物指标削减任务，全年空气质量达标天数位居全市前列。

（五）农业发展进入新阶段。农业综合生产能力明显提升，成功创建国家级现代农业示范区和国家农产品质量安全县（区）、农业部水产健康养殖示范场。全面加快北京（曹妃甸）农业产业园建设，德润海源农产品深加工项目完工投产，新澳活畜进口屠宰加工等项目开工建设，借助北京二商集团、首农集团等知名农企品牌优势和销售网络，曹妃甸特色农产品打入京津市场。大力培育新型农业经营主体，新增家庭农场37家、组建农民专业合作社42家，市级以上龙头企业达到22家，其中省级4家。注册省级著名商标达到15个，曹妃甸湿地蟹、河豚鱼获批国家地理标志证明商标。农业产业化经营率达到68.7%。

（六）改革创新取得新成效。政府机构改革全面完成，政府组成部门和直属事业单位精简至23家，行政效能不断提高。财税金融创新积极推进，全年融资379.4亿元，与38家金融机构达成协议三年意向授信4834亿元、意向融资360亿元，年内到位资金365.6亿元。首批投资39亿元的PPP融资项目开始施工，争取政府债券72亿元。唐山海清源科技有限公司在新三板挂牌上市，首钢基金京冀资本、唐山沿海兴农等5支基金成功落户，进一步保障了开发建设。审批制度改革不断深化，在全省率先成立了行政审批局，22个部门154项行政审批职能全部划转，推行容缺审批、三证合一和“两个零接触”等创新机制，实现了“一章审批”、“一日办结”。创新招才引智模式，建立“1+6”人才政策体系（“1”指就高层次人才引进、培养、管理、使用、服务等制定总的政策文件，即《唐山市曹妃甸区加强高层次人才队伍建设的若干政策规定（试行）》；“6”指结合这一政策落实，制定特聘专家引进管理办法、引进高层次人才暂行办法等6个配套管理办法，形成曹妃甸区的人才政策体系），组建全省首家民营“智库”——曹妃甸协同发展研究院，为全区创新发展提供了人才智力支撑。

（七）民生水平跃上新台阶。全年民生和社会事业支出占公共财政预算支出的75%。为民诺办的10件实事全面完成。城镇新增就业5140人，城镇登记失业率控制在3.8%以内。南堡开发区九年一贯制学校、区第一实验小学综合楼投入使用，高标准通过国家义务教育发展基本均衡县（区）评估验收。区级公立医院改革稳步推进，场镇卫生院标准化改造加快实施，妇幼健康优质服务示范县（区）创建通过省级验收，人口计生工作继续保持省市先进位次。新农合统筹标准、低保标准和五保供养标准，分别提高到530元/年、500元/月和6000元/年，发放低保家庭大学生助学金50.7万元，改造危房1519套，保障水平居省市前列。弘扬社会主义核心价值观，大力开展“寻找最美曹妃甸人”等文明创建活动，汇聚了社会正能量。扎实做好安全生产、食品药品安全、信访、综合治理等工作，社会大局和谐稳定。

（八）政府建设得到新加强。自觉接受各方面监督，认真执行区人大及其常委会各项决议，办理人大代表建议75件、政协委员提案72件，按时办复率100%。在全区政府系统深入开展解放思想大讨论、“爱唐山、爱曹妃甸、争做新贡献”活动，全面落实“四个干”机制，营造了奋发作为、实干兴区的浓厚氛围。建立政务工作微信群，搭建扁平化平台，政府效能显著提升。认真践行“三严三实”，全面落实中央“八项规定”，严格执行党风廉政建设责任制，扎实推进惩防体系建设，坚决抵制“四风”，干部作风明显改善。严格规范行政行为，强化行政监察、审计监督，树立了良好的政府形象。

（九）曹妃甸区被确定为国家现代农业示范区。2月，曹妃甸区正式被确定为国家现代农业示范区。曹妃甸区国家现代农业示范区的示范主题是“水稻的优质高产高效安全节本生产和水产鱼虾蟹的海淡水生态健康养殖”。多年来，曹妃甸区依托特色鲜明的农产品资源优势、国有农场的体制优势、背靠深水大港的交通优势、综合保税区的农产品进出口优势以及环境宜人的湿地优势等资源条件，瞄准“水上农业”做文章，通过建基地、育龙头、优品质、创品牌等方式，建成了河北省最大的商品粮基地、我国北方重要的粳米生产区、国内最大的东方红鳍豚养殖基地、亚洲最大的海水养殖场，并获批了“国家级无公害河蟹养殖标准化示范区”“国家级曹妃甸区湿地中华绒螯蟹水产种质资源保护区”“科技兴海示范基地”“河北大米之乡”和“中国河蟹之乡”等多个荣誉称号，为创建国家现代农业示范区奠定了扎实基础。

（十）苏州协鑫新能源光伏发电及风力发电项目落户曹妃甸。3月18日，曹妃甸区政府与苏州协鑫新能源投资有限公司合作项目签约仪式的举行，标志着由该公司预计投资150亿元的现代农业光伏发电和风力发电项目落户曹妃甸区。协鑫集团是一家专注于清洁能源与新能源为主营业务的综合能源集团公司，是中国最大的非公有制环保电力控股企业，全球最大的光伏材料制造商，也是唐山市的重要战略合作伙伴。苏州保利协鑫光伏电力投资有限公司是协鑫集团旗下保利协鑫能源控股有限公司所属专业从事大中型光伏电站、风力发电项目的开发、投资、建设和运营的业务板块。该公司此次与曹妃甸区签约的项目占地6万亩，将利用曹妃甸区的优势农业资源，分期在曹妃甸区境内建设2000MW现代农业光伏发电及风力发电项目。全部项目争取2020年全部建成。其中，2015年先期拟投资9亿元人民币开发建设100MW渔光互补光伏发电项目。

（十一）曹妃甸工业区建设中日韩循环经济示范基地实施方案获国家正式批准。6月1日，曹妃甸工业区建设中日韩循环经济示范基地实施方案获得国家发改委、外交部、财政部批复。依据实施方案，曹妃甸工业区将重点围绕实现动静脉产业有机衔接、循环经济模式推广、关键技术孵化与运用、商贸活动与教育展示等四大功能，加强与日韩方面衔接，开展定向招商，引进、吸收、消化、集成日韩先进循环经济技术，优化管理模式和政策环境。同时，下大力抓好龙头项目建设，实施节点和延链、补链、增链项目，构建精品钢铁、电力—海水淡化、大型石化、装备制造四大循环经济产业链，努力走出一条技术体系先进、物质循环利用、生产清洁高效的循环发展之路，切实把曹妃甸工业区打造成三国绿色循环低碳发展的合作样板。

（十二）曹妃甸进口木材检疫除害处理区项目通过国家验收。6月，占地569亩的曹妃甸进口木材检疫除害处理区项目顺利通过国家质检总局动植司组织的专家验收，成为全国第四个、华北唯一的国家级进口木材检疫除害处理区。这标志着曹妃甸港又一重大建设项目正式投入运营，也预示着曹妃甸港进口木材贸易将进入新的快速发展时期。曹妃甸进口木材检疫除害处理区项目采用全国首创的熏蒸药剂碳纤维回收再利用技术，最大限度提高了熏蒸药剂的利用效率并使排放量大大降低，具有国内领先和国际先进水平；同时还配备了“熏蒸处理自动化控制与检测系统”，实现了溴甲烷投药循环自动控制、浓度实时检测上传、溴甲烷循环再利用、视频数据电子监管；并且在全国首次与“中国动植物检疫处理平台”对接，实现了检疫处理数据的实时传输和远程监控。曹妃甸进口木材检疫除害处理区项目正式投入使用后，年处理能力约220万立方米，带动木材产业链产值可达200多亿元。按照曹妃甸区政府制定的“全产业链布局、组团式开发”发展模式，曹妃甸港将以曹妃甸进口木材检疫除害处理区为依托，立足京津冀、辐射华北、西北等地，联合国内外木材采伐、加工、贸易企业，将曹妃甸建成集交易、展览、信息、加工、仓储、运输、金融七大平台于一体的亚太地区最大的国际木材产品交易中心。

（十三）曹妃甸2015年首批16个重点项目集中开工。6月28日上午9时，曹妃甸重点建设项目集中开工仪式在曹妃甸综合保税区龙道综合性物流贸易基地项目现场举行。唐山市委副书记、曹妃甸区委书记王立彤出席开工仪式并宣布项目开工。此次集中开工项目涵盖16个重点项目，总投资超35亿元。各项目分布于曹妃甸综合保税区、中日生态园区、食品工业园区、港口物流园区、第三农场等区域，涉及多个领域。其中，涉及一产项目1个，总投资4500万元；二产项目5个，总投资13亿元；三产项目10个，总投资22亿元。项目全部投产达效后，预计可实现销售收入30亿元，税收3.2亿元，解决就业3300人。

（十四）“协同发展，金融共建·曹妃甸新起点”大型融资培训对接会在曹妃甸区召开。6月30日，“协同发展，金融共建·曹妃甸新起点”大型融资培训对接会在曹妃甸区召开。市委副书记、代市长丁绣峰出席会议并致辞。中国人民银行石家庄中心支行行长陈建华，市委副书记、曹妃甸区委书记王立彤，副市长杨宝林出席会议。此次会议由河北省金融工作办公室、中国人民银行石家庄中心支行、北京市金融工作局、天津市银行业协会以及曹妃甸区政府共同主办，以金融共建曹妃甸示范区融资培训对接会为平台，进一步推进了京津冀金融合作，形成了金融支持曹妃甸建设京津冀协同发展示范区的长效机制，初步搭建起京津冀政银企对接平台，促进了河北省及曹妃甸地区企业融资。会议期间，曹妃甸区负责同志介绍了曹妃甸区主要情况并发布重点项目。38家机构与曹妃甸区政府签署了合作备忘录，在三年内意向授信4834亿元。中国银行河北省分行、交通银行河北省分行、农业银行河北省分行、建设银行河北省分行分别与华夏幸福基业股份有限公司、开滦（集团）有限责任公司、唐曹铁路有限责任公司、唐山大学城开发建设有限公司签署战略合作协议，达成360亿元融资意向。

（十五）曹妃甸干部理论学习e学院上线。7月8日，曹妃甸干部理论学习e学院正式上线开通，在全省率先实现干部理论网络在线学习。曹妃甸近千名副科级以上领导干部通过网络账号，登录曹妃甸干部理论学习e学院，即可进行在线学习。学员可通过平台随时、随地、随心重复学习，也可实现多人共学、交流、在线考试。学习结果可跟踪、培训过程能管理。结合全年学习计划、时事热点，曹妃甸理论学习e学院围绕政治、经济、文化、社会、法律、金融、管理、互联网等众多领域，已选定上传13大类60个栏目共200多个学习课程，并将根据形势变化和学习需求随时补充更新。e学院的上线开通，将为加速京津冀协同发展示范区建设提供强大的精神动力和知识保障。

（十六）曹妃甸区创建农业部渔业健康养殖示范县通

过验收。7月23日至24日，农业部渔业渔政管理局组织专家对曹妃甸区创建农业部渔业健康养殖示范县进行了验收。验收组听取了该区创建农业部渔业健康养殖示范县工作汇报，在实地考察基础上，验收组对曹妃甸渔业健康养殖示范县创建工作进行了分组评议和全体合议。经综合评定，一致同意唐山市曹妃甸区创建农业部渔业健康养殖示范县通过验收。通过此次验收，曹妃甸区成为全省首个、全国第二个农业部渔业健康养殖示范县，标志着曹妃甸区渔业健康养殖工作步入一个新的发展阶段。

（十七）曹妃甸成为国家农产品质量安全县创建试点单位。8月，曹妃甸区成为国家农产品质量安全县创建试点单位。国家农产品质量安全县创建试点单位以“菜篮子”产品主产县为主，要求区域内主要农产品的监测合格率达到98%以上，禁用药物和违法添加物质的监测合格率达到100%。在考核评价上，由工作考核、质量安全水平和群众满意度3部分组成，引入第三方评价机制，让数据说话、让群众说了算。近年来，曹妃甸区以发展现代农业为总揽，积极打造京津唐地区优质农副产品供应基地，通过加大资金投入、强化队伍（体系）建设、完善制度机制等政策措施，农产品质量安全水平不断提高。为达到国家农产品质量安全县创建试点单位标准，这区以品牌农业建设为抓手，激发农产品质量安全和管理的内在动力；以龙头企业为载体，提高农产品市场竞争力；以发展农民专业合作经济组织为依托，打造安全农产品生产和质量安全的主导力量。全区农产品质量安全水平明显提高，质量安全制度机制进一步健全完善，质量安全监管能力显著加强。

（十八）2015北京市企业家年会在曹妃甸召开。8月7日，2015北京企业联合会暨北京市企业家年会在曹妃甸召开。北京企业联合会会长、首钢总公司党委书记、董事长靳伟，中国企业联合会、中国企业家协会常务副理事长于吉，市委副书记、区委书记王立彤，北京市经济和信息化委员会党组成员、副主任段润宝，市委常委、副市长税勇，区委副书记、区长梁振江等出席会议。北京市经济和信息化委员会、发展改革委员会、民政局社会团体管理办公室、女企业家协会、企业发展促进会、首都企业家俱乐部、酿酒协会、邮政企业管理协会、汽车维修行业协会、通州区企业联合会的领导及北京京城机电控股有限公司等70余家企业的领导和企业家代表参加会议。会前，与会人员先后参观了曹妃甸规划展示中心、首钢京唐公司和矿石码头。

（十九）美国纽约州商品中心项目在曹妃甸区综合保税区揭牌。9月15日，曹妃甸综合保税区管委会与美国纽约州中小企业发展中心总署签署合作备忘录，并举行曹妃甸综合保税区美国纽约州商品中心项目揭牌仪式。市委副书记、曹妃甸区委书记王立彤会见了来自美国的客人，并与美国纽约州中小企业发展中心总署署长JAMESL. KING共同为美国纽约州商品中心项目揭牌。纽约州商品中心项目拟在曹妃甸综合保税区内创建美国纽约州商品展厅，用于美国纽约州地区商品的展示、推广、交易、服务，举办各种促销和对接活动等。美国纽约州商品中心将作为一个平台和机制，专门协助纽约州商品进入中国的市场。双方将相互支持与合作，共同努力扩大商机，强化商家和营销网络之间的有效联系。该项目的设立，将成为连结纽约地区与唐山市乃至河北省的一个窗口和平台，协助美国商品进入中国的消费市场，以满足中国北方地区对美国商品日益增长的需求，促进双边贸易的进一步交流与合作。

迁安市

迁安市位于河北省东北部。2015年，全市上下在市委、市政府的坚强领导下，牢牢把握稳中求进的主基调，抢抓机遇，迎难而上，经济社会发展稳步提升。全年实现地区生产总值891.1亿元，增长4.8%；全社会固定资产投资达到594.5亿元，增长13%；完成公共财政预算收入35.2亿元，占全部财政收入的比重提高2.7个百分点；城镇居民人均可支配收入和农村居民人均可支配收入分别达到3.22万元、1.85万元，同比分别增长7.7%和7.9%。在全国中小城市综合实力百强评比中位居第19位，在全国中小城市新型城镇化质量百强评比中位居第13位，在全国最具投资潜力中小城市百强评比中位居第8位。

（一）产业结构逐步优化。迁安市牢牢把握转型发展的主线，加速构建“3+5+6”现代产业体系，打造新型制造业基地和现代服务业高地，积极推进产业结构转型升级。2015年服务业增加值占GDP比重达到36%，较上年提高5.3个百分点。装备制造业同比增长29.2%，比全部工业高24.9个百分点。耗钢产业进一步延伸，燕钢精品钢基地等链条延伸项目加快建设；正大350万吨焊管等一批耗钢产业项目积极推进，新增耗钢能力540万吨。现代物流业快速发展，天津物产物流中心一期完工，第三方物流吞吐能力突破2000万吨。煤化工产业集约式发展，实施了九江LNG、中海油LNG、中溶科技30万吨无水乙醇等一批链条延伸项目。食品医药、教育培训、休闲旅游、总部经济等产业实现新发展，英诺特高端医疗仪器及配套试剂项目全面开工，葵花药业大健康产业基地加快建设，长城国家公园完成规划设计，中唐文化旅游综合体即将开工，金融街项目基本竣工。

（二）项目建设扎实推进。围绕全市转型发展，加快推进重点项目建设。年内累计实施重点项目242个，其中当年完工项目144个，思文科德60万吨精品冷轧带钢项目与金属包装生产线、翅翼热力河西区热力管网工程建设项目、中医院迁建等项目相继完工投入使用。成功举办对接京津系列推介会和“京东水城、魅力迁安”经贸洽谈会，新增签约项目60个，计划总投资539亿元。全民创业和民企二次创业深入开展，新增民营企业1147家、个体工商户5857户。创新创业平台扎实推进，燕山大学科技园设立迁安分园，华北理工大学创新创业孵化园加快建设。

（三）城乡建设协调发展。“1-3-38-48”四级城镇体系规划被确定为全省城乡统筹和新型城镇化建设的典型，并在全省进行经验介绍。2015年，迁安市被列为全国首批海绵城市建设试点城市，河北省新型城镇化综合试点地区。全市建成区人口26万人，建城区面积42平方公里，建成区道路总长178.76公里，人均道路面积20.33平方米，供水普及率、自来水水质合格率、燃气普及率保持100%，管道天然气普及率达到50%。积极推进美丽乡村与休闲旅游、现代农业融合发展，现代农业园区被列为省级园区，建设了亚滦湾休闲农业园、华农养殖基地、塔寺峪景区等一批绿道金瓜工程，农业规模化、产业化水平显著提升。

（四）发展环境明显提升。创优园区平台，加强园区基础配套设施建设，全面提高园区管理服务水平和自我发展能力，以高新技术产业开发区、经济开发区、物流园区和滦河文化产业园区四大省级园区支撑全市经济转型升级。深化行政审批制度改革，大力推进“三级平台、两个代办”，10项县级审批事项下放乡镇。统筹生态文明建设，强力推进大气污染防治攻坚，全市PM2.5达标天数达到172天，较上年增加27天；加强矿山生态环境治理，深入开展工矿废弃地复垦利用、五小企业土地复垦和闲置土地整治，补充耕地1059亩。持续开展造林绿化攻坚，完成营造林5.3万亩，森林覆盖率达到43.5%。

（五）社会事业快速发展。社会事业加快发展，助推经济转型升级。发挥科技引领支撑作用，组织实施本级科技计划项目30个，推广应用科技成果24项，实施传统产业技改提升项目10项，2家企业被认定为高新技术企业，85家企业被认定为省级科技型中小企业。教育教学质量全面提升，2015年，迁安市被唐山市政府授予学前教育工作先进市、义务教育均衡发展先进市、高中工作先进市；成功入围第二批国家级农村职业教育与成人教育示范县创建名单；北大学园迁安教育园按协议稳步推进，六实小正式成为北京第二实验小学教育集团成员校，北京科技大学合作办学项目正在积极推进。公共文化服务水平得到提升，正式荣膺“河北省公共文化服务示范区”称号，并成功申请创建国家公共文化服务示范区；“魅力钢城之夜”被评为“唐山市优秀县域特色文化活动品牌；奥体中心先后承办了全国女子柔道冠军赛、“九江杯”全国中国式摔跤冠军赛等多项大型赛事。医疗服务能力显著增强，拥有国家级重点中医专科1个，省级重点中医专科2个，市级重点中医专科9个，云南黄家医圈中医肿瘤医院分院项目正式签约并开始运营。

（六）群众幸福感显著提高。强化民生投入，市财政用于民生和社会事业投入48亿元，占公共预算支出的65.3%，年初确定的20件为民实事工程全面完成。城镇居民人均可支配收入3.22万元，比上年增长7.7%，比GDP增速高2.9个百分点；农民人均可支配收入1.85万元，比上年增长7.9%，比GDP增速高3.1个百分点。社会保障水平稳步提升，城镇低保、农村低保标准提高到每人每年6000元和3550元，累计为2.02万位低保对象发放保障金4250万元；累计为1873位五保对象发放供养金1140.3万元；为1769位城乡患病困难群众发放救助金634.7万元；为51名孤儿发放救助金50.2万元；为1280位受助对象发放善款125万元。

滦　县

滦县史称滦州，位于唐山市东部，总面积1028平方公里，辖12个镇、2个街道办事处、506个行政村、22个居委会，人口56万。2015年，完成地区生产总值433.7亿元，比上年增长7%，其中，三次产业增加值分别为43.2亿元、258.8亿元和131.7亿元，比上年增长5.2%、7.2%和7%；完成公共财政预算收入14.3亿元，超额完成市达任务；完成全社会固定资产投资331亿元，比上年增长20%；完成规模以上工业增加值223.8亿元，比上年增长7.5%；完成社会消费品零售总额136.8亿元，比上年增长9.6%；完成进出口总额3.2亿美元，实际利用外资4871万美元；城乡居民收入分别达到3.16万元和1.36万元，比上年增长8.4%和8.8%。

（一）转方式、调结构，推动产业转型升级，提高经济运行质量。2015年末，三次产业结构比为10∶59.6∶30.4。一产方面。以集约化、规模化、品牌化为方向发展壮大现代农业，燕山果品科技产业园区被评为首批省级现代农业园区，各镇建成千亩农业园区9个，全县市级以上农业龙头企业达到63家、农民专业合作组织达到366个。探索出卧龙谷产业园“大园区、小业主”等新型经营模式，开辟了促进农民增收的新路径。“东路花生”获批中国地理标志产品，“燕滦”果品荣获中国驰名商标。“北京二商集团蔬菜基地”落户郎红合作社，进一步拓宽了滦县农产品进入首都市场的渠道。二产方面。以科技创新为动力推动新型工业化，引导和支持企业采用新工艺、研发新技术、推出新产品，扶持企业实施工业技改项目21个，实施产业链延伸和产业关联项目65个，新培育科技型中小企业51家，引进了天津国瑞汇通科技孵化器有限公司，30家企业入驻科创大厦。三产方面。以文化旅游业为龙头壮大三产服务业，“滦泽千里、城迎天下”的旅游宣传片在央视播出，“滦州古城”龙头带动作用进一步凸显，滦河文化产业项目集群加快建设，滦河水利风景区获批国家级水利风景区。A级景区全年接待游客226万人次。文化旅游业正在成为城市的“金名片”、百姓的“钱袋子”，带动了商贸服务、餐饮住宿、休闲娱乐等服务业加速发展，现已建成酒店、客栈28家。

（二）认真开展“三严三实”专题教育和“解放思想、抢抓机遇、奋发作为、协同发展”大讨论活动。坚持理论培训与实践锻炼相结合，举办各类培训班9场次，培训党员干部3000余人；充分发挥考核的指挥棒作用，推行“靶向性”目标精准考评机制，建立干部干事档案，选派18名干部到招商一线、项目一线挂职锻炼；认真落实

"四个干"工作机制，深入开展"十大亮点工作"、"十大优秀项目"、"做人民满意的好干部"评选等活动，进一步激发了党员干部干事创业、争先创优的热情。圆满完成了村"两委"换届工作，75个软弱涣散基层党组织得到整顿转化，打造了教场村等11个党建示范村。认真落实党风廉政建设"两个责任"，制定出台《关于加强党风廉政建设主体责任监督办法》，切实把主体责任、监督责任落到实处。注重警示教育，召开全县党员干部警示教育大会2次，组织警示教育宣讲73场次；坚持把纪律和规矩挺在前面，认真落实中央"八项规定"，建立了"第三方"监督机制，持续纠正"四风"、"懒政怠政"等行为。

（三）加速县城扩容，统筹城乡发展，强力推进中等城市建设。聘请清华大学、浙江大学等规划设计院，先后编制完成了城乡总体规划、新型城镇化发展战略、文化旅游等重点规划，实现了土地利用规划、经济社会发展规划与城市总体规划"三规合一"，以规划引领城市发展的水平进一步提升。坚持扩容升级与品质提升并重，推动"五大主题功能区"融合发展，县城建成区面积达到26.04平方公里，人口达到23.47万。新城中心区、古城旅游区建设统筹推进，新城滦河道西延、安康路南延、天福道西延和古城东路北延等工程全部完工，金鼎·东南都会、金瑞国际、龙山帝景、碧桂园等精品住宅工程加快建设，玉文化产业园、滦河大酒店等项目落户"滦州古城"；高铁广场建成开放，福州路具备了通车条件，成为真正意义上的城市"出入口"。景观绿化工程加速推进，城区新增绿地面积19.7万平方米，新增绿廊绿道1.5公里，建成了福州路等一批精品绿化景观大道。不断加强城市卫生、旅游景区、社区设施等重点领域的管理，推行"数字化"城管新模式，大力开展治违治超和交通秩序、城区环境综合整治等专项行动，城区管理向精细化、网格化迈进。城市环卫保洁、城区绿化养护、城市供暖等公共设施实现了市场化运营。按照"四美"、"五化"的要求，统筹推进美丽乡村建设，累计投资4330万元，重点实施了31个省级重点村改造提升工程，打造了一批美丽乡村先进典型，培育了古城办教场村剪纸基地，滦州镇花果庄村农耕文化博物馆建成开放。滦州镇、响嘡镇、王店子镇、"滦州古城"荣列"第三批全国特色景观旅游名镇名村示范名单"。

（四）文化建设。成功举办第五届中国滦河文化节，滦县被评为"中国评剧艺术之乡"，再次荣获"河北省文化产业十强县"称号，滦州地秧歌荣获中国民间艺术山花奖。推进文化惠民工程，公共文化服务均等化水平不断提高。积极开展群众性文体活动，举办各类文体活动50余场次，组织开展"滦州情、中国梦"群众文化展示月活动32场次，组织送电影下乡6048场、送图书下乡1.5万册、送戏下乡200场。

（五）突出抓好各项惠民工程。年初确定的10件政府实事工程基本完工。教育事业全面协调发展。大力推进"文化校园、绿色校园、书香校园、平安校园"建设，高标准通过"省政府义务教育发展基本均衡县督导评估验收"。秦皇岛奇石艺术学校开工建设，横渠实验中学、横渠实验小学建设加快推进，公开招聘150名教师充实到农村一线，教育教学的软硬件水平得到全面提高。依托滦师改建升级的唐山幼儿师范高等专科学校顺利通过省专家组验收。2015年，高考二本上线增长人数、增长率均列全市第一位。中山实验学校、第三中学被评为"省级素质教育示范校"。卫计、食药工作取得新进展。迁建中医院，扩容县医院，引进康诚医养中心等项目，提升镇、村医疗服务能力，医药卫生体制改革工作通过省阶段性考核评估。落实计生政策，推动人口健康均衡发展。通过河北省首批食品药品安全县考核验收。就业和社会保障工作取得实效。在科创大厦建立了大学生创业孵化基地，城镇新增就业5380人，城镇登记失业率控制在4%以内；实施社保扩面提标工程，健全完善社会保障体系，社保支出累计达到6.5亿元，同比增长29.4%。依法行政水平不断提升。深入落实《全面推进依法治县建设法治滦县的实施意见》，健全依法决策机制，依法履行政府职能。以法治思维和方式加强安全生产、信访稳定、社会治理等工作，维护了安定和谐的社会局面。

（六）多措并举加强环境治理，联合执法形成攻坚合力，区域环境质量持续向好。2015年，全县空气质量优良天数140天，较上年增加39天；五级以上重污染天数57天，较上年减少23天；PM2.5平均浓度较上年下降9.4%。山水林田湖生态修复工程成效显著，代表唐山市顺利通过"河北省森林覆盖率净增量考核"。

（七）改革开放。搬迁扩容政务服务中心，审批服务窗口由18个增加至35个，审批及便民服务事项由95项增加至319项。推进行政审批制度改革，衔接上级取消和下放事项101项。深化财税体制改革，加强政府购买服务，探索政府与社会资本合作（PPP）模式，赤曹国道（滦县段）是全省首个采用PPP模式建设的一级路项目。"三证合一"等商事制度改革相继落实，增强了市场主体活力。2015年末，市场主体总量达到1.9万个，同比增长16.7%。落实京津冀协同发展战略，不断加强区域合作，举办"走进滦县·携手发展"招洽会和系列赴外招商活动，吸引央企、"京字号"企业来滦投资置业。2015年，有23个项目正式签约，37个项目达成投资意向，引进县外资金86亿元。

乐 亭 县

乐亭县位于河北省唐山市东南部。2015年，乐亭县深入贯彻落实中央和省市各项决策部署，顶住经济下行压力，抢抓京津冀协同发展、"一带一路"等重大历史机遇，积极适应新常态、引领新常态，以"11348"工程为统揽，统筹推进稳增长、促改革、调结构、惠民生等各项工作，经济发展逆势上扬、各项事业全面进步，固定资产投资、社会消费品零售总额增福全市第一，公共财政预算收入、规模以上工业增加值、第三产业增加值增幅全市第二，地区生产总值增幅全市第三。县域经济快速发展入选唐山市十大亮点工程，在全省经济工作会上作了典型发言，作为2015年全国落实相关政策措施成效显著的20个县（市区）之一受到国务院督查表扬并给予政策激励。

（一）率先精准对接京津成果显著。选派干部到国家和北京市发改委等单位挂职招商，借助经济顾问、文化顾问的人脉资源帮助招商，党政干部齐上阵、社会各界齐参与，利用各种渠道、多种方式精准承接京津产业转移。河北乐亭经济开发区成为京津冀开发区创新发展联盟首批会员单位，北京产业园、天津产业园启动建设，引进国内最大的游乐设备生产厂家——北京实宝来有限公司游乐设备项目、国内首家世界第二家具有专业生产多杀霉素原药能力的企业——北京燕化永乐公司环保型农药制剂项目、国内知名企业——北环·比亚迪新能源汽车项目，以及北京庆林小分子肽等一批有规模、有科技含量、有发展前景的产业项目；与北京大学、安贞医院、解放军307医院等合作共建了一批社会事业项目，总计达到50个。积极融入国家"一带一路"战略，扎实推进"乐亭·中国拉美产业园"建设，国际合作迈出坚实步伐。

（二）三次产业结构进一步优化。八大产业集群初具规模，呈现蓬勃发展的强劲势头。精品钢铁、精细化工、装备制造等重点产业得到巩固提升，食品·生物医药等一大批新兴产业加速崛起；农业传统优势不断扩大，现代化水平持续提高；临港物流、三色旅游、休闲养老、教育培训、康体健身等现代服务业发展迅速，成为县域经济新的增长点。第一产业增加值完成86.36亿元；第二产业增加值98.51亿元，其中规模以上工业增加值64.47亿元；第三产业增加值130.98亿元。工业投资106.92亿元，技改投资81.92亿元。民营经济增加值290.8亿元，各类市场主体累计1.7万多家。

（三）园区承载能力显著提升。坚持把四大园区作为壮大县域经济的主阵地，做强基础，做新机制，做优服务，汇聚项目，产业集群度显著提升。河北乐亭经济开发区晋升省级开发区和"循环经济示范试点"。累计投资50多亿元实施基础设施建设，道路、供排水、供电、供气条件优越。已建成企业37家，在建企业62家；实现主营业务收入267.8亿元，比上年增长37.54%；税收3.67亿元，增长85.35%，沿海临港产业集群初步形成。城区工业聚集区获批市级园区，建成全国首家县级中小企业孵化基地。累计投资11亿元建成标准厂房13万平方米、道路12千米，供电、供排水、热力等配套设施投入使用，入驻企业50家，实现主营业务收入6.8亿元，税收1500万元，初步形成农产品加工、高科技为主体的特色产业集群。汀流河工业园、马头营物流园获市批复，规划体系更加完善，基础设施不断加强，产业项目加速入驻。四大园区融合互动、错位发展，功能优势全面释放。

（四）项目建设实现数量质量"双提升"。瞄准"巨无霸""高精尖"开展深入合作，项目建设取得丰硕成果，质量结构持续优化。全年实施千万元以上重点项目215个，总投资537.8亿元，其中亿元以上项目69个。上海电气风机制造等94个项目完工投产，境界甲醇制高清洁燃料二期等26个项目加快建设，瑞能工业废物无害化利用等95个项目当年开工。北环·比亚迪新能源汽车等129个项目成功签约。累计引进世界500强企业4家、国内500强企业11家、高新技术企业8家。

（五）现代农业二次腾飞扎实起步。深入对接北京二商、首农、一轻等国内大型龙头企业，京津农产品供应基地建设取得突破性进展。实施投资千万元以上农业产业化项目48个，累计完成投资22.8亿元，新希望六和肉鸡产业链、冀东国际农产品加工及综合贸易区、中心渔港等一批规模大、牵动力强的农业项目加快建设。环城现代农业示范园区被命名为省级现代农业园区，丞起现代农业示范区被命名为全国休闲农业与乡村旅游五星级示范园。加快培育新型农业经营主体，申报认定市级专业合作社45家，打造县级规范社100家，发展联合社7家，培育家庭农场85家。坚持品牌化发展，"乐亭甜瓜"通过国家地理标志保护产品评审，"甲米仓"复合肥被认定为中国驰名商标，成功申报"颐天源"等3个省级知名品牌。在全省首家建成8艘远洋捕捞船。

（六）城乡统筹发展步伐提速。按照"小县大县城"的路子，加快推进新型城镇化，促进扩规模和提质量相统一，聚人口与壮产业相协调。城镇化率达到46.51%，全国文明县城、国家卫生县城、国家园林县城建设水平进一步提升。"产城教"融合发展步伐提速，城区工业聚集区等产业平台承载能力显著增强，一批学校、幼儿园投入使用，公共服务空间进一步拓展延伸。加快构建大城管格局，管理水平持续提升。坚持"小城镇大战略"，推进中心镇聚集人口、壮大产业，一批记得住乡愁的特色小城镇加快建设。按照"四美"标准，打造29个省级重点村、2个精品示范片、12个县级示范村、21个县级重点村，建成无害化厕所5万余座，全市现场会在乐亭县召开。改造农村公路、村内街道135.9千米，解决了64个村、3所学校的饮水安全问题。全省沼气全覆盖示范县建设成果得到提升。

（七）生态环境和发展环境持续改善。坚持发展和生态并重，深入落实《环境保护法》《大气污染防治计划》《水污染防治计划》等各项法律法规，圆满完成"十二五"期间二氧化硫、氮氧化物等主要污染物减排指标，空气质量持续保持全市第一。生态防护林面积达11.3万亩，森林覆盖率25.3%。把握"互联网+"发展大势，实现农村综合信息超市和电商平台全覆盖，进一步拓展了"双创"空间。行政审批"五日工作法"等经验在省市推广，打响了"投资乐亭、事事畅通"的环境品牌。

唐山市汉沽管理区

2015年，汉沽管理区认真贯彻省、市工作部署，抢抓京津冀协同发展历史性机遇，充分发挥区位独特、交通便利、国有土地资源丰富等自身优势，深入开展基础建设提升年、项目建设落地年、招商引资创新年、协同发展推进年等“四个主题年”活动，全力推进项目建设、招商引资、园区建设、社会建设、民生保障、城镇建设、农业发展、农村建设等“八项重点工程”。全年实现地区生产总值31亿元，同比增长10%；实现公共财政预算收入1.42亿元，同比增长7%；完成规模以上工业增加值11.79亿元，同比增长15.5%；实际利用外资1094万美元，同比增长133%；完成固定资产投资14.2亿元，同比增长36.8%。

——深入开展基础建设提升年。在城乡路网建设、城镇建设、园区建设、村队建设四个方面，开展攻坚会战，投资2.13亿元，新建改建城乡及园区道路23条、38.8公里，全部建成通车；棚户区改造一期主体完工，污水处理厂建成运营，“繁荣舒适、宜业宜居、环境优美、独具魅力的特色现代化小城镇”建设加快推进；园区“五通一平”及时到位，有效保障了入园项目需求；农村面貌改造提升及“美丽乡村”建设任务全面完成。

——深入开展项目建设落地年。加大对项目的跑办协调力度，推行“一站式”服务，加快项目建设进度，缩短项目建设周期。全年共安排实施各类项目88个，总投资227.6亿元，其中亿元以上重点产业项目34个，总投资210.7亿元，项目建设成效显著。

——深入开展招商引资创新年。创新招商方式方法，坚持绿色循环可持续、完善产业链条的原则上项目，注重提高引资质量。全年签约项目31项，签约金额163.6亿元，在谈项目50项，总投资117.5亿元，经济发展后劲不断增强。

——深入开展协同发展推进年。以建设“津冀协同发展示范区”为目标，坚持在服务京津特别是服务天津中寻求发展机遇，在全面推进基础设施、产业对接、公共服务、市场连通、政策机制等方面协同发展的同时，加快推进以项目建设为核心的协同发展，先后赴北京、天津等地开展招商活动20多次，引进、签约、洽谈京津项目17项，总投资137.76亿元，经济发展空间不断扩大。

——扎实推进项目建设工程。加强对项目建设的协调服务、要素保障、手续跑办和扶持引导，严格落实首问负责制、一次性告知制等制度，实行保姆式服务，38个项目由在谈完成签约，14个项目由签约实现开工，7个项目由在建实现建成或投产。同时，津丰泓双螺杆泵、三元婴幼儿配方奶粉等5家既有企业投资3.79亿元，实施转型升级项目，全部建成。

——扎实推进招商引资工程。坚持围绕京津外溢项目、占领京津市场项目、延伸钢铁产业链、物流产业、现代农业等重点领域抓招商，突出全民招商、精准招商、以商招商、中介招商、亲情招商，组织集中签约活动3次，特别是成功引进总投资68亿元的湖南和立东升华北现代商贸物流园和总投资10亿元的重庆中集华北汽车物流产业基地项目，并成功促成全国工商联家具装饰商会环渤海汉沽家具产业园项目首期28个京津家具企业签约入驻，总签约金额45亿元。

——扎实推进园区建设工程。高起点、高标准完善园区环保、产业等专项发展规划，加快园区基础配套设施建设，年内完成投资超过2亿元，有效保障了项目建设需求。同时，积极引进战略合作伙伴，就实施整体开发与多家单位进行了对接商洽。

——扎实推进社会建设工程。加大财政资金的支持和引导力度，进一步提高教育教学、医药卫生、环境保护、社会保障等各项工作的开展水平，第一小学塑胶操场和第三幼儿园建成投入使用，第一幼儿园主体完工，燃煤锅炉治理任务全面完成，居家养老服务站点实现全覆盖，食药监管职能有效履行，区域发展环境整体改善。

——扎实推进民生保障工程。年内确定的开展免费体检、加强便民服务、改造农村危房、旱厕改造等10件惠民实事全面落实到位；公检法司系统及信访、工会、共青团、妇联、武装等部门职能作用充分发挥，综合调控、化解社会矛盾能力进一步增强；严格落实安全生产责任制和企业安全生产主体责任，没有发生重特大安全事故；节能减排、环境保护、食品安全等工作有效开展，群众幸福感进一步提高。

——扎实推进城镇建设工程。加强城镇功能、环境和秩序建设，正通学院里房地产开发、市政服务公司、地下人防及综合购物广场等工程有序推进，沿街建筑粉刷、夜景亮化、统一更新广告牌匾全面完成，城区污水收集及景观带水体治理项目启动建设，城镇建管水平不断提高。

——扎实推进农业发展工程。以兴业生态循环产业园、康盛农业生态园、卓翔现代农业示范园为代表的农业产业化进程进一步加快，以中心路为轴的现代农业园区初步形成。深化农业经营体制改革，土地流转工作顺利开展，土地确权颁证工作进度位于全市前列。加强农田水利基础设施建设，节水灌溉、饮水安全、泵站改造等工程全面完工，农业物质装备水平进一步提高。

——扎实推进农村建设工程。继续深入开展农村面貌改造提升行动，投资近1000万元，完成闫庄、震新、十五队省级示范村队和皂甸“美丽乡村”创建任务，环境卫生长效治理机制进一步完善，农村生产生活环境切实改善。

廊坊市广阳区

2015年，广阳区政府按照市委、市政府和区委的决策部署，立足区情实际，落实“壮大三产服务业，培育新兴产业群，加快城乡一体化，建设和谐主城区”的发展思路，积极适应新常态，奋力拼搏求突破，取得了经济社会发展的新成果。

2015年，全区地区生产总值完成237.2亿元，同比增长10.4%，增速位居全市第三；固定资产投资完成183.8亿元，同比增长23.6%，增速位居全市第二；社会消费品零售总额完成161.5亿元，同比增长11.3%，总量位居全市第一、增速位居全市第二。预计2016年第一季度，全区地区生产总值完成61.5亿元，同比增长9%；

全部财政收入完成15.87亿元，同比增长11.5%；公共财政预算收入完成5.24亿元，同比增长11.5%；固定资产投资完成16.4亿元，同比增长21%；社会消费品零售总额完成47.4亿元，同比增长12%；工业固定资产投资和工业技改投资两项指标超额完成年度目标，同比分别增长102%、66.7%，增速分列全市第一名和第三名。新增5家规上工业企业任务圆满完成。

（一）强优势、促提升，城市经济做优做强。2015年，三产增加值达到164.9亿元，同比增长15.5%，三次产业结构优化为6.2：24.3：69.5，以三产服务业为主体的具有广阳特色的产业体系加速形成。大力发展楼宇经济、总部经济，建成了浙商广场、万达广场、香港新世界、万向城、大中广场等有效载体，聚集国网冀北电力、金融保险机构、中国移动、石油管道企业等纳税上千万企业总部58家，实现税收30.5亿元，占全区全部财政收入的62%。发展壮大金融业，全区共有市级分行17家、一级支行67家、营业网点120余个，2015年金融行业实现税收收入9.1亿元，同比增长28.7%。繁荣商圈经济，形成了万达、新朝阳、明珠等住、零、批、餐等商贸业高度集聚的城市商圈，2015年广阳区商贸业实现税收收入5.2亿元，同比增长1.2%。

（二）抓项目、筑平台，发展效益明显提升。坚持把项目建设作为提升经济发展质量和效益的核心抓手，全年共实施建设项目97个，总投资350.8亿元，累计完成投资256.9亿元，同比增长8.9%；实施亿元以上项目62个，占项目总个数的63.9%，总投资337.5亿元，占总投资的96.2%。全力在京津冀产业对接中招商选资，成功引进了“中鼎云”数字产业园、京东集团北方智能商贸物流基地和国家信息产业中心等产业型大项目。集中优质资源重点打造了广阳经济开发区和万庄新城两大发展平台。经济开发区实现“九通一平”，打造成为广阳基础条件最好、配套功能最全、入驻环境最优的项目承载平台，目前，开发区共签约项目28个，已建成待验收试生产项目8个，在建项目9个，已签约正在办理开工手续项目11个，重点在谈项目6个，其中沃森高精度仪表等项目建成达效，管道特种设备、中国邮政速递物流等项目加快推进。万庄新城已编制完成空间发展战略规划和街区单元控规，建成共计14公里的5条道路，现有在建项目3个，计划开工项目10个，重点在谈项目4个，其中中石油生活区、特色商业街等项目前期工作全面启动，日处理8万吨的再生水厂完成征地、即将开工建设。

（三）振企业、兴科技，创新活力不断增强。广阳持续实施创新驱动战略，调动一切可利用的资源帮扶企业，科技服务业等现代服务业对经济增长的支撑作用不断加强，聚集了中石油压缩机组维检修、泰格密封等一批高精尖科技型创新企业，全区专利申请量与授权量连续5年位居全市第一，连续3届被评为“全国科技进步考核先进区”。2015年，全区新增科技型中小企业54家、市级企业技术研发中心10家、科技小巨人企业8家、上市公司4家。全区民营企业达6693家，万人拥有企业数达700家，位居全省前列，民营经济上缴税金41.5亿元，占全部财政收入的84.4%。

（四）精管理、重生态，城市环境不断改善。生态建设不断强化，圆满完成了“十二五”各项减排任务。深入实施大气污染防治集中行动，坚持“党政同责、双岗同责”，实行昼查夜访、全时监控，高频度调度、高强度整治，圆满完成了重点治理工作任务，实现了“双控”指标全市最好。淘汰10蒸吨及以下燃煤锅炉564台，完成农村节能环保炉具推广1.7万户，全区7家实心粘土砖瓦窑全部取缔，深度治理挥发性有机物工业企业6家，完成了10万吨神华清洁煤和5万吨洁净型煤的推广任务；对全区3个集中供热站和20家无物业小区供热锅炉进行了提标改造，完成了54所中小学供热锅炉清洁能源改造。围绕重点河流、干渠的水污染源开展专项治理行动，依法对周边畜禽养殖户、工业企业进行了集中整治，解决了43个排污口违规排污问题。加强城乡管理，集中整治了廊涿高速引路、104国道、新开路、光明东道等主干道周边环境；整修提升老旧小区11个，整修面积14.8万平方米。投资近2亿元，高水平、高质量打造油地共建示范社区，大力实施了万生石油矿区综合提升改造工程；投资430万元，对7个社区进行了美化绿化提升；推进智慧社区试点建设，打造提升精品社区12个，成功举办了“广阳区第四届社区文化艺术节”。年内完成造林1.4万亩，全区森林覆盖率达37.6%，位居全市首位。

（五）提效能、保大局，机场征迁如期推进。将北京新机场征迁作为2015年“十项集中行动”的首要工程，举全区之力、集全区之智，精心制定了切合实际、符合民意的征迁方案，科学建立了联席会议、“6＋N”等一系列周密的工作机制。在征迁工作中，四套班子领导全程分包督办、一线指挥，参战干部倾力动迁、日夜奋战，广大群众顾全大局、无私奉献，成功创造了机场征迁的广阳速度。一期征迁仅用4个月整体搬迁了3个村街，涉及人口2180人，征收土地7486亩，迁移坟墓786座，圆满完成了从坟墓迁移到大田补偿再到房屋征收的三部曲任务。二期征迁工作启动后，仅用18天完成房屋征收663户，占总任务的98.2%，刷新了一期征收的速度纪录；仅用14天完成了1031座坟墓的全部迁移任务。三期征迁启动首日，完成房屋征收签约216户；启动仅12天完成605户，占总任务的99.2%。通过干部和群众的齐心协力，机场一期、二期共1.08万亩的供地任务圆满完成，三期供地任务基本完成，得到了省、市主要领导的充分肯定。

（六）惠民生、促和谐，民生事业长足进步。围绕群众最关心最迫切的现实需求，多方筹集资金，实施民生工程，竭尽所能地为群众办实事办好事。投资7000万元实施城乡中小学校改扩建工程，二小、九小新教学楼建成并投入使用，十小教学楼主体建成，完成了倘户营小学等四所农村学校、幼儿园改造；为解决幼儿园不足问题，将廊坊市原铁路学校改建成第四幼儿园，把华夏幸福城配建幼儿园改为第五幼儿园，有效缓解了城区幼儿教育的需要压力；投资3560万元实施教育装备提升工程，为全区中小学购置了计算机、交互式多媒体等教学设备，建成各类专用教室118个；投资550万元，对市区6所学校进行了美化绿化；顺利通过了省教学评估迎检、义务教育均衡发展国家验收和省政府教育督导评估检查。新建新开路、银河北路和新源道三个社区卫生服务中心，实现了街道全覆盖；投资760万元，整合医院资源，迁址区眼科医院，提升区妇幼保健院、区人民医院，并与京津知名医院开展合作对接，引进优势专科，打造特色品牌，区属3所医院就医环境明显改善。总投资2200余万元，完成了全长13.8公里的廊涿高速九州连接线中修和道路安全设施及路口改造工程。全年净增就业岗位5380个，城镇登记失业率控制在2.04%以内，实现了零就业家庭动态归零。推行了新农合大病保险业务，提升了新农合人均筹资标准，全区参合率达到98%。投资700万元，实施农村饮水安全工程，区农村水质检测中心建成并投入使用。积极创建国家公共文化服务体系示范区，重点推进“两馆一站一中心”建设，区、乡、村三级公共文化服务软硬件水平全面提升。广阳区被评为“全国县级防震减灾工作综合考核先进区”。落实安全生产“六大工程”，实现了区、乡、村、企四级安全生产网格化监管全覆盖，全区安全生产形势持续稳定，继续保持重大事故零发生，荣获市政府安全生产管理目标考核优秀单位称号。

霸州市

霸州市位于河北省廊坊市中部。2015年，霸州市紧紧围绕建设“实力霸州、活力霸州、绿色霸州、幸福霸州”的奋斗目标，脚踏实地，凝心聚力，着力稳增长、调结构、促改革、惠民生，全市经济和社会各项事业持续健康发展。全市地区生产总值完成364.5亿元，增长7%。全部财政收入完成33.8亿元，增长9.1%。地方一般公共预算收入完成19.3亿元，增长13.5%。固定资产投资完成286.1亿元，增长19%。规模以上工业增加值完成161.8亿元，增长6.6%。社会消费品零售总额完成117.1亿元，增长7.5%。城镇、农村居民人均可支配收入分别达到3.41万元和1.37万元，增长8.1%和8.4%。

（一）协同发展取得实效。按照国家规划纲要和省市要求，研究制定了《加快推进京津冀协同发展的实施意见》，确立了“京南重要交通枢纽、京津科技成果转化基地、全市转型升级引领区、北京非首都功能承载地”的定位。先后与北京大兴区、海淀区、亦庄开发区等地及清华大学、北京星光影视集团、新兴际华集团、北京稻香村集团等相关院校企业进行沟通对接，引进京津企业项目18个，总投资225.6亿元。津保高铁建成通车，京霸城际铁路即将动工，首都二机场南出口高速前期筹备工作加快推进。规划建设霸州高新技术产业园区和北京非首都功能集中承载区。成功举办首届京津冀协同发展论坛，近百名著名专家、知名企业受邀参会，23家国家级媒体进行了宣传报道。

（二）结构调整持续推进。三次产业结构比重调整为5.2∶62.2∶32.6。传统产业转型步伐明显加快。新增规上企业15家，上市企业7家。新增民营经济单位5164家。工业技改投资完成108.9亿元，增长15.1%。新培育省著名商标3件，省名牌产品11件。成功举办第十四届中国（胜芳）国际金属玻璃家具博览会，成交额达130亿元，创历届之最。第三产业持续壮大。增加值119亿元，增长7.5%，占GDP比重提高2.1个百分点。新增限额以上贸易企业9家。引进了张家口、沧州、光大等3家域外银行，增设金融网点9个。旅游业接待人数增长8%。农业发展增值提效。鑫地美、金龙腾等现代农业园区基本建成，全市现代农业园区总量达20余家。新增农民专业合作社122家，总量增至593家，农业产业化经营率提高到34%。

（三）发展后劲显著增强。园区建设取得新成效。投融资近20亿元，重点实施了污水处理厂、泰山路南伸、码扬线改造等33项基础设施建设工程，完成了胜芳经济开发区全国知名品牌示范区、国家级出口家具质量安全示范区创建工作，规划启动了“五大区中园”建设，海底捞、北京牛氏运昌、北京兆丰航天设备等一批优质项目先后落地。三大园区财税贡献率提高3.9个百分点。项目建设扎实推进。全市在建亿元以上项目107项，完成投资235.7亿元。其中，10亿元以上项目22项，完成投资103.7亿元。实施省重点项目2项，市重点项目11项。

（四）创新发展成效明显。深入实施“一十百千万”科技创新工程。新培育科技型中小企业136家，科技小巨人企业7家。培育企业技术研发中心10家，众创空间1家。纳入省科技支撑项目3项，省重大科技成果转化项目1项。新增专利授权500余件，保持全省领先。河北省钢木家具产业技术研究院全面建成，霸州电化工程有限公司自主研发的镀铜生产线列入国家“十二五”环保示范项目，属国内首创。

（五）生态环境日益优化。大气污染治理深入推进。累计拆除砖瓦窑9座，淘汰改造燃煤锅炉221台，全面完成淘汰黄标车和挥发性有机物企业治理任务。PM2.5平均浓度达105微克/立方米，综合污染指数为9.4，分别下降12%和5.7%。空气质量优良天数增加17天，重污染天数减少34天。生态修复全面实施。完成了大清河沿线环境综合治理，胜芳湿地公园一期工程加快建设。植树造林成效明显。全年造林9万亩，森林覆盖率一年提高7.5个百分点，市区绿地率达到37.8%。

（六）民生建设不断加强。城镇新增就业8743人，转移农村劳动力4785人，分别完成全年任务的146%和120%，城镇登记失业率控制在1.8%以内，优于省下达任务2.2个百分点。建设棚户区改造住房1821套，竣工各类保障性住房1935套，分配入住785套，完成危房改造350户。市六小、东关小学教学楼投入使用，开发区幼儿园、胜芳新区九年一贯制学校等新改建工程稳步推进。全面推进县级公立医院改革，廊坊四院二病区一期主体工程、市二院门诊楼、医技楼主体工程全部完工。城市基础设施进一步完善，实施各类工程26项，延昭路新建、益津路提升改造、芳清道东伸等工程顺利完工。完成了津保高铁站点建设，确保了高铁顺利通车。高度重视美丽乡村建设，实施了胜芳和信安两个历史文化名镇，信安和康仙庄两个重点片区改造。东西市区水厂建设稳步推进，8座农村水厂基本完工。成功举办了“2015京津冀游客河北名镇名村首游式”活动，承办全国乒超联赛7场。深入开展打黑除恶灭霸扫痞集中行动及食品安全、安全生产“六打六治”和打击传销等专项行动，社会和谐稳定局面持续巩固，群众满意度不断提升。

三 河 市

三河市位于河北省廊坊市北部，西部、北部与北京市接壤，东部与天津市毗邻。2015年，三河市紧紧把握京津冀协同发展大势，坚持改革创新、转型升级、统筹城乡、优化生态、狠抓法治、改善民生，全市经济社会发展稳中有进、稳中有新。

（一）主要指标圆满完成。地区生产总值达510亿元，同比增长8.8%；全部财政收入达104.2亿元，位居全省县级第二，增长11.8%；地方一般公共预算收入达72.3亿元，连续六年位居全省县级首位，增长10.3%；全社会固定资产投资完成496.9亿元，增长16%；规模以上工业增加值完成187.5亿元，增长8.1%；社会消费品零售总额完成146亿元，增长10%；城乡居民人均可支配收入分别达3.5万元、1.5万元，增长8.6%、8.4%。在全国县域经济与县域基本竞争力百强县评比中位列第71名，为率先全面建成小康社会奠定了坚实基础。

（二）产业结构更加优化。三次产业比由6.8∶51.9∶41.3调整为6.8∶48.2∶45。物流、软件和信息技术、互联网和相关技术等现代服务业发展迅速，新增限额以上企业18家；食品加工、现代制造、电子信息等产业规模不断壮大，新增规模以上工业企业12家，新认定高新技术企业8家，高新技术产业增加值增加到30.6亿元。全年竣工及在建投资亿元以上项目达130个，当年完成投资448亿元；成功申列省重点项目3个，总投资107亿元，申列廊坊市重点项目11个，总投资174亿元。

（三）协同发展打开局面。在道路交通上，潮白河大桥已完成所有桩基施工；泃河大桥已完成引道和基础桩灌注工程；轨道交通平谷线过境三河线路方案已基本确定；京唐城际铁路过境三河选线工作已经完成。在产业合作上，与北京歌华公司签订了多媒体信息终端项目合作框架协议，与平谷签订了京冀通航产业园项目战略合作协议。在功能承接上，燕达医院与北京儿童医院和中医医院、中美医院与北京三博脑科医院实现了合作共建。

（四）生态治理力度不减。大气污染防治更加深入。全年造林绿化7.5万亩，取缔关停实心粘土砖瓦窑23家、采石企业22家，完成工业企业挥发性有机物治理5家。空气质量综合指数下降7.1%，PM2.5、SO_2、NO_2浓度分别下降7.5%、24.9%、3.6%，达标天数同比增加29天，重污染天数同比减少13天。水污染治理力度加大。泃河污水整治完成排污口封堵、污泥处理、垃圾清除；泃河、潮白河左岸沿线无环评审批手续排污企业予以关停取缔；尹家沟综合治理工程竣工，鲍邱河综合治理稳步推进。总量减排完成任务。完成减排工程40项，削减化学需氧量4984.5吨、氨氮271.2吨、二氧化硫1899.3吨、氮氧化物3672.4吨。

（五）城乡建设提质提效。在县城建设上，东市区西环路综合改造主路面铺设完成；东出口改造二期，贤人街、昌盛路、府北街道路排水改造，平房居民区改造及背街小巷建设楼改造等均已竣工。西市区幸福公园已完成工程总量的90%；潮白河绿廊绿道完成工程总量的85%；体育公园完成初步设计方案及前期踏勘、放线工作。东西市区的城市功能和品位大幅提升，常住人口城镇化率突破61%，高于全省11个百分点。在美丽乡村建设上，全市24个省级示范村建设任务基本完成，总计安排资金近2亿元，新打饮水井39眼，铺设供水管道5.6万米；硬化道路16万平米；变压器增容1200千伏安，改造低压线路39公里；安装路灯2600盏；改厕4450座；新建或改建村民中心25座、文体活动广场30个。

（六）改革创新稳步推进。各项改革深入推进。食品药品监管体制改革基本完成；事业单位和公立医院改革持续推进。政府部门行政权力清单、责任清单全部编制完成(分别有3144项、2851项)。衔接国务院、省、市取消行政审批项目32项，接受省、市下放项目63项，衔接改为后置审批的工商登记前置事项38项，清理非行政许可审批事项137项，不再保留“非行政许可审批”这一类别。“三证合一、一照一码”登记制度落实到位。完成了全市320个村宅基地、950宗集体建设用地的地籍测量和11万余宗宅基地的确权登记工作。农村土地承包经营权确权登记颁证完成221个村，完成面积27.8万亩，占总任务量的60%。清理闲置土地8840亩。科技创新工程深入实施。出台了《关于鼓励支持科技型中小企业创新发展的措施》、《企业应急专项资金管理办法（试行）》等7项政策；帮助6家企业成功上市；百世金谷科技企业孵化器、兴远高科科技企业孵化器被批准为廊坊市级孵化器；天洋“超级蜂巢”正式投入运营；京东创客空间work＋被认定为首批“省级众创空间”；扬帆起航创客空间被认定为首批“河北省科学技术协会创客空间”。全年新认定科技型中小企业202家。

（七）民生保障更加牢固。冯家府小学及幼儿园、实验小学综合楼竣工投入使用；皇庄小学幼儿园综合楼已封顶；一、二、三十学习住宿环境提升工程完工。“万人大培训”累计培训各类人员1万余人次，实现各类人员就业1610人。镇卫生院设备配备已安装完成；市医院、市中医院购置设备工作有序推进；慢性病防控示范村创建了124个；“医药百人培养计划”圆满完成全年任务。提高了基础养老金、新农合和城镇居民医保财政补助标准；企业退休职工基本养老金水平提高10%；临时救助困难群众465人、重点优抚对象248人；建立了适度普惠型儿童福利制度。新建57个村民文体活动广场；农家书屋图书配备已完成；“文体界百人培养计划”第五期培训开班。燕郊开通了三条临时公交线路线，74辆公交车全部投入运营。南水北调地表水厂选址基本完成；段甲岭水厂、齐心庄水厂项目建议书已获批复。改造农村危房393户；新增发放廉租住房租赁补贴81户；新开工建设公共住房776套；棚户区改造343户。落实安全生产“党政同责、一岗双责”，切实加强食品药品安全监管，有效防止了重大安全事故发生。

固　安　县

固安县隶属河北省廊坊市。2015年，全县上下深入贯彻落实市委、市政府决策部署，以开展“三严三实”专题教育、“解放思想抢抓机遇奋发作为协同发展”大讨论为动力，紧紧围绕“绿色、高端、率先、和谐”的发展定位，抢抓京津冀协同发展、北京新机场启动建设等多重机遇，坚持“产城共建、以城带乡、城乡统筹、共同繁荣”的发展路径，以打造非首都核心功能疏解高地、京津冀生态涵养示范高地、高端产业转移高地、国际创新资源对接高地为重点，着力做强园区、做大县城、做美乡村、做优环境，加快建设创新活力之城、生态宜居之城、和谐幸福之城。

（一）经济实力持续壮大。2015年，全县地区生产总值完成182.5亿元，同比增长11.1%；财政收入完成55.9亿元，同比增长39.3%，其中，公共财政预算收入完成35.7亿元，同比增长40.4%；全社会固定资产投资完成183.8亿元，同比增长22.1%；规模以上工业增加值完成27.9亿元，同比增长9.8%；社会消费品零售总额完成46.6亿元，同比增长8.5%；城镇居民人均可支配收入达到2.87万元，同比增长9.2%；农村居民人均可支配收入达到1.25万元，同比增长9%。据中国社科院发布的《中国县域经济发展报告（2015）》，固安成功入围全国县域经济竞争力百强县，在全国县域经济发展潜力百强县中排名前十，在全国县域经济创新力50强中跻身三甲。

（二）产业发展提质增速。坚持把壮大高端产业作为基础抓手，为县域经济又好又快发展注入强劲动力。一是建强园区平台。固安工业区全年完成财政收入32.6亿元，同比增长63.8%；固安高新区获批为“国家新型工业化产业示范基地”；固安工业区、固安高新区整合申报国家高新区工作正在顺利推进；温泉园区快速发展，建国温泉酒店正式投入使用，新奥太阳能光伏示范基地、国家法官培训学院河北分院等重点项目加速建设；大清河经济开发区携手中关村开展深度合作，已有新媒体数字产业园、国际物联电子商务产业基地等21个高端项目签约入驻；现代农业园区被认定为首批省级现代农业园区，高标准农田建设不断深化，农博园、顺斋瓜菜、兴芦蔬菜等农业龙头提速发展；空港产业园区紧密对接北京新机场、廊坊空港新区规划，积极洽谈、储备优质项目，发展基础得到不断夯实。2015年3月26日，中央政治局常委、国务院副总理张高丽同志到固安县视察园区建设，并给予高度评价。“固安采取PPP模式建设产业新城”被列为国务院新型城镇化典型。二是强化招商引资。持续推进“招商引资”集中行动，瞄准北京地区大型央企、高端洋企、知名民企，加快引进优质项目，全县签约亿元以上产业类项目91个，总投资735.8亿元；实施建设亿元以上产业类项目63项，总投资331.7亿元；争列省重点项目5个，3个计划开工的省重点项目已全部开工；争列市重点项目13个，生物医药基地、无人机产业基地、中关村固安产业园、问天量子等优质项目成功落户，天恒产业园、京津冀国际商贸城、金融街·固安新城等重大合作项目加速推进，鼎材OLED、京东商城订单处理中心等高端项目正式投产，为加快构建现代产业体系提供了有力支撑。同时，不断加大工业技改投入，大力促进“个转企”、“小升规”。成立服务业发展领导小组，优先保障用地，强化资金扶持，促进服务业加快壮大。三是加快科技创新。卫星导航产业港、肽谷生物医药孵化港等创新载体加快建设，德益阳光生物医药、捷辉仪表等科技成果转化项目入驻孵化；与清华大学共同设立了产业技术联合研究中心，与5所省内高校携手共建博士后成果转化基地，在德国、韩国等地启动了孵化器建设，为打造国际创新资源对接高地拓宽了渠道。同时，加大科技企业培育力度，积极推动大众创业、万众创新，全县高新技术产业增加值完成12.5亿元，同比增长26.3%。

（三）城乡统筹步伐加快。坚持城乡同规共建、一体发展，扎实推进新型城镇化建设。一是着力完善规划体系。完成了城乡风貌总规、新城区控规和全县电力工程、环卫设施、污水处理、绿地系统等专项规划编制，同时，初步建立数字规划平台，不断完善规划评审、监督机制，邀请县人大财经科、政协社会法制委参加规委会，对规划执行实施联合督查、全程监管，确保了高端规划的高质量落实。二是着力精细城市建管。全年计划投资18亿元，撬动社会资金，实施百项城建工程。京九西路新建、工兴路大修等路网工程全面竣工，新增了4条城市公交路线，迎宾公园、市民活动中心等重点工程投入使用，幸福港湾、幸福广场等商业街区高效运营，两座南水北调地表水厂实现全省率先通水，城市功能、形象实现双提升。同时，依托数字化城管平台，铁腕治脏、治乱，与北京环卫集团签订合作协议，对县域垃圾处理体系进行通盘规划、建设；广告牌匾、私搭乱建、露天烧烤治理成效明显，城市容貌环境得到进一步改善。三是着力推动美丽乡村建设。深入贯彻落实省、市统一部署要求，以打造省级美丽乡村重点片区为契机，投资5亿元，在农村全面推进道路硬化、厕所改造、垃圾处理、路灯亮化、民居改造、饮水安全等“十五件实事”。坚持把“美丽乡村”建设与发展

农村旅游相结合，注重挖掘历史文化，突出村庄特色风貌，做好住宿餐饮、休闲体验、观光采摘等旅游配套设施，大力发展“第六产业”；中部“现代农业”精品线、南部“温泉旅游度假”精品线、北部知子营乡“万亩梨园”旅游精品线初步形成。全力推进农业综合开发，大力实施中低产田改造，培育壮大富农合作社、鑫中兴等农业“龙头”企业，强力推进环首都现代农业科技示范带建设。

（四）生态环境不断改善。坚持把良好生态作为提高综合竞争力的重中之重，切实打好“生态牌”、写好“绿文章”。一是狠抓城乡植树造林。按照全市“两年攻坚战、造林一百万”的总体要求，以创建国家园林县城为主线，坚持市场化运作、专业化造林、基地化管护，全年完成造林绿化 7.2 万亩。在全市率先获批“国家园林县城”。二是狠抓大气污染治理。扎实推进环保网格化监管，完善部门联动、联合执法长效机制，面对大气污染治理的严峻形势，坚持精准施治，实施“减煤、压能、治企、降尘、控车、增绿”综合治理，超标锅炉淘汰改造、清洁能源推广、洁净型煤厂建设、黄标车淘汰等工作圆满完成既定任务，11 座实心粘土砖瓦窑全部拆除，全县所有建筑工地均达到“7 个 100%”管理目标。全县空气质量优良天数 136 天，同比增加 41 天；空气质量综合指数为 9.22，同比下降 7.9%，PM2.5 浓度同比下降 11.5%。三是狠抓减排目标落实。对照“十二五”总量减排目标，扎实推进 15 项总量减排工程，化学需氧量、氨氮、二氧化硫、氮氧化物分别削减 17.3%、30.8%、38.6%、32.4%，超额完成“十二五”目标任务。

（五）民生工作稳步推进。按照“全市领先、全省先进、国家标准”的思路抓民生，切实办好惠民实事，全面提高群众幸福感和满意度。一是全面提升公共服务。按照全市创建公共文化服务体系示范区工作总体部署，不断加大文化投入，对县图书馆、乡文化站等设施进行了完善，组织文化下乡演出、文化志愿者巡演 60 余场。同时，启动了城区九年一贯制学校、乡镇中小学改扩建等总投资 9.3 亿元的教育硬件工程，全县 80%中小学完成标准化建设，实施了 8 所农村幼儿园改造，县医院迁址新建、幸福医院建设稳步实施，全县文化、教育、医疗服务体系日趋完善。二是加快提升保障水平。城乡居民养老保险、城乡低保、五保供养、老龄保障等工作处于全市领先水平，保障性安居工程开工、竣工率均超过年度计划。不断拓宽渠道、扩大就业规模，全县新增城镇就业 3200 人，农村劳动力向非农产业转移 3449 人，城镇登记失业率低于 2%，为 49 名贫困应届高校毕业生发放失业补助金 16.8 万元，组织了“京东商城专场招聘”、“2015 固安春季招聘会”等一系列活动，达成就业意向 6000 余人。三是全力维护公共安全。积极推进安全生产“党政同责、一岗双责”，深入探索实施网格化管理，扎实开展安全生产专项整治。同时，大力开展重点公共场所食品安全集中整治行动，积极实施科技创安工程，严守各类安全底线。安全生产、食品药品安全形势持续稳定，社会治安防控网络有效加强，和谐稳定的社会大局得到进一步巩固。

安 国 市

安国市位于河北省中部、保定市境南端。2015 年，安国市以安国中药都建设为统领，积极适应经济发展新常态，奋力抢抓京津冀协同发展、京津保地区率先联动发展新机遇，全力以赴稳增长、调结构、促改革、惠民生，全市经济社会发展呈现良好态势。

（一）经济发展再上新台阶。2015 年地区生产总值完成 108.3 亿元，同比增长 8.9%；公共财政预算收入完成 5.15 亿元，增长 19.5%；规模以上工业增加值完成 49.9 亿元，增长 13.1%；社会固定资产投资完成 100.6 亿元，增速 11.2%；社会消费品零售总额完成 71.73 亿元，增速 14.3%；城镇居民可支配收入 2.05 万元，农村居民人均纯收入 1.4 万元，收入比由“十一五”末期的 1∶0.55 缩小为 1∶0.68。

（二）中药都建设加速推进、协同发展成效凸显。当前，中药都“三区”建设高歌猛进。仓储物流商贸区。自 2014 年 5 月 18 日天士力安国数字中药都项目奠基入场以来，强势推进，中心交易大厅一期主体竣工，2016 年 6 月将投入试运营。绿色循环工业区。政府主导，高端规划，精准招商，高标准编制了园区规划，投资 3.5 亿元全配套建设园区基础设施，垃圾处理厂、污水处理厂、供水、供电、供热等设施不断完善。新修改造道路 14 条，总长 15 公里，形成了“四横八纵”路网格局，面积扩大为 4 平方公里，园区发展框架逐步拉开，发展规模不断扩大。入园企业达 105 家，其中年销售收入 2000 万以上企业 40 家。同仁堂项目一期竣工达产，二期封顶，三期启动；聚药堂项目竣工达产；百消丹一期即将竣工；美岚达、邳彤药业、药兴药业等项目正在加紧建设。现代中药工业园区通过国家科技部火炬计划复核，荣获“河北省新型工业化产业示范基地”称号。健康养生文化区。谋划建设集休闲、旅游、健康、养生于一体的旅游综合生态项目，完成了该区整体规划和 360 亩土地征占工作，祁州药苑东广场建设基本完成。“三基地、三体系”建设亮点纷呈。12 个省级中药材 GAP 示范园通过省专家组验收，总面积达 1.2 万亩。与内蒙古自治区奈曼旗缔结为友好旗市，中蒙药材 GAP 种植基地项目正式签约。国家中药材流通追溯体系建设已通过商务部考核验收；河北数字本草中心电子交易平台已获省政府批复；保定检验检疫局安国办事处正式运行。2014 年新增中药材出口企业 7 家，出口量同比增长 84%。中药材市场秩序逐步规范。大力开展了中药材市场集中整治和食品药品安全县创建活动，依法严厉打击违法违规行为，药业市场秩序进一步规范，监管水平不断提高。

（三）招商引资精准发力、发展后劲持续增强。以中药都建设为依托，大力开展精准招商引资，在北京、廊坊等地成功举办了“安国中药都建设推介会”，张庆伟省长亲自参加了廊坊经洽会安国中药都签约仪式。瞄准对接京津，打造京津冀中药产业转移首选地，项目数量质量创历史新高，全市综合考核名列前茅。2015年11月以“创新”理念为指导的“京津冀中医药产业创新战略联盟”在安国市成立，中医药协同发展迈出关键一步。全面启动了“十大名企进安国”战略，知名药企云集安国，与国药、广药、步长、葵花等药企合作正在积极推进。目前，全市在建、计划新开工和已签约项目共39个，总投资183亿元。其中列入省市重点项目12项，总投资117亿元，为跨越发展积蓄了强大的发展动力。

（四）城市建设日新月异、城镇化步伐不断提速。按照京津冀协同发展“微中心”城市定位，围绕“以人为本，产城教互动融合”的城镇化发展理念，坚持城乡统筹、全域推进，发展框架逐步拉开，入选“省级园林城市”、“河北省新型城镇化综合改革试点市”。期盼已久的曲港高速公路安国段建设已启动，土地征补工作基本完成；石津高速公路已列入规划并开展前期工作；完成了安兴大街、药华大路、义丰大路等城区全部主干道路改造提升工程，城市基础设施水平全面对标先进中等城市；药用植物园、市医院住院大楼等工程投入使用，安泰河改造、城区4所中小学建设稳步推进；城市规划馆、博物馆、体育馆、图书馆、科技馆五大场馆规划编制工作圆满完成。大力开展城镇容貌综合整治和城市管理6S行动，有效解决“脏乱差”问题，市容市貌和城管水平稳步提升。大气污染防治工作成效显著。房地产市场秩序逐步规范。通过全市上下不懈努力，安国的城市基础设施和承载功能不断完善，城市面貌和形象不断提升，得到了广大群众和社会各界的充分肯定。

（五）农业基础不断稳固、农业现代化进程加快。惠农支农政策全面落实，粮食生产实现12连增。创建完成13家中药材种植示范园。万亩森林公园和科技苗木大市场已完成规划编制工作。农村土地承包经营权确权颁证工作完成55%，土地流转面积达15万亩。新增农业产业化龙头企业13家，新增数量居保定市第一名，现代中药工业园区被确定为国家级农业产业化示范基地。南水北调配套工程安国段基本完工，“十二五”农村饮水安全工程全部完成。新建农村敬老互助院3所。新修改建农村公路173公里。16个村被确定为省级美丽乡村建设示范村，工作成效明显。

高碑店市

高碑店市隶属保定市，位于河北省中部。2015年，全市综合实力显著增强。地区生产总值达到121亿元，比2010年增长37%。一般公共预算收入达到9.5亿元，是2010年的2.9倍。全社会固定资产投资达到127亿元，是2010年的3倍。各项存款余额达到398亿元，比2010年增长215亿元，各项贷款余额达到357亿元，比2010年增长279亿元。农村居民人均可支配收入达到1.2万元，是2010年的1.9倍。被河北省评为经济发展先进县（市）。

（一）城市功能不断完善。用5000万元的财政资金撬动3亿元的社会资金，拆除锅炉212台，实现供热面积360万平方米，集中供热率提高到80%。累计投资3亿元，新改扩建迎宾路东延、合作路等城市主次干道11条，翻修改造112国道、107国道，城市框架进一步拉大。完成13公里排水管网改造，紫泉河公园一期投入使用，新增改造城市绿地49公顷，完成高速、高铁沿线绿化6400余亩，顺利通过了省级园林城市复检验收。南水北调地表水厂及其应急供水工程配水管网完成年度任务，确保按河北省、保定市要求的时间节点供水。市污水处理厂二期、方官镇污水处理厂等工程进展顺利。持续推进城市管理“6S”行动，完善数字化城市管理平台建设，一些脏、乱、差的死角死面得到整治，在保定市县城建设环境容貌整治工作中排名第一。

（二）承载能力显著提升。为承接非首都功能疏解和产业转移，积极构建了“四大平台”。第一，以新发地为龙头的农副产品批发市场、食品加工生产企业转移和聚集的承接平台。一期工程建成面积达160万平方米，签约商户9000多户，已于2015年10月29日整体运营，日均进出车辆3200辆次、交易量1.2万吨、交易额7000多万元；北京锦绣大地干副批发市场已落地，综合交易大厅正在装修。该项目作为国家推进协同发展的重要成果，在《人民日报》头版进行报道，成为京津冀三地产业深度融合的示范。第二，以国际创新园为依托的建筑节能环保产业、高端制造业承接平台。成功举办第三届国际门窗博览会，吸引国内外6万余人次参会，引进建筑节能企业5家。为国际创新园配套的五星级酒店、门窗城二期、欧洲风情小镇、紫泉河改造等一批重点工程进展顺利。第三，以京石高铁高碑店站为中心的楼宇企业、总部企业、后台企业和中央附属单位转移和聚集承接平台。区域内给排水、电力、通讯等基础设施已经完成，相关规划正在编制，完成土地收储600亩。积极对接凤凰卫视、华汇恒业等企业，凤凰文化传媒创业生活基地、华汇第一极星城等达成合作意向。第四，以双辛产业集中区为依托的临空产业聚集平台。围绕服务首都二机场，定位为以“临空、高端、低碳”产业为特色的集中承接地，京南地区宜居宜业的生态小镇。已编制完成总体规划、产业发展规划；初步选定战略投资者进行基础设施建设；与北京霍氏集团百利威电子商务、韩国GS集团基础油保税库和润滑油加工园、汇通图腾公路物流港等项目多次沟通洽谈。高碑店市拥有一个省级经济技术开发区，规划面积扩大至20.9平方公里，入园企业达到110家，被河北省评为5A级园区。

（三）项目建设成效明显。2015年，列入省、保定市重点项目22个，当年计划投资49亿元，实际完成76亿元，完成率达155%。其中：居然之家家居产业园项目，将整体带动北京家居建材、批发市场和仓储物流近300家企业外迁；全国厨具业商会产业园项目将吸引30—50家商用厨具企业整体搬迁；汇通公路物流港项目列入国家发改委第一批重点项目扶持库，并列入“河北省十三五物流规划”和“交通部十三五物流规划”；高碑店大唐热电联产项目，采用“一厂带三县（高碑店、涞水、定兴），可满足1600万平米的供热需求；高碑店京广铁路物流园项目总建筑面积达380万平方米；以上项目已签订框架协议。合创新型建筑节能墙体材料、方隆硅橡胶、新发地中国进出口食品产业园等项目开工建设。铁岩钢板桩、美国麦斯泰克、德国科尔遮阳等项目建成投产。项目建设综合评价位居保定市第一名。

（四）三次产业协调发展。优势产业支撑强劲。汽车、食品饮品等传统产业经营良好，长城华北、隆基泰和纳税超亿元，娃哈哈纳税超8000万元，纳税超1000万元的企业达到25家。节能建材、新能源等战略新兴产业迅猛发展，门窗城二期、150兆瓦光伏发电等项目建成投产。农业基础稳步夯实。农村安全饮水工程实现全覆盖。粮食总产、单产实现“十二连增”，新建500亩以上的现代农业产业园9个，新修农村道路桥梁43公里，高标准建设美丽乡村25个。现代农业发展迅速，保定市级以上农业产业化龙头企业达到21家，被农业部确定为“全国农产品加工示范基地”。第三产业蓬勃发展。电子商务发展迅速，全市网店达到6000余家，顺达墨瑟节能门窗成立门窗电商网，新发地建成农副商城，电子商务进农村支撑体系不断完善，被河北省确定为电子商务试点市。创新发展活力迸发，新增高新技术企业3家，新增科技型中小企业154家，新增中国驰名商标1个，隆基泰和在香港联合交易所成功上市。

（五）社会事业全面进步。民生投入占一般公共预算支出的81%。为重度失能老人发放困难救助资金115万元，发放高龄津贴366万元，发放城乡低保金924万元，五保供养支出428万元，完成各类保障性住房1297套，城镇居民医疗保险、城乡居民养老保险参保率均达到95%以上。投入1.2亿元，改扩建农村中小学校舍10万平方米。公立医院改革扎实推进，新型农村合作医疗统筹基金使用率达到99%，累计为农村居民补偿医疗费用1.9亿元。圆满完成了“9·3”阅兵、国际门窗博览会、新发地物流园开业等重大活动的安保工作，信访稳定、安全生产、食品药品安全、消防安全、道路交通安全形势总体平稳，平安城市建设水平不断提升，社会和谐稳定局面持续巩固。

涞水县

涞水县隶属于保定市，位于河北省中部偏西。2015年，全县生产总值完成58.5亿元，年均增长11.9%；第一产业增加值11.60亿，同比增长6.1%，第二产业增加值14.18亿，同比增长7.5%，第三产业增加值32.72亿，同比增长15.4%；生产总值能源消耗1.126吨/标准煤，比上年降低3.31%；民营经济增加值42.1亿元；全部财政收入10.3亿元，年均增长77.5%；公共财政预算收入8.1亿元，年均增长88.6%；公共财政预算支出20.4万元；社会消费品零售额29.1亿元，年均增长14.1%；规模以上工业增加值5.8亿元，年均增长10.2%；固定资产投资100.4亿元，年均增长21.7%；城镇人均可支配收入达到1.90万元，年均增长11.3%；农村居民人均可支配收入达到7468元，年均增长14.7%；在岗职工工资总额7.5亿元；在岗职工年平均工资4.10万元/年，同比增长15.3%；金融机构存款余额135.1亿元，年均增长20.8%；空气质量综合指数同比上年下降25.77%，按优劣排名，涞水县在全省排名第60，在全市排名第4；全年实现农林牧渔业总产值21.07亿元，同比增长5.85%；测算农林牧渔业增加值11.96亿元，同比增长6.15%。粮食播种面积38.65万公顷，同比增长0.3%，总产量14.04万吨，同比增长0.5%；蔬菜（含菜用瓜、豆、食用菌）面积2854公顷，同比增长2.3%，总产量15.64万吨，同比增长6.7%。经济社会发展7个指标综合排位跃升到全市第4位、全省第36位。

（一）协同发展取得新突破。环北京城际铁路涿涞野段（涿州—涞水—野三坡）列入省规划。保野路升级改造正在进行征迁。京涞产业新城产业功能和城市功能进一步完善，电科院涞水电子科技园、北京理工雷科电子装备生产基地等项目开工建设。北京双环之星减速机及轴承生产、正道新能源汽车等项目即将投产。与北京公交、三兴汽车、兆丰汽车等企业集团达成合作意向。

（二）科技创新取得新突破。与省科协启动共建“创新驱动发展示范县”。建成15万平米天鹅湖科技创新孵化器，引进植入北京清华启迪之星、汇龙森有限公司成熟模式。大学生创业产业基地、中小微企业科技创新孵化园、国研智库创新科学园、“新三板”产业基地等科技孵化、成果转化平台启动建设吸引，70余家科技型中小企业正抓紧注册进驻。成立创新基金，启动商业金融标准示范基地建设。

（三）生态治理取得新突破。坚持“冬病夏治、有病早治”，县财政投入4000余万元，锁定燃煤、扬尘两大“元凶”，狠抓大气污染防治，空气质量稳居全市前列。县城集中供热面积新增120万平米，集中供热率达到75%。建成洁净型煤生产配送中心，置换环保炉具6300余台，县城及周边高速合围区域全部采用环保炉具和清洁能源。创新工作思路，出台奖补措施，综合采取行政、技术、经济等手段，夏秋秸秆低茬收割、打包利用、粉碎还田，从根本上解决了禁烧难题。完成造林绿化12万亩，森林覆盖率达到42%。持续保持打击非法盗采高压态势。启动城乡垃圾一体化处理项目。

（四）城乡建设取得新突破。完成县域城乡总体规划提升。国道112线绕城快速路确定初步方案。客运中心正式开工。完成房地产领域违法违规建设行为清理整顿。启动创建国家园林县城三年攻坚，加快推进“七个一”工程建设。完成县城主干街道和机关单位绿化美化，驻军部队拆墙透绿，新增城市花坛绿地5万平米。实现了美丽乡村建设全覆盖，打造了一批精品村、示范片，建设经验在全省推广。

（五）产业发展取得新突破。实施市以上重点项目13个，完成投资39.2亿元。4个现代农业园区完成规划初审稿，绿舵被评为省级现代农业园区。与京东集团开展电子商务进农村战略合作，建成“京东·中国特产涞水馆”及京东服务中心，发展电商推广员300余人、覆盖全县100多个村，被评为“全省电子商务示范县”；建成电子商务大厦，启动电子商务产业聚集区建设。与荣盛发展集团、大业传媒集团开展旅游战略合作；野三坡景区全年接待游客360万人次，实现门票收入1.5亿元，旅游总收入13.5亿元，再创历史佳绩。

（六）民生事业取得新突破。2015年投入各类扶贫资金2.4亿元，9300人脱贫出列，被列为全国“旅游扶贫试点县”，央视新闻联播报道了赵各庄镇白涧村股份制经济发展模式，野三坡连片整村脱贫模式得到国务院扶贫办肯定；成功承办全省村级扶贫档案规范化管理现场会，4市33个县来涞水县观摩学习；完成扶贫对象精准识别，逐户逐人明确了脱贫路径和帮扶措施。城镇新增就业2300人，下岗失业人员再就业550人，均超额完成年初目标。县第二小学建成投入使用；实现义务教育划片招生、就近入学。建成涞水县烈士陵园，新建涞水县革命战争纪念馆。卫生计生水平再上新台阶，县级公立医院实行药品零差率销售，阶段性人口管理状况和全员人口数据管理质量均名列全市第一。安全生产、食品药品安全、社会稳定局面持续巩固。

县委书记：王义民

县人大主任：薛兆丰

县长：朱明新

县政协主席：宋冀中

阜 平 县

阜平县地处河北省保定市西部，东与曲阳、唐县交界，西与山西省五台县、繁峙县接壤，南与行唐县、灵寿县毗连，北与涞源县、灵丘县相邻，素有“畿西”、“冀晋咽喉要道”之称。全县东西长74.8公里，南北宽49.6公里，总面积2496平方公里，总人口22万，辖6镇7乡1个社管会，共209个行政村，1208个自然村。

阜平是一个全山区县，山地总面积374万亩，山场面积达326万亩，占山地总面积的87%。旅游资源丰富，主要有城南庄晋察冀军区司令部旧址、天生桥国家地质森林公园、云花溪谷、古北岳恒山—神仙山等。矿产资源种类较多，主要有金、银、铁、煤、辉绿岩、闪长岩、石灰岩等近30个矿种。气候属暖温带半湿润大陆性季风气候，四季分明，春季多干热风；夏季高温、高湿、降水集中；秋季秋高气爽；冬季寒冷、干燥、少雪。

（一）经济运行稳中向好，县域综合实力稳步提升。2015年，全县生产总值完成32.79亿元，同比增长7.3%，全市排名第6位；公共财政预算收入完成2.35亿元，同比增长10.6%，全市排名第13位；规模以上工业增加值完成3.1亿元，同比增长6.8%，全市排名第11位；固定资产投资完成53.4亿元，同比增长16.0%，全市排名第7位；全社会消费品零售总额完成17.64亿元，同比增长9.5%，全市排名第14位；城镇居民人均可支配收入完成1.30万元，同比增长12.0%，全市排名第1位；农村居民人均可支配收入完成5815元，同比增长12.9%，全市排名第1位。2.07万名贫困人口脱贫。

（二）富民产业快速发展，群众增收渠道不断拓宽。种植产业：完成了食用菌产业发展规划，投入扶持资金5600万元，引进食用菌龙头企业10家，完成土地流转6300亩，建成菌棒加工厂7个，香菇大棚1000栋，覆盖约3000户贫困户。新发展核桃7651亩，改造提升3000亩；新发展大枣1922亩，实施无公害管理5万亩；新发展板栗4346亩；发展中药材1.11万亩，花生3.6万亩，马铃薯3.5万亩，杂粮0.5万亩。养殖产业：新建辛庄、平石头、平阳等10个肉牛养殖场，全县新增肉牛2527头；新建15个肉羊养殖场，新增肉羊2.5万只；肉鸡出栏458万只，新增蛋鸡6万只。2015年实现产值5.3亿元，比2014年增长0.5亿元。旅游业：编制完成《阜平县国家旅游扶贫试验区总体规划》，继续推进天生桥、云花溪谷、城南庄景区建设，组建了阜平县旅游投资公司，全县农家乐发展到86家，年接待游客45.3万人次，实现旅游收入2.44亿元，比2014年增长0.22亿元。家庭手工业：投入扶持资金650万元，从白沟、容城等地引进企业30家，新增加家庭手工业村27个，加工厂点38处，新增加工设备861台，从业人员820多人，全县服装、箱包、玩具加工点达到110个，覆盖贫困村45个，从业人员达到2600多人，年加工收入达到3000万元。电子商务：投入扶持资金2300万元，建成阜平县电商创业园，完成淘宝特色中国—阜平馆改造升级和京东阜平馆上线，农村电商服务网点发展到156家，淘宝网店发展到350家、微店发展到1600家，孵化皇冠店铺2家、钻级店铺40家、天猫店铺1家。劳务经济：开展各类技能培训33期，培训3461人次；劳动力就近就地转移2023人次，实现农民增收6069万元；劳动力输出4065人次，实现劳务增收1.2亿元，比2014年增长0.57亿元。

（三）城乡面貌明显改善，群众居住环境更加优化。县城建设：启动了总投资19.86亿元的县城D片区旧城改造项目，完成了5.4万平方米房屋征收工作；完成了总投资2.3亿元的城北集中供热一期项目，实现集中供热80万平方米；总投资6000万元的北环路和总投资3200万元的恒山东路方太口大桥建成通车；推进总投资1.3亿元的青沿至马沟公路建设，小派山隧道掘进218米；总投资7000万元的滨河公园基本完成了园路、广场、绿化等工程。桥西街南延及跨河大桥工程、南北滨河路及管网工程、供水、供热、垃圾处理、污水处理等市政工程完成前期工作。美丽乡村建设：完成了15个搬迁整合村的规划设计，其中，全庄、楼房基本完成拆迁，冯家口、大教厂启动拆迁程序；启动了顾家台、骆驼湾、黑崖沟等8个村的改造提升，完成了部分村基础设施建设和部分民居主体工程。城乡管理：投资1800余万元，实施县城和龙泉关、天生桥、城南庄、王林口、平阳等5个镇镇区环卫市场化运营，城乡卫生环境明显改善。大力开展占道经营、车辆乱停乱放、违章建筑拆除等专项整治行动，县城管理水平明显提升。

（四）项目建设扎实推进，县域经济发展初见成效。项目建设：2015年谋划实施重点项目91项，总投资394.92亿元，年度计划投资36.66亿元，实际完成投资39.1亿元。其中，总投资1.07亿元年产3万吨有机磷钾复合肥建设项目第一条生产线建成投产，总投资2亿元中电投阜平平阳20兆瓦光伏发电项目并网发电，总投资1.2亿元金禾矿业石材加工园区项目完成厂区土地平整，总投资6000万元民用爆炸物品专用储存仓库项目正在进行库房建设，总投资3324万元的祥通石渣石料回收利用项目完成设备安装，总投资3515万元的物丰石渣石料回收项目完成场地平整。园区建设：总投资53.8亿元总面积12.65平方公里的阜东产业园区，累计投入资金4.6亿元，完成土地收储3028亩，建成园区35千伏变电站一座，回迁安置房、一期路网、污水处理、供热工程等一批项目，正在办理前期手续。总投资1亿元的城南庄石材产业园区完成土地山场收储822亩，平整场地120亩。招商引资：签约引进亿元以上项目3个，其中，总投资2.2亿元的中广核阜平大台风电项目完成测风数据收集；总投资6亿元的国佑皮制品加工项目完成可行性研究报告和选址；总投资6.58亿元的王林口翔天农业千亩香菇现代化产业园区及深加工项目签约落地，正在进行土地流转。

（五）基础设施加快建设，生产生活条件显著改善。道路交通：2015年启动实施了27条、总投资29.1亿元、总里程280.9公里的道路建设项目，目前已完工8条75.9公里（北环路、广安至城南庄、曲阳至北果园1标段、河龙线至辽道背公路、史家寨至山西界公路1标段、阜平县城至城南庄红色旅游公路2、3标段、百亩台至不老树公路1标段、乡道Y320至省道S382公路），正在施工11条103.8公里（曲阳至北果园公路2标段、史家寨至山西界公路2标段、水泉村至行唐界公路、东城铺至园子沟公路、大岸底至灵寿界公路、大台至台峪公路、S382至北果园公路、辛庄至东漕岭公路1标段、阜平县城至城南庄红色旅游公路1标段、夏庄至国道207公路、保阜高速阜平东互通国道207至河龙公路连接线），正在开展征迁占5条50.5公里（铁岭至刘家沟公路、吴王口至寿长寺公路、北庄至柏崖公路、曲北线至关安公路、阜平至上碑公路），正在办理前期手续3条50.7公里（河龙公路阜平县城改线段工程、大道至大全房公路、东下关至吴王口旅游路）。水利工程：实施水土保持工程，治理土岭、柳树底、石湖、车道、青沿等5条小流域水土流失面积50平方公里；实施小农水重点县节水灌溉工程，发展节水灌溉面积2.01万亩；实施农村饮水安全工程，解决了6个行政村5877人的饮水安全问题；实施小型水库除险加固工程，完成7座小（Ⅱ）型水库除险加固工程。电力设施：完成了总投资2350万元的黄岸220千伏变电站扩建工程、总投资3110万元的西庄35千伏输变电工程和总投资1431万元的10千伏以下配网改造工程；启动了总投资5030万元城南庄110千伏输变电工程建设，站内土建工程基本完工；投资400万元实施了食用菌、林果等富民产业电力配套工程。通讯设施：改造升级4G移动基站150座、新建4G移动基站23座、新建3G联通基站109座、改造升级4G电信基站100座，通讯信号覆盖全部行政村和90%以上自然村。安居工程：投资2.03亿元实施农村危房改造约4600户，投资1900万元完成保障性住房216套，总数达到1116套，分配入住576套。

（六）社会事业协调发展，公共服务更趋优化。教育事业：全力推进总投资1.98亿元的13所农村寄宿制学校建设，其中3所完工，9所完成主体，1所地基施工；完成了总投资7.14亿元的南城九年一贯制学校、阜东小学、职教中心新校区等项目前期工作；设立了1300万元的贫困学生救助基金，建立起从学前教育到大学贫困生全覆盖救助体系，2015年投入资金778.49万元完成2899名不同学段贫困学生的救助工作。卫生事业：完成了总投资4.4亿元的中医院、疾控中心、卫生监督所和妇幼保健院等项目前期工作；启动实施了总投资1686万元阜平镇、王林口镇等8所乡镇卫生院改扩建工程；设立了1800万元补偿基金，对农村大病患者和特殊慢性病患者再次补偿；制定了60岁以上参合人员县域内住院合规医疗费用全部补偿政策。文体广电：投资776万元实施有线电视惠民工程，新发展农村有线数字电视用户1.2万户；启动了总投资1770万元的晋察冀边区政府及军区司令部旧址保护维修工程；完成了总投资600万元的大派山发射台基础设施改造和全民健身活动中心工程。民生保障：城乡居民养老保险参保达到12万人，为3.47万人累计发放养老金2959万元，参加新农合达到15.9万人。为3.94万人发放低保资金6000余万元。投资148万元为全县所有农村居民办理了农户平安综合保险。完成25个农村互助幸福院建设，民政事业服务中心二期工程正在施工。新建扩建搬迁小区4个，完成了223户897人的搬迁任务。生态环境：推动造林绿化工作，完成人工造林6.2万亩，封山育林2万亩，森林覆盖率达到41.07%；实施地质灾害治理工程7项，完成保阜高速两侧17处废弃矿山生态修复工程。开展了煤炭市场整治行动，取缔煤场147家，拆除地磅127台，完成王林口宇晖商贸、巨鑫煤业、平阳村、北水峪4个煤炭集中经营区建设。社会管理：深入开展了“春节专打”、“春季严打”、“夏季闪电”、“秋收100”、禁种铲毒、缉枪治爆等专项行动，依法打击各类违法犯罪活动，破获刑事案件121余起，刑事拘留127名，抓获逃犯56名。深入开展消防安全整治、“打非治违”和“安全生产月”活动，全县安全生产形势总体平稳。

（七）扎实推进扶贫开发，阜平试点成效明显。精准扶贫：按照“一主四辅、三类五步”工作法对全县农户进行精准识别，建立了一套覆盖全县所有行政村和所有农户的信息档案管理系统。推行了“县级领导包乡镇、包村、包户，乡镇和县直单位驻村帮扶工作组包村、包户”机制，组成了209个帮扶工作组，协助各村开展产业发展、脱贫致富、美丽乡村建设等工作。金融扶贫：建立了乡镇金融工作部、村金融工作室，实现了金融服务网络全覆盖。继续加大贷款扶持力度，全年通过担保发放扶贫贷款1.84亿元，支持企业27家，农户4904户（其中贫困户3188户，占65%）。实施农业保险全覆盖，办理农业保险451单，农业保险理赔金额1269万元，为大枣、核桃、肉牛、肉羊、肉鸡等产业1.76万户农户兜住了经营风险。扶持中小企业到资本市场融资，春利牧业、亿林枣业2家企业在石家庄股权交易所挂牌上市。搭建城乡重大基础设施建设和支柱产业开发投融资平台，成立了注册资金3.8亿元的阜裕投资有限责任公司，开展了土地整治、园区建设、集中供热、农村面貌改造提升等多个重大项目的建设投资，2015年完成投资1.4亿元。山区综合开发：2015年全县立项规模5.41万亩，其中整治完毕1.15万亩，正在施工4.26万亩；完成验收2021亩。

高阳县

高阳县位于河北省保定市东南部。2015年，该县坚决贯彻落实中央、省、市各项决策部署，紧紧围绕“家纺名都、卫星新城、美丽高阳”目标定位，主动适应新常态，积极抢抓新机遇，统筹推进稳增长、促转型、治污染、惠民生、保稳定各项工作，经济运行总体平稳，社会事业持续发展，比较圆满地完成了“十二五”主要目标任务。全县固定资产投资完成65.7亿元，增长14%；社会消费品零售总额完成52亿元，增长10.1%；一般公共预算收入完成5.23亿元，增长8.1%；城乡居民人均可支配收入达2.15万元和1.38万元，分别增长7.8%和9.8%。

（一）产业结构日趋优化。2015年，硕丰棉花现代农业示范园区被省政府命名为“省级现代农业园区”、被省科技厅命名为“省级农业科技园区”，龙者万亩农业产业园建设启动实施；新增春秋种业等3家市级农业产业化龙头企业，农业产业化率达到66.9%。全年新上剑杆、喷气等先进织机500多台，全县无梭织机占有率达到30%以上，新增全国驰名商标4个，省级以上著名商标和名优产品达到63个，装备水平和产品质量实现双提升；新认定省级高新技术企业3家、省级科技型中小企业98家，创新研发能力逐步增强；规模以上工业企业发展到87家，工业化率达到55.3%。全县2000多家纺织企业建立了网上销售平台，航证电子商务公司年销售收入突破10亿元，三利、永亮、卡缦、上海今迈等企业电商发展初具规模；全国第一家农机零配件线上交易平台——“好农机商城”建成并投入运行，300多家企业和商户上传产品2.3万余种。纺织商贸城和庞口农机配件城年交易额分别达到55亿元和230亿元；特别是纺织商贸城升级改造工程和庞口农业机械装备制造交易中心项目全面开工建设，为提升市场档次水平、拓展市场发展空间提供了强力支撑。

（二）开放水平不断提升。2015年，高阳县大力支持企业参加家纺展、广交会等大型展销活动，引导企业解放思想、更新观念，叫响“高阳毛巾”区域品牌。主动融入京津，加强对接合作，多次邀请中国家纺协会、中国纺织品商业协会、中国纺织报社、中国农机流通协会到高阳县进行具体调研指导，与中国纺织科学研究院就设立高阳分院事宜紧密协商；金奥公司与中国金属学会、北京科技大学成功签署合作协议，并设立了专家工作站；硕丰公司与中国科协、中国农业大学深入对接，引智引力，转型发展；北京佳龙集团拟投资建设的佳龙商贸风情小镇，正在完备前期手续、进行方案设计。多领域的对接合作，为县域经济发展注入了新活力、增添了新动力。

（三）发展后劲持续增强。2015年，高阳县实施千万元以上重点项目75个，蓝瑞照明灯具、金奥汽车管件等10个项目列为省市重点项目，宇康纺织技改、恒立印染技改等12个项目竣工投产，庞口农业机械装备制造交易中心项目起步区一期工程开工建设；高阳经济开发区入驻企业116家，中信环境并购高阳碧水蓝天水务公司，全面接手循环经济项目，年加工4万吨的再生水利用工程开工建设；庞口农机配件产业园、庞佐电器电料产业园稳步发展，南圈头中小企业创业辅导基地被评为省级示范基地，山东宋和宋公司、上海今迈电商公司入驻瑞春中小企业创业辅导基地，为企业、产业集聚集群发展搭建了平台载体。

（四）城乡面貌逐步改观。2015年，高阳县扎实推进省级园林县城创建，投资350万元对城区主要街道进行了树木补栽，完成了县环保局西侧游园和佟麟阁广场改造；投资400余万元实施了保沧高速高阳出入口景观改造；投资近亿元对县城9条主要街道25处游园实施绿化改造，目前工程已全面启动；为破解资金瓶颈，组建了新的投融资公司——高阳县兴阳城乡建设有限公司。大力开展城乡环境综合整治，组建了城市管理行政执法局，县城占道经营、乱停乱放、露天烧烤治理取得了一定成效；投资350万元新购置清扫、运输、洒水车等设备6台，实现了县城主要街道卫生保洁机械化清扫；投资500余万元实施了县城重要节点、住宅小区和机关事业单位夜景亮化工程，新安装8处交通信号灯，完成了县城6条道路标线刻划和部分道路交通隔离栏设置；农村环境特别是高速公路、国省干道等重点部位、重点区域的环境卫生得到了初步改观。改善农民生产生活条件，建设电气化村28个，改造农业排灌机井765眼，开发治理中低产田3.2万亩，特高压过境线路、高标准农田建设顺利实施，潴龙河治理工程开工建设，引黄入冀补淀征迁占、农村土地经营权确权登记颁证工作有序推进。

（五）治理污染力度加大。2015年，高阳县围绕破解两大瓶颈制约，加快推进循环经济示范区建设，在原有日处理污水能力20万吨的基础上，谋划建设日处理污水6万吨的三期工程；强力推进污水处理费规范征缴，印染企业排水管网改造全部完成，统一安装计量设施，力促做到

公平、公正、公开、阳光透明。集中供热项目新上4台220蒸吨高温高压循环锅炉（三用一备），60公里供热管网铺设工作全力推进。狠抓大气污染防治，依法拆除非法粘土砖瓦窑19座，取缔不合格燃煤摊点33家、“土小企业”摊点17家、乡村非法加油小摊点6家，清理砂石料场8家、整顿搅拌站6家，淘汰10蒸吨以下燃煤锅炉110余台、黄标车386辆，推广使用神华洁净煤近5万吨、节能环保炉具1000台，完成植树造林约1.5万亩，建筑工地、城区道路扬尘和垃圾秸秆焚烧得到有效防控，空气环境质量实现一定好转。

（六）民生福祉不断增进。教育方面，推进高阳中学扩容改造，启动西街小学迁建项目，在县城谋划建设“九年一贯制”学校，打通了宏润中学至朝阳路连接道路，庞佐中学、龙化中学等29所项目校建设稳步推进，新增市级标准化学校22所，新招聘教师208人，顺利通过河北省政府三轮教育督导评估验收。卫生方面，实施庞口镇、龙化乡卫生院改建工程，完成新农合筹资工作，参合率达到市考核目标要求；建立新农合大病保险制度，参合农民重大疾病得到有力保障。交通方面，胜利大桥新桥建成通车，北二环道路建设部分完工，对城区主街主路和乡村主要街道破损路面进行了修补，完成了县城南关桥至周家辛庄2.5公里道路挖补洒罩和20.6公里农村公路新改建。饮水安全方面，解决了17个村3.37万人的饮水安全问题，南水北调保沧干渠高阳段全部完工，县地表水厂正在加紧建设，配水管网项目启动实施。社会保障方面，规范完善城乡低保、农村五保管理档案，发放各类救助资金1470多万元，新建互助幸福院16所；城乡居民社会养老保险实现全覆盖，农村居民养老保险办理、养老金领取更加方便；高度重视就业再就业工作，城镇登记失业率控制在3%以内。安全稳定方面，对安全生产、食品药品安全等各项安全，全面实行网格化监管，并在县政府网站进行了公布公开；以消防、危险品、化学品、烟花爆竹等为重点进行拉网式排查整治，安全生产形势比较稳定；深入开展食品、药品、保健品和生鲜农产品市场专项整治，保障了人民群众饮食用药安全；完善治安防控体系，增加治安警、巡警、交警执勤密度频次，群众安全感进一步增强。

安 新 县

安新县隶属于河北省保定市，位于河北省中部。2015年，安新县积极应对严峻复杂形势，全力抢抓京津冀协同发展重大历史机遇，倾力加强白洋淀生态保护，积极适应新常态，引领新常态，积极调整产业结构，全面深化改革，全县经济呈现规范转型、蓄势待发的态势，安新经济社会持续健康发展。

（一）抓基础、促提升，经济持续健康发展。经济实力明显增强。积极落实中央、省、市重大决策部署，千方百计加快发展，县域经济综合实力再上新台阶。2015年地方生产总值完成57.4亿元，比2010年增长14.3%；固定资产投资达80.8亿元，比2010年增长157.3%，全部财政收入完成5.45亿元，比2010年增长75%，公共财政预算收入完成3.36亿元，比2010年增长138.2%，财政实力不断增强。社会消费品零售总额完成45.38亿元，比2010年增长90.6%；城镇居民人均可支配收入完成2.29万元，比2010年增长44%；农村居民人均可支配收入完成1.14万元，比2010年增长87.37%，人民生活水平不断提高。项目园区势头强劲。

谋划千万元以上项目54个，总投资1103亿元，年计划投资43亿元，31个项目开工建设，完成投资80亿元，其中市重点项目8个，年计划投资3.62亿元，完成投资5.1亿元，完成年度任务目标的141%。50万吨粮食储备库等一批项目强力推进，27家羽绒企业在石家庄股交所孵化版挂牌。安新县经济开发区建设全面加快，成效明显，正在全力以赴的申报省级开发区，河北白洋淀国家农业科技园区通过科技部认定。安新被河北省确定为20个循环经济产业示范县之一，经济发展后劲进一步增强。对接京津实现突破。成立了县对接办，开展了多层次多领域的招商活动。由相关县级领导带队，先后20余次赴京，密集拜访国家相关部委、中关村相关企业和北京多家意向投资企业，与国众基金、碧桂园、清华新型城镇化发展联盟、中国交通部运输协会、北京搏翼通用航空有限公司、北京南极熊3D打印技术团队等公司进行了沟通，建立了联系。智慧北京促进联盟、天津创世集团、恒大集团、首创集团、富力地产等知名企业先后到安新县考察对接。5月18日，由县政府主要领导带队，组织相关部门和乡镇负责同志参加了廊坊国际经贸洽谈会，与部分投资商代表进行了洽谈交流，成功将安新项目向参会投资商进行了推介。旅游转型步伐加快。坚持“规范运营一批、限期验收一批、规范完善一批、取缔关停一批”思路，对景区内19个项目进行了分类整治，并聘请河北旅游规划发展研究院为安新白洋淀景区旅游发展顾问，对照5A景区标准，制定了《关于规范白洋淀旅游秩序提升5A级景区品质的实施方案》、《白洋淀农家乐管理规定》等文件，全面升级完善景区硬件、软件水平，顺利通过国家旅游局整改验收。成立了白洋淀旅游发展指挥部，放大美丽乡村建设成果，探索推进旅游发展改革，打造白洋淀全域景区取得新进展。2015年，共接待游客158万人次，实现旅游收入3583万元，创综合效益7.92亿元。同比分别增长27%、45.3%、28%。农业发展稳步提升。以安新白洋淀省级农业科技园区建设为依托，全力打造“第六产业”示范区，以一产为基、“接二连三”的农业全产业链初步形成。安新县国家级小麦、玉米高产创建等项目取得实效，绿之梦水生植物种植基地、崔公堤西红柿生产基地、张六葡萄采摘园等农业基地快速发展。各类补贴全部发放到位，农业装备水平不断提高，农业发展基础进一步夯实。

（二）抓亮点、带全面，城乡面貌日新月异。美丽乡村亮点纷呈。实施了民居改造、污水治理、安全饮水、垃圾处理、护坡整治、生态涵养等十五项工程，建设污水处理站149座、垃圾中转站6个、水冲式公厕185座，铺设污水管网400公里，改造民居60余万平方米，硬化村庄街道100多万平方米，新建、改建桥梁23座，种植观赏苗木、果树57万余株，新打深水井19眼、铺设饮水管网212公里，建设航道及村庄护坡60公里，高标准完成了白洋淀美丽乡村规划馆和郊野公园等一批重点项目，农村人居环境明显改善，农村面貌焕然一新。白洋淀连片美丽乡村建设成为全省工作亮点，安州镇白庄村被评为“河北省美丽乡村”，全省连片美丽乡村建设现场观摩会在安新县成功召开。县城建设步伐加快。《安新县城乡总体规划》编制完成，并经市政府批准实施，各专项规划稳步推进。崇文大街、旅游西路、旅游东路中段、老城区路面改造等工程顺利完成，县城路网框架基本形成。湿地公园、财富广场、白洋淀购物中心、垃圾处理厂、县直第二幼儿园等重点工程建成投入使用，旧城改造和保障房建设稳步推进，城市功能日趋完善。县城绿化、美化、亮化工程强力推进，高速引线10.7公里两侧廊道绿化高标准完成，环卫工作在全市率先实现市场化运营，数字化城管平台开始试运行，城市容貌形象和智能管理水平不断提升。白洋淀大道、保静线、容蠡线及一批乡村道路建设进展顺利，为城乡一体化发展夯实了基础。城市管理日趋完善。

强力推进城市精细化管理，积极推进落实数字化城管平台建设，始终坚持常态化管理和集中突击整治相结合原则，依法整治违法建设和乱搭乱建，集中开展市容秩序综合整治。深入开展城市管理“6S”行动和“净天、净城、净村”活动，不断建立健全各项管理制度，严格落实“门前四包”责任制，调动社会力量参与城市管理，形成齐抓共管的新格局，城区环卫作业质量和效益明显提升。

雄　县

雄县隶属于河北省保定市，地处冀中平原。2015年，雄县坚持创新、协调、绿色、开放、共享的发展理念，抢抓机遇，积极作为，推动经济社会发展取得了新突破。全县生产总值完成94.4亿元，增长5.9%；一般公共预算收入完成4.39亿元，增长10.1%；全社会固定资产投资完成70.2亿元，增长14%；社会消费品零售总额完成47.9亿元，增长9.4%；城乡居民收入分别达到2.57万元和1.32万元，同比分别增长8.2%和9.5%。

（一）协同对接成果显著。不断强化“服务、承接、支撑”理念，做优平台，夯实基础，瞄准目标，精准发力，引进了华夏幸福基业集团，着眼国际一流水平，编制了省级经济开发区战略、概念和产业三大规划，步入了科学承接、跨越发展的快车道；与北京林业大学、中信旅游集团、阿里巴巴集团、广东长青集团、河北先河集团、上海新兴生物制药公司深度对接，农村淘宝、北林大白洋淀生态研究院、全国第四个鲜花港、文化旅游颐养产业综合示范园等项目纷纷签约、落地。同时，在教育、医疗、科技创新领域，一批企事业单位与京津对口单位形成了稳固的互动合作关系，协同发展氛围进一步浓厚。

（二）项目建设扎实推进。持续强化“抓项目就是抓发展”的理念，深入开展“项目建设突破年”活动，坚持“四个一批”，全县外向合作、融合发展的势头强劲，实现历史性突破。北京电线电缆质量检测中心成功落户；天马远东公司整体引进北京电线电缆总厂，技术、品牌和市场竞争力明显提升；中联化工公司与中国广核集团就应用材料产业园项目签订合作意向。2015年，全县市级重点项目达到28个，项目数量创近年来新高。同时，省级经济开发区供水、道路、排污、绿化等基础设施不断完善，园区承载能力进一步提升。

（三）城乡建设步伐加快。《雄县城乡总体规划（2013—2030年）》修编完成，县城控制性详规修订、总体城市设计和景观规划编制工作启动实施。县城北外环、东外环建成通车，实现外环闭合，城市框架进一步拉大；连接6条高速铁路、4条国家干线铁路的津保高铁建成通车，打通雄县向东北、华中、华南、西南、西北地区的高铁通道；雄文路开工建设，文昌大街东接西连工程进场施工，打响了打通雄县断头路的城市道路建设攻坚战；地表水厂建设完成；旅游路西段雨污分流管网建设完成，解决了城西排水难的问题。城市绿化、美化、亮化工程加快推进，县城“七个一”工程建设在全市名列前茅。实施精细化管理、市场化运营，城市环境明显改善。同时，按照“四化四美”新标准，深入开展美丽乡村建设，积极推进绿化美化、墙体改造、改水改厕、道路硬化等工作，农村人居环境进一步改善。

（四）三次产业上档升级。深化农村改革，现代农业初显端倪。出台《推进科技创新工作扶持奖励办法》、《关于鼓励和扶持企业上市的若干意见》，成立电线电缆和塑纸包装产业技术创新战略联盟，企业创新步伐明显加快，310多家企业被评为省级科技型中小企业，新增河北名牌产品2个、河北优质产品2个，被评为全省科技创新先进县。着眼于产业转型和与国际市场对接，大力推动“互联网+”战略，成立雄县电子商务协会，搭建电子商务平台，率先在全保定市引进阿里巴巴农村淘宝项目，“村日均金额”、“笔单价”、“佣金”三个全省第一，人均APP装机量居京津冀第一，上行自主产品所占比重达61.91%，更多雄县产品搭上互联网高速列车涌向世界。

（五）生态环境持续改善。深入落实大气污染防治攻坚行动，强化燃煤、扬尘、机动车尾气、挥发性有机物、“土小”企业和农村秸秆垃圾焚烧治理，取缔拆除了全县所有砖瓦窑，加快建设洁净煤配送中心项目，空气质量持续改善。2015年7—12月，全县空气质量优良天数同比增加22天，重度及以上污染天数同比减少28天，月综合指数同期同比下降20%以上；全年细颗粒物（PM2.5）同比下降22%；全年环境空气质量综合指数9.27，同比下降15.79%。注重以项目为支撑，引进广东长青集团热电联产项目、河北先河集团VOC第三方回收治理项目，得到环保部和省市充分肯定。积极争取中央和省市资金支持，被确定为国家生态环境质量考核县。

（六）社会事业全面进步。大力开展社会治安“一年四打、连打三年”专项行动，进一步强化安全生产网格化管理，营造了和谐、稳定、安全的发展环境。全面推进“两个代办”制度，提升便民服务水平。县医院病房楼二期扩建工程投入使用；县幼儿园开工建设，雄县第二高中投入使用，办学条件进一步改善；新农合、新农保和城镇医疗保险等社会保障更加高效，食药体制改革扎实推进，人民群众的幸福指数不断提高。

泊头市

泊头市位于河北省东南部。2015年，该市完成生产总值195.5亿元，全社会固定资产投资193.1亿元，全部财政收入12.7亿元，公共财政预算收入7.4亿元。公共财政预算支出22.7亿元，城乡居民人均可支配收入分别为2.55万元、1.10万元。社会消费品零售总额90.2亿元。外贸出口总额1.3亿美元。

（一）实施工业强市战略，打造机械装备制造业基地。招商引资实现较大突破。韩国东亚、北京华巨、北京杜奥尔、三河慎独、北京特嘉等5家公司已正式签约；北京智友机电已完成选址，北京现工、北京裕罗、韩国大昌、北京瑞进锦昌等北京现代汽车配套企业已达成投资意向。投资22.4亿元的北京电力设备总厂燃气轮机自主化制造及集成项目已完成土地选址、项目立项、环评审批等前期准备工作。投资12.5亿元的瑞恒机械与中核集团、航天五院共同投资的核电及航天配件项目已完成选址。投资12亿元的吉荣家具与北京曲美家具合作曲木家具生产项目，双方已达成合作意向。

产业升级取得重大进展。入统工业增加值91.7亿元。新增院校工作站或实验基地4个；与河北工业大学合作组建的“污染物排放控制研发中心”挂牌运行；三井白酒酿造工程技术中心、宏业永盛加热器工程技术中心成为省级工程技术中心；全市与科研院所建立开发合作关系的企业达30余家。兴林集团汽车内板模具设计技术出口西班牙，实现沧州市企业技术出口零的突破。三井公司获得“沧州市政府质量奖”组织奖；泊头市被省政府认定为“河北省外贸转型示范基地”。兴达模具、中泊防爆、精达机床等企业跟随党和国家领导人出访欧洲。张孔杠铃成为2016年第31届奥运会举重器材唯一供应商。铸造、汽车模具、环保设备三大传统产业年产值达245亿元，军民结合产业年产值达到8亿元，10家企业通过武器装备科研生产保密资质认证，占沧州总量一半，为全省县级最多。2015年实施亿元以上项目74个，完成投资109亿元。实施大气污染防治攻坚战，淘汰燃煤锅炉71台、黄标车1.1万辆，拆除砖瓦窑34座，建成洁净煤配煤中心。深入开展铸造行业环境综合整治，拆除冲天炉144座，关停企业72家，551家企业办理环评审批手续。大力培育科技创新型企业，泊头兴达汽车模具制造有限公司、河北宇清环保设备有限公司、河北高科环保集团有限公司、河北鑫泰环保节能科技有限公司等4家企业申报了国家高新技术企业；河北润浠绿色健康产业科技有限公司和泊头市益升机械制造有限公司申报了专利扶持项目。申报省级名优产品3个，分别是河北同力自控阀门制造有限公司生产的低压阀门、沧州华鑫家具有限公司生产的课桌椅、泊头市巨能弹簧有限公司生产的弹簧。申报省著名商标2个，分别是泊头市巨人重工机械设备有限公司和泊头市中奥防爆工具有限公司。

开发区建设有序进行。在全省198家省级以上园区综合考评中，泊头市经济开发区位列第28位，被评定为4A级开发区。积极推进项目建设，开发区新开工项目23个，续建项目12个，新增投产项目7个，2015年累计完成固定资产投资45亿元。大力实施基础设施建设，东环、北环路排水续建工程已完工，迎宾路桥和双狮赵桥改建扩建工程、迎宾路延伸至外环线工程、三井路至孙庄段道路工程均已竣工通车，三井路、迎宾路等重点区域绿化景观改造工程已全部完成。中小企业园已完成规划设计和主路面铺设。中泊防爆、精达机床公司分别在新三板、上海股权托管交易中心挂牌上市。主营业务收入、入统工业增加值、固定资产投资等经济指标年均增速达30%以上，综合排名进入全省30强。

（二）坚持城市拉动战略，打造宜居宜业的现代化中等城市。城市基础设施逐渐完善。完成了2.69万户的供水管网改造和水表出户工作，并于5月份实现市区24小时供水，剩余1258户改造工作计划2016年4月底前完工。平安北街实现全线贯通。解放西路、龙华街、清真街、新华街等主要街路市政设施更新维护已基本完成。104国道市区段综合改造工程，排水和路基工程已基本完成。继续扩大集中供热覆盖面，现已铺设供热管网13公里，新增换热站3座，取缔7台燃煤锅炉，新增供热面积74万平方米，供热总面积达到183万平方米。全力推进亮化工程，完成解放西路、外环线路灯安装工作以及裕华路、正港路开发区段路灯改造扩建工程。不断完善市区交通标识，新安装信号灯5处，施划道路标线3.35万平方米。

城市管理水平显著提高。修订完成《泊头市城市管理办法》初稿，数字化城管平台正式运行，城市管理更加精细、准确、科学。启动省级卫生城市创建工作，开展市区容貌集中治理行动41次。加大街道清扫保洁力度，机械化清扫率达20%以上。创新卫生管理体制，落实“门前五包”、“一店一箱”制度，为市区主要街路的沿街门店统一配置垃圾箱。新建永安新区、胜利桥等4个垃圾中转站。

城市容貌环境焕然一新。积极推进城市绿化，完成小西环绿化，公园游园、闲散空地“增植补绿”工程，新增绿化面积6.97公顷，建设片林5100平方米，乔木6330株、灌木3.7万株、地被3.95万平方米，市区绿地率达33.43%，绿化覆盖率达37.31%，人均公园绿地面积达9.026平方米。森林覆盖率达到41.8%，连续十年位居全省平原县首位。2015年8月顺利通过省级园林城市复检。严厉打击私搭乱建，依法拆除了肖杜李、五里屯村等地违法建筑27处，拆除面积共计7525平方米。

（三）加大投入，推动“三农”工作再上新台阶。农业基础设施不断完善。投资5100万元、全长50公里的南水北调石津干渠泊头段贯通通水。投资6900多万元实施交河、四营高标准基本农田建设项目。投资2448万元完成2015年小农水重点县建设。投资935万元完成清凉江小园闸除险加固工程。改造中低产田6000亩。完成地下水超采综合治理项目，压采深层地下水能力达682万方。投资6648万元进行农村电网改造，年初确定的10KV线路改造、配变增容、低压村改造、智能电表推广等工程已全部完成。扩建、改建交河陈屯农资站、四营军张生产门市部、营子镇生产门市部、冯庄生产门市部、郝村许屯祥芹农资、西辛店至诚农资、富镇化肥农药经营部、交河镇化肥农药批发等8个农资网点，现已全部完成。

农业产业化水平不断提高。泊头市被评为“河北省粮食生产综合能力提高先进县”。梨、枣标准化生产率达到70%，泊头再次被命名为“中国鸭梨之乡”，并获评“国家级鲜梨出口质量安全示范县”称号。泊头鸭梨成功打入以色列市场，成为全国鲜梨首例。继续引导农村土地经营权有序流转，促进农业适度规模经营，设立县级土地流转中心1个，全市土地流转总面积达到19.5万亩，占全市土地总面积的19.5%。不断提高粮食综合生产能力，新建成2个万亩小麦高产示范方，平均亩产高于全市平均亩产100公斤；推进“渤海粮仓”重点县建设，确定8万亩示范区，小麦产量比任务目标增产13.57%。投资300万元，在西辛店乡和富镇建设400亩现代果品基地。做强做大龙头企业，新增盛景农业公司、隆丰种植合作社等10家沧州市级龙头企业，全市沧州市级以上龙头企业50家，其中，国家级2家，省级6家，带动全市7.2万农户进入产业化经营领域。新上百万元以上农业项目27个，完成投资3.2亿元。农民专业合作社发展到840家，金马果品、祥瑞养殖、富民养鸡被评为国家级示范社。民乐牧业建成沧州市最大的奶牛养殖基地，银海商贸成为全省标准化程度最高的肉牛养殖场。万雉园公司与中粮集团合作建设现代蛋鸡产业示范园项目，开创沧州市农业企业对接央企先河。

农村生产生活环境不断改善。实施交通畅通工程，改善农村出行环境，富德路泊头段、高后路（齐桥镇至泊献界段）大修工程以及南陈路、泊淮路、东固路部分路段中修工程均已完工。全力抓好植树造林工作，重点做好106国道、石黄高速、京沪高速、104国道两侧绿化带建设以及16个重点村的村庄绿化工作，共完成造林1.1万亩，其中京沪高速、石黄高速两侧沿线完成3100亩，完成森林围城150亩，造林大方8个，共计3900亩，村屯绿化15个，河渠绿化面积3850亩。2015年农村饮水安全项目已完成，项目涉及56个村及20所学校，解决了5.05万人饮水安全问题。

（四）保障改善民生，全面推进和谐泊头建设。社会保障体系建设不断加强。积极促进社会就业，共安置下岗失业人员再就业2516人，安置新增社会劳动力3709人，转移输出农村劳动力3100人，城镇登记失业率为3.68%。养老、医疗、工伤、失业、生育等社会保险覆盖面不断扩大，城乡居民养老保险参保率达到98.49%。全面落实国家新农合各项惠民政策，2015年筹资金额超2.2亿，参合率达95.45%。加强社会救助，发放低保、扶贫、救济、优抚救助金等7600多万元。推进保障性住房建设，2015年保障性住房新开工670套，竣工1987套，分配入住1407套。泊头六合武馆被命名为国家级非物质文化遗产项目传承示范基地。营子镇来庄村成为国家级“群众自治示范村”，郝村镇王孔村被评为“全国文明村镇”。

社会事业得到迅速发展。加强教育基础设施建设，6所中小学校舍维修改造项目，完成营子学区玉皇庙小学、营子学区机关小学、交河学区西关小学、寺门村学区四留小学的教学楼以及张庄子中学宿舍楼5个项目的维修工程，第三中学宿舍楼也已开工建设；完成了15个幼儿园的新建和6个幼儿园的改建工程；完成了交河中学、西辛店小学等67所中小学的运动场建设项目。投资3473万元，为农村中小学配备多媒体设施，采购电脑6742台、多媒体设备890套，以及122所中小学的网络设备。积极推进公立医院改革，规范实施国家基本公共卫生服务项目，营子镇来庄村被中国计生协会命名为国家级“群众自治示范村”。深入推进“文化之城”和“好人之城”建设，市文化馆晋升国家一级馆；大运河泊头段被列为全国重点文物保护单位；微电影《债》等多部优秀影视作品在省市获奖；成功举办农村文艺展演和广场舞大赛等群众性文化活动；郝村镇王孔村被评为“全国文明村镇”；建成泊头市孝道文化园；选树各类道德模范和身边好人900余名，11人上榜中国好人榜候选人；志愿者服务队伍发展到210余支、2万余人。

社会管理水平全面提升。投资3000多万元，实施城乡“天网”工程，完善“一村一警”警务机制，组建巡警、特警大队，城乡一体化打防管控体系初步建成。深入推进“平安泊头”建设，实施沿街门店、企业视频监控系统“外伸”工程，沿街门店、企业视频安装率达60%以上。集中开展“打黑除恶、灭霸扫痞”专项行动，打掉涉黑涉恶痞霸团伙14个，破获案件19起，抓获各类犯罪嫌疑人63人，打掉团伙数和枪支收缴数在沧州市排名第一。建立食品药品“网格化”监管机制，积极创建省级“食品药品安全县”，形成了以监管部门为主、社会监督员为辅的县乡村三级监管责任网，建立了“六员联防”体系，构建了分区划片、包干负责的社会监督网络。不断加强“两个中心”建设，优化办事流程，按时办结率达到100%。

任丘市

任丘市位于河北省沧州市西北。2015年，任丘市主动适应经济发展新常态，坚持以“五城一村”建设为统领，全力做好稳增长、调结构、促改革、治污染、惠民生、防风险各项工作，推动了经济社会的平稳较快发展，综合经济实力稳居河北“十强”县市前列。

（一）综合经济实力跨上了新台阶。全部财政收入完成112.3亿元，排名全省第一。全市生产总值完成565亿元，公共财政预算收入完成25.5亿元，规模以上工业增加值完成282.8亿元，全社会固定资产投资完成172.5亿元。任丘市在全国中小城市综合实力百强县（市）中排名第49位。

（二）石化基地建设取得了新突破。经过不懈努力、艰辛跑办，克服中石油大幅度压缩投资的不利因素，千万吨炼油项目成为“十三五”期间中石油拟建设的21个炼油项目中唯一保留的一个。项目全面开工建设以来，共完成投资40亿元，津华原油管线已建成投用，华北石化公司与中航油公司签订了供油协议，为项目加快建设奠定了坚实基础。80万吨对二甲苯项目除环评、核准外各项前期工作全部完成，50万吨芳烃项目全面开工建设，任丘热电二期项目前期工作已经启动。

（三）重点项目和工业园区建设开创了新局面。深入开展“重点项目建设突破年”活动，共安排亿元以上项目143个、总投资1500多亿元。在沧州重点项目观摩中，任丘市取得优异成绩。投资8亿元，对开发区、雁翎工业园区基础设施进行了完善。开发区主营业务收入突破1000亿元大关。批准设立了9个市级工业园区，构建了“两主多辅”的园区发展新格局。

（四）科技创新迈出了新步伐。实施科技型中小企业成长工程，成功申报省级科技型中小企业1055家、高新技术企业10家，总数位居全省第一。加快金融创新，企业在新三板上市3家，在多层次资本市场挂牌上市22家，在省和沧州市均居前列。实施品牌战略，拥有河北省著名商标63件，中国驰名商标2件，总量和增速均居沧州第一，任丘市被评为河北省商标战略示范市。深入推进“1+1”技改工程，新增“四上”企业66家，其中规模以上工业企业33家，排名沧州第一。努力打造创新平台，创新大厦已经部分投入运营。成功举办了全国首个县级创新工程师培训班，大众创业、万众创新的氛围空前浓厚。

（五）对内对外开放谱写了新篇章。白洋淀产业新城建设步伐明显加快，战略规划、产业规划和城市规划已编制完成，城市规划馆已封顶。河北新材料产业研究院、玻璃复合材料产业园、孵化基地等重点项目已经开工建设。此外，加大招商引资力度，引进了东星家居建材城、红星美凯龙、韩国橘子工厂等一批服务业项目。

（六）城市综合承载能力有了新提升。投资近50亿元，实施了一批重点城建工程：新建改造市区道路17条；大广高速南连接线建成通车，大广高速北互通及连接线工可获批，规划建设的津石高速在任丘市预留了出入口，火车站改造工程前期工作已经启动，京九高铁已经确定在任丘市设站，任丘即将迈入京津半小时交通圈。实施了集中供热工程，供热面积达1200多万平方米，基本实现了城区全覆盖。7处公园游园如期开园，新增绿地面积2200多亩。推进城市扩容提质，启动40平方公里的智慧新城建设。同步推进产城教融合，北师大附属学校已经开工建设。任丘市城镇化率达到57.8%，被列为河北省新型城镇化试点县（市），并在全国新型城镇化质量评价体系中排名第78位。

（七）农村面貌实现了新改观。突出抓好白洋淀连片美丽乡村建设，完成了6公里隔碱沟治理、2000多亩环淀绿化、17处沿淀公园建设等工程，再现了天蓝水清、荷红苇绿、长堤烟柳的水乡胜景。市财政投资5000万元，推行了城乡环卫一体化，基本实现所有村庄全覆盖。建成了19个精品区片、96个明星村庄，农村面貌发生明显变化。建设现代农业园区40多个，全市流转土地达到18万亩，产业化经营率提高到51%。

（八）生态环境得到了新改善。以大气污染防治为重点，严厉打击环境违法行为，依法关停取缔涉小企业2621家。协调华北石化、任丘热电启动脱硝除尘等技术改造，淘汰燃煤锅炉140台、“黄标车”8000多辆，拆除砖瓦窑43座，推广清洁炉具2万台，购置清洁能源公交车305台，任丘市成为全省首个实现电动公交出行的县（市）。

（九）民生事业结出了新硕果。规划建设了22所中小学幼儿园，任丘一中高考升学率名列沧州同类学校第2名。市医院开放办院水平明显提升，中医院、妇幼保健院和9所乡镇卫生院迁建改造工程顺利推进。与省房投签署棚户区改造协议，获得了7.2亿元的保障房建设贷款。图书馆、博物馆主体工程已完工，任丘市在全国县级文明城市测评中位居全省第一。深入开展食品药品专项治理活动，严格落实安全生产责任制。圆满完成了全国“两会”、“9.3”阅兵等重大活动的安保任务，社会治安和安全生产形势持续稳定。

东 光 县

东光县地处河北省沧州市南部。2015年，东光县弘扬“团结、求实、和谐、发展”主旋律，全面推进“五大建设”和“三个十”重点工程，县域经济综合实力稳步攀升。全县地区生产总值完成140.3亿元，增长8%；全社会固定资产投资完成129.3亿元，增长18.5%；全部财政收入完成11.37亿元，增长7.5%，规模以上工业增加值完成26亿元，增长9%；规模以上工业利税完成10亿元，增长7.9%；社会消费品零售额完成37亿元，增长8.8%；城镇居民人均可支配收入达到2.64万元，增长9.2%；农民人均纯收入达到9279元，增长11.3%；利用外资完成6305万美元，完成外贸进出口总额9862万美元。

（一）工业经济运行良好，产业实力日益增强。坚持“工业强县”战略不动摇，以“十大工业项目”为重点，壮骨干、搞技改，企业规模不断壮大。规上工业企业新增14家，达到126家。四大特色产业完成销售收入290亿元，上缴税金5.3亿元，分别增长6.4%、13.9%。骨干企业实力增强。彩客化学、东化公司、瑞兴公司等12家骨干企业完成销售收入44.9亿元，上缴税金4.5亿元，增长50%。东化公司、彩客公司纳税分别达到1.73亿元、1.45亿元，继续发挥行业引领作用。彩客公司成功在香港上市，成为沧州首家境外主板上市企业。产业技改升级速度加快。全年共实施技改升级项目157个，总投资43.9亿元。25家企业与中科院、天津大学等科研院校建立了产品研发实验机构，校企联姻、产学研结合有效促进了东光县传统产业提档升级。大力实施质量强县战略，2014年获得QS认证塑包企业新增30家，全县获证企业达到100家。

（二）项目建设扩规扩容，质量效益日益提高。把项目建设做为重中之重，统揽经济社会发展全局。工业项目进展顺利。全年共启动建设投资亿元以上工业项目71个，总投资296亿元，完成投入32.2亿元，同比增长16.3%。路通公司铁路轨道减震降噪吸音板、青峰公司高精度车体模具、意达公司艺术彩喷纸生产、图恩公司智慧城市产品生产基地等10个市重点项目投资20.1亿元，现均开工建设。充分挖掘企业上下游产品市场，加大合资合作。沧州久航公司与北京安耐哲公司合资兴建的磷酸铁锂动力电池项目和群光公司与中联集团合资兴建的中联水泥粉磨站项目均已投产。项目帮扶扎实有效。实施了重点项目县级领导分包责任制，为欧狮顿、路通等项目解决用地36宗、588亩，保证了重点项目建设进度。

（三）招商引资成效显著，发展活力日益彰显。全年谋划引进县外资金项目106个，到位资金65.2亿元，增长27%，引进省外资金项目71个，实际到位资金42亿元、增长6.5%，引进技术项目28个，引进技术人才422人。招商引资进展顺利。组织开展了“北京招商周”活动，与北京运特科技公司新型环保保温材料项目、北京鑫华源机械制造公司机械停车设备等7个项目达成合作意向；与中煤集团竖井掘进机、北京转印天地公司热转印纸等8个项目成功签约，总投资21.3亿元。总投资6亿元的信联农副产品批发市场、总投资6亿元的湖北十堰天策公司专用车生产等项目均在进行前期筹备。园区建设全面推进。经济开发区入区企业达150家，启动建设了占地1000多亩的开发区找王装备园区。包装机械产业区2.4万平米标准化厂房和省级质检中心办公大楼均已建设完成。国家级知名品牌示范区创建工作已获得国家质检总局批准，承办了第八届中国·东光纸箱机械国际博览会，参展国内外企业213家，成交额5.7亿元，包装产业区行业知名度和影响力进一步提升。

（四）城镇建设成效明显，硬件设施日臻完备。以“十大城建工程”为重点，立足“小县大县城”发展格局，全力推进县城规划、建设、管理工作提档升级。投资近20亿元，实施建设项目40余项，完成建设面积28.4万平方米。市政工程建设进展顺利。104国道改造、南吴路改建、龙找路污水管网清淤一期、城区集中供热二期等市政设施建设项目均已竣工。城区绿化新补植乔灌木30余万株，县城区绿化面积达到5835亩，绿地率达到38.9%，城区居住和休闲环境得到有效改善。城市综合治理成效显著。实施了“环境卫生综合整治月”活动，动车5000余辆次，清除垃圾4.8万余方，背街小巷环境质量得到明显改善。城市大公交运行平稳，全县道路交通通行能力进一步增强。商贸服务业突飞猛进。依托秦村、大单、南霞口等乡镇的优势资源，众泰、嘉诚、圣海等一批物流企业迅速壮大，为发展现代物流业奠定了基础。初步形成了盐百东光商厦、信和东光商厦、信誉楼商厦等“六大商厦”、“四大商圈”为龙头的县城服务业新格局。

（五）三农工作扎实开展，农民生活日益改善。2015年全县粮食总产量达3.57亿公斤。农合组织规模进一步壮大。和康源种鸭育种合作社成为东光县首家投资超亿元的农业合作组织，芸香农业合作社正在创建河北省星级休闲农业园。全县农业合作组织发展态势良好，申报市级农业产业化龙头企业16家。总投资3亿元的沧州奥牧种植合作社、总投资2亿元的“稷之初”生态农业园和总投资1.5亿元的盛和农业产业园等3个现代农业园区正在创建市级以上现代农业品牌示范区。由中联重科与彩客公司合作建设的河北省第一个中联重科谷王粮食烘干装备示范基地正式揭牌，填补了东光县粮食烘干产业的空白。农业基础设施建设顺利。总投资5500万元的地下水超采综合治理项目按照时间节点有序开展。总投资1487.7万元的农业综合开发高标准农田建设示范项目于5月份顺利通过市级检查验收。总投资2亿元的土地综合治理高标准农田项目正在实施中。农村土地确权工作深入推进，完成了258个村、41.6万亩土地的外业调查，公示工作正在有序进行。美丽乡村建设“十项活动”持续深入。完成了省道千武线、京沪高速公路、京沪高速铁路、开发区找王装备制造园区绿化工作，完成植树1.4万亩，全年新增植树面积达到2.4万亩，完成市下达全年任务目标的170%。完成了80条、近百公里的村道建设，乡村道路通行能力进一步提高。开展了以“四清”为主的农村环境治理大会战，清理垃圾30余万方，农村环境更加整洁。

（六）惠民保障落实有力，民生事业日新月异。坚持以人为本，注重普惠民生，实施民生工程，不断提高人民生活水平。人饮安全持续优化。总投资3.56亿元的“一库十八厂”工程扎实推进，农村自来水“一户一表”改造工程累计完成353个村，切实提高了农民群众的饮用水质和幸福指数。教育文化事业稳步向前。全县小学适龄人口入学率、初中适龄人口入学率均为100%，幼儿入园率达到了93.8%，被省教育厅评为学前教育工作先进县，被省政府评为教育工作先进县。公共文化水平不断提高，全县每村每月均可播放一场电影，农家书屋实现全覆盖，极大丰富了广大农村群众的业余文化生活。卫生计生工作突出。新农合参合率达到97.7%，人口自然增长率8.06‰，出生统计求实率99%。重点实施了投资2.5亿元县医院迁建、投资3000万元的中医院扩建、总投资2100万元的乡镇卫生院建设等项目。生态环境明显改善。对沿迎宾大道、府前大街、普照大街等主要道路进行全天候喷雾式洒水降尘，对施工工地、渣土车、煤场料场、露天烧烤、秸秆焚烧、燃煤锅炉等进行了专项治理，关停拆除砖瓦窑9个，空气质量得到有效改善。投资5000余万元，建设了日处理2万吨污水的东光县城北工业污水处理厂。安全生产和社会秩序稳定发展。实施了安全生产网格化管理，深化重点行业领域安全专项整治，全年组织安全生产检查50余次，开展专家查隐患活动68人次，圆满完成了全国“两会”和抗日战争胜利70周年活动等重要时期的安全生产工作。继续实施治安天网工程，将全县9个乡镇的村街、学校、幼儿园及重点部位的视频监控前端摄像头全部并入公安派出所图控中心，实现了群防群治力量的有效覆盖，群众安全感大大增强。

肃宁县

肃宁县隶属于河北省沧州市，位于河北省中部，沧州市最西端。

（一）综合实力跃上新台阶。2015年全县生产总值达到140.6亿元，年均增长9.6%；全部财政收入突破20亿元大关，达到20.6亿元，年均增长14.2%，总量稳居全市第三位；公共财政预算收入12.7亿元，年均增长20%，成为全省20个超十亿元的县市之一；城镇居民人均可支配收入2.65万元，同比增长8.6%；农村居民人均可支配收入1.06万元，同比增长10.1%。县域民营经济发展全省综合排名由2011年的第19位上升到2014年的第6位，跻身全省前十强。

（二）园区和项目建设取得新成效。在“两区”建设上，先后实施了开元北路、雨污分流、燃气管道、开发区110千伏变电站等建设工程，园区基础设施建设进一步完善。依托两个省级园区平台，2015年全县新建续建亿元以上项目13个，其中10个项目列入市重点，2个项目列入省重点。在“两园”建设上，按照“集约化、集群化”发展原则，积极引导优势企业入驻。针纺产业园一期24家企业已全部入驻，其中13家企业已建成投产。电器电料工业园区一期工程基础设施配套工程已完工，共入驻企业6家，其中5家已建成投产。在毛皮产业上，立足于解决污染治理和环境整治问题，规划实施了占地200亩的毛皮循环科技示范园项目；围绕扩大市场规模，强化市场支撑，积极推进华斯产业园三期建设，目前已与10余家企业达成入驻协议；围绕为解决裘皮加工短板，启动了占地600亩的裘皮服装加工园项目，成功引进了香港致运和香港霸时两个裘皮加工整体搬迁项目；围绕产业要素升级，建成了国家毛皮产品质检中心，启动建设了保税物流中心；大力实施品牌战略，“肃宁裘皮”地理标志产品保护成功获批，中国裘皮之都影响力和知名度进一步提升。在针纺服装、食品加工、鱼竿渔具、民族乐器等产业上，充分发挥产业集聚效应，规划了万里镇针织产品展示销售中心、窝北镇传统肉食加工基地和河北乡渔具园区，成功引进了北京星海集团文化产业园项目，传统特色产业实现快速发展。

（三）铁路经济取得新突破。大力实施“朔黄拉动”战略，积极引进涉铁企业。截至目前，中铁一局新运公司、中铁三局联华铁路公司、中铁四局八公司、京铁运输公司、华融铁路公司、神华集团货车公司车检中心等累计59家涉铁企业相继入驻。中铁一局新运公司基地建设项目已完成征地，中铁三局联华铁路公司办公楼项目正在办理前期手续，中铁电气化局朔黄项目部项目正进行洽谈。2015年，铁路税收占全县税收的60%以上，铁路经济已成为拉动县域经济增长的强力引擎。

（四）现代服务业迈出新步伐。大力发展电子商务，制定出台扶持政策，沧州首个阿里巴巴农村淘宝项目正式签约，淘宝网“特色中国·肃宁馆”正式启动；实施了光纤宽带入村入户和3G、4G信号覆盖工程，加快推进上海润妍化妆品和裘皮、针织服装、鱼竿渔具等产业电子商务平台建设，全县在阿里巴巴、淘宝网、拍拍网注册商户近3000家，年交易额超5亿元。据阿里巴巴研究院公布的《2014年度中国县域电商发展指数》，肃宁综合指数排名全省第20名，网商指数排名全省第15名、沧州市第1名。肃宁被确定为“河北省电子商务进农村综合示范县”。五年全县新增各类服务业市场主体823户，2015年服务业增加值达到58.6亿元，占全县GDP的比重提高到41.7%。

（五）城市建设取得新成果。紧紧抓住省政府将肃宁确定为重点扶持发展成中等城市的35个B类县（市）之一的有利契机，全力打造国家级园林县城。一方面，按照“以城带产、以产兴城、产城互动”思路，编制完成了《肃宁县城乡总体规划（2014—2030）》，将县城总体规划、工业区总体规划、尚村镇总体规划统筹考虑，总体规划面积达到50.33平方公里，为今后城市发展留足空间；同时，编制完成了《肃宁县总体城市设计》、《县城控制性详细规划》以及绿地、燃气、供热等专项规划。另一方面，围绕国家园林县城创建，投资2300万元，实施了14条老城区背街小巷的治理，开工建设了南水北调配套净化水厂；投资1850万元，实施了水景公园、图书档案馆游园、元礼街带状公园等街头游园建设和绿化工程，全年新增公园游园9个、新增绿化面积6.5万平方米，县城建成区绿化覆盖率达到38.78%，绿地率33.89%，人均公园绿地10.18平方米，各项指标均已达到国家园林县城标准。2015年12月，顺利通过国家住建部综合评审验收，成为沧州市首个“国家园林县城”。

（六）“三农”工作取得新进展。坚持将“四个覆盖”作为统领整个农业农村工作的总抓手，不断加大公共财政向“三农”投入力度，深入推进美丽乡村建设。一是深入开展农村环境整治。完成了剩余37个村村容村貌整治，全县253个村基本达到“六无、四化、四有”标准；按照“四美”要求，投资1500万元，完成了14个省级重点村的农村面貌改造提升工作；围绕解决“亮点不亮”问题，重点打造了万里尹庄、梁村张庄、付佐西泊庄、尚村六村联建四个精品片区。被省委、省政府评为“推进社会主义新农村建设先进县”。二是进一步提升农业现代化水平。依托国家级现代农业示范区建设，围绕壮大设施蔬菜种植和特种动物养殖两大优势产业，规范扶持农民合作社、鼓励引导土地流转和土地规模化经营，促进了特色农业规模化、标准化、园区化发展。目前，全县土地流转面积达到13.5万亩；蔬菜种植面积达18.7万亩；特种动物出栏量81.7万只；农民合作组织达到630个，带动农户7.9万户；全县农业产业化率达到79.5%，居沧州市首位。

（七）环境治理取得新成效。坚持减煤、治企、降尘、控车、增绿、兴水综合施治。对全县22座砖瓦窑全部进行了关停，在全市率先完成砖瓦窑关停任务；加大城区燃煤锅炉替代、淘汰力度，大力推进洁净型煤替代工作；结合毛皮循环科技示范园建设，对全县24家硝染企业进行了全面关停。以被列入河北省地下水超采综合治理试点县为契机，加快全县生态水网工程建设，在完成小白河东支、西支部分河道清淤基础上，2015年4月份从王快水库成功引水1000万方，沿线耕地受益面积达9万亩。围绕建设“绿色肃宁、生态肃宁”，大力开展造林绿化，全年造林2.7万亩，全县森林覆盖率达到30%。

（八）和谐肃宁建设取得新成绩。2015年共实施教育提升、道路畅通、医疗卫生改善等20多项惠民工程，群众生产生活条件明显改善。先后投资7700多万元，实施了国道黄榆公路东线中修和肃齐路、柳大路等县乡村道路的改建大修工程；投资2900万元，完成了刘屯变电站增容改造，新建改造10千伏线路和低压线路400公里。实施了2所小学和6所幼儿园的升级改造，为全县中小学校配齐了教育教学装备；完成了师素卫生院改建和11个农村标准化卫生室建设，食品药品安全工作扎实推进，成功创建河北省首批食品药品安全县。投资5000万元，实施了养老、医疗等社会保险提标扩面工程；深入实施就业再就业工程，发放小额担保贷款896万元，免费创业培训1700人，新增就业岗位2200个；加大对弱势群体救助力度，全年共发放各类救助金5000万元。在全县集中开展了社会秩序综合整治行动，共收缴各类枪支301支，各类弹药2356发，打掉犯罪团伙4个，有力维护了社会和谐稳定。

（九）政府职能不断优化。深入开展群众路线教育实践活动和“三严三实”专题教育，认真贯彻落实中央八项规定，扎实推进绩效考评、行政监察、审计监督。研发建设了县乡村“三级网上审批便民服务平台”，并在全县9个乡镇、253个村、7个社区、23个管理部门全面铺开，共录入审批服务事项186项，其中与农村群众息息相关的51项可直接在村级受理，得到了群众普遍好评和上级领导充分肯定。深入推进行政审批制度改革，取消全部非行政许可审批事项，县本级行政审批事项由277项精简到164项；全面建立“四个清单”制度，政务服务中心、公共资源交易中心规范运转；“六个零”企业登记和“三证合一、一照一码”制度全面落实，全县各类市场主体达到1.2万户；积极稳妥地推进政府机构改革。认真办理群众来信来访，妥善解决了一批社会热点、难点问题。

衡水市桃城区

桃城区隶属于河北省衡水市，位于河北省东南部。桃城区地处环渤海经济圈、京津冀经济圈和首都经济圈，京九铁路、石德铁路、邯黄铁路以及大广、石黄、衡德高速公路和106国道，正在建设的太青高铁（石德段）和邢衡高速，纵贯全境。该区是衡水市主城区既有农村，也有城市，呈典型二元结构特征。总面积383平方公里，耕地33万亩，辖4个乡镇、4个街道，221个行政村、50个社区，总人口44.7万人，其中乡村人口15.1万人。

2015年，桃城区紧紧围绕“加快科学发展、实现强区富民、建设美丽桃城”总目标，主动适应经济发展新常态，抢抓京津冀协同发展机遇，深入实施“工业强区、商贸活区、科教兴区、农业提升”四大主体战略，抓改革、调结构、夯基础、争一流，全区经济运行稳中有进、稳中有新、稳中有好，呈现出不少新优势、新变化。

（一）致力于跨越赶超，综合实力稳步提升。全年生产总值130亿元，同比增长7.3%。三次产业比重为7.2：33.5：59.3。规模以上工业增加值29亿元，同比增长3.6%。固定资产投资124亿元，同比增长17%。社会消费品零售总额109.4亿元，同比增长9.3%。全年财政收入完成35亿元，同比增长10.6%。城镇居民人均可支配收入2.65万元，同比增长10%。农民人均纯收入1.19万元，同比增长11%，继续保持了平稳较快发展。

（二）致力于项目建设，发展后劲不断夯实。列入区计划的80个投资1000万元以上重点项目，开工65个，开工率81.3%，完成投资83.6亿元，投资完成率98.4%，一批项目已试营业或部分竣工投产。有24个项目列入省市重点，其中15个市级开工和续建保投产项目，完成投资36.3亿元，投资完成率124.7%。新开工亿元以上项目30个，新谋划10亿元以上项目11个，超额完成了市政府下达的任务。

（三）致力于转型升级，工业经济步伐加快。大力推进“大众创业、万众创新”，设立创新引导资金，成为全省首家由政府出台政策支持“双创”的县市区。工业企业完成产值220亿元，实现税金5亿元，其中上市企业达到3家，并新增规上企业7家。新开工和续建技改项目8个，完成投资11.5亿元，其中有2个项目列入省重点技改项目计划。桃城经济开发区建设快速推进，投资近千万元，完成了天然气入园、东护路拓宽、污水管网完善和人民路、利达路绿化工程，承载能力不断增强，并成功晋升为省级经济开发区。全年共引进11个亿元以上项目，入园企业达到29家，为工业快速发展提供了重要支撑。

（四）致力于改革开放，发展活力日益增强。全力推进行政审批制度、政府购买服务等6项改革工作，共取消行政监管事项42项，承接审批事项54项。扎实推进“三级平台、两个代办”工作，全区80%以上的村（社区）建成了“七有”便民服务站。全年引进省外资金25.8亿元，谋划三产项目18个，总投资157.53亿元，新开工三产项目28个，完成投资24.59亿元，其中总投资51亿元的九洲国际博览城项目一期已建成并试营业。

（五）致力于增产增收，现代农业初见雏形。积极开展农村集体土地确权登记发证工作，加快推进农村土地流转，并以农业园区建设为引领，大力发展城郊型现代农业，其中邓庄现代农业综合示范园区获得省级现代农业园区称号。全区新增土地流转面积1333亩，总数达到9.94万亩，占总承包耕地面积的31.3%，较上年提高了0.42个百分点。新增注册家庭农场43家，总数达到156家，其中经营规模在百亩以上的42家，全区农业产业化经营率达到68.7%。

（六）致力于统筹发展，城乡面貌显著改观。扎实推进城中村和河东旧城区改造，完成了三徐庄二期、水厂、科农等片区的拆迁。投资5000多万元，完成了永兴路、问津街等34条次干道和小街巷的改造提升，打通了永安西路、昌盛街等5条断头路。实施了20个村的美丽乡村建设，特别是集中力量打造了衡水湖重点片区11个村，其中绳头庄村成为衡水湖片区美丽乡村建设的示范样板，并得到了省委、市委的肯定。

（七）致力于生态保护，环境质量日益优化。深入实施“净大气、抑扬尘，确保蓝天蓝”攻坚行动，积极开展了燃煤治理、拆除砖瓦窑、道路硬化绿化等18项专项整治工作，并采取市场化运作方式，统一向社会购买服务，对城区次干道、小街巷及城中村、乡镇镇区、重点村进行城乡环卫一体化管理。同时，以环湖、环城、环村为重点，全年造林绿化1.35万亩，超额完成市下达任务。扎实推进地下水超采综合治理工作，各项工程进展顺利。

（八）致力于改善民生，幸福指数大幅提高。社会保障体系不断完善，五项社保基金全部按时足额发放，累计发放低保金984.6万元。城乡办学条件进一步改善，投资7360万元新建和改扩建9所学校。创新能力不断加强，新增专利187件，专利总量达到2950项，全区万人专利拥有量继续保持全省先进行列。城镇新增就业5722人，城镇登记失业率3.42%，控制在了市政府下达的4.5%以内。新农合保障面和覆盖面继续扩大，参合人数达到22.035万人，参合率99.77%，在全市保持领先。保障性安居工程按时保质保量完成，完成棚户区改造任务2174套，公共租赁住房新增200套，保障性安居工程竣工312套。永兴东路贯通，为河东旧城区拆迁改造、提升城市面貌、发展城市经济奠定了好的基础。文体事业取得长足发展，文化馆通过国家级二级馆验收，完成数字电影公益放映2300场次，组织各类大型文体活动20余场，丰富了人民群众的业余生活，图书馆免费对外开放，完成投入20余万元，购置各类图书1万余册。开展了安全生产大检查及一系列整治活动，切实提高了全区安全保障水平。同时，物价、审计、食品安全、工商、质监、档案、人防、民兵预备役等各项工作均取得新成绩。

枣强县

枣强县隶属河北省衡水市，地处河北省东南部，衡水市南端。2015年，枣强县突出问题导向，全力集中攻坚，紧紧扭住招商项目建设、产业转型升级、现代农业发展、城乡一体发展、民生社会事业“五个重项”不放松，凝神聚力、奋发作为，推动了经济社会和各项事业全面提升、科学发展。

（一）经济发展稳中有进，综合实力显著提升。2015年，全县实现生产总值90.3亿元，全部财政收入11.6亿元，一般公共预算收入5.6亿元，全社会消费品零售总额42.2亿元，城镇居民人均可支配收入2.18万元，农村居民人均可支配收入8695元，城镇化率达到40%。枣强跨入全市经济强县行列，进入了历史上发展最快、环境最优和影响力最强的时期之一。

（二）招商引资强力推进，项目建设成效明显。紧紧围绕京津冀一体化战略布局，抢抓机遇，成立了专门驻京招商组，由两名县级干部常驻北京，召开了对接京津、强力招商广播电视大会，制定了自助式、菜单式招商政策。2015年，全县在建项目41个，总投资346亿元，项目开工率、投资完成率均高于全市平均水平。已与北京上地街道办达成合作意向，世界500强企业新兴际华集团已经签约；恒润非稳态管道、亚森机器人、旭日橡胶等项目相继建成投产；冀中能源、液态金属产业园、中衡清洁能源冷能装备制造等战略项目进展顺利；盈美门窗、中迈玻璃、惠润“秸秆气化”等项目正在积极推进前期工作。项目建设全面铺开，拉动效益日益凸显，促进了全县经济持续健康发展。

（三）产业升级全力提速，改造创新亮点纷呈。设立了产业投资和产业转型、技术改造三支基金，引入10家全国性金融机构在枣强设点，与“2800”合作搭建起中小微企业上市融资平台，对上市企业给予重奖。建设了液态金属研究院等省级、国家级研发平台，与18所院校建立了长期合作关系，建立了6所科研机构，聘请7名专家院士为经济顾问，为产业发展提供了强大的科技支撑。成功举办了第二十四届国际皮草交易会暨第三届营皮文化节，全国同行业规模最大、功能最全的“买皮网”正式上线，首开枣强跨境电商先河；全县新增实体企业开展电子商务超百家，各类网店超千家，全市第一家被阿里巴巴确定为“2015年（第三届·中国）淘宝村”落户枣强县肖张村，成为枣强县农村电商发展的标杆，产业转型升级实现了质的飞跃。

（四）城镇化建设日新月异，城乡面貌美丽蝶变。投资1000多万元，聘请上海同济大学等顶尖设计单位，编制了县城总规、各类控规、详规及全域统筹规划，按照产城教融合发展的理念，以高标准的规划引领城市建设。荣获省级园林县城、全省人居环境奖、全省中心村建设“四新”应用示范县等多项殊荣。新县医院即将搬迁，中医院扩建启动，全民健身中心和第五小学完成主体工程；先后实施了千亩森林公园扩建、“两湖”生态公园等绿化工程，县城人均公园绿地面积9.62平方米，绿化覆盖率39%；投资4000万元、以董子“大一统”思想为设计理念，融合交通、环境、功能、山水、艺术为一体的董子公园和投资3000万元、全省首家集寻亲旅游、文化馆藏于一体的移民文化园，已经对市民开放；围绕完善城市基础功能，启动了地表水厂建设，实施雨污分流排水管网改造，建成了生活垃圾填埋场和两座天然气门站，污水集中处理率生活垃圾无害化处理率均达到100%，燃气管网覆盖面积达90%以上；建设公租房1210套、经济适用房192套、棚户区改造2338户，群众居住条件明显改善。

（五）“三农”基础不断夯实，农业发展全面推进。全县上下解放思想，摆脱传统农业的思维定式，积极探索推进规模农业、立体农业、设施农业新模式，让更多的农民群众靠现代农业圆了致富梦。全县农业农村呈现出了社会资本竞相涌入、现代园区蓬勃兴起、产业龙头辐射带动、致富渠道更加宽广的勃勃生机。全县土地流转面积达27万亩，林果面积达到12万亩，棚菜面积达1.3万亩，农业专业合作社达1006家，农业产业化率达72%。38个产业园区已具雏型，绿化覆盖率达31.5%，提前实现“人均一亩林”目标。继唐林之后，又争列了第二个省级农业示范区（马屯欣苑），“五位一体”的精准扶贫新机制、“先入社、后入团”的供销社改革新模式，在全省推广。开通了农村产权交易网、易农电子商务网，枣强县被列为全省首批农村产权交易中心建设示范县。实施“五位一体”产业扶贫新模式，2.78万人实现稳定脱贫。

（六）各项事业蓬勃发展，人民生活安居乐业。全县上下心系民众，聚焦上学难、看病难、住房难、吃水难、行路难等民生问题，积极推进民生工程，大力兴办社会事业，全力维护社会稳定，民生事业发展迈上了新的台阶。先后建设了第四、第五小学，实施了五中、枣中合并，新（改）建幼儿园24所。全县乡镇区域水厂达到14座，解决了15.7万人的饮水安全问题。开通了县城至衡水、大营至衡水两条公交线路，肃临公路县城北段升级改造和106国道改线工程项目的实施，城乡公路通车里程达到1500公里改善了居民出行条件。村级卫生室达284个，改（扩）建乡级卫生院5个，全市装备水平最高、设计最科学、规模最大的县医院和全市标准最高的全民健身中心即将投入使用，新农合、城乡居民社会养老保险参保率达到98%以上。关停、整顿排污企业277家，全县生态环境得到较大的改善。

武 邑 县

武邑县隶属河北省衡水市，地处河北省中南部。“十二五”时期（2011—2015年）是武邑县努力克服宏观经济持续下行的压力，主动适应经济发展新常态，全力抓改革、造环境，打基础、铸优势，求发展、惠民生，胜利完成了“十二五”规划主要目标任务，在全面建成小康社会进程中迈出坚实步伐。

——综合经济实力显著提高。五年来，始终坚持以经济建设为中心，在冀衡园区及21个行政村划归衡水工业新区、GDP基数大幅缩水、全县税收减少40%的情况下，武邑县综合实力再上新台阶。到2015年，全县地区生产总值达到61.6亿元，是2010年的1.4倍；固定资产投资达到40亿元，是2010年的1.9倍；城乡居民人均可支配收入分别提高到1.60万元、6481元，是2010年的1.9倍和2.1倍。特别是全部财政收入跨入5亿元县市行列，年均增长15.9%。为建设“经济强县、美丽武邑”奠定了坚实基础。

——产业发展水平显著提升。五年来，坚持不懈抓招商、上项目，发展的动力和活力不断增强。2015年3月新经济开发区成功获省审批，益通金属制品、通导设备、金维重工等55家企业成功进驻，初步形成了装备制造、金属包装、轨道交通、新型材料等新兴产业雏形。清凉店现代物流园区成为全市打造冀中南综合物流枢纽的核心支撑区，入驻企业20家，累计完成投资40亿元，初步形成了粮食储备、汽车销售、货运物流等大宗物资集散基地。金属橱柜产业转型升级，帅牌金库门技术工艺全国领先，智能枪弹柜升级完成。硬木雕刻产业整合提升，明清家具大世界投入运营，清凉店家具产业园加紧建设，2015年荣获“河北省文化产业十强县”称号。“十二五”期间，全县引进新上工业项目230个，总投资750亿元，河钢衡水板业、巴迈隆木业等一批重大项目建成投产，规模以上企业达到48家，科技型中小企业122家，凯隆固异特橡胶股份有限公司在石交所成功上市，河北钢铁集团衡水板业公司列入国家两化融合管理体系贯标试点企业。

——城乡面貌发生显著变化。五年来，坚持以城带乡、统筹城乡，着力加快城镇建设和美丽乡村建设。城乡规划体系更加完善，先后编制完成《县域空间发展战略规划》、《城乡总体规划》和12个专项规划，县城规划面积增至30.7平方公里，建成区面积达到14平方公里。人居环境不断优化，建成裕达华府、丽景金城、誉城名苑等居民小区11个，新增建筑面积220万平方米，县城绿地率达到33%，绿化覆盖率达到38%，在全市率先建成省级园林县城。城市功能日益完善，完成建设路提升、东昌街改造、建设路与衡井线连接等重大基础工程，106国道收费站成功搬迁；“智慧城市”建设扎实推进，建成全市第3个“全光网”县。城市管理不断增强，启动“天网工程”和数字化城管平台建设，大力开展环境卫生整治，县城形象得到有效提升。同时，积极推进“三区同建”和美丽乡村建设，累计投入1.3亿元，建成省级美丽乡村4个，市级美丽乡村61个，县级美丽乡村88个。

——农业经济效益显著增长。五年来，坚持以农民增收为核心，大力发展规模农业、法人农业、订单农业，产业化、现代化、特色化格局初步形成。粮食生产实现“十二连增”，农业种植结构向粮、菜、林、果多元化格局推进。现代农业示范园区总体规划编制完成，谋划引进产业

化项目37个，巴迈隆板业、唐人神种猪、志豪肉羊等一批行业领军企业入驻，全县省级龙头企业达到7家，市级龙头企业43家。全面深化农村改革，土地承包经营权确权登记完成72.6万亩，土地流转面积达到28万亩，培育3000亩以上规模经营典型9个，专业合作社1509家。扶贫开发扎实有效，强力开展产业扶贫、精准扶贫，8万贫困人口实现稳定脱贫。重项工作成果丰硕，2014年度地下水超采综合治理、地表水厂建设全部完成，农业综合开发、高标准农田建设扎实推进，基础设施条件不断完善，农业产业富民效应逐步显现。

——生态环境质量显著改善。五年来，狠抓生态环境整治，铁腕治理大气污染，大力实施压煤、降尘、控车、增绿等重点工程，组织开展"利剑斩污"专项行动，深入推进家具制造、金属橱柜、硬木雕刻等行业污染治理，关停整顿污染企业336家，淘汰黄标车2586辆，拆除10蒸吨以下燃煤锅炉37台，依法关停实心砖瓦窑17座，空气环境质量明显改善。严格落实项目评审机制，完成项目环评审批330个。连续实施规模绿化、廊道绿化、环城绿化、景观绿化等造林绿化工程，全县林地面积达到37万亩，提前实现"一人一亩林"的市定目标，平原森林覆盖率达到30%，在全省平原县中位居前列。

——经济发展活力显著增强。五年来，坚持开放引领改革，改革破解难题，政府机构改革全面完成，政府机关标准化建设有序推进。县公共资源交易中心组建运行，公共资源交易纳入规范化、法治化轨道。非行政许可审批事项全部取消，"三级平台、两个代办"和"三个公开、三个清单"制度全面建立，35个部门、129项行政审批事项、88项公共服务事项全部入驻县政务服务中心，乡、村便民服务中心实现全覆盖，"让群众好办事、为群众办好事"成为政府工作常态。深入推进商事制度改革，实施"三证合一""一照一码"，全县市场主体发展到1.1万户。

——民生保障取得显著成就。五年来，坚持以人为本，大力发展社会事业，人民群众获得感不断增强。坚持办好民生实事，五年累计完成民生投入38亿元，占全部财政支出的70%。社会保障体系不断完善，城镇、农村低保标准分别比2010年提高了3倍和2倍多。城乡居民基本养老保险制度全面建立，城镇企业退休职工基本养老金连续11年上调，高龄补贴实现全覆盖。开工建设保障房4013套，改造农村危房4855户，群众居住条件有效改善。大力实施人饮安全工程，287个村和62所学校17万人的饮水问题得到有效解决。社会事业全面进步。新建、改扩建农村幼儿园48所、乡镇中心幼儿园3所，89所中小学办学条件明显改善；县医院综合楼、妇幼保健院、乡镇卫生院、242所村卫生室建成投用；新农合参合人数24.5万人，参合率达到95.9%。建成体育健身广场260个、数字书屋55家、农家书屋524家，实现一村一书屋。深入开展"武邑风尚"、"厚德武邑"评选活动，先后涌现出"感动河北十大人物"国二宝、全市武装系统学习榜样岳海华等一批道德模范典型，崇德向善的文化风尚蔚然成风。全面加强社会管理，深入开展"六打六治"专项行动，严厉打击各种违法犯罪行为，平安武邑建设扎实推进，全市打击犯罪工作现场会在武邑县召开。食品药品安全监管力度加大，安全生产形势平稳，社会大局和谐稳定。国防动员和双拥共建深入开展，军政军民团结更加巩固。人口计生、新闻广电、人民防空、地理气象、邮政通信、金融保险、妇女儿童、审计、统计、残联、档案等工作开创新局面。

2015年，武邑县坚持解放思想、抢抓机遇、奋发作为、协同发展，扎实开展"三严三实"专题教育，树正气、讲团结、聚合力、促转型，全县经济社会呈现出"逆势上扬、活力迸发、跨越赶超、增比进位"的良好态势。

一是经济发展基础再上新台阶。全县固定资产投资增速，高于全市平均水平2.7个百分点，其中工业投资完成32.5亿元，同比增长22.5%。35个在建项目快速推进，13个项目建成投产。全年完成技改投资24.7亿元，同比增长50.2%，占工业总投资的76%。二是产业转型升级取得重大突破。以通导设备、金维重工、亿通铁路器材等核心项目建设为标志，新兴产业格局加快构建；以智能枪弹柜、清凉店硬木雕刻产业园谋划推进为标志，金属橱柜、硬木雕刻两大传统产业转型升级破题上路。三是协同发展迈出重要步伐。在北京成功举办了河北·武邑北京招商项目推介会，推出传统产业、新兴产业、现代农业、现代服务业等六大类36个重点项目，签约11个，总投资79.23亿元。同时，连续两次进京举办硬木雕刻家具展和武邑年货节。四是电子商务蓬勃发展。与苏宁云商集团、阿里巴巴农村淘宝项目签定战略合作协议，电子商务进农村全覆盖工作在全省率先完成。建设了武邑创新创业服务中心，纳森、沃享等一批电商企业相继入驻，并申报了纳森创客和沃享众创两个市级众创空间。五是形成了激情干事、敢于担当的良好政治生态。通过开展"三严三实"专题教育和解放思想大讨论活动，狠抓作风建设，提升机关效能，组建重项工作指挥部，实施"四个一"工作推进机制，全县呈现出四大班子团结，上下齐心协力，各级干部激情工作、实干担当的良好政治生态。

饶阳县

饶阳县位于河北省衡水市北部，全县总面积573平方公里，耕地面积3.74万公顷，总人口29.19万人。2015年全县生产总值完成55.56亿元，同比增长7.4%；第一、二、三产业增加值分别为20.01亿元、17.58亿元、17.97亿元；单位生产总值能源消耗0.6934吨标煤/万元；粮食总产量2.1亿公斤，棉花总产量719吨；规模以上工业增加值15.2亿元，同比增长5.9%；全部财政收入完成3.19亿元；财政支出14.76亿元，同比增长13.8%；全年空气质量优良天数83天；社会消费品零售总额完成28.2亿元，增长9.5%；全社会固定资产投资54.3亿元，增长15.1%；城镇居民可支配收入达到1.89万元，农村居民人均可支配收入达到6133元，分别增长

11.3%和13%；年末城乡居民储蓄存款余额80.9亿元，同比增长16.85%。

（一）项目建设实现新突破。坚持发挥投资第一拉动力作用，把项目建设放在核心位置，集中精力、精准发力，重点引进农业产业化项目、高新技术项目和重大基础设施项目，项目规模和质量取得了新突破。2015年共签约项目39个，总投资273.3亿元。投资150亿元的北京天资高科技产业园签约落地、世界500强企业渤海钢铁集团与坤辉公司合作20万吨钢帘线等战略支撑项目签约落地；冀胜公司与中铁通信信号勘测设计有限公司合作高铁智能轨道、昊阳红木家具、达立德金刚砂等12个重点项目落地开工，省市重点项目全部开工，开工率100%，全年完成投资23亿元，占计划投资的125%。

（二）工业规模取得新提升。将做强做大主导产业作为提升经济实力的有力抓手。结合自身实际，确立了以农业产业为主，五金机械、轻工纺织、生态文化和高新技术为辅的主导产业体系，主导产业不断壮大。全年实施润丰压力容器、利元饲料、北方乐器等1000万元以上技改项目9个。规模以上工业增加值完成15.2亿元，增长6%，特别是铁路配件行业增长迅猛，24家铁路配件企业销售收入增长30%以上。着力提升经营管理水平，先后组织京联机械有限公司、坤辉有限公司、鸿源机械有限公司等重点企业厂长经理参加浙大和清华研修班等培训，引导企业家主动适应新常态，推进企业转型升级、做大做强。

（三）县城建设再上新水平。按照“一城三区”的产城融合规划布局，加快推进县城基础设施建设。旧城居住区重点实施了县城出口、主干道路和破旧区域三大改造工程，旧区容貌明显提升。在新城功能区，规划启动了总投资20多亿元的文化广场、规划展馆、信誉商厦、凯悦酒店、新中医院、寄宿制中小学、绿美廊道等市政基础设施项目，凯悦家园、佳美豪庭、汇美现代城等多个大型高档住宅小区，城市功能设施不断完善。在县城管理上，实行“管干分离”，采取了政府购买服务的方式，将城区环卫服务承包给专业保洁公司远大集团，该集团全新购置了新型清扫车辆10余台，城区主要街道机械化清扫率达到了80%以上，管理水平明显提高。在西城工业区，重点开展了土地收储和路网建设，累计投资近2亿元，开展了“三纵三横”主干路网建设，目前，园区内道路、绿化、供电、供气、给水、排水、通讯等基础设施全部具备，完成土地收储5000余亩，为项目落地奠定了基础。

（四）现代农业迈上新台阶。饶阳县坚持把农业改革创新作为推进现代农业强县步伐的重要举措，在土地确权、产权流转、农村金融创新上先行先试，积极开展农村土地确权登记颁证工作，全县确权总面积达到54万亩，占全部耕地面积的93%。通过出租、互换、转包、入股等方式，将土地成方连片集中起来，打捆开展招商引资活动，重点向规模经营企业、家庭农场和专业合作社流转。全县土地流转率达到46.1%，高于全市6.5个百分点，新培育流转3000亩以上规模种养专业公司6家，总数达到18家，占全市的四分之一。在全国创新开展了“一权一棚”抵押贷款，建立和完善了农村资产流转平台、交易平台和融资平台，实现了农村资产资本化、农村资源市场化，目前，已向农业公司和经营大户发放贷款4200余万元，间接带动民间投资超过1亿。大力开展农业产业链条招商，北京三华牧业百万只肉羊养殖项目、广东温氏集团30万头生猪养殖项目、北京神农康阳有机肥、旌誉冷链物流、中冷冷链物流，康健堂中药加工等一批农业产业化企业签约落地，现代农业体系进一步壮大，为全市乃至京津周边地区发展现代农业树立了标杆典型。

（五）惠民生促和谐取得新成就。把保障和改善民生作为根本追求，解决好群众最关心、最直接，最现实的利益问题，让群众共享改革发展成果。年初为民承诺的10件民生实事扎实推进。城乡居民住房条件明显改善，全年开工建设保障性安居工程942套，其中经济适用房60套、公共租赁住房270套、棚户区改造612户。教育教学水平稳步提升，总投资1.02亿元，新建和改建中小学校舍面积5.7万平方米。医疗卫生事业健康发展，深入推进医改工作，“新农合”参合农民达到24万人，参合率99.2%，筹资标准提高到560元，县级公立医院实现药品“零差率”全覆盖，病患家庭负担不断减轻。社会保障体系日益完善，全年城镇新增就业2500人，新增农村劳动力转移就业2550人。城乡居民社会养老保险参保率达到99%，综合养老保险覆盖率达到95%以上。探索建立了“老年协会＋互助幸福院＋日间照料”为一体的农村社区养老服务新模式，养老服务水平进一步提高。同时，认真抓好安全生产、食品药品安全、社会稳定等项工作，深入开展了危险化学品、烟花爆竹、人员密集场所等行业领域专项整治行动，成立了食品药品安全检验检测中心，食品药品监控检测体系进一步完善，扎实推进平安饶阳建设，持续开展严打专项行动，群众安全满意度稳步提升。

任　县

任县位于河北省邢台市中部。2015年，任县以“提升县域实力、改善人民生活”为总目标，以“改革开放、创新驱动”为主引擎，聚精会神抓环境，一心一意上项目，坚持不懈促转型，千方百计做大做强产城融合、转型升级、生态环境修复及现代农业“三大板块”，经济社会始终保持了平稳较快发展的良好势头。2015年，国内生产总值完成44.7亿元，增长8.5%；全部财政收入完成4.33亿元，增长8.1%；公共财政预算收入完成3.02亿元，增长10%；固定资产投资完成54.1亿元，增长11.9%；全社会消费品零售总额完成33.7亿元，增长9.9%。

（一）聚焦完善配套功能、提升承载能力，持续加强园区建设力度。坚持把园区作为经济建设的“主战场”，高度关注、全力抓好，现已建成1个省级经济开发区——任县经济开发区。园区成立于2009年，总规划面积30平方公里，与市区紧密相连，区内基础设施完善，可利用土地充裕，现已入驻企业50余家。2015年，在河北省省级经济开发区考核中位列邢台市22个省级经济开发区第6位。邢湾工业聚集区纳入邢台市滏阳经济开发区战略规划，大力发展高端装备制造和生态农业项目，着力打造邢台市北部新的重要“增长极”。县城及周边有76平方公里纳入邢东新区建设范围，围绕有效承接邢台市区和京津石等先进地区产业转移，启动了占地36平方公里的邢东新区商务拓展区、占地40平方公里的邢东新区预留产业园，大力发展现代服务业、先进制造和节能环保产业，争创“国家级产城融合示范区”。

（二）聚焦优化产业结构、提升发展质量，全力推进产业转型升级。坚持总量与质量并重，一手抓传统产业扩规提质，一手抓战略性新兴产业培育壮大。

现代农业加快发展。任县现有耕地45.6万亩，土质肥沃，是全国重要的商品粮生产基地和国土资源部确定的“富硒农产品开发区”，盛产小麦、玉米、大豆等粮油作物，累计发展蔬菜种植7万亩，建成国家级蔬菜生产标准园2个，拥有省级农业产业化重点龙头企业2家，11个品种的农产品获农业部“绿色食品”认证。针对任县农业大而不强的实际，聘请中国农业大学编制了覆盖全县域的现代农业发展规划，围绕打造“国家级现代农业生态示范县”，遵循“高、新、特、外”理念，以都市型现代农业为方向，规划引领，梯次推进，大力发展近郊农业、都市农业和设施农业。签约引进了京粮集团投资16亿元的年产125万吨清洁安全食用专用粉生产、丰垒太阳能科技有限公司投资10.6亿元的100兆瓦分布式光伏发电、今奥时代旅游开发有限公司投资8.4亿元的樱花产业园、金亚天生物科技有限公司投资6亿元的树莓种植深加工及休闲观光等一批优质高效的农业产业化项目，在中国农大举行的“第四届中国县域现代农业发展高层会议”上被评为“最具投资价值县”。

传统产业转型升级。任县工业萌芽于明清时期，初步形成了机械制造、橡塑制品两大传统主导产业。近年来，针对工业发展中存在的企业规模普遍偏小、产品科技含量低、市场竞争力弱等问题，任县大力实施“科技兴县”发展战略，成立任县机械制造产业研究院、青岛科技大学产学研基地，组建了机械制造产品检测中心、橡塑制品检测中心和工业设计中心，以科技为引领，以项目为支撑，传统产业快速发展壮大。截至目前，全县获批国家科技项目4个、省级科技项目11个，列入中国驰名商标2件、省著名商标43件，邢湾镇、天口镇于2015年分别荣获“河北省机械制造名镇”、“河北省橡塑产业名镇”称号。其中，机械制造业共有成型企业800多家，从业人员1万余人，主要生产以大型装备制造为主的木工机械、数控车床、拔丝制钉、建筑机械等8大系列、180余种产品。橡塑制品业共有企业1000余家，技术工人2万多人，产品以汽摩配件、橡胶制品为主，广泛应用于石油、化工、电子等多种领域。

第三产业繁荣活跃。任县的传统服务业以住宿餐饮、交通运输、批发零售等产业为主，共有各类网点3500余家，有骆庄文化用品市场、商品街贸易市场和县城西部的汽车销售市场等大型市场，以及30多家商贸物流企业。近年来，任县立足邢台市商务副中心发展定位，按照“对接市区、错位发展”的思路，围绕弥补市区发展“短板”，大力发展以现代物流、电子商务等为重点的商贸服务业，全县第三产业实现规模扩张、档次提升。2015年，全社会消费品零售总额完成33.7亿元，整个“十二五”时期年均增长17.7%。与河北创富电商公司签订合作协议，成为邢台市首个入驻“京东商城河北馆”电商平台的县级城市。慧聪网任县区域成交总额超亿元，100多家农村超市加入河北移联网信集团网络平台，县内有关企业在世嘉乐购网、河北板材网等4家电商平台销售态势良好。

（三）聚焦推进城乡一体、提升城市品位，持续加大城镇建设投入。坚持把城镇建设作为第一载体，按照“融入邢台、共建新区”的思路，城乡一体，建管并重，城乡统筹日益深入，城乡面貌日新月异。全方位对接邢台市主城区，城乡总体规划获市政府批复，被确定为邢台市商务副中心。城市框架由5.6平方公里拓展到35.6平方公里，形成“十纵十横”的城区路网格局，16个街头游园投入使用，人民广场被评为“省星级广场”，雅集公园建成并对外免费开放，先后被评为“省级园林县城”和“省级卫生城”。年初，任县紧紧抓住邢台市实施邢东新区战略规划的机遇，启动实施了国家级园林城、国家级卫生城、国家级森林城、国家级文明城和省级环保模范城“五城同创”工作，以夯实基础、美化环境、提升品位为重点，大力实施县城建设扩容升级三年行动计划，着力提升城镇建设水平。

（四）聚焦改善生态环境、提升宜居指数，全力抓好生态建设和保护。紧紧围绕“水更净、地更绿、空气更清新、城乡卫生环境更整洁”目标，强力推进水润任县、多彩任县、清新任县、洁净任县“四个任县”建设。在“水润任县”建设上，加大投入力度，大力推进饮马河、点水湖等批河湖建设工程，2015年先后引进、使用长江水、黄河水4700万立方米，年内力争再引水4000万立方米，着力打造以“八河十二湖”为主体的生态水系景观；在“多彩任县”建设上，以创建国家级森林城为总抓手，重点抓好“一道一线”、“六廊增绿”等绿化、美化工程建设，提升绿化标准，打造优美环境；在“清新任县”建设上，重点实施好投资3亿元的天然气“村村通”工程，2016年在4个建制镇率先实现天然气“村村通”，2017年实现195个行政村全覆盖；在“洁净任县”建设上，与中广核集团合作，在巩固好既有的38个村试点成果的基础上，大力推进城乡垃圾一体化处置试点扩面工作，力争年内实现城乡垃圾一体化处置全覆盖。

宁 晋 县

宁晋县隶属于河北省邢台市，位于河北省中南部，辖10镇、4乡、1个街道办事处和2个省级开发区（河北宁晋盐化工园区、宁晋经济开发区），346个行政村，总面积1032平方公里，耕地面积7.67万顷，总人口78.62万，人口自然增长率8.8‰。先后被评为中国民营经济最具潜力县、中国特色产业发展百强县、中国电线电缆之乡、中国休闲服装名城等称号，曾被确定为省直管县试点。2015年，全县生产总值完成195.25亿元，同比增长9.9%；第一、二、三产业增加值为33.71亿元、110.24亿元、51.3、亿元；单位生产总值能源消耗0.6085吨标煤/万元，粮棉总产量73.94吨；全部财政收入12.65亿元，同比增长9.4%，财政支出23.01亿元；城市空气质量优良天114天；社会消费品零售总额85.45亿元；全县固定资产投资207.6亿元，同比增长10.9%；城镇在岗职工年平均工资4.24万元，同比13.3%；农民人均可支配收入1.13万元，同比增长9.6%；城镇居民可支配收入2.15万元，同比增长9.7%；住户存款余额172.4亿元，金融机构存款余额224.32亿元。

（一）结构调整迈出新步伐。工业经济加速转型。晶龙集团进入全球新能源企业500强，太阳能电池光电转化率达到20%，获“中国光伏‘领跑者’卓越企业”荣誉称号；宁纺集团入围中国纺织服装企业竞争力500强，集团“纯棉织物的不降强免烫整理方法”被国家知识产权局授予发明专利证书。明达集团铝合金电缆通过美国UL和欧盟CE认证、沈金达电缆有限公司获“全国电供暖行业先进集体”。五家企业商标被确定为省著名商标，新增各类企业1000余户。园区实力显著增强。园区入驻企业37家。经济开发区的方大科技园，入驻高新技术项目创业实体42家。贾家口、大陆村、东汪列入市级园区。贾家口电线电缆工业区被评为“河北省新型工业化产业示范基地”，苏家庄镇光电产业园被认定为“省级军民结合产业示范园”。现代农业发展加快。整合项目、资金、技术、人员等有效资源，向合作社、家庭农场、托管协会倾斜，提升农业的集约化水平。全县粮食生产稳定，连获“全国粮食生产先进县”。宁晋九河现代农业示范区、宁晋（台湾）现代农业科技园区，并被确定为省级园区。县思农伟业有机农业合作社荣膺中国50佳合作社荣誉称号。

（二）城乡建设取得新进展。着力推动中心城区扩容升级，城市功能设施日趋完善。完成兴宁街西伸工程、西城区消防站、凤凰路西侧雨污管网铺设工程、综合文化公园改造、波尔美酒店、和平街西段绿化等10项城建重点工程。道路交通。投资9918万元，完成司宁线、赵宁线新改建工程，定魏线大修、北外环双副中修工程，总投资7.6亿元的国道308线改扩建工程正式开工建设。绿化环卫。县城绿化覆盖率达到36.97%。环卫服务外包质量进一步提升，机械化清扫率达到87%。小城镇和美丽乡村建设取得了新成绩。宁北街道办事处获批运行，大陆村镇被评为“全国重点镇”，小河庄村、黄儿营西村被评为“河北省美丽乡村”。

（三）改革创新实现新突破。全面深化重点领域改革，发展活力进一步释放。深化行政审批制度改革，精简审批事项，减少办事环节，探索实行“一站式”审批、“一条龙”服务新模式。建设“三级平台”，推行“两个代办”，有效解决了服务群众“最后一公里”问题。深入开展大众创业、万众创新，各类市场主体有序增加。推进财政体制改革，完成了绩效预算、国库电子化支付两项全省改革试点任务。科技支撑作用日渐增强，新增高新技术企业11家，科技型中小企业170家，省级以上企业技术中心5个，晶龙企业技术中心被认定为国家级企业技术中心。稳步推进农业农村改革，完成了159个村土地确权任务。加快推进土地流转，流转总面积达到24万亩。

（四）民生改善再上新水平。城乡居民生活水平明显改善，城镇居民人均可支配收入进一步增加。城乡居民养老保险制度全面建立，城镇居民大病医保实现全覆盖。城镇、农村低保实现了应保尽保。城乡居民养老保险新增参保缴费5183人，续保28.71万人，参保总数42.94万人，参保率95.81%。住房保障工作扎实推进，保障性安居工程进展顺利。医疗卫生条件逐步提高，建成了康怡医院，实施了县医院搬迁工程，乡镇卫生院扩建和村卫生室标准化建设扎实推进。人口计生水平全面提高，被评为“全国计生优质服务先进县”。教育事业稳步发展，实施了城区4所学校及部分乡镇学校新建、翻建项目，高考本二以上上线637人，比上年增加36人，上线率35.65%，比上年提高9个百分点。文体事业更加繁荣，基础设施覆盖率达到80%以上。工笔画产业发展迅猛，被列为全国最具活力的文化产业和省“十二五”重大文化产业项目，被评为“中国民间文化艺术之乡”。生态环境逐步改善。投资1.68亿元实施了21项减排工程，强力开展大气污染综合治理，全县环境空气质量明显改善。重点实施绿化工程7项，全县森林覆盖率达到12%，被评为“全国绿化模范县”。平安宁晋建设扎实推进，依法防范和严厉打击各类违法犯罪，社会大局总体保持和谐稳定。

县委书记：张西军

县长：李小平

县人大主任：赵祖锋

县政协主席：魏凤巧

巨鹿县

巨鹿县隶属河北省邢台市，地处河北省中南部。2015年，巨鹿县积极应对经济下行持续加大等诸多挑战和困难，主动工作，奋力作为，经济发展保持了稳中有进、稳中向好的良好态势。全县生产总值预计完成60.2亿元，同比增6.2%；规模以上工业增加值完成11.1亿元，同比增4.0%；固定资产投资完成67.1亿元，同比增10.9%；全部财政收入、公共财政预算收入分别完成4.4亿元、3.15亿元，实现五年翻番；农民人均纯收入完成6211元，同比增9.1%，城镇居民人均可支配收入完成1.95万元，同比增10.2%。

（一）投入拉动战略扎实推进。突出对接京津、面向全国，坚持精准理性招商。全年签约项目73个，多为新能源、新医药、新材料、电子商务等领域的产业提升型项目。签约项目计划总投资 234.6 亿元，其中 10 亿元以上项目 7 个。签约项目数量、质量大幅提升。同时，加强领导分包项目的责任落实，加大项目调度力度和强度，重点项目建设加快推进。年初安排的县级以上重点在建项目投资计划超额完成，9 个省市重点在建项目均超额完成年度单体投资计划，16 个项目投产或部分投产。

（二）改革创新持续深化。简政放权加快推进，全面清理非行政许可审批事项，新衔接、调整行政审批事项 94 项。“三证合一”登记改革按时完成，积极落实注册资本实缴改认缴、企业年检改年报、审批事项前置改后置等多项改革新政，新增市场主体 2630 家，同比增长 11.2%。农村产权制度改革扎实推进，建成县农村产权交易中心，完成 153 个村土地确权颁证。以金融创新为核心，积极探索供给侧改革，设立了过桥基金和天使基金，成功签约瑞涛资本等产业引导基金项目，启动了金融中心建设工作，努力增强支持实体经济的能力和水平。加快做大创新智力支撑，聘任了 47 位专家顾问，与 18 所科研院所建立产学研合作关系，建成河北首家“海智计划”专家工作站，宋振骐院士工作站、善绿福博士后工作站挂牌，认定省级高新技术企业 2 家。

（三）产业升级步伐加快。特色农业加快转强。现代农业发展布局基本形成，完成了现代农业总体发展规划，4 个万亩现代农业园区步入规范化建设轨道，老漳河休闲农业园区被认定为省级科技园区；新型农业经营主体加快培育，发展家庭农场 50 家，农业产业化龙头企业达到 22 家，专业合作社达到 390 家，培育新型职业农民 360 人；农业基础不断夯实，农业综合开发连续十三年领跑全省。被确定为“最具农业投资价值县”和“品牌农业示范县”。工业经济稳中出新。传统产业加快提升。争创省著名商标 4 件、省名牌和优质产品 13 件，新增科技型中小企业 41 家，三丰银杞成功挂牌，宏福手套、科达橡胶、德建家具等进出口企业形势良好。新兴产业加快发展。神州巨电成功装配 42 辆纯电动公交车，桑德循环经济产业园进入实质性建设，光伏产业显现集群效应，被评为中国新能源产业百强县。现代服务业提升发展。创建了全省最大的“座客”家具家居电子商务平台，建设了名优特农产品电子商务平台，深圳前海忍冬巨鹿金银花交易中心注册挂牌，县农村信息化综合服务平台加快建设，电子商务取得突破性发展。新发展了草莓园、长青园等一批休闲采摘园，双万亩农业产业化生态观光园、老漳河百里光伏发电与生态农业经济带、杏博园建设加快，新兴休闲旅游已具雏形。

（四）城乡建设统筹推进。县城建设巩固提升。实施了 41 项重点城建工程，完成了县城控详规编制和 1∶1000 地形图测绘，“八纵九横、四环合围”城区路网完善提升，洪溢河综合治理成效凸显，“数字化”城管加快建设，省级园林县城复检通过验收。基础设施日益完善。“三环三线三改”工程加快推进，新北环、西环达到通车条件，邢德线、定魏线官亭以北路段完成大修，城乡用电设施改造升级，南水北调配套水厂正在进行设备调试，新铺设管道天然气 10.5 公里，建成集中供热热源站 1 座，供热主管网铺设一期工程基本完工，建成城乡垃圾一体化处理运转站 6 座。美丽乡村建设扎实推进。7 个省级重点村 15 件实事圆满完成，顺利通过市级验收，全县农村面貌改造提升积极稳妥推进。

（五）生态环境持续改善。坚持以大气污染防治为核心，严格落实排污权交易、排污许可制度，强化网格化环境监理机制，集全县之力较好完成 9·3 阅兵期间大气污染防治任务。建成洁净型煤推广中心，启动城乡天然气一体化工程，全面禁止燃放烟花爆竹，拆除实心粘土砖瓦窑 12 座、燃煤小锅炉 11 台，关停非法加油站点 69 家，主要污染物实现提前超额削减。同时，强化河道排污入口整治监管，完成了 16 家重点企业（养殖场）深度治理和 55 条河渠清淤改造。全年新增造林 1.04 万亩，全县森林覆盖率达到 28.2%。

（六）民生水平不断提升。年初安排的十项重点民生工程圆满完成。各项社会事业持续进步。其中，脱贫攻坚扎实推进，2.98 万人稳定脱贫。就业帮扶成效显著，城镇登记失业率控制在 3.7%以内。教育水平持续提升，职教中心与北华航天实现战略合作，德育教育跻身全国先进，学校安全连续 3 年全省先进。医疗卫生环境不断优化，县医院与北京妇产医院达成战略合作，“先看病、后付费”诊疗服务实现县级医院全覆盖。养老事业实现新突破，县民政服务中心主体竣工，新增农村幸福院 17 家，“医养结合”养老机构达到 97 家。同时，公共安全、食品药品安全和安全生产形势持续向好，社会大局保持和谐稳定。

邯郸市邯山区

邯山区是隶属河北省邯郸市的一个市辖区，位于河北省南部。2015 年，邯山区紧紧围绕建设“经济强区、魅力新城”目标，大力实施“商贸强区、环境立区、文化兴区、开放活区”战略，主动适应经济发展新常态，顽强拼搏，砥砺奋进，圆满完成“十二五”规划主要目标任务，为全面建成小康社会奠定了坚实基础。

（一）综合经济实力持续提升。2015 年，面对经济下行压力不断加大带来的严峻挑战，坚持以“重点项目建设为引爆点，以园区开发为龙头，以供给侧改革和需求侧刺激为拉动，以创业创新为新的经济增长点”的工作主线，保持定力，对冲压力，全区经济发展稳中有进、稳中向好。全区生产总值完成 126.4 亿元，同比增长 6%。全社会固定资产投资完成 143.1 亿元，同比增长 10.5%。社会消费品零售总额完成 85 亿元，同比增长 11.5%。城镇居民人均可支配收入和农民人均纯收入分别达到 2.99 万元、1.36 万元，同比分别增长 8.2%、8.5%。公共财政预算收入完成 4.58 亿元，创出历史新高，为保运转、保民生、保发展提供了重要保障。

（二）园区项目建设提质提速。坚定不移地抓园区、上项目、聚产业，大力发展城市经济。发挥省级经济开发区、省级物流产业聚集区的优势，加快陆港物流园区建设，邯郸国际陆港项目会展中心、陆港大厦、客户信息中心、联检中心、大型集装箱堆场建成投入，陆港公司成功在上海股权交易中心"Q"版挂牌上市。林安智慧商贸物流城项目18万平方米展贸中心建设实现主体封顶，2015年8月8日，全省首家物流交易所林安智慧物流交易中心挂牌成立。宏润机电物流二期、之江钢铁物流中心扩建等项目加快建设，园区入驻亿元以上项目达到23个，产业聚集和拉动效应日益凸显。特别是2015年10月28日，邯郸海关、国际陆港实现开关开港，标志着邯郸由内陆城市向临港城市发展迈出了坚实步伐，对加快园区开发、打造"无水之港"具有"划时代"和"里程碑"式的重大意义。坚持把项目建设紧紧抓在手上，全年实现昊远全球购、美的时代城等120个项目开工在建或竣工运营，完成投资150亿元，为做大经济总量、提高发展质量提供了有力支撑。

（三）城乡环境面貌明显改观。积极推进房屋征收，加快旧城旧村改造，和滏国际、大北城佳苑实现开工建设。加大路网建设力度，完成马庄路、邯山街等道路建设和三堤路东段、五仓三路等街路拆迁腾地任务。加强城市精细化管理，规范治理马路市场，完成农林、滏园、贸东、中华巷、血站路5个农贸市场升级改造；积极创建样板街、严管路，清理占道经营、店外经营，市容市貌进一步改观。加快美丽乡村建设，全面推行城乡环卫一体化模式，加大农村清扫保洁力度，推进城乡绿化，完成植树造林2400亩，植树23.5万株，打造了北羊井村等先进典型。推动农业生态休闲旅游开发，香草湖文化产业园、赵王欢乐谷、绿源生态文化观光园休闲旅游日益升温，游客数量大增，成为邯山新的靓丽名片。全面完成32个农村、社区"煤改气"工程，整体进度在全市一路领先，受到市领导充分肯定，并得到中央环保督察组高度评价。

（四）改革开放活力日益增强。扎实推进企业改革、医疗卫生改革、机构改革等工作，均达到预期进度，取得预期效果。坚持以大开放促大发展，积极走出去、请进来，以京津和长三角、珠三角、港澳台等地区为重点，开展点对点、小团队、高频次的精准对接，成功引进城市循环经济装备制造基地、环境产业一体化和居然之家等总投资达232亿元的9个项目，增强了经济发展后劲。积极推进大众创业、万众创新，建成翱翔、融创、青联等创业服务和孵化基地，进一步激发了创业创新的活力。大力发展外向型经济，全年实际利用外资6300万美元，同比增长8.4%。进出口总值达2758万美元，同比增长10.5%，均在全市名列前茅。

（五）社会民生事业协调发展。坚持民生为重、惠民为先的理念，始终把保障和改善民生作为工作的出发点和落脚点，全年投入改善民生资金5亿元，年初承诺的教育文化、医疗卫生、社会保障、市容环卫等11个方面、50件民生实事全部兑现。关注弱势群体生活，城乡低保实现了动态管理下的应保尽保，五保、孤儿救助标准进一步提高。积极发展医疗卫生事业，城镇居民医保参保12.8万人，新农合参合4.5万人，参保率、参合率均位居全市前列。认真开展就业再就业援助行动，全年新增就业岗位7026个，下岗失业人员再就业835人，城镇登记失业率控制在1%以内。深入开展法制宣传教育，顺利通过省"六五"普法验收。扎实开展"春雨行动"暨"一帮一"结对帮扶工作，帮助群众解决了一批实实在在的困难。妥善化解各类矛盾纠纷，确保了全国"两会"、"9.3"大阅兵等敏感时期的大局稳定。坚持常抓不懈、警钟常鸣，切实加强生产安全、消防安全和食品安全监管，加大社会治安综合治理工作力度，全年未发生重特大安全事故，进一步增强了人民群众的安全感。

邯郸市复兴区

复兴区位于位于河北省南部，邯郸市区西部，总面积137平方公里，下辖1个工业园区（户村工业园区）、1个镇（户村镇）、2个乡（彭家寨乡、康庄乡）、7个街道办事处（百家街道办事处、化林街道办事处、胜利桥街道办事处、铁路大院街道办事处、庞村街道办事处、石化街道办事处、西苑街道办事处）。共有45个城市社区、15个农村社区、41个行政村，全区耕地总面积8.75万亩，总人口31.18万人。

2015年全区生产总值增长5.6%，一般公共预算收入增长6.6%，全社会固定资产投资增长13%，社会消费品零售总额增长9.3%，城镇居民人均可支配收入增长8.2%。经济社会发展呈现稳中有进、稳中向好的态势。

（一）坚持以项目建设为中心，综合实力明显增强。150个5000万元以上的项目得以强力推进，累计完成投资727.46亿元。现代汽贸城会展中心及4S店集群、锦绣江南、康业建材装饰城等一批大项目竣工投用，中国网库邯郸电商谷、协鑫光伏发电等一批好项目落户复兴。全区生产总值由2010年的162.7亿元增加到2015年的221.6亿元、年均增长7.4%，一般公共预算收入由1亿元增加到3.4亿元、年均增长27.2%，全社会固定资产投资由85.6亿元增加到174.2亿元、年均增长15.3%，社会消费品零售总额由12.89亿元增加到33.6亿元、年均增长21.1%。

（二）坚持以三产提速为重点，产业结构更加优化。持续开展"三产提质提速年"活动，加快建设"H"型经济隆起带，全力打造"一园四线四中心"产业格局。钢联国际、巨恒物流等一批物流项目强势推进，卓昱钢贸大厦、宝利大厦等一批商务楼宇相继投用，中钢网邯郸创业园、熙平乾龙物流园等电子商务平台相继落成，以汽车展销为主的会展经济开始兴起，2749家三产商户落户该区。市场主体由2010年的7200户增加到15700余户，辖区金融机构由7家增至21家，累计为企业融资30多亿元，为

企业申请上级专项扶持资金2700余万元，天正新能源等4家企业成功挂牌上市，全区科技型中小企业发展到227家，化工区、邯郸棉机、纺机等企业实现整体搬迁。全力服务邯钢等大中型驻区企业，圆满完成了西小屯村的搬迁，千方百计保障了企业"毗邻村"稳定。三次产业结构由2010年的0.05：80.95：19.0调整优化为2015年的0.29：72.51：27.2。

（三）坚持以统筹发展为引领，城乡面貌大幅刷新。以"新型城镇化建设"为契机，竭力改善城区环境。在全市率先完成了"三年大变样"拆迁扫尾任务。大力改善居住条件，新建住宅小区22个，新增楼宇257座，建筑面积达460万平方米，西小屯新村等15个回迁房项目实现回迁入住。全力加速路网建设，西环立交桥建成投用，15条城区道路（桥）建成通车，12条主次干道、小街巷改造完成，园区"两路"开工建设。铁西环保热力站和邯钢余热项目建成投用，供热能力达到700万平方米。圆满完成了承担的南水北调、邯长铁路工程任务，实现了顺利通水、通车。完成了主城区和外延五公里范围内40个农村、近2万户居民的"煤改气"工程，同步实现了范围外"散改型"全覆盖。完成了惠及18个村近2万名群众农村"饮水安全"工程。大力开展农村社区环境综合整治和"美丽乡村"建设，创建示范村18个，提升了农村社区品位，齐村被评为省级美丽乡村精品村。

（四）坚持以大气污染防治为抓手，生态环境持续改善。集中开展"拆锅炉拔烟筒"攻坚，强力抓好治污减排降耗，高限完成五大行业省、市治理任务。淘汰燃煤锅炉149台，拔除烟筒190根，拆除实心粘土砖瓦窑16座，压减生铁产能50万吨，削减燃煤11.6万吨。围绕"绿美邯郸·森林复兴"建设，投入2.3亿元，构筑了"一环、两网、三大基地、四大工程"的城市森林立体绿化网络，新植、补植树木120余万棵，新增绿地80余万平方米，国家、省、市等多家媒体跟踪报道。"十二五"期间，共削减化学需氧量40.78吨、氨氮8.39吨、二氧化硫4944.82吨、氮氧化物378.50吨，超额完成市定各项任务，为"APEC蓝"、"阅兵蓝"做出了贡献。

（五）坚持以和谐发展为目标，民生福祉有效改善。民生支出逐年增加，五年累计达13.28亿元。社会保障日趋完善。城镇新增就业45565人；建立健全困难救助体系，"广覆盖、一口清"救助机制经验在新华社内参刊发；完善城乡养老、医保、低保等各类保障机制，实现了惠民政策"无缝隙"全覆盖；百家乐园、金泽苑等保障性住房建成投用，累计申报受理廉租住房家庭4000余户。社会事业蓬勃发展。"优质学校创建"三年规划全面落实，"西部教育提升"工程全面实施，阳春、西小屯、丰泰丰逸三所小学建成投用，顺利通过国家义务教育发展基本均衡区认定；第五医院与河北工程大学附属医院成功整合，辖区首家三甲医院开工在即，医疗卫生人口覆盖率接近100%；公共文化服务体系建设工作经验在全省交流。社会治理不断增强。探索推行了"4＋X"大警务室模式，强化"三网"构建，扎实化解各类社会矛盾；全面开展安全生产、食品监管排查整改，确保了人民群众生命财产安全。

武 安 市

武安市位于河北省南部、太行山东麓，晋冀豫三省交界地带。2015年，是武安经济爬坡过坎的攻坚之年，也是加快发展转型的关键之年。这一年，武安市紧紧围绕建设活力武安、美丽武安、幸福武安，深入解放思想，深化二次创业，全市经济社会发展稳中有进、稳中向好。全市生产总值完成600.1亿元，增长6.4%；财政总收入57.8亿元，其中公共预算收入34.5亿元，增长6%；规模以上工业增加值完成253.2亿元，增长5.7%；固定资产投资完成319.2亿元，增长14%；社会消费品零售总额151.8亿元，城乡居民人均可支配收入分别达到2.92万元、1.24万元，分别增长8.7%和9.4%。位居中国工业百强县第38位、中原经济区5省30市276县第1位。

（一）狠抓项目建设，增强经济发展后劲。持续摆开三大园区主战场，深入开展"三年项目年"，力促45个重点项目当年完成投资206亿元、15个建成投运，2个省重点、10个邯郸市重点分别完成投资26.5亿元和70.2亿元；三大园区入驻企业达到139家，主营业务收入突破1400亿元，建成工业园中小企业孵化中心车间厂房8万平方米，吸引欢希实业等6家科技型中小企业入驻；与中国二十冶、天津十三冶、中景信、颐高等央企国企展开战略合作，走出一条民营企业与央企国企合作路子。

（二）深化结构调整，加快工业转型升级。加快钢铁企业退城进园步伐，出台优惠政策31条，化解过剩炼铁产能98万吨、炼钢产能53万吨。加快传统产业改造提升，本着链条延伸、质量提升，深化与东北大学、北京科技大学等科研院所合作，建设秦合300万吨高延性冷轧带肋钢、奥科达150万吨制管等钢延项目，多方引导企业强化管理、挖潜增效，力促普阳钢铁效益居国内行业前列、经验在全省推广。加快新兴产业战略支撑步伐，新能源产业园建成钛酸锂材料和电池生产线、实现纯电动大巴车批量下线，形成"材料—电池—整车"全产业链；竞和高速列车受电弓滑板项目即将投产，诺恩水净化、兆宏泵业等一批成长型企业快速发展，装备制造、高新技术产业增加值分别增长9%和20%。

（三）注重挖潜增效，一三产业迸发活力。现代农业发展稳步前进，瘦肉型猪、林果、小米、蔬菜四大龙型产业持续壮大，智寿源等十大生态园区特色凸显，培育仓盛兴国家级等龙头企业44家，"龙仓"商标填补武安市"中国驰名商标"空白，依托国家现代农业示范区，力促33个农业产业化项目累计投资11.2亿元，农业产业化经营率增至68.3%。旅游发展步伐加快，京娘湖、七步沟、朝阳沟等重点景区升级改造投资5.6亿元，持续开展节假日旅游治堵、私搭乱建整治和垃圾集中处理等，引进中景信公司开发首个国家5A级"东太行"景区，成功举办

"邯郸·武安首届全民马拉松"，全年接待游客突破300万人次、门票收入突破1亿元、综合收入16亿元。现代服务业全面提速，一批大型商贸骨干项目相继投运，全省唯一B型保税物流中心即将封关运行，建成后将成为晋冀鲁豫交界区域唯一的内陆港。

（四）强化污染治理，生态环境持续改善。累计投入16亿元完成钢铁、焦化、水泥、电力"四大行业"等重点减排工程403项，削减煤炭消费量20万吨。加大污染小企业和面源综合整治力度，先后取缔284座石砌式、166座铁皮式石灰窑和78家实心粘土砖瓦窑，圆满完成"9.3"阅兵空气质量保障任务。大力开展植树造林，新增林地15万亩，启建了长45公里、总面积3.5万亩的环城防护林带，在全省率先实现"人均一亩林"。全年重污染天气减少24天，达标天气增加11天，空气质量综合指数下降13%，PM2.5浓度下降13.2%。

（五）突出宜居宜业，统筹推进城乡发展。瞄准"邯郸副中心、邯武一体化"定位，优先向东向南发展，力促东环南延、洺湖北路东段等建成通车，加快推进曹公大街、新华大街南延等工程，全面形成东、南两大新区骨架路网，城市建成区面积扩大到32.22平方公里、人口增至24.64万。全面推进路网完善、绿化提升、精品建筑等35项重点工程，建成第二水厂、新能源污水处理厂，城市日供水能力实现翻番，新增供热入网面积80多万平方米，集中供热面积增至902万平方米，天然气入市惠及1.2万户群众，引漳入洺工程实现通水，安泰保障房二期分配入住，顺利通过国家园林城市复检。支持阳邑、磁山等重点镇建设，推动伯延、安子岭等5个"中国传统村落"列入中央财政支持范围，强力推进"美丽乡村"建设，农村面貌得到进一步改观。

（六）牢树为民宗旨，切实保障改善民生。在财政异常紧张情况下，优先投入28亿元保障改善民生，一方面大力发展社会事业，力促市一中成为邯郸首所可跨县招生的县级中学，支持市第一医院纳入省三级医院管理，推动市文体中心正式开放运营，被评为全省公共文化服务示范县（市）。另一方面着力化解民生热点，实施人饮解困、道路提升、扶贫开发等8件实事工程，30个村、3.2万人饮水难题初步解决，矿宋线等乡村道路改建相继竣工，对贫困群众逐一建档立卡、分包帮扶，一批涉及群众利益的民生难题有效解决。

（七）推进平安创建，全力确保安全稳定。针对全市工矿企业多、流动人口多、社情复杂的特点，以更大的决心和力度维护安全稳定大局。一是守牢安全底线，持续开展"专项整治、隐患排查、打非治违"专项行动，全市工矿商贸企业实现零事故、零伤亡，力促全年安全生产形势平稳向好。二是深入开展依法治访，不断畅通和规范社情民意反映渠道，加大信访案件化解力度，确保了"9·3"阅兵、十八届五中全会等重大敏感期"进京零非访"。三是扎实推进平安创建，深入实施天网、警网、民网"三网合一"平安建设，强力开展利剑斩污等专项行动，刑事案件同比下降19.7%，切实维护了安定和谐的社会局面。

成 安 县

成安县位于河北省南部，邯郸市东南20公里处，地处晋、冀、鲁、豫四省接壤地带，有"四省通衢"之誉。境域面积481.5平方公里，辖4镇5乡2个工业区，234个行政村，总人口44万，是邯郸市"1+8"中心城市发展规划重要组团之一，邯郸冀南新区的重要组成部分，是全国县委权力公开透明运行工作试点县，全国行政权力公开透明运行工作试点县，并先后荣获"中国金融生态县"、"中国楹联文化县"、"全国生态文明先进县"、"全国科技进步先进县"、全国蔬菜产业重点县等多项殊荣。

2015年，成安县在市委、市政府的正确领导下，围绕建设"实力成安、活力成安、魅力成安"的发展目标，按照"领跑东部、全面提升"的总体要求，积极适应经济发展新常态，着力推进项目建设、产业升级、城乡建设、现代农业、民生改善等重点工作，全县呈现出经济平稳运行、社会和谐稳定的良好态势。

（一）综合实力显著提升。全县生产总值完成131亿元，东部第一，增长8.3%；固定资产投资完成168.9亿元，增长13.5%；全部财政收入完成7.4亿元，东部第一，增长10%；公共财政预算收入完成3.6亿元，增长18%；社会消费品零售总额完成43.1亿元，增长9.5%。各项主要经济指标居全市前列，继续领跑邯郸东部。

（二）项目建设势头强劲。全年共实施亿元以上项目42个，其中新开工项目25个，续建项目17个，争列省市重点项目15个。抢抓京津冀协同发展战略机遇，与中国民营500强星星集团、中国网库签订投资合作协议，共签约引进项目25个，超亿元项目20个。进出口总值完成8654万美元，增长10.5%。大力实施"腾笼换鸟"，积极处置"僵尸企业"，全年促转促活企业8家，腾出土地262亩。特别是把北方阀门产业园建设作为重点，以创业孵化基地形式建设"园中园"。在全市两次项目集中观摩中，成安分别荣获全市第二和全市第三的优异成绩，全年综合排位全市第二，连续八次位列全市第一方阵。

（三）工业经济运行平稳。全年新增规模以上工业企业12家，国家高新技术企业达到13家，省级工程技术中心1家，市级工程技术中心达到6家，建立1家院士工作站，河北省科技型中小企业达到270家，"吴氏润安"荣获中国驰名商标。全年累计助企融资达到55.2亿元，吴氏润康在新三板成功上市，上市企业总数达到5家，数量全市第一。培育大企业实现新突破，正大制管成功入围中国民营企业500强第369位，中国民营企业制造业500强第223位。2015年，全县规模以上工业实现增加值52.8亿元，东部第一，增长8.1%。

（四）城市面貌显著改观。一是城乡规划逐步完善。高标准完成了城市总规、城乡总规及省市重点提升村规划编制，争取为全省"多规合一"试点县。二是重点工程加快推进。全年累计投入各项资金8.7亿元，重点推进5大类22项城建工程。对邯大高速连接线道路走向、线型、宽度等进行了变更，完成邯大高速连接线征地拆迁工作；实施了地下水超采治理项目和北环生态水网工程，环城水系实现连接贯通。南水北调配套水厂已具备通水条件，实现县城24小时供水；雪涛桥、东城大道南北延实现竣工通车。启动建设保障性住房公租房700套，完成农村危旧房改造200户。三是城市管理不断规范。组织开展了规范城市秩序整治城市环境集中行动，综合施治，合力攻坚，从根本上改变了城市“脏乱差”现象。同时，建立健全了城市管理长效机制，不断巩固综合整治成果。

（五）现代农业发展迅速。一是农业生产喜获丰收。小麦收获面积32万亩，平均单产514公斤，玉米收获面积25万亩，平均单产567公斤，实现连续增产。二是农业产业化水平稳步提高。重点推动中谷琪珑、四季农庄等企业发展壮大，省市级农业产业化龙头企业达到36家，农业产业化经营率达到68.3%。三是特色产业规模显现。全县蔬菜种植面积达7.7万亩，大型蔬菜园区达到12家。其中，三信农业园区被省农业厅评为五星级休闲农业采摘园，绿帅庄园、金农种养基地观光采摘园获国家旅游局颁发“中国乡村旅游金牌农家乐”称号。四是美丽乡村加快建设。累计投入2600万元，完成了19个美丽乡村15件实事，曲村被评为全省百强美丽乡村，总数达到3个。创新造林绿化机制，通道绿化全部实行市场化运作，政府租地，乡镇运作，由造林公司（大户）采取多模式密植造林，实现了“企业得利、政府要绿”的目标，森林覆盖率达到17.2%。全县农村土地确权颁证工作完成耕地总面积的60%以上，流转率达到27%。2015年，全县农业总产值完成50亿元，增长3.3%；农村居民人均可支配收入11816元，增长8.6%。

（六）生态环境持续改善。一是节能减排成效显著，淘汰、改造10蒸吨以下燃煤锅炉128台、120蒸吨燃煤锅炉2台，减少燃煤使用，空气质量得到不断改善。2015年，空气质量优良天数达到82天，PM2.5平均浓度为0.104，同比下降19.3%。二是开展了实心粘土砖瓦窑取缔专项行动，依法拆除21座砖瓦窑，可置换建设用地指标1500余亩。三是开展了城区及国省主干道两侧散煤、沙石煤场等清理整治行动，县城区及处延1000米范围内全部取缔到位，不在取缔范围的采取了围挡、覆盖等整治措施，空气扬尘污染得到有效治理。四是开展了成品油专项整治行动，共查处无证经营的违规建设加油站点85家，消除了安全隐患。

（七）社会事业快速发展。围绕抓好发展要事和惠民实事，财政用于保障和改善民生的支出达到15亿元，占全部支出的89.3%。教育工作，新一中二期工程竣工投用，顺利通过义务教育均衡发展省级评估和普及高中阶段教育验收。卫生工作，全面推进县级公立医院改革，基本公共卫生服务扎实开展。民政工作，新建5所精品点幸福院，完善了3所居家养老服务中心；成功争取国家、省级“救急难”试点县。文化旅游，二祖“中国·禅源小镇”正在规划，匡教寺生态寺院正在建设。社会保障、城乡医疗救助制度更加完善，养老、医疗、工伤、失业等保险覆盖面不断扩大，新农合参合率、城镇居民医保参保率、城乡居民养老保险参保率分别达到99.5%、99.1%、99.9%。人口计生工作稳步推进，信访稳定工作成效显著，安全生产和食品药品安全形势持续好转，全县大局和谐稳定。

肥乡县

肥乡县位于河北省东南部，是邯郸市“1+8”卫星城市之一。2015年，在市委、市政府的坚强领导下，紧紧围绕“科学跨越、绿色崛起”总要求和“建设肥沃之乡、打造美丽新城”总目标，以“六大攻坚战”为抓手，统筹做好稳增长、调结构、促改革、惠民生各项工作，保持了经济社会又好又快发展的强劲态势。

综合经济实力明显增强。全县生产总值完成86.9亿元，增长8.3%；固定资产投资完成119亿元，增长14.3%，增幅居全市第一位；规模以上工业增加值完成19.7亿元，增长6.3%；全部财政收入突破6亿元大关，居邯郸东部十县第三位，增长16.1%，居全市第二位。其中公共财政预算收入完成4.6亿元，居东部十县第二位，增长10.3%；社会消费品零售总额完成29.9亿元，增长9.4%；城镇居民人均可支配收入和农村居民可支配收入分别完成19738元和11135元，分别增长10%和9.5%。

项目建设实现较大突破。坚持以项目调结构、促转型、增后劲，持续攻坚推进重点项目建设。四达电机等21个项目竣工投产，邯郸东郊热电等25个项目加快推进，江诺美的配件等32个项目开工建设，同时完成备案项目99个，为跨越发展提供了强有力支撑。

招商引资取得显著成效。突出专业招商，坚持高端对接，大力引进重大项目和战略投资，先后组织外出招商活动200多次，在北京、杭州等地自主举办2次招商推介会，举行和参加3次项目集中签约活动，成功签约总投资278.4亿元的云计算产业园等18个大项目、好项目。特别是抢抓协同发展机遇，围绕对接京津开展了一系列卓有成效的招商活动，联系了一批央企和国内500强等重要企业，市委、市政府给予充分肯定。

开发区建设加快推进。紧紧围绕打造省级一流开发区目标，加快完善开发区基础设施和功能配套。东环路北延、团结路东延等道路及污水处理厂、消防站和水厂等配套设施顺利完工，集中供热供气及配套管网工程扎实推进，309国道辛安镇段改造征地搬迁顺利完成，被评为4A级省级经济开发区。

城镇化水平不断提升。围绕生态宜居目标，加快县城扩容升级和小城镇建设。编制了第四期城乡总体规划、17项专项规划和城市设计等规划。完成了希望街北延、祥安路等道路建设和老城区照明改造以及26条城中村小街巷硬化等工程。狠抓园林绿化和环境卫生整治，顺利通过省园林式县城复查验收。积极推进小城镇建设，天台山镇荣膺全国宜居小镇，大西韩乡撤乡设镇顺利完成，全县常住人口城镇化率预计达到36.83%。

产业转型升级步伐加快。工业经济稳步发展，新增入统工业企业12家，规模以上工业增加值增长6.3%。战略性新兴产业不断壮大，一批先进装备制造、信息技术、新材料等重大项目正在加快推进。商贸物流业快速发展，东风华北汽车物流中心建设扎实推进，金田阳光义乌小商品城项目完成前期工作。农村电商迅猛发展，建成了平原电子商务产业园，阿里巴巴、京东、苏宁等全国知名运营商入驻肥乡县，县级服务中心建成使用，发展农村淘宝店103家，被列为全国电子商务进农村综合示范县，为全市唯一。

“三农”工作稳步发展。粮食生产实现“十二连丰”，苗木花卉、设施蔬菜等特色产业加快发展，圣雪海羊绒公司被评为省级农业产业化龙头企业，前白落堡村被授予全国一村一品示范村镇。地下水超采综合治理成效显著，新增地表水灌溉面积5.3万亩，发展高效节水面积2万余亩。大力推进“绿美肥乡”建设，被评为全国绿化模范县。扎实推进“美丽乡村”建设，全面完成省级重点村15件实事建设任务，大康堡村被授予省级“美丽乡村”。加大扶贫开发攻坚力度，6000贫困人口实现稳定脱贫。

改革创新活力日益凸显。大力推进大众创业、万众创新，建立了权力清单和责任清单，推行了“三级平台、两个代办”，9个乡镇便民服务中心全部投入使用，万人拥有市场主体增幅名列全市前茅，新增注册商标102件，其中新增省著名商标4件，商标兴企工作步入全市先进行列。创新金融服务，积极探索推进“政银贷”、“金财通”等新的融资模式，加大银企对接力度，全县新增企业贷款6.9亿元；建立了上海股权交易中心县级企业挂牌孵化基地，深达矿山公司在深圳前海股权交易中心挂牌交易。创新科技应用，新增7家国家高新技术企业、135家省级科技型中小企业、22家市级企业研发机构。

民生保障得到持续改善。坚持把更多财力和资源向民生倾斜，全县用于民生领域的财政投入达到13.68亿元。社会保障更加有力，新增城镇就业3512人，实现再就业504人，城镇登记失业率控制在1.09%以内；城乡居民社会养老保险参保率达到99%，被评为全省城乡居民养老保险工作先进单位；新农合参合率达到99.9%，城镇医疗保险参保率达到97%，率先实现城镇职工基本医疗保险全市范围就医即时结算；农村危房改造全部竣工，中心敬老院改扩建顺利完工，农村互助幸福院建管水平进一步提高。教育事业均衡发展，薄弱学校改造和第五中学、第二实验小学建设扎实推进，顺利通过省义务教育发展基本均衡县督导评估。卫生和计生事业加快发展，公立医院改革经验在全市交流推广，被授予省基层中医药工作先进单位。深入开展大气污染防治，全面完成关停取缔砖瓦窑、秸秆禁烧、整治建筑工地扬尘等大气污染治理和减排任务。严格落实安全生产工作责任制，不断强化重点行业领域安全监管，安全生产形势持续好转。扎实开展打击处置非法集资专项行动，全面加强信访维稳、社会综合治理工作，司法行政工作全省先进，有力维护了全县和谐稳定的良好局面。

魏 县

魏县地处河北省邯郸市东南部，辖21个乡镇、1个街道办事处，541个行政村、20个居委会；总面积863.6平方公里，耕地面积6.15万公顷；总人口104万，人口自然增长率为7.72‰。

2015年，全县生产总值完成129.1亿元，增长9%。其中，第一、二、三产业增加值分别为30.2亿元、47.2亿元、51.6亿元，分别比上年增长4.3%、9.3%、10.9%，三次产业比例为23.4∶36.6∶40.0。固定资产投资完成192.8亿元，增长13.5%，其中工业固投完成156.8亿元，占全县固投的81.3%；工业企业实现税收0.9亿元；全部财政收入完成7.1亿元，增长8.4%，其中公共财政预算收入完成5.2亿元，增长7.2%；规上工业增加值完成51.2亿元，同比增长8.6%；全社会消费品零售总额完成77.3亿元，增长9.4%；城镇居民人均可支配收入为2.18万元，同比增长9.0%，农民人均纯收入1.02万元，同比增长10.7%。

（一）工业经济取得新突破。通过持续跟踪对接，宗申白俄罗斯大型高端农机装备产业园开工建设；台资装备制造产业园一期竣工，入驻台商3家；制定支持再生资源行业发展的十条优惠政策，促进桑德循环经济产业园繁荣发展。签约农林资源循环环保利用产业园、中·加河北汽车制动产业园等项目68个，新开工凯诺制药等亿元以上项目20个，竣工魏州电子商务物流园等项目50个。开发区实行“绩效管理”，清退项目企业3家、转产企业4家、完成提质增效企业6家。新增入统企业12家、国家高新技术企业3家、市场主体2448个、注册商标167件、省名牌产品5个、省优质产品6个。

（二）城乡统筹得到新发展。县城控制性详规初步完成，绿地、供热等专项规划通过专家评审，新建排水、供气、供热管网61公里，翻修城区道路2.4公里，生态公园完成升级改造，魏祠公园、玉泉河等景观实现提档升级，南水北调配套水厂建成通水。与桑德环卫集团以PPP模式合作，城市管理市场化迈出重大步伐。院堡乡实现撤乡设镇，启动12个节点乡镇政府所在地规划，15个省级重点村和8个“小弟八模式”示范村有序推进。实施地下水超采综合治理工程，发展喷灌、高标准管灌等节水灌溉12万亩，年可压采地下水1143万立方米。流转土地26.96万亩，新增农业园区8家，打造优质蔬菜、肉蛋奶、禽畜生产基地11个，农业产业化经营率达到66.99%。

（三）社会民生事业开创新局面。全县民生支出11.5亿元，城镇居民人均可支配收入、农民人均纯收入分别增长9%、10.7%。大力实施精准扶贫，3.35万扶贫对象实现脱贫、55个贫困村整体出列。建成魏邦创业孵化基地，完成各类职业培训2383人，新增就业岗位7816个，输出劳务28.3万人，实现劳务经济收入44.5亿元。各类保险参保人数达到67.4万人、发放各种待遇4.9亿元。新农合参保73.76万人、累计报销2.7亿元。建成保障性住房170套，完成农村危房改造400户，累计发放低保、五保等社会救助资金1.3亿元。南北拐大桥改建和南第线、常泊线改造完成，翻修改建乡村道路300公里。改扩建农村薄弱学校11所，打造教育均衡发展示范乡镇3个，公开招聘教师255名。7个乡镇卫生院改扩建工程实现开工，公开招聘医护人员67人。铺设农村供水管网797公里，新建电气化重点村15个，供电供水条件不断改善。

（四）"两个环境"取得新成效。强化削煤、降尘、减排、控车、除烟五项措施，成立煤质检测站，取缔小塑料、小炼铝等重污染小企业98家，淘汰10蒸吨及以下燃煤锅炉、茶浴炉118台，拆除取缔粘土砖厂49座，关停治理小商砼企业34家，淘汰黄标车3000多辆。持续推进"绿美魏州"攻坚行动，完成城乡造林面积1.6万亩、农田林网控制面积9500亩，全县林木覆盖率达到25.35%。挂牌运行县行政审批局；编制公开"三个清单"，承接上级取消、下放审批事项166项，取消县级行政许可事项223项，国地税实行联合办税，县政务服务中心荣获全省政务服务系统县级第一名。

（五）文化旅游创出新变化。举办梨文化旅游活动，全县各景区（点）接待游客200多万人次，魏县被列入省"乡村一日游"精品线路。国家级非遗项目"四股弦"进京汇演，引进中传未来魏县文化体育广场项目，建成投用县电影院、4个精品乡镇综合文化站和10个村文体广场，开展文化下乡、电影下乡6000多场，小片网并网303个村，数字电视实现"乡乡通"。开展社会主义核心价值观集中宣讲29次，组织举办"最美魏州人"评选活动，边马乡司法所所长李海群荣登"中国好人榜"，县检察院苏海占荣获全省第五届道德模范。加强农村红白事大操大办属地管理、日常管理和督导检查，形成文明、节俭办事的新风尚。

（六）"平安魏县"实现新增强。主城区天网工程建设圆满完成，在重要路口、重点部位安装300个高清摄像头，持续开展严打整治行动，维护社会治安。开展大规模信访隐患排查11次，排查调处各类矛盾纠纷210余件，省、市交办的168件信访案件全部办结，化解信访积案107起。在全县21个乡镇和县经济开发区设立安监站，全县66家涉氨冷库全部实现挂牌监管。深入开展食品药品安全专项整治10多次，省级食品药品安全县创建工作顺利通过考核验收。

（七）省直管县（市）体制改革试点工作顺利完成。2月28日，魏县被确定为全省扩大省直管县（市）体制改革试点，4月份开始试运行。期间，按照要求，魏县调整管理权限483项，其中县管理203项、省直部门直接管理280项；取消县级行政许可事项27项；清理县本级行政监管事项106项，完成"权力清单"梳理工作。争取到农村电网改造、革命老区建设、地下水超采综合治理、土地整理等各项资金近4亿元；争取到第四批专项债券资金49亿元、资本金2亿多元；追加建设用地规模5800多亩，建设用地指标1360亩。10月份，省取消第二批直管县（市）体制改革试点工作，魏县平稳回归市管。

县委书记：梁振江（2015年1月离职）
　　　　　卢　健（2015年5月任职）
县人大主任：郭玉峰
县长：卢　健（2015年5月离职）
　　　樊中青（2015年5月任职）
县政协主席：苗俊岭

曲 周 县

曲周县位于邯郸市东北部，2015年，全县生产总值完成114.6亿元，同比增长8.4%；全社会固定资产投资146.6亿元，增长13.5%；全部财政收入5.35亿元，增长7%；全社会消费品零售总额58.3亿元，增长9.9%。城镇居民、农村居民人均可支配收入分别为2.22万元、1.18万元，分别增长8.9%、10.3%，全县经济社会保持了平稳较快发展势头。

（一）抓项目、壮产业，经济实力持续增强。按照"项目牵总、产业驱动、平台支撑"的原则，坚持把增投资、上项目作为首要任务，持续壮大县域经济实力。项目建设上，依托"项目建设攻坚年"活动，大力推进重点项目"3345"工程。围绕"财税贡献、就业人数、投资强度、科技含量、绿色环保"设置准入门槛，项目质量效益实现双提升。全年，推进实施重点项目62个，总投资超过200亿元；鸿力轴承、冠科金属、森蔚BPI平衡装置等17个项目进入省、市重点；润尔木塑、健儿乐童车、韶乐新材料等32个项目竣工投产；佑森型材、亿航童车等26个项目达产达效；特别是，京津自行车生产基地刷新了项目建设的"曲周速度"。产业发展上，按照"传统产业抓升级、新兴产业抓培育、优势产业抓品牌"的思路，着力打造自行车（童车）、食品生物、精密轴承、节能环保四大产业，全面提升了产业发展实力。自行车（童车）产业，实现了由零散配件向整车生产的跨越，十大龙头带动能力明显提升，集群发展有效形成。京津自行车生产基地，成为承接天津产业转移和县内产业集群的聚集地，自行车（童车）的规模效应进一步扩大；天然提取物产业继续保持全球领军地位，辣椒红色素产销量世界第一，晨光集团入选"中国自主品牌100佳企业"，获批设立博士后科研工作站；轴承产业后发优势进一步凸显，致力打造华北地区最大的精密轴承生产基地，依托鸿力轴承产业园项目，建立"园中园"，以厂招商，成功吸引20余家关联企业入驻；节能环保产业聚焦高端产品的研发，鹏达公司高纯氧化物实现了产量、品质和市场占有量"三个第一"。平台搭建上，达康街南延、晨曦路东延工程、科贸路东延工程等道路建设正在加速推进；晨光路东延和曙光路东延、现代大道、迎宾路等道路雨水、污水管网建设，正在积极推进；南区 110KV 变电站、北区 35KV 高压线路迁移、第二消防站建设等工程扎实推进，开发区配套设施进一步完善，承载能力明显提高。对入区企业、项目严格实行“绿卡”保护政策，杜绝了“三乱”现象发生，进一步优化了开发区服务环境。

（二）抓提升、强基础，城市建设扩容提质。按照“拉大框架、完善功能、提升品位”的思路，扎实推进城镇建设，累计投资 4.4 亿元，实施规划、路网、绿化等 14 项城建工程，县城的功能、品位日益提升，曲周县“省级园林县城”顺利通过复查验收。城区规划上，完成城乡总体规划修编，启动了综合交通、集中供热、绿化等专项规划修编，确保了县城建设有规可依。同时，牢固树立“规划即法，执法如山”的理念，所有建设项目，一律提交规委会研究审批，保证了城市规划和建设的科学性、合理性。县城建设上，人民路升级改造全面完成，东环南延启动实施，西南环改建、育才路整修、晨光路配套、林荫式停车场全面完成，达康街贯通、新华路西延快速推进，县城东扩南移的步伐持续加快，所有工程全部完成后，将形成“一环六纵六横”的路网格局。莲花湖公园、集中供热供气、污水处理配套设施建设有序推进，主干道路沿线、景观节点的绿化美化全面完成，城市功能日益完善。城市管理上，公司化保洁启动实施，数字化城管运行良好，持续开展“两违”整治、街道绿化、市政维护等工作，狠抓乱贴、乱挂、乱建等现象；取缔“马路市场”，规范专业市场，解决了市场“外溢”难题，同时，以智慧城市建设为目标，同步推进新城管理和老城治理，城市管理更加有序，城市品位明显提升。

（三）抓特色、促转型，“三农”基础更加稳固。按照“流转先行、项目驱动、园区引领”的思路，围绕转变农业生产方式，持续抓项目、促调整、育特色，进一步夯实了农业发展基础。农业项目上，完成中小河流治理、地下水超采综合治理、农业综合开发等国家政策性项目，粮食生产实现“十二连丰”，小麦、玉米总产达 48.8 万吨；植树造林成效明显，全县林地面积达到 12.8 万亩；高标准基本农田、河道治理等项目建设，正在扎实推进，有效增强了农业抗风险能力。结构调整上，积极推进农村土地流转，发展适度规模经营，土地流转面积 19.4 万亩，形成了“成方连片”的流转格局；发展设施蔬菜、绿色蔬菜 12 万亩，示范推广高效套种 10 万亩，农业结构进一步得到优化；先后培育家庭农场、专业合作社等新型经营主体 380 家，有效增强了农业竞争力；温室育苗成为曲周特色，育苗量再有新突破。农业产业化上，大力推进农业产业化经营、区域化布局、标准化生产、专业化服务，先后培育国家、省市农业产业化龙头企业 36 家，产业化经营率达到了 64.6%。实施农产品品牌化战略，打造了老营西瓜、前衙葡萄、依庄山药、小弟八林木、相公庄苹果等一批农业品牌。美丽乡村建设上，按照全市“3＋X”的工作思路，大力推进美丽乡村建设，全面强化农村“净化、绿化、美化”基础，农村面貌明显改善，人居环境持续优化，形成了“小弟八造林绿化型、白寨公司运营型、东刘庄土地流转型、前衙产业带动型”四种美丽乡村建设模式，较大改善了农村面貌和人居环境。

（四）抓开放、聚要素，发展活力逐步彰显。实施“开放兴县”战略，坚持把招引大项目、大客商作为主攻方向，创新招商方式，优化激励机制，做强后续服务，构筑了全方位、多层次、宽领域的开放格局。简政放权上，持续深化行政审批制度改革，“三证合一”顺利实施，供销社改革、县级公立医院改革取得较好成效；稳妥推进政府职能转变和机构改革，建立责任清单制度，简政放权，服务群众，行政效能逐步提升。财政投资评审中心运转良好，财政资金使用更加规范、科学。“稳增长、促发展、惠民生”办公室高效运行，解决了一批企业发展难题。招商引资上，按照“目标专一、队伍专业、形式多样、严格考核”的工作思路，选派 15 名干部，组建了北京、上海、深圳三个招商小组和两个项目推进小组，先后开展 80 余次招商引资活动，引进 10 亿元以上项目 6 个，5 亿元以上项目 10 个，项目储备量 75 个，总投资达到 197 亿元。实际利用外资 1300 万美元；进出口总值达到 1.04 亿美元，位居东部县第一。金融支撑上。先后组织召开了 20 余次金融座谈会、银企对接会，引导金融部门深入企业，开展送贷款下乡、下企业活动；引导企业登陆电子商务平台，交易额突破了 3000 万元；鼓励企业上市融资，出台支持政策，培育后备企业，调动了企业上市融资的积极性；持续推进“金园贷”、“金财通”、“政银贷”融资模式，有效缓解了项目资金需求。

（五）抓民生、重覆盖，社会事业全面发展。先后投入 4.5 亿元，完成了校安工程、农村饮水安全、农村危房改造、城乡公交一体化等一批群众关心的民生工程，群众幸福指数全面提升。社会事业上，建成标准化初中、小学、幼儿园 67 所，改造提升 38 所，办学条件进一步改善；着手谋划了建设教育园区，顺利通过国家、省教育督导评估和义务教育阶段教学评估；招聘 130 名中小学教师，充实到基层学校；乡镇卫生院改造任务全面完成，新农合补偿金额 2 亿元；南柴线二期改建等重点工程，正在加速推进。社会保障上。最低生活保障扩面提标，五保集中供养能力逐步提升，孤儿救助全覆盖，基本实现了动态管理下的应保尽保；加强新型农村合作医疗制度建设，参合率稳定在 98%以上，城乡居民养老保险征缴工作成效显著，参保率达到 95.9%；坚持精准扶贫，筛选出贫困人口 15962 人，逐步完善扶贫措施，确保如期脱贫。社会管理上，加强和创新社会管理，建立县乡村三级群众工作服务平台，提高了群众工作服务水平。“平安曲周”创建扎实推进，网格化巡防体系日益健全；健全信访工作长效机制，圆满完成“9·3”阅兵等重点活动安保工作，保证了社会和谐稳定；坚持“打非治违”不间断，安全生产形势持续好转；加强思想文化工作，涌现出全国文明村镇小弟八、全国道德模范张青彬等一批先进，彰显了示了曲周干部群众的精神风貌。同时，大气污染防治和污染减排成效显著，环境质量持续改善。

河北省国家级开发区、省级开发区、创新型产业示范园区等选登

秦皇岛经济技术开发区

2015年，面对复杂严峻的形势，秦皇岛经济技术开发区认真贯彻落实市委、市政府决策部署，以“三个十”工程为统领，以深化“三项改革”为抓手，以超常规的举措和力度，抓项目、调结构、保增长、优环境、惠民生，全区各项工作实现了新的突破。全年完成地区生产总值265亿元，同比增长8%，占全市21.9%，比“十一五”末提高2.5个百分点。完成规上工业增加值169.9亿元，同比增长8.3%，占全市的51.2%，比“十一五”末提高12.4个百分点，实现了由占全市的1/3到半壁江山的巨大跨越；实现利润17.4亿元，占全市的93%，比“十一五”末提高了31个百分点。完成固定资产投资137.8亿元、进出口总额31.79亿美元，同比增长20%和5.9%，分别占全市的15.8%和69%；实际利用外资1.89亿美元，完成市考核任务，占全市36%。实现全部财政收入42.51亿元、市区两级公共预算收入17.04亿元，同比增长3.3%和4%，分别占全市20.7%和15%，圆满完成了市政府下达的指标任务，有效发挥了开发区引领带动作用，为开展“三次创业”、实现加快发展奠定了坚实基础。

一是项目建设取得新突破。全年实施省市重点项目16个，总投资123.4亿元，完成投资37.05亿元，超年度计划8000万。以十大产业项目为统领，持续实施重点项目领导分包责任制，协同破解难题，竭力服务企业，全力实施攻坚，取得良好成效。臻鼎增资项目当年建成投产，京能热电联产正式开工，金光伏薄膜太阳能完成注册，秦皇岛能源交易中心开锣运营，中兴网信一期投入使用，路能达汽车产业园一期主体封顶，亚粮泰盛大宗商品交易中心正式签约，北大科技产业园两个子项目（城安胜邦、丰泰自动化）即将施工，北斗数谷二期等项目也均取得了重要进展。十大产业项目扎实推进，捷报频传，已成为支撑全区加快发展的中坚力量。此外，中信戴卡轻量化铸造车轮、NPB轴承异地扩建、海纳电测总部基地等一大批新建项目投产运营，项目建设呈现批次衔接、后劲十足的良好局面。

二是创新创业取得新成效。深入开展对接京津产业转移，中关村海淀园秦皇岛分园累计引进项目超过50家，落户经营项目超过20家；中科院（秦皇岛）技术创新成果转化基地累计引进16个实体企业和3个院地共建平台，形成了协同发展的新优势。依托数谷翔园、创业港湾两大创新创业载体，涌现出北岛博智、E谷创想空间等创业孵化基地和一大批创业成功企业，大众创业、万众创新进入快车道。

三是改革创新取得新进展。坚持通过改革释放红利，破解发展难题，各项领域改革创新成效明显。行政制度改革深入推进。行政审批局正式挂牌运行，搭建起“一窗口、一条龙、一体化”的新型政务平台；全员聘用制改革方案已获市委原则同意，待市政府审核后即可实施；公车改革按照市政府统一部署，积极推进。融资渠道有效拓宽。通过项目融资、棚改贷款、政府债券置换、“助保贷”等方式，全年获取资金超45亿元，为全区发展提供了有力保障。企业上市步伐加快。燕大源达、天秦装备、秦皇旅游三家企业在新三板挂牌，乾源科技、八达物流分别在石交所、上交所挂牌。全区上市挂牌企业累积达到10家。

四是城乡面貌呈现新变化。以完善基础设施配套为重点，一大批基建、城建工程顺利推进。秦皇岛国际展览中心全面竣工，秦抚快速路（开发区段）西延伸工程正式通车，秦皇西大街外环路口改造基本竣工，戴河综合治理、东区港口起步区工程、填海工程等均取得重要进展。孤家子、小米河头、上徐各庄、下徐各庄等村如期完成征地，全区综合发展保障能力进一步提升。以市容环境百日攻坚为契机，全面推行全覆盖徒步巡查、无缝隙网格化精细管理，推进城市管理社会化、城乡垃圾收运一体化、环境管理机制规范化。城区环境面貌更净、更靓、更美。以建设美丽乡村为目标，着力推进农村环境“四化”，推广使用清洁燃料炉具3589套，改造农厕746座，硬化乡村道路4.1万平方米，处理垃圾1.35万立方米，农村环境面貌焕然一新。

五是民生事业取得新进步。统筹实施各项民生工程，下大力解决民生领域热点问题，群众物质生活条件得到有效改善。就业增收成效明显。全年新增就业4917人，下岗失业人员再就业1750人，发放失地农民生活补助费4928万元，发放“五好家庭、五好村”奖励资金1306万元。社会保障水平持续提升。保障托底取得突破，新增参保人数1.3万人，失地农民养老保险实现全覆盖，发放低保补助147万元。教育卫生体系不断完善。大力改善中小学办学条件，优化教育资源配置，高标准通过省级义务教育发展基本均衡县评估验收。新农合覆盖面进一步扩大，参合率达98.8%，连续七年位列全市第一。文体事业欣欣向荣。成功举办第七届文化月、职工运动会、全民阅读等丰富多彩的文化活动，培植开发区特色文化，以文化人。提出“二次创业”以来，我们始终坚持理想信念教育，成效显著，走在了全国前列。2015年10月15日，中宣部召开北方19省市宣传系统现场会，推广该区理想信念教育经验，极大提升了全区凝聚力和战斗力。民生实事成效显著。统筹实施六小、二小、老旧小区环境改造、农村人饮工程、周转房及返迁房等十大民生实事，用真心实意提升了群众获得感，群众纷纷点赞。社会环境稳定和谐。深入开展打黑除恶、专案稳控、火灾隐患排查等专项行动，辖区发案率始终保持在较低水平，群众满意度和安全感进一步提升。高效完成暑期安全保卫和全国“两会”、

“9·3”阅兵、国庆等重要活动期间的安保工作，获得各级领导的高度赞许。全区未发生重特大食品安全事故，区内工商贸企业未发生安全死亡事故，圆满完成市目标任务。

保定国家高新技术产业开发区

保定国家高新技术产业开发区（以下简称“保定高新区”）成立于1992年，位于保定北向发展的核心位置，是全国首批56个设立的国家高新区中唯一一个以新能源和智能电网为主导产业的科技产业园区。近年来被命名为国家级新能源产业基地，国家级高新技术创新基地。2008年国务院授权科技部批准，保定高新区通过托管和共建方式拓展发展空间，规划面积达到102平方公里，现在建成区是14.74平方公里。据科技部最新综合排名，在115个国家级高新区中，保定高新区名列第32位。

保定高新区围绕打造中国电谷，构建世界级新能源及电力技术创新与产业基地这一战略的构想，抢抓新能源和智能电网先发优势，大力构建光电，风电，输变电和电力自动化设计制造四大特色产业体系。重点发展新材料，新一代信息技术，现代服务业等新兴产业。初步形成了以保定中关村创新中心为核心，以朝阳大街现代服务业，乐凯大街高端装备制造业为两轴，风电产业园，智能电网装备产业园，大学科技园，电谷创业园等特色产业园的一核两轴多元的产业空间布局。

截至目前，区内注册工商企业3970家，其中高新技术企业是81家。世界五百强投资企业16家，上市公司11家。2014年跨入千亿园区行列，2015年主营业务收入1260亿元。

2015年，保定国家高新区积极适应新常态下的新变化，千方百计应对各方面带来的新挑战，抓机遇、聚合力、增动力，努力开创创新发展新局面。

（一）经济运行稳中有好。在实体经济走弱的背景下，通过调整产业布局、培育发展新动能，保障了主要指标平稳增长。全年实现规模以上工业增加值41.3亿元，增长3.4%；完成财政收入27.71亿元，同比持平；完成一般公共预算收入4.9亿元，增长33%；完成固定资产投资88.4亿元，增长2.2%；万元工业增加值能耗下降18%，超额完成16个百分点；新增规上工业企业和重点服务业企业分别为9家和3家，超额完成任务；新增商业银行3家（中信银行保定分行、河北银行科技支行、农行支行），新增上市企业3家（乐凯新材、嘉盛光电、易通科技）。

（二）项目建设持续发力。将项目建设作为全年工作的核心，强化调度、解决问题，力促早开工、早建设、早达产。全年安排省市重点项目19个，总投资332.4亿元，完成投资41.62亿元，完成计划的174.9%；项目开工率、投资完成率全市排名前列。四方三伊二期、爱迪光伏、红星美凯龙等项目建成投产运营；长空石油、微控机电、电谷产业园、电谷科技中心、汇博上谷大观等项目加快建设，发展后劲不断增蓄。支撑项目发展的土地等要素保障更加给力。

（三）协同发展成果初显。把握协同发展大势，抢抓战略发展先机，以保定·中关村创新中心落地为标志，拉开了与中关村全面合作序幕，中央电视台一套和新闻频道同步播出，展示出巨大的创新集聚力，开启了协同发展新篇章；用友、中国网库等45家知名企业签约入驻，“北大一八九八咖啡馆”、中国创新驿站保定站等平台挂牌成立，《人民日报》等主流媒体持续关注报道，推介了高区、宣传了保定；京津保双创大街正式启动，进一步放大了朝阳北大街沿线创新平台的聚集优势；清华同方智慧谷、北大创新研究院LED装备制造、碧水源节能环保产业园等一批高端项目签约启动，与天津大学新能源研究院达成战略合作意向，用实际行动，诠释了京津保融合互动、合作共赢的大趋势。

（四）创新体系日趋完善。围绕创新生态系统建设，坚持将创新驱动作为产业转型升级、园区加快发展的根本动力。获批科技部首批科技服务业试点，为企业创新提供了强力支撑；在全市率先成立了5个产业技术创新联盟，拥有院士工作站6家，新增省级技术中心2家（金阳光、四方），新增高新技术企业11家（81家），豆芽创客空间、英利创客公社，汇博亿蜂创客基地等一批创客群体蓬勃兴起，创新创业平台增量创历史新高；成立了河北省首家科技支行，加入了中关村创新母基金，初步实现了科技金融紧密融合。

（五）环境建设持续改善。基础设施及功能配套不断拓展，完成凌云街北段、风能街北延等8条道路建设，朝阳大街北延建成全市精品景观大道；污水处理厂启动建设，中心区老旧热网加快改造，城中村改造稳步推进；北京八一学校保定分校破土动工，省级教育督导评估顺利通过，6S行动多次评比全市第一。治安环境持续提升，坚持“严打”开路，不断加强信访工作，社会稳定局面进一步好转。政务环境不断改善。行政审批局加快组建，督考问工作机制全面推行，机关效能不断提升。大气污染治理持续加力，在市区空气质量排位始终靠前。社区建设再创佳绩，茗畅园社区再次荣获全国和谐社区称号。

唐山高新技术产业开发区

2015年，唐山高新技术产业开发区实现地区生产总值113亿元，同比增长10%；营业总收入550亿元，同比增长10%；规模以上工业增加值62亿元，同比增长11.1%；高新技术产业产值155亿元，同比增长10.75%；完成固定资产投资额78亿元，同比增长20%；财政收入完成24亿元，同比增长12.86%；公共财政收入8.4亿元，同比增长1.9%；实际利用外资9032万美元；出口总值3.6亿美元，同比增长8.5%；单位地区生产总值能源消耗同比下降4%。

（一）项目建设。2015年，全区谋划推进产业项目

162个，总投资745亿元；开工在建项目42个，总投资331亿元，联东U谷唐山产业园等11个项目被列为市重点项目。总投资5600万美元的日本爱信汽车零部件三期项目竣工验收；总投资2.1亿元的汇中仪表股份公司超声热量表和大口径超声水表产业化项目完成安装调试并投入生产，成为我国最大的超声热量表、超声水表、超声流量计研发制造基地；总投资5.5亿元的百川轨道车辆维修装备研发基地已投入使用，还有其他共计18个项目竣工投产；总投资56.6亿元的联东U谷产业园项目一期正在基础施工、总投资2.5亿元的软件园二期主体已封顶；亚特专用汽车研发中心等12个项目开工建设。

（二）投资环境。道路建设。2015年续建道路共8条。其中，庆南道（龙泽路—工农路）、高新2号路（荣华道—高新1号路）2条道路已完工；学院路（大庆道—北安道）、规划道路3（建设路—龙泽路）、龙泽北路（庆北道—庆丰道）、荣华道（龙泽路—河茵路）等6条道路建设已完成雨、污水管线铺设、油面以下结构层铺设等阶段性工程。城市配套。完成卫国路（庆北道—大庆道）、学院路（高新道—荣华道）、庆丰道（火炬路—龙泽路）、荣华道（华岩路—火炬路）共计2800米热力管线工程施工；完成北安道（建设路—火炬路）、龙泽路（庆丰道—庆北道）、荣华道（华岩路—建设路）、高新道（龙泽路—工农路）共计2000米燃气管线工程施工。

绿化美化。组织园林建设和道路绿化，提升景观。完成学院北路、华岩北路、大学道、工农路4条道路绿化景观工程；龙华道（卫国路—学院路）南侧带状公园建设，以及唐丰路、卫国路、龙华道等10条道路的绿化景观提升工程；2015年新增绿地面积13.35公顷，栽植乔木3.47万株，灌木7.84万株，色带1.42万平方米，地被2.93万平方米。

数字化城管。对高新区内环卫保洁、园林绿化、市政维护、城管执法等城市精细化管理工作进行监管，处理数字城管各类案件1.7万多件。加强高新区城市环境综合整治工作。全年处理垃圾2.8万吨，治理黄土裸露1000多平方米，补植绿化苗木3000多株；修复破损路面近5000平方米，此外还开展了修补便道、更换雨污井盖、更换路缘石、道路灌缝等工作。区内市容环境卫生得到良好保持。

（三）招商引资。开展了全员招商，出台《全员招商工作实施意见》和《招商引资奖励暂行办法》从政策上推动招商引资工作；组织成立了4个招商分局，分别针对京津、珠三角长三角、日韩、欧美等重点区域招商，形成互相促进互相竞争的招商格局，从组织上推动招商引资。2015年共引进内外资项目20个，其中匈牙利轧宝机械齿轮加工项目、美国赛默飞世尔唐山环保产业基地项目等外资项目6个，唐山新能源汽车有限公司、海尔（唐山）创新产业基地项目、恒有源地能热冷一体化新兴产业基地项目、新材料石墨烯超级电容器和石墨烯气凝胶等内资项目14个；引进总部经济、楼宇经济企业30家；纳入重点招商引资项目库的再谈项目110个。联东U谷唐山产业园于2015年11月21日正式启动，总投资56.6亿元，占地1355亩。抓京津冀招商，开展京津驻点招商，小团组招商，主题招商。组织承接产业转移专题对接，近10家企业达成意向和完成登记注册，与河北工业大学就双方共建工业研究、智能装备产业联盟及多学科科技成果转化中心、实验基地达成合作意向；与天津工业大学合作建设唐山石墨烯应用技术开发与产业化基地。

（四）主导产业发展。2015年，唐山高新区五大主导产业实现产值152.2亿元，销售收入114.4亿元，分别占全部工业的比重为51.34%和48.57%。其中，焊接产业产值33.89亿元，销售收入29.80亿元；机器人产业产值19.03亿元，销售收入14.44亿元；汽车零部件产业产值45.42亿元，销售收入26.21亿元；智能装备产业产值39.03亿元，销售收入29.99亿元；新材料产业产值13.08亿元，销售收入13.97亿元。

（五）新兴产业发展。机器人产业。唐山开诚电控设备集团有限公司与世界最大的矿业装备和水泥装备制造商——中信重工强强联合，组建中信重工开诚智能装备公司，成功推出侦察机器人、排爆机器人、消防机器人、灾区侦察机器人等系列机器人产品，唐山高新区机器人产业呈现出快速发展势头。石墨烯产业。2015年，唐山高新区石墨烯产业化速度加快。石墨烯润滑油、石墨烯金属陶瓷、石墨烯铝复合粉末、石墨烯空气净化剂等新产品问世。高新区唐山建华实业集团与国际知名石墨烯研究专家、澳大利亚蒙纳士大学李丹教授合作开发的石墨烯超级电容器项目已在澳大利亚注册公司。“互联网＋”产业。唐山高新区被列为省级电子商务示范基地，高新区唐山成联电子商务有限公司与中国物流协会共建的“中国物流官网”正式上线，并与中信银行共建“银耐联”电子交易平台，开创了“互联网＋物流产业”的全新商业模式，成为唐山乃至全国高端信息服务业的典范。区内企业唐山趣医网络有限公司、唐山云易科技有限公司、河北华发教育科技股份有限公司、唐山市达意科技有限公司等均在各自领域改变着传统工业与互联网融合的发展模式。楼宇经济。总部经济、楼宇经济异军突起，高新区唐山科技中心、东方时代大厦、盛世花园酒店等区域地标性建筑成为承载总部经济、楼宇经济的重要平台，涌现出了高科总部大厦等一批税收“千万元楼”，成为高新区新的经济增长点。

（六）高新技术产业。科技项目管理。2015年，唐山高新区组织申报国家、省、市各级各类项目94项，其中国家项目9项，省项目30项，市项目38项。已列入2016年省级科技计划16项，其中省国合项目2项，创新基金项目6项，小巨人项目1项，创新型企业后补助1项，创新英才4项等；列入2015年各级科技计划23项，其中省级项目10项，包括省重大科技成果转化项目2项，省重大科技支撑项目1项，省重点科技项目1项，省创新基金项目4项等，其余唐山市科技计划项目13项。2015年共获得各级财政资金支持820万元。组织唐山汇中仪表股份有限公司、爱协林天捷热处理系统（唐山）有限公司等9家企业申报2015年河北省和唐山市科技进步奖，8个项目获得奖项，其中河北省三等奖1个，唐山市包括一等奖、二等奖、三等奖7个，获奖数量及质量均创历史之最。

高新技术企业、省创新型企业和科技型中小企业认定。开诚集团全市唯一被认定为国家火炬计划重点高新技术企业。2015年共有唐山龙赫网络技术开发有限公司、唐山市柳林自动化设备有限公司、唐山众腾伟业科技有限公司、唐山鸿鹏焊业有限公司、唐山唐宋企业管理咨询有限公司5家企业通过高新技术企业认定，全区高新技术企业累计达到52家；河北华发教育科技股份有限公司、唐山拓又达科技有限公司通过河北省创新型企业认定，唐山高新区省级创新型企业达到3家；组织唐山启奥科技有限公司、唐山理工智能仪器有限公司、唐山开元机器人系统有限公司、唐山市天和科技有限公司、唐山赛福特精细技术陶瓷有限公司5家（2009年认定）企业顺利通过高新技术企业重新认定，唐山开元特种焊接设备有限公司、唐山拓又达科技有限公司顺利通过高新技术企业复审。加大科技型中小企业培育力度，按照省市相关要求，全力推进科技型中小企业认定工作，组织100多家科技型中小企业进行网上登记，唐山高新区科技型中小企业达到近400家。还组织河北华发通信技术有限公司、唐山启奥科技有限公司、唐山陆凯科技有限公司等6家企业申报省级科技小巨人项目。

2015年，唐山高新区高新技术企业收入147.5亿元，高新技术产业产值155.1亿元。

（七）科技创新。推进高新区孵化器、众创空间等服务平台建设，为科技招商创造条件。2015年，唐山建华实业集团获得省级孵化器认定；唐山百川集团新百工众创空间等6家众创空间列入市级众创空间，唐山唐联电子商务有限公司唐联电商众创空间和唐山建华实业集团石墨烯家被认定为省级众创空间。同时，培育东方时代中心、河北日报大厦、金色河畔、阳光soho积极开展众创空间建设，为科技招商创造良好条件。目前，高新区已与河北报业集团达成框架协议，双方已原则同意建设以文化创意产业为特色的众创空间；唐山建华科技发展有限责任公司与唐钢集团、鞍山德隆特种金属表面工程技术公司、秦皇岛华瑞煤化工公司等多家单位签订合作协议，其中与澳大利亚蒙纳士大学李丹教授合作开发的石墨烯超级电容器项目，已在澳大利亚注册公司；唐山亨达科技有限公司孵化器2015年新签约入驻企业3家，唐山唐联电子商务有限公司唐联电商众创空间新培育3个众创项目。

（八）企业研发机构建设。一是组织唐山开元电器有限公司的河北省焊接自动化装备工程技术研究中心、唐山松下产业机器有限公司的焊接电源与焊接机器人工程技术研究中心顺利通过省级工程技术研究中心验收，正式挂牌；协助唐山百川智能机器有限公司的河北省轨道交通机车车辆检修试验设备工程技术研究中心顺利通过省专家论证，正式进入建设期。二是督导唐山拓又达科技有限公司、唐山博仁科技有限公司等9家市级工程技术研究中心（2013年和2014年列入建设期）按验收标准要求完善，其中地源热泵市级工程中心通过验收。三是组织唐山开诚电控设备集团有限公司、河北华发通信技术有限公司完成了市级工程中心的申报，进入建设期；组织唐山达意科技有限公司、唐山隆达骨质瓷有限公司、唐山普林亿威科技有限公司完成市级产业技术研究院的申报，进入建设期。

省市级研发机构已达79家，开诚电控设备集团有限公司被认定为国家火炬计划重点高新技术企业，唐山机器人创新型产业集群被认定为首批河北省试点，唐山松下产业机器有限公司研制出国内首创、世界一流的汽车减震器自动生产线，为“唐山智造”又增添了新的内容。唐山开诚电控设备集团有限公司矿用机器人技术工程实验室，被国家发改委列为国家地方联合工程实验室，唐山华洋自动化有限公司智能IC卡排污监测等2家企业项目被确定为“河北省高新技术产业倍增计划”，唐山拓又达科技有限公司H型垂直轴风力发电机组等2家企业项目被确定为“河北省成果转化攻坚计划”。唐山建华科技发展有限责任公司公司石墨烯科技企业孵化器通过省级认定，唐山百川集团建设的唐山科技中心基本建成，搭建唐山首家众创空间。

（九）节能减排环保。2015年，唐山高新区工业固体废物综合利用率达93%，达到规定目标。经唐山市环境监测站监测，高新区地下饮用水源地的水质达标率达到了100%。2015年对区内8家单位、10台燃煤锅炉进行了清洁能源替换，超额完成唐山市下达5台燃煤锅炉整治任务，年削减燃煤量4989吨、二氧化硫11.9吨、氮氧化物14.9吨、烟尘26.9吨；督导唐山师范学院开展集中供暖改造工作，取缔了3台8吨燃煤锅炉，年减少排放二氧化硫7.2吨、氮氧化物9吨；对5家养殖场的粪便堆场、污水储存池、雨污分流管网污染防治设施进行整治，年削减化学需氧量18.475吨、氨氮2.49吨；完成了关东精密机械（唐山）有限公司挥发性有机物治理；完成了5198.4吨的洁净型煤推广。全年共审批建设项目96个，环评和“三同时”执行率均达到100%。2015年，为唐山百川智能机器有限公司等62家企业发放排污许可证，累计转移危险废物103批次共659.655吨。对区内18家不符合环保要求的企业下达停产通知书，取缔2家污染严重的塑料颗粒厂。

（十）土地集约利用。年内组织土地动态巡查40余次，及时督促项目单位开工建设，杜绝出现新的土地闲置。巡查发现闲置土地5宗，总面积200.55亩，已完成处置4宗，面积106.5亩，剩余1宗，进行了前期闲置调查，并报唐山市土地局认定和处置。

按照项目所处的不同阶段分类，对项目进展缓慢、项目单位推进意愿差的项目从项目库中剔除，腾出土地指标用于摆放新项目。同时，从项目库中筛选或引入新的科技含量高的好项目，并组织规划、国土、商务等部门推进项目用地工作。对因市场形势或项目单位自身原因而项目停滞或放弃项目的用地，多渠道选择项目盘活土地资源，2015年，在区内位于学院路和卫国路之间大庆道北侧原项目已放弃的地块重新摆放项目。

唐山海港经济开发区

2015年是全面深化改革的关键之年，也是京津冀协同发展进入实质性阶段的启动之年。一年来，面对复杂的经济形势和繁重的工作任务，唐山海港经济开发区党工委、管委会全面贯彻党的十八大、十八届三中四中全会和中央、省、市经济工作会议精神，顺应新常态，抢抓新机遇，狠抓改革攻坚，突出创新驱动，发展现代农业、加强民生保障、创优发展环境，认真落实“四个干”机制，以开展“三严三实”专题教育活动，解放思想大讨论活动，“抓机遇、促转型、干成事、出亮点”活动和“爱唐山、做贡献”以及“海港是我家、发展靠大家”主题实践活动为动力，扎实推进招商引资、项目建设、城市建设、生态环境整治等重点工作，加快建设“沿海强区、美丽海港”步伐，经济社会发展取得了显著成绩。2015年，全区实现主营业务收入1380亿元，同比增长20%；地区生产总值120.3亿元，增长9%；规模以上工业增加值40.7亿元，增长11%；固定资产投资150亿元，增长13.6%；公共财政预算收入9.2亿元，增长7.3%。

一是招商引资成绩显著。深入开展招商引资竞赛活动，设立10个专业招商机构，抽调精干力量充实到招商一线，以打攻坚战的阵势精准招商，取得显著成效。2015年，全区共洽谈项目899个，同比增长140%，计划总投资3200亿元以上，其中签订协议项目126个，增长11.5%。总投资5000万美元的中东欧产品加工展示销售基地、总投资110亿元的油气进出口及储运、总投资58.45亿元的建投大清河海上风电场等重点项目正式签约。对接北京产业转移取得突破性进展，全区洽谈对接京津项目460个，涉及总投资超2000亿元，其中亿元以上项目227个，已签约96个，北京二商肉产品加工、北京长久集团二期、北京福田汽车物流基地等项目已达成合作意向。

二是项目建设扎实推进。坚持把项目建设作为打造沿海增长极的重中之重，深入开展“项目建设突破年”活动，建立并严格落实重点项目分包责任制，形成“一个重点项目、一名分包领导、一名责任人、一抓到底”的工作格局。全区实施重点产业项目74个，涉及总投资251.98亿元，其中续建项目26个，涉及总投资113.05亿元，新开工项目48个，涉及总投资138.93亿元；亿元以上项目25个，10亿元以上项目8个；非石材产业项目52个，石材项目22个。2个项目列入省重点、14个项目列入市重点。22个项目已完工或基本完工。

三是港口运营稳中有升。按照绿色发展理念，实施“12347”绿色港口建设工程，推动节能管理精细化、设备装置低碳化、生产运营智能化、粉尘控制多样化。2015年，京唐港区成功通过了交通运输部“创建绿色港口主题性项目”，成为绿色示范港口。大力发展集装箱运输，加密内外贸航线布设，航线总数达到29条，京唐港区集装箱运输网络体系初具规模、富有成效；货种结构不断优化，目前货种已达近百种。港口运营实现新突破，2015年完成货物吞吐量2.33亿吨，同比增长8.4%；完成集装箱吞吐量111.7万标箱，同比增长29.2%，成为河北省首个突破百万标箱的港口。

四是城市功能不断完善。利用PPP模式与中建二局、中铁六局、华铁集团等央企大公司达成合作意向，通过社会融资加快基础设施配套。老沿海路改造工程部分标段已竣工，聂庄至东港站增二线及东港站改造工程基本完工，滨海公路西连接工程、西区基础设施、大清河盐场南北路等正抓紧实施。按照年初确定的目标，积极推进十件惠民实事，努力兑现对人民群众的庄严承诺。农村危旧校舍改造、农村卫生室提升达标和配强配齐村医、提升农村道路村村通水平、完善农村水利设施工作全面完成，高标准敬老院、新建中学、文化惠民、大清河既有建筑节能改造、物业管理达标、垃圾综合处理等工程正在快速推进。

五是社会大局持续稳定。严格落实市委统一部署，一丝不苟地抓好信访稳定、生态环保、安全生产等重点工作。严格落实领导干部包村包点、乡镇干部驻村入户工作制度，以解决问题为目标，全力化解基层矛盾，在纪念抗战胜利70周年活动和省市重大活动期间未发生进京非访类事件。认真汲取天津港“8·12”特别重大火灾爆炸事故教训，高度重视安全生产工作，多次带领班子成员深入一线督导检查，发现问题立即限期整改，未发生重大安全生产事故。扎实开展大气污染治理攻坚行动，督促焦化和电力企业加快实施节能减排技改项目，降低污染物排放，目前4家焦化、电力企业已减少排放污染物50%以上。加强区内散料堆场专项治理，进一步遏制扬尘污染，营造了良好的生态环境。

六是发展环境持续优化。把投资环境视为发展的生命线，竭尽全力挖掘优化环境的潜力，营造了良好的项目建设氛围。探索实行重点项目审批全程代办制度，简化手续、精简流程，形成了一个领导小组、一个重点项目代办中心、五步代办、七天办结的“1157”办理模式，得到了各级领导的充分肯定，市政府3月份在开发区召开现场会，向全市各县区宣传推广海港经验。严格落实“窗口单位月评比”、“项目业主季评职能部门”、“破坏发展环境举报”等工作制度，实时公布评价结果，广泛接收社会监督，对吃拿卡要、推诿扯皮、庸懒散拖等破坏发展环境的行为严厉惩处，免除了客商投资兴业的后顾之忧，海港开发区的投资环境得到了广大客商和项目业主广泛好评。

承德高新技术产业开发区

2015年，承德高新技术产业开发区全年完成地区生产总值48.2亿元；固定资产投资36.5亿元；规上工业增加值29亿元；财政收入8.7亿元。

（一）对外开放。以京津、珠三角、长三角等地为重点招商区域，充分运用委托招商、会议招商、以商招商等方式，不断提高“请进来”的客商质量，扩大“走出去”的招商范围。马来西亚代表团、北京党政代表团先后来区进行实地考察；京津冀环保产业对接现场会在承德高新区举行；先后组织参加了“5.18”廊坊经洽会、中国（承德）国际经济贸易洽谈会、第六届京承农业战略合作（北京）座谈会、河北省2015京津冀产业转移系列对接会等重大招商活动10余次次，接洽来区考察客商165批次，获得项目投资信息170余条，签约项目10个，总投资300亿元。

（二）项目建设。一是抓工业强调度。深入落实全市“企业帮扶年”活动安排部署，制定了活动实施方案，通过领导牵头、部门帮扶、定期调度等方式，深入到露露股份、颈复康药业等30多家主要工业企业进行调研，帮助企业解决实际困难，确保正常生产运行。全年实现规上工业总产值130亿元，增加值29亿元。二是抓项目强支撑。将2015年作为项目落地年，牢固树立“项目为王”的理念，深入实施领导包保、每周调度、督考关联等工作机制，全员参与项目谋划，归口推进项目在建，取得了良好成效。全年开工千万元以上项目43个，竣工或部分竣工项目11个。其中，开工亿元以上重点项目25个；省重点项目开工2个，完成投资5亿元；市重点项目开工6个，完成投资6.2亿元。

（三）曹妃甸承德临港工业园开发建设。总体规划已经过曹妃甸区初审，园区总体环境影响评价完成审批，完成土地整理近千亩。共争取430亩建设用地指标，并完成摘牌出让工作。路神专用汽车制造、煤炭及矿石检验研发中心两个项目加快推进，累计完成投资3.5亿元。

（四）投资环境。一是深化行政审批制度改革。持续加大审批事项取消下放力度，先后五次下放和调整行政审批事项200多项，初步完成了《高新区划转行政审批事项实施方案》。总面积3000多平方米的新政务服务中心投入使用，2个乡镇便民服务站和38村便民服务室全部建成，明确了代办事项及工作流程，区、镇、村三级便民服务网络逐步完善。二是加快配套基础设施建设。大力推行PPP合作模式，积极拓宽融资渠道。与中国二十二冶、中建八局签订合作协议，采用PPP模式在城市基础设施建设、土地一级整理和高铁商圈整体提升等领域开展合作，项目总额约120亿元。总投资32亿元的南郊热电厂主厂房、辅助生产及附属设施顺利推进，已完成投资2.7亿元，预计2016年底前建成投产。总投资5400万元的白河南污水处理厂主体已建设完成。闫营子大桥、后窑大桥和娘娘庙前期工作基本完成，将于2016年开工建设。一批基础设施项目的建设投用将使区域基础设施环境不断完善提高。京沈客专承德南站郭营子村征地拆迁工作顺利推进，项目建成后将进入环首都1小时生活圈。大刘线拓宽改造工程实现通车，解决了承德附属医院新城医院开诊后的交通问题，区域交通和配套功能进一步提升。三是着力提升城市管理水平。大力加强数字化城管工作，共接收市数字化指挥中心派送的案件3001次，处理完成2467件，结案率达82%，位列县区第二位。大力开展流动摊贩、露天烧烤、户外广告、违法建筑整治行动，城市秩序进一步好转。结合创建国家卫生城市目标，加强环境卫生管理，实施早集中清扫，日不间断保洁，晚延时清扫的工作机制，做到垃圾日产日清，机械清扫率达到93%以上，垃圾无害化处理率100%，市容市貌和环境卫生不断改善。

（五）科技创新与高新技术企业。承德市高新技术产业项目发布平台在承德高新区正式启动，“十二五”期间，共300多个项目被列入各级各类科技计划，其中国家级项目25个，省级项目60个，获得国家授权专利210多项；拥有高新技术企业11家，占全市的50%，拥有科技小巨人企业5家，科技型中小企业80家，省级工程技术中心、重点实验室11家；本特生态能源技术有限公司被省科技厅认定为第一批河北省国际科技合作基地；颈复康集团公司被评选为国家火炬计划重点高新技术企业。2015年，争取科技扶持资金1.18亿元，新增高新技术企业3家，培育小巨人企业3家，完成科技型中小企业认定18家，省级工程技术中心认定2家，专利授权45个。

（六）民生和社会事业。一是坚持教育优先发展。教育支出累计完成1.16亿元，同比增长69.1%。完成了北师大承德附属学校、西大庙小学等新建、改扩建项目，办学条件进一步改善。二是社会保障工作不断强化。城乡居民医疗、养老保险和最低生活保障实现了政策全覆盖和应保尽保。城乡居民养老保险新增参保386人，参保率达到90%以上，新型农村合作医疗参合率达97%以上，城乡低保补助金额逐年上升。新增城镇就业1250人，完成目标任务的125%。总投资1.5亿元的黄旗湾老年公寓项目开工建设。三是医疗卫生条件不断改善。承德附属医院新城医院建成并投入使用。市儿童医院和市妇幼保健院项目完成选址和规划设计，项目建成后将进一步提高承德高新区整体医疗水平，对城市功能的完善也将起到极大的促进作用。

（七）京津冀协同发展。抢抓“京津冀协同发展”重大机遇，深入与北京中关村合作，共建“协同创新共同体示范区”。与北京中关村互联网文化创意产业园管理有限公司签署《合作协议书》，合作共建中关村互联网文化创意产业园承德园项目，中关村智慧环境产业联盟承德展示中心等9个与中关村企业协同创新合作项目揭牌。涉及高新技术展示推广、科技成果转化促进、创新创业服务空间等协同创新平台建设和节能环保、文化创意、大数据、电子商务等战略新兴产业发展，对于推动本区承接北京非首都功能疏解和产业转移、优化京津冀产业布局，促进转型升级、绿色崛起将产生积极而深远的影响。中关村互联网文化创意产业园承德园首批16家企业已经入驻，文化部艺术发展中心影视基地、中国微电影基地、小马奔腾文化影视产业基地、十月天传媒影视创作基地正式揭牌。同时，与北京中关村朝阳园签订了战略合作框架协议，双方将重点在产业合作、政策延伸、平台搭建、企业参与等方面开展合作。

（八）和谐高新区。一是扎实做好信访稳定工作。将信访工作作为全区稳定工作的重中之重，实行党政“一把手”周六接访和领导干部信访值班制度，大力开展信访件积案化解攻坚行动，对复杂信访案件实行“一案一化解方案”制度，使一大批疑难复杂问题得到解决，切实把矛盾解决在当地，问题吸附在当地。共受理群众来访378批次2638人次。积极推进信访信息化建设，受理网上转交办信访案件268件，受理率和答复率均达到100%。二是不断强化安全生产工作。严格落实安全生产“一岗双责”，深入开展危险化学品、非煤矿山、消防安全、电梯安全等专项治理行动，确保全区没有发生重大安全生产事故。“RBD（A—3—6）地块”工程荣获国家级建筑安全文明施工领域最高奖项“国家AAA级安全文明标准化工地”称号；河北民族师范公租房3#、4#楼和御龙湾住宅A4小区一期工程荣获省级“安全文明标准化工地”称号。三是严格社会治安管控。以校园周边、城中村、城乡结合部为重点，深入开展“打黑除恶”“夏季严打”“治爆缉枪”等严打整治专项行动，重拳出击，打出实效，有力地促进了社会面治安好转，增强了人民群众的安全感。

邯郸经济技术开发区

邯郸经济技术开发区创建于2001年10月，2013年11月升级为国家级开发区，位于邯郸市主城区东北部，管辖35平方公里，建成区面积19.1平方公里，托管16个社区，总人口10万人。目前已建设各类产业项目115个，总投资385亿元。拥有世界500强工业企业5家，大型央企5家，外资企业25家，规上工业企业45家，限额以上批发零售企业25家，纳税超千万元以上企业8家，产值超亿元企业14家。引进和建设了法国圣戈班、德国西门子、优布劳、荷兰哈克、美的集团、中船重工、新兴际华、康师傅等国内外500强企业和跨国公司。

（一）全链条的现代产业体系。作为邯郸市转型升级、创新发展的主阵地，开发区大力开展择商选资，转变发展方式，提升质量效益，以家电制造、装备制造、新材料三大产业为主导，深入做强做大白色家电、新能源和新材料、智能制造、医药食品、电子信息、生产性服务业六大产业，最终形成六大支柱产业的全链条现代产业体系。一是家电制造产业迈向集群化。引进了填补河北省轻工业空白的美的工业园，目前已年产家用空调500万台套。继美的入驻后，惠菱空调、戴克电器、格仕高电器、盈顺电器也相继进驻，邯郸初步形成了以空调、洗衣机、冰箱、热水器为代表的白色家电产业集群。二是高端装备制造业迈向基地化。依托邯郸钢铁资源优势，大力开发“吃钢”产品，培育“钢后”产业，加速高端制造业产业聚集，以新兴际华、德国西门子、荷兰哈克等国内外500强项目为龙头，建设了能源装备、配电装备、农业机械等产业基地。三是新材料产业迈向尖端化。加强产学研合作，引进国内外新材料领域高科技人才和尖端技术项目，培育了“邯郸新材料”品牌。以汉光耗材、法国圣戈班、中船重工、硅谷碳纤维为核心的龙头企业，形成了打印耗材、结构陶瓷、特种气体、特种纤维四大新材料门类。新材料产业已在全省占据一席之地。四是特色产业迈向规模化。筛选华厚天成、宏远液压、云端电子等20家高新技术企业，重点给予政策、资金支持，迅速成长为高新技术产业小巨人，全年实现高新技术产业产值100亿元以上。

（二）全过程的创业创新体系。大力实施创新驱动战略，加快科技成果转化，精心打造“双创”园区。一是创新资源日益丰富。已建成各类科技载体64万平方米，公共技术服务平台12个，先后获批国家级新材料产业基地、国家级创业服务中心、国家级军民结合产业示范基地等15个国家和省级发展平台，为企业自主创新提供了载体支撑。二是创新主体加速聚集。承担国家863计划6个、国家火炬计划13个、国家重点新产品11个、国家星火计划3个、国家重大科技专项2个。拥有省级以上企业技术中心和工程中心13家（其中国家级1家），经认定的国家级高新技术企业21家。三是科技孵化体系完善。创建了大学生创业园，整合全市就业再就业扶持资金，搭建全市创业创新平台。率先在全省打造了“众创空间”，开创“创业苗圃+孵化器+加速器”三级孵化模式，累计孵化企业260家，毕业75家。正在建设的20万平方米企业加速器，将为“双创”工作提供更广阔的平台和专业精细的一站式服务。

（三）全要素的协同发展体系。抢抓京津冀一体化发展机遇，全面对接京津承接产业转移。一是打造协同创新“种子基地”。正在建设北京大学邯郸创新研究院、中科院邯郸科技园等项目，每年可为邯郸市乃至河北省转化上百项科研成果，成为“京津研发、邯郸转化、全国使用”的才智辐射源。二是精准承接京津产业转移。深入对接央企，引进和建设了新兴际华、设计研发中心、中钢研蓝宝石生产基地、中船重工高端标准件装备制造等一批“国字号”、“中字头”项目。三是大力吸引高端人才。对京津地区的领军人才实行一人一策、一事一议的特殊支持政策，在职称评聘、落户、社保医保、子女入学等生活需求方面给予优惠待遇。通过特殊人才政策，先后引进了留美、留德博士等团队，60多名高端人才落户园区。

（四）全方位的民生保障体系。建立完善“吨粮补贴+商业财产性收入+综合施保”的社会保障体系，保证了被征地农民原有生活有改善、长远生计有保障。一是实施吨粮补贴政策。对被征地村民，区财政按照每年每亩两季共1吨粮食收成的标准进行货币补贴，保证被征地村民失地不失收。二是大力发展集体经济。将征地补偿款一部分兑付给村民，一部分实施村财乡管，同时为各村预留出“金角银边”用地，利用留下的村财用于建设村集体商业综合楼，提高土地增值收益，增加村民财产性收入。三是综合施保，提升百姓幸福指数。全面实施美丽乡村建设，实现了少有优教，中有所业，老有善养，病有良医，住有宜居的“五有”目标。

进入“十三五”时期，全区的主要发展思路是：深入落实中央、省市决策部署，牢固树立创新、协调、绿色、开放、共享五大理念，在适应新常态中寻求新突破，在引领新常态中展现新作为，以供给侧结构性改革为主线，以招商引资和项目建设为统领，以提高发展质量和效益为中心，实施“工业带动、创新驱动、产城互动”三大战略，推进“二次创业”，打造“千亿园区”，全面建成科技创新示范区、产业转型升级承接区，先进制造业基地、现代生产性服务业基地，邯郸东部科技新城、生态新城。

沧州高新技术产业开发区

沧州高新技术产业开发区2011年1月18日经省政府批准成立。2015年底，地区生产总值预计完成15.6亿元，年均增长137%；全部财政收入预计完成3.4亿元，年均增长129%；公共预算收入预计完成2.35亿元，年均增长121%；固定资产投资预计完成54亿元，年均增长159%；工业增加值预计完成13.6亿元，年均增长150%。各项主要经济指标实现了连年翻番。

（一）基础设施。以经营城市的理念强力推进基础设施和生态环境的建设，破解资金不足难题，建区以来，累计投入资金9亿元，新建西安路、兰州路、沈阳路、长春路、吉林大道、青海大道、新疆大道等7条区内道路，水、电、暖、气、讯、亮化等配套设施同步实施；投资3.6亿元完成绿化面积180万平米，完成了9万平米小流津河中心公园的建设，调整了4条高压线，新建了变电站，区内项目建设用地全部实现了“九通一平”。

（二）项目建设。项目建设是高新区发展的重中之重，为全力抓好项目建设，高新区大胆创新工作机制，按照引项目、建项目、促项目、保项目的要求，建立了招商引资、项目建设、机关效能、农村工作四个推进委的工作机制，强化了抓项目建设进度、抓质量安全、抓手续完备、抓投产达效“四抓”的工作举措，已引进中国航天科技集团神舟太阳能光热产业园、中国国际机器人产业园、东塑新能源材料、河北工业大学科技园、动漫文化产业园、香港汇业能源装备、北京中能环科高温凝结水处理装备、阿里巴巴沧州产业带、铭扬机械、铨鑫科技等30余个高科技项目，总投资260亿元，其中省重点项目7个，市重点项目14个。2015年，共洽谈引进北京航空航天大学科技园、清华启迪科技园、中关村天合科技成果转化促进中心等6个项目。全年新开工项目15个，施工面积50万平方米，竣工面积25万平方米。其中，全市战略支撑项目中国国际机器人产业园已于6月18日开工建设，目前，2＃、3＃车间已竣工、1＃车间完成主体建设、4＃、5＃车间完成基础施工。竣工投产项目10个，沃润达金属包装制品、博锐达数控科技、四星玻璃等。全力推进众创空间建设，河北工业大学科技园、小微科技企业创业园现已入驻中小科技企业156家。

（三）招商引资。紧紧抓住京津冀协同发展的战略机遇，“打高铁牌、唱京津戏”，做好“高、新”两篇大文章，建立了项目专家评审机制，制定了项目入区评审办法，严把项目入区关。围绕四大产业设立了产业发展基金，出台了扶持战略新兴产业的实施办法，组建了四个招商局，成立了高新区企业家协会，加强与部委、企业、亦庄开发区、中关村科技园、科研院所的联系，多次在北京搞专题招商活动，举办了两次北京招商周活动，并成功举办中关村投资说明会，与中关村民营科技企业家协会、清华启迪创业孵化器、北京市留学人员创业园、中关村天合科技成果转化促进中心、人社部留学人员和专家服务中心等8家机构或项目单位签订合作意向，取得明显成效。到目前，共洽谈储备项目85个。围绕招才引智，出台了人才引进实施办法，设立了人才引进专项基金，现已引进千人计划专家1名，各类高级专家25名；获批国家级博士后工作站1个。

（四）社会管理。从加强基层党组织建设入手，大力推行基层党组织全覆盖、农村民主政治组织全覆盖、农村经济合作组织全覆盖和综治维稳组织全覆盖的“四个覆盖”社会管理模式。为顺利推进高新区开发建设，通过组织考察、充分酝酿等方式，用时三个月完成辖区内八村村两委换届工作，配齐配强了班子。并对八村两委班子在政治立场、工作作风、履职成效、廉洁自律等方面进行了考核，研究出台了《沧州高新区农村干部工资（暂行）管理办法》，实行村干部考核激励机制，进一步增强了农村基层党组织的活力和战斗力。出台了《沧州高新区村民社会保障与促进就业扶持办法（试行）》和《沧州高新区弱势群体和困难救助基金》，千方百计改善民生，2015年共计发放惠农和社会救助金232万元，投资14.5万用于学校修缮及购置取暖煤。加大区内环境综合治理力度，辖区各村共拆除私搭乱建违法建筑110处（拆除永济路北侧违章建筑38户），恢复土地原貌1.54万平方米，规范商户牌匾65处。按照“发现得早、化解得了、控制得住、处理得好”的工作思路，确保群众信访问题解决在基础一线。圆满完成全国“两会”维稳、9.3日抗战胜利70周年纪念活动、国庆、十八届五中全会等重点时期辖区维稳任务。

（五）干部队伍建设。开展“三严三实”和“解放思想”大学习大讨论活动，并结合高新区实际，开展“问题导向四要素”学习讨论会，通过区工委书记讲党课、召开中层以上干部交流会、赴延安学习考察等方式，要求干部职工要树立问题导向意识，要善于发现问题，客观认识问题，科学分析问题，正确解决问题，推动工作提质提速；通过组织赴清华大学及先进园区学习、聘请专家讲座及内部业务骨干授课、对标学习等方式，不断提升干部队伍整体素质；通过定期组织交流会、恳谈会和建言献策活动，充分调动广大干部员工的积极性和创造性；通过微信平台、督办落实、评比考核、严格奖惩等措施，进一步推动全区各项工作目标落地。全力抓好基层党组织建设，广泛开展“把党的旗帜亮出来”活动，做好先进典型、模范事迹的宣传报道工作，在全区形成弘扬正气、比学赶超的浓厚氛围。

张家口经济开发区

2015年，张家口经济开发区面对机遇与压力交织，发展与稳定并重的复杂局面，在区党工委的坚强领导下，全区上下紧紧围绕“四个新区”战略目标，抢抓京津冀协同发展、京张联合筹办举办冬奥会、建设国家可再生能源示范区和京张高铁开工建设四大历史机遇，坚定信念、迎难而上、实干担当、锐意攻坚，经济发展保持强劲态势，为“十二五”圆满收官、“十三五”平稳起步奠定了坚实基础。

（一）致力于提升发展质效，综合实力跃上新台阶。整体经济继续保持高位运行，全社会固定资产投资、全部财政收入等5项指标保持两位数增长，7项指标进入全市前5位。全区完成地区生产总值78.5亿元，同比增长7.1%，总量全市第九；实现工业增加值27.7亿元，同比增长2.1%，总量全市第四；全社会固定资产投资103.5亿元，同比增长13.0%，总量全市第五；全社会消费品零售总额65.1亿元，同比增长9.6%，总量全市第四；全部财政收入18.2亿元，同比增长11.3%，总量全市第三；公共财政预算收入3.51亿元，同比增长47.5%，总量全市第十，增速全市第一。城镇和农村居民人均可支配收入分别达到2.55万元和1.15万元，同比增长10%和11.1%，总量均位居全市第三。单位GDP能耗下降3.5个百分点。在全省213家省级以上开发区综合发展水平排名中上升到第4位。

（二）致力于财税金融创新，发展保障得到新提升。深入实施综合治税，全力开展房地产、建筑业税收“三清”百日会战，补缴入库税款8600万元。抢抓国家支持棚改和地方偿还债务等机遇，通过包装土地储备、棚户区改造、园区基础设施等项目，争取各类贷款52.19亿元，撬动园区开发、道路管网等基础设施建设投资3.42亿元；全力化解政府债务，争取政府置换、新增债券9.8亿元，节省利息约5000万元，核减欠款本息1.65亿元。狠抓预算绩效管理，优化支出结构，优先保障民生工程、重点项目、基础设施建设支出，全年公共财政预算支出7.83亿元，同比增长36.2%。

（三）致力于推进项目建设，发展后劲得到新加强。全年共实施重点项目80项，总投资804.7亿元，完成投资85.6亿元，增长103.8%，有9个项目列为市重点，完成投资31.6亿元。五金机电城、察哈尔文化城等16个项目竣工投入使用，京张高铁站改造、深能源热电联产等一批前期项目取得重大进展。聚力推进产业园区建设，洋河新区与太平洋集团以PPP模式合作推进园区基础设施建设，现代产业园道路管网和高压线路改迁等基础设施工程稳步推进，流平寺工业园标准厂房建设进入建设阶段；电子信息产业园开工建设，宏泰科技产业园、环保阻燃新材料、中环光伏金刚石生产线等14个入园项目具备开工条件。高创园正式开园，13个项目通过入园评审。

（四）致力于培强主导产业，结构调整迈出新步伐。坚持以科技创新驱动产业发展，实施工业技改项目25个，完成工业技改投资20.32亿元，同比增长32.4%；全区新增省市级高科技企业15家，新入统规上企业5家，注册“互联网+”企业26家，华诚能源启动新三板上市工作。商贸服务业保持强劲态势，批发业、零售业和餐饮服务业共实现销售收入164.45亿元。成立了全市首家楼宇经济服务中心，新增楼宇企业409家，营业收入突破27.08亿元，实现税收1.58亿元。文体旅游业快速发展，市“三馆”项目加快推进、地质博物馆主体封顶，文化会展中心和“察哈尔文化城”一期对外开放。三次产业结构达到8.3∶41.1∶50.6，第三产业比第二产业高了9.5个百分点，产业结构更趋理想。

（五）致力于招大引强攻坚，对外开放呈现新格局。配强招商力量，组建专业招商团队，推进招商模式创新，对外开放层次和水平明显提高。与北京顺义区天竺镇签订了友好合作协议，成立中德张家口国际合作交流中心，组建鑫鼎、棋鑫两支产业基金，成功引进了宏泰产业园、嫦娥奔月科创园等一批重大项目。全年引入区外资金247亿元，同比增长31%，实际利用外资完成7248万美元，同比增长36.8%。推进全民创业，全区市场主体达到14699家，新增民营企业1116家、个体工商户1532家，市场主体同比增长24.22%，增量连续3年稳居全市第一。

（六）致力于改善人居环境，城乡建设取得新突破。坚持把城市作为艺术品来雕塑，高标准实施7条道路绿化和市民广场景观提升等绿化、美化工程，奥体森林公园一期工程完工，明湖公园完善提升工程竣工投入使用，城区新增绿地94.7万平方米。完善城市基础设施配套，朝阳大街慢行系统全部完工，广场东街等4条城市主干道通车，茶榆路、虹桥路便民市场投入使用。全力推进重点项目和棚户区改造征拆攻坚，8个重点改造项目完成投资40亿元。提高征地报批效率，全年供地18宗、726亩。加大城乡环境整治力度，完成城区清扫保洁招标工作，26个村实现环卫清扫市场化运作；启动腰站堡水源地PPP环保整治项目，实施燃煤锅炉淘汰和餐饮企业油烟净化改造工程，全区二级以上天气达到298天，PM2.5较上年下降5%。

（七）致力于优化管理体制，社会建设开创新局面。大力优化政务环境，规划、国土等8家单位完成权限交接，政务服务中心投入运行。持续开展领导干部大接访、大约访活动，解决了一大批疑难问题，圆满完成了申奥和抗战胜利70周年庆祝活动等重点安保任务。全面开展严打整治、食品药品安全“大整治、大排查”、安全生产“大检查”、土地卫片执法整治、大气污染防治等专项整治工作，有效巩固了和谐稳定的发展局面。同时，监察、司法、审计、民宗等各领域工作也取得显著成效，为全区经济社会发展做出了积极贡献。

（八）致力于发展社会事业，人民群众得到新实惠。认真落实年初确定的8大类重点民生工程。落实就业补贴1507万元，实现就业、转移农村劳动力9334人；发放各类保障和“爱心公益救助基金资金”2034.31万元，6386名城乡低收入群众基本生活得到有效保障。启动新区二小、三小建设，招聘、遴选优秀教师39名，重点高中上线率增长41%，教育教学质量明显提升。推进“多元化”医疗服务体系建设，与北京佑安医院达成合作意向、市四医院搬迁项目顺利推进，完成区计划生育技术服务站建设，23个标准化村卫生室投入使用。

2015年，在市场需求持续低迷、经济面临较大下行压力的背景下，张家口经济开发区经济发展实现逆势上扬，在“十二五”收官之年打了一个“漂亮仗”，整体发展水平有了质的提升，为“十三五”发展和全面建成小康社会奠定了坚实基础。

南堡经济开发区

南堡经济开发区成立于1991年，1995年被河北省政府批准为省级开发区，2012年7月纳入曹妃甸区。全区规划控制面积393.74平方公里，城区规划面积26平方公里。下辖一个镇10个行政村，一个街道办事处6个居委会，总人口5.4万。2015年，全区完成地区生产总值96.9亿元，同比增长7.3%；规模以上工业完成增加值40.7亿元，同比增长8.4%；主营业务收入202亿元，增长28.9%；固定资产投资65.2亿元，增长1.7%；全部财政收入14亿元，增长35.4%，其中公共预算收入5.53亿元，增长15.9%；引进内资50.08亿元，增长18.7%；全区以二、三产业为主，一产、二产、三产比重为2.9∶56.1∶41。

（一）项目建设。按照“四个干”抓落实工作机制，以“项目突破年”为契机，继续实施项目分包制度，落实“一个领导、一套人马、一抓到底”责任机制，从项目签约入区到投产见效，全程实行“保姆式”和“一站式”服务。全年实施产业项目32个，总投资128.2亿元。其中，总投资22.8亿元的有机硅二期、高纯四氯化硅、PVC引发剂等6个续建项目全部完工并试生产或正式投产。总投资43.9亿元的20万吨化纤、橡塑添加剂、硅烷偶联剂、招商新能源、光伏发电、硫酸钾等15个新项目先后开工建设，并按计划顺利推进。总投资61.5亿元的碱渣综合利用、LNG、抗氧化剂、宝兴物流等11个拟开工项目加速办理前期手续。

（二）招商引资。坚持把扩大开放和招商引资作为首要任务，紧紧抓住京津冀协同发展重大机遇，大力推进招商推介活动。积极推进“走出去”招商、以商招商、代理招商等多种招商模式，大力推介南堡开发区投资环境，同时建立全区重点企业名录，定期对名录内企业回访，充分发挥经济链带动引领作用。全年开展各类招商活动30余次，新签约硅粉加工、高钛渣等项目20个，协议总投资106亿元，对接京津产业转移项目5个。

（三）城市建设。围绕曹妃甸渤海新城建设，以优化城市生产性服务和公共服务为方向，以打通城市路网、实现城市雨污分流、打造生态水系为重点，加大投入，补齐短板，全年累计投资4.8亿元，实施基础设施工程25项。污水处理厂升级改造和扩建工程竣工投入使用，全区污水处理能力提升到14万吨/日，达到国家城镇一级A处理标准；清源路、人民路、供水管网、开闭站等一批基础配套设施建成投入使用，提升了区域承载能力，完善了基础要素配置。启动了河网水系建设工程，推进人工湖规划设计，完成城市雨水管网及河网疏浚联通工程，区内环境生态质量得到提高。

（四）民生事业。全区更加注重、保障和改善民生，一批涉及民生福祉的实事圆满完成。其中，总投资1亿元的南堡实验中学竣工投入使用，2800余名中小学生喜迁新校；总投资2亿元的陡河引水和净水厂工程胜利竣工，城区25公里供水管线全部联网，实现了城区9000多户居民和区内企业供水全覆盖；总投资1亿元的南堡医院改造工程按照时间节点顺利推进；保障性安居工程、既有建筑节能改造、新小区供水联网工程全部完工。新农合、城镇低、农村五保标准逐年提高；城镇新增就业1090人，登记失业率控制在3.8%以下。

（五）城乡发展。以城乡统筹发展为根本，新农村建设工作步伐加快推进。加快推进农村土地承包经营权确权登记颁证工作，确认土地承包经营权总亩数1.8万亩，流转土地面积7700亩，恩华农业生态园、兴东水产养殖二期、甜水坨肉牛养殖等项目全部建成并投入使用，农业产业化发展水平不断提升。以“四清”工作为重点，全年累计投资1700余万元，实施农村饮水、排水以及街道硬化、绿化、亮化等工程建设，农村环境面貌持续改善。

（六）和谐社会。大力繁荣和发展文化事业，组织开展书画摄影展、迎新春卡拉OK演唱会、乒乓球比赛等系列活动，组建腰鼓、秧歌、广场舞等基层活动组织，进一步拓宽了群众文化活动舞台。严格落实安全生产“一岗双责”，严防严控重点领域安全生产事故发生。加强环境治理，淘汰4蒸吨以下燃煤锅炉12台，削减二氧化硫2100吨、化学需氧量4200吨、氨氮240吨。加强法治南堡、平安南堡建设，依法依规化解信访矛盾隐患，全力抓好暑期和“9.3”阅兵等重大敏感时期信访安保维稳工作，为全区人民营造了一个和谐稳定的社会环境。

单位主要领导：卢泽祥　曹妃甸区委常委，南堡经济开发区党工委书记、管委会主任

涞源经济开发区

河北涞源经济开发区于2012年7月经省政府批准成为省级开发区，位于县城东部，规划面积达11.1平方公里。是原河北冶金工业园区的转型升级版。

2009年3月3日，省政府召开专题会议，决定由河北钢铁集团进驻涞源，统筹推进矿产资源、涞钢涞铜破产改制、建设冶金工业园区三项重点工作。为协助河北钢铁集团高效完成三项重任，县委报经市委同意后，于同年6

月成立涞源冶金工业园区管理委员会，全权代表县委、县政府专职负责推动三项重点工作。并依托境矿产资源种类多、储量大优势，瞄准建设经济强县宏伟目标，由资质单位编制完成以钢铁、有色金属冶炼及深加工为主导的产业规划体系。后因国家产业政策调整及环保转入限制，加之市场持续低迷等因素，原定钢铁及有色金属冶炼、深加工，及规划的300万吨特钢、10万吨铜、1万吨钼等项目均不能上马。为顺应时代要求、加速产业转型升级，县委、县政府决定进行功能调整，在原冶金工业园区基础上建设以新能源、新材料、新技术为主导的经济开发区，并通过多方跑动、积极申报，于2012年7月由河北省人民政府批准为省级经济开发区。

2014年，为将涞源经济开发区建成县域经济增长的带动区，支撑城市发展的功能区，工业企业的聚集区，协同发展的重点承接区，行政体制改革的试验区。县委、县政府立足京津冀协同发展的“生态环境支撑区”和“区域微中心”功能定位，按照“高端、低碳、绿色、创新”发展理念，聘请甲级资质单位开展了规划体系修编，并于2015年12月通过专家评审，确定了“四园一中心”（信息及现代服务产业园、生物技术及现代中药产业园、现代装备制造及新材料产业园、中小企业创业园和综合服务中心）发展规划体系。同年12月，经县委常委研究同意经济开发区内部设立“一办三局一室”（综合办公室、财政局、经济发展局、招商局、监察室）职能机构，并按照编制要求配齐10名领导干部职数。

经过历届县委县政府的关注支持和开发区管委会强力推进，目前，涞源经济开发区已成为京西冀北产业转移的首选、未来创新型企业的孵化温床。一是通运优势明显，该开发区南连108国道、北接207国道，距张石高速涞源南口3.5公里、涞源火车站1.7公里，与北京、天津、石家庄、保定、张家口、大同同处2小时交通圈内。二是用地条件良好，允许建设用地2264亩，工矿废弃地1143亩，有条件建设用地9150亩，未利用地546亩，是京津冀协同发展区域内屈指可数的土地富裕地区。三是配套设施齐全，主管路南段已通车，北延段完成路基工程，地下管网工程完成投入使用，水、电、讯管线入区，污水、垃圾处理设施正在规划建设中。四是发展环境优越，开发区管委会秉承“全程无忧式管家服务”理念，专职为入区企业提供优质服务，大力推行“一站式”审批、“两不见面”、领办、代办服务机制和“一事一议”优惠措施。

2015年，在大力宣传推介、积极争跑下，先后与新华网、北京金隅集团、华润集团、北京超市协会、河北祥泰药业公司、杭萧钢构、力强路桥、全友科技、大唐首邑等多个大型企业进行了接触洽谈。其中，河北祥泰药业中药戒毒系列产品项目已正式签约，北京超市协会农超对接项目已与涞源县民营企业合作，正在北京部分超市进行试销。同时，采取有效措施鼓励支持在开发区投资创业，主动与县内有实力的20多家民营企业进行了洽谈，与5家企业达成了合作初步意向。全年完成主营业务收入51.34亿元，工业增加值9.14亿元，实现利润1.54亿元，税金3.25亿元，项目完成投资4.29亿元。

芦台经济开发区

2015年，芦台经济开发区坚持“依托京津，对接京津，融入京津，抢抓机遇、加快发展，打造‘飞地’特区”的发展思路，以建设津冀芦台协同发展示范区为载体，以招商引资和项目建设为中心，以优化环境强化服务为保障，努力开创各项工作新局面。实现地区生产总值38.5亿元，同比增长10%，完成财政收入1.37亿元，同比增长6.8%；税收1.9亿元，同比增长12.4%；固定资产投资17亿元，同比增长36%。农民人均纯收入14120元，同比增长9%。

（一）抢抓机遇，创建平台，在协同发展中主动作为。2015年1月，省委、省政府下发的《关于深入实施创新驱动发展战略推进产业转型升级的意见》中，芦台被正式列为河北省14个京津冀共建创新型产业示范园区之一。7月，省委八届十一次全会通过的省委省政府《关于落实〈京津冀协同发展规划纲要〉的实施意见》要求，切实抓好芦台协同发展示范区，争取天津自贸区政策向河北省延伸。9月，市委、市政府出台《关于抢抓京津冀协同发展机遇加快实现“三个努力建成”目标的实施意见》，提出要加快津冀共建芦台协同发展示范区建设，借助天津自贸区政策优势，加紧推进一批合作项目，取得实质性进展等要求。按照省市的指示精神，开发区形成专题调研报告《将芦台经济开发区建成“飞地”特区的战略思考与对策建议》，邀请天津经信委、南开大学、河北工业大学专家以及北京、天津、河北三地开发区协会负责同志来区考察，组织党员干部到天津滨海新区，沧州中捷产业园区，邢台市邢台县、清河县，石家庄市栾城区、平山县等地学习，确立了协同发展的目标，即建设津冀共建协同发展示范区，京津产业承接区、新型城镇化建设样板区、现代农业示范区和综合改革试验区。同时积极与天津各县区特别是滨海新区联系，就开通公交线路、解决南水北调预留出口、资源共享、深化招商合作、基础设施通联、产业发展合作等方面提出了建设性意见，形成合作意向。

（二）发挥优势，对接京津，招商引资再创佳绩。发挥产业、地域优势，推行“以诚招商、互利双赢”的成功经验，围绕京津外溢产业，开展有针对性的推介，并与北京昌平区政协、昌平区工商联及20余家京津商会、协会建立了良好合作关系。被北京市投促局、天津滨海新区投促中心、中国德国商会和大兴区列入投资重点范畴。全年在谈项目达到52项，达成投资意向16项，其中总投资5亿元以上项目5项，总投资10亿元项目1项。截至2015年底，在建和续建重点项目61个，总投资243.52亿元。其中续建项目39个，投资112.41亿元，新开工项目22个，投资131.11亿元。对接京津产业项目39个，总投资198.1亿元。其中，对接天津项目27个，北京项目12个。亚洲最大的北粮农业蛋鸡产业示范基地建设成为河北省与美国艾奥瓦州友好省州合作推进项目，引领了蛋鸡产业发展的新方向。中唐环保绿色建筑产业基地项目已在天津股权交易所成功挂牌。2015 年一期工程完成投资 9.6 亿元，建成样品展示厅、入驻企业办公楼和公寓楼。奥佳环保型无纺麂皮绒、明和光学材料等绿色产业项目相继投产，一批新材料、新能源、新工艺项目加速建设，为芦台经济发展注入了强大动力。

农业生产及农村经济结构不断优化，农村经济快速发展，农民专业合作社达到 24 个，农业产业化经营率达到 59%。

（三）完善制度，强化服务，进一步优化发展环境。制定实施开发区招商引资奖，优化发展环境奖，税收贡献奖，名牌产品、驰（著）名商标奖，突出贡献奖和企业和谐发展奖 6 项奖励政策。学习借鉴天津滨海新区行政审批局经验，推行行政审批制度改革，对入区项目实施全方位代办服务制，为投资者提供“一站式保姆服务”“领导分包服务”“领导盯办服务”，规范和简化项目审批手续，行政审批事项办理时间由平均 8 天降低为平均 3 天完成，部分审批事项实现当天受理当天完成，深受投资者的称赞。

优化金融环境。唐山银行 2015 年 3 月在开发区正式开业，区内金融机构增至 4 家。2015 年总存余额 10.2 亿元，各类企业各种贷款余额 5.5 亿元。年初以来，组织宁河村镇银行、唐山华夏银行、丰南建行、河北银行等 7 家经融机构与开发区中小企业商洽对接，新增贷款 2.5 亿元，在一定程度上缓解了企业资金困境。

（四）关注民生，完善设施，推动城镇建设。聘请唐山市规划建筑设计院编制《芦台开发区总体规划（2015—2030）》。投资 7200 万元完成园区道路四期工程，新修公路 10 公里。投资 4.3 亿元，实施了东西两个园区市政道路工程及配套雨污水管网建设。东部“六横五纵”和西部“三横四纵”的路网四通八达。完成天然气输出管网 15 公里，实现天然气入园入企入户。电力投资 375 万元，完善电网改造，中心区实现双电源供电。水利工程投资 439.22 万元，人饮安全工程投资 749 万元。盛世大道等 6 条主要道路全部亮化。新增通讯管线 30 公里，实现了东西两个产业园区全覆盖。实施澳林新城项目建设，改善居住条件。启动了垃圾处理厂、污水处理厂、给水厂项目选址、项目申请报告等基础工作。二期 552 户棚户区改造工程已经启动。

新农村建设再上台阶。20 个村全年共计修路 2.61 万平方米，投资 243.4 万元。投资 124.8 万元新建水冲厕所 24 座，完成户厕改造 2092 户，配备新型垃圾箱和运载车。农村环境持续改善。新农合参合率近 100%，全年补偿 570 万元．意外伤害、大病保险支出 107.8 万元。医保实现与市级联网，方便了职工群众就医。发放小额贷款 290 万元，贴息 20.76 万元，支付，社会保险补贴 262 万元。

积极开展矛盾纠纷排查调处工作，信访及时受理率、按期答复率、群众满意率均达到 100%。严厉打击刑事犯罪，严肃查处治安案件。投资 530 万元，完成中心区视频监控网络。

从严从细抓好安全工作。健全制度，落实责任，加强宣传，治理隐患，全年未发生重大安全事故。

唐山南湖生态城

唐山南湖生态城总体规划面积 105 平方公里，已开发面积 38 平方公里，其中核心风景区 30 平方公里，城市开发区 8 平方公里，改造前是开滦采煤沉降区，垃圾遍地、污水横流，严重影响城市形象和环境。20 世纪 90 年代后期，市委、市政府开始对南部采煤沉降区进行综合整治，每年组织大规模义务植树进行绿化改造。2008 年以来，通过对采煤沉降区的生态化改造，完成了扩湖景观绿化、地震遗址公园、垃圾山封山绿化等一批生态改造工程。利用采煤沉降积水坑，将湖面扩至 11.5 平方公里；实施刘庄、增盛 2 家煤矿关闭拆除，机车车辆厂旧址搬迁和垃圾山改造，建成市民广场、地震遗址公园、凤凰台等景观；栽植乔灌木 140 余万株；新建各类道路 40 余公里、景观桥 25 座。昔日人迹罕至的废弃地嬗变为拥有“九湖五岛”的国家 4A 级景区，累计接待游客 1600 余万人次。环境的改善，带动了周边城镇化改造，2012 年 11 月，南新道区域和路南区 19 个村（居）的 3.3 万多棚户区居民，告别震后危旧平房，迁入设施完备的回迁安置区，圆了 30 多年的震后安居梦。拆迁腾出的建设用地，吸引了万科、绿城、新华联、新加坡仁恒和美等十几家国际知名房地产开发企业争相进驻，成为唐山新的投资热土。南湖生态城先后获得联合国“中国范例卓越贡献最佳奖”，“中国人居环境范例奖”、“全国生态文化示范基地”、“中国最佳休闲中央公园”等殊荣。

2016 世界园艺博览会在南湖生态城举行，与青岛、西安世园会属同一级别，举办时间为 2016 年 4 月 29 日至 10 月 16 日，会期 6 个月。唐山成为首个举办世园会的地级城市，也是第一次利用采煤沉降区举办世园会。世园会会址分为核心区和体验区两部分，总体规划面积 22.6 平方公里。其中，核心区占地 5.4 平方公里，规划为“一轴、八园”，体验区占地 17.2 平方公里，围绕服务世园会，配套实施旅游、休闲、观光项目。

（一）世园会运营。采取走出去、请进来的办法，向相关城市学习，请有关专家指导，确保园区运营管理科学有效，产生最大的经济和社会效益。

深入组织调研论证。先后十余次前往西安世园会、青岛世园会、北京园博会等大型展会实地考察、现场取经，全面细致调研运营模式、成功经验，做好各项前期准备。

统筹做好全面筹备。在充分借鉴历届展会经验教训基础上，结合唐山世园会实际，于 2015 年 4 月底，形成了以“核心自管、专业外包”的总体运营思路，对 50 项目标任务进行详细分解，倒排计划、挂帐督办，通过政府采购方式，依法依规引入优质服务商，建立“六位一体”的管理体系，实现对服务商的科学有效管理，到 2016 年 2

月底，各项准备工作基本就绪。

细致开展完善提升。组织3次试运营（压力测试），按照事先拟制的工作方案，对指挥调度、服务保障、硬件设施、应急处置等8大类、360项内容进行全面测试，累计入园游客近50万人，全面检验了运营准备工作、锻炼磨合了队伍，查找出各类问题67项，全部进行整改落实，达到了正式运营水平。

（二）世园会会址建设。2016唐山世界园艺博览会会址，总规划面积19.7平方公里，实施重点项目55个，投资核算约64亿元，4月29日投入使用。规划设计，坚持世园会与国家5A级景区创建同步规划、同步实施，编制南湖风景名胜区规划、世园会总体规划等8个专项规划，南湖风景名胜区规划经省政府审批。项目建设，55个会址项目已基本完工，2016年3月试运营。场馆项目4个，总占地面积540亩，建筑面积35.5万平方米，包括世园会指挥中心、综合展示中心、低碳生活馆、热带植物馆等项目。文化广场项目，占地面积336亩，建筑面积25.3万平方米，包括大剧院、图书馆、群艺馆、档案馆、商务中心、会展中心等6个单体建筑。基础设施项目24个，包括新建道路16条、31公里；桥梁12座；围挡、服务区、停车场、亮化、标识、门区等项目。景观绿化项目23个，绿化面积140万平方米，栽植乔灌木14万株，调运土方76万立方米。包括龙山景观改造、驳岸改造、中轴线广场景观绿化、唐胥路景观提升等项目。配套服务项目2个，龙泉寺复建，占地面积315亩，建筑面积5万平方米，主要建筑已完工，2016年4月投入使用；新华联酒店，占地面积60.8亩，建筑面积5.4万平方米，2016年2月开始营业。国际园和国内园项目，10个国际园展园建筑和8个国内园展园建筑已完成内外装修，交相关部门布展。

（三）融资。一是确定以PPP模式进行世园会融资。深入研究政策，创新提出PPP模式解决世园会融资难题，成为唐山市首个落地项目，并入选财政部PPP试点及河北省首批PPP重点示范项目。整个项目融资33.13亿元，其中政府投资4.05亿元；通过政府采购，确定中信信托为社会资本，投资额6.08亿元；世园会23亿元贷款于2015年6月审批通过，贷款期限15年，有力保障了世园会项目建设资金需求；二是按期还本付息，维护了资金链稳定。全年需还本付息27.25亿元（含本金17.8亿元、利息9.45亿元），其中本金通过政府置换债、利息通过企业自主融资解决，保证了按期还本付息，维护了资金链的稳定；三是积极协调省国开行发放危改二期剩余11亿元贷款，保证了回迁项目工程决算的资金需求。

（四）旅游开发。采取项目分包方式，将南新道以南世园会核心区周边的34个城市开发项目进行分包，明确责任人，加大协调督导力度，帮助项目业主单位解决手续办理和项目建设中的实际困难，提速建设步伐，确保与世园会同步投入运营。城市开发项目，已开工的10家房地产开发企业2015年累计完成投资6亿元，中骏南湖香郡工程及万科南湖红郡一至三期工程已完工，仁恒湖滨城、天泽瑞宫等一、二期工程交付使用，绿城南湖春晓三期（14万平米）已开工建设；新华联国花园已取得土地，正在办理相关手续；大阳公馆正在进行内外装修；旅游服务项目，配合世园会会址建设，完成景区内原旅游项目业主27个、40处项目搬迁工作，同时做好原有旅游项目业主的相关安置。

白沟新城

白沟新城2008年7月28日由原高碑店市白沟镇和原白洋淀温泉城开发区合并组建，2010年8月经省政府正式批复，2010年9月正式揭牌。2015年，在保定市委、市政府的坚强领导下，白沟新城党工委、管委会团结带领广大干部群众解放思想、锐意进取、奋发作为、激情干事，经济社会各项事业实现了平稳快速发展，较好地完成了全年任务目标。2015年，白沟新城公共财政预算收入完成5.04亿元，同比增长34.3%；地方生产总值完成72.6亿元，同比增长7%；固定资产投资完成80.2亿元，同比增长13.9%；社会消费品零售总额完成64.8亿元，同比增长9.9%；规模以上工业增加值完成25.7亿元，同比增长5.2%；市场成交额达1037亿元。

（一）科学谋划、精准发力，对接京津成果丰硕。京津冀协同发展战略实施以来，白沟新城坚持精准对接，抢抓机遇、创优环境、强化服务，对接京津工作迈出了新步伐。白沟新城确立了立足特色和比较优势，优先对接京津各种区域性专业市场的科学定位，谋划了总面积7平方公里的产业聚集区，搭建了高端、高效承接首都大规模商贸产业转移的平台，为项目引进奠定了坚实基础。先后与丰台区、西城区、东城区、天津港等地建立了良好的合作关系，就部分重点市场转移签署了战略合作协议。2015年，北京地区商户已入驻3000余家，总面积10万平米的白沟大红门国际服装城项目、投资8亿元的凤凰·O2O箱包交易广场项目、投资8.3亿元的新中天精品鞋帽城项目已全面运营；启动了投资10亿元的温泉城芦乡生态世界一期项目、投资5.1亿元的速通电商快递产业园项目建设；投资40亿元的居然之家京津冀产业园项目正在办理前期手续。成功承办了2015年（第四届）中国市场大会，此次大会影响深远、意义重大、成果丰硕，进一步提高了白沟新城的影响力和知名度。会议期间白沟新城与居然之家、阿里巴巴、京东、美丽说等公司达成合作协议，为承接京津产业转移注入了新的强大动力，为今后在更高层次、更宽领域的合作奠定了坚实的基础。

（二）主动作为、多措并举，项目园区建设扎实推进。白沟新城始终把加快项目园区建设作为实现经济社会全面发展的主要抓手。一是项目建设稳步推进，发展动力明显增强。超额完成了总投资44.3亿元的市重点项目建设任务，开工率100%，全部为第三产业项目。二是产业园区集聚效应明显。工业聚集区新增建成区面积134.6公顷，实现主营业务销售收入155.6亿元；规模以上工业企业主营业务收入9.1亿元；出口创汇1976万美元。项目和园区建设齐头并进、互为带动，增强了经济发展后劲、推动了产业结构调整升级，为实现跨越发展夯实了基础。

（三）突出特色、高端引领，产业市场转型升级。白沟新城积极适应经济发展新常态，强化品牌支撑，加大扶持力度，产业市场发展势头强劲。一是产业带动力进一步提升。积极推进箱包制造业品牌化战略，加大对优质品牌企业的奖励力度，积极培育名牌产品和品牌经济。箱包产业附加值进一步提升，2015年总产值完成223亿元，主营业务收入完成210.3亿元。企业的品牌意识进一步提高，箱包产业辐射集聚能力持续增强。二是市场规模进一步扩大。积极推进电商产业化和产业电商化，坚持电子商务市场和有形市场均衡发展，出台了《关于支持“大众创业、万众创新”及电子商务产业发展的若干意见》，与阿里巴巴等知名电商企业建立了密切合作。凤凰·O2O箱包交易广场等一批多功能一体化专业市场投入运营，2015年新增市场面积172万平方米，新增市场主体7000余家，市场成交额突破千亿元。大力发展跨境电商，在阿里巴巴、在线广交会等平台开展国际业务的跨境电商企业达60多个，线上交易额达1200万美元。市场业态更加丰富，功能更加完善，档次明显提升。

（四）完善功能、强化支撑，城乡统筹发展持续推进。白沟新城始终坚持以市场经济理念经营城市，以服务城市发展和保障民生为目标，坚持高站位规划，高投入建设，高标准管理，城市品质明显提升。一是新型城镇化建设取得新突破。2015年11月，经国家发改委、中央编办等11个部门联合评审，白沟镇被列为第二批国家新型城镇化综合试点地区，为白沟新城进一步加快新型城镇化建设注入了新动力、提供了新机遇。二是城市功能进一步完善。深入开展县城建设和城市管理“6S”行动，高标准完成了“七个一”工程建设；垃圾处理厂、平安城市和数字城管平台投入运营；启动了投资2.5亿元的白沟公园暨规划博物馆、津保高铁连接线、地表水厂等项目建设。进一步增强了城市服务功能与承载力，提升了城市品位与活力。三是美丽乡村建设步伐进一步加快。按照“四化四美”要求，坚持规划先行，根据“重点村街重点打造，规划片区侧重打造，一般村街适度拔高”的标准，预算投资1.37亿元对片区内的11个村街进行了重点打造。农村人居环境明显改善，城乡落差逐步缩小。四是民生事业显著进步。学前幼儿入园率100%，义务教育阶段巩固率100%，初中毕业生升学率94.5%。医疗卫生事业稳步发展，119家医疗机构年检校验合格率96%，城乡基本医疗保险参保率稳定在98%以上，全民医保体系基本建成。社区管理有效规范，出台了《关于设立仁和、古镇南街等15个社区居委会的实施方案》，组建了团结路、古镇北街、华苑和天德4个社区居委会。

（五）整合资源、创新服务，金融服务水平显著提升。按照河北省委书记赵克志同志在河北省金融工作座谈会上提出的“加强对小微企业的支持，实现贷款增速、户数、申贷获得率“三个不低于”的要求，为解决北京迁入白沟商户的资金需求和本地中小企业融资难、民间借贷风险高等问题，采取企业投资方式，建设了皇昕劝业金融中心，吸纳引进了11家大型金融机构（工商银行、农业银行、建设银行、中信银行、浦发银行、交通银行、北京银行、河北银行、保定商业银行、沧州银行、河北农村信用社）。通过优化整合资源、创新金融服务模式，切实为市场主体提供成本最低、速度最快、风险最小的融资服务，为企业发展提供强有力的金融保障。同时，白沟新城财政出资5700万元成立了保定市商都投资有限责任公司，作为政府融资平台，有效破解了城市建设投融资发展瓶颈。

唐山清东陵保护区

唐山清东陵保护区位于唐山市西北部燕山南麓长城脚下，地处京津冀三省市交界处，下辖清东陵文管处，内设综合办公室、财政局、规划建设局、招商与旅游开发局、综合执法局等机构，托管遵化市马兰峪、东陵、汤泉3个乡镇，64个行政村，总面积180平方公里，总人口6万人。

2015年，保护区在唐山市委、市政府的正确领导下，在遵化市委、市政府和唐山市各部门的大力支持帮助下，坚定落实“四个干”抓落实机制，牢牢扭住转型升级这条主线，抢抓对接京津冀协同发展机遇，全力推进“文物和生态立区、旅游转型兴区、项目升级强区”战略，全区经济和社会各项事业稳步发展。全年完成固定资产投资34.4亿元，比上年同期增长15.9%；财政收入5815.4万元，比上年同期下降21.8%。全区入统景区景点累计接待游客88.4万人次，比上年同期下降8.8%；实现旅游综合收入7.5亿元，比上年同期下降8.8%；农村人均纯收入8271.7元，比上年同期增长10.4%。其中，清东陵主景区接待游客59.9万人次，实现旅游收入3461.4万元。

（一）清东陵规划编制。2015年，清东陵保护区管委会继续按照“多规合一、全域覆盖、节点突出”的要求，编制完善保护区相关规划。委托北京绿维创景规划设计院有限公司编制《唐山清东陵保护区总体规划》，10月份已通过唐山市规委会审核，下步将上报唐山市政府审批。委托唐山望远规划设计院编制《马兰峪镇控制性详细规划》，已通过遵化市规委会审批，待保护区总体规划完成审批后，讲完善编制，继续逐级报批。委托北京优设联合规划设计院编制《汤泉乡政府所在地控制性详细规划》，7月份已通过遵化市规委会审核。

按照保护区的发展要求，将继续编制涵盖汤泉休闲养生产业聚集区、清东陵文化产业聚集区和汤泉农旅融合产业聚集区的《清东陵保护区3大产业聚集区控制性详细规划》。目前，已完成3大产业聚集区1：2000地形图测绘工作，下一步将抓紧推进规划编制工作。

（二）清东陵文物保护修缮。2015年是保护区文物保护方案编制和工程建设攻坚年，纳入“十二五”规划的七

大类49项工程修缮方案均已编制完成，已经国家局批准11项，资金总额5.2亿元，已拨付到位3亿元，尚有8个方案、2亿多资金待批。完成了《清东陵文物保护规划》（大纲）编制工作，待上报唐山规委会进行审批。完成了清东陵“十三五”文物修缮与保护计划初稿的编制工作，保护工作重点由“十二五”的文物本体向与文物本体相关的山、水、林、湖、路、气大文物环境转变，初步概算总投资超过7亿元。文物保护工程坚持“百年大计，质量第一”，落实了方案设计、甲方代表、工程监理、验收主体、工程审计五个关键环节的责任制，目前已开工工程13个，完成投资1.3亿元。

2015年，保护区分别对景陵圣德神功碑亭，孝陵主神道一孔、五孔、七孔石桥以及裕陵整体进行修复和维修。此次修复和保护工程将最大限度地恢复当时的历史文化信息，保留其真实性和完整性。目前，三项维修工程分别已完成总工程量的80%、90%、60%。此次维修工程资金投入之大、规模之大、难度之大，可以说是建国后的首次大修。

（三）清东陵项目建设。2015年，清东陵保护区安排固定资产投资项目18个，年度完成投资32.4亿元，比上年增长15.3%。其中蓝猫60万吨野生酸枣汁项目、广申矿山固体废料综合利用项目、汤泉皇家温泉综合体项目、马兰峪古城文化产业园项目等8个项目被列为省市重点的项目，总投资260亿元，当年完成投资25.4亿元。

管委会以项目建设为抓手，推动产业转型升级，积极推动福泉新宫度假村、龙泽汤泉宫、清史文化演绎中心等一批集文化、休闲、养生等新兴产业项目的建设进度；扶持蓝猫野生饮品集团公司继续发展壮大，推动了企业由单独的野生饮品生产向农业产业化观光旅游等综合型企业发展，促进了农业产业结构的调整；推动广申矿山固体废弃物综合利用项目、日强红木家具建设加速发展，实现资源型企业向废弃物再利用、红木家具制作等新型企业转型；扶植创建正和伟业食用菌专业合作社，采用“研发中心+龙头企业+基地+农户”的形式，转变农业生产方式，促进农业现代化发展。同时，签订了金星山文化旅游交流中心项目合作协议和上关湖体育文化旅游产业园项目合作协议，将进一步丰富清东陵旅游文化项目，在全区实现由单一文物保护转向文物、生态、文化等综合保护转变，由单一门票经济向发展全产业链、全域旅游经济转变。

（四）清东陵5A景区创建工作。2015年，为了确保5A级景区创建一战成功，在投入1.05亿元对景区旅游设施及周边环境进行全面改造提升的基础上，又进一步优化了软、硬件环境。在游客中心内加设了母婴室；对景区内400余块标识牌进行油饰维护，并将步游路上的指示牌进行更新；在三神路两侧的路口新增了警示标识；对景区内的休闲座椅进行了调整和维修养护；对游客中心北侧厕所按照AAA级标准进行改造；对裕陵、慈禧陵两处水雾景观设施加装蓄水设施和净化设施。继续对景区实施四级连带、五级管理的精细化管理办法，并对具体的管理办法进行了进一步完善和细化。同时，安排检查组采取定期检查和不定期抽查相结合的方式，对管理效果进行检查。一是编制了创建规划，把8项创建工程、100多项创建内容分解到年、月、日，责任到人，逐项、逐款抓落实，保证了创建规划的落实；二是注重了特色文化发掘，始终把清东陵特色文化放在突出位置；三是以服务为宗旨，以人为本，制定了标准化服务体系；四是全面实施了5A服务培训，既注重了5A之型，又培育了5A之魂。在创建工程全部完成后，于3月份专门聘请了3位5A评审专家进入景区，进行了一次模拟暗访，根据专家意见，制定了详细的整改方案，联系设计施工单位逐项加以落实。基本实现了“基础设施生态化、功能设施景观化、服务设施人性化、管理设施数字化”，打造了一个景点特色化，设施标准化，服务人性化，管理立体化，制度精细化，环境景观化的美丽、智慧、文化的清东陵。整改完成后，积极申请国家旅游局组织验收，8月份通过了国家旅游局暗访组暗访；10月15日，成功被全国旅游资源规划开发质量评定委员会批准为国家5A级旅游景区，成为唐山市首家5A级景区。

（五）清东陵徒步大会。11月28日，清东陵与河北狼群体育文化传播有限公司合作，成功举办了清东陵第四届徒步大会。此次大会在“用脚步丈量历史”主题框架下，提出新的口号“徒步风水福地，收获吉祥如意”，并提出秉承人文、历史与体育、休闲相结合的理念，使参与者在收获健康、快乐的同时，也为美好的明天祈福。本次活动在以徒步为主的前提下，新增添骑行、体验组内容，让更多不同爱好者参与进来，更能体现全民全运、全运惠民的国家全民健身目标，从而促进全民健身运动的更好发展，丰富清东陵徒步大会的内涵，把清东陵国际徒步大会打造成唐山的体育品牌，走出唐山、走向世界。大会从首届以唐山人为主，逐步发展到京、津、冀、辽、蒙、晋等省份和部分国外徒步爱好者，参赛人数从2012年首届的1500人增长到2015年的5000人，清东陵徒步大会已然成为唐山户外活动、全民健身的新名片。

改革开放篇
REFORM AND OPENING
TO THE OUTSIDE WORLD
河北经济年鉴
2016
总第32卷

经济体制改革

【简政放权改革】 2015年，河北省印发推进简政放权放管结合优化服务转变政府职能工作方案。衔接国务院取消调整行政审批事项31项，向各市下放行政审批事项49项；取消第一批中央指定地方实施的行政审批事项62项；完成了对省级199项非行政许可审批事项的清理，彻底取消“非行政许可审批”；省级审批事项由2012年底的1495项，精简到485项。对省政府部门行政许可中介服务事项进行了全面清理，取消35项，保留123项，纳入省政府部门审批程序的技术性服务事项27项。全面清理截至2014年底的省政府规章和规范性文件，共废止规章4件，修改13件，废止规范性文件84件，修改23件，保留499件。编制公开省政府部门行政权力和责任清单，发布了政府定价的涉企经营服务性收费、省级涉企行政事业性收费和省政府部门行政许可中介服务收费三个目录清单。出台规范行政审批行为改进行政审批工作的意见，施行河北省行政许可条例、行政许可目录管理办法和行政许可委托实施办法。在全省全面推广“双随机”抽查监管机制，逐步推开网上并联审批，推进相对集中执法权。

【投融资体制改革】 出台创新重点领域投融资机制鼓励社会投资的实施意见。大力推广政府与社会资本合作，建立全省PPP项目库，制定在公共服务领域推广政府和社会资本合作模式实施意见、省级政府和社会资本合作（PPP）项目奖补资金管理办法（试行），总结推广华夏幸福基业固安工业园区新型城镇化项目实施经验。印发河北省政府核准的投资项目目录（2015年本），省级保留核准41项，取消下放转移核准权限23项，出台河北省新增限制和淘汰类产业目录（2015年版）。衔接国家取消18项属于企业经营自主权范围的前置手续。创新投资管理方式，建立协同监管机制，投资项目在线审批监管平台实现国家、省、市、县纵向贯通。

【价格改革】 制定推进价格机制改革的实施意见。修订河北省定价目录，政府定价项目减少60%。实现非居民用天然气存量气与增量气价格并轨，完成涿鹿县、尚义县国家农业水价综合改革试点，基本建立居民生活用电、用水、用气阶梯价格制度。改革药品价格形成机制，取消了2700多种省管药品最高零售价格限制。制定南水北调配套工程水价政策。在全国率先出台提高排污费收费标准政策。

【商事制度改革】 落实注册资本认缴登记制、放宽注册资本、住所登记条件等改革措施，印发《工商登记前置审批事项目录》，工商设立登记前置审批事项由226项减少到34项，减少85%。在先行试点、稳步扩大试点基础上，10月1日起全面实施三证合一、一照一码改革，截至2015年12月31日全省共核发一照一码营业执照13.56万户，其中新增6.29万户，变更换照7.26万户。积极推行电子营业执照试点，核发电子营业执照1087户。市场主体信用信息公示制度逐步完善。2015年全省新设立市场主体73.87万户，同比增长18.82%；全省市场主体总量达到327.7万户，同比增长21.31%，增速居全国第一，总量居全国第八位。

【企业改革】 出台深化地方国有企业改革、地方国有企业发展混合所有制经济、改革完善全省国有资产管理体制、加强改进企业国有资产监管和省属国有企业负责人薪酬制度改革等一系列实施意见，印发省国资委监管企业负责人履职待遇和业务支出管理暂行办法。河北建投集团、河北国控公司探索将改建为国有资本投资运营公司，加速河北国企整合重组和国有资本有序进退。省国资委监管的三级以上企业公司化率超过80%，股权多元化率超过50%。完善国有企业监督机制，建立国有企业基本情况数据库、财务数据库、涉外资产国有企业基本情况数据库三个大数据库监督平台，实现对国有资产实时、动态监督。选择开滦集团代管的古冶政策性破产社区等5家单位探索国企办社会职能分离改革试点。支持非公有制经济发展，出台关于扶持小型微型企业健康发展的实施意见和一批收费减免政策。

【财政体制改革】 出台河北省深化财政改革实施方案。绩效预算管理改革全部推开。建立地方政府债务风险评估预警机制，开展政府存量债务清理甄别，争取新增政府债券235亿元。出台改革和完善省对下转移支付制度的意见，省级专项转移支付由281项整合为118项。建立预算跨年度平衡机制，出台河北省预算稳定调节基金管理办法。政府购买服务运行全面纳入预算管理，与政府采购预算并轨实施，范围扩大到所有适宜领域。出台河北省财政库底目标余额管理改革方案，在全国率先建立财政库底目标余额管理制度。推进中期财政规划编制，编制完成2014年度权责发生制政府综合财务报告。

【金融体制改革】 加快发展民营银行等中小金融机构，新组建农村商业银行6家、批筹4家。首创小额贷款公司四级监管体系，建立贷款风险补偿机制，科技、扶贫小额贷款公司数量居全国第一。推动政银保合作融资模式，支持小微企业和农业发展。探索建立企业应急转贷资金。设立企业上市引导基金，对2015至2017年挂牌上市企业实行奖补政策。积极培育互联网金融新业态。在石家庄、张家口、唐山、秦皇岛、邢台5个设区市实施食品安全责任保险试点，11个设区市均已实现食品安全责任险零突破。以阜平县为试点创新金融扶贫模式，完善扶贫贷款担保体系，实施农业保险全覆盖。

【科技体制改革】 在实施创新驱动发展战略推进产业转型升级、加强知识产权保护和运用、深化科技体制改革和推进大众创业万众创新等方面出台一系列改革举措。京津冀区域被确定为国家全面创新改革试验区，制定河北省推进石保廊全面创新改革试验方案，启动河北·京南G45科技成果转化试验区建设。出台深化省级财政科技计划（专项、基金等）管理改革意见。启动建设全省科技管理信息系统。建成京津冀技术交易河北平台及工作站。修订河北省促进科技成果转化条例。

【开放体制改革】 推进京津冀协同发展体制机制创新，出台河北省贯彻落实京津冀协同发展纲要实施意见，编制了河北省推进京津冀协同发展规划和4个省级专项规划。出台构建开放型经济新体制、推进国际产能和装备制造合作等实施意见，积极推广中国（上海）自贸区可复制改革试点经验。企业走出去步伐明显加快，新备案（核准）对外直接投资23.5亿美元，增长51.6%。推进开发区管理体制机制改革，出台促进经济开发区转型升级创新发展实施意见。石家庄综合保税区建设完成省内预验收，“互联网+”电子口岸建设加快推进。石家庄、唐山获批成为国家商贸物流标准化试点城市。

【社会事业领域改革】 出台进一步做好新形势下就业创业工作的实施意见。完成机关事业单位增资兑现，在县以下机关建立公务员职务与职级并行制度。出台机关事业单位工作人员养老保险制度改革的实施意见，健全进城落户农民参加基本医疗保险和关系转续政策，城乡居民大病保险基本全覆盖，完善临时救助和医疗救助制度，开展救急难综合试点。印发深化高等学校创新创业教育改革若干意见，选择10所本科院校开展普通本科高校向应用技术类型高校转型发展试点，实施河北省乡村教师支持计划（2015—2020年），考试招生制度改革全面启动，公办普通高中择校招生全部取消。在全省147个县（市、区）的288家医院全面推开县级公立医院改革，邯郸市被增列为国家城市公立医院综合改革联系点，出台建立分级诊疗制度、促进社会办医加快发展等实施意见。推动保障性住房多房合一、统筹建设、并轨运行。构建三级食品药品安全监管网络，开展国家食品安全城市创建试点和基层网络化监管模式试点。

【其他领域改革】 省直党政机关公车改革全部完成，省直留用车辆全部涂装标识，市县车改方案审批基本完成。出台河北省行业协会商会与行政机关脱钩实施方案，启动全省性行业协会商会与行政机关脱钩试点。社会信用体系建设步伐加快，对重点领域失信企业实施联合惩戒，“信用河北”上线运行，与京津签署京津冀社会信用体系合作共建框架协议。省级公共资源交易市场建立运行并初见成效，出台河北省整合建立统一的公共资源交易平台实施方案。

（河北省发改委体改处　田芙菁　王宗宇）

【农业农村改革】 全力推进农村改革，取得阶段性成果。一是农村土地确权登记全面推进。在试点基础上，2015年全面推开。强化政策指导，制定了河北省确权登记颁证成果检查验收实施细则（试行）等多个配套文件，对各地普遍存在的24个政策性问题提出指导意见，指导各地规范操作。强化业务培训，共举办各级培训班2600余次，培训业务骨干18.8万人次，确保了工作质量。强化督导通报，建立约谈问责机制，坚持定期督导和月通报制度，保障工作进度。强化资金落实，中央、省、市、县四级累计投入资金15.5亿元，有效保证了确权登记颁证工作的顺利开展。到2015年底，全省有1790个乡镇32647个村开展工作，二次公示无异议面积5785万亩，占二调耕地总面积的58.8%，保质保量完成年度工作任务。二是农村土地经营权有序流转。深入宣传贯彻中办发〔2014〕61号文件精神，印发了《中共河北省委办公厅河北省人民政府办公厅关于引导农村土地经营权有序流转发展农业适度规模经营的实施意见》（冀办发〔2015〕31号），《河北省农业厅、中共河北省委农工部、河北省国土资源厅、河北省工商行政管理局关于加强工商资本租赁农地监管和风险防范的实施意见》。全省流转面积2324万亩，流转率达到27.7%，比上年提高5个百分点。初步形成了以流转为主，土地托管、股份合作、订单农业等多种形式并存的适度规模经营新格局。三是新型农业经营主体快速发展。印发了《关于促进家庭农场发展的意见》（冀农管发〔2015〕25号），开展示范家庭农场创建活动，评选出省级示范家庭农场200家，年底经工商部门登记注册的家庭农场达1.45万家，农民合作社达9.3万家，农业社会化服务组织达1.2万家，分别比上年增长86%、12%和20%。四是农村产权制度改革破冰试水。制定了《2015年全省农村集体经济股份合作制改革试点工作实施方案》，明确任务、措施。召开了全省农村集体经济股份合作制改革培训调度会，编印了《农村集体经济组织股份合作制改革试点工作资料汇编》，为试点县培训师资100余人，并对进一步扩大试点进行了安排部署。11个省级试点村全部完成了改革任务并顺利通过验收。全省共设立具有法人资格的新型农村集体经济组织66个、公司1个，经县级政府批准设立股份经济合作社5个。五是农民财产权益保护得到加强。对农民反映的突出问题开展了专项治理，查处违规涉农收费1660万元，减轻农民负担1560万元，减轻集体负担673万元。推进集体财务公开，加强“三资”监管，审计查出违纪金额1996万元。六是基层农经体系建设取得突破。在全国率先出台了《关于加强乡镇农经管理体系建设的实施意见》，明晰乡镇农经管理职责，充实乡镇专职队伍，改善基层工作条件，进一步增强了队伍的凝聚力和战斗力。

（河北省农业厅办公室　张宝立）

对外开放

【概况】 2015年，河北省外贸进出口完成514.8亿美元，与上年同期相比（下同）下降14.2%。其中，出口329.4亿美元，下降7.8%；进口185.4亿美元，下降23.6%。贸易顺差144亿美元，扩大24.7%。与全国相比，进出口、出口、进口增幅分别低于全国6.2、5.0和9.5个百分点。

2015年，河北省实际利用外资73.7亿美元，同比增

长5.1%，外商直接投资61.8亿美元，同比下降3.1%。

产业结构逐步优化。2015年，河北省服务业外商直接投资18.1亿美元，同比增长17.7%，占全省比重为29.3%，较上年同期提高5.1个百分点，增幅较大的主要是交通运输、仓储和邮政业、房地产业和文化、体育和娱乐业。制造业外商直接投资38.4亿美元，同比下降3.3%，占比为62.2%，与上年年同期基本持平，其中专用设备制造业以及化学原料和化学制品制造业下降幅度较大，同比分别下降51.8%和31.3%。

外商投资国家（地区）相对集中。2015年，对河北省直接投资前五位的国家（地区）是：香港（34亿美元）、英属维尔京群岛（8.2亿美元）、开曼群岛（4.4亿美元）、欧盟（3.3亿美元）和日本（2.8亿美元），分别占全省外商直接投资的55.1%、13.3%、7.2%、5.4%和4.5%。

2015年与“十一五”末的2010年比较，全省进出口突破500亿美元，达到541.8亿美元。年均增长4.2%。其中，出口年均增长7.8%，进口年均下降0.9%。钢材、轻工产品出口占比分别提高14.8和1.3个百分点。有出口实绩的企业增加2858家，达到9635家；出口超千万美元企业增加152家，达到508家；出口超亿美元企业增加22家，达到45家。

【对外贸易特点】 （一）出口“高开低走”，进口“平稳低走”。全年出口、进口月度平均27.5和15.5亿美元，分别低于上年2.3和4.6亿美元。出口走势：1月高开，为全年峰值，出口33.9亿美元；3月探底，仅出口21.6亿美元，之后徘徊在28亿美元上下。进口走势：全年峰值在7月，进口达17.2亿美元，10月跌入全年谷底，仅进口13.7亿美元，全年走势较平稳，在15—16亿美元间。

（二）7大类商品出口1增6降，钢材为第一大类出口商品。2015年，7大类出口商品中，轻工产品出口40.6亿美元，增长0.2%；钢材（剔除机电部分，下同）、医药化工和农产品出口分别下降3.8%、6.4%和7.6%，好于全省平均水平；机电、纺织服装和矿产品出口分别下降10.0%、16.0%、和23.7%。高新技术产品出口下降14.3%。与上年比较，钢材、轻工、医药化工出口占比分别提高1.2、1.0、0.1个百分点；农产品出口占比持平；机电、纺织服装、矿产品、高新技术产品出口占比分别减少0.6%、1.7%、0.1、0.5个百分点。

2015年，钢材为河北省第一大类出口商品。全省钢材（含机电部分）出口量增价跌，出口数量2431.4万吨，增长35.3%；出口金额98.7亿美元，下降4.0%；钢材出口价格下跌29.1%。钢材出口价跌因素拉低全省出口增速11.4个百分点，剔除价跌因素影响，全省出口增长3.6%。

（三）对10大市场出口2增8降；东盟为河北省第一大出口市场。2015年，河北省10大出口市场中，对香港和沙特阿拉伯出口分别增长11.7%和15.6%，对东盟、欧盟、美国、俄罗斯、韩国、日本、印度、台湾省出口分别下降2.5%、7.5%、7.1%、21.1%、9.7%、10.2%、6.0%、24.7%。对“一带一路”沿线市场出口137.5亿美元，下降6.3%；对28个新兴市场出口135.3亿美元，下降6.8%。东盟、美国和香港出口占比分别提高1.0、0.1、0.4个百分点；俄罗斯、韩国、日本和台湾省出口占比分别减少1.2、0.1、0.1、0.5个百分点；沙特阿拉伯超越阿联酋进入河北省出口十大市场。

（四）铁矿石进口量增价跌，大豆进口转降为增。2015年，大宗进口商品中，铁矿石进口1.61亿吨，增长22.5%；进口金额98.4亿美元，下降27.6%；进口均价61.1美元/吨，下跌40.6%。大豆进口数量、金额分别增长46.7%、2.6%，进口均价下跌30.1%。煤进口数量、均价、金额分别下降44.8%、23.3%和57.6%。同期，机电、高新技术产品进口降幅分别为10.5%和20.4%。

铁矿石、大豆、煤进口价跌因素拉低进口增速31.6个百分点，合计减少付汇75.6亿美元（折合人民币约489.5亿元），大幅降低了河北省企业生产成本，改善了效益。剔除价跌因素影响，全省进口增长8.0%。

（五）主体队伍壮大，民营企业成为外贸的主力军。2015年，民营企业进出口、出口和进口分别下降9.7%、5.9%和17.8%，降幅比全省分别低4.5、1.9和5.8个百分点；占比分别为55.5%、61.3%和45.2%，比重分别提高2.7、1.2和3.1个百分点。外商投资企业进出口、出口和进口分别下降15.0%、14.0%和16.1%，进出口、出口比重分别减少0.2、1.7个百分点，进口比重提高2.9个百分点。国有企业进出口、出口和进口分别下降24.6%、5.1%和40.6%，进出口、进口比重分别减少2.3和5.9个百分点，出口比重提高0.5个百分点。

截至2015年底，全省对外贸易经营者备案登记企业突破24142家，其中，当年新备案企业3640家；全省有外贸进出口实绩企业10490家，较上年增加724家；外贸零突破企业2129家。

（六）一般贸易进出口占比提高2.5个百分点；海关特殊监管区进出口增长强劲。2015年，河北省一般贸易进出口下降11.7%，占比89.3%，提高2.5个百分点。其中，出口下降6.7%，占比87.9%，提高1.0个百分点；进口下降19.1%，占比91.9%，提高5.1个百分点。加工贸易进出口下降28.6%，占比8.8%，减少1.7个百分点。其中，出口下降22.0%，进口下降42.0%。其他贸易方式出口7.0亿美元，增长48.2%。其中，以海关特殊监管方式进出口3.08亿美元，增长1.8倍；出口2.47亿美元，增长1.6倍；进口0.61亿美元，增长3.2倍。

【对外投资】 2015年在海外举办企业131家，投资总额30.62亿美元，中方投资金额23.52亿美元，主要分布在中国香港地区、印度尼西亚、新加坡、韩国、蒙古、孟加拉、吉尔吉斯斯坦等国家，主要项目为霸州新亚金属制品有限公司并购印尼钢铁项目、邢台德龙钢铁有限公司投资泰国带钢生产线项目、冀东发展集团投资南非曼巴水泥项目相继建成投产；沙河市壮大玻璃有限公司在坦桑尼亚的玻璃项目预计2016年初建成投产，长城汽车股份有限公司在俄罗斯图拉州投资建设的年产8万辆SUV项目已开工建设。

【对外承包工程和劳务合作】 签订对外承包工程和劳务合作合同项目185个，金额38.64亿美元，比上年的48.53亿美元下降20.37%；完成营业额35.71亿美元，比上年40.86亿美元下降12.62%，当年派出劳务人员7381人，年末在外10925人，派往主要国家为土耳其、尼日利亚、南非、阿尔及利亚等国家，承包工程主要项目为中国石油天然气管道局、中国石油集团东方地球物理勘探有限责任公司的石油勘探和管道项目，主要国别为缅甸、印度尼西亚、伊拉克等国家。

【对外经济技术援助】 共承担了7项对外物资援助项目，受援国家为柬埔寨、亚美尼亚、尼日利亚、肯尼亚、格鲁吉亚、中非、库克群岛，涉及医疗器械及药品、农用机械、电脑等行业。

【外商投资管理体制改革】 河北省商务厅印发了《关于进一步改进外商投资管理工作的通知》、《关于做好鼓励类外商投资项目审批权下放（委托）后续工作的通知》，进一步改进外商投资管理，深化投资便利化措施，下放外商投资商业企业设立和变更等四项审批权限，同时扩大外商投资快速审批试点范围，使符合相关条件的外商投资企业在试点地区享受便捷的审批流程。

（河北省商务厅　张丹雨）

海　关

【概述】 2015年，石家庄海关在省委、省政府的正确领导下，深入贯彻习近平总书记系列重要讲话精神和党的十八大、十八届三中、四中、五中全会精神，主动适应和引领新常态，以大通关建设为重点全面深化业务改革，以依法行政为关键努力建设法治海关，以全面从严治党为主线不断加强队伍建设，较好地完成了年度工作任务，关区各项事业呈现良好发展态势。2015年，关区税收入库295.13亿元；进出口货运量3.6亿吨；进出口货值2648.1亿元；报关单9.9万份；监管运输工具12.5亿辆(艘)；监管集装箱18.5万箱次；进出境人员62.4万人次；关区减免税证明2066份；减免税货值7.65亿美元；减免税款6.46亿元；加工贸易合同备案1162份；加工贸易合同备案8.71亿美元；立案刑事案件6起，案值2237.5万元；结案刑事案件7起，案值4856.6万元；立案调查行政案件121起，案值14168万元；结案行政案件105起，案值7.12亿元；罚没入库249.72万元。

【深入开展“三严三实”教育】 将学习贯彻习近平总书记系列重要讲话精神和党的十八大和十八届三中、四中、五中全会精神作为首要政治任务，贯穿全年工作始终。认真制定并严格落实党组中心组学习计划，在政治工作网站设置学习专栏，制作宣传条幅和展板，邀请专家授课，组织开展践行习总书记重要讲话精神经典案例征集活动。通过多种形式的学习宣传，实现了全员覆盖，增强了理论武装效果，提高了广大关警员贯彻落实的积极性和主动性。深入开展“三严三实”专题教育，突出从严，注重求实，坚持高质量讲好党课，高质量组织学习研讨，高质量开展基层党建述职评议考核，高质量开好民主生活会和组织生活会，高质量立规执纪、整改落实，严格做好每一环节的规定动作。通过开展专题教育，关区全体党员干部的党性得到了进一步锤炼，理想信念更加坚定，在拥护中央权威、同以习近平同志为总书记的党中央保持高度一致的意识进一步增强，更加站稳了党和人民的立场，对践行“人民海关为人民”的宗旨有了新的认识，在主动当好人民群众的勤务员、带路人和贴心人上有了新的自觉。

【支持河北经济发展】 认真落实中央稳增长的决策部署和河北省委省政府促进外贸稳增长的具体措施，积极开展“解放思想、抢抓机遇、奋发作为、协同发展”大讨论活动，围绕服务京津冀协同发展战略，主动融入河北经济社会发展大局，结合全省外贸进出口实际，认真落实总署出台的支持外贸稳增长的一系列措施，积极做好外贸数据统计分析，提出破解难题的意见建议，助力河北外贸进出口调结构、转方式、稳增长。大力支持河北省海关特殊监管区域建设，加快复制推广自贸试验区海关监管创新制度，全程跟踪指导石家庄综合保税区建设并及时组织预验收，推动京唐港保税物流中心获批，为河北扩大对外开放搭建了新的平台。按总署要求推进秦皇岛、廊坊出口加工区整改取得实质性进展，全年批准设立保税仓库14家，出口监管仓库1家，为河北扩大对外开放搭建了更加广阔的平台。深入推进通关一体化改革、关检合作“三个一”和通关作业无纸化改革，进一步缩短进出口货物平均通关时间，营造了更加便捷高效的通关环境。认真落实国家税收优惠政策，全年为河北省企业办理减免税6.44亿元。深入倾听河北外贸企业诉求，推动解决了清河羊绒进口、辣椒提取物加工贸易出口等问题。

【业务运行质效提升】 进一步完善了改革落实和推进机制，制定了全面深化改革的工作要点，建立了改革工作台帐，圆满完成了通关一体化、关检合作“三个一”、通关作业无纸化等改革任务。改革收到了预期效果，在提高通关效率、降低通关成本、促进经济发展等方面发挥了积极作用。不断完善综合治税机制，提高税收征管质量，确保应收尽收，全年实现税收入库295.13亿元，超额完成了调整后的271亿元的税收任务。全面加强实际监管，设立监管通关业务监控模型，对进出境货物、运输工具、监管场所进行实时监控，重点加强对物流实体的监管，认真开展复查复验，进一步加强行邮、非贸业务监管，努力消除监管漏洞和盲区。保税监管突出对纺织类和毛皮类等重点商品以及归类、审价、手册执行、保税仓库存储期限等重点环节开展监控。后续监管进一步加强，全年办结稽查作业170家、核查作业347家，共计补税8314万元，创历史新高。打击走私更加精准有力，“五大战役”取得丰硕战果，立案案值较上年增长30.3%、涉税额增长218%，有力维护了河北省进出口贸易秩序良好和社会安全稳定。

【准军事化纪律部队建设】 认真落实《党政领导干部选拔任用工作条例》和海关干部选任、管理“1+3”制度，严格按制度选拔任用干部。认真落实领导干部个人事项申报制度，严格遵守“五专三不准”纪律要求，坚持从严把关，做到处级领导干部凡提拔必核查个人事项，个人事项未核实准确的考察对象不上党组会讨论、不公示任命，杜绝“带病提拔”。科学合理配置人力资源，积极推进瘦上强下，年内共选派22名机关干部、8名基层干部开展双向挂职锻炼，精选机关干部10人充实业务一线，将新招录公务员36名全部分配至基层一线工作，不断充实一线监管力量。进一步拓宽人才培养渠道，不断优化“清白做人、明白做事”、“人人上讲堂”、“共产党员示范岗”等特色品牌，积极开展以干代训和送培训下基层活动。推进专家和专业技术类公务员管理试点，加强专家使用管理和评任工作，新评任财务领域三级专家1人，配合总署推进建立专业技术类公务员管理制度，对本关归类、加工贸易和影像识别、风险布控等7个专业方向的43名试点人员进行了职务虚拟套改。严格落实准军事化纪律部队要求，规范干部探亲休假、出国（境）和请销假管理，严格执行有关奖惩制度，干部日常管理进一步强化。

（石家庄海关办公室　侯振辉）

出入境检验检疫

【综述】 2015年，河北检验检疫系统以党的十八大和十八届三中、四中、五中全会精神为指导，认真贯彻落实全国质检工作会议精神，积极抢抓京津冀协同发展新机遇，主动适应经济社会发展新常态，以“打造沿海强局、服务经济强省”为奋斗目标，各项工作取得了显著进步。

2015年，河北检验检疫局共检验检疫出入境货物10.55万批、货值297.69亿美元（同比批次增长1.31%、货值减少30.13%）。其中：检验检疫出口货物8.33万批、货值41.99亿美元（同比批次减少0.56%、货值减少13.88%）；检验检疫进口货物2.21万批、货值255.7亿美元（同比批次增长9.01%、货值减少32.23%）。共检出进出口不合格货物3129批、货值60.74亿美元，货值不合格检出率在全国35个直属局排名前列。在全省4个海港口岸和2个空港口岸，出入境人员查验53.79万人次，健康检查3.28万人次，艾滋病监测3.25万人次，预防接种3.08万人次，发现病例2.16万例，对6117艘进出境船舶、2693架次国际航班飞机进行了口岸卫生检疫。出入境集装箱报验5.89万标箱，查验1.81万标箱，卫生除害处理2.91万标箱。发现植物疫情411种类、6563种次。货物通关5.13万批次、货值256.13亿美元

【改革管理模式】 主动融入京津冀协同发展战略，找准检验检疫服务河北“三区一基地”功能定位的结合点，以检验检疫区域一体化为突破口，助力河北外向型经济发展。一是全面深化通关模式创新。全面实现省内“三通”，落实出口直放，在京津冀口岸直放货物3.92万批次，直放比例达到57.85%。实施无纸化通关4.45万批，占比达到86.78%，为企业节约了大量通关时间和成本；二是全面深化检验检疫监管模式创新。采取申报放行、验证放行、抽样放行等快速放行方式，强化事中事后监管，研究建立了京津冀区域进出口商品“宏观管理+全链条抽查+临时管控”的管理制度，落实了进出口食品京津冀一体化措施。有序推进上海自贸区8项创新制度在河北局的实施，规范了河北特殊监管区进口商品的检验监管流程，解决了重点敏感商品入区检验监管问题；三是全面深化部门协作机制创新。与石家庄海关联合印发了全面推进关检合作“三个一”的工作方案。强力推进“三个一”的使用推广工作，成功上线运行了统一版“一次申报”系统。继续扩大一次查验、一次放行的实施范围，有力推进了口岸管理相关部门实现“信息互换、监管互认、执法互助”。

【维护国门安全】 一是严密筑牢疫病疫情“防火墙”。全年共截获各类有害生物595种、7156种次，同比分别增加49.12%、134.24%，全国首次截获检疫性有害生物南美叶甲和阿根廷茎象甲，“绿蕾”专项行动和“眼镜蛇三号”中国国家行动卓有成效。持续加强口岸核心能力建设，密切与地方行政部门、联检单位协作，共向省疾控中心通报来自疫区人员103人次，妥善处置1例入境中东呼吸综合征疑似病例，1位同志被国家人社部等七部委授予埃博拉疫情防控先进个人荣誉称号；二是严把敏感进出口商品质量关。严格落实国家煤炭宏观调控政策，强化进口煤炭检验监管，对45批重金属超标煤炭作退运处理，占进口煤炭总重1.2%；形成了京津冀地区进口汽车“口岸检验—4S店监管—消费者调查”闭环监管模式。强化进口废物原料检验监管，开展了进口废塑料国内收货人专项排查，吊销国内收货人资格11家。摸底排查进出口危险化学品企业隐患，对9家未通过资质验证企业暂停受理报检；三是有效预防业务质量风险。采用分支机构自查和省局抽查相结合的方式积极开展业务质量督查，对总局在近年“一审双查”中发现的问题进行了认真梳理排查，本年度质检总局“一审双查”业务督察组提出的问题项较上次明显下降，业务质量明显提升。全年共检验检疫出入境货物10.55万批、货值297.69亿美元，其中检出不合格进口货物2621批，批次不合格率达11.86%，居全国第13位。

【服务地方经济】 一是围绕“促”字做文章。紧紧围绕地方经济发展，出台了18项服务举措，向省委省政府报送了包括示范区建设、技术性贸易措施影响、质量状况分析、自贸协定对河北影响等在内的10余项意见建议，其中9份得到了省委省政府领导的批示。开展了全省外贸企业大培训、对重点企业督导帮扶、检企座谈、技术性贸易措施影响调查等活动。向“一带一路”沿线9个国家推荐了28家企业注册，助推企业“走出去”，助力中国鲜梨首

次出口以色列。支持河北省海港、空港口岸对外开放，口岸检验检疫基础设施建设得到进一步重视，积极推动进境屠宰牛试点口岸和进境水果、京唐港、秦皇岛粮食指定口岸及石家庄空港进出境快件、邮件监管中心建设，完成了河北省“互联网+”电子口岸一期建设，继续推进内陆集中查验监管区与相关综保区建设；二是围绕“降”字做文章。落实简政放权，省局终审的1项行政许可审批项目取消，5项行政许可审批项目受理和送达环节下放到分支机构，各分支机构完成“一站式”行政审批服务窗口建设。抓住中韩、中澳自贸协定生效有利时机，加强自贸协定和原产地政策宣传，一年来在门户网站发布技术性贸易措施信息198条，签发各类原产地证书9.85万份。深入推广双随机抽查制度，有效限制了自由裁量权，加大了采信第三方认证力度，认真清理进出口环节收费，营造了良好的营商环境；三是围绕“优”字做文章。积极推进“两类示范区”建设，新增3个国家级、4个省级质量安全示范区，推动以省政府名义召开了“河北省推进出口食品农产品质量安全示范区建设现场会”，多条建议被吸收进《河北省人民政府办公厅关于促进河北省农产品出口的若干意见》中。主动参与制定了《河北跨境电商建设方案》，支持对外贸易新业态发展。对3636家企业开展了信用等级周期评定，高标准完成了“质量月”、“世界认证认可日”等质量宣传活动。积极参与了京张冬奥会、唐山世园会、中国—中东欧地方领导人会议等地方重大项目筹备。

【事业能力提升】 一是以强化科技支撑助力创新发展。2015年河北局在总局立项达21项，项目的“质”和“量”均创历史新高，共验收科研项目31项，验收数量和覆盖领域创本局历史之最。新增木材、媒介生物两个重点实验室获得质检总局批筹，河北局技术中心成为全国42家CNAS认可的能力验证提供者之一，保定安国中药材检测中心建成开业，大力推广了数字化实验室管理。依托18项业务信息化重点项目的建设，搭建了海港和空港口岸电子检验检疫平台，填补了外来有害生物远程鉴定等多领域信息化应用的空白，实现了京津冀检验检疫网络互联和业务互通。建立了覆盖全局系统的WIFI无线网络，实施内、外网隔离工作，为河北局发展“互联网+检验检疫”应用提供高效、安全的网络平台；二是以坚持依法行政规范权力运行。着力把全局各项工作纳入法治轨道，梳理完善了河北局权力清单与责任清单并向社会公布，组织开展了业务规范性文件立改废计划申报工作，对9件规范性文件进行了合法性审查。组织举办处级领导干部依法行政轮训班，强化了依法行政。严厉打击进出口领域侵权假冒等违法违规行为，提高行政处罚工作质量，全局系统行政处罚立案117起，处罚66起，货值1564.68万元。完善12365信息平台建设，受理咨询290件，处置投诉举报信息2件，依法组织了6批进口商品复验工作。监管检查出口企业认证体系76家；三是以推进精细管理提升履职能效。建立完善了绩效管理月通报、月考核制度，积极推动绩效考核，取得了较好效果。加大政策研究力度，营造了良好的政研工作氛围。有效利用政务微博、官方微信和手机微门户等新媒体开展信息宣传工作，进一步扩大了检验检疫部门的影响力。加强财务预算管理，充分发挥预算的资源配置功能，有力推进了省局技术业务用房，邢台局、黄骅港局旧楼改造等基建项目，理顺机制体制，强化市场思维，企事业不断做强做优。

【干部队伍建设】 一是强化理论武装，推进党的建设。坚持思想建党和制度建党相结合，制定了月度学习制度和领导干部轮值发言制度，河北局“班长带动班子、班子带动支部、省局带动系统”的学习方式被省直机关工委以简报形式进行了宣传；完善了机关党委组织机构，落实“三会一课”、民主评议等党内生活制度，强化了党建工作基础。大力弘扬“创新文化、创业文化、创优文化”，打造冀检特色机关文化品牌。新增1个全国青年文明号，1个省级文明单位，3名质检总局直属系统思想政治工作先进工作者；二是着力从严治吏，推进廉政建设。落实“一报告两评议”制度，对干部选任工作进行全程纪实。严格编制管理，积极开展“三超两乱”清查整改和领导干部个人有关事项报告工作。加大教育培训力度，培训3200余人次。探索开展了巡查工作，着力推动“两个责任”落实，实现了“八项规定”廉政风险防控、党员干部婚丧喜庆管理两项制度创新，聚焦“三转”，搭建了廉政短信、纪检监察专栏、专题通知、讲座活动4个警示教育平台，综合运用了制度监督、重点监督、抽查监督、社会监督、信访监督5种监督方式，开展了7个单位经济责任审计，实现了“逢离必审”；三是坚持问题导向，推进作风建设。深入扎实开展了“三严三实”专题教育，将问题导向贯穿专题教育始终，党员队伍作风得到持续改进和提升。自专题教育启动以来，全局各级领导干部讲党课77次，集中学习研讨335次，自上而下高质量地组织召开了民主生活会63个、组织生活会107个，局党组广泛走访，征集到各类意见建议6大类53条，形成了问题整改清单，坚持边查边改，立查立改，明确了35项具体整改措施，挂图督战，有力推动了整改落实。

（河北出入境检验检疫局　杨朝晖）

外事　侨务

【概况】 2015年，全省外事港澳侨务工作紧紧围绕省委省政府决策部署，充分发挥优势，为服务国家总体外交战略和本省经济社会发展做出了积极贡献。

努力配合国家总体外交，积极发挥地方外事基础作用。积极服务党和国家中心工作，努力开展对外交往。积极配合外交部、中联部等中央部门，成功接待了捷克总理索博特卡、拉脱维亚总理斯特劳尤马等党宾国宾代表团。充分发挥地方独特的渠道和资源，有序地开展了与有关国家地方层面的经济、科技和人文等领域的交流，有效地配合了国家总体外交。

主动融入国家“一带一路”建设战略，有序开展对外交往。主动从国家“一带一路”建设战略中借力用力，利用区域合作平台，与沿线国家建立互利合作伙伴关系，大力开展交流与合作。加强了与我驻外使领馆、外国驻华使馆的联络沟通，充分利用外交渠道开展工作。主动开展融入国家对外发展战略的争取工作，积极把河北省重大对外合作事项纳入国家层面合作内容。加强了国别情况的研究，为本省企业提供政策信息服务。

紧紧围绕京津冀协同发展，着力助推国际优质资源在河北省聚集。积极参与“2015 年中国·廊坊国际经济贸易洽谈会”，邀请国（境）内外嘉宾参会。举办了 2015 年中国（河北）——韩国友好周，促进了双方在经贸、人文旅游、筹备 2022 年冬奥会、中韩自贸区等方面的合作。邀请接待了国侨办主任裘援平来河北省调研，省政府与国务院侨办签署了战略合作协议，利用海外华侨华人资源，在秦皇岛北戴河新区共同建设创新创业基地——“一城两园”（国际健康城、高新技术产业园和高等教育园）。

努力深化 16+1 地方合作机制，积极筹备第三次中国——中东欧国家地方领导人会议。为做好 2016 年 6 月在唐山召开的第三次中国——中东欧国家地方领导人会议筹备工作，积极搭建我国 15 个省区市与中东欧 16 国地方省州交流合作平台，组织了在河北省廊坊举办的中国——中东欧国家省州长联合会第一次工作会议。来自中东欧 10 个国家 29 位省州长、16 个国家驻华使节、国内省州长联合会 15 个成员省（区、市）代表参会。此次会议为在唐山召开的第三次中国——中东欧国家地方领导人会议打下了良好基础。

紧紧围绕河北省产业结构调整，大力开展产能国际合作。按照省政府部署要求，会同有关方面与外交部开展了河北产能走进非洲专项工作对接活动，组织参加了以“互利共赢的国际产能合作·聚焦河北”为主题的“蓝厅论坛”。外国驻华使节、相关方面专家、中外媒体记者 300 余人出席会议，王毅部长、张庆伟省长出席并分别作了主旨演讲，宣明了我国家政策，推介了河北的优质产能。成功接待了拉美和加勒比地区 14 个国家 21 名大使组成的驻华使节代表团，在唐山、秦皇岛分别举办了“国际产能合作推介会”、“市情推介会”，取得了良好效果。

充分发挥外事优势，积极服务张家口申办筹办 2022 年冬奥会。组织安排赵克志书记在张家口会见了国际奥委会主席托马斯·巴赫一行，双方共同探讨了做好筹备冬奥会需要解决的关键问题、主攻方向和有效路径等事项。组织安排张庆伟省长率团成功访问日本，学习了长野县筹办 1998 年冬奥会以及奥运遗产利用的好做法，与长野县知事阿部守一签署了两省县《进一步加强友好合作备忘录》，在开展冬季体育运动等方面开展合作。组织参与在北京举办的韩国江原道平昌冬奥会推介会，促进双方在筹备冬奥会、旅游和文化领域的合作。

积极创新工作思路，努力推动友城和民间交往。邀请接待了习近平主席“老朋友”德沃切克夫妇一行访问河北，使“中美地方务实合作的典范”不断走深走实。李克强总理关心的河北省与德国勃兰登堡州的交往取得了积极进展，两省州签署了友好关系协议书，并在清洁能源、生物制药、环境监测等领域合作取得了实质性成果。6 月，在波兰举办的“第三届中国波兰地方合作论坛”上，中国对外友好协会、波兰外交部授予河北省“中波友好合作奖”，进一步提升了河北省的国际知名度和影响力。

充分利用侨务资源平台，不断推进侨务工作。借助国侨办平台，成功举办了“侨梦苑·秦皇岛北戴河新区”推介活动。参加了第 15 届华侨华人创业发展洽谈会。积极做好侨务扶贫工作，扎实做好涉侨法律服务工作，得到了国侨办的充分肯定。为 131 人“四侨”考生办理了加分认证，协调处理信访事项 2400 多件（次），确保了侨界平安和社会稳定。

切实加强与涉港澳部门联系，全面推动冀港冀澳交流合作。积极配合国务院港澳办和中央驻港澳联络办等中央部门的工作，接待了澳门立法会主席贺一诚率领的全体议员参访团、澳门体育和卫生界访问团、香港特区驻京办主任傅小慧一行等多个港澳团组访问河北，扩大了与香港澳门各界的联系。组织安排了河北省地方港澳干部赴香港、澳门访问交流，密切了与香港特区政府、澳门特区政府有关部门的联系，为冀港冀澳交流合作创造了条件。

【省领导外事活动】 以张庆伟省长为团长的河北省代表团一行 6 人，于 1 月 26 至 30 日访问日本。在长野访问期间，张庆伟省长与阿部守一知事签署了两省县《进一步加强友好合作备忘录》。河北省卫计委与松本齿科大学签署了《学术交流与友好合作协议书》，河北省老年病医院与相泽医院签署了《促进老年医疗及养护事业发展合作协议》，省旅游局与长野县观光部签署了《旅游交流与合作意向书》。在鸟取访问期间，与鸟取县知事平井伸治深入交换意见，推动了两省县经贸、科技合作事宜；在东京，出席了河北省旅游局举办的旅游产品对接洽谈活动。见证了河北省冀州市政府、河北可耐特玻璃钢公司与日本积水化学公司在冀州市合作建设“中日复合材料产业园”项目签约仪式，见证了河北省沧州渤海新区与日本田边株式会社投资建设电炉设备等装备制造项目签约仪式等。

范照兵部长率团访问白俄罗斯、南非和坦桑尼亚。以省委常委、统战部部长范照兵同志为团长的河北省经济合作代表团一行 6 人，于 7 月 13 日至 22 日访问了白俄罗斯、南非和坦桑尼亚。代表团一行会见了南非姆普马兰加省省长马布扎、古玛集团董事长古曼德、南非林波波省省长马塔巴塔、南非国会议员、林波波省前省长马塔里、坦桑尼亚达累斯萨拉姆省省长赛义迪·萨迪克、坦桑尼亚新延加省省长阿里和白俄罗斯工业部副部长乌秋平等，参加了与中白工业园管委会的工作会谈、与中白工业园开发有限公司的工作会谈、南非华侨代表座谈会、坦桑尼亚华侨代表座谈会等 15 场活动，实地调研了明斯克拖拉机厂、河北钢铁集团南非帕拉博拉矿业有限公司、冀东发展集团公司曼巴水泥项目、威仕达集团旗下的制鞋企业和在建中的非洲玻璃工业集团等 10 余家企业，赴我驻三国大使馆进行了工作交流。

张杰辉副省长率团访问白俄罗斯、南非和坦桑尼亚。以张杰辉副省长为团长的河北省代表团一行6人，于5月6日至15日访问了塞尔维亚、捷克和哈萨克斯坦。在塞尔维亚，与贝尔格莱德工商会及13家企业进行了对接交流，就河北钢铁集团收购塞尔维亚斯梅代雷沃钢铁公司及加强投资合作等事宜，与塞尔维亚经济部长泽利科—塞蒂克、私有化局局长舒巴拉等进行了广泛交流和深入洽谈，达成多项共识；与塞尔维亚贝尔格莱德工商会联合举办了中国河北（塞尔维亚）优势产能和合作推介会。在捷克，与捷中友好合作协会德沃吉克主席就河北钢铁集团与捷克兹达斯公司合作，捷中友好合作协会组织捷克企业参加廊坊“5·18”洽谈会等事宜进行了专题会谈；与南摩拉维亚州长、副州长就河北旅投集团参与南摩拉维亚州布尔诺市中医中药温泉度假开发项目进行了深入洽谈；与捷中友协联合举办河北优势产能推介会。在哈萨克斯坦，分别与投资和发展部副部长索阿里·别尔特、投资与出口局副局长阿赛洛进行了会谈；与哈萨克斯坦商务、矿业、国际贸易等部门的有关人员及冶金、装备、石化等行业的部门企业，就河北省优势产能与哈方合作等进行了深入洽谈；与哈萨克斯坦促进投资和出口局联合举办了河北优势产能推介会。

姜德果副省长率团访问波兰、瑞典。以姜德果副省长为团长的河北省友好合作代表团一行6人，于6月27日至7月4日访问了波兰、瑞典。作为第三届“中国——波兰地方合作论坛”的主宾省，出席了开幕式和大会分论坛——“中国及波兰地方政府活动机制”论坛、“丝绸之路经济带—中东欧国家和地区如何从丝绸之路经济带项目中受益”论坛。姜德果副省长在论坛开幕式上做大会主旨发言，阐述了“一带一路”和京津冀协同发展等国家战略为深化中波合作带来的重大机遇，介绍了河北经济社会发展的良好态势，展望了河北与波兰合作的广阔前景，就扩大双方在产业发展、基础建设、城市建设、人文交流等方面的务实合作提出四点倡议。论坛组委会授予河北省和波兰马佐夫舍省“地方合作奖”。姜德果副省长与马佐夫舍省省长举行了两省政府间工作会谈，与波兰沃斯集团就中东欧产品加工及展示基地项目交换了意见。在瑞典，访问了瑞典环境部，与企业创新部副部长、环境部对外合作大使进行会谈，访问了瑞典哥本哈根马尔默港集团、腾博艾瑞克森建筑规划设计有限公司，与公司负责人就合作事宜进行会谈，见证了新型城镇化引智合作框架协议的签署。

秦博勇副省长率团访问波兰、塞尔维亚和捷克。以秦博勇副省长为团长的河北省代表团一行6人，于2月24日至3月5日访问了波兰、塞尔维亚和捷克。代表团与三国有关部门、省州政府、商协会、企业负责人及我驻三国大使进行了广泛交流，实地调研了相关企业、院校和科研机构，举办了多场推介会，洽谈推动了一批合作项目，达成了一批合作意向。代表团通过与外方的有效交流商谈，就利用中国—中东欧国家地方省州长联合会机制、促进双方交流合作，形成了广泛共识。波兰马佐夫舍省、捷克南摩拉维亚州和摩拉维亚西里西亚州、塞尔维亚贝尔格莱德市与河北省，捷克布尔诺市与廊坊市分别达成了建立友好关系的意向。三国有关省州、商协会和企业将分别组团参加2015年河北省“5·18”洽谈会，推介一批合作项目，进一步对接洽谈有关合作意向。河北省有关部门和企业将分别组团参加2015年在波兰、捷克举办的系列活动，并就合作项目进行对接洽谈，深化双方务实合作。

秦博勇副省长率团访问捷克、匈牙利、德国。以秦博勇副省长为团长河北省政府代表团一行6人，于11月9日至18日访问了捷克、匈牙利、德国。参加了由捷克捷中友好合作协会和中联部共同主办的2015年中国投资论坛。秦博勇副省长在商务合作及贸易和投资论坛上作了题为“新机遇、新领域、新空间”的主旨演讲，并对与会嘉宾发出了参加2016年在河北省唐山举办的第三次中国—中东欧国家地方领导人会议（以下简称“地方会”）及相关论坛和经贸洽谈会的诚挚邀请。就友好互访、第三次“地方会”、捷克与河北省多领域合作等事宜与捷克政要进行了工作会谈和友好交流。分别与我驻捷克、匈牙利、德国使领馆相关人员进行了会谈；分别与捷克维索契那州、匈牙利佩斯州、德国勃兰登堡州的地方政府领导人举行了工作会谈；访问了匈牙利人力资源部、经济部。在捷克，举办了“中国—中东欧国家省州长联合会省州长及代表工作午餐会”。秦博勇副省长、唐山市曹全民副市长分别致辞，并向出席的省州长及代表递交了2016年“地方会”邀请函，得到了热烈回应。在匈牙利，举办了“匈牙利河北医药合作对接会”和“唐山招商推介会”。在德国，举办了“河北（德国）项目推介对接会”。

郭华副主席率团访问香港、澳门。以省政协郭华副主席为团长的河北省政协工作代表团一行6人，于10月27日至11月1日赴澳门、香港进行了工作访问。代表团拜访了中央驻香港、澳门特别行政区联络办公室，同香港中联办副主任殷晓静、澳门中联办副主任姚坚就冀港澳交流深入交换了意见。在香港、澳门分别召开了本届和往届港澳委员以及海外列席人士代表座谈会，通报了河北省经济社会发展、省政协工作情况，围绕省政协十一届十四次常委会议“加快民营经济发展”议题进行座谈。代表团先后走访了澳门归侨总会、澳门街坊总会、澳门中华总商会、港区省级政协委员联谊会、香港友好协进会、香港河北联谊会、香港冀鲁同乡会等社团。参加了香港河北联谊会2014—2015年会，郭华副主席做了热情洋溢的演讲，详细介绍了河北历史文化、经济社会发展等情况，在会场内引起了热烈反响。

【举办重要会议】 5月18日，在中国·廊坊国际经济贸易洽谈会期间，河北省人民政府、中国—中东欧国家合作秘书处（设在外交部）、捷克捷中友好合作协会联合举办了中国—中东欧国家省州长联合会第一次工作会议（以下简称“工作会”）。经各方共同努力，会议取得圆满成功。中国—中东欧国家合作秘书处，联合会中方15个成员省（市、自治区）均派代表团参会，江苏、天津、辽宁、河南等多个省份带企业参会；中东欧10个国家的29位省州长（含省级）率25个代表团参会，中东欧16个国家的驻华使节代表也应邀参会，中东欧国家参加会议的政府和企业界代表总计超过300人。联合会中方主席河北省省长张庆伟、捷方主席捷克摩拉维亚—西里西亚州州长诺瓦克分别发表主旨演讲，河北省副省长秦博勇就《联合会章程》、“会徽”和“第三次地方会总体方案”进行说明。会议依托“中国·廊坊国际经济贸易洽谈会”，同步举办了“中国—中东欧国家中小企业合作与发展对接洽谈会”、“中国—捷克中小企业对接洽谈会”、“唐山对接中东欧晚餐交流会”，以及17场针对中东欧国家200家、国内600家中小企业的对接洽谈活动。同时还为河南、山东、江苏、辽宁、黑龙江等多省举办了面向中东欧国家的专场经济合作推介会。本次会议仅河北省就与中东欧国家签署了17个经济合作项目，总投资达19亿美元。同时，河北省还与捷克摩拉维亚—西里西亚州、匈牙利佩斯州签署了“建立友好交流合作关系备忘录”。

4月28日，外交部和河北省政府共同主办了以“互利共赢的国际产能合作·聚焦河北”为主题的第十一届“蓝厅论坛”。这是外交部首次与地方政府共同主办“蓝厅论坛”。外交部部长王毅和河北省省长张庆伟分别发表主旨演讲。南南合作促进会副秘书长解晓岩主持论坛，秦博勇副省长、省直9个相关单位负责人、7个设区市和沙河市市长、48家重点企业代表、70多个国家的驻华使节、中外记者等共计300多人参加论坛。王毅部长在发表主旨演讲时说，河北是中国传统工业大省，具有突出的产能优势，尤其在钢铁、水泥、玻璃、光伏等领域拥有充裕的优势产能、先进的技术和成熟的管理经验。随着“一带一路”建设的全面铺开、中非合作推动非洲“三网一化”的实施，河北优势产能走向世界迎来了难得的机遇。张庆伟省长在发表主旨演讲时首先介绍了河北省省情及优势产能相关情况。他指出，河北钢铁、水泥、玻璃等优势产业技术装备先进。产品质量高，研发能力强，拥有一批在全国乃至全球有影响力的企业。近年来，河北大力实施“走出去”发展战略，积极鼓励企业参与国际合作，当前推动河北与各国优势产能合作恰逢其时。王毅部长和张庆伟省长还一起观看了优势产业企业展。并与来宾交流互动，坦诚回答了中外记者提问。

中国（河北）—韩国友好周。11月19日至21日，河北省人民政府与韩国驻华大使馆在石家庄共同举办了2015中国（河北）—韩国友好周。共有166位来自韩国驻华使馆、韩国环保部、韩国驻京相关机构、协会和企业界及文艺演出人员出席友好周活动。11月19日上午，张庆伟省长在石家庄会见了前来参加“2015中国（河北）—韩国友好周”的韩国驻华大使金章洙及韩方代表团主要成员。副省长秦博勇、省政府秘书长朱浩文参加会见。张庆伟省长代表省委、省政府对金章洙大使及韩方代表团一行前来参加友好周活动表示欢迎，并就双方深化合作提出四点建议：一是加强冬奥会筹办领域的交流合作，二是拓展经贸领域的务实合作，三是促进人文旅游领域的交流合作，四是深化中日韩循环经济示范基地建设。金章洙大使感谢河北省的热情接待和对友好周活动的大力支持，对四点建议表示完全赞同。11月20日上午，2015中国（河北）—韩国友好周举行了开幕式。开幕式后，双方还举办了CEO圆桌会议、中韩循环经济专题对接会、贸易投资专题对接会等活动，河北省和韩国有关企业负责人就具体合作事宜进行了深入讨论和交流。11月20日下午，金章洙大使专程访问河北师范大学，发表了《中韩携手20载共同迈向新未来》的主题演讲。本次友好周期间还举办了韩国商品美食旅游展，深受省会人民的赞扬和喜爱。

“侨梦苑·秦皇岛北戴河新区”揭牌。4月30日至5月1日，国务院侨务办公室主任裘援平到河北省进行工作调研。国务院侨务办公室将秦皇岛北戴河新区列为重点支持单位，并与秦皇岛北戴河新区共同建设“侨梦苑·北戴河国际健康城”。5月19日至20日，国务院侨务办公室主任裘援平、副主任庄荣文与侨商代表团一行34人赴廊坊市参加河北省经贸洽谈会，并见证了河北省人民政府与国务院侨务办公室《发挥侨务优势共同建设“侨梦苑”产业聚集区战略合作协议》签约仪式和“侨梦苑·秦皇岛北戴河新区”揭牌仪式。会后，侨商代表团赴秦皇岛北戴河新区进行了实地考察洽谈，达成了一批合作意向。“侨梦苑”产业聚集区的建立，为海外华侨华人提供了产业发展空间，海外华侨华人可以借助“侨梦苑”这个平台，到北戴河新区投资兴业。

【国外使团来访】 11月22日至27日，捷克总理索博特卡率政府及企业代表团一行110人对华进行正式访问并出席第四次中国—中东欧国家领导人会晤。27日，省委书记赵克志、省长张庆伟在北京世纪莲花酒店会见了索博特卡总理一行。赵克志书记简要介绍了河北省情况及河北与捷克友好关系。索博特卡总理重点强调了与河北省开展的经济合作项目，希望深化双方合作。张庆伟省长与捷克南摩拉维亚州州长、摩西州州长互相交流了情况，商讨了省州间合作事宜。会见结束后，索博特卡总理、赵克志书记等共同见证河北省与捷克方面6个合作备忘录文本签署。索博特卡总理一行与省委副书记赵勇、省政府副省长秦博勇、中国驻捷大使马克卿及省直相关部门主要负责人共同出席了“河北—捷克企业对接会”开幕式，双方见证了“石家庄经济学院捷克研究中心”揭牌。省委副书记赵勇、副省长秦博勇、中国驻捷大使马克卿陪同索博特卡总理一行参观了“河北—捷克友好交流合作成果展”。

11月26日，拉脱维亚总理莱姆多塔·斯特劳尤马借来华出席第四次中国—中东欧国家领导人会晤的机会，率团访问了华北科技学院。期间，斯特劳尤马一行11人与华北科技学院杨庚宇院长、省友协叶长青副会长、学院师生代表举行了座谈，向学院赠送了拉脱维亚出版的书籍并在校园种植了中拉友谊之树。斯特劳尤马总理还参观了在华北科技学院成立的“中国—拉脱维亚‘一带一路’学术交流中心”，并题词留念。

8月28日至29日，国际奥委会主席托马斯·巴赫一行在国家体育总局刘鹏局长的陪同下，访问了河北省张家口市崇礼县。28日，省委书记赵克志会见了巴赫一行和刘鹏局长。省委常委、秘书长、统战部部长范照兵、副省长许宁、国际奥委会副主席于再清等参加了会见。赵克志代表省委、省政府以及7300万河北人民向巴赫一行表示诚挚欢迎，对国际奥委会特别是巴赫主席在此次申奥活动中给予北京和张家口的鼎力相助表示衷心感谢，同时感谢国家体育总局以及刘鹏局长对河北申冬奥工作的指导和支持。巴赫表示，非常高兴在中国获得2022年冬奥会举办权不久就来到张家口崇礼赛区考察。29日，赵克志陪同巴赫一行在崇礼县考察了云顶滑雪场、张家口奥运村规划区域、北欧中心和冬季两项中心区域，了解了冬奥会筹备工作规划、进展及下步打算，共同探讨了做好筹备工作需要解决好的关键问题、主攻方向和有效路径，听取了巴赫对张家口做好筹备工作的意见和建议。

4月12日至15日，习近平主席“老朋友”、1985年习主席访问艾奥瓦州马斯卡廷市时的房东、美国艾奥瓦州友好人士德沃切克夫妇一行7人访问河北省。4月14日，张庆伟省长及1985年随习近平同志访问艾奥瓦州的四位“老朋友”与德沃切克夫妇一行进行了茶叙和餐叙。访问期间，德沃切克夫妇一行于4月12日在邢台市宁晋县参观了晶澳太阳能有限公司。4月13日在正定县，参观了习近平主席曾经工作、生活过的地方；在隆兴寺，德沃切克夫妇一行听杨立中县长讲述了习主席当年指导对隆兴寺进行修缮的工作经历；到正定农业专家黄春生家访问，听取了他对习近平主席关怀重视科技工作者的回忆。4月14日在石家庄市，参观了省博物院，同石家庄外国语学校的师生进行亲切交流。

12月16日至17日，河北省友好省县——日本长野县知事阿部守一率团一行15人访问河北省，主要目的一是与张庆伟省长会面，深入商谈两省县在冬季体育运动、医疗护理、环境保护等领域交流合作，二是访问张家口市，探讨双方在2022年冬奥会筹办方面的合作。16日上午，张庆伟省长在石家庄会见了阿部守一知事一行。会见前，张杰辉副省长与阿部守一进行了工作会谈，就两省县开展冬季体育运动、医疗卫生、环保等方面的合作进行协商。16日下午，阿部守一一行分组赴石家庄外国语教育集团、省老年病医院、省环境监测中心站、省体育局冬季运动中心参观考察。17日，代表团与张家口市政府进行了工作会谈，并参观考察了冬奥会赛场及训练基地。

6月24日至26日，南非姆普马兰加省省长马布扎率政府和企业代表团一行14人访问了河北省石家庄和邯郸市。6月24日下午，河北省政府与姆普马兰加省政府签署了交流合作备忘录。省长张庆伟、姆普马兰加省省长马布扎代表双方签约。在冀期间，马布扎省长一行先后到河北钢铁集团、邯钢公司、石家庄外国语学校、石家庄君乐宝乳业有限公司、省农科院、河北医科大学附属第三医院进行考察和交流，商讨与河北省在农业、教育、旅游、商务、卫生等领域加强合作。

11月12日至14日，津巴布韦西马绍纳兰省省长池达瑞率经贸代表团一行7人访问河北省保定和石家庄市。池达瑞省长此次来访主要目的是加强两省在农业、农业机械与制造、可再生能源（太阳能、沼气、生物柴油、水力）等领域的交流与合作。11月13日下午，张庆伟省长在石家庄会见了西马绍纳兰省省长池达瑞一行。张庆伟省长指出，近年来，河北积极参与“一带一路”国家战略和京津冀一体化，希望池达瑞省长此次来访能促进两省进一步加强务实交流，力争在农业、卫生、畜牧业、教育等更多领域的合作上有所突破，取得实实在在的合作成果。池达瑞省长表示，西马绍纳兰省矿产资源丰富，农业、畜牧业存在发展潜力，希望河北省优势企业到西马省投资、建厂。代表团访问期间，与保定市相关企业举行了两省企业交流合作洽谈活动，取得了一批成果，达成合作意向8个。代表团还参观考察了保定长城汽车股份有限公司、保定英利集团和石家庄君乐宝乳业有限公司。

6月2日至5日，应中国人民外交学会邀请，德国勃兰登堡州州长迪特马尔·沃伊德克率政府代表团13人、企业团37人访问河北。中国人民外交学会副会长孙荣民大使陪同访问河北。6月3日下午，张庆伟省长、沃伊德克州长分别代表河北省与勃兰登堡州签署《中华人民共和国河北省与德意志联邦共和国勃兰登堡州建立友好省州关系协议书》。河北建投集团与德国英科欧洲公司、麦克菲德国公司、河北省德路通生物科技公司与德国吉卢比公司分别签署合作协议。6月3日，举行了河北省—勃兰登堡州投资合作推介会和河北省—勃兰登堡州企业洽谈会，河北省新能源、生物医药、机械制造、环保等领域的100余家企业及16家开发区（园区）与来访的德国企业进行了洽谈，达成近30个合作意向。勃兰登堡州政府代表团及部分企业与省水利厅负责人就两省州水生态研究、水环境治理及技术方面的合作进行会谈。

9月17日至19日，波兰马佐夫舍省省长斯特鲁齐克率政府代表团一行11人、企业团34人访问了河北省。9月17日，张庆伟省长在石家庄会见斯特鲁齐克省长一行。双方明确：一、建立高层互访机制。拟在2016年6月河北省唐山市举办的第三次中国—中东欧国家地方领导人会议期间，签署结好协议书，并形成定期互访机制；二，推动双方有关部门和企业加强在农业、工业、环保等领域的务实合作。三、开展国际产能合作。共同探索优势产能及优势装备“走出去”的新路子，在更高层次上参与全球产业分工协作，打造国际竞争新优势。9月18日，两省共同举办了河北省—波兰马佐夫舍省投资合作推介会和企业对口洽谈。

10月28日，以罗马尼亚参议院副议长奥古斯丁·米图为团长的中东欧青年政治家代表团一行47人，在赴京参加“第二届中国与中东欧青年政治家论坛”期间访问廊坊。省委常委、组织部部长梁田庚会见奥古斯丁·米图副议长及代表团一行。中联部副部长周力等参加会见。代表团在廊坊参访了新奥能源体验中心、廊坊国际会展中心、龙河科技成果孵化园、固安规划馆、孔雀湖社区，在屈家营，代表团进入村民家中参观、座谈。实地考察廊坊地方经济、文化、民生及生态文明建设情况。

11月5日至7日，比利时东佛兰德省议会主席马克

·德布克、副省长格尔特·韦斯内克等一行3人对河北省进行友好访问。省人大副主任王刚会见了代表团，双方交流了两省经济社会发展近况、探讨了在环保、港口、物流、畜牧、花卉、教育等领域的交流与合作，交流了2016年举办两省结好25周年庆祝活动的意向及2016年互派代表团访问等有关情况。代表团考察了省博物院，双方就开展博物馆间交流、相互举办展览等事宜进行了初步接洽；考察了石家庄农林研究院，就双方在花卉领域深入开展合作、园艺人员培训、组团参加2016年根特花卉节等事宜进行了深入交流；考察了固安规划馆、孔雀湖社区、屈家营村，欣赏了屈家营村村民演奏的古乐。

9月16日，秦博勇副省长在北京会见了来华出席平昌冬奥会推介会的韩国江原道知事崔文洵一行，双方就加强冬奥会举办地间的相互交流及推动河北省与韩国江原道多领域合作进行了深入沟通。

10月17日至18日，以老挝人革党中央委员、中联部部长顺通·赛雅佳（女）为团长的老挝人革党中联部代表团一行6人，在中联部副局级参赞张焕女士等陪同下来河北省访问。10月17日中午，省委副书记赵勇在石家庄会见了顺通·赛雅佳部长一行。赵勇表示，河北省委、省政府高度重视扶贫工作，认真贯彻落实习近平总书记关于扶贫工作的重要指示精神，集中力量打好扶贫攻坚战，取得了显著成效。顺通·赛雅佳感谢河北省委、省政府对代表团的热情接待。她说河北在扶贫开发方面创造了很多宝贵经验，非常值得老挝学习借鉴。下午，老挝人革党中联部代表团考察了行唐县玉亭乡疙瘩头村设施蔬菜基地、水泉暴动纪念碑、团山红农业产业园、口头镇黄龙岗村安全饮水设施工程及口头镇东沟国威新能源光伏发电项目。18日上午，代表团一行参观考察了毓丰包装材料有限公司、铃鹿复合建材、鹏海制药及迎新节能玻璃生产车间。

11月4日至6日，拉美和加勒比国家驻华使节及记者共21人访问了唐山、秦皇岛市。外交部拉美司司长祝青桥、中国政府拉美事务特别代表殷恒民等陪同来访。11月4日，在唐山举办了由省政府和外交部拉美司主办的“河北省与拉美和加勒比国家国际产能合作推介会”。拉美和加勒比海国家驻华使节、外交部领导、省市有关部门以及有关企业的负责人共120人出席了推介会。11月4日至5日，代表团一行参观了唐山钢铁集团、唐山轨道客车和冀东水泥公司。11月5日至6日在秦皇岛期间，代表团出席了由秦皇岛市政府举办的“秦皇岛市市情推介会”，参观了中信戴卡轮毂公司和康泰医学公司，老龙头和山海关景点。

10月12日，澳门特区立法会主席贺一诚率领澳门特区立法会议员参访团一行33人在澳门中联办副主任郑振涛的陪同下到河北省廊坊参观座谈。省人大常委会副主任王雪峰会见了参访团一行，对贺一诚主席一行来河北考察表示热烈欢迎，在简要介绍河北省情后，重点介绍了京津冀协同发展的有关情况。王雪峰副主任希望澳门立法会参访团一行通过此行加深对河北的了解，在更宽领域、更深层次与河北展开合作。贺一诚主席对河北热情周到的安排表示感谢，并认为京津冀协同发展是大手笔，特别是河北在其中位置重要，成为承接北京非首都功能疏解和产业转移的重要基地。抓住这一难得机遇，河北的整体发展将实现重要跨越。在廊坊期间，参访团一行还参观了廊坊市规划展示馆、新奥集团生态城，并与廊坊市人大常委会负责同志进行了座谈。

9月25日至27日，根据国务院港澳办和澳门中联办安排，澳门体育和卫生界访问团一行21人访问河北。在石家庄，访问团赴平山县西柏坡，参观了中共中央旧址、西柏坡纪念馆、领袖故居，观看了纪录片。在保定，赴清苑县冉庄地道战遗址考察，观看了相关影像资料、参观了冉庄地道战纪念馆，并走下地道亲身体验。赴安新县白洋淀参观，重温雁翎队的抗战传奇、了解白洋淀文学流派，对祖国的大好河山、壮美景色感叹不已。

5月17日至19日，香港特区政府驻京办主任傅小慧访问河北，出席廊坊“5.18”国际经贸洽谈会。5月17日下午，省委常委、秦皇岛市委书记田向利在廊坊国际会展中心会见了傅小慧主任一行。田向利书记欢迎傅小慧主任前来参加洽谈会，并介绍了河北省及秦皇岛市的基本情况。田向利书记说，河北与香港优势互补、需求对接，有着广阔的合作前景。傅小慧主任表示，非常感谢田向利书记在百忙之中抽时间见面，我刚刚上任不久，能前来参加洽谈会非常荣幸。我们希望与河北在更高层次上开展合作，既鼓励引入港商，也支持河北企业走出去在香港兴办企业。傅小慧主任还出席了京津冀产业创新协同发展高端会议、香港河北商会助学金启动暨合作项目签约仪式等活动。

【“因公护照工作管理奖”】 2015年，河北省外办在因公护照管理工作中，坚持制度与科技并举，管理与服务并重，不断加强因公护照工作体制机制和信息化建设，推动因公护照工作的科学化、规范化。进一步完善了因公护照收缴管理的规章制度，增强了网络系统功能，有效地加强了因公护照的监管，获得了外交部“因公护照工作管理奖”。同时根据外交部领事司关于启动“领事认证综合管理系统”建设，实现了全国领事认证系统联网工作的要求，于2015年7月26日完成了该系统的建设，并已投入使用，荣获外交部“领事认证信息化建设协作奖”。

（河北省外办　商　超）

区域经济合作

【区域合作】 2015年，全省实际利用省外资金7235亿元，全省在建内资合作项目10684个，其中与京津合作项目4124个，占比38.6%，从京津引进资金3459.2亿元，占全省引资总量的47.8%。

一是根据中央第六次西藏工作座谈会和第五次全国对口支援新疆工作会议精神要求，研究提出了河北省贯彻落实意见，并提交河北省委常委会、省政府常务会研究审定。二是按照国家统一部署，组织力量启动了“十三五”援藏援疆规划编制工作。三是按照全国对口支援三峡库区工作会议要求，成立了河北省对口支援三峡库区（丰都县）工作组，并组织成员单位赴重庆丰都县进行了工作对接，邯郸华裕、重庆河北商会等十多家企业达成在丰都县投资畜禽养殖、线缆基地项目合作意向，并提出丰都县10名干部到河北省挂职计划。四是按照《国家发展改革委办公厅外交部办公厅关于印发中蒙俄经济走廊合作规划纲要中方编制工作方案的通知》要求，组织有关省直单位、各设区市和省直管县（市）政府就河北省参与中蒙俄经济走廊合作进行了认真研究，形成了专题报告上报国家发改委。河北省提出的唐山港、秦皇岛港作为中蒙俄经济走廊出海口、长城汽车8万辆整车及生活区项目（俄罗斯）和新天绿色能源风电项目（蒙古国）被纳入到规划纲要中；河北省人民政府关于贯彻落实环渤海地区合作发展纲要的实施意见印发实施。

【重大合作项目】 一是科学谋划、推介重点合作项目。根据河北省产业结构调整需要，围绕装备制造、电子信息、生物制药、商贸物流、旅游康养等领域谋划内资招商合作项目232项，项目总投资额4421.7亿元，拟引进资金3813.1亿元。对谋划的合作项目，在河北省发改委网站、经济技术合作网站向社会发布，同时通过5.18廊坊经洽会、在线西洽会、异地河北商会、外省驻陕西省商会向外发布。

二是重点推进京津冀协同创新项目。河北省政府与中国农业大学签署《共建涿州国家农业高新技术产业示范区协议》，成立了示范区建设工作协调小组，河北省政府和中国农业大学共同主办了“2015·中国（涿州）农业高新技术产业发展峰会暨百家农业龙头企业进河北活动”，示范区规划纲要初稿编制完成，中国农科院、水产院、农机鉴定总站、全国农展馆等一批项目有意落户示范区；清华大学重大科技项目（固安）中试孵化基地项目一期将于年底建成投用，SiO2气凝胶等多个项目将入驻基地；北京大学与中国宏泰产业发展有限公司在廊坊市合作建设的北大产业技术转移战略平台（中心）项目建成运营。

三是务实推动与阿里巴巴、神州数码、正泰集团、步长制药和上海电气等大型企业合作。协调阿里健康北方公司在石家庄市注册成立，2015年公司网上交易额达到70亿元；阿里云计算数据中心开工建设，宣化热电与阿里巴巴签署大用户直供协议，云计算中心将于2016年上半年开始运营。神州数码投资设立的智慧神州（秦皇岛）信息技术有限公司启动运营，其与沧州市合作建设的智慧城市管理中心年内投入使用，与崇礼县合作建设的奥运旅游平台将于11月份上线运行，与唐山市共同编制了《智慧唐山建设规划（2014—2017）》，并且就市民卡、公共信息服务平台等项目达成初步合作意向。河北省与正泰集团就智能电气产业园建设、新能源开发、股权投资、国企混改等事宜进行了交流。与步长制药就中药合作稳步推进。

四是积极承接中华医学会部分功能向河北省转移。省政府就合作事宜致函国家卫生计生委，会同省卫计委、石家庄市政府起草了《河北省人民政府国家卫生计生委关于中华医学会部分功能转移和承接合作框架协议（草案）》，委托专业咨询机构完成了承接中华医学会部分功能转移项目规划。

【省际、省校合作与交流】 一是河北省与山西省全面合作以及能源、交通、产业、文化、旅游、商贸、农业等专项合作协议已经双方政府批准，具备签署条件；河北省与宁夏回族自治区经济合作框架协议业经省政府法制办审核通过，相关工作正在抓紧进行；与内蒙古自治区合作协议达成初步共识。二是河北省相关领导会见了中国农业大学校领导及其一行，共同签署了共建涿州国家农业高新技术产业化基地协议；许宁副省长带领百家企业进天大，中信戴卡股份有限公司、河北旭阳焦化有限公司等10个企业与天津大学相关院系、教授签订了合作合同（协议），达成64个合作意向，部分企业与天津大学建立了长期合作关系；三是与对口支援受援方密切交往交流与交融。与来访的阿里地委代表团、新疆维吾尔自治区代表团、新疆生产建设兵团第二师代表团就贯彻落实中央对口支援会议精神、十三五规划编制等事宜进行了沟通对接；河北省代表团赴西藏参加了西藏和平解放50周年庆祝活动，并深入对接了援藏项目。四是大力开展产业援助工作。4月下旬，在石家庄组织召开了由河北省30多家企业参加的藏青工业园招商项目推进会，发布合作项目50项，河北省盐化工和节能建材企业与藏青工业园达成初步合作意向。5月下旬，组织省金融办、省银监局、河北银行等单位与来访的新疆巴州金融合作代表团进行了专题座谈对接。

【大型经贸洽谈活动】 5.18廊坊经洽会共签约内资合作项目146项，总投资2477亿元，协议引进资金2225亿元。截至目前，51项开工建设，75项正在办理前期手续，项目履约率86.3%，实际到位资金110.16亿元。借助西洽会暨丝博会平台，河北省在西安市成功举办了300多人参加的京津冀协同发展机遇下河北合作说明会，与西部省区政府、企业签约了11个合作项目，总投资85亿元。组织了包括长城汽车、国锋重工、五十四所北斗导航、河北云端电子、河北百年巧匠在内的河北省52家企业和石家庄高新区、沧州渤海新区参展，展览展示河北省优势企业和特色产品以及园区情况，参展企业现场销售产品234万余元，会议期间与省外企业达成17项合作协议和意向。组织22家企业参加库尔勒香梨文化节，冀中能源国际物流集团有限公司、河北旅投投资集团股份有限公司等6家企业与二师有关企业签约6个合作项目。

【创新工作方式】 依托和发挥商会的桥梁纽带作用，开展走出去和请进来工作，深化、拓展经济技术合作内涵。一是邀请陕西省河北商会作为协办单位，开展客户邀请、会务准备、会务组织工作，帮助在西安市分别召开了河北省招商项目发布对接会和由300多人参加的京津冀协同发展机遇下河北合作说明会，大大提高了办会效率和办会质量；二是以陕西省河北商会为龙头，组织了25家外省驻陕商会会长、秘书长、会员企业代表考察团，来石家庄、邯郸市考察投资环境，对接合作项目，在环保、纳米新材料等领域达成部分合作意向。

（河北省发改委经合办　赵旭来）

物　流　业

【概况】　2015年是“十二五”规划收官之年。全省经济步入新常态，经济增速放缓，结构调整加快，发展动能转换。经济下行压力不断加大，但物流业仍保持中高速增长。物流业作为国民经济的基础性、战略性产业，为“稳增长”、“调结构”、“惠民生”较好地发挥了支撑和保障作用。总体来看，河北省物流业产业发展新动力逐步显现，全行业面临从规模速度型粗放式增长，向质量效率型集约式增长转型的重大抉择，机遇和挑战并存，物流业发展有以下几个特点：

（一）总量规模越做越大。2015年，社会货物物流总额达到83695亿元，同比增长6.71%；物流业增加值达到2613亿元，同比增长6.91%，仍处于中高速增长区间，物流业增加值占服务业增加值比重为21.8%，物流业增加值占GDP的比重为8.77%，是全省服务业发展的重要增长点和优化经济结构的“稳定器”。物流业发展的质量和效率有所提升，燃油价格连续下降，社会物流总费用增速小幅回落，达到5635亿元，同比增长2.76%，物流总费用占GDP的比率为18.78%。全社会货运量达到23.11亿吨，同比增长9.34%，港口货物吞吐量完成9.13亿吨。全社会货运周转量达到12937亿吨公里，同比增长1.77%，其中道路货运周转量增长较快，增速达到10.17%。国资委监管企业涉及物流业总资产1064.3亿元，同比增加6.4%，净资产419.1亿元，同比增长5.2%；完成营业收入3193.6亿元，同比增长2.2%；利润44.4亿元，同比增长12.0%，其中，冀中能源物流、河北港口和河北省物产三家企业利润额同比分别增长2.45亿、2.9亿、0.85亿元，增幅较为显著。全省快递业务总量完成5.5亿件，居全国第8位，比上年提升1位，同比增长61.4%，居全国第6位，快递业务收入56.2亿元，同比增长36.8%。

（二）行业结构越调越优。面对复杂多变的市场形势，全省物流业积极应对，加快转型升级，行业调整出现新的动向。一是市场需求结构变化较快，围绕居民消费升级，快递快运、电商物流、冷链物流等生活消费性物流保持快速增长，成为市场投资热点。在生产领域，基础原材料等资源工业消耗品物流需求总体下降，特别是钢铁、煤炭、建材等大宗生产资料物流需求下滑严重，铁路货运量持续下降。二是市场主体加速分化，物流企业通过兼并重组、战略调整、联盟合作等多种方式，市场集中度显著提高，国资监管的物流大型企业对全省物流业增加值贡献较大。三是一批企业通过打造公共服务平台，整合物流资源，发挥自身优势条件，提供物流一体化解决方案，拓展全产业链模式，提供物流、贸易、金融等全方位服务，互联网＋物流得到快速发展。这些新理念新模式倒逼传统企业转变观念，加速变革，国大36524集团通过“互联网＋”模式，由传统门店向网上直销转变，业务服务半径由城市向小城镇、乡村延伸，效果良好。四是国际物流迈出新步伐，冀中能源国际物流等企业积极拓展国际市场，开展海外物流业务，为全省物流业“走出去”探索了新路子。

（三）物流基础越打越牢。物流基础设施建设加快，到2015年底，全省高速公路通车总里程达到6333公里，仅次于广东省，居全国第2位。年内新增高速公路通车里程6条段、445公里，比年初计划增加95公里。至此，河北省“五纵六横七条线”的高速公路主骨架初步形成，各设区市与省会、京津两大都市间全部实现高速贯通，高速公路密度超越日、法等发达国家，达到3.6公里/百平方公里，基本实现县县通高速，全省98%以上县城30分钟内上高速。地方铁路投资完成45亿元，同比增长5.6倍。新增港口通过能力0.9亿吨，港口总通过能力达到10.1亿吨，居全国第2位。

石家庄、唐山城市共同配送试点取得成效。家电产品、农产品、药品、快递物品等居民快消品配送效率进一步提高，物流成本大幅降低。石家庄市10个城市共同配送试点项目建成并通过验收，总投资2.2亿元，获得中央财政资金2699万元支持。唐山市20个城市共同配送试点项目建成投产，总投资18.98亿元，获得中央财政资金4000万元支持。

物流标准化试点取得成效。2015年国家商务部、财政部将石家庄市、唐山市列为物流标准化国家试点，分别给予5000万元国债支持，主要示范推广托盘标准化、循环共用和物流综合信息服务平台。到目前，河北省共有30家单位进行物流服务业标准化试点。年内，全省新增A级物流企业10家，至此，共有61家物流企业达到了国家A级物流企业标准（其中5A级企业9家），9家获得国家星级标准仓储企业称号。

（四）先进技术越用越广。新技术推广使用取得新成效。随着大数据、云计算、物联网广泛应用，新兴物流模式不断涌现，互联网思维加快改造传统产业，网络化、智能化、服务化、协同化的“互联网＋高效物流”生态体系加快建立。嵌入物联网技术的物流设施设备快速发展，车联网技术从传统的车辆定位向车队管理、车辆维修、智能调度、金融服务延伸。云计算服务为广大中小物流企业信息化建设带来福音。

物流信息平台加快建设。2015年共培育认定“两化融合”公共服务示范平台11个，其中物流公共服务示范平台3个。唐山成联公司与中国仓储协会建立的智慧物流公共服务信息平台成为中国物流官网，“物流河北”、“物流京津冀”，实现北京、天津两市与河北11个城市物流信息互联互通。熙平物流商贸配送信息平台为河北及周边省份提供车辆运输、装卸车辆租赁、物流仓储的一体化服务。城市智能配送终端及便民服务平台整合全国各类物流快递企业，解决了从快递网点到用户的最后一公里问题。

三大大宗商品电子交易平台加快建设。河北钢铁交易中心更名为河钢云商，目前已完成邯钢、宣钢、承钢现货网上直销功能及系统对接，与唐钢、邯钢、宣钢、承钢实现 ERP 接口对接，实现循环物资、化工产品网上竞拍功能。环渤海煤炭交易中心在河北港口集团秦皇岛海运煤炭交易市场基础上升级开发，目前组建方案已确定，正注册"河北省环渤海煤炭交易中心有限公司"。内蒙古西部煤炭交易中心，由冀中能源国际物流集团与内蒙古土默特右旗政府共同出资筹建，目前已实现网上煤炭超市、商铺、中远期交易、回购交易等功能，即将成为全国业界有影响力的电子交易中心、金融结算中心、物流配送中心及煤炭价格指数中心。

组织开展了物流业重大关键技术攻关。省科技厅以物流装备、物联网、物流信息化等为重点，组织相关企业、高校、科研机构开展物流行业重大关键技术攻关，共投入科技资金 500 多万元，组织实施了保定长安客车制造有限公司"长安睿行系列纯电动物流车的研发"、格力电器（石家庄）有限公司"格力空调产业园智能物流"、河北大学"基于物联网的冷链物流协调控制及优化"、国药乐仁堂医药有限公司"基于物联网技术的医药物流系统研发与应用示范"等 20 多项技术创新项目。

（五）投资力度越来越大。大项目投资节奏加快。邯郸国际陆港项目是河北港口集团与邯郸市政府合作投资项目，一期工程投资总额 32.5 亿元。2015 年累计完成投资 8 亿元，已正式开港，海关已正式入驻。曹妃甸港口物流园区项目（河北钢铁集团）投资总额 49.7 亿元，一期年内完成投资 11.24 亿元。黄骅港港口物流园区一期项目（河北钢铁集团）总投资 16.60 亿元，已累计完成投资 13 亿元，边建设边运营。曹妃甸数字化煤炭储配基地项目（开滦）总投资 16.6 亿元，已累计投资 6.05 亿元。河北金宝钢丝绳有限公司项目（冀中能源）总投资额 4.5 亿元，年内完成投资 1.78 亿元。冀中陆港物流园区项目是冀中国际物流集团在邯郸投资的重大物流项目，年内已完成投资 1.40 亿元。据不完全统计，32 个省级物流产业聚集区已建成和正建项目有 100 多个，总投资千亿元以上。

多渠道筹集建设资金。截至 2015 年末，全省现代物流业贷款余额 4547.49 亿元，同比增长 14.11%，比年初新增 562.37 亿元。其中，省农行抢抓京津冀协调发展机遇，重点支持了 32 个省级现代物流产业聚集区建设，发放现代物流业贷款 232.74 亿元。举办"金融·科技·产业"融合创新大型资本对接会，为 33 个省级重点物流产业项目提供融资支持 184.8 亿元，进一步拓宽物流企业的融资渠道。积极推动物流企业在境内外多层次资本市场挂牌上市，鼓励符合条件的物流企业发行债券，唐山港年内 A 股增发募集 25.08 亿元，省物流集团发行 5 亿元短期融资券，唐山港发行了 4 亿元短期融资券和 2 亿元中期票据，庞大汽贸发行了 11 亿短期融资券，曹妃甸港务集团发行了 7 亿元短期融资券。

（六）发展环境越来越优。年内，国务院和各部委精准施策，大力促进物流业加快发展，出台实施了一批政策措施，主要有：《关于加快推进中药材现代物流体系建设指导意见的通知》、《关于进一步促进冷链运输物流企业健康发展的指导意见》、《关于调整铁路货运价格进一步完善价格形成机制的通知》、《关于加快发展服务贸易的若干意见》、《关于协同推进农村物流健康发展、加快服务农业现代化的若干意见》、《关于加快推进新能源汽车在交通运输行业推广应用的实施意见》、《互联网＋流通行动计划》、《全国流通节点城市布局规划（2015—2020 年）》、《关于当前更好发挥交通运输支撑引领经济社会发展作用的意见》、《关于开展多式联运示范工程的通知》、《关于智慧物流配送体系建设的实施意见》、《关于加快实施现代物流重大工程的通知》、《关于加快发展农村电子商务的意见》、《继续实施物流企业大宗商品仓储设施用地城镇土地使用税优惠政策的通知》、《关于完善港口建设费征收政策有关问题的通知》。

省委省政府加快贯彻落实国务院和有关部委关于推进物流发展的政策部署，配套实施了《关于促进物流业加快发展的若干意见》、《关于促进内贸流通健康发展的实施意见》、《河北省促进内贸流通健康发展重点任务分工》和《河北省物流业三年行动计划》等一批政策措施，形成了促进全省物流业加快发展的政策环境体系。

【存在问题】 一是企业盈利水平仍然较低。2015 年，冀中能源物流利润率仅为 1.3%，开滦物流、省物流集团利润率在 0.3%以下。二是受经济下行冲击影响较大，行业平均利润率由 2014 年的 1%下滑至 0.4%，一些钢、煤和流通企业面临着停产、资金链断裂的风险，对物流企业产生了较强的传导效应，据调样测算，物流业平均利润率仅为 0.4%。三是土地指标制约明显，全省全年服务业省管重点项目用地 5537 亩，占省管重点项目用地不足 20%，与投资占比不相称。

（河北省发改委　袁有丰）

证券期货业

【河北辖区资本市场】 （一）辖区上市、挂牌公司情况。截至 2015 年 12 月 31 日，河北辖区上市公司家数为 53 家，占全国上市公司家数的 1.87%，居全国第 14 位。其中沪市 18 家，深市 35 家；主板 33 家，中小板 10 家，创业板 10 家。上市公司总市值 8038.34 亿元，占全国的 1.51%，居全国第 14 位。总股本 774.96 亿股，占全国的 1.51%，居全国第 12 位。2015 年，河北省资产证券化率达 26.97%，不到全国平均水平 78.61%的一半。

截至 2015 年 12 月 31 日，河北辖区全国中小企业股份转让系统挂牌公司 98 家，占全国挂牌家数的 1.91%，同比增加 326%，居全国第 14 位。

2015 年，河北省企业通过资本市场实现融资 75 家次，累计融资额达602.90亿元，创历史新高，超过2012—2014年三年融资总额。其中，首发上市股票3只，融资6.43亿元（四通新材首发融资2.97亿、乐凯新材首发融资1.36亿元，通合电子首发融资2.1亿元）；上市公司股权再融资192.89亿元；新三板股权融资12.58亿元；上市公司发行公司债4只，发行额204亿元（东旭光电公司债10亿元、荣盛发展公司债104亿元、华夏幸福公司债80亿元、三友化工公司债10亿）；非上市公司发行公司债8只，发行额187亿元（华夏控股公司债28亿元、东旭集团公司债81亿元、冀东集团公司债15亿元、唐山通顺交通投资公司债12亿元、新合作集团公司债11亿元、海伟集团公司债12亿元、财达证券公司债25亿元、邢台钢铁公司债3亿元）。全年完成公司债融资391亿元，是2014年公司债融资额的26倍，是公司债发行指导性目标的3倍。

（二）辖区证券经营机构情况。截至2015年12月31日，河北辖区共有证券公司1家，分公司17家（比年初增加9家），证券营业部219家（比年初增加15家），证券投资咨询公司1家。

2015年，累计交易金额7.54万亿元，同比增长186.63%；累计营业收入65.74亿元，同比增长165.68%；累计净利润36.39亿元，同比增长219.88%。年末托管市值3068.41亿元，同比增长47.90%；A股证券账户数728.63万户，同比增长48.26%；投资者人数425.67万，同比增长42.89%。

（三）辖区期货经营机构情况。截至2015年12月31日，河北辖区共有期货公司1家，期货营业部36家。

2015年，累计代理交易额6.12万亿元，同比增长67.55%；累计营业收入0.95亿元，同比增长6.85%；累计净利润－0.07亿元，同比增长1.36%。年末保证金19.37亿元，同比增长－16.12%；客户数4.87万个，同比增长11.60%。

（四）辖区私募基金情况。截至2015年12月31日，河北省已登记私募基金管理人239家，全国排名16位，较年初增加305.08%；已备案私募基金79只，较年初增加107.9%；认缴规模95.23亿元，较年初增加111.86%，实缴规模61.44亿元。

截至2015年12月31日，河北省私募基金管理人按基金总规模划分，管理规模为0的191家，在1亿元以下的25家，1亿元至2亿元的12家，2亿元至5亿元的7家，5亿元至10亿元的3家，10亿元以上的1家。

【证券期货监管】 2015年，河北证监局认真落实证监会和省委、省政府重大决策部署，主动适应经济发展新常态，坚持稳中求进工作总基调，以“加强监管、守住底线，推进创新、促进发展，夯实基础、抓好党建”为主线，以维护资本市场“三公”原则和投资者合法权益为目标，严谨高效地开展各项监管工作，主动服务实体经济，各项工作取得了积极成效。辖区资本市场发展实现了“稳中有进”。“稳”主要体现在三个“有序”：辖区资本市场发展保持有序稳定，监管转型工作有序推进，投资者合法权益保护有序加强。“进”则反映在实现了四个“突破”：一是上市挂牌家数实现新突破，年内新增上市公司3家，新增全国股转系统挂牌公司75家。二是融资规模实现新突破。2015年，辖区企业通过资本市场实现股权债权融资603亿元，创历史新高，超过2012—2014年三年融资总额。三是公司债券融资取得新突破。2015年，河北省企业完成公司债融资391亿元，是2014年公司债融资额的26倍。四是融资主体取得新突破。公司债发行主体由仅限于上市公司拓展到所有公司制企业。其中，财达证券发行25亿元公司债券，实现辖区金融企业发行公司债零的突破。2015年，实现了“十二五”时期辖区资本市场发展各项任务的圆满收官，为全面开创“十三五”工作新局面奠定了坚实基础。

一年来主要做了以下工作：

（一）全力维护资本市场稳定，进一步防范化解市场风险。一是积极应对股市异常波动。2015年6月15日至7月8日，我国股市出现过急下跌行情，市场频现千股跌停、千股停牌，辖区上市公司也不例外，多家上市公司股票出现非理性下跌和停牌现象。河北证监局积极落实党中央、国务院决策部署和证监会的有关要求，迅速行动，采取有效措施，及时对辖区上市公司停牌进展、大股东股权质押情况进行摸底，采取召开通气会议、公司共同倡议、引导公司增持股票、辖区上市公司大股东和董监高承诺半年内不减持本公司股票等系列维稳措施，稳定各方预期，提振市场信心。及时召开辖区证券期货经营机构风险防控座谈会，全面了解市场、机构、投资者一线情况，明确维护市场稳定运行的相关要求，确保辖区市场平稳有序运行。二是扎实做好维稳工作。持续关注信息系统安全工作，开展拉网式检查；紧紧盯住问题，严格执行敏感时期零报告制度；认真查找薄弱环节，完善机制、堵塞漏洞、解决短板。通过严防、严管、严守，不断夯实维稳工作。三是清理整顿各类违法从事证券期货业务活动。按照证监会工作部署，对证券期货经营机构信息系统外部接入等情况进行核查，对期货配资业务传递监管压力，有效遏制了配资风险的蔓延。

（二）大力推动监管转型，进一步提升监管效能。一是深化简政放权。进一步精简行政许可，并做好行政许可、报备事项取消后的衔接工作，推进政务公开，及时在河北证监局网站公开有关信息。2015年，河北证监局办理行政许可事项5件，接受备案材料164项次。二是突出问题导向。通过CISP系统、FISS系统动态掌握辖区证券期货经营机构经营数据，利用舆情监控系统跟踪辖区资本市场动态。通过量化分析工具、数据对比等风险监测预警技术手段，发挥信息系统在提升非现场监管效能方面的作用。三是加大监管压力。对涉嫌违法违规行为快速启动现场核查，及时采取矫正性措施，规范各类市场主体行为。2015年，河北证监局对存在问题的公司、证券服务机构及个人共作出行政监管措施9次，其中出具警示函8次、进行监管谈话1次，并督促其认真整改。四是优化现场检查。更加突出问题和风险导向，聚焦重点，精准发力，切实提高现场检查效率。2015年，河北证监局开展年报、中介机构执业质量、重大资产重组、债券发行人资金使用情况及全国股转系统挂牌公司股东及其他关联方资金占用的现场检查，完成证券期货经营机构检查、反洗钱检查、防范融配资检查及其他专项检查86家次，不断提高发现问题和化解风险的能力。

（三）强力开展监管执法，进一步落实“两维护一促进”核心职责。第一，加强日常监管，促进各类市场主体规范发展。一是不断提高上市公司质量。紧盯高风险公司，防范化解＊ST金化退市风险。强化信息披露以投资者需求为导向，加强上市公司定期报告和临时报告信息披露监管，提高信息披露的时效性。推进全国股转系统挂牌公司日常监管，采取召开座谈会、约谈公司高管等方式，明确监管要求，提升监管的有效性。二是推动证券期货经营机构合规发展。组织辖区证券公司、证券分公司创新发展座谈会和合规风控座谈会，督促各机构合规稳健发展，提升综合服务能力。强化事中监控，严守期货经营机构客户资金安全、净资本达标和信息系统稳定运行监管“底线”。三是构建私募投资基金监管体系。完成“两个加强、两个遏制”专项检查，对存在问题的机构果断采取监管措施。举办私募基金管理人培训和监管座谈会，强化合规意识。积极排查辖区私募基金涉及非法集资情况，防范私募基金风险。

第二，加强稽查执法，提高法治工作水平。一是加大案件查办力度。2015年，河北证监局独立查办案件9起，其中涉及辖区上市公司4起；立案3起，并对晨光生物科技股份有限公司原监事杨文芳短线交易案依法作出行政处罚；与有关部门联合办理专案1起，协办案件5起。二是高度重视诚信建设和法制建设。抓好集中开展资本市场诚信建设宣传专项活动，举办上市公司董事、监事、高级管理人员培训，提升诚信守法意识。认真开展“六五”普法宣传、“12·4”全国宪法日暨法制宣传日等系列活动。梳理、完善监管工作制度，优化工作流程，规范自身执法行为，扎实推进依法行政。

第三，加强投资者教育和保护，维护投资者合法权益。一是优化辖区投资者回报机制。督促辖区上市公司完善利润分配制度，关注长期不分红的公司。2015年，辖区有32家上市公司实施分红，分红家数和金额分别占辖区上市公司家数、利润总额的64%和21%。督导辖区上市公司高度重视投资者关系管理。举办上市公司网上集体接待日活动，加强上市公司与投资者网络在线沟通、电话接听等工作，扩大投资者的知情权。二是完善证券期货经营机构投资者教育和保护工作机制。扎实开展“公平在身边”专项活动，要求证券期货经营机构完善投诉处理、设置投保专员。进一步加强投资者教育与保护工作。督导证券期货经营机构利用媒体渠道、现场讲解等方式帮助投资者加深对法律法规、新业务新产品及风险因素的认识。扎实开展期货投资者风险承受能力评估，推动辖区36家期货经营机构全部建立评估制度。加强对辖区证券经营机构投资者适当性管理落实情况监督检查。三是积极构筑投资者综合保护体系。完善投诉举报程序，及时应对投资者诉求，认真接收并办理投诉、举报事项，努力从源头解决问题，化解矛盾。四是保持“打非”高压态势。组织辖区证券期货经营机构开展防范打击非法集资暨打击非法证券期货活动集中宣传月活动，会同省公安厅开展防范非法证券期货活动宣传教育进社区工作，不断健全“打非”、“整非”工作的长效机制。

（四）合力推动多层次资本市场建设，进一步提升服务实体经济能力。一是加强主动服务。河北证监局已与石家庄、保定、唐山等7个市政府签订《资本市场发展合作备忘录》，形成工作机制，在市场培育、联合培训、共同化解市场风险等方面形成共识，共同促进河北多层次资本市场发展。二是强化专业培训。与省金融办、各市政府、石家庄股权交易所等单位加强协作，共同培育企业上市挂牌，举办公司上市挂牌、公司债券、资产证券化等专题培训班12次，培训人数达1600余人次。会同上海期货交易所、大连商品交易所、郑州商品交易所、中国期货业协会，举办证券期货相关知识培训，让更多企业了解期货市场、学会使用期货衍生品工具，发挥期货价格发现和风险管理功能，提升服务实体经济能力。三是优化政策环境。密切跟踪服务拟上市企业，加强中介机构辅导监管，及时解决企业上市挂牌过程中的问题。协助省政府出台《关于加快推进企业上市工作的实施意见》，为企业上市挂牌创造良好的政策环境，充分调动企业上市挂牌的积极性和主动性。

（五）着力强化队伍建设，切实改进工作作风。一是扎实开展“三严三实”专题教育工作。牢牢把握总体要求、牢牢把握“关键动作”、牢牢把握问题导向，有针对性地制定《河北证监局践行“三严三实”要求的规定》，对照“三严三实”的基本内涵和实践要求，聚焦对党忠诚、个人干净、勇于担当，教育引导党员干部进一步加强党性修养、强化党性原则、正确树立“三观”、改进工作作风。二是加强党风廉政建设。坚定理想信念和政治立场，严守政治纪律和政治规矩，严格落实“两个责任”，强化“一岗双责”，严格执行中央八项规定精神，坚决反对“四风”，强化内外部监督，追求高线、严守廉洁底线、不踩法律红线。三是强化内部管理。不断完善内部管理和监管工作制度体系，进一步增强制度执行的自觉性和主动性。不断提高干部队伍整体素质，改进服务，提高效率，提升能力，努力构建团结干事、激情干事、踏实干事的工作氛围。

（河北证监局　崔　征）

统计资料篇
STATISTICAL DATA
河北经济年鉴
2016
总第32卷

统 计 资 料 使 用 说 明

一、统计资料内容说明

1.《河北经济年鉴—2016》的统计资料篇收录了全省2015年及历史重要年份经济和社会发展方面的统计数据、各市、县（区）2015年经济和社会发展的主要统计数据以及京津冀主要指标，全面反映河北省经济和社会发展情况。本篇内容分为23部分：综合，国民经济核算，人口、就业及工资，固定资产投资，能源，财政、金融、保险，物价，人民生活，农村经济，工业，建筑业，房地产，运输和邮电，国内贸易，对外经济贸易和旅游，教育，科技和专利，文化、体育及卫生，公共管理及其他，城市概况，各市概况，各县（市、区）主要指标，京津冀主要指标。

2. 本《年鉴》统计资料大部分来自年度统计报表，部分来自抽样调查。

3. 本《年鉴》统计资料所使用的度量衡单位均采用国际统一标准计量单位。

4. 本《年鉴》部分数据合计数或相对数由于单位取舍不同而产生的计算误差均未作机械调整。

5. 本《年鉴》中所涉及到的历史数据，均以最新出版的本《年鉴》数据为准。

6. 为方便读者使用，篇末附有主要统计指标解释，对指标的概念、统计方法、统计口径、统计范围以及历史变动情况作了简要概述。

7. "城市概况"中各市数据为市区数，不含所辖县。

8. "各市概况"中有些指标是由各市统计部门计算的，在方法上与全省有不一致的地方，故分市之和不等于全省，这些指标是：地区生产总值、农业总产值、农业中间消耗和农业增加值等；除特别注明外，石家庄市数据包含辛集市，保定市数据包含定州市。

二、符号说明

1. "…"，表示数据不足本表最小单位数；

2. "空格"，表示该项统计指标数据不详或无该项统计指标数据；

3. "#"，表示其中的主要项；

4. "①"，表示本表下有注解。

行政区划基本情况（2015年底）

Basic Statistics of Administrative Divisions (End of 2015)

单位：个 (unit)

市	City	县级区划数 Number of Regions at County Level	市辖区 Districts under the Jurisdiction of Cities	县级市 Cities at County Level	县 County	乡镇级区划数 Number of Regions at Townships Level	街道办事处 Street Communities	乡 Townships	镇 Towns
全　省	**Total**	**170**	**42**	**20**	**108**	**2251**	**293**	**890**	**1067**
石家庄市	Shijiazhuang	22	8	3	11	276	56	94	126
承德市	Chengde	11	3		8	218	13	115	90
张家口市	Zhangjiakou	17	4		13	233	23	112	97
秦皇岛市	Qinhuangdao	7	4		3	97	22	27	48
唐山市	Tangshan	14	7	2	5	229	52	45	132
廊坊市	Langfan	10	2	2	6	107	17	22	68
保定市	Baoding	24	5	4	15	340	29	160	151
沧州市	Cangzhou	16	2	4	10	191	21	86	84
衡水市	Hengshui	11	1	2	8	118	4	45	69
邢台市	Xingtai	19	2	2	15	199	26	76	97
邯郸市	Handan	19	4	1	14	243	30	108	105

自然状况和资源

Natural Condition and Resources

项　目	Item	2005	2010	2014	2015
自然状况	**Natural Condition**				
地表总面积(平方公里)	Total Land Area (sq.km)	187693	187693	187693	187693
地表总面积构成(%)	Percentage to Total Area (%)				
山　地	Mountains	37.40	37.40	37.40	37.40
坝上高原	Plateaus	12.97	12.97	12.97	12.97
丘　陵	Hills	4.83	4.83	4.83	4.83
平　原	Plains	30.49	30.49	30.49	30.49
盆　地	Basins	12.10	12.10	12.10	12.10
湖泊洼淀	Lakes and Depression	2.21	2.21	2.21	2.21
大陆海岸线长度(公里)	Mainland Shore (km)	487	487	487	487
土地资源	**Land Resources**				
耕地面积(千公顷)	Area of Cultivated Land (1000 hectares)	5988.9	6551.42	6537.70	6525.50
#有效灌溉面积	Irrigated Area	4547.75	4520.87	4404.22	4447.98
草原面积(千公顷)	Area of Grassland (1000 hectares)	4649	3692.85	3692.85	2774.35
#已利用面积	Utilizable Area	3235	2252.16	2252.16	
气候(主要城市)	**Climate (Major Cities)**				
年降水总量(毫米)	Annual Total Precipitation (millimeters)	345.9-767.5	416.9-620.3	393.3	506.0
年平均气温(摄氏度)	Annual Average Temperature (℃)	7.8-14.7	7.4-14.3	13.0	12.6
森林资源	**Forest Resources**				
森林面积(千公顷)	Forest Area (1000 hectares)	4724.9	4875.3	5480.0	5800.0
林木蓄积量(万立方米)	Stock Volume of the Forest (10000 cu.m)	10226	12145	13975	13975
森林覆盖率(%)	Forest-coverage Rate (%)	23.25	26.00	29.20	31.00
水利资源	**Water Resources**				
水能资源可开发量(万千瓦)	Developable Resources (10000 kw)	156	120.6	120.6	120.6
内陆水域养殖面积(公顷)	Cultivated Water Area (hectare)	74662	74955	78584	76421
海水养殖面积(公顷)	Cultivated Area (hectare)	90404	123810	122434	117533

各市、县(市、区)名称（2015年）
Name of Administrative Area (2015)

市 City	所辖县(市、区)名称 Name of County or City, Districts under Administrative							
石家庄市 Shijiazhuang	长安区 Changan	桥西区 Qiaoxi	新华区 Xinhua	井陉矿区 Jingxingkuangqu		裕华区 Yuhua	藁城区 Gaocheng	鹿泉区 Luquan
	栾城区 Luancheng	井陉县 Jingxing	正定县 Zhengding	行唐县 Xingtang	灵寿县 Lingshcu	高邑县 Gaoyi	深泽县 Shenze	赞皇县 Zanhuang
	无极县 Wuji	平山县 Pingshan	元氏县 Yuanshi	赵　县 Zhaoxian	辛集市 Xinji	晋州市 Jinzhou	新乐市 Xinle	
承德市 Chengde	双桥区 Shuangqiao	双滦区 Shuangluan	鹰手营子矿区 Yingshouyingzi		承德县 Chengde	兴隆县 Xinglong	平泉县 Pingquan	滦平县 Luanping
	隆化县 Longhua	丰宁满族自治县 Fengning		宽城满族自治县 Kuancheng		围场满族蒙古族自治县 Weichang		
张家口市 Zhangjiakou	桥东区 Qiaodong	桥西区 Qiaoxi	宣化区 Xuanhua	下花园区 Xiahuayuan	宣化县 Xuanhua	张北县 Zhangbei	康保县 Kangbao	沽源县 Guyuan
	尚义县 Shangyi	蔚　县 Yuxian	阳原县 Yangyuan	怀安县 Huaian	万全县 Wanquan	怀来县 Huailai	涿鹿县 Zhuolu	赤城县 Chicheng
	崇礼县 Chongli							
秦皇岛市 Qinhuangdao	海港区 Haigang	山海关区 Shanhaiguan	北戴河区 Beidaihe	青龙满族自治县 Qinglong		昌黎县 Changli	抚宁区 Funing	卢龙县 Lulong
唐山市 Tangshan	路南区 Lunan	路北区 Lubei	古冶区 Guye	开平区 Kaiping	丰南区 Fengnan	丰润区 Fengrun	曹妃甸区 Caofeidian	滦　县 Luanxian
	滦南县 Luannan	乐亭县 Leting	迁西县 Qianxi	玉田县 Yutian	遵化市 Zunhua	迁安市 Qianan		
廊坊市 Langfang	安次区 Anci	广阳区 Guangyang	固安县 Guan	永清县 Yongqing	香河县 Xianghe	大城县 Dacheng	文安县 Wenan	
	大厂回族自治县 Dachang		霸州市 Bazhou	三河市 Sanhe				
保定市 Baoding	竞秀区 Jingxiu	莲池区 Lianchi	满城区 Mancheng	清苑区 Qingyuan	徐水区 Xushui	涞水县 Laishui	阜平县 Fuping	定兴县 Dingxing
	唐　县 Tangxian	高阳县 Gaoyang	容城县 Rongcheng	涞源县 Laiyuan	望都县 Wangdu	安新县 Anxin	易　县 Yixian	曲阳县 Quyang
	蠡　县 Lixian	顺平县 Shunping	博野县 Boye	雄　县 Xiongxian	涿州市 Zhuozhou	定州市 Dingzhou	安国市 Anguo	高碑店市 Gaobeidian
沧州市 Cangzhou	新华区 Xinhua	运河区 Yunhe	沧　县 Cangxian	青　县 Qingxian	东光县 Dongguang	海兴县 Haixing	盐山县 Yanshan	肃宁县 Suning
	南皮县 Nanpi	吴桥县 Wuqiao	献　县 Xianxian	孟村回族自治县 Mengcun		泊头市 Botou	任丘市 Renqiu	黄骅市 Huanghua
	河间市 Hejian							
衡水市 Hengshui	桃城区 Taocheng	枣强县 Zaoqiang	武邑县 Wuyi	武强县 Wuqiang	饶阳县 Raoyang	安平县 Anping	故城县 Gucheng	景　县 Jingxian
	阜城县 Fucheng	冀州市 Jizhou	深州市 Shenzhou					
邢台市 Xingtai	桥东区 Qiaodong	桥西区 Qiaoxi	邢台县 Xingtai	临城县 Lincheng	内丘县 Neiqiu	柏乡县 Baixiang	隆尧县 Longyao	任　县 Renxian
	南和县 Nanhe	宁晋县 Ningjin	巨鹿县 Julu	新河县 Xinhe	广宗县 Guangzong	平乡县 Pingxiang	威　县 Weixian	清河县 Qinghe
	临西县 Linxi	南宫市 Nangong	沙河市 Shahe					
邯郸市 Handan	邯山区 Hanshan	丛台区 Congtai	复兴区 Fuxing	峰峰矿区 Fengfeng	邯郸县 Handan	临漳县 Linzhang	成安县 Chengan	大名县 Daming
	涉　县 Shexian	磁　县 Cixian	肥乡县 Feixiang	永年县 Yongnian	邱　县 Qiuxian	鸡泽县 Jize	广平县 Guangping	馆陶县 Guantao
	魏　县 Weixian	曲周县 Quzhou	武安市 Wuan					

国民经济和社会发展总量与速度指标

指　标	Item	总量指标	
		1990	2000
人　口	**Population**		
年底总人口(万人)	Population at Year-end (10000 persons)	6159	6674
男性人口	Male	3147	3397
女性人口	Female	3012	3277
城镇人口	Urban	1183	1741
乡村人口	Rural	4976	4933
就业及工资	**Employment and Wages**		
就业人员数(万人)	Employment (10000 persons)	2955.47	3385.71
#职工人数	Staff and Workers	652.71	621.95
城镇登记失业人员数(万人)	Registration Unemployment in Urban Areas (10000 persons)	7.67	17.40
城镇登记失业率(%)	Registration Unemployment Rate in Urban Areas (%)	1.1	2.8
职工工资总额(亿元)	Total Wages (100 million yuan)	129.32	427.18
职工平均工资(元/人)	Average Wage of Staff and Workers (yuan/person)	2019	7781
国民核算	**National Accounting**		
地区生产总值(亿元)	Gross Domestic Product (100 million yuan)	896.33	5043.96
第一产业	Primary Industry	227.89	824.55
第二产业	Secondary Industry	387.52	2514.96
第三产业	Tertiary Industry	280.92	1704.45
固定资产投资	**Investment in Fixed Assets**		
全社会固定资产投资总额(亿元)	Total Investment in Fixed Assets (100 million yuan)	177.21	1847.23
#房地产开发	Real Estate Development	3.88	108.39
#住宅	Residential Buildings		
全社会施工房屋建筑面积(万平方米)	Floor Space of Buildings under Construction (10000 sq.m)	4662.40	13473.63
全社会竣工房屋建筑面积(万平方米)	Floor Space of Buildings Completed (10000 sq.m)	3924.42	10512.58
财　政	**Government Finance**		
地方财政收入(亿元)	Local Governments Revenue (100 million yuan)		248.76
财政支出(亿元)	Local Governments Expenditures (100 million yuan)	87.28	415.54
能源生产与消费(万吨标准煤)	**Production and Consumption of Energy (10000 tons of SCE)**		
能源生产总量	Total Energy Production	5313.08	5639.26
能源消费总量	Total Energy Consumption	6124.22	11195.71
人民生活	**People's Livelihood**		
家庭总户数(万户)	Number of Family Households (10000 households)	1584	1840
城镇平均每户家庭人口(人)	Average Household Size in Urban Areas (person)	3.37	3.06
农村平均每户家庭人口(人)	Average Household Size in Rural Areas (person)	4.52	4.11
城镇人均住房建筑面积(平方米)	Per Capita Net Floor Space of Rural Residents (sq.m)	9.18	15.42
农村人均居住面积(平方米)	Per Capita Net Floor Space of Rural Residents (sq.m)	17.34	22.87
城镇居民人均可支配收入(元)	Per Capita Annual Disposable Income of Urban Households (yuan)	1397.4	5661.16
农村居民人均可支配收入(元)	Per Capita Annual Disposable Income of Rural Residents (yuan)	621.67	2478.86
城乡储蓄存款余额(亿元)	Outstanding Amount of Saving Deposits in Urban and Rural (100 million yuan)	504.59	3957.06
结婚数(对)	Register Number of Marriages (couple)	447334	475291
离婚数(对)	Number of Divorces (couple)	10010	17084

Principal Aggregate Indicators on National Economic and Social Development and Growth Rates

Aggregate Data			速度指标 Indices and Growth Rates (%)						
			指数 Index（2015为以下各年）(2015 as Percentage of the Following Years)				平均增长速度 Average Annual Growth Rate		
2010	2014	2015	1978	1990	2000	2014	1979-2015	1991-2015	2001-2015
7194	7384	7425	146.8	120.6	111.2	100.6	1.0	0.8	0.7
3647	3751	3757	144.8	119.4	110.6	100.2	1.0	0.7	0.7
3547	3633	3668	149.0	121.8	111.9	101.0	1.1	0.8	0.8
3201	3642	3811	689.2	322.2	218.9	104.6	5.4	4.8	5.4
3993	3741	3614	80.2	72.6	73.3	96.6	-0.6	-1.3	-2.1
3865.14	4202.66	4212.50	199.7	142.5	124.4	100.2	1.9	1.4	1.5
518.89	656.18	643.65	144.6	98.6	103.5	98.1	1.0	-0.1	0.2
35.14	38.30	39.41	122.8	513.8	226.5	102.9	0.6	6.8	5.6
3.86	3.59	3.60		327.3	128.6	100.3		4.9	1.7
1548.58	2965.46	3289.48	12824.5	2543.7	770.0	110.9	14.0	13.8	14.6
36166	45114	50921	8601.5	2522.1	654.4	112.9	12.8	13.8	13.3
20394.26	29421.15	29806.11	3934.8	1482.5	444.2	106.8	10.4	11.4	10.5
2562.81	3447.46	3439.45	597.4	325.4	194.7	102.6	4.9	4.8	4.5
10707.68	15012.85	14386.87	5458.7	2041.3	499.7	104.7	11.4	12.8	11.3
7123.77	10960.84	11979.79	7389.1	1874.0	496.9	111.2	12.3	12.4	11.3
15083.35	26671.92	29448.27		16617.7	1594.2	110.4		22.7	20.3
2264.94	4059.72	4285.27		110445.1	3953.6	105.6		32.4	27.8
1785.76	3010.35	3162.55				105.1			
48769.16	66068.42	57974.11		1243.4	430.3	87.7		10.6	10.2
15945.18	16444.88	19492.73		496.7	185.4	118.5		6.6	4.2
1331.85	2446.62	2649.18			1065.0	108.3			17.1
2820.24	4677.30	5632.19	17361.9	6453.0	1355.4	120.4	15.0	18.1	19.0
8129.05	6801.01	7096.14		133.6	125.8	104.3		1.2	1.5
27531.11	29320.21	29395.36		480.0	262.6	100.3		6.5	6.6
2040	2284	2270		143.3	123.4	99.4		1.4	1.4
2.85	2.92	2.89		85.8	94.4	99.0		-0.6	-0.4
3.70	3.38	3.40		75.2	82.7	100.7		-1.1	-1.3
30.52	33.83	32.82	585.0	357.5	212.8	97.0	4.9	5.2	5.2
32.23	34.95	36.52	414.1	210.6	159.7	104.5	3.9	3.0	3.2
16263.43	24141.34	26152.16		1871.5	462.0	108.3		12.4	10.7
5957.98	10186.14	11050.51		1777.6	445.8	108.5		12.2	10.5
15678.43	25760.08	29220.28	261362.1	5790.9	738.4	113.4	23.7	17.6	14.3
750291	661326	609442		136.2	128.2	92.2		1.2	1.7
98792	146877	157180		1570.2	920.0	107.0		11.6	15.9

国民经济和社会发展总量与速度指标（续一）

指　标	Item	总量指标	
		1990	2000
农　业	**Agriculture**		
乡村从业人员(万人)	Employed Persons of Agriculture, Forestry, Animal Husbandry and Fishery (10000 persons)	2360.5	2707.1
农林牧渔业总产值(亿元)	Gross Output Value of Agriculture, Forestry, Animal Husbandry and Fishery (100 million yuan)	357.63	1544.65
主要农产品产量（万吨）	Output of Major Farm Products (10000 tons)		
粮　食	Grain	2276.9	2551.1
棉　花	Cotton	57.08	30.01
油　料	Oil-bearing Crops	74.89	146.97
蔬　菜	Vegetables	1157	4454.0
园林水果	Garden Fruit	175.47	677.31
肉　类	Meat	130.1	342.4
奶　类	Milk	14.26	96.21
水产品	Aquatic Products	21.86	80.95
工　业	**Industry**		
规模以上工业企业主要指标(亿元)	Principal Indicators of Industrial Enterprises above Designated Size (100 million yuan)		
资产总计	Original Value of Fixed Assets		5199.74
主营业务收入	Revenue from Principal Business		3425.08
利润总额	Total Profits	11.03	184.94
主要工业产品产量	Output of Major Industrial Products		
纱(万吨)	Yarn (10000 tons)	33.55	43.70
布(亿米)	Cloth(100 million m)	12.69	15.60
化学纤维(万吨)	Chemical Fiber (10000 tons)	2.59	10.24
机制纸及纸板(万吨)	Machine-made Paper and Paperboards (10000 tons)	88.75	216.34
原　煤(万吨)	Coal (10000 tons)	6242.97	5781.21
原　油(万吨)	Crude Oil (10000 tons)	570.52	518.26
发电量(亿千瓦小时)	Electricity (100 million kwh)	368.97	844.42
粗　钢(万吨)	Crude Steel (10000 tons)	383.69	1230.10
钢　材(万吨)	Rolled Steel (10000 tons)	281.27	1306.52
生　铁(万吨)	Pig Iron (10000 tons)	521.25	1709.23
水　泥(万吨)	Cement (10000 tons)	1310.13	4694.59
平板玻璃(万重量箱)	Plate Glass (10000 weight cases)	1078.95	2083.30
农用化肥(折纯量)(万吨)	Chemical Fertilizer (10000 tons)	128.51	195.23
建筑业	**Construction**		
建筑业企业从业人员(万人)	Number of Employed Persons (10000 persons)	59.3	87.6
建筑业总产值(亿元)	Gross Output Value (100 million yuan)	73.39	492.10
施工房屋面积(万平方米)	Floor Space of Buildings under Construction (10000 sq.m)	5195.52	6260.10
竣工房屋面积(万平方米)	Floor Space of Buildings Completed (10000 sq.m)	4324.61	3481.42
交通运输邮电	**Transportation, Postal and Telecommunication Services**		
全社会客运量(万人)	Total Passenger Traffic (10000 persons)	25745	65255
全社会货运量(万吨)	Total Freight Traffic (10000 tons)	58203	76808

注：1.规模以上工业企业统计范围1998年至2006年为全部国有及年主营业务收入在500万元及以上非国有工业企业；2007年至2010年为年主营业务收入在500万元及以上的工业企业；2011年及以后年份为年主营业务收入在2000万元及以上的工业企业。
2.2002年及以后建筑业统计范围为具有资质等级的建筑业企业。

Principal Aggregate Indicators on National Economic and Social Development and Growth Rates

Aggregate Data			速度指标 Indices and Growth Rates (%)						
			指数 Index (2015为以下各年) (2015 as Percentage of the Following Years)				平均增长速度 Average Annual Growth Rate		
2010	2014	2015	1978	1990	2000	2014	1979-2015	1991-2015	2001-2015
2976.6	3055.9	3055.3	177.0	129.4	112.9	100.0	1.6	1.0	0.8
4309.42	5994.79	5978.88		406.9	196.1	102.7		5.8	4.6
2975.90	3360.2	3363.8	199.3	147.7	131.9	100.1	1.9	1.6	1.9
56.95	43.1	37.3	318.9	65.4	124.4	86.6	3.2	-1.7	1.5
140.29	150.2	151.5	618.5	202.4	103.1	100.9	5.0	2.9	0.2
7073.57	8125.7	8243.7	1496.9	712.5	185.1	101.5	7.6	8.2	4.2
1111.73	1420.6	1508.6	1897.6	859.8	222.7	106.2	8.3	9.0	5.5
416.7	468.1	462.5		355.6	135.1	98.8		5.2	2.0
449.08	496.12	480.93	19550.0	3372.6	499.9	96.9	15.3	15.1	11.3
106.33	126.39	129.71	933.1	593.4	160.2	102.6	6.2	7.4	3.2
24943.75	42555.67	42717.82			821.5	100.4			15.1
31628.93	47207.76	45648.10			1332.8	96.7			18.8
2141.47	2610.90	2360.99		21405.2	1276.6	90.4		23.9	18.5
123.91	214.76	204.24	1067.6	608.8	467.4	95.1	6.6	7.5	10.8
54.82	61.23	69.66	848.5	548.9	446.5	113.8	5.9	7.0	10.5
23.42	60.59	60.68	5779.0	2342.9	592.6	100.1	11.6	13.4	12.6
420.52	458.17	345.68	1493.9	389.5	159.8	75.4	7.6	5.6	3.2
10199.27	7345.44	7437.05		119.1	128.6	101.2		0.7	1.7
599.04	592.33	580.10	33.7	101.7	111.9	97.9	-2.9	0.1	0.8
1992.57	2492.80	2487.17	1474.4	674.1	294.5	99.8	7.5	7.9	7.5
14458.79	18530.34	18832.98	12944.5	4908.4	1531.0	101.6	14.0	16.9	19.9
16757.23	23995.24	25245.31	26802.5	8975.5	1932.3	105.2	16.3	19.7	21.8
13705.39	16932.57	17383.32	7812.0	3334.9	1017.0	102.7	12.5	15.1	16.7
12594.30	10625.46	9073.23	1957.5	692.5	193.3	85.4	8.4	8.0	4.5
12033.83	12292.63	11099.98	3353.9	1028.8	532.8	90.3	10.0	9.8	11.8
178.19	214.73	215.82	269.4	167.9	110.5	100.5	2.7	2.1	0.7
128.7	114.2	107.3		180.9	122.5	94.0		2.4	1.4
3232.53	5625.75	5252.57		7157.1	1067.4	93.4		18.6	17.1
23471.48	37112.73	35616.48		685.5	568.9	96.0		8.0	12.3
9100.87	12582.71	11612.95		268.5	333.6	92.3		4.0	8.4
90847	61063	53631		208.3	82.2	87.8	-100.0	3.0	-1.3
177308	238749	199192	738.8	342.2	259.3	83.4	5.6	5.0	6.6

a) Industrial enterprises above designated size are all state-owned enterprises and non-state owned enterprises with annual revenue from principal business over 5 million yuan from 1998 to 2006, and are industrial enterprise with annual revenue from principal business over 5 million yuan from 2007 to 2010, and are industrial enterprise with annual revenue from principal business over 20 million yuan since 2011.

b) Data since 2002 included all general construction contractors and professional contractors which possess qualification grades.

国民经济和社会发展总量与速度指标（续二）

指　　标	Item	总量指标	
		1990	2000
港口货物吞吐量(万吨)	Volume of Freight Handled at Major Coastal Ports (10000 tons)	6945	10771
邮电业务总量(亿元)	Business Volume of Postal and Telecommunication Services (100 million yuan)	5.56	191.04
旅客周转量(亿人公里)	Passenger Traffic (100 million passenger-km)	358.09	782.87
铁　路	Railways	249.44	377.24
公　路	Highways	108.44	405.63
函　件(万件)	Number of Letters Delivered (10000 pieces)	23716	26302
社会消费品零售总额(亿元)	**Total Retail Sales of Consumer Goods (100 million yuan)**	**308.0**	**1613.9**
外贸、实际利用外资和旅游	**Foreign Trade, Utilization of Foreign Capital and International Tourism**		
海关进出口总额(亿美元)	Total Value of Exports and Imports (USD 100 million)	22.68	52.35
出口总额	Exports	19.01	37.07
进口总额	Imports	3.67	15.28
实际利用外资额(万美元)	Total Amount of Foreign Direct Investments (USD 10000)	4447	139378
#外商直接投资	Foreign Direct Investments	3935	102376
外国人旅游人数(人)	Number of Tourists (Overnight Visitors) (person)	32695	345494
旅游外汇收入额(万美元)	Foreign Exchange Earnings from International Tourism (USD 10000)	511	13035
金融、保险	**Banking and Insurance**		
金融机构存款余额(亿元)	Deposits of National Banking System (100 million yuan)	753.62	5543.49
金融机构贷款余额(亿元)	Loans of National Banking System (100 million yuan)	823.66	4632.96
保费收入(亿元)	Premium (100 million yuan)	8.24	56.60
保险金额(亿元)	Amount Insured (100 million yuan)		6625
赔款额(亿元)	Settled Claim (100 million yuan)		16.57
教育、文化	**Education and Culture**		
财政用于教育支出(亿元)	Government Expenditures on Education (100 million yuan)	15.12	73.65
在校学生数(万人)	Students Enrollment (10000 persons)		
#普通高等学校	Institutions of Higher Education	7.60	24.38
普通中学	Secondary Schools	207.61	481.75
普通小学	Primary Schools	705.48	813.73
报纸出版数量(亿份)	Number of Newspapers Published (100 million copies)	5.29	9.00
杂志出版数量(亿册)	Number of Magazines Published (100 million copies)	0.22	0.52
图书出版数量(亿册)	Number of Books Published (100 million copies)	2.44	3.10
科　技	**Science and Technology**		
研究与发展经费支出(亿元)	Expenditures on Research and Development (100 million yuan)	2.56	26.27
技术市场成交额(亿元)	Volume of Transaction in Technical Markets (100 million yuan)		9.41
卫　生	**Health Care**		
卫生机构病床数(万张)	Number of Beds in Health Institutions (10000 units)	14.60	16.89
专业卫生技术人员(万人)	Medical Technical Personnel (10000 persons)	18.05	20.12
#医　生	Doctors	8.60	9.17
环　境	**Environment**		
废水中化学需氧量排放量(万吨)	COD Discharge of Waste Water (10000 tons)		
废气中二氧化硫排放量(万吨)	Sulphur Dioxide Emission of Waste Gas (10000 tons)		

注：1. 2001年至2009年邮电业务量采用2000年不变价计算，2010年及以后采用2010年不变价计算。
　　2. 2009年客运量、货运量、旅客周转量和货运周转量指标依据新的统计方法和口径进行了调整。

Principal Aggregate Indicators on National Economic and Social Development and Growth Rates

Aggregate Data			速度指标 Indices and Growth Rates (%)						
2010	2014	2015	指数 Index (2015为以下各年) (2015 as Percentage of the Following Years)				平均增长速度 Average Annual Growth Rate		
			1978	1990	2000	2014	1979-2015	1991-2015	2001-2015
60343	95029	91251	4112.3	1313.9	847.2	96.0	10.6	10.9	15.3
474.60	825.70	994.60	168461.3	17874.6	520.6	120.5	22.2	23.1	11.6
1172.9	1276.7	1213.2	954.2	338.8	155.0	95.0	6.3	5.0	3.0
730.6	985.9	944.4	927.5	378.6	250.4	95.8	6.2	5.5	6.3
442.2	290.5	268.4	1061.4	247.5	66.2	92.4	6.6	3.7	-2.7
25355	25607	14319	92.9	60.4	54.4	55.9	-0.2	-2.0	-4.0
6821.8	**11820.5**	**12990.7**	**21529.2**	**4217.8**	**804.9**	**109.9**	**15.6**	**16.1**	**14.9**
419.31	598.83	514.82	17275.7	2269.9	983.4	86.0	14.9	13.3	16.5
225.70	357.13	329.39	11934.3	1732.7	888.6	92.2	13.8	12.1	15.7
193.61	241.69	185.43	84285.6	5052.5	1213.5	76.7	20.0	17.0	18.1
436597	700949	736884		16570.4	528.7	105.1		22.7	11.7
383074	637196	617750		15698.9	603.4	96.9		22.4	12.7
853110	1060615	1083201		3313.0	313.5	102.1		15.0	7.9
35071	53419	62144		12161.3	476.7	116.3		21.2	11.0
26099.00	43764.02	48927.59	63353.1	6492.3	882.6	111.8	19.0	18.2	15.6
15755.74	28052.29	32608.47	35610.4	3959.0	703.8	116.2	17.2	15.9	13.9
746.40	931.90	1163.12		14108.8	2055.0	124.8		21.9	22.3
71933	198078	326847			4933.5	165.0			29.7
145.38	395.00	461.92			2787.7	116.9			24.8
514.30	868.87	1041.16		6884.2	1413.6	119.8		18.4	19.3
110.51	116.43	117.92	4066.1	1551.5	483.7	101.3	10.5	11.6	11.1
348.76	339.23	351.92	91.4	169.5	73.1	103.7	-0.2	2.1	-2.1
511.59	564.29	596.24	79.9	84.5	73.3	105.7	-0.6	-0.7	-2.1
14.71	15.76	14.5933	965.1	275.9	162.1	92.6	6.3	4.1	3.3
0.50	0.48	0.47	5238.8	214.3	90.7	98.2	11.3	3.1	-0.7
1.68	2.22	2.16	117.7	88.6	69.7	97.4	0.4	-0.5	-2.4
155.45	314.24	352.14		13755.6	1340.5	112.1		21.8	18.9
19.30	29.87	39.95			424.5	133.7			10.1
24.93	32.29	34.22	384.5	234.4	202.6	106.0	3.7	3.5	4.8
28.03	35.17	37.26	348.2	206.4	185.2	105.9	3.4	2.9	4.2
12.28	15.78	16.69	305.7	194.1	182.0	105.8	3.1	2.7	4.1
54.60	126.85	120.81				95.2			
123.38	118.99	110.84				93.2			

a) The business volume of postal and telecommunication services which is at 2000 constant prices between 2001 and 2009. That was calculated at 2010 constant prices since 2010. b) Volume of passenger transportation, volume of freights, volume of passenger turnover and volume of freight turnoverof 2009, have been adjusted according to new computing methods and statistical approach.

国民经济和社会发展结构指标

Structural Indicators on National Economic and Social Development

指 标	Item	2000	2005	2010	2014	2015
人 口	**Population**					
性别	Sexual Composition					
男	Male	50.9	50.2	50.7	50.8	50.5
女	Female	49.1	49.8	49.3	49.2	49.5
城乡	Urban and Rural Composition					
城镇	Urban	26.3	37.7	44.5	49.3	51.3
乡村	Rural	73.7	62.3	55.5	50.7	48.7
就 业	**Employment**					
第一产业	Primary Industry	50.1	43.8	37.9	33.3	33.0
第二产业	Secondary Industry	26.1	29.2	32.4	34.2	34.1
第三产业	Tertiary Industry	23.8	26.9	29.8	32.5	32.9
国民经济核算	**National Accounting**					
地区生产总值（生产法）	Gross Domestic Product (Production Approach)					
第一产业	Primary Industry	16.3	14.9	12.6	11.7	11.5
第二产业	Secondary Industry	49.9	51.8	52.5	51.0	48.3
第三产业	Tertiary Industry	33.8	33.3	34.9	37.3	40.2
地区生产总值（支出法）	Gross Domestic Product (Expenditure Approach)					
消费支出	Final Consumption	44.4	42.7	40.8	42.6	44.3
居民消费	Household Consumption	33.4	29.2	28.1	30.4	31.9
政府消费	Government Consumption	11.1	13.6	12.7	12.2	12.4
固定资本形成	Gross Capital Formation	44.5	45.8	54.1	59.0	58.2
固定资本形成总额	Gross Fixed Capital Formation	36.6	42.0	52.9	58.0	58.0
存货增加	Change in Inventories	7.9	3.9	1.2	1.0	0.2
净出口	Net Outflow of Goods and Services	11.0	11.4	5.1	-1.6	-2.5
财 政	**Government Finance**					
地方财政支出结构	Composition of Local Government Revenue					
#教 育	Capital Construction	17.72	17.42	18.24	18.58	18.49
利用外资	**Utilization of Foreign Capital**					
实际利用外资结构	Composition of Foreign Capital Actually Utilized					
对外借款	Loans from Abroad	20.7	7.81	1.67	1.48	1.01
外商直接投资	Foreign Direct Investment	76.4	83.92	87.74	90.90	83.83
外商其他投资	Other Foreign Investment	2.9	8.27	10.60	7.61	15.16
能 源	**Energy**					
能源生产总量结构	Composition of Total Energy Production					
原煤	Coal	85.46	87.05	84.89	75.42	77.39
原油	Crude Oil	13.13	11.33	10.53	12.44	11.68
天然气	Natural Gas	1.11	1.29	2.07	3.42	1.95
一次电力	Primary Electricity	0.30	0.33	2.50	8.72	8.97
能源消费总量结构	Composition of Total Energy Consumption					
原煤	Coal	90.94	91.82	90.45	88.46	86.55
石油	Crude Oil	8.17	7.45	7.37	6.98	7.99
天然气	Natural Gas	0.84	0.61	1.44	2.54	3.30
一次电力	Primary Electricity	0.05	0.12	0.74	2.02	2.17

国民经济和社会发展结构指标（续）

Structural Indicators on National Economic and Social Development

指　　标	Item	2000	2005	2010	2014	2015
农　业	**Agriculture**					
农林牧渔业产值结构	Composition of Gross Output Value of Agriculture					
农　业	Farming	54.82	48.4	57.3	57.6	57.6
林　业	Forestry	1.64	1.5	1.2	1.8	2.0
牧　业	Animal Husbandry	39.73	43.2	33.5	32.6	31.9
渔　业	Fishery	3.81	3.1	3.3	3.2	3.3
农林牧渔服务业	Service for Farming, Forestry, Animal Husbandry and Fishery		3.8	4.7	4.8	5.2
工　业	**Industry**					
工业企业资产	Composition of Assets of Industrial Enterprises					
大型企业	Large Enterprises	46.8	47.9	53.8	53.92	49.93
中型企业	Medium-sized Enterprises		31.4	24.5	19.69	21.55
小型企业	Small Enterprises		21.8	21.7	25.01	26.59
运输业	**Transportation**					
货运量结构	Composition of Freight Traffic					
铁　路	Railways	16.3	20.9	21.4	20.1	9.0
公　路	Highways	81.1	75.2	76.7	77.6	88.2
水　运	Waterways	0.7	2.8	1.2	1.7	2.3
民用航空	Civil Aviation	…	…	…	…	…
管　道	Pipelines	1.8	1.2	0.7	0.6	0.6
社会消费品零售总额	**Total Retail Sales of Consumer Goods**					
城　镇	Urban	46.4	46.8		78.3	77.9
乡　村	Rural	53.6	53.2		21.7	22.1
国际旅游	**International Tourism**					
来华旅游人数结构	Composition of Tourists Visiting China					
外国人	Foreigners	86.27	91.6	87.3	79.8	78.4
港澳台同胞	Hong Kong, Macao and Taiwan Compatriots	13.73	8.4	12.7	20.2	21.6
教　育	**Education**					
在校学生结构	Composition of Student Enrollment in Regular Schools					
大学生	College and University Students	1.8	6.3	10.8	11.1	10.8
中学生	Secondary School Students	39.8	50.8	39.1	35.0	34.5
小学生	Primary School Students	58.5	42.9	50.1	53.9	54.7
科　技	**Science and Technology**					
R&D经费内部支出	Intramural Expenditure on R&D					
# 基础研究	Basic Research		3.9	3.4	1.9	1.9
应用研究	Applied Research		25.2	14.9	9.1	8.8
试验发展	Experimental Development		67.7	81.8	89.0	89.3
人民生活	**People's Living Conditions**					
城镇居民消费结构	Consumption Composition of Urban Residents					
食品类	Food	34.9	34.6	32.3	26.2	26.0
衣着类	Clothing	12.3	11.8	11.9	8.8	8.8
用品及其他	Articles for Daily Use and Others	43.2	42.3	42.8	42.0	41.8
居　住	Residence	9.6	11.4	13.0	23.1	23.4
农村居民消费结构	Consumption Composition of Rural Residents					
食品类	Food	39.5	41.0	35.1	29.4	28.6
衣着类	Clothing	7.7	7.2	6.5	7.1	6.9
用品及其他	Articles for Daily Use and Others	29.2	33.4	36.5	41.1	42.2
居　住	Residence	23.6	18.4	21.8	22.5	22.3

按三次产业和行业分法人单位数

单位：个

行　　业	Sector	2005	2006
全省总计	**Total**	**227105**	**244450**
按三次产业分	**Grouped by Three Strata of Industry**		
第一产业	Primary Industry	1766	2276
第二产业	Secondary Industry	76074	84408
第三产业	Tertiary Industry	149265	157766
按行业分	**Grouped by Sector**		
农、林、牧、渔业	Agriculture, Forestry, Animal Husbandry and Fishery	1766	2276
采矿业	Mining	7061	7705
制造业	Manufacturing	64459	71343
电力、热力、燃气及水的生产和供应业	Production and Supply of Electricity, Heat, Gas and Water	691	794
建筑业	Construction	3863	4566
批发和零售业	Wholesale and Retail Trades	29354	34883
交通运输、仓储和邮政业	Traffic, Transport, Storage and Post	2799	3237
住宿和餐饮业	Hotels and Catering Services	3047	3315
信息传输、软件和信息技术服务业	Information Transmission, Software and Information Services	1660	2064
金融业	Financial Intermediation	1344	1402
房地产业	Real Estate	3207	3997
租赁和商务服务业	Leasing and Business Services	4753	5659
科学研究、技术服务业	Scientific Research and Technical Services	2860	3165
水利、环境和公共设施管理业	Management of Water Conservancy, Environment and Public Facilities	1058	1129
居民服务、修理和其他服务业	Services to Households, Repair and Other Services	1606	1935
教　育	Education	17620	17487
卫生和社会工作	Health and Social Service	6770	6748
文化、体育和娱乐业	Culture, Sports and Entertainment	1670	1763
公共管理、社会保障和社会组织	Public Management, Social Security and Social Organization	71517	70982

Number of Institutional Units by Three Strata of Industry and Sector

(unit)

2007	2008	2009	2010	2011	2012	2013	2014	2015
255875	**285586**	**323869**	**345822**	**366156**	**377971**	**463436**	**530949**	**630396**
2759	7017	9116	11797	14343	16844	27382	34108	47100
88215	92174	103134	107121	110412	112686	115360	135976	158300
164901	186395	211619	226904	241401	248441	320694	360865	424996
2759	7017	9116	11797	14343	16844	36934	44777	58872
8102	7794	8415	8616	8381	8162	6583	7081	6529
74277	78240	86824	89208	90911	92658	93579	110020	126673
868	977	1205	1343	1471	1545	1839	2140	2739
4968	5163	6690	7954	9649	10321	14024	17487	23224
38820	46879	63166	72731	82940	88357	111227	131451	165655
3658	4967	5950	6529	7385	7554	9592	11511	14274
3507	3947	4216	4184	4137	4155	4458	5101	6003
2397	3993	4692	4876	4772	4786	4211	5233	8143
1367	880	1425	1671	2300	2488	1238	4580	4691
4677	5523	7073	9084	10697	11139	13782	15593	18420
6203	7816	9756	11440	13791	14827	24379	29344	40024
3359	4140	4971	5434	5975	6265	13650	15365	19371
1203	1514	1758	1877	2055	2216	3243	3707	4271
2205	2814	3766	4335	4851	4931	6292	7695	10432
17463	18885	19029	19005	18223	17844	19794	20277	20760
6611	7105	7226	7170	6664	6528	9432	9762	9913
1838	1982	2184	2272	2354	2426	7388	7901	8599
71593	75950	76407	76296	75257	74925	81786	81924	81803

法人单位数

Number of Corporate Units

单位：个 (unit)

项目	Item	2014	2015
全省总计	**Total**	**530949**	**630396**
按机构类型分	**Grouped by Type of Institutions**		
企业法人	Business Entity	388802	488195
事业法人	Institution Entity	35371	35038
机关法人	Government Entity	12529	12435
社会团体法人	Social Organization	8546	8595
民办非企业单位	Private Non Enterprise Units	8015	8441
其他法人	Others	77686	77692
按登记注册类型分	**Grouped by Registered Categories**		
内资	Domestic Funded Enterprises	528511	627999
国有	State-owned Enterprises	51676	51067
集体	Collective-owned Enterprises	10621	9995
股份合作	Cooperative Enterprises	2276	2333
联营	Joint Ownership Enterprises	553	507
国有联营	State Joint	84	73
集体联营	Collective Joint	259	235
国有与集体联营	State-owned and Collective-owned Joint	37	33
其他联营	Others	173	166
有限责任公司	Limited Liability Corporations	87535	107112
国有独资公司	State Sole Funded Corporations	833	932
其他有限责任公司	Other Limited Liability Corporations	86702	106180
股份有限公司	Share-holding Corporations Ltd.	6486	7271
私营	Private Enterprises	244546	308238
私营独资	Private-funded Enterprises	70127	80656
私营合伙	Private Partnership Enterprises Corporations	11151	12248
私营有限责任公司	Private Limited Liability	155172	205378
私营股份有限公司	Private Share-holding Corporations Ltd.	8096	9956
其他内资	Others	124818	141476
港澳台商投资	Enterprises with Funds from Hong Kong, Macao and Taiwan	856	824
与港澳台商合资经营	Joint-venture Enterprises	400	385
与港澳台商合作经营	Cooperative Enterprises	57	49
港澳台商独资	Enterprises with Sole Fund	354	353
港澳台商投资股份有限公司	Share-holding Corporations Ltd.	27	24
其他港、澳、台商投资	Others	18	13
外商投资	Foreign Funded Enterprises	1582	1573
中外合资经营	Joint-venture Enterprises	759	752
中外合作经营	Cooperation Enterprises	70	71
外资企业	Enterprises with Sole Fund	645	638
外商投资股份有限公司	Share-holding Corporations Ltd.	57	61
其他外商投资	Others	51	51

企业法人单位数
Number of Business Entity

单位：个 (unit)

项　　目	Item	2014	2015
全省总计	**Total**	**388802**	**488195**
按登记注册类型分	**Grouped by Registered Categories**		
内资企业	Domestic Funded Enterprises	386377	485804
国有企业	State-owned Enterprises	4814	4593
集体企业	Collective-owned Enterprises	6702	6127
股份合作企业	Cooperative Enterprises	2148	2226
联营企业	Joint Ownership Enterprises	438	392
国有联营企业	State Joint	59	50
集体联营企业	Collective Joint	215	191
国有与集体联营企业	State-owned and Collective-owned Joint	29	25
其他联营企业	Others	135	126
有限责任公司	Limited Liability Corporations	87058	106948
国有独资公司	State Sole Funded Corporations	827	927
其他有限责任公司	Other Limited Liability Corporations	86231	106021
股份有限公司	Share-holding Corporations Ltd.	6412	7249
私营企业	Private Enterprises	241216	305356
私营独资企业	Private-funded Enterprises	67875	78510
私营合伙企业	Private Partnership Enterprises	10619	11767
私营有限责任公司	Private Limited Liability Corporations	154678	205150
私营股份有限公司	Private Share-holding Corporations Ltd.	8044	9929
其他企业	Others	37589	52913
港、澳、台商投资企业	Enterprises with Funds from Hong Kong, Macao and Taiwan	850	823
外商投资企业	Foreign Funded Enterprises	1575	1568

城市经济和社会发展主要指标
Main Indicators of National Economic and Social Development of Cities

指　标	Item	2010	2014	2015
年末总人口(万人)	Total Population of Year-end (10000 persons)		1672.1	1961.3
全省生产总值(亿元)	Gross Domestic Product (100 million yuan)	6842.3	10618.0	11574.8
第一产业	Primary Industry	183.5	392.1	562.3
第二产业	Secondary Industry	3519.7	5095.9	5428.3
第三产业	Tertiary Industry	3139.1	5130.0	5584.3
地方一般预算收入(亿元)	Local Government Budgetary Revenue (100 million yuan)	541.7	1026.3	1170.3
财政支出(亿元)	Government Expenditure (100 million yuan)	893.8	1403.1	1850.5
金融机构年末存款余额(亿元)	Deposits Balances of Financial Institutions of Year-end (100 million yuan)	13791.5	21465.3	25228.4
金融机构年末贷款余额(亿元)	Loans Balances of Financial Institutions of Year-end (100 million yuan)	8897.8	13973.0	16274.9
社会消费品零售总额(亿元)	Total Retail Sales of Consumer Goods (100 million yuan)	2417.6	4654.7	5425.0
实际利用外资(万美元)	Total Amount of Foreign Direct Investments (USD 10000)	271893	384966	390153
普通中学在校学生数(万人)	Total Enrollment of Regular Secondary Schools (10000 persons)	76.3	85.3	97.4

注：城市指设区市市区。

a) The term "city" here means "Shiqu", which refers to the central urban area of a prefecture-level city, other than small cities and towns of counties or county-level cities.

民营经济主要指标
Indicators of Private Economies

指　标	Item	2010	2013	2014	2015
增加值(亿元)	Value-added (100 million yuan)	12596.2	18680.2	19894.4	20186.4
增加值占全省生产总值比重(%)	Percentage of Value-added to the Provincial Total Output Value (%)	61.8	66.0	67.6	67.7
营业(业务)收入(亿元)	Revenue (100 million yuan)	50364.4	88706.5	94434.9	98811.4
利润总额(亿元)	Pretax Profit (100 million yuan)	5308.3	6910.5	7195.1	7274.9
劳动者报酬(亿元)	Payment to Employees (100 million yuan)	1888.0	4556.7	4890.6	5201.9
从业人员(万人)	Employment (10000 person)	1509.4	2104.7	2147.9	2155.0
出口创汇(万美元)	Export (USD 10000)	1590093	2576530	3038574	2786508
出口创汇占全省出口总值比重(%)	Ratio of Export of Private Economies to Total Export (%)	70.4	83.2	85.1	84.6
实缴税金(亿元)	Tax Paid (100 million yuan)	1279.3	2554.6	2713.4	2409.4
国　税	National Tax	783.4	1157.4	1229.5	1231.9
地　税	Local Tax	495.9	1397.2	1483.9	1177.5
实缴税金占全部财政收入比重(%)	Ratio of Tax Paid by Private Economy to Provincial Fiscal Revenue (%)	53.1	70.2	72.1	59.5

注：2013年将劳动者报酬指标调整为工资总额。

a) In 2013, labor rewads is adjusted to total wages.

人均主要工农业产品产量

Per Capita Output of Major Industrial and Major Agricultural

年份 Year	粮食 (千克) Grain (kg)	棉花 (千克) Cotton (kg)	油料 (千克) Oil-bearing Crops (kg)	园林水果 (千克) Garden Fruits (kg)	猪牛羊肉 (千克) Pork, Beef and Mutton (kg)	水产品 (千克) Aquatic Products (kg)	蔬菜 (千克) Vegetables (kg)	纱 (千克) Yarn (kg)
1978	335.72	2.32	4.87	15.81	8.29	2.76	109.53	3.80
1980	396.42	4.81	8.79	15.60	13.45	1.90	103.50	4.00
1985	356.43	11.39	15.75	29.03	14.84	2.31	166.94	4.22
1990	378.23	9.48	12.44	29.15	20.13	3.64	192.19	5.57
2000	383.97	4.52	22.13	101.94	52.47	12.18	670.38	6.58
2001	372.66	6.27	23.00	100.17	53.33	12.70	731.71	6.88
2002	362.63	5.98	22.52	111.44	55.98	12.96	815.43	7.19
2003	353.64	7.73	24.16	118.03	59.50	12.78	874.32	7.30
2004	365.30	9.80	22.73	129.17	63.50	13.67	911.41	7.35
2005	380.48	8.45	22.36	134.48	67.75	14.49	946.94	10.04
2006	404.49	10.19	19.46	140.89	47.06	12.68	918.55	12.57
2007	410.60	10.47	19.95	146.78	44.45	13.10	930.66	13.43
2008	417.15	10.58	21.91	151.32	47.24	13.87	959.61	13.73
2009	415.05	8.62	20.43	157.46	48.04	14.32	961.56	14.99
2010	418.32	8.01	19.72	156.27	46.75	14.95	994.32	17.42
2011	439.85	9.06	19.66	167.07	45.65	14.79	1023.75	20.45
2012	446.94	7.77	19.66	177.04	47.22	16.01	1059.31	23.00
2013	460.32	6.25	20.67	178.26	47.41	16.84	1080.99	27.11
2014	456.66	5.86	20.41	193.06	49.48	17.13	1104.31	29.19
2015	454.30	5.04	20.47	203.75	48.61	17.52	1113.36	27.58

年份 Year	布 (米) Cloth (m)	原煤 (吨) Coal (ton)	原油 (吨) Crude Oil (ton)	发电量 (千瓦小时) Electricity (kwh)	粗钢 (千克) Crude Steel (kg)	钢材 (千克) Rolled Steel (kg)	生铁 (千克) Pig Iron (kg)	水泥 (千克) Cement (kg)
1978	16.33	1.14	0.34	335.50	28.94	18.73	44.26	92.18
1980	17.52	1.04	0.31	370.93	37.07	24.12	48.98	107.05
1985	18.07	1.09	0.19	474.76	45.15	34.70	51.52	170.84
1990	21.08	1.04	0.09	612.91	63.74	46.72	86.59	217.63
1995	27.62	1.26	0.08	946.93	123.71	120.25	189.41	492.00
2000	23.48	0.87	0.08	1270.95	185.51	196.65	257.26	706.60
2001	25.04	0.88	0.08	1383.38	294.57	279.82	325.59	729.53
2002	23.75	0.91	0.07	1509.99	395.96	373.68	434.87	858.90
2003	24.13	0.98	0.08	1611.67	597.60	539.50	602.89	979.18
2004	26.84	1.05	0.08	1849.09	830.96	691.97	778.25	1152.67
2005	34.22	1.16	0.08	1959.93	1081.46	946.57	990.57	1295.76
2006	41.06	1.16	0.09	2125.25	1323.19	1231.67	1200.11	1233.93
2007	37.89	1.21	0.10	2371.01	1542.01	1508.66	1509.91	1347.85
2008	51.41	1.14	0.09	2387.10	1663.71	1661.18	1630.16	1285.24
2009	54.31	1.21	0.09	2484.30	1930.50	2158.50	1866.10	1513.40
2010	77.06	1.43	0.08	2800.91	2032.44	2355.53	1926.54	1770.35
2011	84.31	1.46	0.08	3184.24	2279.63	2668.46	2139.80	1952.78
2012	90.40	1.62	0.08	3263.73	2484.55	2890.21	2250.78	1763.40
2013	86.69	1.00	0.08	3402.98	2578.59	3127.41	2329.33	1734.08
2014	83.17	1.00	0.08	3387.79	2518.33	3261.02	2301.19	1444.04
2015	94.08	1.00	0.08	3359.07	2543.51	3409.53	2347.72	1225.39

环境保护情况
Environmental Protection

项　目	Item	2010	2013	2014	2015
水资源总量(亿立方米)	Total Amount of Water Resources (100 million cu.m)	138.92	175.86	106.14	135.09
人均水资源量(立方米/人)	Per Capita Water Resources (cu.m/person)	195.28	239.83	143.70	182.00
化学需氧量排放量(万吨)	Volume of Ammonia Nitrogen Discharged (10000 tons)	54.60	130.99	126.85	120.80
二氧化硫排放量(万吨)	Volume of Sulphur Dioxide Discharged (10000 tons)	123.38	128.47	118.99	110.78
#工业	Industry	99.40	117.31	104.74	82.88
废水排放总量(亿吨)	Total Waste Water Discharged (100 million tons)	26.25	31.09	30.98	31.05
#工业	Industry	11.42	10.99	10.86	9.41
工业烟尘排放量(万吨)	Volume of Industrial Soot Discharged (10000 tons)	64.35	118.72	145.07	111.10
工业固体废物产生量(万吨)	Volume of Industrial Solid Waste (10000 tons)	31688.21	43288.78	41927.59	35369.82
工业固体废物处置量(万吨)	Volume of Industrial Solid Waste Treated (10000 tons)	12007.30	23137.51	22926.89	14729.07
工业固体废物综合利用率(%)	Ratio of Industrial Solid Waste Utilized (%)	56.56	42.12	42.77	56.03
当年造林面积(千公顷)	Area of Afforestation (1000 hectarea)	283.9	318.74	340.04	342.59
自然保护区数量(个)	Number of Nature Reserves (unit)	41	34	46	46
自然保护区占地面积(万公顷)	Area of Nature Reserves (10000 hectares)	58.73	63.21	71.02	71.02
工业污染(源)治理投资(亿元)	Investment in the Treatment of Industrial Pollution (100 million yuan)	10.86	51.18	88.95	54.20
全年达到和好于二级的天数(天)	Days of Air Quality Equal to or Above Grade II (day)	337	129	152	190

地区生产总值
Gross Domestic Product

单位：亿元 (100 million yuan)

年份 Year	地区收入总值 Gross National Income	地区生产总值 Gross Domestic Product	第一产业 Primary Industry	第二产业 Secondary Industry	第三产业 Tertiary Industry	#工业 Industry	#建筑业 Construction	人均地区生产总值(元) Per Capita GDP (yuan)
1978	183.06	183.06	52.20	92.38	38.48	83.19	9.19	364
1979	203.22	203.22	61.11	101.76	40.35	89.69	12.07	400
1980	219.24	219.24	68.09	105.88	45.27	94.08	11.80	427
1981	222.54	222.54	71.03	103.15	48.36	92.34	10.81	427
1982	251.45	251.45	85.59	107.83	58.03	95.33	12.50	474
1983	283.21	283.21	102.10	114.89	66.22	101.95	12.94	526
1984	332.22	332.22	111.46	145.84	74.92	129.83	16.01	609
1985	396.75	396.75	120.34	184.26	92.15	164.27	19.99	719
1986	436.65	436.65	123.45	207.28	105.92	185.48	21.80	782
1987	521.98	521.92	137.66	255.97	128.29	231.43	24.54	921
1988	701.40	701.33	162.31	323.40	215.62	289.22	34.18	1219
1989	822.89	822.83	196.35	374.92	251.56	338.79	36.13	1409
1990	896.41	896.33	227.89	387.52	280.92	354.26	33.26	1465
1991	1073.09	1072.07	236.89	459.91	375.27	417.17	42.74	1727
1992	1279.55	1278.50	257.08	573.15	448.27	517.75	55.40	2040
1993	1694.78	1690.84	301.68	847.92	541.24	758.10	89.82	2682
1994	2192.67	2187.49	451.91	1053.12	682.46	926.36	126.76	3439
1995	2853.02	2849.52	631.34	1322.77	895.41	1150.49	172.28	4444
1996	3468.24	3452.97	700.94	1664.61	1087.42	1463.18	201.43	5345
1997	3970.06	3953.78	761.76	1934.38	1257.64	1701.42	232.96	6079
1998	4271.79	4256.01	790.60	2084.33	1381.08	1822.05	262.28	6501
1999	4530.95	4514.19	805.97	2188.59	1519.63	1895.21	293.38	6849
2000	5062.69	5043.96	824.55	2514.96	1704.45	2201.73	313.23	7592
2001	5536.14	5516.76	913.82	2696.63	1906.31	2378.04	318.59	8251
2002	6039.42	6018.28	956.84	2911.69	2149.75	2580.90	330.80	8960
2003	6944.21	6921.29	1064.05	3417.56	2439.68	3009.92	407.64	10251
2004	8504.50	8477.63	1333.57	4301.73	2842.33	3812.31	489.42	12487
2005	10043.42	10012.11	1400.00	5271.57	3340.54	4704.28	567.29	14659
2006	11504.39	11467.60	1461.81	6110.43	3895.36	5485.96	624.47	16682
2007	13650.36	13607.32	1804.72	7201.88	4600.72	6515.32	686.56	19662
2008	16059.82	16011.97	2034.59	8701.34	5276.04	7891.54	809.80	22986
2009	17285.60	17235.48	2207.34	8959.83	6068.31	7983.86	975.97	24581
2010	20449.12	20394.26	2562.81	10707.68	7123.77	9554.03	1153.65	28668
2011	24585.91	24515.76	2905.73	13126.86	8483.17	11770.38	1356.48	33969
2012	26647.64	26575.01	3186.66	14003.57	9384.78	12511.60	1491.97	36584
2013	28518.73	28442.95	3381.98	14781.85	10279.12	13194.76	1600.15	38909
2014	29501.27	29421.15	3447.46	15012.85	10960.84	13330.66	1703.63	39984
2015	29893.36	29806.11	3439.45	14386.87	11979.79	12626.17	1780.49	40255

注：1.本表按当年价格计算(下表同)。 2.2005—2008年数据在第二次经济普查后作了修订。

a) Data in this table are calculated at current prices, same as following tables. b) Adjustment has been done for the data of 2005-2008, due to the 2nd Economic Census.

地区生产总值构成
Composition of Gross Domestic Product

单位：% (%)

年份 Year	地区生产总值 Gross Domestic Product	第一产业 Primary Industry	第二产业 Secondary Industry	第三产业 Tertiary Industry	#工业 Industry	#建筑业 Construction
1978	100.0	28.52	50.46	21.02	45.44	5.02
1979	100.0	30.07	50.07	19.86	44.13	5.94
1980	100.0	31.06	48.29	20.65	42.91	5.38
1981	100.0	31.92	46.35	21.73	41.49	4.86
1982	100.0	34.04	42.88	23.08	37.91	4.97
1983	100.0	36.05	40.57	23.38	36.00	4.57
1984	100.0	33.55	43.90	22.55	39.08	4.82
1985	100.0	30.33	46.44	23.23	41.40	5.04
1986	100.0	28.27	47.47	24.26	42.48	4.99
1987	100.0	26.38	49.04	24.58	44.34	4.70
1988	100.0	23.14	46.11	30.75	41.24	4.87
1989	100.0	23.85	45.56	30.57	41.17	4.39
1990	100.0	25.43	43.23	31.34	39.52	3.71
1991	100.0	22.10	42.90	35.00	38.91	3.99
1992	100.0	20.11	44.83	35.06	40.50	4.33
1993	100.0	17.84	50.15	32.01	44.84	5.31
1994	100.0	20.66	48.14	31.20	42.35	5.79
1995	100.0	22.16	46.42	31.42	40.37	6.05
1996	100.0	20.30	48.21	31.49	42.37	5.84
1997	100.0	19.27	48.92	31.81	43.03	5.89
1998	100.0	18.58	48.97	32.45	42.81	6.16
1999	100.0	17.86	48.48	33.66	41.98	6.50
2000	100.0	16.35	49.86	33.79	43.65	6.21
2001	100.0	16.56	48.88	34.56	43.11	5.77
2002	100.0	15.90	48.38	35.72	42.88	5.50
2003	100.0	15.37	49.38	35.25	43.49	5.89
2004	100.0	15.73	50.74	33.53	44.97	5.77
2005	100.0	13.98	52.66	33.36	46.99	5.67
2006	100.0	12.75	53.28	33.97	47.84	5.44
2007	100.0	13.26	52.93	33.81	47.88	5.05
2008	100.0	12.71	54.34	32.95	49.29	5.05
2009	100.0	12.81	51.98	35.21	46.32	5.66
2010	100.0	12.57	52.50	34.93	46.85	5.65
2011	100.0	11.85	53.54	34.61	48.01	5.53
2012	100.0	11.99	52.69	35.32	47.08	5.61
2013	100.0	11.90	52.00	36.10	46.62	5.54
2014	100.0	11.70	51.00	37.30	45.31	5.79
2015	100.0	11.54	48.27	40.19	42.40	6.00

地区生产总值指数（上年=100）

Indices of Gross Domestic Product (Preceding Year =100)

年 份 Year	地 区 收入总值 Gross National Income	地 区 生产总值 Gross Domestic Product	第一产业 Primary Industry	第二产业 Secondary Industry	第三产业 Tertiary Industry	#工 业 Industry	#建筑业 Construction	人均地区 生产总值 Per Capita GDP
1978	114.5	114.5	110.4	118.0	112.0	118.9	111.2	112.9
1979	106.2	106.2	104.2	107.8	104.9	105.2	131.3	105.1
1980	103.2	103.2	97.4	102.4	112.5	103.0	97.7	102.1
1981	101.0	101.0	105.3	96.5	105.0	98.1	84.1	99.5
1982	111.8	111.8	119.5	103.2	118.7	102.8	106.7	109.7
1983	111.5	111.5	118.7	105.3	112.2	105.7	101.0	109.7
1984	114.4	114.4	108.0	122.8	110.0	123.2	119.3	113.0
1985	112.5	112.5	102.2	118.2	117.5	118.0	120.3	111.3
1986	105.1	105.1	97.4	108.0	109.8	108.7	101.9	103.8
1987	111.6	111.6	101.6	114.9	117.3	116.4	100.2	110.0
1988	113.5	113.5	101.1	116.9	120.1	116.7	119.4	111.9
1989	106.0	106.1	103.7	105.4	109.7	106.8	88.2	104.5
1990	105.8	105.8	105.7	104.0	109.0	104.6	95.7	100.9
1991	111.1	111.0	102.5	110.0	120.8	109.3	117.0	109.4
1992	115.6	115.6	99.4	120.7	121.4	122.1	106.9	114.6
1993	117.8	117.7	104.4	124.6	116.6	124.3	128.4	117.0
1994	114.9	114.9	111.8	116.9	113.7	116.2	124.3	113.9
1995	113.8	113.9	108.6	115.4	114.6	115.0	119.5	113.0
1996	114.2	113.5	105.5	116.6	113.0	116.9	113.4	112.7
1997	112.5	112.5	105.4	114.9	112.5	115.1	112.2	111.7
1998	110.7	110.7	106.2	112.2	110.6	112.1	113.3	110.0
1999	109.1	109.1	104.3	110.6	109.0	110.5	111.7	108.4
2000	109.5	109.5	105.1	110.1	110.4	110.8	103.3	108.7
2001	108.7	108.7	105.3	108.3	111.0	108.9	104.0	108.2
2002	109.6	109.6	105.4	110.6	110.2	111.0	107.1	108.9
2003	111.6	111.6	106.1	114.3	110.0	113.9	117.2	111.0
2004	112.9	112.9	106.7	114.8	112.6	115.1	112.7	112.3
2005	113.4	113.4	106.2	115.4	113.2	115.7	113.5	112.7
2006	113.4	113.4	105.0	115.1	114.3	116.0	108.3	112.6
2007	112.8	112.8	104.0	114.1	114.1	115.2	104.3	112.0
2008	110.1	110.1	104.9	110.5	111.1	111.2	103.6	109.3
2009	110.0	110.0	103.3	110.5	111.4	109.6	120.5	109.3
2010	112.2	112.2	103.5	113.4	113.1	113.5	112.4	110.6
2011	111.3	111.3	104.2	113.4	110.5	114.1	108.0	109.7
2012	109.6	109.6	104.0	111.5	108.6	111.8	108.8	108.9
2013	108.2	108.2	103.3	109.0	108.4	109.4	105.2	107.5
2014	106.5	106.5	103.7	105.0	109.7	105.0	105.3	105.8
2015	106.8	106.8	102.6	104.7	111.2	104.3	108.3	106.1

注：本表按不变价格计算(下表同)。

a) Data in this table are calculated at constant prices, same as following tables.

地区生产总值指数（1978年=100）
Indices of Gross Domestic Product (1978=100)

年份 Year	地区收入总值 Gross National Income	地区生产总值 Gross Domestic Product	第一产业 Primary Industry	第二产业 Secondary Industry	第三产业 Tertiary Industry	#工业 Industry	#建筑业 Construction	人均地区生产总值 Per Capita GDP
1978	100.0	100.0	100.0	100.0	100.0	100.0	100.0	100.0
1979	106.2	106.2	104.2	107.8	104.9	105.2	131.3	105.1
1980	109.6	109.6	101.5	110.4	118.0	108.4	128.3	107.3
1981	110.7	110.7	106.9	106.5	123.9	106.3	107.9	106.8
1982	123.8	123.8	127.7	110.0	147.1	109.3	115.1	117.1
1983	138.0	138.0	151.6	115.8	165.0	115.6	116.3	128.5
1984	157.9	157.9	163.7	142.2	181.4	142.4	138.7	145.2
1985	177.6	177.6	167.4	168.1	213.2	168.0	166.9	161.6
1986	186.6	186.6	163.1	181.6	234.2	182.6	170.1	167.7
1987	208.3	208.3	165.7	208.7	274.6	212.6	170.4	184.5
1988	236.4	236.4	167.5	244.0	329.8	248.1	203.4	206.5
1989	250.6	250.8	173.6	257.1	361.7	265.0	179.5	215.8
1990	265.1	265.4	183.6	267.4	394.3	277.3	171.8	217.7
1991	294.6	294.6	188.2	294.2	476.4	303.1	201.0	238.2
1992	340.5	340.5	187.0	355.0	578.5	370.0	214.9	272.9
1993	401.1	400.8	195.3	442.4	674.6	459.9	275.9	319.3
1994	460.9	460.5	218.3	517.2	766.7	534.5	342.9	363.7
1995	524.5	524.5	237.1	596.8	879.0	614.6	409.8	411.0
1996	599.0	595.4	250.1	695.9	993.3	718.5	464.7	463.2
1997	673.9	669.8	263.6	799.5	1117.4	827.0	521.4	517.4
1998	746.0	741.4	280.0	897.1	1235.9	927.1	590.7	569.1
1999	813.9	808.9	292.0	992.2	1347.1	1024.4	659.8	617.0
2000	891.2	885.8	306.9	1092.4	1487.2	1135.0	681.6	670.6
2001	968.7	962.8	323.2	1183.1	1650.8	1236.1	708.9	725.6
2002	1061.7	1055.3	340.6	1308.2	1819.9	1372.5	759.0	790.2
2003	1184.9	1177.7	361.5	1495.4	2002.2	1563.9	889.4	877.1
2004	1337.7	1329.6	385.7	1716.7	2254.3	1800.1	1002.4	985.0
2005	1516.9	1507.8	409.7	1981.2	2550.8	2081.9	1137.7	1110.1
2006	1720.2	1709.8	430.1	2280.4	2915.5	2414.8	1232.7	1250.4
2007	1940.4	1928.7	447.4	2601.9	3326.6	2781.8	1285.7	1400.5
2008	2136.4	2123.4	469.3	2875.1	3695.9	3093.4	1332.0	1530.7
2009	2350.0	2335.8	484.8	3177.0	4117.2	3390.3	1605.1	1673.1
2010	2636.7	2620.8	501.7	3602.8	4656.6	3848.0	1804.1	1850.4
2011	2934.7	2916.9	522.8	4085.5	5145.5	4390.6	1948.4	2029.9
2012	3216.4	3196.9	543.7	4555.3	5588.0	4908.7	2119.9	2210.6
2013	3480.1	3459.0	561.6	4965.3	6057.4	5370.1	2230.1	2376.4
2014	3706.4	3683.9	582.4	5213.5	6645.0	5638.6	2348.3	2514.2
2015	3958.4	3934.4	597.6	5458.6	7389.2	5881.1	2543.2	2667.6

支出法地区生产总值

Gross Domestic Product by Expenditure Approach

年 份 Year	地 区 生产总值 (亿元) Gross Regional Product by Expenditure Approach (100 million yuan)	最终消费 Final Consumption Expenditures	资本形成总额 Gross Capital Formation	货物和服务净流出 Net Outflow of Goods and Services	最终消费率(消费率)(%) Final Consumption Rate (%)	资本形成率(投资率)(%) Capital Formation Rate (%)
1978	183.06	93.28	64.26	25.52	51.0	35.1
1979	203.22	104.43	68.95	29.84	51.4	33.9
1980	219.24	114.68	63.84	40.72	52.3	29.1
1981	222.54	129.06	50.73	42.75	58.0	22.8
1982	251.45	140.19	73.96	37.30	55.8	29.4
1983	283.21	156.34	90.10	36.77	55.2	31.8
1984	332.22	186.56	114.66	31.00	56.2	34.5
1985	396.75	229.73	156.90	10.12	57.9	39.5
1986	436.65	262.33	162.79	11.53	60.1	37.3
1987	521.92	318.27	176.58	27.07	61.0	33.8
1988	701.33	434.25	242.39	24.69	61.9	34.6
1989	822.83	480.95	295.30	46.58	58.5	35.9
1990	896.33	518.86	334.66	42.81	57.9	37.3
1991	1072.07	634.73	384.84	52.50	59.2	35.9
1992	1278.50	712.19	475.18	91.13	55.7	37.2
1993	1690.84	870.45	679.12	141.27	51.5	40.2
1994	2187.49	1059.29	884.46	243.74	48.4	40.4
1995	2849.52	1348.75	1226.07	274.70	47.3	43.0
1996	3452.97	1553.79	1547.80	351.38	45.0	44.8
1997	3953.78	1740.18	1838.54	375.06	44.0	46.5
1998	4256.01	1848.19	2030.17	377.65	43.4	47.7
1999	4514.19	1978.25	2152.02	383.92	43.8	47.7
2000	5043.96	2240.68	2246.67	556.61	44.4	44.5
2001	5516.76	2490.38	2325.61	700.77	45.1	42.2
2002	6018.28	2838.41	2429.90	749.97	47.2	40.4
2003	6921.29	3029.25	2860.73	1031.31	43.8	41.3
2004	8477.63	3677.23	3659.84	1140.56	43.4	43.2
2005	10012.11	4273.61	4727.66	1010.84	42.7	47.2
2006	11467.60	4966.60	5482.96	1018.04	43.3	47.8
2007	13607.32	5871.11	6710.87	1025.34	43.1	49.3
2008	16011.97	6695.14	8277.67	1039.16	41.8	51.7
2009	17235.48	7220.83	9264.77	749.88	41.9	53.8
2010	20394.26	8326.02	11037.38	1030.86	40.8	54.1
2011	24515.76	9633.82	13890.37	991.57	39.3	56.7
2012	26575.01	11081.10	15244.63	249.28	41.7	57.4
2013	28442.95	11941.79	16472.54	28.62	42.0	57.9
2014	29421.15	12538.97	17362.37	-480.19	42.6	59.0
2015	29806.36	13197.78	17352.07	-743.49	44.3	58.2

注：本表按当年价格计算。

a) Data in this table are calculated at current prices.

三次产业贡献率

Share of the Contributions of the Three Strata of Industry to the Increase of the GDP

单位：% (%)

年 份 Year	地区生产总值 Gross Domestic Product	第一产业 Primary Industry	第二产业 Secondary Industry	第三产业 Tertiary Industry	#工 业 Industry
1990	100.0	22.9	34.1	43.0	36.5
1991	100.0	6.2	40.8	53.0	34.7
1992	100.0	-1.0	59.1	41.9	57.2
1993	100.0	5.3	64.6	30.1	58.6
1994	100.0	15.1	55.8	29.1	49.0
1995	100.0	11.5	55.5	33.0	49.2
1996	100.0	7.2	62.3	30.5	57.6
1997	100.0	6.0	62.4	31.6	57.7
1998	100.0	7.6	61.0	31.4	55.2
1999	100.0	5.4	63.3	31.3	57.1
2000	100.0	6.1	59.1	34.8	57.4
2001	100.0	8.4	48.1	43.5	45.2
2002	100.0	6.6	55.8	37.6	51.3
2003	100.0	6.6	62.9	30.5	54.2
2004	100.0	6.5	59.7	33.8	53.6
2005	100.0	6.6	60.2	33.2	54.0
2006	100.0	4.3	59.5	36.2	55.9
2007	100.0	3.9	58.7	37.4	56.9
2008	100.0	5.7	56.2	38.1	54.5
2009	100.0	3.8	57.1	39.1	47.4
2010	100.0	3.1	59.7	37.2	54.5
2011	100.0	4.6	62.7	32.7	58.7
2012	100.0	4.9	64.0	31.1	59.0
2013	100.0	4.4	59.8	35.8	56.5
2014	100.0	5.8	42.1	52.1	37.8
2015	100.0	3.8	37.2	59.0	30.8

注：1．本表按不变价格计算。 2．三次产业贡献率指各产业增加值增量与GDP增量之比。

a) Data in this table are calculated at constant prices. b) Share of the contributions of the three strata of industry to the increase of the GDP refers to the proportion of the increment of the value-added of each industry to the increment of GDP.

三次产业对生产总值增长的拉动
Contribution of the Three Strata of Industry to GDP Growth

单位：百分点 (percentage points)

年 份 Year	地区生产总值 Gross Domestic Product	第一产业 Primary Industry	第二产业 Secondary Industry	第三产业 Tertiary Industry	#工 业 Industry
1990	5.8	1.3	2.0	2.5	2.1
1991	11.0	0.7	4.5	5.8	3.8
1992	15.6	-0.1	9.2	6.5	8.9
1993	17.7	1.0	11.4	5.3	10.4
1994	14.9	2.3	8.3	4.3	7.3
1995	13.9	1.6	7.7	4.6	6.8
1996	13.5	1.0	8.4	4.1	7.8
1997	12.5	0.8	7.8	3.9	7.2
1998	10.7	0.8	6.5	3.4	5.9
1999	9.1	0.5	5.8	2.8	5.2
2000	9.5	0.6	5.6	3.3	5.4
2001	8.7	0.7	4.2	3.8	3.9
2002	9.6	0.6	5.4	3.6	4.9
2003	11.6	0.8	7.3	3.5	6.3
2004	12.9	0.8	7.7	4.4	6.9
2005	13.4	0.8	8.1	4.5	7.3
2006	13.4	0.6	8.0	4.9	7.5
2007	12.8	0.5	7.5	4.8	7.3
2008	10.1	0.6	5.7	3.8	5.5
2009	10.0	0.4	5.7	3.9	4.7
2010	12.2	0.4	7.3	4.5	6.6
2011	11.3	0.5	7.1	3.7	6.6
2012	9.6	0.5	6.1	3.0	5.7
2013	8.2	0.4	4.9	2.9	4.6
2014	6.5	0.4	2.7	3.4	2.5
2015	6.8	0.3	2.5	4.0	2.1

注：1．本表按不变价计算。 2．三次产业拉动指GDP增长速度与各产业贡献率之乘积。

a) Data in this table are calculated at constant prices. b) Contribution of the three strata of industry to GDP growth refers to the growth rate of GDP multiplied by the contribution share of every industry.

三大需求对全省生产总值增长的贡献率

Contribution Share of the Three Components of GDP to the Growth of GDP

年　份 Year	最终消费支出 贡献率 (%) Contribution Share of Final Consumption Expenditure	资本形成总额 贡献率 (%) Contribution Share of Gross Capital Formation	货物和服务净出口 贡献率 (%) Contribution Share of Net Exports of Goods and Services
1990	81.3	32.6	-13.9
1991	63.9	32.8	3.3
1992	39.1	33.4	27.5
1993	45.2	50.1	4.7
1994	42.3	41.7	16.0
1995	38.5	57.6	3.9
1996	28.6	67.5	3.9
1997	35.1	60.5	4.4
1998	26.2	67.0	6.8
1999	64.4	50.4	-14.8
2000	43.8	28.5	27.7
2001	51.9	17.1	31.0
2002	51.0	19.9	29.1
2003	32.9	40.6	26.5
2004	42.8	45.4	11.8
2005	41.5	58.3	0.2
2006	46.9	52.7	0.4
2007	47.3	52.5	0.2
2008	46.8	53.0	0.2
2009	43.4	58.6	-2.0
2010	44.7	57.2	-1.9
2011	42.8	60.0	-2.8
2012	45.8	60.2	-6.0
2013	46.6	59.1	-5.7
2014	48.9	56.6	-5.5
2015	49.6	54.3	-3.9

注：1.本表按可比价格计算。2.三大需求指支出法地区生产总值的三大构成项目、即最终消费支出、资本形成总额、货物和服务净出口。3.贡献率指三大需求增量与支出法国内生产总值增量之比。

a) Data in this table are calculated at constant prices. b) Three components of GDP by expenditure approach are final consumption expenditure, gross capital formation and net exports of goods and services. c) Contribution share of the three components to the increase of the GDP refers to the proportionof the increment of the each component of GDP by expenditure approach to the increment of GDP.

居民消费水平
Household Consumption

年份 Year	全省居民 (元) All Households (yuan)	农村居民 Rural Households	城镇居民 Urban Households	城乡消费水平对比(农村居民=100) Urban/Rural Consumption Ratio (Urban Households =100)	指数(上年=100) Index (Preceding Year=100) 全省居民 All Households	农村居民 Rural Households	城镇居民 Urban Households	指数(1978年=100) Index (1978=100) 全省居民 All Households	农村居民 Rural Households	城镇居民 Urban Households
1978	165	137	402	293.4	103.7	104.9	90.9	100.0	100.0	100.0
1979	183	153	423	276.5	99.4	106.3	93.4	99.4	106.3	93.4
1980	199	164	460	280.5	119.9	120.6	119.5	119.2	128.2	111.6
1981	223	187	481	257.2	111.1	113.4	103.7	132.4	145.4	115.7
1982	236	198	507	256.1	104.5	104.8	104.0	138.4	152.4	120.4
1983	258	221	513	232.1	110.8	112.8	100.6	153.3	171.9	121.1
1984	301	261	569	218.0	116.8	118.2	111.0	179.1	203.1	134.4
1985	366	319	672	210.7	117.1	118.1	112.8	209.7	239.9	151.6
1986	413	356	773	217.1	104.8	104.6	104.8	219.8	250.9	158.9
1987	494	423	917	216.8	105.2	105.3	104.3	231.2	264.2	165.7
1988	664	557	1300	233.4	112.9	110.4	118.3	261.0	291.7	196.1
1989	722	583	1557	267.1	94.7	93.3	98.9	247.2	272.2	193.9
1990	783	605	1592	263.1	103.9	102.6	107.0	256.8	279.2	207.5
1991	847	675	1839	272.4	107.0	105.6	108.5	274.8	294.9	225.1
1992	950	729	2182	299.3	108.6	107.0	109.6	298.4	315.5	246.7
1993	1089	831	2496	300.4	111.9	110.2	114.3	333.9	347.7	282.0
1994	1320	1001	3009	300.6	109.5	107.8	110.8	365.7	374.8	312.5
1995	1686	1306	3397	260.2	110.6	110.0	106.8	404.4	412.3	333.7
1996	1925	1554	3499	225.2	106.8	110.7	104.9	431.9	456.4	350.1
1997	2151	1711	3765	220.1	108.8	105.2	104.5	469.9	480.2	365.8
1998	2207	1731	3833	221.5	102.2	101.9	101.2	480.3	489.3	370.2
1999	2327	1803	3950	219.0	112.7	108.8	100.4	541.3	532.3	371.7
2000	2533	1848	4523	244.8	106.6	109.0	100.8	577.0	580.3	374.7
2001	2749	1912	4991	261.0	107.4	103.2	108.3	619.7	598.8	405.8
2002	3081	1987	5776	290.7	107.9	102.2	109.5	668.6	612.0	444.3
2003	3271	2042	6063	297.0	106.7	105.4	104.0	713.4	645.1	462.1
2004	3758	2167	7096	327.5	111.9	104.9	113.5	798.3	676.7	524.4
2005	4270	2426	7851	323.6	110.2	109.8	106.8	879.7	743.0	560.1
2006	4924	2714	8971	330.6	113.5	111.1	111.9	998.5	825.5	626.7
2007	5667	3067	10031	327.1	111.6	108.3	109.2	1114.3	894.0	684.4
2008	6498	3515	10835	308.3	111.0	110.3	104.9	1236.9	986.1	717.9
2009	7193	3606	12195	338.2	110.7	103.7	112.0	1369.2	1022.6	804.0
2010	8057	3867	13619	352.2	110.6	105.3	110.4	1514.3	1076.8	887.8
2011	9551	4893	15331	313.3	118.5	126.5	112.6	1795.1	1362.5	999.4
2012	10749	5766	16554	287.1	112.6	117.8	108.0	2020.4	1605.7	1079.1
2013	11610	6490	17278	266.2	108.0	112.6	104.4	2182.1	1808.0	1126.6
2014	12171	7023	17589	250.5	104.8	108.2	101.8	2287.5	1956.5	1146.9
2015	12829	7666	17924	233.8	105.4	109.2	101.9	2411.1	2136.4	1168.7

资金流量表(收入分配) (2014年)

单位：亿元

机构部门	Sectors	非金融企业部门 Non-financial Corporations		金融机构部门 Financial Institutions		政府 General
交易项目	Items	使用 Uses	来源 Sources	使用 Uses	来源 Sources	使用 Uses
净出口	Net Exports					
增加值	Value Added		18243.13		1347.58	
劳动者报酬	Compensation of Laborers	5958.70		385.04		1435.90
工资及工资性收入	Wages and Salaries	4275.45		276.27		1435.90
单位社会保险付款	Employers' Social Contributions	1683.25		108.77		
生产税净额	Taxes on Production, Net	3570.92		130.98		23.16
生产税	Taxes on Products	3625.88		130.98		23.16
生产补贴	Subsidies on Production		54.96			142.34
财产收入	Income from Properties	1730.12	438.11	1983.47	2690.37	
利息	Interest	1679.35	396.12	1983.44	2683.38	
红利	Distributed Income of Corporations	50.77	41.98		6.99	
土地租金	Rent on Land Use					
其他	Others		0.01	0.03		
初次分配总收入	Total Income from Primary Distribution		7421.50		1538.46	
经常转移	Current Transfer	486.82	131.08	484.05	6.14	2328.58
收入税	Taxes on Income	465.81		89.02		
社会保险缴款	Social Insurance Contributions					
社会保险福利	Social Insurance Benefits					1654.27
社会补助	Allowances					585.62
其他经常转移	Other Current Transfers	21.01	131.08	395.03	6.14	88.69
可支配总收入	Total Disposable Income		7065.77		1060.56	
最终消费	Final Consumption Expenditure					3583.11
居民消费	Household Consumption					
政府消费	Government Consumption					3583.11
总储蓄	Savings		7065.77		1060.56	
资本转移	Capital Transfers		29.99			250.12
投资性补助	Investment Allowances		29.99			250.12
其他	Other					
资本形成总额	Gross Capital Formation	13010.09		13.92		1688.21
固定资本形成总额	Gross Fixed Capital Formation	12758.10		13.92		1666.30
存货增加	Changes in Inventories	251.99				21.91
其他非金融资产获得减处置	Acquisitions Less Disposals of Other Non-financial Assets					
净金融投资	Net Financial Investment	-5914.33		1046.64		850.67

Funds Flow of Funds Table (2014)

(100 million yuan)

部门 Governments	住户部门 Households		省内部门合计 Regional Sum		国内省外 Outside Province		国外 The Rest of the World	
来源 Sources	使用 Uses	来源 Sources	使用 Uses	来源 Sources	使用 Uses	来源 Sources	使用 Uses	来源 Sources
						1189.49		-709.30
1828.12		8002.32		29421.15				
	7061.10	14848.55	14840.74	14848.55				
	7061.10	13056.53	13048.72	13056.53				
		1792.02	1792.02	1792.02				
3151.71	209.44		3934.50	3151.71	145.16	927.95		
3294.05	296.82		4076.84	3294.05	145.16	927.95		
		87.38	142.34	142.34				
178.69	277.32	701.46	3990.91	4008.64	53.40	35.67		
177.24	277.32	683.37	3940.10	3940.10				
1.46		18.07	50.77	68.50	53.40	35.67		
		0.02	0.03	0.03				
3699.46		16004.48		28663.90				
4781.10	1937.26	2590.71	5236.70	7509.03	2269.52	51.83	79.09	24.44
695.14	140.31		695.14	695.14				
1792.02	1792.02		1792.02	1792.02				
		1654.27	1654.27	1654.27				
	2.36	587.98	587.98	587.98				
2293.94	2.56	348.46	507.29	2779.62	2269.52	51.83	79.09	24.44
6151.98		16657.93		30936.23				
	8955.86		12538.97					
	8955.86		8955.86					
			3583.11					
2568.87		7702.07		18397.26		-263.13		-763.95
220.13			250.12	250.12				
220.13			250.12	250.12				
	2650.15		17362.37					
	2626.35		17064.67					
	23.80		297.70					
	5051.92		1034.89		-263.13		-763.95	

人口基本情况
Basic Statistics of Population

指　　标	Indicator	2000	2005	2010	2014	2015
年末总人口(万人)	**Total Population of Year-end (10000 persons)**	**6674**	**6851**	**7193.6**	**7383.75**	**7424.92**
按城乡分	**by Residence**					
城镇人口	Urban Population	1741	2582	3201	3642.40	3811.21
乡村人口	Rural Population	4933	4269	3993	3741.35	3613.71
按性别分	**by Sex**					
男性人口	Male Population	3397	3441	3647.18	3750.64	3757.23
女性人口	Female Population	3277	3410	3546.42	3633.11	3667.69
出生率(‰)	Birth Rate (‰)	11.30	12.84	13.22	13.18	11.35
死亡率(‰)	Death Rate (‰)	6.21	6.75	6.41	6.23	5.79
自然增长率(‰)	Natural Growth Rate (‰)	5.09	6.09	6.81	6.95	5.56
人口密度(人/平方公里)	Density of Population (person/sq.km)		365	384	394	396
家庭户数(万户)	Households (10000 units)		2046.4	2039.51	2283.93	2269.85
各年龄段人口比例(%)	**Population by Age Group (%)**					
0—14岁	0-14	22.8	17.7	16.83	17.80	17.63
15—64岁	15-64	70.3	74.1	74.93	73.03	72.18
65岁以上	65 and Over	6.9	8.2	8.24	9.17	10.19
文化程度人口比重(%)	**Population by Education Attainments (%)**					
未上学人口	Uneducational Population	8.7	6.9	3.26	3.80	4.19
小学文化程度人口	Primary School	35.7	30.1	26.79	25.28	25.78
初中文化程度人口	Junior Secondary Schools	41.3	46.3	48.23	48.26	43.92
高中文化程度人口	Senior Secondary Schools	11.3	12.0	13.80	14.66	15.91
大专以上文化程度人口	College and Higher Level	2.9	4.7	7.93	8.00	10.20

注：未上学人口2005年以前为不识字或识字很少的人口。

a) Before the year of 2005, the number of unschooled people referred to those who were lack of literacy.

总人口及人口自然变动

Total Population and Natural Changes of Population

年份 Year	总人口 (万人) Total Population (10000 persons)	#男 Male	出生率 (‰) Birth Rate (‰)	死亡率 (‰) Death Rate (‰)	自然增长率 (‰) Natural Growth Rate (‰)
1978	5057	2595	20.88	6.49	14.39
1979	5105	2620	19.86	6.36	13.50
1980	5168	2651	20.47	6.46	14.01
1981	5256	2692	23.99	6.05	17.94
1982	5356	2742	19.35	5.94	13.41
1983	5420	2777	17.91	6.60	11.31
1984	5487	2815	16.73	5.41	11.32
1985	5548	2852	17.10	5.30	11.80
1986	5627	2893	20.42	6.12	14.30
1987	5710	2936	22.50	6.00	16.50
1988	5795	2978	20.35	5.50	14.85
1989	5881	3021	20.19	5.44	14.75
1990	6159	3147	20.46	6.82	13.64
1991	6220	3167	16.61	6.75	9.86
1992	6275	3212	15.33	6.43	8.90
1993	6334	3227	15.43	6.11	9.32
1994	6388	3264	14.93	6.50	8.43
1995	6437	3266	13.93	6.32	7.61
1996	6484	3309	13.85	6.55	7.30
1997	6525	3327	13.11	6.82	6.29
1998	6569	3343	13.01	6.18	6.83
1999	6614	3357	12.99	6.26	6.73
2000	6674	3397	11.30	6.21	5.09
2001	6699	3384	11.16	6.18	4.98
2002	6735	3420	11.53	6.25	5.28
2003	6769	3454	11.43	6.27	5.16
2004	6809	3480	11.98	6.19	5.79
2005	6851	3441	12.84	6.75	6.09
2006	6898	3486	12.82	6.59	6.23
2007	6943	3529	13.33	6.78	6.55
2008	6989	3562	13.04	6.49	6.55
2009	7034	3582	12.93	6.43	6.50
2010	7194	3647	13.22	6.41	6.81
2011	7241	3743	13.02	6.52	6.50
2012	7288	3694	12.88	6.41	6.47
2013	7333	3724	13.04	6.87	6.17
2014	7384	3751	13.18	6.23	6.95
2015	7425	3757	11.35	5.79	5.56

六次人口普查基本情况

Basic Statistics on Population Census in 1953，1964，1982, 1990, 2000 and 2010

项目	Item	第一次人口普查 The First (1953.7.1)	第二次人口普查 The Second (1964.7.1)	第三次人口普查 The Third (1982.7.1)	第四次人口普查 The Fourth (1990.7.1)	第五次人口普查 The Fifth (2000.11.1)	第六次人口普查 The Sixth (2010.11.1)
总人口(万人)	**Total Population(10000 Persons)**	**3563.46**	**4568.77**	**5300.55**	**6108.28**	**6668.44**	**7185.42**
男	Male	1794.83	2338.17	2712.56	3121.01	3393.63	3643.03
女	Female	1768.63	2230.60	2587.99	2987.27	3274.81	3542.39
总户数(万户)	**Total Household (10000 households)**	**820.12**	**1017.15**	**1237.70**	**1536.61**	**1830.27**	**2081.35**
家庭户	Household			1231.72	1530.21	1793.50	2039.51
平均家庭户规模	Average Household Size	4.39	4.49	4.14	3.89	3.59	3.36
民 族	**Nationalities**						
民族个数(个)	The Number of Nationalities	11	30	41	55	56	56
汉族人口(万人)	Total Population of Han Nationality (10000 persons)	3527.83	4494.98	5215.14	5867.37	6378.16	6886.13
各少数民族人口(万人)	Total Population of Minority Nationalities (10000 persons)	35.63	73.75	85.34	240.91	290.28	299.29
市镇总人口(万人)	**Total Population of City and Town (10000 persons)**	**419.53**	**644.79**	**725.89**	**1173.39**	**1756.01**	**3157.53**
各种文化程度人口(万人)	**Population by Education (10000 persons)**						
大 学	University and Above		18.08	23.43	58.25	178.11	524.25
高 中	Senior Secondary Schools		56.87	399.86	455.47	716.36	913.17
初 中	Junior Secondary Schools		234.91	1020.08	1509.42	2609.93	3190.3
小 学	Primary Schools		1400.54	1930.58	2249.16	2213.51	1771.97
文盲、半文盲(15周岁及以上)	**Illiterate or Semiliterate Persons (Age 15 and Over)**			**1193.54**	**1023.52**	**513.81**	**187.74**
在业人口(万人)	**Economically Active Population (10000 persons)**			**2759.90**	**3410.11**	**3836.27**	**4089.22**
不在业人口(万人)	**Economically Inactive Population (10000 persons)**			**908.76**	**924.47**	**1313.09**	**1810.22**

注：在业人口、不在业人口六普为16周岁及以上,其他为15周岁及以上。

a) In the 6th population census, economically active population and economically inactive population exclude population below 16 years old. evertheless, in the previous censuses, they do not include population below 15 years old.

按年龄和性别分人口数（2015年）
Population by Age and Sex (2015)

年 龄 Age	人口数 (人) Population (person)	男 Male	女 Female	占总人口比重 (%) Percentage to Total Population (%)	男 Male	女 Female	性别比 (女=100) Sex Ratio (female=100)
总计 Total	**697206**	**352312**	**344894**	**100.00**	**50.53**	**49.47**	**102.15**
0岁	7447	3924	3524	1.07	0.56	0.51	111.35
0–4	45132	24111	21021	6.47	3.46	3.01	114.70
5–9	43946	23891	20055	6.30	3.43	2.88	119.13
10–14	38021	20245	17776	5.45	2.90	2.55	113.89
15–19	34416	16906	17510	4.94	2.42	2.51	96.55
20–24	43966	22240	21726	6.31	3.19	3.12	102.37
25–29	68032	34193	33839	9.76	4.90	4.85	101.05
30–34	55615	27613	28002	7.98	3.96	4.02	98.61
35–39	45729	23474	22255	6.56	3.37	3.19	105.48
40–44	50072	25151	24922	7.18	3.61	3.57	100.92
45–49	59334	29893	29441	8.51	4.29	4.22	101.53
50–54	53359	26557	26803	7.65	3.81	3.84	99.08
55–59	44698	22648	22050	6.41	3.25	3.16	102.71
60–64	43951	21761	22190	6.30	3.12	3.18	98.07
65–69	30191	14813	15378	4.33	2.12	2.21	96.33
70–74	17694	8489	9206	2.54	1.22	1.32	92.21
75–79	12045	5849	6196	1.73	0.84	0.89	94.41
80–84	7082	3041	4041	1.02	0.44	0.58	75.25
85–89	2928	1133	1795	0.42	0.16	0.26	63.12
90–94	856	268	588	0.12	0.04	0.08	45.68
95+	139	36	103	0.02	0.01	0.01	34.95

注：本表是2015年人口变动情况抽样调查样本数据，抽样比为0.94%。

a) Data in this table are obtained from the 1% Population Sample Survey in 2015. The sampling fraction is 0.94%.

育龄妇女分年龄、孩次的生育状况（2014年11月1日至2015年10月31日）

Age-specific Fertility Rate of Childbearing Women by Age of Mother and Birth Order (2014.11.1-2015.10.31)

年 龄 Age	平均育龄妇女人数（人） Average Number of Childbearing Women (person)	出生人数（人） Births (person)	一 孩 1st Births	二 孩 2nd Births	三 孩及以上 3rd Births and over	生育率（‰） Fertility Rate (‰)	一 孩 1st Births	二 孩 2nd Births	三 孩及以上 3rd Births and over
总计 Total	**178889**	**5766**	**2839**	**2557**	**371**	**32.23**	**15.87**	**14.29**	**2.07**
15–19	**17559**	**103**	**99**	**4**		**5.85**	**5.62**	**0.23**	
15	3614	1	1			0.39	0.39		
16	4132	1	1			0.33	0.33		
17	3845	12	12			3.03	3.03		
18	2841	30	30	1		10.62	10.42	0.20	
19	3126	58	55	3		18.59	17.49	1.10	
20–24	**23306**	**1549**	**1136**	**389**	**24**	**66.46**	**48.73**	**16.70**	**1.03**
20	3868	126	114	12		32.66	29.38	3.17	0.12
21	4386	213	181	30	2	48.63	41.34	6.86	0.43
22	4717	318	254	60	4	67.38	53.83	12.72	0.82
23	4647	398	283	108	7	85.54	60.89	23.19	1.46
24	5689	494	304	179	11	86.84	53.42	31.50	1.92
25–29	**33234**	**2501**	**1198**	**1205**	**97**	**75.24**	**36.06**	**36.26**	**2.92**
25	6784	557	325	221	11	82.09	47.92	32.61	1.55
26	6793	547	286	246	15	80.49	42.11	36.23	2.15
27	7000	543	252	267	24	77.58	35.97	38.14	3.46
28	6715	478	204	250	24	71.19	30.31	37.30	3.58
29	5942	376	132	220	24	63.24	22.17	37.08	4.00
30–34	**27610**	**1109**	**306**	**648**	**155**	**40.16**	**11.09**	**23.47**	**5.60**
30	5558	292	90	172	30	52.59	16.12	30.99	5.48
31	5262	234	71	128	36	44.51	13.40	24.36	6.75
32	5644	223	63	122	38	39.56	11.24	21.62	6.70
33	5933	208	52	125	31	35.03	8.78	21.09	5.16
34	5213	151	31	100	20	29.00	5.85	19.26	3.89
35–39	**21832**	**358**	**62**	**228**	**68**	**16.39**	**2.83**	**10.45**	**3.11**
35	4700	113	25	68	20	24.03	5.24	14.54	4.26
36	4565	92	16	56	19	20.12	3.50	12.37	4.25
37	4284	68	7	48	13	15.89	1.66	11.11	3.11
38	4148	47	6	33	8	11.25	1.51	7.89	1.85
39	4135	38	8	23	7	9.26	1.90	5.55	1.81
40–44	**26215**	**96**	**22**	**55**	**19**	**3.67**	**0.83**	**2.11**	**0.73**
40	4103	25	5	14	6	6.05	1.15	3.41	1.49
41	4607	17	3	9	5	3.73	0.69	2.05	0.99
42	5324	23	6	13	5	4.39	1.07	2.45	0.87
43	5862	18	4	12	2	3.12	0.65	2.12	0.36
44	6319	13	4	6	2	1.99	0.71	1.01	0.27
45–49	**29133**	**51**	**16**	**27**	**8**	**1.77**	**0.56**	**0.93**	**0.27**
45	6120	13	5	6	2	2.08	0.77	0.96	0.35
46	5973	13	4	7	1	2.12	0.69	1.18	0.24
47	5659	10	4	5	1	1.81	0.74	0.92	0.15
48	5463	7	1	4	1	1.24	0.18	0.81	0.25
49	5918	9	2	5	2	1.53	0.39	0.78	0.36

注：本表是2015年人口变动情况抽样调查样本数据，抽样比为0.94%。

a) Data in this table are obtained from the 1% Population Sample Survey in 2015. The sampling fraction is 0.94%.

分行业全社会就业人员（2015年底）

Number of Employed Persons by Sector (End of 2015)

单位：万人 (10000 persons)

项　　目	Item	就业人员 Employed Persons	城镇 就业人员 Employed Persons of Urban Areas	单位 就业人员 Urban Units	私营个体 就业人员 Private and Individuals	灵活就业及其他 就业人员 Others	乡村 就业人员 Employed Persons of Rural Areas
全省总计	**Total**	**4212.50**	**1307.29**	**643.65**	**459.87**	**203.77**	**2905.21**
农、林、牧、渔业	Agriculture, Forestry, Animal Husbandry and Fishery	1387.83	16.66	4.17	4.14	8.35	1371.17
采矿业	Mining	89.78	41.44	24.64	13.08	3.72	48.34
制造业	Manufacturing	858.85	298.85	140.85	145.60	12.40	560.00
电力、热力、燃气及水生产和供应业	Production and Distribution of Electricity, Thermal, Gas and Water	38.51	23.42	18.71	1.33	3.38	15.09
建筑业	Construction	450.29	134.37	84.36	32.73	17.28	315.92
批发和零售业	Wholesale and Retail Trades	385.83	182.46	27.14	118.21	37.11	203.37
交通运输、仓储和邮政业	Traffic, Transport, Storage and Post	200.63	71.30	29.18	23.39	18.73	129.33
住宿和餐饮业	Hotels and Catering Services	176.56	102.75	5.81	78.42	18.52	73.81
信息传输、软件和信息技术服务业	Information Transmission, Software and Information Technology Services	27.80	16.11	8.85	2.76	4.50	11.69
金融业	Financial Intermediation	37.56	31.07	29.91		1.16	6.49
房地产业	Real Estate	19.18	14.92	10.98	1.37	2.57	4.26
租赁和商务服务业	Leasing and Business Services	47.81	27.55	13.44	5.52	8.59	20.26
科学研究和技术服务业	Scientific Research and Technical Service	17.60	15.69	14.81		0.88	1.91
水利、环境和公共设施管理业	Management of Water Conservancy, Environment and Public Facilities	19.35	14.66	11.76		2.90	4.69
居民服务、修理和其他服务业	Services to Households, Repair and Other Services	137.00	69.14	1.70	32.13	35.31	67.86
教　　育	Education	125.13	100.22	89.07		11.15	24.91
卫生和社会工作	Health and Social Work	62.87	45.61	36.45		9.16	17.26
文化、体育和娱乐业	Culture, Sports and Entertainment	19.45	9.32	5.49	1.19	2.64	10.13
公共管理、社会保障和社会组织	Public Management, Social Security and Social Organization	110.47	91.75	86.33		5.42	18.72

注：本表就业人员不包括离开本单位仍保留劳动关系的职工。

a) The employed persons exclude those staff and workers who still keep their relation with their units, but have left their working post at there.

按三次产业分的就业人员及构成（年底数）

Number of Employed Persons by Type of Industry and Composition (End of Year)

年 份 Year	就业人员(万人) Employed Persons (10000 persons)				构 成(以就业人员为100) Composition in Percentage (Total Employment=100)		
		第一产业 Primary Industry	第二产业 Secondary Industry	第三产业 Tertiary Industry	第一产业 Primary Industry	第二产业 Secondary Industry	第三产业 Tertiary Industry
1978	2109.39	1621.61	292.83	194.95	76.88	13.88	9.24
1980	2182.80	1637.42	321.01	224.37	75.01	14.71	10.28
1985	2555.43	1603.36	557.49	394.58	62.74	21.82	15.44
1986	2626.41	1602.21	607.42	416.78	61.00	23.13	15.87
1987	2725.75	1615.62	653.23	456.90	59.27	23.97	16.76
1988	2808.33	1659.62	690.33	458.38	59.10	24.58	16.32
1989	2857.92	1739.11	674.31	444.50	60.85	23.60	15.55
1990	2955.47	1820.51	680.14	454.82	61.60	23.01	15.39
1991	3040.30	1905.27	690.04	444.99	62.67	22.70	14.63
1992	3106.28	1874.64	722.61	509.03	60.35	23.26	16.39
1993	3171.37	1857.14	778.68	535.55	58.56	24.55	16.89
1994	3210.37	1780.48	832.60	597.29	55.46	25.93	18.61
1995	3252.01	1729.29	879.08	643.64	53.18	27.03	19.79
1996	3300.16	1635.17	942.08	722.91	49.55	28.55	21.90
1997	3324.23	1634.03	940.24	749.96	49.16	28.28	22.56
1998	3367.18	1650.22	932.60	784.36	49.01	27.70	23.29
1999	3322.30	1653.25	879.69	789.36	49.76	26.48	23.76
2000	3385.71	1678.12	886.99	820.60	49.56	26.20	24.24
2001	3409.16	1676.34	899.68	833.14	49.17	26.39	24.44
2002	3435.00	1662.59	929.12	843.29	48.40	27.05	24.55
2003	3470.23	1672.26	942.84	855.13	48.19	27.17	24.64
2004	3516.71	1612.85	992.74	911.12	45.86	28.23	25.91
2005	3568.97	1564.72	1043.56	960.69	43.84	29.24	26.92
2006	3609.99	1524.89	1082.66	1002.44	42.24	29.99	27.77
2007	3664.97	1481.52	1134.51	1048.94	40.42	30.96	28.62
2008	3725.66	1481.37	1170.06	1074.23	39.76	31.41	28.83
2009	3792.49	1479.22	1203.36	1109.91	39.00	31.73	29.27
2010	3865.14	1464.21	1250.85	1150.08	37.88	32.36	29.76
2011	3962.42	1439.63	1319.83	1202.96	36.33	33.31	30.36
2012	4085.74	1426.27	1400.79	1258.68	34.91	34.28	30.81
2013	4183.93	1404.49	1438.07	1341.37	33.57	34.37	32.06
2014	4202.66	1398.88	1437.79	1365.99	33.29	34.21	32.50
2015	4212.50	1387.83	1437.43	1387.24	32.95	34.12	32.93

注：1999年起资料不包括离开本单位仍保留劳动关系职工人数。

a) Since 1999, the date exclude those staff and workers who still keep their relation with their units, but have left their working post at there.

城镇非私营单位职工人数（年底数）
Number of Staff and Workers in Urban Non Private Units (End of Year)

单位：万人 (10000 persons)

年 份 Year	职工人数 Number of Staff and Workers	#国有经济 State-Owned	#城镇集体经济 Urban Collective-Owned	女职工人数 Female	#国有经济 State-Owned	#城镇集体经济 Urban Collective-Owned
1952	60.39	57.85	2.54		6.68	
1957	135.13	104.47	30.66		14.45	
1962	149.50	132.88	16.62		24.78	
1965	161.64	139.95	21.69		26.86	
1970	219.48	185.82	33.66	53.83	41.11	12.72
1975	344.99	289.52	55.47	85.54	63.36	22.18
1978	445.10	369.83	75.27	122.55	94.78	27.77
1980	476.83	394.27	82.56	146.84	109.95	36.89
1985	555.15	424.26	130.16	177.64	123.99	53.32
1990	652.71	497.19	151.61	223.90	158.66	63.61
1991	673.75	512.60	155.50	231.10	164.24	64.20
1992	688.45	527.79	154.71	236.95	171.79	62.35
1993	703.72	538.67	151.41	246.63	179.95	60.47
1994	699.25	533.24	141.41	249.44	181.87	57.32
1995	698.02	535.14	132.79	252.84	185.42	54.43
1996	696.16	538.42	126.78	255.56	190.91	51.02
1997	676.74	531.51	112.13	252.52	191.88	45.98
1998	657.00	502.35	93.57	221.41	168.77	30.94
1999	639.62	488.88	84.27	220.62	168.49	27.38
2000	621.95	474.88	75.52	212.13	162.79	23.28
2001	603.86	459.13	69.53	205.47	159.35	20.56
2002	589.14	441.13	62.29	196.89	150.35	17.61
2003	576.57	427.40	57.41	193.58	147.08	15.85
2004	562.67	409.48	52.81	191.15	142.72	14.44
2005	557.83	390.46	48.90	191.86	139.26	13.59
2006	554.56	381.36	46.28	193.98	139.00	13.25
2007	544.43	370.82	41.50	193.10	137.69	11.94
2008	520.01	352.18	35.02	191.41	133.75	10.11
2009	514.42	341.08	32.83	190.94	132.63	9.64
2010	518.89	334.84	30.79	195.70	132.65	9.31
2011	537.85	317.71	26.59	206.32	133.16	8.54
2012	619.95	332.41	21.14	223.39	138.31	7.38
2013	653.36	298.94	18.00	232.66	130.09	6.44
2014	656.18	293.49	15.58	236.77	128.82	5.88
2015	643.65	288.22	14.39	236.08	129.14	5.60

注：1.1998年女职工人数为在岗女职工人数,1999年起为女性单位就业人数。2.2012年起为就业人员。

a) Female in 1998 are on-post staff and workers figures, since 1999 are persons employed in various units.

b) The data in 2012 are persons employed.

分登记注册类型和行业城镇非私营单位就业人数（2015年底）

Number of Staff and Workers in Urban Non Private Units by Registration Status and Sector (End of 2015)

单位：万人 (10000 persons)

行业	Sector	合计 Total	国有经济 State-Owned	城镇集体经济 Urban Collective-Owned	其他经济类型 Others
全省总计	**Total**	**643.65**	**288.22**	**14.39**	**341.04**
按企、事业和机关分组	**Grouped by Enterprises, Institutions and Agencies**				
企业	Business	405.02	54.30	11.38	339.34
事业	Institutions	164.89	161.00	2.91	0.98
机关	Agencies & Organizations	72.80	72.73	0.06	0.01
民间非盈利组织	Non Profit Organization	0.36	0.04		0.32
其他	Others	0.58	0.15	0.04	0.39
按国民经济行业分组	**Grouped by Sector**				
农、林、牧、渔业	Agriculture, Forestry, Animal Husbandry and Fishery	4.17	3.97	0.07	0.13
采矿业	Mining	24.64	2.87	0.27	21.50
制造业	Manufacturing	140.85	4.57	2.37	133.91
电力、热力、燃气及水生产和供应业	Production and Distribution of Electricity, Thermal, Gas and Water	18.71	9.90	0.02	8.79
建筑业	Construction	84.36	5.72	2.33	76.31
批发和零售业	Wholesale and Retail Trades	27.14	3.26	1.82	22.06
交通运输、仓储和邮政业	Traffic, Transport, Storage and Post	29.18	16.16	0.50	12.52
住宿和餐饮业	Hotels and Catering Services	5.81	1.88	0.12	3.81
信息传输、软件和信息技术服务业	Information Transmission, Software and Information Technology Services	8.85	1.28	0.04	7.53
金融业	Financial Intermediation	29.91	2.35	2.52	25.04
房地产业	Real Estate	10.98	0.87	0.07	10.04
租赁和商务服务业	Leasing and Business Services	13.44	5.68	0.91	6.85
科学研究和技术服务业	Scientific Research and Technical Service	14.81	7.05	0.10	7.66
水利、环境和公共设施管理业	Management of Water Conservancy, Environment and Public Facilities	11.76	10.49	0.22	1.05
居民服务、修理和其他服务业	Services to Households, Repair and Other Services	1.70	0.54	0.10	1.06
教育	Education	89.07	87.74	0.14	1.19
卫生和社会工作	Health and Social Work	36.45	33.16	2.60	0.69
文化、体育和娱乐业	Culture, Sports and Entertainment	5.49	4.51	0.09	0.89
公共管理、社会保障和社会组织	Public Management, Social Security and Social Organization	86.33	86.22	0.10	0.01

分登记注册类型和行业城镇非私营单位在岗职工人数（2015年底）

Number of Staff and Workers on-post in Urban Non Private Units by Registration Status and Sector (End of 2015)

单位：万人 (10000 persons)

行业	Sector	合计 Total	国有经济 State-Owned	城镇集体经济 Urban Collective-Owned	其他经济类型 Others
全省总计	**Total**	**599.76**	**273.33**	**13.70**	**312.73**
按企、事业和机关分组	**Grouped by Enterprises, Institutions and Agencies**				
企业	Business	373.23	51.21	10.92	311.10
事业	Institutions	155.68	152.07	2.68	0.93
机关	Agencies & Organizations	69.94	69.87	0.06	0.01
民间非盈利组织	Non Profit Organization	0.34	0.04		0.30
其他	Others	0.57	0.14	0.04	0.39
按国民经济行业分组	**Grouped by Sector**				
农、林、牧、渔业	Agriculture, Forestry, Animal Husbandry and Fishery	4.04	3.84	0.07	0.13
采矿业	Mining	24.30	2.87	0.27	21.16
制造业	Manufacturing	139.25	4.44	2.31	132.50
电力、热力、燃气及水生产和供应业	Production and Distribution of Electricity, Thermal, Gas and Water	16.42	8.35	0.02	8.05
建筑业	Construction	70.12	5.13	2.13	62.86
批发和零售业	Wholesale and Retail Trades	26.60	3.19	1.73	21.68
交通运输、仓储和邮政业	Traffic, Transport, Storage and Post	28.15	15.73	0.44	11.98
住宿和餐饮业	Hotels and Catering Services	5.61	1.82	0.12	3.67
信息传输、软件和信息技术服务业	Information Transmission, Software and Information Technology Services	8.58	1.26	0.03	7.29
金融业	Financial Intermediation	20.63	2.30	2.48	15.85
房地产业	Real Estate	10.62	0.85	0.07	9.70
租赁和商务服务业	Leasing and Business Services	12.67	5.39	0.91	6.37
科学研究和技术服务业	Scientific Research and Technical Service	13.80	6.84	0.10	6.86
水利、环境和公共设施管理业	Management of Water Conservancy, Environment and Public Facilities	9.45	8.34	0.21	0.90
居民服务、修理和其他服务业	Services to Households, Repair and Other Services	1.65	0.51	0.10	1.04
教育	Education	85.66	84.37	0.14	1.15
卫生和社会工作	Health and Social Work	34.67	31.60	2.39	0.68
文化、体育和娱乐业	Culture, Sports and Entertainment	5.12	4.19	0.09	0.84
公共管理、社会保障和社会组织	Public Management, Social Security and Social Organization	82.42	82.31	0.09	0.02

注：从2012年起，在岗职工人数含劳务派遣人员。

a) Since 2012 staff and workers on-post include the labor dispatch personnel.

分登记注册类型和行业城镇非私营单位女性就业人数（2015年底）

Number of Female Employed Persons in Urban Non Private Units Status by Registration and Sector (End of 2015)

单位：万人 (10000 persons)

行业	Sector	女性就业人数 Number of Female Employed Persons	国有经济 State-Owned	城镇集体经济 Urban Collective-Owned	其他经济类型 Others
全省总计	**Total**	**236.08**	**129.15**	**5.60**	**101.33**
按企、事业和机关分组	**Grouped by Enterprises, Institutions and Agencies**				
企业	Business	120.19	15.83	3.95	100.41
事业	Institutions	93.03	90.84	1.61	0.58
机关	Agencies & Organizations	22.42	22.40	0.02	
民间非营利组织	Non Profit Organization	0.22	0.03		0.19
其他	Others	0.22	0.05	0.02	0.15
按国民经济行业分组	**Grouped by Sector**				
农、林、牧、渔业	Agriculture, Forestry, Animal Husbandry and Fishery	1.41	1.34	0.02	0.05
采矿业	Mining	4.21	0.39	0.08	3.74
制造业	Manufacturing	44.91	1.32	1.04	42.55
电力、热力、燃气及水生产和供应业	Production and Distribution of Electricity, Thermal, Gas and Water	4.79	2.55	0.01	2.23
建筑业	Construction	8.89	0.85	0.28	7.76
批发和零售业	Wholesale and Retail Trades	14.88	1.53	0.73	12.62
交通运输、仓储和邮政业	Traffic, Transport, Storage and Post	7.52	4.39	0.12	3.01
住宿和餐饮业	Hotels and Catering Services	3.34	1.00	0.07	2.27
信息传输、软件和信息技术服务业	Information Transmission, Software and Information Technology Services	3.65	0.54	0.01	3.10
金融业	Financial Intermediation	15.62	0.97	1.07	13.58
房地产业	Real Estate	4.62	0.32	0.04	4.26
租赁和商务服务业	Leasing and Business Services	3.65	1.52	0.30	1.83
科学研究和技术服务业	Scientific Research and Technical Service	4.07	2.24	0.03	1.80
水利、环境和公共设施管理业	Management of Water Conservancy, Environment and Public Facilities	4.74	4.16	0.11	0.47
居民服务、修理和其他服务业	Services to Households, Repair and Other Services	0.68	0.18	0.04	0.46
教育	Education	55.71	54.92	0.09	0.70
卫生和社会工作	Health and Social Work	23.54	21.55	1.50	0.49
文化、体育和娱乐业	Culture, Sports and Entertainment	2.42	1.98	0.04	0.40
公共管理、社会保障和社会组织	Public Management, Social Security and Social Organization	27.43	27.40	0.02	0.01

城镇非私营单位就业人员工资总额（2015年）
Total Wages Bill of Urban Units Employed Persons in Urban Non Private Units (2015)

单位：万元 (10000 yuan)

行业	Sector	就业人员 工资总额 Total wages Bill of Employed Persons	在岗职工 工资总额 Total Wages Bill of Staff and Workers	#国有经济 State-owned Units	#城镇集体经济 Urban Collective-owned Units	其他就业人员工资总额 Units of Others Types of Ownership
全省总计	**Total**	**32894839**	**31588152**	**14811682**	**573210**	**1306687**
按企、事业和机关分	**Grouped by Enterprises, Institutions and Agencies**					
企业	Enterprises	20477141	19435540	2844845	464978	1041601
事业	Institutions	8786513	8579063	8423739	104574	207450
机关	Agencies & Organizations	3591787	3535012	3531995	2142	56775
民间非营利组织	Non Profit Organization	16068	15432	3594		636
其他	Others	23330	23105	7509	1516	225
按国民经济行业分	**Grouped by Sector**					
农、林、牧、渔业	Agriculture, Forestry, Animal Husbandry and Fishery	82522	79885	72766	2583	2637
采矿业	Mining	1395843	1380857	130972	8570	14986
制造业	Manufacturing	6826416	6748098	230364	69824	78318
电力、热力、燃气及水生产和供应业	Production and Distribution of Electricity, Thermal, Gas and Water	1425521	1360108	610900	1566	65413
建筑业	Construction	3335285	2805858	236634	82486	529427
批发和零售业	Wholesale and Retail Trades	1035426	1021318	174859	40912	14108
交通运输、仓储和邮政业	Traffic, Transport, Storage and Post	1703797	1660192	939009	14186	43605
住宿和餐饮业	Hotels and Catering Services	194353	187633	62233	3330	6720
信息传输、软件和信息技术服务业	Information Transmission, Software and Information Technology Services	837687	827213	82198	1556	10474
金融业	Financial Intermediation	2161394	1940359	193546	204407	221035
房地产业	Real Estate	466879	456827	39444	2334	10052
租赁和商务服务业	Leasing and Business Services	532669	514913	238250	24398	17756
科学研究和技术服务业	Scientific Research and Technical Service	1005375	973076	468537	3241	32299
水利、环境和公共设施管理业	Management of Water Conservancy, Environment and Public Facilities	425473	380024	343502	3865	45449
居民服务、修理和其他服务业	Services to Households, Repair and Other Services	57603	56214	20015	2454	1389
教育	Education	5085252	5007005	4957069	5493	78247
卫生和社会工作	Health and Social Work	1871490	1826267	1695700	95958	45223
文化、体育和娱乐业	Culture, Sports and Entertainment	252093	237018	194742	2432	15075
公共管理、社会保障和社会组织	Public Management, Social Security and Social Organization	4199761	4125287	4120942	3615	74474

注：从2012年起在岗职工工资总额含劳务派遣人员工资总额。

a) Since 2012 total wages bill of staff and workers on-post include the labor dispatch personnel.

城镇非私营单位职工工资总额和指数

Total Wages of Staff and Workers and Related Indices in Urban Non Private Units

年份 Year	工资总额 (万元) Total Wages (10000 yuan)	#国有经济单位 State-Owned	#城镇集体经济单位 Urban Collective-Owned	指数 (上年=100) Indices (preceding year=100)	#国有经济单位 State-Owned	#城镇集体经济单位 Urban Collective-Owned
1952	24245	23393	852			
1957	75864	61966	13898			
1962	97735	89214	8521			
1965	99235	88722	10513	102.31	101.41	110.55
1970	118670	103934	14736	109.64	108.87	115.40
1975	189208	163144	26064	109.99	110.64	106.08
1978	256463	219056	37407	114.39	113.15	122.28
1980	340513	292414	48099	118.81	118.69	119.51
1985	580441	466525	113244	121.86	121.73	122.36
1986	716788	579844	135878	123.49	124.29	119.99
1987	825146	667635	156254	115.12	115.14	115.00
1988	1035447	841302	190789	125.49	126.01	122.10
1989	1147097	937626	204030	110.78	111.45	106.94
1990	1293229	1064042	221831	112.74	113.48	108.72
1991	1422357	1163790	246622	109.98	109.37	111.18
1992	1684325	1393304	276422	118.42	119.72	112.08
1993	2108195	1739368	323734	125.17	124.84	117.12
1994	2895850	2391572	387584	137.36	137.50	119.72
1995	3360002	2767436	441368	116.03	115.72	113.88
1996	3652207	3020439	464211	108.70	109.14	105.18
1997	3859772	3218123	440888	105.68	106.54	94.98
1998	3755910	3036502	349331	99.75	96.68	81.46
1999	3979361	3227728	332995	105.95	106.30	95.32
2000	4271797	3459724	318530	107.35	107.19	95.66
2001	4580897	3709329	313935	107.24	107.21	98.56
2002	5040301	4039839	296030	110.03	108.91	94.30
2003	5481960	4343902	292264	108.76	107.53	98.73
2004	6255065	4842573	311543	114.10	111.48	106.60
2005	7160660	5260503	341572	114.48	108.63	109.66
2006	8095785	5819518	369771	113.06	110.63	108.26
2007	9732071	6997885	407554	120.21	120.25	110.22
2008	11744961	8322196	422304	120.68	118.92	103.62
2009	13379216	9284802	479223	113.91	111.57	113.48
2010	15485836	10235669	551224	115.75	110.24	115.02
2011	18369456	11077774	542680	118.62	108.23	98.45
2012	23983034	12954720	613616	121.42	112.36	101.09
2013	27241454	11810500	606164	113.59	91.17	98.79
2014	29654617	12684854	591250	108.86	107.40	97.54
2015	32894839	15167871	603437	110.93	119.57	102.06

注：1.1998年至2011年职工工资总额为在岗职工工资总额，2012年起为就业人员工资总额，指数按可比口径计算。

a) Data on total wage bill from 1998 to 2011 refer to wages of fully employed staff and workers, Since 2012 refer employed persons, and the indices since 1998 was calculated on the basis of constant coverage.

城镇非私营单位职工平均工资及指数

Average Wage of Staff and Workers and Related Indices in Urban Non Private Units

年份 Year	平均货币工资(元) Average Wage (yuan)				实际工资指数(上年=100) Indices of Real Wage (preceding year=100)			
	全部职工 Total Staff and Workers	国有经济 State-owned	城镇集体经济 Urban Collective-owned	其他经济类型 Others	全部职工 Total Staff and Workers	国有经济 State-owned	城镇集体经济 Urban Collective-owned	其他经济类型 Others
1952	435	438	364					
1957	566	598	457		103.0	102.9	102.9	
1962	577	593	453		107.5	107.9	107.7	
1965	627	647	495		102.3	102.5	102.6	
1970	568	590	451		99.4	99.6	99.6	
1975	564	579	484		99.5	99.7	98.6	
1978	592	608	512		105.5	105.9	104.5	
1980	726	753	592		107.2	107.2	106.8	
1985	1075	1128	901	949	107.5	107.3	108.2	106.7
1986	1268	1338	1035	1180	111.3	111.9	108.4	117.3
1987	1394	1471	1139	1308	101.6	101.6	101.7	102.4
1988	1688	1788	1351	1910	102.4	102.7	100.3	123.4
1989	1821	1940	1421	1870	93.1	93.6	90.8	84.5
1990	2019	2166	1522	2002	109.6	110.3	105.8	105.8
1991	2156	2314	1629	2210	100.2	100.2	100.4	103.6
1992	2485	2685	1806	2537	106.2	106.9	102.2	105.8
1993	3035	3272	2157	3460	105.7	105.5	103.4	118.1
1994	4185	4531	2762	4896	106.0	106.4	98.8	110.5
1995	4839	5208	3303	5158	99.6	99.0	103.0	90.7
1996	5286	5653	3658	5625	101.5	100.9	102.9	101.4
1997	5692	6066	3843	6118	103.8	103.4	101.3	104.9
1998	5820	6169	3746	6190	103.6	103.0	98.8	102.5
1999	7022	7354	4836	7107	112.9	113.0	112.4	116.3
2000	7781	8146	5187	7846	110.3	110.2	106.7	109.9
2001	8730	9139	5746	8678	111.8	111.7	110.3	110.2
2002	10032	10578	6343	9537	116.5	117.4	112.0	111.5
2003	11189	11783	6919	10701	109.0	108.9	106.6	109.7
2004	12925	13576	7916	12527	111.4	111.1	110.3	112.9
2005	14707	15291	9041	14835	112.2	111.1	112.6	116.8
2006	16590	17152	10337	16882	110.9	110.3	112.4	111.9
2007	19911	20900	12443	19195	115.1	116.8	115.4	109.0
2008	24756	25730	15293	24320	118.2	117.0	116.8	120.4
2009	28383	29459	18467	27754	116.1	115.9	122.3	115.5
2010	32306	32830	22220	32916	110.7	108.4	117.0	115.4
2011	36166	36782	25196	36440	106.3	106.4	107.7	105.1
2012	38658	39177	28597	38822	106.6	106.3	112.3	106.3
2013	41501	39648	33057	43578	104.5	98.5	112.6	109.3
2014	45114	43351	36358	47004	106.9	107.5	108.1	106.1
2015	50921	52686	40637	49885	111.6	120.2	110.6	105.0

注：1.1994年实际工资指数是按可比口径计算的。2.2012年为全部就业人员平均工资，指数是按可比口径计算的。

a) Indices of Real Wage was calculated on the basis of constant coverage in 1994.

b) Data in total wage bill since 2012 refer employed persons and the indices was calculated on the basis of constant coverage.

分行业城镇私营单位就业人员平均工资
Average Wage of Employed Persons in Urban Private Units by Sector

单位：元 (yuan)

行业	Sector	2011	2012	2013	2014	2015
全省总计	**Total**	**21729**	**25158**	**28135**	**31459**	**34084**
农、林、牧、渔业	Agriculture, Forestry, Animal Husbandry and Fishery	20351	22213	24198	27473	29148
采矿业	Mining	23898	25338	27096	31140	34986
制造业	Manufacturing	22159	25677	28983	32692	35035
电力、热力、燃气及水生产和供应业	Production and Distribution of Electricity, Thermal, Gas and Water	22424	24391	27760	30409	33009
建筑业	Construction	22670	26586	28852	31565	33813
批发和零售业	Wholesale and Retail Trades	19731	23034	25345	28033	31529
交通运输、仓储和邮政业	Traffic, Transport, Storage and Post	26010	28904	30108	34049	36950
住宿和餐饮业	Hotels and Catering Services	18856	23100	24783	27518	29791
信息传输、软件和信息技术服务业	Information Transmission, Software and Information Technology Services	18638	25719	27827	32033	34832
金融业	Financial Intermediation	21833	25611	29054	32544	34564
房地产业	Real Estate	21833	25891	29993	33914	36766
租赁和商务服务业	Leasing and Business Services	20673	23894	27953	31491	32821
科学研究和技术服务业	Scientific Research and Technical Service	22348	28733	31978	34841	37431
水利、环境和公共设施管理业	Management of Water Conservancy, Environment and Public Facilities	18668	21438	23851	27122	32871
居民服务、修理和其他服务业	Services to Households, Repair and Other Services	20621	21601	24149	27185	30928
教　育	Education	20867	22185	25815	29306	32964
卫生和社会工作	Health and Social Work	20810	25230	29717	30915	35435
文化、体育和娱乐业	Culture, Sports and Entertainment	18438	21939	23901	26507	30657
公共管理、社会保障和社会组织	Public Management, Social Security and Social Organization	18736	26803			

分细行业城镇非私营单位就业人员平均工资（2015年）
Average Wage of Staff and Workers in Urban Non Private Units by Sector in Detail (2015)

单位：元　　　　(yuan)

项　　目	Item	就业人员平均工资 Average Wage of Staff and Workers	国有单位 State-owned Units	城镇集体 Urban Collective-owned Units	其他单位 Units of Other Types of Ownership
全省总计	**Total**	**50921**	**52686**	**40637**	**49885**
按企业、事业、机关分	**Grouped by Enterprises, Institutions and Agencies**				
企　业	Enterprises	50110	53337	41318	49895
事　业	Institutions	53540	53820	37989	53416
机　关	Agencies & Organizations	49652	49658	38255	59509
民间非营利组织	Non profit organization	45441	83238		40180
其　他	Others	42288	52016	33140	39510
按国民经济行业分	**Grouped by Sector**				
农、林、牧、渔业	**Agriculture, Forestry, Animal Husbandry and Fishery**	**19685**	**18975**	**34627**	**30747**
农　业	Farming	9749	9622	34283	20665
林　业	Forestry	40356	41486	35606	11348
畜牧业	Animal Husbandry	29431	27500	22692	35349
渔　业	Fishery	37123	52818	62419	21024
农、林、牧、渔、服务业	Services in Support of Agriculture	43190	44088	22044	30048
采矿业	**Mining**	**54725**	**45086**	**29493**	**56311**
煤炭开采和洗选业	Mining and Washing of Coal	52699	47479	32848	53808
石油和天然气开采业	Extraction of Petroleum and Natural Gas	87504	33565		87548
黑色金属矿采选业	Mining of Ferrous Metal Ores	44523	16800	24338	45096
有色金属矿采选业	Mining of Non-ferrous Metal Ores	53886	53886		
非金属矿采选业	Mining and Processing of Nonmetal Ores	40597	29987		48870
开采辅助活动	Support Activities for Mining	9857	9857		
其他采矿业	Mining of Others				
制造业	**Manufacturing**	**47678**	**51116**	**30379**	**47861**
农副食品加工业	Processing of Food from Agricultural Products	40288	29647	23423	40594
食品制造业	Manufacture of Foods	46580	24934	29957	46947
酒、饮料和精制茶制造业	Manufacture of Wine, Soft Drinks and Refined Tea	41679	24188		41773
烟草制品业	Manufacture of Tobacco	123312	145113		115069
纺织业	Manufacture of Textile	31186	31151	24707	31253
纺织服装、服饰业	Manufacture of Textile, Apparel	33692	55010	31085	33483
皮革、毛皮、羽毛及其制品和制鞋业	Manufacture of Leather, Fur, Feather and Its Products and Footware	37812	19202	39858	38685
木材加工和木、竹、藤、棕、草制品业	Processing of Timbers, Manufacture of Wood, Bamboo, Rattan, Palm, and Straw Products	45718		30107	46110
家具制造业	Manufacture of Furniture	36771	47947	23986	36769
造纸和纸制品业	Manufacture of Paper and Paper Products	45160		46291	44977
印刷和记录媒介复制业	Printing, Reproduction of Recording Media	47464	44230	32280	49958
文教、工美、体育和娱乐用品制造业	Manufacture of Articles for Culture, Arts and Crafts, Education, Sport Activities and Entertainment Goods	36547		33143	36555
石油加工、炼焦和核燃料加工业	Processing of Petroleum, Coking, Processing of Nuclear Fuel	50833	64162	60257	50383
化学原料和化学制品制造业	Manufacture of Chemical Raw Material and Chemical Products	46496	53040	24880	46626
医药制造业	Manufacture of Medicines	40355	35372	56667	40361
化学纤维制造业	Manufacture of Chemical Fiber	32542	39502	37547	32121
橡胶和塑料制品业	Manufacture of Rubber and Plastic	40753	53253	31390	40812
非金属矿物制品业	Manufacture of Nonmetallic Mineral Products	37875	61223	22177	37851
黑色金属冶炼和压延加工业	Manufacture and Processing of Ferrous Metals	51407	54766	22636	51429

分细行业城镇非私营单位就业人员平均工资（2015年）(续一)

Average Wage of Staff and Workers in Urban Non Private Units by Sector in Detail (2015)

单位：元 (yuan)

项　　目	Item	就业人员平均工资 Average Wage of Staff and Workers	国有单位 State-owned Units	城镇集体 Urban Collective-owned Units	其他单位 Units of Other Types of Ownership
有色金属冶炼和压延加工业	Manufacture & Processing of Non-ferrous Metals	41633		44596	41619
金属制品业	Manufacture of Metal Products	42396	31563	32939	43040
通用设备制造业	Manufacture of General Purpose Machinery	42627	36920	19828	44205
专用设备制造业	Manufacture of Special Purpose Machinery	47909	54342	33764	48356
汽车制造业	Manufacture of Automotive	65207	45771	35788	65633
铁路、船舶、航空航天和其他运输设备制造业	Manufacture of Railroad, Marine, Aerospace and Other Transportation Equipment	67125	54206	31550	71128
电气机械和器材制造业	Manufacture of Electrical Machinery and Equipment	47419	37998	27173	48451
计算机、通信和其他电子设备制造	Manufacture of Computer, Communications and Other Electronic Equipment	45939	50798	9176	45929
仪器仪表制造业	Manufacture of Measuring Instrument	51606	71243	22361	47029
其他制造业	Manufacture of Others	42665	32439	6000	43136
废弃资源综合利用业	Recycling and Disposal of Waste	57456			57456
金属制品、机械和设备修理业	Metal Products, Machinery and Equipment Repair	56572	58186	29349	61339
电力、热力、燃气及水生产和供应业	**Production and Distribution of Electricity, Thermal, Gas and Water**	**75489**	**64828**	**68091**	**87666**
电力、热力生产和供应业	Production and Supply of Electric Power and Heat Power	83361	70074	155259	99455
燃气生产和供应业	Production and Distribution of Gas	56746	53030	23000	58006
水的生产和供应业	Production and Distribution of Water	44337	42162	42689	47470
建　筑　业	**Construction**	**39182**	**43944**	**36204**	**38920**
房屋建筑业	Construction of Building	36497	40436	34920	36449
土木工程建筑业	Construction of Civil Engineering	47143	45844	52506	47464
建筑安装业	Architectural Installation	47035	46931	40204	47210
建筑装饰和其他建筑业	Architectural Decoration and Other Construction	38783	30703	28332	39369
批发和零售业	**Wholesale and Retail Trades**	**37909**	**54323**	**23591**	**36661**
批发业	Wholesale Trade	45552	73301	24474	39786
零售业	Retail Trade	33508	21883	22970	35171
交通运输、仓储和邮政业	**Traffic, Transport, Storage and Post**	**57090**	**57213**	**30959**	**57942**
铁路运输业	Transport Via Railway	79017	80744	37286	65438
道路运输业	Transport Via Road	39773	40575	29822	39368
水上运输业	Water Transport	105807	233224		105060
航空运输业	Air Transport	117845	114568		118726
管道运输业	Transport Via Pipeline	138653			138653
装卸搬运和运输代理业	Handling and Transportation Agency	49635	36441	33818	54543
仓 储 业	Storage	44500	52818	14778	35898
邮 政 业	Post	52059	55864		33801
住宿和餐饮业	**Hotels and Catering Services**	**32836**	**33418**	**28361**	**32683**
住宿业	Hotels	33932	33552	28439	34421
餐饮业	Catering Services	30000	32299	27958	29693
信息传输、软件和信息技术服务业	**Information Transmission, Software and Information Technology Services**	**93983**	**64627**	**43842**	**99166**
电信、广播电视和卫星传输服务	Telecommunications, Rradio and Television and Satellite Transmission ServicesServices	72152	65118	50235	73776
互联网和相关服务	Computer Services	49599	45898	29913	51246
软件和信息技术服务业	Software and Information Technology Services	185594	47404	20578	186735
金融业	**Financial Intermediation**	**74795**	**83045**	**81868**	**73249**
货币金融服务	Monetary and Financial Services	99578	83993	82713	105954
资本市场服务	Capital Market Services	186936	121481		192985

分细行业城镇非私营单位就业人员平均工资（2015年)(续二)

Average Wage of Staff and Workers in Urban Non Private Units by Sector in Detail (2015)

单位：元　　(yuan)

项　目	Item	就业人员平均工资 Average Wage of Staff and Workers	国有单位 State-owned Units	城镇集体 Urban Collective-owned Units	其他单位 Units of Other Types of Ownership
保险业	Insurance	36989	37714		36987
其他金融业	Other Financial Activities	52922	43764	36552	128070
房地产业	**Real Estate**	**42697**	**45597**	**31699**	**42523**
房地产开发经营	Development and Management of Real Estate	51313	51443	39250	51310
物业管理	Estate Mnagement	30138	39387	41589	29302
房地产中介服务	Real Estate Agency Services	35616	36065	18000	37518
租赁和商务服务业	**Leasing and Business Services**	**40070**	**44363**	**26329**	**38413**
租赁业	Leasing	43269	20708	28800	44820
商务服务业	Business Services	40025	44411	26326	38244
科学研究和技术服务业	**Scientific Research and Technical Service**	**69744**	**67148**	**31823**	**72834**
研究和试验发展	Research and Experimental Development	93104	101545		49057
专业技术服务	Professional Technical Services	66838	57528	31447	74380
科技推广和应用服务业	Services of Science and Technology Promotion and Application	57808	57942	36889	58191
水利、环境和公共设施管理业	**Management of Water Conservancy, Environment and Public Facilities**	**36264**	**36977**	**17462**	**33300**
水利管理业	Management of Water Conservancy	45602	46574	29024	37236
生态保护和环境治理业	Ecological Protection and Environmental Management	46623	47759	27600	34456
公共设施管理业	Management of Public Facilities	33335	33836	14087	32657
居民服务、修理和其他服务业	**Services to Households, Repair and Other Services**	**33368**	**38415**	**25268**	**31586**
居民服务业	Services to Households	33638	42067	29374	28194
机动车、电子产品和日用产品修理业	Motor Vehicles, Electronics and Household Goods Repair	31706	29005	25134	36823
其他服务业	Other Services	33782	34012	21404	34044
教　育	**Education**	**57273**	**57557**	**38800**	**38513**
#初等教育	Junior Education	54483	54526	70722	38904
中等教育	Secondary Education	57050	57170	43471	44856
高等教育	Senior Education	73762	74986		43520
卫生和社会工作	**Health and Social Work Welfare**	**51967**	**52979**	**39090**	**51874**
卫　生	Health	52120	53148	39135	52848
社会工作	Social Work	45892	46642	20213	27194
文化、体育和娱乐业	**Culture, Sports and Entertainment**	**45994**	**46246**	**28012**	**46554**
新闻和出版业	Journalism and Publishing Activities	56621	54678	30385	63746
广播、电视、电影和影视录音制作业	Broadcasting, Televisions, Movies and Video Recording Production	42773	43376	30231	38622
文化艺术业	Cultural and Art Activities	46093	47650	28175	39512
体　育	Sports Activities	48714	53673	17500	45246
娱乐业	Entertainment	33826	31059	22000	39999
公共管理、社会保障和社会组织	**Public Management, Social Security and Social Organization**	**48923**	**48934**	**38360**	**54119**
中国共产党机关	Organs of Communist Party of China	55510	55510		
国家机构	Government Agencies	48513	48520	40238	54119
人民政协和民主党派	People's Political Consultative Conference and Democratic Parties	62657	62657		
社会保障业	Social Security	50841	50841		
群众团体、社会团体和其他成员组织	Non-Governmental Organizations, Social Organizations and Religion Organizations	51697	51993	28000	

年末城镇登记失业人员及登记失业率
Registered Unemployed Persons and Unemployment Rate in Urban Area at End of Year

年份 Year	登记失业人员（万人） Registered Unemployed Persons (10000 persons)	登记失业率（%） Registered Unemployment Rate (%)	年份 Year	登记失业人员（万人） Registered Unemployed Persons (10000 persons)	登记失业率（%） Registered Unemployment Rate (%)
1978	32.10	6.70	1997	15.53	2.30
1979	9.80	2.10	1998	15.86	2.30
1980	8.10	1.70	1999	16.20	2.50
1981	7.44	1.50	2000	17.40	2.80
1982	6.33	1.20	2001	19.54	3.20
1983	6.70	1.30	2002	22.16	3.60
1984	5.19	1.00	2003	25.69	3.90
1985	3.60	0.60	2004	28.01	4.00
1986	3.23	0.50	2005	27.82	3.93
1987	3.21	0.50	2006	28.69	3.84
1988	4.13	0.60	2007	29.29	3.83
1989	7.28	1.10	2008	32.24	3.96
1990	7.67	1.10	2009	34.50	3.93
1991	6.05	0.90	2010	35.14	3.86
1992	18.38	2.50	2011	35.99	3.75
1993	14.71	2.00	2012	36.83	3.69
1994	16.45	2.30	2013	37.17	3.68
1995	17.48	2.50	2014	38.30	3.59
1996	15.64	2.40	2015	39.41	3.60

全社会固定资产投资
Total Investment in Fixed Assets

指　　标	Item	2000	2005	2010	2014	2015
投资总额(亿元)	**Total Investment (100 million yuan)**	**1847.23**	**4210.25**	**15083.35**	**26671.92**	**29448.27**
按经济类型分	**Grouped by Ownership**					
国有经济	State-owned Units	827.66	1215.51	3759.75	4054.30	5061.08
集体经济	Collective-owned Units	507.68	786.87	1147.16	1191.89	832.44
私营个体经济	Private and Self-employed Individual	310.58	712.71	4931.15	11220.64	12331.48
联营经济	Joint	9.34	22.65	23.45	15.98	45.61
股份制经济	Share-holding	89.21	1096.92	4395.18	7852.06	8503.93
港澳台商投资经济	Funds from Hong Kong, Macao and Taiwan	20.01	161.20	137.62	265.69	343.81
外商投资经济	Foreign Investment	38.97	106.89	254.71	338.27	250.33
其他经济	Others	5.90	107.51	434.33	1733.10	2079.58
按资金来源分	**Grouped by Sources of Funds**					
国家预算内投资	State Budget	65.34	102.72	373.47	684.74	1044.58
国内贷款	Domestic Loans	321.19	569.35	2161.54	1966.30	1922.80
利用外资	Foreign Investment	36.79	84.73	87.79	104.86	42.66
自筹投资	Self-raising Funds	1185.43	3024.11	12331.82	21687.42	24321.70
其他投资	Others	238.48	449.86	1595.35	1878.17	1776.71
按构成分	**Grouped by Use of Funds**					
建筑安装工程	Construction and Installation	1145.57	2442.38	9581.66	17733.96	20052.81
设备工器具购置	Purchase of Equipment and Instruments	487.35	1280.11	3427.43	5845.99	6299.31
其他费用	Others	214.31	487.76	2074.27	3091.97	3096.15
按三次产业分	**Grouped by Three Strata of Industry**					
第一产业	Primary Industry	88.96	224.25	559.63	1123.87	1499.01
第二产业	Secondary Industry	784.34	1971.88	6630.57	13044.44	14650.48
第三产业	Tertiary Industry	973.93	2014.11	7893.16	12503.61	13298.79
房屋建筑面积(万平方米)	**Floor Space of Building (10000 sq.m)**					
施工面积	Floor Space under Construction	13473.63	18061.61	48769.16	66068.42	57974.11
竣工面积	Floor Space Completed	10512.58	11283.61	15945.18	16444.88	19492.73
#住　宅	Residential Building	6842.97	6424.85	9156.42	8003.09	9056.93

注：1.2003年及以后资金来源分组为财务拨款数。2.自2011年起，固定资产投资统计的起点由50万元提高到500万元，以下有关各表同。3.2012年起三次产业划分按新的产业标准，以下相关表同。

a) The data for 2003 and the later years, which are grouped by source of funds, refer to financial appropriation. b) Since 2011, the cut-off point has changed from 500000 yuan to 5 million yuan projects. The same applies to the tables following. c) Since 2012, three industry classification accordin to the new industry standard. The same applies to the tables following.

按经济类型分全社会固定资产投资（2015年）
Total Investment in Fixed Assets by Ownership (2015)

指标	Item	总计 Total	国有经济 State-owned	集体经济 Collective-owned	私营个体 Private and Self-employed Individual	#农户 Agricultural Households
投资总额(亿元)	**Total Investment (100 million yuan)**	**29448.27**	**5061.08**	**832.44**	**12331.48**	**542.53**
按隶属关系分	**by Administrative**					
中　央	Center	931.10	712.10			
地　方	Local	28517.17	4348.98	832.44	12331.48	542.53
按构成分	**by Use of Funds**					
建筑安装工程	Construction and Installation	20052.81	3867.96	609.46	7731.10	456.86
设备工器具购置	Purchase of Equipment and Instruments	6299.31	580.24	81.40	3360.74	77.76
其他费用	Others	3096.15	612.88	141.59	1239.64	7.92
按三次产业分	**by Three Strata of Industry**					
第一产业	Primary Industry	1499.01	115.68	49.91	740.86	89.73
第二产业	Primary Industry	14650.48	1143.18	150.32	7715.07	1.10
第三产业	Primary Industry	13298.79	3802.22	632.21	3875.56	451.71
房屋建筑面积(万平方米)	**Floor Space of Building (10000 sq.m)**					
施工面积	Floor Space under Construction	57974.11	3473.89	1063.66	26764.12	5296.83
竣工面积	Floor Space Completed	19492.73	1890.30	536.19	11332.62	4609.09
#住　宅	Residential Building	9056.93	413.26	223.22	6097.15	4752.17

指标	Item	联营经济 Joint Ownership Units	股份制经济 Share Holding Units	港澳台商投资经济 Units with Funds from Hong Kong Macao and Taiwan	外商投资经济 Foreign Funds Units	其他经济 Others
投资总额(亿元)	**Total Investment (100 million yuan)**	**45.61**	**8503.93**	**343.81**	**250.33**	**2079.58**
按隶属关系分	**by Administrative**					
中　央	Center		201.13	5.64	12.12	0.13
地　方	Local	45.61	8302.80	338.18	238.22	2079.45
按构成分	**by Use of Funds**					
建筑安装工程	Construction and Installation	41.89	6008.80	215.81	165.52	1412.27
设备工器具购置	Purchase of Equipment and Instruments	2.62	1710.15	103.92	56.79	403.45
其他费用	Others	1.09	784.98	24.08	28.03	263.86
按三次产业分	**by Three Strata of Industry**					
第一产业	Primary Industry	3.51	235.97	5.95	14.18	332.94
第二产业	Primary Industry	39.20	4023.18	200.08	174.23	1205.23
第三产业	Primary Industry	2.90	4244.78	137.78	61.93	541.41
房屋建筑面积(万平方米)	**Floor Space of Building (10000 sq.m)**					
施工面积	Floor Space under Construction	4.00	23622.97	561.69	311.52	2172.28
竣工面积	Floor Space Completed	4.00	4462.52	72.65	26.99	1167.45
#住　宅	Residential Building		2063.42	21.30	14.25	224.33

分行业全社会固定资产投资（2015年）
Total Investment in Fixed Assets by Sector (2015)

单位：万元 (10000 yuan)

行业	Sector	全社会投资总额 Total Investment	固定资产投资 Investment in Fixed Assets	农户 Agricultural Households
全省总计	**Total**	**294482706**	**289057383**	**5425323**
农、林、牧、渔业	Agriculture, Forestry, Animal Husbandry and Fishery	15998365	15101056	897309
采矿业	Mining	5615747	5615747	
制造业	Manufacturing	125798460	125787501	10959
电力、热力、燃气及水生产和供应业	Production and Distribution of Electricity, Thermal, Gas and Water	15286885	15286885	
建筑业	Construction	216272	200651	15621
批发和零售业	Wholesale and Retail Trades	9717205	9674032	43173
交通运输、仓储和邮政业	Traffic, Transport, Storage and Post	20775373	20357253	418120
住宿和餐饮业	Hotels and Catering Services	2217475	2215106	2369
信息传输、软件和信息技术服务业	Information Transmission, Software and Information Technology Services	1471735	1471735	
金融业	Financial Intermediation	478744	478744	
房地产业	Real Estate	56901935	52878373	4023562
租赁和商务服务业	Leasing and Business Services	4169179	4169174	5
科学研究和技术服务业	Scientific Research and Technical Service	1856467	1856467	
水利、环境和公共设施管理业	Management of Water Conservancy, Environment and Public Facilities	22192142	22192142	
居民服务、修理和其他服务业	Services to Households, Repair and Other Services	885589	871726	13863
教育	Education	2603236	2603236	
卫生和社会工作	Health and Social Work	2614820	2614479	341
文化、体育和娱乐业	Culture, Sports and Entertainment	4615290	4615290	
公共管理、社会保障和社会组织	Public Management, Social Security and Social Organization	1067786	1067786	

固定资产投资主要指标

Major Indicators of Investment in Fixed Assets

单位：万元 (10000 yuan)

指　标	Item	2012	2013	2014	2015
投资总额	**Total Investment**	**191046297**	**226297693**	**261471985**	**289057383**
#住宅	Residential Buildings	27084083	28059308	32343422	35417514
按控股情况分	**Grouped by Share-holding**				
国有控股	State Holdings	40198101	44299823	47453600	58425679
集体控股	Collective Holdings	13868888	14663273	13770142	10442040
私人控股	Private Holdings	118531438	141880916	167345828	183233541
港澳台控股	Hong Kong, Macao and Taiwan Holdings	1075174	1282951	1680339	1819979
外商控股	Foreign Holdings	2603938	3196241	2768693	1202681
其他	Others	14768758	20974489	28453383	33933463
按隶属关系分	**Grouped by Jurisdiction of Management**				
中央	Central Investment	8497776	11228374	8330629	9311034
地方	Local Investment	182548521	215069319	253141356	279746349
按构成分	**Grouped by Use of Funds**				
建筑工程	Construction	109242583	128491986	149160639	165984600
安装工程	Installation	15599764	19246883	23598231	29974946
设备工器具购置	Purchase of Equipment and Instruments	45763813	53117458	57898915	62215541
其他费用	Others	20440137	25441366	30814200	30882296
按建设性质分	**Grouped by Type of Construction**				
新建	New Construction	85789345	102298000	159217623	133118035
扩建	Expansion	36179962	42743304	43638977	43736217
改建和技术改造	Reconstruction and Technical Transformation	28560552	35491501	46105041	56245939
单纯建造生活设施	Simple Transformation of Living Facilities	545608	541584	1595662	2438511
迁建	Relocation	6850312	8067294	8249673	7245237
恢复	Recovery	267454	301119	157358	128604
单纯购置	Purchase	1987850	2400736	2507651	3292130
按产业分	**Grouped by Three Strata of Industry**				
第一产业	Primary Industry	5710930	7127095	10404858	14092759
第二产业	Secondary Industry	93497076	110071534	130443932	146493799
第三产业	Tertiary Industry	91838291	109099064	120623195	128470825
按经济类型分	**Grouped by Ownership**				
国有经济	State-Owned Units	32790087	36851611	40542978	50610775
集体经济	Collective-Owned Units	12287788	13102389	11918907	8324447
私营个体	Private and Self-employed Individual	67616171	85116549	106959175	117889473
联营经济	Joint	291364	308771	159759	456074
股份制经济	Share-holding	64390487	72630442	78520595	85039296

固定资产投资主要指标(续)
Major Indicators of Investment in Fixed Assets

单位：万元 (10000 yuan)

指　标	Item	2012	2013	2014	2015
港澳台投资	Funds from Hong Kong, Macao & Taiwan	2079966	2161895	2656885	3438140
外商投资	Foreign Investment	3238593	3899776	3382704	2503346
其他	Others	8351841	12226260	17330982	20795832
按登记注册类型分	**Grouped by Registration Status**				
内资	Domestic	185396412	219878914	255127637	281964815
国有	State-owned	30187714	34701498	37437109	46741822
集体	Collective-owned	10883088	10910214	10157943	6762040
股份合作	Cooperative	1308169	2117785	1675456	1484203
联营企业	Joint	536288	766396	574902	1109095
有限责任公司	Limited Liability	54519143	62349354	68311022	74495757
股份有限公司	Share-holding	12325524	12047966	12985807	13837675
私营	Private	67284845	84759441	106654416	116738391
其他	Others	8351841	12226260	17330982	20795832
港澳台商投资	Funds from Hong Kong, Macao & Taiwan	1928402	2161895	2656885	3438140
外商投资	Foreign Funded	3390157	3899776	3382704	2503346
个体经营	Individuals Economy	331326	357108	304759	1151082
按资金来源分	**Grouped by Sources of Funds**				
本年资金来源合计	Subtotal of Sources of Funds This Year	195493384	228673201	257967563	285659162
国家预算内资金	State Budget	4729290	5590375	6847366	10445791
国内贷款	Domestic Loans	12049953	15485234	18811925	18730193
债券	Bonds	112564	11960	111877	36030
利用外资	Foreign Investment	986313	888241	1048625	426603
自筹资金	Self-raising Funds	161066422	187871579	212477993	238534021
其他资金	Others	16548342	18825812	18669777	17486524
新增固定资产	**Newly Increased Fixed Assets**	**126177340**	**175377286**	**173806985**	**224069378**
房屋建筑面积(万平方米)	**Floor Space of Building (10000 sq.m)**				
施工面积	Floor Space under Construction	62445.65	72773.45	61197.74	52677.29
#住宅	Residential Buildings	26486.05	26143.23	26553.66	25692.30
竣工面积	Floor Space Completed	13140.19	12142.86	12007.71	14883.63
#住宅	Residential Buildings	5150.88	4483.87	3970.61	4304.77
施工项目个数(个)	**Number of Projects under Construction (unit)**	**21851**	**20395**	**19149**	**20613**
#本年新开工	Started This Year	14242	13127	13050	15150
本年投产项目个数(个)	**Number of Projects under Construction This Year (unit)**	**14637**	**14433**	**13830**	**16226**

国有单位固定资产投资
Investment in Fixed Assets of State-owned Units

年份 Year	投资总额 (亿元) Total Investment (100 million yuan)	建设项目投资 Investment in Construction	#国家预算内投资 State Budgetary Appropriation	房地产开发 Real Estate Development
1978	36.69	36.69	23.69	
1980	36.17	36.17	18.57	
1985	62.64	62.64	15.10	
1986	76.28	76.28	18.02	
1987	86.36	86.36	18.43	
1988	111.35	111.35	17.10	
1989	101.25	101.25	14.89	
1990	110.98	107.10	12.24	3.88
1991	127.97	122.50	11.81	5.47
1992	200.39	189.07	12.78	11.32
1993	295.29	275.86	15.60	19.43
1994	336.16	312.78	12.61	23.38
1995	415.61	390.19	14.59	25.42
1996	506.07	481.50	15.24	24.57
1997	640.71	613.80	17.70	26.91
1998	725.85	690.17	23.02	35.68
1999	823.18	779.26	34.31	43.93
2000	827.66	783.90	32.04	43.76
2001	773.63	720.13	50.87	53.49
2002	720.51	672.66	26.09	47.85
2003	829.12	788.81	35.45	40.31
2004	1020.93	998.21	57.44	22.72
2005	1174.13	1158.78	77.54	15.35
2006	1396.12	1378.50	105.65	17.62
2007	1570.30	1551.49	101.68	18.81
2008	1729.24	1697.79	173.36	31.45
2009	2933.03	2888.36	367.92	44.67
2010	3759.75	3702.29	341.38	57.46
2011	3177.50	3126.00	339.59	51.50
2012	3279.01	3228.42	418.41	50.59
2013	3685.16	3614.21	499.49	70.95
2014	4054.30	4007.89	603.58	46.41
2015	5061.08	5026.27	1006.18	34.81

注：国有建设项目2004年及以前包括国有基本建设项目、国有更新改造项目和国有其他固定资产投资项目。2005年及以后为城镇国有建设项目。国家预算内投资2004年及以前为国有基本建设项目。

a) In 2004 and earlier, the construction projects invested by the state-owned units, can be classified as fundamental construction projects, projects of replacement and technical transformation,and projects of other fixed asset investment. In 2005,the construction projects invested by the state-owned units onot include the projects in the rural areas. The projects invested by the state budgetary appropriation in 2004 and earlier, refer to the fundamental construction projects invested by the state-owned units.

分行业固定资产投资
Investment in Fixed Assets by Sector

单位：万元 (10000 yuan)

指 标	Item	2013	2014	2015
全省总计	**Total**	**226297693**	**261471985**	**289057383**
农、林、牧、渔业	**Agriculture, Forestry, Animal Husbandry and Fishery**	**7947160**	**11209457**	**15101056**
农 业	Farming	3061399	4805936	7276246
林 业	Forestry	465571	818240	1016799
畜 牧 业	Animal Husbandry	3317044	4430381	5421749
渔 业	Fishery	283081	350301	377965
农、林、牧、渔服务业	Services in Support of Agriculture	820065	804599	1008297
采 矿 业	**Mining**	**6909791**	**6598438**	**5615747**
煤炭开采和洗选业	Mining and Washing of Coal	1435389	1271253	1118508
石油和天然气开采业	Extraction of Petroleum and Natural Gas	396504	406972	336402
黑色金属矿采选业	Mining of Ferrous Metal Ores	3572070	3331877	2846321
有色金属矿采选业	Mining of Non-ferrous Metal Ores	349464	433429	389941
非金属矿采选业	Mining and Processing of Nonmetal Ores	902430	1042707	896171
开采辅助活动	Support Activities for Mining	237570	112200	20946
其他采矿业	Mining of Others	16364		7458
制 造 业	**Manufacturing**	**95656294**	**114201621**	**125787501**
农副食品加工业	Processing of Food from Agricultural Products	5315237	5924042	6055137
食品制造业	Manufacture of Foods	2005327	2374019	3169462
酒、饮料和精制茶制造业	Manufacture of Wine, Soft Drinks and Refined Tea	1603015	2265853	2102264
烟草制品业	Manufacture of Tobacco	34737	76770	31906
纺织业	Manufacture of Textile	3713003	4246289	4542561
纺织服装、服饰业	Manufacture of Textile, Apparel	1259777	1265445	1693471
皮革、毛皮、羽毛及其制品和制鞋业	Manufacture of Leather, Fur, Feather and Its Products and Footware	1997979	2305618	2398469
木材加工和木、竹、藤、棕、草制品业	Processing of Timbers, Manufacture of Wood, Bamboo, Rattan, Palm, and Straw Products	1487788	1905690	2001039
家具制造业	Manufacture of Furniture	1517279	2165188	2889145
造纸和纸制品业	Manufacture of Paper and Paper Products	1664885	1886657	1744315
印刷和记录媒介复制业	Printing, Reproduction of Recording Media	760364	808567	1115842
文教、工美、体育和娱乐用品制造业	Manufacture of Articles for Culture, Arts and Crafts, Education, Sport Activities and Entertainment Goods	1014572	1290536	2129340
石油加工、炼焦和核燃料加工业	Processing of Petroleum, Coking, Processing of Nuclear Fuel	3089861	2501334	1704046
化学原料和化学制品制造业	Manufacture of Chemical Raw Material and Chemical Products	7105843	7701784	9618464
医药制造业	Manufacture of Medicines	2526735	3134949	3962262
化学纤维制造业	Manufacture of Chemical Fiber	404450	578527	650239
橡胶和塑料制品业	Manufacture of Rubber and Plastic	4631638	5553568	6540602
非金属矿物制品业	Manufacture of Nonmetallic Mineral Products	9514140	11700761	12603758
黑色金属冶炼和压延加工业	Manufacture and Processing of Ferrous Metals	7216600	7591235	7448997
有色金属冶炼和压延加工业	Manufacture & Processing of Non-ferrous Metals	1243841	1474508	1421631
金属制品业	Manufacture of Metal Products	6832916	8994052	9278331
通用设备制造业	Manufacture of General Purpose Machinery	8040403	10653833	12567176
专用设备制造业	Manufacture of Special Purpose Machinery	8340917	10113173	10787031

分行业固定资产投资(续一)
Investment in Fixed Assets by Sector

单位：万元 (10000 yuan)

指　　标	Item	2013	2014	2015
汽车制造业	Manufacture of Automotive	4507611	4369427	5034809
铁路、船舶、航空航天和其他运输设备制造业	Manufacture of Railroad, Marine, Aerospace and Other Transportation Equipment	1795349	1946669	1977984
电气机械和器材制造业	Manufacture of Electrical Machinery and Equipment	4942604	6663613	6486023
计算机、通信和其他电子设备制造业	Manufacture of Computer, Communications and Other Electronic Equipment	1228882	1578533	2715625
仪器仪表制造业	Manufacture of Measuring Instrument	389732	569658	474959
其他制造业	Manufacture of Others	381409	802779	1120138
废弃资源综合利用业	Recycling and Disposal of Waste	820409	1157610	1146436
金属制品、机械和设备修理业	Metal Products, Machinery and Equipment Repair	268991	600934	376039
电力、热力、燃气及水生产和供应业	**Production and Distribution of Electricity, Thermal, Gas and Water**	**7846696**	**10302531**	**15286885**
电力、热力生产和供应业	Production and Supply of Electric Power and Heat Power	5929022	7555450	11046888
燃气生产和供应业	Production and Distribution of Gas	1170501	1221381	2219345
水的生产和供应业	Production and Distribution of Water	747173	1525700	2020652
建　筑　业	**Construction**	**165314**	**54476**	**200651**
房屋建筑业	Construction of Building	49519	23097	52575
土木工程建筑业	Construction of Civil Engineering	75528	26399	87913
建筑安装业	Architectural Installation	28617		18848
建筑装饰和其他建筑业	Architectural Decoration and Other Construction	11650	4980	41315
批发和零售业	**Wholesale and Retail Trades**	**8423565**	**8758853**	**9674032**
批发业	Wholesale Trade	4417619	4514500	4807422
零售业	Retail Trade	4005946	4244353	4866610
交通运输、仓储和邮政业	**Traffic, Transport, Storage and Post**	**21098013**	**20246312**	**20357253**
铁路运输业	Transport Via Railway	1941088	1153580	1185315
道路运输业	Transport Via Road	10380889	10166676	9894296
水上运输业	Water Transport	2423471	2329295	1667158
航空运输业	Air Transport	467359	542377	188610
管道运输业	Transport Via Pipeline	5963	111977	24949
装卸搬运和运输代理业	Handling and Transportation Agency	895176	938581	701959
仓　储　业	Storage	4963908	4999826	6627226
邮　政　业	Post	20159	4000	67740
住宿和餐饮业	**Hotels and Catering Services**	**2725327**	**2425397**	**2215106**
住宿业	Hotels	2030581	1929262	1615751
餐饮业	Catering Services	694746	496135	599355
信息传输、软件和信息技术服务业	**Information Transmission, Software and Information Technology Services**	**1156328**	**1334650**	**1471735**
电信、广播电视和卫星传输服务	Telecommunications, Rradio and Television and Satellite Transmission Services	839728	975623	775906
互联网和相关服务	Computer Services	89882	43927	64023
软件和信息技术服务业	Software and Information Technology Services	226718	315100	631806
金融业	**Financial Intermediation**	**446914**	**259445**	**478744**
货币金融服务	Monetary and Financial Services	314441	194183	274905

分行业固定资产投资(续二)
Investment in Fixed Assets by Sector

单位：万元　　(10000 yuan)

指　标	Item	2013	2014	2015
资本市场服务	Capital Market Services	59294	30305	138852
保险业	Insurance			
其他金融业	Other Financial Activities	73179	34957	64987
房地产业	**Real Estate**	**44630586**	**51242790**	**52878373**
房地产业	Real Estate	44630586	51242790	52878373
租赁和商务服务业	**Leasing and Business Services**	**3356650**	**3203634**	**4169174**
租赁业	Leasing	28887	91824	59261
商务服务业	Business Services	3327763	3111810	4109913
科学研究和技术服务业	**Scientific Research and Technical Service**	**1506459**	**2076172**	**1856467**
研究和试验发展	Research and Experimental Development	585523	619129	364743
专业技术服务业	Professional Technical Services	595953	901314	760602
科技推广和应用服务业	Services of Science and Technology Promotion and Application	324983	555729	731122
水利、环境和公共设施管理业	**Management of Water Conservancy, Environment and Public Facilities**	**14962892**	**18658695**	**22192142**
水利管理业	Management of Water Conservancy	2053846	2980433	3248310
生态保护和环境治理业	Ecological Protection and Environmental Management	551076	410649	766688
公共设施管理业	Management of Public Facilities	12357970	15267613	18177144
居民服务、修理和其他服务业	**Services to Households, Repair and Other Services**	**511703**	**567749**	**871726**
居民服务业	Services to Households	76166	247323	375334
机动车、电子产品和日用产品修理业	Motor Vehicles, Electronics and Household Goods Repair	294753	166253	241710
其他服务业	Other Services	140784	154173	254682
教　育	**Education**	**2060715**	**2545545**	**2603236**
卫生和社会工作	**Health and Social Work Welfare**	**1496219**	**2316689**	2614479
卫　生	Health	1011056	1700516	1668317
社会工作	Social Work	485163	616173	**946162**
文化、体育和娱乐业	**Culture, Sports and Entertainment**	**3429163**	**3628442**	4615290
新闻和出版业	Journalism and Publishing Activities	53072	37831	290960
广播、电视、电影和影视录音制作业	Broadcasting, Televisions, Movies and Video Recording Production	53601	125441	83921
文化艺术业	Cultural and Art Activities	1857302	1715640	2060920
体　育	Sports Activities	444020	580781	778796
娱乐业	Entertainment	1021168	1168749	1400693
公共管理、社会保障和社会组织	**Public Management, Social Security and Social Organization**	**1967904**	**1841089**	**1067786**
中国共产党机关	Organs of Communist Party of China	7176	13196	2150
国家机构	Government Agencies	868499	738797	423445
人民政协和民主党派	People's Political Consultative Conference and Democratic Parties	26628	7638	
社会保障业	Social Security	61550	27522	31707
群众团体、社会团体和其他成员组织	Non-Governmental Organizations, Social Organizations and Religion Organizations	211970	219976	39244
基层群众自治组织	Grass Roots Self-governing Organizations	792081	833960	571240

建设项目分行业固定资产投资（2015年）

单位：万元

行　　业	Item	投资总额 Total
全省总计	**Total**	**246204673**
农、林、牧、渔业	**Agriculture, Forestry, Animal Husbandry and Fishery**	**15101056**
农　业	Farming	7276246
林　业	Forestry	1016799
畜 牧 业	Animal Husbandry	5421749
渔　业	Fishery	377965
农、林、牧、渔服务业	Services in Support of Agriculture	1008297
采 矿 业	**Mining**	**5615747**
煤炭开采和洗选业	Mining and Washing of Coal	1118508
石油和天然气开采业	Extraction of Petroleum and Natural Gas	336402
黑色金属矿采选业	Mining of Ferrous Metal Ores	2846321
有色金属矿采选业	Mining of Non-ferrous Metal Ores	389941
非金属矿采选业	Mining and Processing of Nonmetal Ores	896171
开采辅助活动	Support Activities for Mining	20946
其他采矿业	Mining of Others	7458
制 造 业	**Manufacturing**	**125787501**
农副食品加工业	Processing of Food from Agricultural Products	6055137
食品制造业	Manufacture of Foods	3169462
酒、饮料和精制茶制造业	Manufacture of Wine, Soft Drinks and Refined Tea	2102264
烟草制品业	Manufacture of Tobacco	31906
纺织业	Manufacture of Textile	4542561
纺织服装、服饰业	Manufacture of Textile, Apparel	1693471
皮革、毛皮、羽毛及其制品和制鞋业	Manufacture of Leather, Fur, Feather and Its Products and Footware and Its Products and Footware	2398469
木材加工和木、竹、藤、棕、草制品业	Processing of Timbers, Manufacture of Wood, Bamboo, Rattan, Palm and Straw Products	2001039
家具制造业	Manufacture of Furniture	2889145
造纸和纸制品业	Manufacture of Paper and Paper Products	1744315
印刷和记录媒介复制业	Printing, Reproduction of Recording Media	1115842
文教、工美、体育和娱乐用品制造业	Manufacture of Articles for Culture, Arts and Crafts, Education, Sport Activities and Entertainment Goods	2129340
石油加工、炼焦和核燃料加工业	Processing of Petroleum, Coking, Processing of Nuclear Fuel	1704046
化学原料和化学制品制造业	Manufacture of Chemical Raw Material and Chemical Products	9618464
医药制造业	Manufacture of Medicines	3962262
化学纤维制造业	Manufacture of Chemical Fiber	650239
橡胶和塑料制品业	Manufacture of Rubber and Plastic	6540602
非金属矿物制品业	Manufacture of Nonmetallic Mineral Products	12603758
黑色金属冶炼和压延加工业	Manufacture and Processing of Ferrous Metals	7448997
有色金属冶炼和压延加工业	Manufacture & Processing of Non-ferrous Metals	1421631
金属制品业	Manufacture of Metal Products	9278331
通用设备制造业	Manufacture of General Purpose Machinery	12567176

Investment in Capital Construction Projects by Sector (2015)

(10000 yuan)

按建设性质分 by Type of Construction			按构成分 by Composition of Funds		
#新 建 New Construction	#扩 建 Expansion	#改建和技术改造 Reconstruction	#建筑工程 Construction	#安装工程 Installation	#设备工器具购置 Purchase of Equipment and Instruments
133118035	**43736217**	**56245939**	**134612248**	**25433754**	**61300361**
12421461	**1312164**	**1136927**	**8681430**	**1693395**	**2512764**
6183442	457688	532175	4241400	857501	1009425
850540	94211	54480	461342	104111	124706
4356691	652306	317915	3208210	584978	1061474
257719	18466	98540	180367	41227	117522
773069	89493	133817	589111	105578	199637
1158806	**1342325**	**2974133**	**2913741**	**646551**	**1435925**
338512	15016	655180	445024	106005	321519
	336402		315923	2609	9820
403333	668005	1744933	1521598	365759	704704
69494	212269	107550	157449	77616	117522
338254	103175	454737	454006	89757	278571
9213		11733	12741	4405	3789
	7458		7000	400	
44839599	**29288609**	**42894325**	**59065293**	**13182715**	**43596259**
2485992	1373177	1999964	2798717	693824	1850737
1111809	643786	1245204	1542033	397597	993859
862493	519242	359509	1055365	202805	635695
		28000		1500	30406
1121824	1353355	1831529	1741173	347373	1801343
683963	337698	572529	915170	102130	411305
882103	921798	434711	997313	293526	971991
568410	592787	573203	775587	221151	833162
1297979	621629	904834	1605114	236864	895612
782519	458428	440156	771536	274052	579974
411690	227478	421536	620415	84132	353583
769591	512035	706894	1085072	208323	547423
202917	753808	715539	686971	279121	655142
3491356	1682353	3682846	4232560	1336683	3377198
1276595	975613	1383505	1879777	369776	1246868
94082	247337	304940	266933	32493	316213
2452297	1227978	2533955	3166416	592060	2352355
5015320	2096199	4858389	5767575	1391762	4286415
2155250	1285697	3272361	3096545	763478	3202413
368857	546101	463230	631190	225691	428448
2830127	2231183	3526833	4687895	915136	3167675
4689063	3388343	3360499	6085749	1218607	4241820

建设项目分行业固定资产投资（2015年)(续一)

单位：万元

行　　业	Item	投资总额 Total
专用设备制造业	Manufacture of Special Purpose Machinery	10787031
汽车制造业	Manufacture of Automotive	5034809
铁路、船舶、航空航天和其他运输设备制造业	Manufacture of Railroad, Marine, Aerospace and Other Transportation Equipment	1977984
电气机械和器材制造业	Manufacture of Electrical Machinery and Equipment	6486023
计算机、通信和其他电子设备制造	Manufacture of Computer, Communications and Other Electronic Equipment	2715625
仪器仪表制造业	Manufacture of Measuring Instrument	474959
其他制造业	Manufacture of Others	1120138
废弃资源综合利用业	Recycling and Disposal of Waste	1146436
金属制品、机械和设备修理业	Metal Products, Machinery and Equipment Repair	376039
电力、热力、燃气及水生产和供应业	**Production and Distribution of Electricity, Thermal, Gas and Water**	**15286885**
电力、热力生产和供应业	Production and Supply of Electric Power and Heat Power	11046888
燃气生产和供应业	Production and Distribution of Gas	2219345
水的生产和供应业	Production and Distribution of Water	2020652
建　筑　业	**Construction**	**200651**
房屋建筑业	Construction of Building	52575
土木工程建筑业	Construction of Civil Engineering	87913
建筑安装业	Architectural Installation	18848
建筑装饰和其他建筑业	Architectural Decoration and Other Construction	41315
批发和零售业	**Wholesale and Retail Trades**	**9674032**
批发业	Wholesale Trade	4807422
零售业	Retail Trade	4866610
交通运输、仓储和邮政业	**Traffic, Transport, Storage and Post**	**20357253**
铁路运输业	Transport Via Railway	1185315
道路运输业	Transport Via Road	9894296
水上运输业	Water Transport	1667158
航空运输业	Air Transport	188610
管道运输业	Transport Via Pipeline	24949
装卸搬运和运输代理业	Handling and Transportation Agency	701959
仓　储　业	Storage	6627226
邮　政　业	Post	67740
住宿和餐饮业	**Hotels and Catering Services**	**2215106**
住宿业	Hotels	1615751
餐饮业	Catering Services	599355
信息传输、软件和信息技术服务业	**Information Transmission, Software and Information Technology Services**	**1471735**
电信、广播电视和卫星传输服务	Telecommunications, Radio and Television and Satellite Transmission Services	775906
互联网和相关服务	Computer Services	64023
软件和信息技术服务业	Software and Information Technology Services	631806

Investment in Capital Construction Projects by Sector (2015)

(10000 yuan)

按建设性质分 by Type of Construction			按构成分 by Composition of Funds		
#新建 New Construction	#扩建 Expansion	#改建和技术改造 Reconstruction	#建筑工程 Construction	#安装工程 Installation	#设备工器具购置 Purchase of Equipment and Instruments
3920528	2827926	3450238	5293417	1203248	3561407
1373677	1748393	1186298	2353111	372797	1996579
803879	254094	603936	1031722	305810	567641
2503043	1692061	1831747	2872706	523590	2727024
1437618	377547	808373	1527978	190110	700958
255485	70587	136440	271690	54907	118327
454113	123198	533941	356717	232285	407829
429791	169220	484033	624501	101566	303339
107228	29558	239153	324345	10318	33518
8161170	**4335590**	**2314944**	**5852130**	**2905943**	**5159112**
5537741	3479718	1753973	3477990	2418017	4138565
1403299	548960	139538	1215068	203287	638699
1220130	306912	421433	1159072	284639	381848
114498	**51584**	**30119**	**148825**	**14807**	**22749**
33435	19140		44922	1000	500
46285	8600	28578	61504	8768	11645
	18848		5020	4999	8829
34778	4996	1541	37379	40	1775
7721828	**937785**	**893444**	**6542465**	**1037615**	**1124212**
3923132	386445	446676	3391340	427615	538803
3798696	551340	446768	3151125	610000	585409
16045959	**1727081**	**2028890**	**14166710**	**1377126**	**2307503**
1118968	38910	14254	700327	41529	15930
7125453	981468	1577819	7869595	228570	518543
1535643	5000	6436	879424	283349	367561
188610			106356	470	44119
24949			10474	4999	7976
590008	64634	2500	483091	83503	108333
5433528	637069	427881	4085593	734384	1237681
28800			31750	322	7360
1837453	**106163**	**262814**	**1529148**	**186750**	**170355**
1351898	88238	175615	1160737	131191	130477
485555	17925	87199	368411	55559	39878
607533	**710807**	**84203**	**370904**	**259270**	**681272**
53965	639874	33533	66087	177552	524749
38918	21540	3565	34615	18857	4032
514650	49393	47105	270202	62861	152491

建设项目分行业固定资产投资（2015年）(续二)

单位：万元

行业	Item	投资总额 Total
金融业	**Financial Intermediation**	**478744**
货币金融服务	Monetary and Financial Services	274905
资本市场服务	Capital Market Services	138852
保险业	Insurance	
其他金融业	Other Financial Activities	64987
房地产业	**Real Estate**	**10025663**
房地产业	Real Estate	10025663
租赁和商务服务业	**Leasing and Business Services**	**4169174**
租赁业	Leasing	59261
商务服务业	Business Services	4109913
科学研究和技术服务业	**Scientific Research and Technical Service**	**1856467**
研究和试验发展	Research and Experimental Development	364743
专业技术服务业	Professional Technical Services	760602
科技推广和应用服务业	Services of Science and Technology Promotion and Application	731122
水利、环境和公共设施管理业	**Management of Water Conservancy, Environment and Public Facilities**	**22192142**
水利管理业	Management of Water Conservancy	3248310
生态保护和环境治理业	Ecological Protection and Environmental Management	766688
公共设施管理业	Management of Public Facilities	18177144
居民服务、修理和其他服务业	**Services to Households, Repair and Other Services**	**871726**
居民服务业	Services to Households	375334
机动车、电子产品和日用产品修理业	Motor Vehicles, Electronics and Household Goods Repair	241710
其他服务业	Other Services	254682
教　育	**Education**	**2603236**
卫生和社会工作	**Health and Social Work**	**2614479**
卫　生	Health	1668317
社会工作	Social Work	946162
文化、体育和娱乐业	**Culture, Sports and Entertainment**	**4615290**
新闻和出版业	Journalism and Publishing Activities	290960
广播、电视、电影和影视录音制作业	Broadcasting, Televisions, Movies and Video Recording Production	83921
文化艺术业	Cultural and Art Activities	2060920
体　育	Sports Activities	778796
娱乐业	Entertainment	1400693
公共管理、社会保障和社会组织	**Public Management, Social Security and Social Organization**	**1067786**
中国共产党机关	Organs of Communist Party of China	2150
国家机构	Government Agencies	423445
人民政协和民主党派	People's Political Consultative Conference and Democratic Parties	
社会保障业	Social Security	31707
群众团体、社会团体和其他成员组织	Non-Governmental Organizations, Social Organizations and Religion Organizations	39244
基层群众自治组织	Grass Roots Self-governing Organizations	571240

Investment in Capital Construction Projects by Sector (2015)

(10000 yuan)

按建设性质分 by Type of Construction			按构成分 by Composition of Funds		
#新建 New Construction	#扩建 Expansion	#改建和技术改造 Reconstruction	#建筑工程 Construction	#安装工程 Installation	#设备工器具购置 Purchase of Equipment and Instruments
403480	**450**	**14316**	**327023**	**68334**	**69451**
215588	450	8567	164094	55679	52973
138342		510	110170	10027	6878
49550		5239	52759	2628	9600
8805401	**572823**	**423897**	**7175585**	**567507**	**481226**
8805401	572823	423897	7175585	567507	481226
3142462	**496173**	**435334**	**2711596**	**647112**	**195037**
15790		4145	12340	12689	32437
3126672	496173	431189	2699256	634423	162600
1334039	**120334**	**66338**	**886690**	**143294**	**634740**
302042	18026	16370	211813	29013	79963
430540	33826	8535	217551	39957	422743
601457	68482	41433	457326	74324	132034
17714514	**1568069**	**1942131**	**16078381**	**1786780**	**1444789**
2785570	277781	148197	2454951	253148	113847
444272	87655	202258	531458	57528	116033
14484672	1202633	1591676	13091972	1476104	1214909
597116	**140905**	**83321**	**521670**	**86468**	**183074**
213421	126999	19000	247660	32140	63460
203349	5500	12921	143786	34550	46871
180346	8406	51400	130224	19778	72743
1796348	**459715**	**159453**	**1979751**	**169001**	**241714**
1859467	**176910**	**144837**	**1687297**	**233701**	**405798**
965685	160810	114977	969466	196125	288364
893782	16100	29860	717831	37576	117434
3729004	**345567**	**349282**	**3215867**	**327456**	**499767**
277934	13026		202629	13026	2000
42089	4900	1200	43639	4150	35932
1456861	216311	267929	1487576	131006	231026
736686	4807	9917	502890	71799	21941
1215434	106523	70236	979133	107475	208868
827897	**43163**	**7231**	**757742**	**99929**	**134614**
2150			2150		
338483	4098	1311	272534	28578	104805
22957	8750		23771	903	509
9760	7685		31483	1931	
454547	22630	5920	422804	68517	29300

建设项目固定资产投资
Investment in Capital Construction Projects

指　　标	Item	2005	2010	2014	2015
投资总额(万元)	**Total Investment (10000 yuan)**	**29162424**	**106577218**	**220874791**	**246204673**
#住 宅	Residential Building	1663112	3873234	2239874	3792040
按隶属关系分	**Grouped by Administrative**				
中 央	Center	2887335	6640686	7808709	8958460
地 方	Local	26275089	99936532	213066082	237246213
按登记注册类型分	**Grouped by Registration Status**				
内 资	Domestic Funds	26716506	103000354	215273539	240114647
国 有	State-Owned Units	11587793	34314490	37304105	46669108
集 体	Collective-Owned Units	1561956	7023016	10157943	6762040
股份合作	Share-holding	304639	573538	1581740	1484203
联 营	Joint	353189	464811	574902	1109095
有限责任公司	Limited Liability Corporations	6397604	24391887	47127798	50429515
股份有限公司	Share-Holding Corporations Ltd	2877198	7431767	11328253	12103836
私 营	Private	2573060	25931178	89996501	100801196
其 他	Others	1061067	2869667	17202297	20755654
港、澳、台商投资企业	Funds from Hong Kong, Macao and Taiwan	1408006	1176032	2154957	2631700
外商投资	Foreign Funded Economic	968896	2096145	3141536	2307244
个体经营	Individuals Economy	69016	304687	304759	1151082
按项目规模分	**Grouped by Size of Construction**				
亿元及以上项目投资	100 Million Yuan and Above	15680028	67964939	162414998	168198867
亿元以下项目投资	Below 100 Million Yuan	13482396	38612279	58459793	78005806
按主要行业分	**Grouped by Major Sector**				
能源工业	Energy	4172805	8824555	12956390	16425189
交通运输	Transport	3424134	12335402	15242486	13662287
教 育	Education	943136	1440222	2545545	2603236
科学研究	Scientific Research	289895	178202	619129	364743
按资金来源分	**Grouped by Sources of Funds**				
国家预算内资金	State Budget	793625	3645328	6847366	10445791
国内贷款	Domestic Loans	3962294	18106874	15687213	14163242
债 券	Bonds	21182	277716	111877	36030
利用外资	Foreign Investment	748327	698683	785275	403465
自筹资金	Self-raising Funds	21557079	87741740	184282657	207542882
其他资金	Others	2069081	5037911	5868357	6401008
本年新增固定资产(万元)	**Newly Increased Fixed Assets (10000 yuan)**	**18048126**	**69975813**	**173529582**	**206183010**
固定资产交付使用率(%)	**Rate of Prefects of Fixed Assets Completed Put into Operation (%)**	**61.9**	**65.7**	**78.6**	**83.7**
房屋建筑面积(万平方米)	**Floor Space of Building (10000 sq.m)**				
施工面积	Floor Space under Construction	6434.17	18843.15	29569.35	22242.53
#住 宅	Residential Building	1946.22	3300.93	2097.51	2017.92
竣工面积	Floor Space Completed	2989.18	5579.50	7970.15	10844.32
#住 宅	Residential Building	840.44	999.16	775.49	1077.86
竣工房屋价值(万元)	Value of building Completed (10000 yuan)	2941091	8908280	27200564	
#住 宅	Residential Building	751139	1702311	9981690	

注：2011年以前建设项目投资为城镇建设项目，2011年起为城镇建设项目和农村非农户建设项目投资，以下有关各表同。

a) Data prior to 2011 include investment in capital construction projects in urban areas only. Nevertheless, data for 2011 include in investment in capital construction projects in both rural areas and urban areas. The same applies to the tables following.

建设项目新增主要产品生产能力（2015年）
Newly Increased Production Capacity through Capital Construction Projects (2015)

能力(效益)名称	Item	新增生产能力 Ewly Increased Production Capacity
原煤开采(万吨/年)	Coal Mining (10000 tons/year)	117
洗煤（万吨/年）	Coal Washing (10000 tons/year)	5650
天然原油开采（万吨/年）	Crude Oil (10000 tons/year)	61.98
石油加工　蒸馏设备能力（处理万吨）	Petroleum Processing: Distilling (10000 tons/year)	295.8
裂化设备能力（处理万吨）	Cracking (10000 tons/year)	110
铁矿开采(原矿)（万吨/年）	Crude Iron Ore Mining (10000 tons/year)	1343.71
铜采矿(原矿)（万吨/年）	Copper Mining (ore) (10000 tons/year)	1
铅冶炼（吨/年）	Copper Smelting (ton/year)	140000
银选矿(银含量)(公斤/年)	Silver Ore Dressing (silver content)(kilogram/year)	1987000
输电线路长度(110KV及以上)（公里）	Power Transmission Line (110KV and Above, km)	5437.23
平板玻璃（万重量箱/年）	Plate Glass (10000 weight cases/year)	670
磷肥(吨/年)	Phosphate Fertilizers (ton/year)	10050
塑料树脂及共聚物（吨/年）	Plastic Resin and Polymer (ton/year)	100624
合成橡胶（吨/年）	Synthetic Rubber (ton/year)	10
轮胎外胎（万条/年）	Tyre Cover (10000 items/year)	202
载货汽车制造(辆/年)	Truck Manufacturing (unit/year)	2570
轿车制造（辆/年）	Car Manufacturing (unit/year)	250000
化学纤维（吨/年）	Chemical Fiber (ton/year)	43600
棉纺锭（锭）	Cotton Textile Spindle (unit)	634600
白酒(万吨/年)	Chinese Liquor (10000 tons/year)	8.28
其他酒（万吨/年）	Other Liquor (10000 tons/year)	5.17
机制纸浆（万吨/年）	Mechanical Pulp (10000 tons/year)	3
新建铁路里程（公里）	Length of Newly-built Railway (km)	554.54
复线里程（公里）	Multiple Track Railway (km)	287.39
新建公路（公里）	Newly- Built Highway (km)	872.82
# 高速公路	Expressway	214.38
改建公路（公里）	Rebuilt Highway (km)	1394.33
# 一级公路	First-class Highway	168.69
新建独立公路桥梁（延长米）	Length of Newly-built Independent Highway Bridge (m)	1805
新建独立公路桥梁（座）	Amount of Newly-built Independent Highway Bridge (unit)	9
新(扩)建港口码头 年吞吐量：万吨	Newly-built or Extended Ports Annual Handling Capacit (10000 tons/year)	1752
新(扩)建港口码头 年吞吐量：标准集装箱	Newly-built or Extended Ports Annual Handling Capacit (standard container)	926
#新(扩)建沿海港口码头 年吞吐量：万吨	Newly-built or Extended Coastal Ports Annual Handling Capaci (10000 tons/year)	917
#新(扩)建沿海港口码头 泊位：个	Newly-built or Extended Coastal Ports Berths (unit)	3
新(扩)建公路客、货运站(个)	Newly-built or Extended Passenger Station and Freight Station for Highway(unit)	2
新(扩)建公路客、货运站（平方米）	Newly-built or Extended Passenger Station and Freight Station for Highway (m²)	8703
民航机场跑道（条）	Civil Aviation Airfield Runway (strip)	1
民航机场跑道（米）	Civil Aviation Airfield Runway (meter)	2400
候机楼(座)	Terminal Building (unit)	1
候机楼(平方米)	Terminal Building (square meter)	5000
城市自来水供水能力（万吨/日）	Tap Water Supply Capacity (10000 tons/day)	19.02
城市污水处理能力（万吨/日）	Sewage Treatment Capacity of Urban Areas (10000 tons/day)	28.45
程控交换机（指安装能力)(万线/年）	Store Program Control Exchange (installation capacity) (10000 wires/year)	697.81
焦炭(万吨/年)	Coke (10000 tons/year)	130
粗钢（万吨/年）	Crude Steel (10000 tons/year)	90
氧化铝（吨/年）	Alumina (ton/year)	150000
电解铝（吨/年）	Electrolytic Aluminium (ton/year)	1350
铝加工（吨/年）	Aluminium Fabrication(ton/year)	2800
火力发电（万千瓦）	Thermal Power Generation (10000 kilowatt)	67
其他发电(万千瓦)	Other Power Generation (10000 kilowatt)	60.57
水泥（万吨/年）	Cement (10000 ton/year)	624

分行业建设项目施工、投产个数和新增固定资产（2015年）

行　业	Item	施工项目个数（个）Number of Projects under Construction (unit)
全省总计	**Total**	**20613**
农、林、牧、渔业	**Agriculture, Forestry, Animal Husbandry and Fishery**	**2081**
农　业	Farming	914
林　业	Forestry	159
畜牧业	Animal Husbandry	770
渔　业	Fishery	50
农、林、牧、渔服务业	Services in Support of Agriculture	188
采矿业	**Mining**	**572**
煤炭开采和洗选业	Mining and Washing of Coal	120
石油和天然气开采业	Extraction of Petroleum and Natural Gas	1
黑色金属矿采选业	Mining of Ferrous Metal Ores	275
有色金属矿采选业	Mining of Non-ferrous Metal Ores	44
非金属矿采选业	Mining and Processing of Nonmetal Ores	125
开采辅助活动	Support Activities for Mining	6
其他采矿业	Mining of Others	1
制造业	**Manufacturing**	**10519**
农副食品加工业	Processing of Food from Agricultural Products	588
食品制造业	Manufacture of Foods	284
酒、饮料和精制茶制造业	Manufacture of Wine, Soft Drinks and Refined Tea	147
烟草制品业	Manufacture of Tobacco	2
纺织业	Manufacture of Textile	570
纺织服装、服饰业	Manufacture of Textile, Apparel	225
皮革、毛皮、羽毛及其制品和制鞋业	Manufacture of Leather, Fur, Feather and Its Products and Footware and Its Products and Footware	257
木材加工和木、竹、藤、棕、草制品业	Processing of Timbers, Manufacture of Wood, Bamboo, Rattan, Palm, and Straw Products	141
家具制造业	Manufacture of Furniture	225
造纸和纸制品业	Manufacture of Paper and Paper Products	127
印刷和记录媒介复制业	Printing, Reproduction of Recording Media	104
文教、工美、体育和娱乐用品制造业	Manufacture of Articles for Culture, Arts and Crafts, Education, Sport Activities and Entertainment Goods	208
石油加工、炼焦和核燃料加工业	Processing of Petroleum, Coking, Processing of Nuclear Fuel	96
化学原料和化学制品制造业	Manufacture of Chemical Raw Material and Chemical Products	630
医药制造业	Manufacture of Medicines	196
化学纤维制造业	Manufacture of Chemical Fiber	48
橡胶和塑料制品业	Manufacture of Rubber and Plastic	635
非金属矿物制品业	Manufacture of Nonmetallic Mineral Products	1254
黑色金属冶炼和压延加工业	Manufacture and Processing of Ferrous Metals	445
有色金属冶炼和压延加工业	Manufacture & Processing of Non-ferrous Metals	143
金属制品业	Manufacture of Metal Products	876
通用设备制造业	Manufacture of General Purpose Machinery	1109

Number of Capital Construction Projects under Construction and Put into Use and Newly Increased Fixed Assets by Sector (2015)

本年投产项目个数（个）Completed Projects (unit)	建设项目投产率（%）Rate of Construction Projects Completed and Put into Use (%)	本年完成投资（万元）Investment Completed This year (10000 yuan)	本年新增固定资产（万元）Newly Increased Fixed Assets (10000 yuan)	固定资产交付使用率（%）Rate of Projects of Fixed Assets Completed and Put into Use (%)
16226	**78.7**	**246204673**	**206185940**	**83.75**
1750	**84.1**	**15101056**	**13555435**	**89.77**
751	82.2	7276246	6313855	86.77
141	88.7	1016799	863030	84.88
661	85.8	5421749	5053321	93.20
38	76.0	377965	366218	96.89
159	84.6	1008297	960011	95.21
505	**88.3**	**5615747**	**4937571**	**87.92**
98	81.7	1118508	812745	72.66
1	100.0	336402	293847	87.35
244	88.7	2846321	2692112	94.58
42	95.5	389941	268105	68.76
114	91.2	896171	844471	94.23
5	83.3	20946	18833	89.91
1	100.0	7458	7458	100.00
8402	**79.9**	**125787501**	**106344032**	**84.54**
497	84.5	6055137	5845763	96.54
231	81.3	3169462	2381501	75.14
115	78.2	2102264	1773479	84.36
1	50.0	31906	6906	21.64
442	77.5	4542561	4201611	92.49
177	78.7	1693471	1431954	84.56
223	86.8	2398469	1957929	81.63
116	82.3	2001039	1729120	86.41
181	80.4	2889145	2164197	74.91
99	78.0	1744315	1242210	71.21
90	86.5	1115842	1044249	93.58
173	83.2	2129340	1807400	84.88
61	63.5	1704046	878652	51.56
488	77.5	9618464	8116312	84.38
149	76.0	3962262	3238811	81.74
38	79.2	650239	318937	49.05
530	83.5	6540602	5843800	89.35
1017	81.1	12603758	11706742	92.88
338	76.0	7448997	6051411	81.24
122	85.3	1421631	1357901	96.22
710	81.1	9278331	8181868	88.18
899	81.1	12567176	10079579	80.21

分行业建设项目施工、投产个数和新增固定资产（2015年）(续一)

行业	Item	施工项目个数（个）Number of Projects under Construction (unit)
专用设备制造业	Manufacture of Special Purpose Machinery	727
汽车制造业	Manufacture of Automotive	399
铁路、船舶、航空航天和其他运输设备制造业	Manufacture of Railroad, Marine, Aerospace and Other Transportation Equipment	128
电气机械和器材制造业	Manufacture of Electrical Machinery and Equipment	549
计算机、通信和其他电子设备制造	Manufacture of Computer, Communications and Other Electronic Equipment	151
仪器仪表制造业	Manufacture of Measuring Instrument	51
其他制造业	Manufacture of Others	105
废弃资源综合利用业	Recycling and Disposal of Waste	85
金属制品、机械和设备修理业	Metal Products, Machinery and Equipment Repair	14
电力、热力、燃气及水生产和供应业	**Production and Distribution of Electricity, Thermal, Gas and Water**	**874**
电力、热力生产和供应业	Production and Supply of Electric Power and Heat Power	470
燃气生产和供应业	Production and Distribution of Gas	134
水的生产和供应业	Production and Distribution of Water	270
建筑业	**Construction**	**26**
房屋建筑业	Construction of Building	5
土木工程建筑业	Construction of Civil Engineering	13
建筑安装业	Architectural Installation	2
建筑装饰和其他建筑业	Architectural Decoration and Other Construction	6
批发和零售业	**Wholesale and Retail Trades**	**705**
批发业	Wholesale Trade	312
零售业	Retail Trade	393
交通运输、仓储和邮政业	**Traffic, Transport, Storage and Post**	**1244**
铁路运输业	Transport Via Railway	14
道路运输业	Transport Via Road	789
水上运输业	Water Transport	37
航空运输业	Air Transport	3
管道运输业	Transport Via Pipeline	7
装卸搬运和运输代理业	Handling and Transportation Agency	27
仓储业	Storage	365
邮政业	Post	2
住宿和餐饮业	**Hotels and Catering Services**	**181**
住宿业	Hotels	121
餐饮业	Catering Services	60
信息传输、软件和信息技术服务业	**Information Transmission, Software and Information Technology Services**	**68**
电信、广播电视和卫星传输服务	Telecommunications, Radio and Television and Satellite Transmission Services	20
互联网和相关服务	Computer Services	10
软件和信息技术服务业	Software and Information Technology Services	38

Number of Capital Construction Projects under Construction and Put into Use and Newly Increased Fixed Assets by Sector (2015)

本年投产项目个数(个) Completed Projects (unit)	建设项目投产率(%) Rate of Construction Projects Completed and Put into Use (%)	本年完成投资(万元) Investment Completed This year (10000 yuan)	本年新增固定资产(万元) Newly Increased Fixed Assets (10000 yuan)	固定资产交付使用率(%) Rate of Projects of Fixed Assets Completed and Put into Use (%)
581	79.92	10787031	9613540	89.12
294	73.68	5034809	3879308	77.05
95	74.22	1977984	1664974	84.18
431	78.51	6486023	5585995	86.12
102	67.55	2715625	1600576	58.94
39	76.47	474959	669971	141.06
87	82.86	1120138	694075	61.96
65	76.47	1146436	900210	78.52
11	78.57	376039	365051	97.08
624	**71.40**	**15286885**	**16310058**	**106.69**
305	64.89	11046888	12778337	115.67
103	76.87	2219345	1864352	84.00
216	80.00	2020652	1667369	82.52
20	**76.92**	**200651**	**137558**	**68.56**
2	40.00	52575	10120	19.25
11	84.62	87913	67275	76.52
2	100.00	18848	18848	100.00
5	83.33	41315	41315	100.00
584	**82.84**	**9674032**	**7366723**	**76.15**
248	79.49	4807422	3519547	73.21
336	85.50	4866610	3847176	79.05
896	**72.03**	**20357253**	**17718789**	**87.04**
6	42.86	1185315	273138	23.04
585	74.14	9894296	10435932	105.47
21	56.76	1667158	1905172	114.28
1	33.33	188610	23160	12.28
7	100.00	24949	30979	124.17
20	74.07	701959	616902	87.88
254	69.59	6627226	4366706	65.89
2	100.00	67740	66800	98.61
145	**80.11**	**2215106**	**1615765**	**72.94**
91	75.21	1615751	1016952	62.94
54	90.00	599355	598813	99.91
52	**76.47**	**1471735**	**1059071**	**71.96**
18	90.00	775906	715012	92.15
9	90.00	64023	52166	97.10
25	65.79	631806	281893	44.62

分行业建设项目施工、投产个数和新增固定资产（2015年）(续二)

行　　业	Item	施工项目个数（个）Number of Projects under Construction (unit)
金融业	**Financial Intermediation**	**28**
货币金融服务	Monetary and Financial Services	11
资本市场服务	Capital Market Services	4
保险业	Insurance	
其他金融业	Other Financial Activities	13
房地产业	**Real Estate**	**569**
房地产业	Real Estate	569
租赁和商务服务业	**Leasing and Business Services**	**282**
租赁业	Leasing	4
商务服务业	Business Services	278
科学研究和技术服务业	**Scientific Research and Technical Service**	**125**
研究和试验发展	Research and Experimental Development	25
专业技术服务业	Professional Technical Services	50
科技推广和应用服务业	Services of Science and Technology Promotion and Application	50
水利、环境和公共设施管理业	**Management of Water Conservancy, Environment and Public Facilities**	**2122**
水利管理业	Management of Water Conservancy	355
生态保护和环境治理业	Ecological Protection and Environmental Management	110
公共设施管理业	Management of Public Facilities	1657
居民服务、修理和其他服务业	**Services to Households, Repair and Other Services**	**115**
居民服务业	Services to Households	62
机动车、电子产品 和日用产品修理业	Motor Vehicles, Electronics and Household Goods Repair	33
其他服务业	Other Services	20
教　育	**Education**	**432**
卫生和社会工作	**Health and Social Work**	**264**
卫　生	Health	189
社会工作	Social Work	75
文化、体育和娱乐业	**Culture, Sports and Entertainment**	**263**
新闻和出版业	Journalism and Publishing Activities	6
广播、电视、电影和影视录音制作业	Broadcasting, Televisions, Movies and Video Recording Production	7
文化艺术业	Cultural and Art Activities	124
体　育	Sports Activities	55
娱乐业	Entertainment	71
公共管理、社会保障和社会组织	**Public Management, Social Security and Social Organization**	**143**
中国共产党机关	Organs of Communist Party of China	1
国家机构	Government Agencies	76
人民政协和民主党派	People's Political Consultative Conference and Democratic Parties	
社会保障业	Social Security	5
群众团体、社会团体和其他成员组织	Non-Governmental Organizations, Social Organizations and Religion Organizations	8
基层群众自治组织	Grass Roots Self-governing Organizations	53

Number of Capital Construction Projects under Construction and Put into Use and Newly Increased Fixed Assets by Sector (2015)

本年投产项目个数（个）Completed Projects (unit)	建设项目投产率（%）Rate of Construction Projects Completed and Put into Use (%)	本年完成投资（万元）Investment Completed This year (10000 yuan)	本年新增固定资产（万元）Newly Increased Fixed Assets (10000 yuan)	固定资产交付使用率（%）Rate of Projects of Fixed Assets Completed and Put into Use (%)
25	**89.29**	**478744**	**407853**	**85.19**
9	81.82	274905	311446	113.29
3	75.00	138852	16490	11.88
13	100.00	64987	79917	122.97
411	**72.23**	**10025663**	**7570134**	**75.51**
411	72.23	10025663	7570134	75.51
226	**80.14**	**4169174**	**3074646**	**73.75**
4	100.00	59261	91778	154.87
222	79.86	4109913	2982868	72.58
91	**72.80**	**1856467**	**1559839**	**84.02**
11	44.00	364743	207817	56.98
41	82.00	760602	642923	84.53
39	78.00	731122	709099	96.99
1585	**74.69**	**22192142**	**15840310**	**71.38**
241	67.89	3248310	1428803	43.99
92	83.64	766688	755624	98.56
1252	75.56	18177144	13655883	75.13
95	**82.61**	**871726**	**684355**	**78.51**
55	88.71	375334	359999	95.91
27	81.82	241710	204393	84.56
13	65.00	254682	119963	47.10
320	**74.07**	**2603236**	**2098221**	**80.60**
193	**73.11**	**2614479**	**2086779**	**79.82**
140	74.07	1668317	1559368	93.47
53	70.67	946162	527411	55.74
183	**69.58**	**4615290**	**2895702**	**62.74**
3	50.00	290960	56951	19.57
5	71.43	83921	95150	113.38
91	73.39	2060920	1379734	66.95
34	61.82	778796	420742	54.02
50	70.42	1400693	943125	67.33
119	**83.22**	**1067786**	**923099**	**86.45**
1	100.00	2150	18974	882.51
54	71.05	423445	397955	93.98
4	80.00	31707	23757	74.93
8	100.00	39244	50239	128.02
52	98.11	571240	432174	75.66

农村个人固定资产投资和建房
Individual Investment in Fixed Assets and Building Construction in Rural Areas

年份 Year	投资总额 (万元) Total Investment (10000 yuan)	竣工房屋投资 (万元) Investment in Buildings Completed (10000 yuan)	#住宅 Residential Building	竣工房屋建筑面积 (万平方米) Floor Space of Building Completed (10000 sq.m)	#住宅 Residential Building	竣工房屋造价 (元/平方米) Cost of Building Completed (yuan/sq.m)	#住宅 Residential Building
1985	298000	195642	182533	4501	4180	44	44
1986	359822	260767	245397	5210	4920	50	50
1987	398281	291036	273402	4814	4519	61	61
1988	499057	369514	319109	4556	3962	81	81
1989	541861	409349	349993	4172	3569	98	98
1990	429344	300279	294392	2657	2605	113	113
1991	766958	582594	550727	5206	4996	112	110
1992	546134	401504	375097	3599	3493	112	107
1993	630000	475398	428400	3087	2898	154	148
1994	939969	569168	438813	2357	1915	190	182
1995	1327776	763276	633945	2742	2301	278	275
1996	1435517	803518	650362	2690	1959	299	332
1997	1905761	1101954	929314	3210	2716	343	342
1998	1924263	1358974	1358974	3475	3475	391	391
1999	1756132	1418346	1163256	3887	3613	365	322
2000	1916841	1613181	1178865	4370	4044	369	292
2001	2086309	1321156	1370608	3978	3892	332	352
2002	2050000	1174363	1110486	3693	3402	318	326
2003	1994491	1203077	1100113	3660	3348	329	329
2004	2166460	1187529	1092411	3424	3146	347	347
2005	2374485	1250815	1197039	3879	3588	322	334
2006	2935796	1697233	1607621	3945	3700	430	434
2007	3219779	2222333	2039699	4385	3990	507	511
2008	3956398	2223572	2106120	4014	3683	554	572
2009	3934497	2627023	2404306	4450	4134	590	582
2010	4608235	3244877	3002363	4815	4703	674	638
2011	6090686	3538588	3237756	5180	4640	683	698
2012	5566535	3846906	3474366	4547	4458	846	779
2013	5644603	4146015	3852843	4502	4039	921	954
2014	5247229	4235542	3938773	4437	4032	955	977
2015	5425323	3821126	3514325	4752	4159	804	845

总投资50亿元以上建设项目主要经济指标（2015年）

Major Economic Indicators of Investment Over 5 Billion under Construction (2015)

单位：万元 (10000 yuan)

建设单位及建设项目 Unit Names	计划总投资 Total Investment Planed	累计完成投资 Accumulative Investment Actually Completed	#本年完成 This Year	累计新增固定资产 Accumulative Newly Increased Fixed Assets
石家庄乐城创意国际贸易城开发有限公司石家庄国际贸易城	3500000	419569	197043	
石家庄米氏家具有限公司北方国际家居有限公司	559554	577078	150500	150500
石家庄市交通运输局石家庄至冀晋界公路	809000	623430	258900	258900
石家庄新华区驰耘国际商贸有限公司新华世贸中心	2000000	338170		
河北航空集团投资有限公司河北航空基地项目	1200000	612793	154400	
石家庄市华明实业公司塔冢城中村改造	850000	518500	198100	
石家庄北方药博园管委会建北方药博园	1384100	343640	189400	
石家庄雨润农产品全球采购有限公司雨润农产品全球采购中心项目	1020900	346136	141135	
河北浙友机电设备制造有限公司河北浙商机电生产基地项目	629166	53900	53900	
南车石家庄车辆有限公司轨道运输装备和工程机械产业园	583730	326300	119800	
石家庄中博汽车有限公司技术改造汽车生产项目	563800	189200	119200	
河北嘉门贤集投资有限公司中国孔雀湖国际旅游度假区	513600	29823	29823	
河北远鹏物流有限公司亿博基业冀中南国际物流智港	520000	26257	26257	
无极卡森实业有限公司高档皮革系列制品	620000	162393	71266	
无极卡森建材装饰城有限公司卡森绿色家居北方基地	811373	27673	27673	
西柏坡新能源有限公司太阳能热发电装备及钢材深加工	720000	151615	146715	
河北天山蟠龙湖旅游开发有限公司天山龙湖世界	1083726	576100	162300	
河北山田房地产开发有限公司中国元氏历史文化城	576600	427374	158200	
天山房地产开发有限公司石家庄南部商务文体中心	612008	499900	142000	
河北元禾农业科技有限公司封龙山万亩生态种植基地	500000	89700	89700	
石家庄市轨道交通有限责任公司石家庄市轨道交通1号线	1732000	943707	514451	
石家庄市轨道交通有限责任公司石家庄市轨道交通3号线一期工程	1407200	345701	147927	
石家庄高新建设投资有限公司石家庄高新区郄马镇整体改造项目	950000	80252	80252	
石家庄高新建设投资有限公司石家庄高新区韩通村和八方村棚户区改造项目	661350	79352	79352	
东旭集团有限公司光电显示玻璃基板及装备制造产业化项目	615000	353074	348074	
唐山市南湖生态城开发建设投资有限责任公司西北片回迁安置小区	1060000	947303		947300
唐山陡河青龙河开发建设投资有限责任公司陡河青龙河防洪排涝综合整治工程	744000	205800	205800	
唐山渤海钢铁有限公司联合重组暨城市钢厂搬改造项目	3363000	109000	109000	109000
恒泰(唐山)国际物流股份有限公司恒泰(唐山)云商产业城	1053598	171000	170000	
唐山唐曹铁路有限责任公司新建唐山至曹妃甸铁路工程	933883	271660	222903	
河北华电曹妃甸储运有限公司唐山港曹妃甸港区煤码头三期工程	513399	527679	257946	
河北曹妃甸汉能光伏有限公司600MW铜铟镓硒薄膜太阳能电池项目	557837	619800	335400	335400
河北龙成煤综合利用有限公司煤清洁高效综合利用技术改造项目	598628	557224	341097	
唐山市大学城开发建设有限公司河北联合大学新校园建设工程	610229	438936	397536	
首钢京唐钢铁联合有限责任公司首钢京唐公司钢铁厂	5572800	6696331	151520	
唐山曹妃甸煤炭港务有限公司唐山港曹妃甸港区煤码头二期工程	542890	552400		552400
中国石油唐山液化天然气项目经理部唐山液化天然气项目	548781	600427		600427
华能曹妃甸港口有限公司华能唐山港曹妃甸港区煤码头工程项目	535100	642117	199508	642117
国泰纸业(唐山曹妃甸)有限公司年产170万吨包装纸板和特种纸板工程	1000000	854720	345100	
华润电力曹妃甸电厂二期2*1000MW超超临界燃煤发电机组工程	758100	7000	7000	
唐山滦州古镇置业有限公司滦州古城文化旅游整体开发建设项目	1100000	648501	139958	
唐山滦州重型工程机械制造有限公司先进机械及水泥成套设备制造项目	620000	487490	143600	
河北钢铁集团矿业有限公司马城铁矿采选项目	1909030	205990	128690	128690
乐亭建投风能有限公司乐亭菩提岛300MW海上风电场项目	584452	33600	33600	33600

总投资50亿元以上建设项目主要经济指标（2015年）(续一)

Major Economic Indicators of Investment Over 5 Billion under Construction (2015)

单位：万元 (10000 yuan)

建设单位及建设项目 Unit Names	计划总投资 Total Investment Planed	累计完成投资 Accumulative Investment Actually Completed	#本年完成 This Year	累计新增固定资产 Accumulative Newly Increased Fixed Assets
唐山联东金运投资有限公司联东U谷唐山产业园	566472	50	50	
唐山港集团股份有限公司唐山港京唐港区36号至40号煤炭泊位工程	559377	276216	111350	111350
北京中上科技开发有限公司京东皇家文化旅游创意体验基地	1420400	103090	43189	
迁安北商国际泵阀产业园投资有限公司北商国际泵阀产业园项目	500000	224891	167931	
迁安市瑞腾投资有限公司滦河迁安市段河道综合治理工程	1212982	856260	192690	
河北省首钢迁安钢铁有限责任公司首钢迁钢公司冷轧项目	1400000	1010413	119574	
迁安轧一钢铁集团有限公司1780宽带及附属工程	600000	660336	145693	660336
邯郸市峰峰鑫宝新材料科技有限公司812新材料项目	585780	135100	96000	
戴克电器有限公司电器产业园项目	500200	391560	169950	
邯钢附企钢材深加工有限责任公司年产30万吨冷轧及200万吨钢材后延加工项目	518000	347770	164490	
河北洁神新能源科技有限公司年产12亿Ah氧化锂铁磷电池生产线	526430	329956	171300	
邯郸市魏晋文化旅游开发有限公司魏晋文化旅游创意产业区项目	590000	82800	34000	
永年县广府古城文化旅游开发有限公司广府古城保护整治与旅游开发项目	550000	482787	154671	
河北永洋特钢集团有限公司产业重组、退城搬迁装备升级项目	751700	96750	96750	
邯郸市交通局邯大高速公路建设	802308	795200		
冀中能源峰峰集团有限公司冀中能源峰峰集团棚户区改造	681684	464630	104000	
新兴铸管股份有限公司30万吨高端无缝钢管项目	540000	286470	49850	
武安市新峰水泥有限责任公司煤制天然气综合利用项目	1999694	324142	209146	
河北太行钢铁集团有限公司重组搬迁改造项目	1826000	166200	166200	
邢台市七里河新区管委会七里河综合治理	729000	613437	2702	
新兴际华河北资源开发公司新能源、新材料及新型智能化装备产业化项目	620000	226371	9976	225000
涞水中诚房地产开发有限责任公司涞水垒子水库旅游综合开发项目	523200	120950		
河北保通物流有限公司京都国际物流商贸中心	1300000	134530	32230	
阜平县鑫润嘉工程服务有限公司阜平县阜东产业园区基础设施建设项目	537929	75541	75541	
保定河工科技园投资有限公司河北工业大学国家大学科技园建设项目	600000	185554	175593	
河北康城建设集团有限公司河北实甫文化创意产业示范园项目	605490	425388	193358	
涞源县水务局涞源县滨湖新区旅游综合开发项目	520000	499950	173450	
涞源白石山旅游开发有限公司大白石山旅游开发项目	526000	478300	207300	
易县京涞商贸有限公司保定朝阳国际物流商贸城项目	851424	279887	199922	
保定市交通局荣乌高速保定段	1028603	926539	258000	258000
保定市民生房地产开发有限公司保定朝阳养老健康产业城项目	550000	343569	95787	
涿州市城市投资发展有限公司涿州培训保障基地项目	620038	26000	26000	
河北戌兴投资有限公司中国登山训练基地建设项目	678821	88110	82550	
蔚县环都旅游开发有限责任公司暖泉古镇旅游开发项目	500000	116320	116300	116300
河北蔚州能源综合开发有限公司河北大唐蔚县电厂上大压小新建工程项目	572638	210930	170930	170930
河北特瑞太阳能电池制造有限公司年产600MW聚光型铜铟镓硒CIGS薄膜太阳能电池生产基地项目	1000000	47895	47895	
还原降解新材料张家口有限公司还原新材料项目	600000	105010	86986	
张家口名郡鑫泰旅游开发公司怀来县新建京北葡萄酒主题旅游文化产业园项目	1500000	24387	24387	
西部发展控股有限公司涿鹿县“一河两城”项目	1798400	381982	69175	
涿鹿县博达建设开发投资有限责任公司涿鹿博达公司高层次人才创业园项目	2000000	357102	60276	60276
富龙达沃斯崇礼实业有限公司崇礼四季小镇旅游度假区	1000000	83358	83358	24369
崇礼山水旅游房地产开发有限公司崇礼翠云山国际旅游度假区项目	500825	320000	107500	
崇礼县太舞旅游度假有限公司崇礼太舞四季文化旅游度假区	501100	182542	120754	
河北省高速公路张承张家口管理处崇礼至张承界段	781595	781595	177595	781595

总投资50亿元以上建设项目主要经济指标（2015年）(续二)

Major Economic Indicators of Investment Over 5 Billion under Construction (2015)

单位：万元 (10000 yuan)

建设单位及建设项目 Unit Names	计划总投资 Total Investment Planed	累计完成投资 Accumulative Investment Actually Completed	#本年完成 This Year	累计新增固定资产 Accumulative Newly Increased Fixed Assets
京新高速公路张家口管理处京新高速公路三期胶泥湾至西洋河(冀晋界)公路	649346	149000	67000	
二秦高速公路张家口管理处二连浩特至秦皇岛高速公路康保至沽源段	698500	374815	99210	
河北省高速公路管理局承张高速公路管理处承张高速公路	2582004	2308000	950000	
承德智乔体育休闲投资有限公司承德旅游休闲体育产业园工程	500150	6025		
承德市双滦区海建房地产开发有限公司皇家奥林匹亚体育文化休闲产业园	1033325	331550	47200	
承德钛通冶金有限公司尾矿砂综合治理	580000	465701	72710	
河北丰宁抽水蓄能有限公司河北丰宁抽水蓄能电站	994687	177835	74888	
中核燃料沧州有限公司核燃料产业园	3650000	69800	69800	
北京现代汽车有限公司沧州分公司技术改造建设项目	679054	179938	179938	
河北中翔能源有限公司3*120000Nm3/h焦炉气制LNG及富氢尾气制液氨装置	586859	305879	305879	
河北中重冷轧材料有限公司高端冷轧板项目	800000	800000	187407	
沧州临港万国石材商贸城有限公司中国黄骅港万国(国际)石材商贸城一期项目	1210000	415768	359768	
沧州黄骅港矿石港务有限公司黄骅港散货港区矿石码头一期工程	548956	521762	72003	
神华黄骅港务有限责任公司黄骅港四期工程	556111	483127	15753	
金雁通用航空股份有限公司白洋淀通用航空休闲产业园一期	600000	53550	11050	
中石油华北石化分公司华北石油炼油质量升级与安全环保技术改造工程	1005982	229168	27274	4959
黄骅羊二庄临港产业聚集区投资建设有限公司煤炭物流	500000	506501	167501	253200
固安肽谷药业科技有限公司固安肽谷基因工程医药及医疗器械生产基地项目	650000	208500	68000	
固安浙温服装园区建设发展有限公司京南服装工业基地	1550000	39960		
固安盛业自动化技术有限公司中关村科技园科技成果转化基地项目	635082	50	50	
固安国宾温泉休闲酒店有限公司太阳能光伏农业示范基地项目	767473	14000	14000	
河北新铁惠昌物流有限责任公司新陆港现代物流项目	600255	113190	39000	
文安县鲁能生态旅游开发有限公司观光农场分公司文安鲁能生态区(一期)	680000	180350	41350	
润泽科技发展有限公司国际信息云聚核港(ICFZ)项目	980177	94102	10600	
中国联合网络通信有限公司廊坊数据分公司中国联通华北(廊坊)基地建设工程	1300300	101131	181	
华北石油管理局苏桥储气库群工程	636732	636732	230632	636732
河北海伟交通设施集团有限公司100万吨/年丙烷脱氢项目	929240	603757	408091	
河北泰纳新材料科技有限公司氯化聚乙烯改性合成橡胶新材料开发与应用项目	590271	391850	177300	
冀州市西王镇人民政府盐化工循环经济园基础建设项目	1500000	29814	17070	
邯黄铁路有限责任公司新建邯郸(邢台)至黄骅港铁路项目	1649500	1548683	138683	138
国网冀北电力有限公司2014年220kV及以下开工项目	960394	874662	389890	874662
北京铁路局张家口至唐山铁路工程建设指挥部新建张家口至唐山铁路	4032806	3728000	480000	
河北省高速公路管理局石家庄至磁县(冀豫界)公路改扩建工程	1776333	1776000	36600	1776000
河北省高速公路京港澳高速公路(京冀界)至石家庄段改扩建工程	1888020	1888020	26320	1888020
河北水务集团河北省南水北调配套工程保沧干渠工程	517095	503768	11058	
河北省电力公司蒙西-天津南特高压交流工程	526487	266787	263287	
河北省电力公司靖边-潍坊南特高压交流工程	561343	130455	127955	
河北省电力公司河北南网2014年电网建设	716807	774357	210000	611485
国网冀北电力有限公司电网建设工程	4125665	3761533	655085	3761533
河北水务集团南水北调配套工程石津干渠工程	539169	482768	482768	
河北省移动通信有限公司2015年移动通信工程	748577	637874	637874	637874
定州市城市建设投资有限公司定州市地下管廊项目	500000	73000	73000	
定州市文化广电新闻出版局定州古城恢复工程项目	630000	127000	127000	
河北辛集化工集团有限责任公司整体搬迁技改	1050000	471435	147550	

一次能源生产总量和构成

Primary Energy Production and Composition

年 份 Year	能源生产总量 (万吨标准煤) Primary Energy Production (10000 tons of SCE)	占能源生产总量的比重（%） As Percentage of Total Energy Production (%)			
		原 煤 Raw Coal	原 油 Crude Oil	天然气 Natural Gas	一次电力 Primary Electricity
1981	5502.86	67.90	32.00		0.10
1982	5463.31	69.94	29.57	0.36	0.13
1983	5506.73	72.93	26.48	0.31	0.28
1984	5510.29	72.94	26.47	0.39	0.20
1985	5292.72	71.51	27.85	0.51	
1986	5889.07	74.79	24.28	0.61	0.32
1987	5716.06	79.30	19.88	0.55	0.27
1988	5501.38	82.70	16.37	0.54	0.39
1989	5354.45	83.56	15.42	0.56	0.46
1990	5313.08	83.43	15.34	0.74	0.49
1991	5199.85	84.03	14.77	0.74	0.46
1992	5257.18	84.68	14.11	0.82	0.39
1993	5348.20	85.16	13.43	0.72	0.69
1994	5699.77	86.25	12.78	0.71	0.26
1995	6619.56	87.41	11.16	0.64	0.79
1996	6690.35	87.21	11.19	0.66	0.94
1997	6470.60	86.97	11.68	0.70	0.65
1998	5868.17	85.65	13.07	0.77	0.51
1999	5763.48	85.42	13.17	0.88	0.53
2000	5639.26	85.46	13.13	1.11	0.30
2001	5656.12	85.70	12.96	1.12	0.22
2002	5854.03	86.27	12.28	1.23	0.22
2003	5998.00	86.38	12.15	1.28	0.19
2004	7413.94	87.80	10.79	1.19	0.22
2005	7089.90	87.05	11.33	1.29	0.33
2006	6956.72	85.90	12.54	1.25	0.31
2007	7246.47	85.39	13.01	1.31	0.29
2008	6755.66	84.40	13.60	1.72	0.28
2009	6879.85	85.19	12.44	2.11	0.26
2010	8109.66	84.93	10.55	2.08	2.44
2011	8601.60	84.69	9.73	1.89	3.69
2012	9560.46	84.57	8.73	1.82	4.89
2013	6956.42	76.95	12.14	2.98	7.93
2014	6801.01	75.42	12.44	3.42	8.72
2015	7096.14	77.39	11.68	1.95	8.97

能源消费总量及构成
Primary Energy Consumption and its Composition

年 份 Year	能源消费总量 (万吨标准煤) Total Energy Consumption (10000 tons of SCE)	占能源消费总量的比重 (%) As Percentage of Primary Energy Production (%)			
		煤 炭 Coal	石 油 Petroleum	天然气 Natural Gas	一次电力 Primary Electricity
1980	3120.50	85.00	12.90	1.90	0.20
1981	3627.80	90.10	8.20	1.60	0.10
1982	3929.05	87.79	10.24	1.78	0.19
1983	4185.78	89.25	9.19	1.19	0.37
1984	4475.00	86.98	11.51	1.27	0.24
1985	4548.85	89.91	8.36	1.58	0.15
1986	5079.52	89.58	8.46	1.59	0.37
1987	5516.81	90.26	8.12	1.34	0.28
1988	5962.40	90.55	7.90	1.19	0.36
1989	6169.26	90.77	7.74	1.09	0.40
1990	6124.22	90.34	7.91	1.32	0.43
1991	6471.93	90.63	7.67	1.33	0.37
1992	6866.29	90.59	7.77	1.34	0.30
1993	7861.92	90.12	8.44	0.96	0.48
1994	8168.62	90.43	8.31	1.08	0.18
1995	8892.41	90.33	8.54	0.94	0.19
1996	8938.47	90.55	8.25	0.99	0.21
1997	9033.01	90.33	8.66	0.87	0.14
1998	9151.12	89.68	9.33	0.88	0.11
1999	9379.27	90.01	9.00	0.88	0.11
2000	11195.71	90.94	8.17	0.84	0.05
2001	12114.29	91.84	7.42	0.70	0.04
2002	13404.53	91.12	8.15	0.70	0.03
2003	15297.89	92.78	6.49	0.66	0.07
2004	17347.79	91.14	8.01	0.75	0.10
2005	19835.99	91.82	7.45	0.61	0.12
2006	21794.09	91.59	7.64	0.67	0.10
2007	23585.13	92.36	6.87	0.68	0.09
2008	24321.87	92.31	6.67	0.94	0.08
2009	25418.79	92.51	6.21	1.21	0.07
2010	26201.41	89.98	7.75	1.51	0.76
2011	28075.03	89.09	8.12	1.66	1.13
2012	28762.47	88.86	7.48	2.04	1.62
2013	29664.38	88.69	7.22	2.23	1.86
2014	29320.21	88.46	6.98	2.54	2.02
2015	29395.36	86.55	7.99	3.30	2.17

注：2010年及以后数据在第三次经济普查后作了修订，能源消费总量为不包括回收能的商品能源。(以下相关表同)

a) Adjustment has been done for the data since 2010, due to the 3rd. Total energy consumption do not include recycle energy used for commercial purposes. (The same applies to the tables following.)

综合能源平衡表
Overall Energy Balance Sheet

单位：万吨标准煤 (10000 tons of SCE)

项　　目	Item	2005	2010	2014	2015
可供消费的能源总量	**Total Energy Available for Consumption**	**19836**	**26201**	**29320**	**29395**
一次能源生产量	Primary Energy Output	7090	8110	6801	7096
回收能	Recovery of Energy	819			
进口量	Imports	459	966	804	2899
出口量	Exports (-)	57	62	91	339
年初年末库存差额	Stock Changes in the Year	-81	-129	125	-30
能源消费总量	**Total Energy Consumption**	**19836**	**26201**	**29320**	**29395**
在总量中	**Consumption by Usage**				
农、林、牧、渔、水利业	Farming,Forestry,Animal Husbandry, Fishery Conservancy	532	713	625	642
工　业	Industry	15852	20563	22785	22184
建筑业	Construction	203	319	253	297
交通运输、仓储和邮政业	Transport, Storage and Post	710	971	1109	1111
批发、零售业和住宿、餐饮业	Wholesale, Retail Trade and Hotel, Restaurants	205	304	639	713
其　他	Others	465	716	911	1057
生活消费	Residential Consumption	1870	2615	2997	3391
在总量中	**Consumption by Usage**				
终端消费	Final Consumption	18536	26032	30881	30707
#工　业	Industry	14554	20395	24365	23515
加工转换损失量	Losses in Processing and	896	-428	-2230	-1933
#炼　焦	Coking	283	259	177	135
炼　油	Petroleum Refining	30	91	47	44
损失量	Other Losses	403	597	669	622
平衡差额	**Balance**				

能源加工转换效率
Efficiency of Energy Transformation

单位：% (%)

年　份 Year	总效率 Total Efficiency	火力发电 Thermal Power	供　热 Heating Supply	洗　煤 Coal Washing	炼　焦 Coking	炼　油 Petroleum Refineries	制　气 Gas Works
2005	66.31	32.36	65.94	81.87	90.98	97.82	54.16
2006	67.01	33.21	66.40	80.86	89.03	95.36	73.37
2007	69.73	33.89	64.85	83.21	93.16	99.78	60.51
2008	71.91	34.95	60.48	85.93	94.44	96.84	65.77
2009	73.01	35.76	57.05	87.07	92.94	96.90	50.98
2010	75.58	37.06	61.66	92.24	95.68	95.50	41.18
2011	76.09	37.17	61.36	90.61	96.63	97.44	51.84
2012	77.26	37.85	67.27	92.23	95.97	96.70	51.57
2013	77.51	38.59	68.75	92.20	96.49	97.22	53.76
2014	77.40	38.60	72.44	92.36	97.41	97.54	63.51
2015	77.48	39.69	73.87	87.58	97.96	98.26	

规模以上工业企业分行业能源消耗情况

Consumption of Main Energy Sources in above Designated Size Industrial Enterprises by Industrial Sector

单位：万吨标准煤　　　　(10000 tons of SCE)

行　　业	Item	2014	2015
规模以上工业综合能源消费量	**Consumption of Energy Sources in above Designated Size Industrial Enterprises**	**20343.23**	**20269.64**
六大高耗能行业能耗	**Energy Consumption of the top-6 Energy-consuming Industries**		
煤炭开采和洗选业	Mining and Washing of Coal	909.21	929.53
石油加工、炼焦及核燃料加工业	Processing of Petroleum, Coking, Processing of Nucleus Fuel	699.24	762.78
化学原料及化学制品制造业	Manufacture of Raw Chemical Material and Chemical Products	1296.31	1288.43
非金属矿物制品业	Manufacture of Non-metallic Mineral Products	1110.86	1011.22
黑色金属冶炼及压延加工业	Smelting and Pressing of Ferrous Metals	10497.62	10686.81
电力、热力的生产和供应业	Production and Distribution of Electric Power and Heat Power	4018.36	3871.98
其他行业能耗	**Energy Sources Consumption of Other Industrial Sectors**		
石油和天然气开采业	Extraction of Petroleum and Natural Gas	56.01	53.51
黑色金属矿采选业	Mining of Ferrous Metal Ores	262.90	211.17
有色金属矿采选业	Mining of Non-ferrous Metal Ores	4.28	4.05
非金属矿采选业	Mining and Processing of Nonmetal Ores	20.00	21.92
农副食品加工业	Processing of Food from Agricultural Products	202.60	180.11
食品制造业	Manufacture of Foods	74.87	74.69
酒、饮料和精制茶制造业	Manufacture of Wine, Soft Drinks and Refined Tea	43.93	41.37
烟草制品业	Manufacture of Tobacco	2.66	2.66
纺织业	Manufacture of Textile	126.71	113.63
纺织服装、服饰业	Manufacture of Textile, Apparel	15.16	16.70
皮革、毛皮、羽毛及其制品和制鞋业	Manufacture of Leather, Fur, Feather and Its Products and Footware	34.01	31.17
木材加工和木、竹、藤、棕、草制品业	Processing of Timbers, Manufacture of Wood, Bamboo, Rattan, Palm, and Straw Products	44.21	40.55
家具制造业	Manufacture of Furniture	13.61	14.06
造纸和纸制品业	Manufacture of Paper and Paper Products	106.35	107.00
印刷和记录媒介复制业	Printing, Reproduction of Recording Media	13.71	12.84
文教、工美、体育和娱乐用品制造业	Manufacture of Articles for Culture, Arts and Crafts, Education, Sport Activities and Entertainment Goods	10.39	10.26
医药制造业	Manufacture of Medicines	95.66	92.44
化学纤维制造业	Manufacture of Chemical Fiber	23.35	19.67
橡胶和塑料制品业	Manufacture of Rubber and Plastic	92.17	91.33
有色金属冶炼和压延加工业	Manufacture & Processing of Non-ferrous Metals	38.33	36.61
金属制品业	Manufacture of Metal Products	168.66	182.59
通用设备制造业	Manufacture of General Purpose Machinery	66.81	65.47
专用设备制造业	Manufacture of Special Purpose Machinery	90.42	69.06
汽车制造业	Manufacture of Automotive	71.74	72.20
铁路、船舶、航空航天和其他运输设备制造业	Manufacture of Railroad, Marine, Aerospace and Other Transporation Equipment	21.73	26.86
电气机械和器材制造业	Manufacture of Electrical Machinery and Equipment	69.46	65.72
计算机、通信和其他电子设备制造	Manufacture of Computer, Communications and Other Electronic Equipment	15.60	17.30
仪器仪表制造业	Manufacture of Measuring Instrument	1.58	1.79
其他制造业	Manufacture of Others	1.37	3.10
废弃资源综合利用业	ecycling and Disposal of Waste	10.99	10.66
金属制品、机械和设备修理业	Metal Products, Machinery and Equipment Repair	2.43	1.69
燃气生产和供应业	Production and Distribution of Gas	3.74	20.14
水的生产和供应业	Production and Distribution of Water	6.21	6.57

分行业规模以上工业企业水消费(取水总量)
Computation of Water in above Designated Size Industrial Enterprises by Sector

单位：万立方米 (10000 m³)

行　业	Sector	2014	2015
全部工业企业	**Total**	**226177.4**	**220095.9**
轻工业	Light Industry	23768.5	27036.8
重工业	Heavy Industry	202408.9	193059.1
按工业行业分	**Grouped by Sector**		
采　矿　业	**Mining**	**77572.8**	**64151.0**
煤炭开采和洗选业	Mining and Washing of Coal	8644.4	8282.1
石油和天然气开采业	Extraction of Petroleum and Natural Gas	2481.4	2252.4
黑色金属矿采选业	Mining of Ferrous Metal Ores	24390.0	24055.5
有色金属矿采选业	Mining of Non-ferrous Metal Ores	235.9	221.6
非金属矿采选业	Mining and Processing of Nonmetal Ores	41821.1	29339.4
制　造　业	**Manufacturing**	**116779.0**	**119783.7**
农副食品加工业	Processing of Food from Agricultural Products	2598.6	2426.3
食品制造业	Manufacture of Foods	2152.4	7788.1
酒、饮料和精制茶制造业	Manufacture of Wine, Soft Drinks and Refined Tea	2293.6	2185.5
烟草制品业	Manufacture of Tobacco	86.2	77.6
纺织业	Manufacture of Textile	2798.1	2776.8
纺织服装、服饰业	Manufacture of Textile, Apparel	392.3	379.9
皮革、毛皮、羽毛及其制品和制鞋业	Manufacture of Leather, Fur, Feather and Its Products and Footware	2472.3	2421.7
木材加工和木、竹、藤、棕、草制品业	Processing of Timbers, Manufacture of Wood, Bamboo, Rattan, Palm and Straw Products	167.0	174.1
家具制造业	Manufacture of Furniture	106.7	115.0
造纸和纸制品业	Manufacture of Paper and Paper Products	3159.9	2773.4
印刷和记录媒介复制业	Printing, Reproduction of Recording Media	206.0	212.0
文教、工美、体育和娱乐用品制造业	Manufacture of Articles for Culture, Arts and Crafts, Education, Sport Activities and Entertainment Goods	81.0	79.1
石油加工、炼焦和核燃料加工业	Processing of Petroleum, Coking, Processing of Nuclear Fuel	5349.1	5698.1
化学原料和化学制品制造业	Manufacture of Chemical Raw Material and Chemical Products	13700.1	13611.2
医药制造业	Manufacture of Medicines	3665.0	3041.2
化学纤维制造业	Manufacture of Chemical Fiber	1665.9	731.1
橡胶和塑料制品业	Manufacture of Rubber and Plastic	763.0	754.5
非金属矿物制品业	Manufacture of Nonmetallic Mineral Products	3914.0	3881.5
黑色金属冶炼和压延加工业	Manufacture and Processing of Ferrous Metals	62578.4	61925.6
有色金属冶炼和压延加工业	Manufacture & Processing of Non-ferrous Metals	796.2	966.5
金属制品业	Manufacture of Metal Products	1741.8	1739.1
通用设备制造业	Manufacture of General Purpose Machinery	619.1	600.1
专用设备制造业	Manufacture of Special Purpose Machinery	995.5	767.6
汽车制造业	Manufacture of Automotive	1202.1	1163.1
铁路、船舶、航空航天和其他运输设备制造业	Manufacture of Railroad, Marine, Aerospace and Other Transportation Equipment	421.6	582.0
电气机械和器材制造业	Manufacture of Electrical Machinery and Equipment	1617.3	1525.9
计算机、通信和其他电子设备制造业	Manufacture of Computer, Communications and Other Electronic Equipment	961.5	1213.7
仪器仪表制造业	Manufacture of Measuring Instrument	35.8	35.0
其他制造业	Manufacture of Others	16.8	16.5
废弃资源综合利用业	Recycling and Disposal of Waste	38.6	18.1
金属制品、机械和设备修理业	Metal Products, Machinery and Equipment Repair	183.0	103.7
电力、热力、燃气及水生产和供应业	**Production and Distribution of Electricity, Thermal, Gas and Water**	**31825.7**	**36161.2**
电力、热力生产和供应业	Production and Supply of Electric Power and Heat Power	31764.6	31662.4
燃气生产和供应业	Production and Distribution of Gas	61.0	4498.9
水的生产和供应业	Production and Distribution of Water		

注：不包括水的生产和供应业行业。

a) The date exclude production and distribution of water.

主要耗能工业企业单位产品能源消耗情况
Energy Consumption per Unit of Product in Main Enterprises that Consume much Energy

指　　标　　Item	2010	2011	2012	2013	2014	2015
吨原煤综合能耗（千克标准煤/吨） Overall Energy Consumption per ton of Machining Coal (kg SCE/ton)	7.83	7.00	6.82	6.99	6.92	6.92
吨原煤生产耗电（千瓦时/吨） Electric Power Consumption per ton of Machining Coal (kwh/ton)	27.32	26.84	26.72	31.43	31.47	31.34
选煤电力单耗（千瓦时/吨） Electric Power Consumption per ton of Milling run Coal (kwh/ton)	7.28	6.38	6.05	5.77	6.02	5.89
单位油气产量综合能耗(千克标准煤/吨) Overall Energy Consumption per unit of Oil and Gas Output (kg SCE/ton)	85.77	89.97	78.06	76.18	76.70	74.35
单位油气产量耗电（千瓦时/吨） Electric Power Consumption per unit of Oil and Gas Output (kwh/ton)	150.24	142.24	141.98	142.00	145.72	148.35
铁矿采矿工序单位能耗（千克标准煤/吨） Energy Consumption per Unit of Mining of Iron ore (kg SCE/ton)	3.42	3.13	2.57	2.49	2.75	2.63
铁矿选矿工序单位能耗（千克标准煤/吨） Energy Consumption per Unit of Milling run Iron ore (kg SCE/ton)	3.84	3.20	3.32	3.03	3.41	2.94
每吨纱(线)混合数综合能耗（千克标准煤/吨） Overall Energy Consumption per ton of Mixed Yarn (Cotton)(kg SCE/ton)	349.69	291.94	253.68	244.64	372.09	427.34
每吨纱(线)混合数生产用电量（千瓦时/吨） Electric Power Consumption per ton of Gauze and Line (kwh/ton)	3103.19	2298.77	1803.63	1826.58	2070.36	2691.70
每百米布混合数生产用电量（千瓦时/百米） Overall Energy Consumption per 100m of mixed Cloth (kwh/100m)	64.84		49.22			
万米布混合数综合能耗（千克标准煤/万米） Overall Energy Consumption per 10km of mixed Cloth (kg SCE/10km)	1519.90	1028.00	1181.51	1229.26	1199.87	1072.25
万米印染布综合能耗（千克标准煤/万米） Overall Energy Consumption per 10km of Printing and Dyeing (kg SCE/10km)	5518.89	5099.14	2664.31	2927.64	2623.10	3876.78
机制纸及纸板耗电（千瓦时/吨） Electric Power Consumption per ton of Machine made Paper and Paperboard (kwh/ton)	589.52	555.24	534.21	551.25	551.43	557.08
机制纸及纸板综合能耗（千克标准煤/吨） Overall Energy Consumption of Machine made Paper and Paperboard (kg SCE/ton)	295.70	262.42	227.21	245.69	249.66	242.73
炼焦工序单位能耗（千克标准煤/吨） Energy Consumption per Unit of Coking plant (kg SCE/ton)	138.42	133.12	130.02	123.95	119.53	117.38
原油(原料油)加工单位综合能耗（千克标准油/吨） Overall Energy Consumption of Machining Base oil (kg toe/ton)	64.38	63.98	52.89	53.95	56.54	66.15
原油(原料油)加工单位耗电（千瓦时/吨） Electric Power Consumption per ton of Machining Base oil (kwh/ton)	56.74	54.88	62.44	62.63	62.30	70.15
单位烧碱生产综合能耗(离子膜法30%)（千克标准煤/吨） Overall Energy Consumption per Unit of Manufacturing Caustic Soda (Ion Film 30%) (kg SCE/ton)	325.04	326.38	318.54	314.58	308.94	306.32
单位烧碱生产耗交流电(离子膜法30%)（千瓦时/吨） Electric Power Consumption per ton of Manufacturing Caustic Soda (Ion Film 30%)(kwh/ton)	2360.67	2336.96	2308.04	2316.20	2288.49	2227.47

注：本表统计范围为年综合能源消费量1万吨标准煤及以上的工业企业。

a) The statistical objects of the sheet are the industrial enterprises each with an annual overall energy consumption of no less than 10000 t SCE.

主要耗能工业企业单位产品能源消耗情况（续一）
Energy Consumption per Unit of Product in Main Enterprises that Consume much Energy

指　　标　Item	2010	2011	2012	2013	2014	2015
单位烧碱生产综合能耗(离子膜法45%)(千克标准煤/吨) Overall Energy Consumption per Unit of Manufacturing Caustic Soda (Ion Film 45%) (kg SCE/ton)	420.12	405.60	418.08	410.19	401.90	391.38
单位烧碱生产耗交流电(离子膜法45%)(千瓦时/吨) Electric Power Consumption per ton of Manufacturing Caustic Soda (Ion Film 45%)(kwh/ton)	2325.93	2389.64	2345.04	2098.22	2157.63	2162.00
氨碱法单位纯碱生产综合能耗(千克标准煤/吨)) Overall Energy Consumption per Unit of Sodium carbonate in Ammonia soda Process (kg SCE/ton)	387.63	385.39	383.39	380.10	373.78	371.76
氨碱法单位纯碱生产耗电(千瓦时/吨) Electric Power Consumption per Unit of Sodium carbonate in Ammonia soda Process (kwh/ton)	57.73	58.08	70.47	67.91	68.58	70.74
单位合成氨生产综合能耗(千克标准煤/吨) Overall Energy Consumption per Unit of Manufacturing Compound ammonia (kg SCE/ton)	1316.94	1328.33	1289.75	1282.90	1264.06	1242.87
每吨合成氨耗电(千瓦时/吨) Electric Power Consumption per ton of Manufacturing Compound ammonia (kwh/ton)	1366.38	1227.61	1242.73	1233.83	1241.53	1256.23
每吨合成氨耗原料煤(7000千卡发热)(千克/吨) Raw Coal Consumption per ton of Manufacturing Compound ammonia (kg/ton)	1046.40	1055.48	1037.48	1044.55	1040.06	1031.93
每吨合成氨耗标准燃料煤(7000千卡发热)(千克/吨) Standard Fuel Coal Consumption per ton of Manufacturing Compound ammonia (kg/ton)	121.12	118.34	102.00	96.12	83.85	78.42
每吨合成氨消耗天然气(立方米/吨) Natural Gas Consumption per ton of Manufacturing Compound ammonia(m^3/ton)	987.77	995.99	989.48	990.23	987.71	998.82
每吨粘胶纤维综合能耗(短纤)(千克标准煤/吨) Overall Energy Consumption per ton of Pectic-fibre (short fibre)(kg SCE/ton)	1061.76	1068.38	1072.22	992.56	894.62	899.06
每吨粘胶纤维用电量(短纤)(千瓦时/吨) Electric Power Consumption per ton of Pectic-fibre (short fibre)(kwh/ton)	1074.97	1084.07	1061.54	970.78	919.43	898.20
每吨粘胶纤维综合能耗(长丝)(千克标准煤/吨) Overall Energy Consumption per ton of Pectic-fibre (long silk)(kg SCE/ton)	4687.38	4880.78	4565.75	4254.23	4024.64	4871.53
每吨粘胶纤维用电量(长丝)(千瓦时/吨) Electric Power Consumption per ton of Pectic-fibre (long silk)(kwh/ton)	7799.89	7578.49	7534.35	7817.09	7326.33	7206.26
每吨水泥熟料综合能耗(千克标准煤/吨) Energy Consumption per ton of Cement Ripe-material (kg SCE/ton)	112.14	109.41	108.68	107.50	107.74	104.50
每吨水泥熟料综合电耗(千瓦时/吨) Overall Electric Power Consumption per ton of Cement Ripe-material (kwh/ton)	78.86	67.77	64.13	64.50	70.45	61.57
每吨水泥熟料烧成标准煤耗(千克标准煤/吨) SCE Consumption per ton of Cement Ripe-material (kg SCE/ton)	109.83	107.03	106.56	103.75	101.57	101.11
每吨水泥综合能耗(千克标准煤/吨) Fully Energy Consumption for Cement (kg SCE/ton)	70.40	69.72	76.54	79.21	86.19	93.05

主要耗能工业企业单位产品能源消耗情况（续二）

Energy Consumption per Unit of Product in Main Enterprises that Consume much Energy

指　　标　　Item	2010	2011	2012	2013	2014	2015
每吨水泥综合电耗(千瓦时/吨) Overall Electric Power Consumption per ton of Cement (kwh/ton)	78.86	77.92	81.24	81.57	83.08	90.49
吨水泥标准煤耗(千克/吨) SCE Consumption per ton of Cement (kg/ton)	79.53	76.84	74.58	77.25	77.59	78.06
每重量箱平板玻璃综合能耗(千克标准煤/重量箱) Energy Consumption per weight case of Plate Glass (kg SCE/weight case)	14.79	14.27	13.75	13.72	13.60	13.43
每重量箱平板玻璃耗电(千瓦时/重量箱) Electric Power Consumption per ton of Plate Glass (kwh/weight case)	6.79	5.39	5.00	4.96	5.13	5.32
每重量箱平板玻璃耗燃油(千克/重量箱) Fuel Oil Consumption per ton of Plate Glass (kg/weight case)	6.93	3.60	6.92	9.12	9.67	9.30
吨钢综合能耗(千克标准煤/吨) Energy Consumption per ton of Steel (kg SCE/ton)	562.49	571.81	571.55	558.39	549.64	544.41
吨钢耗电(千瓦时/吨) Electric Power Consumption per ton of Steel (kwh/ton)	405.07	419.67	418.45	423.06	419.93	404.40
炼铁工序单位能耗(千克标准煤/吨) Energy Consumption per Unit of Ferrosilicon Processes (kg SCE/ton)	403.48	397.50	397.76	398.73	400.07	391.97
铁矿烧结工序单位能耗(千克标准煤/吨) Energy Consumption per Unit of Iron Ore Sintering Processes (kg SCE/ton)	48.89	46.48	47.48	46.36	46.20	45.75
转炉炼钢工序单位能耗(千克标准煤/吨) Energy Consumption per Unit of Converter Steelmaking Processes (kg SCE/ton)	2.36			-6.01	-8.55	-10.04
电炉炼钢工序单位能耗(千克标准煤/吨) Energy Consumption per Unit of EAF Steelmaking Processes (kg SCE/ton)	125.42	125.99	139.38	125.77		
电炉炼钢综合电力消耗(千瓦时/吨) Electric Power Consumption per ton of EAF Steelmaking (kwh/ton)	505.61	430.65	410.15	393.81		
轧钢工序单位能耗(千克标准煤/吨) Energy Consumption per Unit of Steel Rolling Processes (kg SCE/ton)	52.31	51.96	51.17	51.63	51.09	50.86
轧钢工序电力消耗(千瓦时/吨) Electric Power Consumption per ton of Steel rolling (kwh/ton)	78.87	80.78	81.58	82.39	81.95	83.30
吨钢耗新水(吨/吨) Fresh Water Consumption per ton of Steel (ton/ton)	3.04	2.97	2.96	2.87	2.80	2.70
单位粗铜综合能耗(千克标准煤/吨) Energy Consumption per Unit of Crude Copper (kg SCE/ton)	697.06	682.82	669.17			
吨铝加工材消耗电量(千瓦时/吨) Electric Power Consumption per ton of Machining Aluminum (kwh/ton)	1534.36	1515.62	1550.32	1503.81	1131.82	967.82
吨铝加工材消耗能源量(千克标准煤/吨) Energy Consumption per ton of Machining Aluminum (kg SCE/ton)	433.04	416.42	420.89	416.40	319.82	256.95
火力发电标准煤耗(克标准煤/千瓦时) SEC Consumption of Firepower Generate Electricity (g SCE/kwh)	314.48	310.89	308.97	306.85	300.29	300.45
火力发电供电标准煤耗(克标准煤/千瓦时) Power-supply SEC Consumption of Firepower Generate Electricity (g SCE/kwh)	337.40	332.93	330.38	327.52	319.49	320.39
发电厂用电率(%) Electro-rate of Power plant (%)	6.79	6.44	6.35	6.21	6.16	6.22

财政收支总额及增长速度

Government Revenue and Expenditure and Growth Rates

单位：亿元 (100 million yuan)

年份 Year	财政总收入 Total Government Revenue	#地方一般预算收入 Local Government Budgetary Revenue	财政支出 Government Expenditure	比上年增长(%) Growth Rate over preceding year (%) 财政总收入 Total Government Revenue	#地方一般预算收入 Local Government Budgetary Revenue	财政支出 Government Expenditure
1978	45.10		32.44	38.0		2.9
1979	42.87		34.22	4.9		5.5
1980	35.02		28.36	-18.3		-17.1
1981	34.10		23.29	-2.6		-17.9
1982	31.78		25.94	-6.8		11.4
1983	36.39		28.27	14.5		9.0
1984	39.11		35.86	7.5		26.9
1985	45.15		41.66	15.4		16.2
1986	51.17		53.82	13.3		29.2
1987	57.62		53.33	12.3		-0.9
1988	64.78		67.52	12.4		26.6
1989	76.12		72.30	17.5		7.1
1990	81.15		87.29	6.6		20.7
1991	90.66		91.14	11.7		4.4
1992	101.17		101.19	11.6		11.0
1993	144.21		142.26	42.5		40.6
1994	182.16	95.22	160.84	26.3		13.1
1995	214.12	119.95	191.18	17.5	26.0	18.9
1996	258.57	151.78	231.90	20.8	26.5	21.3
1997	297.34	176.07	270.46	15.0	16.0	16.6
1998	341.86	206.76	301.55	14.9	17.4	11.5
1999	367.20	223.28	350.80	7.4	8.0	16.3
2000	397.60	248.76	415.54	8.3	11.4	18.5
2001	448.40	283.50	514.18	12.8	14.0	23.7
2002	544.86	302.31	576.59	12.6	6.6	12.1
2003	634.94	335.83	646.74	16.6	11.1	12.2
2004	778.33	407.83	785.56	22.6	21.4	21.5
2005	1035.20	515.70	979.16	33.0	26.5	24.6
2006	1223.46	620.53	1180.36	18.2	20.3	20.5
2007	1528.92	789.12	1506.65	25.0	27.2	27.6
2008	1824.00	947.59	1881.67	19.3	20.1	24.9
2009	2020.77	1067.12	2347.59	10.8	12.6	24.8
2010	2409.00	1331.85	2820.24	19.3	24.8	20.1
2011	3017.59	1737.77	3537.39	25.3	30.5	25.4
2012	3479.26	2084.28	4079.44	15.3	19.9	15.3
2013	3652.40	2295.62	4409.58	5.0	10.14	8.1
2014	3764.56	2446.62	4677.30	3.1	6.6	6.1
2015	4065.11	2649.18	5632.19	8.0	8.3	20.4

分项目地方财政收支

Local Revenue and Expenditures by Item

单位：亿元 (100 million yuan)

项　　目	Item	2010		2014		2015	
		金额 Amount	比重(%) Percentage	金额 Amount	比重(%) Percentage	金额 Amount	比重(%) Percentage
地方财政总收入	**Local Revenue**	**1331.85**	**100.00**	**2446.62**	**100.00**	**2649.18**	**100.00**
税收收入	Tax Revenue	1074.04	80.64	1866.06	76.27	1934.29	73.01
增值税	Value-added Tax	203.84	15.31	310.07	12.67	315.35	11.90
营业税	Operation Tax	362.65	27.23	592.64	24.22	651.54	24.59
企业所得税	Enterprises' Income Tax	145.93	10.96	256.23	10.47	266.94	10.08
个人所得税	Individual Income Tax	47.05	3.53	56.12	2.29	62.86	2.37
城建税	Tax on City Construction	64.30	4.83	105.94	4.33	111.89	4.22
资源税	Tax on Natural Resources	25.77	1.93	54.68	2.23	28.36	1.07
房产税	Tax on Real Estates	21.27	1.60	47.18	1.93	51.34	1.94
城镇土地使用税	Tax on the Use of Urban Land	34.49	2.59	104.04	4.25	106.84	4.03
耕地占用税	Tax on the Occupancy of Cultivated Land	21.44	1.61	49.12	2.01	49.37	1.86
契　税	Contract Tax	79.65	5.98	114.84	4.69	109.20	4.12
其他税收收入	Other Tax	67.65	5.07	175.20	7.16	180.60	6.83
非税收收入	Non-tax Revenue	257.81	19.36	580.56	23.73	714.89	26.99
行政事业性收费收入	Income from Administrative Fees	66.09	4.96	186.98	7.64	185.80	7.01
地方财政总支出	**Total Expenditure Of Local Finance**	**2820.24**	**100.00**	**4677.30**	**100.00**	**5632.19**	**100.00**
一般公共服务	General Public Services	358.13	12.70	476.59	10.19	503.32	8.94
国　防	National Defenses	7.08	0.25	12.38	0.26	10.31	0.18
公共安全	Public Security	176.08	6.24	248.29	5.31	287.08	5.10
教　育	Education	514.30	18.24	868.87	18.58	1041.16	18.49
科学技术	Science and Technology	29.65	1.05	51.32	1.10	45.50	0.81
文化体育与传媒	Culture, Sports and Communications	37.09	1.32	82.66	1.77	88.34	1.57
社会保障和就业	Social Security and Employment	358.78	12.72	585.62	12.52	763.68	13.56
医疗卫生	Medical Treatment and Health	235.48	8.35	446.79	9.55	535.09	9.50
环境保护	Environment Protection	115.16	4.08	193.43	4.14	282.72	5.02
城乡社区事务	Affairs of Urban and Rural Communities	178.75	6.34	367.83	7.86	476.59	8.46
农林水事务	Affairs of Agriculture, Forestry and Water Resources	312.66	11.09	583.52	12.48	712.49	12.65
交通运输	Transport	155.72	5.52	310.23	6.63	323.82	5.75
其他支出	Other Expenditures	341.36	12.10	449.77	9.62	562.09	9.97

注：2011年起“环境保护”口径调整为“节能环保”。

a) The statistic scale of "Environmental Protection" had been changed to "Energy Saving" since 2011.

金融机构年末存贷款

Deposits and Loans Balances of Financial Institutions at Year-end

单位：亿元 (100 million yuan)

年 份 Year	各项存款 Deposits Balances	#单位存款 Deposits of Organizations	#储蓄存款 Saving Deposits	#财政性存款 Treasury Deposits	各项贷款 Loans Balances	#中长期贷款 Medium- and Long-term Loans	农村信用社贷款 Deposits of Rural Loan Society
1978	77.23	16.35			91.51		2.91
1980	100.91	23.65			114.13		3.84
1985	195.64	69.99			219.36	22.26	27.45
1990	554.15	135.20			631.31	76.59	136.42
1995	1694.65	465.34			1578.21	262.85	385.25
1996	2159.37	612.33			1894.66	295.75	488.05
1997	2591.11	780.30			2372.15	337.00	541.86
1998	3030.11	822.06			2795.20	444.56	617.14
1999	3306.12	818.40			3038.32	539.79	738.77
2000	3780.74	1020.15			2933.19	784.92	895.71
2001	4053.75	983.52			3098.89	1019.51	996.75
2002	4543.39	993.92			3488.18	1207.92	1077.09
2003	5273.35	1138.11			3854.72	1442.65	1207.89
2004	9249.94	2083.56			6152.24	1949.57	1353.50
2005	10764.93	2360.31			6415.23	2474.74	1362.36
2006	12551.62	2825.42			7411.88	3033.10	1623.99
2007	14355.59	3532.72			8397.82	3883.28	1893.13
2008	17709.02	4049.73			9453.30	4684.42	2084.29
2009	22361.37	6003.08			13123.80	7143.58	2541.76
2010	26099.00	6508.21			15755.74	9073.08	3033.53
2011	29563.77	10841.38	17824.33	448.24	18143.99	10505.32	3535.19
2012	34257.16	12359.28	20723.61	498.17	21317.96	11453.51	3972.28
2013	39444.45	14381.26	23421.49	672.79	24423.22	12846.73	4042.53
2014	43764.02	16009.72	25760.08	902.95	28052.29	15117.85	4361.03
2015	48927.59	18607.23	29220.28	1089.33	32608.47	17903.52	4729.72

注：1．2003年及以前年份为银行存贷款，2004年及以后年份为全部金融机构数据。2．中长期贷款1993年及以前年份为固定资产贷款。3．单位存款2010年及以前年份为企业存款。4.2015年单位存款、储蓄存款、财政性存款及中长期贷款为新口径。

a) Financial institutes refer to banks only prior to 2003. b) Prior to 1993, Medium-and-Long-term loans equal fixed asset loans. c) Prior to 2010, deposits of organizations refer to deposit from enterprises. d) Deposits of Organizations, saving deposits, treasury deposits, medium and long-term loans are based on new standard in 2015.

住户存款年末余额

Savings Deposit of Households at Year-end

单位：亿元　　(100 million yuan)

年　份 Year	住户存款年末余额 Saving Deposits of Housholds at Year-end	定期储蓄 Fixed Deposits	活期储蓄 Current Deposits
2000	3957.07	3152.36	804.71
2001	4364.18	3419.48	944.70
2002	4811.30	3680.17	1131.13
2003	5457.00	4064.09	1392.91
2004	6207.48	4517.25	1690.23
2005	7084.03	5096.75	1987.28
2006	8014.16	5606.72	2407.44
2007	8922.41	6094.72	2827.69
2008	11435.60	7974.18	3461.42
2009	13551.06	9138.95	4412.11
2010	15678.43	10127.45	5550.99
2011	17948.32	11834.30	6114.03
2012	20872.37	14143.67	6728.70
2013	23790.19	15995.79	7794.40
2014	26207.43	18264.48	7942.95
2015	29220.28	20495.71	8724.57

注：1.本表为全部金融机构数。2.住户存款年末余额原为城乡居民储蓄存款年末余额。3.2015年定期储蓄为新口径。

a) Data in this table are statement of financial institutions. b) Savings deposit in urban and rural areas changes to Savings deposit of households.

c) In 2015, Fixed deposits is based on new stsndard.

保险业务经济技术指标

Economic and Technical Indicators of Insurance Business

年　份 Year	保险业务收入（万元） Premium (10000 yuan)	保险金额（亿元） Amount Insured (100 million yuan)	已决赔款（万元） Claim and Payment (10000 yuan)
1995	187354	2678	104327
2000	565800	6625	165700
2001	764100	7376	268500
2002	1126300	12094	267900
2003	1671000	10804	283300
2004	2054031	14450	367911
2005	2173133	25152	404183
2006	2533740	30088	523107
2007	3322513	36473	1024014
2008	4805928	55400	1476827
2009	6010900	63244	1429800
2010	7464000	71933	1453800
2011	7328900	78738	1834700
2012	7661782	104297	2239037
2013	8375900	145226	3157534
2014	9319000	198078	3950000
2015	11631156	326847	4619200

各种价格指数（上年=100）
General Price Indices (Preceding Year=100)

年 份 Year	居民消费价格指数 Consumer Price Index	城市居民消费价格指数 Urban Areas	农村居民消费价格指数 Rural Areas	商品零售价格指数 Retail Price Index	工业品出厂价格指数 Ex-factory Price Indices of Industrial Products	原材料、燃料、动力购进价格指数 Purchasing Price Indices of Raw Material, Fuel and Power	固定资产投资价格指数 Investment in Fixed Assets Price Index
1978		100.2		99.8			
1979		101.7		101.4			
1980		107.2		105.3			
1981		103.2		102.1			
1982		100.9		101.5			
1983		102.0		101.4			
1984	102.5	103.1	102.1	103.4			
1985	106.8	108.9	105.7	106.8			
1986	105.7	106.0	105.4	105.2			
1987	107.8	108.2	107.4	108.3			
1988	118.0	118.3	117.8	118.1			
1989	118.7	115.9	122.2	118.4			
1990	100.6	101.2	99.9	99.9			
1991	103.4	106.6	101.6	102.8			106.8
1992	106.1	108.5	103.9	105.2	108.6	111.4	129.3
1993	113.8	115.5	111.9	110.5	129.1	134.9	124.8
1994	122.6	124.9	120.0	121.4	119.2	119.9	110.0
1995	115.2	116.1	114.8	115.8	111.4	110.9	106.9
1996	107.1	107.6	106.8	106.2	102.9	106.3	103.9
1997	103.5	103.7	103.4	102.1	98.8	102.1	101.5
1998	98.4	98.7	98.1	97.7	94.4	96.2	97.8
1999	98.1	98.7	97.6	97.8	95.9	95.4	99.4
2000	99.7	100.5	99.1	99.1	105.3	103.3	101.1
2001	100.5	100.4	100.6	99.8	99.8	101.0	99.9
2002	99.0	98.6	99.5	99.2	99.4	97.2	99.5
2003	102.2	102.3	102.0	100.2	107.1	109.4	102.3
2004	104.3	103.7	104.8	103.2	111.6	118.4	107.0
2005	101.8	101.4	102.2	101.1	104.4	107.0	101.9
2006	101.7	101.7	101.7	101.5	100.8	105.0	101.7
2007	104.7	104.3	105.1	104.1	106.9	107.8	103.8
2008	106.2	105.2	108.1	106.7	116.7	115.9	109.6
2009	99.3	98.8	100.3	99.0	89.1	93.5	96.5
2010	103.1	102.8	103.6	103.1	109.0	110.9	103.7
2011	105.7	105.3	106.5	105.0	107.7	110.9	105.5
2012	102.6	102.7	102.5	102.2	94.7	96.2	100.3
2013	103.0	102.7	103.5	102.2	96.6	97.6	99.9
2014	101.7	101.7	101.8	101.0	95.2	95.6	100.2
2015	100.9	101.1	100.5	100.2	89.1	90.3	98.0

各种价格定基指数
Fixed-base Price Indices

年份 Year	居民消费 价格指数 Consumer Price Index (1983=100)	城市居民消费价格指数 Urban Areas (1978=100)	农村居民消费价格指数 Rural Areas (1983=100)	商品零售价格指数 Retail Price Index (1978=100)	工业品出厂价格指数 Ex-factory Price Indices of Industrial Products (1991=100)	原材料、燃料、动力购进价格指数 Purchasing Price Indices of Raw Material, Fuel and Power (1991=100)	固定资产投资价格指数 Investment in Fixed Assets Price Index (1990=100)
1979		101.7		101.4			
1980		109.0		106.8			
1981		112.5		109.0			
1982		113.5		110.6			
1983		115.8		112.1			
1984	102.5	119.4	102.1	115.9			
1985	109.5	130.0	107.9	123.8			
1986	115.7	137.8	113.7	130.2			
1987	124.7	149.1	122.1	141.0			
1988	147.1	176.4	143.8	166.5			
1989	174.6	204.4	175.7	197.1			
1990	175.6	206.9	175.5	196.9			
1991	181.6	220.6	178.3	202.4			106.8
1992	192.7	239.4	185.3	212.9	108.6	111.4	138.0
1993	219.3	276.5	207.4	235.3	140.3	150.3	172.2
1994	268.9	345.3	248.9	285.7	167.1	180.3	189.5
1995	309.8	400.9	285.7	330.8	186.2	200.0	202.5
1996	331.8	431.4	305.1	351.3	191.6	212.6	210.4
1997	343.4	447.4	315.5	358.7	189.3	217.1	213.5
1998	337.9	441.6	309.5	350.4	178.8	208.8	208.8
1999	331.5	435.9	302.1	342.7	171.5	199.1	207.6
2000	330.5	438.1	299.4	339.6	180.5	205.6	209.9
2001	332.2	439.9	301.2	338.9	180.3	207.7	209.6
2002	328.9	433.7	299.7	336.2	179.2	202.0	208.6
2003	336.1	443.7	305.7	336.9	192.0	221.0	213.4
2004	350.6	460.1	320.4	347.7	214.1	261.6	228.3
2005	356.9	466.5	327.4	351.5	223.5	280.0	232.7
2006	363.0	474.4	333.0	356.8	225.3	293.9	236.6
2007	380.0	495.0	349.9	371.3	240.9	316.7	245.6
2008	403.5	520.7	378.4	396.3	281.0	367.1	269.2
2009	400.8	514.6	379.7	392.3	250.3	343.2	259.8
2010	413.1	529.1	393.4	404.5	272.8	380.6	269.4
2011	436.7	557.2	418.9	424.7	293.8	422.1	284.2
2012	448.1	572.2	429.4	434.0	278.2	406.1	285.1
2013	461.4	587.7	444.3	443.5	268.8	396.3	284.8
2014	469.3	597.8	452.1	448.0	255.9	378.9	285.4
2015	473.6	604.3	454.3	448.9	228.0	342.1	279.7

居民消费价格分类指数（2015年，上年=100）

Consumer Price Indices by Category (2015, Preceding Year=100)

项　　目	Item	全 省 Provincial Indices	城 市 Urban Indices	农 村 Rural Indices
居民消费价格指数	**Consumer Price Index**	**100.9**	**101.1**	**100.5**
食　品	**Food**	**100.8**	**101.0**	**100.4**
粮　食	Grain	101.2	101.5	100.6
淀粉及制品	Starches and Its Products	100.5	100.3	100.8
干豆类及豆制品	Beans and Bean Products	102.3	102.6	101.7
油　脂	Oil or Fat	97.9	98.3	97.1
肉禽及其制品	Meat, Poultry and Processed Products	103.2	102.4	104.8
蛋	Eggs	88.5	88.8	88.1
水产品	Aquatic Products	100.7	100.5	101.2
菜	Vegetables	108.5	108.8	107.5
调味品	Flavoring	108.8	110.9	104.9
糖	Carbohydrate	100.6	101.0	99.9
茶及饮料	Tea and Beverages	100.6	100.6	100.7
干鲜瓜果	Dried and Fresh Melons and Fruits	93.3	93.6	92.5
糕点饼干面包	Cake, Biscuit and Bread	100.5	100.1	101.1
液体乳及乳制品	Milk and Its Products	96.5	96.2	97.5
在外用膳食品	Dining Out	101.8	101.9	101.3
其他食品	Other Foods and Manufacturing Services	100.3	100.4	100.3
烟　酒	**Tobacco, Liquor and Articles**	**101.7**	**101.1**	**102.5**
烟　草	Tobacco	104.2	103.2	105.7
酒	Liquor	99.5	99.5	99.4
衣　着	**Clothing**	**103.1**	**103.8**	**101.2**
服　装	Garments	102.9	103.5	101.5
衣着材料	Clothing Material	101.2	101.6	100.5
鞋袜帽	Footgear and Hats	103.5	104.7	100.3
衣着加工服务费	Clothing Manufacturing Service	103.3	102.8	105.4
家庭设备用品及维修服务	**Household Facilities, Articles and Services**	**101.0**	**101.2**	**100.6**
耐用消费品	Durable Consumer Goods	100.6	100.9	100.1
室内装饰品	Interior Decorations	100.2	100.2	100.2
床上用品	Bed Articles	101.2	101.3	100.9
家庭日用杂品	Daily Use Household Articles	100.8	101.0	100.3
家庭服务及加工维修服务	Household Services and Maintenance and Renovation	105.1	104.1	107.2
医疗保健和个人用品	**Health Care and Personal Articles**	**102.7**	**102.6**	**102.9**
医疗保健	Health Care	103.0	103.0	103.1
个人用品及服务	Personal Articles and Services	101.9	101.6	102.3
交通和通信	**Transportation and Communication**	**98.3**	**98.6**	**98.0**
交　通	Transportation	96.7	96.7	96.7
通　信	Communication	100.4	100.6	100.0
娱乐教育文化用品及服务	**Recreation, Education and Culture Articles**	**101.1**	**101.0**	**101.3**
文娱用耐用消费品及服务	Durable Consumer Goods for Cultural and Recreational Use and Services	99.9	100.1	99.3
教　育	Education	101.1	100.7	101.9
文化娱乐类	Cultural and Recreational Articles	101.8	102.4	100.4
旅　游	Touring and Outing	101.1	101.1	101.2
居　住	**Residence**	**99.9**	**99.9**	**100.0**
建房及装修材料	Building Decoration Materials	100.7	100.3	101.2
住房租金	Housing rents	100.3	100.0	101.2
自有住房	Private Housing	100.6	100.0	101.8
水、电、燃料	Water, Electricity and Fuels	98.2	99.6	96.4

商品零售价格分类指数（2015年，上年=100）

Retail Price Indices by Category of Commodities (2015, Preceding Year=100)

项目	Item	全省 Provincial Indices	城市 Urban Indices	农村 Rural Indices
商品零售价格指数	**Retail Price Index**	**100.2**	**100.3**	**100.0**
食品	Food	100.8	100.8	100.6
饮料、烟酒	Beverages, Tobacco and Liquor	101.2	100.9	101.9
服装、鞋帽	Garments, Shoes and Hats	103.1	103.7	101.1
纺织品	Textiles	101.9	102.4	100.7
家用电器及音像器材	Household Appliances, Music and Video Equipment	99.9	100.0	99.8
文化办公用品	Cultural and Office Appliances	100.1	100.3	99.6
日用品	Articles for Daily Use	100.5	100.5	100.7
体育娱乐用品	Sports and Recreation Articles	100.5	100.4	101.0
交通、通信用品	Transportation and Communication Appliances	98.7	98.5	99.7
家具	Furniture	101.3	101.4	100.7
化妆品	Cosmetics	100.9	101.1	100.2
金银珠宝	Gold, Silver and Jewelry	93.3	93.1	94.4
中西药品及医疗保健用品	Traditional Chinese, Western Medicines and Health Care Articles	104.8	104.4	105.8
书报杂志及电子出版物	Books, Newspapers, Magazines and Electronic Publications	103.0	103.6	101.1
燃料	Fuels	89.4	89.9	87.8
建筑材料及五金电料	Building Materials and Hardware	99.2	99.1	99.4

居民消费和商品零售价格指数（2015年）

Consumer Price Indices and Retail Price Indices of Commodities (2015)

项目 Item	居民消费价格指数 Consumer Price Index			商品零售价格指数 Retail Price Index			农业生产资料价格指数 Price Indices of Agricultural Means of Production Index
	全省 Provincial Indices	城市 Urban Indices	农村 Rural Indices	全省 Provincial Indices	城市 Urban Indices	农村 Rural Indices	
1950=100		664.4		511.8	525.5	512.1	565.1
1957=100		544.7		414.7	428.5	421.2	485.4
1965=100		613.7		437.9	492.5	416.1	544.9
1970=100		612.5		441.7	489.6	423.0	575.3
1978=100		604.3		448.9	482.7	437.1	651.2
1980=100		553.8		421.0	441.8	417.0	646.7
1985=100	432.6	464.5	421.3	362.7	370.9	365.8	552.3
1990=100	269.0	292.0	258.7	227.9	235.6	227.4	338.3
1995=100	152.8	150.6	158.9	135.8	130.1	142.2	208.4
2000=100	143.3	137.9	151.7	132.2	126.2	139.4	188.5
2005=100	132.7	129.5	138.8	127.6	124.4	132.1	164.8
2010=100	114.5	114.2	115.6	111.0	110.5	112.4	121.8

农业生产资料价格分类指数（上年=100）
Price Indices of Agricultural Means of Production by Category (Preceding Year=100)

项　　目	Item	2000	2005	2010	2014	2015
农业生产资料价格指数	**Price Indices of Agricultural Means of Production Index**	**101.5**	**106.8**	**104.4**	**99.1**	**99.8**
农用手工工具	Farm Hand tools	98.8	100.5	105.0	99.6	100.0
饲　料	Forage	96.2	99.2	108.2	104.3	99.3
产品畜	Production Livestock	113.5	106.2	105.0	95.0	104.4
半机械化农具	Labour Livestock	99.1	99.9	99.9	98.6	100.0
机械化农具	Semi-mechanized Farm Tools	97.7	101.3	101.8	100.8	100.4
化学肥料	Mechanized Farm Machinery	95.0	112.0	100.2	91.6	101.4
农药及农药械	Chemical Fertilizer	97.7	101.2	97.6	101.7	99.6
农用机油	Pesticide and Its Appliances	120.3	116.6	115.2	98.6	86.4
其他农业生产资料	Oil for Farm Machinery	97.8	108.6	108.0	102.8	99.1
农业生产服务	Other Means of Agricultural Production			103.1	101.2	100.5

工业品出厂价格分类指数（上年=100）
Ex-factory Price Indices of Industrial Products (Preceding Year=100)

项　　目	Item	2000	2005	2010	2014	2015
全部工业品	**Total Industry Products**	**105.27**	**104.39**	**109.03**	**95.21**	**89.09**
轻工业	Light Industry	99.17	100.66	104.69	99.83	98.31
以农产品为原料	Agricultural Products as Raw Materials	100.44	99.8	106.77	99.83	98.21
以非农产品为原料	Non-agricultural Products as Raw Materials	95.27	101.62	102.40	99.82	98.69
重工业	Heavy Industry	107.92	107.13	110.90	94.15	86.95
采　掘	Mining and Quarrying Industry	135.25	122.89	123.56	88.68	71.17
原　料	Raw Materials Industry	106.76	106.15	111.28	95.13	87.74
加　工	Processing Industry	98.53	102.96	107.88	94.16	88.33
生产资料	Means of Production	106.98	105.15	109.82	94.33	87.37
采　掘	Mining and Quarrying Industry	132.56	122.85	120.15	88.68	71.17
原　料	Raw Materials Industry	105.95	105.22	111.55	95.09	87.81
加　工	Processing Industry	99.20	102.01	106.67	94.50	88.90
生活资料	Consumer Goods	98.44	100.63	104.16	100.40	99.20
食　品	Food	95.96	100.35	106.08	101.12	98.76
衣　着	Clothing	101.82	100.48	101.61	98.65	97.71
一般日用品	Articles for Daily Use	97.49	102.01	100.74	100.00	99.84
耐用消费品	Durable Consumer Goods	98.75	100.98	103.21	100.22	101.34

主要原材料、燃料、动力购进价格指数（上年=100）
Purchasing Price Indices of Major Raw Material, Fuel and Motive (Preceding Year=100)

项目	Item	2000	2005	2010	2014	2015
全部原材料	**Total Raw Materials**	**103.31**	**107.02**	**110.85**	**95.58**	**90.27**
燃料、动力类	Fuel and Power	107.50	115.70	113.46	94.19	87.28
黑色金属材料类	Ferrous Metals	100.10	107.27	111.08	91.93	83.54
# 钢材	Steel Products	102.78	104.89	103.55	96.07	92.93
其他	Others	99.46	110.61	119.09	90.27	79.69
有色金属材料和电线类	Nonferrous Metals	115.59	111.26	120.24	95.78	94.57
化工原料类	Raw Chemical Materials	104.56	106.76	113.19	98.01	91.72
木材及纸浆类	Timber and Paper Pulp	102.57	103.35	105.57	100.04	99.03
建筑材料及非金属矿类	Building Materials and Nonmetal Ores	111.17	104.03	100.29	97.23	91.76
其他工业原料及半成品类	Other Industrial Raw Materials and Semi-finished Products	94.65	105.83	107.73	98.44	95.38
农副产品类	Agricultural Products	94.79	98.90	111.89	97.28	97.81
纺织原料类	Textile Materials	109.95	97.19	109.99	98.91	96.52

固定资产投资价格指数（上年=100）
Price Indices of Investment in Fixed Assets (Preceding Year=100)

年份 Year	固定资产投资 Investment in Fixed Assets	建筑安装工程 Construction and Installation	设备、工器具购置 Purchase of Equipment, Tools and Instruments	其他费用 Others
1991	106.8	104.1	110.5	107.2
1992	129.3	131.2	122.0	148.3
1993	124.8	133.0	121.0	86.0
1994	110.0	108.1	110.1	123.2
1995	106.9	106.0	106.2	115.1
1996	103.9	106.0	100.0	101.9
1997	101.5	105.0	95.0	101.2
1998	97.8	99.4	94.4	98.5
1999	99.4	100.0	96.4	104.3
2000	101.1	102.3	98.4	100.9
2001	99.9	100.6	97.9	100.4
2002	99.5	100.0	98.0	100.3
2003	102.3	104.2	98.5	101.4
2004	107.0	109.6	103.6	102.1
2005	101.9	101.8	101.9	102.0
2006	101.7	101.6	101.6	102.0
2007	103.8	105.4	100.7	102.4
2008	109.6	113.9	101.6	105.8
2009	96.5	94.7	97.4	102.3
2010	103.7	105.0	101.2	102.8
2011	105.5	107.9	101.6	101.9
2012	100.3	100.6	99.2	100.7
2013	99.9	99.9	99.1	101.9
2014	100.2	100.2	99.5	101.9
2015	98.0	97.1	99.3	100.4

农产品生产价格指数（上年=100）
Production Price Indices of Farm Produces (Preceding Year=100)

指　　标	Item	2005	2010	2011	2012	2013	2014	2015
农产品生产价格指数	**General Price Index of Farm Products**	**102.45**	**115.13**	**110.86**	**100.66**	**105.07**	**100.23**	**97.50**
种植业产品	**Planting Products**	**103.85**	**124.07**	**105.98**	**103.14**	**106.79**	**97.23**	**97.26**
谷　物(原粮)	Cereal	98.03	114.22	107.66	103.91	105.34	102.85	97.28
小　麦	Wheat	100.25	109.67	102.72	101.63	113.27	102.10	100.00
稻　谷	Rice	107.02	116.72	110.02	105.74	103.80	101.34	
玉　米	Corn	95.90	117.35	111.02	105.42	100.00	103.37	95.22
薯　类	Tubers	111.47	136.55	81.17	89.98	127.61	91.79	79.84
豆　类	Beans	92.69	106.60	102.61	99.68	103.53	105.92	99.65
大　豆	Beans	96.60	106.02	104.32	99.84	103.78	103.48	98.59
油　料	Oil-bearing Crops	98.75	120.66	109.76	106.60	94.96	97.31	109.81
棉　花(籽棉)	Cotton (Unginned Cotton)	104.86	150.97	100.63	94.92	102.18	89.35	90.06
蔬　菜	Fresh Vegetables	106.03	116.73	107.85	106.55	108.26	88.78	107.53
水　果	Fruits	113.25	122.69	105.97	105.08	112.33	103.53	85.91
瓜类水果	Melon Fruit	113.51	90.64	105.57	136.51	100.64	85.89	80.00
其他水果	Other Fruits	114.41	118.97	103.69	99.83	125.90	85.81	83.17
林业产品	**Forestry Products**	**100.58**	**108.05**	**106.96**	**106.83**	**82.95**		**94.53**
畜牧业产品	**Animal Husbandry Products**	**100.40**	**103.63**	**116.50**	**97.35**	**104.66**	**103.58**	**97.33**
牛	Cattle and Buffaloes	100.24	102.61	112.08	120.45	122.34	105.25	93.00
羊	Sheep and Goats	100.17	105.45	116.63	113.51	110.92	99.96	79.06
生　奶	Raw Milk	100.10	117.90	103.92	101.49	107.17	103.42	94.77
动物毛类	Animal Hair Type	94.53	118.23	112.05	99.87	96.89	89.82	86.80
猪	Pig Feeding	98.50	99.47	129.49	96.95	99.86	92.70	111.73
活家禽(毛重)	Live Poultry (Gross Weight)	103.92	104.88	105.27	96.53	98.84	106.97	94.24
禽　蛋	Poultry Eggs	103.08	109.22	107.70	90.72	106.95	115.35	90.19
渔业产品	**Fishery Products**	**107.08**	**125.07**	**111.62**	**104.87**	**93.86**	**101.67**	**105.74**
海水养殖产品	Seawater Artificially Cultured Products	110.55	141.79	107.34				
淡水养殖产品	Freshwater Artificially Cultured Products	100.28	109.44	117.51	104.87	93.86	101.67	105.74

居民人均可支配收入及指数

Per Capita Disposable Income and Indices of the Population

年　份 Year	全体居民 All Households	城镇居民 Urban Households		农村居民 Rural Households	
		绝对值 Value	指数(1978年=100) Index (1978=100)	绝对值 Value	指数(1978年=100) Index (1978=100)
1978		276.24	100.0	114.06	100.0
1979		313.20	113.4	136.11	119.3
1980		400.56	145.0	175.77	154.1
1981		402.48	145.7	204.41	179.2
1982		432.84	156.7	238.70	209.3
1983		448.68	162.4	298.07	261.3
1984		519.24	188.0	345.00	302.5
1985		630.72	228.3	385.23	337.7
1986		766.44	277.5	407.61	357.4
1987		855.00	309.5	444.40	389.6
1988		1080.48	391.1	546.62	479.2
1989		1256.88	455.0	589.40	516.7
1990		1397.35	505.8	621.67	545.0
1991		1489.32	539.1	657.38	576.3
1992		1763.40	638.4	682.48	598.4
1993		2201.04	796.8	803.80	704.7
1994		3007.68	1088.8	1107.25	970.8
1995		3674.16	1330.1	1668.73	1463.0
1996		4429.66	1476.0	2054.95	1801.6
1997		4958.67	1652.3	2286.01	2004.2
1998		5084.64	1694.3	2405.32	2108.8
1999		5365.03	1787.7	2441.50	2140.5
2000		5661.16	1886.4	2478.86	2073.3
2001		5984.82	1994.3	2603.60	2282.7
2002		6678.73	2225.5	2685.16	2354.2
2003		7239.12	2412.2	2853.29	2501.6
2004		7951.31	2649.4	3171.06	2780.2
2005		9107.09	2734.6	3481.64	3052.5
2006		10304.56	3092.8	3801.82	3333.2
2007		11690.47	3895.4	4293.43	3764.2
2008		13441.09	4478.7	4795.46	4204.3
2009		14718.25	4904.2	5149.67	4514.9
2010		16263.43	5419.1	5957.98	5223.5
2011		18292.23	6095.1	7119.69	6242.1
2012		20543.44	6845.2	8081.40	7085.2
2013	15189.64	22226.75	8174.2	9187.71	7979.9
2014	16647.40	24141.34	8878.3	10186.14	8847.1
2015	18118.09	26152.16	9617.8	11050.51	9597.8

注：2013年起使用城乡一体化住户收支与生活状况调查数据，与以前的分城镇和农村住户调查的范围、方法、指标口径有所不同。以下相关表同。

a) The integrated household income and expenditure survey has been used since 2013, including both urban and rural households. The coverage, methodology and definitions used in the survey are different from those used for the separate urban and rural household survey prior to 2013. The same applies to the relevant tables following.

居民生活基本情况

项　　目	Item	2000	2005
收入与支出(抽样调查)(元)	**Income and Expenditure (yuan)**		
职工平均工资	Annual Average Wages of Staff and Workers	7781	14707
全省居民人均可支配收入	Per Capita Annual Disposable Income of the Population		
全省居民人均消费支出	Per Capita Annual Living Expenditure of the Population		
城镇居民人均可支配收入	Per Capita Annual Disposable Income of Urban Households	5661.16	9107.09
城镇居民人均消费支出	Per Capita Annual Living Expenditure of Urban Households	4348.47	6699.70
农村居民人均可支配收入	Annual Per Capita Net Income of Rural Residents	2478.86	3481.64
农村居民人均消费支出	Per Capita Annual Living Expenditure of Rural Households	1365.23	2165.72
居住条件(平方米)	**Residence Condition (sq.m)**		
全省居民期末人均拥有房屋面积	Per Capita Floor Space of Owned Houses of the Population		
城镇居民期末人均拥有房屋面积	Per Capita Floor Space of Owned Houses in Urban Areas	15.42	21.53
农村居民期末人均拥有房屋面积	Per Capita Floor Space of Owned Houses in Rural Areas	22.87	28.35
储　　蓄	**Savings**		
城乡居民储蓄存款年底余额（亿元）	Balance of Savings Deposit of Rural and Urban Residents (year-end) (100 million yuan)	3957.06	7084.03
人均储蓄存款年底余额(元)	Per Capita Balance of Saving Deposit (yuan)	5955.8	10372.3
文　　化(抽样调查)(台)	**Culture (unit)**		
全省居民每百户拥有彩色电视机	Number of Color TV Sets Per 100 Households of the Population		
城镇居民每百户拥有彩色电视机	Number of Color TV Sets Per 100 Households in Urban Areas	112	124.34
农村居民每百户拥有彩色电视机	Number of Color TV Sets Per 100 Households in Rural Areas	64.76	102.14
全省居民每百户拥有计算机	Number of Refrigerator Sets Per 100 Households of the Population		
城镇居民每百户拥有计算机	Number of Refrigerator Sets Per 100 Households in Urban Areas	7	37.63
农村居民每百户拥有计算机	Number of Refrigerator Sets Per 100 Households in Rural Areas	0.14	1.21
全省居民每百户拥有照相机	Number of Refrigerator Sets Per 100 Households of the Population		
城镇居民每百户拥有照相机	Number of Refrigerator Sets Per 100 Households in Urban Areas	38	46.47
农村居民每百户拥有照相机	Number of Refrigerator Sets Per 100 Households in Rural Areas	4.17	3.50
教　　育	**Education**		
学龄儿童入学率(%)	Enrollment Ratio of School-Age Children (%)	99.9	99.7
每万人口拥有当年大学生毕业生数（人）	Number of University Students Per 10000 Persons (person)	6.2	25.0
卫　　生	**Public Health**		
每万人口拥有病床(张)	Number of Hospital Beds Per 10000 Persons (unit)	25.4	23.8
每万人口拥有医生(人)	Number of Doctors Per 10000 Persons (person)	13.8	12.3
就　　业(抽样调查)(人)	**Employment (person)**		
全省每一就业者负担人数（含本人）	Number of Dependents Per Employee of the Population (including the laborer himself or herself)		
城镇每一就业者负担人数（含本人）	Number of Dependents Per Urban Employee (including the laborer himself or herself)	1.83	1.94
农村每一劳动力负担人数	Number of Dependents Per Rural Employee	1.50	1.40

注：城镇人均居住面积2007年以前为人均住房使用面积，2007年—2012年为人均住房建筑面积，从2013年开始为人均拥有房屋面积。（下同）

Basic Statistics on People's living Conditios

2006	2007	2008	2009	2010	2011	2012	2013	2014	2015
16590	19911	24756	28383	32306	36166	38658	41501	45114	50921
							15189.64	16647.40	18118.09
							10872.18	11931.54	13030.69
10304.56	11690.47	13441.10	14718.25	16263.43	18292.23	20543.44	22226.75	24141.34	26152.16
7343.50	8235.00	9086.70	9678.75	10318.32	11609.29	12531.12	14970.03	16203.82	17586.62
3801.82	4293.43	4795.46	5149.67	5957.98	7119.69	8081.39	9187.71	10186.14	11050.51
2495.33	2786.77	3125.55	3349.74	3844.92	4711.16	5364.14	7377.13	8247.99	9022.84
							34.35	35.70	36.82
21.81	30.45	29.51	29.95	30.52	32.21	32.51	33.65	35.45	35.87
29.13	30.11	30.71	31.94	32.23	34.11	35.01	34.94	35.91	37.66
8014.16	8922.41	11435.60	13551.06	15678.43	17824.33	20872.37	23790.19	25760.08	29220.28
11657.8	12892.7	16416.3	19327.0	22038.8	24696.0	28733.0	32544.5	35008.8	39463.7
							113.30	115.71	115.87
126.73	126.32	117.77	118.00	117.97	116.30	115.96	109.48	111.28	111.11
106.24	110.36	114.29	115.52	116.55	121.88	121.76	117.07	120.12	120.81
							49.56	55.92	57.53
42.68	49.68	55.27	57.3	61.32	74.74	75.53	70.29	76.58	76.57
2.02	2.83	4.07	6.05	9.69	25.57	30.40	29.09	35.32	37.82
							19.03	20.32	19.85
48.54	45.32	36.79	37.69	39.28	37.04	36.96	33.72	35.84	34.65
3.60	3.64	3.79	3.86	4.24	3.57	4.05	4.53	4.85	4.54
99.4	99.4	99.7	99.7	99.8	99.8	99.8	99.8	99.7	99.8
30.2	34.8	38.2	38.8	42.5	43.1	43.5	45.7	46.8	44.3
25.2	28.2	30.7	33.1	34.7	37.4	37.5	41.9	43.7	46.1
12.7	15.6	15.7	16.3	17.1	17.3	19.6	20.5	21.4	22.5
							1.68	1.66	1.73
1.91	1.85	2.02	2.02	2.05	2.04	2.05	1.95	1.86	1.90
1.38	1.36	1.36	1.34	1.34	1.35	1.35	1.40	1.41	1.40

a) Figures for per capita living space of urban residents was per capita usable floor space before 2007, In 2007-2012 was per capita floor space of residential building. Sine 2013 was per capita floor space of owned houses. Same as following tables.

居民人均消费支出及恩格尔系数

Per Capita Consumption Expenditures and Engle Coefficient of the Population

年　份 Year	居民人均消费支出(元) Per Capita Annual Living Expenditures (yuan)					恩格尔系数(%) Engle Coefficient (%)	
	全体居民 All Households	城镇居民 Urban Households		农村居民 Rural Households		城镇居民 Urban Households	农村居民 Rural Households
		绝对值 Value	指数(1978年=100) Index (1978=100)	绝对值 Value	指数(1978年=100) Index (1978=100)		
1978		402.00	100.0	95.02	100.0		66.27
1979		423.00	105.2	116.43	122.5		59.92
1980		460.00	114.4	142.01	149.5	60.08	56.06
1981		401.16	99.8	164.66	173.3	53.34	52.19
1982		401.04	99.8	175.39	184.6	56.28	54.29
1983		419.88	104.4	224.65	236.4	56.93	53.52
1984		475.80	118.4	243.20	255.9	55.36	52.24
1985		605.52	150.6	297.72	313.3	49.96	50.03
1986		717.72	178.5	333.04	350.5	50.24	48.51
1987		799.68	198.9	365.35	384.5	51.67	48.44
1988		1118.76	278.3	445.68	469.0	46.50	46.95
1989		1188.12	295.6	495.20	521.2	52.00	48.12
1990		1278.02	317.9	485.70	511.2	51.16	49.05
1991		1336.08	332.4	558.23	587.5	51.34	47.94
1992		1612.32	401.1	579.36	609.7	49.51	52.47
1993		1983.72	493.5	696.52	733.0	46.31	58.39
1994		2613.24	650.1	779.04	819.9	47.29	56.69
1995		3256.80	810.1	1104.30	1162.2	46.22	56.81
1996		3424.35	851.8	1398.94	1472.3	44.78	52.18
1997		4003.71	995.9	1394.81	1467.9	41.95	50.28
1998		3834.43	953.8	1298.54	1366.6	40.02	47.51
1999		4026.30	1001.6	1338.37	1408.5	37.70	43.68
2000		4348.47	1081.7	1365.23	1436.8	34.39	39.50
2001		4479.75	1114.4	1429.81	1504.7	35.35	39.72
2002		5068.38	1260.8	1476.42	1553.8	35.42	38.92
2003		5439.72	1353.2	1600.10	1684.0	35.16	39.94
2004		5819.18	1447.6	1834.92	1931.1	36.82	42.51
2005		6699.67	1666.6	2165.72	2279.2	34.56	41.02
2006		7343.49	1826.7	2495.33	2626.1	33.94	36.69
2007		8234.97	2048.5	2786.77	2932.8	33.88	36.81
2008		9086.73	2260.4	3125.55	3289.4	34.73	38.17
2009		9678.75	2407.6	3349.74	3525.3	33.59	35.69
2010		10318.32	2566.7	3844.92	4046.4	32.32	35.15
2011		11609.29	2887.9	4711.16	4958.1	33.80	33.53
2012		12531.12	3117.2	5364.14	5645.3	33.60	33.87
2013	10872.18	14970.03	3393.2	7377.13	6455.6	26.88	29.89
2014	11931.54	16203.82	3672.8	8247.99	7217.7	26.17	29.36
2015	13030.69	17586.62	3986.3	9022.84	7895.7	26.05	28.57

城镇居民家庭基本情况
Basic Indicators of Urban Households

项　　目	Item	2000	2005	2010	2014	2015
户均常住人口数(人)	Average Number of Permanent Residents Per Household (person)	3.06	2.91	2.85	2.92	2.89
户均就业人口数(人)	Average Number of Employed Persons Per Household (person)	1.68	1.50	1.39	1.57	1.52
户均就业面(%)	Percentage of Employment Per Household (%)	54.69	51.50	48.77	53.79	52.65
平均每一就业者负担人数(含就业者本人)(人)	Number of Persons Supported by Each Employee (including the employee himself or herself) (person)	1.83	1.94	2.05	1.86	1.90
人均可支配收入(元)	Per Capita Disposable Income (yuan)	5661.16	9107.09	16263.43	24141.34	26152.16
人均消费支出(元)	Per Capita Consumption Expenditures (yuan)	4348.47	6699.67	3844.92	16203.82	17586.62
期末拥有房屋面积(平方米/人)	Per Capita Floor Space of Owned Houses at Year-end (sq.m/person)	22.87	28.35	32.23	35.45	35.87
现住房面积	Covered Area of Present House				33.83	32.82
# 钢筋混凝土	Reinforced Concrete Structure	2.98	6.11	7.53	11.61	12.29
砖混材料	Brick Concrete Structure	18.35	21.10	23.57	18.76	17.92
砖瓦砖木	Brick Structure				3.44	2.48
竹草土坯	Bamboo Grass Adobe Structure				0.02	0.11
其他	Others				0.01	0.02
年末拥有房屋价值(元/人)	Value of Owned Houses at Year-end (yuan/person)	5292.80	8352.21	11047.80	155386.75	147635.59
期内新建、购住房建筑面积(平方米/人)	Per Capita Floor Space of Newly Built House Within the Year (sq.m/person)	0.94	0.74	0.41	0.98	0.98
新建住房竣工建筑面积	Floor Space Completed of Newly Built Residential Buildings				0.16	0.03
新购住房建筑面积	Floor Space of Newly Built				0.82	0.95
期内新建、购住房价值(元/人)	Value of Newly Built House Within the Year (yuan/person)	325.17	308.70	312.03	4035.47	4090.05
新建住房竣工价值	Value Completed of Newly Built House				135.47	37.80
新购住房总金额	Total Value of Newly Built House				3900.00	4052.25

城镇居民按人均可支配收入分组的户数构成
Percentage of Households Grouped by Per Capita Disposable Income of Urban Households

项　目	Item	2014	2015	项　目	Item	2014	2015
2000元以下	Less Than 2000 yuan	0.23	0.23	20000－22000元	20000－22000 yuan	7.03	7.00
2000－4000元	2000-4000 yuan	0.46	0.12	22000－24000元	22000－24000 yuan	7.82	5.56
4000－6000元	4000-6000 yuan	0.88	0.76	24000－26000元	24000－26000 yuan	7.04	7.41
6000－8000元	6000-8000 yuan	1.72	1.39	26000－28000元	26000－28000 yuan	7.60	6.01
8000－10000元	8000-10000 yuan	2.77	1.76	28000－30000元	28000－30000 yuan	5.14	6.05
10000－12000元	10000-12000 yuan	4.26	3.13	30000－35000元	30000－35000 yuan	11.26	13.70
12000－14000元	12000-14000 yuan	4.21	4.01	35000－40000元	35000－40000 yuan	8.93	9.19
14000－16000元	14000-16000 yuan	5.72	4.64	40000－45000元	40000－45000 yuan	5.07	5.87
16000－18000元	16000-18000 yuan	6.84	5.06	45000－50000元	45000－50000 yuan	3.35	5.79
18000－20000元	18000-20000 yuan	6.23	7.02	50000元以上	50000 yuan and over	3.44	5.30

按收入五等份划分的城镇居民家庭基本情况（2015年）
Basic Indicators of Urban Households by Income Quintile (2015)

项　目	Item	城镇居民家庭 Urban Residents	低收入户 Low Income Households	中低收入户 Lower Middle Income Households	中等收入户 Middle Income Households	中高收入户 Upper Middle Income Households	高收入户 High Income Households
户均常住人口(人)	Average Household Size (person)	2.89	3.57	3.19	2.88	2.57	2.21
户均就业人口(人)	Average Number of Employed Persons Per Household (person)	1.52	1.84	1.77	1.56	1.29	1.14
			0.52	0.56	0.54	0.50	0.51
户均就业面(%)	Percentage of Employment Per Household (%)	52.65	51.58	55.64	53.97	50.02	51.42
平均每一就业者负担人数(包括就业者本人)（人）	Number of Persons Supported by Each Employee (including the employee himself or herself) (person)	1.90	1.94	1.80	1.85	2.00	1.94
人均可支配收入(元)	Per Capita Disposable Income (yuan)	26152.16	12126.49	20533.33	26612.76	33568.93	47597.86
人均消费支出(元)	Per Capita Consumption Expenditures (yuan)	17586.62	10980.83	14972.15	18080.93	20224.62	28269.57

城镇居民人均收支情况
Per Capita Income and Consumption Expenditure of Urban Households

单位：元 (yuan)

指　标	Item	2000	2005	2010	2014	2015
人均可支配收入	**Per Capita Disposable Income of Urban Households**	**5661.16**	**9107.09**	**16263.43**	**24141.34**	**26152.16**
工资性收入	Income of Wages and Salaries		6346.53	10566.30	15275.87	16705.34
工资	Income of Wages and Subsidies		6157.99	10431.20	14119.44	15800.27
实物福利	Benefits in Kind				27.76	16.70
其他	Others		188.54	135.10	1128.67	888.38
经营净收入	Net Business Income		643.84	1043.72	1806.79	1831.39
第一产业净收入	Primary Industry				182.83	148.35
第二产业净收入	Secondary Industry				243.38	143.76
第三产业净收入	Tertiary Industry				1380.57	1539.27
财产净收入	Net Income from Property	146.13	117.46	323.97	2222.40	2319.80
转移净收入	Net Income from Transfer	1292.32	2508.96	5400.43	4836.28	5295.63
#养老金或离退休金	Pension	1100.38	2188.22	4886.67	5480.43	6253.46
人均消费支出	**Per Capita Consumption Expenditures of Urban Households**	**4348.47**	**6699.67**	**10318.32**	**16203.82**	**17586.62**
食品烟酒	Food, Alcohol and Tobacco	1517.94	2315.76	3335.23	4240.80	4581.13
衣　着	Clothing	534.35	787.33	1225.94	1424.39	1544.24
居　住	Residence	416.66	762.08	1334.47	3735.84	4111.59
#自有住房折算租金	Owned Housing Rental Conversion				2342.18	2598.80
生活用品及服务	Household Facilities, Articles and Service	444.60	414.49	693.56	1081.56	1178.69
交通通信	Transport and Communications	337.15	772.34	1398.35	2448.37	2386.40
教育文化娱乐	Education, Cultural and Recreation	529.35	795.43	1001.01	1591.89	1870.83
医疗保健	Health Care and Medical Service	376.71	642.71	923.83	1304.50	1500.63
其他用品及服务	Miscellaneous Coods and Services	191.71	209.51	395.93	376.46	413.12

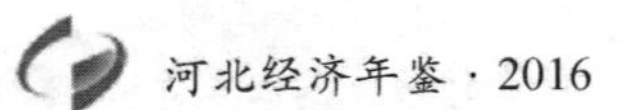

城镇居民人均主要食品消费量

Per Capita Consumption of Major Foods of Urban Households

单位：公斤 (kg)

品名	Item	2000	2005	2010	2014	2015
粮食(原粮)	Grain (Unprocessed)	94.53	80.40	86.20	121.41	115.76
谷物	Cereal				111.46	105.67
小麦	Wheat			26.74	71.85	69.93
稻谷	Rice			24.47	29.94	27.15
薯类	Potato		13.18	11.64	2.22	2.41
豆类	Beans				7.73	7.67
蔬菜及菜制品	Vegetables and It's Products				97.63	94.72
# 鲜菜	Fresh Vegetables	128.23	133.91	119.21	94.31	91.15
肉禽及其制品	Meats, Poultry and Related Products	27	23.68	22.93	27.34	28.00
# 猪肉	Pork	9.97	13.86	13.49	14.12	13.64
牛肉	Beef	4.13①	2.67	2.63	1.91	2.15
羊肉	Mutton		2.34	1.94	1.30	1.90
家禽	Poultry	4.13	4.81	3.23	4.94	5.16
蛋及蛋制品	Eggs and Processed Products	14.78	15.56	13.39	12.77	13.66
奶和奶制品	Milk and Dairy Products		30.24	20.46	21.61	21.20
水产品	Aquatic Products	5.63	7.57	8.16	7.19	7.45
油脂类	Edible Oil		10.70	8.06	9.58	9.78
# 植物油	Vegetable Oil	8.13	10.62	8.02	9.51	9.69
食　糖	Sugar				1.01	1.02
鲜瓜果类	Fruits, Melons and Processed Products		63.37	51.45	52.69	56.75
坚果	Nuts and Processed Products				4.91	5.44
茶叶	Tea		0.23	0.16	0.18	0.21
酒	Liquor	10.65	12.45	8.29	8.56	8.92

注：①为牛、羊肉之和。

a) ① The data for beef, mutton and.

城镇居民平均每百户年末主要耐用消费品拥有量
Main Durable Goods Owned Per 100 Urban Households at Year-end

项　目	Item	2000	2005	2010	2014	2015
家用汽车(辆)	Automobile (unit)	0.94	3.94	12.46	33.40	36.91
摩托车(辆)	Motorcycle (unit)	37.00	31.56	28.85	18.82	14.38
助力车(辆)	Aided Power Bike (unit)		13.19	49.98	68.77	73.53
洗衣机(台)	Washing Machine (unit)	93.00	95.52	97.66	97.43	98.43
电冰箱(柜)(台)	Refrigerator (unit)	84.00	92.07	98.28	97.59	97.51
微波炉(台)	Oven (unit)	10.00	40.27	50.13	56.26	58.39
彩色电视机(台)	Color TV Set (unit)	112.00	124.34	117.97	111.28	111.11
#接入有线电视网	Cable TV		104.27	90.38	84.12	85.23
空调(台)	Air Conditioner (unit)	33.00	81.43	90.39	112.40	117.91
热水器(台)	Water Heater (unit)		68.13	78.09	85.46	88.50
#太阳能热水器	Solar Water Heater				41.59	42.17
消毒碗柜(台)	Disinfect Cupboard		4.71	2.91	2.05	1.84
洗碗机(台)	Dish Washing Machine (unit)		0.76	0.56	1.29	0.93
排油烟机(台)	Exhaust Fan (unit)		74.64		79.22	78.20
固定电话(部)	Telephone (set)		92.85	75.80	46.60	40.40
移动电话(部)	Mobile Telephone (set)	14.14	124.53	173.70	218.95	220.51
#接入互联网	Internet Mobile Phone		4.03	24.61	82.69	96.95
计算机(台)	Computer (unit)	7.00	37.63	61.32	76.58	76.57
#接入互联网	Internet Computer		22.79	59.67	57.63	61.93
摄像机(台)	Camera (unit)		3.95	6.75	7.14	7.68
照相机(台)	Camera (unit)	38.00	46.47	39.28	35.84	34.65
中高档乐器(件)	Medium and High-grade Musical Instruments (unit)		5.82	4.32	3.80	3.37
健身器材(套)	Healthy Equipment (unit)		5.06	3.73	4.51	4.49
组合音响(台)	Hi-Fi Stereo Component System (unit)		22.81	22.60	6.79	5.30

农村居民家庭基本情况
Basic Indicators of Rural Households

项　　目	Item	2000	2005	2010	2014	2015
户均常住人口（人）	Average Number of Permanent Residents Per Household (person)	4.11	3.92	3.70	3.38	3.40
户均整、半劳动力（人）	Average Number of Full/Semi Laborer Force Per Household (person)	2.74	2.81	2.76	2.39	2.43
平均每个劳动力负担人口（人）	Average Number of Dependents Per Laborer Force (person)	1.50	1.40	1.34	1.41	1.40
人均可支配收入（元）	Per Capita Disposable Income (yuan)	2478.86	3481.64	5957.98	10186.14	11050.51
人均消费支出（元）	Per Capita Consumption Expenditures (yuan)	1365.23	2165.72	3844.92	8247.99	9022.84
年末拥有房屋面积（平方米/人）	Per Capita Floor Space of Owned Houses at Year-end (sq.m/person)	22.87	28.35	32.48	35.91	37.66
现住房面积	Covered Area of Present House	22.87	28.35	32.23	34.95	36.52
# 钢筋混凝土	Reinforced Concrete Structure	2.98	6.11	7.53	2.96	2.88
砖混材料	Brick Concrete Structure	18.35	21.10	23.57	18.36	18.25
砖瓦砖木	Brick Structure				13.04	14.58
竹草土坯	Bamboo Grass Adobe Structure				0.51	0.68
其他	Others				0.08	0.13
年末拥有房屋价值(元/人)	Value of Owned Houses at Year-end (yuan/person)	5292.80	8352.21	11047.80	29586.25	35216.01
年内新建、购住房建筑面积（平方米/人）	Per Capita Floor Space of Newly Built House Within the Year (sq.m/person)	0.94	0.74	0.42	0.60	0.41
新建住房竣工建筑面积	Floor Space Completed of Newly Built Residential Buildings				0.39	0.23
新购住房建筑面积	Floor Space of Newly Built				0.20	0.18
年内新建、购住房价值（元/人）	Value of Newly Built House Within the Year (yuan/person)	325.17	308.70	312.03	1160.17	768.79
新建住房竣工价值	Value Completed of Newly Built House				397.79	219.96
新购住房总金额	Total Value of Newly Built House				762.38	548.83

农村居民按人均可支配收入分组的户数占调查户比重

Percentage of Households Grouped by Per Capita Disposable Income of Rural Households

项　　目	Item	2000	2005	2010	2012	2013	2014	2015
2000元以下	Less Than 2000 yuan	39.85	23.24	8.83	6.45	3.77	3.61	3.76
2000－3000元	2000－3000 yuan	30.40	26.21	12.00	6.79	3.72	3.12	2.51
3000－4000元	3000－4000 yuan	15.98	19.40	14.38	8.45	6.04	4.67	3.87
4000－5000元	4000－5000 yuan	7.79	12.55	13.07	8.74	7.73	5.69	4.62
5000－6000元	5000－6000 yuan	5.98①	7.21	10.98	9.21	8.66	7.08	5.67
6000－7000元	6000－7000 yuan		4.10	8.95	8.50	8.45	7.96	5.99
7000－8000元	7000－8000 yuan		2.62	7.33	8.64	8.91	7.55	7.21
8000－9000元	8000－9000 yuan		1.33	5.52	6.67	7.98	7.45	7.08
9000－10000元	9000－10000 yuan		0.88	4.21	6.31	6.75	6.61	7.66
10000－11000元	10000－11000 yuan		0.55	3.57	4.95	6.94	7.01	7.01
11000－12000元	11000－12000 yuan		0.45	1.98	3.88	4.54	5.67	5.92
12000－13000元	12000－13000 yuan		0.38	2.00	3.74	4.34	4.70	6.25
13000－14000元	13000－14000 yuan		0.19	1.14	2.69	3.81	3.87	4.61
14000－15000元	14000－15000 yuan		0.21	1.38	2.74	3.16	4.35	4.16
15000－16000元	15000－16000 yuan		0.07	0.79	1.95	2.68	3.03	3.18
16000－17000元	16000－17000 yuan		0.07	0.79	1.60	1.81	2.90	3.16
17000－18000元	17000－18000 yuan		0.07	0.55	1.40	1.82	2.34	2.27
18000－19000元	18000－19000 yuan		0.05	0.50	0.81	1.52	1.92	2.57
19000－20000元	19000－20000 yuan		0.14	0.29	1.07	1.05	1.80	1.66
20000元以上	20000 yuan and over		0.26	1.74	5.40	6.30	8.68	10.85

注：①为5000元以上组数据。

a) ① The data for the group of more than 5000 yuan.

农村居民人均收支情况

Per Capita Income and Consumption Expenditure of Rural Households

单位：元 (yuan)

指 标	Item	2000	2005	2010	2014	2015
人均可支配收入	**Per Capita Disposable Income**	**2478.86**	**3481.64**	**5957.98**	**10186.14**	**11050.51**
工资性收入	Income of Wages and Salaries	949.25	1293.50	2653.42	5133.34	5811.87
工资	Income of Wages				4576.74	5407.67
实物福利	Physical Welfare				8.23	9.40
其他	Others				548.37	394.80
经营净收入	Net Business Income	1417.99	1988.58	2729.80	3435.48	3684.86
第一产业净收入	Primary Industry	914.45	1455.91	2052.76	2068.46	2144.19
第二产业净收入	Secondary Industry	113.26	154.89	213.65	264.36	276.15
第三产业净收入	Tertiary Industry	390.28	377.77	463.38	1102.65	1264.51
财产净收入	Net Income from Property	51.98	93.74	182.45	203.96	233.78
转移净收入	Net Income from Transfer	59.64	105.81	392.31	1413.37	1320.00
#养老金或离退休金	Pension	10.25	33.95	119.68	414.20	495.31
人均消费支出	**Per Capita Consumption Expenditures of Rural Households**	**1365.23**	**2165.72**	**3844.92**	**8247.99**	**9022.84**
食品烟酒	Food, Alcohol and Tobacco	539.33	888.37	1351.41	2421.20	2578.07
衣 着	Clothing	104.84	155.52	250.92	581.61	625.26
居 住	Residence	322.04	398.90	839.66	1858.48	2014.16
#自有住房折算租金	Owned Housing Rental Conversion				828.35	966.48
生活用品及服务	Household Facilities, Articles and Service	65.41	101.49	218.90	508.00	527.48
交通通信	Transport and Communications	84.55	221.96	464.80	1146.52	1298.46
教育文化娱乐	Education, Cultural and Recreation	130.71	225.79	296.11	758.74	870.43
医疗保健	Health Care and Medical Service	78.28	134.77	344.25	788.71	920.54
其他用品及服务	Miscellaneous Coods and Services	40.07	38.92	78.87	184.72	188.43

农村居民人均主要食品消费量

Per Capita Consumption of Major Foods of Rural Households

单位：公斤 (kg)

品　名	Item	2000	2005	2010	2012	2013	2014	2015
粮食(原粮)	**Grain (Unprocessed)**	**215.88**	**200.84**	**181.69**	**158.00**	**164.16**	**144.74**	**145.41**
谷物	Cereal	211.00	196.52	178.60	154.39	156.89	137.28	137.58
小麦	Wheat	153.10	139.80	122.09	106.11	105.34	92.84	93.32
稻谷	Rice	14.63	17.47	21.10	21.12	27.49	23.61	24.85
薯类	Potato	2.76	1.52	1.23	1.78	2.05	2.12	2.15
豆类	Beans	2.12	2.81	1.86	1.83	5.22	5.34	5.68
蔬菜及菜制品	**Vegetables and It's Products**	**61.45**	**57.70**	**55.38**	**71.80**	**74.11**	**81.40**	**82.41**
# 鲜菜	Fresh Vegetables	61.23		54.69	70.50	72.49	79.80	80.61
肉禽及其制品	**Meats, Poultry and Related Products**	**8.06**	**10.54**	**10.95**	**15.67**	**17.21**	**17.89**	**18.58**
# 猪肉	Pork	6.63	7.15	7.12	9.27	10.93	11.49	11.26
牛肉	Beef	0.35	0.47	0.34	0.40	0.29	0.32	0.44
羊肉	Mutton	0.19	0.37	0.38	0.51	0.51	0.55	0.83
家禽	Poultry	0.37	0.75	1.02	1.28	1.49	2.76	2.93
蛋及蛋制品	**Eggs and Processed Products**	**5.09**	**6.27**	**7.26**	**10.42**	**9.72**	**9.20**	**11.49**
奶和奶制品	**Milk and Dairy Products**	**0.22**	**2.40**	**3.48**	**6.24**	**7.64**	**7.60**	**7.55**
水产品	**Aquatic Products**	**1.79**	**2.48**	**2.52**	**3.31**	**3.64**	**3.36**	**3.41**
油脂类	**Edible Oil**	**5.91**	**6.75**	**8.33**	**8.84**	**12.98**	**11.30**	**11.87**
# 植物油	Vegetable Oil	5.32	6.28	8.12	8.64	12.75	11.11	11.73
食糖	**Sugar**	**0.59**	**0.77**	**0.66**	**1.06**	**1.00**	**1.03**	**1.10**
鲜瓜果类	**Fruits,Melons and Processed Products**	**16.74**	**16.57**	**21.11**	**34.75**	**37.52**	**39.98**	**41.51**
坚果	**Nuts and Processed Products**	**0.60**	**1.11**	**1.11**	**2.76**	**3.26**	**3.00**	**3.24**
茶叶	**Tea**		**0.13**	**0.12**	**0.12**	**0.09**	**0.08**	**0.10**
酒	**Liquor**	**6.50**	**9.16**	**8.84**	**12.05**	**12.49**	**11.96**	**11.97**

农村居民平均每百户年末主要耐用消费品拥有量
Main Durable Goods Owned Per 100 Rural Households at Year-end

品　名	Item	2000	2005	2010	2013	2014	2015
家用汽车(辆)	Automobile (unit)				17.53	20.15	23.61
摩托车(辆)	Motorcycle (unit)	34.33	58.17	61.43	63.06	70.03	66.43
助力车(辆)	Aided Power Bike (unit)			40.50	77.53	86.03	91.11
洗衣机(台)	Washing Machine (unit)	58.86	74.17	86.33	92.72	95.07	96.72
电冰箱(柜)(台)	Refrigerator (unit)	21.74	30.64	50.45	83.24	86.95	90.12
微波炉(台)	Oven (unit)	0.17	0.88	4.48	14.93	15.59	15.77
彩色电视机(台)	Color TV Set (unit)	64.76	102.14	116.55	117.07	120.12	120.81
#接入有线电视网	Cable TV			42.14	48.20	52.31	51.63
空调(台)	Air Conditioner (unit)				44.22	50.18	55.25
热水器(台)	Water Heater (unit)				50.90	54.25	56.37
#太阳能热水器	Solar Water Heater				43.60	46.54	49.79
消毒碗柜(台)	Disinfect Cupboard				0.46	0.51	0.29
洗碗机(台)	Dish Washing Machine (unit)				0.32	0.19	0.57
排油烟机(台)	Exhaust Fan (unit)	1.86	3.81	8.05	14.34	16.29	17.21
固定电话(部)	Telephone (set)	31.17	76.74	61.45	34.02	40.65	33.21
移动电话(部)	Mobile Telephone (set)				201.57	218.09	226.22
#接入互联网	Internet Mobile Phone				47.27	60.87	68.85
计算机(台)	Computer (unit)				29.09	35.32	37.82
#接入互联网	Internet Computer				21.32	25.31	29.20
摄像机(台)	Camera (unit)	0.24	0.43	0.69	1.04	1.03	0.72
照相机(台)	Camera (unit)	4.17	3.50	4.24	4.53	4.85	4.54
中高档乐器(件)	Medium and High-grade Musical Instruments (unit)	0.19	0.17	0.38	0.29	0.44	0.46
健身器材(套)	Healthy Equipment (unit)				0.50	0.82	0.64
组合音响(台)	Hi-Fi Stereo Component System (unit)	8.12	11.74		4.08	3.54	2.59

农村基层组织和农业基本情况
Basic Conditions of Rural Grassroots Units and Agriculture

指　　标	Item	2000	2005	2010	2014	2015
乡镇数(个)	Number of Township and Town Governments (unit)	1973	1962	1960	1957	1957
#镇个数	Number of Town Governments	900	944	1007	1050	1067
村民委员会(个)	Number of Villagers' Committees (unit)	49951	49678	48953	48636	48974
乡村总户数(万户)	Number of Rural Households (10000 units)	1422.6	1448.6	1525.6	1575.2	1579.0
乡村人口数(万人)	Population of Rural (10000 persons)	5382.4	5422.3	5570.2	5695.4	5711.5
乡村从业人员(万人)	Number of Rural Laborers (10000 persons)	2707.1	2805.9	2976.5	3055.9	3055.3
#男	Male	1447.7	1504.1	1602.5	1648.7	1650.1
按行业分乡村从业人员	Number of Rural Laborers by Sector					
农、林、牧、渔业	Agriculture, Forestry, Animal Husbandry & Fishery	1665.4	1552.8	1458.3	1389.3	1371.4
工　业	Industry	388.4	518.9	640.1	689.9	695.4
建筑业	Construction	202.5	275.2	342.1	364.6	365.9
批发和零售业	Wholesale and Retail Trades	135.3①	202.87①	242.1①	207.4	211.9
交通运输、仓储和邮电通信业	Transport, Storage, Postal and Telecommunication Services	92.1	114.7	132.4	135.0	135.3
住宿和餐饮业	Hotels and Catering Services				79.3	80.7
信息传输、软件和信息技术服务业	Information Transmission, Software and Information Technology Services				11.4	11.7
金融业	Banking and Insurance	5.5	5.6	5.3	6.4	6.5
其他非农行业	Other Non-agricultural Industries	217.9	135.9	156.2	173.0	176.5
农用化肥施用量(折纯量)(万吨)	Consumption of Chemical Fertilizers (10000 tons)	270.62	303.39	322.86	335.61	335.49
农村用电量(亿千瓦小时)	Electricity Consumed (100 millions kwh)	180.45	337.05	511.81	631.33	611.82
农业机械总动力(万千瓦)	Total Agricultural Machinery Power (10000 kw)	7000.39	8487.21	10151.30	10942.86	11102.81
主要农作物播种面积(千公顷)	Total Sown Area (1000 hectares)					
#粮　食	Grain Crops	6918.70	6240.20	6282.20	6332.00	6392.48
棉　花	Cotton	307.40	573.50	581.56	410.90	359.27
油　料	Oil-bearing Crops	686.40	559.00	464.37	466.32	461.59
主要农作物产量(万吨)	Yield of Major Farm Crops (10000 tons)					
#粮　食	Grain Crops	2551.1	2598.58	2975.90	3360.17	3363.81
棉　花	Cotton	30.01	57.72	56.95	43.10	37.34
油　料	Oil-bearing Crops	146.97	152.73	140.29	150.20	151.54
农业产业化经营率(%)	Rate of Industrialization of Agriculture (%)	36.1	49.4	58.6	64.2	65.6
农村基础设施(个)	Social Basic Facilities in Rural Areas (unit)					
自来水受益村	Villages with Access to Tap Water	37613	40404	42395	44333	45169
通有线电视村数	Villages with Cable Radio and TV			30003	37365	39051

注：①包括批发和零售业、住宿和餐饮业。

a) ① includes the wholesale and retail trades, hotels and catering services.

耕 地 面 积
Area of Cultivated Land

单位：千公顷 (1000 hectares)

年 份 Year	年末耕地面积 Cultivated Area (Year-end)	#年末常用耕地面积 Regularly Cultivated Area (Year-end)	#有效灌溉面积 Irrigated Area	有效灌溉面积占耕地面积比重(%) Irrigable Land Percentage to Cultivated Area (%)
1962		6953.83	1357.31	19.5
1965		6983.71	1754.27	25.1
1970		6849.55	2678.31	39.1
1975		6718.61	3553.22	52.9
1978		6675.01	3660.17	54.8
1980		6648.01	3622.25	54.5
1985		6603.41	3572.70	54.1
1990		6556.03	3758.49	57.3
1995		6517.25	4040.01	62.0
1996	6897.11	6498.80	4248.15	61.6
1997	6888.52	6493.74	4322.57	62.8
1998	6874.94	6484.58	4388.04	63.8
1999	6868.77	6478.71	4444.45	64.7
2000	6857.08	6465.96	4482.32	65.4
2001	6854.04	6448.93	4485.39	65.4
2002	6691.13	6125.15	4415.17	66.0
2003	6486.51	5991.27	4403.99	67.9
2004	6441.51	6000.63	4459.77	69.2
2005	6396.25	5988.93	4547.75	71.1
2006	6315.34	5882.52	4569.77	72.4
2007	6314.53	5893.61	4579.02	72.5
2008	6331.89	5901.44	4560.51	72.0
2009	6561.35	6060.83	4509.60	68.7
2010	6551.42	6057.53	4520.87	69.0
2011	6563.78		4596.61	70.0
2012	6558.33		4165.03	63.5
2013	6551.20		4349.03	66.4
2014	6537.74		4404.22	67.4
2015	6525.47		4447.98	68.2

注：1.年末常用耕地面积不包括25°以上坡地。2.2012年有效灌溉面积为全国第一次水利普查数据。

a) Regularly cultivated land at year-end excluded under this category are steep slope land over 25 degrees.

b) Irrigated area of 2012 was from the first national water resources census.

农、林、牧、渔业总产值及构成
Gross Output Value and Composition of Farming, Forestry, Animal Husbandry and Fishery

年份 Year	农林牧渔业 Farming, Forestry, Animal Husbandry and Fishery	农业 Farming	林业 Forestry	牧业 Animal Husbandry	渔业 Fishery	农林牧渔服务业 Service for Farming, Forestry, Animal Husbandry and Fishery
绝对数(亿元) Gross Output Value (100 million yuan)						
1980	97.79	79.86	3.10	14.00	0.83	
1985	167.33	128.65	6.15	31.16	1.37	
1990	357.63	254.77	9.58	83.38	9.90	
1995	1147.83	753.52	23.50	344.18	26.63	
2000	1544.65	846.72	25.37	613.68	58.88	
2001	1680.33	899.38	34.02	685.77	61.16	
2002	1728.85	918.62	37.49	706.82	65.92	
2003	1877.37	958.30	41.27	721.31	57.72	98.78
2004	2285.56	1135.75	40.02	924.78	72.08	112.93
2005	2379.17	1258.00	40.13	879.38	79.44	122.21
2006	2466.37	1380.45	45.85	832.32	72.75	135.00
2007	3075.77	1639.07	52.37	1146.99	85.14	152.20
2008	3505.23	1760.75	55.89	1410.82	102.77	175.00
2009	3640.93	1958.79	39.69	1350.10	108.38	183.99
2010	4309.42	2470.11	51.26	1443.76	142.47	201.83
2011	4895.88	2775.27	58.78	1674.04	163.58	224.21
2012	5340.11	3095.29	77.88	1747.66	177.74	241.54
2013	5832.94	3473.27	96.30	1818.19	178.72	266.46
2014	5994.79	3453.42	108.14	1952.02	190.97	290.25
2015	5978.88	3441.37	121.48	1904.12	198.72	313.18
构成(农业总产值=100) Composition (Gross Output Value=100)						
1980	100	81.66	3.17	14.32	0.85	
1985	100	76.88	3.68	18.62	0.82	
1990	100	71.24	2.68	23.31	2.77	
1995	100	65.65	2.05	29.98	2.32	
2000	100	54.82	1.64	39.73	3.81	
2001	100	53.53	2.02	40.81	3.64	
2002	100	53.14	2.17	40.88	3.81	
2003	100	51.05	2.20	38.42	3.07	5.26
2004	100	49.69	1.75	40.46	3.16	4.94
2005	100	52.87	1.69	36.96	3.34	5.14
2006	100	55.97	1.86	33.75	2.95	5.47
2007	100	53.29	1.70	37.29	2.77	4.95
2008	100	50.23	1.60	40.25	2.93	4.99
2009	100	53.80	1.09	37.08	2.98	5.05
2010	100	57.32	1.19	33.50	3.31	4.68
2011	100	56.69	1.20	34.19	3.34	4.58
2012	100	57.96	1.46	32.73	3.33	4.52
2013	100	59.55	1.65	31.17	3.06	4.57
2014	100	57.61	1.80	32.56	3.19	4.84
2015	100	57.56	2.03	31.85	3.32	5.24

注：本表按当年价格计算，2002年及以后年份执行新国民经济行业分类标准，总产值已括农林牧渔服务业产值。2002年到2005年为第二次农业普查修正后数据(以下相关表同)。

a) Data in value terms in this table are calculated at current prices. The new classification for national standard cf industry classification has been implemented since 2002 and the gross output value includes the services in support of agriculture, forestry, animal husbandry and fishery. The same applies to the tables following.

农、林、牧、渔业总产值指数（上年=100）
Indices of Farming, Forestry, Animal Husbandry and Fishery (Preceding Year=100)

年 份 Year	农林牧渔业 Farming, Forestry, Animal Husbandry and Fishery	农 业 Farming	林 业 Forestry	牧 业 Animal Husbandry	渔 业 Fishery	农林牧渔服务业 Service for Farming, Forestry, Animal Husbandry and Fishery
1978	122.1	125.0	113.1	97.2	101.5	
1980	93.8	92.1	96.2	104.0	100.9	
1985	103.3	98.6	104.6	131.1	126.2	
1986	98.5	97.0	91.7	106.0	123.2	
1987	104.5	104.3	103.3	105.3	116.9	
1988	107.8	105.6	104.8	117.6	115.4	
1989	103.1	102.5	98.8	105.5	109.4	
1990	105.4	104.4	107.3	107.1	143.7	
1991	103.6	102.1	104.3	106.6	111.4	
1992	100.9	95.1	103.8	110.3	140.7	
1993	108.7	109.3	95.2	119.5	57.8	
1994	116.2	113.1	105.4	123.6	120.3	
1995	111.9	110.5	105.4	114.0	124.3	
1996	109.4	104.0	103.0	119.1	123.2	
1997	107.5	105.0	105.2	110.6	120.1	
1998	107.8	107.4	102.1	108.6	110.2	
1999	104.8	102.2	102.9	108.6	110.4	
2000	105.7	105.4	98.4	106.2	108.7	
2001	105.3	105.2	122.1	104.7	104.3	
2002	105.0	104.0	110.9	106.4	103.3	
2003	106.3	105.6	111.7	107.1	99.4	110.5
2004	106.7	106.8	93.8	106.6	107.8	109.6
2005	106.5	106.0	96.9	107.7	104.1	107.5
2006	105.5	106.0	96.7	104.9	102.0	108.8
2007	103.9	104.2	109.6	102.1	105.1	108.4
2008	105.1	103.7	108.6	106.6	106.9	107.8
2009	103.2	103.3	111.8	102.3	104.4	106.2
2010	103.5	103.8	101.8	102.4	105.8	106.5
2011	103.9	105.5	103.6	101.1	101.8	105.0
2012	104.1	103.6	105.5	104.7	104.1	105.0
2013	103.3	104.0	106.5	101.2	106.0	107.0
2014	104.0	103.1	108.9	105.1	103.2	107.0
2015	102.7	102.8	104.3	101.7	102.4	107.0

注：本表按可比价格计算。
a) Data in value terms in this table are calculated at constant prices.

农、林、牧、渔业分项产值

Gross Output Value of Farming, Forestry, Animal Husbandry and Fishery by Branch

指标	Item	绝对数(亿元) Gross Output Value (100 million yuan)		构成(%) Composition (%)	
		2014	2015	2014	2015
农、林、牧、渔业总产值	**Gross Output Value**	**5994.79**	**5978.88**	**100.00**	**100.00**
农业产值	**Output Value of Farming**	**3453.42**	**3441.37**	**57.61**	**57.56**
谷物及其他作物	Cereal and Other Crops	1137.24	1000.92	18.97	16.74
谷　物	Cereal	757.43	723.01	12.63	12.09
薯　类	Tubers	88.52	83.16	1.48	1.39
油　料	Oil-bearing Crops	87.80	80.80	1.46	1.35
豆　类	Beans	17.79	14.46	0.30	0.24
棉　花	Cotton	101.50	78.41	1.69	1.31
生　麻	Raw Flax	0.02	0.02	...	...
糖　类	Sugar Crops	3.02	3.57	0.05	0.06
烟　草	Tobacco	0.74	0.53	0.01	0.01
其他农作物	Other Crops	80.42	16.96	1.34	0.28
蔬菜、食用菌及花卉盆景园艺	Vegetables, Edible Fungus and Flowers Bonsai Gardening	1597.17	1747.81	26.64	29.23
#蔬　菜	Vegetables	1424.02	1608.20	23.75	26.90
水果、食用坚果、饮料和香料作物	Fruits,Edible Nuts, Beverages and Spice Crops	665.46	624.31	11.10	10.44
#水　果	Fruits	580.94	539.93	9.69	9.03
食用坚果	Edible Nuts	80.47	80.30	1.34	1.34
中草药材	Chinese Herbal Medicines	53.55	68.33	0.89	1.14
林业产值	**Output Value of Forestry**	**108.14**	**121.48**	**1.80**	**2.03**
林木的培育和种植	Cultivation and Planting of Trees	92.52	91.63	1.54	1.53
育种育苗	Breeding Nursery	28.12	25.90	0.47	0.43
造　林	Afforestation	32.56	37.16	0.54	0.62
抚育和管理	Tending Management	31.85	28.57	0.53	0.48
木材采运	Logging and Transport of Bamboo	6.13	5.13	0.10	0.09
林产品	Forestry Products	9.48	24.73	0.16	0.41
牧业产值	**Output Value of Animal Husbandry**	**1952.02**	**1904.12**	**32.56**	**31.85**
牲畜饲养	Stock Breading	691.61	641.08	11.54	10.72
牛的饲养	Cattle	275.72	267.71	4.60	4.48
羊的饲养	Sheep	219.35	191.99	3.66	3.21
其他牲畜饲养	Others	8.50	13.08	0.14	0.22
奶产品	Milk Products	178.91	159.30	2.98	2.66
毛绒产品	Feather and Cashmere Products	7.03	6.90	0.12	0.12
猪的饲养	Pigs Breeding	563.95	608.43	9.41	10.18
家禽饲养	Poultry Breeding	557.45	465.31	9.30	7.78
肉　禽	Poultry for Meat	152.17	136.72	2.54	2.29
禽　蛋	Egg	405.28	328.59	6.76	5.50
猎狩和捕捉动物	Animal Hunting and Trapping	0.03	0.03	...	...
其他畜牧业	Other Animal Husbandry	138.99	189.28	2.32	3.17
渔业产值	**Output Value of Fishery**	**190.97**	**198.72**	**3.19**	**3.32**
海水产品	Seawater Aquatic Products	119.50	125.15	1.99	2.09
淡水产品	Aquatic Products from Inland Waterways	71.47	73.57	1.19	1.23
农林牧渔服务业产值	**Output Value of Service to Farming, Forestry, Animal Husbandry and Fishery**	**290.25**	**313.18**	**4.84**	**5.24**

农、林、牧、渔业增加值
Value-added of Farming, Forestry, Animal Husbandry and Fishery

单位：万元 (10000 yuan)

指　标	Item	2005	2010	2014	2015
农林牧渔业总产值	**Gross Output Value**	**23791712**	**43094214**	**59947929**	**59788754**
农　业	Farming	12580005	24701102	34534194	34413677
林　业	Forestry	401325	512574	1081357	1214841
牧　业	Animal Husbandry	8793826	14437565	19520226	19041241
渔　业	Fishery	794421	1424679	1909665	1987181
农林牧渔服务业	Service to Farming, Forestry, Animal Husbandry & Fishery	1222135	2018294	2902487	3131814
中间消耗	**Intermediate Exertion**	**9791712**	**17466072**	**24183150**	**24002165**
农　业	Farming	4094906	7996487	11180029	11038272
林　业	Forestry	104642	145725	307430	353043
牧　业	Animal Husbandry	4576459	7620147	10302450	10059852
渔　业	Fishery	341283	582551	780909	811275
农林牧渔服务业	Service to Farming, Forestry, Animal Husbandry & Fishery	674422	1121162	1612332	1739723
农林牧渔业增加值	**Added Value**	**14000000**	**25628142**	**35764779**	**35786589**
农　业	Farming	8485099	16704615	23354165	23375405
林　业	Forestry	296683	366849	773927	861798
牧　业	Animal Husbandry	4217367	6817418	9217776	8981389
渔　业	Fishery	453138	842128	1128756	1175906
农林牧渔服务业	Service to Farming, Forestry, Animal Husbandry & Fishery	547713	897132	1290155	1392091

农、林、牧、渔业商品率
Commodity Rate of Farming, Forestry, Animal Husbandry and Fishery

单位：% (%)

年　份 Year	农林牧渔业商品率 Farming, Forestry, Animal Husbandry and Fishery	农　业 Farming	林　业 Forestry	牧　业 Animal Husbandry	渔　业 Fishery
1986	54.50	50.32	38.14	70.45	95.45
1990	55.84	50.18	29.75	71.92	91.31
1995	62.21	55.34	43.66	76.15	93.02
2000	70.20	62.72	45.97	79.77	88.40
2001	71.64	64.87	51.59	79.81	90.76
2002	73.00	66.98	49.25	80.39	91.17
2003	74.52	67.23	45.59	83.40	90.19
2004	75.64	66.84	51.86	85.29	88.56
2005	77.33	68.54	59.46	86.80	91.45
2006	77.94	71.95	65.19	87.32	92.34
2007	79.08	72.42	68.59	88.11	92.06
2008	78.24	71.61	65.54	86.16	90.17
2009	79.97	74.91	27.20	87.74	93.72
2010	80.45	76.16	24.90	88.35	94.90
2011	81.09	76.58	29.11	89.27	92.52
2012	81.61	78.19	27.58	89.60	86.46
2013	81.58	78.75	30.23	89.86	80.00
2014	81.80	78.52	29.40	90.10	85.90
2015	82.20	79.38	34.19	89.70	88.52

主要农作物总播种面积
Total Sown Areas of Major Farm Crops

单位：千公顷 (1000 hectares)

年份 Year	农作物总播种面积 Total Sown Area	#粮食作物播种面积 Sown Area of Grain Crops	#夏收 Summer Harvest Grain	#经济作物播种面积 Economic Crops	#棉花 Cotton	#油料 Oil-bearing Crops
1978	9370.9	7949.4	2979.2	959.1	576.6	300.2
1980	9013.9	7487.2	2703.8	1073.9	548.7	461.0
1985	8656.5	6492.7	2367.5	1677.5	850.3	749.8
1990	8786.7	6827.8	2515.0	1502.1	910.9	543.5
1991	8814.8	6798.0	2535.0	1564.5	955.2	559.1
1992	8570.5	6625.9	2550.1	1481.4	882.1	549.4
1993	8676.7	7040.5	2530.4	1129.6	520.0	556.3
1994	8649.3	6801.7	2466.5	1327.2	685.3	590.2
1995	8720.1	6829.5	2515.3	1349.3	700.5	604.5
1996	8872.1	7137.3	2610.4	1071.6	427.5	601.1
1997	8856.9	7099.4	2745.3	1033.3	377.1	602.7
1998	9097.7	7305.7	2793.8	990.2	315.7	632.4
1999	9055.2	7236.1	2765.8	932.3	266.6	635.2
2000	9024.4	6918.7	2716.6	1033.9	307.4	686.4
2001	8990.8	6628.9	2629.6	1091.0	418.5	631.7
2002	8935.1	6484.4	2493.2	1099.5	407.4	642.0
2003	8638.5	5944.0	2232.9	1266.7	581.4	634.0
2004	8695.4	6003.4	2200.5	1303.2	669.1	583.6
2005	8785.5	6240.2	2415.4	1180.3	573.5	559.0
2006	8713.9	6271.7	2535.6	1177.9	664.1	485.9
2007	8652.7	6168.2	2443.1	1207.5	680.0	498.3
2008	8713.2	6158.1	2447.2	1245.8	690.0	516.9
2009	8682.5	6216.5	2424.2	1159.7	620.0	496.6
2010	8718.4	6282.2	2455.2	1091.6	581.6	464.4
2011	8773.7	6286.1	2431.6	1135.1	632.5	453.1
2012	8786.5	6302.4	2444.7	1089.8	578.3	454.0
2013	8749.2	6315.9	2407.1	1019.2	483.0	470.4
2014	8713.1	6332.0	2365.0	943.3	410.9	466.3
2015	8739.84	6392.5	2347.4	903.3	359.3	461.6

粮食、棉花、油料单位面积产量
Output of Grain, Cotton and Oil-bearing Per Hectare

单位：千克／公顷 (kg/ha)

年份 Year	粮食 Grain	#小麦 Wheat	#稻谷 Rice	#玉米 Corn	棉花 Cotton	油料 Oil-bearing	#花生 Peanuts
1978	2123.0	2211.6	4927.6	2310.1	203.3	816.0	1305.0
1980	2033.5	1430.2	5722.5	2833.2	450.5	979.2	1508.8
1985	3028.9	3164.8	6112.9	3880.5	739.3	1159.2	1749.6
1990	3334.7	3698.4	6201.2	4063.1	626.6	1377.9	1951.5
1991	3337.3	3562.1	5927.6	4407.8	664.0	1303.3	2014.0
1992	3298.6	3611.2	6396.0	4199.0	346.9	1207.0	1645.0
1993	3380.7	3571.9	6833.9	4533.8	370.0	1447.5	2110.4
1994	3710.1	3753.2	7498.9	5063.9	569.1	1808.9	2483.9
1995	4010.6	4240.1	7018.9	5165.9	528.8	1817.3	2547.6
1996	3908.0	4396.0	6500.9	4627.7	604.0	2007.0	2686.0
1997	3869.0	4891.1	6590.9	4161.3	660.0	1957.0	2672.0
1998	3993.0	4535.6	6476.9	4599.8	856.0	2195.0	2787.0
1999	3795.3	4690.7	6016.5	4084.5	835.0	2038.9	2740.5
2000	3687.2	4509.3	4573.1	4012.4	976.4	2141.1	2861.6
2001	3759.0	4351.8	5020.7	4165.5	1001.9	2434.8	2917.6
2002	3756.4	4488.6	5018.9	4015.5	986.5	2356.1	2927.3
2003	4017.2	4646.4	5432.7	4313.6	897.9	2572.6	3026.4
2004	4131.1	4872.6	5659.0	4400.4	994.4	2644.2	3071.2
2005	4164.2	4839.1	5881.8	4458.9	1006.5	2732.0	3198.1
2006	4433.6	4750.3	5770.3	4817.4	1054.4	2753.3	3227.4
2007	4606.8	4948.3	6810.2	4966.8	1065.7	2771.3	3338.0
2008	4718.8	5057.4	6814.7	5076.2	1068.6	2952.3	3417.4
2009	4681.4	5136.2	6750.9	4966.1	975.2	2885.0	3438.0
2010	4737.0	5084.5	6805.1	5014.7	979.3	3021.1	3517.4
2011	5047.0	5325.9	7248.9	5401.1	1033.0	3128.8	3578.9
2012	5151.4	5550.9	5798.4	5409.8	976.1	3145.7	3580.5
2013	5327.8	5834.2	6768.0	5481.0	945.9	3212.6	3657.7
2014	5306.6	6103.5	6382.6	5268.9	1049.6	3221.0	3666.8
2015	5262.1	6188.4	6430.8	5142.6	1039.4	3283.1	3716.1

主要农作物分品种播种面积和产量
Yield and Sown Area of Major Farm Crops by Assortment

项　　目	Item	播种面积(千公顷) Sown Area (1000 hectares)		总产量(万吨) Total Output (10000 tons)		每公顷产量(千克) Output Per Hectare (kg)	
		2014	2015	2014	2015	2014	2015
农作物总播种面积	**Total Sown Area**	**8713.08**	**8739.84**	**12354.1**	**12533.6**	**14179**	**14341**
粮食作物	**Grain Crops**	**6332.00**	**6392.48**	**3360.17**	**3363.81**	**5307**	**5262**
谷　物	Cereal	5912.15	5965.15	3224.91	3230.42	5455	5415
稻　谷	Rice	84.84	84.79	54.15	54.53	6383	6431
小　麦	Wheat	2342.74	2318.87	1429.9	1435	6104	6188
玉　米	Corn	3170.88	3248.08	1670.7	1670.36	5269	5143
谷　子	Millet	147.15	148.29	47.82	48.37	3250	3262
高　粱	Sorghum	12.83	11.46	4.32	3.7	3367	3229
豆　类	Beans	162.33	153.72	34.75	29.47	2141	1917
#大　豆	Soybean	122.30	115.85	25.01	22.58	2045	1949
薯　类	Tubers	257.52	273.61	100.51	103.93	3903	3798
油　料	**Oil-bearing**	**466.32**	**461.59**	**150.20**	**151.54**	**3221**	**3283**
#花　生	Peanut	352.46	342.87	129.24	127.41	3667	3716
油菜籽	Rapeseeds	19.90	17.64	3.21	2.97	1611	1684
芝　麻	Sesame	6.12	6.16	0.84	0.85	1370	1380
胡麻籽	Benne	35.45	34.47	2.80	3.26	790	946
葵花籽	Sunflower	51.59	59.25	13.86	16.72	2687	2822
棉　花	**Cotton**	**410.90**	**359.27**	**43.10**	**37.34**	**1049**	**1039**
麻　类	**Fiber Crops**	**0.27**	**0.23**	**0.06**	**0.05**	**2242**	**2174**
#黄红麻	Jute and Ambary Hemp	0.26	0.22	0.06	0.05	2295	2273
大　麻	Hemp		0.01		0.00	2000	1000
甜　菜	**Beetroots**	**15.25**	**17.14**	**75.62**	**89.18**	**49574**	**52030**
烟　叶	**Tobacco**	**2.96**	**2.93**	**0.89**	**0.64**	**3001**	**2184**
#烤　烟	Flue-cured Tobacco	2.44	2.44	0.66	0.42	2692	1721
药　材	**Medicinal Materials**	**47.60**	**62.13**		**38.77**		**6240**
蔬　菜	**Vegetables**	**1237.49**	**1242.06**	**8125.69**	**8243.69**	**65662**	**66371**
瓜果类	**Melons**	**114.15**	**114.68**	**598.39**	**608.58**	**52420**	**53068**
其他农作物	**Other Crops**	**86.14**	**87.33**				
#青饲料	Green Feed	58.58	55.80				

主要农产品产量

Yield of Major Farm Crops

年 份 Year	粮 食 (万吨) Grain (10000 tons)	谷 物 Cereal	#小 麦 Wheat	#稻 谷 Rice	#玉 米 Corn	豆 类 Beans	#大 豆 Soybean	薯 类 Tubers	棉 花 (万吨) Cotton (10000 tons)
1978	1687.9		631.4	54.3	516.6		32.3	163.8	11.71
1980	1522.5		378.8	83.1	663.2		29.7	125.2	24.72
1985	1966.6		744.3	78.0	678.9		38.5	144.5	62.86
1990	2276.9		927.7	91.6	829.2		53.5	138.6	57.08
1995	2739.0	2507.0	1060.3	90.3	1183.4	94.3	78.6	137.7	37.05
2000	2551.1	2355.6	1208.0	65.8	994.5	74.5	62.9	121.0	30.01
2001	2491.8	2309.0	1122.7	47.2	1059.5	67.1	56.3	115.7	41.93
2002	2435.8	2256.2	1099.5	55.7	1035.0	60.6	49.4	119.0	40.19
2003	2387.8	2205.9	1018.8	41.1	1073.6	60.6	46.4	121.3	52.20
2004	2480.1	2319.4	1053.2	47.3	1157.6	57.6	44.3	103.1	66.54
2005	2598.6	2452.9	1150.3	51.6	1193.8	51.2	42.4	94.5	57.72
2006	2780.6	2640.2	1189.7	51.2	1348.8	46.9	39.5	93.5	70.02
2007	2841.6	2716.0	1193.7	57.6	1421.8	42.8	36.4	82.8	72.47
2008	2905.8	2758.5	1221.9	55.6	1442.2	45.9	38.1	101.4	73.73
2009	2910.2	2801.8	1229.8	57.5	1465.2	34.9	28.5	73.4	60.46
2010	2975.9	2844.3	1230.6	54.2	1508.7	33.5	27.7	98.1	56.95
2011	3172.6	3032.3	1276.1	60.2	1639.6	35.7	29.5	104.6	65.34
2012	3246.6	3102.7	1337.7	49.8	1649.5	32.5	25.9	111.5	56.44
2013	3365.0	3221.8	1387.2	58.8	1703.9	30.9	24.4	112.4	45.68
2014	3360.2	3224.9	1429.9	54.2	1670.7	34.8	25.0	100.5	43.10
2015	3363.8	3230.4	1435.0	54.5	1670.4	29.5	22.6	103.9	37.34

年 份 Year	油 料 (万吨) Oil-bearing Crops (10000 tons)	#花 生 Peanut	#芝 麻 Sesame	麻 类 (吨) Fiber Crops (ton)	#黄红麻 Jute and Ambary Hemp	烟 叶 (吨) Tobacco (ton)	#烤 烟 Flue-cured Tobacco	蔬 菜 (万吨) Vegetables (10000 tons)	瓜 类 (万吨) Melons (10000 tons)
1978	24.50	17.37	1.26	16615	9130	10940	6385	550.70	29.70
1980	45.14	35.77	3.23	17785	9720	5900	1540	531.60	45.90
1985	86.92	58.01	5.14	59890	52305	20135	5440	921.20	173.10
1990	74.89	57.81	2.74	20148	18158	22090	11596	1157.00	110.60
1995	109.86	94.68	2.47	13996	13095	9427	6513	2148.40	186.60
2000	146.97	132.59	2.03	7951	7436	12429	7360	4454.00	341.90
2001	153.81	144.27	1.99	7231	6897	9356	4062	4892.60	405.00
2002	151.26	140.45	1.64	10271	10060	11083	5252	5477.20	420.80
2003	163.10	148.14	1.64	6214	5801	10693	4378	5903.40	473.80
2004	154.32	137.85	1.50	4329	778	10952	5135	6187.50	469.40
2005	152.73	140.33	1.46	7262	767	9759	4928	6467.61	479.40
2006	133.78	121.87	1.32	7328	810	4984	2286	6314.44	460.30
2007	138.09	130.68	1.12	3962	717	4226	2271	6440.70	475.70
2008	152.59	140.07	1.08	710	617	6114	3562	6684.60	478.80
2009	143.27	133.99	1.01	745	699	6650	4082	6742.10	474.60
2010	140.29	129.23	1.05	677	648	6505	3201	7073.60	500.70
2011	141.78	128.92	1.04	729	688	6812	4159	7384.30	514.10
2012	142.83	126.94	0.91	780	738	7019	4550	7695.10	528.90
2013	151.13	130.08	0.88	786	736	7154	4806	7902.10	560.20
2014	150.20	129.24	0.84	612	592	8871	6568	8125.69	598.39
2015	151.54	127.41	0.85	499	480	6400	4202	8243.69	608.58

平均每人主要农产品产量（按平均人口计算）

Per Capita of Major Agricultural Products (Calculated by Average Population)

单位：千克 (kg)

年 份 Year	粮 食 Grain	棉 花 Cotton	油 料 Oil-bearing Crops	蔬 菜 Vegetables	园林水果 Garden Fruit	猪牛羊肉 Pork, Beef and Mutton	禽 蛋 Poultry Eggs	牛 奶 Cow Milk	水产品 Aquatic Products
1978	335.72	2.32	4.87	108.38	15.81	8.29		0.36	2.76
1980	296.42	4.81	8.79	103.50	15.60	13.45		0.52	1.90
1985	356.43	11.39	15.75	166.96	29.03	14.84	6.06	1.33	2.31
1990	378.23	9.48	12.44	192.19	29.15	20.13	8.52	1.86	3.64
1995	427.17	5.78	17.13	335.05	67.37	40.36	32.02	5.08	6.18
2000	383.97	4.52	22.12	670.38	101.94	40.64	49.57	12.67	12.18
2001	372.65	6.27	23.00	738.99	100.17	40.33	50.18	16.06	12.70
2002	362.63	5.98	22.52	815.54	111.44	41.26	51.64	20.38	12.96
2003	353.64	7.73	24.16	874.32	118.03	42.25	53.10	29.31	12.78
2004	365.30	9.80	22.73	911.39	129.17	44.00	54.09	39.25	13.67
2005	380.48	8.45	22.36	946.97	134.48	46.00	56.40	49.83	14.49
2006	404.49	10.19	19.46	918.55	140.89	47.06	55.61	59.30	12.68
2007	410.60	10.47	19.95	930.66	146.78	44.45	57.29	70.72	13.10
2008	417.15	10.58	21.91	959.61	151.32	47.24	59.00	72.43	13.87
2009	415.05	8.62	20.43	961.56	157.46	48.04	50.38	64.40	14.32
2010	418.32	8.01	19.72	994.32	156.27	46.75	47.66	61.82	14.95
2011	439.85	9.06	19.66	1023.75	167.07	45.65	47.09	63.58	14.79
2012	446.94	7.77	19.66	1059.35	177.04	47.22	47.16	64.75	16.01
2013	460.32	6.25	20.67	1080.99	178.26	47.42	47.34	62.65	16.83
2014	456.66	5.86	20.41	1104.31	193.06	49.48	49.29	66.29	17.18
2015	454.30	5.04	20.47	1113.36	203.75	48.61	50.46	63.90	17.52

主要农业机械和农产品加工机械拥有量（年底数）

Ownership of Agricultural Machinery and Machinery for Procession Farm Products (End of Year)

指 标	Item	2000	2005	2010	2014	2015
农业机械总动力（万千瓦）	**Total Power of Agricultural Machinery (10000 kw)**	**7000.4**	**8487.2**	**10151.3**	**10942.9**	**11102.8**
柴油发动机动力	Power of Diesel Engine	5082.5	6551.5	8011.6	8626.9	8760.2
汽油发动机动力	Power of Gasoline Engine	317.9	149.6	121.6	144.3	146.0
电动机动力	Power of Motor	1600.0	1786.0	2018.1	2171.6	2196.6
其他机械动力	Power of Others	0.1	0.2			
主要农业机械与设备（万台）	**Major Agricultural Machinery and Equipment (10000 units)**					
大中型拖拉机	Large and Medium Agricultural Tractors	6.4	10.1	17.3	25.5	27.4
小型拖拉机	Mini-Tractors	129.3	144.7	150.5	138.6	136.3
大中型拖拉机配套农具	Number of Large and Medium Tractor Towing Farm Machinery	10.3	18.4	34.5	45.8	49.8
小型拖拉机配套农具	Number of Mini-Tractor Towing Farm Machinery	156.7	191.6	201.0	183.7	180.4
排灌用电动机	Electrical Engines	131.2	139.5	148.2	153.6	154.5
排灌用柴油机	Diesel Engines	138.2	125.8	113.2	97.0	94.3
农用水泵	Agricultural Pump	163.7	165.9	172.1	170.6	169.7
节水灌溉机械	Water-saving Irrigated Machinery	3.1	3.5	4.4	5.5	5.7
联合收割机	Combine Harvesters	4.2	5.6	7.9	12.8	13.8
割晒机	Swathers		0.1	4.0	3.1	3.0
机动脱粒机	Motorised Threshing Machines	46.7	28.5	21.8	20.3	19.8
农用运输汽车	Agricultural Vehicles	160.4	252.2	268.2	275.4	269.4

农村居民家庭平均每户年末拥有生产性固定资产原值

Original Value of Productive Fixed Assets Per Rural Households (End of Year)

单位：元 (yuan)

项　　目	Item	2000	2005	2010	2014	2015
生产性固定资产原值	**Original Value of Productive Fixed Assets**	**6328.32**	**9335.54**	**11455.36**	**16428.84**	**15252.44**
农业	Farming		4646.31	5683.50	6556.37	6287.34
林业	Forestry		9.05	11.27	71.31	59.15
牧业	Animal Husbandry	4132.77①	1449.07	1417.95	1483.04	1534.27
渔业	Fishery				89.43	6.93
农林牧渔服务业	Service to Farming, Forestry, Animal Husbandry and Fishery				57.71	53.04
采矿业	Mining		14.88	26.19	31.06	
制造业	Manufacturing	586.06②	1070.92	1354.51	1423.32	1587.37
电力、热力、燃气及水生产和供应业	Production and Distribution of Electricity, Thermal, Gas and Water			4.76		
建筑业	Construction	31.57	38.33	158.33	451.56	238.89
批发和零售业	Wholesale and Retail Trades		457.83	727.00	2423.23	2362.73
交通运输业、仓储和邮政业	Traffic, Transport, Storage and Post		1356.43	1585.74	2404.48	2232.68
住宿和餐饮业	Hotels and Catering Services		70.19	101.55	61.30	217.22
房地产业	Real Estate	1577.92③			27.10	
租赁和商务服务业	Leasing and Business Services		123.43	206.44	420.45	108.53
居民服务、修理和其他服务业	Social Services		8.33	1.55	840.15	487.58
其他行业	Others		90.76	176.56	88.34	76.71

注：①包括农业、林业、牧业、渔业及农林牧渔服务业。②包括采矿业，制造业，电力、热力、燃气及水生产和供应业。③包括批发和零售业，交通运输业、仓储和邮政业，住宿和餐饮业，房地产业，租赁和商务服务业，居民服务、修理和其他服务业,其他行业。
a) Included farming, forestry, animal husbandry, fishery and service to farming, forestry, animal husbandry and fishery. b) Included Mining, Manufacturing,Production and Distribution of Electricity, Thermal, Gas and Water. c) Included wholesaleand retail trades, traffic, transport, storage & post, hotels & catering services, real estate, leasing & business services, social services & others.

农村居民家庭平均每百户年末拥有生产性固定资产数量

Number of Productive Fixed Assets Per 100 Rural Households (End of Year)

项　　目	Item	2000	2005	2010	2014	2015
生产性用房及建筑物(平方米)	Productive Houses and Buildings (m^2)	1179.10	1965.17	2203.59	1011.48	1179.08
大中型拖拉机(台)	Large and Medium Tractors (set)	2.03	2.48	2.92	2.38	2.46
小型农用拖拉机(台)	Mini and Walking Tractors (set)	34.49	36.43	32.13	41.34	36.68
农用排灌动力机械(台)	Pumps (set)		32.04	26.59	7.75	8.25
收割机(台)	Harvesters (set)		2.07	1.76	0.58	0.64
脱粒机(台)	Motorized Threshing Machines (set)	6.30	2.17	2.73	2.57	2.68
役畜(头)	Draught Animals (unit)	25.04	11.95	8.32	3.51	3.30
产品畜(头)	Commodity Animals (unit)	19.88	60.95	40.26	82.50	60.96

农业机械化、能源、化肥、水利

Mechanization, Energy Resources, Chemical Fertilizer and Water Conservancy of Agriculture

指　　标	Item	2005	2010	2014	2015
农业机械化情况(千公顷)	**Agriculture Mechanization (1000 hectares)**				
当年实际机械耕地面积	Area Cultivated by Machine This Year	4745.47	5317.10	5432.65	5475.26
当年机械播种面积	Area Sown by Machine This Year	5282.47	6274.51	6623.45	6624.64
当年机械收获面积	Mechanical Harvest Area This Year	2480.45	3428.52	4988.42	5192.38
农业能源情况	**Agriculture Energy**				
农村用电量(亿千瓦小时)	Electricity Consumed in Rural Area (100 million kwh)	337.05	511.81	631.33	611.82
乡、村及村以下办水电站(个)	Hydropower Station in Rural Areas (unit)	116	135	246	248
装机容量(万千瓦)	Generating Capacity (10000 kw)	3.68	6.32	38.87	39.57
农用化肥施用量	**Consumption of Chemical Fertilizers**				
折纯量(万吨)	by 100% Effective Component (10000 tons)	303.39	322.86	335.61	335.49
农药使用量(万吨)	**Consumption of Agricultural Pesticide (10000 tons)**	**8.08**	**8.46**	**8.63**	**8.33**
农田水利情况	**Farm Water Conservancy Condition**				
有效灌溉面积(千公顷)	Effective Irrigated Areas (1000 hectares)	4547.75	4520.87	4404.22	4447.98
年末实有机井数量(万眼)	Motor-pumped Well at the Year-end (10000 units)	93.72	96.45	92.23	91.72

注：2012年有效灌溉面积、机电井数据为全国第一次水利普查数据。

a) In 2012, the effective irrigation area, motor-pumped well for the first national water resources census.

林业及干鲜果生产

Forestry, Yield of Dry Fruit and Fruit

指　　标	Item	2000	2005	2010	2014	2015
林业生产	**Forestry Production**					
当年造林面积(千公顷)	New Forestry Area This Year (1000 hectares)	305.00	304.77	283.89	340.04	342.59
# 用材林	Timber Forest	72.22	51.16	18.95	50.74	44.99
经济林	Economic Forest	50.16	19.90	14.78	56.18	80.31
防护林	Shelter Forest	179.67	232.27	249.14	232.72	216.04
当年零星(四旁)植树(万株)	Planting Trees Piecemeal (10000 trees)	12748	12496	10037	11431	10786
村及村以下林木采伐量(万立方米)	Fall of Bamboo and Tree in Rural Areas (10000 cu.m)	66.37	48.25	44.20	60.44	48.29
干鲜果生产(吨)	**Yield of Dry Fruit and Fruit (ton)**					
食用坚果	Edible Nuts	71900	164307	282387	468958	543683
# 核桃	Walnuts	30102	47032	74392	160632	173363
板栗	Chestnut	34620	107079	174640	275201	327482
园林水果	Garden Fruit	6791425	9184789	11117252	14205932	15086122
# 苹果	Apples	1806155	2202273	2724614	3457299	3665784
梨	Pears	2551647	3246220	3758287	4735278	5059899
花椒产量(吨)	**Chinese Prickly Ash Output (ton)**	**7743**	**11936**	**12271**	**10944**	**10726**

畜禽产品年末存栏数量

Number of Livestock at Year-end

单位：万头 (10000 heads)

年份 Year	大牲畜 Large Animals	#牛 Cattle and Buffaloes	马 Horses	驴 Donkeys	骡 Mules	生猪 Number of Hogs at Year-end	羊 (万只) Sheep and Goats (10000 units)	山羊 Goats	绵羊 Sheep	家禽 (万只) Poultrys (10000 units)
1978	354.70	134.60	79.81	83.07	56.95	1245.7	600.7	346.1	254.6	
1980	341.05	120.71	78.02	78.26	63.88	1293.4	814.9	461.4	353.5	4210.8
1985	446.50	155.10	71.95	142.57	76.88	1421.4	721.1	372.8	348.3	10233.0
1990	525.22	207.90	56.95	176.71	83.66	1494.2	1074.5	562.6	511.9	12838.2
1995	870.88	579.34	48.68	167.69	75.17	2052.8	1565.7	803.4	762.3	35670.5
2000	774.24	516.73	45.04	149.14	63.33	1959.6	1676.6	801.8	874.8	45515.9
2001	730.17	487.72	43.31	138.92	60.22	1904.2	1639.5	751.3	888.2	44432.9
2002	702.92	476.64	40.64	130.04	55.60	1909.9	1572.5	672.9	899.6	47707.8
2003	685.06	477.87	36.83	121.05	49.31	1926.2	1594.3	664.5	929.8	42212.7
2004	721.81	528.39	35.53	112.56	45.33	1964.3	1664.5	673.7	990.9	51602.9
2005	762.63	584.92	33.13	104.11	40.47	1977.5	1679.1	678.3	1000.8	41070.5
2006	613.00	458.93	28.99	90.16	34.92	1812.8	1552.6	771.5	781.1	37495.5
2007	610.49	474.99	24.92	80.72	29.86	1907.1	1583.7	785.5	798.2	39106.9
2008	569.75	449.01	22.70	70.65	27.39	2015.2	1617.0	750.9	866.1	37996.3
2009	536.66	429.11	20.30	62.89	24.36	1968.0	1565.1	551.4	1013.7	34922.4
2010	503.87	404.20	18.85	57.73	23.09	1846.0	1408.6	462.2	946.4	33106.4
2011	495.72	400.31	18.20	55.80	21.41	1885.2	1457.2	467.5	989.7	35668.3
2012	498.15	403.10	18.44	55.49	21.12	1847.5	1413.5	450.5	963.0	38528.8
2013	482.55	390.66	18.07	53.64	20.16	1932.9	1455.1	450.9	1004.2	37206.4
2014	488.23	402.42	17.06	49.92	18.79	1915.5	1526.4	481.6	1044.8	38694.7
2015	493.20	412.48	15.97	47.34	17.37	1865.7	1450.1	475.8	974.3	37804.7

畜禽产品当年出栏数量及产量

Number of Livestock in the Year and Output of Livestock Products

年份 Year	肉猪 当年出栏 (万头) Slaughtered Pigs in the Year (10000 heads)	牛 当年出栏 (万头) Slaughtered Cattle in the Year (10000 heads)	羊 当年出栏 (万只) Slaughtered Sheep & Goats in the Year (10000 units)	家禽 当年出栏 (万只) Slaughtered Poultry in the Year (10000 units)	肉类 总产量 (万吨) Output of Meat (10000 tons)	#猪牛羊肉 Output of Pork, Beef and Mutton	奶类 产量 (万吨) Output of Milk (10000 tons)	#牛奶产量 Output of Cow Milk	禽蛋 产量 (万吨) Poultry Eggs (10000 tons)
1978	570.5	4.0	135.7			41.7	2.46	1.82	
1980	716.9	5.4	174.9			52.5	4.51	2.65	
1985	1018.5	15.2	325.9		85.9	81.9	10.05	7.32	33.44
1990	1395.5	45.0	644.4	5246.6	130.1	121.2	14.26	11.18	51.28
1995	2409.6	333.3	1200.7	31457.4	310.7	258.8	38.92	32.55	205.29
2000	2675.2	326.3	1511.5	44471.3	342.4	270.0	96.21	84.20	329.35
2001	2699.4	315.5	1502.7	45073.9	347.7	269.7	119.26	107.38	335.53
2002	2757.1	321.2	1609.6	45671.3	356.6	277.1	148.89	136.89	346.88
2003	2853.0	329.5	1591.6	46542.5	365.8	285.3	207.61	197.90	358.56
2004	2991.0	403.2	1615.8	47033.9	378.8	298.7	276.95	266.46	367.24
2005	3145.0	360.4	1695.5	48690.1	395.6	314.2	348.64	340.35	385.18
2006	3246.7	348.8	1726.4	48743.0	406.2	323.5	417.00	407.62	382.30
2007	2964.2	359.7	1789.1	52107.8	398.1	307.6	497.70	489.44	396.45
2008	3230.8	354.1	1946.2	53900.3	421.1	329.1	515.33	504.51	411.00
2009	3332.9	344.3	2059.1	52552.8	426.6	336.8	461.10	451.50	353.20
2010	3222.9	361.2	2143.5	47980.7	416.7	332.6	449.08	439.76	339.08
2011	3235.8	339.0	2050.7	50730.8	418.2	329.5	466.94	458.90	339.84
2012	3396.7	340.3	2071.5	57935.9	442.9	343.0	478.97	470.37	342.56
2013	3452.0	325.3	2105.1	58573.2	448.8	346.6	465.66	458.00	346.06
2014	3638.4	320.6	2189.3	59627.5	468.1	364.1	496.12	487.77	362.71
2015	3551.1	325.4	2255.0	58435.0	462.5	359.9	480.93	473.14	373.59

水产品产量
Output of Aquatic Products

单位：吨 (ton)

年份 Year	水产品总产量 Total Aquatic Products	海水产品 Seawater Aquatic Products	#鱼类 Fish	#虾蟹类 Carapace	淡水水域水产品 Freshwater Aquatic Products	#鱼类 Fish	#虾蟹类 Carapace	远洋渔业 Pelagic Fishery
1978	139017	128043	43988	63856	10974	10232	214	
1980	97610	86479	41902	38144	11131	9311	643	
1985	127495	104529	58578	39276	22966	21464	1489	
1990	218553	164880	61762	71295	53673	50912	2722	
1995	396070	210215	73868	62853	185855	178218	6330	
2000	809496	482032	187945	80707	327464	306535	15084	
2001	848887	514411	185570	92362	334476	312911	15942	
2002	870571	518440	181557	91831	352131	315759	19720	
2003	862715	489702	177773	90483	373013	340328	25936	
2004	928218	541332	190417	94519	386886	351315	26843	
2005	989461	571808	191613	95057	417653	386333	23696	
2006	871418	499047	155456	77803	372371	342458	22504	
2007	906437	524303	160388	75141	382134	353175	22909	
2008	966400	549250	164631	80317	417150	385537	25009	
2009	1004100	553884	151520	78503	450216	415983	26465	
2010	1063300	582600	151653	78882	480700	443331	27725	
2011	1067131	563281	145094	71757	503850	464896	28464	
2012	1163172	634631	141882	81978	528541	484141	33498	
2013	1230636	682809	134634	77538	547827	498931	39094	
2014	1263941	731594	143783	74982	532347	490131	32328	
2015	1297077	756931	153972	77740	536146	495247	30960	4000

受灾情况
Natural Disaster

指标	Item	2000	2005	2010	2014	2015
受灾面积(千公顷)	**Areas Covered (1000 hectares)**	**3560.28**	**1721.80**	**1668.17**	**1164.47**	**1794.90**
#成灾	Areas Affected	2541.30	976.02	1058.29	721.84	976.93
旱灾	Drought	2974.70	934.15	844.55	976.12	1104.15
#成灾	Areas Affected	2210.54	596.17	640.47	599.24	543.32
水灾	Flood	114.16	108.80	127.12	17.46	320.99
#成灾	Areas Affected	62.78	65.28	58.05	10.61	240.00
风雹灾	Wind Hail	256.15	347.47	149.83	125.50	347.77
#成灾	Areas Affected	166.12	188.14	86.92	83.23	159.00
霜冻灾	Frost	1.74	18.29	252.98	26.39	10.68
#成灾	Areas Affected	0.37	8.75	146.53	21.93	2.80
病虫灾	Diseases and Insect	203.40	247.75	118.80	12.38	11.31
#成灾	Areas Affected	92.89	93.55	35.32	3.64	6.25

农垦系统国营农牧场基本情况
Basic Statistics on State Farms and Pasturelands of Land Reclamation Departments

指　　标	Item	2000	2005	2010	2014	2015
农场数(个)	**Number of Farms (unit)**	**30**	**30**	**32**	**33**	**33**
农场人口及职工(人)	**Population, Staff and Workers (person)**					
总人口	Total Population	290157	397033	422544	454864	459210
职工人数	Number of Staff and Workers	94660	85212	71138	70378	66068
土地总面积(公顷)	**Total Land Area (hectare)**	**350720**	**352607**	**354669**	**393290**	**393149**
# 耕地面积	Cultivated Area	90380	80297	89095	98017	97763
牧草地面积	Area of Grassland	99080	70062	77909	96152	94430
# 已利用面积	Utilized Area	84730	52126	51891	58591	63911
林地面积	Forest Area	38330	89785	83774	77375	79527
水面面积	Water Area	47680	48663	36939	26717	26702
# 养殖面积	Cultivated Area	10010	15156	13042	17922	18277
茶果桑园面积	Area of Tea, Mulberry and Orchards Plantations	2880	2913	1964	1793	1589
农作物总播种面积(公顷)	**Sown Area of Farm Crops (hectare)**	**94840**	**87903**	**99098**	**101119**	**100743**
# 粮食	Grain	68540	59393	64341	72511	78239
# 谷物	Cereal	61350	54083	59771	66362	68009
# 小麦	Wheat	19710	15975	17504	17254	16114
稻谷	Rice	27010	17962	18145	21882	24062
经济作物	Economic Crops					
# 棉花	Cotton	3390	21454	19881	12231	7657
油料	Oil-bearing Crops	12380	920	2015	1596	1262
主要农产品产量(吨)	**Yield of Major Farm Crops (ton)**					
# 粮食	Grain	240341	339161	415799	451667	532361
# 谷物	Cereal	232711	324412	389171	415375	401920
# 小麦	Wheat	50070	54400	75643	75888	75169
稻谷	Rice	141569	174670	179027	190871	211730
经济作物	Economic Crops					
# 棉花	Cotton	4121	25133	32481	18486	9410
油料	Oil-bearing Crops	3466	983	2626	1424	1324
鲜果	Fruit	17295	21762	16037	22596	24292
林业生产	**Forestry Production**					
当年造林面积(公顷)	New Forestry Area This Year (hectare)	5417	8011	3110	4507	4227
林木采伐量(立方米)	Fall of Forest (cu.m)	2420	2758	3636	10697	1621
畜牧业、渔业生产	**Production of Animal Husbandry and Fishery**					
年末大牲畜存栏(头)	Number of Large Animals (year-end) (head)	36500	82832	137400	183600	202800
年末猪存栏(头)	Number of Hogs (head)	90100	199849	273700	319300	328300
年末羊存栏(只)	Number of Sheep and Goats (unit)	51700	102147	54000	128385	128000
# 山羊	Goats	14600	8373	4300	2700	3600
畜产品产量(吨)	Output of Livestock Products (ton)					
肉类总产量	Pork, Beef and Mutton	21210	42800	56021	62982	61005
牛奶产量	Milk	68104	208148	473614	519655	538743
禽蛋产量	Poultry Eggs	6817	7801	10027	11265	12438
水产品产量(吨)	Output of Aquatic Products (ton)	48207	68933	78115	134960	136907
# 养殖	Artificially Cultured	39057	61000	71562	115483	115135

规模以上工业企业主要指标
Main Indicators of Industrial Enterprises above Designated Size

项　目	Item	2010	2013	2014	2015
企业单位数(个)	**Number of Enterprises (unit)**	**13927**	**13968**	**14972**	**15295**
内资企业	Domestic Funded	12833	13055	13924	14480
港澳台商投资企业	Enterprises with Funds from Hong Kong, Macao and Taiwan	309	281	269	254
外商投资企业	Foreign Funded Enterprises	785	632	599	561
工业增加值(亿元)	**Value Added of Industry (100 million yuan)**	**8182.8**	**11711.1**	**11758.3**	**11244.7**
资产总计(亿元)	**Total Assets (100 million yuan)**	**24943.75**	**37597.12**	**42555.67**	**42717.82**
内资企业	Domestic Funded	20723.15	32475.29	37309.73	37890.71
港澳台商投资企业	Enterprises with Funds from Hong Kong, Macao and Taiwan	1853.85	2079.70	2177.40	2009.14
外商投资企业	Foreign Funded Enterprises	2366.75	3042.13	3068.55	2817.97
主营业务收入(亿元)	**Revenue from Principal Business (100 million yuan)**	**31628.93**	**46340.92**	**47207.76**	**45648.10**
内资企业	Domestic Funded	27031.17	40612.89	41834.60	41076.86
港澳台商投资企业	Enterprises with Funds from Hong Kong, Macao and Taiwan	2035.06	2270.36	2204.53	1785.72
外商投资企业	Foreign Funded Enterprises	2562.70	3457.67	3168.63	2785.51
利润总额(亿元)	**Total Proficts (100 million yuan)**	**2141.47**	**2734.70**	**2610.90**	**2360.99**
内资企业	Domestic Funded	1774.90	2489.09	2329.58	2165.45
港澳台商投资企业	Enterprises with Funds from Hong Kong,	150.28	99.88	128.75	114.22
外商投资企业	Foreign Funded Enterprises	216.29	145.73	152.57	81.33
总资产贡献率(%)	**Ratio of Profits, Taxes & Interests to Average Assets (%)**	**14.75**	**13.00**	**11.33**	**10.39**
内资企业	Domestic Funded	15.18	13.69	11.66	10.75
港澳台商投资企业	Enterprises with Funds from Hong Kong, Macao and Taiwan	12.25	9.40	10.09	9.62
外商投资企业	Foreign Funded Enterprises	12.96	8.00	8.09	6.06
资产负债率(%)	**Ratio of Debts to Assets (%)**	**60.68**	**58.53**	**56.80**	**56.16**
内资企业	Domestic Funded	61.33	58.41	56.83	56.48
港澳台商投资企业	Enterprises with Funds from Hong Kong, Macao and Taiwan	58.46	61.52	58.85	54.69
外商投资企业	Foreign Funded Enterprises	56.74	57.73	55.07	52.87

注：规模以上工业企业统计范围1998年至2007年为全部国有及年主营业务收入在500万元及以上非国有工业企业；2008年至2010年为年主营业务收入在500万元及以上的工业企业；2011年及以后年份为年主营业务收入在2000万元及以上的工业企业(以下相关表同)。

a) Industrial enterprises above designated size are all state-owned enterprises and non-state owned enterprises with annual revenue from principal business over 5 million yuan from 1998 to 2006, and are industrial enterprise with annual revenue from principal business over 5 million yuan from 2007 to 2010, and are industrial enterprise with annual revenue from principal business over 20 million yuan since 2011. The same applies to the tables following.

规模以上工业企业主要经济指标（2015年）
Main Indicators of Industrial Enterprises above Designated Size (2015)

单位：亿元 (100 million yuan)

项目	Item	企业单位数（个） Number of Enterprises (unit)	工业销售产值（当年价格） Output Value of Industrial Products Sales (current prices)	资产总计 Total Assets	主营业务收入 Revenue from Principal Business	利润总额 Total Profits
全省总计	**Total**	**15295**	**45407.38**	**42717.82**	**45648.10**	**2360.99**
按轻重工业分	**by Light & Heavy Industries**					
轻工业	Light Industry	5118	11058.01	6972.69	11231.02	824.49
重工业	Heavy Industry	10177	34349.38	35745.13	34417.07	1536.50
按企业规模分	**by Size of Enterprises**					
大型企业	Large Enterprises	356	16211.60	21328.24	17070.58	380.39
中型企业	Medium-sized Enterprises	1813	10739.87	9207.52	10546.00	799.68
小型企业	Small Enterprises	12292	17820.50	11358.91	17458.16	1152.86
微型企业	Micro enterprises	834	635.40	823.16	573.36	28.06
按登记注册类型分	**by Status of Registration**					
内资企业	Domestic Funded	14480	40919.90	37890.71	41076.86	2165.45
国有企业	State-owned Enterprises	155	1336.70	1511.04	1406.30	21.15
中央企业	Central Enterprises	39	889.34	928.48	884.75	8.18
地方企业	Local Enterprises	116	447.36	582.56	521.55	12.96
集体企业	Collective-owned Enterprises	130	274.98	200.38	277.09	23.99
股份合作企业	Cooperative Enterprises	23	20.74	14.86	20.71	0.41
联营企业	Joint Ownership Enterprises	3	10.02	40.47	9.35	-0.20
国有联营企业	State Joint Ownership Enterprises	1				
集体联营企业	Collective Joint Ownership Enterprises	1	3.50	0.61	3.70	0.52
国有与集体联营	Joint State-collective Enterprises	1	6.52	39.86	5.65	-0.72
其他联营企业	Other Joint Ownership Enterprises					
有限责任公司	Limited Liability Corporations	3853	13681.81	17813.19	14071.58	517.70
国有独资公司	State Sole funded Corporations	125	1689.50	3321.53	2306.15	10.66
其他有限责任公司	Other Limited Liability Corporations	3728	11992.30	14491.66	11765.42	507.03
股份有限责任公司	Share-holding Corporations Limited	400	3518.07	4928.08	3619.27	164.25
私营企业	Private Enterprises	9893	22011.19	13349.67	21608.74	1435.70
私营独资企业	Private-funded Enterprises	543	1153.80	656.57	1153.05	148.71
私营合伙企业	Private Partnership Enterprises	155	281.22	79.89	277.98	22.60
私营有限责任公司	Private Limited Liability Corporations	8744	18716.77	11394.49	18292.46	1167.23
私营股份有限公司	Private Share-holding Corporations Ltd.	451	1859.39	1218.71	1885.24	97.17
其他企业	Other Enterprises	23	66.41	33.00	63.82	2.45
港澳台商投资企业	Enterprises with Funds from Hong Kong, Macao and Taiwan	254	1667.71	2009.14	1785.72	114.22
合资经营企业	Joint-ventures Enterprises	149	968.75	1065.49	969.05	67.53
合作经营企业	Cooperative Enterprises	8	97.90	153.09	97.50	2.46
港澳台商独资企业	Enterprises with Sole Investment	89	580.16	775.74	698.47	42.49
港澳台商投资股份有限公司	Share-holding Corporations Ltd.	4	5.89	6.62	5.69	0.38
其他港澳台投资	Other Enterprises	4	15.01	8.20	15.01	1.35
外商投资企业	Foreign Funded Enterprises	561	2819.77	2817.97	2785.51	81.33
中外合资经营企业	Joint-venture Enterprises	288	1379.19	1540.41	1295.95	44.93
中外合作经营企业	Cooperation Enterprises	14	24.08	16.13	22.72	1.70
外资企业	Enterprises with Sole Funds	249	789.16	1003.55	836.30	28.94
股份有限公司	Share-holding Corporations Ltd.	6	622.91	252.93	625.58	5.55
其他外商投资	Other Enterprises	4	4.44	4.95	4.96	0.20

 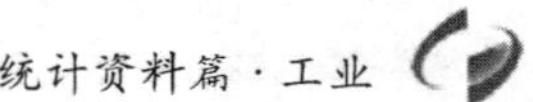

规模以上工业企业增加值
Value-added of Industry Enterprises above Designated Size

项　目	Item	2010	2011	2012	2013	2014	2015
工业增加值(亿元)	**Value Added of Industry**	**8182.8**	**10509.4**	**11069.6**	**11711.1**	**11758.3**	**11244.7**
# 轻工业	Light Industry	1626.6	2037.6	2272.9	2498.0	2690.1	2791.2
重工业	Heavy Industrial	6556.2	8471.8	8796.7	9213.1	9068.3	8453.4
# 国有企业	State-owned Enterprises	850.5	938.8	964.4	890.2	416.6	364.5
集体企业	Collective-owned Enterprises	164.3	158.8	130.7	170.0	113.6	87.1
股份合作企业	Cooperative Enterprises	21.8	24.9	15.4	10.8	5.1	4.5
股份制企业	Share-holding Corporations Limited	5053.4	6901.1	7331.4	7954.3	9394.9	9145.9
外商及港澳台投资企业	Industrial Enterprises with Foreign Funds and Hong Kong, Macao and Taiwan	1166.1	1405.3	1296.0	1267.1	1210.2	1084.0
# 国有及国有控股企业	State-owned and State-holding Enterprises	2901.8	3399.6	3169.3	3065.0	2673.4	2371.3
# 大中型工业	Large and Medium-sized Enterprises	5025.5	6340.1	6749.0	7336.4	7224.1	6630.3
比上年增长(%)	**Growth Rate (%)**						
工业增加值	Value Added of Industry	16.5	16.1	13.4	10.0	5.1	4.4
# 轻工业	Light Industry	18.6	16.4	14.8	10.2	6.4	3.9
重工业	Heavy Industrial	16.0	16.0	13.0	10.0	4.7	4.5
# 国有企业	State-owned Enterprises	19.5	9.0	12.3	3.7	2.9	4.0
集体企业	Collective-owned Enterprises	6.2	4.2	18.2	-0.2	0.4	-8.4
股份合作企业	Cooperative Enterprises	-4.5	20.7	10.5	-9.0	-1.6	7.2
股份制企业	Share-holding Corporations Limited	17.8	16.8	13.9	11.2	5.8	4.9
外商及港澳台投资企业	Industrial Enterprises with Foreign Funds and Hong Kong, Macao and Taiwan	7.5	12.8	5.5	4.5	1.4	3.4
# 国有及国有控股企业	State-owned and State-holding Enterprises	13.9	7.8	5.6	3.2	1.4	-1.5
# 大中型工业	Large and Medium-sized Enterprises	10.8	10.8	8.9	6.1	3.0	-0.2

按行业分规模以上工业企业主要指标（2015年）

单位：亿元

行　业	Sector	企　业 单位数 （个） Number of Enterprises (unit)
全省总计	**Total**	**15295**
煤炭开采和洗选业	Mining and Washing of Coal	145
石油和天然气开采业	Extraction of Petroleum and Natural Gas	2
黑色金属矿采选业	Mining of Ferrous Metal Ores	550
有色金属矿采选业	Mining of Non-ferrous Metal Ores	16
非金属矿采选业	Mining and Processing of Nonmetal Ores	102
其他采矿业	Mining of Others	
农副食品加工业	Processing of Food from Agricultural Products	879
食品制造业	Manufacture of Foods	346
酒、饮料和精制茶制造业	Manufacture of Wine, Soft Drinks and Refined Tea	176
烟草制品业	Manufacture of Tobacco	3
纺织业	Manufacture of Textile	771
纺织服装、服饰业	Manufacture of Textile, Apparel	254
皮革、毛皮、羽毛及其制品和制鞋业	Manufacture of Leather, Fur, Feather and Its Products and Footware	588
木材加工和木、竹、藤、棕、草制品业	Processing of Timbers, Manufacture of Wood,Bamboo, Rattan, Palm and Straw Products	149
家具制造业	Manufacture of Furniture	165
造纸和纸制品业	Manufacture of Paper and Paper Products	264
印刷和记录媒介复制业	Printing, Reproduction of Recording Media	198
文教、工美、体育和娱乐用品制造业	Manufacture of Articles for Culture, Arts and Crafts, Education, Sport Activities and Entertainment Goods	299
石油加工、炼焦和核燃料加工业	Processing of Petroleum, Coking, Processing of Nuclear Fuel	142
化学原料和化学制品制造业	Manufacture of Chemical Raw Material and Chemical Products	1031
医药制造业	Manufacture of Medicines	265
化学纤维制造业	Manufacture of Chemical Fiber	55
橡胶和塑料制品业	Manufacture of Rubber and Plastic	885
非金属矿物制品业	Manufacture of Nonmetallic Mineral Products	1345
黑色金属冶炼和压延加工业	Manufacture and Processing of Ferrous Metals	755
有色金属冶炼和压延加工业	Manufacture & Processing of Non-ferrous Metals	219
金属制品业	Manufacture of Metal Products	1447
通用设备制造业	Manufacture of General Purpose Machinery	971
专用设备制造业	Manufacture of Special Purpose Machinery	820
汽车制造业	Manufacture of Automotive	538
铁路、船舶、航空航天和其他运输设备制造业	Manufacture of Railroad, Marine, Aerospace and Other Transportation Equipment	173
电气机械和器材制造业	Manufacture of Electrical Machinery and Equipment	832
计算机、通信和其他电子设备制造	Manufacture of Computer, Communications and Other Electronic Equipment	193
仪器仪表制造业	Manufacture of Measuring Instrument	99
其他制造业	Manufacture of Others	67
废弃资源综合利用业	Recycling and Disposal of Waste	56
金属制品、机械和设备修理业	Metal Products, Machinery and Equipment Repair	15
电力、热力生产和供应业	Production and Supply of Electric Power and Heat Power	346
燃气生产和供应业	Production and Distribution of Gas	84
水的生产和供应业	Production and Distribution of Water	50

Main Indicators of Industrial Enterprises above Designated Size by Industrial Sector (2015)

(100 million yuan)

工业销售产值(当年价格) Output Value of Industrial Products Sales (current prices)	实收资本 Total Capital Hold	流动资产合计 Total Working Capitals	#存货 Inventory	#产成品 Finished Products	固定资产合计 Fixed Assets	固定资产原价 Original Value of Fixed Assets	累计折旧 Accumulated Depreciation
45407.38	**8740.72**	**16589.33**	**3830.49**	**1433.44**	**19745.87**	**28608.03**	**10679.89**
944.71	264.76	793.58	123.10	61.55	643.21	986.13	470.77
165.37		75.87	4.92	2.15	553.45	1225.01	667.54
1753.43	352.35	883.51	105.83	63.74	817.08	1072.59	323.62
42.73	5.78	11.53	3.23	1.17	35.87	41.80	10.54
115.36	19.74	39.13	8.63	5.92	31.61	43.03	14.40
2179.64	259.78	621.29	171.48	78.03	393.28	516.28	165.28
1022.72	152.16	287.50	67.05	31.16	235.65	310.80	94.66
492.55	112.97	267.47	77.11	27.45	163.99	226.17	80.50
176.17	13.16	105.59	74.43	2.09	29.99	59.49	33.48
1652.26	149.95	328.96	107.45	49.01	334.53	423.42	125.80
417.40	40.60	88.48	28.32	13.72	76.94	97.96	28.74
1339.41	42.89	127.90	32.83	13.68	155.10	182.05	32.09
274.27	27.25	51.53	15.49	8.82	75.01	97.14	27.36
287.56	27.52	56.32	12.27	5.20	95.55	143.94	51.40
501.68	79.05	148.86	31.07	14.46	157.94	208.40	67.31
325.24	146.45	81.56	17.82	7.44	87.17	131.77	52.62
355.37	44.05	74.07	22.71	11.21	97.90	130.67	38.37
1738.95	158.95	467.16	133.09	37.80	509.48	813.84	361.74
2685.58	412.92	939.32	179.76	85.80	915.27	1220.69	386.87
773.68	216.54	519.53	104.04	54.95	353.76	412.15	141.56
91.47	10.34	23.55	8.73	4.30	22.35	30.75	9.11
1357.31	219.78	405.40	100.97	42.53	332.92	456.31	154.19
1969.25	479.99	851.04	183.67	78.30	1125.12	1550.18	494.64
10131.21	1544.94	3389.96	1073.07	278.42	5779.92	8153.73	3127.84
502.73	71.01	126.11	39.87	13.06	109.21	170.02	72.74
2742.49	1342.62	785.70	187.39	90.46	929.61	1210.45	307.79
1362.47	194.45	494.27	140.72	57.62	414.17	519.14	146.95
1482.14	350.84	700.49	183.90	80.57	647.29	810.09	189.99
2164.22	268.69	1127.97	152.69	70.32	506.71	722.77	235.97
535.06	100.56	399.98	130.42	23.02	142.85	180.02	49.28
2032.97	496.40	958.81	175.21	88.88	497.45	722.58	261.11
514.10	142.98	452.40	51.29	12.33	223.84	327.02	106.41
104.51	24.42	74.56	13.70	5.98	33.83	41.20	10.79
62.50	9.53	14.73	3.22	1.24	19.15	25.88	7.24
86.48	20.29	31.99	8.29	1.65	16.14	21.72	6.63
23.48	3.48	25.22	9.59	0.10	9.00	14.12	5.25
2771.30	796.49	592.11	34.59	5.40	2950.88	5024.55	2229.67
183.93	70.72	113.62	8.96	3.69	125.32	139.96	32.95
45.67	66.32	52.26	3.55	0.22	97.31	144.21	56.70

按行业分规模以上工业企业主要指标（2015年）(续)

单位：亿元

行　业	Sector	资产总计 Total Assets
全省总计	**Total**	**42717.82**
煤炭开采和洗选业	Mining and Washing of Coal	1957.54
石油和天然气开采业	Extraction of Petroleum and Natural Gas	664.76
黑色金属矿采选业	Mining of Ferrous Metal Ores	2185.22
有色金属矿采选业	Mining of Non-ferrous Metal Ores	52.64
非金属矿采选业	Mining and Processing of Nonmetal Ores	97.31
其他采矿业	Mining of Others	
农副食品加工业	Processing of Food from Agricultural Products	1239.20
食品制造业	Manufacture of Foods	632.54
酒、饮料和精制茶制造业	Manufacture of Wine, Soft Drinks and Refined Tea	492.03
烟草制品业	Manufacture of Tobacco	137.03
纺织业	Manufacture of Textile	762.79
纺织服装、服饰业	Manufacture of Textile, Apparel	200.28
皮革、毛皮、羽毛及其制品和制鞋业	Manufacture of Leather, Fur, Feather and Its Products and Footware	455.92
木材加工和木、竹、藤、棕、草制品业	Processing of Timbers, Manufacture of Wood,Bamboo, Rattan, Palm and Straw Products	136.70
家具制造业	Manufacture of Furniture	167.18
造纸和纸制品业	Manufacture of Paper and Paper Products	356.22
印刷和记录媒介复制业	Printing, Reproduction of Recording Media	195.12
文教、工美、体育和娱乐用品制造业	Manufacture of Articles for Culture, Arts and Crafts, Education, Sport Activities and Entertainment Goods	188.61
石油加工、炼焦和核燃料加工业	Processing of Petroleum, Coking, Processing of Nuclear Fuel	1137.38
化学原料和化学制品制造业	Manufacture of Chemical Raw Material and Chemical Products	2170.25
医药制造业	Manufacture of Medicines	1019.47
化学纤维制造业	Manufacture of Chemical Fiber	66.72
橡胶和塑料制品业	Manufacture of Rubber and Plastic	836.79
非金属矿物制品业	Manufacture of Nonmetallic Mineral Products	2278.78
黑色金属冶炼和压延加工业	Manufacture and Processing of Ferrous Metals	10883.52
有色金属冶炼和压延加工业	Manufacture & Processing of Non-ferrous Metals	296.68
金属制品业	Manufacture of Metal Products	1873.43
通用设备制造业	Manufacture of General Purpose Machinery	998.65
专用设备制造业	Manufacture of Special Purpose Machinery	1488.38
汽车制造业	Manufacture of Automotive	1941.72
铁路、船舶、航空航天和其他运输设备制造业	Manufacture of Railroad, Marine, Aerospace and Other Transportation Equipment	598.27
电气机械和器材制造业	Manufacture of Electrical Machinery and Equipment	1694.28
计算机、通信和其他电子设备制造	Manufacture of Computer, Communications and Other Electronic Equipment	767.48
仪器仪表制造业	Manufacture of Measuring Instrument	123.35
其他制造业	Manufacture of Others	37.91
废弃资源综合利用业	Recycling and Disposal of Waste	72.66
金属制品、机械和设备修理业	Metal Products, Machinery and Equipment Repair	35.05
电力、热力生产和供应业	Production and Supply of Electric Power and Heat Power	3971.89
燃气生产和供应业	Production and Distribution of Gas	325.87
水的生产和供应业	Production and Distribution of Water	178.22

Main Indicators of Industrial Enterprises above Designated Size by Industrial Sector (2015)

(100 million yuan)

流动负债合计 Total Working Liabilities	非流动负债合计 Total Non Working Liabilities	所有者权益合计 Total Owners' Equities	主营业务收入 Revenue from Principal Business	主营业务成本 Cost of Principal Business	营业利润 Profits of Business	利润总额 Total Profits	亏损企业亏损总额 Total Loss of Enterprises Running under Deficit
18693.91	**4150.99**	**18575.56**	**45648.10**	**39832.04**	**2311.85**	**2360.99**	**480.84**
997.48	351.80	600.62	1485.15	1409.02	-45.32	-33.73	55.60
52.06	206.37	406.32	161.70	138.06	-49.25	-42.06	42.06
913.58	154.18	1055.08	1728.39	1364.16	239.03	242.35	43.10
12.40	8.41	31.63	46.56	36.47	5.40	5.59	0.40
49.81	14.32	30.09	116.05	100.67	4.01	6.86	1.24
521.25	53.45	573.32	2162.30	1934.71	96.52	97.66	7.21
207.96	28.37	378.30	1030.70	841.89	74.30	77.30	2.19
221.54	22.70	240.64	493.29	361.61	62.32	62.84	4.01
45.74	0.05	91.23	170.93	62.14	10.95	10.88	
266.78	41.78	420.38	1727.33	1531.03	122.02	120.71	5.69
74.85	4.61	111.67	422.99	376.44	27.10	27.45	0.73
103.23	7.19	308.88	1340.73	1121.46	128.50	127.81	0.32
45.71	7.07	76.98	266.19	228.15	22.85	22.33	0.42
62.31	4.01	75.76	280.32	250.88	16.29	16.34	0.76
117.45	41.29	181.91	486.39	422.85	35.97	36.80	1.37
65.05	6.89	113.58	319.36	278.58	24.68	25.87	0.82
44.49	4.41	126.45	352.81	310.28	26.00	25.88	0.29
749.57	94.00	233.97	1665.22	1430.78	-8.58	-11.63	36.83
874.95	277.38	947.07	2585.18	2219.19	171.29	168.90	27.26
398.43	95.78	516.29	905.32	699.80	75.49	75.71	2.90
23.88	1.39	18.98	92.31	83.11	4.10	4.02	1.83
278.09	28.01	497.67	1289.14	1114.94	104.15	106.13	3.23
1070.68	171.08	975.36	1910.93	1648.35	73.70	83.46	43.27
5661.25	944.26	3901.22	10075.51	9331.41	113.67	103.20	90.61
136.60	25.77	128.48	494.69	447.01	15.78	16.17	4.14
661.93	55.34	1097.45	2686.89	2388.46	133.19	130.03	13.95
362.43	43.41	569.49	1332.05	1136.69	98.93	99.46	5.38
528.59	43.32	871.03	1455.09	1240.76	95.38	97.93	11.12
947.35	108.01	862.08	2207.97	1841.93	179.14	185.82	8.65
348.19	25.59	205.10	541.69	451.04	46.93	45.88	7.96
784.41	94.68	783.52	2049.59	1768.37	110.36	111.44	37.89
333.20	88.96	340.92	520.51	433.29	49.28	54.64	0.83
36.73	0.89	84.57	105.12	77.75	12.60	13.72	0.38
10.81	0.69	25.73	62.55	55.18	4.08	4.28	0.43
27.36	3.08	40.31	77.05	69.63	5.38	5.49	0.72
19.45	2.21	13.38	20.75	17.55	0.90	0.90	0.06
1425.92	989.30	1464.53	2744.01	2413.94	210.99	219.81	10.35
159.23	56.04	100.07	189.97	160.51	13.31	13.69	4.24
53.18	44.90	75.50	45.39	33.95	0.40	1.05	2.59

按行业分国有及国有控股工业企业主要指标（2015年）

单位：亿元

行　业	Sector	企　业 单位数 （个） Number of Enterprises (unit)
全省总计	**Total**	**818**
煤炭开采和洗选业	Mining and Washing of Coal	19
石油和天然气开采业	Extraction of Petroleum and Natural Gas	2
黑色金属矿采选业	Mining of Ferrous Metal Ores	24
有色金属矿采选业	Mining of Non-ferrous Metal Ores	2
非金属矿采选业	Mining and Processing of Nonmetal Ores	11
其他采矿业	Mining of Others	
农副食品加工业	Processing of Food from Agricultural Products	17
食品制造业	Manufacture of Foods	7
酒、饮料和精制茶制造业	Manufacture of Wine, Soft Drinks and Refined Tea	10
烟草制品业	Manufacture of Tobacco	3
纺织业	Manufacture of Textile	11
纺织服装、服饰业	Manufacture of Textile, Apparel	8
皮革、毛皮、羽毛及其制品和制鞋业	Manufacture of Leather, Fur, Feather and Its Products and Footware	2
木材加工和木、竹、藤、棕、草制品业	Processing of Timbers, Manufacture of Wood,Bamboo, Rattan, Palm and Straw Products	2
家具制造业	Manufacture of Furniture	
造纸和纸制品业	Manufacture of Paper and Paper Products	4
印刷和记录媒介复制业	Printing, Reproduction of Recording Media	10
文教、工美、体育和娱乐用品制造业	Manufacture of Articles for Culture, Arts and Crafts, Education, Sport Activities and Entertainment Goods	1
石油加工、炼焦和核燃料加工业	Processing of Petroleum, Coking, Processing of Nuclear Fuel	13
化学原料和化学制品制造业	Manufacture of Chemical Raw Material and Chemical Products	45
医药制造业	Manufacture of Medicines	8
化学纤维制造业	Manufacture of Chemical Fiber	2
橡胶和塑料制品业	Manufacture of Rubber and Plastic	6
非金属矿物制品业	Manufacture of Nonmetallic Mineral Products	65
黑色金属冶炼和压延加工业	Manufacture and Processing of Ferrous Metals	27
有色金属冶炼和压延加工业	Manufacture & Processing of Non-ferrous Metals	11
金属制品业	Manufacture of Metal Products	22
通用设备制造业	Manufacture of General Purpose Machinery	18
专用设备制造业	Manufacture of Special Purpose Machinery	50
汽车制造业	Manufacture of Automotive	17
铁路、船舶、航空航天和其他运输设备制造业	Manufacture of Railroad, Marine, Aerospace and Other Transportation Equipment	10
电气机械和器材制造业	Manufacture of Electrical Machinery and Equipment	29
计算机、通信和其他电子设备制造	Manufacture of Computer, Communications and Other Electronic Equipment	15
仪器仪表制造业	Manufacture of Measuring Instrument	8
其他制造业	Manufacture of Others	1
废弃资源综合利用业	Recycling and Disposal of Waste	4
金属制品、机械和设备修理业	Metal Products, Machinery and Equipment Repair	3
电力、热力生产和供应业	Production and Supply of Electric Power and Heat Power	271
燃气生产和供应业	Production and Distribution of Gas	24
水的生产和供应业	Production and Distribution of Water	36

Main Indicators of State-owned and State-holding Industrial Enterprises by Industrial Sector (2015)

(100 million yuan)

工业销售产值（当年价格） Output Value of Industrial Products Sales (current prices)	实收资本 Total Capital Hold	流动资产 合计 Total Working Capitals	#存货 Inventory	#产成品 Finished Products	固定资产 合计 Fixed Assets	固定资产 原价 Original Value of Fixed Assets	累计折旧 Accumulated Depreciation
8979.21	**2812.17**	**5074.54**	**1418.51**	**417.32**	**8458.66**	**12718.18**	**5264.09**
699.33	249.30	730.18	111.55	54.82	624.61	958.70	459.84
165.37		75.87	4.92	2.15	553.45	1225.01	667.54
107.58	99.83	188.62	23.93	7.52	112.92	190.33	80.84
1.21	0.15	1.46	0.97		6.60	7.44	0.84
7.01	9.12	15.60	4.01	3.39	13.74	18.81	6.88
86.38	23.95	39.72	4.39	2.01	21.76	31.99	14.08
18.78	25.09	21.96	3.09	1.52	4.69	8.09	3.71
35.60	13.03	27.17	16.03	7.84	15.65	23.75	8.06
176.17	13.16	105.59	74.43	2.09	29.99	59.49	33.48
29.14	17.07	68.70	23.64	13.93	33.59	30.52	10.90
19.91	4.15	17.96	5.73	2.58	4.21	9.34	5.29
8.64	2.00	6.47	2.65	1.78	1.01	2.35	1.34
7.69	1.30	1.84	1.46	1.07	3.85	5.36	1.51
23.04	14.84	11.68	5.73	1.62	12.07	26.04	13.96
25.95	15.65	22.62	4.77	1.75	19.22	39.80	22.52
0.93	0.58	1.22	0.48	0.03	0.10	0.74	0.64
883.69	79.45	132.09	73.01	19.76	204.66	349.53	145.51
306.37	96.09	168.36	31.96	11.35	313.77	413.88	126.96
117.55	55.72	136.53	20.05	10.68	66.60	105.98	39.57
9.24	2.42	8.64	3.49	2.09	1.91	5.15	3.24
24.64	7.46	14.32	3.47	1.46	6.89	13.23	6.34
237.34	109.30	190.75	34.92	12.48	410.70	579.88	189.02
1976.57	855.72	1373.44	590.17	135.91	2695.80	3073.47	983.10
81.08	19.35	20.66	12.09	2.07	24.60	46.35	24.14
65.12	41.79	103.08	25.01	10.94	40.31	71.73	32.88
46.56	13.19	45.44	15.08	3.08	21.69	22.34	7.71
110.48	70.14	157.74	54.67	25.54	70.29	96.85	29.66
336.88	32.79	216.09	50.78	29.25	106.89	161.65	54.82
262.61	73.41	310.01	109.91	12.36	90.16	111.77	29.07
233.70	67.55	220.32	55.51	30.44	71.32	93.34	37.36
97.74	17.89	40.59	5.87	1.67	37.13	62.41	25.40
6.14	2.21	7.29	0.96	0.34	0.57	0.66	0.36
0.27	0.07	0.28	0.07	0.02	0.10	0.16	0.06
2.46	1.54	0.93	0.08	0.04	1.47	3.33	1.86
15.47	1.35	22.92	9.25	0.03	7.78	12.22	4.46
2655.40	687.64	488.28	26.67	2.01	2692.57	4673.88	2126.12
59.80	28.77	38.40	4.39	1.67	47.19	52.46	14.18
37.37	59.09	41.71	3.32	0.04	88.80	130.17	50.85

按行业分国有及国有控股工业企业主要指标（2015年）(续)

单位：亿元

行业	Sector	资产总计 Total Assets
全省总计	**Total**	**16484.92**
煤炭开采和洗选业	Mining and Washing of Coal	1863.08
石油和天然气开采业	Extraction of Petroleum and Natural Gas	664.76
黑色金属矿采选业	Mining of Ferrous Metal Ores	522.58
有色金属矿采选业	Mining of Non-ferrous Metal Ores	8.49
非金属矿采选业	Mining and Processing of Nonmetal Ores	45.11
其他采矿业	Mining of Others	
农副食品加工业	Processing of Food from Agricultural Products	90.07
食品制造业	Manufacture of Foods	33.44
酒、饮料和精制茶制造业	Manufacture of Wine, Soft Drinks and Refined Tea	48.68
烟草制品业	Manufacture of Tobacco	137.03
纺织业	Manufacture of Textile	132.29
纺织服装、服饰业	Manufacture of Textile, Apparel	24.81
皮革、毛皮、羽毛及其制品和制鞋业	Manufacture of Leather, Fur, Feather and Its Products and Footware	10.42
木材加工和木、竹、藤、棕、草制品业	Processing of Timbers, Manufacture of Wood,Bamboo, Rattan, Palm and Straw Products	6.22
家具制造业	Manufacture of Furniture	
造纸和纸制品业	Manufacture of Paper and Paper Products	27.84
印刷和记录媒介复制业	Printing, Reproduction of Recording Media	43.97
文教、工美、体育和娱乐用品制造业	Manufacture of Articles for Culture, Arts and Crafts, Education, Sport Activities and Entertainment Goods	1.62
石油加工、炼焦和核燃料加工业	Processing of Petroleum, Coking, Processing of Nuclear Fuel	406.94
化学原料和化学制品制造业	Manufacture of Chemical Raw Material and Chemical Products	526.93
医药制造业	Manufacture of Medicines	284.81
化学纤维制造业	Manufacture of Chemical Fiber	28.12
橡胶和塑料制品业	Manufacture of Rubber and Plastic	23.09
非金属矿物制品业	Manufacture of Nonmetallic Mineral Products	703.85
黑色金属冶炼和压延加工业	Manufacture and Processing of Ferrous Metals	5204.99
有色金属冶炼和压延加工业	Manufacture & Processing of Non-ferrous Metals	56.72
金属制品业	Manufacture of Metal Products	161.99
通用设备制造业	Manufacture of General Purpose Machinery	77.46
专用设备制造业	Manufacture of Special Purpose Machinery	262.22
汽车制造业	Manufacture of Automotive	380.62
铁路、船舶、航空航天和其他运输设备制造业	Manufacture of Railroad, Marine, Aerospace and Other Transportation Equipment	439.02
电气机械和器材制造业	Manufacture of Electrical Machinery and Equipment	326.58
计算机、通信和其他电子设备制造	Manufacture of Computer, Communications and Other Electronic Equipment	80.27
仪器仪表制造业	Manufacture of Measuring Instrument	8.19
其他制造业	Manufacture of Others	0.39
废弃资源综合利用业	Recycling and Disposal of Waste	2.64
金属制品、机械和设备修理业	Metal Products, Machinery and Equipment Repair	31.14
电力、热力生产和供应业	Production and Supply of Electric Power and Heat Power	3567.25
燃气生产和供应业	Production and Distribution of Gas	96.52
水的生产和供应业	Production and Distribution of Water	154.80

Main Indicators of State-owned and State-holding Industrial Enterprises by Industrial Sector (2015)

(100 million yuan)

流动负债合计 Total Working Liabilities	非流动负债合计 Total Non Working Liabilities	所有者权益合计 Total Owners' Equities	主营业务收入 Revenue from Principal Business	主营业务成本 Cost of Principal Business	营业利润 Profits of Business	利润总额 Total Profits	亏损企业亏损总额 Total Loss of Enterprises Running under Deficit
7860.78	**2718.56**	**5696.91**	**9553.90**	**8271.51**	**113.49**	**158.73**	**224.34**
943.66	351.17	566.95	1245.16	1186.99	-54.51	-42.99	54.85
52.06	206.37	406.32	161.70	138.06	-49.25	-42.06	42.06
268.67	66.36	186.33	112.69	94.03	-17.13	-12.52	18.10
1.15	6.55	0.79	1.21	0.88	-0.24	-0.27	0.33
24.42	12.36	8.32	6.75	6.22	-3.43	-0.66	0.80
47.87	8.38	30.85	77.28	68.20	-0.04	0.01	2.01
11.33	2.03	20.07	16.88	11.73	0.27	0.53	0.35
22.84	0.47	25.36	36.65	21.48	1.05	1.24	0.92
45.74	0.05	91.23	170.93	62.14	10.95	10.88	
67.75	5.76	57.50	107.94	101.16	-1.00	1.72	1.30
9.60	1.97	13.24	26.28	22.59	1.12	1.61	
4.28	1.41	4.73	12.92	11.50	0.59	0.65	
5.40		0.82	6.96	5.61	0.84	0.85	0.04
2.73		25.11	23.93	18.81	2.83	2.86	
10.49	1.06	32.42	27.42	22.11	1.79	2.85	
0.88		0.73	1.00	0.75	0.05	0.05	
226.34	33.75	104.40	842.99	651.18	-22.15	-22.94	26.86
241.53	126.10	159.27	281.91	238.23	-2.26	-2.19	15.16
151.39	33.04	99.26	162.21	145.62	3.89	2.48	
7.33	0.05	-1.05	9.65	9.41	-1.37	-1.34	1.34
10.16	0.95	11.98	26.04	20.55	2.90	2.96	
372.52	101.67	226.93	214.87	178.73	-22.81	-17.45	20.47
2921.04	672.43	1598.09	1947.63	1751.43	17.09	18.60	4.90
36.63	1.99	18.09	93.26	82.03	1.75	1.87	0.67
80.15	1.76	79.84	58.24	50.86	-3.34	-3.30	4.20
39.60	6.82	30.93	40.20	31.36	3.69	3.87	0.42
139.63	15.80	86.84	111.15	91.46	-2.61	-0.74	3.68
189.47	70.76	120.39	367.70	303.71	12.16	14.22	2.68
284.52	18.41	122.55	271.99	219.56	24.76	23.27	7.78
204.48	44.17	77.93	239.64	206.61	3.53	4.65	2.51
33.43	0.66	46.18	94.97	82.44	8.90	8.89	0.17
4.30	0.06	3.83	5.94	4.61	0.38	0.45	
0.07		0.32	0.27	0.12	0.02	0.03	
0.42	0.47	1.75	2.45	2.11	-0.08	-0.07	0.13
17.74	2.21	11.19	12.36	9.77	0.79	0.79	
1298.07	862.38	1324.82	2636.77	2337.68	192.69	198.01	8.93
39.59	20.03	36.85	61.03	54.15	1.94	1.73	1.48
43.51	41.09	65.73	36.92	27.63	-0.31	0.18	2.19

按行业分私营工业企业主要指标（2015年）

单位：亿元

行　业	Sector	企　业 单位数 （个） Number of Enterprises (unit)
全省总计	**Total**	**9893**
煤炭开采和洗选业	Mining and Washing of Coal	87
石油和天然气开采业	Extraction of Petroleum and Natural Gas	
黑色金属矿采选业	Mining of Ferrous Metal Ores	417
有色金属矿采选业	Mining of Non-ferrous Metal Ores	7
非金属矿采选业	Mining and Processing of Nonmetal Ores	68
其他采矿业	Mining of Others	
农副食品加工业	Processing of Food from Agricultural Products	548
食品制造业	Manufacture of Foods	218
酒、饮料和精制茶制造业	Manufacture of Wine, Soft Drinks and Refined Tea	83
烟草制品业	Manufacture of Tobacco	
纺织业	Manufacture of Textile	577
纺织服装、服饰业	Manufacture of Textile, Apparel	159
皮革、毛皮、羽毛及其制品和制鞋业	Manufacture of Leather, Fur, Feather and Its Products and Footware	489
木材加工和木、竹、藤、棕、草制品业	Processing of Timbers, Manufacture of Wood,Bamboo, Rattan, Palm and Straw Products	116
家具制造业	Manufacture of Furniture	117
造纸和纸制品业	Manufacture of Paper and Paper Products	177
印刷和记录媒介复制业	Printing, Reproduction of Recording Media	141
文教、工美、体育和娱乐用品制造业	Manufacture of Articles for Culture, Arts and Crafts, Education, Sport Activities and Entertainment Goods	213
石油加工、炼焦和核燃料加工业	Processing of Petroleum, Coking, Processing of Nuclear Fuel	89
化学原料和化学制品制造业	Manufacture of Chemical Raw Material and Chemical Products	653
医药制造业	Manufacture of Medicines	138
化学纤维制造业	Manufacture of Chemical Fiber	39
橡胶和塑料制品业	Manufacture of Rubber and Plastic	652
非金属矿物制品业	Manufacture of Nonmetallic Mineral Products	822
黑色金属冶炼和压延加工业	Manufacture and Processing of Ferrous Metals	523
有色金属冶炼和压延加工业	Manufacture & Processing of Non-ferrous Metals	155
金属制品业	Manufacture of Metal Products	1017
通用设备制造业	Manufacture of General Purpose Machinery	629
专用设备制造业	Manufacture of Special Purpose Machinery	488
汽车制造业	Manufacture of Automotive	339
铁路、船舶、航空航天和其他运输设备制造业	Manufacture of Railroad, Marine, Aerospace and Other Transportation Equipment	112
电气机械和器材制造业	Manufacture of Electrical Machinery and Equipment	515
计算机、通信和其他电子设备制造	Manufacture of Computer, Communications and Other Electronic Equipment	115
仪器仪表制造业	Manufacture of Measuring Instrument	57
其他制造业	Manufacture of Others	39
废弃资源综合利用业	Recycling and Disposal of Waste	34
金属制品、机械和设备修理业	Metal Products, Machinery and Equipment Repair	7
电力、热力生产和供应业	Production and Supply of Electric Power and Heat Power	28
燃气生产和供应业	Production and Distribution of Gas	23
水的生产和供应业	Production and Distribution of Water	2

Main Indicators of Private Enterprises by Industrial Sector (2015)

(100 million yuan)

工业销售产值(当年价格) Output Value of Industrial Products Sales (current prices)	实收资本 Total Capital Hold	流动资产 合计 Total Working Capitals	#存货 Inventory	#产成品 Finished Products	固定资产 合计 Fixed Assets	固定资产 原价 Original Value of Fixed Assets	累计折旧 Accumulated Depreciation
22011.19	**2632.46**	**5199.29**	**1152.08**	**519.44**	**6519.32**	**8719.75**	**2647.57**
170.28	9.90	39.34	6.79	3.70	13.79	19.63	7.31
1241.06	198.18	528.18	63.75	44.12	548.95	690.22	191.30
26.40	4.22	3.60	1.41	0.78	17.11	23.09	6.60
97.57	6.96	12.34	2.78	1.48	6.32	9.02	3.44
1092.70	141.30	184.92	69.94	36.19	199.68	265.10	79.47
562.81	66.89	110.08	29.78	14.14	113.52	138.18	32.98
160.07	26.46	40.75	12.79	4.77	47.12	55.70	13.40
1199.30	96.62	162.01	45.52	19.69	227.73	292.88	78.97
262.15	22.56	35.16	11.54	6.23	46.94	58.47	13.94
1126.52	30.03	88.29	18.28	7.58	135.25	154.94	24.37
226.26	16.87	33.43	9.19	4.88	56.97	72.44	19.68
176.19	18.42	23.08	6.62	3.42	43.92	66.30	24.03
317.79	30.17	86.41	14.61	7.82	94.72	104.45	25.50
223.93	121.07	40.85	9.06	4.10	42.92	60.65	20.33
242.87	29.85	42.84	13.26	6.37	73.68	97.67	28.16
363.13	48.45	188.64	35.74	9.97	136.33	163.48	76.79
1428.30	143.62	318.02	67.29	34.38	297.90	380.76	106.50
268.09	42.77	64.29	16.82	7.39	73.81	92.33	20.87
66.83	5.17	10.89	3.57	1.41	16.83	21.16	4.99
1010.58	142.27	218.96	46.61	25.15	240.82	320.15	100.60
1134.36	180.60	314.72	69.99	30.33	393.77	523.22	155.33
4198.43	383.07	883.46	242.19	84.80	1713.17	2639.76	1016.88
289.71	29.01	60.52	17.28	7.46	44.63	55.43	15.00
2108.56	206.05	455.40	102.23	49.68	722.26	908.34	205.07
881.97	94.78	195.98	53.62	22.73	244.75	304.33	78.67
922.33	187.63	255.16	54.29	22.68	383.52	458.75	89.09
562.62	53.39	173.18	32.27	16.64	100.46	126.81	39.23
178.93	17.98	54.15	12.15	7.14	37.29	49.44	14.94
1040.34	194.02	222.46	45.20	24.59	222.48	298.53	96.41
184.24	33.77	252.39	24.35	3.18	81.66	105.01	25.04
66.25	8.29	27.95	3.61	1.32	23.22	26.91	5.74
49.56	5.23	6.73	1.46	0.49	15.95	21.73	6.14
61.25	5.99	8.56	2.09	0.76	6.61	8.17	2.46
5.00	0.80	1.45	0.14	0.03	0.30	0.61	0.31
26.20	18.03	28.78	4.42	3.11	63.72	75.01	13.50
36.34	11.27	20.32	1.36	0.84	29.48	28.34	3.41
2.27	0.77	6.00	0.09	0.09	1.76	2.75	1.11

按行业分私营工业企业主要指标（2015年）(续)

单位：亿元

行　业	Sector	资产总计 Total Assets
全省总计	**Total**	**13349.7**
煤炭开采和洗选业	Mining and Washing of Coal	62.7
石油和天然气开采业	Extraction of Petroleum and Natural Gas	
黑色金属矿采选业	Mining of Ferrous Metal Ores	1269.2
有色金属矿采选业	Mining of Non-ferrous Metal Ores	21.3
非金属矿采选业	Mining and Processing of Nonmetal Ores	26.7
其他采矿业	Mining of Others	
农副食品加工业	Processing of Food from Agricultural Products	443.6
食品制造业	Manufacture of Foods	284.2
酒、饮料和精制茶制造业	Manufacture of Wine, Soft Drinks and Refined Tea	103.8
烟草制品业	Manufacture of Tobacco	
纺织业	Manufacture of Textile	429.5
纺织服装、服饰业	Manufacture of Textile, Apparel	95.4
皮革、毛皮、羽毛及其制品和制鞋业	Manufacture of Leather, Fur, Feather and Its Products and Footware	356.6
木材加工和木、竹、藤、棕、草制品业	Processing of Timbers, Manufacture of Wood,Bamboo, Rattan, Palm and Straw Products	95.6
家具制造业	Manufacture of Furniture	75.0
造纸和纸制品业	Manufacture of Paper and Paper Products	206.6
印刷和记录媒介复制业	Printing, Reproduction of Recording Media	100.5
文教、工美、体育和娱乐用品制造业	Manufacture of Articles for Culture, Arts and Crafts, Education, Sport Activities and Entertainment Goods	126.4
石油加工、炼焦和核燃料加工业	Processing of Petroleum, Coking, Processing of Nuclear Fuel	381.9
化学原料和化学制品制造业	Manufacture of Chemical Raw Material and Chemical Products	754.4
医药制造业	Manufacture of Medicines	160.6
化学纤维制造业	Manufacture of Chemical Fiber	29.9
橡胶和塑料制品业	Manufacture of Rubber and Plastic	509.4
非金属矿物制品业	Manufacture of Nonmetallic Mineral Products	811.6
黑色金属冶炼和压延加工业	Manufacture and Processing of Ferrous Metals	2820.5
有色金属冶炼和压延加工业	Manufacture & Processing of Non-ferrous Metals	145.6
金属制品业	Manufacture of Metal Products	1271.0
通用设备制造业	Manufacture of General Purpose Machinery	482.0
专用设备制造业	Manufacture of Special Purpose Machinery	701.7
汽车制造业	Manufacture of Automotive	327.0
铁路、船舶、航空航天和其他运输设备制造业	Manufacture of Railroad, Marine, Aerospace and Other Transportation Equipment	100.4
电气机械和器材制造业	Manufacture of Electrical Machinery and Equipment	497.8
计算机、通信和其他电子设备制造	Manufacture of Computer, Communications and Other Electronic Equipment	379.9
仪器仪表制造业	Manufacture of Measuring Instrument	57.3
其他制造业	Manufacture of Others	25.6
废弃资源综合利用业	Recycling and Disposal of Waste	30.0
金属制品、机械和设备修理业	Metal Products, Machinery and Equipment Repair	1.9
电力、热力生产和供应业	Production and Supply of Electric Power and Heat Power	101.3
燃气生产和供应业	Production and Distribution of Gas	55.3
水的生产和供应业	Production and Distribution of Water	7.8

Main Indicators of Private Enterprises by Industrial Sector (2015)

(100 million yuan)

流动负债合计 Total Working Liabilities	非流动负债合计 Total Non Working Liabilities	所有者权益合计 Total Owners' Equities	主营业务收入 Revenue from Principal Business	主营业务成本 Cost of Principal Business	营业利润 Profits of Business	利润总额 Total Profits	亏损企业亏损总额 Total Loss of Enterprises Running under Deficit
5012.4	**569.3**	**7089.1**	**21608.7**	**18967.4**	**1453.6**	**1435.7**	**100.0**
33.8	0.2	23.9	175.9	163.0	6.7	6.7	0.3
484.6	58.8	673.3	1205.8	948.5	190.1	189.2	19.2
3.4	1.8	16.1	30.5	24.4	4.2	4.2	…
10.2	0.5	13.5	99.3	86.5	7.5	7.5	0.2
118.8	15.7	284.1	1081.9	968.3	66.3	65.9	1.4
82.9	9.9	184.2	527.6	452.5	41.2	41.7	0.5
32.7	6.3	61.5	158.0	127.6	12.1	12.0	1.7
113.8	16.2	278.6	1199.3	1059.7	91.4	87.5	2.0
28.2	1.7	58.0	253.7	224.4	18.7	18.5	0.1
78.6	1.1	245.8	1123.9	936.9	110.5	109.9	0.1
28.5	5.0	56.2	219.0	188.1	19.6	18.9	0.3
25.2	2.2	43.1	173.6	153.7	11.5	11.4	0.1
60.0	35.1	101.2	306.5	269.0	23.3	23.7	0.2
40.9	3.9	53.7	217.6	191.6	16.9	16.8	0.6
26.7	0.8	87.3	239.2	214.2	16.3	16.3	0.3
300.0	28.0	42.2	363.0	340.8	4.5	2.4	6.1
290.0	64.3	375.3	1363.4	1192.2	100.3	98.4	4.6
34.1	8.2	114.1	257.7	207.8	22.5	21.8	0.3
12.0	0.3	17.0	67.0	60.8	4.5	4.5	0.3
141.6	11.8	335.9	941.0	824.0	77.7	80.3	1.5
332.0	29.3	422.3	1110.4	969.7	78.1	78.7	7.0
1352.1	83.9	1105.6	4186.6	3871.0	82.2	68.9	39.8
48.7	3.7	88.5	270.4	243.0	13.8	13.9	0.8
415.7	27.4	793.6	2086.3	1851.7	110.3	107.5	7.0
139.3	9.7	316.4	862.6	740.4	67.4	66.8	0.9
187.8	7.9	493.0	902.7	781.5	69.8	69.2	1.7
138.9	9.2	158.1	549.9	480.1	41.7	43.1	0.4
33.3	6.7	55.6	173.2	149.3	13.3	13.5	0.1
150.9	12.3	321.2	1032.1	891.9	90.2	89.1	0.4
160.9	67.9	148.4	198.0	156.8	23.4	28.4	0.1
16.4	0.4	39.3	66.3	51.0	7.5	7.9	0.3
4.3	0.1	20.6	47.0	41.0	4.1	4.2	…
7.5	0.2	21.8	52.5	48.9	2.3	2.3	0.3
0.8		1.1	5.4	5.0	0.1	0.1	…
47.8	26.3	19.3	20.9	16.0	1.2	2.0	0.4
25.0	12.7	16.7	38.3	34.0	2.2	2.3	1.0
5.3	0.0	2.6	2.5	2.0	0.3	0.3	0.1

按行业分大中型工业企业主要指标（2015年）

单位：亿元

行业	Sector	企业单位数（个） Number of Enterprises (unit)
全省总计	**Total**	**2169**
煤炭开采和洗选业	Mining and Washing of Coal	19
石油和天然气开采业	Extraction of Petroleum and Natural Gas	2
黑色金属矿采选业	Mining of Ferrous Metal Ores	101
有色金属矿采选业	Mining of Non-ferrous Metal Ores	5
非金属矿采选业	Mining and Processing of Nonmetal Ores	7
其他采矿业	Mining of Others	
农副食品加工业	Processing of Food from Agricultural Products	99
食品制造业	Manufacture of Foods	62
酒、饮料和精制茶制造业	Manufacture of Wine, Soft Drinks and Refined Tea	38
烟草制品业	Manufacture of Tobacco	3
纺织业	Manufacture of Textile	139
纺织服装、服饰业	Manufacture of Textile, Apparel	55
皮革、毛皮、羽毛及其制品和制鞋业	Manufacture of Leather, Fur, Feather and Its Products and Footware	97
木材加工和木、竹、藤、棕、草制品业	Processing of Timbers, Manufacture of Wood,Bamboo, Rattan, Palm and Straw Products	24
家具制造业	Manufacture of Furniture	21
造纸和纸制品业	Manufacture of Paper and Paper Products	33
印刷和记录媒介复制业	Printing, Reproduction of Recording Media	18
文教、工美、体育和娱乐用品制造业	Manufacture of Articles for Culture, Arts and Crafts, Education, Sport Activities and Entertainment Goods	31
石油加工、炼焦和核燃料加工业	Processing of Petroleum, Coking, Processing of Nuclear Fuel	55
化学原料和化学制品制造业	Manufacture of Chemical Raw Material and Chemical Products	132
医药制造业	Manufacture of Medicines	45
化学纤维制造业	Manufacture of Chemical Fiber	5
橡胶和塑料制品业	Manufacture of Rubber and Plastic	68
非金属矿物制品业	Manufacture of Nonmetallic Mineral Products	154
黑色金属冶炼和压延加工业	Manufacture and Processing of Ferrous Metals	197
有色金属冶炼和压延加工业	Manufacture & Processing of Non-ferrous Metals	16
金属制品业	Manufacture of Metal Products	124
通用设备制造业	Manufacture of General Purpose Machinery	79
专用设备制造业	Manufacture of Special Purpose Machinery	105
汽车制造业	Manufacture of Automotive	98
铁路、船舶、航空航天和其他运输设备制造业	Manufacture of Railroad, Marine, Aerospace and Other Transportation Equipment	24
电气机械和器材制造业	Manufacture of Electrical Machinery and Equipment	82
计算机、通信和其他电子设备制造	Manufacture of Computer, Communications and Other Electronic Equipment	32
仪器仪表制造业	Manufacture of Measuring Instrument	11
其他制造业	Manufacture of Others	7
废弃资源综合利用业	Recycling and Disposal of Waste	
金属制品、机械和设备修理业	Metal Products, Machinery and Equipment Repair	7
电力、热力生产和供应业	Production and Supply of Electric Power and Heat Power	146
燃气生产和供应业	Production and Distribution of Gas	11
水的生产和供应业	Production and Distribution of Water	17

Major Indicators of Large and Medium-sized Industrial Enterprises by Sector (2015)

(100 million yuan)

工　业 销售产值 (当年价格) Output Value of Industrial Products Sales (current prices)	实收资本 Total Capital Hold	流动资产 合　计 Total Working Capitals	#存　货 Inventory	#产成品 Finished Products	固定资产 合　计 Fixed Assets	固定资产 原　价 Original Value of Fixed Assets	累计折旧 Accumulated Depreciation
26951.5	**4843.3**	**11534.7**	**2688.4**	**892.3**	**14322.6**	**21681.3**	**8792.9**
700.0	249.5	704.5	110.4	53.6	624.5	959.9	460.3
165.4		75.9	4.9	2.2	553.5	1225.0	667.5
1002.1	260.4	588.1	58.5	31.4	624.3	818.5	234.7
30.8	3.8	5.7	2.4	0.6	23.7	31.4	8.1
66.1	8.7	16.4	4.6	3.8	14.7	22.2	9.3
1008.3	92.1	386.1	79.9	35.7	163.7	236.8	94.2
602.1	101.3	184.2	38.7	17.0	125.6	178.2	62.9
297.6	67.4	195.5	52.7	18.6	88.3	130.6	54.2
176.2	13.2	105.6	74.4	2.1	30.0	59.5	33.5
612.7	75.2	177.6	66.8	30.8	147.6	191.9	70.3
122.5	14.5	36.3	13.4	5.5	25.1	32.1	12.3
650.2	16.5	51.1	13.6	6.1	61.3	77.8	17.7
138.9	9.9	15.0	4.7	2.5	33.0	45.2	12.8
143.5	10.7	33.6	5.2	1.9	61.6	93.4	33.4
206.4	51.6	82.7	16.4	6.3	93.1	128.8	46.1
79.1	121.3	35.5	8.7	3.2	28.8	57.0	30.5
125.2	12.5	19.5	6.7	2.8	39.2	58.4	20.8
1510.6	138.4	385.2	115.0	29.7	466.1	760.8	345.5
1255.5	196.2	538.4	93.0	41.0	580.8	785.9	262.9
488.8	165.5	401.2	85.0	45.7	285.8	325.5	118.5
21.0	2.8	10.9	4.4	2.4	6.5	10.4	4.1
347.5	44.5	154.8	47.9	14.9	105.4	159.8	64.9
728.6	213.2	468.8	106.5	43.3	670.2	957.7	330.6
8651.0	1434.6	3135.9	1001.8	240.7	5479.8	7759.8	3021.4
135.3	30.4	44.7	12.1	3.3	57.8	105.6	54.1
1054.5	79.5	290.6	73.6	37.6	348.5	463.1	122.7
340.8	60.8	224.9	69.3	27.0	140.6	173.9	48.5
610.4	219.5	377.6	101.1	45.7	404.4	493.5	101.6
1623.8	202.4	977.1	116.1	53.9	399.2	578.5	189.1
325.3	78.5	345.7	115.7	16.5	104.1	128.7	33.8
801.2	210.0	603.6	101.5	52.3	228.1	370.8	147.6
335.0	105.9	389.4	38.9	7.4	187.3	274.9	89.0
29.4	9.0	36.9	5.5	3.2	7.8	9.9	3.1
16.9	0.8	1.7	0.5	0.1	5.9	8.4	2.5
17.5	1.4	23.3	9.3	0.0	7.8	12.4	4.6
2429.9	459.0	331.1	20.8	1.5	1992.2	3799.5	1918.5
70.4	39.9	49.1	5.6	2.0	50.2	61.2	18.0
31.4	42.6	30.8	3.1	0.1	56.6	94.7	43.6

按行业分大中型工业企业主要指标（2015年）(续)

单位：亿元

行 业	Sector	资产总计 Total Assets
全省总计	**Total**	**30535.8**
煤炭开采和洗选业	Mining and Washing of Coal	1837.3
石油和天然气开采业	Extraction of Petroleum and Natural Gas	664.8
黑色金属矿采选业	Mining of Ferrous Metal Ores	1601.0
有色金属矿采选业	Mining of Non-ferrous Metal Ores	31.7
非金属矿采选业	Mining and Processing of Nonmetal Ores	47.6
其他采矿业	Mining of Others	
农副食品加工业	Processing of Food from Agricultural Products	678.0
食品制造业	Manufacture of Foods	373.4
酒、饮料和精制茶制造业	Manufacture of Wine, Soft Drinks and Refined Tea	325.1
烟草制品业	Manufacture of Tobacco	137.0
纺织业	Manufacture of Textile	382.0
纺织服装、服饰业	Manufacture of Textile, Apparel	70.0
皮革、毛皮、羽毛及其制品和制鞋业	Manufacture of Leather, Fur, Feather and Its Products and Footware	203.2
木材加工和木、竹、藤、棕、草制品业	Processing of Timbers, Manufacture of Wood,Bamboo, Rattan, Palm and Straw Products	50.7
家具制造业	Manufacture of Furniture	103.8
造纸和纸制品业	Manufacture of Paper and Paper Products	194.7
印刷和记录媒介复制业	Printing, Reproduction of Recording Media	72.2
文教、工美、体育和娱乐用品制造业	Manufacture of Articles for Culture, Arts and Crafts, Education, Sport Activities and Entertainment Goods	65.6
石油加工、炼焦和核燃料加工业	Processing of Petroleum, Coking, Processing of Nuclear Fuel	964.8
化学原料和化学制品制造业	Manufacture of Chemical Raw Material and Chemical Products	1289.6
医药制造业	Manufacture of Medicines	808.4
化学纤维制造业	Manufacture of Chemical Fiber	35.1
橡胶和塑料制品业	Manufacture of Rubber and Plastic	294.4
非金属矿物制品业	Manufacture of Nonmetallic Mineral Products	1291.4
黑色金属冶炼和压延加工业	Manufacture and Processing of Ferrous Metals	10233.3
有色金属冶炼和压延加工业	Manufacture & Processing of Non-ferrous Metals	119.7
金属制品业	Manufacture of Metal Products	695.2
通用设备制造业	Manufacture of General Purpose Machinery	398.7
专用设备制造业	Manufacture of Special Purpose Machinery	848.5
汽车制造业	Manufacture of Automotive	1633.6
铁路、船舶、航空航天和其他运输设备制造业	Manufacture of Railroad, Marine, Aerospace and Other Transportation Equipment	493.6
电气机械和器材制造业	Manufacture of Electrical Machinery and Equipment	992.8
计算机、通信和其他电子设备制造	Manufacture of Computer, Communications and Other Electronic Equipment	656.7
仪器仪表制造业	Manufacture of Measuring Instrument	51.8
其他制造业	Manufacture of Others	8.3
废弃资源综合利用业	Recycling and Disposal of Waste	
金属制品、机械和设备修理业	Metal Products, Machinery and Equipment Repair	31.5
电力、热力生产和供应业	Production and Supply of Electric Power and Heat Power	2614.0
燃气生产和供应业	Production and Distribution of Gas	132.8
水的生产和供应业	Production and Distribution of Water	103.8

Major Indicators of Large and Medium-sized Industrial Enterprises by Sector (2015)

(100 million yuan)

流动负债合计 Total Working Liabilities	非流动负债合计 Total Non Working Liabilities	所有者权益合计 Total Owners' Equities	主营业务收入 Revenue from Principal Business	主营业务成本 Cost of Principal Business	营业利润 Profits of Business	利润总额 Total Profits	亏损企业亏损总额 Total Loss of Enterprises Running under Deficit
14385.2	**3234.2**	**12322.1**	**27616.6**	**24069.3**	**1134.4**	**1180.1**	**380.7**
912.8	351.2	572.0	1245.8	1187.2	-54.0	-42.6	54.4
52.1	206.4	406.3	161.7	138.1	-49.3	-42.1	42.1
605.1	129.8	849.7	1007.8	745.4	177.0	181.1	28.2
8.2	6.6	16.9	34.1	26.8	4.1	4.3	0.3
24.2	12.6	10.7	65.3	60.2	1.1	3.9	0.8
358.0	36.1	275.7	1001.7	897.5	33.2	33.8	3.9
136.9	22.0	213.4	633.0	503.3	43.3	45.9	0.4
156.8	18.5	149.5	304.5	210.3	47.3	47.4	3.1
45.7	0.1	91.2	170.9	62.1	11.0	10.9	
163.8	27.8	185.1	694.1	616.6	41.3	42.0	3.5
29.0	3.5	35.9	123.4	109.6	6.6	7.1	0.5
41.9	6.1	155.1	654.3	542.1	69.0	69.1	0.1
13.0	1.3	32.3	134.7	112.8	15.2	14.5	…
42.4	3.2	39.2	140.4	125.4	8.4	8.5	0.7
56.6	36.7	98.0	204.1	173.3	17.4	17.8	0.3
18.5	2.6	51.1	80.6	68.8	5.3	6.3	…
12.8	0.9	48.8	125.4	107.5	11.9	11.9	…
668.2	84.6	198.0	1430.1	1206.8	-6.4	-9.6	27.4
555.1	201.1	516.1	1193.6	1006.4	72.3	69.6	19.7
320.0	74.2	409.6	637.7	483.9	55.5	55.3	1.0
10.0	0.1	3.1	21.8	20.2	-0.7	-0.6	1.6
119.5	14.2	153.4	340.8	282.1	32.4	39.4	0.9
649.4	144.0	473.6	700.5	592.9	-2.7	5.0	31.1
5426.2	926.1	3550.2	8632.8	8049.5	59.7	49.6	84.0
68.9	22.1	28.7	135.3	116.5	1.3	1.6	3.0
279.6	35.2	375.1	1027.5	892.7	59.0	56.7	7.4
161.4	30.2	201.6	326.6	265.7	28.9	29.3	2.4
289.8	30.5	511.3	600.2	494.2	41.9	44.6	7.0
830.9	98.3	692.6	1670.7	1368.8	144.1	149.3	6.1
307.4	23.9	148.7	334.7	271.0	31.5	30.2	7.8
561.1	77.5	351.2	851.8	739.3	11.6	14.2	35.7
298.1	86.7	268.3	341.0	282.6	34.9	40.4	0.7
16.4	0.3	35.2	28.0	16.1	5.7	6.0	…
1.6	0.1	6.6	16.9	14.7	1.7	1.6	
18.1	2.2	11.2	14.8	12.0	0.8	0.8	…
1033.5	473.2	1057.5	2430.3	2184.8	169.9	172.0	4.9
59.7	21.6	51.5	69.6	59.2	4.6	4.8	1.2
32.8	23.2	47.8	30.5	22.9	0.1	0.5	0.8

按行业分规模以上工业企业主要经济效益指标（2015年）

Main Indicators on Economic Benefit of Industrial Enterprises above Designated Size by Industrial Sector (2015)

行业	Sector	总资产贡献率 (%) Ratio of Total Assets to Industrial Output Value (%)	资产负债率 (%) Assets-Liability Ratio (%)	流动资产周转次数 (次) Number of Times of Annual of Turnover Working Capitals (times)	工业成本费用利润率 (%) Ratio of Profits to Industrial Cost (%)	产品销售率 (%) Proportion of Products Sold (%)
全省总计	**Total**	**10.39**	**56.16**	**2.84**	**5.38**	**97.85**
煤炭开采和洗选业	Mining and Washing of Coal	2.94	69.32	1.90	-2.17	97.90
石油和天然气开采业	Extraction of Petroleum and Natural Gas	-2.56	38.88	2.26	-22.40	100.27
黑色金属矿采选业	Mining of Ferrous Metal Ores	18.79	51.39	2.00	16.08	96.81
有色金属矿采选业	Mining of Non-ferrous Metal Ores	18.01	39.92	4.04	13.69	88.34
非金属矿采选业	Mining and Processing of Nonmetal Ores	11.03	68.54	3.08	5.96	93.85
其他采矿业	Mining of Others					
农副食品加工业	Processing of Food from Agricultural Products	11.79	50.79	3.50	4.79	98.52
食品制造业	Manufacture of Foods	17.98	38.58	3.65	7.98	96.89
酒、饮料和精制茶制造业	Manufacture of Wine, Soft Drinks and Refined Tea	21.29	51.09	1.87	14.63	97.43
烟草制品业	Manufacture of Tobacco	81.11	33.42	2.09	8.60	99.89
纺织业	Manufacture of Textile	22.23	43.95	5.26	7.54	97.83
纺织服装、服饰业	Manufacture of Textile, Apparel	19.02	42.37	4.79	6.95	97.24
皮革、毛皮、羽毛及其制品和制鞋业	Manufacture of Leather, Fur, Feather and Its Products and Footware	40.66	28.59	10.49	10.62	98.94
木材加工和木、竹、藤、棕、草制品业	Processing of Timbers, Manufacture of Wood, Bamboo, Rattan, Palm, and Straw Products	22.56	43.66	5.20	9.16	98.43
家具制造业	Manufacture of Furniture	13.37	54.63	4.98	6.21	98.66
造纸和纸制品业	Manufacture of Paper and Paper Products	15.67	47.84	3.28	8.19	99.52
印刷和记录媒介复制业	Printing, Reproduction of Recording Media	19.23	41.79	3.95	8.74	99.69
文教、工美、体育和娱乐用品制造业	Manufacture of Articles for Culture, Arts and Crafts, Education, Sport Activities and Entertainment Goods	19.26	31.53	4.77	7.95	98.72
石油加工、炼焦和核燃料加工业	Processing of Petroleum, Coking, Processing of Nuclear Fuel	22.03	80.65	4.11	-0.67	95.33
化学原料和化学制品制造业	Manufacture of Chemical Raw Material and Chemical Products	11.94	55.54	2.81	6.88	96.81
医药制造业	Manufacture of Medicines	11.63	49.36	1.76	9.04	92.42
化学纤维制造业	Manufacture of Chemical Fiber	9.93	52.16	3.95	4.54	99.73
橡胶和塑料制品业	Manufacture of Rubber and Plastic	18.40	40.25	3.19	8.97	100.28
非金属矿物制品业	Manufacture of Nonmetallic Mineral Products	7.97	57.14	2.26	4.55	97.89
黑色金属冶炼和压延加工业	Manufacture and Processing of Ferrous Metals	3.34	64.03	3.20	0.99	98.36
有色金属冶炼和压延加工业	Manufacture & Processing of Non-ferrous Metals	9.75	56.43	3.95	3.43	97.96
金属制品业	Manufacture of Metal Products	10.25	41.25	3.45	5.17	98.08
通用设备制造业	Manufacture of General Purpose Machinery	14.12	42.91	2.72	8.04	97.36
专用设备制造业	Manufacture of Special Purpose Machinery	10.15	41.34	2.10	7.20	96.09
汽车制造业	Manufacture of Automotive	14.93	55.60	1.99	9.08	97.92
铁路、船舶、航空航天和其他运输设备制造业	Manufacture of Railroad, Marine, Aerospace and Other Transportation Equipment	11.10	65.68	1.36	9.33	98.12
电气机械和器材制造业	Manufacture of Electrical Machinery and Equipment	10.61	53.42	2.17	5.76	97.37
计算机、通信和其他电子设备制造	Manufacture of Computer, Communications and Other Electronic Equipment	9.67	55.36	1.16	11.52	97.61
仪器仪表制造业	Manufacture of Measuring Instrument	15.68	31.28	1.41	15.04	97.51
其他制造业	Manufacture of Others	15.46	32.13	4.25	7.39	98.73
废弃资源综合利用业	Recycling and Disposal of Waste	11.21	44.53	2.41	7.53	98.30
金属制品、机械和设备修理业	Metal Products, Machinery and Equipment Repair	5.68	61.82	0.84	4.50	98.77
电力、热力生产和供应业	Production and Supply of Electric Power and Heat Power	10.06	62.92	4.67	8.66	99.65
燃气生产和供应业	Production and Distribution of Gas	5.82	67.80	1.72	7.55	97.69
水的生产和供应业	Production and Distribution of Water	2.36	56.35	0.93	2.18	99.21

按行业分国有及国有控股工业企业主要经济效益指标（2015年）

Main Indicators on Economic Benefit of State-owned and State-holding Industrial Enterprises by Industrial Sector (2015)

行　　业	Sector	总资产贡献率 (%) Ratio of Total Assets to Industrial Output Value (%)	资产负债率 (%) Assets-Liability Ratio (%)	流动资产周转次数 (次) Number of Times of Annual of Turnover Working Capitals (times)	工业成本费用利润率 (%) Ratio of Profits to Industrial Cost (%)	产品销售率 (%) Proportion of Products Sold (%)
全省总计	**Total**	**6.40**	**65.39**	**2.04**	**1.61**	**98.46**
煤炭开采和洗选业	Mining and Washing of Coal	2.36	69.57	1.73	-3.25	97.52
石油和天然气开采业	Extraction of Petroleum and Natural Gas	-2.56	38.88	2.26	-22.40	100.27
黑色金属矿采选业	Mining of Ferrous Metal Ores	1.11	64.34	0.71	-8.55	98.33
有色金属矿采选业	Mining of Non-ferrous Metal Ores	-2.54	90.64	0.87	-17.81	99.97
非金属矿采选业	Mining and Processing of Nonmetal Ores	0.98	81.55	0.45	-6.56	88.73
其他采矿业	Mining of Others					
农副食品加工业	Processing of Food from Agricultural Products	3.50	65.27	2.09	0.01	99.82
食品制造业	Manufacture of Foods	4.17	39.97	0.82	2.99	98.15
酒、饮料和精制茶制造业	Manufacture of Wine, Soft Drinks and Refined Tea	17.22	47.90	1.35	3.91	102.96
烟草制品业	Manufacture of Tobacco	81.11	33.42	2.09	8.60	99.89
纺织业	Manufacture of Textile	3.99	56.29	1.59	1.57	96.74
纺织服装、服饰业	Manufacture of Textile, Apparel	9.68	46.64	1.49	6.29	96.97
皮革、毛皮、羽毛及其制品和制鞋业	Manufacture of Leather, Fur, Feather and Its Products and Footware	7.05	54.57	2.01	5.22	105.56
木材加工和木、竹、藤、棕、草制品业	Processing of Timbers, Manufacture of Wood, Bamboo, Rattan, Palm, and Straw Products	25.15	86.79	3.77	13.90	97.04
家具制造业	Manufacture of Furniture					
造纸和纸制品业	Manufacture of Paper and Paper Products	17.85	9.80	2.13	12.26	132.45
印刷和记录媒介复制业	Printing, Reproduction of Recording Media	11.14	26.26	1.26	10.75	106.61
文教、工美、体育和娱乐用品制造业	Manufacture of Articles for Culture, Arts and Crafts, Education, Sport Activities and Entertainment Goods	5.87	54.67	0.83	5.17	97.25
石油加工、炼焦和核燃料加工业	Processing of Petroleum, Coking, Processing of Nuclear Fuel	52.96	78.19	8.01	-2.57	95.57
化学原料和化学 制品制造业	Manufacture of Chemical Raw Material and Chemical Products	3.62	69.77	1.71	-0.75	96.52
医药制造业	Manufacture of Medicines	2.87	65.15	1.20	1.51	86.79
化学纤维制造业	Manufacture of Chemical Fiber	-3.18	57.73	1.18	-11.69	106.86
橡胶和塑料制品业	Manufacture of Rubber and Plastic	17.36	48.12	1.82	12.85	103.33
非金属矿物制品业	Manufacture of Nonmetallic Mineral Products	1.68	67.76	1.14	-7.17	98.03
黑色金属冶炼和压延加工业	Manufacture and Processing of Ferrous Metals	2.51	69.30	1.70	0.80	100.28
有色金属冶炼和压延加工业	Manufacture & Processing of Non-ferrous Metals	8.08	68.10	4.57	2.14	99.89
金属制品业	Manufacture of Metal Products	0.08	50.71	0.58	-5.33	96.16
通用设备制造业	Manufacture of General Purpose Machinery	8.19	60.08	0.90	10.42	98.23
专用设备制造业	Manufacture of Special Purpose Machinery	2.54	66.71	0.73	-0.65	84.23
汽车制造业	Manufacture of Automotive	7.76	68.37	1.78	3.85	95.62
铁路、船舶、航空航天和其他运输设备制造业	Manufacture of Railroad, Marine, Aerospace and Other Transportation Equipment	8.13	72.09	0.88	9.43	100.23
电气机械和器材制造业	Manufacture of Electrical Machinery and Equipment	6.29	76.14	1.12	1.92	96.61
计算机、通信和其他电子设备制造	Manufacture of Computer, Communications and Other Electronic Equipment	14.67	42.47	2.38	10.25	97.93
仪器仪表制造业	Manufacture of Measuring Instrument	15.45	53.21	0.82	8.43	98.23
其他制造业	Manufacture of Others	18.80	18.79	0.97	13.68	95.26
废弃资源综合利用业	Recycling and Disposal of Waste	2.16	33.66	2.66	-2.75	98.71
金属制品、机械和设备修理业	Metal Products, Machinery and Equipment Repair	3.19	64.06	0.55	6.72	100.00
电力、热力生产和供应业	Production and Supply of Electric Power and Heat Power	10.25	62.63	5.44	8.09	99.68
燃气生产和供应业	Production and Distribution of Gas	3.65	61.82	1.69	2.74	99.36
水的生产和供应业	Production and Distribution of Water	1.83	56.06	0.97	0.45	99.92

按行业分私营工业企业主要经济效益指标（2015年）
Main Indicators on Economic Benefit of Private Industrial Enterprises by Industrial Sector (2015)

行业	Sector	总资产贡献率(%) Ratio of Total Assets to Industrial Output Value (%)	资产负债率(%) Assets-Liability Ratio (%)	流动资产周转次数(次) Number of Times of Annual of Turnover Working Capitals (times)	工业成本费用利润率(%) Ratio of Profits to Industrial Cost (%)	产品销售率(%) Proportion of Products Sold (%)
全省总计	**Total**	**15.66**	**46.36**	**4.22**	**7.11**	**97.97**
煤炭开采和洗选业	Mining and Washing of Coal	15.29	61.90	4.48	3.95	98.94
石油和天然气开采业	Extraction of Petroleum and Natural Gas					
黑色金属矿采选业	Mining of Ferrous Metal Ores	23.78	46.43	2.31	18.63	96.80
有色金属矿采选业	Mining of Non-ferrous Metal Ores	30.17	24.37	8.47	16.23	82.33
非金属矿采选业	Mining and Processing of Nonmetal Ores	35.75	47.64	8.06	8.24	94.23
其他采矿业	Mining of Others					
农副食品加工业	Processing of Food from Agricultural Products	20.19	35.23	5.86	6.51	97.88
食品制造业	Manufacture of Foods	20.20	34.35	4.83	8.58	98.87
酒、饮料和精制茶制造业	Manufacture of Wine, Soft Drinks and Refined Tea	20.80	40.71	3.88	8.49	97.96
烟草制品业	Manufacture of Tobacco					
纺织业	Manufacture of Textile	28.01	34.88	7.40	7.95	98.22
纺织服装、服饰业	Manufacture of Textile, Apparel	26.10	35.28	7.21	7.92	97.96
皮革、毛皮、羽毛及其制品和制鞋业	Manufacture of Leather, Fur, Feather and Its Products and Footware	44.37	26.90	12.73	10.94	98.94
木材加工和木、竹、藤、棕、草制品业	Processing of Timbers, Manufacture of Wood, Bamboo, Rattan, Palm, and Straw Products	26.46	41.13	6.60	9.42	98.42
家具制造业	Manufacture of Furniture	19.92	42.32	7.53	7.08	98.41
造纸和纸制品业	Manufacture of Paper and Paper Products	15.82	49.20	3.55	8.36	97.81
印刷和记录媒介复制业	Printing, Reproduction of Recording Media	22.93	46.57	5.35	8.38	99.16
文教、工美、体育和娱乐用品制造业	Manufacture of Articles for Culture, Arts and Crafts, Education, Sport Activities and Entertainment Goods	18.34	28.85	5.58	7.34	99.10
石油加工、炼焦和核燃料加工业	Processing of Petroleum, Coking, Processing of Nuclear Fuel	3.09	88.48	1.96	0.66	93.93
化学原料和化学 制品制造业	Manufacture of Chemical Raw Material and Chemical Products	18.01	49.21	4.30	7.79	96.83
医药制造业	Manufacture of Medicines	19.25	28.93	4.01	9.28	95.14
化学纤维制造业	Manufacture of Chemical Fiber	20.98	43.12	6.15	7.28	99.13
橡胶和塑料制品业	Manufacture of Rubber and Plastic	21.98	33.78	4.30	9.35	100.97
非金属矿物制品业	Manufacture of Nonmetallic Mineral Products	14.35	47.91	3.53	7.65	97.91
黑色金属冶炼和压延加工业	Manufacture and Processing of Ferrous Metals	4.98	60.35	5.03	1.63	97.72
有色金属冶炼和压延加工业	Manufacture & Processing of Non-ferrous Metals	13.47	39.01	4.47	5.53	98.39
金属制品业	Manufacture of Metal Products	11.99	37.50	4.61	5.57	98.26
通用设备制造业	Manufacture of General Purpose Machinery	18.67	34.23	4.41	8.44	97.55
专用设备制造业	Manufacture of Special Purpose Machinery	13.75	29.66	3.56	8.31	97.77
汽车制造业	Manufacture of Automotive	18.48	51.61	3.19	8.47	100.55
铁路、船舶、航空航天和其他运输设备制造业	Manufacture of Railroad, Marine, Aerospace and Other Transportation Equipment	18.46	44.35	3.20	8.60	96.05
电气机械和器材制造业	Manufacture of Electrical Machinery and Equipment	22.90	34.85	4.65	9.48	98.62
计算机、通信和其他电子设备制造	Manufacture of Computer, Communications and Other Electronic Equipment	9.96	60.48	0.79	16.30	97.92
仪器仪表制造业	Manufacture of Measuring Instrument	18.75	30.96	2.38	13.54	98.00
其他制造业	Manufacture of Others	20.93	19.36	7.00	9.81	98.71
废弃资源综合利用业	Recycling and Disposal of Waste	12.12	27.19	6.14	4.65	100.62
金属制品、机械和设备修理业	Metal Products, Machinery and Equipment Repair	37.39	42.36	3.73	1.71	94.40
电力、热力生产和供应业	Production and Supply of Electric Power and Heat Power	4.40	80.95	0.73	10.19	98.11
燃气生产和供应业	Production and Distribution of Gas	6.25	69.80	1.91	6.35	91.87
水的生产和供应业	Production and Distribution of Water	5.19	67.37	0.41	12.91	100.00

按行业分大中型工业企业主要经济效益指标（2015年）

Main Indicators on Economic Benefit of Large and Medium-sized Industrial Enterprises by Industrial Sector (2015)

行业	Sector	总资产贡献率(%) Ratio of Total Assets to Industrial Output Value (%)	资产负债率(%) Assets-Liability Ratio (%)	流动资产周转次数(次) Number of Times of Annual of Turnover Working Capitals (times)	工业成本费用利润率(%) Ratio of Profits to Industrial Cost (%)	产品销售率(%) Proportion of Products Sold (%)
全省总计	**Total**	**8.79**	**59.57**	**2.49**	**4.38**	**97.91**
轻工业	Light Industry	18.04	49.41	2.81	8.15	97.60
重工业	Heavy Industry	7.39	61.11	2.43	3.51	97.99
按行业分	**Grouped by Sector**	8.79	59.57	2.49	4.38	97.91
煤炭开采和洗选业	Mining and Washing of Coal	2.41	68.87	1.80	-3.22	97.64
石油和天然气开采业	Extraction of Petroleum and Natural Gas	-2.56	38.88	2.26	-22.40	100.27
黑色金属矿采选业	Mining of Ferrous Metal Ores	18.83	46.70	1.78	21.22	97.53
有色金属矿采选业	Mining of Non-ferrous Metal Ores	22.58	46.58	6.05	14.25	85.08
非金属矿采选业	Mining and Processing of Nonmetal Ores	11.78	77.51	4.01	6.01	94.17
其他采矿业	Mining of Others					
农副食品加工业	Processing of Food from Agricultural Products	8.84	59.33	2.62	3.57	99.20
食品制造业	Manufacture of Foods	18.40	42.85	3.53	7.62	96.04
酒、饮料和精制茶制造业	Manufacture of Wine, Soft Drinks and Refined Tea	23.69	54.01	1.58	18.21	96.64
烟草制品业	Manufacture of Tobacco	81.11	33.42	2.09	8.60	99.89
纺织业	Manufacture of Textile	17.07	51.55	3.93	6.44	97.93
纺织服装、服饰业	Manufacture of Textile, Apparel	15.30	48.74	3.42	6.08	96.67
皮革、毛皮、羽毛及其制品和制鞋业	Manufacture of Leather, Fur, Feather and Its Products and Footware	48.67	23.70	12.82	11.86	98.92
木材加工和木、竹、藤、棕、草制品业	Processing of Timbers, Manufacture of Wood, Bamboo, Rattan, Palm, and Straw Products	37.28	36.26	9.10	11.97	98.89
家具制造业	Manufacture of Furniture	11.27	62.27	4.19	6.42	98.98
造纸和纸制品业	Manufacture of Paper and Paper Products	14.69	49.63	2.48	9.59	102.47
印刷和记录媒介复制业	Printing, Reproduction of Recording Media	13.54	29.17	2.30	8.24	101.39
文教、工美、体育和娱乐用品制造业	Manufacture of Articles for Culture, Arts and Crafts, Education, Sport Activities and Entertainment Goods	24.86	25.60	6.44	10.47	99.24
石油加工、炼焦和核燃料加工业	Processing of Petroleum, Coking, Processing of Nuclear Fuel	25.22	79.48	3.81	-0.75	96.05
化学原料和化学制品制造业	Manufacture of Chemical Raw Material and Chemical Products	9.27	59.98	2.26	6.09	96.49
医药制造业	Manufacture of Medicines	10.73	49.33	1.61	9.36	90.94
化学纤维制造业	Manufacture of Chemical Fiber	1.23	54.38	2.06	-2.83	102.62
橡胶和塑料制品业	Manufacture of Rubber and Plastic	18.74	47.91	2.22	12.74	98.88
非金属矿物制品业	Manufacture of Nonmetallic Mineral Products	4.64	63.33	1.51	0.71	97.52
黑色金属冶炼和压延加工业	Manufacture and Processing of Ferrous Metals	2.79	65.31	3.00	0.54	98.52
有色金属冶炼和压延加工业	Manufacture & Processing of Non-ferrous Metals	6.52	76.00	3.09	1.22	96.34
金属制品业	Manufacture of Metal Products	12.05	46.05	3.58	6.01	99.29
通用设备制造业	Manufacture of General Purpose Machinery	10.87	49.42	1.50	9.58	96.83
专用设备制造业	Manufacture of Special Purpose Machinery	8.24	39.74	1.61	7.98	93.68
汽车制造业	Manufacture of Automotive	14.40	57.60	1.74	9.66	97.98
铁路、船舶、航空航天和其他运输设备制造业	Manufacture of Railroad, Marine, Aerospace and Other Transportation Equipment	9.34	69.87	0.97	9.97	98.82
电气机械和器材制造业	Manufacture of Electrical Machinery and Equipment	5.09	64.63	1.45	1.70	96.43
计算机、通信和其他电子设备制造	Manufacture of Computer, Communications and Other Electronic Equipment	8.33	58.88	0.89	13.05	98.25
仪器仪表制造业	Manufacture of Measuring Instrument	16.27	32.10	0.76	27.35	92.21
其他制造业	Manufacture of Others	24.84	19.85	9.80	10.89	99.98
废弃资源综合利用业	Recycling and Disposal of Waste					
金属制品、机械和设备修理业	Metal Products, Machinery and Equipment Repair	4.42	64.52	0.65	5.48	98.33
电力、热力生产和供应业	Production and Supply of Electric Power and Heat Power	11.62	59.36	7.39	7.60	99.70
燃气生产和供应业	Production and Distribution of Gas	4.83	61.19	1.48	6.87	98.99
水的生产和供应业	Production and Distribution of Water	1.98	53.94	1.09	1.42	98.86

主要工业产品产量
Output of Major Industrial Products

产品名称	Item	2000	2005	2010	2014	2015
化学纤维(万吨)	Chemical Fiber (10000 tons)	10.26	22.67	23.42	60.59	60.68
#合成纤维(万吨)	Synthetic Fiber (10000 tons)	6.15	8.94	1.50	6.05	5.54
纱(万吨)	Yarn (10000 tons)	43.70	68.59	123.91	214.76	204.24
布(亿米)	Cloth (100 million m)	15.60	23.37	54.82	61.23	69.66
呢　绒(万米)	Woolen Piece Goods (10000 m)	662.86	133.30	507.20	446.40	428.30
毛　线(吨)	Knitting Wool (ton)	105574.00	95151.30	66752.73	79774.43	81859.17
机制纸及纸板(万吨)	Machine-made Paper and Paperboard (10000 tons)	216.34	315.82	420.52	458.17	345.68
皮革鞋靴(万双)	Shoes (10000 pairs)	309.59	107.35	584.09	1012.26	924.67
塑料制品(万吨)	Plastic Articles (10000 tons)	42.33	140.75	221.92	250.22	288.00
白炽灯泡(万只)	Incandescent Light Bulbs (10000 units)	8397.36	25462.24	12391.00	24909.00	30681.50
原　盐(万吨)	Salt (10000 tons)	432.62	419.07	418.97	327.44	320.42
精制食用植物油(万吨)	Refined Edible Vegetable Oil (10000 tons	29.88	78.87	130.25	169.51	192.35
成品糖(万吨)	Refined Sugar (10000 tons)	1.28	3.87	2.75	5.81	7.02
饮料酒(混合量)(万千升)	Alcoholic Beverages (10000 kiloliter)	160.39	163.68	170.60	205.43	216.66
#白　酒	Liquor	26.40	10.17	26.14	29.37	24.41
啤　酒	Beer	130.60	142.96	134.44	165.70	181.75
罐　头(万吨)	Canned Food (10000 tons)	16.40	29.46	26.22	49.28	46.79
卷　烟(亿支)	Cigarettes (100 million pieces)	107.97	600.00	775.00	863.50	848.50
粗　钢(万吨)	Crude Steel (10000 tons)	1230.10	7386.40	14458.79	18530.34	18832.98
生　铁(万吨)	Pig Iron (10000 tons)	1709.23	6765.61	13705.39	16932.57	17383.32
铁合金(万吨)	Iron Alloy (10000 tons)	8.78	7.47	17.48	23.94	21.46
钢　材(万吨)	Rolled Steel (10000 tons)	1306.62	6465.10	16757.23	23995.24	25245.31
发电量(亿千瓦小时)	Electricity (100 million kwh)	844.42	1338.63	1992.57	2492.80	2487.17
#水　电	Hydropower (100 million kwh)	4.70	5.61	5.00	3.97	4.29

注：饮料酒2004年以前为万吨，卷烟2003年及以前为万箱。

a) Unit of alcoholic beverages was 10000 kiloliter before 2004, unit of cigarettes was 10000 boxes before 2003.

主要工业产品产量（续）
Output of Major Industrial Products

产品名称	Item	2000	2005	2010	2014	2015
原　煤(万吨)	Coal (10000 tons)	5781.21	7956.40	10199.27	7345.44	7437.05
原　油(万吨)	Crude Oil (10000 tons)	518.26	562.45	599.04	592.33	580.10
天然气(亿立方米)	Natural Gas (100 million cu.m)	5.14	6.90	12.68	9.80	10.44
铁矿石原矿(万吨)	Ironstone in Original Iron Ores (10000 tons)	5889.44	15227.10	44613.84	56611.12	51399.36
焦炭(折标)(万吨)	Coke (10000 tons)	792.47	2485.34	4983.09	5613.84	5480.62
硫酸(折100%)(万吨)	Sulfuric Acid (10000 tons)	96.83	97.49	71.86	159.16	142.91
烧碱(万吨)	Caustic Soda (10000 tons)	32.48	56.56	70.96	120.74	119.08
纯碱(碳酸钠)(万吨)	Soda Ash (10000 tons)	99.84	177.37	230.40	245.99	347.82
合成氨(无水氨)(万吨)	Synthetic Ammonia (10000 tons)	252.27	339.52	296.06	290.73	274.24
农用化肥(折纯量)(万吨)	Chemical Fertilizer (10000 tons)	195.23	208.87	178.19	214.73	215.82
化学农药原药(吨)	Chemical Pesticide (ton)	55733.00	35063.10	35904.68	70680.16	75485.84
纯　苯(吨)	Benzene (ton)	38962.00	64259.00	192052.00	497942.98	723672.47
涂料(万吨)	Coating (10000 tons)	6.06	10.41	34.82	84.07	71.92
合成橡胶(吨)	Synthetic Rubber (ton)	8489.00	8518.00	17294.51	41007.00	44304.00
橡胶轮胎外胎(万条)	Tires (10000 units)	121.37	112.48	33.92	1562.06	59.84
合成洗涤剂(万吨)	Synthetic Detergents (10000 tons)	1.83	12.89		16.66	15.77
化学药品原药(万吨)	Chemical Raw Medicines (10000 tons)	10.17	39.20	45.31	49.32	44.57
中成药(吨)	Traditional Chinese Patent Medicine (ton)	20077.00	33333.71	41776.03	62354.58	68467.25
工业锅炉(蒸发量吨)	Industrial Boilers (evaporation ton)	4418.00	11546.00	9516.25	8983.45	7953.97
变压器(万千伏安)	Transformers (10000 KVA pm)	2394.54	5971.52	15745.42	15964.07	16324.84
泵(万台)	Pumps (10000 units)	14.40	18.33	43.76	83.09	103.16
金属切削机床(台)	Metal-cutting Machine (unit)	555	1717	1596	12906	1486
汽　车(辆)	Motor Vehicle (unit)	13989	193941	710372	978096	1128979
改装汽车(辆)	Modified Cars (unit)	31070	46911	80344	93175	86617
摩托车整车(辆)	Motorcycle (unit)	273231	377251	480038	748142	562366
水　泥(万吨)	Cement (10000 tons)	4694.59	8850.04	12594.30	10625.46	9073.23
平板玻璃(万重量箱)	Plate Glass (1000 weight cases)	2083.30	4964.25	12033.83	12292.63	11099.98
卫生陶瓷制品(万件)	Household Ceramic (10000 pieces)	105715.00	1492.34	2208.86	2386.36	2603.37
砖(亿块)	Brick (100 million)	115.26	104.99	159.94	77.74	57.36

注：1.卫生陶瓷制品2000年计量单位为吨。2.2014年天然气含煤层气。

a) Unit of ceramic sanitary in 2000 was ton. b) Natural gas include the coalbed methane in 2014.

建筑业主要经济指标
Major Economic Indicators on Construction Enterprises

指　　标	Item	2000	2005	2010	2014	2015
建筑业总产值(亿元)	Gross Output Value of Construction (100 million yuan)	492.10	1285.29	3232.53	5625.75	5252.57
竣工产值(亿元)	Value of Building Completed (100 million yuan)	357.67	755.01	1714.58	2801.93	2852.20
产值竣工率(%)	Rate of Value of Building Completed (%)	72.70	58.74	53.04	49.81	54.30
按总产值计算的劳动生产率（元／人）	Overall Labor Productivity in Terms of Total Output Value (yuan/person)	51217	108148	236031	384614	377277
房屋建筑竣工面积(万平方米)	Floor Space of Buildings Completed (10000 sq.m)	3481.42	5744.23	9100.87	12582.71	11612.95
#住　宅	Residential Houses	2260.98	3693.90	6247.72	9277.59	8579.33
房屋面积竣工率(%)	Rate of Floor Space of Buildings Completed (%)	55.60	51.01	38.77	33.90	32.61
人均竣工面积(平方米／人)	Individual Floor Space of Buildings Completed (sq.m/person)	36.00	48.33	66.45	86.02	83.42
年末固定资产原价(亿元)	Fixed Assets End of Year (original value) (100 million yuan)	185.15	315.30	463.38	694.32	703.97
年末固定资产净值(亿元)	Fixed Assets End of Year (net value) (100 million yuan)	125.09	211.54	303.18	421.31	404.98
利润总额（亿元)	Total Profits (100 million yuan)	6.74	29.41	104.81	163.10	155.67
人均利润(元／人)	Individual Profit (yuan/person)	701.00	2475.00	8145.12	11152.70	11182.86
年末自有机械设备(万千瓦)	Total Power of Machinery and Equipment Owned End of year (10000 kw)	603.88	716.67	1034.50	1756.60	1250.41
年末自有机械设备净值(亿元)	Net Value of Machinery and Equipment Owned End of Year (100 million yuan)	57.16	97.59	181.33	194.90	208.82
技术装备率(元／人)	Value of Machines per Laborer (yuan/person)	6525.00	8212.00	14091.68	13327.00	15000.68
动力装备率(千瓦／人)	Power of Machines per Laborer (kw/person)	7.00	6.00	8.04	12.01	8.98
资金利润率(%)	Ratio of Capital (%)	1.41	3.31	5.12	4.38	3.86

按承包类型分的建筑业企业主要指标

Main Economic Indicators on Construction Enterprise by General Contractors

指　标	Item	2005	2010	2011	2012	2013	2014	2015
总承包企业	**General Contractor**							
企业个数(个)	Number of Construction Enterprises (unit)	1338	1541	1543	1697	1708	1725	1734
从业人员(人)	Number of Employed Persons (person)	1053286	1174581	1105439	1246013	1099358	1051225	986073
建筑业总产值(万元)	Gross Output Value of Construction (10000 yuan)	11518883	29845785	37180339	45633359	48981592	52772745	49375043
特　级	Super	1178708	4380837	6253576	8496958	9079184	9993208	7525305
一　级	First Grade	5256800	14367669	17270656	20487072	22514083	24535310	24475894
二　级	Second Grade	3195002	7082044	9251809	11520463	12316164	12934837	12187639
三级及以下	Third Grade and below	1888373	4015235	4404299	5128866	5072161	5309390	5186205
利润总额(万元)	Total Profits (10000 yuan)	239490	901001	1122340	1311988	1438041	1488895	1406345
利税总额(万元)	Total Pre-Tax Profits (10000 yuan)	592672	1891199	2310100	2670868	2957718	3105522	2913237
专业承包企业	**Specialized Contractor**							
企业个数(个)	Number of Construction Enterprises (unit)	756	748	747	802	792	771	751
从业人员(人)	Number of Employed Persons (person)	132664	112191	99527	102656	95142	90624	87006
建筑业总产值(万元)	Gross Output Value of Construction (10000 yuan)	1334048	2479511	2546282	3017548	3368078	3484715	3150643
一　级	First Grade	489944	1024942	971981	1184319	1394394	1383627	1283397
二　级	Second Grade	544565	805292	883017	944727	1036378	981313	964962
三级及以下	Third Grade and below	299539	649276	691283	888502	937306	1119775	902284
利润总额(万元)	Total Profits (10000 yuan)	54656	147090	146537	155395	170813	142408	150403
利税总额(万元)	Total Pre-tax Profits	94566	227730	240594	254881	280809	244498	255604

按登记类型分建筑业企业主要经济指标（2015年）

指　　标	Item	合　计 Total Enterprises	内资企业 Domestic Funded	#国有经济 State-owned
企业单位数(个)	Number of Construction Enterprises (unit)	2485	2481	120
从业人员(人)	Number of Employed Persons (person)	1073079	1072439	46125
自有施工机械设备年末总台数（万台）	Total Number of Machinery and Equipment Owned (10000 sets)	53.02	52.96	1.59
自有施工机械设备年末净值（亿元）	Net Value of Machinery and Equipment Owned (100 million yuan)	208.82	208.82	11.38
自有机械设备年末总功率（万千瓦）	Total Power of Machinery and Equipment Owned (10000 kw)	1250.41	1250.32	46.44
建筑业总产值(亿元)	Gross Output Value of Construction (100 million yuan)	5252.57	5248.96	248.70
建筑工程	Construction Engineering	4363.29	4360.90	176.34
安装工程	Construction and Installation	531.04	531.04	34.78
其他产值	Others	357.68	357.02	37.58
应付职工薪酬(亿元)	Wages Payable (100 million yuan)	375.21	374.80	23.08
主营业务税金及附加(亿元)	Taxes and Other Charges on Principal Business (100 million yuan)	155.63	155.55	6.55
管理费用中的税金(亿元)	Taxes in Management Expenses (100 million yuan)	5.58	5.58	0.46
营业利润(亿元)	Profits of Business (100 million yuan)	158.12	158.09	5.36
房屋建筑施工面积(万平方米)	Floor Space of Buildings under Construction (10000 sq.m)	35616.48	35616.48	794.77
房屋建筑竣工面积(万平方米)	Floor Space of Buildings Completed (10000 sq.m)	11612.95	11612.95	275.20
资产合计(亿元)	Total Assets (100 million yuan)	4482.39	4479.78	317.80
流动资产合计(亿元)	Total Circulating Funds (100 million yuan)	3623.34	3621.01	237.02
固定资产原价(亿元)	Original Value of Fixed Assets (100 million yuan)	703.97	703.62	50.44
流动负债合计(亿元)	Total Current Liabilities (100 million yuan)	2735.78	2734.10	210.77
非流动负债合计(亿元)	Total Non Working Liabilities (100 million yuan)	120.83	120.83	11.07
所有者权益(亿元)	Creditors' Equity (100 million yuan)	1541.72	1540.79	92.08
#实收资本(亿元)	Capitals Hold (100 million yuan)	851.04	850.40	71.35
利润总额(亿元)	Total Profits (100 million yuan)	155.67	155.64	5.05
利税总额(亿元)	Total Tax (100 million yuan)	316.88	316.77	12.06
劳动生产率(元/人)（按总产值计算）	Overall Labor Productivity (yuan/person) (In Terms of Gross Output Value)	377277.38	377235.51	410097.04
技术装备率(元/人)	Value of Machines per Laborer (yuan/person)	15000.68	15007.51	18764.02
动力装备率(千瓦/人)	Power of Machines per Laborer (yuan/person)	8.98	8.99	7.66
房屋建筑面积竣工率(%)	Rate of Floor Space of Buildings Completed (%)	32.61	32.61	34.63
产值利润率(%)	Ratio of Profit to Gross Output Value (%)	2.96	2.97	2.03
产值利税率(%)	Ratio of Pre-tax Profit to Gross Output Value (%)	6.03	6.03	4.85

Main Economic Indicators on Construction Enterprises by Registration Status (2015)

#集体经济 Collective-owned	港澳台商投资企业 Funded from Hong Kong, Macao and Taiwan	外商投资企业 Foreign Funded	房屋建筑 Building Construction	土木工程建筑 Civil Engineering	建筑安装业 Installation	建筑装饰和其他建筑业 Building Decoration and Others
75	3	1	1393	447	286	359
22791	504	136	799539	181445	59577	32518
1.00	0.06	0.01	42.45	6.81	2.38	1.38
2.99	…	…	96.79	95.68	10.97	5.37
16.95	0.08	0.01	838.66	347.41	32.57	31.76
110.98	2.69	0.36	3542.02	1292.81	287.11	130.07
97.73	2.40		3132.26	1042.76	124.24	64.03
10.49			218.96	150.11	140.84	21.14
2.76	0.30	0.36	190.81	99.94	22.04	44.90
10.37	0.36	0.05	260.46	76.09	27.98	10.68
2.80	0.07	0.01	107.98	36.93	6.93	3.80
0.09	…	…	2.94	1.97	0.48	0.19
4.36	0.03	…	98.18	38.58	15.51	5.85
805.14			33828.89	620.80	1155.24	11.55
341.22			11090.53	209.51	312.31	0.60
45.40	2.17	0.43	2444.37	1621.79	274.43	141.80
30.44	1.90	0.43	2014.77	1270.72	227.49	110.37
11.40	0.35	…	322.80	320.17	38.71	22.30
21.93	1.41	0.27	1449.32	1060.96	156.89	68.61
0.11	…		80.94	32.52	4.40	2.98
22.29	0.76	0.16	863.06	500.73	109.73	68.20
10.30	0.48	0.16	471.09	280.79	57.99	41.17
4.27	0.03	…	97.32	36.98	15.53	5.84
7.16	0.10	0.01	208.24	75.88	22.94	9.82
280468.74	518075.00	267389.71	328707.49	617276.73	435990.84	331538.65
7550.95			8982.48	45685.97	16662.25	13697.86
4.28	1.54	0.88	7.78	16.59	4.95	8.10
42.38			32.78	33.75	27.03	5.21
3.85	1.24	0.87	2.75	2.86	5.41	4.49
6.45	3.78	3.77	5.88	5.87	7.99	7.55

建筑业企业技术装备情况

Number and Power of Machinery and Equipment Owned by Construction Enterprises

年份 Year	自有机械设备年末总台数（台） Number of and Machinery Equipment Owned (unit)	自有机械设备年末总功率（万千瓦） Total Power of Machinery and Equipment Owned (10000 kw)	自有机械设备年末净值（万元） Net Value of Machinery and Equipment Owned (10000 yuan)	技术装备率（元/人） Value of Machines per Laborer (yuan/person)	动力装备率（千瓦/人） Power of Machines per Laborer (kw/person)
1991	109405	226.15	133116	3362	5.71
1992	94837	212.56	138588	3398	5.21
1993	188111	330.00	169752	2637	5.13
1994	196886	412.22	247707	2926	4.90
1995	213972	331.78	2851719	3741	4.35
1996	326300	471.49	399500	3884	4.58
1997	291800	483.63	490300	4995	4.93
1998	309600	482.76	448200	5166	5.56
1999	363100	519.76	497700	5775	6.03
2000	380673	603.88	5715649	6525	7.00
2001	432840	663.66	6955482	7342	7.00
2002	449741	604.35	1030110	10331	6.10
2003	443997	575.41	1046003	10573	5.80
2004	508692	1251.48	989386	8697	11.00
2005	435734	716.67	975913	8212	6.00
2006	516915	723.70	1065747	9936	6.75
2007	498629	697.98	1071893	10004	6.51
2008	465252	777.43	1290411	11142	6.70
2009	475386	843.66	1384173	11711	7.14
2010	967008	1034.50	1813278	14092	8.04
2011	551462	1198.60	1878605	15590	9.95
2012	546209	1471.40	1873380	15672	12.31
2013	870203	1129.90	1818782	14732	9.15
2014	657988	1756.64	1949338	13327	12.01
2015	530245	1250.41	2088220	15001	8.98

房地产开发企业主要指标
Main Indicators of Real Estate Development

指　　标	Item	2005	2010	2014	2015
企业个数(个)	**Number of Enterprises (unit)**	**1169**	**2997**	**3387**	**3181**
内　资	Domestic Funded	1111	2933	3332	3130
港澳台投资	Enterprises with Funds from Hong Kong, Macao Taiwan	37	34	34	33
外商投资	Foreign Funded	21	30	21	18
年末从业人员数(人)	**Employed Persons at the Year-end (person)**	**39573**	**75245**	**112267**	**106614**
内　资	Domestic Funded	36950	72592	109434	103190
港澳台投资	Enterprises with Funds from Hong Kong, Macao and Taiwan	1913	968	1424	1433
外商投资	Foreign Funded	710	1685	1409	1991
土地购置(万平方米)	**Land Purchase (10000 sq.m)**				
本年土地购置面积	Land Space Purchased This Year	968.57	3024.15	1081.72	756.86
本年完成投资额(万元)	**Investment Completed This Year (10000 yuan)**	**3915256**	**22649354**	**40597194**	**42852710**
商品住宅	Residential Buildings	2920522	17857596	30103548	31625474
办公楼	Office Buildings	97133	512738	1538486	1758739
商业营业用房	Houses for Business Use	472660	2760060	5020161	5093980
其他	Others	424941	1518960	3934999	4374517
资金来源小计(万元)	**Sources of Funds (10000 yuan)**	**4131320**	**27108920**	**44384818**	**46666744**
国内贷款	Domestic Loans	682504	2888903	3124712	4566951
利用外资	Foreign Investment	34424	29980	263350	23138
自筹资金	Self-raising Fund	1776377	14625782	28195336	30991139
其他资金来源	Others	1638015	9564255	12801420	11085516
房屋建筑面积(万平方米)	**Floor Space of Buildings (10000 sq.m)**				
施工房屋面积	Floor Space under Construction	3320.96	20700.03	31628.39	30434.76
#新开工面积	Floor Space Started This Year	1970.80	9629.16	8239.03	7219.81
竣工房屋面积	Floor Space Completed	1129.92	3614.66	4037.56	4039.31
#住　宅	Residential Buildings	1021.79	3130.09	3195.11	3226.91
商品房屋销售面积(万平方米)	**Floor Space of Commercialized Buildings Sold (10000 sq.m)**	**1408.74**	**4662.10**	**5706.19**	**5854.65**
#住　宅	Residential Buildings	1322.32	4325.12	5015.06	5161.65
商品房屋销售价格(元/平方米)	**Selling Price of Commercialized Buildings (yuan/sq.m)**	**1862**	**3539**	**5131**	**5759**
#住　宅	Residential Buildings	1777	3442	4988	5530
主要财务指标(万元)	**Major Financial Indicators (10000 yuan)**				
实收资本	Total Capital Held	1881471	5907814	11179165	13750033
资产总计	Total Assets	9317561	48112569	129766262	142743489
资产负债率(%)	Ratio of Liabilities to Assets (%)	69.52	82.0	85.5	85.9
经营总收入	Total Revenue	2607415	12026554	19845124	23388882
主营业务税金及附加	Tax and Extra Charges	147751	924133	1748765	2022774
利润总额	Total Profits	84997	1017819	618389	1322913

注：2005、2010年为年平均从业人员数。

a) The number of employed persons refers to the annual average number in 2005 and 2010.

房地产开发企业基本情况（2015年）

项　　目	Item	企业个数（个）Number of Enterprises (unit)	年平均从业人员（人）Average Number of Employed Persons (person)	资产总计（万元）Total Assets (10000 yuan)
全省总计	**Total**	**3181**	**106614**	**142743489**
按登记注册类型分	**Grouped by Registered Categories**			
内资企业	Domestic Funded Enterprises	3130	103190	138207874
国　有	State-owned Enterprises	9	384	498727
集　体	Collective-owned Enterprises			
股份合作	Cooperative Enterprises			
联营企业	Joint Ownership Enterprises			
有限责任公司	Limited Liability Corporations	1590	51091	74223558
国有独资公司	State Sole Funded Corporations	16	485	1520403
其他有限责任公司	Other Limited Liability Corporations	1574	50606	72703155
股份有限公司	Share-holding Corporations Ltd.	131	5022	9941529
私　营	Private Enterprises	1392	46449	52915819
其他内资企业	Other Enterprises	8	244	628241
港澳台商投资	Enterprises with Funds from Hong Kong, Macao and Taiwan	33	1433	2899848
合资经营	Joint-venture Enterprises	13	581	1187460
合作经营	Cooperative Enterprises			
独资经营	Enterprises with Sole Fund	20	852	1712387
股份有限	Share-holding Corporations Ltd.			
外商投资经济	Foreign Funded Enterprises	18	1991	1635768
合资经营	Joint-venture Enterprises	8	257	241209
合作经营	Cooperation Enterprises	1	8	10366
外资企业	Enterprises with Sole Fund	8	1666	1317291
股份有限	Share-holding Corporations Ltd.	1	60	66902
按隶属关系分	**Grouped by Administrative Relationship**			
中　央	Central Government	12	513	945399
省	Province	13	670	1612187
市	Prefecture	267	8912	12892121
县	County	324	9765	10320465
其　他	Other	2565	86754	116973317
按资质等级分	**Grouped by Qualification Grade**			
一　级	First Grade	53	11040	19925618
二　级	Second Grade	318	16164	25897628
三　级	Third Grade	585	18879	25069286
四　级	Forth Grade	1160	28699	33636468
暂　定	Provisional	1002	29503	34131342
其　他	Other	63	2329	4083148
按营业状况分	**Grouped by Business Condition**			
营　业	Business	2995	102998	139911435
其　他	Other	186	3616	2832054

Basic Condition of Enterprises for Real Estate Development (2015)

净资产(所有者权益)(万元) Total Owners Equities (10000 yuan)	主营业务收入(万元) Revenue from Principal Business (10000 yuan)	土地转让收入 Land Transferred	商品房屋销售收入 Commercial Houses Sold	房屋出租收入 Houses Leased	其他收入 Others	主营业务税金及附加(万元) Taxes and Other Charges on Principal Business (10000 yuan)	利润总额(万元) Total Profits (10000 yuan)
20106671	**23059203**	**62963**	**22653169**	**80666**	**262406**	**2022774**	**1322913**
18632499	22553815	62963	22152851	79284	258717	1978959	1276971
-4050	17740		17347	388	5	1306	-4274
10088689	12273203	26921	12066556	40274	139452	1037887	612382
530181	94981		81916	1154	11911	9122	1521
9558508	12178222	26921	11984640	39120	127542	1028764	610861
1873822	1266341		1224824	3883	37634	98201	459184
6603341	8921423	36041	8769197	34560	81625	834905	206559
70698	75108		74928	180		6662	3119
924262	250194		248824	1350	20	20071	-1571
255996	132447		131530	917		12817	3647
668267	117747		117294	433	20	7254	-5218
549910	255195		251493	33	3669	23743	47513
18498	208		13		195	504	-3011
1684							
510357	229469		226654	32	2784	21345	49409
19372	25518		24827	1	690	1895	1116
133301	193113		189149	3965		15018	15700
291959	287004		276525	1023	9456	23223	32916
1966976	1950388	675	1862107	7797	79809	157016	-35061
1575054	2014394		1986533	975	26887	150751	139885
16139381	18614305	62288	18338855	66907	146254	1676766	1169474
3220035	3896452	2145	3883998	7067	3243	302941	564872
3805691	3034527	15630	2952040	27047	39810	269979	29965
4069734	5211721	3870	5138962	15926	52964	468159	389189
3911127	5226890	7555	5106564	15962	96809	473453	168024
4685758	4901572	33763	4784533	14307	68969	446350	18928
414327	788042		787073	358	612	61893	151934
19762552	22858779	62963	22477631	80413	237773	1978678	1423839
344120	200424		175538	254	24633	44096	-100926

房地产开发企业建设总规模、完成投资及新增固定资产（2015年）

单位：万元

项　　目	Item	计划总投资 Total Investment Planed	累计完成投资 Accumulated Investment Completed	本年完成投资 Investment Completed This Year
全 省 总 计	**Total**	**175785817**	**120019712**	**42852710**
按登记注册类型分	**Grouped by Registered Categories**			
内资企业	Domestic Funded Enterprises	169309573	117244491	41850168
国　有	State-owned Enterprises	611931	517055	72714
集　体	Collective-owned Enterprises			
股份合作	Cooperative Enterprises			
联营企业	Joint Ownership Enterprises			
有限责任公司	Limited Liability Corporations	96919098	66976254	24066242
国有独资公司	State Sole Funded Corporations	1834830	1073919	275352
其他有限责任公司	Other Limited Liability Corporations	95084268	65902335	23790890
股份有限公司	Share-holding Corporations Ltd.	6963833	4565493	1733839
私　营	Private Enterprises	64413303	44990707	15937195
其他内资企业	Other Enterprises	401408	194982	40178
港澳台商投资	Enterprises with Funds from Hong Kong, Macao and Taiwan	2589950	1946254	806440
合资经营	Joint-venture Enterprises	836716	768601	323134
合作经营	Cooperative Enterprises			
独资经营	Enterprises with Sole Fund	1753234	1177653	483306
股份有限	Share-holding Corporations Ltd.			
其他	Other			
外商投资经济	Foreign Funded Enterprises	3886294	828967	196102
合资经营	Joint-venture Enterprises	149094	79825	5793
合作经营	Cooperation Enterprises			
外资企业	Enterprises with Sole Fund	3680200	686733	127900
股份有限	Share-holding Corporations Ltd.	57000	62409	62409
其他	Other			
按隶属关系分	**Grouped by Administrative Relationship**			
中　央	Central Government	1736800	1303681	352574
省	Province	1360021	1155103	483118
市	Prefecture	16797783	12229070	4183189
县	County	16201660	10881764	3984278
其　他	Other	139689553	94450094	33849551
按资质等级分	**Grouped by Qualification Grade**			
一　级	First Grade	13997051	8666816	2198933
二　级	Second Grade	23042383	16898535	4922294
三　级	Third Grade	23244421	17558874	5850484
四　级	Forth Grade	42685094	29441022	9036436
暂　定	Provisional	68825277	44944671	19705551
其　他	Other	3991591	2509794	1139012
按营业状况分	**Grouped by Business Condition**			
营　业	Business	172649807	117882253	41838267
其　他	Other	3136010	2137459	1014443

Total Size of Construction, Actually Completed Investment and Newly Increased Fixed Assets for Real Estate Development (2015)

(10000 yuan)

按用途分 by Use						本年新增
住 宅 Residential Buildings	#90平方米以下 Under 90 sq.m	#别 墅、高档公寓 Villas, High-grade Apartments	办公楼 Office Buildings	商业营业用 房 Houses for Business Use	其 他 Others	固定资产 Newly Increased Fixed Assets
31625474	**14283741**	**780043**	**1758739**	**5093980**	**4374517**	**17886368**
30976482	14052821	777526	1722647	4989107	4161932	17713227
60282	44194		5022	7410		131949
17870673	8235401	536352	1045245	2750973	2399351	10737497
251948	185435		2476	6569	14359	18600
17618725	8049966	536352	1042769	2744404	2384992	10718897
1482050	764136	52710	25982	133311	92496	1063971
11529379	5008344	188464	644107	2096048	1667661	5758555
34098	746		2291	1365	2424	21255
519517	210588	2017	35618	60809	190496	120672
208190	132820	151	1472	36141	77331	95004
311327	77768	1866	34146	24668	113165	25668
129475	20332	500	474	44064	22089	52469
4402	2792		329	450	612	
78267	17176	500	145	34130	15358	52469
46806	364			9484	6119	
217323	6590		73600	56080	5571	114942
347797	226452		100910	22004	12407	255874
2840317	1200946	235132	227549	367599	747724	2298175
3010422	1203350	91681	85258	576105	312493	1410768
25209615	11646403	453230	1271422	4072192	3296322	13806609
1803204	940985	46020	18850	142170	234709	1918684
3427310	1556211	16590	204864	616163	673957	2342186
4459145	2092749	26640	190613	691647	509079	2618203
6995433	2757598	363201	211432	1135570	694001	4579930
13988798	6327484	327592	1129085	2406916	2180752	6051720
951584	608714		3895	101514	82019	375645
30825375	13777960	762865	1733661	4986119	4293112	17127373
800099	505781	17178	25078	107861	81405	758995

房地产开发企业的土地开发、购置及资金来源（2015年）

项　　目	Item	土地购置费用（万元）Total Value of Land Purchased (10000 yuan)	待开发的土地面积（平方米）Land Space Pending Development (sq.m)
全省总计	**Total**	**4059259**	**8619867**
按登记注册类型分	**Grouped by Registered Categories**		
内资企业	Domestic Funded Enterprises	3989285	7852158
国　有	State-owned Enterprises	9396	
集　体	Collective-owned Enterprises		
股份合作	Cooperative Enterprises		
联营企业	Joint Ownership Enterprises		
有限责任公司	Limited Liability Corporations	2239192	5303508
国有独资公司	State Sole Funded Corporations	18000	
其他有限责任公司	Other Limited Liability Corporations	2221192	5303508
股份有限公司	Share-holding Corporations Ltd.	81102	158639
私　营	Private Enterprises	1659595	2390011
其他内资企业	Other Enterprises		
港澳台商投资	Enterprises with Funds from Hong Kong, Macao and Taiwan	52496	767709
合资经营	Joint-venture Enterprises	23700	79130
合作经营	Cooperative Enterprises		
独资经营	Enterprises with Sole Fund	28796	688579
股份有限	Share-holding Corporations Ltd.		
外商投资经济	Foreign Funded Enterprises	17478	
合资经营	Joint-venture Enterprises		
合作经营	Cooperation Enterprises		
外　资	Enterprises with Sole Fund	1217	
股份有限	Share-holding Corporations Ltd.	16261	
按隶属关系分	**Grouped by Administrative Relationship**		
中　央	Central Government		
省	Province	26000	
市	Prefecture	699159	365338
县	County	431979	1641424
其　他	Other	2902121	6613105
按资质等级分	**Grouped by Qualification Grade**		
一　级	First Grade	159516	379643
二　级	Second Grade	685904	453092
三　级	Third Grade	368628	850780
四　级	Forth Grade	899168	3188352
暂　定	Provisional	1870334	3657004
其　他	Other	75709	90996
按营业状况分	**Grouped by Business Condition**		
营　业	Business	4001449	8619867
其　他	Other	57810	

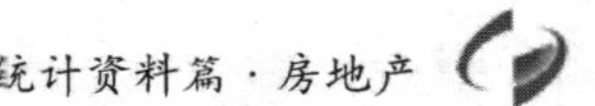

Land Development, Purchase and Source of Funds of Enterprises for Real Estate Development (2015)

本年购置土地面积（平方米） Land Space Purchased This Year (sq.m)	本年资金来源小计（万元） Total Funds This Year (10000 yuan)	国内贷款 Domestic Loans	#银行贷款 Bank loan	利用外资 Foreign Investment	#外商直接投资 Foreign Direct Investment	自筹资金 Self-raising Funds	其他资金来源 Others
7568612	**46666744**	**4566951**	**4328794**	**23138**	**23138**	**30991139**	**11085516**
7366704	45602647	4400460	4162303			30593736	10608451
	67769	7000	7000			40736	20033
2957584	26389140	2730198	2600151			17227540	6431402
	197616	40759	40759			103933	52924
2957584	26191524	2689439	2559392			17123607	6378478
224639	1903504	172264	146527			1080352	650888
4184481	17081627	1490998	1408625			12243608	3347021
	160607					1500	159107
104281	830821	115626	115626	23138	23138	307139	384918
104281	349916	56577	56577			155797	137542
	480905	59049	59049	23138	23138	151342	247376
97627	233276	50865	50865			90264	92147
	11676					6552	5124
	159191	50865	50865			67451	40875
97627	62409					16261	46148
	316055	124750	124750			36659	154646
	514262	62360	62360			375620	76282
603355	4084923	499237	496013			2334433	1251253
723962	4636948	560817	523112			2627039	1449092
6241295	37114556	3319787	3122559	23138	23138	25617388	8154243
514604	2732892	526745	523745			1520505	685642
913700	5345302	780132	714650			3038754	1526416
668340	6146150	621842	595875			3874885	1649423
1818037	10209182	858752	806442	22000	22000	5945147	3383283
3570020	21215202	1763400	1672202	1138	1138	15781761	3668903
83911	1018016	16080	15880			830087	171849
7420513	45725278	4555601	4318044	23138	23138	30125697	11020842
148099	941466	11350	10750			865442	64674

房地产开发建设房屋建筑面积、造价和商品房屋销售情况（2015年）

项　　目	Item	施工房屋面积（平方米）Floor Space of Buildings under Construction (sq.m)	竣工房屋面积（平方米）Floor Space of Buildings Completed (sq.m)	#住宅 Residential Buildings	房屋面积竣工率（%）Rate of Floor Space of Buildings Completed (%)
全省总计	**Total**	**304347560**	**40393067**	**32269125**	**13.3**
按登记注册类型分	**Grouped by Registered Categories**				
内资企业	Domestic Funded Enterprises	298028277	39788966	31956176	13.4
国　有	State-owned Enterprises	2013970	367478	308063	18.2
集　体	Collective-owned Enterprises				
股份合作	Cooperative Enterprises				
联营企业	Joint Ownership Enterprises				
有限责任公司	Limited Liability Corporations	166654136	21999653	17313329	13.2
国有独资公司	State Sole Funded Corporations	3691349			
其他有限责任公司	Other Limited Liability Corporations	162962787	21999653	17313329	13.5
股份有限公司	Share-holding Corporations Ltd.	11931617	3160847	2706260	26.5
私　营	Private Enterprises	117074243	14151477	11528587	12.1
其他内资企业	Other Enterprises	354311	109511	99937	30.9
港澳台商投资	Enterprises with Funds from Hong Kong, Macao and Taiwan	4777569	418577	170668	8.8
合资经营	Joint-venture Enterprises	1878957	330810	149260	17.6
合作经营	Cooperative Enterprises				
独资经营	Enterprises with Sole Fund	2898612	87767	21408	3.0
股份有限	Share-holding Corporations Ltd.				
外商投资经济	Foreign Funded Enterprises	1541714	185524	142281	12.0
合资经营	Joint-venture Enterprises	432162			
合作经营	Cooperation Enterprises				
外　资	Enterprises with Sole Fund	943891	185524	142281	19.7
股份有限	Share-holding Corporations Ltd.	165661			
按隶属关系分	**Grouped by Administrative Relationship**				
中　央	Central Government	1761424	331919	280246	18.8
省	Province	3441845	735603	664095	21.4
市	Prefecture	28278192	3527166	2853781	12.5
县	County	30859467	3414416	3007561	11.1
其　他	Other	240006632	32383963	25463442	13.5
按资质等级分	**Grouped by Qualification Grade**				
一　级	First Grade	20548481	5885382	4838776	28.6
二　级	Second Grade	44532377	4760675	3973692	10.7
三　级	Third Grade	51795401	6499469	5410418	12.5
四　级	Forth Grade	82119006	11132453	8665571	13.6
暂　定	Provisional	98728207	10907632	8233989	11.0
其　他	Other	6624088	1207456	1146679	18.2
按营业状况分	**Grouped by Business Condition**				
营　业	Business	298118459	38843058	31090097	13.0
其　他	Other	6229101	1550009	1179028	24.9

Floor Space of Building and Their Cost, Selling of Commercial Houses in Real Estate Development (2015)

竣工房屋价值(万元) Value of Buildings Completed (10000 yuan)	竣工房屋造价(元/平方米) Cost of Buildings Completed (yuan/sq.m)	商品房销售面积(平方米) Floor Space of Commercialized Buildings Sold (sq.m)	#住宅 Residential Buildings	商品房销售额(万元) Total Sale of Commercialized Buildings (10000 yuan)	#住宅 Residential Buildings	商品房平均售价(元/平方米) Average Selling Price of Commercialized Buildings (yuan/sq.m)	#住宅 Residential Buildings
12538694	**3104**	**58546525**	**51616510**	**33715889**	**28542101**	**5759**	**5530**
12402064	3117	57670406	50869645	33127471	28049094	5744	5514
125000	3402	69211	68544	30883	30008	4462	4378
7481838	3401	31699175	27914214	19133655	16145971	6036	5784
		196411	196411	87169	87169	4438	4438
7481838	3401	31502764	27717803	19046486	16058802	6046	5794
918539	2906	2193648	1931207	1181834	907215	5388	4698
3855432	2724	23595471	20849753	12726094	10916261	5393	5236
21255	1941	112901	105927	55005	49639	4872	4686
84168	2011	638503	517376	429440	338098	6726	6535
58504	1769	377770	258473	263492	174998	6975	6770
25664	2924	260733	258903	165948	163100	6365	6300
52462	2828	237616	229489	158978	154909	6691	6750
		6404	6404	2834	2834	4425	4425
52462	2828	144094	143547	116035	115298	8053	8032
		87118	79538	40109	36777	4604	4624
114942	3463	399531	366114	140314	126154	3512	3446
204975	2786	208071	199054	90553	82530	4352	4146
1365740	3872	3830351	3083600	2294770	1663002	5991	5393
1101499	3226	6616047	5705485	3078387	2537669	4653	4448
9751538	3011	47492525	42262257	28111865	24132746	5919	5710
1650902	2805	3358519	3121136	2207965	2083970	6574	6677
1828956	3842	7236282	6435949	3913049	3235554	5408	5027
1711088	2633	9523235	8456704	4056850	3538593	4260	4184
3294152	2959	16435320	14625885	8458163	7335605	5146	5015
3694841	3387	20417660	17574730	14143681	11523398	6927	6557
358755	2971	1575509	1402106	936181	824981	5942	5884
11880094	3058	57007083	50248755	32348563	27319601	5674	5437
658600	4249	1539442	1367755	1367326	1222500	8882	8938

按用途和销售方式分的商品房屋销售面积及平均销售价格（2015年）

项　目	Item	商品房销售面积（平方米）Floor Space of Commercialized Buildings Sold (sq.m)	销售用途 住宅 Residential Buildings	#90平方米以下 90 sq.m below
全省总计	**Total**	**58546525**	**51616510**	**18733875**
按登记注册类型分	**Grouped by Registered Categories**			
内资企业	Domestic Funded Enterprises	57670406	50869645	18473656
国有	State-owned Enterprises	69211	68544	
集体	Collective-owned Enterprises			
股份合作	Cooperative Enterprises			
联营企业	Joint Ownership Enterprises			
有限责任公司	Limited Liability Corporations	31699175	27914214	10730373
国有独资公司	State Sole Funded Corporations	196411	196411	13304
其他有限责任公司	Other Limited Liability Corporations	31502764	27717803	10717069
股份有限公司	Share-holding Corporations Ltd.	2193648	1931207	497614
私营	Private Enterprises	23595471	20849753	7243549
其他内资企业	Other Enterprises	112901	105927	2120
港澳台商投资	Enterprises with Funds from Hong Kong, Macao and Taiwan	638503	517376	165040
合资经营	Joint-venture Enterprises	377770	258473	80304
合作经营	Cooperative Enterprises			
独资经营	Enterprises with Sole Fund	260733	258903	84736
股份有限	Share-holding Corporations Ltd.			
外商投资经济	Foreign Funded Enterprises	237616	229489	95179
合资经营	Joint-venture Enterprises	6404	6404	4992
合作经营	Cooperation Enterprises			
外资	Enterprises with Sole Fund	144094	143547	90187
股份有限	Share-holding Corporations Ltd.	87118	79538	
按隶属关系分	**Grouped by Administrative Relationship**			
中央	Central Government	399531	366114	
省	Province	208071	199054	149764
市	Prefecture	3830351	3083600	1004895
县	County	6616047	5705485	1604378
其他	Other	47492525	42262257	15974838
按资质等级分	**Grouped by Qualification Grade**			
一级	First Grade	3358519	3121136	1426121
二级	Second Grade	7236282	6435949	2575038
三级	Third Grade	9523235	8456704	2326643
四级	Forth Grade	16435320	14625885	4357054
暂定	Provisional	20417660	17574730	7337133
其他	Other	1575509	1402106	711886
按营业状况分	**Grouped by Business Condition**			
营业	Business	57007083	50248755	17721433
其他	Other	1539442	1367755	1012442

Floor Space of Buildings Actually Sold and Average Selling Price by Use and Sale Method (2015)

by Use				销售方式 by Sale Method		商品房平均销售价格(元/平方米) Average Selling Price of Houses (yuan/sq.m)		
#别墅、高档公寓 Villas, High-grade Apartments	办公楼 Office Buildings	商业营业用房 Houses for Business Use	其他 Other	现房 Completed Buildings	期房 Buildings Completed in Future		现房 Completed Buildings	期房 Buildings Completed in Future
627624	**900968**	**3853441**	**2175606**	**16327345**	**42219180**	**5759**	**5665**	**5795**
621631	899060	3732081	2169620	16247576	41422830	5744	5644	5784
		667		44000	25211	4462	3900	5443
433784	484298	1914888	1385775	7887288	23811887	6036	6696	5817
					196411	4438		4438
433784	484298	1914888	1385775	7887288	23615476	6046	6696	5829
17804	7888	250835	3718	948006	1245642	5388	5356	5411
170043	400965	1565362	779391	7326713	16258758	5393	4564	5767
	5909	329	736	41569	71332	4872	4903	4854
5993	1908	117499	1720	42901	595602	6726	9746	6508
5867	1184	117128	985	5867	371903	6975	15563	6839
126	724	371	735	37034	223699	6365	8825	5957
		3861	4266	36868	200748	6691	10017	6080
				6404		4425	4425	
		547		30464	113630	8053	11192	7211
		3314	4266		87118	4604		4604
		10059	23358	248736	150795	3512	2983	4385
		7833	1184	3495	204576	4352	3714	4363
113824	119254	374674	252823	961732	2868619	5991	7081	5626
53168	108112	642253	160197	1702568	4913479	4653	4011	4875
460632	673602	2818622	1738044	13410814	34081711	5919	5823	5957
19707	3445	64326	169612	360455	2998064	6574	4731	6796
28135	103467	482008	214858	2492279	4744003	5408	5085	5577
28381	350	672424	393757	3342832	6180403	4260	4232	4275
454259	126627	1151011	531797	4131288	12304032	5146	5257	5109
97142	667079	1443209	732642	5579812	14837848	6927	7109	6859
		40463	132940	420679	1154830	5942	6132	5873
617715	893332	3827817	2037179	16195024	40812059	5674	5638	5689
9909	7636	25624	138427	132321	1407121	8882	8883	8882

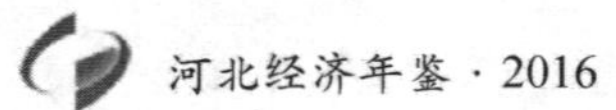

运输线路长度
Length of Transportation Routes

单位：公里 (km)

年份 Year	公路通车里程 Total Length of Highways	#高速公路 Expressway	内河通航里程 Length of Navigable Inland Waterways	地方铁路里程 Length of National Railways	中央铁路营业里程 Length of Local Railways
1978	40260		177	562.7	2012.5
1980	39883		29	572.8	2087.7
1985	40698			721.6	2481.1
1990	43640	7	75	691.5	2815.3
1995	51630	229	75	770.0	3076.3
2000	59152	1480	75	554.8	3474.2
2005	75894	2135	286	1207.0	3675.9
2006	143778	2329	286	1489.1	3594.9
2007	147265	2853	286	1522.7	3675.1
2008	149504	3234	286	1605.4	3670.0
2009	152135	3303	286	2152.8	3670.0
2010	154344	4307	286	2124.1	3704.0
2011	156965	4756	286	2172.4	3707.5
2012	163045	5069	286	2174.8	3711.5
2013	174492	5618	286	2193.4	3711.0
2014	179200	5888	286	2212.1	3712.1
2015	184553	6333	286	2242.9	

交通运输工具拥有量
Number of Transportation Tools

指标	Item	2014 合计 Total	2014 #个人 Private	2014 占合计% As Percentage of Total	2015 合计 Total	2015 #个人 Private	2015 占合计% As Percentage of Total
汽车(辆)	Vehicles (unit)	9953264	8954219	90.0	11371345	10361729	91.1
载客汽车	Passenger Vehicles	7805601	7320448	93.8	9233310	8732308	94.6
#轿车	Saloon Cars	5437826	5163604	95.0	6492873	6214163	95.7
载货汽车	Trucks	1435364	1003969	69.9	1466413	1034078	70.5
#普通载货	Ordinary Trucks	753477	621406	82.5	760073	636051	83.7
其他汽车	Others	712299	629802	88.4	671622	595343	88.6
摩托车(辆)	Motorcycle (unit)	3228750	3025198	93.7	2998683	2856850	95.3
拖拉机(辆)	Tractors (unit)	1640782			1636978		
挂车(辆)	Combination Vehicle (unit)	390101	155272	39.8	412347	164136	39.8
运输船舶	Transport Vessels						
货船(艘)	Freighter (unit)	152	100	65.8	146	80	54.8
净载重量(吨位)	Deadweight Cargo Tonnage (ton)	3627039	1129692	31.1	3692744	770955	20.9
拖船(艘)	Tow-boat (unit)	2			5		
功率(千瓦)	Drawing Power (kw)	5762			13850		
货运驳船(艘)	Barges (unit)	3			1		
净载重量(吨位)	Dead Weight Tonnage (ton)	3983			1300		
地方铁路	Local Railways						
机车(台)	Railway Locomotives (unit)	198			191		
货车(辆)	Freight Cars (unit)	1962			1721		
客车(辆)	Passenger Coaches (unit)	14			7		

民用汽车拥有量
Possession of Civil Vehicles

单位：万辆 (10000 units)

年 份 Year	民用汽车总计 Civil Vehicles	#载客汽车 Passenger Vehicles	#载货汽车 Trucks	#私人汽车总计 Private Vehicles	#载客汽车 Passenger Vehicles	#轿车 Cars	#载货汽车 Trucks
1978	6.9	1.3	5.1				
1980	9.3	1.7	6.9				
1985	17.8	3.5	13.3	2.8	0.2		2.5
1990	35.6	9.2	25.5	7.7	2.6		5.1
1995	72.6	23.6	44.5	26.7	10.5		12.6
1996	69.4	26.7	38.3	26.4	13.9		9.2
1997	77.3	31.9	41.1	32.6	18.5		11.0
1998	81.0	36.0	43.5	38.7	22.5		16.0
1999	91.1	42.0	47.6	41.7	26.4		15.3
2000	104.1	50.2	52.4	51.7	33.1		18.6
2001	119.9	59.9	58.5	63.4	41.2		22.1
2002	135.7	71.6	53.8	70.8	53.1		22.5
2003	155.6	87.4	56.1	95.1	66.1		30.9
2004	180.9	103.1	59.0	112.7	79.4		26.7
2005	282.9	120.0	70.9	198.9	97.0	44.6	34.5
2006	301.7	149.5	70.4	221.2	123.8	62.5	37.4
2007	345.2	185.3	75.1	260.6	156.2	85.9	41.6
2008	388.6	220.0	79.9	300.0	188.0	108.7	46.4
2009	625.8	286.1	104.4	379.0	248.1	149.3	62.7
2010	719.9	365.4	121.5	470.6	323.3	199.5	79.1
2011	832.5	463.4	137.2	577.1	416.2	266.5	92.3
2012	957.6	568.1	153.4	694.3	516.7	341.4	105.0
2013	1035.6	660.2	150.0	781.8	612.0	423.4	105.1
2014	995.3	780.6	143.5	895.4	732.0	516.4	100.4
2015	1137.1	923.3	146.6	1036.2	873.2	621.4	103.4

民用车辆拥有量(2015年)
Possession of Civil Motor Vehicles (2015)

单位：辆 (unit)

指 标	Item	总 计 Total	营 运 Working	进 口 Import	#个 人 Private
全省总计	**Total**	**16420097**	**2028497**	**225622**	**13383095**
汽 车	Civil Vehicles	11371345	1531949	224959	10361729
载客汽车	Passenger Vehicles	9233310	152990	223822	8732308
#大型	Large Scale	52456	38152	288	4359
中型	Medium Scale	22882	8507	399	7222
小型	Small Scale	8738960	104702	220573	8311704
#轿车	Cars	6492873	99158	80697	6214163
载货汽车	Trucks	1466413	1017283	972	1034078
#重型	Heavy Scale	503913	493507	247	234325
中型	Medium Scale	47119	43869	16	36044
轻型	Light Scale	909305	478177	709	758267
#普通载货	Ordinary Trucks	760073	410525	687	636051
其他汽车	Other Vehicles	671622	361676	165	595343
#三轮汽车	Tricycle Motors	447936	243407	2	426325
低速汽车	Low Speed Vehicles	173070	107488	6	148920
电 车	Tram	1	1		1
摩托车	Motor	2998683	86589	643	2856850
普通	Ordinary Motor	2950223	86571	612	2812973
轻便	Light Motor	48460	18	31	43877
挂 车	Freight Trailers	412347	409830	18	164136
其他类型车	Other Motor Vehicles	743	128	2	379
拖拉机	Low Speed Vehicles	1636978			

民用航空发展基本情况
Basic Indication of Civil Aviation

指 标	Indicators	2005	2010	2011	2012	2013	2014	2015
定期航班航线条数(条)	Number of Regular Civil Aviation Routes (line)	25	56	57	65	70	61	74
国际航线	International Routes	1	1			3	2	4
国内航线	Domestic Routes	24	55	57	65	67	59	70
#港澳地区航线	Regional Routes	1	2	3	3	2	3	2
定期航班航线里程(万公里)	Length of Regular Civil Aviation Routes (10000 km)	4.5	10.7	10.1	11.7	12.0	11.4	13.1
国际航线	International Routes	0.97	0.97			0.70	0.45	0.8
国内航线	Domestic Routes	3.5	9.7	10.1	11.7	11.3	11.0	12.3
#港澳地区航线	Regional Routes	0.2	0.4	0.6	0.8	0.4	0.7	0.4
民用机场数(个)	Number of Civil Airports (unit)	2	4	4	4	5	5	5
国外通航国家和地区(个)	Countries and regions in international air navigation (unit)	1	1			2	2	3
#通航城市	Cities	1	1			3	2	4
民航机场旅客吞吐量(万人)	Passenger Traffic (10000 persons)	47	308.39	451.79	534.40	575.30	642.75	684.86

客 运 量
Passenger Traffic

单位：万人 (10000 persons)

年　份 Year	总　计 Total	铁　路 Railways	公　路 Highways	水　运 Waterways	民　航 Civil Aviation
1990	25745	5034	20525	183	4.0
1995	36714	4655	32038		21.0
2000	65255	4902	60341		12.0
2001	72229	4841	67377		10.7
2002	76094	5004	71081		9.1
2003	65219	4441	60767		10.7
2004	77784	5270	72500		13.8
2005	80918	5492	75402		23.8
2006	83988	6024	77931		33.3
2007	88935	6238	82648		48.8
2008	94622	6816	87746		59.4
2009	77773	7194	70579		76.7
2010	90847	7558	83289		156.8
2011	99688	7601	91857		229.6
2012	105336	7846	97218		272.0
2013	102974	8762	93911		300.8
2014	61063	9571	51151	3.67	338.0
2015	53631	9706	43563	4.54	358.0

注：1.2009年运输量依新统计方法和口径进行了调整。2.2014、2015年公路运输量按新方法统计，数据与前期不可比。以下相关表同。

a) Volume of transportation of 2009 has been adjusted according to new computing methods and statistical approach. b) In 2014 and 2015, highways traffic is according to the new method of statistics, the data can not be compared with the previous period. The same applies to the relevant tables following.

旅 客 周 转 量
Passenger-Kilometers

单位：亿人公里 (100 million passenger-km)

年　份 Year	总　计 Total	铁　路 Railways	公　路 Highways	水　运 Waterways	民　航 Civil Aviation
1990	358.09	249.44	108.44	0.20	
1995	493.92	287.72	206.20		
2000	782.87	377.24	405.63		
2001	849.33	402.56	445.35		1.42
2002	897.84	415.26	482.58		
2003	780.46	383.76	396.69		
2004	945.40	479.07	466.33		
2005	989.77	504.44	485.33		
2006	1068.57	552.45	516.12		
2007	1165.28	595.48	569.80		
2008	1236.65	639.17	597.47		
2009	1043.30	672.40	370.90		
2010	1172.86	730.61	442.25		
2011	1306.58	784.50	522.08		
2012	1369.20	791.03	578.17		
2013	1434.76	867.18	567.58		
2014	1276.66	985.91	290.48	0.28	
2015	1213.21	944.43	268.43	0.34	

货 运 量
Freight Traffic

单位：万吨 (10000 tons)

年 份 Year	总 计 Total	铁 路 Railways	公 路 Highways	水 运 Waterways	民 航 Civil Aviation	管 道 Petroleum and Gas Pipelines	港口货物吞吐量 Volume of Freight Handled in Coastal Ports
1990	58203	11501	44258	363	0.10	2080	6960
1995	74214	12106	59860	404	…	1844	8815
2000	76808	12546	62321	571	3.09	1366	10771
2001	80835	14954	63696	945	3.80	1236	12558
2002	84315	15368	66655	1105	2.62	1184	14432
2003	80551	16646	61570	1172	2.48	1161	18002
2004	87265	18216	66227	1700	1.81	1120	22515
2005	91330	19051	68652	2539	1.45	1087	27341
2006	96784	19646	73263	2778	0.88	1096	33805
2007	104188	20920	79822	2162	0.77	1283	39962
2008	111383	23808	84486	1762	0.98	1326	44065
2009	136804	28308	106530	1008	1.16	958	50874
2010	177308	37964	135938	2149	1.68	1258	60344
2011	212330	41671	166680	2672	2.11	1305	71300
2012	242886	43429	195530	2590	2.40	1335	76234
2013	277840	49688	224319	2517	2.63	1313	88984
2014	238749	48063	185286	4041	2.52	1356	95029
2015	199192	17843	175637	4542	2.60	1168	91251

注：1.2014年起水运按新方法统计,数据与前期不可比。2.2015年货运量总计、铁路运输量按新方法统计，数据与前期不可比。下表同。

a) In 2014, waterways is according to the new method of statistics, the data can not be compared with the previous period. b) In 2014 and 2015, total and railways are according to the new method of statistics, the data can not be compared with the previous period. The same applies to the following table.

货 物 周 转 量
Ton-Kilometers

单位：亿吨公里 (100 million ton-km)

年 份 Year	总 计 Total	铁 路 Railways	公 路 Highways	水 运 Waterways	管 道 Petroleum and Gas Pipelines
1990	1546.47	1256.80	215.42	48.53	25.72
1995	2029.48	1534.74	397.36	67.88	29.50
2000	2325.85	1474.77	555.42	267.97	27.69
2001	2760.82	1613.04	608.01	512.70	27.07
2002	2862.79	1658.24	632.40	543.34	28.82
2003	3023.79	1787.73	591.60	612.19	32.28
2004	3796.05	1955.54	658.59	1150.00	31.93
2005	4750.64	2120.98	691.45	1908.07	30.14
2006	5157.40	2331.11	748.86	2051.41	26.02
2007	5507.02	2581.86	843.23	2057.28	24.64
2008	5209.01	2738.05	890.96	1554.62	25.38
2009	5981.61	2743.10	2998.49	216.82	23.21
2010	7673.09	3208.70	4011.23	432.11	21.05
2011	9840.50	4104.69	5219.28	495.04	21.49
2012	10844.84	4180.88	6133.47	509.60	20.89
2013	12003.78	4489.73	6972.94	519.81	21.29
2014	12968.80	4444.78	7019.56	1481.77	22.69
2015	12024.94	3633.01	6821.48	1551.86	18.59

沿海港口基本情况（2015年）
Basic Indicators of Coastal Ports (2015)

港口名称	Name	合计 Total 码头长度（米）Length of Quay Line (m)	合计 Total 泊位个数（个）Number of Berths (unit)	合计 Total #万吨级 10000 Ton Class	#生产用 For Productive Use 码头长度（米）Length of Quay Line (m)	#生产用 For Productive Use 泊位个数（个）Number of Berths (unit)	#生产用 For Productive Use #万吨级 10000 Ton Class	设计吞吐能力（万吨）Design the Handling Capacity (10000 tons)	货物吞吐量（万吨）Valueme of Freight Handled (10000 tons)
总　计	**Total**	**52946**	**238**	**168**	**50810**	**205**	**168**	**101638**	**91251**
秦皇岛港	Qinhuangdao	17246	92	44	15928	72	44	24149	25309
黄骅港	Huanghua	9268	47	30	8761	36	30	23520	16658
唐山港	Tangshan	26432	99	94	26121	97	94	53969	49285
#京唐港	Jingtang	9766	40	35	9455	38	35	15425	23298
曹妃甸港	Caofeidian	16666	59	59	16666	59	59	38544	25987

沿海主要港口货物吞吐量（2015年）
Volume of Freight Handled in Major Coastal Ports by Type of Freight (2015)

单位：万吨　　(10000 tons)

货物种类	Type of Freight	合计 Total	#外贸 Foreign Trade	出港量 Out-put	#外贸 Foreign Trade	进港量 In-put	#外贸 Foreign Trade
总　计	**Total**	**91251**	**30752**	**59538**	**2392**	**31713**	**28361**
煤炭及制品	Coal	50109	1879	48213	115	1897	1763
石油、天然气及制品	Crude Petroleum Oil and Natural Gas	2667	1629	506	7	2162	1622
#原油	Crude oil	2371	1434	466		1905	1434
金属矿石	Metal Ores	25663	24196	28	1	25635	24195
钢　铁	Steel and Iron	6042	1696	5995	1684	47	12
矿建材料	Mineral Building Materials	1669	140	1622	140	47	
水　泥	Cement	421	52	421	52		
木　材	Timber	15	15			15	15
非金属矿石	Nonmetal Ores	304	186	22		283	186
化肥农药	Chemical Fertilizers and Pesticides	168	167	147	147	20	20
盐	Salt	89	84	1	0	87	84
粮　食	Grain	346	325	17		329	325
机械、设备、电器	Machinery, Equipment and Electric Appliance	26	24	24	24	2	
化工原料及制品	Industrial Chemicals and Product	84	20	57	9	27	11
轻工、医药产品	Light Industry, Medicines and Product	14	14			14	14
农林牧渔业产品	Agriculture, Forestry, Animal Husbandry and Fishery Product	29	25	17	15	12	10
其　他	Others	3604	299	2468	196	1136	104

注：主要港口包括秦皇岛港、黄骅港和唐山港。

a) Major coastal ports include Qinhuangdao, Huanghua and Tangshan.

邮电业务基本情况（年底数）

Basic Conditions of Postal and Telecommunication Services (End of Year)

年 份 Year	邮政局、所(处) Number of Postal and Offices (unit)	#设在农村的 Located in the Countryside	邮路总长度(万公里) Length of Postal Routes (10000 km)	长话电路(路) Long-distance Telephone Electric Circuit (unit)	移动电话用户(万户) Number of Mobile Telephone Subscribers (10000 subscribers)	#3G移动电话 3G Mobile Phone Subscribers	互联网上网人数(万人) Number of Internet Users (10000 persons)	互联网宽带接入用户(万户) Broad Band Subscribers Port of Internet (10000 ports)
1978	1802	1511	16.5	1350				
1980	1752	1434	17.0	4539				
1985	2928	2588	2.6	2304				
1990	2443	1078	2.8	5177				
1995	2538	1869	3.5	33090				
1996	2555	1820	3.7	43537				
1997	2472	1863	3.9	61111				
1998	2389	1750	3.9	70111				
1999	2081	1455	4.0	87497				
2000	2018	1390	4.1	122560				
2001	2013	1371	4.1	187292	543.4			
2002	1978	1312	4.5	796340	840.8			
2003	1952	1272	5.3	20173	1253.2		289.1	
2004	1955	1258	5.4	22531	1512.9		387	
2005	1957	1242	4.7	27306	1785.5		486.0	
2006	1986	1244	4.6	21425	2251.0		631	
2007	1851	1110	4.9	30719	2814.8		762	
2008	1876	1091	5.5	90847	3214.1		1334	
2009	1742	1098	6.4	118913	3783.2	43.7	1842	
2010	2054	1030	5.1	323765	4353.6	166.8	2197	
2011	2114	1001	5.2	276250	5094.5	550.1	2597	824.5
2012	1616	1024	5.2	322492	5513.1	1077.2	3008	963.9
2013	1617	1019	4.7	4019468	6006.2	2003.5	3389	1031.6
2014	2273	1683	7.7	4810835	6229.1	2431.7	3603	1127.6
2015	2470	1883	6.5	6113726	6139.9	1172.7	3731	1226.5

注：1.邮路总长度1982年及以前是邮路及农村投递线路总长度之和。2.2003年及以后长话电路计量单位为2M。3.2013年起长话电路统计口径进行了调整。

a) Length of postal routes before 1983 included the length of postal routes and rural delivery routes. b) Since 2003 the long-distance telephone electric circuit measuring unit was 2M. c) Since 2013 the long-distance telephone electric circuit has been adjusted according to new statistical approach.

邮电业务量
Post and Telecommunications Services

年　份 Year	邮电业务总量 (万元) Output of Post and Telecommunication Services (10000 yuan)	函　件 (万件) Number of Letters (10000 pcs)	报刊期发数 (万份) Issue of Newspapers (10000 copies)	快　递 (万件) Pieces of Express Mail Services (10000 pcs)	城市固定电话用户(万户) Number of Urban Fixed Telephone Subscribers (10000 subscriber)	农村固定电话用户(万户) Rural Fixed Telephone Subscribers (10000 subscriber)	移动短信业务量(亿条) Short Message Services (100 million messages)
1978	5904	15417	267		6.0	2.1	
1980	6420	15961	304		6.2	2.0	
1985	12618	21639	580		9.9	6.4	
1990	55643	23716	473		19.8	3.8	
1995	360930	31471	504		151.3	38.0	
1996	485001	30171	584		199.6	65.7	
1997	634216	25858	589		235.6	93.2	
1998	885071	25699	499		276.2	127.2	
1999	1164413	21235	1149		315.4	172.0	
2000	1910400	26302	522		391.7	275.5	
2001	1670100	31698	422	507.2	486.1	419.2	
2002	2198441	36078	508	488.3	558.4	546.0	
2003	2931845	20056	484	651.0	731.5	607.5	
2004	4307925	32623	451	739.9	906.2	671.8	
2005	5284674	25742	378	842.9	947.0	680.9	
2006	6415679	22444	340	1023.5	1005.2	652.0	204.6
2007	8523147	20641	321	2956.5	994.3	594.8	281.0
2008	10695686	26702	317	3795.5	929.1	528.4	362.2
2009	11906547	26960	185	4506.8	870.1	473.8	380.4
2010	14206800	25355	509	4573.7	811.8	439.5	352.5
2011	5375587	24432	617	8660.4	814.2	428.6	319.4
2012	5726889	29263	632	12469.1	850.8	356.9	311.2
2013	7287375	32091	732	20755.7	840.1	312.3	311.8
2014	8255354	25607	786	34019.0	819.9	265.2	265.5
2015	9945955	14319	1179	54911.9	766.7	211.5	220.5

注：1．2011年起邮电业务总量按2010年不变价格计算，按可比价格比上年增长13.3%　。2.2013年起邮电业务总量统计范围为全社会。

a) The business volume of post & telecommunication services was calculated at 2010 constant prices Since 2011, the rate of increase at constant prices in 2010 was 13.3%. b) The business volume of postal and telecommunication services statistical scope expanded to the whole society since 2013.

限额以上批发业企业基本情况（2015年）
Basic Conditions of Enterprises above Designated Size in Wholesale Trade by Types of Registration and Sector (2015)

项目	Item	法人企业（个）Number of Corporation Enterprises (unit)	年末从业人员（人）Engaged Persons at Year-end (person)	年末零售营业面积（万平方米）Operational Area of Retail Sale Trade at Year-end (10000 sq.m)
全省总计	**Total**	**1558**	**107763**	**883.3**
按批发行业小类分	**by Small Kind Points**			
农、林、牧产品批发	Agriculture, Forestry, Animal Husbandry Products	138	5017	90.4
谷物、豆及薯类批发	Ceral, Beans, and Tubers	97	3029	84.1
种子批发	Seed	10	440	1.0
饲料批发	Feed	5	368	…
棉、麻批发	Cotton, Hemp	12	477	1.9
林业产品批发	Forestry Products	4	328	0.5
牲畜批发	Livestock	2	115	0.1
其他农牧产品批发	Others	8	260	2.7
食品、饮料及烟草制品批发	Food, Beverages and Tobaccos	148	17757	39.5
米、面制品及食用油批发	Rice, Flour and Edible Oil	24	1169	5.2
糕点、糖果及糖批发	Cakes, Sweets and Sugar	9	268	1.0
果品、蔬菜批发	Fruits and Vegetables	27	882	20.2
肉、禽、蛋、奶及水产品批发	Meat, Poultry, Eggs, Milk and Aquatic Products	16	1088	4.9
盐及调味品批发	Salt and Spices	12	1038	2.2
酒、饮料及茶叶批发	Wine, Drinks and Tea	33	3912	2.4
烟草制品批发	Tobacco Products	16	8477	2.3
其他食品批发	Others	11	923	1.2
纺织、服装及家庭用品批发	Textiles, Garments and Household Goods	61	4234	10.4
纺织品、针织品及原料批发	Textiles, Knitwear and Raw Materials	10	400	0.8
服装批发	Wholesale of Garments	10	612	0.7
鞋帽批发	Shoes and Caps	1	22	
化妆品及卫生用品批发	Cosmetics and Health Supplies	11	1507	4.3
厨房、卫生间用具及日用杂货批发	Kitchen, Bathroom Appliances and Daily Groceries	5	102	0.5
家用电器批发	Household Electrical Appliances	18	1460	3.1
其他家庭用品批发	Others	6	131	1.1
文化、体育用品及器材批发	Culture, Sports Appliances and Equipment	10	934	0.3
文具用品批发	Stationery	2	108	0.1
体育用品及器材批发	Sports Appliances and Equipment	1	100	…
图书批发	Books	1	448	0.1
首饰、工艺品及收藏品批发	Jewelry, Crafts and Collectibles	4	140	0.1
其他文化用品批发	Others	2	138	0.1
医药及医疗器材批发	Medicines and Medical Appliances	175	15301	24.0
西药批发	Western Medicines	110	10045	13.2
中药批发	Traditional Chinese Medicines	59	5002	10.5
医疗用品及器材批发	Medical Supplies and Equipment	6	254	0.3
矿产品、建材及化工产品批发	Mineral Products, Building Materials and Chemical Products	791	38570	500.7
煤炭及制品批发	Coal and Related Products	200	9970	86.8
石油及制品批发	Coal and Related Products	116	14115	361.1
非金属矿及制品批发	Non-metallic Mineral and Metal Products	3	44	…
金属及金属矿批发	Metal Materials	254	7508	28.3

限额以上批发业企业基本情况（2015年）(续)

Basic Conditions of Enterprises above Designated Size in Wholesale Trade by Types of Registration and Sector (2015)

项　　目	Item	法人企业（个）Number of Corporation Enterprises (unit)	年末从业人员（人）Engaged Persons at Year-end (person)	年末零售营业面积（万平方米）Operational Area of Retail Sale Trade at Year-end (10000 sq.m)
建材批发	Building materials	56	2110	15.2
化肥批发	Chemical Fertilizer	40	1388	3.8
农药批发	Pesticide	3	56	0.8
其他化工产品批发	Others	119	3379	4.8
机械设备、五金产品及电子产品批发	Machinery, Hardware Products and Electronic Equipment	194	24593	212.8
农业机械批发	Agricultural Machinery	35	806	16.3
汽车批发	Automotive	68	20263	189.6
汽车零配件批发	Auto Parts	12	396	0.5
摩托车及零配件批发	Motorcycles and Spare Parts	3	39	0.8
五金产品批发	Hardware	17	652	2.1
电气设备批发	Electrical Equipment	9	313	0.7
计算机、软件及辅助设备批发	Computer, Software and Assistant Appliances	5	123	0.1
通讯及广播电视设备批发	Communication and Broadcasting & Television Equipment	1	65	…
其他机械设备及电子产品批发	Others	44	1936	2.7
贸易经纪与代理	Trade Broker and Agency	5	139	0.1
贸易代理	Trade Agent	5	139	0.1
其他批发业	Others	36	1218	5.1
再生物资回收与批发	Renewable Materials Recovery and Wholesale	13	570	1.5
其他未列明批发业	Others	23	648	3.6
按登记注册类型分	**by Types of Registration**			
内资企业	Domestic Funded Enterprises	1547	107091	879.4
国有企业	State-owned Enterprises	53	10540	18.7
集体企业	Collective-owned Enterprises	20	1036	1.7
股份合作企业	Cooperative Enterprises	5	410	0.2
有限责任公司	Limited Liability Corporations	661	42475	374.6
国有独资公司	State Sole Funded Corporations	35	3732	80.1
其他有限责任公司	Other Limited Liability Corporations	626	38743	294.5
股份有限公司	Share-holding Corporations Ltd.	61	24121	325.4
私营企业	Private Enterprises	728	27507	144.7
私营独资企业	Private-funded Enterprises	21	409	6.8
私营合伙企业	Private Partnership Enterprises	8	179	0.5
私营有限责任公司	Private Limited Liability Corporations	677	26093	122.8
私营股份有限公司	Private Share-holding Corporations Ltd.	22	826	14.6
其他企业	Other Enterprises	19	1002	14.1
港、澳、台商投资企业	Enterprises with Funds from Hong Kong, Macao and Taiwan	5	246	3.5
与港澳台商合资经营企业	Joint Ventures (Hong Kong, Macao and Taiwan-funded)	2	165	0.2
港澳台商独资企业	Enterprises with Sole Fund	3	81	3.4
外商投资企业	Foreign Funded Enterprises	6	426	0.4
中外合资经营企业	Joint-venture Enterprises	1	56	
中外合作经营企业	Cooperation Enterprises	1	18	0.1
外资企业	Enterprises with Sole Fund	4	352	0.3

限额以上零售业企业基本情况（2015年）

Basic Conditions of Enterprises above Designated Size in Retail Trade by Types of Registration and Sector (2015)

项　　目	Item	法人企业（个）Number of Corporation Enterprises (unit)	年末从业人员（人）Engaged Persons at Year-end (person)	年末零售营业面积（万平方米）Operational Area of Retail Sale Trade at Year-end (10000 sq.m)
全省总计	**Total**	**2389**	**249668**	**1294.9**
按零售行业小类分	**by Small Kind Points**			
综合零售	Integrated Retail	466	136037	677.1
百货零售	Retail of General Merchandise	300	92094	497.2
超级市场零售	Retail of Supermarkets	149	41563	175.6
其他综合零售	Others	17	2380	4.3
食品、饮料及烟草制品专门零售	Retail of Food, Beverages and Tobaccos	91	2566	11.9
粮油零售	Food and oil	10	327	3.2
糕点、面包零售	Cakes, Bread	5	418	0.4
果品、蔬菜零售	Fruits and Vegetables	12	419	1.7
肉、禽、蛋、奶及水产品零售	Meat, Poultry, Eggs, Milk and Aquatic Products	4	54	1.9
酒、饮料及茶叶零售	Wine, Drinks and Tea	47	979	3.2
烟草制品零售	Tobacco Products	3	86	0.1
其他食品零售	Others	10	283	1.4
纺织、服装及日用品专门零售	Textiles, Garments and Household Goods	111	9483	64.2
纺织品及针织品零售	Textiles, Knitwear and Raw Materials	12	625	4.3
服装零售	Wholesale of Garments	61	6971	51.3
鞋帽零售	Shoes and Caps	6	705	3.2
化妆品及卫生用品零售	Cosmetics and Health Supplies	6	431	1.5
钟表、眼镜零售	Watches and Clocks, Glasses	3	129	0.1
箱、包零售	Box, Bag	9	88	0.1
厨房用具及日用杂品零售	Kitchen, Bathroom Appliances and Daily Groceries	4	138	0.5
自行车零售	Bicycle	7	367	3.1
其他日用品零售	Others	3	29	0.2
文化、体育用品及器材专门零售	Culture, Sports Appliances and Equipment	59	7074	19.6
文具用品零售	Stationery	10	533	2.3
体育用品及器材零售	Sporting Goods and Equipment	1	6	…
图书、报刊零售	Books, Newspapers and Periodicals	14	4831	8.1
音像制品及电子出版物零售	Audio-visual Products and Electronic Publications	2	70	0.2
珠宝首饰零售	Jewelry	18	1288	5.1
工艺美术品及收藏品零售	Crafts and Collectibles	4	60	2.3
乐器零售	Music	3	142	0.2
照相器材零售	Photographic Equipment	1	4	…
其他文化用品零售	Others	6	140	1.4
医药及医疗器材专门零售	Medicines and Medical Appliances	97	16696	20.2
药品零售	Medicines	94	16054	20.1
医疗用品及器材零售	Medical Supplies and Equipment	3	642	0.2
汽车、摩托车、燃料及零配件专门零售	Automotive, Motorcycles, Fuel and Spare Parts	1057	56140	365.5
汽车零售	Automotive	790	43204	216.0
汽车零配件零售	Auto Parts	13	351	4.6
摩托车及零配件零售	Motorcycles and Spare Parts	9	134	1.2
机动车燃料零售	Motor Vehicle Fuel	245	12451	143.7
家用电器及电子产品专门零售	Household Appliances and Electronic Products	381	15927	68.7
家用视听设备零售	Home Audio and Video Equipment	243	8985	38.1
日用家电设备零售	Household Electrical Appliances	69	3301	22.3

限额以上零售业企业基本情况（2015年）(续)

Basic Conditions of Enterprises above Designated Size in Retail Trade by Types of Registration and Sector (2015)

项　　目	Item	法人企业（个）Number of Corporation Enterprises (unit)	年末从业人员（人）Engaged Persons at Year-end (person)	年末零售营业面积（万平方米）Operational Area of Retail Sale Trade at Year-end (10000 sq.m)
计算机、软件及辅助设备零售	Computer, Software and Assistant Appliances	41	874	1.1
通信设备零售	Communication Equipment	24	2716	7.0
其他电子产品零售	Others	4	51	0.2
五金、家具及室内装饰材料专门零售	Hardware, Furniture and Interior Decoration Materials	87	3635	57.8
五金零售	Hardware	29	560	2.4
灯具零售	Lamps and Lanterns	1		…
家具零售	Furniture	40	1912	37.4
涂料零售	Paint	1	5	…
卫生洁具零售	Sanitary Ware	1	10	…
木质装饰材料零售	Wooden decorative materials	3	122	0.5
陶瓷、石材装饰材料零售	Ceramics, Stone Decoration Materials	3	281	8.4
其他室内装饰材料零售	Others	9	745	9.0
货摊、无店铺及其他零售业	Stall, Non-shop and Other Retails	40	2110	9.8
互联网零售	Retail on the Internet	5	224	0.2
旧货零售	Vintage Retail	1	5	0.1
生活用燃料零售	Living with Fuel	24	1363	8.5
其他未列明零售业	Others	10	518	1.0
按登记注册类型分	**by Types of Registration**			
内资企业	Domestic Funded Enterprises	2376	245005	1269.5
国有企业	State-owned Enterprises	38	1745	10.2
集体企业	Collective-owned Enterprises	83	3661	35.4
股份合作企业	Cooperative Enterprises	15	4275	8.2
联营企业	Joint Ownership Enterprises	1	6	…
集体联营企业	Collective Joint Ownership Enterprises	1	6	…
有限责任公司	Limited Liability Corporations	961	112759	564.5
国有独资公司	State Sole Funded Corporations	12	2416	9.2
其他有限责任公司	Other Limited Liability Corporations	949	110343	555.4
股份有限公司	Share-holding Corporations Ltd.	96	27521	214.8
私营企业	Private Enterprises	1155	94077	431.8
私营独资企业	Private-funded Enterprises	157	4345	21.5
私营合伙企业	Private Partnership Enterprises	17	333	2.0
私营有限责任公司	Private Limited Liability Corporations	929	82578	369.5
私营股份有限公司	Private Share-holding Corporations Ltd.	52	6821	38.8
其他企业	Other Enterprises	27	961	4.6
港、澳、台商投资企业	Enterprises with Funds from Hong Kong, Macao and Taiwan	5	877	3.5
合资经营企业	Joint-venture Enterprises	1	73	0.6
独资企业	Enterprises with Sole Fund	4	804	2.9
投资股份有限公司	Share-holding Corporations Ltd.			
外商投资企业	Foreign Funded Enterprises	8	3786	21.9
中外合资经营企业	Joint-venture Enterprises	2	1411	11.3
外资企业	Enterprises with Sole Fund	4	1774	6.9
外商投资股份有限公司	Share-holding Corporations Ltd	2	601	3.7

限额以上批发企业商品购进、销售和库存额（2015年）

Total Purchases, Sales and Stock of Enterprises above Designated Size of Wholesale Trade by Status of Registration and Sector (2015)

单位：万元 (10000 yuan)

项目	Item	商品购进总额 Total Purchases Value	#进口额 Imports	商品销售总额 Total Sales Value	#批发额 Exports	年末商品库存总额 Stock (year-end)
全省总计	**Total**	**62894245**	**939125**	**67817427**	**63905494**	**2964347**
按批发行业小类分	**by Small Kind Points**					
农、林、牧产品批发	Agriculture, Forestry, Animal Husbandry Products	1767239	3998	1867325	1839398	218332
谷物、豆及薯类批发	Ceral, Beans, and Tubers	1033989		1113969	1095209	142941
种子批发	Seed	41542		66969	66969	26272
饲料批发	Feed	47365		45262	38893	3561
棉、麻批发	Cotton, Hemp	594103	3998	581785	581785	35558
林业产品批发	Forestry Products	7283		10432	7646	8438
牲畜批发	Livestock	1850		4610	4610	653
其他农牧产品批发	Others	41108		44297	44286	910
食品、饮料及烟草制品批发	Food, Beverages and Tobaccos	5675245	8793	7525903	7392635	477179
米、面制品及食用油批发	Rice, Flour and Edible Oil	355997		390917	389375	50952
糕点、糖果及糖批发	Cakes, Sweets and Sugar	98070		85080	84674	18900
果品、蔬菜批发	Fruits and Vegetables	141545	4710	153223	135957	13174
肉、禽、蛋、奶及水产品批发	Meat, Poultry, Eggs, Milk and Aquatic Products	56440		72013	67100	11281
盐及调味品批发	Salt and Spices	173452		210736	200196	42767
酒、饮料及茶叶批发	Wine, Drinks and Tea	471640	4046	822671	754913	59035
烟草制品批发	Tobacco Products	4211596	37	5615966	5613704	274110
其他食品批发	Others	166505		175298	146715	6960
纺织、服装及家庭用品批发	Textiles, Garments and Household Goods	1423386	2182	1481379	1461151	202064
纺织品、针织品及原料批发	Textiles, Knitwear and Raw Materials	204875	860	209117	209117	13170
服装批发	Wholesale of Garments	39917	1322	66784	60838	2086
鞋帽批发	Shoes and Caps	7620		7320	7320	
化妆品及卫生用品批发	Cosmetics and Health Supplies	132346		142865	137057	10387
厨房、卫生间用具及日用杂货批发	Kitchen, Bathroom Appliances and Daily Groceries	7859		14003	13943	13021
家用电器批发	Household Electrical Appliances	1009583		1014877	1010619	162461
其他家庭用品批发	Others	21187		26413	22256	938
文化、体育用品及器材批发	Culture, Sports Appliances and Equipment	669534		706820	686618	110920
文具用品批发	Stationery	193804		205103	205103	8558
体育用品及器材批发	Sports Appliances and Equipment	35762		38279	35993	1156
图书批发	Books	358404		375858	375605	90993
首饰、工艺品及收藏品批发	Jewelry, Crafts and Collectibles	30257		35379	34610	9612
其他文化用品批发	Others	51307		52202	35307	601
医药及医疗器材批发	Medicines and Medical Appliances	4227550	44853	4571013	4319297	419519
西药批发	Western Medicines	3113275	2182	3294703	3096184	295156
中药批发	Traditional Chinese Medicines	1077374	42671	1234968	1181792	120575
医疗用品及器材批发	Medical Supplies and Equipment	36901		41342	41320	3788
矿产品、建材及化工产品批发	Mineral Products, Building Materials and Chemical Products	38575138	865273	40472233	37610192	1132824
煤炭及制品批发	Coal and Related Products	17261529	131137	17767941	17653543	429298
石油及制品批发	Coal and Related Products	5926380	98007	6756169	4359912	253058
非金属矿及制品批发	Non-metallic Mineral and Metal Products	18460	2950	19516	16088	194
金属及金属矿批发	Metal Materials	11304458	574315	11740553	11501476	245288
建材批发	Building materials	615845	25920	644388	574689	43125

限额以上批发企业商品购进、销售和库存额（2015年）(续)

Total Purchases, Sales and Stock of Enterprises above Designated Size of Wholesale Trade by Status of Registration and Sector (2015)

单位：万元　　　　(10000 yuan)

项　　目	Item	商品购进总额 Total Purchases Value	#进口额 Imports	商品销售总额 Total Sales Value	#批发额 Exports	年末商品库存总额 Stock (year-end)
化肥批发	Chemical Fertilizer	1176533		1164411	1141401	100973
农药批发	Pesticide	12810		12783	12770	234
其他化工产品批发	Others	2259124	32945	2366471	2350312	60654
机械设备、五金产品及电子产品批发	Machinery, Hardware Products and Electronic Equipment	10340222	10959	10974881	10386987	381546
农业机械批发	Agricultural Machinery	134875		137853	125938	23421
汽车批发	Automotive	9484563	5136	10032061	9549269	229976
汽车零配件批发	Auto Parts	112923	4350	125529	124829	6179
摩托车及零配件批发	Motorcycles and Spare Parts	11631		14647	14162	436
五金产品批发	Hardware	165703		191543	191448	8222
电气设备批发	Electrical Equipment	44830	931	48661	47721	4054
计算机、软件及辅助设备批发	Computer, Software and Assistant Appliances	35071		46990	46402	1476
通讯及广播电视设备批发	Communication and Broadcasting and Television Equipment	18208		15330	12724	4043
其他机械设备及电子产品批发	Others	332419	542	362269	274496	103739
贸易经纪与代理	Trade Broker and Agency	42104	2543	46998	46449	366
贸易代理	Trade Agent	42104	2543	46998	46449	366
其他批发业	Others	173828	525	170876	162768	21598
再生物资回收与批发	Renewable Materials Recovery and Wholesale	69509		63939	58991	12436
其他未列明批发业	Others	104319	525	106937	103777	9162
按登记注册类型分	**by Types of Registration**					
内资企业	Domestic Funded Enterprises	61350377	938710	65172445	62265846	2956910
国有企业	State-owned Enterprises	4724532	37	6137920	6119498	399425
集体企业	Collective-owned Enterprises	279433		300754	273266	46355
股份合作企业	Cooperative Enterprises	33319		38978	32088	5608
有限责任公司	Limited Liability Corporations	40422796	756431	42085190	40267298	1471766
国有独资公司	State Sole Funded Corporations	15142157	557633	15243052	15052663	243717
其他有限责任公司	Other Limited Liability Corporations	25280539	198798	26842138	25214635	1228049
股份有限公司	Share-holding Corporations Ltd.	2875590	5687	3547788	2024260	163505
私营企业	Private Enterprises	12888531	176013	13915486	13406232	855014
私营独资企业	Private-funded Enterprises	62849		69701	60275	4184
私营合伙企业	Private Partnership Enterprises	47887		48585	47251	2672
私营有限责任公司	Private Limited Liability Corporations	12429794	176013	13448290	12955087	817573
私营股份有限公司	Private Share-holding Corporations Ltd.	348001		348910	343619	30585
其他企业	Other Enterprises	126178	542	146330	143205	15237
港、澳、台商投资企业	Enterprises with Funds from Hong Kong, Macao and Taiwan	652299		732228	726894	6619
合资经营企业	Joint Ventures (Hong Kong, Macao and Taiwan-funded)	582726		591436	586101	10
独资企业	Enterprises with Sole Fund	69573		140792	140792	6609
外商投资企业	Foreign Funded Enterprises	891069	415	912754	912754	819
中外合资经营企业	Joint-Venture	2064		2184	2184	
中外合作经营企业	Cooperation Enterprises	7432		9172	9172	316
外资企业	Enterprises with Sole Fund	881573	415	901398	901398	503

限额以上零售业企业商品购进、销售和库存额（2015年）

Total Purchases, Sales and Stock of Enterprises above Designated Size of Retail Trade by Status of Registration and Sector (2015)

单位：万元 (10000 yuan)

项目	Item	商品购进总额 Total Purchases Value	#进口额 Imports	商品销售总额 Total Sales Value	#批发额 Exports	年末商品库存总额 Stock (year-end)
全省总计	**Total**	**27717692**	**548119**	**30760455**	**3027999**	**4445595**
按零售行业小类分	**by Small Kind Points**					
综合零售	Integrated Retail	9366159		10687944	706578	932608
百货零售	Retail of General Merchandise	7429800		8265118	594527	504501
超级市场零售	Retail of Supermarkets	1740194		2212299	46322	411800
其他综合零售	Others	196164		210527	65729	16306
食品、饮料及烟草制品专门零售	Retail of Food, Beverages and Tobaccos	120301	2400	187587	22335	35241
粮油零售	Food and oil	17150		19557	812	2353
糕点、面包零售	Cakes, Bread	7192		8264	53	2893
果品、蔬菜零售	Fruits and Vegetables	21487		23183	1958	531
肉、禽、蛋、奶及水产品零售	Meat, Poultry, Eggs, Milk & Aquatic Products	1933		2184	1086	94
酒、饮料及茶叶零售	Wine, Drinks and Tea	54826	2400	105085	10920	25454
烟草制品零售	Tobacco Products	7143		18284	6351	946
其他食品零售	Others	10569		11029	1154	2969
纺织、服装及日用品专门零售	Textiles, Garments and Household Goods	518016	1046	620524	51987	65751
纺织品及针织品零售	Textiles, Knitwear and Raw Materials	40921		44151	14399	868
服装零售	Wholesale of Garments	351459	630	419344	8532	40548
鞋帽零售	Shoes and Caps	52666		67139	13315	6577
化妆品及卫生用品零售	Cosmetics and Health Supplies	17808		23757	4303	4905
钟表、眼镜零售	Watches and Clocks, Glasses	5099		5749		2586
箱、包零售	Box, Bag	4278	240	11835	2071	1004
厨房用具及日用杂品零售	Kitchen, Bathroom Appliances and Daily Groceries	4860		5667		1622
自行车零售	Bicycle	38266	176	40036	9222	7564
其他日用品零售	Others	2660		2846	146	77
文化、体育用品及器材专门零售	Culture, Sports Appliances and Equipment	623375		629211	34911	139996
文具用品零售	Stationery	31844		36132	1973	3146
体育用品及器材零售	Sporting Goods and Equipment	1362		1403		
图书、报刊零售	Books, Newspapers and Periodicals	485704		475056	23400	115563
音像制品及电子出版物零售	Audio-visual Products and Electronic Publications	5774		6471		2513
珠宝首饰零售	Jewelry	37269		42097	7749	13277
工艺美术品及收藏品零售	Crafts and Collectibles	3280		3315	1418	1422
乐器零售	Music	7490		12403		3525
照相器材零售	Photographic Equipment	1003		1039		67
其他文化用品零售	Others	49649		51297	371	484
医药及医疗器材专门零售	Medicines and Medical Appliances	2047529	137115	2256917	600484	218389
药品零售	Medicines	2028201	137115	2235796	597943	214836
医疗用品及器材零售	Medical Supplies and Equipment	19329		21120	2540	3553
汽车、摩托车、燃料及零配件专门零售	Automotive, Motorcycles, Fuel and Spare Parts	13080492	406608	14187217	1339964	2659306
汽车零售	Automotive	10057607	404537	10798542	119604	2514458
汽车零配件零售	Auto Parts	43242		46248	7176	3000
摩托车及零配件零售	Motorcycles and Spare Parts	30653		30947	36	1417
机动车燃料零售	Motor Vehicle Fuel	2948990	2071	3311480	1213148	140432
家用电器及电子产品专门零售	Household Appliances and Electronic Products	1510707	…	1653567	163780	354447
家用视听设备零售	Home Audio and Video Equipment	672043	…	757171	30759	109652

限额以上零售业企业商品购进、销售和库存额（2015年）(续)

Total Purchases, Sales and Stock of Enterprises above Designated Size of Retail Trade by Status of Registration and Sector (2015)

单位：万元 (10000 yuan)

项　　目	Item	商品购进总　额 Total Purchases Value	#进口额 Imports	商品销售总　额 Total Sales Value	#批发额 Exports	年末商品库存总额 Stock (year-end)
日用家电设备零售	Household Electrical Appliances	495315		522597	17193	202036
计算机、软件及辅助设备零售	Computer, Software and Assistant Appliances	54757		66645	6925	11155
通信设备零售	Communication Equipment	282431		301422	107009	31109
其他电子产品零售	Others	5161		5734	1893	497
五金、家具及室内装饰材料专门零售	Hardware, Furniture and Interior Decoration	315253	950	384633	63645	27012
五金零售	Materials	69080		74987	5194	7885
灯具零售	Hardware					
家具零售	Furniture	165508		198297	53535	11329
涂料零售	paint	220		330		
卫生洁具零售	Sanitary Ware	562		570		13
木质装饰材料零售	Wooden decorative materials	13819		15241		1993
陶瓷、石材装饰材料零售	Ceramics, Stone Decoration Materials	6537		8833	890	645
其他室内装饰材料零售	Others	59528	950	86374	4027	5147
货摊、无店铺及其他零售业	Stall, Non-shop and Other Retails	135861		152855	44316	12844
互联网零售	Retail on the Internet	2810		2765	354	223
旧货零售	Vintage Retail	1528		1547		17
生活用燃料零售	Living with Fuel	109618		126611	36187	9223
其他未列明零售业	Others	21905		21933	7775	3381
按登记注册类型分	**by Types of Registration**					
内资企业	Domestic Funded Enterprises	27434494	517649	30453896	3027999	4421495
国有企业	State-owned Enterprises	228767		260359	35975	7055
集体企业	Collective-owned Enterprises	496441	2071	537820	74340	43862
股份合作企业	Cooperative Enterprises	31365		77730	7850	13885
联营企业	Joint Ownership Enterprises	361		374		152
集体联营企业	Collective Joint Ownership Enterprises	361		374		152
有限责任公司	Limited Liability Corporations	13875798	351871	15459370	1370391	1860739
国有独资公司	State Sole Funded Corporations	435561		379766		91835
其他有限责任公司	Other Limited Liability Corporations	13440237	351871	15079604	1370391	1768904
股份有限公司	Share-holding Corporations Ltd.	5363520	17385	5972209	1111893	322164
私营企业	Private Enterprises	7326400	146322	8079331	415813	2160562
私营独资企业	Private-funded Enterprises	313132	950	324366	12753	30149
私营合伙企业	Private Partnership Enterprises	16913		17664		1779
私营有限责任公司	Private Limited Liability Corporations	6604035	137737	7262757	392159	2076374
私营股份有限公司	Private Share-holding Corporations Ltd.	392320	7635	474544	10901	52261
其他企业	Other Enterprises	61841		66704	11739	13077
港、澳、台商投资企业	Enterprises with Funds from Hong Kong, Macao and Taiwan	64994	30470	75081		7320
合资经营企业	Joint-venture Enterprises	27047	10857	28201		2063
港澳台商独资企业	Enterprises with Sole Fund	37947	19613	46880		5257
外商投资企业	Foreign Funded Enterprises	218204		231478		16779
中外合资经营企业	Joint-venture Enterprises	71124		80587		8036
外资企业	Enterprises with Sole Fund	86895		89247		8723
外商投资股份有限公司	Share-holding Corporations Ltd	60186		61645		20

限额以上批发零售贸易业商品分类销售额(2015年)

Total Sales of Enterprises above Designated Size in Wholesale and Retail Sale Trade by Category (2015)

单位：万元 (10000 yuan)

类别	Category	销售额 Total Sales Value	批发 Wholesale Value	零售 Retail Value
合计	**Total**	**109991477.9**	**76821674.8**	**33169803.1**
#通过公共网络实现的商品销售	Goods Sold through Public Network	1816928.5	1695657.1	121271.4
粮油、食品类	Grain , Oil and Food	4832296.0	2175965.9	2656330.1
# 粮油类	Grain and Oil	2120380.1	1443375.9	677004.2
肉禽蛋类	Meat, Poultry and Eggs	414619.0	39568.3	375050.7
水产品类	Aquatic Products	109910.6	4371.1	105539.5
蔬菜类	Vegetables	303663.6	123290.0	180373.6
干鲜果品类	Dried and Fresh Melons an Fruits	256335.8	59797.3	196538.5
饮料类	Beverages	542560.3	62697.5	479862.8
烟酒类	Tobacco and Liquor	6941036.8	6230050.6	710986.2
服装鞋帽、针、纺织品	Clothing, Shoes, Hats and Textiles	4616655.1	458223.4	4158431.7
# 服装类	Clothing	2996564.7	257609.3	2738955.4
鞋帽类	Shoes and Hats	925032.9	30049.0	894983.9
针、纺织品类	Knitwear and Textiles	695057.5	170565.1	524492.4
化妆品类	Cosmetics	625095.2	84158.6	540936.6
金银珠宝类	Gold, Silver and Jewellery	911238.7	39458.1	871780.6
日用品类	Articles for Daily Use	1169500.9	147102.0	1022398.9
# 儿童玩具类	Children Toys	108563.2	448.4	108114.8
五金、电料类	Hardware and Electrical Materials	335499.8	201598.8	133901.0
体育、娱乐用品类	Sports and Recreation Articles	165775.6	40372.2	125403.4
# 照相机类	Photographic Equipment	6356.9		6356.9
书报杂志类	Newspapers and Magazines	822101.0	394836.0	427265.0
电子出版物及音像制品	E-journals and Video Products	30410.9	504.5	29906.4
家用电器和音像器材类	Household Appliances and Video Appliances	3828429.1	1330307.4	2498121.7
中西药品类	Traditional Chinese and Western Medicines	7190222.0	5089187.9	2101034.1
# 西药	Western Medicines	5137763.4	3653151.4	1484612.0
中草药及中成药	Traditional Chinese Medicines	1208044.2	790558.8	417485.4
文化办公用品类	Cultural and Offices Appliances	498018.4	268874.6	229143.8
# 计算机及其配套产品	Computer and Related Products	25256.5	3826.1	21430.4
家具类	Furniture	489164.6	24150.7	465013.9
通讯器材类	Communication Appliances	778998.7	344965.7	434033.0
煤炭及制品类	Coal and Related Products	10787865.0	10652696.4	135168.6
木材及制品类	Wood and Wooden Products	97940.4	97940.4	
石油及制品类	Petroleum and Related Products	11930313.1	7899229.7	4031083.4
化工材料及制品类	Chemical Materials and Related Products	4188189.4	4188189.4	
# 化肥类	Fertilizers	1183210.7	1183210.7	
金属材料类	Metal Materials	24445970.5	24445970.5	
建筑及装潢材料类	Building and Decoration Materials	668804.8	355260.3	313544.5
机电产品及设备类	Mechanical and Electrical Products	963137.4	859591.0	103546.4
# 农机类	Agricultural Machineries	125257.2	125257.2	
汽车类	Automobiles	21390159.0	9883523.1	11506635.9
种子饲料类	Seeds and Feedstuff	104883.7	104883.7	
棉麻类	Cotton, Hemp	586016.2	585897.0	119.2
其他类	Others	1052331.5	857073.1	195258.4

注：本表数据为初步统计数据。
a) Data in this table are preliminary estimation.

亿元以上商品交易市场摊位分类情况（2015年）
Classification of Commodity Transaction Markets of Turnover above 100 Million Yuan (2015)

项　目	Item	摊位数（个） Number of Booths (unit)	成交额（万元） Turnover (10000 yuan)
总　计	**Total**	**310062**	**53656163**
粮油、食品类	Grain and Oil, Food,Beverages	115691	10890425
#粮油类	Grain and Oil	5767	916735
肉禽蛋类	Meat, Poultry and Eggs	6476	1225208
水产品类	Aquatic Products	4450	464809
蔬菜类	Vegetables	74319	4541167
干鲜果品类	Dried and Fresh Melons and Fruits	23341	3603337
饮料类	Beverages	2373	222546
烟酒类	Tobacco and Liquor	3085	397988
服装鞋帽、针、纺织品	Clothing, Shoes, Hats and Textiles	51945	9501660
服装类	Clothing,	36794	6494466
鞋帽类	Shoes and Hats	6652	848000
针、纺织品类	Knitwear and Textiles	8499	2159194
化妆品类	Cosmetics	930	117811
金银珠宝类	Gold, Silver and Jewellery	915	148894
日用品类	Articles for Daily Use	16191	3691485
#儿童玩具类	Children Toys	7683	1533189
五金、电料类	Hardware and Electrical Materials	5202	1421048
体育、娱乐用品类	Sports and Recreation Articles	1805	616096
#照相器材类	Photographic Equipment	32	2455
书报杂志类	Newspapers and Magazines	179	21052
电子出版物及音像制品	E-journals and Video Products	2480	1310110
家用电器和音像器材类	Household Appliances and Video Appliances	916	144809
中西药品类	Traditional Chinese and Westem Medicines	7096	1610081
#西　药	Westem Medicines	71	9152
中草药及中成药	Traditional Chinese Medicines	7023	1600896
文化办公用品类	Cultural and Offices Appliances	4501	1471731
#计算机及其配套产品	Computer and Assistant Appliances	100	6917
家具类	Furniture	10827	3742123
通讯器材类	Communication Appliances	1153	210088
煤炭及制品类	Coal and Related Products	37	9160
木材及制品类	Wood and Wooden Products	358	251761
石油及制品类	Petroleum and Related Products	26	7134
化工材料及制品类	Chemical Materials and Related Products	18030	3226731
#化肥类	Fertilizers	278	127282
金属材料类	Metal Materials	13667	3625602
建筑及装潢材料类	Building and Decoration Materials	7448	1328432
机电产品及设备类	Mechanical and Electrical Products	4345	1129824
#农机类	Agricultural Machineries	1404	838840
汽车类	Automobiles	4413	1800171
种子饲料类	Seeds and Feedstuff	2628	90481
棉麻类	Cotton, Hemp	737	45964
其他类	Others	33084	6622956

限额以上批发业企业主要财务指标（2015年）

单位：万元

项　目	Item	资产总计 Total Assets
全省总计	**Total**	**33111225.3**
按国民经济行业分	**by Sector**	
农、林、牧产品批发	Wholesale of Agriculture, Forestry, Animal Husbandry Products	971233.3
食品、饮料及烟草制品批发	Wholesale of Food, Beverages and Tobaccos	2710980.3
# 米、面制品及食用油批发	Wholesale of Rice, Flour and Edible Oil	146825.6
烟草制品批发	Wholesale of Tobaccos	1623035.8
纺织、服装及家庭用品批发	Wholesale of Textiles, Garments and Household Goods	820994.6
# 服装批发	Wholesale of Garments	45812.5
文化、体育用品及器材批发	Wholesale of Culture, Sports Appliances and Equipments	565450.3
医药及医疗器材批发	Wholesale of Medicines and Medical Appliances	2173852.6
矿产品、建材及化工产品批发	Wholesale of Mineral Products, Building Materials and Chemical Products	17984218.7
# 煤炭及制品批发	Wholesale of Coal and Related Products	8314909.8
石油及制品批发	Wholesale of Coal and Related Products	2601730.4
金属及金属矿批发	Wholesale of Metal Materials	5223515.1
建材批发	Wholesale of Building Materials	457284.7
化肥批发	Wholesale of Chemical Fertilizer	362571.4
机械设备、五金交电及电子产品批发	Wholesale of Machinery, Hardware Products and Electronic Equipment	7728147.8
汽车批发	Wholesale of Automotive	7098526.0
汽车零配件批发	Wholesale of Auto Parts	58672.3
五金产品批发	Wholesale of Hardware	125380.2
计算机、软件及辅助设备批发	Wholesale of Computer, Software and Assistant Appliances	12195.2
贸易经纪与代理	Trade Broker and Agency	17311.5
其他批发	Other Wholesale not Classified Elsewhere	139036.2
按登记注册类型分	**by Types of Registration**	
内资企业	Domestic Funded Enterprises	32757348.0
国有企业	State-owned Enterprises	1931309.2
集体企业	Collective-owned Enterprises	209268.1
股份合作企业	Cooperative Enterprises	12595.7
联营企业	Joint Ownership Enterprises	
国有联营企业	State Joint Ownership Enterprises	
有限责任公司	Limited Liability Corporations	15727305.7
国有独资公司	State Sole Funded Corporations	5722706.2
其他有限责任公司	Other Limited Liability Corporations	10004599.5
股份有限公司	Share-holding Corporations Ltd.	6983323.2
私营企业	Private Enterprises	7838443.2
私营独资企业	Private-funded Enterprises	50092.2
私营合伙企业	Private Partnership Enterprises	16170.5
私营有限责任公司	Private Limited Liability Corporations	7623775.7
私营股份有限公司	Private Share-holding Corporations Ltd.	148404.8
其他企业	Other Enterprises	55102.9
港、澳、台商投资企业	Enterprises with Funds from Hong Kong, Macao and Taiwan	146783.9
合资经营企业(港或澳、台资)	Joint ventures (Hong Kong, Macao and Taiwan-funded)	81131.4
港、澳、台商独资经营企业	Enterprises with Sole Fund	65652.5
外商投资企业	Foreign Funded Enterprises	207093.4
外资企业	Enterprises with Sole Fund	115083.6

Main Financial Indicators of Enterprises above Designated Size in Wholesale Trade (2015)

(10000 yuan)

负债合计 Total Liabilities	所有者权益合计 Total Owners Equities	主营业务收入 Revenue from Principal Business	主营业务成本 Cost of Principal Business	主营业务税金及附加 Taxes and Other Charges on Principal Business	销售费用 Sales Expenses	管理费用 Management Expenses	营业利润 Business Profits	利润总额 Total Profits
25128808.1	**7982417.2**	**68036704.4**	**64194394.1**	**582879.4**	**1144788.3**	**670842.8**	**769917.4**	**716096.3**
609799.3	361434.0	1788373.2	1717171.9	1062.4	42850.1	22414.1	-10471.4	7656.5
1142645.4	1568334.9	6545708.2	4972617.4	530727.4	248981.1	250311.0	571629.4	559913.2
107415.9	39409.7	371074.8	352927.7	246.8	11843.8	4590.0	-779.2	2565.9
318580.2	1304455.6	4832426.9	3556152.1	513531.2	93029.2	200598.9	507760.4	509290.4
665603.0	155391.6	1466488.6	1393180.8	2684.2	32409.8	14362.9	21493.7	21404.2
27904.0	17908.5	63673.1	57513.4	400.7	3198.7	2097.2	320.0	375.5
351172.2	214278.1	520053.2	477402.0	4214.7	4190.9	15437.7	10901.7	6138.7
1846776.8	327075.8	4227227.5	4019838.9	4318.8	75668.5	60361.4	60861.7	49099.7
14292247.1	3691971.6	43586121.4	42109930.7	27902.5	523329.1	231289.5	48364.1	-1355.8
6739022.5	1575887.3	22622491.9	21815161.6	9121.0	185330.1	84292.8	12134.1	26268.6
1728608.3	873122.1	6044525.9	5753811.3	5068.8	192479.0	61195.9	1195.6	13915.3
4429267.8	794247.3	10939179.7	10782915.7	8451.2	87842.4	47131.2	-50083.9	-53684.9
278700.2	178584.5	621273.0	572718.0	1070.1	11466.7	9412.0	22045.8	7343.2
259816.1	102755.3	1162089.2	1071640.5	2089.0	9167.2	6027.1	71070.2	12373.5
6104736.5	1623411.3	9712462.1	9327965.5	11527.8	211145.9	71880.5	60349.4	67498.7
5638493.5	1460032.5	8806109.9	8505096.5	9474.8	179214.6	41769.7	43132.3	49321.6
43123.6	15548.7	115820.5	101299.5	251.5	2081.8	2665.4	9529.6	9566.2
90865.2	34515.0	183417.1	162315.5	511.3	8301.5	8146.0	4465.6	4852.4
9730.1	2465.1	45859.8	44712.8	25.5	482.7	649.4	-42.2	283.4
16509.8	801.7	46994.2	43301.6	4.9	3085.5	574.4	27.7	53.9
99318.0	39718.2	143276.0	132985.3	436.7	3127.4	4211.3	6761.1	5687.2
24880848.7	7876499.3	66512832.3	62766098.8	581487.6	1074003.4	661980.7	758457.1	703925.0
556828.1	1374481.1	5325887.7	4028601.0	513717.1	102801.7	211485.5	504531.0	509306.5
152827.5	56440.6	280739.2	249720.1	6558.9	5566.0	9059.3	9831.1	5195.7
11054.0	1541.7	37623.3	35333.3	88.6	1215.0	918.6	29.8	36.9
12395903.7	3331402.0	44040173.2	42828453.7	35983.9	550781.3	241459.6	219885.5	223609.3
4608800.3	1113905.9	19618715.5	19312348.2	4678.3	53494.1	57583.2	129777.0	143596.4
7787103.4	2217496.1	24421457.7	23516105.5	31305.6	492287.2	183876.4	90108.5	80012.9
5393303.0	1590020.2	3257266.7	2859160.4	6601.9	185352.3	57188.7	112447.5	56130.4
6338243.1	1500200.1	13424002.8	12630565.8	18490.0	219589.6	139009.2	-90509.6	-92850.1
29679.2	20413.0	65096.3	60882.4	77.4	1531.6	1144.4	844.0	1021.5
12589.9	3580.6	46059.1	43716.7	35.8	592.0	443.5	850.8	786.7
6207790.8	1415984.9	12962091.1	12204899.4	17117.0	214020.2	134178.2	-112413.9	-100649.9
88183.2	60221.6	350756.3	321067.3	1259.8	3445.8	3243.1	20209.5	5991.6
32689.3	22413.6	147139.4	134264.5	47.2	7697.5	2859.8	2241.8	2496.3
110269.2	36514.7	710061.3	635692.9	817.8	64905.1	4693.6	2176.9	2646.2
69947.4	11184.0	589644.3	581263.3	183.7	1452.0	1179.0	4918.3	5295.5
40321.8	25330.7	120417.0	54429.6	634.1	63453.1	3514.6	-2741.4	-2649.3
137690.2	69403.2	813810.8	792602.4	574.0	5879.8	4168.5	9283.4	9525.1
87540.4	27543.2	803787.3	784118.0	530.8	5109.3	4147.1	8452.6	8550.7

限额以上零售业企业主要财务指标（2015年）

单位：万元

项 目	Item	资产总计 Total Assets
全省总计	**Total**	**15431412.3**
按国民经济行业分	**by Sector**	
综合零售	Integrated Retail	5626267.8
百货零售	Retail of General Merchandise	3988229.9
超级市场零售	Retail of Supermarkets	1561003.0
食品、饮料及烟草制品专门零售	Retail of Food, Beverages and Tobaccos	142375.7
纺织、服装及日用品专门零售	Special Retail of Textiles, Garments and Daily Consumer Articles	665124.1
服装零售	Retail of Garments	571423.0
文化、体育用品及器材专门零售	Retail of Culture, Sports Appliances and Equipments	531373.3
图书、报刊零售	Retail of Books and Newspapers	398603.0
医药及医疗器材专门零售	Retail of Medicines and Medical Appliances	1129029.2
药品零售	Retail of Medicines	1105553.8
汽车、摩托车、燃料及零配件专门零售	Retail of Motor Vehicles, Motorcycles, Fuel and Parts	6070861.9
汽车零售	Retail of Motor Vehicles	4812340.2
机动车燃料零售	Retail of Fuel of Motor Vehicles	1228881.6
家用电器及电子产品专门零售	Special Retail of Household Electric Appliances and Electronic Products	796212.5
家用视听设备零售	Retail of Home Audio-visual Equipments	389897.8
日用家电设备零售	Retail of Household appliances	292791.0
计算机、软件及辅助设备零售	Retail of Computer, Software and Assistant Appliances	41465.6
通信设备零售	Retail of Communication Equipments	69349.5
五金、家具及室内装修材料专门零售	Special Retail of Hardware, Furniture and Decoration Materials	226541.1
五金零售	Retail of Hardware	91370.6
货摊、无店铺及其他零售业	Stall, Non-shop and Other Retails	243626.7
按登记注册类型分	**by Types of Registration**	
内资企业	Domestic Funded Enterprises	15241972.5
国有企业	State-owned Enterprises	61980.4
集体企业	Collective-owned Enterprises	111738.8
股份合作企业	Cooperative Enterprises	78496.1
有限责任公司	Limited Liability Corporations	7823215.3
国有独资公司	State Sole Funded Corporations	336146.9
其他有限责任公司	Other Limited Liability Corporations	7487068.4
股份有限公司	Share-holding Corporations Ltd.	2743067.0
私营企业	Private Enterprises	4383735.4
私营独资企业	Private-funded Enterprises	118964.8
私营合伙企业	Private Partnership Enterprises	6004.0
私营有限责任公司	Private Limited Liability Corporations	4009828.3
私营股份有限公司	Private Share-holding Corporations Ltd.	248938.3
其他企业	Other Enterprises	39581.2
港、澳、台商投资企业	Enterprises with Funds from Hong Kong, Macao and Taiwan	45078.1
港、澳、台商独资经营企业	Enterprises with Sole Fund	40261.6
外商投资企业	Foreign Funded Enterprises	144361.7
中外合资经营企业	Joint-venture Enterprises	31705.0
外资企业	Enterprises with Sole Fund	27019.2
外商投资股份有限公司	Share-holding Corporations Ltd.	85637.5

Main Financial Indicators of Enterprises above Designated Size in Retail Sales Trade (2015)

(10000 yuan)

负债合计 Total Liabilities	所有者权益合计 Total Owners Equities	主营业务收入 Revenue from Principal Business	主营业务成本 Cost of Principal Business	主营业务税金及附加 Taxes and Other Charges on Principal Business	销售费用 Sales Expenses	管理费用 Management Expenses	营业利润 Business Profits	利润总额 Total Profits
12013041.6	**3418370.7**	**26178060.7**	**23784136.8**	**117672.3**	**1315726.0**	**824446.6**	**300731.4**	**279135.3**
4541585.1	1084682.7	7975173.2	6968786.4	72936.0	631217.1	400628.4	134680.7	129945.2
3009819.1	978410.8	5419206.6	4696747.1	62381.2	368665.3	297799.3	163659.3	142163.6
1466315.3	94687.7	2395034.5	2119876.2	9578.9	255467.1	97823.5	-26615.7	-11790.6
106696.5	35679.2	165043.7	147912.6	588.6	14075.7	4778.1	-5731.3	-6301.8
568394.1	96730.0	561764.7	463867.0	6880.0	41596.2	37053.3	16260.9	-147.1
504020.4	67402.6	369469.5	303902.1	4966.5	30357.3	31062.2	2443.8	-5191.3
294867.5	236505.8	558884.3	443359.9	2483.8	22152.9	51328.3	38138.1	42603.9
197007.2	201595.8	432059.4	332833.6	1416.6	15025.5	44985.5	41293.9	45039.6
981432.2	147597.0	1971376.1	1781566.5	4510.7	75342.8	48184.6	39884.5	40770.9
960365.7	145188.1	1950778.2	1764554.5	4436.3	73396.1	47209.1	39395.3	40132.8
4576113.7	1494748.2	13009833.7	12270237.7	18721.6	419900.2	213602.6	39073.2	41029.2
3915565.9	896774.3	9962988.2	9436446.0	14747.2	275480.9	181758.3	11607.2	13180.5
644808.8	584072.8	2963302.8	2752669.7	3774.4	142692.1	30919.6	27678.7	27646.4
624158.2	172054.3	1459801.5	1306706.6	5598.9	88763.0	37980.5	22078.9	17869.8
307438.2	82459.6	702937.1	632826.3	2994.3	39500.9	16719.8	8903.8	5830.7
258576.0	34215.0	415065.9	356514.1	1290.0	33291.3	12728.5	12165.1	10548.0
16958.3	24507.3	68040.0	60717.3	261.6	2621.1	2552.1	1961.8	2259.1
40023.9	29325.6	268509.5	251887.3	1003.6	13223.4	5793.0	-1048.2	-791.8
179351.5	47189.6	331153.7	277193.1	5239.8	14230.6	22388.1	11118.0	6374.3
80108.0	11262.6	71718.2	63802.4	388.8	1000.3	5424.8	843.7	820.3
140442.8	103183.9	145029.8	124507.0	712.9	8447.5	8502.7	5228.4	6990.9
11768988.4	3472984.1	25897537.1	23548754.8	116716.1	1273867.8	814474.8	307161.7	293884.5
63884.9	-1904.5	247193.6	210681.1	6350.9	5000.7	6082.6	20379.4	-1136.1
79723.6	32015.2	482729.6	454248.8	2362.7	7628.2	13628.3	4782.7	3406.4
32543.7	45952.4	74990.0	62702.8	621.6	5493.9	6114.1	-420.0	198.9
6121373.6	1701841.7	13215411.2	11992911.4	58518.4	651675.7	460505.7	145434.9	160437.9
246223.9	89923.0	327683.6	281882.0	1521.0	13585.8	25407.7	11609.3	15104.0
5875149.7	1611918.7	12887727.6	11711029.4	56997.4	638089.9	435098.0	133825.6	145333.9
2015419.1	727647.9	4469015.2	4086564.9	16408.9	221196.4	117547.5	108003.0	119164.0
3425146.5	958588.9	7348626.8	6687289.9	32171.8	379982.1	208749.4	28560.5	11573.0
79211.2	39753.6	309661.1	267036.8	3497.2	15581.3	9824.6	10787.2	3989.8
4075.6	1928.4	16236.7	14452.9	44.2	620.3	574.3	495.9	281.1
3150835.3	858993.0	6617895.2	6036640.9	27339.4	345833.1	186112.9	16719.3	5168.8
191024.4	57913.9	404833.8	369159.3	1291.0	17947.4	12237.6	558.1	2133.3
30787.3	8793.9	59196.5	54006.4	281.5	2890.8	1824.7	419.3	239.5
26006.9	19071.2	77286.0	63675.4	229.3	6166.1	1307.7	7942.6	-183.3
23665.8	16595.8	53182.9	41073.7	219.1	4357.1	810.2	8168.8	57.6
218046.3	-73684.6	203237.6	171706.6	726.9	35692.1	8654.1	-14372.9	-14565.9
84975.9	-53270.9	70918.4	61285.6	135.5	11816.2	6434.0	-9868.8	-10024.7
46629.4	-19610.2	84601.3	69635.8	392.7	19709.5	783.8	-6171.8	-6215.4
86441.0	-803.5	47717.9	40785.2	198.7	4166.4	1396.3	1667.7	1674.2

限额以上住宿业企业主要指标（2015年）

项　目	Item	法人企业（个）Number of Corporation Enterprises (unit)	年末从业人员（人）Engaged Persons at Year-end (person)	客房间数（间）Number of Hotel Rooms (room)
住宿业	**Total**	**476**	**53900**	**93842**
按住宿业行业小类分	**by Sector**			
旅游饭店	Tourist Hotels	320	38739	76525
一般旅馆	General Hotels	137	11633	14611
其他住宿业	Other Accommodation Services	19	3528	2706
按登记注册类型分	**by Status of Registration**			
内资企业	Domestic Funded Enterprises	468	51934	92291
国有企业	State-owned Enterprises	124	14954	17338
集体企业	Collective-owned Enterprises	10	682	876
股份合作企业	Cooperative Enterprises	2	56	199
联营企业	Joint Ownership Enterprises	1	62	183
国有联营企业	State Joint Ownership Enterprises	1	62	183
有限责任公司	Share-holding Corporations Ltd.	172	19700	46145
国有独资公司	Private Enterprises	4	444	23597
其他有限责任公司	Private-funded Enterprises	168	19256	22548
股份有限公司	Private Partnership Enterprises	16	2381	9619
私营企业	Private Limited Liability Corporations	141	13981	17781
私营独资企业	Private Share-holding Corporations Ltd.	18	1173	1070
私营合伙企业	Other Enterprises	1	115	96
私营有限责任公司	Enterprises with Funds from Hong Kong,	114	11715	15719
私营股份有限公司	Macao and Taiwan	8	978	896
其他企业	Joint-venture Enterprises	2	118	150
港、澳、台商投资企业	Cooperative Enterprises	7	1370	1260
与港澳台商合资经营企业	Enterprises with Sole Fund	4	765	566
与港澳台商合作经营企业	Foreign Funded Enterprises	1	112	150
港澳台商独资企业	Joint-venture Enterprises	2	493	544
外商投资企业	Foreign Funded Enterprises	1	596	291
中外合资经营企业	Joint-venture Enterprises	1	596	291
外资企业	Enterprises with Sole Fund			

Main Indicators of Enterprises above Designated Size of Hotels (2015)

床位数 (个) Number of Beds (unit)	餐位数 (位) Number of Dining-seats (unit)	年末餐饮营业面积 (万平方米) Operational Area of Catering Services at Year-end (10000 sq.m)	营业额 (万元) Business Revenue (10000 yuan)				
				客房收入 From Hotel Rooms	餐费收入 From Meals	商品销售收入 From Commodities	其他收入 Others
166421	**242893**	**154.2**	**656662.9**	**270500.8**	**315024.6**	**11104.0**	**60270.4**
136326	172486	109.5	465090.2	193157.7	220590.5	6057.7	45521.2
25570	61305	38.9	149126.5	60151.5	76734.6	3065.6	9174.8
4525	9102	5.8	42446.2	17191.6	17699.5	1980.7	5574.4
164096	239795	151.9	628397.1	258776.3	304212.2	9378.9	56266.6
32067	67724	34.7	165472.9	65194.6	85520.3	2872.9	11885.1
1691	5510	3.0	10282.4	3144.9	6682.8	119.2	335.5
401	300	0.5	1085.8	989.3	96.5		
290	550	0.2	1446.4	533.3	912.7	0.4	236.9
290	550	0.2	1446.4	533.3	912.7	0.4	236.9
84554	88396	50.6	261763.5	112881.1	119158.9	4019.3	25704.2
47068	1848	1.2	7170.6	3376.3	2909.9		884.4
37486	86548	49.4	254592.9	109504.8	116249.0	4019.3	24819.8
13776	8614	7.2	30007.4	9102.2	13450.8	686.5	6767.9
31022	67991	55.6	156465.4	66219.9	77227.9	1680.6	11337.0
1919	8848	4.7	9411.7	4172.1	4946.1	99.3	194.2
188	1023	0.9	4099.3	1210.3	2889.0		
27243	53786	45.8	122050.2	55258.5	55245.8	1017.4	10528.5
1672	4334	4.2	20904.2	5579.0	14147.0	563.9	614.3
295	710	0.2	1873.3	711.0	1162.3		
1904	2678	2.1	20168.4	8119.7	6783.5	1725.1	3540.1
885	685	0.8	10709.1	3216.9	2602.0	1658.1	3232.1
286	958	0.2	988.6	422.2	561.3	3.2	1.9
733	1035	1.1	8470.7	4480.6	3620.2	63.8	306.1
421	420	0.3	8097.4	3604.8	4028.9		463.7
421	420	0.3	8097.4	3604.8	4028.9		463.7

限额以上餐饮业企业主要指标（2015年）

项　目	Item	法人企业（个）Number of Corporation Enterprises (unit)	年末从业人员（人）Engaged Persons at Year-end (person)	客房间数（间）Number of Hotel Rooms (room)
餐饮业	**Total**	**439**	**30974**	**44111**
按餐饮业行业小类分	**by Sector**			
正餐服务	Restaurant	431	30648	44111
快餐服务	Fast Food	6	196	
饮料及冷饮服务	Beverages and Cold Drinks	1	39	
咖啡馆服务	Café	1	39	
其他餐饮业	Others	1	91	
其他未列明餐饮业	Others	1	91	
按登记注册类型分	**by Status of Registration**			
内资企业	Domestic Funded Enterprises	436	30701	43919
国有企业	State-owned Enterprises	15	1068	767
集体企业	Collective-owned Enterprises	3	167	174
股份合作企业	Cooperative Enterprises	4	325	
有限责任公司	Limited Liability Corporations	163	11436	35678
国有独资公司	State Sole Funded Corporations	1	168	160
其他有限责任公司	Other Limited Liability Corporations	162	11268	35518
股份有限公司	Share-holding Corporations Ltd.	17	1842	677
私营企业	Private Enterprises	229	15725	6623
私营独资企业	Private-funded Enterprises	46	3496	1035
私营合伙企业	Private Partnership Enterprises	5	359	120
私营有限责任公司	Private Limited Liability Corporations	163	10934	4860
私营股份有限公司	Private Share-holding Corporations Ltd.	15	936	608
其他企业	Other Enterprises	5	138	
港、澳、台商投资企业	Enterprises with Funds from Hong Kong, Macao and Taiwan			
港澳台商独资企业	Enterprises with Sole Fund			
港澳台商投资股份有限公司	Share-holding Corporations Ltd.			
外商投资企业	Foreign Funded Enterprises	3	273	192
中外合资经营企业	Joint-venture Enterprises	2	153	
中外合作经营企业	Cooperation Enterprises	1	120	192

Main Indicators of Enterprises above Designated Size of Catering Services (2015)

床位数 (个) Number of Beds (unit)	餐位数 (位) Number of Dining-seats (unit)	年末餐饮营业面积 (万平方米) Operational Area of Catering Services at Year-end (10000 sq.m)	营业额 (万元) Business Revenue (10000 yuan)				
				客房收入 From Hotel Rooms	餐费收入 From Meals	商品销售收入 From Commodities	其他收入 Others
54885	**345403**	**120.9**	**358115.0**	**55629.0**	**281595.0**	**12455.4**	**8435.6**
54885	344337	120.5	354913.9	55629.0	278502.8	12346.5	8435.6
	1009	0.3	2260.0		2233.1	26.9	
	52	0.1	391.2		391.2		
	52	0.1	391.2		391.2		
	5	…	549.9		467.9	82.0	
	5	…	549.9		467.9	82.0	
54540	344602	120.8	356377.6	55113.8	280388.0	12440.2	8435.6
1375	5712	4.1	12344.4	2334.5	7386.5	2185.0	438.4
324	1080	0.6	1062.5	258.9	678.6	101.0	24.0
	2410	0.8	7240.2		7204.7	35.5	
39900	209163	51.3	137197.5	27161.4	100440.8	6744.6	2850.7
300	1000	1.0	3643.1	1165.9	2477.2		
39600	208163	50.3	133554.4	25995.5	97963.6	6744.6	2850.7
1402	10764	5.6	21921.5	2528.1	18653.0	154.4	586.0
11539	114851	57.5	175450.4	22830.9	144863.3	3219.7	4536.5
1723	22051	10.1	37367.2	2962.3	32478.8	571.1	1355.0
289	2502	1.4	6991.3	248.7	6738.5	1.5	2.6
8497	83380	41.6	118736.1	17507.1	96501.6	2165.3	2562.1
1030	6918	4.5	12355.8	2112.8	9144.4	481.8	616.8
	622	0.8	1161.1		1161.1		
345	801	0.2	1737.4	515.2	1207.0	15.2	
	543	0.1	890.6		890.6		
345	258	…	846.8	515.2	316.4	15.2	

限额以上住宿业企业主要财务指标（2015年）

单位：万元

项　目	Item	资产总计 Total Assets	负债合计 Total Liabilities
全省总计	**Total**	**2951352.0**	**2377876.8**
按住宿行业小类分	**by Accommodation Industry Subcategories**		
旅游饭店	Tourist Hotels	2185113.9	1811303.7
一般旅馆	General Hotels	595018.9	401742.2
其他住宿服务	Other Accommodation Services	171219.2	164830.9
按登记注册类型分	**by Status of Registration**		
内资企业	Domestic Funded Enterprises	2756451.6	2202532.8
国有企业	State-owned Enterprises	479179.7	315174.6
集体企业	Collective-owned Enterprises	17289.9	8909.6
股份合作企业	Cooperative Enterprises	37.5	25.5
联营企业	Joint Ownership Enterprises		
国有联营企业	State Joint Ownership Enterprises		
有限责任公司	Limited Liability Corporations	1416899.3	1094253.5
国有独资公司	State Sole Funded Corporations	12881.5	8557.5
其他有限责任公司	Other Limited Liability Corporations	1404017.8	1085696.0
股份有限公司	Share-holding Corporations Ltd.	216732.1	166847.6
私营企业	Private Enterprises	622423.7	614451.4
私营独资企业	Private-funded Enterprises	26293.0	19882.7
私营合伙企业	Private Partnership Enterprises	2111.2	268.6
私营有限责任公司	Private Limited Liability Corporations	568099.8	578778.4
私营股份有限公司	Private Share-holding Corporations Ltd.	25919.7	15521.7
其他企业	Other Enterprises	3889.4	2870.6
港、澳、台商投资企业	Enterprises with Funds from Hong Kong, Macao and Taiwan	149201.6	113877.3
与港、澳、台商合资经营企业	Joint-venture Enterprises	31082.3	26595.5
与港、澳、台商合作经营企业	Cooperative Enterprises	3016.7	3744.2
港、澳、台商独资企业	Enterprises with Sole Fund	115102.6	83537.6
外商投资企业	Foreign Funded Enterprises	45698.8	61466.7
中外合资经营企业	Joint-venture Enterprises	45698.8	61466.7
外资企业	Enterprises with Sole Fund		

Main Financial Indicators of Enterprises above Designated Size of Hotels (2015)

(10000 yuan)

所有者权益合计 Total Owners Equities	主营业务收入 Revenue from Principal Business	主营业务成本 Cost of Principal Business	主营业务税金及附加 Taxes and Other Charges on Principal Business	销售费用 Sales Expenses	管理费用 Management Expenses	营业利润 Business Profits	利润总额 Total Profits
573475.2	**645377.1**	**276325.8**	**36654.9**	**237535.0**	**205342.2**	**-154609.0**	**-139276.2**
373810.2	459216.3	181338.2	26292.0	187666.8	157841.2	-133240.0	-119706.1
193276.7	146918.9	81154.4	8070.5	41775.6	28500.7	-15838.7	-16411.8
6388.3	39241.9	13833.2	2292.4	8092.6	19000.3	-5530.3	-3158.3
553918.8	616885.6	265846.9	35066.2	232577.1	189469.2	-143704.9	-130172.1
164005.1	164094.0	79452.4	9209.4	63858.7	48038.2	-34301.4	-24219.9
8380.3	9898.0	3587.7	521.9	3018.7	2716.9	-165.0	-108.4
12.0	1011.6	839.4	83.4		2.4	86.4	60.2
322645.8	257362.1	104829.2	13923.0	96621.9	89409.3	-66538.6	-61363.6
4324.0	7162.1	2927.5	392.1	1798.1	3165.7	-1222.7	-1129.4
318321.8	250200.0	101901.7	13530.9	94823.8	86243.6	-65315.9	-60234.2
49884.5	29196.3	11586.2	1958.4	8350.0	7992.8	-2443.3	-1670.2
7972.3	153316.9	64408.1	9321.2	60080.8	41086.0	-40280.5	-42807.7
6410.3	9372.7	4825.3	729.9	2079.0	1626.8	-173.0	-198.7
1842.6	4099.3	3361.2	55.6		625.3	53.6	53.6
-10678.6	120572.2	44543.1	7172.2	53742.7	37339.2	-40473.7	-42818.8
10398.0	19272.7	11678.5	1363.5	4259.1	1494.7	312.6	156.2
1018.8	2006.7	1143.9	48.9	647.0	223.6	-62.5	-62.5
35324.3	20156.8	8971.7	1112.2	4726.0	7536.4	-8783.1	-8890.1
4486.8	10697.5	3388.7	579.0	3689.2	2377.2	-15.5	-10.4
-727.5	988.6	363.6	57.3	463.0	368.1	-264.9	-226.2
31565.0	8470.7	5219.4	475.9	573.8	4791.1	-8502.7	-8653.5
-15767.9	8334.7	1507.2	476.5	231.9	8336.6	-2121.0	-214.0
-15767.9	8334.7	1507.2	476.5	231.9	8336.6	-2121	-214

限额以上餐饮业企业主要财务指标（2015年）

单位：万元

项　目	Item	资产总计 Total Assets	负债合计 Total Liabilities
全省总计	**Total**	**642660.3**	**509074.8**
按餐饮行业小类分	**by Sector**		
正餐服务	Restaurant	640663.6	508238.5
快餐服务	Fast Food	909.4	169.1
饮料及冷饮服务	Beverages and Cold Drinks	37.4	3.2
其他餐饮服务	Others	1049.9	664.0
按登记注册类型分	**by Types of Registration**		
内资企业	Domestic Funded Enterprises	638722.4	507845.7
国有企业	State-owned Enterprises	38877.4	16652.9
集体企业	Collective-owned Enterprises	1525.0	669.2
股份合作企业	Cooperative Enterprises	9811.6	8615.7
有限责任公司	Limited Liability Corporations	237196.3	185448.3
其他有限责任公司	Other Limited Liability Corporations	228311.5	177333.8
股份有限公司	Share-holding Corporations Ltd.	25119.1	25105.4
私营企业	Private Enterprises	324156.3	270065.6
私营独资企业	Private-funded Enterprises	53404.9	39736.3
私营合伙企业	Private Partnership Enterprises	4163.7	2116.6
私营有限责任公司	Private Limited Liability Corporations	247523.5	216008.0
私营股份有限公司	Private Share-holding Corporations Ltd.	19064.2	12204.7
其他企业	Other Enterprises	2036.7	1288.6
港、澳、台商投资企业	Enterprises with Funds from Hong Kong, Macao and Taiwan		
港、澳、台商独资经营企业	Enterprises with Sole Fund		
港、澳、台商投资股份有限公司	Hong Kong, Macao and Taiwan Investment Co., Ltd.		
外商投资企业	Foreign Funded Enterprises	3937.9	1229.1
中外合资经营企业	Joint-venture Enterprises	577.8	164.5

Main Financial Indicators of Enterprises above Designated Size of Catering Services (2015)

(10000 yuan)

所有者权益合计 Total Owners Equities	主营业务收入 Revenue from Principal Business	主营业务成本 Cost of Principal Business	主营业务税金及附加 Taxes and Other Charges on Principal Business	销售费用 Sales Expenses	管理费用 Management Expenses	营业利润 Business Profits	利润总额 Total Profits
133585.5	**350215.6**	**177736.3**	**17864.2**	**109337.2**	**64099.6**	**-28768.4**	**-15512.0**
132425.1	347014.5	176273.1	17701.2	108842.3	63333.0	-29062.9	-15795.5
740.3	2260.0	1227.3	96.3	386.8	287.6	247.7	232.1
34.2	391.2	195.2	26.9	43.9	100.6	24.2	24.2
385.9	549.9	40.7	39.8	64.2	378.4	22.6	27.2
130876.7	348478.2	177179.0	17767.5	108682.7	63622.7	-28716.7	-15455.3
22224.5	11407.1	5812.0	538.5	4454.8	2422.9	-2181.7	-1288.0
855.8	1107.2	666.4	77.9	268.8	69.6	15.0	15.0
1195.9	7240.2	3698.0	392.2	2082.3	790.4	44.2	37.5
51748.0	128700.5	62319.0	6581.1	42385.8	27675.9	-17629.7	-6615.3
50977.7	125057.4	61315.1	6375.5	41635.7	25525.4	-16792.4	-5773.3
13.7	20871.4	9166.8	1012.3	8142.5	2903.4	-582.8	-975.0
54090.7	177990.7	94616.8	9122.1	51212.2	29673.9	-8369.6	-6552.5
13668.6	40040.2	23825.6	2049.2	9101.3	3686.3	1062.0	317.5
2047.1	6973.5	4298.5	223.9	1315.2	1042.9	-53.0	-31.3
31515.5	118640.7	60424.9	6204.4	37110.2	23742.4	-9118.6	-6543.5
6859.5	12336.3	6067.8	644.6	3685.5	1202.3	-260.0	-295.2
748.1	1161.1	900.0	43.4	136.3	86.6	-12.1	-77.0
2708.8	1737.4	557.3	96.7	654.5	476.9	-51.7	-56.7
413.3	890.6	377.3	50.1	182.2	254.9	25.9	24.9

商品销售总额前10名的批发企业
(2015年，按国民经济行业中类分别排序)
The Top 10 Wholesale Enterprises of Total Sale Value (2015)

单位：千元 (1000 yuan)

企业名称	Name of Enterprises	位次 Position	商品销售总额 Total Sales Value
农、林、牧产品批发	**Wholesales of Agricultural and Livestock Products**		
中棉集团廊坊储运有限公司	China National Cotton Group Langfang Storage and Transportation Co., Ltd.	1	1784242
中棉集团河北棉花有限公司	China National Cotton Group Hebei Cotton Co., Ltd.	2	916188
河北星宇纺织原料有限公司	Hebei Xingyu Textile Materials Co., Ltd.	3	916098
衡水和平国储粮库有限责任公司	Hengshui Heping National Grain Storage Co.,Ltd	4	899090
石家庄常山纺织集团供销公司	Shijiazhuang Changshan Textile Supply and Marketing Corporation	5	786081
秦皇岛粮丰贸易有限公司	Qinhuangdao Liangfeng Trade Co.,Ltd.	6	741238
秦皇岛市江丰工贸有限公司	Qinhuangdao Jiangfeng Industry and Trade Co.,Ltd.	7	663522
河北省故城县棉麻公司	Hebei Gucheng Cotton&Linen Company	8	612851
雄县方达粮食储备库	Xiongxian Fangda Grain Reserves	9	608323
保定银祥棉业有限公司	Baoding Yinxiang Cotton Co., Ltd.	10	496647
食品、饮料及烟草制品批发	**Wholesales of Foods, Beverages and Tobacco Products**		
河北省烟草公司石家庄市公司	Shijiazhuang Company of Hebei Tobacco Corporation	1	9053273
河北省烟草公司保定市公司	Baoding Company of Hebei Tobacco Corporation	2	8276268
河北省烟草公司唐山市公司	Tangshan Company of Hebei Tobacco Corporation	3	6411998
河北省烟草公司邯郸市公司	Handan Company of Hebei Tobacco Corporation	4	6260200
河北省烟草公司沧州市公司	Cangzhou Company of Hebei Tobacco Corporation	5	5224970
河北省烟草公司邢台市公司	Xingtai Company of Hebei Tobacco Corporation	6	4319123
河北省烟草公司廊坊市公司	Langfang Company of Hebei Tobacco Corporation	7	3943671
河北省烟草公司张家口市公司	Zhangjiakou Company of Hebei Tobacco Corporation	8	3578959
河北省烟草公司承德市公司	Chengde Company of Hebei Tobacco Corporation	9	2782651
河北省烟草公司衡水市公司	Hengshui Company of Hebei Tobacco Corporation	10	2669604
纺织、服装及家庭用品批发	**Wholesales of Textile, Clothing and Commodities**		
河北新兴格力电器销售有限公司	Hebei Xinxing Gree Electrical Appliance Marketing Co., Ltd.	1	4103915
河北盛世欣兴格力贸易有限公司	Hebei Shengshi Xinxing Gree Trade Co., Ltd.	2	3691628
河北纺联物资供销有限公司	Hebei Fanglian Material Supply and Marketing Co., Ltd.	3	664377
河北劲草商贸有限公司	Hebei Jincao Trading Company	4	594230
唐山智鸿家用电器销售有限公司	Tangshan Zhihong Electrical Appliance Marketing Co., Ltd.	5	510000
石家庄中山日化有限责任公司	Shijiazhuang Zhongshan Cosmetics Co., Ltd.	6	478038
沧州信佳美的制冷产品销售有限公司	Cangzhou Xinjiameidi Refrigeration Co.,Ltd	7	465838
保定市东大日化有限公司	Baoding Dongda Cosmetics Co., Ltd.	8	453056
河北省纺织品进出口股份有限公司	Hebei Textiles Import and Export Co.,Ltd	9	448053
邢台京海电器销售有限公司	Xingtai Jinghai Electrical Appliance Marketing Co.,Ltd.	10	329124
文化、体育用品及器材批发	**Wholesales of Culture and Sporting Products & Appliances**		
河北省新华书店有限责任公司	Hebei Xinhua Bookstore	1	3758577
河北文通国际贸易有限公司	Hebei Wengtong International Trade Co., Ltd.	2	2010603
魏县供销社烟花爆竹专营批发中心	Weixian Supply and Marketing Cooperatives Fireworks Wholesale Center	3	458581
石家庄英利体育用品有限公司	Shijiazhuang Yingli Sporting Products Co.,Ltd.	4	382788
河北九鼎金业有限公司	Hebei Jiuding Jinye Co., Ltd.	5	203138
石家庄市东阳珠宝有限公司	Shijiazhuang Dongyang Jewelry Co., Ltd.	6	83000
河北威朗进出口有限公司	Hebei Weilang Import and Export Co., Ltd.	7	63441
河北润石珠宝饰品有限公司	Hebei Runshi Jewelry Co., Ltd.	8	42026
保定中士达纸业有限公司	Baoding Zhongshida Paper Industry Co., Ltd.	9	40423
石家庄方泉文化用品有限公司	Shijiazhuang Fanquan Cultural Goods Co., Ltd.	10	25623
医药及医疗器材批发	**Wholesales of Medicines and Medical Appliances**		
保定市保北医药药材有限责任公司	Baoding Baobei Medicine and Medical Materials Co., Ltd.	1	2523112
华润廊坊医药有限公司	Huarun Langfang Medicine Co., Ltd.	2	1876153

商品销售总额前10名的批发企业
(2015年，按国民经济行业中类分别排序)(续)
The Top 10 Wholesale Enterprises of Total Sale Value (2015)

单位：千元 (1000 yuan)

企业名称	Name of Enterprises	位次 Position	商品销售总额 Total Sales Value
河北东盛英华医药有限公司	Hebei Dongsheng Yinghua Medicine Co., Ltd.	4	1531317
河北爱普医药药材有限公司	Hebei Aipu Medicine and Medical Materials Co., Ltd.	5	1503869
河北德康医药药材有限公司	Hebei Dekang Medicine and Medical Materials Co.,Ltd.	6	1253541
保定中诚汇达医药贸易有限公司	Baoding Zhongcheng Huida Medical Trade Co., Ltd.	7	1205046
华药国际医药有限公司	International Trade Co., Ltd. of North China Pharmaceutical Corporation	8	1099118
河北三精医药有限公司	Hebei Sanjing Medicine Co.,Ltd.	9	1041600
沧州天元医药有限公司	Cangzhou Tianyuan Medicine Co.,Ltd.	10	964380
矿产品、建材及化工产品批发	**Wholesales of Mineral Products, Building Materials and Chemical Products**		
冀中能源国际物流集团有限公司	International Logistics Co., Ltd. of Jizhong Energy Group	1	103142227
河北物产金属材料有限公司	Metal-material Co., Ltd. of Hebei Wuchan Corporation Group	2	23584555
新奥能源贸易有限公司	Xinao Energy Trade Co., Ltd.	3	8568784
中石化销售有限公司唐山石油分公司	Sinopec Sales Co.,Ltd. Tangshan Hebei Branch	4	7453046
迁安市嘉和顺贸易有限公司	Qianan Jiaheshun Trade Co.,Ltd.	5	6614955
秦皇岛东奥燃料销售有限公司	Qinhuangdao Dongao Fuel Marketing Co., Ltd.	6	6372874
河北华能实业发展有限责任公司	Hebei Huaneng Industrial Development Co., Ltd.	7	6152094
峰峰集团邯郸百维进出口贸易有限公司	Jizhong Energy Fengfeng Group Handan Baiwei Import and Export Trade Co.,Ltd.	8	5882287
冀中渤海国际贸易有限公司	Jizhong Bohai International Trade Co.,Ltd.	9	5792255
河北省农业生产资料有限公司	Hebei Agricultural Means of Production Co.,Ltd.	10	5424885
机械设备、五金产品及电子产品批发	**Wholesales of Machinery, Hardware and Electronic Equipment**		
保定哈弗汽车销售有限公司	Baoding Haval Auto Sales Co., Ltd.	1	72059370
保定长城汽车销售有限公司	Baoding Greatwall Auto Sales Co., Ltd.	2	11141879
庞大汽贸集团股份有限公司	Pangda Auto Sales Corp., Ltd.	3	6120406
唐山市冀东物贸集团有限责任公司	Tangshan Jidong Materials Trade Corp., Ltd.	4	3666412
河北万合汽车贸易股份有限公司	Hebei Wanhe Automobile Trade Limited Co., Ltd.	5	1339580
河北明迈特贸易有限公司	Hebei Mingmaite Trading Company	6	1077441
唐山冀东机电设备有限公司	Tangshan Jidong Mechanical and Electrical Equipment Co.,Ltd.	7	686176
河北晨阳汽车贸易有限公司	Hebei Chenyang Auto Trade Co.,Ltd.	8	522341
河北机械进出口有限公司	Hebei Machinery Import and Export Co., Ltd.	9	496205
石家庄市正洋汽车贸易有限公司	Shijiazhuang Zhengyang Automobile Trade Limited Company	10	483983
贸易经纪与代理	**Trade Broker and Agency**		
河北省沧州市新世纪对外贸易有限公司	Cangzhou New Century Foreign Trade Co., Ltd.	1	265053
廊坊圣奥国际贸易有限公司	Langfang Shengao International Trading Co., Ltd.	2	105840
万鸿进出口(廊坊)有限公司	Wanhong Import and Export (Langfang) Co., Ltd.	3	53615
沧州天晟进出口贸易有限公司	Cangzhou Tiansheng Import & Export Trade Co., Ltd.	4	25486
廊坊万隆嘉誉商贸有限公司	Langfang Wanlongjiayu Commerce and Trade Co., Ltd.	5	19986
其他批发业	**Other Wholesales**		
唐山冀东金地汽车用品销售有限公司	Tangshan Jidong Jindi Co., Ltd. Of Auto Decoration	1	285981
石家庄市物资回收有限责任公司	Shijiazhuang General Company for Material Recycle	2	230800
河北省卫防生物制品供应中心	Hebei Weifang Supply Center of Biological Products	3	157301
清河县亚龙金属产业发展有限公司	Qinghe Yalong Metal Industry Development Co., Ltd.	4	70600
唐山中再生资源开发有限公司	Tangshan Zhong Renewable Resources Development Co., Ltd.	5	65718
涉县中远废旧物资回收有限公司	Shexian Zhongyuan Limited Company for Waste Recycling	6	63320
邢台宁硕塑料化工经销有限公司	Xingtai Ningshuo Plastics Products Co., Ltd.	7	57709
泊头市路通机床工具有限公司	Botou Lutong Machine Tool Co., Ltd.	8	52350
河北娜福商贸有限公司	Hebei Nafu Commerce Co.,Ltd.	9	45303
衡水永嘉气体有限公司	Hengshui Yongjia Gas Co.,Ltd.	10	40301

商品销售总额前10名的零售企业
（2015年，按国民经济行业中类分别排序）
The Top 10 Retail Enterprises of Total Sale Value (2015)

单位：千元 (1000 yuan)

企业名称	Name of Enterprises	位次 Position	商品销售总额 Total Sales Value
综合零售	**Integrated Retails**		
北国商城股份有限公司	Beiguo Department Store Co., Ltd.	1	25133069
唐山百货大楼集团有限责任公司	Tangshan Department Store Co., Ltd.	2	10160007
河北保百集团有限公司	Hebei Baobai Department Store Co., Ltd.	3	4146063
石家庄人民商场股份有限公司	Shijiazhuang Renmin Department Store Co., Ltd.	4	2692151
廊坊市明珠商业企业集团有限公司	Langfang Mingzhu Department Store Co., Ltd.	5	2231567
秦皇岛茂业控股有限公司	Qinhuangdao Maoye Shareholding Co.,Ltd.	6	1899317
河北永辉超市有限公司	Hebei Yonghui Supermarket Co., Ltd.	7	1784853
沧州市华北商厦有限公司	Cangzhou North China Commercial Co.,Ltd.	8	1557022
保定北国商城有限责任公司	Beiguo Department Store (Baoding) Co., Ltd.	9	1420505
承德宽广超市集团有限公司	Chengde Kuanguang Supermarket Co.,Ltd.	10	1335335
食品、饮料及烟草制品专门零售	**Retails of Food, Beverage and Tobacco Product**		
衡水古法商贸有限公司	Hengshui Gufa Commerce and Trade Co.,Ltd.	1	165299
衡水英仁商贸有限公司	Hengshui Yingren Commerce and Trade Co.,Ltd.	2	160581
衡水醇柔商贸有限公司	Hengshui Chunrou Commerce and Trade Co.,Ltd.	3	118578
邯郸市邯山朋超商贸有限公司	Hanshan Pengchao Trade Limited Company, Handan	4	114700
永年县天恒农副产品有限公司	Tianheng Agricultural and Sideline Products Co.,Ltd. Yongnian	5	95390
唐山龙悦酒业饮品有限公司	Tangshan Longyue Wine and Beverage Co., Ltd.	6	95388
邯郸市美食林商贸有限公司	Handan Meishilin Trading Co., Ltd.	7	69917
怀来县超市发连锁超市有限责任公司	Huailai County Chaoshifa Chain Supermarket Co., Ltd.	8	65179
定州市中天商贸有限责任公司	Dingzhou Zhongtian Trading Co., Ltd.	9	61092
秦皇岛市辰越商贸有限公司	Qinhuangdao Chenyue Commerce and Trading Co.,Ltd	10	51895
纺织、服装及日用品专门零售	**Retails of Textiles, Clothing and Commodities**		
邯郸阳光新世纪股份有限公司	Handan Sunshine New Centry Co., Ltd.	1	1066651
阳原县华阳裘皮城电子商务有限公司	YangYuan Huayang Fur City Electronic Commerce co., LTD	2	469350
河北东之杰运动产业发展有限公司	Hebei Dongzhijie Athletic Products Co., Ltd.	3	430694
魏县商务局商业贸易公司	Trading Company of Weixian Trading Bureau	4	278417
徐水县双隆商贸有限公司	Xushui Shuanglong Trading Co., Ltd.	5	228642
廊坊市新朝阳购物中心有限公司	Langfang Xinchaoyang Shopping Center Co., Ltd.	6	193302
吴桥信发商厦有限责任公司	Wuqiao Xinfa Commerce Co.,Ltd.	7	188000
武安市雅豪商厦	Wuan Yahao Commercial Building	8	187843
馆陶县亿丰商贸有限公司	Guantao Yifeng Trade Co., Ltd.	9	182612
高碑店市玉兔皮具有限公司	Gaobeidian Yutu Leather Co., Ltd.	10	182339
文化、体育用品及器材专门零售	**Retails of Culture and Sporting Products and Appliance**		
保定市新华书店有限责任公司	Baoding Xinhua Bookstore Co., Ltd.	1	708169
石家庄市新华书店有限责任公司	Shijiazhuang Xinhua Bookstore Co., Ltd.	2	662345
邯郸市新华书店有限责任公司	Handan Xinhua Bookstore Co., Ltd.	3	617060
沧州市新华书店有限责任公司	Cangzhou Xinhua Bookstore Co., Ltd.	4	527945
邢台市新华书店有限责任公司	Xingtai Xinhua Bookstore Co., Ltd.	5	414823
唐山市新华书店有限责任公司	Tangshan Xinhua Bookstore Co., Ltd.	6	380250
张家口市新华书店有限责任公司	Zhangjiakou Xinhua Bookstore Co., Ltd.	7	352546
廊坊市新华书店有限责任公司	Langfang Xinhua Bookstore Co., Ltd.	8	324301
邯郸市天庄工贸有限公司	Handan Tianzhuang Industrial and Commercial Company Ltd.	9	280937
衡水市新华书店有限责任公司	Hengshui Xinhua Bookstore Co., Ltd.	10	273704
医药及医疗器械专门零售	**Retails of Medicines and Medical Appliances**		
国药乐仁堂医药有限公司	Traditional Chinese Medicine Lerentang Medicine Co., Ltd.	1	14975602
河北益生医药有限公司	Hebei Yisheng Medicine Co.,Ltd.	2	907359
石家庄新兴药房连锁有限公司	Shijiazhuang Xinxing Medicine Chain Store Co., Ltd.	3	520153
唐山市唐人医药商场有限公司	Tangshan Tangren Medicine Store Co., Ltd.	4	343218
河北神威大药房连锁有限公司	Hebei Shenwei Medicine Chain Store Co., Ltd.	5	315340
衡水市仁和医药有限公司	Hengshui Renhe Medicine Co., Ltd.	6	293741

商品销售总额前10名的零售企业
(2015年，按国民经济行业中类分别排序)(续)
The Top 10 Retail Enterprises of Total Sale Value (2015)

单位：千元 (1000 yuan)

企业名称	Name of Enterprises	位次 Position	商品销售总额 Total Sales Value
廊坊市一笑堂医药零售连锁有限公司	LangFang Yixiaotang Medicine Chain Co., Ltd.	7	290086
秦皇岛唐人医药连锁有限责任公司	Qinhuangdao Tangren Medicine chain Co., Ltd.	8	265720
河北德仁堂大药房连锁有限公司	Hebei Derentang Pharmacy Chain Co., Ltd.	9	233788
河北省唐山药材采购供应站	Hebei Tangshan Medical Materials Purchasing and Supply Station	10	231270
汽车、摩托车、燃料及零配件专门零售	**Retails of Automobiles, Motorcycles, Fuel and Motor Vehicle Parts**		
中国石化销售有限公司石家庄石油分公司	Sinopec Sales Co., Ltd. Hebei Shijiazhuang Petroleum Branch	1	9849397
中国石化销售有限公司沧州石油分公司	Sinopec Sales Co., Ltd. Hebei Cangzhou Petroleum Branch	2	3759750
中国石油化工股份有限公司保定石油分公司	Sinopec Co., Ltd. Hebei Baoding Petroleum Branch	3	3337289
中国石油天然气股份有限公司保定销售分公司	PetroChina Co.,Ltd.Hebei Baoding Sales Branch	4	2595531
中国石油天然气股份有限公司石家庄销售分公司	PetroChina Co.,Ltd.Hebei Shijiazhuang Sales Branch	5	2222057
中国石化销售有限公司秦皇岛石油分公司	Sinopec Sales Co., Ltd. Hebei Qinhuangdao Branch	6	1773366
中国石油天然气股份有限公司沧州销售分公司	PetroChina Co.,Ltd.Hebei Cangzhou Sales Branch	7	1384549
中国石油天然气股份有限公司秦皇岛销售分公司	PetroChina Co.,Ltd.Hebei Qinhuangdao Sales Branch	8	1353323
中国石油天然气股份有限公司邢台销售分公司	PetroChina Co.,Ltd.Hebei Xingtai Sales Branch	9	1130487
石家庄宝和汽车销售服务有限公司	Shijiazhuang Baohe Auto Sales and Service Co., Ltd.	10	1114470
家用电器及电子产品专门零售	**Retails of Household Electrical Appliances**		
石家庄苏宁云商商贸有限公司	Shijiazhuang Suning-Yunshang Trading Co., Ltd.	1	945306
河北国美电器有限公司	Hebei Gome Electrical Appliance Co., Ltd.	2	749498
廊坊苏宁云商销售有限公司	Langfang Suning-Yunshang Sales Co., Ltd.	3	695656
邯郸市阳光三联电器有限公司	Handan Yangguang Sanlian Electrical Appliance Co., Ltd.	4	648869
秦皇岛天洋电器有限公司	Qinhuangdao Tianyang Electrical Appliance Co., Ltd.	5	590588
晋州北国电器有限责任公司	Jinzhou Beiguo Electrical Appliance Co.,Ltd.	6	576477
保定市亚太通讯器材有限公司	Baoding Yatai Telecommunication Equipments Co., Ltd.	7	552174
恒信移动商务股份有限公司	Hebei Hengxin Mobile Trade Co., Ltd.	8	493315
唐山唐宁苏宁云商销售有限公司	Tangshan Tangning Suning-Yunshang Sales Co., Ltd.	9	384818
河北永通电子科技有限公司	Hebei Yongtong Electronic Technology Co., Ltd.	10	370518
五金、家具及室内装饰材料专门零售	**Retails of Hardwares, Furniture and Decoration Materials**		
唐山北方瓷都实业有限公司	Beifang Cidu Industrial Co., Ltd. Tangshan	1	444422
唐山市南方国际商贸有限公司	Tangshan South International Trade Co., Ltd.	2	437762
曲周县金梧桐商贸有限公司	Quzhou Jinwutong Trading Co., Ltd.	3	280077
武邑衡甘达家居建材会展中心有限公司	Wuyi Ganda Furniture and Building Materials Exhibition Center Co., Ltd.	4	192295
唐山安济建材有限公司	Tangshan Anji Building Materials Co., Ltd.	5	138752
唐山市常记家居展示中心有限公司	Tangshan City Changji Home Furnishing Exhibition Center Co., Ltd.	6	126497
沧州居然之家家居有限公司	Cangzhou Juran-Zhijia Home Furnishing Co., Ltd.	7	114621
唐山百货大楼时代家居建材博览中心有限公司	Tangshan Department Store Group ERA Household and Building Exhibition Center	8	110168
磁县玉山家具有限公司	Cixian Yushan Furniture Co., Ltd.	9	109607
石家庄圣象木业有限公司	Shijiazhuang Shengxiang Wood Industry Co.,Ltd.	10	105895
货摊、无店铺及其他零售业	**Stall, Non-shop-front Retails and Others**		
廊坊市浩鑫燃气销售有限公司	Langfang Xinhao Gas Sales Co.,Ltd.	1	246832
迁安中石油昆仑燃气有限公司	Qianan Petrochina Kunlun Gas Co., Ltd.	2	186012
石家庄市液化气总公司	Shijiazhuang Controlling Corporation for Liquefied Petroleum Gas	3	158598
任丘市华源石油化工产品有限公司	Renqiu Huayuan Petroleum and Chemical Products Co., Ltd.	4	120959
迁安华润燃气有限公司	Qian'an Huarun Gas Company Limited	5	80011
唐山翔科燃气有限公司	Tangshan Xiangke Gas Co., Ltd.	6	72438
保定鹏鼎商贸有限公司	Baoding Pengding Trade Co., Ltd.	7	70071
吴桥县利信煤炭销售有限公司	Wuqiao Lixin Coal Trading Co., Ltd.	8	51096
武安市明星天然气有限公司	Wuan Mingxing Gas Co.,Ltd.	9	47751
河北福盛泉酒业有限公司	Hebei Fushengquan Alcohol Co., Ltd.	10	39487

营业额前50名的住宿企业（2015年）

The Top 50 Hotels of Business Revenue (2015)

单位：千元 (1000 yuan)

企业名称	Name of Enterprises	位次 Position	营业额 Business Revenue
河北宾馆有限公司	Hebei-binguan Hotel Co., Ltd.	1	157773
兴华财富集团武安财富国际酒店有限公司	Wu'an Caifu International Co., Ltd.，Xinghua Fortune Group	2	155672
新奥集团艾力枫社酒店有限公司	Golden Elephant Hotel Co., Ltd. Of XinAo Gas Holdings Limited	3	125714
河北白鹿温泉旅游度假股份有限公司	Hebei Bailu Hot-pot Tourism Co., Ltd.	4	114015
河北太行国宾馆	Taihang State Guest House Hotel	5	111052
河北世纪大饭店有限公司	Hebei Century Hotel Co., Ltd.	6	93092
石家庄世贸广场酒店有限公司	World Trade Plaza Hotel, Shijiazhuang	7	81604
保定源盛融通发展有限公司电谷酒店分公司	Diangu Hotel Company of Yuansheng Rongtong Development Co., Ltd. Baoding	8	80974
秦皇岛秦皇国际大酒店有限公司	Qinhuangdao International Hotel	9	77656
保定国际俱乐部有限公司	Baoding International Club Co., Ltd.	10	75446
福成国际大酒店有限公司	Fucheng International Hotel Co., Ltd.	11	69074
廊坊国际饭店	Langfang International Hotel	12	66639
香格里拉大酒店(秦皇岛)有限公司	Shangri-La Grand Hotel (Qinghuangdao) Co.,Ltd.	13	63007
石家庄美丽华大酒店有限公司	Shijiazhuang Meilihua Grand Hotel Co., Ltd.	14	62580
沧州阿尔卡迪亚国际酒店有限公司	Cangzhou Arcadia International Hotel Co., Ltd.	15	57240
宽城天宝酒店有限责任公司	KuanCheng Tianbao Hotel Co., Ltd.	16	56482
石家庄国宾大酒店有限公司	Guobin Grand Hotel Co., Ltd., Shijiazhuang	17	54662
河北金圆大厦有限公司	Hebei Jinyuan Grand Hotel Co., Ltd.	18	52561
沧州金狮国际酒店有限责任公司	Gold Lion International Hotel Co., Ltd., Cangzhou	19	51129
曲周县德馨餐旅有限公司	Quzhou County of Dexin Hospitality Company Limited	20	50668
保定星光国际商务酒店有限公司	Xingguang International Business Hotel Co., Ltd., Baoding	21	50045
河北中国大酒店	Hebei China Hotel	22	47554
河北燕山大酒店有限责任公司	Hebei Yanshan Grand Hotel Co., Ltd.	23	46785
张家口市蓝鲸大厦餐饮娱乐有限公司	Zhangjiakou Lanjing Grand Hotel Co., Ltd.	24	46465
邢台万峰酒店管理有限公司	Wanfeng Hotel Management Co., Ltd., Xingtai	25	46249
石家庄亚太大酒店	Shijiazhuang Yatai Hotel	26	44792
武安市蓝天宾馆	Wu'an Lantian Hotel	27	43731
迁西县亚滦湾大酒店(普通合伙)	Qianxi Yaluanwan Hotel	28	40993
枣强县人民政府招待所	Guest House of Zaoqiang Government	29	40754
河北汇宾大酒店	Hebei Huibin Hotel	30	40389
承德嘉和国际饭店有限公司	Chengde Jiahe International Hotel Co.,Ltd.	31	40218
唐山南湖大酒店有限责任公司	Tangshan Nanhu Hotel Co., Ltd.	32	40070
唐山宾馆	Tangshan Hotel	33	38817
河北卓正国际酒店有限公司	Hebei Zhuozheng International Hotel Co., Ltd.	34	38620
河北弘谷酒店管理有限公司	Hebei Honggu Hotel Management Co.,Ltd.	35	38442
保定市秀兰饭店有限公司	Baoding Xiulan Hotel Co., Ltd.	36	37412
秦皇岛市羊城酒店有限责任公司	Qinhuangdao Yangcheng Hotel Co., Ltd.	37	36747
秦皇岛海景酒店有限公司	Qinhuangdao Haijing Holiday Hotel Co., Ltd.	38	36192
石家庄市燕春饭店管理有限公司	Yanchun Hotel Management Co., Ltd., Shijiazhuang	39	36147
河北辰光集团有限公司	Hebei Chenguang Group Co., Ltd.	40	34453
石家庄市神洲七星酒店管理有限公司	Shijiazhuang Shenzhou Qixing Hotel Manangement Co.,Ltd.	41	33835
河北省西山迎宾馆有限公司	Hebei Xishan Guest Hotel Co.,Ltd.	42	33740
邯郸金都饭店有限公司	Handan Jindu Hotel Co., Ltd.	43	32132
张家口市国宾东升大酒店有限公司	Zhangjiakou Guobin Dongsheng Grand Hotel Co.,Ltd.	44	31880
沧州市人民政府招待处	Guest House of Cangzhou Government	45	31451
河北敬业酒店有限公司	Hebei Jingye Hotel Co., Ltd.	46	31237
衡水市人民政府招待处	Guest House of Hengshui Government	47	30626
秦皇岛君御大酒店有限公司	Qinhuangdao Junyu Hotel Co., Ltd.	48	29691
石家庄高新区凯旋门建国大酒店有限公司	Shijiazhuang Gaoxin District Kaixuanmen Jianguo Grand Hotel Co.,Ltd.	49	29513
唐山国丰维景国际大酒店有限公司	Tangchan Guofengweijing International Hotel Co., Ltd.	50	29251

营业额前50名的餐饮企业（2015年）
The Top 50 Catering Enterprises of Business Revenue (2015)

单位：千元 (1000 yuan)

企业名称	Name of Enterprises	位次 Position	营业额 Business Revenue
石家庄市海星餐饮有限公司	Shijiazhuang Haixing Food and Beverage Co., Ltd.	1	65628
石家庄市湘君府餐饮有限公司	Shijiazhuang Xiangjunfu Food and Beverage Co., Ltd.	2	63897
唐山凤凰园美食城	Tangshan Fenghuangyuan Restaurant	3	58772
唐山鸿宴饭庄	Tangshan Hongyan Restaurant	4	54776
武安市三和餐饮有限公司	Wu'an Sanhe Food and Beverage Co., Ltd.	5	53875
保定市金泰花园酒店	Baoding Jintai Garden Hotel	6	53036
邢台市海艺温泉假日酒店有限责任公司	Xingtai Haiyi Hot Spring Holiday Hotel Co., Ltd.	7	52854
河北国源宾馆有限责任公司	Hebei Guoyuan Hotels Co., Ltd.	8	52436
邢台市维多利亚商务酒店有限公司	Xingtai City Vitoria Traders Hotel Co,. Ltd.	9	48215
迁安锦江饭店	Qianan Jinjiang Hotel	10	45821
张家口国际大酒店有限公司	Zhangjiakou International Hotel Co., Ltd.	11	41289
保定市老城根餐饮发展有限公司	Baoding Laochenggen Food and Beverage Co., Ltd.	12	40580
三河市燕龙绿色生态园有限公司	Sanhe Yanlong Lvse Shengtaiyuan Food and Beverage Co., Ltd.	13	39547
张北县中都原始草原度假村有限公司	Zhangbei in Primitive Grassland Resort Co., Ltd.	14	36933
邯郸市丽都国际大酒店有限公司	Handan Lidu International Hotel Co., Ltd.	15	36431
河北浪淘沙餐饮有限公司	Hebei Langtaosha Food and Beverage Co. Ltd.	16	35329
石家庄饮食有限责任公司中和轩饭庄	Shijiazhuang Zhonghexuan Restaurant	17	35303
宽城泰丰民族生态餐饮服务有限公司	Kuancheng Taifeng National Ecological Food Service Co., Ltd.	18	34620
石家庄福瑞德餐饮有限责任公司	Shijiazhuang Furuide Food and Beverage Co., Ltd.	19	34242
保定市金筷子餐饮有限公司	Baoding Gold-chopsticks Food and Beverage Co., Ltd.	20	33590
高阳县康恩美食服务有限公司	Gaoyang Kangen Food Service Co., Ltd.	21	29966
唐山冀唐开元大酒店有限公司	Tangshan JitangKaiyuan Hotel Co., Ltd.	22	29486
庞大滦州国际大酒店有限公司	Pangda Luanzhou International Co., Ltd.	23	29394
秦皇岛丰圣企业有限公司	Qinhuangdao Fengsheng Co., Ltd.	24	28568
武安市顺峰酒楼	Wu'an Shunfeng Restaurant	25	27831
河北玉兰香保定会馆饮食有限公司	Yulanxiang Baoding Huiguan Co., Ltd. For Food and Beverage	26	25302
唐山曹妃甸首实实业有限公司	Tangshan Caofeidian Shoushi Industry Co.,Ltd.	27	24136
石家庄市锦绣金山人家酒店有限公司	Jinxiujinshan People Hotel Co., Ltd., Shijiazhang	28	23928
保定唐人美食山	Baoding Tangren Garden Hotel	29	23763
河北众诚假日酒店有限公司	Hebei Zhongcheng Holiday Hotel Co.,Ltd.	30	23280
河北丛台电子股份有限公司邯郸丛台大酒店	Handan Congtai Grand Hotel，Hebei Congtai Electronic Co. Ltd.	31	23165
河北华威酒店有限公司	Hebei Huawei Hotel Co., Ltd.	32	22217
沧州临港盛泰名人大酒店有限公司	Cangzhou Lingangshengtai Celebrity Hotel Co., Ltd.	33	22106
高阳县巨马商贸有限责任公司	Gaoyang Juma Trade Co., Ltd.	34	22032
张家口市宏昊餐饮娱乐有限公司	Zhangjiakou Honghao Grand Hotel Co., Ltd.	35	21556
高阳县宾馆	Gaoyang Hotel	36	21339
衡水忠义饮食有限公司	Hengshui Zhongyi Beverage and Food Co.,Ltd.	37	20483
承德中鸿记餐饮管理有限公司	Chengde Zhonghongji Food and Beverage Co., Ltd.	38	19009
张家口香园楼餐饮有限公司	Zhangjiakou Xiangyuanlou Food and Beverage Co., Ltd.	39	18958
沧州市全聚德烤鸭店有限公司	Cangzhou Quanjude Duck Co., Ltd.	40	18567
张家口市泓金溢餐饮有限责任公司	Zhangjiakou Hongjinyi Food and Beverage Co., Ltd.	41	18284
高阳县奥林大酒店(普通合伙)	Gaoyang Aolin Grand Hotel (General Partnership)	42	18172
石家庄卓达五洲国宴餐饮有限公司	Shijiazhuang Zhuoda Wuzhou State Banquet Catering Co., Ltd.	43	18115
唐山市路北长城大酒店	Tangshan Lubei Greatwall Hotel	44	17954
唐山市路北区唐宫大酒店有限公司	Lubei District Tanggong Grand Hotel Co , Ltd., Tangshan	45	17468
唐山明星饭店	Tangshan Mingxing Hotel	46	17384
河北一鹗餐饮有限公司	Hebei Yie Food and Beverage Co., Ltd.	47	17311
宁晋县晶龙宾馆有限公司	Ningjin Jinglong Hotel Co., Ltd.	48	17142
张家口市宣化义圣宫裕华大酒店	Zhangjiakou Xuanhua Yishenggong Yuhua Hotel	49	16766
河北神农庄园饮食服务有限公司	Hebei Shennong Zhuangyuan Catering Service Co., Ltd.	50	16316

亿元以上商品市场成交额排序（2015年）

Transaction Value of Commodity Markets Over 100 Million Yuan (2015)

单位：万元 (10000 yuan)

市场名称	Name of Market	位次 Position	成交额 Transaction Value
白沟新城市场	Baigou New City Market	1	10371530
石家庄市新华集贸市场	Xinhua Market, Shijiazhuang	2	4940000
南三条市场	Nansantiao Market	3	3760000
河北省香河家具城	XiangHe Furniture Market	4	2800000
沧州崔尔庄红枣批发市场	Cangzhou Cuierzhuang Red Dates Wholesale Market	5	2300000
安国市东方药城交易大厅	Dongfang Herb-medicine Market, Anguo	6	1600000
永年县标准件市场	Yongnian Standardized Component Market	7	1550000
肃宁县皮毛交易市场	Suning Fur & Feather Market	8	1396000
昌黎县佳朋皮毛交易市场	Jiapeng Fur & Leather Market, Changli	9	1000000
高阳县庞口汽车农机配件城管理委员会	Pangkou Market of Motor and Agricultural Machinery Component Management Committee, Gaoyang	10	996000
路南区荷花坑市场	Lunan District Lotus Pit Market	11	756900
安平县丝网大世界管理委员会	Administrative Committee of Wire Mesh World, Anping	12	693020
邯郸市馆陶县金凤禽蛋农贸批发市场	Jinfeng Wholesale Market of Poultry and Agricultural Products, Guantao	13	679412
正定县恒山板材批发市场	Hengshan Wholesale Market of Sheet Material, Zhengding	14	636570
中国大营国际皮草交易中心	Daying International Fur & Feather Trading Center	15	611325
正定国际小商品市场	Zhengding International Small Commodity Market	16	550070
河北省邯郸市冀南针纺城	Handan Jinan Textile City，Hebei Province	17	496000
中国轴承大世界	China Shaft Bearing Market	18	465156
邯郸市魏县天仙果菜批发市场	Tianxian Wholesale Market of Fruit and Vegetable, Wei Xian, Handan	19	438000
石家庄桥西蔬菜中心批发市场有限公司	Qiaoxi Vegetable Wholesale Market Co., Ltd., Shijiazhuang	20	429600
饶阳县瓜菜果品交易市场	Raoyang Fruit and Vegetable Market	21	426446
河北高邑蔬菜批发市场	Gaoyi Vegetable Wholesale Market	22	400000
晋州市新世纪商城	New-Century Market, Jinzhou	23	400000
秦皇岛海阳农副产品批发市场	Haiyang Wholesale Market of Agricultural Products, Qinhuangdao	24	400000
孟村县辛大管件市场	Xinda Pipe Fitting Market, Mengcun	25	384140
鸦鸿桥镇河西日杂市场	Hexi Grocery Market, Yahongqiao Town	26	378100
中国自行车零件城	China Bicycle Component Market	27	354210
鸦鸿桥河西村鞋市	Hexi Shoes Market, Yahongqiao Town	28	337000
东联汽车配件市场	Donglian Market of Auto Components	29	332790
乐亭县冀东果菜批发市场管理委员会	Jidong Wholesale Market of Fruits and Vegetables Management	30	325094
河间市堤口农产品批发市场	Dikou Wholesale Market of Agricultural Products, Hejian	31	317000
邯郸市永年县中原农副产品批发市场	Zhongyuan Wholesale Market of Agricultural Products, Yongnian	32	315383
邯郸市涉县商贸城	Handan Shexian Trade City	33	301470
清河县绒毛交易市场	Qinghe Fur Market	34	301368
邯郸市科技城农副水产批发市场	Wholesale Market of Agricultural and Aquatic Products, Science and Technology City, Handan	35	300688
辛集皮革城有限公司	Xinji Leather City Co., Ltd.	36	298000
唐山和平钢铁物流有限公司	Tangshan Heping Steel Logistics Co., Ltd.	37	280000
魏县天龙建筑建材批发市场	Tianlong Wholesale Market of Construction Materials, Weixian	38	259766
鸦鸿桥镇小商品城	Yahongqiao Small Commodity City	39	255350
景县橡塑制品专业市场	Rubber and Plastic Product Market, Jingxian	40	235620
唐山金玉农产品综合交易中心	Jinyu Trading Center of Agriculture Products, Tangshan	41	228915
路南区小山服装批发市场	Xiaoshan Clothing Wholesale Market, Lunan District	42	224000
河间市米各庄汽配城	MigeZhuang Auto Component Market, Hejian	43	210835
清河县羊绒制品市场	Qinghe Pashm Trading Center	44	206000
张北县张库牲畜交易有限公司	Zhangbei Zhangku Livestock Trading Co., Ltd.	45	203000
河北衡水橡胶城	Hengshui Rubber Market, Hebei	46	201000

亿元以上商品市场成交额排序（2015年)(续一)

Transaction Value of Commodity Markets Over 100 Million Yuan (2015)

单位：万元 (10000 yuan)

市场名称	Name of Market	位 次 Position	成交额 Transaction Value
定州市鲜活农产品批发市场	Dingzhou Fresh Agricultural Products Wholesale Market	47	200780
保定市工农路蔬菜果品批发市场	Gongnong-road Wholesale Market, Baoding	48	200000
青县盘古市场服务有限公司	Qingxian Pangu Marketing Service Co., Ltd.	49	198786
张家口市宣化盛发蔬菜副食市场	Xuanhua Agricultural Product Market, Zhangjiakcu	50	191386
长安装饰材料和平路市场	Heping-Road Branch of Changan Decorative Material Market, Shijiazhuang	51	179211
邯郸市陶山市场	Taoshan Market, Handan	52	168315
昌黎县新集农副产品批发	Xinji Market of Agricultural Products, Changli	53	166000
辛集市商业城制衣工业区市场	Market of Clothing Manufacturing Zone, Shangyecheng, Xinji	54	160217
邯郸市启信商城	Qixin Market, Handan	55	160100
威县冀南瓜菜蔬菜批发市场	Weixian Jinan Wholesale Market of Fruits and Vegetables	56	160000
秦皇岛农副产品批发市场	Qinhuangdao Wholesale Market of Agricultural Products	57	156651
宁晋县大陆村镇农机配件市场	Dalu Market of Agricultural Machinery Components, Ningjin	58	156166
邢台市荣昌果品商贸总汇	Rongchang Fruit Market, Xingtai	59	150339
怀来县京西果菜批发市场有限责任公司	Jingxi Wholesale Market of Fruits and Vegetables, Huailai	60	150000
正定三才家具市场	Sancai Furniture Market, Zhengding	61	137218
承德市裕华路市场	Yuhua-Road Market, Chengde	62	135661
石家庄时代汽车广场	Shidai Auto Plaza，Shijiazhuang	63	130000
沧州市四合菜市场有限公司	Cangzhou Sihe Vegetable Market Co., Ltd.	64	129059
廊坊市钢材交易市场有限公司	Langfang Steel Trading Market Co., Ltd.	65	123000
霸州市益津市场	Yijin Market, Bazhou	66	119900
衡水市东明村农产品企业管理有限责任公司	Dongmingcun Agricultural Enterprise Management Co. Ltd., Hengshui	67	116400
河北汽贸中心	Hebei Auto Trading Center	68	116392
霸州宾鹏钢木家具城	Binpeng Market Of Steel-and-Wood Structured Furniture, Bazhou	69	110800
平泉县榆村林子蔬菜果品批发市场有限公司	Yushulinzi Fruit and Vegetable Wholesale Market Co., Ltd., Pingquan	70	110007
唐山市吉祥实业(集团)公司钢材市场	Tangshan City Jixiang Industry (Group) Company Steel Market	71	104445
武安市建材市场	Wu'an Market of Building Materials	72	99968
武安市杜庄农副产品批发市场	Duzhuang Market of Agricultural Products, Wuan	73	92504
鼎坚五金机电市场	Dingjian Market of Hardwares and Mechanical & Electrical Products	74	89366
河北东明国际家具博览有限公司	Hebei Dongming International Furniture Exhibition Center Co., Ltd.	75	89000
涿州市新发地农产品市场有限公司	Xinfadi Agricultural Product Market Co., Ltd., Zhuozhou	76	86762
邯郸市魏县天民粮油批发交易市场	Tianmin Grain Wholesale Market, Weixian, Handan	77	82120
武安市团城农贸市场	Wuan TuanCheng Farmers' Market	78	82018
秦皇岛旧机动车交易市场	Qinhuangdao Second-hand Auto Market	79	81610
徐水县白塔铺蔬菜批发市场	Baitapu Whole Sale Market of Vegetables, Xushui	80	81208
康保县杂粮市场	Kangbao Coarse Cereals Market	81	78945
新发地农副产品批发市场	Xinfadi Agricultural Product Market Co., Ltd.	82	77400
长安装饰材料北宋路市场	Beisong-Road Branch of Changan Decorative Material Market	83	77238
冀州市辣椒专业市场	Jizhou Capsicum Market	84	75200
唐山市丰南区通达商场有限公司	Tongda Shangmaocheng Trading Center Co., Ltd , Fengnan, Tangshan	85	73960
沧州市华隆五金汽配商贸城有限公司	Cangzhou Hualong Hardware Auto Parts Trading Co., Ltd.	86	73069
海兴县辛集镇鱼子鱼粉市场	Xinji Market of Roe and Fish Powder, Haixing	87	71800
遵化市燕山果菜批发市场有限公司	Yanshan Fruit and Vegetable Wholesale Market Co., Ltd., Zunhua	88	70100
张家口市蔬菜水产市场	Zhangjiakou Market of Vegetables and Aquatic Products	89	70000
平乡县滏兴蔬菜交易有限公司	Fuxing Vegetable Trading Center Co., Ltd., Pingxiang	90	69853
邯郸市磁县新市场	New Market, Cixian, Handan	91	69324
沧州市恒顺旧车市场服务有限公司	Cangzhou Hengshun Car Marketing Service Co., Ltd.	92	64456
石家庄红星美凯龙	Red Star Macalline International Plaza of Furniture and Building Materials,Shijiazhuang	93	63509

亿元以上商品市场成交额排序（2015年)(续二)

Transaction Value of Commodity Markets Over 100 Million Yuan (2015)

单位：万元 (10000 yuan)

市场名称	Name of Market	位次 Position	成交额 Transaction Value
红星美凯龙世博家居广场	Red Star Macalline International Plaza of Furniture and Building Materials	94	61882
宁晋县绿源果品批发市场有限公司	Ningjin Luyuan Fruit Wholesale Market Co., Ltd.	95	61500
邯郸市涉县清漳批发市场	Qingzhang Wholesale Market, Shexian, Handan	96	61260
沧县兴济蔬菜批发市场	Xinji Vegetable Whole Sale Market, Cangxian	97	61000
鸡泽县辣椒工贸城	Jize Processing and Trading Center of Capsicum	98	58760
文安县芦阜庄钢材市场	Lufuzhuang Market of Steel Products, Wenan	99	55732
肃宁县市场服务中心	Suning Market Service Center	100	54762
唐山市吉祥旧机动车交易市场	Jixiang Second-hand Auto Market,Tangshan	101	54727
邢台市蔬菜公司顺兴综合商场	Shunxing Store of Xingtai Vegetable Co., Ltd.	102	54116
迁安市兴安市场(迁安市市场建设服务中心)	Xingan Market Service Center,Qianan (Qianan Market Construction Service Center)	103	53986
河北鑫顺石材石雕艺术交易市场	Xinshun Market Co., Ltd. of Rough Stone and Carved Stone, Hebei	104	53772
魏县当歌酒类专业批发市场	Dangge Wine Wholesale Market, Weixian	105	52800
曹妃甸区农副产品市场	Caofeidian District Market of Agricultural Products	106	51000
大城县东阜市场	Dongfu Market, Dacheng	107	50214
任丘市张刘庄铝型材市场	Zhangliuzhuang Aluminum Product Market，Renqiu	108	50068
佳农市场	Jianong Market	109	50000
邯郸市磁州商都	Cizhou Trading Capital, Handan	110	49219
曲周县城北蔬菜市场	Chengbei Vegetable Market, Quzhou	111	46582
沧州聚鑫钢材交易市场	Juxin Steel Product Market, Cangzhou	112	45200
文安县小王东机床市场	Wen'an Xiaowangdong Machine Tool Market	113	45000
武安市工矿机电设备市场	Wu'an Market of Industrial and Mineral Machinery	114	44419
泊头市红旗综合批发市场	Hongqi-road Comprehensive Wholesale Market, Botou	115	44111
石家庄市白佛钢材交易中心	Baifo Steel Product Trading Center	116	43267
黄骅市海鲜城中期贸易市场有限公司	Huanghua Seafood City Stage Trade Market Co., Ltd.	117	42395
承德市蔬菜果品批发市场	Chengde Wholesale Market of Fruits and Vegetables	118	42312
新乐市集贸市场	Xinle Fair Market	119	42120
肃宁华斯国际裘皮城	Suning Huasi International Market	120	42000
承德市晨阳汽配城	Chengde Chenyang Auto Component Market	121	41450
海龙电子城	Hailong Trading Center of Electronic Products	122	40837
沧州市富园菜市场	Fuyuan Vegetable Market, Cangzhou	123	40000
沧州国富市场服务有限公司	Guofu Market Service Co., Ltd., Cangzhou	124	40000
阜城县衡德瓜菜批市场	Hengde Wholesale Market of Fruits and Vegetables, Fucheng	125	40000
盐山县兴隆果菜批发市场	Xinglong Wholesale Market of Fruits and Vegetables，Yanshan	126	39000
秦皇岛市供销合作社贸易服务公司果菜批发市场分公司	Fruit and Vegetable Wholesale Market of Trading and Service Co., Ltd. of Qinhuangdao Supply and Marketing Cooperative	127	38972
定州市地道桥市场	Didaoqiao Market, Dingzhou	128	37880
任丘市西环建材市场	Renqiu Xihuan Market of Building Materials	129	37780
正定县西关蔬菜市场	Xiguan Vegetable Wholesale Market, Zhengding	130	37121
容城县容丰瓜果蔬菜批发市场	Rongfeng Wholesale Market of Fruits and Vegetables, Rongcheng	131	36950
廊坊北方农贸批发市场	Beifang Wholesale Market of Agricultural Products, Langfang	132	35888
和平路建材广场	Heping Road Plaza of Building Materials	133	35761
新乐市花生米市场	Xinle Peanut Market	134	35170
正定常山市场	Changshan Market, Zhengding	135	35050
遵化市鑫海钢材市场	Xinhai Market of Steel Products, Zunhua	136	35000
沧州车站工业品批发市场	Cangzhou Station Industrial Products Wholesale Market	137	35000
任丘市华油东风市场	Huayou Dongfeng Market, Renqiu	138	33919
容城县城子瓜果蔬菜批发市场	Chengzi Wholesale Market of Fruits and Vegetables, Rongcheng	139	32750
邢台市第一农业生产资料总公司	Wholesale Market of Xingtai First General Company of Agricultural Capital	140	32520
康保县惠农蔬菜批发市场	Huinong Wholesale Market of Fruits and Vegetables, Kangbao	141	32169

亿元以上商品市场成交额排序 (2015年)(续三)

Transaction Value of Commodity Markets Over 100 Million Yuan (2015)

单位：万元

(10000 yuan)

市场名称	Name of Market	位 次 Position	成交额 Transaction Value
肃宁县张大蔬菜批发市场	Zhangda Wholesale Market, Suning	142	31800
乐亭县冀东皮毛交易市场	Jidong Fur and Leather Market, Laoting	143	31660
石家庄华北五金机电城	North-China Market of Hardwares and Mechanical & Electrical Products	144	31480
银白佛蔬菜批发市场	Yinbaifo Wholesale Market of Vegetables	145	31453
承德市昌升商贸城	Chengde Changsheng Trade Center	146	31265
由由水鲜城	Youyou Trading Center of Aquatic Products	147	31023
承德万泉花卉市场服务有限公司	Chengde Wanquan Flower Market Services Limited	148	30240
泊头市刘庄蔬菜批发市场	Liuzhuang Vegetable Wholesale Market, Botou	149	30074
河北瑞邦房地产开发公司燕山商城分公司	Yanshan Shangcheng Branch Company of Hebei Ruibang Real Estate Co., Ltd.	150	29377
藁城区益农达蔬菜有限公司	Yinongda Vegetable Market, Gaocheng	151	29300
冀州市迎宾市场	Yingbin Market, Jizhou	152	29278
魏县飞天干菜食品市场	Feitian Market of Dried Vegetables and Foods, Weixian	153	29055
北戴河石塘路市场(秦皇岛市北戴河市场建设服务中心)	Shitanglu Market, Beidaihe (Qinhuangdao Beidaihe Market Construction Service Center)	154	28882
定兴县一市场	The First Market, Dingxing	155	28800
石家庄居然之家家居有限公司	Juranzhijia Home Furnishing Co., Ltd.，Shijiazhuang	156	27336
任丘市西环蔬菜水果市场	Xihuan Market of Fruits and Vegetables, Renqiu	157	26573
邯郸市磁县粮油食品市场	Cixian Grain Market, Handan	158	26007
秦皇岛市华运建筑装饰材料城	Huayun Market for Building and Decorative Materials, Qinhuangdao	159	26000
张北县坝上蔬菜产业有限公司	Bashang Vegetable Industrial Co., Ltd., Zhangbei	160	25000
河北石材市场	Hebei Rough Stone Market	161	24991
任丘市裕华市场	Yuhua Market, Renqiu	162	24419
枣强县玻璃钢城原辅材料市场	Material Market of Fiberglass Epoxy City, Zaoqiang	163	24315
霸州胜芳镇星光商城	Xingguang Trading Center, Shengfang Town, Bazhou	164	23650
大城县平舒市场	Pingshu Market，Dacheng	165	23535
正定县恒州肉食批发市场	Hengzhou Meat Wholesale Market, Zhengding	166	23270
抚宁县关内第一集	Guannei Diyiji Market, Funing	167	22849
青县曹寺消费品综合市场服务中心	Qingxian Caosi Consumer Comprehensive Market Service Center	168	22710
鸡泽县综合商贸城	Jize Trade City	169	22591
藁城区稚翔禽蛋市场	Zhixiang Poultry Product Market, Gaocheng	170	22000
承德市香江家居	Xiangjiang Home Furnishing,Chengde	171	21510
承德市红星美凯龙	Red Star Macalline,Chengde	172	21387
大红门石材市场	Dahongmen Rough Stone Market	173	21334
承德市商城	Chengde Trading Center	174	21226
新乐市承安集贸市场	Chengan Market of Agricultural Products, Xinle	175	21194
固安县京南刘园农副产品批发市场	Jingnan Liuyuan Market of Fruits and Vegetables, Gu'an	176	20820
邢台市中北商城有限公司	Zhongbei Shangcheng Co., Ltd., Xingtai	177	20690
闪电河蔬菜交易市场	Shandianhe Vegetable Market, Guyuan	178	20500
长安装饰材料跃进路市场	Yuejin-road Branch of Changan Decorative Material Market	179	20311
沧州市新华区道东菜市场	Daodong Vegetable Market, Xinhua District, Cangzhou	180	20000
昌黎县碣石山市场	Jieshishan Market, Changli	181	19728
围场满蒙自治县二道河子胡萝卜市场	Erdaohezi Carrot Market, Weichang	182	18900
冀北粮油批发交易市场	Jibei Grain Wholesale Market, Zhangjiakou	183	18340
银白佛建华不锈钢市场	Yinbaifo Jianhua Stainless Steel Market	184	18020
饶阳县果品蔬菜市场	Raoyang Fruit and Vegetable Market	185	17368
固安县方城农副产品批发市场	Fangcheng Wholesale Market of Agricultural Procucts, Gu'an	186	16873
栾城区蔬菜批发市场	Luancheng Wholesale Market of Fruits and Vegetables	187	16870
行唐县龙洲商城	Longzhou Trading Center, Xingtang	188	16761

亿元以上商品市场成交额排序（2015年)(续四)

Transaction Value of Commodity Markets Over 100 Million Yuan (2015)

单位：万元 (10000 yuan)

市场名称	Name of Market	位次 Position	成交额 Transaction Value
邯郸市冀粤建材市场	Jiyue Construction Material Market, Handan	189	16590
唐山金钟农副产品物流中心	Jinzhong Logistics Center of Agriculture Products, Tangshan	190	15480
迁西县紫玉街市场	Ziyu-Street Market, Qianxi	191	15375
沽源县高润出口蔬菜交易市场	Guyuan Highrun Export Vegetable Market	192	15200
兴隆县市场服务中心	Xinglong Market Service Center	193	15085
联星建材商贸香河有限公司	Xianghe Limited Company of Lianxing Building Materials Trading	194	15000
定兴县北河市场	Beihe Market, Dingxing	195	14786
红星美凯龙(廊坊市凯宏家居广场有限公司)	Red Star Macalline(Langfang Kaihong Home Furnishing Square Co., Ltd.)	196	14716
定兴县昌明高科技农业发展有限公司	Dingxing Changming High-tech Agricultural Development Limited Company	197	13904
邯郸市乾政农贸市场	Qianzheng Market of Agricultural Products, Handan	198	13359
栾城区鱼塘市场	Luancheng Fishpond Market	199	13200
石家庄怀特装饰材料市场	Huaite Market of Decorative Materials, Shijiazhuang	200	13000
沧州富华鞋城有限公司	Fuhua Shoes Trading Center Co.，Ltd., Cangzhou	201	13000
阜城县古城灯具批发市场	Gucheng Lamp and Lantern Market, Fucheng	202	12980
新乐市三轮车市场	Xinle Motorized Tricycle Market	203	12955
平山县宅北乡会口山货市场	Huikou Mountain Product Market, Zhaibei, Pingshan	204	12788
赵县梨乡商城	Lixiang Trading Center, Zhaoxian	205	12616
曲周县东焦营无公害蔬菜批发市场	Dongjiaoying Pollution-free Vegetable Wholesale Market, Quzhou	206	12580
沧州宝丰商城有限责任公司	Baofeng Trading Center Co., Ltd., Yunhe District, Cangzhou	207	12512
马坊市场	Mafang Market	208	12401
任丘市废旧钢铁市场	Renqiu Market of Scrapped and Second-hand Steel Products	209	12350
任县农产品市场	Agricultural Product Market, Renxian	210	12116
围场满蒙自治县棋盘山大牲畜交易市场	Weichang Qipanshan Livestock Trading Market	211	12000
正定县梅山商城	Meishan Shangcheng Market, Zhengding	212	11987
玉田县二郎庙市场	Erlangmiao Market, Yutian	213	11919
下槐镇西柏坡山珍山货市场	Xibaipo Shanzhen Market of Mountain Product, Xiahuai Town	214	11907
廊坊市安次区隆福市场	Longfu Market, Anci District	215	11822
围场县兴源农产品交易综合服务中心	Xingyuan Composite Service Center for Agricultural Product Trade, Weichang	216	11416
天桥市场	Tianqiao Market	217	11401
宁晋县华鑫建材市场有限公司	Huaxin Construction Material Market Co., Ltd., Ningjin	218	11300
家合广场(新北昌市场服务有限公司)	Jiahe Plaza (Xinbeichang Marketing Service Co., Ltd.)	219	11275
乐亭县富强街农贸市场	Fuqiang-street Market of Agricultural Products, Leting	220	11150
赵县集贸市场	Zhaoxian Market of Agricultural Products	221	11035
平泉县六河源牲畜交易市场	Liuheyuan Live-stock Market, Pingquan	222	11000
衡水市商贸中心物业管理处	Administrative Agency of Hengshui Trading Center	223	10951
河间市故仙乡大葱市场	Welsh onion Market，Guxian，Hejian	224	10800
宣化县沙岭子大市场	Shalingzi Market, Xuanhua	225	10601
永清县大辛阁瓜果蔬菜批发市场	Daxinge Market of Fruits and Vegetables, Yongqing	226	10500
阜城县崔庙镇粮保器材批发市场	Cuimiao Wholesale Market of Grain Reservation Equipments, Fucheng	227	10500
张家口市纬一路万博大市场	Wanbo Market, Weiyi-road, Zhangjiakou	228	10284
石家庄跃进路手机广场	Yuejin-road Mobile Phone Plaza	229	10100
平山县苏家庄核桃交易市	Sujiazhuang Walnut Market, Pingshan	230	10025
河间市卧佛堂汽车配件专业市场	Wofotang Auto Component Market, Hejian	231	10005
沧州市维明路菜市场	Weiming-Road Vegetable Market, Cangzhou	232	10004
遵化市贸易城综合市场	Zunhua Maoyicheng Comprehensive Market	233	10001
尚村中国裘皮城	Shangcun China Fur Market	234	10000
廊坊市兴安市场	Xingan Market, Langfang	235	10000

海关进出口贸易总额

Total Value of Imports and Exports by Customs

单位：万美元 (USD 10000)

年 份 Year	进出口贸易总额 Total Value of Imports and Exports	出口总额 Total Exports	进口总额 Total Imports	进出口差额(+、-) Balance
1990	226785	190069	36716	153353
1995	392804	286635	106169	180466
2000	523460	370685	152775	217910
2001	573775	395613	178163	217450
2002	666565	459402	207163	252239
2003	897892	592863	305029	287834
2004	1352624	934031	418593	515438
2005	1607132	1092685	514447	578238
2006	1852616	1283469	569147	714322
2007	2553848	1701651	852197	849454
2008	3841850	2402981	1438870	964111
2009	2961131	1569129	1392002	177127
2010	4193116	2257003	1936113	320890
2011	5359910	2858386	2501524	356862
2012	5054790	2960384	2094405	865979
2013	5488298	3096268	2392030	704238
2014	5988289	3571347	2416942	1154405
2015	5148154	3293870	1854284	1439586

石家庄海关按贸易方式分进出口商品总额

Total Value of Imports and Exports through Shijiazhuang Customs by Trade System

单位：万美元 (USD 10000)

年 份 Year	一般贸易 Ordinary Trade 出 口 Exports	一般贸易 Ordinary Trade 进 口 Imports	加工贸易 Processing Trade 出 口 Exports	加工贸易 Processing Trade 进 口 Imports	其他贸易 Others 出 口 Exports	其他贸易 Others 进 口 Imports
2000	301994	103967	67990	31558	3	136
2001	334620	127234	59057	29080	7	100
2002	386892	152537	67331	38453	98	121
2003	49860	23057	8796	5116	1	17
2004	814664	310919	112621	63899		225
2005	934921	403849	145311	75709	8	182
2006	1087143	453300	174552	80613	58	239
2007	1439235	686524	233864	123066	193	436
2008	2007767	1187130	340108	153103	167	734
2009	1232708	1228780	285241	115779	125	953
2010	1799712	1719740	409743	177965	743	1199
2011	2389590	2204243	419651	202084	782	1611
2012	2490598	1831041	414373	184802	851	2204
2013	2612374	2097053	411327	211086	399	1437
2014	3101926	2097904	422137	209222	489	1199
2015	2894593	1703796	329203	121279	533	1679

石家庄海关按国别(地区)分的进出口商品总额
Import and Export Value through Shijiazhuang Customs by Country and Region

单位：万美元 (USD 10000)

国别(地区)	Country (Region)	2014			2015		
		进出口 Total Imports and Exports	出口 Exports	进口 Imports	进出口 Total Imports and Exports	出口 Exports	进口 Imports
合计	**Total**	**5988289**	**3571347**	**2416942**	**5148154**	**3293870**	**1854284**
亚洲	**Asia**	**2035765**	**1656654**	**379112**	**1910412**	**1591059**	**319353**
阿富汗	Afghanistan	1917	1389	528	1708	1535	173
巴林	Bahrain	5418	3819	1599	2350	2346	4
孟加拉国	Bangladesh	18795	18006	789	37044	36600	444
不丹	Bhutan	40	40		88	88	
文莱	Brunei	567	567		419	401	18
缅甸	Myanmar	28074	28048	26	25387	25323	64
柬埔寨	Cambodia	3492	3375	117	7118	2782	4336
塞浦路斯	Cyprus	973	968	5	1240	1234	7
朝鲜	Korea DPR	11473	2975	8498	7186	1823	5363
香港	Hong Kong,China	73504	68491	5013	78551	76550	2001
印度	India	153729	119737	33991	140268	112449	27819
印度尼西亚	Indonesia	124029	106532	17497	122117	114560	7556
伊朗	Iran	30761	25582	5179	27914	24887	3027
伊拉克	Iraq	21697	21697		14177	14177	
以色列	Israel	31659	28175	3483	33875	30818	3056
日本	Japan	254450	182680	71770	221396	164103	57293
约旦	Jordan	9713	9713		9932	9932	…
科威特	Kuwait	10424	9219	1205	7938	7782	156
老挝	Laos	945	408	537	489	482	7
黎巴嫩	Lebanon	8393	8392	1	3441	3440	1
澳门	Macao,China	363	363		631	631	…
马来西亚	Malaysia	64194	47991	16203	56988	46521	10467
马尔代夫	Maldives	194	194		220	220	
蒙古	Mongolia	8432	4177	4255	11651	3581	8071
尼泊尔	Nepal	1370	1370		1093	1087	5
阿曼	Oman	15519	14481	1038	8306	7712	595
巴基斯坦	Pakistan	46235	44994	1242	55571	54316	1254
巴勒斯坦	Palestine	80	80		114	114	
菲律宾	Philippines	118413	115187	3226	93253	92618	635
卡塔尔	Qatar	4316	3359	956	3451	3199	252
沙特阿拉伯	Saudi Arabia	58612	53180	5432	65339	61461	3877
新加坡	Singapore	43775	38915	4860	33138	29244	3893
韩国	Korea Rep.	348513	244401	104111	323188	220787	102401
斯里兰卡	Sri Lanka	8545	8506	39	14146	14057	89
叙利亚	Syrian	1265	1265		1714	1714	
泰国	Thailand	92946	71744	21202	94589	76101	18488
土耳其	Turkey	49933	47069	2865	67333	65027	2306
阿联酋	United Arab Emirates	83653	71476	12177	64455	55562	8893
也门	Republic of Yemen	6648	6648		2672	2672	
越南	Vietnam	127891	126558	1333	140726	137651	3075
中国	China	14554		14554	11116		11116
台湾省	Taiwan, China	118763	84719	34045	95208	63835	31373
东帝汶	East Timor	365	365		274	274	
哈萨克斯坦	Kazakhstan	10491	10039	452	6506	6506	

石家庄海关按国别(地区)分的进出口商品总额（续一）

Import and Export Value through Shijiazhuang Customs by Country and Region

单位：万美元 (USD 10000)

国别(地区)	Country (Region)	2014			2015		
		进出口 Total Imports and Exports	出口 Exports	进口 Imports	进出口 Total Imports and Exports	出口 Exports	进口 Imports
吉尔吉斯斯坦	Kirghizia	7710	7688	21	8940	8898	42
塔吉克斯坦	Tadzhikistan	3532	3532		1540	1540	
土库曼斯坦	Turkmenistan	1631	1631		847	847	
乌兹别克斯坦	Uzbekistan	7771	6909	862	4764	3571	1193
非　洲	**Africa**	**375730**	**251708**	**124023**	**330811**	**248514**	**82298**
阿尔及利亚	Algeria	22900	22842	57	33673	33641	32
安哥拉	Angola	12306	12306		7428	7428	
贝宁	Benin	4726	4646	79	2367	2367	…
博茨瓦那	Botswana	157	157		194	194	
布隆迪	Burundi	69	69		190	190	
喀麦隆	Cameroon	5482	5299	182	4190	4157	33
加那利群岛	Canary Is.	4	4		1	1	
佛得角	Cape Verde	46	46		27	27	
中非共和国	Central Africa				52	52	
塞卜泰(休达)	Ceuta				4	4	
乍得	Chad	3357	3357		1311	1311	
科摩罗	Comoros	73	73		105	105	
刚果(布)	Congo (B)	1656	1656		842	842	
吉布提	Djibouti	2754	2754		6368	6363	5
埃及	Egypt	24589	24076	513	26469	26449	20
赤道几内亚	Eq. Guinea	301	301		194	194	
埃塞俄比亚	Ethiopia	5589	4958	630	4890	4397	493
加蓬	Gabon	1013	978	35	1163	645	518
冈比亚	Gambia	999	999		758	755	2
加纳	Ghana	14822	14808	14	13956	13925	31
几内亚	Guinea	709	709		1014	1014	
几内亚比绍	Guinea Bissau	177	177		25	25	
科特迪瓦	Cote d'Lvoire	4979	4852	127	5939	5939	…
肯尼亚	Kenya	14356	14355	1	11127	11105	23
利比里亚	Liberia	1271	1176	95	1335	1331	4
利比亚	Libyan	4117	4103	15	3339	3339	
马达加斯加	Madagascar	3193	3188	5	3412	3408	4
马拉维	Malawi	195	195		309	309	
马里	Mali	1267	1045	222	1045	1034	11
毛里塔尼亚	Mauritania	17240	2632	14608	10201	1482	8720
毛里求斯	Mauritius	1256	1252	4	1397	1389	9
摩洛哥	Morocco	4278	4212	65	6174	6083	91
莫桑比克	Mozambique	2932	2701	231	3694	3661	33
纳米比亚	Namibia	475	475		592	592	
尼日尔	Niger	436	345	91	354	204	150
尼日利亚	Nigeria	35807	35801	6	39473	39467	6
留尼汪	Reunion	412	412		320	320	
卢旺达	Rwanda	48	48		124	113	11
圣多美和普林西比	Sao Tome & Principe	17	17		9	9	
塞内加尔	Senegal	3791	3663	128	3610	3610	
塞舌尔	Seychelles	45	45		49	49	
塞拉利昂	Sierra Leone	16043	579	15464	3463	659	2804

石家庄海关按国别(地区)分的进出口商品总额（续二）
Import and Export Value through Shijiazhuang Customs by Country and Region

单位：万美元 (USD 10000)

国别(地区)	Country (Region)	2014 进出口 Total Imports and Exports	2014 出口 Exports	2014 进口 Imports	2015 进出口 Total Imports and Exports	2015 出口 Exports	2015 进口 Imports
索马里	Somalia	561	561		837	837	
南非	S. Africa	128555	39864	88691	101253	33542	67711
苏丹	Sudan	6134	5241	894	7756	7588	168
坦桑尼亚	Tanzania	10904	10608	296	8086	7966	120
多哥	Togo	2948	2598	350	1804	1802	2
突尼斯	Tunisia	3741	3730	11	3187	2260	927
乌干达	Uganda	1692	1469	223	1666	1594	71
布基纳法索	Burkina Faso	1026	736	290	578	578	
刚果(金)	Congo(J)	3400	3400		2073	2073	
赞比亚	Zambia	803	450	353	858	559	299
津巴布韦	Zimbabwe	1271	1270	1	876	876	
莱索托	Lesotho	75	73	2	288	287	…
梅利利亚	Melilla	5	5				
斯威士兰	Swaziland	545	206	339	109	109	
厄立特里亚	Eritrea	97	97		105	105	
马约特	Mayo Is.	20	20		31	31	
南苏丹共和国	S. Sudan	69	69		120	120	
欧 洲	**Europe**	**1129093**	**811260**	**317833**	**964298**	**702084**	**262214**
比利时	Belgium	47958	39369	8589	55410	46016	9394
丹麦	Denmark	24461	7017	17444	15672	6648	9024
英国	United Kingdom	93190	80657	12533	70506	63267	7239
德国	Germany	203516	94976	108541	165741	77834	87907
法国	France	50280	30635	19645	43136	32901	10234
爱尔兰	Ireland	4565	3072	1494	4290	3437	852
意大利	Italy	84455	67061	17394	85677	70861	14816
卢森堡	Luxembourg	2589	427	2162	2208	450	1757
荷兰	Netherlands	65993	48049	17944	66823	47729	19093
希腊	Greece	4244	3910	334	3598	3113	485
葡萄牙	Portugal	9143	6153	2990	8826	5161	3665
西班牙	Spain	51664	35221	16443	44687	37665	7022
阿尔巴尼亚	Albania	1258	1092	166	1413	1169	243
安道尔	Andorra	2	2		1	1	
奥地利	Austria	11722	2239	9482	9142	2454	6688
保加利亚	Bulgaria	4542	4103	439	1947	1670	277
芬兰	Finland	15663	4613	11050	9845	3206	6639
直布罗陀	Gibraltar				…	…	
匈牙利	Hungary	6705	3355	3350	5050	2438	2611
冰岛	Iceland	181	181		234	234	
列支敦士登	Liechtenstein	33	9	24	11	11	1
马耳他	Malta	530	523	6	421	417	4
摩纳哥	Monaco	4		4			
挪威	Norway	4558	3532	1026	3944	3680	265
波兰	Poland	20099	18895	1203	16545	15648	897
罗马尼亚	Romania	7464	6842	622	5207	4449	758
圣马力诺	Sanmarino	3	3		1	1	
瑞典	Sweden	27173	11247	15925	28478	9148	19330

石家庄海关按国别(地区)分的进出口商品总额（续三）
Import and Export Value through Shijiazhuang Customs by Country and Region

单位：万美元 (USD 10000)

国别(地区)	Country (Region)	2014			2015		
		进出口 Total Imports and Exports	出口 Exports	进口 Imports	进出口 Total Imports and Exports	出口 Exports	进口 Imports
瑞士	Switzerland	9443	1588	7856	4063	1408	2655
爱沙尼亚	Estonia	1085	1056	29	927	871	56
拉脱维亚	Latvia Armenia	2396	2395		2176	2163	13
立陶宛	Lithuania	3005	2987	18	2083	2069	14
格鲁吉亚	Georgia	2200	2200		1258	1258	
亚美尼亚	Armenia	171	171		125	125	
阿塞拜疆	Azerbaijan	2283	2283		1203	1203	
白俄罗斯	Belorussia	963	467	497	792	561	231
摩尔多瓦	Moldavia	141	141		103	103	…
俄罗斯联邦	Russia	323658	295171	28487	253891	233014	20877
乌克兰	Ukraine	21563	16276	5287	32932	8922	24010
斯洛文尼亚	Slovenia	4262	2923	1339	3831	3029	802
克罗地亚	Croatia	2007	1994	13	1344	1333	11
捷克	Czech	9380	5985	3395	7480	4804	2677
斯洛伐克	Slovakia	3401	1307	2094	2429	771	1658
前南马其顿	Macedonia	27	27		33	36	2
波黑	Bosnia&Hercegovina	67	66	1	69	68	1
塞尔维亚	Serbie	883	876	7	644	640	5
黑山	Montenegro	166	165	1	95	96	…
拉丁美洲	**Latin America**	**742303**	**277669**	**464534**	**530534**	**227067**	**303467**
安提瓜和巴布达	Antigua & Barbuda	10	10		8	8	
阿根廷	Argentina	12596	7443	5153	21278	8306	12972
阿鲁巴岛	Aruba	15	15		9	9	
巴哈马	Bahamas	26	26		69	69	
巴巴多斯	Barbados	188	188		132	132	
伯利兹	Belize	129	129		261	261	
玻利维亚	Bolivia	1732	1709	23	1301	1247	54
巴西	Brazil	496445	65817	430629	306992	42492	264500
开曼群岛	Cayman Islands	8	8		1	1	
智利	Chile	65427	44090	21337	52373	33568	18806
哥伦比亚	Colombia	24893	24223	670	14889	14841	48
多米尼克	Dominica	99	99		89	89	…
哥斯达黎加	Costa Rica	2562	2288	274	2363	2304	59
古巴	Cuba	1181	1181		2012	2012	
库腊索岛	Curacao	28	28		8	8	
多米尼加共和国	Dominica Rep.	2873	2862	11	3427	3427	…
厄瓜多尔	Ecuador	22215	22166	50	12050	11906	145
法属圭亚那	French Guyana	41	41		28	28	
格林纳达	Grenada	4	4		9	9	
瓜德罗普	Guadaloupe	87	87		70	70	
危地马拉	Guatemala	8977	8967	10	9552	9548	4
圭亚那	Guyana	968	967	1	772	772	
海地	Haiti	1955	1955		3771	3771	

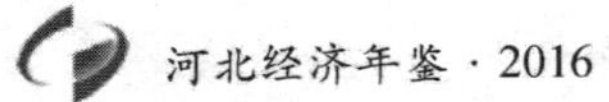

石家庄海关按国别(地区)分的进出口商品总额（续四）
Import and Export Value through Shijiazhuang Customs by Country and Region

单位：万美元 (USD 10000)

国别(地区)	Country (Region)	2014 进出口 Total Imports and Exports	2014 出口 Exports	2014 进口 Imports	2015 进出口 Total Imports and Exports	2015 出口 Exports	2015 进口 Imports
洪都拉斯	Honduras	3618	3321	297	4848	4848	…
牙买加	Jamaica	1533	1532	1	2212	2212	
马提尼克	Martinique	12	12		18	18	
墨西哥	Mexico	36485	35565	920	41433	40596	837
尼加拉瓜	Nicaragua	1659	1648	11	1253	1242	11
巴拿马	Panama	4871	4871		4465	4465	
巴拉圭	Paraguay	2779	2768	11	2194	2194	
秘鲁	Peru	27138	27079	59	22961	21030	1930
波多黎各	PuertoRico	1716	1556	160	1215	1189	26
圣卢西亚	Saint Lucia	30	30		15	15	
圣马丁岛	Saint Martin Is.	5	5		7	7	
圣文森特和格林纳丁斯	Saint Vincent & Grenadines	8	8		8	8	
萨尔瓦多	EL Salvador	1229	1228	2	2485	2485	…
苏里南	Suriname	450	448	2	286	286	
特立尼达和多巴哥	Trinidad & Tobago	4175	4175		3779	3779	
特克斯和凯科斯群岛	Tueks and Caicos Is.				5	5	
乌拉圭	Uruguay	7431	4429	3002	4641	4240	400
委内瑞拉	Venezuela	6570	4557	2013	7103	3435	3668
英属维尔京群岛	Br.VirginIS.	6	6		22	22	
圣其茨和尼维斯	St.Kitts-Nevis	3	3		7	7	
荷属安地列斯群岛	Netherlands Antilles	116	116		105	105	
拉丁美洲其他国家(地区)	Other Countries (region)	12	12		7	…	7
北美洲	**North America**	**710593**	**520776**	**189817**	**637437**	**475512**	**161926**
加拿大	Canada	95466	54708	40759	70840	42184	28656
美国	United States	615127	466068	149059	566596	433326	133270
百慕大	Bermuda				1	1	
大洋洲	**Oceanic & Pacific**	**994720**	**53277**	**941443**	**774661**	**49635**	**725026**
澳大利亚	Australia	972168	43534	928634	757362	39998	717364
库克群岛	Cook Islands	124	124		57	57	
斐济	Fiji	606	606	…	883	883	…
新喀里多尼亚	New Caledonia	288	288		5	5	
瓦努阿图	Vanuatu	64	64		331	331	
新西兰	New Zealand	18887	6444	12442	92	92	
诺福克岛	Norfolk Is.				12588	5495	7093
巴布亚新几内亚	Papua New Guinea	1550	1184	366	4	4	
社会群岛	Society Islands	53	53		2433	1864	569
所罗门群岛	Solomon Is.	406	406		37	37	
汤加	Tonga	36	36		441	441	
萨摩亚	Samoa	59	59		40	40	
基里巴斯	Kiribati	10	10		38	38	
密克罗尼西亚联邦	Micronesia FS	2	2		33	33	
马绍尔群岛	Marshall Is.	293	293		5	5	
帕劳共和国	Palau	5	5		159	159	
法属波利尼西亚	French Polynesia	148	148		9	9	
瓦利斯和浮图纳	Wallis and Budo Satisfied	5	5		122	122	
大洋洲其他国家(地区)	Other Countries	17	17		9	9	
国别(地区)不详的	**Country (region) of Unknown**	**84**		**84**	**13**	**13**	

利用外资概况
Utilization of Foreign Capital

项目单位：个　金额单位：万美元　　(unit, USD 10000)

年份 Year	总计 Total		对外借款 Foreign Loans		外商直接投资 Foreign Direct Investment		外商其他投资 Other Foreign Investment	
	项目 Number of Projects	金额 Value	项目 Number of Projects	金额 Value	项目 Number of Projects	金额 Value	项目 Number of Projects	金额 Value
合同利用外资额 Total Amount of Contracted Foreign Investment								
1985	53	4804	1	175	39	4093	13	536
1990	110	8877			110	8593		284
1995	1220	188794	16	19445	1204	168656		693
2000	510	94822	9	19624	501	72445		2753
2001	507	107759	4	3332	503	99763		4664
2002	482	136259	8	3540	474	127929		4790
2003	586	251313	13	27703	573	196502		27108
2004	603	244047	9	2614	594	214731		26702
2005	581	272736	4	742	577	253154		18840
2006	447	177048	1	495	446	150625		25928
2007	369	357085			369	311892		45193
2008	252	300118	4	495	248	288913		10710
2009	215	266027			215	260727		5300
2010	248	376971	2	1417	246	329314		46240
2011	199	477064	4	1555	195	422376		53133
2012	197	415637	1	10000	196	388396		17241
2013	196	384587	1	495	195	368226		15866
2014	198	550329			198	496978		53351
2015	208	687096		7411	208	567962		111723
实际利用外资额 Total Amount of Contracted Investment Actually Utilized								
1985		1423		597		393		433
1990		4447				3935		512
1995		108620		29924		78061		635
2000		139378		34249		102376		2753
2001		93521		13196		75661		4664
2002		104793		17558		82445		4790
2003		155800		17125		111567		27108
2004		197856		8813		152341		26702
2005		227890		17794		191256		18840
2006		238274		10912		201434		25928
2007		300722		13908		241621		45193
2008		363395		10817		341868		10710
2009		369316		4192		359824		5300
2010		436597		7283		383074		46240
2011		526016		4788		468095		53133
2012		603168		5441		580486		17241
2013		667250		6664		644720		15866
2014		700949		10402		637196		53351
2015		736884		7411		617750		111723

注：1990年以前年度数据为部门数，仅供参考使用。

a) The data for 1990 and before are from the ministries other than Hebei Bureau of Statistics. They are listed here as comparable data.

外商直接投资情况

单位：万美元

指　　标	Item	批准 Amount of	
		2010	2011
全省总计	**Total**	**329314**	**422376**
按投资方式分	**Grouped by Investment by Type**		
#独资经营	Enterprises with Sole Fund	226559	254033
合资经营	Joint-venture Enterprises	80995	151277
合作经营	Cooperative Enterprises	15434	17028
按国民经济行业分	**Grouped by Sector**		
#农、林、牧、渔业	Agriculture, Forestry, Animal Husbandry and Fishery	8841	12088
采矿业	Mining	1928	6093
制造业	Manufacturing	201207	259794
电力、势热力、燃气及水生产和供应业	Production and Distribution of Electricity, Gas and Water	7160	11184
建筑业	Construction	207	4049
批发和零售业	Wholesale and Retail Trades	20829	5599
交通运输、仓储和邮政业	Traffic, Transport, Storage and Post	1724	10648
住宿和餐饮业	Hotels and Catering Services	3619	14970
信息传输、软件和信息技术服务业	Information Transmission, Computer Services and Software	1583	1710
房地产业	Real Estate	46716	23088
租赁和商务服务业	Leasing and Business Services	4751	10512
居民服务、修理和其他服务业	Services to Households and Other Services	1325	155
按主要国别(地区)分	**Grouped by Country and Region**		
#香　港	Hong Kong, China	187672	288255
台　湾	Taiwan, China	7631	3175
日　本	Japan	19597	5848
美　国	United States	12893	13159
加拿大	Canada	3400	768
德　国	Germany	1858	3576
英　国	United Kingdom	3352	1393
法　国	France	589	418

Statistics on Foreign Direct Investment

(USD 10000)

合同外资额 Contracted Foreign Investment				外商直接投资额 Foreign Direct Investment					
2012	2013	2014	2015	2010	2011	2012	2013	2014	2015
388396	**368226**	**496978**	**567962**	**383074**	**468095**	**580486**	**644720**	**637196**	**617750**
265924	215220	344394	335149	260238	272356	325131	382261	405134	308654
98771	151229	148386	195855	103141	176717	182736	229152	199812	271479
5663	1577	3125	34141	7574	5574	28553	13461	7715	9276
12702	25323	34619	10171	7327	7010	23591	21386	34772	9518
5242	6356	1778	8000	3943	6344	17508	7503	12727	2012
219352	185706	258827	322271	259917	333061	422535	438135	397414	384395
36532	29912	7226	23426	18101	12550	23326	52171	34670	36099
	272	8947	96	2103	60			3627	4531
14997	22546	8516	13712	11846	14784	18355	13494	11719	4059
19465	19785	23946	66827	6202	14669	11349	21957	19111	58418
2707	203	381	281	3975	6012	4697	2616	7	
4132	5292	1835	9971	138	1043	307	1558	5607	2834
38109	44603	40929	66057	52258	33537	22183	42758	44254	61963
4963	33332	3680	14711	1886	5686	5065	13609	12566	7646
3177	1188	1513	940	406	339	1615	1550	2440	
238629	259367	309534	292259	195212	269370	364757	383992	404081	340270
17399	10397	6896	17601	3683	4590	6764	12310	10559	4771
14879	16355	6433	2256	13557	17013	28870	30774	18372	27957
25358	2816	14674	7913	18621	18003	25777	25822	21444	7046
121	5403	4030	3940	3131	2083	75	3796	5379	1927
1881	4364	2236	4681	2351	3389	4268	8455	2591	8843
4444	2426	14841	3393	6557	9316	11457	7243	4175	7016
3860	2000	4000	300	510	1559	9035	6018	4706	300

外商直接投资情况（2015年）

单位：万美元

项　目	Item	新批合同 New Contract Signed 项目个数(个) Number of Projects (unit)	项目总投资 Total Investment	合同外资额 Contracted Value
合　计	**Total**	**208**	**1580753**	**567962**
按投资方式分组	**Grouped by Investment by Type**			
港、澳、台投资经济	Enterprises with Funds from Hong Kong, Macao and Taiwan	112	749378	310001
港澳台合资经营企业	Joint-venture from Hong Kong, Macao and Taiwan	37	411090	121023
港澳台合作经营企业	Cooperation Enterprises from Hong Kong, Macao and Taiwan	3	50485	19485
港澳台独资经营企业	Enterprises with Sole Fund from Hong Kong, Macao and Taiwan	72	287803	169493
港澳台投资股份公司	Share-holding Corporations Ltd from Hong Kong, Macao and Taiwan			
外商投资经济	Foreign Funded Enterprises	96	831375	257961
中外合资经营企业	Joint-venture Enterprises	36	390026	74832
中外合作经营企业	Cooperation Enterprises	4	40791	14656
外资企业	Enterprises with Sole Fund	56	397659	165656
外商投资股份公司	Share-holding Corporations Ltd		2899	2817
按产业分组	**Grouped by Industry**			
第一产业	Primary Industry	6	28291	10125
第二产业	Secondary Industry	121	960490	353793
第三产业	Tertiary Industry	81	591972	204044
按国民经济行业分组	**Grouped by Sector**			
农、林、牧、渔业	Agriculture, Forestry, Animal Husbandry and Fishery	7	28385	10171
采矿业	Mining	1	20000	8000
制造业	Manufacturing	108	865341	322271
电力、燃气及水的生产和供应业	Production and Distribution of Electricity, Gas and Water	11	75071	23426
建筑业	Construction	1	78	96
批发和零售业	Wholesale and Retail Trades	28	25754	13712
交通运输、仓储和邮政业	Traffic, Transport, Storage and Post	7	356068	66827
住宿和餐饮业	Hotels and Catering Services	2	282	281
信息传输、计算机服务和软件业	Information Transmission, Computer Services and Software	9	11588	9971
金融业	Financial Intermediation	1	10148	6398
房地产业	Real Estate	4	106639	66057
租赁和商务服务业	Leasing and Business Services	12	16790	14711
科学研究、技术服务和地质勘查业	Scientific Research, Technical Service and Geologic Prospecting	12	57274	16505
水利、环境和公共设施管理业	Management of Water Conservancy, Environment and Public Facilities	2	-70	-1704
居民服务和其他服务业	Services to Households and Other Services	3	3405	940
教　育	Education			
卫生、社会保障和社会福利业	Health, Social Security and Social Welfare			
文化、体育和娱乐业	Culture, Sports and Entertainment		4000	10300

Statistics on Foreign Direct Investment (2015)

(USD 10000)

外　商 直接投资 Foreign Direct Investment	新注册三资企业 Newly Registered Enterprises with Hongkong,Macao, Taiwan and Foreign Funds				期末实有三资企业(个) Number of Registered Enterprises in the Year-end (unit)			
	注册户数(户) Number of Registered Enterprises(unit)	投资总额 Total Investment	注册资本 Registered Capital	外商注册资本 Capital Invested by Foreign Partner	合　计 Total	开工在建 Under Construction	投产企业 Enterprises that have come into Operation	#当　年 The Present Year
617750	**168**	**1167504**	**670946**	**470830**	**3227**	**244**	**1702**	**8**
345041	93	448470	362848	233976	1343	100	594	4
144292	25	226966	213943	85045	658	43	353	2
6054	2	18000	9985	9485	60	3	23	
166354	66	203504	138920	139446	618	54	212	2
26257					6		5	
272709	75	719034	308098	236854	1884	144	1108	4
127187	27	344583	137203	67196	921	64	567	2
3222	4	39871	15967	11983	88	8	44	
142300	44	334580	152082	157675	869	71	493	2
			2846		6	1	4	
9518	6	22441	12279	10158	85	18	31	
427037	95	649920	402005	282256	2490	155	1399	7
181195	67	495143	256662	178416	652	71	272	1
9518	6	22441	12279	10158	95	19	32	
2012	1	20000	8000	8000	36	6	10	1
384395	82	571779	365629	255252	2326	140	1325	6
36099	10	58050	28285	18898	106	7	60	
4531	2	91	91	106	31	3	11	
4059	24	23023	11812	11735	145	12	64	1
58418	5	320488	115130	54658	78	6	39	
	4	333	332	330	48	5	20	
2834	7	7573	6832	3655	34	3	10	
22141	2	6188	11068	8878	25	1	13	
61963	4	70359	81277	73795	127	12	65	
7646	9	5975	4554	4554	65	9	20	
9859	8	54125	19699	15292	42	7	10	
3853	2	3695	-1768	-1704	21	3	5	
	2	3384	1426	923	21		9	
					3	2		
					1			
10422			6300	6300	23	9	9	

外商直接投资情况（2015年）（续）

单位：万美元

项　　目	Item	新批合同 New Contract Signed 项目个数(个) Number of Projects (unit)	项目总投资 Total Investment	合同外资额 Contracted Value
按投资国别、地区分组	**Grouped by Country and Region**			
亚　洲	**Asia**	**159**	**1116735**	**443614**
# 香　港	Hong Kong, China	92	715141	292259
澳　门	Macao, China	1	472	141
台　湾	Taiwan, China	19	33765	17601
印度尼西亚	Indonesia		3027	1523
日　本	Japan	3	2074	2256
马来西亚	Malaysia	1	975	2062
菲律宾	Philippines		474	474
新加坡	Singapore	3	10445	6626
韩　国	Republic of Korea	29	310593	104458
泰　国	Thailand	1	2995	1214
# 东南亚联盟	Association of Southeast Asian Nations	5	20733	14716
非　洲	**Africa**	**5**	**21710**	**9732**
欧　洲	**Europe**	**14**	**47115**	**21394**
# 比利时	Belgium	1	1954	383
丹　麦	Denmark		240	240
英　国	United Kingdom	3	7142	3393
德　国	Germany	3	14609	4681
法　国	France		300	300
爱尔兰	Ireland			
意大利	Italy	2	13205	4481
卢森堡	Luxembourg		814	-5
荷　兰	Netherlands			
希　腊	Greece			
葡萄牙	Portugal			
西班牙	Spain			
芬　兰	Finland			
瑞　士	Switzerland	1	240	170
# 欧　盟(27国)	European Union (27 Coumtries)	13	43505	17854
拉丁美洲	**Latin America**	**5**	**313966**	**39773**
# 开曼群岛	Cayman Islands		13330	7141
英属维尔京群岛	Virgin Islands	3	300507	32503
北美洲	**North America**	**19**	**34658**	**11853**
# 加拿大	Canada	5	11680	3940
美　国	United States	14	22978	7913
大洋洲	**Oceanic**	**6**	**45156**	**41030**
# 澳大利亚	Australia	3	41001	30940
新西兰	New Zealand	2	755	505

Statistics on Foreign Direct Investment (2015)

(USD 10000)

外商直接投资 Foreign Direct Investment	新注册三资企业 Newly Registered Enterprises with Hongkong, Macao, Taiwan and Foreign Funds				期末实有三资企业(个) Number of Registered Enterprises in the Year-end (unit)			
	注册户数(户) Number of Registered Enterprises(unit)	投资总额 Total Investment	注册资本 Registered Capital	外商注册资本 Capital Invested by Foreign Partner	合计 Total	开工在建 Under Construction	投产企业 Enterprises that have come into Operation	#当年 The Present Year
415835	**130**	**782283**	**492993**	**356778**	**2162**	**152**	**1056**	**6**
340270	78	419729	347459	223474	1172	85	512	4
					6	1	1	
4771	15	28741	15389	10502	165	14	81	
90					7		4	
27957	3	1024	1644	2221	265	15	166	2
8577	1	134	936	847	23	3	12	
474			474	474	8		4	
10609	3	3231	4644	5020	118	14	76	
12191	20	295173	106410	101507	326	16	168	
4800	1	945	1211	1211	10	2	2	
24659	5	4310	10111	7552	174	19	101	
2844	**5**	**21215**	**9704**	**9637**	**27**	**2**	**13**	
39054	**13**	**34480**	**21658**	**16788**	**361**	**25**	**238**	**1**
3158	1	1954	782	383	8	2	4	
240			240	240	10	2	7	
7016	1	4159	1903	1897	53	7	32	
8843	5	13316	5864	4393	82	4	60	
300			300	300	27	3	13	
1742	2	13171	4380	1762	33	1	18	1
			371	-5	2		2	
135					25	1	18	
					1			
					15		11	
	1	240	168	168	8	1	5	
33103	12	34240	18120	13250	307	21	205	1
127216	**2**	**307846**	**85042**	**31328**	**207**	**15**	**135**	
44439			1572	7103	22	3	15	
82062	1	307767	83391	24146	171	12	114	
12400	**14**	**18669**	**11570**	**6775**	**353**	**35**	**195**	
1927	3	6844	2606	1055	78	12	37	
7046	11	11825	8964	5720	267	23	153	
18907	**4**	**3011**	**49413**	**48958**	**107**	**13**	**61**	**1**
5790	2	6	25895	25440	67	3	41	1
	1	5	5	5	12		5	

对外承包工程
Contracted Projects with Foreign Countries and Territories

年　份 Year	签订合同的国家（地区）（个） Number of Coutries Made Contracts with China for Projects and Labor (unit)	合同份数（份） Number of Contracts (unit)	合同金额（万美元） Contracted Value (10000 USD)	派出人次（人次） Number of Labor Send abroad (person-times)	完成营业额（万美元） Value of Business Fulfilled (10000 USD)
1985	4	4	321		466
1990	9	9	327	121	584
1995	7	16	2127	428	1798
2000	13	50	9440	1170	4624
2001	16	26	5265	662	2412
2002	22	38	21329	2998	12022
2003	25	40	31669	1509	17940
2004	25	69	48200	1484	23095
2005	35	91	107533	1832	54139
2006	29	84	171035	3176	78583
2007	41	119	172954	7241	123912
2008	37	73	393774	5271	155593
2009	47	186	266678	8097	287157
2010	50	190	294596	7033	285351
2011	51	214	328203	6599	243461
2012	45	160	373834	10790	285086
2013	44	175	467343	9791	434565
2014	48	190	485335	8636	408696
2015	46	185	386488	7039	357117

对外投资与劳务合作
Outward Foreign Direct Investment and Labor Services

单位：万美元　(USD 10000)

项　目	Item	2011	2012	2013	2014	2015
对外投资	**Outward Foreign Direct Investment**					
新核准家数	Enterprise Approved to Invest Abroad	83	66	85	121	131
对外投资总额	Total Value of the Outward-FDI by the Enterprises	111020	123857	197179	169368	306258
中方对外投资额	FDI by Domestic Chinese Investors	90852	105171	118349	155124	235256
对外劳务合作	**Labor Services**					
新签合同工资总额	Gross Payroll in Newly Signed Contracts	4663	4034	4022	4301	715
实际收入总额	Realized Payroll	1428	3839	1906	1925	725
派出人数	Workers Sent Abroad for the Year	587	712	553	603	342
期末在外人数	Workers Abroad at the Year-end	3429	2198	1512	2231	2340

旅游事业发展情况
Development of International Tourism

年 份 Year	入境旅游人数(人次) Number of Overseas Visitor Arrivals (person-time)	# 外国人 Foreigners	# 港澳和台湾同胞 Chinese Compatriots From Hong Kong, Macao, and Taiwan	国际旅游外汇收入(万美元) Foreign Exchange Earnings from International Tourism (USD 10000)	国内旅游人数(万人次) Number of Domestic Visitors (10000 person-times)	国内旅游收入(亿元) Earnings from Domestic Tourism (100 million yuan)
1985	34229	24143	9678	107		
1990	47569	32695	14681	511	1537	2.25
1991	68907	44474	23140	851	2101	2.87
1992	90134	60480	28259	1090	2238	3.86
1993	116634	84147	29456	1248	2412	8.10
1994	145979	118828	23883	3421	2792	28.00
1995	165026	135868	26017	4201	3083	57.10
1996	254243	225328	27033	7350	2808	102.76
1997	301054	256552	42559	8790	3615	413.50
1998	321105	266984	52367	9508	4016	160.64
1999	350280	304352	43815	11043	4428	178.01
2000	400464	345494	54970	13035	4859	201.63
2001	434288	380772	53516	14715	5316	234.43
2002	473580	426983	46597	16703	5985	265.13
2003	280256	257642	22614	8460	4477	198.31
2004	580662	536486	44176	19042	7227	334.60
2005	626484	573890	52594	20917	8068	406.66
2006	724838	654003	70835	24314	9053	489.95
2007	817599	738386	79213	30911	10029	556.69
2008	750182	670210	79972	27395	9747	535.45
2009	842185	746930	95255	30781	12164	688.70
2010	977447	853110	124337	35071	14851	890.84
2011	1141439	982681	158758	44765	18627	1192.21
2012	1293201	1067125	226076	54494	22911	1553.91
2013	1337647	1111003	226644	58578	26988	1973.82
2014	1328630	1060615	268015	53419	31368	2528.66
2015	1381816	1083201	298615	62144	37060	3395.60

按国别(地区)分外国入境游客

Number of Oversea Visitor Arrivals by Country/Region

单位：人次 (person-time)

指　标	Item	2000	2005	2010	2014	2015
总　计	**Total**	**400464**	**626484**	**977447**	**1328630**	**1381816**
亚　洲	**Asia**	**199170**	**299196**	**375299**	**505360**	**536217**
#日　本	Japan	48613	84874	100415	102249	115726
韩　国	Republic of Korea	25220	81216	97439	119335	137436
蒙　古	Mongolia	4805	4130	13709	22827	31538
印度尼西亚	Indonesia	8004	7552	17469	26053	23970
马来西亚	Malaysia		59506	43712	43925	40997
菲律宾	Philippines	7039	5831	12489	21630	22590
新加坡	Singapoye	23686	34688	38493	49497	40333
泰　国	Thailand	7650	6911	16395	23306	28179
印　度	India	3022	3658	12108	25322	25056
越　南	Vietnam				8953	7803
缅　甸	Myanmar				4893	5013
朝　鲜	Korea,D.P.Rep				8599	11903
巴基斯坦	Pakistan				9994	14471
美　洲	**North America**	**26131**	**46713**	**99468**	**101142**	**86163**
#美　国	United States	17309	27164	55980	54410	48869
加拿大	Canada	5510	13163	28758	26369	22897
欧　洲	**Europe**	**102396**	**200693**	**313047**	**328372**	**307159**
#英　国	United Kingdom	18007	43615	52606	44577	50195
法　国	France	11392	34070	46000	37873	34222
德　国	Germany	11123	26020	42882	50301	42800
意大利	Italy	12531	10207	27099	26762	25429
瑞　士	Switzerland	3390	3866	12363	14276	14237
瑞　典	Sweden	2897	5116	9339	14187	13392
荷　兰	Netherlands	11012	3044			
俄罗斯	Russia	22801	56231	84704	89595	81037
西班牙	Spain	1476	3615	12592	13983	17727
大洋洲	**Oceanic**	**15659**	**20378**	**38293**	**61347**	**50439**
#澳大利亚	Australia	8042	10782	20442	26992	22654
新西兰	New Zealand	2989	5022	9942	19927	16271
其他(含非洲)	**Others(including Africa)**	**57108**	**6910**	**27003**	**64394**	**103223**

各级各类学校数
Number of Schools by Level and Type of School

单位：所 (unit)

年份 Year	普通高等学校 Regular Institutions of Higher Education	普通中学 Regular Secondary Schools	高中 Senior Secondary Schools	初中 Junior Secondary Schools	职业中学 Vocational Secondary Schools	普通小学 Primary Schools
1990	50	5403	181	4745	362	48568
1991	50	5321	199	4687	313	48414
1992	48	5314	206	4712	323	48189
1993	54	5260	212	4680	318	47975
1994	52	5294	257	4723	358	47623
1995	47	5256	250	4695	359	47133
1996	45	5175	273	4598	392	465.3
1997	46	5076	301	4465	436	46243
1998	46	4984	325	4338	474	45343
1999	48	4949	358	4272	494	39770
2000	47	4910	380	4194	463	36465
2001	63	5098	377	4024	362	31529
2002	75	5053	390	3908	369	28433
2003	83	5024	394	3863	361	25700
2004	87	4917	814	4103	313	22953
2005	86	4734	1136	4320	288	20883
2006	88	4464	801	3343	290	19162
2007	88	4164	761	3755	291	17340
2008	87	3885	713	3484	292	16205
2009	109	3548	661	3177	267	14447
2010	110	3264	615	2649	267	13563
2011	112	3132	598	2534	235	13274
2012	113	3000	565	2435	216	12898
2013	118	2944	563	2381	206	12538
2014	118	2958	567	2391	206	12529
2015	118	2956	578	2378	202	12126

注：1.2004年以前年份的职业中学包括职业高中与职业初中，2005年后为职业高中（旧标准）。2.2007年职业中学包括职业高中和职业初中（新标准）。3.普通高等学校指的是普通本专科，即小口径。(以下相关表同)

a) Vocational middle schools before 2004 covered vocational senior middle schools and vocational junior middle schools, and those after 2005 are vocational senior middle schools.(old standards). b) In Year-2007 Education Report, data of "vocational junior middle schools" covered vocational senior middle schools & vocational junior middle schools. (new standards). c) Ordinary institutions of higher learning refer to ordinary universities/colleges and junior colleges, namely small statistical caliber.(the same applies to the tables following)

各级各类学校专任教师数

Number of Full-time Teachers by Level and Type of School

年 份 Year	普通高等学校 (人) Regular Institutions of Higher Education (person)	普通中学 (万人) Regular Secondary Schools (10000 persons)	高 中 Senior Secondary Schools	初 中 Junior Secondary Schools	职业中学 (人) Vocational Secondary Schools (person)	普通小学 (万人) Primary Schools (10000 persons)
1990	13585	15.59	2.55	13.04	11312	26.99
1995	14808	17.95	2.59	15.37	16621	27.01
2000	19414	25.37	4.37	21.00	23782	32.95
2001	23707	26.92	4.82	22.10	21824	33.28
2002	28091	27.73	5.35	22.37	21110	33.22
2003	34542	28.59	6.13	22.46	19990	32.92
2004	39235	29.01	6.75	22.25	19782	32.48
2005	46538	29.00	7.34	21.66	19223	32.01
2006	47428	28.71	7.82	20.89	20788	31.53
2007	52809	28.26	8.12	20.14	21973	31.60
2008	55125	27.43	8.07	19.36	22064	31.67
2009	58394	26.79	8.18	18.62	22846	32.12
2010	60769	26.07	8.30	17.77	23750	31.90
2011	62715	25.59	8.34	17.25	25458	31.65
2012	65043	25.07	8.29	16.78	25448	31.70
2013	66825	26.23	10.15	16.07	24730	30.37
2014	68578	27.08	10.36	16.72	24765	31.63
2015	69397	27.79	10.68	17.10	24848	32.02

各级各类学校毕业生数

Number of Graduates by Level and Type of School

年 份 Year	普通高等学校 (人) Regular Institutions of Higher Education (person)	普通中学 (万人) Regular Secondary Schools (10000 persons)	高 中 Senior Secondary Schools	初 中 Junior Secondary Schools	职业中学 (人) Vocational Secondary Schools (person)	普通小学 (万人) Primary Schools (10000 persons)
1990	22762	65.70	10.54	55.16	39780	82.56
1995	36388	75.35	8.84	66.50	57460	119.22
2000	41255	131.42	18.16	113.42	151104	154.93
2001	45871	137.08	21.28	115.80	147822	153.78
2002	62910	147.54	23.48	124.06	123220	152.69
2003	107562	163.10	26.49	136.61	100617	145.92
2004	143148	173.06	31.87	141.19	100150	128.09
2005	183213	178.03	39.63	138.40	91352	117.46
2006	207566	178.09	45.06	133.03	114058	108.58
2007	228193	162.54	47.22	115.32	134110	93.54
2008	271335	153.50	48.23	105.27	156842	80.20
2009	272247	145.97	46.90	99.07	171653	73.39
2010	297100	130.35	42.66	87.69	161616	72.18
2011	311141	118.04	42.79	75.25	177719	73.28
2012	315800	112.68	42.37	70.31	161400	79.61
2013	334300	107.23	40.45	66.78	137800	84.01
2014	344518	96.45	36.20	60.25	113200	82.04
2015	327981	104.43	35.24	69.19	101700	78.10

各级各类学校招生数
Number of New Students Enrollment by Level and Type of School

年 份 Year	普通高等学校（人） Regular Institutions of Higher Education (person)	普通中学（万人） Regular Secondary Schools (10000 persons)	高 中 Senior Secondary Schools	初 中 Junior Secondary Schools	职业中学（人） Vocational Secondary Schools (person)	普通小学（万人） Primary Schools (10000 persons)
1990	23803	75.78	10.81	64.97	51512	125.33
1995	43027	120.64	14.66	105.98	95099	162.60
2000	106447	177.22	26.22	151.00	134336	107.05
2001	148260	181.02	31.20	149.82	137325	93.34
2002	170792	185.65	37.96	147.69	135341	78.96
2003	192135	187.90	44.93	142.97	144724	72.74
2004	238597	172.40	46.40	126.00	128854	71.50
2005	256873	164.67	49.47	115.20	181050	72.00
2006	297058	157.19	49.70	107.49	207170	80.07
2007	303294	138.61	45.25	93.37	202145	88.52
2008	339527	124.93	44.85	80.08	175406	91.44
2009	332278	118.08	44.72	73.36	201940	87.58
2010	346478	114.18	42.02	72.16	171300	95.60
2011	350466	112.50	39.78	72.72	180921	103.85
2012	342300	116.18	38.41	77.77	123200	106.29
2013	346900	115.92	37.56	78.36	88300	99.61
2014	342040	119.50	38.23	81.27	85800	98.98
2015	350849	117.83	40.77	77.06	85400	109.27

注：普通高等学校2011年起含成人专科招生数，2012年起不含研究生数。
b) Data of regular HEIS include Adult Students for Short-cycle Courses since 2011, and no include postgraduate students since 2012.

各级各类学校在校学生数
Number of Students Enrollment by Level and Type of School

年 份 Year	普通高等学校（人） Regular Institutions of Higher Education (person)	普通中学（万人） Regular Secondary Schools (10000 persons)	高 中 Senior Secondary Schools	初 中 Junior Secondary Schools	职业中学（人） Vocational Secondary Schools (person)	普通小学（万人） Primary Schools (10000 persons)
1990	76018	207.61	31.24	176.37	126727	705.48
1995	126290	310.24	35.58	274.66	242698	851.31
2000	243847	481.75	70.04	411.71	416143	813.73
2001	350518	501.76	80.39	421.37	353652	747.65
2002	472966	528.05	94.80	433.25	342748	674.55
2003	553255	543.72	114.23	429.49	349822	606.58
2004	697440	532.92	129.39	403.53	337000	547.00
2005	789792	509.54	139.11	370.43	391232	500.36
2006	827127	480.63	143.81	336.83	471121	470.25
2007	902165	447.10	140.86	306.24	515629	465.44
2008	1000033	409.30	135.12	274.18	505295	475.66
2009	1030262	372.73	130.87	241.86	519262	488.65
2010	1105000	348.76	127.51	221.25	504000	511.59
2011	1153941	338.35	123.32	215.03	533603	541.09
2012	1168800	335.06	117.69	217.37	393300	562.22
2013	1174400	318.13	109.28	208.85	313500	546.21
2014	1164341	339.23	110.41	228.82	268000	564.29
2015	1179172	351.92	115.79	236.13	241955	596.24

高等教育学校(机构)数（2015年）

Number of School or Institution of Higher Education (2015)

单位：所 (unit)

项目	Item	总计 Total	中央部门 Central Ministries and Agencies	#教育部门 Other Ministries	地方部门 Local Depart-ments	#教育部门 Depart-ments of Education	民办 Private
研究生培养机构	**Institutions Prov**	**25**	**6**		**18**	**18**	**1**
普通高校	Regular Institution	23	4		18	18	1
科研机构	Research Institutions	2	2				
普通高校	**Regular Instituti**	**118**	**4**		**79**	**60**	**35**
本科院校	Universities wi	58	4		31	30	23
专科院校	Colleges with Specialized Courses	60			48	30	12
#高等职业学校	Vocational and Technical Colleges	52			42	26	10
成人高等学校	**Adult Institutions**	**7**	**1**		**6**	**3**	
民办的其他高等教育机构	**Other Private Institu**	**36**					**36**

高等学校(机构)学生数（2015年）

Number of Students in Regular Institutions of Higher Education (2015)

单位：人 (person)

项目	Item	招生数 Entrants	在校学生数 Enrollment	毕(结)业生数 Graduates with Degrees or Diplomas	授予学位数 Degrees Conferred
研究生	Postgraduates	14053	40046	12337	12297
博士	Doctor's Degree	595	2719	389	351
硕士	Master's Degree	13458	37327	11948	11946
普通本科、专科生	Regular Undergraduates and College Students	350849	1179172	327981	155847
本科	Enrolled in Full Undergraduate Courses	179059	682562	158486	155847
专科	Enrolled in Specialized Courses	171790	496610	169495	
成人本科、专科生	Adult Undergraduates and College Students	146842	361481	113383	8303
本科	Enrolled in Full Undergraduate Courses	81091	203314	59532	8303
专科	Enrolled in Specialized Courses	65751	158167	53851	
在职人员攻读硕士学位	Employees Enrolled in Graduate Programs	2694	9625		2074
自考助学班	Classes for Self-learning Programs		463	155	
研究生课程进修班	Postgraduate Courses for Advanced Study		1226	507	
普通预科生	College Preparatory Courses		841		
进修及培训	In-service Training Courses		100749	100436	
留学生	Overseas Students	1228	3205	716	257

分学科研究生情况（2015年）

Number of Postgraduate Students by Field of Study (2015)

单位：人 (person)

项目	Item	毕业生数 Graduates	博士 Doctor's Degree	硕士 Master's Degree	招生数 Enroll-ment	博士 Doctor's Degree	硕士 Master's Degree	在校学生数 Enrollment	博士 Doctor's Degree	硕士 Master's Degree
分学科研究生数(总计)	**Total**	**12337**	**389**	**11948**	**14053**	**595**	**13458**	**40046**	**2719**	**37327**
哲　学	Philosophy	71	3	68	83	5	78	259	19	240
经济学	Economics	464	3	461	456	9	447	1232	39	1193
法　学	Law	688	12	676	793	17	776	2094	66	2028
教育学	Education	654	7	647	660	8	652	1786	37	1749
文　学	Literature	615	15	600	670	20	650	1794	82	1712
历史学	History	132	15	117	164	16	148	506	72	434
理　学	Science	866	48	818	1015	59	956	3060	241	2819
工　学	Engineering	4780	144	4636	5429	264	5165	15796	1269	14527
农　学	Agriculture	522	19	503	574	34	540	1528	174	1354
医　学	Medicine	1893	104	1789	2176	110	2066	6067	371	5696
军事学	Military	48		48	41		41	151		151
管理学	Management	1270	19	1251	1529	53	1476	4387	349	4038
艺术学	Art	334		334	463		463	1386		1386
分学科研究生数（普通高校）	**Regular HEIs**	**12301**	**389**	**11912**	**14023**	**595**	**13428**	**39951**	**2719**	**37232**
哲　学	Philosophy	71	3	68	83	5	78	259	19	240
经济学	Economics	464	3	461	456	9	447	1232	39	1193
法　学	Law	688	12	676	793	17	776	2094	66	2028
教育学	Education	654	7	647	660	8	652	1786	37	1749
文　学	Literature	615	15	600	670	20	650	1794	82	1712
历史学	History	132	15	117	164	16	148	506	72	434
理　学	Science	866	48	818	1015	59	956	3060	241	2819
工　学	Engineering	4744	144	4600	5399	264	5135	15701	1269	14432
农　学	Agriculture	522	19	503	574	34	540	1528	174	1354
医　学	Medicine	1893	104	1789	2176	110	2066	6067	371	5696
军事学	Military	48		48	41		41	151		151
管理学	Management	1270	19	1251	1529	53	1476	4387	349	4038
艺术学	Art	334		334	463		463	1386		1386
分学科研究生数（科研机构）	**Research Institutions**	**36**		**36**	**30**		**30**	**95**		**95**
工　学	Engineering	36		36	30		30	95		95

本、专科分学科学生数（2015年）
Number of Students in Undergraduate and Junior Colleges by Field of Study (2015)

单位：人 (person)

项目	Item	毕业生数 Graduates		招生数 Entrants		在校学生数 Enrollment	
		普通高校 Regular Institutions	成人高校 Adult Institutions	普通高校 Regular Institutions	成人高校 Adult Institutions	普通高校 Regular Institutions	成人高校 Adult Institutions
本　科	**Undergraduate**	**158486**		**179059**		**682562**	
#师范生	Teacher Training	18819		16211		67627	
按学科分	**by Field of Study**						
哲　学	Philosophy	37		40		130	
经济学	Economics	8040		7872		32137	
法　学	Law	5447		5776		22007	
教育学	Education	5794		7490		25340	
文　学	Literature	13920		14778		54610	
#外　语	Foreign Languages	7387		7858		28936	
历　史	History	832		897		2932	
理　学	Science	10829		12440		45431	
工　学	Engineering	55709		61524		236248	
农　学	Agriculture	2915		4094		13902	
医　学	Medicine	13709		15893		67828	
管理学	Management	29011		31749		124451	
艺　术	Art	12243		16506		57546	
专　科	**Junior Colleges**	**164729**	**4766**	**168346**	**3444**	**484677**	**11933**
#师范生	Teacher Training	11533		12325	77	33571	145
按学科分	**by Field of Study**						
农林牧渔类	Agriculture, Forestry, Animal Husbandry and Fishery	3486		1896		6427	
交通运输类	Transport and Communication	4836		11402	132	25426	132
生化与药品类	Biochemical and Medicine	3602	2	3283		10094	
资源开发与测绘类	Resource Development and Survey	2113	706	1177	533	4639	1551
材料与能源类	Materials and Energy	2027		1928		5732	
土建类	Civil Engineering	20330	496	14139	559	55547	2280
水利类	Water Resources	302		165		664	
制造类	Manufacturing	18744	24	19259		56177	43
电子信息类	Electronic Information	15920	323	19089	150	48657	907
环保、气象与安全类	Environmental Protection, Meteorology and Safety	429	403	570	574	1696	1539
轻纺食品类	Light, Textile and Food	1198	96	974	81	3210	200
财经类	Financial	37475	1392	36441	594	108206	2298
医药卫生类	Medicine and Health	20454		24660		65709	
旅游类	Tourism	4383	156	3801	118	10456	311
公共事业类	Public Services	1405	457	1028	211	3376	1273
文化教育类	Culture and Education	17922	159	18149	166	49998	426
艺术设计传媒类	Artistic Design and Mass Media	7963	363	7289	250	21300	720
公安类	Public Security			991		991	
法律类	Law	2140	189	2105	76	6372	253

普通中学学校数（2015年）
Number of Regular Secondary Schools (2015)

单位：所 (unit)

项目	Item	高中 Regular Senior Secondary Schools	完全中学 Combined Secondary Schools	高级中学 Regular High Schools	十二年一贯制学校 12-Year Schools	初中 Regular Junior Secondary Schools	初级中学 Junior Secondary Schools	九年一贯制 From Grade 1 to 9
总计	**Total**	**578**	**196**	**350**	**32**	**2378**	**1906**	**472**
教育部门	Departments of Education	463	150	305	8	2155	1841	314
其他部门	Other Department					4		4
民办	Run by Private Institutions	115	46	45	24	219	65	154
城区	**Cities**	**251**	**118**	**121**	**12**	**382**	**292**	**90**
教育部门	Departments of Education	188	92	91	5	324	268	56
其他部门	Other Department					2		2
民办	Run by Private Institutions	63	26	30	7	56	24	32
镇区	**Counties and Towns**	**303**	**72**	**216**	**15**	**1163**	**942**	**221**
教育部门	Departments of Education	260	54	203	3	1038	908	130
其他部门	Other Department					2		2
民办	Run by Private Institutions	43	18	13	12	123	34	89
乡村	**Rural**	**24**	**6**	**13**	**5**	**833**	**672**	**161**
教育部门	Departments of Education	15	4	11		793	665	128
民办	Run by Private Institutions	9	2	2	5	40	7	33

普通中学学生数（2015年）
Number of Junior Secondary Students (2015)

单位：人 (person)

项目	Item	总计 Total	城区 Cities	镇区 Counties and Towns	乡村 Rural
高中	**Regular Senior Secondary School**				
毕业生数	Graduates	352416	145994	197080	9342
招生数	Entrants	407691	160928	231455	15308
在校学生数	Enrolment	1157877	463318	656150	38409
初中	**Regular Junior School**				
毕业生数	Graduates	691895	205695	373328	112872
招生数	Entrants	770575	198245	431769	140561
在校学生数	Enrolment	2361330	644836	1303991	412503

中等职业学校(机构)学生分科类情况（2015年）

Students in Secondary Vocational Schools by Field of Study (2015)

单位：人 (person)

项　　目	Item	招生数 New Enrollment	#应　届 毕业生 Current Year Graduates	#初中毕业生 Junior Secondary School Graduates	在校学生数 Total Enrollment	毕业生数 Graduates	#获得职业资格证书 With Certificate on Professional Competence
总　　计	**Total**	**243165**	**199686**	**193090**	**612891**	**254142**	**193059**
农林牧渔类	Agriculture, Forestry, Animal Husbandry and Fishery	22100	12941	12353	58459	78118	57918
资源环境类	Resources and Environment	667	664	654	2308	1019	751
能源与新能源类	Energy and New Energy	919	894	815	3072	1134	1134
土木水利类	Civil and Hydraulic Engineering	7017	6429	5899	23734	7199	5949
加工制造类	Manufacturing	34709	32355	31851	91431	30159	25272
石油化工类	Petroleum and Chemical	748	454	440	2117	1025	828
轻纺食品类	Light Industry, Textile and Food	426	369	369	2127	1816	1666
交通运输类	Communication & Transportation	28420	25797	24794	69281	15637	12446
信息技术类	Information Technologies	42250	39844	38907	103028	30715	25430
医药卫生类	Medicine and Health	17115	14267	13175	44754	20372	15521
休闲保健类	Leisure Health Class	802	738	734	1887	580	408
财经商贸类	Finance and Trade	23715	21548	21454	65943	18312	12996
旅游服务类	Tourism Services	5383	4568	4545	13892	4975	3598
文化艺术类	Culture and Arts	13320	12396	11748	34681	12297	8195
体育与健身	Sports and Fitness	1696	1693	1581	4218	1152	901
教育类	Teacher Training	41344	23810	23094	86123	27671	18773
司法服务类	Judicial Services	533	119	95	1343	493	307
公共管理与服务类	Public Management and Services	1510	650	530	3604	897	619
其他	Others	491	150	52	889	571	347

技工学校情况
Statistics on Skilled Workers Schools

年 份 Year	学校数(所) Number of Schools (unit)	毕业生数(人) Graduates (person)	招生数(人) Entrants (person)	在校学生数(人) Enrolment (person)	教职工数(人) Educational Personnel (person)	专任教师数(人) Full-time Teachers (person)	文化技术理论课指导教师 Classroom Teachers	生产实习课指导教师 Practical Training Teachers	理论实习一体化教师 Classroom cum Practical Training Teachers
2005	164			105508	10863	8111	4863	1987	1261
2006	160			129845	10951	8988	5406	2228	1354
2007	161			160286	13096	10209	5809	2386	2014
2008	161			174421	12133	10881	6352	2571	1958
2009	164			169663	12597	11196	6101	2917	2178
2010	166			158592	12743	11109	6046	2826	2237
2011	168			145870	12686	8865	6310	2555	2387
2012	170			145272	13188	9355	6736	2619	2628
2013	170	48513	50126	135468	13204	9546	6962	2584	2687
2014	173	46449	45245	111626	13131	9504	7045	2459	2697
2015	173	41083	38570	101333	13044	9456	7077	2379	2640

普通小学情况
Statistics on Primary Schools

项 目	Item	学校数(所) Schools (unit)		毕业生数(人) Graduates (person)		招生数(人) Entrants (person)		在校学生数(人) Enrollment (person)	
		2014	2015	2014	2015	2014	2015	2014	2015
总计	**Total**	**12529**	**12126**	**820402**	**780958**	**989758**	**1092659**	**5642864**	**5962361**
教育部门	Departments of Education	12097	11629		703374		1027257		5525206
其他部门	Other Department				393		429		2595
地方企业	Local Enterprises	2	1		58		82		622
民办	Run by Private Institutions	430	496		77133		64891		433938
城区	**Cities**	**1365**	**1352**	**186336**	**153479**	**212229**	**229013**	**1203710**	**1264071**
教育部门	Departments of Education	1307	1281		146408		215115		1168811
其他部门	Other Department				300		362		2176
地方企业	Local Enterprises	2	1		58		82		513
民办	Run by Private Institutions	56	70		16713		13454		92571
镇区	**Counties and Towns**	**3423**	**3406**	**317795**	**312174**	**353266**	**409773**	**2111492**	**2309160**
教育部门	Departments of Education	3211	3164		268040		374662		2065020
其他部门	Other Department				93		67		419
地方企业	Local Enterprises								
民办	Run by Private Institutions	212	242		44041		35044		243721
乡村	**Rural**	**7741**	**7368**	**316271**	**305305**	**424263**	**453873**	**2327662**	**2389130**
教育部门	Departments of Education	7579	7184		288926		437480		2291375
其他部门	Other Department								
地方企业	Local Enterprises								109
民办	Run by Private Institutions	162	184		16379		16393		97646

每万人口在校学生数和中小学升学情况

Number of Students Per 10000 Population and Enrollment Rate of Secondary and Primary Schools

年份 Year	各级学校学生占全省人口(%) Percentage of Student to Total Population (%)	平均每万人口中 Per 10000 Population 大学生(人) Undergraduates (person)	中学生(人) Middle School Student (person)	小学生(人) Primary School Students (person)	小学学龄儿童入学率(%) Enrollment Rate of School-age Children (%)	小学毕业生升学率(%) Primary School Graduates Entering into Junior Secondary Schools (%)	初中毕业生升学率(%) Junior Secondary Graduates Entering into Senior Secondary Schools (%)
1980	20.8	8	650	1421	97.0	82.3	41.3
1985	15.8	10	484	1084	97.7	70.1	33.1
1990	15.8	12	394	1171	99.0	79.9	35.3
1995	19.0	20	567	1333	99.2	90.2	47.3
1996	20.2	20	636	1367	99.7	93.5	21.4
1997	21.1	21	726	1386	99.8	98.8	49.0
1998	21.4	22	755	1368	99.8	98.1	47.1
1999	15.9	27	800	1316	99.9	98.0	42.3
2000	20.8	37	832	1225	99.9	98.7	43.3
2001	20.2	52	845	1118	99.5	98.8	43.4
2002	19.5	70	875	1002	99.5	96.7	39.5
2003	18.8	82	902	896	99.4	98.0	32.9
2004	17.9	102	886	803	99.8	98.4	32.9
2005	17.1	115	864	730	99.7	98.1	39.0
2006	16.4	119	837	682	99.4	99.0	37.4
2007	16.1	130	814	670	99.5	99.8	39.2
2008	15.7	143	749	681	99.7	99.8	42.6
2009	15.5	151	702	695	99.7	99.95	45.1
2010	15.1	154	641	712	99.8	99.98	85.6
2011	15.3	153	634	747	99.8	99.97	86.2
2012	15.4	160	608	771	99.8	97.69	99.3
2013	14.6	158	555	745	99.8	93.26	92.1
2014	14.9	158	563	764	99.7	99.06	92.5
2015	15.3	159	560	807	99.8	98.67	92.6

注：1.大学生为普通高校在校学生数(普通本、专科)。 2.中学生包括中等专业学校、技工学校、普通中学和农、职中学。

a) College students are students in regular colleges and universities. b) Middle school students are not only students in regular middle schools, but also those in polytechnic schools, vestibule schools, agricultural schools and specialized middle school.

科技活动基本情况
Basic Statistics on Scientific and Technological Activities

指　标	Item	2005	2010	2014	2015
研究与试验发展(R&D)投入情况	**Statistics on R&D Input**				
R&D人员全时当量(人年)	Full-time Equivalent of R&D Personnel (man-year)	41990	62302	101434	107508
# 基础研究	Basic Research	2281	3807	5232	5623
应用研究	Applied Research	8859	10577	12340	14432
试验发展	Experimental Development	30850	47919	83863	87456
R&D经费内部支出（万元）	Intramural Expenditure on R&D (10000 yuan)	593190.1	1554487.8	3142407.4	3521443.9
# 基础研究	Basic Research	23025.1	52824.2	60687.1	68298.0
应用研究	Applied Research	149354.2	230884.4	285488.8	309184.0
试验发展	Experimental Development	401311.1	1270778.2	2796231.6	3143961.9
# 政府资金	Government Funds		273893.4	431500.7	541239.3
企业资金	Self-raised Funds by Enterprises		1220159.6	2646500.2	2858630.8
R&D经费内部支出相当于GDP比例(%)	Proportion of Intramural Expenditure on R&D to GDP (%)	0.59	0.76	1.07	1.18
科技产出及成果情况	**Statistics on S&T Outputs and Results**				
专利申请数(件)	Number of Patents Application Accepted (piece)	1912	5112	12865	15159
#发明专利	Inventions	716	1774	4888	5258
专利授权数(件)	Number of Patents Application Granted (piece)		877	1909	3456
#发明专利	Inventions		292	673	1133
发表科技论文(篇)	Scientific Papers Issued (piece)	32164	40425	43005	44427
出版科技著作(种)	Publication on Science and Technology (kind)	1041	917	1204	1384

科学研究与开发机构基本情况
Basic Statistics on Scientific Research and Development Institutions

指　标	Item	2005	2010	2014	2015
机构基本情况	**Basic Statistics on Institutions**				
机构数（个）	Number of R&D Institutions (unit)	78	75	77	79
#中央属	Subordinated to Central Level	8	8	8	8
地方属	Subordinated to Local Level	70	67	69	71
研究与试验发展(R&D)投入情况	**Statistics on R&D Input**				
R&D人员(人)	R&D Personnel (person)		6551	8783	9400
R&D人员全时当量（人年)	Full-time Equivalent of R&D Personnel (man-year)	4592	6201	8221	8757
#基础研究	Basic Research	189	669	664	693
应用研究	Applied Research	3011	4072	3011	3597
试验发展	Experimental Development	1392	1460	4546	4467
R&D经费内部支出(万元)	Intramural Expenditure on R&D (10000 yuan)	127984	212542	303852	406037
#基础研究	Basic Research	13728	24796	9315	13306
应用研究	Applied Research	100860	141414	89326	100804
试验发展	Experimental Development	13395	46331	205211	291927
#政府资金	Government Appropriation Funds	120142	175190	275385	346804
企业资金	Self-raised Funds by Enterprises	6758	51	206	549
R&D项目(课题)情况	**Statistics on R&D Topics**				
R&D项目(课题)数(项)	Projects of R&D (item)		572	821	857
R&D项目(课题)人员全时当量(人年)	Participants (man-year)		5690	7494	7958
R&D项目(课题)经费内部支出(万元)	Intramural Expenditure (10000 yuan)		106116	197504	266479
科技产出及成果情况	**Statistics on S&T Outputs and Results**				
发表科技论文(篇)	Scientific Papers Issued (piece)	2114	1935	2304	2352
出版科技著作(种)	Publication on Science and Technology (kind)	54	35	104	124
专利申请受理数(件)	Number of Patents Applications Accepted (piece)	64	244	561	665
#发明专利	Inventions	31	151	378	430
专利申请授权数(件)	Number of Patents Applications Granted (piece)		150	346	510
#发明专利	Inventions		62	188	298

高等学校科技活动情况
Basic Statistics on Higher Education for Scientific and Technological Activities

指　标	Item	2005	2010	2014	2015
机构基本情况	**Basic Statistics on Institutions**				
机构数（个）	Number of R&D Institutions (unit)	78	162	202	240
# 中央属	Subordinated to Central Level		6	10	10
地方属	Subordinated to Local Level		156	192	230
研究与试验发展(R&D)投入情况	**Statistics on R&D Input**				
R&D人员(人)	R&D Personnel (person)		16842	24079	28416
R&D人员全时当量（人年）	Full-time Equivalent of R&D Personnel (man-year)	5541	7388	9543	10569
# 基础研究	Basic Research	1532	2981	4379	4657
应用研究	Applied Research	3369	4092	4900	5659
试验发展	Experimental Development	639	319	263	253
R&D经费内部支出(万元)	Intramural Expenditure on R&D (10000 yuan)	37303	74597	123525	140153
# 基础研究	Basic Research	7452	27030	48268	51196
应用研究	Applied Research	21063	41076	71609	83895
试验发展	Experimental Development	2802	6486	3649	5062
# 政府资金	Government Appropriation Funds		39915	71784	84486
企业资金	Self-raised Funds by Enterprises		29338	40548	41916
R&D项目(课题)情况	**Statistics on R&D Topics**				
R&D项目(课题)数(项)	Projects of R&D (item)		13301	19237	20946
R&D项目(课题)人员全时当量(人年)	Participants (man-year)		7385	9902	10554
R&D项目(课题)经费内部支出(万元)	Intramural Expenditure (10000 yuan)		54999	85453	80604
科技产出及成果情况	**Statistics on S&T Outputs and Results**				
发表科技论文(篇)	Scientific Papers Issued (piece)	25818	30426	31620	32909
出版科技著作(种)	Publication on Science and Technology (kind)	849	743	967	1129
专利申请受理数(件)	Number of Patents Applications Accepted (piece)	268	937	2072	3753
# 发明专利	Inventions	151	430	871	1286
专利申请授权数(件)	Number of Patents Applications Granted (piece)		649	1531	2900
# 发明专利	Inventions		211	471	821

规模以上工业企业科技活动基本情况
Basic Statistics on Science and Technology Activities of Industrial Enterprises above Designated Size

指　　标	Item	2010	2013	2014	2015
企业基本情况	**Statistics on Industrial Enterprises**				
有R&D活动企业数(个)	Number of Enterprises Having R&D Activities (unit)	546	853	1086	1388
有R&D活动企业所占比重(%)	Percentage of Enterprises Having R&D Activities to Total Number of Enterprises (%)	3.92	6.11	7.34	9.07
R&D活动情况	**Statistics on R&D Activities**				
R&D人员全时当量(人年)	Full-time Equivalent of R&D Personnel (man-year)	41632.2	65048.5	75141.7	79452.0
R&D经费内部支出(万元)	Intramural Expenditure on R&D (10000 yuan)	1149280.1	2327418.3	2606711.3	2858050.6
R&D经费内部支出与主营业务收入之比 (%)	Percentage of Intramural Expenditure on R&D to Sales Revenue (%)	0.36	0.50	0.55	0.63
R&D项目数 (项)	Projects of R&D (item)	4976	7618	8714	8358
R&D项目经费内部支出(万元)	Intramural Expenditure on R&D Projects (10000 yuan)	979938.9	2050210.4	2336008.0	2493028.1
企业办科技机构情况	**Statistics on Science and Technology Institutions**				
机构数(个)	Number of R&D Institutions (unit)	529	929	1094	1245
机构人员数(人)	R&D Personnel (person)	43038	72960	77351	79049
机构经费支出(万元)	Expenditure on R&D (10000 yuan)	771782.8	1301962.7	1489973.7	1514208.2
新产品开发及生产情况	**Statistics on New Products Development and Production**				
新产品开发项目数(个)	Number of New Products (unit)	4892	7194	8024	7489
新产品开发经费支出(万元)	Expenditure on New Products Development (10000 yuan)	1081733.6	2025040.9	2334622.4	2465368.8
新产品销售收入(万元)	Sales Revenue of New Products (10000 yuan)	13857107.8	29160256.2	33340326.4	34762444.9
#新产品出口	Export	1480374.9	2931864.6	3209061.2	3268926.3
专利情况	**Statistics on Patent**				
专利申请数(件)	Patent Applications (piece)	3581	9171	9929	10396
#发明专利	Inventions	1072	3054	3519	3393
有效发明专利数(件)	Number of Patents in Force (piece)	1545	4049	4999	7740
技术获取和技术改造情况	**Statistics on Technology Acquisition and Technology Reconstruction**				
引进境外技术经费支出(万元)	Expenditure for Acquisition of Foreign Technology (10000 yuan)	134132.2	37942.3	42052.2	41979.8
引进技术消化吸收经费支出(万元)	Expenditure for Assimilation of Technology (10000 yuan)	190810.8	23244.1	31189.7	16576.2
购买境内技术经费支出(万元)	Expenditure for Purchase of Foreign Technology (10000 yuan)	31476.4	27413.2	32133.4	21107.9
技术改造经费支出(万元)	Expenditure for Technical Renovation (10000 yuan)	1714642.3	1506604.5	1545645.4	1236017.5

按行业分规上工业企业研究与试验发展(R&D)活动情况（2015年）

Basic Statistics on R&D Activities of Industrial Enterprises above Designated Size by Industrial Sector (2015)

行业	Sector	R&D人员全时当量（人年）Full-time Equivalent of R&D Personnel (man-year)	R&D经费内部支出（万元）Intramural Expenditure on R&D (10000 yuan)	R&D项目数（项）R&D Projects (unit)
全省总计	**Total**	**79452**	**2858050.6**	**8358**
煤炭开采和洗选业	Mining and Washing of Coal	2262	104560.0	301
石油和天然气开采业	Extraction of Petroleum and Natural Gas	1679	37521.2	278
黑色金属矿采选业	Mining of Ferrous Metal Ores	72	1247.6	34
有色金属矿采选业	Mining of Non-ferrous Metal Ores	1	58.6	1
非金属矿采选业	Mining and Processing of Nonmetal Ores	85	614.8	3
农副食品加工业	Processing of Food from Agricultural Products	734	35559.6	127
食品制造业	Manufacture of Foods	1302	37045.1	195
酒、饮料和精制茶制造业	Manufacture of Wine, Soft Drinks and Refined Tea	550	33903.2	130
烟草制品业	Manufacture of Tobacco			
纺织业	Manufacture of Textile	744	12461.8	120
纺织服装、服饰业	Manufacture of Textile, Apparel	651	10315.8	102
皮革、毛皮、羽毛及其制品和制鞋业	Manufacture of Leather, Fur, Feather and Its Products and Footware	305	5648.7	27
木材加工和木、竹、藤、棕、草制品业	Processing of Timbers, Manufacture of Wood, Bamboo, Rattan, Palm, and Straw Products	9	1974.5	6
家具制造业	Manufacture of Furniture	182	2913.1	24
造纸和纸制品业	Manufacture of Paper and Paper Products	292	6679.9	28
印刷和记录媒介复制业	Printing, Reproduction of Recording Media	498	10815.8	88
文教、工美、体育和娱乐用品制造业	Manufacture of Articles for Culture, Arts and Crafts, Education, Sport Activities and Entertainment Goods	156	6021.6	34
石油加工、炼焦和核燃料加工业	Processing of Petroleum, Coking, Processing of Nuclear Fuel	438	34865.0	81
化学原料和化学制品制造业	Manufacture of Chemical Raw Material and Chemical Products	6978	241012.8	745
医药制造业	Manufacture of Medicines	5608	192763.3	809
化学纤维制造业	Manufacture of Chemical Fiber	384	3374.5	30
橡胶和塑料制品业	Manufacture of Rubber and Plastic	1185	40868.7	192
非金属矿物制品业	Manufacture of Nonmetallic Mineral Products	2615	67910.3	299
黑色金属冶炼和压延加工业	Manufacture and Processing of Ferrous Metals	11018	708408.3	1001
有色金属冶炼和压延加工业	Manufacture & Processing of Non-ferrous Metals	498	25116.2	59
金属制品业	Manufacture of Metal Products	2193	57667.4	235
通用设备制造业	Manufacture of General Purpose Machinery	3273	91999.3	442
专用设备制造业	Manufacture of Special Purpose Machinery	7100	147793.3	725
汽车制造业	Manufacture of Automotive	13956	442369.5	958
铁路、船舶、航空航天和其他运输设备制造业	Manufacture of Railroad, Marine, Aerospace and Other Transportation Equipment	2920	119672.5	181
电气机械和器材制造业	Manufacture of Electrical Machinery and Equipment	6492	222334.7	538
计算机、通信和其他电子设备制造业	Manufacture of Computer, Communications and Other Electronic Equipment	2872	89668.0	284
仪器仪表制造业	Manufacture of Measuring Instrument	1158	20966.5	172
其他制造业	Manufacture of Others	29	750.8	8
废弃资源综合利用业	Comprehensive Utilization of Waste Resources	23	1273.0	5
金属制品、机械和设备修理业	Metal Products, Machinery and Equipment Repair	781	26030.3	25
电力、热力生产和供应业	Production and Supply of Electric Power and Heat Power	243	10286.0	49
燃气生产和供应业	Production and Distribution of Gas	149	5240.6	15
水的生产和供应业	Production and Distribution of Water	9	338.3	7

大中型工业企业科技活动基本情况

Basic Statistics on Science and Technology Activities of Large and Medium-sized Industrial Enterprises

指　　标	Item	2010	2013	2014	2015
企业基本情况	**Statistics on Industrial Enterprises**				
有R&D活动企业数（个）	Number of Enterprises Having R&D Activities (unit)	290	421	459	532
有R&D活动企业所占比重(%)	Percentage of Enterprises Having R&D Activities to Total Number of Enterprises (%)	17.82	19.13	20.60	24.41
R&D活动情况	**Statistics on R&D Activities**				
R&D人员全时当量(人年)	Full-time Equivalent of R&D Personnel (man-year)	37814.5	57729.1	64565.9	67381.0
R&D经费内部支出(万元)	Intramural Expenditure on R&D (10000 yuan)	1078941.2	1848460.5	2339952.9	2506229.8
R&D经费内部支出与主营业务收入之比(%)	Percentage of Intramural Expenditure on R&D to Sales Revenue (%)	0.52	0.63	0.78	0.91
R&D项目数(项)	Projects of R&D (item)	4346	6266	6760	6200
R&D项目经费内部支出(万元)	Intramural Expenditure on R&D (10000 yuan)	926520.2	1880303.5	2101762.5	2183489.4
企业办R&D机构情况	**Statistics on R&D Institutions**				
机构数(个)	Number of R&D Institutions (unit)	365	541	530	609
机构人员数（人）	R&D Personnel (person)	39860	64550	65442	66218
机构经费支出(万元)	Expenditure on R&D (10000 yuan)	737155.5	1196156.9	1339930.0	1334845.0
新产品开发及生产情况	**Statistics on New Products Development and Production**				
新产品开发项目数(个)	Number of New Products (unit)	4048	5629	6071	5290
新产品开发经费支出(万元)	Expenditure on New Products Development (10000 yuan)	983795.8	1804911.5	2067145.6	2158520.6
新产品销售收入(万元)	Sales Revenue of New Products (10000 yuan)	13062232.8	27737142.4	31333220.7	32499892.8
# 新产品出口	Export	1428054.4	2872748.7	3148680.7	3170022.9
专利情况	**Statistics on Patent**				
专利申请数(件)	Patent Applications (piece)	2827	7576	7578	8225
#发明专利	Inventions	820	2448	2611	2575
有效发明专利数(件)	Number of Patents in Force (piece)	1218	3176	3803	5916
技术获取和技术改造情况	**Statistics on Technology Acquisition and Technology Reconstruction**				
引进境外技术经费支出(万元)	Expenditure for Acquisition of Foreign Technology (10000 yuan)	132991.6	37413.8	41054.4	41028.1
引进技术消化吸收经费支出(万元)	Expenditure for Assimilation of Technology (10000 yuan)	189600.8	22211.4	28820.6	15876.6
购买境内技术经费支出(万元)	Expenditure for Purchase of Foreign Technology (10000 yuan)	30970.8	25805.0	29696.2	20143.6
技术改造经费支出(万元)	Expenditure for Technical Renovation (10000 yuan)	1701417.4	1470789.2	1457320.5	1171257.3

注：2005年企业办R&D机构为企业科技机构。

a) R&D agency supported by enterprises for 2005, refers to those R&D agencies which are attached to enterprises.

国有地方企事业单位各部门专业技术人员
Number of Scientific and Technical Personnel in Local State-owned Enterprises and Institutions

单位：人 (person)

项目	Item	2005	2010	2014	2015
全省总计	**Total**	**1131635**	**1139161**	**1201648**	**1160009**
农、林、牧、渔业	Agriculture, Forestry, Animal Husbandry and Fishery	38189	33597	36374	34729
采矿业	Mining	22779	29550	32078	31137
制造业	Manufacturing	65311	44892	39663	41006
电力、煤气及水的生产和供应业	Production and Supply of Electricity, Gas and Water	9760	9745	10183	9897
建筑业	Construction	19534	21332	17273	16913
交通运输 、仓储和邮政业	Transport, Storage and Post	21305	26071	30092	28697
信息传输、计算机服务和软件业	Information Transmission, Computer Services and Software	737	1089	930	701
批发和零售业	Wholesale and Retail Trades	13313	9488	7773	7854
住宿和餐饮业	Hotels and Catering Services	1029	1003	960	804
金融业	Financial Intermediation	2536	2618	1600	1913
房地产业	Real Estate	4317	3387	3978	3567
租赁和商务服务业	Leasing and Business Services	952	1153	1030	904
科学研究、技术服务和地质勘查业	Scientific Research, Technical Service and Geologic Environment Prospecting	14834	14870	16362	16455
水利、环境和公共设施管理业	Management of Water Conservancy, and Public Facilities	20153	27013	26864	26081
居民服务和其他服务业	Services to Households and Other Services	4630	4927	3642	3639
教育	Education	700685	665785	707960	693348
卫生、社会保障和社会福利业	Health, Social Security and Social Welfare	138063	173742	201590	182884
文化、体育和娱乐业	Culture, Sports and Entertainment	31489	22319	26161	24680
公共管理和社会组织	Public Management and Social Organization	22019	46571	37135	34800

省内三种专利申请受理量及授权量
Three Kinds of Patent Applications Examined and Granted

单位：件 (unit)

项　目	Item	2000	2005	2010	2014	2015
申请量合计	**Total Applications Examined**	**3848**	**6401**	**12300**	**30000**	**44060**
发　明	Inventions	601	1273	3269	8332	11259
实用新型	Utility Models	2429	3618	7095	16693	24646
外观设计	Designs	818	1510	1936	4975	8155
在三种专利申请量中	**In the Three Types of Patent Applications Examined**					
非职务	Non-official	3080	4705	5707	10861	15359
职　务	Official	768	1696	6593	19139	28701
大专院校	Universities and Colleges	27	218	810	3140	4309
科研单位	Research Institutions	45	103	394	696	814
工矿企业	Enterprises	682	1353	5296	14966	23181
机关团体	Government Agencies and Organizations	14	22	93	337	397
授权量合计	**Three Kinds of Patents Granted**	**2812**	**3585**	**10061**	**20132**	**30130**
发　明	Inventions	221	371	954	2286	3840
实用新型	Utility Models	1917	2246	6838	14253	19103
外观设计	Designs	674	968	2269	3593	7187
在三种专利授权量中	**In the Three Types of Patent Applications Certified**					
非职务	Non-official	2137	2650	4919	6617	9714
职　务	Official	675	935	5142	13515	20416
大专院校	Universities and Colleges	27	80	586	1708	2708
科研单位	Research Institutions	61	56	265	268	362
工矿企业	Enterprises	568	791	4231	11382	17050
机关团体	Government Agencies and Organizations	19	8	60	157	296

文化艺术事业机构发展情况
Basic Statistics of Institution in Culture and Arts

单位：个 (unit)

年 份 Year	艺术业 Arts	#艺术表演团体 Arts Performance Troupes	#剧场、影剧院 Cinemas, Theaters and Music Halls	图书馆 Public Libraries	群众艺术馆、文化馆 Mass Art Centers and Cultural Centers		文化站 Cultural Stations	文物业 Cultural Relics	#博物馆 Museums
					省市级 Province and City Level	县市级 County Level			
1985	305	181	115	104	20	172	3724	116	12
1990	286	143	101	121	18	170	3399	163	22
1995	237	138	99	134	12	169	3011	197	31
1996	259	138	101	143	12	169	1920	205	34
1997	270	138	111	143	12	169	2098	207	38
1998	244	138	106	146	12	168	2108	212	40
1999	263	140	103	145	12	168	2092	213	42
2000	256	138	96	145	12	166	2079	215	43
2001	241	134	97	146	12	166	2103	216	43
2002	236	135	100	145	12	165	2091	215	44
2003	231	133	98	147	12	165	2106	215	44
2004	217	127	90	149	12	162	1972	215	45
2005	221	126	93	153	13	162	1974	216	46
2006	228	135	91	156	13	162	2056	217	46
2007	269	170	91	160	13	164	2017	256	56
2008	336	228	91	163	13	164	2057	228	57
2009	355	246	75	164	13	164	2088	236	64
2010	403	284	77	165	13	164	2142	236	65
2011	426	312	81	166	14	163	2183	254	69
2012	588	448	96	172	13	168	2212	249	75
2013	569	492	69	173	13	169	2217	272	101
2014	535	458	76	172	13	171	2220	277	105
2015	562	482	79	172	13	167	2222	304	107

文化、文物事业机构、人员数（2015年）
Number of Institution and Personnel in Culture and Cultural Relics (2015)

机构类别	Category of Institution	机构数(个) Number of Institutions (unit)	从业人数(人) Number of Employed Persons (person)
艺术业	Arts		
艺术表演团体	Arts Performance Troupes		
# 话剧、儿童剧、滑稽剧团	Drama, Plays for Children and Comedy Troupes	65	
歌舞团、轻音乐团	Song and Dance Troupe, Light Music Troupe	110	377
戏曲剧团	Local Opera Troupes		
# 京　剧	Beijing Opera Troupes	10	265
曲艺、杂技、木偶、皮影团	Recitation and Ballad Troupes, Acrobatics and Circus Troupes, Puppet Show Troupes and Shadow Play Troupes	105	3326
艺术表演场所	Arts Centers	35	621
# 剧场、影剧院	Cinemas, Theaters and Music Halls	79	357
图书馆	Public Libraries	172	1855
群众文化服务	Mass Culture		
群众艺术馆、文化馆	Mass Art Centers and Cultural Centers (Province and City Level)	2402	7138
群众艺术馆、文化馆(县市级)	Mass Art Centers and Cultural Centers (County Level)	167	2364
文化站	Cultural Stations	2222	4774
# 乡镇文化站	Township Cultural Stations	1985	4299
文物业	Cultural Relics		
文物保护管理机构	Agencies of Historical Relics Preservation	165	3973
文物科研机构	Scientific and Research Historical Relics Agencies	5	174
博物馆	Museums	107	3519
综合性博物馆	Comprehensive Museums	38	1220
历史类博物馆	History Museums	46	1740
艺术类博物馆	Arts Museums	9	194
文物商店	Cultural Relics Shops	3	17

艺术表演团体演出情况（2015年）
Basic Statistics on Performance of Art Troupes (2015)

种 类	Item	国内演出场次（万场）Number of Performances (10000 shows)	#到农村演出 Shows in Rural Areas	国内观众人数（万人次）Number of Spectators (10000 person-times)
全 省 总 计	**Total**	**8.12**	**5.47**	**4559.02**
# 话剧、儿童剧、滑稽剧团	Drama, Plays for Children and Comedy Troupes	0.80		252.08
歌舞团、轻音乐团	Song and Dance Troupe, Light Music Troupes	1.06		393.93
京剧、昆曲类	Local Opera Troupes	0.08		69.01
# 京 剧	Beijing Opera Troupes	0.08		69.01
地方戏曲类	Local Operas	2.97		1927.01
曲艺类	Recitation and Ballad Troupes	0.23		74.21
杂技、魔术、马戏类	Acrobatics and Circus Troupes, Puppet Show Troupes, and Shadow Play Troupes	1.73		766.74
综合性艺术表演团体	Comprehensive Art Performance Troupes	1.24		1076.04

群众艺术馆、文化馆(站)业务活动及经费收支（2015年）
Basic Statistics on Activities and Expenditures of Mass Art Centers and Cultural Centers (2015)

项 目	Item	总 计 Total	群众艺术馆、文化馆（省、地市级）Mass Art Centers and Cultural Centers (Province and City Level)	群众艺术馆、文化馆（县市级）Mass Art Centers and Cultural Centers (County Level)	文化站 Cultural Stations
机构数(个)	Number of Units (unit)	2402	13	167	2222
举办展览(个)	Number of Exhibitions (unit)	5106	99	866	4141
组织文艺活动(次)	Art Performances and Story-telling Sessions (show)	41732	1296	11148	29288
举办训练班	Training Courses				
班 次(次)	Number of Classes (show)	16189	1588	4219	10382
培训人次(万人次)	Number of Persons Completing Courses (1000 person-times)	103.73	7.99	23.81	71.93
负责指导单位(个)	Centers and Cultural Centers (unit)				
馆办文艺团体	Art Performance Troupes	294	37	257	
群众业余演出团(队)	Part-time Art Groups	22574	523	3816	18235
总支出(万元)	Total Expenditures (10000 yuan)				
各种设备、交通工具、图书购置费	Purchase of Instruments, Vehicles and Books	1496.9	158.1	604.7	734.1

公共图书馆基本情况（2015年）
Basic Statistics on Public Libraries (2015)

项 目	Item	总 计 Total	#市级图书馆 Public Libraries at City Level	#县(市)区级图书馆 Public Libraries at County Level
总藏量(万册、件)	Total Collections (10000 volumes)	2199.83	820.52	1115.54
书架单层总长度(万米)	Total Length of Bookshelves (10000 m)	49.14	14.80	27.16
图书流通情况	Circulation of Books			
总流通人次(万人次)	Total Number of Circulation (10000 person-times)	1427.56	667.03	528.54
有效借书证数(万个)	Number of Valid Library Cards (10000 units)	89.27	34.71	27.43
为读者服务举办各种活动	Service Activities Provided for Readers			
次 数(次)	Number of Activities (show)	3609	1217	2086
参加人数(万人次)	Number of Readers Involved (10000 person-times)	168.52	74.40	55.11
总支出(万元)	Total Expenditures (10000 yuan)	28023.70	12449.30	10820.30
#新增藏量购置费	New Books Acquisition	3265.40	1480.60	1129.80
本年新购藏量(万册)	Number of Books Purchased During the Year (10000 volumes)	121.64	41.24	64.11
实际使用公用房屋建筑面积(万平方米)	Floor Space of Public Buildings in Use (10000 sq.m)	43.92	13.25	25.60
#书 库	Stack Rooms	9.13	2.61	5.41
阅览室座席(万个)	Seating Capacity of Reading Rooms (10000 seats)	3.31	0.57	2.43

广播电视基本情况
Basic Statistics on Broadcasting and Television Stations

项 目	Item	2012	2013	2014	2015
广播	**Radio**				
广播节目综合人口覆盖(%)	Population Coverage Rate of Radio Programs (%)	99.33	99.34	99.34	99.35
电视	**Television**				
电视节目综合人口覆盖(%)	Population Coverage Rate of TV Programs (%)	99.26	99.27	99.27	99.27
有线广播电视用户数(万户)	Users of Cable Radios and TV (10000 households)	792.61	865.82	914.40	922.47
广播电视技术及其他	**TV Technology and Others**				
中、短波转播发射台(座)	Transmission and Relaying Stations of Medium and Short Wave Broadcast (unit)	15	31	31	29
调频转播发射台(座)	Relaying Stations of Frequency Modulation Broadcsting (unit)	160	159	159	159
电视转播发射台(座)	TV Transmission and Relaying Stations (unit)	253	253	253	253
微波实有站(座)	Microwave Stations (unit)	32	32	32	32

图书、报纸、杂志出版种类和数量（2015年）
Number of Books, Newspaper and Magazines Published (2015)

门　类	Category	本版图书种类（种）Number of Publications (items)	总印数（万册）Printed Copies (10000 copies)	总印张（千印张）Printed Sheets (1000 sheets)
图　书	**Books Published**	**6817**	**21617.47**	**1608699**
马克思主义、列宁主义、毛泽东思想	Marxism-Leninism, Mao Zedong Thought	2	0.40	75
哲学	Philosophy	13	4.97	928
社会科学总论	General Social Sciences	29	9.81	1878
政治、法律	Politics and Law	32	14.05	968
军事	Military Affairs	3	0.80	163
经济	Economics	34	12.61	1434
文化、科学、教育、体育	Culture, Science, Education and Sports	5469	20200.42	1494877
语言、文字	Languages	122	174.91	7738
文学	Literature	637	792.46	64921
艺术	Arts	207	245.91	9784
历史、地理	History and Geography	39	7.96	7980
自然科学类	General Natural Sciences	2	0.20	28
数理科学、化学	Mathematics and Chemistry	8	15.08	1875
天文学、地理科学	Astronomy and Geology			
生物科学	Biology			
医药、卫生	Medicine and Health Care	61	70.63	14291
农业科学	Agricultural Science	34	5.79	697
工业技术	Industrial Technology	23	12.55	1208
交通运输	Transportation	6	1.23	64
航空、航天	Aeronautics and Aerospace	1	0.05	12.75
环境科学	Environmental Science	10	5.00	413
综合性图书	General Books	77	36.62	4791
报　纸	**Newspapers Published**	**65**	**145933**	**3635190**
省级	Province	29	96148	2058957
地(市)级	Prefecture	35	49423	1572610
县级	County	1	362	3624
期　刊	**Magazines Published**	**218**	**4714.95**	**218932.76**
综合类	General Magazines	9	32.02	1890.46
哲学、社会科学类	Philosophy and Social Sciences	54	1860.76	84917.27
自然科学、技术类	Natural Sciences and Technology	107	823.52	56426.73
文化、教育类	Culture and Education	34	1763.55	58771.14
文学、艺术类	Literature and Arts	14	235.10	16927.16
画刊	Pictures	2	29	1583
少年儿童读物	Books for Children	3	771	13021

体育系统从业人员情况(2015年)
Number of Engaged Persons of Physical Education System (2015)

指　标	Item	合　计 Total	#管理人员 Management	#专业技术人员 Professional and Technical Personnel	#优秀运动队运动员 Excellent Sports Teams and Athletes	#工勤人员 Workers and Service Personnel	#其他 Others
全省总计	**Total**	**6040**	**978**	**2034**	**933**	**847**	**228**
体育行政机关	Administrative Agencies	1325				183	122
运动项目管理部门	Sports Events Management	1281	128	165	931	57	
本科院校	Colleges	488	73	383		32	
体育运动学校	Physical Education & Sports Schools	591	84	442		65	
少儿体育运动学校(业余体校)	Spare-time Sports School	877	139	633	2	69	34
训练基地	Training Bases	74	18	28		28	
体育场馆	Stadium and Gymnasium	513	108	139		227	39
体育科研机构	Sports Science & Technology Institute	65	6	54		5	
其他事业单位	Other Institutions	679	398	180		88	13
其他	Others	147	24	10		93	20

等级运动员、裁判员分项发展人数（2015年）
Number of Athletes and Referees in Grades by Type of Sports (2015)

单位：人　　(person)

运动项目	Item	等级运动员 Number of Athletes in Grades	#女　性 Female	#一　级运动员 First Grades	#二　级运动员 Second Grades	等级裁判员 Number of Referees in Grades	#女　性 Female
全省总计	**Total**	**2460**	**925**	**592**	**1868**	**906**	**277**
#田径	Track and Field	669	198	29	640	435	142
游泳	Swimming	117	50	29	88	18	6
举重	Weight Lifting	15	3	6	9		
体操	Gymnastics	21	11	11	10		
射击	Fire	23	13	9	14	21	6
国际式摔跤	International -like Wrestling	78	18	30	48		
柔道	Judo	25	12	12	13	1	
篮球	Basketball	333	105	48	285	234	50
排球	Volleyball	173	80	60	113	14	5
乒乓球	Ping pong	95	46	58	37	39	19
羽毛球	Badminton	73	42	35	38	29	8
足球	Football	310	126	65	245	21	2
武术	Martial Arts	144	42	24	120	28	12

卫生事业发展情况
Basic Statistics of Health Institutions

年 份 Year	卫生机构数 (个) Number of Health Institutions (unit)	#医 院 Hospitals	卫生机构床位数 (万张) Beds in Health Care Institutions (10000 beds)	#医 院 Hospitals	卫生技术人员数 (万人) Medical Technical Personnel (10000 persons)	#执业(助理)医师 Licensed Doctors	每千人口医疗床位 (张) Beds of Medical Institutions per 1000 Population (bed)	每万人口执业(助理)医师数 (人) Licensed (Assistant) Doctors in Health Care Institutions per 10000 Persons(person)
1978	8989	4336	8.90	8.28	10.75	5.46	1.76	10.8
1980	9492	4336	9.55	8.89	12.64	6.13	1.85	11.9
1981	10063	4327	9.79	9.10	13.37	6.23	1.86	11.9
1982	10227	4316	10.18	9.46	14.32	6.35	1.90	11.8
1983	10281	4333	10.71	9.96	14.85	6.59	1.98	12.2
1984	10344	4333	11.02	10.25	15.47	6.75	2.01	12.3
1985	10402	3120	12.09	11.24	15.45	6.85	2.18	12.4
1986	10454	3246	12.48	10.77	15.88	6.94	2.22	12.3
1987	10366	3311	13.32	11.48	16.18	6.96	2.34	12.2
1988	10579	3374	13.81	11.89	16.88	7.70	2.38	13.3
1989	10721	3379	14.39	12.43	17.45	8.36	2.44	14.2
1990	10586	3531	14.60	12.43	18.56	8.60	2.39	14.0
1991	10647	3630	14.81	12.93	18.35	8.61	2.38	13.8
1992	10715	3640	15.19	13.24	18.95	8.89	2.43	14.2
1993	10958	3787	15.54	13.56	19.77	8.25	2.46	13.0
1994	10274	4540	15.91	13.74	19.83	9.14	2.50	14.3
1995	10266	4533	15.90	13.76	20.77	9.31	2.49	14.5
1996	5402	794	16.19	14.10	18.82	7.93	2.50	12.2
1997	5392	795	16.62	14.48	19.47	8.24	2.56	12.6
1998	5386	791	16.56	14.48	19.90	8.53	2.53	13.0
1999	5338	784	16.62	14.63	20.30	8.96	2.51	13.6
2000	5306	779	16.89	14.89	20.75	9.17	2.54	13.7
2001	5281	773	17.27	15.17	20.98	9.41	2.57	14.0
2002	4671	885	17.17	16.45	20.05	9.33	2.55	12.4
2003	4520	770	15.88	14.96	20.23	9.31	2.35	12.3
2004	3414	807	15.84	14.75	20.21	8.39	2.33	12.3
2005	3284	817	16.23	15.40	20.29	8.41	2.38	12.3
2006	3394	874	17.30	16.40	21.08	8.75	2.52	12.7
2007	19431	1125	19.54	18.01	24.29	10.81	2.82	15.6
2008	15050	1103	21.40	19.71	24.57	10.91	3.07	15.6
2009	14738	1123	23.30	15.92	25.80	11.44	3.31	17.2
2010	15122	1224	24.93	17.29	28.03	21.94	3.47	18.4
2011	80318	1248	26.69	18.77	28.95	12.52	3.69	18.6
2012	79688	1248	28.47	20.39	31.51	14.31	3.75	19.6
2013	78486	1268	30.36	22.05	33.31	15.02	4.19	20.0
2014	78906	1341	32.29	23.69	25.17	15.78	4.37	21.4
2015	78600	1547	34.22	25.48	37.26	16.69	4.61	22.47

注：1996年、2007年和2011年卫生机构统计口径进行了调整。

a)Number of Health Institutions 1996, 2007 and 2011 have been adjusted according to statistical approach.

卫生机构基本情况
Basic Statistics of Health Institutions

指　标	Indicator	2013	2014	2015
卫生机构数(个)	**Number of Health Institutions (unit)**	**78486**	**78906**	**78600**
城镇	Urban Areas	5456	6525	7521
农村	Rural Areas	73030	72381	71079
医院	Hospitals	1268	1341	1547
# 公立医院	Public hospital	766	745	770
民营医院	Private hospitals	502	596	777
# 综合医院	General Hospitals	826	894	1043
中医医院	Hospitals Specialized in Traditional Chinese Medicine	211	210	192
专科医院	Specialized Hospitals	231	237	278
基层医疗卫生机构	Basic Medical Institutions	75178	75624	75560
# 社区卫生服务中心(站)	Community Health Service Centers	1115	1169	1187
街道卫生院	Urban Health Centers			
乡镇卫生院	Township Health Centers	1960	1960	1960
村卫生室	Village Clinics	62311	61451	60492
门诊部(所)	Outpatient Department	9792	11044	221
专业公共卫生机构	Specialized Public Health Institutions	1690	1667	1269
# 疾病预防控制机构	Center for Disease Control and Prevention	194	193	193
专科疾病防治院(所/站)	Specialized Disease Prevention & Treatment Institution	9	7	9
妇幼保健院(所/站)	Women and Children Care Agencies	265	222	199
健康教育中心(所)	Health Education Center	3	3	3
卫生监督所(中心)	Health Inspection Institution	192	190	189
卫生人员数(人)	**Number of Medical Personnel (person)**	**491963**	**513230**	**533271**
卫生技术人员	Medical Technical Personnel	333105	351705	372648
# 执业(助理)医师	Licensed (Assistant) Doctors	150197	157803	166872
# 执业医师	Licensed Doctors	114594	121092	128785
注册护士	Registered Nurse	111526	121845	132839
药师(士)	Pharmacist	14415	14975	15656
乡村医生和卫生员	Village Doctors and Assistants	83850	83659	82355
其他技术人员	Other Technical Personnel	23397	23838	24232
管理人员	Administrative Personnel	18370	19298	18885
工勤技能人员	Logistics Technical Workers	33241	34730	35151
卫生机构床位数(张)	**Beds in Health Care Institutions (bed)**	**303568**	**322909**	**342189**
城镇	Urban Areas	115897	125325	133162
农村	Rural Areas	187671	197584	209027
医院	Hospitals	220473	236889	254829
# 公立医院	Public hospital	191516	202761	210117
民营医院	Private hospitals	28957	34128	44712
基层医疗卫生机构	Basic Medical Institutions	70293	73108	74873
# 社区卫生服务中心(站)	Community Health Service Centers	8821	9667	9521
乡镇卫生院	Township Health Centers	60836	62930	64853
专业公共卫生机构	Specialized Public Health Institutions	11797	11907	11482
# 妇幼保健院(所/站)	Women and Children Care Agencies	10860	11015	10627
专科疾病防治院(所/站)	Specialized Disease Prevention & Treatment Institution	837	837	800

前十位疾病死亡原因和构成（2015年）
The Top 10 Death-causing Diseases and Composition (2015)

死亡原因	Cause of Death	死亡率(1/10万) Death Rate (1/100000)	占死亡总数(%) Percentage of Total Death (%)
心脏病	Heart Diseases	175.55	30.94
脑血管病	Cerebrovascular Disease	144.12	25.40
恶性肿瘤	Malignant Tumour	117.64	20.74
损伤及中毒	External Causes of Injury and Poison	36.81	6.49
呼吸系统疾病	Diseases of the Respiratory System	34.63	6.10
内分泌营养代谢疾病	Endocrine, Nutritional & Metabolic Diseases	11.62	2.05
消化系统疾病	Diseases of the Digestive System	8.32	1.47
传染病	Infectious Disease	4.29	0.76
泌尿生殖系统疾病	Diseases of the Genitourinary System	3.89	0.69
神经系统疾病	Diseases of the Nervous System	3.80	0.67

新型农村合作医疗情况
Conditions of New Cooperative Medical System

指　　标	Indicators	2010	2011	2012	2013	2014	2015
开展新农合县(区、市)数(个)	Number of Counties Implementing of NCMS (unit)	164	164	164	164	164	166
参加新农合人数(万人)	Number of Enrollees (10000 persons)	4998.09	5020.02	5037.00	5146.38	5234.96	5103.67
参合率 (%)	Enrollment Rate (%)	94.46	95.43	96.24	97.97	98.50	97.82
人均筹资(元)	Per Capita Premiums (yuan)	140	230	290	340	390	490
当年基金支出(万元)	Payout at Current Year (10000 yuan)	641252.7	1029896	1431868	1746751	1971505.4	2415742.1
补偿受益人次(万人次)	Number of Beneficiaries from Reimbursement (10000 person-times)	6567.91	9862.18	12358.51	13350.06	13606.82	13795.34

各类医疗卫生机构医疗服务及床位利用情况（2015年）

机构名称	Institutions	诊疗人次数（人次）Visits (person-time)	医师日均担负诊疗人次(人次) Daily Visits Each Doctor (person-time)
全省总计	**Total**	**421302416**	**6.1**
医　院	Hospitals	118429389	5.1
综合医院	General Hospitals	89134359	5.1
中医医院	Hospitals Specialized in Traditional Chinese Medicine	16307607	5.0
中西医结合医院	Hospital of Integrated Traditional Chinese with Western Medicine	2608840	4.5
民族医院	Nationalities Hospitals		
专科医院	Specialized Hospitals	10378583	4.7
护理院	Nursing Hospital		
基层医疗卫生机构	Basic Medical Institutions	293243033	8.4
社区卫生服务中心(站)	Community Health Service Centers	17108622	10.3
卫生院	Health Centers	45172526	7.2
# 街道卫生院	Urban Health Centers		
乡镇卫生院	Township Health Centers	45172526	7.2
村卫生室	Village Clinics	195158797	
门诊部	Outpatient Department	1446258	5.4
专业公共卫生机构	Specialized Public Health Institutions	9610345	5.8
专科疾病防治院(所、站)	Specialized Disease Prevention & Treatment Institution	198421	2.1
妇幼保健院(所、站)	Women and Children Care Agencies	9303785	6.0
其他机构	Other Institutions	19649	2.2
疗养院	Sanatoriums	19184	2.3
临床检验中心	Clinical Laboratory Center	465	1.9

Number of Visits and Inpatients in Medical Institutions and Utilization of Beds (2015)

入院人数 (人) Inpatients (person)	出院人数 (人) Number of People Discharged from Hospital (person)	实际开放总床日数 (日) Days of Total Beds Actually Opened (day)	平均开放病床 (张) Average Beds Opened (bed)	病床周转次数 (次) Turnover of Beds (time)	病床工作日 (日) Working Days of Beds (day)	病床使用率 (%) Utilization Rate of Beds (%)	平均住院日 (日) Average Stay Days in Hospital (day)
9898273	**9825812**	**116606965**	**319471**	**30.8**	**281.4**	**77.08**	**8.7**
7854797	7804250	88126165	241442	32.3	304.9	83.52	9.1
6207560	6176036	65529232	179532	34.4	310.7	85.13	8.8
935367	924061	11200472	30686	30.1	280.3	76.78	9.1
193052	190938	2039270	5587	34.2	364.1	99.76	9.8
518818	513215	9357191	25636	20.0	280.3	76.81	12.7
1644189	1634527	24516127	67167	24.3	203.5	55.76	7.4
75189	75746	2441531	6689	11.3	180.2	49.36	8.4
1543397	1533178	22074596	60478	25.4	206.1	56.47	7.4
1543397	1533178	22074596	60478	25.4	206.1	56.47	7.4
25603	25603						
396040	383773	3899743	10684	35.9	240.6	65.93	6.2
14551	14515	283690	777	18.7	450.2	123.35	20.8
381489	369258	3616053	9907	37.3	224.2	61.43	5.6
3247	3262	64930	178	18.3	216.3	59.25	10.7
3247	3262	64930	178	18.3	216.3	59.25	10.7

社会福利事业、企业单位和工作人员数
Number of Social Welfare Institutions and Enterprises and Persons Engaged

项目	Item	单位数(个) Number of Institutions (unit)			工作人员(人) Number of Personnel Engaged (person)		
		2010	2014	2015	2010	2014	2015
烈士纪念建筑物管理单位	Army Supply Transfer Stations	90	106	98	816	885	841
救助类单位	Salvation Institutions	29	84	63	402	545	478
# 救助管理站	Collecting and Repatriating Units	27	83	62	364	532	465
流浪儿童保护中心	Centers for Rescuing Street Children	2	1	1	38	13	13
殡仪馆	Funeral Parlor	154	183	153	2782	3274	2786
殡葬管理服务单位	Funeral and Burial Management Service Units	16	13	11	318	168	181
社会福利企业单位	Social Welfare Enterprises	1071	541	449	55027	34618	28601

收养性社会福利单位基本情况（2015年）
Basic Statistics on Social Welfare Institutions (2015)

项目	Item	院数(个) Number of Homes (unit)	工作人员(人) Number of Staff and Workers (person)	床位(张) Number of Beds (unit)	年末收养人数(人) Number of Persons Housed (year-end) (person)
全省收养性单位					
# 荣誉军人康复医院	Convalescent Hospitals for Honorable Serviceman	1	212	200	200
复员军人疗养院	Sanatoriums for Ex-serviceman	8	836	1620	1125
光荣院	Homes for Disabled Veterans	129	1585	10704	4186
社会福利院	Social Welfare Homes	35	992	6274	3739
儿童福利院	Baby Welfare Homes	7	48	554	177
社会福利医院	Social Welfare Hospitals				
城市养老服务机构	Institutions for the Aged in Urban Areas	331	6545	57841	26941
农村养老服务机构	Institutions for the Aged in Rural Areas	431	5983	73780	33337

公证文书分类

Notary Documents by Type

指　　标	Item	办理公证(件) Number of Notarial Documents Issued (piece)		比重(%) Percentage (%)	
		2014	2015	2014	2015
国内合计	**Domestic Total**	**260896**	**267767**	**100.00**	**100.00**
合同(协议)	Contracts (Agreement)	66031	53427	25.31	19.95
继承	Inheritance	37635	42741	14.43	15.96
单方法律行为	Unilateral Obligation	88665	100500	33.98	37.53
现场监督	Field Supervision	6330	5386	2.43	2.01
保全证据	Evidence Preservation	11157	11715	4.28	4.38
公司章程	Articles of Association	525	23	0.20	0.01
组织资格	Organize Qualification	56	76	0.02	0.03
财产权	Property Rights	207	861	0.08	0.32
身份	Identity	430	286	0.16	0.11
收养关系	Child Adoption	19	27	0.01	0.01
婚姻状况	Marital Status	551	308	0.21	0.12
亲属关系	Kinship Confirmation	4702	4848	1.80	1.81
有无违法犯罪记录	Any Illegal and Criminal Record	952	601	0.36	0.22
其他有法律意义事实	Other Legal Facts	3247	2486	1.24	0.93
证书(执照)	Certificate (License)	680	1032	0.26	0.39
签名(印鉴)	The ignature (The Seal)	16977	19848	6.51	7.41
文本相符	Confirmation of Copies and Photo-offset Copies to Originals	4769	5790	1.83	2.16
赋予执行效力	Give Effectiveness	8811	9962	3.38	3.72
执行证书	Perform Certificate	288	801	0.11	0.30
抵押登记	Mortgage Registration	680	331	0.26	0.12
提存	Deposited	193	143	0.07	0.05
保管	Custody	1	2		
其他	Others	7990	6573	3.06	2.45
涉外合计	**Foreign-related Total**	**98699**	**91436**	**100**	**100**
合同(协议)	Contracts (Agreement)	156	196	0.16	0.21
继承	Inheritance	142		0.14	
委托	Proxy	1624	1564	1.65	1.71
声明	Declarations	1408	1575	1.43	1.72
遗嘱	Testaments				
其他单方法律行为	Unilateral Obligation	874	1007	0.89	1.1
公司章程	Articles of Association	178	134	0.18	0.15
组织资格	Organize Qualification	26	62	0.03	0.07
收养关系	Child Adoption	46	39	0.05	0.04
婚姻状况	Marital Status	3282	3961	3.33	4.33
亲属关系	Kinship Confirmation	11954	11699	12.11	12.79
出生	Births	15720	14459	15.93	15.81
死亡	Deaths	225	96	0.23	0.1
生存、居住	Survival and Residence	411	581	0.42	0.64
学历(学位)	Schooling (Degree)	10031	8430	10.16	9.22
经历	Personal Histories	316	309	0.32	0.34
职务(职称)	Position (Professional Certificates)	261	562	0.26	0.61
身份	Identity	308	1141	0.31	1.25
有无违法犯罪记录	Any Illegal and Criminal Record	13965	11061	14.15	12.1
其他有法律意义事实	Other Legal Facts	974	1570	0.99	1.72
证书(执照)	Certificate (License)	10001	9801	10.13	10.72
签名(印鉴)	The ignature (The seal)	2911	2649	2.95	2.9
文本相符	Confirmation of Copies and Photo-offset Copies to Originals	12023	11988	12.18	13.11
其他	Others	11863	8552	12.02	9.35

享受救济、补助人员情况
Persons Relief Funds or Receiving Subsidies

项　　目	Item	2010	2013	2014	2015
城镇居民最低生活保障人数(人)	Number of Persons Receiving Minimum Living Allowance in Urban Areas (person)	883475	727646	627515	550471
城镇临时救济(户次)	Number of Persons Receiving Temporary Relief in Urban Areas ((household-time)	6949	270024①	32328	36311
农村居民最低生活保障人数(人)	Number of Persons Receiving Minimum Living Allowance in Rural Areas (person)	1912638	2218981	2099158	2057594
农村临时救济(户次)	Number of Persons Receiving Temporary Relief in Rural Areas ((household-time)	64053	319443①	77813	143596
农村传统救济人数(人)	Number of Persons Receiving Traditional Relief in Rural Areas (person)	9274	5671	5181	5998
农村集体五保供养户(户)	Number of Persons Reveiving Livelihood Guaranteed in Five Aspects in Rural Households (household)	95530	88768	70996	48215
农村分散五保供养户(户)	Number of Persons Reveiving Livelihood Guaranteed in Five Aspects in Rural Households (household)	149382	149602	161178	179772

注：①计量单位为次。②计量单位为人。
a) ① unit of measurement: time. ② unit of measurement: person.

婚姻服务情况
Statistics on Marriages and Divorces

年　份 Year	按婚前状况分类 by the Classification of Pre Marital Status		按居住地分类 by Place of Residence		离　婚
	初　婚(人) First Marriages (person)	再　婚(人) Re-marriages (person)	内地居民登记结婚(对) Registered Marriages in the Mainland (couple)	涉外登记结婚(对) Registered Marriages with Foreigner (couple)	(对) Divorces (couple)
2003	952850	95232	523822	219	25785
2004	1041641	107581	574384	227	43117
2005	947158	100884	523746	275	50280
2006	1003450	105780	554305	310	56926
2007	1093448	113714	603261	320	60483
2008	1203102	122410	662368	388	73066
2009	1300578	139344	719547	414	86707
2010	1355779	144803	749885	406	98792
2011	1370018	184302	776674	486	109600
2012	1303042	187630	744884	452	118613
2013	1266237	215277	740260	497	133622
2014	1099881	222771	660732	594	146877
2015	987465	231419	608863	579	157180

社会保险基本情况
Basic Statistics of Social Insurance

项　目	Item	2010	2011	2012	2013	2014	2015
基本养老保险	**Basic Pension Insurance**						
年末参保人数(万人)	Contributors at Year-end (10000 persons)	2092.34	3524.10	4460.19	4548.26	4666.34	4760.80
职　工	Number of Employees	728.94	774.50	813.33	859.00	908.31	952.03
#企业(含其他)	Enterprises (including others)	602.69	645.39	680.33	859.55	769.15	812.11
离退休人员	Number of Retirees	259.50	285.31	312.29	335.11	353.65	368.45
#企业(含其他)	Enterprises (including others)	219.71	244.34	268.79	289.36	305.15	317.34
城乡居民	Urban and Rural Residents	1103.90	2464.29	3334.57	3354.15	3404.38	3440.32
失业保险	**Unemployment Insurance**						
年末参保人数(万人)	Contributors at Year-end (10000 persons)	493.41	498.70	501.74	503.94	508.73	510.98
全年发放失业保险金人数(万人)	Beneficiaries of Unemployment Insurance Fund (10000 persons)	9.01	8.35	7.88	7.11	7.01	14.12
全年发放失业保险金(万元)	Unemployed Relief (10000 yuan)	235100	64124	69401	68083	7124	79600
城镇基本医疗保险(万人)	**Basic Medical Care Insurance (10000 persons)**						
城镇职工	Contributors at Year-end	848.01	875.54	906.82	926.29	944.46	957.04
城镇居民	Urban Nonemployment	670.05	686.65	737.55	748.22	753.06	744.96
工伤保险(万人)	**Work Injury Insurance (10000 persons)**						
年末参保人数	Contributors at Year-end	594.44	640.39	694.81	737.04	778.67	809.72
年末享受工伤待遇的人数	Beneficiaries at Year-end	7.50	8.65	9.13	10.48	10.37	9.64
生育保险	**Maternity Insurance**						
年末参保人数(万人)	Contributors at Year-end (10000 persons)	561.50	593.1	634.78	667.58	684.02	712.96
社会保险基金收支及累计结余(亿元)	**Revenue, Expenses and Balance of Social Insurance Fund (100 million yuan)**						
基金收入	**Revenue**	**826.10**	**1017.78**	**1195.09**	**1347.88**	**1466.92**	**1662.07**
基本养老保险	Basic Pension Insurance	618.50	770.03	884.94	990.99	1059.19	1214.28
失业保险	Unemployment Insurance	27.62	32.70	41.08	46.62	51.48	42.86
城镇基本医疗保险	Basic Medical Care Insurance	159.18	188.08	234.95	270.74	309.30	351.91
工伤保险	Work Injury Insurance	16.09	21.12	24.74	28.19	33.42	37.84
生育保险	Maternity Insurance	4.71	5.85	9.38	11.34	13.53	15.18
基金支出	**Expenses**	**623.10**	**776.29**	**992.87**	**1167.27**	**1325.25**	**1584.61**
基本养老保险	Basic Pension Insurance	466.29	593.40	772.95	893.66	1017.43	1235.42
失业保险	Unemployment Insurance	23.51	16.78	15.70	19.41	20.6	27.91
城镇基本医疗保险	Basic Medical Care Insurance	117.49	143.39	175.09	216.22	244.45	276.48
工伤保险	Work Injury Insurance	13.28	19.25	23.52	30.34	32.29	34.12
生育保险	Maternity Insurance	2.53	3.47	5.61	7.65	10.48	10.68
累计结余	**Balance at Year-end**	**877.30**	**1101.73**	**1274.32**	**1455.70**	**1596.69**	**1674.28**
基本养老保险	Basic Pension Insurance	607.10	766.69	849.03	946.35	988.11	966.97
失业保险	Unemployment Insurance	54.75	70.64	96.03	123.23	154.11	169.06
城镇基本医疗保险	Basic Medical Care Insurance	189.92	234.62	294.48	349.78	414.62	490.19
工伤保险	Work Injury Insurance	18.77	20.64	21.87	19.72	20.18	23.89
生育保险	Maternity Insurance	6.75	9.14	12.91	16.61	19.67	24.17

注：1.2010年城乡居民养老保险仅为农村养老保险。2.2012年8月起，新型农村社会养老保险和城镇居民社会养老保险制度全覆盖工作全面启动，合并为城乡居民社会养老保险。

a) Data of pension insurance for urban and rural residents only includes rural residents in 2010. b) Since August, 2012, system of new rural old-age insurance and urban basic pension insurance have started completely, and called basic pension insurance for urban and rural residents as total.

各城市地区生产总值（2015年）
Gross Domestic Product (2015)

单位：亿元 (100 million yuan)

城市	City	地区生产总值 Gross Domestic Product	第一产业 Primary Industry	第二产业 Secondary Industry	第三产业 Tertiary Industry	地区生产总值增长率(%) Growth Rate of Gross Domestic Product (%)	人均地区生产总值(元) Per Capita Gross Domestic Product (yuan)
城市合计	**Total**	**11574.80**	**562.27**	**5428.25**	**5584.28**		
石家庄市	Shijiazhuang	2909.81	135.17	1102.50	1672.14	8.2	61795
承德市	Chengde	283.06	5.11	145.52	132.43	4.5	43202
张家口市	Zhangjiakou	534.55	35.78	239.22	259.56	5.0	42448
秦皇岛市	Qinhuangdao	854.61	62.28	324.77	467.55	3.2	53060
唐山市	Tangshan	3165.32	169.60	1767.15	1228.58	4.6	89144
廊坊市	Langfang	789.25	27.61	299.12	462.52	14.7	86266
保定市	Baoding	1014.42	91.58	569.16	353.68	6.7	35841
沧州市	Cangzhou	650.31	7.84	301.94	340.54	8.1	95188
衡水市	Hengshui	284.77	13.16	170.74	100.88	7.1	48341
邢台市	Xingtai	280.97	5.90	110.59	164.49	3.7	30186
邯郸市	Handan	807.73	8.24	397.55	401.93	6.1	46034

各城市就业人员（2015年底）
Employed Persons (End of 2015)

单位：万人 (10000 persons)

城市	City	年末单位就业人员 Employed Persons (year-end)	第一产业 Primary Industry	第二产业 Secondary Industry	# 制造业 Manufacturing	第三产业 Tertiary Industry
城市合计	**Total**	**321.79**	**2.56**	**135.38**	**73.58**	**183.84**
石家庄市	Shijiazhuang	70.73	0.06	24.61	15.89	46.06
承德市	Chengde	14.34	…	4.76	2.62	9.58
张家口市	Zhangjiakou	17.09	0.08	5.59	3.50	11.43
秦皇岛市	Qinhuangdao	27.47	0.04	10.99	7.65	16.44
唐山市	Tangshan	44.49	1.76	14.59	8.35	28.14
廊坊市	Langfang	21.35	0.01	11.53	8.04	9.81
保定市	Baoding	45.91	0.06	26.32	14.76	19.53
沧州市	Cangzhou	18.73	0.53	7.26	3.43	10.94
衡水市	Hengshui	10.18	…	2.97	1.27	7.22
邢台市	Xingtai	16.61	0.01	7.52	2.55	9.08
邯郸市	Handan	34.87	0.02	19.24	5.54	15.61

各城市固定资产投资及内贸、外经主要指标（2015年）

Major Indicators of Investment in Fixed Assets and Domestic Trade, Foreign Economy Trade (2015)

城市	City	固定资产投资（亿元）Total Investment in Fixed Assets (100 million yuan)	商品房屋销售面积（万平方米）Floor Space of Commercialized Building Sold (10000 sq.m)	商品房屋销售额（亿元）Total Sale of Commercialized Building (100 million yuan)	社会消费品零售总额（亿元）Total Retail Sale of Consumer Goods (100 million yuan)	限额以上批发零售贸易企业（个）Number of Enterprises above Designated Size (unit)	当年实际利用外资金额（万美元）Amount of Foreign Capital Actually Utilized (USD 10000)
城市合计	**Total**	**10365.20**	**2754.55**	**1698.30**	**5424.96**	**1869**	**390153**
石家庄市	Shijiazhuang	3268.92	664.38	618.45	1518.50	321	102767
承德市	Chengde	248.59	77.40	38.12	145.50	73	2956
张家口市	Zhangjiakou	370.45	186.97	90.20	289.99	96	8413
秦皇岛市	Qinhuangdao	590.17	241.00	134.75	497.42	209	79003
唐山市	Tangshan	2492.41	540.58	323.17	1089.24	303	78585
廊坊市	Langfang	374.77	234.74	101.49	213.56	121	43486
保定市	Baoding	865.14	76.41	31.33	629.29	187	31759
沧州市	Cangzhou	977.95	304.17	154.04	213.98	177	24654
衡水市	Hengshui	247.14	160.88	66.78	180.64	145	1073
邢台市	Xingtai	304.41	114.16	57.05	213.09	117	3010
邯郸市	Handan	625.25	153.86	82.92	433.76	120	14447

注：固定资产投资不包含农户投资。

a) Total investment in fixed assets excludes the investment made by agricultural households.

各城市财政、金融主要指标（2015年）

Major Indicators of Public Finance and Banking (2015)

单位：亿元 (100 million yuan)

城市	City	地方财政一般预算收入 General Budget of Financial Revenue	财政支出 Expenditure	#一般性公共服务支出 General Public Services	年末金融机构存款余额 Deposits of Financial Institutions at year-end	#住户存款 Deposits of Households	年末金融机构贷款余额 Loans of Financial Institutions at year-end
城市合计	**Total**	**1170.26**	**1850.46**	**173.10**	**25228.43**	**11944.94**	**16274.89**
石家庄市	Shijiazhuang	286.24	410.40	35.06	7495.75	2540.23	3886.37
承德市	Chengde	48.59	104.83	8.89	816.68	456.20	758.98
张家口市	Zhangjiakou	71.04	141.08	13.10	789.72	476.79	694.78
秦皇岛市	Qinhuangdao	98.43	163.76	12.56	1882.99	1135.59	1301.89
唐山市	Tangshan	236.40	367.91	35.05	5038.51	2617.54	3514.55
廊坊市	Langfang	43.95	54.51	5.38	2052.20	706.97	1074.84
保定市	Baoding	105.28	195.88	25.30	2340.00	1335.97	1120.41
沧州市	Cangzhou	99.72	161.68	13.42	1071.91	539.40	846.39
衡水市	Hengshui	38.72	71.08	7.01	840.76	449.30	540.30
邢台市	Xingtai	57.71	26.24	3.37	879.25	556.92	768.02
邯郸市	Handan	84.19	153.09	13.95	2020.66	1130.02	1768.35

各城市规模以上工业企业主要经济指标（2015年）
Major Indicators on Economic Benefit of Industrial Enterprises above Designated Size (2015)

单位：亿元

城市	City	工业企业数(个) Number of Industrial Enterprises (unit)	从业人员年平均人数(万人) Annual Average Employment Personnel (10000 persons)	固定资产合计 Fixed Assets	主营业务收入 Revenue from Principal Business	工业利润总额 Total Profits
城市合计	**Total**	**3790**	**152.05**	**8937.13**	**18402.26**	**670.18**
石家庄市	Shijiazhuang	1047	31.77	1442.07	4229.00	345.67
承德市	Chengde	102	4.14	406.54	459.99	10.26
张家口市	Zhangjiakou	160	5.36	362.45	459.42	25.23
秦皇岛市	Qinhuangdao	300	10.66	466.83	1096.90	14.06
唐山市	Tangshan	790	41.23	3114.83	5631.02	-5.37
廊坊市	Langfang	226	10.09	278.60	745.96	45.04
保定市	Baoding	468	19.07	614.52	2075.73	56.23
沧州市	Cangzhou	202	5.38	581.08	1148.71	108.05
衡水市	Hengshui	177	4.23	175.78	529.19	51.27
邢台市	Xingtai	94	5.7	242.56	455.24	12.46
邯郸市	Handan	224	14.42	1251.87	1571.12	7.27

各城市文化、卫生及社会保障情况（2015年）
Conditions of Culture, Public Health, Social Security (2015)

城市	City	公共图书馆图书藏量(千册) Total Collections (1000 volumes)	医院(个) Hospitals (unit)	医院床位数(张) Number of Hospital Beds (bed)	医生数(人) Doctors (person)	注册护士数(人) Number of Registered Nurses (person)
城市合计	**Total**	**9971.3**	**828**	**104595**	**55443**	**74392**
石家庄市	Shijiazhuang	2173.3	66	5602	3058	19560
承德市	Chengde	401.8	31	4949	2599	2749
张家口市	Zhangjiakou	748.0	92	9570	3217	3775
秦皇岛市	Qinhuangdao	1218.6	71	9580	6360	6064
唐山市	Tangshan	1436.0	152	21334	10508	11952
廊坊市	Langfang	1660.3	49	4586	2685	2406
保定市	Baoding	146.0	147	12524	9836	8953
沧州市	Cangzhou	660.7	24	8840	4160	5099
衡水市	Hengshui	493.2	34	5056	2409	2287
邢台市	Xingtai	391.7	59	8385	4249	4584
邯郸市	Handan	641.8	103	14169	6362	6963

各城市教育事业及专业技术人员主要指标（2015年）
Conditions of Education and Scientific and Technical Personnel (2015)

城　市	City	学校数（个）Number of Schools (unit)			专任教师数（人）Number of Full-time Teachers (person)		
		中等职业技术学校 Secondary Vocational Schools	普通中学 Regular Secondary Schools	小　学 Primary Schools	中等职业技术学校 Secondary Vocational Schools	普通中学 Regular Secondary Schools	小　学 Primary Schools
城市合计	**Total**	**340**	**747**	**2185**	**21656**	**78894**	**74004**
石家庄市	Shijiazhuang	89	155	474	4979	16887	16162
承 德 市	Chengde	16	23	53	749	1976	1693
张家口市	Zhangjiakou	20	43	107	1232	4883	3989
秦皇岛市	Qinhuangdao	34	83	173	2159	6570	7344
唐 山 市	Tangshan	46	130	421	4017	12670	12806
廊 坊 市	Langfang	9	26	138	368	3151	3763
保 定 市	Baoding	33	109	400	2565	9425	10860
沧 州 市	Cangzhou	18	26	74	916	2975	3520
衡 水 市	Hengshui	13	27	55	1032	4915	2862
邢 台 市	Xingtai	21	44	126	1508	4872	4274
邯 郸 市	Handan	41	81	164	2131	10570	6731

城　市	City	在校学生数（万人）Number of Higher Education (10000 persons)			
		普通高等学校 Regular Institutions of Higher Education	中等职业技术学校 Secondary Vocational Schools	普通中学 Regular Middle Schools	小　学 Primary Schools
城市合计	**Total**	**121.64**	**34.80**	**97.36**	**133.96**
石家庄市	Shijiazhuang	40.13	11.81	21.57	31.21
承 德 市	Chengde	4.11	1.42	2.29	3.21
张家口市	Zhangjiakou	6.78	2.32	5.98	6.82
秦皇岛市	Qinhuangdao	15.53	1.80	6.60	9.90
唐 山 市	Tangshan	11.14	4.26	13.79	20.43
廊 坊 市	Langfang	9.66	0.89	4.17	6.92
保 定 市	Baoding	17.46	3.26	13.42	21.90
沧 州 市	Cangzhou	3.51	2.01	4.64	5.49
衡 水 市	Hengshui	2.73	1.93	6.41	5.00
邢 台 市	Xingtai	4.74	1.46	7.41	8.58
邯 郸 市	Handan	5.85	3.64	11.08	14.50

各城市市政公用事业（2015年）
Basic Statistics on Urban Public Utilities (2015)

城　市	City	年末实有城市道路面积（万平方米）Area of Paved Roads (year-end) (10000 sq.m)	排水管道长度（公里）Length of City Sewage Pipes (km)	供水综合生产能力（万立方米/日）Production Capacity of Tap Water Supply(10000 cu.m/day)	供水总量（万立方米）Annual Supply of Tap Water (10000 cu.m)	用水人口（万人）Number of Residents with Access to Tap Water (10000 persons)	煤气(人工、天然气）供气总量（万立方米）Volume of Gas Supply (10000 cu.m)	用煤气(人工、天然气)人口（万人）Population with Access to Gas (10000 persons)
城市合计	**Total**	**24370.93**	**13089.17**	**693.42**	**150134**	**1342.39**	**301045**	**1135.22**
石家庄市	Shijiazhuang	5771.45	2342.90	179.13	52922	299.87	100950	242.03
承 德 市	Chengde	734.25	474.77	30.63	6032	56.92	5531	20.17
张家口市	Zhangjiakou	1375.10	675.70	75.30	8352	89.50	5704	80.14
秦皇岛市	Qinhuangdao	2137.00	1561.34	40.00	10659	108.00	36591	86.50
唐 山 市	Tangshan	3097.80	2402.12	130.00	28841	197.69	50445	189.69
廊 坊 市	Langfang	987.38	624.29	22.88	4515	54.00	25884	51.20
保 定 市	Baoding	3877.54	1497.83	66.29	12735	188.96	22618	156.69
沧 州 市	Cangzhou	968.48	559.56	25.00	3782	58.00	8172	45.00
衡 水 市	Hengshui	742.02	387.70	8.25	2664	36.43	3259	22.54
邢 台 市	Xingtai	1518.91	844.51	22.44	4583	94.24	20930	86.24
邯 郸 市	Handan	3161.00	1718.45	93.50	15050	158.78	20959	155.02

城　市	City	液化石油气供气总量（吨）Liquefied Petroleum Gas (ton)	用液化气人口(万人) Population with Access to Liquefied Petroleum Gas (10000 persons)	排水管网密度（公里/平方公里）Density of Urban Sewage Pipes (km/sq.km)	集中供热面积（万平方米）Area of Centralized Heating (10000 sq.m)	园林绿地面积(公顷) Area of Urban Gardens and Green Areas (hectare)	建成区绿化覆盖面积（公顷）Green Covered Areas (hectare)
城市合计	**Total**	**89011**	**194.65**		**50355**	**64398**	**63374**
石家庄市	Shijiazhuang	44842	57.59	7.63	16814	13179	13469
承 德 市	Chengde	3806	36.69	4.06	2008	4556	5018
张家口市	Zhangjiakou	3134	9.00	7.86	2568	3456	3791
秦皇岛市	Qinhuangdao	1912	9.14	11.88	5803	5766	5262
唐 山 市	Tangshan	10087	8.00	9.65	6642	9627	10251
廊 坊 市	Langfang	2650	2.80	9.42	2148	4484	3005
保 定 市	Baoding	10147	32.69	6.59	5047	8025	8719
沧 州 市	Cangzhou	3236	13.00	7.93	2100	2292	2607
衡 水 市	Hengshui	2850	13.98	8.36	1288	1887	2074
邢 台 市	Xingtai	5677	8.00	9.37	2110	2966	3255
邯 郸 市	Handan	671	3.76	13.53	3827	8159	5923

各市国民经济主要指标（2015年）

Major Indicators of National Economy (2015)

市	City	地区生产总值（亿元）Gross Domestic Product (100 million yuan)	规模以上工业 Industrial Enterprises above Designated Size			
			能耗（万吨标准煤）Energy Consumption (10000 tons of SCE)	增加值（亿元）Value Added (100 million yuan)	利润总额（亿元）Total Profits (100 million yuan)	亏损额（亿元）Losses (100 million yuan)
全　省	**Total**	**29806.11**	**20269.64**	**11244.7**	**2361.0**	**480.8**
石家庄市(含辛集市)	Shijiazhuang (Including Xinji)	5440.59	2773.25	2117.3	815.9	35.4
石家庄市(不含辛集市)	Shijiazhuang (Exluding Xinji)	5054.46	2615.47	1897.0	727.1	35.1
#辛集市	Xinji	386.13	157.79	220.2	88.8	0.3
承 德 市	Chengde	1358.73	963.09	468.1	58.0	36.4
张家口市	Zhangjiakou	1363.54	1025.16	404.7	52.5	18.6
秦皇岛市	Qinhuangdao	1250.44	713.54	331.9	19.2	42.7
唐 山 市	Tangshan	6103.06	7182.77	2739.2	245.4	191.5
廊 坊 市	Langfang	2473.86	687.82	721.6	172.9	21.3
保 定 市(含定州市)	Baoding (Including Dingzhou)	3300.56	795.27	1062.0	271.5	45.4
保 定 市(不含定州市)	Baoding (Excluding Dingzhou)	3000.34	472.52	986.8	249.1	45.1
#定州市	Dingzhou	300.22	322.75	75.2	22.3	0.3
沧 州 市	Cangzhou	3320.63	1271.66	1257.3	320.7	25.5
衡 水 市	Hengshui	1220.01	295.24	460.0	114.2	7.7
邢 台 市	Xingtai	1764.73	1166.84	576.7	125.5	17.3
邯 郸 市	Handan	3145.43	3395.01	1107.2	165.3	39.0

市	City	全社会投资总额（万元）Total Investment (10000 yuan)	新开工项目（个）Stated This Year (unit)	社会消费品零售总额（万元）Total Retail Sales of Consumer Goods (10000 yuan)	限额以上企业消费品零售额（万元）Retail Sales of Consumer Goods above Designated Enterprises (10000 yuan)	实际利用外资（万美元）Total Amount of Contracted Investment Actually Utilized (10000 USD)	外商直接投资（万美元）Foreign Direct Investent (10000 USD)
全　省	**Total**	**294482706**	**15150**	**129906831**	**34079876**	**736884**	**617750**
石家庄市(含辛集市)	Shijiazhuang (Including Xinji)	57274936	3148	26930343	8485547	114013	89672
石家庄市(不含辛集市)	Shijiazhuang (Exluding Xinji)	55145316	2917	24373609	8411320	113984	89643
#辛集市	Xinji	2129620	231	2556734	74226	29	29
承 德 市	Chengde	15351492	1021	4907935	1039371	15959	11561
张家口市	Zhangjiakou	15742189	843	6181190	1435033	33262	31653
秦皇岛市	Qinhuangdao	8924464	447	6338190	1562758	86122	52582
唐 山 市	Tangshan	46195789	2161	21478806	4919141	124376	123276
廊 坊 市	Langfang	21668117	858	7963816	1920439	75593	66753
保 定 市(含定州市)	Baoding (Including Dingzhou)	27539597	895	16526874	4315189	44592	43473
保 定 市(不含定州市)	Baoding (Excluding Dingzhou)	24991352	856	15093077	4053775	41592	40473
#定州市	Dingzhou	2548245	39	1433797	261414	3000	3000
沧 州 市	Cangzhou	31698523	2313	11091272	2862147	47296	40136
衡 水 市	Hengshui	11295043	466	6090258	1511896	16730	16465
邢 台 市	Xingtai	18866215	1423	8753169	2119973	21968	14535
邯 郸 市	Handan	35266346	1558	13644978	3908383	82027	79294

各市按主要行业分法人单位数(2015年)
Number of Legal Entities by Sector (2015)

单位：个 (unit)

市	City	合计 Total	农、林、牧、渔业 Agriculture, Forestry, Animal Husbandry and Fishery	采矿业 Mining	制造业 Manufacturing	电力、热力、燃气及水的生产和供应业 Production and Supply of Electricity, Heat, Gas and Water	建筑业 Construction	批发和零售业 Wholesale and Retail Trades
全　省	**Total**	**630396**	**58872**	**6529**	**126673**	**2739**	**23224**	**165655**
石家庄市	Shijiazhuang	119303	7511	509	19967	333	5374	39521
#辛集市	Xinji	5621	1345	3	1803	16	131	935
承德市	Chengde	34015	7161	1326	2368	229	1547	7321
张家口市	Zhangjiakou	39168	6648	889	3601	445	1709	8837
秦皇岛市	Qinhuangdao	34938	3509	444	4185	99	1577	9881
唐山市	Tangshan	62697	3981	1482	9970	256	1517	18936
廊坊市	Langfang	37916	2693	35	11708	157	1624	6583
保定市	Baoding	88691	8220	548	20350	376	3018	22789
#定州市	Dingzhou	5876	420		1330	18	263	1320
沧州市	Cangzhou	50720	3255	78	18103	179	1263	8775
衡水市	Hengshui	41591	4250	10	13971	106	1271	8873
邢台市	Xingtai	47563	6017	401	12245	234	1339	9087
邯郸市	Handan	73794	5627	807	10205	325	2985	25052

市	City	交通运输、仓储和邮政业 Transport, Storage and Post and Post	住宿和餐饮业 Hotels and Catering Services	信息传输、软件和信息技术服务业 Information Transmission, Software and Information Technology	金融业 Financial Inter-mediation	房地产业 Real Estate	租赁和商务服务业 Leasing and Business Services	科学研究和技术服务业 Scientific Research, and Technical Services
全　省	**Total**	**14274**	**6003**	**8143**	**4691**	**18420**	**40024**	**19371**
石家庄市	Shijiazhuang	2736	891	2839	1188	4134	10453	5331
#辛集市	Xinji	73	16	31	28	102	106	81
承德市	Chengde	600	484	239	269	1022	2231	923
张家口市	Zhangjiakou	885	528	323	277	1408	2297	863
秦皇岛市	Qinhuangdao	925	684	730	240	1147	2875	1125
唐山市	Tangshan	2166	531	744	490	1665	3811	1709
廊坊市	Langfang	595	359	453	299	2029	2576	996
保定市	Baoding	1578	924	1116	531	2486	5516	2481
#定州市	Dingzhou	85	21	29	28	153	246	137
沧州市	Cangzhou	1287	277	348	315	936	2587	1209
衡水市	Hengshui	467	232	324	208	805	1470	1079
邢台市	Xingtai	884	425	284	283	1029	1478	1475
邯郸市	Handan	2151	668	743	591	1759	4730	2180

各市按主要行业分法人单位数(2015年)(续)

Number of Legal Entities by Sector (2015)

单位：个 (unit)

市	City	水利、环境和公共设施管理业 Management of Water Conservancy, Environment and Public Facilities	居民服务、修理和其他服务业 Services to Households, Repair and Other Services	教育 Education	卫生和社会工作 Health and Social Service	文化、体育和娱乐业 Culture, Sports and Entertainment	公共管理、社会保障和社会组织 Public Management, Social Security and Social Organizations	国际组织 International Organizations
全　省	**Total**	**4271**	**10432**	**20760**	**9913**	**8599**	**81803**	
石家庄市	Shijiazhuang	689	1766	3618	1594	1528	9321	
#辛集市	Xinji	15	39	223	38	84	552	
承 德 市	Chengde	412	565	782	859	707	4970	
张家口市	Zhangjiakou	470	559	1011	594	712	7112	
秦皇岛市	Qinhuangdao	393	913	1055	492	586	4078	
唐 山 市	Tangshan	491	916	2490	2282	793	8467	
廊 坊 市	Langfang	209	590	1137	411	589	4873	
保 定 市	Baoding	485	1942	3742	1311	1034	10244	
#定州市	Dingzhou	17	584	411	72	75	667	
沧 州 市	Cangzhou	183	438	1983	564	627	8313	
衡 水 市	Hengshui	131	268	801	415	408	6502	
邢 台 市	Xingtai	275	443	2055	656	653	8300	
邯 郸 市	Handan	533	2032	2086	735	962	9623	

各市按三次产业和机构类型分法人单位数(2015年)

Number of Legal Entities by Three Strata of Industry and Type of Institutions (2015)

单位：个 (unit)

市	City	法人单位数 Number of Legal Entities	按三次产业分 Grouped by Three Strata of Industry			按机构类型分 by Type of Institutions				
			第一产业 Primary Industry	第二产业 Secondary Industry	第三产业 Tertiary Industry	企业法人 Business Entity	事业法人 Institution Entity	机关法人 Government Entity	社会团体 Social Organization	其他 Others
全　省	**Total**	**630396**	**47100**	**158300**	**424996**	**488195**	**35038**	**12435**	**8595**	**86133**
石家庄市	Shijiazhuang	119303	5381	26095	87827	101373	5641	1582	1660	9047
#辛集市	Xinji	5621	1036	1952	2633	4271	350	71	58	871
承 德 市	Chengde	34015	5978	5439	22598	23855	2302	926	736	6196
张家口市	Zhangjiakou	39168	6312	6570	26286	28421	2622	1222	713	6190
秦皇岛市	Qinhuangdao	34938	3304	6177	25457	27330	1776	564	631	4637
唐 山 市	Tangshan	62697	3531	13037	46129	46784	3886	1149	922	9956
廊 坊 市	Langfang	37916	2129	13484	22303	30493	1740	755	319	4609
保 定 市	Baoding	88691	7057	24207	57427	70239	5253	1665	1083	10451
#定州市	Dingzhou	5876	358	1610	3908	4122	510	75	44	1125
沧 州 市	Cangzhou	50720	2754	19558	28408	37447	3102	1066	503	8602
衡 水 市	Hengshui	41591	2156	15346	24089	31212	1440	706	405	7828
邢 台 市	Xingtai	47563	4324	14182	29057	32287	3192	1353	743	9988
邯 郸 市	Handan	73794	4174	14205	55415	58754	4084	1447	880	8629

各市按控股情况分企业法人单位数(2015年)
Numbers of Corporate Enterprises by the Status of Holdings (2015)

单位：个 (unit)

市	City	企业单位数 Numbers of Enterprises	国有控股 State-holding	集体控股 Collective-holding	私人控股 Private-holding	港、澳、台商控股 Hong Kong, Macao and Taiwan-holding	外商控股 Foreign-holding	其他 Others
全　省	**Total**	**488195**	**9638**	**9656**	**407509**	**613**	**981**	**59798**
石家庄市	Shijiazhuang	101373	1681	1528	86850	89	128	11097
#辛集市	Xinji	4271	25	47	3554	5	8	632
承德市	Chengde	23855	654	498	18596	21	17	4069
张家口市	Zhangjiakou	28421	778	984	22081	32	48	4498
秦皇岛市	Qinhuangdao	27330	727	472	21966	52	110	4003
唐山市	Tangshan	46784	1372	1209	38049	84	133	5937
廊坊市	Langfang	30493	480	457	26253	104	235	2964
保定市	Baoding	70239	1117	1393	54392	53	104	13180
#定州市	Dingzhou	4122	56	71	2962	2		1031
沧州市	Cangzhou	37447	573	670	33295	51	93	2765
衡水市	Hengshui	31212	427	575	26472	24	34	3680
邢台市	Xingtai	32287	514	552	28013	30	38	3140
邯郸市	Handan	58754	1315	1318	51542	73	41	4465

各市按登记注册类型分企业法人单位数(2015年)
Number of Business Entities by Status of Registration (2015)

单位：个 (unit)

市	City	企业单位数 Number of Enterprises	内资企业 Domestic Funded Enterprises	国有企业 State-owned Enterprises	集体企业 Collective-owned Enterprises	股份合作企业 Cooperative Enterprises	联营 Ownership
全　省	**Total**	**488195**	**485804**	**4593**	**6127**	**2226**	**392**
石家庄市	Shijiazhuang	101373	101027	750	943	359	69
#辛集市	Xinji	4271	4249	16	24	2	2
承德市	Chengde	23855	23803	380	288	100	19
张家口市	Zhangjiakou	28421	28312	400	676	229	37
秦皇岛市	Qinhuangdao	27330	27084	407	318	112	32
唐山市	Tangshan	46784	46460	636	869	232	38
廊坊市	Langfang	30493	30080	226	288	103	23
保定市	Baoding	70239	69924	435	767	492	50
#定州市	Dingzhou	4122	4106	17	31	37	
沧州市	Cangzhou	37447	37216	284	407	175	26
衡水市	Hengshui	31212	31106	219	306	48	15
邢台市	Xingtai	32287	32181	257	333	170	31
邯郸市	Handan	58754	58611	599	932	206	52

各市按登记注册类型分企业法人单位数(2015年)(续)
Number of Business Entities by Status of Registration (2015)

单位：个　　(unit)

市	City	有限责任公司 Limited Liability Corporations	股份有限公司 Share-holding Corporations Ltd.	私营 Private	其他 Others	港、澳、台商投资企业 Enterprises with Funds from Hong Kong, Macao and Taiwan	外商投资企业 Enterprises with Foreign Investment
全省	**Total**	**106948**	**7249**	**305356**	**52913**	**823**	**1568**
石家庄市	Shijiazhuang	19570	1577	69298	8461	144	202
#辛集市	Xinji	119	18	3175	893	10	12
承德市	Chengde	3647	335	14877	4157	25	27
张家口市	Zhangjiakou	6917	529	14676	4848	37	72
秦皇岛市	Qinhuangdao	7266	416	16057	2476	63	183
唐山市	Tangshan	12933	555	27978	3219	123	201
廊坊市	Langfang	8641	338	18042	2419	119	294
保定市	Baoding	17482	1338	37012	12348	82	233
#定州市	Dingzhou	854	107	2164	896	5	11
沧州市	Cangzhou	4058	490	28754	3022	79	152
衡水市	Hengshui	5366	398	20363	4391	37	69
邢台市	Xingtai	4700	428	22979	3283	40	66
邯郸市	Handan	16368	845	35320	4289	74	69

各市民营经济主要指标(2015年)
Major Indicators of Private Economies (2015)

市	City	增加值(亿元) Value-added (100 million yuan)	营业(业务)收入(亿元) Revenue (100 million yuan)	利润总额(亿元) Pretax Profit (100 million yuan)	工资总额(亿元) Payment to Employees (100 million yuan)	从业人员(万人) Employment (10000 persons)	出口创汇(万美元) Export (USD 10000)	实缴税金(亿元) Tax Paid (100 million yuan)
全省	**Total**	**20186.4**	**98811.4**	**7274.9**	**5201.9**	**2155.0**	**2786508**	**2409.4**
石家庄市	Shijiazhuang	3361.3	17100.4	1239.0	763.1	305.7	644630	428.3
承德市	Chengde	867.7	3904.3	218.4	217.5	87.0	14292	106.4
张家口市	Zhangjiakou	805.5	2962.4	233.2	206.0	106.7	25512	101.0
秦皇岛市	Qinhuangdao	813.0	3707.8	122.6	242.1	78.2	272594	133.9
唐山市	Tangshan	4186.7	16303.0	1012.5	667.2	250.9	657070	367.6
廊坊市	Langfang	1756.1	7503.2	557.3	377.1	150.4	223172	362.2
保定市	Baoding	2039.0	11012.5	739.5	744.2	276.9	322556	253.6
沧州市	Cangzhou	2248.1	10870.0	1032.9	645.7	227.2	207584	220.0
衡水市	Hengshui	854.3	4330.3	324.5	276.7	119.3	219283	108.7
邢台市	Xingtai	1172.0	6846.2	705.1	358.9	214.6	127755	119.2
邯郸市	Handan	2051.4	11790.7	906.5	558.2	280.1	71685	168.7
辛集市	Xinji	309.5	1372.9	113.8	63.3	25.5		15.9
定州市	Dingzhou	188.0	1107.6	69.6	81.9	32.6		13.6

各市地区生产总值及指数（2015年）
Gross Domestic Product and Its Indices (2015)

市	City	地区生产总值（亿元）Gross Domestic Product (100 million yuan)	第一产业 Primary Industry	第二产业 Secondary Industry	第三产业 Tertiary Industry	#工业 Industry	#建筑业 Construction
全省	**Total**	**29806.11**	**3439.45**	**14386.87**	**11979.79**	**12626.17**	**1780.49**
石家庄市	Shijiazhuang	5440.59	494.43	2452.39	2493.77	2186.38	274.65
#辛集市	Xinji	386.13	50.44	227.15	108.54	215.64	11.51
承德市	Chengde	1358.73	235.64	636.42	486.67	545.58	91.01
张家口市	Zhangjiakou	1363.54	243.67	545.58	574.29	441.73	104.09
秦皇岛市	Qinhuangdao	1250.44	177.63	445.09	627.72	364.99	83.94
唐山市	Tangshan	6103.06	569.07	3364.52	2169.47	3097.55	268.13
廊坊市	Langfang	2473.86	206.17	1102.41	1165.28	928.46	174.05
保定市	Baoding	3300.56	433.46	1645.67	1221.43	1351.73	293.94
#定州市	Dingzhou	300.22	79.92	144.93	75.37	103.06	41.87
沧州市	Cangzhou	3320.63	319.44	1646.42	1354.77	1478.62	169.39
衡水市	Hengshui	1220.01	168.89	563.09	488.03	501.77	61.33
邢台市	Xingtai	1764.73	275.57	793.68	695.48	711.64	82.07
邯郸市	Handan	3145.43	402.82	1483.36	1259.25	1306.60	177.91

市	City	地区生产总值指数（上年=100）Gross Domestic Product (preceding year=100)	第一产业 Primary Industry	第二产业 Secondary Industry	第三产业 Tertiary Industry	#工业 Industry	#建筑业 Construction
全省	**Total**	**106.8**	**102.6**	**104.7**	**111.2**	**104.3**	**108.3**
石家庄市	Shijiazhuang	107.5	102.3	105.8	110.5	105.7	107.0
#辛集市	Xinji	106.2	101.6	105.9	109.1	105.9	106.6
承德市	Chengde	105.5	102.9	104.5	108.1	103.8	110.2
张家口市	Zhangjiakou	105.8	103.3	104.6	108.1	104.2	107.3
秦皇岛市	Qinhuangdao	105.5	102.8	104.9	106.6	104.0	110.1
唐山市	Tangshan	105.6	102.8	104.9	107.5	104.6	108.1
廊坊市	Langfang	108.8	100.7	106.3	113.8	105.9	108.6
保定市	Baoding	107.1	103.2	105.2	111.7	104.4	109.1
#定州市	Dingzhou	108.5	103.2	110.5	109.4	109.1	115.0
沧州市	Cangzhou	107.7	101.9	106.8	110.0	106.7	108.2
衡水市	Hengshui	107.6	102.3	105.2	112.7	104.7	109.6
邢台市	Xingtai	106.0	103.2	104.3	110.0	104.1	107.1
邯郸市	Handan	106.8	102.4	104.8	111.2	104.5	108.5

各市地区生产总值
Gross Domestic Product

单位：亿元 (100 million yuan)

市	City	2005	2010	2011	2012	2013	2014	2015
全　省	**Total**	**10012.11**	**20394.26**	**24515.76**	**26575.01**	**28442.95**	**29421.15**	**29806.11**
石家庄市	Shijiazhuang	1670.80	3401.02	4082.68	4500.21	4913.56	5170.27	5440.59
#辛集市	Xinji					363.54	375.93	386.13
承德市	Chengde	353.20	888.96	1104.20	1181.92	1272.09	1342.55	1358.73
张家口市	Zhangjiakou	425.81	966.42	1118.61	1233.55	1309.02	1348.97	1363.54
秦皇岛市	Qinhuangdao	453.18	930.50	1070.08	1139.37	1168.75	1200.02	1250.44
唐山市	Tangshan	2007.31	4469.16	5442.45	5861.64	6121.21	6225.30	6103.06
廊坊市	Langfang	609.57	1351.10	1611.42	1794.33	1993.95	2175.96	2473.86
保定市	Baoding	1040.57	2050.30	2449.90	2720.90	2906.38	3035.20	3300.56
#定州市	Dingzhou					255.78	277.42	300.22
沧州市	Cangzhou	1055.51	2203.12	2585.20	2812.42	3012.99	3133.38	3320.63
衡水市	Hengshui	510.94	781.82	929.07	1011.03	1080.24	1149.13	1220.01
邢台市	Xingtai	671.04	1212.09	1428.92	1532.06	1577.75	1646.94	1764.73
邯郸市	Handan	1098.51	2361.56	2789.03	3024.29	3061.50	3080.01	3145.43

各市支出法计算的地区生产总值（2015年）
Gross Domestic Product by Expenditure Approach (2015)

单位：亿元 (100 million yuan)

市	City	支出法地区生产总值 Gross Regional Product by Expenditure Approach	最终消费 Final Consumption Expenditures	居民消费 Household Consumption Expenditures	政府消费 Government Consumption Expenditures	资本形成总额 Gross Capital Formation	货物和服务净流出 Net Outflow of Goods and Services
全　省	**Total**	**29806.36**	**13197.78**	**9499.11**	**3698.67**	**17352.07**	**-743.49**
石家庄市	Shijiazhuang	5054.46	2119.29	1548.92	570.37	2813.80	121.37
承德市	Chengde	1358.73	599.08	430.59	168.49	1019.83	-260.18
张家口市	Zhangjiakou	1363.54	594.02	436.43	157.59	758.23	11.29
秦皇岛市	Qinhuangdao	1250.44	525.99	405.46	120.53	699.54	24.91
唐山市	Tangshan	6103.06	1767.23	1450.57	316.66	3244.80	1091.03
廊坊市	Langfang	2473.86	1617.11	1349.25	267.86	848.10	8.65
保定市	Baoding	3000.34	1413.66	1152.89	260.77	1745.03	-158.35
沧州市	Cangzhou	3320.63	1417.91	1073.36	344.55	1826.35	76.37
衡水市	Hengshui	1220.01	588.52	493.58	94.94	596.57	34.92
邢台市	Xingtai	1764.73	778.91	672.02	106.89	949.31	36.51
邯郸市	Handan	3145.43	1193.53	961.93	231.60	1909.74	42.16

注：本表数据中石家庄市不含辛集市、保定市不含定州市。
a) Data in this table, Shijiazhuang excluding Xinji, Baoding excluding Dingzhou.

各市人口数及人口自然变动（2015年）
Total Population and Natural Changes of Population (2015)

市	City	总人口（万人）Total Population (10000 persons)	#男 Male	出生率（‰）Birth Rate (‰)	死亡率（‰）Death Rate (‰)	自然增长率（‰）Natural Growth Rate (‰)
全　省	**Total**	**7424.92**	**3757.23**	**11.35**	**5.79**	**5.56**
石家庄市	Shijiazhuang	1070.16	534.15	11.72	5.84	5.88
#辛集市	Xinji	63.05	32.42	9.54	6.88	2.66
承 德 市	Chengde	353.01	177.18	10.26	5.79	4.47
张家口市	Zhangjiakou	442.17	224.91	9.02	5.66	3.36
秦皇岛市	Qinhuangdao	307.32	153.99	8.81	5.88	2.93
唐 山 市	Tangshan	780.12	393.99	9.48	6.04	3.44
廊 坊 市	Langfang	456.32	234.51	11.94	5.22	6.72
保 定 市	Baoding	1155.24	584.25	10.91	5.45	5.46
#定州市	Dingzhou	120.34	60.03	12.04	6.14	5.90
沧 州 市	Cangzhou	744.30	382.62	12.28	5.83	6.45
衡 水 市	Hengshui	443.54	222.49	11.08	6.07	5.01
邢 台 市	Xingtai	729.44	371.56	13.06	5.96	7.10
邯 郸 市	Handan	943.30	477.58	13.14	5.95	7.19

注：2015年数据根据河北省1%人口抽样调查数据推算。
a) Data in 2015 are estimated on the Hebei Province 1% sample survey in population.

各市人口的城乡构成（2015年底）
Population by Urban and Rural Residence and Region (End of 2015)

单位：万人　　(10000 persons)

市	City	人口数 Total Population	城镇人口 Urban Population		乡村人口 Rural Population	
			人口数 Population	比重（%）Proportion	人口数 Population	比重（%）Proportion
全　省	**Total**	**7424.92**	**3811.21**	**51.33**	**3613.71**	**48.67**
石家庄市	Shijiazhuang	1070.16	623.90	58.30	446.26	41.70
#辛集市	Xinji	63.05	29.39	46.62	33.66	53.38
承 德 市	Chengde	353.01	165.21	46.80	187.80	53.20
张家口市	Zhangjiakou	442.17	230.81	52.20	211.36	47.80
秦皇岛市	Qinhuangdao	307.32	166.17	54.07	141.15	45.93
唐 山 市	Tangshan	780.12	454.89	58.31	325.23	41.69
廊 坊 市	Langfang	456.32	250.98	55.00	205.34	45.00
保 定 市	Baoding	1155.24	539.15	46.67	616.09	53.33
#定州市	Dingzhou	120.34	56.37	46.84	63.97	53.16
沧 州 市	Cangzhou	744.30	361.43	48.56	382.87	51.44
衡 水 市	Hengshui	443.54	206.87	46.64	236.67	53.36
邢 台 市	Xingtai	729.44	348.16	47.73	381.28	52.27
邯 郸 市	Handan	943.30	484.67	51.38	458.63	48.62

各市分性别、户口登记状况的人口（2015年）

Population by Sex, Household Registration Status and Region (2015)

单位：人 (person)

市	City	人口数 Total			居住在本乡、镇、街道，户口在本乡、镇、街道 Residing in the Township, Towns and Street Communities with Permanent Household Registration There		
		合计 Total	男 Male	女 Female	小计 Sub-total	男 Male	女 Female
全　省	**Total**	**697206**	**352312**	**344894**	**604707**	**307446**	**297261**
石家庄市	Shijiazhuang	98012	46626	51386	77828	39012	38816
承德市	Chengde	34495	17040	17455	28664	14179	14485
张家口市	Zhangjiakou	40370	20685	19685	32139	16588	15551
秦皇岛市	Qinhuangdao	29434	14132	15302	23746	12051	11695
唐山市	Tangshan	72296	37173	35122	62306	31586	30720
廊坊市	Langfang	43502	23569	19933	36933	18900	18033
保定市	Baoding	95972	49027	46944	85197	43196	42001
沧州市	Cangzhou	68084	34417	33667	62701	32201	30501
衡水市	Hengshui	43951	22181	21770	37049	18649	18400
邢台市	Xingtai	67455	34399	33057	61908	31643	30265
邯郸市	Handan	87113	44752	42361	80667	41591	39076
辛集市	Xinji	5700	2928	2772	5287	2724	2562
定州市	Dingzhou	10823	5384	5439	10283	5125	5158

市	City	居住在本乡、镇、街道，户口登记地在外乡、镇、街道，离开户口登记地半年以上 Residing in the Township, Towns and Street Communities with Permanent Household Registration Elsewhere, Having been Away from that Places For More Than 6 Months.			居住在本乡、镇、街道，户口待定 Residing in the Township, Towns and Street Communities with Places of Household Registration Unsettled.			原住在本乡、镇、街道，现在国外工作学习 Originally Living in the Townships, Towns and Street Communities, Now Working or Studying Abroad		
		小计 Sub-total	男 Male	女 Female	小计 Sub-total	男 Male	女 Female	小计 Sub-total	男 Male	女 Female
全　省	**Total**	**90429**	**43755**	**46674**	**1838**	**938**	**900**	**232**	**173**	**59**
石家庄市	Shijiazhuang	20006	7511	12495	147	84	62	31	18	13
承德市	Chengde	5706	2811	2895	121	47	74	4	3	1
张家口市	Zhangjiakou	8063	4027	4037	166	69	97	2	1	1
秦皇岛市	Qinhuangdao	5609	2024	3584	61	47	14	19	10	10
唐山市	Tangshan	9830	5509	4321	148	69	79	11	8	3
廊坊市	Langfang	6440	4602	1839	123	63	60	5	4	1
保定市	Baoding	10519	5707	4812	224	103	121	31	21	10
沧州市	Cangzhou	5255	2155	3100	116	52	64	13	9	4
衡水市	Hengshui	6783	3450	3333	64	37	27	55	44	10
邢台市	Xingtai	5365	2663	2702	178	90	88	4	3	1
邯郸市	Handan	5979	2891	3089	448	256	192	19	14	4
辛集市	Xinji	407	201	206	5	2	4	1	1	
定州市	Dingzhou	466	204	262	36	18	18	37	36	1

注：本表是2015年人口变动情况抽样调查样本数据，抽样比为0.94%。

a) Data in this table are obtained from the 1% Population Sample Survey in 2015. The sampling fraction is 0.94%.

各市按性别和婚姻状况分的人口（2015年）
Population by Sex, Marital Status and Region (2015)

单位：人 (person)

市	City	15岁及以上人口 Population Aged 15 and Over	男 Male	女 Female	未婚 Never Married	男 Male	女 Female
全 省	**Total**	**569861**	**283921**	**285940**	**90601**	**50616**	**39985**
石家庄市	Shijiazhuang	82141	38206	43935	18658	7396	11262
承 德 市	Chengde	28239	13630	14608	4479	2093	2385
张家口市	Zhangjiakou	34139	17505	16634	4372	2813	1559
秦皇岛市	Qinhuangdao	25008	11834	13174	4098	1627	2470
唐 山 市	Tangshan	61035	31234	29800	7663	4795	2868
廊 坊 市	Langfang	36498	19783	16715	7393	5412	1981
保 定 市	Baoding	78124	39511	38612	11302	7191	4111
沧 州 市	Cangzhou	54411	26748	27663	7562	3843	3718
衡 水 市	Hengshui	36297	18239	18058	6236	3416	2820
邢 台 市	Xingtai	53125	26591	26534	6736	4182	2554
邯 郸 市	Handan	67233	33877	33356	10429	6823	3606
辛 集 市	Xinji	4908	2487	2421	458	302	155
定 州 市	Dingzhou	8702	4274	4428	1215	722	494

市	City	有配偶 First Married	男 Male	女 Female	离婚 Divorced	男 Male	女 Female	丧偶 Widowed	男 Male	女 Female
全 省	**Total**	**441722**	**219046**	**222676**	**7296**	**4582**	**2714**	**30242**	**9677**	**20565**
石家庄市	Shijiazhuang	58614	28999	29615	965	569	396	3903	1241	2662
承 德 市	Chengde	4065	2046	2019	71	46	25	315	94	221
张家口市	Zhangjiakou	21558	10686	10871	511	309	202	1692	542	1150
秦皇岛市	Qinhuangdao	26949	13600	13349	655	431	224	2163	662	1502
唐 山 市	Tangshan	19270	9582	9688	408	227	181	1233	398	835
廊 坊 市	Langfang	48969	24742	24227	1159	662	497	3244	1036	2208
保 定 市	Baoding	26878	13491	13387	514	330	184	1712	549	1164
沧 州 市	Cangzhou	61619	30336	31283	961	638	323	4241	1346	2895
衡 水 市	Hengshui	6745	3249	3496	124	89	35	617	214	403
邢 台 市	Xingtai	43628	21663	21966	574	360	214	2647	881	1765
邯 郸 市	Handan	27842	14014	13828	285	201	84	1934	608	1326
辛 集 市	Xinji	43084	21208	21876	472	308	165	2833	893	1940
定 州 市	Dingzhou	52500	25429	27071	597	412	184	3707	1212	2495

注：本表是2015年人口变动情况抽样调查样本数据，抽样比为0.94%。

a) Data in this table are obtained from the 1% Population Sample Survey in 2015. The sampling fraction is 0.94%.

各市按性别和受教育程度分的人口（2015年）

Population by Sex, Educational Attainment and Region (2015)

单位：人　　(person)

市	City	6岁及6岁以上人口 Population Aged 6 and Over	男 Male	女 Female	未上过学 No Schooling	男 Male	女 Female	小学 Frimary School	男 Male	女 Female
全　省	**Total**	**643247**	**323383**	**319864**	**26927**	**7460**	**19467**	**165846**	**78238**	**87608**
石家庄市	Shijiazhuang	90919	42922	47997	3165	870	2295	16780	7900	8880
承德市	Chengde	32042	15678	16365	1456	429	1027	9820	4558	5261
张家口市	Zhangjiakou	38144	19553	18592	2500	842	1658	12081	5912	6168
秦皇岛市	Qinhuangdao	27617	13170	14448	606	190	417	6782	3182	3600
唐山市	Tangshan	67445	34636	32809	1919	433	1486	16558	7733	8824
廊坊市	Langfang	40371	21883	18488	1779	490	1288	9632	4540	5092
保定市	Baoding	88484	45017	43468	3316	966	2350	25129	11864	13266
沧州市	Cangzhou	61896	30985	30911	3110	915	2195	16696	8018	8678
衡水市	Hengshui	40797	20526	20272	1219	328	890	10041	4708	5333
邢台市	Xingtai	61131	30948	30183	3205	825	2380	16965	7976	8989
邯郸市	Handan	79055	40369	38686	4104	1024	3080	21107	9815	11291
辛集市	Xinji	5368	2750	2618	189	50	139	1402	678	724
定州市	Dingzhou	9976	4947	5030	359	98	261	2854	1353	1501

市	City	初中 Junior Secondary School	男 Male	女 Female	普通高中 Senior Secondary School	男 Male	女 Female	中职 Senior Secondary School	男 Male	女 Female
全　省	**Total**	**282490**	**150340**	**132150**	**78035**	**42409**	**35626**	**24289**	**11570**	**12719**
石家庄市	Shijiazhuang	33106	17499	15606	17835	8483	9352	4748	1810	2938
承德市	Chengde	13587	7337	6251	3508	1545	1963	977	517	459
张家口市	Zhangjiakou	15240	8214	7026	3754	2118	1636	1369	798	571
秦皇岛市	Qinhuangdao	11316	5905	5411	2771	1468	1303	1094	639	454
唐山市	Tangshan	29134	15409	13725	7652	4292	3360	3465	1951	1513
廊坊市	Langfang	17431	9687	7744	4023	2400	1623	1718	954	764
保定市	Baoding	42244	22593	19652	9057	5336	3721	2249	1090	1159
沧州市	Cangzhou	29077	15600	13477	6536	3069	3467	1885	971	914
衡水市	Hengshui	19122	10131	8992	5054	3314	1740	2691	674	2017
邢台市	Xingtai	29209	15529	13680	6592	3943	2649	1479	754	725
邯郸市	Handan	35335	18458	16877	9628	5529	4098	2293	1222	1071
辛集市	Xinji	2748	1446	1302	627	368	259	126	66	61
定州市	Dingzhou	4940	2533	2407	999	544	455	194	123	71

各市按性别和受教育程度分的人口（2015年）(续)

Population by Sex, Educational Attainment and Region (2015)

单位：人 (person)

市	City	大专 College and Higher Level	男 Male	女 Female	本科 College and Higher Level	男 Male	女 Female	研究生 College and Higher Level	男 Male	女 Female
全　省	**Total**	**39934**	**21269**	**18665**	**23869**	**11152**	**12717**	**1857**	**944**	**913**
石家庄市	Shijiazhuang	8886	3439	5447	5675	2548	3128	724	374	350
承 德 市	Chengde	1890	871	1019	766	402	365	38	19	19
张家口市	Zhangjiakou	1915	1012	904	1229	628	601	56	29	27
秦皇岛市	Qinhuangdao	2035	1042	993	2857	660	2196	157	83	74
唐 山 市	Tangshan	5106	2840	2266	3423	1883	1540	188	94	94
廊 坊 市	Langfang	4118	2960	1159	1565	795	770	104	57	47
保 定 市	Baoding	3784	1881	1904	2399	1128	1271	306	161	145
沧 州 市	Cangzhou	2854	1481	1372	1660	895	765	79	36	43
衡 水 市	Hengshui	1549	802	747	1089	551	537	32	17	16
邢 台 市	Xingtai	2345	1217	1128	1251	668	583	86	36	49
邯 郸 市	Handan	4912	3462	1450	1602	824	778	73	35	39
辛 集 市	Xinji	196	98	97	81	44	37			
定 州 市	Dingzhou	344	165	179	272	126	146	15	5	10

注：本表是2015年人口变动情况抽样调查样本数据，抽样比为0.94%。

a) Data in this table are obtained from the 1% Population Sample Survey in 2015. The sampling fraction is 0.94%.

各市按性别分的15岁及15岁以上文盲人口（2015年）

Illiterate Population Aged 15 and Over by Sex and Region (2015)

单位：人、% (person, %)

市	City	15 岁 及 15岁以上 人 口 Population Aged 15 and Over	男 Male	女 Female	文 盲 人 口 Illiterate Population	男 Male	女 Female	文盲人口占15岁及以上人口的比重 % to Total Aged 15 and Over	男 Male	女 Female
全　省	**Total**	**570107**	**284065**	**286042**	**22010**	**5481**	**16529**	**3.86**	**1.93**	**5.78**
石家庄市	Shijiazhuang	82165	38217	43948	2613	640	1973	3.18	1.68	4.49
承 德 市	Chengde	28265	13643	14623	1184	303	881	4.19	2.22	6.02
张家口市	Zhangjiakou	34185	17535	16650	2208	723	1485	6.46	4.13	8.92
秦皇岛市	Qinhuangdao	25058	11863	13195	440	124	316	1.76	1.05	2.40
唐 山 市	Tangshan	61089	31264	29825	1485	290	1195	2.43	0.93	4.01
廊 坊 市	Langfang	36500	19784	16716	1477	377	1100	4.05	1.91	6.58
保 定 市	Baoding	78131	39515	38616	2742	745	1997	3.51	1.88	5.17
沧 州 市	Cangzhou	54433	26767	27666	2520	634	1885	4.63	2.37	6.81
衡 水 市	Hengshui	36297	18239	18058	906	216	690	2.50	1.18	3.82
邢 台 市	Xingtai	53127	26592	26535	2518	559	1959	4.74	2.10	7.38
邯 郸 市	Handan	67234	33878	33356	3490	766	2724	5.19	2.26	8.17
辛 集 市	Xinji	4909	2488	2421	134	27	106	2.73	1.10	4.40
定 州 市	Dingzhou	8713	4280	4433	293	76	216	3.36	1.78	4.88

注：本表是2015年人口变动情况抽样调查样本数据，抽样比为0.94%。

a) Data in this table are obtained from the 1% Population Sample Survey in 2015. The sampling fraction is 0.94%.

各市按家庭户规模分的户数（2015年）

Family Households by Size and Region (2015)

单位：户 (household)

市	City	家庭户户数 Number of Family Households	一人户 One Person	二人户 Two Persons	三人户 Three Persons	四人户 Four Persons
全　省	**Total**	**204443**	**20359**	**52718**	**50980**	**41257**
石家庄市	Shijiazhuang	26439	2557	6039	6618	5476
承 德 市	Chengde	10079	1106	2771	2574	1886
张家口市	Zhangjiakou	15163	2513	5347	4192	2180
秦皇岛市	Qinhuangdao	9832	1109	3433	2944	1359
唐 山 市	Tangshan	22805	2224	6271	6763	4099
廊 坊 市	Langfang	12268	1144	2948	3276	2430
保 定 市	Baoding	27181	2430	6263	6473	5702
沧 州 市	Cangzhou	20347	1647	5521	4947	4416
衡 水 市	Hengshui	12853	1465	3752	3070	2589
邢 台 市	Xingtai	19248	1719	4363	4441	4667
邯 郸 市	Handan	23284	1936	4756	4621	5490
辛 集 市	Xinji	1935	225	669	444	304
定 州 市	Dingzhou	3010	285	585	619	658

市	City	五人户 Five Persons	六人户 Six Persons	七人户 Seven Persons	八人户 Eight Persons	九人户 Nine Persons	十人及以上户 Ten Persons and Over
全　省	**Total**	**21473**	**12790**	**3280**	**994**	**350**	**241**
石家庄市	Shijiazhuang	3129	1870	505	161	57	26
承 德 市	Chengde	972	613	120	24	7	6
张家口市	Zhangjiakou	598	257	50	19	3	5
秦皇岛市	Qinhuangdao	663	251	58	10	5	1
唐 山 市	Tangshan	2228	954	183	56	20	7
廊 坊 市	Langfang	1293	812	231	83	30	22
保 定 市	Baoding	3328	2227	492	166	61	39
沧 州 市	Cangzhou	2062	1320	298	80	31	24
衡 水 市	Hengshui	1101	655	145	39	18	17
邢 台 市	Xingtai	2196	1289	398	106	43	27
邯 郸 市	Handan	3286	2144	695	222	70	66
辛 集 市	Xinji	194	77	16	6	1	
定 州 市	Dingzhou	423	322	90	22	4	2

注：本表是2015年人口变动情况抽样调查样本数据，抽样比为0.94%。

a) Data in this table are obtained from the 1% Population Sample Survey in 2015. The sampling fraction is 0.94%.

各市户数、人口数、性别比和户规模（2015年）
Household, Population, Sex Ratio and Household Size by Region (2015)

市	City	户数（户）Number of Households (household)	家庭户 Family Household	集体户 Collective Household	人口数（人）Population (person)	男 Male	女 Female	性别比（女=100）Sex Ratio (female=100)	平均家庭户规模（人/户）Average Family Size (person/Household)
全　省	**Total**	**211200**	**204443**	**6757**	**697206**	**352312**	**344894**	**102.15**	**3.24**
石家庄市	Shijiazhuang	28480	26439	2042	98012	46626	51386	90.74	3.35
承 德 市	Chengde	10601	10079	522	34495	17040	17455	97.62	3.13
张家口市	Zhangjiakou	15301	15163	138	40370	20685	19685	105.08	2.60
秦皇岛市	Qinhuangdao	10190	9832	358	29434	14132	15302	92.35	2.80
唐 山 市	Tangshan	23403	22805	598	72296	37173	35122	105.84	3.06
廊 坊 市	Langfang	12961	12268	693	43502	23569	19933	118.24	3.30
保 定 市	Baoding	27808	27181	627	95972	49027	46944	104.44	3.41
沧 州 市	Cangzhou	20620	20347	273	68084	34417	33667	102.23	3.26
衡 水 市	Hengshui	13543	12853	691	43951	22181	21770	101.89	3.07
邢 台 市	Xingtai	19614	19248	367	67455	34399	33057	104.06	3.39
邯 郸 市	Handan	23720	23284	436	87113	44752	42361	105.65	3.61
辛 集 市	Xinji	1943	1935	8	5700	2928	2772	105.61	2.93
定 州 市	Dingzhou	3016	3010	6	10823	5384	5439	98.98	3.59

注：本表是2015年人口变动情况抽样调查样本数据，抽样比为0.94%。
a) Data in this table are obtained from the 1% Population Sample Survey in 2015. The sampling fraction is 0.94%.

各市人口年龄构成和抚养比（2015年）
Age Composition and Dependency Ratio of Population by Region (2015)

市	City	人口数（人）Population (person)	0-14岁 Age 0-14	15-64岁 Age 15-64	65岁及以上 Age 65 and Over	总抚养比(%) Gross Dependency Ratio (%)	少年儿童抚养比 Children Dependency Ratio	老年人口抚养比 Old Dependency Ratio
全　省	**Total**	**697206**	**127099**	**455221**	**114886**	**53.16**	**27.92**	**25.24**
石家庄市	Shijiazhuang	98012	15847	68111	14054	43.90	23.27	20.63
承 德 市	Chengde	34495	6230	22619	5647	52.51	27.54	24.97
张家口市	Zhangjiakou	40370	6185	25599	8586	57.70	24.16	33.54
秦皇岛市	Qinhuangdao	29434	4377	19479	5579	51.11	22.47	28.64
唐 山 市	Tangshan	72296	11207	47428	13661	52.43	23.63	28.80
廊 坊 市	Langfang	43502	7002	29795	6705	46.00	23.50	22.50
保 定 市	Baoding	95972	17841	62243	15888	54.19	28.66	25.53
沧 州 市	Cangzhou	68084	13652	43035	11398	58.21	31.72	26.48
衡 水 市	Hengshui	43951	7653	28662	7636	53.34	26.70	26.64
邢 台 市	Xingtai	67455	14328	43188	9939	56.19	33.18	23.01
邯 郸 市	Handan	87113	19879	54677	12558	59.32	36.36	22.97
辛 集 市	Xinji	5700	791	3494	1415	63.15	22.64	40.51
定 州 市	Dingzhou	10823	2109	6892	1821	57.03	30.60	26.42

注：本表是2015年人口变动情况抽样调查样本数据，抽样比为0.94%。
a) Data in this table are obtained from the 1% Population Sample Survey in 2015. The sampling fraction is 0.94%.

各市城镇非私营单位就业人数（2015年底）

Number of Staff and Workers in Urban Non Private Units (End of 2015)

单位：万人 (10000 persons)

市	City	就业人数 Number of Staff and Workers	#国有经济 State-Owned	#城镇集体经济 Urban Collective-Owned	在岗职工人数 Number of Staff and Workers on-post	#国有经济 State-Owned	#城镇集体经济 Urban Collective-Owned
全　省	**Total**	**643.65**	**288.22**	**14.39**	**599.76**	**273.33**	**13.70**
石家庄市	Shijiazhuang	100.32	48.91	2.38	96.00	47.15	2.34
#辛集市	Xinji	4.00	1.73	0.07	3.98	1.72	0.07
承 德 市	Chengde	29.94	15.02	0.61	27.40	14.57	0.61
张家口市	Zhangjiakou	37.61	20.49	1.28	35.31	19.33	1.13
秦皇岛市	Qinhuangdao	32.84	15.81	0.39	31.18	15.28	0.35
唐 山 市	Tangshan	89.44	34.08	1.61	85.08	32.57	1.58
廊 坊 市	Langfang	44.45	17.17	0.78	43.56	16.95	0.76
保 定 市	Baoding	104.82	36.05	1.50	91.51	34.39	1.43
#定州市	Dingzhou	4.99	2.68	0.02	4.95	2.65	0.02
沧 州 市	Cangzhou	52.57	27.09	0.91	48.19	25.07	0.88
衡 水 市	Hengshui	29.52	15.27	1.45	28.23	14.78	1.45
邢 台 市	Xingtai	44.97	21.81	1.22	41.90	20.20	1.12
邯 郸 市	Handan	77.17	36.52	2.26	71.40	33.04	2.05

注：在岗职工人数含劳务派遣人员。

a) The staff and workers on-post include the labor dispatch personnel.

各市城镇非私营单位就业人员工资总额（2015年）

Total Wages Bill of Urban Units Employed Persons in Urban Non Private Units (2015)

单位：万元 (10000 yuan)

市	City	就业人员工资总额 Gross Payments to Employees in Urban Areas	在岗职工工资总额 Payments to Full-time Employees	#国有经济 By State-owned Econmy	#城镇集体经济 By Urban Collective-owned Economy	其他就业人员工资总额 Payments to Others Types of Employees
全　省	**Total**	**32894839**	**31588152**	**14811682**	**573210**	**1306687**
石家庄市	Shijiazhuang	5368135	5231077	2746525	97934	137058
#辛集市	Xinji	178272	177981	90690	4665	291
承 德 市	Chengde	1436475	1373705	739009	30333	62770
张家口市	Zhangjiakou	1819407	1741144	997278	44965	78263
秦皇岛市	Qinhuangdao	1857351	1808947	873532	10593	48404
唐 山 市	Tangshan	4926570	4794306	1831988	48266	132264
廊 坊 市	Langfang	2870898	2811475	1003016	31597	59423
保 定 市	Baoding	5023959	4593797	1740008	53620	430162
#定州市	Dingzhou	240954	239431	142736	856	1523
沧 州 市	Cangzhou	2748690	2633671	1437228	44269	115019
衡 水 市	Hengshui	1336781	1300813	731946	66972	35968
邢 台 市	Xingtai	2042292	1968221	1011466	57006	74071
邯 郸 市	Handan	3464281	3330996	1699686	87655	133285

各市城镇非私营单位在岗职工工资总额及平均工资（2015年）
Total Wages Bill and Average Wage of Staff and Workers on-post in Urban Non Private Units (2015)

市	City	在岗职工工资总额(万元) Total Wages (10000 yuan)	国有经济 State-Owned	城镇集体经济 Urban Collective-Owned	其他经济类型 Others	在岗职工平均工资(元) Average Wage of Staff and Workers on-post (yuan)	国有经济 State-Owned	城镇集体经济 Urban Collective-Owned	其他经济类型 Others
全　省	**Total**	**31588152**	**14811682**	**573210**	**16203260**	**52409**	**54260**	**41830**	**51269**
石家庄市	Shijiazhuang	5231077	2746525	97934	2386618	54441	58296	42390	51145
#辛集市	Xinji	177981	90690	4665	82626	44753	52933	68294	37636
承 德 市	Chengde	1373705	739009	30333	604363	49071	50637	50262	47228
张家口市	Zhangjiakou	1741144	997278	44965	698901	48892	51468	38464	46389
秦皇岛市	Qinhuangdao	1808947	873532	10593	924822	56397	55846	28308	57589
唐 山 市	Tangshan	4794306	1831988	48266	2914052	55565	56605	29917	55712
廊 坊 市	Langfang	2811475	1003016	31597	1776862	63426	59277	43343	66608
保 定 市	Baoding	4593797	1740008	53620	2800169	50394	50362	36541	50782
#定州市	Dingzhou	239431	142736	856	95839	48919	53547	35384	43472
沧 州 市	Cangzhou	2633671	1437228	44269	1152174	54779	57376	51344	51979
衡 水 市	Hengshui	1300813	731946	66972	501895	47088	50155	47752	43160
邢 台 市	Xingtai	1968221	1011466	57006	899749	46944	50465	51177	43320
邯 郸 市	Handan	3330996	1699686	87655	1543655	46550	51934	42594	41979

注：在岗职工工资总额和平均工资均含劳务派遣人员。
a) The total wages bill and average wage of staff and workers on-post include the labor dispatch personnel.

各市城镇私营单位就业人员平均工资
Average Wage of Employed Persons in Urban Private Enterprises

单位：元　　　　(yuan)

市	City	2010	2011	2012	2013	2014	2015
全　省	**Total**	**17914**	**21729**	**25158**	**28135**	**31459**	**34084**
石家庄市	Shijiazhuang	17790	22200	26187	28902	32705	35003
#辛集市	Xinji				27187	31049	33672
承 德 市	Chengde	17781	21189	24120	27962	30229	32401
张家口市	Zhangjiakou	16891	21805	23325	25458	27723	29120
秦皇岛市	Qinhuangdao	19997	22893	26583	29130	32090	33439
唐 山 市	Tangshan	21077	24736	28751	31449	34475	38140
廊 坊 市	Langfang	19884	22626	25523	29918	33855	38283
保 定 市	Baoding	16461	20579	23913	27083	30726	33027
#定州市	Dingzhou				24558	29391	30000
沧 州 市	Cangzhou	17430	22422	25194	28442	31148	33218
衡 水 市	Hengshui	16435	19928	22874	25882	28737	32378
邢 台 市	Xingtai	15156	18782	22440	25358	29459	31327
邯 郸 市	Handan	15513	18768	22099	25591	28249	31052

注：1.本表数据为抽样调查。2.2013年起石家庄市不含辛集市、保定市不含定州市。(下表同)
a) Data in this table come from data collected through the sample survey.
b) The data in 2013 and 2014, Shijiazhuang excluding Xinji, Baoding excluding Dingzhou. Same as following tables.

各市城镇登记失业人员及失业率

Number of Unemployed and Unemployment Rate in Urban Area

市	City	年底登记失业人数(万人) Number of Unemployed End of the Year (10000 persons)						登记失业率(%) Registered Rate of Unemployment (%)					
		2010	2011	2012	2013	2014	2015	2010	2011	2012	2013	2014	2015
全　省	**Total**	**35.14**	**35.99**	**36.83**	**37.17**	**38.30**	**39.41**	**3.86**	**3.75**	**3.69**	**3.68**	**3.59**	**3.60**
石家庄市	Shijiazhuang	5.09	5.05	5.34	5.35	5.34	5.36	3.82	3.81	3.76	3.68	3.64	3.66
#辛集市	Xinji				0.16	0.17	0.18				2.77	3.08	3.21
承 德 市	Chengde	2.46	1.84	1.94	1.91	1.85	1.99	4.34	3.11	3.29	3.44	3.09	3.14
张家口市	Zhangjiakou	3.27	3.46	3.04	3.76	4.01	3.44	4.31	4.25	3.75	4.05	3.89	3.23
秦皇岛市	Qinhuangdao	1.89	2.02	2.22	2.30	2.32	2.51	3.76	3.70	3.71	3.49	3.37	3.32
唐 山 市	Tangshan	5.79	5.95	5.95	6.10	6.69	7.01	4.06	4.00	4.00	4.02	4.00	4.15
廊 坊 市	Langfang	1.19	1.19	1.19	1.25	1.03	1.02	2.00	2.00	2.00	2.08	1.90	1.87
保 定 市	Baoding	4.26	4.22	4.72	4.70	4.80	4.27	4.08	4.05	3.91	3.94	4.02	4.18
#定州市	Dingzhou				0.72	0.72	0.73				3.78	3.76	3.89
沧 州 市	Cangzhou	1.89	2.31	2.37	2.44	2.36	2.46	4.24	3.81	3.85	3.80	3.49	3.55
衡 水 市	Hengshui	2.13	2.55	2.58	2.27	2.46	2.36	3.50	3.49	3.41	3.44	3.68	3.73
邢 台 市	Xingtai	2.11	2.10	2.00	1.91	2.09	2.15	3.80	3.90	3.80	3.70	3.60	3.64
邯 郸 市	Handan	5.05	5.29	5.47	5.18	5.35	5.92	4.00	4.00	4.00	3.75	3.54	3.67

各市全社会固定资产投资（2015年）

Total Investment in Fixed Assets (2015)

单位：万元　　(10000 yuan)

市	City	全社会投资总额 Total Investment	固定资产投资 Investment in Fixed Assets	建设项目 Construction Projects	房地产开发 Real Estate Development	农　户 Agricultural Households
全　省	**Total**	**294482706**	**289057383**	**246204673**	**42852710**	**5425323**
石家庄市	Shijiazhuang	57274936	56898536	47035834	9862702	376400
#辛集市	Xinji	2129620	2119720	1908345	211375	9900
承 德 市	Chengde	15351492	15119742	13804877	1314865	231750
张家口市	Zhangjiakou	15742189	15542319	13425611	2116708	199870
秦皇岛市	Qinhuangdao	8924464	8743325	6171023	2572302	181139
唐 山 市	Tangshan	46195789	45438766	39751967	5686799	757023
廊 坊 市	Langfang	21668117	21338117	14629438	6708679	330000
保 定 市	Baoding	27539597	26736922	21348521	5388401	802675
#定州市	Dingzhou	2548245	2489644	1547487	942157	58601
沧 州 市	Cangzhou	31698523	31032564	28651589	2380975	665959
衡 水 市	Hengshui	11295043	10855073	9266108	1588965	439970
邢 台 市	Xingtai	18866215	18258871	16439076	1819795	607344
邯 郸 市	Handan	35266346	34433153	31020634	3412519	833193

注：1.全省农村农户投资为抽样调查数，各市为全面调查数。2.全省总计中含不分地区数，不等于各市合计,下表同。

a) The provincial data of individual investment in fixed assets in the rural area are estimator on the base of sample surveys. owever, the corresponding data for the cities are results of overall statistical surveys. b)The data by city didn't contained of others so total isn't equal to the figure of whole province, same as following tables.

各市按构成和建设性质分的建设项目投资（2015年）
Investment in Capital Construction Projects by Use of Funds and Type of Construction (2015)

单位：万元 (10000 yuan)

市	City	投资总额 Total Invstment	按构成分 by Composition of Funds #建筑工程 Construction	#安装工程 Installation	#设备工器具购置 Purchase of Equipment and Instruments	按建设性质分 by Type of Construction #新建 New Construction	#扩建 Expansion	#改建和技术改造 Reconstruction
全　省	**Total**	**246204673**	**134612248**	**25433754**	**61300361**	**133118035**	**43736217**	**56245939**
石家庄市	Shijiazhuang	47035834	21099393	4469634	12275352	23526823	7693292	12527596
#辛集市	Xinji	1908345	923807	327657	617526	412258	846600	496137
承德市	Chengde	13804877	8550748	1152290	2154322	8702345	2270101	2532347
张家口市	Zhangjiakou	13425611	7573015	1476400	2560365	9190726	1496880	2013829
秦皇岛市	Qinhuangdao	6171023	4099660	655417	979772	3587121	855205	1533528
唐山市	Tangshan	39751967	23805219	4523966	9795586	21929112	6085099	10299547
廊坊市	Langfang	14629438	8543607	1228652	3841725	6922342	2417660	3872729
保定市	Baoding	21348521	13031847	1967276	4815789	13949979	3360848	2376673
#定州市	Dingzhou	1547487	1008476	99739	181492	1439566	19017	88585
沧州市	Cangzhou	28651589	16297157	2974826	7960801	13392189	8229289	6362780
衡水市	Hengshui	9266108	4918837	1038608	2814615	3866352	1806413	3104904
邢台市	Xingtai	16439076	8718092	1905175	4353332	8269540	3063145	3949494
邯郸市	Handan	31020634	16563099	3028542	8469923	18010041	3569755	7672512

各市建设项目施工、投产个数和新增固定资产（2015年）
Number of Capital Construction Projects under Construction and Put into Use and Newly Increased Fixed Assets (2015)

市	City	施工项目（个） Number of Projects under Construction (unit)	全部建成投产项目个数（个） Number of Projects Completed and Put into Use (unit)	项目建成投产率（%） Rate of Construction Projects Completed and Put into Use (%)	新增固定资产（万元） Newly Increased Fixed Assets (10000 yuan)	固定资产交付使用率（%） Rate of Projects of Fixed Assets Completed and Put into Use (%)
全　省	**Total**	**20613**	**16226**	**78.7**	**206186940**	**83.7**
石家庄市	Shijiazhuang	4001	3418	85.4	36372442	77.3
#辛集市	Xinji	286	260	90.9	1575018	82.5
承德市	Chengde	1390	1023	73.6	10598537	76.8
张家口市	Zhangjiakou	1252	1037	82.8	12326559	91.8
秦皇岛市	Qinhuangdao	714	535	74.9	5658126	91.7
唐山市	Tangshan	2928	2173	74.2	29778265	74.9
廊坊市	Langfang	1194	893	74.8	11509206	78.7
保定市	Baoding	1302	1049	80.6	16608808	77.8
#定州市	Dingzhou	82	62	75.6	973864	62.9
沧州市	Cangzhou	2938	2471	84.1	26176290	91.4
衡水市	Hengshui	675	456	67.6	7462411	80.5
邢台市	Xingtai	2022	1504	74.4	13498394	82.1
邯郸市	Handan	2150	1650	76.7	25793194	83.1

各市建设项目施工、竣工房屋建筑面积（2015年）
Floor Space of Buildings under Construction and Completed in Capital Construction Projects (2015)

市	City	施工面积（万平方米）Floor Space under Construction (10000 sq.m)	#住宅 Residential Building	竣工面积（万平方米）Floor Space Completed (10000 sq.m)	#住宅 Residential Building
全　省	**Total**	**22242.53**	**2017.92**	**10844.32**	**1077.86**
石家庄市	Shijiazhuang	4225.44	752.20	2639.71	492.09
#辛集市	Xinji	123.36	0.53	93.99	0.53
承 德 市	Chengde	723.59	53.20	370.24	30.96
张家口市	Zhangjiakou	937.67	45.25	316.72	34.40
秦皇岛市	Qinhuangdao	598.13	28.13	186.98	7.17
唐 山 市	Tangshan	1739.75	132.29	627.58	75.41
廊 坊 市	Langfang	1279.71	37.80	621.02	34.46
保 定 市	Baoding	3301.08	141.50	1121.73	70.06
#定州市	Dingzhou	62.27	1.49	18.42	1.49
沧 州 市	Cangzhou	3652.00	197.43	2280.23	178.88
衡 水 市	Hengshui	1044.61	15.42	387.62	4.60
邢 台 市	Xingtai	1579.70	77.61	972.14	25.08
邯 郸 市	Handan	3149.63	537.09	1320.36	124.74

各市能源工业投资（2015年）
Investment in Energy Industry (2015)

单位：万元 (10000 yuan)

市	City	合计 Total	煤炭开采和洗选业 Mining and Washing of Coal	石油和天然气开采业 Extraction of Petroleum and Natural Gas	石油加工、炼焦及核燃料加工业 Processing of Petroleum, Coking,	电力、燃气生产和供应业 Production and Supply of Electricity, Gas and Water
全　省	**Total**	**16425189**	**1118508**	**336402**	**1704046**	**13266233**
石家庄市	Shijiazhuang	1580742	290225		129678	1160839
#辛集市	Xinji	68776			65226	3550
承 德 市	Chengde	1209671	19500			1190171
张家口市	Zhangjiakou	2606964	63385		17436	2526143
秦皇岛市	Qinhuangdao	510163			133580	376583
唐 山 市	Tangshan	2533986	160639	336402	478927	1558018
廊 坊 市	Langfang	571378			22066	549312
保 定 市	Baoding	789271	17541		5487	766243
#定州市	Dingzhou	68700				68700
沧 州 市	Cangzhou	1501995	3000		676662	822333
衡 水 市	Hengshui	100662				100662
邢 台 市	Xingtai	890323	42466		120335	727522
邯 郸 市	Handan	1633380	521752		119875	991753

各市建设项目资金来源（2015年）

Source of Funds of Investment in Capital Construction Projects (2015)

单位：万元 (10000 yuan)

市	City	本年 资金来源 Total Funds This Year	国家预算内资金 State Budget	国内贷款 Domestic Loans	债券 Bond	利用外资 Foreign Investment	自筹资金 Self-raising Funds	其他资金 Others
全　省	**Total**	**238992418**	**10445791**	**14163242**	**36030**	**403465**	**207542882**	**6401008**
石家庄市	Shijiazhuang	45772354	3117732	3709611		101674	37700800	1142537
#辛集市	Xinji	1910031	5000	84822			1820209	
承德市	Chengde	13088988	1581078	1030847	35000	11752	9826842	603469
张家口市	Zhangjiakou	12780551	493705	1790352	30	50979	9960012	485473
秦皇岛市	Qinhuangdao	5839277	370721	112959		1280	5077492	276825
唐山市	Tangshan	37480670	881762	2121280		43778	33809541	624309
廊坊市	Langfang	14412076	298729	167895		36318	13791984	117150
保定市	Baoding	20387669	789405	469159	1000	47530	18678194	402381
#定州市	Dingzhou	1308807	188654	27198			1082255	10700
沧州市	Cangzhou	28029890	1113780	958019		35400	25594055	328636
衡水市	Hengshui	9244197	415985	572614			7866387	389211
邢台市	Xingtai	16441412	331612	355047		29475	15000869	724409
邯郸市	Handan	30651813	977873	986666		45279	27605575	1036420

各市亿元及以上固定资产投资项目投资情况(2015年)

Investment of Projects above 100 Million yuan (2015)

单位：亿元 (100 million yuan)

市	City	施工项目（个） Number of Projects under Construction (unit)	#新开工 Started in This Year	在建规模 Total investment Planed	#新开工 Started in This Year	本年完成投资 Real investment completed in this year
全　省	**Total**	**5904**	**2820**	**47467.45**	**13241.00**	**16819.89**
石家庄市	Shijiazhuang	771	358	7383.92	1645.94	2712.70
#辛集市	Xinji	16	5	236.82	55.41	48.91
承德市	Chengde	392	186	2741.16	566.37	940.81
张家口市	Zhangjiakou	356	177	3381.67	966.97	976.34
秦皇岛市	Qinhuangdao	225	87	1177.15	335.50	411.42
唐山市	Tangshan	981	501	8401.19	2144.84	3086.12
廊坊市	Langfang	426	196	2972.06	812.89	860.01
保定市	Baoding	547	246	4518.50	1605.06	1751.33
#定州市	Dingzhou	44	15	474.22	237.50	145.88
沧州市	Cangzhou	554	278	3870.28	1129.17	1545.98
衡水市	Hengshui	328	166	2529.50	983.21	783.15
邢台市	Xingtai	530	240	2803.73	782.76	982.04
邯郸市	Handan	747	368	5593.99	1869.60	2303.99

各市分行业建设项目投资（2015年）

Investment in Capital Construction Projects by Sector (2015)

单位：万元 (10000 yuan)

市	City	投资总额 Total	农林牧渔业 Agriculture, Forestry, Animal Husbandry and Fishery	采矿业 Mining	制造业 Manufacturing	电力、热力、燃气及水生产和供应业 Production and Supply of Electricity, Thermal, Gas & Water	建筑业 Construction	批发和零售业 Wholesale and Retail Trades
全　省	**Total**	**246204673**	**15101056**	**5615747**	**125787501**	**15286885**	**200651**	**9674032**
石家庄市	Shijiazhuang	47035834	1689514	439962	23043483	1574950	5046	2195847
#辛集市	Xinji	1908345	66402		1437673	40491		75056
承德市	Chengde	13804877	1914748	1602160	2514890	1265364	5700	393804
张家口市	Zhangjiakou	13425611	1915187	517813	3124644	2605419	26078	468851
秦皇岛市	Qinhuangdao	6171023	725836	306120	1648907	474339	23315	170869
唐山市	Tangshan	39751967	2582470	1785754	19026270	1852102	28603	1598186
廊坊市	Langfang	14629438	297798		9832236	759523		342487
保定市	Baoding	21348521	949739	41912	9722572	816664	69913	1255264
#定州市	Dingzhou	1547487	4322		371375	76400		209969
沧州市	Cangzhou	28651589	1236383	4000	20738459	1221563	14220	922261
衡水市	Hengshui	9266108	515570	1000	7396539	144565	4478	108955
邢台市	Xingtai	16439076	948032	221409	10851886	831249		744806
邯郸市	Handan	31020634	2325779	695617	17887615	1242493	23298	1472702

市	City	交通运输、仓储和邮政业 Transport, Storage and Post	住宿和餐饮业 Hotels and Catering Services	信息传输、软件和信息技术服务业 Information Transmission, Software and Information Technology Services	金融业 Financial Inter-Mediation	房地产业 Real Estate	租赁和商务服务业 Leasing and Business Services	科学研究和技术服务业 Scientific Research and Technical Services
全　省	**Total**	**20357253**	**2215106**	**1471735**	**478744**	**10025663**	**4169174**	**1856467**
石家庄市	Shijiazhuang	3485299	319206	163311	195821	4196310	1946243	259933
#辛集市	Xinji	128481	22718				8500	
承德市	Chengde	2600446	318900			234859	180892	14211
张家口市	Zhangjiakou	970139	345224	239161	93752	108680	389676	181301
秦皇岛市	Qinhuangdao	615404	197253	53413	450	136852	177348	21085
唐山市	Tangshan	4936375	470737	79483	66961	942705	440759	168990
廊坊市	Langfang	716879	118370	10831		460338	161042	132414
保定市	Baoding	1147862	234333	129580		1945692	308120	707584
#定州市	Dingzhou	124691		48000		12000	87130	73390
沧州市	Cangzhou	1967427	66100	4800	44150	634832	57670	145975
衡水市	Hengshui	452049	1140			24342	600	18684
邢台市	Xingtai	441650	52350	80663	350	821223	344370	99768
邯郸市	Handan	2342120	91493	51079	77260	519830	162454	106522

各市分行业建设项目投资（2015年）(续)
Investment in Capital Construction Projects by Sector (2015)

单位：万元 (10000 yuan)

市	City	水利、环境和公共设施管理业 Management of Water Conservancy, Environment and Public Facilities	居民服务、修理和其他服务业 Services to Households, Repair and Other Services	教育 Education	卫生和社会工作 Health and Social Work	文化、体育和娱乐业 Culture, Sports and Entertainment	公共管理、社会保障和社会组织 Public Management, Social Security and Social Organizations
全　省	**Total**	**22192142**	**871726**	**2603236**	**2614479**	**4615290**	**1067786**
石家庄市	Shijiazhuang	4565533	379982	550012	719049	759817	546516
#辛集市	Xinji	110424	8900			9700	
承 德 市	Chengde	2021200	4591	100734	143178	470760	17440
张家口市	Zhangjiakou	1334532	85902	113875	250645	496841	156891
秦皇岛市	Qinhuangdao	1017420		69879	104307	393364	34862
唐 山 市	Tangshan	4240400	158310	535099	300487	498041	40235
廊 坊 市	Langfang	1146499	13238	136315	258012	242145	1311
保 定 市	Baoding	2679421	17900	281125	287732	752194	914
#定州市	Dingzhou	268357			1419	269520	914
沧 州 市	Cangzhou	1030271	42591	269718	91993	126250	32926
衡 水 市	Hengshui	487455	200	42980	24148	40843	2560
邢 台 市	Xingtai	640452	19684	164068	52463	88397	36256
邯 郸 市	Handan	2219534	149328	326532	382465	746638	197875

各市单位GDP能耗（2015年）
Energy Consumption by GDP (2015)

单位：吨标准煤/万元 (ton of SCE/10000 yuan)

市	City	单位GDP能耗 Energy Consumption by GDP		单位工业增加值能耗 Energy Consumption by Add-value of Industry	单位GDP电耗 Electricity Consumption by GDP
		指标值 Index	上升或下降 Change(+%)	上升或下降 Change(+%)	上升或下降 Change(+%)
全　省	**Total**	**0.9605**	**-6.14**	**-6.02**	**-10.28**
石家庄市	Shijiazhuang	0.7630	-6.48	-8.10	-8.27
#辛集市	Xinji	0.8174	-3.89	-9.79	-9.37
承 德 市	Chengde	1.0179	-3.12	-0.62	-19.17
张家口市	Zhangjiakou	1.0032	-5.80	-9.97	-11.27
秦皇岛市	Qinhuangdao	0.7626	-5.05	-9.21	-14.43
唐 山 市	Tangshan	1.2048	-6.94	-4.87	-15.48
廊 坊 市	Langfang	0.7820	-2.80	-4.42	-5.17
保 定 市	Baoding	0.6509	-7.50	-9.06	-6.36
#定州市	Dingzhou	0.6253	-3.61	-10.85	-4.47
沧 州 市	Cangzhou	0.7763	-6.39	-10.94	-4.72
衡 水 市	Hengshui	0.7883	-4.52	-12.90	-7.32
邢 台 市	Xingtai	1.0060	-4.38	-5.98	-5.55
邯 郸 市	Handan	1.0609	-5.90	-5.57	-9.46

注：1.单位工业增加值能耗的统计范围是年主营业务收入2000万元及以上的工业法人企业。 2.GDP按照2010年价格计算,工业增加值按照可比价计算。

a) The data ofenergy consumption by industrial value-added are based on survey of industrial legal-person enterprises, whose major-business annual incomes are no less than 20 million yuan.b)GDP is calculated based on constant prices in year 2010, industrial value-added is calculated at constant prices.

各市规模以上工业企业能源消耗情况
Consumption of Main Energy Sources in above Designated Size Industrial Enterprises

单位：万吨标准煤 (10000 tons of SCE)

市	City	2005	2010	2011	2012	2013	2014	2015
全　省	**Total**	**13976.29**	**18117.87**	**19996.33**	**20457.52**	**20895.79**	**20343.23**	**20269.64**
石家庄市	Shijiazhuang	2256.15	2778.90	2883.07	2959.76	2985.56	2848.45	2773.25
#辛集市	Xinji					177.13	164.70	157.79
承 德 市	Chengde	483.90	733.29	801.23	859.51	914.62	927.32	963.09
张家口市	Zhangjiakou	894.44	952.48	1070.68	1061.84	1106.99	1090.48	1025.16
秦皇岛市	Qinhuangdao	519.92	674.38	707.25	765.75	748.27	748.69	713.54
唐 山 市	Tangshan	4672.85	6280.62	7175.48	7290.94	7474.34	7225.84	7182.77
廊 坊 市	Langfang	279.76	558.45	593.02	615.81	640.47	674.20	687.82
保 定 市	Baoding	590.36	720.11	766.51	817.44	891.43	821.06	795.27
#定州市	Dingzhou					350.93	327.06	322.75
沧 州 市	Cangzhou	474.89	763.75	1014.06	1058.97	1081.38	1111.95	1271.66
衡 水 市	Hengshui	306.36	271.99	309.06	325.34	333.88	322.16	295.24
邢 台 市	Xingtai	942.99	1178.53	1295.97	1254.74	1203.23	1187.79	1166.84
邯 郸 市	Handan	2554.67	3205.38	3380.01	3445.42	3515.62	3385.28	3395.01

各市规模以上工业企业水消费(取水总量)
Consumption of Water in above Designated Size Industrial Enterprises

单位：万立方米 (10000 m³)

市	City	2010	2011	2012	2013	2014	2015
全　省	**Total**	**231593.98**	**200493.23**	**223896.30**	**232929.7**	**226177.4**	**220095.9**
石家庄市	Shijiazhuang	32264.03	33613.69	33273.78	33532.4	32938.9	30559.4
#辛集市	Xinji				2145.3	2073.7	2021.1
承 德 市	Chengde	14976.11	16238.25	16496.01	18500.2	19720.6	22016.8
张家口市	Zhangjiakou	9984.96	10262.42	10912.79	11797.5	11277.8	10873.2
秦皇岛市	Qinhuangdao	53050.65	18107.56	8377.19	6769.2	6637.0	5445.9
唐 山 市	Tangshan	64398.13	60808.11	72452.64	81450.3	81140.6	85111.1
廊 坊 市	Langfang	4688.63	5082.93	5008.41	5306.8	5272.3	5210.9
保 定 市	Baoding	9655.55	10821.34	10456.40	10943.4	10438.4	9924.7
#定州市	Dingzhou				2137.3	2269.2	2228.7
沧 州 市	Cangzhou	7514.14	10199.60	33127.75	31645.0	27449.2	20595.3
衡 水 市	Hengshui	3170.33	3434.23	3998.13	4082.6	4380.4	3755.2
邢 台 市	Xingtai	9182.51	9902.90	9640.93	8770.8	7940.9	7949.3
邯 郸 市	Handan	22708.94	22022.21	20152.26	20131.4	18981.4	18654.2

注：2009年以后取水总量不包括水的生产和供应业行业，也不包括河湖海冷却水用量。

a) Data after 2009 exclude the industry of production and supply of water, exclude cooling water directly from rivers, lakes and seas as well.

各市地方财政收入及支出（2015年）
Local Revenue and Expenditures (2015)

单位：万元 (10000 yuan)

市	City	地方财政收入 Local Revenue	#增值税 Value-added Tax	#营业税 Operation Tax	地方财政支出 Local Expenditure	#一般公共服务 General Public Services
全省	**Total**	**26491831**	**3153524**	**6515362**	**56321909**	**5033223**
石家庄市	Shijiazhuang	3750529	404195	1006228	6823857	587178
#辛集市	Xinji	121893	15097	34542	312641	33861
承德市	Chengde	972646	84773	280158	2925360	270185
张家口市	Zhangjiakou	1334334	82266	330361	3902617	388132
秦皇岛市	Qinhuangdao	1143620	138008	292455	2282969	185761
唐山市	Tangshan	3349797	363516	785161	5922620	597551
廊坊市	Langfang	3033844	217930	1083570	4819446	344731
保定市	Baoding	2128605	210344	599478	5668009	559095
#定州市	Dingzhou	160083	17415	33906	462290	29583
沧州市	Cangzhou	2109070	265942	477459	4848296	457978
衡水市	Hengshui	885155	81108	230781	2689296	246600
邢台市	Xingtai	1026653	101582	259447	3736715	334472
邯郸市	Handan	1906215	214217	346973	5156300	456510

注：全省总计数中含省本级数，故不等于各市相加。

a) The total revenues are not equal to the sum of the prefectures' revenues. This is because the former are the total of both provincial and prefectural revenues. So do the total expenditures.

各市区居民消费价格分类指数（2015年，上年＝100）
Consumer Price Indices by Category and by Cities (2015, Preceding Year＝100)

市区	City	总指数 General Index	食品 Food	烟酒 Tobacco and Liquor	衣着 Clothing	家庭设备用品及维修服务 Household Facilities, Articles and Services	医疗保健和个人用品 Health Care and Personal Articles	交通和通信 Transportation and Communication	娱乐教育文化用品及服务 Recreation, Education and Culture	居住 Residence
全省	**Total**	**100.9**	**100.8**	**101.7**	**103.1**	**101.0**	**102.7**	**98.3**	**101.1**	**99.9**
石家庄市	Shijiazhuang	101.0	99.9	100.6	105.7	101.5	102.5	99.0	100.7	100.3
#辛集市	Xinji	100.6	100.4	101.5	101.0	100.5	104.9	98.6	101.7	98.8
承德市	Chengde	101.4	102.0	99.5	101.3	100.3	103.3	98.8	102.7	100.4
张家口市	Zhangjiakou	100.7	100.8	102.5	101.4	100.4	101.5	99.1	100.9	100.1
秦皇岛市	Qinhuangdao	101.1	101.6	100.7	99.1	101.0	103.9	97.7	102.2	100.1
唐山市	Tangshan	101.0	101.0	101.2	106.0	101.5	102.1	97.9	100.6	99.0
廊坊市	Langfang	100.4	100.6	99.5	102.2	101.0	101.9	97.3	98.3	101.2
保定市	Baoding	101.0	99.9	101.9	103.2	101.7	102.9	99.6	100.1	101.5
#定州市	Dingzhou	100.0	99.3	104.4	99.1	101.9	101.4	99.5	100.0	99.7
沧州市	Cangzhou	101.4	102.3	101.7	101.2	100.6	100.4	97.3	106.3	100.3
衡水市	Hengshui	100.9	100.5	103.8	101.7	101.1	105.3	101.7	100.6	98.3
邢台市	Xingtai	101.0	102.2	101.3	100.8	100.2	101.7	98.8	99.6	100.1
邯郸市	Handan	101.9	102.2	102.6	104.4	101.1	103.4	99.0	102.3	99.6

各市区商品零售价格分类指数（2015年，上年＝100）
Retail Price Indices by Category of Commodities by Cities (2015, Preceding Year=100)

市　区	City	总指数 General Index	食　品 Food	饮　料、烟　酒 Beverages, Tobacco and Liquor	服　装、鞋　帽 Garments, Shoes and Hats	纺织品 Textiles	家用电器及音像器材 Household Appliances, Music and Video Equipment	文　化 办公用品 Cultural and Office Appliances	日用品 Articles for Daily Use	体　育 娱乐用品 Sports and Recreation Articles
全　省	**Total**	**100.2**	**100.8**	**101.2**	**103.1**	**101.9**	**99.9**	**100.1**	**100.5**	**100.5**
石家庄市	Shijiazhuang	100.2	99.8	100.2	105.8	103.7	100.1	100.9	99.2	100.0
#辛集市	Xinji	100.0	100.4	101.7	100.5	100.3	98.1	100.2	100.7	100.8
承德市	Chengde	100.1	101.7	101.0	101.4	100.2	97.1	101.4	101.6	102.3
张家口市	Zhangjiakou	101.0	101.7	102.0	101.8	102.9	99.4	102.6	100.9	99.8
秦皇岛市	Qinhuangdao	100.6	101.7	100.7	99.3	100.7	100.8	100.8	100.7	100.9
唐山市	Tangshan	100.8	101.1	101.4	106.1	102.2	101.1	100.1	100.5	99.3
廊坊市	Langfang	100.1	100.6	101.3	102.1	99.8	100.7	98.7	99.4	97.2
保定市	Baoding	100.0	99.9	101.1	103.1	101.8	100.6	98.7	101.7	100.6
#定州市	Dingzhou	99.1	99.3	103.4	99.1	100.2	100.5	100.0	101.0	100.7
沧州市	Cangzhou	100.3	101.9	102.0	101.5	100.8	100.7	99.8	101.4	100.0
衡水市	Hengshui	100.5	100.4	102.7	101.7	103.0	99.6	101.9	101.2	101.5
邢台市	Xingtai	100.6	102.0	100.9	101.1	101.5	98.5	100.3	102.5	103.4
邯郸市	Handan	100.8	101.1	101.5	104.2	102.5	99.3	98.5	101.2	104.2

市　区	City	交　通、通信用品 Transportation and Communication Appliances	家　具 Furniture	化妆品 Cosmetics	金银珠宝 Gold, Silver and Jewelry	中西药品及医疗保健用品 Traditional Chinese and Western Medicines and Health Care Articles	书报杂志及电子出版物 Books, Newspapers, Magazines and Electronic Publications	燃　料 Fuels	建筑材料及五金电料 Building Materials and Hardware
全　省	**Total**	**98.7**	**101.3**	**100.9**	**93.3**	**104.8**	**103.0**	**89.4**	**99.2**
石家庄市	Shijiazhuang	96.1	101.8	99.6	91.0	104.8	101.0	91.6	98.5
#辛集市	Xinji	100.3	100.7	100.3	92.2	106.9	101.3	88.8	99.6
承德市	Chengde	101.3	103.5	102.6	94.5	107.1	106.2	86.4	98.5
张家口市	Zhangjiakou	103.2	100.8	100.9	92.9	103.6	101.7	91.2	100.0
秦皇岛市	Qinhuangdao	97.8	100.1	101.9	95.9	104.0	107.3	93.1	100.2
唐山市	Tangshan	100.7	100.3	103.7	95.5	104.1	104.3	85.5	98.6
廊坊市	Langfang	98.8	103.9	99.5	89.2	104.6	103.1	90.0	100.0
保定市	Baoding	97.9	101.3	101.0	91.4	103.1	103.3	91.2	100.9
#定州市	Dingzhou	98.5	101.4	100.1	95.0	100.6	100.0	89.5	97.9
沧州市	Cangzhou	97.2	99.9	100.2	92.4	100.2	102.9	91.6	100.0
衡水市	Hengshui	104.7	103.5	99.5	91.1	105.4	102.0	91.9	99.3
邢台市	Xingtai	100.0	101.8	100.2	93.8	105.2	102.1	89.9	96.5
邯郸市	Handan	100.0	101.9	100.1	92.3	103.5	102.8	92.8	100.1

各市居民生活基本情况（2015年）
Basic Statistics on People's Living Conditions (2015)

单位：元 (yuan)

市	City	人均可支配收入 Per Capital Annual Disposable Income			人均消费支出 Per Capita Annual Living Expenditures			恩格尔系数（%） Engle Coefficient (%)	
		全体居民 All Households	城镇居民 Urban Households	农村居民 Rural Households	全体居民 All Households	城镇居民 Urban Households	农村居民 Rural Households	城镇居民 Urban Households	农村居民 Rural Households
石家庄市	Shijiazhuang	20762	28168	11442	13432	18165	7476	24.6	28.3
#辛集市	Xinji	19339	26906	13364	10904	7957	14637	22.6	28.3
承 德 市	Chengde	14617	22885	7923	10607	15636	6536	30.8	32.7
张家口市	Zhangjiakou	15781	23841	8341	10339	14594	6411	27.1	35.0
秦皇岛市	Qinhuangdao	18966	28158	10782	13278	18517	8614	24.0	28.1
唐 山 市	Tangshan	23465	31272	13935	17164	21973	11522	24.4	27.0
廊 坊 市	Langfang	22955	31925	13159	16656	22152	10654	22.2	27.7
保 定 市	Baoding	16182	23663	10558	9713	13759	6671	24.4	28.1
#定州市	Dingzhou	16882	23189	11959	11049	12825	9662	35.1	33.1
沧 州 市	Cangzhou	17764	26350	10389	11828	16615	7716	24.7	29.4
衡 水 市	Hengshui	14585	21615	9030	9789	13346	7059	21.2	27.6
邢 台 市	Xingtai	14785	21895	9152	9237	12984	6427	25.2	30.1
邯 郸 市	Handan	17822	24630	11247	10991	14387	7711	25.9	28.4

各市农、林、牧、渔业总产值（2015年）
Gross Output Value of Farming, Forestry, Animal Husbandry and Fishery (2015)

单位：万元 (10000 yuan)

市	City	农林牧渔业 Farming, Forestry, Animal Husbandry and Fishery	农业 Farming	林业 Forestry	牧业 Animal Husbandry	渔业 Fishery	农林牧渔服务业 Service for Farming, Forestry, Animal Husbandry and Fishery
全 省	**Total**	**59788754**	**34413677**	**1214841**	**19041241**	**1987181**	**3131814**
石家庄市	Shijiazhuang	8955030	4930922	165715	3446706	52837	358850
#辛集市	Xinji	911649	533937	5360	353986	61	18305
承 德 市	Chengde	4020719	2242483	272588	1375574	54534	75540
张家口市	Zhangjiakou	4309299	2175484	145187	1854609	21605	112414
秦皇岛市	Qinhuangdao	3188255	1376411	49230	1362706	324305	75603
唐 山 市	Tangshan	9112116	4919492	70069	2929729	926049	266777
廊 坊 市	Langfang	3811856	2309298	114540	1254679	53144	80195
保 定 市	Baoding	7632965	4690619	187545	2458272	87560	208969
#定州市	Dingzhou	1353518	841459	58133	433542	186	20198
沧 州 市	Cangzhou	6388019	3241231	71375	1771337	327955	976121
衡 水 市	Hengshui	4050442	2360354	48509	1297190	12692	331697
邢 台 市	Xingtai	4914338	3089012	62052	1494843	13909	254522
邯 郸 市	Handan	7423359	4061188	69088	2893181	51869	348033

各市农、林、牧、渔业总产值指数（2015年，上年=100）

Indices of Gross Output Value of Farming，Forestry，Animal Husbandry and Fishery (2015, Preceding Year=100)

市	City	农林牧渔业 Farming, Forestry, Animal Husbandry and Fishery	农业 Farming	林业 Forestry	牧业 Animal Husbandry	渔业 Fishery	农林牧渔服务业 Service for Farming, Forestry, Animal Husbandry and Fishery
全省	**Total**	**102.7**	**102.8**	**104.3**	**101.7**	**102.4**	**107.0**
石家庄市	Shijiazhuang	102.1	103.0	104.9	100.5	99.4	105.5
#辛集市	Xinji	101.6	101.0	259.2	101.5	77.2	102.6
承德市	Chengde	102.5	104.1	102.9	100.0	99.5	105.5
张家口市	Zhangjiakou	103.4	103.7	107.2	102.7	108.7	103.7
秦皇岛市	Qinhuangdao	102.7	104.1	93.4	101.8	101.1	110.5
唐山市	Tangshan	102.7	103.4	96.6	100.9	104.0	105.6
廊坊市	Langfang	100.6	101.1	106.2	99.0	100.5	104.7
保定市	Baoding	103.2	103.7	100.0	102.1	100.5	107.5
#定州市	Dingzhou	103.4	102.9	118.1	102.8	100.0	107.1
沧州市	Cangzhou	102.6	100.6	171.6	100.4	116.6	107.4
衡水市	Hengshui	102.4	102.9	81.7	101.0	102.3	108.0
邢台市	Xingtai	102.9	104.2	80.3	101.1	94.4	105.0
邯郸市	Handan	102.7	102.9	74.5	102.6	101.8	110.4

注：本表按可比价格计算。

a) Data in value in this table are calculated at current prices.

各市农、林、牧、渔业中间消耗（2015年）

Intermediate Exertion of Farming, Forestry, Animal Husbandry and Fishery (2015)

单位：万元 (10000 yuan)

市	City	农林牧渔业中间消耗 Intermediate Exertion	农业 Farming	林业 Forestry	牧业 Animal Husbandry	渔业 Fishery	农林牧渔服务业 Service for Farming, Forestry, Animal Husbandry and Fishery
全省	**Total**	**24002165**	**11038272**	**353043**	**10059852**	**811275**	**1739723**
石家庄市	Shijiazhuang	3849353	1576852	71199	1978649	25102	197551
#辛集市	Xinji	399147	174365	2110	212392	28	10252
承德市	Chengde	1628120	795432	65501	703528	24302	39357
张家口市	Zhangjiakou	1812652	832342	56699	860796	10366	52449
秦皇岛市	Qinhuangdao	1380240	401274	19714	756531	158799	43922
唐山市	Tangshan	3301711	1265327	27045	1468082	394187	147070
廊坊市	Langfang	1713312	887830	55735	701311	25131	43305
保定市	Baoding	3205125	1650936	71120	1326215	41130	115724
#定州市	Dingzhou	545413	277424	18814	237776	88	11311
沧州市	Cangzhou	2739905	1104824	25290	926547	142446	540798
衡水市	Hengshui	2207344	1179767	24187	819138	6727	177525
邢台市	Xingtai	2037321	1029677	30980	836824	6644	133196
邯郸市	Handan	3246952	1396008	33487	1592746	24829	199882

各市农、林、牧、渔业增加值（2015年）
Value-added of Farming, Forestry, Animal Husbandry and Fishery (2015)

单位：万元 (10000 yuan)

市	City	农林牧渔业增加值 Added Value	农业 Farming	林业 Forestry	牧业 Animal Husbandry	渔业 Fishery	农林牧渔服务业 Service for Farming, Forestry, Animal Husbandry and Fishery
全省	**Total**	**35786589**	**23375405**	**861798**	**8981389**	**1175906**	**1392091**
石家庄市	Shijiazhuang	5105677	3354070	94516	1468057	27735	161299
#辛集市	Xinji	512502	359572	3250	141594	33	8053
承德市	Chengde	2392599	1447051	207087	672046	30232	36183
张家口市	Zhangjiakou	2496647	1343142	88488	993813	11239	59965
秦皇岛市	Qinhuangdao	1808015	975137	29516	606175	165506	31681
唐山市	Tangshan	5810405	3654165	43024	1461647	531862	119707
廊坊市	Langfang	2098544	1421468	58805	553368	28013	36890
保定市	Baoding	4427840	3039683	116425	1132057	46430	93245
#定州市	Dingzhou	808105	564035	39319	195766	98	8887
沧州市	Cangzhou	3648114	2136407	46085	844790	185509	435323
衡水市	Hengshui	1843098	1180587	24322	478052	5965	154172
邢台市	Xingtai	2877017	2059335	31072	658019	7265	121326
邯郸市	Handan	4176407	2665180	35601	1300435	27040	148151

各市主要农作物总播种面积（2015年）
Total Sown Areas of Major Farm Crops (2015)

单位：公顷 (hectare)

市	City	总播种面积 Total Sown Area	#粮食作物 播种面积 Sown Area of Grain Crops	#夏收 Summer Harvest Grain	谷物 Cereal	豆类 Beans	薯类 Tubers	#油料 播种面积 Sown Area of Oil-bearing Crops	#棉花 播种面积 Sown Area of Cotton	#蔬菜 播种面积 Sown Area of Vegetables
全省	**Total**	**8739837**	**6392480**	**2350710**	**5965150**	**153720**	**273610**	**461591**	**359267**	**1242056**
石家庄市	Shijiazhuang	1002839	755349	370581	718834	15600	20915	60660	7688	163891
#辛集市	Xinji	101176	78364	41198	75493	1368	1503	7340	3926	11395
承德市	Chengde	397276	297637		244808	9051	43778	7997		75933
张家口市	Zhangjiakou	703159	474193		346224	27000	100969	52132		103247
秦皇岛市	Qinhuangdao	220179	148331	11723	119524	8908	19899	18324	793	48564
唐山市	Tangshan	807109	494371	123428	461962	16953	15456	76586	20875	189363
廊坊市	Langfang	468938	308678	73419	289471	13161	6046	15422	19686	107353
保定市	Baoding	1215824	918287	401080	870936	13126	34225	71170	12271	163559
#定州市	Dingzhou	160694	97340	52707	94283	696	2361	14321	344	36762
沧州市	Cangzhou	1100766	900189	382172	870662	21911	7616	28602	58985	92765
衡水市	Hengshui	814073	575776	261844	564917	6994	3865	35496	98647	85229
邢台市	Xingtai	1024421	730147	342026	711782	11173	7192	53682	146598	71809
邯郸市	Handan	1057442	773410	372494	755427	10163	7820	41520	82025	140343

各市农、林、牧、渔业中间消耗、增加值占总产值的比重（2015年）

Intermediate Consumption and Value-added of Farming, Forestry, Animal Husbandry and Fishery as Percentage of Gross Output Value (2015)

单位：%　　　　(%)

市	City	农业 Agriculture		林业 Forestry		牧业 Animal
		中间消耗 Intermediate Exertion	增加值 Added Value	中间消耗 Intermediate Exertion	增加值 Added Value	中间消耗 Intermediate Exertion
全　省	**Total**	**32.08**	**67.92**	**29.06**	**70.94**	**52.83**
石家庄市	Shijiazhuang	31.98	68.02	42.96	57.04	57.41
#辛集市	Xinji	32.66	67.34	39.37	60.63	60.00
承德市	Chengde	35.47	64.53	24.03	75.97	51.14
张家口市	Zhangjiakou	38.26	61.74	39.05	60.95	46.41
秦皇岛市	Qinhuangdao	29.15	70.85	40.04	59.96	55.52
唐山市	Tangshan	25.72	74.28	38.60	61.40	50.11
廊坊市	Langfang	38.45	61.55	48.66	51.34	55.90
保定市	Baoding	35.20	64.80	37.92	62.08	53.95
#定州市	Dingzhou	32.97	67.03	32.36	67.64	54.84
沧州市	Cangzhou	34.09	65.91	35.43	64.57	52.31
衡水市	Hengshui	49.98	50.02	49.86	50.14	63.15
邢台市	Xingtai	33.33	66.67	49.93	50.07	55.98
邯郸市	Handan	34.37	65.63	48.47	51.53	55.05

市	City	牧业 Husbandry	渔业 Fishery		农林牧渔服务业 Service to Farming, Forestry, Animal Husbandry and Fishery	
		增加值 Added Value	中间消耗 Intermediate Exertion	增加值 Added Value	中间消耗 Intermediate Exertion	增加值 Added Value
全　省	**Total**	**47.17**	**40.83**	**59.17**	**55.55**	**44.45**
石家庄市	Shijiazhuang	42.59	47.51	52.49	55.05	44.95
#辛集市	Xinji	40.00	45.90	54.10	56.01	43.99
承德市	Chengde	48.86	44.56	55.44	52.10	47.90
张家口市	Zhangjiakou	53.59	47.98	52.02	46.66	53.34
秦皇岛市	Qinhuangdao	44.48	48.97	51.03	58.10	41.90
唐山市	Tangshan	49.89	42.57	57.43	55.13	44.87
廊坊市	Langfang	44.10	47.29	52.71	54.00	46.00
保定市	Baoding	46.05	46.97	53.03	55.38	44.62
#定州市	Dingzhou	45.16	47.31	52.69	56.00	44.00
沧州市	Cangzhou	47.69	43.43	56.57	55.40	44.60
衡水市	Hengshui	36.85	53.00	47.00	53.52	46.48
邢台市	Xingtai	44.02	47.77	52.23	52.33	47.67
邯郸市	Handan	44.95	47.87	52.13	57.43	42.57

注：本表按当年价格计算。

a) Data in value in this table are calculated at current prices.

各市主要农产品产量（2015年）
Yield of Major Farm Crops (2015)

市	City	粮食 (吨) Grain (ton)	谷物 Cereal	#稻谷 Rice	#小麦 Wheat	#玉米 Corn	豆类 Beans	薯类 Tubers
全省	**Total**	**33638120**	**32304170**	**545264**	**14350021**	**16703576**	**294691**	**1039259**
石家庄市	Shijiazhuang	5047938	4931572	995	2567907	2341631	23935	92431
#辛集市	Xinji	547749	537690		298677	235347	2109	7950
承德市	Chengde	1212077	1052565	107685		864661	22578	136934
张家口市	Zhangjiakou	1593883	1148618	8582		832238	34002	411263
秦皇岛市	Qinhuangdao	844406	705352	61426	17115	600142	22998	116056
唐山市	Tangshan	3083737	2922798	482712	653245	1774814	49992	110947
廊坊市	Langfang	1606679	1550782	115	421347	1122665	27103	28794
保定市	Baoding	5700214	5460498	7045	2548085	2873731	37061	202655
#定州市	Dingzhou	682358	662058		347486	314572	2601	17699
沧州市	Cangzhou	4446149	4359065	3160	2070362	2262912	38396	48688
衡水市	Hengshui	3520883	3478482		1718641	1735813	18921	23480
邢台市	Xingtai	4511001	4437735		2233662	2070008	31346	41920
邯郸市	Handan	5424620	5365943	9099	2606684	2654255	20778	37899

市	City	棉花 (吨) Cotton (ton)	油料 (吨) Oil-bearing Crops (ton)	#花生 Peanut	#芝麻 Sesame	麻类 (吨) Fiber Crops (ton)	烟叶 (吨) Tobacco (ton)	#烤烟 Flue-cured Tobacco	蔬菜 (吨) Vegetables (ton)
全省	**Total**	**373404**	**1515428**	**1274146**	**8503**	**499**	**6400**	**4202**	**82436877**
石家庄市	Shijiazhuang	7700	205955	190284	589		999	999	13299570
#辛集市	Xinji	4417	32943	31011					1013624
承德市	Chengde		14444	763	143	6	42	2	4337347
张家口市	Zhangjiakou		61615	1304		1	3072	3072	7385056
秦皇岛市	Qinhuangdao	876	59846	59595	127				3402507
唐山市	Tangshan	24232	301734	301320	266	486	1635		14524026
廊坊市	Langfang	21200	38659	30442	503		4		6795596
保定市	Baoding	14041	276554	261465	957	3	648	129	10092291
#定州市	Dingzhou	356	62184	61548					2584081
沧州市	Cangzhou	66577	89488	77113	2222				5761129
衡水市	Hengshui	119242	134997	101117	1438				4307436
邢台市	Xingtai	178766	179394	116912	1562				3960338
邯郸市	Handan	105343	152742	133831	696	3			8571581

注：全省粮食(包括分品种)产量系抽样调查推算数，各市为全面调查数。

a) The provincial products of grain (contained grain differentiated according to variety) are reckoned figure of sampling estigation, the civil products are figure of comprehensive investigation.

各市主要农业机械和农产品加工机械拥有量（2015年底）
Ownership of Agricultural Machinery and Machinery for Processing Farm Products (End of 2015)

市	City	农业机械总动力（万千瓦） Total Power of Agricultural Machinery (10000 kw)	大中型拖拉机（混合台） Large and Medium Agricultural Tractors (unit)	小型拖拉机（台） Mini-Tractor (unit)	排灌用电动机（台） Electrical Engines (unit)	排灌用柴油机（台） Diesel Engines (unit)	联合收割机（台） Combine Harvester (unit)	农用运输车（辆） Agricultural Vehicles (unit)	农用水泵（台） Agricultural Pump
全　省	**Total**	**11102.8**	**274346**	**1362632**	**1544609**	**942676**	**137703**	**2694063**	**1697321**
石家庄市	Shijiazhuang	2040.5	34212	162659	233316	137917	27651	479973	210470
#辛集市	Xinji	200.2	2017	16680	20656	24081	2256	41276	22953
承 德 市	Chengde	407.7	17840	44654	38530	12211	249	85503	58057
张家口市	Zhangjiakou	340.6	14984	74520	21484	2853	1043	70535	21539
秦皇岛市	Qinhuangdao	292.2	5767	41746	47233	24432	262	103169	68921
唐 山 市	Tangshan	1229.0	28264	150271	277456	58232	3584	276110	293761
廊 坊 市	Langfang	698.6	15972	56791	90418	40523	6711	254992	96740
保 定 市	Baoding	1269.8	35146	120886	159977	93116	22971	402326	212233
#定州市	Dingzhou	216.8	3230	19656	22040		2911	83590	22040
沧 州 市	Cangzhou	1293.8	32264	233324	146330	271734	17610	283693	290585
衡 水 市	Hengshui	978.4	24642	190203	106659	121485	18862	119557	64518
邢 台 市	Xingtai	1022.0	34336	203027	178299	59490	18534	184937	158352
邯 郸 市	Handan	1530.2	30919	84551	244907	120683	20226	433268	222145

各市农业机械化、能源、化肥、水利（2015年）
Mechanization, Energy Resources, Chemical Fertilizer and Water Conservancy of Agriculture (2015)

市	City	农业机械化情况 Agriculture Mechanization			农村能源情况 Agriculture Energy			农用化肥施用量 Consumption of Chemical Fertilizer	农田水利情况 Farm Water Conservancy
		机耕面积（公顷） Area Cultivated by Machine (hectare)	机播面积（公顷） Area Sown by Machine (hectare)	机收面积（公顷） Mechanical Harvest Area (hectare)	农村用电量（万千瓦小时） Electricity Consumed in Rural Area (10000 kvh)	乡、村办水电站(个) Hydropower Station in Rural Area (unit)	乡、村办水电站发电量（万千瓦小时） Electricity (10000 kwh)	折纯量（吨） by 100% Effective Component (ton)	有效灌溉面积（公顷） Effective Irrigated Areas (hectare)
全　省	**Total**	**5475260**	**6624639**	**5192376**	**6118225**	**248**	**42078**	**3354920**	**4447980**
石家庄市	Shijiazhuang	571858	711032	656016	732116	53	9588	501190	512610
#辛集市	Xinji	53533	88369	71866	35808			64276	64200
承 德 市	Chengde	216687	183601	80320	197739	30	5111	113706	122300
张家口市	Zhangjiakou	561270	411857	251593	131691	14	1720	110342	252550
秦皇岛市	Qinhuangdao	185003	96466	43852	283264	5	2599	146497	126730
唐 山 市	Tangshan	494211	543944	324932	1163660	14	3595	380589	456090
廊 坊 市	Langfang	296372	327589	252626	925807			167235	230490
保 定 市	Baoding	635589	868644	781691	519497	50	9560	477107	653370
#定州市	Dingzhou	71106	95880	92360	26773			73251	85660
沧 州 市	Cangzhou	724230	1008220	852891	830832			315431	498180
衡 水 市	Hengshui	591287	742020	591220	323038			287656	480470
邢 台 市	Xingtai	594433	880292	652610	355555	11	283	366018	577390
邯 郸 市	Handan	604320	850974	704625	655026	65	9622	489149	537800

各市畜禽产品年末存栏数量（2015年）
Number of Livestock Year-end (2015)

单位：百头 (100 units)

市	City	大牲畜 Large Animals	#牛 Cattle and Buffaloes	生猪 Number of Hogs at Year-end	羊（百只） Sheep and Goats (100 units)	山羊 Goats	绵羊 Sheep	家禽（百只） Poultrys Poultrys (100 units)
全　省	**Total**	**49320**	**41248**	**186565**	**145009**	**47578**	**97431**	**3780468**
石家庄市	Shijiazhuang	8291	7797	35660	12379	4100	8279	1216928
#辛集市	Xinji	448	383	4040	1582	377	1204	177930
承德市	Chengde	9096	7867	16190	10440	5501	4939	286194
张家口市	Zhangjiakou	8164	6232	14998	22604	1856	20748	214290
秦皇岛市	Qinhuangdao	2415	2148	14749	11490	4823	6667	170433
唐山市	Tangshan	8987	8045	41947	9058	3646	5412	390051
廊坊市	Langfang	3689	3115	11991	15328	3552	11776	213124
保定市	Baoding	5359	4636	40225	21704	6429	15275	458787
#定州市	Dingzhou	824	803	5906	2154	199	1955	81732
沧州市	Cangzhou	5028	4683	18067	17425	7813	9611	499301
衡水市	Hengshui	4276	3869	22773	12956	7367	5589	371891
邢台市	Xingtai	3077	2841	17920	10135	5306	4829	522995
邯郸市	Handan	4871	3949	34221	34072	20623	13449	1016274

各市畜禽产品当年出栏数量及产量（2015年）
Number of Livestock in the Year and Output of Livestock Products (2015)

市	City	肉猪当年出栏（百头） Slaughtered Pigs in the Year (100 heads)	牛当年出栏（百头） Slaughtered Cattle in the Year (100 heads)	羊当年出栏（百只） Slaughtered Sheep & Goats in the Year (100 units)	家禽当年出栏（百只） Slaughtered Poultry in the Year (100 units)	肉类总产量（吨） Output of Meat (ton)	#猪牛羊肉 Output of Pork, Beef and Mutton	牛奶产量（吨） Output of Cow Milk (ton)	禽蛋产量（吨） Poultry Eggs (ton)
全　省	**Total**	**355109**	**32542**	**225502**	**5843496**	**4624516**	**3598945**	**4809345**	**3735942**
石家庄市	Shijiazhuang	60863	5705	16388	1615395	784133	572949	1227900	1094495
#辛集市	Xinji	7234	135	1591	194270	87287	59453	63890	161690
承德市	Chengde	24370	5364	14317	966419	450982	292264	148515	115653
张家口市	Zhangjiakou	27274	3362	35453	323269	389656	317561	1259791	238080
秦皇岛市	Qinhuangdao	26993	1880	21402	388366	354241	269675	105697	116374
唐山市	Tangshan	65924	4946	11851	675494	741125	603550	1823894	372419
廊坊市	Langfang	22441	3867	22403	330508	313090	260591	228680	155434
保定市	Baoding	64884	2995	29721	577417	677337	579851	834054	461869
#定州市	Dingzhou	11100	698	3170	91993	113316	97689	224550	85493
沧州市	Cangzhou	27369	4609	24001	1039896	490986	313378	77775	327447
衡水市	Hengshui	32545	2903	16684	480790	384339	311059	115028	300454
邢台市	Xingtai	26490	2074	12394	530473	336301	248809	287799	544292
邯郸市	Handan	54216	2908	39704	1038587	705230	501026	233799	1116300

各市规模以上工业企业个数和主营业务收入（2015年）
Number and Gross Industrial Value of Industrial Enterprises above Designated Size (2015)

个数单位：个　收入单位：亿元　　(unit, 100 million yuan)

市	City	全部工业 Total		内资企业 Domestic Funded Enterprises		#国有企业 State-owned Enterprises		#集体企业 Collective-owned Enterprises	
		企业个数 Number of Enterprises	主营业务收入 Revenue from Principal Business	企业个数 Number of Enterprises	主营业务收入 Revenue from Principal Business	企业个数 Number of Enterprises	主营业务收入 Revenue from Principal Business	企业个数 Number of Enterprises	主营业务收入 Revenue from Principal Business
全　省	**Total**	**15295**	**45648.1**	**14480**	**41076.9**	**155**	**1406.3**	**130**	**277.1**
石家庄市	Shijiazhuang	2752	9538.5	2655	8877.9	17	243.1	19	62.4
#辛集市	Xinji	318	895.7	301	817.5			2	1.1
承 德 市	Chengde	549	1594.3	540	1578.7	6	3.0	2	0.4
张家口市	Zhangjiakou	564	986.9	535	892.7	3	2.8	8	3.1
秦皇岛市	Qinhuangdao	395	1437.1	315	849.7	13	45.5	3	1.8
唐 山 市	Tangshan	1595	9661.4	1497	8612.2	27	125.7	21	49.3
廊 坊 市	Langfang	1255	3555.4	1083	2955.0	7	6.2	16	52.8
保 定 市	Baoding	1884	4361.4	1784	4016.1	18	233.5	19	33.0
#定州市	Dingzhou	219	317.1	210	251.0	3	46.2	1	0.6
沧 州 市	Cangzhou	2380	5466.8	2280	5017.6	13	149.5	9	17.8
衡 水 市	Hengshui	1234	1646.6	1185	1543.9	10	78.0	8	9.3
邢 台 市	Xingtai	1309	2601.2	1267	2355.5	12	126.5	8	11.0
邯 郸 市	Handan	1378	4798.5	1339	4377.6	29	392.6	17	36.3

市	City	#股份制经济 Cooperative Enterprise		中外合资、合作企业 Joint Venture, Cooperative Operation Enterprise		外资企业 Foreign Funded Enterprises		港、澳、台投资企业 Funds from Hong Kong, Macao and Taiwan	
		企业个数 Number of Enterprises	主营业务收入 Revenue from Principal Business	企业个数 Number of Enterprises	主营业务收入 Revenue from Principal Business	企业个数 Number of Enterprises	主营业务收入 Revenue from Principal Business	企业个数 Number of Enterprises	主营业务收入 Revenue from Principal Business
全　省	**Total**	**13448**	**37868.6**	**302**	**1318.7**	**249**	**836.3**	**254**	**1785.7**
石家庄市	Shijiazhuang	2468	8155.7	40	157.7	17	96.9	39	404.0
#辛集市	Xinji	268	782.4	5	7.9	3	8.4	9	61.9
承 德 市	Chengde	517	1562.5	6	5.6			3	10.0
张家口市	Zhangjiakou	509	871.1	13	45.0	9	34.1	7	15.2
秦皇岛市	Qinhuangdao	289	792.9	28	184.3	35	148.8	17	254.3
唐 山 市	Tangshan	1246	7850.5	31	132.9	33	100.1	30	200.4
廊 坊 市	Langfang	1008	2814.6	40	199.4	92	216.8	39	183.7
保 定 市	Baoding	1682	3680.0	60	127.5	15	99.1	25	118.6
#定州市	Dingzhou	200	200.9	6	3.8			3	62.3
沧 州 市	Cangzhou	2177	4664.7	34	229.4	25	48.1	40	163.8
衡 水 市	Hengshui	1106	1402.2	20	41.8	10	18.5	17	39.6
邢 台 市	Xingtai	1185	2177.2	18	19.3	8	69.1	16	157.2
邯 郸 市	Handan	1261	3897.2	12	175.7	5	4.9	21	238.9

各市规模以上工业企业主要指标（2015年）
Main Indicators of Industrial Enterprises above Designated Size (2015)

单位：亿元 (100 million yuan)

市	City	企业单位数（个）Number of Enterprises (unit)	实收资本 Total Capital Hold	流动资产合计 Total Working Capitals	#存货 Inventory	#产成品 Finished Products	固定资产合计 Fixed Assets	固定资产原价 Original Value of Fixed Assets	累计折旧 Accumulated Depreciation
全省	**Total**	**15295**	**8740.72**	**16589.33**	**3830.49**	**1433.44**	**19745.87**	**28608.03**	**10679.89**
石家庄市	Shijiazhuang	2752	1081.83	2240.02	512.75	205.25	2727.15	3837.10	1329.16
#辛集市	Xinji	318	26.46	105.30	19.89	8.93	121.55	170.77	50.71
承德市	Chengde	549	278.84	816.92	173.79	57.72	988.99	1298.29	415.05
张家口市	Zhangjiakou	564	379.04	746.70	273.42	56.69	1012.73	1436.99	496.21
秦皇岛市	Qinhuangdao	395	415.96	836.76	247.13	95.65	592.45	987.73	449.12
唐山市	Tangshan	1595	1973.77	3431.06	760.52	278.83	5330.24	7614.60	2765.30
廊坊市	Langfang	1255	469.24	1253.08	218.84	84.33	1245.81	1916.85	749.85
保定市	Baoding	1884	678.37	1996.43	397.88	172.36	1228.63	1832.87	666.15
#定州市	Dingzhou	219	39.00	107.29	21.19	11.03	117.77	179.89	63.29
沧州市	Cangzhou	2380	1807.10	1268.30	296.71	108.06	2882.57	4069.13	1293.82
衡水市	Hengshui	1234	360.16	768.01	159.95	70.70	486.57	712.19	261.67
邢台市	Xingtai	1309	493.89	1084.83	221.62	87.69	923.12	1516.59	650.82
邯郸市	Handan	1378	802.53	2147.21	567.88	216.15	2327.60	3385.68	1602.75

市	City	资产总计 Total Assets	流动负债合计 Total Working Liabilities	非流动负债合计 Total NonWorking Liabilities	所有者权益合计 Total Owners' Equities	主营业务收入 Revenuefrom Principal Business	主营业务成本 Costof Principal Business	营业利润 Profits of Business	亏损企业亏损总额 Total Loss of Enterprises Running under Deficit
全省	**Total**	**42717.82**	**18693.91**	**4150.99**	**18575.56**	**45648.10**	**39832.04**	**2311.85**	**480.84**
石家庄市	Shijiazhuang	5939.29	2120.00	468.70	3180.94	9538.55	7984.07	807.98	35.38
#辛集市	Xinji	418.76	121.60	18.56	248.64	895.73	721.32	88.28	0.31
承德市	Chengde	2085.32	1204.18	181.63	599.09	1594.28	1403.32	52.27	36.44
张家口市	Zhangjiakou	2149.84	996.03	498.18	583.49	986.93	792.80	46.08	18.60
秦皇岛市	Qinhuangdao	1567.40	872.09	124.34	509.80	1437.13	1297.62	17.51	42.66
唐山市	Tangshan	10718.89	5232.77	1347.42	3903.81	9661.39	8583.93	252.34	191.53
廊坊市	Langfang	2830.18	1247.26	96.32	1246.19	3555.42	3154.13	164.76	21.28
保定市	Baoding	3796.58	1769.85	294.12	1638.17	4361.37	3724.75	269.65	45.39
#定州市	Dingzhou	253.58	121.51	28.43	99.93	317.12	266.25	21.98	0.31
沧州市	Cangzhou	4604.88	1188.86	401.82	2946.52	5466.76	4780.20	311.91	25.54
衡水市	Hengshui	1423.37	578.93	59.43	752.56	1646.55	1419.54	105.86	7.73
邢台市	Xingtai	2416.16	1009.68	195.17	1142.60	2601.17	2324.86	124.07	17.26
邯郸市	Handan	5185.91	2474.27	483.86	2072.39	4798.54	4366.80	159.43	39.02

各市国有及国有控股工业企业主要指标（2015年）
Main Indicators of State-owned and State-holding Industrial Enterprises (2015)

单位：亿元 (100 million yuan)

市	City	企业单位数(个) Number of Enterprises (unit)	实收资本 Total Capital Hold	流动资产合计 Total Working Capitals	#存货 Inventory	#产成品 Finished Products	固定资产合计 Fixed Assets	固定资产原价 Original Value of Fixed Assets	累计折旧 Accumulated Depreciation
全省	**Total**	**818**	**2812.17**	**5074.54**	**1418.51**	**417.32**	**8458.66**	**12718.18**	**5264.09**
石家庄市	Shijiazhuang	100	311.83	659.28	163.59	44.47	774.35	1326.13	587.65
#辛集市	Xinji	2	1.41	11.11	2.79	0.94	5.97	7.99	2.64
承德市	Chengde	58	134.23	208.05	71.07	9.16	528.48	686.73	212.98
张家口市	Zhangjiakou	93	252.71	427.54	199.53	20.41	791.29	1138.17	396.23
秦皇岛市	Qinhuangdao	51	138.06	298.05	99.68	34.31	242.94	415.17	183.53
唐山市	Tangshan	124	1000.51	1533.46	341.11	113.25	3033.54	4322.10	1604.78
廊坊市	Langfang	62	77.15	90.38	16.90	6.06	183.08	329.14	163.17
保定市	Baoding	104	164.38	396.37	117.28	50.01	449.98	734.96	312.15
#定州市	Dingzhou	8	17.71	37.43	5.98	4.44	69.43	110.16	40.87
沧州市	Cangzhou	60	174.54	211.23	54.56	16.74	758.55	1420.70	683.68
衡水市	Hengshui	35	43.34	65.73	20.19	10.86	111.46	231.71	121.81
邢台市	Xingtai	51	121.26	231.77	19.30	6.98	262.55	475.39	218.50
邯郸市	Handan	80	394.17	952.67	315.29	105.08	1322.44	1637.98	779.61

市	City	资产总计 Total Assets	流动负债合计 Total Working Liabilities	非流动负债合计 Total NonWorking Liabilities	所有者权益合计 Total Owners' Equities	主营业务收入 Revenuefrom Principal Business	主营业务成本 Costof Principal Business	营业利润 Profits of Business	亏损企业亏损总额 Total Loss of Enterprises Running under Deficit
全省	**Total**	**16484.92**	**7860.78**	**2718.56**	**5696.91**	**9553.90**	**8271.51**	**113.49**	**224.34**
石家庄市	Shijiazhuang	1725.19	790.35	194.58	738.35	1307.57	1060.62	54.87	22.40
#辛集市	Xinji	17.10	11.46		5.64	13.85	11.70	0.64	
承德市	Chengde	833.56	515.26	102.41	203.76	396.14	348.36	7.76	5.20
张家口市	Zhangjiakou	1527.85	722.60	386.26	366.53	483.02	368.25	18.92	12.90
秦皇岛市	Qinhuangdao	613.39	346.42	65.98	180.27	452.78	398.22	9.05	14.70
唐山市	Tangshan	5885.93	2863.57	1015.22	1947.27	2848.18	2588.99	-64.28	104.04
廊坊市	Langfang	307.12	144.79	34.05	127.55	325.98	301.14	10.04	2.84
保定市	Baoding	981.27	462.36	170.32	322.84	888.69	757.95	30.44	8.57
#定州市	Dingzhou	114.28	57.18	16.56	40.53	114.16	86.12	13.87	0.22
沧州市	Cangzhou	1072.41	299.03	257.91	513.09	867.78	682.74	3.79	19.41
衡水市	Hengshui	210.60	89.62	24.93	92.91	185.31	154.07	10.75	1.41
邢台市	Xingtai	636.50	236.29	94.75	303.02	291.86	255.96	7.84	5.52
邯郸市	Handan	2691.11	1390.49	372.15	901.32	1506.59	1355.21	24.32	27.36

各市私营工业企业主要指标（2015年）
Main Indicators of Private Enterprises (2015)

单位：亿元 (100 million yuan)

市	City	企业单位数（个）Number of Enterprises (unit)	实收资本 Total Capital Hold	流动资产合计 Total Working Capitals	#存货 Inventory	#产成品 Finished Products	固定资产合计 Fixed Assets	固定资产原价 Original Value of Fixed Assets	累计折旧 Accumulated Depreciation
全　省	**Total**	**9893**	**2632.46**	**5199.29**	**1152.08**	**519.44**	**6519.32**	**8719.75**	**2647.57**
石家庄市	Shijiazhuang	2094	448.63	875.09	183.43	78.12	1348.20	1794.89	515.55
#辛集市	Xinji	289	21.28	82.84	14.33	6.42	108.74	150.57	42.50
承德市	Chengde	336	76.01	355.02	63.16	34.40	262.52	367.08	127.18
张家口市	Zhangjiakou	247	39.53	126.40	27.74	16.04	93.01	126.97	42.58
秦皇岛市	Qinhuangdao	189	128.41	184.09	50.37	23.92	125.93	206.77	94.28
唐山市	Tangshan	993	556.31	1037.35	233.58	95.63	1402.57	1894.86	613.29
廊坊市	Langfang	641	123.88	360.54	70.58	31.53	518.21	788.77	298.61
保定市	Baoding	1075	180.47	404.35	102.56	47.29	275.35	333.35	97.52
#定州市	Dingzhou	86	5.43	19.68	5.30	2.29	6.04	8.76	3.23
沧州市	Cangzhou	1886	463.69	621.71	131.50	59.44	1563.19	1918.85	421.76
衡水市	Hengshui	783	194.85	371.51	74.94	34.24	227.20	286.50	73.38
邢台市	Xingtai	816	161.15	357.75	91.67	36.74	299.57	416.52	143.65
邯郸市	Handan	833	259.52	505.46	122.56	62.09	403.58	585.20	219.76

市	City	资产总计 Total Assets	流动负债合计 Total Working Liabilities	非流动负债合计 Total Working Liabilities	所有者权益合计 Total Owners' Equities	主营业务收入 Revenue from Principal Business	主营业务成本 Cost of Principal Business	营业利润 Profits of Business	亏损企业亏损总额 Total Loss of Enterprises Running under Deficit
全　省	**Total**	**13349.67**	**5012.35**	**569.34**	**7089.08**	**21608.74**	**18967.41**	**1453.64**	**99.98**
石家庄市	Shijiazhuang	2678.86	800.31	171.87	1617.20	6291.46	5353.23	589.22	4.48
#辛集市	Xinji	354.95	100.35	17.42	211.66	795.58	640.62	79.29	0.21
承德市	Chengde	716.72	421.69	36.91	217.56	639.48	571.02	14.25	17.25
张家口市	Zhangjiakou	250.58	117.64	41.22	77.10	248.76	211.16	14.82	2.25
秦皇岛市	Qinhuangdao	336.95	151.81	19.43	137.50	439.21	415.87	7.22	5.07
唐山市	Tangshan	2773.74	1436.56	134.59	1053.52	3949.77	3413.16	229.28	51.25
廊坊市	Langfang	968.85	324.93	24.75	475.99	1493.96	1370.16	69.64	4.92
保定市	Baoding	798.22	270.07	29.39	459.94	1502.53	1316.52	106.11	2.29
#定州市	Dingzhou	27.40	14.81	0.42	11.66	47.05	43.58	1.32	0.07
沧州市	Cangzhou	2393.18	528.09	37.20	1779.26	3524.93	3153.06	239.45	2.22
衡水市	Hengshui	658.81	257.35	13.05	373.97	862.33	770.58	38.46	2.02
邢台市	Xingtai	754.45	324.19	22.70	368.22	1059.35	943.28	60.42	4.14
邯郸市	Handan	1019.30	379.69	38.24	528.82	1596.98	1449.36	84.76	4.08

各市水产品产量（2015年）

Output of Aquatic Products (2015)

单位：吨 (ton)

市	City	水产品总产量 Total Aquatic Products	海水产品 Seawater Aquatic Products	#鱼类 Fish	#虾蟹类 Carapace	淡水水域水产品 Freshwater Aquatic Products	#鱼类 Fish	#虾蟹类 Carapace
全　省	**Total**	**1293077**	**756931**	**153972**	**77740**	**536146**	**495247**	**30960**
石家庄市	Shijiazhuang	33855				33855	31629	1155
#辛集市	Xinji	43				43	43	
承 德 市	Chengde	40205				40205	40155	50
张家口市	Zhangjiakou	13070				13070	11841	1229
秦皇岛市	Qinhuangdao	360706	353662	13737	8046	7044	6686	258
唐 山 市	Tangshan	560005	289515	47462	52117	270490	246684	23421
廊 坊 市	Langfang	34961	5046	4732	312	29915	29740	103
保 定 市	Baoding	57296				57296	47094	2015
#定州市	Dingzhou	130				130	130	
沧 州 市	Cangzhou	139684	108708	88041	17265	30976	29500	1465
衡 水 市	Hengshui	8723				8723	8614	109
邢 台 市	Xingtai	9549				9549	9448	28
邯 郸 市	Handan	35023				35023	33856	1127

各市建筑业生产情况(2015年)

Productive Indicators on Construction Enterprises (2015)

市	City	建筑企业个数（个） Number of Construction Enterprises (unit)	从业人员（人） Number of Employed persons (person)	建筑企业平均人数（人） Annual Average Employed Personnel (person)	建筑业总产值（万元） Gross Output Value of Construction (10000 yuan)	房屋建筑施工面积（万平方米） Floor Space of Building and Construction (10000 sq.m)	房屋建筑竣工面积（万平方米） Floor Space of Building Completed (10000 sq.m)	#住宅 Residential Building
全　省	**Total**	**2485**	**1073079**	**1392084**	**52525685**	**35616.48**	**11612.95**	**8579.33**
石家庄市	Shijiazhuang	288	120668	156540	10321805	7687.79	1585.95	1141.50
#辛集市	Xinji	15	7348	9533	121252	173.49	19.52	16.32
承 德 市	Chengde	201	42383	54982	1766333	888.84	282.95	218.80
张家口市	Zhangjiakou	146	40970	53149	2047301	1422.62	661.67	476.21
秦皇岛市	Qinhuangdao	215	35525	46086	1787025	1088.97	430.61	358.51
唐 山 市	Tangshan	325	109952	142638	5515760	3716.22	1093.46	690.43
廊 坊 市	Langfang	210	130162	168856	5640980	3630.92	1048.91	805.86
保 定 市	Baoding	283	293863	381223	13551268	8643.50	3465.82	2619.49
#定州市	Dingzhou	26	39678	51474	2320976	1192.49	577.17	528.12
沧 州 市	Cangzhou	209	90059	116832	4331148	1928.15	820.09	580.50
衡 水 市	Hengshui	148	48881	63412	1375172	1693.75	485.12	414.07
邢 台 市	Xingtai	161	41632	54009	1472634	1143.43	394.25	314.30
邯 郸 市	Handan	299	118985	154357	4716259	3772.28	1344.12	959.65

各市建筑业主要财务指标（2015年）
Major Financial Indicators on Construction Enterprises (2015)

单位：万元 (10000 yuan)

市	City	资产合计 Total Assets	#流动资产 Total Working Capitals	#固定资产 Fixed Assets	负债合计 Total Liabilities	流动负债 Liquid Liabilities	非流动负债 Total Non Working Liabilities	所有者权益 Owners' Equity	#实收资本 Capitals Hold
全　省	**Total**	**44823884**	**36233413**	**5042276**	**29406680**	**27357824**	**1208308**	**15417204**	**8510392**
石家庄市	Shijiazhuang	7674235	6505430	756183	5820493	5620328	91608	1853742	1160062
#辛集市	Xinji	168454	128907	15865	116911	116911		51544	34054
承德市	Chengde	1947224	1600972	230249	1114966	1046036	27875	832258	483678
张家口市	Zhangjiakou	1760454	1533592	140004	1322219	1224297	25799	438235	282515
秦皇岛市	Qinhuangdao	3121486	2651628	250369	2335366	2098217	194174	786120	515659
唐山市	Tangshan	7910651	6468676	791077	5532968	4976638	478114	2377683	1225802
廊坊市	Langfang	5472599	4716618	373005	3565867	3420471	120676	1906733	699076
保定市	Baoding	5853916	4657070	760367	3624707	3380642	70815	2229208	1114420
#定州市	Dingzhou	302726	249073	49446	95039	28503	11	207688	72929
沧州市	Cangzhou	3277258	2763288	341150	2236991	2189162	15058	1040267	675548
衡水市	Hengshui	980947	744273	171283	394410	373165	4117	586537	296324
邢台市	Xingtai	2852583	1619447	588072	1187111	927702	94741	1665472	840043
邯郸市	Handan	3972532	2972419	640518	2271583	2101167	85332	1700950	1217267

各市房地产开发企业个数、建设总规模、完成投资及新增固定资产（2015年）
Number of Enterprise, Total Size of Construction, Actually Completed Investment and Newly Increased Fixed Assets for Real Estate Development (2015)

单位：万元 (10000 yuan)

市	City	企业个数（个） Number of Enterprises (unit)	#内资企业 Domestic Funded	计划总投资 Total Investment Planed	自开始建设累计完成投资 Accumulated Investment Completed	本年完成投资 Investment Completed This Year	本年新增固定资产 Newly Increased Fixed Assets
全　省	**Total**	**3181**	**3130**	**175785817**	**120019712**	**42852710**	**17886368**
石家庄市	Shijiazhuang	382	376	38775325	26471579	9862702	3442972
#辛集市	Xinji	362	356	837133	434526	211375	172180
承德市	Chengde	255	252	5718858	4085453	1314865	259369
张家口市	Zhangjiakou	384	376	11833997	6117387	2116708	906678
秦皇岛市	Qinhuangdao	226	222	11678796	9496010	2572302	2481595
唐山市	Tangshan	391	381	27984956	18594502	5686799	1471809
廊坊市	Langfang	312	303	23444302	16560778	6708679	3378609
保定市	Baoding	411	410	17709481	11791288	5388401	2317961
#定州市	Dingzhou	373	372	3050896	1740385	942157	75855
沧州市	Cangzhou	208	206	9682633	7313804	2380975	1277448
衡水市	Hengshui	156	156	6892810	4222335	1588965	915461
邢台市	Xingtai	212	208	6986138	4890530	1819795	528186
邯郸市	Handan	244	240	15078521	10476046	3412519	906280

各市房地产开发完成投资情况（2015年）
Completed Investment of Real Estate Development (2015)

单位：万元 (10000 yuan)

市	City	完成投资额 Investment Completed	按工程用途分 by Use 住宅 Residential Buildings	#90平方米以下 90 sq.m below	#别墅、高档公寓 Villas, High-grade Apartments	办公楼 Office Buildings	商业营业用房 Houses for Business Use	其他 Other
全　省	**Total**	**42852710**	**31625474**	**14283741**	**780043**	**1758739**	**5093980**	**4374517**
石家庄市	Shijiazhuang	9862702	6542655	2796424	128863	986920	1114856	1218271
#辛集市	Xinji	211375	183797	34253	222	3818	17707	6053
承 德 市	Chengde	1314865	1020365	265649	9100	13728	171047	109725
张家口市	Zhangjiakou	2116708	1541045	660397	46163	77656	273618	224389
秦皇岛市	Qinhuangdao	2572302	1914990	936934	110418	27155	309128	321029
唐 山 市	Tangshan	5686799	4079936	1851764	102154	149368	1004680	452815
廊 坊 市	Langfang	6708679	5584425	3831420	283066	100261	437157	586836
保 定 市	Baoding	5388401	4406160	1774501	25549	105585	478358	398298
#定州市	Dingzhou	942157	707677	279382		7404	154824	72252
沧 州 市	Cangzhou	2380975	1853568	562893	29328	70824	296622	159961
衡 水 市	Hengshui	1588965	1282311	568178	50	24816	195181	86657
邢 台 市	Xingtai	1819795	1422533	506016	25852	63958	112480	220824
邯 郸 市	Handan	3412519	1977486	529565	19500	138468	700853	595712

各市房地产开发企业的土地开发及购置
Land Development and Purchase of Enterprises for Real Estate Development

市	City	土地购置费用(万元) Total Value of Land Purchased (10000 yuan)		待开发的土地面积(平方米) Land Space Pending Development (sq.m)		本年购置土地面积(平方米) Land Space Purchased This Year (sq.m)	
		2014	2015	2014	2015	2014	2015
全　省	**Total**	**5113949**	**4059259**	**8545218**	**8619867**	**10817208**	**7568612**
石家庄市	Shijiazhuang	1731342	1216920	348019	316289	747670	896126
#辛集市	Xinji	1470	34727				331827
承 德 市	Chengde	104512	195163	499080	584867	403328	811248
张家口市	Zhangjiakou	233400	250245	534806	923308	1175770	881264
秦皇岛市	Qinhuangdao	559648	223046	617957	1038328	1391887	346299
唐 山 市	Tangshan	561417	473705	446036	1337692	1980544	917005
廊 坊 市	Langfang	457259	376306	975503	2389016	987296	835967
保 定 市	Baoding	225146	577792	3782383	654604	923625	1140057
#定州市	Dingzhou	15530	103858			11168	327175
沧 州 市	Cangzhou	282916	181700	456560	478109	1164016	920333
衡 水 市	Hengshui	77917	46115	146133		559675	158388
邢 台 市	Xingtai	238348	186525	143775	775247	771787	377864
邯 郸 市	Handan	642044	331742	594966	122407	711610	284061

各市房地产开发企业的资金来源（2015年）

Source of Funds of Enterprises for Real Estate Development (2015)

单位：万元 (10000 yuan)

市	City	本年资金来源小计 Total Funds This Year	国内贷款 Domestic Loans	#银行贷款 Bank Loans	利用外资 Foreign Direct Investment	自筹资金 Self-raising Funds	其他资金来源 Others
全　省	**Total**	**46666744**	**4566951**	**4328794**	**23138**	**30991139**	**11085516**
石家庄市	Shijiazhuang	10980160	1283105	1228274		8613397	1083658
#辛集市	Xinji	285230				221585	63645
承德市	Chengde	1394804	90620	72770		738712	565472
张家口市	Zhangjiakou	2326900	352992	327494	1138	1216535	756235
秦皇岛市	Qinhuangdao	2609534	172844	168844		1237220	1199470
唐山市	Tangshan	5894142	426257	383807		3972831	1495054
廊坊市	Langfang	8065338	695388	677620		5116700	2253250
保定市	Baoding	5609394	252881	252545		4082615	1273898
#定州市	Dingzhou	977488	9119	8879		915911	52458
沧州市	Cangzhou	2750571	379048	341248		1385478	986045
衡水市	Hengshui	1633337	129372	115390		1125631	378334
邢台市	Xingtai	1948244	65077	65057		1345872	537295
邯郸市	Handan	3454320	719367	695745	22000	2156148	556805

各市房地产开发建设房屋建筑面积和造价（2015年）

Floor Space of Building and Their Cost in Real Estate Development (2015)

市	City	施工房屋面积（平方米） Floor Space under Construction (sq.m)	竣工房屋面积（平方米） Floor Space Completed (sq.m)	#住宅 Residential Building	房屋面积竣工率（%） Rate of Floor Space of Buildings Completed (%)	竣工房屋价值（万元） Value of Building Completed (10000 yuan)	竣工房屋造价（元/平方米） Cost of Buildings Completed (yuan/sq.m)	竣工房屋住宅套数（套） Number of building Completed (unit)
全　省	**Total**	**304347560**	**40393067**	**32269125**	**13.3**	**12538694**	**3104**	**311110**
石家庄市	Shijiazhuang	43394805	4757200	3076924	11.0	1829449	3846	27897
#辛集市	Xinji	2555793	586704	477823	23.0	172180	2935	3764
承德市	Chengde	13762496	681939	477596	5.0	154834	2270	6350
张家口市	Zhangjiakou	19030499	2333725	1805298	12.3	590242	2529	16981
秦皇岛市	Qinhuangdao	25583699	4929859	4134826	19.3	1920209	3895	40245
唐山市	Tangshan	45207226	3770204	2961256	8.3	972405	2579	28946
廊坊市	Langfang	45695795	9205627	7929495	20.1	2960896	3216	77252
保定市	Baoding	28602659	6980568	5916109	24.4	1760262	2522	57461
#定州市	Dingzhou	3274606	261314	236273	8.0	72115	2760	2244
沧州市	Cangzhou	22909920	3122713	2204286	13.6	1078088	3452	20796
衡水市	Hengshui	15910006	1574871	1373069	9.9	370819	2355	13438
邢台市	Xingtai	17062571	1597962	1312913	9.4	408183	2554	11860
邯郸市	Handan	27187884	1438399	1077353	5.3	493307	3430	9884

各市商品房屋销售情况（2015年）
Selling of Commercial Houses (2015)

市	City	商品房销售面积（平方米）Floor Space of Commercialized Buildings Sold (sq.m)	#住宅 Residential Buildings	商品房销售额（万元）Total Sales of Commercialized Buildings (10000 yuan)	#住宅 Residential Buildings	商品房平均售价（元／平方米）Average Selling Price of Commercialized Buildings (yuan/sq.m)	#住宅 Residential Buildings
全　省	**Total**	**58546525**	**51616510**	**33715889**	**28542101**	**5759**	**5530**
石家庄市	Shijiazhuang	8041042	5813754	6688352	4354886	8318	7491
#辛集市	Xinji	462883	416971	170353	146636	3680	3517
承德市	Chengde	2708345	2457634	1203544	1061944	4444	4321
张家口市	Zhangjiakou	4480489	3843389	2059025	1680010	4596	4371
秦皇岛市	Qinhuangdao	2800095	2674362	1493020	1422484	5332	5319
唐山市	Tangshan	7915374	6671514	4177818	3329723	5278	4991
廊坊市	Langfang	10783629	10383363	8949273	8615247	8299	8297
保定市	Baoding	5946854	5374393	2364980	2093829	3977	3896
#定州市	Dingzhou	412719	367845	121372	104414	2941	2839
沧州市	Cangzhou	5593924	4918067	2596445	2234140	4642	4543
衡水市	Hengshui	4069920	3679657	1426711	1259879	3506	3424
邢台市	Xingtai	2590345	2419824	1035330	968279	3997	4001
邯郸市	Handan	3616508	3380553	1721391	1521680	4760	4501

各市按用途分的商品房屋销售面积（2015年）
Floor Space of Buildings Actually Sold by Use (2015)

单位：平方米　　(sq.m)

市	City	商品房销售面积 Floor Space of Commercialized Buildings Sold	住宅 Residential Buildings	#90平方米以下 90 sq.m below	#别墅、高档公寓 Vil as, High-grade Apartments	办公楼 Office Buildings	商业营业用房 Houses for Business Use	其他 Other
全　省	**Total**	**58546525**	**51616510**	**18733875**	**627624**	**900968**	**3853441**	**2175606**
石家庄市	Shijiazhuang	8041042	5813754	1969080	24198	637874	1208811	380603
#辛集市	Xinji	462883	416971	20825		249	32749	12914
承德市	Chengde	2708345	2457634	675638	20922	2711	172480	75520
张家口市	Zhangjiakou	4480489	3843389	1290315	46797	80386	406296	150418
秦皇岛市	Qinhuangdao	2800095	2674362	711670	30304	847	65934	58952
唐山市	Tangshan	7915374	6671514	2382140	65378	103511	673830	466519
廊坊市	Langfang	10783629	10383363	6925694	314131	8095	103948	288223
保定市	Baoding	5946854	5374393	1515647	8711	16720	255934	299807
#定州市	Dingzhou	412719	367845	140271		1123	23436	20315
沧州市	Cangzhou	5593924	4918067	890280	93124	8453	507984	159420
衡水市	Hengshui	4069920	3679657	1171556	23673		209962	180301
邢台市	Xingtai	2590345	2419824	611017	386	19913	83153	67455
邯郸市	Handan	3616508	3380553	590838		22458	165109	48388

各市按用途分的商品房屋平均销售价格（2015年）
Average Selling Price of Commercial Houses by Use (2015)

单位：元/平方米 (yuan/sq.m)

市	City	商品房平均销售价格 Average Selling Price of Commercialized Buildings	住宅 Residential Buildings	#90平方米以下 90 sq.m below	#别墅、高档公寓 Villas, High-grade Apartments	办公楼 Office Buildings	商业营业用房 Houses for Business Use	其他 Other
全　省	**Total**	**5759**	**5530**	**6222**	**9967**	**9360**	**8409**	**5011**
石家庄市	Shijiazhuang	8318	7491	6524	7765	10300	10783	9800
#辛集市	Xinji	3680	3517	3789		8032	5591	4031
承 德 市	Chengde	4444	4321	3915	4306	4928	6637	3414
张家口市	Zhangjiakou	4596	4371	3974	7701	5509	7420	2211
秦皇岛市	Qinhuangdao	5332	5319	5209	13647	6895	7857	3079
唐 山 市	Tangshan	5278	4991	4535	13141	9264	8935	3219
廊 坊 市	Langfang	8299	8297	8901	10089	8101	9608	7896
保 定 市	Baoding	3977	3896	4153	8799	4682	6338	3373
#定州市	Dingzhou	2941	2839	2927		3500	4078	3449
沧 州 市	Cangzhou	4642	4543	4293	10391	3775	5981	3468
衡 水 市	Hengshui	3506	3424	3497	5505		4962	3475
邢 台 市	Xingtai	3997	4001	4399	2202	4009	4471	3246
邯 郸 市	Handan	4760	4501	4890		8300	9677	4402

各市按销售方式分的商品房销售面积及平均销售价格（2015年）
Floor Space of Buildings Actually Sold and Average Selling Price of Commercial Houses by Sale Method (2015)

市	City	商品房销售面积（平方米）Floor Space of Commercialized Buildings Sold (sq.m)	现房 Completed Buildings	期房 Buildings Completed in Future	商品房平均销售价格（元/平方米）Average Selling Price of Commercialized Buildings (yuan/sq.m)	现房 Completed Buildings	期房 Buildings Completed in Future
全　省	**Total**	**58546525**	**16327345**	**42219180**	**5759**	**5665**	**5795**
石家庄市	Shijiazhuang	8041042	3116576	4924466	8318	10449	6969
#辛集市	Xinji	462883	5337	457546	3680	4894	3666
承 德 市	Chengde	2708345	966109	1742236	4444	4390	4474
张家口市	Zhangjiakou	4480489	1815376	2665113	4596	4523	4645
秦皇岛市	Qinhuangdao	2800095	795831	2004264	5332	5309	5341
唐 山 市	Tangshan	7915374	2343581	5571793	5278	5042	5377
廊 坊 市	Langfang	10783629	1167472	9616157	8299	7579	8386
保 定 市	Baoding	5946854	2738569	3208285	3977	3784	4142
#定州市	Dingzhou	412719	314655	98064	2941	3069	2529
沧 州 市	Cangzhou	5593924	566429	5027495	4642	3398	4782
衡 水 市	Hengshui	4069920	1024857	3045063	3506	3399	3541
邢 台 市	Xingtai	2590345	525868	2064477	3997	3139	4215
邯 郸 市	Handan	3616508	1266677	2349831	4760	4075	5129

各市房地产开发经营情况（2015年）

Real Estate Development and Management (2015)

单位：万元 (10000 yuan)

市	City	主营业务收入 Revenue from Principal Business	土地转让收入 Land Transferred	商品房屋销售收入 Commercial Houses Sold	房屋出租收入 Houses Leased	其他收入 Others	主营业务税金及附加 Taxes and Other Charges on Principal Business	利润总额 Total Profits
全 省	**Total**	**23059203**	**62963**	**22653169**	**80666**	**262406**	**2022774**	**1322913**
石家庄市	Shijiazhuang	2245465	28092	2152306	4625	60441	207563	-13463
#辛集市	Xinji	108921		108874	47		8249	5794
承 德 市	Chengde	1029838	703	1019531	8790	813	81686	26071
张家口市	Zhangjiakou	1444024	2940	1418092	5480	17512	95852	51035
秦皇岛市	Qinhuangdao	2131600		2124149	4932	2519	162520	-13658
唐 山 市	Tangshan	2385865	6	2329688	14520	41650	184760	-22714
廊 坊 市	Langfang	5689620	16757	5608905	6250	57708	607047	978567
保 定 市	Baoding	3555730	10434	3511235	13641	20421	290079	159785
#定州市	Dingzhou	181218	2	180853	1	361	15874	-464
沧 州 市	Cangzhou	1670455	11	1653741	6307	10396	140642	117989
衡 水 市	Hengshui	976711		945508	4995	26208	76523	96415
邢 台 市	Xingtai	777953	4020	770685	1620	1629	76099	-48383
邯 郸 市	Handan	1151943		1119328	9507	23109	100004	-8731

各市社会消费品零售总额及亿元以上商品交易市场基本情况（2015年）

Total Retail Sales of Consumer Goods and Commodity Markets on Sales Value Over 100 Million Yuan (2015)

单位：亿元 (100 million yuan)

市	City	社会消费品零售总额 Total Retail Sales of Consumer Goods	城 镇 Urban Areas	乡 村 Rural Areas	亿元以上商品交易市场 Markets on Sales Value Over 100 Million Yuan: 摊位数（个） Number of Booths (unit)	市场成交额 Transaction Value of Markets
全 省	**Total**	**12990.7**	**10125.4**	**2865.2**	**310062**	**5365.6**
石家庄市	Shijiazhuang	2693.0	2275.8	417.2	60429	1370.8
#辛集市	Xinji	255.7	170.4	85.3	1143	45.8
承 德 市	Chengde	490.8	365.0	125.8	7713	52.3
张家口市	Zhangjiakou	618.1	479.0	139.1	5053	82.5
秦皇岛市	Qinhuangdao	633.8	533.7	100.1	35990	196.5
唐 山 市	Tangshan	2147.9	1763.7	384.2	13493	332.4
廊 坊 市	Langfang	796.4	426.1	370.3	16572	349.9
保 定 市	Baoding	1652.7	1289.7	363.0	63152	1377.8
#定州市	Dingzhou	143.4	108.5	34.9	1225	23.8
沧 州 市	Cangzhou	1109.1	812.1	297.1	48075	594.5
衡 水 市	Hengshui	609.0	438.7	170.3	16601	250.4
邢 台 市	Xingtai	875.3	695.1	180.2	15779	205.5
邯 郸 市	Handan	1364.5	1046.9	317.6	27205	552.8

各市限额以上批发和零售业基本情况（2015年）
Basic Indicators of Enterprises above Designated Size in Wholesale and Retail Sale Trade (2015)

单位：万元 (10000 yuan)

市	City	法人企业（个）Number of Corporation Enterprises (unit)	年末从业人员（人）Engaged Persons at Year-end (person)	购进总额 Total Purchases	销售总额 Total Sales	#零售 Retail Value	年末库存总额 Total Stock to Year-end	年末零售营业面积（平方米）Operational Area of Retail Sale Trade (sq.m)
全　省	**Total**	**3945**	**357431**	**90611937**	**98577883**	**31644390**	**7409942**	**21782452**
石家庄市	Shijiazhuang	432	59244	18678235	19917300	8346843	1624552	2110541
#辛集市	Xinji	13	1752	89847	109984	71236	17683	72670
承德市	Chengde	166	18031	1505026	2145391	1085842	211660	1265810
张家口市	Zhangjiakou	203	16816	2093985	2498025	1371530	228405	1294543
秦皇岛市	Qinhuangdao	239	16564	6742034	7294877	1481555	456752	972511
唐山市	Tangshan	476	58659	12969390	14361818	4569741	954201	4805112
廊坊市	Langfang	298	19318	4748491	5188507	1997478	1472733	993889
保定市	Baoding	498	46273	14277470	15250660	3650722	657772	2062530
#定州市	Dingzhou	37	5507	262042	321407	234488	23471	121238
沧州市	Cangzhou	472	43481	6911112	7700704	2751459	643702	2301950
衡水市	Hengshui	417	23068	3188388	3819615	1444344	309040	2101522
邢台市	Xingtai	343	25681	3348961	3687667	1803547	356842	1488286
邯郸市	Handan	401	30296	16148846	16713321	3141329	494283	2385758

各市限额以上住宿业和餐饮业基本情况（2015年）
Basic Indicators of Hotels and Catering Services above Designated Size (2015)

市	City	法人企业（个）Number of Corporation Enterprises (unit)	从业人数（人）Engaged Persons (person)	营业额（万元）Business Revenue (10000 yuan)	#客房收入 From Hotel Rooms	#餐费收入 Revenue from Meals	#商品销售收入 Total Sales of Commodities
全　省	**Total**	**915**	**84874**	**1014777.9**	**326129.8**	**596619.6**	**23559.4**
石家庄市	Shijiazhuang	106	15165	220364.5	69340.3	127629.1	2211.8
#辛集市	Xinji	4	402	2737.2	937.9	1799.2	
承德市	Chengde	61	5285	67246.7	26258.2	37629.9	223.3
张家口市	Zhangjiakou	95	8779	81893.3	24368.3	48870.4	3985.0
秦皇岛市	Qinhuangdao	82	6363	82611.4	32144.0	45866.5	585.7
唐山市	Tangshan	97	8776	101476.8	29102.5	64427.3	3275.3
廊坊市	Langfang	74	6504	80898.2	26457.7	44047.1	1983.1
保定市	Baoding	118	10798	124777.9	33748.3	77779.7	4681.3
#定州市	Dingzhou	3	455	3577.8	869.2	2552.0	139.0
沧州市	Cangzhou	65	6171	57805.4	20955.8	31233.0	478.7
衡水市	Hengshui	49	3787	38335.5	13515.1	22758.5	356.2
邢台市	Xingtai	73	5133	55060.2	20145.9	29795.5	2719.0
邯郸市	Handan	95	8113	104308.0	30093.7	66582.6	3060.0

各市外商投资企业情况（2015年）

Basic Condition of Foreign Funded Enterprises (2015)

金额单位：万美元　企业单位：个　　(USD 10000, unit)

市	City	批准合同 合同个数 Number of Contracts	合同总金额 Total Value of the Contracts	合同外资额 FDI Contracted	注册 个数 Number of Enter-prises with FDI	注册资本 Registered Capital	外方注册资本 Registered Capital from FDI	外商直接投资额 Foreign Direct Invest	到2015年底实有外商投资企业数 Actual Number of Enterprises with FDI at End of 2015	#开工在建企业 Enterprises under Construction	#投产企业 Enterprises on Operation
全　省	**Total**	**208**	**1580753**	**567962**	**168**	**670946**	**470830**	**617750**	**3227**	**244**	**1702**
石家庄市	Shijiazhuang	34	392945	68031	28	131567	64477	89672	407	17	314
#辛集市	Xinji	1	96	29	2	147	54	29	22	1	21
承德市	Chengde	4	10700	4729	1	310	123	11561	94	8	35
张家口市	Zhangjiakou	8	47186	32780	8	32861	32780	31653	133	35	51
秦皇岛市	Qinhuangdao	11	109691	69011	10	64958	42386	52582	334	47	151
唐山市	Tangshan	23	181010	39247	20	68611	30771	123276	393	36	194
廊坊市	Langfang	28	146851	70409	25	44105	43975	66753	501	26	263
保定市	Baoding	13	125397	43785	10	105287	40487	43473	356	21	301
#定州市	Dingzhou							3000	16		15
沧州市	Cangzhou	27	73514	21816	12	18650	15799	40136	393	6	170
衡水市	Hengshui	7	17417	11688	8	12954	12140	16465	178	8	84
邢台市	Xingtai	17	362952	140764	17	138349	135776	14535	141	29	69
邯郸市	Handan	36	113090	65702	29	53294	52116	79294	297	11	70

各市各级各类学校数(2015年)

Number of Schools by Level and Type of School (2015)

单位：所　　(unit)

市	City	普通高等学校 Regular Institutions of Higher Education	普通中学 Regular Secondary Schools	高中 Senior Secondary Schools	初中 Junior Secondary Schools	职业中学 Vocational Secondary Schools	普通小学 Primary Schools
全　省	**Total**	**118**	**2956**	**578**	**2378**	**202**	**12126**
石家庄市	Shijiazhuang		439	123	316	59	1470
#辛集市	Xinji		33	7	26	2	80
承德市	Chengde		122	22	100	10	447
张家口市	Zhangjiakou		168	33	135	15	531
秦皇岛市	Qinhuangdao		154	28	126	6	416
唐山市	Tangshan		328	69	259	13	1127
廊坊市	Langfang		176	31	145	11	809
保定市	Baoding		447	80	367	26	2162
#定州市	Dingzhou		40	11	29	1	260
沧州市	Cangzhou		316	47	269	16	1310
衡水市	Hengshui		176	35	141	10	868
邢台市	Xingtai		278	52	226	17	1257
邯郸市	Handan		385	65	320	21	1809

各市各级各类学校专任教师数(2015年)

Number of Full-time Teachers by Level and Type of School (2015)

单位：人 (person)

市	City	普通高等学校 Regular Institutions of Higher Education	普通中学 Regular Secondary Schools	高中 Senior Secondary Schools	初中 Junior Secondary Schools	职业中学 Vocational Secondary Schools	普通小学 Primary Schools
全　省	**Total**	**69397**	**277855**	**106826**	**171029**	**24848**	**320226**
石家庄市	Shijiazhuang		40124	18239	21885	5035	39649
#辛集市	Xinji		3265	1187	2078	235	1948
承德市	Chengde		12515	4023	8492	1233	16601
张家口市	Zhangjiakou		16455	6218	10237	1863	18955
秦皇岛市	Qinhuangdao		12553	3852	8701	1157	13782
唐山市	Tangshan		31077	11808	19269	2273	29520
廊坊市	Langfang		16215	6593	9622	1113	22219
保定市	Baoding		39536	14195	25341	4148	45940
#定州市	Dingzhou		4207	1922	2285	300	4465
沧州市	Cangzhou		25586	8219	17367	2184	35161
衡水市	Hengshui		19550	9047	10503	1311	18668
邢台市	Xingtai		26089	10809	15280	1521	33400
邯郸市	Handan		38155	13823	24332	3010	46331

各市各级各类学校在校学生数(2015年)

Number of Students Enrollment by Level and Type of School (2015)

单位：人 (person)

市	City	普通高等学校 Regular Institutions of Higher Education	普通中学 Regular Secondary Schools	高中 Senior Secondary Schools	初中 Junior Secondary Schools	职业中学 Vocational Secondary Schools	普通小学 Primary Schools
全　省	**Total**	**1179172**	**3519207**	**1157877**	**2361330**	**241955**	**5962361**
石家庄市	Shijiazhuang		478021	168196	309825	53281	770394
#辛集市	Xinji		30925	11057	19868	2329	40788
承德市	Chengde		164812	55425	109387	16523	272249
张家口市	Zhangjiakou		201065	66834	134231	6083	296618
秦皇岛市	Qinhuangdao		126219	44796	81423	13329	195411
唐山市	Tangshan		333311	120421	212890	19032	499749
廊坊市	Langfang		210556	71484	139072	15469	404241
保定市	Baoding		557249	179198	378051	39436	948955
#定州市	Dingzhou		69601	23887	45714	6599	97672
沧州市	Cangzhou		321864	97940	223924	4548	638674
衡水市	Hengshui		252790	102369	150421	13745	337118
邢台市	Xingtai		352154	112872	239282	13329	620349
邯郸市	Handan		521166	138342	382824	47180	978603

各市科技主要指标
Major Indicators of Science and Technology

市	City	专利申请受理量(件) Applications Accepted (unit)		专利申请授权量(件) Paten Granted (unit)		R&D人员全时当量(人年) Full-time Equivalent of R&D Personnel (man-year)		R&D经费内部支出(万元) Intramural Expenditure on R&D (10000 yuan)	
		2014	2015	2014	2015	2014	2015	2014	2015
全　省	**Total**	**30000**	**44060**	**20132**	**30130**	**75142**	**79452**	**2606711.3**	**2858050.6**
石家庄市	Shijiazhuang	6373	9186	4433	5786	21003	22506	585366.9	669401.4
#辛集市	Xinji	132	175	101	115	198	376	5192.9	4831.0
承 德 市	Chengde	474	796	300	494	1374	1505	76931.6	67369.4
张家口市	Zhangjiakou	1058	1242	525	787	1999	1597	84001.3	63379.2
秦皇岛市	Qinhuangdao	2298	4371	1310	3032	2958	2677	114745.3	111682.9
唐 山 市	Tangshan	3794	4538	2636	3209	14048	14245	701348.7	660527.0
廊 坊 市	Langfang	2965	3777	2156	2962	3041	4150	68595.0	127253.3
保 定 市	Baoding	4723	5435	3385	4271	18910	18858	465969.7	529928.0
#定州市	Dingzhou	73	154	75	133	291	260	8230.2	15080.4
沧 州 市	Cangzhou	2307	4026	1545	2239	3276	4623	125155.4	157513.6
衡 水 市	Hengshui	1392	2363	1061	1524	2091	2207	80495.9	93426.2
邢 台 市	Xingtai	1975	3523	1283	2521	2971	2835	118070.5	148089.8
邯 郸 市	Handan	2641	4803	1498	3305	3470	4249	186031.0	229479.8

注：R&D人员全时当量、R&D经费内部支出的统计范围为规模以上工业企业。
a) The coverage of full-time equivalent of R&D personnel and intramural expenditure on R&D are industrial enterprises above designated size.

各市广播电视节目综合人口覆盖情况及文化主要指标（2015年）
Population Coverage of Radio and TV Programs, and Radio and Culture (2015)

市	City	广播节目综合人口覆盖率(%) Population Coverage Rate of Radio Programs (%)	电视节目综合人口覆盖率(%) Population Coverage Rate of TV Programs (%)	公共图书馆(个) Public Libraries (unit)	公共图书馆图书藏量(万册) Total Collections of Public Libraries (10000 volumes)
全　省	**Total**	**99.35**	**99.27**	**172**	**2199.83**
石家庄市	Shijiazhuang	99.40	99.38	25	354.29
承 德 市	Chengde	94.14	96.47	11	95.00
张家口市	Zhangjiakou	99.67	99.71	16	145.66
秦皇岛市	Qinhuangdao	100	100	6	130.73
唐 山 市	Tangshan	100	100	13	239.36
廊 坊 市	Langfang	100	100	10	227.23
保 定 市	Baoding	98.57	98.34	23	215.22
沧 州 市	Cangzhou	100	100	15	139.38
衡 水 市	Hengshui	100	100	12	67.47
邢 台 市	Xingtai	99.41	99.35	20	149.14
邯 郸 市	Handan	99.99	98.85	20	172.58

各市卫生事业基本情况(2015年)

Basic Statistics of Health Institutions (2015)

市	City	卫生机构数(个) Number of Health Institutions (unit)	#医院 Hospitals	#疾病预防控制机构数 Center for Disease Control and Prevention	#妇幼保健机构 Women and Children Care Agencies	床位数(张) Beds in Health Care Institutions (bed)	#医院、卫生院 Hospitals and Health Centers	卫生机构人员(人) Number of Medical Personnel (person)	#卫生技术人员 Medical Technical Personnel	#医生 Licensed Doctors
全　省	**Total**	**78600**	**1547**	**193**	**199**	**342189**	**319682**	**533271**	**372648**	**166872**
石家庄市	Shijiazhuang	6656	173	24	25	50422	46744	86198	65056	29579
#辛集市	Xinji	486	18	1	1	1999	1463	4234	2734	1454
承德市	Chengde	3732	47	12	19	18228	17215	25211	18072	8168
张家口市	Zhangjiakou	5739	79	21	18	21191	19790	28471	18177	7463
秦皇岛市	Qinhuangdao	3715	68	9	3	16959	15210	25622	19102	8347
唐山市	Tangshan	9135	172	17	19	41062	37631	64744	46421	19656
廊坊市	Langfang	5971	133	11	10	19043	18073	31982	21886	9434
保定市	Baoding	10828	283	26	29	49044	45300	77400	54285	24250
#定州市	Dingzhou	810	35	1	1	4866	3532	6713	5061	2480
沧州市	Cangzhou	9299	150	20	20	33938	32452	53458	37778	17612
衡水市	Hengshui	6094	115	12	17	17556	16715	29749	19725	9541
邢台市	Xingtai	8791	143	20	20	30635	29512	46931	31467	15131
邯郸市	Handan	8640	184	21	19	44111	41040	63505	40679	17691

各市新型农村合作医疗情况

Conditions of New Cooperative Medical System by Region

市	City	参加新农合人数(万人) Number of Enrollees (10000 persons)		人均筹资(元) Per Capita Premiums (yuan)		本年度筹资总额(万元) Premiums This Year (10000 yuan)		补偿受益人次(万人次) Number of Beneficiaries from Reimbursement (10000 person-times)		基金使用率(%) Utilization Rate of Funds (%)	
		2014	2015	2014	2015	2014	2015	2014	2015	2014	2015
全　省	**Total**	**5234.96**	**5103.67**	**390**	**490**	**2076604**	**2529526**	**13606.82**	**13795.34**	**0.95**	**0.96**
石家庄市	Shijiazhuang	571.38	563.72	390	490	224536	278475	1729.37	1917.60	0.93	0.97
#辛集市	Xinji	50.16	49.76	390	490	19795	24466	248.88	289.65	1.02	0.99
承德市	Chengde	261.66	254.34	390	490	103171	126345	506.21	580.02	0.98	0.94
张家口市	Zhangjiakou	301.75	293.91	390	490	119193	146172	570.45	496.17	0.96	0.88
秦皇岛市	Qinhuangdao	189.04	182.57	390	490	74199	90706	369.49	312.87	0.99	0.97
唐山市	Tangshan	492.48	482.72	390	490	197708	240332	726.99	729.27	0.91	0.88
廊坊市	Langfang	306.41	302.17	390	490	129599	150841	770.75	703.60	0.89	1.01
保定市	Baoding	749.73	728.53	390	490	296200	363961	2277.90	2353.35	0.90	0.98
#定州市	Dingzhou	99.07	96.60	390	490	39071	47352	317.01	427.70	1.01	1.01
沧州市	Cangzhou	561.77	563.22	390	490	222322	277590	1600.83	1313.15	0.98	0.94
衡水市	Hengshui	340.13	334.50	390	490	134601	164767	522.41	591.98	1.01	0.97
邢台市	Xingtai	597.35	549.06	390	490	234399	269367	1474.66	1437.69	0.97	0.97
邯郸市	Handan	714.03	702.59	390	490	281810	349153	2491.85	2642.28	0.96	0.97

各市城乡居民基本养老保险情况(2015年)
Statistics on Basic Pension Insurance for Urban and Rural Residents (2015)

市	City	参保人数(万人) Contributors at Year-end (10000 persons)	#达到领取待遇年龄参保人数 Number of Participants Who Have Reached the Prescribed Age of Benefit Entitlement	基金收支情况(亿元) Revenue and Expenses(100 million yuan) 基金收入 Revenue	基金支出 Expenses	累计结余 Balance at Year-end
全　省	**Total**	**3440.32**	**963.55**	**140.13**	**98.46**	**210.96**
石家庄市	Shijiazhuang	365.87	108.06	16.26	10.95	22.68
#辛集市	Xinji	34.28	11.53	1.46	1.11	1.78
承德市	Chengde	171.92	45.76	6.60	4.42	10.68
张家口市	Zhangjiakou	202.91	64.17	8.71	6.17	11.26
秦皇岛市	Qinhuangdao	128.28	38.59	5.34	3.80	9.16
唐山市	Tangshan	337.52	100.70	17.04	12.53	28.92
廊坊市	Langfang	215.58	57.23	10.66	7.93	13.00
保定市	Baoding	498.31	144.63	19.66	13.87	27.20
#定州市	Dingzhou	54.27	17.79	2.30	1.69	2.24
沧州市	Cangzhou	368.40	99.04	14.56	10.10	25.40
衡水市	Hengshui	234.47	70.68	9.39	6.62	13.81
邢台市	Xingtai	388.62	94.78	13.37	9.03	20.97
邯郸市	Handan	439.89	110.58	14.77	10.25	23.87

各市城镇职工基本养老保险情况(2015年)
Statistics on Urban Employee Basic Pension Insurance (2015)

市	City	年末参加城镇职工基本养老保险人数(万人) Urban Employee Basic Pension Insurance Contributors at Year-end (10000 persons)	职工 Number of Staff and Workers	离退休人员 Number of Retirees	基金收支情况(亿元) Revenue and Expenses(100 million yuan) 基金收入 Revenue	基金支出 Expenses	累计结余 Balance at Year-end
全　省	**Total**	**1320.46**	**952.03**	**368.45**	**1074.26**	**1136.96**	**755.80**
石家庄市	Shijiazhuang	202.10	154.16	47.94	119.08	139.21	96.10
#辛集市	Xinji	7.93	5.75	2.18	4.46	7.10	3.34
承德市	Chengde	59.53	43.62	15.91	29.61	44.03	29.37
张家口市	Zhangjiakou	84.80	53.50	31.30	37.67	85.72	22.14
秦皇岛市	Qinhuangdao	77.83	59.06	18.77	50.16	59.65	32.83
唐山市	Tangshan	216.15	153.49	62.66	158.46	202.79	83.18
廊坊市	Langfang	86.38	72.81	13.57	64.38	51.84	61.44
保定市	Baoding	120.44	87.94	32.50	80.73	103.89	63.21
#定州市	Dingzhou	8.69	6.56	2.13	5.17	6.64	2.84
沧州市	Cangzhou	89.24	62.25	26.98	50.54	74.67	43.01
衡水市	Hengshui	51.50	37.21	14.29	29.35	39.55	22.80
邢台市	Xingtai	67.16	46.99	20.17	31.60	53.11	24.88
邯郸市	Handan	124.27	87.34	36.93	48.33	104.49	30.05

注：全省总计中含不分地区数，故不等于各市合计，下表同。

a) The data by city didn't contained of others so total isn't equal to the figure of whole province, same as following tables.

各市失业保险情况(2015年)
Statistics of Unemployment Insurance (2015)

市	City	年末参加失业保险人数(万人) Unemployment Insurance Contributors at Year-end (10000 persons)	年末领取失业保险金人数(万人) Beneficiaries of Unemployment Insurance Fund (10000 persons)	基金收支情况（亿元） Revenue and Expenses (100 million yuan)		
				基金收入 Revenue	基金支出 Expenses	累计结余 Balance at Year-end
全　省	**Total**	**510.98**	**8.02**	**42.86**	**27.91**	**169.06**
石家庄市	Shijiazhuang	90.05	1.71	8.01	5.69	31.02
#辛集市	Xinji	1.57	0.03	0.08	0.02	0.31
承 德 市	Chengde	22.15	0.63	1.73	1.59	4.36
张家口市	Zhangjiakou	38.55	0.30	1.70	0.47	6.32
秦皇岛市	Qinhuangdao	32.81	0.58	3.37	4.23	16.73
唐 山 市	Tangshan	81.14	1.41	8.21	5.00	40.91
廊 坊 市	Langfang	27.76	0.31	2.57	0.64	13.78
保 定 市	Baoding	48.96	0.56	3.39	1.29	15.05
#定州市	Dingzhou	3.15	0.14	0.16	0.21	0.55
沧 州 市	Cangzhou	36.43	0.46	2.04	1.08	6.48
衡 水 市	Hengshui	18.42	0.30	0.73	0.41	2.11
邢 台 市	Xingtai	34.84	0.45	1.61	1.03	2.93
邯 郸 市	Handan	68.50	1.15	4.51	2.57	11.39

各市城镇基本医疗保险参保人数(2015年)
Persons Covered of Urban Basic Medical Care Insurance (2015)

单位：万人 (10000 persons)

市	City	人数合计 Persons Covered at Year-end	城镇职工 Urban Workers			城镇居民 Urban Non-employment
				在岗职工 Staff and Workers	退休人员 Retirees	
全　省	**Total**	**1702.00**	**957.04**	**656.76**	**300.28**	**744.96**
石家庄市	Shijiazhuang	289.95	141.63	96.68	44.95	148.32
#辛集市	Xinji	7.71	4.44	2.86	1.58	3.27
承 德 市	Chengde	81.90	43.47	30.50	12.97	38.43
张家口市	Zhangjiakou	96.06	64.78	40.18	24.60	31.28
秦皇岛市	Qinhuangdao	97.11	61.49	44.68	16.81	35.62
唐 山 市	Tangshan	221.43	155.21	101.52	53.69	66.22
廊 坊 市	Langfang	99.37	61.37	49.07	12.30	38.00
保 定 市	Baoding	214.87	117.00	83.58	33.42	97.87
#定州市	Dingzhou	11.74	6.01	4.23	1.78	5.73
沧 州 市	Cangzhou	110.17	63.97	44.43	19.54	46.20
衡 水 市	Hengshui	64.03	34.81	23.76	11.05	29.22
邢 台 市	Xingtai	164.90	58.65	40.40	18.25	106.25
邯 郸 市	Handan	179.72	105.54	67.98	37.56	74.18

各市城镇基本医疗保险基金收支情况(2015年)
Revenue and Expenses of Urban Basic Medical Care Insurance (2015)

单位：亿元 (100 million yuan)

市	City	基金收入 Revenue			基金支出 Expenses			累计结余 Balance at the Year-end		
		合计 Total	职工 Workers	居民 Non-employment	合计 Total	职工 Workers	居民 Non-employment	合计 Total	职工 Workers	居民 Non-employment
全省	**Total**	**351.91**	**317.40**	**34.51**	**276.48**	**249.75**	**26.73**	**490.19**	**441.25**	**48.94**
石家庄市	Shijiazhuang	57.39	49.85	7.54	47.26	40.50	6.76	56.21	55.44	3.75
#辛集市	Xinji	1.07	0.91	0.16	0.84	0.68	0.16	1.19	1.19	0.15
承德市	Chengde	13.05	11.41	1.64	11.74	10.31	1.43	13.98	13.77	4.51
张家口市	Zhangjiakou	20.87	18.60	2.27	17.01	15.10	1.91	24.01	23.65	4.55
秦皇岛市	Qinhuangdao	22.87	21.71	1.16	18.69	17.63	1.06	22.13	22.03	2.09
唐山市	Tangshan	55.13	51.43	3.70	41.63	39.03	2.60	82.79	81.69	8.05
廊坊市	Langfang	22.79	20.82	1.97	16.03	14.73	1.30	36.70	36.03	3.76
保定市	Baoding	25.19	21.77	3.42	19.45	17.41	2.04	46.50	45.12	7.85
#定州市	Dingzhou	1.72	1.38	0.34	1.54	1.23	0.31	2.31	2.28	0.13
沧州市	Cangzhou	23.17	21.41	1.76	16.34	14.85	1.49	42.68	42.41	3.14
衡水市	Hengshui	8.82	7.33	1.49	7.64	6.77	0.87	10.81	10.19	2.65
邢台市	Xingtai	14.64	13.63	1.01	9.76	9.14	0.62	25.45	25.05	2.39
邯郸市	Handan	32.34	28.64	3.70	22.31	19.36	2.95	42.63	41.88	4.58

各市工伤保险情况(2015年)
Statistics of Work Injury Insurance (2015)

市	City	年末参加工伤保险人数(万人) Work Injury Insurance Contributors at Year-end (10000 persons)	享受工伤待遇人数(万人) Beneficiaries at Year-end (10000 persons)	基金收支情况(亿元) Revenue and Expenses (100 million yuan)		
				基金收入 Revenue	基金支出 Expenses	累计结余 Balance at Year-end
全省	**Total**	**809.72**	**9.64**	**37.84**	**34.12**	**23.89**
石家庄市	Shijiazhuang	141.84	0.81	4.32	3.93	2.29
#辛集市	Xinji	7.40	0.04	0.20	0.21	0.05
承德市	Chengde	41.74	0.69	2.92	2.99	0.49
张家口市	Zhangjiakou	52.89	0.26	1.50	1.13	0.62
秦皇岛市	Qinhuangdao	44.70	0.55	2.14	1.74	2.40
唐山市	Tangshan	116.90	1.53	8.30	6.50	2.41
廊坊市	Langfang	45.96	0.58	2.78	2.28	3.52
保定市	Baoding	84.07	0.44	2.11	2.02	2.66
#定州市	Dingzhou	5.82	0.01	0.09	0.03	0.12
沧州市	Cangzhou	53.15	0.62	3.00	2.53	1.13
衡水市	Hengshui	28.59	0.20	0.85	0.73	0.48
邢台市	Xingtai	43.32	0.29	1.47	1.42	0.71
邯郸市	Handan	83.79	0.37	2.51	2.55	1.49

各县(市、区)国民经济主要指标(2015年)(1-1)

县（市、区）	County (City or District)	行政区域土地面积(平方公里) Land Area (sq.km)	乡(个) Towns (unit)	镇(个) Towns (unit)	村民委员会(个) Villagers' Committees (unit)	#自来水受益村 Administrative Village Access to Tap Water	#通有线电视村 Administrative Village Access to Cable TV
石家庄市	**Shijiazhuang**						
长安区	Changan District	138		4	8	8	8
桥西区	Qiaoxi District	70			15	15	15
新华区	Xinhua District	92	2	2	17	17	17
井陉矿区	Jingxing Mining Area	70	1	2			
裕华区	Yuhua District	61		1	6	6	6
藁城区	Gaocheng District	836	1	12	226	226	222
鹿泉区	Luquan District	603	3	9	208	204	208
栾城区	luancheng District	326	3	4	173	173	165
井陉县	Jingxing County	1381	7	10	318	291	243
正定县	Zhengding County	468	5	3	154	154	154
行唐县	Xingtang County	1025	11	4	322	248	299
灵寿县	Lingshou County	1066	9	6	279	249	136
高邑县	Gaoyi County	222	2	3	107	107	107
深泽县	Shenze County	296	3	3	125	125	122
赞皇县	Zanhuang County	1210	9	2	212	139	69
无极县	Wuji County	524	5	6	213	213	213
平山县	Pingshan County	2648	11	12	717	692	280
元氏县	Yuanshi County	675	7	8	208	180	208
赵　县	Zhao County	674	4	7	281	281	212
辛集市	Xinji City	951	7	8	344	344	344
晋州市	Jinzhou City	619	1	9	224	224	98
新乐市	Xinle City	525	3	8	160	160	123
承德市	**Chengde**						
双桥区	Shuangqiao District	332		5	91	66	84
双滦区	Shuangluan District	452	2	4	63	51	61
鹰手营子区	Yingshouyingzi District	151		4	15	14	15
承德县	Chengde County	3648	15	8	378	285	374
兴隆县	Xinglong County	3123	11	9	290	131	212
平泉县	Pingquan County	3294	7	12	260	178	260
滦平县	Luanping County	2993	12	8	200	125	198
隆化县	Longhua County	5473	15	10	357	252	352
丰宁满族自治县	Fengning Man A.C.	8765	16	10	309	290	274
宽城满族自治县	Kuancheng Man A.C.	1936	10	8	205	172	199
围场满蒙自治县	Weichang Man & Mongolian A.C.	9220	27	10	312	254	311

Major Indicators of National Economy by County (City or District)(2015)(1-1)

#通宽带村 Administrative Village Access to Internet Broadband	地区生产总值(万元) Gross Domestic Product (10000 yuan)	第一产业 Primary Industry	第二产业 Secondary Industry	第三产业 Tertiary Industry	#工业 Industry	地区生产总值指数(上年=100) Indices of Gross Domestic Product (preceding year=100)	第一产业 Primary Industry	第二产业 Secondary Industry
8	3908594	24555	640546	3243493	272820	108.1	102.6	100.3
15	4330840	15203	450020	3865617	67852	108.0	102.5	92.4
17	2235778	19424	482608	1733746	91619	108.2	104.0	101.8
	604926	7926	412719	184281	420100	107.1	93.2	106.4
6	1950189	4951	429573	1515665	195928	108.2	99.1	101.1
226	5778086	727904	3852408	1197774	3760226	107.1	103.5	106.5
208	3559996	226822	1944170	1389004	1846679	107.1	99.4	105.6
173	2078493	278433	1176202	623858	1094654	107.6	97.4	107.0
293	1445280	137027	612629	695624	544515	106.1	102.5	104.3
154	2763915	333322	1139291	1291302	1025653	107.6	100.7	106.0
317	1300805	270287	662971	367547	635382	107.2	104.1	107.1
239	932429	179562	450274	302593	418323	106.7	103.2	105.5
107	830105	124219	480022	225864	428098	107.2	105.3	106.4
125	1015715	159641	603220	252854	529625	107.4	101.1	107.9
212	955885	173477	535542	246866	495881	105.3	105.8	104.3
213	1823977	272436	979876	571665	929904	107.5	102.8	106.8
715	1877815	188239	1069499	620077	1000943	106.0	103.2	104.7
208	1801611	253405	949520	598686	889810	107.4	101.0	107.4
281	2029402	346922	1185962	496518	1135167	107.3	102.6	107.3
344	3861339	504448	2271491	1085400	2156365	106.2	101.6	105.9
224	2767978	341430	1538534	888014	1473605	107.7	101.8	107.1
160	1901622	290291	1038073	573258	957636	107.6	103.0	107.1
89	1537689	20052	538595	979042	316679	104.9	89.3	102.6
63	972895	21769	689957	261169	606261	103.0	99.7	101.6
15	320026	9269	226682	84075	195100	107.5	105.2	107.1
324	1165800	259659	546266	359875	492046	106.2	104.5	107.0
249	974886	245424	436942	292520	395044	105.8	104.2	105.6
248	1556829	306695	667880	582254	607456	104.6	104.2	99.3
188	1539764	255504	843436	440824	754988	106.9	104.5	107.0
313	1105161	301429	492730	311002	403751	105.7	104.0	105.3
238	945883	238770	367908	339205	292142	106.5	102.9	105.7
190	1971643	176373	1184927	610343	1102898	105.0	104.6	105.8
299	1022474	437635	242987	341852	165000	107.2	104.0	105.9

各县(市、区)国民经济主要指标(2015年)(1–2)

县（市、区）	County (City or District)	行政区域土地面积(平方公里) Land Area (sq.km)	乡(个) Towns (unit)	镇(个) Towns (unit)	村民委员会(个) Villagers' Committees (unit)	#自来水受益村 Administrative Village Access to Tap Water	#通有线电视村 Administrative Village Access to Cable TV
张家口市	**Zhangjiakou**						
桥东区	Qiaodong District	94		1	9	9	9
桥西区	Qiaoxi District	103		1	20	20	20
宣花区	Xuanhua District	276	3	1	57	57	57
下花园区	Xiahuayuan District	315	4		46	46	41
宣化县	Xuanhua County	2044	5	8	299	294	213
张北县	Zhangbei County	3863	13	5	366	249	159
康保县	Kangbao County	3365	8	7	326	251	111
沽源县	Guyuan County	3363	10	4	233	70	143
尚义县	Shangyi County	2601	7	7	172	162	172
蔚　县	Yu County	3198	11	11	547	390	392
阳原县	Yangyuan County	1849	9	5	301	218	119
怀安县	Huaian County	1698	7	4	273	246	170
万全县	Wanquan County	1162	7	4	171	171	171
怀来县	Huailai County	1801	6	11	279	269	200
涿鹿县	Zhuolu County	2802	4	13	373	369	257
赤城县	Chicheng County	5287	9	9	440	358	101
崇礼县	Chongli County	2324	8	2	211	210	199
秦皇岛市	**Qinhuangdao**						
海港区	Haigang District	800		8	262	179	253
山海关区	Shanhaiguan District	194		3	96	96	96
北戴河区	Beidaihe District	112		3	43	37	43
抚宁区	Funing District	968	2	5	363	180	363
青龙满族自治县	Qinglong Man A.C.	3510	14	11	396	211	390
昌黎县	Changli County	1212	5	11	418	343	415
卢龙县	Lulong County	956	5	7	548	171	320
唐山市	**Tangshan**						
路南区	Lunan District	117	1	1	56	56	56
路北区	Lubei District	161	1	1	71	71	71
古冶区	Guye District	248	3	2	122	122	122
开平区	Kaiping District	257		6	134	134	122
丰南区	Fengnan District	1312	3	12	444	444	262
丰润区	Fengrui District	1154	3	17	480	480	362
曹妃甸区	Caofeidian District	1281		5	109	109	109
滦　县	Luan County	1027		10	504	490	349
滦南县	Luannan County	1482		16	589	589	477
乐亭县	Leting County	1417	3	10	473	473	416
迁西县	Qianxi County	1439	8	9	417	275	417
玉田县	Yutian County	1165	4	16	750	750	518
遵化市	Zuihua City	1513	12	13	648	648	648
迁安市	Qianan City	1227	7	10	458	431	458

Major Indicators of National Economy by County (City or District)(2015)(1-2)

#通宽带村 Administrative Village Access to Internet Broadband	地区生产总值(万元) Gross Domestic Product (10000 yuan)	第一产业 Primary Industry	第二产业 Secondary Industry	第三产业 Tertiary Industry	#工业 Industry	地区生产总值指数(上年=100) Indices of Gross Domestic Product (preceding year=100)	第一产业 Primary Industry	第二产业 Secondary Industry
9	1419987	2822	742417	674748	659517	105.7	101.6	100.9
8	794079	4183	162111	627785	98111	107.6	96.3	108.7
56	1280268	26814	716364	537090	653264	101.7	107.2	100.7
41	221871	21836	129123	70912	126193	105.9	104.2	106.0
200	843792	237163	319436	287193	277106	105.7	102.5	107
119	913534	218248	463759	231527	346960	106.3	103.5	104.6
27	431622	197962	112683	120977	74433	106.0	103.4	106.8
41	437859	190886	124314	122659	86814	107.8	103.3	109.0
161	339766	110023	134913	94830	122473	106.2	103.3	106.5
410	796241	158398	197464	440379	143064	105.6	103.3	104.1
232	419170	111883	121362	185925	85362	104.8	103.1	104.1
234	631116	116820	202646	311650	165746	106.8	103.4	107.9
163	624215	112802	290103	221310	261573	106.1	103.6	107.0
250	1280186	174757	328314	777115	121714	107.1	103.3	106.7
303	923935	289336	287703	346896	211103	107.3	103.5	108.4
120	752471	219472	358483	174516	323983	107.8	103.7	109.1
174	343421	88050	168036	87335	119986	105.4	103.2	104.2
262	3365374	51947	870221	2443206	503916	103.5	255.3	102.5
96	399366	58389	186509	154468	144557	106.2	104.5	107.7
43	493116	19941	76448	396727	36824	105.5	107.3	105.9
360	1079904	333399	280367	466138	214594	106.1	105.1	102.7
396	980577	300848	182450	497279	124149	99.5	113.8	82.1
418	1967191	556470	734255	676466	661525	110.5	101.9	119.0
548	1010586	296223	286423	427940	238252	104.9	101.5	103.1
56	1139681	45723	196476	897482	133976	107.1	99.7	107.7
71	1412323	71231	194537	1146555	121037	107.2	101.1	107.9
122	2017107	135403	1217837	663867	1156837	107.5	102.4	106.7
134	1181561	51172	561513	568876	518013	105.0	102.3	105.6
444	6135317	471462	3714337	1949518	3594537	106.2	102.0	107.1
480	6068419	485447	4088767	1494205	3453767	105.2	102.1	106.3
109	3495414	230786	2065465	1199163	1817647	104.2	104.1	104.1
504	4337261	432063	2588379	1316819	2462681	107.0	105.2	107.2
589	3133697	856425	944010	1333262	710010	106.1	105.9	105.9
466	3158516	863597	985083	1309836	777083	107.1	104.7	107.2
417	3963903	239954	2363964	1359985	2215964	106.0	105.5	106.8
750	3521598	755842	1543869	1221887	1433869	105.1	101.7	105.5
648	4837673	422688	2275338	2139647	2073038	100.2	100.4	96.9
458	8910563	424677	5273144	3212742	5017144	104.8	99.8	104.3

各县(市、区)国民经济主要指标(2015年)(1-3)

县（市、区）	County (City or District)	行政区域土地面积(平方公里) Land Area (sq.km)	乡(个) Towns (unit)	镇(个) Towns (unit)	村民委员会(个) Villagers' Committees (unit)	#自来水受益村 Administrative Village Access to Tap Water	#通有线电视村 Administrative Village Access to Cable TV
廊坊市	**Langfang**						
安次区	Anci District	578	4	4	284	284	240
广阳区	Guangyang District	331	1	3	170	170	170
固安县	Guan County	703	4	5	421	421	132
永清县	Yongqing County	776	5	5	386	386	386
香河县	Xianghe County	448		9	300	300	118
大城县	Dacheng County	897	2	8	394	394	164
文安县	Wenan County	1037	1	12	383	383	358
大厂回族自治县	Dachang Hui A.C.	176		5	105	105	105
霸州市	Bazhou City	802	5	7	372	372	296
三河市	Sanhe City	634		10	395	395	168
保定市	**Baoding**						
竞秀区	Jingxiu District	127	5		63	63	51
莲池区	Lianchi District	177	7		120	116	85
满城区	Mancheng District	630	6	5	183	183	133
清苑区	Qingyuan District	867	10	8	266	262	210
徐水区	Laishui District	723	7	7	304	288	247
涞水县	Xushui County	1662	7	8	284	207	66
阜平县	Fuping County	2496	7	6	209	209	160
定兴县	Dingxing County	714	10	6	274	130	38
唐　县	Tang County	1414	12	8	345	231	222
高阳县	Gaoyang County	495	4	5	170	170	170
容城县	Rongcheng County	314	3	5	127	127	58
涞源县	Laiyuan County	2448	9	8	283	260	143
望都县	Wangdu County	370	5	3	143	141	134
安新县	Anxin County	728	3	9	207	207	154
易　县	Yi County	2534	18	9	469	338	143
曲阳县	Quyang County	1084	13	5	367	175	188
蠡　县	Li County	652	4	9	232	232	152
顺平县	Shunping County	711	5	5	237	235	172
博野县	Boye County	331	3	4	133	133	58
雄　县	Xiong County	514	3	6	223	223	67
涿州市	Zhuozhou City	751	4	7	402	360	120
定州市	Dingzhou City	1284	5	16	486	478	437
安国市	Anguo City	486	4	6	198	197	24
高碑店市	Gaobeidian City	618	4	5	409	395	164

Major Indicators of National Economy by County (City or District)(2015)(1-3)

# 通宽带村 Administrative Village Access to Internet Broadband	地区生产总值（万元）Gross Domestic Product (10000 yuan)	第一产业 Primary Industry	第二产业 Secondary Industry	第三产业 Tertiary Industry	# 工业 Industry	地区生产总值指数（上年=100）Indices of Gross Domestic Product (preceding year=100)	第一产业 Primary Industry	第二产业 Secondary Industry
284	1669812	110314	810038	749460	718190	110.9	98.8	109.0
170	2372122	147361	575721	1649040	235515	110.4	104.8	103.1
421	1825192	301216	464629	1059347	345752	111.1	93.6	109.5
386	996124	378297	292076	325751	232918	107.9	102.6	103.5
300	1986076	167243	1005776	813057	886041	110.9	104.6	108.2
394	1115638	175919	463163	476556	346863	110.4	99.7	108.3
383	1311672	125278	767554	418840	664423	107.6	95.7	106.9
105	866264	99901	317105	449258	232207	110.1	97.9	105.0
372	3644642	188142	2266554	1189946	2047151	107.0	101.1	106.3
395	5100515	349530	2456149	2294836	2028297	108.8	102.7	107.6
63	1607389	33214	967055	607120	519013	103.0	100.0	100.2
111	3795556	53167	2191223	1551166	1933542	107.3	99.7	108.6
171	1034218	223805	528646	281767	472990	105.8	102.8	104.2
266	1346803	315585	694543	336675	598033	107.5	104.8	106.0
304	1611865	276976	791392	543497	725956	109.6	102.3	108.1
233	585077	115998	141832	327247	74099	111.4	106.1	107.5
166	334666	73830	78264	182572	45012	107.3	104.2	107.4
264	1103322	257621	523664	322037	446807	107.6	101.0	108.3
322	663264	182227	264294	216743	154360	102.7	104.1	98.4
170	887784	88410	551352	248022	506932	81.6	104.2	71.4
127	570798	95352	324191	151255	292759	105.7	102.1	105.5
222	713913	43964	437041	232908	407576	105.0	103.2	102.4
142	536739	166342	216385	154012	140375	106.8	103.0	107.5
207	575730	96635	286972	192123	235837	102.6	103.1	99.3
421	1109316	264130	494377	350809	387126	107.2	105.5	107.1
367	703293	116587	270813	315893	233854	107.2	103.5	106.9
232	919987	142113	519281	258593	490026	105.8	103.5	107.0
237	525295	189430	205842	130023	160817	103.3	104.9	100.0
120	443507	134102	168713	140692	143337	106.2	102.7	107.3
220	975378	105180	683915	186283	619694	105.9	103.2	105.8
379	2615967	216248	994988	1404731	637281	110.8	101.3	107.5
471	3002185	799218	1449285	753682	1030585	108.5	103.2	110.5
198	1091507	167654	561673	362180	516747	106.5	102.4	106.4
409	1236592	155352	651946	429294	499346	105.2	101.7	104.1

各县(市、区)国民经济主要指标(2015年)(1—4)

县（市、区）	County (City or District)	行政区域土地面积(平方公里) Land Area (sq.km)	乡(个) Towns (unit)	镇(个) Towns (unit)	村民委员会(个) Villagers' Committees (unit)	#自来水受益村 Administrative Village Access to Tap Water	#通有线电视村 Administrative Village Access to Cable TV
沧州市	**Cangzhou**						
新华区	Xinhua District	89	1		20	20	20
运河区	Yunhe District	118	1	1	62	62	62
沧　县	Cang County	1520	15	4	510	510	510
青　县	Qing County	968	4	6	345	345	345
东光县	Dongguang County	711	1	8	447	447	447
海兴县	Haixing County	919	4	3	197	197	197
盐山县	Yanshan County	795	6	6	450	450	450
肃宁县	Suning County	516	3	6	253	253	253
南皮县	Nanpi County	790	3	6	312	312	312
吴桥县	Wuqiao County	583	5	5	473	473	473
献　县	Xian County	1173	11	7	500	500	500
孟村回族自治县	Mengcun Hui A.C.	387	2	4	126	126	126
泊头市	Botou City	1009	4	8	657	657	657
任丘市	Renqiu City	1012	6	9	413	413	413
黄骅市	Huanghua City	1545	6	4	327	327	327
河间市	Hejian City	1333	13	7	615	615	615
衡水市	**Hengshui**						
桃城区	Taocheng District	383	1	3	220	220	220
枣强县	Zaoqiang County	905	3	8	553	553	553
武邑县	Wuyi County	800	3	6	524	524	524
武强县	Wuqiang County	443	3	3	238	238	226
饶阳县	Raoyang County	572	3	4	197	197	161
安平县	Anping County	495	5	3	230	230	230
故城县	Gucheng County	941	4	9	538	538	538
景　县	Jing County	1188	6	10	848	848	644
阜城县	Fucheng County	695	5	5	610	610	587
冀州市	Jizhou City	878	4	6	382	382	382
深州市	Shenzhou City	1245	6	11	465	465	465
邢台市	**Xingtai**						
桥东区	Qiaodong District	68	1	1	25	25	25
桥西区	Qiaoxi District	120		2	33	33	30
邢台县	Xingtai County	1848	6	10	519	518	375

Major Indicators of National Economy by County (City or District)(2015)(1-4)

#通宽带村 Administrative Village Access to Internet Broadband	地区生产总值(万元) Gross Domestic Product (10000 yuan)	第一产业 Primary Industry	第二产业 Secondary Industry	第三产业 Tertiary Industry	#工业 Industry	地区生产总值指数(上年=100) Indices of Gross Domestic Product (preceding year=100)	第一产业 Primary Industry	第二产业 Secondary Industry
20	1423301	2776	566613	853912	448113	107.6	102.4	105.0
62	2270927	17122	586858	1666947	373858	108.6	101.6	106.0
510	2319818	257841	1070496	991481	959540	108.2	103.6	106.4
345	1743312	454306	678844	610162	622820	108.1	100.4	109.6
447	1403200	147223	534733	721244	486733	108.0	93.5	106.5
197	405106	70560	186512	148034	135039	109.9	111.8	109.5
450	1349516	146771	826222	376523	780632	106.5	99.3	106.2
253	1406200	262429	557384	586387	489301	107.5	101.4	108.8
312	917300	183451	352609	381240	289509	109.1	104.6	107.8
473	716566	167041	182774	366751	161595	109.2	104.8	108.0
500	1915400	318349	909387	687664	833062	109.0	101.1	108.4
126	846790	76403	514035	256352	481557	107.5	107.5	107.3
657	1955000	241779	1011220	702001	918455	106.8	109.6	106.6
413	5650287	204704	3323972	2121611	3202433	105.0	100.6	104.6
327	2462954	324994	1028216	1109744	918302	108.0	99.6	106.8
615	2650600	259649	1195534	1195417	1017004	108.1	101.2	109.1
220	1300055	94225	434678	771152	360000	107.3	102.2	103.8
553	856203	110532	470619	275052	430678	107.7	102.7	105.7
524	616406	164630	231127	220649	176843	107.6	102.5	108.0
238	535439	79507	264185	191747	216698	108.0	101.7	107.8
197	555599	200147	175779	179673	142155	107.4	102.4	106.2
230	1039742	92705	515630	431407	459240	107.8	97.6	105.5
538	969188	224120	299001	446067	240941	107.0	102.5	104.3
787	1361000	152853	724660	483487	633712	107.9	102.2	105.7
610	632469	150277	284539	197653	257684	108.1	102.4	107.7
382	920173	96796	449890	373487	410063	108.1	102.4	106.3
465	1361070	285330	522286	553454	472127	107.2	102.5	104.7
25	788038	16026	171953	600059	133672	107.0	98.4	101.9
33	1316434	10422	517174	788838	461515	98.9	102.0	88.9
463	1202718	114242	784953	303523	739754	104.3	101.8	103.5

各县(市、区)国民经济主要指标(2015年)(1–5)

县(市、区)	County (City or District)	行政区域土地面积(平方公里) Land Area (sq.km)	乡(个) Towns (unit)	镇(个) Towns (unit)	村民委员会(个) Villagers' Committees (unit)	#自来水受益村 Administrative Village Access to Tap Water	#通有线电视村 Administrative Village Access to Cable TV
临城县	Lincheng County	797	4	4	210	191	184
内丘县	Neiqiu County	788	4	5	309	309	90
柏乡县	Baixiang County	268	3	3	121	121	121
隆尧县	Longyao County	749	6	6	276	276	253
任　县	Ren County	431	4	4	134	134	134
南和县	Nanhe County	405	5	3	218	218	183
宁晋县	Ningjin County	1032	4	10	333	333	306
巨鹿县	Julu County	631	4	6	254	254	251
新河县	Xinhe County	366	4	2	169	169	169
广宗县	Guangzong County	504	5	3	196	196	196
平乡县	Pingxiang County	406	4	3	232	232	106
威　县	Wei County	1012	8	8	522	522	420
清河县	Qinghe County	500		6	305	305	109
临西县	Linxi County	542	3	6	299	299	299
南宫市	Nangong City	861	5	6	440	440	306
沙河市	Shahe City	859	4	4	242	223	184
邯郸市	**Handan**						
邯山区	Hanshan District	64	1	1	18	18	17
丛台区	Congtai District	142	2	1	22	22	22
复兴区	Fuxing District	137	2	1	41	27	34
峰峰矿区	Fengfeng Mining Area	341	1	9	148	148	99
邯郸县	Handan County	280	5	2	162	162	162
临漳县	Linzhang County	742	9	5	425	425	295
成安县	Chengan County	482	5	4	234	234	211
大名县	Daming County	1053	12	8	609	577	520
涉　县	She County	1509	8	8	280	272	280
磁　县	Ci County	995	9	9	358	293	317
肥乡县	Feixiang County	503	5	4	263	263	263
永年县	Yongnian County	847	12	7	429	429	356
邱　县	Qiu County	449	3	4	217	217	217
鸡泽县	Jize County	336	3	4	169	169	165
广平县	Guangping County	314	3	4	169	169	133
馆陶县	Guantao County	456	4	4	269	269	269
魏　县	Wei County	864	11	10	541	541	500
曲周县	Quzhou County	677	4	6	338	338	279
武安市	Wuan City	1806	9	13	502	395	248

Major Indicators of National Economy by County (City or District)(2015)(1-5)

#通宽带村 Administrative Village Access to Internet Broadband	地区生产总值(万元) Gross Domestic Product (10000 yuan)	第一产业 Primary Industry	第二产业 Secondary Industry	第三产业 Tertiary Industry	#工业 Industry	地区生产总值指数(上年=100) Indices of Gross Domestic Product (preceding year=100)	第一产业 Primary Industry	第二产业 Secondary Industry
209	601438	110992	327169	163277	301866	103.6	104.4	102.5
309	678329	112666	304029	261634	254719	102.9	102.6	98.5
121	339306	106314	119991	113001	105939	108.3	106.9	108.2
276	905752	252681	354846	298225	316113	103.6	101.2	102.0
134	446365	119641	158364	168360	134464	108.5	106.0	107.7
218	528672	188331	151726	188615	123397	109.5	103.7	112.0
333	1957055	337067	1102354	517634	1007711	107.8	101.3	108.9
254	602320	194614	199007	208699	168129	106.2	105.1	105.5
169	284422	95370	98654	90398	87885	108.2	104.7	106.4
196	408599	121702	149053	137844	125012	108.1	104.5	107.9
232	543424	131132	201434	210858	171213	107.1	105.5	105.4
505	790584	302209	222358	266017	192018	109.6	105.0	113.7
305	1327881	85519	638461	603901	577498	108.1	103.8	107.0
299	619720	123711	215051	280958	183662	108.0	105.8	105.0
440	1013292	190362	423100	399830	374925	108.0	103.0	107.6
238	2269924	77654	1275465	916805	1178493	104.4	97.8	103.4
18	1264154	8497	228559	1027098	74970	106.0	144.6	103.1
22	1809871	11435	449332	1349104	259766	106.0	90.1	93.1
41	2215571	6459	1605784	603328	1546743	105.6	85.7	103.9
136	1756012	48169	1028267	679576	1005100	105.5	89.8	104.1
162	1497364	136072	584943	776349	464107	107.2	98.5	107.4
212	1071487	313292	369627	388568	275057	109.2	102.0	109.0
234	1309658	251843	591710	466105	515555	108.3	103.0	105.1
609	1265631	327756	508894	428981	440132	108.3	102.1	107.5
280	2203199	133886	1198889	870424	1050581	107.2	112.2	104.9
346	2304120	215000	1093290	995830	977941	107.2	101.6	104.7
263	869472	298698	321231	249543	239956	108.3	102.3	107.1
278	2509339	739298	1011150	758891	918370	106.1	102.8	104.6
217	725289	159441	292124	273724	251225	108.6	103.9	105.3
98	890935	181196	411299	298440	369162	109.1	103.3	108.9
169	730071	127927	297198	304946	229516	108.3	102.7	108.1
269	920274	254023	404209	262042	342741	108.4	99.5	109.4
500	1290501	301808	472466	516227	367495	109.0	104.3	109.3
338	1102800	288054	513599	301147	445350	108.4	100.9	108.7
415	6000642	216718	3751906	2032018	3653524	106.3	104.8	105.3

各县(市、区)国民经济主要指标(2015年)(2-1)

县（市、区）	County (City or District)	第三产业 Tertiary Industry	年末总人口 (万人) Total Population (year-end) (10000 persons)	乡村人口 (人) Rural Population (person)	常住户数 (户) Number of Resident Households (household)	乡村总户数 (户) Rural Households (household)	年末乡村从业人员 (人) Number of Rural Laborers (year-end) (person)
石家庄市	**Shijiazhuang**						
长安区	Changan District	110.2	63.4	28810	270148	8939	15795
桥西区	Qiaoxi District	110.2	69.0	32355	272429	10107	18621
新华区	Xinhua District	110.4	50.0	62251	237600	16011	36770
井陉矿区	Jingxing Mining Area	109.3	9.3		33074		
裕华区	Yuhua District	110.2	44.2	26165	193589	5738	13134
藁城区	Gaocheng District	110.3	78.6	730187	205173	188874	385170
鹿泉区	Luquan District	110.7	42.0	365228	102709	95555	176975
栾城区	luancheng District	113.4	34.6	319442	83976	78044	172759
井陉县	Jingxing County	109.0	33.3	288286	94230	83663	148663
正定县	Zhengding County	110.6	50.0	400950	123766	101920	226515
行唐县	Xingtang County	109.3	46.0	379404	121473	105315	186723
灵寿县	Lingshou County	110.6	34.6	271208	89293	71310	142714
高邑县	Gaoyi County	109.5	20.0	166912	47986	43998	96240
深泽县	Shenze County	109.8	26.2	230529	74014	62202	128512
赞皇县	Zanhuang County	107.3	27.6	219942	74935	61123	127631
无极县	Wuji County	110.9	53.3	458045	145352	119024	249206
平山县	Pingshan County	110.5	50.3	448150	127490	124300	243880
元氏县	Yuanshi County	109.8	44.1	394935	108607	99429	242190
赵　县	Zhao County	110.4	61.3	507569	165467	128504	290679
辛集市	Xinji City	109.1	63.7	557770	203538	161604	297946
晋州市	Jinzhou City	110.6	56.7	476895	126157	124570	260453
新乐市	Xinle City	110.8	51.4	420439	126716	105035	223156
承德市	**Chengde**						
双桥区	Shuangqiao District	106.8	31.4	130417	141367	42787	64118
双滦区	Shuangluan District	109.6	15.0	82402	57787	26336	43093
鹰手营子区	Yingshouyingzi District	109.7	6.5	19415	23796	6011	9577
承德县	Chengde County	105.6	42.6	388424	142659	116688	218454
兴隆县	Xinglong County	107.4	33.0	292212	109499	86835	155770
平泉县	Pingquan County	111.9	48.3	423196	133810	125136	218160
滦平县	Luanping County	108.0	32.8	270666	95897	85324	150076
隆化县	Longhua County	108.0	44.8	382244	127313	116311	225634
丰宁满族自治县	Fengning Man A.C.	109.8	41.0	350008	129268	116834	183289
宽城满族自治县	Kuancheng Man A.C.	106.9	26.0	227541	77651	67763	118672
围场满蒙自治县	Weichang Man & Mongolian A.C.	112.0	54.3	460687	196148	132400	234688

Major Indicators of National Economy by County (City or District)(2015)(2-1)

#农林牧渔业 Farming, Forestry, Animal Husbandry & Fishery	全社会固定资产投资（万元） Total Investment in Fixed Assets (10000 yuan)	地方公共财政预算收入（万元） Local Public Budget Revenue (10000 yuan)	公共财政预算支出（万元） Public Budget Expenditure (10000 yuan)	城镇居民人均可支配收入（元） Per Capita Disposable Income of Urban Households (yuan)	农村居民人均可支配收入（元） Per Capita Disposable Income of Rural Households (yuan)	农用机械总动力（千瓦） Total Agricultural Machinery Power (kw)	机耕面积（公顷） Area Cultivated by Machine (hectares)	机播面积（公顷） Area Sown by Machine (hectares)
3479	5835542	481355	204369	31599		22321	7513	7513
1285	6082994	599990	274850	32226		3889	127	127
2551	3959663	262846	161759	31727		28459	3315	3315
	783571	22230	67292	25158	14762	28493	950	1750
4765	4367252	251292	130671	32487		1699	464	736
67583	2716357	249793	380857	28055	15095	2277994	53300	64232
69324	3499805	186928	309688	26976	15106	640383	17387	31290
43819	2104642	90728	194857	25032	13792	642031	25200	32600
62301	1472179	60767	145928	23458	10449	476112	12300	12000
68655	2639158	140839	282231	25017	14508	1484203	29640	44320
78072	1688624	36582	208822	23583	6068	1396842	42474	47034
76579	1158277	30726	169333	23193	5528	597637	20850	18380
45098	804247	38202	111462	21615	10978	458950	18780	20580
47711	832499	38937	118605	22398	10540	673088	10999	26179
48014	1456005	27525	147356	21557	5084	512129	21000	33000
116058	1351714	47475	176444	22978	11999	983931	33090	45727
155760	2167735	93630	267445	24223	6615	1033945	19120	20440
159695	2132480	65519	170439	22317	11604	706533	34767	43134
102143	1591817	46779	213995	24156	12181	2602638	80183	74260
91694	2129620	121893	312641	26906	13364	2001875	53533	88369
85845	2729388	77459	213113	26633	15045	1391350	39333	47333
50888	2357875	61811	182006	22427	13337	2396162	43433	43383
28341	637634	52843	107882	25819	9558	57982	2500	500
14569	1206080	31582	77133	26584	9464	114404	1500	1400
2823	279551	9003	60179	20174	7739	62495	446	
128012	1822000	71268	216487	21315	8149	334102	22670	17200
99932	1452725	52092	185804	20254	8977	302132	9000	4010
116431	1716555	62189	261505	21807	9057	541700	19268	31500
65740	1825467	65080	225782	23022	7156	463569	19898	15510
141171	1441255	41764	233877	20474	6560	575160	32333	18000
119895	1676578	83415	278528	18403	6152	643750	57972	56831
51654	1776760	57202	176020	24473	9500	197373	7100	2000
172959	1151403	53703	299024	19181	6385	784029	44000	36650

各县(市、区)国民经济主要指标(2015年)(2-2)

县（市、区）	County (City or District)	第三产业 Tertiary Industry	年末总人口（万人）Total Population (year-end) (10000 persons)	乡村人口（人）Rural Population (person)	常住户数（户）Number of Resident Households (household)	乡村总户数（户）Rural Households (household)	年末乡村从业人员（人）Number of Rural Laborers (year-end) (person)
张家口市	**Zhangjiakou**						
桥东区	Qiaodong District	112.1	22.1	19335	104680	7173	10125
桥西区	Qiaoxi District	107.4	21.2	22352	96327	9100	10850
宣花区	Xuanhua District	103.4	32.1	57210	177789	22092	31399
下花园区	Xiahuayuan District	106.0	6.7	26593	28953	11252	14163
宣化县	Xuanhua County	106.1	27.8	256655	96605	90947	144434
张北县	Zhangbei County	111.8	36.5	249732	104702	91412	155809
康保县	Kangbao County	108.8	27.4	245226	81284	81798	124447
沽源县	Guyuan County	112.0	22.4	188892	64671	72650	100930
尚义县	Shangyi County	108.5	19.2	159662	69298	56688	99352
蔚　县	Yu County	107.2	50.3	463533	164277	161059	197229
阳原县	Yangyuan County	106.3	27.5	228920	88586	84006	118405
怀安县	Huaian County	106.9	24.6	214649	97504	74122	121575
万全县	Wanquan County	106.0	22.5	192105	89290	71463	102614
怀来县	Huailai County	108.1	36.0	196500	133971	73128	117671
涿鹿县	Zhuolu County	108.9	35.2	277225	143927	109135	163066
赤城县	Chicheng County	108.5	29.9	255803	108130	102321	121905
崇礼县	Chongli County	110.7	12.7	101714	40389	38582	58764
秦皇岛市	**Qinhuangdao**						
海港区	Haigang District	102.8	69.3	188064	354257	64808	101318
山海关区	Shanhaiguan District	104.8	12.8	53066	47552	18035	32118
北戴河区	Beidaihe District	105.2	9.6	62227	44813	23959	35380
抚宁区	Funing District	110.0	34.2	286706	112098	91357	154069
青龙满族自治县	Qinglong Man A.C.	109.1	56.6	505942	160430	142437	283928
昌黎县	Changli County	105.8	52.7	463813	208495	178427	272209
卢龙县	Lulong County	109.0	42.3	377755	138281	122712	223746
唐山市	**Tangshan**						
路南区	Lunan District	107.3	26.3	61828	100304	20801	31556
路北区	Lubei District	107.4	65.3	117533	273559	34432	66116
古冶区	Guye District	111.6	35.4	129275	161518	42174	64712
开平区	Kaiping District	104.1	25.4	178198	98387	58572	84658
丰南区	Fengnan District	105.0	53.0	456240	158595	125137	250887
丰润区	Fengrui District	102.5	82.7	625407	251098	181801	362283
曹妃甸区	Caofeidian District	104.3	20.9	153980	85044	49430	87140
滦　县	Luan County	107.0	56.2	507807	170333	147954	286861
滦南县	Luannan County	106.6	57.4	520546	178302	150528	295877
乐亭县	Leting County	108.0	45.2	383916	146575	128867	231995
迁西县	Qianxi County	103.8	39.8	347434	126919	99711	189735
玉田县	Yutian County	106.3	70.2	583970	199330	164225	332976
遵化市	Zuihua City	106.3	75.8	684071	231651	196143	331380
迁安市	Qianan City	106.6	76.2	538146	240835	156746	290686

Major Indicators of National Economy by County (City or District)(2015)(2-2)

#农林牧渔业 Farming, Forestry, Animal Husbandry & Fishery	全社会固定资产投资(万元) Total Investment in Fixed Assets (10000 yuan)	地方公共财政预算收入(万元) Local Public Budget Revenue (10000 yuan)	公共财政预算支出(万元) Public Budget Expenditure (10000 yuan)	城镇居民人均可支配收入(元) Per Capita Disposable Income of Urban Households (yuan)	农村居民人均可支配收入(元) Per Capita Disposable Income of Rural Households (yuan)	农用机械总动力(千瓦) Total Agricultural Machinery Power (kw)	机耕面积(公顷) Area Cultivated by Machine (hectares)	机播面积(公顷) Area Sown by Machine (hectares)
4334	553939	33018	98840	28110	12004	3180	801	
2060	785743	29543	88143	26425	10256	19244	200	
19017	952130	58842	162979	25927	10492	37360	3800	1830
7851	390297	12894	62628	25719	6676	21619	2000	13
87148	1296997	43499	159278	20755	9572	186559	33000	29000
95425	1177419	71253	241796	21247	7662	409947	83800	77666
75983	508834	19047	160650	20218	7317	333606	88503	84092
75761	656006	30501	174795	20589	7305	479135	78600	76500
70181	186857	14917	140166	19018	6656	112957	39333	25558
131041	853126	51014	261428	23647	7445	387373	60000	49700
70488	468124	27767	157838	18221	6887	158378	28700	4200
80081	952098	37566	167270	20802	7945	119142	32150	5300
68701	864373	43728	145606	22917	7220	142897	22667	13333
72136	1283293	135366	239129	24230	12432	293854	15410	12360
120384	1240861	54562	236996	24277	9142	246424	19830	8300
85325	974118	32161	166141	22792	7723	252633	21700	7920
37718	736167	44000	142721	24098	7695	92717	11443	1139
47563	2362278	183841	237920	30153	15330	144784	9590	2080
18509	623215	39372	86922	26356	15252	72356	3640	1579
12690	473005	40685	99268	32629	15348	57137	3980	1242
105728	655553	81506	203111	27631	11910	553911	37123	6374
164992	743265	30960	208308	27103	7679	253600	20116	4274
170609	1320809	91359	249471	25150	12677	804782	70334	67667
151212	891258	37017	187616	25688	10705	1035728	40220	13250
9553	1796053	187804	143288	33134	13995	74029	2812	2759
27574	2972755	418766	237359	33528	16128	93755	4200	5800
27280	1803190	101920	164441	29761	13617	79602	6279	6069
24327	1361393	94775	121261	28927	13350	171736	8667	8556
95895	3531173	290948	410245	31695	13582	917000	40436	52147
192132	2022965	219402	320220	31663	13295	1178800	63985	69146
41354	7707650	656330	770861	30400	14959	577624	24367	24700
113648	3308613	143005	296575	31580	13583	980000	48029	56743
183768	2422253	95589	254088	29835	11778	1420107	68199	78445
103307	1787882	111160	288112	28893	13580	1004019	68671	37067
81234	2388079	100548	296798	31201	13699	395979	12130	5940
86304	2450609	87297	239953	28901	13252	1195961	57960	84490
111844	2732119	96500	278736	30510	13246	1538260	40514	50792
57900	5944595	351694	589250	32160	18478	2167531	21830	39220

各县(市、区)国民经济主要指标(2015年)(2-3)

县（市、区）	County (City or District)	第三产业 Tertiary Industry	年末总人口（万人）Total Population (year-end) (10000 persons)	乡村人口（人）Rural Population (person)	常住户数（户）Number of Resident Households (household)	乡村总户数（户）Rural Households (household)	年末乡村从业人员（人）Number of Rural Laborers (year-end) (person)
廊坊市	**Langfang**						
安次区	Anci District	116.3	36.7	270683	129428	70373	151437
广阳区	Guangyang District	115.5	42.0	196469	162685	45602	104054
固安县	Guan County	119.6	50.1	367787	114706	90527	183735
永清县	Yongqing County	121.3	40.5	321183	93282	81890	176924
香河县	Xianghe County	116.3	36.2	282302	98071	79431	137991
大城县	Dacheng County	116.2	52.0	425997	131970	112245	211256
文安县	Wenan County	113.0	53.8	433938	116886	104123	226394
大厂回族自治县	Dachang Hui A.C.	119.1	12.9	67649	54060	28476	43972
霸州市	Bazhou City	109.6	64.5	511241	197743	124544	258663
三河市	Sanhe City	111.3	65.2	354136	243162	101185	176750
保定市	**Baoding**						
竞秀区	Jingxiu District	108.0	43.6	116028	153459	30328	62471
莲池区	Lianchi District	105.7	61.4	158688	197718	41302	89712
满城区	Mancheng District	111.4	40.5	335725	116107	87995	184138
清苑区	Qingyuan District	113.5	68.6	618249	183792	156225	352895
徐水区	Laishui District	116.4	61.8	555812	184695	146541	307381
涞水县	Xushui County	115.6	35.7	319586	108788	91704	182496
阜平县	Fuping County	108.7	23.1	192080	66364	55849	88195
定兴县	Dingxing County	112.1	60.4	547965	161170	138678	322146
唐　县	Tang County	108.5	60.4	537107	171791	139268	267495
高阳县	Gaoyang County	109.8	35.7	304813	104290	78483	178349
容城县	Rongcheng County	108.6	27.3	223311	68309	53952	129395
涞源县	Laiyuan County	110.8	29.0	248505	90111	78557	125167
望都县	Wangdu County	109.1	27.4	228010	86878	60247	127667
安新县	Anxin County	108.7	46.6	437043	142583	120603	254416
易　县	Yi County	108.6	58.4	515321	150033	144662	258547
曲阳县	Quyang County	108.9	64.5	558609	164514	141599	269668
蠡　县	Li County	108.6	54.9	492480	145410	115889	268604
顺平县	Shunping County	107.0	32.1	286707	86956	77557	159028
博野县	Boye County	107.4	27.5	190105	87547	50092	123568
雄　县	Xiong County	108.1	39.2	335875	97306	88388	206168
涿州市	Zhuozhou City	114.6	68.1	449680	243162	116233	257777
定州市	Dingzhou City	109.4	124.4	1106384	327993	279079	664064
安国市	Anguo City	108.6	41.8	340157	113056	89662	208164
高碑店市	Gaobeidian City	109.3	57.9	426741	164596	99315	240907

Major Indicators of National Economy by County (City or District)(2015)(2-3)

#农林牧渔业 Farming, Forestry, Animal Husbandry & Fishery	全社会固定资产投资（万元） Total Investment in Fixed Assets (10000 yuan)	地方公共财政预算收入（万元） Local Public Budget Revenue (10000 yuan)	公共财政预算支出（万元） Public Budget Expenditure (10000 yuan)	城镇居民人均可支配收入（元） Per Capita Disposable Income of Urban Households (yuan)	农村居民人均可支配收入（元） Per Capita Disposable Income of Rural Households (yuan)	农用机械总动力（千瓦） Total Agricultural Machinery Power (kw)	机耕面积（公顷） Area Cultivated by Machine (hectares)	机播面积（公顷） Area Sown by Machine (hectares)
92169	1342639	103696	191239	29067	12939	206634	19850	23850
60157	1863635	169462	185214	31986	12556	231205	19508	18730
141718	1838332	356769	458307	28724	12513	1104122	46000	46000
109157	1341988	76577	230121	27647	12244	1096995	33330	31543
49766	1924838	351247	503254	33842	13997	504955	14900	20713
111528	1550522	66728	246670	29876	12007	763126	44850	53600
81518	1991497	74194	222463	29884	13096	776687	47567	57567
14717	1274068	248912	277005	32561	13121	275624	8970	11459
66190	2963137	192785	356170	34113	13660	1101945	36400	37500
63891	4969189	723101	1253986	35184	14901	924971	24997	26627
22003	1845054	54729	121704	27841	16950	71919	2863	6708
38939	2540702	93274	210094	28466	16231	101863	4922	8643
110853	815029	40409	154706	24228	12672	537582	13900	25800
195372	1264769	41405	220651	24411	13286	904677	43000	69540
156473	1486455	92500	232106	24187	13053	900922	41756	57610
117744	1033206	81250	203642	19032	7468	293403	19000	26000
60705	539469	23495	232298	13044	5815	311234	2000	3000
146761	1244857	50274	206222	24176	11663	636283	44700	68500
157287	504042	29307	207007	15648	5585	544054	22386	23383
72662	663714	52363	131428	21473	13790	201433	33933	34783
45156	624386	34969	110852	21571	13478	538620	24090	31400
87576	719509	42420	160116	18910	5442	194249	21863	11324
87773	555381	21077	95753	21490	10114	397488	19671	28840
123026	848216	33621	216265	22660	11125	540349	30459	47532
146359	1275985	43739	257754	18544	6657	316896	21723	28981
165617	406233	36530	211619	16864	5674	575417	26939	23253
149986	543215	35614	163200	21398	11993	640881	20100	43100
108276	435338	32415	126505	20705	5421	390470	16000	23000
52799	458853	20081	103109	18958	10147	388017	21980	30460
96542	813482	43896	138294	25670	13186	354434	36999	38300
145367	1993462	187768	305163	27862	14246	509480	30360	51610
188383	2548245	160083	462290	23189	11959	2168361	71106	95880
97082	1017335	51511	167877	20364	13979	671689	30000	36667
132413	1268072	95423	209822	24567	12385	402352	33066	47666

各县(市、区)国民经济主要指标(2015年)(2–4)

县（市、区）	County (City or District)	第三产业 Tertiary Industry	年末总人口（万人） Total Population (year-end) (10000 persons)	乡村人口（人） Rural Population (person)	常住户数（户） Number of Resident Households (household)	乡村总户数（户） Rural Households (household)	年末乡村从业人员（人） Number of Rural Laborers (year-end) (person)
沧州市	**Cangzhou**						
新华区	Xinhua District	109.6	18.7	35271	73374	9391	15964
运河区	Yunhe District	110.0	32.2	78897	110210	20343	37750
沧　县	Cang County	111.6	73.6	681427	205534	177540	390378
青　县	Qing County	110.6	43.6	347074	120567	96483	206052
东光县	Dongguang County	112.4	38.2	331728	104385	93687	164757
海兴县	Haixing County	109.5	23.8	195885	67523	58526	105542
盐山县	Yanshan County	112.9	49.3	425252	115174	109334	217287
肃宁县	Suning County	108.2	36.5	320983	99146	88798	201750
南皮县	Nanpi County	112.3	39.9	330540	108207	91450	187219
吴桥县	Wuqiao County	112.8	28.5	229289	75851	69572	142994
献　县	Xian County	113.8	65.1	540919	196652	138904	275666
孟村回族自治县	Mengcun Hui A.C.	108.0	20.9	184840	58141	46029	92525
泊头市	Botou City	106.2	63.4	505282	199346	157218	271766
任丘市	Renqiu City	106.3	89.2	609105	215147	162223	298257
黄骅市	Huanghua City	111.3	47.7	407014	128252	105368	207844
河间市	Hejian City	108.1	88.2	716551	231079	192684	427389
衡水市	**Hengshui**						
桃城区	Taocheng District	110.8	42.5	151479	151870	45812	76446
枣强县	Zaoqiang County	115.9	40.9	344607	122628	108177	174900
武邑县	Wuyi County	111.1	32.3	280799	103054	71834	139676
武强县	Wuqiang County	112.3	22.0	189761	70007	50970	100939
饶阳县	Raoyang County	114.1	29.2	258925	82491	72849	150954
安平县	Anping County	114.6	33.6	282015	103701	83712	154083
故城县	Gucheng County	113.3	53.0	437934	143342	112746	219552
景　县	Jing County	114.8	55.4	463332	160441	120604	227571
阜城县	Fucheng County	114.6	35.6	341808	123415	103978	181848
冀州市	Jizhou City	114.0	34.7	302053	96774	94718	154583
深州市	Shenzhou City	114.4	57.6	540219	176273	177211	292176
邢台市	**Xingtai**						
桥东区	Qiaodong District	109.3	26.6	34529	91149	11299	18370
桥西区	Qiaoxi District	108.0	40.8	68202	149169	18874	34489
邢台县	Xingtai County	108.6	35.5	335033	116402	111184	167052

Major Indicators of National Economy by County (City or District)(2015)(2-4)

#农林牧渔业 Farming, Forestry, Animal Husbandry & Fishery	全社会固定资产投资（万元） Total Investment in Fixed Assets (10000 yuan)	地方公共财政预算收入（万元） Local Public Budget Revenue (10000 yuan)	公共财政预算支出（万元） Public Budget Expenditure (10000 yuan)	城镇居民人均可支配收入（元） Per Capita Disposable Income of Urban Households (yuan)	农村居民人均可支配收入（元） Per Capita Disposable Income of Rural Households (yuan)	农用机械总动力（千瓦） Total Agricultural Machinery Power (kw)	机耕面积（公顷） Area Cultivated by Machine (hectares)	机播面积（公顷） Area Sown by Machine (hectares)
6634	686725	57587	75478	27682	10808	53884	1595	2280
21198	1447083	142900	112042	29927	12259	112872	2650	5300
79340	2028132	71767	280347	26512	11374	1462274	91070	116000
55260	1911325	57004	195636	26564	12725	910367	55692	55700
70109	1327360	54554	186942	26376	9279	565636	47000	63000
58580	525103	30380	137513	20843	6028	408853	21949	36092
80235	1216041	46185	189971	23068	7494	662909	50000	63340
57768	1378975	126935	228769	26491	10619	746336	23020	44550
101078	1166264	41722	179422	24921	7434	1008660	36500	68960
49859	1051696	30389	141245	24623	10004	587462	42561	63421
103906	1994160	62841	257905	23353	8416	985077	99300	92200
36720	1086261	23571	112020	25048	8863	339025	18866	34711
67348	1997196	73736	227276	25466	10992	1344263	42433	75766
59432	1782936	255314	451464	28292	12959	1015500	46812	80498
30729	2385638	130088	344852	26788	12622	1175943	58900	83800
87061	2062190	107355	298114	26441	11109	1388580	68210	104930
20110	1272087	101018	179191	26505	11875	526213	21330	25379
90562	986590	56050	226637	21782	8695	423940	60500	78080
67529	409847	35258	145265	15991	6481	550674	63560	63560
55459	353869	27685	158068	16829	6271	578138	35200	46530
52914	543479	21762	147559	18931	6133	814292	41754	41754
46786	1013242	63046	188722	21737	11917	500465	12334	35968
108253	1394553	57645	230618	19821	3447	1407347	70160	76170
99944	1270252	71759	235836	20774	11197	1160553	68792	114265
69477	643757	31743	173208	19664	5314	751765	50500	65105
71026	1157360	72710	224935	24262	10971	759996	42391	65343
107614	1007321	60321	247663	19645	10889	2069225	110500	115600
7757	915874	90082	90712	23797		18633	1530	3176
11634	1331776	137203	95136	28009		86135	3400	6610
53881	1080939	63653	172113	23167	10430	346292	24305	22120

各县(市、区)国民经济主要指标(2015年)(2–5)

县（市、区）	County (City or District)	第三产业 Tertiary Industry	年末总人口（万人） Total Population (year-end) (10000 persons)	乡村人口（人） Rural Population (person)	常住户数（户） Number of Resident Households (household)	乡村总户数（户） Rural Households (household)	年末乡村从业人员（人） Number of Rural Laborers (year-end) (person)
临城县	Lincheng County	106.4	22.0	185565	63986	47256	87026
内丘县	Neiqiu County	111.1	29.2	244248	65899	62922	124236
柏乡县	Baixiang County	109.8	20.4	183576	49973	45511	90153
隆尧县	Longyao County	108.1	55.5	503299	121405	119699	225872
任　县	Ren County	111.3	37.9	313153	80625	75436	157376
南和县	Nanhe County	111.4	38.3	341093	104838	82792	168896
宁晋县	Ningjin County	109.9	79.8	687385	185593	171740	346287
巨鹿县	Julu County	108.1	42.2	385067	111142	116005	206591
新河县	Xinhe County	114.3	17.9	155676	56782	44626	71470
广宗县	Guangzong County	111.9	32.9	292733	82990	75417	149408
平乡县	Pingxiang County	110.2	35.6	276909	79767	63479	138295
威　县	Wei County	111.9	63.8	556637	182690	144713	295842
清河县	Qinghe County	110.8	43.0	362223	112986	85735	163345
临西县	Linxi County	111.9	39.2	294789	96410	75161	147383
南宫市	Nangong City	111.1	50.2	442710	125551	109007	208382
沙河市	Shahe City	106.8	44.5	374371	110954	90650	164685
邯郸市	**Handan**						
邯山区	Hanshan District	106.6	32.7	30072	102729	7558	16120
丛台区	Congtai District	110.9	44.5	85282	130395	17405	31914
复兴区	Fuxing District	111.8	31.8	56361	82956	13843	29711
峰峰矿区	Fengfeng Mining Area	109.7	52.1	219018	157418	56326	93295
邯郸县	Handan County	108.6	31.1	250455	81407	62460	127053
临漳县	Linzhang County	114.0	75.0	609840	172790	142612	387765
成安县	Chengan County	115.3	45.8	345002	118126	84312	191376
大名县	Daming County	113.8	94.1	696942	172729	159576	357050
涉　县	She County	112.9	42.3	370269	145883	120674	196421
磁　县	Ci County	111.5	66.3	568099	159801	142200	285319
肥乡县	Feixiang County	115.0	41.3	348171	87766	81045	192589
永年县	Yongnian County	111.9	106.3	796621	213460	195674	427795
邱　县	Qiu County	114.9	25.8	206292	68950	51126	108903
鸡泽县	Jize County	113.2	33.5	298710	67659	65245	131615
广平县	Guangping County	110.6	31.0	250771	58906	55266	139368
馆陶县	Guantao County	114.0	36.4	277970	75777	68121	140605
魏　县	Wei County	110.9	104.3	889768	240849	195341	366815
曲周县	Quzhou County	114.5	51.4	436912	109921	98485	235095
武安市	Wuan City	109.0	83.7	713146	231011	233936	370943

Major Indicators of National Economy by County (City or District)(2015)(2-5)

#农林牧渔业 Farming, Forestry, Animal Husbandry & Fishery	全社会固定资产投资（万元） Total Investment in Fixed Assets (10000 yuan)	地方公共财政预算收入（万元） Local Public Budget Revenue (10000 yuan)	公共财政预算支出（万元） Public Budget Expenditure (10000 yuan)	城镇居民人均可支配收入（元） Per Capita Disposable Income of Urban Households (yuan)	农村居民人均可支配收入（元） Per Capita Disposable Income of Rural Households (yuan)	农用机械总动力（千瓦） Total Agricultural Machinery Power (kw)	机耕面积（公顷） Area Cultivated by Machine (hectares)	机播面积（公顷） Area Sown by Machine (hectares)
58966	638507	25177	106816	19380	6950	257244	14800	24020
58758	1130223	39014	124341	20802	9019	273800	18527	26276
37261	314570	13473	80540	18540	9691	356153	15575	26020
81280	884569	34030	164733	20395	9510	957154	39660	75110
59724	541073	30159	162926	19670	9134	609302	26118	50250
80807	647611	30518	188189	22452	11030	527342	21800	40467
171741	2111501	65666	231151	21462	11323	1102939	61827	116255
115591	695834	31509	176709	19464	6211	688460	33600	49469
41934	227866	13179	102363	17984	5548	358450	25600	37940
61609	542336	14475	129567	19607	6411	300271	39258	39258
41287	709163	34426	149498	19507	7557	378910	27400	50700
155685	715369	40163	238232	18347	6658	912630	73200	73200
33232	1397088	56638	172582	23060	11571	580210	32681	48989
61924	716927	31607	178352	20360	10331	623816	34107	58263
96661	1096148	36929	194059	19420	9748	891831	65669	78000
70499	2216916	80618	201280	24112	11715	585112	18700	27600
5700	1444862	45805	97819	29992	13527	72400	1200	2100
13316	1628021	44802	99875	31420		97105	300	5700
10975	1741830	33976	79796	30847		114333	2603	4813
32401	1760196	100040	195913	21110	10898	137484	6950	8067
61879	2044906	60659	191237	27003	12316	432584	12266	24333
266514	1589832	28838	208422	22842	12219	1130723	44083	76000
67685	1727913	35624	194346	26821	11816	819375	26666	47332
162103	1717482	31274	293330	22058	9795	1070484	87300	116300
65219	2403520	95338	211662	15649	10145	588500	15530	12650
70268	2354495	121368	301352	26992	12698	1882722	52300	66630
61569	1191161	45576	187996	19738	11135	752998	54269	62320
138965	2212584	100899	355971	25226	12577	1647093	58500	71350
59748	752685	19768	129412	13865	10396	470708	33067	44633
26032	1349059	34850	146897	20950	11017	360311	22800	35782
68766	942148	26296	129656	17397	9684	441531	18700	31006
78234	1297894	31573	169558	19857	9744	786841	26000	38213
267984	1948579	51579	290904	21801	10183	1290040	46860	90550
70130	1523765	35314	190694	22185	11793	992241	65200	74965
125358	3291554	345401	624009	29198	12351	2190299	26780	33260

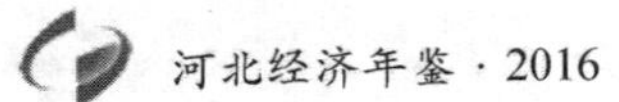

各县(市、区)国民经济主要指标(2015年)(3–1)

县（市、区）	County (City or District)	机收面积 (公顷) Machinical Harvest Area (hectare)	化肥使用量(折纯量) (吨) Consumption of Chemical Fertilizer (ton)	农村用电量 (万千瓦时) Electricity Consumed in Rural Areas (10000 kwh)	有效灌溉面积 (公顷) Irrigated Area (hectare)	农作物总播种面积 (公顷) Total Sown Area (hectare)	粮食播种面积 (公顷) Sown Area Area of Grain Crops (hectare)
石家庄市	**Shijiazhuang**						
长安区	Changan District	7513	3578	1023	4030	8712	7366
桥西区	Qiaoxi District	127	202	6020	230	1211	160
新华区	Xinhua District	1973	95		2370	4887	2949
井陉矿区	Jingxing Mining Area	1282	1190	16841	1910	2790	2356
裕华区	Yuhua District	592	547	730	569	1319	874
藁城区	Gaocheng District	63666	59677	97267	55050	102849	65951
鹿泉区	Luquan District	27500	15136	34614	21740	46784	33768
栾城区	luancheng District	30300	16004	15742	22270	44448	32479
井陉县	Jingxing County	8900	11862	18878	17350	31594	24745
正定县	Zhengding County	38720	42856	18145	29890	55425	41364
行唐县	Xingtang County	37720	25344		24240	59868	45251
灵寿县	Lingshou County	32054	10254	27420	17330	36490	29622
高邑县	Gaoyi County	22726	11634	12230	14370	32506	22320
深泽县	Shenze County	29843	16250	26850	20640	35889	27820
赞皇县	Zanhuang County	22000	11855	57192	22110	35857	26008
无极县	Wuji County	43289	28909	47285	33440	65838	48551
平山县	Pingshan County	13280	14534	17350	18330	48933	36662
元氏县	Yuanshi County	40865	33958	18367	20630	63705	52383
赵　县	Zhao County	73430	58132	48493	47780	83491	70488
辛集市	Xinji City	71866	64276	35808	64200	101176	78364
晋州市	Jinzhou City	42000	32802	193985	39980	61470	51458
新乐市	Xinle City	41040	20340	31768	32830	64943	44288
承德市	**Chengde**						
双桥区	Shuangqiao District		1684	4515	2280	3377	1613
双滦区	Shuangluan District		1289	3874	1560	3605	2834
鹰手营子区	Yingshouyingzi District		295	1664	360	929	322
承德县	Chengde County	3000	13728	13743	14820	39897	32376
兴隆县	Xinglong County		8298	13060	6350	9087	7768
平泉县	Pingquan County	2967	21353	15958	12540	51228	42363
滦平县	Luanping County	1700	10234	38908	14690	31985	17982
隆化县	Longhua County	4633	16329	11161	18370	63082	43300
丰宁满族自治县	Fengning Man A.C.	28772	11986	9321	28400	80177	60393
宽城满族自治县	Kuancheng Man A.C.		6101	72253	4480	17588	13925
围场满蒙自治县	Weichang Man & Mongolian A.C.	39248	22409	13282	18450	93237	71719

Major Indicators of National Economy by County (City or District)(2015)(3-1)

粮食总产量 (吨) Output of Grain (ton)	油料产量 (吨) Output of Oil-bearing (ton)	棉花产量 (吨) Output of Cotton (ton)	蔬菜产量 (吨) Vegetables (ton)	园林水果产量 (吨) Garden Fruit (ton)	肉类总产量 (吨) Output of Meat (ton)	#猪牛羊 Output of Pork, Beef and Mutton	禽蛋产量 (吨) Output of Egg (ton)	奶类产量 (吨) Output of Milk (ton)
44928		54	81380	5770	2600	2475	1095	3020
971			67685	15	2058	1978	335	
18731	82	13	114209	3200	31	15	408	
12657	76		16462	4621	2261	2121	1600	
5444			33888		530	482	400	400
515458	8779	378	3047850	239565	83689	54921	147420	79441
196098	3925	157	945280	44087	27388	21011	36021	80358
241870	283	9	933943	850	48927	28205	100596	107388
91877	5523	125	231239	47236	27571	21660	34769	11440
310182	19918	190	870422	16420	81166	58046	129871	120843
297511	22966	403	381891	135468	38946	32510	35237	335950
139218	5245	137	227822	23730	32106	27635	20365	69659
163904	4848	108	615719	3564	13882	8800	16360	5200
200435	6335	136	473102	113656	24774	20899	19883	46816
108360	10218	68	161506	148138	26039	21010	22513	
339504	17120	236	887580	20969	57490	40946	76920	61725
197091	9676	602	309050	61059	22153	18997	15020	12925
324737	7650	518	505706	15010	46252	34752	57040	74048
557319	3990		859370	620000	43375	34811	54500	37299
547749	32943	4417	1013624	513000	87287	59453	161690	63890
348379	9137		545716	753100	53009	37918	76562	21938
317217	37241	149	821064	30529	59436	42313	83200	94170
7885			87964	3097	2478	1871	3026	
15110	72		69422	890	2990	2696	407	48
1776			24225	1299	1191	1095	660	
191549	339		367220	217315	96622	29961	25629	500
31034	200		43277	396054	21085	17137	7570	1668
203319	260		676430	198000	23725	20371	17500	746
77696	202		671932	31606	104428	47402	10184	10969
283263	4470		527032	51000	69496	63775	10463	6176
143732	4231		707759	19717	49541	43792	18059	94956
48442	525		146310	60260	20996	18242	7329	245
199127	4086		1015776	260709	58430	45922	14826	33207

各县(市、区)国民经济主要指标(2015年)(3–2)

县（市、区）	County (City or District)	机收面积（公顷）Machinical Harvest Area (hectare)	化肥使用量（折纯量）（吨）Consumption of Chemical Fertilizer (ton)	农村用电量（万千瓦时）Electricity Consumed in Rural Areas (10000 kwh)	有效灌溉面积（公顷）Irrigated Area (hectare)	农作物总播种面积（公顷）Total Sown Area (hectare)	粮食播种面积（公顷）Sown Area Area of Grain Crops (hectare)
张家口市	**Zhangjiakou**						
桥东区	Qiaodong District		183	1431	735	1141	1003
桥西区	Qiaoxi District		31	405	50	437	310
宣花区	Xuanhua District	100	1218	3242	3130	5361	3372
下花园区	Xiahuayuan District		373	1902	970	3256	2320
宣化县	Xuanhua County	4725	8692	11374	27421	43734	34435
张北县	Zhangbei County	38000	7378	6725	29280	101346	50251
康保县	Kangbao County	77150	4759	3221	14570	96957	65618
沽源县	Guyuan County	70400	4300	2688	22470	81856	48360
尚义县	Shangyi County	17590	4216	1976	9750	42800	22658
蔚　县	Yu County	13500	11400	7930	24790	74035	60244
阳原县	Yangyuan County	6900	9948	6196	18590	49288	41963
怀安县	Huaian County	3500	10838	11563	18840	35333	27546
万全县	Wanquan County	1667	3979	30420	19470	22925	19766
怀来县	Huailai County	1370	14335	12429	20660	31047	25417
涿鹿县	Zhuolu County	2100	20995	13968	18000	31129	26053
赤城县	Chicheng County	600	4088	4229	11130	42649	26443
崇礼县	Chongli County	280	1688	1899	7690	16994	7757
秦皇岛市	**Qinhuangdao**						
海港区	Haigang District	844	7270	8229	8990	11553	7929
山海关区	Shanhaiguan District		450	496	2600	5082	1485
北戴河区	Beidaihe District	940	1753	9498	980	4142	2376
抚宁区	Funing District	2634	18922	53465	19283	39319	16042
青龙满族自治县	Qinglong Man A.C.		17237	15189	16500	33767	27286
昌黎县	Changli County	26334	54545	177967	50620	73155	50277
卢龙县	Lulong County	13100	39818	14413	24830	44211	35175
唐山市	**Tangshan**						
路南区	Lunan District	1525	3503	8210	2970	5810	2529
路北区	Lubei District	2641	4680	4769	6630	8365	3088
古冶区	Guye District	4438	4798	8925	5000	10508	4753
开平区	Kaiping District	6665	4709	24876	5560	10265	7481
丰南区	Fengnan District	35284	31267	355548	51490	78214	37740
丰润区	Fengrui District	41331	39163	48328	39940	86109	60002
曹妃甸区	Caofeidian District	23163	11421	32206	23090	25482	23320
滦　县	Luan County	33041	44677	25486	28510	72575	45128
滦南县	Luannan County	58081	42134	27780	71370	128319	71069
乐亭县	Leting County	15083	70593	11549	54200	84553	42607
迁西县	Qianxi County	30	17730	27772	5120	18748	13733
玉田县	Yutian County	63350	49576	158999	63880	123093	84453
遵化市	Zuihua City	13866	31181	148881	38190	65782	44053
迁安市	Qianan City	12388	15633	251476	40110	58532	35974

Major Indicators of National Economy by County (City or District)(2015)(3-2)

粮食总产量 (吨) Output of Grain (ton)	油料产量 (吨) Output of Oil-bearing (ton)	棉花产量 (吨) Output of Cotton (ton)	蔬菜产量 (吨) Vegetables (ton)	园林水果产量 (吨) Garden Fruit (ton)	肉类总产量 (吨) Output of Meat (ton)	#猪牛羊 Output of Pork, Beef and Mutton	禽蛋产量 (吨) Output of Egg (ton)	奶类产量 (吨) Output of Milk (ton)
5109	32		4222	515	663	582	540	655
1385	27		6702		1178	1024	1519	1906
21066	221		103608	3523	3563	3299	1775	3439
8611	100		38383	1350	4766	2979	11890	3587
203656	2969		438419	14666	58200	50287	42770	101156
108875	11357		964892		21137	20529	2100	200015
143894	9811		1155268		30138	28673	3668	98253
122623	6340		1220619	2400	10651	10094	1493	101950
47635	9731		761499	150	15346	14762	1177	4176
145602	4309		219692	3575	35376	30720	29094	24126
84481	5921		81914	4333	28304	18502	52836	9778
120550	3797		237559	7382	23142	21419	2592	36445
127845	1371		77263	4167	25931	19923	10187	58449
107592	1357		177792	274144	36763	15587	11452	89867
176760	1120		258406	394368	47393	40578	49189	120704
86814	1531		582282	6381	34088	28189	3606	10862
24379	1309		614063	3750	4841	3334	3500	30928
34788	2509		111580	29365	11887	7305	3210	5040
7159	807	1	223006	34506	9454	6180	4795	3149
17365	1512		59184	2887	3299	2473	2842	3260
88761	9569	430	1122772	155488	100202	82663	26809	18073
121665	2132		298520	243969	69730	55345	12000	210
302215	28132	54	1197129	213423	80787	50885	25937	43732
227111	13534	391	364433	193700	73772	60112	35987	25519
14866	1457	3	201468	26	4504	3992	943	9475
17253	1772		315240	4875	3029	2665	714	6000
26962	5760	3	380457	29155	15775	10605	16773	60743
42687	6140	4	79170	994	10100	8280	5291	24887
245977	23684	10466	1703148	29092	43691	39104	12483	73746
367502	34758	1007	1078885	86071	86572	68147	56244	222053
200100	684	220	86880	9612	25671	20207	6235	2986
286948	61786	281	906522	156679	53213	46700	48790	457200
466945	61985	949	2298411	155482	131486	109186	40062	522869
259304	10829	603	2630750	548584	35378	24117	17487	63801
77285	7158	321	108912	48393	24305	19080	9765	22749
501613	4249	1711	2898028	77604	115085	102978	79557	120043
249965	46810	70	796312	237058	71518	63217	26635	10743
200303	31533	40	889624	151867	87273	70670	40593	159536

各县(市、区)国民经济主要指标(2015年)(3–3)

县（市、区）	County (City or District)	机收面积 (公顷) Machinical Harvest Area (hectare)	化肥使用量(折纯量) (吨) Consumption of Chemical Fertilizer (ton)	农村用电量 (万千瓦时) Electricity Consumed in Rural Areas (10000 kwh)	有效灌溉面积 (公顷) Irrigated Area (hectare)	农作物总播种面积 (公顷) Total Sown Area (hectare)	粮食播种面积 (公顷) Sown Area Area of Grain Crops (hectare)
廊坊市	**Langfang**						
安次区	Anci District	11600	5902	4667	13790	32738	19375
广阳区	Guangyang District	12990	7917	11101	11270	27317	12705
固安县	Guan County	34700	25619	17867	36210	74721	42006
永清县	Yongqing County	25566	22112	15863	30320	61190	27477
香河县	Xianghe County	21900	20275	21136	20410	37283	24528
大城县	Dacheng County	37005	12053	47800	29210	62855	49633
文安县	Wenan County	45966	15058	135012	32740	59772	54054
大厂回族自治县	Dachang Hui A.C.	9933	3071	8398	8540	12686	9775
霸州市	Bazhou City	27000	25361	619973	25650	50189	35323
三河市	Sanhe City	25966	29867	43990	22350	50187	33802
保定市	**Baoding**						
竞秀区	Jingxiu District	6600	6106	12988	4444	8773	6924
莲池区	Lianchi District	8084	7224	9864	6320	11866	8790
满城区	Mancheng District	24600	12807	22486	21120	38579	28334
清苑区	Qingyuan District	60560	49169	27414	53230	98426	69334
徐水区	Laishui District	52017	29097	34012	36600	70772	58004
涞水县	Xushui County	20550	8512	14247	13800	32365	25841
阜平县	Fuping County	200	5215	3810	9290	16379	13278
定兴县	Dingxing County	65050	38102	25251	47460	81165	68321
唐　县	Tang County	22433	25380	12256	19210	44475	36168
高阳县	Gaoyang County	24016	12317	25450	27450	38788	27142
容城县	Rongcheng County	29130	9942	10083	19660	34918	30234
涞源县	Laiyuan County	1893	4202	2686	5740	22336	19372
望都县	Wangdu County	27666	18811	8452	22540	42326	33764
安新县	Anxin County	43099	12468	34593	27970	47848	41466
易　县	Yi County	30181	19431	14771	24970	52420	42543
曲阳县	Quyang County	25000	12859	5840	17320	37961	32627
蠡　县	Li County	35133	21705	24652	36990	58448	43290
顺平县	Shunping County	18000	16405	24055	19050	31506	23019
博野县	Boye County	26217	19450	35702	23200	39295	26826
雄　县	Xiong County	36999	10390	71343	20020	44672	39187
涿州市	Zhuozhou City	46840	22835	42761	40200	71422	52738
定州市	Dingzhou City	92360	73251	26773	85660	160694	97340
安国市	Anguo City	31333	23136	7151	31490	57861	38097
高碑店市	Gaobeidian City	47066	16099	17917	37045	64530	49339

Major Indicators of National Economy by County (City or District)(2015)(3-3)

粮食总产量 (吨) Output of Grain (ton)	油料产量 (吨) Output of Oil-bearing (ton)	棉花产量 (吨) Output of Cotton (ton)	蔬菜产量 (吨) Vegetables (ton)	园林水果产量 (吨) Garden Fruit (ton)	肉类总产量 (吨) Output of Meat (ton)	#猪牛羊 Output of Pork, Beef and Mutton	禽蛋产量 (吨) Output of Egg (ton)	奶类产量 (吨) Output of Milk (ton)
87999	4497	5931	209934	53441	13268	9078	18319	13400
63483	2871	502	637198	48005	13735	11158	11220	21124
241684	7147	89	1468933	98750	24415	22901	6683	10038
150003	10565	3166	1809420	238000	73680	67567	15258	55665
147422	31	8	788285	29460	16274	11204	21091	8973
190956	7952	4127	195482	67607	38609	24343	28714	16130
266830	319	2294	124398	45751	20548	15087	16847	1100
56415		18	156990	3866	26856	25647	5530	
195096	4821	4907	545231	43289	22783	17793	10702	2776
206791	456	158	859725	87350	62922	55813	21070	99474
42289			86333	4413	6553	6575	1762	4924
54315	1087		146863	631	3199	2947	6622	57000
173489	2696	496	293352	205213	23300	20359	36827	33572
466015	19141	680	986010	36200	28153	19645	59565	88598
378513	5503	40	811542	33994	62526	55205	21666	142708
140355	11015	49	156445	42651	23629	22121	3989	8257
67158	4007		45010	110270	7982	7152	4679	6790
469795	15107	343	588286	29372	57739	45492	37660	30255
203271	4200	528	289787	70950	34264	32229	17516	15721
162617	12585	1625	279214	16990	6251	5653	6725	13275
203237	5408	153	184529	1464	29322	27621	6299	14748
60656	289		62422	8002	7317	6764	3654	16
245118	6895	406	369681	23000	18326	15558	17301	45700
239244	735	5531	68585	6380	10135	6276	20002	7498
225119	14654	530	322668	220501	67890	63336	22439	6449
152822	6286	210	129686	148985	25169	23174	12812	53096
253766	14771	127	475347	31000	9045	6681	12567	13405
126959	5226	76	284083	429500	12287	11753	4290	8450
183378	12114	1596	522350	34800	13738	12241	6972	3295
233624	4474	372	198351	35090	15534	13989	5278	1965
303946	12455		646156	32019	40142	27880	14875	23291
682358	62184	356	2584081	148850	113316	97639	85493	224550
264261	21700	390	203482	32950	22159	19705	19390	11005
330097	30391	533	328486	29181	35945	27876	29387	18360

各县(市、区)国民经济主要指标(2015年)(3-4)

县（市、区）	County (City or District)	机收面积 (公顷) Machinical Harvest Area (hectare)	化肥使用量(折纯量) (吨) Consumption of Chemical Fertilizer (ton)	农村用电量 (万千瓦时) Electricity Consumed in Rural Areas (10000 kwh)	有效灌溉面积 (公顷) Irrigated Area (hectare)	农作物总播种面积 (公顷) Total Sown Area (hectare)	粮食播种面积 (公顷) Sown Area of Grain Crops (hectare)
沧州市	**Cangzhou**						
新华区	Xinhua District	2207	277	1491	690	2309	2267
运河区	Yunhe District	4710	787	1977	2620	6769	5700
沧　县	Cang County	97650	40626	85411	36690	116415	109319
青　县	Qing County	44830	20401	75890	29120	86012	55120
东光县	Dongguang County	48700	23470	30033	48420	63475	44807
海兴县	Haixing County	33660	8207	12339	15580	40027	36723
盐山县	Yanshan County	54000	9765	14295	33010	69356	64217
肃宁县	Suning County	42170	23905	45327	31800	55472	42536
南皮县	Nanpi County	66000	14644	27377	34820	71398	52265
吴桥县	Wuqiao County	48501	22519	12379	33850	70104	51884
献　县	Xian County	86000	27105	72446	53200	109728	77254
孟村回族自治县	Mengcun Hui A.C.	28839	10115	69374	12150	34805	33761
泊头市	Botou City	61333	32998	69048	43120	75900	71688
任丘市	Renqiu City	68050	31600	117496	40680	91273	77207
黄骅市	Huanghua City	71547	13038	68208	15880	83970	72386
河间市	Hejian City	78450	30736	114193	64480	105995	87001
衡水市	**Hengshui**						
桃城区	Taocheng District	21100	8115	35085	19610	30926	20935
枣强县	Zaoqiang County	75200	22166	24546	53880	78081	52893
武邑县	Wuyi County	47380	17597	15756	40040	70464	45812
武强县	Wuqiang County	39500	7778	17429	22960	46564	39730
饶阳县	Raoyang County	31200	19540	18752	34810	64390	36553
安平县	Anping County	33799	14354	28038	26900	43176	37262
故城县	Gucheng County	62500	41606	22899	47630	85925	49474
景　县	Jing County	83582	36513	16031	78630	115283	88451
阜城县	Fucheng County	48467	21491	27400	37100	69315	51309
冀州市	Jizhou City	35383	27891	34353	47620	72005	38011
深州市	Shenzhou City	99166	66093	65306	64960	115657	95797
邢台市	**Xingtai**						
桥东区	Qiaodong District	3176	4040	4043	1620	4246	3227
桥西区	Qiaoxi District	6333	1202	3047	2550	6981	6323
邢台县	Xingtai County	20385	13043	18795	23480	34760	27595

Major Indicators of National Economy by County (City or District)(2015)(3-4)

粮食总产量 (吨) Output of Grain (ton)	油料产量 (吨) Output of Oil-bearing (ton)	棉花产量 (吨) Output of Cotton (ton)	蔬菜产量 (吨) Vegetables (ton)	园林水果产量 (吨) Garden Fruit (ton)	肉类总产量 (吨) Output of Meat (ton)	#猪牛羊 Output of Pork, Beef and Mutton	禽蛋产量 (吨) Output of Egg (ton)	奶类产量 (吨) Output of Milk (ton)
7148			1995	465	761	469	700	
23130	21		49916	1865	1527	692	3710	111
464143	1408	2696	190312	328913	41459	30608	38362	9250
208550	1184	644	2005110	43937	21014	14647	28395	28819
280725	2097	16313	125917	7320	19722	16028	16595	1891
127904	1456	815	30608	50633	10471	7401	5258	1650
251006	1405	520	159177	47070	48856	45064	11700	
251678	5859	289	743226	91706	29661	10934	21850	3995
296742	2711	15234	392372	75053	17893	14119	10507	
372915	1347	11622	276993	15112	30108	23389	21628	
394260	33145	12000	504408	179523	59120	45852	62892	6100
159839	2144	242	13244	15359	37814	9581	3921	
397202	443	2224	94180	516925	29188	21083	45204	5000
443274	6732	737	491320	24876	44496	12509	17500	6357
241571	2364	1988	174471	108834	56811	40557	11602	3387
497493	27173	673	501306	25701	32604	16713	23826	350
146446	5841	1959	435290	18405	25933	21901	10973	4309
324424	8037	25313	204487	84435	21185	18764	5934	7485
267257	10547	11427	587643	52613	35115	26045	26231	12288
234590	4499	208	194642	7828	15894	10490	24291	36891
214846	15559	719	875064	108762	25797	21426	38462	16342
209485	9932		128213	41000	66542	63941	15987	5803
296157	11929	24897	844199	50671	49728	31284	47845	9681
565837	18049	16701	254670	40141	38100	32429	27437	7033
297041	440	5184	236731	216600	16987	13037	20805	4169
216924	12232	26108	198042	103561	14217	11143	14887	4212
624555	36894	5963	264953	860000	62261	51577	63159	6775
19042	163	11	59422	2998	2344	2032	1072	275
31318	652	304	6130	4436	2082	1862	1633	
125330	11567	482	120784	149110	13581	10694	16439	

各县(市、区)国民经济主要指标(2015年)(3-5)

县(市、区)	County (City or District)	机收面积 (公顷) Machinical Harvest Area (hectare)	化肥使用量(折纯量) (吨) Consumption of Chemical Fertilizer (ton)	农村用电量 (万千瓦时) Electricity Consumed in Rural Areas (10000 kwh)	有效灌溉面积 (公顷) Irrigated Area (hectare)	农作物总播种面积 (公顷) Total Sown Area (hectare)	粮食播种面积 (公顷) Sown Area of Grain Crops (hectare)
临城县	Lincheng County	20300	8649	5391	10880	31287	25968
内丘县	Neiqiu County	26696	8455	9781	24670	48253	34688
柏乡县	Baixiang County	24072	13625	6733	17970	31884	27863
隆尧县	Longyao County	67660	43101	62296	49000	93801	76342
任　县	Ren County	43395	17012	17270	28160	54879	47380
南和县	Nanhe County	35240	16713	19700	28780	55083	44833
宁晋县	Ningjin County	97755	45088	39506	66500	122306	106859
巨鹿县	Julu County	27980	15012	16045	29760	62254	33150
新河县	Xinhe County	28800	6741	8971	21240	37987	29688
广宗县	Guangzong County	14653	12084	7962	26640	40588	15245
平乡县	Pingxiang County	41000	19293	22296	26050	53764	36319
威　县	Wei County	26200	42188	9522	72800	93104	32300
清河县	Qinghe County	39855	21002	28143	34090	48989	37734
临西县	Linxi County	48433	27701	13091	32700	60136	49350
南宫市	Nangong City	31468	25659	20848	59530	85870	42621
沙河市	Shahe City	23970	11115	23017	20970	31503	27523
邯郸市	**Handan**						
邯山区	Hanshan District	2080	1770	3854	1170	2161	1692
丛台区	Congtai District	5700	2964	3000	2720	8588	8238
复兴区	Fuxing District	2957	2108	3417	2320	5632	5082
峰峰矿区	Fengfeng Mining Area	6867	6553	10109	7690	10573	9945
邯郸县	Handan County	20620	18493	21313	17370	30717	24388
临漳县	Linzhang County	69700	47849	11688	48900	91138	76822
成安县	Chengan County	33332	45505	26897	35000	62855	37646
大名县	Daming County	114300	46967	17259	57960	130993	99078
涉　县	She County	10260	8011	8815	5610	32026	20372
磁　县	Ci County	48457	24283	96964	32730	69363	58722
肥乡县	Feixiang County	43810	40560	16230	38300	69723	44974
永年县	Yongnian County	64002	56369	77122	55120	120957	69618
邱　县	Qiu County	21733	24136	3170	26880	44693	14335
鸡泽县	Jize County	29066	20811	26276	24490	43969	29470
广平县	Guangping County	27926	15891	9406	22870	39881	30617
馆陶县	Guantao County	35810	28180	13710	28620	54930	41301
魏　县	Wei County	78140	29100	14990	57560	94878	84292
曲周县	Quzhou County	59027	50055	34589	41780	75807	56108
武安市	Wuan City	27000	18127	253507	29150	62677	55186

Major Indicators of National Economy by County (City or District)(2015)(3-5)

粮食总产量 (吨) Output of Grain (ton)	油料产量 (吨) Output of Oil-bearing (ton)	棉花产量 (吨) Output of Cotton (ton)	蔬菜产量 (吨) Vegetables (ton)	园林水果产量 (吨) Garden Fruit (ton)	肉类总产量 (吨) Output of Meat (ton)	#猪牛羊 Output of Pork, Beef and Mutton	禽蛋产量 (吨) Output of Egg (ton)	奶类产量 (吨) Output of Milk (ton)
122887	7000	338	75868	28298	17049	11982	39180	
182373	16228	815	104167	32500	27026	24241	19203	400
204380	2834	319	215137	84991	14717	10163	43606	2893
524242	13919	5748	666955	54783	37022	24589	88521	14290
345788	3008	1395	338505	15940	11098	7069	30648	
281441	2374	1039	564170	5970	19937	13880	43434	11568
739352	6789	4551	417600	427071	38449	35321	22922	161941
188472	13031	12420	163684	107000	14365	9902	12451	4772
162659	3768	7085	26760	162000	6832	5327	12790	1000
80988	25651	14476	139530	14430	17911	12268	9690	
244150	32421	1374	241927	26800	14191	8732	19906	4120
176509	8286	67461	387004	126485	27916	20468	57479	1723
259551	6295	10203	42808	51530	7282	4140	9400	2280
319861	1552	11326	56527	12987	18213	12510	28300	1837
219677	17535	39010	262536	43000	24036	20919	16396	
125761	4709	274	47216	16137	16343	8513	55600	1450
9415	49	79	5850	440	721	608	1228	4553
48121	108	127	3390	3930	1024	824	4430	
22819	488	114		139	1910	1869	569	536
49119	110	1	17475	3351	25357	22305	13814	10388
178644	899	1457	237286	40371	23464	17885	30313	37389
595699	5569	2519	537396	135491	50784	34110	59110	11825
282602	4643	21684	392826	67000	35400	26005	43965	20518
734215	88902	1995	394993	30050	79094	65055	78296	5056
85530	642	23	82089	21403	23386	15685	27739	
355134	5643	2415	295550	27301	39521	29014	69404	23333
335533	3619	13359	790329	51990	36896	28220	39255	22180
533823	3423	1718	3285734	61710	74097	44386	248876	64085
103812	1221	34019	212529	21000	23654	12844	53021	1076
214724	2232	3835	588781	25000	27710	18833	45990	7198
224125	8926	4199	165280	26400	15909	11995	20171	2037
306258	14401	2251	477075	49800	53329	30419	183791	6500
616820	4277	1475	382484	247978	62844	36480	58349	1370
418883	3768	11398	565116	42560	56014	35575	110215	11550
274691	3789	2561	123217	29203	72975	68264	27156	3840

各县(市、区)国民经济主要指标(2015年)(4-1)

县（市、区）	County (City or District)	年内猪出栏 (百头) Slaughtered Pigs in the Year (100 heads)	年末猪存栏 (百头) Number of Hogs at Year-end (100 heads)	水产品产量 (吨) Total Aquatic Products (ton)	农林牧渔业总产值(现价) (万元) Gross Output Value (10000 yuan)	农林牧渔业总产值指数 (上年=100) Indices of Gross Output Value (preceding year=100)	规模以上工业企业单位数 (个) Number of Industrial Enterprises above Designated Size (unit)
石家庄市	**Shijiazhuang**						
长安区	Changan District	288	162		41963	103.5	24
桥西区	Qiaoxi District	253	127		24283	101.0	12
新华区	Xinhua District			45	31183	103.4	18
井陉矿区	Jingxing Mining Area	275	200	20	14915	95.1	46
裕华区	Yuhua District	62	40		11092	100.3	15
藁城区	Gaocheng District	5898	3039	40	1261099	103.1	426
鹿泉区	Luquan District	2528	1203	6335	397490	101.6	201
栾城区	luancheng District	3050	1515	4	515929	96.4	164
井陉县	Jingxing County	1530	1003	710	244892	101.0	68
正定县	Zhengding County	6150	4131	1550	666057	100.3	146
行唐县	Xingtang County	2856	1745	1561	510607	103.2	89
灵寿县	Lingshou County	3040	1708	8350	327383	103.3	69
高邑县	Gaoyi County	1081	610		217632	105.4	72
深泽县	Shenze County	2345	1166	121	293597	103.3	86
赞皇县	Zanhuang County	1350	840	1000	288829	105.8	75
无极县	Wuji County	3719	2254	11	527947	102.5	123
平山县	Pingshan County	2060	1450	13820	366673	103.4	25
元氏县	Yuanshi County	3098	1921	223	445942	101.6	78
赵　县	Zhao County	4168	2156		608905	103.0	122
辛集市	Xinji City	7234	4040	43	911649	101.6	318
晋州市	Jinzhou City	4400	2685		606777	101.3	262
新乐市	Xinle City	5294	3516	22	545141	102.4	172
承德市	**Chengde**						
双桥区	Shuangqiao District	233	261	355	32125	89.1	41
双滦区	Shuangluan District	344	398	480	36080	99.2	34
鹰手营子区	Yingshouyingzi District	132	99	310	14733	106.9	27
承德县	Chengde County	2875	1938	1160	489045	103.3	78
兴隆县	Xinglong County	1853	1146	5990	392390	103.7	62
平泉县	Pingquan County	1635	831	1245	615233	103.8	77
滦平县	Luanping County	5682	2964	1380	462354	104.1	51
隆化县	Longhua County	4017	2828	600	546630	103.6	48
丰宁满族自治县	Fengning Man A.C.	2634	2416	4230	414254	102.8	42
宽城满族自治县	Kuancheng Man A.C.	2065	1005	21891	306005	103.5	48
围场满蒙自治县	Weichang Man & Mongolian A.C.	2900	2304	2564	713218	103.6	41

Major Indicators of National Economy by County (City or District)(2015)(4-1)

规模以上工业总产值(现价)(万元) Gross Industrial Output Value (10000 yuan)	规模以上工业企业从业人员年平均人数(人) Average Number of Employment of the Curreat Year (person)	规模以上工业企业主营业务收入(万元) Revenue from Principal Business (10000 yuan)	公路里程(公里) Total Length of Highways (km)	固定电话用户(户) Number of Fixed Telephone Subscribers (subscriber)	移动电话用户(户) Number of Mobile Telephone Subscribers (subscriber)	互联网宽带接入用户(户) Broadband Subscribers of Internet (subscriber)	全社会用电量(万千瓦时) Total Electricity Consumed (10000 kwh)	社会消费品零售总额(万元) Total Retail Sales of Consumer Goods (10000 yuan)
897253	15339	1711665						2766081
152083	6455	197862						4262487
217599	5121	202762						2001747
1755619	9997	1467942	137	5800	78025	15326	32427	131929
487767	4289	467401						1566976
15398148	109035	15378856	1458	56398	654355	114441	301698	1714680
7278579	46029	7276888	951	56020	342003	89630	196669	1208176
3986996	35209	3881650	673	34921	386705	80047	146164	765746
1886612	13633	1811394	1312	16000	108550	39800	70030	444452
4784822	27085	4605264	1123	63943	248300	93122	226105	1170018
2435416	14604	2429175	1395	15400	266000	44200	60301	589387
1500379	9088	1455526	1153	20392	203164	32749	141600	403702
1535907	20591	1453843	581	16530	141510	20820	113029	323977
2157080	14773	2068493	497	7424	189042	30362	71527	410255
1954736	12063	1926524	863	8100	224938	29962	101189	411422
3857798	26102	3748377	814	45123	399800	41758	124671	1130529
3816437	26392	4306377	2932	30000	107450	54700	293161	543182
3470033	12132	3350947	1011	23146	407178	60619	149909	512364
6067936	32741	6322437	789	20910	457274	71495	158177	1105511
8916709	157345	8957317	1187	48739	567155	102411	254253	2556734
6137125	55266	6073467	994	30826	362502	50092	235980	1123665
4608908	39864	4586360	957	22215	441979	80022	147962	1020433
1405192	13487	1514101	483				125438	1107543
2501339	20517	2182507	577	12656	149700	49000	313057	178520
701388	7360	903263	173	10970	73496	10588	35008	114571
1432189	10169	1299639	2855	21682	300853	49135	99403	461713
1382167	11786	1231146	2794	46700	204300	37100	98145	444325
1258206	14604	1143777	2316	21300	385097	48700	124437	542560
2119668	11846	1614190	2172	19820	219000	33941	176990	407736
1060658	3889	985203	2727	23180	286140	31685	74748	385863
697650	5617	639998	3126	22162	245938	30053	67997	391878
4005906	24536	4077456	1500	18500	197900	37600	298266	392050
393646	3369	351568	3002	28631	371600	45063	51875	426791

各县(市、区)国民经济主要指标(2015年)(4-2)

县（市、区）	County (City or District)	年内猪出栏（百头）Slaughtered Pigs in the Year (100 heads)	年末猪存栏（百头）Number of Hogs at Year-end (100 heads)	水产品产量（吨）Total Aquatic Products (ton)	农林牧渔业总产值（现价）（万元）Gross Output Value (10000 yuan)	农林牧渔业总产值指数（上年=100）Indices of Gross Output Value (preceding year=100)	规模以上工业企业单位数（个）Number of Industrial Enterprises above Designated Size (unit)
张家口市	**Zhangjiakou**						
桥东区	Qiaodong District	65	53		5155	107.8	24
桥西区	Qiaoxi District	95	63		7875	102.7	12
宣花区	Xuanhua District	389	207	160	46358	109.2	43
下花园区	Xiahuayuan District	326	226		39265	103.1	22
宣化县	Xuanhua County	4589	2332	450	409944	101.9	39
张北县	Zhangbei County	1137	557	255	381160	103.9	47
康保县	Kangbao County	1764	782	85	386920	103.4	26
沽源县	Guyuan County	412	297	2500	365336	103.9	18
尚义县	Shangyi County	844	559	153	205313	104.4	21
蔚　县	Yu County	2586	1184	460	293291	102.3	17
阳原县	Yangyuan County	1629	1001	540	209536	103.2	19
怀安县	Huaian County	2427	1350	321	195987	103.4	26
万全县	Wanquan County	2034	1416	4	195360	104.1	45
怀来县	Huailai County	1597	835	6645	301355	103.8	32
涿鹿县	Zhuolu County	4409	2757	520	483489	103.7	43
赤城县	Chicheng County	2059	846	962	369270	103.5	37
崇礼县	Chongli County	344	196	15	141098	103.7	13
秦皇岛市	**Qinhuangdao**						
海港区	Haigang District	898	1053	1525	89156	245.1	71
山海关区	Shanhaiguan District	740	551	6350	112577	108.6	33
北戴河区	Beidaihe District	305	172	1195	36605	108.2	5
抚宁区	Funing District	9800	4527	5816	629877	77.9	35
青龙满族自治县	Qinglong Man A.C.	4900	1784	1500	499569	112.9	20
昌黎县	Changli County	4209	3077	81985	1050447	102.3	46
卢龙县	Lulong County	5558	2933	2005	519683	102.4	29
唐山市	**Tangshan**						
路南区	Lunan District	485	309		65546	100.2	31
路北区	Lubei District	311	185		96508	101.1	31
古冶区	Guye District	1157	756	9743	217927	103.0	53
开平区	Kaiping District	681	470	6595	91622	102.8	64
丰南区	Fengnan District	5003	2949	76859	760678	102.0	192
丰润区	Fengrui District	7835	3208	10803	805033	101.9	155
曹妃甸区	Caofeidian District	2682	1703	127186	473783	103.0	91
滦　县	Luan County	3895	2728	4020	716192	104.7	83
滦南县	Luannan County	12185	7500	84805	1390124	105.4	80
乐亭县	Leting County	2508	1578	137270	1259296	104.5	71
迁西县	Qianxi County	1742	996	44900	382117	104.9	95
玉田县	Yutian County	11350	8749	5802	1144899	101.4	147
遵化市	Zuihua City	6764	4735	3850	663594	100.1	153
迁安市	Qianan City	7444	4650		716795	100.1	179

Major Indicators of National Economy by County (City or District)(2015)(4-2)

规模以上工业总产值(现价)(万元) Gross Industrial Output Value (10000 yuan)	规模以上工业企业从业人员年平均人数(人) Average Number of Employment of the Curreat Year (person)	规模以上工业企业主营业务收入(万元) Revenue from Principal Business (10000 yuan)	公路里程(公里) Total Length of Highways (km)	固定电话用户(户) Number of Fixed Telephone Subscribers (subscriber)	移动电话用户(户) Number of Mobile Telephone Subscribers (subscriber)	互联网宽带接入用户(户) Broadband Subscribers of Internet (subscriber)	全社会用电量(万千瓦时) Total Electricity Consumed (10000 kwh)	社会消费品零售总额(万元) Total Retail Sales of Consumer Goods (10000 yuan)
1343940	9278	1348069					201567	686601
293610	1293	58003					33883	698304
3779716	33619	2061769	203	78727	688385	108902	352922	732985
354115	4806	233033	253	6000	54535	10278	19755	91866
960047	2390	836361	1138	10542	170000	10368	66664	307565
754720	3916	612839	2742	23719	109812	30321	47249	270977
150667	2072	130262	3108	5533	93192	10676	13421	180922
132059	1273	127600	1315	9230	134900	29500	30169	161222
275622	2054	156488	1014	3999	86215	8955	11784	111566
237464	10023	310707	1933	39980	81222	29654	58536	402461
132833	3186	110050	1144	28500	140000	18300	28063	254606
481530	2337	478977	1465	14462	176114	19769	21992	218649
864054	10349	477738	1072	14554	195584	21085	48665	241526
318923	4919	230746	3066	53896	242061	41963	54730	461458
617535	11028	547297	1242	46000	234398	41200	58800	340831
723509	6243	403863	1656	12533	173742	22595	47320	209301
193240	1893	98207	1050	7912	81628	9523	23324	100355
2177392	25208	2144172	699	269926	1670427	440690	134973	2643734
918458	8972	998482	283	32540	167288	47551	18586	662503
24709	406	26983	90	33361	94841	21354	35847	574106
778646	8997	715514	1572	68013	403833	59195	264536	296010
235594	3066	235300	2608	43355	305023	32363	60557	350203
2249713	24472	2325073	1978	67000	445213	82920	246447	632662
845536	7001	841903	1644	35200	303314	27536	98269	381160
827356	5661	737729						1380159
287933	5980	282799						2170915
3052560	24111	2580776	332	57537	384215	73259	61418	1152355
1881192	18517	1659798	369	36000	142196	38936	268370	767032
14306761	81327	15519789	2216	91777	558382	100366	742724	1740129
13238177	55813	12926397	1875	151285	937086	153963	308521	1638931
6430601	54310	5575177	1030	74100	327043	68176	112015	629131
8127049	22731	7940204	1508	50892	573817	72340	426546	1371752
1983655	18898	1977288	1819	59596	524326	82936	211723	1624320
2567243	12131	2367199	1731	51335	405670	53206	286531	1200024
6659470	17048	6702681	1482	58478	307552	52691	438589	975799
4837033	32485	4415439	1550	108241	614158	102158	371182	1278171
4878359	40693	4649741	1607	96785	638532	99150	361728	1904385
12367345	112404	12251147	3249	85990	615629	140000	1154856	2232002

各县(市、区)国民经济主要指标(2015年)(4-3)

县（市、区）	County (City or District)	年内猪出栏（百头）Slaughtered Pigs in the Year (100 heads)	年末猪存栏（百头）Number of Hogs at Year-end (100 heads)	水产品产量（吨）Total Aquatic Products (ton)	农林牧渔业总产值(现价)（万元）Gross Output Value (10000 yuan)	农林牧渔业总产值指数（上年=100）Indices of Gross Output Value (preceding year=100)	规模以上工业企业单位数（个）Number of Industrial Enterprises above Designated Size (unit)
廊坊市	**Langfang**						
安次区	Anci District	1044	701	1211	189383	99.2	56
广阳区	Guangyang District	1168	564	426	253061	104.9	30
固安县	Guan County	2157	1174	285	562554	88.4	94
永清县	Yongqing County	6510	3373	518	855902	103.3	79
香河县	Xianghe County	1155	662	2730	294295	103.7	161
大城县	Dacheng County	1631	802	920	318638	99.2	97
文安县	Wenan County	1072	647	9094	237760	96.4	148
大厂回族自治县	Dachang Hui A.C.	894	576	2392	179222	99.2	65
霸州市	Bazhou City	2058	978	6982	312772	102.2	204
三河市	Sanhe City	4752	2514	10403	616114	103.4	181
保定市	**Baoding**						
竞秀区	Jingxiu District	875	515		55901	100.1	71
莲池区	Lianchi District	305	285		88250	99.7	81
满城区	Mancheng District	2573	2006	300	379218	102.8	100
清苑区	Qingyuan District	2368	1095	90	544762	104.5	79
徐水区	Laishui District	6355	4839	295	512677	102.7	70
涞水县	Xushui County	2309	1460	453	210731	105.9	38
阜平县	Fuping County	611	538	7415	124302	104.1	19
定兴县	Dingxing County	5299	4343	350	477743	101.2	75
唐　县	Tang County	3273	2588	1871	317901	103.5	54
高阳县	Gaoyang County	730	564	190	165368	104.1	83
容城县	Rongcheng County	3482	1758	1395	174587	101.8	71
涞源县	Laiyuan County	583	387	550	80931	103.0	33
望都县	Wangdu County	1875	864	12	263730	102.4	24
安新县	Anxin County	713	526	34080	186458	103.9	78
易　县	Yi County	5906	1978	5375	482336	105.1	57
曲阳县	Quyang County	2316	968	2860	220898	104.3	62
蠡　县	Li County	806	559		268401	104.9	96
顺平县	Shunping County	1331	536	80	302111	104.6	53
博野县	Boye County	1515	1139		234779	103.7	41
雄　县	Xiong County	1491	684	580	184198	103.8	120
涿州市	Zhuozhou City	3210	2408	1070	383726	101.8	76
定州市	Dingzhou City	11100	5906	130	1353518	103.4	219
安国市	Anguo City	2459	1603		291139	102.3	82
高碑店市	Gaobeidian City	3172	2511	200	292952	101.5	49

Major Indicators of National Economy by County (City or District)(2015)(4-3)

规模以上工业总产值(现价)(万元) Gross Industrial Output Value (10000 yuan)	规模以上工业企业从业人员年平均人数(人) Average Number of Employment of the Curreat Year (person)	规模以上工业企业主营业务收入(万元) Revenue from Principal Business (10000 yuan)	公路里程(公里) Total Length of Highways (km)	固定电话用户(户) Number of Fixed Telephone Subscribers (subscriber)	移动电话用户(户) Number of Mobile Telephone Subscribers (subscriber)	互联网宽带接入用户(户) Broadband Subscribers of Internet (subscriber)	全社会用电量(万千瓦时) Total Electricity Consumed (10000 kwh)	社会消费品零售总额(万元) Total Retail Sales of Consumer Goods (10000 yuan)
2301344	55279	2220325	810				222005	520083
1345070	7190	1340041	968	143720	176580	85890	177849	1615498
1292548	13107	1332252	1121	49942	360931	73951	96785	465858
736576	8077	706606	1081	76125	289106	45156	80369	419054
3357892	20657	2919677	1021	42800	367242	59843	117994	698212
1373867	7850	1147557	1164	84010	409416	73852	162764	607675
3272318	21192	2572183	1579	165742	509375	83126	373564	600715
903630	10465	749385	370	23163	163451	33673	78500	186589
10025097	44833	9564409	1240	159426	661561	110625	702753	1170707
9119029	41893	9102587	1304	196536	698324	131250	252612	1459602
2852443	23541	2748955						1165134
8759514	69840	9192248						1997201
1611306	17111	1490772	755	37173	375937	55860	165355	534325
2422890	14126	2264672	1121	53954	457604	86526	129797	635191
1751151	29469	1717497	1351	70955	448812	91461	116003	788373
183268	5301	164547	1331	35827	244240	43389	55938	292034
95063	1628	91564	1769	21640	160031	24540	21200	177076
1342458	23973	1303243	946	49846	366024	61250	67707	580426
599747	7571	525144	1110	51426	367700	60173	77650	305764
1448817	27726	1336897	589	48019	306146	61915	121115	522149
729087	10841	468613	309	30173	213051	43351	54130	404085
556261	5514	504646	1645	25358	215895	33748	52637	180044
399981	4220	325554	643	26425	194129	38804	39266	201382
1028785	6390	1104382	561	52239	362669	67605	129163	455387
1489342	10669	1494977	1713	51352	436987	59372	78752	428262
389744	7431	372259	1325	57500	387000	73695	69349	387884
2215165	18650	2194903	830	53565	390393	74647	117424	636482
547332	7023	528032	997	30165	210649	38217	64398	269342
619311	4731	533522	441	24655	182539	30268	41802	222478
2250417	8792	2189146	661	39281	325924	64445	177998	481015
2621789	33846	2535361	1130	103180	531771	116248	130237	1304333
3595463	27227	3208845	1984	105972	1095931	181420	217960	1433797
2075828	10927	1880233	651	46633	318882	97974	52913	719895
1249325	12706	1155404	915	52242	417561	82356	126520	582526

各县(市、区)国民经济主要指标(2015年)(4-4)

县(市、区)	County (City or District)	年内猪出栏(百头) Slaughtered Pigs in the Year (100 heads)	年末猪存栏(百头) Number of Hogs at Year-end (100 heads)	水产品产量(吨) Total Aquatic Products (ton)	农林牧渔业总产值(现价)(万元) Gross Output Value (10000 yuan)	农林牧渔业总产值指数(上年=100) Indices of Gross Output Value (preceding year=100)	规模以上工业企业单位数(个) Number of Industrial Enterprises above Designated Size (unit)
沧州市	**Cangzhou**						
新华区	Xinhua District	53	79	27	4974	102.2	28
运河区	Yunhe District	78	62		28448	101.0	25
沧　县	Cang County	2213	1258	266	474952	103.4	201
青　县	Qing County	1106	730	490	701541	100.5	146
东光县	Dongguang County	1050	514	780	499900	105.1	123
海兴县	Haixing County	619	565	7794	138265	111.8	31
盐山县	Yanshan County	3928	2341	340	282424	99.5	140
肃宁县	Suning County	1252	840		448292	100.9	97
南皮县	Nanpi County	882	552	559	395971	105.8	107
吴桥县	Wuqiao County	1635	1091	297	584776	104.0	43
献　县	Xian County	4226	3350	5711	618242	101.0	215
孟村回族自治县	Mengcun Hui A.C.	371	341	137	150355	106.6	131
泊头市	Botou City	2152	1511	658	385275	107.2	247
任丘市	Renqiu City	1247	853	14700	399409	102.6	318
黄骅市	Huanghua City	4585	2485	77674	620616	100.0	116
河间市	Hejian City	1533	1181	651	528738	103.1	263
衡水市	**Hengshui**						
桃城区	Taocheng District	1683	1078	790	224207	101.7	55
枣强县	Zaoqiang County	1796	722	211	314805	102.5	147
武邑县	Wuyi County	1915	1864	176	379494	102.5	54
武强县	Wuqiang County	1056	798		191708	103.0	84
饶阳县	Raoyang County	2667	1951		420748	102.1	79
安平县	Anping County	8438	5290	195	262389	98.3	161
故城县	Gucheng County	2837	828	2401	512705	102.3	107
景　县	Jing County	3122	2601	102	415560	102.7	132
阜城县	Fucheng County	1352	1854	110	342654	102.2	102
冀州市	Jizhou City	1101	1016	2525	239187	102.3	100
深州市	Shenzhou City	5834	4401	285	656994	102.5	91
邢台市	**Xingtai**						
桥东区	Qiaodong District	260	135		26695	99.1	5
桥西区	Qiaoxi District	236	118	310	19181	102.1	14
邢台县	Xingtai County	1179	558	826	193147	101.1	48

Major Indicators of National Economy by County (City or District)(2015)(4-4)

规模以上工业总产值(现价)(万元) Gross Industrial Output Value (10000 yuan)	规模以上工业企业从业人员年平均人数(人) Average Number of Employment of the Curreat Year (person)	规模以上工业企业主营业务收入(万元) Revenue from Principal Business (10000 yuan)	公路里程(公里) Total Length of Highways (km)	固定电话用户(户) Number of Fixed Telephone Subscribers (subscriber)	移动电话用户(户) Number of Mobile Telephone Subscribers (subscriber)	互联网宽带接入用户(户) Broadband Subscribers of Internet (subscriber)	全社会用电量(万千瓦时) Total Electricity Consumed (10000 kwh)	社会消费品零售总额(万元) Total Retail Sales of Consumer Goods (10000 yuan)
1967301	6797	1885339		6700			44352	646412
1779962	11405	1723032						828725
3829839	25302	3813149	1945	183952	397720	34864	121158	958346
2418952	17319	2326016	1032	66500	347000	51250	78891	610985
1088812	13849	1102550	1300	37812	298465	44476	159589	371951
185135	3822	193653	731	22400	179700	38900	24633	131778
5956218	29854	5951343	935	57000	308000	43787	56300	434728
1731043	13170	1708525	588	45470	289395	47507	60206	377686
990217	14164	929295	910	28817	329119	33790	57064	291711
454052	4755	335012	872	27211	191439	26659	36699	240200
7163226	46703	7131331	1561	79000	450398	53546	98294	433482
1730833	10865	1447900	556	42511	97917	8438	74273	253173
3882053	25609	3942987	1003	68435	454630	61229	112576	906140
8750178	52860	8635567	1786	186031	806486	170186	447658	1773506
1837434	19513	1577163	1500	99898	617976	74224	122135	956881
4124101	19801	4085962	1390	72200	55300	80500	152464	1210893
1247941	9591	1242720	709	113710	888500	167614	183868	1099075
1393456	10473	1303785	1545	46932	342071	59899	67076	424031
541714	5803	473373	1208	25698	230179	29256	58643	306532
854602	8291	824009	699	23963	174317	27209	48749	211408
620092	8032	607713	683	25238	221954	37490	49785	283031
1295835	13577	1236595	799	49278	327820	60243	138358	462715
1090283	10098	896829	1166	61343	372066	59838	69693	525216
2363296	16086	1813594	1604	53005	390900	57845	144790	646729
1075719	10878	1035740	1306	23840	245067	30873	49129	335471
1592158	16401	1400114	1211	54179	303900	53160	81705	466774
1630880	13375	1581857	1625	40108	408867	59438	149495	621922
831079	2102	829368					63008	1011410
1573778	43561	1529858						845565
2753970	13213	2705296	1920	34947	176376	29415	148764	103327

各县(市、区)国民经济主要指标(2015年)(4-5)

县(市、区)	County (City or District)	年内猪出栏(百头) Slaughtered Pigs in the Year (100 heads)	年末猪存栏(百头) Number of Hogs at Year-end (100 heads)	水产品产量(吨) Total Aquatic Products (ton)	农林牧渔业总产值(现价)(万元) Gross Output Value (10000 yuan)	农林牧渔业总产值指数(上年=100) Indices of Gross Output Value (preceding year=100)	规模以上工业企业单位数(个) Number of Industrial Enterprises above Designated Size (unit)
临城县	Lincheng County	1112	730	5225	197546	103.9	55
内丘县	Neiqiu County	3034	1657	20	201142	102.7	38
柏乡县	Baixiang County	1330	642		185934	106.7	42
隆尧县	Longyao County	2723	1849		458145	101.2	76
任　县	Ren County	835	582	43	211750	105.6	48
南和县	Nanhe County	1729	1321	10	320824	103.4	32
宁晋县	Ningjin County	4297	2525	43	605221	100.8	210
巨鹿县	Julu County	942	1157	52	317874	105.6	65
新河县	Xinhe County	338	234	400	159063	104.2	41
广宗县	Guangzong County	1180	735		213625	104.1	54
平乡县	Pingxiang County	787	648	300	221580	104.9	62
威　县	Wei County	1837	1894	348	527363	104.7	83
清河县	Qinghe County	421	407	492	223107	104.1	115
临西县	Linxi County	923	375	150	249456	105.2	53
南宫市	Nangong City	2051	1401	386	327912	102.5	83
沙河市	Shahe City	811	604	485	152686	97.6	90
邯郸市	**Handan**						
邯山区	Hanshan District	78	130		15508	132.2	5
丛台区	Congtai District	97	90		22357	86.1	10
复兴区	Fuxing District	244	150		12303	82.8	16
峰峰矿区	Fengfeng Mining Area	2805	1466	1650	97511	91.3	85
邯郸县	Handan County	2020	921	48	230958	98.9	48
临漳县	Linzhang County	3007	1944	28	552632	102.1	67
成安县	Chengan County	2522	1765	9	500705	103.3	90
大名县	Daming County	6652	4259	620	637887	102.3	94
涉　县	She County	1534	1093	2870	246822	110.4	72
磁　县	Ci County	3375	2474	10305	384027	101.3	71
肥乡县	Feixiang County	2812	1762	35	549237	102.5	56
永年县	Yongnian County	4646	3296	11782	1317104	102.8	131
邱　县	Qiu County	975	762	120	304236	104.2	65
鸡泽县	Jize County	1940	1032	82	323219	103.1	80
广平县	Guangping County	1328	670	45	227903	102.9	49
馆陶县	Guantao County	3395	2187	25	543595	99.2	76
魏　县	Wei County	4099	3190	108	522817	104.3	67
曲周县	Quzhou County	3938	2077	5350	535438	101.2	85
武安市	Wuan City	8663	4906	1600	385119	104.2	103

Major Indicators of National Economy by County (City or District)(2015)(4-5)

规模以上工业总产值（现价）（万元）Gross Industrial Output Value (10000 yuan)	规模以上工业企业从业人员年平均人数（人）Average Number of Employment of the Curreat Year (person)	规模以上工业企业主营业务收入（万元）Revenue from Principal Business (10000 yuan)	公路里程（公里）Total Length of Highways (km)	固定电话用户（户）Number of Fixed Telephone Subscribers (subscriber)	移动电话用户（户）Number of Mobile Telephone Subscribers (subscriber)	互联网宽带接入用户（户）Broadband Subscribers of Internet (subscriber)	全社会用电量（万千瓦时）Total Electricity Consumed (10000 kwh)	社会消费品零售总额（万元）Total Retail Sales of Consumer Goods (10000 yuan)
1103742	6077	1041713	780	26533	125318	22337	53155	232573
548952	5994	509313	1081	41000	149100	36300	95453	348572
426530	4813	411067	350	13300	117165	18111	48312	193203
1912076	20179	1750027	1104	64486	354000	40000	132927	516876
430689	5702	400834	723	21953	227345	43130	65283	337549
756549	6858	667229	735	32126	325460	98867	60787	302326
4735419	41462	4692983	1679	72134	454969	76816	219787	854504
592367	7826	509209	1274	33261	259038	30793	55555	403153
388652	5952	375104	536	29740	24536	11120	41982	188402
405841	7409	400379	801	10230	99587	12332	44830	181167
569345	8096	539231	950	23760	191560	32886	68884	287179
654586	9798	550896	1644	23296	277218	41906	68486	368228
1582480	16103	1569646	924	48509	251338	75211	101178	738870
532254	7044	522851	821	29635	176425	36837	43739	348140
1542007	16751	1495942	1086	39440	178467	46151	62089	497869
3272639	26822	3086581	1560	87613	414970	77547	158875	704068
35716	1180	17518						850806
56030	847	49429	218					945040
1134147	6935	1191521	157					336356
2268711	20216	2222440	429	36399	452066	56803	150996	894706
483303	4407	356587	517	40666	164921	10084	183304	465035
1349980	8005	1277985	2009	17634	307263	25925	68766	423714
2357529	13191	2362920	1054	19614	279280	26219	93289	431205
1959257	11790	1898213	1465	51997	441880	39627	73417	701854
2549708	11760	2478888	1527	27233	363885	54744	96614	759273
1865316	12301	1749938	1993	33228	455863	78171	109235	932859
1045554	8344	996671	1070	9199	203271	21620	40814	299335
2549937	20638	2066976	1136	28300	621045	43772	225947	1319103
1483420	8202	1376300	737	7102	139734	26680	49163	201937
1428417	12295	1435879	1125	38215	280190	37125	47538	275950
732897	7164	599833	527	8810	110843	11595	30882	306830
1709290	9589	1683419	956	16203	236019	33550	49249	316532
2009201	12016	1843820	1355	18178	552108	33256	64675	772550
1989728	11187	1994932	1144	18599	136630	27153	62624	583586
10783274	70269	10151862	1430	57821	710400	98700	992142	1517592

各县(市、区)国民经济主要指标(2015年)(5-1)

县（市、区）	County (City or District)	出口总额（万美元）Total Exports (USD 10000)	当年实际使用外资额（万美元）Total Amount of Contracted Investment Actually Utilized USD 10000)	年末居民储蓄存款余额（万元）Outstanding Amount of Saving Deposit (10000 yuan)	普通中学专任教师（人）Number of Full-time Teachers of Regular Secondary Schools (person)	小学专任教师（人）Number of Full-time Teachers of Regular Primary Schools (person)	普通中学在校学生（人）Total Enrollment of Regular Secondary Schools (person)
石家庄市	**Shijiazhuang**						
长安区	Changan District		31880		2730	2324	23641
桥西区	Qiaoxi District		26569		2159	1967	21207
新华区	Xinhua District	195371	153		1863	1703	24319
井陉矿区	Jingxing Mining Area	1287		350553	270	437	2793
裕华区	Yuhua District	26087	3953		1557	2036	21383
藁城区	Gaocheng District	34547	12681	2138723	2766	3253	30491
鹿泉区	Luquan District	12920	6300	1746792	1589	1767	18167
栾城区	luancheng District	24650	7000	1050098	1368	1632	13354
井陉县	Jingxing County	829	2940	1078459	1206	1437	14036
正定县	Zhengding County	11271		2572803	1924	2400	23960
行唐县	Xingtang County		3000	1090531	1761	2359	23764
灵寿县	Lingshou County	1971		879883	1010	1899	15538
高邑县	Gaoyi County			502294	679	1158	8153
深泽县	Shenze County	12042	1	877627	568	1031	7379
赞皇县	Zanhuang County	15762	200	563322	777	1486	10559
无极县	Wuji County	1343	350	1196434	1622	2243	18799
平山县	Pingshan County	9721	309	1345819	1759	2332	22063
元氏县	Yuanshi County	34462		1080962	1138	2013	14829
赵　县	Zhao County	8019	550	1133397	1942	2289	24092
辛集市	Xinji City	79908	29	2781329	2558	2655	30925
晋州市	Jinzhou City	36582	3280	1773840	1673	2036	19006
新乐市	Xinle City	10370	211	1137324	1549	1799	23506
承德市	**Chengde**						
双桥区	Shuangqiao District	724	3432	4585448	1793	1077	18799
双滦区	Shuangluan District	23759	65	804382	506	650	7304
鹰手营子区	Yingshouyingzi District	16		267891	199	254	2659
承德县	Chengde County	865	26	1049443	1203	1438	15635
兴隆县	Xinglong County	2140		928519	1080	1595	13003
平泉县	Pingquan County	4681		1352340	1325	2252	21916
滦平县	Luanping County	2251		857747	1067	1511	14620
隆化县	Longhua County	365	382	927827	1127	2031	14496
丰宁满族自治县	Fengning Man A.C.	13		894251	1436	1895	18055
宽城满族自治县	Kuancheng Man A.C.	712	815	1210142	928	1746	9765
围场满蒙自治县	Weichang Man & Mongolian A.C.	362	11239	964855	1617	1952	25646

Major Indicators of National Economy by County (City or District)(2015)(5-1)

小学在校学生（人）Total of Regular Primary Schools (person)	农业技术人员（人）Number of Professional Technical Personnel in Agriculture (person)	医疗卫生机构床位数（张）Number of Beds in Health Care Institutions (bed)	医疗卫生机构技术人员数（人）Number of Medical Technical Personnel in Health Care Institutions (person)	城镇基本养老保险参保人数（人）Personnel Participated in Urban Basic Pension Insurance (person)	城镇基本医疗保险参保人数（人）Personnel Participated in Urban Basic Medical Care Insurance (person)	新型农村合作医疗参保人数（人）Personnel Participated in New Rural Cooperative Medical Service (person)	新型农村社会养老保险参保人数（人）Personnel Participated in Rural Pension Insurance (person)	城镇化率（%）Standard of Urbanization (%)
48193		7328	9743	113917			30	100.0
49771		4503	4493	113782			57	100.0
45896		6470	7976	68106				98.6
4321	11	688	515	24015			303	78.1
21398	10	4536	5349	65893			59	100.0
50788	159	1856	1715	52013		639126	445833	49.2
29859	112	1329	1305	36264		341388	216539	53.7
24172	122	1729	889	34579		262104	149732	54.1
19383	93	1132	897	33160	33739	270576	144410	38.2
36886	153	1790	1632	49375	49641	353792	197505	54.2
39652	238	1310	1183	20160	45359	328329	218995	31.9
26971	77	1131	1062	31403	35180	273390	164122	33.2
17405	43	580	351	18373	20061	160872	95021	37.6
15708	52	750	772	12825	20196	205223	125378	31.0
27455	18	993	579	17089	23332	211393	120455	26.4
38484	72	1428	922	24163	33316	445839	252434	34.6
36255	365	1425	1466	45134	50620	401395	252378	35.3
32196	168	1710	1406	21230	31835	369452	203584	32.9
42406	235	1392	1099	27102	62026	479060	300731	36.0
40788	199	1889	1960	79289	77159	497620	339150	46.6
36542	167	1103	1009	30012	58101	437812	316241	40.3
45534	225	1672	1666	36838	77029	384583	171876	46.9
22052	4	3546	4313	1094	146526	66360	23823	93.3
11554	7	915	655	2006	16132	62484	25550	70.9
3240	1	488	252	771	50940	15332	11791	89.8
27030	140	1827	1162	37145	57648	305636	210237	35.4
21962	292	1284	1100	33682	42965	231845	175983	35.1
34571	201	1542	886	51728	70864	301159	236808	45.1
23141	177	1238	1247	42047	43894	258142	161144	39.9
33102	154	1479	1094	29967	54563	334815	229717	38.9
29708	72	1802	1327	29741	41204	328090	215090	35.0
21776	93	1198	642	45350	41895	187503	121175	45.8
39882	348	1896	1109	30151	78256	405527	285346	35.3

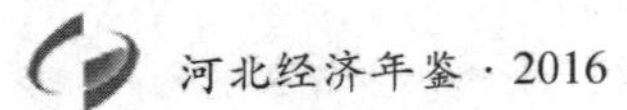

各县(市、区)国民经济主要指标(2015年)(5–2)

县(市、区)	County (City or District)	出口总额（万美元）Total Exports (USD 10000)	当年实际使用外资额（万美元）Total Amount of Contracted Investment Actually Utilized USD 10000)	年末居民储蓄存款余额（万元）Outstanding Amount of Saving Deposit (10000 yuan)	普通中学专任教师（人）Number of Full-time Teachers of Regular Secondary Schools (person)	小学专任教师（人）Number of Full-time Teachers of Regular Primary Schools (person)	普通中学在校学生（人）Total Enrollment of Regular Secondary Schools (person)
张家口市	**Zhangjiakou**						
桥东区	Qiaodong District	1357			691	890	8797
桥西区	Qiaoxi District	2841	1150		538	690	9214
宣花区	Xuanhua District	3051	15	3117548	1657	1402	21542
下花园区	Xiahuayuan District	31		284994	186	344	1272
宣化县	Xuanhua County		1100	814316	997	1181	9791
张北县	Zhangbei County	1403	1323	672213	1421	1678	10821
康保县	Kangbao County	863		285301	548	824	5573
沽源县	Guyuan County		350	337125	645	930	6827
尚义县	Shangyi County	344		287916	416	835	4314
蔚　县	Yu County	416	4515	1359863	1474	2294	21536
阳原县	Yangyuan County	7422		624149	1010	1306	10354
怀安县	Huaian County	18696	5618	758833	915	981	5825
万全县	Wanquan County	1221	3500	559964	631	1061	8602
怀来县	Huailai County	1108	676	1260828	1372	1742	17312
涿鹿县	Zhuolu County	258		862590	1046	2387	15975
赤城县	Chicheng County	225		686501	669	1395	10147
崇礼县	Chongli County	32	7310	287698	331	543	3107
秦皇岛市	**Qinhuangdao**						
海港区	Haigang District	48326	16301	1568693	2368	3257	22139
山海关区	Shanhaiguan District	2822	4102	513080	384	672	4701
北戴河区	Beidaihe District	983	2026	729573	249	641	1758
抚宁区	Funing District	25439		1744486	871	1544	6910
青龙满族自治县	Qinglong Man A.C.	344	2900	1027395	1182	2373	12692
昌黎县	Changli County	34307	4219	2002523	1873	2326	24095
卢龙县	Lulong County	3627		1203994	1842	2095	19097
唐山市	**Tangshan**						
路南区	Lunan District	55002	4500		865	1032	9345
路北区	Lubei District		7459		1551	1782	18436
古冶区	Guye District	2687	4098	1763123	1161	1463	7177
开平区	Kaiping District	44526	6675	1343900	783	1236	6416
丰南区	Fengnan District	69972	18501	3205113	2401	1617	25692
丰润区	Fengrui District	181797	6301	4709171	3046	3043	34329
曹妃甸区	Caofeidian District	60837	4429	929026	597	825	6752
滦　县	Luan County	3194	4871	1938808	2354	2621	25757
滦南县	Luannan County	40255	4824	1713247	2475	2494	26940
乐亭县	Leting County	8869	7726	1988011	2127	1739	19433
迁西县	Qianxi County	14463	15797	1876989	1843	2440	19010
玉田县	Yutian County	25319	3143	2847626	2080	2420	32003
遵化市	Zuihua City	6536	3000	3299087	3057	3217	39531
迁安市	Qianan City	49511	6430	4828676	3124	3128	34910

Major Indicators of National Economy by County (City or District)(2015)(5-2)

小学在校学生（人） Total of Regular Primary Schools (person)	农业技术人员（人） Number of Professional Technical Personnel in Agriculture (person)	医疗卫生机构床位数（张） Number of Beds in Health Care Institutions (bed)	医疗卫生机构技术人员数（人） Number of Medical Technical Personnel in Health Care Institutions (person)	城镇基本养老保险参保人数（人） Personnel Participated in Urban Basic Pension Insurance (person)	城镇基本医疗保险参保人数（人） Personnel Participated in Urban Basic Medical Care Insurance (person)	新型农村合作医疗参保人数（人） Personnel Participated in New Rural Cooperative Medical Service (person)	新型农村社会养老保险参保人数（人） Personnel Participated in Rural Pension Insurance (person)	城镇化率（%） Standard of Urbanization (%)
17010	14	1721	1189	66175		15757	9109	95.5
13766	6	3649	3542	59898		17755	10537	93.5
25160	279	1808	1625	84647	59000	55057	29701	90.9
2671	5	327	269	17533		24490	16039	70.1
16003	71	1101	601	29679	24953	212319	168214	31.4
21552	20	1666	863	26661	37616	276532	209068	43.0
7048	107	635	454	16813	21627	215636	117316	34.7
10858	121	616	324	14004	14318	180694	100553	34.7
6676	42	695	429	17059	23205	125853	86625	33.0
46550	55	1329	743	34925	39422	387418	255536	37.8
19402	6	732	620	25933	31706	183440	128072	37.6
13927	52	699	417	23141	22997	159453	114439	39.2
15077	59	955	642	30729	25161	167163	122794	49.7
23791	63	1381	915	40909	49395	257168	156309	49.1
23464	3808	1223	749	37768	38768	259252	188241	41.3
17640	30	861	428	20688	24034	215548	157918	36.5
5511	18	392	362	17875	17204	92848	64658	39.7
52115	48	6683	7510	60253	31533	79677	44957	87.1
7674	50	953	692	26439	17250	46221	31816	91.6
5327	17	360	463	24500	11378	33375	16822	83.0
18766	276	1384	1305	42428	64560	247515	257130	30.3
40040	229	1662	1369	38275	44601	437994	311183	27.0
32133	285	2891	2175	64377	69377	421034	296031	39.5
24710	164	1077	941	42674	40102	349808	252882	31.2
16467	14	3243	3205	69589		39105	31435	91.4
40020	10	8839	9051	80349		96761	59449	95.2
15610	40	2009	1738	84447		75685	60545	84.7
16341	25	1096	950	57366		110409	79893	63.0
33191	216	1583	1906	153645	133268	386104	267236	54.5
54011	244	3765	3703	138090	139943	564312	402092	52.0
9041	73	799	737	16037		137913	32580	67.0
39854	246	2099	2056	108271	75381	423936	323752	46.0
33522	281	2212	2075	76754	67107	464342	344994	45.9
21161	205	1563	1352	65245	60102	345356	267458	46.5
34212	236	1587	1191	77232	67611	301516	209972	45.5
47833	221	2405	2060	74897	74709	572842	406616	45.5
60039	284	2661	2944	103794	90118	576474	363942	52.2
58827	309	3770	3987	144106	114262	583600	329365	54.8

各县(市、区)国民经济主要指标(2015年)(5–3)

县（市、区）	County (City or District)	出口总额（万美元）Total Exports (USD 10000)	当年实际使用外资额（万美元）Total Amount of Contracted Investment Actually Utilized USD 10000)	年末居民储蓄存款余额（万元）Outstanding Amount of Saving Deposit (10000 yuan)	普通中学专任教师（人）Number of Full-time Teachers of Regular Secondary Schools (person)	小学专任教师（人）Number of Full-time Teachers of Regular Primary Schools (person)	普通中学在校学生（人）Total Enrollment of Regular Secondary Schools (person)
廊坊市	**Langfang**						
安次区	Anci District	485822	7718		1002	1573	11534
广阳区	Guangyang District		2908		685	1641	8125
固安县	Guan County	7702	3745	1669287	1608	2009	19447
永清县	Yongqing County	7156	6818	918984	1221	1555	4838
香河县	Xianghe County	9858	1603	2302882	1253	2081	16071
大城县	Dacheng County	2699		1794989	1906	3284	17441
文安县	Wenan County	8815		1930844	1915	3245	22262
大厂回族自治县	Dachang Hui A.C.	11820	1087	806424	585	484	6533
霸州市	Bazhou City	62243	194	3075533	2286	3563	31822
三河市	Sanhe City	13581	17037	3842367	3139	3273	39050
保定市	**Baoding**						
竞秀区	Jingxiu District	14846	52		726	1075	11391
莲池区	Lianchi District	46832	22946		1395	2173	15511
满城区	Mancheng District	6771		1224706	1409	1699	17566
清苑区	Qingyuan District	12604	2500	1398560	1951	2643	26599
徐水区	Laishui District	18683	5000	1712299	1777	1999	31170
涞水县	Xushui County	194		912508	1083	1515	16075
阜平县	Fuping County			562101	587	1126	7979
定兴县	Dingxing County	1323	1600	1167662	1541	2139	28806
唐　县	Tang County	1909		1389481.12	1807	2134	30822
高阳县	Gaoyang County	24951		1127587	1483	1940	16686
容城县	Rongcheng County	19524	6	814436	1140	1165	9289
涞源县	Laiyuan County	85	1406	628751	901	1895	13562
望都县	Wangdu County	1745	31	75144	1076	1220	11220
安新县	Anxin County	5713	875	1014405	1344	2262	18196
易　县	Yi County	2385		1289547	1744	2580	28381
曲阳县	Quyang County	979	3	976550	2688	2856	34672
蠡　县	Li County	17103	30	1185214	1462	2295	23829
顺平县	Shunping County	6670	600	687656	968	1246	13350
博野县	Boye County	2541	400	564129	517	813	8023
雄　县	Xiong County	7518		998568	1098	1749	15309
涿州市	Zhuozhou City	29602	1774	2673883	2256	2055	25615
定州市	Dingzhou City	30000	3000	3267497	4207	4465	69601
安国市	Anguo City	1223		1377961	1673	1818	18171
高碑店市	Gaobeidian City	3629		2589017	1719	1723	23834

Major Indicators of National Economy by County (City or District)(2015)(5-3)

小学在校学生 (人) Total of Regular Primary Schools (person)	农业技术人员 (人) Number of Professional Technical Personnel in Agriculture (person)	医疗卫生机构床位数 (张) Number of Beds in Health Care Institutions (bed)	医疗卫生机构技术人员数 (人) Number of Medical Technical Personnel in Health Care Institutions (person)	城镇基本养老保险参保人数 (人) Personnel Participated in Urban Basic Pension Insurance (person)	城镇基本医疗保险参保人数 (人) Personnel Participated in Urban Basic Medical Care Insurance (person)	新型农村合作医疗参保人数 (人) Personnel Participated in New Rural Cooperative Medical Service (person)	新型农村社会养老保险参保人数 (人) Personnel Participated in Rural Pension Insurance (person)	城镇化率 (%) Standard of Urbanization (%)
23717	41	663	287	160560	64974	253578	178862	55.5
30227	22	3923	4133	52274	28575	137685	98473	72.9
35516	95	946	1026	43562	45328	339958	210974	50.0
24043	23	983	792	42819	31652	302765	217473	39.8
25937	102	1545	1440	45781	79879	239671	201201	59.3
47047	46	1214	1332	42118	52043	375486	300843	46.0
61940	126	1563	925	42592	45854	408659	276298	48.9
5233	156	437	504	23519	31460	88190	60733	57.1
70309	70	2400	2455	68151	88447	501392	317932	52.4
50500	264	4399	3842	112675	182519	334324	218604	63.1
29253	100	2218	2764	45386	5350	112057	55050	96.1
40260	12	9088	9429	127130		132521	77384	97.4
35392	82	1437	1601	33405	51531	319671	190424	43.0
52984	412	1977	1523	34340	48143	534013	292544	36.7
43004	312	1714	1547	44940	66893	488051	357742	42.3
20529	51	830	797	27743	35310	260443	202707	40.2
20759	75	667	584	17609	37451	159076	121363	34.8
40916	1715	1296	971	44888	61040	441523	292268	36.7
49351	128	2196	1435	31518	40393	451425	301109	27.8
33238	64	987	1000	27851	45877	236100	183865	37.2
21018	54	937	688	15728	23209	200343	154639	43.8
24400	400	993	1047	32141	55659	198685	153608	42.4
18540	80	868	787	26824	27653	212497	111837	39.3
38677	71	1100	930	18546	39906	359709	231630	40.7
42623	374	1753	1020	42286	75282	411420	340993	28.7
71634	65	2014	1470	29749	58751	485480	261091	35.6
47269	816	1498	1173	23344	29679	410962	290380	37.5
23707	67	1324	869	18336	25864	237093	174664	30.9
21341	75	670	597	14728	15598	215733	122471	41.2
38748	48	1160	817	19109	38242	256365	204598	43.8
38834	119	3575	3804	60000	142439	415214	270734	55.2
97672	533	4408	3709	86946	117344	965958	540449	46.8
28439	37	968	963	28031	37007	321610	228158	43.1
37458	51	1622	1727	61621	88078	380468	245388	47.5

各县(市、区)国民经济主要指标(2015年)(5-4)

县(市、区)	County (City or District)	出口总额(万美元) Total Exports (USD 10000)	当年实际使用外资额(万美元) Total Amount of Contracted Investment Actually Utilized USD 10000)	年末居民储蓄存款余额(万元) Outstanding Amount of Saving Deposit (10000 yuan)	普通中学专任教师(人) Number of Full-time Teachers of Regular Secondary Schools (person)	小学专任教师(人) Number of Full-time Teachers of Regular Primary Schools (person)	普通中学在校学生(人) Total Enrollment of Regular Secondary Schools (person)
沧州市	**Cangzhou**						
新华区	Xinhua District	12675	50		99	972	783
运河区	Yunhe District	13083	1505		324	1629	5362
沧　县	Cang County	5876	900	1422188	2484	3150	28973
青　县	Qing County	13700	1700	1413112	1154	2178	14270
东光县	Dongguang County	9662	6305	1268543	1014	1809	10779
海兴县	Haixing County	1174	170	474610	593	1268	6802
盐山县	Yanshan County	10810		879240	1664	2529	18462
肃宁县	Suning County	19131		1184442	1089	1486	14106
南皮县	Nanpi County	5599	2900	903353	1114	1899	14652
吴桥县	Wuqiao County	2532	706	856837	287	1206	7363
献　县	Xian County	16055	1715	1475639	1846	3076	27915
孟村回族自治县	Mengcun Hui A.C.	15801	840	522063	501	1278	5334
泊头市	Botou City	12930	900	2053549	1743	2912	25675
任丘市	Renqiu City	19300	3383	3861202	3606	3723	36691
黄骅市	Huanghua City	22154	3121	1825714	1625	2283	20826
河间市	Hejian City	11202	2	2952595	2492	4513	24140
衡水市	**Hengshui**						
桃城区	Taocheng District	17012	1016	4513641	4745	2264	63013
枣强县	Zaoqiang County	64660	2324	1591806	1451	1653	19672
武邑县	Wuyi County	3766		965373	1585	1150	24105
武强县	Wuqiang County	3829	1391	651661	862	934	7563
饶阳县	Raoyang County	801	500	809339	843	1368	7899
安平县	Anping County	34060	2561	1357847	880	1789	11804
故城县	Gucheng County	45146	340	1308507	1685	2062	24697
景　县	Jing County	7388	2350	1880164	1854	2200	23741
阜城县	Fucheng County	5987	1310	1076262	1169	1484	16104
冀州市	Jizhou City	7548	2556	1530060	2758	1166	33523
深州市	Shenzhou City	6375	2060	1478732	1548	2000	19557
邢台市	**Xingtai**						
桥东区	Qiaodong District	2638	5			1280	
桥西区	Qiaoxi District	24153	1885		156	1281	824
邢台县	Xingtai County	1053	2123	1159399	1151	1373	13274

Major Indicators of National Economy by County (City or District)(2015)(5-4)

小学在校学生（人）Total of Regular Primary Schools (person)	农业技术人员（人）Number of Professional Technical Personnel in Agriculture (person)	医疗卫生机构床位数（张）Number of Beds in Health Care Institutions (bed)	医疗卫生机构技术人员数（人）Number of Medical Technical Personnel in Health Care Institutions (person)	城镇基本养老保险参保人数（人）Personnel Participated in Urban Basic Pension Insurance (person)	城镇基本医疗保险参保人数（人）Personnel Participated in Urban Basic Medical Care Insurance (person)	新型农村合作医疗参保人数（人）Personnel Participated in New Rural Cooperative Medical Service (person)	新型农村社会养老保险参保人数（人）Personnel Participated in Rural Pension Insurance (person)	城镇化率（%）Standard of Urbanization (%)
14699	21	2193	2436	28247	19341	30521	17409	94.8
29217	29	6231	6288	43762	32359	72789	40730	93.5
57472	398	2553	1748	42748	35552	636270	438268	25.2
32663	184	1441	1510	59262	45671	337754	233915	49.9
26997	155	866	1102	28112	37231	301411	219060	48.8
17688	141	945	644	16612	19408	175699	94267	39.8
41867	233	1185	1360	19575	31867	404737	267204	40.5
29845	143	1038	926	25014	25396	293197	213352	44.5
30608	165	1372	1155	29399	29377	325070	169474	41.5
17257	124	1180	781	23165	27121	228458	164822	43.5
59947	186	1617	1418	28327	33427	522860	350698	39.0
20014	174	441	350	16045	22598	164280	111257	46.0
58089	468	1713	1474	70224	86444	452884	285073	50.8
77018	524	4135	4209	145108	187994	594064	305864	57.8
34957	437	3060	2877	63120	79921	354467	217656	57.1
74339	227	2482	1911	59639	49709	687633	497827	37.7
41506	120	5056	5794	72727	34196	220104	129969	79.8
35859	151	848	645	26722	40958	304926	230608	40.6
22875	131	889	750	26886	33918	245005	176289	37.8
15233	347	510	380	17783	18946	166484	106002	35.2
16273	111	1186	1002	25354	24948	239593	177238	37.5
25588	131	1406	1102	28271	35808	266796	193067	45.0
44365	507	1974	1714	43739	45137	412310	276504	41.6
43223	55	1653	1245	37630	45175	426548	301823	43.6
27304	161	806	629	20555	26904	287127	187961	38.1
24554	89	979	669	37660	62088	293938	230863	53.9
31850	181	1408	1205	36237	52794	482134	305488	45.0
24129	21	4274	4497	65076	86409	52750	21602	99.0
29662	30	3978	3988	58640	118733	96900	30383	96.7
20067	216	1652	1418	46349	61325	310700	219636	30.7

各县(市、区)国民经济主要指标(2015年)(5–5)

县（市、区）	County (City or District)	出口总额 (万美元) Total Exports (USD 10000)	当年实际使用外资额 (万美元) Total Amount of Contracted Investment Actually Utilized USD 10000)	年末居民储蓄存款余额 (万元) Outstanding Amount of Saving Deposit (10000 yuan)	普通中学专任教师 (人) Number of Full-time Teachers of Regular Secondary Schools (person)	小学专任教师 (人) Number of Full-time Teachers of Regular Primary Schools (person)	普通中学在校学生 (人) Total Enrollment of Regular Secondary Schools (person)
临城县	Lincheng County	1213	1	660082	960	827	14275
内丘县	Neiqiu County	351	1506	814293	845	1255	12784
柏乡县	Baixiang County	616	105	359442	592	1035	7663
隆尧县	Longyao County	6701	776	984342	1128	2724	14748
任　县	Ren County	2124	228	609428	882	1685	12018
南和县	Nanhe County	394	15	597088	707	1275	16671
宁晋县	Ningjin County	17709	102	1724020	1962	2768	26631
巨鹿县	Julu County	4376	1364	897804	1011	1989	17714
新河县	Xinhe County	1477	15	490151	590	625	5604
广宗县	Guangzong County	5613	867	439401	617	1467	8372
平乡县	Pingxiang County	8395	172	724265	831	1689	16591
威　县	Wei County	4270	2105	1004600	1799	2640	22077
清河县	Qinghe County	19275	4351	1351091	1164	2386	14635
临西县	Linxi County	2884	1368	623287	680	2198	13819
南宫市	Nangong City	9754	519	1233166	1869	1957	23413
沙河市	Shahe City	9095	3080	1714609	2808	2279	29511
邯郸市	**Handan**						
邯山区	Hanshan District	2343	1995		111	1320	1703
丛台区	Congtai District	1205	2924		389	2122	4302
复兴区	Fuxing District	1569	3420		333	1169	2569
峰峰矿区	Fengfeng Mining Area	1450	1349		1640	1961	20827
邯郸县	Handan County	1304	1390	829886	877	1817	13286
临漳县	Linzhang County	696	1155	822597	1789	3382	29970
成安县	Chengan County	6490	625	592383	1172	2186	19190
大名县	Daming County	2311	750	1088937	2600	4123	44197
涉　县	She County	350	1170	1208279	1436	1551	22953
磁　县	Ci County	2321	2765	1103184	2156	3476	29921
肥乡县	Feixiang County	1420	981	535742	1245	2195	21221
永年县	Yongnian County	6999	1328	1873741	3307	4919	55578
邱　县	Qiu County	2425	450	445085	809	1565	13499
鸡泽县	Jize County	3612	646	507284	839	1659	14828
广平县	Guangping County	2258	1050	34221	779	1562	11683
馆陶县	Guantao County	789	615	529280	988	1969	17070
魏　县	Wei County	1879	1660	988997	2364	3921	45166
曲周县	Quzhou County	8910	875	747614	1547	2763	25035
武安市	Wuan City	21792	52120	3716964	3615	4574	46776

Major Indicators of National Economy by County (City or District)(2015)(5-5)

小学在校学生(人) Total of Regular Primary Schools (person)	农业技术人员(人) Number of Professional Technical Personnel in Agriculture (person)	医疗卫生机构床位数(张) Number of Beds in Health Care Institutions (bed)	医疗卫生机构技术人员数(人) Number of Medical Technical Personnel in Health Care Institutions (person)	城镇基本养老保险参保人数(人) Personnel Participated in Urban Basic Pension Insurance (person)	城镇基本医疗保险参保人数(人) Personnel Participated in Urban Basic Medical Care Insurance (person)	新型农村合作医疗参保人数(人) Personnel Participated in New Rural Cooperative Medical Service (person)	新型农村社会养老保险参保人数(人) Personnel Participated in Rural Pension Insurance (person)	城镇化率(%) Standard of Urbanization (%)
18127	87	716	699	16475	18068	180457	93802	42.8
22797	61	1086	881	21698	37086	249549	138890	40.6
16195	29	714	424	10608	24247	170639	96044	40.1
41194	91	1343	1189	34765	53418	479712	316545	40.7
28679	37	834	664	14044	22387	313500	196281	41.2
28803	128	925	784	10096	28525	305482	227644	42.2
57857	348	2577	1735	39096	74128	696786	425917	40.7
30039	86	1310	865	17393	42282	334812	200434	42.8
9688	20	645	395	11874	21079	138602	93959	38.5
26919	68	808	784	10031	18147	252114	161637	29.5
31698	38	1251	831	10341	25735	285579	187919	45.2
49656	90	2030	1295	14655	542161		317400	35.4
42214	69	1632	1808	20841	31697	361079	210675	53.2
35840	64	1203	707	11312	38650	310448	213507	42.9
29894	82	1227	1083	24867	46132	403518	299826	45.1
40384	217	1307	1197	39751	69406	329093	222673	52.9
26067	2	5820	6435	29362	128038	44958		96.4
38848	8	3747	3928	34505	139256	72025	40223	88.3
20608	16	1038	932	16525	85938	52129	32686	87.2
33147	57	3564	2720	54623	145371	206727	120690	75.2
38003	106	1278	859	38445	34306	232356	136220	57.6
73480	151	1529	946	24150	38309	545211	344219	39.1
45344	116	1116	1072	27789	30434	371633	208476	46.0
82104	102	3210	1683	31671	65017	688549	433937	39.1
31432	431	1831	1023	43907	57254	335850	206653	56.0
59451	375	2047	1420	46657	85247	553145	285066	48.2
45296	172	1479	843	19236	27426	312999	209291	36.8
98386	510	3865	2509	52018	78858	768336	486895	40.6
32078	204	670	562	16123	19114	199516	136900	43.5
36964	42	871	644	14410	21517	234762	167849	38.5
32122	119	921	763	19115	19503	238958	138467	39.1
41792	119	1266	1208	18538	29472	244407	184745	43.2
81433	63	2327	1911	32122	101327	734797	481743	43.2
58656	66	1515	1219	18724	26013	422828	285677	38.5
77037	245	2946	2516	119887	77665	656971	354531	48.4

京津冀基本情况(2015年)

Basic Conditions of Jing-Jin-Ji Region (2015)

指标	Item	全国 China	京津冀合计 Total of Jing-Jin-Ji Region	北京 Beijing	天津 Tianjin	河北 Hebei
基本情况	**Basic Conditions**					
土地面积(万平方公里)	Total Land Area (10000 sq.km)	960	21.6	1.6	1.2	18.8
占京津冀的比重(%)	Share in Jing-Jin-Ji Region (%)			7.4	5.5	87.1
年末常住人口(万人)	Risident Population (year-end) (10000 persons)	137462	11142.4	2170.5	1547.0	7424.9
占京津冀的比重(%)	Share in Jing-Jin-Ji Region (%)			19.5	13.9	66.6
在全部常住人口中(%)	of Risident Population (%)					
0-14岁人口占比重	Percentage of Population Aged 0-14	16.5	15.1	10.1	9.8	17.6
15-59岁人口占比重	Percentage of Population Aged 15-59	67.3	68.9	74.2	74.9	66.0
60岁及以上人口占比重	Percentage of Population Aged 60 and Over	16.1	16.1	15.7	15.3	16.3
65岁及以上人口占比重	Percentage of Population Aged 65 and Over	10.5	10.1	10.3	9.6	10.2
常住人口密度(人/平方公里)	Risident Population Density (person/sq.km)	143.2	515.8	1323.0	1315.0	395.6
城镇化水平(%)	Urbanization Level (%)	56.1	62.5	86.5	82.6	51.3
水资源	**Water Resources**					
水资源总量(亿立方米)	Total Amount of Water Resources (100 million cu.m)	28306	174.7	26.8	12.8	135.1
占京津冀的比重(%)	Share in Jing-Jin-Ji Region (%)			15.3	7.3	77.3
人均水资源(立方米/人)	Per Capita Water Resources (cu.m/person)	2064.3		123.8	124.8	182.0
经济水平(亿元)	**Economic Level (100 million yuan)**					
地区生产总值	Gross Domestic Product	685505.8	69358.9	23014.6	16538.2	29806.1
占京津冀的比重(%)	Share in Jing-Jin-Ji Region (%)			33.2	23.8	43.0
人均地区生产总值(元/人)	Per Capita GDP (yuan/person)	49992		106497	107995	40255
一般公共预算收入	General Public Budgetary Revenue	83002.0	10040.2	4723.9	2667.1	2649.2
占京津冀的比重(%)	Share in Jing-Jin-Ji Region (%)			47.0	26.6	26.4
农林牧渔业总产值	Gross Output Value of Agriculture, Forestry, Animal Husbandry and Fishery	107056.4	6814.5	368.2	467.4	5978.9
占京津冀的比重(%)	Share in Jing-Jin-Ji Region (%)			5.4	6.9	87.7
规模以上工业增加值可比价增速(%)	Growth Rate at Constant Prices of Industry Enterprises above Designated Size (%)	6.1		1.0	9.3	4.4
全社会固定资产投资	Total Investment in Fixed Assets	561999.8	50504.4	7990.9	13065.2	29448.3
占京津冀的比重(%)	Share in Jing-Jin-Ji Region (%)			15.8	25.9	58.3
社会消费品零售总额	Total Retail Sales of Consumer Goods	300930.8	28586.0	10338.0	5257.3	12990.7
占京津冀的比重(%)	Share in Jing-Jin-Ji Region (%)			36.2	18.4	45.4
就业	**Employment**					
城镇登记失业率(%)	Registration Unemployment Rate in Urban Areas (%)	4.05		1.39	3.50	3.60
就业人员(万人)	Employment (10000 persons)	77451.0	6295.4	1186.1	896.8	4212.5
占京津冀的比重(%)	Share in Jing-Jin-Ji Region (%)			18.8	14.2	66.9
公共服务	**Public Service**					
普通高等学校数(所)	Regular Institutions of Higher Education (unit)	2560	263	90	55	118
占京津冀的比重(%)	Share in Jing-Jin-Ji Region (%)			34.2	20.9	44.9
医院数(个)	Number of Hospital (unit)	27587	2649	701	401	1547
占京津冀的比重(%)	Share in Jing-Jin-Ji Region (%)			26.5	15.1	58.4
医院诊疗人次(万人次)	Hospital Patients (10000 person-time)	308364	35339.4	16349.7	7146.8	11842.9

注：人均水资源=水资源总量/年平均常住人口。

a) Per capita average volume of water resources=average volume of water resources/annual average population

京津冀人口情况
Population of Jing-Jin-Ji Region

指　标 Indicator	全　国 China	京津冀合计 Total of Jing-Jin-Ji Region	北　京 Beijing	天　津 Tianjin	河　北 Hebei	河北占京津冀比重(%) Hebei's Share in Jing-Jin-Ji Region (%)
常住人口(万人) Risident Population (10000 persons)						
2005	130756	9431.8	1538.0	1043.0	6850.8	72.6
2006	131448	9573.9	1601.0	1075.0	6897.9	72.0
2007	132129	9734.2	1676.0	1115.0	6943.2	71.3
2008	132802	9935.8	1771.0	1176.0	6988.8	70.3
2009	133450	10122.6	1860.0	1228.2	7034.4	69.5
2010	134091	10454.8	1961.9	1299.3	7193.6	68.8
2011	134735	10613.7	2018.6	1354.6	7240.5	68.2
2012	135404	10770.0	2069.3	1413.2	7287.5	67.7
2013	136072	10919.6	2114.8	1472.2	7332.6	67.2
2014	136782	11052.2	2151.6	1516.8	7383.8	66.8
2015	137462	11142.4	2170.5	1547.0	7424.9	66.6
人口密度(人/平方公里) Population Density (person/sq.km)						
2005	136.2	436.6	937.2	886.9	365.0	
2006	136.9	443.2	975.6	914.1	367.5	
2007	137.6	450.6	1021.3	948.1	369.9	
2008	138.3	459.9	1079.2	1000.0	372.4	
2009	139.0	468.6	1133.5	1044.3	374.8	
2010	139.7	484.0	1195.6	1104.8	383.3	
2011	140.3	491.3	1230.1	1151.8	385.8	
2012	141.0	498.6	1261.0	1201.6	388.3	
2013	141.7	505.5	1289.0	1251.8	390.7	
2014	142.1	512.0	1311.1	1289.8	393.4	
2015	143.2	515.8	1323.0	1315.0	395.6	
城镇人口(万人) Urban Population (10000 persons)						
2005	56212.0	4651.5	1286.1	783.4	2582.0	55.5
2006	58288.0	4838.3	1350.2	814.1	2674.0	55.3
2007	60633.0	5061.8	1416.2	850.9	2794.7	55.2
2008	62403.0	5340.1	1503.6	908.2	2928.3	54.8
2009	64512.0	5616.2	1581.1	958.1	3077.0	54.8
2010	66978.0	5921.1	1686.4	1033.6	3201.2	54.1
2011	69079.0	6132.8	1740.7	1090.4	3301.7	53.8
2012	71182.0	6346.7	1783.7	1152.5	3410.5	53.7
2013	73111.0	6561.0	1825.1	1207.4	3528.5	53.8
2014	74916.0	6749.4	1859.0	1248.0	3642.4	54.0
2015	77116.0	6967.3	1877.7	1278.4	3811.2	54.7
城镇人口比重(%) Proportion of Urban Population (%)						
2005	43.0	49.3	83.6	75.1	37.7	
2006	44.3	50.5	84.3	75.7	38.8	
2007	45.9	52.0	84.5	76.3	40.3	
2008	47.0	53.7	84.9	77.2	41.9	
2009	48.3	55.5	85.0	78.0	43.7	
2010	49.9	56.6	86.0	79.6	44.5	
2011	51.3	57.8	86.2	80.5	45.6	
2012	52.6	58.9	86.2	81.6	46.8	
2013	53.7	60.1	86.3	82.0	48.1	
2014	54.8	61.1	86.4	82.3	49.3	
2015	56.1	62.5	86.5	82.6	51.3	

京津冀地区生产总值

项 目	Item	2005	2006	2007
地区生产总值(亿元)	**Gross Domestic Product (100 million yuan)**			
全 国	China	187318.9	219438.5	270232.3
京津冀合计	Total of Jing-Jin-Ji Region	20887.3	24048.1	28706.9
北京	Beijing	6969.5	8117.8	9846.8
天津	Tianjin	3905.6	4462.7	5252.8
河北	Hebei	10012.1	11467.6	13607.3
河北占京津冀比重(%)	Hebei's Share in Jing-Jin-Ji Region (%)	47.9	47.7	47.4
第一产业增加值(亿元)	**Value-added of the Primary Industry (100 million yuan)**			
全 国	China	21806.7	23317.0	27788.0
京津冀合计	Total of Jing-Jin-Ji Region	1601.1	1654.0	2016.2
北京	Beijing	88.7	88.8	101.3
天津	Tianjin	112.4	103.4	110.2
河北	Hebei	1400.0	1461.8	1804.7
河北占京津冀比重(%)	Hebei's Share in Jing-Jin-Ji Region (%)	87.4	88.4	89.5
第二产业增加值(亿元)	**Value-added of the Second Industry (100 million yuan)**			
全 国	China	88084.4	104361.8	126633.6
京津冀合计	Total of Jing-Jin-Ji Region	9433.2	10758.9	12603.8
北京	Beijing	2026.5	2191.4	2509.4
天津	Tianjin	2135.1	2457.1	2892.5
河北	Hebei	5271.6	6110.4	7201.9
河北占京津冀比重(%)	Hebei's Share in Jing-Jin-Ji Region (%)	55.9	56.8	57.1
第三产业增加值(亿元)	**Value-added of the Tertiary Industry (100 million yuan)**			
全 国	China	77427.8	91759.7	115810.7
京津冀合计	Total of Jing-Jin-Ji Region	9853.1	11635.2	14086.9
北京	Beijing	4854.3	5837.6	7236.1
天津	Tianjin	1658.2	1902.3	2250.0
河北	Hebei	3340.5	3895.4	4600.7
河北占京津冀比重(%)	Hebei's Share in Jing-Jin-Ji Region (%)	33.9	33.5	32.7
工业增加值(亿元)	**Value-added of the Industry (100 million yuan)**			
全 国	China	77960.5	92238.4	111693.9
京津冀合计	Total of Jing-Jin-Ji Region	8369.3	9569.3	11260.0
北京	Beijing	1707.0	1821.8	2082.8
天津	Tianjin	1958.0	2261.5	2661.9
河北	Hebei	4704.3	5486.0	6515.3
河北占京津冀比重(%)	Hebei's Share in Jing-Jin-Ji Region (%)	56.2	57.3	57.9
人均地区生产总值(元/人)	**Per Capita GDP (yuan/person)**			
全 国	China	14259	16602	20337
北京	Beijing	45993	51722	60096
天津	Tianjin	37796	42141	47970
河北	Hebei	14659	16682	19662

Gross Domestic Product of Jing-Jin-Ji Region

2008	2009	2010	2011	2012	2013	2014	2015
319515.5	349081.4	413030.3	489300.6	540367.4	595244.4	643974.0	685505.8
33846.0	36910.3	43732.3	52074.9	57348.3	62685.8	66474.5	69358.9
11115.0	12153.0	14113.6	16251.9	17879.4	19800.8	21330.8	23014.6
6719.0	7521.9	9224.5	11307.3	12893.9	14442.0	15722.5	16538.2
16012.0	17235.5	20394.3	24515.8	26575.0	28443.0	29421.2	29806.1
47.3	46.7	46.6	47.1	46.3	45.4	44.3	43.0
32753.2	34161.8	39362.6	46163.1	50902.3	55329.1	58343.5	60870.5
2270.0	2454.5	2832.8	3201.8	3508.5	3730.0	3808.0	3788.5
112.8	118.3	124.4	136.3	150.2	159.6	159.0	140.2
122.6	128.9	145.6	159.7	171.6	188.5	201.5	208.8
2034.6	2207.3	2562.8	2905.7	3186.7	3382.0	3447.5	3439.5
89.6	89.9	90.5	90.8	90.8	90.7	90.5	90.8
149956.6	160171.7	191629.8	227038.8	244643.3	261956.1	277571.8	280560.3
15037.5	15803.2	18936.3	22807.7	24726.7	26382.5	27323.8	26633.7
2626.4	2855.5	3388.4	3752.5	4059.3	4292.6	4544.8	4542.6
3709.8	3987.8	4840.2	5928.3	6663.8	7308.1	7766.1	7704.2
8701.3	8959.8	10707.7	13126.9	14003.6	14781.9	15012.9	14386.9
57.9	56.7	56.5	57.6	56.6	56.0	54.9	54.0
136805.8	154747.9	182038.0	216098.6	244821.9	277959.3	308058.6	344075.0
16538.5	19192.7	21963.2	26065.5	29113.1	32573.1	35347.2	38936.6
8375.8	9179.2	10600.8	12363.1	13669.9	15348.6	16627.0	18331.7
2886.7	3405.2	4238.7	5219.2	6058.5	6945.4	7759.3	8625.2
5276.0	6608.3	7123.8	8483.2	9384.8	10279.1	10960.8	11979.8
31.9	34.4	32.4	32.5	32.2	31.6	31.0	30.8
131727.6	138095.5	165126.4	195142.8	208905.6	222337.6	233856.4	235183.5
13442.1	13909.1	16728.9	20250.0	21929.0	23447.8	24156.6	23319.7
2131.7	2303.1	2764.0	3048.8	3294.3	3566.4	3746.8	3710.9
3418.9	3622.1	4410.9	5430.8	6123.1	6686.6	7079.1	6982.7
7891.5	7983.9	9554.0	11770.4	12511.6	13194.8	13330.7	12626.2
58.7	57.4	57.1	58.1	57.1	56.3	55.2	54.1
23912	25963	30567	36018	39544	43320	47203	49992
64491	66940	73856	81658	87475	94648	99995	106497
58656	62574	72994	85213	93173	100105	105231	107995
22986	24581	28668	33969	36584	38909	39984	40255

京津冀三次产业就业人员情况
Employed Persons by Type of Industry in Jing-Jin-Ji Region

单位：万人 (10000 persons)

指　标 Indicator	全　国 China	京津冀合计 Total of Jing-Jin-Ji Region	北　京 Beijing	天　津 Tianjin	河　北 Hebei	河北占京津冀比重(%) Hebei's Share in Jing-Jin-Ji Region (%)
就业人员 Employment						
2005	74647.0	4989.5	878.0	542.5	3569.0	71.5
2006	74978.0	5092.6	919.7	562.9	3610.0	70.9
2007	75321.0	5221.6	942.7	613.9	3665.0	70.2
2008	75564.0	5353.9	980.9	647.3	3725.7	69.6
2009	75828.0	5467.9	998.3	677.1	3792.5	69.4
2010	76105.0	5625.4	1031.6	728.7	3865.1	68.7
2011	76420.0	5795.3	1069.7	763.2	3962.4	68.4
2012	76704.0	5996.2	1107.3	803.1	4085.7	68.1
2013	76977.0	6172.4	1141.0	847.5	4183.9	67.8
2014	77253.0	6236.6	1156.7	877.2	4202.7	67.4
2015	77451.0	6295.4	1186.1	896.8	4212.5	66.9
第一产业 Primary Industry						
2005	33441.9	1708.7	62.2	81.8	1564.7	91.6
2006	31940.6	1666.3	60.3	81.1	1524.9	91.5
2007	30731.0	1619.4	60.9	77.0	1481.5	91.5
2008	29923.3	1620.7	63.0	76.3	1481.4	91.4
2009	28890.5	1617.1	62.2	75.7	1479.2	91.5
2010	27930.5	1599.5	61.4	73.9	1464.2	91.5
2011	26594.2	1571.9	59.1	73.2	1439.6	91.6
2012	25773.0	1554.8	57.3	71.2	1426.3	91.7
2013	24171.0	1528.9	55.4	69.0	1404.5	91.9
2014	22790.0	1519.3	52.4	68.0	1398.9	92.1
2015	21919.0	1504.3	50.3	66.2	1387.8	92.3
第二产业 Secondary Industry						
2005	17766.0	1502.0	231.1	227.4	1043.6	69.5
2006	18894.5	1542.9	225.4	234.9	1082.7	70.2
2007	20186.0	1624.0	228.1	261.4	1134.5	69.9
2008	20553.4	1649.4	207.4	271.9	1170.1	70.9
2009	21080.2	1684.0	199.6	281.0	1203.4	71.5
2010	21842.1	1755.9	202.7	302.3	1250.9	71.2
2011	22543.9	1855.0	219.2	316.0	1319.8	71.1
2012	23241.0	1944.3	212.6	330.9	1400.8	72.0
2013	23170.0	2002.8	210.9	353.9	1438.1	71.8
2014	23099.0	1989.2	209.9	341.5	1437.8	72.3
2015	22693.0	1958.4	200.8	320.2	1437.4	73.4
第三产业 Tertiary Industry						
2005	23439.2	1778.7	584.7	233.4	960.7	54.0
2006	24142.9	1883.4	634.0	247.0	1002.4	53.2
2007	24404.0	1978.2	653.7	275.6	1048.9	53.0
2008	25087.2	2083.9	710.5	299.1	1074.2	51.6
2009	25857.3	2166.8	736.5	320.4	1109.9	51.2
2010	26332.3	2270.1	767.5	352.5	1150.1	50.7
2011	27281.9	2368.4	791.4	374.0	1203.0	50.8
2012	27690.0	2497.1	837.4	401.0	1258.7	50.4
2013	29696.0	2640.7	874.7	424.6	1341.4	50.8
2014	31364.0	2728.1	894.4	467.7	1366.0	50.1
2015	32839.0	2832.8	935.0	510.5	1387.3	49.0

京津冀固定资产投资情况
Total Investment in Fixed Assets of Jing-Jin-Ji Region

单位：亿元 (100 million yuan)

指标 Indicator	全国 China	京津冀合计 Total of Jing-Jin-Ji Region	北京 Beijing	天津 Tianjin	河北 Hebei	河北占京津冀比重(%) Hebei's Share in Jing-Jin-Ji Region (%)
全社会固定资产投资 Total Investment in Fixed Assets						
2005	88773.6	8554.3	2827.2	1516.8	4210.2	49.2
2006	109998.2	10722.3	3371.5	1849.8	5501.0	51.3
2007	137323.9	13239.9	3966.6	2388.6	6884.7	52.0
2008	172828.4	16119.2	3848.5	3404.1	8866.6	55.0
2009	224598.8	22176.5	4858.4	5006.3	12311.9	55.5
2010	251683.8	27088.3	5493.5	6511.4	15083.4	55.7
2011	311485.1	29810.6	5910.6	7510.7	16389.3	55.0
2012	374694.7	34995.4	6462.8	8871.3	19661.3	56.2
2013	446294.1	40347.6	7032.2	10121.2	23194.2	57.5
2014	512760.7	45888.3	7562.3	11654.1	26671.9	58.1
2015	561999.8	50504.4	7990.9	13065.2	29448.3	58.3
房地产开发投资 Investment of Real Estate Development						
2005	15909.2	2244.1	1525.0	327.5	391.5	17.4
2006	19422.9	2603.8	1719.9	402.3	481.6	18.5
2007	25288.8	3210.4	1995.8	505.3	709.3	22.1
2008	31203.2	3646.9	1908.7	653.7	1084.4	29.7
2009	36241.8	4592.9	2337.7	735.2	1520.0	33.1
2010	48259.4	6032.6	2901.1	866.6	2264.9	37.5
2011	61796.9	7170.9	3036.3	1080.0	3054.6	42.6
2012	71803.8	7499.9	3153.4	1260.0	3086.5	41.2
2013	86013.4	8409.6	3483.4	1480.8	3445.4	41.0
2014	95035.6	9670.7	3911.3	1699.7	4059.7	42.0
2015	95978.8	10383.1	4226.3	1871.6	4285.3	41.3
城市基础设施投资 Investment of Infrastructure						
2005			610.7	420.8		
2006			935.3	518.2		
2007			1175.8	734.9		
2008			1160.7	1040.3		
2009			1462.0	1606.8		
2010			1403.5	1673.7	3244.2	
2011			1400.2	1567.8	3057.9	
2012			1789.2	1905.2	3476.1	
2013			1785.7	2113.4	4392.1	
2014			2018.1	2195.1	5012.6	
2015			2174.5	2642.0	5769.8	
交通运输投资 Investment of Transportation						
2005			224.1		336.4	
2006			439.6		466.6	
2007			548.0		588.2	
2008		1363.4	604.2	273.4	485.7	35.6
2009		2078.1	698.6	559.9	819.6	39.4
2010		2515.6	720.5	571.0	1224.1	48.7
2011		2328.8	680.7	504.9	1143.2	49.1
2012		2413.5	712.0	518.2	1183.3	49.0
2013		2851.9	664.5	587.9	1599.5	56.1
2014		2876.5	756.5	595.8	1524.2	53.0
2015		2818.4	827.0	625.2	1366.2	48.5

注：北京基础设施投资数据为全社会口径。

a) Investment of Infrastructure in the whole country of Beijing are exclude from the data.

京津冀能源消费总量

项　目	Item	2005	2006	2007
北京市	**Beijing**			
能源消费总量（万吨标准煤）	**Primary Energy Consumption (10000 tons of SCE)**	**5521.9**	**5904.1**	**6285.0**
煤炭(万吨)	Coal (10000 tons)	3069.0	3055.7	2990.1
焦炭(万吨)	Coke	397.4	348.6	358.2
汽油(万吨)	Gasoline	235.2	278.2	324.7
煤油(万吨)	Kerosene	189.4	233.9	277.1
柴油(万吨)	Diesel Oil	140.9	177.5	192.0
燃料油(万吨)	Fuel Oil	65.9	48.1	42.9
液化石油气(万吨)	Liquefied Petroleum Gas	46.1	46.1	67.4
天然气(亿立方米)	Natural Gas (100 million cu.m)	32.0	40.7	46.6
热力(万百万千焦)	Thermal (10 billion kilo-joule)	11931.6	12181.6	13276.4
电力(亿千瓦时)	Electricity (100 million kwh)	567.0	619.0	675.1
天津市	**Tianjin**			
能源消费总量（万吨标准煤）	**Primary Energy Consumption (10000 tons of SCE)**	**4084.6**	**4500.2**	**4942.8**
煤炭(万吨)	Coal (10000 tons)	3801.5	3809.3	3926.7
焦炭(万吨)	Coke	329.8	541.1	667.8
汽油(万吨)	Gasoline	123.0	128.1	139.6
煤油(万吨)	Kerosene	15.1	16.4	19.4
柴油(万吨)	Diesel Oil	220.8	235.4	255.8
燃料油(万吨)	Fuel Oil	112.7	107.1	89.6
液化石油气(万吨)	Liquefied Petroleum Gas	17.1	15.6	17.6
天然气(亿立方米)	Natural Gas (100 million cu.m)	9.0	11.2	14.3
热力(万百万千焦)	Thermal (10 billion kilo-joule)	10642.1	11366.3	11783.1
河北省	**Hebei**			
能源消费总量（万吨标准煤）	**Primary Energy Consumption (10000 tons of SCE)**	**19836.0**	**21794.1**	**23585.1**
煤炭(万吨)	Coal (10000 tons)	20542.4	21359.8	24681.0
焦炭(万吨)	Coke	4583.2	5460.6	5127.3
汽油(万吨)	Gasoline	221.9	263.8	249.0
煤油(万吨)	Kerosene	3.2	5.9	6.2
柴油(万吨)	Diesel Oil	444.4	484.4	532.7
燃料油(万吨)	Fuel Oil	60.8	59.3	48.3
液化石油气(万吨)	Liquefied Petroleum Gas	42.7	38.7	40.5
天然气(亿立方米)	Natural Gas (100 million cu.m)	9.1	11.0	12.1
热力(万百万千焦)	Thermal (10 billion kilo-joule)	13295.8	12467.8	15773.1

注：河北2010-2014年全省能源消费总量在第三次经济普查后作了修订。

Primary Energy Consumption of Jing-Jin-Ji Region

2008	2009	2010	2011	2012	2013	2014	2015
6327.1	**6570.3**	**6954.1**	**6995.4**	**7177.7**	**6723.9**	**6831.2**	**6852.6**
2747.7	2664.7	2634.6	2365.5	2269.9	2019.2	1736.5	1165.2
232.9	212.0	220.5	33.3	32.3	0.8	0.6	0.4
340.9	363.6	371.5	389.8	415.9	423.6	440.6	462.8
318.4	341.9	392.6	419.9	443.3	477.1	507.6	544.4
227.2	240.2	237.4	241.1	215.8	193.9	196.5	182.4
25.6	42.4	66.7	74.7	78.2	8.3	5.6	4.9
65.4	48.9	46.2	48.6	45.7	45.2	50.4	51.2
60.7	69.4	74.8	73.6	92.1	98.8	113.7	145.4
14785.3	15828.2	16557.6	17539.1	17065.9	15408.2	16577.8	16803.4
708.2	758.9	830.9	853.7	911.9	908.7	933.4	951.3
5363.6	**5874.1**	**6084.9**	**6781.4**	**7325.6**	**7881.8**	**8145.1**	**8078.0**
3972.8	4119.7	4756.2	5202.5	5233.4	5278.7	5027.3	4538.8
719.2	868.7	663.9	699.9	882.7	955.5	954.4	904.7
148.8	181.0	141.3	152.9	180.1	212.2	226.8	263.7
18.1	20.7	21.7	24.5	29.4	56.1	59.9	65.8
289.8	303.6	269.6	292.4	307.6	324.7	334.4	353.4
124.8	118.6	141.5	127.2	102.8	86.9	78.2	94.1
17.2	18.5	6.5	6.8	6.7	8.0	8.8	9.6
16.8	18.1	22.9	25.5	32.1	37.3	45.1	63.6
12475.5	13920.9	6553.9	6881.8	7735.0	8361.8	8726.6	9312.4
24321.9	**25418.8**	**26201.4**	**28075.0**	**28762.5**	**29664.4**	**29320.2**	**29395.4**
24418.6	26515.8	27464.7	30791.8	31359.0	31696.0	29635.5	28943.1
6007.7	6208.8	7319.0	8399.9	8402.3	9156.9	8127.2	7726.5
211.1	212.1	238.7	305.7	318.3	352.6	314.6	475.3
7.4	6.3	7.3	8.9	7.8	17.6	17.6	8.2
531.7	521.7	691.9	796.1	821.4	802.6	788.8	749.2
65.8	59.8	38.5	47.3	24.5	35.2	32.0	51.7
44.0	45.0	211.3	89.6	85.6	57.5	59.3	89.9
17.2	23.1	29.5	35.0	45.0	52.3	54.3	71.0
15384.2	15628.3	24231.1	29259.1	33122.2	40291.9	39427.8	42242.6

a) Adjustment has been done for the Primary Energy Consumption of Hebei in 2005-2008, due to the 3nd Economic Census.

京津冀居民收入支出和居住水平

项　目	Item	2005	2006
城镇单位在岗职工平均工资(元)	**Average Wage of Staff and Workers on-post in Urban Units (yuan)**		
全　国	China	18364	21001
北京	Beijing	34191	40117
天津	Tianjin	25271	28682
河北	Hebei	14707	16590
城镇居民人均可支配收入(元)	**Per Capita Annual Disposable Income of Urban Households (yuan)**		
全　国	China	10493.0	11759.5
北京	Beijing	17653.0	19978.0
天津	Tianjin	12638.6	14283.1
河北	Hebei	9107.1	10304.6
农村居民人均纯收入(元)	**Per Capita Net Income of Rural Households (yuan)**		
全　国	China	3254.9	3587.0
北京	Beijing	7860.0	8620.0
天津	Tianjin	7202.0	7942.0
河北	Hebei	3481.6	3801.8
城镇居民人均消费支出(元)	**Per Capita Annual Living Expenditure of Urban Households (yuan)**		
全　国	China	7943.0	8696.6
北京	Beijing	13244.2	14825.0
天津	Tianjin	9653.3	10548.1
河北	Hebei	6699.7	7343.5
农村居民人均生活消费支出(元)	**Per Capita Consumption Expenditure of Rural Households (yuan)**		
全　国	China	2555.0	2829.0
北京	Beijing	5515.0	6061.0
天津	Tianjin	3590.0	3829.0
河北	Hebei	2165.7	2495.3
城镇居民人均住房建筑面积(平方米)	**Per Capita Floor Space of Residential Building in Urban Areas (sq.m)**		
全　国	China	27.80	28.50
北京	Beijing	22.03	23.65
天津	Tianjin	24.97	26.05
河北	Hebei	21.53	21.81

注：2013年、2014年天津城镇居民收支数据为城镇常住居民口径。

Income and Consumption Expenditure, Living Level of Households in Jing-Jin-Ji Region

2007	2008	2009	2010	2011	2012	2013	2014	2015
24932	29229	32736	37147	42452	47593	52379	57346	63241
46507	54913	58140	65683	75834	85307	93997	103400	113073
34938	41748	44992	52963	55636	62225	72535	73839	81486
19911	24756	28383	32306	36166	38658	42532	46239	52409
13785.8	15780.8	17174.7	19109.4	21809.8	24564.7	26467.0	28843.9	31194.8
21989.0	24725.0	26738.0	29073.0	32903.0	36469.0	40321.0	43910.0	52859.0
16357.4	19422.5	21402.0	24292.6	26921.0	29626.4	28980.0	31506.0	34101.0
11690.5	13441.1	14718.3	16263.4	18292.2	20543.4	22580.0	24141.0	26152.2
4140.4	4760.6	5153.2	5919.0	6977.3	7916.6	9429.6	10488.9	11421.7
9559.0	10747.0	11986.0	13262.0	14736.0	16476.0	18337.0	20226.0	20569.0
8752.0	9670.0	10675.0	11801.0	11891.0	13571.0	15405.0	17014.0	18482.0
4293.4	4795.5	5149.7	5958.0	7119.7	8081.4	9102.0	10186.0	11050.5
9997.5	11242.9	12264.6	13471.5	15160.9	16574.3	18487.5	19968.1	21392.4
15330.0	16460.0	17893.0	19934.0	21984.0	24046.0	26275.0	28009.0	36642.0
12028.9	13422.5	14801.4	16561.8	18424.1	20024.2	22306.0	24290.0	26230.0
8235.0	9086.7	9678.8	10318.3	11609.3	12531.1	13641.0	16203.8	17586.6
3223.9	3660.7	3993.5	4381.8	5221.1	5908.0	7485.1	8382.6	9222.6
6828.0	7656.0	9141.0	10109.0	11078.0	11879.0	13553.0	14529.0	15811.0
4118.0	4593.0	4926.0	5606.0	6725.0	8337.0	10155.0	13739.0	14739.0
2786.8	3125.6	3349.7	3844.9	4711.2	5364.1	6134.0	8248.0	9022.8
30.10	30.60	31.30	31.60	32.65	32.91			
24.77	26.90	27.69	28.94	29.38	29.26	31.31	31.54	31.69
27.09	28.53	29.89	31.28	32.77	34.61	35.75	21.82	20.67
30.45	29.51	29.95	30.52	32.21	32.51	33.65	30.52	35.87

a) Income, Expenditure and Living Condition of impermenent resident are excluded from data of Tianjin for 2013 and 2014.

京津冀财政收支情况
General Public Budgetary Revenue and Expenditures of Jing-Jin-Ji Region

单位：亿元 (100 million yuan)

指 标 Indicator	全 国 China	京津冀合计 Total of Jing-Jin-Ji Region	北 京 Beijing	天 津 Tianjin	河 北 Hebei	河北占京津冀比重(%) Hebei's Share in Jing-Jin-Ji Region (%)
一般公共预算收入 General Public Budgetary Revenue						
2005	15100.8	1766.8	919.2	331.9	515.7	29.2
2006	18303.6	2154.7	1117.2	417.1	620.5	28.8
2007	23572.6	2822.2	1492.6	540.4	789.1	28.0
2008	28649.8	3460.5	1837.3	675.6	947.6	27.4
2009	32602.6	3915.9	2026.8	822.0	1067.1	27.3
2010	40613.0	4754.6	2353.9	1068.8	1331.9	28.0
2011	52547.1	6199.2	3006.3	1455.1	1737.8	28.0
2012	61078.3	7159.2	3314.9	1760.0	2084.3	29.1
2013	69011.2	8035.8	3661.1	2079.1	2295.6	28.6
2014	75876.6	8864.2	4027.2	2390.4	2446.6	27.6
2015	83002.0	10040.2	4723.9	2667.1	2649.2	26.4
一般公共预算支出 General Public Budgetary Expentditure						
2005	25154.3	2479.6	1058.3	442.1	979.2	39.5
2006	30431.3	3020.3	1296.8	543.1	1180.4	39.1
2007	38339.3	3830.5	1649.5	674.3	1506.7	39.3
2008	49248.5	4708.7	1959.3	867.7	1881.7	40.0
2009	61044.1	5791.2	2319.4	1124.3	2347.6	40.5
2010	73884.4	6914.4	2717.3	1376.8	2820.2	40.8
2011	92733.7	8578.9	3245.2	1796.3	3537.4	41.2
2012	107188.3	9908.0	3685.3	2143.2	4079.4	41.2
2013	119740.3	11132.5	4173.7	2549.2	4409.6	39.6
2014	129091.6	12086.7	4524.7	2884.7	4677.3	38.7
2015	175768.0	14602.2	5737.7	3232.4	5632.2	38.6

注：1.表内全国财政收入和支出为31个省市地方公共财政预算收入和支出的合计数。
a) Total of China is composed by the data of China's 31 provintial regtions.

京津冀主要农产品产量
Ouptut of Major Agricultural Products in Jing-Jin-Ji Region

指 标 Indicator	全 国 China	京津冀合计 Total of Jing-Jin-Ji Region	北 京 Beijing	天 津 Tianjin	河 北 Hebei	河北占京津冀比重(%) Hebei's Share in Jing-Jin-Ji Region (%)
粮食产量(万吨) Output of Grain (10000 tons)						
2005	48402.2	2831.0	94.9	137.5	2598.6	91.8
2006	49804.2	3031.7	109.2	141.9	2780.6	91.7
2007	50160.3	3090.9	102.1	147.2	2841.6	91.9
2008	52870.9	3180.2	125.5	148.9	2905.8	91.4
2009	53082.1	3191.3	124.8	156.3	2910.2	91.2
2010	54647.7	3251.3	115.7	159.7	2975.9	91.5
2011	57120.8	3456.2	121.8	161.8	3172.6	91.8
2012	58958.0	3522.1	113.8	161.8	3246.6	92.2
2013	60194.0	3635.8	96.1	174.7	3365.0	92.6
2014	60702.6	3600.0	63.9	176.0	3360.2	93.3
2015	62142.2	3607.5	62.6	181.7	3363.8	93.2
蔬菜产量(万吨) Output of Vegetables (10000 tons)						
2005	56451.5	7383.5	373.1	542.7	6467.6	87.6
2006	53953.1	6931.1	341.2	275.5	6314.4	91.1
2007	56452.0	7055.2	340.1	274.4	6440.7	91.3
2008	59240.4	7320.1	321.3	314.2	6684.6	91.3
2009	61823.8	7433.1	317.1	373.9	6742.1	90.7
2010	65099.4	7795.9	303.0	419.3	7073.6	90.7
2011	67929.7	8112.5	296.9	431.3	7384.3	91.0
2012	70883.1	8422.7	279.9	447.7	7695.1	91.4
2013	73512.0	8624.1	266.9	455.1	7902.1	91.6
2014	76005.5	8822.1	236.2	460.2	8125.7	92.1
2015	78526.1	8890.4	205.1	441.5	8243.7	92.7
肉类总产量(万吨) Output of Meat (10000 tons)						
2005	6938.9	506.6	53.3	57.8	395.6	78.1
2006	7089.0	486.4	45.3	35.0	406.2	83.5
2007	6865.7	479.7	47.9	33.8	398.1	83.0
2008	7278.7	503.3	45.1	37.1	421.1	83.7
2009	7649.7	513.3	47.2	39.5	426.6	83.1
2010	7925.8	505.6	46.3	42.6	416.7	82.4
2011	7965.1	505.5	44.4	42.9	418.2	82.7
2012	8387.2	531.9	43.2	45.8	442.9	83.3
2013	8535.0	537.1	41.8	46.5	448.8	83.6
2014	8706.7	553.8	39.3	46.4	468.1	84.5
2015	8625.0	544.6	36.4	45.8	462.5	84.9
牛奶产量(万吨) Output of Milk (10000 tons)						
2005	2753.4	468.0	64.2	63.4	340.4	72.7
2006	3193.4	535.3	61.9	65.8	407.6	76.1
2007	3525.2	618.9	62.2	67.2	489.4	79.1
2008	3555.8	641.0	66.4	70.1	504.5	78.7
2009	3518.8	587.6	67.4	68.7	451.5	76.8
2010	3575.6	573.2	64.1	69.3	439.8	76.7
2011	3657.8	592.3	64.0	69.4	458.9	77.5
2012	3743.6	603.6	65.1	68.2	470.4	77.9
2013	3531.4	588.0	61.5	68.5	458.0	77.9
2014	3724.6	616.2	59.5	68.9	487.8	79.2
2015	3754.7	598.4	57.2	68.0	473.1	79.1

注：1.北京蔬菜播种面积为蔬菜及食用菌播种面积。2.天津牛奶产量2005—2013年数据为奶类产量数据。

a) Beijing's output of vegetable is composed of output of edible mushrooms as well as vegetables.

b) Tanjin's output of milk for 2005-2013, is made up of the output of milk and milk products.

京津冀规模以上工业主要产品产量
Output of Major Industrial Products above Designated Size in Jing-Jin-Ji Region

指标 Indicator	全国 China	京津冀合计 Total of Jing-Jin-Ji Region	北京 Beijing	天津 Tianjin	河北 Hebei	河北占京津冀比重(%) Hebei's Share in Jing-Jin-Ji Region (%)
原煤产量(亿吨) Coal (100 million tons)						
2005	23.65	0.89	0.09		0.80	89.9
2006	25.70	0.86	0.06		0.79	92.6
2007	27.60	0.90	0.06		0.84	93.0
2008	29.03	0.85	0.06		0.79	93.3
2009	31.15	0.90	0.06		0.84	92.9
2010	34.28	1.07	0.05		1.02	95.3
2011	37.64	1.11	0.05		1.06	95.5
2012	39.45	1.23	0.05		1.18	96.0
2013	39.74	0.82	0.05		0.77	93.9
2014	38.74	0.78	0.05		0.73	93.6
2015	37.50	0.79	0.05		0.74	93.7
原油产量(万吨) Crude Oil (10000 tons)						
2005	18135.3	3142.2	796.9	1782.9	562.5	17.9
2006	18476.6	3382.8	828.9	1943.1	610.8	18.1
2007	18631.8	3499.3	915.0	1924.3	660.0	18.9
2008	19043.1	3751.6	1114.6	1993.9	643.1	17.1
2009	18949.0	4057.4	1161.3	2297.0	599.1	14.8
2010	20241.4	5055.2	1123.4	3332.7	599.0	11.8
2011	20287.6	4877.0	1103.1	3187.8	586.1	12.0
2012	20748.0	4757.3	1075.0	3098.3	584.0	12.3
2013	20991.9	4517.1	881.6	3044.5	591.0	13.1
2014	21142.9	4718.2	1051.1	3074.8	592.3	12.6
2015	21455.6	5077.0	1000.1	3496.8	580.1	11.4
发电量(亿千瓦小时) Electricity (100 million kwh)						
2005	25002.6	1917.7	213.4	365.7	1338.6	69.8
2006	28657.3	2033.9	213.7	359.2	1461.0	71.8
2007	32815.5	2267.3	227.9	393.1	1646.2	72.6
2008	34957.6	2225.1	243.1	382.1	1599.8	71.9
2009	37146.5	2400.2	242.5	415.8	1741.9	72.6
2010	42071.6	2850.5	268.8	589.1	1992.6	69.9
2011	47130.2	3180.0	262.8	619.1	2298.1	72.3
2012	49876.0	3251.4	290.8	589.7	2370.9	72.9
2013	54316.4	3447.2	335.6	624.0	2487.6	72.2
2014	56495.8	3442.8	331.2	624.0	2487.6	72.3
2015	58105.8	3526.3	417.4	621.7	2487.2	70.5
粗钢产量(万吨) Crude Steel (10000 tons)						
2005	35324.0	9169.3	827.6	955.3	7386.4	80.6
2006	41914.9	11199.7	818.1	1285.3	9096.3	81.2
2007	48928.8	13119.4	810.8	1602.1	10706.4	81.6
2008	50305.8	13710.3	466.8	1654.0	11589.4	84.5
2009	57218.2	16125.4	464.9	2124.2	13536.3	83.9
2010	63723.0	17048.4	427.5	2162.1	14458.8	84.8
2011	68528.3	18750.9	2.9	2295.8	16452.3	87.7
2012	72388.2	20175.2	2.6	2124.3	18048.4	89.5
2013	81313.9	21157.0	2.3	2305.1	18849.6	89.1
2014	82269.8	20819.5	2.1	2287.1	18530.3	89.0
2015	80382.5	20903.4	1.5	2068.9	18833.0	90.1

京津冀规模以上工业主要产品产量(续)

Output of Major Industrial Products above Designated Size in Jing-Jin-Ji Region

指 标 Indicator	全 国 China	京津冀合计 Total of Jing-Jin-Ji Region	北 京 Beijing	天 津 Tianjin	河 北 Hebei	河北占京津冀比重(%) Hebei's Share in Jing-Jin-Ji Region (%)
钢材产量(万吨) Rolled Steel (10000 tons)						
2005	37771.1	9095.4	966.3	1664.0	6465.1	71.1
2006	46893.4	11600.9	1016.3	2117.5	8467.1	73.0
2007	56560.9	14345.6	1030.4	2840.3	10474.9	73.0
2008	60460.3	15235.3	656.8	3006.8	11571.8	76.0
2009	69405.4	19984.6	769.6	4080.5	15134.5	75.7
2010	80276.6	22035.0	794.0	4483.7	16757.2	76.0
2011	88619.6	24709.2	287.0	5163.8	19258.4	77.9
2012	95577.8	26957.6	253.8	5708.6	20995.2	77.9
2013	108200.5	30049.4	221.8	6966.0	22861.6	76.1
2014	112557.2	31494.1	195.0	7303.9	23995.2	76.2
2015	112349.6	33606.5	175.0	8186.2	25245.3	75.1
水泥产量(万吨) Cement (10000 tons)						
2005	106884.8	10553.0	1183.8	519.2	8850.0	83.9
2006	123676.5	10369.4	1269.4	607.3	8492.7	81.9
2007	136117.3	11137.1	1167.3	611.4	9358.4	84.0
2008	142355.7	10383.5	880.8	549.7	8953.0	86.2
2009	164397.8	12379.7	1077.4	690.9	10611.5	85.7
2010	188191.2	14453.1	1049.0	809.7	12594.3	87.1
2011	209925.9	15770.4	911.5	765.5	14093.3	89.4
2012	220984.1	14468.6	874.5	784.3	12809.8	88.5
2013	241923.9	14516.1	868.4	971.5	12676.2	87.3
2014	247613.5	12286.5	703.1	957.9	10625.5	86.5
2015	235939.6	10404.3	553.5	777.6	9073.2	87.2
汽车(万辆) Motor Vehicle (10000 units)						
2005	570.5	110.7	58.6	32.8	19.4	17.5
2006	727.9	136.6	68.3	41.4	26.8	19.7
2007	888.9	148.7	70.7	45.7	32.3	21.7
2008	930.6	162.9	76.6	54.1	32.1	19.7
2009	1379.5	238.8	127.1	60.2	51.5	21.5
2010	1826.5	295.1	150.3	73.8	71.0	24.1
2011	1841.6	300.1	150.5	77.4	72.1	24.0
2012	1927.6	313.4	167.0	63.8	82.5	26.3
2013	2212.1	356.9	203.8	55.7	97.5	27.3
2014	2372.5	365.8	216.7	51.3	97.8	26.7
2015	2450.4	387.9	221.9	53.1	112.9	29.1
集成电路(亿块) Integrated Circuit (100 million units)						
2005	270.0	17.8	12.6	5.2		
2006	335.7	17.5	11.8	5.8		
2007	411.6	22.0	15.7	6.3	0.01	0.05
2008	438.8	24.7	19.1	5.6	0.01	0.04
2009	414.4	24.5	18.3	6.2	0.08	0.3
2010	652.5	34.3	25.3	8.9	0.13	0.4
2011	719.5	41.1	32.0	8.9	0.20	0.5
2012	779.6	40.7	31.9	8.5	0.30	0.7
2013	903.5	52.6	38.4	13.9	0.34	0.6
2014	1015.5	69.0	54.3	14.2	0.46	0.7
2015	1087.2	78.1	62.7	14.9	0.45	0.6

京津冀客、货运量情况
Passenger and Freight Traffic of Jing-Jin-Ji Region

指标 Indicator	全国 China	京津冀合计 Total of Jing-Jin-Ji Region	北京 Beijing	天津 Tianjin	河北 Hebei	河北占京津冀比重(%) Hebei's Share in Jing-Jin-Ji Region (%)
客运量(万人) Passenger Traffic (10000 persons)						
2005	1847018	146438	60841	4679	80918	55.3
2006	2024158	101934	12276	5670	83988	82.4
2007	2227761	116079	20040	7104	88935	76.6
2008	2867892	231900	128525	8753	94622	40.8
2009	2976898	236944	133872	25299	77773	32.8
2010	3269508	256383	140663	24873	90847	35.4
2011	3526319	270792	145773	25331	99688	36.8
2012	3804035	282835	149037	28462	105336	37.2
2013	2122992	203548	71056	29518	102974	50.6
2014	2032218	152377	71715	19599	61063	40.1
2015	1943271	143330	69924	19775	53631	37.4
公路客运量(万人) Passenger Traffic by Highways (10000 persons)						
2005	1697381	130288	51925	2961	75402	57.9
2006	1860487	84220	2482	3807	77931	92.5
2007	2050680	97176	9275	5253	82648	85.0
2008	2682114	211443	117118	6579	87746	41.5
2009	2779081	214518	121373	22566	70579	32.9
2010	3052738	231241	126130	21822	83289	36.0
2011	3286220	243828	129918	22053	91857	37.7
2012	3557010	254034	132333	24483	97218	38.3
2013	1853463	171372	52481	24980	93911	54.8
2014	1736270	118035	52354	14530	51151	43.3
2015	1619097	107712	49931	14218	43563	40.4
货运量(万吨) Freight Traffic (10000 tons)						
2005	1862066	164102	32509	40263	91330	55.7
2006	2037060	173194	33547	42863	96784	55.9
2007	2275822	176296	20770	51338	104188	59.1
2008	2585937	188333	21885	55065	111383	59.1
2009	2825222	202375	22017	43554	136804	67.6
2010	3241807	242632	23712	41611	177308	73.1
2011	3696961	283830	26849	44651	212330	74.8
2012	4100436	319234	28650	47698	242886	76.1
2013	4098900	357737	28294	51603	277840	77.7
2014	4167296	291768	29518	50948	211302	72.4
2015	4175886	275607	23236	53179	199192	72.3
公路货运量(万吨) Freight Traffic by Highways (10000 tons)						
2005	1341778	118552	30050	19850	68652	57.9
2006	1466347	124506	30953	20290	73263	58.8
2007	1639432	121194	17872	23500	79822	65.9
2008	1916759	130175	18689	27000	84486	64.9
2009	2127834	145083	18753	19800	106530	73.4
2010	2448052	176977	20184	20855	135938	76.8
2011	2820100	213382	23276	23426	166680	78.1
2012	3188475	248683	24925	28228	195530	78.6
2013	3076648	280955	24651	31985	224319	79.8
2014	3113334	241832	25416	31130	185286	76.6
2015	3150019	228405	19044	33724	175637	76.9

注：1.2013年起，公路客运量统计范围调整为省际客运、旅游客运和郊区客运，市郊公交不再纳入客运量统计。北京2006—2007年公路客运量为持有道路运输经营许可证的客运车辆发生的旅客运输量。2.从2014年1季度起，公路客货运量按照交通运输部新方案进行统计，所以2014年数据与2013年不可比。北京按照2013年口径对2014年数据进行了调整。

a) Since 2013, statistics of passenger traffic by highways covers of interprovincial transportation, tourist transportation and suburban transportation, except urban-suburb transportation. Beijings passenger traffic by highways for 2006-2007 means transportation by vehicles with highway-passenger -transportation licence. b) Except Beijing, data of passenger traffic by highways for 2014 are not comparable with years before, for the change of survy coverage.

京津冀国内贸易主要指标
Major Indicators of Domestic in Jing-Jin-Ji Region

单位：亿元 (100 million yuan)

指　标 Indicator	全　国 China	京津冀合计 Total of Jing-Jin-Ji Region	北　京 Beijing	天　津 Tianjin	河　北 Hebei	河北占京津冀比重(%) Hebei's Share in Jing-Jin-Ji Region (%)
社会消费品零售总额 **Total Retail Sales of Consumer Goods**						
2005	68352.6	7071.3	2911.7	1190.1	2969.5	42.0
2006	79145.2	8087.8	3295.3	1356.8	3435.7	42.5
2007	93571.6	9492.7	3835.2	1603.7	4053.8	42.7
2008	114830.1	11715.3	4645.5	2078.7	4991.1	42.6
2009	132678.4	13505.6	5309.9	2430.8	5764.9	42.7
2010	156998.4	15953.6	6229.3	2902.6	6821.8	42.8
2011	183918.6	18330.9	6900.3	3395.1	8035.5	43.8
2012	210307.0	20878.2	7702.8	3921.4	9254.0	44.3
2013	242842.8	23859.2	8872.1	4470.4	10516.7	44.1
2014	271896.1	26197.2	9638.0	4738.7	11820.5	45.1
2015	300930.8	28586.0	10338.0	5257.3	12990.7	45.4
限额以上批发零售业商品销售总额 **Total Sales Value above Desinated Size in Wholesale and Retail Sale Trade**						
2005	93151.3	18961.0	13044.9	4316.0	1600.1	8.4
2006	110054.8	22807.2	15902.6	5109.0	1795.6	7.9
2007	132740.8	27656.2	19475.8	6061.7	2118.7	7.7
2008	208229.8	42378.5	28185.3	10216.7	3976.5	9.4
2009	201166.2	43008.8	29620.1	9718.2	3670.5	8.5
2010	276635.7	58707.6	39601.7	13642.5	5463.4	9.3
2011	360525.9	73550.1	46924.3	18618.7	8007.1	10.9
2012	410532.7	86123.1	53692.6	23284.4	9146.1	10.6
2013	496603.8	97906.9	57904.5	28747.9	11254.5	11.5
2014	541319.8	104246.4	60065.5	32601.8	11579.1	11.1
2015	515567.5	95830.4	51811.3	33156.3	10862.8	11.3

京津冀进出口、利用外资和入境旅游情况
Import and Export, Utilization of Foreign Capital, International Tourism in Jing-Jin-Ji Region

单位：亿美元 (USD 100 million)

指　标 Indicator	全　国 China	京津冀合计 Total of Jing-Jin-Ji Region	北　京 Beijing	天　津 Tianjin	河　北 Hebei	河北占京津冀比重(%) Hebei's Share in Jing-Jin-Ji Region (%)
进出口总值 Total Import & Export						
2005	14219.1	1949.6	1255.1	533.9	160.7	8.2
2006	17604.4	2411.4	1580.4	645.7	185.3	7.7
2007	21765.7	2900.9	1930.0	715.5	255.4	8.8
2008	25632.6	3906.5	2716.9	805.4	384.2	9.8
2009	22075.4	3083.5	2147.9	639.4	296.1	9.6
2010	29740.0	4257.9	3016.6	822.0	419.3	9.8
2011	36418.6	5465.7	3895.8	1033.9	536.0	9.8
2012	38671.2	5742.8	4081.1	1156.2	505.5	8.8
2013	41589.9	6133.5	4299.4	1285.3	548.8	8.9
2014	43030.4	6093.3	4155.4	1339.1	598.8	9.8
2015	39569.0	4852.5	3194.2	1143.5	514.8	10.6
外商直接投资 Foreign Direct Investment						
2005	603.3	87.7	35.3	33.3	19.1	21.8
2006	630.2	107.0	45.5	41.3	20.1	18.8
2007	747.7	127.6	50.7	52.8	24.2	18.9
2008	924.0	169.2	60.8	74.2	34.2	20.2
2009	900.3	187.4	61.2	90.2	36.0	19.2
2010	1057.3	210.4	63.6	108.5	38.3	18.2
2011	1160.1	247.9	70.5	130.6	46.8	18.9
2012	1117.2	288.6	80.4	150.2	58.1	20.1
2013	1175.9	318.0	85.2	168.3	64.5	20.3
2014	1195.6	342.8	90.4	188.7	63.7	18.6
2015	1262.7	403.1	130.0	211.3	61.8	15.3
入境旅游人数(万人次) Number of Oversea Visitor Arrivals (10000 person-times)						
2005	4680.9	456.5	362.9	31.0	62.6	13.7
2006	4991.3	505.0	390.3	42.2	72.5	14.4
2007	5472.0	561.3	435.5	44.1	81.8	14.6
2008	5304.9	503.3	379.0	49.3	75.0	14.9
2009	5087.5	550.7	412.5	54.0	84.2	15.3
2010	5566.5	647.7	490.1	59.9	97.7	15.1
2011	5758.1	707.6	520.4	73.1	114.1	16.1
2012	5772.5	704.0	500.9	73.8	129.3	18.4
2013	5568.6	659.8	450.1	75.9	133.8	20.3
2014	5562.2	637.0	427.5	76.6	132.9	20.9
2015	5689.0	636.7	420.0	78.5	138.2	21.7
旅游外汇收入 Foreign Exchange Earnings						
2005	293.0	43.4	36.2	5.1	2.1	4.8
2006	339.5	49.0	40.3	6.3	2.4	5.0
2007	419.2	56.7	45.8	7.8	3.1	5.5
2008	408.4	57.4	44.6	10.0	2.7	4.8
2009	396.8	58.5	43.6	11.8	3.1	5.3
2010	458.1	68.2	50.4	14.2	3.5	5.2
2011	484.6	76.2	54.2	17.6	4.5	5.9
2012	500.3	79.2	51.5	22.3	5.4	6.9
2013	516.6	79.7	47.9	25.9	5.9	7.4
2014	569.1	81.3	46.1	29.9	5.3	6.5
2015	1136.5	85.3	46.1	33.0	6.2	7.3

京津冀教育和科技活动情况
Statistics on Education, Scientific and Technological Activities of Jing-Jin-Ji Region

指 标 Indicator	全 国 Total	京津冀合计 Jing Jin Ji Total	北 京 Beijing	天 津 Tianjin	河 北 Hebei	河北占京津冀比重(%) Hebei's Share in Jing-Jin-Ji Region (%)
R&D经费支出(亿元) **Expenditure on R&D (100 million yuan)**						
2005	2450.0	511.8	379.5	72.9	59.3	11.6
2006	3003.1	605.4	433.0	95.2	77.2	12.7
2007	3710.2	732.5	527.1	114.7	90.8	12.4
2008	4616.0	885.1	620.1	155.7	109.3	12.3
2009	5802.1	981.9	668.6	178.5	134.8	13.7
2010	7062.6	1206.9	821.8	229.5	155.4	12.9
2011	8687.0	1435.7	936.6	297.8	201.3	14.0
2012	10298.4	1669.6	1063.4	360.5	245.8	14.7
2013	11846.6	1895.6	1185.0	428.1	282.5	14.9
2014	13015.6	2047.7	1268.8	464.7	314.2	15.3
2015	14169.9	2246.3	1384.0	510.2	352.1	15.7
技术市场成交额(亿元) **Transaction Value in Technical Market (100 million yuan)**						
2005	1551.4	495.4	434.4	50.7	10.4	2.1
2006	1818.2	772.1	697.3	58.9	15.9	2.1
2007	2226.5	971.7	882.6	72.6	16.5	1.7
2008	2665.2	1131.3	1027.2	87.5	16.6	1.5
2009	3039.0	1359.6	1236.2	106.2	17.2	1.3
2010	3906.6	1718.6	1579.5	119.8	19.3	1.1
2011	4763.6	2088.6	1890.3	171.6	26.7	1.3
2012	6437.1	2747.5	2458.5	251.2	37.8	1.4
2013	7469.0	3183.5	2851.2	300.7	31.6	1.0
2014	8577.0	3584.0	3136.0	418.1	29.9	0.8
2015	9836.0	3910.9	3452.6	418.4	40.0	1.0
专利申请量(万件) **Number of Patent Applications Accepted (10000 pieces)**						
2005	38.3	4.1	2.3	1.2	0.6	15.8
2006	47.0	4.7	2.7	1.3	0.7	15.3
2007	58.6	5.5	3.2	1.6	0.8	14.2
2008	71.7	7.0	4.4	1.7	0.9	13.0
2009	87.8	8.1	5.0	1.9	1.1	14.1
2010	108.4	9.5	5.7	2.5	1.2	13.0
2011	163.3	13.2	7.8	3.6	1.8	13.3
2012	205.1	15.7	9.2	4.2	2.3	14.8
2013	237.7	21.2	12.3	6.1	2.8	13.2
2014	236.1	23.2	13.8	6.3	3.0	13.0
2015	279.9	28.0	15.6	8.0	4.4	15.7
专利授权量(万件) **Number of Patent Applications Granted (10000 pieces)**						
2005	17.2	1.7	1.0	0.3	0.4	21.4
2006	22.4	2.0	1.1	0.4	0.4	21.2
2007	30.2	2.6	1.5	0.6	0.5	20.7
2008	35.2	3.0	1.8	0.7	0.5	18.4
2009	50.2	3.7	2.3	0.7	0.7	18.5
2010	71.9	5.5	3.4	1.1	1.0	18.4
2011	96.1	6.6	4.1	1.4	1.1	16.8
2012	125.5	8.6	5.1	2.0	1.5	17.8
2013	131.3	10.6	6.3	2.5	1.8	17.1
2014	130.3	12.1	7.5	2.6	2.0	16.5
2015	171.8	16.1	9.4	3.7	3.0	18.6

京津冀主要污染物排放情况
Emmission of Major Pollutant in Jing-Jin-Ji Region

指标 Indicator	全国 China	京津冀合计 Total of Jing-Jin-Ji Region	北京 Beijing	天津 Tianjin	河北 Hebei	河北占京津冀比重(%) Hebei's Share in Jing-Jin-Ji Region (%)
化学需氧量排放量(万吨) COD Emission (10000 tons)						
2005	1414.2	92.3	11.6	14.6	66.1	71.6
2006	1428.2	94.1	11.0	14.3	68.8	73.1
2007	1381.8	91.2	10.7	13.7	66.7	73.2
2008	1320.7	83.9	10.1	13.3	60.5	72.1
2009	1277.5	80.2	9.9	13.3	57.0	71.1
2010	1238.1	77.0	9.2	13.2	54.6	70.9
2011	2499.9	181.8	19.3	23.6	138.9	76.4
2012	2423.7	176.5	18.7	23.0	134.9	76.4
2013	2352.7	171.0	17.8	22.2	131.0	76.6
2014	2294.6	165.2	16.9	21.4	126.9	76.8
2015	2223.5	157.9	16.2	20.9	120.8	76.5
二氧化硫排放量(万吨) Volume of Sulphur Dioxide Emission (10000 tons)						
2005	2549.4	192.6	19.1	24.0	149.5	77.6
2006	2588.8	197.6	17.6	25.5	154.5	78.2
2007	2468.1	188.9	15.2	24.5	149.2	79.0
2008	2321.2	170.8	12.3	24.0	134.5	78.7
2009	2214.4	160.9	11.9	23.7	125.3	77.9
2010	2185.1	158.4	11.5	23.5	123.4	77.9
2011	2217.9	174.1	9.8	23.1	141.2	81.1
2012	2117.6	165.9	9.4	22.5	134.1	80.8
2013	2043.9	158.9	8.7	21.7	128.5	80.9
2014	1974.4	147.8	7.9	20.9	119.0	80.5
2015	1859.1	136.5	7.1	18.6	110.8	81.2

注：化学需氧量(COD)排放量和二氧化硫排放量(SO_2)指标自2011年起调整统计口径和核算方法，与历史数据不可比。

a) For the change of survey coverage and calculation method, data of COD emission and Volume of Sulphur Dioxide Emission after 2011 are not comparable with the years before.

主要统计指标解释

行政区划 指国家对行政区域的划分。根据有关法规规定，我国的行政区域划分如下：(1) 全国分为省、自治区、直辖市；(2) 省、自治区分为自治州、县、自治县、市；(3) 自治州分为县、自治县、市；(4) 县、自治县分为乡、民族乡、镇；(5) 直辖市和较大的市分为区、县；(6) 国家在必要时设立的特别行政区。

当年价格 指报告期的实际价格，如工业品的出厂价格，农产品的收购价格，商业的零售价格等。按当年价格计算，是指一些以货币表现的物量指标，如工农业总产值、国内生产总值等，按照当年的实际价格来计算总量。使用当年价格计算的数字，是为了使国民经济各项指标互相衔接，便于考察当年社会经济效益，便于对生产流通、生产和分配、生产和消费进行经济核算和综合平衡。

按当年价格计算的价值指标，在不同年份之间进行对比时，因为包含有各年间价格变动的因素，不能确切地反映实物量的增减变动。必须消除价格变动因素后，才能真实反映经济发展动态。因此，在计算增长速度时都使用按可比价格计算的数字。

可比价格 指计算各种总量指标所采用的扣除了价格变动因素的价格，可进行不同时期总量指标的对比。按可比价格计算总量指标有两种方法：一种是直接用产品产量乘某一年的不变价格计算；另一种是用价格指数进行伸缩。

平均增长速度 平均增长速度表明社会经济现象在一个较长的时期内逐期平均增长变化的程度，它不能根据各个环比增长速度直接求得，但与平均发展速度之间存在着一定的数量关系：平均增长速度＝平均发展速度－1。

平均发展速度是一种根据环比发展速度计算的序时平均数，由于各时期对比的基础不同，所以计算平均发展速度不能采用一般的序时平均数的计算方法，计算方法分为水平法和累计法。水平法，又称几何平均法，即将环比发展速度按连乘法用几何平均数公式计算。累计法，也称方程法，根据一段时期内各年发展水平总和与基期水平的关系，列出方程式计算平均发展速度。水平法着重考虑最后一年所达到的发展水平；累计法着重考虑整个时期累计发展水平的总量。

本《年鉴》内所列的平均增长速度，除固定资产投资用“累计法”计算外，其余均用“水平法”计算。从某年到某年平均增长速度的年份，均不包括基期年在内。如建国四十三年以来的平均增长速度是以 1949 年为基期计算的，则写为 1950—1992 年平均增长速度，其余类推。

国民经济行业分类 自 2012 年定期报表开始使用新的《国民经济行业分类》(GB/T4754－2011)。该分类是由国家统计局组织修订，国家质量监督检验检疫总局和中国国家标准化管理委员会于 2011 年 4 月 29 日发布。这次修订是在 2002 年分类标准的基础上，参照联合国《全部经济活动的国际标准产业分类》(ISIC/Rev. 4) 进行的。修订后的《国民经济行业分类》(GB/T4754－2012) 共有门类 20 个，大类 96 个，中类 432 个，小类 1094 个。

企业（单位）登记注册类型 是以在工商行政管理机关登记注册的各类企业为划分对象，以工商行政管理部门对企业登记注册的类型为依据，将企业登记注册类型分为内资企业、港澳台商投资企业和外商投资企业三大类。内资企业包括国有企业、集体企业、股份合作企业、联营企业、有限责任公司、股份有限公司、私营企业和其他企业；港澳台商投资企业和外商投资企业分别包括合资经营企业、合作经营企业、独资经营企业和股份有限公司等。对不在工商行政管理部门进行登记注册的行政机关、事业单位和社会团体，主要按其经费来源和管理方式进行划分。

国有企业 指企业全部资产归国家所有，并按《中华人民共和国企业法人登记管理条例》规定登记注册的非公司制的经济组织。不包括有限责任公司中的国有独资公司。

集体企业 指企业资产归集体所有，并按《中华人民共和国企业法人登记管理条例》规定登记注册的经济组织。

股份合作企业 指以合作制为基础，由企业职工共同出资入股，吸收一定比例的社会资产投资组建，实行自主经营，自负盈亏，共同劳动，民主管理，按劳分配与按股分红相结合的一种集体经济组织。

联营企业 指两个及两个以上相同或不同所有制性质的企业法人或事业单位法人，按自愿、平等、互利的原则，共同投资组成的经济组织。联营企业包括国有联营企业、集体联营企业、国有与集体联营企业和其他联营企业。

有限责任公司 指根据《中华人民共和国公司登记管理条例》规定登记注册，由两个以上、五十个以下的股东共同出资，每个股东以其所认缴的出资额对公司承担有限责任，公司以其全部资产对其债务承担责任的经济组织。有限责任公司包括国有独资公司以及其他有限责任公司。

股份有限公司　指根据《中华人民共和国公司登记管理条例》规定登记注册，其全部注册资本由等额股份构成并通过发行股票筹集资本，股东以其认购的股份对公司承担有限责任，公司以其全部资产对其债务承担责任的经济组织。

私营企业　指由自然人投资设立或由自然人控股，以雇佣劳动为基础的营利性经济组织。包括按照《公司法》、《合伙企业法》、《私营企业暂行条例》规定登记注册的私营有限责任公司、私营股份有限公司、私营合伙企业和私营独资企业。

其他企业　指上述企业之外的其他内资经济组织。

合资经营企业（港或澳、台资）　指港澳台地区投资者与内地企业依照《中华人民共和国中外合资经营企业法》及有关法律的规定，按合同规定的比例投资设立、分享利润和分担风险的企业。

合作经营企业（港或澳、台资）　指港澳台地区投资者与内地企业依照《中华人民共和国中外合作经营企业法》及有关法律的规定，依照合作合同的约定进行投资或提供条件设立、分配利润和分担风险的企业。

港澳台商独资经营企业　指依照《中华人民共和国外资企业法》及有关法律的规定，在内地由港澳台地区投资者全额投资设立的企业。

港澳台商投资股份有限公司　指根据国家有关规定，经原外经贸部依法批准设立，其中港、澳、台商的股本占公司注册资本的比例达25%以上的股份有限公司。凡其中港、澳、台商的股本占公司注册资本的比例小于25%的，属于内资企业中的股份有限公司。

其他港澳台商投资企业　指在中国境内参照《外国企业或个人在中国境内设立合伙企业管理办法》和《外商投资合伙企业登记管理规定》，依法设立的港、澳、台商投资合伙企业等。

中外合资经营企业　指外国企业或外国人与中国内地企业依照《中华人民共和国中外合资经营企业法》及有关法律的规定，按合同规定的比例投资设立、分享利润和分担风险的企业。

中外合作经营企业　指外国企业或外国人与中国内地企业依照《中华人民共和国中外合作经营企业法》及有关法律的规定，依照合作合同的约定进行投资或提供条件设立、分配利润和分担风险的企业。

外资企业　指依照《中华人民共和国外资企业法》及有关法律的规定，在中国内地由外国投资者全额投资设立的企业。

外商投资股份有限公司　指根据国家有关规定，经原外经贸部依法批准设立，其中外资的股本占公司注册资本的比例达25%以上的股份有限公司。凡其中外资股本占公司注册资本的比例小于25%的，属于内资企业中的股份有限公司。

其他外商投资企业　指在中国境内依照《外国企业或个人在中国境内设立合伙企业管理办法》和《外商投资合伙企业登记管理规定》，依法设立的外商投资合伙企业等。

行政机关、事业单位和社会团体　参照企业登记注册类型，主要按其经费来源和管理方式划分。具体规定如下：

（1）行政机关：包括国家机关和政党机关，原则上均列为“国有”。但有特殊规定的，如供销社等，则列为“集体”。

（2）事业单位：包括经国家机构编制部门和有关业务主管部门批准成立的各类事业单位，不包括实行企业化管理的事业单位。事业单位的划分办法如下：

①由国家财政预算拨款或列入财政预算外资金管理以及经费主要来源于国有主管部门或国有上级单位的事业单位，列为“国有”。

②经费主要来源于集体单位的事业单位，列为“集体”。

③公民个人（或个人合伙）开办的事业单位，列为“私营”。

④上述以外的其他事业单位，如果其经费来源不明确，按管理方式进行归类。

（3）社会团体：包括经民政部门批准成立以及未纳入社会团体管理条例范围的工会、妇联等各类社会团体。社会团体的划分办法如下：

①未纳入民政部社会团体管理条例范围的工会、妇联、共青团、青联、工商联、科协、侨联等社会团体，国家拨款设立的基金会或基金管理组织以及经费主要来源于国有业务主管部门或国有上级单位的社会团体，列为“国有”。

②经费主要来源于集体单位的社会团体，列为“集体”。

③公民个人（或个人合伙）开办的社会团体，划为“私营”。

④上述以外的其他社会团体，如果其经费来源不明确，改按管理方式进行归类。

法人单位　指具备：

（1）依法成立、有自己的名称、组织机构和场所、能够独立承担民事责任；

（2）独立拥有和使用（或授权使用）资产、承担负债、有权与其它单位签订合同；

（3）会计上独立核算、能够编制资产负债表。法人单位包括企业法人、事业单位法人、机关法人、社会团体法人和其他法人。

国内生产总值（GDP）　指按市场价格计算的一个国家（或地区）所有常住单位在一定时期内生产活动的最终成果。国内生产总值有三种表现形态，即价值形态、收入形态和产品形态。从价值形态看，它是所有常住单位在一定时期内生产的全部货物和服务价值超过同期投入的全部非固定资产货物和服务价值的差额，即所有常住单位的增

加值之和；从收入形态看，它是所有常住单位在一定时期内创造并分配给常住单位和非常住单位的初次收入之和；从产品形态看，它是所有常住单位在一定时期内最终使用的货物和服务价值与货物和服务净出口价值之和。在实际核算中，国内生产总值有三种计算方法，即生产法、收入法和支出法。三种方法分别从不同的方面反映国内生产总值及其构成。

对于一个地区来说，称为地区生产总值或地区 GDP。

国民总收入（GNI） 即国民生产总值，指一个国家（或地区）所有常住单位在一定时期内收入初次分配的最终结果。一国常住单位从事生产活动所创造的增加值在初次分配中主要分配给该国的常住单位，但也有一部分以生产税及进口税（扣除生产和进口补贴）、劳动者报酬和财产收入等形式分配给非常住单位；同时，国外生产所创造的增加值也有一部分以生产税及进口税（扣除生产和进口补贴）、劳动者报酬和财产收入等形式分配给该国的常住单位，从而产生了国民总收入的概念。它等于国内生产总值加上来自国外的净要素收入。与国内生产总值不同，国民总收入是个收入概念，而国内生产总值是个生产概念。

三次产业 三产业的划分是世界上较为常用的产业结构分类，但各国的划分不尽一致。根据《国民经济行业分类》(GB/T4754—2011)，我国的三次产业划分是：

第一产业是指农、林、牧、渔业（不含农、林、牧、渔服务业）。

第二产业是指采矿业（不含开采辅助活动），制造业（不含金属制品、机械和设备修理业），电力、热力、燃气及水生产和供应业，建筑业。

第三产业即服务业，是指除第一产业、第二产业以外的其他行业。

劳动者报酬 指劳动者因从事生产活动所获得的全部报酬。包括劳动者获得的各种形式的工资、奖金和津贴，既包括货币形式的，也包括实物形式的，还包括劳动者所享受的公费医疗和医药卫生费、上下班交通补贴、单位支付的社会保险费、住房公积金等。

生产税净额 指生产税减生产补贴后的余额。生产税指政府对生产单位从事生产、销售和经营活动以及因从事生产活动使用某些生产要素（如固定资产、土地、劳动力）所征收的各种税、附加费和规费。生产补贴与生产税相反，指政府对生产单位的单方面转移支出，因此视为负生产税，包括政策亏损补贴、价格补贴等。

固定资产折旧 指一定时期内为弥补固定资产损耗按照规定的固定资产折旧率提取的固定资产折旧，或按国民经济核算统一规定的折旧率虚拟计算的固定资产折旧。它反映了固定资产在当期生产中的转移价值。各类企业和企业化管理的事业单位的固定资产折旧是指实际计提的折旧费；不计提折旧的政府机关、非企业化管理的事业单位和居民住房的固定资产折旧是按照统一规定的折旧率和固定资产原值计算的虚拟折旧。原则上，固定资产折旧应按固定资产的重置价值计算，但是目前我国尚不具备对全社会固定资产进行重估价的基础，所以暂时只能采用上述办法。

营业盈余 指常住单位创造的增加值扣除劳动者报酬、生产税净额和固定资产折旧后的余额。它相当于企业的营业利润加上生产补贴，但要扣除从利润中开支的工资和福利等。

支出法国内生产总值 是从最终使用的角度反映一个国家（或地区）一定时期内生产活动最终成果的一种方法，包括最终消费支出、资本形成总额及货物和服务净出口三部分。计算公式为：

支出法国内生产总值＝最终消费支出＋资本形成总额＋货物和服务净出口

最终消费支出 指常住单位为满足物质、文化和精神生活的需要，从本国经济领土和国外购买的货物和服务的支出。它不包括非常住单位在本国经济领土内的消费支出。最终消费支出分为居民消费支出和政府消费支出。

居民消费支出 指常住住户在一定时期内对于货物和服务的全部最终消费支出。居民消费支出除了直接以货币形式购买的货物和服务的消费支出外，还包括以其他方式获得的货物和服务的消费支出，即所谓的虚拟消费支出。居民虚拟消费支出包括如下几种类型：单位以实物报酬及实物转移的形式提供给劳动者的货物和服务；住户生产并由本住户消费了的货物和服务，其中的服务仅指住户的自有住房服务和付酬的家庭雇员提供的家庭和个人服务；金融机构提供的金融媒介服务。

政府消费支出 指政府部门为全社会提供的公共服务的消费支出和免费或以较低的价格向居民住户提供的货物和服务的净支出，前者等于政府服务的产出价值减去政府单位所获得的经营收入的价值，后者等于政府部门免费或以较低价格向居民住户提供的货物和服务的市场价值减去向住户收取的价值。

资本形成总额 指常住单位在一定时期内获得减去处置的固定资产和存货的净额，包括固定资本形成总额和存货变动两部分。

固定资本形成总额 指生产者在一定时期内获得的固定资产减处置的固定资产的价值总额。固定资产是通过生产活动生产出来的，且其使用年限在一年以上、单位价值在规定标准以上的资产，不包括自然资产。可分为有形固定资本形成总额和无形固定资本形成总额。有形固定资本形成总额包括一定时期内完成的建筑工程、安装工程和设备工器具购置（减处置）价值，以及土地改良、新增役、种、奶、毛、娱乐用牲畜和新增经济林木价值。无形固定资本形成总额包括矿藏的勘探、计算机软件等获得减处置。

存货变动 指常住单位在一定时期内存货实物量变动的市场价值，即期末价值减期初价值的差额，再扣除当期由于价格变动而产生的持有收益。存货变动可以是正值，也可以是负值，正值表示存货上升，负值表示存货下降。存货包括生产单位购进的原材料、燃料和储备物资等存货，以及生产单位生产的产成品、在制品和半成品等存货。

货物和服务净出口 指货物和服务出口减货物和服务进口的差额。出口包括常住单位向非常住单位出售或无偿转让的各种货物和服务的价值；进口包括常住单位从非常住单位购买或无偿得到的各种货物和服务的价值。由于服务活动的提供与使用同时发生，一般把常住单位从非常住单位得到的服务作为进口，非常住单位从常住单位得到的服务作为出口。货物的出口和进口都按离岸价格计算。

机构单位 指有权拥有资产和承担负债，能够独立地从事经济活动并与其他实体进行交易的经济实体。

机构部门 将相同性质的机构单位归并在一起，就形成机构部门。资金流量核算将常住机构单位划分为以下四个机构部门：非金融企业部门、金融机构部门、政府部门、住户部门。与常住单位发生经济往来关系的非常住单位组成国外部门，在资金流量核算中也视同机构部门。

非金融企业与非金融企业部门 非金融企业指主要从事市场货物生产和提供非金融市场服务的常住企业，它主要包括从事上述活动的各类法人企业。所有非金融企业归并在一起，就形成非金融企业部门。

金融机构与金融机构部门 金融机构指主要从事金融媒介以及与金融媒介密切相关的辅助金融活动的常住单位，它主要包括中央银行、商业银行和政策性银行、非银行信贷机构、证券机构、保险机构及其他金融机构。所有金融机构归并在一起，就形成金融机构部门。

政府单位与政府部门 政府单位指在我国境内通过政治程序建立的、在一特定区域内对其他机构单位拥有立法、司法和行政权的法律实体及其附属单位。政府单位的主要职能是利用征税和其他方式获得的资金向社会和公众提供公共服务。通过转移支付，对社会收入和财产进行再分配。它主要包括各种行政单位和非营利性事业单位。所有政府单位归并在一起，就形成政府部门。

住户与住户部门 住户指共享同一生活设施、部分或全部收入和财产集中使用、共同消费住房、食品和其他消费品与消费服务的常住个人或个人群体。所有住户归并在一起，就形成住户部门。

非常住单位与国外部门 所有不具有常住性的机构单位都是非常住单位。将所有与我国常住单位发生交易的非常住单位归并在一起，就形成国外部门。

初次分配总收入 初次分配是生产活动形成的净成果在参与生产活动的生产要素的所有者及政府之间的分配。生产活动的净成果是增加值。生产要素包括劳动力、土地、资本。劳动力所有者因提供劳动而获得劳动报酬；土地所有者因出租土地而获得地租；资本的所有者因资本的形态不同而获得不同形式的收入：借贷资本所有者获得利息收入；股权所有者获得红利或未分配利润；政府因直接或间接介入生产过程而获得生产税或支付补贴。初次分配的结果形成各个机构部门的初次分配总收入。各部门的初次分配总收入之和就等于国民总收入，亦即国民生产总值。

经常转移 转移是一个机构单位向另一个机构单位提供货物、服务或资产，而同时并没有从后一机构单位获得任何货物、服务或资产作为回报的一种交易。经常转移包括扣除资本转移外的所有转移。其形式有收入税、社会保险缴款、社会保险福利、社会补助和其他经常转移。

可支配总收入 在初次分配总收入的基础上，通过经常转移的形式对初次分配总收入进行再次分配。再分配的结果形成各个机构部门的可支配总收入。各部门的可支配总收入之和称为国民可支配总收入。

总储蓄 指可支配总收入用于最终消费后的余额。各部门的总储蓄之和称为国民总储蓄。

资本转移 指一个部门无偿地向另一个部门支付用于非金融投资的资金，是一种不从对方获取任何对应物作为回报的交易。资本转移具有不同于经常转移的两个特征，一是转移的目的是用于投资，而不是用于消费；二是资本转移其实物形式往往涉及除存货和现金以外资产所有权的转移；其现金形式往往涉及除存货以外的资产的处置。资本转移包括投资性补助和其他资本转移。

净金融投资 它反映机构部门或经济总体资金富余或短缺的状况。从实物交易角度看，它是指总储蓄加资本转移收入减资本转移支出减资本形成总额，再加上其他非金融资产获得减处置后的余额。从金融交易角度看，它是金融资产的增加额减金融负债的增加额之后的差额。

通货 指以现金形式存在于市场流通中的货币，包括本币和外币。

存款 指金融机构接受客户存入的货币款项，存款人可随时或按约定时间支取款项的信用业务。包括活期存款、定期存款、住户储蓄存款、财政存款、外汇存款和其他存款等。

贷款 指金融机构将其所吸收的资金，按一定的利率贷放给客户并约期归还的信用业务。包括短期贷款、中长期贷款、财政贷款、外汇贷款和其他贷款。

证券（不含股票） 由债券购买者承购的或因销售产品而拥有的，可在金融市场上交易并代表一定债权的书面证明。包括政府债券、金融债券、企业债券、商业票据、支付固定收入但不提供法人企业残余价值分享权的优先股等。

股票及其他股权 指股票购买者及直接投资者对其投资企业净资产所拥有的权益。股票是股份公司签发的证明股东投资并按其所持股份享有权益和承担义务的权益性证券。其他股权是机构单位以直接投资的方式用除股票、债权性证券以外的土地、房屋及建筑物、机器设备、存货、资源资产等实物资产，商标、专利权、土地使用权、特许使用权、商誉等无形资产及货币资金直接向其他单位进行的投资。通常以股权证、出资证明书、参与证或类似的单据为凭证。

保险准备金 指对人寿保险准备金和养恤基金的净权益、保险费预付款和未结索赔准备金。

结算资金 指金融机构用于结算目的汇兑在途的资金。

金融机构往来 指各金融机构之间的资金往来，包括同业存放款和同业拆借款。

准备金 指各金融机构在中央银行的存款及缴存中央银行的法定准备金。

中央银行贷款 指中央银行向各金融机构的贷款。

经常项目 包括货物、服务、收益及经常性转移。

货物进出口 指通过我国海关进出口的货物。货物的进出口值都按离岸价格估价。离岸价格可视为进口商在出口商边境领取货物时支付的购买者价格。当进口商领取该货物时，该货物已装载到进口商自己的运载工具或其他运载工具，出口商已为该货物支付了出口税或获得了出口退税。

服务进出口 指常住单位与非常住单位之间相互提供的服务。包括运输服务、旅游服务、通讯服务、建筑服务、保险服务、金融服务、计算机和信息服务、咨询服务、广告、宣传服务、电影音像服务、专有权力使用费和特许费、其他商务服务、政府服务。

收益 指常住单位与非常住单位之间因相互提供生产要素而产生的收入，包括劳动者报酬和投资收益。其中投资收益包括直接投资、证券投资和其他投资的收益和支出，以及直接投资收益的再投资。

资本项目 包括移民转移、债务减免等资本性转移。

金融项目 包括直接投资、证券投资和其他投资。

直接投资 指外国、港澳台地区在我国和我国在外国、港澳台地区以独资、合资、合作及合作勘探开发方式进行的投资。

证券投资 指我国对外国、港澳台地区发行的股票、债券等有价证券和我国购买外国、港澳台地区发行的股票、债券等有价证券。

其他投资 指除直接投资和证券投资以外的所有对外金融资产与负债交易项目。包括外国提供给我国和我国提供给外国的贸易信贷、贷款、货币和存款以及其他资产。

储备资产增减额 指我国在黄金储备、外汇储备、在国际货币基金组织的储备头寸、特别提款权、使用基金信贷等方面本年末与上年末余额之间的差额。负号表示储备资产增加，正号表示储备资产减少。

人口数 指一定时点、一定地区范围内有生命的个人总和。

年度统计的年末人口数指每年12月31日24时的人口数。年度统计的全国人口总数内未包括香港、澳门特别行政区和台湾省以及海外华侨人数。

城镇人口和乡村人口 城镇人口是指居住在城镇范围内的全部常住人口；乡村人口是除上述人口以外的全部人口。

出生率（又称粗出生率） 指在一定时期内（通常为一年）一定地区的出生人数与同期内的平均人数（或期中人数）之比，用千分率表示。本年鉴中的出生率指年出生率，计算公式为：

$$出生率=\frac{年出生人数}{年平均人数}\times 1000‰$$

式中：出生人数指活产婴儿，即胎儿脱离母体时（不管怀孕月数），有过呼吸或其他生命现象。年平均人数指年初、年底人口数的平均数，也可用年中人口数代替。

死亡率（又称粗死亡率） 指在一定时期内（通常为一年）一定地区的死亡人数与同期内平均人数（或期中人数）之比，用千分率表示。本年鉴中的死亡率指年死亡率，计算公式为：

$$死亡率=\frac{年死亡人数}{年平均人数}\times 1000‰$$

人口自然增长率 指在一定时期内（通常为一年）人口自然增加数（出生人数减死亡人数）与该时期内平均人数（或期中人数）之比，用千分率表示。计算公式为：

$$人口自然增长率=\frac{本年出生人数-本年死亡人数}{年平均人数}\times 1000‰=人口出生率-人口死亡率$$

总抚养比 也称总负担系数。指人口总体中非劳动年龄人口数与劳动年龄人口数之比。通常用百分比表示。说明每100名劳动年龄人口大致要负担多少名非劳动年龄人口。用于从人口角度反映人口与经济发展的基本关系。计算公式为：

$$GDR=\frac{P_{0\sim14}+P_{65^+}}{P_{15\sim64}}\times 100\%$$

其中：GDR为总抚养比；$P_{0\sim14}$为0～14岁少年儿童人口数；P_{65^+}为65岁及65岁以上的老年人口数；$P_{15\sim64}$为15～64岁劳动年龄人口数。

老年人口抚养比 也称老年人口抚养系数。指某一人口中老年人口数与劳动年龄人口数之比。通常用百分比表示。用以表明每100名劳动年龄人口要负担多少名老年人。老年人口抚养比是从经济角度反映人口老化社会后果的指标之一。计算公式为：

$$ODR=\frac{P_{65^+}}{P_{15\sim64}}\times 100\%$$

其中：ODR为老年人口抚养比；P_{65^+}为65岁及65岁以上的老年人口数；$P_{15\sim64}$为15～64岁的劳动年龄人口数。

少年儿童抚养比 也称少年儿童抚养系数。指某一人口中少年儿童人口数与劳动年龄人口数之比。通常用百分比表示。以反映每100名劳动年龄人口要负担多少名少年儿童。计算公式为：

$$CDR=\frac{P_{0\sim14}}{P_{15\sim64}}\times 100\%$$

其中：CDR为少年儿童抚养比；$P_{0\sim14}$为0～14岁少年儿童人口数；$P_{15\sim64}$为15～64岁劳动年龄人口数。

经济活动人口 指在16周岁及以上，有劳动能力，参加或要求参加社会经济活动的人口。包括就业人员或失业人员。

就业人员 指在一定年龄以上，有劳动能力，为取得劳动报酬或经营收入而从事一定社会劳动的人员。具体指年满16周岁，为取得报酬或经营利润，在调查周内从事了1小时（含1小时）以上的劳动或由于学习、休假等原因在调查周内暂时处于未工作状态，但有工作单位或场所的人口。

单位就业人员 指报告期末最后一日24小时在本单位中工作，并取得工资或其他形式劳动报酬的人员数。该指标为时点指标，不包括最后一日当天及以前已经与单位解除劳动合同关系的人员，是在岗职工、劳务派遣人员及其他就业人员之和。就业人员不包括：

（1）离开本单位仍保留劳动关系，并定期领取生活费的人员；

（2）利用课余时间打工的学生及在本单位实习的各类在校学生；

（3）本单位因劳务外包而使用的人员。

城镇私营和个体就业人员 城镇私营就业人员指在工商管理部门注册登记，其经营地址设在县城关镇（含县城关镇）以上的私营企业就业人员；包括私营企业投资者和雇工。城镇个体就业人员指在工商管理部门注册登记，并持有城镇户口或在城镇长期居住，经批准从事个体工商经营的就业人员；包括个体经营者和在个体工商户劳动的家庭帮工和雇工。

在岗职工 指在本单位工作且与本单位签订劳动合同、并由单位支付各项工资和社会保险、住房公积金的人员，以及上述人员中由于学习、病伤、产假等原因暂未工作仍由单位支付工资的人员。在岗职工还包括：

（1）应订立劳动合同而未订立劳动合同人员（如使用的农村户籍人员）；

（2）处于试用期人员；

（3）编制外招用的人员；

（4）派往外单位工作，但工资仍由本单位发放的人员（如挂职锻炼、外派工作等情况）。

工资总额 指根据《关于工资总额组成的规定》（1990年1月1日国家统计局发布的一号令）进行修订，在报告期内（季度或年度）直接支付给本单位全部就业人员的劳动报酬总额。包括计时工资、计件工资、奖金、津贴和补贴、加班加点工资、特殊情况下支付的工资，是在岗职工工资总额、劳务派遣人员工资总额和其他就业人员工资总额之和。

工资总额是税前工资，包括单位从个人工资中直接为其代扣或代缴的房费、水费、电费、住房公积金和社会保险基金个人缴纳部分等。

工资总额不论是计入成本的还是不计入成本的，不论是以货币形式支付的还是以实物形式支付的，均应列入工资总额的计算范围。

平均工资 指单位就业人员在一定时期内平均每人所得的工资额。它表明一定时期工资收入的高低程度，是反映就业人员工资水平的主要指标。计算公式为：

$$\text{平均工资}=\frac{\text{报告期就业人员工资总额}}{\text{报告期就业人员平均人数}}$$

平均工资指数 指报告期就业人员平均工资与基期就业人员平均工资的比率，是反映不同时期就业人员货币工资水平变动情况的相对数。计算公式为：

$$\text{平均工资指数}=\frac{\text{报告期就业人员平均工资}}{\text{基期就业人员平均工资}}\times 100\%$$

平均实际工资指数 就业人员平均实际工资指扣除物价变动因素后的就业人员平均工资。就业人员平均实际工资指数是反映实际工资变动情况的相对数，表明就业人员实际工资水平提高或降低的程度。计算公式为：

$$\text{平均实际工资指数}=\frac{\text{报告期就业人员平均工资指数}}{\text{报告期城镇居民消费价格指数}}\times 100\%$$

城镇登记失业人员 指有非农业户口，在一定的劳动年龄内（16周岁至退休年龄），有劳动能力，无业而要求就业，并在当地劳动保障部门进行失业登记的人员。

城镇登记失业率 城镇登记失业人员与城镇单位就业人员（扣除使用的农村劳动力、聘用的离退休人员、港澳台及外方人员）、城镇单位中的不在岗职工、城镇私营业主、个体户主、城镇私营企业和个体就业人员、城镇登记失业人员之和的比。

全社会固定资产投资 是以货币形式表现的在一定时期内全社会建造和购置固定资产的工作量以及与此有关的费用的总称。该指标是反映固定资产投资规模、结构和发展速度的综合性指标，又是观察工程进度和考核投资效果的重要依据。全社会固定资产投资按登记注册类型可分为国有、集体、联营、股份制和个体、港澳台商、外商、其他等。

固定资产投资（不含农户） 指城镇和农村各种登记注册类型的企业、事业、行政单位及城镇个体户进行的计划总投资在500万元及500万元以上的建设项目投资和房地产开发投资，包含原口径的城镇固定资产投资加上农村企事业组织项目投资，该口径从2011年起开始使用。

房地产开发投资 指各种登记注册类型的房地产开发法人单位统一开发的包括统代建、拆迁还建的住宅、厂房、仓库、饭店、宾馆、度假村、写字楼、办公楼等房屋建筑物，配套的服务设施，土地开发工程（如道路、给水、排水、供电、供热、通讯、平整场地等基础设施工程）和土地购置的投资；不包括单纯的土地开发和交易活动。

固定资产投资的实际到位资金 根据固定资产投资的资金来源不同，分为国家预算资金、国内贷款、利用外资、自筹资金和其他资金。

（1）国家预算资金 国家预算包括一般预算、政府性基金预算、国有资本经营预算和社保基金预算。各类预算中用于固定资产投资的资金全部作为国家预算资金填报，其中一般预算中用于固定资产投资的部分包括基建投资、车购税、灾后恢复重建基金和其他财政投资。各级政府债券也应归入国家预算资金。

（2）国内贷款 指报告期固定资产项目投资单位向银行及非银行金融机构借入用于固定资产投资的各种国内借

款，包括银行利用自有资金及吸收存款发放的贷款、上级主管部门拨入的国内贷款、国家专项贷款（包括煤代油贷款、劳改煤矿专项贷款等）、地方财政专项资金安排的贷款、国内储备贷款、周转贷款等。

（3）利用外资　指报告期收到的境外（包括外国及港澳台地区）资金（包括设备、材料、技术在内）。包括对外借款（外国政府贷款、国际金融组织贷款、出口信贷、外国银行商业贷款、对外发行债券和股票）、外商直接投资、外商其他投资（包括利用外商投资收益在国内进行固定资产再投资活动的资金）。不包括我国自有外汇资金（国家外汇、地方外汇、留成外汇、调剂外汇和国内银行自有资金发行的外汇贷款等）。各类外资按报告期末的外汇牌价（中间价）折成人民币计算。

（4）自筹资金　指固定资产投资单位报告期收到的，由各企、事业单位筹集用于固定资产投资的资金，包括各类企事业单位的自有资金和从其他单位筹集的用于固定资产投资的资金，但不包括各类财政性资金、从各类金融机构借入资金和国外资金。

（5）其他资金　指在报告期收到的除以上各种资金之外的用于固定资产投资的资金，包括社会集资、个人资金、无偿捐赠的资金及其他单位拨入的资金等。

固定资产投资按国民经济行业分　指根据其从事的社会经济活动性质对各类单位进行的分类。应根据建设项目建成投产后的主要产品种类或主要用途及社会经济活动种类来划分，不能根据项目单位本身的行业类别来划分。如果项目投产后有几种产品，应根据主要产品来确定行业类别。一般情况下，一个建设项目只能属于一种国民经济行业。

固定资产投资按隶属关系分　是按建设单位或企业、事业、行政单位的主管上级机关确定的。

（1）中央　是指中共中央、人大常委会和国务院各部、委、局、总公司以及直属机构直接领导的建设项目和企业、事业、行政单位。这些单位的固定资产投资计划由国务院各部门直接编制和下达，统一组织或委托下级实施。包括有中央垂直管理的部门（如国家统计局各级调查队）和中央直属企业、事业单位（如工商银行、中国电信、中国石油）等。

（2）地方　是由省（自治区、直辖市）、地（区、市、州、盟）、县（区、市、旗）三级政府及业务主管部门直接领导和管理的建设项目、企业、事业、行政单位。地方项目还包括不隶属以上各级政府及主管部门的建设项目和企业、事业单位，如外商投资企业和无主管部门的企业等。

固定资产投资按建设性质分　按整个建设项目情况来确定。建设项目的性质一般分为新建、扩建、改建和技术改造、单纯建造生活设施、迁建、恢复、单纯购置。房地产开发单位、农户投资不划分建设性质。

（1）新建　指从无到有“平地起家”开始建设的项目。现有企业、事业、行政单位投资的项目一般不属于新建。但如有的单位原有基础很小，经过建设后新增的固定资产价值超过该企业、事业、行政单位原有固定资产价值（原值）三倍以上的，也应作为新建。

（2）扩建　指在厂内或其他地点，为扩大原有产品的生产能力（或效益）或增加新的产品生产能力，而增建的生产车间（或主要工程）、分厂、独立的生产线的企业、事业单位。行政、事业单位在原单位增建业务性用房（如学校增建教学用房、医院增建门诊部、病房等）也作为扩建。现有企、事业单位为扩大原有主要产品生产能力或增加新的产品生产能力，增建一个或几个主要生产车间（或主要工程）、分厂，同时进行一些更新改造工程的，也应作为扩建。

（3）改建和技术改造　指现有企业、事业单位对原有设施进行技术改造或更新（包括相应配套的辅助性生产、生活福利设施）的建设项目。改建项目包括现有企业、事业单位为适应市场变化的需要，而改变企业的主要产品种类（如军工企业转民产品等）的建设项目，原有产品生产作业线由于各工序（车间）之间能力不平衡，为填平补齐充分发挥原有生产能力而增建不增加本企业主要产品设计能力的车间的建设项目。技术改造是指企业、事业单位在现有基础上，用先进的技术代替落后的技术，用先进的工艺和装备代替落后的工艺和装备，以改变企业落后的技术经济面貌，实现以内涵为主的扩大再生产，达到提高产品质量、促进产品更新换代、节约能源、降低消耗、扩大生产规模、全面提高社会经济效益的目的。技术改造具体包括以下内容：机器设备和工具的更新改造；生产工艺改革、节约能源和原材料的改造；厂房建筑和公共设施的改造；保护环境进行的“三废”治理改造；劳动条件和生产环境的改造等。

固定资产投资按构成分

（1）建筑工程　指各种房屋、建筑物的建造工程，又称建筑工作量。这部分投资额必须兴工动料，通过施工活动才能实现，是固定资产投资额的重要组成部分。

（2）安装工程　指各种设备、装置的安装工程，又称安装工作量。在安装工程中，不包括被安装设备本身的价值。

（3）设备工具器具购置　指报告期内购置或自制的，达到固定资产标准的设备、工具、器具的价值。新建单位及扩建单位的新建车间，按照设计或计划要求购置或自制的全部设备、工具、器具，不论是否达到固定资产标准均计入“设备工具器具购置”中。

（4）其他费用　指在固定资产建造和购置过程中发生的，除建筑安装工程和设备、工具器具购置投资完成额以外的应当分摊计入固定资产的费用，不指经营中财务上的其他费用。

施工项目个数　指本年正式进行过建筑或安装施工活动的建设项目个数。包括本年新开工项目，以前年度开工跨入本年继续施工项目、本年全部建成投产项目、以前年度全部停缓建在本年恢复施工的项目，本年进行过施工又在本年内全部停缓建的项目。施工项目个数可以反映一定时期固定资产投资的实际规模，与同期全部建成投产项目个数相比，可以从建设速度的角度反映固定资产投资的效果。

本年投产项目个数 指报告期内设计文件规定建成主体工程和相应配套的辅助设施，形成生产能力或工程效益，经过验收合格，并且已正式投入生产或使用的建设项目。

新增生产能力（或工程效益） 指通过固定资产投资活动而增加的设计能力（或工程效益）。主要指标包括建设规模、本年施工规模、自开始建设累计新增生产能力（或工程效益）、本年新增生产能力（或工程效益）等。

建设规模 指建设项目或工程设计文件中规定的全部设计能力（或工程效益）。包括已经建成投产或尚未建成投产的工程的生产能力（或工程效益）。

本年施工规模 指报告期内施工的单项工程（或更新改造项目）的设计能力（或工程效益），包括报告期以前已开工跨入本年继续施工的工程的设计能力和报告期新开工工程的设计能力。也包括报告期内建成投产或报告期施工后又停缓建的单项工程设计能力。不包括在报告期以前已建成投产或已经停、缓建的工程，以及报告期内尚未正式开工的工程的设计能力。

项目建成投产率 指一定时期内全部建成投产项目个数与同期施工项目个数的比率。该指标从建设单位建设速度的角度反映投资效果。

固定资产交付使用率 指一定时期新增固定资产与同期完成投资额的比率。该指标是反映固定资产动用速度，衡量建设过程中宏观投资效果的综合指标。由于新增固定资产是较长时期内形成的结果，而投资额是当年完成的，因此，该指标一般适宜于反映较长时期内固定资产的动用情况。

能源生产总量 指一定时期内全国（地区）一次能源生产量的总和。该指标是观察全国（地区）能源生产水平、规模、构成和发展速度的总量指标。一次能源生产量包括原煤、原油、天然气、水电、核电及其他动力能（如风能、地热能等）发电量，不包括低热值燃料生产量、生物质能、太阳能等的利用和由一次能源加工转换而成的二次能源产量。

能源消费总量 是指一定地域内，国民经济各行业和居民家庭在一定时间消费的各种能源的总和。包括：原煤、原油、天然气、水能、核能、风能、太阳能、地热能、生物质能等一次能源；一次能源通过加工转换产生的洗煤、煤气、焦炭、电力、热力、成品油等二次能源和同时产生的其他产品；其他化石能源、可再生能源和新能源工业。其中水能、风能、太阳能、地热能、生物质能等可再生能源，是指人们通过一定技术手段获得的，并作为商品能源使用的部分。在核算过程中，一次能源、二次能源消费不能重复计算。能源消费总量分为终端能源消费量、能源加工转换损失量和能源损失量三部分。

（1）终端能源消费量 指一定时期内，一定地域生产和生活消费的各种能源在扣除了用于加工转换二次能源消费量和损失量以后的数量。

（2）能源加工转换损失量 指一定时期内，一定地域投入加工转换的各种能源数量之和与产出各种能源产品之和的差额。它是观察能源在加工转换过程中损失量变化的指标。

（3）能源损失量 指一定时期内，能源在输送、分配、储存过程中发生的损失和由客观原因造成的各种损失量，不包括各种气体能源放空、放散量。

能源加工转换效率 指一定时期内，能源经过加工、转换后，产出的各种能源产品的数量与同期内投入加工转换的各种能源数量的比率。它是观察能源加工转换装置和生产工艺先进与落后、管理水平高低等的重要指标。计算公式：

$$\text{能源加工转换效率}=\frac{\text{能源加工转换产出量}}{\text{能源加工转换投入量}}\times 100\%$$

单位国内生产总值能耗 指一定时期内，一个国家或地区每生产一个单位国内生产总值所消耗的能源。计算公式：

$$\text{单位国内生产总值能耗}=\frac{\text{能源消费总量}}{\text{国内生产总值}}$$

单位国内生产总值电耗 指一定时期内，一个国家或地区每生产一个单位国内生产总值所消耗的电力。计算公式：

$$\text{单位国内生产总值电耗}=\frac{\text{全社会用电量}}{\text{国内生产总值}}$$

单位工业增加值能耗 指一定时期内，一个国家或地区每生产一个单位工业增加值所消耗的能源。计算公式：

$$\text{单位工业增加值能耗}=\frac{\text{工业能源消费量}}{\text{工业增加值}}$$

一般公共预算收入 指国家财政参与社会产品分配所取得的收入，是实现国家职能的财力保证。主要包括：（1）各项税收：包括国内增值税、国内消费税、进口货物增值税和消费税、出口货物退增值税和消费税、营业税、企业所得税、个人所得税、资源税、城市维护建设税、房产税、印花税、城镇土地使用税、土地增值税、车船税、船舶吨税、车辆购置税、关税、耕地占用税、契税、烟叶税等。（2）非税收入：包括专项收入、行政事业性收费、罚没收入和其他收入。财政收入按现行分税制财政体制划分为中央本级收入和地方本级收入。

一般公共预算支出 指国家财政将筹集起来的资金进行分配使用，以满足经济建设和各项事业的需要。主要包括：一般公共服务、外交、国防、公共安全、教育、科学技术、文化体育与传媒、社会保障和就业、医疗卫生与计划生育、节能环保、城乡社区、农林水、交通运输、资源勘探信息等、商业服务业等、金融、援助其他地区、国土海洋气象等、住房保障、粮油物资储备、政府债务付息等方面的支出。财政支出根据政府在经济和社会活动中的不同职权，划分为中央财政支出和地方财政支出。

中央公共财政收入和地方公共财政收入 属于中央一般公共预算的收入包括关税，进口货物增值税和消费税，

出口货物退增值税和消费税，消费税，铁道部门、各银行总行、各保险公司总公司等集中缴纳的营业税和城市维护建设税，增值税75%部分，纳入共享范围的企业所得税60%部分，未纳入共享范围的中央企业所得税、中央企业上交的利润，个人所得税60%部分，车辆购置税，船舶吨税，证券交易印花税97%部分，海洋石油资源税，中央非税收入等。属于地方一般公共预算的收入包括营业税（不含铁道部门、各银行总行、各保险公司总公司集中缴纳的营业税），地方企业上交利润，城市维护建设税（不含铁道部门、各银行总行、各保险公司总公司集中缴纳的部分），房产税，城镇土地使用税，土地增值税，车船税，耕地占用税，契税，烟叶税，印花税，增值税25%部分，纳入共享范围的企业所得税40%部分，个人所得税40%部分，证券交易印花税3%部分，海洋石油资源税以外的其他资源税，地方非税收入等。

中央一般公共预算支出和地方一般公共预算支出 指根据政府在经济和社会活动中的不同职责，划分中央和地方政府的责权，按照政府的责权划分确定的支出。中央一般公共预算支出包括一般公共服务，外交支出，国防支出，公共安全支出，以及中央政府调整国民经济结构、协调地区发展、实施宏观调控的支出等。地方一般公共预算支出包括一般公共服务，公共安全支出，地方统筹的各项社会事业支出等。

存款 指企业、机关、团体或居民根据资金必须收回的原则，把货币资金存入银行或其他信贷机构保管并取得一定利息的一种信用活动形式。根据存款对象或性质的不同可划分为企业存款、财政存款、机关团体存款、基本建设存款、储蓄存款、农村存款、委托存款、其他存款等科目。它是银行信贷资金的主要来源。

贷款 指银行或其他信贷机构根据资金必须归还的原则，按一定利率，为企业、个人等提供资金的一种信用活动形式。我国银行贷款分为短期贷款、中期流动资金贷款、中长期贷款、信托贷款、融资租赁、委托贷款、票据融资、各项垫款等。

城乡居民储蓄存款余额 指某一时点城乡居民存入银行及农村信用的储蓄金额，包括城镇居民储蓄存款和农民个人储蓄存款，不包括居民的手存现金和工矿企业、部队、机关、团体等单位存款。

保险金额 指保险人承担赔偿或或者给付保险金责任的最高限额。

居民消费价格指数 是反映一定时期内城乡居民所购买的生活消费品价格和服务项目价格变动趋势和程度的相对数，是对城市居民消费价格指数和农村居民消费价格指数进行综合汇总计算的结果。通过该指数可以观察和分析消费品的零售价格和服务价格变动对城乡居民实际生活费支出的影响程度。

城市居民消费价格指数 是反映一定时期内城市居民家庭所购买的生活消费品价格和服务项目价格变动趋势和程度的相对数。通过该指数可以观察和分析消费品的零售价格和服务项目价格变动对城镇居民收入和消费支出的影响。

农村居民消费价格指数 是反映一定时期内农村居民家庭所购买的生活消费品价格和服务项目价格变动趋势和程度的相对数。该指数可以观察农村消费品的零售价格和服务项目价格变动对农村居民收入和生活消费支出的影响。

商品零售价格指数 是反映一定时期内城乡商品零售价格变动趋势和程度的相对数。商品零售价格的变动与国家的财政收入、市场供需的平衡、消费与积累的比例关系有关。因此，该指数可以从一个侧面对上述经济活动进行观察和分析。

农业生产资料价格指数 指反映一定时期内农业生产资料价格变动趋势和程度的相对数。其编制目的是了解农业生产中物质资料投入价格的变动状况，服务于国民经济核算。1994年以前，农业生产资料价格指数仅仅是商品零售价格指数的一个类别，此后，从商品零售价格指数中分离出来，单独编制。

农产品生产价格指数 是反映一定时期内，农产品生产者出售农产品价格水平变动趋势及幅度的相对数。该指数可以客观反映农产品生产价格水平和结构变动情况，满足农业与国民经济核算需要。其中某代表品生产价格指数是通过对全部有出售该产品行为的调查单位的个体指数进行几何平均求得的，类价格指数是通过对其所属的类（或代表品）的价格指数进行加权平均求得的。季度累计价格指数的计算方法与分季指数的计算方法相同。

工业生产者出厂价格指数 是反映一定时期内全部工业产品出厂价格总水平的变动趋势和程度的相对数，包括工业企业售给本企业以外所有单位的各种产品和直接售给居民用于生活消费的产品。该指数可以观察出厂价格变动对工业总产值及增加值的影响。

工业生产者购进价格指数 是反映工业企业作为生产投入，而从物资交易市场和能源、原材料生产企业购买原材料、燃料和动力产品时，所支付的价格水平变动趋势和程度的统计指标，是扣除工业企业物质消耗成本中的价格变动影响的重要依据。

目前，我国编制的工业生产者购进价格指数所调查的产品包括燃料动力、黑色金属、有色金属、化工、建材等九大类。

固定资产投资价格指数 是反映一定时期内固定资产投资品及取费项目的价格变动趋势和程度的相对数。固定资产投资额是由建筑安装工程投资完成额、设备工器具购置投资完成额和其他费用投资完成额三部分组成的。编制固定资产投资价格指数应首先分别编制上述三部分投资的价格指数，然后采用加权算术平均法求出固定资产投资价格总指数。

该指数可以准确地反映固定资产投资中涉及的各类投资品和取费项目价格变动趋势和变动幅度，消除按现价计算的固定资产投资指标中的价格变动因素，真实地反映固定资产投资的规模、速度、结构和效益，为国家科学地制定、检查固定资产投资计划并提高宏观调控水平，为完善国民经济核算体系提供科学的、可靠的依据。

城乡一体化住户收支与生活状况调查指标解释 从2012年四季度起，国家统计局对分别进行的城乡住户调查实施了一体化改革，规范了城乡划分范围，统一了城乡居民收入指标名称、分类和统计标准，建立了城乡统一的一体化住户调查，并据此采集全国居民有关数据。

居民可支配收入 指居民可用于最终消费支出和储蓄的总和，即居民可用于自由支配的收入。既包括现金收入，也包括实物收入。按照收入的来源，可支配收入包含四项，分别为：工资性收入、经营性净收入、财产性净收入和转移性净收入。

工资性收入 指就业人员通过各种途径得到的全部劳动报酬和各种福利，包括受雇于单位或个人、从事各种自由职业、兼职和零星劳动得到的全部劳动报酬和福利。

经营净收入 指住户或住户成员从事生产经营活动所获得的净收入，是全部经营收入中扣除经营费用、生产性固定资产折旧和生产税之后得到的净收入。计算公式为：

经营净收入＝经营收入－经营费用－生产性固定资产折旧－生产税

财产净收入 指住户或住户成员将其所拥有的金融资产、住房等非金融资产和自然资源交由其他机构单位、住户或个人支配而获得的回报并扣除相关的费用之后得到的净收入。财产净收入包括利息净收入、红利收入、储蓄性保险净收益、转让承包土地经营权租金净收入、出租房屋净收入、出租其他资产净收入和自有住房折算净租金等。财产净收入不包括转让资产所有权的溢价所得。

转移净收入 计算公式为：

转移净收入＝转移性收入－转移性支出

转移性收入 指国家、单位、社会团体对住户的各种经常性转移支付和住户之间的经常性收入转移。包括养老金或退休金、社会救济和补助、政策性生产补贴、政策性生活补贴、救灾款、经常性捐赠和赔偿、报销医疗费、住户之间的赡养收入，本住户非常住成员寄回带回的收入等。转移性收入不包括住户之间的实物馈赠。

转移性支出 指调查户对国家、单位、住户或个人的经常性或义务性转移支付。包括缴纳的税款、各项社会保障支出、赡养支出、经常性捐赠和赔偿支出以及其他经常转移支出等。

居民消费支出 指居民用于满足家庭日常生活消费需要的全部支出，既包括现金消费支出，也包括实物消费支出。消费支出可划分为食品烟酒、衣着、居住、生活用品及服务、交通通信、教育文化娱乐、医疗保健以及其他用品及服务八大类。

食品烟酒 指用于各种食品和烟草、酒类的支出。

衣着 指与居民穿着有关的支出，包括服装、服装材料、鞋类、其他衣类及配件、衣着相关加工服务的支出。

居住 指与居住有关的支出，包括房租、水、电、燃料、物业管理等方面的支出，也包括自有住房折算租金。

生活用品及服务 指家庭及个人的各类生活品及家庭服务。包括家具及室内装饰品、家用器具、家用纺织品、家庭日用杂品、个人用品和家庭服务。

交通通信 指用于交通和通信工具及相关的各种服务费、维修费和车辆保险等支出。

教育文化娱乐 指用于教育、文化和娱乐方面的支出。

医疗保健 指用于医疗和保健的药品、用品和服务的总费用。包括医疗器具及药品，以及医疗服务。

其他用品及服务 指无法直接归入上述各类支出的其他用品与服务支出。

城镇住户调查和农村住户调查指标解释 2012年及以前年份，中国的住户调查一直分城乡分别开展。城镇与农村居民收入、支出等指标的统计口径有所不同，数据不完全可比，城镇调查城镇居民可支配收入，农村调查农村居民纯收入。为了保持历史数据的可比，本年鉴中2012年及以前年份的数据和指标解释仍保持了原城镇住户调查和农村住户调查方案的原貌。

（一）城镇住户调查　城镇家庭人口 指居住在一起，经济上合在一起共同生活的家庭成员。凡计算为家庭人口的成员其全部收支都包括在本家庭中。

城镇就业面 指就业人口占家庭人口的百分比。

城镇就业者负担人数 指家庭人口与就业人口之比。

城镇家庭总收入 指家庭成员得到的工资性收入、经营净收入、财产性收入、转移性收入之和，不包括出售财物收入和借贷收入。

城镇居民家庭可支配收入 指家庭成员得到可用于最终消费支出和其他非义务性支出以及储蓄的总和，即居民家庭可以用来自由支配的收入。它是家庭总收入扣除交纳的个人所得税、个人交纳的社会保障支出以及记账补贴后的收入。计算公式为：

城镇居民家庭可支配收入＝家庭总收入－交纳个人所得税－个人交纳的社会保障支出－记账补贴

城镇家庭总支出 指家庭除借贷支出以外的全部实际支出。包括现金消费支出、财产性支出、转移性支出、社会保障支出、购房与建房支出。

城镇家庭现金消费支出 指家庭用于日常生活的全部现金支出，包括食品、衣着、居住、家庭设备及用品、交通通信、文教娱乐、医疗保健、其他等八大类支出。

城镇家庭服务性消费支出 指家庭用于支付社会提供的各种文化和生活方面的非商品性服务费用。

城镇家庭收入分组方法 是将所有调查户按户人均可支配收入由低到高排队，按20%、20%、20%、20%、20%的比例依次分成：低收入户、中等偏下收入户、中等收入户、中等偏上收入户、高收入户五组。

（二）农村住户调查　农村住户 指农村常住户。农村常住户指长期（一年以上）居住在乡镇（不包括城关镇）行政管理区域内的住户，以及长期居住在城关镇所辖行政村范围内的农村住户。户口不在本地而在本地居住一年及以上的住户也包括在本地农村常住户范围内；有本地户口，但举家外出谋生一年以上的住户，无论是否保留承包耕地都不包括在本地农村住户范围内。

常住人口 指全年经常在家或在家居住 6 个月以上，而且经济和生活与本户连成一体的人口。外出从业人员在外居住时间虽然在 6 个月以上，但收入主要带回家中，经济与本户连为一体，仍视为家庭常住人口；在家居住，生活和本户连成一体的国家职工、退休人员也为家庭常住人口。但是现役军人、中专及以上（走读生除外）的在校学生、以及常年在外（不包括探亲、看病等）且已有稳定的职业与居住场所的外出从业人员，不算家庭常住人口。家庭常住人口主要作为计算农村住户平均每人收入、消费和积累水平及分析家庭人口状况的依据。

总收入 指调查期内农村住户和住户成员从各种来源渠道得到的收入总和。按收入的性质划分为工资性收入、家庭经营收入、财产性收入和转移性收入。

工资性收入 指农村住户成员受雇于单位或个人，靠出卖劳动而获得的收入。

家庭经营收入 指农村住户以家庭为生产经营单位进行生产筹划和管理而获得的收入。农村住户家庭经营活动按行业划分为农业、林业、牧业、渔业、工业、建筑业、交通运输业邮电业、批发和零售贸易餐饮业、社会服务业、文教卫生业和其他家庭经营。

财产性收入 指金融资产或有形非生产性资产的所有者向其他机构单位提供资金或将有形非生产性资产供其支配，作为回报而从中获得的收入。

转移性收入 指农村住户和住户成员无须付出任何对应物而获得的货物、服务、资金或资产所有权等，不包括无偿提供的用于固定资本形成的资金。一般情况下，指农村住户在二次分配中的所有收入。

现金收入 指农村住户和住户成员在调查期内得到以现金形态表现的收入。按来源分成工资性收入、家庭经营现金收入、财产性收入、转移性收入。

农村居民家庭纯收入 指农村住户当年从各个来源得到的总收入相应地扣除所发生的费用后的收入总和。计算公式为：

农村居民家庭纯收入＝总收入－家庭经营费用支出－税费支出－生产性固定资产折旧－赠送农村内部亲友

纯收入主要用于再生产投入和当年生活消费支出，也可用于储蓄和各种非义务性支出。“农民人均纯收入”是按人口平均的纯收入水平，反映的是一个地区农村居民的平均收入水平。

总支出 指农村住户用于生产、生活和再分配的全部支出。包括家庭经营费用支出、购置生产性固定资产支出、税费支出、消费支出、财产性支出和转移性支出。

恩格尔系数 指食品支出在现金消费支出中所占的比例。计算公式为：$\text{恩格尔系数}=\dfrac{\text{食品支出}}{\text{现金消费支出}}\times 100\%$

农林牧渔业总产值 指以货币表现的农、林、牧、渔业全部产品和对农林牧渔业生产活动进行的各种支持性服务活动的价值总量，它反映一定时期内农林牧渔业生产总规模和总成果。1957 年以前的农林牧渔业总产值中包括了厩肥和农民自给性手工业（如农民自制衣服、鞋、袜，自己从事粮食初步加工等）。1958 年及以后，林业中增加了村及村以下竹木采伐产值；牧业中取消了厩肥产值；副业中取消了农民自给性手工业产值，增加了村及村以下办的工业产值；渔业中增加了海洋捕捞水产品产值。1980 年及以后，在副业中增加了农民家庭兼营工业商品部分的产值。从 1984 年起村及村以下工业产值划归工业。从 1993 年起取消副业，将野生动物的捕猎划入牧业，野生植物采集和农民家庭兼营商品性工业划归农业。从 2003 年起，执行新的国民经济行业分类标准，农林牧渔业总产值中包括了农林牧渔服务业产值。林业中增加了森林采运业产值。农业中取消了家庭兼营商品性工业产值，将野生林产品的采集划归林业。

农林牧渔业总产值的计算方法通常是按农、林、牧、渔业产品及其副产品的产量分别乘以各自单位产品价格求得；少数生产周期较长，当年没有产品或产品产量不易统计的，则采用间接方法匡算其产值；然后将四业产品产值相加即为农林牧渔业总产值。

粮食产量 指全社会的产量。包括国有经济经营的、集体统一经营的和农民家庭经营的粮食产量，还包括工矿企业办的农场和其他生产单位的产量。粮食除包括稻谷、小麦、玉米、高粱、谷子及其他杂粮外，还包括薯类和豆类。其产量计算方法，豆类按去豆荚后的干豆计算；薯类（包括甘薯，不包括芋头和木薯）1963 年以前按每 4 公斤鲜薯折 1 公斤粮食计算，从 1964 年开始改为按 5 公斤鲜薯折 1 公斤粮食计算。作为蔬菜的薯类（如马铃薯等）按鲜品计算，并且不作粮食统计。其他粮食一律按脱粒后的原粮计算。1989 年以前全国粮食产量数据主要靠全面报表取得，1989 年开始使用抽样调查数据。

棉花产量 指全社会的产量。包括春播棉和夏播棉。产量按皮棉计算。不包括木棉。

油料产量 指全部油料作物的生产量。包括花生、油菜籽、芝麻、向日葵籽、胡麻籽（亚麻籽）和其他油料。不包括大豆、木本油料和野生油料。花生以带壳干花生计算。

水产品产量 指人工养殖的水产品和天然生长的水产品的捕捞量。包括海水的鱼类、虾蟹类、贝类和藻类以及内陆水域的鱼类、虾蟹类和贝类，不包括淡水生植物。水产品产量是通过各级水产和统计部门逐级上报取得数据。1995 年及以前，贝类中牡蛎按鲜肉计算；蚶、蛤、蛀按 5 斤鲜品折 1 斤计算。1996 年以后则统一按鲜品计算。

猪、牛、羊肉产量 指当年出栏并已屠宰、除去头蹄下水后带骨肉（即胴体重）的重量。包括全社会范围内的产量。由于畜牧业产品年报数据与普查数据之间存在一定的差距，根据国家统计局有关文件精神，从 2000 年起，对畜牧业年报数据与普查数据进行衔接。

期初（末）畜禽存栏头（只）数 指报告期初（末）农村各种合作经济组织和国营农场、农民个人、机关、团体、学校、工矿企业、部队等单位以及城镇居民饲养的大牲畜、猪、羊、家禽等畜禽的存栏数。数据上报方式及数据调整情况同猪、牛、羊肉产量。

农作物播种面积 指实际播种或移植有农作物的面积。凡是实际种植有农作物的面积，不论种植在耕地上还是种植在非耕地上，均包括在农作物播种面积中。在播种季节基本结束后，因遭灾而重新改种和补种的农作物面积，也包括在内。它是反映我国耕地面积利用情况的一个重要指标。目前，农作物播种面积主要包括粮食、棉花、油料、糖料、麻类、烟叶、蔬菜和瓜类、药材和其他农作物九大类。

有效灌溉面积 指具有一定的水源，地块比较平整，灌溉工程或设备已经配套，在一般年景下，当年能够进行正常灌溉的耕地面积。在一般情况下，有效灌溉面积应等于灌溉工程或设备已经配备，能够进行正常灌溉的水田和水浇地面积之和。它是反映我国耕地抗旱能力的一个重要指标。

农用化肥施用量 指本年内实际用于农业生产的化肥数量，包括氮肥、磷肥、钾肥和复合肥。化肥施用量要求按折纯量计算数量。折纯量是指把氮肥、磷肥、钾肥分别按含氮、含五氧化二磷、含氧化钾的百分之百成份进行折算后的数量。复合肥按其所含主要成分折算。公式为：

折纯量＝实物量×某种化肥有效成份含量的百分比

农业机械总动力 指主要用于农、林、牧、渔业的各种动力机械的动力总和。包括耕作机械、排灌机械、收获机械、农用运输机械、植物保护机械、牧业机械、林业机械、渔业机械和其他农业机械〔内燃机按引擎马力折成瓦（特）计算、电动机按功率折成瓦（特）计算〕。不包括专门用于乡、镇、村、组办工业、基本建设、非农业运输、科学试验和教学等非农业生产方面用的动力机械与作业机械。这个指标的统计数据主要来源于农机部门。

乡村从业人员 指乡村人口中劳动年龄在16周岁以上实际参加生产经营活动并取得实物或货币收入的人员，包括劳动年龄内经常参加劳动的人员，也包括超过劳动年龄但经常参加劳动的人员，但不包括户口在家的在外学生、现役军人和丧失劳动能力的人，也不包括待业人员和家务劳动者。从业人员按从事主业时间最长（时间相同按收入）分为农业从业人员、工业从业人员、建筑业从业人员、交运仓储及邮电业从业人员、批零贸易及餐饮业从业人员、其它从业人员。

工业 指从事自然资源的开采，对采掘品和农产品进行加工和再加工的物质生产部门。具体包括：（1）对自然资源的开采，如采矿、晒盐等（但不包括禽兽捕猎和水产捕捞）；（2）对农副产品的加工、再加工，如粮油加工、食品加工、缫丝、纺织、制革等；（3）对采掘品的加工、再加工，如炼铁、炼钢、化工生产、石油加工、机器制造、木材加工等，以及电力、自来水、煤气的生产和供应等；（4）对工业品的修理、翻新，如机器设备的修理、交通运输工具（如汽车）的修理等。

工业统计调查单位为工业法人单位。

工业法人单位指从事工业生产经营活动的法人单位。工业法人单位应同时具备以下条件：①依法成立，有自己的名称、组织机构和场所，能够独立承担民事责任；②独立拥有（或授权）使用资产，承担负债，有权与其他单位签订合同；③具有包括资产负债表在内的帐户，或者能够根据需要编制帐户。

轻工业 指主要提供生活消费品和制作手工工具的工业。按其所使用的原料不同，可分为两大类：（1）以农产品为原料的轻工业，是指直接或间接以农产品为基本原料的轻工业。主要包括食品制造、饮料制造、烟草加工、纺织、缝纫、皮革和毛皮制作、造纸以及印刷等工业；（2）以非农产品为原料的轻工业，是指以工业品为原料的轻工业。主要包括文教体育用品、化学药品制造、合成纤维制造、日用化学制品、日用玻璃制品、日用金属制品、手工工具制造、医疗器械制造、文化和办公用机械制造等工业。

重工业 指为国民经济各部门提供物质技术基础的主要生产资料的工业。按其生产性质和产品用途，可以分为下列三类：（1）采掘（伐）工业，是指对自然资源的开采，包括石油开采、煤炭开采、金属矿开采、非金属矿开采等工业；（2）原材料工业，指向国民经济各部门提供基本材料、动力和燃料的工业。包括金属冶炼及加工、炼焦及焦炭、化学、化工原料、水泥、人造板以及电力、石油和煤炭加工等工业；（3）加工工业，是指对工业原材料进行再加工制造的工业。包括装备国民经济各部门的机械设备制造工业、金属结构、水泥制品等工业，以及为农业提供的生产资料如化肥、农药等工业。

根据上述划分原则，修理业中以重工业产品为修理作业对象的划为重工业，反之划为轻工业。

工业总产值

（1）定义：

工业总产值是以货币形式表现的，工业企业在一定时期内生产的工业最终产品或提供工业性劳务活动的总价值量。它反映一定时间内工业生产的总规模和总水平。

（2）计算原则：

工业生产的原则，即凡是企业在报告期生产的经检验合格的产品，不管是否在报告期销售，均包括在内。

最终产品的原则，即凡是计入工业总产值的产品，必须是本企业生产的经检验合格的，不需要再进行任何加工的最终产品。如果企业有中间产品（半成品）对外销售，则对外销售的中间产品应视为企业的最终产品。

工厂法原则，即工业总产值是以工业企业作为基本计算（核算）单位，即按企业的最终产品计算工业总产值。按这种方法计算的工业总产值，不允许同一产品价值在企业内部重复计算，不能把企业内部各个车间（分厂）生产的成果相加，但允许企业间的重复计算。

（3）内容及计算方法：

1995年全国工业普查对工业总产值（原规定）的内容及计算原则和方法做了某些修订，修订后的工业总产值（新规定）包括三项内容：即本期生产成品价值、对外加工费收入、在制品半成品期末期初差额价值三部分。

本期生产成品价值：指企业本期生产，并在报告期内不再进行加工，经检验、包装入库的全部工业成品（半成品）价值合计，包括企业生产的自制设备及提供给本企业在建工程、其他非工业部门和福利部门等单位使用的成品价值。本期生产成品价值为按自备原材料生产的产品的数量乘以本期不含增值税（销项税额）的产品实际销售平均单价计算；会计核算中按成本价格转帐的自制设备和自产自用的成品，按成本价格计算生产成品价值。生产成品价值中不包括用定货者来料加工的成品（半成品）价值。

对外加工费收入：指企业在报告期内完成的对外承接的工业品加工（包括用定货者来料加工产品）的加工费收入和对外工业修理作业所取得的加工费收入。对外加工费收入按不含增值税（销项税额）的价格计算，可根据会计“产品销售收入”科目的有关资料取得。

对于本企业对内非工业部门提供的加工修理、设备安装的劳务收入，如果企业会计核算基础较好，能取得这部分资料，而且这部分价值所占比重较大，应包括在对外加工费收入中。自制半成品在制品期末期初差额价值：指企业报告期在制品期末减期初的差额价值，本指标一般可以从会计核算资料中取得。如果会计产品成本核算中不计算半成品、在制品的成本，则总产值中也不包括这部分价值，反之则包括。

（4）工业总产值统计范围变化和计算方法修订情况：

1984年以前工业总产值不包括村办工业，村办工业总产值划归农业。1984年以后工业总产值包括村办工业。

1995年工业普查对工业总产值计算方法做了修订，即从1995年始按新修订（新规定）方法计算工业总产值。新规定与原规定的区别如下：

全价与加工费的计算原则不同：新规定为凡自备原材料，不论其生产繁简程度如何，一律按全价计算工业总产值；凡来料加工，允许按加工费计算工业总产值。原规定则视生产加工的繁简程度不同，规定哪些行业按全价，哪些行业按加工费计算工业总产值。

自制半成品、在产品期末期初差额价值的计算原则不同：新规定要求，凡会计产品成本核算时计算了成本的差额价值，总产值中就应包括，否则可不包括；原规定则按生产周期六个月的界限区分，凡生产周期六个月以上的企业，总产值计算中应包括这部分差额价值，否则可不包括。

计算价格不同：新规定按不含增值税（销项税额）的价格计算；原规定则按含增值税（销项税额）的价格计算。

工业增加值 指工业企业在报告期内以货币表现的工业生产活动的最终成果。

工业增加值有两种计算方法：一是生产法，即工业总产出减去工业中间投入加上应交增值税；二是收入法，即从收入的角度出发，根据生产要素在生产过程中应得到的收入份额计算，具体构成项目有固定资产折旧、劳动者报酬、生产税净额、营业盈余，这种方法也称要素分配法。本年鉴中的工业增加值是以生产法计算的。

生产法工业增加值的计算方法为：

工业增加值＝工业总产出－工业中间投入＋应交增值税

（1）工业总产出：指工业企业在一定时期内工业生产活动的总成果。工业总产出包括：成品生产价值，对外加工费收入，自制半成品、在产品期末期初差额价值。1995年后用新规定计算的工业总产值代替。

（2）工业中间投入：指工业企业在工业生产活动中消耗的外购物质产品和对外支付的服务费用。服务费用包括支付给物质生产部门（工业、农业、批发零售贸易业、建筑业、运输邮电业）的服务费用和支付给非物质生产部门（如保险、金融、文化教育、科学研究、医疗卫生、行政管理等）的服务费用。工业中间投入的确定须遵循以下原则：必须从外部购入的，并已计入工业总产出的产品和服务价值；必须是本期投入生产，并一次性消耗掉（包括本期摊销的低值易耗品等）的产品和服务价值。

工业中间投入包括直接材料费用、制造费用中的工业中间投入、管理费用中的工业中间投入、销售费用中的工业中间投入和利息支出五部分。

资产总计 指企业过去的交易或者事项形成的、由企业拥有或者控制的、预期会给企业带来经济利益的资源。资产一般按流动性分为流动资产和非流动资产。其中流动资产可分为货币资金、交易性金融资产、应收票据、应收账款、预付款项、其他应收款、存货等；非流动资产可分为长期股权投资、固定资产、无形资产及其他非流动资产等。来源于会计“资产负债表”中“资产总计”项目的期末余额数。

流动资产合计 资产满足以下条件之一应归为流动资产：（1）预计在一个正常营业周期中变现、出售或耗用，主要包括存货、应收账款等；（2）主要为交易目的而持有；（3）预计在资产负债表日起一年内（含一年）变现；（4）自资产负债日起一年内，交换其他资产或清偿负债的能力不受限制的现金或现金等价物。包括货币资金、应收票据、应收账款、存货等项目。来源于会计“资产负债表”中“流动资产合计”项目的期末余额数。

流动资产平均余额 指企业在报告期内全部流动资产的平均余额。

固定资产原价 指企业在建造、购置、安装、改建、扩建、技术改造某项固定资产时所支出的全部货币总额。它一般包括买价、包装费、运杂费和安装费等。

固定资产净值年平均余额 指固定资产净值在报告期内余额的平均数。计算公式为：

$$固定资产净值年平均余额=\frac{1至12月各月月初、月末固定资产净值之和}{24}$$

该指标根据“资产负债表”中“固定资产原价”、“累计折旧”指标的期初、期末数计算填列。

固定资产净值 指固定资产原价减去历年已提折旧额后的净额。计算公式为：

固定资产净值＝固定资产原价－累计折旧

负债合计 指企业过去的交易或者事项形成的，预期会导致经济利益流出企业的现时义务。负债一般按偿还期长短分为流动负债和非流动负债。来源于会计“资产负债表”中“负债合计”项目的期末余额数。

所有者权益合计 指企业资产扣除负债后由所有者享有的剩余权益。公司的所有者权益又称股东权益。包括实收资本、资本公积、盈余公积、未分配利润等。来源于会计“资产负债表”中“所有者权益合计”项目的期末余额数。

主营业务收入 指企业确认的销售商品、提供劳务等主营业务的收入。来源于会计“主营业务收入”科目的期末贷方余额（结转前）。

主营业务成本 指企业经营主要业务所发生的成本总额。来源于会计“主营业务成本”科目的期末借方余额（结转前）。

主营业务税金及附加 指企业经营主要业务应负担的营业税、消费税、城市维护建设税、教育费附加等。来源于会计“主营业务税金及附加”科目的期末借方余额（结转前）。

利润总额 指企业在一定会计期间的经营成果，是生产经营过程中各种收入扣除各种耗费后的盈余，反映企业在报告期内实现的盈亏总额。来源于会计“利润表”中“利润总额”项目的本期金额数。

本年应交增值税 指企业按税法规定，从事货物销售或提供加工、修理修配劳务等增加货物价值的活动本期应交纳的税金。计算公式为：

应交增值税＝销项税额－（进项税额－进项税额转出）－出口抵减内销产品应纳税额－减免税款＋出口退税

进项税额指企业在报告期内购入货物或接受应税劳务而支付的、准予从销项税额中抵扣的增值税额。

销项税额指企业在报告期内销售货物或提供应税劳务应收取的增值税额。

从业人员平均人数 是指报告期内每天拥有的从业人员人数。其计算公式为：

$$\text{季平均人数}=\frac{\text{季内各月平均人数之和}}{3}$$

$$\text{月平均人数}=\frac{\text{报告月内每天实有人数之和}}{\text{报告月日历日数}}$$

$$\text{年平均人数}=\frac{\text{年内各月平均人数之和}}{12}$$

总资产贡献率 反映企业全部资产的获利能力，是企业经营业绩和管理水平的集中体现，是评价和考核企业盈利能力的核心指标。计算公式为：

$$\text{总资产贡献率（\%）}=\frac{\text{利润总额＋税金总额＋利息支出}}{\text{平均资产总额}}\times 100\%$$

公式中：税金总额为主营业务税金及附加与应交增值税之和；平均资产总额为期初期末资产之和的算术平均值。

资产负债率 该指标既反映企业经营风险的大小，也反映企业利用债权人提供的资金从事经营活动的能力。计算公式为：

$$\text{资产负债率（\%）}=\frac{\text{负债总额}}{\text{资产总额}}\times 100\%$$

资产与负债均为报告期期末数。

流动资产周转次数 指一定时期内流动资产完成的周转次数，反映投入工业企业流动资金的周转速度。计算公式为：

$$\text{流动资产周转资转}=\frac{\text{产品销售收入}}{\text{全部流动资产平均余额}}$$

公式中：全部流动资产平均余额为期初和期末的流动资产之和的算术平均值。

成本费用利润率 反映企业投入的生产成本及费用的经济效益，同时也反映企业降低成本所取得的经济效益。计算公式为：

$$\text{成本费用利润（\%）}=\frac{\text{利润总额}}{\text{成本费用总额}}\times 100\%$$

公式中：成本费用总额为产品销售成本、销售费用、管理费用、财务费用之和。

全员劳动生产率 该指标反映企业的生产效率和劳动投入的经济效益。计算公式为：

$$\text{全员劳动生产率（元/人）}=\frac{\text{工业增加值}}{\text{全部从业人员平均人数}}$$

产品销售率 该指标反映工业产品已实现销售的程度，是分析工业产销衔接情况，研究工业产品满足社会需求的指标。计算公式为：

$$\text{产品销售率（\%）}=\frac{\text{工业销售产值}}{\text{工业总产值（现价）}}\times 100\%$$

建筑业统计单位 指从事房屋、构筑物建造和设备安装活动的法人企业。建筑业法人企业应同时具备的条件是：①依法成立，有自己的名称、组织机构和场所，能够承担民事责任；②独立拥有和使用资产，承担负债，有权与其他单位签订合同；③独立核算盈亏，能够编制资产负债表。

建筑业总产值（自行完成施工产值） 是以货币表现的建筑企业在一定时期内生产的建筑业产品和服务的总和。建筑业总产值包括建筑工程产值、安装工程产值和其他产值三部分内容。

（1）建筑工程产值：指列入建筑工程预算内的各种工程价值。

（2）安装工程产值：指设备安装工程价值，不包括被安装设备本身价值。

（3）其他产值：建筑业总产值中除建筑工程、安装工程以外的产值。包括房屋构筑物修理产值、非标准设备制造产值、总包企业向分包企业收取的管理费以及不能明确划分的施工活动所完成的产值。

建筑业增加值 指建筑业企业在报告期内以货币表现的建筑业生产经营活动的最终成果。目前建筑业增加值采用分类法（收入法）计算，即从收入的角度出发，根据生产要素在生产过程中应得到的收入份额计算。具体计算公式为：

建筑业增加值＝本年固定资产折旧＋本年应付工资＋本年应付福利费总额＋工程结算税金及附加＋营业利润＋管理费用中的税金＋劳动失业保险费

房屋建筑施工面积 指在报告期内施工的全部房屋建筑面积，包括本期新开工的房屋面积、上期施工跨入本期继续施工的房屋面积、上期停缓建在本期恢复施工的房屋面积、本期竣工的房屋面积及本期施工后又停缓建的房屋面积。

房屋建筑竣工面积 指在报告期内房屋建筑按照设计要求全部完工，达到了住人和使用条件，经验收鉴定合格，正式移交使用单位的房屋建筑面积。

商品房销售面积 指报告期内出售商品房屋的合同总面积（即双方签署的正式买卖合同中所确定的建筑面积）。由现房销售建筑面积和期房销售建筑面积两部分组成。

商品房销售额 指报告期内出售商品房屋的合同总价款（即双方签署的正式买卖合同中所确定的合同总价）。该指标与商品房销售面积同口径，由现房销售额和期房销售额两部分组成。

经济适用房 指根据地方经济适用房计划安排建设的政策性住宅。经济是指房屋建筑造价和销售价格低于一般商品住宅；适用是指适合中低收入家庭购买使用。经济适用房主要是由国家统一下达投资计划，房地产公司开发，对外销售；用地一般采用行政划拨或招标投标方式，免收土地出让金；对各种经批准的收费减半征收，开发利润不超过3%；销售价格实行政府指导价。该指标可以分析房地产投资结构，反映中低收入家庭商品住宅的供求平衡情况。

公路里程 指在一定时期内实际达到《公路工程技术标准JTG B01－2003》规定的技术等级的公路，并经公路主管部门正式验收交付使用的公路里程数。包括大、中城市的郊区公路，以及公路通过小城镇（指县城、集镇）街道的公路里程和公路桥梁长度、隧道长度、渡口的宽度以及分期修建的公路已验收交付使用的里程，不包括大、中城市的街道、厂矿、林区生产用道和农业生产用道的里程。两条或多条公路共同经由同一路段，只计算一次，不得重复计算里程长度。按公路技术等级分为等级公路和等外公路，其中等级公路分为高速公路、一级公路、二级公路、三级公路和四级公路。

民用汽车拥有量 指报告期末，在公安交通管理部门按照《机动车注册登记工作规范》，已注册登记领有民用车辆牌照的全部汽车数量。汽车拥有量统计的主要分类：根据汽车结构分为载客汽车、载货汽车、其他汽车；根据汽车所有者不同分为个人（私人）汽车、单位汽车；根据汽车的使用性质分为营运汽车、非营运汽车；根据汽车大小规格不同，载客汽车分为大型、中型、小型和微型，载货汽车分为重型、中型、轻型和微型。

货（客）运量 指在一定时期内，各种运输工具实际运送货物重量（旅客数量）。该指标是反映运输业为国民经济和人民生活服务的数量指标，也是制订和检查运输生产计划、研究运输发展规模和速度的重要指标。货运按吨计算，客运按人计算。货物不论运输距离长短、货物类别，均按实际重量统计。旅客不论行程远近或票价多少，均按一人一次客运量统计；半价票、小孩票也按一人统计。

货物（旅客）周转量 指在一定时期内，由各种运输工具运送的货物（旅客）数量与其相应运输距离的乘积之总和。该指标可以反映运输业生产的总成果，也是编制和检查运输生产计划，计算运输效率、劳动生产率以及核算运输单位成本的主要基础资料。计算货物周转量通常按发出站与到达站之间的最短距离，也就是计费距离计算。计算公式化为：

货物（旅客）周转量＝∑（货物（旅客）运输量×运输距离）

邮电业务总量 指以货币形式表现的邮电企业为社会提供各类邮电通信服务的总数量。该指标是用于观察邮电业务发展变化总趋势的综合性总量指标，分别按邮政业务总量和电信业务总量统计。邮电业务总量是以各类业务的实物量分别乘以相应的不变单价，求出各类业务的货币量加总求得。不变单价是一定时期内计算业务总量的同度量因素，是根据基年各类邮电业务量与相对应的邮电业务收入测算的平均单价。

移动电话用户 指报告期末通过移动电话交换机进入移动电话网的全部电话用户。包括各类签约用户、智能网预付费用户、无线上网卡用户（包括2G和3G无线上网卡用户）等。

互联网上网人数 指过去半年内使用过互联网的6周岁及以上中国居民人数。

批发业 指向其他批发或零售单位（含个体经营者）及其他企事业单位、机关团体等批量销售生活用品、生产资料的活动，以及从事进出口贸易和贸易经纪代理的活动，包括拥有货物所有权，并以本单位（公司）的名义进行交易活动，也包括不拥有货物的所有权，收取佣金的商品代理、商品代售活动；还包括各类商品批发市场中固定摊位的批发活动，以及以销售为目的的收购活动。

零售业 指百货商店、超级市场、专门零售商店、品牌专卖店、零货摊等主要面向最终消费者（如居民等）的销售活动，以及互联网、邮政、电话、售货机等方式的销售活动，还包括在同一地点，后面加工生产，前面销售的店铺（如面包房）；谷物、种子、饲料、牲畜、矿产品、生产用原料、化工原料、农用化工产品、机械设备（乘用车、计算机及通信设备除外）等生产资料的销售不作为零售活动；多数零售商对其销售的货物拥有所有权，但有些则是充当委托人的代理人，进行委托销售或以收取佣金的方式进行销售。

批发零售业商品购进、销售、库存额 指各种登记注册类型的批发和零售业企业（单位）以本企业（单位）为总体的，从国内、国外市场购进的商品总量，销售和出口的商品总量，库存的商品总量等情况。该指标可以反映商品流转过程中商品的购进、销售、库存之间的比例关系和存在的问题。

商品购进额 指从本企业（单位）以外的单位和个人购进（包括从境外直接进口）作为转卖或加工后转卖的商品金额（含增值税）。商品购进包括：（1）从工农业生产者、批发和零售业企业、住宿和餐饮业企业、出版社或报社的出版发行部门和其他服务业企业购进的商品；（2）从机关团体、事业单位购进的商品；（3）从海关、市场管理部门购进的缉私和没收的商品；（4）从居民收购的废旧商品等。不包括：（1）企业为单位本身经营用、不是作为转卖而购进的商品，如材料物资、包装物、低值易耗品、办公用品等；（2）未通过买卖行为而收入的商品，如接受其他部门移交的商品、借入的商品、收入代其他单位保管的商品、其他单位赠送的样品、加工回收的成品等；（3）经本单位介绍，由买卖双方直接结算，本单位只收取手续费的业务；（4）销售退回和买方拒付货款的商品；（5）商品溢余。

商品销售额 指对本单位以外的单位和个人出售的商品金额（包括售给本单位消费用的商品，含增值税）。商品销售包括：（1）售给城乡居民和社会集团消费用的商品；（2）售给农业、工业、建筑业、服务业等国民经济各行业用于生产、经营用的商品，包括售予批发和零售业作为转卖或加工后转卖的商品；（3）对国（境）外直接出口的商品。不包括：（1）未通过买卖行为付出的商品，如随机构变动移交给其他企业单位的商品、借出的商品、归还受其他单位委托代保管的商品、付出的加工原料和赠送给其他单位的样品；（2）经本单位介绍，由买卖双方直接结算，本单位只收取手续费的业务；（3）购货退回的商品；（4）商品损耗和损失；（5）出售本单位自用的废旧物资。

商品库存额 对于批发和零售业法人单位和个体经营户，是指报告期末取得所有权的全部商品金额（含增值税）；对于批发和零售业产业活动单位，是指报告期末实际在库且归属法人具有所有权的全部商品金额（含增值税）。库存商品包括：（1）存放在本单位（如门市部、批发站、采购站、经营处）的仓库、货场、货柜和货架中的商品；（2）挑选、整理、包装中的商品；（3）已记入购进而尚未运到本单位的商品，即发货单或银行承兑凭证已到而货未到的商品；（4）寄放他处的商品，如因购货方拒绝付款而暂时存在购货方的商品；（5）委托其他单位代销（未作销售或调出）尚未售出的商品；（6）代其他单位购进尚未交付的商品。不包括：所有权不属于本单位的商品；委托外单位加工的商品；外贸企业代理其他单位从国外进口，尚未付给订货单位的商品；代国家储备部门保管的商品。

亿元以上商品交易市场 指年成交额在亿元及以上的商品交易市场。商品交易市场是指经有关部门和组织批准设立，有固定场所、设施，有经营管理部门和监管人员，若干市场经营者入内，常年或实际开业三个月以上，集中、公开、独立地进行生活消费品、生产资料等现货商品交易以及提供相关服务的交易场所，包括各类消费品市场、生产资料市场等。

社会消费品零售总额 指企业（单位、个体户）通过交易直接售给个人、社会集团非生产、非经营用的实物商品金额，以及提供餐饮服务所取得的收入金额。个人包括城乡居民和入境人员，社会集团包括机关、社会团体、部队、学校、企事业单位、居委会或村委会等。

住宿业 指为旅行者提供短期留宿场所的活动，有些单位只提供住宿，也有些单位提供住宿、饮食、商务、娱乐一体的服务，不包括主要按月或按年长期出租房屋住所的活动。

餐饮业 指通过即时制作加工、商业销售和服务性劳动等，向消费者提供食品和消费场所及设施的服务。

住宿餐饮业营业额 指住宿和餐饮业单位在经营活动中因提供服务或销售商品等取得的收入。包括：客房收入、餐费收入、商品销售额（含增值税）和其他收入。其中，客房收入指住宿和餐饮业单位在经营活动中因提供住宿服务取得的收入。餐费收入指本单位为顾客提供就餐服务取得的收入，包括：经烹饪、调制加工后出售的各种食品，如主食、炒菜、凉拌菜等的收入。

进出口总额 海关进出口总额指实际进出我国国境的货物总金额。包括对外贸易实际进出口货物，来料加工装配进出口货物，国家间、联合国及国际组织无偿援助物资和赠送品，华侨、港澳台同胞和外籍华人捐赠品，租赁期满归承租人所有的租赁货物，进料加工进出口货物，边境地方贸易及边境地区小额贸易进出口货物（边民互市贸易除外），中外合资经营企业、中外合作经营企业、外资独资经营企业进口货物和公用物品，到、离岸价格在规定限额以上的进出口货样和广告品（无商业价值、无使用价值和免费提供出口的除外），从保税仓库提取在中国境内销售的进口货物，以及其他进口货物。进出口总额用以观察一个国家在对外贸易方面的总规模。我国规定出口货物按离岸价格统计，进口货物按到岸价格统计。

利用外资 指我国各级政府、部门、企业和其他经济组织通过对外借款、吸收外资直接投资以及用其他方式筹措的境外现汇、设备、技术等。

对外借款 是我国利用外资的主要部分。指通过对外正式签订借款协议、从境外筹措的资金，包括外国政府贷款、国际金融组织贷款、外国银行商业贷款、出口信贷以及对外发行债券等。1996年及以前还包括对外发行股票。

外商直接投资 指外国企业和经营组织和个人（包括华侨、港澳台胞以及我国在境外注册的企业）按我国有关政策、法规，用现汇、实物、技术等在我国境内开办外商独资企业、与我国境内的企业和经济组织共同举办中外合资经营企业、合作经营企业或合作开发资源的投资（包括

外商投资收益的再投资）以及经政府有关部门批准的项目投资总额，企业从境外借入的资金。

对外承包工程 指各对外承包公司以招标议标承包方式承揽的下列业务：(1) 承包国外工程建设项目，(2) 承包我国对外经援项目，(3) 承包我国驻外机构的工程建设项目，(4) 承包我国境内利用外资进行建设的工程项目，(5) 与外国承包公司合营或联合承包工程项目时我国公司分包部分，(6) 对外承包兼营的房屋开发业务。对外承包工程的营业额是以货币表现的本期内完成的对外承包工程的工作量，包括以前年度签订的合同和本年度新签订的合同在报告期内完成的工作量。

对外劳务合作 指已收取工资的形式向业主或承包商提供技术和劳动服务的活动。我国对外承包公司在境外开办的合营企业，中国公司同时又提供劳务的，其劳务部分也纳入劳务合作统计。劳务合作经营额按报告期内向雇主提交的结算数（包括工资、加班费和奖金等）统计。

旅游者人数

(1) 入境国际旅游者人数：指来中国参观、访问、旅行、探亲、访友、休养、考察、参加会议和从事经济、科技、文化、教育、宗教等活动的外国人、华侨、港澳同胞和台湾同胞的人数。不包括外国在我国的常驻机构，如使领馆、通讯社、企业办事处的工作人员；来我国常住的外国专家、留学生以及在岸逗留不过夜人员。

(2) 出境居民人数：指大陆居民因公务活动或私人事务短期出境的人数。公务活动出境居民人数包括在国际交通工具上的中国服务员工，因私出境居民人数不包括在国际交通工具上的中国服务员工。

(3) 国内旅游者人数：指我国大陆居民和在我国常住1年以上的外国人、华侨、港澳台同胞离开常住地在境内其他地方的旅游设施内至少停留一夜，最长不超过6个月的人数。

国际旅游（外汇）收入 指入境旅游的外国人、华侨、港澳同胞和台湾同胞在中国大陆旅游过程中发生的一切旅游支出，其对于国家来说就是国际旅游（外汇）收入。

普通高等学校 指按照国家规定的设置标准和审批程序批准举办的，通过全国普通高等学校统一招生考试，招收高中毕业生为主要培养对象；实施高等教育的全日制大学、独立设置的学院和高等专科学校、高等职业学校和其他机构。

大学 独立设置的学院主要实施本科层次以上教育，高等专科学校、高等职业学校实施专科层次教育，其他机构是承担国家普通招生计划任务不计校数的机构。包括普通高等学校分校和批准筹建的普通高等学校等。

成人高等学校 指按照国家规定的设置标准和审批程序批准举办的，通过全国成人高等学校统一招生考试，招收具有高中毕业或同等学历的在职从业人员为主要培养对象，利用函授、业余、脱产等多种形式对其实施高等学历教育的学校。包括职工高等学校、农民高等学校、管理干部学院、教育学院、独立函授学院、广播电视大学、其他机构等。其他机构是承担国家成人招生计划任务不计校数的机构。

小学学龄儿童入学率 指调查范围内已入小学学习的学龄儿童占校内外学龄儿童总数（包括弱智儿童在内，但不包括盲聋哑儿童）的比重。计算公式为：

$$\text{小学学龄儿童入学率} = \frac{\text{已入学的小学学龄儿童数}}{\text{校内外小学学龄儿童总数}} \times 100\%$$

研究与试验发展（R&D） 指在科学技术领域，为增加知识总量，以及运用这些知识去创造新的应用进行的系统的创造性的活动，包括基础研究、应用研究、试验发展三类活动。国际上通常采用R&D活动的规模和强度指标反映一国的科技实力和核心竞争力。

基础研究指为了获得关于现象和可观察事实的基本原理的新知识（揭示客观事物的本质、运动规律，获得新发现、新学说）而进行的实验性或理论性研究，它不以任何专门或特定的应用或使用为目的。其成果以科学论文和科学著作为主要形式。用来反映知识的原始创新能力。

应用研究 指为获得新知识而进行的创造性研究，主要针对某一特定的目的或目标。应用研究是为了确定基础研究成果可能的用途，或是为达到预定的目标探索应采取的新方法（原理性）或新途径。其成果形式以科学论文、专著、原理性模型或发明专利为主。用来反映对基础研究成果应用途径的探索。

试验发展 指利用从基础研究、应用研究和实际经验所获得的现有知识，为产生新的产品、材料和装置，建立新的工艺、系统和服务，以及对已产生和建立的上述各项作实质性的改进而进行的系统性工作。其成果形式主要是专利、专有技术、具有新产品基本特征的产品原型或具有新装置基本特征的原始样机等。在社会科学领域，试验发展是指把通过基础研究、应用研究获得的知识转变成可以实施的计划（包括为进行检验和评估实施示范项目）的过程。人文科学领域没有对应的试验发展活动。主要反映将科研成果转化为技术和产品的能力，是科技推动经济社会发展的物化成果。

研究与试验发展人员 指参与研究与试验发展项目研究、管理和辅助工作的人员，包括项目（课题）组人员，企业科技行政管理人员和直接为项目（课题）活动提供服务的辅助人员。反映投入从事拥有自主知识产权的研究开发活动的人力规模。

研究与试验发展人员全时当量 指全时人员数加非全时人员按工作量折算为全时人员数的总和。例如：有两个全时人员和三个非全时人员（工作时间分别为20%、30%和70%），则全时当量为2＋0．2＋0．3＋0．7＝3．2人年。为国际上比较科技人力投入而制定的可比指标。

R&D经费内部支出合计 指调查单位用于内部开展R&D活动（基础研究、应用研究和试验发展）的实际支出。包括用于R&D项目（课题）活动的直接支出，以及间接用于R&D活动的管理费、服务费、与R&D有关的基本建设支出以及外协加工费等。不包括生产性活动支出、归还贷款支出以及与外单位合作或委托外单位进行R&D活动而转拨给对方的经费支出。

专利 是专利权的简称，是对发明人的发明创造经审查合格后，由专利局依据专利法授予发明人和设计人对该项发明创造享有的专有权。包括发明、实用新型和外观设计。反映拥有自主知识产权的科技和设计成果情况。

发明 指对产品、方法或者其改进所提出的新的技术方案。是国际通行的反映拥有自主知识产权技术的核心指标。

等级运动员人数 指经过考试正式批准授予等级运动员称号的人数。运动员等级分为国际级运动健将、运动健将、一级运动员、二级运动员、三级运动员、少年级运动员。

等级裁判员人数 指经考试正式批准授予等级裁判员称号的人数。裁判员等级分为国际裁判、国家级裁判、一级裁判、二级裁判、三级裁判。

医院 指设有固定床位，能收容病人住院并能为病人提供医疗、护理服务的医疗机构，包括县及县以上医院、农村乡卫生院和其他医院三部分。医院按所属性质不同分为卫生部门、工业及其他部门和集体经济单位三类。县及县以上医院按业务性质不同分为综合医院和专科医院。

卫生技术人员 指卫生事业机构支付工资的全部职工中现任职务为卫生技术工作的专业人员，包括中医师、西医师、中西医结合高级医师、护师、中药师、西药师、检验师、其他技师、中医士、西医士、护士、助产士、中药剂师、西药剂师、检验士、其他技士、其他中医、护理员、中药剂员、西药剂员、检验员和其他初级卫生技术人员。

医生 指经卫生部门审查合格，从事医疗工作的专业人员。分为中医医生和西医医生。包括卫生技术人员中的中医师、西医师、中西医结合高级医师、中医士、西医士和其他中医。

社会福利事业单位 指集中收养社会孤老、残、幼的机构，包括由民政部门管理的社会福利院、儿童福利院、精神病人福利院和城镇集体举办的福利院及农村集体举办的敬老院。

社会福利事业单位收养人数 包括民政部门管理和城镇、农村集体举办的社会福利事业单位中收养的老人、少年儿童、缺乏生活自理能力的残疾人员和精神病人。

公证人员 指在国家公证机关依法办理公证事务的司法人员，包括公证员、助理公证员和在公证处工作的其他人员。

调解民间纠纷 指调解委员会依照法律规定，根据自愿原则，用说服教育的方法调解民间发生的有关民事权利和义务的争执，促成当事双方达到协议和谅解，解决纠纷。包括婚姻家庭纠纷，财产权益纠纷等，不包括法院受理调解的民事案件数。

全年供水总量 指公用自来水厂和自备水源的社会单位全年的供水总量，包括有效供给量及损失水量。

生活用水量 指居民日常生活与公共福利设施的用水量，包括居民、饮食店、旅馆、医院、理发店、浴池、洗衣店、游泳池、商店、学校、机关、部队等单位的用水量。

年底实有铺装道路长度 指除土路外，路面经过铺装宽度在3.5米以上的道路，包括高级、次高级道路和普通道路。

城市下水道总长度 指所有排水总管、干管、支管及暗渠、检查井、连接井进出水口等长度之和。

中国统计出版社最新图书简目

（仅供参考，以实际出版为准）

统计资料

中国统计年鉴　中国统计摘要　中国发展报告

中国经济普查年鉴2013　国际统计年鉴　金砖国家联合统计手册

中国-东盟国家统计手册　中国农村统计年鉴　中国县域统计年鉴

中国城市统计年鉴　中国对外直接投资统计公报　中国地区经济监测报告

中国贸易外经统计年鉴　中国零售和餐饮连锁企业统计年鉴　中国商品交易市场统计年鉴

大中型批发零售和住宿餐饮企业统计年鉴　中国农产品价格调查年鉴　中国住户调查年鉴

中国价格统计年鉴　中国能源统计年鉴　全国农产品成本收益资料汇编

中国环境统计年鉴　中国建筑业统计年鉴　国外资源、能源和环境统计资料汇编

中国工业统计年鉴　中国城乡建设统计年鉴　中国房地产统计年鉴

中国城市建设统计年鉴　中国科技统计年鉴　中国第三产业统计年鉴

中国证券期货统计年鉴　中国劳动统计年鉴　中国高技术产业统计年鉴

工业企业科技活动资料　中国社会统计年鉴　中国人口和就业统计年鉴

中国人才资源统计报告　中国教育经费统计年鉴　中国文化及相关产业统计年鉴

文化及相关产业统计概览　中国民政统计年鉴　中国民族统计年鉴

中国残疾人事业统计年鉴　中国妇女儿童状况统计资料（英）　中国乡镇街道行政区域简册

中国基本单位统计年鉴

省级综合统计年鉴系列

北京 天津 河北 山西 内蒙古 辽宁 吉林 黑龙江 上海 江苏 浙江 安徽 福建 江西 山东 河南 湖北 湖南 广东 广西 海南 重庆 四川 贵州 云南 西藏 陕西 甘肃 青海 宁夏 新疆 新疆生产建设兵团

市(县)级综合统计年鉴系列

天津滨海新区 石家庄 唐山 邯郸 保定 沧州 邢台 廊坊 承德 衡水 秦皇岛 张家口 太原 大同 阳泉 长治 晋城 朔州 晋中 运城 忻州 临汾 呼和浩特 呼和浩特新城区 鄂尔多斯 包头 沈阳 大连 长春 延吉 四平 通化 哈尔滨 齐齐哈尔 黑龙江垦区 上海浦东新区 南京 无锡 徐州 常州 苏州 南通 连云港 淮安 盐城 扬州 镇江 泰州 宿迁 江阴 丹阳 杭州 宁波 温州 嘉兴 湖州 绍兴 金华 衢州 舟山 台州 丽水 合肥 安庆 马鞍山 福州 厦门 宁德 漳州 南昌 九江 上饶 新余 抚州 萍乡 赣州 吉安 景德镇 济南 青岛 潍坊 枣庄 日照 滕州 郑州 洛阳 平顶山 三门峡 商丘 信阳 济源 武汉 十堰 荆州 宜昌 荆门 咸宁 长沙 广州 深圳 惠州 东莞 南宁 柳州 桂林 来宾 海口 三亚 成都 贵阳 昆明 西安 安康 兰州 庆阳 银川 乌鲁木齐 兵团一师 兵团十师

调查年鉴系列

天津 山西 内蒙古 辽宁 吉林 上海　福建 江西 河南 湖北 湖南 广西　重庆 四川 云南 甘肃 宁夏 新疆

统计方法应用/实用手册

实用SAS统计分析教程　马克威统计分析与数据挖掘应用案例

乡镇统计人员岗位知识培训系列教材：辅助调查员岗位基础知识　乡镇统计人员岗立基础知识

县级统计人员岗位知识培训系列教材：Excel在统计工作中的应用　简明统计分析

EXCEL在基层统计工作中的应用　统计公文知识问答

统计通俗读物/统计科普图书

漫话诺贝尔经济学大师与数学情缘　魅力统计　漫话信息时代的统计学　统计使人更聪明

漫游数据王国　探访随机世界　新中国统计工作历史流变1949-1999　无处不在的统计

重点图书

新编英汉汉英统计大词典　中华医学统计百科全书

挑大学选专业2016—考研择校指南　挑大学选专业2016—高考志愿填报指南

中国统计出版社发行部电话：（010）63376907　63376908　同椬行书店电话：63783171　68783172

地址：北京市丰台区西三环南路甲6号　邮政编码：100073　网址：http://www.zgtjcbs.com